1 刑事卷

China Law Reports

人民法院案例选

分类重排本

（2016—2020）

最高人民法院中国应用法学研究所　编

人民法院出版社

图书在版编目（CIP）数据

人民法院案例选分类重排本：2016—2020. 刑事卷/最高人民法院中国应用法学研究所编. -- 北京：人民法院出版社，2022.7
（人民法院案例选分类重排本丛书）
ISBN 978-7-5109-3400-1

Ⅰ. ①人… Ⅱ. ①最… Ⅲ. ①案例-汇编-中国-2016-2020②刑事诉讼-审判-案例-汇编-中国-2016-2020 Ⅳ. ①D920.5②D925.218.5

中国版本图书馆CIP数据核字（2021）第273886号

人民法院案例选分类重排本（2016—2020）·刑事卷
最高人民法院中国应用法学研究所　编

责任编辑　陈晓璇
封面设计　孙　宇　尹苗苗
出版发行　人民法院出版社
地　　址　北京市东城区东交民巷27号（100745）
电　　话　（010）67550520（责任编辑）　67550558（发行部查询）
　　　　　65223677（读者服务部）
客服QQ　2092078039
网　　址　http://www.courtbook.com.cn
E-mail　courtpress@sohu.com
印　　刷　三河市国英印务有限公司
经　　销　新华书店

开　　本　787毫米×1092毫米　1/16
字　　数　2864千字
印　　张　120.75
版　　次　2022年7月第1版　2022年7月第1次印刷
书　　号　ISBN 978-7-5109-3400-1
定　　价　338.00元（全3册）

出版说明

习近平总书记在中央全面依法治国工作会议上强调，坚定不移走中国特色社会主义法治道路，为全面建设社会主义现代化国家提供有力法治保障。以习近平同志为核心的党中央高度重视司法案例工作，案例指导制度是中国特色社会主义司法制度的重要组成部分。做好案例指导工作，是深入贯彻习近平法治思想，加快建设公正高效权威的社会主义司法制度，更好发挥人民法院审判职能作用的必然要求，对于确保裁判尺度统一，促进法律正确实施，提高审判质效和司法公信力具有重要作用。最高人民法院院长周强强调，要坚持以习近平新时代中国特色社会主义思想为指导，深入学习贯彻习近平法治思想，切实加强案例指导工作，确保裁判尺度统一，促进法律正确实施，实现严格公正司法，努力让人民群众在每一个司法案件中感受到公平正义。

最高人民法院历来高度重视案例指导和案例研究工作，全国法院加强审判执行工作，审理具有广泛社会影响的案件，形成了典型案例和指导性案例，有效发挥了案例的引导、示范和教育功能，促进了司法为民、公正司法，提升了司法公信力。由最高人民法院中国应用法学研究所定期编辑的《人民法院案例选》，自 1992 年至 2020 年已经连续出版了 154 辑，出版时间跨度长达 29 年，是最高人民法院最早创办的案例研究连续出版物，也是我国改革开放以来出版时间最早、延续时间最长、出版册数最多的案例研究丛书。其坚持“反映审判全貌，总结审判经验，研究审判理论，服务审判工作”的编选方针，从一个侧面记载了人民法院审判工作发展的轨迹，反映人民法院审判活动的面貌，展示了人民法院审判工作的成就。作为全面反映我国各级人民法院审判活动的资料性、学术性和指导性丛书，《人民法院案例选》被公认为是立法机关制定法律和人民法院制定司法解释的重要参考，是法学研究的基础资料和法学教育的丰富素材。虽然因时代的变迁和法律的更替，早期的一些案例已经不适应目前的形势，作出裁判时所依据的法律或司法解释也已经有所变化不再适用，但仍具有史料价值和裁判方法的借鉴作用。

为方便各级人民法院、人民检察院以及律师等法律职业共同体和社会公众对司法案例的学习与使用，我们曾数次对《人民法院案例选》进行汇编整理：1997年4月，由人民法院出版社出版了《人民法院案例选》（1992—1996年合订本），分刑事卷，民事、经济、知识产权、海事卷，行政卷，共三卷；2017年1月，由人民法院出版社出版了《人民法院案例选（分类重排本）》（1992—2015年合订本），分刑事卷、民事卷、商事卷、知识产权卷、行政与国家赔偿卷，共五卷。时隔五年，应读者的要求，我们参照2017年合订本的编辑体例，编辑了《人民法院案例选分类重排本（2016—2020）》，共分为五卷，即刑事卷、民事卷、商事卷、知识产权卷、行政与国家赔偿卷，每卷按照法律科学体系分成若干章。每卷又依据其性质和内容，并考虑到篇幅的平衡，分成若干册。

在编辑过程中，对原版中的案例内容、结构体例等基本保留原貌，并根据案例关键词制作了索引，以方便检索、阅读。同时，亦对其中的错字、漏字、错句作了全面的校订，改正了原版中的错讹之处；参照最高人民法院关于人民法院在互联网公布裁判文书的规定，对不宜公开的案件信息、当事人个人信息、未成年人信息等进行了技术处理。

需要说明的是，人民法院审理案件都是依照当时的法律、法规进行审理的。随着我国社会主义市场经济的不断发展，经济体制改革的不断深化和社会主义法制的日益健全，新的法律法规和司法解释不断出现，人民法院审理案件也不会一成不变。读者在参阅本书时，务必注意每个案件的审理时间和当时的法律依据，全面、正确地加以研究、参考和借鉴。基于以上的考量，本书对案例中引用的修订或修正前的法律、司法解释条文未逐一注明，请读者在使用本书时，以最新的法律、司法解释为准。

2022年7月1日

凡 例

一、本书在《人民法院案例选》第95辑至第154辑的基础上，分门别类，确定为五卷，即刑事卷、民事卷、商事卷、知识产权卷、行政与国家赔偿卷。每卷分若干章。

二、每卷依一定的主题和篇幅，分为若干册。其中，刑事卷为3册，民事卷为5册，商事卷为2册，知识产权卷为2册，行政与国家赔偿卷为2册。

三、每卷的页码和案例编号均单独起算和编码。各卷每一册均设置本卷总目录和本册目录，在最后一册中设置该卷关键词索引。

四、对《人民法院案例选》中的内容均尊重历史，保留原貌。仅对少数错讹文字作了修正，并根据新的规范要求，订正部分数词、量词和标点符号。

五、参照最高人民法院关于人民法院在互联网公布裁判文书的规定，对《人民法院案例选》中下列内容作了技术处理：涉及当事人隐私或当事人为未成年人的，对当事人的姓名等信息作了技术处理，隐去相关信息；对涉及“交易账户”“身份证”等秘密性信息，在不影响阅读或不造成信息混淆的前提下，亦作隐去处理。

六、对个别明显不合时宜的案例，未予收录。

刑事卷总目录

第一册目录

刑法总则编

一、溯　及　力

二、刑事责任年龄

三、特殊人员的刑事责任能力

四、正　当　防　卫

十、缓　　刑

十一、假　　释

十二、时　　效

刑法分则编

第一章　危害公共安全罪

一、以危险方法危害公共安全罪

四、生产、销售有毒、有害食品罪

第二节　走　私　罪

一、走私废物罪

二、走私普通货物、物品罪

第三节　妨害对公司、企业的管理秩序罪

一、虚报注册资本罪

二、非国家工作人员受贿罪

第四节 破坏金融管理秩序罪

一、骗取贷款、票据承兑、金融票证罪

二、非法吸收公众存款罪

三、窃取、收买、非法提供信用卡信息罪

四、内幕交易、泄露内幕信息罪

五、利用未公开信息交易罪

第六节　危害税收征管罪

一、骗取出口退税罪

二、虚开增值税专用发票、用于骗取出口退税、抵扣税款发票罪

三、非法出售增值税专用发票罪

第七节　侵犯知识产权罪

一、假冒注册商标罪

二、销售假冒注册商标的商品罪

三、非法制造、销售非法制造的注册商标标识罪

三、出具证明文件重大失实罪

刑法总则编

一、溯 及 力

1. 张甲成、朱木生绑架妇女、抢劫案

——1997 年《刑法》施行前以出卖为目的，绑架妇女及在拐卖过程中对其实施奸淫及冒充警察抢劫行为的定罪量刑

【关键词】

刑法　溯及力　从旧兼从轻原则　抢劫罪　绑架妇女罪　拐卖妇女罪

【裁判要旨】

1. 对于发生在 1997 年《刑法》施行前以出卖为目的，绑架妇女及在拐卖过程中对其实施奸淫的行为的定罪量刑，1991 年《全国人民代表大会常务委员会关于严惩拐卖、绑架妇女、儿童的犯罪分子的决定》中的绑架妇女罪与 1997 年《刑法》中的拐卖妇女罪规定的主刑是相同的，但绑架妇女罪规定的附加刑是“并处一万元以下罚金”，而 1997 年《刑法》中拐卖妇女罪规定的是“并处罚金”，对罚金数额没有作出限制，即可以高于 1 万元。根据从旧兼从轻的刑法适用原则，故应以绑架妇女罪定罪量刑。

2. 对于发生在 1997 年《刑法》施行前冒充警察实施抢劫行为的量刑，1979 年《刑法》规定的是“应处以三年以上十年以下有期徒刑”，1997 年《刑法》规定的是“应处十年以上有期徒刑”。根据从旧兼从轻的刑法适用原则，应适用 1979 年《刑法》的规定进行量刑。

【相关法条】

1979 年《中华人民共和国刑法》（以下简称 1979 年《刑法》）

第一百五十条　以暴力、胁迫或者其他方法抢劫公私财物的，处三年以上十年以下有期徒刑。

犯前款罪，情节严重的或者致人重伤、死亡的，处十年以上有期徒刑、无期徒刑或者死刑，可以并处没收财产。

《全国人民代表大会常务委员会关于严惩拐卖、绑架妇女、儿童的犯罪分子的决定》

第二条 以出卖为目的，使用暴力、胁迫或者麻醉方法绑架妇女、儿童的，处十年以上有期徒刑或者无期徒刑，并处一万元以下罚金或者没收财产；情节特别严重的，处死刑，并处没收财产。

以出卖或者勒索财物为目的，偷盗婴幼儿的，依照本条第一款的规定处罚。

以勒索财物为目的绑架他人的，依照本条第一款的规定处罚。

1997 年《中华人民共和国刑法》（以下简称 1997 年《刑法》）

第二百四十条 拐卖妇女、儿童的，处五年以上十年以下有期徒刑，并处罚金；有下列情形之一的，处十年以上有期徒刑或者无期徒刑，并处罚金或者没收财产；情节特别严重的，处死刑，并处没收财产：

（一）拐卖妇女、儿童集团的首要分子；

（二）拐卖妇女、儿童三人以上的；

（三）奸淫被拐卖的妇女的；

（四）诱骗、强迫被拐卖的妇女卖淫或者将被拐卖的妇女卖给他人迫使其卖淫的；

（五）以出卖为目的，使用暴力、胁迫或者麻醉方法绑架妇女、儿童的；

（六）以出卖为目的，偷盗婴幼儿的；

（七）造成被拐卖的妇女、儿童或者其亲属重伤、死亡或者其他严重后果的；

（八）将妇女、儿童卖往境外的。

拐卖妇女、儿童是指以出卖为目的，有拐骗、绑架、收买、贩卖、接送、中转妇女、儿童的行为之一的。

第二百六十三条 以暴力、胁迫或者其他方法抢劫公私财物的，处三年以上十年以下有期徒刑，并处罚金；有下列情形之一的，处十年以上有期徒刑、无期徒刑或者死刑，并处罚金或者没收财产：

（一）入户抢劫的；

（二）在公共交通工具上抢劫的；

（三）抢劫银行或者其他金融机构的；

（四）多次抢劫或者抢劫数额巨大的；

（五）抢劫致人重伤、死亡的；

（六）冒充军警人员抢劫的；

（七）持枪抢劫的；

（八）抢劫军用物资或者抢险、救灾、救济物资的。

【案例索引】

一审：广东省汕尾市中级人民法院（2017）粤 15 刑初 69 号（2017 年 7 月 4 日）

二审：广东省高级人民法院（2017）粤刑终 1259 号（2017 年 12 月 4 日）

【基本案情】

广东省汕尾市人民检察院指控：1994 年 1 月 22 日晚，被告人张甲成与同案人张权傲、朱佐欣（均已判决）在汕尾市陆河县河口镇看见行乞的少女蒋某某（14 周岁）后，密谋将其劫持出卖。次日，被告人张甲成与张权傲、朱佐欣经跟踪后，又纠集了被告人朱木生及同案人朱益潜、朱少森（均已判刑）商议劫持妇女出卖事宜。23日晚11时许，被告人张甲成及张权傲、朱佐欣、朱益潜、朱少森携带铁链、尖刀、木棍、手电筒等作案工具，窜到陆河县河口镇石陂宫，采用威胁、强行搜身等手段，抢得8名男女行乞人员的人民币30多元。24日凌晨1时许，被告人张甲成、朱木生和张权傲、朱少森、朱佐欣又将蒋某某挟持到新田镇联新管区锅底村，以人民币1000元出卖给村民练德宽，期间，同案人张权傲、被告人张甲成先后对蒋某某奸淫1次，朱少森、朱益潜分别对妇女谢某某、郭某某各奸淫1次。

被告人张甲成辩称其没有对被害人蒋某某实施强奸行为。其辩护人辩护提出，本案没有直接证据证明张甲成强奸蒋某某，根据疑罪从无原则，本案不能认定张甲成有强奸行为；在抢劫案中，张甲成处于从犯地位；张甲成作案后二十多年没有再犯罪，系初犯、偶犯、从犯，社会危害性小，能真诚悔罪。建议法庭对张甲成从轻或减轻处罚。

被告人朱木生没有提出辩护意见。其辩护人辩护提出，公诉机关指控朱木生参与共同商议劫持被害人蒋某某出卖事宜以及实施使用暴力、胁迫方法绑架被害人的事实、证据不足，依法不能成立；朱木生的犯罪行为依法应当构成拐卖妇女罪，而非绑架妇女罪，其在共同犯罪中起次要作用，是从犯；朱木生认罪态度好，系初犯、偶犯。建议法庭对朱木生减轻处罚。

法院经审理查明：1994年1月22日晚，被告人张甲成与同案人张权傲、朱佐欣（均已判决）在陆河县河口镇饭店吃饭时，看见安徽籍少女蒋某某（14周岁）及其同伴在行乞，遂萌发将其劫持出卖的歹念。23日上午11时许，被告人张甲成和同案人朱佐欣、张权傲先后多次驾驶摩托车到河口圩等地寻找跟踪蒋某某等外省行乞人，伺机作案。同时，被告人张甲成与同案人张权傲、朱佐欣又纠集朱益潜、朱少森（均已判刑）、被告人朱木生共6人，商议劫持妇女出卖事宜。当晚11时许，被告人张甲成与同案人张权傲、朱佐欣、朱益潜、朱少森共5人，携带铁链、尖刀、木棍、手电筒等作案工具，窜到蒋某某等8名行乞人（4男4女）的夜宿地河口镇早禾田村的石陂宫，同案人张权傲手持铁链、朱少森持竹棍把守宫门，被告人张甲成与同案人冲进宫内，并以言语相威胁，又冒充公安人员强行搜查8名行乞人的行李和身体，劫得现金人民币30多元。同时，在强行搜查被害妇女身体时，还强迫她们将长裤脱至大腿处，进行猥亵活动。接着，同案人朱佐欣将蒋某某强行拉出交给张权傲带出宫外，张权傲则将蒋某某劫持到河口屯小学侧旁的草地，强行奸淫一次。此时，被告人张甲成与同案人朱佐欣、朱少森、朱益潜继续留在石陂宫，由被告人张甲成与同案人朱佐欣把守宫门，同案人朱益潜又将行乞妇女郭某某、朱少森将行乞妇女谢某某先后带出宫外草地，分别实施奸淫。24日凌晨1时许，被告人张甲成、朱木生和同案人张权傲、朱少森、朱佐欣共5人将被害人蒋某某劫持到新田镇联新管区锅底村朱佐欣姐夫练仁相家中准备出卖。期间，被告人张甲成强行奸淫蒋某某一次。当天下午2时许，被告人张甲成、朱木生等人将蒋某某以人民币1000元的价格贩卖给锅底村的练德宽做孙女，除吃用外，赃款均分。

【裁判结果】

广东省汕尾市中级人民法院审理后于2017年7月4日作出（2017）粤15刑初69号

刑事判决：一、被告人张甲成犯拐卖妇女罪，判处无期徒刑，剥夺政治权利终身，并处没收个人全部财产；犯抢劫罪，判处有期徒刑五年，决定执行无期徒刑，剥夺政治权利终身，并处没收个人全部财产。二、被告人朱木生犯拐卖妇女罪，判处有期徒刑十年，剥夺政治权利三年，并处罚金人民币 2 万元。宣判后，张甲成、朱木生不服原审判决，提起上诉。广东省高级人民法院于 2017 年 12 月 4 日作出（2017）粤刑终 1259 号刑事判决：一、维持广东省汕尾市中级人民法院（2017）粤 15 刑初 69 号判决第一项中对张甲成的量刑。二、撤销广东省汕尾市中级人民法院（2017）粤 15 刑初 69 号判决第一项中对张甲成的定罪及第二项。三、上诉人张甲成犯绑架妇女罪，判处无期徒刑，剥夺政治权利终身，并处没收个人全部财产；犯抢劫罪，判处有期徒刑五年，决定执行无期徒刑，剥夺政治权利终身，并处没收个人全部财产。四、上诉人朱木生犯绑架妇女罪，判处有期徒刑十年，剥夺政治权利三年，并处罚金人民币 5000 元。

【裁判理由】

法院生效裁判认为：本案案发时间是 1994 年 1 月，即 1997 年《刑法》施行之前。焦点问题在于对被告人张甲成、朱木生的行为如何适用法律。

1. 关于被告人张甲成结伙以出卖为目的，使用暴力方法绑架妇女，并在拐卖过程中单独对妇女实施奸淫行为的法律适用。1991 年 9 月 4 日，第七届全国人民代表大会常务委员会第二十一次会议通过的《关于严惩拐卖、绑架妇女、儿童的犯罪分子的决定》（以下简称《决定》）第二条规定，以出卖为目的，使用暴力、胁迫或者麻醉方法绑架妇女、儿童的，处十年以上有期徒刑或者无期徒刑，并处一万元以下罚金或者没收财产；情节特别严重的，处死刑，并处没收财产。最高人民法院、最高人民检察院印发的《关于执行〈全国人民代表大会常务委员会关于严惩拐卖、绑架妇女、儿童的犯罪分子的决定〉的若干问题的解答》的通知（以下简称《通知》）中规定该条的罪名为绑架妇女、儿童罪。《最高人民法院关于对在拐卖、绑架妇女（幼女）过程中又奸淫被害人的行为应定罪问题的批复》（法复〔1994〕6 号）中答复（以下简称《批复》），在拐卖妇女（幼女）过程中，奸淫被拐卖的妇女（幼女）的，应当依照《全国人民代表大会常务委员会关于严惩拐卖、绑架妇女、儿童的犯罪分子的决定》第一条第一款第三项的规定处罚，即在绑架妇女（幼女）过程中，奸淫被绑架妇女（幼女）的，应以绑架妇女罪、绑架儿童罪或绑架勒索罪从重处罚。1997 年《刑法》第二百四十条第一款第五项、第三项将“以出卖为目的，使用暴力、胁迫或者麻醉方法绑架妇女、儿童的”“奸淫被拐卖的妇女”作为拐卖妇女罪的加重情节，具备上述情节的，应处十年以上有期徒刑或者无期徒刑，并处罚金或者没收财产；情节特别严重的，处死刑，并处没收财产。综上，《批复》将以出卖为目的，使用暴力方法绑架妇女，并在拐卖过程中奸淫被拐卖妇女的作为绑架妇女罪的从重情节进行处罚，而 1997 年《刑法》将此作为拐卖妇女罪的两个加重情节进行处罚。《决定》规定的绑架妇女罪的从重情节与 1997 年《刑法》规定的拐卖妇女罪的加重情节的主刑一样，均“应处十年以上有期徒刑或者无期徒刑，并处罚金或者没收财产；情节特别严重的，处死刑，并处没收财产”，但在附加刑部分，绑架妇女罪规定的是“并处 1 万元以下罚金”，而 1997 年《刑法》拐卖妇女罪规定的是“并处罚金”，对罚金数额没有作出限制，即可以高于 1 万元。由此可见，《决定》的规定比 1997 年

《刑法》的规定对张甲成的处罚要轻，根据从旧兼从轻的法律适用原则，应适用《决定》的规定对张甲成进行处罚，即应以绑架妇女罪对张甲成定罪处罚。

2. 关于被告人朱木生以出卖为目的，使用暴力方法绑架妇女的行为。如上分析，《决定》规定的绑架妇女罪与1997年《刑法》规定的拐卖妇女罪的加重情节的主刑是一样的，但从附加刑的规定来看，《决定》比1997年《刑法》对朱木生的处罚要轻，根据从旧兼从轻的法律适用原则，应适用《决定》的规定对朱木生进行处罚，即应以绑架妇女罪对朱木生定罪处罚，并只能判处1万元以下罚金，一审对朱木生判处罚金2万元没有法律依据，故改判罚金5000元。

3. 关于被告人张甲成结伙冒充警察实施抢劫行为的法律适用。根据1979年《刑法》第一百五十条第一款的规定，应处以三年以上十年以下有期徒刑，根据现行1997年《刑法》第二百六十三条第六项的规定，冒充军警人员抢劫的，应处十年以上有期徒刑。由此可见，现行1997年《刑法》比1979年《刑法》对张甲成的处罚要重，根据从旧兼从轻的法律适用原则，应适用1979年《刑法》的规定对张甲成所犯抢劫罪进行处罚，一审对张甲成以抢劫罪判处有期徒刑五年，适用法律准确。

综上，一审对上诉人张甲成、朱木生以拐卖妇女罪定罪不当，应纠正为绑架妇女罪，对朱木生判处的罚金刑也不当，应予纠正。

【案例注解】

本案的案发时间是在1994年1月，即1979年《刑法》及单行刑法《关于严惩拐卖、绑架妇女、儿童的犯罪分子的决定》施行期间，而审判时间是2017年7月，即1997年《刑法》施行后。1997年《刑法》第十二条关于溯及力的规定采取的是从旧兼从轻原则，即对于1997年9月30日之前实施的犯罪行为，如犯罪行为实施时的法律不认为是犯罪，而现行刑法认为是犯罪的，适用犯罪行为实施时的法律；如犯罪行为实施时的法律认为是犯罪，且依照现行《刑法》总则第四章第八节的规定应当追诉的，按照犯罪行为实施时的法律追究刑事责任，但如果现行刑法处罚较轻或现行刑法不认为是犯罪的，则适用现行刑法。笔者认为，在具体适用该原则时应注意以下几个问题：

一、罪名的选择

如果犯罪行为实施时的刑法和现行刑法都认为是犯罪的，原则上应适用犯罪行为实施时的刑法进行确定罪名，但如果现行刑法处罚较轻的，适用现行刑法。本案对朱木生结伙以出卖为目的，使用暴力方法绑架妇女的行为，《决定》和1997年《刑法》均认为是犯罪，但《决定》规定的绑架妇女罪和1997年《刑法》规定的拐卖妇女罪的加重情节的主刑虽然一样，但附加刑部分，1997年《刑法》拐卖妇女罪规定“并处罚金”对罚金数额没有限制，而《决定》绑架妇女罪规定“并处一万元以下罚金”对罚金数额作出了限制，比1997年《刑法》规定要轻，故对其适用《决定》的规定进行定罪处罚。

二、对于法定从重处罚情节的法律适用

根据现行《刑法》关于溯及力规定的从旧兼从轻原则，对于法定从重处罚情节的认定，也应坚持从旧兼从轻原则，按照有利于被告人的原则进行处理。本案对于张甲成结伙以出卖为目的，使用暴力方法绑架妇女，并在贩卖过程中单独对妇女实施奸淫的行为，《批复》将奸淫被绑架妇女（幼女）作为绑架妇女罪的从重处罚情节进行处罚，而1997

年《刑法》第二百四十条第一款第五项、第三项项将“使用暴力方法绑架妇女”“奸淫被拐卖妇女”分别作为拐卖妇女罪的加重情节进行处罚，《决定》规定的绑架妇女罪从重情节与1997年《刑法》拐卖妇女罪加重情节的主刑虽一样，均“应处十年以上有期徒刑或者无期徒刑，并处罚金或者没收财产；情节特别严重的，处死刑，并处没收财产”，但附加刑部分，绑架妇女罪规定的是“并处一万元以下罚金”，而1997年《刑法》拐卖妇女罪规定的是“并处罚金”，对罚金数额没有作出限制，即可以高于1万元。由此可见，《决定》规定的从重情节的处罚比1997年《刑法》规定的加重情节的处罚要轻，根据从旧兼从轻的法律适用原则，应适用《决定》的规定对张甲成进行处罚，即应以绑架妇女罪的从重情节对张甲成进行定罪处罚。

三、单行刑法与司法解释的效力问题

对于因刑法修订、变更导致根据修订前的刑法制定的单行刑法、司法解释的适用。笔者认为，如果被告人的行为按照犯罪行为实施时的单行刑法和现行刑法都认为是犯罪，则要综合犯罪行为实施时的单行刑法和司法解释的规定，比较新旧刑法规定对犯罪行为的处罚，如果根据犯罪行为实施时的单行刑法和司法解释对犯罪行为的处罚要轻，则应适用犯罪行为实施时的单行刑法、司法解释的规定进行定罪处罚。本案在对张甲成结伙以出卖为目的，使用暴力方法绑架妇女，并在贩卖过程中单独对妇女实施奸淫的行为进行定罪处罚时，就综合考虑了犯罪行为实施时的单行刑法即《关于严惩拐卖、绑架妇女、儿童的犯罪分子的决定》、司法解释即《最高人民法院关于对在拐卖、绑架妇女（幼女）过程中又奸淫被害人的行为应定罪问题的批复》的规定，从而对张甲成该行为以绑架妇女罪定罪处罚。

四、判断处罚轻重的标准

对于新旧刑法规定的刑罚轻重的判断标准，首先应比较主刑的轻重，如果主刑相同，需比较附加刑；比较附加刑时，应先比较上限规定，若上限相同，则比较下限规定。本案在对张甲成和朱木生的行为适用法律时，是通过比较附加刑的轻重决定适用的刑法，即单行刑法《决定》和1997年《刑法》对张甲成、朱木生的行为应判处主刑一致，但附加刑部分，《决定》比1997年《刑法》轻，故适用《决定》，而不是适用1997年《刑法》。

（一审法院合议庭成员　郑仕忠　彭朝城　余国清
二审法院合议庭成员　刘旭烜　陈志翔　连辉海
编写人　广东省高级人民法院　赵志春　何慧婷
责任编辑　周维明
审稿人　李玉萍）

原载《人民法院案例选》2019年第5辑（总第135辑）

二、刑事责任年龄

2. 于沛文、曾某某、蒋某某、刘某某抢劫案

——户口登记有误，依充分证据可认定
被告人已达刑事责任年龄

【关键词】

户口登记　刑事责任年龄　证明力

【裁判要旨】

有足够证据认定户口登记册上记载的年龄有误，应当以查明的实际年龄来认定。对没有充分证据证明被告人实施指控的犯罪时已经达到规定刑事责任年龄且确实无法查明的，应当推定其没有达到法定刑事责任年龄，但对于有证据足以证明被告人实施被指控的犯罪时已经达到法定责任年龄的，只是户口登记有误的，应当以达到刑事责任年龄来依法追究刑事责任。

【相关法条】

《最高人民法院关于适用〈中华人民共和国刑事诉讼法〉的解释》

第一百一十二条　审查被告人实施被指控的犯罪时或者审判时是否达到相应法定责任年龄，应当根据户籍证明、出生证明文件、学籍卡、人口普查登记、无利害关系人的证言等证据综合判断。

证明被告人已满十四周岁、十六周岁、十八周岁或者不满七十五周岁的证据不足的，应当认定被告人不满十四周岁、不满十六周岁、不满十八周岁或者已满七十五周岁。

《最高人民法院关于审理未成年人刑事案件具体应用法律若干问题的解释》

第四条　对于没有充分证据证明被告人实施被指控的犯罪时已经达到法定刑事责任年龄且确实无法查明的，应当推定其没有达到相应法定刑事责任年龄。

相关证据足以证明被告人实施被指控的犯罪时已经达到法定刑事责任年龄，但是无法准确查明被告人具体出生日期的，应当认定其达到相应法定刑事责任年龄。

【案件索引】

一审：湖南省祁阳县人民法院（2013）祁刑初字第98号（2014年1月21日）

二审：湖南省永州市中级人民法院（2014）永中法刑二终字第35号（2014年4月3日）

【基本案情】

2012年11月以来，被告人于沛文、蒋某某、曾某某、刘某某相互结伙在祁阳县浯溪镇抢劫作案，其中，被告人蒋某某、曾某某参与抢劫作案2次，被告人于沛文、刘某某参与作案1次。被告人于沛文的户籍登记册证明其具有完全刑事责任年龄，被告人蒋某某、刘某某的户籍登记册证明两人犯罪时系未成年人。对于被告曾某某犯罪时的实际年龄，其辩护人为了证明曾某某犯罪时未满14周岁，提供下列证据：（1）曾某某在湖南省涉外经济学院就读的学生证和2001年1月5日登记的户籍，证明其出生日期为1999年9月26日，实施犯罪时未满14周岁。（2）茅竹镇老山湾村民委员会的证明，证明2012年8月申请更正户籍登记是为了改大年龄以便送其当兵。公诉机关为了证明曾某某犯罪时已满14周岁，提供了下列证据：（1）证人王小叶、尹小叶、曾冬山、罗华山、曾凡斌、曾会强、陈金翠、李红兵、陈巧琼、李继革的证言，分别证实王小叶1999年1月17日携与前夫所生之子曾某某与曾冬山再婚，当时曾某某已出生8个月，1999年9月26日，曾冬山与王小叶生子曾某1。（2）湖南省公民信息变更、更正审核表，证明2012年8月曾冬山申请户籍更正是因为原户籍登记曾某某、曾某1年龄有误，曾某某实际出生于1997年9月26日，错登为1999年9月26日，曾某1实际出生于1999年8月17日，错登为2000年8月17日。（3）曾冬山生育二胎申请登记表、育龄妇女档案册、祁阳县茅竹镇计生办出具的婴儿出生情况登记表和出生登记册，证明王小叶1999年9月26日（农历为8月17日）生二胎；（4）2011年浯溪二中、2012年黎家坪中学在校学生学籍登记，证明曾某某的弟弟曾某1是1999年出生。根据上述证据，公诉机关认为被告人曾某某实施犯罪行为时，其年龄已达到法定刑事责任年龄（即14周岁）。

【裁判结果】

湖南省祁阳县人民法院2014年1月21日作出（2013）祁刑初字第98号刑事判决：一、被告人于沛文犯抢劫罪，判处有期徒刑三年，并处罚金五千元；二、被告人蒋某某犯抢劫罪，判处有期徒刑二年，缓刑三年，并处罚金三千元；三、被告人曾某某犯抢劫罪，判处有期徒刑二年，缓刑三年，并处罚金三千元。

一审宣判后，被告人于沛文不服，提起上诉。2014年4月3日，永州市中级人民法院作出（2014）永中法刑二终字第35号刑事裁定书，裁定驳回上诉，维持原判。

【裁判理由】

法院生效裁判认为，被告人于沛文、蒋某某、曾某某、刘某某以非法占有为目的，采用暴力胁迫手段，当场强行劫取他人财物，其行为已构成抢劫罪。在共同犯罪中，被告人于沛文事前出谋划策，被告人蒋某某、曾某某、刘某某积极参与，均起了主要作用，均系主犯。被告人曾某某辩护人辩称，被告人曾某某犯罪时未达到14周岁，应不负刑事责任。经查实，被告人曾某某之弟曾某1是1999年出生，被告人曾某某系其母亲王小叶从云南带来的，带来时已有七八个月大，由此可以推定被告人在2012年1月犯罪时已满14周岁，故对被告人曾某某的辩护观点不予采纳。被告人蒋某某、曾某某、刘某某均系未成年人犯罪，对3被告人依法应当从轻或减轻处罚，4被告人均如实供述了自己的罪行，依法可以从轻处罚。综上，决定对被告人于沛文从轻处罚，对被告人曾某某、蒋某某、刘某某减轻处罚。综合全案情节，鉴于被告人蒋某某、曾某某、刘某某系未成年人犯罪，对未成年人犯罪坚持以教育为主，惩罚为辅的原则，且3被告人有悔罪表现，没有再犯罪的危险，宣告缓刑对所居民社区没有重大不良影响，适于社区矫正，决定对被告人曾某某、蒋某某、刘某某宣告缓刑。据此，法院依法作出了上述判决。

【案例注解】

本案争执的焦点是被告人曾某某户籍登记上的年龄有误，如何认定其犯罪时的实际年龄。

根据1991年7月22日《最高人民法院研究室关于如何认定被告人犯罪时年龄问题的电话答复》《最高人民法院关于适用〈中华人民共和国刑事诉讼法〉的解释》第一百一十二条规定和《最高人民法院关于审理未成年人刑事案件具体应用法律若干问题的解释》第四条规定，认定被告人犯罪时实际年龄应坚持以下原则：

在一般情况下，认定被告人的实际年龄应当以户口登记为基本依据。对被告人实际年龄有异议或者疑义时，审查被告人实施被指控的犯罪时是否达到相应的法定责任年龄，应当根据户籍证明、出生证明文件、学籍卡、人口登记普查、无利害关系人的证言和其他有关资料等证据综合判断。

如果有足够证据认定户口登记册上记载的年龄有误，就应以查明的实际年龄来认定。对于没有充分证据证明被告人实施指控的犯罪时已经达到规定刑事责任年龄且确实无法查明的，应当推定其没有达到法定刑事责任年龄。相关证据足以证明被告人实施被指控的犯罪时已经达到法定刑事责任年龄，但是无法准确查明被告人具体出生日期的，应当认定其达到相应法定刑事责任年龄。

本案有充分证据可认定被告人曾某某实施被指控的犯罪时已经达到法定刑事责任年龄。

1. 两份户籍证明力的比较。被告人曾某某2001年1月5日登记的户籍证明上的出生日期为1999年9月26日。2012年8月曾冬山以原户籍登记曾某某、曾某1年龄有误为由申请更正，申请更正后，被告人曾某某出生日期登记为1997年9月26日。被告人曾某某辩护人辩称申请更正真正理由并不是年龄登记错误，而是为了送曾某某当兵故意改大年龄，其理由并不充分。根据案卷中的证人证言和曾某1的出生证明文件，2012年8月更正后的户籍证明力优于2001年1月5日登记的户籍证明力。

2. 两份学籍证明的矛盾。被告人曾某某辩护人提供曾某某在湖南省涉外经济学院就读的学生证，证明其出生日期为1999年9月26日。公诉机关提供了曾某某的弟弟曾某12011年在浯溪二中、2012年在黎家坪中学就读时的学籍登记，证明曾某1是1999年9月26日出生（农历为8月17日），曾某1的出生日期有2012年户籍、证人证言、出生证明文件相互印证，可以确定，非双胞胎兄弟不可能同年同日出生，曾某某在湖南省涉外经济学院就读的学生证上登记的出生日期不可采信。

3. 证人证言的佐证。王小叶与曾冬山证实两人1999年1月再婚时，曾某某已出生8个月，证人尹小叶、罗华山、曾凡斌、曾会强、陈金翠、李红兵、陈巧琼、李继革的证言证实，曾某某系王小叶与前夫所生，从云南带来时已8个月大，1999年王小叶与曾冬山两人生育二胎曾某1。

4. 出生证明文件和其他有关资料的佐证。曾冬山生育二胎申请登记表、育龄妇女档案册、祁阳县茅竹镇计生办出具的婴儿出生情况登记表和出生登记册，证明王小叶1999年9月26日（农历8月17日）生二胎。

综上证据，被告人曾某某的母亲王小叶1999年1月再婚时，曾某某已出生8个月，曾某某的弟弟曾某1的出生日期为1999年8月17日，结合10月怀胎的自然规律，可以认定被告人曾某某年龄比其弟曾某1年龄约大一岁半，再结合被告人曾某某的作案时间，可以认定被告人曾某某在实施犯罪时，其年龄达到法定刑事责任年龄，即14周岁。

（一审法院合议庭成员　陈飞燕　李春林　唐湘娟
二审法院合议庭成员　伍希永　龙国明　欧贤志
编写人　湖南省祁阳县人民法院　于杨宁　陈飞燕
责任编辑　李　明
审稿人　蒋惠岭）

原载《人民法院案例选》2016年第3辑（总第97辑）

三、特殊人员的刑事责任能力

3. 甄国锐故意杀人案

——毒品所致精神障碍者刑事责任能力的审查与认定

【关键词】

刑事　毒品所致精神障碍　原因　自由行为　刑事责任能力

【裁判要旨】

自愿摄入毒品所致精神障碍的人犯罪，应当负刑事责任。

法官应注重从形式和实质两个方面加强对精神病司法鉴定意见的审查，确立以法官为主导的精神障碍者刑事责任能力审查机制。

【相关法条】

《中华人民共和国刑法》

第十八条　精神病人在不能辨认或者不能控制自己行为的时候造成危害结果，经法定程序鉴定确认的，不负刑事责任，但是应当责令他的家属或者监护人严加看管和医疗；在必要的时候，由政府强制医疗。

间歇性的精神病人在精神正常的时候犯罪，应当负刑事责任。

尚未完全丧失辨认或者控制自己行为能力的精神病人犯罪的，应当负刑事责任，但是可以从轻或者减轻处罚。

醉酒的人犯罪，应当负刑事责任。

【案件索引】

一审：北京市第二中级人民法院（2016）京02刑初117号（2017年7月19日）

死刑复核程序：北京市高级人民法院（2017）京刑核25235740号（2017年12月27日）

【基本案情】

法院经审理查明：被告人甄国锐于2015年1月13日凌晨，在北京市东城区北河胡同吉祥服务站内，因琐事与该服务站的工作人员王某（女，殁年57岁）发生争执，遂持木质条形钝器猛击其头部、躯干部等部位，后持菜刀砍切其颈部，造成王某颅脑损伤及创伤失血性休克，最终致头颈部离断死亡。被告人甄国锐于作案当日向北京市公安局东城分局投案。

针对被告人甄国锐作案时的精神状态，在案有三份鉴定意见，分别为：（1）北京回龙观医院精神疾病司法鉴定科出具的精神疾病司法鉴定意见书：被鉴定人甄国锐诊断为妄想状态，限制刑事责任能力。（2）北京市公安局强制治疗管理处司法鉴定中心出具的精神病司法鉴定意见书：被鉴定人甄国锐诊断为精神活性物质所致的精神障碍，实施违法行为时处于精神活性物质导致的精神与行为异常状态，但由于吸食毒品系自陷性行为，为法律所禁止，评定为完全刑事责任能力。（3）法大法庭科学技术鉴定研究所出具的司法鉴定意见：被鉴定人2015年1月13日作案时处于妄想状态。从精神障碍分类学上，有理由推断被鉴定的上述以妄想、幻觉为主要表现的精神障碍系由精神活性物质所致。按照《中国精神障碍分类与诊断标准（第三版）》（CCMD－3），被鉴定人诊断为精神活性物质所致精神障碍。

【裁判结果】

北京市第二中级人民法院于2017年7月19日作出（2016）京02刑初117号刑事判决，认定被告人甄国锐作案时受精神病理因素的影响，控制能力受损，判决：一、被告人甄国锐犯故意杀人罪，判处死刑，缓期二年执行，剥夺政治权利终身。二、在案扣押物品木方条四根、菜刀一把、双肩背包一个予以没收。宣判后，被告人甄国锐未提起上诉，检察院未提起抗诉，一审法院报请北京市高级人民法院核准死刑。北京市高级人民法院于2017年12月27日作出（2017）京刑核25235740号刑事裁定，核准死刑，缓期二年执行。

【裁判理由】

法院生效判决认为：根据司法部发布的《司法鉴定程序通则》第二十三条“司法鉴定人进行鉴定，应当依下列顺序遵守和采用该专业领域的技术标准、技术规范和技术方法：（一）国家标准；（二）行业标准和技术规范；（三）该专业领域多数专家认可的技术方法”之规定，北京回龙观医院精神疾病司法鉴定科出具的鉴定意见，全文未见对相关标准和技术规范的引用；北京市公安局强制治疗管理处司法鉴定中心出具的鉴定意见，在对甄国锐作案时的精神状态进行分析诊断时，所引用的《中国精神障碍分类与诊断标准（第三版）》系行业标准和技术规范，但在对甄国锐作案时的刑事责任能力进行判断时，未引用明确的标准和技术规范；法大法庭科学技术鉴定研究所在对甄国锐作案时的精神状态进行分析诊断时，引用了《中国精神障碍分类与诊断标准（第三版）》，在对甄国锐作案时的刑事责任能力进行判断时，所引用的《精神障碍者刑事责任能力评定指南》系国家标准。据此，对法大法庭科学技术鉴定研究所出具的上述鉴定意见予以采信，该鉴定意见依照上述国家标准虽认为对甄国锐作案时的刑事责任能力不作评定，但亦证实被告人甄国锐作案时受精神病理因素的影响控制能力受损。被告人甄国锐故意非法剥夺他人生命，致人死亡，其行为已构成故意杀人罪，且所犯罪行特别严重，依法应予惩处。鉴于被告人甄国锐犯罪后自动投案，如实供述自己罪行，构成自首，以及其作案时控制能力受损等情节，依法对其判处死刑，可不予立即执行。

【案例注解】

本案争议的焦点是被告人甄国锐的刑事责任能力问题。被告人甄国锐有长期吸毒史，针对其刑事责任能力，在案有三份鉴定意见，出现三种不同的鉴定结果，法官应如何进行审查与认定成为本案审理的焦点。

目前，我国法律对毒品所致精神障碍者的刑事责任能力问题尚无明确规定，致使司法实践中存在不同的认识。2016 年司法部颁布的《精神障碍者刑事责任能力评定指南》（SF/Z JD104002－2016）5.2.5 条款规定："对毒品所致精神障碍者，如为非自愿摄入者按 5.1 条款评定其刑事责任能力；对自愿摄入者，如果精神症状影响其辨认或控制能力时，不宜评定其刑事责任能力，可进行医学诊断并说明其作案时精神状态。"此鉴定指南对自愿摄入毒品所致精神障碍者的刑事责任能力问题暂不评定，亦采取了回避的态度。

一、毒品所致精神障碍者刑事责任能力评定现状

法官是司法的最终裁判者，"法律明确时，法官遵守法律；法律不明确时，法官则探求法律的精神"。① 针对毒品所致精神障碍者刑事责任能力问题，法官不能无所适从，而应结合精神病司法鉴定意见作出裁判。司法实践中，对非自愿摄入毒品所致精神障碍者的刑事责任能力问题几无争议，而对于自愿摄入毒品所致精神障碍者刑事责任能力问题则不无争议，主要存在完全刑事责任能力与限制刑事责任能力两种不同观点。据调查统计，在自愿摄入毒品所致精神障碍者刑事责任能力认定意见中，有 72.1% 的法官认定为完全刑事责任能力，有 25.6% 的法官认定为限定刑事责任能力。②

（一）完全刑事责任能力

持此观点者认为，吸毒本身为法律所禁止，因吸毒行为所致的违法犯罪行为当然应该受到严惩，且吸毒成瘾本身属于自陷性行为，行为人明知吸食毒品后会出现精神异常，却不吸取教训，继续主动吸食毒品，虽然作案时丧失辨认能力和控制能力，但该状态系其主动吸食毒品所致，在选择吸食毒品时具有完整的辨认能力和控制能力，应当能预见其行为后果，因此主张评定为完全责任能力。③ 更有论者提出，对吸毒者刑事责任能力的评定应参照刑法对醉酒者的规定来评定，对《刑法》第十八条第四款进行修改，将"醉酒的人犯罪，应当负刑事责任"修改为"因故意或过失行为自行招致辨认和控制能力减

---

① ［法］孟德斯鸠：《论法的精神》（下册），商务印书馆 1961 年版，第 197 页。

② 张盛宇等：《毒品所致精神障碍者刑事责任能力审判认定调查研究》，载《中国司法鉴定》2016 年第 4 期。

③ 林红：《我所 2011 年—2015 年毒品所致精神障碍刑事责任能力评定结果分析》，载《基层医学论坛》2016 第 20 期。

弱或丧失的，不适用第一款和第四款之规定”。[①]

（二）限制刑事责任能力

持此观点者认为，对自愿吸毒者，在评定刑事责任能力时，应结合行为人对毒品的心理态度与辨认和控制能力受损程度两者来考虑，如果说发生危害行为当时确实陷于辨认或控制能力丧失时，可评为限定责任能力。[②] 该观点一度成为全国司法精神病鉴定界的主流认识。[③]

二、毒品所致精神障碍者刑事责任能力的域外考察

“他山之石，可以攻玉”，毒品所致精神障碍者刑事责任能力问题是普遍性的法律问题，考察域外立法例和司法实践，将有利于完善我国的法律规定。

（一）英美法系国家

英美法系国家注意区分自愿醉态（voluntary intoxication）与非自愿醉态（involuntary intoxication）。此处重点介绍自愿醉态情况。自愿醉态是行为人知道或应当知道其所饮用的酒或服用的毒品、药物可能会引起醉态仍主动饮用或服用之而引起的醉态。[④] 对自愿醉态下犯罪者的刑事责任问题，英美法系国家注意区分“特定故意犯罪”（crimes of specific intent）与“一般故意犯罪”（crimes of general intent）。当被告人面临特定故意犯罪指控时，醉态可以作为辩护理由，而在一般故意犯罪指控中，醉态不是辩护理由。一般故意犯罪最好的解释是 recklessness（轻率），特定故意犯罪意味着 intention（蓄意）。[⑤]《美国模范刑法典》规定，在自我招致的醉态否定犯罪构成要素的情况下，被告人可以出示醉态证据。醉态证据只有在构成犯罪要求证明蓄意、目的、明知等的情况下才会被采用。但是如果某种犯罪主观上要求的是轻率，而被告人在醉态之下没有意识到其在清醒状态下能够意识到的危险时，排除醉态证据作为辩护理由。可见，英美法系国家在处理醉态者刑事责任时，体现了较强的刑法谦抑性。

英美法系国家通过判例确立了特定犯罪中醉态证据可以作为辩护理由的醉态理论。一方面，醉态理论强调自愿摄入毒品所致的醉态具有有责性，因为行为人明知摄入毒品所致的醉态会对其行为能力产生影响，“人们现在已经知道酒精饮料以及其他致人醉态物能给人的行为造成影响。在这种明知的情况下，饮酒、服用毒品之类的醉态物的行为从道德上就等同于对危害行为具有轻率、疏忽”。[⑥] 另一方面，在处罚醉态下的犯罪行为时，又必须考虑行为人处于醉态的客观事实，于是允许在特定故意犯罪中出示醉态证据，以否定犯罪构成所必须具备的特定故意要素，如蓄意、故意等。实际上，英美法系国家对毒品所致精神障碍者刑事责任能力问题采取了折中的态度，即当犯罪主观要件为intentionally 或 purposely（蓄意地）、knowingly（故意地）时，自愿醉态是辩护理由；当主观

---

① 吴真：《再议毒品所致精神障碍者的刑事责任能力评定》，载《中国司法鉴定》2010 年第 1 期。

② 蔡伟雄：《毒品所致精神障碍者的刑事责任能力评定问题探析》，载《中国司法鉴定》2006 年 5 期。

③ 张钦廷等：《毒品所致精神障碍者刑事责任能力评定存在问题及对策》，载《中国司法鉴定》2018 年第 3 期。

④ ［美］Richard G. Singer，John Q. La Fond：《刑法学》（注释本），王秀梅注，中国方正出版社 2003 年版，第 462 页。

⑤ ［英］乔纳森·赫林：《刑法学》（第 3 版）（影印本），法律出版社 2003 年版，第 369 页。

⑥ ［英］乔纳森·赫林：《刑法学》（第 3 版）（影印本），法律出版社 2003 年版，第 465 页。

要件为 recklessly（轻率地）、negligently（疏忽地）时，不是辩护理由。[①]

（二）大陆法系国家

大陆法系国家对毒品所致精神障碍者的刑事责任能力评定大多建立在“原因自由行为”（action libera in cause）理论基础之上，认为行为人对故意或过失使自己陷入无责任能力状态所实施的违法犯罪行为，应当承担刑事责任，但各个国家对毒品所致精神障碍者刑事责任能力的规定亦存在差异。

以德国、西班牙为代表，对毒品所致精神障碍者刑事责任能力的规定相对宽松，如《德国刑法典》第 323 条 a 中的第一款规定：“故意或过失饮酒或使用其他麻醉品，使自己处于无责任能力或不能排除其无责任能力的醉酒状态下实施犯罪行为的，处五年以下自由刑或罚金刑，如果他在该状态中实施违法的行为却因为他由于昏醉已是责任无能力或者因为没有排除责任无能力而因此不能处罚他的话。”《西班牙刑法典》第 20 条第 2 项规定：“以下情况免除刑事责任：实施违法行为时因吸食酒精性饮料、毒品、麻醉品、扰乱精神物质或者能产生类似效力的物质而处于其药性发作期间，阻碍当事人理解其行为的违法性或者按照其理解实施的行为。但亦须符合以下条件：非故意实施犯罪，或者未曾预见或者无法预见其行为，或者已产生对某物质的依赖性虽未吸食但造成症状的影响之下。”第 21 条第 2 项规定：“以下情况减轻刑事责任：严重过量地吸食前条第 2 项规定的物质而造成的违法行为。”

以意大利、俄罗斯为代表，肯定毒品所致精神障碍者具有刑事责任能力，拒绝减免刑罚。如《意大利刑法典》第 91 条、第 92 条、第 93 条分别规定：“因意外事件或者不可抗力而处于完全的醉酒状态，从而在实施行为时不具有理解或意思能力的，不是可归罪的。如果醉酒状态是不完全的，但仍能大大降低理解或意思能力，却不能排除该能力，刑罚予以减轻。”“如果醉酒状态不是产生于意外事件或者不可抗力，即不排除，也不降低可归罪性。如果醉酒状态是为了实施犯罪或者准备借口的目的而预先安排的，刑法予以增加。”“当行为是在麻醉品作用下实施时，也适用前两条规定。”《俄罗斯刑法典》第 23 条规定：“在使用酒精饮料、麻醉品或其他迷幻药物而导致的不清醒状态中实施犯罪的人，应当承担刑事责任。”

原因自由行为是指具有责任能力的行为人，故意或者过失使自己一时陷入丧失或者尚未完全丧失责任能力的状态，并在该状态下实施了符合构成要件的违法行为。使自己陷入丧失或者尚未完全丧失责任能力状态的行为，称为原因行为；在该状态下实施的客观构成要件的违法行为，称为结果行为。由于行为人可以自由决定自己是否陷入上述状态，故称为原因自由行为。[②] 自愿摄入毒品的行为属于原因行为，因摄入毒品陷入精神障碍状态下实施的违法犯罪行为属于结果行为。原因自由行为理论认为，虽然行为人在实施不法行为时，处于责任能力障碍状态，是不自主的，但是行为人具有决定是否陷入责任能力障碍的自由，因此，处罚自愿摄入毒品的人犯罪，并不违背责任原则。

---

① ［美］史蒂文·L. 伊曼纽尔：《刑法学》（影印本），中信出版社 2003 年版，第 84～88 页。

② 张明楷：《刑法学》，法律出版社 2011 年版，第 284 页。

三、毒品所致精神障碍者刑事责任能力的立法完善

目前，我国刑法对醉酒的人犯罪作出了规定，而对于具有比较意义的毒品所致精神障碍的人犯罪尚无明确规定。为统一司法，有必要修改《刑法》第十八条第四款的规定："醉酒的人犯罪，或因毒品所致精神障碍的人犯罪，应当负刑事责任。"我国是传统的大陆法系国家，此规定的理论基础依旧是原因自由行为理论。基于刑法法益保护的原则和刑罚目的的要求，以及刑事政策的考虑，原因自由行为具有可罚性。

（一）法益保护原则的要求

法益是指法所保护的利益。刑法的机能是法益保护，犯罪的本质是法益侵害或者法益侵害的危险性。法益保护原则要求刑事立法必须以保护法益为目的。毒品所致精神障碍者实施的犯罪行为，多表现为暴力性犯罪，如故意杀人、故意伤害等，具有严重的法益侵害性。从一般人的法感情考虑，因毒品而使自己陷入丧失辨认控制能力状态，其所实施的法益侵害行为为社会所不能容忍，有追究责任的必要。再者，毒品本身具有严重的危害性，追究毒品所致精神障碍者犯罪的刑事责任，不会导致禁止对社会有利的行为，也不会导致对国民的自由进行不合理的限制。

（二）刑罚目的的要求

刑罚目的是刑法任务正当化的依据，《刑法》第二条规定，刑法的任务是用刑罚同一切犯罪行为作斗争，以保护国家、社会和公民利益。刑罚的目的包括报应目的和预防目的两部分。无论基于何种目的，惩罚毒品所致精神障碍者犯罪都符合刑罚目的的要求。一方面，毒品所致精神障碍者犯罪具有严重的法益侵害性，为民众所不容，从刑罚报应目的出发，刑法应对其做出否定性评价，对其施以刑罚，以安抚民众的内心情感，维护社会正义观念。"如果把正义观念的实现也视作一种追求，那么报应刑的目的就在于平衡犯罪人的罪责，满足民众对犯罪人的憎恨，赢得被害人和社会公众对刑法的认同。"① 另一方面，刑罚具有特殊预防和一般预防的目的，对毒品所致精神障碍的人犯罪适用刑罚，使之永久地或一定期间内丧失再犯的能力，以达到防卫社会的目的。同时，对其他社会公民也起到警示和威慑的功能，让人们知道因毒品所致精神障碍者实施犯罪行为同样会受到刑罚惩罚，会遭受痛苦，从而达到引领、规范人们的行为和吓阻潜在的犯罪人的目的。

（三）刑事政策的要求

毒品是人类社会的公害，是涉及公共安全的重要问题，不仅严重侵害人的身体健康、销蚀人的意志、破坏家庭幸福，而且严重消耗社会财富、毒化社会风气、污染社会环境，同时极易诱发一系列犯罪活动。当前，我国禁毒形势依旧严峻。截至2017年底，全国现有吸毒人员255.3万名（不含戒断三年未发现复吸人数、死亡人数和离境人数），同比增长1.9%；全年破获毒品刑事案件14万起，打掉制贩毒团伙5534个，抓获毒品犯罪嫌疑人16.9万名，缴获各类毒品89.2吨；查获有吸毒行为人员87万人次，其中登记新发现吸毒人员34万人；依法强制隔离戒毒32.1万人，责令社区戒毒社区康复26万人次。②

---

① 周光权：《刑法总论》，中国人民大学出版社2007年版，第365页。

② 国家禁毒委员会办公室：《2017年中国毒品形势报告》，2017年6月25日发布。

厉行禁毒，严惩毒品犯罪，是我国的一贯刑事政策立场和主张。近年来，新型毒品不断涌现，较传统毒品，新型毒品多具有强致幻性，在吸食后会出现诸如幻觉、妄想等精神症状，从而导致认识和控制能力丧失，极易造成暴力犯罪，严重危害社会。因毒品所致精神障碍者犯罪，因毒品而起，基于对毒品"零容忍"的刑事政策要求，对自愿摄入毒品所致精神障碍者犯罪应予以严惩。

四、毒品所致精神障碍者刑事责任能力的司法审查

毒品所致精神障碍者刑事责任能力问题，既是法学问题，也是精神病医学问题。"在评定此类案件中被鉴定人的刑事责任能力时，必须把医学要件和法学要件紧密结合起来，才能作出更加完整的解释。"① 前述部分主要论证了毒品所致精神障碍者刑事责任能力的应然状态，司法实践中，法官应如何结合精神病司法鉴定意见，对毒品所致精神障碍者刑事责任能力进行实然审查是值得关注的问题。

精神病司法鉴定意见是指在诉讼活动中，具有鉴定资质的精神病鉴定专家运用科学技术或依据专业知识，对行为人作案时的精神状态及刑事责任能力问题，进行鉴别和判断，并提供鉴定意见的活动。精神病司法鉴定意见属于法定的证据种类，经庭审举证质证，可以作为定案的根据。但精神病司法鉴定意见具有双重属性，兼具科学性与非科学性、客观性与主观性的特征，因此，作为定案根据的精神病司法鉴定意见应当接受法官的司法审查与最终评判。

（一）精神病司法鉴定意见的双重属性

1. 科学性与非科学性。精神病司法鉴定意见的科学性来源于其知识性和程序性。其知识性体现在，其是具有鉴定资质的专业人士，依据精神病学的专业知识，遵循和采用精神病学的技术标准、技术规范和技术方法所作出，是知识性权力的外在表现形式，能够为人所信服。其程序性体现在，其是严格依照鉴定程序所作出，2016 年司法部发布了《司法鉴定程序通则》，对司法鉴定的委托与受理、司法鉴定的实施、司法鉴定意见的出具等程序性事项做了明确的规定，程序的规范与公正保证了其结果的科学性。同时，精神病司法鉴定意见具有非科学性，不同于 DNA 等鉴定科学，精神病鉴定并非完全依赖物理手段，不具有可验证性，"精神疾病由于它本身的复杂性，迄今对某些主要精神病的病因、精神病理表现与大脑结构、生理、生化机理之间的确切关系究竟如何，还难以确切说明；对精神病的本质，还缺乏全面的了解。因此，当今的精神病的鉴定或诊断，主要是通过对疑似精神病人的精神病史、精神病临床表现来进行的。这样，精神病鉴定或诊断在客观性、精确性（这主要体现在精神病诊断/鉴定的理化检查方式上）方面就存在一定的不足。"②

2. 客观性与主观性。精神病司法鉴定意见是建立在相关精神病学的客观知识及规律的基础之上的描述与诠释，其客观性毋庸置疑。然而，除少部分器质性病变引起的精神病是可以通过仪器设备进行鉴定外，大部分精神病鉴定并非依赖专门的物理性方法，而是由精神病鉴定专家凭借专业知识和经验，进行分析判断。"由于人类对精神系统还不能

① 郑瞻培：《司法精神病学鉴定实践》，知识产权出版社 2017 年版，第 173 页。

② 李从培：《司法精神病学鉴定的实践和理论》，北京医科大学出版社 2000 年版，第 13 页。

充分地认知，加之精神疾病的诊断与其它科学鉴定相比在相应仪器设备上的应用受到限制，故司法精神病鉴定的过程贯穿了鉴定人的主观因素，这些因素当然地受到鉴定人的技术水平、理解能力、判断能力等诸多因素的影响。因此，司法精神病鉴定所要解决的问题是一个具有主观内容的客观事实。”①

（二）精神病司法鉴定意见的实然审查

正是基于精神病司法鉴定意见的双重属性，法官应从形式与实质两个方面，加强审查，确保其具有合法性和客观性。法官作为司法的裁决者，不能简单机械地采信鉴定意见，惟鉴定意见论，更不能面对多种鉴定意见或鉴定意见不对刑事责任能力做评价时不知所措，无所适从。

1. 形式审查

精神病司法鉴定意见首先应符合法定证据形式，具有证据能力。依据刑事诉讼法司法解释，法官应从以下几个方面加强对精神病司法鉴定意见的形式审查：（1）鉴定机构是否具备法定资质，或者鉴定事项是否超出该鉴定机构业务范围、技术条件；（2）鉴定人是否具备法定资质，是否具有相关专业技术或者职称，以及是否违反回避的规定；（3）送检材料、样本来源是否明确，或者是否受到污染；（4）鉴定对象与送检材料、样本是否一致；（5）鉴定程序是否违反规定；（6）鉴定过程和方法是否符合相关专业的规范要求；（7）鉴定文书是否有签名、盖章。本案中，在案的三份鉴定意见中的两份鉴定意见的鉴定过程和方法不符合相关专业的规范要求，北京回龙观医院精神疾病司法鉴定科出具的鉴定意见，全文未见对相关标准和技术规范的引用，依据不明确；北京市公安局强制治疗管理处司法鉴定中心出具的鉴定意见，在对甄国锐作案时的精神状态进行分析诊断时，所引用的《中国精神障碍分类与诊断标准（第三版）》系行业标准和技术规范，但在对甄国锐作案时的刑事责任能力进行判断时，未引用明确的标准和技术规范。上述两份鉴定意见存在重大的形式缺陷，其合法性存疑，不能作为定案的根据。而法大法庭科学技术鉴定研究所在对甄国锐作案时的精神状态进行分析诊断时，引用了《中国精神障碍分类与诊断标准（第三版）》，在对甄国锐作案时的刑事责任能力进行判断时，引用了《精神障碍者刑事责任能力评定指南》，该标准系国家标准，故法大法庭科学技术鉴定研究所出具的鉴定意见，依据明确，鉴定过程和方法符合相应的规范要求，具有合法性。

2. 实质审查

在确定了在案的精神病司法鉴定意见可以作为证据使用的前提下，应加强对精神病司法鉴定意见实质内容的审查，主要包括“定病”和“定责”两个方面。

（1）“定病”，也即确定行为人是否患有精神性疾病，患有何种精神性疾病。此问题属于医学或病理学范畴，对此判断应坚持以精神病鉴定专家的意见为主，法官审查为辅的原则，因为精神病鉴定专家具有超越法官的精神病学知识和专业权威。同时，法官应努力提升自身综合素养，加强对精神病学方面知识的认知。在审查存疑的情况下，可以借助专家辅助人的专门知识，来实现对“定病”异议的支持和侧面印证。“专家辅助人

① 姚澜：《司法精神病鉴定意见价值论》，载《行政与法》2009年第6期。

参与诉讼的作用主要是辅助裁判者通过了解专门的技术问题来审查判断鉴定意见。专家辅助人提供了关于专门知识的意见是法官获取案件信息的一个渠道，其为法官形成内心确信提供足够的正当化资源。”①

具体到本案，涉及毒品所致精神障碍的问题。毒品作为一种强大的精神活性物质，由于医生处方不当或个人长期使用，会导致依赖综合症和其他精神障碍，如中毒、戒断综合征、精神病性症状（如幻觉、妄想和病理性观念）、情感障碍及残留性或迟发性精神障碍等。近年来，由毒品所致的精神障碍者涉刑事案件率呈增加趋势。司法实践中，有关毒品引发的精神障碍，鉴定意见一般表述为精神活性物质所致精神障碍，而非毒品所致精神障碍。有关毒品所致精神障碍的临床状态多表现为精神病性障碍和残留性、迟发性精神病性障碍两种形式。前者精神病性障碍是在使用毒品期间或之后立即出现的一类精神现象，其临床多表现为生动的幻觉（典型者为听幻觉，但常涉及一种以上的感官）、人物定向障碍、妄想或援引观念（常带有偏执或被害色彩）、精神运动性障碍（兴奋或木僵）以及异常情感表现等。此类精神病性障碍，在停止使用毒品后，会在较短时间内消除。后者残留性或迟发性精神病性障碍是指精神活性物质所致的认知、情感、人格或行为改变，其持续时间超过了与精神活性物质有关的直接效应所能达到的合理期限。对此类精神病的诊断应考虑毒品加重或诱发另一种精神障碍的可能，除了相对简单的器质性损伤或精神发育迟滞的共病认定外，还应考虑被毒品使用所遮盖，药物作用消退后又重新显露的原本就存在的精神障碍。② 因此，法官进行“定病”审查时，应着重审查行为人在摄入毒品前是否存在精神异常表现（是否属原发性精神障碍或混杂性精神障碍）；精神病诊断的证据，不能因行为人有吸毒史，就简单地把精神障碍与吸毒联系起来等等。本案被告人甄国锐自愿长期吸毒，无证据证明其吸毒前有精神异常表现，依据在案精神病司法鉴定意见，可以认定其系因毒品所致精神障碍。

（2）“定责”，也即确定行为人是否具有刑事责任能力，承担何种刑事责任的问题。此问题属于法律问题，故其判断应采取以法官司法判断权为主，精神病专家知识性权力为辅的方式，因为“定责”的核心是判断行为人作案时的认识能力和控制能力是否受损，是否具有可责性的问题，更多的是一种规范的或法学上的判断，而法官在法律领域的智识和经验显然要超过精神病鉴定专家。司法实践中，精神病司法鉴定意见一般会对行为人的刑事责任能力作出评判，评定行为人为完全刑事责任能力人、限制刑事责任能力人或无刑事责任能力人。对此，法官在进行“定责”审查时，应当予以充分尊重，但此评定结果并非最终的司法裁判，司法裁判权的终局性，以及现代司法精神病鉴定制度的内在逻辑，要求确立法官的主导地位，由法官在精神病司法鉴定意见的基础上，依据自己的法律知识和审判经验，对行为人的刑事责任能力作出最终的司法评判。

具体到本案，在未来立法确立“自愿摄入毒品所致精神障碍的人犯罪，应当负刑事责任”的原则后，被告人甄国锐的刑事责任能力问题或许不再是争议问题。被告人甄国

① 郭华：《刑事诉讼专家辅助人出庭的观点争议及其解决思路》，载《证据科学》2013 年第 4 期。

② 参见张钦廷等：《毒品所致精神障碍者刑事责任能力评定存在问题及对策》，载《中国司法鉴定》2018 年第 3 期。

锐有长时间的吸毒史，案发前曾饮酒，长期存在妄想、幻觉症状，可以确定甄国锐作案时处于妄想状态，其将被害人杀害的行为与妄想症状之间在整体上存在关联性。被告人甄国锐作案时，虽然受精神病理因素的影响，其认识能力和控制能力受损，但其精神障碍系其自愿长期吸食毒品所致，应承担完全刑事责任能力。

总之，毒品所致精神障碍者刑事责任能力问题应尽快通过立法予以明确，为司法实践“定分止争”。同时，法官应注重从形式和实质两个方面加强对精神病司法鉴定意见的审查，既要遵从司法最终裁判的原则，又要充分尊重精神病鉴定意见的专业性和科学性，确立以法官为主导的精神障碍者刑事责任能力审查机制。

（一审法院合议庭成员　刘　硕　孙轶松　王　刚
死刑复核合议庭成员　袁丽忠　孙　伟　林兵兵
编写人　北京市第二中级人民法院　金昌伟
责任编辑　周维明
审稿人　李玉萍）

原载《人民法院案例选》2019年第6辑（总第136辑）

四、正当防卫

4. 陈炳廷故意伤害案

——对防卫过当的量刑

【关键词】

防卫过当　正当防卫　故意伤害罪

【裁判要旨】

防卫人针对众多侵害人中某一人进行集中攻击的，判断防卫行为是否明显超过必要限度造成重大损害，不仅应将防卫人与个别侵害人的行为及状态进行比较，还应综合双方的全部力量对比进行考量。

【相关法条】

《中华人民共和国刑法》

第二十条第二款　正当防卫明显超过必要限度造成重大损害的，应当负刑事责任，但是应当减轻或者免除处罚。

第二百三十四条　故意伤害他人身体的，处三年以下有期徒刑、拘役或者管制。

犯前款罪，致人重伤的，处三年以上十年以下有期徒刑；致人死亡或者以特别残忍手段致人重伤造成严重残疾的，处十年以上有期徒刑、无期徒刑或者死刑。本法另有规定的，依照规定。

【案件索引】

一审：广东省广州市天河区人民法院（2015）穗天法刑初字第397号（2016年1月22日）

二审：广东省广州市中级人民法院（2016）粤01刑终621号（2016年5月4日）

【基本案情】

公诉机关指控：2014年7月18日凌晨3时许，被告人陈炳廷在其经营的本市天河区沙东大街46号一楼乐美超市内，与一名男子（另案处理）因买卖果冻的问题发生口角，该男子便打电话纠集吴锦杨、吴佳来（均另案处理）、吴某某（已死亡）等人到乐美超市，蓄意破坏该超市内摆放的果冻、饼干等物品，后双方发生打斗，陈炳廷用酒瓶打伤被害人吴某某头部（经送医院医治无效于2014年12月4日死亡）。2014年7月21日，被告人陈炳廷被抓获归案。

被告人陈炳廷及其辩护人提出的辩解、辩护意见为：（1）本案被害人吴某某及十几名同伙围殴被告人陈炳廷，存在明显过错，被告人陈炳廷为保护自身生命安全和财产安全而实施防卫行为，应认定为防卫过当；（2）被害人吴某某家属的治疗选择、同案人的踩踏均与被害人的死亡后果有关联；（3）被告人陈炳廷具有自首情节；（4）被告人陈炳廷主观恶性小，系初犯，且在家庭困难的情况下仍积极赔偿被害人家属的经济损失。建议对其从宽处罚或适用缓刑。

广州市天河区人民法院经审理查明：2014年7月18日凌晨3时许，有一名男子（另案处理）在广州市天河区沙东大街46号一楼的乐美超市与超市老板被告人陈炳廷因买卖果冻琐事发生口角，后该男子纠合被害人吴某某与涉案人员吴锦杨、吴俊强、吴佳来等多人（均另案处理）到乐美超市借故滋事。其间，吴某某、吴锦杨、吴俊强等人先动手指责挑衅、损毁该超市内摆卖的果冻并欲殴打被告人陈炳廷，被告人陈炳廷见状持酒瓶反击先后数次殴打吴某某的头部致其受伤，吴某某倒地后被告人陈炳廷仍继续持酒瓶重击其头部一次，最终致吴某某伤重昏迷，后吴锦杨、吴俊强等人遂持酒瓶、雨伞等殴打陈炳廷致其受伤，并随意毁损超市内摆放的饼干以及收银机等财物后共同逃离现场。事发后，被告人陈炳廷明知其妻子高金红已报警求助而留待现场等候公安人员到场处警，并根据公安人员的安排前往医院治疗，后被告人陈炳廷到公安机关如实供述主要犯罪事实。2014年7月21日，公安人员前往超市将被告人陈炳廷带回调查。经法医鉴定，被害人吴某某头部受伤后，即行手术治疗抢救，术后其意识状态及对外界刺激反应无明显改善，受伤治疗4个月后复查，见伤者仍处于无意识睁眼，对外界刺激无反应的植物生存状态，其损伤程度属重伤一级；2014年12月4日，被害人吴某某抢救无效死亡，其死因系因头部受钝性暴力作用致重型颅脑损伤，继发脑水肿坏死造成神经中枢功能衰竭死亡；被告人陈炳廷的损伤程度属轻微伤；被毁损的财物共价值人民币1529元。案发后，被告人陈炳廷的家属代其向被害人吴某某的家属支付治疗费用人民币1万元；在法院审理期间，又代其交纳赔偿款人民币5万元。

广州市中级人民法院认定的事实与一审一致。另外，在二审期间，上诉人陈炳廷的家属又代其交纳赔偿款人民币5万元。

【裁判结果】

广州市天河区人民法院于2016年1月22日作出（2015）穗天法刑初字第397号刑事判决：一、被告人陈炳廷犯故意伤害罪，判处有期徒刑五年六个月。二、被告人陈炳廷缴纳的赔偿款人民币5万元，发还被害人吴某某的家属。

宣判后，被告人陈炳廷向广州市中级人民法院提出上诉。

广州市中级人民法院于2016年5月4日作出（2016）粤01刑终621号刑事判决：一、维持广州市天河区人民法院（2015）穗天法刑初字第397号刑事判决第一项对上诉人陈炳廷的定罪部分及第二项。二、撤销广州市天河区人民法院（2015）穗天法刑初字第397号刑事判决第一项对上诉人陈炳廷的量刑部分。三、上诉人陈炳廷犯故意伤害罪，判处有期徒刑三年。

【裁判理由】

法院生效裁判认为：上诉人陈炳廷故意伤害他人身体，致一人死亡，其行为已构成故意伤害罪，依法应予惩处。上诉人陈炳廷防卫明显超过必要限度造成重大损害，属防卫过当，依法减轻处罚。上诉人陈炳廷案发后明知他人报警而留待现场等候公安人员到场处理，归案后如实供述主要犯罪事实，系自首，依法可从轻处罚。上诉人陈炳廷家属在二审期间主动代其再次赔偿被害人家属部分经济损失，综合本案的起因、上诉人的作案手段及情节，可再对其从轻处罚。

【案例注解】

一、陈炳廷的行为具有防卫性质

被害人吴某某一方实施不法侵害行为，陈炳廷的行为具有防卫性质：（1）从侵害的性质来看，陈炳廷诚实劳动，合法经营，是被害人吴某某的同伙与陈炳廷发生争执，即纠合多人来到陈炳廷的超市寻衅滋事，并先用东西掷向陈炳廷、与其发生肢体接触，可以判断其目的是针对陈炳廷人身或其财物实施不法侵害行为。（2）从双方力量对比来看，被害人吴某某一方有10人左右，陈炳廷一方仅有一人，被害人一方力量远远占优，且明显带有流氓滋事的性质，在心理上，陈炳廷不知道对方是否带有刀具，不可能准确预测对方将采用何种方式对自己进行伤害以及伤害的程度。（3）从案发时间来看，凌晨三点时顾客及路人极为稀少，陈炳廷从外界获得帮助的可能性很小，易加重其恐惧心理。（4）从防卫时机来看，侵害人一方有10余人到场，情形紧迫，且被害人吴某某对陈炳廷进行指骂和殴打，不法侵害已经开始。被害人吴某某首先与陈炳廷发生肢体接触，陈炳廷随手用酒瓶回击，该行为虽然单独评价似乎超出了吴某某对其的攻击力度，但是对方人多势众前来挑衅，显然不能要求陈炳廷等对方先作出正式的攻击或自己受伤后才开始防卫。（5）从陈炳廷所处位置来看，其在收银台内，空间狭窄，拦挡和反抗不便。（6）从选择的工具上看，陈炳廷只能选择手边方便作为防卫武器的酒瓶，且该酒瓶也并不是通常意义上的杀伤力大的凶器。

二、防卫人对个别侵害人实施集中反击是否超过必要限度，需要根据双方整体情况进行判断

在司法实践中，不乏多人对被告人实施不法侵害，而被告人择一侵害人进行集中反击，致人重伤甚至死亡的案例。以一对一的攻击手段、方式和力度来看，可能该特定侵害人并未对防卫人实施较为严重的不法侵害，防卫人对该侵害人的攻击往往超过必要限度造成重大损害，对防卫人行为性质的认定也存在较大的争议。

防卫人集中攻击某一特定侵害人的心理动因，可能是为了显示自己反抗的决心以威慑对方；可能是择一弱者攻击以便于逃跑或削弱对方实力；可能是在慌乱之中来不及判断，只能本能地选择离自己最近、最容易攻击的对象进行反击；也可能是明知自己无法逃脱，但希望对方付出同等的代价。不可否认，在侵害人为多人的情况下，假如防卫人泛泛攻击所有侵害人造成轻微伤，不但无法有效阻止不法侵害，反而可能激起侵害人的怒火，使侵害升级，其效果往往不如集中攻击一人的威慑效果好。

在一对一的情况下，如果侵害人因防卫行为而放弃不法侵害或丧失反抗能力，防卫人再进行攻击，无疑是故意犯罪；而在多人侵害的情况下，即使一名侵害人倒地，其他侵害人继续实施不法侵害，那么防卫人再次攻击该侵害人的性质如何，需要针对具体情况进行判断。我们认为，应当将以下因素纳入考量依据：防卫人能否立即正确地判断侵害人仅是一时摔倒，还是已经丧失反抗能力；侵害人倒地后是否呼喝同伙为其报复；侵害人倒地后，双方力量对比是否因此发生变化；其他侵害人是否继续实施不法侵害，以及进一步攻击行为如何；侵害人摔倒的位置是否影响防卫人逃走或继续实施防卫行为等等。

在本案中，被害人吴某某用手殴打陈炳廷，而陈炳廷则使用酒瓶三次砸打被害人的头部，其中一次系在被害人吴某某被砸倒地的情况下上前殴打。从一对一的情况来看，陈炳廷攻击的手段和力度超过了被害人的侵害力度。但是从现场情况来看，陈炳廷没有时间停手仔细观察，其一时难以判断被害人仅是摔倒，还是已经丧失反抗能力，其在被害人倒地后砸其头部的行为与倒地前是基本连续的；陈炳廷从狭窄的收银处出来，被害人刚好倒在通路上，无论陈炳廷逃跑还是继续防卫，都需要经过被害人；对方 10 名左右同伙并没有离场，对陈炳廷的攻击还在继续，陈炳廷仍然处于劣势。因此，陈炳廷对被害人的攻击虽然明显超出了被害人的侵害力度，但从不法侵害整体形势判断，陈炳廷行为的社会危害性是较小的。

三、陈炳廷的行为属于防卫过当

被害人吴某某是在校学生，当日与其弟弟临时被纠合而来；从侵害人一方均没有使用杀伤力大的工具对被害人进行殴打，且短时间攻击后即一哄而散，仅致陈炳廷轻微伤；且陈炳廷毕竟在被害人倒地后对其进行攻击；被害人呈植物人状态，治疗四个月余之后死亡，死状堪怜。综合上述情况，合议庭认定陈炳廷的行为明显超过必要限度，造成重大损害，应当负刑事责任。

（一审法院合议庭成员　郑　昕　康国安　赵小丽
二审法院合议庭成员　丁阳开　陈少波　王　婧
编写人　广东省广州市中级人民法院　王　婧
责任编辑　周维明
审稿人　沈　亮）

原载《人民法院案例选》2016 年第 11 辑（总第 105 辑）

5. 王大龙故意伤害案

——事后防卫的认定

【关键词】

故意伤害　不法侵害　事后防卫

【裁判要旨】

针对已经结束的不法侵害进行防卫，而且防卫行为明显超过必要限度的，构成事后防卫。

【相关法条】

《中华人民共和国刑法》

第二十条　为了使国家、公共利益、本人或者他人的人身、财产和其他权利免受正在进行的不法侵害，而采取的制止不法侵害的行为，对不法侵害人造成损害的，属于正当防卫，不负刑事责任。

正当防卫明显超过必要限度造成重大损害的，应当负刑事责任，但是应当减轻或者免除处罚。

对正在进行行凶、杀人、抢劫、强奸、绑架以及其他严重危及人身安全的暴力犯罪，采取防卫行为，造成不法侵害人伤亡的，不属于防卫过当，不负刑事责任。

第二百三十四条　故意伤害他人身体的，处三年以下有期徒刑、拘役或者管制。

犯前款罪，致人重伤的，处三年以上十年以下有期徒刑；致人死亡或者以特别残忍手段致人重伤造成严重残疾的，处十年以上有期徒刑、无期徒刑或者死刑。本法另有规定的，依照规定。

【案件索引】

一审：北京市通州区人民法院（2014）通刑初字第969号（2014年12月31日）

【基本案情】

北京市通州区人民检察院指控：2014年6月13日18时许，被告人王大龙在本市通州区马驹桥镇某公寓门前路边水果摊处，无故被李某（男，27岁）、丛某（男，35岁）、王某（男，23岁）和靳某某拳打脚踢后，在上述四人欲离开时，持水果刀将李某、丛某、王某扎伤，致李某腹膜破裂，后腹膜巨大血肿，左侧降结肠前壁全层破裂，丛某腹腔积血，王某左胸壁及右上臂开放性损伤；经鉴定，李某、丛某身体所受损伤均为重伤二级，王某身体所受损伤为轻微伤；后被告人王大龙于2014年6月15日经传唤后到通州分局马驹桥派出所接受审查。

公诉机关提供了被害人陈述、证人证言、鉴定意见和书证等证据，认为被告人王大龙持刀故意伤害他人身体，致二人重伤、一人轻微伤，触犯了《刑法》第二百三十四条第二款之规定，构成故意伤害罪。同时，认定被告人王大龙到案后如实供述的事实，提请本院依法惩处。

被告人王大龙在开庭审理过程中表示认罪，但辩称李振等人持续对其进行殴打，无离开的意思。辩护人郝萍、陈朝阳的辩护认为：被告人王大龙的行为属于正当防卫，有自首情节，请求法院依法宣告被告人王大龙无罪。

经审理查明：2014 年 6 月 13 日 18 时许，被告人王大龙在本市通州区马驹桥镇某公寓门前路边其水果摊处，无故被李某（男，27 岁）、丛某（男，35 岁）、王某（男，23 岁）和靳某某拳打脚踢后，在上述四人欲离开时，持水果刀将李某、丛某、王某扎伤，致李某腹膜破裂，后腹膜巨大血肿，左侧降结肠前壁全层破裂，丛某腹腔积血，王某左胸壁及右上臂开放性损伤；经通州区公安司法鉴定中心鉴定，李某、丛某身体所受损伤均为重伤二级，经北京市红十字会急诊抢救中心司法鉴定中心鉴定，王某身体所受损伤为轻微伤；此外，被告人王大龙明知他人报警仍在现场等候民警处理。

【裁判结果】

北京市通州区人民法院于 2014 年 12 月 31 日作出（2014）通刑初字第 969 号刑事判决：被告人王大龙犯故意伤害罪，判处有期徒刑一年四个月（刑期自判决执行之日起计算。判决执行以前先行羁押的，羁押一日折抵刑期一日。即自 2014 年 6 月 13 日起至 2015 年 10 月 12 日止）。一审宣判后，当事人未上诉，判决已经发生法律效力。

【裁判理由】

法院生效裁判认为：被告人王大龙在其人身权利受到侵害后未能正确处理，持械故意伤害他人身体，致二人重伤、一人轻微伤，其行为已构成故意伤害罪，依法应予惩处。公诉机关指控被告人王大龙犯故意伤害罪事实清楚，证据确实、充分，指控的罪名成立。被告人王大龙自动投案，如实供述主要犯罪事实，系自首，依法可以减轻处罚。被告人王大龙积极赔偿被害人经济损失，取得了被害人谅解，且被害人对于本案的发生存在过错，依法可以酌情从轻处罚。对于被告人王大龙的辩护意见，经查，与在案证据所证明的事实相悖，故本院不予采纳。对于辩护人郝萍、陈朝阳提出的“被告人王大龙的行为属于正当防卫”的辩护意见，经查，被告人王大龙的行为并不是针对正在进行的不法侵害，其行为不符合正当防卫的条件，故该意见本院不予采纳；其他辩护意见经查属实且于法有据，本院予以采纳。

【案例注解】

根据《刑法》第二十条之规定，正当防卫是指为了保护国家、公共利益、本人或者他人的人身、财产和其他权利免受正在进行的不法侵害，采取对不法侵害人造成或者可能造成损害的方法，制止不法侵害的行为。正当防卫分为两种：一般正当防卫（《刑法》第二十条第一款）与特殊正当防卫（《刑法》第二十条第三款）。后者是针对正在进行的严重危及人身安全的暴力犯罪所进行的防卫，不存在防卫过当的问题；前者是针对正在进行的其他不法侵害所进行的防卫，具有防卫限度因而存在防卫过当的行为。

一、正当防卫的条件

公民在进行正当防卫的时候，不得不当地损害其他法益，否则就会造成新的不法侵害，故实施正当防卫必须符合一定的条件。

（一）必须存在现实的不法侵害行为，是正当防卫的起因条件

不法侵害包括犯罪行为和其他一般违法行为。一种观点认为，公民仅能针对犯罪行为进行正当防卫。然而，笔者认为，公民一时很难区分不法侵害是犯罪行为还是其他一般违法行为，将不法侵害限于犯罪行为，不利于公民进行正当防卫，且法条使用了“不法”一词，而没有使用“犯罪”概念，表明对其他一般违法行为可以进行防卫。但是，并非对于任何违法犯罪行为都可以进行防卫，只是对具有进攻性、破坏性、紧迫性的不法侵害，在采取正当防卫可以减轻或者避免法益侵害结果的情况下，才能进行正当防卫。例如对于重婚罪、贿赂罪等虽然是犯罪行为，但是不法侵害没有紧迫性、进攻性，就不能对之进行正当防卫。此外，对于轻微的不法侵害，对于处于被保护、被监护地位的人的一般不法侵害，对于自己所引发的一般侵害行为，不宜实行正当防卫。

（二）不法侵害必须正在进行，具有紧迫性

只有不法侵害正在进行时，才能使法益处于紧迫的危险之中，才能使防卫行为成为保护法益的必要手段。不法侵害正在进行，是指不法侵害已经开始且尚未结束。对于不法侵害的结束时间，理论上有不同观点。一种观点认为，排除了不法侵害的客观危险时就是结束时间；另一种观点认为，不法侵害被制止时就是结束时间；第三种观点认为，不法侵害已经结束，是指法益不再处于紧迫、现实的侵害、威胁之中。笔者认同第三种观点。不法侵害结束表现为不法侵害人已经被制服，不法侵害人已经丧失了侵害能力，已经自动终止了不法侵害，不法侵害人已经逃离现场，不法侵害已经造成了侵害结果并且不可能继续造成更严重的结果等。在不法侵害尚未开始或者已经结束时，进行所谓“防卫”的，不是正当防卫，应以故意犯罪论处。

（三）必须针对不法侵害人本人进行防卫

针对不法侵害人进行防卫，使不法侵害人不再继续实施不法侵害行为，才可能制止不法侵害，保护法益。如果故意针对第三者进行所谓“防卫”，应认定为故意犯罪处理。

（四）必须没有明显超过必要限度造成重大损害

对于“必要限度”，应以制止不法侵害、保护法益的合理需要为标准，即是制止不法侵害、保护法益所必需行为。是否“必需”，应通过全面分析案件得出结论。一方面，要分析不法侵害行为的危险程度、侵害者的主观内容，以及双方的手段、强度、人员多少与强弱、在现场所处的客观环境与形势等；另一方面，应权衡防卫行为所保护的法益性质与防卫行为所造成的损害结果。即所保护的法益与所损害的利益之间，不能相差过大，不能为了保护微小权益而造成不法侵害者重伤或者死亡。

二、结合案情具体分析

根据上述正当防卫的条件，结合本案的具体案情进行分析如下：

（一）本案存在现实的不法侵害行为，但不法侵害行为已经结束

根据本案中被害人陈述可以证实，被害人李某之婶高某某与被告人王大龙因卖水果

抢占摊位产生矛盾，被害人李某受高某某指使，纠集同事被害人王某、丛某、证人靳某某去教训被告人王大龙，被害人李某与被告人王大龙发生口角，后被害人李某等四人对被告人王大龙拳打脚踢。故本案中，李某等四人对王大龙实施的殴打行为，对王大龙而言，构成了现实的不法侵害，但该不法侵害行为已经结束。通过被害人陈述、证人证言可以证实，被害人李某等四人对被告人王大龙拳打脚踢，看王大龙没有还手，就都停手了欲离开。被告人王大龙在公安机关做过多次供述，在侦查阶段前期，王大龙对其持刀扎人的行为避而不提，称自己遭到李某等人的抢劫，是受害者，且没有还手，更没有用刀扎人。在侦查阶段后期，王大龙称四名男子对其拳打脚踢，他们殴打的缓慢时，自己从车厢里拿了好像是刀一样的东西对着对方几人乱扎乱挥，对方就开始跑，其用手里的东西向着对方扔过去，其弟弟和父母也赶过来追到一名男子。在庭审中，王大龙供述亦前后矛盾，第一次庭审中其否认持刀扎人的行为，第二次庭审中其承认自己当时失去理智，好像是拿刀扎人了，但是李某等人当时持续对其进行殴打。对比被害人陈述、证人证言及被告人供述，三名被害人及证人靳某某之间虽存在利害关系，但对于首先殴打王大龙的事实均予以认可，均证实当时王大龙没有还手，四人停手欲离开。而被告人王大龙供述极不稳定，对其持刀扎人的行为多次回避，后期供述其乱扎乱挥，对方的人开始跑，其用手里东西向对方扔过去。结合全案证据可以认定，三名被害人及证人靳某某在对被告人王大龙实施了不法侵害行为后，该不法侵害已经结束，后被告人王大龙实施了持刀追扎三名被害人的犯罪行为，造成二名被害人重伤、一名被害人轻微伤的犯罪后果。

（二）被告人王大龙的行为明显超过必要限度

要判断防卫行为是否明显超过必要限度，需要从以下几方面进行考察：第一，分析不法侵害行为的危险程度及侵害者的主观内容。被害人李某之亲属与被告人王大龙因卖水果抢占摊位存在矛盾，被害人李某受托纠集同事丛某等四人去教训被告人王大龙，被害人李某、丛某等人与被告人王大龙之间并不认识且无直接矛盾；李某等人对王大龙拳打脚踢，致王大龙身体挫伤，经法医鉴定为轻微伤，从该伤害结果可以推断出，案发当时被害人李某等人对被告人王大龙的不法侵害行为并未达到严重程度。第二，分析现场所处的客观环境与形势。案发当时是6月份，正处夏季，时间是下午6时许，案发地点位于小区门口集市，人流集中，且被告人王大龙的父亲、弟弟均在其水果摊位附近摆摊。结合被告人王大龙亲属的证言，其弟弟听到王大龙叫了一声抢劫，遂追赶上一名男子并报警，其父亲听人喊其子王大龙被打后追赶上一名男子。因此，可以推断，被告人王大龙所处的客观环境决定其完全可以采取伤人以外的呼救的方式获得救济，但其并没有采取。第三，分析双方的手段、强度、人员多少与强弱。被害人李某等四名青年男子对被告人王大龙一名青年男子，从力量对比上来看，被告人王大龙处于弱势；从手段上看，被害人李某等人没有持工具，被告人王大龙持刀，在作案工具中，刀属于危险系数相对较高的工具，即使当时被害人李某等人的不法侵害行为仍在继续，被告人王大龙持刀后已经可以与对方相抗衡，假使其持刀扎向第一名被害人的行为具有防卫性质，但其持刀扎向第二名、第三名被害人的行为显然已经构成犯罪。第四，权衡防卫行为所保护的法益性质与防卫行为所造成的损害结果。李某等四名青年男子对王大龙进行殴打致王大龙轻微伤，属于一般违法行为，依法应予以行政处罚。王大龙持刀扎丛某前胸一刀、李某腹部一刀、王某胳膊、前胸各一刀，致李某腹膜破裂，后腹膜巨大血肿，左侧降结肠前壁全层破裂，丛某腹腔积血，王某左胸壁及右上臂开放性损伤，经鉴定李某、丛某均为重伤，王某为轻微伤。对比可以看出，被告人王大龙的行为明显超过了防卫的客观需要，缺乏必要性。

（一审法院合议庭成员　蒋为杰　王欢欢　叶　宏
编写人　北京市通州区人民法院　王欢欢
责任编辑　周维明
审稿人　沈　亮）

原载《人民法院案例选》2016 年第 12 辑（总第 106 辑）

6. 马吉奎故意伤害案

——行为人动态处境应成为认定正当防卫的重要考量因素

【关键词】

正当防卫　防卫过当　动态处境

【裁判要旨】

认定行为人是否成立正当防卫，应以行为人当时处境为视角，在动态考虑当时影响行为人的各项因素的基础上予以判断；正当防卫明显超过必要限度造成重大损害的，应认定为防卫过当。

【相关法条】

《中华人民共和国刑法》

第二十条　为了使国家、公共利益、本人或者他人的人身、财产和其他权利免受正在进行的不法侵害，而采取的制止不法侵害的行为，对不法侵害人造成损害的，属于正当防卫，不负刑事责任。

正当防卫明显超过必要限度造成重大损害的，应当负刑事责任，但是应当减轻或者免除处罚。

对正在进行行凶、杀人、抢劫、强奸、绑架以及其他严重危及人身安全的暴力犯罪，采取防卫行为，造成不法侵害人伤亡的，不属于防卫过当，不负刑事责任。

【案件索引】

一审：浙江省宁波市中级人民法院（2015）浙甬刑一初字第 53 号（2015 年 7 月 3 日）

【基本案情】

公诉机关：浙江省宁波市人民检察院。

附带民事诉讼原告人：钟某 2、刘某、钟某 3（分别系被害人钟某 1 之父、母、女）。

被告人马吉奎，男，汉族，吉林省吉林市人。

宁波市中级人民法院经审理查明：2014 年 12 月 22 日上午，被害人钟某 1 与唐某某经事先商量到慈溪市公交车上扒窃。当日 12 时许，钟某 1、唐某某从慈溪市掌起镇乘上了开往龙山镇的 K201 路公交车，唐某某坐在了被告人马吉奎旁边，后窃取了马吉奎口袋里的钱包。马吉奎发现外衣口袋被划开且钱包不见后，怀疑被唐某某偷走，向唐某某索要未果，遂从口袋里拿出随身携带的折叠刀逼迫唐某某最终交出钱包。钟某1听见马吉奎与唐某某的争吵声后，走到马吉奎座位前，帮唐某某解围并指责马吉奎不该持刀，后唐某某持刀与钟某1一起和马吉奎发生争吵、扭打，打斗中，马吉奎持刀分别刺中钟某1的左耳前、左前颈和唐某某的左侧腋窝、左上臂腋等部位，钟某1因被刺破右颈总动脉致大失血死亡；被害人唐某某的损伤程度属轻微伤。

附带民事诉讼原告人钟某2、刘某某、钟某3因被害人钟某1死亡而遭受丧葬费、扶养费等经济损失。

【裁判结果】

浙江省宁波市中级人民法院于2015年7月3日作出（2015）浙甬刑一初字第53号刑事判决：一、被告人马吉奎犯故意伤害罪，判处有期徒刑五年；二、被告人马吉奎赔偿附带民事诉讼原告人钟某2、刘某某、钟某3因被害人钟某1死亡而遭受的经济损失共计人民币10万元。一审宣判后，被告人马吉奎未提起上诉，检察机关亦未抗诉，该判决已发生法律效力。

【裁判理由】

法院生效裁判认为：被告人马吉奎故意伤害他人身体，致一人死亡、一人轻微伤，其行为已构成故意伤害罪。公诉机关指控的罪名成立。被告人马吉奎在案发后能坦白认罪，依法可予从轻处罚。经查，被害人钟某1、唐某某经事先商量到公交车上扒窃，后唐某某在公交车上扒窃了被告人马吉奎的钱包，虽然马吉奎发现钱包不见后持刀逼迫唐某某交出了钱包，但双方继而发生争吵，此时钟某1又上前解围指责马吉奎不该持刀并又与马吉奎发生争吵、扭打，因此，被害人唐某某、钟某1的不法侵害一直持续并正在进行，被告人马吉奎为使其自身权利免受不法侵害而实施持刀捅刺被害人的行为，符合防卫的适时性，但其采取持刀捅刺被害人钟某1并致其死亡的行为，明显超出当时被害人的不法侵害对其人身安全所造成的危害程度，故被告人马吉奎的行为系防卫过当，依法应当负刑事责任，但应予减轻处罚。被告人马吉奎的犯罪行为致使附带民事诉讼原告人钟某2、刘某某、钟某3遭受的经济损失，依法应予赔偿，附带民事诉讼原告人诉请的合法合理部分依法应予支持。因被害人在本案起因上存在明显过错，依法可减轻被告人马吉奎的民事赔偿责任，根据本案的具体情况酌情确定赔偿数额。

【案例注解】

本案的争议焦点在于特殊动态情境下被告人马吉奎故意伤害行为的定性，即此种情境下被告人马吉奎的行为是否成立防卫行为，如果是防卫行为，是正当防卫还是防卫过当。

《刑法》第二十条规定："为了使国家、公共利益、本人或者他人的人身、财产和其他权利免受正在进行的不法侵害，而采取的制止不法侵害的行为，对不法侵害人造成损害的，属于正当防卫，不负刑事责任。正当防卫明显超过必要限度造成重大损害的，应当负刑事责任，但是应当减轻或者免除处罚。对正在进行行凶、杀人、抢劫、强奸、绑架以及其他严重危及人身安全的暴力犯罪，采取防卫行为，造成不法侵害人伤亡的，不属于防卫过当，不负刑事责任。”该条是《刑法》关于正当防卫、防卫过当及特殊防卫的规定。由于正当防卫或防卫过当均是以认定行为属于防卫行为为前提，因此先判断马吉奎的行为是否属于防卫行为是本案定性的关键，也是进一步判断是否防卫过当的前提。

一、被告人马吉奎的行为成立防卫行为

（一）被告人持刀索回钱包行为出于客观防卫需要

携带凶器盗窃、扒窃较之一般盗窃行为对他人人身安全有更大的危险性。我国刑法对携带刀具等凶器实施侵犯财产犯罪有更严厉的处罚，比如盗窃罪中将“携带凶器盗窃、扒窃”视为与“盗窃数额较大”“多次盗窃”“入户盗窃”相当危害性的构成要件，而携带凶器抢夺的，直接以抢劫罪定罪处罚。本案中，被告人马吉奎在翻找钱包时发现自己放钱包的外衣口袋被划了一个大口子，客观上足以使其判断对方携带尖刀或刀片之类的工具，该判断进一步使其认识到对方人身危险性较大。在这种情境下，被告人马吉奎为索回钱包和出于自身安全考虑持瑞士军刀逼迫唐某某交出钱包，具有一定的客观现实需要性，否则会导致马吉奎的人身处于危险中，对其不公平。且在双方之后的打斗中，唐某某也确实持尖刀攻击马吉奎，这也证明了马吉奎先前判断的正确性。而且根据现场证人证言及马吉奎的供述证实，马吉奎拿出军刀后并没有立即攻击对方，而是将军刀举在头顶上索要自己钱包，可见，马吉奎起初拿出军刀一方面是逼迫唐某某交还钱包，一方面是用于自卫。

（二）被害人偷盗行为与由此引发的争执构成不法侵害的有机整体

本案中被害人钟某1、唐某某的盗窃行为是起因，与之后发生的争执、打斗构成一个不法侵害的有机整体。钟某1与唐某某事先共谋盗窃，后唐某某盗窃被告人马吉奎钱包到手，虽然唐某某在马吉奎的要求下将钱包归还，但钟某1与唐某某的先前盗窃行为是引发双方发生争执、打斗的起因。因此，唐某某盗窃后，马吉奎持刀逼迫唐某某交出钱包并指责唐某某盗窃行为的不当性，继而唐某某否认，钟某1上前解围并指责马吉奎不该持刀，双方发生争执、打斗等一系列行为是一个有前因后果、连贯的有机整体，不能简单机械地认为先前盗窃行为已经结束，与后面的事态发展无关，进而将后面的打斗行为与先前的盗窃行为割裂，单独分析判断。以当时马吉奎的视角分析，虽然钟某1、唐某某先前的盗窃行为已经结束并已返还钱包，但二人尚在现场，否认盗窃，并共同指责马吉奎，二人在盗窃被当场发现且财物得而复失的情况下，恼羞成怒对马吉奎实施报复的可能性极大。而且，正是先前盗窃行为的手段和客观事实加重了被告人马吉奎对钟某1、唐某某人身危险性的判断。

（三）被害人共同指责并逼近被告人的行为具有不法侵害的紧迫性

被害人钟某1、唐某某携带尖刀或刀片之类的工具盗窃，后又与马吉奎发生争执，并共同逼近马吉奎，二人对马吉奎的不法侵害具有客观性、紧迫性。在马吉奎与唐某某争吵时，被害人钟某1过来帮同伙唐某某解围并指责马吉奎不该持刀，钟某1与唐某某在盗窃后不仅没有远离马吉奎，反而与其争执并向马吉奎步步紧逼，且马吉奎供述其看到当时钟某1的右手一直放在腰后，以马吉奎当时处境，且根据自己衣服口袋被划开的客观事实，其认为钟某1右手持有工具或者正在拿出工具，随时有可能攻击其的判断是有客观根据的。且本案案发现场公交车是一个相对封闭的空间，而当时被告人马吉奎处在公交车靠近最后排位置，其面对携带锐器盗窃的钟某1、唐某某的步步紧逼，既在人数上处于劣势，又处于不利位置，如果对方向其攻击，其既无法及时逃离现场，亦无处躲避。故被告人马吉奎出于自身安全考虑便手持瑞士军刀将钟、唐二人往下车门口推的行为，是自卫的处置行为；当看到钟某1走向前并向其伸出右手时，其出于防卫意图持刀攻击钟某1阻止上述不法侵害的行为是及时的，也符合正常人在当时情景下的判断。

二、被告人马吉奎的行为属于防卫过当

（一）《刑法》特殊防卫犯罪范围的释义

《刑法》第二十条第三款规定："对正在进行行凶、杀人、抢劫、强奸、绑架以及其他严重危及人身安全的暴力犯罪，采取防卫行为，造成不法侵害人伤亡的，不属于防卫过当，不负刑事责任。"因此，合理界定"行凶、杀人、抢劫、强奸、绑架以及其他严重危及人身安全的暴力犯罪"的范围，就显得尤为重要。由于"行凶"含义广泛，立法者将其作为法律用语规定在刑法中给释义带来难度，但是特殊防卫中的"行凶"应当理解为"以暴力形式实施的严重危及人的生命、健康安全的行凶"，才能符合刑法规定可对"行凶"犯罪实行特殊防卫的立法精神。而"杀人、抢劫、强奸、绑架"应当理解为这四种犯罪的具体罪名，也包括这四种犯罪的转化犯，以及使用这四种手段所实施的触犯其他具体罪名的犯罪。[①] 至于"其他严重危及人身安全的暴力犯罪"应理解为如果对采用暴力手段侵害人的生命、健康的犯罪不及时制止的话，将会造成被害人被重伤或被杀死的严重后果。[②]

（二）被害人的偷盗行为不构成转化型抢劫

根据《刑法》规定，犯盗窃罪，为窝藏赃物、抗拒抓捕或者毁灭罪证而当场使用暴力或者以暴力相威胁的，构成转化型抢劫。其中"窝藏赃物""毁灭罪证"的情节规定与本案案情无关，只有"抗拒抓捕"问题值得探讨。本案中，马吉奎发现钱包被偷后与钟、唐二人发生争执、打斗，但马吉奎供述并非为了抓捕二人，而是其因衣服被划破且钱包被偷而感到气愤而指责二人，进而与对方发生打斗，且在客观上马吉奎在人数上处于劣势且预判对方可能携带刀具的情况下也不大可能有抓捕二人的主观意愿。而在唐某某、钟某1方面，其二人在客观上虽然有欲摆脱马吉奎纠缠和逃避法律追究等原因与马吉奎发生争执、打斗，但二人主观上也不是因抗拒抓捕而当场使用暴力或以暴力相威胁，故钟某1、唐某某两人与马吉奎进行打斗的行为不构成转化型抢劫犯罪。

（三）被告人的防卫行为明显超过必要限度造成重大损害

从现有证据分析，尽管马吉奎判断对方持有刀具是具有客观依据的，但是马吉奎的行为还是构成防卫过当，理由如下：首先，由于钟某1、唐某某不构成转化型抢劫犯罪，那么，本案被告人马吉奎的防卫行为就有可能明显超过必要限度造成重大损害，成立防卫过当；其次，根据马吉奎本人供述，其在看到钟某1将右手伸向其时，在没有看清钟某1右手是否持有工具的情况下就直接持刀捅刺钟某1的左耳前、左前颈，防卫明显超出限度；再次，客观上在案发现场始终未在钟某1身上发现刀具等工具，且没有证人看到钟某1身上有刀或者持有刀具；最后，唐某某供述其是在看到钟某1被刺倒地后，其才持刀攻击马吉奎的，且现场证人也表示没有人注意到在马吉奎持刀捅刺行为之前唐某

① 王作富、阮方民：《关于新刑法中特别防卫权规定的研究》，载《中国法学》1998年第5期。

② 刘志伟等：《正当防卫理论若干争议问题研究》，载《法律科学》2001年第2期。

某是否就首先拿出了刀具。因此，被告人马吉奎在对方尚未使用严重侵害其生命安全的暴力手段时采用的防卫行为明显超过必要限度造成重大损害，造成一名被害人死亡的严重后果，属于防卫过当，依法负刑事责任，但应当减轻处罚。

（一审法院合议庭成员　丁朝松　徐　超　李　辉
编写人　浙江省宁波市中级人民法院　袁玮玮　徐　超
责任编辑　周维明
审稿人　李玉萍）

原载《人民法院案例选》2017 年第 10 辑（总第 116 辑）

7. 于欢故意伤害案

——正当防卫条款的理解与适用

【关键词】

刑事　正当防卫　防卫过当　故意伤害　量刑

【裁判要旨】

1. 人民法院办理刑事案件应全面审理认定案件事实，案件事实既包括定罪事实，也包括量刑事实。定罪事实是成立和影响犯罪构成要件的案件事实，量刑事实是影响被告人刑罚轻重的案件事实，包括法定量刑情节事实和酌定量刑情节事实。

2. 正当防卫是法律一项权利，任何公民在面对国家、公共利益、本人或他人的人身、财产和其他权利操守正在进行的不法侵害时，均有权对不法侵害者采取必要的行动。合法权益，并不限于生命健康，还包括人身自由、人格尊严等其他合法权益。

3. 一种行为属于正当防卫、防卫过当还是一般犯罪，应当从正当防卫的适用条件与这一行为的契合度上综合分析判断。正当防卫的成立需要同时考虑以下五个因素：一是防卫的范围，二是防卫的时间，三是防卫的对象，四是防卫的意图，五是防卫的限度。

4. 防卫过当的罪过形式，一般认为包括过失和间接故意两种心理态度。当防卫行为目的在于制止不法侵害，针对不法侵害人实施的伤害行为，无证据证实其具有追求或放任致人死亡危害结果发生的故意时，应认定主观心态应为间接故意。

【相关法条】

《中华人民共和国刑法》

第二百三十四条　故意伤害他人身体的，处三年以下有期徒刑、拘役或者管制。

犯前款罪，致人重伤的，处三年以上十年以下有期徒刑；致人死亡或者以特别残忍手段致人重伤造成严重残疾的，处十年以上有期徒刑、无期徒刑或者死刑。本法另有规定的，依照规定。

第二十条　为了使国家、公共利益、本人或者他人的人身、财产和其他权利免受正在进行的不法侵害，而采取的制止不法侵害的行为，对不法侵害人造成损害的，属于正当防卫，不负刑事责任。

正当防卫明显超过必要限度造成重大损害的，应当负刑事责任，但是应当减轻或者免除处罚。

对正在进行行凶、杀人、抢劫、强奸、绑架以及其他严重危及人身安全的暴力犯罪，采取防卫行为，造成不法侵害人伤亡的，不属于防卫过当，不负刑事责任。

第六十七条　犯罪以后自动投案，如实供述自己的罪行的，是自首。对于自首的犯罪分子，可以从轻或者减轻处罚。其中，犯罪较轻的，可以免除处罚。

被采取强制措施的犯罪嫌疑人、被告人和正在服刑的罪犯，如实供述司法机关还未掌握的本人其他罪行的，以自首论。

犯罪嫌疑人虽不具有前两款规定的自首情节，但是如实供述自己罪行的，可以从轻处罚；因其如实供述自己罪行，避免特别严重后果发生的，可以减轻处罚。

第六十三条 犯罪分子具有本法规定的减轻处罚情节的，应当在法定刑以下判处刑罚；本法规定有数个量刑幅度的，应当在法定量刑幅度的下一个量刑幅度内判处刑罚。

犯罪分子虽然不具有本法规定的减轻处罚情节，但是根据案件的特殊情况，经最高人民法院核准，也可以在法定刑以下判处刑罚。

第六十一条 对于犯罪分子决定刑罚的时候，应当根据犯罪的事实、犯罪的性质、情节和对于社会的危害程度，依照本法的有关规定判处。

第三十六条 由于犯罪行为而使被害人遭受经济损失的，对犯罪分子除依法给予刑事处罚外，并应根据情况判处赔偿经济损失。

承担民事赔偿责任的犯罪分子，同时被判处罚金，其财产不足以全部支付的，或者被判处没收财产的，应当先承担对被害人的民事赔偿责任。

【案件索引】

一审：山东省聊城市中级人民法院（2016）鲁15刑初33号（2017年2月17日）

二审：山东省高级人民法院（2017）鲁刑终151号（2017年6月23日）

【基本案情】

山东省聊城市人民检察院指控：2016年4月14日16时许，赵荣荣纠集郭彦刚、程学贺、严建军等多人到冠县工业园区源大工贸有限公司催要欠款，同日20时左右杜志浩驾车来到该公司一同催要欠款，在此过程中，杜志浩等人限制该公司老板苏某某及其子于欢的人身自由，并辱骂二人。22时许，杜志浩、郭彦刚、程学贺、严建军等人与被告人于欢在公司办公楼一楼接待室内发生冲突，被告人于欢持尖刀将杜志浩、程学贺、严建军、郭彦刚捅伤，致杜志浩失血性休克死亡，严建军、郭彦刚重伤二级，程学贺轻伤二级。就上述指控，公诉机关当庭出示了物证，书证，勘验、检查、辨认等笔录，鉴定意见，视听资料，证人证言，被害人陈述，被告人供述和辩解等证据。公诉机关认为：被告人于欢的行为触犯了《刑法》第二百三十四条之规定，犯罪事实清楚，证据确实、充分，应当以故意伤害罪追究其刑事责任，因被害人一方对本案的发生具有过错，可以酌情对被告人于欢从轻处罚，建议对其判处无期徒刑以上刑罚。

附带民事诉讼原告人杜洪章、许喜灵、李新新、杜宜琳、杜宜颖、杜宜雯、杜宜政要求被告人于欢赔偿死亡赔偿金，丧葬费，被扶养人生活费，办理丧葬事宜的交通费、餐饮费、误工费，精神损害抚慰金共计8325173元；其诉讼代理人修东磊提出被告人于欢之行为构成故意杀人罪，应当判处死刑立即执行，并全额赔偿附带民事诉讼原告人要求的各项损失。

附带民事诉讼原告人严建军要求被告人于欢赔偿医疗费、住院伙食补助费、处理丧葬事宜人员误工费、交通费共计50万元；其诉讼代理人吴兰刚提出被告人于欢构成故意杀人罪，应当判处死刑立即执行，并全额赔偿诉讼请求的各项损失。

附带民事诉讼原告人程学贺要求被告人于欢赔偿误工费、护理费、住院伙食补助费、营养费共计8577.6元。

被害人郭彦刚的诉讼代理人杜明君提出被告人于欢构成故意杀人罪应当判处死刑立即执行的意见。

被告人于欢供认在源大工贸有限公司办公楼一楼接待室内持尖刀捅刺杜志浩、严建军、郭彦刚、程学贺的事实，辩解系被控制在接待室遭到对方殴打后所为，且对方有侮辱言行；其辩护人杨少彬对公诉机关起诉的罪名没有异议，提出被告人于欢有正当防卫情节，被害人对本案的发生具有严重过错，被告人于欢系坦白的意见，辩护人田明提出被告人于欢系防卫过当，认罪态度较好，如实坦白犯罪事实，应当依法减轻处罚判处有期徒刑的意见。

法院经审理查明：2014年7月，山东源大工贸有限公司（位于冠县工业园区）负责人苏某某向赵荣荣借款100万元，双方口头约定月息10%。2016年4月14日16时许，赵荣荣以欠款未还清为由纠集郭彦刚、程学贺、严建军十余人先后到山东源大工贸有限公司催要欠款，同日20时左右杜志浩驾车来到该公司，并在该公司办公楼大门外抱厦台上与其他人一起烧烤饮酒。约21时50分，杜志浩等多人来到苏某某和苏某某之子于欢所在的办公楼一楼接待室内催要欠款，并对二人有侮辱言行。22时10分许，冠县公安局经济开发区派出所民警接警后到达接待室，询问情况后到院内进一步了解情况，被告人于欢欲离开接待室被阻止，与杜志浩、郭彦刚、程学贺、严建军等人发生冲突，被告人于欢持尖刀将杜志浩、程学贺、严建军、郭彦刚捅伤，处警民警闻讯后返回接待室，令于欢交出尖刀，将其控制。杜志浩、严建军、郭彦刚、程学贺被送往医院抢救。杜志浩因失血性休克于次日2时许死亡，严建军、郭彦刚伤情构成重伤二级，程学贺伤情构成轻伤二级。

另查明，因杜志浩被害死亡，附带民事诉讼原告人杜洪章等7人应得丧葬费29098.5元，处理丧葬事宜的交通费、误工费1500元。被害人严建军受伤后在冠县人民医院抢救治疗，于5月9日出院；同年5月12日入中国人民解放军总医院治疗，5月21日出院，在解放军总医院共支付医疗费49693.47元。被害人程学贺受伤后在冠县人民医院治疗15天。

【裁判结果】

山东省聊城市中级人民法院于2017年2月17日作出（2016）鲁15刑初33号刑事附带民事判决：以故意伤害罪判处被告人于欢无期徒刑，剥夺政治权利终身；判令被告人于欢赔偿附带民事诉讼原告人杜洪章、许喜灵、李新新、杜宜琳、杜宜颖、杜宜雯、杜宜政各种费用共计30598.5元，赔偿附带民事诉讼原告人严建军各种费用共计53443.47元，赔偿附带民事诉讼原告人程学贺各种费用共计2231.7元。

宣判后，原审附带民事诉讼原告人杜洪章、许喜灵、李新新、杜宜琳、杜宜颖、杜宜雯、杜宜政和原审被告人于欢不服，分别提出上诉。经二审审理查明，原判认定于欢犯故意伤害罪正确，审判程序合法，但认定事实不全面，部分刑事判项适用法律错误，量刑过重，依法应予改判。山东省高级人民法院于2017年6月23日作出（2017）鲁刑终151号刑事附带民事判决：一、驳回上诉人（原审附带民事诉讼原告人）杜洪章、许喜灵、李新新、杜宜琳、杜宜颖、杜宜雯、杜宜政的上诉，维持山东省聊城市中级人民法院（2016）鲁15刑初33号刑事附带民事判决第二项、第三项、第四项附带民事部分；二、撤销山东省聊城市中级人民法院（2016）鲁15刑初33号刑事附带民事判决第一项刑事部分；三、上诉人（原审被告人）于欢犯故意伤害罪，判处有期徒刑五年。（刑期从判决执行之日起计算。判决执行以前先行羁押的，羁押一日折抵刑期一日，即自2016年4月15日起至2021年4月14日止）

【裁判理由】

法院生效裁判认为：

一、关于事实和证据

1. 上诉人于欢所提苏某某实际是向吴学占借款，原判未认定吴学占、赵荣荣多次纠集人员对苏某某暴力索债，案发时杜志浩等人受吴学占、赵荣荣指使，采用非法限制自由的方式讨债并对于欢、苏某某侮辱、殴打的上诉意见和山东省人民检察院的相关出庭意见，与查明的事实基本相符，合议庭予以采纳。

2. 上诉人于欢及其辩护人所提原判未认定杜志浩受伤后自行驾车前往冠县人民医院，而未去距离更近的冠县中医院，且到医院后还与门卫发生冲突，延误救治，导致失血过多死亡的上诉意见及辩护意见，与查明的事实不符。经查，多名证人反映杜志浩是由杜建岗驾车送医院治疗，而非自行前往；选择去人民医院而未去更近的中医院抢救，是因为人民医院是当地最好且距离也较近的医院，侦查实验证明从现场前往人民医院较前往中医院仅多约2分钟车程。故对于欢及其辩护人的该上诉意见及辩护意见，合议庭不予采纳。

3. 关于辩护人所提认定于欢犯故意伤害罪证据不足的相关辩护意见：（1）所提侦查机关对现场椅子是否移动、椅子上是否有指纹等事实未能查清的辩护意见，或者与查明的事实不符，或者对本案定罪量刑缺乏价值。（2）所提公安、检察机关有人与案件存在利害关系，两机关所收集的证据不应采信的辩护意见，经查，冠县公安局和冠县人民检察院依法收集的相关证据，客观真实地证明了案件相关事实，本案亦不存在依法应予回避的情形，故相关证据可作定案证据使用。（3）所提讨债人员串供、醉酒，应当排除其证言的辩护意见，经查，案发后讨债人员仅就涉案高息借贷的实际发放者进行串供，该节事实不影响本案定罪量刑，一审及二审法院亦未采信相关证据；没有证据证明讨债人员就其他事实有过串供，讨债人员对有关案件事实的证言能够得到在案其他证人证言及被告人供述和辩解等证据的印证；案发当天讨债人员大量饮酒属实，但没有证据证明讨债人员因为醉酒而丧失作证能力，排除其证言于法无据。故对辩护人的上述辩护意见，合议庭不予采纳。

4. 被害人及其诉讼代理人所提原判未认定作案尖刀系管制刀具，来源未能查清的意见，经查，根据外观特征认定本案的作案工具为尖刀，并无不当；只有被害人郭彦刚一人陈述于欢从身上拿出尖刀，该陈述与在场的其他被害人陈述及有关证人证言等证据不符，且该尖刀是否为于欢事前准备，不影响于欢的行为是否具有防卫性质的认定。故对上述意见，合议庭不予采纳。

5. 辩护人当庭提交的3份新证据材料，出庭检察员当庭提交的有关苏某某计划外生育被罚款的收费收据、于欢父亲于西明身份信息的新证据材料，或者不具有客观性，或者与案件无关联性，合议庭不予采信。

二、关于法律适用

1. 上诉人于欢的行为是否具有防卫性质。上诉人及其辩护人、出庭检察员均认为，于欢的行为具有防卫性质；被害人及其诉讼代理人认为，于欢的捅刺行为不具备正当防卫的前提条件。

经查，案发当时杜志浩等人对于欢、苏某某实施了限制人身自由的非法拘禁行为，并伴有侮辱和对于欢有推搡、拍打、卡项部等肢体行为。当民警到达现场后，于欢和苏某某欲随民警走出接待室时，杜志浩等人阻止二人离开，并对于欢实施推拉、围堵等行为，在于欢持刀警告时仍出言挑衅并逼近，实施正当防卫所要求的不法侵害客观存在并正在进行。于欢是在人身安全面临现实威胁的情况下才持刀捅刺，且其捅刺的对象都是在其警告后仍向前围逼的人，可以认定其行为是为了制止不法侵害。故原判认定于欢捅刺被害人不存在正当防卫意义上的不法侵害确有不当，应予纠正；对于欢及其辩护人、出庭检察员所提于欢的行为具有防卫性质的意见，合议庭予以采纳；对被害人及其诉讼代理人提出的相反意见，合议庭不予采纳。

2. 上诉人于欢的行为是否属于特殊防卫。辩护人提出：根据有关司法解释，讨债人员的行为构成抢劫罪，于欢捅刺抢劫者的行为属特殊防卫，不构成犯罪；出庭检察员、被害人及其诉讼代理人持反对意见。

根据《刑法》规定，对正在进行的行凶、杀人、抢劫、强奸、绑架以及其他严重危及人身安全的暴力犯罪，公民有权进行特殊防卫。但本案并不存在适用特殊防卫的前提条件。经查，苏某某、于西明系主动通过他人协调、担保，向吴学占借贷，自愿接受吴学占所提10%的月息。既不存在苏某某、于西明被强迫向吴学占高息借贷的事实，也不存在吴学占强迫苏某某、于西明借贷的事实，与司法解释有关强迫借贷按抢劫罪论处的规定不符。故对辩护人的相关辩护意见，合议庭不予采纳；对出庭检察员、被害人及其诉讼代理人提出的于欢行为不属于特殊防卫的意见，合议庭予以采纳。

3. 上诉人于欢的防卫行为是否属于防卫过当。于欢提出其行为属于正当防卫或防卫过当，其辩护人提出于欢的防卫行为没有超过必要限度，属于正当防卫；出庭检察员提出，于欢的行为属于防卫过当。

根据《刑法》规定，正当防卫明显超过必要限度造成重大损害的，属于防卫过当，应当负刑事责任。评判防卫是否过当，应当从不法侵害的性质、手段、紧迫程度和严重程度，防卫的条件、方式、强度和后果等情节综合判定。根据本案查明的事实及在案证据，杜志浩一方虽然人数较多，但其实施不法侵害的意图是给苏某某夫妇施加压力以催讨债务，在催债过程中未携带、使用任何器械；在民警朱秀明等进入接待室前，杜志浩一方对于欢母子实施的是非法拘禁、侮辱和对于欢拍打面颊、揪抓头发等行为，其目的仍是逼迫苏某某夫妇尽快还款；在民警进入接待室时，双方没有发生激烈对峙和肢体冲突，当民警警告不能打架后，杜志浩一方并无打架的言行；在民警走出接待室寻找报警人期间，于欢和讨债人员均可透过接待室玻璃清晰看见停在院内的警车警灯闪烁，应当知道民警并未离开；在于欢持刀警告不要逼过来时，杜志浩等人虽有出言挑衅并向于欢围逼的行为，但并未实施强烈的攻击行为。即使四人被于欢捅刺后，杜志浩一方也没有人对于欢实施暴力还击行为。于欢的姑母于秀荣证明，在民警闻声返回接待室时，其跟着走到大厅前台阶处，见对方一人捂着肚子说："没事没事，来真的了。"因此，于欢面临的不法侵害并不紧迫和严重，而其却持利刃连续捅刺四人，致一人死亡、二人重伤、一人轻伤，且其中一人即郭彦刚系被背后捅伤，应当认定于欢的防卫行为明显超过必要限度造成重大损害。故对出庭检察员及于欢所提本案属于防卫过当的意见，合议庭予以采纳；对辩护人所提于欢的防卫行为未超过必要限度的意见，合议庭不予采纳。

4. 上诉人于欢的行为是否构成故意杀人罪。被害人杜志浩近亲属委托的诉讼代理人提出，于欢的行为构成故意杀人罪。经查，虽然于欢连续捅刺四人，但捅刺对象都是当时围逼在其身边的人，未对离其较远的其他不法侵害人进行捅刺，亦未对同一不法侵害人连续捅刺。可见，于欢的目的在于制止不法侵害并离开接待室，在案证据不能证实其具有追求或放任致人死亡危害结果发生的故意。故对上述代理意见，合议庭不予采纳。

5. 上诉人于欢是否构成自首。于欢及其辩护人提出，于欢构成自首。经查，执法记录视频及相关证据证明，在于欢持刀捅人后，在源大公司院内处警的民警闻声即刻返回接待室。民警责令于欢交出尖刀，于欢并未听从，而是要求先让其出去，经民警多次责令，于欢才交出尖刀。可见，于欢当时的表现只是未抗拒民警现场执法，并无自动投案的意思表示和行为，依法不构成自首。故对此上诉意见和辩护意见，合议庭不予采纳。

三、关于刑罚裁量

上诉人于欢及其辩护人提出，于欢具有自首情节，平时表现良好，且被害方有严重过错等从宽处罚情节，原判量刑畸重；出庭检察员提出，对于欢依法应当减轻或免除处罚；被害人及其诉讼代理人提出，应当维持原判量刑。

经查，在吴学占、赵荣荣指使下，杜志浩等人除在案发当日对于欢、苏某某实施非法拘禁、侮辱及对于欢间有推搡、拍打、卡项部等肢体行为，此前也实施过侮辱苏某某、干扰源大公司生产经营等逼债行为。于欢及其母亲苏某某连日来多次遭受催逼、骚扰、侮辱，导致于欢实施防卫行为时难免带有恐惧、愤怒等因素。对于欢及其辩护人所提本案被害方存在严重过错、原判量刑畸重等上诉意见和辩护意见，合议庭予以采纳。

合议庭还查明，本案系由吴学占等人催逼高息借贷引发，苏某某多次报警后，吴学占等人的不法逼债行为并未收敛。案发当日被害人杜志浩曾当着于欢之面公然以裸露下体的方式侮辱其母亲苏某某，虽然距于欢实施防卫行为已间隔约20分钟，但于欢捅刺杜志浩等人时难免不带有报复杜志浩辱母的情绪，在刑罚裁量上应当作为对于欢有利的情节重点考虑。杜志浩的辱母行为严重违法、亵渎人伦，应当受到惩罚和谴责，但于欢在实施防卫行为时致一人死亡、二人重伤、一人轻伤，且其中一重伤者系于欢持刀从背部捅刺，防卫明显过当。于欢及其母亲苏某某的人身自由和人格尊严应当受到法律保护，但于欢的防卫行为超出法律所容许的限度，依法也应当承担刑事责任。认定于欢行为属于防卫过当，构成故意伤害罪，既是严格司法的要求，也符合人民群众的公平正义观念。

根据《刑法》规定，故意伤害致人死亡的，处十年以上有期徒刑、无期徒刑或者死刑；防卫过当的，应当减轻或者免除处罚。于欢的防卫行为明显超过必要限度造成重大伤亡后果，减轻处罚依法应当在三至十年有期徒刑的法定刑幅度内量刑。于欢在民警尚在现场调查，警车仍在现场闪烁警灯的情形下，为离开接待室而持刀防卫，为摆脱对方围堵而捅死捅伤多人，且除杜志浩以外，其他三人并未实施侮辱于欢母亲的行为。综合考虑于欢犯罪的事实、性质、情节和危害后果，对出庭检察员所提对于欢减轻处罚的意见，合议庭予以采纳；对被害人及其诉讼代理人所提维持原判量刑的意见，合议庭不予采纳。

四、关于诉讼程序

上诉人于欢提出，本案存在办案机关违反回避规定的情形。经查，被害人杜志浩确有亲属在冠县检察机关、政府部门任职，但此事实并非法定的回避事由，本案也不存在刑事诉讼法规定的其他应予回避或移送、指定管辖的情形。故对上述意见，合议庭不予采纳。

合议庭认为，上诉人于欢持刀捅刺杜志浩等四人，属于制止正在进行的不法侵害，其行为具有防卫性质；其防卫行为造成一人死亡、二人重伤、一人轻伤的严重后果，明显超过必要限度造成重大损害，构成故意伤害罪，依法应负刑事责任。鉴于于欢的行为属于防卫过当，于欢归案后能够如实供述主要罪行，且被害方有以恶劣手段侮辱于欢之母的严重过错等情节，对于欢依法应当减轻处罚。于欢的犯罪行为给上诉人杜洪章、许喜灵、李新新、杜宜琳、杜宜颖、杜宜雯、杜宜政和原审附带民事诉讼原告人严建军、程学贺造成的物质损失，应当依法赔偿。上诉人杜洪章等所提判令于欢赔偿死亡赔偿金、被抚养人生活费的上诉请求于法无据，合议庭不予支持，对杜志浩四名未成年子女可依法救济。原判认定于欢犯故意伤害罪正确，审判程序合法，但认定事实不全面，部分刑事判项适用法律错误，量刑过重，依法应予改判。

【案例注解】

一、本案应全面审理认定案件事实

案件事实包括定罪事实与量刑事实。定罪事实即犯罪构成事实，是指作为成立和影响犯罪构成要件的案件事实；量刑事实，也称量刑情节，是指作为量刑要素存在的案件事实，包括法定情节事实和酌定情节事实。根据《最高人民法院关于适用〈中华人民共和国刑事诉讼法〉的解释》第二百二十五条的规定，酌定情节事实包括案件起因；被害人有无过错及过错程度，是否对矛盾激化负有责任及责任大小；被告人的近亲属是否协助抓获被告人；被告人平时表现，有无悔罪态度；退赃、退赔及赔偿情况；影响量刑的其他情节。对影响量刑的其他情节，还要结合相关司法解释，准确把握。如最高人民法院印发的《关于贯彻宽严相济刑事政策的若干意见》的通知，对初犯、偶犯，因恋爱、婚姻、家庭、邻里等民间矛盾引发的犯罪，因劳动纠纷、管理失当等原因引发、犯罪动机不属恶劣的犯罪，因被害方过错或基于义愤引发的犯罪，应当酌情从宽处罚，与之相关的量刑事实即属于酌定量刑事实。

案件事实是裁判的基石，对于影响定罪量刑的所有犯罪事实应当全部审理，准确细致予以认定。本案二审中，对一审事实进行了重要补充，最大限度地还原了案件事实真相。一是在起因事实上，进行了补充审理认定。本案发生的起因是于欢父母苏某某、于西明与吴学占、赵荣荣的借款纠纷，对此，一审仅认定双方 100 万元借款及双方约定的利息情况，二审进行了补充，对借款主体、借款次数、借款方式、还款数额、还款争议等事实进行了全面审理，认定苏某某及丈夫于西明向吴学占、赵荣荣先后借款两次共计

135万元，还款1838000元，以及第二次借款以于西明房屋抵押的事实。二是在讨债方过错事实上，进行了补充审理认定。讨债方的非法讨债是引发本案的重要原因，是对于欢定罪量刑的重要考量情节。对此，一审只对案发时的讨债事实进行审理认定，且部分事实认定不够具体，二审进行了补充，除对案发当日讨债方的讨债事实审理认定外，对双方第一笔借款发生后至案发前，吴学占、赵荣荣等纠集指使他人非法讨债，将于西明抵押房屋强行换锁入住，将苏某某按入马桶进行侮辱，苏某某多次报警，双方进行协商还款，案发当天讨债人的全部言行，特别是杜志浩脱裤子露下体对苏某某等进行侮辱的事实，进行了审理认定。三是在犯罪经过事实上，进行了补充审理认定。于欢持刀捅刺被害人的事实是案件的核心事实，对此，一审对于欢实施捅刺行为的过程进行了概括的审理认定，二审给予了补充，对案发时于欢与讨债方的全部事实，包括讨债方如何阻止于欢离开接待室，如何将其推拉至接待室东南角，杜志浩如何言语挑衅于欢，于欢如何持刀捅刺四被害人，四被害人如何乘车去医院就医，以及处警民警的处警情况等进行了全面审理、细致认定。

二、于欢的行为属于防卫过当

一种行为属于正当防卫、防卫过当还是一般犯罪，应当从正当防卫的适用条件与这一行为的契合度上综合分析判断。根据我国《刑法》规定，正当防卫的成立需要同时考虑以下五个因素。一是防卫的范围。我国《刑法》第二十条第一款规定的防卫对象比较宽泛，不仅包括侵害人身权利的不法侵害，而且包括侵犯财产以及其他权利的不法侵害行为；不仅包含犯罪行为，而且包含违法行为。但是，并非所有的不法侵害都是正当防卫的对象，是否作为防卫对象，应充分考虑不法侵害行为的攻击性、破坏性，以及防卫人是否有防卫之外的其他有效救济途径。如侵犯知识产权、贪污贿赂等违法犯罪行为，可以通过报案、控告、举报实现对相关权益的救济，不宜作为防卫的对象。而非法拘禁行为，因其限制人身自由，可以成为防卫对象。二是防卫的时间。我国《刑法》第二十条第一款明确规定，正当防卫应当针对正在进行的不法侵害，尚未发生、已经结束的不法侵害，不具有防卫的紧迫性，不能实施正当防卫，否则即是防卫不适时，防卫者有可能会从受害者变为加害者。三是防卫的对象。我国《刑法》第二十条第一款明确规定，为制止不法侵害行为，对不法侵害人造成损害的，属于正当防卫。可见，正当防卫的对象只能是不法侵害人本人，防卫人不能对不法侵害人之外的任何人实施防卫行为，即使不法侵害人受他人指使实施不法侵害行为，指使人也不能成为防卫的对象，否则，防卫人就构成对他人的不法侵害，甚至犯罪。四是防卫的意图。我国《刑法》第二十条第一款明确规定，实施正当防卫，必须是为了使合法权益免受正在进行的不法侵害，即行为人应当具有防卫意识和防卫目的。本案中，于欢在民警到达现场后，意图与母亲苏某某跟随民警离开接待室，摆脱被杜志浩等人的控制。遭到暴力拦阻，未能实现这一意图后，开始寻求自力救济，在被杜志浩等人将其强行推拉至房间东南角时，手持单刃尖刀，口头警告杜志浩等人不要靠近无果的情况，实施捅刺行为，防卫的意识明显，防卫的目的明确。五是防卫的限度。虽然我国《刑法》第二十条第三款规定了特殊防卫权，对“正在进行的行凶、杀人、抢劫、强奸、绑架以及其他严重危及人身安全的暴力犯罪，采取防卫行为，造成不法侵害人伤亡的，不属于防卫过当，不负刑事责任”。但这一权利的赋予是基于这些侵害已经达到了严重危及人身安全、可能危及生命的程度，对其进行特殊防卫即使造成不法侵害人伤亡，也不超出不法侵害的危害程度。对于这些情形之外的不法侵害，则必须适用我国我国《刑法》第二十条第二款的规定，在防卫行为的性质、手段、强度、损害法益等方面，不能明显超过不法侵害的限度造成重大损害。否则，就属于防卫过当，应当负刑事责任。综合本案的事实情节，于欢的行为属于防卫过当。

1. 于欢的行为具有防卫性质。案发当时杜志浩等人对于欢、苏某某实施了限制人身自由的非法拘禁行为，并伴有侮辱和对于欢推搡、拍打等肢体行为。民警到达现场后，于欢和苏某某欲随民警走出接待室时，杜志浩等人阻止二人离开，并对于欢实施推拉、围堵等行为，在于欢持刀警告时仍出言挑衅并逼近，实施正当防卫所要求的不法侵害客观存在并正在进行。于欢是在人身安全面临现实威胁的情况下持刀捅刺，且其捅刺的对象都是在其警告后仍向前围逼的人，可以认定其行为是为了制止不法侵害，于欢的行为具有防卫性质。

2. 于欢的行为不属于特殊防卫。我国《刑法》第二十条第三款规定了特殊防卫，即“对正在进行行凶、杀人、抢劫、强奸、绑架以及其他严重危及人身安全的暴力犯罪，采取防卫行为，造成不法侵害人伤亡的，不属于防卫过当，不负刑事责任”。根据这一规定，特殊防卫的适用前提是存在严重危及本人或他人人身安全的暴力犯罪。本案中，虽然杜志浩等人对于欢母子实施了非法拘禁、严重侮辱、轻微暴力等违法犯罪行为，但这种不法侵害不是严重危及人身安全的暴力犯罪。其一，杜志浩等人实施的非法拘禁、严重侮辱等不法侵害行为，虽然侵犯了于欢母子的人身自由、人格尊严等合法权益，但并不具有危及于欢母子人身安全的性质；其二，杜志浩等人的卡项部、按肩膀、推拉等强制或者殴打行为，虽然让于欢母子的人身安全、身体健康权遭受了侵害，但这种不法侵害只是轻微的暴力侵犯，既不是针对生命权的严重不法侵害，也不属于会发生重伤等严重侵害于欢母子重大身体健康权益的情形，因而不是严重危及人身安全的暴力犯罪侵害。同时，苏某某、于西明系主动通过他人协调、担保，向吴学占借贷，自愿接受吴学占所提10%的月息。既不存在苏某某、于西明被强迫向吴学占高息借贷的事实，也不存在吴学占强迫苏某某、于西明借贷的事实，与司法解释有关强迫借贷按抢劫罪论处的规定不符。综上，杜志浩等人实施的多种不法侵害行为，满足了可以实施一般防卫行为的前提条件，但不具有实施特殊防卫的前提，故于欢只能实施一般防卫行为，而不享有特殊防卫权，不能适用特殊防卫条款。

3. 于欢的行为明显超过必要限度造成重大损害。我国《刑法》第二十条第二款规定：“正当防卫明显超过必要限度造成重大损害的，应当负刑事责任……”在认定“明显超过必要限度”上，应当从不法侵害的性质、手段、紧迫程度和严重程度，防卫的条件、方式、强度和后果等方面综合判定。本案中，杜志浩一方虽然人数较多，但其实施不法侵害的意图是给苏某某夫妇施加压力以催讨债务，在催债过程中未携带、使用任何器械；在民警朱秀明等进入接待室前，杜志浩一方对于欢母子实施的是非法拘禁、侮辱和对于欢拍打面颊、揪抓头发等行为，其目的仍是逼迫苏某某夫妇尽快还款；在民警进入接待室时，双方没有发生激烈对峙和肢体冲突，当民警警告不能打架后，杜志浩一方并无打架的言行；在民警走出接待室寻找报警人期间，于欢和讨债人员均可透过接待室玻璃清晰看见停在院内的警车警灯闪烁，应当知道民警并未离开；在于欢持刀警告不要逼过来时，杜志浩等人虽有出言挑衅并向于欢围逼的行为，但并未实施强烈的攻击行为。

即使四人被于欢捅刺后，杜志浩一方也没有人对于欢实施暴力还击行为。因此，于欢面临的不法侵害并不紧迫和严重，而其却持刃长15.3厘米的单刃尖刀连续捅刺四人，属于明显超过必要限度。在“造成重大损害”的认定上，一般认为，防卫行为所造成的损害与不法侵害可能造成的侵害相比，明显失衡，导致人身重伤或死亡的，属于“造成重大损害”。本案中，于欢持刀捅刺4人，致一人死亡、二人重伤、一人轻伤，应当认定“造成重大损害”。

三、于欢的行为构成故意伤害罪

防卫过当的罪过形式，我国刑法理论上一般认为包括过失和间接故意两种心理态度。本案中，于欢连续捅刺四人，但捅刺对象都是当时围逼在其身边的人，未对离其较远的其他不法侵害人进行捅刺，对不法侵害人每人捅刺一刀，未对同一不法侵害人连续捅刺。可见，于欢的目的在于制止不法侵害，无证据证实其具有追求或放任致人死亡危害结果发生的故意，于欢的主观心态应为间接故意，而非过失，且故意的内容为伤害而非杀人。具体而言，于欢造成两人重伤的行为应为间接故意，造成杜志浩死亡的行为应为故意伤害，但对致其死亡结果在主观上属于过失。综上，于欢的行为既不是故意杀人，也不是过失犯罪，而是防卫过当情形下的故意伤害，构成故意伤害罪。

四、对于欢应减轻处罚

我国《刑法》第二十条第二款规定：“正当防卫明显超过必要限度造成重大损害的，应当负刑事责任，但是应当减轻或者免除处罚。”综合本案的具体情节，对于欢应当减轻处罚。

1. 被害方对引发本案具有严重过错。本案案发前，吴学占、赵荣荣指使杜志浩等人实施过侮辱苏某某、干扰源大公司生产经营等逼债行为，苏某某多次报警，吴学占等人的不法逼债行为并未收敛。案发当日，杜志浩等人对于欢、苏某某实施非法拘禁、侮辱及对于欢有推搡、拍打、卡项部等肢体行为，于欢及其母亲苏某某连日来多次遭受催逼、骚扰、侮辱，导致于欢实施防卫行为时难免带有恐惧、愤怒等因素。故被害方对引发本案有严重过错。

2. 杜志浩裸露下体侮辱苏某某对引发本案有重大过错。案发当日，被害人杜志浩当着于欢之面公然以裸露下体的方式侮辱其母亲苏某某。杜志浩的辱母行为严重违法、亵渎人伦，应当受到惩罚和谴责，虽然距于欢实施防卫行为已间隔约20分钟，但于欢捅刺杜志浩等人时难免带有报复杜志浩辱母的情绪，故杜志浩裸露下体侮辱苏某某的行为是因发本案的重要因素，在刑罚裁量上应当作为对于欢有利的情节重点考虑。

3. 于欢实施防卫行为造成的后果严重不宜免除处罚。于欢在民警尚在现场调查，警车仍在现场闪烁警灯的情形下，为离开接待室而持刀防卫，为摆脱围堵而捅死捅伤四被害人，致一人死亡、二人重伤、一人轻伤，后果严重，且除杜志浩以外，其他三人并未实施侮辱于欢母亲的行为，其防卫行为损害的法益远远大于其保护的法益，不宜对其免除处罚。

4. 判处于欢有期徒刑五年适当。根据我国《刑法》规定，故意伤害致人死亡的，处十年以上有期徒刑、无期徒刑或者死刑；防卫过当的，应当减轻或者免除处罚。如上所述，于欢的防卫行为明显超过必要限度造成重大伤亡后果，不宜免除处罚，可以减轻处罚，减轻处罚依法应当在三至十年有期徒刑的法定刑幅度内量刑。鉴于于欢归案后能够如实供述主要罪行，且被害方有以恶劣手段侮辱于欢之母的严重过错等情节，综合考虑于欢犯罪的事实、性质、情节和危害后果，判处于欢有期徒刑五年符合罪责刑相适应原则，罚当其罪。

（一审法院合议庭成员　张文峰　李令庆　魏方亚
二审法院合议庭成员　吴　靖　刘振会　王文兴
编写人　山东省高级人民法院　刘振会
责任编辑　杨　奕
审稿人　李玉萍）

原载《人民法院案例选》2018年第8辑（总第126辑）

8. 王某故意伤害案

——使用事先准备的工具进行自卫与防卫性质的认定

【关键词】

刑事　故意伤害　自卫工具　正当防卫　防卫过当

【裁判要旨】

影响防卫性质的不是行为人准备或者使用了可用于自卫的工具，而是行为人主观上是否有相互斗殴的故意。行为人虽然事先准备并使用了自卫工具，但因其没有与加害方斗殴的故意，故并不影响防卫性质的认定。

【相关法条】

《中华人民共和国刑法》

第二百三十四条第二款　犯前款罪，致人重伤的，处三年以上十年以下有期徒刑；致人死亡或者以特别残忍手段致人重伤造成严重残疾的，处十年以上有期徒刑、无期徒刑或者死刑。本法另有规定的，依照规定。

第二十条第一款、第二款　为了使国家、公共利益、本人或者他人的人身、财产和其他权利免受正在进行的不法侵害，而采取的制止不法侵害的行为，对不法侵害人造成损害的，属于正当防卫，不负刑事责任。

正当防卫明显超过必要限度造成重大损害的，应当负刑事责任，但是应当减轻或者免除处罚。

第六十七条第一款　犯罪以后自动投案，如实供述自己的罪行的，是自首。对于自首的犯罪分子，可以从轻或者减轻处罚。其中，犯罪较轻的，可以免除处罚。

【案件索引】

一审：江苏省无锡市中级人民法院（2018）苏02刑初39号（2019年1月29日）

【基本案情】

公诉机关指控称：被告人王某犯故意伤害罪。被告人王某犯罪以后自动投案，并如实供述自己的罪行，属自首。

被告人王某辩称：其系遭受濮某某、施某某等人的暴力殴打后，才持水果刀捅刺濮某某、施某某等人，故其行为构成防卫过当。

辩护人提出的主要辩护意见是：（1）被告人王某系在封闭的房间内遭受四人殴打的

紧急情况下，为了自己的人身安全免受不法侵害而使用事先准备的水果刀对加害人员进行防卫，系防卫过当；（2）王某有自首情节。请求对王某减轻处罚。

法院经审理查明：2017 年 7 月至 8 月间，被告人王某先后数次介绍徐某向多家小贷公司借款，并从徐处收取好处费。同年 9 月中旬，徐某的父亲徐某某在帮徐某偿还债务过程中，认识了徐某债主之一的杨某、施某某，后通过杨某、施某某联系、协调徐某的其他债主“平账”。

2017 年 9 月 18 日，徐某某因徐某的借款事宜欲找王某了解具体情况。徐某某将这一想法告诉施某某后，杨某一方即插手徐某某和王某之间的经济纠纷。当日上午，杨某电话联系王某约见面。王某因考虑杨某在当地的恶名声而被迫同意面谈，但提出在星巴克咖啡馆这一公共场所见面。王某为防身携带了一把水果刀，还以商谈事务为由让朋友董某某随行。当日 13 时许，施某某带领濮某某、郭某某、张某至宜兴市星巴克咖啡馆与王某见面，要求王某到宜兴市新纪元大酒店与徐某某商谈徐某的借款事宜。后王某和董某某随施某某一行来到施某某等人事先开好的宜兴市新纪元大酒店 5001 房间，与徐某某、徐某父女见面。在王某和徐某某就王某给徐某介绍的借款笔数、收取的好处费等事项进行核实的过程中，旁观的施某某、濮某某、郭某某、张某介入。濮某某先动手殴打王某头部一下。王某出言制止，但濮某某、郭某某继续打、踢王某。王某徒手反击，并让朋友董某某报警。但董某某未报警。后濮某某、施某某、郭某某、张某四人继续围殴王某，对王某拳打脚踢。王某在被四人持续围殴过程中，持随身携带的尖刀朝被害人濮某某、施某某、张某、郭某某胸、腹等处捅刺，致四名被害人均受伤。后被害人濮某某经送医院抢救无效于当日死亡。

当日 13 时许，公安机关接群众报警至宜兴市新纪元大酒店处警。王某主动向公安人员投案，概要交代持刀捅人事实并交出作案尖刀。到案后，王某如实供述其罪行。

经鉴定，被害人濮某某系左胸部遭受锐器刺戳造成心脏、肺脏破裂导致大出血而死亡；被害人施某某、张某的损伤均构成轻伤二级；被害人郭某某的损伤构成轻微伤；被告人王某的损伤构成轻微伤。

另查明，杨某涉嫌组织、领导黑社会性质组织罪、寻衅滋事罪、敲诈勒索罪、非法拘禁罪、容留他人吸毒罪、强奸罪、抢劫罪、贩卖、运输毒品罪，施某某涉嫌参加黑社会性质组织罪、寻衅滋事罪、敲诈勒索罪、贩卖、运输毒品罪，郭某某涉嫌参加黑社会性质组织罪、敲诈勒索罪、寻衅滋事罪，被宜兴市公安机关于 2018 年 3 月立案侦查。杨某、施某某因涉嫌贩卖、运输毒品罪于 2018 年 3 月 12 日被刑事拘留，同年 4 月 16 日被逮捕。

【裁判结果】

江苏省无锡市中级人民法院于 2019 年 1 月 29 日作出（2018）苏 02 刑初 39 号刑事判决：被告人王某犯故意伤害罪，判处有期徒刑五年。宣判后，被告人在法定期限内未上诉，公诉机关未抗诉。判决已发生法律效力。

【裁判理由】

法院生效裁判认为：被告人王某持刀捅刺濮某某、施某某、张某、郭某某四人，属于制止正在进行的不法侵害，其行为具有防卫性质；其防卫行为造成一人死亡、二人轻伤二级、一人轻微伤的严重后果，明显超过必要限度造成重大损害，构成故意伤害罪，依法应负刑事责任。被告人王某犯罪后自动投案，并如实供述自己的罪行，系自首。综合考虑被告人王某犯罪的事实、性质、情节和危害后果，决定对被告人王某予以较大幅度的减轻处罚。

【案例注解】

一、被告人王某的行为属于正当防卫，具有防卫性质

（一）正当防卫的正当化依据与法律规定

关于正当防卫的正当化依据，理论界主要存在个人保护原理的一元论、个人保护原理与法确证原则相结合的二元论等多种诠释途径。一元论仅从个人因素的角度出发，指法律允许受到不法侵害行为攻击的个人采取各种必要的防卫性保护措施保全自己。[①] 二元论认为正当防卫的本质应当由个人保护原理和法确证原理共同决定。简言之，正当防卫通过个人来维护法秩序，确保法的有效性。[②] 该学说通常主张，个人保护原理是“正当防卫制度的基石”，法确证原理具有刑事政策和一般预防的意义，其能根据个案的特殊情形对公民个人权利的保护范围予以调节。[③]

我国刑事立法其实也包含了法确证的原理。我国《刑法》第二十条第一款明确将“国家、公共利益”列为正当防卫的保护对象，即是明确昭示了为保护法秩序而实施正当防卫的可能性。根据该条规定，成立正当防卫必须同时具备以下五项条件：一是防卫起因，不法侵害现实存在。二是防卫时间，不法侵害正在进行。三是防卫对象，即针对不法侵害者本人。四是防卫意图，出于制止不法侵害的目的，有防卫认识和意志。五是防卫限度，尚未明显超过必要限度造成重大损害。[④]

在法律规定层面，我们对照正当防卫的条件对本案作如下梳理：

首先，不法侵害现实存在并正在进行。杨某安排手下施某某、濮某某等人插手徐某和王某之间的经济纠纷；在王某和徐某某正常交流过程中，濮某某等人先动手殴打王某；在引发王某还手后，濮某某、郭某某等四人对王某拳打脚踢进行围殴。

其次，王某针对的是正在进行侵害的不法侵害者本人。其持刀捅刺的对象是正在围殴的共同侵害者濮某某、施某某、郭某某、张某四人。

再次，王某的行为系出于制止不法侵害之目的。在封闭空间中，濮某某等人先是打王某的头，然后打、踢，再拳打脚踢围殴，侵犯人身呈现升级趋势，具有一定的危险性；不顾王某让人报警的警示，持续对王某群殴，不法行为具有一定的紧迫性。面对此种情形，王某先是保持克制不还手，后被迫还手但亦是赤手空拳，及至被对方四人持续围殴一段时间才持刀反击，可见王某的意图在于制止濮某某等人的持续侵害，具有防卫的正当性。

最后，从限度的角度而言，濮某某一方虽然人数较多围殴王某，但并未使用工具和

---

① 张明楷：《正当防卫的原理及其运用——对二元论的批判性考察》，载《环球法律评论》2018 年第 2 期。

② 欧阳本祺：《正当防卫认定标准的困境与出路》，载《法商研究》2013 年第 5 期。

③ 王钢：《正当防卫的正当性依据及其限度》，载《中外法学》2018 年第 6 期。

④ 参见最高人民法院指导案例第 93 号于欢故意伤害案。

器械，造成的后果也仅是王某面部、颈部、胸背部多处表皮剥脱伴皮下出血构成轻微伤。在此情况下，王某持刀捅刺四人胸腹要害各一刀，造成一人死亡、三人受伤的严重后果，防卫行为明显超过必要限度造成重大损害。

（二）行为人携带并使用工具进行自卫并不影响防卫性质认定

有意见认为，王某事先即准备刀具并随身携带，表明其主观上从一开始即有斗殴的故意，因此始终否定王某行为的防卫性质。

我们认为，不能简单根据被告人使用事先准备的工具而武断地推定其具有斗殴的故意，进而否定其行为所具备的防卫性。对认定正当防卫有影响的，并不是防卫人携带并使用了可用于自卫的工具，而是防卫人是否有斗殴的故意。这种斗殴的故意，不能简单地由携带工具进行推定——否则容易陷入客观归责的陷阱和不当削弱行为人防卫能力的困境，需要综合行为人当时的言行、现场的具体情况等多项证据进行分析。理论界有观点也认为，不能简单地把面对不法侵害的防卫意图错误地推定为斗殴的故意。只要具备防卫条件，无论是事先准备的工具还是就地取材的工具，都可以构成正当防卫。[①]

在有证据证明行为人事先准备工具是出于防身等自我保护目的的情况下，携带工具、使用工具和斗殴故意之间的逻辑关联应被当然的否决。

本案中，王某带刀并使用即是根据预期的危险作出的现实自卫反应：

首先，没有证据证明王某系出于约架、互殴的主观心态而携带刀具。无论是从王某供述的言行和举动，还是杨某一方陈述的王某的反应，都难以看出王某有约架、互殴的故意。

其次，有证据证明王某带刀的主观心态是出于防身目的。王某供述称带刀系因杨某电话联系约谈事宜。一般情况下，确无必要带刀防身；但本案杨某的特殊身份导致王某判断此行可能存在一定危险，需要带刀自卫。根据王某的供述，“杨某是在当地混社会的，手下有一帮人，电话中对其进行威胁”；根据公安机关对其他案件的起诉意见书，杨某系一黑恶势力的头目，在宜兴当地有一定的恶名声，公安机关侦查认定杨某涉嫌的罪名有组织、领导黑社会性质组织罪、寻衅滋事罪、敲诈勒索罪、非法拘禁罪、容留他人吸毒罪、强奸罪、抢劫罪、贩卖、运输毒品罪。因此，王某因畏惧杨某而携带刀具防身自然也就符合情理。此外，王某把面谈地点约在星巴克咖啡这一公共场所，而不是具有私密性的包厢、酒店等处，也反映了其对杨某的畏惧而试图借助公开性、公共性场所保护自己的考虑，印证了其携带刀具防身的目的。对此，理论界也持相同观点，“在人身安全受到威胁后准备适当的防卫工具，在遭受不法侵害时利用该工具进行反击的，不影响正当防卫的成立”。[②]

（三）不能站在事后的角度苛求防卫人

有意见认为，王某明知对方人多势众、身处对方势力范围的封闭空间，但依然在对方言行不当后与对方发生肢体冲突，而非选择冷静平和的解决途径，表明其主观上是想逞强斗狠以暴制暴；同时，其事先准备刀具、随身携带，并在发生肢体冲突后对方赤手空拳的情况下使用该刀具，证明其主观上的伤害故意。因此，应当认定王某的行为构成

---

① 陈兴良：《互殴与防卫的界限》，载《法学》2015 年第 6 期。

② 陈兴良主编：《人民法院刑事指导案例裁判要旨集成》，北京大学出版社 2013 年版，第 12 页。

故意伤害罪，不具有防卫性质。

我们认为，这种从事后理性角度出发的分析，过于苛求防卫人。成立正当防卫不以“补充性要件”为必要。面对紧迫的非法侵害，被侵害者无需回避或者退避，完全可以通过防卫行为进行对抗与反击。①

立法设计正当防卫的初衷，是公民在来不及请求国家保护时，通过私力救济的方式维护自己或者他人的合法权益。这符合现代国家的法治精神。因此，从本质上看，正当防卫不是以暴制暴，而是以正义对非正义，是法律鼓励和保护的正当合法行为，即使防卫人对不法侵害人造成一定损害，也是法律所允许的，因为这不仅可以有效震慑不法侵害人甚至潜在的犯罪人，也可以鼓励人民群众勇于同违法犯罪作斗争，体现正义不向非正义低头的价值取向。② 然而，受司法理念和司法环境的影响，司法实践研究讨论是否适用正当防卫时往往过于苛刻；往往是在事后理性假设的基础上，苛求防卫人作出最合理的选择，把正当防卫异化成一种“完美防卫”，从而对照“完美防卫”作出一些简单化的公式化的判断。比如前述的意见，显然就是犯了此种事后理性的错误。我们认为，坐在办公室的司法者不能也不应当期待，当不法侵害发生时行为人选择逃跑或者躲避对方攻击等方式予以回避退让。这既不利于对行为人个人权益的保护，也不利于对社会和法律秩序的维护。

本案中，王某面对濮某某打头的轻微暴力，出言制止，并未还手，保持了一定克制；后因出言制止无效，对方两人继续上前拳打脚踢，才被迫赤手空拳反击，并让朋友报警，试图通过求助公安机关这一形式来吓退、阻止对方的加害；及至被对方四人持续拳打脚踢围殴一段时间后，才使用随身携带的刀具捅刺。我们认为，面对侵害方步步紧逼并且不断升级的暴力，王某作为一个普通人，在当时的具体环境下已经做到了其“最大理性”，如口头警告、让朋友报警；此时如果还要求其“选择冷静和平的解决途径”“不能与对方发生肢体冲突”，既是强人所难，又助长了息事宁人、向违法犯罪低头的错误价值观，与立法本意和司法宗旨相悖。

二、被告人王某的防卫明显超过必要限度造成重大损害，属于防卫过当

《刑法》第二十条第二款规定，正当防卫明显超过必要限度造成重大损害的，应当负刑事责任，但是应当减轻或者免除处罚。据此，认定防卫过当应当同时具备“明显超过必要限度”和“造成重大损害”两个条件，缺一不可。从法条表述分析，“明显超过必要限度”和“造成重大损害”应是两个相互独立的要件，前者是对行为相当性的考察，后者是对结果相当性的考察。因此，司法实践中我们要维持二者之间的并列关系，分别进行独立的判断分析，尤其要防止“唯结果论”的事后判断模式，

（一）“明显超过必要限度”的认定

如何判断防卫行为是否“明显超过必要限度”？理论界有基本相适应说和必需说两种观点：根据基本相适应说，判断防卫行为是否超过必要限度，应当比较防卫行为与不法侵害在手段、方式、后果等方面的强度；而根据必需说，只要防卫行为对于制止不法

① ［日］山口厚、王昭武：《正当防卫论》，载《法学》2015年第11期。

② 《正当防卫的防卫界限和“度”该如何把握？最高检权威解读》，载《新京报》2018年12月19日。

侵害是必要的，即便造成严重损害结果，也不构成防卫过当。[1] 我们认为，在基本相适应说的基础上，结合具体案情具体判断可能比较合适，即应当综合不法侵害的性质、手段、强度、危害程度和防卫的时机、手段、强度、损害后果等情节，充分考虑双方力量对比，并换位思考、立足防卫人防卫时所处情境，同时还需结合社会公众的一般认知作出判断。通过这种综合考量和分析，对于防卫行为与不法侵害相差悬殊、明显过激的，认定防卫明显超过必要限度。

本案中，濮某某一方主观上系出于教训、立威、逞能、耍横的动机，并无杀害、杀伤等明显犯罪故意，客观上虽然多人围殴王某，但并未使用工具和器械，均是赤手空拳殴打，对王某人身权利侵犯的强度属于轻微阶段，造成的后果仅是王某面部、颈部等多处表皮剥脱伴皮下出血构成轻微伤。同时，案发现场有徐某父女、王某的朋友董某作为外人和目击者在场，濮某某一方进一步实施严重危及王某人身安全行为的现实可能性相对较小。但被告人王某在使用工具进行防卫时，没有示警性预告或者以捅刺加害一方正对其拳打脚踢的手臂、腿脚等部位来制止侵害，却选择用尖刀连续捅刺四人胸腹等要害部位，致濮某某、施某某、张某、郭某某四人胸腹处不同程度受伤。综合双方行为的性质来看，王某的防卫行为的强度和力度与其遭受的不法侵害的强度和力度“相差悬殊”，应当认定为明显超过必要限度。

（二）“造成重大损害”的认定

如何判断防卫行为是否“造成重大损害”？结合法律和司法解释对常见罪名中“严重后果”“情节严重”“重大事故”这类法律术语的表述和理解，笔者认为“重大损害”要在严重程度上与此相当，即造成不法侵害人重伤、死亡的结果属于重大损害，造成轻伤及以下损害的，一般不认定属于重大损害。

本案中，濮某某因抢救无效于当日死亡，死因系左胸部遭受锐器刺戳造成心脏、肺脏破裂导致大出血而死亡；施某某、张某、郭某某的胸腹部损伤分别构成轻伤二级、轻伤二级、轻微伤。被告人王某的防卫行为造成了不法侵害人濮某某死亡，故应认定造成重大损害。

综合上述两方面的分析，一审法院认定王某的防卫行为明显超过必要限度造成重大损害的，属于防卫过当，应当负刑事责任。结合王某的其他量刑情节，一审法院对王某予以较大幅度的减轻处罚也是适当的。

（一审法院合议庭成员　蒋　璟　徐海宏　周　华

编写人　江苏省无锡市中级人民法院　蒋　璟　杨　柳　徐海宏

责任编辑　周维明

审稿人　李玉萍）

原载《人民法院案例选》2020年第9辑（总第151辑）

[1] 徐成：《防卫限度判断中的利益衡量》，载《法学研究》2019年第3期。

五、共同犯罪

9. 朱伟侠、王永平等容留、介绍卖淫案
——共犯过剩的处理

【关键词】

共犯过剩　超限行为　犯意升级　可预见性

【裁判要旨】

在共犯过剩情形下，行为人虽然在客观上实施了超限行为，但对其他行为人的犯意升级处于非“明知”状态时，不能推定其对超限行为具有共同的犯罪故意，因此，在超限行为范围内不成立共同犯罪。

【相关法条】

《中华人民共和国刑法》

第三百五十九条第一款　引诱、容留、介绍他人卖淫的，处五年以下有期徒刑、拘役或者管制，并处罚金；情节严重的，处五年以上有期徒刑，并处罚金。

第二十五条第一款　共同犯罪是指二人以上共同故意犯罪。

【案件索引】

一审：浙江省丽水市缙云县人民法院（2015）丽缙刑初字第385号（2015年9月29日）

二审：浙江省丽水市中级人民法院（2015）浙丽刑终字第208号（2015年12月15日）

【基本案情】

浙江省丽水市缙云县人民检察院指控称：2013年7月中下旬至2013年8月中旬期间，被告人朱伟侠、王永平容留、介绍李某某（1998年10月18日出生）在其合伙经营

的位于缙云县新碧街道新村 40 号的洗头店卖淫 3 次以上，并从中非法获利，其中，被告人朱伟侠系明知李某某系未成年人。在此期间，被告人朱伟侠、王永平、徐小敏将李某某介绍至被告人徐小敏经营的缙云县新碧街道金马宾馆内卖淫 2 次，被告人徐小敏从中非法获利人民币 40 元。

被告人王永平辩称：其主观不知道李某某系未成年人。

被告人王永平的辩护人辩称：被告人王永平在经营洗头店期间不知道李某某系未成年人，故不属于“情节严重”的法定刑升格情节。

宣判后，浙江省丽水市缙云县人民检察院以一审未认定被告人王永平容留、介绍卖淫行为属于情节严重，对其量刑畸轻为由提出抗诉，抗诉称：被告人朱伟侠、王永平对容留未成年女性卖淫的实行行为不反对、不排斥。朱伟侠容留未成年女性卖淫的实行行为并未超出王永平的犯罪故意。原判未认定王永平容留未成年女性卖淫错误。

浙江省丽水市人民检察院提出如下意见支持抗诉：（1）被告人王永平等人作案时，李某某为 14 周岁，相关证人证言及被告人供述可以证实一般人判断李某某的年龄在 17、18 岁左右。王永平无其他理由证实李某某已成年，应当推定王永平主观上明知李某某系未成年人。（2）被告人朱伟侠介绍未成年人卖淫没有超出王永平的主观故意。王永平对朱伟侠招聘的卖淫女可能是未成年人应当有预见性，其对结果持放任态度，在这种概括故意范围内，二人应对容留、介绍未成年人卖淫的犯罪结果共同承担刑事责任。

被告人王永平二审辩称：其不知道李某某系未成年人，李某某看起来不像是未成年人。

被告人王永平的辩护人二审辩称：被告人王永平不知道李某某的相关情况，王永平未能分辨李某某是否成年。抗诉机关推定王永平容留未成年人卖淫不客观。故原判未认定王永平容留未成年女性卖淫事实清楚。

浙江省丽水市中级人民法院经审理查明的事实与原判一致，关于抗诉理由，经查：（1）李某某在案发时虽系未成年人，但无直接证据证实王永平知道李某某的具体年龄。虽有相关证人证言主观判断李某某的年龄为 17、18 岁左右，但不能由此推定王永平主观上明知李某某系未成年人；（2）虽朱伟侠、王永平就容留、介绍他人卖淫有共同的犯罪故意，但对是否容留、介绍未成年人，现有的证据不足以证实王永平知道或者应当知道李某某是未成年人，不能认定王永平持放任态度；（3）王永平在庭审中自愿认罪，对基本事实无异议，原判据此予以从轻处罚并无不当。抗诉机关据此提出的抗诉理由不成立，本院不予采纳。

【裁判结果】

浙江省丽水市缙云县人民法院于 2015 年 9 月 29 日作出（2015）丽缙刑初字第 385 号刑事判决：被告人朱伟侠犯容留、介绍卖淫罪，判处有期徒刑五年，并处罚金人民币 2 万元；被告人王永平犯容留、介绍卖淫罪，判处有期徒刑二年，并处罚金人民币 1 万元；被告人徐小敏犯容留、介绍卖淫罪，判处有期徒刑十个月，缓刑一年，并处罚金人民币 5000 元。宣判后，浙江省丽水市缙云县人民检察院以一审未认定被告人王永平容留、介绍卖淫行为属于情节严重，对其量刑畸轻为由提出抗诉。浙江省丽水市中级人民法院于2015年12月15日作出（2015）浙丽刑终字第208号刑事判决：驳回抗诉，维持原判。

【裁判理由】

法院生效裁判认为：被告人朱伟侠、王永平、徐小敏容留、介绍他人卖淫，其行为均已构成容留、介绍卖淫罪。被告人朱伟侠明知卖淫者系未成年人，属情节严重。被告人朱伟侠、徐小敏归案后如实供述自己的罪行，可以从轻处罚。被告人朱伟侠、王永平、徐小敏在庭审中自愿认罪，且被告人徐小敏已经退出全部违法所得，酌情从轻处罚。原判认定事实清楚，证据确实、充分，定罪准确，量刑适当，审判程序合法。抗诉机关提出原判量刑畸轻，建议改判的抗诉理由不足，法院不予支持。被告人王永平及其辩护人请求维持原判的意见，法院予以采纳。故裁定驳回抗诉，维持原判。

【案例注解】

本案的争议焦点为：被告人朱伟侠容留、介绍未成年人卖淫，是否能够推定王永平对此也具有相同的犯罪故意。狭义共同犯罪理论认为，共同犯罪的行为人之间要对共同实施的犯罪行为具备共同的意思表示和违法性认识。这表明，若部分行为人实施了超过原有犯罪构成要素的犯罪行为时，其他行为人原则上不需要承担其法律后果，也即“共犯过剩”理论的主流观点：未实行过限不承担责任。在司法实践中，如何认定行为人实施的客观超限行为具有犯意升级的故意一直存有争议，这主要涉及共同犯罪故意的范围和犯罪构成要素可预见性的认定问题，分析如下：

一、共同犯罪故意的范围认定

有观点认为，共同犯罪的故意应当包含所有法定刑升格和结果加重的情形，在一般共同犯罪中，行为人纠集他人共同实施犯罪行为，主观恶性较大，对法益造成了不可控的侵害可能，行为人应当预见犯罪客体的危险指数相比单独犯罪成倍提高。若产生共犯过剩，在没有其他证据证明行为人对此确不知情外，即可推定其具有共同的犯罪故意，构成共同犯罪，需承担所有超限行为的法律责任。笔者认为此种观点是对“行为共同说”的扩大解释，并不准确。根据《刑法》总则精神，不论是四要件说或者三要件说，共同犯罪均要求符合主客观相统一原则，具备相同的犯罪故意，即行为人明知自己的行为必然或可能会发生危害社会的结果，并且希望或放任这种结果发生的心理态度，这种“结果”主要是指法律意义上的结果，即法律对该事实赋予了新的社会评价。若前后存在差异，则不能直接推定其具有相同的犯罪故意，也即无法判定各行为人承担相同的法律责任。

当然，现实中也存在客观归罪的情形：第一种，特殊时期的严打行动。特殊时期，司法机关为维护社会某一特定或者不特定利益群体的稳定，会对少数犯罪实施有计划、有部署的严打行动，诸如危害国家安全类犯罪、食品安全类犯罪及涉黄、涉毒类犯罪，但不论是否属于严打类犯罪，法院在作出裁判时，应当始终坚持以事实为依据、以法律为准绳，可以更侧重于在程序上的快审快结和实体上的从严处罚；第二种，结果加重犯中的加重结果，数人以伤害故意殴打他人，其中1名行为人下手过重导致他人死亡，其他行为人也应承担故意伤害致人死亡的罪责，这是对“行为共同说”的解读，即成立共同犯罪，只要求客观行为部分相同和主观上对相同的行为有意思联络，对共同行为造成的后果共同承担责任，但前提是两种结果之间具有物理上或心理上可转化的因果关系，本案中的犯罪要素不具备该因果关系；第三种，有时对故意的成立，不要求行为人认识到所有的客观事实，可以超出故意的认识范围，如本案中的容留、介绍卖淫罪规定，容留、介绍卖淫20人次以上的为情节严重，只要行为人每次实施容留、介绍卖淫时具有故意即可，不要求行为人认识到自己究竟是第19次还是第20次。倘若行为人在第20次容留卖淫时误以为自己是第19次，也不影响其行为构成情节严重，从而提高刑期，由此推至共同犯罪，其中1名行为人认为已介绍19次，随即退伙，实际上已介绍20次，量刑时依然认定情节严重。

本案中，被告人王永平对卖淫女李某某是否系未成年人的客观事实的认识，并非抽象的数字描述，也没有明显的结果加重情形，排除该类犯罪正处于严打时期，在没有其他证据证明其明知李某某不满18周岁的情况下，不能直接推定王永平具有容留、介绍未成年女性卖淫的犯罪故意。

二、共同犯罪故意判断的前提：犯罪要素的可预见程度

犯罪由各种犯罪要素构成，如犯罪主体、犯罪客体、犯罪对象、因果关系等。结合本案，由于控辩焦点集中在对卖淫女是否系未成年人的认知问题上，故笔者仅谈犯罪对象（行为对象）的可预见性。犯罪对象一般指实行行为所作用的物、人与组织（机构）。行为对象不同，可能直接影响量刑的轻重。按照《浙江省高级人民法院、浙江省人民检察院关于办理组织卖淫及相关刑事案件适用法律问题的纪要》规定，容留、介绍卖淫2人次以上即构成犯罪，容留、介绍卖淫3人次以上，且其中1次的犯罪对象即卖淫女系未成年人的，则认定为情节严重，处五年以上有期徒刑，并处罚金。所以，被告人王永平是否知晓卖淫女系未成年人决定了其是否与朱伟侠共同承担刑期升格的加重责任。刑法理论通说认为，行为人具有犯罪的故意，应当以“明知”为前提，明知的概念包括两层意思：一个是已经知道某种事实的存在，一个是已经知道某种事实可能存在，两者均为现实的认识。若为应当知道而不知道，则又成了过失的概念链条。因共同犯罪中无过失犯罪，故再次佐证了“明知”的含义。若彻底没有预见可能性，也不可能构成犯罪。故不论是共同犯罪还是单独犯罪，首先需确认哪些要素之存在可能被行为人所预见，以及预见的可能性大小，从而才能判断行为人对法律意义上的事实是否可能“已经知道”。

实践中经常通过一般生活常识来判断行为人对构成要素是否具备预见可能性。常识判断的结果往往根据行为人的阅历、经验、年龄、学历、性别、现场状况等条件的不同而不同，因人而异，受到的干扰因素也较多，具体到本案，推定被告人王永平通过日常经验能够判断卖淫女系未成年人有以下几方面因素制约：（1）一般社会经验为一般人所设，仅凭个别证人证言所述能否推定为一般人之列的判断结果需打个问号。（2）判断标准模糊，随着社会物质条件日益富足，青少年早熟现象普遍，卖淫女李某某年仅14周岁，但从表面上看其发育程度已与部分高中阶段女生无异，纯粹从体貌特征判断，差异化较小，区分难度大。另外，从女性发育角度考虑，18岁前后身型已基本塑造完毕，“李某某的年龄为17、18岁左右”的证人证言的证明力不高。（3）判断结果直接决定刑罚是否升格，17 岁和 18 岁虽只有 1 岁之差，但对本案量刑影响极大，从“疑罪从轻”“疑罪从无”层面出发，也应当贯彻教育为主、惩罚为辅的刑事审判理念，认定王永平主观上明知李某某系未成年人的抗诉理由不成立。故虽有相关证人证言，但由此推定王永平能够预见卖淫女李某某的具体年龄的结论牵强。

同时，笔者发现，我国《刑法》分则累计 350 条罪名条款中，仅出现了 41 处“明知”字样。2014 年 10 月出台的《浙江省高级人民法院、浙江省人民检察院关于办理组织卖淫及相关刑事案件适用法律问题的纪要》与两年前印发的《浙江省高级人民法院关于部分罪名定罪量刑情节及数额标准的意见》相比，也对本罪条文“引诱、容留、介绍明知患有艾滋病、严重性病的人卖淫”中的“明知”进行了删除。这难道代表了有权机关对犯罪要素预见程度的有意放宽？回答显然是否定的。这既是法经济学成本效益视角下对犯罪构成要素认知标准书面解释的必要删减，也更加明确了故意犯罪与过失犯罪的界限。

三、客观超限行为共犯之推定应尽到谨慎审查责任

张明楷教授认为，超过要素虽然不是故意的认识与意志内容，但要求行为人对之具有预见可能性，否则，便违反了责任主义。① 笔者认为，认定共犯过剩情形中客观超限行为是否具有共同犯罪故意的问题，实践中应结合相关证据材料综合评判，对推定具有共同犯意的情形应尽到谨慎的审查责任和义务，笔者建议可从以下两个方面进行考察：

1. 客观超限行为人对犯罪要素是否具有主观明知的可能性。客观超限行为人与实际超限行为人（主客观均明知）相比，在实行超限行为时处于被动地位，其对超限行为仅存在客观事实上的认识。本案中，被告人王永平对容留、介绍李某某卖淫之事实供认不讳，其属于客观事实上的认识，但对李某某系未成年人这个法定刑升格的要件并不明知，这是法律层面的明知，即对犯罪对象的情况并未达到明知的标准。值得注意的是，明知的判断节点应当是超限行为发生之时，即便王永平此前有过若同案犯介绍未成年人卖淫其仍会一起作案的想法，也不能推定朱伟侠在介绍李某某卖淫时，王永平的主观为明知。缺少明知为前提，放任一说亦无从谈起。除非事前王永平曾对朱伟侠表示：“如果你把未成年卖淫女介绍过来，我也会送过去。”该情形属共谋的事前故意，其对超出部分有认识，并且希望或者放任，故不存在过剩问题。

因此，办案人员在审查“明知”的过程中，应当根据证据材料所反映的事实，多元考虑共同犯罪行为人的犯罪特征、犯罪手段和主观恶性。例如本案，笔者建议可进一步审查金马宾馆老板徐小敏及嫖客是否存在对未成年卖淫女的暗示性需求、王永平为什么没有对李某某的身份情况进行验证、卖淫女和被告人之间的交易模式和交易次数、各方行为人的熟悉程度。若行为人对犯罪要素的主观预见可能性高，才有条件推定其具有超限行为的共同故意，若仅有证据印证案件的部分客观事实，则很难直接以客观归罪。

2. 犯意升级的现实必要性。行为人在实施犯罪过程中，经常会因客观环境的变化而升级犯意，如抢劫过程中遭遇被害人反抗，行为人进而将被害人杀害后拿走财物。笔者结合本案假设一种犯罪情形，若金马宾馆老板徐小敏曾对 2 名被告人明确提出其所容留

① 张明楷：《刑法学》（第 4 版），法律出版社 2011 年版，第 242 页。

之卖淫女均要求系未成年人，后由朱伟侠联系未成年卖淫女，由王永平将卖淫女送至徐小敏处，卖淫行为得以实现。此时，即使王永平对该卖淫女是否系未成年人没有形成内心确信，同时其也无法查明卖淫女的真实年龄，也可推定王永平对介绍未成年女性卖淫具有犯罪故意。客观因素导致了行为人若欲继续从事犯罪，其犯罪行为必然发生转变，从而升级犯意，满足加重处罚的要件。当然，造成犯意升级的现实情况，同样应当得到相关证据证实，并通过办案人员的审判经验和生活实践加以全面判断。

（一审法院合议庭成员　叶　露　江喜亮　周云光
二审法院合议庭成员　李秀勤　陈　杨　章作添
编写人　浙江省丽水市缙云县人民法院　谢　栋
浙江省丽水市莲都区人民法院　叶　露
责任编辑　周维明
审稿人　李玉萍）

原载《人民法院案例选》2017 年第 11 辑（总第 117 辑）

10. 杨传祥、赵某容留卖淫案

——共同犯罪中违法所得的认定

【关键词】

刑事　容留卖淫罪　共同犯罪　违法所得　追缴　责令退赔

【裁判要旨】

法律和司法解释无特殊规定时，违法所得数额应当按照收益总额认定，不应扣除犯罪分子为实施犯罪行为所支出的费用。责令退赔和追缴违法所得系针对违法所得的两种不同处置模式。共同犯罪中，责令退赔模式下，基于对被害人合法收益的最大保护，犯罪分子之间应承担连带责任；追缴模式下，犯罪分子应根据实际取得的违法所得分别承担独立责任，无法区分实际取得时，根据犯罪分子在共同犯罪中所起的作用，按照比例确定各自的追缴数额。

【相关法条】

《中华人民共和国刑法》

第六十四条　犯罪分子违法所得的一切财物，应当予以追缴或者责令退赔；对被害人的合法财产，应当及时返还；违禁品和供犯罪所用的本人财物，应当予以没收。没收的财物和罚金，一律上缴国库，不得挪用和自行处理。

第三百五十九条第一款　引诱、容留、介绍他人卖淫的，处五年以下有期徒刑、拘役或者管制，并处罚金；情节严重的，处五年以上有期徒刑，并处罚金。

【案件索引】

一审：江苏省南京市浦口区人民法院（2018）苏0111刑初349号（2018年12月3日）

再审：江苏省南京市浦口区人民法院（2019）苏0111刑再1号（2019年5月8日）

【基本案情】

江苏省南京市浦口区人民检察院指控：（1）被告人杨传祥、赵某构成容留卖淫罪。①杨传祥作为浴室实际经营者，其和赵某的供述均证实浴室存在卖淫行为，且能够证实卖淫女人数符合容留二人次以上卖淫的立案追诉标准，故杨传祥构成容留卖淫罪。②赵某系浴室经营管理的重要参与者，与杨传祥共同管理经营浴室，构成容留卖淫犯罪的共犯。（2）被告人应承担的刑事责任。非法获利人民币5万元以上构成情节严重，法定刑为五年以上有期徒刑，并处罚金。依据记账本记录，浴室容留卖淫次数为1695次，共计违法所得257930元。上述违法所得应当予以全额追缴。收益分配系事后行为，不影响违法所得数额的认定，不应扣除澡资和卖淫女的分成。追缴违法所得是否在共同犯罪人之间进行区分由法院裁量。

被告人杨传祥及其辩护人辩护称：杨传祥的犯罪行为是否达到情节严重的标准，证据不足。即使按照公诉机关的指控，按记账本内容记载的符号计算，杨传祥的违法所得也应扣除与卖淫女分成部分，且应当对两被告人分别追缴违法所得。

被告人赵某及其辩护人辩护称：第一，案涉违法所得系杨传祥获取，赵某只是领取固定报酬，没有违法所得；第二，违法所得的金额应当扣除卖淫女分成的60%，且扣除15元/次的澡资。

法院经审理查明：（1）2016年12月，杨传祥在南京市浦口区顶山街道丁圩118号经营南苑洗浴休闲浴室（以下简称浴室），负责日常经营管理，并雇佣被告人赵某为浴室收银，雇佣卢某某（另案处理）在浴室二楼开展按摩服务，在此期间，浴室二楼存在卖淫嫖娼行为。浴室内卖淫分为120元、150元和200元三个标准，在记账时分别以"三角形、五角星和200"进行区别，卖淫收入由浴室和卖淫女四六分成。赵某在一楼收银台负责记录二楼通过对讲机报下来的金额并收银，按照杨传祥的要求每日将一楼记账本与卢某某的记录进行核对，并按照四六分成的比例当日与卢某某进行结算。为躲避公安机关的查处，杨传祥在一楼收银台安装了与二楼相连接的报警灯开关，赵某通过控制开关或者利用对讲机为二楼卖淫女通风报信。2017年4月23日，卢某某带领部分卖淫女离开浴室，卖淫女只留下孟某某（编号为15）一人。杨传祥要求赵某寻找卖淫女前来卖淫。4月24日，赵某联系雷某某（编号为8）前来浴室进行卖淫活动。2017年4月25日，公安机关对浴室进行检查，当场查获杨传祥、赵某、孟某某、雷某某等人。经检查，2017年4月24日、25日两天，该浴室共有卖淫女孟某某、雷某某两人，并当场查获黑色笔记本一本、紫色塑料封皮笔记本一本、咖啡色笔记本一本和咖啡色黑色相间笔记本一本。经核算，浴室从2017年3月5日至4月25日容留卖淫约1600余次，违法所得共计约25万余元。（2）案涉浴室从2017年3月5日至4月25日容留卖淫违法所得共计257930元，其中：杨传祥在案涉浴室实际违法所得为103172元（257930元×40%）。赵某在浴室每月收入6000元。（3）已扣押在案人民币3445元。

【裁判结果】

江苏省南京市浦口区人民法院于2018年12月3日作出（2018）苏0111刑初349号刑事判决：一、被告人杨传祥犯容留卖淫罪，判处有期徒刑五年五个月，并处罚金人民币40万元；二、被告人赵某犯容留卖淫罪，判处有期徒刑二年六个月，并处罚金人民币12万元。

判决生效后，经院长提交审判委员会讨论，认为原审判决适用法律错误，江苏省南京市浦口区人民法院于2019年1月14日作出（2019）苏0111刑监2号再审决定书，决定再审。

江苏省南京市浦口区人民法院于2019年5月8日作出（2019）苏0111刑再1号刑事判决：一、维持本院（2018）苏0111刑初349号刑事判决第一项；二、维持本院（2018）苏0111刑初349号刑事判决第二项；三、依法追缴原审被告人杨传祥违法所得人民币 103172 元。

【裁判理由】

法院生效裁判认为：（1）赵某与杨传祥构成共同犯罪。杨传祥容留他人卖淫，其行为构成容留卖淫罪。赵某明知杨传祥容留他人卖淫，仍然在案涉浴室从事与容留卖淫相关的收银、对账分成、通风报信、联系卖淫女等行为，存在明显的共同犯罪的故意和犯罪实行行为。杨传祥是案涉浴室的负责人，与卖淫女四六分成违法收益，在共同犯罪中起主要作用，系主犯；赵某参与犯罪活动，系从犯。（2）案涉违法所得应当予以追缴。首先，刑法上的违法所得是指通过实施犯罪直接或者间接产生或者获得的任何财产，违法所得追缴指向的直接对象应是违法所得的财产，应对占有该特定违法所得的人进行追缴，故辩护人认为案涉违法所得应以原审两被告人实际所得为限分别追缴的辩护意见成立。其次，无直接证据证明赵某月收入来自浴室违法所得，也不能排除其上述收入是其在浴室从事正常劳动所得的合法收入，故赵某月工资收入不宜认定为违法所得。最后，容留卖淫罪构成要件中客观上的容留行为包括为卖淫提供场所，原审被告人利用浴室所具备的洗浴等条件实施容留卖淫犯罪，该犯罪成本包括澡资等不应在违法所得中扣减。（3）原审判决认定事实清楚，定罪准确，对原审两被告人量刑适当，但原审判决未对原审被告人杨传祥的违法所得予以追缴，适用法律错误，应予改判。

【案例注解】

违法所得范围的认定是否扣除犯罪成本，法律和司法解释只在部分罪名中作了规定，刑法总则中没有明确规定。本案中，关于违法所得范围的认定，有三种不同意见：一是按照浴室违法所得的总额全额追缴；二是扣除卖淫女分成部分，按照实际分成所得的数额予以追缴；三是实际分成扣除经营成本（包括人工工资、澡资等）后予以追缴。关于追缴模式，共同犯罪中对违法所得的追缴或者责令退赔采用连带责任还是独立责任存在争议。

一、《刑法》第六十四条中“追缴或者责令退赔违法所得”的性质

刑法上的违法所得，是指通过实施犯罪直接或者间接产生或者获得的任何财产。《刑法》第六十四条中追缴或者责令退赔违法所得在性质上并非刑罚，也并非刑事责任，而应当仅理解为对物的强制处分措施。[①]

从刑法体系上看，刑法并未将追缴或者责令退赔违法所得确定为刑罚的种类，根据罪刑法定原则，追缴或者责令退赔不应定义为刑罚。从追缴违法所得在刑法上所具备的功能上看，《刑法》第六十四条中追缴或者责令退赔违法所得旨在恢复被犯罪所破坏的法益，[②] 任何人不得从其违法行为中获益，追缴或者责令退赔对象指向具有不法性的违法所得之物，而非行为人。本案中，再审判决增加追缴违法所得的判项，一方面，追缴在

① 尹振国、方明：《我国刑事特别没收手段的反思与重构——兼论〈刑法〉第 64 条的完善》，载《法律适用》2019 年第 5 期。关于《刑法》第六十四条中追缴违法所得的性质，学说纷纭，有“刑罚说”“保安处分说”“保安处分和刑罚混合说”“对物的强制处分说”等。

② 万志鹏：《论犯罪所得之没收》，载《法商研究》2018 年第 3 期。

性质上并非刑罚，故不违背再审一般不加刑[①]的法律规定；另一方面，违法所得的不法性不因时间的经过而改变，对其进行追缴具有法律上的正当性。

二、违法所得的范围认定

违法所得范围的确定是追缴或者责令退赔的前提要件。根据违法所得来源不同，产生违法所得的犯罪可区分为取得利益型犯罪和经营利益型犯罪。[②]关于经营利益型犯罪的违法所得，以是否扣除成本为标准争议较大，可区分为两种，其中主张扣除成本的理由主要有：第一，从文义解释分析，付出的成本并非获取的利益，不能称为违法所得；[③]第二，从有利于被告人的原则出发，认定违法所得利益一般不得高于被告人实际所获利益；第三，现行法律规定中有违法所得数额系“获利数额”的例证。[④]主张总额计算的理由主要有：第一，从立法例来看，坚持总额计算原则是世界上多数国家的通例，我国的相关规范性文件亦体现了这一原则的精神；[⑤]第二，从制度设计的目的来看，追缴或者责令退赔违法所得旨在使因实施犯罪行为而不法获得的利益回归到未实施犯罪之前的应有状况，也就是重新恢复合法的财产秩序，起到预防犯罪的作用；[⑥]第三，从司法技术的角度分析，经营成本计算非常复杂，需要考虑证明标准等多重因素。笔者认为，第一，无论是取得利益型犯罪还是经营利益型犯罪，一般都存在犯罪成本问题，因犯罪成本是犯罪分子为实施犯罪行为、达到犯罪目的而实际支出的成本，具有非法性，不应当予以保护，故不应扣除，但经营利益型犯罪所包含的经营成本在一些特定犯罪中的确与犯罪成本有比较明显的区别，故法律和司法解释对特定犯罪扣除经营成本作出规定有其合理性，应从其规定。第二，已经部分或者全部转变、转化后的财产和来自违法所得转变、转化后的财产收益，或者来自已经与违法所得相混合财产中违法所得相应部分的收益，均应视为违法所得。上述认定的理论依据在于“不让犯罪分子通过实施犯罪获得任何收益”，该原理也成为实践过程中遵循的共识。

本案中，容留卖淫罪系经营利益型犯罪，对于该罪中违法所得的计算，法律和司法解释并无特殊规定，应当按照收益总额计算。其一，现有证据证明案涉浴室容留卖淫违法所得共计257930元，杨传祥和卖淫女按照四六分成，故本案中杨传祥的违法所得应为浴室容留卖淫违法所得的40%，剩余60%部分在处理卖淫女的另案中予以追缴。其二，本案中的违法所得系金钱，金钱的本质是一般等价物，占有即所有，杨传祥占有违法所得之后，无论其如何使用，也无论违法所得是否发生转化与混同，均应予以追缴。其三，现有证据证明赵某在浴室获得6000元每月的固定收入，对于上述收入，不能排除系赵某

① 根据《最高人民法院关于适用〈中华人民共和国刑事诉讼法〉的解释》第三百八十六条的规定，除人民检察院抗诉的以外，再审一般不得加重原审被告人的刑罚。

② 李长坤：《论违法所得及其他涉案财物的界定——兼论对没收程序司法解释第6条的理解》，载《法律适用》2017年第13期。

③ 参见时延安、刘伟：《违法所得和违法收益的界定》，载《中国检察官》2007年第2期。

④ 如《最高人民法院关于审理非法出版物刑事案件具体应用法律若干问题的解释》（法释〔1998〕30号）第十七条。

⑤ 如《全国法院审理金融犯罪案件工作座谈会纪要》（法〔2001〕8号）第二部分之（三）规定：“在具体认定金融诈骗犯罪的数额时，应当以行为人实际骗取的数额计算。对于行为人为实施金融诈骗活动而支付的中介费、手续费、回扣等，或者用于行贿、赠与等费用，均应计入金融诈骗的犯罪数额。”

⑥ 万志鹏：《论犯罪所得之没收》，载《法商研究》2018年第3期。

从事合法劳动所获取，故从公平原则出发，并基于有利于被告人的原则，不宜认定为违法所得。

三、共同犯罪中违法所得的追缴和责令退赔模式

共同犯罪中，犯罪分子对违法所得追缴或者责令退赔是否承担连带责任，涉及对被害人的保护程度、非法利益的处置力度，同时也涉及追缴或者责令退赔的公平性、正当性。《刑法》第六十四条中“违法所得”的内涵和外延比较模糊，“追缴”和“责令退赔”的功能亦不明确，实践中对刑事涉案财物的判项表述多样、内容不明，[①] 也导致了刑事案件涉财产部分的执行困难。因此，厘清《刑法》第六十四条中追缴和责令退赔的含义是论述追缴和责令退赔模式的前提。

在《刑法》第六十四条的语境下，追缴和责令退赔相并列，表明对违法所得进行处置有两种不同的方式，其中责令退赔应理解为对“法律应保护的被害人的合法利益”的赔偿，被害人包括国家主体，也包括公民、法人等其他主体。对追缴应当在“任何人不得从其违法行为中获益”的理念下进行阐释，即在“没有法律应保护的被害人合法利益”的情形下，违法所得应予追缴，并上缴国库。《刑法》第六十四条中的追缴系特定语境下的术语，应当与日常理解中作为行为意义上的追缴含义相区别。有观点认为，追缴系程序性处分措施，追缴之后再进行实体性处分，或者退赔被害人，或者没收上缴国库，[②] 该种理解即为日常行为意义上的“追缴”。综上，在《刑法》第六十四条的语境下，“追缴”和“责令退赔”针对的对象是违法所得，并以违法所得是否系被害人合法利益相区分，“没收”针对的对象为违禁品和供犯罪所用的本人财物，与“追缴”和“责令退赔”的概念相区分。

连带责任是各犯罪分子对共同犯罪中违法所得的总额承担连带责任，其优势在于能够尽可能地弥补被害人的损失以及最大限度地打击犯罪分子的链条利益。独立责任是犯罪分子各自对自己占有、受领的违法所得数额负责，其优势在于避免共犯负担超出自己占有、受领违法所得数额的义务，以体现刑事司法对犯罪人合法利益的保障。对共同犯罪中的违法所得责令退赔，涉及对被害人合法权益的保护，基于最大限度地保护权益应适用连带责任。而对共同犯罪中的违法所得进行追缴，因违法所得最终上缴国库，故共犯之间不应适用连带责任。上述判断基于如下理由：第一，连带责任应当基于法律的明文规定（民法领域中还包括当事人之间的约定）。在法无明文规定的情况下，对行为人实际占有、受领的违法所得予以追缴系一般原则。第二，共同犯罪中实行“部分实行全部责任”的归责原则仅适用于定罪量刑，该责任不包括对物的强制性处分。第三，国家公权力应当保持谦抑。[③] 如违法所得在法律评价上不涉及被害人的合法利益，应采用分别追缴模式。反向视之，如追缴中对共犯实行连带责任，也有可能导致选择性执行和共犯之间追偿难，造成不必要之困境。

① 判项中较为集中的问题有：（1）“追缴”“责令退赔”“没收”等词语混用；（2）对违法所得的数额和范围未予明确，退赔的对象和数额不明等，如笼统表述为“追缴被告人涉案所得财物”“返还被害人”等；（3）共同犯罪中，对各犯罪分子应追缴或者退赔的数额不明、责任划分不清。

② 尹振国、方明：《我国刑事特别没收手段的反思与重构——兼论〈刑法〉第64条的完善》，载《法律适用》2019年第5期。

③ 参见邓光扬：《追缴共同犯罪之违法所得不能一概适用连带责任》，载《法律适用》2018年第22期。

根据违法所得在共犯间的占有、受领情况，又可区分为两种情形：一是违法所得能够区分，则按照共犯各自的占有、受领数额确定追缴的违法所得数额；二是违法所得无法区分，由法官根据犯罪分子在共同犯罪中所起的作用，按照比例确定各自的追缴数额。

（一审法院合议庭成员　彭小铮　赵梅凤　杨怡敏
再审法院合议庭成员　孔征兵　黄德斌　徐文露
编写人　江苏省南京市浦口区人民法院　张　岚　孔征兵
责任编辑　包献荣
审稿人　李玉萍）

原载《人民法院案例选》2020 年第 6 辑（总第 148 辑）

六、单位犯罪

11. 南京丰翊纺织品有限公司、郎溪县羽盛制衣有限公司、句容羽逸服装有限公司、陈田洪、陆宁健虚开增值税专用发票案

——两家单位犯罪涉及同一主管负责人被追究刑事责任时的刑罚适用

【关键词】

刑事　单位犯罪　主管负责人　数罪并罚

【裁判要旨】

单位犯罪中同时作为两个单位直接负责的主管人员并案处理被追究刑事责任时，应根据二被告单位的犯罪，分别评价后予以数罪并罚。

【相关法条】

《中华人民共和国刑法》

第二百零五条　虚开增值税专用发票或者虚开用于骗取出口退税、抵扣税款的其他发票的，处三年以下有期徒刑或者拘役，并处二万元以上二十万元以下罚金；虚开的税款数额较大或者有其他严重情节的，处三年以上十年以下有期徒刑，并处五万元以上五十万元以下罚金；虚开的税款数额巨大或者有其他特别严重情节的，处十年以上有期徒刑或者无期徒刑，并处五万元以上五十万元以下罚金或者没收财产。

单位犯本条规定之罪的，对单位判处罚金，并对其直接负责的主管人员和其他直接责任人员，处三年以下有期徒刑或者拘役；虚开的税款数额较大或者有其他严重情节的，处三年以上十年以下有期徒刑；虚开的税款数额巨大或者有其他特别严重情节的，处十年以上有期徒刑或者无期徒刑。

虚开增值税专用发票或者虚开用于骗取出口退税、抵扣税款的其他发票，是指有为他人虚开、为自己虚开、让他人为自己虚开、介绍他人虚开行为之一的。

第三十条 公司、企业、事业单位、机关、团体实施的危害社会的行为，法律规定为单位犯罪的，应当负刑事责任。

第三十一条 单位犯罪的，对单位判处罚金，并对其直接负责的主管人员和其他直接责任人员判处刑罚。本法分则和其他法律另有规定的，依照规定。

第六十七条第一款 犯罪以后自动投案，如实供述自己的罪行的，是自首。对于自首的犯罪分子，可以从轻或者减轻处罚。其中，犯罪较轻的，可以免除处罚。

第六十九条第一款 判决宣告以前一人犯数罪的，除判处死刑和无期徒刑的以外，应当在总和刑期以下、数刑中最高刑期以上，酌情决定执行的刑期，但是管制最高不能超过三年，拘役最高不能超过一年，有期徒刑总和刑期不满三十五年的，最高不能超过二十年，总和刑期在三十五年以上的，最高不能超过二十五年。

第七十二条第一款、第三款 对于被判处拘役、三年以下有期徒刑的犯罪分子，同时符合下列条件的，可以宣告缓刑，对其中不满十八周岁的人、怀孕的妇女和已满七十五周岁的人，应当宣告缓刑：

（一）犯罪情节较轻；

（二）有悔罪表现；

（三）没有再犯罪的危险；

（四）宣告缓刑对所居住社区没有重大不良影响。

被宣告缓刑的犯罪分子，如果被判处附加刑，附加刑仍须执行。

第六十四条 犯罪分子违法所得的一切财物，应当予以追缴或者责令退赔；对被害人的合法财产，应当及时返还；违禁品和供犯罪所用的本人财物，应当予以没收。没收的财物和罚金，一律上缴国库，不得挪用和自行处理。

【案件索引】

一审：江苏省无锡市惠山区人民法院（2018）苏0206刑初374号（2018年9月11日）

【基本案情】

无锡市惠山区人民检察院指控：

1. 2014年9月至2015年4月期间，被告人陆宁健在担任被告单位句容羽逸服装有限公司、郎溪县羽盛制衣有限公司实际负责人期间，在无实际货物交易的情况下，以支付票面金额7%开票费的方式，通过被告人陈田洪介绍张君生（另案处理）从公安县连丰棉业有限公司、公安县兴荣棉业有限公司、辉县市厚德纺织有限公司、安徽荣业纺织有限公司先后虚开增值税专用发票69份，价税合计共计人民币7693600元，税额共计人民币1117873.66元。其中被告人陆宁健为句容羽逸服装有限公司虚开增值税专用发票22份，价税合计共计人民币2464450元，税额共计人民币358082.53元；为郎溪县羽盛制衣有限公司虚开增值税专用发票47份，价税合计共计人民币5229150元，税额共计人民币759791.13元。

2. 2015年5月至2015年9月期间，被告单位南京丰翊纺织品有限公司在无实物交易的情况下，以支付票面金额7%开票费的方式，通过张君生从郑州市锦鸿纺织品有限公司、安徽荣业纺织有限公司、辉县市华绮纺织有限公司等公司先后虚开增值税专用发票70份，价税合计共计人民币7794560元，税额共计人民币1132542.83元。其中被告单位南京丰翊纺织品有限公司通过被告人陈田洪介绍张君生从郑州市锦鸿纺织品有限公司、石首市华祥纺织原料有限公司虚开增值税专用发票8份，价税合计共计人民币1372000元，税额共计人民币199350.42元。

被告单位句容羽逸服装有限公司、郎溪县羽盛制衣有限公司、南京丰翊纺织品有限公司在明知上述增值税专用发票系虚开的情况下，仍将上述增值税专用发票予以抵扣。上述发票均已由被告单位句容羽逸服装有限公司、郎溪县羽盛制衣有限公司、南京丰翊纺织品有限公司向税务机关申报并获得抵扣。

案发后，被告单位句容羽逸服装有限公司、郎溪县羽盛制衣有限公司、被告人陆宁健及被告人陈田洪主动向公安机关投案，并如实供述了犯罪事实。被告单位句容羽逸服装有限公司、郎溪县羽盛制衣有限公司、南京丰翊纺织品有限公司已补缴全部税款。

庭审中，被告单位南京丰翊公司、郎溪羽盛公司、句容羽逸公司及被告人陈田洪、陆宁健对指控的犯罪事实均无异议。

被告人陈田洪的辩护人提出的主要辩护意见如下：（1）对指控被告人陈田洪帮助郎溪羽盛公司、句容羽逸公司介绍虚开的金额有异议，请法庭根据证据认定；（2）虚开发票链条中起介绍的次要作用，是从犯；（3）自首；（4）建议从宽处罚判处缓刑。

被告人陆宁健的辩护人提出的主要辩护意见如下：（1）自首；（2）其负责的两家公司已经补缴税款；（3）虽然被告人陆宁健的行为符合数罪并罚的法律规定，但是处罚时可以比照一罪进行；（4）建议减轻处罚判处缓刑。

法院经审理查明：2014年9月至2015年4月间，被告人陆宁健在担任被告单位郎溪县羽盛制衣有限公司（以下简称郎溪羽盛公司）、句容羽逸服装有限公司（以下简称句容羽逸公司）实际负责人期间，在无实际货物交易的情况下，以支付票面金额7%开票费的方式，通过被告人陈田洪介绍张君生（另案处理）从公安县连丰棉业有限公司等单位先后虚开增值税专用发票69份，价税合计共计人民币7693600元，税额共计人民币1117873.66元。其中被告人陆宁健为被告单位郎溪羽盛公司虚开增值税专用发票47份，价税合计共计人民币5229150元，税额共计人民币759791.13元；为被告单位句容羽逸公司虚开增值税专用发票22份，价税合计共计人民币2464450元，税额共计人民币358082.53元。

2015年5月至2015年9月间，被告单位南京丰翊纺织品有限公司（以下简称南京丰翊公司）在无实际货物交易的情况下，以支付票面金额7%开票费的方式，通过张君生从郑州市锦鸿纺织品有限公司、安徽荣业纺织有限公司、辉县市华绮纺织有限公司等单位先后虚开增值税专用发票71份，价税合计共计人民币7794560元，税额共计人民币1132542.83元。其中被告单位南京丰翊公司通过被告人陈田洪介绍张君生从郑州市锦鸿纺织品有限公司、石首市华祥纺织原料有限公司虚开增值税专用发票8份，价税合计共计人民币1372000元，税额共计人民币199350.42元。

上述发票均已由被告单位南京丰翊公司、郎溪羽盛公司、句容羽逸公司向税务机关申报并获得抵扣。

案发后，被告单位郎溪羽盛公司、句容羽逸公司及被告人陆宁健、陈田洪主动向公安机关投案，并如实供述了犯罪事实。被告单位南京丰翊公司、郎溪羽盛公司、句容羽逸公司已补缴全部税款。

另查明，被告人陈田洪通过介绍张君生虚开增值税专用发票从中获利人民币3万元。法院审理过程中，被告人陈田洪退出违法所得人民币3万元。

【裁判结果】

江苏省无锡市惠山区人民法院于2018年9月11日作出（2018）苏0206刑初374号刑事判决：一、被告单位南京丰翊纺织品有限公司犯虚开增值税专用发票罪，判处罚金人民币30万元。二、被告单位郎溪县羽盛制衣有限公司犯虚开增值税专用发票罪，判处罚金人民币15万元。三、被告单位句容羽逸服装有限公司犯虚开增值税专用发票罪，判处罚金人民币10万元。四、被告人陈田洪犯虚开增值税专用发票罪，判处有期徒刑三年，缓刑五年，并处罚金人民币25万元。五、被告人陆宁健犯虚开增值税专用发票罪（郎溪县羽盛制衣有限公司），判处有期徒刑二年三个月；犯虚开增值税专用发票罪（句容羽逸服装有限公司），判处有期徒刑一年三个月，决定执行有期徒刑三年，缓刑四年。六、违法所得人民币3万元予以没收，上缴国库。

一审判决后，本案在法定期限内没有上诉、抗诉，判决已发生法律效力。

【裁判理由】

法院生效裁判认为：被告单位南京丰翊公司、郎溪羽盛公司、句容羽逸公司违反国家发票管理规定，让他人为自己虚开增值税专用发票，并均已向税务机关申报抵扣，三被告单位的行为均已构成虚开增值税专用发票罪，且属有其他严重情节。被告人陆宁健作为被告单位郎溪羽盛公司、句容羽逸公司的实际经营负责人，决定让他人为自己的两家单位虚开增值税专用发票，其行为应当以虚开增值税专用发票罪追究刑事责任并数罪并罚。被告人陈田洪违反国家发票管理规定，介绍他人虚开税款数额较大的增值税专用发票，其行为已构成虚开增值税专用发票罪。公诉机关指控的罪名成立，法院予以支持。被告单位郎溪羽盛公司、句容羽逸公司及被告人陆宁健、陈田洪均有自首情节，且被告单位南京丰翊公司、郎溪羽盛公司、句容羽逸公司均已补缴税款，故法院决定对被告单位句容羽逸公司、郎溪羽盛公司及被告人陆宁健予以减轻处罚，对被告人陈田洪、被告单位南京丰翊公司予以从轻处罚。根据被告人陆宁健、陈田洪的犯罪情节及悔罪表现，符合缓刑适用条件，故可宣告缓刑。

关于被告人陈田洪的辩护人提出“对指控被告人陈田洪帮助郎溪羽盛公司、句容羽逸公司介绍虚开的金额有异议，请法庭根据证据认定”的辩护意见，经查，被告人陈田洪多次供述称被告单位郎溪羽盛公司、句容羽逸公司需要开票时，被告人陆宁健告诉其大概的开票金额，其联系张君生确定具体的开票金额和开票单位，后提供给被告人陆宁健并让她安排付款到开票单位，再由张君生将扣除7%开票费的资金打回被告人陆宁健的银行卡，发票是张君生给其后邮寄至被告人陆宁健的南京办事处，或由张君生直接邮寄，被告人陆宁健银行卡上资金回流对应7%开票费的就是其通过张君生虚开的；并在侦查阶段对其介绍虚开的69份增值税专用发票、价税合计金额、回款流水明细进行了确认。上述事实亦得到被告人陆宁健及涉案人员张君生供述的印证，可以证明被告人陈田洪介绍被告单位郎溪羽盛公司、句容羽逸公司与张君生虚开增值税专用发票的金额，故对辩护人的该点意见不予采纳。

关于被告人陈田洪的辩护人提出的“虚开发票链条中起介绍的次要作用，是从犯”辩护意见，法院经审查后认为法律规定虚开增值税专用发票是指“有为他人虚开、为自己虚开、让他人为自己虚开、介绍他人虚开行为之一的”，被告人陈田洪介绍他人虚开的行为构成犯罪，无须跟他人构成共同犯罪再来区分其地位作用，故对辩护人认为其是从犯的意见不予采纳。

关于被告人陆宁健的辩护人提出的“虽然被告人陆宁健的行为符合数罪并罚的法律规定，但是处罚时可以比照一罪进行”辩护意见，法院认为，本案中被告人陆宁健作为被告单位郎溪羽盛公司、句容羽逸公司直接负责的主管人员构成虚开增值税专用发票罪，系以二被告单位均分别构成虚开增值税专用发票罪为前提，故被告人陆宁健虽然触犯的是同种罪名，但应当根据二被告单位的犯罪数额及情节分别评价被告人陆宁健所承担的刑事责任，继而进行数罪并罚，故对其辩护人的该点意见不予采纳。

对被告人陈田洪、陆宁健的辩护人提出的其他辩护意见，经查属实，法院予以采纳。

【案例注解】

对被告人陆宁健如何适用刑罚，是以一罪处理还是数罪并罚，在审理中存在两种观点。

第一种观点认为，对被告人陆宁健应以一罪论处，即辩方所持观点。其理由是：本案中郎溪羽盛公司、句容羽逸公司均由被告人陆宁健负责，在人员和管理模式上实际为一家经营实体；被告人陆宁健作为两家单位直接负责的主管人员，由其策划并出于一个概括的犯罪故意，一段时间内连续实施让他人为上述两家单位虚开增值税专用发票的数个行为，符合一个犯罪构成，触犯同一罪名，判决前对上述同种数罪应以一罪进行处罚。

第二种观点认为，对被告人陆宁健应适用数罪并罚，即控方所持观点。其理由是：本案中被告人陆宁健作为被告单位郎溪羽盛公司、句容羽逸公司直接负责的主管人员构成虚开增值税专用发票罪，系以二被告单位均分别构成虚开增值税专用发票罪为前提，故被告人陆宁健虽然触犯的是同种罪名，但应当根据二被告单位的犯罪数额及情节分别评价被告人陆宁健所承担的刑事责任，继而进行数罪并罚。

我们同意第二种观点。判断被告人陆宁健以一罪或数罪论处，涉及犯罪主体、犯罪构成及刑事责任的认定。在上述认定的基础上，才能决定对其如何适用刑罚。

一、本案中被告人陆宁健构成犯罪是以其所在单位郎溪羽盛公司、句容羽逸公司分别构成单位犯罪为前提，被告人陆宁健在本案中不是自然人犯罪。区分单位犯罪还是自然人犯罪主要在于以下几点：（1）主体要件不同。单位犯罪主体是单位这个“拟制人”，单位的意志与行为虽要通过其所属的自然人来实现，但反映的是单位的意志，而自然人主体是个人，反映的是被告人个人的意志。（2）主观构成要件不同。单位犯罪表现的是单位集体意志，其犯罪目的一般是为实现单位利益。而自然人犯罪的主观意志则是体现个人的意志，追求个人利益的实现。（3）客观构成要件不同。单位犯罪实施通常是反映单位意志，带来的利益为单位所得，而自然人犯罪行为通常是个人意志的体现，所得利益归个人所有。（4）刑事责任的性质不同。对单位犯罪，我国采用的是双罚制，对单位判处罚金，同时对单位直接负责的主管人员和其他直接责任人员判处刑罚。自然人犯罪由自然人个人承担刑事责任。对自然人犯虚开增值税专用发票罪，法律规定对其判处刑罚的同时并处罚金。本案中，虽然被告人陆宁健同时作为两家单位的主管负责人，直接策划决定了让他人为二单位虚开增值税专用发票，但其行为反映的是单位的意志，谋取的利益亦归单位所有，是以单位为主体的犯罪，而非纯粹的自然人犯罪。因而，在单位构成犯罪的前提下，对于单位中自然人的惩罚是基于该自然人是属于单位主体的有机组成部分这一属性的。如果对被告人陆宁健以一罪论处，则是将其作为自然人犯罪处理，而忽略了本案中其从属于单位这一属性。

二、被告人陆宁健的行为符合数罪特征，应予数罪并罚。认定被告人的行为的罪数，即构成一罪还是数罪，一般采用的是犯罪构成标准，犯罪事实具备一个犯罪构成为一罪，具备两个以上犯罪构成为数罪，具体看，是以一个故意实施一个或数个行为，还是以数个故意实施数个行为，本案被告人陆宁健构成一罪还是数罪，要看实施犯罪行为的故意是一个还是数个。虽然本案中郎溪羽盛公司、句容羽逸公司的主管负责人均为被告人陆宁健，本案由于涉及虚开增值税专用发票的来源相同等原因作了并案处理，但应该看到，郎溪羽盛公司、句容羽逸公司二单位均系具有法人资格、有独立法律地位和自身利益的法律“拟制人”主体，在单位犯罪中，被告人陆宁健分别代表二家单位的不同意志，目的是实现不同单位主体的利益，即分别基于为郎溪羽盛公司谋取不正当利益的犯罪故意和为句容羽逸公司谋取不正当利益的犯罪故意，由于其在本案中出于不同的犯罪故意，实施了数个行为，因此符合不同的犯罪构成，故应构成数罪，虽然被告人陆宁健作为主管负责人因二单位犯罪负刑事责任触犯的是同一罪名，但因犯罪构成不同，故不属于同种犯罪。根据我国《刑法》关于数罪并罚的规定，人民法院对一人所犯的数罪分别定罪量刑以后，依照法定的原则决定应执行的刑罚。对被告人陆宁健的处罚，应根据被告单位郎溪羽盛公司和句容羽逸公司各自的犯罪事实分别确定被告人陆宁健应负的刑事责任，逐一定罪量刑后，再实行数罪并罚决定应执行的刑罚。

三、对被告人陆宁健适用数罪并罚有利于平衡统一单位犯罪中对单位及相关责任人员的处罚尺度，分别定罪量刑符合罪刑相适应原则。我国《刑法》第二百零五条第二款规定了对单位虚开增值税专用发票的处罚：“单位犯本条规定之罪的，对单位判处罚金，并对其直接负责的主管人员和其他直接责任人员，处三年以下有期徒刑或者拘役；虚开的税款数额较大或者有其他严重情节的，处三年以上十年以下有期徒刑；虚开的税款数额巨大或者有其他特别严重情节的，处十年以上有期徒刑或者无期徒刑。”该款中对单位判处罚金的数额确定应与直接负责的主管人员和其他直接责任人员的处罚刑档一致，即参照该法条中第一款自然人犯虚开增值税专用发票中的规定：“虚开增值税专用发票或者虚开用于骗取出口退税、抵扣税款的其他发票的，处三年以下有期徒刑或者拘役，并处二万元以上二十万元以下罚金；虚开的税款数额较大或者有其他严重情节的，处三年以上十年以下有期徒刑，并处五万元以上五十万元以下罚金；虚开的税款数额巨大或者有其他特别严重情节的，处十年以上有期徒刑或者无期徒刑，并处五万元以上五十万元以下罚金或者没收财产”。另外，虚开增值税专用发票罪以犯罪数额为定罪和量刑的评价标准，如果对被告人陆宁健以一罪论处，将其犯罪数额简单相加，会造成单位和个人因数额认定的不匹配造成处理标准不同和混乱，也与单位犯罪中主管负责人和其他责任人的处理依附于单位犯罪的特征不符，故对被告人陆宁健适用数罪并罚符合单位犯罪的处罚原则。

（一审法院合议庭成员　许景波　顾溶熔　龚　勇
编写人　江苏省无锡市惠山区人民法院　缪月娟
责任编辑　周维明
审稿人　李玉萍）

原载《人民法院案例选》2019 年第 9 辑（总第 139 辑）

七、死　　刑

12. 唐世玉、乌吉斯古楞等抢劫、故意杀人案

——抢劫、故意杀人共同犯罪案件中死刑的适用

【关键词】

抢劫　故意杀人　作用相当的主犯　死刑

【裁判要旨】

在多名被告人对一名被害人实施抢劫，随后将其故意杀害的案件中，对在该共同犯罪中作用相当、犯罪情节特别恶劣、手段特别残忍、罪行最为严重的两名主犯，均判处死刑。

【相关法条】

《中华人民共和国刑法》

第二十五条第一款　共同犯罪是指二人以上共同故意犯罪。

第二百三十二条　故意杀人的，处死刑、无期徒刑或者十年以上有期徒刑；情节较轻的，处三年以上十年以下有期徒刑。

第二百六十三条　以暴力、胁迫或者其他方法抢劫公私财物的，处三年以上十年以下有期徒刑，并处罚金；有下列情形之一的，处十年以上有期徒刑、无期徒刑或者死刑，并处罚金或者没收财产：

（一）入户抢劫的；

（二）在公共交通工具上抢劫的；

（三）抢劫银行或者其他金融机构的；

（四）多次抢劫或者抢劫数额巨大的；

（五）抢劫致人重伤、死亡的；

（六）冒充军警人员抢劫的；

（七）持枪抢劫的；

（八）抢劫军用物资或者抢险、救灾、救济物资的。

【案件索引】

一审：内蒙古自治区通辽市中级人民法院（2012）通刑初字第41号（2012年7月3日）

二审：内蒙古自治区高级人民法院（2012）内刑一终字第131号（2014年12月17日）

复核审：最高人民法院（2015）刑五复字70176334号（2016年1月12日）

【基本案情】

被告人：唐世玉，男，1991年3月5日出生，汉族，内蒙古自治区扎鲁特旗人，小学文化，农民。因涉嫌抢劫罪、故意杀人罪于2011年8月8日被逮捕。

被告人：乌吉斯古楞，男，1986年11月28日出生，蒙古族，内蒙古自治区扎鲁特旗人，初中文化，农民。因涉嫌抢劫罪、故意杀人罪于2011年8月8日被逮捕。

2011年5月中旬，被告人唐世玉与被告人乌吉斯、代青海、姚鹏航在内蒙古自治区霍林郭勒市打工期间即纠集在一起，由唐世玉提出犯意，预谋共同抢劫，并事先购买了砍刀、折叠刀、铁锹、镐、绳子、胶带等作案工具。2011年6月14日晚21时许，被告人唐世玉、乌吉斯古楞伙同赵丽波、代青海等人驾车在霍林郭勒市寻找抢劫目标，行至怡景花园附近时，发现被害人田某某。唐世玉决定抢劫田某某，并指使乌吉斯古楞等人下车，持刀将田某某挟持到所驾车上前往霍林郭勒市静湖水库。途中，乌吉斯古楞、赵丽波在田某某身上搜得现金253.5元和一部手机，现金放置在唐世玉处，手机由赵丽波持有。当行驶至预定的静湖水库北侧小树林时停车，唐世玉、乌吉斯古楞、赵丽波、代青海将田某某拽下车，用事先准备的黑色塑料袋将田某某的头部罩住，用绳子将其手脚捆绑，放置在树林边上一棵树旁。唐世玉等人继续向田某某索要钱财，当遭到田某某的拒绝时，唐世玉便令代青海去附近挖坑，并从车内取出一把砍刀欲加害田某某，被赵丽波阻止。乌吉斯古楞见状用事先准备的折叠刀扎刺田某某的颈部数刀，随后告诉唐世玉等人已将田某某杀害。唐世玉赶到跟前，见田某某仍未死，便持砍刀砍击田某某的头部一刀。之后，四人在树林里一条干涸的沟渠里挖好坑，将田某某拖拽至坑内。唯恐田某某未死，唐世玉再次持折叠刀捅刺田某某腹部几刀，赵丽波、代青海先后持折叠刀捅刺田某某胸部几刀。之后，唐世玉又指使乌吉斯古楞将田某某的双腿脚筋割断。随后，四人用土和树叶将田某某尸体掩埋。

经法医尸检证实，被害人田某某因被他人用单刃刺器刺中胸部致左右肺破裂失血、主动脉弓破裂失血、心脏破裂及用锐器切割颈部致右侧颈静脉破裂失血而死亡。

【裁判结果】

内蒙古自治区通辽市中级人民法院于2012年7月3日作出（2012）通刑初字第41号刑事附带民事判决：被告人唐世玉犯抢劫罪，判处有期徒刑十年，并处罚金人民币5000元；犯故意杀人罪，判处死刑，剥夺政治权利终身；决定执行死刑，剥夺政治权利终身，并处罚金人民币5000元。被告人乌吉斯古楞犯抢劫罪，判处有期徒刑十年，并处罚金人民币5000元；犯故意杀人罪，判处死刑，剥夺政治权利终身；决定执行死刑，剥夺政治权利终身，并处罚金人民币5000元。

宣判后，唐世玉提出上诉。内蒙古自治区高级人民法院于2014年12月17日作出（2012）内刑一终字第131号刑事裁定：驳回上诉，维持原判，依法将二被告人的死刑裁定报送最高人民法院核准。

最高人民法院于2016年1月12日作出（2015）刑五复字70176334号刑事裁定：核准对唐世玉、乌吉斯吉楞二被告人的死刑裁定。

【裁判理由】

法院生效裁判认为：被告人唐世玉、乌吉斯古楞以非法占有为目的，伙同他人采取暴力手段劫取被害人财物，后将被害人杀死，其行为均已构成抢劫罪和故意杀人罪。唐世玉、乌吉斯古楞有预谋地实施抢劫，持刀割刺被害人颈、胸、腹部十余刀致其死亡，犯罪情节特别恶劣，手段特别残忍，罪行极其严重。在共同犯罪中，唐世玉提议并纠集和组织、指挥他人实施抢劫、杀人犯罪，且积极参与实施。乌吉斯古楞积极与他人共谋抢劫，准备作案工具，且系杀死被害人的直接凶手。二人均系罪责最为严重的主犯，都应当按照其所参与的全部犯罪处罚。对被告人唐世玉、乌吉斯古楞均应判处死刑，剥夺政治权利终身。

【案例注解】

这是一起如何准确运用死刑政策把好死刑适用关的典型案件。《最高人民法院关于贯彻宽严相济刑事政策的若干意见》第三十一条规定，对于一般共同犯罪案件，应当充分考虑各被告人在共同犯罪中的地位和作用，以及在主观恶性和人身危险性方面的不同，根据事实和证据能分清主从犯的，都应当认定主从犯。有多名主犯的，应在主犯中进一步区分出罪行最为严重者。对于多名被告人共同致死一名被害人的案件，要进一步分清各被告人的作用，准确确定各被告人的罪责，以做到区别对待；不能以分不清主次为由，简单地一律判处重刑。时任最高人民法院副院长南英在第六次全国刑事审判工作会上也强调，对于共同犯罪致一人死亡的，要仔细区分各被告人在共同犯罪中的地位作用，原则上只判处罪责最严重者死刑。

内蒙古自治区法院近几年来，在贯彻落实“保留死刑，严格控制和慎重适用死刑”的刑事政策过程中，本着“少杀、慎杀”的原则，对于多人犯罪致一人死亡的案件，一般也只判处罪刑最重的一名被告人死刑。对于一审法院判处两名以上被告人死刑的案件，在能够区分各被告人作用大小的情况下，对于作用较小的被告人一般都予以了改判。

本案审理过程中，是适用上述原则，只判处一名被告人死刑，还是对二被告人都判处死刑，一、二审法院也存在不同认识。从本案查明的犯罪事实可以看出，唐世玉、乌吉斯古楞有预谋地实施抢劫，持刀割刺被害人颈、胸、腹部十余刀致其死亡，犯罪情节特别恶劣，手段特别残忍，罪行极其严重。而且二被告人夜间驾车在霍林郭勒市寻找抢劫对象，针对的是不特定人，人身危险性和社会危害性极大。在共同犯罪中，唐世玉首先提出抢劫犯意，并纠集和组织、指挥他人实施抢劫、杀人犯罪，且积极参与实施。乌吉斯古楞积极与他人共谋抢劫，准备作案工具，又多次与唐世玉寻找抢劫作案目标，还首先用刀割被害人颈部，系杀死被害人的直接凶手。二人均系罪责最为严重的主犯，都应当按照其所参与的全部犯罪处罚。对罪行如此严重的被告人，在死刑政策的运用上，也不能忽视刑罚从严的方面。《最高人民法院关于贯彻宽严相济刑事政策的若干意见》第七条规定，贯彻宽严相济刑事政策，必须毫不动摇地坚持依法严惩严重刑事犯罪的方针。对于危害国家安全犯罪、恐怖组织犯罪、邪教组织犯罪、黑社会性质组织犯罪、恶势力犯罪、故意危害公共安全犯罪等严重危害国家政权稳固和社会治安的犯罪，故意杀人、故意伤害致人死亡、强奸、绑架、拐卖妇女儿童、抢劫、重大抢夺、重大盗窃等严重暴力犯罪和严重影响人民群众安全感的犯罪，走私、贩卖、运输、制造毒品等毒害人民健康的犯罪，要作为严惩的重点，依法从重处罚。尤其对于极端仇视国家和社会，以不特定人为侵害对象，所犯罪行特别严重的犯罪分子，该重判的要坚决依法重判，该判处死刑的要坚决依法判处死刑。

唐世玉、乌吉斯古楞二被告人在共同犯罪中作用相当，且均符合上述规定的情形，对二被告人适用死刑既体现了宽严相济刑事政策的要求，也体现了“保留死刑，严格控制和慎重适用死刑”的政策要求。宽严相济，也有从严打击的一面；“少杀、慎杀”，也是在保留死刑的前提之下控制死刑适用的一项刑事政策。对于罪行极其严重的犯罪分子，坚决从重处罚，才能维护法律尊严，才能保护广大人民群众的根本利益。本案上报最高人民法院复核后，最高人民法院依法核准了对二被告人的死刑判决，认为本案在死刑政策的运用方面是适当的。这也为类似案件在死刑政策运用方面起到了很好的指导作用。

（一审法院合议庭成员　色音娜　赵桂茹　李进宇
二审法院合议庭成员　满都拉　郭青梅　范　智
编写人　内蒙古自治区高级人民法院　李　庆
责任编辑　周维明
审稿人　沈　亮）

原载《人民法院案例选》2016 年第 8 辑（总第 102 辑）

13. 张伟、李万里等故意伤害案
——死缓限制减刑的司法适用

【关键词】

刑事　故意伤害罪　有组织的暴力性犯罪　限制减刑

【裁判要旨】

对于犯故意伤害罪被判处死刑缓期执行的，若被告人不是累犯且故意伤害行为不属于有组织的暴力性犯罪的，不得对其判处限制减刑。

【相关法条】

《中华人民共和国刑法》

第五十条第二款　对被判处死刑缓期执行的累犯以及因故意杀人、强奸、抢劫、绑架、放火、爆炸、投放危险物质或者有组织的暴力性犯罪被判处死刑缓期执行的犯罪分子，人民法院根据犯罪情节等情况可以同时决定对其限制减刑。

【案件索引】

一审：河南省驻马店市中级人民法院（2018）豫17刑初69号（2019年4月23日）

二审：河南省高级人民法院（2019）豫刑终198号（2019年8月20日）

【基本案情】

河南省驻马店市人民检察院指控：被告人张伟、李万里、孙全昌、张群成故意伤害他人身体健康，致一人死亡一人受伤，构成故意伤害罪。

被告人张伟对公诉机关指控其犯罪的事实无异议。其辩护人的意见：张伟具有坦白情节，且其自愿认罪、无前科、愿意对被害人亲属经济补偿，请求对其从轻处罚。

被告人李万里对公诉机关指控其犯罪的事实无异议。其辩护人的意见：李万里不是本案犯意挑起者；李万里具有坦白情节、认罪悔罪、系初犯，请求对其从轻处罚。

被告人孙全昌对公诉机关指控其犯罪的事实无异议。其辩护人的意见：孙全昌所起作用较小，无前科，请求对其从轻处罚。

被告人张群成对公诉机关指控其犯罪的事实无异议，辩称侦查人员有刑讯逼供行为。其辩护人的意见：侦查人员在讯问过程中存在重大瑕疵；张群成系从犯、作案时系未成年人、有自首情节，应当对其减轻处罚。

法院经审理查明：1996年8月，被告人孙全昌因其在驻马店市西平县二郎乡107国道路西经营“二郎地下餐厅”的朋友代某某与附近经营“百乐门饭店”的老板周某某有矛盾，遂找被告人张伟、李万里帮忙教训周某某，并带领张伟、李万里至“百乐门酒店”附近查看位置。同年8月24日晚，孙全昌与张伟、李万里、张群成、张志申、张二超（二人另案处理）在上蔡县无量寺乡付刘村西头聚集。经预谋后，张伟与李万里、张群成、张志申、张二超五人骑自行车至“百乐门酒店”附近的玉米地。经再次预谋后，该五人进入“百乐门酒店”吃饭。饭后，张群成在该酒店门口望风，张志申持刀威胁服务员安某某，张伟、李万里进入该酒店的卧室，持刀连续猛砍正在睡觉的周某某及其女友张某某，致周某某当场死亡，张某某受伤。经鉴定，被害人周某某系被单刃刺器刺破心脏等重要脏器致急性大量失血死亡；被害人张某某体表瘢痕损伤程度属轻伤一级。

另查明，被告人张伟、李万里、孙全昌、张群成的行为给附带民事诉讼原告人造成一定经济损失。被告人张伟近亲属交纳赔偿款6万元。

【裁判结果】

河南省驻马店市中级人民法院于2019年4月23日作出（2018）豫17刑初69号刑事附带民事判决：一、被告人张伟犯故意伤害罪，判处死刑，缓期二年执行，剥夺政治权利终身，并对其限制减刑；二、被告人李万里犯故意伤害罪，判处死刑，缓期二年执行，剥夺政治权利终身；三、被告人孙全昌犯故意伤害罪，判处有期徒刑十五年，剥夺政治权利五年；四、被告人张群成犯故意伤害罪，判处有期徒刑十年；五、被告人张伟、李万里、孙全昌、张群成赔偿附带民事诉讼原告人杜某某、周某甲、周某乙经济损失6万元（张伟近亲属已交本院提存）；六、驳回附带民事诉讼原告人的其他诉讼请求。

宣判后，被告人张伟、李万里、孙全昌、张群成及附带民事诉讼原告人杜某某、周某甲、周某乙均不服，分别提出上诉。河南省高级人民法院于2019年8月20日作出（2019）豫刑终198号刑事附带民事判决：一、维持驻马店市中级人民法院（2018）豫17刑初69号刑事附带民事判决第二项、第三项、第四项、第五项、第六项及第一项对被告人张伟的定罪及量刑部分；二、撤销驻马店市中级人民法院（2018）豫17刑初69号刑事附带民事判决第一项对被告人张伟的限制减刑部分；三、核准驻马店市中级人民法院（2018）豫17刑初69号以故意伤害罪判处被告人张伟、李万里死刑，缓期二年执行的刑事判决。

【裁判理由】

法院生效裁判认为：上诉人张伟、李万里、孙全昌、张群成故意伤害他人身体，致一人死亡一人轻伤，其行为均已构成故意伤害罪，且系共同犯罪。张伟、李万里直接实施持刀伤害被害人，均系主犯；孙全昌虽系犯意提起者，但在犯罪预备过程中退出，张群成在案发现场望风，二人所起作用相对较小，系从犯，张群成犯罪时系未成年人，对孙全昌、张群成应当从轻处罚。原审判决认定事实清楚，证据确实、充分，定罪准确，量刑及民事赔偿适当。审判程序合法。上诉人杜某某等的上诉理由及代理人的代理意见不予支持，上诉人张伟、李万里、孙全昌、张群成的上诉理由及其辩护人的辩护意见不予采纳。但原审对张伟决定限制减刑属于适用法律错误，应当予以纠正。

【案例注解】

一、死缓限制减刑的适用条件

2011年《刑法修正案（八）》第四条中规定，在《刑法》第五十条中增加一款作为第二款，即“对被判处死刑缓期执行的累犯以及因故意杀人、强奸、抢劫、绑架、放火、爆炸、投放危险物质或者有组织的暴力性犯罪被判处死刑缓期执行的犯罪分子，人民法院根据犯罪情节等情况可以同时决定对其限制减刑”。这一规定确立了我国刑法中的死缓限制减刑制度。该制度弥补了我国刑罚体系长期以来存在的“死刑过重，生刑偏轻”的结构性缺陷。死缓限制减刑设置了减刑的限制，延长了自由刑的服刑期限，既可以继续执行“严格控制和慎重适用死刑”的刑事政策，又可以有效解决普通死缓实际执行年限过短的问题，使得死刑立即执行与普通死缓之间的衔接更加紧密，我国刑罚制度在结构上更为完善。

根据《刑法》规定，死缓限制减刑的适用应符合以下条件：一是前提条件，即被告人被判处死刑缓期执行，被告人被判处其他刑罚的不能适用限制减刑。我国《刑法》中的刑种体系包括主刑和附加刑两大类，其中主刑又分为管制、拘役、有期徒刑、无期徒刑和死刑，附加刑分为罚金、剥夺政治权利和没收财产。可见，死刑缓期执行并不是一种独立的刑种类型，只是在死刑这一刑种当中区别于死刑立即执行的另一种执行方式。因此，死刑便成为死刑缓期执行的前提，只有应当被判处死刑的被告人，才有可能被判处立即执行或者缓期二年执行。如判处死刑立即执行，就不存在是否限制减刑的问题；如判处死刑缓期二年执行，则需要考虑是否应对被告人适用限制减刑。二是对象条件，即被判处死缓的累犯、犯故意杀人、强奸、抢劫、绑架、放火、爆炸、投放危险物质罪的犯罪分子以及犯有组织的暴力性犯罪的犯罪分子可以适用限制减刑，其他对象则不能适用。这三类对象之间是择一性关系，只要具备其中之一，就符合限制减刑的对象条件。首先，累犯一般是指因故意犯罪被判处有期徒刑以上刑罚的犯罪分子，在刑罚执行完毕或者赦免以后五年内，再次故意犯应当判处有期徒刑以上刑罚之罪的情形。累犯体现了较高的人身危险性，《刑法》明确规定应从重处罚。故对判处死缓的累犯可以限制减刑。其次，故意杀人、强奸、抢劫、绑架、放火、爆炸、投放危险物质罪这七种犯罪，系严重侵害人身安全、严重扰乱社会治安的恶性犯罪，因犯此七种犯罪被判处死缓的被告人，可以适用限制减刑。最后，对于既不是累犯亦非上述七种犯罪的，如果因实施有组织的暴力性犯罪被判处死缓的，也可以适用限制减刑。关于有组织的暴力性犯罪的界定，下文专门探讨。三是实质条件，即人民法院对判处死缓的案件是否限制减刑，要依据犯罪情节和人身危险性等自由裁量。在符合限制减刑前提条件和对象条件的情况下，并非必然适用限制减刑，而是可以适用，即应综合考虑犯罪的性质、起因、动机、目的、手段、危害后果、被告人的主观恶性和人身危险性等因素，全面考量被告人具备的法定、酌定的从重或者从宽的量刑情节，按照罪责刑相适应原则，决定是否适用限制减刑。“对于判处死刑缓期执行不须限制减刑，就能做到有效制裁犯罪的案件，自然不应当限制减刑。”①

本案对被告人张伟是否适用限制减刑，一、二审法院存在认识上的分歧。一审法院认为，本案六名被告人经过预谋，互有分工，实施了故意伤害的暴力性犯罪并致人死亡，系实施有组织的暴力性犯罪的犯罪分子，可以适用限制减刑。二审法院则认为，本案系一般共同犯罪，不能认定“有组织的暴力性犯罪”，被告人张伟既不是累犯，其实施的故意伤害罪亦不是《刑法》规定的七种罪行之一，不符合限制减刑的对象条件，故不能

① 方文军：《死刑缓期执行限制减刑制度的司法适用》，载《法律适用》2011年第8期。

适用限制减刑。

二、有组织的暴力性犯罪的界定

从本案我们可以看出，一、二审法院争议的焦点主要在于对“有组织的暴力性犯罪”的认定问题。

“有组织的暴力性犯罪”是2011年《刑法修正案（八）》新创的一个术语，我国《刑法》第五十条第二款（关于死缓的限制减刑）、第八十一条第二款（关于假释的禁止性规定）中首次出现了“有组织的暴力性犯罪”这一新创术语。这一表述结合了犯罪学中“有组织”和“暴力性”两个定语，其含义是必须同时符合“有组织犯罪”与“暴力性犯罪”两个概念的情况下，才能够认定为“有组织的暴力性犯罪”。立法中出现“有组织的暴力性犯罪”一词，显然不是立法者的一时冲动或者自作主张，其立法意旨很明显在于体现宽严相济刑事政策之要求。刑法上“有组织犯罪”概念是一种规范、静态的概念。它注重“有组织犯罪”的法律特征的设定，并以此建构惩治“有组织犯罪”的刑事法网，要求极高的确定性和可操作性。

“暴力性犯罪”的含义相对明确，在理解上争议不大。它一般是指行为人主观上出于故意的目的，客观上以暴力手段侵害他人的人身利益或者财产利益，依法应当受到刑罚处罚的行为。但对于如何界定“有组织犯罪”，刑法理论上存在诸多不同观点。理论界主要存在八种具有代表性的观点，[①] 但按各种定义所辖范围的不同可分为最广义说、广义说和狭义说三种观点。其中最广义说认为，有组织犯罪在本质上就是我国《刑法》所规定的共同犯罪，有组织犯罪就是两人以上为了共同的犯罪目的而有组织地共同实施犯罪活动。广义说认为，有组织犯罪是指三人以上，有一定组织形式，主要犯罪成员基本固定，社会危害性较大、反侦查能力强的犯罪集团活动。该观点将有组织犯罪与一般的共同犯罪区别开来，认为有组织犯罪在组织结构、犯罪危害上要大于一般共同犯罪，他们之间存在特殊与一般的关系，因而从法理上讲可以适用共同犯罪的基本原理处理有组织犯罪问题。狭义说认为，有组织犯罪专指黑社会性质组织犯罪，意即指三人以上，组织结构严密、层级森严、犯罪能量大、抗衡社会和自我防护能力强的黑社会性质组织所实施的犯罪活动。

从上述对“有组织犯罪”的三种观点归纳可知，最广义说基本上将有组织犯罪的范围涵盖了所有的共同犯罪，忽视对犯罪组织性、结构性的考虑，显然不妥。而狭义说将有组织犯罪简单地等同于黑社会性质组织犯罪，亦不妥当。笔者通过考察外国刑事立法得知，许多国家对有组织犯罪概念作出规定，如加拿大、法国、意大利、俄罗斯和瑞士国家的刑法中都规定了有组织犯罪的概念。但很少有国家仅仅将惩治有组织犯罪对象限制在黑社会性质组织犯罪上。概言之，笔者认为第二种观点即广义说界定有组织犯罪的范围较为妥当。同时，在界定有组织犯罪时应注意以下几种情形：第一，黑社会性质组织犯罪和犯罪集团当然属于有组织犯罪。第二，由非法组织实施的犯罪如邪教组织犯罪和恐怖活动犯罪，组织特征较为突出、明显，也属于有组织犯罪。第三，某些聚众性共同犯罪如聚众持械劫狱等，也属于有组织犯罪。第四，团伙犯罪往往是有组织犯罪的初级形态，一般不宜认定为有组织犯罪，但如果该团伙犯罪的组织结构较为稳固，已经接近犯罪集团的特征如恶势力犯罪团伙，也可认定为有组织犯罪。第五，结伙犯罪虽然也

① 参见康树华：《当代有组织犯罪与防治对策》，中国方正出版社1998年版，第12～13页。

表现为一定的组织行为，其成员之间的职责并未正式确定，也不具有一定的等级制度，只是为了实施犯罪临时纠集在一起，其组织性还远未达到有组织犯罪和集团犯罪的程度，仅为一般共同犯罪，不能认定为有组织犯罪。

综上所述，在一定意义上讲，有组织犯罪是一种特殊的共同犯罪，他们之间存在特殊与一般的关系，因而从法理上讲可以适用共同犯罪的基本原理处理有组织犯罪问题。但是，我们也应当看到，二者又并非完全相同，既有区别又有联系。对于有组织的暴力性犯罪的界定，应该本着刑罚教育、改造、挽救、预防的目的，对于因实施有组织的暴力性犯罪而被判处死缓或者十年以上有期徒刑的罪犯，同样应以再社会化或者“给出路”为努力方向，不应一味盯着他们先前的罪行而无视其认罪悔罪、积极改造的犯罪后表现，机械刻板地执行限制减刑和禁止假释的规定。

三、本案的处理意见

具体到本案，对被告人张伟能否限制减刑，仍应根据限制减刑的适用条件进行评判。如前所述，限制减刑的适用条件有三：一是前提条件，即被告人被判处死刑缓期执行，被判处其他刑罚的不能适用限制减刑；二是对象条件，即被判处死缓的累犯、犯故意杀人、强奸、抢劫、绑架、放火、爆炸、投放危险物质罪的犯罪分子以及犯有组织的暴力性犯罪的犯罪分子可以适用限制减刑，其他对象不能适用；三是实质条件，即是否限制减刑，要依据犯罪情节和人身危险性等自由裁量。这三个条件是递进关系，司法实践中应依次逐一审查是否符合。首先应审查被告人是否判处死刑缓期执行，如不符合这一前提条件，就无须再审查其他条件；然后再审查被告人是否为被判处死缓的累犯、犯故意杀人、强奸、抢劫、绑架、放火、爆炸、投放危险物质罪的犯罪分子以及犯有组织的暴力性犯罪的犯罪分子，在符合该对象条件的情况下，再综合评价犯罪情节和被告人的人身危险性等因素，决定是否限制减刑。

本案中，被告人张伟被判处死刑缓期执行，符合限制减刑的前提条件，但其既非累犯，所犯故意伤害罪亦不在限定的七种犯罪之中，是否符合对象条件的关键在于被告人的行为能否认定为“有组织的暴力性犯罪”。本案几名被告人经过预谋，分工合作共同实施了犯罪行为，虽然表面上看有一定的组织行为，但系为实施犯罪临时纠集，不具备有组织犯罪的组织结构特征，属于典型的结伙犯罪，系一般共同犯罪，不能认定为有组织的暴力性犯罪，不符合限制减刑的对象条件。一审法院判决对被告人限制减刑属法律适用错误，故二审法院依法予以改判。

（一审法院合议庭成员　崔小虎　王　崎　薛运魁
二审法院合议庭成员　华　夏　宋红霞　尹晓艳
编写人　河南省高级人民法院　华　夏　李欣磊
责任编辑　包献荣
审稿人　李玉萍）

原载《人民法院案例选》2020年第8辑（总第150辑）

八、量　刑

14. 杨秀珠贪污、受贿案

——“红通人员”归国投案的量刑问题

【关键词】

刑事　“红通一号”　杨秀珠案　反腐败追逃追赃　依法减轻处罚

【裁判要旨】

“红通人员”归国投案成立自首，应当根据其犯罪事实、性质以及自首、退赃等情节和对于社会的危害程度，依法公正处刑。

【相关法条】

《中华人民共和国刑法》

第三百八十二条第一款　国家工作人员利用职务上的便利，侵吞、窃取、骗取或者以其他手段非法占有公共财物的，是贪污罪。

第三百八十五条第一款　国家工作人员利用职务上的便利，索取他人财物的，或者非法收受他人财物，为他人谋取利益的，是受贿罪。

第六十七条第一款　犯罪以后自动投案，如实供述自己的罪行的，是自首。对于自首的犯罪分子，可以从轻或者减轻处罚。其中，犯罪较轻的，可以免除处罚。

第十二条第一款　中华人民共和国成立以后本法施行以前的行为，如果当时的法律不认为是犯罪的，适用当时的法律；如果当时的法律认为是犯罪的，依照本法总则第四章第八节的规定应当追诉的，按照当时的法律追究刑事责任，但是如果本法不认为是犯罪或者处刑较轻的，适用本法。

【案件索引】

一审：浙江省杭州市中级人民法院（2017）浙01刑初71号（2017年10月12日）

【基本案情】

一、贪污事实

1996年12月至1997年12月，被告人杨秀珠利用担任温州铁路房地产开发有限公司（现更名为温州市轨道交通置业有限公司，以下简称铁路房开公司）董事长、浙江省金温铁路建设工程总指挥部（以下简称金温铁路指挥部）副总指挥、温州市副市长等职务上的便利，以非法占有为目的，侵吞公款共计人民币19045155元（以下如无注明，币种相同）。具体事实如下：

1. 铁路房开公司成立于1993年，系国有独资公司温州市地方铁路有限公司（以下简称地方铁路公司）控股的有限公司。1995年3月，被告人杨秀珠被任命为铁路房开公司董事长，1996年10月，地方铁路公司委派杨秀珠任铁路房开公司董事。1996年12月下旬，杨秀珠利用担任铁路房开公司董事长职务上的便利，指使时任该公司总经理高云光、财务人员金建林（均已判刑）及林素华（已死亡）等人，虚构温州水心汇昌小区项目需补缴配套费事由，采用先以作废发票入账报销、后在转账支配存根联上填写虚假的收款单位平账等方式侵吞单位公款。截至1997年9月，杨秀珠等人从铁路房开公司账户套取资金11045155元。

2. 1997年11月至12月，被告人杨秀珠利用担任金温铁路指挥部副总指挥、温州市副市长职务上的便利，指使时任温州火车站站前开发建设指挥部（以下简称站前指挥部）副指挥高云光套取800万元，高云光遂联系温州市华中房地产开发有限公司法定代表人黄长顺，以虚假材料申请拆迁补偿、虚增工程款等方式，从温州市人民政府划拨至站前指挥部的工程建设资金中套取800万元。站前指挥部系温州市人民政府1996年10月成立的临时性机构，于1999年8月撤销。

二、受贿事实

1994年4月至1999年5月，被告人杨秀珠利用担任温州市市长助理、副市长、浙江省建设厅副厅长等职务上的便利，为金剑平及其经营的温州新世界房地产开发有限公司（以下简称新世界房产公司）、陈其跃及其经营的温州米莉沙鸿州房地产开发有限公司（以下简称米莉沙鸿州房产公司）在取得土地使用权、调整项目规划、增加建筑面积、减免配套费等事项上提供帮助，收受上述个人、单位所送的钱款，共计折合7354300元。具体事实如下：

1. 1994年4月至1997年12月，被告人杨秀珠利用担任温州市市长助理、副市长职务上的便利，为金剑平及其经营的新世界房产公司在取得温州市广场路54号地块、马鞍池西路1号地块的土地使用权、调整项目规划、增加建筑面积、减免配套费等事项上提供帮助。1997年12月至1998年8月，杨秀珠先后三次收受上述个人、单位银行转账港币110万元、现金人民币200万元、银行转账美元20万元，共计折合4834300元。

2. 1996年10月至1999年5月，被告人杨秀珠利用担任温州市副市长、浙江省建设厅副厅长职务上的便利，为陈其跃及其经营的米莉沙鸿州房产公司在取得温州市动物园地块、车站大道3-3号地块土地使用权、调整容积率、增加建筑面积等事项上提供帮助。1997年9月至1998年12月，杨秀珠先后多次收受上述个人、单位所送的现金共计252万元。

三、综合事实

1. 主体身份。被告人杨秀珠于1993年4月任金温铁路指挥部副总指挥，同年7月任温州市市长助理；1995年1月任温州市副市长，同年3月兼任铁路房开公司董事长；1998年4月任浙江省建设厅副厅长，系国家工作人员。

2. 案发及归案经过。2003年4月，被告人杨秀珠潜逃出境。2016年11月16日，杨秀珠主动回国投案，如实供述贪污、受贿事实。

3. 赃款、赃物扣押及退缴。案发后，被告人杨秀珠积极配合退缴赃款、赃物，现已扣押赃款12259617.98元，对杨秀珠实际出资购买的温州市县前头大楼C、D幢118号商铺、温州市东南大厦112号商铺、杭州市文欣苑×××室住宅及杨秀珠名下杭州市宝石二路×××室住宅等四处房产已被限制交易。杨秀珠自愿以上述款物退缴违法所得。

【裁判结果】

浙江省杭州市中级人民法院于2017年10月12日作出（2017）浙01刑初71号刑事判决：一、被告人杨秀珠犯贪污罪，判处有期徒刑六年，并处罚金人民币50万元；犯受贿罪，判处有期徒刑五年，并处罚金人民币30万元，决定执行有期徒刑八年，并处罚金人民币80万元。二、追缴被告人杨秀珠贪污所得人民币11045155元，返还温州市轨道交通置业有限公司；追缴被告人杨秀珠贪污、受贿所得人民币15354300元，予以没收，上缴国库。

宣判后，被告人杨秀珠未提出上诉，杭州市人民检察院未提出抗诉，一审判决现已生效。

【裁判理由】

浙江省杭州市中级人民法院认为：

1. 被告人杨秀珠身为国家工作人员，利用职务上的便利侵吞公款19045155元，其行为构成贪污罪，且数额特别巨大；杨秀珠利用职务上的便利，为他人谋取利益，收受他人财物7354300万元，其行为构成受贿罪，且数额特别巨大。上述两罪依法应予并罚。

2. 杨秀珠指使他人为其侵吞公款，在贪污共同犯罪中起主要作用，系主犯。

3. 杨秀珠主动回国投案，如实供述罪行，具有自首情节，且真诚悔罪，积极配合退缴全部违法所得，依法可以对其减轻处罚。

4. 杨秀珠从铁路房开公司侵吞的公款11045155元应返还该公司即更名后的温州市轨道交通置业有限公司；从站前指挥部套取的公款800万元应直接上缴国库；受贿所得予以没收。

【案例注解】

党的十八大以来，反腐败追赃追逃工作持续深入推进。2015年4月，中央追逃办公布“百名红通令”。经过不懈的追逃等工作，2016年11月16日，杨秀珠作为“红通一号”人员在潜逃海外13年零7个月后回国投案接受审判。

本案的争议焦点在于，杨秀珠贪污、受贿数额特别巨大，潜逃海外十余年后才归国投案，如何既严厉打击外逃腐败分子，又充分考虑归国投案、配合退赃等情节，依法公正裁量刑罚。

第一，被告人杨秀珠虽潜逃海外多年，但能在反腐败追逃追赃工作震慑之下，回国投案接受审判，属于主动投案，且杨秀珠归案后如实供述主要犯罪事实，当庭自愿认罪，应当认定自首，依法可从轻或减轻处罚。

第二，对“红通人员”的审判既体现了严惩外逃腐败分子的坚定决心，也依据被告人杨秀珠的犯罪事实、性质和对社会的危害程度，充分考量自首、真诚悔罪、积极配合退缴全部违法所得等法定、酌定从宽情节，依照从旧兼从轻的刑法原则和宽严相济的刑事政策，对其减轻处罚，在法定量刑幅度内实现公正处刑；并追缴杨秀珠的贪污、受贿全部犯罪所得，据实返还被害单位或予以没收，上缴国库，实现最大限度的追赃挽损。

对被告人杨秀珠的惩处，既维护了国家司法主权，也彰显了严厉打击外逃腐败分子的坚定决心和司法威严，警示腐败分子，无论逃到天涯海角，都要缉拿归案、绳之以法，决不让腐败分子在经济上得到好处，逃脱正义的审判；对杨秀珠的规范公正审判、依法减轻处罚，也起到了引导尚在外逃的“红通人员”主动归国接受审判的政治效果和法律效果。

（一审法院合议庭成员　朱敏明　刘宏水　沈　励
编写人　浙江省杭州市中级人民法院　朱敏明　沈　励
责任编辑　高　尚
审稿人　李玉萍）

原载《人民法院案例选》2018年第8辑（总第126辑）

15. 仲加杰挪用公款案

——被告人与他人的共同共有房产中的个人“份额”可成为刑事判决中的“责令退赔”对象

【关键词】

违法所得　追缴　共同共有　析产　退赔

【裁判要旨】

当被告人的违法所得因被其挥霍而无法被追缴时，如需用其与他人共同共有房产中的个人“份额”进行退赔，可在诉讼程序中，采用有效方式对该共有房产予以析产，用该房产中被告人的个人“份额”弥补其所造成的损失。

【相关法条】

《中华人民共和国刑法》

第六十四条　犯罪分子违法所得的一切财物，应当予以追缴或者责令退赔；对被害人的合法财产，应当及时返还；违禁品和供犯罪所用的本人财物，应当予以没收。没收的财物和罚金，一律上缴国库，不得挪用和自行处理。

第三百八十四条　国家工作人员利用职务上的便利，挪用公款归个人使用，进行非法活动的，或者挪用公款数额较大、进行营利活动的，或者挪用公款数额较大、超过三个月未还的，是挪用公款罪，处五年以下有期徒刑或者拘役；情节严重的，处五年以上有期徒刑。挪用公款数额巨大不退还的，处十年以上有期徒刑或者无期徒刑。

挪用用于救灾、抢险、防汛、优抚、扶贫、移民、救济款物归个人使用的，从重处罚。

【案件索引】

一审：北京市第一中级人民法院（2015）一中刑初字第2846号（2015年12月25日）

二审：北京市高级人民法院（2016）京刑终字第56号（2016年3月12日）

【基本案情】

北京市人民检察院第一分院起诉书指控：1999年至2000年期间，被告人仲加杰利用担任香港企荣贸易有限公司业务经理的职务便利，在代表本公司向顺德市顺安达集装箱制造厂有限公司催收货款的过程中，采用收取货款不入账的手段，将本公司公款80万美元（折合人民币662万余元）汇入香港大福财务公司，用于个人炒股。案发后，上述钱款均未归还。被告人仲加杰于2014年11月29日向北京市人民检察院第一分院投案，并如实供述了犯罪事实。

被告人仲加杰对公诉机关指控的事实没有提出异议，并称希望通过变卖自己名下的房产，用该房产中其个人部分弥补被害单位的损失。被告人仲加杰的辩护人希望法庭鉴于仲加杰具有自首情节，且具有积极为被害单位挽回损失的态度，对仲加杰减轻处罚。

1999年至2000年期间，被告人仲加杰利用担任香港企荣贸易有限公司（以下简称企荣贸易公司）业务经理的职务便利，在代表本公司向顺德市顺安达集装箱制造厂有限公司（以下简称顺安达公司）催收货款的过程中，采用收取货款不入账的手段，将本公司公款80万美元（折合人民币6622720元）汇入香港大福财务公司，后用于个人炒股。案发后，上述钱款均未归还。被告人仲加杰于2014年11月29日向北京市人民检察院第一分院投案，并如实供述了犯罪事实。

【裁判结果】

北京市第一中级人民法院于2015年12月25日作出（2015）一中刑初字第2846号刑事判决：一、被告人仲加杰犯挪用公款罪，判处有期徒刑十年；二、在案扣押仲加杰名下位于海淀区冠城园之冠城南园15号楼8层C的房产，变价后将属于被告人仲加杰的份额款项发还香港企荣贸易有限公司，其余款项退回北京市人民检察院第一分院处理；三、责令被告人仲加杰继续退赔赃款不足部分，发还香港企荣贸易有限公司。宣判后，仲加杰提出上诉。北京市高级人民法院于2016年3月12日作出（2016）京刑终字第56号刑事裁定：驳回上诉，维持原判。

【裁判理由】

法院生效裁判认为：仲加杰于1999年至2000年间，利用其担任国有公司业务经理，对公司资产负有经营、管理的职务便利，采取收取货款不入账的手段，将公款美元80万元用于其个人炒股，进行营利活动，最终造成前述公款全部亏损，案发后至今仍未退还以及其在司法机关因其涉嫌犯罪对其立案查缉后即逃逸达十余年后才主动投案的事实，证据确实、充分，足以认定，其行为已构成挪用公款罪。上诉人仲加杰挪用公款美元折兑人民币662万余元，数额巨大不退还，已使国有资产遭受重大损失，危害后果严重，应予依法惩处。一审法院已鉴于其所具自首情节，对其予以从轻处罚。仲加杰对其犯罪而使被害单位合法财产遭受的重大经济损失应当且必须依法退赔、返还，一审法院对其所作判决，于法有据，确属正确。故一、二审法院依法作出如上裁判。

【案例注解】

刑事涉案财产处理既关系到对被告人的准确量刑，又与被害人的司法权益保障密切相连，应予重视。然而，我国传统刑事司法理念一直偏重于通过将犯罪人绳之以法、追究犯罪人的刑事责任，以实现司法正义，却轻视了对案件涉财产部分的处理，使得被害人的权益无意间被遗忘在司法的角落。这种所谓的“重人身处罚、轻财产处理”的传统观念和法制环境，不仅直接导致付出了高额的司法成本、而刑事裁判涉财部分却执行不力的司法局面，更在被害人的视野中，造成了司法惩处不力的社会感观。其理由极为简单鲜明：如果未能真正实现依法追缴、责令退赔被害人损失，一方面，即便犯罪人入狱服刑，其家属或者本人出狱后仍可坐享利益，这显然未能达到惩处、预防犯罪的目标；另一方面，由犯罪行为引发的被害人个体及社会损害，并不会因为犯罪人的锒铛入狱而自动修复，社会矛盾难以彻底平复。有关机关先后出台了一系列规范刑事诉讼涉案财产处置工作的具体措施，[①] 以便规范财产处理流程，真正实现涉案财物的妥善有效处置。然而，司法实践中，涉案财产性质、权益组成的复杂性，不经意间迷惑了司法工作者的办案思路，阻却了司法工作人员的办案进程。以本案为例，在被告人给被害人造成损失，需要以其个人合法财产退赔被害人时，被告人个人合法财产的存在状态系与他人共同共有，此类个人合法财产能否处理，以及如何处理的问题，值得认真探究。理清事实、剖析法律，被告人具有退赔的义务毋庸置疑，需要探讨的是共同共有财产中的个人“份额”能否作为责令退赔的对象、如何处理的问题。对于以上问题的分析，笔者认为，需从法律对共有本质、共同共有财产的处理规定出发，结合共同共有财产在案件中处理的必要性、可行性，提出符合司法实践的处理方式，以使司法审判达到预期的法律效果和社会效果。

一、共有的本质、法律规定

（一）共有的本质

我国台湾地区学者谢在全先生曾定义：“所谓公同关系（即共同关系）系指两人以上因共同目的而结合所成立，足以成为公同共有基础之法律关系。”[②] 这一定义概括了共同关系的内涵主要包括以下几层含义：第一，共同关系重在体现人与人之间结合关系，共同共有既包含财产关系，也包含人身关系；按份共有只是财产组合关系；第二，共同关系的成立具有一定的共同目的性，如夫妻关系是夫妻双方为了永久地共同生活而建立。在共同共有关系中，共有人对各自权利的行使受到这些目的的规制。第三，共同关系构成了共同共有的基础。共同共有的基础是共同关系的存在，例如，只有夫妻关系的存在，才会有夫妻共同财产的存在，夫妻关系一旦终止，夫妻共同财产也就面临分割。

从制度层面上讲，共同关系是共有人之间的人身关系，只在共有人之间具有意义，共有人不得脱离，也不能为第三人取代，因而共有人不得将其份额转让第三人，而由第三人与其他共有人延续共有关系。此外，为维持共同关系的稳定，在一般情况下，不允许共有人分割共同财产。正如谢在全先生所言：“公同共有乃在公同关系上成立，故各公同共有人间有人的结合关系存在，于此种关系未终止前，各共有人既不得处分其应有部分，以求脱离，亦不得请求分割共有物，以期消灭共有关系。”[③] 在按份共有中，共有人可随时、自由地处分其在共有物的份额。主要原因在于，按份共有中不存在人身关系，也就无需特别维持这种关系，共有人可以随意转让自己的份额，由第三人继续与原共有人保持共有关系，亦可随时请求对共有物进行分割，以消灭共有关系。正如谢在全先生

① 党的十八届三中、四中全会专门提出了“规范查封、扣押、冻结、处理涉案财物的司法程序”的改革要求。中央深化改革领导小组通过了《关于进一步规范刑事诉讼涉案财物处置工作的意见》；2014 年 9 月 1 日，最高人民法院通过《最高人民法院关于刑事裁判涉财产部分执行的若干规定》；2014 年 11 月 19 日，最高人民检察院通过《人民检察院刑事诉讼涉案财物管理规定》；2015 年 9 月 1 日，公安部施行《公安机关涉案财物管理若干规定》；等等。

② 谢在全：《民法物权论》，中国政法大学出版社 2000 年版，第 374 页。

③ 谢在全：《民法物权论》，中国政法大学出版社 2000 年版，第 325 页。

所言："按份公有之各公有人，不过系共同享有一物之所有权而已，其各共有人间并无人的结合关系可言，故各人既得随时自由处分其应有部分，以脱离共有关系，各人间权利义务之行使，仅受最小之拘束，原则上亦得随时请求分割共有物以消灭共有关系。"① 由此可见，共同共有在共同关系解除前，为了维护具有特定人身关系的共有状态，一般不能分割共有物而破坏共有关系，而按份共有因并无人身关系性，可随时请求分割共有财产，以实现自己的份额利益。

（二）我国"共有"的法律规定

在我国，关于共有的法律规定在《民法通则》《物权法》等中均有所体现。《民法通则》第七十八条第一款、第二款规定："财产可以由两个以上的公民、法人共有。共有分为按份共有和共同共有。按份共有人按照各自的份额，对共有财产分享权利，分担义务。共同共有人对共有财产享有权利，承担义务。"《物权法》第八章就共有的概念、权力、义务等方面也专门作出法律规定。此外，第一百零三条规定："共有人对共有的不动产或者动产没有约定为按份共有或者共同共有，或者约定不明确的，除共有人具有家庭关系等外，视为按份共有。"第一百零四条规定："按份共有人对共有的不动产或者动产享有的份额，没有约定或者约定不明确的，按照出资额确定；不能确定出资额的，视为等额享有。"

由此可见，在一定意义上讲，按份共有各共有人份额的组合——重在个人利益，而共同共有同样是按份额共有，份额不仅存在于共同共有的总财产上，还存在于个别共有物上，只是为了维持共同关系，份额的作用受到限制，② 其更倾向于对共有物整体的受益——重在整体利益。

（三）解除"共有"的有关规定

在我国，解除共有的法律规定在《民法通则》《物权法》等有关条文中亦有所体现。《民法通则》第七十八条第三款规定："按份共有财产的每个共有人有权要求将自己的份额分出或者转让。但在出售时，其他共有人在同等条件下，有优先购买的权利。"《物权法》第九十九条规定："共有人约定不得分割共有的不动产或者动产，以维持共有关系的，应当按照约定，但共有人有重大理由需要分割的，可以请求分割；没有约定或者约定不明确的，按份共有人可以随时请求分割，共同共有人在共有的基础丧失或者有重大理由需要分割时可以请求分割。因分割对其他共有人造成损害的，应当给予赔偿。"第一百条规定："共有人可以协商确定分割方式。达不成协议，共有的不动产或者动产可以分割并且不会因分割减损价值的，应当对实物予以分割；难以分割或者因分割会减损价值的，应当对折价或者拍卖、变卖取得的价款予以分割。共有人分割所得的不动产或者动产有瑕疵的，其他共有人应当分担损失。"

由此可见，共有财产分割方式，在约定不得分割的情况下，出现"重大理由"时亦可分割；未约定的，按份共有可随时请求分割，共同共有则"在共有的基础丧失或者有重大理由需要分割时可以请求分割"。本案中，被告人仲加杰夫妻二人并未针对该房产约

① 谢在全：《民法物权论》，中国政法大学出版社2000年版，第275页。

② 裴桦：《关于共同共有两个基本问题的思考——兼评我国〈物权法〉相关条款》，载《甘肃政法学院学报》2008年第4期。

定份额，故该房产属于夫妻共同共有财产无疑，那么当仲加杰的妻子不同意分割该房产时，是否可以依据“在共有的基础丧失或者有重大理由”对该房产进行分割，此为以下需要论述的问题。

二、对于解除共同共有条文中“共有的基础丧失或者有重大理由”的认知

我国的共同共有分为合伙、继承、家庭、夫妻共有。合伙关系是为经营一定的合伙事业而成立；共同继承关系则是为了处理遗产而存在；家庭关系是为了家庭成员共同经营和生活而持续；夫妻关系则是男女双方为永久共同生活。共同的合伙关系和继承关系更多地体现了财产性，在成立之初往往即已设定份额。家庭关系中，家庭成员原本就具有亲属属性，主要目的还是共同生活，因而主体之间的结合程度较为紧密；夫妻关系不具有经济目的，是结合得最紧密、最长久的共同关系，这样家庭关系和夫妻关系更多体现了人身性。因此，《物权法》第九十九条规定：“……共同共有人在共有的基础丧失或者有重大理由需要分割时可以请求分割……”《最高人民法院关于适用〈中华人民共和国婚姻法〉若干问题的解释（三）》［以下简称《婚姻法解释（三）》］对夫妻共有财产的请求分割的“重大事由”作了进一步明确，第四条规定：“婚姻关系存续期间，夫妻一方请求分割共同财产的，人民法院不予支持，但有下列重大理由且不损害债权人利益的除外：（一）一方有隐藏、转移、变卖、毁损、挥霍夫妻共同财产或者伪造夫妻共同债务等严重损害夫妻共同财产利益行为的；（二）一方负有法定扶养义务的人患重大疾病需要医治，另一方不同意支付相关医疗费用的。”

无论是因夫妻离婚、家庭成员独立分户等原因导致的“共同的基础丧失”，还是《婚姻法解释（三）》中“重大事由”的确定，均以维护家庭关系和家庭成员的利益为目的。基于此，对此类共同共有财产的处理上，曾有人提出“为了确保其他共有人的利益，共有人的债权人不得对共有财产申请强制执行”[①] 的观点。这一观点值得研究，如果凡是共同共有的财产都不得申请强制执行，维护了债务人的家庭“幸福”，可能使得债权人赢了官司仍需面对“家徒四壁”，显然对债权人极不公平，且共有状态无形中成为了债务人逃避履行债务的挡箭牌。因此，《最高人民法院关于人民法院民事执行中查封、扣押、冻结财产的规定》（以下简称《民事执行规定》）第十四条明确规定：“对被执行人与其他人共有的财产，人民法院可以查封、扣押、冻结，并及时通知共有人。共有人协议分割共有财产，并经债权人认可的，人民法院可以认定有效。查封、扣押、冻结的效力及于协议分割后被执行人享有份额内的财产；对其他共有人享有份额内的财产的查封、扣押、冻结，人民法院应当裁定予以解除。共有人提起析产诉讼或者申请执行人代位提起析产诉讼的，人民法院应当准许……”由此可见，虽然《婚姻法解释（三）》中仅仅明确了两项规定，界定在婚姻法律关系中何谓“重大事由”可分割共有财产，但是根据《民事执行规定》可以看出，当夫妻一方对外承担债务时，在执行阶段仍然需要面临析产，夫妻一方债务履行义务成为解除共同共有的“重大理由”。本案中，被告人仲加杰需要履行刑事退赔义务，该义务能否理解为“夫妻一方对外承担债务”，值得探讨。

三、刑事损害赔偿义务与民事债务履行的同一

既然夫妻一方对外承担债务可成为解除共同共有的“重大理由”，下面讨论夫妻一

---

① 陈华彬：《物权法原理》，国家行政学院出版社 1998 年版，第 476 页。

方因犯罪行为应承担的损害赔偿义务，能否理解为上述的“重大理由”。

刑事损害赔偿义务承担主要分为两类：一类为刑事附带民事确定的赔偿义务，此类诉讼可适用民事法律规定，因此，可成为民事法律中对夫妻共有财产进行析产的“重大理由”。另一类为《最高人民法院关于适用〈中华人民共和国刑事诉讼法〉的解释》（以下简称《刑事诉讼法解释》）第一百三十九条规定的及第一百四十二条第三款规定的“非法占有、处置”型。之所以“非法占有、处置”型不适用刑事附带民事诉讼程序，笔者认为：一是“非法占有、处置”型案件的损害赔偿数额往往作为刑事犯罪的构成要件重要部分，在案证据较为充分，无需当事人举证；二是直接认定后判处被告人退赔可节省司法资源。对于后一类赔偿义务的承担，有观点提出可理解为公法债权范畴，基于债权的同质性，公法债权的实现应当遵从私法债权实现，即民事诉讼的一般法理，参照民事法理的制度、原则和程序。[①] 笔者同意上述观点，从本质看，其也是被告人的犯罪行为给被害人造成的损失，亦应如附带民事诉讼的被告一样，需要承担赔偿责任、履行相应债务。一旦被告人与家属共同共有财产时，该共有财产被析产后，被告人的个人份额理应成为被责令退赔的对象。

本案中，被告人仲加杰因挪用公款犯罪需要承担“非法占有、处置”型退赔义务，因此，其名下的与其妻子共有房产可称为析产对象，其个人部分可称为退赔份额，并由审判机关以判决形式责令退赔被害单位。

四、共同共有中共有人份额之确定

对于共同共有问题，首先涉及的问题是共同共有中有无“份额”问题。有学者观点为，共同共有不存在任何意义上的份额，并以此作为推论共有关系中如有份额，则此种共有非为共同共有，[②]而应为按份共有[③]。此种观点得到杨立新教授的认同，他认为：“共同共有不分份额，因而是没有应有部分即份额的共有权，以此与按份共有相区别……在这种共有中，各个共有人没有应有部分，没有份额和份额权，只是享有一个共有权。”[④] 梁慧星和陈华彬先生也有类似阐述：“共同共有是不分份额的共有。在共同共有关系存续期间，共同共有人不能对共同共有财产确定份额。只有在共同共有关系终止，共同财产分割后，才能确定各共有人的份额。”但也有学者认为，无论按份共有还是共同共有，均为按份额共有，即：均有份额，并且认为，按份共有与共同共有的主要区别不在于“有无明确的共有份额”，而在于“有无特定的身份关系”。如李锡鹤先生在其《论共有》一文中提出：“傅鼎生教授曾在一次物权法讨论会上指出，共同共有和按份共有均为按份额共有，区别在于，在按份共有中共有人之间无特定的身份关系，或者说按份共有只存在财产关系，不存在身份关系。因此，按份共有人可退出共有关系，即向非共有人转让自己的共有份额。而在共同共有中，共有人之间存在特定的身份关系，或者说共同共有既存在财产关系，又存在身份关系，由于身份关系无法转让，因此，在共同共有关系解除以前，共有人不能向非共有人转让自己的共有份额。实际上，正因为共同共有也是按份额共有，共同

---

① 肖建国：《论财产刑执行的理论基础——基于民法和民事诉讼的分析》，载《法学家》2007 年第 2 期。

② 孙宪忠：《物权法》，社会科学文献出版社 2011 年版，第 259 页。

③ 彭万林：《民法学》，法律出版社 2000 年版，第 237 页。

④ 杨立新：《共有权研究》，高等教育出版社 2003 年版，第 136 页、第 166 ~ 167 页。

共有关系解体时，原则上共有人平均分割共有财产。否则，这样分割就没有根据。”① 李锡鹤先生表示“赞同傅教授的论点”。

实践中，由于《物权法》第九十五条规定，共同共有人对共有的不动产或者动产共同享有所有权，因此，有人提出人民法院可以直接执行该共有财产的一半份额。② 这一观点在《山东省高级人民法院关于在执行程序中查封、扣押和冻结的暂行规定》中得到体现，该文件第十八条规定：“被执行人的个人财产与家庭财产未分开的，可以执行被执行人在家庭财产中的平均份额。”③ 北京市高、中级法院执行局（庭）长座谈会（第二次会议）纪要中认为“对查封、扣押、冻结的夫妻共同财产，按照《最高人民法院关于人民法院民事执行中查封、扣押、冻结财产的规定》第十四条的规定处理。需要注意的是，对夫妻共同财产的执行，针对的是夫妻共同财产的整体，无需对夫妻共同财产中的单个财产逐一进行分割。可执行的被执行人在夫妻共同财产中的共有部分，不得超过夫妻共同财产价值总额的一半。”上述规定都对共同共有财产中共有人份额的确定，符合“共同共有区别于按份共有的根本不在于是否划分份额，而在于共同共有以共同关系为基础，是‘共同关系’而不是‘不分份额’决定共同共有的本质”④ 的观念。由此可见，关于共同共有，在理论和制度上都必须承认，在共同关系存续期间，客观上存在着隐而未现的“份额”。⑤ 共有人在共有财产中的份额确定问题，确实是刑事司法不敢触碰夫妻共有财产的原因之一。然而，笔者认为，虽然共有人在共同共有财产共有期间无各自的确定份额，但是如果通过析产程序，可使得共同共有人的份额加以确定，且处置共同共有财产过程本身就是对共有财产的析产，因此，只要启动析产程序，被告人在共同共有财产中的份额可以确定。本案中，虽然被告人仲加杰夫妻二人并未约定在共有房产中的各自份额，但是通过析产程序确定二人的份额并无障碍。

但是需要注意：对夫妻名下共同共有房产进行析产时，其他共有人很可能以该房产为“唯一住房，系生活基本保障”为由提出抗辩。针对该抗辩，笔者认为，可参照《最高人民法院关于人民法院办理执行异议和复议案件若干问题的规定》（以下简称《执行异议规定》）予以判断析产的可行性。该规定第二十条规定：“金钱债权执行中，符合下列情形之一，被执行人以执行标的系本人及所扶养家属维持生活必需的居住房屋为由提出异议的，人民法院不予支持：……（三）申请执行人按照当地廉租住房保障面积标准为被执行人及所扶养家属提供居住房屋，或者同意参照当地房屋租赁市场平均租金标准从该房屋的变价款中扣除五至八年租金的。执行依据确定被执行人交付居住的房屋，自执行通知送达之日起，已经给予三个月的宽限期，被执行人以该房屋系本人及所扶养家属维持生活的必需品为由提出异议的，人民法院不予支持。”因此，笔者认为，对夫妻一方作为债务人，应履行法定给付义务时，对夫妻名下共有财产进行析产并以债务人个人份额进行偿付于法于理可通，理由如下：一是债务人作为共有人，其在家庭中所拥有的

① 李锡鹤：《论共有》，载《法学》2003 年第 2 期。

② 江必新：《民事执行重大疑难问题研究》，人民法院出版社 2010 年版，第 157 页。

③ 江必新：《民事强制执行操作规程》，人民法院出版社 2010 年版，第 211 页。

④ 裴桦：《关于共同共有两个基本问题的思考——兼评我国〈物权法〉相关条款》，载《甘肃政法学院学报》2008 年第 4 期 。

⑤ 戴永盛：《共有释论》，载《法学》2013 年第 12 期。

财产就是对共有财产经法定析产后属于自己的部分，因此，对属于其的部分予以变价退赔是“应当”的；二是假设认定债务人在共有财产中占有共有财产的1/2份额，以现有的房屋租售比作简单估算，配偶（其他共有人）对房产1/2份额所对应的款额，应当能够支付远远超出当地房屋租赁市场平均租金为标准的5～8年租金。以租赁权置换所有权，并不会实质损害到被告人所扶养家属的基本生存权益，不足以阻却析产和执行，且这与民事执行案件中的代位析产诉讼的权利保护程度也是相一致的。三是如析产问题不能在刑事审判程序予以解决，将导致在执行程序中，仍需另行启动实体审查程序解决共同共有财产的析产问题后，方可进行对特定财产的处置变现，浪费司法成本。

五、共有财产的刑事析产程序和方式

虽然刑事法律并未规定刑事案件中的析产程序，但《刑事诉讼法解释》第四百四十七条规定：“财产刑和附带民事裁判的执行，本解释没有规定的，参照适用民事执行的有关规定”；《最高人民法院关于刑事裁判涉财产部分执行的若干规定》第十六条规定：“人民法院办理刑事裁判涉财产部分执行案件，刑法、刑事诉讼法及有关司法解释没有相应规定的，参照适用民事执行的有关规定。”因此，在处置涉案的被告人与他人的共同共有房产过程中，可参照民事诉讼法律的析产程序进行，并结合《刑事诉讼法解释》第一百三十九条的规定，及刑事司法实践中对“非法占有、处置型”涉财部分的处置方式，对涉案共有财产的处置程序予以简化。

第一，被害人、公诉人、被告人需对被告人名下与他人共同共有财产进行析产提出申请。《民事执行规定》第十四条第三款规定：“共有人提起析产诉讼或者申请执行人代位提起析产诉讼的，人民法院应当准许……”在民事执行程序中，债权人或共有人可提起析产诉讼来对共有财产进行析产。虽然非法占有、处置型案件中，被害人的地位与附带民事诉讼中被害人的地位相比，并不明显，但是其作为犯罪行为的实际受害者，与民事损害赔偿诉讼中被害人具有同一性，具有债权人的属性。因此，笔者认为，公诉机关[①]、被害人和被告人亦可在该诉讼程序中，申请对被告人名下与他人的共有财产进行析产，以便启动析产程序。

第二，在处置过程中，可先组织共有人及被害人进行调解，如果能够调解析产，可通过调解确定份额；[②] 如果无法调解的，由合议庭对涉案财产是否应当进行析产，以及析产后被告人应占份额进行判断，并作出处置决定。但在析产程序中，应保障当事人及其他财产共有人的诉讼权利。比如，应听取被害人、被告人、其他财产共有人对析产申请的意见，可允许上述人员针对涉案共有财产提交析产必要性、财产份额等方面的相关证据等，以便结合共有人的抚养义务、夫妻过错、生活保障等因素，作出合理的份额认定。

第三，保障对涉案财产析产结果的救济途径。《最高人民法院关于刑事裁判涉财产部分执行的若干规定》第十五条规定：“执行过程中，案外人或被害人认为刑事裁判中对

① 参照《刑事诉讼法解释》第一百四十二条规定：“国家财产、集体财产遭受损失，受损失的单位未提起附带民事诉讼，人民检察院在提起公诉时提起附带民事诉讼的，人民法院应当受理。人民检察院提起附带民事诉讼的，应当列为附带民事诉讼原告人。被告人非法占有、处置国家财产、集体财产的，依照本解释第一百三十九条的规定处理。”可见，公诉机关亦可具有刑事附带民事诉讼原告人（变相债权人代表人）地位。

② 参照《民事执行规定》第十四条第二款规定：“共有人协议分割共有财产，并经债权人认可的，人民法院可以认定有效。”

涉案财物是否属于赃款赃物认定错误或者应予认定而未认定，向执行法院提出书面异议，可以通过裁定补正的，执行机构应当将异议材料移送刑事审判部门处理；无法通过裁定补正的，应当告知异议人通过审判监督程序处理。”参照上述规定，笔者认为，如果案外人或被害人认为刑事裁判中予以析产的财产应当属于赃款赃物而未予以认定，应当“依据”上述法律规定进行救济；如果案外人、被害人、其他共有人、被告人认为析产的程序或结果有错误的，根据主体身份不同：被告人、被害人可通过上诉程序对涉及自身权益予以救济；其他共有人、案外人可通过二审程序中向二审合议庭提出意见；对于亦未上诉的案件，可待案件生效后根据法律规定①，通过申诉程序予以救济。

通过上述程序，一方面，使执行程序中需要解决的权属份额实体争议问题予以前置，节约了司法资源；另一方面，填补了以往刑事执行案件中，被害人无当事人地位、进而影响其作为代位析产诉讼提起主体的法律规定空白。

（一审法院合议庭成员　关　芳　王　鹏　刘敬文
二审法院合议庭成员　王建华　闫　颖　史展展
编写人　北京市第一中级人民法院　王　鹏　王丽蕊
责任编辑　周维明
审稿人　沈　亮）

原载《人民法院案例选》2017 年第 6 辑（总第 112 辑）

① 《刑事诉讼法解释》第三百七十一条第一款规定：“……案外人认为已经发生法律效力的判决、裁定侵害其合法权益，提出申诉的，人民法院应当审查处理。”

16. 康庭生非法拘禁案

——“供犯罪所用的本人财物”的司法界定

【关键词】

刑事　没收财物　相当性原则　综合考量　慎重适用

【裁判要旨】

司法机关在没收供犯罪所用的财物时，应当综合考量没收财物与犯罪行为的严重程度、与犯罪行为之间的紧密程度、对犯罪结果所起到的作用等是否相适应，从而作出符合常情常理的认定，而不能不加区分地对一切被用于犯罪的财物都予以没收。

【相关法条】

《中华人民共和国刑法》

第六十四条　犯罪分子违法所得的一切财物，应当予以追缴或者责令退赔；对被害人的合法财产，应当及时返还；违禁品和供犯罪所用的本人财物，应当予以没收。没收的财物和罚金，一律上缴国库，不得挪用和自行处理。

【案件索引】

一审：广东省饶平县人民法院（2019）粤5122刑初38号（2019年3月11日）

二审：广东省潮州市中级人民法院（2019）粤51刑终75号（2019年6月3日）

【基本案情】

广东省饶平县人民检察院指控：同案人郑某升（另案处理）与被害人王某霞因投注六合彩发生债务纠纷。2018年7月19日22时许，被告人康庭生驾驶一辆车牌号为粤US××××的日产天籁小轿车，搭载同案人郑某升等人到饶平县汫洲镇山家观海KTV停车场，强制将被害人王某霞带上车，并带至饶平县黄冈镇大澳村委会门前。期间，被告人康庭生等人对王某霞实施殴打，致其受伤。2018年10月11日，被告人康庭生被公安机关抓获。公诉机关认为，被告人康庭生伙同他人非法拘禁他人，其行为已触犯《刑法》第二百三十八条第一款、第三款之规定，应当以非法拘禁罪追究其刑事责任。提请法院依法判处。

被告人康庭生对公诉机关指控的事实和罪名均没有异议。

法院经审理查明：同案人郑某升前因投注“六合彩”而与被害人王某霞发生债务纠纷。2018年7月19日22时许，被告人康庭生驾驶其车牌号为粤US××××的日产天籁小汽车，搭载郑某升等同案人（均另案处理）到饶平县汫洲镇某KTV前，强行将被害人王某霞带上车，然后将王某霞载至饶平县黄冈镇大澳村委会门前。期间，康庭生及同案人对王某霞实施殴打，致其受轻微伤。2018 年 10 月 11 日，被告人康庭生被公安机关抓获归案。

【裁判结果】

广东省饶平县人民法院于 2019 年 3 月 11 日作出（2019）粤 5122 刑初 38 号刑事判决：一、被告人康庭生犯非法拘禁罪，判处有期徒刑十一个月；二、随案移送的车牌号为粤 US××××的日产天籁小轿车一辆，予以没收，上缴国库。

宣判后，康庭生不服提起上诉。广东省潮州市中级人民法院经审理后，于 2019 年 6 月 3 日作出（2019）粤 51 刑终 75 号刑事判决：一、维持广东省饶平县人民法院（2019）粤 5122 刑初 38 号刑事判决的第一项；二、撤销广东省饶平县人民法院（2019）粤 5122 刑初 38 号刑事判决的第二项；三、随案移送的车牌号为粤 US××××的日产天籁小汽车一辆发还给上诉人康庭生。

【裁判理由】

法院生效裁判认为：上诉人康庭生为索取债务而合伙非法拘禁他人，共同致一人轻微伤，其行为已构成非法拘禁罪，依法应予惩处。上诉人康庭生归案后能如实供述自己的罪行，依法予以从轻处罚。

上诉人康庭生上诉称其事先不知道郑某升与王某霞因“六合彩”发生债务纠纷的意见，经查，在案证据不足以认定康庭生在案发前知道郑某升与王某霞因投注“六合彩”发生债务纠纷一事，故该意见予以采纳；上诉称王某霞的轻微伤与其动手两下没有因果关系的意见，经查，上诉人康庭生伙同他人非法拘禁被害人王某霞，并在此过程中合伙殴打王某霞致轻微伤，应共同对王某霞的伤情负相应的刑事责任，故该意见据理不足，不予采纳。

上诉人康庭生的指定辩护人辩护称康庭生归案后如实供述，请二审法院予以从轻处罚的意见，经查，原审判决鉴于上诉人康庭生归案后能如实供述自己的罪行，已依法对康庭生予以从轻处罚，所判处的刑罚并无不当，现再要求二审法院予以从轻处罚据理不足，不予采纳。

上诉人康庭生及其指定辩护人提出康庭生的粤 US××××日产天籁小汽车系康庭生用于日常生活和工作，该车虽然客观上对案件具有一定帮助作用，但由于该车并非为犯罪目的而准备的，因此不应该没收的意见，经查，首先，康庭生平时主要将该车用于日常生产生活，本次作案只是应同案人之邀，偶尔将该车用于非法拘禁犯罪，没有证据证明该车是专门或主要用于非法拘禁犯罪的工具，也没有证据证明该车长期或多次被用于实施非法拘禁犯罪，即该车不是专门为犯罪而准备和使用的，该车与非法拘禁犯罪间不存在经常性联系或密切联系；其次，本案是轻罪案件，没有造成被害人的实际财产损失，社会危害程度相对较小，如果对康庭生所有的价值巨大、偶尔用于非法拘禁的汽车予以没收，有违立法本意，也显失公平、公正。因此，从相当性原则考虑，原审判决将随案移送的粤 US××××日产天籁小汽车予以没收不当，应予纠正，故该意见予以采纳。

原审判决认定事实清楚，定罪正确，量刑适当，审判程序合法，唯将随案移送的车牌号为粤 US××××的日产天籁小汽车一辆予以没收不当，应予纠正。

【案例注解】

本案在审理过程中，关于对被告人康庭生作案用的汽车能否予以没收的问题，存在两种意见：

第一种意见认为，被告人康庭生将其本人所有的汽车用于非法拘禁犯罪，根据《刑法》第六十四条的规定，该车应当予以没收。

第二种意见认为，康庭生在非法拘禁犯罪中所使用的汽车虽系其本人财物，且起犯罪工具之用，但由于该车不是专门用于实施非法拘禁，该车与非法拘禁犯罪之间不存在经常性的、密切的联系，因此不宜没收该车。

笔者同意第二种意见，理由是：

一、"供犯罪所用的本人财物"的理解和认定

我国《刑法》第六十四条规定，违禁品和供犯罪所用的本人财物，应当予以没收。该条为司法机关处置涉案财物提供了相应的法律依据。但在司法实践中，由于没有相应的司法解释对该条进行细化、阐释，由此导致部分司法机关对于何为"供犯罪所用的本人财物"产生理解上的偏差，进而导致部分案件在应否没收上出现混乱，有的当没而未没，有的不当没而没，严重影响了刑法规范的统一性和权威性。笔者认为，从严厉惩治犯罪和保障公民合法权益的角度出发，"供犯罪所用的本人财物"是指行为人直接且专门或主要用于实施犯罪之本人财物。具体可以从以下几方面进行把握：

1. 该财物属于行为人本人所有，即行为人对该财物享有所有权。对于供犯罪所用的第三人财物，除非第三人主观上明知其财物被用于实施犯罪，或者对其财物被用于犯罪存在重大过失，否则不得没收。

2. 该财物与犯罪间存在直接的关系，即该财物被行为人直接用于实施犯罪，对犯罪的发展、完成起决定性或关键性作用，如杀人用的枪支、非法拘禁用的撬棍等。至于那些与犯罪虽有一定的关联，但并非直接用于犯罪的财物，则不能没收。如《公安部关于为赌博提供的交通工具能否予以没收的批复》规定："为赌博提供交通工具（如汽车）以及场所（如房屋等）条件的，是违反治安管理的行为，对行为人应给予治安处罚。但交通工具、场所不是赌具，不应没收。"理由是上述交通工具和场所虽然与犯罪有关，但它只是为犯罪人实行犯罪活动提供了交通和场所的便利，而没有直接用于赌博犯罪，因此对这些财物不应没收。

3. 该财物与犯罪间存在经常性联系或密切联系，即该财物是专门为犯罪而准备和使用的，专门、主要而非偶尔用于实施犯罪，如赌博犯罪分子所有的专门用于赌博的资金、交通工具、通讯工具等。而对于那些平时主要用于日常生产生活、只是偶尔为犯罪所用的财物，不应予以没收，否则有违刑法设立没收制度之本意，也有失公允。如用于非法拘禁被害人的房屋、强奸时使用的汽车等，一般不应予以没收。但是，如果该财物虽然是用于日常生产生活，但行为人长期或多次将该财物用于实施犯罪的，则应当予以没收，如行为人多次用于实施抢夺或非法拘禁作案的摩托车等。

二、没收"供犯罪所用的本人财物"应坚持相当性原则

所谓相当性原则，是指司法机关在没收供犯罪所用的财物时，需要受到一定的限制，该限制细化成原则后，又被称为相当性原则，即被没收的财产价值应当与犯罪的性质、情节和对社会的危害程度以及犯罪收益的大小相当，没收的结果应与犯罪情节的可责程度相当，以达到合情合理的结果，避免过分、错误的没收。司法实践中，法院在判决没收时应坚持这一原则，秉持惩罚犯罪与保障人权并重的理念，综合考量没收财物与犯罪行为的严重程度、与犯罪行为之间的紧密程度、对犯罪结果所起到的作用等是否相适应，从而做出符合常情常理的认定，而不能不加区分地对一切被用于犯罪的财物都予以没收。当被没收的财物价值与犯罪的性质、情节、收益和对社会的危害程度相比，存在数额、价值上的悬殊差距时，应当慎重适用没收措施，而不能因为行为人轻微的犯罪行为而没收其大宗财物。如行为人驾驶其本人价值 40 万元的汽车去撞毁他人价值 6000 元的摩托车，该车虽系供犯罪所用的本人财物，但如果判决没收该车，明显处罚过重，显失公平、公正。

三、本案中二审法院依法改判不没收汽车正确

本案中，康庭生在非法拘禁犯罪中所使用的汽车虽系其本人财物，但一来康庭生平时主要将该车用于日常生产生活，本次作案只是应同案人之邀，偶尔将该车用于非法拘禁犯罪，没有证据证明该车是专门或主要用于非法拘禁犯罪的工具，也没有证据证明该车长期或多次被用于实施非法拘禁犯罪，即该车不是专门为犯罪而准备和使用的，该车与非法拘禁犯罪间不存在经常性联系或密切联系；二来本案是轻罪案件，没有造成被害人的实际财产损失，社会危害程度相对较小，如果对康庭生所有的价值巨大、偶尔用于非法拘禁的汽车予以没收，有违立法本意，也显失公平，因此二审法院依法改判不没收该车是正确的。

（一审法院合议庭成员　林镇福　翁樱娜　黄汉松
二审法院合议庭成员　江　瑾　沈　斌　刘新燕
编写人　广东省潮州市中级人民法院　江　瑾
责任编辑　周维明
审稿人　李玉萍）

原载《人民法院案例选》2019 年第 12 辑（总第 142 辑）

九、自首和立功

17. 黄光故意杀人、诈骗案*

——打电话报警但未承认自己实施犯罪行为的是否认定为自首以及如何审查判断经鉴定属于被害人真实签名的保证书等书证的真实性

【关键词】

故意杀人　自首　诈骗　书证

【裁判要点】

打电话报警但未承认自己实施犯罪行为的不应认定为自首；经鉴定属于被害人真实签名的保证书等书证亦必须依照证据规则进行审查质证才能作为定案依据。

【相关法条】

《中华人民共和国刑法》

第二百三十二条　故意杀人的，处死刑、无期徒刑或者十年以上有期徒刑；情节较轻的，处三年以上十年以下有期徒刑。

第二百六十六条　诈骗公私财物，数额较大的，处三年以下有期徒刑、拘役或者管制，并处或者单处罚金；数额巨大或者有其他严重情节的，处三年以上十年以下有期徒刑，并处罚金；数额特别巨大或者有其他特别严重情节的，处十年以上有期徒刑或者无期徒刑，并处罚金或者没收财产。本法另有规定的，依照规定。

【案情及裁判】

广东省阳江市人民检察院以被告人黄光犯故意杀人罪、诈骗罪，向阳江市中级人民法院提起公诉。

---

* 案例来源：最高人民法院刑事审判第一、二、三、四、五庭主办：《刑事审判参考》（第101集），法律出版社2015年版，第72～79页。

被告人黄光对起诉书指控其以投毒方式杀害被害人龙利源的事实无异议，但辩称指控其诈骗龙利源钱财，不是事实。

阳江市中级人民法院经公开审理查明：（1）诈骗事实。2009 年 9 月至 2011 年 12 月间，黄光谎称能帮助龙利源承包电站周边林木、向电站供应沙石和办理建筑企业资质证书，先后以需支付承包款、办事费、押金等名义骗取龙利源钱款共计人民币（以下币种同）135.5 万元。（2）故意杀人事实。2011 年 12 月 23 日，龙利源与生意伙伴黄文一起到阳春市八甲镇八甲火锅城食用猫肉火锅等餐期间，黄光借故离开，到其轿车上取出事先准备的一包片状大茶药（钩吻，俗称“断肠草”，有剧毒），然后将大茶药放入火锅内。龙利源、黄文和黄光开始食用。龙利源、黄文喝过汤说有苦味，黄光即谎称系猫胆破裂或者所配药材过多所致，还食用少量猫肉和火锅汤以遮掩真相。稍后，龙利源、黄文、黄光均出现中毒症状，被送到镇卫生院进行治疗和抢救。在医院期间，黄光打电话报警，但隐瞒了其投放大茶药的事实。龙利源因为食用过多大茶药而中毒太深经抢救无效当日下午死亡，黄文、黄光经抢救脱险。经鉴定，龙利源因钩吻中毒死亡。

阳江市中级人民法院认为：被告人黄光以投毒手段故意杀害一人，还以虚构事实的手段骗取他人财物 135.5 万元，数额特别巨大，其行为分别构成故意杀人罪和诈骗罪，依法应当并罚。该案后果严重，社会影响恶劣。据此，阳江市中级人民法院依照《中华人民共和国刑法》第二百三十二条、第二百六十六条、第五十七条、第六十四条、第六十九条之规定，以被告人黄光犯故意杀人罪，判处死刑，剥夺政治权利终身；犯诈骗罪，判处有期徒刑十二年，并处罚金 10 万元；决定执行死刑，剥夺政治权利终身，并处罚金 10 万元。一审宣判后，被告人黄光不服，向广东省高级人民法院提起上诉。

黄光及其辩护人均基于以下理由请求二审对黄光所犯故意杀人罪从轻处罚和撤销诈骗罪认定：（1）被害人龙利源以暴力威胁方法向其催收已结清的 70 万元，从而引发了本案，被害人有重大过错；（2）具有自首情节和犯罪中止行为；（3）由龙利源亲笔书写证明两人之间款项已经结清的保证书是真实有效的，其没有诈骗被害人的财物，不构成诈骗罪。

广东省高级人民法院经开庭审理查明的事实、证据与一审无异，认为原审判决认定的事实清楚，证据确实、充分，定罪准确，量刑适当，审判程序合法。据此，广东省高级人民法院依照《中华人民共和国刑事诉讼法》第二百二十五条第一款第（一）项、第二百三十五条之规定，裁定驳回上诉，维持原判，并依法报请最高人民法院核准。

最高人民法院经复核认为：第一审判决、第二审裁定认定的事实清楚，证据确实、充分，定罪准确，量刑适当，审判程序合法。据此，依照《中华人民共和国刑事诉讼法》第二百三十五条、第二百三十九条和《最高人民法院关于适用〈中华人民共和国刑事诉讼法〉的解释》第三百五十条第（一）项之规定，最高人民法院裁定如下：

核准广东省高级人民法院（2013）粤高法刑四终字第 61 号，维持第一审对被告人黄光以故意杀人罪判处死刑，剥夺政治权利终身；以诈骗罪判处有期徒刑十二年，并处罚金人民币 10 万元；决定执行死刑，剥夺政治权利终身，并处罚金人民币 10 万元的刑事裁定。

【法理解析】

本案涉及以下两个争议问题：(1) 打电话报警但未承认自己实施犯罪行为的，不宜认定为“自首”。自首的成立应同时具备“自动投案”和“如实供述”两个要件。具体到本案，首先，被告人黄光报警后，并未将自己置于犯罪嫌疑人的地位。且在公安机关的四次排查性质的调查中均未如实交代其投毒杀人的事实。因此，黄光的报警与公安机关将黄光作为犯罪嫌疑人采取强制措施之间没有关联性，黄光缺乏自动投案的要件。其次，被告人黄光不符合如实供述的要件。公安机关对黄光刑事拘留时的案由是诈骗，并非故意杀人。黄光在刑事拘留后的第二天如实供述了投毒杀人的事实，而且公安机关实际上已经掌握了相当证据证明黄光实施了投毒杀人的行为。综上，不能认定被告人黄光为自首。(2) 经鉴定属于被害人真实签名的保证书等书证亦必须依照证据规则进行审查质证才能作为定案依据。本案中，被告人前妻徐永洁在一审期间提交了一份打印的保证书，保证书中“龙利源”的字迹经鉴定是龙利源所写。但是，该书证经过形式要件和实质要件分析，均发现与客观事实不符，故该证据不应予以采纳。

原载《人民法院案例选》2016 年第 1 辑（总第 95 辑）

18. 台州市黄岩恒光金属加工有限公司、周正友污染环境案*

——如何认定行政主管部门与公安机关联合执法案件中的自动投案

【关键词】

污染环境案　单位犯罪　自动投案　行政执法

【裁判要点】

行政执法机关发现违法行为并进行调查后，被告人再主动到公安机关投案的行为不应认定为自动投案。

【相关法条】

《中华人民共和国刑法》

第三百三十八条　违反国家规定，排放、倾倒或者处置有放射性的废物、含传染病病原体的废物、有毒物质或者其他有害物质，严重污染环境的，处三年以下有期徒刑或者拘役，并处或者单处罚金；后果特别严重的，处三年以上七年以下有期徒刑，并处罚金。

第三百四十六条　单位犯本节第三百三十八条至第三百四十五条规定之罪的，对单位判处罚金，并对其直接负责的主管人员和其他直接责任人员，依照本节各该条的规定处罚。

【案情及裁判】

浙江省台州市黄岩区人民检察院指控被告单位恒光公司、被告人周正友犯污染环境罪，向黄岩区人民法院提起公诉。

被告单位的诉讼代表人周根法、被告人周正友对公诉机关指控的犯罪事实和罪名均无异议。

台州市黄岩区人民法院经公开审理查明：2012 年 10 月，恒光公司因从事酸洗项目无环境保护行政主管部门批准的环境影响评价批准文件，被台州市环境保护局作出责令停止酸洗项目生产等行政处罚。2013 年 4 月，周正友再次组织恒光公司从事酸洗项目，以苯丙三氮唑代替铬酸加工空调配件。后恒光公司于同年 7 月 12 日在台州市环境保护局等

* 案例来源：最高人民法院刑事审判第一、二、三、四、五庭主办：《刑事审判参考》（第 101 集），法律出版社 2015 年版，第 110 ~ 114 页。

单位的联合执法行动中被查获，发现该公司总镍、总铬、六价铬等一类污染物的浓度分别达到国家最高允许排放浓度限值的10倍、280倍、541倍，总铜、总锌等亦严重超标。

另查明：2013年7月12日，台州市环境保护局对周正友进行调查谈话。同年7月22日，台州市环境保护局终结对被告单位的调查。同年8月8日，台州市环境保护局向台州市公安局移送被告单位超标排放污染环境违法案件。同月21日，台州市公安局进行刑事立案。同年9月4日，周正友到台州市公安局投案。

台州市黄岩区人民法院认为：被告单位恒光公司违反国家规定，排放有毒物质，严重污染环境；被告人周正友作为该单位直接负责的主管人员，因严重不负责任导致公司违反国家规定排放有毒物质，严重污染环境，应当以污染环境罪追究其刑事责任。公诉机关指控恒光公司、周正友的罪名成立。恒光公司曾因无环保部门批准的环境影响评价批准文件，擅自投入生产被行政处罚，现又犯污染环境罪，酌情予以从重处罚。恒光公司能如实供述犯罪事实，认罪态度较好，依法可以从轻处罚。关于周正友的辩护人所提周正友具有自首情节、犯罪情节较轻、主观恶性较小等辩护意见，经查，与本案的事实及相关法律规定不符，本院不予采纳。另辩护人所提周正友归案后能如实供述犯罪事实，认罪态度较好，应当从轻处罚等意见，经查，与本案的事实相符，本院予以采纳。据此，依照《中华人民共和国刑法》第三百三十八条、第三百四十六条、第六十七条第三款之规定，台州市黄岩区人民法院以污染环境罪判处被告单位恒光公司罚金人民币10万元；以污染环境罪判处被告人周正友有期徒刑一年三个月，并处罚金人民币2万元。

一审宣判后，被告单位恒光公司、被告人周正友在法定期间内均未提起上诉，公诉机关亦未抗诉，该判决已经发生法律效力。

【法理解析】

本案的争议焦点在于行政执法机关发现违法行为并进行调查后，被告人再主动到公安机关投案的行为能否认定为自动投案。首先，环保部门是污染环境罪的办案机关之一，环保部门在进行调查谈话时已经初步掌握了本案的犯罪事实，其向公安机关移送的案件内容是涉嫌刑事犯罪的违法事实，因此当案件移送到公安机关后，被告人再主动投案，就不能认定为自动投案。其次，依照最高人民法院2010年出台的《关于处理自首和立功若干具体问题的意见》的规定，犯罪事实和犯罪嫌疑人均已在检查过程中被发觉，并已受到行政执法部门的调查，再到公安、检察院、法院等司法机关投案的，不能视为自动投案。本案中，被告人在环保部门调查谈话期间，如实交代了相关犯罪事实。后环保部门根据行政执法移送制度，将案件移送至公安机关。被告人系在公安机关刑事立案之后，再主动到公安机关投案，不属于自动投案，不应认定具有自首情节。

（改写人　中国政法大学博士　包献荣）

原载《人民法院案例选》2016年第1辑（总第95辑）

19. 李冰、刘帅等寻衅滋事案

——被公安机关安排下的同案人员电话通知归案应认定为自首

【关键词】

自首　电话通知归案　共同犯罪

【裁判要旨】

共同犯罪案发后，被告人经在公安机关安排下同案被告人电话通知，主动到公安机关投案，并如实供述自己的犯罪事实的，应当认定为自首。

【相关法条】

《中华人民共和国刑法》

第六十七条　犯罪以后自动投案，如实供述自己的罪行的，是自首。对于自首的犯罪分子，可以从轻或者减轻处罚。其中，犯罪较轻的，可以免除处罚。

被采取强制措施的犯罪嫌疑人、被告人和正在服刑的罪犯，如实供述司法机关还未掌握的本人其他罪行的，以自首论。

犯罪嫌疑人虽不具有前两款规定的自首情节，但是如实供述自己罪行的，可以从轻处罚；因其如实供述自己罪行，避免特别严重后果发生的，可以减轻处罚。

【案件索引】

一审：辽宁省本溪满族自治县人民法院（2016）辽0521刑初76号（2016年4月12日）

【基本案情】

辽宁省本溪满族自治县人民检察院以本满检公诉刑诉［2016］75号起诉书指控被告人李冰、刘帅、袁梦、王春龙、张传东、肖东犯寻衅滋事罪，于2016年3月25日向本溪满族自治县人民法院提起公诉。法院受理后，依法组成合议庭，适用简易程序，公开开庭审理了该案。本溪满族自治县人民检察院指派检察员张薇薇出庭支持公诉，被告人李冰、刘帅、袁梦、王春龙、张传东、肖东均到庭参加诉讼。该案现已审理终结。

本溪满族自治县人民检察院指控，被告人李冰、刘帅、袁梦、王春龙、张传东、肖东于2015年2月16日9时许，在本溪满族自治县田师付镇建设东路非凡空间KTV唱歌、饮酒，因被告人李冰上厕所时与孙永生撞了下肩膀，便对孙永生产生不满，并与被告人刘帅、袁梦、王春龙、张传东、肖东合谋欲殴打孙永生，被歌厅老板及服务员劝阻后，六被告人在歌厅门口等待，欲待孙永生出门后再对其进行殴打。后被告人李冰错将被害人冯某误认成孙某某，用拳脚击打冯某头面部数下，被告人袁梦用啤酒瓶击打被害人头部、被告人王春龙用随身携带的匕首刺被害人冯某背部及身体，被告人刘帅、张传东、肖东等先后对冯某施以拳打脚踢。造成冯某全身创口致疤痕累计16.5厘米，属轻伤二级后果。后被告人李冰、袁梦、刘帅被抓获归案，被告人肖东、张传东、王春龙到公安机关投案。

法院审理后查明：案发后，被告人袁梦经同案被告人电话通知，主动到公安机关投案，并如实供述了自己的犯罪事实。本案在侦查阶段，六被告人与被害人冯某达成民事偿协议，并取得被害人对六被告人的谅解。

上述事实，被告人李冰、刘帅、袁梦、王春龙、张传东、肖东在开庭审理过程中均无异议，且有案件来源及到案经过、被害人冯某的陈述、证人张某某、孙某某、王某的证言、本溪满族自治县公安局（辽）公（本溪县）鉴（伤害）字［2015］16号法医学人体损伤程度鉴定书、本溪满族自治县公安局田师付派出所关于袁梦到案的情况说明、赔偿协议书、电话查询记录、常住人口基本信息表等证据证实，经庭审质证，足以认定。

【裁判结果】

辽宁省本溪满族自治县人民法院于2016年4月12日作出（2016）辽0521刑初76号刑事判决：

一、被告人李冰犯寻衅滋事罪，判处有期徒刑一年六个月，缓刑二年（缓刑考验期自判决确定之日起计算）。

二、被告人刘帅犯寻衅滋事罪，判处有期徒刑一年六个月，缓刑二年（缓刑考验期自判决确定之日起计算）。

三、被告人袁梦犯寻衅滋事罪，判处有期徒刑一年六个月，缓刑二年（缓刑考验期自判决确定之日起计算）。

四、被告人王春龙犯寻衅滋事罪，判处有期徒刑一年六个月，缓刑二年（缓刑考验期自判决确定之日起计算）。

五、被告人张传东犯寻衅滋事罪，判处有期徒刑一年四个月，缓刑二年（缓刑考验期自判决确定之日起计算）。

六、被告人肖东犯寻衅滋事罪，判处有期徒刑一年四个月，缓刑二年（缓刑考验期自判决确定之日起计算）。

一审宣判后，被告人未上诉，检察机关未抗诉，判决已经发生法律效力。

【裁判理由】

法院生效裁判认为：被告人李冰、刘帅、袁梦、王春龙、张传东、肖东在公共场所无事生非，随意殴打他人，情节恶劣，其六人行为均构成寻衅滋事犯罪，应依法惩处。公诉机关指控六被告人犯寻衅滋事罪罪名成立，予以支持。六被告人的行为系共同犯罪。被告人李冰、刘帅在归案后均能够如实供述自己的犯罪事实，且当庭自愿认罪，均可以从轻处罚。被告人袁梦、王春龙、张传东、肖东在犯罪后均自动投案，如实供述自己的罪行，均系自首，均可以从轻处罚。六被告人与被害人达成了民事赔偿协议，并取得了被害人谅解，视六被告人有悔罪表现，均可以酌情从轻处罚。

【案例注解】

本案争议的焦点之一是被告人袁梦经公安机关安排同案人员电话通知后投案，是否构成自首。公诉机关意见认为，被告人袁梦在接到电话后，到公安机关如实供述自己的罪行，不能认定为自首。理由是被告人并非主动投案，而是在公安机关传唤后，才到公安机关接受调查，是被动归案，应是坦白而不是自首。自首的条件应当是主动归案，而这种情况是被动归案，即在公安机关发现其有重大的嫌疑后，经传唤到案，不能反映其投案的主动性，故系被抓捕归案，不能认定为自首。

法庭审理后认为，被告人袁梦经公安机关安排同案人员电话通知到案，如实供述，构成自首，应当适用《最高人民法院关于处理自首和立功若具体问题的意见》的关于“自动投案”的具体认定的第（5）项，其他符合立法本意，应当视为自动投案的情况。

《最高人民法院关于处理自首和立功具体应用法律若干问题的解释》第一条第（一）项规定：“自动投案，是指犯罪事实或者犯罪嫌疑人未被司法机关发现，或者虽被发现，但犯罪嫌疑人尚未受到讯问、未被采取强制措施时，主动、直接向公安机关、人民检察院或者人民法院投案。”最高人民法院对该解释中关于“自动投案”作了具体的认定。这些规定，其立法的本意是要体现犯罪嫌疑人投案的主动性和自愿性。

对于本案中袁梦是否构成自首，关键在于准确理解把握“自动投案”的具体认定的第（5）项“其他符合立法本意，应当视为自动投案的情形”。从归案的情况看，被告人袁梦在接到公安机关安排同案人员的电话通知后，明知自己的行为已被公安机关掌握，此时袁梦具有选择的权利，如果此时没有归案的自觉性，被告人袁梦对不具有强制性的口头通知可以采取置之不理的消极态度，即可以选择自动归案，也可以选择拒不到案或者逃跑，但袁梦却是选择了主动到公安机关接受讯问，并如实供述了自己的犯罪事实，说明其在不具有强制力传唤的情况下仍有到案的主动性和自觉性，符合自动投案的特征。因此，对被告人袁梦应认定为自首。将此种情况认定为自首，在很大程度上有利于被告人认罪和悔改，也有利于降低司法成本。

综上，我们认为，电话通知到案不具有限制人身自由的效力，犯罪嫌疑人接电话通知后自行按照指定的时间到达指定地点接受讯问，实际上是按自己意愿主动投案的行为，符合刑法中构成自首的相关规定。被告人袁梦的投案行为，应当被认定为自首。

（一审法院合议庭成员　张爱书　韩丽丽　赵德峰
编写人　辽宁省本溪满族自治县人民法院　李　洋
责任编辑　周维明
审稿人　沈　亮）

原载《人民法院案例选》2017年第5辑（总第111辑）

20. 王旭阳贩卖毒品案
——“形迹可疑”型自首的正确认定

【关键词】

形迹可疑　自首　正确认定

【裁判要旨】

判断行为人是否构成“形迹可疑”型自首，关键是看司法机关能否根据现有证据特别是客观性证据在行为人与具体案件之间建立起直接、明确、紧密的联系，并且依据当时的证据，行为人作案的可能性是否已经大大提高而达到了被确定为“犯罪嫌疑人”的程度。能建立起这种联系的，行为人就属于犯罪嫌疑人；建立不起这种联系的，而主要是凭经验、直觉认为行为人有作案可能的，行为人就属于“形迹可疑”。行为人在因“形迹可疑”受到盘问、教育时主动交代自己所犯罪行的，应当认定为自动投案，构成自首。

【相关法条】

《中华人民共和国刑法》

第六十七条第一款、第二款　犯罪以后自动投案，如实供述自己的罪行的，是自首。对于自首的犯罪分子，可以从轻或者减轻处罚。其中，犯罪较轻的，可以免除处罚。

被采取强制措施的犯罪嫌疑人、被告人和正在服刑的罪犯，如实供述司法机关还未掌握的本人其他罪行的，以自首论。

【案件索引】

一审：山东省淄博市张店区人民法院（2016）鲁 0303 刑初 371 号（2016 年 9 月 23 日）

二审：山东省淄博市中级人民法院（2016）鲁 03 刑终 305 号（2016 年 12 月 22 日）

【基本案情】

公诉机关淄博市张店区人民检察院指控称：2015 年 11 月份，在淄博市张店区富都洗浴附近，被告人王旭阳以 500 元的价格向张林出售甲基苯丙胺（冰毒）0.5 克；2015 年 11 月份，在淄博市张店区步行街中段学苑宾馆附近，被告人王旭阳以 500 元的价格向张林出售甲基苯丙胺 0.5 克；2015 年 12 月 23 日，张林联系被告人王旭阳购买 500 元的甲基苯丙胺，二人约定在张店区富都洗浴附近交易，被告人张林取甲基苯丙胺时被民警抓获。被告人王旭阳多次向他人出售甲基苯丙胺（冰毒），其行为已构成贩卖毒品罪，请法院依法判处。

被告人王旭阳对公诉机关指控的犯罪事实及罪名无异议，无辩解意见。

法院经审理查明：2015年11月份某日，在淄博市张店区富都洗浴附近，被告人王旭阳以500元的价格向张林出售甲基苯丙胺（冰毒）0.5克；2015年11月份某日，在淄博市张店区步行街中段学苑宾馆附近，被告人王旭阳以500元的价格向张林出售甲基苯丙胺0.5克；2015年12月23日，张林联系被告人王旭阳购买500元的甲基苯丙胺，二人约定在张店区富都洗浴附近交易，被告人王旭阳在等待交易时因形迹可疑，被公安机关盘查时逃跑，被抓获后如实供述公安机关尚未掌握的犯罪事实。被告人王旭阳在一审开庭审理过程中对上述事实无异议。

【裁判结果】

山东省淄博市张店区人民法院于2016年9月23日作出（2016）鲁0303刑初371号刑事判决：被告人王旭阳犯贩卖毒品罪，判处有期徒刑三年，并处罚金人民币1万元。王旭阳不服一审判决，向山东省淄博市中级人民法院提起上诉，其辩护人在二审中主张王旭阳具有自首情节，一审判决量刑偏重。山东省淄博市中级人民法院于2016年12月22日作出（2016）鲁03刑终305号刑事判决：一、维持山东省淄博市张店区人民法院（2016）鲁0303刑初371号刑事判决对被告人王旭阳的定罪部分，即被告人王旭阳犯贩卖毒品罪；二、撤销山东省淄博市张店区人民法院（2016）鲁0303刑初371号刑事判决对被告人王旭阳的量刑部分，即判处被告人王旭阳有期徒刑三年，并处罚金人民币1万元；三、上诉人王旭阳犯贩卖毒品罪，判处有期徒刑二年六个月，并处罚金人民币8000元。

【裁判理由】

法院生效裁判认为：被告人王旭阳明知是毒品而多次贩卖，情节严重，其行为构成贩卖毒品罪。被告人王旭阳多次贩卖毒品，应认定为情节严重。被告人王旭阳在2015年12月23日向张林贩卖毒品，系犯罪未遂，可以比照既遂犯从轻处罚。王旭阳因形迹可疑，被公安机关盘查时逃跑，被抓获后如实供述公安机关尚未掌握的犯罪事实，依法构成自首。考虑到其有自首情节，系初犯，综合其犯罪情节、悔罪表现，可对其减轻处罚，在三年以下有期徒刑范围内量刑。

【案例注解】

本案争议的焦点问题在于能否认定被告人王旭阳构成自首，从而从轻或减轻处罚，而这主要涉及对“形迹可疑”型自首的司法认定问题。

根据我国《刑法》第六十七条的规定，构成自首须同时具备自动投案和如实供述罪行两个条件。对于“自动投案”，《最高人民法院关于处理自首和立功具体应用法律若干问题的解释》（以下简称《解释》）第一条作出了规定：“自动投案，是指犯罪事实或者犯罪嫌疑人未被司法机关发觉，或者虽被发觉，但犯罪嫌疑人尚未受到讯问、未被采取强制措施时，主动、直接向公安机关、人民检察院或者人民法院投案。”《解释》具体列举了属于“自动投案”的数种情形，其中，对于“罪行未被司法机关发觉，仅因形迹可疑被有关组织或者司法机关盘问、教育后，主动交代自己的罪行的”，也规定为“应当视为自动投案”。如何理解这里的“形迹可疑”，是本案中判断被告人是否具有自首情节的关键。

从司法实践看，“形迹可疑”有两种常见情形：一是司法机关或有关组织尚未掌握行为人犯罪的任何线索、证据，而是根据行为人当时不正常的衣着、举止、言语、神态等情况判断行为人可能存在违法犯罪行为。这种情形的特点是，“可疑”是非具体的、泛化的、无客观依据的，无法将行为人同某一具体犯罪案件联系起来，而只是有关人员根据经验和直觉来作出判断。在公路、铁路、水路、民航等部门的日常检查中，常能发现这种“形迹可疑”的人，不少案件也是通过这种检查、盘问而破获的。行为人若在接受这种检查时主动供述所犯罪行的，当然构成自首。二是某一犯罪案件发生后，司法机关或有关组织已经掌握了一定的证据或线索，明确了侦查方向，圈定了排查范围，在排查或者调查过程中发现行为人的表现或者反应不正常，引人生疑，但尚不足以通过现有证据确定其为犯罪嫌疑人。这种情形的特点是，“可疑”具有一定的针对性，能够将行为人同具体案件联系起来，但这种联系仍不够明确和具有较强的把握，还不能达到将行为人锁定为犯罪嫌疑人进而采取强制措施的程度。这时，行为人主动供述所犯罪行的，仍应认定为自首。但是，如果有侦查人员从行为人身边或者住处找到客观性证据，如赃物、作案工具、带血的衣物等，或者有目击证人直接指认行为人为作案人，从而在行为人与具体犯罪案件建立起直接、明确、紧密的联系时，由于当时已有一定的证据指向行为人，其具有较其他排查对象更高的作案嫌疑，则行为人就“升级”为犯罪嫌疑人，而不再仅仅是“形迹可疑”了。因为，对于侦查机关来讲，案件侦查到这个程度，就可以对其采取一定强制措施或者进行传讯了。也就是说，判断行为人是否属于“形迹可疑”，关键就是看司法机关能否根据现有证据特别是客观性证据在行为人与具体案件之间建立起直接、明确、紧密的联系，并且依据当时的证据，行为人作案的可能性是否已经大大提高而达到了被确定为“犯罪嫌疑人”的程度。能建立起这种联系的，行为人就属于犯罪嫌疑人；建立不起这种联系的，而主要是凭经验、直觉认为行为人有作案可能的，行为人就属于“形迹可疑”。行为人在因“形迹可疑”受到盘问、教育时主动交代自己所犯罪行的，应当认定为自动投案，构成自首。

因此，就“形迹可疑”的具体表现而言，需要公安机关、人民检察院或其他侦查机关在没有掌握犯罪的基本事实（即何人在何时何地实施了何种犯罪）或者足以断定某人实施了某种犯罪的重要证据之时，仅凭工作经验或个别线索对被怀疑对象进行询问或调查。也就是说，在盘问、教育行为人时，有关组织或者司法机关没有发现犯罪事实；或者虽然已经发现犯罪事实，但是尚未确定犯罪嫌疑人；或者既发现了犯罪事实，也确定了犯罪嫌疑人，但是尚未确定该受到盘问、教育的行为人就是此犯罪嫌疑人。这里的“形迹可疑”，可以理解为一种侦查人员的判断，而这种判断具有以下特点：（1）是基于某些表象而作出的，是一种“没有根据的怀疑”；（2）判断不是也不需要以确切的事实证据为依据；（3）判断是基于侦查人员的长期办案经验、社会生活的常识，甚至是侦查人员的第六感觉；(4) 判断是一种概括性的怀疑，并没有任何针对性。这种怀疑可以是行为人可疑的表象同某具体犯罪毫无联系，亦可以是行为人可疑的表象同某具体犯罪有相连的疑点而被盘问。但该疑点只是初步证据，而不是犯罪证据，该疑点作为证据是无法证明该人就是犯罪嫌疑人。故在形迹可疑者不如实交代犯罪情况则司法机关无从侦破案件的情况下，可疑人如实交代则应当认定为自首。

关于“罪行是否被司法机关掌握”问题。一般自首中的司法机关，应理解为犯罪嫌疑人归案时的司法机关；准自首中的司法机关，应理解为犯罪嫌疑人如实供述被掌握的犯罪事实时所在的司法机关。此外，对于公安机关在计算机网络上向全国公布的逃犯信息予以追捕的情形，自动投案和自首的认定也要遵照上述理解予以把握。即只要在逃犯主动如实供述自己的罪行时所在的司法机关并未发觉和掌握其犯罪事实的，都应为投案自首。因形迹可疑上前盘问的司法机关工作人员在盘问时没有怀疑眼前被盘问的人就是在逃犯，这时被盘问的人主动交代自己的罪行，那么就应被视为自动投案。如果公安人员看到眼前这个人的长相和网上追捕的逃犯相似，怀疑其就是在逃犯，遂上前盘问，该在逃犯交代自己的罪行的，则应视为被司法机关发觉，而不能认定是自动投案。此处司法机关已经掌握的罪行，应当理解为根据有关法律规定，足以对嫌疑人定罪量刑的犯罪行为，如果司法机关只是掌握了部分事实，但根据法律规定，还不足以对其定罪量刑，那实际上是没有掌握其犯罪事实，则应以自首处理。

当然由于司法实践中具体情况的复杂性，对于何为“形迹可疑”提出一个明确统一的标准是不现实的，应当具体情况具体分析并予以综合认定。具体来说，可以从以下几个方面进行判断：

第一，司法机关已掌握线索的最低量的要求。关于司法机关已掌握线索的最低量的要求，其涉及的主要问题在于，在司法机关已发觉犯罪嫌疑人部分犯罪事实，掌握了一定线索的情况下，这部分犯罪事实或线索，在何种程度以下，才可以认为犯罪尚未被司法机关发觉？因为，一定量的犯罪事实被司法机关掌握后，司法机关的侦查行为已不再是“仅因犯罪嫌疑人形迹可疑”而进行侦查，此种情况下，犯罪嫌疑人的供述是被动的，缺乏主动性。

我国《刑事诉讼法》第一百一十条规定：“人民法院、人民检察院或者公安机关对于报案、控告、举报和自首的材料，应当按照管辖范围，迅速进行审查，认为有犯罪事实需要追究刑事责任的时候，应当立案；认为没有犯罪事实，或者犯罪事实显著轻微，不需要追究刑事责任的时候，不予立案，并且将不立案的原因通知控告人。控告人如果不服，可以申请复议。”根据这一规定，立案必须同时具备两个条件：一是有犯罪事实；二是需要追究刑事责任。有犯罪事实是立案的首要条件。有犯罪事实即要有一定的证据材料证明犯罪事实确已发生。在立案阶段不必要也不可能掌握证实犯罪事实和犯罪嫌疑人的全部证据，只要掌握了足以证明犯罪事实已经发生的一定的证据材料就可以了。至于整个犯罪的过程、犯罪的具体情节、犯罪人是谁等，并不要求在立案时就全部查清。这些问题应当通过立案后的侦查或审理活动来解决。

确定司法机关已掌握线索的最低量可以参照该罪行的最低立案标准，也就是说，如果司法机关掌握犯罪嫌疑人的部分犯罪事实已符合立案最低要求的，就可以认为罪行已被司法机关发觉，犯罪嫌疑人此时被盘问而主动供述犯罪事实的，不能认定其系“形迹可疑型”自首，反之，则可以认定其为自首。比如，公安机关只掌握了王某盗窃200元的违法行为的事实，在一次巡查中，发现其形迹可疑，对其进行盘问，王某即主动交代了包括200元犯罪事实在内的四次作案盗窃15000元的犯罪事实，由于已掌握或发觉的盗窃200元的事实尚未达到立案标准，故应认为司法机关尚未发觉其罪行，认定王某成立自首。

携带赃物或作案工具而受到公安机关盘问，仍应以司法机关掌握的情况是否达到立案的最低要求来判定。如果公安机关根据时间、地点、有关报案材料以及其携带物品的性能、特征，足以认定其犯有某种罪行，即已经达到立案的标准时，应当视为司法机关已经发觉了犯罪，行为人供述犯罪事实的行为就不能认定为自首。如果行为人身上的可疑点不足以判定行为人存在犯罪事实，即不能达到立案的最低标准时，行为人的主动供述应认定为自首。例如，行为人身上存在极少量的血迹，通过这些血迹不足以判断行为人已经犯了伤害或者杀人罪，这时，公安机关看其神态慌张，形迹可疑，对其进行盘问，行为人即主动供述故意杀人的犯罪事实，应当认定成立自首。

第二，犯罪嫌疑人的供述是否具有主动性，这是认定“形迹可疑”型自首的关键。“形迹可疑”型自首的犯罪嫌疑人的归案客观上是偶然的，并有一定的被动性，只是具备了法律规定的一些条件之后才将其视为自动投案。所以此种情形下自首的认定应联系其供述是否具有主动性。例如，公安机关在对摩托车进行例行检查时，发现某甲所骑摩托车车驾号已被磨去且无牌照，要求其到派出所说清来源时，某甲企图逃走，后被抓获，在盘问时供述了盗窃摩托车的犯罪事实。在这种情况下，某甲供述的被动性多于主动性，因此，不应认定为自首。

“盘问”的含义分析。盘问是否包括“继续盘问”？实践中犯罪嫌疑人的初次供述都是记录在继续盘问笔录中的，对此能否认为“继续盘问”也属于该规定中的盘问？“盘问”和“继续盘问”是两个法律概念，《人民警察法》第九条规定：“为维护社会治安秩序，公安机关的人民警察对有违法犯罪嫌疑的人员，经出示相应证件，可以当场盘问、检查；经盘问、检查，有下列情形之一的，可以将其带至公安机关，经该公安机关批准，对其继续盘问……”从这条规定可以看出，到公安机关做的笔录都是“继续盘问笔录”，与盘问的性质是一样的。认定“形迹可疑”型自首的成立与否不在于盘问的形式，而在于判定行为人的罪行是否已被司法机关发觉，行为人的供述是否具有主动性。

就本案而言，本案中上诉人王旭阳因形迹可疑而在被公安机关盘查时逃跑。表面上看其罪行貌似已被公安机关发觉，但是作为犯罪嫌疑人的王旭阳在归案时，公安机关其实并未掌握其罪行。也就是说，公安机关在对王旭阳进行盘查时其虽然逃跑，但公安机关这时不能就此判定被盘查的人就一定存在犯罪行为。因此，应理解为此时其罪行未被司法机关发觉。而且如果王旭阳在归案后不主动交代其贩卖毒品的罪行，公安机关也无其他证据证实其存在贩卖毒品的罪行。因此，根据上述分析，公安机关仅因王旭阳形迹可疑而对其进行盘查，其虽然逃跑，但其在被抓获后如实供述了公安机关尚未掌握的其犯罪事实，其行为根据《解释》第一条之规定，应认定为自首。一审法院未认定被告人王旭阳构成自首显然不当，而二审法院根据本案事实证据情况依法认定被告人王旭阳构成自首无疑是正确的。尽管就“形迹可疑”型自首的认定，审判实践中仍有一定争议，但正如前述分析所言，只要严格把握《解释》第一条中“罪行未被司法机关发觉”和“形迹可疑”的条件，就不会造成认定“形迹可疑型”自首的宽泛化，亦不会因此而放纵犯罪。

（一审法院合议庭成员　郭　健　李丽华　李　诚
二审法院合议庭成员　赵　磊　赵锦波　汪燕飞
编写人　山东省淄博市中级人民法院　荣明潇
山东省淄博市临淄区人民法院　刘海红
责任编辑　周维明
审稿人　李玉萍）

原载《人民法院案例选》2017 年第 12 辑（总第 118 辑）

21. 彭廷华污染环境案

——行政机关移送案件后犯罪嫌疑人自首的认定

【关键词】

污染环境　联合执法　移送案件　自动投案　自首

【裁判要旨】

公安机关与行政执法机关在联合执法中分别对犯罪嫌疑人的排污事实进行调查，行政执法机关将案件移送公安机关，公安机关作为刑事案件立案侦查后，犯罪嫌疑人主动到公安机关投案，不能认定为自动投案。

【相关法条】

《中华人民共和国刑法》

第三百三十八条　违反国家规定，排放、倾倒或者处置有放射性的废物、含传染病病原体的废物、有毒物质或者其他有害物质，严重污染环境的，处三年以下有期徒刑或者拘役，并处或者单处罚金；后果特别严重的，处三年以上七年以下有期徒刑，并处罚金。

第六十七条第一款　犯罪以后自动投案，如实供述自己的罪行的，是自首。对于自首的犯罪分子，可以从轻或者减轻处罚。其中，犯罪较轻的，可以免除处罚。

《最高人民法院关于处理自首和立功具体应用法律若干问题的解释》

第一条第一款第一项　自动投案，是指犯罪事实或者犯罪嫌疑人未被司法机关发觉，或者虽被发觉，但犯罪嫌疑人尚未受到讯问、未被采取强制措施时，主动、直接向公安机关、人民检察院或者人民法院投案。

《最高人民法院、最高人民检察院关于办理职务犯罪案件认定自首、立功等量刑情节若干问题的意见》

第一条第一款、第三款　根据刑法第六十七条第一款的规定，成立自首需同时具备自动投案和如实供述自己的罪行两个要件。犯罪事实或者犯罪分子未被办案机关掌握，或者虽被掌握，但犯罪分子尚未受到调查谈话、讯问，或者未被宣布采取调查措施或者强制措施时，向办案机关投案的，是自动投案。在此期间如实交代自己的主要犯罪事实的，应当认定为自首。

没有自动投案，在办案机关调查谈话、讯问、采取调查措施或者强制措施期间，犯罪分子如实交代办案机关掌握的线索所针对的事实的，不能认定为自首。

《最高人民法院关于处理自首和立功若干具体问题的意见》

第一条第二款　罪行未被有关部门、司法机关发觉，仅因形迹可疑被盘问、教育后，主动交代了犯罪事实的，应当视为自动投案，但有关部门、司法机关在其身上、随身携带的物品、驾乘的交通工具等处发现与犯罪有关的物品的，不能认定为自动投案。

【案件索引】

一审：贵州省贞丰县人民法院（2015）贞刑初字第185号（2015年10月26日）

二审：贵州省黔西南布依族苗族自治州中级人民法院（2015）兴刑终字第364号（2015年12月17日）

【基本案情】

贵州省贞丰县人民检察院指控被告人彭廷华使用碱法制浆工艺造纸，长期向外界排放危险废物，经环保部门多次查处仍未改正，其行为严重污染环境，提请贞丰县人民法院以污染环境罪依法判处。彭廷华对指控事实及罪名均无异议。

法院经审理查明：2014年2月至2015年8月期间，彭廷华使用碱法制浆工艺造纸，每次蒸煮制浆、浸泡产生数十吨废液，该废液属危险废物。彭廷华未取得排污许可，也未对废液进行处理，长期向外界排放废液，严重污染环境。贞丰县环境保护局、贞丰县公安局等部门组成贞丰县环境污染联合调查组，于2014年8月13日14时、2015年5月13日10时两次现场查获彭廷华向外排放废液，贞丰县环境保护局责令彭廷华停止违法行为，并对其处以罚款。2015年6月9日，贞丰县公安局传唤彭廷华进行调查。2015年7月1日9时20分，贞丰县环境污染联合调查组再次现场查获彭廷华排放废液。贞丰县环境保护局于2015年7月1日将案件移送贞丰县公安局，贞丰县公安局于2015年7月23日立案侦查。彭廷华于2015年8月11日到贞丰县公安局投案，归案后如实供述犯罪事实。

【裁判结果】

贵州省贞丰县人民法院于2015年10月26日作出（2015）贞刑初字第185号刑事判决：被告人彭廷华犯污染环境罪，判处有期徒刑八个月，并处罚金人民币3000元。

彭廷华以量刑过重为由，提出上诉。贵州省黔西南布依族苗族自治州中级人民法院于2015年12月17日作出（2015）兴刑终字第364号刑事裁定：驳回上诉，维持原判。

【裁判理由】

法院生效判决认为：彭廷华未取得排污许可，多次排放危险废物，严重污染环境，已构成污染环境罪。贞丰县人民政府为整治当地造纸排污，成立由贞丰县环保局、贞丰县公安局等有关部门组成的贞丰县环境污染联合调查组。联合调查组多次现场查获彭廷华违法排污，贞丰县环保局多次责令彭廷华停止违法排污行为，并对其予以行政处罚。贞丰县公安局已在联合调查中掌握其犯罪事实，并在刑事立案前传唤彭廷华，对其排污行为进行初查。贞丰县环保局向贞丰县公安局移送案件，贞丰县公安局立案侦查，彭廷华随后才到公安机关投案。因彭廷华投案前已分别受到环保部门和公安机关的调查，相应犯罪事实已被公安机关掌握，其投案行为不能认定为自动投案，故不能认定为自首，只能认定有坦白情节。

【案例注解】

《最高人民法院关于处理自首和立功具体应用法律若干问题的解释》规定，自动投案，是指犯罪事实或者犯罪嫌疑人未被司法机关发觉，或者虽被发觉，但犯罪嫌疑人尚未受到讯问、未被采取强制措施时，主动、直接向公安机关、人民检察院或者人民法院投案。因此，自动投案应当符合一定的时间条件。彭廷华投案时公安机关已掌握其犯罪事实，且已受到讯问，故不符合自动投案的条件。此外，参照《最高人民法院、最高人民检察院关于办理职务犯罪案件认定自首、立功等量刑情节若干问题的意见》，行政执法机关发现犯罪行为并进行调查后移送公安机关，犯罪嫌疑人再主动到公安机关投案，也不属于自动投案。

一、彭廷华到公安机关投案时，其犯罪事实已被司法机关发觉

本案的侦破情况是，贞丰县公安局同贞丰县环境保护局等部门组成贞丰县环境污染联合调查组，于2014年8月13日、2015年5月13日、2015年7月1日三次现场查获彭廷华排放废液。2015年6月9日，贞丰县公安局传唤彭廷华进行调查。2015年7月1日，贞丰县环境保护局认为彭廷华的行为涉嫌犯罪，将案件及相关证据移送贞丰县公安局，贞丰县公安局于2015年7月23日立案侦查。上述侦破情况说明，贞丰县公安局作为贞丰县环境污染联合调查组成员单位之一，已经三次现场查获彭廷华的排污行为，贞丰县公安局也已传唤彭廷华进行了调查，彭廷华投案前司法机关已掌握其犯罪事实。

二、行政执法机关调查后移送案件到公安机关后，被告人到公安机关投案，不属于自动投案

需要说明的是，即使本案中公安机关在立案前从未传唤彭廷华进行调查，也不能认定自动投案。环保部门对污染环境的违法行为具有行政处罚权，对于涉嫌犯罪的违法行为则依法向公安机关移送案件，公安机关审查后决定是否立为刑事案件。这一过程与职务犯罪相似，在自首认定中可以参照职务犯罪的相关规定。2009年公布的《最高人民法院、最高人民检察院关于办理职务犯罪案件认定自首、立功等量刑情节若干问题的意见》中规定："犯罪事实或者犯罪分子未被办案机关掌握，或者虽被掌握，但犯罪分子尚未受到调查谈话、讯问，或者未被宣布采取调查措施或者强制措施时，向办案机关投案的，是自动投案。""没有自动投案，在办案机关调查谈话、讯问、采取调查措施或者强制措施期间，犯罪分子如实交代办案机关掌握的线索所针对的事实的，不能认定为自首。"这一规定的核心在于使用了"办案机关"一词，即不限于司法机关，还包括纪律检查机关。2010年公布的《最高人民法院关于处理自首和立功若干具体问题的意见》中规定："罪行未被有关部门、司法机关发觉，仅因形迹可疑被盘问、教育后，主动交代了犯罪事实的，应当视为自动投案。"这条规定也意味着查处犯罪的机关不限于司法机关。因此，同纪律检查机关移送职务犯罪案件一样，行政执法机关移送执法中发现的涉嫌犯罪案件到公安机关时，也属于该案的办案机关。参照职务犯罪案件认定自首的精神，行政执法机关已经对犯罪嫌疑人进行调查询问后，犯罪嫌疑人才到司法机关投案，不能视为自动投案。因此，贞丰县环保局作为行政执法机关，贞丰县公安局作为司法机关，均在联合调查过程中掌握了彭廷华的犯罪事实，且已分别对彭廷华进行调查，故彭廷华在公安机关立案后的投案行为，已不符合自动投案的时间条件。

三、自动投案中时间条件的把握

司法实践中常常忽视自动投案的时间限制，片面认为只要犯罪嫌疑人的人身未受到司法机关控制而投案，就一律认定为自动投案。但是，法律之所以规定自首，意在鼓励犯罪分子认罪悔罪、降低社会危险性，节约司法成本并提高司法效率。犯罪分子在办案机关掌握其犯罪事实并调查讯问时，犯罪事实已被掌握，人身亦在调查时受到限制，犯罪分子在司法机关立案后才来投案，体现的主动性不强，与真正的自动投案不可同日而语，对于节约司法成本、提高司法效率的作用已不大，故不能认定为自动投案。《最高人民法院、最高人民检察院关于办理职务犯罪案件认定自首、立功等量刑情节若干问题的意见》和《最高人民法院关于处理自首和立功若干具体问题的意见》均将查处犯罪的机关不再限定于司法机关，正体现这一原则。只有准确把握自首的时间条件，才能充分体现自首规定的积极意义，真正促使犯罪嫌疑人在作案后积极投案，而不是在已经受到调查，犯罪事实已被查明，罪责已难逃避的情况下才被迫投案。当然，犯罪嫌疑人投案后如实供述犯罪事实，可体现较好的悔罪表现，实现社会危险性的降低，虽不能认定自首情节，但应肯定其投案行为和坦白情节，在量刑时予以考虑，实现对投案行为的刑法评价。

（一审法院合议庭成员　刘海英　吴转明　陈友虎
二审法院合议庭成员　刘启斌　杨　林　陈昌泽
编写人　贵州省黔西南布依族苗族自治州中级人民法院　陈昌泽
责任编辑　周维明
审稿人　李玉萍）

原载《人民法院案例选》2018年第7辑（总第125辑）

22. 晏红强盗窃案

——公安机关立案侦查的犯罪事实不成立时主动交代其他同种罪行应认定为自首

【关键词】

刑事　盗窃　同种事实　自首

【裁判要旨】

公安机关立案侦查的犯罪事实不成立，被采取强制措施的被告人主动交代办案机关未掌握的同种罪行的，应当以自首论，对被告人从轻或减轻处罚。

【相关法条】

《中华人民共和国刑法》

第六十七条　犯罪以后自动投案，如实供述自己的罪行的，是自首。对于自首的犯罪分子，可以从轻或者减轻处罚。其中，犯罪较轻的，可以免除处罚。

被采取强制措施的犯罪嫌疑人、被告人和正在服刑的罪犯，如实供述司法机关还未掌握的本人其他罪行的，以自首论。

犯罪嫌疑人虽不具有前两款规定的自首情节，但是如实供述自己罪行的，可以从轻处罚；因其如实供述自己罪行，避免特别严重后果发生的，可以减轻处罚。

《最高人民法院关于处理自首和立功具体应用法律若干问题的解释》

第二条　根据刑法第六十七条第二款的规定，被采取强制措施的犯罪嫌疑人、被告人和已宣判的罪犯，如实供述司法机关尚未掌握的罪行，与司法机关已掌握的或者判决确定的罪行属不同种罪行的，以自首论。

《最高人民法院、最高人民检察院关于办理职务犯罪案件认定自首、立功等量刑情节若干问题的意见》

一、关于自首的认定和处理

……

没有自动投案，但有下列情形之一的，以自首论：……（2）办案机关所掌握的线索针对的犯罪事实不成立，在此范围外犯罪分子交代同种罪行的。

……

【案件索引】

一审：江西省上高县人民法院（2018）赣0923刑初94号（2018年5月3日）

【基本案情】

江西省上高县人民检察院指控：2016年3月份的一天，被告人晏红强采取爬窗入室的方法，在上高县田心镇坪溪村被害人况志敏卧室内，盗得三星牌平板电脑一台、iphone5s手机一部、vivo手机一部。经上高县价格认证中心认定，被盗物品价值人民币3340元。

法院经审理查明，2016年3月份，上高县公安局接到报案称该县田心镇井陂村村民孙某家被盗，公安民警通过排查发现被告人晏红强有重大作案嫌疑，后于2018年2月1日抓获被告人晏红强。被告人晏红强抓获归案后主动供述了其在2016年3月份在该县田心镇坪溪村被害人况某家中盗窃手机、平板电脑等财物（价值3340元）的事实。依据被告人晏红强的供述，公安民警通过询问被害人况某（此前未报案）确认了被告人晏红强主动供述的盗窃事实。公诉机关仅以被告人晏红强在况某家盗窃的事实向法院提起公诉。

【裁判结果】

2018年5月3日，江西省上高县人民法院作出（2018）赣0923刑初94号刑事判决：被告人晏红强犯盗窃罪，判处拘役四个月，并处罚金2000元。

【裁判理由】

法院生效判决认为：被告人晏红强以非法占有为目的，入户秘密窃取他人财物，价值3340元，数额较大，其行为构成盗窃罪，应当以盗窃罪追究其刑事责任。被告人晏红强虽因盗窃嫌疑被抓获归案，但其涉嫌的该起盗窃事实并未证实系其所为，而被告人晏红强主动交代的本案这起盗窃事实，公安机关并未掌握，对被告人晏红强应当以自首论，依法从轻处罚。

一审判决后，被告人晏红强未上诉；公诉机关亦未抗诉，判决现已发生效力。

【案例注解】

对被告人晏红强是否以自首论有两种观点：第一种观点认为，不以自首论，被告人晏红强被抓获归案后，其如实供述的罪行，与公安机关掌握的罪行是同种罪行，依据《最高人民法院关于处理自首和立功具体应用法律若干问题的解释》（法释〔1998〕8号，以下简称《解释》）第四条的规定，可酌情从轻处罚，但不能以自首论。第二种观点认为，应当以自首论，因为公安机关立案侦查的事实不成立，而被告人晏红强主动供述的罪行公安机关并未掌握。法院生效判决采纳了第二种意见。理由是：

一、以自首论并不违背现有司法解释的规定

不以自首论的理由是被告人晏红强主动交代的罪行与公安机关掌握的罪行属同种罪行，其依据是《解释》第二条的规定，即被采取强制措施的犯罪嫌疑人、被告人和已判刑的罪犯，只有如实供述司法机关尚未掌握的罪行，且该罪行与司法机关已掌握的或者判决确定的罪行属不同种罪行的，才能以自首论；若属同种罪行的，只能依据《解释》第四条的规定，酌情从轻处罚，而不能认定自首。而本案中，公安机关立案侦查的事实和被告人晏红强主动交代的事实虽属同种罪行，但公安机关立案侦查的事实并未证实是被告人晏红强所为，也没有证据证实公安机关掌握了被告人晏红强其他任何犯罪事实或者线索，所以本案中该条规定的“司法机关已掌握的或者判决确定的罪行”这个前提不存在，要求被告人晏红强主动供述与公安机关掌握的不同种罪行便无从谈起，因此，这种情况下对被告人晏红强主动交代公安机关未掌握的犯罪事实，以自首论，并不违反该规定。

二、以自首论符合自首有关司法文件精神的规定

依据《最高人民法院、最高人民检察院关于办理职务犯罪案件认定自首、立功等量刑情节若干问题的意见》（法发〔2009〕13号，以下简称《意见》）的规定，没有自动投案，但有下列情形之一的，以自首论：（1）……（2）办案机关所掌握的线索针对的犯罪事实不成立，在此范围外犯罪分子交代同种罪行的。虽然《意见》针对的是职务犯罪案件作出的，但自首制度是刑法总则规定的刑事法律制度，对刑法分则设立的全部罪名应同等适用，不能区别对待。本案被告人晏红强的情形显然符合《意见》的规定，对被告人晏红强也可以参照适用，应当已自首论。

三、以自首论符合自首制定设立的初衷

自首制度，是一项以惩办和宽大相结合的刑事政策为根据确立的刑罚裁量制度。目的是为了鼓励犯罪分子主动投案，瓦解犯罪势力，减少社会不安定因素，能反映犯罪分子的认罪、悔罪表现，对公安机关及时侦破案件，惩罚犯罪具有重要意义。本案中，被告人晏红强主动交代公安机关没有掌握的犯罪事实，可见其有悔罪表现；其主动供述对公安机关侦破案件也起到了关键作用，如果不是被告人晏红强主动交代，公安机关都掌握不了该案犯罪事实，被告人晏红强的犯罪行为就不能得到法律的制裁。

（一审法院独任审判员　赵金才

编写人　江西省上高县人民法院　李春泉

责任编辑　周维明

审稿人　李玉萍）

原载《人民法院案例选》2019年第6辑（总第136辑）

23. 关发杰故意伤害案

——口头自首的司法认定

【关键词】

刑事　自首　口头自首　自动投案

【裁判要旨】

自动投案的认定应当有能够体现投案人主动性或者自愿性的行为，不能仅停留在口头上，被告人应当有为了投案而做出的准备活动，且该准备活动客观上已经能够较为清晰地反映被告人准备投案自首的主观心态。如果仅口头表示回家看望家人后即去自首，很难确定被告人回家后是准备去投案自首还是为潜逃做准备，故不能认定为自首。

【相关法条】

《中华人民共和国刑法》

第六十七条第一款　犯罪以后自动投案，如实供述自己的罪行的，是自首。对于自首的犯罪分子，可以从轻或者减轻处罚。其中，犯罪较轻的，可以免除处罚。

《最高人民法院关于处理自首和立功若干具体问题的意见》

一、关于"自动投案"的具体认定

……犯罪嫌疑人具有以下情形之一的，也应当视为自动投案：1. 犯罪后主动报案，虽未表明自己是作案人，但没有逃离现场，在司法机关询问时交代自己罪行的；2. 明知他人报案而在现场等待，抓捕时无拒捕行为，供认犯罪事实的；3. 在司法机关未确定犯罪嫌疑人，尚在一般性排查询问时主动交代自己罪行的；4. 因特定违法行为被采取劳动教养、行政拘留、司法拘留、强制隔离戒毒等行政、司法强制措施期间，主动向执行机关交代尚未被掌握的犯罪行为的；5. 其他符合立法本意，应当视为自动投案的情形。

【案件索引】

一审：广东省广州市天河区人民法院（2017）粤0106刑初1603号（2018年3月16日）

二审：广东省广州市中级人民法院（2018）粤01刑终842号（2018年7月6日）

【基本案情】

广州市天河区人民检察院指控：被告人关发杰与徐某因琐事发生矛盾，被害人王某1、王某2为给徐某出气，于2017年3月30日19时许，与证人支某到本市天河区天平架水果市场"北方小厨"饭馆附近，遇关发杰从饭馆出来，三人遂上前与关发杰发生推搡、扭打。关发杰、王某1在扭打过程中一起倒地，双方继续互殴，后被人拉开。王某1、王某2、支某三人又分别持棒球棍、皮带一起追打关发杰。在此过程中，关发杰用随身携带的水果刀先向王某1左大腿捅一刀（经法医鉴定，其损伤程度属轻伤二级），后向王某2左胸部、右小腿各捅一刀。之后，王某1、王某2被人送往医院救治。王某2经抢救无效死亡。2017年4月1日，被告人关发杰被抓获归案。

被告人关发杰对指控事实没有异议，但辩护其一直处于被殴打状态。其辩护人提出：(1) 被告人是在被多人伤害的情况下被迫采取的行为，被害人一方存在重大过错；(2) 被告人在被抓获之前，其弟弟已经劝说其去自首，当时被告人准备去自首，有自首情节。

法院经审理查明：因原审被告人关发杰与证人徐某存在矛盾纠纷，被害人王某2、王某1兄弟二人意图为证人徐某出气。2017年3月30日傍晚，原审被告人关发杰与证人徐某在广州市天河区天平架水果市场“北方小厨”饭馆吃饭和解。19时许，被害人王某2、王某1兄弟二人另纠合证人支某某来到饭馆附近，当原审被告人关发杰从饭馆出来时，三人上前与关发杰产生争执，随即发生打斗。在打斗过程中，原审被告人关发杰与被害人王某1一齐倒地，关发杰压在王某1身上，对王某1用拳猛击，随即二人被旁人拉开。随后，原审被告人关发杰从随身携带的挎包中掏出弹簧刀、被害人王某1从汽车尾箱找出一根棒球棍、证人支某某手持皮带、被害人王某2空手进行打斗，在打斗过程中，被害人王某1再次倒地，原审被告人关发杰持刀在王某1左大腿刺了一刀，并继续拖拉划割伤口，形成巨大创口。被害人王某2空手上前追原审被告人关发杰，突然，关发杰持刀对着被害人王某2左胸部捅刺一刀，又向其右小腿捅刺一刀并拖拉划割伤口，形成巨大创口，被告人关发杰趁机逃离现场。被害人王某1、王某2被人送往医院救治，被害人王某2经抢救无效死亡（经法医鉴定，王某2系因右下肢受锐性暴力作用致右腘动、静脉离断造成失血性休克死亡；王某1的损伤程度为轻伤二级）。同年4月1日凌晨，原审被告人关发杰返回暂住处时被伏击的公安人员抓获（经法医鉴定，关发杰的损伤程度为轻微伤），其供称准备回家探望家人后再去派出所投案自首。

【裁判结果】

广东省广州市天河区人民法院于2018年3月16日作出（2017）粤0106刑初1603号刑事附带民事判决：一、被告人关发杰犯故意伤害罪，判处有期徒刑三年零六个月；二、自本判决发生法律效力之日起10日内，被告人关发杰赔偿附带民事诉讼原告人杨某、王某3、郝某人民币34329.4元；三、自本判决发生法律效力之日起十日内，被告人关发杰赔偿附带民事诉讼原告人王某1人民币33838.77元；四、驳回附带民事诉讼原告人杨某、王某3、郝某、王某1的其他诉讼请求。

一审宣判后，关发杰未上诉，原公诉机关广州市天河区人民检察院以关发杰既不构成正当防卫，也不构成自首，原判量刑畸轻为由提出抗诉，广州市人民检察院支持抗诉。

广东省广州市中级人民法院于2018年7月6日作出（2018）粤01刑终842号刑事判决：一、维持广州市天河区人民法院（2017）粤0106刑初1603号刑事附带民事判决第一项的定罪部分、第二项、第三项、第四项；二、撤销广州市天河区人民法院（2017）粤0106刑初1603号刑事附带民事判决第一项的量刑部分；三、原审被告人关发杰犯故意伤害罪，判处有期徒刑八年。

【裁判理由】

法院生效裁判认为：原审被告人关发杰持械故意伤害他人身体，手段残忍，致一人死亡、一人轻伤二级，其行为已构成故意伤害罪，依法应予惩处。原审被告人关发杰曾因故意犯罪被判处有期徒刑，在刑罚执行完毕后五年内再犯本案，是累犯，依法应当从重处罚。被害人一方在本案中存在严重过错，原审被告人关发杰采取的制止不法侵害的行为明显超过必要限度，造成了重大损害，是防卫过当，应当负刑事责任，但是应当减轻或者免除处罚。原审被告人关发杰作案后随即逃离现场，并未向公安机关主动投案，在事发约30小时后，趁夜深返回家中，被伏击的公安人员抓获，尽管其辩称要去投案，但其不具有将自己置于公权力机关处置下的主动性，依法不构成自首，原审法院认定自首不当。综上，原判认定的主要事实清楚，证据确实充分，定性准确，审判程序合法，但适用法律错误导致量刑不当，二审依法予以改判。

【案例注解】

本案在审理过程中，围绕被告人是否成立自首出现了两种不同意见。一种意见认为，原审被告人作案后再回到住处，准备探望妻儿后再去自首，合乎情理，应认定为自首，故应当采纳一审法院认定自首的意见，作出驳回抗诉，维持原判的裁定；第二种意见认为，原审被告人仅口头表示要去投案，没有向公权力机关主动投案的具体行为，其自首意图无法查实，依法不应当认定为自首，故应支持抗诉，依照原审被告人的具体犯罪事实重新量刑。笔者同意第二种意见。

一、不能随意扩大对自动投案类型的认定

自首的认定包含自动投案和如实供述两大要件，如实供述有较为客观的评判标准，因此在司法实践中争议不大，而自动投案的情况则较为复杂。所谓自动投案，是指犯罪事实或者犯罪嫌疑人未被司法机关发觉，或者虽被发觉，但犯罪嫌疑人尚未受到讯问、未被采取强制措施时，主动、直接向公安机关、人民检察院或者人民法院投案。但由于司法实践的复杂性，有些行为并不完全符合自动投案的特征，却仍有认定为自首予以从轻处罚的必要，故除了这种最为典型的向公检法司法机关投案外，司法解释及其规范性文件还规定了11种符合自动投案立法本意而视为自动投案的情形。最高人民法院分别于1998年和2010年出台了一个司法解释和一个司法解释规范性文件，对自动投案的类型进行了界定。1998年《最高人民法院关于处理自首和立功具体应用法律若干问题的解释》（以下简称《解释》）第一条第一项规定了7种应当视为自动投案的情形，包括：（1）并非向公检法司法机关投案，而是向其所在单位、城乡基层组织或者其他有关负责人员投案的；（2）因病、伤或者为了减轻犯罪后果，委托他人先代为投案，或者先以信电投案的；（3）罪行未被司法机关发觉，仅因形迹可疑被有关组织或者司法机关盘问、教育后，主动交代自己的罪行的；（4）犯罪后逃跑，在被通缉、追捕过程中，主动投案的；（5）经查实确已准备去投案，或者正在投案途中，被公安机关捕获的，应当视为自动投案；（6）并非出于主动，而是经亲友规劝、陪同投案的；（7）公安机关通知犯罪嫌疑人的亲友，或者亲友主动报案后，将犯罪嫌疑人送去投案的。2010年《最高人民法院关于处理自首和立功若干具体问题的意见》在1998年《解释》的基础上增加了4种类型：（1）犯罪后主动报案，虽未表明自己是作案人，但没有逃离现场，在司法机关询问时交代自己罪行的；（2）明知他人报案而在现场等待，抓捕时无拒捕行为，供认犯罪事实的；（3）在司法机关未确定犯罪嫌疑人，尚在一般性排查询问时主动交代自己罪行的；（4）因特定违法行为被采取劳动教养、行政拘留、司法拘留、强制隔离戒毒等行政、司法强制措施期间，主动向执行机关交代尚未被掌握的犯罪行为的。当然，其还规定除此11种情形之外，其他符合立法本意，也应当视为自动投案的情形，不过这种兜底性条款应当受到严格的限制，只适用于极少数的特殊个案，一般情况下不宜适用。总之，自动投案的类型有较为严格的法律规定，不能随意扩大对自动投案类型的认定。

在本案中，如果有证据证明原审被告人关发杰确已准备去投案，还未成行即被抓获，则基本符合自动投案的第5种情形："经查实确已准备去投案，或者正在投案途中，被公安机关捕获的，应当视为自动投案。"辩方就此提出三份证据：一是原审被告人关发杰曾供述，其准备返回住处探望妻儿后就到公安机关投案自首；二是原审被告人的弟弟亦作证称劝关发杰去自首，关发杰同意并表示想回家见妻子和孩子，次日早上再去派出所自首；三是侦查人员亦在原审被告人返回家时在楼下将其抓获。但原审被告人关发杰作案后随即逃离现场，并未向公安机关主动投案，亦未打电话报案，而是在事发30多个小时后，趁夜深返回家中，表明其有逃避追捕的心态，而非主动投案的心态；虽然其供称准备回家看望妻儿后就去自首，其弟弟亦作证称其哥哥有自首的意愿，但被告人是在回家途中被抓获，而非从家中出来前往投案途中被抓获，很难确定被告人回家后是准备去投案自首还是为潜逃做准备；被告人也没有通过电话或者信件的方式向公安机关报告将要去投案，也没有委托他人代为投案，投案意愿仅停留在口头意思表示阶段，并未作出任何主动将自己置于公权力机关处置下的行为，故该三份证据并不足以证实原审被告人确已准备去投案。是否确已准备去投案，不能仅停留在口头上，口头意思表示的不确定性太大，最终能否真正去投案不易判断，人民法院对此无法查证，被告人应当有为了投案而作出的准备行为，且该准备行为在客观上已经能够较为清晰地反映被告人准备投案自首的主观心态。当然，回家安顿家人也属于准备行为的一种，但仅有这一行为并不能清晰地反映出被告人的投案意愿。综上，自动投案的类型有较为严格的法律规定，仅口头表达准备去投案并不属于司法解释规定的11种视为自动投案的情形，原审被告人没有在投案意愿支配下实施准备投案的行为，因此，不能认定为自动投案，进而不能认定为自首。

二、人民法院在排除自首的情况下如何进行量刑

量刑的最根本依据是被告人行为的社会危害性以及被告人个人的人身危险性，对被告人刑罚的裁量实质上是对社会危害性和人身危险性程度大小的考量。自首的本质是犯罪分子出于本人的意志将自己交付国家公权力机关追诉，承认自己的犯罪事实，悔过自新，放弃与社会对抗，不再实施危害社会的行为。若被告人在作案后能够主动投案，主观上有接受法律制裁的意愿，客观上对社会的潜在威胁随即消失，其人身危险性降低，因而，表征出其人身危险性的降低。在犯罪造成的社会危害性已经恒定的情况下，当被告人的人身危险性降低，人民法院在作出刑罚裁量时自然应当对其从宽处罚。另外，从功利主义法学的角度看，社会和政府追求的是最大多数人的最大幸福，被告人投案自首减少了侦查机关的工作，节约了司法资源，减少了社会的负担，符合最大多数人的利益，为了鼓励被告人的这种行为，也有必要在刑罚上对其从宽处理。

在本案中，被告人作案后随即潜逃，不主动接受法律的制裁，给社会公众造成潜在的威胁，具有高度的人身危险性，而公安机关为了抓获作案凶手，排除潜在的危害，付出了一定的人力物力，耗费了一定的司法资源。原审被告人并非确已准备去投案，或者正在投案途中而被公安机关抓获，没有体现出投案的主动性或者自愿性，不符合司法解释及其规范性文件规定的 11 种自首情形，不能认定为自首；同时，被害人一方三人主动找到原审被告人，挑起事端，存在严重过错；原审被告人关发杰在面对不法侵害时有进行防卫的权利，但其持刀捅刺并拖曳划割他人身体，致一人死亡一人轻伤二级，造成了严重的社会危害，其采取制止不法侵害的行为明显超过必要限度，造成了重大损害，是防卫过当，依法应当减轻处罚；另外，原审被告人关发杰曾因故意犯罪被判处有期徒刑，在刑罚执行完毕后五年内再犯本案，是累犯，依法应当从重处罚。

原审法院错误认定原审被告人关发杰的行为成立自首，导致量刑不当，二审通过抗诉程序予以纠正。《刑法》第二百三十四条第二款规定，故意伤害致人死亡或者以特别残忍手段致人重伤造成严重残疾的，处十年以上有期徒刑、无期徒刑或者死刑。由于原审被告人有防卫过当的减轻处罚情节，故应当在十年以下有期徒刑的幅度内量刑。二审法院综合考虑被告人的人身危险性、造成的社会危害程度、被害人事后的反应及附带民事赔偿等情况，作出对原审被告人关发杰处以有期徒刑八年的终审判决。

（一审法院合议庭成员　梁晓文　骆颜琳　刘希兰
二审法院合议庭成员　杨　毅　陈骏涛　龚　帆
编写人　广东省广州市中级人民法院　杨　毅
责任编辑　包献荣
审稿人　李玉萍）

原载《人民法院案例选》2020 年第 4 辑（总第 146 辑）

24. 徐某某故意伤害案
——报案时间是否影响自首的认定

【关键词】

刑事　报案时间　自首　防卫过当

【裁判要旨】

1. 自首是犯罪后自动投案，向公安、司法机关或者其他有关机关如实供述自己的罪行的行为。自首的实质是犯罪后自甘不利，束手就擒，人身危险性降低且节约了司法机关侦查破案或抓捕疑犯方面的司法成本。

2. 犯罪前或犯罪时报警，报警后实施捅扎行为，不符合犯罪后自动投案的时间限制，也完全没有降低人身危险性，故不符合自首的实质条件和形式条件。

3. 在有人报警后，警察到来时双方的打斗尚未结束的情况下，被告人无法逃离现场，其留在现场完全是被情势所迫，不能认定其主动将自己置于公安机关控制之下，故被告人不构成原地等待型自首。

4. 防卫针对的应该是不法侵害人本人，不应该针对不明真相的第三人。同时对合法行为不能采取防卫措施。

【相关法条】

《中华人民共和国刑法》

第六十七条第一款　犯罪以后自动投案，如实供述自己的罪行的，是自首。对于自首的犯罪分子，可以从轻或者减轻处罚，其中犯罪较轻的，可以免除处罚。

第二十条第一款、第二款　为了使国家、公共利益、本人或者他人的人身、财产或者其他权利免受正在进行的不法侵害，而采取的制止不法侵害的行为，对不法侵害人造成损害的，属于正当防卫，不负刑事责任。

正当防卫明显超过必要限度造成重大损害的，应当负刑事责任，但是应当减轻或者免除处罚。

【案件索引】

一审：吉林省四平市中级人民法院（2019）吉03刑初33号（2019年12月17日）

二审：吉林省高级人民法院（2020）吉刑终77号（2020年5月18日）

【基本案情】

吉林省四平市人民检察院指控：2018年9月13日17时许，在公主岭市双龙镇中心小学家属楼被告人徐某某家中，王某甲等人与被告人徐某某商量欲将自家供暖接到双龙镇中心小学供暖设备上，被告人徐某某不同意，双方发生争执并撕扯，后王某甲倒在徐某某家客厅地上。王某甲的父亲王某乙闻讯赶到现场，与被告人徐某某发生口角，被告人徐某某持刀将王某乙胸部等部位扎伤，并将王某甲背部扎伤，致王某乙当场死亡。案发后，被告人徐某某被公主岭市公安局民警抓获归案。经公主岭市公安局司法鉴定中心鉴定：死者王某乙左胸部开放性损伤致左肺贯通伤，左侧胸腔大量积血，急性失血性休克而死亡。伤者王某甲左胸背部创口瘢痕之损伤程度为轻微伤。吉林省四平市人民检察院认为，应当以故意伤害罪追究徐某某的刑事责任。

被告人徐某某及其辩护人辩称：（1）被害人在案件起因上有重大过错。（2）被告人徐某某的行为属于防卫过当。（3）被告人徐某某有自首情节。（4）被告人对被害人有施救行为。积极赔偿被害人的损失，得到被害人家属的谅解。结合被告人的上述情节，请法院对被告人减轻处罚。

法院经审理查明的事实与检察院指控的事实基本一致。

【裁判结果】

吉林省四平市中级人民法院于2019年12月17日作出（2019）吉03刑初33号刑事判决：被告人徐某某犯故意伤害罪，判处有期徒刑十三年。

宣判后，徐某某不服原审判决，提出上诉。吉林省高级人民法院于2020年5月18日作出（2020）吉刑终77号刑事裁定裁定：驳回上诉，维持原判。

【裁判理由】

法院生效裁判认为：对于徐某某上诉及其辩护人提出“原审认定事实错误，其具有自首、防卫过当、施救情节，被害人王某乙在案件起因上存在严重过错”的上诉理由及辩护意见，经查，王某乙系在被扎之前报警，徐某某明知他人报案仍然实施故意伤害他人身体的行为，不属于明知他人报案而在现场等待的自动投案的情形；本案多名证人均未证实王某乙被扎倒地后徐某某说过要报警投案，徐某某亦不属于犯罪后主动投案的情形。关于徐某某具有自首情节的上诉理由及辩护意见不能成立，不予采纳。多位目击证人均未证实王某乙先殴打徐某某。现有证据不能认定此情节。徐某某在与王某乙发生口角，王某乙报警，但尚未危及其人身安全的情况下，即持刀冲上前捅扎对方，不属于为了使其人身权利免受正在进行的不法侵害而采取的正当防卫行为，亦不构成防卫过当。关于“徐某某具有防卫过当的情节”的上诉理由及辩护意见不能成立，不予采纳。虽有证人证实徐某某说过把被害人往医院拉和找救护车，但其他在场证人证实徐某某没有施救举动，且警察到现场时双方打斗行为并未结束，关于“徐某某具有施救情节”的上诉理由及辩护意见不能成立，不予采纳。王某乙的女儿王某甲在案件起因上存在过错，不能视为王某乙到现场报警解决纠纷的行为亦存在过错，但王某乙不能正确处理双方矛盾，对矛盾激化有一定责任。关于“被害人王某乙在案件起因上存在严重过错”的上诉理由及辩护意见不能成立，不予采纳。上诉人徐某某仅因日常矛盾持刀故意伤害他人身体，致一人死亡，一人轻微伤，其行为已构成故意伤害罪。原审鉴于被害人王某乙在案件起因上有一定责任，被告人徐某某积极赔偿被害人的损失，且得到被害人家属的谅解，已经对徐某某从轻处罚，对其量刑并无不当。上诉人的上诉理由和辩护人的辩护意见不能成立，法院不予采纳。原审判决认定事实清楚，证据确实、充分，定罪准确，量刑适当，审判程序合法，应予维持。

【案例注解】

人民法院对于自首形式的认定虽然没有严苛的规定，但仍有一个合理的限制的问题。不能把任何时间的报案都不加考量地视为自动投案，从而认定为自首，而应当分清不同情况区别对待。而正当防卫的认定亦应当遵循严格的起因条件和对象条件。结合本案，希望通过分析对报案时间是否影响自首的认定、正当防卫起因条件和对象条件的认定能够起到一定的参考作用。

一、应严格遵循自首制度设立的形式要件和实质要件确认自首是否成立

1. 案发前和案发中喊报警，因不符合自首概念中“犯罪后”自动投案的时间限制，而不具备自动投案型自首的形式要件。自首的概念是犯罪后自动投案，向公安、司法机关或者其他有关机关如实供述自己的罪行的行为。由自首的概念可知自首是犯罪后自甘不利，束手就擒，将自己的人身和犯罪置于司法机关控制之下。

具体到本案，被告人徐某某庭审称，其系在动手扎人前喊报警。部分证人证言证实徐某某系犯罪时喊报警，但喊报警后未停止其犯罪行为。根据徐某某庭审供述及部分证人证实内容徐某某喊报警的时间都不是在犯罪以后，而是在犯罪前或者犯罪中，其喊报警后或开始犯罪行为或未停止犯罪行为，说明其自动投案的时间并非在法律规定的犯罪后，故不符合自动投案的时间限制，即不符合自动投案型自首的形式要件。

实践中，认定自动投案多对报警时间不加以考量，正如本案公诉人和辩护人在庭审中的表态观点一样，认为具备自动投案，如实供述主要犯罪事实就构成自首。这种对自动投案的认识完全违背了法条的文理解释和目的解释，违背立法本意。

2. 自首制度的设立其实质是通过自首降低被告人的人身危险性。而报警后人身危险性不降反升，或者报警后人身危险性没有减少的，不满足自首的实质要件。被告人的主观恶性和人身危险性是对其裁量刑罚的重要依据，也是认定是否构成自首及对自首情节是否给予从轻处罚和给予多大从轻或者减轻处罚的重要基础。自首制度设立的本质在于通过自首降低被告人人身危险性和主观恶性。

具体到本案，根据被告人所述的犯罪前报警，报警后去扎人，不符合犯罪后自动投案的时间限制规定，也完全没有降低人身危险性，故不符合自首实质条件。

即使退一步按部分证人证言证实徐某某系犯罪时喊报警，但喊报警后未停止其犯罪行为，如果事实成立，可见其对于犯罪行为不仅没有丝毫的悔罪表现，证明其人身危险性和主观恶性并未因报警行为而有所减少。缺乏自愿将自己置于司法机关控制之下接受审判和裁判的主观意愿，这种报警后继续实施犯罪行为的，明显没有放弃犯罪，且没有降低人身危险性，亦不满足自首实质条件。

本案认定被告人徐某某喊报警亦缺乏事实根据。从证人证言可以看出，徐某某是反对通过报警解决矛盾的，怕因此被人嘲笑，亦是因为王某乙报警才导致其情绪激动，动手捅扎被害人。

3. 原地等待型自首系明知他人报警后停止犯罪，在原地等待警察，能逃跑而不逃跑，等待抓捕型的自首。对于他人报警后继续犯罪或者他人报警后无条件逃离现场的不能认定为原地等待型自首。具体到本案，徐某某在明知王某乙报警后，并非原地等待警察到来，而系原地拿刀动手扎人。在警察到来时双方的打斗尚未结束，在此情况下，徐某某无法逃离现场，其留在现场完全是被情势所迫，不能认定其系主动将自己置于公安机关控制之下，故徐某某亦不构成原地等待型自首。

综上，徐某某不具有自首情节，依法不应认定为自首。

二、在认定正当防卫和防卫过当时应查明是否符合相应的起因条件和对象条件

《刑法》第二十条规定，为了使国家、公共利益、本人或者他人的人身、财产或者其他权利免受正在进行的不法侵害，而采取的制止不法侵害的行为，对不法侵害人造成损害的，属于正当防卫，不负刑事责任。正当防卫明显超过必要限度造成重大损害的，应当负刑事责任，但是应当减轻或者免除处罚。

从法条规定可以看出，防卫行为应针对实施不法侵害的不法侵害人本人，起因条件和对象条件是否成立影响对正当防卫和防卫过当的评价。

（一）起因条件不成立对行为性质的影响

起因条件上，必须有现实的不法侵害。这里的不法侵害包括两层含义：（1）客观性：系客观的、现实的侵害。（2）不法性：既包括犯罪行为，也包括其他违法行为。

具体到本案，被告人徐某某听闻被害人王某乙报案后，与王某乙发生口角，随即持刀扎向王某乙，其持刀扎人相对于发生口角而言系逾越正当程度之情形，发生口角亦不属于客观的、现实的侵害，其持刀扎人的手段行为与受侵害程度之间不相适应。

同时因王某乙报警不是不法行为，故亦不能成为徐某某对王某乙防卫的理由。在王某乙已经报警解决纠纷的情况下，现场并没有紧迫到需要徐某某拿刀解决纠纷。而徐某某不通过公权力处理，却径行拿刀刺向并非不法侵害人的王某乙，因此徐某某的防卫不具有正当性，造成重大损害亦不成立防卫过当。

（二）对象条件不成立对行为性质的影响

正当防卫的对象只能是不法侵害人本人，包括不法侵害人的人身和财产。明知第三者与不法侵害无关，故意对第三者进行打击，不属于防卫行为，造成损害应当承担相应责任。

具体到本案，被害人王某乙的女儿王某甲进入徐某某住宅，提无理要求并撕扯后倒地，王某乙作为王某甲的父亲系接到王某甲电话，听闻王某甲受伤害后赶来，此时王某乙系因关心子女安危赶来的不明真相的第三人。徐某某在与王某乙发生口角后就持刀将王某乙伤害致死。辩护人就此称徐某某系防卫过当。我们认为，对法条的解释不能脱离文理解释，即根据用语含义加以解释，正当防卫法条上明确表明是对不法侵害人本人造成损害的不负刑事责任。本案辩护人所谓的防卫行为明显针对的不是不法侵害人本人，而是针对关心子女安危赶来的不明真相的第三人。王某乙系接到王某甲电话后听闻王某甲受伤害后赶来，在无法认定王某甲此次的不当或不法行为与王某乙有共谋关系的情况下，不应把王某甲不当或不法的行为认定为徐某某对王某乙进行防卫的理由，其后造成重大损害亦不构成防卫过当。

实践中，鼓励正当防卫是必要的，但这并不意味着允许滥用防卫权，滥用防卫权必将承担相应的刑事责任。

（一审法院合议庭成员　金　声　钱红英　刘玉霞
二审法院合议庭成员　张学远　张　中　连柏健
编写人　吉林省四平市中级人民法院　杜　妤　钱红英　张宇桐
责任编辑　周维明
审稿人　李玉萍）

原载《人民法院案例选》2020 年第 11 辑（总第 153 辑）

25. 回某甲诈骗案

——被告人对主观心态的辩解是否影响如实供述的成立

【关键词】

刑事　坦白　主要犯罪事实　主观要件　行为性质

【裁判要旨】

被告人如实供述主要的客观犯罪事实，但对主观心态提出辩解，司法机关根据其供述的客观事实足以推定其主观要件成立的，不影响如实供述的成立。

【相关法条】

《中华人民共和国刑法》

第六十七条　犯罪以后自动投案，如实供述自己的罪行的，是自首。对于自首的犯罪分子，可以从轻或者减轻处罚。其中，犯罪较轻的，可以免除处罚。

被采取强制措施的犯罪嫌疑人、被告人和正在服刑的罪犯，如实供述司法机关还未掌握的本人其他罪行的，以自首论。

犯罪嫌疑人虽不具有前两款规定的自首情节，但是如实供述自己罪行的，可以从轻处罚；因其如实供述自己罪行，避免特别严重后果发生的，可以减轻处罚。

【案件索引】

一审：北京市房山区人民法院（2018）京0111刑初532号（2018年9月29日）

二审：北京市第二中级人民法院（2018）京02刑终635号（2018年12月27日）

【基本案情】

原公诉机关北京市房山区人民检察院指控：2016年9月至2017年6月，被告人回某甲虚构其父亲回某乙病重、赎房本等需要用钱的事实，骗取李某某、何某某、娄某某、边某某等28名被害人及康某养老院人民币543620元，案发后退赔被害人娄某某人民币5000元。

被告人回某甲称：其对公诉机关指控的主要借款事实没有异议，但其给被害人出具了借条，并非不想归还借款，其行为不是诈骗。

辩护人的辩护意见是：被告人回某甲没有非法占有出借人钱财的目的，其借款行为属于民事借贷行为，不构成诈骗罪。

北京市房山区人民检察院对一审判决的抗诉意见是：被告人回某甲在侦查阶段和审

查起诉阶段，只供述自己有向被害人借钱的行为，没有完全如实供述借钱的理由，没有如实供述诈骗资金的去向，不能认定其有坦白情节，原审适用法律错误。

北京市人民检察院第二分院支持抗诉的意见是：（1）回某甲在侦查阶段对于其虚构父亲生病住院、赎回房本需要用钱的事由向被害人借钱的基本事实供认不讳，未如实供述的 2 笔涉案数额仅占全部犯罪数额的 23%；其在一审庭审过程中承认购买实时彩的情况，与查明的钱款去向能够吻合，不影响对其如实供述主要犯罪事实的认定。（2）原审认定回某甲犯罪数额的错误，导致适用法律错误、量刑不当。

法院经审理查明：2016 年 9 月至 2017 年 6 月，回某甲虚构其父亲回某乙病重、赎房本等需要用钱的事实，骗取养老院职员及住院老人祟某、冯某、巩某某、边某某、代某某、李某某等 26 人钱款共计人民币 482820 元。案发后，回某甲的家属退赔被害人娄某人民币 5000 元。回某甲于 2017 年 6 月 14 日被公安机关传唤到案。

【裁判结果】

北京市房山区人民法院于 2018 年 9 月 29 日作出（2018）京 0111 刑初 532 号刑事判决：一、被告人回某甲犯诈骗罪，判处有期徒刑十年六个月，剥夺政治权利二年，并处罚金人民币 3 万元。二、责令被告人回某甲退赔人民币 495420 元，发还各被害人。三、未随案移送的扣押物品，由扣押机关依法处理。

宣判后，北京市房山区人民检察院对北京市房山区人民法院一审判决提出抗诉，被告人回某甲提出上诉。北京市第二中级人民法院于 2018 年 12 月 27 日作出（2018）京 02 刑终 635 号刑事判决：一、撤销北京市房山区人民法院（2018）京 0111 刑初 532 号刑事判决。二、上诉人（原审被告人）回某甲犯诈骗罪，判处有期徒刑九年，剥夺政治权利一年，并处罚金人民币 9000 元。三、责令上诉人（原审被告人）回某甲退赔人民币 477820 元，发还各被害人。四、扣押在北京市公安局房山分局的住院证明 1 张予以没收存档，手机 2 部、笔记本 1 台予以变卖，变价款并入退赔项执行。

【裁判理由】

法院生效裁判认为：关于原审公诉机关所提回某甲不成立如实供述、不具有坦白情节的抗诉意见，经查，回某甲到案后能够如实供述本案所涉大部分犯罪事实，且所供述钱款去向与查明的事实基本一致，可以认定为如实供述，故该抗诉意见不当，法院不予采纳。上诉人回某甲以非法占有为目的，虚构事实、隐瞒真相，骗取他人钱财，其行为已构成诈骗罪，且数额巨大，依法应予惩处。回某甲诈骗多名老年人钱财，依法应酌情从严惩处。回某甲到案后能如实供述基本犯罪事实，家属退缴部分赃款，且部分被害人对其行为表示谅解，可予以从轻处罚。原审判决认定回某甲犯诈骗罪的基本事实清楚，证据确实、充分，定罪准确，审判程序合法，唯认定回某甲的犯罪数额及适用法律有误，北京市第二中级人民法院依法予以改判。

【案例注解】

本案是一起检察机关针对坦白情节的法律适用对一审判决提出抗诉的案件。案件的争议焦点是，诈骗罪中，被告人如实交代了大部分诈骗的客观事实，但辩解自己没有非法占有的主观目的，能否认定其具备"如实供述自己的罪行"的坦白情节？

实践中对这一问题存在不同观点。第一种观点认为，如实供述的犯罪事实包括主观事实和客观事实，被告人未如实供述主观心态属于未如实供述主观犯罪事实，不成立如实供述。[①] 第二种观点认为，被告人否认自己的主观心态，实质上是对行为性质的辩解，不影响如实供述的成立。[②] 第三种观点认为，如实供述主要指对客观犯罪事实如实供述，对主观心态的辩解不影响如实供述的成立。[③] 上述观点实质上是对主观心态是否属于行为性质以及如实供述的范围是否包括主观犯罪事实存在不同理解。本文赞同第三种观点，具体理由如下：

一、被告人对主观心态的辩解不属于对行为性质的辩解

《最高人民法院关于被告人对行为性质的辩解是否影响自首成立问题的批复》（以下简称《批复》）规定：犯罪以后自动投案，如实供述自己的罪行的，是自首，被告人对行为性质的辩解不影响自首的成立。《最高人民法院关于处理自首和立功具体应用法律若干问题的解释》将"如实供述自己的罪行"解释为如实交代自己的主要犯罪事实。由此，《批复》的规定以被告人如实供述主要犯罪事实为前提，"对行为性质的辩解"应理解为仅针对行为性质提出辩解，而不包括被告人因对犯罪事实提出异议进而影响行为性质的评价。综上，被告人在如实供述主要犯罪事实的基础上，可以对针对自己的行为性质行使辩护权，法律未对此设定不利后果。

如果被告人对主观心态的辩解属于仅针对行为性质的辩解，根据《批复》的规定就不影响如实供述的成立。区分对主观心态的辩解属于对犯罪事实还是对行为性质的辩解，需要考察犯罪事实和行为性质的根本区别。犯罪事实是指犯罪构成要件对应的待证事实，属于真假命题判断，对其评价的结论是"存在"或"不存在"；行为性质是将犯罪事实涵摄于法律规范得出的推导结论，属于价值命题判断，对其评价的结论是"应当"或"不应当"。例如，行为人承认其存在杀人的行为，这是事实判断；但行为人认为其行为在法律上应当是正当防卫，这是对行为性质的评价。

根据上述区分标准，被告人主观上是否存在拒不归还的意图是心理事实的问题，可以还原为真假命题，被告人对这一心理事实有无的辩解是对主观构成要件对应的犯罪事实的辩解；如果被告人承认自己确实不想归还，但认为自己应当属于合法占有，则是对行为性质的辩解。因此，本案被告人辩解自己具有归还借款的意愿是对犯罪事实的辩解，不属于仅针对行为性质的辩解，不能直接适用《批复》的规定。

二、"如实供述"的范围应限缩解释为主要客观犯罪事实

（一）目的解释："如实供述"旨在提高事实认定效率

坦白与自首制度本质上实现的是一种公平与效率并重的妥协的正义。作为一项法定从宽量刑情节，其体现了法律鼓励犯罪人自动投案、如实供述的价值导向，因为这有利于司法机关查清事实、提高司法效率、节约司法资源，符合功利性的政策考量。同时，作为衡平性的法律考量，自首和坦白制度不能为追求效率要求被告人放弃任何辩护权利，

---

① 参见徐燕、于晓萍：《行为人对犯罪目的的辩解影响自首的成立》，载《人民法院报》2018年12月5日第6版。

② 参见聂昭伟：《被告人针对主观心态的辩解不影响自首成立》，载《人民法院报》2011年12月8日第7版。

③ 参见张明楷：《刑法学》，法律出版社2016年版，第563页。

即使被告人自愿选择放弃辩护权而获得从宽处理，也并不违反禁止强迫自证其罪的原则，但在刑事诉讼构造中被告人与公诉权相比处于天然的弱势，基于“平等武装”原则，需要保障被告人享有必要的辩护权利。

对犯罪事实和行为性质的区分体现了刑法通过设立自首和坦白制度意欲提高的“核心效率”，由此可以明确被告人应当如实供述的范围。司法机关办理案件的基本原则是以事实为依据，以法律为准绳。公诉机关对犯罪事实承担举证责任，被告人如实供述犯罪事实后，定案证据得以及时被收集、固定与审查，证据链条得以及时建立和完善，法院在此基础上认定事实与评价行为，整体的诉讼效率能得到有效提高。如果被告人对犯罪事实提出不正当辩解，公诉机关必须排除合理怀疑地证明该辩解不能成立，法院才能认定犯罪事实的成立。而法律适用的决定权归属于法院，无论被告人是否提出行为性质上的辩解，法院均应在查明事实的基础上客观正确地解释和适用法律。因此自首和坦白制度设置的核心目的应当是提高“认定事实”的效率。

被告人对主观心态的辩解是否会对司法机关认定事实的效率产生影响，需要结合刑事诉讼中主观要件的证明特点进行分析。由于明知、目的等主观要件存在证明困难，司法实践中采用通过客观基础事实推定主观要件的证明方法，只要证明某些客观事实的成立，就可以直接认定待证明的主观要件成立，例如《最高人民法院关于审理非法集资刑事案件具体应用法律若干问题的解释》规定了多项对集资诈骗罪非法占有目的的推定事由。主观犯罪构成要件的推定免除了公诉机关对被告人心理事实的证明责任，只要被告人能够对客观犯罪事实如实供述，司法机关就足以认定被告人的主观心态，例如被告人如实供述其持刀扎刺被害人要害部位的事实，又辩解自己没有杀人故意，司法机关仍可以结合在案客观证据认定被告人主观故意的成立。因此，被告人如实供述主要客观犯罪事实后，对主观心理事实的辩解并不会对认定事实的过程产生影响。根据自首和坦白制度的核心目的，可以认为如实供述的成立不需要被告人供述主观犯罪事实。

（二）体系解释：“如实供述”与认罪认罚从宽制度的衔接

认罪认罚从宽制度已经正式被《刑事诉讼法》确立，其在如实供述罪行的基础上，进一步要求被告人承认指控的犯罪事实，愿意接受处罚。由此，在实体要件上，自首、坦白的“如实供述”要求被告人“认事但未必认罪”，认罪认罚则要求被告人“既认事又认罪、认罚”。认罪认罚从宽制度在体现刑事诉讼效益价值的同时，更蕴含了促使被告人真诚认罪悔罪、认同刑事追诉、实质性预防犯罪人再犯的价值功能，① 因此，《最高人民法院、最高人民检察院、公安部、国家安全部、司法部关于适用认罪认罚从宽制度的指导意见》明确，认罪认罚的从宽幅度一般应当大于仅有坦白的从宽幅度。

被告人对主观心理事实的供述既便于司法机关认定犯罪主观要件，也能体现被告人真诚认罪悔罪、人身危险性的降低。但对前者的作用应当保持谨慎，因为强调被告人的主观心态必须通过其供述予以证明的观念，可能导致“过度取证”甚至刑讯逼供的发生；此外，口供在司法证明的历史上虽曾是“证据之王”，但随着现代证明技术的发展以及证据法理念的更新，应更强调通过间接证据及推定等方法证明被告人的主观心态，减少对口供证据的依赖。被告人对主观心理事实的如实供述应当突出体现其认罪悔罪态

① 参见周光权：《论刑法与认罪认罚从宽制度的衔接》，载《清华法学》2019 年第 3 期。

度的作用，作为认罪认罚的成立要件。通过对坦白制度中的如实供述与认罪认罚从宽的成立条件进行区别，即坦白仅要求行为人供述据以定案的客观犯罪事实，认罪认罚需要行为人全面供述其客观犯罪事实和主观犯罪心理，可以更充分地论证认罪认罚的从宽幅度在实体法的后果设置上应大于坦白制度，实现自首、坦白与认罪认罚从宽制度的有效衔接。

三、判断规则：不正当辩解排除“如实供述”的成立

被告人成立如实供述的前提是对主要客观犯罪事实如实供述，这里的客观事实包括司法机关据以推定被告人主观心态的客观基础事实。如果被告人隐瞒这些客观事实，或提出虚假的客观事实进行辩解，可能影响到司法机关准确认定其主观心态的，属于对主观心态的不正当辩解，不能成立如实供述。

例如，在《刑事审判参考》第943号冯某某、周某故意杀人案中，被告人冯某某驾驶汽车追逐、撞击被害人驾驶的摩托车，致使二被害人死亡。冯某某对自己驾车撞死二被害人的客观事实予以供述，但否认其具有杀人的故意，辩称其撞击前踩了刹车但没刹住。交通事故勘验检查笔录和技术验证报告证实，冯某某作案时所驾凯迪拉克轿车的制动痕迹开始于撞击点（说明撞击前没有刹车）且该凯迪拉克轿车的制动性能正常。该案被告人为否认其杀人故意，虚构了驾车冲撞被害人时踩了刹车但未能刹住的事实，该事实是推定被告人主观心态的重要客观事实，被告人对该事实的虚假陈述属于不正当辩解，不能成立如实供述。

如果被告人对主观犯罪事实提出辩解，但对据以推定其主观心态的客观事实能够如实供述，不影响司法机关认定其主观心态的，可以认定其辩解不影响如实供述的成立。本案中，被告人虽然辩解主观上不具有非法占有目的，但能够如实供述其将钱款用于赌博的客观事实，其辩解理由“给被害人打了借条”也符合客观事实，亦未通过虚构其他事由的方式否认其非法占有目的，司法机关足以根据其供述的客观事实推定其具有非法占有目的，应当认为被告人对主观心态的辩解不影响如实供述的成立。

（一审法院合议庭成员　陈艳飞　张玉玲　魏振山
二审法院合议庭成员　易大庆　邱　波　常　燕
编写人　北京市第二中级人民法院　易大庆　何　朕
责任编辑　周维明
审稿人　李玉萍）

原载《人民法院案例选》2020年第9辑（总第151辑）

26. 付和翔盗窃案

——协助抓捕因证据不足不起诉的犯罪嫌疑人不构成立功

【关键词】

协助抓捕　检举、揭发他人犯罪行为　立功　证据不足不起诉

【裁判要旨】

犯罪分子协助司法机关抓捕其他犯罪嫌疑人，但该犯罪嫌疑人后来因证据不足不起诉的，不属于检举、揭发他人犯罪行为，不能认定为立功。

【相关法条】

《中华人民共和国刑法》

第六十八条　犯罪分子有揭发他人犯罪行为，查证属实的，或者提供重要线索，从而得以侦破其他案件等立功表现的，可以从轻或者减轻处罚；有重大立功表现的，可以减轻或者免除处罚。

第二百六十四条　盗窃公私财物，数额较大的，或者多次盗窃、入户盗窃、携带凶器盗窃、扒窃的，处三年以下有期徒刑、拘役或者管制，并处或者单处罚金；数额巨大或者有其他严重情节的，处三年以上十年以下有期徒刑，并处罚金；数额特别巨大或者有其他特别严重情节的，处十年以上有期徒刑或者无期徒刑，并处罚金或者没收财产。

【案件索引】

一审：湖南省长沙市天心区人民法院（2015）天刑初字第128号（2015年3月23日）

【基本案情】

辩护人辩称：被告人协助公安机关抓获其他犯罪嫌疑人，应当认定为有立功表现。

法院经审理查明：2014年11月12日9时许，被告人付和翔至本市天心区南湖路天龙花园门口时，发现被害人曾某停放于人行横道的1台后备箱装有1440袋口香糖的黑色立马电动车上留有钥匙，被告人付和翔即将该台电动车盗走。事后，被告人付和翔以450元的价格将685袋口香糖销赃给周乾凤。被告人付和翔被抓获后，公安民警为了追回被盗赃物，在被告人付和翔的指认下抓获了涉嫌掩饰、隐瞒犯罪所得的犯罪嫌疑人周乾凤。经公安机关侦查并移送审查起诉，长沙市天心区人民检察院经退回补充侦查，该院仍然认为公安机关认定的犯罪事实证据不足，不符合起诉条件，于2015年3月6日对被不起

诉人周乾凤作出因证据不足不起诉的决定。

经司法鉴定，被盗黑色立马电动车价值人民币 2744 元，所盗口香糖价值人民币 7970 元。

被告人付和翔于 2014 年 11 月 18 日被抓获，归案后如实供述自己的罪行。案发后，被告人付和翔亲属赔偿被害人曾某人民币 2800 元并取得了被害人的谅解。公安机关追回 685 袋口香糖发还给被害人。

【裁判结果】

湖南省长沙市天心区人民法院于 2015 年 3 月 23 日作出（2015）天刑初字第 128 号刑事判决：被告人付和翔犯盗窃罪，判处有期徒刑七个月，并处罚金人民币 1 万元。一审宣判后，被告人未上诉，公诉机关也未抗诉，该判决已经发生法律效力。

【裁判理由】

法院生效裁判认为：被告人付和翔以非法占有为目的，趁失主不备秘密窃取其数额较大的财物，其行为已构成盗窃罪。长沙市天心区人民检察院指控被告人付和翔犯盗窃罪的事实及罪名成立。被告人付和翔能如实供述自己罪行，可从轻处罚。被告人付和翔的亲属已对被害人给予赔偿，并得到了被害人的谅解，可酌情从轻处罚。被告人付和翔被抓获后，公安民警为了追回被盗赃物，在被告人付和翔的指认下抓获了涉嫌掩饰、隐瞒犯罪所得的犯罪嫌疑人周乾凤，但周乾凤因证据不足不起诉，其行为未被认定为犯罪，故不能认定被告人付和翔有立功情节。

【案例注解】

被告人付和翔按照公安机关的安排，当场指认涉嫌掩饰、隐瞒犯罪所得的犯罪嫌疑人周乾凤，公安机关据此将犯罪嫌疑人周乾凤抓获。这虽然符合《最高人民法院关于处理自首和立功若干具体问题的意见》（以下简称《意见》）第五条规定的“协助司法机关抓捕其他犯罪嫌疑人”。但是，认定被告人是否立功不仅要满足协助司法机关抓捕其他犯罪嫌疑人这一行为条件，还应该满足被协助抓获的犯罪嫌疑人的犯罪行为要经查证属实这一结果条件。这点在《刑法》第六十八条中有明确规定，即犯罪分子有揭发他人犯罪行为，查证属实的。查证属实应当是阶段性的查证属实，不能一概要求依据法院审理阶段的刑事判决。实践中，对立功对象的判决可能会间隔较长时间，若一味强调只有人民法院判决才能确定立功对象的犯罪行为是否查证属实，无疑会错过对立功者在量刑上从宽的机会，不利于保证犯罪人正当权利。具体来说，在侦查阶段的查证属实至少需要立案决定书、逮捕决定书、侦查终结报告、起诉意见书等材料的一项或几项。公诉机关审查起诉阶段的查证属实则需要分情况。同时《意见》第六条规定：“被告人检举揭发或者协助抓获的人的行为构成犯罪，但因法定事由不追究刑事责任、不起诉、终止审理的，不影响对被告人立功表现的认定。”刑事诉讼中的不起诉有法定不起诉、酌定不起诉、存疑不起诉、附条件不起诉四种。在犯罪事实查证属实的前提下，因法定事由不起诉应包括酌定不起诉、附条件不起诉两种，而证据不足不起诉说明犯罪嫌疑人犯罪事实未经查证属实。《意见》适用的前提是被检举揭发或者协助抓获的犯罪嫌疑人犯罪行为查证属实但因法定事由不起诉的情况。本案中，付和翔协助司法机关抓捕周乾凤，但周乾凤因证据不足而被不起诉，犯罪行为并未查证属实。因此，虽然付和翔协助司法机关抓捕其他犯罪嫌疑人，但不应认为其协助抓捕行为构成立功。故辩护人提出的被告人有立功情节的辩护意见本院不予支持。

（一审法院独任审判员　刘　煜
编写人　湖南省长沙市天心区人民法院　刘　煜
责任编辑　周维明
审稿人　沈　亮）

原载《人民法院案例选》2017 年第 2 辑（总第 108 辑）

十、缓　　刑

27. 吴万成、王丹武掩饰、隐瞒犯罪所得案

——原判缓刑经特赦后不能撤销并实行数罪并罚

【关键词】

特赦　缓刑考验期　新罪　数罪并罚

【裁判要旨】

1. 罪犯一经特赦，即视为其原判刑罚执行完毕。经特赦后，对原判缓刑的，在缓刑考验期内对所犯新罪、漏罪进行判决时，不应撤销缓刑，实施数罪并罚。

2. 明知彩票（未经刮兑或尚未开奖）是他人盗窃所得而进行兑换的，应当以彩票本身的价值认定掩饰、隐瞒犯罪所得的数额。

【相关法条】

《全国人民代表大会常务委员会关于特赦部分服刑罪犯的决定》

为纪念中国人民抗日战争暨世界反法西斯战争胜利70周年，体现依法治国理念和人道主义精神，根据宪法，决定对依据2015年1月1日前人民法院作出的生效判决正在服刑，释放后不具有现实社会危险性的下列罪犯实行特赦：

一、参加过中国人民抗日战争、中国人民解放战争的；

二、中华人民共和国成立以后，参加过保卫国家主权、安全和领土完整对外作战的，但犯贪污受贿犯罪，故意杀人、强奸、抢劫、绑架、放火、爆炸、投放危险物质或者有组织的暴力性犯罪，黑社会性质的组织犯罪，危害国家安全犯罪，恐怖活动犯罪的，有组织犯罪的主犯以及累犯除外；

三、年满七十五周岁、身体严重残疾且生活不能自理的；

四、犯罪的时候不满十八周岁，被判处三年以下有期徒刑或者剩余刑期在一年以下的，但犯故意杀人、强奸等严重暴力性犯罪，恐怖活动犯罪，贩卖毒品犯罪的除外。

对本决定施行之日符合上述条件的服刑罪犯，经人民法院依法作出裁定后，予以释放。

本决定自2015年8月29日起施行。

《中华人民共和国刑法》

第三百一十二条第一款 明知是犯罪所得及其产生的收益而予以窝藏、转移、收购、代为销售或者以其他方法掩饰、隐瞒的，处三年以下有期徒刑、拘役或者管制，并处或者单处罚金；情节严重的，处三年以上七年以下有期徒刑，并处罚金。

【案件索引】

一审：江苏省南通市如东县人民法院（2016）苏0623刑初111号（2016年4月1日）

二审：江苏省南通市中级人民法院（2016）苏06刑终113号（2016年7月4日）

【基本案情】

2015年5月25日晚，被告人吴万成、王丹武及刘某某（未成年，另案处理）乘坐徐某某（未成年，已判决）驾驶的车辆从江苏省常熟市回盐城市射阳县。途中，徐某某进入江苏省如东县掘港镇青园北路中国体育彩票店内窃得刮刮乐彩票10本，价值人民币6000元。徐某某在次日被公安机关抓获前将装有彩票的包交给吴万成。吴万成、王丹武及刘某某均明知该10本彩票系徐某某盗窃所得，经商量后仍决定刮奖兑换。5月27日，由王丹武和刘某某负责出面，先后两次至射阳县合德镇解放路133号体育彩票店进行兑奖，从中共获利人民币2760元，所获赃款被三人瓜分。王丹武归案后如实供述了自己的犯罪事实。

二审另查明：被告人吴万成曾因犯盗窃罪于2012年11月9日被江苏省射阳县人民法院判处有期徒刑三年，缓刑四年，并处罚金人民币5万元。依据《全国人民代表大会常务委员会关于特赦部分服刑罪犯的决定》（以下简称《决定》），罪犯吴万成已于2015年10月22日被裁定特赦。

【裁判结果】

江苏省如东县人民法院于2016年4月1日作出（2016）苏0623刑初111号刑事判决：一、撤销江苏省射阳县人民法院（2012）射刑二初字第0092号刑事判决书中对被告人吴万成的缓刑判决。二、被告人吴万成犯掩饰、隐瞒犯罪所得罪，判处拘役四个月，并处罚金人民币2000元；与前罪所判有期徒刑三年，并处罚金人民币5万元（已缴纳），决定执行有期徒刑三年，并处罚金人民币52000元。被告人王丹武犯掩饰、隐瞒犯罪所得罪，判处拘役三个月，并处罚金人民币2000元。三、被告人吴万成、王丹武共同犯罪的非法所得计人民币2760元，予以追缴没收，上缴国库。

一审宣判后，吴万成提出上诉，认为其所犯盗窃罪判处的刑罚已经裁定特赦，再对其撤销缓刑，两罪并罚不当，请求法院依法改判。

江苏省南通市中级人民法院于2016年7月4日作出（2016）苏06刑终113号刑事判决：一、维持江苏省如东县人民法院（2016）苏0623刑初111号刑事判决第二项中对原审被告人王丹武犯掩饰、隐瞒犯罪所得罪的定罪量刑、第三项部分，即被告人王丹武犯掩饰、隐瞒犯罪所得罪，判处拘役三个月，并处罚金人民币2000元，被告人吴万成、王丹武共同犯罪的非法所得计人民币2760元，予以追缴没收，上缴国库。二、撤销江苏省如东县人民法院（2016）苏0623刑初111号刑事判决第一项及第二项中对上诉人吴万成的定罪量刑部分。三、上诉人吴万成犯掩饰、隐瞒犯罪所得罪，判处拘役四个月，并处罚金人民币2000元。

【裁判理由】

法院生效判决认为：上诉人吴万成、原审被告人王丹武明知涉案彩票是他人盗窃犯罪所得赃物，仍进行兑奖予以掩饰、隐瞒，其行为已构成掩饰、隐瞒犯罪所得罪。本案系共同犯罪，吴万成、王丹武均起主要作用，均系主犯，应当按照其所参与的全部犯罪处罚。王丹武归案后如实供述自己的罪行，系坦白，依法可以从轻处罚。王丹武在庭审中自愿认罪，可酌定从轻处罚。关于吴万成提出的上诉理由，其所犯盗窃罪被判处的刑罚已经裁定特赦，依法应视为已执行完毕，一审法院以吴万成在缓刑考验期间内犯新罪为由，对其撤销缓刑，二罪并罚不当，应予纠正。二审法院判决维持原审被告人王丹武犯掩饰、隐瞒犯罪所得罪的定罪量刑，以掩饰、隐瞒犯罪所得罪判处上诉人吴万成拘役四个月，并处罚金人民币2000元。

【案例注解】

2015年“9.3”特赦后，部分罪犯经特赦后再次犯罪或发现漏罪被追究刑事责任的情况已出现于审判实践，本案便是其中之一。根据中国裁判文书网的检索结果，已有41例生效判决涉及对特赦后再次犯罪或发现漏罪的审判。[①] 考虑到我国的前七次特赦大多是针对新中国成立时在押的战争罪犯，第七次特赦距今也已有40余年，时代背景及法律规定均发生较大改变，因此有必要明晰本次特赦的依据及效力，做好对特赦后发现漏罪、新罪的审判。

一、特赦的依据及效力

特赦是赦免的一种，指由国家元首或最高国家权力机关对已被定罪处刑的特定犯罪人，免除其全部或者部分刑罚的制度。[②] 从原理上讲，特赦是对已经经过一定时间刑罚惩戒及改造的特定罪犯消灭剩余刑罚，使其早日回归社会，体现惩罚与宽大相结合刑事政策。同时，对特定范围罪犯的特赦，彰显了国家宽宥、制度自信和特定纪念意义，发挥了刑事政策对社会的调节作用。

目前，我国没有专门的特赦法典，特赦的法律规定散见于《宪法》《刑法》和《刑事诉讼法》。根据《宪法》第六十七条和第八十条的规定，特赦经全国人大常委会决定，由国家主席发布特赦令。根据2015年8月29日《决定》规定，对依据2015年1月1日前人民法院作出的生效判决正在服刑，释放后不具有现实社会危险性的四类罪犯实行特赦。特赦罪犯的范围包括：（1）参加过中国人民抗日战争、中国人民解放战争的；（2）中华人民共和国成立以后，参加过保卫国家主权、安全和领土完整对外作战的，但犯贪污

---

① 2016年8月13日查询自中国裁判文书网，网址：http：//wenshu. court. gov. cn/list/list/？sorttype = 1&conditions = searchWord + QWJS + + + 全文检索：特赦 &conditions = searchWord + 刑事案由 + + + 一级案由：刑事案由 &conditions = searchWord + 一审 + + + 审判程序：一审。

② 李鲲、车玉龙：《特赦制度的前世今生》，载《法庭内外》2016年第2期。

受贿犯罪，故意杀人、强奸、抢劫、绑架、放火、爆炸、投放危险物质或者有组织的暴力性犯罪，黑社会性质的组织犯罪，危害国家安全犯罪，恐怖活动犯罪的，有组织犯罪的主犯以及累犯除外；（3）年满75周岁、身体严重残疾且生活不能自理的；（4）犯罪的时候不满18周岁，被判处三年以下有期徒刑或者剩余刑期在一年以下的，但犯故意杀人、强奸等严重暴力性犯罪，恐怖活动犯罪，贩卖毒品犯罪的除外。对于特赦的效力，法律虽没有直接规定，但是《刑法》第六十五条、第六十六条中均规定，在刑罚执行完毕或赦免后的特定时间内再犯特定罪行构成累犯。可见，我国特赦的效力只消灭罪犯未执行的刑罚，而并不及于犯罪本身，不影响再犯罪后累犯、前科的成立。相比较前三类特赦人群，未成年罪犯极有可能出现在特赦期间隐瞒漏罪或者在缓刑考验期内又犯新罪，骗取特赦的情况。

二、特赦后对发现特赦期间有漏罪、新罪的审判

本案二审查明，被告人吴万成在前罪所判缓刑的考验期内再犯新罪，而后因符合《决定》规定的情形被裁定特赦。吴万成缓刑考验期间犯罪是否影响已生效特赦裁定的效力？本案是否应当撤销缓刑，数罪并罚？有观点认为，根据《决定》的精神，释放后不具有现实社会危害性是特赦时应予审查的条件，罪犯在缓刑期间再犯新罪或有漏罪不符合该条件，对于相关特赦甚至应当启动审判监督程序。

我们认为，罪犯一经特赦，即视为其原判刑罚执行完毕，对原判缓刑的，在缓刑考验期内所犯新罪、漏罪进行判决，不应撤销缓刑，数罪并罚。首先，特赦所消灭的是已生效判决判处的刑罚，只要罪犯在《决定》的四种类型之内就应当裁定特赦，不能以特赦时未发现、未经依法判决定罪的漏罪、新罪而否定特赦的效力。其次，《决定》规定“不具有现实社会危害性”的目的在于防止罪犯被特赦后再次危害社会，而对罪犯漏罪及考验期内所犯新罪进行审判并依法定罪处刑，已经实现了控制其社会危害性的目的，与《规定》并不冲突。再次，特赦权是一种经国家最高权力机关决定、国家元首发布的宪法性权力，[①] 人民法院应当充分维护已生效特赦裁定的效力，体现刑事政策、刑事司法及特赦工作的严肃性、权威性。吴万成不论是前罪还是缓刑考验期内所犯的新罪均是轻罪，均不属于《决定》中禁止特赦的罪名，即犯故意杀人、强奸等严重暴力性犯罪，恐怖活动犯罪，贩卖毒品犯罪。其符合《决定》规定的特赦条件，不应轻易否定已生效特赦裁定的效力。最后，对特赦裁定不能提起再审。根据《刑事诉讼法》及其司法解释的规定，审判监督程序适用的对象是事实认定、证据采信、法律适用有误影响定罪量刑，或者存在程序违法、枉法裁判影响公正审判的案件。特赦及于刑而不及于罪，属于刑罚执行的范畴，不涉及定罪量刑，因此不属于再审范围。

三、彩票等射幸产品掩饰、隐瞒犯罪所得的数额认定

此外，本案在审理中还涉及射幸产品在掩饰、隐瞒犯罪所得犯罪中的犯罪数额认定问题。根据《最高人民法院关于审理掩饰、隐瞒犯罪所得、犯罪所得收益刑事案件适用法律若干问题的解释》第一条第一款第（一）项的规定，掩饰、隐瞒犯罪所得及其产生收益价值3000元至1万元以上的应当以掩饰、隐瞒犯罪所得、犯罪所得收益罪定罪处罚。本案中，徐某某窃得的10本刮刮乐彩票价值人民币6000元，两被告人及刘某某通

① 陈春勇：《赦免及其程序问题研究》，中国政法大学2009年博士学位论文，第12页。

过兑奖实际获利人民币2760元，以何种数额认定掩饰、隐瞒犯罪所得的数额直接关系到入罪与出罪。

掩饰、隐瞒犯罪所得罪的定罪标准与上游犯罪密切相关，故应结合盗窃、诈骗等主要犯罪上游的标准来确定。[①] 因此，本罪的数额认定方法应参照上游犯罪。案涉刮刮乐彩票本身不记名，虽然根据彩票编号可查询最终的兑奖地点，但是也有别于一般的挂失，故该彩票在本质上属于不记名、不挂失的有价票证。根据《最高人民法院、最高人民检察院关于办理盗窃刑事案件适用法律若干问题的解释》第五条第（一）项规定，盗窃不记名、不挂失的有价凭证、有价证券、有价票证的，应当按票面数额和盗窃时应得的孳息、奖金或者奖品等可得收益一并计算盗窃数额。本案中，徐某某盗窃并交给被告人吴万成的是没有刮开的彩票，由于彩票的射幸性质，可能获得的奖金未知，只能按照彩票本身价值人民币6000元计算。此外，被告人在取得被盗的彩票后实际获得了两种利益，一是彩票本身的价值，二是取得中奖机会，[②] 其既可以选择参照价值将彩票出售，也可以选择刮开彩票进行兑奖。实际上，被告人的供述也反映其在决定处理被盗彩票时也考虑过出售获利的方式。因此，以行为时明知的彩票实际价值作为掩饰、隐瞒犯罪所得的数额更能体现主客观相一致的原则。

（一审法院合议庭成员　马小英　秦小定　顾一平
二审法院合议庭成员　臧建伟　张亚军　李梦龙
编写人　江苏省南通市中级人民法院　杜开林　李梦龙
责任编辑　李玉萍
审稿人　沈　亮）

原载《人民法院案例选》2017年第5辑（总第111辑）

① 陆建红、杨华、曹东方：《〈关于审理掩饰、隐瞒犯罪所得、犯罪所得收益刑事案件适用法律若干问题的解释〉的理解与适用》，载《人民司法》2015年第17期。

② 姚娅：《盗窃彩票的行为定性和数额认定》，载《中国检察官》2015年第14期。

28. 黄骞危险驾驶案

——被判缓刑后在上诉期内犯新罪的法律适用

【关键词】

数罪并罚　撤销缓刑　被判缓刑后在上诉期内犯新罪

【裁判要旨】

对于在缓刑上诉期内（即原审缓刑判决尚未生效）又犯新罪的情况，应当参照适用《中华人民共和国刑法》第七十七条的规定，依法撤销缓刑，实行数罪并罚。

【相关法条】

《中华人民共和国刑法》

第七十七条第一款　被宣告缓刑的犯罪分子，在缓刑考验期限内犯新罪或者发现判决宣告以前还有其他罪没有判决的，应当撤销缓刑，对新犯的罪或者新发现的罪作出判决，把前罪和后罪所判处的刑罚，依照本法第六十九条的规定，决定执行的刑罚。

【案件索引】

一审：广东省广州市天河区人民法院（2015）穗天法刑重字第8号（2016年8月1日）

二审：广东省广州市中级人民法院（2016）粤01刑终1830号（2016年12月1日）

【基本案情】

被告人黄骞于2015年7月9日因犯危险驾驶罪被广州市越秀区人民法院判处拘役二个月，缓刑三个月，并处罚金人民币3000元。同日晚上23时许，被告人黄骞再次饮酒后驾车行驶至广州市天河区猎德大道北往南至花城大道路口时，将车停靠在路边睡觉，后被执勤民警查获，民警现场对其进行呼气式酒精测试，测试结果为183mg/100ml，后将其带至天河区中医医院提取血液样本，并送南方医科大学司法鉴定中心检验，检验结果为：被告人黄骞的血液中检出乙醇（酒精）成分，其含量为196.4mg/100ml。同年7月10日因涉嫌犯危险驾驶罪被羁押，同日被刑事拘留，同年7月17日被广州市公安局取保候审。

【裁判结果】

广州市天河区人民法院于2016年8月1日作出（2015）穗天法刑重字第8号判决：被告人黄骞犯危险驾驶罪，判处拘役一个月，并处罚金人民币1000元；撤销广州市越秀区人民法院（2015）穗越法刑初字第 1089 号刑事判决中对被告人黄骞犯危险驾驶罪，判处拘役二个月，缓刑三个月，并处罚金人民币 3000 元的缓刑部分，决定执行拘役三个月，并处罚金人民币 4000 元。

一审判决后，被告人提出上诉，提出原审量刑过重，且由于在本案审理过程中，上诉人已接受到相关部门教育，积极参与社区改造活动，并重新恢复到正常的工作与生活中，希望二审能够从轻处罚。

广州市中级人民法院于 2016 年 12 月 1 日作出（2016）粤 01 刑终 1830 号裁定：驳回上诉，维持原判。

【裁判理由】

法院生效裁判认为：原审依照数罪并罚原则，在法定的量刑幅度内对其判处拘役三个月，并处罚金人民币 4000 元并无不当，上诉人所提上诉意见理由不能成立，不予采纳。原审判决认定的事实清楚，证据确实充分，适用法律正确，量刑适当，审判程序合法，应予维持。

【案例注解】

本案在讨论中对于应对被告人黄骞实行数罪并罚无异议，但对适用法律及是否撤销原判缓刑有不同意见。《中华人民共和国刑法》（以下简称《刑法》）相关规定如下：

一、第七十一条：“判决宣告以后，刑罚执行完毕以前，被判刑的犯罪分子又犯罪的，应当对新犯的罪作出判决，把前罪没有执行的刑罚和后罪所判处的刑罚，依照本法第六十九条的规定，决定执行的刑罚。”

二、第七十七条第一款：“被宣告缓刑的犯罪分子，在缓刑考验期限内犯新罪或者发现判决宣告以前还有其他罪没有判决的，应当撤销缓刑，对新犯的罪或者新发现的罪作出判决，把前罪和后罪所判处的刑罚，依照本法第六十九条的规定，决定执行的刑罚。”

司法实践中存在三种处理意见：

第一种意见认为，应适用《刑法》第七十七条的规定撤销原判被告人黄骞的缓刑判决，将原判刑罚与新罪所判刑罚合并执行。被告人黄骞所犯新罪虽然不是发生在缓刑考验期限内，但其在被宣告缓刑的当天就犯新罪，社会危害性明显大于在缓刑考验期限内犯新罪，其行为不符合适用缓刑的法定条件，当然应当撤销缓刑。

第二种意见认为，在对被告人黄骞处罚时应坚持罪刑法定原则，其第二次醉酒驾驶时原判决还没有生效，即不是发生在原判缓刑考验期内，所以不能适用《刑法》第七十七条的规定，对其不应也无需撤销缓刑，而应直接适用《刑法》第七十一条的规定实行数罪并罚。

第三种意见认为，应将原判缓刑通过审判监督程序予以撤销，再实行数罪并罚。理由是原判宣告缓刑后，被告人在上诉期间再犯新罪，其已经不符合缓刑的条件，原判出现错误，理应通过审判监督程序纠正，撤销缓刑。

我们同意第一种意见，理由如下：

（一）从立法本意出发，行为人已不具备适用缓刑的实质条件

缓刑适用的前提是所犯罪行情节较轻并有悔改表现，确实不致再危害社会，适用缓

刑的关键是看犯罪分子是否不再具有社会危害性，对于确实不会危害社会的，才能适用缓刑。依照我国《刑法》第七十二条第一款规定："对于被判处拘役、三年以下有期徒刑的犯罪分子，同时符合下列条件的，可以宣告缓刑：（一）犯罪情节较轻；（二）有悔罪表现；（三）没有再犯罪的危险；（四）宣告缓刑对所居住社区没有重大不良影响。"

首先，悔罪表现是考量行为人社会危险性的重要因素之一，是决定我们能否对其适用缓刑的重要标准。司法实践中，一方面，悔罪表现的判断要看行为人对于其所犯罪行为有无追悔，真诚地自我谴责、反省；另一方面，要看其有无改过自新的意愿与行动。本案中，行为人在前罪中醉酒驾驶机动车上路，给交通秩序造成了危险，被广州市越秀区人民法院判处拘役二个月，缓刑三个月，并处罚金人民币3000元，其本应该进行深刻地自我反省，吸取教训学习交通规章制度，避免再次犯错，却在宣判当天晚上继续饮酒后上路，足见其毫无悔过之意，并无从根本上认识到其行为的违法性和对社会的危险性。

其次，行为人是否具有社会危害性，即是否有再犯罪的危险，也是我们判定行为人能否适用缓刑的一个重要标准，也是缓刑制度设计的根本之意。判断行为人"没有再犯罪的危险"是对行为人没有再犯罪可能性的预测，依据的是客观事实并进行综合论证，结合案件事实和行为人的主客观因素，作一个整体性评价。本案中行为人客观上实施了因危险驾驶被宣告缓刑当晚又继续醉酒驾车上路的行为，主观上并未吸取前罪的教训，仍心存侥幸，如若适用缓刑仍有再犯的可能性，不符合缓刑适用的条件。本案行为人在前罪缓刑判决尚未生效时就再次犯罪，足以说明原判缓刑的威慑和教育功能已经不足以约束到他，应予以撤销。

（二）缓刑判决生效前又犯新罪时，不能启动刑事审判监督程序撤销缓刑判决

刑事审判监督程序是纠正生效裁判错误的程序，是我国《刑事诉讼法》的一个重要制度，体现我国刑事诉讼过程中贯彻实事求是、有错必纠的原则。行使审判监督程序纠正的是已经生效的错误裁判，对于生效裁判没有错误或者裁判尚未发生效力的情况，是不能适用审判监督程序进行撤销的。

《最高人民法院关于适用〈中华人民共和国刑事诉讼法〉的解释》中规定了启动审判监督程序的九种情形：（1）有新的证据证明原判决、裁定认定的事实确有错误，可能影响定罪量刑的；（2）据以定罪量刑的证据不确实、不充分、依法应当排除的；（3）证明案件事实的主要证据之间存在矛盾的；（4）主要事实依据被依法变更或者撤销的；（5）认定罪名错误的；（6）量刑明显不当的；（7）违反法律关于溯及力规定的；（8）违反法律规定的诉讼程序，可能影响公正裁判的；（9）审判人员在审理案件时有贪污受贿、徇私枉法、枉法裁判行为的。综合上述规定，可以发现审判监督程序的启动前提是错误裁判已经生效。很显然，本案中行为人黄骞再次危险驾驶的行为是发生在前罪判决当日尚未生效时，因此，不符合启动审判监督程序的条件。

（三）《刑法》第七十七条是撤销缓刑判决的唯一法律依据

缓刑判决生效前又犯新罪，应先处理前罪的缓刑适用与否的问题，再处理前后罪的并罚问题。如前所述，判决宣告以后又犯新罪，显然已经不符合缓刑适用的目的与条件，应予以撤销。《刑法》第七十七条是撤销缓刑判决的唯一法律依据。《刑法》第七十七条第一款规定表明了缓刑撤销的两个要件：一是时间要件，即缓刑考验期内或者判决宣告以前；二是事实要件，即犯新罪或者发现漏罪。对于判决宣告以后判决生效以前又犯新

罪的，法律并无明文规定，但是司法实践中确恰恰有可能发生这种情形，正如本案。

我们认为，应当参照适用第七十七条的规定撤销前罪的缓刑。虽然此种情形字面上并不符合七十七条第一款的时间要件，但事实要件和时间要件相比较，事实要件才是实质要件，是撤销缓刑的根本理由。如果没有事实要件，那么，撤销缓刑就没有了意义。立法者认为在缓刑判决还没宣告时有漏罪或在缓刑考验期内犯新罪，就不具备适用缓刑的实质条件，也就失去了适用缓刑的条件，只要出现以上行为都应当撤销缓刑。但立法具有滞后性，也无法穷极所有可能性，由于法律条文永远无法涵盖所有的现实可能性，立法者未能预料到在缓刑判决宣告后至确定前，缓刑考验期限尚未开始计算，而现实中恰恰有行为人在这个时间内犯新罪。虽然第七十七条规定的时间要件没有明确涵盖本案的情况，但本案的情形明显已经不适合再适用缓刑，缓刑判决应撤销。在这种情况下，参照适用第七十七条是比较科学合理的，也符合适用法律的正当性原则。

（四）本案参照适用《刑法》第七十七条并不违背罪刑法定原则

有观点认为对本案的情形适用第七十七条违背了罪刑法定原则，这显然是不科学的。罪刑法定原则在法律的适用上，有以下几个重要含义。第一是时效原则，即认定某一行为是否构成犯罪，必须以行为时的法律规定为准。第二是对于刑法的规定，法院不能作出超越法律原则、界限和法律原意的解释，法院的司法解释必须在法律规定的基础上，必须遵从法律的原意，不能创制法律。第三是罪刑法定原则应当严格禁止类推。

一方面，对本案的情形参照适用第七十七条是符合法律原则和法律本意的，如上所述，撤销缓刑的实质要件是对行为人判决宣告以后又犯新罪已经失去了不予关押确实不会危害社会的可能性。在此种情形下撤销缓刑符合刑法第七十七条的立法初衷。另一方面，此种情形适用第七十七条并非类推。《刑法》中的类推是指法条没有明文规定为犯罪，但行为具有社会危害性，因而比照最相类似的刑法条文确定行为构成犯罪。但本案中行为人的前后两个行为均已构成犯罪，且均需判处刑罚，前罪行为已导致不适宜判处缓刑，但又找不到撤销缓刑的直接条文依据。因此而参照第七十七条的规定，符合适用法律的正当性原则，也不违反罪刑法定原则。

综上所述，行为人在判决宣告后生效以前又犯新罪，显然已经不符合适用缓刑的条件，对其适用缓刑已失去威慑和教育功能，应撤销缓刑。撤销缓刑后，行为人的原判刑罚尚未开始实际执行，应与新罪所判处的刑法实行数罪并罚。因此，本案依法撤销被告人原判缓刑判决，以危险驾驶罪对其数罪并罚。

（一审法院合议庭成员　罗　成　曹　霞　王玉珊
二审法院合议庭成员　丁阳开　王　婧　陈少波
编写人　广东省广州市天河区人民法院　罗　成
责任编辑　周维明
审稿人　李玉萍）

原载《人民法院案例选》2018 年第 2 辑（总第 120 辑）

十一、假　释

29. 陈则德假释案

——假释期间脱离监管的处理

【关键词】

假释　社区矫正　脱离监管　撤销

【裁判要旨】

假释人员在假释期间违反法律规定脱离监管，情节严重的，应撤销假释，收监执行。

【相关法条】

《中华人民共和国刑法》

第八十六条第三款　被假释的犯罪分子，在假释考验期限内，有违反法律、行政法规或者国务院有关部门关于假释的监督管理规定的行为，尚未构成新的犯罪的，应当依照法定程序撤销假释，收监执行未执行完毕的刑罚。

《社区矫正实施办法》

第二十五条　缓刑、假释的社区矫正人员有下列情形之一的，由居住地同级司法行政机关向原裁判人民法院提出撤销缓刑、假释建议书并附相关证明材料，人民法院应当自收到之日起一个月内依法作出裁定：

（一）违反人民法院禁止令，情节严重的；

（二）未按规定时间报到或者接受社区矫正期间脱离监管，超过一个月的；

（三）因违反监督管理规定受到治安管理处罚，仍不改正的；

（四）受到司法行政机关三次警告仍不改正的；

（五）其他违反有关法律、行政法规和监督管理规定，情节严重的。

司法行政机关撤销缓刑、假释的建议书和人民法院的裁定书同时抄送社区矫正人员居住地同级人民检察院和公安机关。

【案件索引】

福建省厦门市中级人民法院（2015）厦刑执字第1219号（2015年12月7日）

【基本案情】

罪犯陈则德于2006年12月至2007年4月间，先后窜至福建省厦门市鼓浪屿市政环境卫生管理处、泉州路62号等地，多次实施盗窃作案，盗窃铝制电杆、电缆线、瓷器及民国时期的酸枝木太师椅等财物，涉被害单位和被害人个人财物价值人民币191393元，并将所盗赃物销赃给被告人林其文。2007年4月7日凌晨，被告人陈则德再次窜至鼓浪屿泉州路62号，将被害人佘明瑞的1套民国时期的酸枝木餐桌（含1桌4凳，价值共计人民币15000元）搬出院外欲盗走时，被巡逻的公安人员人赃俱获。

福建省厦门市思明区人民法院于2007年11月24日作出（2007）思刑初字第850号刑事判决，以被告人陈则德犯盗窃罪，判处有期徒刑十一年（刑期自2007年4月16日起至2018年4月15日止），并处罚金人民币2万元。判决生效后于2007年12月27日交付执行。服刑期间，厦门市中级人民法院于2011年1月7日作出（2010）厦刑执字第1544号刑事裁定，裁定减刑一年三个月（刑期自2007年4月16日起至2017年1月15日止）。执行机关福建省厦门监狱于2013年10月24日提出假释建议书，建议对罪犯陈则德予以假释，报送厦门市中级人民法院审理。2013年11月18日，厦门市中级人民法院作出（2013）厦刑执字第1227号刑事裁定，对罪犯陈则德予以假释（假释考验期限自假释之日起计算，即自2013年11月18日起至2017年1月15日止）。罪犯陈则德假释后回原户籍所在地湖北省麻城市福田河镇司法所执行社区矫正，但自2015年3月30日起该犯未到福田河镇司法所社区矫正办参加集体教育学习和公益劳动，亦未进行思想汇报，电话无法联系处于停机状态，麻城市司法局对其发出两次警告，该犯均未到司法所接受社区矫正，经多方查找其家人和居住地村级组织也不知其去向，其假释具保人也无法与其取得联系，至今实际脱离监管已超过半年以上。2015年10月12日，湖北省黄冈市司法局以黄冈社矫撤字（2015）01号撤销假释建议书，向厦门市中级人民法院提请对罪犯陈则德撤销假释，予以收监执行未执行完毕的刑罚建议。

【裁判结果】

2015年12月7日福建省厦门市中级人民法院作出（2015）厦刑执字第1219号刑事裁定：一、撤销本院2013年11月18日（2013）厦刑执字第1227号对罪犯陈则德予以假释的刑事裁定；二、对罪犯陈则德予以收监执行未执行完毕的刑罚（即实际收监之日起继续执行有期徒刑三年一个月二十八天）。

【裁判理由】

法院认为：罪犯陈则德假释后回原户籍所在地湖北省麻城市福田河镇司法所执行社区矫正，但自2015年3月30日起该犯未到福田河镇司法所社区矫正办参加集体教育学习和公益劳动，亦未进行思想汇报，电话无法联系处于停机状态，麻城市司法局对其发出两次警告，该犯均未到司法所接受社区矫正，经多方查找其家人和居住地村级组织也不知其去向，其假释具保人也无法与其取得联系，至今实际脱离监管已超过半年以上。审理期间，厦门市中级人民法院联系罪犯陈则德的假释具保人陈则德哥哥陈则全，其反映陈则德于2015年春节期间有给家里打过电话，后一直没有联系，家人也不知道陈则德在何处，无法与陈则德取得联系。根据执行机关社区矫正机构提供的证据材料及庭审情况，罪犯陈则德目前处于脱离监管的状态事实成立，罪犯陈则德的行为已违反了有关法律和社区矫正监督管理规定，脱离监管超过半年以上，情节严重。裁定撤销该犯假释，对其收监执行未执行完毕的刑期。

【案例注解】

社区矫正是一项针对非监禁刑罪犯的刑罚执行活动，假释人员在刑事裁定书生效后7日内或出监之日起7日内持法院裁定书及监狱开具的释放证明到住地派出所、司法局社区矫正办办理登记手续。获得假释的人员应当遵守法律、法规，服从监督；按照考察机关的规定报告自己的活动情况；遵守考察机关关于会客的规定；离开所居住的市、县或者迁居，应当报经监督机关批准。本案罪犯陈则德在获得假释期间，其回到原户籍所在地的湖北省麻城市福田河镇司法所，执行社区矫正，但自2015年3月30日起该犯未到福田河镇司法所社区矫正办参加集体教育学习和公益劳动，亦未进行思想汇报，电话无法联系处于停机状态，麻城市司法局对其发出两次警告，该犯均未到司法所接受社区矫正，经多方查找其家人和居住地村级组织也不知其去向，甚至其哥哥陈则全作为假释具保人，也无法与其取得联系。据具保人反映陈则德于2015年春节期间有给家里打过电话，后一直没有联系，家人也不知道陈则德在何处。鉴于该犯实际脱离监管已超过半年以上。在此情况下，可以认定罪犯陈则德目前处于脱离监管的状态事实成立，罪犯陈则德的行为已违反了相关法律规定，对执行机关提请的撤销假释建议可以成立，由于罪犯陈则德在假释考验期间，违反有关法律和社区矫正监督管理规定，脱离监管超过半年以上，情节严重，厦门市中级人民法院对该犯作出撤销假释，予以收监执行的处理。该撤销处理对失联的罪犯具有惩戒的作用，并促使假释人员在社区矫正期间，自觉遵守法律、法规，认真接受社区矫正机构监管，定期报告自己工作、生活、遵纪守法及思想动态情况，敦促假释人员遵守法律和假释纪律，帮助其尽早融入社会，消除其重新犯罪的危险。

（合议庭成员　吴　琦　赖民勇　黄翠青
编写人　福建省厦门市中级人民法院　吴　琦
责任编辑　周维明
审稿人　李玉萍）

原载《人民法院案例选》2017年第9辑（总第115辑）

十二、时　　效

30. 张丽荣脱逃案

——追诉期限制度中“已采取强制措施”的认定

【关键词】

刑事　追诉期限　强制措施　脱逃

【裁判要旨】

侦查机关知悉被告人脱逃后，没有及时对其采取强制措施，则其犯罪行为已超过追诉期限，不应再追诉，已经追诉的，应裁定终止审理。

【相关法条】

《最高人民法院关于适用刑法时间效力规定若干问题的解释》

第一条　对于行为人 1997 年 9 月 30 日前实施的犯罪行为，在人民检察院、公安机关、国家安全机关立案侦查或者在人民法院受理案件以后，行为人逃避侦查或者审判，超过追诉期限或者被害人在追诉期限内提出控告，人民法院、人民检察院、公安机关应该立案而不予立案，超过追诉期限的，是否追究行为人的刑事责任，适用修订前的刑法第七十七条的规定。

《中华人民共和国刑法》（1979）

第七十七条　在人民法院、人民检察院、公安机关采取强制措施以后，逃避侦查或者审判的，不受追诉期限的限制。

【案件索引】

一审：黑龙江省七台河市中级人民法院（2016）黑 09 刑初 12 号（2016 年 12 月 12 日）

死刑复核：黑龙江省高级人民法院（2017）黑刑核 44906596 号（2017 年 4 月 25 日）

【基本案情】

法院经审理查明：1992 年 9 月 25 日，被告人张丽荣因犯故意杀人罪被黑龙江省七台河市中级人民法院判处死刑，缓期二年执行。1993 年 4 月 14 日，黑龙江省高级人民法院作出核准张丽荣死刑，缓期二年执行的刑事裁定，并于同年 5 月 4 日向张丽荣送达。同年 9 月 8 日，七台河市看守所看管人员押解在该所羁押的张丽荣到七台河市人民医院就医，张丽荣就诊后乘看管人员不备逃走。2005 年 11 月 4 日，公安机关决定对张丽荣刑事拘留，并以涉嫌故意杀人罪对其上网通缉。2016 年 5 月 25 日，公安人员将化名刘淑华、刘冰的张丽荣抓获。

【裁判结果】

黑龙江省七台河市中级人民法院于 2016 年 12 月 12 日作出（2016）黑 09 刑初 12 号刑事判决：被告人张丽荣犯脱逃罪，判处有期徒刑三年。与先前故意杀人罪之判决所判处的死刑，缓期二年执行，剥夺政治权利终身的刑罚并罚，决定执行死刑，缓期二年执行，剥夺政治权利终身。

一审判决作出后，张丽荣未上诉，检察机关未抗诉，黑龙江省七台河市中级人民法院依法报送黑龙江省高级人民法院核准张丽荣死缓判决。黑龙江省高级人民法院于 2017 年 4 月 25 日作出（2017）黑核 44906596 刑事裁定：不核准黑龙江省七台河市中级人民法院（2016）黑 09 刑初 12 号对被告人张丽荣犯脱逃罪，判处有期徒刑三年，与先前故意杀人罪之判决所判处的死刑，缓期二年执行，剥夺政治权利终身的刑罚并罚，决定执行死刑，缓期二年执行，剥夺政治权利终身的刑事判决；撤销黑龙江省七台河市中级人民法院（2016）黑 09 刑初 12 号刑事判决；发回黑龙江省七台河市中级人民法院重新审判。

【裁判理由】

法院生效裁定认为：侦查机关知悉张丽荣脱逃后，没有及时对其采取强制措施，直至 2005 年 11 月 4 日才对张丽荣决定刑事拘留。1997 年 10 月 1 日施行的《最高人民法院关于适用刑法时间效力规定若干问题的解释》第一条规定，对于行为人 1997 年 9 月 30 日前实施的犯罪行为，在人民检察院、公安机关、国家安全机关立案侦查或者在人民法院受理案件以后，行为人逃避侦查或者审判，超过追诉期限或者被害人在追诉期限内提出控告，人民法院、人民检察院、公安机关应该立案而不予立案，超过追诉期限的，是否追究行为人的刑事责任，适用修订前的《刑法》第七十七条的规定。根据 1979 年《刑法》第七十七条规定，在人民法院、人民检察院、公安机关采取强制措施以后，逃避侦查或者审判的，不受追诉期限的限制。张丽荣涉嫌脱逃罪的追诉期限为 10 年，公安机关在其脱逃后的 10 年内（1993 年 9 月 8 日至 2003 年 9 月 8 日）没有对张丽荣采取强制措施，其犯罪行为已超过追诉期限，不应再追诉，对公诉机关提出张丽荣犯脱逃罪的指控，应裁定终止审理。

【案例注解】

1979 年《刑法》第一百六十一条规定，依法被逮捕、关押的犯罪分子脱逃的，除按其原犯罪行判处或者按其原判刑期执行外，加处五年以下有期徒刑或者拘役。以暴力、威胁方法犯前款罪的，处二年以上七年以下有期徒刑。根据1997年《刑法》第三百一十六条的规定，犯脱逃罪，应判处五年以下有期徒刑或者拘役。

根据《最高人民法院关于〈中华人民共和国刑法修正案（九）〉时间效力问题的解释》第二条的规定，对于被判处死刑缓期执行的犯罪分子，在死刑缓期执行期间，且在2015年10月31日以前故意犯罪的，适用修正后《刑法》第五十条第一款的规定。综合考虑张丽荣脱逃犯罪的性质、情节、后果，其行为不属情节恶劣，其虽在死刑缓期执行期间犯罪，亦不能对其执行死刑。根据从旧兼从轻原则，如脱逃罪成立，张丽荣死刑缓期执行的期间应从再次被判处死缓的判决生效后重新计算。

本案中，侦查机关知悉张丽荣脱逃后，没有及时针对其脱逃犯罪立案侦查和采取强制措施，直至2005年11月4日对张丽荣决定刑事拘留，并以其涉嫌故意杀人罪上网通缉。1997年10月1日施行的《最高人民法院关于适用刑法时间效力规定若干问题的解释》第一条规定，对于行为人1997年9月30日前实施的犯罪行为，在人民检察院、公安机关、国家安全机关立案侦查或者在人民法院受理案件以后，行为人逃避侦查或者审判，超过追诉期限或者被害人在追诉期限内提出控告，人民法院、人民检察院、公安机关应该立案而不予立案，超过追诉期限的，是否追究行为人的刑事责任，适用修订前的《刑法》第七十七条的规定。根据1979年《刑法》第七十七条规定，在人民法院、人民检察院、公安机关采取强制措施以后，逃避侦查或者审判的，不受追诉期限的限制。

综上，被告人张丽荣脱逃犯罪是否已过追诉期限，焦点便落在对“在人民法院、人民检察院、公安机关采取强制措施以后”的认定上。

承办人认为，对1979年《刑法》规定的强制措施不能宽泛理解，张丽荣在看守所羁押是对故意杀人罪采取的强制措施，不能视为针对脱逃罪采取的强制措施。脱逃罪的追诉期限为10年，公安机关在张丽荣脱逃后的10年内（1993年9月8日至2003年9月8日）没有履行立案手续，没有对张丽荣采取强制措施，其脱逃犯罪已超过追诉期限，不应再追诉，对公诉机关提出张丽荣犯脱逃罪的指控，应裁定终止审理。因张丽荣脱逃犯罪已超过追诉期限，不应追究刑事责任，故其死刑缓期执行的期间不能重新计算，但其脱逃期间不能计入死刑缓期执行的期间，即张丽荣脱逃前执行的四个月零五天死缓期间与其被抓获之日起连续计算死刑缓期执行的期间。一审以张丽荣犯脱逃罪施以刑罚不当，裁定撤销原判，发回一审法院依照审判监督程序予以纠正。

黑龙江省高级人民法院将该案发回黑龙江省七台河市中级人民法院重新审判后，七台河市中级人民法院于2017年8月7日作出（2017）黑09刑初13号刑事裁定书，以已超过追诉时效期限为由，裁定被告人张丽荣脱逃案终止审理。

（一审法院合议庭成员　张峻义　关　勇　李　欢
死刑复核合议庭成员　刘显军　郭　宁　郭卫军
编写人　黑龙江省高级人民法院　刘显军　张劲松
责任编辑　周维明
审稿人　李玉萍）

原载《人民法院案例选》2019年第3辑（总第133辑）

刑法分则编

第一章　危害公共安全罪

一、以危险方法危害公共安全罪

31. 陈学建以危险方法危害公共安全案*

——吸毒后驾驶机动车危害公共安全，投案自首，依法惩处

【基本案情】

被告人陈学建，男，汉族，1984 年 2 月 29 日出生，个体经营户。

2015 年 3 月 20 日，被告人陈学建驾车途中，在一高速公路服务区停车吸食毒品。当日 23 时许，陈学建驾车行至上海市曲阳路、中山北二路时，遇公安人员设卡例行检查。陈学建拒不接受检查，强行驾车闯卡逃逸，公安人员遂驾驶警车对其进行追截。陈学建驾车连续闯红灯、在非机动车道逆向快速行驶、碰撞道路隔离栏，并剐倒一名行人，在逃至广灵二路近广纪路口时被追截的警车碰撞仍不停车，在撞碎一面包房玻璃墙后弃车逃跑。次日，陈学建向公安机关投案。

【裁判结果】

本案由上海市虹口区人民法院审理。

法院认为：被告人陈学建吸食毒品后驾车违章行驶，危及不特定多数人的人身、财产安全，其行为已构成以危险方法危害公共安全罪。陈学建作案后主动投案，如实供述犯罪事实，构成自首，依法可从轻处罚。据此，依法对被告人陈学建判处有期徒刑三年零六个月。

宣判后，在法定期限内没有上诉、抗诉，上述裁判已于 2015 年 9 月 18 日发生法律效力。

【典型意义】

吸食毒品严重危害吸毒人员身心健康。一些毒品因具有兴奋、致幻作用，吸食后会对吸毒人员的驾驶能力产生影响，使其出现感知错位、注意力无法集中、幻视幻听等症状。因此，吸毒后驾驶机动车，极易因驾驶行为失控而肇事肇祸。此类案件近年来已多

* 2016 年 6 月 24 日，最高人民法院公布的毒品犯罪及吸毒诱发次生犯罪十大典型案例之一。

次发生。本案就是一起吸毒后驾驶机动车危害公共安全的典型案例。被告人陈学建吸食毒品后驾车进入上海市区，遇检查而强行闯卡、连续违章，并撞击公共设施、剐蹭行人、毁坏他人财物，其行为严重影响交通安全，并对不特定多数人的人身、财产权益造成了损害。人民法院依法认定陈学建的行为构成以危险方法危害公共安全罪，但鉴于其有自首情节而对其从轻处罚，较好地体现了宽严相济刑事政策。

（责任编辑　杨　奕）

原载《人民法院案例选》2016年第11辑（总第105辑）

32. 张沛生以危险方法危害公共安全案

——吸毒后驾驶机动车肇事并连续冲撞，系累犯，投案自首，依法惩处

（一）基本案情

被告人张沛生，男，汉族，1979 年 8 月 31 日出生，农民。2014 年 9 月 30 日因犯非法持有枪支罪被判处有期徒刑一年三个月，2015 年 9 月 18 日刑满释放。

2016 年 2 月 2 日 12 时许，被告人张沛生吸毒后驾车在广东省广州市番禺区亚运大道超速行驶。其闯红灯直行时，与一辆马自达轿车发生碰撞。张沛生驾车逃离现场，途中又接连与 4 辆汽车及 1 辆三轮摩托车相撞，造成乘坐三轮摩托车的吴某某、罗某某等 6 人受伤，多车损坏，其中吴某某、罗某某均受重伤。事发后张沛生留在现场，后被到场的公安人员抓获。经交警部门认定，张沛生承担连续发生的多起交通事故的全部责任。经鉴定，张沛生血样中检出甲基苯丙胺、苯丙胺成分。

（二）裁判结果

本案由广东省广州市番禺区人民法院一审，广州市中级人民法院二审。

法院认为：被告人张沛生吸毒后驾车违章行驶，肇事后逃离途中又与多车相撞，危及不特定多数人的人身、财产安全，其行为已构成以危险方法危害公共安全罪。张沛生的行为致 2 人重伤、多车损坏，犯罪后果严重，应依法惩处。张沛生曾因故意犯罪被判处有期徒刑，在刑罚执行完毕后五年内又犯罪，系累犯，应依法从重处罚。张沛生作案后主动投案，如实供述罪行，有自首情节，依法可从轻处罚。据此，依法对被告人张沛生判处有期徒刑十年，剥夺政治权利三年。

上述裁判已于 2017 年 4 月 14 日发生法律效力。

（三）典型意义

毒品多具有兴奋、致幻作用，吸食后会产生感知错位、注意力无法集中、幻视幻听等症状。因此，吸毒后驾驶机动车极易因上述症状而肇事肇祸，造成严重危害后果。本案就是一起吸毒后驾驶机动车危害公共安全，造成严重后果的典型案例。被告人张沛生吸食毒品后驾车在市区超速行驶并闯红灯，说明吸毒已导致其驾驶能力异常。在与其他车辆发生碰撞后，张沛生驾车逃离现场，途中又连续撞击多辆汽车和三轮摩托车，造成 2 人重伤、多车损坏的严重后果。人民法院根据张沛生犯罪的事实、性质及

其投案自首、又系累犯等具体情节，依法判处刑罚，较好地体现了罪刑相适应的刑法原则。

（责任编辑　杨　奕）

原载《人民法院案例选》2017 年第 8 辑（总第 114 辑）

33. 支某某以危险方法危害公共安全案

——涉疫情典型刑事案件的认定与把握

【关键词】

刑事　疫情防控　罪刑法定　故意驾车冲撞疫情防控站　以危险方法危害公共安全罪

【裁判要旨】

疫情防控期间因对人员、车辆进入小区需要核实、登记并办理证件不满而驾车冲撞不特定多人的行为应以以危险方法危害公共安全罪从重处罚。

【相关法条】

《中华人民共和国刑法》

第一百一十四条　放火、决水、爆炸以及投放毒害性、放射性、传染病病原体等物质或者以其他危险方法危害公共安全，尚未造成严重后果的，处三年以上十年以下有期徒刑。

【案件索引】

一审：北京市昌平区人民法院（2020）京 0114 刑初 212 号（2020 年 3 月 12 日）

【基本案情】

被告人支某某，男，33 岁，汉族，出生地北京市，大专文化，无业。因涉嫌犯以危险方法危害公共安全罪，于 2020 年 2 月 17 日被羁押，同年 2 月 21 日被逮捕。

公诉机关指控：2020 年 2 月 17 日上午 9 时许，被告人支某某驾驶一辆白色雷诺汽车前往北京市昌平区北七家镇柏林在线小区，在办理进入小区登记手续时，与现场的疫情防控人员刘某某发生言语冲突。为发泄不满，被告人支某某驾车两次冲撞疫情防控人员刘某某、邢某某所在人群及防疫帐篷，导致刘某某右胸部、双膝多处挫伤，邢某某头外伤神经反应、鼻骨骨折等损伤，防疫帐篷坍塌，办公电脑、执法仪、体温计等防疫物资被损坏。经鉴定，刘某某、邢某某均构成轻微伤；被损坏的办公电脑、执法仪、体温计等防疫物资价值人民币 6580 元。案发后，被告人支某某被民警当场抓获。

公诉机关认为被告人支某某的行为触犯了《刑法》第一百一十四条之规定，应当以以危险方法危害公共安全罪追究其刑事责任。

被告人支某某对公诉机关指控的事实和罪名不持异议，当庭自愿认罪。其辩护人的辩护意见为：本案系小纠纷引发的刑事犯罪案件，事情起因在于双方的不理智行为；被告人支某某到案后能够如实交代自己犯罪行为，系初犯，有悔过之意，委托家人交纳赔偿款；建议法庭对其从轻处罚。

法院经审理查明：2020 年 2 月，北京市昌平区北七家镇人民政府按照上级统一部署，落实新冠肺炎防控措施，在该镇柏林在线小区西门设立防疫帐篷作为疫情防控工作站，严格核实登记小区出入人员、车辆。刘某某、邢某某均系疫情防控工作人员。

2020 年 2 月 17 日上午 8 时 30 分许，被告人支某某在该工作站办理进入小区手续时，认为登记时间过长，与刘某某发生言语冲突。为发泄不满情绪，支某某驾驶白色雷诺汽车加速冲撞疫情防控工作人员、办证群众所在人群及防疫帐篷，致刘某某、邢某某被车辆撞入帐篷，车辆被坍塌的帐篷覆盖。支某某在视线被遮挡的情况下，倒车后再次加速冲撞。两次冲撞致使刘某某、邢某某受伤，防疫帐篷、办公电脑、执法仪、体温计等防疫物资损坏。经鉴定，邢某某伤情为面部擦伤、右侧鼻骨骨折以及体表擦、挫伤，上述三处损伤均为轻微伤；刘某某手部、左膝部及左膝下方均有擦、挫伤，损伤程度为轻微伤；被损坏的防疫物资价值人民币 6580 元。案发后，被告人支某某被工作人员当场控制，后被民警查获。

【裁判结果】

北京市昌平区人民法院于 2020 年 3 月 12 日作出（2020）京 0114 刑初 212 号刑事判决：一、被告人支某某犯以危险方法危害公共安全罪，判处有期徒刑五年六个月。二、随案移送小型普通客车一辆，退回扣押机关。

宣判后，被告人未上诉，检察机关未抗诉。判决已发生法律效力。

【裁判理由】

法院生效裁判认为：被告人支某某在新冠肺炎疫情防控期间，因办理小区出入手续，与工作人员发生口角，为发泄情绪，在疫情防控工作站连续两次驾车冲撞疫情防控工作人员及周边人群，致使两名工作人员轻微伤和防疫物资受损，危害公共安全，尚未造成严重后果，其行为已经构成以危险方法危害公共安全罪，依法应予惩处。北京市昌平区人民检察院指控被告人支某某犯以危险方法危害公共安全罪的事实清楚，证据确实、充分，罪名成立。被告人支某某的犯罪行为给疫情防控工作带来消极影响，社会影响恶劣，酌情予以从重处罚。被告人支某某到案后如实供述主要犯罪事实，当庭自愿认罪，依法予以从轻处罚。辩护人关于被告人支某某到案后能够如实交代自己犯罪行为，系初犯，有悔过之意，委托家人交纳赔偿款，建议法庭对其从轻处罚的意见，法院予以采纳。其他辩护意见，法院酌情予以采纳。

【案例注解】

据统计，2020 年上半年，各级司法机关发布 305 例涉新冠疫情典型案例，其中刑事类案件最多，达到六成以上，在 212 例刑事类案件中，涉及妨害公务罪、寻衅滋事罪、以危险方法危害公共安全罪、故意杀人罪等 4 类案由占比为三成。① 目前，新冠疫情防控

① 数据来源于北大法宝《新冠“疫情”典型案例分析报告》。

进入常态化阶段，进一步厘清罪名界定，精准打击、依法及时、从严惩治妨害疫情防控违法犯罪具有重要意义。

本案发生在北京新型冠状病毒肺炎疫情防控最紧要的时期，在审理案件过程中对如何准确理解和认定支某某的行为存在较大分歧，有四种意见：第一种意见认为支某某的行为构成妨害公务罪，其理由在于根据《刑法》第二百七十七条第一款规定，妨害公务罪要求采取了暴力或者威胁行为，行为对象是国家机关工作人员。本案中，支某某行为手段属于暴力行为，虽被害人系小区物业工作人员，但依据《全国人民代表大会常务委员会关于〈中华人民共和国刑法〉第九章渎职罪主体适用问题的解释》《最高人民法院、最高人民检察院、公安部、司法部关于依法惩治妨害新型冠状病毒感染肺炎疫情防控违法犯罪的意见》以及本案证据，被害人为按照政府有关防疫安排，从事与防疫有关的工作人员，其行为属于公务行为。第二种意见认为支某某的行为构成寻衅滋事罪，其理由在于支某某行为手段暴力程度较高，但仅造成被害人轻微伤后果，财产损失有限，可评价为《刑法》第二百九十三条第一款第一项“随意殴打他人，情节恶劣”的行为，在法定刑幅度内从重处罚。第三种意见认为支某某的行为构成故意杀人罪，其理由在于支某某为发泄不满，驾车冲撞被害人，其间对被害人进行二次撞击，手段残忍、工具高危、目标特定。第四种意见即本案生效判决。从法律适用角度来看，该案具有重要参考价值。略述如下：

一、准确界分疫情防控背景下的妨害公务罪、寻衅滋事罪、故意杀人罪

（一）妨害公务罪

1. 支某某的行为不应被评价为妨害公务罪。综合全案证据，妨害公务罪不能准确评价支某某的行为。第一，从法益侵害角度看，妨害公务罪是规定在《刑法》第六章妨害社会管理秩序罪中的罪名，该罪所保护的法益应为公务行为正常执行。而本案支某某并未阻止或者不配合防疫检查，或者强行闯卡进入小区，而是在核实、登记、备案等防疫公务行为即将结束后因对防控措施不满而针对防控人员实施的泄愤报复行为，因而其行为侵犯的法益并非仅仅是疫情防控这一公务行为的正常执行，还包括疫情防控人员的生命健康安全。第二，从行为手段角度看，虽然妨害公务罪的客观行为也包括暴力行为，但行为人实施暴力的目的在于避免成为公务执行的对象，拒不配合管理，如拒不配合疫情防控期间的社区管理，殴打社区防疫工作人员等行为。而本案中，支某某驾车冲撞的目的并非不经检查登记顺利进入小区，而是不满疫情防控登记检查措施而泄愤报复防疫人员。第三，从罪责刑相一致角度看，妨害公务罪的法定刑为三年以下有期徒刑、拘役、管制或者罚金，该法定刑幅度决定了构成妨害公务罪的行为暴力程度、社会危害后果等应与故意伤害致人轻伤的犯罪行为保持基本平衡。但本案中，虽然最终未出现轻伤以上犯罪结果，但支某某在现场面对帐篷之外有众多防疫人员及进出小区群众、帐篷之内并不确定有多少人员及财物的情况下，驾驶车辆两次故意冲撞，该行为的社会危害性、行为人的主观恶性均远高于故意伤害致人轻伤行为，因而对支某某的行为评价为妨害公务罪，将可能导致罪责刑不相适应。

2. 准确认定疫情防控背景下妨害公务罪的行为对象。根据《刑法》第二百七十七条之规定以及《最高人民检察院关于以暴力、威胁方法阻碍事业编制人员依法执行行政执法职务是否可以对侵害人以妨害公务罪论处的批复》，妨害公务罪针对的是正在执行公务的国家机关工作人员、国有事业单位工作人员以及红十字会工作人员。《最高人民法院、最高人民检察院、公安部、司法部关于依法惩治妨害新型冠状病毒感染肺炎疫情防控违法犯罪的意见》对妨害公务行为对象给予进一步明确，包括依照法律、法规规定行使国家有关疫情防控行政管理职权的组织中从事公务的人员，虽未列入国家机关人员编制但在国家机关中从事疫情防控公务的人员。同时，作为基层群众自治组织，村（居）民委员会或者村（居）民是防控新冠肺炎疫情的重要参与者，对其行为的性质，需要注重审查“委托”行为，区分对待：村（居）民委员会或者村（居）民在其自治范围内自发组织的防疫措施，不应纳入妨害公务罪的行为对象；在党委政府统一部署下，村（居）民委员会或者村（居）民协助政府从事疫情防控的，应当视为公务人员。

（二）寻衅滋事罪

1. 支某某的行为不应被评价为寻衅滋事罪。支某某行为评价为寻衅滋事罪无法全面评价其客观表现及社会危害，难以实现罪责刑相统一。第一，从行为客观表现看，寻衅滋事罪罪状中的“随意殴打他人”一般指的是基于无事生非的动机而在殴打对象的选择上具有不特定性和随意性，五年以下有期徒刑的法定刑幅度也决定了殴打的暴力程度一般具有轻微性。而本案中支某某的犯罪工具系具有高度危险性的汽车，行为方式是驾车冲撞，行为目标是防疫工作人员，因而其行为显然难以被评价为“随意殴打他人”。第二，从行为社会危害性看，寻衅滋事罪因犯罪对象的特定、行为手段的轻微而对被害人人身的危害性有限，因而更多体现的是妨害了社会管理秩序。而本案中支某某在众人阻止的情况下两次驾车冲撞二被害人，同时在冲撞过程中丝毫不顾及在场其他多人人身健康及公私财产安全，该行为的社会危害已远超对疫情防控秩序的破坏，更多的是对不特定多人人身安全及重大公私财产的威胁，因而社会危害性要严重于寻衅滋事罪。用寻衅滋事罪来评价支某某的行为，将导致遗漏评价其行为对周围不特定多数人所造成的具体危险。第三，从罪责刑相一致角度看，因为支某某行为的客观表现及社会危害性均高于寻衅滋事罪，寻衅滋事罪的法定刑已难以与支某某的犯罪行为相匹配。

2. 寻衅滋事罪在疫情防控期间的理解适用。一是准确把握犯罪起因的随意性，即行为人是否属于无事生非、借故生非，具有寻衅滋事的故意。《最高人民法院、最高人民检察院关于办理寻衅滋事刑事案件适用法律若干问题的解释》规定了两种类型的寻衅滋事，一种是“无事生非型”，另一种是“借故生非型”，但不管是无故还是借故，都在一定程度上反映出“强盗逻辑”。二是准确把握行为人的行为是否严重妨害疫情防控工作，是否达到情节恶劣的程度或造成公共场所秩序严重混乱的后果。三是准确把握疫情防控期间典型寻衅滋事罪的情形，具体包括，疫情防控期间，行为人随意殴打从事疫情防控工作人员，直接扰乱社会公共秩序，同时构成故意伤害罪的，择一重罪处罚；行为人寻衅滋事，推搡、撕扯医务人员或损坏医务人员防护装备，严重影响医疗工作的，同时构成故意伤害罪的，择一重罪处罚；行为人在医疗卫生机构等场所违规停放尸体、私设灵堂，或者阻碍医疗卫生机构依法处置传染病尸体，严重影响医疗、疫情防控工作的，同时构成危害公共安全犯罪、妨害传染病防治罪或者聚众扰乱社会秩序罪等其他犯罪的，择一重罪处罚。①

① 《江苏省高级人民法院关于妨害新型冠状病毒肺炎疫情防控相关刑事案件的审理指南》。

（三）故意杀人罪

支某某的行为不应被评价为故意杀人罪。综合全案证据来看，本案认定支某某犯故意杀人罪并不妥当。第一，现有证据不能证明支某某主观上存在剥夺他人生命的直接故意。支某某与被害人发生矛盾的起因在于认为防疫人员登记检查速度太慢而有意刁难，但该矛盾起因尚不足以让支某某产生剥夺对方生命的故意。第二，现有证据不能证明支某某存在间接故意。支某某驾车直接冲撞二被害人，期间还存在倒车后再次加速的行为，不存在间接故意的客观证据基础。此外，如认为支某某驾车冲撞被害人属间接故意，则因为最终犯罪结果为二被害人轻微伤，则其行为不仅不能被认定为故意杀人罪，而且连故意伤害罪也不能认定。第三，故意杀人罪无法全面评价支某某行为方式社会危害性。支某某驾车冲撞虽然指向被害人刘某某及邢某某，但其在发动汽车第一次冲撞之时，帐篷外有十多名防疫工作人员及小区群众，帐篷内有多少人并不可知；其在驾驶汽车冲进帐篷内后倒车进行第二次冲撞之时，支某某虽在帐篷之内，但因帐篷已被撞坍塌，其对于帐篷之内有多少人并不可知，在此情况下倒车再次冲撞直到车轮被卡住而停止。因而从其两次冲撞现场行为看，其事实上无视不特定多名防疫人员、现场群众生命健康及公共财物的安全，冲撞行为不仅直接导致二被害人受伤，更重要的是对上述人员生命健康及公私财物的安全造成了现实直接危险，而这些危险却是故意杀人罪的罪状所无法涵盖的。

二、支某某的行为应构成以危险方法危害公共安全罪

以危险方法危害公共安全罪，一般是指行为人故意使用放火、决水、爆炸、投放危险物质以外的危险方法危害公共安全的行为，其中的“其他危险方法”仅限于与放火、决水、爆炸、投放危险物质相当的方法。作为危害公共安全类犯罪，该罪保护的是不特定多数人生命、健康和重大公私财产的安全。

（一）支某某的行为在客观上危害了不特定多数人的生命、健康和重大公私财产的安全

本案中，支某某虽然驾车冲撞的对象是直接对其人员及车辆执行核实、检测及登记防控措施且与其发生争执的邢某某、刘某某，且驾车冲撞的结果也是导致该二人轻微伤，但其两次驾车冲撞之时，帐篷外除二人外还聚集有十多人，帐篷内有多少人及公私财物其并不可知。支某某在此情况下为泄愤报复而驾车冲撞，因而导致现场十多人的生命健康及帐篷、帐篷内电脑等公私财物完全处于高度危险状态。因此，虽然支某某案发后辩称其只是为发泄对工作人员的不满，但该行为方式不仅对刘某某、邢某某二人的生命健康产生危险，而且对周围十多名防疫工作人员、群众的生命健康及重大公私财物同样造成了具体危险。支某某的驾车冲撞行为在暴力程度、危险程度等方面与爆炸、放火等危害公共安全的犯罪行为具有相当性，均足以对现场不特定多数人的生命健康及公私财物造成具体危险。

（二）支某某在驾车冲撞前主观上明知其行为可能危及不特定多数人的生命健康及重大公私财物安全

单从表面上看，支某某驾车冲撞的行为对象明确为刘某某和邢某某这两名直接负责登记的工作人员。但其在驾车冲撞之时，现场不仅只有这两人，还有其他防疫工作人员及等待办理出入登记的小区居民等十多人在场。此外，帐篷内可能还有不确定数量的人

员及财物。作为机动车驾驶人员，支某某对于行驶中的汽车具有高度危险性当然是明知的，对于驾车直接冲撞人群里的刘某某、邢某某及帐篷，将严重威胁到现场不特定多数人的人身安全和财产安全当然是明知的。在此情况下，支某某驾车实施两次冲撞行为，足以表现其明知驾车冲撞行为将造成现场不特定多数人的生命健康和公私财物处于危险状态。

（三）支某某对可能出现的不特定多数人生命健康和财产安全的危险结果持放任心理态度

从支某某的行为看，其驾车冲撞的目标是刘某某、邢某某二人，但其在明知其行为可能置现场不特定多数人的生命健康和财产安全于危险状态的情况下，仍执意驾车两次冲撞，不管不顾恣意作为，因而其对于造成刘某某、邢某某二人伤害的结果持积极追求的态度，但对于更为严重的现场不特定多数人生命健康和财产安全危险则是持放任不顾的态度。无论最终出现何种后果，都在其目标范围之内。

（四）支某某的行为尚未造成严重后果

比较《刑法》第一百一十四条与第一百一十五条的犯罪构成要件可以看出，第一百一十四条规定的犯罪为具体危险犯，而第一百一十五条规定的则为结果犯。本案中，支某某虽然针对不特定人员及财物实施了两次驾车冲撞这种高度危险行为，但最终并未造成人员重伤、死亡或者公私财产重大损失的严重后果，因而其行为不构成《刑法》第一百一十五条所规定的以危险方法危害公共安全罪。但综合支某某的两次驾车冲撞的速度、距离及方向，现场人员数量及分布，现场财物数量及分布、支某某驾车冲撞前及过程中的言语行为、该行为给二被害人造成的身体损伤及给公共财产造成的实际损失等可以判断，支某某的驾车冲撞行为已经给现场不特定多人的生命健康及财产安全造成了现实危险，已经严重危害到公共安全，因而该行为构成《刑法》第一百一十四条所规定的以危险方法危害公共安全罪。

（五）支某某的行为应从重处罚

新型冠状病毒肺炎疫情发生后，北京市在 2020 年 1 月 24 日启动突发公共卫生事件一级响应机制，把全力做好疫情防控工作作为当前重中之重的任务。2 月 9 日，北京市新型冠状病毒肺炎疫情防控工作领导小组办公室发布《关于进一步加强社区（村）疫情防控工作的通告》，明确要求开始对小区实行封闭式管理，在小区的出入口设置检查点，居住人员和车辆凭证出入，进入人员必须佩戴口罩并进行体温检测。同时要求严格核实登记小区来往人员及车辆，外来人员和车辆原则上不得进入小区，情况特殊确需进入的，由管理人员做好登记备案。本案发生在 2020 年 2 月 17 日，案发地点为城乡接合部小区，疫情防控任务重，防控压力大。疫情防控措施能否得到严格执行，不仅关系到本次疫情能否及时得以控制，关系到社会正常生活秩序能否得以恢复，更关系到广大社会公众的生命健康能否得以保障。为了维护社会秩序，保障人民群众的生命安全和身体健康，对在疫情防控特殊时期针对疫情防控措施及防疫人员实施的犯罪，应在法定刑幅度内从重处罚。正因为如此，《最高人民法院、最高人民检察院、公安部、司法部关于依法惩治妨害新型冠状病毒感染肺炎疫情防控违法犯罪的意见》明确要求，对于在疫情防控期间实施有关违法犯罪的，要作为从重情节予以考量，依法体现从严的政策要求，有力惩治震慑违法犯罪，维护法律权威，维护社会秩序，维护人民群众生命安全和身体健康。支某某对该小区采取上述疫情防控措施及目的是明知的，在小区防疫人员工作并无不当的情况下，其基于个人不满针对防疫人员实施如此严重的刑事犯罪，法院据此认为其犯罪行为给疫情防控工作带来消极影响，社会影响恶劣，酌情予以从重处罚，判处有期徒刑五年六个月，量刑妥当。

综上，支某某的行为符合我国《刑法》第一百一十四条的规定，应当以以危险方法危害公共安全罪定罪处罚。

三、审理涉疫情刑事案件的基本思路

（一）落实两个意见，规范司法尺度

疫情防控期间出台的《最高人民法院、最高人民检察院、公安部、司法部关于依法惩治妨害新型冠状病毒感染肺炎疫情防控违法犯罪的意见》《最高人民法院、最高人民检察院、公安部、司法部、海关总署关于进一步加强国境卫生检疫工作，依法惩治妨害国境卫生检疫违法犯罪的意见》对于进一步指导执法办案规范、统一法律政策标准具有重要意义。从文件性质来讲，这两个意见属于司法政策规范性文件。值得注意的是，2003年最高人民法院、最高人民检察院曾出台《关于办理妨害预防、控制突发传染病疫情等灾害的刑事案件具体应用法律若干问题的解释》，因此，需要正确处理这三个文件的关系。根据新法优于旧法、特别法优于一般法的原则，之前发布的司法解释、规范性文件与两个意见不一致的，应以两个意见为准，同时，两个意见与该解释并非对立，而是互相补充的关系，该解释不因两个意见的出台而当然失效，两个意见没有规定的，仍应适用该解释。

（二）依法从严惩处，坚持从快审理

一是依法从严惩处，用足用好现有法律规定，对疫情防控期间发生的各类犯罪行为，依法从重处罚。同时，依法从严不是“一味从严”，并未否定宽严相济的刑事政策，审判中须正确把握“依法”与“从严”的关系，需要正确区分刑事犯罪与民事纠纷、一般违法之间的界限，对事件起因、后果、人身危险性、主观恶性、对防疫秩序的影响等要进行综合判断，选择最恰当、最精准的处置方式。对于具有从犯、自首、立功、如实供述、认罪认罚等从宽处罚情节的，要体现依法从宽，实现当严则严，当宽则宽，宽严相济，罚当其罪。二是依法从快审理，在准确认定案件事实证据的基础上，通过依法快速审判妨害疫情防控犯罪，有利于震慑妨害疫情防控的违法犯罪分子。

（一审法院合议庭成员　薛春江　欧春光　王　莹

编写人　北京市第一中级人民法院　周维平　张春城
　　　　北京市昌平区人民法院　王　莹

责任编辑　周维明

审稿人　李玉萍）

原载《人民法院案例选》2020年第9辑（总第151辑）

二、失 火 罪

34. 被告人白加碧失火案*

【基本案情】

2016 年 3 月 1 日 14 时许，被告人白加碧与杨兵在宣汉县樊哙镇古凤村 2 组石渣湾干农活时，白加碧欲将树枝和杂草烧灰作肥，遂从杨兵处借来打火机点燃树枝和杂草，后由于风大引燃山林。白加碧和杨兵见状，边灭火边打电话报警，后在樊哙镇人民政府的组织下于当晚 11 时将山火扑灭。案发后，白加碧主动到公安机关投案自首。经林业工程技术人员现场勘验，本次火灾共造成了 17 户村民山林受损，过火面积 9.21 公顷，烧毁林木 5526 株（其中幼树 2210 株），蓄积 74.601 立方米。

【裁判结果】

四川省宣汉县人民法院一审认为：被告人白加碧过失引发火灾，并造成公民财产损失，危害了公共安全，应予惩处。案发后，白加碧能主动投案自首，并取得了受灾村民的谅解，可从轻处罚。一审法院以失火罪判处白加碧有期徒刑一年六个月，缓刑二年。一审判决已发生法律效力。

【典型意义】

本案系因野外焚烧树枝杂草引发的失火刑事案件。案发地位于西南地区的大巴山山区，由于山区群众法律意识淡薄，对森林火灾警惕性不高，防火观念不强，在林区农业耕作时常常野外用火焚烧秸秆、杂草等。与发生在城乡聚居区的失火案件不同，案发地森林资源丰富，珍稀野生动植物种类繁多，具有重要的生态价值和经济价值，一旦发生森林火灾，既威胁人民群众的生命财产安全，危害公共安全，又严重破坏森林资源和生态环境。本案判决警醒广大群众，不仅滥采滥伐、滥捕滥猎是破坏环境资源的违法行为，野外焚烧树枝杂草等行为导致森林火灾也可能构成犯罪。本案的依法审理有利于促使广

* 2018 年 6 月 4 日最高人民法院发布的 10 起服务保障新时代生态文明建设典型案例之一。

大群众提高森林防火、安全用火意识，自觉做好生态资源保护和护林防火工作，维护森林资源安全。

（责任编辑　杨俊芳）

原载《人民法院案例选》2018年第10辑（总第128辑）

三、过失以危险方法危害公共安全罪

35. 许小渠过失以危险方法危害公共安全案*

——食品销售人员对亚硝酸盐未尽妥善保管义务导致亚硝酸盐混入食品中出售，致人伤亡的行为如何定性

【关键词】

过失以危险方法危害公共安全罪　妥善保管义务　过失

【裁判要点】

食品销售人员对亚硝酸盐未尽妥善保管义务，导致亚硝酸盐混入食品中出售，致人伤亡的行为应认定为过失以危险方法危害公共安全罪。

【相关法条】

《中华人民共和国刑法》

第一百一十五条　放火、决水、爆炸以及投放毒害性、放射性、传染病病原体等物质或者以其他危险方法致人重伤、死亡或者使公私财产遭受重大损失的，处十年以上有期徒刑、无期徒刑或者死刑。

过失犯前款罪的，处三年以上七年以下有期徒刑；情节较轻的，处三年以下有期徒刑或者拘役。

【案情及裁判】

江苏省宿迁市宿豫区人民检察院以被告人许小渠犯过失以危险方法危害公共安全罪，向宿豫区人民法院提起公诉。

被告人许小渠对指控的犯罪事实无异议，但辩称自己并非故意，属于意外事件，请

---

* 案例来源：最高人民法院刑事审判第一、二、三、四、五庭主办：《刑事审判参考》（第101集），法律出版社2015年版，第57~61页。

求从轻处罚。

宿迁市宿豫区人民法院经公开审理查明：被告人许小渠在江苏省宿迁市湖滨新区某农贸市场从事预包装、散装食品销售。2012 年 12 月 30 日上午，许小渠在店内准备用亚硝酸盐（俗称硝卤精）调配硝卤水，因忙于其他事务而将亚硝酸盐遗留在经营区域。店内其他销售人员误将亚硝酸盐混入白糖销售箱，销售给张某忠、蔡某珍等人。当日下午，被害人唐某兰在食用张某忠所购买的混有亚硝酸盐的白糖后，发生亚硝酸盐中毒，经抢救无效死亡。2013 年 1 月 8 日，被害人蔡某珍食用先前购买的混有亚硝酸盐的白糖后，发生亚硝酸盐中毒。经鉴定，被害人唐某兰系亚硝酸盐中毒死亡；被害人蔡某珍的损伤构成轻微伤。案发后，许小渠主动到公安机关投案，如实供述了上述事实，并赔偿被害人唐某兰亲属人民币（以下币种同）16.6 万元，赔偿被害人蔡某珍 4.4 万元，且获得了唐某兰亲属及蔡某珍的谅解。

宿迁市宿豫区人民法院认为：被告人许小渠作为食品经销商，对其购进的亚硝酸盐未尽到妥善保管义务，以致店内员工误将其当作白糖向多人销售，致一人死亡、一人轻微伤，其行为构成过失以危险方法危害公共安全罪。公诉机关指控其犯过失以危险方法危害公共安全罪的罪名成立。许小渠主动向公安机关投案，并如实供述自己的罪行，系自首，可以从轻或者减轻处罚。许小渠积极向被害人或者被害人亲属赔偿经济损失，并获得了谅解，酌情可以从轻处罚。根据被告人许小渠的犯罪情节、悔罪表现，结合所在社区意见，依照《中华人民共和国刑法》第一百一十五条第二款，第六十七条第一款，第七十二条第一款，第七十三条第二款、第三款之规定，宿豫区人民法院以被告人许小渠犯过失以危险方法危害公共安全罪，判处有期徒刑二年，缓刑三年。宣判后，被告人许小渠未提起上诉，公诉机关亦未提起抗诉，该判决已发生法律效力。

【法理解析】

本案的关键所在是对被告人许小渠的主观罪过进行认定。罪过形态是指行为人在实施犯罪时对自己行为将引起的社会危害结果所持有的心理态度，其判断标准应当结合具体案情。本案中，被告人的罪过形态属于疏忽大意的过失。它包括两个构成要素：一是行为人有预见的义务。本案中，被告人作为食品销售的业主其本身就有义务预见有毒物质出现在食品销售区域的危害。二是行为人因疏忽大意没有预见。本案中，被告人因自身疏忽没有尽到妥善管理义务，导致了亚硝酸盐被业务员当作白糖出售。在客观上，被告人的未妥善保管行为发生在食品销售流通领域，其食品向不特定的公众进行销售，对社会公共安全造成了潜在的和现实的威胁，即构成刑法上的“其他危险方法”。该行为危害到不特定多数人的生命健康，并最终导致一死、一轻微伤的严重后果，符合过失以危险方法危害公共安全罪的构成要件。

原载《人民法院案例选》2016 年第 1 辑（总第 95 辑）

四、破坏交通设施罪

36. 陈勇破坏交通设施案

——铁路运输领域破坏交通设施罪“严重后果”的认定

【关键词】

破坏交通设施罪　严重后果　中断行车时间

【裁判要旨】

铁路运输领域破坏交通设施罪的入罪标准是火车足以发生倾覆、毁坏的危险；“严重后果”的量刑应当从火车倾覆、人员伤亡、重大的直接经济损失、中断行车时长等方面分别考量。

【相关法条】

《中华人民共和国刑法》

第一百一十七条　破坏轨道、桥梁、隧道、公路、机场、航道、灯塔、标志或者进行其他破坏活动，足以使火车、汽车、电车、船只、航空器发生倾覆、毁坏危险，尚未造成严重后果的，处三年以上十年以下有期徒刑。

第一百一十九条第一款　破坏交通工具、交通设施、电力设备、燃气设备、易燃易爆设备，造成严重后果的，处十年以上有期徒刑、无期徒刑或者死刑。

【案件索引】

一审：福州铁路运输法院（2015）福铁刑初字第22号（2015年10月19日）

二审：南昌铁路运输中级法院（2015）南铁中刑终字第17号（2015年12月31日）

【基本案情】

公诉机关福州铁路运输检察院诉称：被告人陈勇连续实施破坏运营中的高速铁路轨道及信号装置的行为，阻断高速铁路正常运行5小时左右，致使17趟列车晚点，大量旅客滞留，构成破坏交通设施罪并属于严重后果。

江西省人民检察院南昌铁路运输检察分院支持抗诉意见，认为被告人陈勇破坏交通设施的犯罪行为，属于《刑法》第一百一十九条第一款的严重后果，应依照此法条量刑，一审适用第一百一十七条量刑属于法律适用错误。

被告人陈勇辩称：自愿认罪，希望法院从轻处罚。

法院经审理查明：2015 年 6 月 6 日 12 时 30 分许，被告人陈勇从昌福线 K540 公里处一临时板房内盗出铁锤 1 把、断线钳一把、扳手 2 把、螺丝刀 1 把、柴油发动机油 1 桶及机械用润滑黄油 5 管，随后窜至昌福线福州站至杜钨站区间 K539 + 820M 处下行线栅栏边，用铁锤将栅栏水泥栏条砸断，进入昌福线路。陈勇用铁锤将昌福线下行线 K539 + 820M 处铁轨扣件砸坏 21 个，把黄油涂抹在该段铁轨上再浇上机油。随后又窜至昌福线福州至杜钨区间 K540 + 020M 处上行线左侧，用铁锤砸、脚踹等方式，强行打开该处铁轨旁的信号控制箱，破坏了箱内的电路板、电线等设施，之后把附近的电缆槽盖板翻开，用断线钳剪断电缆槽内的 8 根通信光缆。当日 14 时 26 分，福州工务段安全生产调度中心发现昌福线福州至杜钨区间出现红网报警，福州车站发出调度命令，于 14 时 41 分封锁该区间，经抢修，至 19 时 36 分区间线路恢复正常。2015 年 6 月 7 日，陈勇被抓获，到案后如实供述，自愿认罪。

【裁判结果】

福州铁路运输法院于 2015 年 10 月 19 日作出（2015）福铁刑初字第 22 号刑事判决：被告人陈勇犯破坏交通设施罪，判处有期徒刑七年。

宣判后，陈勇提出上诉，福州铁路运输检察院提起抗诉。南昌铁路运输中级法院于 2015 年 12 月 31 日作出（2015）南铁中刑终字第 17 号刑事判决：一、撤销福州铁路运输法院（2015）福铁刑初字第 22 号刑事判决。二、上诉人陈勇犯破坏交通设施罪，判处有期徒刑十年。

【裁判理由】

法院生效裁判认为：上诉人陈勇持铁锤砸断昌福铁路线水泥护栏，砸坏轨道扣件，在铁轨上涂抹黄油、浇机油，破坏铁路信号控制装置，剪断通信光缆，影响昌福铁路线福州至杜坞区间正常通行约 5 小时，多趟列车晚点，大量旅客滞留，造成严重后果，其行为已构成破坏交通设施罪，应依照《刑法》第一百一十九条第一款的规定量刑，对抗诉机关关于一审判决适用法律错误、量刑不当的意见予以支持。上诉人陈勇关于原判量刑过重的意见没有事实和法律依据，不予采纳。陈勇归案后如实供述，可予以从轻处罚。

【案例注解】

本案事实清楚，证据确实充分，对被告人陈勇构成破坏交通设施罪，控辩双方也均无异议，但由于法律、司法解释对“严重后果”缺乏明确标准，一审后既出现了被告人上诉，又出现了检察院抗诉，表明对此案的法律适用存在着重大争议，争议焦点是：该案犯罪行为是否构成了《刑法》第一百一十九条第一款规定的“造成严重后果”。

《刑法》第一百一十七条规定：破坏轨道、桥梁、隧道、公路、机场、航道、灯塔、标志或者进行其他破坏活动，足以使火车、汽车、电车、船只、航空器发生倾覆、毁坏危险，尚未造成严重后果的，处三年以上十年以下有期徒刑。第一百一十九条第一款规定：破坏交通工具、交通设施、电力设备、燃气设备、易燃易爆设备，造成严重后果的，处十年以上有期徒刑、无期徒刑或者死刑。对这两个条文的适用，实践中时常出现标准不统一和量刑不平衡的情况，迫切需要规范。我们认为，在铁路运输领域，破坏交通设施罪中的“严重后果”的判断应坚持综合评价标准，考虑火车倾覆毁坏情况、人员伤亡、直接经济损失、中断行车时间以及其他危害公共安全严重后果等因素。

一、火车倾覆、毁坏是判断标准但不是必要条件

对于本案的处理，首先要正确认识《刑法》第一百一十七条和第一百一十九条第一款之间的关系。第一百一十七条明确了两个方面的内容：一是破坏交通设施罪是具体的危险犯，只要破坏行为足以使火车发生倾覆、毁坏危险的，即可成立本罪。当然，作为具体的危险犯，司法上要以当时的具体情况为根据。具体到本案中，被告人陈勇砸坏轨道扣件，在铁轨上涂抹黄油、浇机油，破坏铁路信号控制装置，剪断通信光缆的行为，具有造成火车倾覆、毁坏的紧迫危险，其行为构成了破坏交通设施罪。二是明确了未造成严重后果时的量刑标准，既包括侵害的危险，如虽有造成火车倾覆、毁坏的危险，但因防控及时，火车并未倾覆或毁坏；又包括一般程度的现实侵害，如对火车的轻度毁坏、对铁路设施的轻度损坏，在三至十年之间量刑。第一百一十九条第一款规定的则是在符合第一百一十七条具体危险的前提下发生了严重后果的侵害犯，且由于发生了严重后果而加重其法定刑，在十年以上量刑。

进一步考察可以发现，构成破坏交通设施罪的“危险”的判断标准和作为量刑情节的“后果”的判断标准既有关联，又有不同。从文义上看，火车等交通工具足以发生倾覆或毁坏是“危险”的唯一判断标准，而中断行车等因素则显然不在此列。而作为该罪量刑情节的“后果”的判断标准，既包括危险结果，即火车等交通工具处于可能倾覆、毁坏的危险状态；又包括实害结果，即破坏交通设施行为对公共安全法益造成的现实侵害事实，包括火车等交通工具的倾覆、毁坏以及人员的伤亡、财产的损毁，中断行车对铁路运营安全和运营秩序的危害、对旅客公共安全感的影响等。火车的实际倾覆危害性很大，应当认定为“严重后果”，火车遭受重大毁损也可认定为“严重后果”，但这些并不是本罪法定刑升格的唯一标准和必要条件。从我国《刑法》分则来看，严重后果通常是指致人重伤、死亡或者使公私财产遭受重大损失以及使其他重大法益遭受严重损害。铁路运输领域破坏交通设施罪“严重后果”的认定也应参照这一通常标准。因此，尽管本案中火车并未实际倾覆或毁坏，但并不排除《刑法》第一百一十九条第一款的适用。

二、较长时间中断行车等因素应当作为铁路运输领域破坏交通设施罪“严重后果”的判断标准

破坏交通设施罪属于危害公共安全罪，而危害公共安全罪的保护法益是不特定或多数人的生命、健康或重大公私财产安全。尽管司法解释没有明确铁路运输领域中破坏交通设施罪“严重后果”的判断标准，但在公共安全法益受到侵害这一前提下，结合司法实践及相关的刑事司法解释，应分别考虑以下因素：

1. 较长的中断行车时间。我们认为，中断行车时间应当作为铁路运输领域破坏交通设施罪“严重后果”的判断标准。主要理由是：

其一，1993年10月11日，最高人民法院颁布《关于执行〈中华人民共和国铁路法〉中刑事罚则若干问题的解释》（法发〔1993〕28号，以下简称《解释》），其第三条第（一）项明确规定，严重后果的判断标准有“造成人身伤亡、重大财产损毁、中断铁路行车等”。在本案审理过程中，有意见提出：最高人民法院2013年清理司法解释和司法解释性文件时对此予以了废止，既然如此，中断行车时间不应成为严重后果的判断标准。但我们认为，根据《最高人民法院关于废止1980年1月1日至1997年6月30日期间发布的部分司法解释和司法解释性质文件（第九批）的决定》（法释〔2013〕2号），废止这一解释的理由并非是该标准不合理，而是“刑法中已有明确规定”。

其实，这一废止与刑法的立法发展紧密相关。“旧刑法典公布后，曾经出现了130余个附属刑法条文，但随着刑法典的不断完善，这些附属刑法都失去了效力。行政法、经济法等法律中的一些条款，只是形式上概括性地重申刑法的相关内容，而没有对刑法作出解释、补充、修改等实质性规定。”① 对《解释》的废止，也是刑法立法上述发展特点的表现。1990年颁布的《铁路法》有数条关于刑事罚则的内容，明确规定了不同情形下刑事责任追究应当援引的《刑法》条文，但在2009年修订时将“应当依照刑法××条适用刑罚（追究刑事责任）”表述统一修改为“依照刑法有关规定追究刑事责任”。有了这一修改，依附于《铁路法》刑事罚则的司法解释也就失去了存在的空间。虽然《解释》已经废止，但新的司法解释尚未出台，而《刑法》其实并未对“严重后果”这一重要的量刑标准问题进行“明确规定”。审视《解释》“中断铁路行车”这一标准并没有不合理之处，实践中仍应适用其精神。

其二，《刑法》第一百一十九条第一款相关司法解释的旨趣，说明中断铁路行车时间作为“严重后果”判断标准具有合理性。最高人民法院2007年颁布的《关于审理破坏电力设备刑事案件具体应用法律若干问题的解释》，规定“造成1万以上用户电力供应中断六小时以上，致使生产、生活受到严重影响的”，属于“严重后果”。中断电力供应的时间作为“严重后果”的判断标准与中断铁路行车的时间作为“严重后果”的判断标准，二者在立法旨趣上可以说完全一致，都是从公共安全秩序被破坏时间的角度，来反映公众生活的平稳与安宁受到危害的程度。此外，这两个罪名同属危害公共安全罪，且均为《刑法》第一百一十九条的调整范围，两者之间具有相当程度的可比性。

基于此，我们认为，实践中仍然可以沿用《解释》的精神，把中断铁路行车的时间作为判断“严重后果”与否的重要标准。在本案中，陈勇的犯罪行为导致高铁中断行车达5小时，17辆列车不同程度晚点，应当认定构成了“严重后果”，二审适用《刑法》第一百一十九条第一款进行量刑是正确的。当然，值得讨论或亟待司法解释明确规范的问题还有：中断行车多长时间以上可以认定为“造成严重后果”？受影响的旅客数量是否同时作为考量因素？

2. 重大的直接经济损失。如前所述，在我国《刑法》分则中，公私财产遭受重大损失一般作为“严重后果”的判断标准。在对铁路运输领域破坏交通设施罪的量刑时也应坚持这一通常标准，具体可参照同属第一百一十九条调整的有关破坏电子设备罪、盗窃油气或破坏油气设备的司法解释，定为50万元或100万元以上，其计算范围应当包括火

① 张明楷：《刑法学》（第四版），法律出版社2011年版，第21页。

车及铁路设施被损毁设备材料的购置、更换、修复费用以及因中断行车给旅客带来的直接经济损失等。从本案看，如仅以陈勇犯罪行为导致的直接经济损失15万元来算，应不属于“严重后果”。

3. 人员伤亡。这是危害公共安全罪“严重后果”的基本情形和通常标准，死亡直接导致人的生命丧失，一定数量人员的重伤或轻伤都严重危害了人的健康，社会危害性十分明显。在铁路运输领域破坏交通设施罪的司法实践中，可参照有关破坏电子设备罪、盗窃油气或破坏油气设备的司法解释，对造成1人以上死亡、3人以上重伤或者10人以上轻伤的，认定为“严重后果”，依照《刑法》第一百一十九条第一款量刑。

此外，对危害性与上述三类情形相当的其他严重危害公共安全的，也可认定为“严重后果”，如破坏交通设施造成2人重伤同时造成8人轻伤的，既未达到类似司法解释中的重伤3人，又未达到轻伤10人的标准，但综合比较，其危害程度已足以同“3人以上重伤或10人以上轻伤”的程度相当，也应认定为“严重后果”。①

（一审法院合议庭成员　黄　涵　邱晓榕　杨　威
二审法院合议庭成员　张庆文　朱映红　谢卫红
编写人　南昌铁路运输中级法院　徐英荣
责任编辑　李　明
审稿人　沈　亮）

原载《人民法院案例选》2016年第5辑（总第99辑）

① 李洪江：《〈关于审理破坏电力设备刑事案件具体应用法律若干问题的解释〉的理解与适用》，载《人民司法》2007年第23期。

五、非法制造、买卖、运输、邮寄、储存枪支、弹药、爆炸物罪

37. 陈雷非法买卖枪支案

——涉非制式枪支案件中“枪支散件”及既遂的认定

【关键词】

枪支散件　鉴定意见　辨认笔录　非法买卖枪支罪

【裁判要旨】

1. 枪支散件是指能够拼接为枪支，体现用于枪支的专用性和组成枪支的主要性的零部件，如枪托、扳机、枪管等，而对于螺丝、铆钉、弹簧等可用于其他物品的小部件不能认定为“枪支散件”。

2. 枪支被公安机关查获而尚未卖出的，构成非法买卖枪支罪的既遂。

【相关法条】

《中华人民共和国刑法》

第一百二十五条第一款　非法制造、买卖、运输、邮寄、储存枪支、弹药、爆炸物的，处三年以上十年以下有期徒刑；情节严重的，处十年以上有期徒刑、无期徒刑或者死刑。

【案件索引】

一审：湖南省长沙市天心区人民法院（2015）天刑初字第17号（2015年11月11日）

【基本案情】

长沙市天心区人民检察院以被告人陈雷犯非法买卖枪支罪，向长沙市天心区人民法院提起公诉。

法院审理查明：2012 年年初，经被告人陈雷介绍，李虎（已经一审判决）租住在山东省临沂市罗庄区恒昌小区 × 单元 × × × 房后，被告人陈雷邀集李虎在该租房内利用互联网做高压气枪枪支零部件生意，被告人陈雷要李虎帮其联系买家和搬运、发送货物。被告人陈雷利用互联网以户名“疯狂之鹰”的 QQ 及电话与 QQ 用户名为“星星光亮”“机械手”的刘磊（已经一审判决）、李富超（另案处理）进行联系，之后通过快递物流等方式将 100 多套高压气枪零部件销售给长沙市天心区大托镇的刘磊和李富超，在此过程中，李虎帮助被告人陈雷将高压气枪零部件销售给了刘磊和李富超。刘磊和李富超购买了上述气枪零部件后继续在网上进行销售牟利。2012 年 3 月 29 日，宁乡县公安局民警在被告人陈雷和李虎的租住处山东省临沂市罗庄区恒昌家园小区 × 单元 × 楼将李虎抓获时，在租房内扣押疑似枪形物 7 支及大量气枪类枪支零部件和铅弹等。经长沙市公安局物证鉴定所鉴定：扣押的枪形物 7 支中 3 支以压缩气体为动力发射金属弹丸的非军用枪支结构，认定为枪支；1 支认定为制式枪支结构，认定为制式枪支；扣押的枪身、枪管等 19 类 1052 件为气枪类枪支零部件；扣押的气枪子弹 436 粒均为 5.5MM 气枪铅弹，扣押的子弹 1 粒为六四式手枪弹。后经查实，上述扣押的枪支及气枪类枪支零部件和气枪子弹等属于被告人陈雷购进的有：以压缩气体为动力发射金属弹丸的非军用枪支 2 支；枪身、枪管等 19 类 1052 件气枪类枪支零部件；气枪铅弹 436 粒；六四式手枪弹 1 粒。

2014 年 5 月 4 日，被告人陈雷主动到宁乡县公安局投案，如实供述了自己的罪行，并主动向宁乡县公安局退缴非法所得 1 万元。

【裁判结果】

湖南省长沙市天心区人民法院于 2015 年 11 月 11 日作出（2015）天刑初字第 17 号刑事判决：一、被告人陈雷犯非法买卖枪支罪，判处有期徒刑六年。二、追缴被告人陈雷违法所得人民币 1 万元。

宣判后，被告人未上诉，公诉机关也未抗诉，判决已发生法律效力。

【裁判理由】

法院生效裁判认为：被告人陈雷违反枪支管理规定，伙同他人非法买卖枪支散件，情节严重，其行为已构成非法买卖枪支罪，应以非法买卖枪支罪追究其刑事责任。长沙市天心区人民检察院指控被告人陈雷非法买卖枪支的事实及罪名成立。被告人陈雷与李虎系共同犯罪，被告人陈雷在共同犯罪中起主要作用，系主犯，应当按照其参与的全部犯罪处罚。被告人陈雷非法买卖枪支散件 1052 件，按照《最高人民法院关于审理非法制造、买卖、运输、枪支、弹药、爆炸物等刑事案件具体应用法律若干问题的解释》第七条规定，非成套枪支散件以每 30 件为一套枪支散件计，被告人陈雷应当以非法买卖 35 套枪支散件量刑。此外，被告人陈雷还将 100 多套高压气枪枪身内部零部件销售给他人。被告人陈雷犯罪后主动投案，并如实供述犯罪事实，具有自首情节，依法可减轻处罚。

【案例注解】

一、在涉非制式枪支案件中“枪支散件”的认定

有关涉枪违法犯罪的法律法规、部门规章、司法解释、司法文件中出现了枪支零部件、枪支主要零部件、枪支专用散件、枪支散件等术语。如《最高人民法院关于审理非法制造、买卖、运输枪支、弹药、爆炸物等刑事案件具体应用法律若干问题的解释》（以下简称《枪支解释》）出现“枪支散件”概念。公安部《公安机关涉案枪支弹药性能鉴定工作规定》（以下简称《鉴定规定》）出现“枪支散件（零部件）”“枪支专用散件（零部件）”概念。《枪支管理法》中出现“枪支的主要零部件”概念。故在涉非制式枪支案件中，如何认定“枪支散件”存在争议。主要有三种不同观点：

第一种观点认为，任何枪支零部件均为《枪支解释》中的“枪支散件”。持该种观点者认为，所谓“枪支散件”对应的是“整支枪”，换言之，组成枪支的任何部分都属于枪支散件。

第二种观点认为，组成枪支的主要的较大零部件才属于“枪支散件”。持该种观点者认为，“买卖枪支罪”之立法目的在于防止枪支的非法流转，而在控制枪支通过零部件方式流转方面，只要将枪支的较大零部件进行控制便可以达到。而且体积较大零部件往往运输、藏匿难度更大，更加易于管控。

第三种观点认为，组成枪支专用的主要零部件才属于“枪支散件”。持该种观点者认为，首先，应当把螺丝、铆钉、弹簧等通用型零件排除在“枪支散件”之外，因为此类零件使用范围广泛，通用性强，易于获取，难以控制。其次，不能单纯以零件体积大小为标准来确定“枪支散件”。有些枪支零件如击针，虽然体积很小，但却是火药类枪支的核心零件。最后，应当把可有可无的枪支零部件排除在“枪支散件”之外，如枪背带、枪支清洁保养使用的附品、防止枪口异物进入的堵头等。

笔者赞成上述第三种观点。枪支散件首先是能够拼接为枪支的零部件，其次要体现用于枪支的专用性和组成枪支的主要性，如枪托、扳机、枪管等，而对于螺丝、铆钉、弹簧等可用于其他物品的小部件不能认定为《枪支解释》中的“枪支散件”。涉及非制式枪支的枪支散件与制式枪支的枪支散件在界定方面应当有所区别，特别是在微小散件方面（虽然《公安部关于枪支主要零部件管理相关问题的批复》有关于枪支主要零部件的明细表），因为制式枪支有枪支结构图纸，且如击针簧、击锤簧、扳机簧等都是定制专用的，故可以认定为枪支散件。相比之下，非制式枪支的诸类弹簧都是市场上买的普通弹簧（长的可以剪短），或者用铁丝自制，如果把非制式枪支上一些辅助性、通用性、附属性的零件也解释为“枪支散件”，不符合立法原意。如把买卖60颗可用于制造枪支的普通的螺丝、铆钉、弹簧等同于买卖2成套枪支散件而入罪，明显会导致刑法打击面过宽，不能体现刑法的谦抑性以及罪责刑相适应的刑法原则。

二、鉴定意见中的涉枪概念与贩卖枪支犯罪相关司法解释不一致时如何采纳

本案中，辩护人对鉴定报告有异议，认为鉴定报告中的所用“枪支零部件”概念不能等同于《枪支解释》中的“枪支散件”概念，故鉴定报告部分内容不能作为定案依据。2012年修正的《刑事诉讼法》将证据种类中的鉴定结论修改为鉴定意见，说明鉴定报告在司法机关办案中所起参考作用，是否采信还要求办案人员结合具体案情、其他定案证据综合评判。本案中公安机关查获了大量气枪类枪支零部件，长沙市公安局物证鉴定所对送检的扣押检材共计3945件进行了鉴定。经鉴定，其中20类共计1488件为气枪类枪支零部件，3类2457件检材不能确定是否为枪弹零部件。该鉴定意见说明鉴定机构在对全部检材进行鉴定时，已经剔除了不能作为枪支主要零部件的检材，而鉴定报告作为刑事证据种类之一的鉴定意见，法院在认定其能否作为定案证据时，很好地运用了证据三性，排除了合理怀疑、综合考量了上述枪支零部件和枪支主要零部件、枪支散件的逻辑关系以及证人证言、被告人供述、扣押物品清单、物证照片等证据。另外，排除了送检的因为笔误问题被鉴定机构认为是气枪类枪支零部件的气枪铅弹436粒，并结合相关法律、司法解释和立法精神，认定仅将其中19类共计1052件气枪类枪支零部件确定为本罪相关司法解释中认定的枪支散件，非法买卖上述枪支散件的行为应当作为刑法规制的对象，进而体现了刑法对危害公共安全法益的保护。

三、辨认笔录的制作不符合法律规定时，其记录内容可否作为其他证据类型而采信

《公安机关办理刑事案件程序规定》第二百五十一条规定，辨认时，应当将辨认对象混杂在特征相类似的其他对象中，不得给辨认人任何暗示。辨认物品时，混杂的同类物品不得少于五件。《最高人民法院关于适用〈中华人民共和国刑事诉讼法〉的解释》第九十条规定了辨认笔录具有下列情形的，不能作为定案根据：辨认对象没有混杂在具有类似特征的其他对象中，或者供辨认的对象数量不符合规定的；辨认中给辨认人明显暗示或者明显有指认嫌疑的。本案中。公安机关制作的辨认笔录，在枪支散件存放的仓库后墙粘了案发地山东临沂几个大字，违反上述规定，不能作为刑事证据中的辨认笔录类证据。但是，根据辨认笔录的实质内容，公安机关是要被告人陈雷指认哪些扣押的物品为他所有，哪些为他人所有，被告人陈雷在扣押涉案物品的仓库，依照清单，逐一指认出为他所有的枪支零部件，与其供述及证人李虎的证言一致，指认程序合法，故该辨认笔录实为指认笔录，可以作为本案的定案证据。

四、枪支被公安机关查获而尚未卖出，是定非法持有枪支罪还是定非法买卖枪支罪

非法买卖枪支罪中的“买卖”，并不是有“买”“卖”一个行为即可，也不是必须要求被告人一定要完成“买卖”这两种行为，而应当理解为行为人具有流转交易性质（贩卖）的行为或目的，而正是这种流转交易破坏了国家对特定物品的管制秩序，形成了刑事违法性的逻辑基础。这种“买卖”具体可以包括：购买后的贩卖行为；贩卖行为；以贩卖为目的的购买行为。这三类行为都具有流转交易性质，可以认定为刑法意义上的“买卖”。反之，则不能认定为刑法意义上的“买卖”。故不以出卖为目的的购买枪支行为，不宜认定为非法买卖枪支罪，而应认定为非法持有枪支罪。我国刑法对特定物品的交易规定了三种立法例。一是运用“购买”“收购”或者“出售”“贩卖”“倒卖”等概念，明确规定仅处罚购买或者仅处罚出售行为，将购买和出售行为分别定罪量刑。二是同时运用“出售、购买”概念，从而明确规定同时处罚出售与购买行为，即选择性罪名。三是运用“买卖”概念，如非法买卖枪支、弹药、爆炸物罪。而对于枪支犯罪，我们可运用体系解释的方法，并参照与枪支犯罪极其类似的毒品犯罪的构罪标准。根据《最高人民检察院、公安部关于公安机关管辖的刑事案件立案追诉标准的规定（三）》规定，毒品交易犯罪的核心乃是贩卖行为，如果仅以自用为目的的买入行为，不认定为贩卖而认定为持有。同理，在枪支犯罪中，或者是出卖，或者是以出卖为目的的买入，才能成立买卖枪支行为。如果既没有出卖事实，也没有出卖目的，不能称之为“买卖”行为。单纯的购买行为，应当认定为非法持有行为。综上，不以出卖为目的的单纯购买枪支行为不宜认定为非法买卖枪支罪，而应认定为非法持有枪支罪。具体到本案，被告人之前有贩卖过枪支散件的犯罪事实，对公安机关查获的枪支散件，自己供认是为了贩卖而购进，而且能与其他证据相互印证，故法院认定为其构成非法买卖枪支罪。

五、枪支被公安机关查获而尚未卖出，是定非法买卖枪支罪的即遂还是未遂

1. 从立法精神和罪状表述看，本罪应当以枪支是否进入交易环节区分即遂与未遂。非法买卖枪支，应当是指明知是枪支或枪支散件而非法贩卖或以贩卖为目的而非法购进枪支或枪支散件的行为。

2. 本罪不是单纯的结果犯，只要行为人主观上具有贩卖的直接故意并且枪支已进入交易环节（即至少以贩卖为目的而非法购进）即可，不要求是否卖出。如果把以贩卖为目的而购进枪支的行为定性为非法持有，实际上混淆了非法买卖枪支罪和非法持有枪支罪的界限，不符合立法原意。非法持有枪支罪是指没有证据证明行为人实施了制造、买卖、运输、邮寄、储存枪支的行为，非法持有枪支的数量又达到了该罪的入罪标准。

3. 从社会危害性来看，非法买卖枪支罪直接侵犯了公共安全和国家对枪支的管制，以贩卖为目的而购进枪支就已经让枪支进入流通环节，其结果是行为人会积极促进枪支在社会上非法流通，从而导致对枪支管制及公共安全等客体的侵害，这种行为包含着危害社会的现实危险，此时就应该追究行为人即遂的刑事责任。

（一审法院合议庭成员　刘　煜　彭长生　龚吉士
编写人　湖南省长沙市天心区人民法院　刘　煜
责任编辑　周维明
审稿人　沈　亮）

原载《人民法院案例选》2017 年第 1 辑（总第 107 辑）

38. 陈祖超非法买卖枪支案

——非法持有枪支罪与非法买卖枪支罪的认定

【关键词】

买卖枪支　社会学解释　体系解释　立法目的

【裁判要旨】

刑法中的“买卖”，应当尊重社会公众的通常理解。“买卖”具体包括出售、购买或既买又卖，其本身具有的流转交易性质不应被割裂开来。在枪支犯罪中，将不以出售为目的的单纯购买行为排除在非法买卖枪支罪之外，不符合体系解释的方法，且与立法目的相悖。

【相关法条】

《中华人民共和国刑法》

第一百二十五条第一款　非法制造、买卖、运输、邮寄、储存枪支、弹药、爆炸物的，处三年以上十年以下有期徒刑；情节严重的，处十年以上有期徒刑、无期徒刑或者死刑。

【案件索引】

一审：河南省内乡县人民法院（2018）豫 1325 刑初 334 号（2018 年 5 月 24 日）

【基本案情】

2017 年，被告人陈祖超通过网络搜索买卖枪支信息，与枪支出卖人取得联系，先后以 3500 元、2700 元的价格购买两支气枪，出卖人通过物流将枪支全部配件邮寄给陈祖超，并指导陈祖超组装，陈祖超同时从出卖人处购买制作铅弹模具，并通过网络购买铅丝，自行制作铅弹，用于平时打鸟。2017 年 12 月 16 日，内乡县公安局刑警大队民警对陈祖超住所及其车辆进行搜查，现场扣押气枪两支、铅弹 140 发。经南阳市公安局物证鉴定所鉴定，两支疑似枪支均为以压缩气体为动力的枪支。

【裁判结果】

河南省内乡县人民法院于 2018 年 5 月 24 日作出（2018）豫 1325 刑初 334 号刑事判决：被告人陈祖超犯非法买卖枪支罪，判处有期徒刑三年，缓刑三年。

判决书送达后，被告人陈祖超未提起上诉，本判决已发生法律效力。

【裁判理由】

法院生效裁判认为：被告人陈祖超非法购买以压缩气体为动力的非军用枪支二支，其行为已构成非法买卖枪支罪，内乡县人民检察院指控成立，法院予以支持。鉴于被告人到案后能够如实坦白自己的犯罪事实，当庭认罪，可以从轻处罚。辩护人提出“被告人具有坦白、初犯、偶犯、主观恶性较小”的辩护意见，与查明事实相符，法院予以采纳，但认为被告人构成非法持有枪支犯罪的意见，与查明的事实不符，法院不予采纳。

【案例注解】

本案被告人通过网络购买枪支的行为如何定性，主要有两种不同观点：

第一种观点认为，《刑法》中的“买卖”，应当理解为具有流转交易性质的行为，具体包括购买后的出售行为、出售行为、以出售为目的的购买行为。对于不以出售为目的的单纯购买枪支行为，其终极目的在于维持对枪支的持有，而不是实现对枪支的传播与流转，此类行为应认定为非法持有枪支罪。

第二种观点认为，“买卖”，一般指双方通过实物或者货币进行交换以换取自己所需物品，具体包括购买、出售、或购买后又出售。行为人实施了购买枪支的行为，其行为便符合非法买卖枪支罪的构成要件，因此，该行为构成非法买卖枪支罪。

笔者同意第二种意见。

首先，从文义解释角度看，法律应当尊重社会公众对“买卖”一词的通常理解。根据《现代汉语词典》《辞海》等权威词典的解释，“买卖”的本质特征是一种买进卖出的商业经营活动，而正是这种流转交易破坏了国家对特定物品的管制秩序，成为刑事违法性的逻辑基础。据此，所谓非法买卖枪支，是指违反法律规定，未经有关部门批准许可，私自购买或者出售枪支、弹药、爆炸物的行为。“买卖”具体包括出售、购买或既买又卖，其本身具有的流转交易性质不应被简单割裂开来，片面地理解为仅仅包括购买后的出售行为、出售行为、以出售为目的的购买行为。

其次，从社会学解释角度看，如果将单纯购买枪支行为认定为非法持有枪支行罪，则非法买卖枪支罪的成立空间几乎被压缩殆尽。因为，如果非法买卖枪支罪的买卖源头不包括有偿的购买行为，而仅局限于购买后的出售行为、出售行为、以出售为目的的购买行为，这些情形作为枪支买卖的来源形式是极其罕见的。事实上，购买行为与购买后的出售行为、出售行为、以出售为目的的购买行为一样，作为枪支买卖的方式，均应当被界定为枪支买卖犯罪的概念范畴。

再次，从目的论解释角度看，非法买卖枪支罪排除不以出售为目的购买行为，与立法目的相悖。关于枪支犯罪，其共性都是破坏了国家对枪支的管制秩序，而枪支管制秩序是社会公共安全保障的重要内容。但是，《刑法》相对于非法持有枪支罪而言，对非法买卖枪支罪配置了更重的刑罚，这是因为买卖行为较之持有行为具有更重的梯度危害，即买卖行为引致了枪支的传播与流动性，导致国家对枪支管理的失控，继而成为各类暴力恐怖、黑恶犯罪案件的源头，对公共安全构成了实质的危害与威胁。而目的论解释作为具有终局意义的解释规则，具有最高和最后的效力，是经由《刑法》保护法益目的进行的解释方法。如果对于不以出售为目的的单纯购买枪支行为，界定为其终极目的在于维持对枪支的持有，不仅对枪支犯罪有纵容之嫌，且会给公共安全带来严重的安全隐患，有违立法本意。

最后，从体系解释角度看，对于枪支犯罪，应严格采用体系解释的方法。目前，我国《刑法》对购买、出售特定物品的行为规定了三种立法释例：一是运用“购买”“收购”或者“出售”“贩卖”“倒卖”“销售”“转让”等概念，从而明确规定仅处罚购买或者仅处罚出售行为。如金融工作人员购买假币罪，擅自出卖、转让国有档案罪，贩卖毒品罪等犯罪。二是运用“出售、购买”概念，从而明确规定同时处罚购买与出售行为。如出售、购买假币罪，非法收购、出售国家重点保护植物、国家重点保护植物制品罪等。三是运用“买卖”概念。如非法买卖枪支、弹药、爆炸物罪，非法买卖危险物质罪等。根据体系解释的规则，这里的“买卖”就不应给予个别化论证。《最高人民法院关于审理非法制造、买卖、运输枪支、弹药、爆炸物等刑事案件具体应用法律若干问题的解释》第一条第二项规定：“个人或者单位非法制造、买卖、运输、邮寄、储存枪支、弹药、爆炸物，具有下列情形之一的，依照刑法第一百二十五条第一款的规定，以非法制造、买卖、运输、邮寄、储存枪支、弹药、爆炸物罪定罪处罚：……（二）非法制造、买卖、运输、邮寄、储存以火药为动力发射枪弹的非军用枪支一支以上或者以压缩气体等为动力的其他非军用枪支二支以上的。”

综上，笔者认为，无论就解释规则还是刑事政策角度来考量，本案被告人购买枪支的行为应按非法买卖枪支罪论处。

（一审法院合议庭成员　李　华　王胜崇　闫珊珊
编写人　河南省内乡县人民法院　李　华　杨慧文
责任编辑　周维明
审稿人　李玉萍）

原载《人民法院案例选》2018年第11辑（总第129辑）

39. 何况、赵振华等非法制造、买卖枪支、弹药案

——对购买散件组装枪支的定性以及非法制造枪支散件犯罪形态的把握

【关键词】

刑事　枪支散件　买卖　制造　未遂

【裁判要旨】

行为人购买成套散件后组装成枪支的，一般应认定为非法买卖枪支罪；如果组装行为在实质意义上具有加工创造性质的，则应认定为非法制造枪支罪。行为人购进设备、原材料并开始着手制造，但尚未制造出具备枪支零部件功能的散件的，应认定为非法制造枪支罪的未遂。

【相关法条】

《中华人民共和国刑法》

第一百二十五条第一款　非法制造、买卖、运输、邮寄、储存枪支、弹药、爆炸物的，处三年以上十年以下有期徒刑；情节严重的，处十年以上有期徒刑、无期徒刑或者死刑。

《最高人民法院关于审理非法制造、买卖、运输枪支、弹药、爆炸物等刑事案件具体应用法律若干问题的解释》

第七条　非法制造、买卖、运输、邮寄、储存、盗窃、抢夺、持有、私藏、携带成套枪支散件的，以相应数量的枪支计；非成套枪支散件以每三十件为一成套枪支散件计。

【案件索引】

一审：安徽省芜湖市中级人民法院（2017）皖02刑初5号（2018年4月23日）

二审：安徽省高级人民法院（2018）皖刑终184号（2018年8月14日）

【基本案情】

安徽省芜湖市人民检察院指控：2016年1月以来，被告人何况非法买卖气枪散件，雇用被告人胡林杰、易涛制造气枪铅弹对外出售。案发后，从何况处查获枪支7支，铅弹74200余发，成套枪支散件135件，枪支零部件2001个。被告人胡军华受何况指使为制造铅弹用电提供保障。

2015年12月以来，被告人赵振华向他人学习制造气枪枪管膛线，购买设备和原材料制造枪管对外出售。案发后，从其处查获气枪枪管1787根。被告人赵振明受赵振华指使

帮助包装、邮寄枪管等。

2016年2月以来，被告人刘剑非法买卖气枪枪身套件100余件、气枪铅弹10000余发。

公诉机关认为：被告人何况的行为已构成非法制造、买卖、运输、邮寄、储存枪支、弹药罪和非法持有枪支罪，所犯二罪均属情节严重，应当依照《刑法》第一百二十五条第一款、第一百二十八条第一款和相关规定追究其刑事责任，数罪并罚。被告人赵振华的行为构成非法制造、买卖、邮寄、储存枪支罪，被告人赵振明的行为构成非法制造、买卖、邮寄枪支罪，被告人刘剑的行为构成非法买卖、邮寄枪支、弹药罪，被告人胡林杰、易涛的行为构成非法制造、买卖枪支、弹药罪，被告人付云朝的行为构成非法制造、买卖、邮寄枪支、弹药罪，被告人胡军华的行为构成非法制造弹药罪，赵振华、赵振明、刘剑、胡林杰、易涛、付云朝、胡军华犯罪均属情节严重，应当依照《刑法》第一百二十五条第一款之规定分别追究其刑事责任。

被告人何况、赵振华、胡林杰、易涛、付云朝、胡军华、赵振明、刘剑对公诉机关指控的事实没有异议。

何况的辩护人主要提出，何况购买枪支散件组装成枪支并持有的行为是其非法买卖枪支犯罪的延续，其行为不构成非法持有枪支罪。

赵振华的辩护人主要提出，赵振华仅制造气枪枪管，未制造出完整的枪支，应认定其制造枪支罪的未遂。

胡林杰、易涛、付云朝、胡军华、赵振明及其各自辩护人均主要提出要求从宽处罚。

刘剑的辩护人提出，指控刘剑的犯罪事实不清，证据不足，其行为不构成犯罪。

法院经审理查明：2016年1月以来，被告人何况借助互联网平台、物流寄递渠道倒卖气枪散件牟利。同年2月，何况雇用被告人胡林杰、易涛制造铅弹并出售，指使被告人胡军华为制造铅弹用电提供保障。何况通过网络购买成套气枪散件500余件、从被告人赵振华处购买气枪枪管300余根等进行出售。何况使用购买的成套气枪散件组装成7支完整的枪支并放在其处所。案发后，从何况处查获枪支7支，铅弹74200余发，成套枪支散件135件，枪支零部件2001个。

2015年12月，被告人赵振华向他人学习使用拉线机制造气枪枪管的方法，购买拉线机，采购精密管作为制造枪支的原材料，委托他人对毛坯管进行过桥、镀铬等加工，其再用机器加工枪管膛线，已售出加工好的枪管1000余根。案发后，从其处查获气枪枪管1787根，其中毛坯管1135根，已加工待售的枪管652根，以及拉线机等作案工具。被告人赵振明受赵振华指使提供包装、邮寄枪管等帮助。

2016年2月以来，被告人刘剑非法买卖气枪枪身套件100余件、气枪铅弹1万余发。

【裁判结果】

安徽省芜湖市中级人民法院于2018年4月23日作出（2017）皖02刑初5号刑事判决：一、被告人何况犯非法制造、买卖、运输、邮寄、储存枪支、弹药罪，判处有期徒刑十三年；犯非法持有枪支罪，判处有期徒刑四年，数罪并罚，决定执行有期徒刑十六年。二、被告人胡林杰犯非法制造、买卖枪支、弹药罪，判处有期徒刑四年。三、被告人易涛犯非法制造、买卖枪支、弹药罪，判处有期徒刑三年六个月。四、被告人付云朝犯非法制造、买卖、邮寄枪支、弹药罪，判处有期徒刑三年，缓刑五年。五、被告人胡军华犯非法制造弹药罪，免予刑事处罚。六、被告人赵振华犯非法制造、买卖、邮寄、储存枪支罪，判处有期徒刑十四年。七、被告人赵振明犯非法制造、买卖、邮寄枪支罪，判处有期徒刑三年，缓刑五年。八、被告人刘剑犯非法买卖、邮寄枪支、弹药罪，判处有期徒刑十一年。九、扣押在案的枪支、弹药及用于犯罪的工具予以没收，对违法所得予以追缴。

宣判后，何况、胡林杰、易涛、赵振华、刘剑不服，提出上诉。

安徽省高级人民法院于2018年8月14日作出（2018）皖刑终184号刑事判决：一、维持安徽省芜湖市中级人民法院（2017）皖02刑初5号刑事判决对被告人胡林杰、易涛、付云朝、胡军华、赵振明、刘剑的定罪量刑部分。二、撤销安徽省芜湖市中级人民法院（2017）皖02刑初5号刑事判决对被告人何况、赵振华的定罪量刑部分。三、上诉人何况犯非法制造、买卖、运输、邮寄枪支、弹药罪，判处有期徒刑十三年。四、上诉人赵振华犯非法制造、买卖、邮寄枪支罪，判处有期徒刑十三年。

【裁判理由】

法院生效裁判认为：上诉人何况违反国家对枪支、弹药的管理规定，非法制造、买卖、运输、邮寄枪支、弹药，危害公共安全，其行为构成非法制造、买卖、运输、邮寄枪支、弹药罪，且属情节严重。何况在与上诉人胡林杰、易涛及原审被告人付云朝、胡军华共同犯罪中系主犯，应当按照其所参与的全部犯罪处罚。上诉人赵振华违反国家对枪支的管理规定，非法制造、买卖、邮寄枪支，危害公共安全，其行为构成非法制造、买卖、邮寄枪支罪，且属情节严重。赵振华在与原审被告人赵振明共同犯罪中系主犯，应当按照其所参与的全部犯罪处罚。何况、赵振华归案后能如实供述自己的罪行，依法从轻处罚。原判对刘剑、胡林杰、易涛、付云朝、赵振明、胡军华认定事实和适用法律正确、量刑适当，本院维持原判。公安机关在何况处查获的、枪支、枪支散件、气枪铅弹及赵振华处查获的枪管系二人出售前的自行存放，不属于相关司法解释所规定的“非法储存”的情形，原判对何况、赵振华适用的选择性罪名不准确，应予纠正。从何况处查获的枪支7支是其购买枪支散件组装而成，该7支枪支应当计入何况非法买卖枪支的数量，原判认定何况犯非法持有枪支罪不正确，应予纠正。从赵振华处查获的1787根枪管中有1135根系毛坯管，尚未进行加工，该1135根毛坯管系犯罪未遂，原判对查获的1787根枪管全部认定犯罪既遂不正确，应予纠正。

【案例注解】

本案在审理过程中主要存在两个争议问题：一是行为人购买零部件组装成枪支后持有的行为如何定性；二是对非法制造枪支散件的犯罪形态如何把握。上述问题在办理涉枪案件过程中普遍存在争议，具有一定的典型性，值得进行梳理和分析。

一、行为人购买成套散件后组装成枪支的，一般应认定为非法买卖枪支罪；如果组装行为在实质意义上具有加工创造性质的，则应认定为非法制造枪支罪

本案是一起典型的网络贩卖枪支弹药案件。被告人何况通过互联网平台和物流渠道采购枪支散件，化整为零将成套枪支散件分解为多个快递件配送给买家，采用视频等方式指导买家组装，完成枪支交易。同时，其还大量制造铅弹用于出售。何况是一名“枪迷”，购买成套枪支散件组装了仿“秃鹰”高压气枪4支、气手枪2支和火药枪1支放在其处。在案件审理过程中，对在何况处所查获的铅弹、成套枪支散件等的定性没有争议；对从其处查获的7支枪支，存在不同意见：

一种意见认为，非法买卖枪支罪的“买卖”在刑法意义上指的是贩卖或者以贩卖为目的而购买，单纯的购买枪支与出售枪支或者以出售为目的而购买的主观恶性和对公共安全造成的危险不能等量齐观，应当区别对待，从何况处查获的7支枪支应认定为非法持有枪支罪。

另一种意见认为，《最高人民法院关于审理非法制造、买卖、运输枪支、弹药、爆炸物等刑事案件具体应用法律若干问题的解释》（以下简称《非法制造、买卖枪支的解释》）第七条规定，非法买卖成套枪支散件的，以相应数量的枪支计；非成套枪支散件以每30件为一成套枪支散件计。根据上述司法解释对枪支散件的法律拟制，何况购买散件组装成枪支的行为应当按照非法买卖枪支罪论处。

笔者原则上同意第二种意见。具体理由如下：

（一）选择性罪名中的同质行为应当同等评价，单纯的非法购买枪支行为亦应当纳入非法买卖枪支罪评价范畴

《最高人民法院关于执行〈中华人民共和国刑法〉确定罪名的规定》把《刑法》第一百二十五条第一款中的非法制造、买卖、运输、邮寄、储存五种枪支犯罪行为和枪支、弹药、爆炸物三种犯罪对象统一规定在一个选择性罪名内，司法机关在确定罪名时，既可以单独适用，也可以组合适用。从刑法条文和罪名的设计看，五种枪支犯罪行为、三种犯罪对象作为罪名的选择性要素，被法律赋予了同质性特征，在适用法律时理应给与同等评价，《非法制造、买卖枪支的解释》中对不同犯罪对象在同一量刑幅度的量化正是同质行为同等评价原则的体现。以非法买卖军用枪支和炸药为例，《非法制造、买卖枪支的解释》第一条第一款第一项规定的非法制造、买卖、运输、邮寄、储存军用枪支1支的，第六项规定的非法制造、买卖、运输、邮寄、储存炸药1000克以上的，对应的量刑幅度均是三年以上十年以下有期徒刑。那么，如果按照前述第一种意见“非法买卖枪支不包括单纯的购买行为”的观点，司法实践中将会出现法律规定的同质事实异罚及适用法律标准混乱的问题。即，行为人单纯的非法购买并持有军用枪支1支的按照非法持有枪支罪定罪，根据《刑法》第一百二十八条第一款的规定，对应的量刑幅度是三年以下有期徒刑、拘役或者管制；行为人非法购买并持有炸药1000克的，按照非法储存爆炸物罪定罪，根据刑法第一百二十五条第一款的规定，对应的量刑幅度是三年以上十年以下有期徒刑，同质事实在适用法律时则出现标准不统一的问题。推而言之，行为人将自己非法购买的军用枪支1支交给其他人保管的，行为人按照非法持有枪支罪定罪，在三年以下有期徒刑、拘役或者管制的幅度内量刑；而对于保管人而言，根据《非法制造、买卖枪支的解释》第八条规定，明知是他人非法买卖的枪支而为其存放的，应当认定为非法储存枪支罪，在三年以上十年以下有期徒刑的幅度内量刑。如此适用法律，显然难以实现法律公正和取得社会认同。故前述第一种意见的理由不能成立。

（二）非法持有枪支罪是堵截性罪名，对于能够查清行为人持有枪支的来源和用途的，不以非法持有枪支罪定罪处罚

枪支、弹药、爆炸物对公共安全、社会治安和人民群众生命财产具有高度危险，我国历来对枪支、弹药、爆炸物实行严格管制，禁止任何单位和个人非法制造、买卖、运输、持有、储存，刑法亦对涉枪犯罪行为作出明确规定，集中体现在《刑法》第一百二十五条规定的非法制造、买卖、运输、邮寄、储存枪支、弹药罪和第一百二十八条规定的非法持有、私藏枪支、弹药罪等罪名。从条文之间的逻辑关系不难看出，非法持有枪支罪可以说就是持有枪支来源和用途不明罪。根据刑法理论通说，持有型犯罪的立法意义在于严密刑事法网，突出刑法的社会保护功能，堵截性地惩罚实务中难以查清行为人持有特定物品的来源、用途的行为，防止更严重犯罪的发生。因此，在司法实践中，对于有证据证明枪支来源于制造、买卖等方式的，应当按照刑法的明确规定定罪处罚；反之，枪支的来源和用途难以查清的，才纳入到非法持有枪支罪予以堵截性惩罚的范围。

（三）关于对非法买卖枪支罪中“买卖”的理解与把握，最高人民法院发布的类似指导性案例已予明确，应当参照指导性案例的裁判要点作出认定

案例指导制度是人民法院依法履行审判职责、保证法律统一正确实施、推进司法改革的一项重要内容。党的十八届四中全会审议通过的《中共中央关于全面推进依法治国若干重大问题的决定》指出：“加强和规范司法解释和案例指导，统一法律适用标准。”2015年5月，最高人民法院印发《〈最高人民法院关于案例指导工作的规定〉实施细则》，进一步明确了“类似案件”的判定标准及如何参照适用指导性案例。审理案件时，应当注意查询相关指导性案例的规定，对于基本案情和法律适用方面与最高人民法院发布的指导性案例相类似的，应当参照相关指导性案例的裁判要点作出认定。最高人民法院2013年颁布的13号指导案例“王召成等非法买卖、储存危险物质案”裁判要点中指出：非法买卖毒害性物质，是指违反法律和国家主管部门规定，未经有关主管部门批准许可，擅自购买或者出售毒害性物质的行为，并不需要兼有买进和卖出的行为。该指导性案例涉及的非法买卖、储存危险物质罪与非法制造、买卖、运输、邮寄、储存枪支、弹药、爆炸物罪同属《刑法》第一百二十五条，因此，对于同属一个法条中的“非法买卖”的含义应当作统一理解与把握，非法买卖枪支罪的认定同样不需要兼有买进和卖出的行为，单纯的购买枪支行为亦构成非法买卖枪支罪。

本案中，公安机关从被告人何况租用的仓库内查获了7支枪支。关于枪支的来源，何况供称系通过网络购买成套枪支散件组装而成，主要用于打鸟等娱乐，所供得到其QQ聊天记录、手机内存储的组装枪支视频、快递单据、同案被告人胡林杰、付云朝、赵振华等人供述等证据印证，且公安机关从其租用的仓库亦查获大量成套枪支散件，经鉴定其中135套可以组装成完整枪支，上述证据足以证明从何况租用的仓库内查获的枪支的来源是其非法购买成套枪支散件组装而成，其持有行为是购买散件组装后的必然结果，与非法买卖枪支罪已经构成一个犯罪事实整体，应当作为吸收犯一并予以完整评价，对于查获的7支枪支应当计入何况非法买卖枪支的数量，对其持有枪支行为不应当再单独定罪处罚。

需要说明的是，本案审理过程中，有意见认为对于被告人何况购买枪支零部件的组装行为可以考虑认定为制造枪支罪。至于购买枪支散件的组装行为是认定非法制造枪支罪还是非法买卖枪支罪，尽管在量刑没有差异，但是分析该行为更符合哪一种犯罪行为方式，对准确认定行为性质和裁判文书对罪行的精确表述具有重要意义，有必要进行梳

理。众所周知，不论是军用枪支还是非军用枪支，都可以基于保养、携带等目的拆分成不同的零部件，拆解后的成套零部件仍然是枪支，这一点没有异议。关于对零部件的组装行为能否认定为刑法意义上的“制造”，笔者认为，关键在于审查组装工艺的复杂程度是否超出社会一般人的常识和动手能力，不能一概而论。如果通过卖家提供的示意图或视频即能够按图索骥将成套散件组装成枪支，组装仅仅是一个简单拼装过程，那么依照《非法制造、买卖枪支的解释》第七条的拟制规定，成套枪支散件以相应数量的枪支计，对于非法购买成套枪支零部件的组装枪支行为，可以按照非法购买枪支罪论处；如果将零部件组装成枪支的难度超过一般人的简单学习和动手能力，或者说组装行为在实质意义上具有加工创造性质的，则应认定为非法制造枪支罪。本案中，从何况处查获的气枪拆解后与成套枪支散件中的零部件一致，按照其手机内存储的视频进行操作即可手工完成零部件组装，组装过程没有额外的加工，也不需要专业设备的辅助，故本案对何况购买零部件组装枪支的行为认定为非法买卖枪支罪。

二、购进制造枪支散件的设备和原材料并着手制造，但尚未制造出具备枪支零部件功能的散件的，应认定为非法制造枪支罪的未遂

本案被告人赵振华购买制造气枪枪管的设备和原材料，制造枪管对外销售。案发后，公安机关其处查获气枪枪管 1787 根，其中尚未加工枪管膛线的毛坯管 1135 根，已加工待售的枪管 652 根。对查获 1787 根枪管的犯罪形态如何认定，是本案的另一个争议问题。

一种意见认为，从《刑法》第一百二十五条第一款的规定看，非法制造枪支罪是行为犯，犯罪既遂不以制造结果的完成为要件，非法制造枪支的行为一经实施即构成既遂犯，对从赵振华处查获的枪管均应认定为非法制造枪支罪的既遂。

另一种意见认为，非法制造枪支散件对公共安全造成的危险是制造出的具备枪支零部件功能的散件，对于购进制造枪支散件的设备和原材料并着手制造，但尚未制造出具备零部件功能的散件的，应当认定为非法制造枪支罪的未遂。

笔者同意第二种意见。理由是：认定刑法分则的犯罪是否构成既遂，应当以行为人实施的行为是否具备犯罪的全部构成要件为标准，而不能仅以刑法分则的条文规定为依据。《刑法》第一百二十五条第一款规定，非法制造枪支的，处三年以上十年以下有期徒刑；情节严重的，处十年以上有期徒刑、无期徒刑或者死刑。仅从条文规定看，非法制造枪支罪是行为犯，只要着手实施制造枪支行为，不论是否出现行为人追求的结果，都构成犯罪既遂。然而，《非法制造、买卖枪支的解释》已经将非法制造行为具体量化为一定数量的能够发射的枪支或者是具备枪支零部件功能的散件，由此可见，不能仅以刑法分则条文对非法制造枪支罪的规定就得出一经着手制造即构成犯罪既遂的结论，应当将制造出的对公共安全能够产生实质危险的枪支或者零部件作为犯罪既遂的构成要件。非法制造枪支对公共安全形成的危险，凭借通常的社会生活经验与采用实质意义评价的方法就可以判断，即行为人制造出能够发射的枪支或者是具备枪支零部件功能的散件。那么，就枪支或者枪支散件的“制造”而言，有着从原材料到半成品再到成品的过程，并非一经着手实施就立即完成产品的制造，着手实行与制造出产品之间客观存在一个循序渐进的过程，这个客观存在的过程将制造枪支的实行行为区分为着手、实行与完成三个阶段，着手实行阶段显然是犯罪尚未得逞。因此，根据刑法对未遂的规定，对已经着手制造枪支或者散件但尚未制造完成的部分应认定为制造枪支罪的未遂。

本案中，被告人赵振华为谋取非法利益，专门向他人学习制造气枪枪管膛线的方法，租用厂房，购置为枪管加工膛线的机器设备，采购精密管作为制造枪管的原材料进行加工，案发前已售出加工好的枪管1000余根。案发后，公安机关从其租用的厂房内查获1787根疑似枪管，在现场勘查笔录及所附扣押物品清单上对查获的疑似枪管根据不同特征进行了详细区分并分项记载：其中1135根为毛坯管，已包装的枪管为105根，未包装的枪管为547根；对1787根疑似枪管的鉴定意见亦载明，其中1135根疑似枪管没有膛线，另652根疑似枪管已加工膛线；据赵振华及原审被告人赵振明供述，赵振华购买毛坯管作为制造枪管的原材料，先委托别人给枪管镀铬、过桥、将毛坯管喷黑、打商标等加工，然后其再用拉线机加工枪管膛线，完成上述工序后，枪管才能对外出售；被查获的652根已加工膛线的枪管系已加工待售，另外1135根因案发尚来得及未加工。综上，二人关于制造枪管工序的供述符合常理，且与现场勘查笔录、扣押物品清单、鉴定意见及何况关于从赵振华处购买枪管特征的供述等证据能相印证，对1135根尚未加工的毛坯管应认定为非法制造枪支罪的未遂。根据《非法制造、买卖枪支的解释》第七条对枪支散件的拟制规定，赵振华非法制造枪支罪的既遂部分和未遂部分均属非法制造枪支罪情节严重的情形，在量刑时应当以犯罪既遂酌情从重处罚。考虑到原判对从赵振华处查获的枪管未区分既未遂，且对其认定罪名不准确，二审以非法制造、买卖、邮寄枪支罪改判赵振华有期徒刑十三年。

（一审法院合议庭成员　江　权　李月宏　吴金华
二审法院合议庭成员　白春子　张　震　李鹏翀
案例编写人　安徽省高级人民法院　白春子
责任编辑　周维明
审稿人　李玉萍）

原载《人民法院案例选》2019年第8辑（总第138辑）

六、非法制造、买卖、运输、储存危险物质罪

40. 指导案例13号：王召成等非法买卖、储存危险物质案

——“毒害性物质”与“非法买卖毒害性物质”的认定

（最高人民法院审判委员会讨论通过　2013年1月31日发布）

【关键词】

刑事　非法买卖、储存危险物质　毒害性物质

【裁判要点】

1. 国家严格监督管理的氰化钠等剧毒化学品，易致人中毒或者死亡，对人体、环境具有极大的毒害性和危险性，属于《刑法》第一百二十五条第二款规定的“毒害性”物质。

2. “非法买卖”毒害性物质，是指违反法律和国家主管部门规定，未经有关主管部门批准许可，擅自购买或者出售毒害性物质的行为，并不需要兼有买进和卖出的行为。

【相关法条】

《中华人民共和国刑法》

第一百二十五条第二款　非法制造、买卖、运输、储存毒害性、放射性、传染病病原体等物质，危害公共安全的，依照前款的规定处罚。

单位犯前两款罪的，对单位判处罚金，并对其直接负责的主管人员和其他直接责任人员，依照第一款的规定处罚。

【基本案情】

公诉机关指控：被告人王召成、金国森、孙永法、钟伟东、周智明非法买卖氰化钠，危害公共安全，且系共同犯罪，应当以非法买卖危险物质罪追究刑事责任，但均如实供述自己的罪行，购买氰化钠用于电镀，未造成严重后果，可以从轻处罚，并建议对五被

告人适用缓刑。

被告人王召成的辩护人辩称：氰化钠系限用而非禁用剧毒化学品，不属于毒害性物质，王召成等人擅自购买氰化钠的行为，不符合《刑法》第一百二十五条第二款规定的构成要件，在未造成严重后果的情形下，不应当追究刑事责任，故请求对被告人宣告无罪。

法院经审理查明：被告人王召成、金国森在未依法取得剧毒化学品购买、使用许可的情况下，约定由王召成出面购买氰化钠。2006 年 10 月至 2007 年年底，王召成先后 3 次以每桶 1000 元的价格向倪荣华（另案处理）购买氰化钠，共支付给倪荣华 40000 元。2008 年 8 月至 2009 年 9 月，王召成先后 3 次以每袋 975 元的价格向李光明（另案处理）购买氰化钠，共支付给李光明 117000 元。王召成、金国森均将上述氰化钠储存在浙江省绍兴市南洋五金有限公司其二人各自承包车间的带锁仓库内，用于电镀生产。其中，王召成用总量的三分之一，金国森用总量的三分之二。2008 年 5 月和 2009 年 7 月，被告人孙永法先后共用 2000 元向王召成分别购买氰化钠 1 桶和 1 袋。2008 年 7、8 月间，被告人钟伟东以每袋 1000 元的价格向王召成购买氰化钠 5 袋。2009 年 9 月，被告人周智明以每袋 1000 元的价格向王召成购买氰化钠 3 袋。孙永法、钟伟东、周智明购得氰化钠后，均储存于各自车间的带锁仓库或水槽内，用于电镀生产。

【裁判结果】

浙江省绍兴市越城区人民法院于 2012 年 3 月 31 日作出（2011）绍越刑初字第 205 号刑事判决，以非法买卖、储存危险物质罪，分别判处被告人王召成有期徒刑三年，缓刑五年；被告人金国森有期徒刑三年，缓刑四年六个月；被告人钟伟东有期徒刑三年，缓刑四年；被告人周智明有期徒刑三年，缓刑三年六个月；被告人孙永法有期徒刑三年，缓刑三年。宣判后，五被告人均未提出上诉，判决已发生法律效力。

【裁判理由】

法院生效裁判认为：被告人王召成、金国森、孙永法、钟伟东、周智明在未取得剧毒化学品使用许可证的情况下，违反国务院《危险化学品安全管理条例》等规定，明知氰化钠是剧毒化学品仍非法买卖、储存，危害公共安全，其行为均已构成非法买卖、储存危险物质罪，且系共同犯罪。关于王召成的辩护人提出的辩护意见，经查，氰化钠虽不属于禁用剧毒化学品，但系列入危险化学品名录中严格监督管理的限用的剧毒化学品，易致人中毒或者死亡，对人体、环境具有极大的毒害性和极度危险性，极易对环境和人的生命健康造成重大威胁和危害，属于《刑法》第一百二十五条第二款规定的“毒害性”物质；“非法买卖”毒害性物质，是指违反法律和国家主管部门规定，未经有关主管部门批准许可，擅自购买或者出售毒害性物质的行为，并不需要兼有买进和卖出的行为；王召成等人不具备购买、储存氰化钠的资格和条件，违反国家有关监管规定，非法买卖、储存大量剧毒化学品，逃避有关主管部门的安全监督管理，破坏危险化学品管理秩序，已对人民群众的生命、健康和财产安全产生现实威胁，足以危害公共安全，故王召成等人的行为已构成非法买卖、储存危险物质罪，上述辩护意见不予采纳。王召成、金国森、孙永法、钟伟东、周智明到案后均能如实供述自己的罪行，且购买氰化钠用于电镀生产，未发生事故，未发现严重环境污染，没有造成严重后果，依法可以从轻处罚。根据五被告人的犯罪情节及悔罪表现等情况，对其可依法宣告缓刑。公诉机关提出的量刑建议，王召成、钟伟东、周智明请求从轻处罚的意见，予以采纳，故依法作出如上判决。

原载《人民法院案例选》2016年第2辑（总第96辑）

七、非法持有、私藏枪支、弹药罪

41. 包云、刘阳明非法持有枪支案

——非法持有枪支罪罪数的认定

【关键词】

非法持有枪支罪　连续犯　罪数

【裁判要旨】

本应按照连续犯作一罪处理的数个犯罪行为，由于侦查、起诉、审判阶段的割裂，导致这数个犯罪行为被分别立案起诉，且其中某些犯罪行为已经审理并执行完毕，某些犯罪行为刚刚进入审理阶段时，对这些犯罪行为实行数罪并罚，但应当在量刑中进行合理调整。

【相关法条】

《中华人民共和国刑法》

第二十五条　共同犯罪是指二人以上共同故意犯罪。

二人以上共同过失犯罪，不以共同犯罪论处；应当负刑事责任的，按照他们所犯的罪分别处罚。

第二十七条　在共同犯罪中起次要或者辅助作用的，是从犯。

对于从犯，应当从轻、减轻处罚或者免除处罚。

第六十九条[①]　判决宣告以前一人犯数罪的，除判处死刑和无期徒刑的以外，应当在总和刑期以下、数刑中最高刑期以上，酌情决定执行的刑期，但是管制最高不能超过三年，拘役最高不能超过一年，有期徒刑总和刑期不满三十五年的，最高不能超过二十年，总和刑期在三十五年以上的，最高不能超过二十五年。

---

① 本条根据2015年8月29日第十二届全国人民代表大会常务委员会第十六次会议通过的《中华人民共和国刑法修正案（九）》予以修正。原第六十九条增加一款作为第二款：数罪中有判处有期徒刑和拘役的，执行有期徒刑。数罪中有判处有期徒刑和管制，或者拘役和管制的，有期徒刑、拘役执行完毕后，管制仍须执行。原第二款作为第三款。

数罪中有判处附加刑的，附加刑仍须执行，其中附加刑种类相同的，合并执行，种类不同的，分别执行。

第七十条 判决宣告以后，刑罚执行完毕以前，发现被判刑的犯罪分子在判决宣告以前还有其他罪没有判决的，应当对新发现的罪作出判决，把前后两个判决所判处的刑罚，依照本法第六十九条的规定，决定执行的刑罚。已经执行的刑期，应当计算在新判决决定的刑期以内。

第一百二十八条第一款 违反枪支管理规定，非法持有、私藏枪支、弹药的，处三年以下有期徒刑、拘役或者管制；情节严重的，处三年以上七年以下有期徒刑。

【案件索引】

一审：湖北省宜昌市西陵区人民法院（2014）鄂西陵刑初字第00204号（2015年12月8日）

二审：湖北省宜昌市中级人民法院（2015）鄂宜昌中刑终字第00058号（2016年3月6日）

【基本案情】

被告人包云因热衷玩仿真枪，遂通过网络论坛交友的方式于2013年2月购得仿真枪16支，用于平时玩真人户外CS游戏。包云将所有枪支藏匿于被告人刘阳明租用的位于宜昌市伍家岗区合益村5组的仓库内，由刘阳明保管、支配，并将其中1支仿真枪赠与刘阳明。2014年3月26日，刘阳明邀约包云等“宜昌户外联盟自驾群”成员于次日上午9时在宜昌市伍家岗区桔城路加油站集合，到猇亭参加真人CS游戏户外活动。3月27日上午8时许，包云驾驶丰田锐志轿车到宜昌市伍家岗区合益村5组刘阳明租用的仓库处，与刘阳明一起将16支仿真枪放至包云驾驶的轿车后备箱处。上午11时许，包云驾车行至楚天高速猇亭收费站时被民警拦截，并从车内查获16支仿真枪。经鉴定，查获16支仿真枪是以压缩气体为动力发射弹丸，枪口比动能均大于1.8J/CM^2，应认定为枪支。

上述事实，有公诉机关提交并经庭审质证、认证的下列证据予以证实：

1. 证人吴某的证言，证实案发当天自己和赵某某驾车参加“勇敢者”组织的户外CS游戏活动，从自己的轿车上扣押的仿真枪是2014年3月自己参加真人CS游戏后找网名叫“勇敢者”的网友所借，“勇敢者”是“宜昌户外联盟自驾群”群主的事实。

2. 证人方某某的证言及辨认笔录，证实自己看见刘阳明在微信群发真人CS游戏消息后要求参加，刘阳明告诉自己不用带枪，用他的枪；案发当天自己和朋友李某、周某某一起驾车去参加户外活动，从自己车上扣押的仿真枪是李毅的；经辨认11号刘阳明是“宜昌户外联盟自驾群”群主“勇敢者”。

3. 证人林某某的证言，证实自己加入了刘阳明的户外群，案发当天自己和谭某某以及另外两名不认识的人一起乘坐包云驾驶的车辆去参加户外活动，后公安机关从包云车上搜出一些仿真枪支的事实。

4. 证人赵某甲的证言，证实案发当天自己开朋友吴某的车和吴某一起参加户外活动，后公安机关从车上搜出一支仿真枪，听吴寒说这支枪是找人所借的事实。

5. 证人周某某的证言，证实案发当天自己及另外一个不认识的人一起坐朋友方某某的车去参加户外活动，后公安机关从车上搜出一支仿真枪的事实。

6. 证人涂某某的证言及辨认笔录，证实案发当天涂某某、赵某乙及其他两人乘坐包云的车去参加真人 CS 活动，后公安机关从包云的车上搜出 16 支仿真枪；经辨认 16 号是包云。

7. 证人赵某乙的证言及辨认笔录，证实案发当天涂某某、赵某乙乘坐包云的车先到伍家岗区的一个仓库，包云和另一名男子将仓库里的一些物品放在包云的车上，后公安机关从包云的车上搜出仿真枪的事实；经辨认 13 号是包云。

8. 证人李某的证言，证实案发当天自己携带一支仿真枪和另外一个不认识的人一起坐朋友方某某的车去参加户外活动，后公安机关从车上搜出该仿真枪的事实。

9. 证人谭某某的证言，证实案发当天自己和林某某乘坐一辆银色三厢轿车去参加真人 CS 活动，后公安机关从车上搜出仿真枪的事实。

10. 证人陈某某的证言，证实 2013 年 11 月份自己曾找刘阳明借仿真枪玩，并参加过刘阳明组织的真人 CS 活动的事实。

11. 证人黄某某的辨认笔录，证实 5 号刘阳明是“宜昌户外联盟自驾群”群主，网名是“勇敢者”的事实。

12. 证人孙某某的辨认笔录，证实 4 号刘阳明是 2014 年 3 月 26 日在 QQ 群邀约自己到伍家岗区收费站集合参加仿真枪射击的人。

13. 抓获经过，证实包云、刘阳明系被抓获归案的事实。

14. 搜查笔录，证实从包云所驾驶的鄂 EB1W77 号轿车搜查出 16 支仿真枪的事实。

15. 扣押清单，证实案发当天扣押枪支的情况。

16. 湖北省公安司法鉴定中心《物证检验意见书》及相关枪支照片，证实根据《枪支致伤力的法庭科学鉴定判据》（GA/T718－2007）及《公安机关涉案枪支弹药性能鉴定工作规定》（公通字［2010］67 号）的相关规定，送检的检材均可以压缩气体为动力发射弹丸，枪口比动能均大于 1.8J/CM^2，均认定为枪支。

17. 湖北省公安司法鉴定中心《质量手册》、鉴定人资格证书，证实湖北省公安司法鉴定中心《物证检验意见书》上授权签字人行使的是复核人的相关职责，鉴定人和授权签字人具有痕迹检验鉴定资格。

18. 湖北省宜昌市西陵区人民法院（2014）鄂西陵刑初字第 00070 号《刑事判决书》，证实被告人包云因非法持有枪支罪于 2014 年 4 月 28 日被判处有期徒刑六个月。

19. 被告人包云、刘阳明的户籍证明，证实二被告人均达到刑事责任年龄。

20. 被告人包云、刘阳明的供述，均与审理查明的事实一致。

【裁判结果】

湖北省宜昌市西陵区人民法院于 2014 年 12 月 8 日作出（2014）鄂西陵刑初字第 00204 号刑事判决：一、被告人包云犯非法持有枪支罪，判处有期徒刑三年六个月，与前罪犯非法持有枪支罪，判处有期徒刑六个月并罚，决定执行有期徒刑三年九个月。二、被告人刘阳明犯非法持有枪支罪，判处有期徒刑三年六个月。宣判后，被告人包云提出上诉。经二审审理，宜昌市中级人民法院于 2015 年 3 月 6 日作出（2015）鄂宜昌中刑终字第 00058 号刑事判决：一、撤销宜昌市西陵区人民法院（2014）鄂西陵刑初字第 00204

号刑事判决。二、上诉人（原审被告人）包云犯非法持有枪支罪，判处有期徒刑三年，与前罪犯非法持有枪支罪，判处有期徒刑六个月并罚，决定执行有期徒刑三年。三、原审被告人刘阳明犯非法持有枪支罪，判处有期徒刑二年。

【裁判理由】

法院生效裁判认为：

1. 包云、刘阳明构成共同犯罪，但刘阳明明知他人持有枪支没有合法手续，而为其存放提供帮助，并有一定的支配行为，可以认定其在共同持有中处次要地位，起次要作用，系从犯，依法应当减轻处罚。

2. 被告人包云的辩护人辩称：包云没有犯罪的故意。被告人刘阳明辩称其对所持有的枪支无支配权的辩解均与审理查明的事实不符，上述辩护意见本院不予支持。

3. 被告人包云、刘阳明的辩护人辩称：涉案的鉴定意见不具有法律效力，不能作为定案的依据。经查：涉案的鉴定意见系公安机关依法委托，鉴定程序合法，符合相关专业规范要求，本院予以采纳。

4. 被告人包云因非法持有枪支罪被判处有期徒刑六个月，在判决宣告以后，刑罚执行完毕以前，发现还有其他罪没有判决的，应当对新发现的罪作出判决，把前后两个判决所判处的刑罚，依照《刑法》第六十九条的规定，决定执行的刑罚。但被告人包云因同类行为在取保候审期间被发现再次非法持有枪支，本以一罪处罚，因客观原因形成了诉讼中的两案，本院在量刑中作合理调整。

本院认为，被告人包云、刘阳明违反枪支管理规定，非法持有枪支，情节严重，其行为均已构成非法持有枪支罪。依法应受刑罚处罚。包云、刘阳明构成共同犯罪，但刘阳明明知他人持有枪支没有合法手续，而为其存放提供帮助，并有一定的支配行为，可以认定其在共同持有中处次要地位，起次要作用，系从犯，依法应当减轻处罚。包云、刘阳明如实供述自己的罪行，依法可以从轻处罚。包云因同类行为在取保候审期间被发现再次非法持有枪支，本以一罪处罚，因客观原因形成了诉讼中的两案，本院在量刑中作合理调整。由于本案枪支使用的并非刑法上的弹药，其社会危害性和危险性相对较轻，可酌情从轻处罚。

【案例注解】

在刑法理论界，罪数的类型分为一罪与数罪。一罪和数罪的区别的罪数，这种区分看似简单，但理论界却对罪数的分类有各种不同的意见。在审判实践中，一罪与数罪的界定通常来说是比较好区分的，但在审理一些案情较为复杂，覆盖罪数理论分歧较大的案件时，罪数的认定往往会出现分歧意见，一致与对量刑直接产生效果。正确区分一罪与数罪，对被告人的犯罪行为进行正确地定性和量刑，在司法实践中具有十分重要的意义。

一、一罪的类型

一罪可以分为：实质的一罪、法定的一罪、处断的一罪三大类。

实质的一罪包括：继续犯、想象竞合犯、结果加重犯。继续犯是指作用于同一对象的一个犯罪行为从着手实行到行为终了，犯罪行为和不法状态在一定时间内同时处于继续状态的犯罪，如非法拘禁罪，非法拘禁的行为和状态在一段较长的时间中处于一个持续的状态，此时只能认定为一罪，而不因持续时间的长短而认定为数罪。想象竞合犯是指一个行为同时触犯了数个罪名，这一分类并未被我国刑法规定。结果加重犯是指实施基本犯罪构成要件的行为，发生基本犯罪构成要件以外的重结果，因为刑法规定加重刑法的犯罪形态，如虐待致人重伤、死亡的，就是按照虐待罪加重刑罚处罚，而不是认定为虐待罪和故意伤害罪、故意伤人罪的数罪。

法定的一罪包括：结合犯、集合犯。不管是结合犯的数个独立的犯罪行为，还是集合犯的数个同种犯罪行为，都因为法律的明文规定而按一罪处理。如赌博罪，法律明文规定只有“以赌博为业的”才构成赌博罪。我国刑法没有结合犯的典型。

处断的一罪包括：连续犯、牵连犯、吸收犯。连续犯是指基于同一或概括的犯罪故意，连续实施性质相同的独立成罪的数个行为，触犯同一罪名的犯罪形态，对于这类犯罪不数罪并罚。牵连犯是指以实施某一犯罪目的，其方法行为或者结果行为又触犯其他罪名的，不予数罪并罚而是“从一重处罚”。吸收犯则指数个犯罪行为，其中一个犯罪行为吸收其他犯罪行为，仅成立吸收的犯罪行为一个罪名的犯罪形态，如非法制造枪支、弹药罪吸收私藏枪支、弹药的行为。

二、本案罪数的分析

关于非法持有枪支罪，我国《刑法》第一百二十八条第一款规定：“违反枪支管理规定，非法持有、私藏枪支、弹药的，处三年以下有期徒刑、拘役或者管制；情节严重的，处三年以上七年以下有期徒刑。”

本案被告人包云，前罪即非法持有枪支罪于 2014 年 3 月 20 日由公安机关移送检察院审查起诉，在审查起诉阶段被公诉机关取保候审。2014 年 4 月 10 日，公诉机关就前罪向一审法院提起公诉，一审法院受理后，于 2014 年 4 月 28 日作出判决。

被告人包云在前罪审查起诉取保候审期间，2014 年 3 月 27 日民警查获被告人包云车内仿真枪 16 支（即本案非法持有枪支罪犯罪事实）。就该案，公诉机关于 2014 年 10 月 14 日向一审法院提起公诉。而由于本罪犯罪发生时间在前罪提起公诉之前，而公安机关、公诉机关对于这一情形并未将两案合并提起公诉，该案提起公诉时，被告人包云前罪刑期已实际执行完毕。故一审法院认为：被告人包云因非法持有枪支罪被判处有期徒刑六个月，在判决宣告以后，刑罚执行完毕以前，发现还有其他罪没有判决的，应当对新发现的罪作出判决，把前后两个判决所判处的刑罚，依照《刑法》第六十九条的规定，按照漏罪的数罪并罚决定执行的刑罚。

而本案二审法院认为：上诉人包云因同类非法持有枪支行为在取保候审期间被发现再次非法持有枪支，本以一罪处罚，因客观原因而形成了诉讼中的两案，故二审法院在量刑中作合理调整。二审法院之所以持有本应以一罪处理的观点，是因为认为被告人包云两次非法持有枪支的行为具有同一的犯罪故意、实施了数个相同的独立犯罪行为、且该数个行为具有时间上的连续性，且触犯了同一罪名，故应该属于连续犯作一罪处理，而不是按照一审数罪并罚处理。持有枪支的数量仅对犯罪情节有影响，直接影响量刑幅度。但是，考虑到本案的实际情况，由于侦查、起诉、审判阶段的割裂，导致这数个犯罪行为被分别立案起诉，且后罪进入审理阶段时，前罪所涉案件已经结案生效、并实际执行完毕，审判实践中已经不具备将前、后两罪合并审理作一罪处理的条件，故二审法院在考虑到量刑适应性问题后仅对刑期进行调整，却并没有对事实认定、法律适用进行改判。

（一审法院合议庭成员　杜晓红　廖健薇　彭　军
二审法院合议庭成员　陈晓明　戴　翔　韩　璐
编写人　湖北省宜昌市西陵区人民法院　廖健薇　王芳芳
责任编辑　周维明
审稿人　沈　亮）

原载《人民法院案例选》2016 年第 12 辑（总第 106 辑）

八、交通肇事罪

42. 温明志、李正平交通肇事案

——交通肇事罪与以危险方法危害公共安全罪的区分

【关键词】

醉酒驾驶　罪过形式　综合判定　交通肇事罪　以危险方法危害公共安全罪

【裁判要旨】

在醉驾造成重大伤亡案件中，判断行为人的主观罪过是故意还是过失，应重点考察事故是否属于一次性撞击、行为人是否采取紧急制动措施和行为人是否在繁华人多路段高速或高速逆向行驶等关键因素，还要结合行为人是否明知车辆状况特别是刹车情况、行为人的驾驶技能和经验、醉驾的程度、行驶的速度、违反交通规则的严重程度甚至驾驶时的情绪等辅助性因素进行综合判定。

【相关法条】

《中华人民共和国刑法》

第一百一十四条　放火、决水、爆炸以及投放毒害性、放射性、传染病病原体等物质或者以其他危险方法危害公共安全，尚未造成严重后果的，处三年以上十年以下有期徒刑。

第一百一十五条第一款　放火、决水、爆炸以及投放毒害性、放射性、传染病病原体等物质或者以其他危险方法致人重伤、死亡或者使公私财产遭受重大损失的，处十年以上有期徒刑、无期徒刑或者死刑。

第一百三十三条　违反交通运输管理法规，因而发生重大事故，致人重伤、死亡或者使公私财产遭受重大损失的，处三年以下有期徒刑或者拘役；交通运输肇事后逃逸或者有其他特别恶劣情节的，处三年以上七年以下有期徒刑；因逃逸致人死亡的，处七年以上有期徒刑。

【案件索引】

一审：重庆市第二中级人民法院（2015）渝二中法刑初字第00013号（2015年10月29日）

【基本案情】

重庆市人民检察院第二分院诉称：被告人温明志与李正平大量饮酒后，要求驾驶李正平的渝F1T7××号车去开县玩耍，李正平明知温明志未取得驾驶证，但仍将车挪出后交给温明志并坐于副驾驶座位上。当车行至开县汉郭路102省道306公里250米处时，撞向公路右侧等候乘车的陈某某、李某某、李某一、杨某某等人和停在路边的渝F6B7××号车，致陈某某、李某某、李某一、杨某某死亡，江某某、谢某一、任某某、向某某、易某某、林某某、袁某某、邓某某、侯某某、谢某某受伤，渝F6B7××号车受损。温明志、李正平未向公安机关报警和对被害人施救而逃离现场并商议由谁来承担责任。当日凌晨，李正平、温明志到公安机关投案，如实供述事故发生经过。重庆市人民检察院第二分院认为，被告人温明志、李正平犯以危险方法危害公共安全罪，向重庆市第二中级人民法院提起公诉。

被告人温明志、李正平及辩护人辩称：温志明具有一定的驾驶技术和基础，温明志在事故发生后采取制动措施并停住车辆，没有驾车逃逸或继续冲撞，因害怕而逃离事故现场，故温明志主观上没有以危险方法危害公共安全的故意，不构成以危险方法危害公共安全罪，温明志构成交通肇事罪；杨柏俊停靠渝F6B7××号车时没有打开应急灯，对引发本案有一定责任；温明志、李正平均具有自首情节，并在本案审理过程中与被害方达成赔偿协议，取得被害方的谅解，建议法院从轻处罚。

法院经审理查明：被告人温明志于2013年、2014年期间私下学习驾驶机动车，并于2014年3月30日到重庆市万州区青年人驾驶培训有限责任公司报名学习机动车驾驶，但尚未参加机动车驾驶资格考试。同年6月11日23时许，被告人李正平、温明志与胡旺、周毅等人在重庆市开县郭家镇“美滋特色烤鱼”店用餐，大量饮用啤酒。次日凌晨2时许，温明志、李正平、胡旺、周毅商定前往开县汉丰镇玩耍，随后离开“美滋特色烤鱼”店到郭家镇“爱你宝贝幼儿园”附近李正平停车处，李正平欲驾其渝F1T7××号轻型普通货车搭乘温明志、胡旺、周毅前往开县汉丰镇。温明志提出自己驾车，李正平问温明志能否驾车，温明志表示可以驾车，李正平在明知温明志当晚饮酒且无驾驶资格的情况下同意温明志驾车。温明志上车后挂不进倒车挡位而无法将渝F1T7××号车倒出停放处，便让李正平将该车挪出，李正平将车挪出后交给温明志驾驶，温明志驾驶该车沿开县汉郭路102省道向开县汉丰镇行驶。当日凌晨2时左右，杨伯俊驾驶渝F6B7××号轻型普通货车搭载易某某、林某某、袁某某、邓某某、侯某某、谢某某等菜农及蔬菜沿开县汉郭路前往开县汉丰镇，途中行至开县汉郭路102省道306公里250米路段时，因陈某某、李某某、李某一、杨某某、江某某、谢某一、任某某、向某某等8名菜农在公路右侧等候该车而停靠路边。此时，温明志驾驶渝F1T7××号车超速行至该处（该处限速70公里/小时），并撞向陈某某、李某某、李某一、杨某某等8名菜农和渝F6B7××

号车，温明志发现撞击后即采取制动措施，渝 F1T7 × ×号车滑行 20 余米后停下，渝 F6B7 × ×号车被撞击后滑行 30 余米后停下，该撞击致陈某某、李某某当场死亡，李某一、杨某某经送医院抢救无效死亡，江某某、谢某一、任某某、向某某、易某某、林某某、袁某某、邓某某、侯某某、谢某某受伤，渝 F6B7 × ×号车受损。

被告人温明志、李正平等人在撞击发生后即下车逃离现场，并商定由李正平顶替温明志承担责任。公安民警于 2014 年 6 月 12 日凌晨 2 时许接警后到达现场，并打电话通知李正平接受调查，李正平随即返回现场向公安民警投案，并作如实供述。同日凌晨 4 时许，温明志到开县公安局郭家交巡警中队投案，并作如实供述。经鉴定，温明志驾驶渝 F1T7 × ×号车在案发时速度约为 90 公里/小时；温明志到案后血液中的乙醇含量为 116.1 毫克/100 毫升，李正平到案后血液中的乙醇含量为 87.2 毫克/100 毫升；陈某某系创伤失血性休克合并颅脑损伤死亡，李某某系颅脑损伤死亡，李某一系创伤性失血性休克死亡，杨某某系颅脑损伤死亡，任某某属重伤二级，江某某属轻伤二级，向某某、易某某、林某某、袁某某均属轻微伤；渝 F6B7 × ×号车损失价值为 2055 元。经开县公安局交通巡逻警察大队认定，温明志、李正平共同承担本次事故全部责任。

被告人温明志、李正平经法院主持与被害方达成赔偿协议，取得被害方的谅解。

【裁判理由】

法院生效裁判认为：被告人温明志、李正平违反道路交通管理法规，未依法取得机动车驾驶证，醉酒超速驾驶机动车，因而发生重大交通事故，致四人死亡、一人重伤，在事发后为逃避法律追究而逃离事故现场，共同承担本次事故全部责任，温明志、李正平的行为均已构成交通肇事罪，且情节特别恶劣。温明志、李正平主观上对本案危害后果并非是放任发生的间接故意，而是已经预见但轻信能够避免的过失心态，故温明志、李正平不构成以危险方法危害公共安全罪。温明志、李正平作案以后自动投案，如实供述自己的罪行，系自首，且在本案审理过程中与被害方达成赔偿协议，取得被害方的谅解，故依法对温明志、李正平从轻处罚，并对李正平适用缓刑。

【裁判结果】

重庆市第二中级人民法院于 2015 年 10 月 29 日作出（2015）渝二中法刑初字第 00013 号刑事判决：被告人温明志犯交通肇事罪，判处有期徒刑五年；被告人李正平犯交通肇事罪，判处有期徒刑三年，缓刑四年。

此外，在一审审理过程中，承办法官协调本案 20 余名被害人及亲属与两名被告人达成赔偿经济损失 110 万元的协议，协调有关部门免除 4 名死者尸体的火化费、冷冻费等费用数十万元，有效化解社会矛盾。一审宣判后，被告人未提出上诉，检察机关未抗诉，本案取得良好的法律效果和社会效果。

【案例注解】

本案是一起因醉驾造成四死一重伤特大交通事故的刑事案件，造成严重的社会影响，公众关注度极高。本案的关键点在于被告人温明志、李正平的定性问题，即在醉驾驾驶机动车造成重大人员伤亡的情况下，行为人是构成交通肇事罪还是构成以危险方法危害公共安全罪。

一、交通肇事罪与以危险方法危害公共安全罪的关键界分在于主观方面

交通肇事罪，是指违反交通运输管理法规，因而发生重大交通事故，致人重伤、死亡或者使公私财产遭受重大损失的行为。[①] 醉驾类以危险方法危害公共安全罪是指故意使用与防火、决水、爆炸、投放危险物质行为等危险性相当的醉驾方法，危害公共安全的行为。从犯罪构成上看，二者在犯罪客体（公共安全）、犯罪客观方面（违反交通运输管理法规，包括醉驾引发交通事故）、犯罪主体（一般主体）方面基本一致。二者区分的关键在于主观方面：交通肇事罪的主观方面是过失，可以是疏忽大意的过失，也可以是过于自信的过失。这里的过失是指行为人对所造成的严重后果的心理态度，至于对违反交通运输管理法规本身，则可能是明知故犯。[②] 而以危险方法危害公共安全罪的主观方面是故意，既可以是直接故意（希望危害结果的发生），也可以是间接故意（放任危害结果的发生）。当然，也有学者认为，只要醉酒驾车行为造成严重后果的，就应认定为以危险方法危害公共安全罪。因为醉酒驾车的情况下，该行为本身就对公共安全造成了不特定的危险，是抽象危险犯，行为人在驾驶机动交通工具时，虽然具有自信不会发生危害结果的侥幸心理，但鉴于该自信没有任何可以凭借的根据，其主观状态是不可控制的，因此，行为人过于自信的过失就不能够成立。[③] 但这种唯结果论的逻辑模式经不起推敲。第一，行为人主观心理的判断不能根据危害结果进行反推，而应根据行为时行为人的客观表现进行推演。第二，现实生活中也存在醉驾造成重大人员伤亡但行为人对危害结果持过失心态的情况。例如，行为人醉酒后，为了避免发生交通事故，他找了经验丰富的老司机陪同，还专门选择偏僻、人少的路段并在规定时速内行驶，但仍将路中央的三人撞死，此时，行为人显然不希望危害结果的发生，是一种过失心态。第三，何为“严重后果”无法界定。死亡或重伤几人才能作为严重后果，假如定三人死亡为严重后果，那死亡人数不足三人行为人的主观心态就是过失，死亡三人以上就是故意，这也存在逻辑上的矛盾。因此，以造成严重后果作为评价行为人主观罪过的标准既不合情理，亦不合法理。故在案件审理过程中，不能仅因造成特别重大伤亡就认定行为人当时出于故意的罪过，还要综合案件的具体案情来认定。

本案中，针对被告人温明志、李正平的定性主要有两种意见：一种意见认为，温明志明知无证、酒后驾驶机动车会危及公共安全，仍无视法律执意驾驶机动车，最终造成了四死一重伤的严重后果，其主观心态是一种放任危害结果发生的间接故意，已然危害了公共安全，构成以危险方法危害公共安全罪；另一种观点认为，温明志虽然是醉酒驾驶，并发生了严重交通事故，但是他仅实施了一次撞击行为并在撞击后立即采取了紧急制动措施，而且本案发生于凌晨2时左右，属于人流量稀少时间段，这些都表明他对危害结果持轻信能够避免的过失心态，其行为构成交通肇事罪。由此可见，本案的焦点是

① 参见张明楷：《刑法学》，法律出版社2011年版，第630页。

② 参见高铭暄、马克昌：《刑法学》，北京大学出版社、高等教育出版社2013年版，第360页。

③ 参见郭纹静：《醉驾入刑的理性规制》，载《法学杂志》2014年第9期。

如何判断行为人主观罪过是间接故意还是过于自信的过失。按照“主观支配客观，客观反映主观”的原理，对行为人主观罪过的判定应结合被告人的供述和案件的客观事实情况进行综合评判。被告人供述是直接反映其主观罪过的证据，但是该证据是否可采还需要考察其与客观事实的印证度。下一部分将就醉酒驾驶造成重大人员伤亡的案件中，判断行为人主观罪过时需要考量的客观因素进行具体分析。

二、判断行为人主观罪过的客观考量因素分析

行为人的客观行为是其主观意思的表现形式，因此，在刑事案件审判中，可以通过对行为人客观行为的分析来推定其行为时的主观心理态度。由于“世界上没有两片相同的树叶”，每个刑事案件也各有其特点，所以判断行为人主观心态需要结合案件事实具体问题具体分析。但是，醉酒驾驶造成重大人员伤亡案件也有其自身特点，理论上也可以进行类型化思考，分析在该类案件中，推判行为人是间接故意还是过于自信的过失时应考虑的客观因素。其中，最为关键性的因素包括：事故是否属于一次性撞击、行为人是否采取紧急制动措施和行为人是否在繁华人多路段高速或高速逆向行驶。

（一）是否属于一次性撞击

《最高人民法院关于醉酒驾车犯罪法律适用问题的意见》（以下简称《意见》）规定：“行为人明知酒后驾车违法、醉酒驾车会危害公共安全，却无视法律醉酒驾车，特别是在肇事后继续驾车冲撞，造成重大伤亡，说明行为人主观上对持续发生的危害结果持放任态度，具有危害公共安全的故意。对此类醉酒驾车造成重大伤亡的，应依法以以危险方法危害公共安全罪定罪。”一般认为，《意见》的上述规定提出了认定醉酒驾车肇事在何种情形下构成以危险方法危害公共安全罪的标准。即醉酒驾车肇事，仅发生一次性冲撞的，一般不构成以危险方法危害公共安全罪，肇事后继续冲撞造成重大伤亡的，可以认定为以危险方法危害公共安全罪。[①] 这种意见有一定的合理性。因为行为人在发生第一次事故后，为了逃避法律制裁或者害怕而逃跑，虽然行为人可能不希望再次发生交通事故，但是为了逃跑已经管不了这么多了，表现的是一种放任的态度，构成间接故意。二次冲撞在本质上已经属于一种新的、独立的犯罪行为，虽然源发于交通肇事行为，但是，只是形式上具有关联性，在本质上已经不能为交通肇事罪所涵盖，应定性为以危险方法危害公共安全罪。

而在仅有一次性撞击的情况下，要慎重认定行为人构成以危险方法危害公共安全罪。在绝大多数交通肇事案件中，行为人对实害结果都是持排斥态度的，因为如果发生事故，行为人本身就是第一个受害人。[②] 而且，醉酒驾驶机动车发生交通事故其实是一种概率性事件，并非必然发生，通常情况下，是因为行为人盲目相信自己的驾驶技术，轻信能够避免危害结果的发生，主观上表现为过于自信的过失，因此，在醉酒驾车一次性撞击造成重大人员伤亡的情况下，一般定交通肇事罪为宜。

---

① 参见方文军：《危险驾驶肇事犯罪的定罪量刑问题》，载《刑事审判参考》第94集。

② 参见丁胜明：《危险驾驶的行为样态与罪名选择——以危险驾驶罪、交通肇事罪、以危险方法危害公共安全罪的关系为视角》，载《刑事法评论》2013年第1期。

（二）是否采取紧急制动措施

在发生交通事故后，正常人的反应应该是采取紧急制动措施，使车辆尽快停下。这一行为能够直观地反映行为人在事故发生时对该事故所持的态度：如果行为人采取了紧急制动措施，无论其出于本能还是意志控制，都表明其对该事故感到意外或排斥，是一种过失心态，构成交通肇事罪；如果行为人根本未采取紧急制动措施，除行为人醉酒程度已达到完全失去控制能力的情况外，表明行为人已克服本能反应，对危害结果是一种"管不了那么多了"的心态，意志因素表现为放任甚至是希望，属于间接故意或直接故意，构成以危险方法危害公共安全罪。

（三）是否在繁华人多等路段高速或高速逆向行驶

只有造成了与放火、爆炸等相当的具体的公共危险，才能成立以危险方法危害公共安全罪。[①] 在繁华人多等路段高速或高速逆行，对公众的生命财产安全造成极大威胁，其产生的公共危险与防火、爆炸等行为产生的公共危险相当，即使没有造成危害结果，也应按照《刑法》第一百一十四条的规定以危险方法危害公共安全罪定罪处罚。根据"举轻以明重"的原理，在繁华人多等路段高速或高速逆向行驶，造成了重大人员伤亡，则应该按照《刑法》第一百一十五条第一款之规定以危险方法危害公共安全罪定罪处罚。

当然，在醉驾案件中，判断行为人对危害结果属于过于自信的过失还是间接故意，还可以参考的辅助性因素有：行为人是否明知车辆状况特别是刹车情况、行为人的驾驶技能和经验、醉驾的程度、行驶的速度、违反交通规则的严重程度甚至驾驶时的情绪等。可以预见的是，实践中新的因素还会不断出现，而法律规定本身又不可能明确全部的判断因素和标准，这就需要司法工作人员不断总结、分析与提炼，将合理因素纳入考量范畴之内。

本案中，被告人温明志醉酒驾驶机动车并造成四死一重伤的严重后果。我们认为，温明志、李正平在主观上没有希望或放任危害结果发生的故意，其二人对于危害结果的发生系出于过于自信的过失，公诉机关指控温明志、李正平构成以危险方法危害公共安全罪的罪名不成立，温明志、李正平构成交通肇事罪。理由如下：第一，开车前，李正平问温明志"得不得行"（方言，意思为"你行不行?"），温明志说"得行"（方言，意思为"没问题"）。该对话反映了温明志对自己的驾驶技术比较自信；第二，四死一重伤的严重后果是一次性撞击造成的，温明志在事故发生后没有继续驾车冲撞，而是采取了紧急制动措施，并在滑行20米后停下。这表明温明志在危害结果持续蔓延的时候，积极采取防止危害结果继续扩大的措施，尽可能减轻损害的程度，不是积极追求或放任危害后果的发生，只是他过分相信自己的技术，轻信能够避免事故发生，属于过于自信的过失。第二，案发时为凌晨2点钟，正常来讲，路上行人和车辆较少，与繁华人多的路段相比，该路段发生重大交通事故的概率相对较少。只是本案特殊情况，8名菜农正巧在案发路段等候车辆，并最终发生交通事故。结合案发时的时间和环境状况，可以推断被告人温明志并没有希望或放任公共危险发生的意志表现。综合上述客观因素，我们认为，温明志主观上对无证、酒后驾车导致被害人死伤等危害后果的发生是轻信能够避免，且

① 参见张明楷：《危险驾驶的刑事责任》，载《吉林大学社会科学学报》2009年第6期。

对危害后果持反对、否定态度，不是积极追求或放任发生。只是由于他过高地估计了这些主客观条件，才导致了本案危害后果的发生，其对危害后果的发生属于过于自信的过失，应以交通肇事罪定罪处罚。根据监督过失理论，车主将自己的机动车交给醉酒者、无驾驶资格者驾驶，没有防止伤亡结果发生的，驾驶者与车主均成立交通肇事罪。[①] 所以，李正平在明知温明志醉酒、无证的情况下，仍帮他倒车并将车交与温明志驾驶，最终导致严重交通事故的发生，其行为也构成交通肇事罪。

（一审法院合议庭成员　谭卫华　王　雷　李明华
编写人　重庆市第二中级人民法院　谭卫华　陈　峰
责任编辑　周维明
审稿人　沈　亮）

原载《人民法院案例选》2016 年第 7 辑（总第 101 辑）

① 参见张明楷：《刑法学》，法律出版社 2011 年版，第 631 页。

43. 黄文鑫交通肇事逃逸案

——交通肇事后逃逸的认定

【关键词】

交通肇事　逃逸　目的解释

【裁判要旨】

交通肇事后行为人虽然报警并积极救治伤员，但在协助调查时却隐瞒事实真相安排他人顶包的行为构成交通肇事后逃逸。

【相关法条】

《中华人民共和国刑法》

第一百三十三条　违反交通运输管理法规，因而发生重大事故，致人重伤、死亡或者使公私财产遭受重大损失的，处三年以下有期徒刑或者拘役；交通运输肇事后逃逸或者有其他特别恶劣情节的，处三年以上七年以下有期徒刑；因逃逸致人死亡的，处七年以上有期徒刑。

【案件索引】

一审：江苏省宜兴市人民法院（2015）宜刑初字第844号（2015年11月10日）

二审：江苏省无锡市中级人民法院（2015）锡刑终字第00183号（2016年2月1日）

【基本案情】

公诉机关江苏省宜兴市人民检察院诉称：被告人黄文鑫交通肇事致被害人徐某兴死亡。被告人黄文鑫虽在肇事后积极救助被害人，但仍指使随车驾驶员王某会顶包，不仅构成交通肇事罪，还具有肇事后逃逸的加重情节，提请依法判处。

法院经审理查明：2015年7月23日5时许，被告人黄文鑫持“C1”型机动车驾驶证驾驶与准驾车型不符且超载的豫G97×××（苏HM×××挂）重型半挂牵引车，沿S230线由南向北行驶至宜兴市周铁镇邾渎路口时，追尾撞到同向行驶的徐某兴驾驶的苏B36×××正三轮载货摩托车，致徐某兴受伤、车辆受损。后徐某兴因颅脑损伤经医院抢救无效死亡。

肇事后，被告人黄文鑫用手机报警并由他人陪同将徐某兴送至医院抢救，但指使随车驾驶员王某会顶包留在事故现场等候处理，且黄文鑫和王某会接受调查时均交代王某会为肇事时车辆驾驶员。

2015 年 8 月 19 日，王某会因涉嫌犯交通肇事罪被刑事拘留，后其交代了为黄文鑫顶包的事实。同月 29 日，被告人黄文鑫经电话通知至公安机关接受调查时如实供述了相关犯罪事实。

2015 年 9 月 3 日，宜兴市交通巡逻警察大队作出道路交通事故认定：黄文鑫负事故的全部责任

【裁判结果】

江苏省宜兴市人民法院经审理认为：根据《道路交通安全法》和《道路交通事故处理办法》规定，发生交通事故后肇事者必须立即停车，保护现场、抢救伤者和财产，并迅速报告公安机关和执勤的交通警察，听候处理；同时，应当如实向公安机关陈述交通事故发生的经过，不得隐瞒交通事故真实情况。因此，保护事故现场、抢救伤者、报警并如实陈述事实经过，接受公安机关处理，是肇事者必须履行的法定义务。本案中，被告人黄文鑫在肇事后，因害怕承担法律责任而不履行法定义务，指使王某会作假证，主观上具有逃避承担相应法律责任的故意，客观上实施了为隐瞒肇事者真实身份而指使他人顶包的行为，逃避公安机关的侦查，即便人当时未离开事故现场，也掩盖不了交通肇事后“逃跑”的本质。根据《最高人民法院关于审理交通肇事刑事案件具体应用法律若干问题的解释》第三条的规定，其行为属于交通肇事后逃逸情形。案发后，被告人黄文鑫接电话通知主动至公安机关接受调查，应视为主动投案，归案后如实供述了自己的犯罪事实，是自首，依法可从轻处罚。据此，依照《刑法》第一百三十三条，第六十七条第一款的规定，认定被告人黄文鑫犯交通肇事罪，判处有期徒刑四年。

宣判后，原审被告人黄文鑫不服，向江苏省无锡市中级人民法院提出上诉，上诉人及其辩护人提出的主要上诉理由和辩护意见是：黄文鑫指使他人顶包的目的是意图获取肇事车辆的保险理赔而非逃避刑事责任，客观上也积极救治被害人并未逃离现场，故不属于肇事后逃逸的情形，原审判决适用法律错误，量刑不当，请求二审依法改判。

无锡市中级人民法院认为：原审判决认定事实清楚，定罪正确，量刑适当，审判程序合法，应予维持，遂于 2016 年 2 月 1 日作出（2015）锡刑终字第 00183 号刑事裁定：驳回上诉，维持原判。

【裁判理由】

法院生效裁判认为：江苏省无锡市中级人民法院经过阅卷和提审所查明的事实与一审查明的事实基本相同，上诉人黄文鑫违反道路交通管理法规驾驶机动车上路行驶，发生重大交通事故，致一人死亡，负事故的全部责任，其行为确已构成交通肇事罪，且系肇事后逃逸。上诉人黄文鑫案发后接电话通知至公安机关接受调查时如实供述了自己的犯罪事实，系自首。对于上诉人及其辩护人提出的主要上诉理由和意见，二审法院认定：上诉人黄文鑫不履行《道路交通安全法》等法规规定的法律义务，主观上具有逃避相应

法律责任的意图，客观上实施了为隐瞒肇事者真实身份而指使他人顶包的行为从而逃避公安机关的侦查，应当认定系交通肇事后逃逸；原审法院在量刑时根据上诉人黄文鑫的犯罪事实、结合其自首等量刑情节，并考虑到本案所造成的后果及其人身危险性，已对其予以从轻处罚，所处量刑并无不当。故相关上诉理由和意见不能成立。江苏省无锡市中级人民法院作出终审裁定：驳回上诉，维持原判。

【案例注解】

本案的关键问题是车辆驾驶人在发生交通事故后报警并救治伤员但安排他人顶包的行为是否构成肇事逃逸的法定刑升格的量刑情节。针对这一问题，存在两种意见：一种认为该种行为不构成交通肇事逃逸，其理由是交通肇事逃逸的情节规定具有行为性，即《刑法》对交通肇事逃逸的规定是行为规定，而非行为目的规定，所以应当从行为性出发来解释肇事“逃逸”内涵，从而将不具有逃跑行为性的虽留在现场但安排他人顶包的行为排除在了交通肇事逃逸的范畴之外。[①] 另一种意见认为这种行为构成交通肇事逃逸，其理由主要是从立法原意的角度出发，认为“逃逸”的内涵远大于逃跑，需要综合主客观多方面的因素考量，而逃跑或者逃离现场只是“逃逸”的一种较为常见和明显的表现方式，但绝不能在两者之间画等号，错误认为没有逃离现场就不属于“逃逸”。笔者赞成后一种意见，理由又不局限于此，而主要从以下三个角度考虑：

一、法律条款字面文意与司法现实之间逻辑自洽的需要

《刑法》第一百三十三条规定了交通肇事罪，从法条结构上看，本条规定了三个法定刑档次，其中第二个档次是：如果行为人交通肇事后逃逸或者有其他特别恶劣情节的，就应当突破第一档次的限制处三年以上七年以下有期徒刑。根据相关法律解释，“其他特别恶劣的情节”[②] 是指事故造成的人身和财产上的损害结果，并非针对当事人的行为方式。所以本案中的安排他人顶包的行为只能考虑适用前半部分的“逃逸”的规定。

从词源学上讲，“逃逸”一词就是指逃跑，并且正常人的对“逃逸”的理解是人在发生交通事故责任后为逃避法律责任而逃跑的行为，这也符合当前理论界和司法解释所主导的“逃避法律追究说”意见。[③] 但是从法条的用词来讲，对“逃跑”一词在穷尽文意解释后，仍然无法将肇事者留在肇事现场安排他人“顶包”的行为纳入到“逃跑”的范围时，就说明对该条法律条文及个别用词存在进一步解释的空间。这也体现了法律解释方法对于处理法律适用中法律条文的不可周延性与案件事实不可预测性之矛盾的意义；交通肇事中的“逃逸”基于“逃避法律追究说”应该是指以任何作为和不作为的方式企图规避承担法律责任的行为。其立法原意上的外延显然比“逃跑”要更加广阔，因此将

---

① 参见黄伟明：《交通肇事后逃逸的行为性解释——以质疑规范目的解释为切入点》，载《法学》2015 年第 5 期。

② “有其他特别恶劣情节”，是指死亡二人以上或者重伤五人以上，负事故全部或者主要责任的；死亡六人以上，负事故同等责任的；造成公共财产或者他人财产直接损失，负事故全部或者主要责任，无能力赔偿数额在 60 万元以上的。

③ 参见姚诗：《交通肇事“逃逸”的规范目的与内涵》，载《中国法学》2010 年第 2 期。

肇事后虽留下现场但安排他人顶包的行为界定为“逃逸”的类型之一或扩大解释进“逃跑”的范畴，这契合社会生活事实，具有生活经验上的合理性。

相对于交通事故引发的民事保险赔偿纠纷中肇事逃逸的认定来说，基于刑事责任承担主体的特定性和不可转移性，一旦交通肇事者的行为进入到刑法规制的范畴，那么肇事者“逃逸”行为的认定自然要明确且不可回避。[①] 那么基于刑事法律的严肃性，可以根据既往有关司法实践经验的积累将逃逸的构成要件解构成两个方面：一是主观方面，即具有逃避承担法律责任的意图。二是客观上具有逃跑、欺骗、编造隐瞒事实、安排他人顶包等多种表现形态的事实行为，可以是作为，也可以是不作为。其中主观方面最为主要，即只要具有了逃避承担法律责任的主观意图，其和任何形式印证这一主观意图的客观行为相结合都可以构成肇事逃逸。如此把握交通肇事“逃逸”的成立要件可以解决狭窄字面文意与丰富法律事实之间的矛盾，从而有利于法律推演时罪名的法律用词在语义层面上实现立法原意与司法现实之间的逻辑自洽。

二、法律漏洞思维出发的填补性目的解释

刑法条文所规定的罪名具有高度的凝炼性，即争取用最简单的用词以表达最为直观、丰富、准确的含义。这使得罪名的外延很广，但内涵较为狭窄。但将刑法罪名下的具体法律条文和相应的罪名进行比较时，就会发现，前者所具有的内涵更为丰富，同时个别用词在外延上却表现得较为狭窄。具体到本案，从法律方法论角度考虑，对“逃逸”的理解在正常情况下可以认定为积极的离开现场行为，然而，立法者基于法律事实的多样性，在立法时所赋予肇事后“逃逸”的含义显然远远广于“逃逸”这一直接字面定义。其实从法律本身的严谨性和法律语言的抽象性以及法律用词本身所涵盖的内容来讲，这算是一个隐藏的法律漏洞，[②] 即该法律规范本身存在的违反原计划的不圆满性。就本案而言，法律规定的“为逃避法律追究而逃跑”与肇事“逃逸”之间就存在外延范围大小不能完全对应的漏洞，该漏洞所包含的范围就包括隐藏自己真正肇事人员身份从而逃避责任的形式。

法律适用的过程同样是一个法律解释的过程，这不仅包括将案件事实格式化为法律事实，还包括对作为大前提加以适用的法律条文的理解适用以及特定情况下对条文存在的法律漏洞的填补性解释。具体到本案来看，不具有驾驶特种车辆资格的行为人的驾驶行为造成交通事故，这一先前行为就产生了行为人因此应当留在现场积极救助的义务和如实向有关管理机关汇报并主动承担相关民事和刑事责任的义务。这些义务反映出《刑

① 在刘某交通事故保险赔偿案例中，刘某于2014年2月在锡澄高速发生交通事故，刘某投保的保险公司却因其在发生保险事故后离开现场而拒赔。江阴市人民法院在同年9月17日作出一审判决，判决保险公司承担保险责任；保险公司提出上诉，同年年12月1日，无锡市中级人民法院作出终审判决，撤销一审判决，改判保险公司免除保险责任。审理该案时，合议庭并未局限于对肇事者离开现场是否构成“逃逸”的判断；而是从培育社会诚信、倡导行为规范的角度，运用了《保险法》对肇事者离开现场未通知保险公司导致无法查明关键事实的，保险公司对无法查明部分免责的规定，进行判决保险公司免除保险责任。民事规则的适用具有多元性，只要能达到从利益衡平的角度解决纠纷的目的。

② 根据台湾地区学者杨仁寿的观点，隐藏的法律漏洞是指法律对某一问题虽然有规定，但是缺少对该问题特殊情形的规范以致消极地呈现为一定欠缺的状态。

法》之肇事逃逸之规定所试图保护的法益，即事故被害人受到及时救助以免因耽搁致伤致死的权益和相关机关对事故进行顺利调查和处理以划分落实责任、平复纠纷的正常工作秩序。所以，对该条文内容的理解应当以此法益保护为出发点，从而得到符合法律规范目的的合理解释。即只要侵害了该法益的行为都可以涵盖相关的罪名和量刑情节中，该种逃逸行为最常见的是作为性质的，同时其不作为性质也是毋庸置疑的。所以从目的解释等解释方法出发，对“逃逸”和“逃跑”理解应当与交通肇事后逃避法律责任的多种表现形态的现实对应起来，即对“逃逸”作扩大解释，扩大解释的范围的限度应当逃避法律责任为限，即除开包含积极的、明显的逃离、撤离行为的逃跑行为之外，还包括积极或者消极的表现为各种形态的逃避法律责任的行为，从而填补这一法律漏洞。

三、案件判决针对现实情况的社会效果的需要

对一些事实问题的法律定性不应当完全局限于理论上的辩驳，因为定性的最终目的始终是为了更好服务于司法实践，所以，在碰到类似问题时可以从现实社会需要角度作出更为合理的考量。近年来交通事故一直呈现高发趋势，因交通事故而造成的死亡人数居高不下。在我国非正常死亡人数中高居榜首，形成了对公众的生命健康以及公共安全的巨大压力。鉴于此，《刑法修正案（八）》专门增加危险驾驶罪，将醉驾等尚未造成事故的行为纳入《刑法》惩罚的范畴，表明立法者针对驾驶机动车行为以及致伤致死结果在接受法律规制时从严适用的立法意思表示和意图，这也是为了实现遏制现今交通肇事致死的严峻形势的立法目的的必要举措。而肇事逃逸在现实中更是会对事故的进一步恶化起到推波助澜的作用，不仅会对他人的生命财产造成更多不可挽回的损失，也对所引发的矛盾纠纷的后续顺利调查处理增添巨大的麻烦和障碍，其法律惩罚的必要性尤为明显。

同时，肇事逃逸作为交通事故犯罪中独立的法定刑升格的考量情节，这不仅是要发挥《刑法》的惩戒功能，更重要的是要凸显《刑法》的警示、警戒意义，从而对尚未成立某种犯罪或法定刑升格情节但是又具有潜在可能的行为主体形成必要的威慑和预防。本案中的上诉人明知自己不具有驾驶特种车辆的资格，仍然强行逞能而为，在造成严重事故后安排他人顶包，表明行为人对自身行为企图免于适用《刑法》之交通肇事逃逸之规定的侥幸心理，为了避免类似侥幸心理酿成恶果，本案有必要对该条款予以严格适用以形成警示范例。

总之，解释法律不意味着抠法律的字眼，而是挖掘法律的意义和效果。本案上诉人基于人性中固有的趋利避害心理在交通事故发生后选择安排他人顶包而自己积极救治伤员的做法，这样的行为表明行为人内心尚存良知与温情，并非是完全冷漠与危险性的主体存在，具有情理上的可理解性，可以在量刑时在法定刑幅度内从轻考虑。然而，从法理角度讲，《刑法》对案件事实的定性除开极端个案之外是没有情理考量成分的，本案中的行为人的救助行为虽然在一定程度上践行了立法者赋予法律条文本身的某种目的，但是其是在策划顶包试图隐藏自身责任的主客观状态下实施的，并非基于完整责任意识的行为，尚不足以符合《刑法》对行为人在主观上和客观上的全面期待。同时，其行为毕竟侵犯了交通肇事逃逸之法定刑升格情节所保护的相关国家机关对交通事故的正常调查秩序的法益。从目的解释出发，以该法条的法益保护为导向，将“逃逸”扩大解释以对该条法律进行严格适用，这不仅符合立法原意，同时，也可以促进社会诚信意识的形成和社会公众责任意识的培养与强化，从而实现该类案件在今后司法处理时的法律效果和社会效果的统一。

（一审法院合议庭成员 王爱芳 潘明星 唐建平
二审法院合议庭成员 徐海宏 蒋 璟 周 华
编写人 江苏省无锡市中级人民法院 李奇才 蒋 璟
江苏省宜兴市人民法院 王爱芳
责任编辑 周维明
审稿人 沈 亮）

原载《人民法院案例选》2016年第9辑（总第103辑）

44. 刘建明交通肇事、梁兆友故意杀人案

——“拖带型”交通肇事的定性

【关键词】

“拖带型”交通肇事　明知　罪疑有利被告

【裁判要旨】

交通事故发生后，行为人驾车拖带当事人继续行驶的，应当根据证据综合判定行为人对拖带是否明知。行为人明知拖带被害人而继续行驶的，成立故意杀人或故意伤害罪。在两个行为人分别先后拖带被害人，被害人死亡节点无法确定的，应当根据罪疑有利被告原则推定两个行为人的拖带行为与被害人的死亡均无因果关系。

【相关法条】

《中华人民共和国刑法》

第一百三十三条　违反交通运输管理法规，因而发生重大事故，致人重伤、死亡或者使公私财产遭受重大损失的，处三年以下有期徒刑或者拘役；交通运输肇事后逃逸或者有其他特别恶劣情节的，处三年以上七年以下有期徒刑；因逃逸致人死亡的，处七年以上有期徒刑。

第二百三十二条　故意杀人的，处死刑、无期徒刑或者十年以上有期徒刑；情节较轻的，处三年以上十年以下有期徒刑。

【案件索引】

一审：天津市红桥区人民法院（2013）红刑初字第0268号（2014年8月22日）

二审：天津市第一中级人民法院（2014）一中刑终字第469号（2014年12月12日）

重审：天津市红桥区人民法院（2015）红刑重字第0001号（2015年12月8日）

【基本案情】

天津市红桥区人民检察院指控称：2012年12月21日20时许，被告人刘建明酒后驾驶牌照号为津LW52××号中华牌小型轿车沿西北半环快速路由北向南行驶至青云桥北侧时，其车辆前部与驾驶电动自行车由北向南行驶的被害人许某某发生碰撞，被告人刘建明驾车逃逸，将被害人许某某拖行1.5公里至青云桥下坡南侧时停车。被告人梁兆友醉酒驾车与刘建明同行至停车地点后，发现刘建明驾驶的牌照号为津LW52××号中华牌小

型轿车发生事故并且被害人腿部悬于车底后，被告人刘建明弃车逃逸。被告人梁兆友在明知被害人尸体在车辆底部仍继续驾驶津LW52××号中华牌小型轿车逃离案发现场，拖带许某某大约75米至快速路出口时，被害人许某某从车底脱落，梁兆友继续行驶后被执勤民警截获，经查被害人许某某已当场死亡。被告人刘建明于2012年12月22日至公安机关主动投案。天津市红桥区人民检察院指控被告人刘建明犯交通肇事罪；指控被告人梁兆友犯帮助毁灭证据罪、危险驾驶罪。

被告人刘建明、梁兆友对起诉书指控的事实和罪名供认不讳，请求法庭从轻处罚。

被告人刘建明的辩护人对公诉机关指控刘建明犯交通肇事罪不持异议，提出以下量刑意见：（1）被告人刘建明案发后主动投案自首，依法应从轻或减轻处罚。（2）被告人刘建明系初犯、偶犯，其亲属积极赔偿被害人损失，可酌情从轻处罚。

被告人刘建明的辩护人对被告人刘建明犯故意杀人罪或具有交通肇事“因逃逸致人死亡”加重情节提出以下辩护意见：（1）被告人刘建明在发生事故至主动停车期间，主观上并不明知车下有人，该部分事实有被告人刘建明供述及证人高某证言可以佐证，刘建明不具有故意杀人的主观犯罪因素。（2）因被害人的死亡节点无法确定，无法证明刘建明弃车离开现场时被害人已经死亡，因果关系上无法证明刘建明肇事行为与被害人死亡结果之间存在因果关系，依照疑罪有利被告的原则，应推定刘建明不构成逃逸致人死亡。

被告人梁兆友的辩护人对公诉机关指控梁兆友犯帮助毁灭证据罪、危险驾驶罪不持异议，提出以下量刑意见：（1）被告人梁兆友归案后能如实供述犯罪事实。（2）被告人梁兆友的家人已竭尽全力对被害人进行了赔偿。（3）从整体案情考虑，被告人梁兆友的涉案情节要轻于被告人刘建明，因此本案的量刑梁兆友应轻于刘建明。

被告人梁兆友的辩护人对被告人梁兆友犯故意杀人罪提出以下辩护意见：（1）被告人梁兆友的主观意图为隐匿肇事车辆，没有杀人的动机与故意。（2）案件基本事实反映被害人许某某是在被告人刘建明驾车高速撞击并拖带1500米后，又被梁兆友拖带75米，车检报告证实肇事车辆前部因撞击受害人严重毁损，尸检报告证实某某为颅脑损伤合并创伤性休克死亡，按照人的通常认知，有理由相信被害人许某某在梁兆友启动肇事车辆之前已经死亡。（3）本案被害人死亡节点无法确定，依据疑罪从无和有利于被告人的原则，应推定被害人死亡于梁兆友继续驾车之前。综上，被告人梁兆友不构成故意杀人罪（未遂）。

法院经审理查明：2012年12月21日18时许，被告人刘建明、梁兆友同他人聚餐时饮酒，后二人驾车外出，被告人刘建明驾驶牌照号为津LW52××的中华牌小型轿车在前，被告人梁兆友驾驶夏利轿车跟随。当被告人刘建明沿本市西北半环快速路由北向南行驶至青云桥北侧时，遇被害人许某某驾驶电动自行车同向行驶，刘建明未注意观察道路情况，所驾车辆前部撞击许某某所驾电动自行车尾部，其在车辆前风挡玻璃破损的情况下，未停车查看情况，继续向前行驶约1.5公里至青云桥下坡南侧处停车。跟在其后的梁兆友亦停车，二人发现有人体腿部悬于中华车车底，刘建明反而弃车离开现场。被告人梁兆友明知车下有人，仍继续驾车行驶，行驶约75米时，被害人许某某从车底脱落，梁兆友碾轧被害人后继续行驶，至快速路芥云桥出口时被在辅路执勤的交警截获。

经查，被害人许某某已死亡。

2012年12月22日，被告人刘建明主动至公安机关投案。

经天津市天通司法鉴定中心检验：被害人许某某因颅脑损伤合并创伤性休克死亡。

经天津市天通司法鉴定中心鉴定：津LW52××号中华牌小型轿车对许某某的撞击和拖带是导致其死亡的直接原因，许某某的死亡与津LW52××号中华牌小型轿车存在直接因果关系。

经天津市公安交通管理局红桥支队西青道大队认定：刘建明驾驶机动车在道路上行驶，未注意观察道路情况，未保证安全，且在发生交通事故后逃离现场，其上述违法行为，是形成道路交通事故的主要原因，应当承担道路交通事故责任；许某某驾驶电动自行车未按照交通标志通行，驶入快速路，其行为也是形成该起道路交通事故的原因之一，亦应承担道路交通事故责任。综上所述，刘建明承担道路交通事故的主要责任，许某某承担道路交通事故的次要责任。

经天津市天通司法鉴定中心检验：被告人梁兆友血液中酒精含量为90.58mg/100ml。

【裁判结果】

天津市红桥区人民法院于2014年8月22日作出（2013）红刑初字第0268号刑事判决：一、被告人刘建明犯交通肇事罪，判处有期徒刑四年。二、被告人梁兆友犯故意杀人罪（未遂），判处有期徒刑五年。宣判后，天津市红桥区人民检察院以对被告人刘建明量刑过轻为由提出抗诉。被告人梁兆友以定罪量刑过重提出上诉。天津市第一中级人民法院于2014年12月12日作出（2014）一中刑终字第469号刑事裁定：撤销原判，发回重审。重审期间，天津市红桥区人民检察院以刘建明犯交通肇事罪，梁兆友犯帮助毁灭证据罪、危险驾驶罪提起公诉。天津市红桥区人民法院于2015年12月8日作出（2015）红刑重字第0001号刑事判决：一、被告人刘建明犯交通肇事罪，判处有期徒刑五年。二、被告人梁兆友犯故意杀人罪（未遂），判处有期徒刑四年；犯危险驾驶罪，判处拘役三个月，并处罚金人民币2000元；数罪并罚，决定执行有期徒刑四年，并处罚金人民币2000元。宣判后，被告人均未提起上诉，检察院亦未抗诉，判决已经发生法律效力。

【裁判理由】

法院生效裁判认为：刘建明交通肇事致一人死亡且负事故主要责任，构成交通肇事罪。刘建明肇事前曾饮酒，其酒后驾驶机动车辆，肇事后为逃避法律追究而逃跑，依照《最高人民法院关于审理交通肇事刑事案件具体应用法律若干问题的解释》第二条、第三条的规定，其行为构成交通肇事后逃逸。同时，本案鉴定意见证实，肇事车辆对被害人的撞击和拖带是导致其死亡的直接原因，而被害人经历了被告人刘建明的撞击和拖带、被告人梁兆友的继续拖带两个过程，现有鉴定意见无法确定被害人在哪个过程中死亡，不能证实刘建明的逃逸行为与被害人的死亡结果之间存在因果关系，故其不构成逃逸致人死亡。

本案相关证据证实，梁兆友明知轿车下面有人，不知是否死亡，也没有进行查看，而是驾驶车辆继续拖带被害人行驶 75 米并碾轧了被害人。虽其本人供述“当时完全懵了，只是想快跑”，但无论主观目的如何，其对剥夺被害人生命这一结果持听之任之的态度，即放任危害结果的发生，故其主观方面表现为间接故意，其拖带、碾轧被害人的行为构成故意杀人罪。同时，因被害人的死亡时间点无法确定，从罪疑有利被告的角度，推定被害人死亡于梁兆友继续驾驶肇事车辆之前，故梁兆友的故意杀人行为构成对象不能犯的未遂。检察机关指控的帮助毁灭证据罪，仅是对其行为妨害司法的属性进行了评价，对其行为侵犯公民人身权利的属性却未进行评价，而后者遭受犯罪行为侵害的法益显然要大于前者，应择一重罪处罚。

被告人刘建明虽有自首情节，依法可从轻处罚，但考虑其犯罪性质、情节和危害后果，应从严掌握从轻幅度。被告人梁兆友所犯故意杀人罪属未遂，依法可比照既遂犯减轻处罚。其能如实供述犯罪事实，依法可从轻处罚。被告人刘建明、梁兆友赔偿了被害人亲属部分经济损失，可酌情从轻处罚。

【案例注解】

本案涉及“拖带型”交通肇事的定性问题。所谓“拖带型”是指被害人因交通事故被肇事车辆拉拽拖行。在此类交通事故中，由于逃逸本身即是损害后果的实行行为，并且被告人主观心态存在转化的过程，因而需要仔细区分交通肇事罪和故意杀人、故意伤害罪的区别。在造成被害人死亡时，还容易造成交通肇事逃逸致人死亡与故意杀人罪的混淆。并对间接故意犯罪的未遂形态的通说提出挑战。

一、“拖带型”交通肇事技术层面的检讨

（一）证据层面：笼罩事实的迷雾

交通肇事首先遇到的问题是事实认定。准确认定事实是定罪量刑的基础。然而法官没有亲历事件本身，也不可能时空穿越，回到过去。而法官据以定案的事实依据就只有也只能是证据。在“拖带型”交通事故中，由于逃逸等因素的介入，往往现场被破坏，反映案件事实的证据难以取得，这也是法律加大对逃逸行为处罚的现实原因，恰恰也是造成交通肇事事实难以认定的根源。在本案例中，被害人被撞击时，是轻伤、重伤、死亡，对于认定交通肇事逃逸抑或是交通肇事逃逸致人死亡具有决定意义，然而这一事实从某种意义上讲是无法查明的。

交通肇事案件在事实层面遇到的第二个问题是，法官所面对的证据是交管部门收集、固定的。作为第一时间到达现场，并且作为处理交通事故的专业部门，交管部门对事实的认定具有专业性、权威性。然而与一般刑事案件中，公安机关专门侦查行为不同，交管部门收集固定证据的过程，也是其处理交通事故，进行行政执法的过程。在行政执法中形成的证据，由于受到行政执法价值理念的影响，其可能更加注重行政效率，而忽视收集证据的严谨性，甚至为了及时解决事故，保证道路畅通，对于无法查明事故原因的案件，可以告知当事人到法院诉讼。然而困难在于，如果连在第一时间到现场的专业人员都无法查明的事故，交给距离事故空间和时间均很遥远的法院审理，似乎只能是不可完成的任务和不能承受之重。

但是法院不得拒绝裁判，在事实无法查明的情况下，法院只能依据证据规则进行推理，从而认定案件的法律事实。与客观真实相比，法律事实是退而求其次的方案，但至少为纠纷解决提供一条可能的出路。但问题是通过罪疑有利被告、生活经验等规则推定的法律事实，却可能与大众思维相悖，因为相比于专业性较强的法律适用问题，关于事实认定则是向公众开放的领域。每一个人都可能形成自己对事实的判断，进而质疑法院认定的法律事实，并因为司法专业思维和大众思维的鸿沟，形成对法院认定事实的舆论审判。某种意义上，南京彭宇案、天津许云鹤案都是在交管部门无法认定事实，将案件起诉到法院，法院依据司法规则认定事实后，由于经验法则或者说理不充分，而被炒作为舆情案件，进而对司法公信力造成前所未有的压力甚至是破坏。

（二）介入因素考察：因果关系的认定

非典型交通肇事的复杂性还在于，交通事故往往是多因一果，因而对于交通肇事行为与危害结果之间的关系就要进行准确的界定和划分。首先，是被害人层面的原因对结果的影响。交通事故中被害人往往也存在违章行为，甚至有被害人特殊体质的原因介入，此时就应当准确界定被告人行为与结果的因果关系，如果其行为不是结果的主要原因，就不宜成立交通肇事罪。其次，是其他交通因素的介入。如案例三中，由于其他车辆的碾压，出现被害人死亡的后果，此时被告人将被害人遗弃在现场，驾车逃逸的行为，对于被害人死亡应当承担多大和什么性质的因果关系，成为界定的难题。

（三）实行行为：过失犯的软肋

交通肇事罪属于过失犯，应无异议。过失犯关注的重心是主观方面的过失与损害后果，而在司法实践中常常被忽视的是过失犯的实行行为。无行为即无犯罪，刑法中行为的实质就是实行行为。① 过失犯也不例外。而在交通肇事案件中，由于对实行行为关注不足，将犯罪构成简化为“违章 + 后果”的考察，将违章与否作为认定过失的依据，将死伤人数、财产损失数额作为损害后果的判断标准，恰恰放弃对交通肇事实行行为的判断。产生以上问题的原因是理论上对过失犯实行行为界定不清所致，甚至有学者认为，过失犯没有独立的实行行为，过失行为是犯罪结果发生后，伴随结果发生对目的行为的一种评价。② 此种观点实质上就将行为要素从犯罪构成要件中剥离出去，不当扩大过失犯罪的范围。

二、回归交通肇事罪本质的分析

（一）以审判为中心的事实认定

尽管交通肇事逃逸造成现成被破坏，证据难以固定，而刑事审判又要求排除一切合理怀疑，因而对交通肇事案件的事实认定应当落实审判中心主义的要求。

首先，关于事实认定的态度。对于当事人交通肇事逃逸案件，能否简单地依据证据不足，按照疑罪从无，判定当事人无罪。能否依据罪疑有利被告原则，对被告人降档处理。例如，由于被害人死亡时间无法确定，因而推定被害人在第一次撞击时死亡，而不是因为没有得到救助而死亡，从而仅仅认定逃逸的加重情节，不认定逃逸致人死亡的加重情况。笔者认为一味强调司法人权保障，过分依赖疑罪从无原则，将之作为认证困难

① 参见［日］小野清一郎：《犯罪构成要件理论》，王泰译，中国人民公安大学出版社2004年版，第84页。

② 参见张飞飞：《过失犯实行行为之否定》，载《华章》2010年第34期。

的挡箭牌，有矫枉过正之嫌。对交通肇事逃逸行为，其造成被害人人身危险性和财产损失进一步扩大，加大行政执法和司法的成本，造成恶劣的社会影响，因而在事实认定上应当从严把握。对于事实的认定应穷尽一切证据手段，而不能简单地以疑罪从无为由，放纵犯罪。如通过最大范围搜集司法鉴定鉴材，细化司法鉴定项目，锁定某些要件事实。借助专家辅助人，对现有证据和鉴定意见进行进一步论证，明确案件要件事实。通过调取视频监控，将口供等主观证据与现场勘验等客观证据相互印证，形成证据链条，证明案件事实。

其次，发挥庭审的倒逼作用。造成交通肇事罪事实认定困难的根源是行政执法取得的证据与刑事审判证据缺乏有效的链接。因而，在审判实践中，一方面，对于事故原因无法查明的，可以退回检察机关或者公安机关进行补充侦查；另一方面，对于在交通肇事，因为侦查阶段取证不规范导致事故原因无法查明的，应当向交通管理部门发送司法建议，建议交通事故涉嫌犯罪时，由刑事侦查部门派员介入，从而规范取证行为和程序，发挥审判对侦查、公诉的反作用，促进取证行为的规范化。

（二）区分逃逸行为的双重性

在现代社会，交通工具的普及以及使用在为生活提供便利的同时也带来较高风险。此风险尽管在可以容许的范围内，但是机动车驾驶人作为危险的制造者和利益的享有者，其在交通事故发生后，就负有在现场滞留的义务，“经由其陈述或报告，使有调查或确认事故权责者（含事故参与人、行政机关或司法机关）有顺利厘清事故因果关系及确认法律责任归属之可能。”[①] 此观点将逃逸的本质认定为是对确认义务的违反。在我国现有刑法框架内，逃逸行为既可能是交通肇事的构成要件，如在交通肇事致一人重伤，肇事人承担全责或者主责时，逃逸被司法解释确定为构成要件，又可能是交通肇事的加重情节，如第二档三至七年的刑罚，就是将逃逸作为加重情节；既可能是交通肇事的实行行为，如在案例中，被告人逃逸过程中，拖带被害人的行为，就应当是交通肇事的实行行为，也可能是事后行为。

把握逃逸行为的双重性，对于准确认定交通肇事罪具有重要意义。当逃逸行为是事后行为时，逃逸行为就不能作为实行行为进行评价，当交通肇事是实行行为时，则应进一步考虑逃逸行为与损害后果的关系，保证罪责刑相适应。

（三）坚持主客观相一致原则

行为是在主观方面指导下完成的，脱离主观方面，根据结果定罪属于客观归罪。因而对于非典型逃逸交通肇事罪，应当考察被告人的主观罪过，并依此作为区分交通肇事逃逸致人死亡、间接故意杀人的依据。就交通肇事逃逸致人死亡而言，被告人对逃逸行为本身是故意，但是对于“致人死亡”应当严格限定在过失的范围内。如前所述，交通肇事罪本质是过失犯，被告人主观心态上对死亡存在希望或者放任的故意时，就不是交通肇事罪所要解决的问题，而成立间接故意杀人或者直接故意杀人。如被告人在交通肇事逃逸过程中，在路人发出警告，并且明知车辆下方拖带被害人的情况下，仍然驾车逃逸，此时被告人对被害人死亡存在放任的故意，应当认定为间接故意杀人，而不是逃逸

---

① 参见高金桂：《有义务遗弃罪与肇事逃逸罪之犯罪竞合问题》，载台湾地区《月旦法学杂志》2005 年第 8 期。

致人死亡。

问题的难点是被告人主观心态的认定。被告人的主观心态属于当事人内心的心理活动，无法直接被感知，只能通过现有证据推定当事人的主观方面。具体到交通肇事案件中，更大的难点在于，一方面交通事故是一个过程，当事人的主观心态可能发生变化，另一方面由于逃逸等行为造成证据被破坏，进一步加大认定主观方面的困难。对交通肇事案件过失的认定，既不能单纯根据损失结果客观归罪，也不能进凭被告人自己的供述，应当在运用证据证明基础事实的基础上，运用逻辑和经验法则，推断行为人主观目的。

三、“拖带型”交通肇事案的具体分析

（一）被告人主观方面是“拖带型”交通事故定性的关键

“拖带型”交通事故定性为交通肇事还是故意杀人、故意伤害的关键是交通肇事行为人对于拖带是否明知。如果不知车辆拖带被害人，其行为属于交通肇事的自然延伸，构成交通肇事逃逸。如果明知车辆拖带被害人，而继续行驶，其对被害人损害后果持放任的间接故意，此时应当成立故意杀人或者故意伤害。

因而问题的关键转化为对被告人是否明知的认定。根据《刑法》第十四条第一款的规定，明知自己的行为会发生危害社会的结果，并且希望或者放任这种结果发生，因而构成犯罪的，是故意犯罪。明知是犯罪主观方面中的认识要素，是判断故意犯罪存在与否的起点。同时由于明知与否属于主观方面的内容，具有抽象性和隐蔽性，因而其认定既不能根据结果判断是否明知，实行客观归罪，也不能仅凭当事人的供述判断是否明知，造成大量犯罪被放纵。

因而，在明知的认定上，存在直接认定和间接认定两种方法：一种是直接认定。对于被告人能够供述自认的，可以结合客观证据，认定明知的认识因素；一种是间接认定。即被告人否认明知，此时可以根据间接证据综合认定，或者通过证明基础事实，结合生活经验进行事实推定。需要指出的是，无论是直接认定还是间接认定，都应当以客观证据为主，被告人供述为辅，相互印证，综合认定，而不能过分依赖于被告人供述来认定。另外在间接认定中，也应当坚持间接证据认定为主，事实推定为辅。因为事实推定虽然是认定主观方面的有效方法，但并非唯一方法，不能一推了之，否则就降低刑事诉讼的证明标准，混淆证明和推定的关系，导致刑罚适用的泛化。还应注意推定就意味着存在例外情况，因而应当赋予行为人异议权，并且该异议的证明标准无需达到排除合理怀疑，仅仅需要动摇法官的内心确信即可。

在证明标准上，是否明知亦存在不同学说。一种学说为客观说。即在某一具体环境下，通常人根据一般的经验或者常识都能认知的，就应认定为行为人明知。一种学说为主观说。即具体考察行为人的自身情况，根据其年龄、知识水平、社会阅历确定是否明知。一种学说为折中说。既要考虑行为人自身的状况，还有考量案件发生的具体情况。目前折中说为通说。笔者认为，犯罪主观要件作为犯罪的本体构成要件，应当由控诉方排除合理怀疑地证明主观明知的存在，而不应当降低证明标准，采用高度盖然性标准，更不宜举证责任倒置，在推定的基础上，由行为人举证证明自己不具有明知的认识因素。

因而，结合到本案，在被告人刘建明不承认明知车下有人，无法进行直接认定的情况下，应当根据客观证据，排除合理怀疑地认定刘建明是否存在明知的认识因素。而纵观本案的证据，尚无法得出其明知拖带而继续行驶的结论：

一是从本案发生的客观环境分析。本案案发地点在封闭的快速路上，根据交通法规，非机动车不允许进入快速路行驶。从而区别于在闹市区撞人后的认识因素。从案发时间看，案件发生于冬季的夜晚，行为人受快速路照明条件的制约，这一因素也进一步降低了行为人应当知道的可能性。并且结合刘建明当天饮酒的情节，其判断和控制能力均有所下降，尽管醉酒驾车具有违法性，但是也可以从事实上印证被告人的行为。

二是从证人证言所证明的事实分析。与刘建明同乘的证人证言均能证明发生交通事故时刘建明既没有踩刹车也没有其他避让行为。该事实可以印证刘建明并没有看见车辆撞人的供述。虽然证人证言提及车辆在继续行驶当中速度缓慢，存在异响等情况，并且车前挡风玻璃破损，但无法排除前车物品脱落以及车辆拖带的是物体的可能，并且刘建明当时并没有停车查看，因而现有证据不足以证明刘建明明知车底有人而拖带。

（二）“拖带型”交通肇事中，对是否明知撞人的认定可以区分此罪与彼罪

在认定因逃逸致人死亡时，主要有以下三种情形：一种是被告人为了逃避法律追究，明知发生交通事故而逃跑，导致被害人未得到及时救助而死亡。该种情形是司法解释所规定的典型的因逃逸致人死亡的情形。一种是发生交通事故后，交通肇事行为人将被害人带离现场隐藏或者遗弃，致使被害人无法得到救助而死亡或者重伤，对此司法解释亦明确规定按照故意杀人或者故意伤害定罪处罚。另外一种情形则是本案所涉及的，发生交通事故后，肇事者拖带被害人逃逸，此时被害人死亡，是否构成交通肇事逃逸致人死亡。本文认为仅仅知道发生交通事故，但不知撞人，此时拖带被害人逃逸导致死亡的，不能认定为逃逸致人死亡，理由如下：

第一，交通肇事逃逸致人死亡属于交通肇事的加重处罚情节，因而其主观方面仍然是过失。如果明知车辆拖带被害人而继续行驶，其主观方面为故意，以故意杀人或者故意伤害定罪处罚即可，并无评价为逃逸致人死亡的空间。如果不知车辆拖带被害人，此时行为人的主观方面和客观行为仅仅是原有交通行为的继续，不应在交通肇事逃逸范围内进行评价。

第二，根据司法解释的规定，因逃逸致人死亡是指行为人在交通肇事后为逃避法律追究而逃跑，致使被害人因得不到救助而死亡。此种情形下，刑法将逃逸作为法定升格条件，其指向的是行为人负有救助义务，然而该救助义务产生的前提是行为应当明知交通事故导致被害人生命处于危险状态而不救助。只有在此情形下逃逸，才具有刑事违法性和可罚性。而本案的特殊性在于行为人并不知道被害人的存在，因而也就不具有救助的义务。

但是如果排除本案的特殊性，即不知道是否撞到人，因而不具有救助义务的情形。在其他的“拖带型”的交通肇事中，则可能成立交通肇事逃逸致人死亡。如甲驾驶机动车发生交通事故，明知乙撞倒后逃逸，此时甲并不知道乙被拖带在车底，最终导致被害人死亡。根据司法解释，如果仅仅因为被告人消极不救助的行为就可以成立逃逸致人死亡，举轻以明重，此时被告拖带被害人的逃逸，更加使被害人丧失救助的机会，因而就可能成立因逃逸致人死亡。

第三，被害人死亡节点不明导致逃逸致人死亡的因果关系被切断。本案不成立因逃

逸致人死亡的特殊性还在于，被害人被撞击和拖带后死亡，其死亡的节点无法确定。质言之，被害人是撞击死亡还是拖带死亡现有证据无法证实，因而定性为逃逸致人死亡缺乏依据。逃逸行为和死亡结果之间的因果关系无法证明，因而不成立因逃逸致人死亡。

（一审法院合议庭成员　蔡　江　管纪尧　黄振强
二审法院合议庭成员　杨雪梅　张玉峰　李草原
重审法院合议庭成员　张　健　宋坚宏　李经玉
编写人　天津市红桥区人民法院　管纪尧
责任编辑　周维明
审稿人　沈　亮）

原载《人民法院案例选》2016 年第 10 辑（总第 104 辑）

45. 安徽省颍上县人民检察院诉龚德田交通肇事案*

【裁判摘要】

交通肇事案件中，已作为入罪要件的逃逸行为，不能再作为对被告人加重处罚的量刑情节而予以重复评价。

【案情】

安徽省颍上县人民法院一审查明：2014 年 6 月 10 日 15 时许，被告人龚德田超速驾驶皖 K5××××号白色江淮牌货车沿颍上县 X041 线由西向东行驶至赛涧乡张楼村唐庄十字路口时，与被害人张某某无证驾驶的由南向北行驶的皖 KG××××号铃木牌两轮摩托车发生碰撞，事故致两车受损，张某某当场死亡。事故发生后，龚德田电话报警至 122 报警台，随后弃车离开案发现场。当日 21 时 50 分，龚德田主动到颍上县公安局交管大队投案，到案后如实供述了犯罪事实。经法医鉴定：张某某因车祸致严重颅脑损伤死亡。经颍上县公安局交管大队道路交通事故责任认定书认定，龚德田驾车行驶速度超过事发路段最高限速，且在事故发生后弃车离开现场，其行为违反了《道路交通安全法》第七十条第一款、《道路交通安全法实施条例》第四十五条之规定，是造成此起交通事故的直接原因，承担事故主要责任；张某某无证驾驶机动车、过路口没有确保安全且未让右方来车先行，其行为违反了《道路交通安全法》第十九条第一款、《道路交通安全法实施条例》第五十二条第（二）项之规定，是造成此起交通事故的间接原因，承担事故次要责任。后经调解，龚德田与被害人张某某近亲属达成和解协议，龚德田赔偿被害人张某某近亲属各项经济损失共计人民币 326000 元，获得被害人张某某近亲属谅解。

上述事实，有接处警情况登记表、户籍证明、驾驶证、机动车信息查询单、到案说明、事故认定书、死亡证明、调解协议、赔偿凭证、谅解书、通话记录、社区影响评估意见书，证人江伟、陈登然、欧喜虎、郑田宣的证言，司法鉴定意见书、法医学尸检报告，事故现场勘验、检查笔录、现场方位图、现场照片、同步录音录像资料等证据证实，足以认定。

【裁判】

安徽省颍上县人民法院一审认为：被告人龚德田驾驶机动车辆在公共道路上超速行驶，违反交通运输管理法规，因而发生重大事故，致一人死亡，承担事故的主要责任，且肇事后逃逸，其行为已触犯刑法，构成交通肇事罪，应予惩处。颍上县人民检察院指

* 2017 年《最高人民法院公报》案例。

控龚德田犯交通肇事罪的事实清楚，证据确实、充分，指控成立。龚德田肇事逃逸后的当日又主动到公安机关投案，如实供述犯罪事实，属自首，依法可以从轻或者减轻处罚；同时，龚德田能积极赔偿被害人近亲属经济损失，获得被害人近亲属的谅解，可酌情从轻处罚。结合司法机关对龚德田所作的社区影响评估意见，对龚德田适用缓刑，对其所居住的社区无重大不良影响，依法可适用缓刑。

据此，安徽省颍上县人民法院依照《中华人民共和国刑法》第一百三十三条、第六十七条第一款、第七十二条第一款及《最高人民法院关于审理交通肇事刑事案件具体应用法律若干问题的解释》第二条第一款第（一）项、第三条之规定，于2014年11月6日判决如下：被告人龚德田犯交通肇事罪，判处有期徒刑三年，缓刑四年。

一审宣判后，被告人龚德田不服一审判决，向安徽省阜阳市中级人民法院提出上诉，称其在案发后已经主动报警及拨打120急救电话，后因害怕遭被害人亲属殴打离开现场，不是逃逸；其具有投案自首情节，并积极赔偿被害人亲属经济损失，取得被害人亲属谅解。综上，原判对其量刑过重，请求二审依法对其从轻判处。

安徽省阜阳市中级人民法院经二审，确认了一审查明的事实。

本案的争议焦点是：上诉人龚德田交通肇事后弃车逃逸的行为是其构成交通肇事罪的入罪要件还是其交通肇事罪的加重处罚情节。

安徽省阜阳市中级人民法院二审认为：对于上诉人龚德田的上诉理由，经查，（1）本案系2014年6月10日15时51分，手机号码为130××××1199的匿名电话拨打110报警，而龚德田使用158××××8866的手机于同日16时16分拨打122报警。其在事故发生后并未于第一时间及时报警。（2）其供述在报警后，因为害怕被派出所关起来，因而没有及时投案。（3）其在报警后弃车离开现场，未在现场等候公安机关处理，并关闭手机，交警出警到达现场后，无法与其取得联系。综上，足以认定其在肇事后为逃避法律追究，离开现场，虽然之后又向公安机关投案，但其事后终止逃逸并不影响对其逃逸行为的认定。对于其投案自首、赔偿被害人亲属经济损失并取得谅解等情节，原判对此均已经予以认定。综上，其上诉理由不能成立，不予采纳。

对于一审法院认为上诉人龚德田驾驶机动车辆在公共道路上超速行驶，违反交通运输管理法规，因而发生重大事故，致一人死亡，承担事故的主要责任，且肇事后逃逸，其行为构成交通肇事罪，并依照《刑法》第一百三十三条、第六十七条第一款、第七十二条第一款及《最高人民法院关于审理交通肇事刑事案件具体应用法律若干问题的解释》第二条第一款第（一）项、第三条之规定，以龚德田犯交通肇事罪，判处有期徒刑三年，缓刑四年的判决，经查，根据《刑法》第一百三十三条、《最高人民法院关于审理交通肇事刑事案件具体应用法律若干问题的解释》第二条第一款的规定，交通肇事致一人死亡的，需同时具备负事故全责或者主要责任，行为人才能构成交通肇事罪。就本案而言，交警部门就是根据龚德田驾驶机动车超速行驶并且在事故发生后弃车离开现场认定其对事故负主要责任。即龚德田弃车离开现场的行为是其行为构成交通肇事罪的构成要件。因此，原判适用《最高人民法院关于审理交通肇事刑事案件具体应用法律若干问题的解释》第三条的规定，认定龚德田行为构成交通肇事罪，且系交通肇事后逃逸。显然是对其逃逸行为重复评价，属于适用法律错误，依法应予纠正。龚德田违反交通运输管理法规，驾驶机动车辆在公共道路上超速行驶，因而发生重大事故，致一人死亡，且在事故发生后弃车离开现场，承担事故的主要责任，其行为已构成交通肇事罪，依法应予惩处。原判事实清楚，证据确实、充分，定罪准确，审判程序合法。但适用法律有错误，依法应予以改判。

据此，安徽省阜阳市中级人民法院依照《中华人民共和国刑法》第一百三十三条、第六十七条第一款、第七十二条第一款及《最高人民法院关于审理交通肇事刑事案件具体应用法律若干问题的解释》第二条第一款第（一）项和《中华人民共和国刑事诉讼法》第二百二十五条第一款第（二）项的规定，于2014年11月27日判决如下：一、撤销安徽省颍上县人民法院（2014）颍刑初字第00473号刑事判决，即被告人龚德田犯交通肇事罪，判处有期徒刑三年，缓刑四年；二、上诉人（原审被告人）龚德田犯交通肇事罪，判处有期徒刑一年，缓刑二年。

本判决为终审判决。

（改写人　杨　奕

责任编辑　杨　奕）

原载《人民法院案例选》2018年第1辑（总第119辑）

46. 杨帅交通肇事案

——交通肇事中二次碰撞情形下因果关系的认定

【关键词】

交通肇事罪　二次碰撞　因果关系　因果关系中断

【裁判要旨】

行为人造成第一起交通事故后逃逸，将被害人置于危险境地，并且被害人因第二起交通事故死亡的，前行为人应对被害人的死亡结果负刑事责任，但不构成逃逸致人死亡；第一起交通事故的救援者在救援时因第二起交通事故而死亡的，行为人的肇事与逃逸行为和死亡结果之间不存在因果关系。

【相关法条】

《中华人民共和国刑法》

第一百三十三条　违反交通运输管理法规，因而发生重大事故，致人重伤、死亡或者使公私财产遭受重大损失的，处三年以下有期徒刑或者拘役；交通运输肇事后逃逸或者有其他特别恶劣情节的，处三年以上七年以下有期徒刑；因逃逸致人死亡的，处七年以上有期徒刑。

【案件索引】

一审：北京市大兴区人民法院（2015）大刑初字第1301号（2016年6月24日）

二审：北京市第二中级人民法院（2016）京02刑终555号（2016年9月26日）

【基本案情】

2014年10月21日5时许，被告人杨帅驾驶白色桑塔纳小型轿车（无号牌）由东向西行驶至北京市大兴区庞安路魏石路交叉路口时，与同方向行驶的宁某某驾驶的农用三轮车（无号牌，旁边乘坐其妻张某某）后部相撞，致使张某某被甩出车下倒地，事故发生后杨帅驾车逃逸，宁某某即下车救助张某某，适有一辆机动车由东向西驶来，将宁某某及倒地的张某某撞出、碾压，该肇事车辆逃逸。后被害人宁某某、张某某经抢救无效死亡。经鉴定，被害人宁某某的死亡原因符合颅脑损伤合并创伤性休克死亡；被害人张某某的死亡原因符合创伤性休克死亡。经北京市公安局大兴分局交通支队认定，杨帅对第一起事故负全部责任，在逃的犯罪嫌疑人对第二起事故负全部责任。被告人杨帅于

2014 年 10 月 24 日投案并如实供述了主要犯罪事实。

【裁判结果】

北京市大兴区人民法院于 2016 年 6 月 24 日作出（2015）大刑初字第 1301 号刑事附带民事判决：一、被告人杨帅犯交通肇事罪，判处有期徒刑四年。二、被告人杨帅赔偿附带民事诉讼原告人杜某某、宁立某、宁双某因被害人张某某死亡造成的经济损失包括医疗费、丧葬费、死亡赔偿金（含被抚养人生活费）、交通费共计人民币 483633.19 元。三、被告人杨帅赔偿附带民事诉讼原告人殷某某、宁立某、宁双某因被害人宁某某死亡造成的经济损失包括医疗费、丧葬费、死亡赔偿金（含被抚养人生活费）、交通费的 35%，共计人民币 165808.59 元。四、驳回附带民事诉讼原告人杜某某、殷某某、宁立某、宁双某的其他诉讼请求。宣判后，被告人杨帅提出上诉，北京市第二中级人民法院于 2016 年 9 月 26 日作出（2016）京 02 刑终 555 号刑事附带民事裁定：驳回上诉，维持原判。

【裁判理由】

法院生效裁判认为：被告人杨帅违反交通运输管理法规，驾驶无号牌的机动车上路行驶且与三轮车发生追撞事故，致使张某某从三轮车上被甩出倒地，杨帅随即驾车逃逸，张某某及救助张某某的宁某某被另一辆机动车撞击、碾压，均经抢救无效死亡。根据案发时间、地点，结合普通人的认知水平，倒在机动车道上的张某某被另外一辆机动车碾压，并不能中断杨帅的交通肇事行为与被害人张某某死亡的因果关系，杨帅应当对张某某的死亡承担刑事责任，其行为符合交通肇事罪的构成要件，且杨帅肇事后逃逸，依法应当予以惩处。被害人宁某某因救助张某某被另一辆机动车撞击致死，杨帅的肇事行为与宁某某的死亡结果无刑法意义上的因果关系，因此，对被告人杨帅的犯罪行为致宁某某死亡的指控证据不足，不予认定。

由于杨帅的犯罪行为给四原审附带民事诉讼原告人造成的经济损失，依法应予赔偿。杨帅的犯罪行为致张某某死亡，其应对张某某的死亡承担全部赔偿责任，被害人宁某某因救助张某某被另一辆机动车撞击致死，判决杨帅对宁某某的死亡承担次要赔偿责任。

【案例注解】

交通肇事罪，是指违反交通运输管理法规，因而发生重大交通事故，致人重伤、死亡或者使公共财产遭受重大损失的行为。《刑法》第一百三十三条虽然规定了交通肇事罪的概念，但是现实中，交通肇事的情形复杂多样，尤其此类案件中的介入因素极其复杂，使得交通肇事罪中的因果关系认定成为司法实务中的难点问题。本案例通过对交通肇事中二次碰撞情形进行分析，梳理因果关系认定及法律适用相关问题，为此类案件提供借鉴和参考。

一、交通肇事罪构成要件

根据我国刑事理论和实践，一般犯罪构成主要包括主体要件、客体要件、主观要件以及客观要件四个方面。其中，主观要件主要是指行为人对自己行为将给社会造成的危害后果所持的犯罪心理，从宏观上看有犯罪故意和过失两种形式。交通肇事罪从主观方面讲属于过失犯罪，主要表现为应当预料到危险发生的可能性，但因疏忽大意没有预见到，或者已经预见到危险发生的可能性，但是轻信可以避免。客观要件通常包含危害行为、危害结果、因果关系三个方面。交通肇事罪的客观要件应当包括以下方面：肇事行为违反刑法典规定、客观上造成严重的危害结果、肇事行为与危害结果之间存在因果关系。对于因果关系认定，从理论层面分析并不困难，但是由于现实生活复杂多变，司法实践中认定行为与结果之间的关系相对复杂，尤其存在介入因素的情形下，因果关系认定就更加复杂和困难了。但因果关系认定是定罪的关键点，有必要梳理交通肇事罪中因果关系的认定。

二、关于因果关系的认定

我国传统刑法理论讨论的因果关系是指危害行为与危害结果之间的一种引起与被引起的关系。[①] 我国传统刑法理论采用哲学化的因果关系理论，形成了必然因果关系和偶然因果关系两种理论。必然因果关系说认为，当危害行为中包含着危害结果产生的根据，并合乎规律地产生了危害结果时，危害行为与危害结果之间就是必然因果关系，只有这种必然因果关系才是刑法上的因果关系。偶然因果关系说的基本观点是，当危害行为本身并不包含产生危害结果的根据，但在其发展过程中偶然介入其他因素，由介入因素合乎规律地引起危害结果时，危害行为与危害结果之间就是偶然因果关系，介入因素与危害结果之间是必然因果关系，必然因果关系与偶然因果关系都是刑法上的因果关系。[②]

国外关于因果关系的理论学说主要包括条件说、相当因果关系理论以及客观归责理论。根据条件说，一定行为与结果之间，如果存在无前者就无后者的条件关系时，该行为即为结果的原因，即存在刑法上的因果关系。[③] 相当因果关系理论在条件说的基础上对因果关系的范围加以限制，认为在行为与结果之间，如果根据人类社会一般生活经验法则，存在基于该行为一般就会发生该结果的相当的关系时，就认为存在刑法意义上的因果关系。[④] 客观归责理论将归因与归责区分开来，根据该理论，刑法因果关系仍然是以条件说为基础，在与结果存在条件关系的行为中，在客观上有归责的可能，制造出不被允许的危险，且实现了法所不允许的危险，则该结果归因于该行为。客观归责需要具备以下三个条件：一是该行为制造了不被允许的风险；二是风险在具体的结果中实现；三是结果没有超出构成要件的保护范围。[⑤]

由于刑法理论上关于因果关系的争论一直存在，在司法实践领域，关于因果关系的认定也一定程度上存在混乱之处。在相当长的时间中，我国刑法上采用必然因果关系与偶然因果关系的理论，司法实践中一些复杂的案件往往采用偶然因果关系说。近年来，随着大陆法系因果关系理论的引入，条件说、相当因果关系理论和客观归责理论在司法

① 张明楷：《刑法学》（第五版），法律出版社 2016 年版，第 174 页。
② 张明楷：《刑法学》（第五版），法律出版社 2016 年版，第 175 页。
③ 马克昌：《比较刑法原理——外国刑法学总论》，武汉大学出版社 2002 年版，第 204 页。
④ 李春雷、张鸿巍：《外国刑法学概论》，北京大学出版社 2011 年版，第 91 页。
⑤ 林亚刚：《刑法学教义》，北京大学出版社 2014 年版，第 170 页。

中都有所采用。[①]

事实上，如果在正常状态下，当某一特定的危害结果只由某一特定行为引起且二者引起与被引起的关系符合自然法则时，认定因果关系较为清晰容易。但是，实践中往往存在符合自然法则的因果关系中有其他因素介入的情况，最终使得危害结果发生，在这种多因一果的情形下，行为人实施的危害行为与危害结果之间的关系很难直接判断出来。尽管刑法上不同因果关系学说之间的争论长期存在，但是回归司法实践，这些理论对于解决实践中复杂情形下因果关系认定的问题提供了有益参考，具体来说包含以下两个逻辑步骤：第一步是判断危害行为与危害结果之间是否存在没有前者就没有后者的事实上的因果关系。在进行这一判断的过程中需要注意是否有介入因素导致因果关系的中断。在第一步确认危害行为与危害结果存在事实上的因果关系后，需要进行第二步判断，即危害行为与危害结果之间的事实因果关系是否具有法律上的可归责性，即是否存在法律上的因果关系。在进行这一判断的过程中可以结合社会经验法则即一般人的认识进行判断，或者判断行为人是否创造了法律所不允许的风险且危害结果实际发生。

三、关于因果关系中断的认定

在多因一果的情形下，通常存在多个介入因素，哪些介入因素可以构成因果关系的中断同样是司法实务中的难点问题。根据因果关系中断理论，在刑法因果关系的进程中，如果介入了其他因素，当介入因素对因果关系起支配作用时，介入因素就切断了原有的因果关系，前行为人的行为与危害结果之间的因果关系中断，后行为人的行为与结果之间继而发生因果关系。[②] 在认定何种介入因素可以中断行为与结果之间的关系时，通常需要综合考虑四个方面的因素：一是行为人的实行行为导致结果发生的危险性大小；二是介入因素异常性大小；三是介入因素对结果发生的危险性大小；四是介入因素是否属于行为人的管辖范围。[③]

在交通肇事中存在二次碰撞的情形下，关键在于认定第二次碰撞是否可以独立发挥作用导致危害结果发生，如果可以，则认定因果关系中断，反之则不认定因果关系中断。在此，可以采用结果避免可能性理论进行验证，如果前行为人实施了合义务的行为，结果还会发生，那么行为人是否实施合义务行为对于结果发生没有关联，后行为人的行为中断了前行为与危害结果之间的因果关系。反之，则不构成前行为与危害结果之间因果关系的中断。

四、针对本案的分析

1. 杨帅的肇事及逃逸行为与张某某的死亡结果之间存在因果关系。首先，杨帅肇事并逃逸，导致张某某甩出车外倒地，处于车辆正常行驶的马路上，杨帅的行为造成了张某某的危险状态，再加上第二次交通事故，引起了张某某死亡的结果。因此，杨帅的肇事及逃逸行为与张某某的死亡结果之间具有事实上的因果关系。其次，杨帅的肇事行为与张某某的死亡结果之间具有法律上的可归责性。（1）杨帅的行为违反了交通法规规定

---

① 陈兴良：《刑法总论精释》，人民法院出版社 2016 年版，第 227 页。

② 侯国云：《刑法因果关系新论》，中国人民公安大学出版社 2012 年版，第 269 页。

③ 张明楷：《刑法学》（第五版），法律出版社 2016 年版，第 190 页。

的注意义务。根据《道路交通安全法》相关规定，被告人杨帅作为驾驶人员具有遵守交通法规谨慎驾驶的义务，发生事故后，有保护现场、抢救受伤人员的义务。但是，从被告人杨帅的行为来看，其在驾驶车辆过程中未尽到注意义务，导致第一起交通事故的发生，并造成张某某被甩出车倒地的结果；在交通肇事后，杨帅又未采取必要的措施救助张某某、保护现场、设置警示标志，且为逃避法律追究逃离现场，其行为违反了交通法规规定的注意义务。（2）杨帅违反注意义务创设了法律所不允许的风险。从事故发生后的情形来看，张某某被甩出车倒地，其所处位置为车辆正常通行的马路上，该道路不停有车辆通过，且事故发生的时间为凌晨5点左右，光线较为昏暗，增加了所处环境的危险性，在这样的情形下，杨帅未尽到义务采取必要的设置警示、救助伤者、保护现场等措施，将受害人张某某置于危险的境地，创设了法律所不允许的风险。（3）在客观上，危害结果实际发生。杨帅违反相关义务，将被害人张某某置于危险的境地，导致了张某某在二次碰撞后死亡的危害结果。因此，杨帅的肇事行为与张某某的死亡结果之间具有法律上的可归责性。

2. 二次碰撞并未导致杨帅肇事行为与张某某死亡结果之间因果关系的中断。从本案的情况看，如果杨帅没有造成第一起交通事故，或者在交通事故发生后及时设立警示标志，并积极参与救助，转移伤者，就不会有第二起交通事故的发生。正是因为杨帅造成的第一起交通事故使得张某某突然出现在车流正常通行的马路上，事后又未采取任何警示救助措施，将张某某置于危险的境地，最终导致第二起交通事故的发生。本案不符合即使杨帅尽到合理义务也无法避免危害结果发生的情形，大货车在马路上正常通行并不能独立引起张某某死亡结果的发生，二次碰撞并未导致因果关系的中断。杨帅应该对张某某的死亡承担刑事责任。

3. 杨帅不构成逃逸致人死亡。根据《最高人民法院关于审理交通肇事刑事案件具体应用法律若干问题的解释》第五条规定：“‘因逃逸致人死亡’，是指行为人在交通肇事后为逃避法律追究而逃跑，致使被害人因得不到救助而死亡的情形。”这一规定强调的重点是被害人因得不到救助而死亡。[①] 本案中的客观事实为被告人杨帅在发生事故后为逃避法律追究而逃跑，被害人张某某在现场正在被宁某某及路人贾某某救助。从因果关系看，解释中规定的被害人死亡的原因系得不到救助，而本案中被害人张某某的死亡原因为第二起交通事故中大货车的撞击、碾压，并非得不到救助，故被告人杨帅的行为构成交通肇事后逃逸，但不构成因逃逸致人死亡的情节。

4. 杨帅的肇事及逃逸行为与宁某某的死亡结果之间不存在因果关系。杨帅造成第一起交通事故，导致张某某被甩出车外倒地的结果，且未采取救助和警示措施而使其处于危险境地，并因第二起交通事故使得危险结果最终发生。但是，杨帅在第一起交通事故中并未导致宁某某倒地或者其他伤害结果，也并未对宁某某创设法律所不允许的风险。宁某某的死亡是在救助张某某时在第二起交通事故中被撞击造成的。宁某某是出于对张某某的救助而处于危险境地，宁某某与被害人张某某为夫妻关系，夫妻间有相互扶助的义务，但是这种义务为婚姻关系缔结时产生，而非因杨帅的肇事行为而产生，因此，不

① 胡云腾等：《最高人民法院司法解释理解与适用全书》（下卷），法律出版社2016年版，第130页。

能认定杨帅的交通肇事行为与宁某某的死亡结果之间存在刑法意义上的因果关系，杨帅对宁某某的死亡不承担刑事责任。

（一审法院独任审判员　王玮喆
二审法院合议庭成员　王洪波　李　凯　王　敏
编写人　北京市大兴区人民法院　包　李　王玮喆
责任编辑　周维明
审稿人　李玉萍）

原载《人民法院案例选》2018年第4辑（总第122辑）

47. 王传宝、周艳明交通肇事案

——先后两起交通肇事致同一被害人死亡的责任认定

【关键词】

刑事　交通肇事罪　责任认定不当　内部责任划分　因果关系

【裁判要旨】

在交通肇事犯罪中，先后两起交通肇事致同一被害人死亡，人民法院需要就每一起的交通肇事损害结果的发生情况进行评价。交管部门认定责任不当的，人民法院应根据事故发生的介入、参与程度等加以纠正，对每起肇事行为进行内部责任划分。

【相关法条】

《中华人民共和国刑法》

第一百三十三条　违反交通运输管理法规，因而发生重大事故，致人重伤、死亡或者使公私财产遭受重大损失的，处三年以下有期徒刑或者拘役；交通运输肇事后逃逸或者有其他特别恶劣情节的，处三年以上七年以下有期徒刑；因逃逸致人死亡的，处七年以上有期徒刑。

第六十七条第一款　犯罪以后自动投案，如实供述自己的罪行的，是自首。对于自首的犯罪分子，可以从轻或者减轻处罚。其中，犯罪较轻的，可以免除处罚。

第三款　犯罪嫌疑人虽不具有前两款规定的自首情节，但是如实供述自己罪行的，可以从轻处罚；因其如实供述自己罪行，避免特别严重后果发生的，可以减轻处罚。

第七十二条第一款　对于被判处拘役、三年以下有期徒刑的犯罪分子，同时符合下列条件的，可以宣告缓刑，对其中不满十八周岁的人、怀孕的妇女和已满七十五周岁的人，应当宣告缓刑：

（一）犯罪情节较轻；

（二）有悔罪表现；

（三）没有再犯罪的危险；

（四）宣告缓刑对所居住社区没有重大不良影响。

【案件索引】

一审：安徽省濉溪县人民法院（2018）皖0621刑初422号（2018年12月27日）

【基本案情】

安徽省濉溪县人民检察院指控：2018年4月14日22时许，被告人王传宝喝酒后驾驶皖 FM8 × × × 号小型轿车，沿濉溪县 X022 线由南向北行驶至 30KM + 430M 韩村镇马店村路段时，与被害人魏光明驾驶的无号牌二轮摩托车追尾相撞，造成魏光明受伤后倒在路面和双方车辆受损的交通事故，王传宝未停车施救也未报警，即驾车逃离现场。事故发生约 2 分钟后，被告人周艳明驾驶皖 0606 × × × 号变型拖拉机由北向南超速行驶至事故路段，发现路边停放一辆大货车，遂准备从货车左侧超车。超车时周艳明发现倒在路面的魏光明，在避让过程中，其驾驶的变型拖拉机左后轮碾压过魏光明身体后发生侧翻，后经医生现场确认魏光明死亡。经鉴定，魏光明生前因交通事故致颅脑损伤，是致死的主要原因，躯体严重的毁损性辗轧伤，是致其死亡的辅助作用。经濉溪县公安局交通管理大队认定，王传宝负第一次事故全部责任，周艳明负第二次事故全部责任，魏光明无责任。被告人王传宝违反交通运输管理法规，驾驶机动车发生重大事故后逃逸致人一死亡；被告人周艳明违反交通运输管理法规，驾驶机动车发生重大事故致一人死亡，其二人的行为均已触犯《刑法》第一百三十三条的规定，应当以交通肇事罪追究其刑事责任，提请法院依法判处。

被告人王传宝及其辩护人辩护提出：王传宝的行为不属于逃逸致人死亡；王传宝系坦白。

被告人周艳明对起诉书指控的犯罪事实和罪名均无异议，并自愿认罪。其辩护人提出：周艳明的行为只是加速被害人死亡，作用较小；周艳明系自首；已经得到被害人亲属的谅解。

法院经审理查明：2018 年 4 月 14 日 22 时许，被告人王传宝酒后驾驶皖 FM8 × × × 号小型轿车，沿濉溪县 X022 线由南向北行驶至 30KM + 430M 韩村镇马店村路段处，与被害人魏光明驾驶的无号牌二轮摩托车追尾相撞，造成魏光明受伤后倒在路面和双方车辆受损的交通事故，王传宝未停车施救也未报警，即驾车逃离现场。事故发生约 2 分钟后，被告人周艳明驾驶皖 0606 × × × 号变型拖拉机由北向南超速行驶至事故路段，发现路边停放一辆大货车，遂从货车左侧超车。周艳明在超车过程中发现倒在路面的魏光明，即转向避让，在避让过程中致其驾驶的变型拖拉机左后轮辗轧过魏光明身体后发生侧翻。后经医生现场确认魏光明死亡。经鉴定，魏光明生前因交通事故致颅脑损伤，是致死的主要原因，躯体严重的毁损性辗轧伤，是致其死亡的辅助作用。经濉溪县公安局交通管理大队认定，王传宝负第一次事故全部责任，魏光明无责任。经法院核查认定，周艳明负第二次事故主要责任，王传宝负次要责任，魏光明无责任。经鉴定，周艳明驾驶的皖 0606 × × × 号变型拖拉机在制动拖痕起点处速度约为 54 ~ 58km/h。案发路段限速 30km/h。

另查明：2018 年 5 月 11 日，周艳明经濉溪县公安局民警电话通知后到案，并如实供述了上述事实。2018 年 7 月 18 日，经濉溪县轻微刑事案件诉前调解人民调解委员会调解，周艳明亲属代其与被害人近亲属达成民事调解，并取得谅解。

【裁判结果】

安徽省濉溪县人民法院于 2018 年 12 月 27 日作出（2018）皖 0621 刑初 422 号刑事判决：一、被告人王传宝犯交通肇事罪，判处有期徒刑八年（刑期从判决执行之日起计算。判决执行以前先行羁押的，羁押一日折抵刑期一日，即自 2018 年 4 月 15 日起至

2026年4月14日止）。二、被告人周艳明犯交通肇事罪，判处有期徒刑十个月，缓刑一年（缓刑考验期限，从判决确定之日起计算）。

宣判后，被告人王传宝、周艳明未提出上诉，公诉机关未提出抗诉，判决现已发生法律效力。

【裁判理由】

法院生效裁判认为：被告人王传宝违反交通运输管理法规，发生交通事故后逃逸，并因逃逸致被害人被后续车辆辗轧死亡，负事故全部责任，其行为已构成交通肇事罪。被告人周艳明违反交通运输管理法规，因而发生重大事故，致一人死亡，且负事故主要责任，其行为亦构成交通肇事罪。公诉机关指控的罪名成立。辩护人关于王传宝不构成逃逸致人死亡的辩护意见不能成立，不予采纳。濉溪县公安局交通管理大队关于第一次事故的责任认定意见，符合事实和法律规定，法院予以确认。濉溪县公安局交通管理大队关于第二次事故的责任认定意见，经查，周艳明超速驾车行经事故路段，疏于观察，操作失误等交通违法行为，直接导致被害人被其驾驶的车辆辗轧，其行为是发生第二次事故的主要、直接原因，应当认定其负第二次事故的主要责任。王传宝在发生交通事故后，将被害人遗留事故现场未予救助，且案发时间为夜间，有足以影响其他车辆驾驶人视线的客观环境，故其逃逸行为也是引起后续被害人被车辆碾轧的原因，应当承担第二次事故的次要责任。被害人魏光明没有过错，在第二次事故中无责任。故公安交管部门关于第二次事故的责任认定，遗漏王传宝肇事逃逸及未妥善救助被害人等行为也是第二次事故发生原因的重要事实，划分当事人的责任确属不当，法院依法予以纠正。王传宝到案后能够如实供述所犯罪行，系坦白，依法从轻处罚。周艳明自动投案，并如实供述所犯罪行，系自首，依法从轻处罚。辩护人关于王传宝系坦白及周艳明系自首的辩护意见成立，予以采纳。周艳明已与被害人近亲属达成民事调解，并取得谅解，酌情从轻处罚。根据周艳明的犯罪情节和悔罪表现，没有再犯罪的危险，适用缓刑对所居住的社区没有重大不良影响，可宣告缓刑。

【案例注解】

两起交通肇事致使被害人死亡，每一起交通肇事与被害者死亡之间的因果关系及责任大小，对于每一个肇事者定罪量刑至关重要。通常情况下，公安交管部门的事故责任认定书是审判中确定各方责任大小的重要参考依据，但当责任认定与客观事实有偏差时，人民法院依然要根据每一起交通肇事的介入和参与度，按照刑法上的因果关系的标准对相关责任方进行责任认定和划分，从总体上对案情进行把握，确保案件罪责一致、罪责均衡。

一、前起交通肇事对被害人造成最终损害结果的评价问题

刑法上的因果关系是犯罪客观危害中的一个主要内容，它反映了危害行为与危害结果之间的内在联系，正确解决刑法上的因果关系，对于正确解决危害行为应当承担的刑事责任有着重要的意义。[①] 要使行为人对某一结果承担刑事责任，要求在行为人的行为与

① 参见杨兴培、陆全平：《也谈正确认识和认定刑法上的因果关系》，载《政法论坛》2000年第5期。

结果之间成立因果关系，这确属刑法上的问题，也有立法例明文规定以因果关系作为刑事责任成立的条件，但因果关系本身不是法律问题，而是事实问题，行为人的行为和结果之间是否成立因果关系，取决于事情自身的联系，而与法律无关。[①] 前起肇事者在发生事故后，未停车救助伤者，将伤者遗留在路面上，此时，伤者应当推定尚未死亡（鉴定意见载明的第一次事故虽是死亡的主要原因，但并未说明已经死亡，而第二次事故仍在加速伤者的死亡进程），导致被超速行经此处的后一肇事者驾驶的变形拖拉机辗轧，最终导致死亡。前起肇事者在事故后，未保护现场、报警，且将伤者遗留在路面上，未加以救助，也未将伤者转移至安全地带，驾车逃离现场的肇事逃逸行为，与伤者被后者辗轧后死亡之间存在因果关系，即如果前起肇事后及时救助伤者，伤者未被后续车辆辗轧，具有抢救的可能性，故前起肇事者应当对该逃逸致人死亡的后果承担责任，其行为构成逃逸致人死亡。某危害行为造成某危害结果，这一结果在发展中又与另外的危害行为或事件相结合，合乎规律地产生了另一危害结果，先前的危害行为不是最后的结果的决定性原因，不能决定该结果出现的必然性，最后的结果对于先前的危害行为来说，可能出现，也可能不出现，可能这样出现，也可能那样出现，它们之间是偶然因果关系。[②] 偶然因果关系是可以预见的，因而可以作为刑事责任的基础。

二、前起肇事者是否需要对后续事故承担责任的内部责任划分问题（特别是公安交管部门认定不当时）

交通事故责任认定书所确定的“责任”，与刑事案件中犯罪嫌疑人应当承担的“责任”并不完全等同。交通事故责任认定书是交通管理部门对各方道路交通责任的划分，依据的是交通运输管理法规，而该法规将行车系安全带、机动车性能、逃逸、破坏现场等作为责任大小的重要依据，而在刑法对交通肇事罪的规定中，要求行为人的这种行为与危害后果具有因果关系，进而这些行政法否定的行为与刑事案件中后果的形成或并无关系、或关系不大。因此，交通事故责任认定书确认的“责任”与刑事意义上的“责任”往往不等同。[③] 如前所述，前起肇事者应当对逃逸致人死亡的后果承担责任，应对后来事故承担部分责任。但公安交管部门事故认定书认定后肇事者承担全部责任，前起肇事者不再对死亡结果承担责任，显然与认定前起肇事者逃逸致人死亡的结论相悖。在确定好肇事者导致被害人死亡的责任后，在后续事故中对被害人死亡负次要责任内部，应对前后肇事者应负的责任大小进行界定，具体责任大小可根据肇事者在后续事故中的违法行为程度，即对事故发生的介入、参与程度确定。公安交管部门未对后续事故在前后肇事者之间划分责任，属于事故责任认定不当，已书面建议公诉机关核查并督促交管部门自行纠正，但交管部门拒不纠正，人民法院应当根据事实和法律对交管部门的事故认定书予以纠正。后者超速驾车行经事故现场，疏于观察，未减速并强行超车等交通违法行为，是导致伤者被辗轧的直接、主要原因，认定其负事故主要责任。前者在夜间将被害人遗留事故现场未予救助的违法行为，是导致伤者被辗轧的次要原因，认定其负事故次要责任。这一认定结果，既能说明前者逃逸行为对被害人的死亡具有因果关系，应

---

① 参见宋振武：《刑法上关涉的因果关系的必然性与偶然性问题之消解》，载《法学论坛》2016 年第 6 期。

② 参见李光灿、张文、龚明礼：《刑法因果关系论》，北京大学出版社 1986 年版，第 114 页。

③ 参见曹锋：《交通肇事中交通事故责任认定书的审查与运用》，载《中国检察官》2017 年第 10 期。

当承担交通肇事逃逸致人死亡的刑事责任，又能说明后者的交通违法行为与被害人的死亡具有因果关系，应当承担交通肇事的刑事责任。因此，基于交通事故责任认定书的性质，人民法院在定罪量刑时必须对责任认定书进行审查，依据刑法上的因果关系确定法律责任。针对在有介入因素作用的场合，先前行为对最终结果产生了贡献，先前行为是最终结果产生的条件，而结果也是先前行为人可以预见的，可以认定先前行为与最终结果之间存在因果关系，应承担刑法上的责任。

三、对被害人的死亡起辅助作用，能否构成交通肇事罪的认定问题

多个加害行为最终导致一个侵害结果，每一个加害行为对导致最终侵害结果不可或缺，并对侵害结果产生了“贡献”，但加害行为对最终侵害结果的产生具有刑法上独立的评价价值至关重要。且如果多个加害行为之间存在主次作用之分，一个加害行为对最终侵害结果起加速、促进等辅助作用，最终达到了具有刑法上独立评价的标准，便产生了刑法上的意义，具有了刑罚评判价值。具有独立评价性的辅助作用的行为与最终侵害结果之间，形成了刑法上确定的因果关系，当所有的加害行为构成犯罪时，具有辅助作用的加害行为符合犯罪构成要件，也就产生了相应的刑事责任，故而在整个犯罪中应予以综合评价，构成相应犯罪。当然，由于加害行为在整个犯罪中作用地位，也决定了其应受到的刑罚轻重。本案中，根据现有证据不能认定被害人在被后一次辗轧时已经死亡，且鉴定意见载明，后一肇事者的辗轧行为加速被害人的死亡进程，在死亡中起辅助作用。故参照鉴定意见，后一肇事者驾车辗轧的行为与被害人死亡结果之间存在一定的因果关系。且根据上述第二项的分析，后一肇事者对事故发生承担主要责任，致被害人死亡，符合交通肇事罪的犯罪构成，应当以交通肇事罪定罪处罚，但其辗轧行为并非导致被害人死亡的主要原因，可酌情对其从轻处罚。

（一审法院合议庭成员　孙连祥　魏言莉　丁方芹
编写人　安徽省濉溪县人民法院　周　瑜
责任编辑　包献荣
审稿人　李玉萍）

原载《人民法院案例选》2020 年第 2 辑（总第 144 辑）

48. 孙某交通肇事案

——驾驶特种设备车辆道路肇事行为的刑法定性

【关键词】

刑事　特种设备车辆　交通肇事罪　过失致人死亡罪

【裁判要旨】

依据相关法律规定，叉车、非公路用观光车、推顶车等均系特种设备中的场（厂）内专用机动车辆，不得上道路行驶，若此类特种设备车辆在交通道路上行驶或履行运输职能，即具有机动车的车辆属性，属于受《道路交通安全法》所规制的机动车，因违反交通运输管理法规发生重大交通事故的，应当在分清事故责任的基础上依法追究刑事责任。

【相关法条】

《中华人民共和国刑法》

第一百三十三条　违反交通运输管理法规，因而发生重大事故，致人重伤、死亡或者使公私财产遭受重大损失的，处三年以下有期徒刑或者拘役；交通运输肇事后逃逸或者有其他特别恶劣情节的，处三年以上七年以下有期徒刑；因逃逸致人死亡的，处七年以上有期徒刑。

【案件索引】

一审：上海市闵行区人民法院（2017）沪 0112 刑初 1847 号（2018 年 4 月 12 日）

【基本案情】

2017 年 7 月 28 日 23 时 12 分许，被告人孙某驾驶一辆无牌号的内燃平衡重式叉车沿本市闵行区昆阳路由南向北行驶至陪昆路路口，在南向西信号灯为红色时向西左转，与驾驶电动自行车沿昆阳路西侧由北向南正常直行的被害人陈某相撞，致陈倒地后被叉车碾压，造成颅脑损伤合并创伤性休克，经抢救无效死亡，构成事故。经上海市公安局闵行分局交通警察支队认定，被告人孙某在事故中承担全部责任。事故发生后被告人孙某即拨打 110 报警，并在现场等候民警处理，如实供述了上述事实。案发后被告人孙某的亲属代为向被害人陈某的家属赔偿经济损失共计人民币 53 万元，并取得被害人家属的谅解。

上海市闵行区人民检察院指控被告人孙某犯过失致人死亡罪，向上海市闵行区人民法院提起公诉。被告人孙某对公诉机关指控的事实和罪名没有异议。辩护人提出，对公诉机关指控的事实无异议，但本案应当定性为交通肇事罪。

【裁判结果】

上海市闵行区人民法院于2018年4月12日作出（2017）沪0112刑初1847号刑事判决：被告人孙某犯交通肇事罪，判处有期徒刑一年，缓刑一年。宣判后，被告人未提出上诉，检察机关亦未抗诉，判决已发生法律效力。

【裁判理由】

法院生效裁判认为：被告人孙某违反交通运输管理法规，因而发生重大事故，致一人死亡，且承担事故全部责任，其行为构成交通肇事罪。关于公诉机关依据《中华人民共和国公共安全行业标准》（GA802－2014）及《机动车运行安全技术条件》（GB7258－2012），认定叉车属特种设备，不属于《道路交通安全法》调整的车辆，故本案所涉事件不属于道路交通事故，不能以交通肇事罪定罪处罚的意见。经查，上述文件之所以将叉车排除在外，是基于叉车的单一使用目的和封闭作业区域，为之设置了特定的技术参数及行业标准，以便在质检标准、登记管理权限等方面与其他准予在公共道路行驶的机动车相区别。但是，叉车本身的内在操控性（动力驱动、机械转向装置、刹车制动等）及外观特征（驾驶室、方向盘、车轮等）等，与广义的机动车并无二致，特别是在被告人孙某将其作为交通工具违规驶入公共道路、参与到交通活动之中时，使之兼具了交通运输的功能性，其违法上路行驶本身以及由此导致的相关事故均应当《道路交通安全法》所规制。被告人孙某在违法实施的道路交通活动中过失致人死亡，既侵犯了他人的生命权，也损害了道路交通管理秩序，应当依法以交通肇事罪论处。被告人孙某具有自首情节，依法可以从轻处罚。被告人孙某的亲属已代为赔偿被害人家属经济损失并取得谅解，可酌情从轻处罚。辩护人以被告人孙某系初犯、具有自首情节等，请求对被告人孙某从宽处罚的辩护意见，予以采纳。

【案例注解】

近年来，因叉车等特种设备车辆违法上道路行驶而引发的事故屡见不鲜。司法实践中，对此类案件定性为过失致人死亡罪还是交通肇事罪存在争议，两罪在量刑上相差甚远，故对定性问题应谨慎把握。定罪应综合考虑车辆类型、运行区域、车辆肇事时履行的职能及侵害的法益等因素。本案对类案处理有一定的借鉴意义。

本案的争议焦点是：（1）涉案叉车是否属于《道路交通安全法》所规制的机动车；（2）本案应定性为过失致人死亡罪还是交通肇事罪。

一、涉案叉车属于《道路交通安全法》所规制的机动车

（一）符合《道路交通安全法》对于“机动车”的界定

《道路交通安全法》第一百一十九条第三项规定，机动车是指以动力装置驱动或者牵引，上道路行驶的供人员乘用或者用于运送物品以及进行工程专项作业的轮式车辆。依据国家质检总局《特种设备目录》的规定，叉车、非公路用观光车、推顶车等均属于特种设备中的场（厂）内专用机动车辆。场（厂）内专用机动车辆是指除道路交通、农用车辆以外仅在工厂厂区、旅游景区、游乐场所等特定区域使用的专用机动车辆。通过上述概念的比较，可发现叉车、非公路用观光车、推顶车等场（厂）内专用机动车虽属特种设备，但在动力驱动和外观特征等方面上与《道路交通安全法》中的“机动车”并无二致，两者区别在于《道路交通安全法》中所述机动车系“上道路行驶”的车辆，而特种设备车辆仅限于特定区域使用，不具有上道路行驶的资格。因此，判断违法上道路行驶的特种设备车辆是否属于《道路交通安全法》所规制的机动车，关键在于如何解释《道路交通安全法》第一百一十九条第三项规定中的“上道路行驶”。如将此处的“上道路行驶”解释为具有上道路行驶的资格，那势必将报废车、拼装车及非法改装车排除于《道路交通安全法》所规制的机动车之外，而《道路交通安全法》中第十四条、第十六条、第一百条等多个法条均明确将报废车、拼装车及非法改装车作为机动车予以规制。如此解释显然破坏了《道路交通安全法》条文之间的协调统一，并不足取。此处的“上道路行驶”应理解为车辆的实然状态，而非应然状态，是指客观上已进入交通道路上按照道路交通法规进行行驶或履行运输职能。因此，当本案被告人孙某将涉案叉车驶入交通道路按照道路交通法规进行行驶时，此叉车即具有机动车的车辆属性，应当被评价为《道路交通安全法》中的机动车，其违法上路行驶本身以及由此导致的相关事故均应当为《道路交通安全法》所规制。

（二）予以排除的法律依据不足

公诉机关依据《机动车类型　术语与定义》（GA802－2014）及《机动车运行安全技术条件》（GB7258－2012），认定涉案叉车不属于《道路交通安全法》调整的车辆的意见不能成立。适用于我国机动车运行安全管理的《机动车运行安全技术条件》（GB 7258－2012）以及适用于我国道路交通管理的《机动车类型　术语与定义》（GA802－2014）之所以将叉车等特种设备车辆排除在外，是基于特种设备车辆的单一使用目的和封闭作业区域，为之设置了特定的技术参数和行业标准，以便在质检标准、登记管理权限等方面与其他准予在公共道路行驶的机动车相区别，而并非对特种设备车辆的机动车属性予以否定。我国现行有效的《道路交通安全法》经2011年修正后于2011年5月1日施行，其中对于拼装车和非法改装车进行了规制，而同时期的《机动车运行安全技术条件》（GB7258－2004）以及《机动车类型　术语与定义》（GA802－2008）中均未有涉及拼装车及非法改装车的术语与定义。直至2014年9月1日施行的《机动车类型　术语与定义》（GA802－2014）才增加了拼装车与非法改装车的术语与定义。由此可见，上述文件对于机动车进行分类与定义，是为国家行政管理部门进行机动车运行安全管理及道路交通管理提供技术依据，而并非对《道路交通安全法》所规制的机动车类型进行罗列。因此，并不能依据上述文件将涉案叉车排除在《道路交通安全法》所规制的机动车之外。

（三）符合一般人对于法条用语的理解

对于车辆及其类型的确定，一般人往往会从外观特征、动力驱动、操控性以及功能性等方面进行判断。叉车等特种设备车辆在外观特征（驾驶室、方向盘、车轮等）、动力驱动、操控性（机械转向装置、刹车制动等）及功能性（载人运货）等方面均符合一般人对于机动车的认知。将特种设备车辆界定为机动车是普通民众根据一般的语言习惯和生活常识都可以预料到的结论。反之，将在道路上行驶的特种设备车辆排除在机动车范围之外，却极有可能超出国民的预测可能性，与法律解释原理相悖。

（四）符合道路交通管理的实际需要

根据国家法律规定，叉车等特种设备车辆仅限于在特定区域内使用，不得上道路行驶。而现实状况却是此类车辆驶入公共道路的情况时有发生。在道路交通管理方面，虽驾驶特种设备车辆上道路行驶的行为本身不具有合法性，但若将特种设备车辆绝对排除在《道路交通安全法》规制的机动车范围之外，一则会使其道路行为愈加不受《道路交通安全法》约束，进一步损害道路交通的安全与秩序。二则会导致此类车辆发生的道路事故不按交通事故处理，交管部门也不出具交通事故认定书，极有可能造成监管上的漏洞，甚至是行政管理上的推诿。三则在事故纠纷后续处理上，在事故责任的划分以及赔偿数额的确定上，也均会遇到一定的障碍。因此，将违法上道路行驶的特种设备车辆纳入《道路交通安全法》所规制的机动车范围符合道路交通管理的实际需要。

二、关于本案的定性

（一）须明确本案所涉事故的性质

涉案事故系由被告人孙某驾驶叉车在道路行驶过程中不按交通信号规定通行所引发。涉案事故发生于被告人将叉车作为交通工具在交通道路上进行行驶时，如上文所述，涉案叉车属于《道路交通安全法》所规制的机动车，因此，当违反交通运输法规在道路上发生事故并由交管部门出具相应事故责任认定书，该事故符合《道路交通安全法》关于交通事故的界定，应认定为交通事故。

（二）本案更符合交通肇事罪的构成要件

从犯罪构成上看，被告人孙某作为道路交通活动的参与者，主观上对于被害人死亡结果的发生持有过失心态，但对其违法上道路行驶及不按交通信号规定通行系违反道路交通管理法规行为却是明知故犯，客观上也因其不按交通信号规定通行的行为直接导致了被害人死亡这一重大事故的发生，承担事故的全部责任。被告人的肇事行为发生在实行公共交通管理范围之内，不仅侵犯了他人的生命权，更是危害到了公共道路交通秩序和安全。因此，从行为主体、主观心态，客观表现及侵犯客体上看，相较于过失致人死亡罪，被告人孙某的行为更符合交通肇事罪的构成要件，应以交通肇事罪论处。

（三）本案定性为交通肇事罪符合罪责刑相适应的刑法基本原则

驾驶叉车道路肇事行为相较于驾驶一般机动车道路肇事行为，两者均是违反道路交通法规的行为，主观心态上都是过失，同样是造成重大事故的后果。两行为的主观恶性及社会危害性大致相当，所受刑罚也应大致相当，若以量刑幅度相差悬殊的两种罪名区别适用，则极可能导致罪刑失衡，不利于保护当事人的合法权益以及实现刑法的公正性。

（一审法院合议庭成员　黄　擘　黄娄莹　叶菊花
编写人　上海市闵行区人民法院　黄　擘　黄娄莹　劳玉华
责任编辑　周维明
审稿人　李玉萍）

原载《人民法院案例选》2020年第10辑（总第152辑）

49. 杨某交通肇事案

——禁止重复评价原则在交通肇事逃逸中的适用

【关键词】

刑事 交通肇事 逃逸 量刑情节 重复评价

【裁判要旨】

交通肇事案件中，已作为入罪要件的逃逸行为，不能再作为对被告人加重处罚的量刑情节而予以重复评价。

【相关法条】

《中华人民共和国刑法》

第一百三十三条 违反交通运输管理法规，因而发生重大事故，致人重伤、死亡或者使公私财产遭受重大损失的，处三年以下有期徒刑或者拘役；交通运输肇事后逃逸或者有其他特别恶劣情节的，处三年以上七年以下有期徒刑；因逃逸致人死亡的，处七年以上有期徒刑。

【案件索引】

一审：福建省厦门市翔安区人民法院（2018）闽0213刑初504号（2018年9月30日）

【基本案情】

福建省厦门市翔安区人民检察院指控：被告人杨某违反交通安全管理法规，无证驾驶机动车交通肇事致一人重伤二级，且负事故的主要责任，并在肇事后逃逸，其行为应以交通肇事罪追究刑事责任，应在有期徒刑三年以上七年以下的幅度内量刑。被告人犯罪以后能自动投案，并如实供述自己的罪行，具有自首情节，依法可以从轻或者减轻处罚。

被告人杨某对无证驾驶机动车发生事故及事后逃逸的事实供认不讳。

辩护人对公诉机关指控被告人杨某构成交通肇事罪没有异议，但提出司法解释规定交通肇事致一人重伤需同时具备负事故全部或主要责任，才考察行为人是否具备其他法定情节并入刑，本案中交警部门根据“杨某无证驾驶机动车行驶至事故路口占道停车发生交通事故，事故发生后驾车逃逸”认定其承担事故主要责任，其逃逸行为是其构成交通肇事罪的入罪条件，不应再作为加重处罚的量刑情节重复评价，对被告人杨某应在有期徒刑三年以下量刑的辩护意见。

法院经审理查明：2017 年 12 月 28 日凌晨 1 时 06 分许，被告人杨某无证驾驶闽 D66×××号小型越野车沿厦门市翔安区舫山南路由北往南方向行驶至翔海路交叉路口临时停车下客。被害人郑某某超速驾驶闽 DBX×××号二轮摩托车行经该处时，追尾碰撞闽 D66×××号小型越野车，造成被害人郑某某受伤及两车不同程度损坏的损害后果。事故发生后，被告人杨某驾车逃离现场。经事故认定，被告人杨某无证驾车行驶至事故路口占道停车发生交通事故，事故发生后驾车逃逸，承担本起事故主要责任；被害人郑某某驾车超速行驶至事故路口时，遇情况采取措施不力，致发生碰撞，承担本起事故次要责任。经法医评定，被害人郑某某因交通事故致空肠破裂穿孔等损伤，经医院行剖腹探查术 + 空肠破裂修补术等治疗，损伤程度评定为重伤二级。2018 年 1 月 3 日，被告人杨某主动到公安机关投案，归案后对上述犯罪行为供认不讳。

另查明，闽 D66×××号小型越野车的登记车主为吴益平，实际保管人为曾文清，案发时未投保交强险及商业险。

【裁判结果】

福建省厦门市翔安区人民法院于 2018 年 9 月 30 日作出（2018）闽 0213 刑初 504 号刑事判决：被告人杨某犯交通肇事罪，判处有期徒刑一年。宣判后，被告人在法定期限内未提出上诉，公诉机关未提出抗诉，判决已发生法律效力。

【裁判理由】

法院生效裁判认为：被告人杨某违反交通安全管理法规，无证驾驶机动车交通肇事致一人重伤并在肇事后逃逸，承担事故主要责任，其行为已构成交通肇事罪。公诉机关指控的罪名成立。被告人案发后自动投案，归案后能如实供述罪行，具有自首情节，依法可以从轻处罚。

【案例注解】

本案系一起无证驾驶机动车发生事故致人重伤后逃逸的案件，被告人杨某对交警部门认定其事故后逃逸、承担事故主要责任及无证驾驶等情节均无异议。争议的焦点在于其逃逸行为是属于其构成交通肇事罪的入罪条件，应对其在三年以下有期徒刑或拘役的幅度内处刑，还是属于交通肇事后逃逸的加重处罚情节，应对其在有期徒刑三年以上七年以下的幅度内处刑。

一、《刑法》语境下“逃逸”：仅限于为逃避法律追究而逃跑的行为

通常认为，行为人在事故发生后离开案发现场就应认定为“逃逸”，但在实践中，离开现场的原因和目的是多种多样的，或为逃避法律追究，或因害怕遭被害人亲属殴打报复而临时躲避，或正在去投案的路上，或正在抢救伤者的途中等。这些情形虽然在客观上都表现为离开现场，但是在本质上是有区别的。《最高人民法院关于审理交通肇事刑事案件具体应用法律若干问题的解释》（以下简称《解释》）第三条规定，只有在交通肇事后为逃避法律追究而逃跑的行为才能认定为逃逸。本案被告人杨某到案后供述，事故发生后因惧于无证驾驶机动车被追究而驾车逃离现场，该行为便属于《刑法》上的“逃逸”。

二、“逃逸”的刑法后果：既可作为定罪情节，也可作为量刑情节

交通肇事罪是一种过失犯罪，人身危险性相对较小，其社会危害性的大小也因行为人过错程度的大小、行为所造成的危害后果的大小以及是否具有逃逸情节而不同。根据《刑法》第一百三十三条规定，构成交通肇事罪的处三年以下有期徒刑或拘役，具有肇事后逃逸或其他特别恶劣情节的，处三年以上七年以下有期徒刑。再结合《解释》的规定，逃逸行为既可单独适用，成为定罪情节，也可与其他情节结合适用，成为加重处罚情节：

（一）逃逸行为作为定罪情节

1. 直接作为定罪情节。即根据《解释》第二条第二款第六项的规定，当行为人交通肇事致一人以上重伤，负事故全部责任或者主要责任的情况下，为逃避法律追究逃离事故现场的，在没有《解释》第二条第二款规定的酒驾、毒驾、无证驾驶、严重超载等其他情节的情况下，此时的逃逸行为属于定罪情节。

2. 间接作为定罪情节。即根据视频监控等客观证据足以查实完整的事故发生过程，足以证实行为人本不应承担事故主要以上的责任，系因事故后逃逸而被认定承担事故主要或全部责任，即该逃逸行为已经在行政法上对事故进行责任认定时被评价过，同时行为人又具有根据《解释》第二条第二款规定的酒驾、毒驾、无证驾驶、严重超载等情节，进而认定构成交通肇事罪。

（二）逃逸行为作为加重处罚情节

当行为人在摒除逃逸情节的情况下，根据法律和司法解释规定已经构成交通肇事罪，又具有逃逸行为的，此时逃逸行为应作为加重处罚情节，在三年以上七年以下有期徒刑的量刑幅度内处刑。

三、本案事故责任的认定：“逃逸”情节已在认定承担事故主要责任时被评价

本案案发地点为十字路口，监控视频和交通事故车辆勘查笔录可以相互印证本起事故系被告人杨某无证驾驶小型越野车在路口违章停车下客时，被害人郑某某超速驾驶二轮摩托车遇情况采取措施不力“追尾”碰撞越野车而发生，事后被告人杨某驾车逃逸。因事故路段无交通标线，从监控视频中无法分辨被告人杨某进入监控路段减速停车期间有无变更车道。为进一步查清案件事实，侦查人员到庭说明情况，证实因监控设备为球型监控，有一定弧度，会造成视觉偏差，故无法从监控视频分辨杨某在停车前是否有变更行驶车道；同时证实杨某的逃逸行为导致现场遭破坏，造成无法查清杨某当时是否酒驾、停车前行驶轨迹是否变化等事实，郑某某因在事故中存在超速行驶及遇情况采取措施不力致发生碰撞等过错，故依据《道路交通安全法实施条例》第九十二条第一款“发生交通事故后当事人逃逸的，逃逸的当事人承担全部责任。但是，有证据证明对方当事人也有过错的，可以减轻责任”的规定，认定杨某承担事故主要责任，郑某某承担事故次要责任。根据其个人经验，结合本案事故发生的具体经过，若摒除逃逸情节，仅凭杨某的无证驾驶、违章停车、未打转向灯等违章情节，杨某承担的事故责任在同等责任以下。

四、禁止重复评价原则

综合案发过程和侦查人员出庭作证的证言，可知本案系被告人杨某为下客而临时违章停车时，被害人郑某某驾车追尾碰撞而发生的，正常情况下应由追尾一方承担事故全部责任。但在本案中，由于被告人杨某在事故后逃逸，交警部门根据《道路交通安全法实施条例》的规定结合被害人过错程度，认定其承担事故主要责任。此时，逃逸情节已在认定事故责任时被评价。根据《解释》第二条第二款第二项的规定，行为人交通肇事致一人重伤，负事故主要或全部责任，且无证驾驶机动车的，构成交通肇事罪。具体到本案中，被告人杨某交通肇事致一人重伤，因事故后逃逸而承担事故主要责任，且具有无证驾驶的情节，故依法已构成交通肇事罪，但不属于《刑法》第一百三十三条规定的“交通运输肇事后逃逸”的加重情形，对其应在“三年以下有期徒刑或者拘役”法定刑幅度内量刑，即已作为入罪条件的逃逸情节不得作为加重情节重复评价。

五、“逃逸”情节不能当然的作为入罪情节考量

实践中，由于行为人在事故后逃逸致使事故事实无法查清的情况下，交警部门通常会依据《道路交通安全法实施条例》第九十二条第一款的规定直接推定逃逸人承担事故全部责任，再根据被害人的事故中的过错程度最终对事故责任作出认定。但这并不意味着交警部门依据此条款作出事故责任认定的，逃逸情节当然地作为交通肇事罪的入罪情节评价，前提是在案有监控视频等客观证据可以查明事故事实、厘清事故责任。基于不能让行为人从违法行为中获益的原则，倘若行为人的逃逸行为直接导致交警部门无法查清事故事实和认定责任，行为人根据《道路交通安全法实施条例》等行政法规规定本应承担事故全部责任，此时不能认为逃逸情节已在认定事故责任时被评价过，否则会变成变相鼓励逃逸。

此外，如果行为人具有《解释》第二条第二款一至五项规定的两个以上的情形，即在摒除逃逸情节的情况下，行为人仍然构成交通肇事罪的，则此时逃逸情节仍应作为加重处罚情节，对行为人在“三年以上七年以下有期徒刑”法定刑幅度内量刑。

（一审法院合议庭成员　林良生　吴南回　李江河
编写人　福建省厦门市翔安区人民法院　吴南回
责任编辑　周维明
审稿人　李玉萍）

原载《人民法院案例选》2020年第10辑（总第152辑）

九、危险驾驶罪

50. 张纪伟、金鑫危险驾驶案*

【裁判要点】

根据《中华人民共和国刑法》第一百三十三条之一的规定，行为人在道路上驾驶机动车追逐竞驶，情节恶劣的，以危险驾驶罪定罪处罚。

【案情及裁判】

上海市浦东新区人民检察院以被告人张纪伟、金鑫犯危险驾驶罪，向上海市浦东新区人民法院提起公诉。起诉书指控：2012 年 2 月 3 日 20 时 20 分许，被告人张纪伟、金鑫相约在上海市浦东新区乐园路 99 号铭心赛车服务部碰面后，张纪伟驾驶无牌的 HONGDA（本田）1000CC 大功率二轮摩托车，金鑫驾驶套用粤 NL8406 号牌的 YAMAHA（雅马哈）大功率二轮摩托车，自该车行出发，行至杨高路、巨峰路路口掉头后，沿杨高路由北向南行驶，经南浦大桥至陆家浜路接人。行驶途中，张纪伟、金鑫为了追求驾驶大功率二轮摩托车的刺激，在多处路段超速行驶，在多个路口闯红灯行驶，曲折变道超越其他车辆，以此相互显示各自的驾车技能。当行驶至陆家浜路、河南南路路口时，张纪伟、金鑫遇执勤民警检查，遂驾车沿河南南路经复兴东路隧道、张杨路逃离，并于当晚 21 时许驾车回到张纪伟住所。民警接群众举报后，通过调取街面监控录像，锁定张纪伟有重大犯罪嫌疑。2012 年 2 月 5 日 21 时许，民警在上海市浦东新区栖山路 1555 弄 33 号 5B 室将张纪伟抓获到案，张纪伟如实交代其伙同金鑫追逐竞驶的犯罪事实，并向民警提供了金鑫的手机号码。2012 年 2 月 6 日 21 时许，金鑫接公安机关电话后投案自首，如实供述上述犯罪事实。公诉机关认为：张纪伟、金鑫在道路上驾驶机动车追逐竞驶，情节恶劣，其行为均已触犯《中华人民共和国刑法》第一百三十三条之一之规定，应当以危险驾驶罪追究刑事责任，依法提请审判。

上海市浦东新区人民法院一审查明：2012 年 2 月 3 日 20 时 20 分许，被告人张纪伟、

* 案例来源：《最高人民法院公报》2013 年第 12 期。

金鑫相约驾驶摩托车出去“接人、跑跑路”“享受这种大功率世界顶级摩托车的刺激感”，双方讲好“陆家浜路、河南南路路口是目的地，谁先到谁就等谁”。随后，由张纪伟驾驶无牌的 HONGDA（本田）1000CC 大功率二轮摩托车（经过改装），金鑫驾驶套用粤 NL8406 号牌的 YAMAHA（雅马哈）大功率二轮摩托车（经过改装）从浦东新区乐园路 99 号车行出发，行至杨高路、巨峰路路口掉头沿杨高路由北向南行驶，经南浦大桥到陆家浜路下桥，后沿河南南路经复兴东路隧道、张杨路回到张纪伟住所，全程 28.5 公里。途经多个公交站点、居民小区、学校和大型超市，在行驶途中，二被告人驾车在密集车流中反复并线、曲折穿插、多次闯红灯、大幅超速行驶。当行驶至陆家浜路、河南南路路口时，张纪伟、金鑫遇执勤民警检查，遂驾车沿河南南路经复兴东路隧道、张杨路逃离。其中，在杨高南路浦建路立交（限速60km/h）张纪伟驾驶速度达 115km/h、金鑫驾驶速度 98km/h；在南浦大桥桥面（限速 60km/h）张纪伟驾驶速度达 108km/h、金鑫驾驶速度达 108km/h；在南浦大桥陆家浜路引桥下匝道（限速 40km/h）张纪伟驾驶速度大于 59km/h、金鑫驾驶速度大于 68km/h；在复兴东路隧道（限速 60km/h）张纪伟驾驶速度 102km/h、金鑫驾驶速度 99km/h。2012 年 2 月 5 日 21 时许，被告人张纪伟被抓获到案后，如实供述上述事实，并向公安机关提供被告人金鑫的手机号码。金鑫接公安机关电话通知后于 2012 年 2 月 6 日 21 时许主动投案，并如实供述上述事实。

上海市浦东新区人民法院一审认为：被告人张纪伟、金鑫在道路上驾驶机动车追逐竞驶，情节恶劣，其行为均已构成危险驾驶罪。公诉机关指控的罪名成立。鉴于张纪伟到案后能如实供述所犯罪行，依法可以从轻处罚。鉴于金鑫系自首，依法亦从轻处罚。二被告人系共同犯罪，且系共同实施正犯，不予区分主从犯。二被告人在审理过程中均已认识到行为的违法性及社会危害性，承诺不再从事危险驾驶行为，并多次表示认罪悔罪，鉴于其行为未造成实际危害后果，综合考虑上述情节，依法适用缓刑。

据此，上海市浦东新区人民法院依照《中华人民共和国刑法》第一百三十三条之一、第二十五条第一款、第五十三条、第六十七条、第七十二条、第七十三条之规定，于 2013 年 1 月 14 日判决如下：

一、被告人张纪伟犯危险驾驶罪，判处拘役四个月，缓刑四个月，并处罚金人民币 4000 元；

二、被告人金鑫犯危险驾驶罪，判处拘役三个月，缓刑三个月，并处罚金人民币 3000 元。

一审宣判后，被告人张纪伟、金鑫在法定期间内均未提起上诉，检察机关亦未提出抗诉，判决已经发生法律效力。

【编后补评】

本案争议的焦点是“追逐竞驶”和“情节恶劣”的认定。所谓“追逐竞驶”是指行为人出于追求刺激的目的，二人及以上在公共通行道路上追逐竞驶，严重影响公共秩序和道路交通安全。在本案中，两被告人出于追求刺激的主观目的，在公共通行道路上驾驶改装后的大功率摩托车，竞相行驶，符合法律规定的“追逐竞驶”。“情节恶劣”一般需结合具体案情综合进行判断，其核心应是该追逐竞驶行为是否导致公共交通安全处于危险状态之下。具体到本案，两被告人驾驶改装后的大功率摩托车，在车流密集的主要通行干道上超速 50% 以上行驶，对不特定人的人身安全构成危险，因此其行为可认定为“情节恶劣”。

（改写人　中国政法大学博士　包献荣）

原载《人民法院案例选》2016 年第 1 辑（总第 95 辑）

51. 指导案例32号：张某某、金某危险驾驶案

——危险驾驶罪中“追逐竞驶”行为及“情节恶劣”情形的认定

（最高人民法院审判委员会讨论通过　2014年12月18日发布）

【关键词】

刑事　危险驾驶罪　追逐竞驶　情节恶劣

【裁判要点】

1. 机动车驾驶人员出于竞技、追求刺激、斗气或者其他动机，在道路上曲折穿行、快速追赶行驶的，属于《刑法》第一百三十三条之一规定的“追逐竞驶”。

2. 追逐竞驶虽未造成人员伤亡或财产损失，但综合考虑超过限速、闯红灯、强行超车、抗拒交通执法等严重违反《道路交通安全法》的行为，足以威胁他人生命、财产安全的，属于危险驾驶罪中“情节恶劣”的情形。

【相关法条】

《中华人民共和国刑法》

第一百三十三条之一　在道路上驾驶机动车，有下列情形之一的，处拘役，并处罚金：

（一）追逐竞驶，情节恶劣的；

（二）醉酒驾驶机动车的；

（三）从事校车业务或者旅客运输，严重超过额定乘员载客，或者严重超过规定时速行驶的；

（四）违反危险化学品安全管理规定运输危险化学品，危及公共安全的。

机动车所有人、管理人对前款第三项、第四项行为负有直接责任的，依照前款的规定处罚。

有前两款行为，同时构成其他犯罪的，依照处罚较重的规定定罪处罚。

【基本案情】

2012年2月3日20时20分许，被告人张某某、金某相约驾驶摩托车出去享受大功率摩托车的刺激感，约定“陆家浜路、河南南路路口是目的地，谁先到谁就等谁”。随后，由张某某驾驶无牌的本田大功率二轮摩托车（经过改装），金某驾驶套牌的雅马哈大功率二轮摩托车（经过改装），从上海市浦东新区乐园路99号车行出发，行至杨高路、巨峰路路口掉头沿杨高路由北向南行驶，经南浦大桥到陆家浜路下桥，后沿河南南路经

复兴东路隧道、张杨路回到张某某住所。全程28.5公里，沿途经过多个公交站点、居民小区、学校和大型超市。在行驶途中，二被告人驾车在密集车流中反复并线、曲折穿插、多次闯红灯、大幅度超速行驶。当行驶至陆家浜路、河南南路路口时，张某某、金某遇执勤民警检查，遂驾车沿河南南路经复兴东路隧道、张杨路逃离。其中，在杨高南路浦建路立交（限速60km/h）张某某行驶速度115km/h、金某行驶速度98km/h；在南浦大桥桥面（限速60km/h）张某某行驶速度108km/h、金某行驶速度108km/h；在南浦大桥陆家浜路引桥下匝道（限速40km/h）张某某行驶速度大于59km/h、金某行驶速度大于68km/h；在复兴东路隧道（限速60km/h）张某某行驶速度102km/h、金某行驶速度99km/h。

2012年2月5日21时许，被告人张某某被抓获到案后，如实供述上述事实，并向公安机关提供被告人金某的手机号码。金某接公安机关电话通知后于2月6日21时许主动投案，并如实供述上述事实。

【裁判结果】

上海市浦东新区人民法院于2013年1月21日作出（2012）浦刑初字第4245号刑事判决：被告人张某某犯危险驾驶罪，判处拘役四个月，缓刑四个月，并处罚金人民币4000元；被告人金某犯危险驾驶罪，判处拘役三个月，缓刑三个月，并处罚金人民币3000元。宣判后，二被告人均未上诉，判决已发生法律效力。

【裁判理由】

法院生效裁判认为：根据《刑法》第一百三十三条之一第一款规定，“在道路上驾驶机动车追逐竞驶，情节恶劣的”构成危险驾驶罪。刑法规定的“追逐竞驶”，一般指行为人出于竞技、追求刺激、斗气或者其他动机，二人或二人以上分别驾驶机动车，违反道路交通安全规定，在道路上快速追赶行驶的行为。本案中，从主观驾驶心态上看，二被告人张某某、金某到案后先后供述“心里面想找点享乐和刺激”“在道路上穿插、超车、得到心理满足”；在面临红灯时，“刹车不舒服、逢车必超”“前方有车就变道曲折行驶再超越”。二被告人上述供述与相关视听资料相互印证，可以反映出其追求刺激、炫耀驾驶技能的竞技心理。从客观行为上看，二被告人驾驶超标大功率的改装摩托车，为追求速度，多次随意变道、闯红灯、大幅超速等严重违章。从行驶路线看，二被告人共同自浦东新区乐园路99号出发，至陆家浜路、河南南路路口接头，约定了竞相行驶的起点和终点。综上，可以认定二被告人的行为属于危险驾驶罪中的“追逐竞驶”。

关于本案被告人的行为是否属于“情节恶劣”，应从其追逐竞驶行为的具体表现、危害程度、造成的危害后果等方面，综合分析其对道路交通秩序、不特定多人生命、财产安全威胁的程度是否“恶劣”。本案中，二被告人追逐竞驶行为，虽未造成人员伤亡和财产损失，但从以下情形分析，属于危险驾驶罪中的“情节恶劣”：第一，从驾驶的车辆看，二被告人驾驶的系无牌和套牌的大功率改装摩托车；第二，从行驶速度看，总体驾驶速度很快，多处路段超速达50%以上；第三，从驾驶方式看，反复并线、穿插前车、多次闯红灯行驶；第四，从对待执法的态度看，二被告人在民警盘查时驾车逃离；第五，从行驶路段看，途经的杨高路、张杨路、南浦大桥、复兴东路隧道等均系城市主干道，沿途还有多处学校、公交和地铁站点、居民小区、大型超市等路段，交通流量较大，行驶距离较长，在高速驾驶的刺激心态下和躲避民警盘查的紧张心态下，极易引发重大恶性交通事故。上述行为，给公共交通安全造成一定危险，足以威胁他人生命、财产安全，故可以认定二被告人追逐竞驶的行为属于危险驾驶罪中的“情节恶劣”。

被告人张某某到案后如实供述所犯罪行，依法可以从轻处罚。被告人金某投案自首，依法亦可以从轻处罚。鉴于二被告人在庭审中均已认识到行为的违法性及社会危害性，保证不再实施危险驾驶行为，并多次表示认罪悔罪，且其行为尚未造成他人人身、财产损害后果，故依法作出如上判决。

原载《人民法院案例选》2016 年第 2 辑（总第 96 辑）

52. 刘勇危险驾驶案

——血样未及时送检导致程序违法的认定

【关键词】

刑事　危险驾驶　迟延送检　低温保存

【裁判要旨】

危险驾驶案件中，公安机关抽取血样后，未依照规定封存，在不能证明低温保存的情况下，迟延送检，不能保证血样的不被污染性，应当认定为程序违法。以此作出的鉴定意见不应当作为认定被告人犯危险驾驶罪的定案依据。

【相关法条】

《中华人民共和国刑事诉讼法》

第一百九十五条①　在被告人最后陈述后，审判长宣布休庭，合议庭进行评议，根据已查明的事实、证据和有关的法律规定，分别作出以下判决：

（一）案件事实清楚，证据确实、充分，依据法律认定被告人有罪的，应当作出有罪判决；

（二）依据法律认定被告人无罪的，应当作出无罪判决；

（三）证据不足，不能认定被告人有罪的，应当作出证据不足、指控的犯罪不能成立的无罪判决。

第二百二十五条②　第二审人民法院对不服第一审判决的上诉、抗诉案件，经过审理后，应当按照下列情形分别处理：

（一）原判决认定事实和适用法律正确、量刑适当的，应当裁定驳回上诉或者抗诉，维持原判；

（二）原判决认定事实没有错误，但适用法律有错误，或者量刑不当的，应当改判；

（三）原判决事实不清楚或者证据不足的，可以在查清事实后改判；也可以裁定撤销原判，发回原审人民法院重新审判。

原审人民法院对于依照前款第三项规定发回重新审判的案件作出判决后，被告人提出上诉或者人民检察院提出抗诉的，第二审人民法院应当依法作出判决或者裁定，不得再发回原审人民法院重新审判。

①② 本法 2018 年修正后，两条分别修改为第二百条、第二百三十六条，条文内容未变。

《最高人民法院关于适用〈中华人民共和国刑事诉讼法〉的解释》

第八十五条 鉴定意见具有下列情形之一的，不得作为定案的根据：

（一）鉴定机构不具备法定资质，或者鉴定事项超出该鉴定机构业务范围、技术条件的；

（二）鉴定人不具备法定资质，不具有相关专业技术或者职称，或者违反回避规定的；

（三）送检材料、样本来源不明，或者因污染不具备鉴定条件的；

（四）鉴定对象与送检材料、样本不一致的；

（五）鉴定程序违反规定的；

（六）鉴定过程和方法不符合相关专业的规范要求的；

（七）鉴定文书缺少签名、盖章的；

（八）鉴定意见与案件待证事实没有关联的；

（九）违反有关规定的其他情形。

【案件索引】

一审：安徽省阜南县人民法院（2017）皖1225刑初386号（2018年2月8日）

二审：安徽省阜阳市中级人民法院（2018）皖12刑终103号（2018年6月25日）

【基本案情】

安徽省阜南县人民检察院指控：被告人刘勇持有B2驾驶证。2017年4月24日14时许，刘勇醉酒后驾驶皖KA××××号小型普通客车，沿原S202省道阜南县田集街路段自南向北行驶，行驶至刘勇家门口后，刘勇在向路东侧靠边停车时与路边行人管文见发生争吵，并产生肢体冲突。经鉴定，刘勇静脉血样中乙醇含量为208.5mg/100ml，达到醉酒驾驶标准。

被告人刘勇对公诉机关指控的犯罪事实供认不讳，并当庭自愿认罪。

辩护人对指控的罪名和犯罪事实均有异议，认为公安机关对刘勇血样未按照规定封存，进行低温保存，没有在规定时间内送检，迟延送检未经审批，公诉机关及办案民警均无法作出合理解释；鉴定方法和鉴定程序不符合法律规定，鉴定意见书不能作为定案依据；本案证据不能证明被告人刘勇醉酒驾驶机动车构成危险驾驶罪，应依据疑罪从无，宣告刘勇无罪。

法院经审理查明：2017年4月24日14时许，上诉人刘勇酒后驾驶其妻子张某某所有的皖KA××××白色现代牌小型普通客车，沿原S202省道阜南县田集街路段从自家北侧开车至自家门前时与管文见（当时在刘勇家门前）发生争吵并有肢体冲突。管文见报案后，阜南县公安局田集派出所民警到达现场，并于当天16时25分许将刘勇带至阜南县人民医院抽取静脉血样，用生化真空管封存。该血样于当月28日送检于安徽中天司法鉴定中心，29日检材被检出乙醇成分，浓度为208.5mg/100ml。刘勇于2017年7月31日主动到阜南县公安局田集派出所投案，并如实供述其犯罪事实。

【裁判结果】

安徽省阜南县人民法院于2018年2月8日作出（2017）皖1225刑初386号刑事判决：被告人刘勇犯危险驾驶罪，判处拘役一个月，缓刑二个月，并处罚金人民币2000元。

宣判后，被告人刘勇不服，向安徽省阜阳市中级人民法院提起上诉。安徽省阜阳市中级人民法院经审判委员会讨论，拟撤销原判决，宣告刘勇无罪。列席审判委员会的检察机关人员认同法院意见，要求撤回对本案的起诉。经协调，安徽省阜阳市中级人民法院于2018年6月25日作出（2018）皖12刑终103号刑事裁定：撤销原审判决，发回重新审理。后阜南县人民检察院向阜南县人民法院申请撤回对本案的起诉。阜南县人民法院作出（2018）皖1225刑初103号刑事裁定：准许阜南县人民检察院撤回起诉。

【裁判理由】

法院生效裁判认为：公诉机关指控被告人刘勇醉酒驾驶机动车的事实不清、证据不足，刘勇不构成危险驾驶罪。鉴于公诉机关要求撤回对本案的起诉，刘勇已不再受刑事责任追究，法院对此予以准许。

【案例注解】

一、规范血样抽取、及时送检，确保检材的同一性和安全性

根据《公安部关于公安机关办理醉酒驾驶机动车犯罪案件的指导意见》第五条（规范血样提取送检）规定，交通民警对当事人血样提取过程应当全程监控，保证收集证据合法、有效。提取的血样要当场登记封装，并立即送县级以上公安机关检验鉴定机构或者经公安机关认可的其他具备资格的检验鉴定机构进行血液酒精含量检验。因特殊原因不能立即送检的，应当按照规范低温保存，经上级公安机关交通管理部门负责人批准，可以在3日内送检。上述规定规范了检材与保管的程序，能确保检材与案件的关联性、检材的安全性，为鉴定报告提供真实有效的原始资料。

本案中，公安机关虽依法对被告人刘勇抽取血样的过程同步视频记录，但之后并未依规定用纸质口袋密封，更未注明抽血时间、血样用途，并由被抽血人、交通警察和抽血人员签名或盖章，不能保证抽取血样之后检材的独立封装保存，检材的同一性会受到质疑；血样采集后，未及时送检，也未取得上级公安机关交通管理部门负责人批准后在限定的3日内送检，而是在第4日送检。及时送检的程序规定，旨在确保检材的安全性无污染。本案血样检材既未单独密封保存也未及时送检，程序存在严重违法，直接导致当事人对依此检材作出的鉴定意见产生合理怀疑。

二、迟延送检，应低温保存，确保检材安全

根据公安部《公安机关办理刑事案件程序规定》第二百四十一条规定，侦查人员应当做好检材的保管和送检工作，并注明检材送检环节的责任人，确保检材在流转环节中的同一性和不被污染。根据《公安部关于公安机关办理醉酒驾驶机动车犯罪案件的指导意见》规定，提取的血样要当场登记封装，并立即送县级以上公安机关检验鉴定机构或者经公安机关认可的其他具备资格的检验鉴定机构进行血液酒精含量检验。因特殊原因不能立即送检的，应当按照规范低温保存。

上述规定强调了检材不能及时送检的情况下应当低温保存的做法，因为血样在常温下不经防腐处理会发生腐蚀变质，产生乙醇。因此，血样中即使检出含有酒精成分，也有可能不是因为被检测人饮酒或醉酒所致，而是由于血样保存温度过高或血样采集与送检时间相隔过长所致。央视新闻频道 2017 年 4 月 23 日曾报道过一件案例，山东青岛薛某驾车发生事故，医院抽血化验为醉驾（173mg/ml，重新鉴定意见为 180mg/ml），公安机关将他移送起诉后，检察机关经审查并聘请专家对案件进行评审，认为，饮酒后，酒精在人体内能产生一种叫乙基葡萄醛酸苷的代谢物。经上海司法鉴定科研所对薛某的血液进一步检测，血样中没有该成分，专家认为，薛某前两次鉴定血样的酒精含量之所以相当高，很有可能是因为血液采集与送检时间过长且未经低温保存，引起血样腐败产生酒精造成，并非当事人喝酒所致。检察机关对薛某作出不起诉决定。

在司法实践中，鉴定机构一般具备保管血液的设备及条件。检材的保管问题主要在于：办案单位保管期间，如何进行低温保存。实务中，如何保存才规范？什么温度区间才是低温？各办案机关做法各异，有的使用冷柜，有的使用冰箱，有的专有保存室，有的和其他物证混放一室。因血样的保存环境和温度目前没有检索到明确的国家标准或行业标准，最权威的是卫生部卫生公共行业标准《血液储存要求》（WS 399－2012），该标准规定了血液的储存要求，适用于一般血液和医疗机构的血液储存。该标准要求全血的储存温度为 2～6 摄氏度，区分适用的血液保存液的种类不同，血液的保存期可为 21 天或 35 天。对连续存放血样超过 24 小时的，应有双路供电或应急发电设备。存放使用电子监控时，应当有 24 小时连续温度电子监控记录；使用人工监控时，至少每四小时检测记录温度一次。

本案公安机关在开庭之前补充的办案机关冰箱照片仅能证明其具备低温保存的条件，不能证明冰箱中保存的是被告人刘勇血样，也不能证明当时对刘勇的血样进行了低温保存。公安机关不能提供充分证据证明当时对刘勇的血样采取了低温保存的方式，不能确保检材的无污染，在备份血样被销毁不能再次鉴定的情况下，本案关于血样酒精检测的鉴定意见不能排除合理怀疑，以此鉴定意见认定刘勇醉酒驾驶机动车的证据不足，事实不清，根据疑罪从无原则，应当宣告被告人无罪。

三、从行为的社会危害性角度分析，犯罪行为情节显著轻微的，可不认定为犯罪

犯罪行为最基本的特征是社会危害性，应从事实、证据、情节等各方面来认定。对于行为人符合常理的驾驶目的，在道路上醉酒驾驶机动车的，在定罪处罚时应当深入贯彻宽严相济刑事政策。仅因挪车而短距离醉驾的案件而言，如果没有发生实际危害结果，可以根据行为人的认罪、悔罪、是否初犯、偶犯等具体情节，认定犯罪情节显著轻微，适用“但书”条款，不作为犯罪处理或免予刑事处罚。

本案中，刘勇一开始并无醉酒驾驶机动车的主观故意，而是在其邻居喊其挪车的特殊情况下而为，事出有因，其主观恶性明显小于其他醉酒主动驾驶机动车的行为人。且其挪车时间和距离极短，也有别于其他醉酒驾驶机动车长距离、长时间行驶的情形，造成交通事故及危及公共安全的可能性极小，其犯罪情节显著轻微。综合考虑以上情节，对被告人刘勇的行为，可不作为犯罪处理。

（一审法院合议庭成员　程　峰　李可众　杨　梅
二审法院合议庭成员　刘　琦　周国清　袁理想
编写人　安徽省阜阳市中级人民法院　周国清
责任编辑　周维明
审稿人　李玉萍）

原载《人民法院案例选》2019 年第 1 辑（总第 131 辑）

第二章　破坏社会主义市场经济秩序罪

第一节　生产、销售伪劣商品罪

一、生产、销售伪劣产品罪

53. 黄宁、曾荣芬、刘旭旺销售伪劣产品案*

【基本案情】

被告人黄宁系广西壮族自治区柳州市大鹏农资有限公司的法定代表人，该公司主要经营农药、种子、化肥等。被告人曾荣芬、刘旭旺系夫妻关系，2009 年，夫妻二人在广西壮族自治区象州县马坪镇马坪新街 5 号注资成立象州马坪旭旺农资经营部，业主为曾荣芬，经营范围为农药、化肥及种子。平时由刘旭旺负责进货，由曾荣芬负责销售。2012 年 12 月份，被告人黄宁从郑州万安特农化产品有限公司购进“长制®”2% 吡虫啉农药，在明知该农药适用于防治黄瓜蚜虫的情况下，其为了增加销量，扩大宣传该农药适用于防治甘蔗的害虫，并以每件 370 元的价格销售了 202 件的“长制®”2% 吡虫啉农药给马坪旭旺农资经营部，销售额 74740 元。马坪旭旺农资经营部的被告人曾荣芬、刘旭旺从柳州大鹏农资公司购进了 202 件的“长制®”2% 吡虫啉农药后，其二人主观上均明知该农药的真实性能即防治黄瓜的蚜虫，但其为了增加销售量，将该农药销售给农户时宣传为适用于防治甘蔗的害虫，致使马坪镇大槽屯的秦某某等农户购买该农药施用于防治甘蔗的害虫，但甘蔗的害虫没有被杀死，造成蔗农损失。经查，被告人曾荣芬、刘旭旺共销售了 1512 包，每包的售价是 55 元，总销售额 83160 元。经广西壮族自治区农药鉴定所鉴定，“长制®”2% 吡虫啉农药系不合格产品。

【裁判结果】

广西壮族自治区象州县人民法院审理认为：被告人黄宁、曾荣芬、刘旭旺明知“长制®”2% 吡虫啉农药适用于黄瓜蚜虫的防治，但为了牟利，将该产品大肆宣传为防治甘

---

* 案例来源：最高人民法院 12 月 4 日公布的打击危害食品、药品安全违法犯罪典型案例。

蔗的害虫，并销售给蔗农用于喷杀甘蔗的害虫，其行为属于以假充真，且销售金额均达5万元以上，均已触犯刑律，构成销售伪劣产品罪。被告人黄宁作为自然人投资的柳州市大鹏农资有限公司的法定代表人，应对该公司的销售金额负责。而被告人曾荣芬、刘旭旺在销售伪劣产品中，一人负责进货，一人负责销售，相互配合，属共同犯罪，且均为主犯，均应按其所参与的全部犯罪处罚。案发后，被告人黄宁主动到公安机关投案，并如实供述了其销售伪劣产品的事实，是自首，依法可以从轻或者减轻处罚。被告人曾荣芬、刘旭旺归案后也能如实供述其销售伪劣产品的事实，当庭自愿认罪，依法均可对其从轻处罚。此外，案发后被告人曾荣芬、刘旭旺能退给蔗农农药款，有一定的悔罪表现，可对此二被告人酌情从轻处罚。故判决被告人黄宁犯销售伪劣产品罪，判处罚金人民币8万元；被告人曾荣芬犯销售伪劣产品罪，判处罚金人民币4万元；被告人刘旭旺犯销售伪劣产品罪，判处罚金人民币4万元。

【典型意义】

民生案件与公民个人的生存发展和家庭的基本利益密切相关，我国司法机关历来十分重视涉及民生案件的宣判及执行。本案中，黄宁、曾荣芬、刘旭旺明知“长制®”2%吡虫啉农药适用于黄瓜蚜虫的防治，但为了牟利，仍将该产品大肆宣传为防治甘蔗的害虫，并销售给蔗农用于喷杀甘蔗的害虫，最终影响甘蔗生长，给蔗农造成巨大损失，法院依法对此案进行宣判，给广大农药商予以法律震慑，鲜活的案例告诫其切不可为了一己私利，让农民遭受损失，自己走上违法犯罪道路。

原载《人民法院案例选》2016年第2辑（总第96辑）

54. 刘希强等人生产、销售伪劣（香油）产品，对非国家工作人员行贿案*

【基本案情】

2006年，被告人刘希强、郭秀波共同出资成立哈尔滨希强调味品有限公司。二人为降低生产成本，牟取非法利益，从被告人薛现民处购入香油香精和粗制棉籽油后，指使被告人唐长友等人将香油香精、粗制棉籽油与色拉油勾兑成伪劣香油，或在香油中按一定比例掺入伪劣香油，经灌装、包装后销售，销售金额人民币1000余万元。2012年8月，刘希强在蜂蜜中掺入购买的麦芽糖浆，制成伪劣蜂蜜进行销售，销售金额人民币20余万元。刘希强为向天手公司二厂、天手公司饺子厂销售其生产的伪劣香油，指使他人按照销售数量向天手公司二厂采购员曹研、天手公司饺子厂厂长于光（另案处理）行贿4万余元。

【裁判结果】

黑龙江省绥化市中级人民法院一审判决认定：被告人刘希强犯生产、销售伪劣产品罪，判处有期徒刑十五年，并处罚金人民币600万元，犯对非国家工作人员行贿罪，判处有期徒刑二年，决定执行有期徒刑十六年，并处罚金人民币600万元；被告人薛现民犯生产伪劣产品罪，判处有期徒刑八年，并处罚金人民币50万元；对被告人唐长友、郭秀波以生产伪劣产品罪和销售伪劣产品罪分别判处刑罚。宣判后，刘希强、薛现民提出上诉。黑龙江省高级人民法院经审理，裁定驳回上诉，维持原判。

【典型意义】

本案是一起典型的生产、销售假冒伪劣产品犯罪案件。四被告人为牟取非法利益，在生产香油和蜂蜜过程中掺杂、掺假，以次充好、以假充真，将伪劣产品进行销售，涉案金额巨大，严重侵犯了国家对产品质量的监督管理制度和消费者的合法权益。刘希强为谋取竞争优势，向非国家工作人员行贿，又侵犯了企业正常业务活动和公平竞争的交易秩序。此类犯罪行为的发生对企业产品质量诚信造成严重侵害，有损经济社会发展环境评价，必须依法严惩。

原载《人民法院案例选》2016年第2辑（总第96辑）

---

* 案例来源：最高人民法院12月4日公布的打击危害食品、药品安全违法犯罪典型案例。

55. 许某、桑某生产销售伪劣产品案*

【基本案情】

2007 年 11 月下旬，被告人许某从新疆维吾尔自治区昌吉市吉丰公司职员芦艳花处先后购进其声称是“303”的油葵种子。2008 年春季，由徐某（因销售伪劣种子已被判处有期徒刑十一年）在阿勒泰地区布尔津县阔斯特克乡杰特阿尕什村销售该油葵种子，该村村民及邻村村民高某等 21 户被害人以直接或转让的方式，共在许某处购买其声称是“303”的油葵种子 1683 公斤。21 户被害人共种植 2630 亩油葵，支付种子款 99885 元。高某等被害农户在油葵生长期发现油葵发叉现象十分严重，遂联名向布尔津县种子站申请对其所种植的油葵种子进行鉴定。2008 年 9 月 6 日，经专家鉴定，认定被害农户所种植的油葵种子是假种子。2008 年 9 月 25 日，被害农户又申请专家进行田间实地估产鉴定，经专家鉴定，高某等被害农户所种植的油葵产量损失 337000 公斤，共价值人民币 1213200 元。2009 年 5 月 21 日，经新疆农林业司法鉴定所鉴定，高某等被害农户所种植的油葵产量损失 339700 公斤，油葵单价为 3. 10 元，共计价值人民币 1053070 元。其中，被告人桑某（徐某之妻）在该案中与徐某共同销售假冒“303”油葵种子 445 公斤，销售金额达 25070 元，涉及被害农户因绝收、减产而遭受经济损失达 344437. 35 元。

另查明：19 名附带民事诉讼原告人已获得赔偿款 516000 元，其中被告人许某赔偿 10 万元，罪犯徐某赔偿 16000 元。

【裁判结果】

布尔津县人民法院一审判决和阿勒泰地区中级人民法院二审判决认为：被告人许某与罪犯徐某共同销售无标识的假冒“303”油葵种子，致使被害农户因减产而遭受 1044700 元特别重大的经济损失，严重破坏了国家对种子质量的监督管理制度，其行为直接危害了农业生产，已构成销售伪劣种子罪。公诉机关指控被告人许某的犯罪事实清楚，证据确实充分，指控罪名成立，本院予以支持。本案中，被告人桑某与许某共同销售假冒“303”油葵种子，被告人桑某参与销售假冒“303”油葵种子致使被害农户因减产而遭受 344437. 35 元重大的经济损失，其行为已构成销售伪劣种子罪。公诉机关指控被告人桑某的犯罪事实清楚，证据确实充分，指控罪名成立，本院予以支持。被告人许某在共同犯罪中起主要作用，系主犯，应当按照其所参与的全部犯罪处罚。对其辩护人提出系从犯的辩护意见不予采纳。被告人许某在公安机关尚未发现其犯罪事实时，主动向公安机关投案自首，并如实供述犯罪事实，属自首，可从轻处罚。对其辩护人提出被告人许某系自首的辩护意见予以采纳。被告人许某已赔偿被害人损失 10 万元，具有一定

* 案例来源：最高人民法院 12 月 4 日公布的打击危害食品、药品安全违法犯罪典型案例。

悔罪表现，可酌情从轻处罚。被告人桑某在销售伪劣种子犯罪中起次要作用，系从犯，应当从轻处罚。被告人桑某主动赔偿被害人部分经济损失，具有一定悔罪表现，可酌情从轻处罚。根据本案被告人桑某的犯罪事实、犯罪性质、情节，适用缓刑不致再危害社会，对其可适用缓刑。据此，法院依法判决：被告人许某犯销售伪劣种子罪，判处有期徒刑七年，并处罚金 98885.00 元。被告人桑某犯销售伪劣种子罪，判处有期徒刑三年，缓刑四年，并处罚金 25070 元。假冒“303”油葵种子封样品予以没收。被告人许某于判决生效后就罪犯许某赔偿附带民事诉讼原告人高某等油葵损失 489640 元，承担连带赔偿责任。被告人桑某于判决生效后就罪犯许某赔偿上述附带民事诉讼原告人高某等油葵损失承担连带赔偿责任。被告人许某、桑某于判决生效后就罪犯许某赔偿附带民事诉讼原告人高某等 19 人鉴定费 5000 元、诉讼费 7787.40 元、交通费 3000 元承担连带赔偿责任。

【典型意义】

农业种子的质量好坏事关农民群众切身利益，更关系到农粮生产安全。现在社会上出现少数不法之徒销售假冒伪劣种子的恶劣犯罪行径对农民群众生产积极性伤害极大，更有甚者造成农民家庭倾家荡产，影响恶劣。人民法院对此类犯罪行为一直以来始终坚持依法从严惩处，对实施此类犯罪的人员绝不姑息、采取高压态势形成震慑效应，做到除恶务尽，保护人民群众的合法权益，维护风清气正的法治环境。

原载《人民法院案例选》2016 年第 2 辑（总第 96 辑）

56. 曾海瑞生产、销售伪劣产品案

——为制售假烟团伙介绍工人行为性质的刑法认定

【关键词】

生产、销售伪劣产品　介绍工人　共同犯罪

【裁判要旨】

1. 为牟取非法利益，明知他人生产、销售假冒伪劣卷烟制品，仍积极参与，为制售假烟团伙介绍工人的行为构成生产、销售伪劣产品罪的共犯。

2. 被告人明知其所介绍工人系为制售假烟团伙制作假烟，且参与接待，接送，曾经到过生产窝点或将工人送至生产窝点，并与制售假烟团伙商定按月取酬的，其犯罪金额应为其所介绍工人生产的烟草制品货值。

3. 被告人在案发后，虽曾主动投案，但在取保期间断绝联系拒不到案，且系再次作案后经追逃到案，不构成自首。但在庭审中能自愿认罪如实供述的，可依法从轻处罚。

【相关法条】

《中华人民共和国刑法》

第一百四十条　生产者、销售者在产品中掺杂、掺假，以假充真，以次充好或者以不合格产品冒充合格产品，销售金额五万元以上不满二十万元的，处二年以下有期徒刑或者拘役，并处或者单处销售金额百分之五十以上二倍以下罚金；销售金额二十万元以上不满五十万元的，处二年以上七年以下有期徒刑，并处销售金额百分之五十以上二倍以下罚金；销售金额五十万元以上不满二百万元的，处七年以上有期徒刑，并处销售金额百分之五十以上二倍以下罚金；销售金额二百万元以上的，处十五年有期徒刑或者无期徒刑，并处销售金额百分之五十以上二倍以下罚金或者没收财产。

【案件索引】

一审：福建省厦门市思明区人民法院（2017）闽 0203 刑初 307 号（2017 年 6 月 28 日）

二审：福建省厦门市中级人民法院（2017）闽 02 刑终 566 号（2017 年 9 月 27 日）

【基本案情】

公诉机关福建省厦门市思明区人民检察院。

被告人曾海瑞，户籍地河南省南阳市邓州市刘集镇楸树李村前曾家××号，暂住广东省澄海市外铺小学旁出租房。

厦门市思明区人民检察院指控称：被告人曾海瑞于2014年至2015年间，明知相关人员无烟草专卖生产企业许可证，仍介绍他人到假烟生产窝点从事假烟生产活动以获取报酬：其中，2014年9月，被告人曾海瑞介绍赵令云、赵跃臣、赵学梅、马秋娟、曹新荣（均已判决）等人到厦门市集美区后溪镇溪西村半山园农庄从事假烟生产活动。2015年11月底，被告人曾海瑞介绍齐新茹、齐新功、王振英、刘钧胜、郑志桃、郑志荣、张德勤、庞林康、庄保成、崔冬玲（均已起诉）等人到厦门市翔安区马巷镇桐梓村进行卷烟加工业务，生产假冒品牌卷烟。上述烟支、卷烟辅料价值分别为562311.7元和704487.8元。公诉机关认为被告人曾海瑞违反国家烟草专卖管理法律法规，介绍他人在无烟草专卖生产企业许可证的情况下生产伪劣烟草制品，货值金额达人民币1266799.5元，应以生产伪劣产品罪追究其刑事责任。本案系共同犯罪。被告人曾海瑞在共同犯罪中起次要作用，是从犯，应当从轻、减轻或者免除处罚。被告人曾海瑞在生产伪劣烟草制品时，因意志以外的原因未能得逞，系犯罪未遂，可以比照既遂犯从轻或者减轻处罚。被告人曾海瑞到案以后如实供述自己的罪行，可以从轻处罚。

被告人曾海瑞对起诉书指控的罪名和基本犯罪事实无异议，但辩称其在庭前供述中提及介绍的好处是每个月5000~6000元，收到3万元押金的说法是和用工老板谈好的预期收益，因为集美区后溪镇窝点被破获，实际只拿了2000多元。

法院经审理查明：2014年9月，被告人曾海瑞明知相关人员无烟草专卖生产企业许可证，仍然介绍赵令云，并通过赵令云招募赵跃臣、赵学梅、马秋娟、曹新荣（均已判决）等人到厦门市集美区后溪镇溪西村半山园农庄从事假烟生产以获取报酬。同年9月初，被告人曾海瑞到上述生产窝点看望上述工人。2014年9月28日，公安人员会同烟草部门工作人员冲击上述制假窝点，现场抓获赵跃臣、赵令云、赵学梅、马秋娟、曹新荣等人，并查获卷接机组一台套（接咀机、卷烟机各一台）、散装“白沙”烟支160公斤、“贵烟”烟支288公斤、“遵义”烟支352公斤、“芙蓉王”烟支160公斤、烟丝1580公斤、水松纸49盘、滤咀棒24件、盘纸116盘等物品。经鉴定，上述散装香烟成品均系假冒注册商标且伪劣卷烟，上述烟支、卷烟辅料价值共计人民币562311.7元。

2015年11月底，被告人曾海瑞再次介绍齐新茹，并通过齐新茹招募齐新功、王振英、刘钧胜、郑志桃、郑志荣、张德勤、庞林康、庄保成、崔冬玲（均已起诉）等人到厦门市翔安区马巷镇桐梓村5队一厂房的进门左侧车间内私自进行卷烟加工业务，生产假冒品牌卷烟。2015年12月4日18时许，公安人员会同烟草部门工作人员冲击上述制假窝点，现场抓获齐新茹、齐新功、王振英、刘钧胜等人，并在上述车间内查获一辆闽D327××货车、卷接机组一台套（接咀机、卷烟机各一台），散装“芙蓉王”烟支603公斤，烟丝1800公斤，盘纸326盘，滤咀棒51件。经鉴定，上述散装香烟成品均系假冒注册商标且伪劣卷烟，上述烟支、卷烟辅料价值共计人民币704487.8元。

2015年2月15日，被告人曾海瑞主动到厦门市集美区公安局投案，并如实供述上述2014年9月的犯罪事实。后曾海瑞在取保候审期间因多次传讯不到案被上网追逃。2016年8月26日，被告人曾海瑞被公安人员抓获。到案后，被告人曾海瑞能供述上述犯罪事实。

【裁判结果】

福建省厦门市思明区人民法院于2017年6月28日作出（2017）闽0203刑初307号刑事判决：一、被告人曾海瑞犯生产、销售伪劣产品罪，判处有期徒刑三年，并处罚金人民币20万元；二、缴获的烟机、烟丝、滤咀棒、卷烟盘纸、散装烟支予以没收，并由作出扣押决定的公安机关依法处理；一审判决后，被告人曾海瑞提出上诉，福建省厦门市中级人民法院于2017年9月27日作出（2017）闽02刑终566号刑事判决：驳回上诉，维持原判。

【裁判理由】

法院生效裁判认为：被告人曾海瑞为牟取非法利益，明知他人生产、销售假冒伪劣卷烟制品，仍积极参与，为其介绍工人，经鉴定，被告人介绍的工人参与生产的散装香烟成品均系假冒注册商标且伪劣卷烟，其行为已构成生产、销售伪劣产品罪的共犯。公诉机关指控的罪名成立，厦门市中级人民法院予以支持。被告人应当按照其所参与的全部犯罪处罚。公诉机关指控被告人应对厦门市集美区后溪镇和翔安区马巷镇两处生产窝点中，其所介绍工人生产的烟草制品负责，现对两个窝点分别分析论证如下：后溪镇制假窝点，被告人通过赵令云招募到8名工人，并提供接待。被告人还曾到制假窝点，看到生产设备和原材料，了解其所招募工人的生产情况。被告人与制假老板商定每月收取5000～6000元酬劳，并实际收取了介绍好处费，其对上述工人的生产行为负责殆无疑义。马巷镇制假窝点，被告人通过齐新茹招募到11名工人，并与制假老板商定每月6000元的酬劳，齐新茹、齐新功等工人指认被告人在云霄接待食宿，并在随后安排车辆将其送至翔安产房，被告人与上述工人生产行为的关联性足以确认。据此，厦门市中级人民法院认定被告人参与的犯罪行为货值金额应为后溪镇和马巷镇两处生产窝点现场缴获金额的总和，亦即人民币1266799.5元。被告人已经着手实行犯罪，因意志以外原因而未能得逞，是犯罪未遂。被告人在共同犯罪中起次要、辅助作用，是从犯。被告人在案发后，虽曾主动投案，但在取保期间断绝联系拒不到案，且再次作案，后被追逃到案，不构成自首。但被告人在庭审中能自愿认罪，如实供述，亦可依法从轻处罚。综上，法院决定对被告人曾海瑞予以减轻处罚。缴获的赃物予以没收。

【案例注解】

本案是国内首例单纯因为在制售假烟团伙中负责介绍工人，而被判处生产、销售伪劣产品罪的典型案例，本案被告人的行为具有相当的典型性。法院基于在案证据，准确认定被告人的行为性质，主观故意以及犯罪数额，具有相当的典型性和示范意义。

一、单纯介绍工人、未参与生产的同样构成生产、销售伪劣产品罪

近年来，制售假烟犯罪极为猖獗。这类犯罪实施隐蔽，团伙分工极为复杂与精细，介绍工人属于其中的重要一环。有别于正规烟草生产企业的生产设备已经全面升级的状况，制假分子使用的烟机多为正规烟草生产企业更新换代所淘汰的旧机，或者是自己拼装的机器，尚未实现自动化流水生产。其制假生产方式需要大量的工人，实施捧烟、倒烟丝、放隔离纸、折纸箱、封箱、称重等具体工作。可以说，如果斩断了介绍工人这一环节，离开了稳定的工人来源，制售假烟的犯罪活动将难以为继。

此前，各地查处的制售假烟犯罪，受到惩处的介绍人员一般自身也有参与假烟生产，为牟取更多地非法利益，而介绍同乡或亲友进入犯罪团伙。法院在裁判过程中，以生产、销售伪劣产品罪论处并无争议。法院还从未专门对仅仅从事介绍工人分工的犯罪分子进行惩处。随着假烟犯罪“职业化”程度的提升，出现了专门为制售假烟团伙供应工人的职业介绍人员。这类人员并不直接参与生产，平时也不在生产窝点出现，甚至可能从未进入生产车间，在有关部门冲击、捣毁窝点时一般也因其不在场而未及时归案，不能与制售假烟团伙现场被抓获的人员一并受审，只能待其到案后单独审理，对其行为的法律性质，在实践中存在一定争议。

实践中，认定罪与非罪的关键在于能否确认职业介绍人员的主观犯意，以及由此犯意支配实施的介绍行为与工人生产行为的关联性。

《刑法》第一百四十条规定了生产、销售伪劣产品罪，指的是生产者、销售者在产品中掺杂、掺假，以假充真，以次充好或者以不合格产品冒充合格产品的行为。鉴于这一行为的社会危害性，如果不对专门给制售假烟团伙提供工人的职业介绍人员进行惩处，不足以体现《刑法》规定对于这一危害社会行为的重视和负面评价，难以遏制这一犯罪行为的高发态势。

本案中，被告人曾海瑞为牟取非法利益，明知他人生产、销售假冒伪劣卷烟制品，仍积极参与制售假烟犯罪团伙活动，先后为2个不同的犯罪团伙介绍工人多达21人。经鉴定，被告人介绍的工人参与生产的散装香烟成品均系假冒注册商标且伪劣卷烟，故被告的行为构成生产、销售伪劣产品罪殆无疑义。特别是，被告人在取保候审期间，仍然再次实施犯罪，进一步证明其主观方面故意，且主观恶性明显。

二、制售假烟团伙中职业介绍人员的犯罪数额如何确定

被告人应当按照其所参与的全部犯罪金额处罚。鉴于职业介绍人员并未实际参与生产、销售伪劣产品，在其明知所介绍的工人工作为制售假烟的情况下，可以认定这些工人生产、销售伪劣产品的行为并未超出其预期，被告人对所介绍工人的生产、销售行为具有概括的犯意，应当对此负责。

实践中，职业介绍人员除了为工人介绍制售假烟的工作外，一般还负责参与接待、食宿、交通以及接送工人到生产窝点等衍生事务。职业介绍人员还常常与制售假烟团伙商定在生产窝点正常的情况下，按月取酬。这些行为，应当作为辅助情节，佐证被告人与工人生产行为的关联性。

本案中，被告人明知其所介绍工人系为制售假烟团伙制作假烟，在后溪镇制假窝点中，被告人通过赵令云招募到8名工人，并提供接待。被告人还曾到制假窝点，看到生产设备和原材料，了解其所招募工人的生产情况。被告人与制假团伙老板商定每月收取5000～6000元酬劳，并实际收取了部分介绍好处费，其对上述工人的生产行为负责殆无疑义。马巷镇制假窝点，被告人通过齐新茹招募到11名工人，并与制假老板商定每月6000元的酬劳，齐新茹、齐新功等工人指认被告人在云霄接待食宿，并在随后安排车辆将其送至生产窝点，被告人与上述工人生产行为的关联性同样足以确认。据此，应当认定被告人参与的犯罪行为货值金额应为其所介绍工人生产的烟草制品货值，亦即后溪镇和马巷镇两处生产窝点现场缴获假烟制品货值金额的总和1266799.5元，被告人应为此金额承担刑事责任。

三、被告人犯罪行为的想象竞合问题

被告人参与的生产伪劣卷烟的行为，破坏了国家对于烟草产品质量的管理制度，且参与生产的伪劣卷烟货值较高，其行为已构成生产、销售伪劣产品罪，且系生产金额在50万元以上不满200万元的，根据《刑法》第一百四十条，法定刑是七年以上有期徒刑；假烟生产行为，同时系未经注册商标所有人许可，在同一种商品上使用与其注册商标相同的商标，构成假冒注册商标罪，且系情节特别严重，[①] 应处三年以上七年以下有期徒刑，并处罚金。被告人在没有取得烟草专卖生产企业许可证的情况下，未经许可非法经营烟草专卖品，也符合非法经营罪的构成要件，且系情节特别严重，[②] 法定刑为五年以上有期徒刑。被告人实施了一个犯罪行为，依照想象竞合犯择一重罪处罚的量刑原则，定性为生产、销售伪劣产品罪是合适的。

四、主动投案后在取保候审期间失联的不构成自首

被告人第一次实施为制售假烟团伙介绍工人的犯罪行为后，因案发主动向公安机关投案并被依法采取"取保候审"措施，符合自首的构成要件。

设定"取保候审"制度的目的是"候审"，根据《刑事诉讼法》和《最高人民法院、最高人民检察院、公安部、国家安全部关于取保候审若干问题的规定》，取保候审的执行权由公安机关行使。公安机关通过采取一定的监管措施，在尽量排除犯罪嫌疑人、被告人逃避侦查、讯问、审判的同时，赋予其相对宽松自由的活动空间，取得人权保障与保障刑事诉讼活动顺利进行之间的平衡。被取保人在取保候审期间，必须遵守取保规定，不得逃避或妨碍侦查、讯问和审判。

司法实践中，被取保候审的犯罪嫌疑人、被告人逃跑和串供以及重新犯罪的现象时有发生，其中一些具有人身危险性，可能继续犯罪的犯罪嫌疑人、被告人再次进入社会，很有可能再次实施危害社会的行为。如本案中被告人就在取保期间再次作案。对于违反取保义务的被取保人而言，除没收已交纳的保证金外，还需要承担相应的法律责任。

本案中，被告人在取保期间与负责监管的公安机关断绝联系，未报告即离开所在县市，在公安机关传唤时拒不到案，违反了被取保候审人应当遵守的基本规定，致使取保候审的制度目的无法实现。

在其脱离监管期间，被告人再次作案，向另一制售假烟团伙介绍工人，体现出较高的人身危险性和主观恶性。被告人最终系经公安机关上网追逃才到案，而并非自动投案。而且，此时公安机关已经掌握了被告人涉案的犯罪事实和主要证据。结合自首的立法精

---

① 《最高人民法院、最高人民检察院关于办理侵犯知识产权刑事案件具体应用法律若干问题的解释》第一条规定："未经注册商标所有人许可，在同一种商品上使用与其注册商标相同的商标……具有下列情形之一的，属于刑法第二百一十三条规定的'情节特别严重'，应当以假冒注册商标罪判处三年以上七年以下有期徒刑，并处罚金：（一）非法经营数额在二十五万元以上或者违法所得数额在十五万元以上的……"

② 《最高人民法院、最高人民检察院关于办理非法生产、销售烟草专卖品等刑事案件具体应用法律若干问题的解释》第三条规定："具有下列情形之一的，应当认定为刑法第二百二十五条规定的'情节特别严重'：（一）非法经营数额在二十五万元以上，或者违法所得数额在十万元以上的……"

神来看，其行为完全不符合我国《刑法》设置自首制度及对自首犯从宽处罚的立法原意，故不应认定为自首。

（一审法院合议庭成员　李缘缘　林　鸿　廖宝珍
二审法院合议庭成员　王铁玲　陈璐璐　谢爱芳
编写人　福建省厦门市思明区人民法院　林　鸿
责任编辑　周维明
审稿人　李玉萍）

原载《人民法院案例选》2018 年第 6 辑（总第 124 辑）

二、生产、销售、提供假药罪

57. 张树超生产假药案

——购买假药盒、药板、说明书进行
加工包装构成生产假药罪

【关键词】

生产假药罪　犯罪未遂　案值认定

【裁判要旨】

行为人购买假药盒、药板、说明书进行加工包装的行为，属于生产过程中的必要环节，应认定为生产假药罪的实行行为；行为人所生产的假药大部分尚未完成包装，未标价、未售出，应认定为犯罪未遂，其案值应当依据同类真药的价格进行认定。

【相关法条】

《中华人民共和国刑法》

第二十三条　已经着手实行犯罪，由于犯罪分子意志以外的原因而未得逞的，是犯罪未遂。

对于未遂犯，可以比照既遂犯从轻或者减轻处罚。

第一百四十一条　生产、销售假药的，处三年以下有期徒刑或者拘役，并处罚金；对人体健康造成严重危害或者有其他严重情节的，处三年以上十年以下有期徒刑，并处罚金；致人死亡或者有其他特别严重情节的，处十年以上有期徒刑、无期徒刑或者死刑，并处罚金或者没收财产。

本条所称假药，是指依照《中华人民共和国药品管理法》的规定属于假药和按假药处理的药品、非药品。

【案件索引】

一审：天津市北辰区人民法院（2016）津0113刑初450号（2016年12月27日）

二审：天津市第一中级人民法院（2017）津01刑终83号（2017年3月14日）

【基本案情】

天津市北辰区人民检察院指控：2016年3月初，被告人张树超在天津市北辰区双街镇聚龙园小区6号楼4门52号地下室和聚龙园小区11号楼3门30号地下室生产假药。2016年4月14日，公安机关从现场查获“波立维”成品药80盒、药板8250个、空药盒2100个、说明书1800张；“立普妥”成品938盒、药板4100个、空药盒2400个、说明书4500张；“诺和灵30R笔芯”成品230盒、“诺和锐30笔芯”成品50盒、“博路定”成品140盒。经鉴定，以上均为假药。

公诉机关认为，被告人张树超生产假药，其行为触犯了《刑法》第一百四十一条，犯罪事实清楚，证据确实、充分，应当以生产假药罪追究其刑事责任。

被告人张树超对公诉机关指控的犯罪事实无异议。其辩护人提出如下辩护意见：（1）张树超的行为系销售假药；（2）张树超的行为属于犯罪预备；（3）公诉机关对犯罪数额认定有误，不应以真药价值认定本案犯罪数额，张树超不具备刑法规定的其他特别严重情节，应判处三年以下有期徒刑；（4）张树超系初犯，认罪态度较好，请求对其从轻处罚。

法院经审理查明：2016年3月初，被告人张树超租用天津市北辰区双街镇聚龙园小区6号楼4门52号地下室及该小区11号楼3门30号地下室，将其收购的“波立维”“立普妥”“诺和灵30R笔芯”“诺和锐30笔芯”“博路定”等药品的药板、药盒、说明书进行加工包装，从事假药生产。2016年4月14日，公安机关从生产现场将张树超抓获，并当场查获假冒的“波立维（硫酸氢氯吡格雷片）”成品药80盒（每盒1板）、药板8250板、空药盒2100个、说明书1800张，经鉴定，“波立维”每板价值120元；“立普妥（阿托伐他汀钙片）”成品药938盒（每盒1板）、药板4100板、空药盒2400个、说明书4500张，经鉴定，“立普妥”每板价值61.5元；“诺和灵30R笔芯（精蛋白生物合成人胰岛素注射液）”成品230盒（每盒1支），经鉴定，每支价值61.5元；“诺和锐30笔芯（门冬胰岛素30注射液）”成品50盒（每盒1支），经鉴定，每支价值85元；“博路定（恩替卡韦片）”成品140盒，经鉴定每板价值240元。综上，从现场查获假药价值共计1361432元。

【裁判结果】

天津市北辰区人民法院于2016年12月27日作出（2016）津0113刑初450号刑事判决：被告人张树超犯生产假药罪，判处有期徒刑十年，并处罚金280万元。宣判后，张树超提起上诉。天津市第一中级人民法院于2017年3月14日作出（2017）津01刑终83号刑事裁定：驳回上诉，维持原判。

【裁判理由】

法院生效判决认为：被告人张树超为牟取非法利益，生产假药并具有其他特别严重情节的行为，应以生产假药罪追究其刑事责任。鉴于公安机关查获的大部分药品均未生产完成，应系犯罪未遂，被告人张树超当庭自愿认罪，故依法对其从轻处罚。

【案例注解】

本案所查获的假药达到了“特别严重的情节”，公诉机关建议在十年以上有期徒刑的幅度内对被告人判处刑罚。庭审中，控辩双方就本案的定罪量刑形成了 3 个争议焦点：（1）被告人的行为应构成生产假药罪、销售假药罪还是生产、销售假药罪；（2）张树超的行为属于犯罪预备还是犯罪未遂；（3）涉案假药的价值应如何认定。针对上述争议焦点，笔者作如下解析：

一、被告人的行为应构成生产假药罪、销售假药罪还是生产、销售假药罪

“生产、销售假药罪”是指生产者、销售者违反国家药品管理法规生产、销售假药，足以危害人体健康的行为。本罪的侵犯客体是复杂客体，既侵犯了国家对药品的管理制度，又侵犯了不特定多数人的身体健康权利。主观方面表现为故意，一般是出于营利的目的，但是否出于营利并不影响本罪的成立，“生产假药”只要行为人有意制造假药，即意识到假药足以危害人体健康而对此持希望或放任的态度；而“销售假药”只要行为人具有明知是假药而售卖的心理状态即可。在客观方面，“生产”是指对物的创造过程，具体到生产假药中的“生产”是指：“（一）合成、精制、提取、储存、加工炮制药品原料的行为；（二）将药品原料、辅料、包装材料制成成品过程中，进行配料、混合、制剂、储存、包装的行为；（三）印制包装材料、标签、说明书的行为”。[①]“销售”则是指有偿提供，将物品出售给他人以换取对价的行为。“生产、销售假药罪”为选择性罪名，行为人触犯《刑法》第一百四十一条，可能构成“生产、销售假药罪”“生产假药罪”“销售假药罪”三个罪名。

本案中，被告人张树超从他处预先购进药板、药盒、说明书，按照一药板、一药盒、一说明书的组合，用热风枪、塑料薄膜封口机等工具进行封装，再将封装好的假药按照一定数量装箱，从而完成成品假药的制作流程。从形式上看，虽然张树超行为的最终目的是用生产完成的假药换取对价，牟取非法利益，看似更符合“销售”行为，但综合全案案情，张树超的上述行为应更侧重于“生产”。原因在于：

第一，根据《刑法》及司法解释的规定，对假药的生产并不仅仅局限于单一的药品制造，对药品等原材料的包装行为同样属于生产过程中的一个重要环节。张树超购进的原材料均为散装，不是一个观念上的药品成品，尚不具备对药品消费者、使用者的欺骗可能性，故亦不具备在市场渠道中的销售可能性。张树超通过自己的包装行为，将假药原材料（包含药板、包装盒、说明书）对应组合，再使用犯罪工具塑封，使“假药”具备了以假乱真的外包装，具备了可销售性，足以误导药品的可能消费者及使用者，产生危害人体健康的后果，假药一旦流入市场，会侵害国家药品的管理秩序，形成社会危害。

第二，公安机关从犯罪现场查获、扣押的大部分物品均为尚未包装完成的原材料，未发现张树超进行药品销售的账簿、对账单等可能印证其销售行为的书证，现有证据仅能证实张树超存在生产行为，是否对外销售、以何种形式销售及销售所获非法利益的数额均无法认定。虽然被告人在侦查阶段的供述及庭审中均辩解称其制作的药品会以略低于市场价值的价格出卖给他人，但鉴于卷内并无相关证据予以佐证，根据《刑事诉讼

---

① 《最高人民法院、最高人民检察院关于办理危害药品安全刑事案件适用法律若干问题的解释》第六条。

法》第五十三条的规定，只有被告人供述，没有其他证据的，不能认定被告人有罪和处以刑罚。合议庭评议后认为，本着存疑有利于被告人的刑事诉讼精神，本案不符合“生产、销售假药罪”或“销售假药罪”的犯罪构成，应以公诉机关起诉书中认定的生产假药罪进行定罪。

二、张树超的行为构成犯罪预备还是犯罪未遂

对于侦查机关在犯罪现场查获的假药半成品（药板、药盒、说明书），合议庭在评议其犯罪形态是犯罪预备还是犯罪未遂的问题上，产生了两种观点：第一种观点是认为张树超为生产假药准备原材料，属于为犯罪准备工具、制造条件，应认定为犯罪预备。理由如下：根据侦查卷内的现场勘验、检查笔录，现场照片等证据可以证实，侦查机关当场查获、扣押的药板、药盒、说明书等原材料，均是堆放在室内的角落等地，并没有全部放置在生产假药的设备旁边，不能证明此时被告人已经着手将这些原材料用于实施生产假药的行为，没有对法益（即本罪保护的双重客体）造成现实而紧迫的威胁，应系被告人为生产假药的行为所制造的准备条件；第二种观点是认为张树超已经开始使用相关犯罪工具实施包装假药的行为，属着手实施犯罪，鉴于大部分药品因意志以外的原因尚未包装完成，应认定为犯罪未遂。我们同意第二种意见，理由如下：

第一，区分犯罪预备与犯罪未遂关键点在于行为人是否已经着手实施犯罪行为。犯罪预备终结于预备阶段，即事实上未能着手实行犯罪，如果已经着手实行了犯罪，就不可能是犯罪预备。[①] 着手不仅标志着犯罪行为进入实行阶段，而且是划定未遂犯处罚时期的标志，着手即标志着预备阶段已经结束。只有当行为产生了侵害法益的具体危险状态时，才是实行行为的着手。[②] 张树超为生产假药购入药板、药盒等原材料，仅通过简单的包装行为，即可完成假药成品的制作，药品即能流入市场，其行为已经使侵害法益（国家药品管理秩序）的危险达到了紧迫的程度，应当认定为已经着手实施犯罪行为。

第二，公安机关从现场查获了部分已经包装完成的假药，那么该部分理应认定为既遂部分。既然已经存在既遂部分，从犯罪形态来讲，一个案件事实就不可能同时存在犯罪预备与犯罪既遂，所以，对全案认定为犯罪预备显然欠妥。对于尚未包装完成的假药与已经包装完成的假药，则应按照未遂部分与既遂部分进行区分。同时，参照诈骗犯罪，根据《最高人民法院、最高人民检察院关于办理诈骗刑事案件具体应用法律若干问题的解释》第六条规定，诈骗既有既遂，又有未遂，分别达到不同量刑幅度的，依照处罚较重的规定处罚；达到同一量刑幅度的，以诈骗罪既遂处罚。本案中查获成品药（既遂部分）数量较少，大部分均是未包装完成的半成品（未遂部分），且未遂部分药品价值已达到“具备其他特别严重情节”，未遂部分量刑重于既遂部分，故全案应依据犯罪未遂进行量刑。

三、涉案假药的价值应如何认定

数额犯，依照刑法学界的通说，是我国刑法中以一定的数额作为犯罪构成要件的一种犯罪形式。[③] 我国刑法中的数额犯广泛存在于经济类犯罪和财产类犯罪中，根据《刑

---

① 张明楷《刑法学》（第3版），法律出版社2017年版，第280~281页。

② 张明楷《刑法学》（第3版），法律出版社2017年版，第286页。

③ 陈兴良：《刑法哲学》，中国政法大学出版社2004年版，第605页。

法》第一百四十一条及《最高人民法院、最高人民检察院关于办理危害药品安全刑事案件适用法律若干问题的解释》第三条、第四条的规定，生产、销售假药的价值达到一定的金额，对应着本罪所规定的“其他严重情节”“其他特别严重情节”等量刑升格情节。本案中，生产假药的金额或者说所生产假药的价值的认定对于行为人的量刑具有重要影响，即是否能够认定行为人具有法律及司法解释规定的“其他特别严重情节”。

一审庭审时，张树超的辩护人提出公诉机关依据价格鉴定结论书认定药品价值有误，被告人所制造出的假药本身不具备任何使用价值及经济价值，不应比照真药的价格对假药价值进行认定。针对上述辩护意见，合议庭认为，如果依照辩护人观点，假药不具备任何价值，行为人的犯罪数额就应该为零或药盒、药板的成本价格，那么此种生产经营类犯罪的案值则无法认定，刑法设置该条款就显得没有意义，与立法本意明显是不符的。另外，从商品的属性来讲，假药的确不具备使用价值，但张树超在对假药进行包装后，使假药具备了以假乱真的能力，同时，根据张树超供述，其是比照略低于真药的价格进行转卖。根据现行司法解释规定，“生产、销售金额”是指生产、销售假药、劣药所得和可得的全部违法收入。① 假药流入市场，消费者是按照真药价格对假药支付对价，无论从刑法学原理、刑事实务中的操作标准，还是从严肃药品管理秩序、从严打击药品类犯罪的立法精神来看，均应比照真药价格对本案案值进行认定。也只有如此，才能最大限度地对实施生产假药的行为进行打击，更好地维护国家药品管理秩序，保障人民群众的生命健康。

（一审法院合议庭成员　王伟轩　周　杨　果泽强
二审法院合议庭成员　杨　帆　张　颖　左树芳
编写人　天津市北辰区人民法院　王伟轩　周　杨
责任编辑　周维明
审稿人　李玉萍）

原载《人民法院案例选》2017 年第 11 辑（总第 117 辑）

① 《最高人民法院、最高人民检察院关于办理危害药品安全刑事案件适用法律若干问题的解释》第十五条。

三、生产、销售不符合安全标准的食品罪

58. 广西华联综合超市有限公司销售不符合安全标准的食品案*

【基本案情】

2014年4月23日，原告叶润军在广西华联综合超市（以下简称华联超市）购买了7罐2013年11月20日生产的，保质期为18个月的事农茶花菇预包装食品，每罐73元，共花费511元。后叶润军发现其所购茶花菇菇体布满死昆虫和活虫，叶润军多次与华联超市交涉协商，要求华联超市退回货款及赔偿，但双方无法达成一致意见。叶润军遂向广西壮族自治区南宁市江南区人民法院起诉，请求华联超市返还购货款511元，并支付价款十倍的赔偿金5110元。

【裁判结果】

法院经审理认为：叶润军在华联超市购买了7罐事农茶花菇预包装食品，双方之间买卖关系成立，合法有效。2009年《食品安全法》第三条关于"食品生产经营者应当按照法律、法规和食品安全标准从事生产经营活动，对社会和公众负责，保证食品安全，接受社会监督，承担社会责任"是有关销售者的产品质量责任和义务的相关规定。食品销售者，不仅应当审查食品的资质证明、合格证明，还应确保食品安全。本案中，凭肉眼可观察到华联超市销售的茶花菇菇体上布有死昆虫及活虫，包装瓶瓶底亦有死昆虫，因此，华联超市销售的茶花菇不符合食品安全标准。华联超市以其出售的茶花菇符合食品安全标准，且华联超市不存在明知不符合食品安全标准而销售的答辩意见本院不予认可。根据2009年《食品安全法》第九十六条规定，生产不符合食品安全标准的食品或者销售明知是不符合食品安全标准的食品，消费者除要求赔偿损失外，还可以向生产者或者销售者要求支付价款十倍的赔偿金。故叶润军要求华联超市退还货款并支付货款十倍赔偿金的诉讼请求，法院予以支持。

* 案例来源：最高人民法院12月4日公布的打击危害食品、药品安全违法犯罪典型案例。

【典型意义】

依照2009年《食品安全法》的规定，食品安全是指食品无毒、无害，符合应当有的营养要求，对人体健康不造成任何急性、亚急性或者慢性危害。食品销售者负有保证食品安全的法定义务，应当对不符合安全标准的食品及时清理下架。本案中，华联超市销售长虫的茶花菇未能及时清理下架，系不履行法定义务的行为，应当被认定为销售明知是不符合食品安全标准的食品。在此情况下，消费者可以同时主张赔偿损失和价款十倍的赔偿金，也可以只主张价款十倍的赔偿金。叶润军要求华联超市退还货款并支付售价十倍的赔偿金，于法有据，应予支持。判决后，华联超市未上诉。

原载《人民法院案例选》2016年第2辑（总第96辑）

59. 陶昌醒等生产、销售不符合安全标准的食品案*

【基本案情】

2013年以来，被告人周明忠、李雄梅、文绍明（另案处理）为牟取非法利益，在无经营资格且未经卫生检验检疫部门检疫的情况下，从广西壮族自治区南宁市周边县镇收购死因不明的或病死的猪。其中，周明忠、李雄梅在南宁市兴宁区人民路北一里431号房内对上述收购来的猪进行切分并销售。被告人姚寿林、唐玉奎则在南宁市兴宁区人民路北一里247号帮助文绍明，将文绍明收购来的死因不明或病死猪进行切分并销售。

2014年1月17日，工商部门联合公安机关在南宁市兴宁区人民路北一里431号房内查获周明忠、李雄梅收购的并在切分的疑似病死猪的猪肉1932斤，在南宁市兴宁区人民路北一里247号房内查获文绍明收购的并由姚寿林、唐玉奎切分的疑似病死猪的猪肉1218斤。并抓获被告人周明忠、李雄梅、姚寿林、唐玉奎。经鉴定，从两处查获的猪肉中检出伪狂犬病毒、猪繁殖和呼吸综合征（蓝耳病）病毒核酸、高致病性猪蓝耳病病毒核酸及猪圆环病毒呈阳性。

另查明：2011年12月起，被告人陶昌醒、黄燕玲、陶国炎为牟取非法利益，先后从“肥英”、周明忠、文绍明处购买切分好的死因不明或病死猪的猪肉，由被告人陶国炎驾驶车辆将猪肉运回南宁市兴宁区燕子岭上六巷23号陶昌醒等人租住的房屋内，三人共同将购回的猪肉加工制作成叉烧后销售至南宁市内的石户桂林米粉店。经核算，仅2013年10月28日至2014年1月25日期间，销售给石户米粉店的叉烧达6702斤，金额为125735元。

【裁判结果】

广西壮族自治区南宁市兴宁区人民法院经审理认为：被告人陶昌醒、周明忠、黄燕玲、陶国炎、李雄梅、姚寿林、唐玉奎购买死因不明或病死猪进行加工，制作成食品对外销售。依照《最高人民法院、最高人民检察院关于办理危害食品安全刑事案件适用法律若干问题的解释》的规定，属于病死、死因不明或者检验检疫不合格的畜、禽、兽、水产动物及其肉类、肉类制品的，应当认定为《刑法》第一百四十三条规定的“足以造成严重食物中毒事故或者其他严重食源性疾病”，构成生产、销售不符合安全标准的食品罪。故本案七被告人的行为均已触犯了《刑法》第一百四十三条之规定，构成生产、销售不符合安全标准的食品罪。据此，依照《刑法》有关规定，以生产、销售不符合安全标准的食品罪判处被告人陶昌醒有期徒刑五年，并处罚金人民币20万元；以生产、销售

* 案例来源：最高人民法院12月4日公布的打击危害食品、药品安全违法犯罪典型案例。

不符合安全标准的食品罪判处被告人陶国炎有期徒刑四年，并处罚金人民币 10 万元；以生产、销售不符合安全标准的食品罪判处被告人黄燕玲有期徒刑三年，并处罚金人民币 9 万元；以生产、销售不符合安全标准的食品罪判处被告人周明忠有期徒刑三年，并处罚金人民币 9 万元；以生产、销售不符合安全标准的食品罪判处被告人李雄梅有期徒刑二年二个月，并处罚金人民币 5 万元；以生产、销售不符合安全标准的食品罪判处被告人姚寿林有期徒刑二年，并处罚金人民币 3 万元；以生产、销售不符合安全标准的食品罪判处被告人唐玉奎有期徒刑二年，并处罚金人民币 3 万元。

【典型意义】

本案是一起社会影响广泛、涉及人民群众食品安全的案件。南宁市石户桂林米粉店是有一定影响力的本地知名米粉品牌，米粉也是深受本地人民群众喜爱的食品。在食品安全问题多发，食品安全日益受到重视的今天，仍有不法分子为牟取不法利益，不顾国家对食品安全犯罪的高压政策，在食品生产过程中使用不合格原料或者掺入不法添加剂，赚昧心钱。人民法院综合考虑陶昌醒、陶国炎、黄燕玲、周明忠、李雄梅、姚寿林、唐玉奎生产、销售不符合安全标准的食品的犯罪事实、性质、情节和危害后果，对七人依法判处有期徒刑二至五年，并处罚金人民币 3 万至 20 万元不等的刑罚，符合罪责刑相一致原则。

原载《人民法院案例选》2016 年第 2 辑（总第 96 辑）

60. 徐丙华生产、销售不符合安全标准的食品案*

【基本案情】

被告人徐丙华经营管理广西壮族自治区南宁市石户桂林米粉店并负责食材的采购，徐丙华在采购食材时未要求陶昌醒等人提供工商执照、食品流通证、健康证等相关证件，从2011年底开始以明显低于市场价格长期低价从陶昌醒处订购使用病死或死因不明的猪肉制作的叉烧用于叉烧粉的制作及销售，将叉烧粉提供给顾客食用。经鉴定，2013年10月28日至2014年1月25日期间，南宁市石户桂林米粉店向陶昌醒处订购叉烧达6702斤，价值达125735元。被告人徐丙华指示员工农永青在制作石户米粉店的《餐饮单位食品原料进货验收台账》中填写虚假信息，以备南宁市食品药品监督管理部门的抽检。

【裁判结果】

广西壮族自治区南宁市兴宁区人民法院经审理认为：被告人徐丙华购买死因不明或病死猪肉制作的叉烧用于叉烧粉的制作，销售给顾客食用，并具有其他严重情节，其行为触犯了《刑法》第一百四十三条之规定，构成生产、销售不符合安全标准的食品罪。据此，依照《刑法》有关规定，以生产、销售不符合安全标准的食品罪判处被告人徐丙华有期徒刑五年，并处罚金人民币20万元。

【典型意义】

本案是一起社会影响广泛、涉及人民群众食品安全的案件。南宁市石户桂林米粉店是有一定影响力的本地知名米粉品牌，米粉也是深受本地人民群众喜爱的食品。在食品安全问题多发，食品安全日益受到重视的今天，仍有不法分子为牟取不法利益，不顾国家对食品安全犯罪的高压政策，在食品生产过程中使用不合格原料或者掺入不法添加剂，赚昧心钱。人民法院综合考虑徐丙华生产、销售不符合安全标准的食品的犯罪事实、性质、情节和危害后果，对其依法判处有期徒刑五年，并处罚金人民币20万元，符合罪责刑相一致原则。

原载《人民法院案例选》2016年第2辑（总第96辑）

* 案例来源：最高人民法院12月4日公布的打击危害食品、药品安全违法犯罪典型案例。

61. 谢天、李华春生产、销售不符合安全标准的食品案*

【基本案情】

2013 年 11 月底至 12 月间，谢天、李华春受他人（另案处理）雇请，多次用货车从广东省化州市收购、运输死猪回广西壮族自治区玉林市玉州区仁东镇旺卢村的肉类加工厂，由他人进行加工销售。2013 年 12 月 23 日，李华春、谢天驾驶一辆货车到广东省化州市合江镇合江桥，收购了一批死因不明且未经动物卫生监督机构检疫的死猪。次日 6 时许，二人运输该批死猪（共 5.57 吨）返回玉林，途经玉林市玉州区秀水路时被公安民警查获。经检验，涉案死猪含伪狂犬病病毒和猪圆环病毒。

【裁判结果】

原审法院认为：谢天、李华春生产、销售不符合食品安全标准的食品，足以造成严重食物中毒事故或者其他严重食源性疾病，其行为已触犯刑律，构成生产、销售不符合安全标准的食品罪。谢天、李华春共同故意犯罪，属共同犯罪；在生产、销售不符合安全标准的食品共同犯罪中，谢天、李华春均起次要作用，是从犯，依法应当从轻处罚。谢天、李华春归案后，如实交代自己的罪行，是坦白，依法可以从轻处罚。据此，原审法院依照相关法律判决：一、被告人李华春犯生产、销售不符合安全标准的食品罪，判处有期徒刑二年六个月，并处罚金 4 万元；二、被告人谢天犯生产、销售不符合安全标准的食品罪，判处有期徒刑二年五个月，并处罚金 4 万元。

谢天上诉提出，在本案中其是受他人雇佣收购、运输死猪，是从犯，且归案后认罪态度好，请求二审法院对其从宽处罚。

二审玉林市中级人民法院认为：上诉人（原审被告人）谢天、原审被告人李华春生产、销售不符合食品安全标准的食品，足以造成严重食物中毒事故或者其他严重食源性疾病，其行为已触犯刑律，构成生产、销售不符合安全标准的食品罪。谢天、李华春共同故意犯罪，是共同犯罪；在生产、销售不符合安全标准的食品共同犯罪中，谢天、李华春均起次要作用，是从犯，依法应当从轻处罚。谢天、李华春归案后，如实交代自己的罪行，依法可以从轻处罚。综上，原审法院根据谢天、李华春犯罪的事实，犯罪的性质、情节及对于社会的危害程度依法所作的判决，认定事实清楚，证据确实、充分，定罪准确，量刑适当，适用法律正确，应予维持；谢天上诉理由不成立，依法予以驳回。遂于 2015 年 6 月作出终审裁定：驳回上诉，维持原判。

---

* 案例来源：最高人民法院 12 月 4 日公布的打击危害食品、药品安全违法犯罪典型案例。

【典型意义】

国以民为本，民以食为天，食以安为先。食品药品安全水平是决定人民群众生活水平和幸福指数的重要指标之一。生活在一个能确保食品药品安全的环境里，是人民群众应有的权利和尊严，也是整个社会的底线。然而，近年来我国相继出现的地沟油、毒胶囊等事件，一次次地以各种方式挑战社会的底线，严重危害人民群众的身体健康和生命安全，严重影响国家形象，损害党和政府的公信力。人民法院充分发挥刑事审判职能作用，贯彻落实宽严相济刑事政策，依法从严惩处涉食品药品安全犯罪案件，切实保障了食品药品安全。

原载《人民法院案例选》2016 年第 2 辑（总第 96 辑）

62. 吐某生产、销售不符合安全标准的食品案*

【基本案情】

2012 年 1 月起，被告人吐某在没有办理相关手续的情况下，在新疆维吾尔自治区喀什地区泽普县泽普镇古勒巴格乡路口开设了《佳吾海尔快餐》，从事煮（烤）鸡肉销售生意。7 月 25 日，其存放在冰箱里的 15 只生鸡肉变质坏掉（腐烂）。被告人违反国家食品卫生管理规定，明知这坏掉的 15 只生鸡肉和冰箱里的其他鸡肉已变质（腐烂），还是把这些鸡肉煮（卤）（烤）好后销售给顾客。7 月 25 日早晨至 7 月 26 日 18 时，先后有 53 名顾客分别购买了变质腐烂的烤鸡 57 只，造成古某等 193 人食用后中毒，并造成古某和阿某 2 人中毒死亡。

经法医对尸体进行检验鉴定，认为死者古某和阿某因生前食用被伤寒沙门氏菌污染的食品（鸡肉），出现全身中毒症状，最终以水电解质紊乱，急性呼吸功能衰竭，经抢救无效而死亡。经喀什地区疾病预防控制中心检验检测，检查出被告人吐某和被害人中的托某、艾某等人体内都有伤寒沙门氏菌。

【裁判结果】

泽普县人民法院认为：被告人吐某无视国家法律和社会公德，在明知自己销售的烤鸡是不符合卫生标准的变质鸡肉，但仍然煮（卤）（烤）后进行销售，结果导致两人严重食物中毒死亡、193 人不同程度中毒的食品安全事件，造成特别严重的后果，严重侵犯了公民的人身权利，其行为构成生产、销售不符合安全标准的食品罪，应依法严惩。但被告人与附带民事诉讼原告人已达成民事赔偿调解协议，亦取得了被害方的谅解，并且有深刻的悔罪表现，因此，在考虑到这些方面的基础上，对被告人在法定刑范围内，可以适当从轻处罚。公诉机关指控的犯罪事实及罪名能够成立，本院依法予以支持，并且可以采纳公诉机关的量刑建议。法院依法判决：被告人吐某犯生产、销售不符合安全标准食品罪，判处有期徒刑十一年，并处罚金 1 万元，剥夺政治权利二年。该判决已经发生法律效力。

【典型意义】

民以食为天。食品、药品安全事关人民群众身体健康和生命安全，事关经济发展与社会和谐。近年来，我国一些重大、恶性食品安全事件接连不断，瘦肉精、毒奶粉、毒豆芽、地沟油、问题胶囊、病死猪肉等系列案件相继出现，显现出当前社会的食品安全形势不容乐观。面对这种形势，人民法院始终努力履行职能，依法保护人民群众生命、

* 案例来源：最高人民法院 12 月 4 日公布的打击危害食品、药品安全违法犯罪典型案例。

财产安全，对涉及食品、药品安全的犯罪活动出重手、下重拳，坚决打掉不法分子的嚣张气焰，增强民生保障的责任感，彰显社会主义司法的震慑力和威慑力，弘扬社会正气。

原载《人民法院案例选》2016 年第 2 辑（总第 96 辑）

63. 张佳章销售不符合安全标准的食品案*

【基本案情】

2011 年的一天，被告人张佳章为牟取利益，在卖猪肉回家途中的江边捡了一头死因不明的母猪，并将该死猪运输到浦北县张黄镇世聪广场卖给一不知名男人，得款 100 元。

2012 年 8 月 9 日 11 时许，被告人张佳章为牟取利益，在浦北县龙门镇岭岗湖路口桥底下捡了一头死因不明的小猪，将死猪运输到浦北县张黄镇贩卖，在运输途中被公安机关抓获。经广西动物疫病预防控制中心检验，从查获的死猪中检出猪瘟病毒（一类动物疫病）、猪繁殖和呼吸综合征（蓝耳病）病毒核酸（二类动物疫病）。

【裁判结果】

广西壮族自治区浦北县人民法院经审理认为：被告人张佳章为牟取利益，销售死因不明的畜类动物，其行为触犯了《刑法》第一百四十三条之规定，构成销售不符合安全标准的食品罪。公诉机关指控的罪名成立，本院予以支持，应当以销售不符合安全标准的食品罪追究其刑事责任。被告人张佳章归案后如实供述自己的罪行，依法可以从轻处罚。依据《刑法》有关规定，以销售不符合安全标准的食品罪判处被告人张佳章拘役三个月，并处罚金人民币 2000 元。张佳章对一审判决服判。

【典型意义】

本案是在农村、特别是经济欠发达地区农村时有发生的案件。本案的发生反映出一些人因收入低，存在贪图小便宜、漠视食品安全、法律观念淡薄的心理，自我管理水平也不高，对不符合安全标准的食品的处理方式方法不当，对非法销售不符合安全标准的食品行为的社会危害性认识不足。本案的依法审理，对于提高公民食品安全意识及遵纪守法意识，依法经营等具有重大意义。

原载《人民法院案例选》2016 年第 2 辑（总第 96 辑）

* 案例来源：最高人民法院 12 月 4 日公布的打击危害食品、药品安全违法犯罪典型案例。

64. 张松国、张勇勇等生产、销售不符合安全标准的食品案

——食品中添加的亚硝酸盐含量超标构成何罪

【关键词】

生产、销售不符合安全标准的食品罪　生产、销售有毒、有害食品罪　亚硝酸盐

【裁判要旨】

非餐饮服务单位的经营者在食品中添加的亚硝酸盐含量严重超出标准限量，足以造成严重食物中毒事故或者其他严重食源性疾病的，构成生产不符合安全标准的食品罪；销售此类食品的，构成销售不符合安全标准的食品罪。

【相关法条】

《中华人民共和国刑法》

第一百四十三条　生产、销售不符合食品安全标准的食品，足以造成严重食物中毒事故或者其他严重食源性疾病的，处三年以下有期徒刑或者拘役，并处罚金；对人体健康造成严重危害或者有其他严重情节的，处三年以上七年以下有期徒刑，并处罚金；后果特别严重的，处七年以上有期徒刑或者无期徒刑，并处罚金或者没收财产。

【案件索引】

一审：河南省洛阳市涧西区人民法院（2015）涧刑重字第 7 号（2015 年 4 月 24 日）

二审：河南省洛阳市中级人民法院（2015）洛刑一终字第 113 号（2015 年 6 月 29 日）

【基本案情】

法院经审理查明：2011 年 5 月 22 日，被告人张松国联系房子，被告人张勇勇、被告人张松渠共同承担房租，在西工区红山乡杨塚村杨孝军家租房，稍加整理后，于 2011 年 6 月开始生产加工猪头肉、猪肝、猪耳朵等肉制品。主要由张松国负责生产加工猪头肉、猪肝、猪耳朵，添加亚硝酸盐等用料。张勇勇负责从郑州水产大世界商户处购进猪头，然后由张勇勇和张松渠及生产工人负责生产加工，有时张勇勇和张松渠也向煮的猪头肉、猪肝、猪耳朵汤里添加亚硝酸盐。被告人张勇勇、被告人范晶晶（二人系夫妻关系）将加工好的猪头肉、猪肝、猪耳朵运到广州市场的老张熟食批发店进行销售。被告人张松渠、刘月凤（二人系夫妻关系）将加工好的猪头肉、猪肝、猪耳朵运到广州市场的张记熟肉批零店进行销售。被告人张勇勇、张松渠两家主要销售给被告人范露露、姚素芳、

王婉霞、李钦标、翟小乐、任万领等人。被告人范露露、姚素芳、王婉霞、李钦标、翟小乐、任万领在购进卤肉时，没有按规定，索要营业执照、食品流通许可证、检疫合格证明，发现卤肉颜色发红不正常，不进行查验，仍然购进而予以销售。2013 年 5 月 23 日凌晨 4 时 45 分许，洛阳市公安局南昌路分局和涧西区工商局联合检查中，在涧西区广州市场老张熟食批发店和张记熟肉批零店查获无检验检疫合格证的猪头肉、猪肝、猪耳朵，后经张松渠交代在西工区红山乡杨塚村查获无营业执照、卫生许可证等证照的加工点。

2013 年 5 月 31 日，经洛阳市涧西区疾病防控中心对张松国、张勇勇、张松渠生产加工的猪头肉、猪肝、猪耳朵进行检测，从张松渠处查获的猪耳朵中的菌落总数为 136000CFU/g，大肠菌群 > 1100MPN/g，亚硝酸盐为 2. 2mg/kg；猪头肉中的菌落总数为 96000CFU/g，大肠菌群 > 1100MPN/g，亚硝酸盐为 5. 78mg/kg；猪肝中的亚硝酸盐为 199mg/kg，菌落总数为 46000CFU/g。从张勇勇处查获的猪耳朵中的菌落总数为 210000CFU/g，大肠菌群 150MPN/g，亚硝酸盐为 1. 8mg/kg，猪头肉中的菌落总数为 210000CFU/g，大肠菌群 > 1100MPN/g；猪肝中的亚硝酸盐为 104mg/kg，菌落总数为 150000CFU/g，大肠菌群为 43MPN/g。国家规定熟肉制品卫生标准，菌落总数（CFU/g）≤30000，大肠菌群（MPN/100g）≤90，国家规定食品添加剂使用标准，亚硝酸钠残留量≤30mg/kg。

2013 年 6 月 5 日，经河南省产品质量监督检验院检验，张勇勇、张松渠加工用的卤肉汤检出亚硝酸盐成分。2013 年 6 月 17 日，经黎明化工研究院对张松国、张勇勇、张松渠生产加工处提取到的粉洗盐、白色粉末、片状氢氧化钠、工业用亚硝酸钠的成分检测，四种物品的主要成分分别为氯化钠、碳酸氢钠、亚硝酸钠。

经审计，张勇勇、范晶晶账本记录的销售卤肉营业收入为 588891. 57 元，张松渠、刘月凤账本记录的销售卤肉营业收入为 984138. 8 元。被告人范露露共销售被告人张松渠家的猪头肉、猪肝、猪耳朵共 29625. 6 斤，金额为 275205. 2 元，销售被告人张勇勇家的猪头肉、猪耳朵共 1657 斤，金额 18153 元。被告人姚素芳销售张勇勇家的猪头肉、猪肝、猪耳朵共 8507. 5 斤，金额 90630. 2 元，销售张松渠家的猪头肉、猪肝、猪耳朵共 6235. 5 斤，金额为 75234. 4 元。被告人王婉霞销售张松渠家的猪头肉、猪肝、猪耳朵共 9204. 2 斤，金额 97316 元。被告人李钦标共销售张松渠家的猪头肉、猪肝、猪耳朵共 5438 斤，金额 60107. 6 元。被告人任万领共销售张松渠家的猪头肉、猪肝、猪耳朵共计 7359 斤，销售金额 78870. 9 元。根据翟小乐出具的收条和相关单据，被告人翟小乐销售张松渠家的猪头肉、猪肝、猪耳朵共 60059 元。其中，张松国、张松渠、张勇勇、刘月凤、范晶晶生产、销售的猪肝价值分别为 299510. 39 元、347983. 5 元、299510. 39 元、347983. 5 元、299510. 39 元、范露露、姚素芳、王婉霞、李钦标、翟小乐、任万领销售的猪肝价值分别为 163647 元、21978. 95 元、48785. 2 元、1989. 6 元、1621 元、6237 元。

另查，2013 年 8 月 20 日，任万领到洛阳市公安局南昌路分局投案。

【裁判结果】

洛阳市涧西区人民法院于 2015 年 4 月 24 日作出（2015）涧刑重字第 7 号刑事判决：认定被告人张松国犯生产不符合安全标准的食品罪，判处有期徒刑四年，并处罚金 60 万元。被告人张松渠犯生产、销售不符合安全标准的食品罪，判处有期徒刑四年，并处罚金 70 万元。被告人张勇勇犯生产、销售不符合安全标准的食品罪，判处有期徒刑四年，并处罚金 60 万元。被告人刘月凤犯销售不符合安全标准的食品罪，判处有期徒刑三年零六个月，并处罚金 70 万元。被告人范晶晶犯销售不符合安全标准的食品罪，判处有期徒刑三年，缓刑五年，并处罚金 60 万元。被告人范露露犯销售不符合安全标准的食品罪，判处有期徒刑二年零六个月，缓刑三年，并处罚金 35 万元。被告人姚素芳犯销售不符合安全标准的食品罪，判处有期徒刑十个月，缓刑一年，并处罚金 5 万元。被告人王婉霞犯销售不符合安全标准的食品罪，判处有期徒刑一年，缓刑一年，并处罚金 10 万元。被告人李钦标犯销售不符合安全标准的食品罪，判处拘役三个月，缓刑六个月，并处罚金 3 万元。被告人翟小乐犯销售不符合安全标准的食品罪，判处拘役三个月，缓刑六个月，并处罚金 3 万元。被告人任万领犯销售不符合安全标准的食品罪，判处拘役四个月，缓刑六个月，并处罚金 3 万元。禁止被告人范晶晶、范露露、姚素芳、王婉霞、李钦标、翟小乐、任万领在缓刑考验期内从事食品生产、销售及相关活动。判决后被告人张松国、张松渠、李钦标不服，提出上诉，洛阳市中级人民法院于 2015 年 6 月 29 日作出（2015）洛刑一终字第 113 号刑事裁定：驳回上诉，维持原判。该判决已生效。

【裁判理由】

法院生效裁判认为：被告人张松国、张勇勇、张松渠加工猪肝中亚硝酸盐严重超出标准限量，足以造成严重食物中毒事故或者其他严重食源性疾病，被告人张松国的行为构成生产不符合安全标准的食品罪。被告人张勇勇、张松渠具有销售猪肝行为，被告人张勇勇、张松渠的行为构成生产、销售不符合安全标准的食品罪。被告人刘月凤、范晶晶明知是不符合食品安全标准的食品而进行销售，被告人范露露、姚素芳、王婉霞、李钦标、翟小乐、任万领在没有查验肉制品相关手续，并发现肉制品颜色与正常颜色不同的情况下，仍予以销售，足以造成严重食物中毒或者其他严重食源性疾病，其行为均已构成销售不符合安全标准的食品罪。公诉机关原指控的生产、销售有毒有害食品罪的罪名不妥，应予纠正。公诉机关指控猪肝中的亚硝酸盐含量严重超出标准限量，该猪肝的价值认定为犯罪数额有事实依据，应予采纳；但指控猪头肉、猪耳朵的价值为犯罪数额不妥，因为猪头肉、猪耳朵中菌落总数、大肠菌群超标不一定是被告人人为添加行为造成的，也可能是因送检不及时等其他原因造成的，故将猪头肉、猪耳朵的价值作为犯罪数额的证据不足，不予采纳。

【案例注解】

本案的争议焦点是被告人的行为应定性为生产、销售有毒有害食品罪还是生产、销售不符合安全标准的食品罪。公诉机关认为被告人张松国、张勇勇、张松渠生产加工卤肉用的工业用亚硝酸盐，是一种防腐剂、护色剂，毒性大，属于强致癌化学物质。2012 年 5 月 28 日，卫生部、国家食品药品监督管理局发布《关于禁止餐饮服务单位采购、贮存、使用食品添加剂亚硝酸盐的公告》，根据《食品安全法》及其实施条例的规定，决定自公告之日起禁止餐饮服务单位采购、贮存、使用食品添加剂亚硝酸盐（亚硝酸钠、亚硝酸钾）。被告人在上述公告禁止使用亚硝酸盐后，仍使用亚硝酸盐，应构成生产、销售有毒有害食品罪。但是，本案中被告人并不是餐饮服务单位，故不应适用上述公告的内容。2012 年，最高人民法院发布危害食品、药品安全犯罪十大典型案例中，被告人张进勇生产、销售不符合卫生标准的食品案，在鸡肉串中添加亚硝酸盐超出国家标准限量，定性为生产、销售不符合卫生标准的食品罪，《刑法修正案（八）》中将生产、销售不符合卫生标准的食品罪修改为生产、销售不符合安全标准的食品罪。故本案被告人应构成生产、销售不符合安全标准的食品罪，而不是生产、销售有毒有害食品罪。

（一审法院合议庭成员　袁大红　王志国　李春芳
二审法院合议庭成员　吴健莉　李　强　衡宏波
编写人　河南省洛阳市涧西区人民法院　何恒飞
责任编辑　周维明
审稿人　沈　亮）

原载《人民法院案例选》2017 年第 1 辑（总第 107 辑）

四、生产、销售有毒、有害食品罪

65. 赵榜河生产、销售有毒、有害食品案*

【基本案情】

2010年至2014年期间，被告人赵榜河在广西壮族自治区梧州市苍梧县京南镇木播村枧尾组经营小作坊生产腐竹，将禁止添加到食品的非食品添加剂硼砂添加到生产的腐竹中，并予以销售。2014年4月25日，公安人员查获该小作坊并扣押了生产的腐竹及原料豆浆。经检验，所扣押的腐竹以及原料豆浆均检出硼砂成分。

【裁判结果】

苍梧县人民法院经审理认为：被告人赵榜河违反国家食品管理法规，在生产的腐竹中掺入有毒、有害的非食品原料硼砂，并予以销售，其行为构成生产、销售有毒、有害食品罪。依照《刑法》有关规定，以生产、销售有毒、有害食品罪判处被告人赵榜河有期徒刑一年，缓刑一年六个月，并处罚金人民币5000元。

【典型意义】

生产、销售有毒、有害食品案，此前对该类案件入刑标准很严格，主要看有没有造成食物中毒等较严重的后果才构成犯罪，《刑法修正案（八）》出台后，加重了对生产、销售有毒、有害食品行为的处罚，只要有生产、销售有害食品行为便构罪，就应当追究刑事责任。在此案中，尽管被告人添加的禁用食品添加剂的用量很小，没有造成严重后果。但食品生产者必须保障食品安全，避免悲剧发生。同时，作为广大消费者，要擦亮双眼，善于识别危害性食品，多了解食品安全相关知识及有关法律规定，对于食品危害行为要敢于说“不”，共同营造良好的食品安全环境。

原载《人民法院案例选》2016年第2辑（总第96辑）

* 案例来源：最高人民法院12月4日公布的打击危害食品、药品安全违法犯罪典型案例。

66. 姚扬业生产、销售有毒、有害食品案*

【基本案情】

2013年6月份起，被告人姚扬业在广西壮族自治区钦州市灵山县新圩镇元屋村委会细王坡村9号，开设了一个猪皮、鱿鱼的非法加工点。被告人姚扬业从市场上收购回猪皮、鱿鱼作为生产原料，然后由其雇请的工人檀雪梅、梁思梦，在加工猪皮、鱿鱼的过程中，使用非食品原料过氧化氢（俗称双氧水）进行浸泡，加工完成后，被告人姚扬业再将猪皮、鱿鱼销售给顾客。2014年10月15日上午，灵山县食品药品监督管理局执法人员查处了该猪皮、鱿鱼非法加工点，执法人员从现场查获干鱿鱼147千克；半成品猪皮126千克；成品猪皮41千克；一桶过氧化氢 H_2O_2/27.5%的可疑溶液22.5千克；一桶食用消毒剂（过氧化氢）35%的可疑溶液27千克。经对被缴的可疑溶液抽样送到广西出入境检验检疫局检验检疫技术中心检验，检出过氧化氢成分分别为34.5%和44.2%（检测依据：GB/T23499－2009）。

2014年10月17日，灵山县食品药品监督管理局将案件移交灵山县公安局处理，公安机关立案侦查后，于2014年10月23日电话通知被告人姚扬业到指定地点接受调查，被告人姚扬业按时到达，到案后如实交代其生产、销售有毒、有害食品的主要犯罪事实。当日，被告人姚扬业被灵山县公安局刑事拘留。

另查明：被告人姚扬业经营的猪皮、鱿鱼加工点没有办理食品生产许可证。被告人姚扬业用于浸泡猪皮、鱿鱼的过氧化氢是从南宁市大成化工有限责任公司玉林市分公司购进。

【裁判结果】

广西壮族自治区钦州市灵山县人民法院经审理认为：被告人姚扬业为牟利，在生产、销售食品中掺入有毒、有害的非食品原料，持续时间较长，被告人的行为已触犯了《刑法》第一百四十四条的规定，构成生产、销售有毒、有害食品罪。公诉机关指控应当以生产、销售有毒、有害食品罪追究被告人姚扬业的刑事责任成立。被告人姚扬业在其犯罪行为已被公安机关发觉，但尚未被采取强制措施的情况下，按照公安机关指定的时间到指定的地点接受调查，可视为自动投案，到案后直至庭审过程中均如实供述其生产、销售有毒、有害食品的主要犯罪事实，属自首，依法可以对被告人姚扬业从轻或减轻处罚。

关于被告人姚扬业及其辩护人认为被告人姚扬业犯罪情节轻微，被查获时已停止生产是犯罪中止，建议法院对被告人姚扬业适用免予刑事处罚的意见。经查，被告人姚扬

* 案例来源：最高人民法院12月4日公布的打击危害食品、药品安全违法犯罪典型案例。

业从2013年6月份起开始从事食品加工，至案发已有一年多，持续时间较长，销售的对象为不特定的多数人，被告人姚扬业被抓当天不生产不能构成犯罪中止。因此，对被告人姚扬业及其辩护人的上述意见，本院不予采纳。根据被告人姚扬业的犯罪事实、性质、情节和对社会的危害程度，结合本案的具体案情，本院决定对被告人姚扬业从轻处罚并适用缓刑，但在缓刑期限内禁止其从事食品生产。依照法律规定，以生产、销售有毒、有害食品罪判处被告人姚扬业有期徒刑二年，缓刑三年，并处罚金人民币3万元；禁止被告人姚扬业在缓刑考验期限内从事食品生产。宣判后，被告人姚扬业没有上诉，公诉人没有抗诉。判决现已发生法律效力。

【典型意义】

食品安全问题是人民群众最为关心的一件事。鱿鱼、猪皮都是人民群众最为常吃的食品，这些常用食品的不合格对人身及家庭容易造成巨大精神伤害与痛苦，在社会上易引发恐慌情绪，危害极大，更是从严惩治的重点。在本案中，被告人姚扬业生产的食品没有造成人身伤害，也没有大面积暴发，对其可以从轻处罚。其有自首情节，法院遂作出上述判决。

原载《人民法院案例选》2016年第2辑（总第96辑）

67. 麻秀龙生产销售有毒、有害食品案*

【基本案情】

2012 年 8 月起，被告人麻秀龙从广西百色市、宾阳县收购废弃固体牛油，销售给重庆邦明食品有限公司。为进一步精炼提高售价，2013 年 3 月某日，被告人麻秀龙委托广西莫老爷食品有限公司加工提炼牛油。同年 4 月中旬，麻秀龙雇车将 150 吨的牛油运至广西莫老爷食品有限公司的工厂进行加工。2013 年 5 月 24 日，办案民警从麻秀龙租用的仓库缴获牛油 57.9 吨，从广西莫老爷食品有限公司的工厂缴获牛油约 126 吨。经检验，查获的牛油不符合《食用动物油脂卫生标准》。

【裁判结果】

南宁市西乡塘区人民法院经审理认为：被告人麻秀龙利用非食品原料生产、加工食品并予以销售，其行为已构成生产、销售有毒、有害食品罪。但麻秀龙在利用非食品原料加工食品过程中尚未加工完成即被公安机关查处，是犯罪未遂，可以比照既遂犯从轻或者减轻处罚。麻秀龙归案后如实供述自己的罪行，可以从轻处罚。依照《刑法》有关规定，以生产、销售有毒、有害食品罪判处被告人麻秀龙有期徒刑二年，并处罚金人民币 5 万元。

【典型意义】

生产、销售有毒、有害食品罪对犯罪行为作出了严厉的规定，且在“史上最严厉食品安全法”出台实施的大背景下，犯罪行为依然屡禁不止。除了有犯罪分子牟取暴利、投机取巧的心理，更与我国食品安全监管体系处罚力度较轻等有关。本案对被告人麻秀龙判处有期徒刑二年，并处罚金人民币 5 万元的处罚，彰显了我国司法机关依法严厉打击、遏制一切形式危害人们舌尖上的安全的决心。

原载《人民法院案例选》2016 年第 2 辑（总第 96 辑）

* 案例来源：最高人民法院 12 月 4 日公布的打击危害食品、药品安全违法犯罪典型案例。

68. 邱某某生产、销售有毒、有害食品案*

【基本案情】

2014 年 10 月至今，被告人邱某某在广西壮族自治区贺州市昭平县昭平综合市场 3 幢 7 号门面经营“小美”面包店。2015 年 6 月 25 日，昭平县食品药品监督管理局对该店生产、销售的面包、馒头进行抽检。同年 7 月 2 日，昭平县食品药品监督管理局工作人员将面包、馒头含铝的鉴定结论明确告知了邱某某（由邱某某母亲吴桂群签字），并对其送达了《国家卫生计生委等 5 部门关于调整含铝食品添加剂使用规定的公告》（2014 年第 8 号）（由邱某某母亲签字）。2015 年 7 月 3 日，邱某某在明知告知事由后继续使用含铝的食品添加剂“泡打粉”生产包子，违反了国家卫计委等 5 部门公告中“膨化食品生产中不得使用含铝食品添加剂，小麦粉及其制品生产中不得使用硫酸铝钾”的规定，危害了消费者的身体健康。

【裁判结果】

广西壮族自治区贺州市昭平县人民法院认为：被告人邱某某在生产、销售的食品中掺入有毒、有害的非食品原料，其行为已触犯《刑法》第一百四十四条的规定，构成生产、销售有毒、有害食品罪。公诉机关指控被告人犯生产销售有毒、有害食品罪成立。被告人邱某某辩解其行为不构成犯罪，缺乏理据，本院不予采信。为打击刑事犯罪，维护社会秩序，根据被告人的犯罪事实、性质、情节和对社会的危害程度，依照《刑法》第一百四十四条、第五十二条、第五十三条及《最高人民法院、最高人民检察院关于办理危害食品安全刑事案件适用法律若干问题的解释》第九条第一款、第二十条第（三）项之规定，被告人邱某某犯生产、销售有毒、有害食品罪，判处有期徒刑八个月，并处罚金人民币 5000 元。

【典型意义】

长期以来，“泡打粉”是生产面包的必用食品添加剂，而且使用广泛。《国家卫生计生委等 5 部门关于调整含铝食品添加剂使用规定的公告》规定，自 2014 年 7 月 1 日起，“膨化食品生产中不得使用含铝食品添加剂，小麦粉及其制品生产中不得使用硫酸铝钾”。“泡打粉”就是含铝的食品添加剂。国家禁止使用“泡打粉”生产包子，如果再继续使用，就是犯罪行为，必须予以严厉打击。

原载《人民法院案例选》2016 年第 2 辑（总第 96 辑）

* 案例来源：最高人民法院 12 月 4 日公布的打击危害食品、药品安全违法犯罪典型案例。

69. 张益祥、张庆裕、农秀勤生产、销售有毒、有害食品案*

【基本案情】

2012年11月以来，被告人张益祥、张庆裕、农秀勤三人在南宁市良庆区银海大道景华路东145号左侧自建房内使用过氧化氢（俗称“双氧水”）加工牛百叶、牛肚等食品，加工好后由被告人张益祥销售至广西柳州、贺州等地及贵州省。2013年5月15日，公安人员从张益祥的加工点内查获到白色成品牛黄喉1074.4公斤、白色半成品牛黄喉334公斤、白色半成品牛百叶243.1公斤、白色成品牛百叶215.1公斤、白色成品牛肚583公斤、白色半成品牛肚321公斤、黑色成品牛百叶218.7公斤、黑色半成品牛百叶206.4公斤、原料牛百叶150公斤、工业烧碱20斤及记账本（两本）等物品。经广西产品质量监督检验研究院对从被告人张益祥加工点提取的食品及加工用原料进行过氧化氢含量分析，其中编号G13－002652的牛百叶浸泡水、编号G13－002654的牛黄喉浸泡水不符合GB2760－2011要求，从编号G13－002744不明液体中检出过氧化氢。

【裁判结果】

广西壮族自治区南宁市良庆区人民法院审理认为：被告人张益祥、张庆裕、农秀勤在生产、销售的食品中掺入有毒有害的非食品原料，其行为均已构成生产、销售有毒、有害食品罪。判处被告人张益祥有期徒刑九个月，并处罚金人民币5000元；判处被告人张庆裕有期徒刑八个月，并处罚金人民币5000元；判处被告人农秀勤有期徒刑八个月，并处罚金人民币3000元。2014年1月9日，该院对本案当庭作出判决，目前判决已生效。

【典型意义】

双氧水学名过氧化氢，是一种化学药品，也是被禁食品添加剂之一。食品经过双氧水浸泡后，原有营养成分被破坏。食用这些食物对人体有害，可损伤胃黏膜，甚至致癌。被告人使用对人体有害并具有强烈刺激性气味的工业过氧化氢与氢氧化钠（俗称“烧碱”）浸泡加工牛百叶、牛肚、黄喉等食物，并销售到广西区内各个市县的超市、餐馆以及烧烤、夜宵摊位。经过公开审理，根据案件查明的事实与经过质证的证据，最终案件的被告人的行为被认定构成生产、销售有毒、有害食品罪，被判处有期徒刑，并处罚金，有力地保障和维护了广大百姓的食品安全。

原载《人民法院案例选》2016年第2辑（总第96辑）

* 案例来源：最高人民法院12月4日公布的打击危害食品、药品安全违法犯罪典型案例。

70. 指导案例70号：北京阳光一佰生物技术开发有限公司、习文有等生产、销售有毒、有害食品案

（最高人民法院审判委员会讨论通过　2016年12月28日发布）

【关键词】

刑事　生产、销售有毒、有害食品罪　有毒有害的非食品原料

【裁判要点】

行为人在食品生产经营中添加的虽然不是国务院有关部门公布的《食品中可能违法添加的非食用物质名单》和《保健食品中可能非法添加的物质名单》中的物质，但如果该物质与上述名单中所列物质具有同等属性，并且根据检验报告和专家意见等相关材料能够确定该物质对人体具有同等危害的，应当认定为《中华人民共和国刑法》第一百四十四条规定的“有毒、有害的非食品原料”。

【相关法条】

《中华人民共和国刑法》

第一百四十四条　在生产、销售的食品中掺入有毒、有害的非食品原料的，或者销售明知掺有有毒、有害的非食品原料的食品的，处五年以下有期徒刑或者拘役，并处或者单处销售金额百分之五十以上二倍以下罚金；造成严重食物中毒事故或者其他严重食源性疾患，对人体健康造成严重危害的，处五年以上十年以下有期徒刑，并处销售金额百分之五十以上二倍以下罚金；致人死亡或者对人体健康造成特别严重危害的，依照本法第一百四十一条的规定处罚。

【基本案情】

被告人习文有于2001年注册成立了北京阳光一佰生物技术开发有限公司（以下简称阳光一佰公司），系公司的实际生产经营负责人。2010年以来，被告单位阳光一佰公司从被告人谭国民处以600元/公斤的价格购进生产保健食品的原料，该原料系被告人谭国民从被告人尹立新处以2500元/公斤的价格购进后进行加工，阳光一佰公司购进原料后加工制作成用于辅助降血糖的保健食品阳光一佰牌山芪参胶囊，以每盒100元左右的价格销售至扬州市广陵区金福海保健品店及全国多个地区。被告人杨立峰具体负责生产，被告人钟立檬、王海龙负责销售。2012年5月至9月，销往上海、湖南、北京等地的山芪参胶囊分别被检测出含有盐酸丁二胍，食品药品监督管理部门将检测结果告知阳光一佰公司及习文有。被告人习文有在得知检测结果后随即告知被告人谭国民、尹立新，被告人习文有明知其所生产、销售的保健品中含有盐酸丁二胍后，仍然继续向被告人谭国

民、尹立新购买原料，组织杨立峰、钟立檬、王海龙等人生产山芪参胶囊并销售。被告人谭国民、尹立新在得知检测结果后继续向被告人刁文有销售该原料。

盐酸丁二胍是丁二胍的盐酸盐。目前盐酸丁二胍未获得国务院药品监督管理部门批准生产或进口，不得作为药物在我国生产、销售和使用。扬州大学医学院葛晓群教授出具的专家意见和南京医科大学司法鉴定所的鉴定意见证明：盐酸丁二胍具有降低血糖的作用，很早就撤出我国市场，长期使用添加盐酸丁二胍的保健食品可能对机体产生不良影响，甚至危及生命。

从2012年8月底至2013年1月案发，阳光一佰公司生产、销售金额达800余万元。其中，刁文有、尹立新、谭国民参与生产、销售的含有盐酸丁二胍的山芪参胶囊金额达800余万元；杨立峰参与生产的含有盐酸丁二胍的山芪参胶囊金额达800余万元；钟立檬、王海龙参与销售的含有盐酸丁二胍的山芪参胶囊金额达40余万元。尹立新、谭国民与阳光一佰公司共同故意实施犯罪，系共同犯罪，尹立新、谭国民系提供有毒、有害原料用于生产、销售有毒、有害食品的帮助犯，其在共同犯罪中均系从犯。刁文有与杨立峰、钟立檬、王海龙共同故意实施犯罪，系共同犯罪，杨立峰、钟立檬、王海龙系受刁文有指使实施生产、销售有毒、有害食品的犯罪行为，均系从犯。刁文有在共同犯罪中起主要作用，系主犯。杨立峰、谭国民犯罪后主动投案，并如实供述犯罪事实，系自首，当庭自愿认罪。刁文有、尹立新、王海龙归案后如实供述犯罪事实，当庭自愿认罪。钟立檬归案后如实供述部分犯罪事实，当庭对部分犯罪事实自愿认罪。

【裁判结果】

江苏省扬州市广陵区人民法院于2014年1月10日作出（2013）扬广刑初字第0330号刑事判决：被告单位北京阳光一佰生物技术开发有限公司犯生产、销售有毒、有害食品罪，判处罚金人民币1500万元；被告人刁文有犯生产、销售有毒、有害食品罪，判处有期徒刑十五年，剥夺政治权利三年，并处罚金人民币900万元；被告人尹立新犯生产、销售有毒、有害食品罪，判处有期徒刑十二年，剥夺政治权利二年，并处罚金人民币100万元；被告人谭国民犯生产、销售有毒、有害食品罪，判处有期徒刑十一年，剥夺政治权利二年，并处罚金人民币100万元；被告人杨立峰犯生产有毒、有害食品罪，判处有期徒刑五年，并处罚金人民币10万元；被告人钟立檬犯销售有毒、有害食品罪，判处有期徒刑四年，并处罚金人民币8万元；被告人王海龙犯销售有毒、有害食品罪，判处有期徒刑三年六个月，并处罚金人民币6万元；继续向被告单位北京阳光一佰生物技术开发有限公司追缴违法所得人民币800万元，向被告人尹立新追缴违法所得人民币67.15万元，向被告人谭国民追缴违法所得人民币132万元；扣押的含有盐酸丁二胍的山芪参胶囊、颗粒，予以没收。宣判后，被告单位和各被告人均提出上诉。江苏省扬州市中级人民法院于2014年6月13日作出（2014）扬刑二终字第0032号刑事裁定：驳回上诉、维持原判。

【裁判理由】

法院生效裁判认为：《中华人民共和国刑法》（以下简称《刑法》）第一百四十四条规定："在生产、销售的食品中掺入有毒、有害的非食品原料的，或者销售明知掺有有毒、有害的非食品原料的食品的，处五年以下有期徒刑，并处罚金；对人体健康造成严重危害或者有其他严重情节的，处五年以上十年以下有期徒刑，并处罚金；致人死亡或者有其他特别严重情节的，依照本法第一百四十一条的规定处罚。”《最高人民法院、最高人民检察院关于办理危害食品安全刑事案件适用法律若干问题的解释》（以下简称《解释》）第二十条规定：“下列物质应当认定为‘有毒、有害的非食品原料’：（一）法律、法规禁止在食品生产经营活动中添加、使用的物质；（二）国务院有关部门公布的《食品中可能违法添加的非食用物质名单》《保健食品中可能非法添加的物质名单》上的物质；（三）国务院有关部门公告禁止使用的农药、兽药以及其他有毒、有害物质；（四）其他危害人体健康的物质。”该解释第二十一条规定：“‘足以造成严重食物中毒事故或者其他严重食源性疾病’‘有毒、有害非食品原料’难以确定的，司法机关可以根据检验报告并结合专家意见等相关材料进行认定。必要时，人民法院可以依法通知有关专家出庭作出说明。”本案中，盐酸丁二胍系在我国未获得药品监督管理部门批准生产或进口，不得作为药品在我国生产、销售和使用的化学物质；其亦非食品添加剂。盐酸丁二胍也不属于上述《解释》第二十条第（二）项、第（三）项规定的物质。根据扬州大学医学院葛晓群教授出具的专家意见和南京医科大学司法鉴定所的鉴定意见证明，盐酸丁二胍与《解释》第二十条第（二）项《保健食品中可能非法添加的物质名单》中的其他降糖类西药（盐酸二甲双胍、盐酸苯乙双胍）具有同等属性和同等危害。长期服用添加有盐酸丁二胍的阳光一佰牌山芪参胶囊有对人体产生毒副作用的风险，影响人体健康、甚至危害生命。因此，对盐酸丁二胍应当依照《解释》第二十条第（四）项、第二十一条的规定，认定为《刑法》第一百四十四条规定的“有毒、有害的非食品原料”。

被告单位阳光一佰公司、被告人习文有作为阳光一佰公司生产、销售山芪参胶囊的直接负责的主管人员，被告人杨立峰、钟立檬、王海龙作为阳光一佰公司生产、销售山芪参胶囊的直接责任人员，明知阳光一佰公司生产、销售的保健食品山芪参胶囊中含有国家禁止添加的盐酸丁二胍成分，仍然进行生产、销售；被告人尹立新、谭国民明知其提供的含有国家禁止添加的盐酸丁二胍的原料被被告人习文有用于生产保健食品山芪参胶囊并进行销售，仍然向习文有提供该种原料，因此，上述单位和被告人均依法构成生产、销售有毒、有害食品罪。其中，被告单位阳光一佰公司、被告人习文有、尹立新、谭国民的行为构成生产、销售有毒、有害食品罪。被告人杨立峰的行为构成生产有毒、有害食品罪；被告人钟立檬、王海龙的行为均已构成销售有毒、有害食品罪。根据被告单位及各被告人犯罪情节、犯罪数额，综合考虑各被告人在共同犯罪的地位作用、自首、认罪态度等量刑情节，作出如上判决。

（生效裁判审判人员　汤咏梅　陈圣勇　汤军琪
责任编辑　杨　奕）

原载《人民法院案例选》2017 年第 4 辑（总第 110 辑）

第二节 走 私 罪

一、走私废物罪

71. 应志敏、陆毅走私废物、走私普通货物案*

【裁判要旨】

在走私犯罪案件中，应当根据案情综合判断行为人对夹藏物品是否具有走私的故意。行为人不具有走私的概括故意，对于走私物品中还夹藏有其他不同种类走私物品确实不明知的，不能适用相关规范性文件中“根据实际的走私对象定罪处罚”的规定进行数罪并罚，而应当根据主客观相统一原则，以行为人主观认知的走私对象性质加以定罪处罚。对于客观上走私了夹藏的其他物品的，可作为行为人所构成特定走私犯罪的量刑情节予以评价，以体现罪责刑相适应原则。

【案情及裁判】

上海市人民检察院第一分院以被告人应志敏、陆毅犯走私废物罪和走私普通货物罪，向上海市第一中级人民法院提起公诉。公诉书指控：2011 年 3 月，被告人应志敏、陆毅为牟取非法利益，采用伪报品名的方式，通过进境备案的手段进口 5 票废旧电子产品等货物。上述货物中，经鉴别，进口废旧线路板、废电池共 32. 29 吨，属国家禁止进口的危险性固体废物；废旧复印机、打印机、电脑等共 349. 812 吨，属国家禁止进口的非危险性固体废物；硅废碎料共 7. 27 吨，属国家限制进口的可用作原料的固体废物；经核定，进口胶带、轴承等普通货物偷逃应缴税额人民币 74 万余元（以下币种同）。公诉机关认为，应志敏、陆毅违反海关法规，逃避海关监管，采用伪报品名的方式进口固体废物逾 389 吨、进口普通货物偷逃应缴税额 74 万余元，其行为已构成走私废物罪、走私普通货物罪，且情节特别严重，偷逃应缴税额特别巨大；应志敏还系累犯。提请上海市第

---

* 案例来源：《最高人民法院公报》2014 年第 5 期。

一中级人民法院依法判处。

被告人应志敏、陆毅及其辩护人对起诉指控应志敏犯走私废物罪的事实、证据、罪名均无异议。但针对走私普通货物罪，两人的辩护人辩称：不能简单依据货柜中货物的客观状况分别定罪并实行数罪并罚。且两人仅明知走私废旧电子产品，而不明知废旧电子产品中夹藏有普通货物，故其行为不构成走私普通货物罪。

上海市第一中级人民法院一审查明：2010 年 4 月，被告人应志敏、陆毅为谋取非法利益而共谋采用伪报品名等方法为他人负责办理走私废旧电子产品中的通关和运输事宜，并按照废旧电子产品进口数量计算报酬。自同年 6 月起，应志敏、陆毅等人按事先分工共同从事上述走私活动。2011 年 4 月 1 日，上海海关缉私部门查封、扣押了 20 个由被告人应志敏、陆毅以瓦楞纸板名义进口的装有走私物品的集装箱。经清点、理货和鉴别，上述走私货物主要为：属于危险类废物的废旧线路板、废电池等共计 32290 公斤；属于国家禁止进口的固体废物的废旧复印机、打印机、电脑等共计 349812 公斤；属于国家限制进口的可用作原料的固体废物的硅废碎料共计 7270 公斤；另有胶带、非家用缝纫机头、轴承等普通货物若干吨，分散在各集装箱内，涉及税额人民币 70 余万元。2011 年 4 月 2 日，被告人应志敏、陆毅被抓获，并如实供述了上述事实。此外，上海海关缉私部门追缴赃款人民币 300 万元。上述事实，有经庭审举证、质证的被告人应志敏、陆毅的供述、证人证言、书证、物证、鉴定书等证据证实，足以认定。

上海市第一中级人民法院一审认为：被告人应志敏、陆毅为牟取非法利益，违反海关法规，逃避海关监管，明知是国家禁止进口的固体废物仍采用伪报品名方式将 380 余吨固体废物走私入境，其行为构成走私废物罪，且属于情节特别严重，应当判处五年以上有期徒刑，并处罚金。二被告人虽非涉案固体废物的货主，但共同负责完成涉案固体废物的通关和运输事宜，在共同走私犯罪中起主要作用，依法不能认定为从犯。应志敏在被判处有期徒刑两年的刑罚执行完毕后五年内又犯应当判处有期徒刑以上刑罚之新罪，依法应当认定为累犯。二被告人到案后均能如实供述犯罪事实，依法应当认定具有坦白情节。鉴于涉案走私货物均被扣押，尚未造成实际危害，且相关赃款均已被追缴，并结合二被告人的实际走私情况，依法对应志敏从重处罚，对陆毅从轻处罚。公诉机关起诉指控二被告人的行为构成走私废物罪的罪名成立，应予支持。辩护人所提二被告人的行为不构成走私普通货物罪和具有坦白情节等辩护意见于法有据，应予采纳。

据此，上海市第一中级人民法院依照《刑法》第一百五十二条第二款、第二十五条第一款、第五十六条、第六十四条、第六十五条第一款、第六十七条第三款等规定，于 2012 年 3 月 9 日判决如下：

一、被告人应志敏犯走私废物罪，判处有期徒刑十年，剥夺政治权利三年，并处罚金人民币 10 万元；

二、被告人陆毅犯走私废物罪，判处有期徒刑九年，剥夺政治权利二年，并处罚金人民币 10 万元；

三、追缴到的赃款和扣押的走私货物均予以没收。

一审宣判后，被告人应志敏、陆毅在法定期间内均未提出上诉，检察机关也未提出抗诉，判决已发生法律效力。

【编后补评】

本案二被告人不应对货主所夹藏的普通货物承担走私普通货物罪的刑事责任。主要理由在于：（1）综合书面合同等书证以及两人的供述可以判断二被告人对夹藏普通物品不具有走私故意，不符合相关规范性文件有关“应当根据实际的走私对象定罪处罚”的规定。（2）对于客观上走私了夹藏的其他物品，可作为行为人所构成特定走私犯罪的量刑情节予以评价，以体现罪责刑相适应原则。

原载《人民法院案例选》2016 年第 2 辑（总第 96 辑）

二、走私普通货物、物品罪

72. 佳鑫投资有限公司、刘光明等走私普通货物案
——临时双反措施保证金是否应当计入走私犯罪数额

【关键词】

临时双反措施　证金　应缴税额　关税

【裁判要旨】

临时反补贴措施的保证金属于临时性特别关税，应计入走私犯罪偷逃的应缴税额。临时反倾销措施的保证金属于临时性行政措施，不是关税，不应计入走私犯罪偷逃的应缴税额。

【相关法条】

《中华人民共和国刑法》（1997 年）

第一百五十三条　走私本法第一百五十一条、第一百五十二条、第三百四十七条规定以外的货物、物品的，根据情节轻重，分别依照下列规定处罚：

（一）走私货物、物品偷逃应缴税额在五十万元以上的，处十年以上有期徒刑或者无期徒刑，并处偷逃应缴税额一倍以上五倍以下罚金或者没收财产；情节特别严重的，依照本法第一百五十一条第四款的规定处罚。

（二）走私货物、物品偷逃应缴税额在十五万元以上不满五十万元的，处三年以上十年以下有期徒刑，并处偷逃应缴税额一倍以上五倍以下罚金；情节特别严重的，处十年以上有期徒刑或者无期徒刑，并处偷逃应缴税额一倍以上五倍以下罚金或者没收财产。

（三）走私货物、物品偷逃应缴税额在五万元以上不满十五万元的，处三年以下有期徒刑或者拘役，并处偷逃应缴税额一倍以上五倍以下罚金。

单位犯前款罪的，对单位判处罚金，并对其直接负责的主管人员和其他直接责任人员，处三年以下有期徒刑或者拘役；情节严重的，处三年以上十年以下有期徒刑；情节特别严重的，处十年以上有期徒刑。

对多次走私未经处理的，按照累计走私货物、物品的偷逃应缴税额处罚。

【案件索引】

一审：天津市第二中级人民法院（2013）二中刑初字第150号（2014年6月30日）

二审：天津市高级人民法院（2014）津高刑二终字第0026号（2014年11月12日）

【基本案情】

天津市人民检察院第二分院以被告单位佳鑫投资有限公司（以下简称佳鑫公司）、天怡国际贸易有限公司（以下简称天怡公司）、上海泰佳进出口有限公司（以下简称上海泰佳公司）、上海泰睿国际贸易有限公司（以下简称上海泰睿公司）、被告人刘光明、魏萍、柯秀丽、王基文、连建光、苏贤艺犯走私普通货物罪提起公诉。其中，指控佳鑫公司于2010年1月至2012年6月间，单独走私并与天怡公司等被告单位及被告人共同走私偷逃应缴税额人民币7亿2000余万元；天怡公司于2010年4月至9月间委托佳鑫公司包税进口的冷冻产品偷逃应缴税额人民币2亿500余万元。

佳鑫公司及刘光明、王基文的辩护人对天津海关出具的《涉嫌走私的货物、物品偷逃税款海关核定证明书》核定的偷逃税款数额提出了异议，认为不应将针对产自美国的白羽肉鸡产品所征收的临时反倾销、反补贴措施的保证金（以下简称临时双反措施保证金）计入偷逃税款数额。

法院经审理查明：被告单位佳鑫公司由被告人刘光明与案外人焦明达共同出资成立，聘用被告人魏萍、柯秀丽等人代理国内客户从境外进口冷冻猪、牛、羊、鸡等副产品业务。2010年1月至2012年6月间，被告单位佳鑫公司及被告人刘光明、魏萍、柯秀丽逃避海关监管，包税代理进口冷冻产品，代理天怡公司等客户进口冷冻猪、牛、羊、鸡等副产品，偷逃应缴税款共计人民币374663116.4元。

被告单位天怡公司主要业务为代理国内客户从美国、巴西、阿根廷、智利、丹麦、俄罗斯等国家进口冷冻鸡副产品，被告人王基文负责天怡公司的全部业务。2010年4月至9月间，被告单位天怡公司及被告人王基文以伪报品名的方式委托佳鑫公司进口原产自美国的冷冻鸡副产品，偷逃应缴税款共计人民币44736973.73元。

弘辉冻肉店为香港弘辉食品有限公司在内地设立的办事处，并出资成立被告单位上海泰睿公司、上海泰佳公司，连建光、苏贤艺为弘辉冻肉店总经理、副总经理，全面负责弘辉冻肉店、上海泰佳公司、上海泰睿公司的冷冻产品进口销售业务。2011年7月至2012年2月间，被告单位上海泰佳公司、上海泰睿公司、弘辉食品有限公司及被告人连建光、苏贤艺以低报价格的方式进口冷冻猪副产品等，偷逃应缴税款共计人民币633210.22元。2011年7月至2012年5月间，上海泰佳公司、上海泰睿公司及被告人连建光、苏贤艺以低报价格的方式进口冷冻猪副产品等，偷逃税款共计人民币1244311.31元。

【裁判结果】

天津市第二中级人民法院于2014年6月30日作出（2013）二中刑初字第150号刑事判决：一、被告单位佳鑫投资有限公司犯走私普通货物罪，判处罚金人民币38000万元；二、被告单位天怡国际贸易有限公司犯走私普通货物罪，判处罚金人民币4500万元；三、被告单位上海泰佳进出口有限公司犯走私普通货物罪，判处罚金人民币 64 万元；四、被告单位上海泰睿国际贸易有限公司犯走私普通货物罪，判处罚金人民币 62 万元；五、被告人刘光明犯走私普通货物罪，判处有期徒刑十四年；六、被告人王基文犯走私普通货物罪，判处有期徒刑八年；七、被告人魏萍犯走私普通货物罪，判处有期徒刑三年，缓刑五年；八、被告人柯秀丽犯走私普通货物罪，判处有期徒刑三年，缓刑五年；九、被告人连建光犯走私普通货物罪，判处有期徒刑三年，缓刑三年；十、被告人苏贤艺犯走私普通货物罪，判处有期徒刑二年，缓刑二年；十一、案获被告单位佳鑫投资有限公司违法所得人民币 1589 万元、被告单位天怡国际贸易有限公司违法所得人民币 5 万元、弘辉食品有限公司违法所得人民币 201 万元及扣押的被告单位佳鑫投资有限公司冷冻产品变价款人民币 73188335.22 元、电脑主机 11 台、移动硬盘 7 只、U 盘 20 只依法没收，上缴国库；十二、继续追缴被告单位佳鑫投资有限公司、天怡国际贸易有限公司、上海泰佳进出口有限公司、上海泰睿国际贸易有限公司的违法所得。

被告单位佳鑫公司及被告人刘光明不服，提出上诉。天津市高级人民法院于 2014 年 11 月 12 日作出（2014）津高刑二终字第 0026 号刑事裁定：驳回上诉，维持原判。

【裁判理由】

法院生效判决认为：作为临时反补贴措施的保证金在性质上是一种临时性的特别关税，应计入走私犯罪偷逃的应缴税额。作为临时反倾销措施的保证金不是关税，不应计入走私犯罪偷逃的应缴税额。

佳鑫公司自 2010 年 1 月至 2012 年 6 月期间走私进口白羽肉鸡，涉及临时双反措施保证金及反倾销税、反补贴税（以下简称双反税），其中，应计入走私犯罪偷逃应缴税额的包括临时反补贴税保证金、双反税，偷逃缴税额应认定为 374663116.4 元。天怡公司自 2010 年 4 月至 2010 年 9 月期间走私进口白羽肉鸡，涉及临时双反措施保证金以及反补贴税，其中，应计入走私犯罪偷逃应缴税额的包括临时反补贴税保证金、反补贴税，偷逃应缴税额应认定为 44736973.73 元。

【案例注解】

本案的争议焦点在于临时双反措施保证金是否应当计入走私犯罪偷逃的应缴税额。目前无论在理论界、实务界还是在司法界均存在很大的争议，处理方式也不尽相同。此争议问题涉及法律、法规的理解与适用，直接影响本案走私犯罪事实（数额）的认定，对相关被告人的量刑也会产生影响。

一、我国对美国产白羽肉鸡产品征收双反税的相关背景

2009 年 9 月初，中国畜牧业协会代表行业内 20 多家大型鸡肉生产商向我国商务部递交了对进口美国的白羽肉鸡采取贸易救济措施的请求，商务部于 9 月 28 日发布 2009 年第 74 号和 75 号公告，对原产于美国的进口肉鸡产品发起反倾销和反补贴调查。

2010 年 2 月，商务部发布了对美白羽鸡产品反倾销案的初裁公告：在该案调查期内，原产于美国的进口白羽肉鸡产品存在倾销，中国国内产业受到实质损害，而且倾销与实质损害之间存在因果关系。自 2010 年 2 月 13 日起，进口经营者进口原产于美国的白羽鸡产品时，需按 43.1% ~105.4% 不等的倾销幅度向中国海关提供相应的保证金。随后，海关总署发布2010年第12号《关于对原产于美国的进口白羽肉鸡产品实施临时反倾销措施》公告，宣布自2010年2月13日起对原产于美国的进口白羽肉鸡产品实施临时反倾销措施，征收反倾销保证金及相应的进口环节增值税保证金。同年4月，商务部发布了对美白羽肉鸡产品反补贴案的初裁公告：自公告列明之日起，进口经营者进口原产于美国的白羽肉鸡产品时，需依据初裁确定的各公司的从价补贴率向中国海关提供相应的保证金。4月29日，海关总署发布2010年第29号《关于对原产于美国的进口白羽肉鸡产品实施临时反补贴措施》公告，宣布自2010年4月30日起对原产于美国的进口白羽肉鸡产品实施临时反补贴措施，征收反补贴税保证金及相应的进口环节增值税保证金（征收比率为3.8%～31.4%）。

2010年8月和9月，商务部先后发布了2010年第51号、第52号公告，认定美国白羽鸡产品存在补贴和倾销行为，令中国国内相关产业受到实质损害，裁定对美国产白羽鸡产品征收4%～30%的反补贴税和50.3～105.4%的反倾销税，期限为5年。2010年8月27日，海关总署发布2010年第58号《关于对原产于美国的进口白羽肉鸡产品征收反补贴税》公告，宣布自2010年8月30日起对原产于美国的进口白羽肉鸡产品征收反补贴税，期限为5年。除按现行规定征收关税，还应区别不同的供货厂商，按照适用税率和计算公式征收反补贴税及相应的进口环节增值税。同年9月26日，海关总署发布2010年第64号《关于对原产于美国的进口白羽肉鸡产品征收反倾销税》公告，宣布自2010年9月27日起，对原产于美国的进口白羽肉鸡产品征收反倾销税，期限为5年。除按现行规定征收关税，还应区别不同的供货厂商，按照适用税率和计算公式征收反倾销税及相应的进口环节增值税。

2011年9月，美国贸易代表办公室宣布中国征收美国鸡产品双反税的行为违反了WTO协定，打算诉诸WTO。2013年8月2日，WTO争端解决机构专家组就“中美鸡肉争端——中国征收美国鸡肉产品反倾销税发补贴税”作出了裁决：中国的双反措施在倾销进口产品的成本分摊、产业损害的价格影响分析以及调查程序的透明度等方面，违反了世贸组织规则。后中美达成共识，称双方均不会就WTO争端解决机构专家组作出的认定提起上诉。同年9月25日，世贸组织争端解决机构通过了“中国——对原产于美国白羽肉鸡产品的反倾销和反补贴措施”争端案件的专家组报告。同年12月25日，商务部决定进行再调查。2013年12月25日，商务部发布2013年第88号公告，决定依照世贸组织专家组报告的裁决和建议对白羽肉鸡双反案进行再调查。2014年7月8日，商务部发布2014年第44号公告，裁定原产于美国的进口白羽肉鸡产品存在倾销和补贴，中国国内白羽肉鸡产业受到了实质损害，而且倾销、补贴与实质损害之间存在因果关系。自2014年7月9日起对美国白羽肉鸡产品按照调整后的税率征收反倾销税、反补贴税，反倾销税率46.6%～73.8%，反补贴税率4.0%～4.2%。2014年7月8日，海关总署发布2014年第55号《关于调整原产于美国的进口白羽肉鸡产品反倾销税和反补贴税税率》公告，宣布自2014年7月9日起，对原产于美国的进口白羽肉鸡产品按照调整后的税率征收反倾销税和反补贴税。

二、临时双反措施保证金是否应计入走私犯罪偷逃的应缴税额

根据《最高人民法院关于审理走私刑事案件具体应用法律若干问题的解释》第六条第一款（此条文已被《最高人民法院、最高人民检察院关于办理走私刑事案件适用法律若干问题的解释》第十八条所取代)，《刑法》第一百五十三条规定的“应缴税额”，是指进出口货物、物品应当缴纳的进出口关税和进口环节海关代征税的税额。因此，衡量临时双反措施保证金应否计入走私犯罪数额，实质就是辨别两种保证金是否属于税的一种，而关于此问题的认识，理论界与实务界目前意见亦不一致。

第一种意见认为，临时双反措施保证金属于关税，均应计入应缴税额。首先，临时反倾销措施的保证金与反倾销税区别仅是征收的阶段不同，前者是调查期间征收，后者是终裁确定后征收。根据《中华人民共和国反倾销条例》(以下简称《反倾销条例》) 的规定，临时反倾销措施的保证金可以在终裁确定后追溯征收，即临时反倾销措施的保证金转化为反倾销税；而《中华人民共和国反补贴条例》(以下简称《反补贴条例》) 规定临时反补贴措施采取征收临时反补贴税的形式，具体表现为以保证金或者保函作为担保，且终裁决定后可以对已经实施临时反补贴措施的期间追溯征收。因此，临时双反措施保证金在终裁确定后会转化成为反倾销税、反补贴税，即保证金最终转化成为应缴税款，逃避缴纳临时双反措施保证金的行为必然导致偷逃税款的结果。其次，对被告单位而言，不论是临时双反措施保证金还是双反税，同关税、增值税一样，都构成其进口成本，逃避缴纳临时双反措施保证金便降低了其进口成本。被告单位在偷逃保证金时，能够认识到该部分保证金很可能转化成为应缴税款。在国家决定征收双反税后，被告单位并没有停止、改正其违法行为，而是继续接受偷逃税款的结果，犯罪动机、手段、结果等与常见的偷逃关税走私犯罪并无不同。综上所述，临时双反措施保证金属于关税，偷逃缴纳的临时双反措施保证金应当计入犯罪数额。

第二种意见认为，临时双反措施保证金不是关税，不应当计入犯罪数额。首先，从名称上看，临时双反措施征收的是“保证金”而不是“关税”。《反倾销条例》第二十八条第一款规定：“初裁决定确定倾销成立，并由此对国内产业造成损害的，可以采取下列临时反倾销措施：(一) 征收临时反倾销税；(二) 要求提供保证金、保函或者其他形式的担保。”从中可以清楚地看出，该条例明确地将临时反倾销税与保证金区分开来，临时反倾销措施可以采取“征收临时反倾销税”或者“要求提供保证金等”中的任意一种方式。其次，临时双反措施保证金转化为双反税需要一定的条件。征收临时双反措施保证金是在双反调查的初裁阶段，并不必然会转化为双反税。终裁可能面临两种结果：一是裁定倾销、补贴行为成立决定征收双反税的前提下，经“确定追溯”才能将临时双反措施保证金转为双反税，且终裁决定确定的双反税，高于保证金或者保函所担保的金额的，差额部分不予收取；低于保证金或者保函所担保的金额的，差额部分应当予以退还，即采取“多退少不补”的原则；二是终裁确定倾销、补贴行为不成立，征收的临时双反措施保证金需要退还。综上所述，临时双反措施保证金本质上只是保证双反税征收的临时保障措施，本身并不具备税的属性，且具有不确定性。因此，不应将偷逃的临时双反措施保证金计入走私犯罪数额。

而我们认为，临时反倾销保证金不应计入犯罪数额，临时反补贴税保证金应当计入犯罪数额。主要理由如下：

第一，从法律规定上看，作为临时反倾销措施的保证金是一种临时性的行政措施，不是关税；作为临时反补贴措施的保证金是一种临时性的特别关税。

根据《反倾销条例》第二十八条第一款的规定，同时参考 WTO《关于实施 1994 年关税与贸易总协定第6条的协定》7.2规定的"临时措施可采取征收临时税的形式，或更可取的是，采取现金保证金或保函等担保形式"，临时反倾销措施有两种：第一种是征收临时反倾销税，第二种是要求提供保证金、保函或者其他形式的担保。前者在性质上应属于一种临时性特别关税，而后者在性质上不是关税，只能算作一种临时性的行政措施。因此，临时反倾销措施的保证金不应计入走私犯罪偷逃应缴税额的范畴。

根据《反补贴条例》第二十九条第二款的规定，同时参考WTO《补贴与反补贴措施协定》17.2规定的"临时措施可采取征收临时反补贴税的形式，以金额等于临时计算的补贴金额的现金保证金或保函担保"，对于《反补贴条例》第二十九条第二款所规定的"临时反补贴措施采取以保证金或者保函作为担保的征收临时反补贴税的形式"应作如下理解：临时反补贴税是临时反补贴措施的形式；保证金或者保函是临时反补贴税的形式，性质是临时反补贴税，作用是担保。作为临时反补贴措施的保证金，在性质上是临时反补贴税，与临时反倾销税一样都属于临时性的特别关税。

第二，从决定主体上看，作为临时反补贴措施的保证金与作为临时反倾销措施的保证金也存在差别。根据《反倾销条例》第二十九条、第三十八条和《反补贴条例》第三十条、第三十九条的规定，临时反倾销税、临时反补贴措施、反倾销税、反补贴税，均由国务院关税税则委员会根据商务部的建议作出决定；作为临时反倾销措施的保证金、保函或者其他形式的担保，由商务部作出决定。从两个部门的职能来看：有权决定征收关税的部门是国务院关税税则委员会，包括决定征收反倾销税、反补贴税以及决定实施其他关税措施。而商务部的职责包括组织协调反倾销、反补贴等与进出口公平贸易相关的工作。作为临时反补贴措施的保证金由国务院关税税则委员会决定，作为临时反倾销措施的保证金由商务部决定。通过决定主体的差别，也可以看出二者在性质上有所差别。

第三，从溯及力上看，作为临时反倾销措施的保证金虽然在终裁后被追溯征收为反倾销税，但在刑法上偷逃该部分金额不应溯及为犯罪。《反倾销条例》规定可以对临时措施期间追溯征收，即在终裁确定并追溯征收之后，作为临时反倾销措施的"保证金、保函或者其他形式的担保"在性质上将转化成为反倾销税。但这是在行政法意义上而言，在刑法上认定犯罪应严格遵循不溯及既往的原则。作为临时反倾销措施的保证金，在行政法上可以追溯征收为反倾销税（或者结果也可能是退还保证金），但从刑法溯及力上看，偷逃该部分金额不应溯及为犯罪。

综上，作为临时反补贴措施的保证金在性质上是一种临时性的特别关税，应计入走私犯罪偷逃的应缴税额。作为临时反倾销措施的保证金不是关税，不应计入走私犯罪偷逃的应缴税额。

（一审法院合议庭成员　林　崑　关成吉　周义宽
二审法院合议庭成员　符　敏　熊　灿　赵　竹
编写人　天津市第二中级人民法院　赵　侃
责任编辑　李　明
审稿人　蒋惠岭）

原载《人民法院案例选》2016年第3辑（总第97辑）

73. 厦门千和船务有限公司、梁东峰等走私普通货物案

——擅自向港口内境外船舶购买燃料油行为的定性、单位犯罪中主从犯的认定与瑕疵证据采信

【关键词】

刑事　走私　从犯　对向犯　瑕疵证据　合理解释

【裁判要旨】

1. 外轮污油水收集处理人逃避海关监管，擅自向停泊在我国港口内的境外船舶购买外轮自用燃料油的行为，以走私普通货物罪定罪处罚。明知系走私的燃料油，仍直接向污油水收集处理人暨走私人购买的，亦构成走私普通货物罪。

2. 在单位犯罪中，可以根据直接负责的主管人员所处的地位、作用、实际参与程度等，依法区分主从，以实现罚当其罪。

3. 对于存在讯问人、询问人代签名等瑕疵的讯（询）问笔录，不能补正或解释不合理的，不作为定案根据。

【相关法条】

《中华人民共和国刑法》

第一百五十三条　走私本法第一百五十一条、第一百五十二条、第三百四十七条规定以外的货物、物品的，根据情节轻重，分别依照下列规定处罚：

（一）走私货物、物品偷逃应缴税额较大或者一年内曾因走私被给予二次行政处罚后又走私的，处三年以下有期徒刑或者拘役，并处偷逃应缴税额一倍以上五倍以下罚金。

（二）走私货物、物品偷逃应缴税额巨大或者有其他严重情节的，处三年以上十年以下有期徒刑，并处偷逃应缴税额一倍以上五倍以下罚金。

（三）走私货物、物品偷逃应缴税额特别巨大或者有其他特别严重情节的，处十年以上有期徒刑或者无期徒刑，并处偷逃应缴税额一倍以上五倍以下罚金或者没收财产。

单位犯前款罪的，对单位判处罚金，并对其直接负责的主管人员和其他直接责任人员，处三年以下有期徒刑或者拘役；情节严重的，处三年以上十年以下有期徒刑；情节特别严重的，处十年以上有期徒刑。

对多次走私未经处理的，按照累计走私货物、物品的偷逃应缴税额处罚。

第一百五十五条第一项　下列行为，以走私罪论处，依照本节的有关规定处罚：

（一）直接向走私人非法收购国家禁止进口物品的，或者直接向走私人非法收购走私进口的其他货物、物品，数额较大的；

第二十五条第一款 共同犯罪是指二人以上共同故意犯罪。

第二十七条 在共同犯罪中起次要或者辅助作用的，是从犯。

对于从犯，应当从轻、减轻处罚或者免除处罚。

《最高人民法院关于适用〈中华人民共和国刑事诉讼法〉的解释》

第八十二条 讯问笔录有下列瑕疵，经补正或者作出合理解释的，可以采用；不能补正或者作出合理解释的，不得作为定案的根据：

（一）讯问笔录填写的讯问时间、讯问人、记录人、法定代理人等有误或者存在矛盾的；

（二）讯问人没有签名的；

（三）首次讯问笔录没有记录告知被讯问人相关权利和法律规定的。

【案件索引】

一审：福建省厦门市中级人民法院（2016）闽02刑初11号（2017年12月27日）

二审：福建省高级人民法院（2018）闽刑终165号（2018年5月25日）

【基本案情】

公诉机关指控：2009年12月至2015年4月，厦门千和船务有限公司（以下简称厦门千和公司）按照朱立尉、王建江等人的授意，由公司总经理被告人郑真胜、梁东峰负责，利用为厦门口岸外轮清理污油水的机会，由公司副总经理被告人徐俊鹏、总经理助理被告人曲文生指使被告人吴焱斌、周志清、杨玉银、林城明、江新林、王东东等业务员，直接与外轮船长或者轮机长商谈购买外轮自用燃料油。截至案发，被告单位厦门千和公司走私免税燃料油等共计32565.70621立方米，偷逃税款合计54023141.37元（币种人民币，下同）。被告单位厦门宏裕泰工贸有限公司（以下简称宏裕泰公司）、福建鸿源环保产业有限公司（以下简称鸿源环保公司）、被告人徐亮、江高志、李燕升、吴则栋在明知厦门千和公司燃料油系走私自外轮的情况下，仍多次以支付现金或转账方式，购买走私燃料油。其中，被告单位鸿源环保公司和被告人徐亮购买走私燃料油1524.16立方米，偷逃税款合计2189086.87元；被告人江高志购买走私燃料油1194.2立方米，偷逃税款合计1869976.71元；被告人李燕升购买走私燃料油989.528立方米，偷逃税款合计1662976.91元；被告单位宏裕泰公司和被告人吴则栋购买走私燃料油766.4立方米，偷逃税款合计1280204.07元。

公诉机关认为：厦门千和公司等被告单位、梁东峰等被告人违反海关法规，逃避海关监管，采用直接向外轮购买免税燃料油或直接向走私人非法收购走私进口的燃料油的形式走私燃料油，偷逃应缴税额。被告人梁东峰、郑真胜、徐俊鹏、曲文生系直接负责的主管人员，被告人吴焱斌、周志清、杨玉银、陈健佳、林城明、叶斌、江新林、王东东、程丽霞、许惠芗系直接责任人员。被告单位厦门千和公司和被告人梁东峰、郑真胜、徐俊鹏、曲文生、吴焱斌、周志清、杨玉银、陈健佳、林城明、叶斌、江新林、王东东、程丽霞、许惠芗的行为均应以走私普通货物罪追究刑事责任。被告单位鸿源环保公司和被告人徐亮、被告单位宏裕泰公司和被告人吴则栋、被告人李燕升、江高志直接向厦门千和公司非法收购走私进口的燃料油，其中被告人徐亮和被告人吴则栋作为单位走私的直接责任人员，对上述被告单位和被告人均应以走私普通货物罪追究其刑事责任。

被告单位厦门千和公司对起诉指控的事实和罪名均无异议。其辩护人提出如下辩护意见：（1）指控涉案油品系船舶燃料油及油品的数量、价格的事实不清、证据不足，厦门千和公司既不存在偷逃关税的行为，也无犯罪的主观故意，指控的罪名不能成立；即使构成犯罪，也应当认定为掩饰、隐瞒犯罪所得罪。（2）本案部分证据的合法性、客观性、真实性存在问题，依法应当予以排除，表现在部分笔录存在讯问（询问）人代签名、单人讯问（询问）、记录不完整等问题。

被告单位宏裕泰公司、鸿源环保公司、被告人梁东峰、郑真胜、徐俊鹏、曲文生、吴焱斌、陈健佳、杨玉银、周志清、林城明、江新林、王东东、叶斌、程丽霞、许惠芗、吴则栋、徐亮、李燕升、江高志及其辩护人对起诉指控的罪名无异议，但提出了相关被告人、被告单位具有自首、从犯以及含水率在1%～3%部分的油品不应认定为380号燃料油等辩解、辩护意见。

法院经审理查明：被告单位厦门千和公司系朱立尉、王建江（该二人均另案处理）在上海、深圳、宁波、厦门等七个港口城市出资成立的公司之一，经营范围为船舶清舱、船舶污油水回收。2009年12月至2015年4月间，被告单位厦门千和公司经朱立尉、王建江等授意许可，由先后两任公司总经理被告人郑真胜、梁东峰全面负责，副总经理被告人徐俊鹏、曲文生（后任总经理助理）具体负责，在为停靠厦门港的川崎汽船中国有限公司等公司的外轮提供清理污油水服务的过程中，安排业务部业务员被告人吴焱斌、周志清、杨玉银、林城明、江新林、王东东，在梁东峰等人确定的最高收购价范围内，直接与外轮船长或轮机长商谈购买外轮自用免税燃料油等事宜。被告人陈健佳、叶斌等人根据公司安排先后负责携带由公司出纳被告人程丽霞兑换的美元到外轮上支付购油款。作业完成后，业务员按公司要求将每次作业的外轮名称、时间、地点、油品名称、数量、费用及参与作业的船舶、业务员、操作员等情况据实制作"做船记录"，发送至郑真胜、梁东峰、徐俊鹏等个人专用的工作邮箱内，汇报作业情况。公司出纳被告人程丽霞负责制作资金周报、收取卖油款、根据规定向千和集团公司上缴结余资金、兑换美元现金供叶斌等人支付买油款等。公司会计被告人许惠芗负责收集并统计制作业务员做船明细表、做船确认表、油品销售明细表及资金报表等统计报表，定期上报给朱立尉、吴伯凡（另案处理）、梁东峰等人。为逃避海关监管，公司安排业务员等人与外轮船长、轮机长串通，填制虚假的海关运输工具起卸/添加物料申报单、船舶在港清除残油类物质完工单等材料，又与龙海市多棱废矿物油回收再生利用有限公司等共谋，制作虚假的污油水接收处理流程及数据，隐瞒向外轮违法收购免税燃料油等油品并贩卖的事实，骗取海事、海关、边检部门出具船舶污染物接受处理证明等证明、许可文件。截至案发，厦门千和公司采用上述方式走私免税燃料油、免税船用轻柴油、免税船用润滑油共计30730.14806立方米，经厦门海关关税部门计核，偷逃应缴税额共计50889246.4元。梁东峰、郑真胜、徐俊鹏、曲文生是直接负责的主管人员，应分别对其任职期间内厦门千和公司偷逃应缴税额45142591.4元、7189505.46元、50889246.4元、49213856.12元部分负责。吴焱斌、周志清、杨玉银、陈健佳、林城明、叶斌、江新林、王东东、程丽霞、许惠芗系其他直接责任人员，分别对各自参与的厦门千和公司偷逃应缴税额31237446.12元、9133220.7元、8118458.18元、5840505.48元、5301386元、2609142.21元、2260209.11元、

1814398.81 元、47078927.27 元、50344829.21 元部分负责。

被告单位宏裕泰公司、鸿源环保公司、被告人徐亮、江高志、李燕升、吴则栋明知被告单位厦门千和公司销售的含水率3%以下的所谓“污油”系厦门千和公司直接从外轮购买、走私的免税燃料油、免税船用轻柴油等，仍多次向厦门千和公司购买。其中，由徐亮负责，鸿源环保公司购买走私燃料油 1394.413009 吨，偷逃应缴税额共计 2189086.87 元；江高志冒用厦门七七七顺时捷船务有限公司等单位的名义，购买走私燃料油 1112.8409344 吨，偷逃应缴税额共计 1869976.71 元；李燕升借用厦门鹭兴恒石油化工有限公司的名义购买走私燃料油、船用轻柴油共计 930.0436824 吨，偷逃应缴税额共计 1662976.91 元；经吴则栋决定，宏裕泰公司购买走私燃料油 713.623665 吨，偷逃应缴税额共计 1280204.07 元。

【裁判结果】

福建省厦门市中级人民法院于 2017 年 12 月 27 日作出（2016）闽 02 刑初 11 号刑事判决：一、对被告单位厦门千和船务有限公司、福建鸿源环保产业有限公司、厦门宏裕泰工贸有限公司分别以走私普通货物罪，判处罚金人民币 5089 万元、219 万元、129 万元。二、对被告人梁东峰、郑真胜、徐俊鹏、曲文生、吴焱斌、陈健佳、杨玉银、周志清、林城明、江新林、王东东、叶斌、程丽霞、许惠芗、吴则栋、徐亮、李燕升、江高志，分别以走私普通货物罪判处二至七年不等的有期徒刑，并对被告人周志清、杨玉银、陈健佳、林城明、叶斌、江新林、王东东、程丽霞、许惠芗依法宣告缓刑。三、扣押在案的涉案款物等依法予以处理。

宣判后，被告人梁东峰、郑真胜、曲文生、江新林、吴则栋不服，分别以量刑过重等为由提出上诉。福建省高级人民法院于 2018 年 5 月 25 日作出（2018）闽刑终 165 号刑事裁定：驳回上诉，维持原判。判决已发生法律效力。

【裁判理由】

法院生效裁判认为：

一、关于被告单位厦门千和公司及向其购买走私燃料油的被告人徐亮等是否构成走私普通货物罪的问题

厦门千和公司管理层梁东峰、徐俊鹏等人，业务员吴焱斌、杨玉银等人，操作员陈健佳、叶斌、韩垒等人，船长唐军恩、船员庄文雨等人，外轮老轨 EUTROPIO JR CABRERA 等参与实施涉案买卖免税燃料油的决定、洽谈、过驳、付款、储藏、检验、出售等行为的人员及向厦门千和公司购买油品的徐亮、吴则栋、江高志、李燕升的供证，从各环节印证证实厦门千和公司在为停靠厦门港的外轮提供清理污油水服务的过程中，逃避海关监管，非法购买外轮自用免税燃料油等油品后销售牟利的事实。查获在案的做船记录、徐俊鹏向各业务员等发送的内容为作业细节规定的邮件、作业记录表、做船确认表、油品销售单等书证，亦能与上述涉案人员供证互相印证证实，起诉指控的走私犯罪事实。在案证据足以证实，厦门千和公司的决策、管理和负责具体实施向外轮购买免税燃料油的人员，主观上均具有走私普通货物犯罪的故意，被告单位厦门千和公司亦具有走私普通货物犯罪的故意。综上，起诉指控厦门千和公司逃避海关监管，走私免税燃料

油等共计 30730.14806 立方米，经厦门海关关税部门依法计核，偷逃应缴税额共计 50889246.4 元的犯罪事实清楚，证据确实充分，依法应以走私普通货物罪追究其刑事责任。被告单位福建鸿源环保产业有限公司、被告人徐亮、被告人江高志、被告人李燕升、被告单位厦门宏裕泰工贸有限公司、被告人吴则栋直接向厦门千和公司非法购买走私燃料油等，其行为亦均构成走私普通货物罪。

二、关于部分询问、讯问笔录中存在讯（询）问人代签名、单人签名等瑕疵，能否作为定案根据的问题

经查，郑真胜在 2015 年 6 月 18 日 9 时 48 分至 12 时 53 分的讯问笔录、曲文生在 2015 年 5 月 19 日 9 时 59 分至 16 时 15 分的讯问笔录中署名的讯问人分别有蔡某、袁某。经蔡某、袁某辨认并出具情况说明，表示其二人确有参与对郑真胜、曲文生的讯问，但笔录上记载的其二人签名均系他人代签。证人韩垒于 2015 年 4 月 15 日的询问笔录确只有一名询问人汪某署名，侦查机关出具的情况说明称，经向汪某了解，该次询问确是双人询问，但另一名询问人的情况汪某已无法回忆。鉴于，侦查机关未能提供提讯提解证或同步录音录像等证据证实上述二次讯问和一次询问活动的合法性，出具的情况说明亦无法完全排除存在单人讯问、询问的可能，故上述讯问、询问笔录的合法性、真实性无法认定，依法不作为定案的根据。对于侦查机关提供的提讯提解证、侦查人员出具的情况说明、在案的讯问（询问）笔录等证据可以互相印证，对相关笔录中存在的侦查人员代签名、漏签名、时间地点记录不完整等瑕疵作出合理解释的，可以作为定案的根据。

三、关于本案的定性及量刑情节

被告单位厦门千和船务有限公司、被告人梁东峰、郑真胜、徐俊鹏、曲文生、吴焱斌、周志清、杨玉银、陈健佳、林城明、叶斌、江新林、王东东、程丽霞、许惠芗，违反海关法规，逃避海关监管，采用直接向外轮购买免税燃料油等并销售牟利的方式，偷逃应缴税额，其行为均已构成走私普通货物罪。厦门千和公司偷逃应缴税额共计 50889246.4 元，情节特别严重；梁东峰、郑真胜、徐俊鹏、曲文生系单位犯罪直接负责的主管人员，均属情节特别严重；吴焱斌、周志清、杨玉银、陈健佳、林城明、叶斌、江新林、王东东、程丽霞、许惠芗系单位犯罪直接责任人员，其中吴焱斌、周志清、杨玉银、陈健佳、林城明、程丽霞、许惠芗，均属情节特别严重；叶斌、江新林、王东东，均属情节严重。被告单位福建鸿源环保产业有限公司、被告人徐亮、江高志、李燕升、被告单位厦门宏裕泰工贸有限公司、被告人吴则栋直接向厦门千和公司非法购买走私燃料油等，其行为亦均已构成走私普通货物罪。其中，徐亮、吴则栋分别系鸿源环保公司、宏裕泰公司直接负责的主管人员，均属情节严重；江高志、李燕升，均属偷逃应缴税额巨大。起诉指控罪名成立，应予支持。但起诉指控各被告单位、各被告人走私、购买走私燃料油、轻柴油等的数量以及偷逃应缴税额部分有误，予以更正。本案厦门千和公司走私部分系共同犯罪，被告人梁东峰、郑真胜、徐俊鹏、曲文生、吴焱斌、周志清、杨玉银、陈健佳、林城明、叶斌、江新林、王东东、程丽霞、许惠芗在单位走私犯罪中起次要、辅助作用，均系从犯，依法均可予以从轻、减轻处罚。被告人梁东峰、江新林、王东东、江高志、徐亮、李燕升，犯罪后自动投案并如实供述自己的罪行，均系自首，被告单位厦门千和船务有限公司、福建鸿源环保产业有限公司亦成立自首，依法均可予以从轻或减轻处罚。被告人郑真胜、徐俊鹏、曲文生、吴焱斌、陈健佳、杨玉银、周志

清、林城明、叶斌、程丽霞、许惠芗归案后如实供述自己的犯罪事实，系坦白，均可予以从轻处罚。被告人吴则栋在庭审中能自愿认罪，可以酌情从轻处罚。

【案例注解】

本案是较具行业特征的走私犯罪案件。案件的依法公正处理对规范外轮污油水收集处理行业的经营行为，维护港口监管秩序，保护港口水域生态环境具有重要意义。我国港口船舶污油水收集处理行业多年来形成的经营模式是由污油水收集处理人向船舶付费，再将收集的污油水提炼成成品油销售获利。外轮无需支付污油水处理费用或支付少量的不相称费用。为获取非法利益，污油水收集处理人又与外轮船长、老轨等串通，在港口内将外轮自用燃料油以污油水为名进行买卖。外轮船长、老轨非法出售自用燃料油是构成走私普通货物罪，还是职务侵占罪，买方即污油水收集处理人如何定罪处罚，直接向污油水收集处理人购买走私的燃料油行为是否需要追究刑事责任，单位犯罪中直接负责的主管人员是否可以认定为从犯，以及相关瑕疵证据如何补正或合理解释，是本案的审理争议焦点。分析如下：

一、逃避海关监管，买卖外轮自用免税燃料油系对向犯，买卖双方均应构成走私普通货物罪

首先，本案买卖行为虽然全部发生在我国港口内，但符合走私普通货物罪的构成要件。“走私罪”概念实际上包含三个要素：违反海关法规、逃避海关监管和特定的对象。[①] 按照我国《海关法》的规定，运输工具装卸进出境货物、物品，应当接受海关监管。按照相关国际公约及对等原则，一国的船舶属于该船籍国的领土延伸，我国刑法亦有类似规定。外籍船舶在我国港口内卸载其自用的免税燃料油，在行为状态上等同于将境外货物进口至我国境内。燃料油系我国应税货物，故厦门千和公司和外轮船长、老轨买卖外轮自用燃料油，依法应当申报并缴纳税款。其逃避海关监管，偷逃税款的行为，符合走私普通货物罪的构成要件。

其次，本案中厦门千和公司和外轮船长、老轨的非法买卖行为系对向犯。对向犯又叫对合犯，是指某一种犯罪的实施或者完成必须基于两个行为人双方之间的对应行为才能成立的犯罪，缺乏其中一方的行为，这种犯罪就无法完成乃至于无法实施。[②] 本案中外轮船长、老轨出售自用燃料油与厦门千和公司的购买行为形成互为条件、互相依存、不可或缺的对应关系，双方的买卖行为才得以完成。厦门千和公司和外轮船长、老轨共同形成逃避海关监管、偷逃税款的犯罪整体，系典型的对向犯。厦门千和公司的购买行为，并不是外轮船长、老轨相关犯罪行为实施完毕后的下游掩饰隐瞒犯罪所得等犯罪行为。鉴于我国刑法分则未明确规定免除基于买卖关系构成的走私普通货物行为中买方或卖方的刑事责任，在买卖双方均符合走私普通货物罪构成要件的情况下，买卖双方均可以走私普通货物罪定罪处罚。

再次，本案中外轮船长、老轨利用职务便利，侵占船东公司财物，依照我国刑法可能构成职务侵占罪，亦构成走私普通货物罪，系想象竞合犯，应从一重处断。本案中外

---

① 陈晖：《论走私罪的犯罪对象》，载《上海海关高等专科学校学报》2007 年第 2 期。

② 杨新培：《试论对合犯》，载《法律科学》1992 年第 1 期（总第 40 期）。

轮船长、老轨售卖自用燃料油所得价款是否交还船东公司，因绝大部分船长、老轨未到案，故无法查清。即使外轮船长、老轨非法侵占了售油款，也只是犯罪目的实现的表现。外轮船长、老轨实质上仅实施了一个危害行为，既侵害了公司财产所有权，也侵害了我国的海关监管和税收征管制度，应择一重罪即走私普通货物罪定罪处罚。

最后，江高志等买私人系直接向走私人厦门千和公司非法收购免税燃料油，依法应以走私普通货物罪论处。如上文分析，厦门千和公司系将涉案走私物品免税燃料油走私入境的第一环节行为人，江高志等明知收购的燃料油系走私物品，仍直接向其购买，符合我国《刑法》第一百五十五条的规定，应当以走私普通货物罪定罪处罚。

二、在单位犯罪中，可以根据直接负责的主管人员所处的地位、作用、实际参与程度等，依法区分主从犯，以做到罚当其罪

单位犯罪中直接负责的主管人员及其他直接责任人员是否可以区分主从犯，在司法实践中争议较大。张明楷教授认为，单位犯罪时，直接负责的主管人员及其他直接责任人员，与该单位本身不成立共同犯罪，只认定为一个单位犯罪；但是直接负责的主管人员与其他直接责任人员仍然成立共同犯罪。[①] 可见，单位犯罪中的主管人员、责任人员可以成立共同犯罪，既有刑法理论支持，也符合我国刑法关于共同犯罪的规定，是对单位犯罪中主管人员与直接责任人员进行主从犯区分的前提条件。《全国法院审理金融犯罪案件工作座谈会纪要》进一步明确："对单位犯罪中的直接负责的主管人员和其他直接责任人员，……可以分清主、从犯，且不分清主、从犯，在同一法定刑档次、幅度内量刑无法做到罪刑相适应的，应当分清主、从犯，依法处罚。"为其他单位犯罪案件中区分主管人员与直接责任人员的主从犯地位提供了参照依据。实际上，随着司法实践中单位犯罪的决策层次和组织架构日益复杂多样，单位犯罪中主管人员的地位作用也呈现出层次化特征，主管人员也并不当然是主犯。本案中被告单位厦门千和公司直接负责的主管人员梁东峰、郑真胜、徐俊鹏、曲文生，虽然作为总经理、副总经理等负责公司的日常经营活动，在厦门千和公司实施的走私犯罪中起到一定程度的决定、批准、授意、指挥等作用，但其四人均非公司股东，未参与公司分红，系按照公司规定领取工资和奖金。厦门千和公司的实际控制人、股东、法定代表人是朱立尉、王建江，公司走私犯意的发起人是朱、王二人，公司的走私业务也由朱、王二人实际控制，非法获利也归朱、王二人支配，作案工具船舶、买私的资金均由朱、王二人提供，涉案走私行为的组织者、出资者、最终获益者为朱、王二人。朱立尉、王建江与梁东峰、郑真胜、徐俊鹏、曲文生均系本案单位犯罪中直接负责的主管人员，成立共同犯罪。朱、王二人是起组织、指挥、决定作用的主管人员，系主犯。梁东峰等四人在单位犯罪中实施的决定、批准、授意、指挥等主管行为，是在朱、王二人的组织、授权、管理框架下实施的，属于下一层次的，不能起到关键作用的主管行为，可以认定为系起次要作用的从犯。

三、对于有瑕疵的讯问、询问笔录进行补正或解释的合理性，应当结合在案证据及生活工作常识等予以认定

对于有瑕疵的讯问、询问笔录，进行补正或者解释的正当性、合理性如何认定，目前法律并未明确规定。笔者认为，可以结合在案证据及生活工作常识等进行综合评判，

---

① 张明楷：《刑法学》，法律出版社 2007 年版，第 321～322 页。

审慎认定。对于侦查机关未能提供提讯提解证或同步录音录像等证据证实漏签名、被代签名的讯（询）问人确有参与该次讯（询）问的，不能仅凭讯（询）问人或侦查机关在相隔较长时间后出具的情况说明予以认定。讯（询）问人代签名、漏签名是明显违反讯（询）问程序的行为，对明显违反刑事侦查工作程序的行为作出的解释，若得不到其他证据的印证，便无法排除存在单人讯（询）问或讯（询）问人不适格的可能，应认定为属于不能补正或不能合理解释的瑕疵，依法不作为定案根据。对于讯（询）问笔录确实存在侦查人员代签名、漏签名、时间地点记录不完整等瑕疵，但侦查机关事后作出的解释能与看守所记载的提讯提解证、讯问（询问）笔录相互印证，证实参与讯问（询问）的侦查人员符合法律规定的，属于合理解释，依法可以采用作为定案的根据。

（一审法院合议庭成员　廖惠敏　郑金雄　郑婉红
二审法院合议庭成员　林　伟　李明杉　危胜频
编写人　福建省厦门市中级人民法院　王中义
责任编辑　周维明
审稿人　李玉萍）

原载《人民法院案例选》2019 年第 1 辑（总第 131 辑）

第三节　妨害对公司、企业的管理秩序罪

一、虚报注册资本罪

74. 眉山市天姿娇服饰有限公司、张建清等虚报注册资本案

——实行注册资本认缴登记制的公司及相关人员刑事责任的认定

【关键词】

注册资本　认缴登记　虚报注册资本　无罪

【裁判要旨】

依法实行注册资本认缴登记制的公司及相关人员，在《全国人民代表大会常务委员会关于〈中华人民共和国刑法〉第一百五十八条、第一百五十九条的解释》出台前实施虚报注册资本的行为，尚未依照当时的法律定罪处罚的，不再追究相关单位和直接责任人的刑事责任。

【相关法条】

《中华人民共和国刑法》

第一百五十八条　申请公司登记使用虚假证明文件或者采取其他欺诈手段虚报注册资本，欺骗公司登记主管部门，取得公司登记，虚报注册资本数额巨大、后果严重或者有其他严重情节的，处三年以下有期徒刑或者拘役，并处或者单处虚报注册资本金额百分之一以上百分之五以下罚金。

单位犯前款罪的，对单位判处罚金，并对其直接负责的主管人员和其他直接责任人员，处三年以下有期徒刑或者拘役。

《全国人民代表大会常务委员会关于〈中华人民共和国刑法〉第一百五十八条、第一百五十九条的解释》

全国人民代表大会常务委员会讨论了公司法修改后刑法第一百五十八条、第一百五十九条对实行注册资本实缴登记制、认缴登记制的公司的适用范围问题，解释如下：

刑法第一百五十八条、第一百五十九条的规定，只适用于依法实行注册资本实缴登记制的公司。

【案件索引】

一审：四川省眉山市东坡区人民法院（2014）眉东刑初字第13号（2013年12月26日）

二审：四川省眉山市中级人民法院（2014）眉刑终字第17号（2014年6月3日）

【基本案情】

法院经审理查明：2012年10月，被告单位眉山市天姿娇服饰有限公司（以下简称天姿娇公司）决定将公司注册资金从100万元增值到1000万元，以此获取银行贷款。因公司无资金增值，被告人即公司法定代表人、执行董事张建清同被告人即公司总经理袁红军与被告人即眉山市东坡区鑫圆财务咨询事务所刘雪云合谋，由刘雪云帮忙借贷900万元骗取工商登记，事后天姿娇公司支付刘雪云好处费4.5万元。2012年12月11日，被告人刘雪云帮助天姿娇公司验资成功，于次日到眉山市东坡区工商局变更注册资金后，刘雪云和天姿娇公司出纳立即到中国建设银行眉山分行将该公司的验资资金900万元抽走。

【裁判结果】

四川省眉山市东坡区人民法院于2013年12月26日作出（2014）眉东刑初字第13号刑事判决：一、被告单位眉山市天姿娇服饰有限公司犯虚报注册资本罪，判处罚金人民币40万元；二、被告人张建清犯虚报注册资本罪，判处有期徒刑二年，并处罚金人民币25万元；三、被告人袁红军犯虚报注册资本罪，判处有期徒刑一年八个月，缓刑二年，并处罚金人民币15万元；四、被告人刘雪云犯虚报注册资本罪，判处有期徒刑一年六个月，缓刑二年，并处罚金人民币10万元；五、对被告人刘雪云的犯罪所得4.5万元继续予以追缴，上缴国库。

宣判后，四川省眉山市东坡区人民检察院以原审适用法律错误并导致量刑不当为由提出抗诉。

被告人张建清以修改后的《公司法》已将注册资本实缴登记制改为认缴登记制，一审法院未充分考虑其自首情节及本案的实际危害性，对其量刑过重为由提出上诉。

四川省眉山市中级人民法院于2014年6月3日作出（2014）眉刑终字第17号刑事判决：一、撤销四川省眉山市东坡区人民法院（2014）眉东刑初字第13号刑事判决；二、原审被告单位眉山市天姿娇服饰有限公司无罪；三、上诉人（原审被告人）张建清无罪；四、原审被告人袁红军无罪；五、原审被告人刘雪云无罪。

【裁判理由】

法院生效裁判认为：第十二届全国人民代表大会常务委员会在2014年4月24日通过了《全国人民代表大会常务委员会关于〈中华人民共和国刑法〉第一百五十八条、第一百五十九条的解释》，明确了虚报注册资本罪的适用范围。根据该解释的规定，虚报注册资本罪只适用于依法实行注册资本实缴登记制的公司。而根据《公司法》第二十六条第二款之规定，本案的被告单位天姿娇公司属于注册资本认缴登记制的公司，因此不应再适用《刑法》第一百五十八条之规定，天姿娇公司不构成虚报注册资本罪；公司直接负责的主管人员被告人张建清、袁红军不构成虚报注册资本罪，之前认定的共同犯罪人原审被告人刘雪云也不构成虚报注册资本罪。

【案例注解】

2014年4月24日第十二届全国人民代表大会常务委员会第八次会议通过《全国人民代表大会常务委员会关于〈中华人民共和国刑法〉第一百五十八条、第一百五十九条的解释》（以下简称《解释》），明确"刑法第一百五十八条、第一百五十九条的规定，只适用于依法实行注册资本实缴登记制的公司。"《解释》明确，实行注册资本认缴登记制的公司及相关人员实施的虚报注册资本的行为不再认为是犯罪。但由于实践中虚报注册资本的行为较为普遍，对于《解释》出台前实行注册资本认缴登记制的公司及相关人员实施的虚报注册资本行为，尤其是已经进入侦查、诉讼程序的如何处理，就成为值得研究的问题。

笔者认为，《刑法》第十二条规定确立的"从旧兼从轻"原则，其核心就是"有利于被告人"，该原则不仅适用于解决1979年《刑法》和1997年《刑法》之间的矛盾，也应当适用于解决刑法修正案及立法、司法解释出台前后之间的矛盾。也就是说，《刑法》第十二条规定中的"本法"不应当理解为仅指1997年《刑法》规定，而是历次刑法修正案及立法、司法解释颁布后的法律规定。因此，对于此类行为，应当根据《刑法》第十二条规定，《解释》施行以前，依照当时的法律已经作出的生效判决，继续有效；而《解释》施行以后尚未作出生效判决的，应当适用《解释》规定，不再作为犯罪处理。

本案中，眉山市东坡区人民检察院于2013年12月12日向法院提起公诉，眉山市东坡区人民法院于2013年12月26日作出一审判决。依照当时的《刑法》第一百五十八条规定，虚报注册资本罪的犯罪主体适用范围较宽，既适用于依法实行注册资本实缴登记制的公司，也适用于注册资本认缴登记制的公司。一审认定被告单位眉山市天姿娇服饰有限公司及被告人张建清、袁红军、刘雪云的行为构成虚报注册资本罪正确，体现了罪刑法定原则。由于被告人上诉、公诉机关抗诉，直至《解释》施行后一审判决仍未生效，并且依照修订后虚报注册资本罪的规定，虚报注册资本罪的犯罪主体只适用于依法实行注册资本实缴登记制的公司，由于被告单位眉山市天姿娇服饰有限公司是实行注册资本认缴登记制的公司，不符合虚报注册资本罪的犯罪主体要件，被告单位眉山市天姿娇服饰有限公司及被告人张建清、袁红军、刘雪云的行为就不构成虚报注册资本罪，二审根据从旧兼从轻的刑法原则，依法宣告其无罪正确。

该案系适用虚报注册资本罪修订后依法宣告无罪的典型案例，同时体现了罪刑法定原则和从旧兼从轻适用原则，对于实践中运用相关法律原则具有现实指导意义。

（一审法院独任审判员　李　艳
二审法院合议庭成员　白　晟　邓胜果　马熙湘
编写人　四川省高级人民法院　魏庆锋　沈元祥
责任编辑　李玉萍
审稿人　裴显鼎）

原载《人民法院案例选》2016 年第 2 辑（总第 96 辑）

二、非国家工作人员受贿罪

75. 王海洋非国家工作人员受贿、挪用资金案

【裁判要点】

行为人所在的单位不属于国有独资公司，其工作也不属于《最高人民法院、最高人民检察院关于办理国家出资企业中职务犯罪具体应用法律若干问题的意见》第六条第二款所规定的国家工作人员类型的，不能认定为国家工作人员。

【案情及裁判】

山东省济南市历下区人民检察院以被告人王海洋犯受贿罪、挪用公款罪向历下区人民法院提起公诉。

济南市历下区人民法院经公开审理查明：

（一）受贿事实

中建八局第一公司系国有企业，被告人王海洋在任该公司西客站交通枢纽项目部商务经理期间，利用负责项目工程预、决算签发、审核的职务便利，为分包施工队谋取利益，分别于2011年9月、2012年4月、2013年2月3次收受施工队负责人李忠阳、郭峰好处费共计人民币（以下币种同）276000元，据为己有。

（二）挪用公款事实

2011年9月14日，中建八局第一公司会计张娜将公款22万元转入王海洋个人农业银行账户，由王海洋保管。同年11月10日，王海洋利用保管该部分账外资金的职务便利，将其中147850.65元用于个人购买农业银行理财产品，进行营利活动，同年12月12日归还，获利约700元。

济南市历下区人民法院一审判决被告人王海洋犯受贿罪，判处有期徒刑十年六个月；犯挪用公款罪，判处有期徒刑二年；决定执行有期徒刑十一年。对扣押在案的赃款276000元予以没收，上缴国库。

一审宣判后，被告人王海洋不服，向山东省济南市中级人民法院提起上诉。其主要上诉理由是：其身份不属于国家工作人员，不具备受贿罪、挪用公款罪的主体要件。

济南市中级人民法院经公开审理查明：上诉人王海洋收受郭峰、李忠阳等人276000

元贿赂以及挪用本单位资金147850.65元的事实和证据与一审相同。

济南市中级人民法院另查明：中建八局第一公司原是国有公司中建总公司的全资子公司。2007年12月，该公司的股东即出资人变更为中建股份公司，2009年7月，中建股份公司在上海证券交易所上市，转变为国有控股公司；中建八局第一公司因其股东不再是国有独资公司，其在性质上也就不再属于国有公司，而是转变为国有控股公司。另外，上诉人王海洋任职本公司西客站交通枢纽项目部商务经理是经本公司总经理办公会研究并任命的事项，并非经国家出资企业中负有管理、监督国有资产职责的组织批准或者研究决定任命。

济南市中级人民法院认为：根据上述事实，上诉人王海洋的身份不属于国有公司中从事公务的人员。上诉人王海洋身为非国有公司的工作人员，利用职务上的便利，非法收受他人财物，为他人谋取利益，数额巨大；利用职务上的便利，挪用本单位资金归个人使用，进行营利活动，数额较大，其行为构成非国家工作人员受贿罪和挪用资金罪，依法应当数罪并罚。原审认定王海洋的行为构成受贿罪和挪用公款罪有误，应当予以纠正。鉴于王海洋受贿赃款已全部追回，归案后如实供述其挪用资金的事实，对其依法可以从轻处罚。据此，依照《刑事诉讼法》第二百二十五条第一款第（二）项、《刑法》第一百六十三条第一款、第二百七十二条第一款、第六十九条第一款、第六十七条第三款、第六十四条之规定，济南市中级人民法院改判如下：

上诉人王海洋犯非国家工作人员受贿罪，判处有期徒刑六年；犯挪用资金罪，判处有期徒刑一年；决定执行有期徒刑六年六个月。

本案的争议焦点在于被告人王海洋的身份是否属于国家工作人员。这一问题应当根据以下两个步骤进行分析认定：首先，被告人王海洋所在单位是否属于《刑法》意义上的国有公司；其次，如果其单位不属于国有公司，被告人王海洋是否属于《最高人民法院、最高人民检察院关于办理国家出资企业中职务犯罪具体应用法律若干问题的意见》（以下简称《意见》）第六条第二款所规定的国家工作人员类型。就第一个问题而言，《刑法》意义上的国有公司仅指国家出资的国有独资公司，被告人所属公司是否属于国有独资公司，应当根据出资股东的性质来判断；就第二个问题而言，根据《意见》的规定，国家出资企业中的工作人员，只有在经国家出资企业中负有管理、监督国有资产职责的组织批准或者研究决定，代表其在国有控股、参股公司及其分支机构中从事组织、领导、监督、经营、管理工作时，才属于国家工作人员。在本案中，被告人王海洋所在单位不属于国有独资公司而属于国有控股公司，其任职本公司西客站交通枢纽项目部商务经理是经本公司总经理办公会研究决定任命，并非经国家出资企业中负有管理、监督国有资产职责的组织批准或者研究决定任命，因此，济南市中级人民法院在二审中认定被告人王海洋不属于国家工作人员，于法有据。

（改写人　周维明

责任编辑　包献荣）

原载《人民法院案例选》2016年第12辑（总第106辑）

76. 梁某非国家工作人员受贿案
——非国家工作人员以市场交易形式收受贿赂事实的认定

【关键词】

刑事　非国家工作人员受贿罪　以市场交易形式收受贿赂　谋取不正当利益

【裁判要旨】

非国家工作人员受贿罪的社会危害本质在于权钱交易，侵犯的客体是公司工作人员的职务廉洁性，涉案公司蒙受可见的实际损失并非该罪构成要件。明知他人有具体请托事项而收受其财物的，视为承诺为他人谋取利益，是否已经实际为他人谋取利益或者谋取到利益，不影响非国家工作人员受贿罪的认定。

【相关法条】

《中华人民共和国刑法》

第一百六十三条　公司、企业或者其他单位的工作人员利用职务上的便利，索取他人财物或者非法收受他人财物，为他人谋取利益，数额较大的，处五年以下有期徒刑或者拘役；数额巨大的，处五年以上有期徒刑，可以并处没收财产。

公司、企业或者其他单位的工作人员在经济往来中，利用职务上的便利，违反国家规定，收受各种名义的回扣、手续费，归个人所有的，依照前款的规定处罚。

国有公司、企业或者其他国有单位中从事公务的人员和国有公司、企业或者其他国有单位委派到非国有公司、企业以及其他单位从事公务的人员有前两款行为的，依照本法第三百八十五条、第三百八十六条的规定定罪处罚。

【案件索引】

一审：广东省珠海市香洲区人民法院（2017）粤0402刑初425号（2017年12月25日）

二审：广东省珠海市中级人民法院（2018）粤04刑终50号（2018年5月11日）

【基本案情】

公诉机关广东省珠海市香洲区人民检察院指控：2012年至2015年上半年，珠海市A公司总经理井田某某（另案处理）为了打开与珠海B公司销售渠道，除通过A公司工作人员陈某、赵某（均另案处理）按照每月A公司向B公司销售总额的3%及6%的额度支付回扣款给B公司的管理人员邓某、代某某、郑某（均另案处理）外，还将B公司销售总额的90%支付给被告人梁某，具体事实如下：被告人梁某在B公司担任工具保全课课长期间，利用其是探针治具质量检测验收、统计报告使用数量负责人的职务便利，对A公司提供的探针治具进行故意刁难。A公司为保证与B公司的销售渠道，被迫放弃正规有保障的采购渠道，而向被告人梁某个人采购探针，使被告人梁某从中非法获取利益。被告人梁某通过网购、邮购的方式获取探针后，将探针提供给A公司进行包装，并以A公司名义向B公司销售，A公司收到B公司货款后，由A公司的负责人井田某某将销售款总额的90%以银行转账的方式支付给被告人梁某。经核实，A公司负责人井田某某仅在2014年3月至2015年5月期间，就共计向被告人梁某转账支付了人民币4786285元人民币，使被告人梁某从中非法获取利润人民币957257元。针对上述指控，公诉人在法庭上出示了被告人供述与辩解、证人证言、书证等证据，指控被告人梁某的行为触犯了《刑法》第一百六十三条第一款的规定，应当以非国家工作人员受贿罪追究其刑事责任，提请法院依法判处。

被告人梁某辩称：（1）其没有利用职务便利故意刁难A公司，A公司只是在探针数量不足时才主动向其购买探针。（2）其没有非法获利，其与A公司之间是正当生意关系，A公司尚欠其40多万元的货款。辩护人的辩护意见主要是：（1）被告人梁某在本案中没有利用职务便利。负责采购探针的是B公司的生产准备课，梁某从未接受过A公司的回扣。A公司因为直接向日本国企业购买探针供货时间长，经常出现断货现象，梁某才向A公司提供探针。（2）本案没有任何直接证据证实梁某在探针检测过程中刁难过A公司。（3）梁某没有收取A公司的贿赂，也没有给B公司造成任何损失。被告人梁某作为B公司的员工将探针出售给A公司，再由A公司向B公司出售探针的行为，是正常的商业行为，虽然违反了B公司的员工制度，但也只是民事问题。（4）公诉机关指控被告人梁某非法获利的数额不准确。辩护人认为本案现有证据不能证实被告人梁某的行为构成非国家工作人员受贿罪。

法院经审理查明：2012年至2015年上半年期间，珠海市A公司总经理井田某某（另案处理）为了打开与珠海B公司销售渠道，向B公司的管理人员邓某、代某某、郑某（均另案处理）以支付回扣款的方式行贿。此外，A公司为保证与B公司的销售渠道，放弃正规有保障的采购渠道，而向时任B公司工具保全科科长的被告人梁某个人采购探针，使被告人梁某从中获得非法利益。被告人梁某利用其是探针治具质量检测验收、统计报告使用数量负责人的职务便利，向A公司出售探针非法渔利。具体过程为：被告人梁某通过网购、邮购的方式获得探针后，将探针提供给A公司进行包装，A公司将探针销售给B公司并收到B公司货款后，由A公司的负责人井田某某将销售总额的90%以银行转账的方式支付给被告人梁某。经核实，A公司负责人井田某某在2014年3月至2015年5月期间，共向被告人梁某支付人民币4786285元，被告人梁某从中非法获取利润约人民币957257元。

二审中，上诉人梁某的家属代上诉人梁某退缴违法所得人民币957257元，且上诉人梁某在二审庭审中当庭自愿认罪。

【裁判结果】

广东省珠海市香洲区人民法院于 2017 年 12 月 25 日作出（2017）粤 0402 刑初 425 号刑事判决：一、被告人梁某犯非国家工作人员受贿罪，判处有期徒刑四年；二、追缴被告人梁某非法所得人民币 957257 元，上缴国库。

宣判后原审被告人梁某不服，提出上诉。广东省珠海市中级人民法院认为原判决认定事实正确，定罪准确，审判程序合法。鉴于上诉人梁某在二审期间当庭自愿认罪并退缴全部违法所得，依法对其从轻处罚，遂于 2018 年 5 月 11 日作出（2018）粤 04 刑终 50 号刑事判决：一、维持广东省珠海市香洲区人民法院（2017）粤 0402 刑初 425 号刑事判决第一项中对上诉人梁某的定罪部分以及第二项；二、撤销广东省珠海市香洲区人民法院（2017）粤 0402 刑初 425 号刑事判决第一项中对上诉人梁某的量刑部分；三、上诉人梁某犯非国家工作人员受贿罪，判处有期徒刑三年，缓刑三年。

【裁判理由】

法院生效裁判认为：《刑法》第一百六十三条第一款规定，公司、企业或者其他单位的工作人员利用职务上的便利，非法收受他人财物，为他人谋取利益数额较大的行为即构成非国家工作人员受贿罪。首先，B 公司副总经理伊藤某某及工作人员刘某、同案犯邓某、代某某的证言，以及 B 公司组织图、劳动合同、“关于电测治具验收的情况说明”、模治具管理规定、模治具检收作业规定等书证证据能够相互印证，共同证实上诉人梁某作为 B 公司工具保全课课长，有决定探针治具是否合格和统计报告探针治具使用数量的权利，其意见对 A 公司的产品供应有重要影响。其次，A 公司的报案材料、证人增田某某、孙某的证言等证据证实，A 公司放弃正规有保障的采购渠道，向上诉人梁某采购没有正规来源，没有价格优势的探针，正是基于上诉人梁某的上述职权。最后，上诉人梁某在侦查阶段亦多次供述 A 公司从正规渠道取得的探针可能会便宜些，其不是 A 公司探针的唯一供货渠道，也认识到 B 公司不允许其向公司下游供货商销售探针，即上诉人梁某对 A 公司向其购买探针的原因和意图是明知的；且上诉人梁某销售探针价格是按照 A 公司向 B 公司的销售价格的 90% 定价，该种定价方式有别于其他按照产品成本和市场价格定价的正常交易行为，是建立在 A 公司向 B 公司销售探针的基础上，不符合正常的市场交易惯例。综上，上诉人梁某明知 A 公司与其交易的意图和目的，仍以不符合正常市场交易规则的方式向 A 公司出售探针并牟利，数额较大，其行为具有职权与金钱交易性质，构成非国家工作人员受贿罪。

【案例注解】

本案属于以市场交易的形式收受贿赂的非国家工作人员受贿行为。《刑法》第一百六十三条第一款规定：“公司、企业或者其他单位的工作人员利用职务上的便利，索取他人财物或者非法收受他人财物，为他人谋取利益，数额较大的，处五年以下有期徒刑或者拘役；数额巨大的，处五年以上有期徒刑，可以并处没收财产。”

一、非国家工作人员受贿罪构成要件

（一）利用职务上的便利

1. 被告人具有职务上的便利。职务上的便利是指工作职务范围内的权利和地位形成的有利条件以及“与职务有关”的便利条件，具体而言包括在公司、企业或其他单位主管、管理、经手公司、企业或其他单位财物的便利条件，以及虽然不是直接利用职权，但利用本人职权或地位形成的便利条件，后者属间接利用职务上的便利。

本案上诉人梁某作为B公司工具保全课课长，有决定探针治具是否合格和统计报告探针治具使用数量的权利，其意见对A公司的产品供应有重要影响，即其具有职务上的便利。

2. 被告人有利用职务范围内的权利实际刁难请托方的行为并非非国家工作人员受贿罪构成要件。请托方向行为人行贿并非都是受行为人的逼迫所为，请托方为了谋取需要通过竞争才能获得的利益，主动与被告人达成以交换被告人职务上的帮助和便利条件为目的交易，被告人明知上述目的仍予接受即属利用职务上的便利，即请托方是否被迫与被告人达成交易在所不论。

本案中辩护人亦辩称上诉人梁某没有实际刁难A公司的行为，但上述事实并非梁某犯非国家工作人员受贿罪构成要件，故该辩护意见不予采纳。

（二）为他人谋取利益

1. 如何认定“为他人谋取利益”？为他人谋取利益包括承诺、实施和实现三个阶段的行为。只要具备其中一个阶段的行为，即具备了为他人谋取利益的要件。至于有无实际为其谋取利益或者是否谋取到利益，不影响受贿的性质。即“为他人谋取利益”不是一个客观要件，不要求公司、企业或其他单位工作人员实际为他人谋取了利益，只要主观上具有为他人谋取利益的故意即可。而主观要件也需依据一定的客观标准来予以认定，明知他人有请托事项而收受其财物，即视为承诺为他人谋取利益。

本案在案证据证实，A公司放弃正规有保障的采购渠道，向上诉人梁某采购没有正规来源，没有价格优势的探针，正是基于上诉人梁某的B公司工具保全课课长决定探针治具是否合格和统计报告探针治具使用数量的职权。上诉人梁某也明知A公司向其购买探针的原因和意图，且A公司从正规渠道取得的探针可能会便宜些，仍以不符合正常市场交易规则的方式向A公司出售探针并牟利，数额较大，其行为具有职权与金钱交易性质。

被告人梁某向A公司销售探针后，A公司与B公司的探针销售量得到大幅度提升。由于A公司不仅与梁某非法交易，还向B公司采购部等工作人员支付回扣，而且具体业务内容的变更也可能引起销量的变化，故A公司销量的上升与梁某受贿行为之间存在直接因果关系的证据并不是特别充足，辩护人也以上述理由提出梁某没有为他人实际谋取利益故不构成犯罪的辩护意见，根据上述分析，法院以“是否已经实际为他人谋取利益或者谋取到利益，不影响非国家工作人员受贿罪的认定”为由驳回该辩护意见。

2. 判断市场交易行为为受贿行为的标准。一是看交易行为是否明显违反等价交换原则，是否明显违反市场主体追求利益最大化的特质。二是看是否与被告人职务行为进行了交换，即双方进行交易的基础（原因及目的）是否为获得被告人职务便利。三是看被告人是否明知请托人与之进行交易的原因及目的。

本案中被告人梁某提供的探针没有正规来源，与A公司探针的其他正规供货商相比，没有价格优势，一些型号的探针价格还明显高于其他供货商，且被告人梁某销售探针价格是按照A公司向B公司的销售价格的90%定价，该种定价方式有别于其他按照产品成本和市场价格定价的正常交易行为，是建立在A公司向B公司销售探针的基础上，不符合正常的市场交易惯例，即A公司通过将自己对B公司销售探针的利润部分让渡给被告人梁某的方式向其行贿。在案证据证实被告人梁某对A公司与其交易的原因和目的是明知的，但仍向A公司出售探针并牟利，该交易行为即为变相的受贿。

（三）受贿数额较大

受贿数额客观地反映了案件事实，同时也反映被告人主观恶性的大小，是体现受贿情节的重要组成部分。对于以交易形式的受贿案件的犯罪金额，按照相关法律规定的精神，一般应以被告人的实际“收益”或“利润”数额予以认定。根据《最高人民法院、最高人民检察院关于办理贪污贿赂刑事案件适用法律若干问题的解释》的规定，非国家工作人民受贿罪入罪的标准是6万元人民币以上。

本案受贿数额的认定也是辩护人提出的主要辩护意见之一，辩护人认为A公司还有40万元货款没有支付给被告人梁某，应在其获利的95万余元的违法所得中扣除上述成本。笔者认为，被告人梁某利用职务上的便利，为他人谋取利益，并已经收受财物的，应认定为非国家工作人员受贿罪的既遂。其与请托人交易未收回的40万元货款成本并非原判决认定的95万余元非法获利所对应的交易，即上述未收回的40万元货款所对应的违法交易并未作为本案受贿犯罪事实提起公诉，辩护人以A公司还有未付货款为由要求对上述实际非法获利予以扣减没有理据，故应不予采纳。

二、非国家工作人员受贿罪侵犯的法益

（一）非国家工作人员受贿罪侵害的客体是职务行为的廉洁性，危害本质在于权钱交易，破坏社会、经济领域廉政建设制度

商业贿赂作为不正当竞争行为，对社会及经济都有着严重的危害，对相关市场的长远发展同样也有着严重的危害。商业贿赂破坏了相关经营者之间的公平竞争，扰乱了正常的市场秩序，影响了相关市场的长期健康发展。当部分经营者通过商业贿赂获取交易机会，守法的经营者就会丧失公平竞争的机会，难免遭受巨大的损失。商业贿赂阻碍了市场机制的有效运行，导致不正当竞争盛行，使市场中的商品和服务不能依其自身质量的好坏及服务水平的高低进行正常交易，市场正常的资源配置功能无法实现。本案中被告人梁某与A公司之间不符合正常市场交易惯例的交易行为即为变相的商业贿赂行为。

（二）公司、企业和其他单位是否受到可见的损失不是非国家工作人员受贿罪的构成要件

非国家工作人员受贿罪侵害的客体是非国家工作人员职务的廉洁性，而非公司财物所有权。被告人所在公司以及请托方公司并未受到明显可见的损失并非推翻罪名成立的理由，虽然没有明显可见的损失，但破坏市场公平竞争环境对相关公司、企业带来的危害实际已经存在，如被告人所在公司失去了与其他供货商公平交易的机会，由于使用了没有正规来源的探针，产品质量风险增加，而请托方公司让渡了部分利润，最终不堪盈

利微薄而向 B 公司举报被告人梁某。商业贿赂给市场经济建设所带来的隐形危害更是无法尽数，从这一意义上，在市场上的所有经济主体均实际受损。本案辩护人提出 A 公司和 B 公司并未实际受损故被告人梁某的行为没有社会危害性的辩护意见不能成立。

三、司法实践中新形式商业贿赂刑事案件的应对

（一）把握商业贿赂行的本质特征为权钱交易

随着我国经济社会的迅猛发展，出现了许多以新的手段、新的形式收受商业贿赂的案件，如以合作开办公司或者合作投资、委托理财等市场交易新形式收受他人财物的受贿刑事案件。《最高人民法院、最高人民检察院关于办理受贿刑事案件适用法律若干问题的意见》中已经明确列明多种收受贿赂的行为方式，其中第一条“关于以交易形式收受贿赂问题”中还规定了兜底条款“以其他交易形式非法收受请托人财物”。利用职务便利与请托方进行明显违反正常市场原则的交易获取利益的即属上述情形，该行为实质是一种以象征性交易来掩盖背后权钱交易的行为，与直接收受财物的典型受贿并无实质不同，理应认定为受贿。

（二）谨慎判断罪与非罪的界限

从惩治商业贿赂犯罪司法实践情况来看，近年来，受贿案件出现了一些新情况、新特点，以交易名义实施的、更为隐蔽的受贿行为正在发生。为适应新形势下反腐败斗争的需要，确有必要对形形色色的新形式受贿行为进行研究。理论上有观点认为，并不是所有违反规定的交易行为都要受到刑法的规制，某些商业贿赂行为违法，但并没有被刑法界定为“必须以最强度的国家强制力予以终结的恶行”。笔者认为，对于与传统、典型犯罪方法、手段不同的特殊形式的行为，判断是否决定适用刑法追究行为人刑事责任，应当先严格按照刑法分则条文规定的构成要件进行判断，是否具备入罪要件。若对是否适用刑法定罪有争议，实践中有人提出这样的思路：若该特殊形式的具体行为不予追究而被广为效仿，成为一种普遍性的行为，刑法明确规定的这一典型性犯罪行为都会照此模仿，刑法规定的这一犯罪等于被放纵，那么这一类特殊形式的行为就应当予以追究。上述思路有一定的借鉴意义，司法实践中不妨从这一方面考虑。

（三）明晰商业贿赂侵犯的客体和危害

形式各样的商业贿赂犯罪行为，危害结果是破坏市场经济的公平竞争秩序，而这正是市场经济永葆活力的基石所在。在市场经济公平竞争的体制下，各主体地位是平等的，都要求公平正当竞争，要求依诚实信用原则进行交易，获取合法利益。不是在公开透明的市场经济环境中通过正常价格形成机制确定价格达成的，而是基于职务便利达成的交易，本身对市场上隐形的交易主体的公平交易权造成了损害，进而对市场公平竞争机制以及市场资源配置的最优化形成伤害，直接侵犯了职务行为的不可收买性。

（四）审慎处理新形式商业贿赂刑事案件的现实意义

司法实践中对新形式商业贿赂刑事案件务必慎重处理，一方面是防止刑法打击面扩大，另一方面对于依法有效惩治新形势下出现的新类型商业贿赂犯罪具有较为重要的现实意义。本案经合议庭及庭务会多次讨论方作出前述判决，对本案撰写案例注解以期能起到以下作用：一是针对新形势下，商业受贿刑事案件出现的新情况、新问题、新特点，抓住该类犯罪权钱交易的本质，对利用更具有隐蔽性、复杂性的手段收受商业贿赂的认定提出具体处理意见。二是起到宣传法治和教育群众的作用，有利于警醒公司、企业或者其他单位的工作人员，划清在具体经济活动中的行为边界，厘清罪与非罪界限，有利于教育公司、企业或者其他单位的工作人员遵纪守法，遵守行业规范，提高拒绝商业贿赂的警惕性和自觉性。

（一审法院合议庭成员　边琳琳　王天皓　张　静
二审法院合议庭成员　王　丹　汤薇乔　李　莉
编写人　广东省珠海市中级人民法院　王　丹
责任编辑　周维明
审稿人　李玉萍）

原载《人民法院案例选》2019 年第 11 辑（总第 141 辑）

77. 张晋阳等人非国家工作人员受贿案

——对投行 PE 腐败行为的认定

【关键词】

刑事　非国家工作人员受贿　保荐机构从业人员　首次公开发行股票　低价突击入股

【裁判要旨】

保荐机构从业人员在对发行人（拟上市公司）进行上市辅导过程中，违反监管规定，利用指导发行人增资扩股的职务便利，以明显低价购买发行人股份谋取不正当利益的，构成非国家工作人员受贿罪。

【相关法条】

《中华人民共和国刑法》

第一百六十三条第一款　公司、企业或者其他单位的工作人员利用职务上的便利，索取他人财物或者非法收受他人财物，为他人谋取利益，数额较大的，处五年以下有期徒刑或者拘役；数额巨大的，处五年以上有期徒刑，可以并处没收财产。

《中华人民共和国证券法》①

第四十三条第一款　证券交易所、证券公司和证券登记结算机构的从业人员、证券监督管理机构的工作人员以及法律、行政法规禁止参与股票交易的其他人员，在任期或者法定限期内，不得直接或者以化名、借他人名义持有、买卖股票，也不得收受他人赠送的股票。

【案件索引】

一审：上海市杨浦区人民法院（2017）沪 0110 刑初 1187 号（2018 年 10 月 29 日）

二审：上海市第二中级人民法院（2018）沪 02 刑终 1368 号（2019 年 5 月 28 日）

【基本案情】

上海市杨浦区人民检察院指控：被告人张晋阳、钮华明、陈德兵利用公司职务便利，以明显低于市场价的价格收购北京东方国信科技股份有限公司（以下简称东方国信）股权，数额巨大，并在收取了东方国信股权后为其上市提供帮助，且被告人张晋阳另有收

---

① 本案适用的是 2014 年《中华人民共和国证券法》。

取东方国信好处费的行为，故对三名被告人均应以非国家工作人员受贿罪追究刑事责任。张晋阳、钮华明、陈德兵均具有自首情节，且退出违法所得，可以减轻处罚。

被告人张晋阳及其辩护人均认为张晋阳的行为不构成非国家工作人员受贿罪。（1）根据我国目前的法律规定，并没有对未上市公司股权的价格有限制性的规定，只要股权转让价格不低于每股的净资产额，就没有法律障碍；（2）张晋阳突击入股虽然违规，但不构成犯罪。

被告人钮华明及其辩护人均认为钮华明的行为不构成非国家工作人员受贿罪。（1）钮华明的行为仅违反《证券法》的相关规定，属于行政违法而不是刑事犯罪；（2）钮华明不存在职务之便，因为选择保荐机构的主导权在公司，决定公司能否上市的权力在证监会发审委，钮华明作为立项会和内核会成员之一，对东方国信拟上市项目没有决定权，其所作的参与投票及签字工作，皆为保荐机构工作人员必须履行的本职工作；（3）钮华明购买东方国信的股份，是一种对尚未上市公司的投资行为，不存在受贿事实。

被告人陈德兵及其辩护人均认为陈德兵的行为不构成非国家工作人员受贿罪。（1）陈德兵仅是根据领导安排完成本职工作，没有利用职务便利为东方国信谋取利益；（2）公诉机关将理论价格和实际交易价格的差额作为认定陈德兵非国家工作人员受贿的金额不正确。此外，陈德兵还辩称即使其构成犯罪，在共同犯罪中也是从犯。

法院经审理查明：2009 年，时任广发证券股份有限公司投资银行部（以下简称广发证券投行部）总经理的被告人钮华明及副总经理刘旭阳接受东方国信实际控制人管连平、霍卫平的上市咨询，后广发证券承揽东方国信 IPO（首次公开发行股票）项目。2009 年 10 月至 2010 年 11 月，广发证券指派投行部的被告人张晋阳、陈德兵等人组成项目组进入东方国信开展 IPO 项目。其中，张晋阳作为保荐代表人，全面负责东方国信 IPO 项目的材料撰写等工作，并在保荐代表人或辅导人员处签名；钮华明代表广发证券与东方国信签订《辅导协议》《承销暨保荐协议》等，参与东方国信 IPO 项目的立项会、内核会并行使投票权，且在相关材料的保荐业务部门负责人或辅导机构负责人处签名；陈德兵主要负责东方国信 IPO 项目招股说明书中非财务部分的撰写等。

其间，2009 年 9、10 月，刘旭阳利用东方国信客观的增资需求与该公司董事长管连平商议入股东方国信，并要求该公司如不能上市则按原价回购股份。管连平为确保公司顺利上市和利益捆绑，同意增资扩股 200 万股。后经刘旭阳分配，张晋阳、钮华明、陈德兵在履职过程中，利用职务便利及所获取的信息优势，在东方国信拟上市期间增资扩股的关键阶段低价投资入股。其中，张晋阳于 2009 年 10 月出资人民币 100 万元购入 25 万股；陈德兵通过周宏声、郑红夫妇筹资 60 万元于 2009 年 11 月购入 15 万股；钮华明于 2009 年 12 月出资 100 万元购入 25 万股。其余股份由刘旭阳及赵怡、成勇等人出资购入。上述 200 万股由刘旭阳安排王春卿、金凤代持。2010 年 2 月，王春卿名下股份转让给毛自力代持。

2009 年 10 月，张晋阳在尽职调查及办理东方国信增资扩股 200 万股期间，发现东方国信需要资金补缴管连平、霍卫平的个人所得税及剥离亏损企业。经张晋阳建议，东方国信决定以 9 元/股的价格再次增资扩股 80 万股，并同意由张晋阳寻找入股对象。张晋阳安排自己及王日棣等人投资入股，并安排王日棣妻子张靖代持股份。其中，王日棣出资315万元购入35万股，李飞出资270万元购入30万股，尹承武出资80万元购入8万股，张晋阳出资55万元购入7万股。

2009年10月29日、11月19日，东方国信召开第一届董事会第九次会议、第一届第四次股东大会，同意增加新股东王春卿、金凤、张靖，三人以货币形式出资，按3.68元/股认购公司增发的普通股105万股、95万股、80万股。2009年11月17日、18日，东方国信收到王春卿、金凤、张靖注册资本金280万元，溢价部分（资本公积金）750.4万元。另张晋阳以现金形式将张靖的425.6万元陆续交到东方国信用于缴纳管连平、霍卫平的个人所得税及剥离亏损企业。

2011年1月，东方国信首次公开发行A股通用股票，发行价格为55.36元/股。2013年及其后，张晋阳、钮华明、陈德兵以毛自力、金凤、张靖名义代持的股票解禁后由王春卿丈夫陈选良、王日棣等人操作抛售，张晋阳合计获取收益2400余万元、钮华明获取收益1200余万元、陈德兵从中获取收益460万元。

2018年7月29日，经财瑞评估公司评估，东方国信的股权价值在评估基准日2009年9月30日的估值区间为11.82元/股~22.20元/股。

另经查明，2012年7月至2014年1月，张晋阳利用负责东方国信持续督导工作的职务便利，提供各类发票、以东方国信员工马长兴的名义报销，收受东方国信给予的好处费共计20余万元。

2016年12月2日，张晋阳被民警抓获，到案后主动交代了公安机关尚未掌握的上述基本事实。2017年1月12日、16日，钮华明、陈德兵接民警电话通知后主动投案，如实交代了上述基本事实。

在侦查阶段，公安机关冻结钮华明银行账户内资金12172735.57元；冻结陈德兵转入他人银行账户的资金460万元；在法院审理期间，张晋阳在亲属的帮助下退出400万元。

【裁判结果】

上海市杨浦区人民法院于2018年10月29日作出（2017）沪0110刑初1187号刑事判决：一、被告人张晋阳犯非国家工作人员受贿罪，判处有期徒刑二年六个月；二、被告人钮华明犯非国家工作人员受贿罪，判处有期徒刑二年三个月，缓刑二年三个月；三、被告人陈德兵犯非国家工作人员受贿罪，判处有期徒刑一年九个月，缓刑一年九个月；四、冻结在案的12172734.22元、460万元及张晋阳退出的400万元均应予没收，继续向张晋阳追缴违法所得。

宣判后，被告人张晋阳、钮华明不服，提出上诉。

上海市第二中级人民法院于2019年5月28日作出（2018）沪02刑终1368号刑事裁定：驳回上诉，维持原判。

【裁判理由】

法院生效裁判认为：被告人张晋阳、钮华明、原审被告人陈德兵利用帮助东方国信上市的职务便利，通过开展IPO项目过程中获取的重要信息，在东方国信拟上市、增资扩股的关键阶段，低价突击入股，将自身利益与拟上市公司利益进行捆绑，以交易形式非法收受东方国信给予的巨大股权利益，三人的行为均已构成非国家工作人员受贿罪。张晋阳自首且退出部分违法所得，钮华明、陈德兵均自首，且违法所得已全部被冻结，依法均可以对三名被告人减轻处罚。

【案例注解】

本案控辩双方的争议焦点在于对被告人张晋阳、钮华明、陈德兵作为证券公司保荐机构从业人员，在进入东方国信开展IPO项目过程中，低价突击入股，以交易形式非法收受东方国信给予的巨大股权利益的行为，应该如何评价，是否构成非国家工作人员受贿罪。控辩双方围绕着三名被告人是否存在职务之便，是投资行为还是受贿行为，是行政违法还是刑事犯罪，如何认定犯罪金额等展开了激烈的辩论。

一、职务之辨——三名被告人具有且利用了职务上的便利

"利用职务上的便利，索取他人财物或者非法收受他人财物，为他人谋取利益，数额较大"系非国家工作人员受贿罪在客观方面的构成要件。本案中，三名被告人及辩护人均提出，张晋阳、钮华明、陈德兵不存在职务之便，因为选择保荐机构的主导权在东方国信，如东方国信对其工作不满，还可予以撤换，而且决定公司能否上市的权力在证监会发审委，三人仅是履行了作为保荐机构工作人员必须履行的本职工作。辩方的上述观点对贿赂犯罪的"利用职务之便"的理解有误。

首先，刑事案件的认定只看既成事实和行为，并不考虑假设性的事实。本案事实是三名被告人代表广发证券，为东方国信提供了完整的IPO服务。委托方与中介机构之间的关系其实是比较微妙的，在确定委托关系之前，委托方确实可以在市场上任意选择；但是一旦形成委托关系，尽管委托方在法律上具有撤销委托的权利，但绝非可以随心所欲地撤换，因为委托方需要考虑以下因素：一是直接经济成本，即委托方已经支付了一部分服务费用，另行聘请需要重新支付费用。二是时间成本，遴选新的中介机构费时费力，而上市工作对于时间要求很高。三是保守商业秘密以及一些不愿被外界知晓的相关经营情况的考虑。所以一旦确定委托关系，在绝大多数情况下，委托方并不愿意撤换，而是希望中介机构能尽心尽力地提供服务，甚至还会请求中介机构在发现问题时可以"睁一只眼闭一只眼"，以帮助委托方实现目标。

因此，如果说双方存在某种程度"有求于对方"的关系，这种关系已经因委托关系的确立而发生了微妙的变化，从确定委托前中介机构为了获得业务而"有求于"委托方，转变为确定委托后委托方为了实现目标而在一定程度上"有求于"中介机构。正如在本案中，当广发证券承揽东方国信IPO项目后，东方国信为顺利上市而有求于三名被告人。

其次，受贿罪的利用职务之便，并非仅指利用主管、批准、决策等管理性职权，还包括利用承办、参与所在单位某项工作所形成的便利条件。对于国家工作人员受贿罪而言，利用职务上的便利包括本人职务上主管、负责、承办某项事务的职权；对于非国家工作人员受贿罪而言，"利用职务上的便利"是指公司、企业或者其他单位的工作人员利用自己主管、经营或者参与公司、企业某项工作的便利条件。本案中，尽管三名被告人并不具有上市审批权，但是张晋阳作为保荐代表人，既要全面负责东方国信 IPO 项目的材料撰写等工作，还要在上市后持续督导东方国信是否存在违规行为；钮华明作为投行部总经理，代表广发证券与东方国信签订《辅导协议》《承销暨保荐协议》等，参与东方国信 IPO 项目的立项会、内核会并行使投票权；陈德兵主要负责东方国信 IPO 项目招股说明书中非财务部分的撰写等。因此，三名被告人均具备受贿犯罪所要求的职务之便，他们也正是利用了上述职务之便予以低价突击入股。

二、贿赂之辨——三名被告人属于以交易形式非法收受贿赂

以投资为名行受贿之实，是近年来实践中较为常见的现象。本案中，三名被告人及辩护人均提出，张晋阳、钮华明、陈德兵购买东方国信的股份，是一种对尚未上市公司的投资行为，不是受贿。2007 年《最高人民法院、最高人民检察院关于办理受贿刑事案件适用法律若干问题的意见》（以下简称《两高办理受贿案件意见》）第一条规定了交易型受贿，具体包括三种情形：一是以明显低于市场的价格向请托人购买物品，二是以明显高于市场的价格向请托人出售物品，三是以其他交易形式非法收受请托人财物。如何区分受贿与正常投资的界限？根据司法解释的规定，并结合司法实践，可以从以下三方面入手：一是看行为人获得的投资机会是否利用了职务之便。对于正常的投资而言，投资机会的获得一般与投资人的职务无关；而借用投资之名受贿，必然存在职务之便。二是看投资成本或者交易成本是否正常。对于正常投资而言，投资方需要付出正常的对价；而对于受贿而言，由于行为人对交易对手存在职务上的挟制，其可以低于市场正常价格的成本达成交易。三是看投资人的投资行为是否合法。正常投资，当然没有法律法规或者行业规范对投资资质的限制。如果根据国家有关规定，行为人根本不能投资，那么以“正常投资”作为抗辩理由就显然无法成立。

就本案而言，首先，三名被告人获得入股东方国信的机会，是因为他们为东方国信经办上市保荐业务，东方国信希望通过利益捆绑而顺利实现上市的目标。因此，三名被告人之所以获得“投资”机会，完全是因为其具有职务之便。其次，从支付的对价来看，三名被告人 4 元/股、7.857 元/股的入股价远低于当时股份的真实价值（11.82 元/股～22.2 元/股），且在第一次入股时要求东方国信如不能上市则按原价回购股份。最后，根据 2014 年《证券法》第四十三条第一款之规定，三名被告人作为证券公司从业人员，不得直接或者借他人名义持有、买卖股票，因而其根本不具有投资的资格。因此，三人属于以明显低于市场的价格收受请托人股份的受贿行为而非正常投资。

三、性质之辨——三名被告人的行为构成犯罪

行政犯罪作为犯罪的一种，同时也是一种行政违法行为，具有双重违法性，如何界分行政犯罪与行政违法确实会给司法实践带来一定的困惑。本案中，三名被告人及辩护人均提出，张晋阳、钮华明、陈德兵的行为仅违反《证券法》的相关规定，属于行政违法而不是刑事犯罪。对此，应从本质出发予以把握。行政犯罪本质上属于“犯罪”，是具有严重社会危害性的行为。而行政违法行为的社会危害程度远不及行政犯罪。由于行政犯罪的危害性大于行政违法，公众从道德感知与常识出发，就会对两者行为产生不同的评价：对于行政违法持一般的否定态度，而对于行政犯罪则是强烈的否定与谴责。高铭暄教授提出，行政违法与行政犯罪的界分主要应该以行为危害程度的轻重为基础界分，以行为类型的不同作为补充界分标准。① 非国家工作人员受贿罪侵犯的客体是公司、企业或者其他单位的正常管理活动和市场经济的正常秩序。2014 年《证券法》第四十三条第一款规定："证券交易所、证券公司和证券登记结算机构的从业人员、证券监督管理机构的工作人员以及法律、行政法规禁止参与股票交易的其他人员，在任期或者法定限期内，不得直接或者以化名、借他人名义持有、买卖股票，也不得收受他人赠送的股票。"《证券法》第二百三十一条规定："违反本法规定，构成犯罪的，依法追究刑事责任。"

本案中尽管并无证据证实三名被告人帮助东方国信在不符合法定条件的情况下上市，但是三人利用职务之便，通过开展 IPO 项目过程中获取的重要信息，在东方国信拟上市、增资扩股的关键阶段，低价突击入股，将自身利益与拟上市公司利益进行捆绑，违反了对中介机构工作人员职务廉洁性的要求，背离了保荐机构专业人员应具有的客观、公正和独立性，影响了保荐机构对拟上市公司风险的客观判断，侵害了投资者全面了解信息的知情权，破坏了公平公正的证券市场秩序。因此，三人的上述行为不仅违反了《证券法》第四十三条第一款的规定，而且具有严重的社会危害性，符合非国家工作人员受贿罪的构成要件，已达到需要刑事评价的程度，构成非国家工作人员受贿罪。

四、金额之辨——以三名被告人突击入股时股权的真实价值与三人分别实际支付价格的差额计算受贿数额

根据上述的分析，本案中的三名被告人属于以交易形式收受贿赂，那如何认定他们的犯罪金额呢？三名被告人及辩护人均提出，财瑞评估公司出具的评估报告在程序及适用性上存在重大瑕疵，不应将评估报告中的理论价格和实际交易价格的差额认定为三名被告人的受贿数额。《两高办理受贿案件意见》第一条规定，对于以交易形式收受贿赂，受贿数额按照交易时当地市场价格与实际支付价格的差额计算。

本案中，控辩双方对于三名被告人突击入股时实际支付的股份价格均不持异议，争议的焦点在于如何认定"交易时当地市场价格"。由于三名被告人突击入股东方国信时，均由三名被告人、广发证券投行部副总经理刘旭阳及其安排的朋友等购入股份，而无真正公允的第三方参与认购。根据《最高人民法院、最高人民检察院关于办理盗窃刑事案件适用法律若干问题的解释》（以下简称《两高办理盗窃司法解释》）关于盗窃数额的认定，被盗窃财物有有效价格证明的，根据有效价格证明认定；无有效价格证明，或者根据价格证明认定盗窃数额明显不合理的，应当按照有关规定委托估价机构估价。由于本案无有效价格证明认定三名被告人突击入股时东方国信股份的市场价格，故应当参照《两高办理盗窃司法解释》的规定，委托估价机构估价。财瑞评估公司具有法定资质，其评估师系评估专业人员，根据资产评估的有关法律、法规和评估准则，遵循独立、客观、公正的原则，依据东方国信股权的实际状况、有关市场交易资料和评估基准日股权市场价格标准，采用合适的方法进行评估测算，最终得出东方国信的股权价值在评估基准日 2009 年 9 月 30 日的估值区间为 11.82 元/股～22.20 元/股的评估结论科学、合理。人民法院就低以 11.82 元/股认定三名被告人突击入股时东方国信股份的市场价格，并以该价格与三名被告人突击入股时实际支付价格的差额认定三名被告人的受贿数额是正确

① 高铭暄、孙晓：《论行政犯罪与行政违法行为的界分》，载《江海学刊》2008 年第 5 期。

的。至于三名被告人在抛售股票后分别获取的收益 2400 余万元、1200 余万元和 460 万元，应当作为犯罪孳息予以没收。

（一审法院合议庭成员　刘慧珠　卢昌中　蔡增山
二审法院合议庭成员　沈　言　沈　燕　章丽斌
编写人　上海市第二中级人民法院　沈　言　荣学磊
责任编辑　包献荣
审稿人　李玉萍）

原载《人民法院案例选》2020 年第 3 辑（总第 145 辑）

第四节　破坏金融管理秩序罪

一、骗取贷款、票据承兑、金融票证罪

78. 龚卫华骗取贷款案

——使用虚假身份证明，采用直客式消费分期付款方式骗取银行贷款行为之定性

【关键词】

刑事　妨害信用卡管理罪　信用卡诈骗罪　骗取贷款罪　直客式消费分期付款

【裁判要旨】

1. 直客式消费分期付款业务与信用卡透支业务在是否具有透支功能、额度用完后能否自动恢复、是否需要明确用途等方面具有明显区别。其在审批程序、用途限制、额度使用方式、能否循环使用等方面与贷款业务一致，应属于贷款业务。

2. 行为人使用虚假的身份证明，通过办理直客式消费分期付款业务骗取金融机构资金，给银行或者其他金融机构造成重大损失，若无证据证明其有非法占有目的的，应以骗取贷款罪对其定罪处罚。

【相关法条】

《中华人民共和国刑法》

第一百七十五条之一　以欺骗手段取得银行或者其他金融机构贷款、票据承兑、信用证、保函等，给银行或者其他金融机构造成重大损失或者有其他严重情节的，处三年以下有期徒刑或者拘役，并处或者单处罚金；给银行或者其他金融机构造成特别重大损失或者有其他特别严重情节的，处三年以上七年以下有期徒刑，并处罚金。……

第一百九十六条第一款　有下列情形之一，进行信用卡诈骗活动，数额较大的，处五年以下有期徒刑或者拘役，并处二万元以上二十万元以下罚金；数额巨大或者有其他

严重情节的，处五年以上十年以下有期徒刑，并处五万元以上五十万元以下罚金；数额特别巨大或者有其他特别重要情节的，处十年以上有期徒刑或者无期徒刑，并处五万元以上五十万元以下罚金或者没收财产；

（一）使用伪造的信用卡，或者使用以虚假的身份证明骗领的信用卡的；

（二）使用作废的信用卡的；

（三）冒用他人信用卡的；

（四）恶意透支的。

【案件索引】

一审：江西省新余市渝水区人民法院（2017）赣0502刑初351号（2017年12月15日）

二审：江西省新余市中级人民法院（2018）赣05刑终34号（2018年5月10日）

【基本案情】

江西省新余市望城工矿区人民检察院[①]指控：被告人龚卫华犯妨害信用卡管理罪。

被告人龚卫华对公诉机关指控其犯罪的事实无异议，同时辩解其没有骗取中国银行资金的故意。其辩护人的辩护意见：（1）被告人龚卫华认罪态度较好，且主动归还了银行的贷款，取得了谅解。（2）被告人龚卫华没有诈骗的故意，其行为不构成信用卡诈骗罪。

法院经审理查明：2015年2月，被告人龚卫华冒用同名同姓“龚卫华”的身份号码，制作虚假的身份证、离婚证、户口簿等证件的复印件，于2015年3月4日在中国银行新余分行渝水支行以房屋装修的名义办理了30万元直客式消费分期付款业务，骗领一张卡号为62××××25的信用卡（以下称为直客式消费付款业务卡）。该银行于2015年3月17日将该笔30万元贷款放款到被告人龚卫华以真实身份信息办理的卡号62××××47的中国银行借记卡上。截至2016年6月30日，该笔贷款共计本金240045.83元、利息3957.31元未归还。2017年1月12日，被告人龚卫华被公安民警抓获。2017年4月24日，被告人龚卫华主动归还了258898.22元。

另查，中国银行新余分行渝水支行给被告人龚卫华办理的直客式消费分期付款业务是采取“直客式”营销模式向客户推介办理信用卡分期付款业务。客户来该行办理该业务时，经客户经理审核后符合办理条件，审批通过后该行会给客户办理一张信用卡，在该卡上加载专项额度（一次性支付，不能循环使用），分期业务专项额度放款方式通过银行“直客式”专用分期POS完成分期付款交易，消费款项通过转账方式划拨客户借记卡账户，由客户进行自主支付。

---

① 按照《人民检察院刑事诉讼规则》第三百二十八条规定，各级人民检察院提起公诉，应当与人民法院审判管辖相适应。新余市望城工矿区人民检察院属于新余市人民检察院派驻厂矿分院，负责部分新余市人民检察院指定案件的审查起诉工作。在新余市，没有望城工矿区人民法院。新余市基层法院只有分宜县人民法院和渝水区人民法院。

【裁判结果】

江西省新余市渝水区人民法院于2017年12月15日作出（2017）赣0502刑初351号刑事判决：认定被告人龚卫华以非法占有为目的，使用虚假的身份证明骗领信用卡，并骗取了银行贷款30万元，数额巨大，构成信用卡诈骗罪，判处有期徒刑五年，并处罚金10万元。

宣判后，被告人龚卫华不服，提出上诉。江西省新余市中级人民法院于2018年5月10日作出（2018）赣05刑终34号刑事判决：一、撤销江西省新余市渝水区人民法院（2017）赣0502刑初351号刑事判决；二、被告人龚卫华犯骗取贷款罪，判处有期徒刑十个月，并处罚金2万元。

【裁判理由】

法院生效裁判认为：被告人龚卫华以欺骗的手段骗取银行贷款，给银行造成重大损失，破坏了金融管理秩序，其行为应构成骗取贷款罪。原审判决认定被告人龚卫华的犯罪事实清楚，但认定罪名不当，应予以更正。被告人龚卫华到案后能如实供述自己的犯罪事实，其行为属于坦白，依法可以从轻处罚；且能主动归还中国银行新余分行渝水支行的贷款，并取得了谅解，可以酌情从轻处罚。

【案例注解】

本案的争议焦点是被告人龚卫华采用虚假的身份证明骗领银行信用卡，并骗取了银行贷款30万元的行为应当如何定性。对此，主要有两种不同观点：第一种观点认为，被告人龚卫华使用以虚假的身份证明骗领的信用卡，其行为符合《刑法》第一百九十六条第一款第一项“使用以虚假的身份证明骗领的信用卡的”之规定，构成信用卡诈骗罪。第二种观点认为，被告人龚卫华使用虚假的身份证明骗领信用卡，同时骗取了银行贷款30万元，其仅在按照贷款合同分期偿还贷款时使用骗领的信用卡，并没有使用信用卡的透支功能，没有侵害信用卡诈骗罪所要保护的发卡单位的财产所有权，不构成信用卡诈骗罪；其没有非法占有目的，使用虚假的身份证明材料骗取银行贷款，造成重大损失的，其行为构成骗取贷款罪。笔者同意第二种观点。

一、直客式消费分期付款业务属于信用额度外的专项分期业务

直客式消费分期付款业务是近年来金融服务行业新推出的金融衍生产品，围绕其产生的各种民事纠纷、刑事犯罪也日益呈现。为清晰理解围绕其有关的诉讼，有必要对相关基础概念进行梳理。

在刑法中，首先规定信用卡诈骗罪的法律文件是1995年6月30日《全国人民代表大会常务委员会关于惩治破坏金融秩序犯罪的决定》。1997年《刑法》正式将信用卡诈骗罪确定为金融诈骗罪的一种，但对何为信用卡没有进一步规定。1999年，中国人民银行颁布实施的《信用卡业务管理办法》将信用卡与借记卡区分开来，明确规定银行卡包括信用卡和借记卡，借记卡不具有透支功能。2004年《全国人民代表大会常务委员会关于〈中华人民共和国刑法〉有关信用卡规定的解释》规定：“刑法规定的信用卡，是指由商业银行或者其他金融机构发行的具有消费支付、信用贷款、转账结算、存取现金等全部功能或者部分功能的电子支付卡。”可见，刑法意义上的“信用卡”与《信用卡业务管理办法》规定的“银行卡”具有同一内涵，即不区分是否具有透支功能，无论是具有透支功能的信用卡还是借记卡，都属于刑法意义上的信用卡。

根据《商业银行信用卡业务监督管理办法》第八条、第九条之规定，信用卡业务，是指商业银行利用具有授信额度和透支功能的银行卡提供的银行服务，主要包括发卡业务和收单业务。发卡业务，是指发卡银行基于对客户的评估结果，与符合条件的客户签约发放信用卡并提供的相关银行服务。信用卡分期付款业务广义上属于信用卡发卡业务，具体是指“持卡人与银行约定将消费或者账单的金额平均分成若干期，由持卡人在约定期限内按月偿还并支付一定手续费，银行不再收取循环透支利息的个人类消费信贷业务。按照信用额度的使用情况，信用卡分期付款又可以分为信用额度内的分期（一般分期）和信用额度外的分期（专项分期）。其中，专项分期是指持卡人在基本信用额度之外，还可以享有一个独立的分期信用额度，这部分信用额度需经专门的授信审批程序审查后方可获批”。[①] 故一般分期与专项分期具有明显区别，信用额度内的分期（一般分期）主要指持卡人利用银行提供的授信额度和透支功能获取服务。

中国银行直客式消费分期付款业务是指客户根据自身消费融资需求，直接向中国银行申请信用卡分期专项额度，经审核并授予额度后，中国银行按照约定，采取向商户刷卡支付、受托支付或者自主支付内等多种方式完成支付，再根据交易总金额按分期期数平均分配，在约定的时间向客户收款的信用卡业务。据此，可以得出如下结论：直客式消费分期付款业务属于信用额度外的分期，即专项分期信用卡业务。

二、直客式消费分期付款业务不同于信用额度内的分期信用卡业务，应认定为银行贷款业务

各大金融机构一般都由信用卡业务部门统一负责信用额度外的信用卡业务与信用额度内的分期信用卡业务。但是这两种业务具有显著区别，与传统的信用额度内的分期信用卡业务相比，信用额度外的直客式消费付款业务具有四个显著特征：（1）发卡时，刷卡消费和取现功能已经关闭，仅用于分期归还相应欠款，缺乏透支功能；（2）银行发放相应款项时，并非持卡人持直客式消费付款业务卡支取该笔款项，而是直接将款项发放至持卡人提供的借记卡中，缺乏持卡透支的形式要件；（3）直客式消费付款业务申请的额度用完后，需要重新申请才能再次放款，缺乏传统信用卡还款后额度自动恢复、无需审批的重要特征；（4）直客式消费付款业务需要申请人提交款项用途资料，只能专款专用，而不同于透支信用卡可以任意选择交易对象。欠缺透支功能和持卡要件、额度不能自动恢复、需要明确用途的直客式消费付款业务，显然不同于具有透支功能的传统信用卡业务。

根据《商业银行法》的相关规定，在办理贷款业务时，通常需要签订合同，注明借款用途、金额、利息、期限和还款方式等，审批通过后，银行按约放款到客户名下账户，客户再按约定的还款方式分期偿还本金和利息。

直客式消费分期付款业务属于银行贷款业务，其在审批程序、用途限制、额度使用方式、能否循环使用等方面与贷款业务一致：

---

① 汤啸、应洪基：《信用卡专项分期贷款的法律适用》，载《中国信用卡》2017年第1期。

1. 审批程序方面。贷款业务以笔为单位，一般签订合同，需要通过审批，信用卡透支业务则不需要审批，可以在额度内自由使用。直客式消费付款业务需要审批，申请直客式消费付款业务贷款需要填写《直客式消费付款业务放款申请表》，上面约定了借款的用途、金额、手续费和还款方式等内容，等同于一份贷款合同，之后经银行方面审核批准，将款项打入客户指定的储蓄账户内，客户使用后按约定方案通过直客式消费付款业务卡偿还本金和手续费。

2. 用途限制方面。《个人贷款管理暂行办法》第七条第一款规定：个人贷款用途应符合法律法规规定和国家有关政策，贷款人不得发放无指定用途的个人贷款。可见，贷款业务申请时需要表明用途，获批后需按申请的用途使用，信用卡透支业务则无此限制。而直客式消费付款业务亦需要明确用途，如本案被告人龚卫华是以房屋装修的名义申请贷款，直客式消费付款业务审批通过后才会正式放款给申请人。

3. 额度使用方式方面。贷款业务是银行先放款到客户名下账户，客户方可使用，信用卡透支业务则是银行仅给额度，客户可透支使用后再归还，即前者是“先给后花”，后者是“先花后还”。直客式消费付款业务满足先放款后使用的时间顺序特征，直客式消费付款业务的放款并不是以持卡人持直客式消费付款业务卡提现的方式获取款项，而是将款项发放至持卡人名下的一张借记卡中，然后通过直客式消费付款业务卡分期还款，即先放款再使用。

4. 额度循环方面。贷款业务一旦还款，额度不再自动恢复，再要借贷必须重新申请，而信用卡透支业务还款后额度自动恢复，可以循环使用。直客式消费付款业务在所谓“额度”内归还部分款项后，并不能自动恢复额度，如需继续通过直客式消费付款业务获取款项，则需重新申请，即所谓“额度”是一次性的，不具备循环使用、自动恢复的特征。

综合以上分析，可以发现直客式消费付款业务本质上属于小额无抵押信用贷款，直客式消费付款业务卡仅是还款的工具和记账凭证，在专项分期中主要起支付结算功能。

三、不具有非法占有目的，以虚假身份通过直客式消费付款业务骗取银行贷款，构成骗取贷款罪

1. 使用以虚假的身份证明骗领的信用卡，并不一定构成信用卡诈骗罪。《刑法》第一百九十六条确定了信用卡诈骗罪，并规定“使用以虚假的身份证明骗领的信用卡的”为信用卡诈骗罪的情形之一。但这并不表明只要使用了以虚假的身份证明骗领的信用卡就一定构成信用卡诈骗罪，该情形下的信用卡诈骗罪所指的信用卡应限定为具有透支功能的信用卡，而不包括借记卡。因为如果行为人基于隐瞒个人资产等原因，使用虚假的身份证明骗领了一张借记卡并使用，基于借记卡不能透支的特点，行为人使用以虚假身份骗领的借记卡并不能给发卡银行造成损失，因而也不可能构成诈骗罪等侵犯财产的犯罪，同样也不可能构成信用卡诈骗罪。

本案中国银行新余分行渝水支行发放给被告人龚卫华的直客式消费付款业务卡仅用于分期归还相应欠款，缺乏透支功能，类似于借记卡。无论被告人龚卫华如何使用该卡，其行为都不会对银行资金造成损失，故其使用以虚假的身份证明骗领的信用卡的行为，不构成信用卡诈骗罪。

2. 直客式消费付款业务属于银行贷款业务，行为人以虚假的身份证明骗取银行贷款，但没有证据证实其有非法占有目的的，应认定行为人构成骗取贷款罪。《刑法》第一百七十五条之一规定，以欺骗手段取得银行或者其他金融机构贷款，给银行或者其他金融机构造成重大损失或者有其他严重情节的，构成骗取贷款罪。其中，欺骗手段一般是指行为人使用虚假的身份证明或者资信证明，使银行或者其他金融机构误认为行为人符合申请贷款条件而同意发放贷款。张明楷教授指出："贷款诈骗罪与骗取贷款罪是特别关系，亦即，二者的基本构成要件相同，只不过前者另要求非法占有目的（不具有归还贷款本息的意思），而后者不要求具有非法占有目的。"[①] 故骗取贷款罪不需要行为人主观上具有非法占有目的，如果行为人主观上具有非法占有的目的，同时以欺骗手段骗取了银行或者其他金融机构的贷款，行为人则可能构成贷款诈骗罪。如何认定金融诈骗中非法占有目的，《全国法院审理金融犯罪案件工作座谈会纪要》指出："根据司法实践，对于行为人通过诈骗的方法非法获取资金，造成数额较大资金不能归还，并具有下列情形之一的，可以认定为具有非法占有的目的：（1）明知没有归还能力而大量骗取资金的；（2）非法获取资金后逃跑的；（3）肆意挥霍骗取资金的；（4）使用骗取的资金进行违法犯罪活动的；（5）抽逃、转移资金、隐匿财产，以逃避返还资金的；（6）隐匿、销毁账目，或者搞假破产、假倒闭，以逃避返还资金的；（7）其他非法占有资金、拒不返还的行为。"

本案被告人龚卫华使用他人的身份证明信息，向中国银行申请贷款，中国银行经审核后，以自主支付的方式向其发放30万元贷款。被告人龚卫华获得贷款后，没有证据证实其有将该款项肆意挥霍、用于非法活动或者抽逃、隐匿财产，或者其他逃避返还资金的行为。相反，在案证据证实，被告人龚卫华骗取银行贷款后，其没有按照约定将该贷款用于房屋装修及购买家电，而是用于其从事的各种营商活动，其最终不能按期归还借款是营商失败所致，故根据现有证据，难以认定被告人龚卫华具有非法占有贷款的目的。但其使用虚假身份证明，骗取银行贷款，给银行造成重大损失，依法可以骗取贷款罪对其定罪处罚。

需要注意的是，被告人龚卫华使用虚假的身份证明，骗领了直客式消费付款业务卡，该行为同时侵犯了国家的信用卡管理秩序，构成妨害信用卡管理罪。但其使用虚假的身份证明骗领直客式消费付款业务卡是在骗取银行贷款的目的支配下的手段行为，其骗取直客式消费付款业务卡的行为与骗取贷款的行为具有手段行为与目的行为的牵连关系，根据牵连犯从一重罪处断的一般原则，对被告人龚卫华应以骗取贷款罪定罪量刑。

（一审法院合议庭成员　敖文林　胡瑜军　李金花
二审法院合议庭成员　简云洪　徐三庆　潘小庆
编写人　江西省新余市中级人民法院　何　强　林　红
责任编辑　包献荣
审稿人　李玉萍）

原载《人民法院案例选》2020年第4辑（总第146辑）

① 张明楷：《骗取贷款罪的构造》，载《清华法学》2019年第5期。

79. 陈某甲、施某某等骗取贷款、票据承兑、金融票证案

——行为人贷款时提供了真实担保物的司法认定

【关键词】

刑事　骗取贷款、票据承兑、金融票证　真实担保

【裁判要旨】

骗取贷款罪不以造成银行实际损失为构成要件，骗取贷款达到法定数额或者具有其他严重情节的均可构成本罪。在行为人贷款时已提供了真实担保物的情形下，应综合考量骗取贷款的数额、次数、手段方式、社会影响等因素，全面客观地评判其是否构成骗取贷款罪。

【相关法条】

《中华人民共和国刑法》

第一百七十五条之一　以欺骗手段取得银行或者其他金融机构贷款、票据承兑、信用证、保函等，给银行或者其他金融机构造成重大损失或者有其他严重情节的，处三年以下有期徒刑或者拘役，并处或者单处罚金；给银行或者其他金融机构造成特别重大损失或者有其他特别严重情节的，处三年以上七年以下有期徒刑，并处罚金。

单位犯前款罪的，对单位判处罚金，并对其直接负责的主管人员和其他直接责任人员，依照前款的规定处罚。

《最高人民检察院、公安部关于公安机关管辖的刑事案件立案追诉标准的规定（二）》

第二十七条　以欺骗手段取得银行或者其他金融机构贷款、票据承兑、信用证、保函等，涉嫌下列情形之一的，应予立案追诉：

（一）以欺骗手段取得贷款、票据承兑、信用证、保函等，数额在一百万元以上的；

（二）以欺骗手段取得贷款、票据承兑、信用证、保函等，给银行或者其他金融机构造成直接经济损失数额在二十万元以上的；

（三）虽未达到上述数额标准，但多次以欺骗手段取得贷款、票据承兑、信用证、保函等的；

（四）其他给银行或者其他金融机构造成重大损失或者有其他严重情节的情形。

【案件索引】

一审：福建省平潭县人民法院（2016）闽0128刑初128号（2017年9月5日）

二审：福建省福州市中级人民法院（2017）闽01刑终1346号（2017年11月28日）

【基本案情】

福建省平潭县人民检察院指控：被告人陈某甲、施某某等七人犯骗取贷款、票据承兑、金融票证罪。

被告人陈某甲、施某某等对公诉机关指控的事实不持异议，其辩护人提出辩护意见：骗取贷款罪属于结果犯，只有给银行或者其他金融机构造成重大损失或者有其他严重情节才能构成犯罪，案涉的所有贷款均有真实、足额的抵押担保，从未给银行造成重大损失，亦不存在危及贷款安全、损害贷款银行的其他严重情节，不符合骗取贷款、票据承兑、金融票证罪的定罪标准。

法院经审理查明：2012年12月，时任冠都国际集团有限公司（以下简称冠都集团）董事长的被告人陈某甲为了解决资金短缺困难，与被告人施某某、许某签订《合作备忘录》，约定各自分工配合共同向银行获取融资款项。之后陈某甲、施某某、许某合谋利用陈某甲实际控制的五个公司骗取银行贷款，并安排被告人林某、梁某等伪造财务报表、购销合同、纳税证明、审计报告等资信证明材料以及采购合同、增值税发票等资金用途材料，经被告人陈某乙加盖公司印章后提交给银行。随后，陈某乙再负责将骗取的贷款在陈某甲实际控制的相关公司间调拨、运作，改变贷款资金的用途，并防范银行监管。2014年5月，被告人何某某经施某某引荐入职冠都集团融资部，并逐步接替施某某、许某的岗位负责融资业务。陈某甲利用其控制的公司以上述欺骗手段取得银行贷款八笔共计人民币3.848亿元，其中最大的一笔达到1.1亿元。经查实，八笔贷款均以其控制的公司或者个人名下所持有的土地使用权、房产使用权作为担保物。

【裁判结果】

福建省平潭县人民法院于2017年9月5日作出（2016）闽0128刑初128号刑事判决：一、被告人陈某甲犯骗取贷款、票据承兑、金融票证罪，判处有期徒刑四年，并处罚金人民币50万元。二、被告人施某某犯骗取贷款、票据承兑、金融票证罪，判处有期徒刑一年十一个月，并处罚金人民币3万元。三、被告人许某犯骗取贷款、票据承兑、金融票证罪，判处有期徒刑一年九个月，缓刑二年，并处罚金人民币2万元。四、被告人林某犯骗取贷款、票据承兑、金融票证罪，判处有期徒刑一年六个月，缓刑二年，并处罚金人民币1万元。五、被告人陈某乙犯骗取贷款、票据承兑、金融票证罪，判处有期徒刑一年三个月，缓刑二年，并处罚金人民币1万元。六、被告人梁某犯骗取贷款、票据承兑、金融票证罪，判处有期徒刑一年，缓刑一年，并处罚金人民币8000元。七、被告人何某某犯骗取贷款罪，判处有期徒刑六个月，缓刑一年，并处罚金人民币3000元。八、平潭县公安局扣押在案的冠都集团旗下各公司印章、财务专用章、合同专用章等共计43枚，各家银行网上银行数字证书75个，台式电脑主机箱4台，黑色联想笔记本电脑2台（型号Z460和型号Ideapady530），陈某甲、朱某某等私章共计31枚由扣押单位依法返还。

宣判后，被告人陈某甲、施某某等不服提出上诉。福建省福州市中级人民法院于

2017年11月28日作出（2017）闽01刑终1346号刑事裁定：驳回上诉，维持原判。

【裁判理由】

法院生效裁判认为：骗取贷款罪不以造成银行实际损失为构成要件，陈某甲、施某某等为解决冠都集团资金紧缺问题，成立或者收购多家没有实际经营或者经营状况不佳的公司作为贷款载体，多次使用欺骗手段获取巨额银行贷款，得款后未按约定用途使用贷款资金，亦未按约定履行还款义务，至今仍有3亿余元的贷款本息未能按期偿还，严重扰乱了金融管理秩序，使巨额金融资产的使用无法处于金融机构的正常监管之下，处于可能无法收回的巨大风险之中，故被告人陈某甲、施某某等六人的行为均已构成骗取贷款、票据承兑、金融票证罪，被告人何某某的行为构成骗取贷款罪。

【案例注解】

本案中，控辩双方争议的焦点主要在于，行为人在申请贷款时虽然提供虚假贷款材料，但同时提供了真实足额的担保物，是否仍以骗取贷款、票据承兑、金融凭证罪[①]追究其刑事责任？具体而言，陈某甲、施某某等利用其实际控制的福建顺安医药有限公司等单位向恒丰银行福州分行等单位申请贷款过程中，均以其控制的公司或者个人名下所持有的湖南衡阳衡国用（2010）第316号及湖南衡阳衡国用（2009）第101号等土地使用权、房产使用权作为担保物，如发生贷款本息无法如期归还的情形，银行也可以通过担保物变现的方式受偿，至案发银行尚未产生实际损失，最终银行也可能并无实际损失，那么是否还要以骗取贷款罪追究陈某甲、施某某等刑事责任？

骗取贷款罪是指以欺骗手段取得银行或者其他金融机构贷款，给银行或者其他金融机构造成重大损失或者有其他严重情节的行为。骗取贷款罪是《刑法修正案（六）》增设的罪名，以非目的犯的立法方式加大了对行为人主观上没有非法占有、转贷牟利等滥用贷款行为的惩治力度，进一步完善《刑法》中贷款犯罪的罪名体系。这一规定看似简单，但在理解上却有不少分歧，主要存在以下两方面问题：其一，骗取贷款罪是结果犯还是情节犯，在审判实践中一直存在争议，笔者所在的省份以及其他省份曾出现将未造成实际损失的情形不予认定为犯罪的案例；[②] 其二，立法上规定构成骗取贷款罪有两种情况，一是造成重大损失，二是虽然没有造成重大损失，但有其他严重情节。重大损失的标准可参照2010年《最高人民检察院、公安部关于公安机关管辖的刑事案件立案追诉标准的规定（二）》（以下简称《追诉标准二》），但何为其他严重情节，目前相关司法解释尚无作出明确规定。因此，审判人员在司法实践中常常在罪与非罪的把握上无所适从。若入罪范围过宽，可能使该罪成为任意解释的“口袋罪”；若将入罪范围不当限缩，可能使该罪实际上形同虚设。

合议庭在审理本案中形成一致意见认为，综合考量骗取贷款罪立法本意与入罪的基本标准，宜以骗取贷款罪定罪处刑，主要理由如下：

---

① 鉴于该罪名系选择性罪名，为行文方便，下文简写为骗取贷款罪。

② 参见福建省福州市中级人民法院（2014）榕刑初67号刑事判决书、广东省高级人民法院（2018）粤刑再21号刑事判决书、辽宁省本溪市明山区人民法院（2019）辽0504刑再1号刑事判决书。

一、从立法解读的角度，骗取贷款罪不以造成银行实际损失为构成要件，骗取贷款达到法定数额或者具有其他严重情节的均可构成骗取贷款罪

目前，最高人民法院虽尚未对骗取贷款罪的定罪量刑标准作出具体规定，但其于2010年6月21日下发的《关于在经济犯罪审判中参照适用〈追诉标准二〉的通知》已提出了明确要求：最高人民法院对相关经济犯罪的定罪量刑标准没有规定的，人民法院在审理经济犯罪案件时，可以参照适用《追诉标准二》的规定。根据《追诉标准二》第二十七条规定，骗取贷款罪的立案追诉标准有四个：（1）骗取贷款的数额在100万元以上的；（2）造成银行或者其他金融机构直接损失数额在20万元以上的；（3）虽未达到上述数额标准，但多次以欺骗手段取得贷款的；（4）其他给银行或者其他金融机构造成重大损失或者其他严重情节的情形。

与此同时，该通知也明确了各级人民法院在参照适用《追诉标准二》的过程中，如认为《追诉标准二》的有关规定不能适应案件审理需要的，要结合案件具体情况和本地实际，依法审慎稳妥处理好案件的法律适用和政策把握。据此，我国个别地区司法机关针对各地的具体情形作出了变通规定。例如浙江省司法机关为突出打击重点，对没有造成损失或者一审宣判前已偿还的，予以从宽处理甚至不作为犯罪处理，还特别规定了行为人提供足额担保物且骗贷数额超过100万元不满500万元的可认定为《刑法》第十三条规定的“情节显著轻微危害不大”，不作为犯罪处理。① 浙江省司法机关出台该变通规定系权衡法律效果和社会效果的审慎之举，一定程度上有利于控制打击面，保障和维护地方经济健康有序发展，但随着裁判文书上网公开制度的推行，类案轻判或者不予定罪，同时也给其他地区的被告人及其辩护人一定的误导，相应的，也给其他地区类案审理的释法析理工作带来障碍。

笔者认为，《刑法》和《追诉标准二》是上位法，具有普遍约束力，地方规范性文件的适用亦受地域限制，鉴于目前福建省的司法机关并未就骗取贷款罪制定相关的地方性规范文件对《追诉标准二》作出变通规定，仍应严格参照适用《追诉标准二》的入罪标准，即骗取贷款数额超过100万元或者具有其他严重情节的均可构成骗取贷款罪，“其他严重情节”的认定应综合考量其骗取贷款的数额、次数、手段方式等因素。

二、从入罪的基本标准角度，本案已达到入罪所要求的刑事违法性、应受刑罚处罚性与社会危害性

经济犯罪往往介于刑民之间，当我们在罪与非罪的边界陷入两难之时，不妨回归本质，从入罪的基本特征角度予以评价。传统的刑法理论将犯罪的基本特征概括为刑事违法性、应受刑罚处罚性、社会危害性。②

（一）关于刑事违法性与应受刑罚处罚性

骗取贷款罪所规定的“欺骗手段”是指行为人在取得银行或者其他金融机构的贷款时，编造虚假的资信证明、资金用途、抵押物价值等材料，导致银行或者其他金融机构产生错误认识，高估其资信现状，将本来不应该贷给行为人的贷款予以发放，侧重点在

① 详见《浙江省高级人民法院、浙江省人民检察院、浙江省公安厅关于办理骗取贷款、票据承兑、金融票证罪有关法律适用问题的会议纪要》（浙检发研字〔2015〕9号）。

② 张明楷：《刑法学》（第5版），法律出版社2016年版，第98页。

于行为人提供的虚假材料对取得贷款是否具有实质性影响。在本案的贷款过程中，被告人施某某、许某明知冠都集团的产业状况、负债情况以及冠都集团旗下的案涉公司处于亏损经营或者没有实际经营，仍授意或者安排被告人林某、梁某、陈某乙等伪造贷款公司财务报表、购销合同、纳税证明、审计报告等材料；在贷款银行审批前的考察中，施某某、许某派员把被考察公司名字输入集团公司办公楼的LED显示屏，要求集团公司员工佩戴被考察公司工作牌，以此来欺骗银行工作人员。被告人何某某入职后接手集团公司向银行融资业务，并安排被告人林某、梁某等伪造贷款公司财务报表、购销合同、纳税证明、审计报告等资信证明材料，上述各被告人在案涉公司向恒丰银行、泉州银行、海峡银行、闽侯工行、招商银行贷款过程中，授意或者伪造财务报表、购销合同、纳税证明、审计报告等资信证明材料以及采购合同、增值税发票等资金用途材料。上述欺骗行为足以使恒丰银行等相关银行产生错误认识，影响相关银行对资金使用安全的判断，是导致相关银行发放贷款的重要因素，故被告人陈某甲、施某某等的骗取行为与恒丰银行等相关银行发放贷款之间具有刑法上的因果关系。且被告人陈某甲、施某某等在取得贷款后未按约定用途使用贷款，未按约定履行还款义务，足以证明其具有骗取贷款的主观故意。基于此，被告人陈某甲、施某某等主观上具有骗贷故意，客观上多次实施了骗贷行为，且数额达到3亿元巨资，其行为已达到骗取贷款罪要求的刑事违法性与应受刑罚处罚性。

（二）关于社会危害性

骗取贷款罪的立法目的在于弥补贷款诈骗罪在认定“以非法占有为目的”的主观故意上取证困难的不足，[①] 立法机关认为，实践中以欺骗手段获取银行或其他金融机构贷款，有些虽然不具有非法占有的主观故意，但的确给银行或者其他金融机构造成了损失，使金融资产运行处于可能无法回收的巨大风险之中，侵害了刑法所保护的金融管理秩序这一法益，从其社会危害性角度考量有必要入罪。本案中，陈某甲、施某某等为解决冠都集团资金紧缺问题，成立或者收购多家没有实际经营或者经营状况不佳的公司作为贷款载体，多次使用欺骗手段获取巨额银行贷款，得款后未按约定用途使用贷款资金，亦未按约定履行还款义务，至今仍有3亿余元的贷款本息未能按期偿还，严重扰乱了金融管理秩序，使巨额金融资产的使用无法处于金融机构的正常监管之下，处于可能无法收回的巨大风险之中，手段十分恶劣，应当认定其行为达到了骗取贷款罪要求的社会危害性。虽然其在贷款申请时提供了足额的抵押物担保，恒丰银行等相关银行亦可通过其他途径救济，但仍不足以消除该行为造成的严重社会危害性。

（一审法院合议庭成员　林我坚　林卫国　李　维
二审法院合议庭成员　林燕芳　张　晓　李平盛
编写人　福建省福州市中级人民法院　林燕芳
责任编辑　包献荣
审稿人　李玉萍）

原载《人民法院案例选》2020年第9辑（总第151辑）

① 周道鸾、张军主编：《刑法罪名精释》，人民法院出版社2007年版，第261页。

80. 黄某某骗取贷款案

——准确把握刑民案件的界限和证据规则

【关键词】

刑事　骗取贷款　刑民交叉　举证责任

【裁判要旨】

被告人持提单向金融机构质押贷款，并提供保证担保，金融机构经向提单出具人核实后支付贷款，属于民事借贷行为，金融机构没有提出刑事控告，也没有证据证明被告人采取欺骗手段获取金融机构贷款的，不构成骗取贷款罪。

【相关法条】

《中华人民共和国刑法》

第一百七十五条之一　以欺骗手段取得银行或者其他金融机构贷款、票据承兑、信用证、保函等，给银行或者其他金融机构造成重大损失或者有其他严重情节的，处三年以下有期徒刑或者拘役，并处或者单处罚金；给银行或者其他金融机构造成特别重大损失或者有其他特别严重情节的，处三年以上七年以下有期徒刑，并处罚金。

单位犯前款罪的，对单位判处罚金，并对其直接负责的主管人员和其他直接责任人员，依照前款的规定处罚。

【案件索引】

一审：广东省珠海市金湾区人民法院（2014）珠金法刑重字第2号（2014年12月5日）

二审：广东省珠海市中级人民法院（2015）珠中法刑二终字第11号（2015年6月11日）

再审：广东省高级人民法院（2017）粤刑再6号（2018年5月10日）

【基本案情】

广东省珠海市金湾区人民检察院指控：被告人黄某某犯骗取贷款罪。

被告人黄某某及其辩护人的辩护意见：黄某某贷款时已经提供真实提单质押和保证担保，金融机构没有提出刑事控告，不构成骗取贷款罪。

法院经审理查明：被告人黄某某系广东省珠海市红旗管理区水电公司农业服务站（以下简称农业服务站）负责人和聚群甘蔗专业合作社（以下简称聚群合作社）实际控制人，与广东省珠海市粤侨实业股份有限公司（以下简称粤侨公司）多年存在蔗糖加工承揽、甘蔗买卖、蔗糖仓储保管、资金拆借等经济往来，并多次以粤侨公司出具的提单作质押从广东省珠海农村信用合作社金湾分社（以下简称金湾农信社）借款。2009 年 3 月，黄某某以聚群合作社名义向金湾农信社申请贷款人民币 500 万元，用于资金周转，贷款期限为 1 年。黄某某以农业服务站名义为此笔贷款提供质押担保，质押物为其所持有、粤侨公司所开具的 2100 吨白砂糖提单，同时，黄某某及其女儿黄某、女婿郑某某对该笔贷款提供保证担保。金湾农信社向粤侨公司核对确认质押提单真实性后支付了贷款。黄某某将该笔贷款均用于约定用途。同月，粤侨公司向金湾农信社称黄某某用于质押的提单是虚开的，不能提货。后经金湾农信社同意，黄某某代表农业服务站向珠海市金湾区人民法院提起民事诉讼，请求粤侨公司履行交付提单所示白砂糖的义务，同年 7 月，粤侨公司以黄某某的行为涉嫌贷款诈骗为由向公安机关报案。同年 8 月 20 日，公安机关以涉嫌犯骗取贷款罪对黄某某进行刑事立案。同年 10 月 27 日，广东省珠海市金湾区人民法院以该案不属经济纠纷而有经济犯罪嫌疑、裁定驳回原告农业服务站起诉。同年 9 月开始，聚群合作社除归还以上借款部分利息外，停止向金湾农信社还款。

【裁判结果】

广东省珠海市金湾区人民法院于 2014 年 12 月 5 日作出（2014）珠金法刑重字第 2 号刑事判决：被告人黄某某犯骗取贷款罪，判处有期徒刑二年，缓刑三年，并处罚金人民币 20 万元。

宣判后，被告人黄某某提起上诉。广东省珠海市中级人民法院于 2015 年 6 月 11 日作出（2015）珠中法刑二终字第 11 号刑事裁定：驳回上诉，维持原判。

判决发生法律效力后，原审被告人黄某某向广东省高级人民法院申诉。广东省高级人民法院于 2018 年 5 月 10 日作出（2017）粤刑再 6 号刑事判决：一、撤销广东省珠海市中级人民法院（2015）珠中法刑二终字第 11 号刑事裁定和广东省珠海市金湾区人民法院（2014）珠金法刑重字第 2 号刑事判决。二、原审被告人黄某某无罪。

【裁判理由】

法院生效裁判认为：原审被告人黄某某用涉案提单作质押向金湾农信社贷款的行为不符合骗取贷款罪的构成要件。（1）从行为手段看，根据公诉案件应由检察机关承担举证责任和存疑利益应归于被告人的原则，现有证据尚不足以证明粤侨公司出具的提单是虚开的，也就不足以认定黄某某采用“欺骗手段”即明知提单虚假而用于质押贷款的这一基本事实。（2）从犯罪对象看，本案向公安机关报案并主张被骗的主体是与黄某某具有加工承揽等民事法律关系而为其出具质押提单的粤侨公司，而粤侨公司不属于金融机构。因此，指控和原判认定金湾农信社是本案被害人缺乏事实和法律依据。（3）从行为性质看，本案不属于刑事法律调整的范围。司法机关在本案犯罪事实不明确，特别是金湾农信社没有提出刑事控告的情况下，按骗取贷款罪对黄某某进行立案侦查并追究其刑事责任欠缺合理性和必要性。遂依法撤销原判，宣告黄某某无罪。

【案例注解】

一、根据罪刑法定原则，本案不符合骗取贷款罪的构成要件要素

根据我国《刑法》第一百七十五条之一的规定，骗取贷款罪是指行为人以欺骗手段取得银行或者其他金融机构贷款，给银行或者其他金融机构造成重大损失或者有其他严重情节的行为。该罪侵害对象是金融机构，侵害客体是国家金融管理秩序和金融机构的财产权。本案报案人是出具提单的粤侨公司，报案内容是黄某某向其骗取提单用于质押贷款，而粤侨公司系生产加工企业，显然不是骗取贷款罪的侵害对象。本案的金融机构是金湾农信社，而该社认为其给聚群合作社的贷款调查、上报、审批、发放均符合管理规定，在与聚群合作社签订质押担保合同前，粤侨公司出具的《证明》证实提单是真实的，并明确注明该提单“只能凭单提货，不得挂失”，属于常规的借贷法律关系，至于黄某某是否定罪应由司法机关依法裁决，二者为相互独立的法律关系。鉴于黄某某是聚群合作社和农业服务站的实际控制人，对黄某某是否定罪可能影响聚群合作社向其的偿债能力及其质权的实现。因此，确认金湾农信社是否为本案的被害人是认定被告人黄某某是否构成骗取贷款罪的关键构成要素。对此，控方和原判持客观判断立场，认为即使被害人不承认被害，亦应根据客观存在的损害情况作出认定，金湾农信社由于黄某某所施行为客观上遭受重大损失，应认定为本案的被害人；辩方则持主观判断立场，认为是不是被害人，当事人感受最直接、最清楚，被害人不承认被害，表明其放弃法律对其法益的保护，应予尊重，金湾农信社不认为其被骗取贷款，故不属于本案的被害人。笔者认为，应根据犯罪所侵害法益的公、私性质（公法益不可处分，私法益可处分性），从主、客观两个方面作出具体判断。骗取贷款罪的犯罪对象是金融机构，对金融机构本身来说，关系财产权的保护，属于私法益；从金融机构所承载的社会责任来说，关系金融安全和秩序，属于公法益，具有公私兼具的属性，故应从主、客观两个方面进行判断。首先，从主观方面看，本案发放贷款的金湾农信社并没有报案和行使“被害人”的诉讼权利，而是主张其办理贷款的手续是完全合规的，可通过行使质押权来保障其债权的实现，相反认为对黄某某定罪会影响其债权和质押权的正常行使，主观上不认为其是被害人。其次，从客观方面看，黄某某控制的聚群合作社与金湾农信社签订的《借款合同》贷款期限为1年，即从2009年3月13日起至2010年3月13日止，一次性偿还全部借款本金，除用涉案提单质押担保外，还有黄某某、黄某、郑某某等自然人提供保证担保，公安机关以涉嫌犯骗取贷款罪对黄某某进行刑事立案的时间为2009年8月20日，金湾区人民法院以该案不属经济纠纷而有经济犯罪嫌疑、裁定驳回原告农业服务站起诉的时间为2009年10月27日，聚群合作社尚未到还本期限，而在公安机关刑事立案前，聚群合作社能够按合同约定归还借款利息，故在刑事立案时公安机关认为聚群合作社届时无法归还贷款本息缺乏事实依据，虽然最终发生聚群合作社没有如期归还贷款本息的事实，但不能排除因系公安机关的提前介入导致其行使民事权利受阻所至，结合黄某某以往贷款均无违约的事实，将金湾农信社不能收回贷款本金的损害结果完全归责于黄某某有失公允，从客观角度亦难以将金湾农信社评价为黄某某所施行为的被害人。

二、根据刑事证据规则，本案没有确实、充分的证据证明涉案提单是虚开的

刑事公诉案件的举证责任应由公诉机关承担，应达到事实清楚，证据确实、充分的证明标准，被告人没有证明自己无罪的责任，案件事实存疑应作出有利于被告人的认定。本案有两个争议事实：一是关于提单开具之因（为什么出具提单）。公诉机关指控和粤侨公司主张：黄某某与粤侨公司口头约定，由黄某某借款人民币420万元给粤侨公司，粤侨公司提供2500吨白糖的调拨单及配套提单作为抵押担保。黄某某对指控事实予以否认。经查，指控认定该事实的主要依据是粤侨公司的报案报告和粤侨公司高管和财务人员的证言。我们认为，粤侨公司是涉案提单的出具者，与本案具有直接利害关系，出具证言者均系粤侨公司的主管人员和直接责任人员，代表粤侨公司利益，也与本案具有直接利害关系，因此，粤侨公司的报案报告及有关人员的证言仍属于当事人陈述的范畴，其陈述内容本身属于证明对象，必须有其他证据证明是真实的，才能作为定案依据。二是关于提单开具之果（提单是否为虚开的）。公诉机关指控和粤侨公司主张：提单是根据黄某某的要求虚开的，提供大量书证、证人证言，以及司法鉴定检验报告、审计报告等证据材料予以证明。黄某某否认提单是虚开的，并提供粤侨公司出具的书证和大量证人证言、书证等证据材料予以证明。

针对指控证据，笔者认为，从客观证据分析：（1）粤侨公司报案时提供的《甘蔗来料加工协议》《当日共入蔗量合计》《产品寄存提单》《平沙糖厂白砂糖调拨单》和《证明》，与黄某某提供的证据材料相同，形式和内容均不能得出黄某某所持涉案提单是虚开的结论。（2）粤侨公司报案时提供的《委托协议书》、发票，只能证明粤侨公司与黄某某之间存在代扣甘蔗和收购甘蔗的事实，亦得不出涉案提单是虚开的结论。（3）一审法院调取黄某某与粤侨公司加工承揽合同纠纷案中提交、粤侨公司开具的《加工糖明细表》《甘蔗生产经营部（收、付）款结算单》、白糖调拨单及增值税专用发票（复印件），能够证明黄某某08－09榨季已提取的白砂糖数量及相关手续，但不能得出黄某某在粤侨公司08－09榨季的白砂糖已经全部提取和涉案提单是虚开的结论。（4）公安机关调取、返还物品、文件清单，只证明公安机关向粤侨公司和农业服务站调取和返还相关书证、物证的事实，不能证明涉案提单系虚开的事实。（5）证人钟某等人提供的书证，只能证明钟某等人在08－09榨季以黄某某的名义直接送到粤侨公司甘蔗的数量，不能证明黄某某在该榨季共向粤侨公司供应甘蔗的总量。（6）司法鉴定检验报告显示公安机关向粤侨公司调取的两部电脑主机储存08－09榨季的磅码数据进行过大量删改，粤侨公司和公诉机关对此不能作出合理解释和说明，据此可以认定粤侨公司的磅码系统显示数据的真实性、完整性不可靠。（7）专项审计报告中根据磅码单统计的数据比粤侨公司在黄某某诉其加工承揽合同纠纷案件中提交的08－09榨季进蔗汇总表统计的数据少了3万多吨，粤侨公司和公诉机关对其存在的巨大误差没有作出合理解释，不能排除粤侨公司提交审计的财务资料存在不全、不实问题。从主观证据方面分析：（1）证人郑某等人证言，经查，这些证人均系粤侨公司的管理人员或业务人员，均与本案存在直接利害关系，所作证言虽有相互印证之处，但表述笼统、缺乏细节，且缺乏客观证据予以印证或佐证，不能排除相互串通的可能性，真实性存疑。（2）证人林某等人证言，其证称磅码系统的“毛重”“实重”等重量数据无法修改的说法与司法鉴定检验报告结果不一致。（3）证人钟某等人证言，只能证明各自向黄某某供应甘蔗的情况，不能证明黄某某向粤侨公司供应甘蔗的总量。

综上，现有证据无法得出黄某某所持提单系虚假形成的结论。

三、根据刑法谦抑原则，本案应按民事纠纷处理

首先，根据黄某某与金湾农信社提供的书面证据材料及双方的认知，黄某某以其控制的聚群合作社名义向金湾农信社借款，并以其负责的农业服务站名义持有、粤侨公司出具并证明真实的提单提供质押担保和其本人及亲属名义提供保证担保，金湾农信社对借款材料的真实性和履约能力进行了审核，所借款项也均用于约定的用途，黄某某与金湾农信社之间的关系应属于民事法律调整的范畴。其次，从提单的法律性质和质押效力来看，提单是物权凭证，具有指示交付的功能。提单质押是债务人或者第三人将其持有的物权凭证交由债权人保管，用于保证债务履行的担保形式。只要提单是出具人（加工、仓管、承运人等）出具的，其即负有对提单指向货物的交付义务，至于提单是基于何种基础法律关系出具的，以及提单指向货物是否真实存在，对善意的债权人来说，并不影响质押担保效力。本案金湾农信社已经对该质押提单的形式真实性进行了审核，粤侨公司承认确为其所出具的，并且还出具了“只能提货、不能挂失”的证明，对金湾农信社来说，粤侨公司负有对其交付质押提单指向货物的法定义务，金湾农信社可以通过行使质押权获得法律救济。此外，从黄某某与粤侨公司的关系来看，根据双方提供的书面证据材料及认知，黄某某与粤侨公司之间存在加工承揽、买卖、保管、拆借等多种民事法律关系，涉案提单是双方存在民事关系的凭证，至于是否真实产生，亦属双方民事争议的事实，应当通过民事审判途径查明认定，司法机关运用刑事手段插手干预欠缺合理性和必要性。

（一审法院合议庭成员　陈立涛　桂春玲　张　璋
二审法院合议庭成员　姚文强　汤薇乔　贺　心
再审法院合议庭成员　魏　海　郑元智　李　静
编写人　广东省高级人民法院　魏　海　王素华
责任编辑　包献荣
审稿人　李玉萍）

原载《人民法院案例选》2020 年第 9 辑（总第 151 辑）

81. 内蒙古奈伦集团股份有限公司、郭某甲单位行贿、骗取贷款案

——单位以虚假销售合同、真实抵押向银行贷款后如期归还行为的性质认定

【关键词】

刑事　骗取贷款罪　单位行贿罪　虚假销售合同

【裁判要旨】

骗取贷款罪不仅要关注骗取的外在表现形式，更应当进行实质把握。对于在贷款中提供虚假销售合同，但抵押合同真实，且贷款到期全部归还，没有给银行或者其他金融机构造成损失或者有其他严重情节的行为不构成犯罪。

【相关法条】

《中华人民共和国刑法》

第一百七十五条之一　以欺骗手段取得银行或者其他金融机构贷款、票据承兑、信用证、保函等，给银行或者其他金融机构造成重大损失或者有其他严重情节的，处三年以下有期徒刑或者拘役，并处或者单处罚金；给银行或者其他金融机构造成特别重大损失或者有其他特别严重情节的，处三年以上七年以下有期徒刑，并处罚金。

单位犯前款罪的，对单位判处罚金，并对其直接负责的主管人员和其他直接责任人员，依照前款的规定处罚。

【案件索引】

一审：内蒙古自治区乌拉特前旗人民法院（2016）内 0823 刑初 54 号（2016 年 12 月 25 日）

二审：内蒙古自治区巴彦淖尔市中级人民法院（2017）内 08 刑终 40 号（2018 年 11 月 16 日）

【基本案情】

内蒙古自治区乌拉特前旗人民检察院指控：被告单位内蒙古奈伦集团股份有限公司、被告人郭某甲犯单位行贿罪、骗取贷款罪。

被告单位辩护人的意见：被告单位及被告人郭某甲主观上没有骗取贷款的故意，客观上银行也没有发放或者增加新的贷款额度。在办理贷款手续的过程中，被告单位和被告人的行为虽有不妥，但是因为贷款已经全部归还，没有给银行或者金融机构造成重大

损失或者有其他严重情节的行为，不构成骗取贷款罪。

被告人郭某甲及其辩护人的意见：被告单位转贷 1.65 亿元是为了延长 2011 年 1.75 亿元的还款期，2011 年 10 月在内蒙古银行联信支行办理了 1.65 亿元还旧贷新贷款业务，该笔贷款有真实的抵押，并且贷款已经全部归还，被告单位和被告人郭某甲主观上没有骗取贷款的故意，客观上银行也没有发放或者增加新的贷款额度；在办理贷款手续的过程中，被告单位和被告人的行为虽有不妥，但是因为贷款已经全部归还，没有给银行或者金融机构造成重大损失或者有其他严重情节的行为，该案属借新还旧贷款的性质，故被告单位 1.65 亿元的贷款行为不构成骗取贷款罪。

法院经审理查明：2000 年 12 月至 2013 年 6 月间，内蒙古奈伦集团股份有限公司（以下简称奈伦集团）董事长郭某甲为了公司的发展，先后请托时任内蒙古呼和浩特市商业银行董事长（后任内蒙古银行董事长）的杨某某（另案处理），在奈伦集团从呼和浩特市商业银行和内蒙古银行先后获得贷款累计 118120 万元、在呼和浩特市商业银行购买奈伦国际大厦作为联信支行商业和办公用房、购买奈伦如意国际大厦作为总行营业办公用房等事项上提供的帮助，为了感谢杨某某在上述事项上的帮助，被告人郭某甲先后向杨某某行贿现金、商品房、商铺、车库等共计 23371382 元。

2011 年 10 月，奈伦集团向内蒙古银行贷款 1.75 亿元临近到期，被告人郭某甲让奈伦集团财务总监郭某乙（另案处理）从内蒙古银行联信支行办理还旧贷新的贷款手续。后郭某乙提供了抵押合同、抵押合同补充说明及虚假的钢材购销合同等贷款材料，向内蒙古银行联信支行申请短期流动资金贷款 1.65 亿元，内蒙古银行股份有限公司呼和浩特新华东街支行，对奈伦集团经营情况及还款来源、贷款用途、企业财务情况、贷款抵押情况等进行调查，调查后同意发放奈伦集团申请的 1.65 亿元流动资金贷款，约定贷款期限一年，利率上浮 70%，按年利率 11.152% 执行，并用“奈伦国际”项目进行在建工程 81548.23 平方米及所分摊的土地 13511 平方米使用权作为抵押。内蒙古银行股份有限公司呼和浩特新华东街支行于 2011 年 11 月 29 日起，先后分五笔款将该 1.65 亿元贷款汇到了呼和浩特市茂鑫商贸有限公司账户。后奈伦集团将该笔贷款的一部分资金归还了公司的其他贷款，一部分用于奈伦集团工程等支出。奈伦集团于 2012 年 11 月 29 日起分三五笔款将该 1.65 亿元贷款全部归还内蒙古银行股份有限公司呼和浩特新华东街支行。

被告单位奈伦集团为了谋取不正当利益，通过公司法定代表人兼董事长的被告人郭某甲，向国家工作人员行贿，行贿数额人民币 23371382 元，情节严重，其行为已构成单位行贿罪；被告人郭某甲作为犯罪单位的直接负责人，其行为已经构成单位行贿罪。奈伦集团向内蒙古银行提供了抵押合同、虚假的钢材购销合同等申请贷款资料，向内蒙古银行联信支行申请短期流动资金贷款 1.65 亿元，奈伦集团在取得该笔贷款后，将一部分资金归还其他贷款，一部分资金用于奈伦集团工程支出。贷款到期后奈伦集团将 1.65 亿元全部归还。对此，奈伦集团在贷款 1.65 亿元的主观方面不具有非法占有金融资金的目的，且内蒙古银行对奈伦集团该 1.65 亿元贷款进行过风险评估调查，认为奈伦集团的经营情况良好，符合银行放贷条件，同意发放奈伦集团申请的 1.65 亿元流动资金贷款；客观方面虽然申报贷款理由和用途不一致，但该笔贷款到期全部归还，没有给内蒙古银行造成损失，被告单位及被告人郭某甲的行为不构成骗取贷款罪。被告人郭某甲犯罪后认罪态度好，可以从轻处罚。案发后，被告单位奈伦集团退缴的人民币 100 万元系违法所得，应当予以没收。

【判决结果】

内蒙古自治区乌拉特前旗人民法院于2016年12月25日作出（2016）内0823刑初54号刑事判决：一、被告单位内蒙古奈伦集团股份有限公司犯单位行贿罪，判处罚金人民币600万元。二、被告人郭某甲犯单位行贿罪，判处有期徒刑一年零七个月。三、被告单位退缴的人民币100万元，予以没收。

宣判后，被告单位内蒙古奈伦集团股份有限公司、被告人郭某甲无异议，内蒙古自治区乌拉特前旗人民检察院以“部分事实及罪名未认定”等为由，向内蒙古自治区巴彦淖尔市中级人民法院提出抗诉。内蒙古自治区巴彦淖尔市中级人民法院于2018年11月16日作出（2017）内08刑终40号刑事裁定：驳回抗诉，维持原判。

【裁判理由】

法院生效裁判认为：被告单位奈伦集团向内蒙古银行提供了钢材购销合同、抵押合同等申请贷款资料，向内蒙古银行联信支行申请短期流动资金贷款1.65亿元，奈伦集团在取得该笔贷款后，将一部分资金归还其他贷款，一部分资金用于奈伦集团工程支出。申请人在办理该笔贷款中，虽提供了虚假的购销合同，有违法行为，该违法行为对金融机构的金融秩序具有危害性，但申请人提供了足额的贷款抵押，贷款到期后奈伦集团将1.65亿元贷款已全部归还，该笔贷款属“借新还旧”，没有给金融机构造成损失，亦不属于“其他严重情节”，不具有刑法意义上的惩罚性，对被告单位及被告人不宜以刑事犯罪论处。被告单位及被告人郭某甲的行为不构成骗取贷款罪。

【案例注解】

本案的争议焦点是被告单位、被告人向内蒙古银行提供了虚假的钢材购销合同、真实足额的抵押合同等申请贷款资料，向内蒙古银行联信支行申请短期流动资金贷款1.65亿元，被告单位在取得该笔贷款后，将一部分资金归还其他贷款，一部分资金用于奈伦集团工程支出，贷款到期后将1.65亿元按期全部归还的行为如何定性？对此，主要有两种观点：第一种观点认为，判决对被告单位及被告人骗取贷款罪的犯罪事实及罪名未予认定，适用法律不当，进而量刑错误。一审法院刑事判决书对被告单位奈伦集团及被告人郭某甲涉嫌骗取贷款罪的事实认定错误，认定奈伦集团在向银行申请贷款1.65亿元时，申请贷款时所提供的贷款材料虚假，申请贷款事由与资金实际用途不符，主观方面具有非法占有金融资金的目的；贷款金额巨大，扰乱金融秩序，虽该笔贷款到期全部归还，但属《刑法》第一百七十五条之一规定的有其他严重情节的，被告单位及被告人郭某甲的行为构成骗取贷款罪。第二种观点认为，被告单位在办理在该笔贷款中，虽提供了虚假的购销合同，有违法行为，该违法行为对金融机构的金融秩序具有危害性，但被告单位提供了真实足额的贷款抵押，贷款到期后按期已全部归还，该笔贷款属“借新还旧”，没有给金融机构造成损失，亦不属于“其他严重情节”，社会危害尚未达到触犯刑事法律而应当给予刑罚处罚的严重程度，不具有刑法意义上的惩罚性，对被告单位及被告人不宜以刑事犯罪论处。我们采纳了第二种观点。

一、关于骗取贷款罪的理解与适用

骗取贷款罪是指以欺骗手段取得银行或者其他金融机构贷款，给银行或者其他金融机构造成重大损失或者有其他严重情节的行为。在司法实践中，适用本罪打击犯罪活动时，应注意以下几个问题：

1. 骗取贷款罪的客体不仅仅是银行等金融机构的信贷资金，还包括银行的票据承兑、信用证等其他信用。目前社会上以虚构事实、隐瞒真相等欺骗手段骗取银行等金融机构的贷款及其他信用的现象比较严重，严重危害了我国金融安全，培育全社会的信用文化和加强诚信立法已成为打击金融欺诈的当务之急。从设立本罪的目的而言，既要保护银行等金融机构信贷资金的安全，又要保障银行等金融机构的信誉体系。行为人以欺骗手段骗取银行或者其他金融机构信用证、票据承兑、保函等，一旦不能还款，就会给银行或者其他金融机构造成损失。换言之，它不仅侵害了国家整个金融行业的信誉，存在引发系统性金融风险的可能，同时，还会给银行或者其他金融机构造成重大财产损失。

2. 骗取贷款罪是结果犯还是行为犯，在审判实践中一直存在争议。通过对本案的审理，宜认定该罪为结果犯。其主要原因：一是从经济社会发展来看，部分行为人主观上没有骗取的故意，但在贷款过程中出现虚假证明及虚假材料，原因很多，责任也非全是贷款方的；二是从制定该罪名的立法目的看，也宜认定为结果犯，即要以产生危害结果的发生为前提要件。

3. 审理此类案件要结合案件具体情况和本地实际，依法审慎稳妥处理好案件的法律适用和政策把握。在本案的贷款过程中，虽然被告单位及被告人所提供的贷款资料及贷款用途存在虚假情形，但提供的抵押却是真实且足额的；同时，贷款过程中银行也对该企业进行了风险评估。在贷款过程中，被告单位及被告人欺骗银行的故意不明显，所提供贷款资料部分不符合实际用途，贷款用途是购买钢材进行大楼建筑，但大楼在贷款时已完成主体工程。

4. 将某种行为作犯罪论处时，要严格把握犯罪的基本特征，即社会危害性、刑事违法性、应受刑罚处罚性问题，从而达到社会效果与法律效果相统一。本案被告单位及被告人在贷款过程中具有提供虚假合同，存在虚构事实、隐瞒真相的情形，但在还款期内，已按约定履行还款义务，没有给金融机构造成损失。基于此，被告单位及被告人主观上有骗取贷款的故意，但其行为未达到骗取贷款罪要求的应受刑罚处罚性。

对骗取贷款的行为，如果入罪，首先应考虑行为人主观上是否有骗取贷款的故意；其次，是否“有其他严重情节”及“有其他特别严重情节”；最后，综合考虑行为人骗取贷款的数额、次数、手段方式等因素。

二、对骗取贷款罪中“有其他严重情节”的认定

“其他严重情节”，包括骗取手段行为的严重性和骗取对象性质的严重性。手段行为的严重性，是指伪造国家重要文件、巧立国家重要项目，或者虽未造成重大损失，但参与人员众多，社会影响巨大，或者其他严重干扰金融机构正常信用管理体系的行为。骗取对象性质的严重性，是指骗取的贷款、票据承兑、信用证、保函等有特定的意义或者特定用途，或者严重破坏特定交易对象环境，导致金融机构或者交易相对人发生严重信用危机等情形。以上两个条件必须同时具备，缺一则不能构成本罪。

本案中被告单位及被告人未利用银行管理漏洞，也未与银行工作人员勾结来骗取贷

款。被告单位及被告人利用“借新还旧”来归还贷款，一方面降低银行不良贷款率，另一方面企业也可以避免出现不良资信。在被告单位及被告人向银行贷款过程中，给银行提供的购销合同虽然是虚假的，但足额提供了真实的抵押物，在被告单位及被告人不能归还贷款时，抵押物变现也可以足额偿还贷款本息；同时，在案发前被告单位及被告人已偿还全部贷款本息，可以认为不属于本条的“其他严重情节”。因此，该起指控的犯罪不符合犯罪构成要件，不宜认定为犯罪。

（一审法院合议庭成员　何志胜　董　琨　高富兵
二审法院合议庭成员　乌日娜　海　波　杨　颖
编写人　内蒙古自治区巴彦淖尔市中级人民法院　乌日娜　高永刚
责任编辑　包献荣
审稿人　李玉萍）

原载《人民法院案例选》2020 年第 9 辑（总第 151 辑）

二、非法吸收公众存款罪

82. 沈建雄、陈光文非法吸收公众存款案

——集资诈骗罪与非法吸收公众存款罪的区分

【关键词】

集资诈骗　非法吸收公众存款　非法占有目的　区分

【裁判要旨】

主观上是否具有非法占有目的是区分集资诈骗罪与非法吸收公众存款罪的关键，行为人只有在非法占有目的支配下实施了非法集资行为，才能认定为集资诈骗罪。

【相关法条】

《中华人民共和国刑法》

第一百七十六条第一款　非法吸收公众存款或者变相吸收公众存款，扰乱金融秩序的，处三年以下有期徒刑或者拘役，并处或者单处二万元以上二十万元以下罚金；数额巨大或者有其他严重情节的，处三年以上十年以下有期徒刑，并处五万元以上五十万元以下罚金。

第一百九十二条　以非法占有为目的，使用诈骗方法非法集资，数额较大的，处五年以下有期徒刑或者拘役，并处二万元以上二十万元以下罚金；数额巨大或者有其他严重情节的，处五年以上十年以下有期徒刑，并处五万元以上五十万元以下罚金；数额特别巨大或者有其他特别严重情节的，处十年以上有期徒刑或者无期徒刑，并处五万元以上五十万元以下罚金或者没收财产。

【案件索引】

一审：浙江省温州市龙湾区人民法院（2013）温龙刑初字第525号（2014年6月17日）

二审：浙江省温州市中级人民法院（2014）浙温刑终字第848号（2014年10月10

日）

【基本案情】

公诉机关：浙江省温州市龙湾区人民检察院。

公诉机关指控被告人沈建雄犯非法吸收公众存款罪、集资诈骗罪，被告人陈光文犯非法吸收公众存款罪。

温州市龙湾区人民法院经审理查明：2009年，被告人沈建雄开始向他人吸收资金，后伙同他人在温州市龙湾区永中街道江南锦苑2幢某室成立非法担保公司。2010年10月左右，被告人陈光文出资人民币500万元加入该担保公司，并在该担保公司负责财务工作。期间，沈建雄、陈光文以高息为诱饵，以各自名义或互相担保向社会不特定公众吸收资金，由沈建雄决定将资金用于转贷、炒股、购买房产或支付利息，后因资金周转困难，致使大部分本金无法归还。截至2010年10月，沈建雄向张某某、季某某、刘某某吸收资金共计1194万元，截至2011年7、8月，沈建雄、陈光文向季某某、孔某某等30余人吸收资金共计8365.3万元。案发前，沈建雄、陈光文支付了部分利息和归还了小部分本金。

被告人沈建雄在上述非法吸收公众存款过程中自己没有资产的情况下，将其中至少1273.64万元投资在高风险的股票行业，导致亏损本金总计589.8万元。

2012年1月20日、同年3月8日，被告人沈建雄、陈光文分别到公安机关投案，并如实供述了自己的罪行。归案后，沈建雄将赃款100万元退至公安机关。

【裁判结果】

浙江省温州市龙湾区人民法院于2014年6月17日作出（2013）温龙刑初字第525号刑事判决：一、被告人沈建雄犯集资诈骗罪，判处有期徒刑十年，并处罚金人民币10万元；犯非法吸收公众存款罪，判处有期徒刑六年，并处罚金人民币30万元。决定执行有期徒刑十三年，并处罚金人民币40万元。二、被告人陈光文犯非法吸收公众存款罪，判处有期徒刑四年，并处罚金人民币20万元。三、所有违法所得予以追缴，返还给各被害人。

一审宣判后，被告人沈建雄、陈光文不服，分别向浙江省温州市中级人民法院提起上诉，浙江省温州市中级人民法院于2014年10月10日作出（2014）浙温刑终字第848号刑事判决：一、维持浙江省温州市龙湾区人民法院（2013）温龙刑初字第525号刑事判决第三项，即所有违法所得予以追缴，返还给各被害人。二、撤销浙江省温州市龙湾区人民法院（2013）温龙刑初字第525号刑事判决第一项、第二项，即被告人沈建雄犯集资诈骗罪，判处有期徒刑十年，并处罚金人民币10万元，犯非法吸收公众存款罪，判处有期徒刑六年，并处罚金人民币30万元，决定执行有期徒刑十三年，并处罚金人民币40万元；被告人陈光文犯非法吸收公众存款罪，判处有期徒刑四年，并处罚金人民币20万元。三、被告人沈建雄犯非法吸收公众存款罪，判处有期徒刑六年，并处罚金人民币30万元。四、被告人陈光文犯非法吸收公众存款罪，判处有期徒刑二年，缓刑三年，并处罚金人民币10万元。

【裁判理由】

法院生效裁判认为：沈建雄炒股亏损的589.8万元仅占其吸存资金的小部分，且沈建雄炒股亏损大部分发生在2010年10月之前，而其大部分资金是在2010年10月之后吸收的，何况案发后，沈建雄能够积极退出赃款100万元，故难以认定其主观上具有非法占有的目的。沈建雄投资股票的大部分时间担保公司经营正常，并未出现资不抵债的情况，不能认定其是为弥补亏损，无视自身实力和抗风险能力，滥用他人资金盲目博弈，将集资款用于高风险投资。故一审认定沈建雄构成集资诈骗罪不当，应予以纠正，沈建雄及其辩护人提出不构成集资诈骗罪的意见，二审法院予以采纳。

【案例注解】

在本案审理过程中，对被告人沈建雄炒股所亏损的589.8万元能否认定为集资诈骗罪，合议庭存在较大争议，主要有以下两种不同的意见：

第一种意见认为，被告人沈建雄在非法集资过程中，为弥补亏损，无视自身实力和抗风险能力，滥用他人资金盲目博弈，将集资款用于高风险投资导致亏损589.8万元，可见其主观上具有非法占有的目的，对该部分炒股亏损的金额应当认定为集资诈骗罪。

第二种意见认为，被告人沈建雄用于炒股的金额远低于非法集资的总额，且亏损主要发生在2010年10月之前，当时正是民间借贷鼎盛时期，被告人沈建雄所经营的担保公司在当时的盈利情况也是相当好的，炒股所亏损的589.8万元不能认为超出了被告人的可控范围，被告人沈建雄对该笔资金不具有非法占有目的，故不构成集资诈骗罪。

笔者同意第二种意见。具体理由分析如下：

一、主观上是否具有非法占有目的是区分集资诈骗罪与非法吸收公众存款罪的关键

作为涉众型经济犯罪，集资诈骗罪与非法吸收公众存款罪具有许多相似之处，从犯罪构成要件上看，行为人主观上是否具有非法占有的目的，客观上有无实施虚构事实、隐瞒真相骗取集资款的行为是两罪的主要不同之处，其中非法占有目的又是区分两罪的关键。

那么，如何理解集资诈骗罪的主观要素——“非法占有目的”？首先，刑法上的非法占有有别于民法上的非法占有，虽然两者都是指行为人对财物事实上的支配和管理，但前者意图改变的是财物的所有权，后者意图改变的仅是财物的占有状态。也就是说，在认定集资诈骗罪非法占有目的时，不仅要看行为人是否有通过自己的欺诈行为非法控制他人资金的意图，还要看其是否具有将所骗集资款据为己有的永久意图。正如马克昌教授指出：“将不法占有理解为不法所有，才是各种金融诈骗罪中‘以不法占有为目的’的真正含义。”①

其次，从时间结点上看，“非法占有目的”存在于行为人实施非法集资行为之前，或产生于行为人实施非法集资行为之时，不能将行为人事后产生的非法占有目的溯及行为人行为时，否则相当于承认了存在事后的非法占有目的，有违主客观相统一原则和行为与责任同时存在原则。也就是说，集资诈骗罪必须要求行为人在具有非法占有目的的

① 马克昌：《金融诈骗罪若干问题研究》，载《人民检察》2001年第1期。

同时，虚构事实、隐瞒真相，使他人陷入错误之后自愿处分财产，即行为人实施欺诈行为必须在非法占有目的的支配下。

2008 年《浙江省高级人民法院、浙江省人民检察院、浙江省公安厅关于当前办理集资类刑事案件适用法律若干问题的会议纪要》（以下简称《纪要》）第一条规定："未经依法批准，以承诺还本分红或者付息的方法，向社会不特定对象吸收资金，用于发放贷款、办理结算、票据贴现、资金拆借、信托投资、金融租赁、融资担保、外汇买卖、证券期货等非法营利活动的，应当依法按照非法吸收公众存款定性处理；行为人具有非法占有目的的，应当依法按照集资诈骗等处理。"

2011 年《浙江省高级人民法院、浙江省人民检察院、浙江省公安厅关于当前办理集资类刑事案件适用法律若干问题的会议纪要（二）》（以下简称《纪要二》）第三条规定："行为人将集资款用于高风险行业的情况，能否认定其主观上具有非法占有目的，不宜一概而论，应当结合行为人的抗风险能力，如自有资金、亏损程度、负债状况等案件具体情况具体认定。行为人明知自己没有偿还能力仍予为之，并造成严重后果的，可认定行为人具有非法占有目的。"

2013 年《浙江省高级人民法院、浙江省人民检察院、浙江省公安厅关于当前办理集资类刑事案件适用法律若干问题的会议纪要（三）》（以下简称《纪要三》）第三条规定："行为人在严重负债的情况下，明知自己无法偿还，仍以生产经营为幌子，以高息为诱饵，大肆非法集资，造成巨额集资款无法归还的，应当认定其主观上具有非法占有目的，以集资诈骗罪定罪处罚。"第六条规定："行为人为弥补亏损，无视自身实力和抗风险能力，滥用他人资金盲目博弈，将集资款用于高风险投资（如期货、股票）的，一般不能认定为用于生产经营活动。"

浙江省高级人民法院、浙江省人民检察院、浙江省公安厅的会议纪要对集资诈骗问题作出了较详尽的规定，其目的就是说明实践中不能机械办案，防止客观归罪。就本案而言，被告人从事担保公司行业，此类公司的经营业务主要是转贷赚取利差，而非从事实业，各被害人对此也是知晓的，故本案不符合《纪要三》第三条关于以生产经营为幌子的要件。而被告人炒股行为主要发生于 2010 年之前，此时担保公司并未亏损，也不能适用《纪要三》第六条关于为弥补亏损的要件。被告人在担保公司盈利状况良好的情况下，将处于其可控范围内的少量集资款用于炒股，不能以此认定被告人从事高风险活动，从而直接推导出被告人具有非法占有的目的，何况证券期货的高风险也只是相对而言，从资金的可控性而言，将资金转借给他人在现实情况下可能风险更大。一审仅依据事后资金链断裂的情况将炒股亏损的 589.8 万元割裂开来认定为集资诈骗罪，有客观归罪之嫌。

二、在司法实务中如何正确认定集资诈骗罪中的"非法占有目的"

"非法占有目的"作为行为人的一种主观意图，蕴藏于行为人的客观行为之中。在司法实务中，对于这种主观意图的探究，在被告人不主动供述的情况下，只能借助于外在的客观情形加以推定。然而，近年来，随着涉众型经济犯罪的爆发，在我国目前整体刑事政策为"宽严相济"的背景下，单就打击经济犯罪而言，仍出现了"从严"的倾向，尤其是在认定集资诈骗罪的非法占有目的时，出现了非法占有目的情形增加、产生时间点不断扩张、司法推定增多、证明标准降低的趋势，从而使得犯罪圈不断扩大，打击力度不断加大。

2010 年 12 月 13 日，《最高人民法院关于审理非法集资刑事案件具体应用法律若干问题的解释》第四条的规定列举了八种可以认定为“非法占有为目的”的情形，从内容上看，构成集资诈骗罪的情形都落脚在无法返还或拒不归还集资款上。但在司法实践中，在无法归还集资款的情况下，不能单从无法返还这一事实本身推断行为人主观上具有“非法占有目的”，否则会混淆集资诈骗罪与非法吸收公共存款罪的界限，使非法占有目的在司法判断中流于客观实质化。

笔者认为，行为人是否具有非法占有目的，应当根据集资后资金的总体运用方式来认定。如果行为人集资后携款潜逃或者全部挥霍，当然可以认定具有非法占有目的，但实践中情形可能更为复杂，比如，行为人集资后将部分集资款用于生产经营，将部分集资款用于消费、偿债或高风险活动，这种情形下，如何判断行为人主观上是否具有非法占有目的？2001 年 1 月 21 日，最高人民法院印发的《全国法院审理金融犯罪案件工作座谈会纪要》规定：“行为人将大部分资金用于投资或生产经营活动，而将少量资金用于个人消费或挥霍的，不应仅以此便认定具有非法占有的目的。”若行为人将大部分资金用于生产经营，用于消费的少量资金未超出预期收益，或者用于高风险活动的少量资金未超出可控范围，即使事后因经营失败无法归还集资款，也不能据以认定具有非法占有的目的。

就本案而言，被告人沈建雄非法集资金额达 1 亿余元，主要用于转贷、购买房产、支付利息，少量用于炒股，用于炒股的资金未超出其可控范围，不能以事后集资款不能返还就认定其对炒股亏损的 589.8 万元具有非法占有目的，故被告人沈建雄不构成集资诈骗罪。

（一审法院合议庭成员　胡洁茜　张惠俏　邵建和
二审法院合议庭成员　袁骁乐　夏宁安　方彬微
编写人　浙江省温州市中级人民法院　朱若荪　方彬微
责任编辑　李　明
审稿人　沈　亮）

原载《人民法院案例选》2016 年第 5 辑（总第 99 辑）

83. 韩学梅、刘孝明、李鸿雁非法吸收公众存款案

——合法私募与非法吸收公众存款之辨析

【关键词】

私募发行　合格投资者　社会不特定对象　向社会公开宣传

【裁判要旨】

行为人委托第三方（银行、信托公司等）代为销售其私募基金理财产品的行为，本质上是利用第三方的客户资源向社会公开宣传，进而向社会不特定对象吸收资金的行为，应当认定为非法吸收公众存款罪。

【相关法条】

《最高人民法院、最高人民检察院、公安部关于办理非法集资刑事案件适用法律若干问题的意见》

一、关于行政认定的问题

行政部门对于非法集资的性质认定，不是非法集资刑事案件进入刑事诉讼程序的必经程序。行政部门未对非法集资作出性质认定的，不影响非法集资刑事案件的侦查、起诉和审判。

公安机关、人民检察院、人民法院应当依法认定案件事实的性质，对于案情复杂、性质认定疑难的案件，可参考有关部门的认定意见，根据案件事实和法律规定作出性质认定。

【案件索引】

一审：北京市朝阳区人民法院（2015）朝刑初字第1780号（2015年12月30日）

【基本案情】

公诉机关北京市朝阳区人民检察院指控：2012年9月以来，被告人韩学梅、刘孝明、李鸿雁以中能远通（北京）投资基金管理有限公司的名义在北京市朝阳区北京财富中心A座312室，以丰台区郭公庄保障房等项目高额返利为由非法吸收公众存款2亿余元。后被告人韩学梅、刘孝明、李鸿雁被抓获归案。公诉机关认为被告人韩学梅、刘孝明、李鸿雁的行为构成非法吸收公众存款罪，且属数额巨大，提请本院依照《刑法》第一百七十六条之规定予以惩处。

被告人韩学梅、刘孝明对公诉机关指控的主要事实未提异议，自愿认罪；被告人李

鸿雁当庭认可其持有公司10%的股份、股东决策书有其的签字、负责后期给投资人返还本金及利息等事实，但辩称其前期对公司募集资金的事不知情。

韩学梅之辩护人对公诉机关指控的事实不持异议，认为本案系单位犯罪，韩学梅并非公司的全程实际控制人，投资人的经济损失已基本挽回，韩学梅具有自首情节且犯罪情节轻微，建议法庭对韩学梅免予刑事处罚。

刘孝明之辩护人的辩护意见为，公司发行基金采取的非公开私募方式，属于合法发行私募基金，刘孝明之行为不构成非法吸收公众存款罪；同时认为，刘孝明具有自首情节，且投资人的损失大部分已挽回。

李鸿雁之辩护人的辩护意见为，李鸿雁没有参与公司募集资金的行为，且公司募集资金的行为属于合法私募基金行为，建议法庭宣告李鸿雁无罪。

法院经审理查明：中能远通（北京）投资基金管理有限公司（以下简称中能远通公司）于2012年5月23日成立，法定代表人韩学梅，经营范围：非证券业务的投资管理、咨询（不得从事下列业务：以公开方式募集资金等）。中能远通公司股东情况：韩学梅持股52%、刘孝明持股35%、李鸿雁持股10%等。2013年经股份变更后李鸿雁持股80%，李鸿雁为公司法定代表人。

2012年9月以来，被告人韩学梅、刘孝明、李鸿雁在北京市朝阳区北京财富中心A座312室，以中能远通公司的名义，以投资“光大——北京丰台区安置房项目基金”可获得高额返利为由，通过付佣金雇佣第三方销售的方式，以投资入伙北京中能正信投资中心等有限合伙企业形式，于2012年10月至11月间，非法公开吸收程某某等100余人存款共计人民币2亿余元，上述资金被投向其他公司用于生产经营活动。后中能远通公司向在案投资人返款共计人民币4000余万元后无力兑付，投资人向公安机关报警。李鸿雁于2014年6月12日被抓获归案；韩学梅、刘孝明于2014年7月18日接公安机关电话传唤自行到案。

【裁判结果】

北京市朝阳区人民法院于2015年12月30日作出（2015）朝刑初字第1780号刑事判决：一、被告人韩学梅犯非法吸收公众存款罪，判处有期徒刑一年，缓刑一年，罚金人民币10万元；二、被告人刘孝明犯非法吸收公众存款罪，判处有期徒刑一年，缓刑一年，罚金人民币10万元；三、被告人李鸿雁犯非法吸收公众存款罪，判处罚金人民币20万元；四、在案之人民币1.8亿余元及冻结账户内冻结款，发还各投资人。宣判后，三被告人均未提出上诉。

【裁判理由】

法院生效裁判认为：被告人韩学梅、刘孝明、李鸿雁无视国法，违反金融管理法规，非法吸收公众资金，数额巨大，其行为均已构成非法吸收公众存款罪，依法应予惩处。北京市朝阳区人民检察院指控被告人韩学梅、刘孝明、李鸿雁犯非法吸收公众存款罪的事实清楚，证据确实、充分，罪名成立。关于被告人刘孝明之辩护人所提“发行基金采取的是非公开私募方式，不构成非法吸收公众存款罪”的辩护意见及李鸿雁之辩护人所提“公司募集资金的行为属于合法私募基金行为，建议宣告李鸿雁无罪”的辩护意见，经查，本案中被告人采取按销售金额提成返点的方式委托第三方进行销售，具体辐射出不特定销售人员链接到社会不特定的多数投资人，吸收的系社会公众的资金，上述渠道实际上就是通过不特定专业理财人员的客户资源等向社会公众传播吸收资金的信息，符合《最高人民法院关于审理非法集资刑事案件具体应用法律若干问题的解释》及《最高人民法院、最高人民检察院、公安部关于办理非法集资刑事案件适用法律若干问题的意见》关于“向社会公众吸收资金”以及“向社会公开宣传”的规定，应当认定为公开向社会公众吸收资金，同时，本案被告人募集资金系以私募基金为名行承诺返本付息的非法吸收公众存款之实，违反了金融管理法规。因此，三被告人的行为符合非法吸收公众存款罪的构成要件，均构成非法吸收公众存款罪，故对上述辩护意见均不予支持。关于韩学梅之辩护人所提“本案系单位犯罪的”辩护意见，经查，本案中中能远通公司未经相关主管机关批准以融资为目的设立，且设立后完全从事非法融资行为，不符合单位犯罪的构成要件，故该辩护意见本院不予支持。

在共同犯罪中，韩学梅、刘孝明起主要作用，均系主犯；李鸿雁在非法吸收公众存款行为中起次要、辅助作用，系从犯。鉴于被告人韩学梅、刘孝明尚能接公安机关电话传唤自行到案，且能如实供述主要犯罪事实，系自首；李鸿雁能如实供述部分事实，且系从犯；本案中吸收的资金用于生产经营活动，且犯罪行为给投资人造成的经济损失尚能全部挽回，故本院依法对韩学梅、刘孝明所犯罪行分别予以减轻处罚并宣告缓刑，对李鸿雁所犯罪行依法减轻处罚予以单处罚金。韩学梅、刘孝明之辩护人所提相关辩护意见，本院予以采纳；但韩学梅之辩护人建议对韩学梅免予刑事处罚的辩护意见，经查，韩学梅参与吸收资金达2亿余元，数额巨大，且系主犯；给投资人造成的损失虽能挽回，但并未能及时清退所吸收的资金，依法不能免予刑事处罚，故对该辩护意见不予支持。在案之款一并处理。

【案例注解】

本案涉及的争议问题为被告人委托第三方代为销售其私募基金理财产品的行为，应当定性为合法私募还是非法吸收公众存款罪。目前，有两种对立的观点：一种是本案辩护人的观点，认为对被告人而言，其委托的第三方是特定的投资者，故委托行为实质上是被告人向第三方发起的私募行为，因此本案系合法私募，不构成非法吸收公众存款罪。另一种观点是本案公诉人的观点，认为被告人以发行私募基金的名义向社会公开宣传，进而向社会不特定对象吸收资金，应当定性为非法吸收公众存款罪。

在涉众型非法集资类案件审判实践中，发行私募基金是最常见的募集资金手段。尽管我国近两年连续出台了一系列有关私募基金监管的法律法规，但是关于合法私募与非法吸收公众存款罪之间的界限问题，始终缺少明确的法律依据。由此给刑事审判出了一道难题，对于审判实践中大量以私募名义进行的涉案行为，法官应当以何种标准对之作出罪与非罪的评判。要解决这一问题，就必须对合法私募与非法吸收公众存款罪的界限进行深入探讨。

一、合法私募的界定

私募（Private Placement，或 Private Offering）一词来源于《美国1933年证券法》第4（2）条关于证券私募发行注册豁免的规定，又称私募发行、非公开发行，是与公募

(Public Placement) 相对而言的。该条款规定，“不涉及公开发行之发行人的交易为豁免交易”，不需要经过美国证券交易委员会的注册登记。之所以豁免私募发行的注册义务，是因为“该类交易没有适用（证券法）的实际必要，或者与公众利益无关”①。此后，美国法院通过一些判例逐渐确立了判断合法私募的两个基本标准：一是发行对象，必须是成熟的投资者，具有投资所需的知识和经验，具备判断风险的能力，不需要通过证券法的注册制度来保护；二是发行方式，必须是非公开发行，不得以一般性劝诱、广告等公开方式宣传，购买者的人数、发行规模受到严格限制。因此，美国私募是指发行人依特定规范以特定方式向特定投资者发行证券、募集资金，从而可豁免注册义务的融资方式。

私募发行于上世纪80年代进入我国，一度被视为解决中小企业融资难的金融创新工具。但在2014年之前，我国一直缺少针对私募发行的专门性规定，类似制度散见于《公司法》关于定向募集股份的规定以及《证券公司债券管理暂行规定》关于定向发行债券的规定中。对于发行方式的公开性问题，根据《证券法》第十条第二款规定，向不特定对象发行证券，或向特定对象发行证券累计超过200人，为公开发行行为。这意味着，向特定的且累计不超过200人的对象发行证券，为非公开发行即私募发行。然而，《证券法》缺乏对投资载体、投资管理人以及资金运作等方面的监管规范，导致私募基金行业成为监管真空地带，客观上为不法分子非法集资提供了便利条件。

2014年8月21日，中国证监会出台《私募投资基金监督管理暂行办法》，对私募发行的登记备案、资金募集、投资运作等方面作出明确规定，标志着我国私募基金行业正式纳入法治监管的轨道。随着之后一系列行政法规的陆续出台②，私募发行相关的备案、公告、信息披露等制度不断细化，我国的私募发行制度已渐成雏形。综合上述法律法规，在我国发行一个合法的私募基金应当至少具备以下条件：

1. 发行主体必须是合格的投资管理人，必须具备法律规定的资质、专业知识及业务能力，如果投资管理人是法人或组织的话，其从业人员应当满足相关法规的规定。这意味着并非所有的自然人、法人或其他组织都具备私募发行的资格。

2. 发行程序必须以公告和登记备案为前提。我国私募发行不设行政审批，但私募基金管理人应当向基金业协会报送基本信息并申请登记，基金业协会在收到登记材料的20个工作日内，通过网站公告私募基金管理人的基本情况，为私募基金管理人办结登记手续。在公告及登记备案完结后，私募发行方可进行。

3. 发行对象必须特定，且必须是合格投资人。在我国，合格投资人是指具备相应风险识别能力和风险承担能力，投资于单只私募基金的金额不低于100万元且符合相关资产条件（单位净资产不低于1000万元，个人金融资产不低于300万元或者最近3年个人年均收入不低于50万元）的单位及个人。合格投资人是整个私募发行制度的核心概念，也是合法私募区别于其他违法行为的根本特征。

4. 发行方式必须是非公开发行。相关法规对私募发行的信息披露作出细致规定，严禁以一般性劝诱、广告等公开方式宣传，同时《公司法》《合伙企业法》《证券法》等已

① See H. R. Rep. No. 8573d cong, 1st Sess. 5 (1933).

② 中国证券投资基金业协会于2014年1月7日出台《私募投资基金管理人登记和基金备案办法（试行）》，于2016年2月1日出台《私募投资基金管理人内部控制指引》，于2016年2月4日出台《私募投资基金信息披露管理办法》，于2016年2月5日出台《关于进一步规范私募基金管理人登记若干事项的公告》。

对投资者的人数作出明确规定，严格限制私募发行的规模。

综上可见，私募发行最显著的特点是其不公开性。作为私募基金的发起人和管理者，发行人负有确保其发行不公开的谨慎义务。如果发行人对其发行行为是否公开持放任态度，那么其应当对发行行为所造成的危害后果承担责任。

二、合法私募与非法吸收公众存款罪的区分标准

非法吸收公众存款是向不特定的社会公众募集资金的行为，其募集过程不透明、不规范，甚至采取欺诈的手段，所以其信用风险极大，容易引发社会混乱，影响金融秩序的有序运行甚至会影响整个金融体系的安全。而私募融资则属于法律允许的经营行为，其运作应受到法律适度的监管，对金融体系的负面影响完全可以监控与防止。在审判实践中，对于涉私募的非法吸收公众存款案件，法官可以通过以下方面论证与把握合法私募与非法吸收公众存款之界限：

1. 募集资金的对象是否特定

私募发行的募集对象必须为“特定对象”，必须限定于成熟的投资者，即投资者具有投资所需的知识和经验，具备判断风险的能力，能够自我保护，不需要通过证券法的注册制度或审批制度来予以保护。[①] 我国《私募投资基金监督管理暂行办法》规定私募基金应当向合格投资者募集，合格投资者必须是符合法定条件的能够识别、判断和承担相应风险的单位或个人，其应当达到规定的资产规模或收入水平。同时，投资人的数量累计不得超过《证券投资基金法》《公司法》《合伙企业法》等法律规定的特定数量。

非法吸收公众存款是通过正常融资渠道之外的其他方式向社会公众募集资金，其募集资金的对象是社会公众，且对募集对象有无风险识别和风险承受能力以及自我保护能力根本不作区分。司法实践中，非法吸收公众存款案件的投资人大多数为没有任何金融知识背景的中老年群众，明显不符合私募发行对合格投资者的规定。

可见，合法私募的对象必须限定于特定的具有风险识别能力和风险承受能力的成熟投资者，而非法吸收公众存款的对象则为不特定的社会公众。

2. 募集资金的方式是否公开

私募基金的发行方式必须以符合特定条件的非公开发行方式进行，严禁采用广告、公告、广播、电话、推介会、说明会、公开劝诱等公开方式或变相公开方式向社会公众发行。[②] 因此，是否公开发行是区分合法私募与非法吸收公众存款的基本标准。随着非法吸收公众存款手段的不断变异，审判实践对于公开发行、尤其是“变相公开方式”的判断难度日益增大。笔者认为，对行为方式的判断，应当建立在区分手段行为和目的行为的基础上。如果在案证据足以证明行为人的目的行为系向不特定对象吸收资金，那么无论其采用何种手段，都应将其行为方式认定为公开或变相公开。

3. 募集对象的人数是否受到限制

通过私募发行方式募集资金，其募集对象的人数上限受到严格限制。如采用有限责任公司组织形式的私募股权投资基金，其股东人数上限为50人。采用股份有限公司形式，则其发起人人数上限为200人，其中须有半数以上的发起人在中国境内有住所。采

① 参见王荣芳：《合法私募与非法集资的界定标准》，载《政法论坛》2014年11月第32卷第6期。

② 参见朱奇峰：《中国私募股权基金理论、实践与前瞻》，清华大学出版社2010年版，第134～135页。

用有限合伙制的私募股权投资基金，其合伙人人数上限为50人。

而以私募名义从事的非法吸收公众存款行为则完全不会遵守法定的募集人数上限要求，并时常通过欺诈、不负责任的高额返利承诺等方式，吸引尽可能多的投资者投资。

4. 投资收益是否固定、风险是否揭示

私募投资基金存在经营、技术上的各种风险，投资者必须自行承担相应风险，故法律规定私募基金发起人在募集过程中不得承诺任何形式的固定收益，同时私募基金发起人应当向投资者揭示投资风险，并明确提示投资收益无法保证、投资本金可能出现亏损。

而非法吸收公众存款罪的一个共性特征是向投资者不负责任地宣传投资的可靠性，并承诺高额返利。实践中犯罪分子的宣传品时常出现“零风险”“高收益”“保证还本付息”的宣传话语，以隐瞒投资风险，吸收不特定公众的资金。

因此，私募发行必须明确向投资者提示投资本金和预期收益均不能予以保证的风险，而非法吸收公众存款罪则往往刻意隐瞒风险、承诺还本付息。

5. 发行人是否积极履行谨慎管理义务

如前所述，私募发行的本质特征是非公开发行。私募基金发起人作为发行主体，有义务保证其发行行为的不公开性。[①] 这一谨慎义务意味着私募基金发起人必须主动地使其发行行为合法合规，不能采取消极放任的态度。因此，对于从事合法私募的基金发起人而言，其会主动地按照法律法规对其私募发行作出调整，力求发行行为符合私募的基本条件；而对于以私募名义从事非法吸收公众存款的行为人而言，其往往只关注资金的募集效果，对于募集方式是否公开、是否合法、合规，通常持放任、不干预的态度。故在司法实践中，法官可以根据行为人是否积极采取行动保证发行行为的不公开性，来区分合法私募与非法吸收公众存款罪。

三、本案行为应定性为以私募名义实施的非法吸收公众存款罪

本案中，被告人以支付佣金的方式，委托多家银行、信托公司、投资公司代为销售其公司推出的基金理财产品，进而向投资人募集资金的行为，本质上是利用银行、信托公司等第三方机构的客户资源，向社会不特定公众进行公开宣传，并吸收不特定对象资金的非法吸收公众存款行为。虽然被告人以发行私募基金的名义从事上述行为，但其行为根本不符合合法私募的基本要求。理由如下：

1. 本案募集资金的对象不特定，且不符合私募发行关于合格投资者的规定。本案被告人采取按销售金额提成返点的方式委托第三方销售其理财产品，具体辐射出不特定销售人员链接到社会不特定的多数投资人，其募集资金的对象明显具有不特定性。从投资者的具体情况来看，本案投资人来源于社会的各行各业，资产及收入水平参差不齐，大部分不具备风险识别能力和风险承担能力，与私募法律制度中规定的合格投资者条件明显不符。故本案募集资金的对象不仅不特定，而且明显不属于合格投资人。

2. 被告人通过第三方公开销售理财产品、募集资金，与私募发行的不公开性明显不符。本案多名证人证明，在募集资金过程中，第三方机构受被告人委托，随机向多名客户推销其理财产品。故在案证据足以证明被告人利用第三方的客户资源向社会公开宣传，进而吸收资金的事实。被告人的这种公开销售方式，与私募发行的不公开性完全相悖，

① 参见吴晓灵：《发展私募股权基金需要研究的几个问题》，载《中国企业家》2007年第5期。

明显不是合法私募。

3. 被告人向投资者承诺高额固定收益，且未进行任何风险提示。本案被告人通过第三方向客户承诺年化10.5%～12%不等的高收益率，不但未对投资人作任何风险提示，而且不负责任地向客户宣传“房地产项目零风险”“保证还本付息”等内容，明显违反了私募发行关于风险提示以及禁止承诺固定收益的规定。上述行为应界定为以高额返利为诱饵，吸引公众投资的行为。

4. 被告人对资金募集的整个过程持放任态度，完全未履行私募基金发起人应尽的谨慎管理义务。本案被告人在主观上对其委托的第三方是否向不特定公众吸收资金持完全放任的态度，客观上亦未对第三方的融资行为进行任何监督与干预，明显未履行私募基金发起人负有的谨慎管理义务。故被告人的行为显然不是合法的私募发行行为。

综上可见，本案被告人通过第三方销售其私募基金理财产品的行为，本质上是以发行私募基金的名义从事的非法吸收公众存款行为，应当依法定罪处罚。对于实践中大量出现的涉私募非法集资案件，刑事法官在明确合法私募与非法集资界限的同时，亦应区分被告人的手段行为与目的行为。如在本案，通过银行、信托公司等机构发行私募基金是其手段行为，而公开向社会募集资金则为其目的行为。法官在评价被告人行为时，应更加注重对其目的行为的评价，藉此区分哪些是正常的私募发行行为，哪些是非法吸收公众存款的犯罪行为。

（一审法院合议庭成员　辛祖国　宋志勇　林克仙
编写人　北京市朝阳区人民法院　解　帅
责任编辑　李玉萍
审稿人　沈　亮）

原载《人民法院案例选》2016年第6辑（总第100辑）

84. 毛某甲、毛某乙等非法吸收公众存款案
——非法吸收公众存款罪“特殊轻处法则”之适用

【关键词】

罪刑相适应　犯罪情节　缓刑适用

【裁判要旨】

1. 缓刑适用要件中的“犯罪情节较轻”之“情节”，系对犯罪构成全部要件所涉因素的综合评价；而刑法分则具体罪状中决定刑罚档次的“情节轻重”之“情节”，主指犯罪客观方面，一般由法律或司法解释明确规定。两者不具有同一性。

2. 非法吸收公众存款虽犯罪数额远超过“数额巨大”起点，但具有“主要用于生产经营”和“及时清退所吸资金”两个轻处情节的，可以基于“特殊轻处法则”，在加重处罚的起点刑量刑并宣告缓刑。

【相关法条】

《中华人民共和国刑法》

第一百七十六条第一款　非法吸收公众存款或者变相吸收公众存款，扰乱金融秩序的，处三年以下有期徒刑或者拘役，并处或者单处二万元以上二十万元以下罚金；数额巨大或者有其他严重情节的，处三年以上十年以下有期徒刑，并处五万元以上五十万元以下罚金。

第七十二条第一款　对于被判处拘役、三年以下有期徒刑的犯罪分子，同时符合下列条件的，可以宣告缓刑，对其中不满十八周岁的人、怀孕的妇女和已满七十五周岁的人，应当宣告缓刑：

（一）犯罪情节较轻；

（二）有悔罪表现；

（三）没有再犯罪的危险；

（四）宣告缓刑对所居住社区没有重大不良影响。

【案件索引】

一审：浙江省江山市人民法院（2013）衢江刑字第313号（2014年5月12日）

二审：浙江省衢州市中级人民法院（2014）浙衢刑二终字第50号（2014年8月27日）

【基本案情】

公诉机关：浙江省江山市人民检察院。

被告人：毛某甲、毛某乙、汪某。

江山市人民法院经审理查明：江山市安泰房地产有限公司（以下简称安泰公司）成立于2001年，法定代表人为被告人毛某乙，2009年变更为被告人毛某甲，毛某甲占95.1%股份，被告人汪某占4.9%股份。安泰公司经营范围主要为房地产开发销售。

2010年7月，安泰公司以人民币1.6亿元拍得原江山啤酒厂地块项目开发权，其中1.3亿元为银行贷款以及向社会不特定对象借款。为运作项目筹集资金以及支付前期借款本息，毛某甲、毛某乙、汪某以安泰公司发展需要资金为由，以个人名义，安泰公司担保或三人互相担保等方式出具借条，许以月利率2分～5分的利息，向社会不特定对象借款，所借款项均先存入三人各自银行账户。运作项目需要资金时，从毛某甲的银行账户转至安泰公司银行账户，若其账户资金不足，则由毛某乙、汪某账户转账给毛某甲。

毛某甲、毛某乙、汪某共向吴根花、王宗国等148名社会不特定对象非法吸收存款达人民币27856.3万元，支付利息人民币3984.27万元，归还本金人民币4130.9万元，至案发，尚有本金人民币23725.4万元无法归还。

毛某甲等人将借得的资金部分用于购买土地、工程建设、公司运营以及日常开支，部分用于归还前期借款本息，还有部分借贷给余某、邵某、周某等人。

二审期间尚查明，安泰公司经二次破产分配，在债权总额中计入4089.7396万元利息的情况下，普通债权的分配比例为61%。

【裁判结果】

江山市人民法院于2014年5月12日作出（2013）衢刑初字第313号刑事判决：一、被告人毛某甲犯非法吸收公共存款罪，有期徒刑三年，缓刑五年，并处罚金人民币5万元；二、被告人毛某乙犯非法吸收公共存款罪有期徒刑三年，缓刑五年，并处罚金人民币5万元；三、被告人汪某犯非法吸收公共存款罪有期徒刑三年，缓刑四年，并处罚金人民币3万元。四、对毛某甲、毛某乙、汪某未退出的违法所得予以追缴，发还被害人。

一审宣判后，公诉机关不服，提出抗诉。认为被告人毛某甲、毛某乙、汪某非法吸收公众存款，涉案金额大，受害人数多，造成严重经济损失，社会危害性大，不属“情节较轻”；被告人将近亿集资款高利放贷给他人牟利，造成巨额资金无法收回，主观恶性大。原审判决对各被告人均在起点刑量刑，且适用缓刑，明显违反罪刑相适应原则，量刑畸轻。提请二审改判。衢州市中级人民法院于2014年8月27日作出（2014）浙衢刑二终字第50号刑事裁定：驳回抗诉，维持原判。

【裁判理由】

法院生效裁判认为，原审三被告人的行为均构成非法吸收公众存款罪，且属数额巨大。基于本案所借款项基本用于生产经营，案发后各被告人悔罪态度好，能够主动配合有关部门处置财产，积极清退所吸资金。原判对各被告人予以从轻处罚并适用缓刑，并无不当。

【案例注解】

本案的主要争点是对三被告人能否适用缓刑。公诉机关认为，三被告人犯罪数额巨大，情节严重，不属于《刑法》第七十二条关于缓刑适用条件中“犯罪情节较轻”，故不应对其宣告缓刑。而一、二审法院基于对实质正义的考虑，审度权衡全案情节，对三被告人从轻处罚并适用缓刑。控、审分歧的关键，在于对非法吸收公众存款罪（以下表述为“非吸罪”）具有“数额巨大”等严重情节时，从轻处罚及缓刑适用条件的不同理解和把握。

一、缓刑适用条件中的“犯罪情节较轻”与具体罪状中的“情节轻重”涵义之厘清

《刑法修正案（八）》对缓刑适用条件作了修正，将原来的实质要件“根据犯罪情节和悔罪表现，确实不致再危害社会”细化为“犯罪情节较轻，有悔罪表现，没有再犯罪的危险以及不会对所在社区产生重大不良影响”。可见，“犯罪情节较轻”成了缓刑适用的首要考量要件，在司法实务中需要审慎把握。

“犯罪情节较轻”之“犯罪情节”，侧重于反映犯罪的整体社会危害性，是对犯罪主体、犯罪主观方面、犯罪客体和犯罪对象以及犯罪客观方面的全面考察和综合评价，其中不乏体现法官自由裁量权的酌定性。而刑法分则具体罪状中的犯罪情节，一般表述为情节一般、情节严重、情节特别严重三个层次，它们是决定刑罚档次的犯罪因素，刑法理论上又叫基本构成、一级加重构成、二级加重构成。从《刑法》及相关司法解释规定看，刑法分则具体罪状中的各类情节，主要体现为对犯罪客观方面的评价，一般不关涉犯罪主体、犯罪客体等其他犯罪构成要素，尤其是在数额犯中。为最大程度上限缩刑罚弹性，防范司法擅断，刑法分则中的犯罪情节一般都经由司法解释作出较为明确的规定，具有法定性和确定性，法官自由裁量的空间相对较小。

可见，缓刑适用要件中的“犯罪情节”与具体罪状中的“犯罪情节”两者旨趣不同，涵义有别，在逻辑上不具有同一性和当然的对应性。司法实务中要避免望文生义，将两者混为一谈。易言之，不能认为凡具有刑法分则规定的“情节严重”者，即不属于《刑法》第七十二条规定“犯罪情节较轻”，而当然地将其排除在缓刑适用范围之外。若此，即会得出凡具有严重情节依法定刑得处三年徒刑以上者，一律不能适用缓刑的荒唐结论。

二、“非吸罪”中的“数额巨大”与“其他严重情节”之区分评价

我国《刑法》第一百七十六条规定，非法吸收公众存款数额巨大或者有其他严重情节的，处三年以上十年以下有期徒刑，并处5万元以上50万元以下罚金。而所谓“数额巨大或者有其他严重情节”，依《最高人民法院关于审理非法集资刑事案件具体应用法律若干问题的解释》（以下简称《解释》）第三条规定，系指非法吸收或变相吸收公众存款具有下列情形之一：（一）个人犯罪数额100万元（单位500万元）以上；（二）个人所涉存款对象100人以上（单位500人以上）；（三）个人给受害人造成直接经济损失50万元（单位250万元）以上；（四）造成特别恶劣的社会影响或者其他特别严重后果。显然，前三种情形对应“数额巨大”，侧重于犯罪数额和犯罪对象的数量；第四种情形对应“其他严重情节”，侧重于犯罪危害后果。所谓“特别恶劣的社会影响”或“其他特别严重后果”，从司法实务看，主要是指犯罪导致被害人自杀、造成群体性上访严重影响社会稳定、民愤极大强烈要求从严处置等情形。

《刑法》第一百七十六条虽将“数额巨大”与“其他严重情节”两者并列，同作为“非吸罪”提档处罚的情节，但该两者却存有实质性区别：一是在社会危害性方面存在量与质区别。“数额巨大”者与基本犯之间，仅有量的区别而无质的差异；而“其他严重情节”者与基本犯之间，其社会危害性完全不能相提并论，具有质的差别。二是在法益侵害方面具有单一与多元的区别。纯粹的“数额巨大”者与基本犯之间，侵犯的法益仍仅为单一的国家金融秩序；而“其他严重情节”者，其实际侵犯的法益已扩展至公民的生命权、社会管理秩序等。三是在犯罪后果的可救济方面也存有明显区别。“数额巨大”者，可通过退赃等经济手段，在相当程度上消弭其犯罪危害；而“其他严重情节”者，因人身伤亡等不具有可恢复性，纵然行为人悔罪心切，一般也难以起到实际弥补效果。

区分“非吸罪”中的“数额巨大”与“其他严重情节”，意在说明两者在缓刑适用的可能性方面应予区别对待：对于纯粹因“数额巨大”而提档处罚的，可考虑缓刑适用；对于具有“其他严重情节的”，则基于对司法裁判的社会可接受性等社会效果考虑，纵然在起点刑（三年）量刑，也不宜对其适用缓刑。

三、“非吸罪”中“特殊轻处法则”之适用

具体到本案，涉案三被告人所吸资金2亿余元，是“数额巨大”起点（100万元）的数百倍，本罪没有规定“数额特别巨大”情形，但明显属于相对一般案件而言数额偏大的“数额相对巨大”情形。一二审法院却仅在加重处罚的起点刑（三年）量刑，是否有悖罪刑相适应原则？

就一般数额犯而言，犯罪数额本身是决定其犯罪情节轻重的主要因素，在犯罪总额远远大于法定起点刑数额且无法定轻处情节的情况下，仍在起点刑量刑，确实难以体现罚当其罪，有违量刑规范化的基本要求。但就“非吸罪”而言，最高人民法院在《解释》中明确“非法吸收公众存款，主要用于生产经营活动，能够及时清退所吸资金，可以免予刑事处罚；情节显著轻微的，不作为犯罪处理”。据此，可以认为，司法解释就“非吸罪”的处罚，已经突破了一般量刑规则的束缚，只要具备“主要用于生产经营”和“及时清退所吸资金”两个条件，即便没有自首、立功等法定减轻情节，也可“降格处理”直至免予刑事处罚。笔者谓该规则为“特殊轻处法则”。司法解释如此规定，看似与《刑法》第六十三条第二款关于特殊减轻处罚需报经最高人民法院核准的规定相冲突。实则，既然特殊减轻最后决定权在最高人民法院，最高人民法院采用司法解释的形式就特殊情况下适用特殊轻处，授权各级法院径行决定，在法理上并不存在明显的障碍。

司法解释之所以对“非吸罪”“法外施恩”，适用特殊轻处，应该是基于以下因素的考量：一是历史因素。包括“非吸罪”在内的非法集资类犯罪，是工业时代背景下的产物，具有很深的计划经济的烙印，体现的是司法对国家垄断金融秩序的过分保护。著名经济学家盛洪认为：非法集资罪维护的现行金融垄断秩序本身就是一种罪恶，因为它维护的是垄断的金融秩序，维护的是这个领域中垄断的企业，非法集资罪事实上否定了宪法确认的社会主义市场经济的基本原则。二是社会因素。民众投资消费观念不成熟，暴富心理普遍，客观上助推集资类犯罪。严格意义上，“非吸罪”如同传销类犯罪，不存在真正的“受害者”，只有参与者。最高人民法院、最高人民检察院、公安部新近联合下发的《关于依法处理非法集资犯罪的通告》中就采用了“集资参与人”的说法，并明确集资参与人所得的利息、分红应依法予以追缴。该规定体现的是对集资参与行为的否定。三是政府因素。政府对民间融资市场缺乏有效疏导和监管。四是政策因素。金融政策多变，银行随意“抽贷”，导致企业正常融资无门，不惜高利从民间融资。五是裁判效果因素。从司法实务看，“非吸罪”的行为人与所谓的“受害人”之间，由于其发生关系的基础多是民间借贷等民事行为，案发后对抗表现不激烈，如果能解决经济问题，一般足以平息矛盾。多数人不愿行为人被追刑责，现实中甚至发生不少集资参与人集体要求司法机关“放人”现象。六是法理因素。尽管在当前形势下，对非法集资行为从严管控，在维护金融秩序和社会安定等方面具有积极意义，但从民法角度考察，无论是集资方还是出资方都是独立的民商事主体，他们通过协商形成契约，这种自愿协商的契约精神和“意思自治”应该被尊重。所以有不少学者主张，非法集资型犯罪中，诸如“非吸罪”这种纯粹维护金融垄断秩序的罪名可以废除；对于以集资形式诈骗的，可以刑法中的诈骗罪论处。

司法解释对于“非吸罪”的“特殊轻处法则”，为司法实务中审理该类案件提供了更为明晰的方向和更加宽阔的思路，即在刑罚裁量上，莫为刑法分则规定的形式要件所囿，而应侧重考量集资目的及清退资金两个关键要素，在量刑幅度上灵活把握。对照分析，本案实际上已基本具备“主要为生产经营所需”和“积极清退所吸资金”两个条件，可以适用“特殊从轻法则”。

从借款动因及款项用途视角考察，主要是为生产经营所需。本案被告之所以在开发房地产中要向民间集资。其原因有三：一是受国家政策调控的影响。在支付土地出让金1.6亿元及契税2000万元后，原本已在江山农行用该地块抵押贷款1.1亿元，由于国家政策的调控，对县以下房地产开发公司一律不发放土地抵押贷款，致银行贷款落空，为了完成工程开发不得不进行大量的民间借款，且仅此一项增加了5000万~6000万元的利息成本。二是地质结构拖延工期。在实施工程施工后，发现原江山啤酒厂地块地下存在许多岩洞，致基础工程进度十分缓慢，又因为该地块在市中心晚上不能施工，地下工程比原预计多花了近一年的时间，由此又增加了6000万~7000万元的利息负担。三是国家限购政策的出台。安泰公司经过近一年半的时间，于2012年3月左右完成基础工程建设，开始建房，此时可以预售房屋，但由于限购政策的出台以及房地产市场的疲软，购房率低，公司房屋销售不足，资金难以回笼。从所借款项使用情况看，大部分资金均直接用于生产经营所需。虽有部分资金外借，主要是由于地质岩洞拖延工期近一年，所筹资金闲置，但又要支付利息，为了减少损失而出借，根本上仍出于生产经营之考虑。

从退赃角度考察，所吸资金基本退清。案发后，本案三被告人退赃积极，主动将自己的全部财产5000万元用于退赔。一审法院认为三被告案发后尚有本金人民币23725.4万元无法归还。实则，该数字为安泰公司破产清算前的数字，后经破产程序清算清偿率为61%，按此比例计算应当只有本金9252.9万元未还。在该基础上，尚应扣除清算前已支付的3984.27万元及清算过程中支付的利息4089.7万元。因此，可以认定的被告人无法归还金额实际只有1178.936万元，以其非吸的金额27856.3万元计算，归还本金的比例已经达到了95.77%。另由于被告人所借款项的借据每年一换，其中有部分是上一年的利息计入了本金，1178.936万元当中还包含一部分利息。因此，大部分前期介入的债权人几乎都已经收回了自己的本金，尚有损失的仅是后期介入的极小部分债权人，但归还本金的比例也至少在80%。

从社会效果角度考察，本案的裁判结果可为社会接受。本案并未出现人员伤亡等恶性事件，参与集资人在破产分配后情绪稳定，没有出现大规模的缠访闹访事件。本案不存在不宜适用缓刑的“其他严重情节”。

综上，一、二审法院对案涉三被告人从轻处罚并适用缓刑，于法有据，罚当其罪，相较于检察机关的抗诉意见，更能实现《刑法》的实质正义。

（一审法院合议庭成员　周公良　郑书丁　王益建
二审法院合议庭成员　罗志刚　方金泉　唐海波
编写人　浙江省衢州市中级人民法院　杨日洪
责任编辑　周维明
审稿人　李玉萍）

原载《人民法院案例选》2018年第11辑（总第129辑）

85. 伊通满族自治县盛宇房地产开发公司、牛某某、曹某某非法吸收公众存款案

——对小额贷集资性质、挂名法定代表人责任的认定

【关键词】

刑事　非法占有目的　小额贷集资　挂名法定代表人的责任

【裁判要旨】

1. 企业经营过程中的集资行为不应以案发时借款得不到偿还作为非法占有目的的根据，而应以资金的具体用途和去向评价非法占有目的。

2. 小额贷公司的性质系放贷，故对其放贷的相对人亦应不构成非法吸收公众存款罪。如果构成该罪，根据对合原理，等于间接认为小额贷放贷的行为违法，故针对小额贷借款部分不作为非法吸收公众存款罪评价。

3. 法定代表人无论挂名与否，对自己的行为，或者说以自己名义实施的行为本身负有审核的义务，尤其是房地产企业经营过程中的融资行为因其普遍性而应该具有预知性。疏于审核本身就是一种放任。且挂名法定代表人在借款合同上签字对合同的履行起到了批准和决定作用，因此应当承担相应的法律责任。

【相关法条】

《中华人民共和国刑法》

第一百七十六条　非法吸收公众存款或者变相吸收公众存款，扰乱金融秩序的，处三年以下有期徒刑或者拘役，并处或者单处二万元以上二十万元以下罚金；数额巨大或者有其他严重情节的，处三年以上十年以下有期徒刑，并处五万元以上五十万元以下罚金。

单位犯前款罪的，对单位判处罚金，并对其直接负责的主管人员和其他直接责任人员，依照前款的规定处罚。

《最高人民法院关于审理非法集资刑事案件具体应用法律若干问题的解释》

第四条第二款　使用诈骗方法非法集资，具有下列情形之一的，可以认定为“以非法占有为目的”：

（一）集资后不用于生产经营或者用于生产经营活动与筹集资金规模明显不成比例，致使集资款不能返还的；

（二）肆意挥霍集资款，致使集资款不能返还的；

（三）携带集资款逃匿的；

……

【案件索引】

一审：吉林省四平市人民法院（2018）吉03刑初54号（2019年11月26日）

二审：吉林省高级人民法院（2020）吉刑终53号（2020年6月24日）

【基本案情】

吉林省四平市人民检察院指控：

1. 合同诈骗罪。2009年7月30日，被告单位伊通满族自治县盛宇房地产开发有限公司（以下简称盛宇公司）经伊通满族自治县计划委员会核准在伊通镇民族医院道南开发棚户区改造项目，承建伊通满族自治县盛宇豪庭小区。在开发建设过程中，盛宇公司采取用包含已经签订回签协议或已经出售的房屋、车库作抵押与他人签订借款合同或名为买卖合同实为抵押借款合同的方法，骗取长春鼎升小额贷款有限公司、长春市民通小额贷款有限公司、张某等单位和个人共计人民币92899921元（附集资参与人名单及金额）。其中，被告人曹某某经手骗取人民币31560421元，被告人牛某某经手骗取人民币60359500元，被告人李某某参与骗取27213441元。案发后，被告单位盛宇公司返还部分骗取款项，并与大部分集资参与人达成还款协议。

2. 毁坏财物罪、妨害作证罪、包庇罪。被告人牛某某在盛宇公司未与住户宋某某家达成房屋拆迁协议的情况下，指使他人于2014年9月的一天用钩机将宋某某家的四个车库推倒。同年10月的一天，将宋某某家的房屋推倒。在推倒房屋、车库的过程中，致宋某某家红豆杉等物品损毁。

在公安机关侦查宋某某家房屋、车库被毁案时，被告人牛某某为逃避法律责任，于2016年8月通过他人找到丁某某，让丁某某到公安机关投案称是其找人推倒的宋某某家房屋、车库。并承诺事后给予酬谢。后丁某某到公安机关投案，称是其找人推倒的宋某某家的房屋和车库。

2014年6月，被告人曹某某在被告单位盛宇公司未与刘某某家达成房屋拆迁协议的情况下，告知高某某，已与刘某某家达成拆迁协议，让高某某找人拆除，后高某某雇佣他人将刘某某家房屋用钩机损毁，同年7月，被告人曹某某指使他人将刘某某家在被推倒房子废墟上临时搭建的简易窝棚推倒。

盛宇公司辩护人的辩护意见是：盛宇公司借款行为没有非法占有目的，借款时更没有虚构事实和隐瞒事实，仅是开发速度与还款数额和期限不匹配，造成严重违约，属于正常的经济合同纠纷，因此，盛宇公司不构成合同诈骗罪。

牛某某的辩解及辩护人的辩护意见是：牛某某对全部借款没有非法占有目的，不构成合同诈骗罪。指控牛某某故意毁财罪证据不足。

曹某某的辩解及辩护人的辩护意见是：曹某某对全部借款没有非法占有目的，不构成合同诈骗罪。指控牛某某故意毁财罪证据不足。

法院经审理查明：（1）2009年7月30日，被告单位伊通盛宇公司经伊通满族自治县计划委员会核准在伊通镇民族医院道南开发棚户区改造项目，承建伊通满族自治县盛宇豪庭小区。未经批准，向社会公众非法吸收公众存款4331.318万元，其中牛某某吸收1540万元。曹某某吸收2791万元。（2）故意毁坏财物罪、妨害作证罪、包庇罪认定的事实与指控事实一致。

【裁判结果】

吉林省四平市中级人民法院于2019年11月26日作出（2018）吉03刑初54号刑事判决：一、伊通满族自治县盛宇房地产开发公司公司犯非法吸收公众存款罪，判处罚金人民币50万元；二、被告人牛某某犯非法吸收公众存款罪判处有期徒刑四年，并处罚金人民币20万元，犯故意毁坏财物罪判处有期徒刑四年，犯妨害作证罪判处有期徒刑两年一个月，数罪并罚，决定执行有期徒刑九年，并处罚金人民币20万元；三、被告人曹某某犯非法吸收公众存款罪判处有期徒刑五年，并处罚金人民币25万元，犯故意毁坏财物罪判处有期徒刑三年，数罪并罚，决定执行有期徒刑七年，并处罚金人民币25万元；四、被告人李某某犯非法吸收公众存款罪判处有期徒刑三年，缓刑四年，并处罚金人民币10万元；五、被告人丁某某犯包庇罪判处有期徒刑两年一个月，缓刑三年；六、公安机关查封的房屋按协议约定抵偿借款给集资参与人，继续追缴盛宇公司违法所得，返还集资参与人，不足部分由盛宇公司合法财产继续退赔。宣判后，伊通盛宇房地产开发公司、牛某某、曹某某不服原审判决，提出上诉。吉林省高级人民法院于2020年6月24日作出（2020）吉刑终53号刑事判决：驳回上诉，维持原判。

【裁判理由】

法院生效判决认为：上诉单位盛宇公司在公司经营资金短缺的情况下，违反国家金融管理法规，由上诉人曹某某、牛某某和原审被告人李某某代表公司，以“给付高息”或“房屋回购”方式向社会公众大量借款，所借款项用于公司的工程建设，严重扰乱金融秩序，盛宇公司的行为已构成非法吸收公众存款罪。上诉人牛某某、曹某某、原审被告人李某某作为单位的主要负责人和直接责任人，代表公司实施非法吸收公众存款行为，三人的行为均构成非法吸收公众存款罪。上诉人牛某某、曹某某故意毁坏他人财物，数额巨大，二人的行为又构成故意毁坏财物罪。上诉人牛某某用贿买方式指使他人作伪证，其行为构成妨害作证罪。原审被告人丁某某故意作假证明，包庇他人犯罪行为，其行为已构成包庇罪。原审判决认定的非法吸收公众存款罪、故意毁坏财物罪、妨害作证罪、包庇罪的罪名准确。但一审判决认定向王浩地非法吸收存款100万元，向孙丹旭、路洋、孙卓、史策非法吸收存款139.05万元，向魏占秋非法吸收存款150万元数额错误，应予以纠正，正确的数额为向王浩地非法吸收存款64万元，向孙丹旭、路洋、孙卓、史策非法吸收存款138.55万元，向魏占秋非法吸收存款100万元。一审判决认定向徐殿新非法吸收存款30万元，但判决所列证据中，徐殿新的陈述没有借款30万元给盛宇公司的内容，借款30万元的收据无法证明与徐殿新有关，因此现有证据不足以证明此笔事实，故不予认定。

上诉单位盛宇公司、上诉人牛某某、曹某某、原审被告人李某某非法吸收公众存款数额巨大，应依法惩处。鉴于盛宇公司、牛某某、曹某某将所吸收存款均用于工程建设，案发前后已与集资参与人达成了协议，用在建房屋抵偿借款，牛某某、曹某某传唤到案后，对经手借款事实如实供述，属自首，对盛宇公司及牛某某、曹某某非法吸收公众存款罪依法可从轻处罚；牛某某、曹某某分别雇用或指使他人强行拆除尚未签订拆迁协议的宋某某、刘某某家房屋，毁坏他人财物数额巨大，应依法惩处，考虑到盛宇公司事后已与刘某某家已达成赔偿协议，对曹某某故意毁坏财物罪可以从轻处罚。牛某某指使他人作伪证，妨害司法秩序，应依法惩处。原审被告人丁某某明知他人犯罪而顶名包庇，应依法惩处，鉴于其在犯罪过程中及时坦白犯罪事实，依法可从轻处罚。鉴于原审被告人李某某、丁某某犯罪情节较轻，认罪悔罪，没有再犯罪的危险，符合适用缓刑条件，对二人可依法适用缓刑。

原审判决认定上诉单位盛宇公司，上诉人牛某某、曹某某，原审被告人李某某、丁某某犯非法吸收公众存款罪、故意毁坏财物罪、妨害作证罪、包庇罪定罪准确。认定非法吸收公众存款部分事实错误，予以纠正。对上诉单位、上诉人及原审被告人量刑适当，应予维持。

【案例注解】

非法集资犯罪一直是备受社会关注的涉众型经济犯罪，其在司法实践中存在非法占有目的认定难、小额贷公司作为集资参与人定位难、为了逃避责任设置的挂名法定代表人罪与非罪处理难的问题，这已经在一定程度上影响了打击犯罪和案件审理的成效。本着坚持罪刑法定、罪刑相适应原则，本文通过以上三个问题的分析研究，以期裨益于非法集资犯罪的科学有效治理。

一、企业生产经营过程中所产生的集资案件的非法占有目的认定，不应以案发时造成集资参与人损失为根据，而应以资金的具体去向和用途作为判断标准

1. 认定集资诈骗罪和合同诈骗罪非法占有目的要点，系查清涉案钱款真实用途，具体从以下几点考虑：（1）实际用途与签订、履行合同的事由、用途不一致是认定骗取财物的重要根据；相反，钱款用途与合同约定一致的，不能认定为骗取。（2）钱款用于挥霍、赌博、还旧债等非经营性活动导致没有能力归还的，表明行为人不打算归还，具有非法占有目的；相反，钱款用于经营活动但因经营风险导致不能还款的，表明行为人有为获得还款能力而努力，不能认定非法占有。（3）此外，行为人骗取财物之后，以转移逃匿财产或逃匿方式逃避还款的，也是认定非法占有的重要依据。

2. 结合本案具体分析：（1）从对取得财物的处置情况来看，本案涉案借款实际用途与签订、履行合同的事由、用途一致，用于房地产工程建设。钱款用于房地产建设工程，但因经营风险即工程不能及时完工和结算，导致借款不能及时偿还，表明行为人将取得财物用于生产经营，并非用于挥霍或者用于违法犯罪活动，也未据为己有。（2）从事后态度来看，盛宇公司取得对方财物之后，没有以转移逃匿财产或逃匿方式逃避还款。现二期工程开始后，积极协调与各集资参与人之间的和解事宜，基本上与涉案集资参与人达成了和解协议，用在建房屋抵偿给各集资参与人。（3）从未履行合同的原因来看，因工程不能及时完工和结算，导致借款不能及时偿还。未履行合同的原因系经营风险导致，且并非不履行合同，只是履行合同迟缓。（4）从各被告人对涉案钱款的处分意思来看，涉案被告人对涉案款项只有利用意思，没有排除权利人占有意思。涉案被告人系利用各集资参与人财物去获取自己的利益，但其没有对集资参与人财物永久占有的意思，即没有工程完工后不想给各集资参与人结算工程款的意思，即没有排除意思。（5）据各被告人供述借款都用于工程建设。现没有证据证明各被告人将收取的款项用于挥霍及违法犯罪活动，或携款潜逃，现被告人盛宇公司亦有偿还能力，并已付诸实施，故根据现有证据认定被告人对集资参与人所交付钱款非法占有证据不足。

故盛宇公司对涉案钱款不具有非法占有目的。

二、小额贷款公司作为集资参与人，因小额贷本身的经营性质决定，对小额贷款公司吸收存款的数额不应作为非法吸收公众存款罪处理

小额贷款公司是由自然人、企业法人与其他社会组织投资设立，依法经营小额贷金融业务的有限责任公司或者股份有限公司（不吸收公众存款），其主要从事各项贷款、票据贴现、资产转让等经营业务。法律、法规对小额贷款公司的放贷对象并未加以限制，个人和企业都可以成为小额贷款公司的放贷对象。

具体到本案，本案的集资参与人除了个人外，还有几个小额贷款公司。因涉案的几家小额贷款公司的企业性质均系放贷性质，故对其放贷的相对人盛宇公司放贷系其正常的业务范围，对其正常业务范围的放贷，需有相对人参与借款，而法律并未限制房地产企业不能从小额贷款公司借款经营，故该借款行为相对于小额贷的业务范围系法律允许的行为，不应作为犯罪处理，即该行为不应构成非法吸收公众存款罪。如果构成该罪，根据对合原理，等于间接认为小额贷款公司放贷的行为违法，故本案盛宇公司针对小额贷款公司的借款数额应从非法吸收公众存款数额中予以扣除。

三、挂名法定代表人的责任应从其主客观表现加以认定

所谓挂名法定代表人，系部分投资者为规避自身的责任风险或者其他原因而借用或者冒用他人的身份登记为公司的法定代表人，但公司的实际经营仍由其具体负责。从而导致公司的名义代表人与实际负责人发生错位偏差的情况。挂名法定代表人是公司名义上的法定代表人。

《刑法》第三十一条规定："单位犯罪的，对单位判处罚金，并对其直接负责的主管人员和其他直接责任人员判处刑罚。"《全国法院审理金融犯罪案件工作座谈会纪要》规定：直接负责的主管人员，是在单位实施的犯罪中起决定、批准、授意、纵容、指挥等作用的人员，一般是单位的主要负责人，包括法定代表人。从以上两个规定可以看出，单位犯罪中直接负责的主管人员应承担相应的刑事责任，而法定代表人（包括挂名法定代表人）是否追责要看其在单位犯罪中是否起到决定、批准、授意、纵容或者指挥作用。具体应从以下两个方面判断：（1）对于单位实施的犯罪行为主观上是否明知或者放任。（2）是否亲自参与实施了单位犯罪中的全部或者部分行为，其参与的行为是否起到决定、批准、授意、纵容、指挥等作用。

具体到本案，被告人李某某作为公司名义上的法定代表人，虽然其每月领取的报酬只有1000多元，且未参与公司生产经营，但其在相关人员的授意下在相关文件上签字，其在公司的地位相当于挂名的法定代表人。而法定代表人无论挂名与否，对自己的行为，或者说以自己名义实施的行为本身负有审核的义务，尤其是房地产企业经营过程中的融资行为因其普遍性而应该具有预知性，法定代表人疏于审核本身就是一种放任，故李某某主观上对单位的部分犯罪行为存在放任心理。客观上，单位主管人员的直接责任，系一种行为责任，行为人应对自己所实施的行为承担相应的责任，李某某作为挂名法定代表人在相关人员的授意下参与签署了多份借款合同，数额从几十万到几百万不等。其在借款合同上签字的行为起到了法定代表人的批准和决定作用，故客观上其亦应因参与的犯罪行为而承担相应的直接负责的主管人员责任。

因此，本案李某某作为挂名法定代表人结合其主客观表现，应当对其的行为承担相应的法律责任，但结合其主观恶性可对其从轻处罚。

（一审法院合议庭成员　董　莉　钱红英　李雪莲
二审法院合议庭成员　赵星天　吴科春　罗高鹏
编写人　吉林省四平市中级人民法院　钱红英
吉林省高级人民法院　赵星天
责任编辑　周维明
审稿人　李玉萍）

原载《人民法院案例选》2020年第10辑（总第152辑）

三、窃取、收买、非法提供信用卡信息罪

86. 邵鑫窃取、收买、非法提供信用卡信息案

——对窃取、收买他人信用卡信息资料行为的法律认定

【关键词】

刑事　信用卡信息　以营利为目的

【裁判要旨】

以营利为目的，通过互联网窃取、收买他人信用卡信息资料，并非法转卖给他人，且数量巨大，应以窃取、收买、非法提供信用卡信息罪定罪处罚。

【相关法条】

《中华人民共和国刑法》

第一百七十七条之一第一款、第二款　有下列情形之一，妨害信用卡管理的，处三年以下有期徒刑或者拘役，并处或者单处一万元以上十万元以下罚金；数量巨大或者有其他严重情节的，处三年以上十年以下有期徒刑，并处二万元以上二十万元以下罚金：

（一）明知是伪造的信用卡而持有、运输的，或者明知是伪造的空白信用卡而持有、运输，数量较大的；

（二）非法持有他人信用卡，数量较大的；

（三）使用虚假的身份证明骗领信用卡的；

（四）出售、购买、为他人提供伪造的信用卡或者以虚假的身份证明骗领的信用卡的。

窃取、收买或者非法提供他人信用卡信息资料的，依照前款规定处罚。

【案件索引】

一审：河南省柘城县人民法院（2015）柘刑初字第164号（2015年10月30日）

二审：河南省商丘市中级人民法院（2015）商刑终字第219号（2015年12月31

日）

【基本案情】

河南省柘城县人民法院经审理查明：

1. 2014 年 4 月份至 2015 年 3 月份，被告人邵鑫将在网上搜索、窃取、收买、非法获取的 300 多条外国公民信用卡信息卖给邵磊。邵磊将从邵鑫手里非法获得 300 多条外国公民信用卡信息通过网络销售的方式卖给他人。

2. 2014 年 5 月份至 2015 年 3 月份，被告人邵鑫将从网上非法获得的 80 条外国公民信用卡信息以 QQ 聊天的方式，通过支付宝交易卖给项千硕，项千硕一共给邵鑫转账 52 次，共转给邵鑫 1412 元。

3. 2013 年 9 月份至 2014 年 7 月份，被告人邵鑫将从网上非法获得的外国公民信用卡信息以 QQ 聊天的方式，通过支付宝交易给刘贤龙。刘贤龙一共给邵鑫转账 72 次，共转给邵鑫现金 50025 元。

上述事实，被告人邵鑫在开庭审理过程中亦无异议，并有证人证言、扣押物品清单、搜查笔录、鉴定意见、视听资料、电子数据及有关书证等证据证实，足以认定。

【裁判结果】

河南省柘城县人民法院于 2015 年 10 月 30 日作出（2015）柘刑初字第 164 号刑事判决：被告人邵鑫犯窃取、收买、非法提供信用卡信息罪，判处有期徒刑四年，并处罚金人民币 5 万元。一审宣判后，被告人邵鑫不服，向河南省商丘市中级人民法院提出上诉。河南省商丘市中级人民法院于 2015 年 12 月 31 日作出了（2015）商刑终字第 219 号刑事裁定：驳回上诉，维持原判。该裁定现已生效。

【裁判理由】

河南省柘城县人民法院一审判决认为：被告人邵鑫违反国家对信用卡的管理规定，以营利为目的，在网上窃取、收买他人信用卡信息资料，非法卖给他人，数量巨大，其行为构成窃取、收买、非法提供信用卡信息罪。公诉机关指控被告人邵鑫犯窃取、收买、非法提供信用卡信息罪，事实清楚，证据确实充分，罪名成立，本院予以支持。被告人邵鑫归案后认罪态度较好，可酌情予以从轻处罚。故其辩护人认为被告人邵鑫存在酌定从轻处罚情节的观点，本院予以支持。

河南省商丘市中级人民法院二审裁定认为：原审法院在判决书中列举了认定事实的证据，在一审开庭时当庭出示并经过质证。二审期间，控辩双方均未提交新证据，二审查明的事实与一审相同，据以定案的证据经核实无误。关于邵鑫上诉称没有给被害人造成损害后果，原判量刑重的问题，本院认为，邵鑫在近两年的时间内，经常在网上窃取、收买、非法提供外国公民信用卡信息，数量巨大，所售出的信用卡信息资料给被害人造成了实际损失。原审量刑适当，此上诉理由不能成立。本院认为，原判认定事实清楚，证据确实充分，定罪准确，量刑适当，审判程序合法。

【案例注解】

近年来，随着我国信用卡产业高速发展，信用卡犯罪活动日益增多，新的犯罪形式不断出现，特别是一些违法犯罪分子进行信用卡虚假申请、信用卡诈骗、信用卡套现和买卖信用卡信息资料等活动已发展到公开化、产业化的程度。这些违法犯罪行为具有严重的社会危害性，不仅扰乱了正常的金融管理秩序，而且侵害了银行消费信贷资金和持卡人财产。同时，由于相关法律制定有待进一步健全，缺乏有力的手段，难以从源头上有效遏制信用卡犯罪行为的蔓延。

本案涉及一个不常用的罪名，即窃取、收买、非法提供信用卡信息罪，它是《刑法修正案（五）》新增加的罪名，主要是指窃取、收买、非法提供信用卡信息资料的行为，客观方面表现为以秘密手段获取或者以金钱、物质等换取他人信用卡信息资料的行为，或者违反有关规定，私自提供他人信用卡信息资料的行为。其中的“窃取”是指以秘密手段（包括偷窥、拍摄、复印以及高科技方法等）获取他人信用卡信息资料的行为；“收买”是指以金钱或者物质利益从有关人员（如银行等金融机构的工作人员）手中换取他人信用卡信息资料的行为；“非法提供”是指私自提供掌握的他人信用卡信息资料的行为。该罪名的关键点在于：

一、窃取、收买、非法提供信用卡信息罪的相关规定

《刑法》第一百七十七条第一、二款规定：“有下列情形之一，妨害信用卡管理的，处三年以下有期徒刑或者拘役，并处或者单处一万元以上十万元以下罚金；数量巨大或者有其他严重情节的，处三年以上十年以下有期徒刑，并处二万元以上二十万元以下罚金：（一）明知是伪造的信用卡而持有、运输的，或者明知是伪造的空白信用卡而持有、运输，数量较大的；（二）非法持有他人信用卡，数量较大的；（三）使用虚假的身份证明骗领信用卡的；（四）出售、购买、为他人提供伪造的信用卡或者以虚假的身份证明骗领的信用卡的。窃取、收买或者非法提供他人信用卡信息资料的，依照前款规定处罚。”

《最高人民法院、最高人民检察院关于办理妨害信用卡管理刑事案件具体应用法律若干问题的解释》第三条规定：“窃取、收买、非法提供他人信用卡信息资料，足以伪造可进行交易的信用卡，或者足以使他人以信用卡持卡人名义进行交易，涉及信用卡1张以上不满5张的，依照刑法第一百七十七条之一第二款的规定，以窃取、收买、非法提供信用卡信息罪定罪处罚；涉及信用卡5张以上的，应当认定为刑法第一百七十七条之一第一款规定的‘数量巨大’。”

二、窃取、收买、非法提供信用卡信息罪的构成要件

本罪侵犯的客体是信用卡管理秩序，犯罪对象是信用卡资料信息。本罪的犯罪主体是一般主体。本罪的主观方面表现为故意，以他人信用卡信息资料为犯罪对象。信用卡信息资料是关于发卡行代码、持卡人账户、密码等内容的加密电子数据，由发卡行在发卡时使用专用设备写入信用卡磁条中，成为POS机、ATM机等终端机识别合法用户的依据，是行为人实施信用卡伪造犯罪的重要资料，因而，窃取、收买他人信用卡信息的行为属于伪造型信用卡犯罪的上游行为。客观行为方式包括窃取、收买或者非法提供三种方式。“窃取”是指行为人以自以为秘密的方法取得他人信用卡信息资料，其方法具有多样性，可以是窥视，也可以是破解；“收买”是指行为人以有偿的方式获得他人出卖的信用卡信息。“非法提供”是指将通过非法或者合法手段获取的他人的信用卡信息资料转让他人。立法并未对非法提供行为的有偿性作出规定，但基于刑法解释合理性的要求，无论行为人以无偿还是有偿的方式将他人信用卡信息转让的均应认定为转让行为。银行或者其他金融机构的工作人员利用职务上的便利，实施窃取、非法提供信用卡信息资料行为的，应当从重处罚。

三、窃取、收买、非法提供信用卡信息罪的定罪情节

刑法对本罪的构成没有规定情节、数额、后果等方面的要求，但综合案情分析，结合相关司法解释，笔者认为，具有下列情形之一的，可以本罪定罪处罚：（1）银行或者其他金融机构的工作人员利用工作上的便利，窃取、收买、非法提供他人信用卡信息资料的；（2）窃取、收买、非法提供他人信用卡信息资料数量较多的；（3）窃取、收买、提供他人信用卡信息资料致使国家和公民的利益遭受较大损失的；（4）造成其他较重后果的。

本罪的重罪情节为“数量巨大或者有其他严重情节”。“数量巨大”的具体标准，笔者认为，可以参照相关司法解释对近似犯罪所规定的数额标准酌情认定（为定罪情节数量标准的3倍以上）。“其他严重情节”，可以认定为下列之一的情形：（1）曾因窃取、收买、非法提供他人信用卡信息资料受过刑事处罚后又犯该罪的；（2）与境外的犯罪分子勾结共同作案的；（3）窃取、收买、非法提供的他人信用卡信息资料被犯罪分子用于伪造信用卡，致使国家和公民的利益遭受重大损失的（为定罪情节“较大损失”的数额标准3倍以上）；（4）造成其他严重后果的。

四、司法实践中认定本罪应当注意以下几个问题

1. 行为人将窃取、收买到手的他人信用卡信息资料用于自己伪造信用卡的，又会触犯《刑法》一百七十七条第一款第（四）项的规定，构成伪造金融票证罪。这种情况属于吸收犯，应按照重行为吸收轻行为的原则，只定伪造金融票证罪一个罪，而不实行数罪并罚。

2. 行为人明知犯罪分子实施伪造信用卡犯罪，而为其提供他人信用卡信息资料的，应当以伪造金融票证罪的共犯论处。

3. 依据《刑法》第一百七十七条之一第三款的规定，银行或者其他金融机构的工作人员利用职务上的便利，窃取、收买、非法提供他人信用卡信息资料的，应当从重处罚。

面对信用卡犯罪猖獗的现状，不仅需要出台相关法律法规填补信用卡犯罪在法律规定领域的空白，而且要对日益猖獗的信用卡套现行为给予重拳打击。通过立法、司法机关的共同努力，不断加大对相关信用卡犯罪的打击力度，为我国妥善应对国际金融危机，加强信用卡安全管理提供法律保障。不仅如此，还要明确相关信用卡犯罪的定罪量刑标准，从而有利于统一司法认定标准，规范执法行为。

本案中，被告人邵鑫视国家对信用卡的管理规定于不顾，以营利为目的，利用互联网窃取、收买他人信用卡信息资料，非法卖给他人，且数量巨大，其行为已构成窃取、收买、非法提供信用卡信息罪。

（一审法院合议庭成员　白　霞　祖丽丽　刘运娥
二审法院合议庭成员　陈晓辉　贾运法　朱丽娜
编写人　河南省柘城县人民法院　张汉元
责任编辑　李玉萍
审稿人　沈　亮）

原载《人民法院案例选》2016 年第 6 辑（总第 100 辑）

四、内幕交易、泄露内幕信息罪

87. 刘春宝、陈巧玲内幕交易案*

【裁判要点】

国家工作人员因履行工作职责而获取对证券交易价格具有重大影响的、尚未公开的信息的，属于内幕信息的知情人员。在内幕信息敏感期内，知情人员与关系密切人共同从事证券交易活动，情节严重的，应当以内幕交易罪定罪处罚。

【案情及裁判】

江苏省南通市人民检察院以被告人刘春宝、陈巧玲犯内幕交易罪，向江苏省南通市中级人民法院提起公诉。

被告人刘春宝及其辩护人辩称：（1）被告人刘春宝是政府机关公务人员，作为内幕交易罪的犯罪主体不适格。（2）刘春宝所知悉的信息不属“内幕信息”。（3）侦查机关在2010年3月30日移送审查起诉后再补充证据材料，属程序违法应予以排除。（4）中国证监会、上海证券交易所法律部出具的函件，属于法律未作规定的单位作证，主体不适格，应当予以排除，并申请法庭通知上述函件的经办人员出庭接受质询。

被告人陈巧玲辩称：其购买高淳陶瓷股票时，并不知道被告人刘春宝从事的工作性质，没有意识到自己的行为是内幕交易犯罪；刘春宝让其买卖高淳陶瓷股票是事实，自己很后悔，请求法庭从宽处理。

被告人陈巧玲的辩护人辩称：指控陈巧玲犯内幕交易罪的事实不清，证据不足。理由是：（1）中国证监会出具的两份认定函作为证据不具有合法性，认定函的内容不具有客观真实性；（2）现有证据不能证明被告人刘春宝在2009年3月6日之后将内幕信息告知过陈巧玲。刘春宝与陈巧玲共谋的是买股票，但不是共同利用内幕信息共谋，不构成共同犯罪。

江苏省南通市中级人民法院一审查明：

1. 被告人刘春宝负责联系重组洽谈，获悉内幕信息的事实。时任南京市经委主任的

---

* 案例来源：《最高人民法院公报》2013年第1期。

被告人刘春宝受南京市政府的指派，负责牵线联系十四所与高淳县政府洽谈由十四所重组高淳陶瓷公司事宜。2009年2月上旬，刘春宝介绍十四所与高淳县政府有关领导见面商谈、陪同实地考察，双方均表达了合作意向。后洽谈双方对合作框架多次进行磋商、修改。期间，双方将合作谈判进展情况告知刘春宝，刘春宝即向南京市政府分管领导作了汇报。4月19日，十四所将双方最终商定的《合作框架意向书》送至南京市经委，刘春宝在该意向书上作为鉴证方签名并加盖南京市经委公章后，出席洽谈双方签署《合作框架意向书》的签字仪式。4月20日，高淳陶瓷股票在股市开盘后出现涨停。同日，高淳陶瓷公司发布《关于公司重大事项停牌公告》，宣布公司控股股东正在筹划重大资产重组事项，高淳陶瓷股票自4月21日起停牌。自4月21日至5月21日期间，高淳陶瓷公司例行发布《重大资产重组事项进展公告》《复牌公告》等一系列公告。5月22日，高淳陶瓷股票复牌交易后价格上扬，在该股票的交易日内连续10个涨停。

2. 被告人刘春宝、陈巧玲进行内幕交易的事实。2009年2月、3月，被告人刘春宝在牵线联系高淳陶瓷公司资产重组期间，将重组信息透露给在南京证券有限责任公司工作的配偶被告人陈巧玲。在刘春宝的授意下，陈巧玲自2009年4月1日至4月15日期间，买入高淳陶瓷股票共计614022股，支付人民币共计4391183.20元；自2009年5月22日至6月24日期间，将高淳陶瓷股票全部卖出，收入金额人民币共计11890662.42元，非法获利人民币共计7499479.22元。案发后，被告人刘春宝、陈巧玲退出全部违法所得。侦查机关扣押涉案电脑主机一台，冻结涉案股票账户和资金账户。

上述事实，有经庭审举证、质证的被告人刘春宝、陈巧玲的供述、证人证言、书证、物证、中国证监会认定函等证据证实，足以认定。

江苏省南通市中级人民法院一审认为：被告人刘春宝作为十四所与高淳县政府洽谈十四所重组高淳陶瓷公司事项的南京市政府部门联系人，因履行工作职责获取了内幕信息，是内幕信息知情人员。在内幕信息尚未公开前，刘春宝向被告人陈巧玲泄露该信息，共同利用所知悉的内幕信息进行股票交易，情节特别严重，其行为均构成内幕交易罪。本案系共同犯罪，刘春宝是主犯，陈巧玲是从犯。刘春宝、陈巧玲均是初犯、偶犯，案发后退出全部赃款，在庭审中认罪态度较好，均可酌情从轻处罚。判决被告人刘春宝犯内幕交易罪，判处有期徒刑五年，并处罚金人民币750万元。根据宽严相济的刑事政策，综合陈巧玲作为非身份犯，受刘春宝的指使、被动实施内幕交易行为的犯罪情节和悔罪表现，依法对其免除处罚。

据此，江苏省南通市中级人民法院依照《中华人民共和国刑法》第一百八十条第一款、第三款、第二十五条第一款、第二十六条第一款、第四款、第二十七条、第六十四条之规定，于2010年12月20日判决如下：

一、被告人刘春宝犯内幕交易罪，判处有期徒刑五年，并处罚金人民币750万元。

二、被告人陈巧玲犯内幕交易罪，免予刑事处罚。

三、被告人刘春宝、陈巧玲违法所得人民币7499479.22元予以追缴，上缴国库。

一审宣判后，被告人刘春宝、陈巧玲在法定期间内均未提出上诉，检察机关也未提出抗诉，判决已发生法律效力。

【编后补评】

本案争议焦点主要有两个问题：（1）“内幕信息”的认定问题。“内幕信息”是指证券交易活动中，涉及公司的经营、财务或者对该公司证券的市场价格有重大影响的尚未公开的信息。本案中，被告人刘春宝全面参与了高淳陶瓷公司资产重组，且在向公众披露前便知悉公司股权的重大变化。而这一变动连续10个交易日直接拉升了高淳陶瓷公司股价，应认定其为“内幕消息”。（2）被告人主体适格的问题。被告人刘春宝作为高淳陶瓷公司资产重组事项的南京市政府部门联系人，因其担任的行政机关职务及所履行的工作职责需要而获悉了内幕信息。且根据《证券法》的规定，中国证监会有对知情人员的认定权。本案中，证监会根据法律的授权，作出了被告人刘春宝是知情人员的认定，该认定具有事实依据和法律依据。因此，被告人的主体适格。

原载《人民法院案例选》2016年第1辑（总第95辑）

88. 冯方明内幕交易案
——泄露内幕信息罪、内幕交易罪的认定

【关键词】

内幕交易罪　泄露内幕信息罪　关系密切人

【裁判要旨】

1. 内幕信息敏感期内，相关交易行为是否明显异常，要从时间吻合程度、交易背离程度和利益关联程度等方面综合予以认定。

2. 内幕信息知情人员的近亲属、关系密切人在相关交易行为明显异常且无正当理由或者正当信息来源时，即可推定为非法获取内幕信息的人员。

【相关法条】

《中华人民共和国刑法》

第一百八十条　证券、期货交易内幕信息的知情人员或者非法获取证券、期货交易内幕信息的人员，在涉及证券的发行，证券、期货交易或者其他对证券、期货交易价格有重大影响的信息尚未公开前，买入或者卖出该证券，或者从事与该内幕信息有关的期货交易，或者泄露该信息，或者明示、暗示他人从事上述交易活动，情节严重的，处五年以下有期徒刑或者拘役，并处或者单处违法所得一倍以上五倍以下罚金；情节特别严重的，处五年以上十年以下有期徒刑，并处违法所得一倍以上五倍以下罚金。

单位犯前款罪的，对单位判处罚金，并对其直接负责的主管人员和其他直接责任人员，处五年以下有期徒刑或者拘役。

内幕信息、知情人员的范围，依照法律、行政法规的规定确定。

证券交易所、期货交易所、证券公司、期货经纪公司、基金管理公司、商业银行、保险公司等金融机构的从业人员以及有关监管部门或者行业协会的工作人员，利用因职务便利获取的内幕信息以外的其他未公开的信息，违反规定，从事与该信息相关的证券、期货交易活动，或者明示、暗示他人从事相关交易活动，情节严重的，依照第一款的规定处罚。

【案件索引】

一审：广东省深圳市中级人民法院（2014）深中法刑二初字第6号（2015年3月23日）

二审：广东省高级人民法院（2015）粤高法刑二终字第215号（2015年12月3日）

【基本案情】

2008 年年底，深圳广电集团根据广东省委宣传部的要求，开始启动深圳有线广播电视网络改革重组工作，后因多方面原因，改革重组工作限于停顿。2011 年 10 月，广东省委宣传部要求全省 2012 年 6 月完成广电网络改革重组工作，提出将深圳广电集团的网络资产并入广东省网络公司。2011 年 10 月 18 日，深圳广电集团请示深圳市委宣传部，提出为应对省网整合，建议以上市公司天威视讯为平台，加快推进全市有线广电网络改革重组。深圳有线广播电视网络改革重组工作重启。2012 年 1 月 4 日，深圳市委宣传部要求深圳广电集团上报改革重组总体方案。同月 11 日，深圳广电集团向深圳市委宣传部上报《关于推进全市有线广电网络改革重组工作的请示》(〔2012〕11 号)，表示广电集团与宝安、龙岗两区达成共识，两区同意台网分离以及分离后的网络资产以适当的方式进入天威视讯。2 月 28 日，深圳市委宣传部向天宝公司下发《督办通知》，提到深圳广电集团与宝安、龙岗区就网络整合过程中涉及的核心问题达成了基本共识，要求广电集团、天威公司于2012 年3 月2 日前与宝安、龙岗两区签订协议。同年3 月27 日，深圳广电集团再次向市委宣传部上报《关于推进全市有线广电网络改革重组工作的请示》(〔2012〕112 号）及《总体方案》。3 月 31 日，深圳市委宣传部确定改革重组方案和停牌时间。2012 年 4 月 5 日，天威公司停牌。2012 年 4 月 6 日，天威公司与交易方深圳广播电影电视集团、宝安区国资委、龙岗区国资委、坪山新区发展和财政局签署《深圳市有线广播电视网络改革重组工作协议》。4 月 11 日，深圳召开全市有线广电网络改革重组工作动员大会，深圳有线广电网络改革重组工作正式启动。6 月 11 日，天威视讯发布公告，自 2012 年 6 月 11 日开市起复牌交易，公司拟购买的资产为天宝存续公司和天隆存续公司全部股份，预估值为 13.7 亿元，占上市公司最近一期经审计年度报告披露总资产的 67%。中国证券监督管理委员会认定，“深圳广电集团改革重组”“台网分离”“天宝公司和天隆公司网络资产并入天威视讯公司”“人员分流”等内容为本案内幕信息，2011 年 10 月 18 日至 2012 年 6 月 11 日为本案的内幕信息敏感期。

2011 年 12 月 27 日，被告人冯方明作为天宝公司总经理参加了该司中层干部年度考评会。2012 年 1 月 31 日下午，冯方明作为宝安区广播电视中心主任，参加了区委宣传部长办公会议。冯方明通过上述会议及会议文件知悉了天宝公司网络资产整合进入天威视讯的信息并告知其妻子被告人陈晓霞。陈晓霞利用该内幕信息，从同年 1 月 31 日至 3 月 29 日，抛售自持股票、调入资金，连续七次买入天威视讯股票，成交金额 732965.78 元。案发后，公安机关依法冻结了涉案的股票及资金账户，上述股票未售出，冻结时实际处于亏损状态，未有非法获利。

【裁判结果】

广东省深圳市中级人民法院于 2015 年 3 月 23 日作出（2014）深中法刑二初字第 6 号刑事判决：一、被告人冯方明犯泄露内幕信息、内幕交易罪，判处有期徒刑一年十个月，并处罚金人民币 1000 元；二、被告人陈晓霞犯内幕交易罪，免予刑事处罚；三、被告人陈晓芳无罪；四、被告人高峰无罪。

宣判后，被告人冯方明不服判决，提出上诉，称中国证监会《认定函》认定的内幕信息内容不符合客观事实，不能作为定案依据；认定陈晓霞股票交易行为异常不符合客观事实，请求改判冯方明无罪。深圳市人民检察院对判处被告人陈晓芳、高峰无罪提出抗诉；广东省人民检察院经审查后，认为抗诉不当，撤回抗诉。

广东省高级人民法院于2015年12月3日作出（2015）粤高法刑二终字第215号刑事裁定：驳回上诉，维持原判。

【裁判理由】

法院生效裁判认为：被告人冯方明作为天宝公司总经理，在参与深圳广电集团广电网络改革重组工作的过程中，获悉了内幕信息，属于内幕信息知情人员；被告人陈晓霞作为冯方明的配偶，在内幕信息敏感期内，多次从事与该内幕信息有关的天威视讯股票交易，情节严重，交易行为明显异常，且无正当理由或正当信息来源，被告人冯方明的行为已构成泄露内幕信息、内幕交易罪，被告人陈晓霞的行为已构成内幕交易罪。公诉机关指控的犯罪事实清楚，证据确实、充分，但仅指控冯方明犯泄漏内幕信息罪不当，应予纠正。被告人陈晓芳、高峰虽与内幕信息知情人员冯方明具有姻亲关系，但不属于非法获取内幕信息的人员，其二人在内幕信息敏感期内从事与该内幕信息有关的天威视讯股票交易的行为不构成内幕交易罪。被告人陈晓霞对其内幕交易行为在认识上的错误，不影响司法机关对其行为性质的认定，在量刑时可酌情从轻处罚。

【案例注解】

内幕交易行为是行为人依据其掌握的股票证券内幕信息，通过泄露给他人或加以利用，实施股票证券交易的方式，以非法获利的行为。内幕交易犯罪不仅违背了证券市场“公开、公平、公正”的原则，极大地破坏了市场交易秩序，也损害了广大中小投资者的利益，成为当前证券市场健康发展的“毒瘤”。内幕交易足以摧垮一个国家的资本市场，严重拖累实体经济的发展。1993年9月国务院出台《禁止证券欺诈行为暂行办法》①，首次规定对内幕交易行为进行法律制裁。1997年3月14日，全国人大修改《刑法》，将内幕交易行为正式列为刑事犯罪予以打击。随着证券市场的发展，内幕交易犯罪呈现出犯罪主体多元化、内幕交易形式多样化、操作手段隐蔽化等特点。我国现行有关内幕交易犯罪的法律法规、司法解释虽然吸收了美国、欧盟及香港等地的先进经验，但规定仍较为原则。对内幕信息知情人员及其近亲属在内幕信息敏感期内进行交易，一般推定构成内幕交易，但行为人能作出合理解释的除外。

一、关于行为人在内幕信息敏感期内买卖股票，其行为是否属于“相关交易行为明显异常”的问题

司法实践中，中国证监会在移送犯罪线索的同时，通常会出具《认定函》，包括内幕信息敏感期的时间、具体内容及内幕信息知情人员或者非法获取内幕信息的人员名单等。《最高人民法院、最高人民检察院、公安部、中国证券监督管理委员会关于办理证券期货违法犯罪案件工作若干问题的意见》第四条规定，证券监管机构可以根据司法机关办案需要，依法就案件涉及的证券期货专业问题向司法机关出具认定意见。《刑事诉讼

① 已失效。

法》第五十二条第二款规定，行政机关在行政执法和查办案件过程中收集的物证、书证、视听资料、电子数据等证据材料，在刑事诉讼中可以作为证据使用。因此，行政机关依据上述实物证据，基于其专业知识、经验而出具的认定意见，经司法机关审查后，对于其中具有客观性、真实性、合法性的内容，司法机关可以依法采纳并作为刑事诉讼的证据使用。但这并不意味着司法机关就依据《认定函》的内容直接定罪量刑，而要综合全案证据分析判断。虽然被告人在内幕信息敏感期内有交易行为，但仍需重点审查是否存在“相关交易行为明显异常”的情形。

《最高人民法院、最高人民检察院关于办理内幕交易、泄漏内幕信息刑事案件具体应用法律若干问题的解释》（以下简称《内幕交易司法解释》）第三条规定，“相关交易行为明显异常”，要从时间吻合程度、交易背离程度和利益关联程度等方面综合予以认定。司法实践中，被告人多以其具有相关专业知识或从相关网站、论坛等渠道获悉信息，交易涉案股票具有正当理由等进行抗辩。本案中，被告人陈晓霞购买天威视讯股票的行为应当认定为“相关交易行为明显异常”，其于1月31日下午第一次买入天威视讯股票，交易金额14万余元，至3月29日，其采用抛售在持股票、调入资资金等方式，连续七次买入天威视讯股票，交易金额73万余元。从时间吻合程度上看，陈晓霞买入天威视讯股票的时间与其丈夫冯方明获悉内幕信息的时间高度一致。从交易背离程度分析，陈晓霞证券账户2011年下半年仅有一次卖出交易，但从2012年1月31日下午第一次买入天威视讯股票，交易金额14万余元，从2月2日起多次抛出在持股票、转入资金，在短短一个多月内围绕天威视讯密集交易，连续七次全部买入，与其交易习惯明显背离。从利益关联程度看，陈晓霞利用自有证券账户及资金买入天威视讯股票，内幕交易后的非法获利为其所有。故应当认定陈晓霞购买天威视讯股票的行为属于相关交易行为明显异常。

二、如何认定被告人具有正当信息来源

依据《内幕交易司法解释》第二条、第四条的规定，内幕信息知情人员的近亲属在内幕信息敏感期内从事与该内幕信息有关的证券交易，必须对相关明显异常交易行为或获得的信息来源作出合理解释或提出正当信息来源。反之，则认定为非法获取内幕信息的人员。该规定并非是举证责任的倒置，实质是在敏感时期、敏感身份、敏感行为等基本事实的基础上，让行为人作出合理解释、合理抗辩。

本案中，被告人陈晓霞提出，其系从被告人冯方明的司机王远明处获悉内幕信息后上网查询信息并结合炒股经验买入股票。但王远明在2011年10月、12月两次告知陈晓霞相关信息后，陈晓霞并未交易。冯方明与陈晓霞系夫妻关系，冯方明在相关会议上得知改革重组已进入实际操作阶段，1月31日从会议材料上准确获知内幕信息后，陈晓霞才积极购买。真正促使陈晓霞多次抛售其他股票、调入资金购买股票的原因，是对从丈夫冯方明处获悉的内幕信息的信赖。故对陈晓霞不能适用《内幕交易司法解释》第四条第（三）项的规定，不能认定其具有正当信息来源，而应当认定其为非法获取内幕信息的人员。

三、关于“关系密切人”的理解与适用

《刑法修正案（七）》关于利用影响力受贿罪中最早使用了“关系密切人”的概念，其范围的划分是从关系程度的角度进行界定的，至于关系的性质是身份关系还是利益关系在所不问，只要该种关系紧密到一定程度，就可以归入“关系密切人”的范畴。因此，对于关系密切人的定性主要依据关系紧密程度。《内幕交易司法解释》对“关系密切人”也未作专门具体的规定。

本案中，公诉机关在一审期间将原起诉书认定的被告人陈晓芳、高峰系被告人冯方明的近亲属，变更为冯方明的关系密切人。冯方明系内幕信息知情人员，冯方明与陈晓霞系夫妻关系，陈晓芳是陈晓霞的妹妹，高峰是陈晓霞的弟媳，故陈晓芳、高峰不属于《刑事诉讼法》规定的冯方明的近亲属，但与冯方明存在姻亲关系，二人与冯方明之间关系是否紧密，没有相关证据证实。由于《内幕交易罪司法解释》采用推定原则，内幕信息知情人员的关系密切人，无论是主动还是被动获悉内幕信息的，只要相关交易行为明显异常且无正当理由或者正当信息来源，即可推定为非法获取内幕信息的人员。因此，在认定关系密切人身份时，应结合相关证据严格适用。本案证据显示，陈晓芳、高峰二人还从王远明、天宝公司其他员工等处获悉相关信息，故不能认定陈晓芳、高峰的交易信息是直接来源于内幕信息知情人员冯方的。不能因陈晓芳、高峰与冯方明具有姻亲关系，二人在敏感期内购买了天威视讯股票即推定二人从内幕信息知情人员冯方明处获取了内幕信息。因此，陈晓芳、高峰不能认定为非法获取内幕信息的人员，其相关交易行为不能认定为构成内幕交易罪。

（一审法院合议庭成员　王育平　袁　琰　赵　靓
二审法院合议庭成员　陈亦光　王竹青　梁　美
编写人　广东省深圳市中级人民法院　赵　靓
责任编辑　周维明
审稿人　沈　亮）

原载《人民法院案例选》2016 年第 8 辑（总第 102 辑）

89. 段斌内幕交易案

——如何计算内幕交易案中的违法所得

【关键词】

内幕交易　违法所得认定　实际成交差额规则　市场吸收规则

【裁判要旨】

在内幕交易案件中，涉案股票在一审宣判前尚未售出的，应当以内幕信息对股票交易价格有无影响及内幕交易行为与违法所得有无因果关系为标准，按涉案股票复牌后第一个收盘价打开涨停交易日的收盘价计算余股市值，将它减去被告人买入时此部分股票市值所得差额，即涉案股票的账面盈利，认定为被告人通过内幕交易行为所获得的违法所得。

【相关法条】

《中华人民共和国刑法》

第一百八十条　证券、期货交易内幕信息的知情人员或者非法获取证券、期货交易内幕信息的人员，在涉及证券的发行，证券、期货交易或者其他对证券、期货交易价格有重大影响的信息尚未公开前，买入或者卖出该证券，或者从事与该内幕信息有关的期货交易，或者泄露该信息，或者明示、暗示他人从事上述交易活动，情节严重的，处五年以下有期徒刑或者拘役，并处或者单处违法所得一倍以上五倍以下罚金；情节特别严重的，处五年以上十年以下有期徒刑，并处违法所得一倍以上五倍以下罚金。

单位犯前款罪的，对单位判处罚金，并对其直接负责的主管人员和其他直接责任人员，处五年以下有期徒刑或者拘役。

内幕信息、知情人员的范围，依照法律、行政法规的规定确定。

证券交易所、期货交易所、证券公司、期货经纪公司、基金管理公司、商业银行、保险公司等金融机构的从业人员以及有关监管部门或者行业协会的工作人员，利用因职务便利获取的内幕信息以外的其他未公开的信息，违反规定，从事与该信息相关的证券、期货交易活动，或者明示、暗示他人从事相关交易活动，情节严重的，依照第一款的规定处罚。

【案件索引】

一审：北京市第二中级人民法院（2016）京02刑初82号（2016年9月26日）

【基本案情】

法院审理查明：2012 年 7 月，中航电测仪器股份有限公司（以下简称中航电测）拟并购汉中一零一航空电子设备有限公司（以下简称汉中一零一）。2012 年 11 月 22 日，中航电测与汉中航空工业（集团）有限公司（以下简称汉航集团）、汉中一零一在中航电测 2 号会议室召开会议，与会各方对中航电测通过定向增发方式并购汉中一零一 100% 股权形成一致意见。2013 年 3 月 4 日，中航电测在创业板信息披露网站上发布重大资产重组停牌公告。当日，中航电测股票（证券代码 300114）停牌。2013 年 6 月 13 日，中航电测股票复牌。当日及 14 日、17 日，该股票连续三个交易日涨停。6 月 18 日，该股票收盘时跌幅 2.41%。上述中航电测重大资产重组事宜在公开披露前属于《证券法》规定的内幕信息，内幕信息敏感期为 2012 年 11 月 22 日至 2013 年 3 月 4 日。

被告人段斌自 2006 年 6 月起任职于中信建投证券股份有限公司（以下简称中信建投公司），自 2009 年 11 月起担任中航电测 IPO 项目保荐代表人，负责中航电测的督导事宜。2012 年 12 月中旬至 2013 年 2 月 2 日，中航电测董事长康学军就重大资产重组的相关问题咨询了作为保荐代表人的段斌，并通过段斌向中信建投公司就聘请重大资产重组事项的财务顾问正式询价。在此过程中，段斌获悉中航电测将进行重大资产重组，属于内幕信息知情人。2013 年 2 月 6 日、18 日和 28 日，段斌借用他人证券账户及手机，分别使用他人及自有资金，在北京市东城区朝内大街 2 号凯恒中心等地，以手机委托的方式合计买入中航电测股票 46300 股，成交金额共计人民币 686590 元。至 2013 年 6 月 18 日，上述股票账面盈利人民币 286173 元。

【裁判结果】

北京市第二中级人民法院于 2016 年 9 月 26 日作出（2016）京 02 刑初 82 号刑事判决：一、被告人段斌犯内幕交易罪，判处有期徒刑一年，缓刑一年（缓刑考验期限，从判决确定之日起计算），并处罚金人民币 40 万元（罚金限本判决生效之日起 30 日内缴纳）。二、追缴被告人段斌违法所得人民币 286173 元，予以没收，上缴国库（如有相应孳息，一并予以追缴没收，上缴国库）。

宣判后，被告人段斌未提出上诉，检察机关未提出抗诉。本案一审判决已发生法律效力。

【裁判理由】

法院生效裁判认为：被告人段斌作为中航电测重大资产重组的证券交易内幕信息知情人，在该内幕信息尚未公开前的敏感期内，以人民币 68 万余元买入中航电测股票，情节严重，其行为已构成内幕交易罪，依法应予惩处。鉴于被告人段斌在进入侦查阶段后能如实供述自己的罪行，当庭认罪、悔罪，对其酌予从轻处罚。鉴于其具备宣告缓刑的条件，对其依法宣告缓刑。至于被告人段斌的违法所得，根据《最高人民法院、最高人民检察院关于办理内幕交易、泄露内幕信息刑事案件具体应用法律若干问题的解释》第十条第一款的规定，违法所得是指通过内幕交易行为所获利益或者避免的损失。本案中被告人段斌所购买的中航电测股票尚未售出，应当以内幕信息对股票交易价格有无影响及内幕交易行为与违法所得有无因果关系为标准，按中航电测股票复牌后第一个收盘价打开涨停交易日的收盘价计算余股市值，进而认定2013年6月18日收盘时涉案股票的账面盈利人民币286173元，为段斌通过本案内幕交易行为所获利益，并以此所获利益计算段斌的违法所得。

【案例注解】

本案审理过程中涉及两个较为棘手的问题：一是如何计算违法所得；二是如何确定追缴的范围。

一、如何计算违法所得

对于如何计算内幕交易案件中的违法所得，2012年3月29日最高人民法院、最高人民检察院联合发布的《关于办理内幕交易、泄露内幕信息刑事案件具体应用法律若干问题的解释》第十条第一款规定，违法所得是指通过内幕交易行为所获利益或者避免的损失。至于如何计算获利或者避免损失数额，上述司法文件未作出规定。理论和实务界均存在意见分歧。

（一）法院的实务见解

从法院的判决结果看，对案发前全部股票实际交易的情况，有的法院按实际交易所得差价盈利计算违法所得。在肖时庆内幕交易案[①]中，被告人肖时庆在信息敏感期内购入涉案股票，该股票2007年10月复牌，被告人于2008年5月将购入股票清仓。一审法院认定肖时庆违法所得为经司法会计鉴定的清仓时的实际差价获利1亿余元，情节特别严重。对内幕信息公开前买入，案发前全部未卖出的，有的法院以信息公开当日收盘价作为基准价格按信息公开日账面盈利计算违法所得。在"中关村"内幕案[②]中，中关村上市公司与鹏泰公司置换信息公告前，黄光裕使用其控制的股票账户累计购入中关村股票976万余股，成交额共计9310万余元，至该信息公告日时，股票账户账面收益额348万余元；在中关村上市公司收购鹏润公司股权重组信息公告前，黄光裕指令相关人员使用其实际控制的股票账户累计购入中关村股票1.04亿余股，成交额共计13.22亿余元，至信息公告日时，股票账户的账面收益额为3.06亿余元。一审法院以信息公告日时股票账户的账面收益额为本案违法所得。对内幕信息公开前买入、案发前部分未卖出的，有的法院对仍然持仓的部分，以实际成交均价为基准核定违法所得。在"三变科技"内幕交易案[③]中，被告人黄梅芳非法获悉上市公司三变科技重大资产收购的内幕信息后，使用本人及其亲属控制的9个证券账户，于内幕信息敏感期内买入三变科技股票258万余股，成交额2338万余元，卖出74万余股，成交额735万余元，其余股票未抛售。一审法院认定被告人共非法获利206万余元，其中实际卖出股票获利40万余元。未卖出部分的核定每股均价与实际交易部分的卖出每股均价持平。

（二）证监部门的实务见解

从行政处罚的结果看，有的证监部门的做法是：（1）实际获利以计算截止日期前

① 参见最高人民法院刑事审判第一、二、三、四、五庭主办：《刑事审判参考》2012年第2集（总第85集），法律出版社2012年版。

② 参见北京市第二中级人民法院（2010）二中刑初字第689号刑事判决书。

③ 参见浙江省台州市中级人民法院（2014）浙台刑二初字第4号刑事判决书。

（包括该日）实际卖出价计算，计算截止日应为调查终结报告确定前调查部门请交易所进行计算的发函日（调查部门负责人签发日）；（2）账面获利以内幕信息公开日或首个收盘打开涨跌停板日（如有涨跌停板）收盘价计算；[①]（3）避免损失数额计算方法为：违法所得 = 累计卖出金额 - 卖出证券在基准日的虚拟市值 - 交易费用。其中累计卖出金额为内幕信息公布前被告人实际出售股票收盘价乘以股票数，基准日虚拟市值是内幕信息公布后当日收盘价乘以被告人已经卖出的股票数。[②]

（三）理论界的不同见解

与实务界做法不一致的情形相似，理论界的探讨也存在不同的意见。其中有代表性的意见有两种。一种意见认为：（1）对于利好的内幕信息复牌后兑现的，以 90 日收盘价计算，在此前完成交易的以实际交易情况计算。违法所得 = 累计卖出金额 - 累计买入金额。其中累计卖出金额所依据的时间以≤90 为前提，超过 90 日的，以第 90 日的收盘价认定违法所得，对于未全部抛售的，已售出部分依照前述公式计算，未售出部分超过 90 日的，以第 90 日账面收盘价计算，未超过 90 日的，以证券账户被冻结之日的收盘价计算违法所得。（2）对于利好的内幕信息复牌后未兑现，被告人即刻抛售的，有获利的以实际获利计算违法所得，无获利则不认定违法所得。（3）对于利好的内幕信息复牌后未兑现，被告人当日未抛售，此后较长时间持股获利的，以复牌当日收盘价为依据计算违法所得。（4）对于利空情况下避免损失数额计算方法，赞同上述证监部门的做法。[③] 另一种意见认为：（1）无论利好信息还是利空信息，原则上都应当适用实际成交差额规则计算内幕交易的违法所得，即将实际买入与卖出股票之间的价差认定为违法所得。有充分证据证明内幕信息与交易所得无关或者资本市场中的其他介入因素影响了部分交易所得，则应当适用市场吸收规则，即在实际卖出价格中剔除内幕信息已经被资本市场全部吸收之外的价值水平，内幕信息公开后对金融商品市场价格产生影响部分计入内幕交易违法所得，交易利润中并非基于内幕信息经济价值而产生的部分予以扣除。（2）被告人基于内幕信息买入，但在信息尚未公开前卖出，市场价格符合异常波动量化标准的，应当将被告人于内幕信息形成之后尚未公开之前的买入成本与卖出金额之间的价差核定为内幕交易违法所得。其中异常波动的量化标准为：单一交易日涨停或者跌停，连续 3 个交易日按照信息内容的指向日波动幅度超过 5%，7 个交易日按照信息内容的指向总波动幅度超过 30%，20 个交易日按照信息内容的指向总波动幅度超过 50%。（3）内幕信息形成后买入的交易者在案发前全部或部分未卖出的，应当以内幕信息公开后 10 个交易日市场平均价格作为计算未卖出部分的内幕交易违法所得的基准价格，并将基准价乘以案发前未卖出量所得出的持仓利益与买入成本之间的价差核定为内幕交易违法所得。（4）利空信息发布前抛售规避损失的，应当以内幕信息公开后 10 个交易日平均价格作为拟制内幕交易违法所得的基准价格，并将实际抛售金额与基准价格乘以内幕交易者抛售量之间的价差核定为内幕交易规避损失数额。[④]

---

① 该情况是笔者在办案中向有关部门了解到的情况。

② 潘海深案即采用此计算方法，参见中国证监会行政处罚委员会编：《证券行政处罚案例判解》，法律出版社 2009 年版，第 6 页。

③ 万志尧：《内幕交易刑事案件“违法所得”的司法认定》，载《政治与法律》2014 年第 2 期。

④ 刘宪权：《内幕交易违法所得司法判断规则研究》，载《中国法学》2015 年第 6 期。

（四）本案判决的见解

依据责任原理，行为人只对自己行为造成的结果承担法律责任，只有当某个危害后果与行为人的行为具有相当因果关系时，才能追究行为人的刑事责任。因此，对于内幕交易案件中违法所得的计算，原则上应当采取市场吸收规则。但是，迄今为止尚没有有效的方法准确测算出内幕信息影响持续的时间。我国学者提出把 90 天或 10 天等时间段作为内幕信息影响持续的时间，其论证方法的精密性及结论的可靠性均不无疑问。我国台湾地区及美国对内幕信息影响的时间段也有不同做法。我国台湾地区“证券交易法”第 157 条第 2 项规定，违反规定从事内线交易者，“应就消息未公开之前其买入或卖出该股票之价格，与消息公开后 10 个交易营业日收盘平均价格之差额限度内，对善意从事相反买卖之人负赔偿责任”。1995 年《美国私人证券诉讼改革法》第 101 节（b）在证券交易法中增加了第 21 节 D（e），规定原告的损害赔偿请求范围不得超过其所支付的购买价（或得到的卖出价）与公司资讯揭露后起算 90 日内该证券的平均价格之间的差额。美国联邦第二巡回上诉法院（Unite State's Court of Appeals for the Second Circuit）在美国诉罗伊尔案件中，将内幕交易的犯罪所得界定为内幕信息公开后 3 天之内的实际收益，实际是认为内幕信息的影响期限为 3 天左右。[①] 所以，实践中宜以明显减弱的时间点作为基准，这样既坚持了市场吸收规则，又便于操作，还有利于被告人，不失为公正而实用的方法。当然，明显减弱的时间点，还需要根据市场情况在一定区间内进一步作出最佳选择。应当说，上述证监部门的时间点最便于操作，坚持了市场吸收规则，也有利于被告人。但证监会的时间点是立足于自身办案方便选择的，审判机关需要根据自身特点加以借鉴。综合吸收以上各种意见中的合理部分，我们主张采用以下规则计算内幕交易案件中的违法所得：

1. 行为人在利好的内幕信息公开前全部卖出股票的，不论内幕信息复牌后是否兑现，在满足异常波动量化标准的情况下，均按实际交易获得的市值差价计算违法所得，计算公式为：违法所得 = 累计卖出金额 - 累计买入金额（交易费用不扣减）。否则，不计算违法所得。异常波动的量化标准为：单一交易日涨停或者跌停，连续 3 个交易日按照信息内容的指向日波动幅度超过 5%，7 个交易日按照信息内容的指向总波动幅度超过 30%，20 个交易日按照信息内容的指向总波动幅度超过 50%。

2. 内幕信息公开后一审宣判前股票全部未卖出的，以内幕信息公开日或首个收盘打开涨跌停板日（如有涨跌停板）收盘价计算股票市值，将其与股票买入金额的差额计算违法所得，计算公式为：违法所得 = 内幕信息公开日或首个收盘打开涨跌停板日（如有涨跌停板）收盘价 × 被告人未卖出的股票数 - 累计买入金额。

内幕信息公开后一审宣判前涉案证券账户被冻结而未卖出的，亦按上述方法计算。

3. 行为人在内幕信息公开后一审宣判前将股票全部卖出的，按实际交易获得的市值差价计算违法所得。计算公式为：违法所得 = 累计卖出金额 - 累计买入金额。

内幕信息公开后一审宣判前为逃避处罚而故意亏损卖出股票的，按上述第 2 条方法

① 万志尧：《内幕交易刑事案件“违法所得”的司法认定》，载《政治与法律》2014 年第 2 期。

计算违法所得，即按账面所得计算。①

4. 内幕信息公开后一审宣判前股票部分卖出、部分未卖出的，对于已经卖出的部分，按上述第 3 条方法计算，即按实际交易获得的市值差价计算违法所得。对于未卖出的部分，按上述第 2 条方法计算，即以内幕信息公开日或首个收盘打开涨跌停板日（如有涨跌停板）收盘价为依据计算违法所得。

5. 对于利好的内幕信息复牌后未兑现，被告人在复牌当日即抛售的，有获利的以实际获利计算违法所得；未获利的，不认定违法所得。

6. 对于利好的内幕信息复牌后未兑现，被告人当日未抛售，此后较长时间持股获利的，以复牌当日收盘价为依据计算违法所得，未获利的，不认定违法所得。

7. 对于利空情况下避免损失数额，以内幕信息公布后复牌当日收盘价为依据计算违法所得。计算公式为：违法所得 = 累计卖出金额 – 卖出证券在基准日的虚拟市值 – 交易费用。其中累计卖出金额为内幕信息公布前被告人实际出售股票收盘价乘以股票数，基准日虚拟市值是内幕信息公布后复牌当日收盘价乘以被告人已经卖出的股票数。

8. 对于本身属于内幕信息内容的股票分红，计入内幕交易违法所得，其他股票分红不计入。

9. 在上述任一种情况下，均应当允许被告人提出证明所得利益与内幕信息无关的反证。反证成立的，应当将该反证证明与内幕信息无关的部分从违法所得中扣除。

（五）对本案的分析

本案中被告人段斌所购买的中航电测股票尚未售出，该股票在内幕信息于 2013 年 6 月 12 日公开和次日复牌后，连续出现 3 个交易日涨停，至 2013 年 6 月 18 日收盘时（15 日、16 日为休息日），涨停板才打开（收盘时跌幅 2.41%）。一审法院以内幕信息对股票交易价格存在影响及内幕交易行为与违法所得有因果关系为标准，按中航电测股票复牌后第一个收盘价打开涨停交易日的收盘价计算余股市值，亦即认定中航电测股票复牌后第一个收盘价打开涨停交易日，即 2013 年 6 月 18 日，为中航电测重大资产重组的内幕信息公开后，该内幕信息利好影响显著的最后一个交易日，进而认定 2013 年 6 月 18 日收盘时涉案股票的账面盈利人民币 286173 元，为段斌通过本案内幕交易行为所获利益，并以此所获利益计算段斌的违法所得。此种计算方法实际是采用了市场吸收规则，我们认为是较为公允的。

二、如何确定追缴的范围

对于内幕交易犯罪案件，追缴对象一般涉及股票、炒股用的作案工具、违法所得及孳息。对于如何确定追缴范围，理论上探讨不多，实践中存在不同做法。我们认为，《证券法》没有规定股票是违法所得和作案工具，在刑事诉讼中，也不宜认定为违法所得和作案工具，故不宜追缴没收。但用于炒股的手机等应认定为作案工具，予以追缴没收。对于违法所得，根据《刑法》第六十四条的规定，属于当然应予追缴的范围。对于孳息，在一审宣判前股票未卖出的，可能存在违法所得产生的孳息。对于孳息的计算，仍然应当贯彻前面认定违法所得的市场吸收规则，以是否与违法所得有因果关系为标准，

① 这也是实务中出现的一种观点，详见刘晓虎：《〈关于办理内幕交易、泄露内幕信息刑事案件具体应用法律若干问题的解释〉的理解与适用》，载《人民司法·应用》2015 年第 15 期。

确定孳息的范围。具体计算公式为：法院执行时未卖出股票的账面盈利乘以违法所得在整个余股市值中所占比例。

本案中，被告人段斌使用他人账户购买的中航电测股票至一审宣判前尚未卖出和冻结，到执行时盈利数额不确定，可能高于目前认定的违法所得286173元（一审宣判前账面盈利高于此数），也可能低于此数额。如低于目前认定的违法所得，因按实际执行时的账面盈利予以追缴没收将少追缴违法所得，而这种结果应当归责于能适时出售而不出售的被执行人，所以仍应追缴已认定的违法所得人民币286173元；如高于目前认定的违法所得，因高出部分是股票因市场等因素产生的盈利，不是内幕信息产生的盈利，所以应当追缴已认定的违法所得人民币286173元，同时追缴该违法所得对应的孳息。具体追缴办法是：在实际执行时如有孳息，则按执行时账面盈利乘以违法所得在整个余股市值中所占比例加以追缴，即应追缴孳息＝执行时涉案股票账面盈利（元）×286173÷（286173＋686590）。一审判决在追缴违法所得内容之后以括弧注明如有相应孳息，一并予以追缴没收，上缴国库存，是包含了这层意思的，我们认为是妥当的。

（一审法院合议庭成员　杨子良　张　浩　刘立杰
编写人　北京市第二中级人民法院　杨子良
责任编辑　周维明
审稿人　李玉萍）

原载《人民法院案例选》2017年第12辑（总第118辑）

五、利用未公开信息交易罪

90. 指导案例61号：马乐利用未公开信息交易案

（最高人民法院审判委员会讨论通过　2016年6月30日发布）

【关键词】

刑事　利用未公开信息交易罪　援引法定刑　情节特别严重

【裁判要点】

《刑法》第一百八十条第四款规定的利用未公开信息交易罪援引法定刑的情形，应当是对第一款内幕交易、泄露内幕信息罪全部法定刑的引用，即利用未公开信息交易罪应有“情节严重”“情节特别严重”两种情形和两个量刑档次。

【相关法条】

《中华人民共和国刑法》

第一百八十条　证券、期货交易内幕信息的知情人员或者非法获取证券、期货交易内幕信息的人员，在涉及证券的发行，证券、期货交易或者其他对证券、期货交易价格有重大影响的信息尚未公开前，买入或者卖出该证券，或者从事与该内幕信息有关的期货交易，或者泄露该信息，或者明示、暗示他人从事上述交易活动，情节严重的，处五年以下有期徒刑或者拘役，并处或者单处违法所得一倍以上五倍以下罚金；情节特别严重的，处五年以上十年以下有期徒刑，并处违法所得一倍以上五倍以下罚金。

单位犯前款罪的，对单位判处罚金，并对其直接负责的主管人员和其他直接责任人员，处五年以下有期徒刑或者拘役。

内幕信息、知情人员的范围，依照法律、行政法规的规定确定。

证券交易所、期货交易所、证券公司、期货经纪公司、基金管理公司、商业银行、保险公司等金融机构的从业人员以及有关监管部门或者行业协会的工作人员，利用因职务便利获取的内幕信息以外的其他未公开的信息，违反规定，从事与该信息相关的证券、期货交易活动，或者明示、暗示他人从事相关交易活动，情节严重的，依照第一款的规定处罚。

【基本案情】

2011 年 3 月 9 日至 2013 年 5 月 30 日期间，被告人马乐担任博时基金管理有限公司旗下的博时精选股票证券投资经理，全权负责投资基金投资股票市场，掌握了博时精选股票证券投资基金交易的标的股票、交易时间和交易数量等未公开信息。马乐在任职期间利用其掌控的上述未公开信息，从事与该信息相关的证券交易活动，操作自己控制的“金某”“严某甲”“严某乙”三个股票账户，通过临时购买的不记名神州行电话卡下单，先于（1～5 个交易日）、同期或稍晚于（1～2 个交易日）其管理的“博时精选”基金账户买卖相同股票 76 只，累计成交金额 105000 万余元，非法获利 18833374.74 元。2013 年 7 月 17 日，马乐主动到深圳市公安局投案，且到案之后能如实供述其所犯罪行，属自首；马乐认罪态度良好，违法所得能从扣押、冻结的财产中全额返还，判处的罚金亦能全额缴纳。

【裁判结果】

广东省深圳市中级人民法院（2014）深中法刑二初字第 27 号刑事判决认为：被告人马乐的行为已构成利用未公开信息交易罪。但《刑法》中并未对利用未公开信息交易罪规定“情节特别严重”的情形，因此，只能认定马乐的行为属于“情节严重”。马乐自首，依法可以从轻处罚；马乐认罪态度良好，违法所得能全额返还，罚金亦能全额缴纳，确有悔罪表现；另经深圳市福田区司法局社区矫正和安置帮教科调查评估，对马乐宣告缓刑对其所居住的社区没有重大不良影响，符合适用缓刑的条件。遂以利用未公开信息交易罪判处马乐有期徒刑三年，缓刑五年，并处罚金人民币 1884 万元；违法所得人民币 18833374.74 元依法予以追缴，上缴国库。

宣判后，深圳市人民检察院提出抗诉认为：被告人马乐的行为应认定为犯罪情节特别严重，依照“情节特别严重”的量刑档次处罚。一审判决适用法律错误，量刑明显不当，应当依法改判。

广东省高级人民法院（2014）粤高法刑二终字第 137 号刑事裁定认为：《刑法》第一百八十条第四款规定，利用未公开信息交易，情节严重的，依照第一款的规定处罚，该条款并未对利用未公开信息交易罪规定有“情节特别严重”情形；而根据第一百八十条第一款的规定，情节严重的，处五年以下有期徒刑或者拘役，并处或者单处违法所得一倍以上五倍以下罚金，故马乐利用未公开信息交易，属于犯罪情节严重，应在该量刑幅度内判处刑罚。原审判决量刑适当，抗诉机关的抗诉理由不成立，不予采纳。遂裁定驳回抗诉，维持原判。

二审裁定生效后，广东省人民检察院提请最高人民检察院按照审判监督程序向最高人民法院提出抗诉。最高人民检察院抗诉提出，《刑法》第一百八十条第四款属于援引法定刑的情形，应当引用第一款处罚的全部规定；利用未公开信息交易罪与内幕交易、泄露内幕信息罪的违法与责任程度相当，法定刑亦应相当；马乐的行为应当认定为犯罪情节特别严重，对其适用缓刑明显不当。本案终审裁定以《刑法》第一百八十条第四款未对利用未公开信息交易罪规定有“情节特别严重”为由，降格评价马乐的犯罪行为，属于适用法律确有错误，导致量刑不当，应当依法纠正。

最高人民法院依法组成合议庭对该案直接进行再审，并公开开庭审理了本案。再审查明的事实与原审基本相同，原审认定被告人马乐非法获利数额为18833374.74元存在计算错误，实际为19120246.98元，依法应当予以更正。最高人民法院（2015）刑抗字第1号刑事判决认为，原审被告人马乐的行为已构成利用未公开信息交易罪。马乐利用未公开信息交易股票76只，累计成交额105000万余元，非法获利1912万余元，属于情节特别严重。鉴于马乐具有主动从境外回国投案自首法定从轻、减轻处罚情节；在未受控制的情况下，将股票兑成现金存在涉案三个账户中并主动向中国证券监督管理委员会说明情况，退还了全部违法所得，认罪悔罪态度好，赃款未挥霍，原判罚金刑得已全部履行等酌定从轻、减轻处罚情节，对马乐可予减轻处罚。第一审判决、第二审裁定认定事实清楚，证据确实、充分，定罪准确，但因对法律条文理解错误，导致量刑不当，应予纠正。依照《刑法》第一百八十条第四款、第一款，第六十七条第一款，第五十二条，第五十三条，第六十四条及《最高人民法院关于适用〈中华人民共和国刑事诉讼法〉的解释》第三百八十九条第（三）项的规定，判决如下：一、维持广东省高级人民法院（2014）粤高法刑二终字第137号刑事裁定和深圳市中级人民法院（2014）深中法刑二初字第27号刑事判决中对原审被告人马乐的定罪部分；二、撤销广东省高级人民法院（2014）粤高法刑二终字第137号刑事裁定和深圳市中级人民法院（2014）深中法刑二初字第27号刑事判决中对原审被告人马乐的量刑及追缴违法所得部分；三、原审被告人马乐犯利用未公开信息交易罪，判处有期徒刑三年，并处罚金人民币1913万元；四、违法所得人民币19120246.98元依法予以追缴，上缴国库。

【裁判理由】

法院生效裁判认为：本案事实清楚，定罪准确，争议的焦点在于如何正确理解刑法第一百八十条第四款对于第一款的援引以及如何把握利用未公开信息交易罪“情节特别严重”的认定标准。

一、对《刑法》第一百八十条第四款援引第一款量刑情节的理解和把握

《刑法》第一百八十条第一款对内幕交易、泄露内幕信息罪规定为：“证券、期货交易内幕信息的知情人员或者非法获取证券、期货交易内幕信息的人员，在涉及证券的发行，证券、期货交易或者其他对证券、期货交易价格有重大影响的信息尚未公开前，买入或者卖出该证券，或者从事与该内幕信息有关的期货交易，或者泄露该信息，或者明示、暗示他人从事上述交易活动，情节严重的，处五年以下有期徒刑或者拘役，并处或者单处违法所得一倍以上五倍以下罚金；情节特别严重的，处五年以上十年以下有期徒刑，并处违法所得一倍以上五倍以下罚金。”第四款对利用未公开信息交易罪规定为：“证券交易所、期货交易所、证券公司、期货经纪公司、基金管理公司、商业银行、保险公司等金融机构的从业人员以及有关监管部门或者行业协会的工作人员，利用因职务便利获取的内幕信息以外的其他未公开的信息，违反规定，从事与该信息相关的证券、期货交易活动，或者明示、暗示他人从事相关交易活动，情节严重的，依照第一款的规定处罚。”

对于第四款中“情节严重的，依照第一款的规定处罚”应如何理解，在司法实践中存在不同的认识。一种观点认为，第四款中只规定了“情节严重”的情形，而未规定

"情节特别严重"的情形，因此，这里的"情节严重的，依照第一款的规定处罚"只能是依照第一款中"情节严重"的量刑档次予以处罚；另一种观点认为，第四款中的"情节严重"只是入罪条款，即达到了情节严重以上的情形，依据第一款的规定处罚。至于具体处罚，应看符合第一款中的"情节严重"还是"情节特别严重"的情形，分别情况依法判处。情节严重的，"处五年以下有期徒刑"；情节特别严重的，"处五年以上十年以下有期徒刑"。

最高人民法院认为：《刑法》第一百八十条第四款援引法定刑的情形，应当是对第一款全部法定刑的引用，即利用未公开信息交易罪应有"情节严重""情节特别严重"两种情形和两个量刑档次。这样理解的具体理由如下：

（一）符合《刑法》的立法目的

由于我国基金、证券、期货等领域中，利用未公开信息交易行为比较多发，行为人以公众投入的巨额资金为后盾，以提前买入或者提前卖出的手段获得巨额非法利益，将风险与损失转嫁到其他投资者，不仅对其任职单位的财产利益造成损害，而且严重破坏了公开、公正、公平的证券市场原则，严重损害客户投资者或处于信息弱势的散户利益，严重损害金融行业信誉，影响投资者对金融机构的信任，进而对资产管理和基金、证券、期货市场的健康发展产生严重影响。为此，《刑法修正案（七）》新增利用未公开信息交易罪，并将该罪与内幕交易、泄露内幕信息罪规定在同一法条中，说明两罪的违法与责任程度相当。利用未公开信息交易罪也应当适用"情节特别严重"。

（二）符合法条的文义

首先，《刑法》第一百八十条第四款中的"情节严重"是入罪条款。《最高人民检察院、公安部关于公安机关管辖的刑事案件立案追诉标准的规定（二）》，对利用未公开信息交易罪规定了追诉的情节标准，说明该罪需达到"情节严重"才能被追诉。利用未公开信息交易罪属情节犯，立法要明确其情节犯属性，就必须借助"情节严重"的表述，以避免"情节不严重"的行为入罪。其次，该款中"情节严重"并不兼具量刑条款的性质。《刑法》条文中大量存在"情节严重"兼具定罪条款及量刑条款性质的情形，但无一例外均在其后列明了具体的法定刑。《刑法》第一百八十条第四款中"情节严重"之后，并未列明具体的法定刑，而是参照内幕交易、泄露内幕信息罪的法定刑。因此，本款中的"情节严重"仅具有定罪条款的性质，而不具有量刑条款的性质。

（三）符合援引法定刑立法技术的理解

援引法定刑是指对某一犯罪并不规定独立的法定刑，而是援引其他犯罪的法定刑作为该犯罪的法定刑。《刑法》第一百八十条第四款援引法定刑的目的是为了避免法条文字表述重复，并不属于法律规定不明确的情形。

综上，《刑法》第一百八十条第四款虽然没有明确表述"情节特别严重"，但是根据本条款设立的立法目的、法条文意及立法技术，应当包含"情节特别严重"的情形和量刑档次。

二、利用未公开信息交易罪"情节特别严重"的认定标准

目前，虽然没有关于利用未公开信息交易罪"情节特别严重"认定标准的专门规定，但鉴于《刑法》规定利用未公开信息交易罪是参照内幕交易、泄露内幕信息罪的规定处罚，《最高人民法院、最高人民检察院关于办理内幕交易、泄露内幕信息刑事案件具

体应用法律若干问题的解释》（以下简称《办理内幕交易、泄露内幕信息刑事案件解释》）将成交额250万元以上、获利75万元以上等情形认定为内幕交易、泄露内幕信息罪“情节特别严重”的标准，利用未公开信息交易罪也应当遵循相同的标准。马乐利用未公开信息进行交易活动，累计成交额达105000万余元，非法获利达1912万余元，已远远超过上述标准，且在案发时属全国查获的该类犯罪数额最大者，参照《办理内幕交易、泄露内幕信息刑事案件解释》，马乐的犯罪情节应当属于“情节特别严重”。

（生效裁判审判人员　罗智勇　董朝阳　李剑弢

责任编辑　杨　奕）

原载《人民法院案例选》2017年第2辑（总第108辑）

91. 王鹏等利用未公开信息交易案

——“明示、暗示他人从事相关交易活动”的司法认定

【关键词】

刑事 利用未公开信息交易罪 从事相关交易活动 司法认定

【裁判要旨】

1. 虽然没有直接证据证明行为人利用因职务便利获取的其他未公开信息，明示、暗示他人从事相关交易活动，但根据行为人掌握未公开信息情况、他人从事的相关交易与行为人所在公司进行的相关交易趋同程度、时间吻合程度、他人与行为人利益关联程度等综合因素，能够排除合理怀疑的，仍可认定他人从事的股票交易与行为人职务行为获取的非公开信息存在客观联系，从而以利用未公开信息交易罪论处。

2. 利用未公开信息交易罪的犯罪主体是特殊主体，仅限于基金公司等金融机构的从业人员以及有关监管部门或者行业协会的工作人员，但被明示、暗示的他人明知属于行为人泄露以职务之便获取的未公开信息，仍利用进行交易的，应按照共同犯罪处理。

【相关法条】

《中华人民共和国刑法》

第一百八十条 证券、期货交易内幕信息的知情人员或者非法获取证券、期货交易内幕信息的人员，在涉及证券的发行，证券、期货交易或者其他对证券、期货交易价格有重大影响的信息尚未公开前，买入或者卖出该证券，或者从事与该内幕信息有关的期货交易，或者泄露该信息，或者明示、暗示他人从事上述交易活动，情节严重的，处五年以下有期徒刑或者拘役，并处或者单处违法所得一倍以上五倍以下罚金；情节特别严重的，处五年以上十年以下有期徒刑，并处违法所得一倍以上五倍以下罚金。

单位犯前款罪的，对单位判处罚金，并对其直接负责的主管人员和其他直接责任人员，处五年以下有期徒刑或者拘役。

内幕信息、知情人员的范围，依照法律、行政法规的规定确定。

证券交易所、期货交易所、证券公司、期货经纪公司、基金管理公司、商业银行、保险公司等金融机构的从业人员以及有关监管部门或者行业协会的工作人员，利用因职务便利获取的内幕信息以外的其他未公开的信息，违反规定，从事与该信息相关的证券、期货交易活动，或者明示、暗示他人从事相关交易活动，情节严重的，依照第一款的规定处罚。

【案件索引】

一审：重庆市第一中级人民法院（2015）渝一中法刑初字第00162号（2018年3月28日）

【基本案情】

重庆市人民检察院第一分院指控：2008年11月至2014年5月，被告人王鹏担任华夏基金管理有限公司债券交易员。2009年1月15日至2011年8月9日期间，王鹏多次登录华夏基金交易管理部在恒生系统开设的6609公用查询账号，能够知悉华夏基金旗下所有股票类基金、年金和专户等产品的交易指令、交易品种、交易方向、交易数量、交易时间和持仓情况等未公开信息。后王鹏分别让被告人王慧强、宋玲祥利用该信息，在名为“牛宏”“宋伯祥”“宋贵珍”实为王慧强、宋玲祥控制的证券账户内，同期于华夏基金公司买入股票，累计趋同买入金额人民币878033564元，并于2011年8月前将股票全部卖出，股票交易累计获利人民币17736662.21元。其中，王慧强在其控制的“牛宏”证券账户内进行股票交易，累计趋同买入金额人民币96612610.23元，累计获利人民币2012108.9元；宋玲祥在其控制的“宋伯祥”“宋贵珍”的证券账户内进行股票交易，累计趋同买入金额人民币781420953.8元，累计获利人民币15724553.3元。

为证实上述指控事实，公诉机关当庭举示了宋贵珍等三个账户与华夏基金股票交易指令趋同交易总体情况、趋同买入盈利、劳动合同书、银行账户交易明细、证人闫威等人的证言及被告人王鹏、王慧强、宋玲祥的供述和辩解等证据，并认为被告人王鹏身为华夏基金管理公司的从业人员，利用因职务便利获取的未公开信息，违反规定，让被告人王慧强、宋玲祥从事与该信息相关的证券交易活动，情节特别严重，其行为触犯了《刑法》第一百八十条第一款、第四款之规定，犯罪事实清楚，证据确实充分，应当以利用未公开信息交易罪追究其刑事责任。被告人王慧强、宋玲祥利用被告人王鹏因职务便利获取的未公开信息，从事与该信息相关的证券交易活动，情节特别严重，其行为触犯了《刑法》第一百八十条第一款、第四款之规定，犯罪事实清楚，证据确实充分，应当以利用未公开信息交易罪追究其刑事责任。

被告人王鹏辩称：其没有利用职务便利获取未公开信息，亦未提供信息让王慧强、宋玲祥交易股票，其对王慧强、宋玲祥交易股票的事情并不知情，现有证据不足以证实指控事实，其不应构成犯罪。被告人王鹏的辩护人提出与王鹏相同的辩护意见，并提出现有证据只能证明王鹏有条件获取未公开信息，而不能证明王鹏实际获取了该信息，同时也不能证明王鹏本人利用未公开信息从事相关交易活动，或王鹏让王慧强、宋玲祥从事相关交易活动。公诉机关未明确指控三被告人是否构成共同犯罪，系指控事实不明。

被告人王慧强辩称：王鹏从未给过其未公开信息，王鹏到华夏基金公司后就不知道其还在进行证券交易，公诉机关指控的交易金额及盈利金额与事实不符。其辩护人提出现有证据不能证实王鹏向王慧强传递了未公开信息，及王慧强利用了王鹏传递的未公开信息进行证券交易。王慧强用他人名义进行证券交易是因为规避王鹏在基金公司的从业要求，该行为只是违规行为。因此，公诉机关指控的罪名不成立。

被告人宋玲祥辩称：其没有利用王鹏的职务之便获取未公开信息，也未利用未公开信息进行证券交易。其辩护人提出宋玲祥不是本罪的适格主体，本案指控证据不足。

法院经审理查明：被告人王鹏自2008年11月起在华夏基金管理有限公司（以下简称华夏基金公司）交易管理部从事债券交易员工作，工作职责为“银行间资金交易、存款交易、银行间债券交易、对交易指令的执行进行风险控制”等。在工作期间，王鹏作为债券交易员的个人账号为“6610”，其有权通过综合信息查询查看相关信息，因工作需要，该公司为其开通了恒生系统“6609”账号的站点权限。自2008年7月7日起，该6609账号开通了指令查询权限，有权查询证券买卖方向、投资类别、证券代码、交易价格、成交金额、下达人等信息，自2009年7月6日起又陆续增加了包含委托流水、证券成交回报、证券资金流水、组合证券持仓、基金资产情况等综合信息查询权限。2011年8月，因新系统启用，华夏基金公司交易管理部申请关闭了所有债券交易员登录6609用户的站点。被告人王鹏自2009年1月15日起至2011年8月9日，曾多次使用6609账号登录恒生系统，登录次数共计710次；其同期登录6610账号共计551次。2014年6月17日，王鹏在接受证监会调查时，擅自离开，后再未回华夏基金公司工作，亦未办理请假或离职手续。

被告人王慧强、宋玲祥系被告人王鹏父母。王慧强于2008年11月18日以其侄女牛宏的身份信息在海通证券开立股票账户，2010年12月19日销户；于2010年12月9日在华融证券开立账户，主要交易时间集中在2011年9月前。上述二账户实际由王慧强控制，并进行证券交易。宋玲祥于1999年10月25日以其兄宋伯祥的身份信息开立证券账户，2011年8月9日后无股票交易；以其妹宋贵珍的身份信息于2010年4月21日在广发证券开立证券账户，2010年12月22日销户；于2010年12月20日在招商证券开立证券账户，2011年8月9日后无股票交易。上述三账户实际由宋玲祥控制并进行证券交易。在2009年3月至2011年8月期间，王慧强、宋玲祥实际控制的上述证券账户交易金额、交易频率与华夏基金旗下股票基金产品交易趋同程度较之前明显大幅增加。

经深交所及上交所根据华夏基金交易指令及以上证券账户成交数据进行对比核算：牛宏证券账户在2009年3月6日至2011年8月2日期间，交易股票与华夏基金旗下股票基金产品交易趋同股票233只（占比93.95%），累计趋同买入成交金额98506900元（占比95.25%），盈利2012108.9元；宋伯祥证券账户在2009年3月2日至2011年8月8日期间，该账户交易股票与华夏基金旗下股票类基金产品交易趋同涉及股票343只（占比83.05%），累计趋同买入成交金额1.09亿余元（占比90.87%），盈利1573301.29元；宋贵珍证券账户在2010年5月13日至2011年8月8日期间，交易股票与华夏基金旗下股票类基金产品交易趋同涉及股票183只（占比96.32%），累计趋同买入成交金额6.88亿余元（占比97.03%），盈利14151252.01元。

另查明，王慧强、宋玲祥均否认认识除王鹏外的其他华夏基金公司工作人员。

【裁判结果】

重庆市第一中级人民法院于2018年3月28日作出（2015）渝一中法刑初字第00162号刑事判决：一、被告人王鹏犯利用未公开信息交易罪，判处有期徒刑六年六个月，并处罚金人民币900万元；二、被告人王慧强犯利用未公开信息交易罪，判处有期徒刑三年六个月，并处罚金人民币210万元；三、被告人宋玲祥犯利用未公开信息交易罪，判处有期徒刑四年，并处罚金人民币 690 万元；四、对被告人王鹏、王慧强、宋玲祥违法所得人民币 17736662.21 元依法予以追缴，上缴国库。宣判后，被告人未上诉，公诉机关未抗诉，判决已发生法律效力。

【裁判理由】

法院生效裁判认为：被告人王鹏身为基金公司从业人员，利用其工作便利获取与证券交易相关的未公开信息，并将该信息告知被告人王慧强、宋玲祥，王慧强及宋玲祥利用该未公开信息从事证券交易，交易金额共计 87803 余万元，非法获利 1773.6662 余万元，其中王慧强交易金额 9661 余万元，非法获利 201.2108 余万元；宋玲祥交易金额 78142 余万元，非法获利1572.4553余万元，三被告人均构成利用未公开信息交易罪，并构成共同犯罪，情节特别严重，依法应予处罚。公诉机关指控的犯罪事实及罪名成立。在共同犯罪中，被告人王鹏身为基金公司从业人员，具有获取未公开信息的职务便利，其利用该职务便利，多次登录公共查询账户获取未公开信息并向被告人王慧强、宋玲祥传递。该信息由王鹏掌控，是否对外传递、向谁传递、传递多少均由王鹏决定，其在共同犯罪中为主导地位，起关键作用，应认定为主犯。而被告人王慧强、宋玲祥本人并不具备获取未公开信息的职务便利，在犯罪中只是利用王鹏传递的未公开信息进行相关交易，不能单独构成本罪，具有可替代性，其在共同犯罪中起次要作用，应认定为从犯，并可减轻处罚。

关于三被告人及其辩护人提出的本案证据不足的辩护意见，经查，虽三被告人到案后拒不认罪，且其信息传递方式隐蔽，犯罪时距案发时间较长而难以查证，但本案现有证据能够证实被告人王鹏在 2009 年 1 月至 2011 年 8 月期间明显不合理多次登录 6609 账户，而该账户能够查询到华夏基金公司的证券交易信息。与此同时，被告人王慧强、宋玲祥利用其实际控制的他人证券账户从事证券交易，交易习惯明显异常，与之前相比交易金额、频率均大幅增加，同期于王鹏无查询权限时间点停止交易，与华夏基金公司同期或稍晚（1 ~ 2 个交易日）证券交易高度趋同。而与王鹏进入华夏基金工作，具备获取相关未公开信息之前相比，两人控制账户与华夏基金的证券交易趋同度明显较低，三被告人对此并未作出合理解释。基于三被告人之间系近亲属关系，且王慧强、宋玲祥均否认认识除王鹏外的其他华夏基金从业人员，并结合王鹏在接受证监会调查时无故离去并擅自离职的异常行为，现有证据已形成完整锁链，并可排除合理怀疑，能够认定王鹏将其利用职务便利所获取未公开信息传递给王慧强、宋玲祥，该二人利用该信息从事证券交易并获利的事实。因此，三被告人的辩解及其辩护人辩护意见不能成立，法院不予采纳。

【案例注解】

《刑法修正案（七）》在《刑法》第一百八十条第四款规定了利用未公开信息交易罪，但是在司法实践中，在行为人均矢口否认的“零口供”情形下，也无其他直接证据情况下，如何认定行为人利用因职务便利获取的其他未公开信息，明示、暗示他人从事相关交易活动，是司法实践中的难题。另外，被明示、暗示从事相关交易的他人行为如何定性，是司法实践中的另一个难题。

一、利用因职务便利获取的其他未公开信息，明示、暗示他人从事相关交易活动的司法认定

基金公司等金融机构的从业人员以及有关监管部门或者行业协会的工作人员，因工作需要掌握了除内幕信息以外的大量未公开信息，行为人一旦利用未公开信息，明示、暗示他人进行相关交易，一般很难获取相关直接证据。那么，如何认定他人相关交易行为与行为人职务行为获取的未公开信息存在客观联系呢？本案例的裁判要旨认为，可综合以下几个方面因素进行认定。

1. 是否掌握未公开信息。基金公司等金融机构的从业人员以及有关监管部门或者行业协会的工作人员，一般根据工作需要或职务便利，可以直接或间接掌握未公开信息。判断行为人是否掌握未公开信息是认定行为人利用因职务便利获取的其他未公开信息，明示、暗示他人从事相关交易活动的首要因素。本案例中，被告人作为基金公司的债券交易员，因职务需要掌握了该基金公司股票交易产品、交易方向、交易时间、交易数量、持仓情况等未公开信息，具备了此项要素条件。

2. 交易趋同程度。交易趋同程度是指他人利用个人证券账户进行股票交易，交易的股票产品、交易时间、交易指令等与行为人任职的基金公司旗下管理交易的股票情况相同的程度。本案中，行为人亲属在行为人担任基金公司债券交易员职务期间，利用控制的多个个人账户进行股票交易，交易的股票产品、交易金额与行为人所在的基金公司旗下交易的股票产品、交易金额相一致的比率均在90%以上，趋同程度极高。从交易趋同程度可见，行为人亲属从事的股票交易与行为人职务行为获取的未公开信息存在较强的客观联系。

3. 时间吻合程度。时间吻合程度是指行为人在担任基金公司等金融机构的从业人员以及有关监管部门或者行业协会的工作人员的时间段，与他人进行趋同程度较高的相关交易的时间段相吻合的程度。本案中，行为人亲属从事的相关交易，与行为人担任基金公司债券交易员岗位的时间段较为吻合。这也进一步强化了行为人亲属从事的股票交易与行为人职务行为获取的未公开信息存在客观联系。

4. 利益关联程度。利益关联程度是指掌握未公开信息的行为人与从事相关交易的他人之间的利益紧密程度。本案中，从事股票交易的是掌握未公开信息的行为人的父母，具有较强的利益关联程度，能够充分说明其从事的股票交易与行为人职务行为获取的未公开信息存在客观联系。

5. 能够排除其他合理怀疑。在具备以上几个方面的情况下，如果不能排除其他合理怀疑的，仍然不能认定行为人犯利用未公开信息交易罪。排除其他合理怀疑可以考虑以下因素，如进行相关交易的他人是否存在其他获取未公开信息的渠道，是否具有其他正当理由等等。本案中，经审理可排除其他合理怀疑，综合以上几个因素认定，行为人亲属从事的股票交易与行为人职务行为获取的未公开信息存在客观联系，应以利用未公开信息交易罪论处。

二、被明示、暗示从事相关交易的他人行为定性

利用未公开信息交易罪的犯罪主体是特殊主体，仅限于基金公司等金融机构的从业人员以及有关监管部门或者行业协会的工作人员，但被明示、暗示的他人利用行为人泄露以职务之便获取的未公开信息进行相关交易的，应当如何定性？本案例认为，被明示、暗示的他人明知属于行为人泄露以职务之便获取的未公开信息，仍利用进行交易的，应按照共同犯罪处理。明示是指行为人明确建议他人利用未公开信息进行相关交易，暗示是指行为人含蓄建议他人利用未公开信息进行相关交易，“明示”“暗示”只是不同建议形式的表述。建议可能使没有犯意的他人产生犯意从而成为教唆犯，也可能使已有犯意的他人实施帮助行为从而成为帮助犯。因此，当被明示、暗示的他人明知属于行为人泄露以职务之便获取的未公开信息，仍利用进行交易，应按照利用未公开信息交易罪的共同犯罪处理。

（一审法院合议庭成员　张　力　张　帅　夏玉杰
编写人　重庆市第一中级人民法院　张　力　李遵礼
责任编辑　周维明
审稿人　李玉萍）

原载《人民法院案例选》2019年第7辑（总第137辑）

六、操纵证券、期货市场罪

92. 徐翔、王巍等操纵证券市场案

——如何认定利用信息优势操纵证券市场

【关键词】

操纵证券市场　信息优势　连续交易　市值管理

【裁判要旨】

行为人以操纵股票交易价格和交易量为目的，控制上市公司信息发布的节奏和内容，利用信息优势并与行为人在股票二级市场的违规操作相互配合，影响股票交易价格或交易量，应认定为利用信息优势操纵证券市场犯罪。

【相关法条】

《中华人民共和国刑法》

第一百八十二条　有下列情形之一，操纵证券、期货市场，情节严重的，处五年以下有期徒刑或者拘役，并处或者单处罚金；情节特别严重的，处五年以上十年以下有期徒刑，并处罚金：

（一）单独或者合谋，集中资金优势、持股或者持仓优势或者利用信息优势联合或者连续买卖，操纵证券、期货交易价格或者证券、期货交易量的；

（二）与他人串通，以事先约定的时间、价格和方式相互进行证券、期货交易，影响证券、期货交易价格或者证券、期货交易量的；

（三）在自己实际控制的账户之间进行证券交易，或者以自己为交易对象，自买自卖期货合约，影响证券、期货交易价格或者证券、期货交易量的；

（四）以其他方法操纵证券、期货市场的。

单位犯前款罪的，对单位判处罚金，并对其直接负责的主管人员和其他直接责任人员，依照前款的规定处罚。

【案件索引】

一审：山东省青岛市中级人民法院（2016）鲁02刑初148号（2017年1月22日）

【基本案情】

山东省青岛市人民检察院指控：2009年至2015年，被告人徐翔成立泽熙公司，由徐翔实际控制发行泽熙产品，进行证券投资。徐翔以亲友、泽熙公司员工、员工亲友等人的名义开设大量证券账户供其控制、使用，获利按比例分成。2012年至2015年，被告人王巍以亲友及公司员工名义开设并实际控制近20人的证券账户，进行股票买卖。

2010年至2015年，被告人徐翔单独或与被告人王巍、竺勇共同与13家上市公司实际控制人合谋后，按照徐翔等人的要求，由上市公司实际控制人控制上市公司发布"高送转"方案、释放公司业绩、引入热点题材等利好信息的披露时机和内容，由徐翔等人利用合谋形成的信息优势，通过实际控制的泽熙产品证券账户、个人证券账户择机进行相关股票的连续买卖，双方共同操纵上市公司股票交易价格和交易量，在股价高位时减持上市公司股份，或将提前建仓股票、定向增发解禁股票抛售，从中获利。

被告人徐翔、王巍、竺勇对公诉机关指控的犯罪事实均无异议，当庭表示认罪。

被告人徐翔的辩护人提出的辩护意见具体如下：徐翔的行为不符合操纵证券市场犯罪构成要件中的利用信息优势和连续买卖的数量占比标准；徐翔的交易行为和涉案公司股价的偏离度及证券市场股价异常波动之间没有因果关系；徐翔参与涉案上市公司大宗交易减持和认购定向增发股票的行为不属于操纵证券市场罪的规制对象；徐翔运作股票的方法，符合市值管理制度的要求和内涵；徐翔是因涉嫌内幕交易立案，归案后主动供述了操纵证券市场的犯罪事实，其行为构成自首，建议对其从轻处罚。

被告人王巍的辩护人提出"王巍在共同操纵证券市场犯罪中系从犯，具有自首情节，建议对其减轻处罚并适用缓刑"的辩护意见。

被告人竺勇的辩护人提出"竺勇在操纵证券市场犯罪中属于情节严重，系从犯，具有自首情节，建议对其减轻处罚并适用缓刑"的辩护意见。

法院经审理查明：2009年至2015年，被告人徐翔成立上海泽熙投资管理有限公司、上海泽熙资产管理中心等多家有限责任公司及合伙企业，管理、控制泽熙产品；被告人王巍成立极限资产管理股份有限公司、克州喜马拉雅工程咨询有限公司，上述公司均主要从事证券市场投资。期间，二被告人借用他人名义开设证券账户，以自有资金进行证券交易或者要求他人按其指令进行证券交易。徐翔实际控制139个证券账户，王巍实际控制50个证券账户。被告人竺勇自2012年以来，帮助徐翔投资证券市场，洽谈、运作投资项目。

2010年至2015年间，被告人徐翔单独或伙同被告人王巍、竺勇，先后与13家上市公司的实际控制人合谋，由上市公司实际控制人控制上市公司择机发布"高送转"方案、引入热点题材等利好信息；徐翔等人基于上述信息优势，使用泽熙产品及其控制的证券账户，在二级市场进行涉案公司股票的连续买卖，拉抬股价；徐翔以大宗交易的方式，接盘上述公司股东减持的股票；上述公司股东将大宗交易减持股票获利部分，按照约定比例与徐翔等人分成。或者双方在共同认购涉案公司非公开发行股票（以下简称定向增发）后，以上述方式拉抬股价，抛售股票获利，或实现股票增值。期间，徐翔等人利用信息优势，使用泽熙产品以及控制的证券账户在二级市场连续买卖、接盘、抛售涉案股票，共计买入、卖出75亿余股，累计使用资金424亿余元，非法获利共计93亿余元及持有定向增发股票1.4亿余股。其中徐翔组织实施了全部13起操纵行为，在二级市场竞价交易及大宗交易接盘后在二级市场抛售获利49亿余元，单独获取大宗交易减持分成款21亿余元，持有定向增发股票1.4亿余股；王巍积极参与8起操纵行为，在二级市场竞价交易获利6.4亿余元；竺勇参与5起操纵行为。徐翔、王巍、竺勇共同获取大宗交易减持分成款15亿余元。

【裁判结果】

山东省青岛市中级人民法院于2017年1月22日作出（2016）鲁02刑初148号刑事判决：一、判处被告人徐翔犯操纵证券市场罪，判处有期徒刑五年六个月，并处罚金人民币110亿元；二、判处被告人王巍有期徒刑三年，并处罚金人民币10亿元；三、判处被告人竺勇有期徒刑二年，缓刑三年，并处罚金人民币5000万元；四、被告人徐翔、王巍、竺勇违法所得人民币9337631655.94元依法上缴国库；被告人徐翔持有的定向增发股票1.4亿余股及孳息依法上缴国库；随案移送的罪证物品一宗，依法予以没收；随案移送的涉案财物依法处置。宣判后，三名被告人未上诉，检察机关未抗诉，判决已发生法律效力。

【裁判理由】

法院生效裁判认为：被告人徐翔、王巍、竺勇为牟取非法利益，与他人合谋，利用信息优势连续买卖，操纵证券交易价格和交易量，犯罪数额及违法所得数额特别巨大，情节特别严重，严重破坏了国家对证券交易的管理制度和正常的证券交易秩序，三被告人的行为均构成操纵证券市场罪。被告人徐翔组织实施全部犯罪，系主犯，应按其参与的全部犯罪处罚。鉴于其具有坦白情节，自愿认罪认罚，所得赃款已全部被追缴，依法可对其从轻处罚。被告人王巍参与8起犯罪，系主犯，应按其参与的全部犯罪处罚。鉴于其具有自首情节，自愿认罪认罚，依法对其减轻处罚。但其犯罪数额和违法所得数额特别巨大，且案发后部分赃款未追回，依法不适用缓刑。被告人竺勇系从犯、具有自首情节，自愿认罪认罚，所得赃款已全部被追缴，依法应对其减轻处罚，并适用缓刑。

关于被告人徐翔、王巍、竺勇的辩护人提出的辩护意见，法院认为：

一、关于被告人徐翔的辩护人提出的辩护意见

1. 对“徐翔的行为不符合操纵证券市场犯罪构成要件中的利用信息优势和连续买卖的数量占比标准”的辩护意见。

经查：2010年至2015年，被告人徐翔伙同被告人王巍、竺勇先后与13家上市公司的实际控制人合谋，通过高位减持股份套现或定向增发股票牟利。为实现非法获利，徐翔等人先以控制的账户组在二级市场提前建仓，大量频繁买卖涉案股票，借助个人及泽熙产品的影响力诱使他人跟风交易，之后，由上市公司实际控制人按照徐翔等人的要求，适时发布“高送转”、引入当时市场热点题材等利好信息，依靠信息的传播、影响和徐翔等人在二级市场的配合，共同造势，在股价拉抬到高位时，徐翔等人将通过大宗交易

接盘上市公司实际控制人或其他股东减持的股票、定向增发解禁的股票和提前建仓的股票抛售，从中获利。在上述行为中，徐翔以操纵涉案股票交易价格和交易量为目的，控制上市公司信息发布的节奏和内容，甚至为部分上市公司提供热点题材或“高送转”方案，掌握上市公司发布信息的节点和基本内容，其行为符合利用信息优势操纵证券市场罪的构成要件。利用上市公司的信息优势是徐翔、王巍、竺勇操纵涉案股票价格和交易量的重要方式，至于信息的真实或虚假，利好或利空，以及对上市公司发布利好信息的具体时间和细节是否完全知晓，不影响犯罪构成。

证监会出具的关于对涉案股票操纵案的行政认定函证实，涉案期间，被告人徐翔控制的账户组对涉案股票反复、频繁、连续进行买入、卖出，其参与交易的天数在涉案股票总交易天数中的占比，有 8 支股票占比超过 50%，另 5 支股票占比也在 9.7% 至 47.93% 之间，其中某上市公司股票占比高达 92.21%；其账户组交易日的成交占比，买入、卖出数量排名第一、第二的天数在相应的总交易天数中有 8 支股票占比在 40% 以上，其中某上市公司股票比分别为 80.65%、73.08%。可见，连续买卖是徐翔等人利用信息优势拉抬涉案股票交易价格的一种手段。至于连续买卖的数量占比标准，根据《最高人民检察院、公安部关于公安机关管辖的刑事案件立案追诉标准的规定（二）》第三十九条第六项“上市公司及其董事、监事、高级管理人员、实际控制人、控股股东或者其他关联人单独或者合谋，利用信息优势操纵该公司证券交易价格或者证券交易量”的规定，利用信息优势操纵证券市场的行为，与利用资金、持仓或者持股等优势资源操纵证券市场不同，无需将行为人对涉案股票的连续买卖及交易数量占比作为认定犯罪的条件。

综上，辩护人的该项辩护意见不予采纳。

2. 对“徐翔的交易行为和涉案公司股价的偏离度及证券市场股价异常波动之间没有因果关系”的辩护意见。

证券市场的交易价格波动受多种因素影响，但综合本案事实和证据可以认定，涉案期间，被告人徐翔等人在二级市场使用控制的账户组除连续买卖外，还存在集合竞价虚假申报、开盘虚假申报、自买自卖、盘中交易拉升或打压、盘中拉抬、尾市封涨停、频繁高买低卖等多种异常交易行为，与上市公司实际控制人发布利好信息相互配合、共同作用，制造股票交易和市场活跃假象，致使涉案股票交易价格异常，明显偏离同期沪深指数和行业指数等其他可比指数。行政认定函证实，其中有 12 起涉案上市公司的股票价格的涨幅严重偏离同期沪深指数和行业指数，涉案股票换手率远超此前同期换手率；徐翔控制的账户组在涉案公司发布利好信息后，即开始通过大宗交易接盘上市公司董事长、实际控制人或其他股东减持的股票，并通过竞价交易系统抛售获利，期间涉案股票价格明显上涨。鉴定机构出具的司法鉴定意见书证实，徐翔、王巍等利用信息优势，使用控制的账户组在二级市场连续买卖、接盘、抛售涉案股票，共计买入、卖出 75 亿余股，交易数量极大。参照证监会实施的行业内相关规范性意见，上述指数和股票交易量是判断行为人操纵证券市场的重要指标，它们的异常变化足以证明徐翔利用信息优势进行股票交易的行为是涉案股票上涨异常的重要原因。不能因为徐翔停止个别涉案股票交易、股票价格仍继续抬升，或者个别涉案股票价格没有达到预期目标而否认徐翔等人操纵行为对股市的影响。

综上，辩护人的该项辩护意见不予采纳。

3. 对“徐翔参与涉案上市公司大宗交易减持和认购定向增发股票的行为不属于操纵证券市场罪规制的对象；徐翔运作股票的方法，符合市值管理制度的要求和内涵”的辩护意见。

根据证券市场交易的相关规则，投资者正常参与上市公司大宗交易减持行为和认购定向增发股票，不属于操纵证券市场犯罪规制的对象，但在本案中，被告人徐翔、王巍、竺勇等人事前与13家上市公司实际控制人合谋，利用资金优势，控制利好信息发布的节点，操纵股票价格，并事先签订协议，约定减持底价和超出部分分成，通过徐翔、王巍控制的账户组连续买卖涉案股票，拉高股价后高位减持或者匿名成立新公司参与定向增发股票，最终牟取非法利益，与正常减持和定向增发的方式方法均不同，事后徐翔等人与上市公司实际控制人按约定分得赃款，并故意销毁双方协议以掩盖犯罪事实，其违反法律、操纵证券市场的主观意图明显。徐翔多次供述，其在减持和定向增发期间，曾采取多种措施规避法律对大股东交易股票的强制性规定和证监部门的监管。

正常的市值管理是通过合法合规的决策，实现公司价值和利益的最大化、最优化。本案中，被告人徐翔等人与上市公司实际控制人合谋，将上市公司董事长、实际控制人或其他股东减持股份和定向增发股票作为操纵股价和非法获利的工具、手段，明显不符合市值管理的内涵与要求。

综上，辩护人的该项辩护意见不予采纳。

4. 对“徐翔是因涉嫌内幕交易立案，归案后主动供述了操纵证券市场的犯罪事实，其行为构成自首”的辩护意见。

经查：公安机关在对被告人徐翔采取强制措施前，即已掌握徐翔操纵证券市场犯罪的部分事实和证据，徐翔归案后如实供述同种类的犯罪事实，依照《刑法》相关规定，属于坦白，不构成自首。辩护人的该项辩护意见不予采纳。

二、关于被告人王巍的辩护人提出“王巍在共同操纵证券市场犯罪中系从犯，具有自首情节”的辩护意见

经查：在共同犯罪过程中，被告人王巍积极为被告人徐翔推荐证券市场上有减持、定向增发股票意向的上市公司，在上市公司董事长、实际控制人与徐翔之间传递交易信息，积极参与合谋，商议股票减持和定向增发相关事项，代表徐翔和涉案上市公司相关人员签订协议、介绍、引入可以炒作抬升股价的市场热点题材，为制造利好信息提供帮助。为获取更大利益，王巍还在二级市场使用控制的账户组大量买卖涉案上市公司股票。可见，王巍在共同犯罪中积极主动，起主要作用，系主犯。对辩护人所提“王巍系从犯”的辩护意见不予采纳。

被告人王巍在配合公安机关对被告人徐翔涉嫌犯罪侦查期间，能够主动供述公安机关尚未掌握的其本人的犯罪事实，构成自首。对辩护人所提“王巍系自首”的辩护意见予以采纳。

三、关于被告人竺勇的辩护人提出“竺勇在操纵证券市场犯罪中属于情节严重，系从犯，构成自首”的辩护意见

经查：被告人竺勇为牟取非法利益，同被告人徐翔等人与多家上市公司实际控制人合谋操纵证券市场，参与5起涉案上市公司股票的操纵行为，和徐翔、被告人王巍共同获取大宗交易减持分成款近16亿元，分得赃款近亿元，犯罪数额和违法所得数额特别巨

大，情节特别严重。对辩护人所提“竺勇系情节严重”的辩护意见不予采纳。

在共同犯罪中，被告人竺勇负责在被告人徐翔和涉案上市公司相关人员之间传递信息等，起辅助和次要作用，系从犯。竺勇在配合公安机关对徐翔涉嫌犯罪侦查期间，能够主动供述公安机关尚未掌握的其本人的犯罪事实，构成自首。对辩护人所提“竺勇系从犯和自首”的辩护意见予以采纳。

【案例注解】

《刑法》及司法解释对操纵证券市场罪的规定中，涉及利用信息优势犯罪的，只进行了概括性规定，对于信息范畴的界定、信息操纵的方式、入罪标准等问题均没有具体、明确的标准。本案作为全国第一例利用信息优势操纵证券市场的案例，对于如何理解“信息优势”、如何认定利用信息优势操纵证券市场犯罪、如何界定正常的市值管理与操纵犯罪等问题，均有较高的参考价值。法院判决评判部分，一方面，依据证券法律相关规范，阐述我国证券市场运行特点及正常证券交易方式与本案被告人实施的所谓证券交易行为的本质区别；另一方面，依据刑事法律规范，对本案被告人实施的行为是否触犯法律、是否应受《刑法》处罚、应该如何处罚作出评价。因此，本案对于涉及专业性较强领域犯罪的审理，也具有一定的参考作用。

因本案是全国首例利用信息优势犯罪的案例，且犯罪数额巨大，法院判决认定标准和判罚标准尚处于探索阶段。在今后类似案件的审理中，应从社会经济形势的发展以及此类行为社会危害程度的大小等综合考虑。

（一审法院合议庭成员　刘　伟　盖　燕　王云超
编写人　山东省青岛市中级人民法院　王云超
责任编辑　高　尚
审稿人　李玉萍）

原载《人民法院案例选》2018 年第 9 辑（总第 127 辑）

93. 张家港保税区伊世顿国际贸易有限公司、高燕、梁泽中等操纵期货市场，金文献职务侵占案

——利用不正当交易优势和额外交易速度优势抢占交易先机，限制或排除其他合规投资者最优交易机会的行为的性质认定

【关键词】

刑事　不正当交易优势　额外交易速度优势　新型操纵行为

【裁判要旨】

在股指期货交易中，在已使用高频程序化交易的基础上，利用不正当交易优势和额外交易速度优势抢占交易先机，限制或排除其他合规投资者最优交易机会，其行为严重破坏了股指期货市场公平交易秩序和原则，符合操纵期货市场的行为特征。

【相关法条】

《中华人民共和国刑法》

第一百八十二条　有下列情形之一，操纵证券、期货市场，情节严重的，处五年以下有期徒刑或者拘役，并处或者单处罚金；情节特别严重的，处五年以上十年以下有期徒刑，并处罚金：

（一）单独或者合谋，集中资金优势、持股或者持仓优势或者利用信息优势联合或者连续买卖，操纵证券、期货交易价格或者证券、期货交易量的；

（二）与他人串通，以事先约定的时间、价格和方式相互进行证券、期货交易，影响证券、期货交易价格或者证券、期货交易量的；

（三）在自己实际控制的账户之间进行证券交易，或者以自己为交易对象，自买自卖期货合约，影响证券、期货交易价格或者证券、期货交易量的；

（四）以其他方法操纵证券、期货市场的。

单位犯前款罪的，对单位判处罚金，并对其直接负责的主管人员和其他直接责任人员，依照前款的规定处罚。

【案件索引】

一审：上海市第一中级人民法院（2016）沪01刑初78号（2017年6月23日）

二审：上海市高级人民法院（2017）沪刑终59号（2017年9月8日）

【基本案情】

公诉机关上海市人民检察院第一分院以被告人单位张家港保税区伊世顿国际贸易有限公司（以下简称伊世顿公司）、被告人高燕、梁泽中、金文献犯操纵期货市场罪、被告人金文献犯职务侵占罪向上海市第一中级人民法院提起公诉。

上海市人民检察院第一分院起诉指控：

1. 操纵期货市场。被告单位伊世顿公司以国内贸易公司名义于2012年9月注册成立，由乔治·扎亚、安东·穆拉邵夫（英文名ANTON MURASHOV，以下分别简称扎亚、安东，均另案处理）实际控制。2013年6月起，伊世顿公司为逃避中国金融期货交易所（以下简称中金所）监管，通过被告人高燕、金文献介绍，以借用或者收购方式，实际控制了严桂如等19名自然人和富舜投资管理咨询（上海）有限公司（以下简称富舜投资公司）名下7个基金开设于华鑫期货有限公司（以下简称华鑫期货公司）的期货账户，与伊世顿公司自有账户组成账户组（以下简称伊世顿账户组），进行中金所股指期货合约交易。2015年初，伊世顿公司将装有高频程序化交易软件的服务器托管于华鑫期货公司租用的中金所机柜内，并违反规定逃避期货公司资金和持仓验证，将自行开发的报单交易系统（以下简称RM交易系统）非法接入中金所交易系统，直接进场交易。同年6月1日至7月6日，伊世顿公司利用以逃避期货公司资金和持仓验证等非法手段获取的交易速度优势，滥用高频程序化交易，采取自买自卖、撤销申报等违规方法，在交易日内多次、反复、大量、连续交易中证500股指期货主力合约（以下简称IC主力合约）、沪深300股指期货主力合约（以下简称IF主力合约）共377.44万余手，从中获取非法利益人民币3.89亿余元（以下所涉币种除另行注明外均为人民币）。经中国证券监督管理委员会（以下简称证监会）依法认定，上述行为构成期货市场操纵行为。在伊世顿公司的犯罪活动中，高燕负责管理各账户资金出入、输入交易参数、执行人工平仓操作等；梁泽中负责收集交易软件所需的市场行情、交易政策信息及采购、维护服务器等；金文献帮助伊世顿公司将RM系统非法接入中金所交易系统，并提供信息技术服务。3名被告人还帮助转移伊世顿公司获取的部分赃款。

2. 职务侵占。2013年5月至2015年5月，被告人金文献利用担任华鑫期货公司技术总监，负责为伊世顿公司提供技术服务的职务便利，向本公司虚构、谎报支付伊世顿公司的手续费返佣数额，侵吞本公司资金1450万余元。

案发后，被告人高燕、梁泽中、金文献先后自动投案，如实供述了主要犯罪事实。金文献在亲友帮助下，积极退赔赃款。

被告单位伊世顿公司的诉讼代表人对起诉指控伊世顿公司犯操纵期货市场罪的事实、证据和罪名均无异议。伊世顿公司的辩护人提出如下辩护意见：（1）证监会和中金所出具的函件不具备法定证据形式，在内容上存在统计数据不客观、计算方法误读、比较方式不正确和适用法律错误等问题，故不能作为证据使用；（2）起诉指控伊世顿公司非法获利3.893亿余元不准确，应该按照中金所分析报告认定的市场正常偏离度区分合法所得和违法所得，而不能采用司法鉴定意见。

被告人高燕和辩护人对起诉指控高燕的行为构成操纵期货市场罪的事实、证据和罪名均没有异议。辩护人提出如下辩护意见：（1）高燕系受指使参与伊世顿公司操纵期货市场犯罪，且参与程度较轻；（2）高燕具有自首情节，且认罪悔罪态度较好，建议法庭结合本案系新型犯罪等因素对高燕减轻处罚，并适用缓刑。

被告人梁泽中和辩护人对起诉指控梁泽中的行为构成操纵期货市场罪的事实、证据和罪名均没有异议。辩护人提出如下辩护意见：梁泽中具有自首情节，系从犯，能认罪、悔罪，建议法庭对梁泽中减轻处罚，并适用缓刑，且不附加驱逐出境。

被告人金文献对起诉指控其行为构成操纵期货市场罪和职务侵占罪的事实、证据和罪名均无异议。金文献的辩护人提出如下辩护意见：（1）证监会等出具的函件不能作为证据使用；（2）金文献所实施的操纵期货市场行为和职务侵占行为构成牵连关系，应当以操纵期货市场罪论处，建议法庭对金文献判处三年以下有期徒刑，并适用缓刑。

法院经审理查明：

1. 操纵期货市场事实。2013 年 6 月起至 2015 年 2 月间，被告单位伊世顿公司通过被告人高燕、金文献，以有偿租借方式先后实际控制了户名为高燕、严桂如、姚玉萍等 19 个个人期货账户，还通过高燕开设了户名为富舜共赢 10 号 – 16 号的 7 个特殊法人期货账户，由此实际控制了连同伊世顿公司自有期货账户在内的伊世顿账户组。自 2013 年 1 月起至 2015 年 7 月间，伊世顿公司使用自有资金和从高燕、金文献等人处拆借得的资金等，利用实际控制的期货账户，采用高频程序化交易方式从事股指期货交易。其间，伊世顿公司隐瞒实际控制伊世顿账户组、大量账户从事高频程序化交易等情况，规避中金所对账户实际控制关系报备、股指期货交易的交易手数、撤单量和自成交量等限制的监管措施，从而取得不正当交易优势。

自 2013 年底起至 2015 年 4 月间，被告单位伊世顿公司伙同被告人金文献等人，自行研发、测试了 RM 交易系统，并进行了技术伪装，还铺设了专门用于股指期货交易的网络。其间，金文献指使下属员工配合伊世顿公司将自行购买的服务器存放于中金技术公司机房内和将 RM 交易系统下载、安装至上述服务器内并与伊世顿账户组相关联。至此，伊世顿公司因擅自使用 RM 交易系统，绕过华鑫期货公司资金和持仓验证，从而非法取得额外交易速度优势。

2015 年 6 月 1 日至 2015 年 7 月 6 日间，被告单位伊世顿公司及其直接责任人员被告人高燕、梁泽中伙同被告人金文献，在已使用高频程序化交易的基础上，利用不正当的交易优势和额外交易速度优势大量操纵中金所股指期货交易。经统计，伊世顿公司分别成交 IC 主力合约、IF 主力合约 100.47 万手和 276.97 万手，合计 377.44 万手，共计非法获利 3.893 亿余元。

在上述期间内，被告人高燕、梁泽中、金文献除前述各自负责和参与的相关事项外，还帮助被告单位伊世顿公司向境外转移资金。此外，金文献在得知证监会调查伊世顿公司异常交易情况后即指使他人将服务器中的 RM 交易系统予以彻底删除。

2. 职务侵占事实。2013 年 5 月起，被告人金文献利用全面负责华鑫期货公司与伊世顿公司业务联系的职务便利，向华鑫期货公司虚构伊世顿公司要求返佣的事实，采用签订虚假软件服务协议等方式骗取返佣款予以非法占有。2013 年 8 月至 2014 年 7 月间，金文献采用上述方法侵吞华鑫期货公司钱款共计 550 万余元。

2014 年年中，被告人金文献向华鑫期货公司隐瞒已与伊世顿公司私下达成低比例返佣约定的事实，继续采用前述方法非法占有部分返佣款。2014 年 8 月至 2015 年 6 月间，金文献共计收到华鑫期货公司支付的返佣款 2627 万余元，在将其中 1827 万余元支付给伊世顿公司后，将剩余的 797 万余元予以侵吞。被告人金文献共计非法占有华鑫期货公司资金 1348 万余元，并将其中 530 余万元支付给他人。

【裁判结果】

上海市第一中级人民法院于 2017 年 6 月 23 日作出（2016）沪 01 刑初 78 号刑事判决：一、被告单位张家港保税区伊世顿国际贸易有限公司犯操纵期货市场罪，判处罚金人民币 3 亿元。二、被告人高燕犯操纵期货市场罪，判处有期徒刑三年，缓刑四年，并处罚金人民币 100 万元。三、被告人梁泽中犯操纵期货市场罪，判处有期徒刑二年六个月，缓刑三年，并处罚金人民币 80 万元。四、被告人金文献犯操纵期货市场罪，判处有期徒刑二年，并处罚金人民币 60 万元；犯职务侵占罪，判处有期徒刑四年，决定执行有期徒刑五年，并处罚金人民币 60 万元。五、追缴被告单位张家港保税区伊世顿国际贸易有限公司违法所得人民币 38930 万元，上缴国库。追缴被告人金文献职务侵占违法所得人民币 815 万元，发还给被害单位华鑫期货有限公司。宣判后，金文献不服提出上诉。上海市高级人民法院于 2017 年 9 月 8 日作出（2017）沪刑终 59 号刑事裁定：驳回上诉，维持原判。裁定现已发生法律效力。

【裁判理由】

法院生效裁判认为：关于上诉人金文献是否构成操纵期货市场罪的问题。金文献帮助伊世顿公司实际控制伊世顿账户组，规避中金所对风险控制的监管，使得伊世顿公司恶意取得不正当交易优势；金文献还帮助伊世顿公司擅自使用 RM 交易系统，绕过华鑫期货公司资金和持仓验证，从而非法取得额外交易速度优势，帮助伊世顿公司操纵中金所 IC、IF 主力合约，其行为具备操纵期货市场罪的构成要件。金文献参与伊世顿公司的操纵行为，严重破坏了股指期货市场的公平交易秩序和原则，与《刑法》第一百八十二条第一款前三项的操纵情形在危害性上具有相当性，故适用《刑法》第一百八十二条第一款第四项的规定作出判决，于法有据。现无证据证实，金文献的上述行为系经华鑫期货公司同意实施，故其操纵期货市场的行为系个人行为，并应承担相应的刑事责任。

关于上诉人金文献是否构成职务侵占罪的问题。金文献虽提出其私设返佣款及截留返佣款得到华鑫期货公司总经理李俊的口头同意，但该辩解始终未得到证人李俊证言的印证，且与华鑫期货公司相关负责人严昌华、金潭的证言不相符，更与公司相关管理制度相违背。而证人李俊的多份证言与华鑫期货公司其他员工证言及公司相关制度规定相一致，并经庭审质证，应当作为定案证据。金文献通过虚构返佣款事实，谎报返佣金额等方式非法占有本公司钱款，构成职务侵占罪。至于金文献将非法占有的钱款分给他人，系对赃款的处分，并不能从其犯罪数额中予以扣除。此外，相关证据证实，金文献是以户名为姚玉萍的中国建设银行账户收取华鑫期货公司的返佣款，并以此账户支付伊世顿公司返佣费用。故辩护人提出中国银行账户中尚有应支付而未支付的 200 余万元返佣款应予以扣除的辩护意见与事实不符，不予采纳。

关于上诉人金文献是否具有立功表现的问题。法院认为，根据《刑法》第六十八条和《最高人民法院关于处理自首和立功具体应用法律若干问题的解释》第五条规定，犯罪分子到案后有检举、揭发他人犯罪行为，经查证属实；或者协助司法机关抓捕其他犯罪嫌疑人（包括同案犯）的应当认定有立功表现。本案司法机关于2015年7月9日立案侦查，同年7月11日由公安人员分别至梁泽中、金文献住所将二人抓获，因此金文献7月8日陪同梁泽中去证监稽查部门接受调查并非协助司法机关抓捕同案犯，依法不应当认定为立功。金文献到案后检举揭发他人犯罪亦未被查证属实，故依法也不具有立功表现。

关于原判量刑是否适当的问题。《刑法》第一百八十二条规定，操纵期货市场，情节特别严重的，处五年以上十年以下有期徒刑，并处罚金。《刑法》第二百七十一条规定，公司人员利用职务上的便利，将本单位财物非法占为已有，数额巨大的，处五年以上有期徒刑，可以并处没收财产。本案中，被告单位伊世顿公司、被告人高燕、梁泽中、金文献操纵期货市场手法隐蔽，操纵时间长，非法获利数额特别巨大，属于情节特别严重，论罪三名被告人均应判处五年以上十年以下有期徒刑并处罚金。金文献还利用职务便利，侵占本单位钱款，数额巨大，论罪应判处五年以上有期徒刑。一审判决鉴于伊世顿公司能认罪悔罪，高燕、梁泽中、金文献均有自首情节，金文献还退缴职务侵占的部分违法所得，对伊世顿公司从轻处罚，对三名被告人均减轻处罚，以操纵期货市场罪判处被告单位伊世顿公司罚金人民币3亿元；分别判处高燕、梁泽中有期徒刑三年和二年六个月，并适用缓刑，并处罚金人民币100万元和80万元；对被告人金文献以操纵期货市场罪判处有期徒刑二年，并处罚金人民币60万元，以职务侵占罪判处有期徒刑四年，决定执行有期徒刑五年，并处罚金人民币60万元，量刑适当。

【案例注解】

一、高频程序化交易和操纵市场行为的基本概念

高频程序化交易是指根据一定的交易模型生成买卖信号，并由计算机自动执行交易指令的过程，包括算法交易、量化交易等多种交易形式，主要被金融机构应用于证券、期货交易中。其特征具体为：（1）由机器作出决策，即基于某种交易策略，排除人为干扰，利用计算机以极高的频率关注相关信息，进行决策、生成委托单、执行成交程序等；（2）短线交易、快速买进卖出，即极度活跃的市场参与度、积极进取的交易方式和积少成多的盈利模式；（3）日内高信息率，包括订单取消率、投资者占市场的信息比率和交易量比率等。

操纵的原意是控制、支配，而市场是指买卖双方进行交易的场所，演绎为交易价格、交易量的综合情况。因此，引申出操纵市场行为就是指通过各种手段不法控制、支配证券、期货的交易价格、交易量的行为。而高频程序化交易的操纵行为特点是：利用高频程序化交易的技术优势不法控制、支配交易价格和交易量，使得自身报单尽可能地以最优交易价格成交。

二、本案中被告单位和各被告人的行为属于操纵期货市场的行为

首先，被告单位伊世顿公司和三名被告人实施的交易方式是高频程序化交易。伊世顿公司在金文献等人的帮助下，将公司自购的服务器存放在华鑫期货公司租用的中金技术公司移动机房的机柜内，并且铺设了专线连接上述服务器和交换器以及办公室终端等，从而搭建起一个国内顶级低延迟技术的专用网络（即与交易所的物理距离最短、端口数据量最大）。伊世顿公司的股指期货日常交易均由机器作出、平均日持仓归零次数高（243 次和 271 次）、合并报撤单超限多（23 日和 22 日）。因此，伊世顿公司及三名被告人系采用高频程序化交易方式从事股指期货交易。

其次，被告单位和三名被告人恶意取得交易优势。伊世顿公司违反《中国金融期货交易所交易细则》《中国金融期货交易所实际控制关系账户报备指引（试行）》关于股指期货交易实行实际关系账户报备、连接测试、程序化交易报备等监管措施的相关规定，在金文献的帮助下实施了隐瞒实际控制账户情况、交易方式等多项规避监管措施的行为，从而隐瞒了自成交和报撤超限等异常情况，使得自身交易速度、成交量、成交率等在同期市场中最大化、最优化、最强化，从而恶意取得明显高于其他合规交易者的交易优势。

再次，被告单位和三名被告人非法取得额外交易速度优势。伊世顿公司在被告人金文献等人帮助下，违反《期货交易管理条例》《期货公司监督管理办法》《中国金融期货交易所交易细则》关于中金所实行会员（即期货公司）分级结算制度和基于该制度延伸出的保证金制度和持仓限制制度等基本制度，擅自使用未经检测的 RM 交易系统，绕过华鑫期货公司的资金和持仓验证，节省了其他合规投资者必须耗费的验证时间，降低了自身整体交易延迟时间，从而非法取得其他合规交易者无法取得的交易速度优势。需要说明的是，伊世顿公司本身已拥有国际顶尖的低延迟技术和高频程序化交易，具备了相对于其他合规交易者而言较大的正常技术优势，而上述非法取得的交易速度优势并不等同于正常技术优势，亦非正常技术优势的延伸，而是在正常技术优势基础上叠加的额外技术优势。由此可见，伊世顿公司处心积虑所取得的额外交易速度优势是其意图用来操纵股指期货市场的必要工具之一。

最后，被告单位伊世顿公司的上述行为扰乱了股指期货市场的交易秩序，影响了股指期货市场的交易价格和交易量。伊世顿公司将上述非法取得的额外交易速度优势、恶意取得的交易优势与本身所具有的高频程序化交易方式等相结合，从而形成了非法交易优势，扰乱了股指期货市场交易秩序（即抢占同方向其他合规交易者的交易机会），影响股指期货市场交易价格和交易量（即在股指期货交易总成交率上处于明显优势地位，在最优价格成交率上处于垄断地位，在交易方向及交易数量对市场后续 5 笔行情均价已经产生了实际影响，干扰了市场瞬间行情的涨跌趋势）。

三、被告单位和三名被告人实施的新型操纵行为应当适用《刑法》第一百八十二条第一款第四项，构成操纵期货市场罪

被告单位伊世顿公司和三名被告人在本身已使用高频程序化交易的基础上，利用上述不正当交易优势和额外交易速度优势抢占交易先机，限制或排除其他合规投资者最优交易机会，其行为严重破坏了股指期货市场公平交易秩序和原则，符合操纵期货市场的行为特征。伊世顿公司的操纵行为系新型操纵行为，行为的内容来看，既有对股指期货基本制度、交易秩序的危害，也有对股指期货主要交易规则、监管措施的恶意规避；从行为本质来看，与其他操纵行为具有相同的不法控制期货市场交易价格和交易量的本质内涵；从行为结果来看，无论是非法获利数额，还是其操纵的程度，均已远远超出其他操纵犯罪的情节特别严重数额标准。因此，不仅破坏了股指期货市场的基本制度、基本原则和交易秩序，而且造成了严重的社会危害，与《刑法》第一百八十二条第一款前三项所规定的典型操纵情形在危害性上具有相当性，应当适用《刑法》第一百八十二条第一款第四项之规定以操纵期货市场罪论处。被告单位和三名被告人所实施的操纵手法隐蔽，操纵时间长，非法获利数额特别巨大，操纵后果十分严重，属于情节特别严重。

四、证监会和中金所出具的函件具有证据效力

证监会依法享有对期货市场监管的职责，作为主管部门有权对市场违法行为作出具体行政认定，故证监会出具认定函和补充说明函的行为属于其法定职权。中金所作为涉案股指期货交易的专门机构，是出具分析报告的合法主体，亦属于其法定职权。经对证监会、中金所出具的上述函件进行全面审查，上述函件系依据伊世顿公司进行股指期货交易的全部基础数据所出具的，所反映的案件事实均有相关证据予以证实，出具的程序和形式符合法律规定。证监会和中金所应法庭要求委派工作人员就上述函件中的专业问题向法庭说明情况。因此，上述函件可以作为本案证据。

（一审法院合议庭成员　周　强　胡洪春　胡健涛
二审法院合议庭成员　肖晚祥　邱胜冬　肖伟琦
编写人　上海市高级人民法院　肖伟琦
上海市第一中级人民法院　胡洪春
责任编辑　周维明
审稿人　李玉萍）

原载《人民法院案例选》2019 年第 10 辑（总第 140 辑）

七、违法运用资金罪

94. 陈远、王天有等违法运用资金案

——违法运用资金罪中的情节认定

【关键词】

刑事　违法运用资金　保险资金运用　情节严重

【裁判要旨】

1. 情节严重是违法运用资金罪的入罪标准；此罪规定了情节严重、情节特别严重两档量刑，也可因情节轻微免予刑事处罚。入罪情节和量刑情节的两个“情节”分属于不同的维度，服务于不同的审判需要，并不矛盾，亦不冲突。

2. 违法运用资金罪的情节轻重认定应结合犯罪数额、保险资金运用规模巨大的特点、是否造成损失、是否产生恶劣社会影响或者其他严重后果等因素综合评价。

3. 情节特别严重是违法运用资金罪的情节加重犯，应结合加重数额、加重结果及犯罪目的、犯罪动机等主客观因素予以认定。

【相关法条】

《中华人民共和国刑法》

第一百八十五条之一　商业银行、证券交易所、期货交易所、证券公司、期货经纪公司、保险公司或者其他金融机构，违背受托义务，擅自运用客户资金或者其他委托、信托的财产，情节严重的，对单位判处罚金，并对其直接负责的主管人员和其他直接责任人员，处三年以下有期徒刑或者拘役，并处三万元以上三十万元以下罚金；情节特别严重的，处三年以上十年以下有期徒刑，并处五万元以上五十万元以下罚金。

社会保障基金管理机构、住房公积金管理机构等公众资金管理机构，以及保险公司、保险资产管理公司、证券投资基金管理公司，违反国家规定运用资金的，对其直接负责的主管人员和其他直接责任人员，依照前款的规定处罚。

第三十七条　对于犯罪情节轻微不需要判处刑罚的，可以免予刑事处罚，但是可以根据案件的不同情况，予以训诫或者责令具结悔过、赔礼道歉、赔偿损失，或者由主管

部门予以行政处罚或者行政处分。

【案件索引】

一审：北京市西城区人民法院（2017）京0102刑初343号（2017年12月25日）

二审：北京市第二中级人民法院（2018）京02刑终178号（2018年9月29日）

【基本案情】

北京市西城区人民检察院指控：中融人寿保险股份有限公司（以下简称中融人保公司）经中国保险监督管理委员会（以下简称保监会）批准，于2010年3月注册成立。2011年12月至2013年11月，被告人陈远在担任中融人保公司董事长期间，伙同被告人王天有，以购买灾备系统、支付投资预付款等名义，多次将中融人保公司的资金非法拆借给上海润科通信科技有限公司等企业使用，拆借资金共计人民币5.24亿元。其中，资本金账户支出共计人民币1.74亿元，保险产品资金专用账户支出共计人民币3.5亿元。被告人胡全学于2011年12月至2013年8月间，作为经办人参与非法拆借资金共计人民币2.54亿元。

被告人陈远及其辩护人辩护：涉案款项支出的性质系投资行为。其辩护人辩护意见如下：（1）中融人保公司与上海润科通信科技有限公司间签有投资顾问协议，二者间的资金往来不是借款关系；（2）国务院相关文件鼓励创新保险资金的运用方式，保险公司出借资金的行为没有违反国家法律、法规；（3）本案涉及事项已由保监会进行了处罚，而并未移交司法机关，无需刑法再予以处理；（4）被告人陈远对中融人保公司与相关企业签订借款协议的事情不知情，亦不应承担责任；（5）本案涉及的5.24亿元资金并未出现任何损失；请求法院对被告人陈远宣告无罪。

被告人王天有及其辩护人辩护：自己作为公司的副总经理及财务负责人，是按照董事长陈远的工作安排履行职务，在公司资金运作的问题上，自己不是主要责任人。其辩护人辩护意见如下：（1）在涉案资金的支出用途上，公诉机关不能排除"项目投资"的可能；（2）借款事实可产生债权关系，保险公司将资金用于债权投资亦属国务院文件规定的合法、合理运用资金行为；（3）对于同类事件，均是由保监会作出行政处罚，执法尺度应予统一；（4）被告人王天有不是涉案保险公司的负责人，其只是接受公司负责人陈远的指派从事程序性工作，其本人并无违法运用资金的主观故意，与陈远亦未形成合意共谋；（5）本案涉及的5.24亿元资金未产生损失；（6）在保监会已处理的同类违规事件中，本案涉及的金额明显较少，亦不属情节严重。

被告人胡全学及其辩护人辩护：自己在公司内只履行岗位职责，不清楚且亦未参与资金拆借一事，没有违法运用资金的主观故意，亦无重大过失。其辩护人辩护意见如下：（1）被告人胡全学在保险公司内不是管理决策人员，其对资金用途不知情，且与陈远、王天有并无合谋；（2）被告人胡全学对违法运用资金的事实亦无放任的间接故意；（3）被告人胡全学在本案中所起作用较小。

法院经审理查明：中融人保公司是2010年3月注册成立的民营保险公司，联合铜箔（惠州）有限公司（以下简称联合铜箔公司）是中融人保公司的发起人和股东之一。同时，联合铜箔公司是上市公司中科英华高技术股份有限公司（以下简称中科英华公司）

的全资子公司。

2011年12月至2013年11月间，经时任董事长的陈远决定及时任副总经理兼财务负责人的王天有审核，中融人保公司以“购买灾备系统”“支付投资预付款”等名目，先后将13笔该公司资本金账户、保险产品资金专用账户内的资金出借给上海润科公司使用，累计出借资金为5.24亿元。上海润科公司收到中融人保公司上述资金后，随即通过上海博晨实业有限公司账户分别转入中科英华公司实际控制的多家公司账户。涉案资金的最终使用人为中科英华公司，用于该公司“续贷”“倒贷”的资金周转。2013年2月至2013年11月，中融人保公司先后回收款项9笔，金额累计为5.27亿余元。其间，胡全学作为中融人保公司风控信评部负责人，在没有确认存在投资项目的情况下，经王天有授意，于2011年12月至2013年8月间，以“购买灾备系统”“支付投资预付款”等名目多次发起付款申请，涉及资金共计2.54亿元。

【裁判结果】

北京市西城区人民法院于2017年12月25日作出（2017）京0102刑初343号刑事判决：一、被告人陈远犯违法运用资金罪，免予刑事处罚。二、被告人王天有犯违法运用资金罪，免予刑事处罚。三、被告人胡全学犯违法运用资金罪，免予刑事处罚。

宣判后，原公诉机关北京市西城区人民检察院提出抗诉；原审被告人陈远、王天有、胡全学不服，提出上诉。

北京市第二中级人民法院于2018年9月29日作出（2018）京02刑终178号刑事判决：一、维持北京市西城区人民法院（2017）京0102刑初343号刑事判决书主文第三项。二、撤销北京市西城区人民法院（2017）京0102刑初343号刑事判决书主文第一项、第二项。三、上诉人陈远犯违法运用资金罪，判处有期徒刑一年六个月，并处罚金人民币15万元。四、上诉人王天有犯违法运用资金罪，判处有期徒刑一年，缓刑一年，并处罚金人民币10万元。

【裁判理由】

法院生效裁判认为：

一、中融人保公司运用资金的性质属于关联企业之间的资金拆借行为

合同的实际履行情况及涉案资金的流向显示，中融人保公司运用资金的行为与设备采购和投资无关。涉案资金未使用于合同约定的用途，资金运用的过程符合资金拆借的特征，且陈远、王天有亦供认转出资金最终由中科英华公司实际使用。上述证据能够相互印证涉案资金的运用属资金拆借的事实。

二、中融人保公司拆借保险资金的行为违反了国家规定

（一）保险公司运用资金只能限于《保险法》规定的领域及国务院规定的其他资金运用形式

对保险资金的管理、利用，《保险法》以“白名单”的方式作了严格、明确的规定，即只能运用于《保险法》规定的领域及国务院规定的其他资金运用形式。该条文规范的目的，是保险公司作为金融机构，资金运用必须稳健，遵循安全性原则，其资金应用于投资，确保保险资金的保值和增值，进而确保保险资金的良性运转。

（二）中融人保公司资金拆借的行为超出了《保险法》及国务院相关文件规定的保险资金运用范围

首先，《保险法》的立法演变虽然就保险资金的运用领域呈现扩大趋势，但从未允许保险公司可以向其他企业拆借资金。其次，国务院发布的《关于加快发展现代保险服务业的若干意见》《关于深化投融资体制改革的意见》等文件，虽然提出逐步放宽保险资金投资范围，创新资金运用方式，鼓励保险公司通过投资企业股权、债权、基金、资产支持计划等多种形式，在合理管控风险的前提下，为科技型企业、小微企业、战略性新兴产业等发展提供资金支持，但中融人保公司向关联企业拆借资金，并非保险资金的创新运用方式，明显与国务院相关文件的规定不符。这种拆借行为违背保险公司基本利益，因而也不可能是上述意见所认可的资金运用方式。

三、本案属于情节严重

《刑法》第一百八十五条之一第二款关于违法运用资金罪的法定刑援引第一百八十五条之一第一款背信运用受托财产罪的规定，有“情节严重”“情节特别严重”两种情形和两个量刑档次。“情节严重”是本罪的定罪条款兼具量刑条款。

根据《最高人民检察院、公安部关于公安机关管辖的刑事案件立案追诉标准的规定（二）》，违法运用资金罪的追诉标准为：（1）违反国家规定运用资金数额在30万元以上的；（2）虽未达到上述数额标准，但多次违反国家规定运用资金的；（3）其他情节严重的情形。上述规定中，将犯罪数额、次数作为独立的情节评价标准，即违反国家规定运用资金数额在30万元以上，或者虽未达到上述数额标准，但多次违反国家规定运用资金的，即达到情节严重的定罪标准。

（一）中融人保公司违法运用资金的行为，属犯罪情节严重

中融人保公司违法运用资金13笔，每笔500万元至1.1亿元不等，累计金额5.24亿元，违法运用资金数额巨大，次数多；违法运用资金的起止时间为2011年12月至2013年11月，时间跨度较大，资金风险持续时间较长；且中融人保公司在运用资金的过程中未采取必要风险控制措施，资金使用风险较大；其拆借资金以签订虚假合同为手段，恶意逃避监管，违背股东利益，使巨额资金的运用处于不确定状态，社会危害性较大，依法应当认定为犯罪情节严重。

（二）应结合本案特点综合评判是否达到情节特别严重的程度

虽然在金融犯罪中通常以犯罪数额作为情节严重程度的标准，但犯罪数额在不同的领域表现出来的社会危害性有一定的差异。保险公司作为金融机构，通常具有运用资金规模巨大的特点，如果单纯以犯罪数额作为情节轻重的标准，则忽视了犯罪危害的特殊性，影响罪责刑的统一。是否属于情节特别严重，应当结合本案特点进行综合评判。

首先，虽然本案违法运用资金的总额达5.24亿元，但上述资金分13笔转出，中融人保公司一方面回收之前借出的资金，一方面又拆借出新的款项，资金运用处于循环状态，并非所有涉案资金同时处于风险之中。其次，资金使用方中科英华公司是上海证券交易所上市公司，偿付能力较强，且资金往来账目清晰，大部分资金占用时间较短，故虽然所涉保险资金的安全处于不确定状态，但尚未造成特别巨大的风险。最后，在客观上，中融人保公司所拆借的资金均已收回，没有造成实际经济损失，也未造成特别重大的社会危害。

四、陈远、王天有、胡全学构成违法运用资金罪，陈远、王天有系主犯，胡全学应认定为从犯

陈远作为中融人保公司的董事长，是该公司违法运用资金行为的决策者；王天有作为中融人保公司的董事、副总经理兼财务负责人，是主持实施违法运用资金行为的负责人，均应以直接负责的主管人员身份承担法律责任；胡全学在没有确认存在投资项目、明知存在违法运用资金风险的情况下，仍然按照王天有的授意发起用款申请，应以其他直接责任人员的身份承担法律责任。在共同犯罪中，陈远是决策者，作用最大；王天有系主持实施违法运用资金行为的负责人，作用相比陈远较小，该二人在共同犯罪中均起主要作用，系主犯，应当按照其所参与或者组织、指挥的全部犯罪处罚。胡全学系受指使参与犯罪，在共同犯罪中起次要作用，系从犯，依法应对其从轻处罚。

五、关于对陈远、王天有、胡全学的刑事追诉与原保监会行政处罚之间的关系问题

监管部门的行政处罚与司法机关依法刑事追诉，均系为维护金融市场秩序，保障公众资金的安全。针对中融人保公司违法运用保险资金的行为，原保监会虽对该公司及陈远等人进行了行政处罚，但该公司违法运用资金的行为情节严重，已触犯了刑律，故应依法对陈远等人进行刑罚处罚。由于触犯法律类型的不同，行政违法责任的追究不能替代刑事责任的追究。

【案例注解】

2006 年 6 月 29 日《刑法修正案（六）》在《刑法》第一百八十五条后增加一条作为第一百八十五条之一，增设了违法运用资金罪，明确规定了与广大群众切身利益息息相关的社会保障基金、住房公积金等公众资金的投资、利用方式，是为惩罚相关机构违规使用公众资金、保障涉及公众利益的资金安全、规范国家金融保险秩序而设立的罪名。实践中对此类行为多以保监会行政处罚的方式进行制裁。本案系违法运用资金罪适用的第一案，关于涉案行为入罪标准与量刑情节的确定存在诸多疑难之处。本案的最大争议焦点就在于各被告人的行为是情节轻微、情节严重还是情节特别严重。本案犯罪数额 5. 24 亿元，远超追诉标准，一审法院认定本案系情节轻微；北京市西城区人民检察院抗诉认为本案属情节严重；北京市人民检察院第二分院则认为构成情节特别严重。同一事实，认定标准不同导致对犯罪情节的判断截然不同，直接影响量刑幅度。因此，把握好本罪的情节认定标准，是违法运用资金罪适用的重中之重。

一、违法运用资金罪的入罪情节判定

《刑法》中所称情节，是指除客观损害结果外，影响行为社会危害程度的各种情况，如行为的方法、手段、时间、地点、行为人的动机、目的、一贯表现等。[①] 刑法对情节作了程度不等的各种表述，包括情节特别恶劣、情节恶劣、情节特别严重、情节严重、情节较轻、情节轻微和情节显著轻微七种。情节较轻（《刑法》第一百一十一条）一般是作为从轻处理的条件，即对已经构成犯罪的行为适用较低档次的法定刑；情节轻微（《刑法》第三十七条）是免予处罚的条件，即对已经构成犯罪的行为不予刑事处罚；情

① 储槐植、张永红：《善待社会危害性观念——从我国刑法第 13 条但书说起》，载《法学研究》2002 年第 3 期。

节显著轻微，则可能不认为是犯罪。情节轻微从表面上看，似乎仅比《刑法》第十三条但书规定中的情节显著轻微高一个档次，但实际上两者有质的差别，属于截然不同的判断维度。情节轻微以行为已经构成犯罪为前提，属于“要不要判刑”的量刑节点，而情节显著轻微则可能属于非罪的事实情况范围，是区分罪与非罪的情节，属于“要不要入罪”的判断节点。应当明确，入罪情节和量刑情节的两个“情节”并不是同一层次使用的概念，而是分属于不同的维度，服务于不同的审判需要，此二者并不矛盾，亦不冲突。

根据《最高人民检察院、公安部关于公安机关管辖的刑事案件立案追诉标准的规定（二）》对违法运用资金罪的追诉标准的规定为：（1）违反国家规定运用资金数额在30万元以上的；（2）虽未达到上述数额标准，但多次违反国家规定运用资金的；（3）其他情节严重的情形。根据《刑法》第一百八十五条之一第二款规定，违法运用资金罪的法定刑援引第一百八十五条之一第一款背信运用受托财产罪的规定，情节严重的，对其直接负责的主管人员和其他直接责任人员，处三年以下有期徒刑或者拘役，并处3万元以上30万元以下罚金；情节特别严重的，处三年以上十年以下有期徒刑，并处5万元以上50万元以下罚金。可见，对于违法运用资金罪的入罪情节，须达到违反国家规定运用资金且情节严重，即情节严重是本罪的基本犯。该条文表述已将情节显著轻微的情形排除在犯罪之外，即只要涉案行为符合上述规定的成立条件，就应当认定为犯罪，而不能以情节显著轻微、危害不大为由宣告无罪。在当前我国行政处罚和刑事制裁的违法—犯罪二元机制之下，此罪立法既定性又定量的模式，有效地解决了行政处罚和刑事追诉的二元划分。定量因素抬高了本罪的犯罪构成门槛，使所有属于“情节显著轻微、危害不大”的违规运用资金行为以不符合犯罪构成而被过滤掉，从而可仅处以行政处罚，而对于不属于“情节显著轻微、危害不大”的违法行为则应加以刑罚处罚。具体到本案，针对中融人保公司违法运用保险资金的行为，原保监会对该公司及陈远等人进行了行政处罚，但违法运用资金的行政责任与刑事责任追诉之间并不冲突矛盾。监管部门的行政处罚与司法机关依法刑事追诉，均系为维护金融市场秩序，保障公众资金的安全。本案中该公司违法运用资金的行为情节严重，已触犯了刑律，故应依法对涉案人员进行刑罚处罚。

二、违法运用资金罪的量刑情节认定

根据上述规定，对于违法运用资金罪的量刑情节判断，可能出现三种情况：情节轻微、情节严重、情节特别严重。关于情节轻微，仍见于《刑法》第三十七条的规定。关于情节严重之规定，前述法律条文将犯罪数额、次数作为独立的情节评价标准，即违反国家规定运用资金数额在30万元以上，或者虽未达到上述数额标准，但多次违反国家规定运用资金的，即达到情节严重的标准。但对于情节特别严重的判断标准，法律及司法解释尚无明确规定。经查，陕西省、河南省、天津市高级人民法院制定了关于违法运用资金罪情节特别严重标准的相关意见，其中陕西省高级人民法院规定数额100万元以上为情节特别严重，河南省、天津市高级人民法院规定数额150万元以上为情节特别严重，但实践中均尚未适用。

从犯罪数额来看，金融犯罪通常以犯罪数额作为情节严重程度的判断标准，但犯罪数额在不同的领域表现出来的社会危害性有一定的差异。考虑到本罪的适格主体特征、资金运用规模、社会危害性等因素，在判断本案情节严重程度时如果单纯以犯罪数额作为情节轻重的标准，容易忽视犯罪危害的特殊性，影响罪责刑相适应。

从资金运用特点来看，据银保监会提供的近期数据，全国保险公司、保险资产管理公司共计200余家，总资产17.6万亿，运用资金数额15.6万亿。本案中融人保公司虽然是一家规模较小的人寿保险公司，但案发时总资产255亿元，运用资金的规模也在200亿元以上。作为金融机构，保险公司运用资金的规模动辄千万元，甚至更巨。最高人民检察院、公安部规定的30万元刑事追诉标准已经远远低于实践情况，不符合保险公司资金运用规模通常巨大的特点，这是一个立法和司法解释技术上的难题。因此，本罪关于数额的规定应属于量刑情节之一，作为情节因素的数额并不能产生独立确定犯罪的定量要件，[①] 而必须结合资金安全、资金运用特点、社会危害性等其他情节因素综合考量。

从立法目的来看，首先，违法运用资金罪立法的目的之一是为了保障公众资金的安全，[②] 评价违法运用资金罪的犯罪情节时，资金的风险程度、造成的社会影响及后果是界定情节轻重的重要因素。其次，本罪规定于《刑法》第三章“破坏社会主义市场经济秩序罪”中，可见本罪侵犯的法益不仅包括特定公众资金的安全，还包括保险金融管理秩序。由于保险类资金通常具有数额庞大的特点，更易于操控产生收益，但从法益侵犯性而言，认定本罪既遂的标准，并不必然是造成了资金损失，而是实施了违法运用资金的行为，造成公众资金安全风险及冲击保险金融业管理制度即可。

综上，结合本案案情，得出以下结论：

（一）陈远、王天有的行为不属于情节轻微

《刑法》第三十七条规定的“情节轻微”从社会危害性角度看，涉案行为应当符合不具有较大社会危害性的性质。其精神意蕴在于，从一般预防角度考虑，在认定被追诉者有罪的基础上，若不对被追诉者判处刑罚也不会在客观上起到鼓励他人模仿犯罪的负面效果。而实际上，目前保险公司违规拆借资金现象并不鲜见，近年来，因违规运用资金被处罚的案件达900余件，除本案外，保监会2009年以来共计对8个类似案件进行了行政处罚，本案造成的行业负面影响颇为严重。从量刑情节来看，情节轻微应包括法定的从轻、减轻或者免除处罚情节。本案除胡全学在共同犯罪中起次要作用，听命于王天有，系受指使参与犯罪，应当认定为从犯，具有法定从轻情节外，陈远、王天有均不具有法定从轻、减轻或者免除处罚情节，不宜认定为情节轻微。

（二）陈远、王天有的行为应属情节严重

从犯罪数额、资金风险防控、保险金融管理秩序等方面考量，中融人保公司违法运用资金累计金额5.24亿元，已远超出30万元入罪标准，且在运用资金的过程中未采取必要风险控制措施，使巨额资金的运用处于不确定状态，当属情节严重。首先，运用资金具有随意性。陈远个人决策将资金拆借给关联企业，事前未对资金运用的风险进行评估，没有要求资金使用方提供保证或者担保，事中未安排专门的部门和人员对资金的使

---

① 张勇：《犯罪数额研究》，中国方正出版社2004年版，第85页。

② 2005年12月24日，全国人大常委会法工委相关负责人在第十届全国人大常委会第十九次会议作《关于〈中华人民共和国刑法修正案〉（六）（草案）的说明》：“有些部门提出，负责经营、管理保险资金、社会保障基金、住房公积金等公众资金的单位，违反国家规定运用资金的，将会严重影响公众资金的安全，影响社会稳定，对情节严重的，应当追究刑事责任。法制工作委员会经同有关部门研究，拟在刑法中增加规定……”参见《中华人民共和国全国人民代表大会常务委员会公报》2006年第6期。

用过程进行监督、管控，造成保险资金处于风险之中。其次，违法运用资金数额巨大，次数多。本案违法运用资金 13 笔，每笔 500 万元至 1.1 亿元不等，累计金额 5.24 亿元。最后，违法运用资金时间跨度较大。本案违法运用资金的起止时间为 2011 年 12 月至 2013 年 11 月，时间跨度较大，使资金持续处于风险之中，具有较大的社会危害性。

（三）本案不能认定为情节特别严重

“情节严重”是本罪的基本情节犯，因此“情节特别严重”则是本罪的情节加重犯。本罪“情节特别严重”之认定尚无明文规定，结合刑法基本理论及本案，笔者认为其加重情节的具体判断仍应当以主客观相统一为标准。

1. 是否存在客观加重。情节加重犯中的加重情节，是反映犯罪的社会危害性和行为人的人身危险性及其程度并决定该罪轻重，从而决定量刑程度的事实因素。虽然本罪的加重情节没有具体规定，但是结合案情及《刑法》第三章第四节破坏金融管理秩序罪的相关规定，加重数额、加重结果等因素应当被纳入考虑范围。就加重数额而言，虽然本案涉案金额达 5.24 亿元，但仍应结合保险资金运用规模加以比较。保监会对违规运用保险资金进行行政处罚的案例中，如平安资产公司对 50 亿元的募集资金进行定向投资时未谨慎处理相关投资计划事务，显示出保险资金运用规模通常相当庞大，相较而言，本案犯罪数额难以达到加重数额的条件。就加重结果而言，出借的资金本息已全部偿还，没有造成实际经济损失，亦不宜认定为加重处罚条件。

2. 是否存在主观加重。情节加重犯之加重情节并不全部属于客观加重处罚的因素，加重情节还应包括犯罪目的、犯罪动机等主观加重处罚的因素。具体到本案，中融人保公司拆借资金的行为，资金进出账清晰，且中科英华公司使用资金的方向与借款的目的相符，即中科英华公司用作“续贷”“倒贷”，均按约定归还，难以认定犯罪目的或者动机具有进一步加重情节，因此不宜认定为情节特别严重。

（一审法院合议庭成员　程　杰　刘海燕　赵建媛
二审法院合议庭成员　陈胜涛　周　耀　吴炎冰
编写人　北京市第二中级人民法院　陈胜涛　王钰楠
责任编辑　包献荣
审稿人　李玉萍）

原载《人民法院案例选》2020 年第 1 辑（总第 143 辑）

第五节　金融诈骗罪

一、集资诈骗罪

95. 高占彬集资诈骗案
——以投入生产经营名义掩盖非法占有目的的认定

【关键词】

刑事　集资诈骗罪　投入生产经营的认定　非法占有目的

【裁判要旨】

1. 以生产经营为借口集资，集资后用于生产经营活动与集资资金规模明显不成比例，绝大部分集资款并未投入生产经营，不能交代其他钱款具体去向的行为应认定为具有非法占有目的。

2. 被告人虽然提供了其主张的将集资款投入生产经营主张的证据，但因为其投资的公司注册后，其将用集资款投入的注册资金抽回，或者投入公司经营后没赚没赔将公司卖出，在此种情况下，应认定其是用合法生产经营的名义掩盖其对投资款非法占有的事实。

【相关法条】

《最高人民法院关于审理非法集资案件具体应用法律若干问题的解释》

第四条第二款　使用诈骗方法非法集资，具有下列情形之一的，可以认定为非法占有为目的。

（一）集资后不用于生产经营或者用于生产经营活动与集资资金规模明显不成比例，致使集资款不能返还的；

（二）肆意挥霍集资款，致使集资款不能返还的；

（三）拒不交代资金去向，逃避返还资金的；

【案件索引】

一审：吉林省四平市中级人民法院（2018）吉 03 刑初 4 号（2018 年 12 月 20 日）

二审：吉林省高级人民法院（2019）吉刑终 61 号（2019 年 5 月 5 日）

【基本案情】

吉林省四平市人民检察院指控：2010 年 7 月至 2015 年 7 月间，被告人高占彬隐瞒其没有还款能力和经济来源入不敷出的情况，在其位于吉林省四平市辖双辽市老检察院家属楼开设的广源中介所内，以高息为诱饵，大肆向社会不特定人员葛桂玲、葛桂琴、葛桂英、王渝等 81 人非法吸收资金共计 1295. 398 万元，所吸资金被其占有使用，拒不归还，共造成被害人直接经济损失 1174. 443 万元。

法院经审理认定：2010 年 7 月至 2015 年 7 月间，被告人高占彬隐瞒其没有还款能力和经济来源入不敷出的情况，在其位于双辽市老检察院家属楼开设的广源中介所内，以高息为诱饵，大肆向社会不特定人员葛桂玲、葛桂琴、葛桂英、王渝等 81 人非法吸收资金共计 1285. 41 万元，所吸资金被其占有使用，拒不归还，共造成被害人直接经济损失 1124. 185 万元。

【裁判结果】

吉林省四平市中级人民法院经审理后于 2018 年 12 月 20 日作出（2018）吉 03 刑初 4 号刑事判决：被告人高占彬犯集资诈骗罪，判处有期徒刑十五年，并处罚金 45 万元；对公安机关轮候查封的被告人高占彬的财产在银行执行后如有剩余按比例偿还给本案各被害人（数额以本案认定事实中的被害人损失数额为准），不足部分继续追缴，按比例返还各被害人。宣判后，被告人高占彬不服原审判决，提起上诉。吉林省高级人民法院于 2019 年 5 月 5 日作出（2019）吉刑终 61 号刑事裁定：驳回上诉，维持原判。

【裁判理由】

法院生效判决认为：对于上诉人及其辩护人关于“上诉人没有非法占有目的，不构成集资诈骗罪”的上诉理由及辩护意见，经查，高占彬进行非法集资，集资后用于生产经营活动与集资资金规模明显不成比例，致使集资款不能返还，且拒不交代资金去向，给他人造成巨额经济损失后又逃匿，逃避返还资金，非法占有的主观故意明确，系使用诈骗方法非法集资，构成集资诈骗罪。故该上诉理由及辩护意见不成立，法院不予采纳；对于上诉人及其辩护人关于“原审法院认定集资参与人损失数额有误”的上诉理由及辩护意见，经查，有书证借款合同证实集资参与人损失数额准确。故该上诉理由及辩护意见不能成立，法院不予采纳。

【案例注解】

在审理非法集资案件中，被告人多以集资款投入至生产经营中为借口，以排除对其集资款的非法占有目的的认定。本案被告人收到的集资款确有证据证明投入了生产经营，但后来其又以各种手段将投入经营的款项转出，转出后不能说明钱款后续去向。为了有效处罚非法集资犯罪中的这类不法行为，不至于形成处罚漏洞，并且做到罚当其罪。结合本案，具体作出以下分析，希望通过分析对企图用投入生产经营排除非法占有目的这一行为，在实践中如何认定能够起到一定的参考作用。

一、有证据证明集资款曾经投入生产经营，是否应一律排除非法占有目的，实践中如何采信证据并加以认定事实的问题

《最高人民法院关于审理非法集资案件具体应用法律若干问题的解释》将对骗取的资金肆意挥霍、用于违法犯罪活动，用于生产经营的规模与集资总额不成比例，不能交代资金去向等认定为具有非法占有目的。

从以上司法解释可以看出刑法关注的是被害人的资金是否置于遭受不法犯罪的危险境地。本案法院审理时认为，构成集资诈骗罪必须具备非法占有目的，集资款的去向用途是反映非法占有目的的客观事实。即关注对被害人出借资金合法权益保护，只要行为人筹集资金真正用于生产经营活动，因为经营不善和市场风险而造成损失，就不能据此认定其具有非法占有目的。相反，集资款的最终去向并不是生产经营造成亏损，投入生产经营只是掩盖犯罪的手段，且不能交代资金大部分去向的，则可认定为具有非法占有目的。

本案中，涉案集资总额为1285.41万元，被告人庭审供述及侦查阶段供述的几个资金去向（购买宾馆、装修宾馆、投资华融担保公司、投资阿斯林太阳能专卖店、投资紫源阁茶楼、投资古镇特产粮油商店、投资电厂、将钱款对外放贷），一审法院给予了详尽的退补查实和准确的认定。

在事实认定上，以集资款最后能核实到位的钱款去向认定资金去向，最后不能说明去向的作为认定具有非法占有目的的证据

具体到本案，关于购买宾馆及宾馆装修，经查，根据被告人高占彬供述及证人王洪证言，宾馆购买及装修为2012年之前完成，2012年之前高占彬吸收存款总额为107万元，从有利于被告人角度认定，高占彬将集资款用于宾馆装修和购买最大数额为107万元。因此，高占彬辩解其将集资款的500万元用于宾馆过户和装修不成立；关于投资华融担保公司的问题，因其已经将注册资金300万元抽回，所以不存在其将集资款真正投资生产经营之后造成亏损的问题；关于投资阿斯林太阳能专卖店的问题，因高占彬已经将太阳能专卖店出兑，出兑款未能索要回来无证据证实，所以其因投资太阳能专卖店造成亏损无证据支持；关于投资紫源阁茶楼，因后来从高占彬手里购买茶楼的闫玉红证实，茶楼只是简单刮大白装修，高占斌供述其68万元买入，50万元卖出，在有利于被告人原则的基础上认定其投资亏损数额接近20万元；关于投资古镇特产粮油商店，因为没赚钱，也没赔钱，所以此处不应做投资亏损计算；关于投资电厂大院，经查，电厂系其与孙发明债务关系顶账而来，据孙发明证实，因高占彬十多年前欠孙发明30万元，利滚利，后来高占彬又替孙发明偿还外债30万元，孙发明将电厂大院给付高占彬顶账，电厂大院经侦查部门实地踏查并未装修，也就是说电厂大院其用集资款投入最多30万元。后电厂大院被法院判决顶给本案以外的其他债权人。

针对退补查明的高占彬将集资款是否大部分投入生产经营的事实以及结合相关法律，法院评判认为，被告人系以生产经营为借口集资，集资后用于生产经营活动与集资资金规模明显不成比例，绝大部分集资款并未投入生产经营，致使其无法偿还巨额高息集资

款；关于其主张的投资公司和粮油商店的投入，因为投资公司注册后其将注册资金抽回，粮店经营后没赚没赔卖出，在此种情况下，应认定其是用合法生产经营的外衣掩盖其将投资款从左手倒向右手的事实。

根据辩护人庭前提供的证据清单计算，被告人所述的投入生产经营数额完全能够达到本案起诉的各被害人报案的损失数额，其本人及辩护人认为，其将集资款项投入生产经营有证据证实。但经法院对其所述投资项目退补，进一步查明了资金流向，即高占彬投资公司后，或将用集资款投入的注册资金抽回，或将投资公司保本卖掉，或将以前的资金投入混淆集资款投入，或将全部投资作为经营亏损证据。也就是说，高占彬提供后续投入生产经营的证据无法证实其将集资款大部分用于了生产经营，其提供证据的目的只是为了掩盖其将集资款非法占有的事实。

实践中，被告人多以投入生产经营或者逃避非法占有目的，或者逃避构成犯罪。在此时，虽有证据证明集资款虽然曾经投入生产经营，但还应当考量其所述的投入生产经营是积极的从事生产经营行为还是消极的骗取借款行为，对于那些大量资金及其流向后续出现消失或者中断的案件，如果被告人对资金去向无法作出合理解释，可以考虑认定为具有非法占有目的。

二、在认定具有非法占有目的时，行为人的对资金处置关联行为及事后态度应一并考虑，以加强对非法占有目的的推定

本案审理时，高占彬辩护人针对资金处置情况提供高占彬向外出借钱款的欠条，辩解有部分资金高占彬是以低息借入，高息借出的方式经营。经退补查实，高占彬利用他人资金赚取利差，其对资金进出无任何记录，巨额资金没有账目，出现集资人拿多少借据就是多少，向其借款人已经还款但没有记录的情况。其将钱款出借时，借款人的真实信息很多不明确，致使多数借款真实性无法核实，其后又未能积极采取措施追回钱款，不考虑能否归还巨额钱款，庭审时其又以哥们义气重于金钱为由陈述对资金的随意处置。

事后态度上：高占彬在给集资人造成巨额经济损失后又逃匿，逃避返还资金。

对于上述情形，亦是具有非法占有目的推定的一种法定情形。

对于已经确认投入生产经营与集资总额不成比例的情形存在的情况下，还要考虑被告人的其他关联行为及事后态度。本案中，高占彬辩解大部分集资钱款皆投入生产经营，但其辩解明显不成立。后其又在庭审中提供其向外出借钱款的欠条，即使欠条真实存在，向高占彬借款者未偿还借款，那么能查明的钱款可知去向总额亦和其集资总额相去甚远，对于大部分集资钱款，高占彬不能交代具体的、真实的去向；在被害人催讨过程中，其关闭电话，不知踪迹，逃避返还资金；在此种情况下，行为人对集资资金随意处置、任意挥霍及逃避返还资金的，也应作为具有非法占有目的的证据加以认定，以加强非法占有目的的推定。

三、具有非法占有目的的认定应当坚持主客观一致的原则

既要避免以诈骗方法的认定替代非法占有目的的认定，又要避免单纯根据损失结果客观归罪，同时也不能仅凭行为人自己的供述，而是应当根据案件具体情况具体分析，主要依据客观行为进行推定。对于真正的主观上不是出于恶意的不想返还，而是由于经营不善、市场风险等意志以外的原因，造成集资款不能返还的，不应当认定为集资诈骗罪。反之，以投入生产经营名义掩盖其对资金的非法占有的，则应认定为具有非法占有目的。

综上，被告人高占彬虽然辩解其集资款的大部分投入生产经营，并部分提供了投入生产经营的证据，但经核实，其系以投入生产经营名义掩盖非法占有目的。因此，应认定其构成集资诈骗罪。

（一审法院合议庭成员　田永利　董　岩　钱红英
二审法院合议庭成员　赵星天　吴科春　罗高鹏
编写人　吉林省四平市中级人民法院　钱红英
吉林省高级人民法院　赵星天　罗高鹏
责任编辑　周维明
审稿人　李玉萍）

原载《人民法院案例选》2019年第5辑（总第135辑）

96. 黄定方、蔡克意等集资诈骗、非法吸收公众存款案

——购物返利模式是否属于非法集资及非法占有目的的认定

【关键词】

刑事　集资诈骗罪　购物返利模式　非法占有目的

【裁判要旨】

1. 行为人在不具备金融资质的情况下，以购物返利为诱饵，吸引社会公众投资，符合非法集资构成要件，属于非法吸收公众存款的行为。

2. 行为人明知集资模式必然亏损、无法持续运作，仍虚构事实、隐瞒真相，骗取集资款，应认定为具有非法占有目的，依法构成集资诈骗罪。

【相关法条】

《中华人民共和国刑法》

第一百七十六条第一款　非法吸收公众存款或者变相吸收公众存款，扰乱金融秩序的，处三年以下有期徒刑或者拘役，并处或者单处二万元以上二十万元以下罚金；数额巨大或者有其他严重情节的，处三年以上十年以下有期徒刑，并处五万元以上五十万元以下罚金。

第一百九十二条　以非法占有为目的，使用诈骗方法非法集资，数额较大的，处五年以下有期徒刑或者拘役，并处二万元以上二十万元以下罚金；数额巨大或者有其他严重情节的，处五年以上十年以下有期徒刑，并处五万元以上五十万元以下罚金；数额特别巨大或者有其他特别严重情节的，处十年以上有期徒刑或者无期徒刑，并处五万元以上五十万元以下罚金或者没收财产。

《最高人民法院关于审理非法集资刑事案件具体应用法律若干问题的解释》

第一条第一款　违反国家金融管理法律规定，向社会公众（包括单位和个人）吸收资金的行为，同时具备下列四个条件的，除刑法另有规定的以外，应当认定为刑法第一百七十六条规定的“非法吸收公众存款或者变相吸收公众存款”：

（一）未经有关部门依法批准或者借用合法经营的形式吸收资金；

（二）通过媒体、推介会、传单、手机短信等途径向社会公开宣传；

（三）承诺在一定期限内以货币、实物、股权等方式还本付息或者给付回报；

（四）向社会公众即社会不特定对象吸收资金。

第二条第四项　实施下列行为之一，符合本解释第一条第一款规定的条件的，应当依照刑法第一百七十六条的规定，以非法吸收公众存款罪定罪处罚：

（四）不具有销售商品、提供服务的真实内容或者不以销售商品、提供服务为主要目的，以商品回购、寄存代售等方式非法吸收资金的；

第四条第二款第一项 使用诈骗方法非法集资，具有下列情形之一的，可以认定为“以非法占有为目的”：

（一）集资后不用于生产经营活动或者用于生产经营活动与筹集资金规模明显不成比例，致使集资款不能返还的；

【案件索引】

一审：浙江省杭州市中级人民法院（2017）浙01刑初39号（2018年1月4日）

二审：浙江省高级人民法院（2018）浙刑终81号（2018年6月19日）

【基本案情】

浙江省杭州市人民检察院指控：2014年9月起，被告人黄定方在西安等地参与非法传销活动。2007年起，被告人蔡克意成立杭州炎黄茶叶有限公司（以下简称炎黄公司）。2014年12月，黄定方结识常州闰大投资发展有限公司（以下简称闰大公司）的汤留俊（另案处理），发现蔡克意以提供茶叶的方式与汤留俊合作进行非法集资活动。黄定方遂决定仿照闰大公司的操作模式，筹备设立杭州龙炎电子商务有限公司（以下简称龙炎公司），以购物返利的幌子进行非法集资活动。2015年1月，黄定方与蔡克意经预谋后确定，由蔡克意的炎黄公司为龙炎公司提供茶叶和公司股份，由龙炎公司以销售茶叶返利的方式，进行非法集资。具体模式为：投资者投资人民币4000元成为龙炎公司会员后，再以每单4000元的价格购买茶叶等商品，或者介绍新会员投单，均可每单分十周陆续获得6653元现金返利、2866个可兑换炎黄公司股份的股权积分、2149个可在龙炎公司网上商城消费的购物积分，相当于年化收益率250%以上；会员介绍发展60名以上新会员，连续两周投单量达300单以上，可以成为龙炎公司的下设服务站负责人；服务站发展新会员600人以上，并累计业绩达到15000单以上，服务站负责人可以成为该地区的中心负责人；中心下辖若干服务站，每个中心和服务站的负责人分别可以得到下属会员每单提成50元。黄定方组织、招募被告人孙世佳、丁文萍、阚越等人先后参与分工合作。黄定方还伙同蔡克意等人设立炎黄国际公司，由阚越、孙世佳负责操作所谓的“上市事宜”。而后，黄定方、蔡克意经共谋后虚假宣传炎黄国际公司在美国上市，召开大会并向会员销售炎黄国际股份，吸收资金4700余万元。至案发，龙炎公司向24余万名会员吸收资金共计156亿余元，造成会员损失57亿余元。

被告人黄定方及其辩护人的辩称：龙炎公司经营模式合法，不属于非法集资；黄定方没有非法占有目的，未骗取会员的资金，不构成集资诈骗罪。

被告人蔡克意及其辩护人的辩称：其仅作为龙炎公司的茶叶供货商收取货款，既无非法占有会员资金的目的，也未参与实施非法集资行为，不构成集资诈骗罪。

被告人丁文萍及其辩护人的辩称：其没有非法占有目的，不明知返利模式必然亏损、无法持续履约，请求改定非法吸收公众存款罪。

被告人孙世佳及其辩护人的辩称：黄定方策划并推进实体投资、资本运作、会员消费，公司运作时未造成会员损失；孙世佳无非法占有目的，仅从事公司履职行为，指控罪名不成立。

被告人吴克良等17人及各自辩护人分别提出龙炎模式合法、可持续经营，不构成非法吸收公众存款罪，或者指控数额、行为作用有误等辩解和辩护意见。

法院经审理查明：2014年9月起，被告人黄定方在西安等地参与传销活动。2007年起，被告人蔡克意成立炎黄公司。2014年12月，黄定方结识闰大公司的汤留俊，发现蔡克意以提供茶叶的方式与汤留俊合作，以购物返利的幌子吸引会员加入、投单。2015年1月，黄定方与蔡克意经预谋后确定，由蔡克意的炎黄公司为黄定方的龙炎公司提供茶叶和公司股份，由龙炎公司以销售茶叶返利的方式进行非法集资。黄定方在自有资金短缺并且明知该返利模式必然亏损、无法持续履约的情况下，以高额返利为诱饵，并以虚夸投资项目、虚假宣传公司上市等方法骗取投资人信任，通过会议宣讲、网络平台推广等方式，向社会不特定人员骗取资金。具体模式为：投资人投资4000元成为龙炎公司会员后，再投资每单4000元获取一盒茶叶，或者介绍新会员投单，均可每单分十周陆续获得6653元现金返利、2866个可兑换炎黄公司股份的股权积分、2149个可在龙炎公司网上商城消费的购物积分，相当于年化收益率250%以上；会员介绍发展60名以上新会员，连续两周投单量达300单以上，可以成为龙炎公司的下设服务站负责人；服务站发展新会员600人以上，并累计业绩达到15000单以上，服务站负责人可以成为该地区的中心负责人；中心下辖若干服务站，每个中心、服务站的负责人分别可以得到下属会员每单提成100元、50元。

与此同时，被告人黄定方为扩大影响，进一步诓骗社会公众到龙炎公司网络平台进行投资，伙同被告人蔡克意等设立炎黄国际公司，由被告人阚越负责操作所谓的美国“上市”事宜。而后，黄定方、蔡克意经共谋后虚假宣传炎黄国际公司在美国上市，召开大会并向会员销售炎黄国际的股份。蔡克意参加大会进行宣讲、鼓动，并向会员发放茶叶和股权换购证。黄定方、蔡克意等使用销售股权换购证的方式共向会员吸收资金4700余万元。

至案发时，龙炎公司通过吸纳会员网络平台投单、销售股权换购证等方式向20余万名社会公众吸收资金共计156亿余元。被告人黄定方将其中129亿余元用于支付会员返利，将4.8亿余元用于支付站长、中心主任等的提成费，将2.5亿余元用于购买茶叶、支付日常开支等犯罪运作，仅将2亿余元用于对外投资，造成17万余名会员的集资款共计57亿余元不能返还。

案发后，杭州市公安局萧山区分局冻结涉案银行账户内存款，并查封、扣押被告人黄定方、蔡克意等人名下的房产、车辆等物。

【裁判结果】

浙江省杭州市中级人民法院于2018年1月4日作出（2017）浙01刑初39号刑事判决：一、以集资诈骗罪分别判处被告人黄定方、蔡克意无期徒刑，剥夺政治权利终身，并处没收个人全部财产；二、判处被告人丁文萍有期徒刑十二年，并处罚金人民币35万元；三、判处被告人孙世佳有期徒刑十年，并处罚金人民币25万元；四、对被告人吴克良等17人以非法吸收公众存款罪分别判处九年及以下有期徒刑，其中五被告人适用缓刑。责令二十一被告人退赔违法所得，发还各集资参与人。

宣判后，被告人黄定方、蔡克意等不服，提出上诉。浙江省高级人民法院于 2018 年 6 月 19 日作出（2018）浙刑终 81 号刑事裁定：驳回被告人黄定方、蔡克意等上诉，维持原判。

【裁判理由】

法院生效裁判认为：被告人黄定方、蔡克意等未经有关部门依法批准，超越经营范围以购物返利、股权转让为幌子，不以销售商品为主要目的，以虚假转让股权等方式，承诺保本、诱以高息，通过互联网宣传造势，向社会不特定人员吸储，系非法集资行为。

被告人黄定方、蔡克意经商谋后，由蔡克意提供茶叶和炎黄公司股权，黄定方以高额返利、返还股权积分等为诱饵，通过虚假宣传公司上市或者夸大投资项目前景，利用龙炎公司的网络平台吸引客户加入会员、投单或者以向会员销售股权换购证等方式，向社会不特定人员非法集资，集资款项仅小部分用于项目投资，大部分用于支付会员返利及各服务中心主任、服务站站长提成费、茶叶货款及维系公司日常开支等，至案发时造成巨额损失无法归还。黄定方、蔡克意作为本案集资诈骗活动的策划者、组织者，显然具有非法占有目的和集资诈骗故意；被告人丁文萍作为黄定方的妻子，负责龙炎公司集资款管理和资金收付，被告人孙世佳作为黄定方的秘书、龙炎公司总裁，全面参与非集资活动，丁文萍、孙世佳均能认识到龙炎公司仅有小部分资金用于投资且未产生明显收益、主要靠投单量的不断增长维系高额返利和各项费用开支，却仍受黄定方指使参与实施集资诈骗，丁文萍、孙世佳对此亦均有供认在案，足以认定丁文萍、孙世佳具有集资诈骗的共同故意。

【案例注解】

近年来，浙江省杭州市的“互联网 + 金融”业态成熟，金融形势向好，经济蓬勃发展的同时也滋生了大量涉众型经济犯罪，犯罪分子以“金融创新”的幌子进行非法集资、诈骗等违法犯罪活动，严重扰乱金融管理秩序和市场经济秩序，侵害人民群众的合法权益，带来社会不稳定的隐患。本案案情重大复杂，其争议焦点主要在于龙炎公司的运作模式和被告人非法占有目的的认定。

一、龙炎公司的购物返利模式属于非法集资

龙炎公司的购物返利模式已具备非法性、利诱性、公开性、社会性四要件，属于非法集资行为。

1. 非法性。龙炎公司的注册经营范围为网上销售化妆品、日用百货，并没有从事互联网金融的相关牌照；被告人黄定方、蔡克意等宣传鼓吹已获得融资租赁牌照，其实仅是在中国证券投资基金业协会登记成为私募投资基金管理人的证明打印件，既无官方盖章，又不能保障公司资信安全。故黄定方、蔡克意等未经有关部门依法批准，超越经营范围开展不法金融活动。

2. 利诱性。黄定方设计定额投单、分批返利的模式，分十周陆续返利包括现金返利、股权积分和购物积分。根据龙炎公司的投单规则，投资人在投资 4000 元成为会员后，后续每投单 4000 元分十周即可获得 6653 元现金返利、2866 个可兑换炎黄公司股权的积分、2149 个可在龙炎公司网上商城消费的购物积分，即便不计算股权积分和购物积分，仅投单4000元分十周返利6653元，十周的返现率即达166%以上。故黄定方、蔡克意等承诺在一定期限内以货币、实物、股权等方式还本付息或者给付回报。

3. 公开性及社会性。黄定方、蔡克意等通过在全国多地召开大型会议面向会员宣讲，对来访会员由专人培训介绍，再通过网页、微信公众号等网络宣传造势，各服务中心、服务站微信群转载、转发，口口相传、熟人介绍，致龙炎公司会员井喷式增长，吸引24余万名会员加入，服务中心、服务站遍布全国。故黄定方、蔡克意等通过媒体、推介会等途径公开宣传，向社会不特定对象吸收资金。

二、黄定方、蔡克意等对集资款具有非法占有目的

甄别非法占有目的时应着重审查行为人有无使用虚构事实、隐瞒真相的欺骗手段，集资模式是否必然亏损、不可持续，以及相关被告人的主观故意内容。

1. 虚夸事实骗取集资款。被告人黄定方、蔡克意等通过会议宣讲、网络宣传，夸大、渲染对外投资、贸易的真实进展及投资回报，实际仅投资2亿余元，至案发时未产生收益，以实业投资为名设立的十余家公司均为制造虚假繁荣的空壳企业。并且，黄定方、蔡克意等明知炎黄公司并非在主板上市、炎黄国际公司仅在美国纳斯达克主板场外柜台交易系统挂牌，均不能公开募股的情况下，仍通过网页虚假宣传、开会鼓吹造势，骗取会员信任，进而转让股权换购证或者股权积分诓骗会员投单。

2. 操作模式无法持续运转。黄定方、蔡克意等将非法集资所得156亿余元中的大部分用于兑付会员返利及中心主任、站长的提成、支付茶叶货款、网上商城进货款及公司运营费用等维系犯罪运作，仅将其中2亿元左右用于对外投资，与筹集资金规模明显不成比例。龙炎公司主要依靠不断增长的后期投单支付前期投单的返利，实际系骗新还旧的庞氏骗局，其购物返利模式根本不存在持续运转的现实性和可能性。并且，至案发时已有57亿余元本金尚未归还，而龙炎公司可支配资金已不足20亿元，已经造成巨额损失不能返还，龙炎公司资金链断裂具有客观必然性。

3. 黄定方、蔡克意等具备占有故意。黄定方自有资金短缺，在前期参与、接触的传销型集资模式基础上策划龙炎模式，组织、指挥虚假宣传上市、虚夸投资项目，以网络投单、出售股权换购证的手段非法集资，集资后用于生产经营活动与筹集资金规模明显不成比例，致使集资款不能返还，明知龙炎模式不可持续。蔡克意在结束与汤留俊的合作后，如法炮制以合法购销关系掩盖共同非法集资的目的，其收取的茶叶款实质系集资款。其与黄定方事先预谋，明知龙炎模式的具体内容且无法持续，仍供货作为“幌子”、违规转让公司股权、鼓动龙炎会员入会及购买所谓的炎黄国际公司美国“上市”股权，以个人账户攫取巨款。丁文萍、孙世佳在明知龙炎模式必然亏损的情况下，分别负责龙炎公司财务、总体事务。因此，上述四被告人均具有非法占有目的。

（一审法院合议庭成员　鲍一鹏　沈　励　王笑峻
二审法院合议庭成员　郑晓红　沈荣华　金家胜
编写人　浙江省杭州市中级人民法院　沈　励
责任编辑　包献荣
审稿人　李玉萍）

原载《人民法院案例选》2020年第8辑（总第150辑）

二、信用卡诈骗罪

97. 陈南权、郑国翠等信用卡诈骗案

——冒用他人信用卡犯罪行为的认定

【关键词】

信用卡诈骗罪　冒用　诈骗罪

【裁判要旨】

通过欺骗行为获得真实持卡人授权进而提取款项的行为应认定为诈骗罪，未得到真实持卡人的授权而仅仅因为持有信用卡而使得银行误认为具备取款权限的非法取款行为应认定为信用卡诈骗罪。

【相关法条】

《中华人民共和国刑法》

第一百九十六条　有下列情形之一，进行信用卡诈骗活动，数额较大的，处五年以下有期徒刑或者拘役，并处二万元以上二十万元以下罚金；数额巨大或者有其他严重情节的，处五年以上十年以下有期徒刑，并处五万元以上五十万元以下罚金；数额特别巨大或者有其他特别严重情节的，处十年以上有期徒刑或者无期徒刑，并处五万元以上五十万元以下罚金或者没收财产：

（一）使用伪造的信用卡，或者使用以虚假的身份证明骗领的信用卡的；

（二）使用作废的信用卡的；

（三）冒用他人信用卡的；

（四）恶意透支的。

前款所称恶意透支，是指持卡人以非法占有为目的，超过规定限额或者规定期限透支，并且经发卡银行催收后仍不归还的行为。

盗窃信用卡并使用的，依照本法第二百六十四条的规定定罪处罚。

第二百六十六条　诈骗公私财物，数额较大的，处三年以下有期徒刑、拘役或者管制，并处或者单处罚金；数额巨大或者有其他严重情节的，处三年以上十年以下有期徒

刑，并处罚金；数额特别巨大或者有其他特别严重情节的，处十年以上有期徒刑或者无期徒刑，并处罚金或者没收财产。本法另有规定的，依照规定。

【案件索引】

一审：广东省佛山市顺德区人民法院（2015）佛顺法刑初字第213号（2015年2月4日）

【基本案情】

2014年6月19日17时许，在广东省佛山市顺德区伦教街道伦教工业大道公交站附近，被告人陈南权、牟华、郑国翠以“拾钱平分”的方式诈骗被害人李某某财物。被告人陈南权先将一捆用100元的人民币包装的冥币丢在路边，接着被告人牟华在被告人郑国翠和被害人李某某的面前拾起这些钱，并提议平分。再由被告人陈南权假扮失主返回，以检查是否拾到钱款为由，伙同被告人牟华、郑国翠，骗取被害人李某某交出现金人民币300元，并以通过手机银行核实受害人半小时内银行入账记录，证实受害人没有把钱打到银行卡为由要求受害人交出银行卡及告知密码，被害人按要求将银行卡交给被告人陈南权并告知密码。之后，三名被告人以买饮料为借口携带受害人钱物、银行卡离开，而让被害人留在原地等候。得手后，被告人陈南权使用骗取到的受害人银行卡和密码通过ATM机从该银行卡内提取了现金人民币2万元，被告人陈南权分得现金人民币6600元，被告人牟华分得现金人民币6000多元。

佛山市顺德区人民检察院指控被告人陈南权、郑国翠、牟华犯诈骗罪。

【裁判结果】

广东省佛山市顺德区人民法院于2015年2月4日作出（2015）佛顺法刑初字第213号刑事判决：被告人陈南权、郑国翠、牟华无视国家法律，以非法占有为目的，骗取他人信用卡并支取人民币2万元，数额较大，其行为均已构成信用卡诈骗罪，判处被告人陈南权有期徒刑一年零三个月，并处罚金人民币2万元；判处被告人郑国翠有期徒刑一年零六个月，并处罚金人民币2万元；判处被告人牟华有期徒刑一年零六个月，并处罚金人民币2万元。

宣判后，被告人未上诉，公诉机关未抗诉，判决已生效。

【裁判理由】

法院生效裁判认为：被告人陈南权、郑国翠、牟华无视国家法律，以非法占有为目的，骗取他人信用卡并支取人民币2万元，数额较大，其行为均已构成信用卡诈骗罪。根据法律及司法解释规定，骗取他人信用卡并使用的属冒用他人信用卡进行诈骗，构成信用卡诈骗罪，故佛山市顺德区人民检察院指控被告人陈南权、郑国翠、牟华犯诈骗罪，定性不当，予以纠正。被告人陈南权归案后如实供述自己的犯罪事实，依法可以从轻处罚。被告人郑国翠、牟华当庭自愿认罪，可酌情从轻处罚。

【案例注解】

对于本案被告人行为的性质有三种不同的观点：第一种观点认为，《最高人民法院、最高人民检察院关于办理妨害信用卡管理刑事案件具体应用法律若干问题的解释》（法释〔2009〕19号）第五条第二款第（二）项的规定，骗取他人信用卡并使用的属于冒用他人信用卡的情形，本案被告人的行为完全契合司法解释的规定，应定性为信用卡诈骗罪；第二种观点认为，根据一般经验，同时将银行卡和密码交付给他人，即相当于许可、默认他人行使包括取款权限在内的银行卡使用权限，本案被害人被欺骗交付银行卡和密码，即许可了被告人使用银行卡取款的权限。因此，被告人的取款权限并非来源于对银行的欺骗，不符合信用卡诈骗罪犯罪构成，其行为等同于被害人向其交付财物，应定性为诈骗罪；第三种观点认为，银行卡和密码的作用包括了查询账户信息、查询余额和交易记录、提取存款等多种作用，而本案中被害人将银行卡交给被告人并告知密码只是让被告人查询银行卡交易记录，并没有授权其提取银行卡账户内存款。因此，被告人取款权的来源仍然是基于其持有银行卡和密码使得银行误以为其具备取款权限的欺骗银行行为，故被告人行为应构成信用卡诈骗罪。

尽管上述的第一种、第三种观点所得结论相同，但笔者认为第三种观点的分析更为可取，"冒用他人信用卡"的行为并不能简单机械地按照法条词语的文义进行套用，认为只要是使用人非真实持卡人或者在获得信用卡的过程中利用了欺诈手段都一律认定为冒用他人信用卡，而应该根据结合一般诈骗罪的犯罪构成和信用卡诈骗罪特殊的法益保护、行为手段进行具体分析才能得出正确的结论。

一、信用卡诈骗罪评价的是"使用"行为的法益侵害性

信用卡诈骗罪，是指以非法占有为目的，违反信用卡管理法规，利用信用卡虚构事实或者隐瞒事实，骗取财物，数额较大的行为。从该概念可以看出，信用卡诈骗罪侵犯法益包括了信用卡管理秩序和他人财物。①

《刑法》第一百九十六条第一款列举的构成该罪的情形是四种信用卡使用行为②，而因犯罪作为侵犯法益的行为，故该四种行为必然侵犯了信用卡诈骗罪所保护的法益，即该四种行为侵犯了信用卡管理秩序和他人财产权益。具言之，信用卡诈骗罪的行为内容可以划分为两个部分：一是行为人通过使用信用卡的行为侵犯了信用卡的管理秩序。《刑法》对侵犯信用卡管理秩序犯罪行为的规制罪名有妨害信用卡管理罪和信用卡诈骗罪，其中《刑法》第一百七十七条之一的妨害信用卡管理罪对信用卡管理秩序的侵犯在于行为人对信用卡的非法持有、运输等对信用卡外在形态的控制，而信用卡诈骗罪规制的是违法使用信用卡行为，即行为人通过使用信用卡内含的支付、结算、消费等金融交易功能实现对信用卡管理秩序的破坏，这种破坏必须通过对银行的使用才能得以实现，否则即使涉及信用卡的使用行为亦不构成信用卡诈骗罪，如行为人使用伪造、作废、他人信用卡质押担保骗取他人财物，不符合信用卡诈骗罪的犯罪构成，宜按照合同诈骗罪（诈骗罪）定罪处罚。二是行为人通过使用信用卡的行为获得银行授权而侵犯他人财产权益。从侵犯财产罪的角度出发，单纯的骗取、骗领信用卡的行为不构成刑法意义上的财产型犯罪，因此，使用信用卡的行为要构成诈骗型犯罪，该使用行为必须符合一般诈骗罪的

① 尽管关于信用卡诈骗罪侵犯的法益曾存在争议，有观点认为是"他人财物"，有观点认为是"信用卡管理秩序"，但当前的实务和理论中，以复杂的法益论（即信用卡侵犯法益包括了信用卡管理秩序和他人财物）为通说。

② 因第三款"盗窃信用卡并使用的"情形属于法律拟制，故本文不作分析。

性质，使他人陷入错误认识而交付财物。反馈到信用卡诈骗罪的罪行中，即行为人通过使用信用卡的行为使银行误以为其具有使用（包括占有、支付、结算等）信用卡账户内资金的权限而向其交付。概言之，即如果没有使用信用卡的行为，行为人不会获得使用账户内资金的权限。

综上，信用卡诈骗罪的行为可具体表述为：以非法占有为目的，通过对银行使用信用卡，并通过持有信用卡和密码的外观使银行误以为其具有使用信用卡账户对应资金的权限而交付资金的违法犯罪行为。

二、"冒用他人信用卡"的辨析

"冒用"在语义上意为假冒他人名义使用，因此无论任何情况，基于何种目的，行为人利用他人信用卡的行为均可以认定为冒用他人信用卡，中国人民银行《银行卡业务管理办法》第二十八条第三款亦规定："银行卡及其账户只限经发卡银行批准的持卡人本人使用，不得出租和转借。"因此，从此意义上说，只要使用他人信用卡的行为均侵犯了信用卡管理秩序。

但如上述分析，信用卡诈骗罪中使用他人信用卡的行为不仅侵犯信用卡管理秩序，还侵犯他人财产权益，因此，如果行为人使用信用卡账户内资金得到了持卡人的同意，则其使用行为并不产生侵犯他人财产权益的结果。如当前社会中普遍存在的子女使用父母信用卡、妻子使用丈夫信用卡，即使违反了信用卡管理规定，但并不产生侵犯他人财产权益的结果，不按照信用卡诈骗罪处罚。对此，张明楷教授亦有论述，其认为，"冒用他人信用卡，以违反合法持卡人的意志为前提；征得持卡人同意使用其信用卡的，不构成犯罪。"①

当这种信用卡账户内资金的使用权限是行为人通过欺骗持卡人而获得时，产生侵犯他人财产权结果的行为亦毋宁是行为人欺骗持卡人的结果，并不是对银行使用行为产生的结果。该情形的整个犯罪过程可描述为：行为人欺骗持卡人——持卡人同意行为人利用其信用卡账户内资金——向行为人交付信用卡和密码——行为人使用信用卡，从整个犯罪过程可以看出，行为人使用信用卡之前已经获得了持卡人关于利用信用卡账户资金的授权。因此，就该"使用"行为而言虽有"冒用"欺骗银行的性质，但并无诈骗罪中侵犯他人财产的违法性，行为人使用信用卡在此只不过是充当了持卡人被欺骗后财产的交付方式，属于违反信用卡管理制序行为，对其整个行为的评价应按照其侵犯他人财产的欺骗持卡人行为进行定性，即按照诈骗罪定罪处罚。这正如行为人通过欺骗手段让被害人向其交付电视机，但被害人因无法回家取出电视机交付而将钥匙交给行为人让行为人自行到被害人家里自行提取的情形，行为人行为属于诈骗罪，而其提取电视机的行为因得到被害人的授权并不具有侵犯财产罪的违法性，不应再评价为盗窃罪。因此，《最高人民法院、最高人民检察院关于办理妨害信用卡管理刑事案件具体应用法律若干问题的解释》（法释〔2009〕19 号）第五条第二款第（二）项"骗取他人信用卡并使用"中的"骗取他人信用卡"的行为应该解释为：行为人只是骗取了持卡人的信用卡，但没有得到持卡人的同意使用信用卡账户资金。

结合上述的分析，可以看出"冒用他人信用卡"的信用卡诈骗罪犯罪行为类似于诈

---

① 张明楷：《刑法学》（第四版），法律出版社 2011 年版，第 712 页。

骗罪中的三角诈骗：即在行为人没有得到授权利用信用卡账户内资金的情况下，银行作为持卡人资金的管控者，被行为人持有信用卡和密码的外观形式欺骗，交付了信用卡账户内的资金。

三、关于本案被告人行为性质的分析

根据信用卡的使用规则，凭借卡和密码可以实现对信用卡对应账户的管理性功能和金融支付性功能，其中管理性功能包括对账户资金的查询、密码的修改、挂失等等，而金融支付性功能是信用卡的核心功能，包括支付、结算、消费等功能。在这两种功能之中，只有金融支付性功能的使用才能产生侵犯他人财产权益的结果。因此，持卡人向行为人交付信用卡和密码并不一定意味着同意行为人使用其中的金融支付性功能。

本案中，被告人通过欺骗手段获得了银行卡和密码，但被告人是以核实受害人银行卡半小时内的入账记录为借口要求受害人交出银行卡及告知密码，因此，被害人向被告人交付银行卡和密码只是同意让被告人利用银行卡和密码去查询账户交易明细，而对于银行卡的金融支付性功能，被害人并没有同意被告人使用的意思表示。这种情况即相当于日常生活当中屋主为方便清洁阿姨打扫卫生而向清洁阿姨交付钥匙的情形，在没有得到屋主明确授权的情况下，即使取得了房屋钥匙，清洁阿姨对房屋内的家具设备亦没有使用权。

综上，本案被告人在没有得到被害人授权使用银行卡对应账户资金的情况下，通过持有银行卡及密码的外观欺骗银行，使银行误以为其具有使用银行卡对应账户资金的权限而向其交付资金，其行为符合信用卡诈骗罪的犯罪构成，应以信用卡诈骗罪定罪处罚。

（一审法院合议庭成员　孙庆煌　麦小莹　帅　霞
编写人　广东省佛山市顺德区人民法院　涂远鹏　廖　亮
责任编辑　周维明
审稿人　沈　亮）

原载《人民法院案例选》2016 年第 11 辑（总第 105 辑）

98. 刘东洲信用卡诈骗案

——银行同意持卡人分期还款后恶意透支的认定

【关键词】

恶意透支　信用卡诈骗　分期还款

【裁判要旨】

银行同意持卡人分期还款的，应视为与持卡人达成新的合意，还款数额、还款期限应按照分期后的具体情况予以确认。此后，如持卡人拒不还款，仍需满足经两次催收超过3个月方可认定为恶意透支。

【相关法条】

《中华人民共和国刑法》

第一百九十六条　有下列情形之一，进行信用卡诈骗活动，数额较大的，处五年以下有期徒刑或者拘役，并处二万元以上二十万元以下罚金；数额巨大或者有其他严重情节的，处五年以上十年以下有期徒刑，并处五万元以上五十万元以下罚金；数额特别巨大或者有其他特别严重情节的，处十年以上有期徒刑或者无期徒刑，并处五万元以上五十万元以下罚金或者没收财产：

（一）使用伪造的信用卡，或者使用以虚假的身份证明骗领的信用卡的；

（二）使用作废的信用卡的；

（三）冒用他人信用卡的；

（四）恶意透支的。

前款所称恶意透支，是指持卡人以非法占有为目的，超过规定限额或者规定期限透支，并且经发卡银行催收后仍不归还的行为。

盗窃信用卡并使用的，依照本法第二百六十四条的规定定罪处罚。

【案件索引】

一审：北京市西城区人民法院（2016）京0102刑初148号（2016年9月2日）

【基本案情】

北京市西城区人民检察院指控：被告人刘东洲于2013年3月申办中国光大银行信用卡一张，后使用该卡恶意透支，截至案发，共计透支本金人民币129954.1元，经中国光大银行多次催收，超过3个月仍未归还。被告人刘东洲于2015年1月27日被查获归案。案发后，被告人刘东洲家属已代其归还拖欠中国光大银行的全部本息。

被告人刘东洲辩称：其在催收过程与中国光大银行达成分期还款协议，其在被抓获前应偿还的欠款金额共计人民币 3 万余元；且其按照与银行工作人员的约定前往指定地点商谈还款事宜，后被便衣民警抓获，具有自首情节。

法院经审理查明：被告人刘东洲于 2013 年 3 月申办中国光大银行信用卡一张，后多次使用该卡进行透支消费及取现。截至案发，共计透支本金人民币 129954.1 元，最后一次还款时间为 2014 年 7 月 4 日。中国光大银行自 2014 年 8 月 22 日多次向被告人刘东洲进行催收，其中，2014 年 9 月 3 日、9 日两次联系到被告人刘东洲本人，刘东洲承诺还款，后一直未还。2014 年 11 月 18、19 日，中国光大银行为缓解客户还款压力，加大不良资产的清收，对被告人刘东洲的账户操作分期业务，分 12 期，分期金额人民币 149947.09 元，撤销当前利息及滞纳金人民币 18431.79 元。此后，中国光大银行分三期账单向被告人刘东洲提醒还款，分别为 2014 年 12 月 9 日到期应还款人民币 12495 元，2015 年 1 月 8 日到期应还款人民币 24990 元，2015 年 2 月 8 日到期应还款人民币 37485 元。分期后，被告人刘东洲无还款行为。2015 年 1 月 15 日，中国光大银行向被告人刘东洲催缴全部欠款。2015 年 1 月 26 日，中国光大银行向公安机关报案，被告人刘东洲于 2015 年 1 月 27 日被查获归案。后被告人刘东洲家属代其归还全部欠款本息。

【裁判结果】

在诉讼过程中，北京市西城区人民检察院向北京市西城区人民法院要求撤回起诉。2016 年 9 月 2 日，北京市西城区人民法院作出（2016）京 0102 刑初 148 号刑事裁定：准许北京市西城区人民检察院撤回起诉。

【案例注解】

从法律所规定的恶意透支的认定条件来看，根据《最高人民法院、最高人民检察院关于办理妨害信用卡管理刑事案件具体应用法律若干问题的解释》第六条第一款之规定，“持卡人以非法占有为目的，超过规定限额或者规定期限透支，并且经发卡银行两次催收后超过 3 个月仍不归还的，应当认定为刑法第一百九十六条规定的‘恶意透支’”。可见，行为人是否满足“非法占有目的”“超过规定限额或者规定期限透支”以及“经发卡银行两次催收后超过 3 个月仍不归还”是认定恶意透支行为需要评价的要件。

本案中，被告人刘东洲在明知没有还款能力而继续透支时，可以认定其主观上具有非法占有目的，但是在被告人刘东洲不能正常还款后，中国光大银行在催收过程中与被告人刘东洲达成分期还款协议，分期还款应视为中国光大银行与持卡人就还款达成了新的合意，还款数额、还款期限应按照分期后的具体情况予以确认，还款期限应重新计算。此后，如持卡人拒不还款，仍需满足经两次催收超过 3 个月方可认定为恶意透支。中国光大银行提出的“分期还款是银行为清理不良资产，主动推出的活动，与持卡人无关”的解释属于任意解释，提出的“分期后如未按照时间和金额还款，分期自动取消，仍需一次性还款”的说法没有证据证明已告知被告人，且其在分期后向被告人刘东洲寄送过三期催收账单，亦否定了其分期后（首期）不还款即取消分期的说法。

据相关证据材料，被告人刘东洲与中国光大银行达成分期还款协议后，有两期款项共计人民币 2 万余元属于到期未还，而至被告人刘东洲被抓获时，上述款项尚未满足经两次催收超过 3 个月仍不归还的犯罪构成要件，其余款项尚未到期，亦无法推定被告人在客观上一定不予归还，故本案不能满足恶意透支犯罪的全部构成要件，依法不能认定被告人刘东洲构成信用卡诈骗罪。

（一审法院合议庭成员　张　岩　果振敏　刘志远

编写人　北京市西城区人民法院　张　岩

责任编辑　周维明

审稿人　李玉萍）

原载《人民法院案例选》2018 年第 6 辑（总第 124 辑）

99. 张满喜信用卡诈骗案

——利用第三方交易平台绑定他人信用卡窃取卡中钱款行为性质的刑法认定

【关键词】

盗窃　信用卡诈骗　支付宝

【裁判要旨】

行为人冒用被害人的身份信息及银行卡信息，通过被害人手机中的消费软件透支人民币至被害人的银行卡中，再通过被害人的支付宝账户将银行卡中的该项钱款转至行为人自己的支付宝账户的行为，构成信用卡诈骗罪。

【相关法条】

《中华人民共和国刑法》

第一百九十六条　有下列情形之一，进行信用卡诈骗活动，数额较大的，处五年以下有期徒刑或者拘役，并处二万元以上二十万元以下罚金；数额巨大或者有其他严重情节的，处五年以上十年以下有期徒刑，并处五万元以上五十万元以下罚金；数额特别巨大或者有其他特别严重情节的，处十年以上有期徒刑或者无期徒刑，并处五万元以上五十万元以下罚金或者没收财产：

（一）使用伪造的信用卡，或者使用以虚假的身份证明骗领的信用卡的；

（二）使用作废的信用卡的；

（三）冒用他人信用卡的；

（四）恶意透支的。

前款所称恶意透支，是指持卡人以非法占有为目的，超过规定限额或者规定期限透支，并且经发卡银行催收后仍不归还的行为。

盗窃信用卡并使用的，依照本法第二百六十四条的规定定罪处罚。

【案件索引】

一审：北京市平谷区人民法院（2018）京0117刑初31号（2018年2月5日）

【基本案情】

北京市平谷区人民检察院指控称：2017年10月13日7时许，被告人张满喜在北京市平谷区上纸寨村一出租屋内，冒用其室友张文韬的身份信息及银行卡信息，通过张文韬手机中的“马上消费”金融软件透支人民币6000元至张文韬的上述银行卡中，又通过张文韬的支付宝账户将银行卡中的6000元转至张满喜的支付宝账户。

法院经审理查明内容与公诉机关指控事实一致：2017年10月13日7时许，被告人张满喜在北京市平谷区上纸寨村一出租屋内，冒用其室友张文韬的身份信息及银行卡信息，通过张文韬手机中的马上消费金融软件透支人民币6000元至张文韬的上述银行卡中，又通过张文韬的支付宝账户将银行卡中的6000元转至张满喜的支付宝账户。

【裁判结果】

北京市平谷区人民法院于2018年2月5日作出（2018）京0117刑初31号刑事判决：一、被告人张满喜犯信用卡诈骗罪，判处有期徒刑七个月，罚金人民币2万元；二、被告人张满喜非法所得共计人民币6000元退赔张文韬。

【裁判理由】

法院生效裁判认为：被告人张满喜以非法占有为目的，冒用他人信用卡，进行信用卡诈骗活动，数额较大，其行为已构成信用卡诈骗罪，应予惩处。第三方交易平台的支付以绑定银行卡的快捷支付为基础，从某种意义上说，第三方交易平台的支付为银行支付功能的延伸。为了确保交易安全，当银行卡被使用时，发卡银行会通过向持卡人手机发送特定信息以验证持卡人身份，第三方交易平台基于与银行卡之间的绑定协议，根据事先的程序设计在与银行卡完成绑定后即可通过自身的账号、密码等来识别客户，即只要在第三方交易平台上输入正确的信息，银行卡即默认操纵者为合法持卡人本人，继而完成转账、提现、消费等行为。被告人张满喜在被害人并未授权的情况下，利用银行卡与第三方平台的绑定协议，私自用被害人手机号以及银行卡与第三方交易平台之间创设原来并不存在的关联，导致发卡银行系统默认在第三方平台上进行操作的人即是信用卡合法持卡人本人，并依据银行卡与第三方平台的绑定协议进行支付，避免了被害人知晓其信用卡被冒用的事实，故其行为系向发卡银行及被害人隐瞒真相；同时，被告人张满喜能够直接利用自己创建第三方平台的关键指令掌控被害人银行卡，使得银行卡依照与第三方平台的绑定协议随时按照被告人的指令而当然进行支付，故被告人的行为直接针对银行卡本身，不仅侵犯了他人财产权还侵犯了银行的信用卡管理秩序，应以信用卡诈骗罪追究其刑事责任。

【案例注解】

本案涉及被告人的行为是构成盗窃罪还是信用卡诈骗罪的，以及被害人是持卡人还是银行的争议，分述如下：

被告人张满喜的行为是构成盗窃罪还是信用卡诈骗罪一般情况下，信用卡诈骗罪与盗窃罪之间的界限不难区分，容易混淆的是通过非法手段获取他人信用卡并使用的情形。主要从以下几个方面区别：

1. 犯罪客体不同。信用卡诈骗罪不仅侵犯公民财产权，而且还侵犯国家金融管理秩序，属于复杂客体；而盗窃罪侵犯的仅仅是公民财产权，属单一的客体。

2. 犯罪客观方面表现不同。盗窃罪主要通过秘密窃取的方式获得受害人的财产，受害人往往处于被动状态；诈骗罪主要通过欺骗的方式让受害人自愿交付财产，受害人往往处于主动状态。即信用卡诈骗罪主要是通过“冒用他人信用卡”的情形让受害人自愿交付财产，受害人往往也处于主动状态。

另外，两罪在犯罪主体和犯罪主观方面的区别并无不同，在厘清上述两罪在犯罪客体与犯罪的客观方面区别后，本案对被告人张某按信用卡诈骗罪定罪处罚。理由如下：

1. 从法律及司法解释规定看，被告人张某的行为符合信用卡诈骗的情形。根据《最高人民法院、最高人民检察院关于办理妨害信用卡管理刑事案件具体应用法律若干问题的解释》第五条第二款“刑法第一百九十六条第一款第（三）项所称‘冒用他人信用卡’，包括以下情形：（一）拾得他人信用卡并使用的；（二）骗取他人信用卡并使用的；（三）窃取、收买、骗取或者以其他非法方式获取他人信用卡信息资料，并通过互联网、通讯终端等使用的；（四）其他冒用他人信用卡的情形”以及《刑法》第一百九十六条第三款“盗窃信用卡并使用的，依照本法第二百六十四条的规定定罪处罚”的规定，本案中，被告人张某利用其与被害人同住一屋的便利条件，获取被害人的身份信息和银行卡账户、密码后，利用被害人熟睡之机，偷拿被害人的手机，通过支付宝中的“马上消费”金融软件，透支被害人的信用卡，将提现的款项转至自己的银行卡账户，其行为属于《刑法》第一百九十六条第一款第三项规定的“冒用他人信用卡”情形，并不属于《刑法》第一百九十六条第三款规定“盗窃信用卡并使用的，依照本法第二百六十四条的规定定罪处罚”情形，故被告人张某的行为符合信用卡诈骗的犯罪情形。

2. 从犯罪的客观方面看，被告人张某的行为符合信用卡诈骗罪的犯罪构成特征。区别诈骗罪和盗窃罪最关键的是要厘清行为人取得财产到底是其窃取的，还是所有人或持有人“自愿”处分。本案中，被告人张某冒用被害人的身份信息，通过支付宝将被害人信用卡中的金额转走，主要原因是被告人张某的欺骗行为造成银行或其他支付机构错误地认为是被害人的支取行为，张某取得被害人的存款并不是通过窃取银行或支付机构以及被害人的方式获取的，银行或支付机构以及被害人并不是被动状态，而银行或支付机构自愿将被害人的银行存款正常转走或支取，是银行或其他支付机构自愿的支取行为。因此，张某的行为符合信用卡诈骗罪的犯罪特征，不符合盗窃罪的犯罪构成特征。

3. 从犯罪客体看，张某的行为侵害了国家金融制度中的信用卡管理制度。张某冒用被害人的身份信息，通过支付宝支付的方式将被害人的存款转走的，同时，使银行向本无权支配使用该银行卡账户下钱款的被告人错误地进行支付，侵害了信用卡的正常结算管理制度以及国家正常的金融管理秩序。此外，张某的行为也侵犯了被害人的财产权，属于侵犯复杂客体。盗窃罪侵犯的客体仅仅是公民的财产权，属侵犯单一客体。故张某的行为不应当构成盗窃罪而应当构成信用卡诈骗罪。

综上，张某的行为符合信用卡诈骗罪的犯罪构成特征，应当以信用卡诈骗罪定罪处罚。

（一审法院独任审判员　唐丽珺
编写人　北京市平谷区人民法院　郑淑君　唐丽珺
责任编辑　周维明
审稿人　李玉萍）

原载《人民法院案例选》2018 年第 6 辑（总第 124 辑）

100. 陈柏、陈巍等信用卡诈骗案
——以虚假的身份证明骗领信用卡的认定

【关键词】

信用卡诈骗　虚假的身份证明　恶意透支　冒用他人信用卡

【裁判要旨】

1. 如果申领人提供的身份证明文件是真实的，只是在自己的财产证明、工资收入等方面进行夸大，向发卡行提供不实信息以获取较高的信用卡授信额度，不属于使用虚假的身份证明骗领信用卡。

2. 对于实际用卡人的恶意透支行为，实际持卡人构成使用信用卡恶意透支型信用卡诈骗罪的正犯，卡的实际使用人构成恶意透支型信用卡诈骗罪的共犯和冒用他人信用卡类型的信用卡诈骗罪的正犯的想象竞合。

3. 以非法占有为目的是骗取贷款罪和信用卡诈骗罪的主要区别。

【相关法条】

《中华人民共和国刑法》

第一百九十六条　有下列情形之一，进行信用卡诈骗活动，数额较大的，处五年以下有期徒刑或者拘役，并处二万元以上二十万元以下罚金；数额巨大或者有其他严重情节的，处五年以上十年以下有期徒刑，并处五万元以上五十万元以下罚金；数额特别巨大或者有其他特别严重情节的，处十年以上有期徒刑或者无期徒刑，并处五万元以上五十万元以下罚金或者没收财产：

（一）使用伪造的信用卡，或者使用以虚假的身份证明骗领的信用卡的；

（二）使用作废的信用卡的；

（三）冒用他人信用卡的；

（四）恶意透支的。

前款所称恶意透支，是指持卡人以非法占有为目的，超过规定限额或者规定期限透支，并且经发卡银行催收后仍不归还的行为。

盗窃信用卡并使用的，依照本法第二百六十四条的规定定罪处罚。

【案件索引】

一审：吉林省四平市铁东区人民法院（2017）吉0303刑初42号（2017年6月15

日）

二审：吉林省四平市中级人民法院（2017）吉03刑终239号（2017年10月19日）

【基本案情】

法院经审理查明：被告人陈柏伙同陈巍于2014年3月使用假的单位证明文件，以被告人陈巍的名义在四平市工商银行办理牡丹信用卡，卡号为622233004602××××，在银行作分期付款后，透支人民币18万元在四平市润德汽车销售有限公司购买一台价值人民币25.98万元的本田CRV越野车。他们将该车提出后以人民币18万元价格卖给朱亮。其中10万元交给四平市润德汽车销售有限公司，6万元人民币被被告人陈柏用于还欠款。发卡行已收还款1万元，尚欠本金17万元。发卡行工作人员多次以电话和上门催收方式向被告人陈柏、陈巍催收，其均未归还透支款项。

被告人陈柏伙同陈浩于2014年3月使用假的单位证明文件，以被告人陈浩的名义在四平市工商银行办理牡丹信用卡，卡号为622233004602××××。在银行作分期付款后，透支人民币11.9万元在四平市英驰汽车销售服务有限公司购买一台价值人民币17.08万元的华泰E70轿车。他们将该车提出以后以人民币5万元价格卖给王贺。发卡行已收还款6675元，尚欠本金112325元。发卡行工作人员多次以电话和上门催收方式向被告人陈柏、陈浩催收，其均未归还透支款项。

被告人陈柏伙同郭天放于2014年3月使用假的单位证明文件，以被告人郭天放的名义在四平市工商银行办理牡丹信用卡，卡号为622233004602××××。在银行办理分期付款后，透支人民币11.9万元在四平市英驰汽车销售服务有限公司购买一台价值人民币17.08万元的华泰E70轿车。他们将该车提出以后以人民币3.7万元价格卖给李志。发卡行已收还款33325元，尚欠本金85675元。发卡行多次以电话和上门催收方式向被告人郭天放催收，被告人陈柏、郭天放均未归还透支款。

【裁判结果】

吉林省四平市铁东区人民法院于2017年6月15日作出（2017）吉0303刑初42号刑事判决：一、被告人陈柏犯信用卡诈骗罪，判处有期徒刑八年，并处罚金人民币40万元；二、被告人陈巍犯信用卡诈骗罪，判处有期徒刑三年，并处罚金人民币18万元；三、被告人陈浩犯信用卡诈骗罪，判处有期徒刑二年六个月，并处罚金人民币12万元；四、被告人郭天放犯信用卡诈骗罪，判处有期徒刑二年六个月，并处罚金人民币12万元；五、责令被告人陈柏与被告人陈巍向中国工商银行股份有限公司四平信用卡部退赔人民币17万元；责令被告人陈柏与被告人陈浩向中国工商银行股份有限公司四平信用卡部退赔人民币112325元；责令被告人陈柏与被告人郭天放向中国工商银行股份有限公司四平信用卡部退赔人民币85675元。

宣判后，被告人提出上诉。

吉林省四平市中级人民法院于2017年10月19日作出（2017）吉03刑终239号刑事判决：一、撤销四平市铁东区人民法院（2017）吉0303刑初42号刑事判决。二、上诉人陈柏犯信用卡诈骗罪，判处有期徒刑六年，并处罚金人民币25万元。三、上诉人陈巍犯信用卡诈骗罪，判处有期徒刑二年，缓刑三年，并处罚金人民币5万元。四、上诉人陈浩犯信用卡诈骗罪，判处有期徒刑二年零三个月，并处罚金人民币5万元。五、上诉人郭天放犯信用卡诈骗罪，判处有期徒刑二年零三个月，并处罚金人民币5万元。六、责令上诉人陈柏与上诉人陈浩向中国工商银行股份有限公司四平信用卡部退赔人民币112325元；责令上诉人陈柏与上诉人郭天放向中国工商银行股份有限公司四平信用卡部退赔人民币85675元。

【裁判理由】

法院生效判决认为：关于虚假的收入证明是否是虚假的身份证明，对四被告人行为如何评价的问题。《刑法修正案（五）》将使用虚假的身份证明骗领信用卡的行为规定为犯罪，主要是考虑到行为人如果以真实身份申领信用卡，刷卡消费后只是财力不足以还款，大多属于民事范畴，可通过民事途径解决。但如果以虚假身份证明申领信用卡，行为人在申领信用卡时就没有打算归还用卡后所欠银行透支款项的企图已十分明显。换句话讲，申领人从申领卡时就为利用信用卡诈骗活动埋下了伏笔。从银行骗领信用卡后大肆透支取现或者疯狂刷卡消费，甚至授信额度用完，一旦被识破，即逃之夭夭。银行凭持卡人虚假身份证明、住址等资料根本无法找到持卡人，也无法挽回损失。如果申领人提供的身份证明文件是真实的，只是在自己的财产证明、工资收入等方面进行夸大，向发卡行提供不实信息，以获取较高的信用卡授信额度，不属于使用虚假的身份证明骗领信用卡。但陈巍、陈浩、郭天放作为持卡人，违反《信用卡业务管理办法的规定》，将信用卡出借给他人使用，在得知他人有恶意透支行为后，虽然有催促他人还款的行为，但在催促未果的情况下并未到公安机关报案，也未对涉案的信用卡进行挂失，未防止损失扩大。从客观上讲陈巍、陈浩、郭天放为他人的恶意透支提供了条件，并放任他人透支行为，主观上有帮助他人实施信用卡诈骗的故意与非法占有目的，应构成透支型信用卡诈骗的正犯。陈柏与三人共谋以非法占有为目的超过规定期限透支，并且经发卡银行以两种不同方式催收后仍不归还，故亦构成使用信用卡进行恶意透支类型的信用卡诈骗罪的共犯。同时陈柏使用他人的信用卡透支，侵害了发卡行的利益，破坏了金融秩序，亦构成冒用型信用卡诈骗罪的正犯，应按照想象竞合处理。

关于陈柏的辩护人提出的四人是构成骗取贷款罪还是信用卡诈骗罪的问题。法院认为，信用卡诈骗罪，是指以非法占有为目的，违反信用卡管理法规，利用信用卡进行诈骗的行为；而骗取贷款罪是指以欺骗手段骗取银行或者其他金融机构贷款的行为，二罪的区别系是否以非法占有为目的，本案四人系利用信用卡进行恶意透支，后低价转移透支钱款购买的车辆，并隐匿财产，逃避还款，应认定为以非法占有为目的。陈柏提出透支钱款被苏畅占有，其本人并未占有，因此不应认定为以非法占有为目的。法院认为因非法占有为目的不仅包括为本人占有，亦包括为他人占有，故陈柏等四人是否占有诈骗钱款不影响非法占有目的的认定，四人应构成信用卡诈骗罪。

关于陈柏提出的苏畅与左宏亮系本案的组织者和具体实施者，陈柏本人没有占有贷款，其不是具体欺骗行为的实施者，应从轻处罚的问题。经查，苏畅与左宏亮因涉嫌本案共同犯罪即信用卡诈骗罪，正被公安机关立案受理。从本案现有证据看，陈柏是信用卡诈骗具体实行行为的实行者，系实行犯、主犯，至于苏畅与左宏亮是否系陈柏信用卡诈骗的教唆犯或者共谋正犯，是否与陈柏构成共同犯罪，并不影响对陈柏的定罪，亦不影响陈柏的主犯地位，但综观全案证据，苏畅作为公司以前的法人，在陈柏欠其债务的情况下，却将公司无偿交与陈柏经营，苏畅涉嫌和陈柏共谋进行信用卡诈骗，并涉嫌非法占有诈骗款项，本案现有证据表明，陈柏系相对作用较轻的主犯，原审法院对其按作用相对较重的主犯量刑，属量刑过重，应予纠正。

对于陈巍的量刑问题，鉴于陈巍具有立功情节，犯罪情节较轻，认罪、悔罪意识明确，主动上缴罚金，且没有再犯罪的危险，同时结合本案的具体情况对其可判处缓刑。

同样，对于陈浩和郭天放的量刑因一审适用法律不当，二审应当给予相应调整。

【案例注解】

本案是持卡人为实际用卡人创造条件，并放任实际用卡人恶意透支的案件。在办卡时持卡人使用了虚假的收入证明，真实的身份证明。为了有效处罚信用卡犯罪中的这类不法行为，防止形成处罚漏洞，并且做到罚当其罪，避免产生法律适用体系和逻辑上的矛盾。结合本案具体分析，希望通过分析对以虚假的身份骗领信用卡如何认定，冒用他人信用卡进行信用卡诈骗的“冒用”是否受持卡人意志的限制，恶意透支型信用卡诈骗如何认定“恶意”起到一定的参考作用。

一、使用真实的身份证件和虚假的收入证明骗领信用卡是否属于《刑法》第一百九十六条第一款第一项使用虚假的身份证明骗领信用卡的问题

一审法院审理时认为：使用真实的身份证件和虚假的收入证明应认定为使用虚假的身份证明骗领信用卡。二审法院认为，一审法院的观点存在缺陷，一方面，虽然申领信用卡需要收入证明，也需要身份证明，显然收入证明和身份证明是并列、并存关系，而不是包含关系。而收入证明中必然载明所在单位，但这并不意味着收入证明也体现了身份，代表了身份证明，将收入证明解释为身份证明实际上是类推解释。而我国《刑法》是禁止类推定罪的。另一方面，如果把虚假的收入证明直接认定为虚假的身份证明，那么使用真实的身份证明和虚假的收入证明办理信用卡的，就直接成立了《刑法》第一百九十六条第一款第一项规定的犯罪。这样认定明显不当，虚假的收入证明并不能直接证明行为人主观上从一开始就具有逃避偿还债务的目的，也不能直接证明行为人申领信用卡时缺乏相应的资产，进而无法认定行为人具有非法占有的目的。

本案中，陈巍、陈浩、郭天放使用真实的身份证明和虚假的收入证明骗领信用卡，该收入证明中虽然包括所在单位，但并不能代表身份证明，故陈巍、陈浩、郭天放三人的行为不属于以虚假的身份证件骗领信用卡，如果涉及其他犯罪应该另行评价。

对于身份证明真实但收入证明等其他材料不实的信用卡持有人，无法依据《刑法》第一百九十六条第一款前三项的规定进行定罪。但若该卡持有人存在恶意透支的情况，则可依据《刑法》第一百九十六条第一款第四项之规定认定成立恶意透支型信用卡诈骗。

二、无身份的人能否成为身份犯的共犯，即实际用卡人陈柏能否成为恶意透支型信用卡诈骗罪的共犯问题

根据《刑法》第一百九十六条第二款规定，所谓恶意透支，是指信用卡的持卡人以非法占有为目的，超过规定限额或者规定期限透支并且经发卡银行催收后仍不归还的行为。从该条规定可以看出恶意透支持卡人是特殊身份，即恶意透支型信用卡诈骗罪系身份犯。

本案中，持卡人陈巍、陈浩、郭天放显然系该条规定的身份犯，对于无身份人即卡的实际使用人陈柏能否成为透支型信用卡诈骗的共犯的问题值得探讨。在我国《刑法》中，身份关系比较复杂。在某些情况下，可能出现具有不同身份的人共同犯罪的情形。在这种具有不同身份的人共同犯罪的情况下，如何对不同身份的人定罪呢？关于这个问题，2000 年6 月30 日《最高人民法院关于审理贪污、职务侵占案件如何认定共同犯罪几个问题的解释》第一条作出了规定："行为人与国家工作人员勾结，利用国家工作人员的职务便利，共同侵吞、窃取、骗取或者以其他手段非法占有公共财物的，以贪污罪共犯论处。"这条规定就为身份犯的共犯认定提供了实践中的法律依据。同样，本案中，使用信用卡恶意透支型信用卡诈骗犯罪中卡的实际使用人（无身份人）也可以理解为持卡人（身份犯）的共犯。即陈柏作为卡的实际使用人与持卡人陈巍、陈浩、郭天放构成透支型信用卡诈骗罪的共犯。

三、关于恶意透支型诈骗罪的"恶意"，即非法占有目的的认定问题

《刑法》第一百九十六条第二款规定，前款所称恶意透支，是指持卡人以非法占有为目的，超过规定限额或者规定期限透支，并且经发卡银行催收后仍不归还的行为。诈骗罪的以非法占有为目的是构成要件要素，信用卡诈骗罪系特殊类型的诈骗罪，当然也要求有非法占有目的，如果在透支时没有非法占有目的，只是由于投资资金周转不开或者因投资亏损等客观原因导致资金无法归还就不宜认定为以非法占有为目的。2009 年《最高人民法院、最高人民检察院关于办理妨害信用卡管理刑事案件具体应用法律若干问题的解释》中对以非法占有为目的作了详细规定。具体实践中应结合行为人的行为状况具体分析。比如事前明知没有还款能力大量透支，事中透支后肆意挥霍透支资金，透支后逃匿、改变联系方式，逃避银行催收，使用透支的资金进行违法犯罪活动等。

具体到本案，被告人低价转卖用透支钱款购置的车辆，转移财产，并经发卡行催收后超过法定期限逃避还款，应当认定为具有非法占有目的。而非法占有目的不仅包括为本人占有，亦包括为他人占有，故持卡人在为卡的实际使用人透支创造条件，并放任其透支的情况下亦认定为具有非法占有的目的并无不妥。

四、冒用他人信用卡类型的信用卡诈骗罪中的冒用是否以违背持卡人意志使用卡为前提

笔者认为，征得持卡人本人同意仅仅是获得了信用卡的使用权，在卡的实际使用人并未透支的情况下应不构成任何犯罪。在实际用卡人与持卡人均不归还的情况下，被害人不是持卡人，而应是银行。信用卡诈骗罪放在《刑法》第三章第五节金融诈骗罪中，立法者将其置于此，意在保护社会主义的金融秩序，而不是保护他人财产所有权，即使持卡人被欺骗，但银行没被欺骗，是不构成冒用型信用卡诈骗罪的，所以冒用他人信用卡并不一定以违背持卡人意志使用卡为前提。

本案中，即使陈巍、陈浩、郭天放三人同意陈柏恶意透支，该同意也是无效的。相对于发卡银行而言，陈柏的行为仍然属于冒用他人信用卡。所以对陈柏的行为适用《刑法》第一百九十六条第一款第三项关于冒用他人信用卡的规定与透支型信用卡诈骗的共犯想象竞合处理才能做到罪刑相适应。

（一审法院合议庭成员　翟淑荣　宋　煜　张伟杰
二审法院合议庭成员　张雨桐　董　莉　钱红英
编写人　吉林省四平市中级人民法院　钱红英
责任编辑　周维明
审稿人　李玉萍）

原载《人民法院案例选》2018 年第 10 辑（总第 128 辑）

101. 卫鹏飞信用卡诈骗案

——利用第三方支付平台获取关联银行卡内钱款行为的认定

【关键词】

刑事　信用卡诈骗罪　盗窃罪　第三方支付

【裁判要旨】

行为人通过第三方支付平台直接窃取绑定的信用卡内钱款，未非法获取被害人的信用卡信息资料，不存在使用被害人的信用卡信息资料的行为，构成盗窃罪，而非信用卡诈骗罪。

【相关法条】

《中华人民共和国刑法》

第一百九十六条　有下列情形之一，进行信用卡诈骗活动，数额较大的，处五年以下有期徒刑或者拘役，并处二万元以上二十万元以下罚金；数额巨大或者有其他严重情节的，处五年以上十年以下有期徒刑，并处五万元以上五十万元以下罚金；数额特别巨大或者有其他特别严重情节的，处十年以上有期徒刑或者无期徒刑，并处五万元以上五十万元以下罚金或者没收财产：

（一）使用伪造的信用卡，或者使用以虚假的身份证明骗领的信用卡的；

（二）使用作废的信用卡的；

（三）冒用他人信用卡的；

（四）恶意透支的。

前款所称恶意透支，是指持卡人以非法占有为目的，超过规定限额或者规定期限透支，并且经发卡银行催收后仍不归还的行为。

盗窃信用卡并使用的，依照本法第二百六十四条的规定定罪处罚。

第二百六十四条　盗窃公私财物，数额较大的，或者多次盗窃、入户盗窃、携带凶器盗窃、扒窃的，处三年以下有期徒刑、拘役或者管制，并处或者单处罚金；数额巨大或者有其他严重情节的，处三年以上十年以下有期徒刑，并处罚金；数额特别巨大或者有其他特别严重情节的，处十年以上有期徒刑或者无期徒刑，并处罚金或者没收财产。

《最高人民法院、最高人民检察院关于办理妨害信用卡管理刑事案件具体应用法律若干问题的解释》

第五条　使用伪造的信用卡、以虚假的身份证明骗领的信用卡、作废的信用卡或者冒用他人信用卡，进行信用卡诈骗活动，数额在五千元以上不满五万元的，应当认定为刑法第一百九十六条规定的“数额较大”；数额在五万元以上不满五十万元的，应当认定为刑法第一百九十六条规定的“数额巨大”；数额在五十万元以上的，应当认定为刑法第一百九十六条规定的“数额特别巨大”。

刑法第一百九十六条第一款第三项所称“冒用他人信用卡”，包括以下情形：

（一）拾得他人信用卡并使用的；

（二）骗取他人信用卡并使用的；

（三）窃取、收买、骗取或者以其他非法方式获取他人信用卡信息资料，并通过互联网、通讯终端等使用的；

（四）其他冒用他人信用卡的情形。

【案件索引】

一审：上海市奉贤区人民法院（2018）沪 0120 刑初 880 号（2018 年 8 月 23 日）

二审：上海市第一中级人民法院（2018）沪 01 刑终 1750 号（2018 年 11 月 19 日）

【基本案情】

上海市奉贤区人民检察院指控：被告人卫鹏飞犯信用卡诈骗罪。

被告人卫鹏飞对公诉机关指控的事实和罪名均没有异议。

法院经审理查明：2017 年 3 月至 2018 年 5 月期间，被告人卫鹏飞在被害人孙某某不知情的情况下，猜配密码后使用孙某某绑定 QQ 上的建设银行信用卡，通过 QQ 钱包、深圳财付通支付的方式多次进行手机充值、网上购物等日常消费，合计金额人民币（以下币种相同）7700 余元。

【裁判结果】

上海市奉贤区人民法院于 2018 年 8 月 23 日作出（2018）沪 0120 刑初 880 号刑事判决：认定被告人卫鹏飞违反国家金融法规，以非法占有为目的，冒用他人信用卡进行诈骗活动，诈骗数额较大，其行为构成信用卡诈骗罪，判处有期徒刑八个月，并处罚金 2 万元；责令被告人卫鹏飞退赔被害人孙某某经济损失 7700 元。

宣判后，被告人卫鹏飞不服，提出上诉。上海市第一中级人民法院于 2018 年 11 月 19 日作出（2018）沪 01 刑终 1750 号刑事判决：一、撤销上海市奉贤区人民法院（2018）沪 0120 刑初 880 号刑事判决；二、上诉人卫鹏飞犯盗窃罪，判处有期徒刑八个月，并处罚金 3000 元。

【裁判理由】

法院生效裁判认为：认定上诉人卫鹏飞的行为构成盗窃罪还是信用卡诈骗罪，应从行为人采取的主要手段和有无妨害信用卡管理秩序等关键点予以区分。盗窃罪通常采取秘密方法窃取财物，信用卡诈骗罪则是通过冒用他人信用卡等方式实施信用卡诈骗活动。盗窃罪侵害的法益系被害人的财产权利，信用卡诈骗罪侵害的主要法益系信用卡管理秩序，次要法益才系被害人的财产权利。本案中，上诉人卫鹏飞猜配 QQ 钱包等第三方支付平台的支付密码后，并未通过窃取等非法方式获取被害人的信用卡卡号、密码等信息资料，与信用卡诈骗罪中获取他人信用卡信息资料并使用有本质区别。卫鹏飞只实施了猜配 QQ 钱包密码并输入这一行为，难以看出该行为对信用卡管理秩序的破坏。卫鹏飞以非法占有为目的，通过猜配 QQ 钱包等第三方支付平台的支付密码后，秘密窃取被害人孙某某绑定于该第三方支付平台的信用卡内的钱款，其行为构成盗窃罪，故依法对原判定性予以纠正，维持原判有期徒刑八个月的量刑。

【案例注解】

随着互联网金融的迅捷发展，人们的支付方式出现多样化，以支付宝、微信钱包、QQ 钱包等为代表的新型支付方式下的侵财犯罪层出不穷。在司法实践中，对此类犯罪的定性存在较大争议，主要涉及盗窃罪、诈骗罪、信用卡诈骗罪三个罪名。利用第三方支付平台侵占他人财产的行为模式一般有两种：一是直接窃取第三方支付平台账户内的钱款，例如支付宝内存有的余额和微信钱包内的零钱等；二是窃取与第三方支付平台绑定的信用卡内的钱款。

对上述行为的定性，司法实践中有不同的观点：第一种意见认为，上述两种行为均构成诈骗罪。行为人未经允许冒充第三方支付平台账户的所有人，使用用户名和密码的行为属于虚构事实，隐瞒真相，第三方支付公司代行为人支付款项或者转账，系基于错误认识处分财产，因此这类行为均构成诈骗罪。第二种意见认为，对窃取第三方支付平台账户余额内钱款的行为，应认定为盗窃罪；对窃取第三方支付平台账户绑定的信用卡内钱款的行为，应认定为信用卡诈骗罪。《最高人民法院、最高人民检察院关于办理妨害信用卡管理刑事案件具体应用法律若干问题的解释》（以下简称《办理妨害信用卡案件司法解释》）第五条第二款第三项规定，窃取、收买、骗取或者以其他非法方式获取他人信用卡信息资料，并通过互联网、通讯终端等使用的，属于冒用他人信用卡，构成信用卡诈骗罪。窃取第三方支付平台账户绑定信用卡内钱款的行为属于冒用他人信用卡、以无磁交易方式实施的诈骗行为，应以信用卡诈骗罪论处。第三种意见认为，上述两种行为均构成盗窃罪。第三方支付平台设置的系统针对客户的转账请求，只作形式审查，即判断提出请求者是否系该公司用户，不作进一步判断。行为人在登录他人账户时，他人并不知情，行为人的行为存在秘密性，属于以窃取方式获取他人信用卡信息并使用，与盗窃他人信用卡并使用的行为并无本质区别，故应以盗窃罪论处。第四种意见认为，上述两种行为属于想象竞合犯。行为人的行为不仅符合《办理妨害信用卡案件司法解释》第五条第二款第三项关于信用卡诈骗罪的规定，也符合《刑法》第一百九十六条第三款关于盗窃罪的规定，同时构成信用卡诈骗罪与盗窃罪两罪，应从一重处，即以盗窃罪定罪处罚。笔者倾向对上述两种行为均认定为盗窃罪，但意见并不相同。具体分述如下：

一、第三方支付平台的性质及法律关系

第三方支付平台，是指具备一定实力和信誉保障的独立机构，采用与各大银行签约行为的方式，提供与银行支付结算系统接口的交易支持平台的网络支付方式。[①] 2010 年 6

---

① 何俊：《论非法使用他人第三方网络支付账户行为之定性——以支付宝为例》，载《武汉交通职业学院学报》2017 年第 3 期。

月，中国人民银行出台的《非金融机构支付服务管理办法》将包括第三方支付在内的第三方支付平台定性为非金融机构，故非金融机构发行的第三方支付也就不能视为金融机构发行的信用卡的支付方式。但是有一种观点认为，不能偏执地纠结于第三方支付平台系非金融机构，而忽视第三方支付方式与信用卡支付方式之间千丝万缕的联系，尤其是功能与使用方式完全一致，应将第三方支付方式视为信用卡的一种新型支付方式。[①] 笔者认为用户在使用第三方支付平台时，通常会绑定信用卡进行消费、充值或者转账等。根据第三方支付平台与银行的协议，平台为商家和银行之间提供“类清算”业务。[②] 用户在完成绑定之后只要输入第三方支付平台的支付密码即可调配信用卡内的资金用以消费转账等。以支付宝为例，银行卡绑定在支付宝账户之后，支付宝用户在进行转账消费时，银行卡已不能体现出自身本质的特点，支付宝的支付转账功能特征表现得更为突出。故无论是从支付平台自己账户内转出钱款，还是从支付平台绑定的银行卡内转出钱款，并未改变整个交易流程，行为性质未发生根本性的变化。以资金来源不同分别定罪会导致同类行为的不同评价。行为人使用第三方支付平台侵占他人财产，并不会在意资金来源于第三方支付平台账户内还是绑定的信用卡内。

二、第三方支付平台没有处分财产的权限

持诈骗罪观点的人认为行为人欺骗了第三方支付平台，而受到财产损失的是用户，这涉及三角诈骗之情形。笔者认为，在三角诈骗的场合作出处分财产行为的是受骗人，其之所以能够处分财产，是因为受骗人具有处分财产的权限或者处于可以处分财产的地位。以支付宝为例，根据《支付宝服务协议》的规定，支付宝账户所记录的资金余额不同于银行存款，不受《存款保险条例》的保护，其实质为委托支付宝保管的、所有权归属于用户的预付价值。该预付价值对应的货币资金虽然属于用户，但不以用户名义存放在银行，而是以支付宝名义存放在银行，并且由支付宝向银行发起资金调拨指令。由此可知，支付宝账户内的钱款和存款人直接储存在银行账户的钱款是不一样的。支付宝用户在注册了一个支付宝账户并且将自己的钱款存入其中时，支付宝用户和支付宝平台形成的是委托保管关系，账户内的钱款由支付宝公司代为保管，其所有权仍然归属用户自己。从法律层面而言，支付宝没有任何处分用户账户内钱款的权限或者地位。按照一般的社会观念，第三方支付平台账户内的钱款显然属于用户所有，只有用户才能够处分该钱款，没有用户会认为只要将钱款打入第三方支付平台账户内，该笔钱款就由第三方支付平台来处分。用户对于账户内钱款有绝对的管理和控制能力，只要根据用户名和登录密码，输入支付密码，第三方支付平台接到指令后就必须毫无迟延地履行转账付款的义务。故第三方支付平台实际上并不享有对用户钱款的处分权，既然不享有处分钱款的权利，也就不存在第三方支付平台处分被害人财产的行为，不符合三角诈骗的构成要件。

三、利用第三方支付平台侵占他人财产行为的定性分析

对于上述第一类行为模式，因为钱款不是来源于信用卡内，行为人的行为与信用卡没有关联性，故定性为盗窃罪并无太大争议。争议主要在于第二种行为模式，即是否可以认定行为人窃取了信用卡信息资料并使用，或者是否可以认定为行为人盗窃信用卡并

---

① 参见刘宪权：《论新型支付方式下网络侵财犯罪的定性》，载《法学评论（双月刊）》2017 年第 5 期。

② 参见李真：《互联网金融体系：本质、风险与法律监督路径》，载《经济与管理》2014 年第 5 期。

使用。对此类行为的定性，我们应当从行为人采取的主要手段和有无妨害信用卡管理秩序等方面予以考量。盗窃罪通常采取秘密方法窃取财物，盗窃信用卡并使用的也通常表现为窃取了信用卡磁卡并到柜台使用，因法律有明确规定，故以盗窃罪论处。只有窃取信用卡信息资料并通过互联网、通讯终端等使用的，因司法解释有明确规定才定性为信用卡诈骗罪。本案行为人无论是主观故意还是客观行为，均没有表现出窃取信用卡并使用的特征，是否可以认定行为人窃取了信用卡信息资料并通过互联网、通讯终端等使用呢？笔者认为，行为人利用第三方支付平台，将绑定的信用卡内的钱款转移或者消费，在此情形下由于被害人绑定信用卡时已通过输入信用卡卡号和密码完成授权，这时信用卡的特征已不再明显。行为人输入第三方支付平台的支付密码，就是给了支付平台一个支付指令，支付平台随即发送相应的指令给银行，银行根据指令作出支付动作，以此完成钱款的转移。由此可见，行为人自始至终并未使用绑定的信用卡的信息资料，故不符合《办理妨害信用卡案件司法解释》第五条第二款第三项有关冒用他人信用卡之情形。本案中，卫鹏飞猜配 QQ 钱包等第三方支付平台的支付密码后，并未通过窃取等非法方式获取被害人的信用卡卡号、密码等信息资料，与信用卡诈骗罪中获取他人信用卡信息资料并使用有本质区别，难以看出该行为对信用卡管理秩序的破坏。行为人转移第三方支付平台账户内的钱款与转移该平台绑定的信用卡内的钱款的行为方式没有区别，只是资金来源不同而已，都应当定盗窃罪。换言之，如果以钱款来源的不同对行为人分别定性，会导致同一行为定性不一。如果行为人通过第三方支付平台账户对他人信用卡重新绑定或者对已经绑定的信用卡作一些关键指令的修改，此时才体现出了对信用卡管理秩序的破坏，符合《办理妨害信用卡案件司法解释》第五条第二款第三项关于冒用信用卡的规定，应以信用卡诈骗罪认定。

综上所述，本案中，上诉人卫鹏飞以非法占有为目的，通过猜配 QQ 钱包等第三方支付平台的支付密码后，秘密窃取被害人孙某某绑定于该第三方支付平台的信用卡内的钱款，该行为构成盗窃罪。原判认定卫鹏飞的行为构成信用卡诈骗罪定性不当，二审法院对此予以纠正是适当的。

（一审法院独任审判员　余　红
二审法院合议庭成员　任素贤　于书生　秦现锋
编写人　上海市第一中级人民法院　黄　琦
责任编辑　包献荣
审稿人　李玉萍）

原载《人民法院案例选》2020 年第 6 辑（总第 148 辑）

三、保险诈骗罪

102. 马善春保险诈骗、购买伪造的增值税专用发票案

——保险诈骗罪中保险利益的认定

【关键词】

虚构保险标的　保险利益　保险诈骗　主观故意

【裁判要旨】

购买伪造的购车发票、行驶证、号牌等“合法手续”，套用在购买的来历不明而不能落户的“黑户车”上，向保险公司投保，后因非人为原因所造成的保险事故向保险公司索赔的行为，不构成保险诈骗罪。

【相关法条】

《中华人民共和国刑法》

第一百九十八条　有下列情形之一，进行保险诈骗活动，数额较大的，处五年以下有期徒刑或者拘役，并处一万元以上十万元以下罚金；数额巨大或者有其他严重情节的，处五年以上十年以下有期徒刑，并处二万元以上二十万元以下罚金；数额特别巨大或者有其他特别严重情节的，处十年以上有期徒刑，并处二万元以上二十万元以下罚金或者没收财产：

（一）投保人故意虚构保险标的，骗取保险金的；

（二）投保人、被保险人或者受益人对发生的保险事故编造虚假的原因或者夸大损失的程度，骗取保险金的；

（三）投保人、被保险人或者受益人编造未曾发生的保险事故，骗取保险金的；

（四）投保人、被保险人故意造成财产损失的保险事故，骗取保险金的；

（五）投保人、受益人故意造成被保险人死亡、伤残或者疾病，骗取保险金的。

有前款第四项、第五项所列行为，同时构成其他犯罪的，依照数罪并罚的规定处罚。

单位犯第一款罪的，对单位判处罚金，并对其直接负责的主管人员和其他直接责任

人员，处五年以下有期徒刑或者拘役；数额巨大或者有其他严重情节的，处五年以上十年以下有期徒刑；数额特别巨大或者有其他特别严重情节的，处十年以上有期徒刑。

保险事故的鉴定人、证明人、财产评估人故意提供虚假的证明文件，为他人诈骗提供条件的，以保险诈骗的共犯论处。

第二百零八条　非法购买增值税专用发票或者购买伪造的增值税专用发票的，处五年以下有期徒刑或者拘役，并处或者单处二万元以上二十万元以下罚金。

非法购买增值税专用发票或者购买伪造的增值税专用发票又虚开或者出售的，分别依照本法第二百零五条、第二百零六条、第二百零七条的规定定罪处罚。

【案件索引】

一审：青海省西宁市城西区人民法院（2016）青0104刑初446号（2016年12月27日）

【基本案情】

青海省西宁市城西区人民检察院指控：2013年11月，被告人马善春经马杨介绍得知马同林（已被河北省石家庄市人民检察院起诉）能办理无车上牌手续后，便同马同林取得联系，后经二人商议，马善春将其个人身份信息提供给马同林，并支付报酬20万元后，在没有实际车辆的情况下，从马同林处购买了属马善春所有的冀A8××××的白色丰田兰德酷路泽车辆的上牌手续，包括机动车注册、转移、注销登记/转入申请表、机动车查验记录表、伪造的合格证明、伪造的机动车销售统一发票（票面金额为68万元）、完税证明以及行驶证。2014年5月4日，被告人马善春隐瞒真相，使用其购买的伪造的冀A8××××白色丰田兰德酷路泽车辆手续为其非法购买的与该手续同车型的车辆向中国人民财产保险股份有限公司西宁市城西支公司投保（保险费：27702.72元，保值：1073500元）。2015年2月4日被告人马善春以冀A8××××白色丰田兰德酷路泽车被盗为由，向中国人民财产保险股份有限公司西宁市城西支公司提出索赔申请，2015年8月21日中国人民财产保险股份有限公司西宁市城西支公司向其支付赔付金1005375.69元。

被告人马善春及其辩护人对起诉书指控其犯购买伪造的增值税专用发票罪的事实及罪名不持异议。但其辩护人提出在量刑时应考虑：（1）被告人马善春不知其购买的车辆手续系假手续，且其未见过假的购车发票；（2）被告人马善春的行为没有造成严重的社会危害后果，被告人马善春有自首情节，可对被告人马善春实施单处罚金的处罚的辩解意见。

被告人马善春的辩护人对起诉书指控其犯保险诈骗罪提出被告人马善春主观上没有通过保险合同诈骗的犯意，同时也不具备犯罪的客观要件，其与保险公司间属民事法律关系，公诉机关定性错误的辩护意见。

法院经审理查明：（1）2013年11月，被告人马善春从马杨处得知马同林（另案）能办理无车上牌手续，便同马同林取得联系，后经二人商议，马善春将其个人身份证复印件、照片提供给马同林。在没有购置车辆的情况下，马同林从他人处购买票面金额为68万元的伪造的机动车销售统一发票（发票中购货人为马善春，车辆类型为轻型客车，厂牌型号为丰田牌 CA6521×××，产地为四川，发动机号为 H98×××，车辆识别代码/车架号为 LEMG2K747××××）、合格证（编号为 WDZ165E7H××××），马同林缴纳车辆购置税（纳税人名称为马善春，金额为 76200 元）后在石家庄市公安局交通管理局车辆管理所第一分所办理了所有人为马善春，号牌为冀 A8××××的白色丰田兰德酷路泽的机动车注册、转移、注销登记/转入申请表、机动车查验记录表以及行驶证、号牌交给被告人马善春，被告人马善春通过马杨共给付马同林酬金 20 万元。

（2）被告人马善春按照其购买的冀 A8××××白色丰田兰德酷路泽车辆相关手续对应的车型购置一辆汽车，套用其非法购买的车辆注册登记手续。2014 年 5 月 4 日，被告人马善春与中国人民财产保险股份有限公司西宁市城西支公司签订保险合同，向保险公司隐瞒车辆真相，为该车辆投保（保险费 27702.72 元，保值 1073500 元）。2014 年 8 月 18 日被告人马善春以冀 A8××××白色丰田兰德酷路泽车辆被盗为由向西宁市公安局刑事侦查支队及保险公司报案，2015 年 2 月 4 日被告人马善春向中国人民财产保险股份有限公司西宁市城西支公司提出索赔申请，2015 年 8 月 21 日中国人民财产保险股份有限公司西宁市城西支公司向其支付赔付金 1005375.69 元。

【裁判结果】

青海省西宁市城西区人民法院于 2016 年 12 月 26 日作出（2016）青 0104 刑初 446 号刑事判决：认定被告人马善春犯购买伪造的增值税专用发票罪，判处有期徒刑十个月，并处罚金 2 万元。宣判后，被告人马善春未提出上诉，公诉机关未抗诉，判决已发生法律效力。

【裁判理由】

法院生效裁判认为：保险诈骗罪，是指投保人、被投保人或者受益人违反保险法规定，用虚构事实或者隐瞒真相的方法，骗取保险金，数额较大的行为。[①]《保险法》第十二条规定：“投保人对保险标的应当具有保险利益。投保人对保险标的不具有保险利益的，保险合同无效。”对不具有保险利益的标的进行投保，会导致合同无效。保险标的来源不合法，可以认为是投保人在投保时虚构了保险利益，但该行为并不能给保险诈骗保险金创造决定性条件。被告人马善春和保险人双方合意签订保险合同，按约支付保费，这是一个正当的过程，非人为原因造成保险事故，但被告人马善春对该车的实际占有是不为法律所承认的，因此，被告人马善春对该车不具有保险法所指的保险利益，此保险合同属无效合同。被告人马善春将以伪造的购车发票办理的行驶证、号牌等“合法手续”套用在其购买的来历不明而不能落户的“黑户车”上，向保险公司投保，后因车辆失窃保险事故向保险公司索赔获取保险金的行为是否属于“虚构保险标的，骗取保险金”？刑法上的虚构保险标的仅指虚构不存在的保险标的，不应做扩大解释。保险标的来源的不合法并不对危险因素的增加有任何影响，也没有改变该保险标的出现保险事故的概率。[②] 被告人马善春以实际存在的财产投保，不能认定被告人马善春具有虚构保险标

① 参见张明楷：《刑法学》，法律出版社 2016 年版，第 808 页。

② 李扬：《虚构保险标的之责任形式》，载北京市石景山区人民法院网。

的，骗取保险金的主观故意。公诉机关对被告人马善春犯保险诈骗罪的指控事实不清，证据不足，不能认定。故被告人马善春及其辩护人对起诉书指控其犯保险诈骗罪提出的被告人马善春主观上没有通过保险合同诈骗的犯意，同时也不具备犯罪的客观要件，其与保险公司间属民事法律关系，公诉机关定性错误的辩护意见应予支持。

关于被告人马善春的辩护人提出的被告人马善春不知其购买的车辆手续系假手续，且其未见过假的购车发票，行为没有造成严重的社会危害后果的辩护意见。经查，被告人马善春明知在没有合法购置车辆的情形下，不能取得合法的车辆购置专用增值税发票，也不能取得合法的车辆注册登记手续，但其仍购买马同林使用伪造的车辆购置专用增值税发票非法取得的车辆注册登记手续，应当明知该手续系假手续，故该辩护意见不予采信。其辩护人提出的被告人马善春有自首情节，可对被告人马善春适用单处罚金的处罚的辩解意见。经查，被告人马善春主动到石家庄市公安局桥西分局苑东刑警中队投案，并如实供述自己的犯罪事实，属自首，辩护人关于被告人马善春自首的辩护意见应予采信。对其单处罚金的量刑建议，在量刑时综合评判。

被告人马善春的行为构成购买伪造的增值税专用发票罪，公诉机关指控被告人马善春犯购买伪造的增值税专用发票罪的罪名及事实成立。被告人马善春主动投案，如实供述自己的犯罪事实，是自首，依法可以从轻处罚。

【案例注解】

本案争议的焦点在于被告人马善春将以伪造的购车发票办理的行驶证、号牌等“合法手续”套用在其购买的来历不明而不能落户的“黑户车”上，向保险公司投保，后因车辆失窃保险事故向保险公司索赔获取保险金的行为是否属于“虚构保险标的，骗取保险金”保险标的来源的不合法并不对危险因素的增加有任何影响，也没有改变该保险标的出现保险事故的概率。保险标的的来源不合法，可以认为是投保人在投保时虚构了保险利益，但该行为并不能给保险诈骗保险金创造决定性条件。被告人马善春和保险人双方合意签订保险合同，按约支付保费，这是一个正当的过程，非人为原因造成保险事故，由于保险标的不合法，投保人或受益人根据保险法的有关保险利益的规定不能得到保险金，在这一过程中，不能认定投保人具有“虚构保险标的，骗取保险金”的非法占有的目的。

（一审法院合议庭成员　马志峰　穆志燕　沙成方
编写人　青海省西宁市城西区人民法院　穆志燕
责任编辑　周维明
审稿人　李玉萍）

原载《人民法院案例选》2018 年第 5 辑（总第 123 辑）

第六节　危害税收征管罪

一、骗取出口退税罪

103. 广州德览贸易有限公司、徐占伟骗取出口退税案

——在没有充分证据证实被告单位主观上明知挂靠人具有骗取出口退税故意的情况下应依法认定被告单位无罪

【关键词】

刑事　骗取出口退税　主观故意　刑事证明

【裁判要旨】

单位和个人主观上具有骗取出口退税的故意，才能认定构成骗取出口退税罪。单位作为进出口公司，在不见客户、不见货物、不见外商的情况下，允许挂靠人自带客户、自带货源、自行报关从事出口业务，并帮助挂靠人申请出口退税，虽然属于违法违规行为，但该行为本身不足以推断单位主观上具有骗取出口退税的故意。在没有其他证据证实单位主观上明知挂靠人具有骗取出口退税故意的情况下，应依法认定单位无罪。

【相关法条】

《中华人民共和国刑法》

第二百零四条　以假报出口或者其他欺骗手段，骗取国家出口退税款，数额较大的，处五年以下有期徒刑或者拘役，并处骗取税款一倍以上五倍以下罚金；数额巨大或者有其他严重情节的，处五年以上十年以下有期徒刑，并处骗取税款一倍以上五倍以下罚金；数额特别巨大或者有其他特别严重情节的，处十年以上有期徒刑或者无期徒刑，并处骗

取税款一倍以上五倍以下罚金或者没收财产。

纳税人缴纳税款后，采取前款规定的欺骗方法，骗取所缴纳的税款的，依照本法第二百零一条的规定定罪处罚；骗取税款超过所缴纳的税款部分，依照前款的规定处罚。

《中华人民共和国刑事诉讼法》

第一百九十五条第三项 在被告人最后陈述后，审判长宣布休庭，合议庭进行评议，根据已经查明的事实、证据和有关的法律规定，分别作出以下判决：

（三）证据不足，不能认定被告人有罪的，应当作出证据不足、指控的犯罪不能成立的无罪判决。

《最高人民法院关于审理骗取出口退税刑事案件具体应用法律若干问题的解释》

第六条 有进出口经营权的公司、企业，明知他人意欲骗取国家出口退税款，仍违反国家有关进出口经营的规定，允许他人自带客户、自带货源、自带汇票并自行报关，骗取国家出口退税款的，依照刑法第二百零四条第一款、第二百一十一条的规定定罪处罚。

【案件索引】

一审：广东省广州市中级人民法院（2016）粤01刑初472号（2017年10月27日）

二审：广东省高级人民法院（2017）粤刑终1795号（2018年5月9日）

【基本案情】

广东省广州市人民检察院指控：2010年10月至2014年11月间，被告单位广州德览贸易有限公司（以下简称德览公司）的法定代表人即被告人徐占伟为牟取非法利益，伙同他人在没有实际货物交易的情况下，虚构德览公司与内蒙古自治区赤峰市金金服装加工有限公司、内蒙古自治区赤峰市兴兴绒毛服装加工有限公司、山东省乳山市超越服装有限公司、河北省巨鹿县恒合绒毛制品厂存在贸易关系，并以采购合同、送货单、资金支付等资料进行假报出口。同时，被告人徐占伟操控德览公司接受上述四家公司或企业虚开的增值税发票共计930份，并提供虚假资料、持上述虚开的增值税专用发票中的900份向国家税务部门申报出口退税，被告单位德览公司、被告人徐占伟按照出口金额每美元收取人民币0.03元至0.05元的比例收取手续费。经核计，被告人徐占伟操控被告单位德览公司合计涉及骗取退税额人民币13982187.38元，其中已经退税人民币10256310.61元。广东省广州市人民检察院认为，被告单位德览公司、被告人徐占伟作为被告单位直接负责的主管人员，无视国家法律，以假报出口的手段，骗取国家出口退税款，数额特别巨大，根据《刑法》第二百零四条、第二百一十一条的规定，应当以骗取出口退税罪追究其刑事责任。

被告单位德览公司辩称：德览公司系被林某坤等人挂靠而参与出口退税，挂靠人隐瞒了假报出口的真相，德览公司按程序履行了审核业务，主观上不具有骗取出口退税的故意，不构成骗取出口退税罪。

被告人徐占伟及其辩护人辩称：（1）德览公司与林某坤等人系挂靠关系，林某坤在从事挂靠经营的过程中，隐瞒了虚假出口的真相，被告人无从得知林某坤等人在从事骗取出口退税业务；（2）德览公司履行了正常的审核义务，申请退税的发票均是真实发票，出口货物均通过海关网站核查，德览公司无从知晓出口业务的虚假性；（3）德览公司获取的收益仅为18万元的挂靠费，与出口退税所获非法所得相比，德览公司的收益与风险明显不成比例；（4）挂靠人林某坤等未到案，关键证据缺失。综上，现有证据不足以证实徐占伟主观上具有骗取出口退税的故意。

法院经审理查明：被告单位德览公司为外贸企业，具有进出口经营权和出口退税权，被告人徐占伟任该公司法定代表人，为该公司的实际负责人。2013年，经与林某坤、张某萌商议，被告人徐占伟同意林某坤、张某萌挂靠被告单位德览公司从事服装出口业务，由被告单位德览公司负责提供加盖公章的空白采购合同和报关单给林某坤、张某萌，由林某坤、张某萌自行负责组织货源和自行报关出口，被告单位德览公司在收到林某坤、张某萌提供的出口合同、报关单证及发票等资料后，再向国税部门申请退税，并按照出口金额每美元收取人民币0.03元至0.05元的比例收取手续费。2013年10月至2014年11月间，被告单位德览公司通过上述方式共接收林某坤、张某萌提供的由内蒙古自治区赤峰市金金服装加工有限公司（以下简称赤峰金金公司）、内蒙古自治区赤峰市兴兴绒毛服装加工有限公司（以下简称赤峰兴兴公司）、山东省乳山市超越服装有限公司（以下简称乳山超越公司）、河北省巨鹿县恒合绒毛制品厂（以下简称巨鹿县恒合厂）等四家公司开具的增值税专用发票930份，并持其中的900份发票向国家税务部门申报出口退税，共计申请退税款人民币13982187.38元，其中已经实际退税人民币10256301.61元，所申请的退税款扣除应收取的挂靠费后，余款均汇入林某坤指定的账户。

【裁判结果】

广州市中级人民法院于2017年10月27日作出（2016）粤01刑初472号刑事判决：一、被告单位广州德览贸易有限公司无罪。二、被告人徐占伟无罪。

宣判后，被告单位广州德览贸易有限公司、被告人徐占伟没有提出上诉，公诉机关广州市人民检察院提出抗诉。二审期间，广东省人民检察院认为抗诉不当，申请撤回抗诉。广东省高级人民法院于2018年5月9日作出（2017）粤刑终1795号刑事裁定：准许撤回抗诉。判决已发生法律效力。

【裁判理由】

法院生效裁判认为：被告单位德览公司以及作为被告单位直接负责的主管人员被告人徐占伟，利用德览公司作为进出口公司可以申请退税的资质，为他人提供挂靠服务，在不见客户、不见货物、不见外商的情况下，允许挂靠人自带客户、自带货源、自行报关从事出口业务，并持挂靠人提供的发票申请退税，显属违法违规行为。但本案并无证据证实被告单位德览公司主观上明知挂靠人具有骗取出口退税的故意，不能排除被告单位德览公司确系被挂靠人蒙蔽的合理怀疑。被告单位德览公司及其诉讼代表人、被告人徐占伟及其辩护人所提辩护意见合理，本院依法予以采纳。公诉机关指控被告单位德览公司、被告人徐占伟骗取出口退税的事实不清，证据不足，指控的罪名不能成立。

【案例注解】

本案涉及被告单位和被告人主观上是否具有骗取出口退税的故意，该问题是控辩双方争议的焦点，也决定着被告单位和被告人的罪与非罪。对此，形成两种意见：第一种意见认为，本案现有证据足以证实被告单位和被告人主观上具有骗取出口退税的故意，德览公司和徐占伟作为代理出口商，其应当认真审核货物交易的真实性，对货物出口的真实性承担责任，在明知其未实际代理出口的情况下，也未向四家供货商采购货物的情况下，仍然向他人提供加盖公章的空白合同和报关单，收到他人提供的伪造的虚假出口合同和报送单证、虚开的发票后，明知不符合事实，仍然向国税局申请退税，现有证据足以证实其主观上具有骗取出口退税的故意，应认定被告单位和被告人构成骗取出口退税罪。第二种意见认为，本案现有证据不足以证实被告单位和被告人主观上具有骗取出口退税的故意，德览公司作为一家专门的进出口公司，在不见客户、不见货物、不见外商的情况下，允许挂靠人自带客户、自带货源、自行报关从事出口业务，显属违法违规行为，依法应当接受处罚，但上述违法违规行为本身，不足以推断德览公司主观上明知他人有骗取出口退税的故意，应认定被告单位和被告人无罪。

笔者认同第二种意见。主要理由如下：

1. 被告单位利用自身资质，为林某坤提供了挂靠服务，主观上有过失，但不足以证实有共同骗取出口退税的故意。被告单位在本案中的作用主要是利用出口企业的资质为林某坤提供了挂靠服务，一是提供已加盖公司公章的空白合同和报关单，二是收到林某坤提供的报关单证和发票到税务局去申请退税，事后再将所退税款返还林某坤，并从中收取手续费。徐占伟归案后一直稳定供称，越秀区国税局的“赵局”（注：又称赵某清）介绍其女婿林某坤挂靠其公司从事外贸出口业务，因为赵局管辖其公司的税务工作，其相信“赵局”，故让林某坤挂靠了其公司开展出口业务，但林某坤以保护自己的上下游客户资源为由，并未告知德览公司出口业务的详情，而是由林某坤自己负责进出口业务，包括采购货源、组织出口等，德览公司只是配合提供服务以及申请退税等。通过第二次开庭补查，赵某清也证实林某坤确系其女婿，其本人也在越秀国税局工作。在没有反证的情况下，合议庭多数意见认为，徐占伟的供述是可信的。在此情况下，不足以认定德览公司主观上明知林某坤的出口业务为虚假出口业务。至于德览公司提供加盖公章的空白合同和报关单，并收取手续费的行为，虽然证明被告单位有失职行为，没有对出口行为严格审核把关，但不足以推断德览公司主观上具有骗取出口退税的故意。

2. 被告单位和被告人客观上无从知悉林某坤挂靠的业务是为了骗取出口退税。根据徐占伟的供述以及证人赵某东等人的证言，德览公司虽没有亲眼审核过出口货物的真实存在，但他们也没有怀疑过林某坤的出口有假。因为，在申请退税时需要履行几项审核工作：一是在国税局的系统审核发票的真假，只有在审核为真的情况下，才能打印申请退税材料，并向国税局申请退税材料；二是在海关的系统上审核报关单证上所反映的货物是否有出口，只有审核通过之后，才能进一步申报退税；三是国税局在收到申请退税资料之后，还需向首次出口的供货商或首次出口某类商品的供货商所在的国税局进行函调，调查供货商的真实性。只有经过上述几项审核后，才能成功申请退税。由于所提交的退税申请最终都能成功退税，所以他们从来就没有怀疑过出口业务的真实性，也一直保持与林某坤的合作。且徐占伟供称，之前越秀区国税局多次向供货商所在地的税务部门函调，最后都没有发现问题。合议庭多数意见认为，从期待可能性出发，如果连国家机关规定的诸多风险防范机制都无法发现林某坤出口业务的真假，不应期待作为普通的出口企业的德览公司可能会发现出口业务的真假。

3. 被告单位和被告人并不知悉德览公司被行政处罚的事项，印证了被告单位和被告人没有参与虚假出口业务。现有证据证实，德览公司曾于2013年12月间，因出口申报不实，被大鹏海关4次行政处罚。而根据《广州市国家税务局中区稽查局关于广州德览贸易有限公司涉嫌骗取出口退税案件的调查报告》所述，在送达行政处罚决定书的送达回证上，被送达人为广州德览贸易有限公司；被送达人意见：本公司知悉海关拟处罚内容，本公司无异议，放弃申辩和陈述的权利，愿意接受海关处罚。

而公诉机关后面补充调取的证据证实，代表德览公司前去接受行政处罚的人是刘伟廷，刘伟廷并非德览公司员工，刘伟廷提交的德览公司的材料都是虚假的，公章是假的，徐占伟和签名和身份证复印件都是假的。由此证实，刘伟廷是在徐占伟和德览公司不知情的情况下，前去办理了接受行政处罚事宜，也证实徐占伟对于其公司被行政处罚一事并不知情。其也是被林某坤等人蒙蔽了。

4. 本案缺乏几大关键环节的证据，不足以推断被告单位和被告人主观上明知他人有骗取出口退税的故意。

（1）林某坤未归案，未提供证言。林某坤是本案中最为关键的一个证人，如根据徐占伟的供述，本案的所有行为均由林某坤发起并实施，因此林某坤应是主犯。林某坤未归案，无法查清徐占伟是否与林某坤有过合意，也无法查清林某坤是否将骗取出口退税的意思告知徐占伟。

（2）张某萌提供了虚假证言，且未采取逮捕措施。根据徐占伟的供述以及德览公司的员工如赵某东等人的证言，张某萌与林某坤是合伙人，挂靠业务是跟张某萌、林某坤商谈的。但张某萌归案后，否认与林某坤合作，也否认与徐占伟合作，甚至否认认识德览公司除徐占伟之外的其他人员。张某萌的证言与其他证据之间明显不符，显然是撒谎。张某萌不肯提供证言，导致无法从张某萌处去查明徐占伟的主观故意。张某萌也未批准批捕。

（3）四家虚假供货商均无证人到案提供证言。根据公诉机关指控，赤峰金金公司、赤峰兴兴公司、乳山超越公司、巨鹿县恒合厂为四家虚假的供货商，并未提供出口货物，但实际是以出口货物的生产厂家的名义出现在报送单证之中，并且虚开了增值税发票，德览公司收到的外汇货款通过结汇后也是直接返回给了此四家公司。也就是说，此四家供货商在查明本案事实中具有极为重要的作用，此四家供货商就是虚开增值税发票的直接主体，查明该四家供货商的实际控制人，就可以查清是谁在组织出口业务，是谁在指使虚开增值税发票，徐占伟有没有与这四家公司联系过，徐占伟有没有指使四家公司虚开增值税发票等事实。但遗憾的是，侦查机关并未能向四家公司的经营者或负责人调查取证。综上，无法查实四家公司与徐占伟之间是否有意思联络，也无从得知徐占伟的主观故意。

（4）未向报关公司和海关人员调查取证。从已查实的7票货物出口退税情况看，该7票货物的出口均存在一个共同特征，即在报关时将他人出口的货物伪报成由涉案供货商生产、由德览公司代理出口的货物，即存在将货物张冠李戴的行为。谁能实施该行为？非代理报关公司或海关人员莫属。没有代理报关公司的参与，就不可能有货物的张冠李戴行为。但遗憾的是，本案中没有向任何代理报关公司或海关人员搜集证据。即使在已查实的7票虚假出口中，也仅向有关的真实货主和物流商、运输商搜集了证据，而没有向代理报关公司搜集证据。没有代理报关公司的证据，就无法认定谁在组织操纵将他人的货物进行张冠李戴，也就无法认定被告单位和被告人有无参与其中。

（5）没有向外汇提供商提取证据。收取外汇是完成出口业务的最后一环，也是申请退税的必要条件。德览公司作为所谓的出口商，收到外汇后，通过结汇，再转给四家供货商，从而完成一次资金循环。因此，查明外汇的来源，即所谓的境外的购货者，即可以查清楚谁在幕后指使调汇行为，也就可以查清楚德览公司主观上是否知悉出口业务的真实性。但本案中没有调取该方面的证据。相反，在现有证据情况下，从德览公司的角度看，收取外汇的行为并没有异常之处。

（6）没有能向刘伟廷调查取证。根据公诉机关后来补充调查的证据，代表德览公司前去接受行政处罚的是刘伟廷，刘伟廷提供的资料都是虚假资料，刘伟廷肯定知悉虚报出口的内幕，肯定知悉谁指使其前去办理处罚事宜。但遗憾的是，刘伟廷也未能联系到。

综上，以上种种关键环节的关键人物缺失，导致无法判断德览公司在本案中的参与度，其到底有没有与上述环节的相关人员有联系、有共谋。

5. 被告单位和被告人获取的收益与承担的风险明显不成比例，可以反证主观上不具有骗取出口退税的故意。

根据现有证据以及公诉机关指控的事实，德览公司按照出口金额每美元收取人民币0.03元至0.05元的比例收取手续费，这个费率约为4.5‰至7.645‰。按指控的出口数额和退税数额计算，德览公司应共获利约27万元至45.8万元左右。徐占伟一直辩称其共获利约十几万元。相较于申领的出口退税额1025万元而言，德览公司获取的收益仅占极小比例。德览公司如果主观上明知林某坤在骗取出口退税，在获取如此少利益的情况下，仍然愿意冒如此大的风险，也不符合正常人的思维逻辑。由此也印证了一点，德览公司收取挂靠费的可能性较大，与林某坤合谋骗取出口退税的可能性非常小。

6. 主观故意是认定骗取出口退税罪的必要条件。2002年颁布的《最高人民法院关于审理骗取出口退税刑事案件具体应用法律若干问题的解释》第六条虽然规定，有进出口经营权的公司、企业，明知他人意欲骗取国家出口退税款，仍违反国家有关进出口经营的规定，允许他人自带客户、自带货源、自带汇票并自行报关，骗取国家出口退税款的，可以认定为骗取出口退税罪。该规定强调两个条件，一是明知他人欲骗取出口退税，二是实施“四自三不见”行为。并没有说，所有“四自三不见”行为均可以认定为骗取出口退税罪。如果主观上不明知，即使实施了上述客观行为，也不能认定被告人构成骗取出口退税罪。

综上，本案现有证据证实，被告单位德览公司和被告人徐占伟与林某坤之间属于挂靠关系，虽然被告单位提供了盖有公章的空白合同和报关单，以及帮助林某坤申请退税，属于“四自三不见”行为，属于一般的违法违规行为，其承担的责任仅是行政责任。但其违法行为给林某坤等人实施骗税行为提供了可乘之机，对此只能证明其主观上有过失，不能证明其主观上是故意，因此，不应当承担刑事责任。

（一审法院合议庭成员　徐　兵　杨梅珍　庞美娟
二审法院合议庭成员　张　莉　王晓文　刘伟宏
编写人　广东省广州市中级人民法院　徐　兵
责任编辑　周维明
审稿人　李玉萍）

原载《人民法院案例选》2019 年第 11 辑（总第 141 辑）

二、虚开增值税专用发票、用于骗取出口退税、抵扣税款发票罪

104. 丁某某、段某某等虚开增值税专用发票案
——“代开型”虚开增值税专用发票行为的认定

【关键词】

刑事　虚开增值税专用发票罪　“代开型”虚开增值税专用发票行为　骗取税款目的　社会危害性

【裁判要旨】

“代开型”虚开增值税专用发票的认定，应当从虚开行为和骗取税款目的两个方面进行分析，从真实交易与开具发票行为之间的关联性出发，审查交易主体、交易内容、资金流向等，认定售货方（介绍方）、购货方（受票方）以及开票方是否实施虚开行为，并围绕三者是否抵扣税款、具有骗取税款目的的、行为的社会危害性，综合判断三方主体是否构成虚开增值税专用发票罪。

【相关法条】

《中华人民共和国刑法》

第二百零五条　虚开增值税专用发票或者虚开用于骗取出口退税、抵扣税款的其他发票的，处三年以下有期徒刑或者拘役，并处二万元以上二十万元以下罚金；虚开的税款数额较大或者有其他严重情节的，处三年以上十年以下有期徒刑，并处五万元以上五十万元以下罚金；虚开的税款数额巨大或者有其他特别严重情节的，处十年以上有期徒刑或者无期徒刑，并处五万元以上五十万元以下罚金或者没收财产。

单位犯本条规定之罪的，对单位判处罚金，并对其直接负责的主管人员和其他直接责任人员，处三年以下有期徒刑或者拘役；虚开的税款数额较大或者有其他严重情节的，处三年以上十年以下有期徒刑；虚开的税款数额巨大或者有其他特别严重情节的，处十年以上有期徒刑或者无期徒刑。

虚开增值税专用发票或者虚开用于骗取出口退税、抵扣税款的其他发票，是指有为

他人虚开、为自己虚开、让他人为自己虚开、介绍他人虚开行为之一的。

《中华人民共和国发票管理办法》

第二十四条 任何单位和个人应当按照发票管理规定使用发票，不得有下列行为：

（一）转借、转让、介绍他人转让发票、发票监制章和发票防伪专用品；

（二）知道或者应当知道是私自印制、伪造、变造、非法取得或者废止的发票而受让、开具、存放、携带、邮寄、运输；

（三）拆本使用发票；

（四）扩大发票使用范围；

（五）以其他凭证代替发票使用。

税务机关应当提供查询发票真伪的便捷渠道。

《国家税务总局关于纳税人对外开具增值税专用发票有关问题的公告》

纳税人通过虚增增值税进项税额偷逃税款，但对外开具增值税专用发票同时符合以下情形的，不属于对外虚开增值税专用发票：

一、纳税人向受票方纳税人销售了货物，或者提供了增值税应税劳务、应税服务；

二、纳税人向受票方纳税人收取了所销售货物、所提供应税劳务或者应税服务的款项，或者取得了索取销售款项的凭据；

三、纳税人按规定向受票方纳税人开具的增值税专用发票相关内容，与所销售货物、所提供应税劳务或者应税服务相符，且该增值税专用发票是纳税人合法取得、并以自己名义开具的。

受票方纳税人取得的符合上述情形的增值税专用发票，可以作为增值税扣税凭证抵扣进项税额。

【案件索引】

一审：北京市昌平区人民法院（2018）京 0114 刑初 342 号（2019 年 2 月 28 日）

二审：北京市第一中级人民法院（2019）京 01 刑终 275 号（2019 年 5 月 31 日）

【基本案情】

北京市昌平区人民检察院指控：

1. 2016 年 10 月至 12 月间，被告人丁某某在与被告人解某某所在的河北三伟纺织有限公司（以下简称三伟公司）没有真实货物交易的情况下，经被告人段某某等人介绍，以北京美虹卓盛纺织品有限公司（以下简称美虹公司）的名义为三伟公司虚开增值税专用发票 40 份，价税合计人民币（以下币种均为人民币）425 万元，税款 617521.4 元。后三伟公司将上述发票全部用于抵扣税款。2017 年 7 月 20 日，该公司补缴税款及滞纳金共计 680618.89 元。段某为高阳县富伟面纱经销部（以下简称富伟公司）的实际经营者。

2. 2016 年 6 月至 7 月间，被告人丁某某在与天津盛宇达地毯有限公司（以下简称盛宇达公司）没有真实货物交易的情况下，经他人介绍，以美虹公司的名义为盛宇达公司虚开增值税专用发票 10 张，价税合计 105 万元，税款共计 152564.1 元。后盛宇达公司将上述发票全部用于抵扣税款。

3. 2016 年 11 月至 12 月间，被告人丁某某在与天津市全利源地毯有限公司（以下简称全利源公司）没有真实货物交易的情况下，经他人介绍，以美虹公司的名义为全利源公司虚开增值税专用发票11张，价税合计121万元，税款共计175812.01元。后全利源公司将上述发票全部用于抵扣税款。

被告人（上诉人）丁某某及其辩护人辩称：三伟公司与富伟公司之间具有真实交易，其为三伟公司开具增值税专用发票存在交易基础。本案计算犯罪数额时需考虑农产品增值税进项税额核定扣除的政策，计算税额时应首先使用17%的销项税减去13%的进项税，故仅有差额的4%为虚开税额。

被告人（上诉人）段某某及其辩护人辩称：本案中三伟公司与富伟公司之间具有真实交易，美虹公司代开增值税数额未超出上述真实交易数额，且富伟公司向三伟公司所供货物源于美虹公司，这种代开行为不属于刑事犯罪。富伟公司并无开票资格，段某某请求美虹公司代开具增值税专用发票仅为了完成自身开票义务，属无奈之举。

法院经审理查明：

1.2016年10月至12月间，被告人丁某某在与被告人解某某所在的三伟公司没有真实货物交易的情况下，经被告人段某某等人介绍，以美虹公司的名义为三伟公司虚开增值税专用发票40份，价税合计425万元，税款617521.4元。后三伟公司将上述发票全部用于抵扣税款。2017年7月20日，该公司补缴税款及滞纳金共计人民币680618.89元。

2.2016年6月至7月间，被告人丁某某在与盛宇达公司没有真实货物交易的情况下，经他人介绍，以美虹公司的名义为盛宇达公司虚开增值税专用发票10张，价税合计105万元，税款共计152564.1元。后盛宇达公司将上述发票全部用于抵扣税款。

3.2016年11月至12月间，被告人丁某某在与全利源公司没有真实货物交易的情况下，经他人介绍，以美虹公司的名义为全利源公司虚开增值税专用发票11张，价税合计121万元，税款共计175812.01元。后全利源公司将上述发票全部用于抵扣税款。

【裁判结果】

北京市昌平区人民法院于2019年2月28日作出（2018）京0114刑初342号刑事判决：一、被告人丁某某犯虚开增值税专用发票罪，判处有期徒刑五年，罚金人民币20万元；二、被告人解某某犯虚开增值税专用发票罪，判处有期徒刑二年，罚金人民币5万元；三、被告人段某某犯虚开增值税专用发票罪，判处有期徒刑二年，罚金人民币5万元；四、在案扣押物品，依法予以没收。

宣判后，丁某某、段某某提出上诉。北京市第一中级人民法院于2019年5月31日作出（2019）京01刑终275号刑事判决：撤销解某某犯虚开增值税专用发票罪，判处有期徒刑二年，罚金人民币5万元的判项，改判解某某犯虚开增值税专用发票罪，判处有期徒刑二年，其余判项予以维持。

【裁判理由】

法院生效裁判认为：

1. 被告人丁某某、段某某、解某某的行为属于典型的虚开增值税专用发票行为。在案证据显示，美虹公司与富伟公司并无业务往来，甚至美虹公司本身亦无任何真实业务，三伟公司所购商品与美虹公司无关。即使美虹公司作为货源方向富伟公司的上游公司供货，丁某某、段某某、解某某的供述及在案证据均显示，美虹公司与三伟公司并未直接发生交易。在富伟公司与三伟公司的真实交易中，美虹公司作为与该交易无关的第三方，其为富伟公司代为开具增值税专用发票，即违反了《发票管理办法》《国家税务总局关于纳税人对外开具增值税专用发票有关问题的公告》等规定，属于典型的虚开增值税专用发票行为。

2. 一审认定虚开增值税发票税款数额并无不当。在认定骗取税款数额方面，根据增值税专用发票的属性，只有在纳税公司已经实际负担税款的前提下，才能在销售货物时使用增值税专用发票予以抵扣。本案中，三受票公司并未缴付上述税款，却通过让美虹公司代为开具增值税发票这一不正当途径取得抵扣凭证并实际抵扣，其实际抵扣的金额即为所骗取税款额。丁某某、段某某分别作为开票方、介绍人，对该数额共同承担责任。丁某某作为开票方，其运营公司及开具发票所承担的税负等费用，应认定为其犯罪成本，不应在犯罪中予以扣除。此外，美虹公司并无实际经营活动，无从适用农产品增值税进项税额核定扣除政策。综上，一审判决所认定的犯罪数额与涉案增值税专用发票上载明的税款数额、受票公司实际抵扣及造成国家税款损失的数额均一致，认定并无不当。

3. 被告人解某某所在公司为单位犯罪，不应对其个人判处罚金。本案中，解某某作为三伟公司的实际控制人购买发票并抵扣公司税款，应当定性为单位犯罪。依据《刑法》第二百零五条第二款之规定，对单位犯罪的直接责任人，只能判处自由刑，并无罚金。一审对解某某并罚了5万元罚金，该判项违反了《刑法》的规定，属适用法律错误、量刑不当，应予改判。

【案例注解】

2018年、2019年我国增值税制度改革力度空前，增值税税率不断降低。[①] 在改革之前，因我国增值税税率较高、一般纳税人和小规模纳税人在领购、使用增值税方面存在不平等情况，纳税人受利益驱动实施虚开增值税专用发票行为，导致国家税款大量损失，严重扰乱了市场经济秩序。本案是在增值税税率较高、相关制度尚未完善的背景下引发的违法犯罪行为。

本案核心的争议焦点问题为“代开型”虚开增值税专用发票行为，表面上具有真实交易，是否构成虚开增值税专用发票罪。目前，司法实践[②]和理论界[③]普遍认为虚开增值

---

① 我国《增值税暂行条例》于1993年11月26日通过，自1994年1月1日起施行。2008年、2016年、2017年经过修订，普通货物、劳务的增值税税率始终为17%。自2018年5月1日执行的《财政部、税务总局关于调整增值税税率的通知》（财税〔2018〕32号）规定，纳税人发生增值税应税销售行为或者进口货物，原适用17%和11%税率的，税率分别调整为16%、10%。2019年12月25日，《国务院关于减税降费工作情况的报告》再次降低增值税税率，制造业等行业增值税税率由16%降至13%。

② 2018年12月4日，最高人民法院发布第二批人民法院保护产权和企业家合法权益典型案例，其中张某强虚开增值税专用发票案明确不具有骗取国家税款的目的，未造成国家税款损失的行为，不构成虚开增值税专用发票罪。《张某强虚开增值税专用发票案》，载中国法院网，https://www.chinacourt.org/article/detail/2018/12/id/3596517.shtml。

③ 参见陈兴良：《不以骗取税款为目的的虚开发票行为之定性研究——非法定目的犯的一种个案研究》，载《法商研究》2004年第3期。

税专用发票罪是非法定目的犯，行为人实施虚开行为，且具有骗取税款的目的，才构成虚开增值税专用发票罪。

根据《刑法》第二百零五条和《最高人民法院关于适用〈全国人民代表大会常务委员会关于惩治虚开、伪造和非法出售增值税专用发票犯罪的决定〉的若干问题的解释》[①]第一条的规定，“代开型”增值税专用发票行为是指进行了实际经营活动，但让他人为自己代开增值税专用发票。“代开型”虚开增值税专用发票行为，具有三方主体，包括介绍开票方、受票方（买卖双方）和开票方，基本行为模式是买卖双方具有真实交易，卖方不具有开具增值税专用发票的资格，卖方介绍具有资格的第三方为买方开具增值税专用发票，开票方与受票方（买方）不具有真实交易，具体行为模式详见下图。此种行为模式是否构成犯罪，一方面要判断此种行为模式中是否存在虚开行为，另一方面要结合行为模式判断三方主体是否具有骗取税款的目的，以综合判断行为的社会危害性。

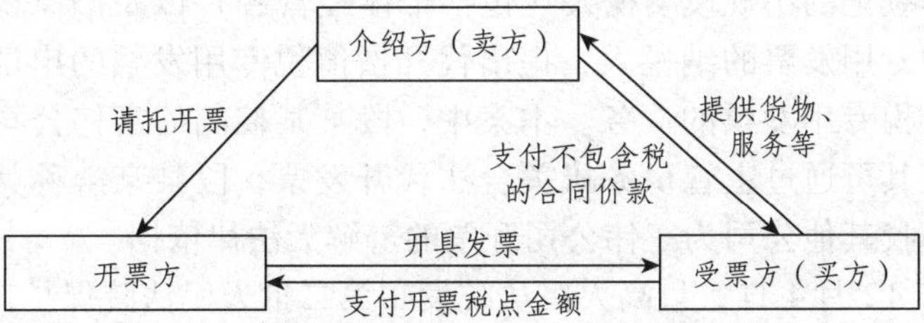

“代开型”虚开增值税专用发票行为模式图

一、“代开型”虚开增值税专用发票行为的认定

“代开型”虚开增值税专用发票行为模式表面上具有真实交易与开具发票两个行为，从交易主体、交易内容、钱款流向分析，合法代开发票主体仅为国家税务机关，不属于合法的代开发票行为，亦不符合挂靠类开具发票形式，两行为系独立的行为，不具有必然关联性，且开具发票行为不存在真实交易，属于典型的虚开增值税专用发票行为。具体分析如下：

第一，按照《国家税务总局关于纳税人对外开具增值税专用发票有关问题的公告》（2014 年第 39 号）的精神，开具增值税专用发票的行为必须符合三个要求：（1）纳税人向受票方纳税人销售了货物，或者提供了增值税应税劳务、应税服务；（2）纳税人向受票方纳税人收取了所销售货物、所提供应税劳务或者应税服务的款项，或者取得了索取销售款凭据；（3）纳税人按规定向受票方纳税人开具的增值税专用发票相关内容与所销售货物、所提供应税劳务或者应税服务相符，且该增值税专用发票是纳税人合法取得并以自己名义开具的。按照公告的精神，合法的开具增值税发票行为必备货物、劳务或服务流向、钱款流向、开具发票内容与真实交易具有一致性，发票来源合法且以开票人自己名义出具等要素。本案中，三伟公司向富伟公司购买棉纱，两者之间存在真实交易，

① 《最高人民法院关于虚开增值追专用发票定罪量刑标准有关问题的通知》（法〔2018〕226 号）明确人民法院在审判工作中不再参照执行《最高人民法院关于适用〈全国人民代表大会常务委员会关于惩治虚开、伪造和非法出售增值税专用发票犯罪的决定〉的若干问题的解释》（法发〔1996〕30 号）第一条规定的虚开增值税专用发票罪的定罪量刑标准。但《最高人民法院关于适用〈全国人民代表大会常务委员会关于惩治虚开、伪造和非法出售增值税专用发票犯罪的决定〉的若干问题的解释》其他规定仍有效。

只能由富伟公司向三伟公司开具增值税专用发票，内容、金额均应与实际相符，但最终开票方为美虹公司。此种开具发票模式显然不属于上述公告确定的合法开具增值税发票行为。

第二，从《发票管理办法》等行政法规上来看，“代开”本身不具有合法性。《发票管理办法》第二十四条第一项规定：任何单位和个人不得转借、转让、介绍他人转让发票。本案中，三伟公司向富伟公司购买棉纱，但介绍未参与真实交易的美虹公司为三伟公司开具发票，三伟公司介绍美虹公司转让发票、美虹公司转让发票的行为，均违反了《发票管理办法》。

第三，对于无开具增值税专用发票资质的企业，通过主管税务机关代开增值税专用发票为法定途径。根据国家税务总局关于印发的《税务机关代开增值税专用发票管理办法（试行）》《国家税务总局关于加强税务机关代开增值税专用发票管理问题的通知》等规定，已办理税务登记的小规模纳税人（包括个体经营者）以及国家税务总局确定的其他可予代开增值税专用发票的纳税人，提出代开增值税专用发票的申请，主管税务机关为其提供代开增值税专用发票的业务。本案中，段某某控制的富伟公司虽无开具增值税专用发票资格，但其可通过主管税务机关合法代开发票，段某某辩称其为完成交易中的开票义务而不得不找其他公司为三伟公司开票的辩解无法律依据。

第四，2018 年 12 月 4 日，最高人民法院发布第二批人民法院保护产权和企业家合法权益典型案例，其中张某强虚开增值税专用发票案明确以其他单位名义对外签订销售合同，由该单位收取货款、开具增值税专用发票，不具有骗取国家税款目的，未造成国家税款损失，该行为不构成虚开增值税专用发票罪。通过分析判决书发现，其所指征的代开情形为：在挂靠前提下进行的代开并未造成国家税款损失，而且开票人和购销合同签订方是一致的，因此并不认定以骗取国家税款为目的，故不认定为犯罪。本案中，富伟公司与美虹公司并无挂靠关系，富伟公司并非以美虹公司的名义与三伟公司开展交易，一旦产品出现问题，相关责任与美虹公司亦无关系。虽然辩方辩称产品系由美虹公司实际供应，但事实上，从在案证据来看，美虹公司与富伟公司并无真实业务往来，因此，不能认定美虹公司与涉案真实交易有关联，其为富伟公司代开发票，已经违反发票相关法律规定。

综上，从行政法规、最高人民法院发布的相关案例看，合法开具增值税专用发票行为仅存在于真实交易双方，即便是挂靠代开发票行为，合同交易、开具发票的双方主体也应保持一致，挂靠方的相关责任均由开票方承担，对于无开具发票资质的交易主体可以通过主管税务机关开具发票。

本案中，段某某控制的富伟公司与解某某控制的三伟公司之间具有真实交易，富伟公司无开具增值税专用发票的资质，段某某介绍丁某某给解某某代开增值税发票的行为，表面上看符合“代开”发票的行为模式。但从真实交易和开具发票两个行为进行分析，发现两者之间不具有直接的关联性，均不符合合法开具增值税专用发票的行为要求。第一，从交易主体看，真实交易发生在段某某控制的富伟公司与解某某控制的三伟公司之间，开票行为发生在经段某某介绍的丁某某控制的美虹公司与三伟公司之间。第二，从交易内容看，真实交易的合同价款中不含税款部分，且段某某从上家购货的交易价格亦不含税款部分。第三，从资金流向上看，富伟公司和三伟公司之间的钱款流转，与美虹公司无关。故真实交易与开具发票行为的交易主体、交易内容、资金流向等均证明两个"交易"行为之间不具有关联性，系相互独立的行为，且后者并无实际货物交易，只有资金流和发票流，属于典型的虚开增值税专用发票行为。

二、骗取国家税款的目的认定

《国家税务总局关于纳税人对外开具增值税专用发票有关问题的公告》《发票管理办法》等行政性规范文件虽规定了合法的开具增值税专用发票的行为模式，但违反上述规定仅仅是行政违法，是否具有刑事违法性需要进一步判断行为主体是否具有骗取国家税款的目的，只有同时具有虚开行为和骗取国家税款目的，才构成《刑法》上的虚开增值税专用发票罪。①

骗取国家税款的目的，主要存在两种情形：一是为了抵扣税款或骗取出口退税而虚开增值税专用发票的，主要是让他人为自己虚开；二是放任他人使用增值税专用发票，用于抵扣税款或骗取退税的，主要是明知他人虚开发票是用于抵扣税款或骗取退税，为他人开具或介绍第三方开具增值税专用发票。在"代开型"虚开增值税专用发票行为模式中，上述两种骗税目的均存在。具有真实交易的买卖双方中，卖方介绍第三人为买方开具发票，开票方与受票方不具有真实交易，卖方（介绍方）和开票方明知受票方的目的是抵扣税款且开票方与受票方不具有真实交易，两者均放任受票方使用增值税专用发票抵扣税款，属于上述第二种骗税目的，而受票方通过抵扣行为，骗取了国家税款，属于上述第一种骗取目的。三者均明知受票方抵扣税款的目的，均具有骗取国家税款的目的。在本案中，段某某控制的富伟公司和解某某控制的三伟公司具有真实交易，丁某某控制的美虹公司为与自己不具有真实交易的三伟公司开具增值税专用发票，且富伟公司与三伟公司的真实交易均不包含税款，能够认定三者均具有骗取国家税款的目的。

对于不具有骗取国家税款目的的虚开增值税专用发票行为，不构成虚开增值税专用发票罪，如果具有逃税目的，可能构成逃税罪；仅是出于虚增营业额等目的的，未实际抵扣税款，不具有刑法法益侵害性的，要严格适用罪刑法定原则，将此种行为排除在刑法调整的范围之外，通过行政处罚予以调整。

三、"代开型"虚开增值税专用发票行为的社会危害性

表面上"代开型"虚开增值税专用发票行为并不会造成税款流失，只是纳税主体发生了变化，但事实上，让他人代开而不去税务机关代开增值税发票，开票方、受票方（买方）、介绍方（卖方）均存在谋取不法利益。

第一，对于受票方而言，受票方（买方）与卖方具有真实交易，因卖方不直接为买方开具发票，买方实际支付的货款或服务款等价款数额均降低，其仅需要支付要求开票

① 对此，有司法实务专家将虚开行为与骗取税款目的一同进行判断，认为虚开增值税专用发票罪的"虚开"与日常生活中的"虚开"不同，必须从实质意义上对其进行解读，必须要有通过虚开骗取国家税款的目的。参见姚龙兵：《论虚开增值税专用发票罪中的"虚开"》，载最高人民法院刑事审判第一至五庭主办：《刑事审判参考（总第114集）》，法律出版社2019年版，第252～256页。本文是按客观行为和主观目的两个步骤进行分析，与上述观点并不产生冲突。

方开具发票的税点5%，税点从13%[①]降低至5%。

第二，对于开票方而言，正常情况下开票方应向国家缴纳总货款或服务款13%的税额，因此开票方会在交易中要求受票方缴纳该税额，但其只收5%的税额远低于其需要实际缴纳的数额。现实中，开票方往往是不具有其他经营业务的空壳公司，并不会真实缴纳税款，在利用不正当途径获取5%税额的不法利益后会逃匿，客观上造成国家税款的损失。

第三，对于介绍方而言，为了出售自己的货物等，其并不必然会在税收方面有获利，但其在明知买方为了抵扣税款的情况下介绍开票方为买方开具发票，具有放任他人抵扣税款的目的。

在本案中，受票方三伟公司将增值税专用发票进行了抵扣，税额从货款的17%[②]（案发当时税率）降低到5%，开票方美虹公司未实际缴纳增值税，介绍方富伟公司虽未直接获得税收利益，但其客观介绍开票的行为与上述开票方、受票方共同造成了国家税款的损失，三者的行为破坏了国家税收管理秩序，具有骗取国家税款的实害后果结合三者骗取国家税款的主观目的，三者行为均构成虚开增值税专用发票罪。

（一审法院合议庭成员　于广丹　许艳玲　李启忠
二审法院合议庭成员　关　芳　宋振宇　鲍　艳
编写人　北京市第一中级人民法院　鲍　艳　李　悦
责任编辑　周维明
审稿人　李玉萍）

原载《人民法院案例选》2020年第12辑（总第154辑）

① 根据2019年12月25日《国务院关于减税降费工作情况的报告》的内容，按照国务院常务会议部署，明确将制造业等行业16%的增值税税率降至13%，将交通运输业、建筑业等行业10%的增值税税率降至9%，相应调整部分货物服务出口退税率、购进农产品适用的扣除率等；进一步扩大进项税抵扣范围，将旅客运输服务纳入抵扣，并将纳税人取得不动产支付的进项税由分两年抵扣改为一次性全额抵扣；对主营业务为邮政、电信、现代服务和生活性服务业的纳税人，按进项税额加计10%抵减应纳税额（10月1日起又进一步将生活性服务业加计抵减比例提高到15%）。本文在此以13%税率论述。

② 我国《增值税暂行条例》于1993年11月26日通过，自1994年1月1日生效，2008年、2016年、2017年经过修订，普通货物、劳务的增值税税率始终为17%。本案案发时间为2016年，适用17%的税率。

105. 向某虚开增值税专用发票案

——对主观状态为间接故意但客观上造成了国家税收损失的“虚开行为”认定

【关键词】

刑事 实际控制人 虚开增值税专用发票 主观目的 间接故意

【裁判要旨】

对主观状态为间接故意，但客观上造成了国家税收损失的虚开增值税专用发票行为，应当以虚开增值税专用发票罪定罪处罚。

【相关法条】

《中华人民共和国刑法》

第二百零五条 虚开增值税专用发票或者虚开用于骗取出口退税、抵扣税款的其他发票的，处三年以下有期徒刑或者拘役，并处二万元以上二十万元以下罚金；虚开的税款数额较大或者有其他严重情节的，处三年以上十年以下有期徒刑，并处五万元以上五十万元以下罚金；虚开的税款数额巨大或者有其他特别严重情节的，处十年以上有期徒刑或者无期徒刑，并处五万元以上五十万元以下罚金或者没收财产。

单位犯本条规定之罪的，对单位判处罚金，并对其直接负责的主管人员和其他直接责任人员，处三年以下有期徒刑或者拘役；虚开的税款数额较大或者有其他严重情节的，处三年以上十年以下有期徒刑；虚开的税款数额巨大或者有其他特别严重情节的，处十年以上有期徒刑或者无期徒刑。

虚开增值税专用发票或者虚开用于骗取出口退税、抵扣税款的其他发票，是指有为他人虚开、为自己虚开、让他人为自己虚开、介绍他人虚开行为之一的。

【案件索引】

一审：江西宜春市袁州区人民法院（2019）赣0902刑初128号（2019年6月27日）

二审：江西省宜春市中级人民法院（2019）赣09刑终221号（2019年11月29日）

【基本案情】

江西省宜春市人民检察院指控：被告人向某的行为构成虚开增值税专用发票罪。诉请法院依照《刑法》第二百零五条之规定对被告人向某定罪处刑。

被告人向某辩称：（1）其只是宜春雷恒公司的控股股东，企业有专业的注册会计师，具体操作、怎么抵扣其均不知情，其不构成犯罪。（2）其积极配合税务局，税票上的设备金额、价值与公司仓库设备相符，立案前积极补缴抵扣的税款，没造成国家损失。向某辩护人的辩护意见：（1）起诉书指控的罪名不成立，被告人向某购进虚开的增值税专用发票，不以骗取国家税款为目的，已做进项认证抵扣税款是财务人员过失行为，向某不完全知情。向某不是宜春雷恒公司法人和股东，不是虚开增值税专用发票的受益人；（2）本案虚开增值税专用发票的主体是宜春雷恒公司，不是向某个人；（3）宜春雷恒公司虚开增值税专用发票，主观上也无骗取国家税款目的；（4）立案前，抵扣的税款已全部补缴，未给国家造成任何经济损失，即使构成犯罪，也应免予刑事处罚。

法院经审理查明：2010 年 8 月 27 日，深圳雷恒电子科技有限公司（以下简称深圳雷恒公司）在宜春市经开区投资成立宜春市雷恒科技有限公司（以下简称宜春雷恒公司），经营电子产品等，为增值税一般纳税人。被告人向某是宜春雷恒公司实际控制人。深圳雷恒公司为上市，需提高固定资产，2015 年 7 月至 8 月间，被告人向某以宜春雷恒公司名义，在没有真实业务往来的情况下，采取虚构购销合同、做虚假资金流的方式，先后让他人为其虚开增值税专用发票。其中，让深圳莱斯科曼实业有限公司（以下简称莱斯科曼公司）开具 101 份增值税专用发票，价税合计 11799216 元；让广州雄企贸易有限公司（以下简称雄企公司）开具 106 份增值税专用发票，价税合计 12212104. 66 元；让广州赐腾贸易有限公司（以下简称赐腾公司）开具 54 份增值税专用发票，价税合计 6254585. 93 元。后宜春雷恒公司财务人员依照财务规定将上述虚开增值税专用发票到国税部门进行进项认证抵扣，共抵扣税款 4397610. 44 元。

2016 年下半年，国税部门发现上述票据为风险票，要求宜春雷恒公司提供有关凭证并补缴已经抵扣的税款。至 2017 年，宜春雷恒公司仍未按期补缴税款。国税部门从宜春雷恒公司 2016 年 10 月至 2017 年 3 月出口退税和实际进项金额中依法扣减全部税款。

【裁判结果】

江西省宜春市袁州区人民法院于 2019 年 6 月 27 日作出（2019）赣 0902 刑初 128 号刑事判决：被告人向某犯虚开增值税专用发票罪，判处有期徒刑十年，并处罚金人民币 10 万元。

宣判后，向某不服，提出上诉。江西省宜春市中级人民法院于 2019 年 11 月 29 日作出（2019）赣 09 刑终 221 号刑事裁定：驳回上诉，维持原判。

【裁判理由】

法院生效裁判认为：被告人向某违反国家税收管理法规，在没有实际交易的情况下，让他人为自己虚开增值税专用发票，并用于抵扣税款 4397610. 44 元，数额巨大，其行为已构成虚开增值税专用发票罪，公诉机关指控的罪名成立。被告人向某提出其只是雷恒公司控股股东，具体操作、抵扣税款其均不知情，其不构成犯罪的辩解，辩护人提出被告人向某不以骗取国家税款为目的，虚开增值税专用发票主体是公司，不是向某个人，其不是受益人，不构成虚开增值税专用发票罪的意见，与查明的证据和事实不符，不予采信；被告人向某及辩护人提出已全部补缴税款未给国家造成任何经济损失，即使构成犯罪也应免予刑事处罚的意见，经查，税务部门发现问题后，要求宜春雷恒公司缴纳已退税款，但宜春雷恒公司一直未主动缴纳已退税款，而是由税务部门依法从宜春雷恒公司出口退税和实际进项转出中扣减，并非被告人向某主动补缴，因此，上述意见与查明的事实不符，不予采信。

【案例注解】

《刑法》第二百零五条对虚开增值税专用发票罪使用的是简单罪状形式，仅以“虚开增值税专用发票或者虚开用于骗取出口退税、抵扣税款发票的，处……”方式进行简单描述，而未规定本罪主观上是否需具备骗取国家税款的目的和客观上造成国家税款损失的结果。因此，长期以来，理论界和实务界存在两种截然不同的观点：一种观点认为本罪属于行为犯，即虚开即构成犯罪。由于本罪法定刑比逃税罪重，但从犯罪的发展形态而言，本罪仅是逃税罪的预备行为，若认为本罪是行为犯不仅会不当扩大本罪的成立范围，会将那些主观上不具有逃税目、偷税或骗税意图，客观上尚未严重侵害增值税征管秩序或者危及税收收入的行为纳入犯罪，而且也会造成预备行为比实行行为法定刑严重的情况。因此，当前不具有骗取国家税款的目的，未造成国家税款损失的虚开行为不构成犯罪的观点在实践中获得了广泛的认可。最高人民法院在张某强虚开增值税专用发票案中即采用了第二种观点，[①] 即本罪构成必须具备目的要件与结果要件。

本案的难点在于，与最高人民法院典型案例要求本罪必须具备骗取国家税款之目的稍有不同，被告人向某虚开增值税发票的直接目的在于通过此方式提高深圳雷恒公司固定资产以促进该公司上市，对骗取国家税款则采取放任的态度，即主观状态是间接故意，但客观上又造成了国家税款的损失的行为是否应当以虚开增值税发票罪定罪处罚。

一、刑法隐含对虚开增值税专用发票罪主观目的的要求

刑法的目的是维护社会的公平正义，由于语言表达的局限性，特别是一些简单罪状形式的罪名，对其适用不能仅仅满足字面含义和简单的逻辑推理，还必须要结合立法的初衷、刑法所保护的法益，进行实质解释才能得出正确的结论。

首先，虚开增值税发票罪立法初衷是打击偷逃税行为。1994 年以来，我国建立了以增值税为主体的财税体系。增值税对所有商品交易实行“环环征收，环环抵扣”的征管模式，即上一交易环节缴纳的税金到下一交易环节可以直接抵扣。由于增值税专用发票具有出口抵免退税和抵扣进项税额的特殊作用，个别不法分子利用政策上的漏洞以及信息上的不对称通过恶意虚开，套取国家利益。相比较传统的逃税手法，虚开增值税专用发票仅需凭借一张虚开的发票即可获取巨额利益，大量虚开的增值税专用发票被犯罪分子用来直接抵扣税款。这种虚开的手法简单、高效，极易造成国家巨量的税收流失。在本罪设立前，对虚开增值税专用发票行为的打击只能按照偷税罪进行处罚，最高刑罚仅为三年，这对面对巨大利益诱惑的犯罪分子威慑力极小。为此，1997 年《刑法》将虚开增值专用发票行为从偷税行为中分离出来，单独设立虚开增值税专用发票罪。尽管本罪现有条文并无主观目的的表述，但从虚开增值税专用发票行为入刑的历史沿革来看，将虚开增值税发票行为入罪的初衷是为了重点打击具有偷逃国家税款目的的行为，没有偷

① 参见最高人民法院（2016）最高法刑核 51732773 号刑事裁定。2018 年 12 月 4 日最高人民法院发布的第二批“人民法院充分发挥审判职能作用保护产权和企业家合法权益典型案例”之一。

逃税款犯意的虚开增值专用发票的行为不应该是本罪的打击对象。

其次，本罪保护的法益是国家税收征管制度。我国尚未出台专门的增值税法，现行关于增值税及其专用发票的管理主要集中在《增值税暂行条例》及专用发票管理相关的实施细则中。从上述法律、法规、规章中可以看出，虚开增值税专用发票罪的犯罪客体一般会同时侵犯了税收征管制度及《发票管理办法》。根据增值税的计算原理，只有主观上有以抵扣税款为目的的恶意虚开行为才可能会造成国家税款的流失，且仅仅实施本罪行为而不着手使用虚开的发票去申请抵扣税款或者申请出口退税的，不可能侵犯国家税收法益。因此，如果行为人主观上没有抵扣税款的恶意，客观上也没有抵扣的行为，就不会造成国家税款的流失，那么这种虚开行为仅破坏了国家对增值税发票的管理秩序，具有行政意义上的违法性，应当由税务机关对纳税人作出行政处罚，而不应适用刑法对此类虚开行为进行处罚。

二、虚开增值税专用发票罪以造成国家税款损失为必要构成要件

实践中，虚开增值税发票的行为层出不穷，行为人一旦触及该罪名，往往涉案虚开税额数巨大，通常需要按照最高量刑标准进行处罚。如果部分纳税人主观上有骗取国家税款的恶意，被刑法予以重罚完全是咎由自取。但是，随着社会的发展，实践中出现了为壮大经营规模、粉饰经营业绩等不以骗取国家税款为目的的虚开行为，比如环开、对开、代开等，有虚开的行为并无骗取税款的恶意。

本案中被告人向某的直接目的是采用虚开增值税发票的方式扩充资产，为公司上市做准备。本罪对虚开增值税专用发票行为的目的限定在逃税、骗税范围，按照目的犯理论，则被告人向某以扩充资产为目的让他人虚开的行为不应当入刑。但由于法官对行为人的主观目的难以探查，如果仅凭行为人的辩解或者当行为人具备多重目的而无法对逃税、骗税目的作出准确判断时，即作出行为人不构成犯罪的判断，则容易使真正具备逃税、骗税目的或者具备此种危险的犯罪分子逃脱法律的制裁。因此，司法实践中，法官多以具有国家税款损失的客观结果推定行为人具有逃税、骗税的故意，如果行为人实施了虚开的行为，同时利用虚开的增值税专用发票向税务部门进行了抵扣、退税，即应当认定构成本罪。

三、虚开增值税专用发票罪的主观方面包含间接故意形式

仅以主观目的或者客观结果来评价虚开的行为是否构成犯罪均过于片面。如果对没有主观犯意的虚开行为苛以严峻的刑罚，则与罪责刑相适应原则相悖，也不能体现刑法公平正义的理念；如果仅以国家税款的损失后果推定行为人具备犯罪故意且苛以刑罚，又陷入客观归罪的歧途。因此，判断行为人的行为必须遵循主客观相结合的原则。

在定罪方面，犯罪主观方面是区分罪与非罪、此罪与彼罪的一个重要标准。刑法规定各种犯罪在主观方面都必须具备犯罪的故意或者犯罪的过失要件，否则，即使行为在客观上造成了损害结果，若不是出于故意或者过失心理态度的，也不构成犯罪。故意犯罪的，应当负刑事责任，而对过失犯罪，法律有规定的才负刑事责任。虚开增值税专用发票罪的法条中并未明确指出该罪的主观方面是故意还是过失，按照《刑法》条文表述的习惯和犯罪构成要件理论，本罪主观方面应当为故意。

故意分为直接故意和间接故意。直接故意是指行为人明知自己的行为必然或者可能会发生危害社会的结果，而且希望这种结果的发生；间接故意是指行为人明知自己的行为可能会发生危害社会的结果，而采取漠不关心，听之任之的放任态度。如果依照本罪虚开增值税发票的行为必须以逃税、骗税为主观目的，则本罪的主观方面只能是直接故意这一形态，间接故意不能构成本罪。但是，若虚开增值税专用发票必须以直接故意这一种形态进行定罪，则容易将虚开行为与申请退税、抵扣行为主体割裂开来，给前者提供逃脱刑事追诉的机会，从而难以有效打击虚开增值税专用发票犯罪行为。如被告人向某的主观方面为故意虚开增值税发票提高固定资产，而申请抵扣税款的则是财会人员，后者的行为及结果是否为向某所希望难以判断，即主观故意的目的不清楚（对于一些具体犯罪，法律还要求其主观方面具有特定的目的，如聚众赌博罪要求以营利为目的。是否具备特定的目的，往往是区分罪与非罪、此罪与彼罪的重要标准），如果就此否定其逃税、骗税的故意目的，则明显给其提供了逃脱罪责的机会。实际上，作为一名公司高管，被告人向某明知虚开增值税专用发票可以进行税款的抵扣，其采取放任的态度，具备逃税、骗税的间接故意，应当受到应有的刑罚。

（一审法院合议庭成员　祖玉梅　周梅珍　周楚云
二审法院合议庭成员　胡圣华　孙丰堂　周海燕
编写人　江西省宜春市中级人民法院　管俊兵
江西省宜春市袁州区人民法院　陈国平
责任编辑　周维明
审稿人　李玉萍）

原载《人民法院案例选》2020年第12辑（总第154辑）

106. 潘某某虚开发票，拒不执行判决、裁定案

——虚开发票罪的认定误区与本位回归

【关键词】

刑事　虚开发票罪　虚开增值税专用发票　犯罪客体　国家税收损失

【裁判要旨】

虚开发票罪的构成要件中并没有虚开目的的要求，也不存在非法定的目的犯的情形。因此，本罪的成立对虚开的目的在所不问。

虚开发票的行为不必然造成国家税收的流失，但却必然破坏国家发票管理秩序，本罪立法本意即是维护正常的发票管理秩序。本罪侵犯的客体是国家发票管理制度，而侵犯发票管理制度的行为有时也会导致国家税收的流失，但国家的税收利益属于随机客体。即使虚开普通发票行为没有造成国家税收损失，其也侵害了国家发票管理制度，情节严重的，构成本罪。

【相关法条】

《中华人民共和国刑法》

第二百零五条　虚开增值税专用发票或者虚开用于骗取出口退税、抵扣税款的其他发票的，处三年以下有期徒刑或者拘役，并处二万元以上二十万元以下罚金；虚开的税款数额较大或者有其他严重情节的，处三年以上十年以下有期徒刑，并处五万元以上五十万元以下罚金；虚开的税款数额巨大或者有其他特别严重情节的，处十年以上有期徒刑或者无期徒刑，并处五万元以上五十万元以下罚金或者没收财产。

单位犯本条规定之罪的，对单位判处罚金，并对其直接负责的主管人员和其他直接责任人员，处三年以下有期徒刑或者拘役；虚开的税款数额较大或者有其他严重情节的，处三年以上十年以下有期徒刑；虚开的税款数额巨大或者有其他特别严重情节的，处十年以上有期徒刑或者无期徒刑。

虚开增值税专用发票或者虚开用于骗取出口退税、抵扣税款的其他发票，是指有为他人虚开、为自己虚开、让他人为自己虚开、介绍他人虚开行为之一的。

第二百零五条之一　虚开本法第二百零五条规定以外的其他发票，情节严重的，处二年以下有期徒刑、拘役或者管制，并处罚金；情节特别严重的，处二年以上七年以下有期徒刑，并处罚金。

单位犯前款罪的，对单位判处罚金，并对其直接负责的主管人员和其他直接责任人员，依照前款的规定处罚。

【案件索引】

一审：宁波高新技术产业开发区人民法院（2020）浙0291刑初7号（2020年7月21日）

二审：浙江省宁波市中级人民法院（2020）浙02刑终278号（2020年8月23日）

【基本案情】

浙江省宁波市鄞州区人民检察院指控：

1. 虚开发票事实。2015年以来，被告人潘某某为填补其实际控制的宁波海曙正章洗涤有限公司（以下简称海曙正章公司）和宁波正章洗涤有限公司（以下简称宁波正章公司，两公司以下合并简称正章公司）的账面亏空，达到增加成本减少利润的目的，在没有发生实际业务的情况下，找人虚开了宁波市顺通旅游公司旅游发票、宁波市江北区甬石石油公司化工原料发票、宁波江东星依诺网络科技有限公司网络设备及维护发票等8份普通发票，并用以入账，票面金额568万余元。

2. 拒不执行判决、裁定事实。2015年12月，浙江省宁波市海曙区人民法院（以下简称海曙法院）判令海曙正章偿还陈某某代偿款5246100.2元，被告人潘某某承担五分之一的清偿责任。2016年3月，浙江省宁波市中级人民法院作出终审判决维持原判。同月，海曙法院向被告人潘某某发出执行通知书和执行裁定书，但被告人潘某某在执行期间隐瞒大额保单、未如实申报财产情况，且违反限制高消费令，在执行期间仍支付大额商业保险，在法院采取司法拘留等强制措施后，仍拒不执行。海曙法院于2019年1月强制执行潘某某名下4张保单。

公诉机关认为，被告人潘某某隐匿依法应当保存的会计凭证、会计账簿，情节严重；虚开发票，情节特别严重；对人民法院生效判决拒不执行，情节严重。被告人潘某某犯数罪，应当数罪并罚，提请法院依照《刑法》第一百六十二条之一、第二百零五条之一、第三百一十三条、第六十九条之规定予以判处。

被告人潘某某对公诉机关指控的虚开发票事实没有异议，但认为没有造成国家税款损失，不构成犯罪。对指控的拒不执行判决没有异议，认为情节轻微，请求从轻处罚。潘某某的辩护人提出以下辩护意见：对公诉机关指控的虚开发票罪，辩护人认为，虚开发票罪所侵犯的客体是国家税收征管秩序和发票管理秩序，主观目的是偷逃税，但被告人虚开发票的目的是平账并没有获益，也没有造成国家税款损失，税务机关也未就此作出处罚，最高人民法院发布的虚开增值税专用发票罪案例也持相同观点，举重以明轻，作为补充的虚开普通发票但与税收征管无关的更不构成犯罪。对公诉机关指控的拒不执行判决、裁定罪，辩护人认为已构成犯罪，但情节轻微，被告人当庭认罪，依法可从轻或减轻处罚。另外，该案民事诉讼存在虚假诉讼可能，原债务人也因此另案提起民事诉讼，建议在二审判决之后再行裁判。

法院经审理查明：

1. 虚开发票的事实。2015年以来，被告人潘某某为达到增加成本减少账面利润的目的，在没有发生实际业务的情况下，找人虚开了宁波市顺通旅游公司旅游发票、宁波市江北区甬石石油公司化工原料发票、宁波江东星依诺网络科技有限公司网络设备及维护发票等8份普通发票，价税金额合计5686890元，并于2015年至2016年间将其中7份入账正章公司，价税金额合计5586890元。

2. 拒不执行判决、裁定的事实。2011年11月，海曙正章公司向浙商银行申请贷款，贷款期间为2011年11月至2014年11月，陈某某、宋某某、潘某某、赵某为最高额保证人。2013年11月14日，浙商银行发放贷款500万元。借款到期后，海曙正章未归还贷款，陈某某代偿了借款本息。陈某某遂于2015年7月30日以海曙正章公司、潘某某、赵某为被告诉至海曙法院主张追偿。海曙法院于2015年12月作出（2015）甬海商初字第980号民事判决：一、海曙正章公司于该判决生效之日起3日内偿还原告陈某某代偿款5246100.2元；二、潘某某、赵某对其中的未履行部分各承担五分之一的清偿责任。海曙正章公司不服提起上诉，二审法院维持原判。

该案于2016年3月17日生效，陈某某于2016年3月24日向海曙法院申请执行，海曙法院予以立案受理［案号：（2016）浙0203执779号］，并向潘某某发出执行通知书和财产申报令。2016年4月6日，海曙法院发出限制消费令（其中第八项载明：不得支付高额保费购买保险理财产品）和执行决定书，限制潘某某高消费并将潘某某纳入失信被执行人名单。2016年7月25日，潘某某在财产申报表上的收入、银行存款、现金、有价证券栏填了3个银行账户，债权、股权、投资权益、基金、知识产权等财产性权利栏填了其所持有的正章公司的股权，其余栏均为空白。执行过程中，海曙法院拍卖登记在潘某某名下的两辆小型轿车并扣划了潘某某、赵松的银行存款，共获执行款33546元。2017年2月21日，海曙法院作出裁定对该执行案件终结本次执行程序。

2016年10月13日，海曙法院以潘某某有履行能力而拒不履行为由作出拘留决定书，决定对潘某某拘留15日。2018年6月14日，海曙法院作出执行拘留通知书并将潘某某收拘。

另查明，2009年11月11日，被告人潘某某向太平人寿保险有限公司（以下简称太平保险）投保了盈盈C－3456险，交费期限10年，保险期间15年，保费年交10万元。2012年4月23日，被告人潘某某向太平保险投保了“安享太平”计划20，交费期限15年，保险期间25年，保费月交490.5元。2013年10月16日，被告人潘某某向太平保险投保了“安享太平”计划16，交费期限15年，保险期间25年，保费月交294.3元。2014年1月22日，被告人潘某某向太平保险投保了“悦享太平”计划20万，交费期限15年，保险期间25年，保费月交241.2元。2011年1月25日至2018年1月9日，共支付盈盈C－3456险保费60万元。2016年3月17日以来，潘某某共支付保费123198元，其中2018年1月9日支付保费10万元。2018年12月19日，海曙法院冻结了上述4份保单。2019年1月，海曙法院扣划了上述保单的现金价值合计258127.57元。

2019年11月，被告人潘某某主动向海曙法院交付执行款7万元，并承诺自2020年1月起每季度支付5万元。

上诉人（原审被告人）潘某某及其辩护人提出潘某某不构成虚开发票罪和拒不执行判决、裁定罪，请求二审法院撤销原判，依法改判，具体理由是：（1）对原判认定的虚开发票一节的事实及动机、目的没有异议。（2）虚开发票犯罪侵害的客体是国家的税收征管制度和普通发票的管理制度，构成本罪，必须是同时侵犯税收征管和发票管理两个客体，缺一不可。（3）没有危害税收征管，不属于虚开发票犯罪。潘某某虚开发票的行为仅仅停留在虚开上，并未造成国家税收的流失，没有危害国家的税收征管秩序，不应被认定为犯罪。(4) 虚开发票罪是虚开增值税专用发票、用于骗取出口退税、抵扣税款发票罪的补充。如果仅仅是虚开增值税专用发票、用于骗取出口退税、抵扣税款发票而没有侵害国家税收管理秩序的，不被认定为犯罪。如果仅仅是虚开普通发票而没有侵害国家税收征管秩序的，同样不构成犯罪。(5)《刑法》第二百零五条规定的罪比第二百零五条之一规定的罪重，在罪重的法条中不涉及税收征管的不构成犯罪，在罪轻的法条中就更不应构成犯罪。(6) 潘某某虚开发票的目的是财务平账，与逃税无关。对于不涉及税收的虚开增值税专用发票的行为不构成犯罪，不涉及税收的虚开普通发票的行为更不构成犯罪。《最高人民检察院关于充分发挥检察职能服务保障"六稳""六保"的意见》规定：对于有实际生产经营活动的企业为虚增业绩、融资、贷款等非骗税目的且没有造成税款损失的虚开增值税专用发票行为，不以虚开增值税专用发票罪定性处理。(7) 潘某某担任法定代表人的海曙正章公司向浙商银行申请的贷款实际使用人是陈某某的儿子陈某，海曙正章公司的借款应由陈某偿还，潘某某起诉陈某的民事案件还在审理过程中，潘某某不构成拒不执行判决、裁定罪。

【裁判结果】

宁波高新技术产业开发区人民法院于2020年7月21日作出（2020）浙0291刑初7号刑事判决：被告人潘某某犯虚开发票罪，判处有期徒刑三年，并处罚金人民币6万元；犯拒不执行判决、裁定罪，判处有期徒刑六个月；数罪并罚，决定执行有期徒刑三年四个月，并处罚金人民币6万元。

宣判后，潘某某提出上诉。浙江省宁波市中级人民法院于2020年8月23日作出(2020) 浙02刑终278号刑事裁定：驳回上诉，维持原判。

【裁判理由】

法院生效裁判认为：《刑法修正案（八）》第三十三条规定，在《刑法》第二百零五条后增加一条，作为第二百零五条之一，即虚开发票罪。虚开发票罪是指为了牟取非法经济利益，违反国家发票管理规定，虚开增值税专用发票、用于骗取出口退税、抵扣税款发票以外的发票（普通发票）的行为。从《刑法》的规定来看，本罪的构成要件中并没有虚开目的的要求，也不存在非法定的目的犯的情形。因此，本罪的成立对虚开的目的在所不问。从立法背景来看，虚开普通发票的泛滥为逃税、骗税、财务造假、诈骗、侵占公私财产、贪污贿赂、挪用款物、洗钱等违法犯罪的发生提供了便利，严重扰乱市场经济秩序，败坏社会风气，具有严重的社会危害性。虚开发票行为不必然会造成国家税收的流失，但却必然会破坏发票管理秩序，本罪立法本意即是维护正常的发票管理秩序。本罪侵犯的客体是国家发票管理制度，而侵犯发票管理制度的行为有时也会导致国家税收的流失，但国家的税收利益属于随机客体。即使虚开普通发票行为没有造成国家税收损失，虚开发票的行为也侵害了国家发票管理制度，情节严重的，构成本罪。虚开发票罪被安排在《刑法》分则的第三章第六节是为了行文的系统性，并不能表明虚开发票罪与虚开增值税专用发票罪侵犯的客体、犯罪构成要件是相同的或者互补的。增值税专用发票与普通发票的差异在于是否有抵扣税款的功能，普通发票与税收之间并没有必然的联系，不应将造成国家税收损失作为虚开发票罪的构成要件。在实践中，虚开普通发票的目的是逃税，但也有多开交易金额的虚开行为，此行为并不会造成国家税收损失，甚至会增加国家税收，但该行为同样违反了国家发票管理法规。根据潘某某的供述和证人吴某某的证言，虚开发票的目的是提高往年成本减少利润，从而减少另一股东的分红款，潘某某虚开发票非法牟利的目的十分明显，其虚开发票的行为应被作为犯罪处理。

海曙法院及二审法院民事判决书证明，2015 年，陈某某起诉海曙正章、潘某某、赵某要求承担相关债务，海曙法院判决承担相关债务。海曙正章对判决不服提起上诉，二审法院维持原判。正章公司向浙商银行的 500 万元的借款是否由陈某实际使用与该案不是同一法律关系，也不能改变潘某某系该案判决、裁定履行义务人的事实。潘某某对法院的判决、裁定有能力履行而拒不执行，已侵犯了人民法院裁判的权威，且情节严重，构成拒不执行判决、裁定罪。

综上，上诉人潘某某的辩解、潘某某的辩护人的辩护意见均无事实和法律依据，不予支持。

上诉人（原审被告人）潘某某在没有实际发生交易的情况下，让他人虚开发票，情节特别严重；对人民法院的判决有能力执行而拒不执行，情节严重；其行为已分别构成虚开发票罪，拒不执行判决、裁定罪。潘某某在判决宣告前犯数罪，应数罪并罚。对拒不执行判决、裁定罪，潘某某在庭审中能自愿认罪，可酌情从轻处罚。原判定罪和适用法律正确，量刑适当，审判程序合法。

【案例注解】

国务院制定的《发票管理办法》第三条规定：发票是指在购销商品、提供或者接受服务以及从事其他经营活动中，开具、收取的收付款凭证。有学者认为将发票界定为“收付款凭证”存在局限性，其以合同为中心，将发票定义为：“提供货物（劳务、服务）方或开票方对已按合同要求履行义务的单方确认以及接受货物（劳务、服务）方对提供货物（劳务、服务）方履行合同义务单方确认的认可。”① 发票是记录生产经营活动的重要载体，是会计核算的原始凭证，是财务管理的重要工具，是国家控制税源、征收税款的重要依据，是国家统计经济活动、进行宏观调控的重要手段，是消费者维护合法权益的重要证据。总之，发票在经济活动中发挥着重要的作用。发票的真实性是其发挥作用的前提，伪造发票、出售伪造的发票、虚开发票、非法出售发票等行为破坏了发票的真实性，使得发票的功能、作用难以发挥，情节严重的，应当以犯罪论处。按照发票的种类分，可以将发票分为增值税专用发票、出口退税、抵扣税款的其他发票和不具有退税、抵扣税款功能的普通发票两大类，两者的主要区别在于是否具有退税、抵扣税款的功能。

一、涉增值税专用发票、出口退税、抵扣税款的其他发票的犯罪

在我国现行《刑法》中，涉及增值税专用发票、出口退税、抵扣税款的其他发票的犯罪有虚开增值税专用发票、用于骗取出口退税、抵扣税款发票罪，伪造、出售伪造的增值税专用发票罪，非法出售增值税专用发票罪，非法购买增值税专用发票、购买伪造

① 杨亮：《关于发票定义和管理的思考》，载《税务研究》2019 年第 7 期。

的增值税专用发票罪，非法制造、出售非法制造的用于骗取出口退税、抵扣税款发票罪，非法出售用于骗取出口退税、抵扣税款发票罪。

按照国家税务总局《增值税专用发票使用规定》第二条的规定，增值税专用发票是增值税一般纳税人销售货物或者提供应税劳务开具的发票，是购买方支付增值税额并可按照增值税有关规定据以抵扣增值税进项税额的凭证。增值税专用发票是增值税计算和管理中决定性的合法的专用发票，是国家税务机关根据增值税征收管理需要而设定的，其将一个产品的生产到销售的各个环节联系起来，保持了税赋的完整，其不仅具有商事凭证的作用，还具有完税凭证的作用。经国务院批准，自2016年5月1日起，营业税改征增值税（又称“营改增”）试点在全国范围内被全面推开，建筑业、房地产业、金融业、生活服务业等全部营业税纳税人，纳入试点范围，由缴纳营业税改为缴纳增值税，增值税专用发票在增值税的计算、征收、抵扣中起着核心作用。根据2005年《全国人民代表大会常务委员会关于〈中华人民共和国刑法〉有关出口退税、抵扣税款的其他发票规定的解释》，《刑法》规定的“出口退税、抵扣税款的其他发票”，是指除增值税专用发票以外的，具有出口退税、抵扣税款功能的收付款凭证或者完税凭证。可以说，涉增值税专用发票、出口退税、抵扣税款的其他发票的犯罪和国家税收联系十分密切。

1995年，全国人大常委会通过《关于惩治虚开、伪造和非法出售增值税专用发票犯罪的决定》，该决定的立法目的是“惩治虚开、伪造和非法出售增值税专用发票和其他发票进行偷税、骗税等犯罪活动，保障国家税收”。该决定设置了虚开增值税专用发票的犯罪行为，并配置了法定最高刑——死刑。1996年，《最高人民法院关于适用〈全国人民代表大会常务委员会关于惩治虚开、伪造和非法出售增值税专用发票犯罪的决定〉的若干问题的解释》对“虚开增值税专用发票”的行为进行了界定。1997年，虚开增值税专用发票罪被纳入《刑法》。

由于涉增值税专用发票、出口退税、抵扣税款的其他发票的犯罪和国家税收联系十分密切，故其侵犯的客体是国家的税收征管制度和发票管理制度，前者是主要客体，后者为次要客体。关于虚开增值税专用发票罪的性质，有行为犯说、结果犯说、目的犯说、危险犯说等观点。如果采行为犯说，则可能使处罚范围过大，不利于经济的发展。陈兴良教授采目的犯说，其认为：成立本罪要求行为人具有骗取税款的目的。① 而张明楷教授采抽象危险犯说，其认为：如果虚开、代开增值税等发票的行为不具有骗取国家税款的危险，则不宜被认定为本罪。② 两种学说都是对本罪的处罚范围进行限缩，得出的结论没有差异。鉴于本罪侵犯的主要客体是国家的税收征管制度，对不以骗取税款或逃避税收义务为目的的虚开、代开增值税等发票的行为，应不作为犯罪处理。

2001年最高人民法院答复福建省高级人民法院请示的泉州市松苑锦涤实业有限公司等虚开增值税专用发票一案中，该案被告单位不以抵扣税款为目的，而为了显示公司实力以达到与外商谈判中处于有利地位而虚开增值税专用发票。据此，最高人民法院答复认为，该公司的行为不构成犯罪。③ 2015年，最高人民法院研究室曾作出《〈关于如何认

---

① 陈兴良：《规范刑法学》（上册），中国人民大学出版社2008年版，第627页。

② 张明楷：《刑法学》（第5版），法律出版社2016年版，第816页。

③ 姚龙兵：《如何解读虚开增值税专用发票罪的“虚开”》，载《人民法院报》2016年11月16日。

定以“挂靠”有关公司名义实施经营活动并让有关公司为自己虚开增值税专用发票行为的性质〉征求意见的复函》，明确提出：“行为人利用他人的名义从事经营活动，并以他人名义开具增值税专用发票的，即便行为人与该他人之间不存在挂靠关系，但如行为人进行了实际的经营活动，主观上并无骗取抵扣税款的故意，客观上也未造成国家增值税款损失的，不宜认定为刑法第二百零五条规定的‘虚开增值税专用发票’；符合逃税罪等其他犯罪构成条件的，可以其他犯罪论处。”可见，其实际主张认定“虚开”增值税专用发票要求行为人具有骗取抵扣税款的目的。主要考虑虚开增值税发票罪的危害实质在于通过虚开行为骗取抵扣税款，对于有实际交易存在的代开行为，如行为人主观上并无骗取的扣税款的故意，客观上未造成国家增值税款损失的，不宜以虚开增值税专用发票罪论处。如将该罪理解为行为犯，只要虚开增值税专用发票，侵犯增值税专用发票管理秩序的，即构成犯罪并要判处重刑，也不符合罪刑责相适应原则。① 2018 年，最高人民法院在复核张某强虚开增值税专用发票一案时认为：被告人张某强以其他单位名义对外签订销售合同，由该单位收取货款、开具增值税专用发票，不具有骗取国家税款的目的，未造成国家税款损失，其行为不构成虚开增值税专用发票罪。② 2020 年，《最高人民检察院关于充分发挥检察职能服务保障“六稳”“六保”的意见》中强调：“对于有实际生产经营活动的企业为虚增业绩、融资、贷款等非骗税目的且没有造成税款损失的虚开增值税专用发票行为，不以虚开增值税专用发票罪定性处理，依法作出不起诉决定的，移送税务机关给予行政处罚。”综上所述，虚开增值税专用发票、出口退税、抵扣税款的其他发票的行为是否应被作为犯罪处理，主要应考虑其对国家税收征管制度的危害程度。

二、涉普通发票犯罪

普通发票涉及的犯罪有虚开发票罪、非法制造、出售非法制造的发票罪、非法出售发票罪、持有伪造的发票罪。

虚开发票罪是《刑法修正案（八）》新增的罪名，虚开发票罪中的“发票”是指虚开增值税专用发票、用于骗取出口退税、抵扣税款发票以外的发票（普通发票）。

普通发票主要由营业税纳税人和增值税小规模纳税人使用，增值税一般纳税人在不能开具专用发票的情况下也可使用普通发票。普通发票由行业发票和专用发票组成，前者适用于某个行业和经营业务，后者仅适用于某一经营项目。从普通发票的功能来看，其并不局限在核税、计税、征税上。

从立法背景来看，虚开、非法制造、出售非法制造的普通发票的行为为逃税、骗税、财务造假、诈骗、侵占公私财产、贪污贿赂、挪用款物、洗钱等违法犯罪的发生提供了便利，严重扰乱市场经济秩序，败坏社会风气，具有严重的社会危害性。③ 虚开发票行为不必然会造成国家税收的流失，但却必然会破坏发票管理秩序，本罪立法本意即是维护正常的发票管理秩序。本罪侵犯的客体是国家发票管理制度，而侵犯发票管理制度的行

① 耿磊：《〈关于虚开增值税专用发票罪定罪量刑标准有关问题的通知〉的理解与适用》，载《人民司法 · 应用》2018 年第 34 期。

② 最高人民法院（2016）最高法刑核 51732773 号刑事裁定。2018 年 12 月 4 日，最高人民法院发布的第二批“人民法院充分发挥审判职能作用保护产权和企业家合法权益典型案例”之一。

③ 张军主编：《〈刑法修正案（八）〉条文及配套司法解释理解与适用》，人民法院出版社 2011 年版，第 224 页。

为有时也会导致国家税收的流失，但国家的税收利益属于随机客体。即使虚开普通发票行为没有造成国家税收损失，虚开发票的行为也侵害了国家发票管理制度，情节严重的，构成本罪。虚开发票罪被安排在《刑法》分则的第三章第六节危害税收征管罪中，并不能表明虚开发票罪与虚开增值税专用发票罪侵犯的客体、犯罪构成要件是相同的或者互补的。普通发票并不经常与国家税收征管发生联系，不应将造成国家税收损失作为虚开发票罪的构成要件。在实践中，有些个人和单位虚开普通发票的目的是逃税，但也有多开交易金额的虚开行为，此行为并不会造成国家税收损失，甚至会增加国家税收，但该其行为同样违反了国家发票管理法规。

从《刑法》的规定来看，本罪的构成要件中并没有虚开目的的要求，也不存在非法定的目的犯的情形。根据《最高人民检察院、公安部关于公安机关管辖的刑事案件立案追诉标准的规定（二）的补充规定》第二条，公安机关对本罪的立案追诉的标准是：虚开发票100份以上或者虚开金额累计40万以上，或者虽未达到前述数额标准，但5年内因虚开发票行为受过行政处罚2次以上，又虚开发票的，或者有其他情节严重的情形，该入罪门槛对应的法定最高刑是有期徒刑二年。从本罪的法定刑来看，法定最高刑是有期徒刑七年。在本罪的构成要件中不设置虚开目的要求，不会导致罪刑失衡。如果在本罪的构成要件中添加“以逃税、骗税为目的”“给国家税款造成损失”，则与非法制造、出售非法制造的发票罪，非法出售发票罪，持有伪造的发票罪的构成要件不协调，因为后者的构成要件中都没有“以逃税、骗税为目的”“给国家税款造成损失”的内容。因此，本罪的成立对虚开的目的在所不问。

在实践中，有实际生产经营活动的企业为虚增业绩、融资贷款而虚开增值税专用发票，没有造成税款损失的，可能被认定为无罪；而虚开数量巨大、特别巨大或者金额巨大、特别巨大的普通发票，则被认定为有罪。虚开增值税专用发票、出口退税、抵扣税款的其他发票行为的危害性一般大于虚开普通发票行为的危害性，前者可能不构成犯罪，而后者构成犯罪，显然违反“举轻以明重”的入罪原则。按照罪刑法定原则，因虚开普通发票罪中的“发票”并不包括增值税专用发票、出口退税、抵扣税款的其他发票，这就导致不以逃税、骗税为目的而虚开数量巨大、特别巨大或者金额巨大、特别巨大的增值税专用发票、出口退税、抵扣税款的其他发票的行为无法得到刑罚处罚，形成处罚漏洞。

当然，为限制虚开发票罪的处罚范围，对主观上不具有牟利目的的虚开发票的行为，如果情节显著轻微，危害不大，可不作为犯罪处理。

（一审法院合议庭成员　黄仙方　方燕儿　吴　斌
二审法院合议庭成员　尹振国　王　坚　吴旭峰
编写人　浙江省宁波市中级人民法院　尹振国
责任编辑　周维明
审稿人　李玉萍）

原载《人民法院案例选》2020年第12辑（总第154辑）

三、非法出售增值税专用发票罪

107. 合慧伟业商贸（北京）有限公司等非法收购、出售增值税专用发票案

——主观上不具有骗取国家税款目的，客观上以虚构贸易开具相应增值税专用发票的行为性质认定

【关键词】

刑事　骗取国家税款　虚开增值税专用发票　非法出售增值税专用发票

【裁判要旨】

被告单位及主管责任人员，为单位谋取非法利益，为了融资等目的，与其他公司对开或环开增值税专用发票，但是虚开行为并非以骗取国家税款为目的，客观上也没有造成国家实际的税款损失，上述行为人的行为不构成虚开增值税专用发票罪，而构成非法出售增值税专用发票罪。

【相关法条】

《中华人民共和国刑法》

第二百零五条　虚开增值税专用发票或者虚开用于骗取出口退税、抵扣税款的其他发票的，处三年以下有期徒刑或者拘役，并处二万元以上二十万元以下罚金；虚开的税款数额较大或者有其他严重情节的，处三年以上十年以下有期徒刑，并处五万元以上五十万元以下罚金；虚开的税款数额巨大或者有其他特别严重情节的，处十年以上有期徒刑或者无期徒刑，并处五万元以上五十万元以下罚金或者没收财产。

单位犯本条规定之罪的，对单位判处罚金，并对其直接负责的主管人员和其他直接责任人员，处三年以下有期徒刑或者拘役；虚开的税款数额较大或者有其他严重情节的，处三年以上十年以下有期徒刑；虚开的税款数额巨大或者有其他特别严重情节的，处十年以上有期徒刑或者无期徒刑。

虚开增值税专用发票或者虚开用于骗取出口退税、抵扣税款的其他发票，是指有为他人虚开、为自己虚开、让他人为自己虚开、介绍他人虚开行为之一的。

第二百零七条　非法出售增值税专用发票的，处三年以下有期徒刑、拘役或者管制，并处二万元以上二十万元以下罚金；数量较大的，处三年以上十年以下有期徒刑，并处五万元以上五十万元以下罚金；数量巨大的，处十年以上有期徒刑或者无期徒刑，并处五万元以上五十万元以下罚金或者没收财产。

第二百零八条　非法购买增值税专用发票或者购买伪造的增值税专用发票的，处五年以下有期徒刑或者拘役，并处或者单处二万元以上二十万元以下罚金。

非法购买增值税专用发票或者购买伪造的增值税专用发票又虚开或者出售的，分别依照本法第二百零五条、第二百零六条、第二百零七条的规定定罪处罚。

第二百一十一条　单位犯本节第二百零一条、第二百零三条、第二百零四条、第二百零七条、第二百零八条、第二百零九条规定之罪的，对单位判处罚金，并对其直接负责的主管人员和其他直接责任人员，依照各该条的规定处罚。

【案件索引】

一审：北京市西城区人民法院（2018）京0102刑初153号（2018年12月5日）

二审：北京市第二中级人民法院（2019）京02刑终113号（2019年7月9日）

【基本案情】

北京市西城区人民检察院指控：被告单位合慧伟业商贸（北京）有限公司（以下简称合慧伟业公司）于2012年8月至2013年3月间，在没有真实交易的情况下，以购进钢材名义取得北京天正博朗商贸有限公司（以下简称天正博朗公司）、北京恩百泽商贸有限公司（以下简称恩百泽公司）虚开的增值税专用发票，虚开税款数额达1600余万元人民币。被告人赵某、刘某某全面负责上述公司的经营，并由其决策、指派公司员工从事相关活动。被告人赵某、刘某某分别于2017年1月10日、2016年9月19日被北京市公安局丰台分局抓获归案。

针对上述指控，公诉机关提供了相应的证据。公诉机关认为被告单位合慧伟业公司、天正博朗公司、恩百泽公司违反国家税收管理制度，在没有真实货物销售的情况下虚开增值税专用发票，且数额巨大，被告人赵某、刘某某作为公司实际控制人，决定、批准、授意犯罪活动，系对公司直接负责的主管人员。被告单位合慧伟业公司、天正博朗公司、恩百泽公司、被告人赵某、刘某某的行为均已触犯了《刑法》第二百零五条、第三十一条之规定，犯罪事实清楚，证据确实、充分，应当以虚开增值税专用发票罪追究其刑事责任。提请法院依法追究其刑事责任。

在开庭审理中，被告单位合慧伟业公司、被告单位天正博朗公司、被告单位恩百泽公司的诉讼代理人表示其公司的行为不构成虚开增值税专用发票罪。

被告单位合慧伟业公司的辩护人提出的主要辩护意见为：合慧伟业公司为了融资与其他公司对开或环开发票，不是以抵扣税款为目的的虚开，不具备逃骗税款的主观故意，不构成虚开增值税专用发票罪。

被告单位恩百泽公司的辩护人提出的主要辩护意见为：恩百泽公司主观方面不具有骗取国家税款的故意，而是为了帮助山东分公司融资，不构成虚开增值税专用发票罪。

被告单位天正博朗公司的辩护人提出的主要辩护意见为：天正博朗公司不具偷税骗

税的目的，没有造成国家税款的损失，在案两份会计鉴定意见书不能证明被告单位构成犯罪，税务机关出具的相关文字材料不应作为证据使用，该公司行为不具有社会危害性，不构成虚开增值税专用发票罪。

被告人赵某提出天正博朗公司、恩百泽公司是中国诚通金属（集团）公司（以下简称中国诚通公司）指定的供货商，天正博朗公司、恩百泽公司给合慧伟业公司开具了增值税专用发票，合慧伟业公司已经抵扣了税款，赵某知道资金流转过程，合慧伟业公司、天正博朗公司、恩百泽公司、中国诚通公司、山东分公司之间都是合规操作，山东分公司从中国诚通公司采购钢材，合慧伟业公司是担保方，中国诚通公司指定天正博朗公司采购钢材，合慧伟业公司与天正博朗公司之间有真实的钢材交易，自己无罪。

被告人刘某某提出天正博朗公司、恩百泽公司与合慧伟业公司之间有真实的货物交易，是中国诚通公司找刘某某配合中国诚通公司贸易融资，从天正博朗公司、恩百泽公司采购钢材，然后卖给赵某，每吨钢材刘某某有10元的利润，涉及合同金额大概1.1亿元，并开具了相应的增值税专用发票。天正博朗公司、恩百泽公司没有实际给合慧伟业公司供应钢材，而是由合慧伟业采购钢材给山东分公司，只有资金流向，自己的行为不构成虚开增值税专用发票。

被告人刘某某的辩护人提出的主要辩护意见为：（1）本案为托盘交易、贸易融资，没有实际交易发生，仅仅是为了银行发放信用贷款，增值税专用发票的开具方和受票方均不以抵扣增值税为目的，主观上没有骗取抵扣税款的故意，客观虚开行为没有造成增值税款流失；（2）在案两份会计鉴定意见书不能证明被告人构成犯罪，税务机关出具的相关文字材料不应作为证据使用，不能证明被告人刘某某构成犯罪。

被告人赵某的辩护人提出的主要辩护意见为：（1）被告人及被告单位均没有任何主观虚开增值税专用发票的故意，是以钢材贸易形式进行融资，这种情况在央企中普遍存在，直到2015年10月才有明确文件不允许，但只是违纪不违法。没有一张发票没有完税，没有任何一张发票偷逃税款，没有违反国家的规定，被告人赵某不构成犯罪；（2）全案证据只指向三家央企的钱融资到山东分公司的项目上，融资手段就是钢材贸易方式，没有任何企业负责人想骗税虚开，行为上都是自觉报税，发票全部真实，不存在虚开问题，没有税款流失，只以没有真实的钢材交货不能成为认定虚开增值税发票罪的依据。

法院经审理查明：2012年8月至2013年3月间，被告单位合慧伟业公司在没有真实交易的情况下，以购进钢材名义取得被告单位天正博朗公司、恩百泽公司虚开的增值税专用发票，虚开税款数额为人民币1600余万元，涉案增值税专用发票已抵扣。被告人赵某作为合慧伟业公司的实际负责人、被告人刘某某作为天正博朗公司、恩百泽公司的法定代表人全面负责上述公司的经营，并由其决策、指派公司员工从事相关活动。被告人赵某、刘某某分别于2017年1月10日、2016年9月19日被北京市公安局丰台分局抓获归案。

【裁判结果】

北京市西城区人民法院于2018年12月5日作出（2018）京0102刑初153号刑事判决：一、被告单位合慧伟业公司犯虚开增值税专用发票罪，判处罚金人民币30万元；二、被告单位天正博朗公司犯虚开增值税专用发票罪，判处罚金人民币25万元；三、被告单位恩百泽公司犯虚开增值税专用发票罪，判处罚金人民币 8 万元；四、被告人赵某犯虚开增值税专用发票罪，判处有期徒刑十年六个月；五、被告人刘某某犯虚开增值税专用发票罪，判处有期徒刑十年六个月；六、责令被告单位合慧伟业公司退缴因虚开增值税专用发票犯罪已非法抵扣的税款，移交税务机关补缴税款；七、被告单位天正博朗公司、恩百泽公司对于因虚开增值税专用发票犯罪已非法抵扣的税款负连带退缴责任。

宣判后，原审被告单位及被告人均不服，提出上诉。北京市第二中级人民法院于 2019 年 7 月 9 日作出（2019）京 02 刑终 113 号刑事判决：一、撤销北京市西城区人民法院（2018）京 0102 刑初 153 号刑事判决；二、上诉单位（原审被告单位）合慧伟业公司犯非法购买增值税专用发票罪，判处罚金人民币 15 万元；三、上诉人（原审被告人）赵某犯非法购买增值税专用发票罪，判处有期徒刑两年六个月；四、上诉单位（原审被告单位）天正博朗公司犯非法出售增值税专用发票罪，判处罚金人民币 15 万元；五、上诉单位（原审被告单位）恩百泽公司犯非法出售增值税专用发票罪，判处罚金人民币 5 万元；六、上诉人（原审被告人）刘某某犯非法出售增值税专用发票罪，判处有期徒刑三年；七、继续追缴天正博朗公司、恩百泽公司人民币 475 万元作为违法所得予以没收。

【裁判理由】

法院生效裁判认为：合慧伟业公司及其实际控制人赵某因主观上不具有骗取国家税款的目的，客观上认定造成国家税款损失的证据不足，因此，合慧伟业公司、赵某的行为不构成虚开增值税专用发票罪。与之对应，负责开具相应增值税专用发票的天正博朗公司、恩百泽公司及其法定代表人刘某某基于同样的原因也不构成虚开增值税专用发票罪。合慧伟业公司、赵某的行为构成非法购买增值税专用发票罪，天正博朗公司、恩百泽公司、刘某某的行为构成非法出售增值税专用发票罪。一审法院根据三上诉单位和二上诉人犯罪的事实、性质、情节和对社会的危害程度所作出的判决，认定事实正确，审判程序合法，但适用法律有误，导致量刑不当，依法予以纠正。

【案例注解】

本案案件事实错综复杂，犯罪行为的发生以特定条件下的商业贸易行为为背景，对犯罪行为的认定造成了一些困扰。本案的争议焦点主要在于定性问题。本案中被告单位与被告人确有虚开增值税专用发票罪的行为表现，但是从主客观相统一的视角出发，认定其行为性质确有争议，存在适用虚开增值税专用发票罪与非法出售或收购增值税专用发票罪的争议。

从立法原意看，虚开增值税专用发票罪设立意在预防增值税税款流失，保障国家的税款收益。相关的司法解释和国家税务总局的部门规章也充分印证了，虚开增值税专用发票意在保障国家增值税税款不被减少，而不是保证增值税税款不被异常流转。从主观要件层面解读虚开增值税专用发票罪，对主观故意的内容并没有加以明确，通常来说，虚开增值税专用发票本身不可能在虚开行为完成的同时让国家应收税款处于流失或者可能流失的危险状态（开票人享有增值税税收优惠的情况除外），尤其是为他人虚开的情形。《刑法》第二百零五条采用简单罪状的方式对虚开增值税专用发票罪进行了表述，但这并不意味着就此简单地认为该罪是行为犯。尽管对于该罪名是否是目的犯司法实践中确有争议，大部分裁判文书也表述为行为人明知是虚开而虚开。但不可否认，《刑法》中有很多在主观上应当具有特殊的犯罪目的却未加以明确设定的罪名，例如诈骗罪、盗窃罪等。一些司法案例也明确了虚开增值税专用发票罪须以骗取国家税款为目的的认定思路。最高人民法院于2018公布了“人民法院充分发挥审判职能作用保护产权和企业家合法权益典型案例（第二批）”，其中“张某强虚开增值税专用发票案”也遵循了这张一种裁判思路，即认定构成虚开增值税专用发票罪时，需要行为人主观上具有骗取国家税款目的，客观上造成了国家税款损失。

非法出售、购买增值税专用发票罪所保护的法益系对增值税专用发票严格的领购制度，任何单位和个人都不得实施买卖增值税专用发票的行为。非法出售、购买增值税专用发票犯罪是一种行为犯，行为人只要在客观上实施了非法交易增值税专用发票的行为，主观上也对其行为有明确认知，即符合该罪的犯罪构成，并不要求行为人非法出售或者购买的行为构成何种程度的危害后果，对行为人实施该犯罪行为的主观目的更无附加要求。

本案中，被告单位与被告人虚开增值税专用发票行为表现为“无货虚开型”，是指没有货物购销、没有提供或接受应税服务而为他人、为自己、让他人为自己、介绍他人开具增值税专用发票的行为。对该行为的定性关键在于厘清行为主体是否具有骗取国家税款的目的，客观上是否造成了国家税款损失。从事情的前因看，合慧伟业公司签订虚假的采购合同，找天正博朗公司、恩百泽公司虚开增值税专用发票，但以托盘融资为最终目的，并不存在真实的货物购销等经营行为，主观上并非出于骗取国家税款的目的。上述虚开的增值税专用（进项）发票已全部认证抵扣，合慧伟业公司虚开的增值税专用（销项）发票因为没有实际发生商品流转，没有产生真实的商品增值，也就没有缴纳增值税的事实基础，不缴纳该部分税款也不会给国家造成实际的税款损失，不应认定为虚开增值税专用发票罪。与此同时，虚开增值税发票的天正博朗公司、恩百泽公司因虚开行为收取合慧伟业公司475万元的好处费，实质上是一种变相买卖增值税专用发票的行为，因此认定为非法出售或购买增值税专用发票罪更为适宜。

（一审法院合议庭成员　王红奎　果振敏　孟　燕
二审法院合议庭成员　谭劲松　常　燕　周　耀
编写人　北京市西城区人民法院　冀　敏
责任编辑　周维明
审稿人　李玉萍）

原载《人民法院案例选》2020年第12辑（总第154辑）

第七节　侵犯知识产权罪

一、假冒注册商标罪

108. 翁佩君假冒注册商标案

——擅自外购同种商品并加贴假冒注册商标用以履行合同中指定品牌产品交付义务的刑法定性

【关键词】

假冒注册商标　履行交付义务　犯罪数额

【裁判要旨】

1. 行为人作为注册商标权利所有人的地区销售代理商，超越权利所有人许可的范围，擅自外购同种商品并加贴假冒注册商标的，构成假冒注册商标罪。

2. 合同中明确指定了产品的品牌，行为人以假冒注册商标的故意外购商品，并在假冒注册商标后进行交付用以履行合同义务，即使存在部分产品未附着或加贴假冒的注册商标，也应以其交付的产品数量和合同约定的该产品价格，计算其非法经营数额。

【相关法条】

《中华人民共和国刑法》

第二百一十三条　未经注册商标所有人许可，在同一种商品上使用与其注册商标相同的商标，情节严重的，处三年以下有期徒刑或者拘役，并处或者单处罚金；情节特别严重的，处三年以上七年以下有期徒刑，并处罚金。

【案件索引】

一审：浙江省舟山市普陀区人民法院（2016）浙0903刑初240号（2016年9月22日）

二审：浙江省舟山市中级人民法院（2016）浙09刑终153号（2016年12月15日）

【基本案情】

舟山市普陀区人民法院经审理查明：2012年10月北京四季沐歌太阳能技术集团有限公司（以下简称北京四季沐歌公司）授权舟山市普陀东港四季沐歌热水器销售店（以下简称东港四季沐歌销售店，系个体工商户）的翁佩君为该公司在舟山地区的销售代理人。同年11月底、12月初，东港四季沐歌销售店、北京四季沐歌公司与舟山恒尊地产有限公司（以下简称恒尊公司）签订了恒尊春天里项目太阳能热水系统购货及安装施工项目（以下简称三方协议），约定由东港四季沐歌销售店作为乙方为甲方恒尊公司的恒尊春天里小区项目采购、安装四季沐歌品牌太阳能热水系统，北京四季沐歌公司作为丙方，负责乙方的工程质量、施工进度及技术指导并承担连带责任，三方协议的报价明细表中明确太阳能热水系统的水箱应当为四季沐歌品牌，价格为人民币2600元/台，整个项目844台水箱的销售总价共计人民币2194400元。

在合同履行期间，北京四季沐歌公司代表曾同意翁佩君外购二台样机安装于样板房。后翁佩君因水箱的进货价格与该公司舟山销售负责人进行协商未能达成一致，遂擅自向山东德州天虹太阳能有限公司购置844台水箱并要求不要在水箱上贴标签，后又在一广告店伪造若干“四季沐歌”的商标标识贴在外购的水箱上。该844台水箱全部安装在恒尊春天里小区项目上，至2015年6月25日该项目太阳能热水系统经甲方验收合格。

舟山市普陀区人民检察院指控被告人翁佩君犯假冒注册商标罪，向舟山市普陀区人民法院提起公诉。

被告人翁佩君辩称：（1）北京四季沐歌公司曾主张让翁佩君外购其他品牌水箱贴牌作为样机，使翁佩君产生错误认识，其并无假冒注册商标的故意；（2）以每台水箱2600元的价格认定非法经营款依据不足，该价格系报价策略，并非水箱实际销售价格；（3）仅凭销售数量认定假冒注册商标的数量没有法律及事实依据，并非全部844台水箱均贴有假冒的“四季沐歌”商标。

【裁判结果】

舟山市普陀区人民法院于2016年9月22日作出（2016）浙0903刑初240号刑事判决：被告人翁佩君犯假冒注册商标罪，判处有期徒刑三年六个月，并处罚金人民币110万元。宣判后，被告人翁佩君不服，提出上诉。舟山市中级人民法院于2016年12月15日作出（2016）浙09刑终153号刑事裁定：驳回上诉，维持原判。

【裁判理由】

法院生效裁判认为：被告人翁佩君未经注册商标所有人许可，在同一种商品上使用与其注册商标相同的商标，情节特别严重，其行为已构成假冒注册商标罪。翁佩君在案件审理过程中认罪态度较好，且已将假冒水箱全部更换，并取得了合同另两方的谅解，可酌情从轻处罚。原判定罪及适用法律正确。量刑适当。审判程序合法。翁佩君上诉称假冒注册商标数量认定证据不足、被侵权单位存在过错、销售价格认定错误的理由与事实及证据不符，不予采纳。

【案例注解】

一、销售代理人超出商标所有人许可范围外购同种商品贴牌，构成假冒注册商标罪

本案中，被告人翁佩君所实施的行为，是典型的假冒注册商标行为。需要注意的是，本案中翁佩君身份系被侵权单位在舟山地区的销售代理人，其实施外购产品自行贴牌的行为，系为了及时履行包含被侵权单位在内的三方协议约定义务，且被侵权单位曾允许翁佩君外购同种产品贴牌。上述事由是否足以成为翁佩君实施行为的违法性阻却事由？

我们认为，当满足了在同种商品上使用了相同商标的条件时，假冒注册商标罪的违法性阻却事由只能是行为人得到了注册商标所有人的许可，且该许可在时间、空间和对象的范围上，足以涵盖行为人所实施的该次自行贴牌行为。

在本案中，翁佩君作为北京四季沐歌公司的销售代理人，其被许可的范围并不包含贴牌代加工等生产环节；在履行三方协议过程中，该公司仅就样板房中的样机允许翁佩君外购同种产品贴牌展示。除此之外，北京四季沐歌公司并无对翁佩君的其他许可或授权。恰恰相反，该公司在发现翁佩君未根据协议上的施工进度提出供货要求后，即派员实地查看，并在发现翁佩君假冒注册商标行为后立即报警，从实际行动上也表示了对翁佩君行为的否定。因此，在本案中并不存在违法性阻却事由影响对翁佩君行为的定性。

二、在指定品牌的合同中，应以合同约定的产品价格和交付履约的产品数量计算非法经营数额

假冒注册商标罪是情节犯，非法经营数额对本罪的构成及量刑档次均有决定作用。在本案中，对于非法经营数额的争议主要表现为两个方面：一是侵权产品单价的认定；二是侵权产品数量的认定。

（一）关于侵权产品的单价

翁佩君辩称三方协议中约定的太阳能水箱价格明显高于市场价格，也高于被告人在其他项目中同种产品的供货价格，因此不应以该价格作为非法经营数额的计算基准。

我们认为，这种主张并无法律依据。根据《最高人民法院、最高人民检察院关于办理侵犯知识产权刑事案件具体应用法律若干问题的解释》第十二条，"'非法经营数额'，是指行为人在实施侵犯知识产权行为过程中，制造、储存、运输、销售侵权产品的价值。已销售的侵权产品的价值，按照实际销售的价格计算。制造、储存、运输和未销售的侵权产品的价值，按照标价或者已经查清的侵权产品的实际销售平均价格计算。"民事合同所约定的价格，系双方意思自治。本案中翁佩君报价策略中选择挤压其他部件的价格，正意味着指定了"四季沐歌"品牌的水箱等设备是其获取利润的关键，而这部分设备的抬价也获得了甲方的认可并最终达成协议。因此，以三方协议中约定的水箱单品价格来计算非法经营数额，符合法律的规定。

（二）关于假冒注册商标商品的数量

本案中被告人辩称认定其在所有 844 台外购水箱上均附着加贴假冒注册商标标识的证据不足，因此不应将销售的数量均认定为假冒注册商标的数量并据此计算非法经营数额。

我们认为，在三方协议中指定了采购品牌的情况下，翁佩君用以履行合同义务的全部 844 台外购水箱，均应认定为其假冒注册商标的数量。

假冒注册商标系侵犯国家商标管理制度和权利人的商标专用权。而侵权的行为表现为对注册商标的“使用”。在一般的情况下，未加贴假冒的注册商标，不构成本罪。但根据《最高人民法院、最高人民检察院、公安部关于办理侵犯知识产权刑事案件适用法律若干问题的意见》第七条规定，已经制作完成但尚未附着（含加贴）或者尚未全部附着（含加贴）假冒注册商标标识的产品，如果有确实、充分的证据证明该产品将假冒他人注册商标，其价值计入非法经营数额。该规定的出台，系为解决实践中犯罪分子逃避打击或产品与标识数量无法一一对应等问题。举轻以明重，如果有明确的证据证明行为人实施了假冒注册商标的行为，且数量明确的已售产品均被冠以该假冒注册商标的名义，在不存在其他犯罪阻却因素的情况下，对于这些已售产品均应视作假冒注册商标的侵权产品。

在本案中：首先，翁佩君、北京四季沐歌公司、恒尊公司签订的三方协议中，明确了合同项目所用水箱设备应为“四季沐歌”品牌；其次，翁佩君在未取得北京四季沐歌公司许可的情况下，向其他厂家采购了844台水箱，并向生产厂家明确表示不要加贴该厂家的标识。同时，翁佩君又自行打印了假冒的“四季沐歌”注册商标标识，对其采购的水箱进行加贴后，安装于恒尊春天里项目，并通过恒尊公司验收，经过监理方、业主方签字确认。

综合上述情况，足以认定翁佩君采购该844台水箱目的明确，即用于冒充“四季沐歌”品牌产品，完成三方协议中指定品牌水箱采购安装的合同义务。同时，翁佩君又实施了打印和加贴假冒“四季沐歌”注册商标标识的行为，该844台水箱也均以“四季沐歌”品牌的名义安装于指定项目。因此，即使该844台水箱中存在部分水箱未加贴假冒的注册商标标识，依据主客观相一致的认知原则，也应计入翁佩君的非法经营数额。

（一审法院合议庭成员　付韫桦　薛洪民　陈金法
二审法院合议庭成员　徐　琼　王奇红　宋寅亮
编写人　浙江省舟山市中级人民法院　宋寅亮
责任编辑　周维明
审稿人　李玉萍）

原载《人民法院案例选》2017年第12辑（总第118辑）

二、销售假冒注册商标的商品罪

109. 微信朋友圈销售假冒注册商标的商品案*

【基本案情】

被告人戚某、钱某系夫妻，2013 年 6 月 16 日至 2014 年 7 月 31 日间通过微信软件等途径销售假冒注册商标的商品（手提包、皮带等），后又租用广东省韶关市区某大厦的房间存放待售的假冒注册商标的商品。

2014 年 8 月 1 日 12 时，公安机关将钱某抓获，并在其家中查获假冒注册商标的商品一批。同日 16 时许，戚某到公安机关投案，并带民警到市区某大厦存放假冒注册商标的商品的房间进行检查，在该房内查获假冒注册商标的商品一批。

经鉴定和审计，戚某、钱某销售的商品均为假冒注册商标的商品，销售金额为人民币 77757 元，其库存的假冒注册商标的商品价值人民币 9570 元。

【裁判结果】

广东省韶关市浈江区人民法院经审理认为：被告人戚某、钱某销售明知是假冒注册商标的商品，数额较大，其行为均已构成销售假冒注册商标的商品罪。戚某在犯罪过程中起主要作用，是主犯，钱某在作案过程中起辅助作用，是从犯。戚某在案发后自动投案，归案后能如实供述自己的犯罪事实，系自首。一审以销售假冒注册商标的商品罪分别判处二人有期徒刑七个月和六个月，均缓刑一年零六个月，并处罚金 15000 元。一审宣判后，二被告人均未提出上诉，现判决已经发生法律效力。

【典型意义：诚信经营】

本案是一起通过微信朋友圈销售假冒注册商标的商品的典型案例。微信朋友圈原是相对私人的个人空间，然而越来越多的人加入微商，利用微信朋友圈等新平台售假者也越来越多。与传统侵犯知识产权犯罪案件相比，这类犯罪作案手段相对隐蔽，但传播面广及推广速度快，销售假冒注册商标的商品涉及面广，社会影响恶劣。目前，《消费者权

* 2016 年 8 月 23 日最高人民法院公布的关于弘扬社会主义核心价值观的 10 个典型案例之一。

益保护法》和《网络交易管理办法》在微信购物方面还没有明文规定，而且微商没有经过工商注册登记，相关法律法规还需要进一步完善。

（责任编辑　杨　奕）

原载《人民法院案例选》2017 年第 2 辑（总第 108 辑）

110. 叶培、张阳生销售假冒注册商标的商品案
——销售假冒注册商标的商品罪的未遂与自首认定

【关键词】

销售假冒注册商标的商品罪　既遂　自首　食品

【裁判要旨】

明知是假冒注册商标的假酒而予以销售，销售金额较大，构成销售假冒注册商标的商品罪。因商品和货款均未实际交付即被公安部门全部查扣，故应认定为犯罪未遂。被告人在公安人员上门后才被动配合调查，没有主动投案情节，不构成自首。

【相关法条】

《中华人民共和国刑法》

第二十三条　已经着手实行犯罪，由于犯罪分子意志以外的原因而未得逞的，是犯罪未遂。

对于未遂犯，可以比照既遂犯从轻或者减轻处罚。

第六十七条　犯罪以后自动投案，如实供述自己的罪行的，是自首。对于自首的犯罪分子，可以从轻或者减轻处罚。其中，犯罪较轻的，可以免除处罚。

被采取强制措施的犯罪嫌疑人、被告人和正在服刑的罪犯，如实供述司法机关还未掌握的本人其他罪行的，以自首论。

犯罪嫌疑人虽不具有前两款规定的自首情节，但是如实供述自己罪行的，可以从轻处罚；因其如实供述自己罪行，避免特别严重后果发生的，可以减轻处罚。

第二百一十四条　销售明知是假冒注册商标的商品，销售金额数额较大的，处三年以下有期徒刑或者拘役，并处或者单处罚金；销售金额数额巨大的，处三年以上七年以下有期徒刑，并处罚金。

【案件索引】

一审：福建省厦门市思明区人民法院（2013）思刑初字第1350号（2015年4月24日）

【基本案情】

福建省厦门市思明区人民检察院指控称：被告人张阳生、叶培为牟取非法利益，由叶培提议，两被告人商定后，利用张阳生受林少伟的委托购买一批贵州茅台酒的机会，由叶培以每瓶500元的价格向他人购买了20件共计240瓶500ml假冒“MOUTAI”商标

标识的酒，张阳生与林少伟谈妥以每瓶930元的价格销售。6月12日，叶培将酒运至厦门高崎国际机场时被公安人员全部缴获，市场零售价格为999元/瓶。6月27日晚，二被告人随同公安人员回到厦门并于6月28日被刑事拘留。

被告人叶培、张阳生对指控的事实无异议，但辩称其系未遂，且构成自首，应从轻处罚。

法院经审理查明：2013年6月，被告人张阳生受林少伟的委托购买一批贵州茅台酒。被告人张阳生、叶培为牟取非法利益，由叶培提议，两被告人商定后，由被告人叶培以每瓶500元的价格向他人购买了20件共计240瓶500ml标有“MOUTAI”商标标识的酒，被告人张阳生与林少伟谈妥以每瓶930元的价格销售。6月12日，叶培将酒运至厦门高崎国际机场时被公安人员全部缴获。经贵州茅台酒股份有限公司鉴定，上述酒均系假冒贵州茅台酒厂有限责任公司注册的“MOUTAI”商标，对应真品市场零售价格为999元/瓶。

6月25日，公安人员到贵州省贵阳市找到被告人张阳生及叶培，二人承认出售上述“茅台酒”。6月27日晚，二被告人随同公安人员回到厦门并于6月28日被刑事拘留。经鉴定，上述假酒达到国家食品卫生标准，不属于有毒有害食品。

【裁判结果】

福建省厦门市思明区人民法院于2015年4月24日作出（2013）思刑初字第1350号刑事判决：一、被告人叶培犯销售假冒注册商标的商品罪，判处有期徒刑一年四个月，并处罚金人民币10万元。二、被告人张阳生犯销售假冒注册商标的商品罪，判处有期徒刑一年二个月，并处罚金人民币8万元。三、扣缴在案的240瓶500ml标有“MOUTAI”商标标识的假酒，予以没收销毁。

一审判决后，公诉机关没有抗诉，被告人未提出上诉，判决已发生法律效力。

【裁判理由】

法院生效裁判认为：被告人叶培、张阳生明知是假冒注册商标的商品而予以销售，销售金额达人民币223200元，数额较大，其行为已构成销售假冒注册商标的商品罪。公诉机关指控的罪名成立，本院予以支持。被告人叶培、张阳生系共同故意犯罪，被告人叶培是犯意的提出者和货源的组织者，被告人张阳生在明知涉案商品是假酒的情况下，仍然积极与买家联系，商谈销售价格。二人在共同犯罪中作用相当。两被告人因意志以外的原因犯罪未能得逞，是犯罪未遂，依法可以从轻或减轻处罚。辩护人认为被告人叶培、张阳生系自首，但两被告人没有主动向公安机关投案的情节，不符合自首的法律规定，本院对该辩护意见不予采纳。两被告人到案后如实供述罪行，在法庭上自愿认罪，赃物被全数查获未流入社会，依法可以从轻处罚。综上，决定对两被告人从轻处罚，但对辩护人宣告缓刑的辩护意见不予采纳。扣押在案的假冒他人注册商标的商品应予没收销毁。

【案例注解】

销售假冒注册商标的商品罪，是司法实践中一种常见的侵犯知识产权犯罪。本罪涉及食品安全这一社会热点，法院判决效果良好。于2016年被福建省高级人民法院评为福建法院依法维护消费者权益典型案例并位居首位。

案件的主要争议焦点有二：一是被告人是否构成既遂；二是被告人是否构成自首，这也是销售假冒注册商标的商品罪实践中经常遇到的问题。一审法院在审理过程中，依法准确认定了既未遂、自首和缓刑的构成条件，明确了对食品犯罪案件被告人慎重适用缓刑的裁判规则。本案在审理中，还从立法精神出发，解决了销售假冒注册商标的商品罪构成既遂的标准、犯罪嫌疑人一经传唤即积极配合调查并如实供述是否构成自首，以及食品安全共同犯罪中情节相对较轻一方能否适用缓刑等审判实践中比较突出的法律适用争议问题，有助于统一裁判标准，对类似案件具有普遍指导意义。

一、谈妥价格并已将假酒运送至约定提货地是否构成犯罪既遂

销售假冒注册商标的商品罪系典型的数额型犯罪，社会危害性的大小主要取决于犯罪数额的大小。因此，在对本案量刑时，应当根据犯罪数额的大小来确定量刑起点。对于犯罪数额，当行为人的行为符合销售假冒注册商标的商品罪的构成要件的情况下，不论涉案销售行为次数，也不论每次或多次销售的最终结果，所有已销售和尚未销售行为均应被视为售假者实施的整体销售行为的一部分，所有销售金额和货值金额均应纳入刑法评价和刑罚考量因素范围，以确保量刑不会严重失衡，避免不当扩大或缩小打击范围的后果。

本罪的犯罪客体是权利人的注册商标专用权和国家的商标管理制度，对于本罪中销售行为的完成问题，一般认为，销售行为的完成是行为人已经将假冒注册商标的商品销售出去，而且实际所获的销售金额达到法律规定的数额较大的程度。销售行为具体实施的前提条件是要有明确的买卖双方。如果尚不存在一个购买者，那么，销售者在购买者出现之前为了实现销售商品的目的而实行的任何活动，都只能是销售的准备活动。因而，只有销售者找到购买者之时，才能认定其销售行为已经着手。具体来说，对销售假冒注册商标的商品罪未遂犯的行为标准，结合《刑法》第二十三条关于犯罪未遂的规定进行对照，本罪未遂犯所对应的“尚未销售”时间应起于“已经着手实行犯罪”而终于“已销售”前，只有在这个期间因意志以外原因“未得逞”方能构成未遂，易言之，交付货物应当成为判断“已销售”的根本标准，即销售行为的完成形态应指货物已交付、所有权已转移。反之，对货物尚未交付、所有权还未转移的应认定为尚未销售，故尚未销售或者虽然已经发货，但是还处于运输过程，尚未完成交付货物的犯罪行为均应属于犯罪未遂。

本案中，虽然有明确的买家，销售者与购买者也已达成商品购销的合意，并约定了茅台酒的销售价格和运输方式，相关货物甚至已经运至购买者的指定地点，但是双方既未实际交付定金或货款，也未完成假冒注册商标的商品交付，全部侵权商品即因为意志以外的原因被公安机关全部查扣。销售行为并未完成，从法益受损害的程度上看，该种情况中销售的主体活动并未完成，其对法益尚未造成实质的、现实的侵害，与已经完成了交付货物、收取货款两个环节的典型的销售完成行为对法益的损害有本质的不同，故应认定为犯罪未能得逞。这样区别性地对待，既充分保护了法益，又从紧缩犯罪的成立范围的角度保持了刑法的谦抑性，具有相当的合理成分，是恰如其分的。

二、犯罪嫌疑人一经传唤即积极配合调查并如实供述是否构成自首

根据《刑法》第六十七条第一款规定，成立自首必须同时具备两个条件：一是行为人犯罪后自动投案，二是行为人如实供述自己的罪行。主动投案和如实供述，两个要件缺一不可。

本案中，辩护人认为公安人员到贵阳找叶培、张阳生的时候并没有对其采取强制措施，也没有做讯问笔录，而仅是要求两被告人配合调查。两被告人在这一情况下，主动随同公安人员返回厦门，积极配合调查，并如实供述，系投案自首。符合司法解释中关于“犯罪事实或者犯罪嫌疑人未被司法机关发觉，或者虽被发觉，但犯罪嫌疑人尚未受到讯问、未被采取强制措施时，主动、直接向公安机关、人民检察院或者人民法院投案”的相关规定。公诉人对此持不同意见，认为公安部门在两被告人到案前就已经掌握了被告人信息，查扣假酒后，公安部门在与被告人的多次通话中，两被告人也并没有主动到案的表示。公安人员到贵阳后虽然没有强制措施，但是因为被告人缺乏主动性，所以不具备认定自首的条件。

对这一争议焦点。司法认定的重点是被告人是否构成主动投案。《最高人民法院关于处理自首和立功具体应用法律若干问题的解释》第一条规定：“……罪行未被司法机关发觉，仅因形迹可疑被有关组织或者司法机关盘问、教育后，主动交代自己的罪行的，……应当视为自动投案。”根据这一规定，两被告人是否仅仅因形迹可疑而受到公安人员盘问就主动交代，是认定其是否构成自首的条件，如果是，则应认定其自首。否则，如果被告人是作为犯罪嫌疑人被侦查机关询问后才做供述的，就不应认定为自首。

本案中，公安部门在查扣全部假酒后，事实上已经掌握了案件的主要情节，并已将两被告人列为主要嫌疑人。这一判断是基于对物证、书证和相关证人证言而作出的逻辑判断的结果，是一种有客观依据的合理怀疑。两被告人是公安机关在侦破案件的过程中确定的犯罪嫌疑人，这与仅因形迹可疑而被司法机关盘问截然不同，而且到贵阳找被告人的公安人员恰好是本案的侦查人员，并不是当地公安因偶然原因接触到形迹可疑人员。值得注意的是，案发后，两被告人既没有委托他人先行代为投案，也未先以信、电方式向公安部门投案，在公安部门从假酒查扣地厦门致电询问的情况下，被告人仍然没有珍惜机会，一直拖到公安部门上门亮明身份后，才被动配合调查。综上所述，二被告人并非主动、直接向公安机关投案，不符合自首的构成要件，依法不应认定为自首，相关辩解和辩护意见不应得到采信。

三、被告人同时具有法定从轻、减轻处罚情节和其他酌定情节时，如何权衡并最终确定刑罚

本罪系典型的数额型犯罪，社会危害性的大小主要取决于犯罪数额的大小，销售金额数额较大和巨大两个量刑情节分别对应三年以下有期徒刑或者拘役，并处或者单处罚金和三年以上七年以下有期徒刑，并处罚金两个量刑档次。

根据《刑法》第六十一条的规定，对于犯罪分子决定刑罚的时候，应当综合考虑犯罪的事实、犯罪的性质、情节和对于社会的危害程度。刑事案件量刑情节包括法定情节和酌定情节，法定情节包括刑法总则中从重、从轻、减轻和免除的相关规定，以及刑法分则中情节严重、情节特别严重、数额较大、数额巨大等相关表述。酌定情节是刑法虽然没有明文规定，但根据立法精神、司法解释或审判实践经验，在量刑时也应当考虑或者酌情考虑的情况。审判实践中，对只具有一个量刑情节的被告人决定刑罚时，一般不会产生分歧，但对于被告人同时具备两个以上量刑情节的，如何具体量刑，比较难以一概而论，只能综合案件的具体情况，考虑案件的各种因素，慎重作出准确的决定。

本案中，两被告人为牟取非法利益，销售明知是假冒注册商标的茅台酒，符合销售假冒注册商标的商品罪的构成要件，依照《刑法》第二百一十四条的规定，该罪有两个量刑档次，即三年以下有期徒刑或者拘役，并处或者单处罚金和三年以上七年以下有期徒刑，并处罚金。两个量刑档次分别对应销售金额数额较大和巨大两个量刑情节。《最高人民法院、最高人民检察院关于办理侵犯知识产权刑事案件具体应用法律若干问题的解释》第二条明确规定销售明知是假冒注册商标的商品金额在5万元以上的，属于"数额较大"；销售金额在25万元以上的，属于《刑法》第二百一十四条规定的"数额巨大"。本案销售金额为人民币223200元，系"数额较大"，构成第一个法定从轻情节，应当适用较低的量刑档次，判处三年以下有期徒刑或者拘役，并处或者单处罚金。两被告人利用受托购买茅台酒的机会，明知是假冒注册商标的茅台酒而予以采购并加价销售，假酒已从货源地贵阳运至销售地厦门，因意志以外的原因被公安机关全部缴获，假酒未实际流入社会，犯罪未能得逞，是犯罪未遂，依法可以比照既遂犯从轻或者减轻处罚。两被告人在被公安部门依法传唤后，配合公安归案，如实供述自己罪行的，在法庭上自愿认罪，构成又一法定从轻情节，依法可以从轻处罚。在构成两个法定"可以"从轻处罚情节的同时，被告人销售的假冒注册商标商品是白酒，属于食品，构成一个酌定情节。虽经鉴定，涉案假酒达到国家食品卫生标准，不属于有毒有害食品，不构成生产、销售有毒、有害食品罪。但涉食品犯罪关系民众身体健康，社会危害较大，长期以来一直是我国刑法打击的重点，为了保护公民的人身安全，维护社会稳定，也为了震慑涉食品的假冒伪劣产品销售行为，本案酌定不应对被告人从轻处罚。综合全案的各种因素和具体情况，厦门市思明区人民法院对两被告人分别判处有期徒刑一年四个月和一年二个月，是适宜的。

四、食品安全共同犯罪中如何适用缓刑

缓刑，是指对被判处一定刑罚的犯罪分子，鉴于其犯罪情节较轻、主观恶性不深、对社会危害较小、再犯可能性很小而在一定期限内附条件不执行原判刑罚的一种刑事制度。我国在1979年《刑法》中设专节对缓刑制度作了具体规定，并在1997年《刑法》对缓刑制度进行了修改，对缓刑考验制度作了具体的规定：对于被判处拘役或者三年以下有期徒刑的犯罪分子，根据其犯罪情节和悔罪表现，认为适用缓刑确实不致再危害社会的，人民法院可以在宣判刑罚的同时宣告缓刑，规定一定的考验期限，暂缓执行所判刑罚。在缓刑考验期内，被宣告缓刑的犯罪人如果没有犯新罪，没有发现在判决宣告以前还有没有判决的罪，也没有违反法律、行政法规或者国务院公安部门有关缓刑监督规定且情节严重的情况，原判刑罚就不再执行。

关于缓刑的制度设计，我国台湾地区学者梁恒昌认为，"乃当被告刑事责任可能确认时，在一定时间内，将刑事责任之宣告和刑罚之量定置于停止状态，以观察其行状；被告如在一定期间内，保持善行，未发生特定之不良事故，即对该犯罪行为不再为有罪之宣告；被告如在该一定期间内不能保持善行，发生特定之不良事故，则除追究新事故之刑责外，对于原犯罪行，仍应宣告其罪刑而执行之"。有学者指出，缓刑是使受到判刑的人仍然在社会中生活，接受社会性处遇，因而缓刑是宣告刑的一种特别执行方式。

根据我国刑法关于缓刑的定义，缓刑制度包含三层含义：（1）缓刑适用的前提条件是对象必须是被判处拘役或者三年以下有期徒刑的犯罪分子，即是罪行较轻的犯罪分子，这是我国刑法的硬性要求。如是判处重于三年有期徒刑的犯罪分子，他们的罪行较重，社会危害性较大，不宜适用缓刑。（2）适用缓刑的本质条件必须是犯罪情节较轻、悔罪表现较好，判处缓刑不致再危害社会。缓刑适用是为了更好地促进犯罪分子心灵上的净化，改正先前的错误，同时亦可减轻刑罚执行的人力、物力和财政压力，但是如果缓刑不能保证对缓刑人员判处缓刑后其不再危害社会，那么缓刑的价值就无法体现，甚至还可能给社会造成危害，使得犯罪了还能“逍遥法外”的思想助长，引发公众对缓刑制度合理性的怀疑，不利于社会矫正工作的开展。因此，缓刑适用需要建立在判处缓刑后确定不致再危害社会的基础上。（3）缓刑是刑罚的一种。免除刑罚就不存在再执行刑罚的问题，而缓刑的性质是暂缓执行刑罚，人民法院判决被告人有罪并处以刑罚，同时宣告缓刑，原判刑罚暂不执行，但却在一定的期限内保留着执行的可能性。如果缓刑人员违反了刑法所规定的条件，那么原判的刑罚仍然要执行。

本案系典型的共同故意犯罪。被告人叶培是犯意的提出者和货源的组织者，被告人张阳生在明知涉案商品是假酒的情况下，仍然积极与买家联系，商谈销售价格。两人在共同犯罪中作用相当，不构成主从犯。两人判处刑期低于三年，符合判处缓刑的第一个条件，问题的关键在于是否符合缓刑适用的本质条件：犯罪情节轻微、确有悔罪表现，判处缓刑不致危害社会。本案中，被告人虽有悔罪表现，但因为两人所从事的犯罪活动涉及食品安全且数量较大，社会危害大。不符合《刑法》第七十二条中犯罪情节较轻及宣告缓刑对所居住社区没有重大不良影响等法定缓刑适用条件。因此，法院对辩护人关于宣告缓刑的辩护意见不予采纳，是符合立法本意的。

五、本案判决的社会意义分析

本案所反映的制售假酒问题在打击假冒伪劣产品案件中具有突出的代表性，司法实践中，销售假冒注册商标的商品罪大致占知识产权犯罪案件总数的一半，而假酒正是其中的一个重要的多发类别。

假酒犯罪主要以假冒茅台、五粮液等著名国产白酒，以及进口知名品牌洋酒为主，在餐饮、酒店、娱乐等行业广泛存在，侵害面广，危害性较大，社会影响恶劣，不仅使酒类商标权人蒙受较大经济损失，还危及不特定社会公众的身体健康，民愤较大。

依据我国现行的法律法规，有关酒类管理的法律规范主要有：《食品安全法》《产品质量法》《商标法》《商标法实施条例》《国务院关于加强食品等产品安全监督管理的特别规定》等法律法规和部门规章。通常而言，制售假劣酒常见的有两种方式：一种是回收包材重新灌装其他或同品牌的低价酒；另一种是彻底仿造。不论是哪种方式，酒瓶中装的酒都是由一些小厂家生产或同品牌的低端酒，也就是说酒是“真”的，假的是品牌。现行的酒类打假主要手段是依靠各酒厂出具鉴定证明书，对酒的鉴别仅仅是靠厂家的打假人员从外包装、商标、防伪标识、编码等进行鉴别，没有其他方法。而实验室检验只能对卫生指标进行检验，不能鉴别真假。因此，厂方出具的鉴定证明书就成了查办酒类案件的主要证据。

本案中，依据贵州茅台酒股份有限公司鉴定，涉案白酒均系假冒贵州茅台酒厂有限责任公司注册的“MOUTAI”商标，对应真品市场零售价格为999元/瓶。经厦门市产品质量监督检验院《检测报告》等鉴定意见，上述假酒达到国家食品卫生标准，不属于有毒有害食品。据被告人陈述，其在销售前也曾亲身尝试。相应假酒系来自专业人士回收包材重新灌装其他品牌的低价酒。

本案被告人购买并销售假冒贵州茅台酒股份有限公司的知名商标“MOUTAI”标识的假酒240瓶，案值近24万元。涉案假酒直接来源于茅台酒的原产地和主要销售集散地贵阳，销售对象系城市白酒类批发零售商，如果犯罪得逞，将危及大量终端消费者的身体健康权益，法院结合案值及社会危害性从重量刑。

本案受理后，社会关注度高，通过对本案审理过程和宣判结果的相关报道，既教育了群众，也展现了法院依法审理食品纠纷案件，严厉打击危害食品安全犯罪，维护食品安全的做法与成效，不仅受到商标权利人的好评，也取得了被告人家属的理解，法律效果和社会效果良好。

（一审法院合议庭成员　倪宗泽　林　鸿　彭景元
编写人　福建省厦门市思明区人民法院　林　鸿
责任编辑　周维明
审稿人　沈　亮）

原载《人民法院案例选》2017年第6辑（总第112辑）

三、非法制造、销售非法制造的注册商标标识罪

111. 张盛、邹丽假冒注册商标及王渭宝销售非法制造的注册商标标识案①

——假冒注册商标罪的从犯与销售非法制造的注册商标标识罪的单独犯罪的认定

【关键词】

帮助行为　单独犯罪　共同犯罪

【裁判要旨】

行为人向从事假冒注册商标犯罪活动的人销售非法制造的注册商标标识，情节严重的，不构成假冒注册商标罪的从犯，而是单独构成销售非法制造的注册商标标识罪。

【相关法条】

《中华人民共和国刑法》

第二十五条第一款　共同犯罪是指二人以上共同故意犯罪。

第二百一十三条　未经注册商标所有人许可，在同一种商品上使用与其注册商标相同的商标，情节严重的，处三年以下有期徒刑或者拘役，并处或者单处罚金；情节特别严重的，处三年以上七年以下有期徒刑，并处罚金。

第二百一十五条　伪造、擅自制造他人注册商标标识或者销售伪造、擅自制造的注册商标标识，情节严重的，处三年以下有期徒刑、拘役或者管制，并处或者单处罚金；情节特别严重的，处三年以上七年以下有期徒刑，并处罚金。

【案件索引】

一审：湖北省襄阳市中级人民法院（2014）鄂襄阳中知刑初字第00002号（2015年1月19日）

① 说明：本案入选了最高人民法院评选的“2015年中国法院10大知识产权案件”。

二审：湖北省高级人民法院（2015）鄂知刑终字第00001号（2015年6月17日）

【基本案情】

公诉机关：湖北省襄阳市人民检察院。

被告人（二审上诉人）：张盛，男，汉族，初中文化，个体工商户。

被告人（二审上诉人）：邹丽，女，汉族，中专文化，个体工商户，系张盛妻子。

被告人（二审上诉人）：王渭宝，男，汉族，初中文化，无固定职业。

湖北省襄阳市人民检察院诉称：2012年以来，被告人张盛为制造假冒调味品进行牟利，从被告人王渭宝处购买未经授权非法制造的包装袋，后被告人张盛、邹丽购买一般品牌的味精、鸡精，进行包装后冒充“太太乐”鸡精、“莲花”味精产品进行销售，并自己配方制造调味品，冒充“南德”调味料进行销售，销售额达116515元（人民币，下同），依照《刑法》相关规定，应当以假冒注册商标罪追究被告人张盛、邹丽的刑事责任，应当以销售非法制造的注册商标标识罪追究王渭宝的刑事责任。

被告人张盛辩解称：对公诉机关指控罪名无异议，但被指控其销售商品金额多于实际金额。

被告人邹丽辩解称：对公诉机关指控罪名无异议，但其只参与生产，未参与销售。

被告人王渭宝辩解称：对公诉机关指控事实和罪名均无异议。

法院经审理查明：2012年以来，被告人张盛为了制造假冒的调味品进行牟利，从被告人王渭宝处购买未经授权非法制造的“南德”调味料包装袋1万套、“莲花”味精包装袋25000套，并向王渭宝汇款5250元。后被告人张盛、邹丽购买一般品牌的味精、鸡精，进行包装后冒充名牌产品“太太乐”鸡精、“莲花”味精产品进行销售，并自己配方，用食盐、味精、香料等制造调味品，冒充名牌产品“南德”调味料进行销售，销售额达115565元。2013年8月14日，老河口市公安局对张盛、邹丽二人租住地方及租用的仓库进行了搜查，发现大量的制假设备、原料以及假冒的“南德”调味品、“太太乐”鸡精、“莲花”味精包装、商标标识。经鉴定，上述包装和商标标识均系未经授权的伪造产品。

另查明：河南省南街村（集团）有限公司于1998年9月28日受让取得第1141227号“南街村”商标，该商标核定使用商品为第30类，即方便面、调味品等，现该商标在核准的法定有效期限内。2004年11月12日，该商标被国家工商行政管理总局认定为驰名商标。雀巢产品有限公司系第1506180号“太太乐”商标的商标注册人，该商标核定使用商品为第30类，即佐料、味精、调味品等。上海太太乐食品有限公司经雀巢产品有限公司授权许可使用上述商标，该商标尚在核准的法定有效期限内，同时该商标亦被认定为驰名商标。河南莲花味精股份有限公司于2000年12月28日受让取得第919410号“莲花”商标，该商标核定使用商品为第30类，即咖啡调味品、味精等。现该商标在核准的有效期限内，且该商标亦为驰名商标。被告人张盛、邹丽所使用的“南德”调味料、“太太乐”鸡精以及“莲花”味精外包装袋上均印制有与上述商标相同的商标标识。

【裁判结果】

湖北省襄阳市中级人民法院于2015年1月19日作出（2014）鄂襄阳中知刑初字第

00002 号刑事判决：

一、被告人张盛犯假冒注册商标罪，判处有期徒刑二年，并处罚金人民币 6 万元（限于本判决生效后一个月内缴纳）；（刑期从判决执行之日起计算。判决执行以前先行羁押的，羁押一日折抵刑期一日，即自 2013 年 8 月 14 日起至 2015 年 8 月 13 日止）。

二、被告人邹丽犯假冒注册商标罪，判处有期徒刑一年，并处罚金人民币 5 万元（限于本判决生效后一个月内缴纳）；（刑期从判决执行之日起计算。判决执行以前先行羁押的，羁押一日折抵刑期一日，即应扣除两个月零十天，即自 2015 年 1 月 19 日起至 2015 年 11 月 8 日止）。

三、被告人王渭宝犯销售非法制造的注册商标标识罪，判处有期徒刑一年，并处罚金人民币 1 万元（限于本判决生效后一个月内缴纳）；（刑期从判决执行之日起计算。判决执行以前先行羁押的，羁押一日折抵刑期一日，即应扣除二十二天，即自 2015 年 1 月 19 日起至 2015 年 12 月 26 日止）。

四、对被告人邹丽的非法所得予以追缴，上缴国库（老河口市公安机关已追缴）。

五、查获的制假设备、原料以及假冒的“南德”调味品、“太太乐”鸡精、“莲花”味精包装、商标标识等（详见所附清单）予以没收，由老河口市公安机关负责处理。

张盛、邹丽、王渭宝均不服一审判决，分别向湖北省高级人民法院提出上诉。

湖北省高级人民法院于 2015 年 6 月 17 日作出（2015）鄂知刑终字第 00001 号刑事裁定：

一、维持湖北省襄阳市中级人民法院（2014）鄂襄阳中知刑初字第 00002 号刑事判决第一项、第二项、第四项、第五项。

二、维持湖北省襄阳市中级人民法院（2014）鄂襄阳中知刑初字第 00002 号刑事判决第三项对上诉人王渭宝的定罪和量刑部分，对上诉人王渭宝的刑期重新计算。

三、上诉人王渭宝犯销售非法制造的注册商标标识罪，判处有期徒刑一年，并处罚金人民币 1 万元（限于本判决生效后一个月内缴纳）；（刑期从判决执行之日起计算。判决执行以前先行羁押的，羁押一日折抵刑期一日，即自 2015 年 1 月 19 日起至 2015 年 12 月 16 日止）。

【裁判理由】

法院生效裁判认为：被告人张盛及邹丽未经“南街村”、“太太乐”和“莲花”商标的商标所有人许可，采用购买一般品牌的味精、鸡精，进行分装后冒充“太太乐”鸡精、“莲花”味精进行销售，并自己配方制造调味品，冒充“南街村”调味料进行销售，销售数额达 115565 元。张盛负责洽谈、送货、收款等，上诉人邹丽负责记账，二人属于在共同销售环节中的不同分工，构成假冒注册商标罪的共同犯罪。对被告人张盛称其销售给刘强及李伟的商品数量应予以核减的辩解，不予采信，但指控其销售给袁秀玲的商品数额因证据不足，依法予以核减。被告人邹丽否认参与销售，与客观事实不符，不予采信。被告人王渭宝销售了非法制造的包装袋，其销售的两种注册商标标识数量在 1 万件以上，已构成销售非法制造的注册商标标识罪。王渭宝提出的上诉理由均非法定的应当宣告缓刑的理由，不予采纳，但原审判决对王渭宝的刑期计算有误，依法予以纠正。

【案例注解】

在侵犯知识产权罪的司法实践中，认定构成假冒注册商标罪的从犯与单独构成非法制造、销售非法制造的注册商标标识罪十分容易混淆。本案中，被告人邹丽与被告人王渭宝均为被告人张盛假冒注册商标的犯罪行为提供了帮助，但法院认定被告人邹丽构成假冒注册商标罪的共同犯罪，被告人王渭宝单独构成销售非法制造的注册商标标识罪。本案涉及以下两个法律适用问题：

一、假冒注册商标罪与非法制造、销售非法制造的注册商标标识罪的界限

《刑法》第二百一十三条规定："未经注册商标所有人许可，在同一种商品上使用与其注册商标相同的商标，情节严重的，处三年以下有期徒刑或者拘役，并处或者单处罚金；情节特别严重的，处三年以上七年以下有期徒刑，并处罚金。"《刑法》第二百一十五条规定："伪造、擅自制造他人注册商标标识或者销售伪造、擅自制造的注册商标标识，情节严重的，处三年以下有期徒刑、拘役或者管制，并处或者单处罚金；情节特别严重的，处三年以上七年以下有期徒刑，并处罚金。"假冒注册商标罪与非法制造、销售非法制造的注册商标标识罪在主观上均是故意，其犯罪主体均为一般主体，即自然人和单位都可以成为上述两罪的主体，并且，上述两罪的犯罪客体也相同，其侵犯的客体均为国家对商标的管理制度以及他人的注册商标专用权。但是，假冒注册商标罪与非法制造、销售非法制造的注册商标标识罪在犯罪客观方面有本质的区别。假冒注册商标罪在客观方面表现为未经注册商标权利人的许可，在同一种商品上使用与其注册商标相同的商标，情节严重的行为。至于商标标识是否是行为人自己制造的，不影响犯罪的成立；而非法制造、销售非法制造的注册商标标识罪在客观方面表现为伪造、擅自制造的注册商标标识或者销售伪造、擅自制造的注册商标标识，情节严重的行为。至于行为人是否将伪造、擅自制造的商标标识用于注册商标核定使用的同一种商品上，不影响本罪的成立。就本案而言，被告人张盛的犯罪行为是一种典型的未经商标权人许可在同一种商品上使用与其注册商标相同的商标的行为，应当认定构成假冒注册商标罪；而被告人王渭宝则只是向他人销售了非法制造的注册商标标识，其并未直接将商标标识使用在商品上，故被告人王渭宝不构成假冒注册商标罪，而是构成销售非法制造的注册商标标识罪。

二、假冒注册商标罪的从犯与单独构成非法制造、销售非法制造的注册商标标识罪的认定

《刑法》第二十五条第一款规定："共同犯罪是指二人以上共同故意犯罪。"《最高人民法院、最高人民检察院、公安部关于办理侵犯知识产权刑事案件适用法律若干问题的意见》第十五条规定："明知他人实施侵犯知识产权犯罪，而为其提供生产、制造侵权产品的主要原材料、辅助材料、半成品、包装材料、机械设备、标签标识、生产技术、配方等帮助，或者提供互联网接入、服务器托管、网络存储空间、通讯传输通道、代收费、费用结算等服务的，以侵犯知识产权犯罪的共犯论处。"本案中，被告人张盛负责生产、洽谈、送货、收款等业务，被告人邹丽辅助张盛生产制造假冒商品并提供记账等帮助，此二人的行为属于在假冒注册商标行为中的不同分工，但有着共同的犯罪故意，构成共同犯罪。其中，张盛作为犯意的发起者、犯罪的指挥者、犯罪的重要实行者，在共同犯罪中起主要作用，系主犯；邹丽在共同犯罪中听命于张盛的策划，从事某一方面的犯罪活动，起次要作用，应当认定为假冒注册商标罪的从犯。被告人王渭宝为被告人张盛提供的包装材料，不同于一般的包装材料，其印制有他人的注册商标，但王渭宝的犯罪故意与张盛、邹丽的犯罪故意并不相同，王渭宝系明知是非法制造的他人注册商标标识却仍然故意销售，而没有在商品上使用与其注册商标相同的标识的主观故意，故王渭宝和张盛不具有假冒注册商标的共同故意。对于被告人王渭宝的犯罪行为，《刑法》第二百一十五条已经作了专门规定，被告人王渭宝的行为应当认定为单独构成销售非法制造的注册商标标识罪，而不能以假冒注册商标罪的共犯论处。申言之，在《刑法》分则把某一特定犯罪的帮助行为规定为一个独立犯罪的情况下，行为人实施该帮助行为，不应以某一特定犯罪的从犯论处，而应认定为构成单独犯罪。

（一审法院合议庭成员　刘贤玉　白喜春　杨晓波
二审法院合议庭成员　徐　翠　张　浩　童海超
编写人　湖北省高级人民法院　童海超
责任编辑　周维明
审稿人　沈　亮）

原载《人民法院案例选》2016 年第 9 辑（总第 103 辑）

112. 谢张金非法制造注册商标标识案
——非法制造注册商标标识罪中“件”的认定

【关键词】

刑事　注册商标标识　件数　认定

【裁判要旨】

对于非法制造注册商标标识罪中“件数”的认定，应区分行为人对其非法制造注册商标标识被使用的方式、范围等情况是否明知进行判断，若行为人明知被使用情况的，注册商标标识的件数应以一个完整的商品物体或者包装为标准来计算；若其不明知被使用范围的，则注册商标标识的件数应按一个完整的注册商标标识图样为标准来计算。

【相关法条】

《中华人民共和国刑法》

第二百一十五条　伪造、擅自制造他人注册商标标识或者销售伪造、擅自制造的注册商标标识，情节严重的，处三年以下有期徒刑、拘役或者管制，并处或者单处罚金；情节特别严重的，处三年以上七年以下有期徒刑，并处罚金。

《最高人民法院、最高人民检察院关于办理侵犯知识产权刑事案件具体应用法律若干问题的解释》

第十二条第三款　本解释第三条所规定的“件”，是指标有完整商标图样的一份标识。

【案件索引】

一审：福建省泉州市洛江区人民法院（2018）闽 0504 刑初 144 号（2018 年 10 月 11 日）

【基本案情】

公诉机关福建省泉州市洛江区人民检察院指控，2017 年 3 月至 4 月期间，被告人谢张金未经商标注册人许可组织员工擅自制造“NIKE”“adidas”“new balance”商标的纸盒，其中非法制造的“NIKE”商标标识为 379740 件、“adidas”商标标识为 20400 件、“new balance”商标标识为 800 件，总计 400940 件。被告人谢张金的行为应以非法制造注册商标标识罪追究其刑事责任。

被告人谢张金对起诉书指控的罪名及犯罪事实均无异议。其辩护人对起诉书指控的罪名及犯罪事实也无异议，但认为公诉机关指控的犯罪数量计算方式有误，对于被告人非法制造注册商标标识“件”数的认定，应直接按被告人印制的鞋盒个数计算，每个鞋盒上印制的相同的注册商标标识不应进行重复评价。

法院经审理查明：2017 年 3 月至 4 月期间，被告人谢张金未经商标注册人许可组织员工在其位于泉州市洛江区马甲镇就南村的永超纸品加工厂（又名金玉彩印厂），擅自制造“NIKE”“adidas”“new balance”商标的纸盒。经统计，非法制造的“NIKE”商标标识为 55480 件、“adidas”商标标识为 6800 件、“new balance”商标标识为 100 件，总计非法制造注册商标标识 62380 件。

【裁判结果】

福建省泉州市洛江区人民法院于 2018 年 10 月 11 日作出（2018）闽 0504 刑初 144 号刑事判决：一、被告人谢张金犯非法制造注册商标标识罪，判处有期徒刑二年六个月，缓刑三年，并处罚金人民币 2 万元。二、泉州市公安局洛江分局扣押的暂存放于广州创品知识产权服务有限公司租用的位于晋江市梅岭街道的仓库内的涉案鞋盒及鞋盒彩印纸共 62380 件、印刷模板 1 个，由扣押机关予以没收并销毁。宣判后，被告人谢张金未提出上诉，公诉机关亦未提出抗诉，本判决已生效。

【裁判理由】

法院生效裁判认为：被告人谢张金擅自制造三种他人注册商标标识共计 62380 件，其行为已构成非法制造注册商标标识罪，且属情节特别严重。公诉机关指控成立。根据《最高人民法院、最高人民检察院关于办理侵犯知识产权刑事案件具体应用法律若干问题的解释》（以下简称《办理侵犯知识产权刑事案件解释》）第十二条第三款“本解释第三条所规定的‘件’，是指标有完整商标图样的一份标识。”的规定，由于涉案的他人注册商标标识已依附于鞋盒之上，因商标的种类、样式相同，同一鞋盒上的多处标识对于鞋盒来源的识别作用是同一，故对依附于同一鞋盒上的多处标识应认定为一件。辩护人所提的公诉人指控的犯罪数量计算方式有误的辩护意见成立，予以采纳。被告人谢张金犯罪以后自动投案，并在归案后如实供述自己的犯罪事实，系自首，依法予以减轻处罚。鉴于被告人谢张金系初犯，其所组织生产的涉案鞋盒尚未进入市场流通领域，社会危害性相对较小，酌情予以从轻处罚。

【案例注解】

本案的争议焦点在于：非法制造注册商标标识罪中“件”数应如何计算问题。对此，法院和检察院存在不同意见，真实反映出了实务中对注册商标标识个数认定的不同认识，具有一定代表性。

第一种意见（“实际数量说”）认为，根据《办理侵犯知识产权刑事案件解释》第十二条第三款“本解释第三条所规定的‘件’，是指标有完整商标图样的一份标识”的规定，一件注册商标标识是指具有完整商标图样的一份标识，故应当以一个完整的经国家商标主管机关核准的注册商标图样为标准来计算件数。案中，公诉机关即持该观点，认为，被告人谢张金非法制造注册商标标识的总数等于其非法制造的“NIKE”商标标识 379740 份、“adidas”商标标识 20400 份、“new balance”商标标识 800 份之和，即

400940 件。

第二种意见（“折算说”）认为，行为人非法制造的注册商标标识件数应当以一个完整的商品物体或包装为标准来计算，至于每个商品物体或包装上印制的相同的注册商标标识不应进行重复评价。

笔者认为，“实际数量说”和“折算说”各自有其合理性和局限性。

一、“实际数量说”的合理性与局限性

“实际数量说”的理论基础在于刑法的形式解释论。形式解释论主张，严格遵守罪刑法定原则，在犯罪构成要件的解释上坚持规范的、形式的判断。持该观点的代表有陈兴良教授和郑成良教授等。“实际数量说”按照《办理侵犯知识产权刑事案件解释》第十二条第三款规定的“本解释第三条所规定的‘件’，是指标有完整商标图样的一份标识”之标准，以一个完整的经国家商标主管机关核准的注册商标图样为标准来计算件数，有利于司法适用的统一规范，亦符合形式正义，可确保同罪同罚。其弊端在于，与禁止重复评价原则相冲突。禁止重复评价原则强调禁止运用同一标准对同一评价对象进行重复评价。以本案为例，同一鞋盒上的多处商标标识，在形式上符合认定为数件商标标识，但这些相同商标标识对于鞋盒来源的识别作用是同一，它们只是其中“一枚商标标识”的扩大化，其余商标标识仅具有外在装饰的作用，并具备独立性价值；而且一个鞋盒装一双鞋子，每个鞋盒仅侵犯了一个法益，如果对依附于同一鞋盒上的多处商标标识均评价为刑法意义上具有独立性价值的“商标标识”，则有违禁止重复评价原则，亦与被告人的主观意愿相违背。

二、“折算说”的合理性与局限性

“折算说”的理论依据在于实质解释论。实质解释论主张，在刑罚法规特别是构成要件的解释上，应以法益为指导，并从处罚的必要性和合理性出发，进行实质的判断。持该观点的代表有张明楷教授、刘艳红教授等。“折算说”依据实质解释论观点，将印制在同一件商品上的所有非法制造的商标标识予以折算为“一件”，该解释理念在本质上与人们内心的朴素正义理念和情感期待相契合。其不足之处在于缺乏严谨性。比如，对于非法制造注册商标标识 12 万件的行为人甲来说，假设其将该商标标识全部销售给乙，那么在乙按每件商品贴注 4 枚商标标识使用情形中，按“折算说”的标准计算，甲非法制造的商标标识为 3 万件，构成情节严重；而在乙按每件商品贴注 1 枚商标标识使用情况下，则以商品件数计算，甲非法制造的商标标识为 12 万件，构成情节特别严重。同样是非法制造注册商标标识 12 万件，前者处三年以下有期徒刑、拘役或管制，并处或者单处罚金，后者则应当处三年以上七年以下有期徒刑，并处罚金。这说明以商品或包装件数为标准来计算商标标识，将导致对非法制造注册商标标识罪的认定有赖于假冒注册商标标识罪的查处，进而导致同罪不同罚情况的发生，造成制度不公。

为此，在非法制造注册商标标识罪中“件数”的认定问题上，笔者更赞同新近有学者、法官提出的“区分说”，即应区分行为人对其非法制造注册商标标识被使用的方式、范围等情况是否明知进行判断，若行为人明知被使用情况的，注册商标标识的件数应以“折算说”来计算；若其不明知被使用范围的，则注册商标标识的件数应按“实际数量说”计算。主要理由如下：

首先，在行为人对其非法制造注册商标标识被使用的方式、范围等明知情况下，行为人主观上对非法制造的注册商标标识适用范围和违法性认识与制假者实际生产的假冒产品的数量是一致的，基于此，以“折算说”为计算商标标识件数的认定标准，更具有理论上的优越性，亦符合普通民众的预期，有利于保护被告人权益。

其次，在行为人对其非法制造注册商标标识被使用的方式、范围等不明知情况下，不管其行为造成的后果有多严重、范围有多大，均未超出其“概括故意”的认识范围，此时，以“实际数量说”为计算商标标识件数的认定标准，并不违反《办理侵犯知识产权刑事案件解释》第十二条第三款规定。

本案中，被告人谢张金明知其非法制造的注册商标标识依附其于生产的鞋盒之上，故应采“折算说”计算其非法制造注册商标标识的件数。即按被告人擅自制造的“NIKE”（55480 个）、“adidas”（6800 个）和“new balance”（100 个）鞋盒个数，认定其非法制造的“NIKE”“adidas”和“new balance”商标标识件数分别为 55480 件、6800 件和 100 件，总计 62380 件。而不应按每个“NIKE”“adidas”和“new balance”鞋盒上面实际印制的商标标识（分别为 6 ~7 个、3 个和 8 个）为准将被告人非法制造的注册商标标识的件数认定为：“NIKE”商标标识 379740 件、“adidas”商标标识 20400 件、“new balance”商标标识 800 件，总计 400940 件。

（一审法院合议庭成员　林毅高　刘卫明　洪艺玲
编写人　福建省泉州市洛江区人民法院　林前枢
责任编辑　周维明
审稿人　李玉萍）

原载《人民法院案例选》2019 年第 9 辑（总第 139 辑）

113. 苍南县龙翔激光烫金材料有限公司、吴晓鹏、蔡正龙、张仁谦等非法制造注册商标标识案

——商标标识类犯罪中“相同商标”的认定标准及比对方法

【关键词】

刑事　商标标识类犯罪　相同商标　认定标准　比对方法

【裁判要旨】

刑法意义上的“相同商标”是指与被假冒的注册商标完全相同，或者与被假冒的注册商标在视觉上基本无差别、足以对公众产生误导的商标。司法实践中应严格坚持“视觉上与注册商标基本无差别、足以对公众产生误导”必须同时满足、缺一不可的认定标准。

刑法意义上“相同商标”的比对，应采用“对比观察方法”而非民事商标侵权案件中使用的“隔离观察法”，防止“视觉效果基本无差别”被“足以对公众产生误导”置换和虚化，造成刑罚的不当扩张。对确实不构成“相同商标”的制造标识行为，可根据在案证据认定为无罪。

【相关法条】

《中华人民共和国刑法》

第二百一十五条　伪造、擅自制造他人注册商标标识或者销售伪造、擅自制造的注册商标标识，情节严重的，处三年以下有期徒刑、拘役或者管制，并处或者单处罚金；情节特别严重的，处三年以上七年以下有期徒刑，并处罚金。

《最高人民法院、最高人民检察院关于办理侵犯知识产权刑事案件具体应用法律若干问题的解释》

第八条第一款　刑法第二百一十三条规定的“相同的商标”，是指与被假冒的注册商标完全相同，或者与被假冒的注册商标在视觉上基本无差别、足以对公众产生误导的商标。

【案件索引】

一审：浙江省苍南县人民法院（2018）浙 0327 刑初 147 号（2018 年 11 月 23 日）

二审：浙江省温州市中级人民法院（2019）浙 03 刑终 191 号（2019 年 4 月 12 日）

【基本案情】

浙江省苍南县人民检察院指控：2016 年 12 月份，被告人吴晓鹏委托苍南县龙翔激光

烫金材料有限公司（以下简称苍南龙翔公司）的蔡正龙、张仁谦制作假冒的云烟牌烟标。被告人蔡正龙、张仁谦未经注册商标所有人授权，雇用被告人汤元东、蔡正国、刘理强、何光叙、赵进文等为工人进行生产。公诉机关认为，被告单位苍南龙翔公司、被告人吴晓鹏、蔡正龙、张仁谦、蔡正国、刘理强、何光叙、赵进文、汤元东的行为已构成非法制造注册商标标识罪，提请对其依法判处。

被告单位苍南龙翔公司、被告人吴晓鹏、蔡正龙、张仁谦等人及其辩护人对起诉书指控的事实和罪名均无异议，但辩称涉案伪造的商标标识没有流入社会，社会危害性小，请求从轻处罚。

法院经审理查明：2016 年 12 月份，吴晓鹏未经注册商标所有人授权，经与蔡正龙洽谈，委托苍南龙翔公司制造云烟激光防伪商标标识，约定制造费用 9.9 万元。之后，蔡正龙、张仁谦委托汤元东制版，并指派蔡正国负责压膜，刘理强负责离层和上色，何光叙负责配料，赵进文负责分切，利用夜间和周末时间在公司内制造云烟激光防伪商标标。2017 年 4 月 9 日，蔡正龙、张仁谦将制造的 22 箱激光防伪商标标识托运至广东省汕头市，其中，“三根烟”激光防伪标识 21 箱、每箱 15 根，每根长 120 米，每米 498 个激光防伪商标标识，计 1882.44 万个；“双龙抱珠”激光防伪商标标识 1 箱，每箱 15 根，每根长 120 米，每米 650 个激光防伪商标标识，计 7.8 万枚，共计 1890.24 万枚。当日，在广东省汕头市外砂高速路口被公安机关全部查获。

另查明，一审认定“双龙抱珠”激光防伪标识为 7.8 万枚有误，实际数量为 1 箱，每箱 15 根，每根长 120 米，共计 117 万枚。

【裁判结果】

浙江省苍南县人民法院于 2018 年 11 月 23 日作出（2018）浙 0327 刑初 147 号刑事判决：判处苍南龙翔公司罚金 9 万元；吴晓鹏有期徒刑五年，罚金 6 万元；蔡正龙、张仁谦有期徒刑四年，罚金 5 万元；汤元东、蔡正国、刘理强、何光叙、赵进文有期徒刑二年，缓刑三年，罚金 3 ~4 万元不等；没收 1890.24 万件伪造的“三根烟”“双龙抱珠”激光防伪商标标识；没收汤元东的违法所得人民币 3000 元，并上缴国库。

一审宣判后，被告人吴晓鹏、蔡正龙、张仁谦提出上诉。浙江省温州市中级人民法院于 2019 年 4 月 12 日作出（2019）浙 03 刑终 191 号刑事判决：一、维持一审判决暂扣于浙江省苍南县人民法院的汤元东的违法所得人民币 3000 元，予以没收，上缴国库的判项。二、撤销一审刑事判决其他判项。三、判处苍南龙翔公司罚金人民币 10000 元；吴晓鹏有期徒刑三年六个月，并处罚金人民币 10000 元；蔡正龙、张仁谦有期徒刑二年六个月，缓刑三年，并处罚金人民币 10000 元；汤元东、蔡正国、刘理强、何光叙、赵进文有期徒刑一年，缓刑二年，并处罚金人民币 3000 元。四、苍南龙翔公司的违法所得人民币 2000 元，予以没收，上缴国库。五、暂扣于浙江省苍南县公安局的 117 万枚伪造的“双龙抱珠”激光防伪商标标识，均予以没收。

【裁判理由】

法院生效裁判认为：涉案“双龙抱珠”激光防伪标识与第 3793151 号注册商标相同。涉案“三根烟”激光防伪标识与第 4181544 号“”注册商标（详见附图）虽均由祥云图案围绕三根过滤嘴香烟组成，但“三根烟”激光防伪标识中三根过滤嘴香烟的相对位置明显与第 4181544 号注册商标存在不同，应认为在视觉上存在较为显著的差别，不能认定为相同商标，并因此予以改判。

【案例注解】

将注册商标和侵权产品进行比对是商标标识类犯罪案件准确定性的基石，但由于传统刑事案件审理侧重于犯罪构成要件，与知识产权刑事案件审理需引入民事审理中“权利申请——侵权判断”的审判逻辑存在不同，司法审判中常见忽视庭审比对环节的情形。本案中，一审法院降低了“相同商标”构成要件认定标准，以“足以对公众产生误导”置换和虚化了“视觉效果基本无差别”，忽略了刑事案件中“相同商标”比对方法与民事案件的不同，客观上造成了审判结果的错误。因此，有必要结合刑法和司法解释规定对“相同商标”的认定标准和方法予以明确，以期正本清源，统一裁判尺度和法律适用。

一、“相同商标”的相关立法及司法解释

为了统一认识，规范实践中关于“相同商标”的法律适用，最高人民法院、最高人民检察院于 2004 年 12 月 8 日联合发布了《关于办理侵犯知识产权刑事案件具体应用法律若干问题的解释》（以下简称《“两高”办理侵犯知识产权刑事案件的解释》）第八条的规定，《刑法》第二百十一三条规定的“相同的商标”，是指与被假冒的注册商标完全相同，或者与被假冒的注册商标在视觉上基本无差别、足以对公众产生误导的商标。尽管如此，何为“在视觉上基本无差别、足以对公众产生误导”仍显得较为抽象。对此，《最高人民法院、最高人民检察院、公安部关于办理侵犯知识产权刑事案件适用法律若干问题的意见》进一步明确，具有下列情形之一，可以认定为“与其注册商标相同的商标”：（1）改变注册商标的字体、字母大小写或者文字横竖排列，与注册商标之间仅有细微差别的；（2）改变注册商标的文字、字母、数字等之间的间距，不影响体现注册商标显著特征的；改变注册商标颜色的；（3）其他与注册商标在视觉上、听觉上基本无差别，足以对公众产生误导的商标。

尽管有了细化的规定，但“相同商标”的认定和比对在司法实践中仍然存在诸多争议和瑕疵，一是司法机关仍然存在过于重视当事人自认和鉴定机关鉴定结论，忽视刑事案件中“相同商标”审查权的行使；二是由于“相同商标”的理解本身就存在“本义说”和“扩张说”的争议。“本义说”认为应当根据字面含义严格解释“相同商标”，只要存在差异就不应列入相同商标的范围。“扩张说”认为应将存在细微差别，但整体视觉效果实质相同的商标纳入相同商标的范畴，以满足有效打击商标犯罪的需要。因此，有必要从“相同商标”的认定标准和认定方法两方面，结合案例进行分析，以明辨是非，统一认识。

二、“视觉效果基本无差别”和“足以对公众产生误导”是刑法意义上“相同商标”认定缺一不可的构成要件

根据《“两高”办理侵犯知识产权刑事案件的解释》的规定，“基本相同”的情形包含两个构成要件，即假冒注册商标与被假冒商标在“视觉效果基本无差别”和“足以对公众产生误导”。该两个构成要件是并列关系而非选择关系，需同时满足才能证成“相同商标”。然而，司法实践中受商标民事侵权混淆理论的影响，往往在比对时以“混淆即相似”“混淆即视觉无差别”省略或者替代了视觉差别的分析和证明。

司法实践中，两个导致相关公众混淆，且在民事上应认定为侵权的商标，可能在视觉上存在明显不同。以本案为例，“三根烟”激光防伪标识和第4181544号注册商标的构成要素均为环绕祥云图案的三根香烟。侦查机关、一审检察院和法院虽可能意识到三根香烟的相对位置存在明显不同，但由于涉案“三根烟”标识多达1800余万枚，案情重大，[①] 事实上采用了混淆标准，但将非法制造的“三根烟”标识与第4181544号注册商标认定为相同。[②] 因为消费者在购买产品时，看到云烟包装上假冒“三根烟”激光防伪标识时极易产生混淆，认为三根香烟相对位置的变化是源于公司的防伪需要，误认为两者之间存在关联。因此在司法实践中应当严格把握“视觉上与注册商标基本无差别，足以对公众产生误导”的认定标准，尤其重视“视觉效果基本无差别”的构成要件。

三、“比对观察”是刑法意义上“相同商标”的正确比对方法

商标标识类刑事案件中，如何将被诉假冒注册商标标识和注册商标进行比对，在法律和司法解释中并无明确规定。司法实践中，部分法院自然沿用了民事商标侵权案件中使用的“隔离观察方法”，即将商标置于不同时间和地点加以观察。与之对应的是“比对观察方法”，即将商标放在一起进行观察。两种比对方法的区别在于，前者只要存在被消费者误认的可能性，就应认定为“相同商标”，而后者只要存在细微差别，也能被辨识出来。

我们认为，“隔离观察方法”不宜作为商标类刑事案件中“相同商标”的比对方法。因为《“两高”办理侵犯知识产权刑事案件的解释》之所以将“视觉效果基本无差别”和“足以对公众产生误导”表述为并列的构成要件，就是为了预防罪名的扩大和滥用。如果在判定视觉无差别时采用隔离观察的方法，实际上是对“足以对公众产生误导”的妥协，因为很多视觉上存在差别的商标，在隔离观察的方法下，消费者对差别难以察觉，而在对比观察的标准下，则消费者无需太多辨识成本即可看出变化。需要强调的是，刑法上“相同商标”的比较主要是从形上进行比较，区别于民事商标侵权案件还需从义、音、色、知名度等方面进行综合考虑。因此商标标识类刑事案件的商标比对，不但要执行更高的判定标准，而且只能局限于字形或者具体图形要素的比对。在上述基础认识上对本案“三根烟”标识与第4181544号注册商标比对，就能够轻易得出两者存在实质性差异的结论。

四、非法制造“不相同商标”标识的刑法适用问题

域外对于商标标识类犯罪的保护范围较广，除了规制对象包括注册商品商标和服务商标外，对假冒商标的形式采用“相同”兼“近似”立法。[③] 而我国对此限制严格，必须达到“相同”方可定罪。有观点认为，许多非法制造标识行为，制造的标识数量巨大，侵权人的主观恶意较大，如对该行为认定为无罪不利于打击知识产权侵权行为，是否可考虑适用非法经营罪或者侵犯著作权罪进行定罪。我们认为，不少权利人通过民事诉讼方式进行维权确实存在取证难以及维权成本高的困难，但期望于以刑事手段打击知

① 本案曾作为公安部督办案件上报。

② 公安机关在给二审法院的司法建议反馈单中要求法院就如何认定“视觉上基本无差别”制定指导意见，说明对于该问题在基层执法办案中比较突出。

③ 马长生、罗开卷：《假冒注册商标罪特征比较研究》，载《清华大学学报》2005年第1期。

识产权侵权行为的同时仍应符合罪刑法定的相关规定，审慎适用刑法罪名，简要评析如下：

1. 非法制造标识属于其他注册商标一部分的情况。本案中，涉案“三根烟”激光防伪标识经查系云烟公司另一枚烟盒注册商标标识的组成部分。有观点认为，因为商标标识类犯罪行为具有间接性、辅助性的特点，也就是说商标标识类犯罪并不要求有具体的商品存在，只要证明被告人明知或者应知用于核定使用的商品即可。本案各被告人明确承认被查获的标识将要使用于“云烟”香烟的完整烟壳，涉案“三根烟”防伪激光标识虽然不是完整图案，但该标识也是明确用于烟盒，用以组成一个完整的注册商标标识，属于刑法上的帮助行为。如果对这种行为予以排除，那么刑事打击就无法从源头上遏制商标标识类犯罪行为，与落实严格保护知识产权的司法政策相悖，因此可以犯罪未遂形态对涉案“三根烟”标识进行定性。我们认为，该观点得以成立的前提是在案证据能够证明被查获的标识明确使用于特定的某种完整烟盒，且该种烟盒整体已经注册为商标。但本案中，从查获的产品来说只是激光防伪标识，无法确定是全部用于还是部分用于制造烟盒，而且即使该标识要贴到烟盒上，包含该标识的云烟烟壳的种类有很多，也无法确定该标识贴在已经申请注册为商标的烟盒上。非法制造注册商标标识罪是指伪造、擅自制造他人注册商标的行为，在没有其他证据佐证的情况下，不宜用被控标识和注册商标的一部分进行比对，还是要严格按照罪刑法定和刑法谦抑原则进行定罪。

2. 能否认定为非法经营罪。非法经营罪，是指自然人或者单位，违反国家规定，故意从事非法经营活动，扰乱市场秩序，情节严重的行为。根据《刑法》第二百二十五条的规定，非法经营是指以下四类行为：未经许可，经营法律、行政法规规定的专营、专卖物品或者其他限制买卖的物品；买卖进出口许可证、进出口原产地证明以及法律、行政法规规定的其他经营许可证或者批准文件；未经国家有关主管部门批准，非法经营证券、期货、保险业务，或者非法从事资金支付结算业务；其他严重扰乱市场秩序的非法经营行为。非法经营罪的前三类行为往往容易认定，难以认定的是“其他严重扰乱市场秩序的非法经营行为”。仔细分析上述三类非法经营行为可知，其共同特征是侵犯国家特许经营管理制度。因此，本着刑事兜底规定的同类解释规则，对“其他非法经营行为”也只能从侵犯国家特许经营制度的角度来界定，也就是说，其他经营行为即便违反了相关规范市场活动的制度导致扰乱了市场秩序，但如果与国家特许经营制度无关，也不能以非法经营罪论处。本案中，根据各被告人的供述，其制造的涉案“三根烟”激光防伪标识将用于云烟烟盒，虽然烟草制品属于国家专卖物品，但本案被告人的行为仅仅系为烟草制品的包装盒制造激光防伪标识，并不构成“未经许可经营法律、行政法规规定的专营、专卖物品或者其他限制买卖的物品。”再者，根据《最高人民检察院、公安部关于经济犯罪案件追诉标准的规定（二）》的有关规定，对非法经营案应当追诉的情形中，与知产类犯罪相关的仅包括非法出版行为，主要包括：一是出版、发行、复制发行具有反动性政动性政治内容出版物、侵权复制品、淫秽物品等以外的严重危害社会秩序和扰乱市场秩序的非法出版物的行为；二是非法从事出版物的出版、印刷、复制、发行业务，严重扰乱市场秩序、情节特别严重的行为。上述行为仍旧属于违反国家特许经营制度的行为。而本案中各被告人的行为并未被其他法律、法规或者相关规定明确为非法经营行为，也与上述列举规定的行为存在本质区别。

3. 能否认定为侵犯著作权罪。侵犯著作权罪，是指自然人或者单位，以营利为目的，侵犯他人著作权，违法所得数额较大或者有其他严重情节的行为。根据《刑法》第二百一十七条的规定，侵害著作权罪包括以下几类行为：未经著作权人许可，复制发行其文字作品、音乐、电影、电视、录像作品、计算机软件及其他作品；出版他人享有专有出版权的图书；未经录音录像制作者许可，复制发行其制作的录音录像；制作、出售假冒他人署名的美术作品。在主观要件方面，构成侵犯著作权罪应为故意，对复制发行、出版、制作、出售的是他人享有著作权的文字作品、音乐、电影、电视、录像作品、计算机软件及其他作品有明确认识。对于有证据证明非法制造标识侵害他人作品著作权的，可在查明事实的基础上进行裁判，但对以商标类犯罪进行侦查、起诉的刑事案件，如果缺乏了权属、著作权法意义上作品的认定环节，在没有补侦的情况下，不宜直接认定为侵犯著作权罪。

综上，刑法意义上“相同商标”的认定是商标标识类刑事案件的定罪基础。虽然我国《刑法》的规定与域外相比独具特色，“相同商标”的保护范围较小，具有改进空间，但在刑法作出修改之前，仍应严格坚持“视觉上与注册商标基本无差别、足以对公众产生误导”的认定标准。在对“相同商标”进行比对时，应采用“对比观察方法”而非民事商标侵权案件中使用的“隔离观察方法”，防止“视觉效果基本无差别”被“足以对公众产生误导”置换和虚化，造成刑罚的不当扩张。对确实不构成“相同商标”的制造标识行为，可根据在案证据认定为无罪。

附图：

第 4181544 号注册商标

涉案“三根烟”激光防伪标识

（一审法院合议庭成员　陈　胜　吴向阳　王晓文
二审法院合议庭成员　陈　锋　郑　晔　蔡卓森
编写人　浙江省温州市中级人民法院　郑　晔　林璐瑶
责任编辑　包献荣
审稿人　李玉萍）

原载《人民法院案例选》2020 年第 2 辑（总第 144 辑）

四、侵犯著作权罪

114. 济南华兴建筑设计有限责任公司诉山东华盛建筑设计研究院等侵犯著作权案

——对于侵犯著作权罪中“复制发行”行为的理解

【关键词】

侵犯著作权罪　复制　发行　剽窃　改编权

【裁判要旨】

侵犯著作权罪中的“复制”在《刑法》没有规定的情况下，应依照《著作权法》的有关规定理解。增加了再创作内容的高级剽窃行为侵犯了作者的改编权，不属于复制行为。侵犯著作权罪中的“复制”必须具有发行的目的，否则不构成本罪。

【相关法条】

《最高人民法院、最高人民检察院关于办理侵犯知识产权刑事案件具体应用法律若干问题的解释（二）》

第二条第一款　刑法第二百一十七条侵犯著作权罪中的“复制发行”，包括复制、发行或者既复制又发行的行为。

《中华人民共和国著作权法》

第十条第一款第（五）、（六）项　著作权包括下列人身权和财产权：

（五）复制权，即以印刷、复印、拓印、录音、录像、翻录、翻拍等方式将作品制作一份或者多份的权利；

（六）发行权，即以出售或者赠与方式向公众提供作品的原件或者复制件的权利；

【案件索引】

一审：山东省章丘市人民法院（2015）章立刑初字第2号（2015年11月30日）

二审：山东省济南市中级人民法院（2015）济知刑终字第4号（2016年1月25日）

【基本案情】

2009年10月，山东金田建设开发有限公司（以下简称“金田公司”）委托济南华兴建筑设计有限责任公司（以下简称“华兴公司”）对济南国际商贸城“双泉路商业街”进行工程图纸设计。华兴公司依约设计并交付了10套“工程施工图”。2014年11月20日，华兴公司将上述图纸以《济南国际商贸城》的名称在国家版权局做了“图形作品”登记。因金田公司与华兴公司就合同履行发生纠纷，2013年10月28日，金田公司向华兴公司发函要求解除合同，同日，另行与山东华盛建筑设计研究院（以下简称“华盛设计院”）签订工程设计合同，委托其对同一工程进行设计。华盛设计院以华兴公司的图纸为基础，根据施工情况修改了约20%，向金田公司提供了署名为华盛设计院的另外10套图纸，并收取了设计费593760元。华兴公司以华盛设计院侵犯其著作权为由，向济南市中级人民法院提起民事侵权诉讼。经一、二审判决，认定华盛设计院侵犯了华兴公司的著作权，判令其赔礼道歉并赔偿损失35万元。

之后，华兴公司又以华盛设计院未经许可，非法复制其享有著作权的工程设计图，违法所得数额巨大，已构成侵犯著作权罪为由，向山东省章丘市人民法院提起自诉，要求追究华盛设计院及章丘市住房和城乡建设管理委员会（以下简称“章丘住建委”）的刑事责任。

【裁判结果】

山东省章丘市人民法院于2015年11月30日作出（2015）章立刑初字第2号刑事裁定：驳回华兴公司的起诉。一审宣判后，华兴公司不服，向山东省济南市中级人民法院提起上诉。山东省济南市中级人民法院于2016年1月25日作出（2015）济知刑终字第4号刑事裁定：驳回上诉，维持原裁定。

【裁判理由】

法院生效裁定认为：对已经立案，经审查缺乏罪证的自诉案件，自诉人提不出补充证据的，人民法院应当说服其撤回起诉或者裁定驳回起诉。自诉人提供的证据不能证明被告人的行为属于《刑法》关于侵犯著作权罪所规定的“复制发行”行为，故应当裁定驳回自诉人的起诉。

【案例注解】

本案是民事诉讼认定著作权侵权后，著作权人又指控侵权人构成侵犯著作权罪的自诉案件，涉及侵犯著作权罪中“复制发行”行为的正确认定问题。由于《刑法》以及相关司法解释对于复制、发行的界定以及两者之间关系的规定不甚明确，因此引申出何为“剽窃”、“剽窃”行为是否构成犯罪的问题。

一、对于“复制”行为的界定

著作权包括了多项权能，其中“复制权”是著作权人的一项最原始也是最基本的财产权利，《刑法》第二百一十七条规定的四类侵犯著作权罪的行为中，两种行为明确规定了“复制”，而“出版”是“复制及发行”的意思，“制作”行为也是复制的具体表现，可见侵犯著作权罪均以“复制”为前提条件。

何为复制？应以《著作权法》的相关规定作为依据。根据《著作权法》第十条第一款第（五）项规定，复制是指“以印刷、复印、拓印、录音、录像、翻录、翻拍等方式将作品制作一份或者多份”的行为。这是著作权法意义上的复制，仅指不增加再创作内容的再现原作品的行为，[①] 属于狭义的复制。

除此之外，广义的“复制”还包括改变形式的利用，即改换了原作品的载体或表现形式的再现，如翻译、改编、汇编等，这种对原作品的利用形式都没有离开原作品的基本表达，但在原有作品的基础上有所创新。[②] 鉴于刑法的“谦抑性”品格，只对具有较强社会危害性的侵犯著作权的行为进行制裁，对于复制的理解，也必须采取最狭义的解释。因此，刑法所制裁的复制行为，必须是不能改变原作品内容、不增加再创作内容的再现原作品的行为。

二、“剽窃”是否属于复制

在本案中，华兴公司的行为还涉及“剽窃”他人作品的问题。虽然《著作权法》列举了“剽窃”行为，但对于“剽窃”却没有下定义，根据《国家版权局版权管理司关于如何认定抄袭行为给××市版权局的答复》（权司［1999］第6号），是指将他人的作品或者作品的片段窃为己有而发表的行为。一般对于“剽窃”的理解是，以或多或少变化的形式，或在或多或少的场合，将他人作品全部或部分地作为本人的作品来出示或展现的行为。[③] 因此，剽窃的实质是一种混淆作品或作品中部分要素出处的行为，也是一种不当署名。

至于剽窃行为是否侵犯“复制权”，则存在多种观点。有的观点认为，剽窃的本质是混淆了作品的出处，只与不当署名有关，与非法复制之间存在根本的差异。[④] 也有的观点认为剽窃行为侵犯了复制权。对此，应从著作权刑法保护的角度，按照前文对于“复制行为”的界定，即按照狭义的复制概念进行分析。

探讨剽窃是否构成了《著作权法》规定的复制，应以是否改变了作品的表达形式，是否是对作品的完整再现的标准进行判断。由于剽窃本身并非著作权法中类型化的侵权行为，它涉及著作权中的多项权能，如署名权、复制权、改编权、翻译权、保护作品完整权等，其行为样态不能一概而论。根据“剽窃”的“再创作”程度不同，可以分为“低级”剽窃与“高级”剽窃两种。对于“低级”剽窃来说，只是“原封不动”地照搬他人作品或者稍加“改动”并署上自己的名字，这种行为侵犯了他人的署名权、复制权，有的还侵犯了他人的保护作品完整权，如果其用于发行并在数量上或者数额上达到了相应的标准，是可以构成侵犯著作权罪的。对于“稍加改动”的剽窃，也有的观点认为不属于复制行为。[⑤] 但是按照这种观点，将导致对于著作权人作品的刑法保护范围过

---

① 郑成思：《版权法》，中国人民大学出版社2009年版，第182页。

② 关于广义与狭义的复制概念，参见陈锦川：《著作权审判——原理解读与实务指导》，法律出版社2014年版，第315页。

③ 世界知识产权组织编：《著作权与邻接权法律术语汇编》，刘波林译，北京大学出版社2007年版，第188页。

④ 王珅：《剽窃概念的界定及其私法责任研究》，载《知识产权》2012年第8期。

⑤ 杨巧：《美术作品相似是否构成“剽窃”的认定——对一起文字画作品侵权案的思考》，载《知识产权》2010年第4期。

窄，行为人可以轻易地规避法律，不符合刑法保护的初衷。应当认为，如果这种改动并没有增加实质性的创作内容，那么仍然属于复制行为。

对于“高级”剽窃来说，这种“改头换面”使用他人作品的行为，其本质属于一种“改编”行为。改编主要包括两种情况：一是不改变作品原来类型而改编作品，如将长篇著作缩写为“简本”。二是在不改变作品基本内容的情况下将作品由一种类型改编成另一种类型，如将小说改编成剧本。对于“高级”剽窃行为，虽然也“实质上”利用了原作品的表达，但因为增加了再创作的内容，因此不属于《著作权法》规定的复制，也就是狭义的“复制”，因此没有构成侵犯著作权罪的可能性。

对于剽窃是否可以单独入罪的问题，虽然有人认为，“剽窃”是对他人劳动成果的窃取，同盗窃行为并无本质的区别，应将其列入侵犯著作权罪或按盗窃罪定罪处罚。① 还有的观点认为，应以损害社会公益为由，将其纳入行政处罚的范围。② 上述意见看似加强了对著作权的保护，实则可能使得使用他人作品的人动辄得咎，反而混淆了民事侵权与刑事制裁之间的界限。因此，“剽窃”行为构成犯罪，前提是这种行为侵犯了作者的“复制权”，否则即使获利巨大，仍属于民事侵权行为。

三、侵犯著作权罪中“复制”与“发行”的关系

关于“发行”，《著作权法》第十条第一款第（六）项以及《最高人民法院、最高人民检察院、公安部关于办理侵犯知识产权刑事案件适用法律若干问题的意见》第十二条的规定是一致的，综合起来，是指以出售或者赠与方式向公众提供作品的原件或复制件的行为，包括总发行、批发、零售、通过信息网络传播以及出租、展销等活动。发行的核心内容是向不特定的公众散发，如果接受的主体是特定的，即便散发多份，也不属于“发行”，这是认定是否属于发行行为的关键。相关司法解释还从数量上规定了侵犯著作权罪的入罪标准，因此，如果行为人“复制”的数量超过了该数量标准，一般情况下超出了合理使用的界限，从而具有了发行之目的。

对于《刑法》第二百一十七条第（一）项和第（三）项规定的“复制发行”行为的理解，虽然《最高人民法院、最高人民检察院关于办理侵犯知识产权刑事案件具体应用法律若干问题的解释（二）》（以下简称《解释二》）第二条第一款规定，“复制发行”包括复制、发行或者既复制又发行的行为。上述规定似乎明确，但不论是在理论界还是实务界，对于“复制”与“发行”之间的关系，争议较大。主要存在三种观点，可以总结如下：

1. 单独构成犯罪说。该观点认为，应当严格按照《解释二》第二条的规定，构成侵犯著作权罪的客观方面可表现为“复制”“发行”或者“复制并发行”。因此，复制行为单独可以构成侵犯著作权罪，即使没有发行获利，只要复制的数量达到定罪标准，就构成本罪。

2. 同时具备说。理论界多数学者的观点认为，构成侵犯著作权罪，必须同时具备“复制行为”与“发行行为”。理由是这里的“复制行为”与“发行行为”不是刑法规定的两种并列的犯罪行为，而是一个犯罪行为的两个方面。如果行为人只实施了复制行

---

① 杜雄柏：《“剽窃”行为的认定与处罚》，载《山东警察学院学报》2012年第5期。

② 王珅：《论剽窃行为侵权责任的构成要件及承担方式》，载《电子知识产权》2013年第9期。

为而没有实施发行行为，或者只实施了发行行为而没有实施复制行为，不符合侵犯著作权罪的构成要件。① 也有学者将复制与发行同时具备看作构成侵犯著作权罪的既遂要件。②

3. 发行目的说。该观点认为，仅以司法解释的规定认为单纯“复制”即构成本罪是不妥的，必须立足于立法原意完整地加以把握。侵犯著作权罪之“复制发行”应理解为“复制”以便“发行”，从语法上看二者不是一种并列关系或者选择关系，“复制”的目的是“发行”，“复制”是“发行”的手段，“发行”是“复制”的结果。“发行”行为必然包括了“复制”行为，“复制”行为必须与将侵权制品分散的行为相结合才具有社会危害性，因而才具备刑事可罚性。侵权制品的分散行为是以复制行为的存在为必然基础的。③

以上观点各有其依据，但是第三种观点更符合立法本意。在司法实践中，未经著作权人许可，“复制”其作品或者发行其作品都是具有社会危害性的行为。要求既“复制”又“发行”著作权人的作品，情节严重的才构成犯罪，既不合情理，又不利于著作权的保护。但是如果不分情况地认定“单独复制”即可构成犯罪，也不符合设定侵犯著作权罪的保护目的。从法律条文的表述上分析，《刑法》第二百一十七条规定中，第（一）、（三）项的“复制发行”是连在一起表述的，而第（四）项的“制作、出售假冒他人署名的美术作品”中的“制作”与“出售”则是用顿号隔开的，可见复制与发行更加紧密地联系在一起，是一种难以分割的行为。

再者，由于《刑法》在规定了第二百一十七条内容后，又在第二百一十八条专门规定了销售侵权复制品罪，在这种立法背景下理解“复制发行”行为的内容就更应该从整体上考虑，即“复制”和“发行”是一个复合整体的行为，通常情况下发行者理应就是复制者，而复制者的目的就是发行。如果复制者的目的并非是“发行”，由于这种情况通常不会造成严重后果，也很难对他人的著作权造成实际的侵害，因而不应构成侵犯著作权罪。④

根据《最高人民法院、最高人民检察院关于办理侵犯知识产权刑事案件具体应用法律若干问题的解释》第十四条的规定，侵犯著作权罪中的销售行为与销售侵权复制品罪中的销售行为的区别，在于所销售的侵权复制品是何人复制或制作的。立法鉴于侵犯著作权罪与销售侵权复制品罪的行为特征有所区别，分别设立罪名，意图在于体现对不同社会危害性的犯罪区别对待。在等量情况下，单纯销售侵权复制品的行为其社会危害性小于非法复制发行、出版等行为。⑤ 因为，销售侵权复制品的起刑点较侵犯著作权罪高，而销售行为属于最典型的作品发行行为，如果将复制与发行的关系仅理解为选择关系，那么，以出租的方式向公众散发他人复制的作品的行为，也按照侵犯著作权罪的起刑点定罪，这样反而出现了危害性较轻的出租行为，较之危害性较重的销售行为的定罪更重

① 参见刘方、单民：《侵犯知识产权犯罪的定罪与量刑》，人民法院出版社 2001 年版，第 218 页；朱继良、雷东生：《对侵犯著作权罪的探讨》，载《法学评论》1995 年第 3 期。

② 聂洪勇：《知识产权的刑法保护》，中国方正出版社 2000 年版，第 122 页。

③ 侯艳芳、何亚军：《侵犯著作权罪界限划定疑难问题探析》，载《法学杂志》2008 年第 6 期。

④ 参见刘宪权、吴允锋：《侵犯知识产权犯罪理论与实务》，北京大学出版社 2007 年版，第290～301 页。

⑤ 刘远山：《论我国著作权犯罪的定罪和处罚及其刑法完善》，载《河北法学》2006 年第 4 期。

的不合理现象。而实际上，对于出租他人复制作品的行为，多数认为是不构成犯罪的。由此可见，“复制”与“发行”的关系不可能是简单的并列关系而没有其他联系。因此，虽然司法解释规定复制或发行均可以单独构成犯罪，但“复制”应具有“发行”的目的，而“发行”则是“复制”的后续行为。因此，构成侵犯著作权罪的复制发行，其复制必须以发行为目的，不以发行为目的的复制不构成犯罪。

综上，本案中被告人华盛设计院是否构成犯罪，关键问题是其行为是否属于刑法规定的“复制发行”行为。华盛设计院为完成合同约定的义务向金田公司提供的设计图纸系沿用华兴公司原设计图的主要部分进行修改而成，并在图纸作品上署名，其行为混淆了作品的出处，是典型的剽窃他人作品的行为，属于《著作权法》第四十七条规定的应当承担民事责任的侵权行为。但华盛设计院的行为并不属于《著作权法》规定的“复制”，并且设计图纸系用于工程施工及验收、备案，图纸印制的数量有限，持有主体特定，不存在以出售、赠与等方式向公众散发的发行行为。因此，华兴公司指控的华盛设计院复制发行其作品的行为缺乏罪证予以支持，应当裁定驳回其自诉。

（一审法院合议庭成员　徐姗姗　董晓凤　杨士梅
二审法院合议庭成员　李宏军　颜　峰　庄辛晓
编写人　山东省济南市中级人民法院　颜　峰
责任编辑　李　明
审稿人　裴显鼎）

原载《人民法院案例选》2016 年第 1 辑（总第 95 辑）

115. 李寿斌、项人达等制作、销售网络游戏外挂程序案

——制作、销售网络游戏外挂程序以侵犯著作权罪定罪量刑

【关键词】

侵犯著作权罪　游戏外挂　非法经营

【裁判要旨】

对于社会危险性严重、确需追究刑事责任的制作、销售互联网游戏外挂程序行为，应以侵犯著作权罪定罪处罚。

【相关法条】

《中华人民共和国刑法》

第二百一十七条　以营利为目的，有下列侵犯著作权情形之一，违法所得数额较大或者有其他严重情节的，处三年以下有期徒刑或者拘役，并处或者单处罚金；违法所得数额巨大或者有其他特别严重情节的，处三年以上七年以下有期徒刑，并处罚金：

（一）未经著作权人许可，复制发行其文字作品、音乐、电影、电视、录像作品、计算机软件及其他作品的；

（二）出版他人享有专有出版权的图书的；

（三）未经录音录像制作者许可，复制发行其制作的录音录像的；

（四）制作、出售假冒他人署名的美术作品的。

【案件索引】

一审：四川省成都市龙泉驿区人民法院（2014）龙泉刑初字第 390 号（2014 年 10 月 31 日）

【基本案情】

公诉机关（成都市龙泉驿区人民检察院）指控：《穿越火线》是由深圳市腾讯计算机系统有限公司 2008 年 4 月开始运营的第一人称射击网络游戏。2012 年 8 月，被告人李寿斌在成都市龙泉驿区制作了一款可以绕过《穿越火线》游线安全检测程序，在该游戏中实现“透视”功能名为“空岛”的外挂程序。被告人李寿斌先将该外挂程序发布在互联网上供玩家免费使用。在此过程中，被告人李寿斌产生销售该软件获利的想法，并于

2013 年 7 月开始在淘宝网上对外销售该外挂游戏，谋取非法利益。2013 年 9 月，被告人项人达在互联网上自称“夏孝棋”与被告人李寿斌约定帮助销售该外挂程序，由被告人李寿斌负责外挂程序的修改和升级工作，被告人项人达的销售收入二人共同分赃。被告人项人达在销售《穿越火线》游戏外挂程序过程中，在 2013 年 10 月期间，在互联网上以“夏孝棋”名义相继与被告人胡金龙、刘则麟结识，并共谋由胡金龙、刘则麟帮助其销售该外挂程序，被告人胡金龙、刘则麟销售所得赃款分别与被告人项人达进行分赃。截至案发，被告人刘则麟伙同被告人项人达共同犯罪违法所得共计 14864 元，被告人刘则麟实际获利 4364 元；被告人胡金龙伙同被告人项人达共同犯罪违法所得共计 19150 元，被告人胡金龙实际获利 8450 元；被告人项人达伙同被告人李寿斌、胡金龙、刘则麟共同犯罪违法所得共计 147845 元，其中，被告人项人达本人销售外挂程序违法所得 113831 元，实际获利 95971 元，被告人李寿斌伙同被告人项人达共同犯罪违法所得共计 184460 元，其中，被告人李寿斌本人销售外挂程序违法所得 36615 元，实际获利 75675 元。

2013 年 12 月，深圳市腾讯计算机系统有限公司（以下简称腾讯公司）发现《穿越火线》游戏数据出现异常，遂向公安机关报案。成都市公安局于 2014 年 1 月 14 日将被告人李寿斌、胡金龙抓获；2014 年 1 月 14 日，被告人刘则麟通过其父得知公安民警在其家中等候，主动返回家中配合公安机关调查。公安机关在被告人李寿斌作案使用的电脑中查获“空岛”外挂程序，经福建中证司法鉴定中心鉴定，该程序功能为：通过注入 DEL 文件的方式修改《穿越火线》游戏客户端，在《穿越火线》游戏中增加“方框透视”功能。在不执行送检程序的情况下，《穿越火线》游戏客户端本身不具备该功能。

公诉机关认为，被告人李寿斌、项人达、胡金龙、刘则麟的行为构成提供侵入、非法控制计算机信息系统程序罪，其中，被告人李寿斌、项人达情节特别严重，被告人胡金龙、刘则麟情节严重，要求依法判处。

被告人李寿斌、项人达、胡金龙、刘则麟对公诉机关指控事实无异议。被告人李寿斌、项人达、胡金龙的辩护人也对指控事实无异议。

法院经审理查明：《穿越火线》是由韩国公司研发后授权腾讯公司运营的第一人称射击类网络游戏，该游戏于 2008 年 4 月开始正式运营。2012 年 8 月，被告人李寿斌针对《穿越火线》网络游戏研究制作外挂程序后，发布在互联网上供玩家免费使用。2013 年 7 月，被告人李寿斌在淘宝网上对外销售该外挂游戏，谋取非法利益。2013 年 9 月，被告人项人达在网上以“夏孝棋”的名义与被告人李寿斌商定，由被告人项人达销售外挂程序，被告人李寿斌负责外挂程序的修改和升级工作，共同分取销售收入。2013 年 10 月，被告人项人达以“夏孝棋”名义分别与胡金龙、刘则麟结识，商定胡金龙、刘则麟帮助其销售该外挂程序，共同分取销售收入。

2013 年 12 月，腾讯公司发现《穿越火线》游戏数据异常，向公安机关报案。公安机关于 2014 年 1 月 14 日将被告人李寿斌、胡金龙抓获；2014 年 1 月 14 日，被告人刘则麟知道公安民警在其家中等候后返回家中配合公安机关调查。公安机关在被告人李寿斌作案使用的电脑中查获针对《穿越火线》的外挂程序“空岛”，经福建中证司法鉴定中心鉴定，该程序功能为：通过注入 DEL 文件的方式修改《穿越火线》游戏客户端，在

《穿越火线》游戏中增加“方框透视”功能。在不执行送检程序的情况下，《穿越火线》游戏客户端本身不具备该功能。

被告人刘则麟销售外挂程序收款 14864 元，支付给被告人项人达 10500 元；被告人胡金龙销售外挂程序收款 19150 元，支付给被告人项人达 10700 元；被告人项人达本人销售外挂程序收款 113931 元，共支付给被告人李寿斌 39060 元；被告人李帮斌本人销售外挂程序收款 36615 元。

【裁判结果】

四川省成都市龙泉驿区人民法院于 2014 年 10 月 31 日作出（2014）龙泉刑初字第 390 号刑事判决和（2014）龙泉刑初字第 390 号刑事裁定。

宣判后，当事人未提起上诉，公诉机关未抗诉，判决已发生法律效力。

【裁判理由】

法院生效裁判认为：被告人李寿斌、项人达、胡金龙、刘则麟为了谋取非法利益，违反国家规定，在《穿越火线》游戏客户端不具备透视功能的情况下，增加了透视功能，该功能的实现必须复制互联网游戏程序的“源代码”，而被告人李寿斌制作的网络游戏外挂程序与《穿越火线》游戏程序具有高度的相似性。同时，被告人要想使其制作的外挂程序与《穿越火线》游戏对接，势必要破译和擅自使用原网络游戏的通信协议，截取并修改游戏发送到游戏服务器的数据，修改客户端内存中的数据，以达到增强客户端透视功能的目的，其行为符合法律规定的“复制发行”的要求，故四人的行为属于侵犯著作权行为。

其中，李寿斌的非法经营额 184460 元，违法所得为 75675 元；项人达非法经营额 147845 元，违法所得 95971 元；胡金龙、刘则麟的经营额不足 5 万，违法所得额也不足 3 万元，达不到侵犯著作权罪的入罪标准。公诉机关以成龙检公诉撤诉〔2014〕1 号撤回起诉决定书决定撤回对被告人胡金龙、刘则麟的起诉，符合法律规定，法院予以准许。

被告人李寿斌、项人达的行为均已构成侵犯著作权罪，且属共同犯罪，其中，李寿斌的非法经营额 184460 元，违法所得为 75675 元；项人达非法经营额 147845 元，违法所得 95971 元。共同犯罪中，被告人李寿斌、项人达作用、地位相当，不宜分主从犯。二被告人到案均如实供述其犯罪事实，可以从轻处罚。二被告人均初次犯罪，酌情从轻处罚。公诉机关指控李寿斌、项人达的事实成立，但罪名不当，法院予以变更。被告人李寿斌、项人达的辩护人的辩护意见，予以采纳。法院以侵犯著作权罪，判处被告人李寿斌犯判处有期徒刑二年，缓刑三年，并处罚金人民币 75675 元；判处项人达犯侵犯著作权罪，判处有期徒刑一年十个月，缓刑三年，并处罚金人民币 95971 元。

【案例注解】

进入 21 世纪，随着网络游戏在中国的快速发展，制作、销售网络游戏外挂程序的行为也日益增多。而且，随着信息技术的不断发展，涉及网络游戏外挂的案件数量不断增长，形式不断翻新。对于制作、销售网络游戏外挂是否应当予以刑事处罚以及适用何种罪名，存有较大争议。对于制作、销售网络游戏外挂程序行为应慎用刑事制裁手段，必要时应以侵犯著作权罪定罪处罚。

1. 在《穿越火线》游戏客户端不具备透视功能的情况下，被告人擅自增加了透视功能，该功能的实现必须复制互联网游戏程序的“源代码”，而被告人李寿斌制作的网络游戏外挂程序与《穿越火线》游戏程序具有高度的相似性。同时，被告人要想使其制作的外挂程序与《穿越火线》游戏对接，势必要破译和擅自使用原网络游戏的通信协议，截取并修改游戏发送到游戏服务器的数据，修改客户端内存中的数据，以达到增强客户端透视功能的目的，其行为符合法律规定的“复制发行”的要求。被告人的行为主要是复制互联网游戏程序的“源代码”，破译和擅自使用原网络游戏的通信协议，被告人的行为打破了原游戏的平衡，影响了《穿越火线》游戏的预期收益。但这种行为并没有完全破坏《穿越火线》游戏的运行系统，对社会主义市场经济秩序和社会秩序的危害程度有限，应秉持刑法的谦抑性原则，区分于其他犯罪行为。

2. 制作、销售互联网游戏外挂程序的行为不宜认定为破坏计算机信息系统罪。外挂程序通过破坏网络游戏的技术保护措施进入游戏服务器系统，其虽未达到控制计算机信息系统的程度，但干扰了游戏系统的正常运行。在《中华人民共和国刑法》（以下简称《刑法》）中，只将非法控制计算机信息系统的行为规定为犯罪（《刑法》第二百八十五条第二款），对于干扰计算机信息系统功能的行为，必须造成计算机信息系统不能正常运行，才构成犯罪（《刑法》第二百八十六条第一款）。使用互联网游戏外挂程序，尚不会造成网络游戏系统自身不能正常运行，故不宜认定为破坏计算机信息系统罪。

3. 制作、销售网络游戏外挂程序的行为不宜认定为非法经营罪。从司法实践来看，不少制作、销售互联网游戏外挂程序行为都被以非法经营罪追究刑事责任。此种观点的主要依据是《最高人民法院关于审理非法出版物刑事案件具体应用法律若干问题的解释》（以下简称《非法出版物解释》）第十一条或者第十五条的规定。第十一条规定：“违反国家规定，出版、印刷、复制、发行本解释第一条至第十条规定以外的其他严重危害社会秩序和扰乱市场秩序的非法出版物，情节严重的，依照刑法第二百二十五条第（三）项的规定，以非法经营罪定罪处罚。”第十五条规定：“非法从事出版物的出版、印刷、复制、发行业务，严重扰乱市场秩序，情节特别严重，构成犯罪的，可以依照刑法第二百二十五条第（三）项的规定，以非法经营罪定罪处罚。”我们认为，上述规定在起草过程中有特定的背景，不宜扩大适用范围。其一，《非法出版物解释》第十一条主要是针对非法经营内容上有问题的非法出版物的行为，即“不黄不黑”的非法出版行为。无疑，网络游戏外挂程序属于一种非法出版物，但不同于内容上有问题的出版物。其二，《非法出版物解释》第十五条的适用条件是严重扰乱市场秩序，情节特别严重。制作、销售网络游戏外挂程序的行为主要是影响了网络游戏经营者的利益，尚未严重扰乱市场秩序，不应当适用上述规定。其三，私自架设网络游戏服务器的社会危害性明显大于制作、销售外挂程序的社会危害性，而对前者适用侵犯著作权罪，对后者适用非法经营罪，也会造成罪刑明显失衡，不符合罪责刑相适应原则。其四，《最高人民法院、最高人民检察院、公安部关于办理侵犯知识产权刑事案件适用法律若干问题的意见》第十二条明确规定：“非法出版、复制、发行他人作品，侵犯著作权构成犯罪的，按照侵犯著作权罪定罪处罚，不认定为非法经营罪等其他犯罪。”如前所述，制作、销售外挂程序的行为构成侵犯著作权罪。

（一审法院合议庭成员　金学强　李寿春　张　亮
编写人　四川省成都市龙泉驿区人民法院　金学强
责任编辑　李　明
审稿人　蒋惠岭）

原载《人民法院案例选》2016 年第 3 辑（总第 97 辑）

五、侵犯商业秘密罪

116. 蒋光辉、武利军侵犯商业秘密案

——涉密技术信息使用公开只要求相关公众具有获得该信息的可能性

【关键词】

侵犯商业秘密罪　不为公众所知悉　使用公开　鉴定意见

【裁判要旨】

刑法中的商业秘密应具备“不为公众所知悉”的特点，因使用涉密技术信息而导致信息公开，或者导致该信息处于公众想得知就能够得知的状态不构成“不为公众所知悉”。刑事诉讼中，法院应对针对该事项所出具的鉴定意见进行实质性审查，不能排除涉密技术信息已经被使用公开的合理怀疑时，应认定行为人不构成侵犯商业秘密罪。

【相关法条】

《中华人民共和国刑法》

第二百一十九条　有下列侵犯商业秘密行为之一，给商业秘密的权利人造成重大损失的，处三年以下有期徒刑或者拘役，并处或者单处罚金；造成特别严重后果的，处三年以上七年以下有期徒刑，并处罚金：

（一）以盗窃、利诱、胁迫或者其他不正当手段获取权利人的商业秘密的；

（二）披露、使用或者允许他人使用以前项手段获取的权利人的商业秘密的；

（三）违反约定或者违反权利人有关保守商业秘密的要求，披露、使用或者允许他人使用其所掌握的商业秘密的。

明知或者应知前款所列行为，获取、使用或者披露他人的商业秘密的，以侵犯商业秘密论。

本条所称商业秘密，是指不为公众所知悉，能为权利人带来经济利益，具有实用性并经权利人采取保密措施的技术信息和经营信息。

本条所称权利人，是指商业秘密的所有人和经商业秘密所有人许可的商业秘密使

用人。

【案件索引】

一审：江苏省无锡高新技术产业开发区人民法院（2015）新知刑初字第0006号（2016年12月29日）

二审：江苏省无锡市中级人民法院（2017）苏02刑终38号（2017年7月20日）

【基本案情】

一审法院审理查明的蒋光辉、武利军犯罪事实部分如下：

一、涉案技术信息是否构成商业秘密的审查

大山公司生产的冷芯盒射芯机中的转动臂带动模具工作台实现直线往复运动的机构技术（以下简称秘点1）及三乙胺尾部处理部件技术（以下简称秘点2）等技术系大山公司2004年5月从日本浪速公司引进。

（一）秘密性

1. 经公安机关委托，上海科学技术情报研究所于2013年1月5日作出知识产权检索报告，认定秘点1、秘点2未被2010年12月31日前公开文献所公开。

经公安机关委托，2013年6月7日形成上海市知识产权司法鉴定中心的司法鉴定意见书（以下简称鉴定意见①），认定秘点1、秘点2针对出版物而言，构成属于不为公众所知悉的技术信息。

在本案审理过程中，公诉机关补充提供江苏省科技咨询中心2016年11月8日作出的（2016）鉴字第06号技术鉴定报告（以下简称鉴定意见⑤）认定：秘点1中“转动臂与工作台的连接装置”为实现沿轨道在顶芯与合模射芯工位正下方之间水平方向往复直线运动与在合模射芯之前脱离轨道被垂向顶升至合模射芯工位垂向运动衔接的可离合移动副；“转动臂动力机构”为保证合模射芯工位的准确定位而通过设定摆动幅度190°～200°、安装时对应射芯举升工位的极限摆动位置以轨道方向为基准逆时针旋转3°产生补充摆幅的摆动油缸。秘点2的进风管从上至下插入并穿过滤板的低端直达下腔，尾气直接输入下腔，由渐扩的下腔通道透过滤板升至上腔吹拂塑料球产生翻滚。滤板具有与所选风机参数相匹配孔板阻力和处理液位高度阻力的6mm孔径、20mm孔距以及8°倾角。上述这些信息非所属技术或者经济领域的人的一般常识或者行业惯例；非仅涉及产品的尺寸、结构、材料、部件的简单组合等内容，进入市场后相关公众通过观察产品不能直接获得；未在公开出版物或者其他媒体上公开披露；不属于无需付出一定的代价而容易获得的情形，即不为所属领域的相关人员普遍知悉和容易获得。鉴定意见⑤的鉴定人之一何朝旭到庭作证并接受质询。

2. 经大山公司委托，上海市知识产权司法鉴定中心于2012年2月29日作出上知司鉴字（2011）第1201号、第1202号司法鉴定意见书（以下简称鉴定意见⑥-1、⑥-2），认定秘点1、2属于不为公众所知悉的技术信息，双益公司生产的冷芯盒射芯机与大山公司生产的冷芯盒射芯机中采用的秘点1、2相同。

3. 经双益公司委托，2014年3月3日形成的北京紫图知识产权司法鉴定中心的鉴定意见书2份（以下简称鉴定意见②）认定：秘点1最迟自2012年12月已经销售使用；

秘点 2 从其他公开渠道可以获得且无须付出一定的代价而容易获得，不属于不为公众所知悉的技术信息。

经蒋光辉辩护人所在律所委托，2015 年 2 月 5 日形成的上海市科技咨询服务中心知识产权司法鉴定所（2015）沪科咨知鉴字第（41）号司法鉴定意见书（以下简称鉴定意见③）认定：秘点 1 是在 2010 年 12 月 31 日前不属于不为公众所知悉的技术信息；秘点 2 在 2010 年 12 月 31 日不属于不为公众所知悉的技术信息。

针对鉴定意见⑤，经蒋光辉辩护人所在律所 2016 年 11 月 22 日委托，2016 年 12 月 5 日形成的上海市科技咨询服务中心知识产权司法鉴定所（2016）沪科咨知鉴字第 39 号司法鉴定意见书（以下简称鉴定意见④），认定鉴定意见⑤所涉及的技术信息具备《最高人民法院关于审理不正当竞争民事案件应用法律若干问题的解释》（以下简称《审理不正当竞争民事案件司法解释》）第九条第二款第（一）、（二）、（五）、（六）项的情形，不构成不为公众所知悉。

（二）价值性

经无锡方正会计师事务所有限公司审核，2010 年 4 月至 2012 年 10 月间，大山公司已支付许可费人民币 851542 元。

（三）保密性

2005 年 3 月 29 日，大山公司与武利军签订商业秘密保护协议，每月给予武利军 200 元左右的保密费。大山公司对涉案技术信息采取了封闭电脑 USB 接口等保密措施，并按约支付了保密费。

二、被告人的行为及大山公司的损失

2003 年 9 月 1 日，武利军进入大山公司技术岗位工作，负责设计图纸，武利军工作期间利用局域网及公司领导的电脑秘密窃取各种射芯机等的技术图纸。2009 年年底至 2010 年年初，蒋光辉邀请武利军合作成立双益公司，由蒋光辉负责生产经营管理，将相应技术图纸用于双益公司生产、销售冷芯机。后原在大山公司做装配的姚瑞被高薪录用到双益公司。

2010 年 12 月至 2012 年 12 月，双益公司已生产销售 12 台各种型号的冷芯机，销售金额共计 7373000 元，给大山公司造成损失 1277310. 48 元。

二审另查明：鉴定意见⑥－1、⑥－2 中鉴定事项之一为，大山公司的冷芯盒射芯机中采用转动臂带动模具工作台实现直线往复运动的机构、三乙胺尾部处理部件是否构成属于不为公众所知悉的技术信息。鉴定意见①中的鉴定事项，与前述事项相同。鉴定意见⑤鉴定内容为，大山公司制造的冷芯盒射芯机中，转动臂带动模具工作台实现直线往复运动的机构中转动臂与工作台连接装置、转动臂动力机构所含技术信息；三乙胺尾气装置所含技术信息，是否具有不为公众知悉的性质。

鉴定意见⑤论述技术信息不是观察可以获得，载有：关于秘点 1，通过观察产品不能直接获得有关技术信息，如要获得完整信息，需要借助起吊设备，才能使工作台底面敞露；而获得“转动臂动力机构”信息还需要细致的专业观察和细心的测量。关于秘点 2，三乙胺尾气装置的箱体及其内部滤板和进气管均采取不可拆卸的满焊连接，只有采取破坏性分解措施并进行必要的理论分析计算、实验和排放指标检测。

鉴定意见④载有：在现场勘查，从冷芯盒射芯机设备的模具工作台车上可以清楚地观察到“转动臂与工作台的连接装置”，工作台被顶起时即可看到；即使使用起吊设备吊起工作台也非难事；鉴定人员能够多次进入生产车间现场拍得照片。该转动臂的动力驱动装置采用摆动液压油缸（液压摆动油缸）是惯用的技术手段。“三乙胺尾气（处理）装置”现场直接可见，内部透过设备上的透明小窗可以直接、容易地观察到；该装置的内部结构尺寸，放掉过滤液、打开透明小窗取出塑料球后，即可以通过简单测量确定该信息；鉴定意见⑤均未涉及其工艺原理、理论分析计算方法、实验和排放指标检测等信息、内容。

【裁判结果】

江苏省无锡高新技术产业开发区人民法院于2016年12月29日作出（2015）新知刑初字第0006号刑事判决：一、被告人蒋光辉犯侵犯商业秘密罪，判处有期徒刑一年三个月，并处罚金人民币40万元。二、被告人武利军犯侵犯商业秘密罪，判处有期徒刑一年，并处罚金人民币30万元。三、暂扣于公安机关的侵权图纸予以没收，其他财物由公安机关依法处理。宣判后，蒋光辉、武利军不服，提出上诉。江苏省无锡市中级人民法院于2017年7月20日作出（2017）苏02刑终38号刑事判决：一、撤销无锡高新技术产业开发区人民法院（2015）新知刑初字第0006号刑事判决；二、上诉人蒋光辉无罪；三、上诉人武利军无罪。

【裁判理由】

法院生效判决认为：人民法院作出有罪判决，都应当做到犯罪事实清楚，证据确实、充分。证据确实、充分，应当符合“综合全案证据，对所认定事实已排除合理怀疑”的条件。根据《刑法》第二百一十九条第三款的规定，商业秘密，是指不为公众所知悉，能为权利人带来经济利益，具有实用性并经权利人采取保密措施的技术信息和经营信息。“不为公众所知悉”即要求涉案技术具有非公知性，不能是公知技术，排除涉案技术在被控犯罪行为实施时已经公开的情形。根据《审理不正当竞争民事案件司法解释》第九条规定，有关信息不为其所属领域的相关人员普遍知悉和容易获得，应当认定为《反不正当竞争法》第十条第三款规定的“不为公众所知悉”。因此，要认定系争技术非公知性时，既要排除出版物公开的情形，又要排除使用公开等已公开情形。

本案主要争议为涉案秘点是否已经使用公开。涉案技术信息的图纸被窃取时，大山公司生产的冷芯机等设备已经公开销售多年，要认定销售设备上秘点1、2所涉技术信息构成商业秘密，应排除使用公开而使秘点1、2为公众所知悉的合理怀疑。法律规定，辩护律师经证人或者其他有关单位和个人同意，可以向他们收集与本案有关的材料；辩护人可以申请法庭通知有专门知识的人出庭，就鉴定人作出的鉴定意见提出意见。辩护人提供鉴定意见②、③、④用以证明秘点1、2存在《不正当竞争法司法解释》第九条第二款的几种情形，法院认为，这些鉴定意见系具有专门知识的人就鉴定意见①、⑤、⑥发表的专业意见，法院应予参考。

1. 鉴定意见①仅涉及出版物公开，鉴定结论不全面，不能排除存在其他情形使技术公开的合理怀疑；鉴定意见⑥的鉴定结论虽然未限定于出版物公开，但其与鉴定意见①基于同一委托事项作出，鉴定机构和鉴定方法相同，结论却不相同，认为委托鉴定的

“机构”“部件”属于不为公众所知悉的技术。同时，该两份鉴定意见委托主体不同，前者为大山公司，后者为公安机关，前者作出的时间又早于后者。从中不难看出，鉴定机构在鉴定同一事项时，基于委托主体不同而修正了以前的鉴定结论，从而使人对鉴定意见⑥的准确性产生怀疑。法院认为，鉴定意见①、⑥均不应予以采信。

2. 鉴定意见⑤形式合法，但鉴定结论与委托鉴定事项不符。鉴定意见⑤虽然针对使用公开问题作出了结论，但委托事项为大山公司生产机器中的“……连接装置”“……动力机构”“……尾气装置”所含技术信息是否具有不为公众知悉的性质。鉴定意见⑤以技术点的非公知性来论证涉案技术的非公知性，不当扩大了鉴定范围，与委托鉴定事项不符，而且缺乏逻辑性和说服力，该鉴定意见不应予以采信。

3. 关于秘点1、2是否属“需要一定代价才能获得”。鉴定意见⑤未明确起吊、拆卸等成本和损失，其鉴定人员也当庭表示并未在鉴定现场作测量，该鉴定意见的证明方法对于验证技术信息是否易于观察获得，并无切实说服力。在没有明确获得技术具体成本、损失的情况下，如果只是“工作台被顶起”“打开小窗”，仍可能属于简单的测绘、拆卸。鉴定意见④对涉案技术信息“付出一定的代价才能获得”的观点提出的质疑，具有合理性，鉴定意见⑤不应予以采信。

4. 秘点1、2中涉及的结构类技术特征，一般缺乏可保密性。鉴定意见⑤在总结秘点1、2时，描述了“可离合移动副”机械活动的现象“往复直线运动”“摆动油缸”的“摆动幅度”，还描述了尾气进出装置的过程、滤板与所选风机参数相匹配，却未描述实现这些机械运动的具体技术方案，也未涉及工艺原理、理论分析计算方法、实验和排放指标检测等信息、内容。法院认为，蒋光辉、武利军及辩护人提交的数份鉴定意见提出秘点所涉的机械活动、设备构造现象等可观察，符合秘点为结构类技术特征而缺乏保密性的特点，系合理质疑，鉴定意见⑤不应予以采信。

综上，秘点1、2所涉技术信息因使用而公开系合理怀疑，鉴定意见⑤等证据尚不能达到排除合理怀疑的证明标准。本案中武利军通过不正当手段从大山公司获取冷芯盒射芯机的相关技术信息，蒋光辉明知前述情况仍与武利军一起将该技术信息用于双益公司生产冷芯机，但由于不能排除涉案两项技术信息已经被使用公开的合理怀疑，原审判决认定涉案技术信息属于商业秘密继而认定蒋光辉、武利军构成侵犯商业秘密罪有误，应予纠正。

【案例注解】

对于涉案秘点1、2是否属于商业秘密，本案一、二审认识不一致，导致观点差异的原因主要在于：对司法鉴定意见认定涉案秘点已经使用而公开，法院是否还需要根据专业意见对其进一步进行实质审查。

一、“不为公众所知悉”应排除“使用公开”

商业秘密，是指不为公众所知悉，能为权利人带来经济利益，具有实用性并经权利人采取保密措施的技术信息和经营信息。“不为公众所知悉”即要求涉案技术具有非公知性，不能是公知技术，排除涉案技术在被控犯罪行为实施时已经公开的情形。技术公开方式包括出版物公开、使用公开和以其他方式公开三种。“使用公开”指由于使用而导致技术方案的公开，或者导致技术方案处于公众可以得知的状态。使用公开的方式包括能够使公众得知其技术内容的制造、使用、销售、进口、交换、馈赠、演示、展出等方式。只要通过上述方式使有关技术内容处于公众想得知就能够得知的状态，就构成使用公开，而不取决于是否有公众得知。《审理不正当竞争民事案件司法解释》第九条规定："有关信息不为其所属领域的相关人员普遍知悉和容易获得，应当认定为反不正当竞争法第十条第三款规定的'不为公众所知悉'。具有下列情形之一的，可以认定有关信息不构成不为公众所知悉：（一）该信息为其所属技术或者经济领域的人的一般常识或者行业惯例；（二）该信息仅涉及产品的尺寸、结构、材料、部件的简单组合等内容，进入市场后相关公众通过观察产品即可直接获得；（三）该信息已经在公开出版物或者其他媒体上公开披露；（四）该信息已通过公开的报告会、展览等方式公开；（五）该信息从其他公开渠道可以获得；（六）该信息无需付出一定的代价而容易获得。"该条第三款第（二）项明确规定，已经使用公开的技术不能成为商业秘密的保护对象。因此，要认定系争技术非公知性时，既要排除出版物公开的情形，又要排除使用公开等已公开情形。

1. 鉴定意见②、③、④的勘查主体，属于"使用公开"中的"相关公众"。如有关信息仅涉及产品的尺寸、结构、材料、部件的简单组合等内容，进入市场后相关公众通过观察产品即可直接获得，不构成"不为公众所知悉"。有观点认为，鉴定意见②、③、④的勘查主体不是所属领域的公众，涉案产品销售是点对点，销售和使用的人是特定对象。笔者认为，现并无证据证明大山公司在对外销售涉案产品时设置身份障碍或选择特定客户，进而要求采购方对产品进行保密，采购企业生产厂区内也无禁止他人参观、访问的提示。本案的实际情况是大山公司涉案产品早已销售给多家单位，上诉人的辩护人、北京紫图鉴定中心鉴定人员均顺利进入安置有涉案产品的厂区进行现场勘验、拍照。该产品已经处于不特定主体想购买即可购买的状态，再以购买者范围限定"相关公众"才能进行观察，并不合理。辩方鉴定人员作为"相关公众"发表意见，并未超出法律规定的主体要求。

2. "使用公开"只要求具有获得秘点技术的可能性。通常而言，要认定机械装置构成技术秘密，不能是简单的机械活动的现象，因为相应的现象能在公开出售的机器上直接观察得到，具体的尺寸也可以通过简单的测绘、拆卸方法来获得。机械装置或系统构成秘点，应有系统零部件的位置、结构、配置关系、部件尺寸、尺寸公差、技术要求等技术信息；还可以包括具体工艺在内的工艺程序、试验参数、技术要点处理等具体的技术信息。秘点1、2描述了机械活动的现象，还描述了机械运转过程、参数，却未描述实现这些机械运动的具体技术方案，也未涉及工艺原理、理论分析计算方法、实验和排放指标检测等信息、内容，因而秘点1、2所涉信息系结构类技术特征，具有观察、测量可能性。

有观点认为，"不为公众所知悉"是指有关信息不为其所属领域的相关人员普遍知悉和容易获得，而且"知悉"和"获得"不能仅仅是一知半解，而应是全部获得；拆卸行为不是正常生产行为中的使用行为，蒋光辉、武利军没有通过反向工程获得技术，因此，构成使用公开的理由不充分。笔者认为，只要被出售的设备使秘点技术内容处于公众想得知就能够得知的状态，即为使用公开。相关公众能够从出售的已存在的技术信息的载体中获取该技术信息，只需存在能够获取的可能性就够了，并不需要已经实际上从中获取了该技术信息。鉴于此，使用公开关注的是技术信息的可获得性，与相对人对该技术信息载体是否采取保密措施并不具有必然联系。以不正当手段获得技术信息并不能免除证明存在商业秘密的责任，仍应证明系争技术信息具有非公知性等构成要件、能够作为商业秘密获得保护。因而，本案中判断秘点1、2是否构成使用公开并不取决于蒋光辉、武利军是否实际通过购买设备而获得技术。

法院不能因为被告人有盗窃行为就降低对商业秘密的构成要求，有授权使用的技术图纸，无疑会降低研发生产成本，但不应就此反推存在商业秘密。特别是在技术已经被授权使用、产品已经公开销售的情况下，对技术的非公知性仍应严格予以审查。

二、对是否构成“不为公众所知悉”的鉴定意见应进行实质性审查

鉴定意见属于“意见证据”，证据应查证属实。鉴定意见是《刑事诉讼法》规定的证据之一，是鉴定人运用科学技术或者专门知识对案件中的专门性问题进行检验、鉴别后给出的专业意见。“鉴定意见”在2012年修改前的《刑事诉讼法》中被称为“鉴定结论”。由“鉴定结论”改为“鉴定意见”明确了鉴定意见的证据属性。“鉴定结论”具有预定的法律效力，违背了“证据必须经过查证属实，才能作为定案根据”的法律规定，实质上是把审理案件中专门性问题的权力让渡给了司法鉴定者，违背了审判权应由裁判者独享的司法原理。将“鉴定结论”改为“鉴定意见”，使“鉴定意见”回归到“证据材料”而非“定案根据”的本来面目，使“鉴定意见”同其他证据一样，只有在经过庭审举证、质证、认证等环节之后，才能作为定案的根据。更为重要的是，名称的变化反映了立法机关对鉴定意见属性的确认，即鉴定意见属于“意见证据”。

由司法机关委托作出的鉴定意见，可能会与由辩护人提供的鉴定意见、辩护人申请的专家证人出庭作证的意见并存。在多种鉴定意见并存的情况下，就需要裁判者审查判断，最终采纳其中一个相对合理的意见。

1. 公诉机关举证的商业秘密鉴定意见不应具任何预设的证明力。尽管在诉讼活动中，鉴定意见对于案件中的专门性问题所具有的证明力是其他证据种类都不能替代的，且有时往往对案件的最终结论起决定性的作用，[①] 但这并不意味着鉴定意见可以不需经过审查判断就直接用来认定案件事实。鉴定意见不仅具有科学性和客观性，还具有主观性，而其主观性必然决定了鉴定意见的不稳定性和不确定性。鉴定意见是鉴定专家个人的认识和判断，而鉴定专家在前述判断的过程中极易受到各种主客观因素的影响，其鉴定意见可能会出现判断偏差，甚至歪曲或错误反映待证事实。故而，尽管鉴定意见具有其他证据无法替代的特殊功能，甚至对技术秘密是否成立的认定起到决定性作用，但是也并不能就此认定鉴定意见的证明效力当然优于其他证据。对整个案件来说，鉴定意见只是商业秘密案件中诸多可据以查明案情的证据之一，审判人员应当允许各方当事人对鉴定意见自由的提出意见，必要的时候还应当要求鉴定专家出庭接受质询，只有在鉴定意见经过双方当事人充分质证后，才能在结合案件的全部证据的基础上进行综合审查判断，从而正确认定案件事实、准确适用法律规定，最终作出公正合理的判决。

本案一审偏重于审查鉴定意见的程序，二审则更注重对鉴定意见进行全面的实质审查，认为鉴定意见①、⑤、⑥用以证明涉案秘点并未使用公开，必须经过查证属实，才

① 何家弘：《司法鉴定导论》，法律出版社2000年版。

能作为定案的根据。其中，鉴定意见①的鉴定结论不全面，鉴定意见⑥的鉴定结论有所修正，但其与鉴定意见①基于同一委托事项作出，鉴定机构和鉴定方法相同，结论却不相同，从而使人对鉴定意见⑥的准确性产生怀疑。鉴定意见⑤形式合法，但鉴定结论与委托鉴定事项不符；该鉴定意见的证明方法对于验证技术信息是否易于观察获得，并无切实说服力。鉴于此，二审认为前述鉴定意见尚不能达到排除合理怀疑的证明标准。

2. 鉴定意见②、③、④系具有专门知识的人就鉴定意见①、⑤、⑥发表的专业意见。为破解鉴定意见质证难题，《刑事诉讼法》规定了鉴定人、有专门知识人出庭制度。《刑事诉讼法》第一百九十二条规定，公诉人、当事人和辩护人、诉讼代理人可以申请法庭通知有专门知识的人出庭，就鉴定人作出的鉴定意见提出意见。法庭对于上述申请，应当作出是否同意的决定。有专门知识的人出庭，适用鉴定人的有关规定。鉴定意见及其他体现专业性的书证作为证明力较强的客观性证据，常常在认定罪与非罪的过程中发挥着关键性作用，引入有专门知识的人出庭制度，使客观性证据的质证环节不再流于形式，也促进整个庭审过程的实质化。

本案的一审中，法庭接受申请要求鉴定人出庭作证，却对辩护人申请有专门知识的人出庭，未予准许。这实际上导致了法院无法进一步了解针对鉴定意见的不同观点。《刑事诉讼法》规定被告人也可以聘请“有专门知识的人”对鉴定人的鉴定意见进行“再鉴定”。“有专门知识的人”出庭，就鉴定意见提出意见，可以帮助法官理解相关专业问题，进而作出公正判断。“有专门知识的人”的作用举足轻重，一旦其能够就鉴定意见所要证明的事实提出合理质疑，法院就不应认定该部分事实。本案中，蒋光辉、武利军及辩护人针对公诉方举证的鉴定意见，提交了数份鉴定意见，其中有些意见系合理质疑，使得二审最终未采纳鉴定意见⑤。对鉴定意见的审查判断，不能仅仅通过当庭宣读的方式来进行，而应建立针对鉴定人的交叉询问程序，并借此来审查鉴定意见的证明力和证据能力，这与证人出庭作证的情形没有本质的不同。本案中，鉴定意见⑤未明确起吊、拆卸等成本和损失，其鉴定人员也当庭表示并未在鉴定现场作测量，该鉴定意见的证明方法对于验证技术信息是否易于观察获得，并无切实说服力。

实践中，如果涉及特别专业的问题时，当只有一方专家或技术顾问出庭时，庭审质证往往演变成对其他人员进行的专业知识普及课。笔者认为，为避免这种情况，法院可以让鉴定人、有专门知识人同时出庭，就专业问题形成较为有效的意见展示和意见对抗。

（一审法院合议庭成员　黄惠芳　戴鸿峰　刘博文
二审法院合议庭成员　潘志江　包文炯　酆　芳
编写人　江苏省无锡市中级人民法院　包文炯
责任编辑　周维明
审稿人　李玉萍）

原载《人民法院案例选》2017 年第 11 辑（总第 117 辑）

第八节 扰乱市场秩序罪

一、合同诈骗罪

117. 王喆合同诈骗案

——民间借贷案件中被告人主观非法占有目的的认定

【关键词】

合同诈骗　民间借贷　被害人错误认识　非法占有目的　无罪

【裁判要旨】

在民间借贷案件中，如果被告人主观上不具有非法占有的目的，即使借款的实际用途与合同约定用途不符，或者约定的抵押物无法实现抵押债权，也不宜直接以合同诈骗罪处罚。

【相关法条】

《中华人民共和国刑法》

第二百二十四条　有下列情形之一，以非法占有为目的，在签订、履行合同过程中，骗取对方当事人财物，数额较大的，处三年以下有期徒刑或者拘役，并处或者单处罚金；数额巨大或者有其他严重情节的，处三年以上十年以下有期徒刑，并处罚金；数额特别巨大或者有其他特别严重情节的，处十年以上有期徒刑或者无期徒刑，并处罚金或者没收财产：

（一）以虚构的单位或者冒用他人名义签订合同的；

（二）以伪造、变造、作废的票据或者其他虚假的产权证明作担保的；

（三）没有实际履行能力，以先履行小额合同或者部分履行合同的方法，诱骗对方当事人继续签订和履行合同的；

（四）收受对方当事人给付的货物、货款、预付款或者担保财产后逃匿的；

（五）以其他方法骗取对方当事人财物的。

《中华人民共和国刑事诉讼法》

第一百九十五条第（三）项　在被告人最后陈述后，审判长宣布休庭，合议庭进行评议，根据已经查明的事实、证据和有关的法律规定，分别作出以下判决：

（三）证据不足，不能认定被告人有罪的，应当作出证据不足、指控的犯罪不能成立的无罪判决。

【案件索引】

一审：天津市滨海新区人民法院（2014）滨刑初字第4号（2014年5月19日）

二审：天津市第二中级人民法院（2014）二中刑终字第284号（2014年9月2日）

【基本案情】

天津市滨海新区人民检察院指控称：2012年8月9日，被告人王喆利用担任天津保税区天兴货运服务有限公司总经理助理的便利，冒用公司名义，以该公司在天津港汇盛码头有限公司的入库合同协议书中的货物和一张天津市正然劳务服务公司的2012年11月9日到期金额为280万元的中国银行转账支票做抵押，后与被害人李昆泽签订了借款合同，约定借款金额为280万元，借款用途为购买运输车辆。合同签订后被害人李昆泽按照约定将252万元人民币汇入被告人王喆指定的广发银行账户中，被告人王喆在收到款项后未按照约定购买运输车辆，而是将借款用于偿还前期债务以及个人挥霍后逃匿。2013年5月27日，被告人王喆在辽宁省鞍山市铁东区青年街亮帅天朗游戏厅内被抓获。

被告人王喆对公诉机关指控的事实及罪名均不认可，认为自己主观上没有非法占有的目的，客观上没有冒用公司名义骗取财物，被害人对其公司性质有了解，没有形成错误认识，其在借款后也没有挥霍财物和逃匿等行为，且偿还了部分债务，其行为不构成犯罪。

被告人王喆的辩护人提出的辩护意见是：（1）王喆向李昆泽的借款数额为252万元，王喆实际借得的252万元中，包含为刘柱借款50万元，这部分数额不应当计算在王喆借款数额之内；（2）王喆在签订履行借款合同过程中不具有非法占有目的且具有还款行为，被告人王喆提供的协议书并没有使被害人陷入错误认识，三份入库协议书及支票是李昆泽要求王喆提供，而非王喆主动提供的，本案的性质应为民间借贷纠纷。

法院经审理查明：被告人王喆自2011年3月起担任天津港保税区天兴货运服务有限公司总经理助理一职，负责公司的业务工作，并负责保管天津港保税区天兴货运服务有限公司业务专用章，该业务章仅针对公司内部使用，无对外签订协议合同的效力。2012年8月9日，被告人王喆通过中间人刘柱向被害人李昆泽借款，并与被害人李昆泽签订借款合同，合同载明借款人为天津港保税区天兴货运服务有限公司王喆，并约定以天津港保税区天兴货运服务有限公司与天津港汇盛码头有限公司的入库合同协议书中的货物为抵押，向李昆泽借款280万元，用于购买运输车辆，同时约定于2012年11月8日一次性归还上述借款。王喆将其保管的三份天津港保税区天兴货运服务有限公司与天津港汇盛码头有限公司入库合同协议书质押给李昆泽，且在借款合同上加盖了天津港保税区天兴货运服务有限公司业务专用章。另外，王喆还质押给李昆泽一张未填写出票日期、大写金额、收款人及行号的中国银行支票，并手写一份说明，保证该支票到支付日期时银行无条件付款，因支票产生的一切法律责任由王喆个人承担。2012 年 8 月 10 日，被害人李昆泽用其朋友聂玉军招商银行 62128626015866 × × 银行卡向王喆提供的广东发展银行天津滨海支行户名为王胜利的广发银行账号汇款 252 万元人民币。被告人王喆在收到款项后，于当日向刘柱妻子宗美娜账户转入 51.1 万元，向李伟账户转入 4 万元，向赵洋账户转入 30 万元，向吴岳账户转入 10 万元，向徐丽平账户转入 5 万元，8 月 13 日向李伟账户转入 43.2 万元，向于蓉账户转入 7 万元，其余款项均被提现或 POS 消费，未按照约定购买运输车辆。2012 年 11 月，王喆向马志辉银行账户汇入 30 万元。2012 年 12 月 9 日至 11 日，被告人王喆的父母代替王喆向张东东还款 95.2 万元。2012 年 12 月 18 日，被害人李昆泽向公安机关报案，公安机关于 12 月 19 日立案侦查。

2013 年 1 月 5 日，被害人李昆泽就同一事实向本院塘沽审判区提起（2013）滨塘民初字第 273 号民事诉讼，将王喆及天津港保税区天兴货运服务有限公司列为共同被告，同时申请诉前保全被告人王喆父亲王胜利名下天津市滨海新区塘沽跃海园 1 – 904 号房屋一套、被告人王喆名下天津市经济技术开发区星月轩 5 – 1 – 101 号、天津市经济技术开发区第三大街 87 号 9 – 3 – 401 号房屋各一套。被告人王喆的母亲李焕毅作为委托代理人出庭参加了民事庭审，并在民事诉讼过程中就还款事宜与李昆泽进行了多次协商。2013 年 1 月 5 日，李昆泽还以王喆为被告分别提起了（2013）滨塘民初字第 270 号、（2013）滨塘民初字第 272 号两起民事诉讼，主张王喆向其借款 280 万元后，又因为购买运输车辆，分别于 2012 年 9 月 7 日向其借款 20 万元，于 2012 年 11 月 17 日向其借款 8 万元，后李昆泽于 2013 年 11 月 12 日同时撤回对两起案件的诉讼。

2013 年 5 月 27 日，公安机关在辽宁省鞍山市铁东区青年街亮帅天朗游戏厅内将被告人王喆抓获。2013 年 6 月 25 日，本院塘沽审判区民事审判庭将本案移送至公安机关处理。

【裁判结果】

天津市滨海新区人民法院于 2014 年 5 月 19 日作出（2014）滨刑初字第 4 号刑事判决：被告人王喆无罪。宣判后，天津市滨海新区人民检察院提出抗诉，后在审理过程中，天津市人民检察院第二分院认为抗诉不当，撤回抗诉。天津市第二中级人民法院于 2014 年 9 月 2 日作出（2014）二中刑终字第 284 号刑事裁定：准许天津市人民检察院第二分院撤回抗诉。

【裁判理由】

法院生效裁判认为：公诉机关提供的现有证据不足以认定被告人王喆在向被害人李昆泽借款过程中采取虚构事实、隐瞒真相、冒用公司名义的手段，使被害人陷入错误认识从而出借钱款，亦不能认定被告人主观上具有非法占有的目的，故公诉机关指控被告人王喆构成合同诈骗罪证据不足，指控罪名不能成立。李昆泽可通过其他合法途径向被告人王喆主张权利。

【案例注解】

本案的关键问题在于：在民间借贷案件引发的诈骗案件中，如何认定被告人主观上是否具有非法占有的目的，以及现有证据是否足以认定被告人的行为构成合同诈骗罪。合议庭认为，在民间借贷行为引发的合同诈骗案件中，不能仅以借款的实际用途与合同约定用途不符，或者约定的抵押物无法实现抵押债权为由即认定被告人构成合同诈骗罪，应当严格按照合同诈骗罪的犯罪构成要件加以判断，如果被告人的行为客观上不足以使被害人陷于错误认识从而交付钱款，主观上不具有非法占有的目的，那么被告人的行为就不符合合同诈骗罪的犯罪构成，应当依法宣告被告人无罪。

一、被害人陷入错误认识要件的认定

诈骗罪是以非法占有为目的，使用欺骗方法，骗取数额较大的公私财物的行为。诈骗罪（既遂）的基本构造为：行为人实施欺骗行为—对方（受骗者）产生（或继续维持）错误认识—对方基于错误认识处分财产—行为人或第三者取得财产—被害人遭受财产损害。[①] 因此，使用欺骗行为使受害方产生（或继续维持）错误认识就成为了诈骗罪的构成要件之一。在民间借贷案件中，存在着一种有别于亲朋好友、邻里同事之间借贷的情形，即所谓的“职业借贷人”出借钱款，其表现形式与内在本质与一般的民间借贷有所不同。这类借款一般签订格式合同，合同内容表面看与一般合同无异，但实际上存在以合法形式掩盖高息贷款行为的情形，往往合同上显示的借款用途与实际的借款用途有所不符。在此类情形引发的诈骗案件中，必须综合全案证据，结合民间借贷案件中的惯例及社会常理，慎重考察一方的借款行为是否真正使另一方产生了错误认识从而交付钱款。

具体来说，在本案中，首先，在被告人王喆是否冒用公司名义的问题上，从已有的证人证言来看，被害人李昆泽应当是明知被告人王喆此次借款系个人借款个人使用，但在借款合同中，却将借款人列为天津港保税区天兴货运服务有限公司王喆，并加盖了天兴货运服务有限公司业务专用章。李昆泽与王喆签订合同时可能存在以公司作为掩盖以便于其实现民事债权的情形。其次，关于担保货物的问题。在双方签订的借款协议中，约定以天津港保税区天兴货运服务有限公司与天津港汇盛码头有限公司的入库合同协议书中的货物为抵押，但根据王喆提供给李昆泽的三份入库协议书可以明确看出，该货物所有权不属于天津保税区天兴货运服务有限公司，更不属于王喆个人所有，无法实现担保效果。王喆提供这三份协议书的目的更多在于证明其具有一定的职责权限和履约能力，并非真正以这三份协议书中的货物承担担保责任。被害人作为一个具有正常认知水平和社会常识的成年人，其关于不知道该笔货物不属于王喆个人所有的陈述，显然不符合生活常理。

再次，被告人王喆质押给李昆泽的一张中国银行转账支票，没有填写日期、出票人、行号以及大写数额等信息，根据《票据法》的相关规定，支票必须记载无条件支付的委

---

① 参见张明楷：《刑法学》（第四版），法律出版社2011年版，第889页。

托、确定的金额、付款人名称、出票日期、出票人签章等内容，否则支票无效。根据上述规定，王喆质押给李昆泽的显然是一张存在明显重大瑕疵的支票，无法实现抵押效果。对于该支票表面存在的重大瑕疵，李昆泽作为一个向自己不熟悉的人出具巨额资金的成年人，其关于自己不知道支票无效，也不知道支票提不出钱款的陈述也不符合社会常理。

因而，根据以上的种种证据显示，加之按照社会常理判断，现有证据不能证明被害人是基于被告人虚构事实、隐瞒真相的行为陷入了错误认识而交付钱款，因而不符合诈骗罪中欺骗行为使对方产生错误认识的构成要件。

二、非法占有主观目的的合理认定

诈骗罪要求被告人主观上具有非法占有目的，这也是区分一般借贷纠纷与诈骗犯罪的重要要件之一，如何判断被告人主观上是否具有非法占有的目的，需要根据案件的实际情况与被告人的客观行为进行司法推定。最高人民法院 2001 年 1 月 21 日《全国法院审理金融犯罪案件工作座谈会纪要》规定了七种可以推定为具有非法占有目的的情形，包括：（1）明知没有归还能力而大量骗取资金；（2）非法获取资金后逃跑的；（3）肆意挥霍骗取资金的；（4）使用骗取的资金进行违法犯罪活动的；（5）抽逃、转移资金、隐匿财产，以逃避返还资金的；（6）隐匿、销毁账目，或者搞假破产、假倒闭，以逃避返还资金的；（7）其他非法占有资金，拒不返还的行为。笔者认为，在判断诈骗案件中被告人非法占有目的的，也可以参照这几种情形进行判断。

在本案中，首先，在案现有证据可以证实，被告人王喆曾经归还过马志辉 30 万元，被告人王喆的父母曾经替王喆还给过张东东 95.2 万元。王喆在庭审中辩称马志辉是李昆泽公司的员工，张东东也是替李昆泽讨要欠款的，该两笔资金实际都是还给李昆泽的欠款。虽然马志辉及张东东的证言均称王喆归还的是欠其二人的债务，与李昆泽没有关系，但没有提出任何马志辉、张东东与王喆存在债权债务关系的证据，并且二人证言存在明显矛盾之处。另外，王喆父母向张东东还款的借条及收条均在王喆父母处保管并由王喆父母提交法庭，与一般借贷关系中收据、借据由借贷双方分别保管的交易习惯明显不符。同时结合证人李焕毅出庭作证称李昆泽给其打电话说“王喆还了很多不应该还的钱”的情况，现有证据无法确定王喆及其父母向马志辉、张东东所支付的款项与向李昆泽的借款无关。

其次，被害人李昆泽向法院提起民事诉讼时申请诉前保全被告人王喆名下一套天津市经济技术开发区星月轩 5－1－101 号房产，说明王喆具有相当的还款能力，且李焕毅、王宝仁等证人证言能够证明，在相关民事诉讼过程中，被告人王喆的亲属与被害人进行过多次协商，均表示可以用该房产抵债，愿意积极偿还债务，但因被害方要求的数额远超过借款合同数额而未达成一致，在刑事案件进入起诉审查阶段，被告人王喆的母亲请求检察院出面主持双方进行调解，表示愿意尽力归还欠款。上述情况表明，既有事实证据不足以证实王喆具有非法占有被害人钱款的目的和行为。

再次，现有证据不能证明王喆对借款进行了个人挥霍。被告人王喆的陈述、证人赵亮的证言、相关书证均证实被告人王喆收到借款后，用相关款项归还了部分欠款，其余款项被提现或 POS 机消费。根据赵亮的证言，此时银行卡由赵亮持有，不能确定相关款项或消费系由被告人王喆作出，即被告人王喆挥霍了相关款项；现在证据不能证明钱款的走向，即亦不能证明相关款项被挥霍。

最后，关于被告人王喆到期没有还款、李昆泽称找不到王喆、公诉机关指控其逃匿的问题。被告人王喆当庭辩解称，其曾陆续还款给李昆泽100余万，当时也未离开天津，但由于李昆泽要求过高的还款数额，并为了追讨剩余款项限制其人身自由，跟踪其父母，其为了父母人身安全才于2013年3月去了鞍山，且其在鞍山期间并不知道自己行为涉嫌犯罪，还委托其母亲参加与李昆泽之间的民事诉讼，其行为不构成逃匿。根据王喆的辩解及相关证人证言，结合在王喆父母与李昆泽协商过程中双方意见立场，现有证据不足以认定被告人王喆系基于非法占有的目的进行逃匿。

综合以上证据来看，被告人王喆在借款时以及借款后的一系列行为，都表明其并没有恶意逃避还款，非法占有该笔钱款的故意。

三、基于当前民间借贷纠纷现状，刑事审判工作要正确应对职业借贷人放贷活动的衍生问题

根据各地审理民间借贷纠纷总结经验看，尤其在以不同于亲朋好友、邻里同事之间借贷的所谓“职业借贷人”出借钱款的纠纷中大量存在“以合法形式掩盖高息贷款的非法行为”，且职业贷款人组织化程度强，经常出现暴力催讨的情况，容易引发相关风险和社会稳定。职业贷款人经常制造恶意诉讼，用司法强制性的特点来实现其非法目的。

本案中，有几个案件特点表明，案件可能涉及职业借贷人高息贷款的情形。首先，根据合议庭了解到的相关情况，本案的被害人及相关证人均在同一法院具有民间借贷纠纷案件，其中一名证人聂玉军在被害人李昆泽三次民事诉讼中出庭作证情况，不但可以合理推断几人关系契合性程度高，且从一定程度上印证了职业贷款人的“诉讼主体重复率高”的司法特点。其次，李昆泽、聂玉军、刘柱均称李昆泽曾支付给王喆现金28万元，但三人对交付现金来源、交付具体时间、交付方式等关键细节问题上均无表述，且李昆泽与王喆的280万的借款合同中未约定利息（但证人证言中提及利息为28万元），也不符合常理，结合在借款本金中将利息预先扣除的行为已经成为民间高利贷行业的惯例，28万元很可能已被作为利息提前扣除，更加佐证了本案可能涉及职业借贷人高息贷款的行为。再次，本案中通过被告人王喆亲属与被害人李昆泽的多次调解可以看出，在刑事司法介入后，被害人李昆泽要求归还欠款的价码明显提升。结合王喆母亲李焕毅在当庭作证时表述，李昆泽曾经押着王喆去其父母家里要钱，之后又将王喆押走的相关证言，以及证人王宝仁关于李昆泽向王喆家属索取高额不合理利息的证言，本案可能存在职业借贷人用非法手段索取债务的情况。

结合案卷整体材料，被告人王喆与被害人李昆泽之间存在高利借贷的可能，被害人李昆泽作为一个高利借贷行业的人员，王喆的行为是否足以使其陷入错误认识需要谨慎判断，李昆泽本人可能存在采取非法手段索取债务等情况。本案的处理结果涉及司法权尤其是“刑事司法权介入民间借贷纠纷的程度”和“如何防范恶意诉讼”等是否会纵容民间高利借贷行为的问题。

因此，综合以上分析，根据现有证据确认的事实，从事相关中介经营行为的被害人李昆泽在明知借款系被告人王喆个人借款、且所谓抵押的货物并非被告人王喆所有、出具的支票具有显而易见的瑕疵的情况下，仍向被告人王喆借出钱款。在此情况下，不能认定被告人王喆具有非法占有的故意。现有证据存在较大疑点，被害人李昆泽可能存在高利放贷的可能，现有证据无法证明被告人王喆在借款过程中主观上具有非法占有的目的，被害人李昆泽并非系由于被告人的欺诈行为产生错误认识出具的借款。因此，公诉机关指控被告人王喆构成欺诈型罪证据不足。

（一审法院合议庭成员　李云洁　贺　鑫　郭福坤
二审法院合议庭成员　赵国峰　赵维克　周　虹
编写人　天津市滨海新区人民法院　李云洁　贺　鑫
责任编辑　李玉萍
审稿人　裴显鼎）

原载《人民法院案例选》2016 年第 2 辑（总第 96 辑）

118. 王晶、于军等合同诈骗，王晶诈骗案

——诈骗类犯罪行为中非法占有目的的认定

【关键词】

合同诈骗罪　诈骗罪　刑民区别　非法占有目的　推定

【裁判要旨】

是否具有非法占有目的是区分诈骗类犯罪行为与民事违法行为的重要依据。认定是否有非法占有目的，既要避免单纯根据损失结果客观归罪，也不能仅凭被告人自己的陈述，而是一般运用推定的方法。运用推定必须是在有证据证明基础事实的前提下，运用逻辑和经验法则，推断行为人主观的目的。对推定的事实，被告人可以提供证据予以反驳。

【相关法条】

《中华人民共和国刑法》

第二百二十四条　有下列情形之一，以非法占有为目的，在签订、履行合同过程中，骗取对方当事人财物，数额较大的，处三年以下有期徒刑或者拘役，并处或者单处罚金；数额巨大或者有其他严重情节的，处三年以上十年以下有期徒刑，并处罚金；数额特别巨大或者有其他特别严重情节的，处十年以上有期徒刑或者无期徒刑，并处罚金或者没收财产：

（一）以虚构的单位或者冒用他人名义签订合同的；

（二）以伪造、变造、作废的票据或者其他虚假的产权证明作担保的；

（三）没有实际履行能力，以先履行小额合同或者部分履行合同的方法，诱骗对方当事人继续签订和履行合同的；

（四）收受对方当事人给付的货物、货款、预付款或者担保财产后逃匿的；

（五）以其他方法骗取对方当事人财物的。

第二百六十六条　诈骗公私财物，数额较大的，处三年以下有期徒刑、拘役或者管制，并处或者单处罚金；数额巨大或者有其他严重情节的，处三年以上十年以下有期徒刑，并处罚金；数额特别巨大或者有其他特别严重情节的，处十年以上有期徒刑或者无期徒刑，并处罚金或者没收财产。本法另有规定的，依照规定。

【案件索引】

一审：北京市第一中级人民法院（2015）一中刑初字第1301号（2015年9月17

日）

二审：北京市高级人民法院（2015）高刑终字第558号（2015年12月25日）

【基本案情】

被告人王晶（曾用名王蓉）、谢东风于2010年3、4月间，谎称能为被害人张某某提供美元2亿元的存款用于融资，诱骗张某某任法定代表人的温州丰源房地产开发有限公司（以下简称温州丰源公司）与王晶任法定代表人、谢东风任经理的北京博达恒运投资有限公司（以下简称博达恒运公司）签订《美元存单质押贷款合作协议书》。根据《美元存单质押贷款合作协议书》，张某某代表温州丰源公司、谢东风代表博达恒运公司、被告人于军代表其任主任的北京市中济律师事务所（以下简称中济律所）三方签订《见证及提存服务协议》，约定由温州丰源公司支付融资保证金人民币600万元至中济律所办理“提存”。于军以其个人账户收取张某某根据上述协议支付的“提存款”人民币500万元、“提存服务费”人民币2.5万元后，在明知王晶、谢东风未履行协议为张某某提供美元2亿元的存款的情况下，于军不仅未按协议约定将“提存款”退还张某某，反而将“提存款”中的人民币125万元转至王晶控制使用的尹春风银行账户、人民币200万元转至谢东风银行账户，其余款项由于军控制使用，从而将张某某的“提存款”人民币500万元非法占有。案发前，于军归还被害人张某某人民币98.8万元。

被告人王晶于2010年9月间，谎称能为被害人秦某某、杨某提供人民币2500万元的借款，诱骗秦某某任法定代表人的北京聚和伟业文化发展有限公司（以下简称聚和伟业公司）与王晶任法定代表人的博达恒运公司签订《操作协议》。根据《操作协议》，聚和伟业公司、博达恒运公司、中济律所三方签订《提存协议书》，约定由聚和伟业公司支付保证金人民币300万元至中济律所办理“提存”。中济律所主任被告人于军以其个人账户收取周某代秦某某根据上述协议支付的“提存款”人民币300万元、提存服务费人民币1.5万元后，在明知王晶未履行协议为秦某某、杨某提供借款人民币2500万元的情况下，于军不仅未按协议约定将“提存款”退还秦某某、杨某，反而将“提存款”中的人民币200万元转至王晶账户，其余款项由于军控制使用，从而将“提存款”人民币300万元非法占有。

被告人王晶于2010年8、9月间，谎称能为被害人张某、范某某提供美元2亿元的存款用于融资，诱骗张某任法定代表人的乌兰察布市集宁区皮革有限责任公司（以下简称集宁皮革公司）与王晶任法定代表人的博达恒运公司签订《美元存单质押贷款合作协议书》。根据《美元存单质押贷款合作协议书》，集宁皮革公司、博达恒运公司、中济律所三方签订《提存协议书》、集宁皮革公司和中济律所签订《协议书》，约定由集宁皮革公司支付人民币600万元至中济律所办理“提存”。中济律所主任被告人于军以其个人账户收取张某、范某某根据上述协议支付的“提存款”人民币600万元后，在明知王晶未履行协议为张某、范某某提供2亿美元的存款的情况下，于军不仅未按协议约定将“提存款”退还张某、范某某，反而将“提存款”中的人民币450万元转至王晶账户，其余款项由于军控制使用，从而将张某、范某某的“提存款”人民币600万元非法占有。案发前，于军归还被害人张某人民币30万元。

被告人王晶于2011年7月间，谎称能够帮助被害人王某某办理融资，以到香港办理融资相关手续需要路费为名，骗取王某某人民币30万元。

【裁判结果】

北京市第一中级人民法院于2015年9月17日作出（2015）一中刑初字第1301号刑事判决：一、被告人王晶犯合同诈骗罪，判处无期徒刑，剥夺政治权利终身，并处没收个人全部财产；犯诈骗罪，判处有期徒刑六年，罚金人民币10万元；决定执行无期徒刑，剥夺政治权利终身，并处没收个人全部财产。二、被告人于军犯合同诈骗罪，判处无期徒刑，剥夺政治权利终身，并处没收个人全部财产。三、被告人谢东风犯合同诈骗罪，判处有期徒刑十三年，剥夺政治权利二年，并处罚金人民币20万元。四、在案冻结的被告人王晶名下中国工商银行账号为6222080200001××××××的账户（开户行：中国工商银行北京尚都支行）内的全部钱款按比例发还各被害人，不足部分责令三被告人继续退赔。

【裁判理由】

法院生效裁判认为：对于被告人王晶关于其已将涉案的人民币30万元通过银行转账归还被害人王某某的辩解，以及王晶为证明该项辩解而申请法庭调取银行汇款凭证的诉讼请求，经查：被害人王某某的陈述证明，王晶从未归还涉案的人民币30万元，也未代其向他人偿还过欠款。在案的王晶名下银行账户交易明细等书证也无法体现王晶所辩称的已归还王某某人民币30万元的事实。银行汇款凭证作为体现银行账户交易的形式之一，应与账户的交易明细一致。但王晶申请调取的银行汇款凭证所涉及的相关交易未体现于侦查机关依法调取的银行交易明细中，法庭按照王晶所提供的存放地点也未查找到相关银行汇款凭证。被告人王晶的该项辩解和诉讼请求，缺乏事实依据，不予采纳。

对于被告人王晶及其辩护人关于王晶有融资的客观行为，存在代被害人融资2亿美元的可能性；王晶没有非法占有的目的，未非法获益，王晶的行为不构成诈骗犯罪的辩解和辩护意见，经查：在案证据证明，王晶在被害人交付保证金后，始终没有实际的融资行为。王晶向被害人所称的融资途径也均为子虚乌有。从2010年3、4月起至2014年1月王晶到案时止将近四年的时间里，王晶未给任何一名被害人提供过美元存款。博达恒运公司和王晶在相关银行中并无王晶向被害人所称的大额美元存款。博达恒运公司和王晶除了涉案的犯罪事实，也没有其他业务。可见，王晶既无为被害人融资的客观行为，也无为被害人融资的实际能力。在此情况下，王晶仍诱骗被害人与其签订相关的融资协议和提存协议，在被害人将巨额保证金交到中济律所后，和于军一起共同非法占有了被害人的保证金。在被害人杨某等人向其询问融资进展情况和钱款去向时，王晶仍谎称还在进行融资以稳住被害人，并隐瞒其已非法占有被害人缴纳的保证金的事实。在此后被害人向其追讨保证金时，王晶以各种理由推托，拒不归还。可见，王晶非法占有被害人钱款的目的明确，其行为已符合合同诈骗罪的构成要件。被告人王晶及其辩护人的该项辩解和辩护意见，缺乏事实和法律依据，不予采纳。

对于被告人于军及其辩护人为证明于军无犯罪行为，因案外因素被立案侦查的事实而申请调取于军到案后于2014年4月4日所作的讯问笔录的诉讼请求，经查：在案证据证明，被害人范某某、杨某等人被于军诈骗后，向公安机关报案，对于军等人依法提出控告。公安机关按照管辖范围，依法审查后决定立案侦查。公安机关对于军立案侦查系因其实施了诈骗行为可能构成犯罪，并无证据和线索表明系因案外因素所致。被告人于军及其辩护人的该项诉讼请求，缺乏事实和法律依据，不予准许。

对于被告人于军的辩护人关于于军将被害人交由其保管的钱款交给王晶用于办理融资事宜是为了实现被害人的利益，以及于军的辩护人为支持其辩护意见而向法庭宣读、出示的付款指令、协议书等证据，经查：对于辩护人提交的“王晶指令于军付款给谢东风、尹春风”的付款指令，被告人王晶的供述否认该付款指令内容的真实性。王晶供称，该付款指令上王晶的名字是其事后补签的，其对这份付款指令的内容没有印象。且该付款指令与在案经庭审质证并确认的融资协议、提存协议等证据相互矛盾。根据在案的融资协议、提存协议，在王晶履行为被害人融资的义务之前，王晶并无权指令于军将被害人缴纳的保证金支付给其他人，于军也无权擅自处分保证金。可见，该付款指令的内容并不合法、客观。对于辩护人提交的内容为“聚和伟业公司的秦某某、博达恒运公司的王晶、中济律所的于军三方约定将提存款从中济律所于军处转付给博达恒运公司王晶，落款的时间是2011年3月30日”的协议书，在案被害人秦某某的陈述证明，该份协议是2012年3、4月，王晶在告知其保证金人民币300万元已转到王晶账上用于填补其他债务，且有人告于军的情况下，以继续为其融资为诱饵诱骗其补签的。而在案的被害人杨某的陈述、证人周某的证言、解除提存协议书、授权书、确认书、告知函、授权委托书、海淀区人民法院民事调解书等证据也与被害人秦某某的陈述相互印证，证明了自2011年3月29日至2012年，被害人秦某某、杨某一直在向于军、王晶追讨保证金人民币300万元。这些证据均证明了辩护人提交的该份协议书的内容并不真实，无法作为认定案件事实的依据。而在案的经庭审质证的融资协议、提存协议书等证据证明，被害人将融资保证金交由于军保管的目的是为了确保保证金的安全，在王晶按照融资协议履行为被害人融资的义务前，于军不得将保证金支付给王晶。于军在王晶履行融资义务之前将被害人交由于军保管的保证金支付给王晶，不仅违反王晶、于军与被害人签订的三方协议的内容，而且致使被害人在未获得融资的情况下，所交付的保证金也无法返还，直接损害了被害人的利益。于军的辩护人所谓的“为了实现被害人的利益”与事实明显不符。被告人于军的辩护人向法庭宣读、出示的付款指令、协议书与在案证据证明的案件事实相互矛盾，不具有客观性和真实性，不予确认。被告人于军的辩护人的该项辩护意见，缺乏事实依据，不予采纳。

对于被告人于军的辩护人关于中济律所的财产因诉讼纠纷存在被法院执行的风险，于军为了保证被害人钱款的安全，维护被害人的利益才将被害人张某、范某某交由其保管的保证金人民币600万元交王晶保管的辩护意见，以及于军的辩护人为支持其辩护意见而向法庭宣读、出示的协议书、民事裁判文书、执行法律文书等证据，经查：于军的辩护人提交的民事裁判文书、执行法律文书等证据证明的中济律所因涉及经济纠纷案件，被相关法院强制执行的情况均发生在2010年9月17日之后。而根据于军的辩护人提交的协议书的内容，“中济律所于2010年9月17日将集宁皮革公司交付的提存款人民币

600万元全部交博达恒运公司代为保管”。根据辩护人提交的证据，于军将保证金交给王晶发生在前，强制执行发生在后，且时间相隔甚远，无法反映出转款行为与中济律所被强制执行有任何关联，更谈不上转款是为了避免被强制执行。而于军的辩护人提交的协议书的内容与在案证据证明的情况也不相符。在案证据证明，于军于2010年9月15日收到张某、范某某的保证金人民币450万元后，于9月16日就将450万元汇入王晶的银行账户，而张某先前缴纳的保证金人民币150万元仍在于军处。于军的辩护人提交的协议书中“提存款人民币600万元全部交博达恒运公司代为保管”的内容与此明显不相符。此外被害人张某、范某某将保证金人民币600万元交由于军保管是为了在王晶依照合同履行融资义务之前保证资金的安全。如于军在张某、范某某缴纳保证金之前就知道中济律所和其存在可能被法院强制执行的情况，于军应明确告知张某、范某某并立即退还相关保证金，方能“保证被害人钱款的安全，维护被害人的利益”。而在案证据证明，于军在收到被害人钱款后的第二天就与王晶伙分了该笔钱款，正是于军的行为使得被害人不仅未实现融资的目的，保证金又被王晶和于军非法占有，受到了重大的损失。于军不仅未保证被害人的利益，更是直接侵吞被害人钱款，损害了被害人的利益。被告人于军的辩护人向法庭宣读、出示的民事裁判文书、执行法律文书等证据与本案事实没有关联性，向法庭宣读、出示的协议书所证明的内容不具有真实性，均不予确认。被告人于军的辩护人的该项辩护意见，缺乏事实依据，不予采纳。

对于被告人于军及其辩护人关于于军没有非法占有的目的和诈骗的主观故意，于军对王晶实施的诈骗行为不知情，未配合王晶骗取被害人钱款，于军对被害人交由其保管的“提存款”有权使用，涉案合同中约定的被害人取回“提存款”的条件未成立，于军不负有向被害人返还“提存款”的义务，于军的行为是民事法律行为而非诈骗犯罪的辩解和辩护意见，以及于军的辩护人为支持其辩护意见而向法庭宣读、出示的美元存单质押贷款合作协议、见证及提存服务协议书、协议书、解除协议、谈话笔录、企业法人营业执照、汇款凭证、对账单、收付款凭证、说明、发票、收据、通知函等证据，经查：于军的辩护人向法庭宣读、出示的上述证据，已由公诉机关在庭审中宣读、出示并经庭审质证，予以确认。上述证据并不能据以支持辩护人关于于军的行为并非诈骗犯罪行为的辩护意见。相反，上述证据结合公诉机关在庭审中出示并经庭审质证的其他证据，证明了于军在被告人王晶谎称能为被害人提供巨额美元存款用于融资或提供巨额借款，诱骗被害人签订融资协议后，利用被害人对其律师身份和作为法律服务机构的律师事务所的信任，谎称能为被害人保管融资保证金，诱骗被害人与中济律所、博达恒运公司签订“提存服务协议”，并由被害人将巨额保证金交到于军的个人账户。涉案事实中，在明知王晶始终未为被害人融到资金的情况下，于军却在收到被害人交付的巨额保证金后，违反合同约定将保证金中的人民币900余万元立即转入王晶、谢东风等人账户，其余保证金由其支配使用，从而和王晶共同将保证金非法占有。在被害人依照协议约定向于军追讨保证金时，于军刻意隐瞒保证金已被其和王晶共同非法占有的事实，以各种借口推托，拒不归还被害人保证金。案发后，经侦查机关工作也未查扣到于军名下的任何财产。于军的行为已符合合同诈骗罪的构成要件。被告人于军及其辩护人的该项辩解和辩护意见，缺乏事实和法律依据，不予采纳。

对于被告人于军的辩护人关于中济律所是合法成立的律所，有风险承担能力，可以从事“提存”业务。中济律所和作为律师的于军有执业责任保险，如因执业过错导致当事人损失，当事人可获得保险理赔，故于军的行为不构成犯罪，以及于军的辩护人为支持其辩护意见而向法庭宣读、出示的关于批准成立中济律所的决定、中济律所审计情况表、律师执业责任保险主要内容、承保明细表等证据，经查：于军的辩护人提交的关于批准成立中济律所的决定、中济律所审计情况表等证据，以及公诉机关在庭审中宣读、出示并经庭审质证的律师事务所执业许可证等证据均证明中济律所是合法成立的律师事务所。但公诉机关在庭审中宣读、出示并经庭审质证的中济律所银行账户开户资料、银行账户交易明细等证据还证明，截至案发后的2014年4月29日，中济律所账户内仅有人民币4万余元。而于军名下已无任何财产。中济律所和于军已丧失了偿付债务的能力。根据《公证法》《提存公证规则》的规定，公证处是我国的提存机关，提存公证由债务履行地的公证处管辖。提存机关是国家设立的接受提存物而进行保管，并应债务人请求将提存物发还债权人的机关。律师事务所并非法定的提存机关，不能从事法律意义上的提存业务。而于军的辩护人提交的律师执业责任保险主要内容、承保明细表等证据证明了律师执业责任保险承担保险理赔责任的条件是律师事务所和律师因执业过错导致当事人损失。而在本案中，于军作为律师伙同他人实施诈骗行为，骗取被害人的钱款，这已明显超出律师执业责任保险“执业过错”的承保范围，当事人不可能获得保险理赔。在案证据证明，于军的行为已符合合同诈骗罪的构成要件，被害人因于军的诈骗行为受到损失是于军实施犯罪行为的结果，而非于军构成犯罪的原因。于军的辩护人所提交的关于批准成立中济律所的决定、中济律所审计情况表等证据不能证明其辩护意见，提交的律师执业责任保险主要内容、承保明细表等证据与本案的事实不具有关联性，均不予采纳。被告人于军的辩护人的该项辩护意见，缺乏事实和法律依据，不予采纳。

对于被告人于军的辩护人关于于军还以支票方式通过王晶退还张某某“提存款”人民币100万元的辩护意见，以及于军的辩护人为支持其辩护意见而向法庭宣读、出示的杨华、韩颖出具的说明等证据，经查：辩护人未向法庭说明出具相关材料的杨华、韩颖的联系方式，致使法庭无法与杨华、韩颖核实其出具说明的内容真伪。此外，从杨华、韩颖出具说明的内容来看，仅能证明北京源正长润投资有限公司的人民币100万元的支票于2010年5月11日被交给了博达恒运公司的王晶，无法证明于军、王晶已将该笔100万元退还给张某某。而被害人张某某否认曾收到王晶或于军退还的该笔人民币100万元。经庭审质证并确认的证据证明了该张支票的走向：北京源正长润投资有限公司的该张人民币100万元的支票于2010年5月12日被入到了北京聚兴万源家居装饰中心的账户上。该100万元被该中心法定代表人李凤志分数笔转入其个人账户。北京聚兴万源家居装饰中心已注销，李凤志对于该100万元由于时间久远，无法回忆支付原因及钱款去向，其从未听说过于军、王晶、谢东风、张某某这些名字。而在案的张某某的银行账户交易明细也未体现张某某收到过该笔人民币100万元的退款。此外，于军于2010年5月7日通过转账方式退还了张某某人民币98.8万元。如于军于几天后的2010年5月11日继续退还张某某钱款，完全可以直接将支票交予张某某，而无需舍近求远，将支票交予王晶后再由王晶退还张某某。根据三方签订的相关协议，负有退款义务的也是于军。于军的辩护人的该项辩护意见不仅无法得到相关证据的支持，也与常理不符。辩护人向法庭提交的杨华、韩颖出具的说明，不具有合法性和关联性，不予采纳。被告人于军的辩护人的该项辩护意见，缺乏事实依据，不予采纳。

对于被告人谢东风关于其没有非法占有的目的，未向被害人张某某谎称有 2 亿美元，误以为被告人于军转给其的人民币 200 万元是博达恒运公司给其的辩解，经查：在案证据证明，谢东风在明知博达恒运公司没有能力为张某某提供美元 2 亿元的存款用于融资的情况下，诱骗张某某与博达恒运公司、中济律所先后签订《美元存单质押贷款合作协议书》《见证及提存服务协议书》，诱使张某某根据上述协议将履约保证金人民币 500 万元交由中济律所的于军保管，致使该笔钱款被非法占有无法返还。谢东风参与分得赃款人民币 200 万元。谢东风非法占有的目的明显，其行为已符合合同诈骗罪的构成要件。该笔履约保证金人民币 500 万元被非法占有后，合同诈骗犯罪已告既遂。至于是于军还是博达恒运公司的王晶具体进行分赃，将赃款人民币 200 万元给予谢东风，均不影响谢东风伙同王晶、于军共同实施合同诈骗犯罪的事实。被告人谢东风的该项辩解，缺乏事实和法律依据，不予采纳。

【案例注解】

一、诈骗类犯罪和民事违法行为的本质区别

诈骗类犯罪往往也是一种民事违法行为，但民事的违法行为却不完全都是诈骗犯罪。在诈骗类案件的审判实践中，常常遇到究竟行为属于刑事犯罪还是民事经济纠纷的问题，而被告人也多以此作为其不构成犯罪的辩解。

我们认为，区分诈骗类犯罪行为与民事违法行为的重要依据在于是否具有非法占有的目的。在民事违法行为中，行为人也可能实施一定的欺骗手段从而侵犯他人的财产权和扰乱社会经济秩序，但不一定具有非法占有的目的，否则就可能构成刑事犯罪。这就要求我们在处理诈骗类犯罪时，不能仅因造成了实际的财产损失，扰乱了市场秩序等客观结果就认定构成诈骗类犯罪，而应当牢牢把握行为人是否具有非法占有的目的来区分其行为的性质。

而目的属于人的主观方面，较之客观方面而言，具有抽象性和内隐性。在司法实践中如何认定非法占有目的，一直是一个难点问题。普遍认为，人的活动由其主观心理支配，活动的性质由主观心理决定；行为人的心理态度通过其外向化、客观化的外在行为来体现和反映。只要存在证据证明这些客观化、外在化的行为表象和印迹的存在是确定的、属实的，就可以推断其行为时的心理态度。《全国法院审理金融犯罪案件工作座谈会纪要》（以下简称《纪要》）对此指出：“在司法实践中，认定是否有非法占有为目的，应当坚持主客观相一致的原则，既要避免单纯根据损失结果客观归罪，也不能仅凭被告人自己的供述，而应当根据案件具体情况具体分析。”所谓“具体情况具体分析”，实质上就是“应当将主观目的的证明建立在客观事实的基础之上。为此，就必须采用推定方法，根据客观存在的事实推断行为人主观目的之存在”。

二、推定非法占有目的的基本方法

推定是从已知的事实推导出未知事实的逻辑思维活动。对于如何根据客观存在的事

实推断行为人非法占有目的，《纪要》列举了若干种情形，即“根据司法实践，对行为人通过诈骗的方法非法获取资金，造成数额较大资金不能归还，并具有下列情形之一的，可以认定具有非法占有的目的：（1）明知没有归还能力而大量骗取资金的；（2）非法获取资金后逃跑的……”《纪要》所运用的基本方法是从基础事实而得出推定事实。基础事实是“对行为人通过诈骗的方法非法获取资金，造成数额较大资金不能归还，并具有明知没有归还能力而大量骗取资金的……多种情形”，推定的事实是认定行为人具有非法占有的目的。基础事实与推定事实之间因果关系的确定性是基于司法实践中的总结和逻辑经验，这些总结和逻辑经验不局限于《纪要》所明确指出的几种情形。由于推定是建立在经验法则基础之上的，经验法则作为一种不完全的理性，存在着非必然性和可推翻性，因此，推定应允许对方进行反驳。此外，不能将推定所得结论事实作为进一步推定的基础事实，以此避免与客观事实之间的距离无限扩大，造成认定事实错误。

简而言之，在司法实际中，推定由于揭示了从一项事实推出另一事实的过程，可以作为法官的采证规则而存在，用于判断犯罪嫌疑人、被告人的主观心态。一般来说，推定事实适用的条件是：（1）基础事实已经得到证明，即基础事实必须有证据予以支持，并已得到了确认；（2）基础事实与推定事实之间存在着一定联系，这种关联性是客观的、常态的，不是偶发的、随机的或主观臆想；（3）没有反证或反证证明力不足。推定是一种证明法则，属于一种程序性案件事实认定规则，即法律所允许的证明案件事实的一种特殊法则；也是一种证明责任转移机制和法官的事实认定规则。适用推定，则主观方面事实的证明责任转移，如果被告人不能提供证据予以反驳，则推定的事实——被告人主观上“非法占有目的”事实成立；当然，被告人提供的证据不必达到排除合理怀疑的证明标准。

三、运用证据推定非法占有目的的运用

在本案中，三名被告人均辩解没有非法占有的目的，其中最典型的莫过于作为中济律师事务所主任的于军的一系列辩解。在案证据能够证明的基础事实是于军在被告人王晶谎称能为被害人提供巨额美元存款用于融资或提供巨额借款，诱骗被害人签订融资协议后，利用被害人对其律师身份和作为法律服务机构的律师事务所的信任，谎称能为被害人保管融资保证金，诱骗被害人与中济律所、博达恒运公司签订“提存服务协议”，并由被害人将巨额保证金交到于军的个人账户。涉案事实中，在明知王晶始终未为被害人融到资金的情况下，于军却在收到被害人交付的巨额保证金后，违反合同约定将保证金中的人民币900余万元立即转入王晶、谢东风等人账户，其余保证金由其支配使用，从而和王晶共同将保证金非法占有。在被害人依照协议约定向于军追讨保证金时，于军刻意隐瞒保证金已被其和王晶共同非法占有的事实，以各种借口推托，拒不归还被害人保证金。案发后，经侦查机关工作也未查扣到于军名下的任何财产。可以说，依靠逻辑和经验足以认定于军具有非法占有的目的，于军的行为已符合合同诈骗罪的构成要件。

而于军及其辩护人对此提出的反驳理由是于军将被害人交由其保管的钱款交给王晶用于办理融资事宜是为了实现被害人的利益，于军的辩护人为支持其辩护意见向法庭宣读、出示的付款指令、协议书等证据，经查：对于辩护人提交的“王晶指令于军付款给谢东风、尹春风”的付款指令，被告人王晶的供述否认该付款指令内容的真实性。王晶供称，该付款指令上王晶的名字是其事后补签的，其对这份付款指令的内容没有印象。且该付款指令与在案经庭审质证并确认的融资协议、提存协议等证据相互矛盾。根据在案的融资协议、提存协议，在王晶履行为被害人融资的义务之前，王晶并无权指令于军将被害人缴纳的保证金支付给其他人，于军也无权擅自处分保证金。可见，该付款指令的内容并不合法、客观。对于辩护人提交的内容为“聚和伟业公司的秦某某、博达恒运公司的王晶、中济律所的于军三方约定将提存款从中济律所于军处转付给博达恒运公司王晶，落款的时间是2011年3月30日”的协议书，在案被害人秦某某的陈述证明，该份协议是2012年3、4月，王晶在告知其保证金人民币300万元已转到王晶账上用于填补其他债务，且有人告于军的情况下，以继续为其融资为诱饵诱骗其补签的。而在案的被害人杨某的陈述、证人周某的证言、解除提存协议书、授权书、确认书、告知函、授权委托书、海淀区人民法院民事调解书等证据也与被害人秦某某的陈述相互印证，证明了自2011年3月29日至2012年，被害人秦某某、杨某一直在向于军、王晶追讨保证金人民币300万元。这些证据均证明了辩护人提交的该份协议书的内容并不真实，无法作为认定案件事实的依据。而在案的经庭审质证的融资协议、提存协议书等证据证明，被害人将融资保证金交由于军保管的目的是为了确保保证金的安全，在王晶按照融资协议履行为被害人融资的义务前，于军不得将保证金支付给王晶。于军在王晶履行融资义务之前将被害人交由于军保管的保证金支付给王晶，不仅违反王晶、于军与被害人签订的三方协议的内容，而且致使被害人在未获得融资的情况下，所交付的保证金也无法返还，直接损害了被害人的利益。于军的辩护人所谓的“为了实现被害人的利益”与事实明显不符。可见，于军的该项辩解不能成立。

于军及其辩护人还提出反驳理由，即中济律所的财产因诉讼纠纷存在被法院执行的风险，于军为了保证被害人钱款的安全，维护被害人的利益才将被害人张某、范某某交由其保管的保证金人民币600万元交王晶保管的辩护意见，以及于军的辩护人为支持其辩护意见而向法庭宣读、出示的协议书、民事裁判文书、执行法律文书等证据，经查：于军的辩护人提交的民事裁判文书、执行法律文书等证据证明的中济律所因涉及经济纠纷案件，被相关法院强制执行的情况均发生在2010年9月17日之后。而根据于军的辩护人提交的协议书的内容，“中济律所于2010年9月17日将集宁皮革公司交付的提存款人民币600万元全部交博达恒运公司代为保管”。根据辩护人提交的证据，于军将保证金交给王晶发生在前，强制执行发生在后，且时间相隔甚远，无法反映出转款行为与中济律所被强制执行有任何关联，更谈不上转款是为了避免被强制执行。而于军的辩护人提交的协议书的内容与在案证据证明的情况也不相符。在案证据证明，于军于2010年9月15日收到张某、范某某的保证金人民币450万元后，于9月16日就将450万元汇入王晶的银行账户，而张某先前缴纳的保证金人民币150万元仍在于军处。于军的辩护人提交的协议书中“提存款人民币600万元全部交博达恒运公司代为保管”的内容与此明显不相符。此外被害人张某、范某某将保证金人民币600万元交由于军保管是为了在王晶依照合同履行融资义务之前保证资金的安全。如于军在张某、范某某缴纳保证金之前就知道中济律所和其存在可能被法院强制执行的情况，于军应明确告知张某、范某某并立即退还相关保证金，方能“保证被害人钱款的安全，维护被害人的利益”。而在案证据证明，于军在收到被害人钱款后的第二天就与王晶伙分了该笔钱款，正是于军的行为使得被害人不仅未实现融资的目的，保证金又被王晶和于军非法占有，受到了重大的损失。于军不仅未保证被害人的利益，更是直接侵吞被害人钱款，损害了被害人的利益。被告人于军的辩护人向法庭宣读、出示的民事裁判文书、执行法律文书等证据与本案事实没有关联性，向法庭宣读、出示的协议书所证明的内容不具有真实性。

综上，于军提出的证据的证明力不足，无法反驳从基础事实推定出的其具有非法占有目的的事实。

（一审法院合议庭成员　林辛建　杨　朔　张垣平
二审法院合议庭成员　朱　军　朱锡平　刘瀚阳
编写人　北京市第一中级人民法院　林辛建
责任编辑　周维明
审稿人　沈　亮）

原载《人民法院案例选》2016 年第 7 辑（总第 101 辑）

119. 陈景雷等合同诈骗案

【裁判要点】

以适格农民名义低价购买农机出售而骗取国家农机购置补贴款的行为构成诈骗罪。

【案情及裁判】

江西省新余市渝水区人民检察院以被告人陈景雷、胡党根、彭小云犯合同诈骗罪，向新余市渝水区人民法院提起公诉。

新余市渝水区人民法院经公开审理查明：2010年3月左右的一天，被告人陈景雷找到被告人胡党根，问胡党根是否能买到享受政府补贴的久保田牌插秧机，其加价大量收购，并告知胡党根如何规避检查等。根据规定，购买政府补贴农机的必须是本地农户并且每人限购一台，两年内不得转让。胡党根随即找到本地农户胡文生、李娟、黄且保、蒋春根帮忙，并许诺给每人人民币（以下币种同）500元好处费。同年4月1日，胡党根通过胡文生、李娟、黄且保、蒋春根签订补贴协议，以每台7000元的价格购买了4台久保田牌插秧机（该机市场价每台为19000元，政府每台补贴12000元）。之后，胡党根以每台9000元的价格卖给了被告人陈景雷，陈景雷又以每台13500元的价格倒卖至外地。

2010年3月的一天，陈景雷找到被告人彭小云，问彭小云是否能买到享受政府补贴的久保田牌插秧机，其加价大量收购，并告知彭小云如何规避检查等。彭小云随即找到本地农户彭小铁、彭小华、张绍英帮忙。同年3月25日，彭小云通过彭小铁、彭小华、张绍英签订补贴协议，以每台7000元的价格购买了4台久保田牌插秧机（其中1台是以彭小云自己的名义购买）。之后，彭小云以每台10500元的价格卖给了陈景雷，陈景雷又以每台13500元的价格倒卖至外地。

2012年7月26日和8月3日，胡党根、彭小云主动到有关部门投案，如实交代了自己伙同陈景雷骗购政府补贴农机的事实。

新余市渝水区人民法院认为：被告人陈景雷、胡党根、彭小云无视国家法律，以非法占有为目的，违反严禁倒卖、空套补贴农机的规定，骗购享有政府补贴的农机进行倒卖，其行为均构成合同诈骗罪。案发后，胡党根、彭小云能主动到有关部门投案，如实供述犯罪事实，具有自首情节，依法可以从轻处罚，陈景雷归案后，能够如实供述自己的犯罪事实，自愿认罪，依法可以从轻处罚。依照《刑法》第二百二十四条第（一）项，第二十五条第一款，第六十七条第一款、第三款，第七十二条第一款、第三款，第七十三条第二款、第三款，第六十四条之规定，新余市渝水区人民法院判决如下：

一、被告人陈景雷犯合同诈骗罪，判处有期徒刑三年，并处罚金5万元上缴国库；

二、被告人胡党根犯合同诈骗罪，判处有期徒刑一年六个月，缓刑二年，并处罚金

4 万元上缴国库；

三、被告人彭小云犯合同诈骗罪，判处有期徒刑一年六个月，缓刑二年，并处罚金 4 万元上缴国库。

一审宣判后，被告人陈景雷不服，认为其行为不构成合同诈骗罪，而应构成非法经营罪；原判量刑过重。向新余市中级人民法院提出上诉。

新余市中级人民法院审理查明的事实及证据与一审相同。新余市中级人民法院认为：陈景雷所提其构成非法经营罪且原判量刑过重的上诉理由没有事实和法律依据，不予采纳。原判认定的事实清楚，审判程序合法，但定性不准，适用法律错误，应予纠正。据此，依照《刑事诉讼法》第二百二十五条第一款第（二）项，《刑法》第二百六十六条，第六十七条第一款、第三款，第七十二条第一款、第三款，第七十三条第二款、第三款，第六十四条之规定，新余市中级人民法院判决如下：

一、撤销新余市渝水区人民法院（2013）渝刑初字第 00067 号刑事判决；

二、上诉人陈景雷犯诈骗罪，判处有期徒刑三年，并处罚金 5 万元；

三、原审被告人胡党根犯诈骗罪，判处有期徒刑一年六个月，缓刑二年，并处罚金 4 万元；

四、原审被告人彭小云犯诈骗罪，判处有期徒刑一年六个月，缓刑二年，并处罚金 4 万元。

本案争议的焦点在于诈骗罪与非法经营罪、合同诈骗罪的区分。非法经营罪以行为人违反国家规定为前提，根据《最高人民法院关于准确理解和适用刑法中“国家规定”的有关问题的通知》的规定，《刑法》中的“国家规定”是指全国人民代表大会及其常务委员会制定的法律和决定，国务院制定的行政法规、规定的行政措施、发布的决定和命令。财政部、农业部联合下发的《农业机械购置补贴专项资金使用管理暂行办法》这一规定文件不属于《刑法》第二百二十五条的“国家规定”，所以被告人陈景雷等人的行为不构成非法经营罪。合同诈骗罪中的“合同”必须能够体现一定的市场秩序，与市场秩序无关以及主要不受市场调整的各种“合同”“协议”，通常情况下不应视为合同诈骗罪中的“合同”。被告人陈景雷等人以农户名义与农机主管部门签订的购机补贴协议不受市场秩序制约，不属于合同诈骗罪中的“合同”。由此可见，二审判决对被告人陈景雷等人的行为构成诈骗罪的定性是准确的。

【编后补评】

对合同诈骗罪中的“合同”不能做过于宽泛的理解而将所有协议都视为合同。合同诈骗罪的保护对象是市场秩序与对方当事人的财产，因此，应将合同理解为私法意义而非公法意义上的合同。目前，民法理论对公法私法的区分，主要有利益说、主体说、从属规范说等等。但随着社会的进一步发展，公私法之间的界限开始变得模糊起来，在这种情况下对协议的性质进行准确认定就显得非常必要。本案所涉及的农业机械购置补贴属于行政补贴，在性质上属于行政给付的一种。对行政补贴的定性，通说的观点认为，行政补贴是由行政主体作出的财产资助行为，资助的对象、条件、数额均由行政主体决定，属于行政主体行使公权力的行为；行政补贴虽使私人收益，但其目的是为了实现公共利益。综上所述，行政补贴属于公法行为，补贴行为受领人的私法性质不影响行政补贴的定性。因此，被告人陈景雷等人以农户名义与农机主管部门签订的购机补贴协议不属于合同诈骗罪中的私法意义上的合同。

（改写人　周维明
责任编辑　包献荣）

原载《人民法院案例选》2016年第11辑（总第105辑）

120. 武志远、李立柱等合同诈骗案

——以非法占有为目的，夸大收益并虚构买家诱骗客户签订合同的行为构成合同诈骗罪

【关键词】

合同诈骗　单位犯罪　共同犯罪　数额认定

【裁判要旨】

1. 以非法占有为目的，夸大收益并以虚构买家的形式诱骗客户签订合同的行为，应认定为合同诈骗罪。

2. 主犯的犯罪数额应当按照全部犯罪确定，从犯的犯罪数额应按照其实际参与的犯罪确定。

【相关法条】

《中华人民共和国刑法》

第二十五条第一款　共同犯罪是指二人以上共同故意犯罪。

第二十六条第一款、第四款　组织、领导犯罪集团进行犯罪活动的或者在共同犯罪中起主要作用的，是主犯。

对于第三款规定以外的主犯，应当按照其所参与的或者组织、指挥的全部犯罪处罚。

第二百二十四条　有下列情形之一，以非法占有为目的，在签订、履行合同过程中，骗取对方当事人财物，数额较大的，处三年以下有期徒刑或者拘役，并处或者单处罚金；数额巨大或者有其他严重情节的，处三年以上十年以下有期徒刑，并处罚金；数额特别巨大或者有其他特别严重情节的，处十年以上有期徒刑或者无期徒刑，并处罚金或者没收财产：

（一）以虚构的单位或者冒用他人名义签订合同的；

（二）以伪造、变造、作废的票据或者其他虚假的产权证明作担保的；

（三）没有实际履行能力，以先履行小额合同或者部分履行合同的方法，诱骗对方当事人继续签订和履行合同的；

（四）收受对方当事人给付的货物、货款、预付款或者担保财产后逃匿的；

（五）以其他方法骗取对方当事人财物的。

【案件索引】

一审：北京市昌平区人民法院（2014）昌刑初字第1243号（2015年3月13日）

二审：北京市第一中级人民法院（2015）一中刑终字第1525号（2015年4月28

日）

【基本案情】

被告人武志远、李立柱于2013年7月25日成立中科万利公司，并商议招聘话务员采用向网络关键词客户实施电话推荐、内部员工之间互相打配合冒充买家等系列推销方式，骗取客户在该公司包装关键词，购买付费业务。2013年9月至2014年3月7日间，二被告人通过招聘被告人施永腾、黄小龙、张慧、唐庆强、武士康、武爽爽（另案处理）等人，在签订、履行关键词网络服务合同过程中，以虚构买家，维护、优化或转卖关键词、域名等方式，共骗取被害人康某、史某某、邹某某、肖某某、张某某、蒋某某、雷某、王某某、魏某某、孟某某、赵某、史某某钱款1315520元。其中，被告人武志远、李立柱的诈骗金额为1315520元；被告人施永腾的诈骗金额为356800元；被告人黄小龙的诈骗金额为343000元；被告人张慧的诈骗金额为283900元；被告人唐庆强的诈骗金额为217230元；被告人武士康的诈骗金额为50000元。

2014年3月7日，七被告人在中科万利公司办公地点北京市昌平区立汤路186号龙德紫金4号楼603室被当场抓获。同年3月26日，公安机关冻结武志远及中科万利公司在银行内存款共计1158309.13元。

【裁判结果】

北京市昌平区人民法院依照《刑法》第二百二十四条第（五）项，第二十五条第一款，第二十六条第一款、第四款，第二十七条，第六十七条第三款，第五十五条第一款，第五十六条第一款，第五十二条，第五十三条，第六十一条，第六十四条之规定，作出如下判决：

一、武志远犯合同诈骗罪，判处有期徒刑十年六个月，剥夺政治权利二年，罚金人民币11000元。

二、李立柱犯合同诈骗罪，判处有期徒刑十年，剥夺政治权利二年，罚金人民币1万元。

三、施永腾犯合同诈骗罪，判处有期徒刑四年，罚金人民币4000元。

四、黄小龙犯合同诈骗罪，判处有期徒刑四年，罚金人民币4000元。

五、张慧犯合同诈骗罪，判处有期徒刑三年，罚金人民币3000元。

六、唐庆强犯合同诈骗罪，判处有期徒刑二年，罚金人民币2000元。

七、武士康犯合同诈骗罪，判处有期徒刑一年二个月，罚金人民币2000元。

八、在案冻结银行卡及账户内存款和孳息扣划后按比例分别发还被害人；公诉机关随案移送其他物品，予以没收。

九、责令各犯罪人在本院认定的犯罪数额内继续退赔被害人的经济损失。

被告人李立柱、张慧以原审认定事实不清，量刑过重为由提起上诉，后于二审期间申请撤诉。北京市第一中级人民法院经审理，确认一审法院认定的事实和证据，认为一审判决事实清楚，证据确实、充分，定罪及适用法律正确，量刑适当，审判程序合法，应予维持。李立柱、张慧撤回上诉的申请符合法律规定。

北京市第一中级人民法院依照《刑事诉讼法》第二百二十五条第一款第（一）项及

《最高人民法院关于适用〈中华人民共和国刑事诉讼法〉的解释》第三百零五条第一款、第三百零八条的规定，作出如下裁定：准许上诉人李立柱、张慧撤回上诉。

【裁判理由】

法院生效裁判认为：被告人武志远、李立柱、施永腾、黄小龙、张慧、唐庆强、武士康以非法占有为目的，在签订、履行合同过程中，虚构事实，骗取他人财物，侵犯他人财产权利的同时扰乱了市场经济秩序，其中，被告人武志远、李立柱诈骗数额特别巨大；被告人施永腾、黄小龙、张慧、唐庆强诈骗数额巨大；被告人武士康诈骗数额较大；七被告人的行为均已构成合同诈骗罪，依法应予惩处。北京市昌平区人民检察院指控各被告人犯合同诈骗罪的基本事实清楚，证据确实充分，罪名成立。对于指控犯罪数额证据不足部分，不予认定。被告人武志远、李立柱作为公司法定代表人、经理，负责公司运营及人员管理等整体工作，在共同犯罪中起主要作用，系主犯；被告人施永腾、黄小龙、张慧、唐庆强、武士康作为一线业务员，负责联系具体客户，在共同犯罪中起次要作用，系从犯。鉴于各被告人均自愿认罪，在案冻结款项可弥补被害人的大部分经济损失，分别予以从轻处罚。被告人武志远、李立柱、张慧、武士康到案后均能如实供述所犯罪行，被告人施永腾、黄小龙、张慧、唐庆强、武士康均系从犯，结合各被告人犯罪的事实、性质、情节及对社会的危害程度，分别依法对被告人武志远、李立柱、施永腾、黄小龙、张慧、武士康从轻处罚；对被告人唐庆强减轻处罚。

【案例注解】

本案处理重点在于各被告人行为的法律定性及适用问题。

一、以非法占有为目的，夸大收益并以虚构买家的形式诱骗客户签订合同的行为应认定为合同诈骗罪

有观点认为，本案被告人的行为属民事欺诈，有关合同因对方产生重大误解而签订，系可撤销合同，本案不应作为刑事案件处理。

另一种观点认为，上述被告人的行为构成合同诈骗罪，笔者同意后一种观点，理由如下：

首先，本案被告人主观上具有非法占有他人财产的直接故意。《刑法》第二百二十四条明确规定构成合同诈骗罪需“以非法占有为目的”，该罪是一种目的型犯罪，只存在直接故意，不存在间接故意的可能性。因此，以非法占有他人财产为目的，故意实施的一系列欺骗行为，属于合同诈骗罪而不是民事欺诈。

本案中，七被告人均具有非法占有被害人财物的直接故意。在案被告人供述、被害人陈述、证人证言等证据证实被告人在向被害人推荐办理注册关键词或关键词维护、扩展服务时，怕被识破身份，均使用假名字积极推销，在客户答复不需要办理业务时，即假扮买家、互为配合，使被害人产生错误认识，认为有人欲高价购买其关键词，继而与被告人签订履行付费合同，导致财产损失。在被告人收到钱款后，原买家即联系不上，部分被害人发现被骗后要求被告人退款遭拒，由此可见本案被告人主观上具有非法占有被害人财产的直接故意。

其次，被告人客观上实施了夸大关键词收益、积极推销、虚构买家、互相配合等一系列诱骗被害人签订合同的行为。被告人武志远、李立柱在设立公司之初就已经商议以电话推荐、假扮买家、相互配合的经营模式来诱骗被害人，公司成立后也确依照此种模式维系业务。各被告人在向被害人推销关键词相关服务时，以关键词业务具有巨额的升值空间为诱饵，使被害人与之签订合同，但事实上这种巨额价值的现实可能性几乎为零。在积极推销后，如果被害人不为所动或不再继续投入办理该公司关键词扩展业务，各被告人之间就互相配合，冒充买家联系客户，称欲以动辄上百万、千万甚至上亿元的价格收购客户关键词，但需客户完善关键词资源，诱使客户继续与该公司签订合同，支付费用。各被害人签订合同、支付费用系由被告人的系列欺骗手段引发，这种欺骗显然已经超出民事欺诈范畴。

因此，本案不论是从主观方面还是客观行为来看，各被告人的行为均在刑法合同诈骗犯罪的评价范畴内。

二、对为进行犯罪活动而成立的公司是否应以单位犯罪论处

为进行犯罪活动而成立的公司，不应以单位犯罪论处，而应认定为自然人犯罪。

有观点认为，本案中合同是被害人与中科万利公司签订的，而中科万利公司是经过注册且具有合法经营范围的企业，故本案应认定为单位犯罪，而不应认定为自然人犯罪。对此，笔者不予认同。

在案证据证实，中科万利公司于 2013 年 7 月 25 日成立，股东是武志远和李立柱，其中武志远是法定代表人，该公司的经营范围包括技术推广服务、计算机系统服务、应用软件服务和技术服务等。在成立该公司时，被告人武志远、李立柱就商议招聘话务员采用向网络关键词客户实施电话推荐、内部员工之间互相打配合冒充买家等系列推销方式，骗取客户在其公司包装关键词，购买付费业务。2013 年 9 月至 2014 年 3 月 7 日间，被告人武志远、李立柱通过招聘本案其他被告人，按照事先制定的话术流程共骗取多名被害人钱款共计 130 余万元，且在案并无证据证明该公司还存在其他经营活动。根据《最高人民法院关于审理单位犯罪案件具体应用法律有关问题的解释》第二条的规定，“个人为进行违法犯罪活动而设立公司、企业、事业单位实施犯罪的，或者公司、企业、事业单位设立后，以实施犯罪为主要活动的，不以单位犯罪论处”，因此，本案各被告人均应当以自然人犯罪处理。

三、共同犯罪中从犯犯罪数额的认定

共同犯罪中在主犯的安排下，所有成员之间交叉互为配合假扮买家诱骗被害人签订合同，对从犯的犯罪数额不宜单纯按照该共同犯罪的全部犯罪数额认定。

本案系区分主从的共同犯罪，主犯是被告人武志远和李立柱，其他被告人是从犯，对这一点没有争议。但有观点认为，本案除两名主犯应当以全部的犯罪数额 130 余万元定罪处罚外，其他从犯也应对全部犯罪数额负责，并在此基础上比照主犯从轻或减轻处罚。

上述观点虽有一定道理，但在本案中如果要求从犯对共同犯罪的全部数额负责，有违罪责刑相适应原则。本案中被告人武志远、李立柱系主犯，其二人出资注册成立中科万利公司，确定公司经营模式，二人不领工资，只拿盈利分成，其他被告人领工资，工资主要由底薪加提成组成。具体为一名业务员在和被害人联系后，其他业务员冒充买家帮助该业务员拿下订单，业务员之间互相帮忙，不计好处，各自按照签单业绩计酬，本案亦无证据证实各被告人帮他人打配合的具体情况。在此情况下，让从犯对本案全部诈骗数额承担责任，罪刑明显不适应。所以，本案可以适用犯罪集团的理论，将二名主犯作为犯罪集团的首要分子，其犯罪数额按照犯罪集团所犯的全部罪行确定，其他被告人是从犯，按照自己实际参与的犯罪确定数额，定罪处罚，这样更能体现罪责刑相适应原则。

（一审法院合议庭成员　欧春光　于广丹　吴继玲
二审法院合议庭成员　史　迹　吴　迪　宋振宇
编写人　北京市昌平区人民法院　于广丹　王　佳
责任编辑　周维明
审稿人　沈　亮）

原载《人民法院案例选》2016 年第 11 辑（总第 105 辑）

121. 指导案例 62 号：王新明合同诈骗案

（最高人民法院审判委员会讨论通过　2016 年 6 月 30 日发布）

【关键词】

刑事　合同诈骗　数额犯　既遂　未遂

【裁判要点】

在数额犯中，犯罪既遂部分与未遂部分分别对应不同法定刑幅度的，应当先决定对未遂部分是否从轻、减轻处罚，确定未遂部分对应的法定刑幅度，再与既遂部分对应的法定刑幅度进行比较，选择适用处罚较重的法定刑幅度，并酌情从重处罚；二者在同一量刑幅度的，以犯罪既遂酌情从重处罚。

【相关法条】

《中华人民共和国刑法》

第二十三条　已经着手实行犯罪，由于犯罪分子意志以外的原因而未得逞的，是犯罪未遂。

对于未遂犯，可以比照既遂犯从轻或者减轻处罚。

【基本案情】

2012 年 7 月 29 日，被告人王新明使用伪造的户口本、身份证，冒充房主即王新明之父的身份，在北京市石景山区链家房地产经纪有限公司古城公园店，以出售该区古城路一处房屋为由，与被害人徐某签订房屋买卖合同，约定购房款为 100 万元，并当场收取徐某定金 1 万元。同年 8 月 12 日，王新明又收取徐某支付的购房首付款 29 万元，并约定余款过户后给付。后双方在办理房产过户手续时，王新明的虚假身份被石景山区住建委工作人员发现，余款未取得。2013 年 4 月 23 日，王新明被公安机关查处。次日，王新明的亲属将赃款退还被害人徐某，被害人徐某对王新明表示谅解。

【裁判结果】

北京市石景山区人民法院经审理于 2013 年 8 月 23 日作出（2013）石刑初字第 239 号刑事判决：被告人王新明的行为已构成合同诈骗罪，数额巨大，同时鉴于其如实供述犯罪事实，在亲属帮助下退赔全部赃款，取得了被害人的谅解，依法对其从轻处罚。公诉机关北京市石景山区人民检察院指控罪名成立，但认为数额特别巨大且系犯罪未遂有误，予以更正。遂认定被告人王新明犯合同诈骗罪，判处有期徒刑六年，并处罚金人民币 6000 元。宣判后，公诉机关提出抗诉，认为犯罪数额应为 100 万元，数额特别巨大，而原判未评价70万元未遂，仅依据既遂30万元认定犯罪数额巨大，系适用法律错误。北京市人民检察院第一分院的支持抗诉意见与此一致。王新明以原判量刑过重为由提出上诉，在法院审理过程中又申请撤回上诉。北京市第一中级人民法院于2013年12月2日作出（2013）一中刑终字第4134号刑事裁定：准许上诉人王新明撤回上诉，维持原判。

【裁判理由】

法院生效裁判认为：王新明以非法占有为目的，冒用他人名义签订合同，其行为已构成合同诈骗罪。一审判决事实清楚，证据确实、充分，定性准确，审判程序合法，但未评价未遂70万元的犯罪事实不当，予以纠正。根据《刑法》及司法解释的有关规定，考虑王新明合同诈骗既遂30万元，未遂70万元但可对该部分减轻处罚，王新明如实供述犯罪事实，退赔全部赃款取得被害人的谅解等因素，原判量刑在法定刑幅度之内，且抗诉机关亦未对量刑提出异议，故应予维持。北京市石景山区人民检察院的抗诉意见及北京市人民检察院第一分院的支持抗诉意见，酌予采纳。鉴于二审期间王新明申请撤诉，撤回上诉的申请符合法律规定，故二审法院裁定依法准许撤回上诉，维持原判。

本案争议焦点是，在数额犯中犯罪既遂与未遂并存时如何量刑。《最高人民法院、最高人民检察院关于办理诈骗刑事案件具体应用法律若干问题的解释》第六条规定："诈骗既有既遂，又有未遂，分别达到不同量刑幅度的，依照处罚较重的规定处罚；达到同一量刑幅度的，以诈骗罪既遂处罚。"因此，对于数额犯中犯罪行为既遂与未遂并存且均构成犯罪的情况，在确定全案适用的法定刑幅度时，先就未遂部分进行是否减轻处罚的评价，确定未遂部分所对应的法定刑幅度，再与既遂部分对应的法定刑幅度比较，确定全案适用的法定刑幅度。如果既遂部分对应的法定刑幅度较重或者二者相同的，应当以既遂部分对应的法定刑幅度确定全案适用的法定刑幅度，将包括未遂部分在内的其他情节作为确定量刑起点的调节要素进而确定基准刑。如果未遂部分对应的法定刑幅度较重的，应当以未遂部分对应的法定刑幅度确定全案适用的法定刑幅度，将包括既遂部分在内的其他情节，连同未遂部分的未遂情节一并作为量刑起点的调节要素进而确定基准刑。

本案中，王新明的合同诈骗犯罪行为既遂部分为30万元，根据司法解释及北京市的具体执行标准，对应的法定刑幅度为有期徒刑三年以上十年以下；未遂部分为70万元，结合本案的具体情况，应当对该未遂部分减一档处罚，未遂部分法定刑幅度应为有期徒刑三年以上十年以下，与既遂部分30万元对应的法定刑幅度相同。因此，以合同诈骗既遂30万元的基本犯罪事实确定对王新明适用的法定刑幅度为有期徒刑三年以上十年以下，将未遂部分70万元的犯罪事实，连同其如实供述犯罪事实、退赔全部赃款、取得被害人谅解等一并作为量刑情节，故对王新明从轻处罚，判处有期徒刑六年，并处罚金人民币6万元。

（生效裁判审判人员 高 嵩 吕 晶 王 岩

责任编辑 杨 奕）

原载《人民法院案例选》2017年第2辑（总第108辑）

122. 李铭辉、徐灵松等合同诈骗案

——“电商代运营”诈骗案件的法律适用问题

【关键词】

虚构事实　隐瞒真相　合同诈骗　自然人犯罪

【裁判要旨】

电商代运营服务商利用提供淘宝代运营服务向淘宝店铺经营者收取服务费后，明知自身没有履行能力，实际也未按约定提供实质性代运营服务，应以合同诈骗罪定罪处罚。

【相关法条】

《中华人民共和国刑法》

第二百二十四条　有下列情形之一，以非法占有为目的，在签订、履行合同过程中，骗取对方当事人财物，数额较大的，处三年以下有期徒刑或者拘役，并处或者单处罚金；数额巨大或者有其他严重情节的，处三年以上十年以下有期徒刑，并处罚金；数额特别巨大或者有其他特别严重情节的，处十年以上有期徒刑或者无期徒刑，并处罚金或者没收财产：

（一）以虚构的单位或者冒用他人名义签订合同的；

（二）以伪造、变造、作废的票据或者其他虚假的产权证明作担保的；

（三）没有实际履行能力，以先履行小额合同或者部分履行合同的方法，诱骗对方当事人继续签订和履行合同的；

（四）收受对方当事人给付的货物、货款、预付款或者担保财产后逃匿的；

（五）以其他方法骗取对方当事人财物的。

【案件索引】

一审：浙江省丽水市莲都区人民法院（2016）浙1102刑初803号（2016年12月21日）

二审：浙江省丽水市中级人民法院（2017）浙11刑终20号（2017年12月25日）

【基本案情】

浙江省丽水市莲都区人民检察院指控：被告人李铭辉、徐灵松、沈振宇等人注册成立杭州发玛网络科技有限公司（以下简称发玛公司）并组织公司员工以淘宝代运营名义对各地被害人实施诈骗，共计诈骗人民币1901442元，各被告人的行为已经构成诈骗罪。

被告人李铭辉、徐灵松等人的辩护意见：本案系民事合同纠纷，不构成犯罪。即使

构成犯罪，也应以合同诈骗罪定罪处罚，且系单位犯罪。

法院经审理查明：2015 年 4 月 13 日，被告人李铭辉、徐灵松、沈振宇经商议共同成立发玛公司，其中李铭辉占发玛公司股份的 50%，徐灵松占发玛公司股份的 40%，沈振宇占发玛公司股份的 10%。公司成立后，被告人李铭辉等人在互联网上招聘员工，公司逐步形成广告部、销售部、售后部三个部门。其中广告部与销售部由李铭辉主管，售后部由被告人徐灵松主管，沈振宇不参与公司日常管理。李铭辉、徐灵松组织公司员工以淘宝代运营名义对各地被害人实施诈骗，沈振宇明知李铭辉等人从事诈骗活动而仍然参股公司并从中分得利益。

发玛公司广告部由李铭辉主管，广告部在公司内承担将被害人与销售人员相连接的职责，这是发玛公司实施诈骗的第一步。广告部工作人员郭冲、赵健（另案处理）利用诈骗来的资金，以发玛公司合法外衣作掩饰，通过微信公众平台等网络平台有针对性地投放虚假广告，利用这些公众平台在当地的影响力使被害人对发玛公司投放的广告深信不疑。被害人通过扫描广告上的二维码等方式与发玛公司销售人员取得联系，洽谈购买服务套餐事宜。

发玛公司销售部由李铭辉主管，销售部在公司内承担具体实施诈骗的职责。销售部下设销售经理、销售组长、销售员工。在销售部人员即被告人李积玲、李香娟、成文霞、李海江、曾晓梅、朱婷婷、沈恩光、龚定杰、陈亿、孟梦、邢潇杰、郭部、刘怡超等人入职前，发玛公司统一发放诈骗使用的话术（诈骗聊天范本），下发公司专门实施诈骗的微信工作账号等，让销售人员在较短的时间内掌握诈骗的方法。销售人员通过工作微信号，发布虚假的公司资质、公司荣誉、公司工厂、公司发货图片等，扰乱被害人的判断能力，采用专门话术对那些不会开淘宝网店、没有货源、不会装修、不会推广、没有机会上淘宝活动的被害人实施诈骗，让被害人购买发玛公司的服务套餐。在此过程中，销售人员还利用“假拍”（伪装成真实客户到被害人淘宝店铺内下单，让被害人误以为自己经营的淘宝店铺产生真实订单）的方式，进一步引诱被害人购买升级服务套餐，参加活动，以骗取更多的钱财。在诈骗过程中销售人员会要求被害人签订所谓的“合同”，以提高被害人对公司的信任度，迷惑被害人，将诈骗的犯罪行为引向合同纠纷、民事行为，让被害人无法辨别自己是否被骗。李铭辉对销售人员的业绩进行考核，对销售业绩出色的人员予以钱物奖励，并以诈骗金额的多少分层次设立提成。

发玛公司售后部先后由李铭辉、徐灵松主管，售后部主要负责在诈骗得手后稳住、拖延被害人，为销售人员实施进一步诈骗提供条件。售后人员严笑展、曾姗姗（另案处理）等人先对被害人的淘宝店铺进行所谓的“装修”。李铭辉、徐灵松等人要求售后人员以“刷钻”（即在淘宝网上采用虚假交易的方式提升被害人的店铺信誉）、“刷流量”（即在互联网上寻找流量精灵等软件，用虚假方式提升被害人店铺的访客量）的方式让被害人误以为访客量是由真实的顾客所产生，误以为顾客是由发玛公司通过正规网络推广而来。

发玛公司前台人员阮玲（另案处理）负责公司人员招聘、工资核算等公司日常事务，明知公司有诈骗行为仍然为其提供帮助。

截至 2016 年 8 月 2 日，被告人李铭辉等人组织发玛公司销售人员，诈骗人民币共计 1901442 元。其中被告人李积玲参与诈骗 302640 元、被告人李香娟参与诈骗 144060 元、被告人成文霞参与诈骗 141180 元、被告人李海江参与诈骗 131030 元、被告人曾晓梅参与诈骗 96440 元、被告人朱婷婷参与诈骗 78860 元、被告人沈恩光参与诈骗 64900 元、被告人龚定杰参与诈骗 48220 元、被告人陈亿参与诈骗 34740 元、被告人孟梦参与诈骗 30800 元、被告人邢潇杰参与诈骗 30600 元、被告人郭冲参与诈骗29720元、被告人刘怡超参与诈骗 23980 元。

【裁判结果】

浙江省丽水市莲都区人民法院于 2016 年 12 月 21 日作出（2016）浙 1102 刑初 803 号刑事判决：一、被告人李铭辉犯诈骗罪，判处有期徒刑十三年，并处罚金人民币 50 万元；二、被告人徐灵松犯诈骗罪，判处有期徒刑八年，并处罚金人民币 40 万元；三、被告人沈振宇犯诈骗罪，判处有期徒刑四年，并处罚金人民币 10 万元；四、被告人李积玲犯诈骗罪，判处有期徒刑二年八个月，并处罚金人民币 3 万元；五、被告人成文霞犯诈骗罪，判处有期徒刑一年六个月，并处罚金人民币 3 万元；六、被告人李香娟犯诈骗罪，判处有期徒刑一年六个月，并处罚金人民币 3 万元；七、被告人李海江犯诈骗罪，判处有期徒刑一年六个月，缓刑二年六个月，并处罚金人民币 3 万元；八、被告人曾晓梅犯诈骗罪，判处有期徒刑一年，缓刑二年，并处罚金人民币 1 万元；九、被告人朱婷婷犯诈骗罪，判处有期徒刑十个月，缓刑一年六个月，并处罚金人民币 1 万元；十、被告人刘怡超犯诈骗罪，判处有期徒刑八个月，并处罚金人民币 2 万元；十一、被告人沈恩光犯诈骗罪，判处有期徒刑八个月，缓刑一年六个月，并处罚金人民币 1 万元；十二、被告人龚定杰犯诈骗罪，判处拘役五个月，缓刑十个月，并处罚金人民币 1 万元；十三、被告人陈亿犯诈骗罪，判处拘役四个月，缓刑八个月，并处罚金人民币 1 万元；十四、被告人孟梦犯诈骗罪，判处拘役四个月，缓刑八个月，并处罚金人民币 5000 元；十五、被告人郭冲犯诈骗罪，判处拘役三个月，缓刑六个月，并处罚金人民币 1 万元；十六、被告人邢潇杰犯诈骗罪，判处拘役三个月，缓刑六个月，并处罚金人民币 2000 元；十七、各被告人的违法所得，退赔给被害人；被公安机关查扣的作案工具，予以没收。

被告人李铭辉、徐灵松、沈振宇、李积玲、刘怡超不服原审判决，提起上诉。丽水市中级人民法院于 2017 年 12 月 25 日作出（2017）浙 11 刑终 20 号刑事判决：一、维持丽水市莲都区人民法院（2016）浙 1102 刑初 803 号刑事判决第十七项，撤销判决其余部分；二、被告人李铭辉犯合同诈骗罪，判处有期徒刑十年，并处罚金人民币 50 万元；三、被告人徐灵松犯合同诈骗罪，判处有期徒刑六年，并处罚金人民币 40 万元；四、被告人沈振宇犯合同诈骗罪，判处有期徒刑三年，缓刑五年，并处罚金人民币 10 万元；五、被告人李积玲犯合同诈骗罪，判处有期徒刑一年六个月，缓刑二年，并处罚金人民币 3 万元；六、被告人成文霞犯合同诈骗罪，免予刑事处罚；七、被告人李香娟犯合同诈骗罪，免予刑事处罚；八、被告人李海江犯合同诈骗罪，免予刑事处罚；九、被告人曾晓梅犯合同诈骗罪，免予刑事处罚；十、被告人朱婷婷犯合同诈骗罪，免予刑事处罚；十一、被告人刘怡超犯合同诈骗罪，免予刑事处罚；十二、被告人沈恩光犯合同诈骗罪，免予刑事处罚；十三、被告人龚定杰犯合同诈骗罪，免予刑事处罚；十四、被告人陈亿犯合同诈骗罪，免予刑事处罚；十五、被告人孟梦犯合同诈骗罪，免予刑事处罚；十六、被告人郭冲犯合同诈骗罪，免予刑事处罚；十七、被告人邢潇杰犯合同诈骗罪，免予刑事处罚。

【裁判理由】

法院生效裁判认为：（1）被告人李铭辉、徐灵松的供述以及其他作为销售人员的被告人供述，均证实销售人员对被害人承诺以及合同约定的服务内容，除了开店、装修、上货之外，其他服务内容是根本做不到的，各被告人明知无法履行服务内容，仍向被害人作出虚假承诺，诱使被害人签订合同并骗取财物，说明其主观上具有非法占有的故意。各被告人的供述、发玛公司在各类平台上发布的广告内容以及话术、聊天记录范本，销售人员与被害人聊天记录等证据证实李铭辉等人虚构了公司的资质、工厂、发货图片，编造老客户的成功经验和收取的费用是押金可以退还等事实，说明李铭辉等人有采取虚构事实、隐瞒真相的诈骗手段。至案发时，查实的发玛公司客户中，没有人达到销售承诺的退还押金的要求，也没有店铺能够达到套餐约定的店铺信誉等级和返利条件。前述事实均说明了李铭辉等人明知没有履行能力，仍通过虚构事实、隐瞒真相的手段诱使被害人购买套餐骗取服务费，其行为已经构成刑事犯罪，而非普通的民事纠纷；（2）被告人李铭辉等人以电商代运营的名义，在签订、履行合同过程中骗取对方当事人的财物，其行为不仅侵犯了被害人的财产权，同时也扰乱了电商代运营的市场秩序，其行为符合合同诈骗罪的构成要件，应以合同诈骗罪定罪处罚；（3）本案所涉合同虽然是以发玛公司名义与被害人签订的，但相关款项均进入李铭辉个人的账户，且发玛公司设立后仅实施了本案所涉的犯罪活动，并无其他业务经营，不应以单位犯罪论处。

【案例注解】

本案系浙江省首例电商代运营诈骗案件，全省涉嫌电商代运营诈骗的有近百余家公司，涉及近一千多名被告人。主要争议在于李铭辉等被告人以淘宝代运营名义和被害人签订购买服务套餐的合同后，没有全面履行合同，是仅属于民事欺诈还是已经构成刑法意义上的诈骗。如构成诈骗，是诈骗罪还是合同诈骗罪，是否属于单位犯罪。本案例从各被告人的主观目的、客观行为以及犯罪构成等方面，对前述争议焦点的法律适用问题进行论证分析。

一、电商代运营的实质服务内容和代运营诈骗案件的由来

电商代运营，是指电子商务经营者把网上店铺日常经营、管理、营销、推广的工作委托给专业的代运营公司操作。实质服务内容并非仅是简单地代客户开设淘宝店铺、上架货物图片等，关键在于代客户进行日常的店铺经营，包括但不限于以下内容：提升店铺信誉等级，提供货源，对店铺在相关平台进行营销、推广，以及包含达到一定经营成果后的奖励和返利政策的约定。

电商代运营诈骗案件，是指利用他人不熟悉电商经营，或是急需电商经营配套服务情况，通过媒体、微信等广告平台引诱客户购买相关的运营服务，但却不为客户提供实质服务，或仅通过提供部分基础性服务，达到骗取被害人财物的目的。从本案实际情况来看，诈骗针对的主要对象是低收入上班族、全职妈妈、无业者等，行为人利用他们不会开淘宝网点、没有货源、不会推广也没有机会上淘宝活动的劣势，通过系列的“话术”引诱他们购买不同等级的服务套餐，以此骗取套餐费用。

二、如何认定代运营服务行为是否构成刑法意义上的诈骗

（一）主观上非法占有目的的认定

关键在于认定被告人系事先明知不能履行还是事后发现履行不能。如果是事先明知无法履行，那非法占有目的的主观故意明显。但如果是在合同履行过程中因预估不足才发现部分内容无法履行，就需区分具体情况。一是发现履行不能，积极采取措施弥补，并在完善服务能力前停止继续销售代运营服务套餐的，就应认定为一般的民事合同纠纷；二是发现履行不能，但采取放任态度，且继续向其他客户销售代运营服务套餐，也应认定其主观上产生了非法占有的目的。具体从本案来看，被告人的供述表明其明知只能做到5%的服务，95%的服务是做不到，说明其事先就明知其所销售的代运营服务套餐的大部分内容是无法做到的，但仍诱使客户签订合同购买套餐，以此骗取服务费，足以说明主观上具有非法占有的目的。

（二）“虚构事实，隐瞒真相”的判断依据

一般的代运营公司有三个部门：广告部、销售部、售后部。广告部负责在媒体平台发布代运营服务广告，销售部负责点对点以及与客户交流达成服务合同，售后部提供签订合同后的实质性代运营服务。从三个部门的分工来判断“虚构事实、隐瞒真相”的几个特征。（1）广告部是否通过信息网络等方式针对不特定对象发布不实信息，虚构或者过分夸大自身运营能力以引诱他人。客户通过扫描相应广告信息二维码后才和销售人员取得联系。广告内容的真实与否是被害人是否作出错误认识的第一步。虚假的公司资质、公司荣誉，虚构有自己的生产加工工厂、工厂发货图片等都是编造或过分夸大公司的运营能力，都会使被害人对公司的可靠度和期望值作出错误认识；（2）销售部的业务人员是否存在虚构成功案例、夸大盈利概率、隐瞒公司的盈利模式和收取费用的性质等行为。具体到本案，发玛公司内部有专门的话术范本，销售人员经过培训后要求按照话术范本的内容和客户进行点对点的交流。从话术内容和聊天记录来看，其编造了大量的、根本不存在的老客户赚钱的成功案例，还编造了全部客户每月的平均获利数据，使客户产生了正常情况下都能赚钱的错误意识。公司实际是通过收取套餐服务费盈利，却编造是通过卖公司产品赚钱。收取的是服务费，却告诉客户收取的是押金，一般2~3个月就能退还等等，都使客户产生了公司会用心为其经营店铺，而且自己投入的钱都是可以拿回来的错误认识，从而支付款项购买服务套餐；（3）公司是否具备经营店铺必需的资金设备、专业人员、物流仓储等基本条件。客户购买的套餐一般服务年限从1年到5年不等，一般提供代运营服务公司同时需要为几百个甚至几千个客户提供服务，那么，提供实际代运营服务工作的部门即售后部的人员配备必须有足够的数量和具备相应的专业能力，还应具备配套的物流仓储条件。本案中，发玛公司工作人员有二三十人，其中近二十余人都是销售部工作人员，案发时，为二三百位客户同时提供服务的售后部人员仅有三人，且都没有相关代运营服务的经验，更没有配套的物流仓储等条件，根本没有能力按照约定为所有客户提供承诺或者约定的服务；（4）收取费用后是否实际提供了承诺的服务。综前分析，认定了主观非法占有目的，客观虚构、隐瞒手段，但还需要最终的服务情况来印证。根据销售人员向客户承诺的服务内容，或者双方签订合同约定的服务内容，对比公司实际提供的服务，是没有提供服务或者仅提供了小部分服务，还是提供了全部或者绝大多数服务。电商代运营诈骗不同于一般的普通诈骗，不是一骗就跑，而是长期运

营的。因此，一般不会存在不提供任何服务的情形，基本上会提供开店、装修、上货等基础性服务，但如前所述，代运营服务的实质性服务内容是店铺的日常经营管理，店铺信誉等级、宣传、推广，约定的退还押金、销售返利等服务。运营商在服务过程中还会夹杂提供“刷单”“刷钻”“假拍”等行为，对此类行为要结合被告人供述、被害人陈述等证据分析，是公司以提升客户店铺生意为目的还是因安抚客户而采取的拖延、应付行为。此外，最终客户店铺结果是印证被告人的行为是否构成诈骗的主要依据之一。有没有客户、有多少客户的店铺达到退还押金或者返利条件的，没有达到的是否属于正常的商业风险范畴。本案中，查实的涉案被害人店铺，没有一家的店铺信誉等级达到要求、也没有任何一家店铺能够按照承诺或者约定的条件退还押金和拿到返利，足以说明这不属于正常的商业风险，不应归为普通的民事纠纷，而是刑法意义上的诈骗行为。

三、电商代运营诈骗案件的定罪

（一）构成何罪

从前述分析，各被告人的行为符合诈骗罪的构成要件，关键在于是以诈骗罪还是合同诈骗罪来定罪处罚。这也是本案被告人及辩护人另一主要的辩护意见。诈骗罪和合同诈骗是一般罪名和特殊罪名的关系。如果同时构成两罪，则应以特殊罪名即合同诈骗罪来定罪处罚。从合同诈骗罪的构成要件来看，首先，合同诈骗罪并不以是否签订书面的合同为必备要件。在电商代运营案件中，代运营公司大多和被害人之间签订了书面合同，也有少部分没有签订书面合同，但双方就需要提供的服务具体内容是有约定的，符合合同的形式要件；其次，各被告人是在与被害人就提供代运营服务内容进行商谈、约定以及之后的履行过程中骗取财物的，符合合同诈骗罪规定的在签订、履行合同的过程中骗取了被害人的财物的行为。对于各被告人是否全面履行了代运营的服务内容，也是比照签订或者承诺的合同内容来分析；最后，诈骗罪和合同诈骗罪另一关键的区分点在于侵犯的是否是双重客体。电商代运营伴随电子商务的日益发展应运而生，已经普遍存在于社会、生活中，电子商务经营者和代运营公司都已经成为市场经济活动的主体，已经成为市场经济活动的重要组成部分。利用电商代运营服务实施诈骗，不仅侵害了被害人的财产权，同时，也扰乱了整个电商代运营的市场秩序，侵犯的是双重客体。故电商代运营诈骗案件符合合同诈骗罪的构成要件，应以合同诈骗罪定罪处罚。

也有观点认为构成虚假广告罪。但电商代运营诈骗案件不仅有广告部发布虚假、夸大的行为，还有销售部实施的具体骗取财物的行为以及售后部在履行合同过程中的欺骗行为，因此，虚假广告罪无法评价被告人所实施的全部犯罪行为，不应以虚假广告罪定罪。

（二）是否属于单位犯罪

对于属于自然人犯罪还是单位犯罪，电商代运营诈骗案件各不相同，不能一概而论。因结合个案，看从事电商代运营公司的具体业务以及违法所得支配情况。应当依据《最高人民法院关于审理单位犯罪案件具体应用法律有关问题的解释》中对单位犯罪的规定来综合分析判断，具体到电商代运营诈骗案件中，应根据以下几点来判断：（1）公司成立是否以代运营诈骗为目的或主要从事代运营诈骗行为，是否还有其他合法经营业务；（2）在电商代运营过程中，是针对所有客户进行诈骗，还是仅对符合某类特定条件的客户进行诈骗；（3）违法所得的支配是否符合公司正常资金的使用程序，还是由特定的被告人支配使用。本案中，发玛公司成立后，仅有本案所涉的代运营诈骗业务，没有其他经营业务，骗取的款项也是进入李铭辉个人账户，并由李铭辉决定如何支配使用，因此，就本案而言，系自然人犯罪而非单位犯罪。

四、电商代运营诈骗案件的量刑考量

本案系浙江省首例电商代运营诈骗案件，据不完全统计，浙江省涉嫌电商代运营诈骗的公司有百余家，涉及被告人近千人，涉及面广，影响大，各被告人的层级、地位和作用也不尽然相同。就本案来看，共16名被告人，除了李铭辉、徐灵松、沈振宇三被告人为公司股东外，其他被告人均是从事销售的业务人员。从犯罪构成来看，销售人员的行为已经构成犯罪。因为销售人员在进入公司上岗培训时以及在销售过程中，主观上已经认识到公司承诺或约定的服务内容大多数是做不到的，供述中也表明其知道这样的行为是不对的，仅是对行为是否构成犯罪的违法程度认识不够。此外，销售人员又不同于会计、美工、客服等，其仅仅是领取固定工资的人员，其对自己销售套餐获取的服务费均有较高比例的提成。因此，销售人员主观上明知无法提供承诺的服务，仍按照李铭辉等人的指示对被害人以虚构事实、隐瞒真相的方式骗取财物，并从中获得提成，已经与李铭辉等人构成共同犯罪。但同时考虑到电商代运营案件的销售人员众多，大多数都刚大学毕业步入社会，是通过正规招聘程序进入发玛公司工作，对行为的违法性认识不够，其主观恶性和社会危害性并非特别大。为避免打击范围过大，同时，贯彻“教育为主、惩罚为辅”的原则，二审合议庭经充分考虑，最终对多名低层次、涉案金额少、地位作用不明显，又具有初犯、偶犯情节，认罪态度好的被告人免予刑事处罚。

（一审法院合议庭成员　黄奇新　张　云　徐妙君
二审法院合议庭成员　陈伟平　李秀勤　章作添
编写人　浙江省高级人民法院　杨　治
浙江省丽水市中级人民法院　章作添
责任编辑　周维明
审稿人　李玉萍）

原载《人民法院案例选》2018年第9辑（总第127辑）

123. 杨茂强合同诈骗案
——非法占有的目的之刑事推定

【关键词】

刑事　合同诈骗罪　非法占有目的　刑事推定

【裁判要旨】

对合同诈骗罪的非法占有目的的认定，应当坚持主客观相一致原则、基础事实全面真实原则等。在证据的调查与评判过程中，应综合审查被告人有无欺诈行为、有无履约能力、履约行为、违约原因、收款后有无非法占有资金拒不返还的行为、事后双方行为表现等有关客观事实，并全面评价行为人的整体行为。在同案犯未到案的情况下，对于共犯的非法占有目的的推定尤其应慎重。

【相关法条】

《中华人民共和国刑事诉讼法》

第一百九十五条第三项　在被告人最后陈述后，审判长宣布休庭，合议庭进行评议，根据已经查明的事实、证据和有关的法律规定，分别作出以下判决：

（三）证据不足，不能认定被告人有罪的，应当作出证据不足、指控的犯罪不能成立的无罪判决。

【案件索引】

一审：上海市浦东新区人民法院（2016）沪0115刑初1995号（2017年6月26日）

二审：上海市第一中级人民法院（2017）沪01刑终1350号（2018年6月12日）

【基本案情】

上海市浦东新区人民检察院指控：2013年5月2日，被告人杨茂强、ZHANG HENG（澳籍，另案处理，系上海捷恩家具有限公司法定代表人、澳捷房地产开发〈上海〉有限公司法定代表人、上海华恩隆实业有限公司的实际控制人）在明知上海捷恩家具有限公司（以下简称捷恩公司）所拥有的位于上海市延安西路×××号1905室办公用房（以下简称涉案房屋）被法院查封的情况下，在ZHANG HENG的授意下，由被告人杨茂强（上海兴业律师事务所律师、捷恩公司常年法律顾问）出面以捷恩公司的名义同上海鹰悦实业有限公司（以下简称鹰悦公司）签订《房屋买卖合同》，称鹰悦公司若支付人民币900万元（以下币种同）购房款到其所在的律所账户后该房可以得到法院解封并将产权转让于鹰悦公司，得款后被告人杨茂强及ZHANG HENG明知无履约能力，仍未将上述钱款用于涉案房屋的解封，而是用于归还 ZHANG HENG 名下澳捷房地产开发（上海）有限公司（以下简称澳捷公司）对外所欠债务，以及杨茂强在捷恩公司的 60 万元律师费等。据此以被告人构成合同诈骗罪提请依法审判。

被告人杨茂强及辩护人对指控合同诈骗罪的事实及罪名均提出异议，认为被告人的行为不构成犯罪。主要理由是：（1）涉案房屋买卖是经济往来的一部分。（2）主观上无非法占有的目的。（3）客观上未实施骗取他人财物的行为。

法院经审理查明：2012 年，被害单位鹰悦公司的法定代表人燕卫民与未到案的同案关系人 ZHANG HENG 经朋友介绍相识。后因 ZHANG HENG 的澳捷公司在上海市松江区新浜镇投资开发了澳森隆精品家居中心的房地产项目（俗称新浜商铺）需要融资，故曾用该商铺做抵押于 2012 年 10 月 25 日向鹰悦公司借款人民币 2 亿元，到期日为 2013 年 5 月 8 日。

后 ZHANG HENG 为了归还上述欠款，准备用新浜商铺向银行抵押贷款 3.5 亿元，但当时该商业地产上有法院查封，执行标的约 409 万元，因此，需借款进行解封。为此，ZHANG HENG 在向燕卫民借款未果的情况下，二人商量，ZHANG HENG 将捷恩公司名下的涉案房屋卖给燕卫民。考虑到该房产上也有查封，执行标的也是 400 多万元，故燕卫民、ZHANG HENG 商定以 900 万元（当时市场价约 1200 万元左右）签订涉案房屋的买卖合同，ZHANG HENG 以此 900 万元解除两处查封，以完成贷款归还 2 亿余元欠款和涉案房屋的过户。

为落实两处查封情况，燕卫民通过谢如明（燕卫民的朋友，杨茂强的同学）约见被告人杨茂强。2013 年 5 月 1 日晚（签订合同前一晚），燕卫民、谢如明、杨茂强三人相见，杨茂强通过电话向助手张浩律师核实后，如实向燕卫民说明了当时两处房产的查封分别为 409 万余元和 474 万余元。同时，因当时 ZHANG HENG 的公司账户均被法院查封，当晚，经燕卫民与 ZHANG HENG 电话商定，将 900 万元转入杨茂强所在上海兴业律师事务所（以下简称兴业所）。2013 年 5 月 2 日，被告人杨茂强受 ZHANG HENG 委托代表捷恩公司与鹰悦公司签订了涉案房屋的买卖合同，金额为 900 万元，并约定了过户时间及鹰悦公司于 2013 年 5 月 3 日前向捷恩公司指定的兴业所支付 900 万元。且双方同意将上述款项用于解除对房屋的司法查封及办理过户手续等事宜。同时双方签订了补充协议，约定了变更所有权时间为 2013 年 7 月 16 日前，捷恩公司承担违约金 300 万元及 ZHANG HENG 作为保证人承担无限连带责任。后鹰悦公司根据付款指令及合同约定依约向兴业所转账。

得款后，被告人杨茂强根据 ZHANG HENG 的指令于 5 月 3 日将 409 万余元转账至上海市松江区人民法院并解封了对新浜商铺的查封和捷恩公司的部分执行案件，但后因发生新浜商铺小业主纠纷，ZHANG HENG 指令被告人杨茂强拆借 200 余万元购房所得款用于解决前述纠纷。另有 60 万元经 ZHANG HENG 确认，并应兴业所合伙人的要求，由财务扣划了 ZHANG HENG 历年拖欠被告人杨茂强的部分律师费，但杨茂强未提取。其余款项亦经 ZHANG HENG 指令用于支付其对外债务等，故未成功解封涉案房屋，导致交易无法完成。

之后，双方一直就 900 万元购房款、300 万元违约金及 2.3 亿元的借款进行洽谈，杨茂强也敦促 ZHANG HENG 还款。燕卫民与 ZHANG HENG 双方也曾于香港会面，并曾洽谈相关公司股权转让协议，但鹰悦公司未予接受。后于2015年7月，鹰悦公司向澳大利亚墨尔本法院就涉案房屋的购房款、违约金及其余私人债务提起民事诉讼。

【裁判结果】

上海市浦东新区人民法院于2017年6月26日作出（2016）沪0115刑初1995号刑事判决：被告人杨茂强无罪。

宣判后，原公诉机关上海市浦东新区人民检察院提出抗诉。

上海市第一中级人民法院于2018年6月12日作出（2017）沪01刑终1350号刑事裁定：驳回抗诉，维持原判。

【裁判理由】

法院生效裁判认为：本案控方指控的诈骗系鹰悦公司燕卫民与ZHANG HENG二人之间长期商业往来过程中的一个局部片断。涉案房屋买卖的目的在于用该笔900万元对两处查封解除后得到相关银行的贷款，并归还对鹰悦公司的2亿余元的债务，同时完成涉案房屋的过户。被告人杨茂强仅是作为法律顾问受ZHANG HENG委托就涉案房屋的买卖事宜签订买卖合同、支付钱款等。故对于被告人杨茂强是否构成合同诈骗罪的共犯，基于其身份及地位，需以同案关系人ZHANG HENG是否构成合同诈骗罪作为前提之一。在本案中，尽管ZHANG HENG未将约定的专款用于解除涉案房屋的司法查封导致交易失败，但综合全案的证据，无论是在签订合同前还是履行合同过程中及合同不能履行后，尚难以证实ZHANG HENG具有非法占有的目的，杨茂强作为其委托人，则更不能反映出杨茂强具有非法占有的目的。因此，公诉机关现有证据之间尚未能形成完整证据锁链，尚不足以证明被告人杨茂强的行为构成合同诈骗罪，故指控不能成立。

【案例注解】

本案的争议焦点在于：被告人的行为是否构成合同诈骗罪？由于合同诈骗罪与一般经济纠纷的分界点即在于行为人是否具有非法占有的目的，而该目的作为人的主观思想，其与生俱来的不可为外人所知决定了需要借助客观行为来进行推定，这也是司法实践中的常用方法。然而，刑事推定因尚未有一套完整的规则，故而常常导致两种倾向：部分司法人员因受无罪推定理念的影响而对刑事推定的使用失之过严，而部分司法人员则过分追求有罪判决而随意使用。因此，本案也因对刑事推定的把握不同，从而形成了两种观点：一种观点认为，被告人虚构事实、隐瞒真相，在明知无履约能力的情况下，仍受委托签订合同，且在收取房款后未依约履行合同，而是将钱款用于他处并逃匿，足以推定其非法占有的目的。另一种观点则认为，综合全案事实来看，认定被告人具有非法占有目的的证据不足，合同诈骗罪不能成立。我们同意第二种观点。

正如有学者所言，推定是一个温柔的陷阱，必须严格限制其适用范围和限度，设置藩篱，以免公民误入法网。[①] 我们认为，运用刑事推定的方式认定行为人具有“非法占有目的”时应当坚持以下基本原则：一是实体性原则。包括主客观相一致原则、基础事

① 邓子滨：《刑事法中的推定》，中国人民公安大学出版社2003年版，第65页。

实全面真实原则、推定依据可靠性原则、适用的谦抑性原则、禁止二次推定原则。二是程序性原则。包括事先告知原则、推定过程公开原则、允许反驳并确立反驳成立标准原则。

就合同诈骗罪而言，对非法占有的目的的推定已经基于经验的积累，由事实推定上升为法律推定，且属于目的型法律推定。[①] 即行为人出现法律、司法解释或者规范性文件规定的几种客观行为，便可推定行为人主观上具有非法占有的目的。[②] 但仍需注意的是，对该目的的推定，不能割裂各个事实情节间的内在联系，而应在坚持前述原则的前提下，综合全面审查行为人在行为前、中、后有无欺诈行为，有无履约能力及履约行为，违约原因，收款后有无非法占有资金拒不返还的行为，不能履约后双方的行为表现等客观行为证据来确认。同时，应注意综合运用各项证据规则来判断证据资格的有无及证明力的大小，以保障推定所依据的基础事实的真实性。在同案犯未到案的情况下，对于共犯的非法占有目的的推定尤应慎重。结合案情，对于合同诈骗罪非法占有目的的刑事推定应考虑的具体因素分析如下。

一、关于行为人有无虚构事实、隐瞒真相

如果行为人没有实施诈骗行为，即便行为人具有非法占有的目的也不成立犯罪。[③] 因此，若未实施欺诈行为，则无必要再去追究其非法占有的目的。若实施了欺诈行为，则还需考察该行为是否在签订、履行合同中起到了决定性的作用，从而区分于一般民事欺诈行为。

本案中，关于行为人有无虚构事实、隐瞒真相的行为，主要涉及两个问题：一是被害单位在签订合同时对两处查封金额及钱款用途是否明知，二是打款至兴业所是燕卫民与 ZHANG HENG 二人的约定还是基于被告人主动提出。

根据相关证据，支持被害方说法的证据有被害单位燕卫民的陈述、证人肖欣及崔颖华（二者均为被害单位员工）的证言。其中，被害单位燕卫民的陈述证实其对于涉案房屋上存在司法查封是明知的；证人肖欣的证言证实燕告知其解封仅针对涉案房屋；证人崔颖华对此则表述不一，在法院制作的调查笔录中其认为仅对涉案房屋的查封明知，但在辩护人提交的录音文件中，其未否认鹰悦公司对两处查封明知的说法。

而支持被告方说法的证据有被告人的多次供述、同案关系人 ZHANG HENG 的陈述、

① 根据通说，推定根据依据不同分为事实推定和法律推定。前者指以经验法则为依据的推定，后者指以法律或者司法解释的规定为依据的推定。目的型法律推定以行为人的主观目的为指向目标，及立法或者司法解释规定当出现某一或者客观事实时，事实认定者推定行为人具备相应的主观目的，这种推定的主要功用是将对主观目的的认定转化成对特定客观事实的证明。参见沈志先主编：《刑事证据规则研究》，法律出版社 2011 年版，第 245 页、第 257 页、第 274 页。

② 凡是实施了刑法所规定的欺骗手段的，原则上应认定为具有非法占有的目的。《刑法》第二百二十四条规定的合同诈骗罪的客观行为的主要表现：（1）以虚构的单位或者冒用他人名义签订合同的；（2）以伪造、变造、作废的票据或者其他虚假的产权证明作担保的；（3）没有实际履行能力，以先履行小额合同或者部分履行合同的方法，诱骗对方当事人继续签订和履行合同的；（4）收受对方当事人给付的货物、货款、预付款或者担保财产后逃匿的；（5）以其他方法骗取对方当事人财物的。另外，根据 2001 年 1 月 21 日《全国法院审理金融犯罪案件工作座谈会纪要》规定，具有下列情形之一的，可以认定非法占有目的：（1）明知没有归还能力而大量骗取资金；（2）非法获取资金后逃跑；（3）肆意挥霍骗取资金；（4）使用骗取的资金进行违法犯罪活动；（5）抽逃转移资金、隐匿财产以逃避返还资金的；（6）隐匿、销毁账目，或者搞假破产、假倒闭，以逃避返还资金的；（7）其他非法占有资金、拒不返还的行为。

③ 张明楷：《刑法学》（第五版），法律出版社 2016 年版，第 833 页。

证人谢如明及张浩的证言。其中，ZHANG HENG 的陈述及谢如明的证言可证实，ZHANG HENG 出售涉案房屋的主要目的在于用卖房所得款先解除新浜商铺的查封以利贷款，并通过贷款归还对鹰悦公司的 2 亿余元借款。鉴于涉案房屋上本身也有司法查封，只有解封才能得以完成交易行为，对此，ZHANG HENG 事先已告知，燕卫民也事先知晓。同时，证人谢如明的证言还证实了因燕卫民不确定具体数额，故通过谢如明约见杨茂强并让其提前准备。2013 年 5 月 1 日见面当晚，燕卫民询问了杨茂强新浜商铺和涉案房屋的查封情况，杨茂强告知两处查封金额均为 400 多万元，总和不超过 900 万元。燕卫民就当即决定了购买涉案房屋，并和 ZHANG HENG 电话确认。此外，证人张浩的证言证实该晚杨茂强曾致电询问两处查封的情况，其即将了解到的两处查封分别为 470 余万和 400 余元告知了杨茂强。

关于转账至兴业所的原因，燕卫民及证人肖欣、崔颖华均陈述系基于杨茂强的承诺，但杨茂强的供述及证人谢如明的证言、ZHANG HENG 的陈述均证实由于 ZHANG HENG 的公司账户被法院查封，故经燕卫民与 ZHANG HENG 二人商量决定，将购房款打入杨茂强所在的兴业所，解除两处查封。

从上述证据分析来看，被害方除了燕卫民系洽谈合同的当事人之外，其余证人均系听燕卫民转述，其证言均系传来证据，且值得注意的是，证人崔颖华的证言出现了一定程度的矛盾。而就被告方来看，同案关系人 ZHANG HENG、证人谢如明及被告人杨茂强均是当晚洽谈合同的当事人，证人张浩又系杨当晚致电询问两处查封情况的当事人，其证言均为直接证据，且三人的证言能与被告人的供述相印证，并具有合理性，故被告方言词证据的证明力大于被害方，能证实被害单位在签订合同时对两处查封金额及钱款用于解除两处查封的用途是明知的，且之所以打款至被告人杨茂强所在兴业所系基于约定。因此，行为人未虚构事实、隐瞒真相。

二、关于行为人有无实际履行能力

行为人是否具有实际履行能力是合同目的得以实现的保障和前提，也是区分合同诈骗罪和民事欺诈的关键。审查时需注意综合考虑合同的磋商阶段、签订阶段、履行阶段行为人是否具有履约能力，尤应注意避免将以下两种情况误认为行为人无履约能力。一是行为人在订立合同时或者履约初期具有履约能力，但由于不可抗力或者意外而导致难以实现合同约定或者必须延期履行，不能认定其无履约能力。二是不能将被告人广义上可能存在诸多诉讼或者债务而认为其财产情况不佳甚至资不抵债，从而对该具体合同推定无履约能力。①

本案中，对于捷恩公司在签订合同时有无履行合同的能力，根据相关证据，可以证实在 2013 年 5 月 2 日前，ZHANG HENG 的新浜商铺及涉案房屋的司法查封总额在 900 万元以内，尽管在公诉机关指控的证据中，在该日前，涉案房屋上确实存在一项金额为 700 万元的反担保抵押未撤销，而在该日之后针对涉案房屋还有其他司法查封，公诉机关还提交了捷恩公司的相关民商事诉讼案件的裁判文书等证据材料，以证明捷恩公司不具备履约能力且对此明知。但对于该项 700 万元的抵押，相关证据经法院核实，已经证明抵

① 一方面，“资”与“债”的对比本身是一个动态的过程，其多寡也未必可通过侦查手段以穷尽，尤其是在合同主体本身系存在正常经营的情况下，更是难以证明。另一方面，即便存在诸多债务，也并不必然得出具体的涉案合同不具有履约能力。

押事实已经不存在，仅因未办理手续故未撤销。同时，尽管未撤销抵押手续会成为后续办理过户事宜的障碍，但不能构成刑法意义上不能履约的实质性障碍。而 2013 年 5 月 2 日之后的相关司法查封及小业主纠纷，是买卖双方在签订合同时所不能预见的，因此不能作为无履约能力的证据。另外，对于其他的涉诉文书，只能证明确实对不能履约增加了风险，但并不能直接证明本案中捷恩公司无履约能力，更不能直接证明捷恩公司或者同案关系人 ZHANG HENG 及被告人杨茂强具有非法占有的目的。

三、关于行为人有无实际履行

合同实际履行是实现合同目的的应有之意，也是考察非法占有目的的核心要素，在判断上应注意以下两个方面：一是行为人有无履约的诚意及履约的程度，并且应注意区别于被告人有履约能力而不履行和行为人已经尽力履行，但未履行到位的情况。二是不能履约的原因是否系因不可抗力或者对方不愿意接受替代方案等客观原因。

本案中，行为人在签订合同并得款后，被告人杨茂强根据 ZHANG HENG 的指令于同日将 409 万余元转账至松江法院并用于解封对新浜商铺的查封及捷恩公司的部分执行案件。但后因发生新浜商铺小业主纠纷，ZHANG HENG 指令被告人杨茂强拆借 200 余万元购房所得款用于解决前述纠纷。另有 60 万元经杨茂强向 ZHANG HENG 确认，并应兴业所合伙人的要求，由财务扣划了 ZHANG HENG 历年拖欠被告人杨茂强的部分律师费，但杨茂强未提取。其余款项亦经 ZHANG HENG 指令用于支付其企业对外债务等，故未成功解封涉案房屋，导致涉案房屋的交易无法完成。因此，行为人未能完全履约，系发生了预料之外的原因，且行为人已经依约解封对新浜商铺的查封及捷恩公司的部分执行案件。

四、关于行为人对财物的处置

违约后对于财物的处置情况系判断行为人主观目的的重要因素，也系法律推定的要素之一。对此，在判断时应注意收取钱款后有无逃匿、挥霍、用于违法活动等非法占有资金拒不返还的行为。同时，还应注意若行为人将取得的财物用于归还企业正常债务或者其他合法经营等正当用途时，不应推定其具有非法占有的目的。

本案中，关于 ZHANG HENG 及被告人杨茂强在收取购房款后无逃匿、挥霍、用于违法活动等非法占有资金拒不返还的行为。根据相关证据，兴业所在收到售房款后，被告人杨茂强根据 ZHANG HENG 的指令对钱款进行支付。其中，409 万余元系用于约定司法解封的用途；220 万余元系用于解决突发的小业主纠纷；60 万元系用于支付被告人律师费，但扣划是律所合伙人所为；其余款项基本均为支付正常的企业债务等。行为人始终未有将钱款挥霍或者用于违法活动等。因此，从钱款的流向及用途来看，无法反映被告人与他人串通事先有非法占有的目的。至于是否有逃匿行为，相关证据能证实，燕卫民始终能与 ZHANG HENG 及杨茂强保持一定程度的联系，故难以认定杨茂强具有逃匿行为。

五、关于在合同不能履行后的态度

违约后的态度是判断行为人是否具有非法占有目的的重要反映。鉴于合同是双方合意的产物，履约过程亦具有互动性，因此，对于该态度的考察，而应以双方行为为对象。需注意的是，若行为人在违约后表示愿意承担合同责任，且为之采取了必要的补救措施以减少对方损失的，则一般不能推定其具有非法占有的目的，尤其是存在违约方提出的替代方案守约方不予接受时，更不应轻易将不能履约的责任归责于违约方。

具体到本案，在不能履行合同后，被告人杨茂强敦促ZHANG HENG尽快还款，并拟具和解协议书等通过证人谢如明转交；ZHANG HENG亦欲通过转让捷恒公司的股权等方式寻求解决方案；在香港的会面中也谈及将涉案房屋的购房款及违约金一并与2.3亿元借款一起放在新浜商铺中解决，并向燕卫民表达了愿意归还欠款的意愿。而被害单位燕卫民一方对于和解协议书未予签署，对于相关股权转让未予接受。同时于2015年7月向澳大利亚墨尔本法院就涉案房屋购房款、违约金及其他个人债务提起民事诉讼。由此可见，在不能履约后，违约方具有补救诚意也具有实质性的补救措施，但被害单位方未予接受。因此，不能根据在客观上不能履约而推定违约方具有非法占有的目的。

六、关于同案犯未到案情况下的共犯认定

在同案犯未到案的情况下，对于共犯的主观目的的认定应以同案犯的犯意为基础。因此，一方面应注重考察到案共犯的身份、地位及作用的客观事实，另一方面应注重考察二者之间的犯意联络。即便可以根据客观行为推定未到案同案犯具有非法占有的目的，仍不能忽略犯意联络而推定到案行为人的主观目的。

本案中，被告人杨茂强是否可认定系合同诈骗罪的共犯，根据相关证据，证实其在本案中的行为主要有以下方面：（1）事前：应谢如明要求对捷恩公司两处查封做了解并告知燕卫民。（2）事中：签订合同、进行转账、发邮件给ZHANG HENG确认历年诉讼费，后扣划了60万元律师费至兴业所。前两项行为，均系受ZHANG HENG委托及指令；扣划律师费，是应律所合伙人的意思向ZHANG HENG确认历年诉讼费后由合伙人指令财务扣划。（3）事后：拟具和解协议书、敦促ZHANG HENG还款、参与协调等。由此可见，杨茂强作为ZHANG HENG的法律顾问，在签订合同前并无证据证实共谋或者帮助ZHANG HENG实施虚构事实、隐瞒真相的行为，在履行合同过程中也均按照ZHANG HENG指令进行转账等，在合同不能履行后也未协助ZHANG HENG进行隐匿财产、逃匿等。因此，基于杨茂强的身份及地位，需以同案关系人ZHANG HENG是否构成合同诈骗罪作为前提之一。但综合全案的证据，尚难以证实ZHANG HENG具有非法占有的目的，被告人杨茂强作为其委托人，则更不能反映出杨茂强具有非法占有的目的，故对杨茂强并不能认定为是刑法意义上的诈骗共犯。

综上，本案控方指控的诈骗系鹰悦公司燕卫民与ZHANG HENG双方长期商业往来过程中的一个局部片断。尽管ZHANG HENG未将约定的专款用于解除涉案房屋的司法查封导致交易失败，但综合全案的证据，尚不足以认定被告人杨茂强在签订履行合同过程中，有非法占有的主观目的与虚构事实、隐瞒真相的客观行为，故被告人杨茂强的行为不构成合同诈骗罪。

（一审法院合议庭成员　刘娟娟　石耀辉　周国莲

二审法院合议庭成员　周　欣　吴循敏　秦现锋

编写人　上海市浦东新区人民法院　陆　玮

责任编辑　包献荣

审稿人　李玉萍）

原载《人民法院案例选》2020年第2辑（总第144辑）

124. 鞠某、张某等合同诈骗案

——虚假电商代运营的刑法评价

【关键词】

刑事　电商代运营　诈骗罪　合同诈骗罪　刑事政策

【裁判要旨】

从事虚假电商代运营的行为人明知自身无履约能力，仍通过虚假广告招揽客户，虚构拥有自有工厂，能够提供具有竞争力的产品，并编造成功案例等引诱客户签订或升级服务合同，所得资金大部分被以分红、提成等方式瓜分，其行为具有严重的社会危害性，应以刑事犯罪论处。这类行为不仅侵犯了被害人的财产权利，更破坏了以公平信用为基础的网络交易规则，损害了消费者合法权益，严重扰乱了电商行业的市场管理秩序，构成合同诈骗罪。鉴于电商代运营行业存在平台监管不严、网络治理滞后等缺陷，相较于传统合同诈骗犯罪对这类案件应整体趋轻处理。

【相关法条】

《中华人民共和国刑法》

第二百二十四条　有下列情形之一，以非法占有为目的，在签订、履行合同过程中，骗取对方当事人财物，数额较大的，处三年以下有期徒刑或者拘役，并处或者单处罚金；数额巨大或者有其他严重情节的，处三年以上十年以下有期徒刑，并处罚金；数额特别巨大或者有其他特别严重情节的，处十年以上有期徒刑或者无期徒刑，并处罚金或者没收财产：

（一）以虚构的单位或者冒用他人名义签订合同的；

（二）以伪造、变造、作废的票据或者其他虚假的产权证明作担保的；

（三）没有实际履行能力，以先履行小额合同或者部分履行合同的方法，诱骗对方当事人继续签订和履行合同的；

（四）收受对方当事人给付的货物、货款、预付款或者担保财产后逃匿的；

（五）以其他方法骗取对方当事人财物的。

第二十七条　在共同犯罪中起次要或者辅助作用的，是从犯。对于从犯，应当从轻、减轻处罚或者免除处罚。

【案件索引】

一审：浙江省杭州市中级人民法院（2017）浙01刑初170号（2018年12月18日）

【基本案情】

浙江省杭州市人民检察院指控：被告人鞠某、张某、唐某某、王某某、鞠某某五被告人构成诈骗罪。

被告人及其辩护人辩称：被告人设立公司是为了做正当生意，主观上无非法占有目的，公司有固定货源，具有相应服务能力，没有虚构事实的行为，不构成刑事犯罪，即使构成刑事犯罪也应定性为合同诈骗罪。另从各被告人在共同犯罪中的地位、作用以及本案是否为单位犯罪等方面提出相关辩护意见。

法院经审理查明：2014 年 10 月，被告人鞠某、张某伙同王某（另案处理）以代为运营淘宝店铺骗取客户资金为目的，共同出资设立杭州冉微电子商务有限公司（以下简称冉微公司）。2015 年 5 月，鞠某、张某伙同被告人王某某共同出资设立杭州亿微电子商务有限公司（以下简称亿微公司）。2015 年年底，王某某拿回亿微公司投资款但仍占有少量股份。被告人唐某某、鞠某某及王某投资入股成为亿微公司股东。2016 年 4 月左右，鞠某、张某将冉微公司与亿微公司合并，并沿用亿微公司名称。之后，王某从公司退股离开。

其间，鞠某实际控制上述两家公司并任冉微公司法定代表人，负责对外广告推广；张某负责公司财务、招聘及日常管理等；王某某任亿微公司法定代表人，前期负责对外广告推广，后期负责售后管理、处理客户投诉等；唐某某自 2015 年 5、6 月份开始负责公司销售管理；鞠某某先后从事冉微公司销售员、销售主管、人事管理等，后在亿微公司负责人事管理。

被告人鞠某伙同张某、唐某某、王某某、鞠某某等人利用冉微公司、亿微公司为平台，在明知公司无自产货源和固定合作货源，也无相应专业技能和运作能力代运营大量淘宝店铺的情况下，仍从社会上招募销售人员和售后人员，指使销售人员向被害人谎称仅需缴纳数千元至数万元不等的套餐服务费用即可获得高交易量、高等级的淘宝店铺，并向被害人承诺淘宝店铺达到一定的交易量即可一次性返还套餐对应的服务费，从而骗取被害人签订服务合同并交纳服务费用。合同签订后，售后人员仅提供了代开淘宝店铺、套用批发市场数据上架货物等基础服务并通过“自买自卖”完成少量虚假交易，根本无法完成合同约定的交易数量和店铺等级要求。在被害人提出质疑时，销售人员即以合同等级太低为由，诱骗被害人升级套餐并交纳更多的服务费用。升级后，公司并未实际提供相应服务，并对部分被害人消极应对或不予理会。

至案发，被告人鞠某、张某利用上述模式骗取被害人唐某甲、达某甲等人支付服务费用共计人民币 13286505. 5 元，被告人唐某某、王某某、鞠某某参与骗取 6517220 元。上述款项除少部分用于公司日常开支外，大部分被鞠某等人以分红、提成等方式瓜分。

2016 年 11 月 8 日，被告人鞠某等五人在杭州市被公安机关抓获归案。公安机关查封鞠某名下房产 1 套并冻结鞠某等人名下的银行账户及支付宝账户；另从亿微公司办公场所等地扣押电脑主机、笔记本电脑、手机等财物一批及唐某某名下吉利汽车 1 辆。法院审理期间，张某退缴赃款人民币 8000 元，鞠某某的家属代为退赃 2 万元。

【裁判结果】

浙江省杭州市中级人民法院于2018年12月18日作出（2017）浙01刑初170号刑事判决：认定被告人鞠某、张某、唐某某、王某某、鞠某某均构成合同诈骗罪，分别判处鞠某有期徒刑十年，并处罚金人民币30万元，张某有期徒刑六年，并处罚金人民币18万元，唐某某、王某某有期徒刑四年，并处罚金人民币12万元，鞠某某有期徒刑三年，并处罚金人民币10万元。

宣判后，五被告人在法定期限内未提出上诉，公诉机关未抗诉，判决已发生法律效力。

【裁判理由】

法院生效裁判认为：被告人鞠某伙同张某、唐某某、王某某、鞠某某以非法占有为目的，明知自身没有履约能力仍通过虚假广告招揽客户，在签订、履行合同过程中骗取被害人财物，数额特别巨大，其行为均已构成合同诈骗罪。被告人鞠某等人的犯罪行为除侵犯被害人的财产所有权之外，还扰乱了电商行业的市场秩序，公诉机关指控罪名有误，依法予以纠正，被告人及辩护人所提本案构成合同诈骗罪的意见予以采纳。关于唐某某及其辩护人所提本案系单位犯罪的辩解及辩护意见，经审理认为，鞠某伙同张某等人为实施诈骗犯罪成立冉微公司、亿微公司，上述公司成立后从事以淘宝代运营为幌子的诈骗活动，所得利益均被鞠某等人以分红或提成方式瓜分，本案不符合单位犯罪的构成要件，依法不构成单位犯罪。鞠某系冉微公司、亿微公司的主要出资者和实际控制人，负责公司对外推广并控制公司收款账户，在共同犯罪中系主犯，张某、唐某某、王某某、鞠某某虽系公司股东或高管，但未参与经营决策且占股比例较低、实际分赃数额较少，起次要作用，依法可认定为从犯并减轻处罚，被告人及辩护人所提相关意见予以采纳。

【案例注解】

电商代运营，顾名思义，是指从事电子商务的经营者把所经营的网上店铺委托给专业的代运营公司进行运营、管理或从事其他服务，代运营公司从中收取一定的服务费用。电商代运营是随着互联网经济发展电子商务产业兴盛衍生的新型产业，具有成本投入大、专业技术性强、准入门槛高等特点。由于市场机制不健全，立法及行政监管滞后等原因，不少人从中嗅到“商机”，利用他人不懂电商运营模式或亟须电商经营配套服务等情况，成立所谓的专业代运营公司，通过网络等途径吸引被害人购买相关代运营服务，骗取被害人钱款。对于这类行为应该如何处置理论及实践争议较大，诉至法院的案例既有以民事纠纷处理，也有以刑事案件论处，以刑事案件论处的案例也存在罪名适用不一的情况。①

本案即是发生在电子商务产业十分发达的杭州的一起典型的虚假电商代运营案件。笔者的分析主要厘清了三个争议问题：一是虚假电商代运营是民事纠纷还是刑事犯罪？二是虚假电商代运营构成何罪？三是虚假电商代运营处断的刑事政策该如何选择？笔者认为，本案的判决对于类似案件的处理乃至我国电子商务立法的完善具有一定参考价值，具体分析如下：

一、罪与非罪之争：虚假电商代运营的违法性本质

违法性是刑事犯罪的本质特征。如果客观上不存在违法性，就不会存在对违法行为的非难，因而不可能成立犯罪。② 根据我国《刑法》的规定，犯罪是指危害社会应受刑罚处罚的行为，因而刑事犯罪的违法性实质是指社会危害性或称之为法益侵害性。本案中，辩护人提出无罪观点的主要理由是：被告人设立公司是为了做正当生意，主观上无非法占有的目的，公司有固定货源，具有相应服务能力，没有虚构事实的行为。这既是本案罪与非罪的界限，也是虚假电商代运营是否具有刑事违法性的关键所在。

（一）被告人存在虚构事实、隐瞒真相的诈骗行为

本案存在一个环环相扣的作案流程，发广告吸引客户，骗取客户投资交钱，提供开店的基础服务后对店铺不再运营，客户提出质疑后以合同等级太低为由诱骗升级，最终不闻不问直至客户放弃。

1. 发广告环节：鞠某等人以自己无法做到的承诺吸引客户，包括“只要一部手机，每天只需要一两个小时下单，就可以月收入过万元”等内容。

2. 签订及升级合同环节：一旦客户看到广告添加了销售人员的微信号，销售人员便不顾公司实际运营能力，为了骗取服务费用按照话术单的内容引诱客户签订合同加盟公司，使用了包括但不限于以下几种虚假手段：（1）宣称公司有自有工厂，能够生产、提供具有竞争力的产品，实际所开的淘宝店上的服装数据均是从杭州四季青服装市场拿来的数据包，公司所展示的服装样品也是从四季青购买。如果有真实订单则从其他淘宝店铺下单再加价售出。由于提供的商品系二手转买过来，并无品控能力，为了利润还要加价，故而根本达不到所宣称的竞争力。（2）虚构了许多成功赚钱的案例，实际上所有被告人都承认完成不了合同所约定的服务项目，所承诺的店铺销量、等级不可能达到。公司运营逾两年并无一个客户达到可以退还服务费的条件。（3）以参加“双十一”“聚划算”等各种淘宝促销活动为名，诱骗客户升级合同套餐，进一步骗取客户钱款。一旦客户选择升级，会由售后人员增加刷单量，造成店铺销量增长的假象，一段时间后又会恢复原状，并无实际起色。

3. 售后环节：从公司员工构成可知，公司长期有数十人的销售队伍，但售后服务人

① 笔者搜索中国裁判文书网发现，类似的虚假电商代运营行为，既有以民事纠纷处理的案例，如（2016）粤03民终7544号广东省深圳市中级人民法院深圳广明发信息咨询有限公司诉魏玉莉服务合同纠纷二审民事判决书；又有以刑事案件处理的案例，且存在罪名适用不一的情况，如（2018）鄂01刑终121号湖北省武汉市中级人民法院喻志成、黄赐等人诈骗二审刑事裁定书以诈骗罪论处，而（2017）浙11刑终20号浙江省丽水市中级人民法院李铭辉、徐灵松等人合同诈骗二审刑事判决书则改变了一审定性，认定各被告人构成合同诈骗罪。

② 张明楷：《刑法学》，法律出版社2011年版，第109页。

员仅十余人乃至数人。十余人的售后人员根本不可能维护好上千家淘宝店铺的运营管理。以一个正常的淘宝店铺为例，要确保销量稳定首先必须保证产品具有物美价廉的竞争力，店铺装修要精美，上架产品要找专业模特拍照，修图等，还需要长期的广告推广。而要做到钻石或皇冠等级，更需要长期稳定的流量和销量。而在本案中，售后人员所做的工作仅限于开店、简单装修、上传数据包及刷单，与公司所宣传的售后服务相去甚远，也就不可能达到合同约定的店铺销量及等级。至于合同所约定的营销指导、店铺宣传、淘宝大学等其他内容更是无从谈起。

（二）被告人具有非法占有的目的

1. 从资金流向看：给销售人员的提成为销售额1万元人民币以下的12%，销售额1～2万元人民币为15%，销售额2～5万元人民币为20%，销售额5万元人民币以上为25%。据鞠某供述，客户所交的服务费有40%用作广告推广，30%～40%用作工资和提成及日常开销，只有最多5%用于给客户店铺装修、刷单等。还有部分为股东提成，如鞠某作案期间购买了一套房产，唐某某购买了一辆车等。据此，从被害人处骗取的服务费基本用于灭失性处理，并未产生任何效益。

2. 从主观明知看：各被告人对于公司行为的诈骗本质均系明知，都承认公司没有相应的代运营能力，所签订的合同和承诺的服务不可能达到。部分员工因为认识到系诈骗而辞职，后又因找不到合适工作回来继续上班；还有部分员工意识到公司系诈骗后询问了老员工或者公司管理层，得到安慰后继续行骗；实际控制人更是在同类公司涉案被查后仍然继续运营，还成立备付金应付上门投诉的客户，以图维持骗局。

3. 从犯罪心态看：由于电商代运营行业具有新颖性，被害人也对该行业的标准和门槛不熟悉，且实践中的虚假代运营公司都有正规运营和签订合同的“合法外壳”，单个被害人损失金额也仅数千元至上万元，被害人一旦被骗自认倒霉的居多，少有诉诸公权力救济，即使寻求救济也多以民事纠纷诉至法院，较难把本案与刑事犯罪关联起来。事实上，本案就有多名被害人是在接到公安机关的电话通知后方才认识到被骗，这些想法也属人之常情，而被告人恰恰利用了被害人的这种心理。

二、此罪与彼罪之辩：虚假电商代运营的定性争议

在肯定本案构成刑事犯罪基础上，关于本案的具体定性仍存有较大争议：公诉机关以诈骗罪起诉，部分被告人及辩护人提出系合同诈骗罪。这就涉及诈骗罪与合同诈骗罪的区分问题。

（一）诈骗罪与合同诈骗罪的界分要点

一般认为，诈骗罪与合同诈骗罪是一般罪名与特殊罪名的法条竞合关系。实践中由于合同诈骗罪的立案追诉标准高于诈骗罪，且目前尚无司法解释对合同诈骗罪的加重法定刑明确适用标准，各地司法机关往往采取保守态度，将数额巨大、甚至数额特别巨大情形仍然按照数额较大情形处理，造成重罪轻判现象比较普遍，故被告人、辩护人都倾向于把诈骗罪往合同诈骗罪方向进行辩解、辩护。[①] 区分这两个罪名的关键在于两点：一是从犯罪手段来看，我国《刑法》第二百六十六条并未限定诈骗的手段，而《刑法》第

① 刘晓虎：《合同诈骗罪与诈骗罪的区别要点与适用冲突把握》，载《人民法院报》2018年1月24日。

二百二十四条规定合同诈骗必须发生在签订、履行合同过程中，签订、履行合同系本罪名的构成要件之一，故而诈骗罪可以由任何手段构成，而合同诈骗罪只能以签订、履行合同的方式构成；二是从犯罪客体来看，我国《刑法》把诈骗罪归类到侵犯财产罪一章而把合同诈骗罪归类到破坏社会主义市场经济秩序罪一章，意味着两个罪名侵犯的客体各有侧重：诈骗罪主要侵犯了公私财产权利，合同诈骗罪则主要是扰乱了市场经济秩序。

在合同诈骗罪中，签订、履行合同与扰乱市场经济秩序是形式要件与实质要件的关系。并非只要利用合同关系实施诈骗都构成合同诈骗罪，是否构成本罪除了具有签订、履行合同的形式要件之外，还要进一步判断是否扰乱市场经济秩序。这就需要准确界定合同诈骗罪中的合同。通说认为，合同诈骗罪中的合同是指存在于市场经济活动中并调整当事人财产关系的合同。仅体现身份关系的收养、监护、婚姻协议以及不具有交易性质的单纯赠与合同、无偿保管合同或主要由行政法调整的行政合同等，不属于合同诈骗罪中的合同。关于合同是否需要固定的形式，理论界也有争议。笔者认为，从经济社会发展趋势及维护多元有序的市场秩序出发，无论是书面合同还是口头协议均属于合同诈骗罪中的合同。事实上，对于一些常年合作伙伴来说，某单生意仅以口头约定的形式订立合同的情形并不鲜见。对于这类行为构成犯罪的当然要纳入合同诈骗罪的规制范畴。

（二）本案构成合同诈骗罪

本案中，被告人鞠某等人为实施诈骗活动先后注册成立冉微公司、亿微公司，明知自身没有合同约定的履行能力，仍通过虚假广告招揽客户，并采取部分履行合同的形式骗取被害人财物，其行为不仅侵犯了被害人的财产权利，更破坏了以公平信用为基础的网络交易规则，损害了消费者的合法权益，严重扰乱了电商行业的市场管理秩序，构成合同诈骗罪无疑。公诉机关指控本案构成诈骗罪无法涵盖虚假电商代运营的犯罪特点，属指控罪名错误，应予以更改。至于部分辩护人所提本案系单位犯罪的意见，笔者认为，本案被告人鞠某等人为实施诈骗类犯罪而成立公司，公司成立后以实施诈骗类犯罪为主要活动，此外并无其他正当业务，所得利益均被鞠某等人以分红或提成方式瓜分，根据《最高人民法院关于审理单位犯罪案件具体应用法律若干问题的解释》的相关规定，不构成单位犯罪。

三、从重抑或趋轻：本案处断的刑事政策选择

在厘清罪与非罪、此罪与彼罪基础上，对于虚假电商代运营行为在我国现行宽严相济刑事政策下应该如何处断是本案面临的实际问题。笔者认为，在确定这类行为的宣告刑时必须根据互联网新兴产业的特点并结合本案的实际情况作出谦抑、审慎的选择，主要考虑两方面因素：

一是虚假电商代运营类案件的特殊性。一方面，虚假电商代运营骗取了众多被害人的财物，破坏了公平竞争、诚实信用的市场环境，在网络社会背景下，如果任由其存在必会影响互联网经济的正常发展，有损网络法治建设。但从另一层面来讲，电商代运营作为网络新兴产业，确实存在需求旺盛与供应不足的矛盾，尤其是平台监管不严，网络治理滞后等导致这类案件的违法界限模糊，在一定程度上削弱了部分参与人员的主观恶性和违法性认识程度。故在量刑时应与传统合同诈骗案件相区别。二是本案中，被告人确实履行了部分合同义务，例如开通了淘宝店铺并进行简单装修，为了提高店铺信誉还实施了刷单等行为。虽然该行为被整体评价为一种犯罪手段，相关支出认定为犯罪成本不予扣除，但确实支付了一定对价，在量刑时亦应有所体现。

在具体的路径选择上，一是要准确把握主从犯的认定，将公司的主要出资者及实际控制人鞠某认定为主犯并在起点刑幅度内量刑，将其他股东或高管认定为从犯并减轻处罚；将分案处理的公司其他业务员亦认定为从犯并适用缓刑或单处罚金。二是要合理利用刑法但书规则，将在公司中仅拿正常工资从事后勤服务的人员不认定为犯罪，从而实现罪刑相当、罚当其罪。

（一审法院合议庭成员　张永纯　车群怡　魏卫理
编写人　浙江省杭州市中级人民法院　向夏厅
责任编辑　周维明
审稿人　李玉萍）

原载《人民法院案例选》2020年第11辑（总第153辑）

二、非法经营罪

125. 翁士喜非法经营案*

——未经许可在城区违法搭建商铺并以招商为名收取租金的行为如何定性

【关键词】

非法经营罪　合同诈骗罪　违法搭建

【裁判要点】

未经许可在城区违法搭建商铺并以招商为名收取租金的行为，应认定为非法经营罪。

【相关法条】

《中华人民共和国刑法》

第二百二十五条第（四）项　违反国家规定，有下列非法经营行为之一，扰乱市场秩序，情节严重的，处五年以下有期徒刑或者拘役，并处或者单处违法所得一倍以上五倍以下罚金；情节特别严重的，处五年以上有期徒刑，并处违法所得一倍以上五倍以下罚金或者没收财产：

（四）其他严重扰乱市场秩序的非法经营行为。

【案情及裁判】

北京市人民检察院第二分院以被告人翁士喜犯合同诈骗罪，向北京市第二中级人民法院提起公诉。

被告人翁士喜及其辩护人提出如下辩解：翁士喜的行为属于民事行为，不应认定构成犯罪。如果认定翁士喜构成犯罪，建议法庭对翁士喜从轻处罚。

北京市第二中级人民法院经公开审理查明：2010 年 1 月至 10 月间，被告人翁士喜伙

---

* 案例来源：最高人民法院刑事审判第一、二、三、四、五庭主办：《刑事审判参考》（第 101 集），法律出版社 2015 年版，第 62 ~ 64 页。

同方孔岳（另案处理），违反《中华人民共和国建筑法》《中华人民共和国土地管理法》等相关规定，以北京岳腾基业投资顾问有限公司、北京岳腾基业投资顾问有限公司第一分公司的名义，在北京市通州区新华大街甲256号院内违法搭建商铺。在未经审批，亦未向工程所在地县级以上人民政府建设行政主管部门申请领取施工许可证的情况下，对外招租，承诺定期开业。与王玉俐等350余名商户签订租赁合同并收取租金、履约保证金等，非法经营额共计人民币（以下币种同）1300余万元，严重扰乱了市场秩序。在受到政府相关部门查处后，翁士喜等人陆续退还商户钱款。经统计，至案发尚有10名商户共计558740元未退还。2011年2月17日，翁士喜被抓获归案。

北京市第二中级人民法院认为：被告人翁士喜伙同他人违反国家规定，在无规划审批手续，未向工程所在地县级以上人民政府建设行政主管部门申请领取施工许可证的情况下搭建违章建筑并对外招商，扰乱市场秩序，情节严重，其行为构成非法经营罪。北京市人民检察院第二分院指控翁士喜构成犯罪的事实清楚，证据确实、充分，但指控犯合同诈骗罪的罪名有误，应予纠正。鉴于翁士喜在非法经营行为受到政府相关部门查处后积极退赔商户损失，可以对其酌情从轻处罚。翁士喜的辩护人所提出的翁士喜不构成合同诈骗罪，且具有积极退赔情节，建议法庭对翁士喜从轻处罚的意见予以采纳。据此，依照《中华人民共和国刑法》第二百二十五条第（四）项，第二十五条第一款，第二十六条第一款、第四款，第五十二条，第六十一条以及《最高人民法院关于适用财产刑若干问题的规定》第二条第一款之规定，北京市第二中级人民法院以被告人翁士喜犯非法经营罪，判处有期徒刑三年，并处罚金人民币30万元。

【法理解析】

翁士喜伙同方孔岳，违反国家规定，违章搭建商铺并对外招租，扰乱市场秩序，情节严重，其行为构成非法经营罪。理由如下：（1）被告人以“经营”为主观目的。本案中，被告人虽然对商户隐瞒了商铺无合法审批手续的事实，承诺定期开业，即实施了部分欺骗行为。但其主观目的是“经营”，而不具有非法占有商户所交纳租金的目的，因此不应认定为合同诈骗罪，而应认定为非法经营罪。（2）客观方面表现为，被告人未经许可擅自开工建设收取租金的行为属于违反国家规定、严重扰乱市场秩序的行为。本案中，被告人未经合法审批，未申领施工许可证，违法搭建商铺的行为显然属于“违反国家规定”。而且，被告人在规划、工商、消防等手续均不具备的情况下，伙同他人先后两次非法招商，属于严重扰乱市场秩序的非法经营行为。（3）被告人涉案数额达1300余万元，应认定为“情节严重”（根据司法解释的相关规定，非法经营业务数额在100万元以上应认定为“情节严重”）。因此，北京市第二中级人民法院的判决是正确的。

原载《人民法院案例选》2016年第1辑（总第95辑）

126. 王丹、沈玮婷非法经营、虚报注册资本案*

——不具备证券从业资格的公司与具备资格的公司合作开展证券咨询业务，是否构成非法经营罪

【关键词】

非法经营罪　虚报注册资本罪　证券从业资格

【裁判要旨】

不具备证券从业资格的公司与具备资格的公司合作开展证券咨询业务，应构成非法经营罪。

【相关法条】

《中华人民共和国刑法》

第二百二十五条第（三）项　违反国家规定，有下列非法经营行为之一，扰乱市场秩序，情节严重的，处五年以下有期徒刑或者拘役，并处或者单处违法所得一倍以上五倍以下罚金；情节特别严重的，处五年以上有期徒刑，并处违法所得一倍以上五倍以下罚金或者没收财产：

（三）未经国家有关主管部门批准非法经营证券、期货、保险业务的，或者非法从事资金支付结算业务的。

【案情及裁判】

湖南省娄底市人民检察院以被告人王丹、沈玮婷犯非法经营罪、抽逃出资罪向娄底市中级人民法院提起公诉。

湖南省娄底市中级人民法院经公开审理查明：2008 年 4 月 15 日，王丹、沈玮婷出资 50 万元在深圳注册成立了金牛王公司，王丹担任法定代表人、总经理。金牛王公司成立后，在未获得中国证监会批准，不具备经营证券业务资质的情况下，王丹、沈玮婷等人以销售金牛王炒股软件为名，非法从事证券咨询业务，非法经营额共计 4526546.20 元。其后又成立智赢公司、金城公司。2008 年 8 月至 2009 年 6 月，王丹聘请若干人员为证券分析师进行股票分析，并以销售金牛王选股软件为名，在未获得中国证监会批准，不具备经营证券业务资质的情况下，开展非法证券咨询活动，其中智盈公司非法经营额计 12898691.55 元；金诚公司非法经营额计 15594887.47 元。为顺利通过电视台的资格审

---

* 案例来源：最高人民法院刑事审判第一、二、三、四、五庭主办：《刑事审判参考》（第 101 集），法律出版社 2015 年版，第 67 ~ 71 页。

查，并掩盖自己不具备证券投资咨询资格的真相，王丹等人与有证券投资咨询资格的湖南金证投资咨询顾问有限公司（以下简称金证公司）、北京禧达丰公司签订了所谓的“战略合作协议”，以每年支付数十万元的高额投资顾问费为条件，将公司选聘的多名股评分析师的从业资格证书挂靠到这些公司，并借用这些公司的证券咨询资格证明用于自己股评节目的资格审查。

娄底市中级人民法院认为：被告人王丹、沈玮婷等人违反《证券法》等有关法律规定，未经国家有关主管部门批准，非法经营证券业务，严重扰乱市场秩序，情节特别严重，其行为均已构成非法经营罪。据此，依照《刑法》第二百二十五条第（三）项、第一百五十八条第一款等规定，判决如下：

一、被告人王丹犯非法经营罪，判处有期徒刑十二年，并处罚金人民币120万元；犯虚报注册资本罪，判处有期徒刑一年，并处罚金人民币10万元，数罪并罚，决定执行有期徒刑十二年六个月，并处罚金人民币130万元。

二、被告人沈玮婷犯非法经营罪，判处有期徒刑六年，并处罚金人民币60万元；犯虚报注册资本罪，判处有期徒刑一年，并处罚金人民币10万元，数罪并罚，决定执行有期徒刑六年六个月，并处罚金人民币70万元。

一审宣判后，二被告不服，提出上诉。其辩称：其在销售软件过程中与有证券咨询资格的金证公司等有合作协议，股评师也系合法挂靠，故不构成非法经营罪。

湖南省高级人民法院经审理认为：被告人王丹虽然将张军等人的执业资格证挂靠在具备证券投资咨询资格的公司，但是由于张军等人并未在具备证券咨询资格的机构工作，依照相关规定仍然不得从事证券投资咨询业务，一审认定王丹属非法经营，法律适用准确，量刑并无不当。沈玮婷明知金牛王公司、智盈公司、金诚公司没有证券经营资格，却将王丹安排制作的股评节目通过卫星发送至电视台的相关栏目进行播放，帮助王丹实施了非法经营活动，构成共同犯罪，但原审对沈玮婷量刑过重。据此，判决维持一审对王丹的定罪量刑；对沈玮婷以非法经营罪改判有期徒刑四年六个月，并处罚金人民币60万元，以虚报注册资本罪判处有期徒刑一年，并处罚金人民币10万元，数罪并罚，决定执行有期徒刑五年，并处罚金人民币70万元。

【法理解析】

本案的焦点主要有两个方面。（1）被告人王丹行为定性的问题。根据《刑法》第二百二十五条第（三）项的规定，有关非法经营罪的基本表述属空白罪状。因此，准确适用该法条的前提便是考察与它关系密切的其他法律，本案涉及的几个核心问题也应考察《证券法》的相关规定。《刑法》第二百二十五条第（三）项规定的证券业务的具体内容包括证券咨询业务。设立证券公司和开展证券投资咨询业务，都需要经国务院证券监督管理机构批准。采取与有资格经营证券咨询业务的公司合作的方式不能规避应当接受证券业主管机构批准和监管的义务。本案中，被告人王丹及其公司并未根据主管部门批准成立证券公司，当然更不可能依据证券监管部门的批准合法开展证券咨询业务。因此，应当认定其为非法经营行为。（2）是否符合非法经营罪中“情节严重”的规定。根据《最高人民检察院、公安部关于公安机关管辖的刑事案件立案追诉标准的规定（二）》的规定，未经国家有关主管部门批准，非法经营证券、期货、保险业务，数额在30万元以上的，或者违法所得数额在 5 万元以上的，应予追诉。本案中，被告人王丹、沈玮婷等人非法经营额近 3000 万元，足以认定。

原载《人民法院案例选》2016 年第 2 辑（总第 96 辑）

127. 何伟光等非法经营案

——民间发放高利贷的行为是否构成犯罪

【关键词】

发放高利贷　非法经营　罪刑法定　刑法谦抑性

【裁判要旨】

发放高利贷的行为不符合非法经营罪中“其他严重扰乱市场秩序的非法经营行为”之要件，在现行《刑法》及司法解释对发放高利贷行为定罪量刑依据尚不充足的情况下，刑法应当坚守谦抑性品质，严格依照罪刑法定原则，不宜将此类行为以非法经营罪定罪处罚。

【相关法条】

《中华人民共和国刑法》

第二百二十五条　违反国家规定，有下列非法经营行为之一，扰乱市场秩序，情节严重的，处五年以下有期徒刑或者拘役，并处或者单处违法所得一倍以上五倍以下罚金；情节特别严重的，处五年以上有期徒刑，并处违法所得一倍以上五倍以下罚金或者没收财产：

（一）未经许可经营法律、行政法规规定的专营、专卖物品或者其他限制买卖的物品的；

（二）买卖进出口许可证、进出口原产地证明以及其他法律、行政法规规定的经营许可证或者批准文件的；

（三）未经国家有关主管部门批准非法经营证券、期货、保险业务的，或者非法从事资金支付结算业务的；

（四）其他严重扰乱市场秩序的非法经营行为。

【案件索引】

一审：广东省深圳市盐田区人民法院（2011）深盐法刑初字第49号（2013年3月30日）

二审：广东省深圳市中级人民法院（2013）深中法刑二终字第429号（2013年7月25日）

【基本案情】

广东省深圳市盐田区法院在审理被告人何伟光、张勇泉、何冠元、何嘉伦、韩二红、魏天凤、项月进、汤群、刘少清、林圈链组织、领导、参加黑社会性质组织、非法经营、敲诈勒索、非法拘禁、非法持有枪支一案中，查明何伟光、张勇泉等九名被告人设立公司，在未取得贷款业务经营许可的情形下，以发放高利贷为主要业务，向社会不特定人群发放高利贷（贷款月利息2%～15%不等），贷款金额上千万元。具体事实如下：

2009年2月，被告人张勇泉、汤群等人在深圳市南山区金三角大厦704－705房开设深圳市广诚嘉信投资担保有限公司（以下简称广诚嘉信公司），该公司注册登记日为2009年7月31日，张勇泉为公司总经理，汤群为法定代表人，戴枫、蔡世玉、罗子辉、宋小林（以上四人均另案处理）等人为投资人，招收刘少青、林圈链等人为公司职员。该公司在没有取得贷款金融业务主管部门批准的情况下，超越经营范围，以发放高利贷为主要业务。

2009年5月18日，张勇泉、汤群、戴枫与何伟光签订协议，约定陆续出资500万元，在深圳市盐田区北山道裕民大厦701房设立深圳市广诚嘉信投资担保有限公司盐田分公司（未办理营业执照，以下简称盐田分公司），何伟光为盐田分公司总经理。盐田分公司成立后，先后招收何冠元、韩二红、何嘉伦、张观兴、戴惠明、朱可可、饶正文、汤松桃等人为追债员，招收魏天凤、黄美贤为公司出纳，聘请许发涛代理做账。盐田分公司专门在盐田区域内从事发放高利贷业务。

广诚嘉信公司及盐田分公司在非法发放高利贷业务中，通过朋友介绍、发广告、派卡片、群发信息等方式，吸收客户前来借贷，借款利息远高于国家规定的银行同期贷款基准利率的4倍（贷款月利息2%～15%不等），借款人除支付利息外，还需支付管理费、通讯费等费用，借款人如果到期未能支付利息的，先行进行电话催债，之后就上门追债，或者通过威胁、恐吓等方式向借款人或者借款人亲属强行索债。

经深圳市司法会计鉴定中心审计，2009年3月至2010年5月期间，广诚嘉信公司对外放款人民币24096458元，对外放款产生的收入为8033097.64元［对外放款产生的收入由两部分组成：（1）“对外放款时扣收利息”共2089477.50元；（2）“收回本金同时收取利息”及“借款期间分期收取利息”共5943620.14元］2009年5月至2010年3月，盐田分公司对外放款8495000.00元，对外放款收入［对外放款产生的收入由两部分组成：（1）“对外放款时扣收利息”共801400元；（2）“收回本金同时收取利息”及“借款期间分期收取利息”共2591900元］为3393300.00元。经核查广诚嘉信公司的工商登记资料，其经营范围不包含对外放贷业务，盐田分公司则未进行任何工商注册登记。

【裁判结果】

广东省深圳市盐田区法院经审理认为：被告人何伟光等人发放高利贷的行为不构成非法经营罪。一审宣判后，公诉机关对盐田区法院作出的上述判决提出抗诉。广东省深圳市中级法院二审审理后，维持了盐田区法院的判决。

【裁判理由】

广东省深圳市盐田区法院认为：何伟光等人确实存在高利放贷行为，并使用威胁、恐吓等方式强行索债，其行为虽然具有一定的社会危害性，但是由于我国《刑法》规定的非法经营犯罪的具体行为方式并不包括高利放贷行为，因而公诉机关指控何伟光等人犯非法经营罪的意见不予支持。

【案例注解】

对于以个人名义持自有资金向特定某个人或几个人非经常性地发放高利贷的行为，属于普通的民间借贷。超出银行同类贷款利率四倍的利息部分，根据《最高人民法院关于人民法院审理借贷案件的若干意见》（本规定于2015年9月1日废止）第六条规定，法律不予保护。但对于未经批准，向社会不特定公众经常性地发放高利贷并以此牟利的行为如何定性，无论是理论界和司法实践都认识不一，其中一点就是表现为如何理解《刑法》第二百二十五条第（四）项的内涵。结果导致有些地方法院对发放高利贷以非法经营罪定罪，而有些地方法院则认为该行为不构成犯罪。

非法经营罪由投机倒把罪转化而来，1997年《刑法》修正后，投机倒把行为的内容得以细化和明确化，但考虑到经济生活的多变性、复杂性及立法的相对滞后性，非法经营罪得以保留。《刑法》第二百二十五条在明确列举了非法经营专营专卖物品、买卖经营许可证或批准文件等非法经营罪客观行为方式的同时，还为其设置了堵截条款，即“其他严重扰乱市场秩序的非法经营行为”。而在我国社会经济转型时期，市场失范行为不断涌现，使这一具有高度抽象性与概括性的堵截条款日益成为司法机关以不变应万变的“制胜法宝”，从而在很大程度上导致非法经营罪的无限扩张。① 笔者认为，要正确适用非法经营罪的“堵截条款”，应当坚持两个原则：

一、坚持罪刑法定原则

基于罪刑法定原则考量，对于非法经营罪“其他严重扰乱市场秩序的非法经营行为”，应从以下几方面予以解读：

一是须为违反国家规定的经营行为。《刑法》第二百二十五条规定，非法经营罪必须“违反国家规定”，因此，明确“国家规定”的确切范围，是限制非法经营兜底条款无限扩大适用的基础。根据《刑法》第九十六条的规定，“本法所称违反国家规定，是指违反全国人民代表大会及其常务委员会制定的法律和决定，国务院制定的行政法规、规定的行政措施，发布的决定和命令。”最高人民法院2011年下发《关于准确理解和适用刑法中“国家规定”的有关问题的通知》对此作了进一步明确，认为以国务院办公厅名义制发的文件，符合以下条件的，亦应视为《刑法》中的“国家规定”：（1）有明确的法律依据或者同相关行政法规不相抵触；（2）经国务院常务会议讨论通过或者经国务院批准；（3）在国务院公报上公开发布。除此之外，无论是地方性法规，还是部门规章、政府规章，均不在“国家规定”的范畴之内。

二是行为须侵犯国家的特许经营制度。《刑法》第二百二十五条明确列举的非法经营罪的行为方式为：（1）未经许可经营法律、行政法规规定的专营、专卖物品或者其他限制买卖的物品；（2）买卖进出口许可证、进出口原产地证明以及其他法律、行政法规规定的经营许可证或者批准文件；（3）未经国家有关主管部门批准，非法经营证券、期货或者保险业务，或者非法从事资金支付结算业务。虽前三种行为方式各不相同，但实质上有三个共同点：一是均属于经营行为；二是行为人均以牟利为目的，犯罪主观方面

① 参见阴建峰、万育：《略论非法经营罪堵截条款之界限》，载《刑事法学》2011年第8期。

为直接故意；三是均与特定市场经济行为的行政许可有关，侵害了特定行业的经营许可制度，破坏了市场交易的正常秩序。因而从《刑法》第二百二十五条的立法目的看，设定非法经营罪，意在维护国家对特定经营活动的行政许可制度。故兜底条款中“其他严重扰乱市场秩序的非法经营行为”应当指向除《刑法》第二百二十五条前三项规定的行为以外的，以牟利为目的，侵害国家特许经营许可制度，破坏市场交易正常秩序的行为。[①]

三是行为严重扰乱市场准入秩序，达到必须动用刑罚才能有效制裁的程度。即非法经营行为必须达到“情节严重”的程度才能定罪处罚。非法经营犯罪属贪利性犯罪，对于经营行为来说，最直接客观反映其社会危害性的标准无疑是数额。但司法实践中案件的具体情况是复杂多样的，确定非法经营行为的罪与非罪，不能仅以犯罪数额作为唯一标准。定罪处罚时应当综合考量其他情节因素，如非法经营行为对市场经济秩序造成的实质侵害程度，行为人在一定时期内反复从事非法经营行为的次数、是否造成了重大损失，社会影响是否恶劣等情节。

二、坚持刑法谦抑性原则

刑法的谦抑性是“慎刑”思想的体现。对于某种危害社会的行为，“凡是适用其他法律足以抑止某种违法行为、足以保护合法权益时，就不要将其规定为犯罪；凡是适用较轻的制裁方法足以抑止某种犯罪行为、足以保护合法权益时，就不要规定较重的制裁方法。”[②] 刑法是社会管理的“最后手段”，对于经济领域的违法行为，应遵循刑法的谦抑原则，适度减少不必要的犯罪认定，不能因为管理的方便和刑罚的威慑力，一味地以刑法来维护经济秩序。

立足于刑法谦抑性原则的精神，非法经营罪的兜底条款应具有收敛性。由于我国的市场经济是一种“政府主导型”的市场经济，政府在整个经济活动中起主导作用，民众的市场规范意识和整个社会的信用机制都比较淡薄。因此，对于没有严重违反市场经济秩序的基本原则即经济自由原则、等价交换原则、公平原则和诚实信用原则的行为，在未超越刑法对情节轻微危害不大的市场违规行为的容忍度时，都不宜认定为“严重扰乱市场经济秩序的非法经营行为”。

毋庸置疑，无序的高利贷行为一定程度上冲击了金融市场秩序，引发一系列社会问题，具有一定的社会危害性。但是，目前我国民间借贷市场活跃，高利贷行为较为普遍，如果统一当作罪案处理，必然导致打击面过宽，也不利于民间融资行为的发展。从我国法律与行政法规的相关规定看，并未对高利贷行为作出禁止性规定，更无任何单行法规中的附属刑法规范作出对高利贷行为应追究刑事责任的规定。因此，在现有法律框架下，以发放高利贷为业的行为没有违反刑法意义上的“国家规定”，不符合非法经营罪中“其他严重扰乱市场秩序的非法经营行为”之要件。在现行《刑法》及司法解释对发放高利贷行为定罪量刑依据尚不充足的情况下，刑法应当坚守谦抑性品质，严格依照罪刑法定原则，不宜将此类行为以非法经营罪定罪处罚。对于如何保护合法借贷利息、依法遏制高利贷化倾向，我国既有《民法通则》《合同法》的规定，也有与之相衔接的司法

---

① 参见韩晓燕：《非法经营罪兜底条款的问题与完善》，载《刑事法学》2011年第8期。

② 参见张明楷：《论刑法的谦抑性》，载《法商研究》1995年第4期。

解释、规范性文件。如 2015 年 9 月 1 日开始施行的《最高人民法院关于审理民间借贷案件适用法律若干问题的规定》。

但是，高利贷行为不入罪，不等于忽视该行为所带来的种种社会问题。在目前高利借贷过程中，由于缺乏相关法律法规的规制，形形色色的上下游犯罪丛生，如在借贷发生之前或者之后放贷者采取犯罪手段侵犯公民人身权利和财产权利的行为，如放贷者在放贷之前为了获得充足的资金骗取银行贷款或者非法吸收公众存款，对构成其他犯罪的，应以其他犯罪追究刑事责任。

（一审法院合议庭成员　江　军　段　晖　全浙宾
二审法院合议庭成员　张　冰　白鉴波　钟　华
编写人　广东省高级人民法院　廖丽红
责任编辑　李玉萍
审稿人　裴显鼎）

原载《人民法院案例选》2016 年第 2 辑（总第 96 辑）

128. 吴名强、黄桂荣等非法经营案

【裁判要点】

行为人以生产药品的故意生产、销售盐酸曲马多，虽然没有证据表明其生产的盐酸曲马多流入毒品市场，也没有赚取超出正常药品价格的高额利润，但是仍认定为属于非法生产、经营国家管制的第二类精神药品的行为，构成非法经营罪。

【案情及裁判】

广东省潮州市人民检察院以被告人吴名强犯贩卖、制造毒品罪，被告人黄桂荣、吴玉源犯制造毒品罪，被告人陈奕金犯生产假药罪，向广东省潮州市中级人民法院提起公诉。

潮州市中级人民法院经审理查明：被告人吴名强、黄桂荣以牟利为目的，在没有依法取得药品生产、销售许可的情况下，于2010年年底合伙生产盐酸曲马多及其他药品，二人约定共同出资，由吴名强负责租用生产场地、购买生产设备和原料、联系接单及销售渠道，黄桂荣负责调试生产设备、配制药品及日常生产管理。其后，吴名强租用陈让群位于潮安区庵埠镇美乡村美珠路路尾的房屋作为加工场地，并雇佣被告人吴玉源进行生产加工，雇佣被告人陈奕金帮助运输原料和生产出的药品成品。吴名强还安排吴玉源联络某个体印刷厂印刷了“天龙牌”盐酸曲马多包装盒及说明书。陈奕金按照吴名强的指示，多次将加工好的盐酸曲马多药片及包装盒、说明书运送至潮州市潮安区潮汕公路等多个地点，并交给汪斌（另案处理）等人转卖。经查，2010年年底至2011年9月间，吴名强共卖给汪斌盐酸曲马多65件，汪斌通过物流公司将盐酸曲马多等药品转运至河北省石家庄市等地销售，公安机关在涉案的医疗器械经营部查获部分违法销售的“天龙牌”盐酸曲马多。2011年9月15日，公安机关查处了吴名强等的加工场，现场扣押盐酸曲马多药片115.3千克、生产盐酸曲马多的原料1280.25千克及加工设备等。截至查处时，吴名强等人生产和销售盐酸曲马多药片等假药，获取违法收入50750元。

潮州市中级人民法院认为：被告人吴名强、黄桂荣、吴玉源、陈奕金违反药品管理法规，未经许可，合伙非法生产经营国家管制的精神药品曲马多，情节严重，其行为均已构成非法经营罪，应依法予以惩处。公诉机关指控被告人吴名强、黄桂荣、吴玉源犯贩卖、制造毒品罪，指控被告人陈奕金犯生产假药罪的理由依据不足，不予支持。被告人吴名强、黄桂荣共同出资生产假药，其中，被告人吴名强负责购买生产设备和联系销售，被告人黄桂荣负责组织生产，在共同犯罪中均起主要作用，是主犯，依法应当按照其参与的全部犯罪处罚。被告人吴玉源受被告人吴名强和黄桂荣的雇佣和指使参与制售假药违法活动，在共同犯罪中起次要作用，系从犯，依法可从轻处罚。被告人陈奕金帮

助运输材料和假药，在共同犯罪中起辅助作用，系从犯，视其犯罪情节轻微，依法可免予刑事处罚。依照《刑法》第二百二十五条第（一）项，第三十七条，第二十五条，第二十六条第一款、第四款，第二十七条，第六十七条第三款，第六十四条之规定，判决如下：

一、认定被告人吴名强犯非法经营罪，判处有期徒刑四年十个月，并处罚金人民币20万元。

二、被告人黄桂荣犯非法经营罪，判处有期徒刑四年四个月，并处罚金人民币10万元。

三、被告人吴玉源犯非法经营罪，判处有期徒刑二年八个月，并处罚金人民币5万元。

四、被告人陈奕金犯非法经营罪，免予刑事处罚。

一审宣判后，被告人吴名强、黄桂荣、吴玉源、陈奕金均未提出上诉，公诉机关亦未抗诉，该判决已发生法律效力。

本案争议的焦点在于无资质的行为主体违反国家法律规定，生产、销售国家管制，但是临床上也在使用的精神药品的行为应该如何处罚的问题。根据刑法和已有相关司法解释的精神，对于临床上使用的国家管制的麻醉药品、精神药品，在有证据证明确实作为毒品生产、销售时才认定为涉嫌毒品犯罪。具体而言，非法生产、销售国家管制的麻醉药品、精神药品的行为以制造、贩卖毒品罪定罪，必须同时符合以下条件：（1）被告人明知所制造、贩卖的是麻醉药品、精神药品，并且制造、贩卖的目的是将其作为毒品的替代品，而不是作为治疗所用的药品。（2）麻醉药品、精神药品的去向明确，即毒品市场或者吸食毒品群体。（3）获得远超出正常药品经营所能获得的利润。具体就被告人吴名强等人为牟利而非法生产、经营国家管制的第二类精神药品的行为盐酸曲马多的行为而言，没有证据表明其生产的盐酸曲马多已经流入毒品市场，也没有证据证明其赚取了超出正常药品价格的高额利润，因此，本案不应认定贩卖、制造毒品罪。

被告人吴名强等的行为符合生产、销售假药罪的构成要件。生产、销售假药罪，是指明知是假药而进行生产、销售活动的行为。本案被告人不具有生产精神药品的资质，没有取得药品批准文号而生产精神类药品，所生产的药品应认定为假药。根据被告人吴名强和黄桂荣的供述，其合作的目的就是制造假药，而吴玉源也供述其生产的是假药，说明三被告人都具有生产假药的主观故意。

被告人吴明强等违反药品管理法规，擅自生产、销售药品，以假充真，销售金额达到5万元以上，其行为也符合生产、销售伪劣产品罪的构成要件。

被告人吴明强等的行为还构成非法经营罪。盐酸曲马多作为国家管制的精神药品，属于非法经营罪中所指的“法律、行政法规规定的专营、专卖物品或者其他限制买卖的物品”。

《最高人民法院、最高人民检察院关于办理生产、销售假药、劣药刑事案件具体应用法律若干问题的解释》第六条规定：“实施生产、销售假药、劣药犯罪，同时构成生产、销售伪劣产品、侵犯知识产权、非法经营、非法行医、非法采供血等犯罪的，依照处罚较重的规定定罪处罚。”被告人吴名强、黄桂荣、吴玉源的行为同时符合生产、销售假药罪，生产、销售伪劣产品罪和非法经营罪的构成要件，应在三罪中择一重罪处罚。比较三个罪名所适用的量刑幅度，非法经营罪的法定刑最高。因此，广东省潮州市中级人民法院对被告人吴名强、黄桂荣、吴玉源、陈奕金的行为以非法经营罪定罪处罚是适当的。

（改写人　周维明
责任编辑　包献荣）

原载《人民法院案例选》2016年第12辑（总第106辑）

129. 陈良某等非法经营案

——无证经营烟花爆竹的行为构成非法经营罪

【关键词】

无证储存　烟花爆竹　爆炸物　非法经营

【裁判要旨】

烟花爆竹不属于刑法意义上的爆炸物。行为人以牟利为目的，在未取得经营许可的情况下擅自采购和销售烟花爆竹，扰乱市场秩序，情节严重的，构成非法经营罪。

【相关法条】

《中华人民共和国刑法》

第二百二十五条　违反国家规定，有下列非法经营行为之一，扰乱市场秩序，情节严重的，处五年以下有期徒刑或者拘役，并处或者单处违法所得一倍以上五倍以下罚金；情节特别严重的，处五年以上有期徒刑，并处违法所得一倍以上五倍以下罚金或者没收财产：

（一）未经许可经营法律、行政法规规定的专营、专卖物品或者其他限制买卖的物品的；

（二）买卖进出口许可证、进出口原产地证明以及其他法律、行政法规规定的经营许可证或者批准文件的；

（三）未经国家有关主管部门批准非法经营证券、期货、保险业务的，或者非法从事资金支付结算业务的；

（四）其他严重扰乱市场秩序的非法经营行为。

【案件索引】

一审：广东省佛山市三水区人民法院（2016）粤 0607 刑初 546 号（2016 年 10 月 28 日）。

【基本案情】

法院经审理查明：2015 年 12 月开始，被告人陈良某等人在未办理烟花爆竹经营许可的情况下，购进大量烟花，存储在陈茂某租用的位于佛山市三水区云东海街道石湖洲立交桥旁 11 ~ 14 号的商铺内，并进行销售。被告人黄某华、梁某铭、萧某枫、陈某福明知该商铺无相关证照手续，仍受雇于被告人陈良某、陈茂某对烟花进行看管，并根据被告人陈茂某的安排进行工作，其中被告人黄某华负责开车运送烟花，被告人梁某铭、萧某枫、陈某福负责搬卸烟花。2016 年 1 月 11 日，佛山市公安局三水分局联合佛山市三水区安全生产监督管理局等部门对上述商铺进行检查，现场缴获 65 种共 585 箱烟花。经鉴定，缴获的烟花含烟花药 865767.6 克，黑火药 123615.4 克；其中的 40 种 405 箱烟花共价值人民币 79599 元。

【裁判结果】

广东省佛山市三水区人民法院于 2016 年 10 月 28 日作出（2016）粤 0607 刑初 546 号刑事判决：被告人陈良某犯非法经营罪，判处有期徒刑一年六个月，缓刑二年，并处罚金人民币 15000 元。判决作出后，公诉机关未抗诉，被告人未上诉，判决已发生法律效力。

【裁判理由】

广东省佛山市三水区人民法院认为：陈良某等六人无视国家法律，违反国家规定，以牟利为目的，在未取得经营许可的情况下擅自采购和销售烟花爆竹，扰乱市场秩序，情节严重，其行为均已构成非法经营罪，依法应当追究其相应的刑事责任。公诉机关指控的罪名成立，本院予以采纳。本院根据被告人犯罪的事实、性质、情节和社会危害程度，遂依法作出上述判决。

【案例注解】

本案的主要争议点在于能否将烟花爆竹认定为刑法意义上的爆炸物。烟花爆竹作为具有广大群众基础的节日喜庆用品，在乡村、城乡接合部常常可以方便购得。但是，如果不对烟花爆竹的储存、买卖进行一定的管制，也的确容易引发安全事故。但储存、买卖大量的烟花爆竹就将其简单、直接地认定为是储存、买卖爆炸物，则值得商榷。

刑法调整的爆炸物是指能够引起爆炸，具有较高危险性、较大杀伤力的物品，包括民用爆炸物和军用爆炸物。《民用爆炸物品安全管理条例》（2006 年 5 月 10 日国务院令第 466 号）及《民用爆炸物品品名表》（2006 年 11 月 9 日国防科学技术工业委员会、公安部 2006 年第 1 号）均没有将烟花爆竹纳入民用爆炸物品管理，《最高人民法院关于审理非法制造、买卖、运输枪支、弹药、爆炸物等刑事案件具体应用法律若干问题的解释》也没有将烟花爆竹作为刑法意义上的爆炸物来进行评价。侦查机关将烟花爆竹定性为爆炸物的主要理由是大量的烟花爆竹中累计起来含有较大量的黑火药或烟花药，而黑火药、烟火药则是依法明确可以认为爆炸物的。但是细究起来，单个烟花爆竹的黑火药单位含量是较小的，一般为 0.5 克左右，而且烟花爆竹也不能简单地等同为黑火药或烟花药。同时，2012 年 9 月 6 日《最高人民法院、最高人民检察院、公安部、国家安全监管总局关于依法加强对涉嫌犯罪的非法生产经营烟花爆竹行为刑事责任追究的通知》中规定："非法生产、经营烟花爆竹及相关行为构成非法经营罪的，应当依照刑法第二百二十五条的规定定罪处罚。”因此，公诉机关和审判机关认定被告人陈良某等构成非法经营罪是符合罪状和法律规定的。

（一审法院合议庭成员　李　韬　吴成亮　钟学琨
编写人　广东省佛山市三水区人民法院　李　韬
责任编辑　周维明
审稿人　李玉萍）

原载《人民法院案例选》2017 年第 7 辑（总第 113 辑）

130. 王力军非法经营案

——非法经营罪兜底条款的适用标准

【关键词】

非法经营罪　兜底条款　危害程度　处罚必要性

【裁判要旨】

未办理粮食收购许可证及工商营业执照而买卖玉米的行为，虽违反了《粮食流通管理条例》的有关规定，但尚未达到严重扰乱市场秩序的危害程度，不具备与非法经营罪列举的情形相当的社会危害性，因而没有刑事处罚的必要性。

【相关法条】

《中华人民共和国刑法》

第二百二十五条　违反国家规定，有下列非法经营行为之一，扰乱市场秩序，情节严重的行为：

（一）未经许可经营专营、专卖物品或其他限制买卖的物品的；

（二）买卖进出口许可证、进出口原产地证明以及其他法律、行政法规规定的经营许可证或者批准文件的；

（三）未经国家有关主管部门批准，非法经营证券、期货或者保险业务的；

（四）其他严重扰乱市场秩序的非法经营行为。

【案件索引】

一审：内蒙古自治区巴彦淖尔市临河区人民法院（2016）内 0802 刑初 54 号（2016 年 4 月 15 日）

再审：内蒙古自治区巴彦淖尔市中级人民法院（2017）内 08 刑再 1 号（2017 年 2 月 14 日）

【基本案情】

内蒙古自治区巴彦淖尔市临河区人民检察院指控原审被告人王力军犯非法经营罪一案，内蒙古自治区巴彦淖尔市临河区人民法院一审认为：2014 年 11 月 13 日至 2015 年 1 月 20 日，被告人王力军未办理粮食收购许可证，未经工商行政管理机关核准登记并颁发营业执照，擅自在临河区白脑包镇附近村组无证照经营违法收购玉米，将所收购的玉米卖给巴彦淖尔市粮油公司杭锦后旗蛮会分库，非法经营数额 218288.6 元，非法获利 6000

元。案发后，被告人王力军主动退缴非法获利6000元。2015年3月27日被告人王力军主动到巴彦淖尔市临河区公安局经侦大队投案自首。原审法院认为，被告人王力军违反国家法律和行政法规规定，未经粮食主管部门许可及工商行政管理机关核准登记并颁发营业执照，非法收购玉米，非法经营数额218288.6元，数额较大，其行为构成非法经营罪。鉴于被告人王力军案发后主动到公安机关投案自首，主动退缴全部违法所得，有悔罪表现，对其适用缓刑确实不致再危害社会，决定对被告人王力军依法从轻处罚并适用缓刑。该院依照《刑法》第二百二十五条第一款第（四）项、第七十二条第一款、第七十三条第二款、第三款、第五十二条、第五十三条之规定，于2016年4月15日作出（2016）内0802刑初54号刑事判决：被告人王力军犯非法经营罪，判处有期徒刑一年，缓刑二年，并处罚金人民币2万元；被告人王力军退缴的非法获利款人民币6000元，由侦查机关上缴国库。宣判后，原审被告人王力军未上诉，检察机关未抗诉，判决发生法律效力。

最高人民法院依照《刑事诉讼法》第二百四十三条第二款之规定，于2016年12月16日作出（2016）最高法刑监6号再审决定，指令内蒙古自治区巴彦淖尔市中级人民法院对本案进行再审。

再审中，内蒙古自治区巴彦淖尔市人民检察院提出：原审被告人王力军的行为虽具有行政违法性，但不具有与《刑法》第二百二十五条规定的非法经营行为相当的社会危害性和刑事处罚必要性，不构成非法经营罪，建议再审。原审被告人王力军在庭审中对原审认定的事实及证据无异议，但认为其行为不构成非法经营罪。辩护人提出原审被告人王力军无证收购玉米的行为，不具有社会危害性、刑事违法性和应受惩罚性，不符合刑法规定的非法经营罪的构成要件，也不符合刑法谦抑性原则，应宣告原审被告人王力军无罪。

内蒙古自治区巴彦淖尔市中级人民法院经再审认定：2014年11月13日至2015年1月20日，被告人王力军未办理粮食收购许可证，未经工商行政管理机关核准登记并颁发营业执照，擅自在临河区白脑包镇附近村组无证照经营违法收购玉米，将所收购的玉米卖给巴彦淖尔市粮油公司杭锦后旗蛮会分库，非法经营数额218288.6元，非法获利6000元。案发后，被告人王力军主动退缴非法获利6000元。2015年3月27日被告人王力军主动到巴彦淖尔市临河区公安局经侦大队投案自首。

【裁判结果】

内蒙古自治区巴彦淖尔市中级人民法院于2017年2月14日作出（2017）内08刑再1号刑事判决：一、撤销内蒙古自治区巴彦淖尔市临河区人民法院（2016）内0802刑初54号刑事判决；二、原审被告人王力军无罪。2017年2月17日宣判后，原审被告人表示不上诉，检察机关没有异议。原审被告人的辩护人没有意见。

【裁判理由】

内蒙古自治区巴彦淖尔市中级人民法院再审认为，原判决认定的原审被告人王力军于2014年11月至2015年1月期间，没有办理粮食收购许可证及工商营业执照买卖玉米的事实清楚，其行为违反了当时的国家粮食流通管理有关规定，但尚未达到严重扰乱市场秩序的危害程度，不具备与《刑法》第二百二十五条规定的非法经营罪相当的社会危害性和刑事处罚的必要性，不构成非法经营罪。原审判决认定王力军构成非法经营罪适用法律错误，检察机关提出的王力军无证照买卖玉米的行为不构成非法经营罪的意见成立，原审被告人王力军及其辩护人提出的王力军的行为不构成犯罪的意见成立，本院均予以采纳。

【案例注解】

一、适用兜底性条款裁判的规则

《刑法》第二百二十五条关于非法经营罪的规定中，第（四）项“其他严重扰乱市场秩序的非法经营行为”是在前三项规定明确列举的三类非法经营行为具体情形的基础上，规定的一个兜底性条款。对于兜底性条款，应当深刻理解相关法律体系结构及立法背景，分析适用条款后产生的社会后果，慎重适用。对该兜底性条款的内容和范围，应遵循罪刑法定的原则进行严格解释。

根据最高人民法院2011年4月8日下发法发（2011）155号《关于准确理解和适用刑法中“国家规定”的有关问题的通知》要求：“各级法院审理非法经营犯罪案件，要依法严格把握《刑法》第二百二十五条第（四）项的适用范围，有关司法解释未作明确规定的，应作为法律适用问题，逐级向最高人民法院请示”，最高人民法院明确了认定《刑法》二百二十五条兜底性条款的裁判规则。据此，在尚无相关司法解释的情况下，认定无证收购和销售粮食的行为是否构成非法经营罪，必须逐级请示最高人民法院，由最高人民法院作出明确的司法解释。

原一审法院未经请示最高人民法院，认定王力军违反国家法律和行政法规规定，未经粮食主管部门许可及工商行政管理机关核准登记并颁发营业执照，非法收购玉米，数额较大，其行为构成非法经营罪并判处有期徒刑缓刑，属于适用法律错误。经最高人民法院指令再审，改判王力军无罪，纠正了错误判决。

二、适用兜底性条款规定应当考虑的因素

（一）从犯罪特性上分析，犯罪行为应当具有刑事违法性、严重社会危害性、应受刑事处罚必要性

第一，刑事违法性上看，本案王力军没有办理粮食经营许可证和工商营业执照而进行粮食收购活动，确实违反了当时《粮食流通管理条例》的相关规定，违法经营的数额也达到立案标准。但行政违法并不等同于刑事违法，是否构成犯罪还要看其行为是否符合定罪的特征和构成要件。第二，严重社会危害性上看，入罪行为应具有与前三项规定行为严重程度相当的社会危害性，严重与否需要从情节和危害后果上加以限定。本案王力军收购玉米，虽然没有取得许可，形式上属于违法经营。但王力军收购玉米的行为是河套地区农民粮食经纪人普遍的一种行为，没有影响到国家粮食购销市场秩序、粮食价格体系及粮食安全，故王力军的收购行为达不到严重扰乱市场秩序、情节严重的程度与非法经营罪的社会危害性相当。第三，应受刑事处罚的必要性上看，王立军的行为客观上在粮农和粮食收购企业之间起到了桥梁与纽带的作用，减轻了农民卖粮的负累，促进

流通，有益于粮食市场；也没有囤积居奇、获取暴利，损害粮农利益，没有应受刑罚处罚的必要性。

（二）遵循“罪刑法定”原则严格解释兜底性条款的内容和范围

兜底性条款在发挥其堵截犯罪功能时，必须遵循法条本身应能明示或暗示“其他”的内涵和外延，不到不得已时不用的规则。认定“其他严重扰乱市场秩序的非法经营行为”应有必要的限定。与非法经营罪明确列举的前三项行为比对分析，粮食不属于《刑法》第二百二十五条规定的专营、专卖物品，也不属于限制买卖的物品。构成非法经营罪的非法经营行为需要具备两个基本特征：其一，具有行政违法性，即违反国家法律、行政法规的禁止性或者限制性规定，行政违法是构成犯罪的必要前提。即“其他严重扰乱市场秩序的非法经营行为”必须是与未经许可经营专营、专卖或限制买卖物品等具有相同性质的行为，侵害的法益应当相同。司法实践中适用应当特别慎重，其他构成该罪的行为须是“法律规定”或司法解释规定可纳入非法经营罪的行为，不得随意扩大适用，如果适用，须按规定逐级向最高人民法院请示。其二，严重扰乱市场秩序（包括市场准入秩序、市场竞争秩序和市场交易秩序）且达到犯罪程度的社会危害性。严重与否需要从情节和危害后果上加以限定。

（三）树立谦抑性刑事司法理念，应当充分考量所适用的法律产生的社会背景及社会效果

“在追究嫌疑人刑事责任时注意克制，不能超过公正报应、有效预防和必要矫正所需要的限度配置和适用刑罚，防止定罪量刑过度。在现有法律范围内不逾越法律规定的框架，在有罪和无罪判断上不勉强定罪。考虑犯罪的社会危害性、原因、被告人情况、认罪态度等诸多情节来综合判断，不按犯罪处理效果更好，裁判结果更容易被社会公众接受，避免判后引发申诉信访问题。”① 也即综合案件情况对是否必须施以刑事处罚的必要性进行考量，对于可通过民事、行政法律手段妥善处理的，不必要使用刑事强制措施。市场经济的本质属性要求刑法对经济自由的介入方式、程度应慎重，保持谦抑性的价值取向，尽量限制和减少刑罚权的适用。

三、本案所涉实质要件的审查标准

就本案而言，王力军没有办理粮食经营许可证和工商营业执照而进行粮食收购活动，确实违反了当时粮食流通管理条例的相关规定，违法经营的数额也达到立案标准。但违法并不能等同于犯罪，是否构成犯罪还要看其行为是否符合定罪的特征和构成要件，本案尤其应考量其行为是否具有严重的社会危害性和应受刑罚处罚的必要性。从王力军的行为本身看，第一，其购销行为发生在粮农与粮库之间，起到了粮食买卖的桥梁纽带作用，上门帮助农民脱粒，进而收购粮食，解决了农民卖粮难，起到了便民利民的作用，并没有阻碍、破坏粮食流通的正常渠道，未对粮食安全造成危害；第二，王力军并没有囤积居奇，哄抬价格，牟取暴利等行为，没有达到严重扰乱市场秩序的程度。因此，王力军的行为不具备与《刑法》第二百二十五条前三项规定行为相当的社会危害性和刑罚处罚的必要性，不构成非法经营罪。

---

① 胡云腾：《谈谈谦抑原则在办案中的适用》，载《中国审判》总第142期。

用司法个案推动经济改革，是本案的社会效果；而明确非法经营罪中兜底性条款的司法适用规则，在审理破坏市场经济秩序类案件涉及罪与非罪时，要充分考量立法背景及犯罪构成要件，遵循“罪刑法定”原则和刑事司法“谦抑性”理念，同时，考虑社会危害性和刑事处罚必要性，则是本案的法律效果。

（一审法院合议庭成员　温　梨　张利军　王海峰
再审法院合议庭成员　辛永清　百　灵　何　莉
编写人　内蒙古自治区高级人民法院　梁　宏
责任编辑　周维明
审稿人　李玉萍）

原载《人民法院案例选》2017 年第 8 辑（总第 114 辑）

131. 上海江盐国际贸易有限公司、回伟非法经营案

——非法经营食盐行为的定罪量刑

【关键词】

刑事　非法经营　食盐　定罪量刑

【裁判要旨】

企业经营食盐，除取得经营食盐的营业执照外，仍需向有关盐务管理部门申请取得行政许可后方能经营。单位以未取得食盐批发许可证的公司名义采购、销售食盐，违反国家有关盐业管理的行政法规，其非法经营食盐的行为应当以单位犯非法经营罪追究刑事责任。对直接负责的主管人员、其他直接责任人员，均应以非法经营罪追究相应的刑事责任。

【相关法条】

《中华人民共和国刑法》

第二百二十五条　违反国家规定，有下列非法经营行为之一，扰乱市场秩序，情节严重的，处五年以下有期徒刑或者拘役，并处或者单处违法所得一倍以上五倍以下罚金；情节特别严重的，处五年以上有期徒刑，并处违法所得一倍以上五倍以下罚金或者没收财产：

（一）未经许可经营法律、行政法规规定的专营、专卖物品或者其他限制买卖的物品的；

……

第二百三十一条　单位犯本节第二百二十一条至第二百三十条规定之罪的，对单位判处罚金，并对其直接负责的主管人员和其他直接责任人员，依照本节各该条的规定处罚。

第二十五条　共同犯罪是指二人以上共同故意犯罪。

二人以上共同过失犯罪，不以共同犯罪论处；应当负刑事责任的，按照他们所犯的罪分别处罚。

第二十六条　组织、领导犯罪集团进行犯罪活动的或者在共同犯罪中起主要作用的，是主犯。

……

对于第三款规定以外的主犯，应当按照其所参与的或者组织、指挥的全部犯罪处罚。

第二十七条　在共同犯罪中起次要或者辅助作用的，是从犯。

对于从犯，应当从轻、减轻处罚或者免除处罚。

【案件索引】

一审：上海市静安区人民法院（2016）沪0106刑初971号（2017年1月23日）

二审：上海市第二中级人民法院（2017）沪02刑终254号（2017年3月23日）

【基本案情】

上海市静安区人民检察院指控：2015年11月起，被告单位上海江盐国际贸易有限公司（以下简称江盐公司）以庆利国际贸易（上海）有限公司（以下简称庆利公司）名义经营食盐。期间江盐公司总经理即被告人回伟伙同副总经理即被告人丁江杰，明知庆利公司无食盐批发许可证，仍从江西富达盐化有限公司（以下简称富达公司）、江西晶昊盐化有限公司（以下简称晶昊公司）购入食盐。被告人回伟指使被告人石强、何肖波、邹之宇等人在上海市场违法销售食盐，而被告人许珏伟、蒋庆蓉负责财务记账。截至案发江盐公司共计销售食盐200余吨，其中石强销售60余吨，邹之宇销售50余吨，何肖波销售20余吨。

另查明，2016年4月，被告单位江盐公司还以庆利公司名义违法向黑龙江宾县盐业公司销售食盐200吨。

2016年5月6日上海市盐务局在江盐公司位于上海市呼兰路911弄××号和凌杨路3××号的仓库共计查获食盐74.72吨。同日被告人回伟、丁江杰、何肖波、邹之宇等被民警抓获归案，2016年6月1日被告人石强被抓获归案。2016年9月22日被告人许珏伟、蒋庆蓉向公安机关投案，到案后如实供述犯罪事实。

公诉机关认为被告单位江盐公司及七名被告人的行为均已构成非法经营罪，其中被告人回伟系主犯，被告人丁江杰、石强、邹之宇、何肖波、许珏伟、蒋庆蓉均系从犯；被告人许珏伟、蒋庆蓉具有自首情节，被告人丁江杰、石强、邹之宇、何肖波到案后能如实供述自己的犯罪事实；综上，要求依照《刑法》第二百二十五条第一项、第三十条、第三十一条、第二十五条第一款、第二十六条第一款、第二十七条和第六十七条第一款、第三款之规定，分别追究被告单位和七名被告人的刑事责任。

被告单位诉讼代表人对起诉指控的事实提出异议，辩称江盐公司没有参与非法经营。单位辩护人辩护认为，江盐公司一直从事工业盐的销售及盐的出口业务，江盐公司与庆利公司签订的合作协议，系回伟个人未经公司同意私下签订的，江盐公司的股东会或董事会从未做过江盐公司自己或者以庆利公司名义经营食用盐的决策，江盐公司相关工作人员为庆利公司销售食盐的行为，不属于江盐公司给他们安排的工作内容，不能上升为公司行为；被告人回伟作为食盐销售的负责人，明确表示庆利公司销售食盐和江盐公司没有关系，且相关工作人员销售食盐的报酬均来源于庆利公司，江盐公司对食盐销售的账目从未审核，亦未分配过食盐销售的利润。综上，公诉机关指控江盐公司构成非法经营罪事实不清、证据不足，要求依法判决江盐公司无罪。

被告人回伟对起诉指控的事实提出异议，辩解销售食盐的主体是庆利公司而非江盐公司，江盐公司及自己没有指使江盐公司员工为庆利公司销售食盐，是员工为了赚取佣金自发地在业余时间的帮忙行为；庆利公司系在中国（上海）自由贸易试验区（以下简称自贸区）内设立的企业，应当适用负面清单制度，而不是食盐专营办法；已销售的200余吨食用盐中，有部分是庆利公司客户被罚款后，公司补偿给客户的盐，也有部分是促销时赠送的盐，仅凭入库单和出库单认定犯罪数额不准确；综上，要求法庭宣告其无罪。但同时其也表示，如果法庭认定其行为构成犯罪，其系对法律规定认识存有误区，愿意服判。其辩护人向法庭提交了国发〔2014〕38号《国务院关于在中国（上海）自由贸易试验区内暂时调整实施有关行政法规和经国务院批准的部门规章规定的准入特别管理措施的决定》（以下简称国发〔2014〕38号文）、国办发〔2015〕23号《国务院办公厅关于印发自由贸易试验区外商投资准入特别管理措施（负面清单）的通知》（以下简称国办发〔2015〕23号文）等文件材料，辩护认为，食盐在自贸区内已不再属于专营专卖物品，食盐批发许可证亦早已废止；庆利公司是一家依法在自贸区注册成立的外商投资企业，已经取得经营食盐销售批发的营业执照，完全具有食盐批发经营的资质，无须再申领食盐批发许可证，而庆利公司委托江盐公司以庆利公司的名义对外开展经营活动，此委托并不为法律所禁止，不应作为犯罪追究。关于起诉指控江盐公司以庆利公司名义违法向宾县盐业公司销售食盐200吨，根据在案证据，均显示系庆利公司从晶昊公司进货后销售给了宾县盐业公司食盐200吨，该结果不能由江盐公司承担。公安机关查获的74余吨食盐在存放在仓库内，尚未流入市场，应当属于销售未遂。起诉指控的销售食盐200余吨有误，首先，没有区分自贸区内销售数量与自贸区外销售数量，庆利公司在自贸区内的销售数量不能作为犯罪来追究；其次，在自贸区外的销售数量，应当剔除被盐务局没收的，补偿给客户的以及用于促销赠送的部分。综上，要求法庭作出公正判决。

被告人丁江杰对起诉指控的事实没有异议。其辩护人辩护认为，本案系单位犯罪，尽管被告人丁江杰在单位中担任副总经理，但该职务在丁江杰参与被告单位从2015年11月起以庆利公司名义非法销售食用盐的整个犯罪过程中没有起到任何作用，丁江杰在本案中起次要作用，系从犯，应当从轻或减轻处罚；被告人丁江杰到案后能如实供述自己的罪行，系坦白，可以从轻处罚；其系初犯、偶犯，亦可酌情从轻处罚。综上，建议对被告人丁江杰减轻处罚并适用缓刑。

被告人石强对起诉指控的事实没有异议。

被告人邹之宇对起诉指控的事实没有异议。

被告人何肖波对起诉指控的事实没有异议。其辩护人辩护认为，本案系单位犯罪，何肖波系受总经理回伟的指使违法销售食盐，系从犯，且其参与销售的食盐数量较小，社会危害相对较小；何肖波属于初犯、偶犯，到案后能如实供述自己的犯罪事实，认罪悔罪态度较好。综上，建议对被告人何肖波免除处罚或者从轻处罚，适用缓刑。

被告人许珏伟对起诉指控的事实没有异议。其辩护人辩护认为许珏伟系从犯，具有自首情节；其系初犯，无前科，认罪态度好；其作为出纳，犯罪情节较轻。综上，建议对被告人许珏伟免除处罚或者适用缓刑。

被告人蒋庆蓉对起诉指控的事实没有异议。

法院经审理查明：被告单位江盐公司成立于1998年，主要从事按市外经贸委核准的自营进出口业务，化工原料及产品（除危险品）、建材、金属材料的销售等、该公司并未取得食盐批发许可证。被告人回伟系江盐公司总经理，全面负责江盐公司的经营管理。被告人丁江杰系江盐公司副总经理，主要负责工业盐的销售及公司采购、后勤等事务。

被告人石强、邹之宇、何肖波、许珏伟、蒋庆蓉均系江盐公司员工。

庆利公司成立于2015年8月，其营业执照上的经营范围包括“食用盐的批发（限自贸区内）”，同时载明“依法须经批准的项目，经相关部门批准后方可开展经营活动”，但庆利公司并未申领过食盐批发许可证。

庆利公司成立后，实际由被告人回伟控制，公司账册、公章均存放于江盐公司，账目亦由任江盐公司财务的被告人许珏伟、蒋庆蓉负责记录。2015年10月15日，江盐公司与马来西亚庆利有限公司订立《协议条款》一份，约定江盐公司在自贸区内经营的食盐必须通过庆利公司；庆利公司的账务由江盐公司代为管理；净利润江盐公司与马来西亚庆利有限公司按照6∶4分红。

2015年11月起，被告人回伟明知庆利公司无食盐批发许可证，仍以庆利公司名义从富达公司、晶昊公司分批购入500余吨食盐，再指使江盐公司员工或由自己加价予以销售，其中被告人丁江杰负责食用盐的采购、仓储及相关后勤事务；被告人石强、何肖波、邹之宇等人在上海市场进行销售；被告人许珏伟、蒋庆蓉负责财务记账。其间，相关客户因向未取得食盐批发许可证的企业购入食盐，自2016年1月起陆续受到上海市盐务管理局的行政处罚，但被告人回伟仍坚持要求下属员工继续进行食盐销售。截至案发，江盐公司在上海市场的食盐非法经营数量为200余吨，其中石强经手的数额为60余吨，邹之宇经手的数额为50余吨，何肖波经手的数额为20余吨；此外，2016年4月，由被告人回伟经手，江盐公司还以庆利公司名义向黑龙江宾县盐业公司非法销售食盐200吨。

2016年5月6日，上海市盐务管理局工作人员会同上海市公安局静安分局治安支队民警分别至江盐公司位于上海市呼兰路911弄××号的仓库和以庆利公司名义租赁的上海市合庆镇凌杨路3××号的仓库进行检查，共计查获食盐74.72吨。同日，被告人回伟、丁江杰、邹之宇、何肖波被公安人员抓获归案。同年6月1日，被告人石强被抓获归案。到案后，被告人丁江杰、石强、邹之宇、何肖波均如实供述了犯罪事实。2016年9月22日，被告人许珏伟、蒋庆蓉主动至公安机关投案，并如实供述了犯罪事实。

【裁判结果】

上海市闸北区人民法院于2017年1月27日作出（2016）沪0106刑初971号刑事判决：以非法经营罪，分别判处被告单位上海江盐国际贸易有限公司罚金人民币60万元；判处被告人回伟有期徒刑五年六个月，并处罚金人民币8万元；判处被告人丁江杰有期徒刑三年，缓刑三年，并处罚金人民币3万元；判处被告人石强有期徒刑一年六个月，缓刑一年六个月，并处罚金人民币3万元；判处被告人邹之宇有期徒刑一年，缓刑一年，并处罚金人民币2万元；判处被告人何肖波拘役五个月，缓刑五个月，并处罚金人民币15000元；判处被告人许珏伟拘役五个月，缓刑五个月，并处罚金人民币2000元；判处被告人蒋庆蓉拘役四个月，缓刑四个月，并处罚金人民币1000元；责令被告单位及各名被告人退赔违法所得，连同已退赔的违法所得一并予以没收；缴获的非法经营的食盐予以没收。一审判决后，被告人回伟不服判决，提出上诉。上海市第二中级人民法院于2017年3月17日作出（2017）沪02刑终254号刑事裁定：驳回上诉，维持原判。

【裁判理由】

法院生效裁判认为：

1. 关于对食盐专营管理的理解。被告人回伟及辩护人认为，国家发改委 2014 年第 10 号令废止《食盐专营许可证管理办法》后，其所在公司不需申领许可证即可经营食盐。检察机关认为，国家发改委 2014 年第 10 号令虽然废止了《食盐专营许可证管理办法》，但并不是废止国家对食盐批发实行批发许可证制度，我国《食盐专营办法》是国家现行行政法规，均规定对食盐批发实行许可证制度，《上海市盐业管理若干规定》也规定了该许可证制度，应当遵照执行。

经查，1996 年，国务院制定的《食盐专营办法》第十条规定，国家对食盐批发实行批发许可证制度；经营食盐批发业务，必须依法申请领取食盐批发许可，未取得食盐批发许可证的，不得经营食盐批发业务。2006 年国家发改委制定的《食盐专营许可证管理办法》第十四条也规定了“国家对食盐批发实行批发许可证制度”。2010 年，《上海市盐业管理若干规定》也有上述相同规定，并规定上海市盐务管理局是政府依据《食盐专营办法》授权的盐业主管机构，负责管理本市行政区域内的食盐专营工作。2014 年 4 月，国家发改委 2014 年第 10 号令决定废止《食盐专营许可证管理办法》。2016 年 5 月，国务院印发的《盐业体制改革方案》中明确“坚持食盐批发专营制度”。据此，法院认为：（1）国家发改委 2014 年 4 月 12 日决定废止的是食盐专营许可证的管理办法，并非废止食盐批发许可制度，国家制定的《食盐专营办法》和上海市制定的《上海市盐业管理若干规定》仍然有效，对食盐批发许可证制度均有明确规定，正在进行的盐业体制改革也明确坚持食盐批发专营制度。（2）根据《国务院办公厅关于印发自由贸易试验区外商投资准入特别管理措施（负面清单）的通知》（国办发〔2015〕23 号）中“自由贸易试验区外商投资准入特别管理措施（负面清单）说明”第四条规定，《自贸试验区负面清单》之外的领域，在自贸区内按照内外资一致原则实施管理，食盐批发未被纳入负面清单。虽然国务院《关于在中国（上海）自由贸易试验区内暂时调整实施有关行政法规和经国务院批准的部门规章规定的准入特别管理措施的决定》（国发〔2014〕38 号）允许外商以独资形式在自贸区内从事盐的批发，但并未对食盐放开管理，食盐批发经营必须遵守现行法规、规章，实行行政许可管理，应当申请取得行政许可证后才能经营。（3）庆利公司营业执照登载经营范围虽有“食用盐批发（限自贸区内）”，但未取得食盐批发许可证，无权批发食盐。江盐公司营业执照登记住所为浦东商城路，亦无权批发食盐。

2. 关于犯罪主体。辩护人认为本案应由庆利公司承担法律责任。经查，2015 年 10 月 15 日，江盐公司（甲方）与马来西亚庆利有限公司（乙方）签订一份《协议条款》，其中约定：乙方销售至中国大陆华东、华北、东北地区的盐必须通过庆利公司，甲方在中国自贸区经营食盐必须通过庆利公司；庆利公司的账务由江盐公司代为管理；除去运输费用、成本费用等必要的费用和税前利润的 10% 作为销售员工的奖金，之后的净利润江盐公司与庆利公司按照 6∶4 的比例进行分红。江盐公司多名涉案人员均证明，江盐公司以庆利公司名义销售食盐。因此，现有证据能够认定江盐公司以庆利公司名义销售食盐，并从中获取利益，应当认定江盐公司实施了非法经营行为。

3. 关于犯罪数额。最高人民检察院、公安部于 2010 年 5 月印发《最高人民检察院、公安部关于公安机关管辖的刑事案件立案追诉标准的规定（二）》规定“违反国家有关盐业管理规定，非法生产、储运、销售食盐，扰乱市场秩序，非法经营食盐数量在二十吨以上”应予追诉。据此，经营行为应当包括生产、订购、运输、储存及销售等一系列环节；追诉标准为非法经营食盐20吨。现有证据能够证明，庆利公司购入食盐共计500余吨，在华东、东北地区销售400余吨，库存70余吨，均应当计入犯罪数额。

综上，被告单位江盐公司违反国家有关盐业管理的行政法规，在没有食盐批发许可证的情况下，非法经营食盐，其行为已构成非法经营罪；被告人回伟作为直接负责的主管人员，被告人丁江杰、石强、邹之宇、何肖波、许珏伟、蒋庆蓉作为其他直接责任人员，均应以非法经营罪追究各自的刑事责任；其中，被告人回伟、丁江杰、许珏伟、蒋庆蓉情节特别严重，被告人石强、邹之宇、何肖波情节严重。在共同犯罪中，被告人回伟起主要作用，是主犯；被告人丁江杰、石强、邹之宇、何肖波、许珏伟、蒋庆蓉起次要作用，是从犯，依法应当对被告人丁江杰、许珏伟、蒋庆蓉减轻处罚，对被告人石强、邹之宇、何肖波从轻处罚。被告人许珏伟、蒋庆蓉自动投案，如实供述犯罪事实，属自首，依法可以从轻处罚；被告人丁江杰、石强、邹之宇、何肖波到案后如实供述犯罪事实，依法亦可以从轻处罚。被告人丁江杰、石强、邹之宇、何肖波、许珏伟退出了各自的违法所得，均可酌情从轻处罚。根据被告人丁江杰、石强、邹之宇、何肖波、许珏伟、蒋庆蓉的犯罪事实、情节和认罪悔罪态度等，均可以适用缓刑。

【案例注解】

在国务院推动简政放权要求下，国家工商总局取消了食盐批发业务的前置审批，实行“先照后证”政策，导致自贸区工商部门对部分外商独资企业发放具有“食盐经营”项目的营业执照，但按照现行的食盐专营政策，食盐经营的资质必须获得专门的许可方能生效。一些不法商贩企图利用多数消费者不清楚食盐经营许可的证照关系，并刻意曲解2015版自贸区负面清单中对允许外商独资企业经营“盐的批发（限自贸区内）”的开放政策，打着外商独资的幌子，既没有符合国家食盐批发相关规定的要求，也没有严格食盐质量保证体系，其超出行政许可范围，严重扰乱了食盐市场秩序，造成了潜在的食品安全隐患。因此，有必要对此类案件予以打击，消除市场上存在的对盐业体制改革的误读。在办理涉食盐的非法经营案件中，主要应当把握好以下几个要点：

第一，明确犯罪主体，找准责任对象。本案中，被告单位江盐公司、被告人回伟均意图将经营食盐的主体引向庆利公司，以逃避江盐公司没有食盐经营许可资质的问题，法庭认为，非法经营的犯罪主体，不能仅依据相关的协议认定形式上的主体，而应当结合证人证言和有关的书证予以认定。本案中，回伟指使江盐公司的员工，虽然是以庆利公司的名义经营食盐，但实质是在为江盐公司工作、牟利，资金的来源、使用也与庆利公司相混同，故应当认定本案的犯罪主体是江盐公司、回伟及丁江杰等公司员工。

第二，仔细解读法规，准确把握定性。认定非法经营食盐案件的核心内容在于被告人的行为属于未经许可经营法律、行政法规规定的专营、专卖物品，而在盐业体制改革的大背景下，出现了不少对法律、行政法规的误读、歪曲理解，被告人、辩护人也往往以之为理由，提出无罪的辩护意见。因此，在审理此类案件案件时，尤其要注意对相关的法律、行政法规进行正确的、完整的解读，要从相关规定的来龙去脉、立法意图、现有效力等角度，充分阐明被告人行为属于未经许可的非法经营行为，做到判决的有理有据。本案中，通过对国务院《食盐专营办法》《上海市盐业管理若干规定》，国发〔2014〕38号文、国办发〔2015〕23号文及上海市盐务局相关文件的解读分析，充分论证了庆利公司并没有经营食盐的资质，为认定江盐公司及回伟等被告人构成非法经营罪打下了坚实的基础。

第三，核实经营数额，查明违法所得。非法经营的数额和违法所得，决定着被告人的主刑和罚金刑的量刑幅度，因此在审理中，要根据被告人的供述，并结合相关书证，准确予以认定。其中需要注意两点：一是所谓经营行为，包括生产、订购、运输、储存及销售等一系列环节，不能狭义地将其理解或等同于销售行为。本案中，江盐公司出库的200余吨食盐中确实包含有“买十送一”的促销部分及因客户被行政机关查处而另行补偿给客户的食盐，上述食盐的数量虽不应计入销售数额，没有违法所得，但该部分食盐仍存在非法经营数额。二是如果违法所得无法认定，罚金可人民币1000元至10万元的范围内酌情确定。如本案中的被告人蒋庆蓉，其没有拿过提成，无须退出违法所得，罚金酌情确定为人民币1000元。

（一审法院合议庭成员　龚　雯　罗　宏　李艳华
二审法院合议庭成员　何仁利　沈　燕　章丽斌
编写人　上海市静安区人民法院　龚　雯
责任编辑　周维明
审稿人　李玉萍）

原载《人民法院案例选》2019年第9辑（总第139辑）

132. 洪勇军、邓德华等非法经营案
——通过提供分析、预测、建议的方式向投资人转让新三板股票的定性

【关键词】

刑事　转让新三板股票　证券投资咨询业务　非法经营

【裁判要旨】

行为人在与投资人转让交易“新三板”股票过程中，未经国家有关主管部门批准，向投资人提供分析、预测或者建议，诱导投资人高价买入，该分析、预测、建议行为，属于非法从事证券投资咨询业务，构成非法经营罪。

【相关法条】

《中华人民共和国刑法》

第二百二十五条　违反国家规定，有下列非法经营行为之一，扰乱市场秩序，情节严重的，处五年以下有期徒刑或者拘役，并处或者单处违法所得一倍以上五倍以下罚金；情节特别严重的，处五年以上有期徒刑，并处违法所得一倍以上五倍以下罚金或者没收财产：

（一）未经许可经营法律、行政法规规定的专营、专卖物品或者其他限制买卖的物品的；

（二）买卖进出口许可证、进出口原产地证明以及其他法律、行政法规规定的经营许可证或者批准文件的；

（三）未经国家有关主管部门批准非法经营证券、期货、保险业务的，或者非法从事资金支付结算业务的；

（四）其他严重扰乱市场秩序的非法经营行为。

【案件索引】

一审：上海市静安区人民法院（2017）沪0106刑初243号（2017年6月23日）

【基本案情】

上海市静安区人民检察院指控：2015年12月起，被告人洪勇军、邓德华实际控制安徽点石财富资产管理有限公司（以下简称点石公司）、安徽正宏投资管理有限公司（以下简称正宏公司），使用其控制的股票账户通过全国中小企业股份转让系统（即新三板）从相关企业原始股东处先后受让了“晓进机械”“晶鑫股份”“麦迪制冷”“宇晶机器”

等股票，通过其控制的新三板股票账户直接转让或者指使其下辖公司、代理销售公司、个体销售人员对不特定公众公开销售上述股票。被告人刘蓓负责点石公司、正宏公司的人事、财务等事宜。

经被告人洪勇军、邓德华授意和指使，被告人陈威控制的合肥信安巨丰商贸有限公司（以下简称信安巨丰公司）、被告人吴永恒控制的合肥易之盛贸易有限公司（以下简称易之盛公司）、被告人高俊控制的合肥泓泽商贸有限公司（以下简称泓泽公司）、被告人李炜控制的合肥梦之宏商贸有限公司（以下简称梦之宏公司）、被告人陈志育控制的合肥巨之家商贸有限公司（以下简称巨之家公司）、被告人刘蕾控制的合肥煜明商贸有限公司（以下简称煜明公司）、代理销售方被告人韦武控制的安徽天威投资管理有限责任公司（以下简称天威公司）以及个体销售人员被告人陈寿义，采用微信等通信工具搭识投资者，向其推荐、分析新三板股票、夸大宣传并预测新三板股票具有转 A 股的可能，建议投资者买入，进而以互报成交确认的交易方式高价转让上述新三板股票。

至案发，被告人洪勇军、邓德华、刘蓓通过实际控制的点石公司、正宏公司及其下辖公司、代理销售公司、个体销售人员，销售新三板股票金额共计人民币（以下币种同）4348.8 万元；其中，被告人陈威以信安巨丰公司名义销售股票金额共计 410.45 万元；被告人吴永恒以易之盛公司名义销售股票金额共计 447.1 万元；被告人高俊以泓泽公司名义销售股票金额共计 163.15 万元；被告人李炜以梦之宏公司名义销售股票金额共计 951.15 万元；被告人陈志育以巨之家公司的名义销售股票金额共计 417.35 万元；被告人刘蕾以煜明公司名义销售股票金额共计 665.5 万元；代理销售方被告人韦武实际控制的天威公司股票销售金额共计 993.2 万元，其中被告人陈刚负责的天威公司业务八部销售股票金额共计 179.4 万元；被告人陈寿义个人销售股票金额共计 134.7 万元。

2016 年 5 月 31 日，被告人陈志育、刘蕾、陈刚被抓获归案。2016 年 6 月 1 日，被告人韦武主动至公安机关投案。2016 年 8 月 19 日，被告人陈寿义被抓获归案。2016 年 8 月 31 日，被告人邓德华、刘蓓主动至公安机关投案。2016 年 9 月 28 日，被告人洪勇军主动至公安机关投案。2016 年 10 月 18 日，被告人高俊、李炜主动至公安机关投案。2016 年 10 月 19 日，被告人陈威、吴永恒主动至公安机关投案。上述十二名被告人到案后均如实供述了自己的犯罪事实。

各名被告人对起诉书指控的犯罪事实和罪名均无异议。

被告人洪勇军的辩护人辩护称，洪勇军选取的系优质股票，案发后积极向投资者回购，降低了社会危害性，建议对洪勇军减轻处罚并适用缓刑。

被告人邓德华的辩护人辩护称，邓德华具有自首情节，建议对邓德华适用缓刑。

被告人刘蕾的辩护人辩护称，刘蕾具有从犯情节，且无前科劣迹，到案后认罪悔罪，建议对刘蕾适用缓刑。

被告人韦武的辩护人辩护称，韦武具有自首情节，系从犯，到案后如实供述，建议对韦武适用缓刑。

被告人陈刚的辩护人辩护称，陈刚具有从犯情节，案发后积极向投资者回购、弥补了投资者损失，到案后如实供述，建议对陈刚适用缓刑。

法院经审理查明：被告人洪勇军、邓德华系点石公司和正宏公司的实际控制人。2015 年 12 月起，被告人洪勇军、邓德华以点石公司名义，使用其控制的多个股票账户，通过全国中小企业股份转让系统从相关企业原始股东处先后受让了“晓进机械”“晶鑫股份”“麦迪制冷”“宇晶机器”等股票。同时，被告人洪勇军、邓德华使用其控制的新三板股票账户直接转让或者指使点石公司和正宏公司的下辖公司、代理销售公司、个体销售人员，向不特定公众公开销售上述股票。被告人刘蓓负责点石公司、正宏公司的人事、财务等事宜。

经被告人洪勇军、邓德华授意和指使，被告人陈威控制的信安巨丰公司、被告人吴永恒控制的易之盛公司、被告人高俊控制的泓泽公司、被告人李炜控制的梦之宏公司、被告人陈志育控制的巨之家公司、被告人刘蕾控制的煜明公司、代理销售方被告人韦武控制的天威公司以及个体销售人员被告人陈寿义，采用微信等通信工具搭识投资者，向投资者推荐、分析新三板股票、夸大宣传并预测上述新三板股票具有转 A 股的可能，建议投资者买入，进而以互报成交确认委托方式高价转让新三板股票。

案发后，公安人员对点石公司、正宏公司及其下辖公司办公地址依法进行搜查，并扣押了笔记本、光盘、话术单等犯罪工具。

经鉴定，被告人洪勇军、邓德华、刘蓓通过点石公司、正宏公司及其下辖公司、代理销售公司、个体销售人员，销售新三板股票金额共计 4348. 8 万元；其中，被告人陈威以信安巨丰公司名义销售股票金额共计 410. 45 万元；被告人吴永恒以易之盛公司名义销售股票金额共计 447. 1 万元；被告人高俊以泓泽公司名义销售股票金额共计 163. 15 万元；被告人李炜以梦之宏公司名义销售股票金额共计 951. 15 万元；被告人陈志育以巨之家公司的名义销售股票金额共计 417. 35 万元；被告人刘蕾以煜明公司名义销售股票金额共计 665. 5 万元；代理销售方被告人韦武实际控制的天威公司股票销售金额共计 993. 2 万元，其中被告人陈刚负责的天威公司业务八部销售股票金额共计 179. 4 万元；被告人陈寿义个人销售股票金额共计 134. 7 万元。

其他内容参见检察院的指控。

案发后及审理期间，被告人洪勇军、邓德华、韦武、陈寿义等被告人向部分投资者回购了新三板股票。

【裁判结果】

上海市静安区人民法院于 2017 年 6 月 23 日作出（2017）沪 0106 刑初 243 号刑事判决：以非法经营罪判处被告人洪勇军有期徒刑三年，缓刑三年，并处罚金人民币五十万元；以非法经营罪判处被告人邓德华有期徒刑三年，缓刑三年，并处罚金人民币五十万元；以非法经营罪判处被告人刘蓓有期徒刑二年，缓刑二年，并处罚金人民币三十万元；以非法经营罪判处被告人陈威有期徒刑一年三个月，缓刑一年三个月，并处罚金人民币十万元；以非法经营罪判处被告人吴永恒有期徒刑一年三个月，缓刑一年三个月，并处罚金人民币十万元；以非法经营罪判处被告人高俊有期徒刑九个月，缓刑一年，并处罚金人民币五万元；以非法经营罪判处被告人李炜有期徒刑二年，缓刑二年，并处罚金人民币三十万元；以非法经营罪判处被告人陈志育有期徒刑一年三个月，缓刑一年三个月，并处罚金人民币十万元；以非法经营罪判处被告人刘蕾有期徒刑一年六个月，缓刑一年六个月，并处罚金人民币二十万元；以非法经营罪判处被告人韦武有期徒刑二年，缓刑二年，并处罚金人民币三十万元；以非法经营罪判处被告人陈刚有期徒刑九个月，缓刑一年，并处罚金人民币五万元；以非法经营罪判处被告人陈寿义有期徒刑九个月，缓刑一年，并处罚金人民币五万元；查获的作案工具，依法予以没收。判决后，被告人洪勇军、邓德华等均未提出上诉，上海市静安区人民检察院未提出抗诉，判决已发生法律效力。

【裁判理由】

法院生效裁判认为：被告人洪勇军、邓德华、刘蓓、陈威、吴永恒、高俊、李炜、陈志育、刘蕾、韦武、陈刚、陈寿义，未经国家有关主管部门批准，共同非法经营证券业务，情节严重，其行为均已构成非法经营罪。

被告人洪勇军、邓德华在共同犯罪中起主要作用，系主犯；犯罪后自动投案，如实供述自己的罪行，系自首，依法可从轻处罚。被告人刘蓓、陈威、吴永恒、高俊、李炜、陈志育、刘蕾、韦武、陈刚、陈寿义在共同犯罪中起次要作用，系从犯；其中，被告人刘蓓、陈威、吴永恒、高俊、李炜、韦武犯罪后主动投案，如实供述自己的罪行，系自首；被告人刘蕾、陈志育、陈刚、陈寿义到案后如实供述自己的罪行，系坦白，均依法可从轻处罚。被告人洪勇军、邓德华、韦武、陈寿义等被告人向部分投资者回购了新三板股票，弥补了投资者经济损失，在量刑时一并予以考虑。

【案例注解】

本案中，各被告人与投资人采用的互报成交确认委托方式，即交易双方在场外自由对接，协商确定买卖意向和交易价格后通过系统分别上报股票代码、买卖价格、股份数量、双方席位号等信息进行“点对点”成交转让，是法律许可的转让方式之一。因此，如何对各被告人转让新三板股票予以准确的法律评价，是本案审理的难点。

（一）本案不宜认定诈骗罪

从证据上说，正宏公司、点石公司下属的销售人员、代理销售公司、个体销售人员，并不明知洪勇军等人购买的新三板股票的购买价格以及相关企业的盈利状况，现有证据难以证实下层的销售人员具有和洪勇军等人同样的非法占有的故意。此外，本案认定诈骗犯罪的障碍还在于股票价值难以认定。因为投资者购买股票的行为是一种风险投资行为，投资者注重的是预期利益。新三板股票有别于主板股票。新三板股票有“协议转让”“做市转让”（券商业务）和“竞价转让”（尚未开通）三种转让模式，其中“协议转让”在系统界面中又存在“定价申报”“成交确认申报”和“协议转让互报”等交易方式。多种转让模式并存，导致难以确定新三板股票的真正价值。而股票价值问题则关系到认定诈骗罪的两个要点：一是是否具有非法占有目的。如股票价值与出售给被害人的价格相近，难以认定犯罪嫌疑人有非法占有目的；二是如果股票价值不确定，将难以认定被害人所遭受的实际损失，即诈骗数额。因此，虽然各被告人在向投资人推荐、分析新三板股票时，存在隐瞒点石公司、正宏公司系转让方、夸大宣传并预测新三板股票具有转A股可能等行为，但本案不宜认定诈骗罪。

（二）本案不宜认定为操纵证券市场罪

尽管《刑法》规定了操纵证券市场罪，《最高人民检察院、公安部关于公安机关管辖的刑事案件立案追诉标准的规定（二）》中也规定了若干可以立案追诉的情形。然而，《刑法》及司法解释性质文件规定本罪及本罪的追诉标准，针对的是股票交易市场的场内交易，而新三板股票系场外交易，这种交易是否可以直接适用操纵证券市场罪及相关司法解释性质文件，目前并无先例，对此，目前证监会尚未出具相关行政认定。因此，认定各被告人高价转让新三板股票的行为构成操纵证券市场罪的法律依据不足。

（三）各被告人的行为系非法经营证券投资咨询业务，构成非法经营罪

根据《证券、期货投资咨询管理暂行办法》，证券、期货投资咨询，是指为证券、期货投资人或者客户提供证券、期货投资分析、预测或者建议等直接或者间接有偿咨询服务的活动，其表现形式包括通过电话、传真、电脑网络等电信设备系统，提供证券、期货投资咨询服务；从事证券、期货投资咨询业务，必须依照本办法的规定，取得中国证监会的业务许可。《证券投资顾问业务暂行规定》亦规定，证券投资顾问业务，是证券投资咨询业务的一种基本形式，指证券公司、证券投资咨询机构接受客户委托，按照约定，向客户提供涉及证券及证券相关产品的投资建议服务，辅助客户作出投资决策，并直接或者间接获取经济利益的经营活动。投资建议服务内容包括投资的品种选择、投资组合以及理财规划建议等。

结合本案，洪勇军等人利用正宏公司、点石公司从新三板市场上找寻股票出让方，以受让定增股票或者直接受让股票等方式相对低价购入股票，成为持有股票相应公司的股东，然后成立销售公司、招募销售人员，依托微信通信平台，设置美女头像吸引并肆意添加好友的方式，招揽投资人建立朋友关系、信赖关系后向其推荐、分析新三板股票、预测新三板股票具有转A股的可能，存在夸大虚假宣传，建议投资人买入，进而实现相对高价转让股票，间接从中获取经济利益。涉案公司这种行为符合上述规范性文件的规定，属于一种证券投资咨询行为。

本案中，各被告人买卖新三板股票的方式，与个体投资股票行为存在明显的差异。首先，洪勇军、邓德华等人通过成立销售公司、招募销售人员自买自卖9只股票，股票数量大，一般股票投资者不会同时持有这么多股票。其次，通过微信手段肆意针对不特定的对象进行售卖，也有别于一般正常的炒股行为。再者，投资者开通新三板账户必须具有500万元以上的资产。各被告人对有意购买新三板股票的投资人，非但不审查投资人的投资资格和资信能力，反而为自有资金不足的客户垫资开户，显然区别于一般炒股者。

综上所述，各被告人没有证券从业许可，专门从事包装新三板股票，通过虚假宣传，不诚分析、预测和建议，向社会不特定对象推介新三板股票，以低买高售股票的方式获取经济利益的行为，属于非法证券投资咨询业务。这种行为不但违反了《证券法》及其他证券领域的法规、规定，同时，也扰乱、冲击了全国中小企业股份转让市场的公信力和秩序，严重扰乱了社会主义市场经济秩序。

（一审法院合议庭成员　吴国强　钱丽娜　何品珍
编写人　上海市静安区人民法院　钱丽娜
责任编辑　周维明
审稿人　李玉萍）

原载《人民法院案例选》2019年第10辑（总第140辑）

133. 张丽珠非法经营案

——无证经营和无准运证运输烟草行为性质的认定

【关键词】

刑事　非法经营　烟草专卖　无证经营

【裁判要旨】

通过合作投资或者出租、出借等方式持有他人烟草专卖零售许可证正常经营不属于未经许可无证经营；超范围和超地域经营烟草，如果社会危害性不大，不宜按犯罪处理；无准运证运输烟草构成相关犯罪共犯应以明知他人实施相关犯罪为前置条件。

【相关法条】

《中华人民共和国刑法》

第二百二十五条　违反国家规定，有下列非法经营行为之一，扰乱市场秩序，情节严重的，处五年以下有期徒刑或者拘役，并处或者单处违法所得一倍以上五倍以下罚金；情节特别严重的，处五年以上有期徒刑，并处违法所得一倍以上五倍以下罚金或者没收财产：

（一）未经许可经营法律、行政法规规定的专营、专卖物品或者其他限制买卖的物品的；

（二）买卖进出口许可证、进出口原产地证明以及其他法律、行政法规规定的经营许可证或者批准文件的；

（三）未经国家有关主管部门批准非法经营证券、期货、保险业务的，或者非法从事资金支付结算业务的；

（四）其他严重扰乱市场秩序的非法经营行为。

《最高人民法院、最高人民检察院关于办理非法生产、销售烟草专卖品等刑事案件具体应用法律若干问题的解释》

第一条第五款　违反国家烟草专卖管理法律法规，未经烟草专卖行政主管部门许可，无烟草专卖生产企业许可证、烟草专卖批发企业许可证、特种烟草专卖经营企业许可证、烟草专卖零售许可证等许可证明，非法经营烟草专卖品，情节严重的，依照刑法第二百二十五条的规定，以非法经营罪定罪处罚。

第六条　明知他人实施本解释第一条所列犯罪，而为其提供贷款、资金、账号、发票、证明、许可证件，或者提供生产、经营场所、设备、运输、仓储、保管、邮寄、代理进出口等便利条件，或者提供生产技术、卷烟配方的，应当按照共犯追究刑事责任。

【案件索引】

一审：广东省广州市越秀区人民法院（2017）粤0104刑初130号（2018年3月15日）

二审：广东省广州市中级人民法院（2018）粤01刑终994号（2018年7月19日）

【基本案情】

广州市越秀区人民检察院指控：自2015年1月始，被告人张丽珠在广州市越秀区靖海路57号首层的“德富行精品”销售卷烟等物品，后雇用同案人周凯轩帮忙销售和运送货物。

2016年1月12日，公安人员在广州市白云区广园客运站将同案人周凯轩抓获归案，现场缴获被告人张丽珠指使同案人周凯轩从深圳运回广州的卷烟800条（经认定，属走私烟，价值人民币104976元）；后在广州市越秀区靖海路57号首层的“德富行精品”将被告人张丽珠抓获归案，现场缴获卷烟397条44罐99盒（经认定，其中走私烟362条44罐，价值人民币52351.84元；假冒注册商标且伪劣卷烟35条99盒，价值人民币8005.30元）。

公诉机关认为，被告人张丽珠的行为触犯了《刑法》第二百二十五条，应当以非法经营罪追究刑事责任。

被告人张丽珠辩称其与秦文华合作经营，有烟草零售许可证；其否认缴获的香烟系其用于经营之用，辩称在档口缴获的香烟是“马老板”暂放在其档口的，从深圳运回的香烟是帮“马老板”运输，仅赚几百块运输费用而已。

其辩护人的辩护意见是：第一，被告人供述前后有不一致的地方是由于被告人文化水平低，表达能力差，供述不完整导致。且同案人周凯轩的供述中也没有其他证据证明，应当要做有利于被告人的推理。第二，据其他人的供述、证言，也可以证明确实有“马老板”这个人存在。第三，张丽珠在公安机关检查过程中主动配合调查，如实供述案件相关事实。第四，签署合作协议的时间是2015年1月，烟草经营的许可是在2015年3月办理的，可以证明秦文华帮张丽珠办理烟草许可证并且借给张丽珠使用的事实是存在的，同时烟草公司的人配送香烟给张丽珠，知道张丽珠在经营也未提出意见，所以应该认定其有经营权。第五，香烟并没有交到马老板手上，没有流入社会，没有造成社会危害，同时张丽珠没有实际获取利益并还有一些费用的支出等。

法院经审理查明：自2015年始，被告人张丽珠向秦文华租用广州市越秀区靖海路57号首层商铺，经营日用百货并零售烟草。后雇用同案人周凯轩帮忙销售和运送货物。

2016年1月12日，公安人员在广州市白云区广园客运站将同案人周凯轩抓获归案，现场缴获被告人张丽珠指使同案人周凯轩从深圳运回广州的卷烟800条（经认定均为真品香烟）。广州市烟草专卖局出具说明，认定上述烟草为无标志外国卷烟，按走私烟处理，其价值人民币104976元。公安机关随后在涉案商铺即广州市越秀区靖海路57号首层将被告人张丽珠抓获归案，现场缴获卷烟397条44罐99盒（经检验，其中328条44罐属真品卷烟，35条99盒属假冒注册商标且伪劣卷烟，其余34条未标注“由中国烟草总公司专卖”字样）。广州市烟草专卖局出具说明，认定上述烟草中，无标志外国卷烟或专供出口卷烟共362条44罐，按走私烟处理，其价格合计52351.84元；假烟35条99盒，价格合计8005.30元。

另查明，以涉案地址广州市越秀区靖海路57号首层为经营场所的个体工商户"广州市越秀区文富精品店"于2014年10月21日办理了营业执照，经营者为秦文华。该个体工商户作为经营主体，于2015年3月4日取得了烟草专卖零售许可证，许可的经营场所就是上述涉案地址。

【裁判结果】

广州市越秀区人民法院于2018年3月15日作出（2017）粤0104刑初130号刑事判决：被告人张丽珠无罪。一审宣判后，广州市越秀区人民检察院提起抗诉称：原审判决对被告人张丽珠的行为定性错误，张丽珠违反国家规定，销售走私烟，扰乱了市场秩序，经营数额已达到情节严重标准，应认定构成非法经营罪。在二审期间，广州市人民检察院认为抗诉不当，申请撤回抗诉。

广州市中级人民法院于2018年7月19日作出（2018）粤01刑终994号刑事裁定：准许广州市人民检察院撤回抗诉。

【裁判理由】

法院生效裁判认为：本案定罪问题的焦点是被告人张丽珠是否属于无证售烟。经查，涉案商铺已经办理了《烟草专卖零售许可证》，该证是由涉案商铺业主秦文华申领的，案发前一直由被告人张丽珠使用，零售香烟的地点就是许可证核准经营的地址。被告人张丽珠在日常经营时，其档口有烟草部门的监管人员经常上门检查、普法，其可以自行从正规渠道进购烟草制品并取得发票。

首先，该许可证核准经营的主体是位于靖海路57号的个体商户广州市越秀区文富精品店，秦文华作为申请者和负责人，不是唯一可以使用本证的人。烟草专卖零售许可证与执业医师资格证、法律职业资格证不同，并不带有强烈的人身专属属性。从烟草专卖零售许可证的颁证标准来看，《烟草专卖许可证管理办法》第十三条规定的申请烟草专卖零售许可证需要具备的条件包括相应资金、固定经营场所、符合当地烟草制品零售点合理布局的要求等。涉案的靖海路57号商铺有经营资金、有固定场所、有合理布局，已经过烟草部门核实许可，在被告人张丽珠经营时，上述条件并没有发生根本性变化，尤其是其没有改变经营地址，没有逃避烟草部门的监督管理。这与持证人将许可证租给他人变更经营地点使用或将一份许可证分别租给多人使用的情况应区别对待。

其次，从烟草管理部门的管理态度来看，《烟草专卖许可证管理办法》第三十七条规定，烟草专卖机关对取得烟草专卖许可证的公民及组织进行监督检查，检查职责包括名称或字号、负责人、经营地址、经营方式、经营范围、经营期限等重要事项是否与许可证登记事项相符合等内容。根据该规定，烟草部门应将涉案商铺的经营情况对照许可证登记情况进行逐一审查，而实际上在案发前长达10个月的监督检查中，烟草部门并未将被告人张丽珠按无证经营处理。同时，根据《烟草专卖法实施条例》第二十六条规定，不得向无烟草专卖零售许可证的单位或个人提供烟草制品。但从发票等证据来看，被告人张丽珠能够自己通过正规途径进购香烟。本案案发的原因不是被告人张丽珠零售香烟的常规经营行为，而是被告人张丽珠参与运输了一批疑似走私的烟草制品，在此之前，烟草管理部门并未将被告人当作无证经营查处。在是否属于无证经营问题上，刑事认定应更加谦抑。

《烟草专卖许可证管理办法》规定不允许非法转租、出借烟草专卖许可证，其意义在于规范用证行为并明确持证人不得以转租、出借等方式转嫁自身所需要承担的法律责任，而非要求持证的自然人本人或持证单位负责人亲自经营、独自经营。现实生活中，也并非每一个烟草零售档口都是由持证人或负责人亲自经营的，合作经营行为大量存在。即便认为被告人张丽珠的用证行为存在行政管理上的瑕疵，也可以通过行政手段予以规范、补正。在考虑是否追究刑事责任时，必须慎重对待，对行政管理上“无证”与刑事认定上的“无证经营”要区分对待。

就被告人张丽珠参与运输并零售非正规途径进购的外国卷烟部分来看，能否认定这部分行为属于无证售烟的问题。根据《烟草专卖法实施条例》第六条第二款规定，烟草专卖许可证分为：（1）烟草专卖生产企业许可证；（2）烟草专卖批发企业许可证；（3）烟草专卖零售许可证。《烟草专卖许可证管理办法》第二十九条的规定，取得烟草专卖零售许可证的公民、法人或其他组织，可以依法从事国产或者外国卷烟的零售业务。故零售外国卷烟，只需要具有烟草专卖零售许可证一证即可，并无其他种类的许可证需要申请。持有烟草专卖零售许可证的人，可以从正规途径进购并销售外国卷烟，如从非正规渠道进购了专供出口卷烟、无标志外国卷烟等，属于不规范经营行为，而不能视为无证经营行为。

综合考虑上述内容并基于刑法的谦抑原则，不宜认定张丽珠为无证经营。在此前提下，即便存在不规范经营行为，依法亦不能构成非法经营罪。《最高人民法院、最高人民检察院关于办理非法生产、销售烟草专卖品等刑事案件具体应用法律若干问题的解释》第一条第五款规定，对于“违反国家烟草专卖管理法律法规，未经烟草专卖行政主管部门许可，无烟草专卖生产企业许可证、烟草专卖批发企业许可证、特种烟草专卖经营企业许可证、烟草专卖零售许可证等许可证明，非法经营烟草专卖品，情节严重的”，以非法经营罪定罪处罚。根据该司法解释，以非法经营罪定罪论处的，仅限于未办理相关烟草经营许可证的情况，即非法经营罪只处罚无证经营烟草制品的行为。司法解释仅规定了无证经营烟草以非法经营定罪，既没有兜底条款，也没有“××等”的笼统规定，应坚持严格的罪刑法定原则，不能将不规范经营行为类推解释为无证经营行为。故被告人张丽珠的行为不属于刑法调节范围。

关于被告人张丽珠是否构成其他犯罪。在境内经营的“专供出口”的国产卷烟或无标志外国卷烟在行政管理上被按照“走私烟”对待，但并不是刑法意义上的“通过走私途径所得到的烟”。无证据证明上游存在走私犯罪的事实，亦无证据证明被告人张丽珠曾参与其中，故不能以走私罪、走私罪共犯或掩饰、隐瞒犯罪所得罪定罪论处。查获在案的烟草中虽有部分系假冒注册商标的卷烟和伪劣卷烟，但数量较小，均未达到定罪标准，不能以销售假冒注册商标的商品罪或销售伪劣产品罪定罪。

综上，被告人张丽珠的行为不符合非法经营罪的犯罪构成要件，公诉机关的指控不能成立。

【案例注解】

关于被告人张丽珠的行为是否构成非法经营罪存在两种不同意见：

第一种意见认为，张丽珠的行为构成非法经营罪。理由是：卷烟经营户的进货渠道必须是当地烟草专卖批发企业，而被告人张丽珠销售的是走私烟，并非通过正常渠道进货。张丽珠虽然具有烟草专卖零售许可证，但该证许可范围是销售卷烟及雪茄烟，不包括走私烟，故张丽珠销售走私烟属超出行政许可范围经营，属非法经营行为，扰乱了市场秩序，应当受到刑事制裁。

第二种意见认为，被告人张丽珠的行为不构成非法经营罪。理由是：张丽珠使用秦文华的烟草专卖零售许可证正常经营并未受到查处，没有逃避烟草部门的日常监督管理，使用他人的烟草专卖零售许可证从事经营行为不等于无证经营。在境内经营“专供出口”的国产卷烟或无标志外国卷烟在行政管理上被按照“走私烟”对待，但并不是刑法意义上的“通过走私途径所得到的烟”，无证据证明存在上游走私犯罪事实。

笔者同意第二种意见。本案争议焦点是张丽珠持有他人的烟草专卖零售许可证从事经营是否属于无证经营从而构成非法经营罪以及是否因参与运输烟草而构成非法经营罪共犯。具体评析如下：

（一）违反国家规定且未经许可无证经营的认定

根据《刑法》第二百二十五条的规定，非法经营罪是指违反国家规定，严重扰乱市场秩序，情节严重的非法经营行为。2010 年《最高人民法院、最高人民检察院关于办理非法生产、销售烟草专卖品等刑事案件具体应用法律若干问题的解释》第一条第五款规定：“违反国家烟草专卖管理法律法规，未经烟草专卖行政主管部门许可，无烟草专卖生产企业许可证、烟草专卖批发企业许可证、特种烟草专卖经营企业许可证、烟草专卖零售许可证等许可证明，非法经营烟草专卖品，情节严重的，依照刑法第二百二十五条的规定，以非法经营罪定罪处罚。”根据上述法律和司法解释的规定，是否属于违反国家规定且未经许可无证经营是认定涉烟非法经营罪的关键要件。

1. 关于违反国家规定。《刑法》第九十六条规定：“本法所称违反国家规定，是指违反全国人民代表大会及其常务委员会制定的法律和决定，国务院制定的行政法规、规定的行政措施、发布的决定和命令。”通说认为，对于是否违反国家规定要严格把握标准，国家规定的制定主体只能是全国人民代表大会及其常务委员会和国务院，对于违反地方性法规、行政规章而没有违反国家规定的行为，不能认定为违反国家规定。

2. 关于未经许可无证经营。依照《烟草专卖法实施条例》第六条第二款规定，烟草专卖许可证分为：（1）烟草专卖生产企业许可证；（2）烟草专卖批发企业许可证；（3）烟草专卖零售许可证。《烟草专卖许可证管理办法》第十三条规定：“申请烟草专卖零售许可证，应当具备下列条件：（一）有与经营烟草制品零售业务相适应的资金；（二）有与住所相独立的固定经营场所；（三）符合当地烟草制品零售点合理布局的要求；（四）国家烟草专卖局规定的其他条件。”《烟草专卖许可证管理办法》第四十一条规定，不得买卖、出租、出借或者以其他形式非法转让烟草专卖许可证，其意义在于规范用证行为，防范因非法转让烟草专卖许可证转嫁经营风险和产生危害后果。《烟草专卖许可证管理办法》作为行政规章，没有明确规定买卖、出租、出借以其他形式非法转让烟草专卖许可证依法应承担刑事责任。由于烟草专卖零售许可证不具有人身专属性，并未规定持证人必须亲自经营，在实践中通过合作投资或者出租、出借等方式持有他人烟草专卖零售许可证正常经营的情形大量存在，对于该种情形应通过行政法律法规调控和处理，不属于刑法制裁范围。在本案中，张丽珠与秦文华约定合作经营，秦文华负责申请烟草专卖零售许可证并获得行政许可，张丽珠负责具体经营，涉案商铺在经营资金、固定经营场所、合理布局方面均符合要求，且接受烟草管理部门的日常监督检查，故“无自己的许可证”并不等同于无证经营，不能简单认定被告人张丽珠属于无证经营。

3. 关于超范围和超地域经营。根据罪刑法定原则和刑法谦抑性原则，对于违反烟草专卖法律、行政法规的行为，如果法律、法规以及司法解释没有明确规定为犯罪，不应当按犯罪处理。例如，有些企业超量生产国家计划生产烟草制品又不构成其他涉烟犯罪的情形，虽然超越了经营范围，但基本未按非法经营罪论处。对于具有烟草专卖零售许可证但未在当地烟草批发企业进货、仅持有零售许可证但实施了批发业务等行为，存在入刑与不能入刑两种观点。笔者认为，对于涉烟超范围和超地域经营的行为，按照罪责刑相适应原则，相关行为虽然违反了有关行政法规，但未造成国家税款流失，社会危害性不大，不宜按照犯罪处理，由相关主管部门给予行政处罚即可。

（二）涉烟犯罪共犯的认定

依照《最高人民法院、最高人民检察院关于办理非法生产、销售烟草专卖品等刑事案件具体应用法律若干问题的解释》第六条规定，明知他人实施本解释第一条所列犯罪，而为其提供贷款、资金、账号、发票、证明、许可证件，或者提供生产、经营场所、设备、运输、仓储、保管、邮寄、代理进出口等便利条件，或者提供生产技术、卷烟配方的，应当按照共犯追究刑事责任。认定是否构成相关犯罪共犯，应以是否明知他人实施上游相关犯罪作为前置条件。

在实践中，无准运证运输烟草而被查获的情形较多。《烟草专卖法》第三十一条规定：“无准运证或者超过准运证规定的数量托运或者自运烟草专卖品的，由烟草专卖行政主管部门处以罚款，可以按照国家规定的价格收购违法运输的烟草专卖品；情节严重的，没收违法运输的烟草专卖品和违法所得。承运人明知是烟草专卖品而为无准运证的单位、个人运输的，由烟草专卖行政主管部门没收违法所得，并处罚款。”虽然准运证未被规定为烟草专卖许可证，但并不意味着没有准运证运输烟草一律不以犯罪处理。由于烟草专卖品与毒品等违禁品不同，运输烟草的情况比较复杂，有的参与运输属于非法经营的共谋者，有的是在无故意状态下参与运输，如果对于没有准运证运输烟草的行为一律以非法经营罪处罚同样有欠妥当。如果运输人明知是非法生产、销售的烟草专卖品、假冒他人注册商标的烟草专卖品、他人未经许可从事非法经营的烟草专卖品，仍参与运输，应当按照相关犯罪共犯追究刑事责任。如果运输人对于运输的烟草是否属于上述情形不知情，则不能以犯罪处理。根据《烟草专卖许可证管理办法》规定，取得烟草专卖零售许可证的公民、法人或者其他组织，可以依法从事国产或者外国卷烟的零售业务。在本案中，张丽珠持有烟草专卖零售许可证，经营外国卷烟虽未在当地烟草批发企业进货，但不能以非法经营罪入罪处理。因本案查获涉案运输的绝大多数烟草属于外国真品卷烟，假冒注册商标且伪劣卷烟数额较小，故被告人张丽珠不构成生产、销售伪劣产品罪、假冒注册商标罪、销售假冒注册商标的商品罪等罪名。由于本案所运输的烟草来源不清楚，现有证据亦不能证实被告人张丽珠和同案人周凯轩是否明知他人走私外国卷烟入境，亦不能认定被告人张丽珠构成走私普通货物罪共犯。

（一审法院合议庭成员 李剑涛 郭 玉 黄小玲
二审法院合议庭成员 崔小军 曹治华 钟海燕
编写人 广东省广州市中级人民法院 曹治华
责任编辑 周维明
审稿人 李玉萍）

原载《人民法院案例选》2019 年第 11 辑（总第 141 辑）

134. 杜振狮非法经营案
——利用电商平台消费信用额度非法套现的性质认定

【关键词】

刑事　非法经营　电商平台　消费额度　套现服务

【裁判要旨】

违反国家规定，采取虚构交易、虚开价格、交易退款等方式为他人提供电商平台消费额度套现服务，将交易货款支付给买家并从中扣取手续费，情节严重的，应以非法经营罪定罪处罚。

【相关法条】

《中华人民共和国刑法》

第二百二十五条第三项　违反国家规定，有下列非法经营行为之一，扰乱市场秩序，情节严重的，处五年以下有期徒刑或者拘役，并处或者单处违法所得一倍以上五倍以下罚金；情节特别严重的，处五年以上有期徒刑，并处违法所得一倍以上五倍以下罚金或者没收财产：

（三）未经国家有关主管部门批准非法经营证券、期货、保险业务的，或者非法从事资金支付结算业务的；

《最高人民法院、最高人民检察院关于办理非法从事资金支付结算业务、非法买卖外汇刑事案件适用法律若干问题的解释》

第一条　违反国家规定，具有下列情形之一的，属于刑法第二百二十五条第三项规定的“非法从事资金支付结算业务”：

（一）使用受理终端或者网络支付接口等方法，以虚构交易、虚开价格、交易退款等非法方式向指定付款方支付货币资金的；

（二）非法为他人提供单位银行结算账户套现或者单位银行结算账户转个人账户服务的；

（三）非法为他人提供支票套现服务的；

（四）其他非法从事资金支付结算业务的情形。

【案件索引】

一审：重庆市江北区人民法院（2017）渝0105刑初817号（2017年11月14日）

【基本案情】

重庆市江北区人民检察院指控：被告人杜振狮在未取得相关金融资质的情况下，于2015年7月与杜府城（另案处理）、杜聪明（另案处理）、杜水平（另案处理）等人共谋串通淘宝用户，在淘宝网上店铺虚构商品交易，利用“蚂蚁花呗”套现。杜振狮等人在扣除手续费后，将余款转入淘宝用户的支付宝账户。杜振狮、杜府城等人所获取的手续费，除一部分支付给中介人员外，余款由杜振狮、杜府城等人瓜分。2015年11月10日至2015年11月13日，被告人杜振狮与杜府城等人通过中介人员串通多名淘宝用户，虚构交易共计2500余笔，套取人民币470万余元。公诉机关认为，被告人杜振狮的行为触犯了《刑法》第二百二十五条第三项的规定，已构成非法经营罪，杜振狮到案后如实供述罪行，提请对其依法判处。

被告人杜振狮对起诉书指控的事实及罪名无异议。其辩护人提出被告人杜振狮的行为不属于非法从事支付结算业务，不构成犯罪。杜振狮到案后如实供述罪行，在本案中所起作用小于杜府城，系初犯，如认定其构成犯罪，建议对杜振狮判处三年以下有期徒刑并适用缓刑。

法院经审理查明：2015年7月，被告人杜振狮与杜府城（另案处理）等人共谋串通淘宝用户，在淘宝网上店铺虚构商品交易，利用“蚂蚁花呗”套现，并从中收取手续费。其具体手法是，杜振狮、杜府城等人向杜爱民（另案处理）等人购得可以使用“蚂蚁花呗”支付的淘宝店铺后，通过中介人员将店铺的链接发送给意图套现的淘宝用户，淘宝用户则根据其套现的金额点击链接购买同等价值的商品，同时申请由“蚂蚁花呗”代为支付货款。杜振狮、杜府城所掌控的淘宝店铺的支付宝账户在收到货款后，淘宝用户在无真实商品交易的情况下即在购物页面确认收货随即再申请退货，杜振狮、杜府城等人扣除7%～10%的手续费后，将剩余的款项转入淘宝用户的支付宝账户。杜振狮、杜府城等人所获取的手续费，除一部分支付给中介人员外，余款由杜振狮、杜府城等人分配。2015年11月10日至2015年11月13日，被告人杜振狮等人通过“阿斌8822”“心心相印潮尚馆”“大祥小祥大大祥”“值得一饰潮尚馆”等淘宝网上店铺，串通多名淘宝用户，虚构交易2500余笔，利用“蚂蚁花呗”套取470万余元，被告人杜振狮获利6000余元。

另查明：“蚂蚁花呗”系重庆市阿里巴巴小额贷款有限公司于2014年下半年开发的小额信贷产品，该公司经营范围为在全国范围内开展办理各项贷款，票据贴现、资产转让业务。“蚂蚁花呗”的特点是用户在淘宝、天猫和部分外部商家消费时，可选择由“蚂蚁花呗”先行垫付货款，在规定的还款日之前向“蚂蚁花呗”偿还欠款无需支付利息及其他费用，但其不具备直接提取现金的功能。

【裁判结果】

重庆市江北区人民法院于2017年11月14日作出（2017）渝0105刑初817号刑事判决：被告人杜振狮犯非法经营罪，判处有期徒刑二年六个月，并处罚金人民币3万元。

宣判后，被告人杜振狮未提出上诉，判决已发生法律效力。

【裁判理由】

法院生效裁判认为：被告人杜振狮伙同他人利用淘宝店铺虚构交易收款并扣除手续费后再通过支付宝向淘宝用户支付资金，数额达470万余元，扰乱了市场经济秩序，情节严重，其行为已构成非法经营罪，依法应予以处罚。公诉机关指控的事实清楚，证据充分，指控的罪名成立。关于辩护人提出杜振狮的行为不属于非法从事支付结算业务，其行为不构成犯罪的辩护意见。经审理认为，根据中国人民银行《支付结算办法》的规定，支付结算是指单位、个人在社会经济活动中使用票据、信用卡和汇兑、托收承付、委托收款等结算方式进行货币给付及其资金结算的行为。银行是支付结算和资金清算的中介机构。根据国务院《非法金融机构和非法金融业务活动取缔办法》的规定，未经中国人民银行依法批准，任何单位和个人不得擅自从事金融业务活动。而杜振狮在没有真实交易的情况下，通过虚构交易，将重庆市阿里巴巴小额贷款公司的资金直接支付给淘宝用户，并从中获利，系未经国家有关主管部门批准非法从事资金支付结算业务的行为，符合我国《刑法》第二百二十五条第三项所规定非法经营罪的构成要件。杜振狮到案后，如实供述罪行，审理中认罪、悔罪，依法对其从轻处罚。

【案例注解】

本案系全国首例利用淘宝“蚂蚁花呗”信用额度非法套现案件。近年来，随着互联网经济的兴起和蓬勃发展，网络消费、网络支付、移动支付等日益兴盛，“支付宝”“蚂蚁花呗”“京东白条”等新兴网络金融公司和网络金融产品发展迅猛，有些甚至已成为社会经济生活中不可或缺的重要金融手段。在传统金融领域，各类严重扰乱市场经济秩序的行为，都有相对明确的规定。但在新兴金融领域，因为金融与新技术的结合，让一些新类型犯罪行为的性质不容易被识别。特别是在新生事物出现后较长一段时间内，法律监管容易存在漏洞。对行为人利用淘宝“蚂蚁花呗”套现赚取手续费的行为应如何定性，相关法律、司法解释未予以明确。司法实践中，对“蚂蚁花呗”套现行为应否入罪、以何种事由入罪存有不同看法。

一、关于电商平台消费信用额度的性质

随着互联网金融、网络支付的发展，一些电商平台为促进消费、吸引消费者，纷纷赋予平台用户一定的消费信用额度，用户可以在购物消费时选择信用额度内先消费，由相关公司垫付货款，到规定的还款期后再还款，有一定的免息期。如京东商城的“京东白条”、淘宝网的“蚂蚁花呗”、苏宁易购的“任性付”等。就“蚂蚁花呗”而言，其系重庆市阿里巴巴小额贷款有限公司开发的小额信贷产品。自2016年起，“蚂蚁花呗”转由重庆市蚂蚁小微小额贷款有限公司运营。重庆市阿里巴巴小额贷款有限公司根据消费者的网购情况、支付习惯、信用风险等综合考虑，通过大数据运算，结合风控模型，授予用户500~50000元不等的消费额度。用户在消费时，可以预支“蚂蚁花呗”的额度，在确认收货后再进行还款，最长免息期可达41天。到期还款日当天系统依次自动扣除支付宝账户余额、余额宝（需开通余额宝代扣功能）、借记卡快捷支付（含卡通）用于还款已出账单未还部分。消费者也可以主动进行还款，如果逾期不还每天将收取万分之五的逾期费。“蚂蚁花呗”自2015年4月正式上线，主要用于在天猫、淘宝上购物，后开始打破了购物平台的限制，将服务扩展至更多的线上线下消费领域。目前，“蚂蚁花呗”已经走出阿里系电商平台，共接入了40多家外部消费平台：大部分电商购物平台，比如亚马逊、苏宁等；本地生活服务类网站，比如口碑、美团、大众点评等；主流3C类官方商城，比如乐视、海尔、小米、OPPO等官方商城；以及海外购物的部分网站。

蚂蚁花呗为消费者提供的消费信用额度、免息期等服务，类似银行提供的信用卡服务，但其并不属于信用卡服务。主要理由是，根据中国人民银行《支付结算办法》第一百三十条、第一百三十二条、第一百二十四条规定，信用卡是指商业银行向个人和单位发行的，凭以向特约单位购物、消费和向银行存取现金，且具有消费信用的特制载体卡片。商业银行、非银行金融机构开办信用卡业务须报经中国人民银行总行批准，其所属分、支机构开办信用卡业务，须报经辖区内中国人民银行分、支行备案。商业银行（包括外资银行、合资银行）、非银行金融机构未经中国人民银行批准不得发行信用卡。即信用卡的发行主体必须是经过中国人民银行批准注册备案的商业银行或者其他金融机构。而根据中国人民银行等五部门出台的《金融业企业划型标准规定》，小额贷款公司属于该文件中的“其他金融机构”。虽然提供“蚂蚁花呗”服务的重庆市蚂蚁小微小额贷款有限公司属于小贷公司，属于其他金融机构，但其只有报请中国人民银行批准并加以报备之后才能具有发行信用卡的资质。根据重庆市蚂蚁小微小额贷款有限公司的经营范围看，其不具有发行信用卡的资质，只具有发放贷款的资质。因此，重庆市蚂蚁小微小额贷款有限公司并不具有信用卡发行资格，其所开展的“蚂蚁花呗”业务不能归入信用卡业务。从用户在开通“蚂蚁花呗”服务与重庆市蚂蚁小微小额贷款有限公司签订《花呗用户服务合同》看，“蚂蚁花呗”能够向用户提供商品分期和消费贷款等服务，因此“蚂蚁花呗”实质是一款新型网络消费信贷产品。

二、关于资金支付结算业务规定是否属于非法经营罪中“国家规定”

根据《刑法》第二百二十五条规定，非法经营罪以违反国家规定为前提。该条“违反国家规定”属于典型的空白罪状。空白罪状，又称空白刑法，不完备刑法，对于其构成要件中的禁止内容事项，刑法条文本身并无直接规定，必须援引其他相关部门法规进行判断，方能补足构成要件上的完整性。与完备刑法规范相比较而言，空白刑法规范最显著的特征即表现为存在较大规范弹性，其构成要件的完备需要援引具体的非刑事部门法律法规内容进行规范要素判断，才能在具体个案中实现构成要件明确性。[①] 结合《刑法》第九十六条规定，违反国家规定，是指违反全国人民代表大会及其常务委员会制定的法律和决定，国务院制定的行政法规、规定的行政措施、发布的决定和命令，但不包括违反规章的规定，更不包括地方各级人民政府所颁布的规范性文件的规定。资金支付结算业务属于金融业务，未经批准从事资金支付结算业务则属于非法金融业务。对此，国务院于1998年颁布并于2011年进行修订的《非法金融机构和非法金融业务活动取缔办法》第四条明确：“本办法所称非法金融业务活动，是指未经中国人民银行批准，擅自从事的下列活动：（一）非法吸收公众存款或者变相吸收公众存款；（二）未经依法批准，以任何名义向社会不特定对象进行的非法集资；（三）非法发放贷款、办理结算、票据贴现、资金拆借、信托投资、金融租赁、融资担保、外汇买卖；（四）中国人民银

① 肖中华：《空白刑法规范的特性及其解释》，载《法学家》2010年第3期。

行认定的其他非法金融业务活动。”由于《非法金融机构和非法金融业务活动取缔办法》属于国务院发布的行政法规，属于《刑法》第二百二十五条非法经营罪条款中“国家规定”之范围。因此，行为人未经中国人民银行批准，擅自从事办理结算业务以及其他非法金融业务的，符合非法经营罪中“违反国家规定”范围。

三、关于从事资金支付结算业务的认定

资金支付结算业务行为系《刑法》规定的非法经营行为之一，但具体如何认定资金支付结算业务行为，《刑法》第二百二十五条并未作出明确的规定，而只是概括性作出了表述。根据中国人民银行《支付结算办法》第三条、第六条的规定，支付结算是指单位、个人在社会经济活动中使用票据、信用卡和汇兑、托收承付、委托收款等结算方式进行货币给付及其资金清算的行为。银行是支付结算和资金清算的中介机构。未经中国人民银行批准的非银行金融机构和其他单位不得作为中介机构经营支付结算业务，但法律、行政法规另有规定的除外。从该办法列举的支付结算行为形式来看，资金支付结算行为包含了货币的支付行为和资金清算两个方面的内容。从资金支付结算本质上看，无论是资金的支付还是资金的结算，其本质上都是货币的转移支付。

四、关于从事消费额度套现行为的性质认定

电商平台消费额度以消费为核心，但其监管防范体系并不完善，实践中部分人员在利益驱使下专门从事消费额度套现业务。通过在搜索引擎中输入关键词的方式发现，“蚂蚁花呗+套现”搜索到的结果高达121万条，“京东白条+套现”也高达94.4万条，这其中还不乏多条以“套现教程”“套现帮助”为标题的内容。[①] 根据2009年12月16日起施行的《最高人民法院、最高人民检察院关于办理妨害信用卡管理刑事案件具体应用法律若干问题的解释》第七条规定，违反国家规定，使用销售点终端机具（POS机）等方法，以虚构交易、虚开价格、现金退货等方式向信用卡持卡人直接支付现金，情节严重的，应当依据《刑法》第二百二十五条的规定，以非法经营罪定罪处罚。即信用卡套现行为应以非法经营罪论处。对于从事与之本质相同的“蚂蚁花呗”消费信用额度套现的相关人员应如何定性，存有不同认识。[②]

第一种意见认为，从《刑法修正案（七）》的立法修正背景来看，其增设非法从事资金支付结算业务的情形，主要针对的是“地下钱庄”逃避金融监管，非法为他人办理大额资金转移等资金支付结算业务的行为；“蚂蚁花呗”本身并不具有资金支付结算的业务功能，其仅仅只是一种小额信贷产品，其目的在于满足用户在线支付的消费需求，而不能直接提取现金。因此，行为人使用“蚂蚁花呗”进行套现的行为，不同于信用卡套现的行为，其并不涉及银行类的金融业务活动，不属于从事资金支付结算业务，也无法认定为其他形式的非法经营行为。

第二种意见认为，“蚂蚁花呗”套现与信用卡套现相类似，可以把“蚂蚁花呗”理解为具有透支功能的虚拟的信用卡，从而适用司法解释关于利用POS机等方法从事信用卡套现。

---

① 叶文辉：《电商平台个人信用支付产品存在的风险及应对建议》，载《金融论坛》2015年第12期。

② 王国平：《从首例利用“蚂蚁花呗”套现案例探析相关套现行为的本质属性》，载《法律适用》2018年第10期。

第三种意见认为，在“蚂蚁花呗”套现行为中，相关行为人在没有真实交易的情况下，通过虚构交易，将重庆市阿里巴巴小额贷款公司的资金直接支付给淘宝用户，是在未经中国人民银行批准的情况下作为中介机构经营支付结算业务，属于非法经营的行为。

由于“蚂蚁花呗”业务开展主体不具有信用卡发行资格，因此其不属于信用卡业务，故第二种意见不可取。从“蚂蚁花呗”套现的行为特征上看，套现业务行为人采取虚构交易、虚开价格、交易退款等方式，将小额贷款公司代付的货款在退款时并不是直接退回款项代付人，而是由行为人非法转入交易买家支付宝账户。相关套现业务行为人的行为改变了资金的流转路径，使“蚂蚁花呗”变相可以直接提取现金，亦改变了“蚂蚁花呗”服务于生活消费的初衷，该行为在客观上扰乱了正常的市场金融秩序。因此，利用“蚂蚁花呗”进行套现的行为与利用信用卡套现的行为并无本质意义上的区别，相关行为人利用“蚂蚁花呗”所从事的消费额度套现、并从中收取手续费的行为，实际上从事的是中介性质的支付结算业务行为。根据中国人民银行《支付结算办法》第六条规定，银行是支付结算和资金清算的中介机构。未经中国人民银行批准的非银行金融机构和其他单位不得作为中介机构经营支付结算业务。而根据《非金融机构支付服务管理办法》第八条、第九条和第十条规定，从事支付服务应经中国人民银行批准依法取得《支付业务许可证》，在全国范围内从事支付业务的，其注册资本最低限额为1亿元人民币，在省（自治区、直辖市）范围内从事支付业务的，其注册资本最低限额为3000万元人民币，同时还对支付机构的高级管理人员数量、反洗钱措施等条件作出了严格规定。本案中，被告人杜振狮从事的资金支付结算业务未经中国人民银行批准，属于必须予以取缔的非法金融业务活动。因此，其行为具有“违反国家规定”的违法性，应以非法经营罪论处。

五、关于消费额度套现情形严重的认定

根据《刑法》和最高人民法院、最高人民检察院关于非法经营罪的相关规定来看，相关非法经营行为只有情节严重的，才构成非法经营罪。非法经营罪情节严重主要从非法经营数额、非法所得数额以及造成严重后果等方面进行判断。2010年5月7日，最高人民检察院、公安部联合印发的《关于公安机关管辖的刑事案件立案追诉标准的规定(二)》第七十九条第三项规定，非法从事资金支付结算业务数额在200万元以上或者违法所得数额在5万元以上的应予立案追诉。就信用卡套现而言，根据2009年12月16日起施行的《最高人民法院、最高人民检察院关于办理妨害信用卡管理刑事案件具体应用法律若干问题的解释》第七条规定，从事信用卡套现数额在100万元以上，或者造成金融机构资金20万元以上逾期未还，或者造成金融机构经济损失10万元以上的属于“情节严重”；数额在500万元以上的，或者造成金融机构资金100万元以上逾期未还的，或者造成金融机构经济损失50万元以上的，属于“情节特别严重”。如果参照信用卡套现的量刑标准，被告人杜振狮的行为有可能符合“情节特别严重”的认定条件。但由于消费额度套现不同于信用卡套现，因此不能用信用卡套现的标准对被告人杜振狮行为进行量刑。消费额度套现本质上属于非法从事资金支付结算业务，杜振狮在没有真实交易的情况下，通过虚构交易将重庆市阿里巴巴小额贷款公司的资金直接支付给淘宝用户，并从中获利，系未经国家有关主管部门批准非法从事资金支付结算业务的行为，符合《最高人民检察院、公安部关于公安机关管辖的刑事案件立案追诉标准的规定（二）》第七十九条第三项应予立案追诉标准，已达到非法经营行为情节严重标准。

需要注意的是，2019 年 2 月 1 日施行的《最高人民法院、最高人民检察院关于办理非法从事资金支付结算业务、非法买卖外汇刑事案件适用法律若干问题的解释》已对非法从事资金支付结算业务的追诉标准进行了修订。根据该解释第三条、第四条规定，非法从事资金支付结算业务非法经营数额在 500 万元以上或违法所得数额在 10 万元以上的，应当认定为非法经营行为“情节严重”；非法经营数额在 2500 万元以上或违法所得数额在 50 万元以上的，应当认定为非法经营行为“情节特别严重”。具有曾因非法从事资金支付结算业务或者非法买卖外汇犯罪行为受过刑事追究，二年内因非法从事资金支付结算业务或者非法买卖外汇违法行为受过行政处罚，拒不交代涉案资金去向或者拒不配合追缴工作致使赃款无法追缴，或者造成其他严重后果情形之一，非法经营数额在 250 万元以上或者违法所得数额在 5 万元以上的，可以认定为非法经营行为“情节严重”；非法经营数额在 1250 万元以上或者违法所得数额在 25 万元以上，可以认定为非法经营行为“情节特别严重”。

（一审法院合议庭成员　黄　亚　陈道荣　戴真银

编写人　重庆市高级人民法院　游中川

重庆市第一中级人民法院王晓利

责任编辑　包献荣

审稿人　李玉萍）

原载《人民法院案例选》2020 年第 1 辑（总第 143 辑）

135. 袁增超非法经营案

——非法利用 POS 机进行信用卡代还款行为的定性

【关键词】

刑事　非法经营罪　非法从事资金支付结算业务　信用卡套现　信用卡代还款

【裁判要旨】

行为人先垫资替信用卡持卡人归还到期透支款项，后使用 POS 机以虚构交易方式取回垫资款的，属于非法从事资金支付结算业务，情节严重的，应以非法经营罪定罪处罚。

【相关法条】

《中华人民共和国刑法》

第二百二十五条　违反国家规定，有下列非法经营行为之一，扰乱市场秩序，情节严重的，处五年以下有期徒刑或者拘役，并处或者单处违法所得一倍以上五倍以下罚金；情节特别严重的，处五年以上有期徒刑，并处违法所得一倍以上五倍以下罚金或者没收财产：

（一）未经许可经营法律、行政法规规定的专营、专卖物品或者其他限制买卖的物品的；

（二）买卖进出口许可证、进出口原产地证明以及其他法律、行政法规规定的经营许可证或者批准文件的；

（三）未经国家有关主管部门批准非法经营证券、期货、保险业务的，或者非法从事资金支付结算业务的；

（四）其他严重扰乱市场秩序的非法经营行为。

《最高人民法院、最高人民检察院关于办理妨害信用卡管理刑事案件具体应用法律若干问题的解释》

第十二条第一款　违反国家规定，使用销售点终端机具（POS 机）等方法，以虚构交易、虚开价格、现金退货等方式向信用卡持卡人直接支付现金，情节严重的，应当依据刑法第二百二十五条的规定，以非法经营罪定罪处罚。

《最高人民法院、最高人民检察院关于办理非法从事资金支付结算业务、非法买卖外汇刑事案件适用法律若干问题的解释》

第一条　违反国家规定，具有下列情形之一的，属于刑法第二百二十五条第三项规定的“非法从事资金支付结算业务”：

（一）使用受理终端或者网络支付接口等方法，以虚构交易、虚开价格、交易退款等非法方式向指定付款方支付货币资金的；

（二）非法为他人提供单位银行结算账户套现或者单位银行结算账户转个人账户服务的；

（三）非法为他人提供支票套现服务的；

（四）其他非法从事资金支付结算业务的情形。

【案件索引】

一审：江苏省昆山市人民法院（2017）苏0583刑初752号（2019年5月16日）

【基本案情】

江苏省昆山市人民检察院指控：被告人袁增超犯非法经营罪。

被告人袁增超对被控非法经营犯罪无异议。其辩护人的辩护意见：根据《最高人民法院、最高人民检察院关于办理妨害信用卡管理刑事案件具体应用法律若干问题的解释》①（以下简称《信用卡管理司法解释》）第十二条规定，使用POS机进行信用卡套现，情节严重的，构成非法经营罪。信用卡套现的目的是获取银行的现金，而信用卡“养卡”的目的是让持卡人不产生逾期利息。被告人袁增超仅帮持卡人养卡，并未向持卡人直接支付现金，不构成信用卡套现，故根据罪刑法定原则，不应认定为非法经营罪。

法院经审理查明：2014年至2015年期间，被告人袁增超违反国家规定，使用其本人或者他人的商户终端机具（POS机），以虚构交易的方式，通过向持卡人的信用卡先还款再使用POS机刷卡将所还款项套出的方式，先后替陈某某、朱某、王某某等人持有的80余张信用卡进行“养卡”，支付货币资金累计达1100余万元，从中收取手续费共计12000元。

另查明，案发后，公安机关扣押被告人袁增超POS机、手机、银行卡、笔记本电脑等物。被告人袁增超归案后如实供述了犯罪事实，并退缴违法所得12000元。

【裁判结果】

江苏省昆山市人民法院于2019年5月16日作出（2017）苏0583刑初752号刑事判决：一、被告人袁增超犯非法经营罪，判处有期徒刑二年三个月，缓刑三年，并处罚金2万元；二、暂扣本院的被告人袁增超违法所得12000元，予以没收；三、公安机关扣押被告人袁增超POS机、手机、银行卡、笔记本电脑等物，由公安机关依法处理。

宣判后，被告人袁增超未提出上诉，公诉机关亦未提出抗诉，判决已发生法律效力。

【裁判理由】

法院生效裁判认为：被告人袁增超违反国家规定，使用销售点终端机具，以虚构交易的非法方式向指定付款方支付货币资金，累计金额达人民币1100余万元，情节严重，

---

① 《最高人民法院、最高人民检察院关于办理妨害信用卡管理刑事案件具体应用法律若干问题的解释》于2009年12月3日公布，同月16日起施行。2018年11月28日，最高人民法院、最高人民检察院对该司法解释进行了修正，但未修改有关非法使用POS机套现的规定。

其行为已构成非法经营罪。被告人袁增超归案后如实供述自己的罪行，并退缴违法所得，予以从轻处罚。

【案例注解】

信用卡代还款（俗称“养卡”），是指在信用卡持卡人透支信用额度后无力还款的情况下，行为人先垫资替持卡人归还到期透支款，随后用 POS 机以虚构交易等方式取回垫资款，以恢复持卡人的信用额度，延长透支期限，并收取一定比例的手续费的行为。本案的争议焦点，是被告人袁增超使用 POS 机为他人“养卡”，是否构成非法经营罪？对此，主要存在两种意见：第一种意见认为，根据《信用卡管理司法解释》第十二条的规定，非法使用 POS 机套现且情节严重的，以非法经营罪定罪处罚。被告人袁增超仅利用 POS 机为他人信用卡“养卡”，并非向持卡人直接支付现金，不构成非法经营罪。第二种意见认为，被告人袁增超使用 POS 机为他人“养卡”，扰乱了金融管理秩序，情节严重，构成非法经营罪。但对于“养卡”属于何种非法经营行为，又存在分歧。其中一种意见认为，“养卡”在性质上等同于套现，应根据《信用卡管理司法解释》第十二条的规定处理。另一种意见认为，本案应适用《刑法》第二百二十五条第四项规定的兜底条款即“其他严重扰乱市场秩序的非法经营行为”进行定罪处罚。还有意见认为，使用 POS 机“养卡”与套现均属于非法从事资金支付结算业务，应适用《刑法》第二百二十五条第三项的规定处理。

笔者认同被告人袁增超的行为构成非法经营罪，同时认为 POS 机“养卡”和套现均属于《刑法》第二百二十五条第三项规定的非法从事资金支付结算业务。具体分析如下：

一、利用 POS 机“养卡”不等于利用 POS 机套现

司法实务界和理论界有观点认为，根据《信用卡管理司法解释》所要保护的法益及国务院颁布的《现金管理暂行条例》第七条第一款、中国人民银行颁布的《现金管理暂行条例实施细则》第九条中赋予转账结算凭证与现金同等支付能力的精神，支票、银行汇票、银行转账凭证等转账结算凭证在一定条件下能够转化为纸币、硬币等一般意义上的现款，亦属《信用卡管理司法解释》第十二条中规定的“现金”。[①] 信用卡透支到期后，行为人替持卡人还款，等同于行为人将该笔款项交给持卡人，与信用卡套现只是刷卡操作上先后顺序不同，本质相同，均是扰乱金融市场秩序的行为，应当按照《信用卡管理司法解释》第十二条的规定认定为非法经营行为。[②]

对此，笔者持否定意见。首先，从行为特征上看，“养卡”行为不等于套现。套现是利用 POS 机以虚构交易等方式，将信用卡内的授信额度转化为现金套取出来，行为人向持卡人直接支付现金。而“养卡”中，行为人先以现金或者转账方式替持卡人还款，然后使用 POS 机取回垫资款，其间并没有向持卡人支付现金。其次，从《信用卡管理司法解释》的出台背景来考察，之所以将协助持卡人套现行为认定为非法经营罪，主要原因是随着特约商户领域的不断拓宽和普及，我国信用卡套现的案件急剧增长。该类行为

---

① 详见青海省高级人民法院（2018）青刑申 28 号驳回申诉通知书。

② 何荣功：《“养卡”行为的刑法定性初探》，载《中国刑事法杂志》2011 年第 8 期；陈巧玲：《非法使用 POS 机进行信用卡套现、代还款的定罪》，载《人民司法》2012 年第 2 期。

具有极大的危害性，不仅增加了金融秩序中的不稳定因素，还给发卡银行带来巨大的信贷风险。可见，《信用卡管理司法解释》第十二条主要是针对信用卡套现行为作出的规定，并不涉及“养卡”行为。最后，从社会危害性来看，信用卡套现的危害在于将金融机构资金置于高度风险之中，给发卡银行带来信贷风险。而“养卡”中，行为人替持卡人归还到期透支款，不仅没有给银行造成信贷风险，而且对银行顺利收回透支款项起到了一定的帮助作用。换言之，“养卡”行为至少在短时间内缓解甚至解除了银行的信贷风险，其危害性要小于信用卡套现。因此，无论从行为特征、《信用卡管理司法解释》的出台背景，还是从社会危害性来看，“养卡”都不等于套现。

二、利用 POS 机“养卡”和套现均属于非法从事资金支付结算业务，而非“其他严重扰乱市场秩序的非法经营行为”

《刑法修正案（七）》虽然将“非法从事资金支付结算业务”规定为非法经营罪，但没有明确资金支付结算的具体情形，司法实践中对非法从事资金支付结算业务的认定存在争议。关于 POS 机“养卡”、套现是否属于非法从事资金支付结算业务问题，有观点认为，《信用卡管理司法解释》出台于《刑法修正案（七）》施行之后，虽然规定了对非法使用 POS 机套现行为应当根据《刑法》第二百二十五条的规定定罪处罚，但是没有明确要适用该条的第几项内容，故应理解为是对该条第四项兜底条款即“其他严重扰乱市场秩序的非法经营行为”的具体规定。张明楷教授也持有这种观点，其认为：“非法经营罪的前三种行为往往容易认定，难以认定的是‘其他严重扰乱市场秩序的非法经营行为’。根据近几年的立法与司法解释，对下列行为应认定为非法经营罪：……10. 根据 2009 年 12 月 3 日《信用卡管理司法解释》，违反国家规定，使用销售点终端机具（POS 机）等方法，以虚构交易、虚开价格、现金退货等方式向信用卡持卡人直接支付现金，情节严重的，应当根据刑法第二百二十五条的规定，以非法经营罪定罪处罚。”① 鉴于 POS 机“养卡”在本质上也是扰乱金融市场秩序的行为，对其应当参照 POS 机套现处理，认定为“其他严重扰乱市场秩序的非法经营行为”。

笔者不认同上述观点，认为“养卡”与套现均属于“非法从事资金支付结算业务”。主要理由是：

第一，基于立法背景考察，《刑法修正案（七）》增加的“非法从事资金支付结算业务”，主要是针对非法为他人办理大额资金转移、非法套现等资金支付结算情节严重的行为所作的规定。② 根据中国人民银行《支付结算办法》及国务院《非法金融机构和非法金融业务活动取缔办法》的规定，支付结算是指单位、个人在社会经济活动中使用票据、信用卡和汇兑、托收承付、委托收款等结算方式进行货币给付及其资金清算的行为。银行是支付结算和资金清算的中介机构。未经中国人民银行依法批准，任何单位和个人不得作为中介机构经营支付结算业务或者擅自从事金融业务活动。很显然，未经批准，擅自利用 POS 机套现和“养卡”，均属于非法从事资金支付结算业务的情形。

第二，《信用卡管理司法解释》第十二条规定的“根据《刑法》第二百二十五条的规定”，实际上是指根据《刑法》第二百二十五条第三项中“非法从事资金支付结算业

① 张明楷：《刑法学（第五版）》，法律出版社 2016 年版，第 839 ~ 840 页。

② 郎胜主编：《〈中华人民共和国刑法〉理解与适用》，中国民主法制出版社 2015 年版，第 403 页。

务”的规定。在《信用卡管理司法解释》出台之前，有意见认为，信用卡套现相当于骗取银行贷款，应以骗取贷款罪定罪处罚。但《信用卡管理司法解释》起草者认为，信用卡套现行为中特约商户协助持卡人进行套现，是以收取手续费为目的，本质上是一种非法经营行为。既然《刑法修正案（七）》已将非法从事资金结算业务规定为非法经营罪的行为方式之一，因此对于实践中利用 POS 机、网上支付、电话支付等方法从事套现活动，情节严重，需要追究刑事责任的，可以适用《刑法》第二百二十五条规定处理。[①]在此类案件中，骗取贷款罪的犯罪主体是信用卡持卡人，特约商户是持卡人的帮助犯，若认定其构成骗取贷款罪，可能导致刑事处罚范围过大，不利于突出打击重点。由此可见，《信用卡管理司法解释》早已将 POS 机套现明确为非法从事资金支付结算业务。

第三，2010 年 5 月 7 日，最高人民检察院、公安部印发的《最高人民检察院、公安部关于公安机关管辖的刑事案件立案追诉标准的规定（二）》［以下简称《追诉标准（二）》］也认为非法使用 POS 机套现属于非法从事资金支付结算业务。根据《追诉标准（二）》第七十九条第三项规定，未经国家有关主管部门批准，非法经营证券、期货、保险业务，或者非法从事资金支付结算业务，具有下列情形之一的，应予立案追诉：（1）非法经营证券、期货、保险业务，数额在 30 万元以上的；（2）非法从事资金支付结算业务，数额在 200 万元以上的；（3）违反国家规定，使用销售点终端机具（POS 机）等方法，以虚构交易、虚开价格、现金退货等方式向信用卡持卡人直接支付现金，数额在 100 万元以上的，或者造成金融机构资金 20 万元以上逾期未还的，或者造成金融机构经济损失 10 万元以上的；（4）违法所得数额在 5 万元以上的。其中，第（1）种情形是针对第二百二十五条第三项中“非法经营证券、期货、保险业务”规定的入罪标准，第（2）、（3）种情形均是针对该项中“非法从事资金支付结算业务”规定的入罪标准。据此，《追诉标准（二）》第七十九条第三项的规定，与《信用卡管理司法解释》第十二条的出台意旨相一致。

第四，2019 年 1 月 31 日，最高人民法院、最高人民检察院联合发布的《关于办理非法从事资金支付结算业务、非法买卖外汇刑事案件适用法律若干问题的解释》（以下简称《办理非法从事资金支付结算、买卖外汇案件司法解释》）首次明确规定利用 POS 机套现、“养卡”均属于非法从事资金支付结算业务。《刑法修正案（七）》增加有关“非法从事资金支付结算业务”规定的目的是打击“地下钱庄”非法从事资金支付结算业务的行为。从近年查处的涉地下钱庄犯罪案件来看，非法从事资金支付结算业务，主要是不法分子通过设立空壳公司，采取网银转账等方式协助他人将对公账户非法转移到对私账户、套取现金等进行非法支付结算。结合司法实际和有关案例，《办理非法从事资金支付结算、买卖外汇案件司法解释》第一条规定，违反国家规定，具有下列情形之一的，属于非法从事资金支付结算业务：（1）使用受理终端或者网络支付接口等方法，以虚构交易、虚开价格、交易退款等非法方式向指定付款方支付货币资金的；（2）非法为他人提供单位银行结算账户套现或者单位银行结算账户转个人账户服务的；（3）非法为他人提供支票套现服务的；（4）其他非法从事资金支付结算业务的情形。其中，第（1）项系虚构支付结算情形，既包含非法利用 POS 机“养卡”，也包含 POS 机套现等行为。第

① 李少平主编：《解读最高人民法院司法解释、指导案例（刑事卷）》，人民法院出版社 2014 年版，第 374 页。

（2）项是公转私、套取现金情形。第（3）项是支票套现情形，俗称“支票串现金”。第（4）项系兜底条款，规定了其他非法从事资金支付结算业务的情形，以适应支付结算方式不断变化的需要。

三、对 POS 机“养卡”和套现应适用不同的定罪量刑标准

在《办理非法从事资金支付结算、买卖外汇案件司法解释》出台之前，根据《信用卡管理司法解释》《追诉标准（二）》的规定，对利用 POS 机套现和非法从事资金支付结算业务适用不同的定罪量刑标准。其中，使用 POS 机套现，数额在 100 万元以上，或者造成金融机构资金 20 万元以上逾期未还的，或者造成金融机构经济损失 10 万元以上的，构成非法经营“情节严重”。非法从事资金支付结算业务，数额在 200 万元以上，或者违法所得数额在 5 万元以上的，构成非法经营“情节严重”。鉴于此类犯罪属于经济犯罪，对其定罪量刑数额标准应与经济社会发展状况保持一定的适应性，故《办理非法从事资金支付结算、买卖外汇案件司法解释》适当提高了非法从事资金支付结算业务的数额标准，规定非法经营数额在 500 万元以上的，或者违法所得数额在 10 万元以上的，应当认定为“情节严重”。同时考虑从严打击涉“地下钱庄”犯罪的需要，《办理非法从事资金支付结算、买卖外汇案件司法解释》又规定了四种可以认定为“情节严重”的“数额 + 情节”的情形，即非法经营数额在 250 万元以上，或者违法所得数额在 5 万元以上，且具有下列情形之一的，可以认定为非法经营行为“情节严重”：（1）曾因非法从事资金支付结算业务或者非法买卖外汇犯罪行为受过刑事追究的；（2）两年内因非法从事资金支付结算业务或者非法买卖外汇违法行为受过行政处罚的；（3）拒不交代涉案资金去向或者拒不配合追缴工作，致使赃款无法追缴的；（4）造成其他严重后果的。

《办理非法从事资金支付结算、买卖外汇案件司法解释》出台后，针对 POS 机“养卡”和套现如何适用法律问题，有意见认为，既然 POS 机“养卡”和套现已被明确为非法从事资金支付结算业务，且《办理非法从事资金支付结算、买卖外汇案件司法解释》对非法从事资金支付结算业务的定罪标准作了新的规定，就应当对 POS 机“养卡”和套现统一适用该新标准进行处理。对此，笔者认为，对 POS 机“养卡”和套现仍应适用不同的定罪量刑标准，即对于套现行为的认定适用《信用卡管理司法解释》，对于“养卡”等其他虚构支付结算行为的认定适用《办理非法从事资金支付结算、买卖外汇案件司法解释》。首先，POS 机“养卡”和套现的危害性不同，这决定了要对二者适用不同的定罪量刑标准。如前所述，POS 机套现的社会危害性要大于 POS 机“养卡”，所以应对其适用更为严格的入罪标准，以体现刑法的罪责刑相适应原则。与《办理非法从事资金支付结算、买卖外汇案件司法解释》相比，《信用卡管理司法解释》对 POS 套现行为规定的入罪标准较低，有利于突出打击重点，有效惩罚和预防涉信用卡套现犯罪。其次，《信用卡管理司法解释》第十二条属于特别规定，应当优先适用。信用卡套现行为属于虚构支付结算行为的一种形式，《办理非法从事资金支付结算、买卖外汇案件司法解释》的规定属于一般规定，《信用卡管理司法解释》关于信用卡套现行为的规定属于特别规定，按照特别规定优于一般规定的原则，对于信用卡套现行为的认定适用《信用卡管理司法解释》，对于其他虚构支付结算行为的认定适用《办理非法从事资金支付结算、买卖外汇案件司法解释》。[①] 最后，在适用效力上，《办理非法从事资金支付结算、买卖外汇案件司法解释》与《信用卡管理司法解释》并不存在冲突。《办理非法从事资金支付结算、买卖外汇案件司法解释》第十二条规定："本解释自2019年2月1日起施行。《最高人民法院关于审理骗购外汇、非法买卖外汇刑事案件具体应用法律若干问题的解释》与本解释不一致的，以本解释为准。"从《办理非法从事资金支付结算、买卖外汇案件司法解释》的适用效力来看，《办理非法从事资金支付结算、买卖外汇案件司法解释》仅明确《最高人民法院关于审理骗购外汇、非法买卖外汇刑事案件具体应用法律若干问题的解释》第三条规定的定罪处罚标准不再适用，没有规定"之前发布的司法解释和规范性文件与本解释不一致的，以本解释为准"。因此，有关非法使用POS机套现的定罪量刑标准，仍应以《信用卡管理司法解释》为准，而不适用《办理非法从事资金支付结算、买卖外汇案件司法解释》。

综上，本案被告人袁增超违反《商业银行法》《支付结算办法》等国家规定，使用POS机从事信用卡代还款业务，非法经营数额累计1100余万元，情节严重，根据《办理非法从事资金支付结算、买卖外汇案件司法解释》的规定，应当构成非法经营罪。

（一审法院合议庭成员　汪　进　龚惠宝　陈玉萍
编写人　江苏省昆山市人民法院　王　东
责任编辑　包献荣
审稿人　李玉萍）

原载《人民法院案例选》2020年第7辑（总第149辑）

① 姜永义、陈学勇、陈新旺：《〈关于办理非法从事资金支付结算业务、非法买卖外汇刑事案件适用法律若干问题的解释〉的理解与适用》，载《人民法院报》2020年2月27日第6版。

三、出具证明文件重大失实罪

136. 杨某某、陈某某等出具证明文件重大失实案
——认定出具证明文件重大失实罪的若干要点

【关键词】

刑事　出具证明文件重大失实　出具虚假证明文件　入罪标准

【裁判要旨】

审理出具证明文件重大失实案件，一般应当将出具证明文件的法律主体作为单位犯罪的适格主体；应当严格依据在案证据查明行为人的主观过错，明知虚假证明文件而故意出具的，应当认定为提供虚假证明文件罪，确无法查明的应采存疑有利于被告人的原则认定为出具证明文件重大失实罪。

应当根据行为人违反相关工作准则的行为对严重后果的影响作用大小，来判断是否符合严重不负责任的入罪标准。

【相关法条】

《中华人民共和国刑法》

第二百二十九条　承担资产评估、验资、验证、会计、审计、法律服务等职责的中介组织的人员故意提供虚假证明文件，情节严重的，处五年以下有期徒刑或者拘役，并处罚金。

前款规定的人员，索取他人财物或者非法收受他人财物，犯前款罪的，处五年以上十年以下有期徒刑，并处罚金。

第一款规定的人员，严重不负责任，出具的证明文件有重大失实，造成严重后果的，处三年以下有期徒刑或者拘役，并处或者单处罚金。

第二百三十一条　单位犯本节第二百二十一条至第二百三十条规定之罪的，对单位判处罚金，并对其直接负责的主管人员和其他直接责任人员，依照本节各该条的规定处罚。

【案件索引】

一审：上海市第一中级人民法院（2017）沪01刑初80号（2017年11月21日）

二审：上海市高级人民法院（2018）沪刑终9号（2018年5月14日）

【基本案情】

上海市人民检察院第一分院指控称：被告单位利安达会计师事务所有限责任公司浙江分所（以下简称利安达分所）、被告人杨某某、陈某某、王某某、徐某犯出具证明文件重大失实罪。

法院经审理查明：利安达分所为利安达会计师事务所有限责任公司（以下简称为利安达公司）的分公司，无注册资本。被告人杨某某、陈某某、王某某、徐某在涉案期间均系利安达分所的注册会计师。

2013年8月，中恒通（福建）机械制造有限公司（以下简称为中恒通公司）董事长卢某某（另案处理）为解决公司资金困难，欲发行中恒通公司中小企业私募债券，并将相关发债要求告知了被告人杨某某。杨某某遂以利安达公司名义承接了中恒通公司审计项目，并指派被告人陈某某为项目现场负责人，进驻中恒通公司进行现场审计。审计期间，杨某某和陈某某根据卢某某提出的要求，违反审计准则，在缺少相关证明材料的情况下对中恒通公司的营业收入、净利润、资本公积金进行了审计调整，但陈某某在起草了审计报告初稿后，拒绝以项目负责人名义签名。嗣后，杨某某安排他人代替陈某某签名，还安排被告人王某某、徐某作为“签字会计师”签名。王某某作为审计项目的签发人，徐某在未实际参与审计项目的情况下，均未对审计初稿进行审核，直接予以签名。同年12月，利安达公司正式出具了审计报告，对中恒通公司2011、2012年度财务报表均出具了标准无保留意见审计报告。中恒通公司据此获准发行1亿元的中小企业私募债券，并最终无力偿付该私募债本息。

2016年9月，被告人杨某某在得知公安机关正在侦查中恒通公司涉嫌欺诈发行债券案后，多次组织被告人陈某某、徐某等人进行商议和自查。期间，杨某某等人重新整理了询征函统计表等程序性材料，更换了《签发单》《追加复核申请表》等内部审核表，还就审计过程等内容进行了串供。2017年2月至3月间，4名被告人经公安机关电话通知后，均自动投案，并如实供述全部犯罪事实。

【裁判结果】

上海市第一中级人民法院于2017年11月21日作出（2017）沪01刑初80号刑事判决：一、被告人杨某某犯出具证明文件重大失实罪，判处有期徒刑二年，缓刑三年，并处罚金人民币10万元；二、被告人陈某某犯出具证明文件重大失实罪，判处有期徒刑一年六个月，缓刑二年，并处罚金人民币5万元；三、被告人王某某犯出具证明文件重大失实罪，判处拘役六个月，缓刑六个月，并处罚金人民币5万元；四、被告人徐某犯出具证明文件重大失实罪，判处有期徒刑六个月，缓刑一年，并处罚金人民币5万元。

宣判后，被告人陈某某、王某某、徐某提出上诉。上海市高级人民法院于2018年5月14日作出（2018）沪刑终9号刑事裁定：驳回上诉，维持原判。

【裁判理由】

法院生效裁判认为：利安达公司承接中恒通公司审计项目后，未按审计准则要求对中恒通公司账外收入和股东捐赠情况进行审计，虚增了中恒通公司营业收入、净利润和资本公积金，出具了上述内容重大失实的审计报告，造成被害人巨额经济损失的严重后果。被告单位利安达分所虽然实际参与了中恒通公司审计项目，但其仅系利安达公司的分支机构，并非中恒通公司审计项目的承接者和审计报告的出具者，且现无证据证实涉案审计费用全部归属于利安达分所，故公诉机关起诉指控被告单位利安达分所不当，不予支持。

被告人杨某某作为利安达分所副所长和中恒通公司审计项目的负责人，在利安达公司出具证明文件重大失实活动中实施了组织、管理等行为，系直接负责的主管人员，其行为构成出具证明文件重大失实罪。

被告人陈某某作为利安达分所注册会计师和中恒通公司审计项目的现场负责人，在利安达公司出具证明文件重大失实活动中实施了现场审计和初稿起草等行为，系直接责任人员，其行为构成出具证明文件重大失实罪。

被告人王某某作为利安达公司法定代表人授权的签字注册会计师，在未按审计准则对本案审计报告进行审核的情况下草率签发审计报告，系直接负责的主管人员，其行为构成出具证明文件重大失实罪。

被告人徐某作为利安达分所的注册会计师，在未实际参与中恒通公司审计项目现场审计的情况下，应被告人杨某某要求在审计报告上署名，系直接责任人员，其行为构成出具证明文件重大失实罪。

被告人杨某某、陈某某、王某某、徐某在利安达公司出具证明文件重大失实行为中所处地位、所起作用不同，但不足以区分主从犯，可在具体量刑时酌处。4名被告人均系接到公安机关电话通知后自动到案，到案后对于涉案事实均作了供述，故可以认定4名被告人均具有自首情节。杨某某、陈某某、徐某在案发前实施串供等行为，酌情从严惩处。

【案例注解】

本案系上海首例出具证明文件重大失实罪案件，主要争议焦点有三：一是利安达分所能否构成本案单位犯罪的适格主体；二是如何认定行为人对失实证明文件的主观认识；三是如何认定涉案行为已经达到严重不负责任的入罪标准。

一、单位犯罪适格主体的认定标准

由于本案出具证明文件的法律主体系单位，且不符合相关司法解释对于单位犯罪认定之例外情形，故公诉机关指控单位犯罪并无不当。但在如何确定单位犯罪适格主体的问题上，公诉机关认为本案审计项目的实际负责、操作、签字主要人员暨被告人杨某某、陈某某、王某某、徐某均系利安达分所的注册会计师，故将利安达分所列为被告单位提起公诉。

法院经审理认为，被告单位利安达分所不是本案适格主体。主要理由为：首先，《全国法院审理金融犯罪案件工作座谈会纪要》（以下简称为《会议纪要》）认为，单位的分支机构能成为单位犯罪适格主体的条件包括需以单位的分支机构的名义实施犯罪以及违法所得亦归分支机构这两个要件。结合本案，第一，杨某某虽然作为利安达分所的工作人员接洽中恒通公司审计项目，但相关承接合同上的主体是利安达公司，而非利安达分所。第二，最终在审计报告上加盖的公章系利安达公司公章，因此从法律关系上应当认为审计的主体系利安达公司，而非利安达分所。第三，中恒通公司支付的审计费用（违法所得）除少部分作为签字费支付给各名被告人和相关人员外，大部分流向利安达公司，而非利安达分所。因此，将利安达分所作为责任主体不符合上述《会议纪要》的相关精神。其次，从审计报告的制作流程来看，包含了撰稿、现场负责人复核、部门经理复核、质量监管部复核、项目合伙人复核、质监会办公室意见、质量与技术标准委员会意见等诸多环节，参与这些环节的审计工作人员不仅包括利安达分所的本案被告人，还包括利安达公司的工作人员。特别是利安达公司法定代表人不仅对本案审计项目明确知晓，还授权王某某作为签字注册会计师在本案审计报告上签字。因此，如果把利安达分所作为责任主体，不利于对利安达公司其他经办人员作出责任评价。最后，利安达分所作为利安达公司的分公司，无独立法人资格，无注册资本，不利于对单位所判处罚金刑的执行。最终，法院认定利安达分所并非本案单位犯罪的适格主体，对公诉机关的相关指控不予支持。

二、对失实证明文件主观明知的判断标准

提供虚假证明文件罪和出具证明文件重大失实罪同属《刑法》第二百二十九条条文，区别在于责任人员是否明知所出具的证明文件不属实，如果系明知而故意出具且情节严重的则应认定为提供虚假证明文件罪，如果确系不明知而因严重不负责任导致严重后果发生的则应认定为提供证明文件重大失实罪。法院经审理认为，被告人杨某某和陈某某在是否明知审计报告不属实这一问题上存疑，表现为：杨某某、陈某某到案后供称他们明知中恒通公司未提供相关合同、询征函、缴税凭证等证明巨额账外收入的基础材料，不明知股东会决议系虚假，但因审计任务紧、期限短等原因，在未要求补全和核实清楚相关材料的情况下匆忙出具了审计报告。依据《中国注册会计师审计准则》的相关规定，对于上述情况审计人员应当出具保留意见或者否定审计报告。但本案中，从杨某某授意陈某某如何落实中恒通公司的审计要求、陈某某未在审计报告底稿和结论上标注或提示重大瑕疵、陈某某拒绝在审计报告上签名等异常情况来看，应当认为杨、陈二人具有明知审计报告失实的嫌疑。然而，法院综合考虑到在案其他证据难以进一步印证杨、陈两人具有明知的故意，且无法查实中恒通公司有利益输送的证据，故按照存疑时有利于被告人的原则，最终认定杨某某和陈某某构成出具证明文件重大事实罪。

三、被告人严重不负责任的入罪标准

出具证明文件重大失实罪的构成要件之一是被告人是否属于严重不负责任，因此审理此类案件时应当查明被告人究竟不负何种责任及其严重程度。本案中，利安达公司系承担审计等职责的中介组织，其与组织内相关从业人员在执行审计业务期间，均应当遵守相关注册会计师从业准则等规定。就被告人杨某某而言，其作为审计项目的负责人员，指派被告人陈某某等人进行现场审计，在缺乏有关证明材料的情况下与陈某某商议如何落实中恒通公司的相关要求，在陈某某拒绝在审计报告上签名后又指使他人代替陈某某签名，还安排被告人王某某、徐某作为“签字注册会计师”签名。就被告人陈某某而言，其系本案审计项目的现场负责人和审计报告初稿的起草者，未对中恒通公司账外收入和股东捐赠等进行审核，亦未在审计报告底稿和结论上标注或提示上述重大瑕疵，最终出具无保留意见的审计结论，其行为违反了前述注册会计师审计准则的相关规定。陈某某作为一名注册会计师，理应恪守忠实诚信的职业操守，自觉抵制、勇于揭发任何影响审计报告真实性、完整性的不当行为。其单方面的拒绝署名行为，并未有效避免犯罪结果的发生，不能成为正当的免责事由。就被告人王某某而言，其作为利安达公司法定代表人授权的签字注册会计师，负责签发审计报告，故理应对审计报告的真实性、完整性进行复核。然而，其不仅没有核实中恒通公司巨额账外收入和股东捐赠等重要审计调整事项，甚至都未发现徐某并非审计项目现场负责人等重大瑕疵。就被告人徐某而言，作为利安达分所的注册会计师，在未实际参与中恒通公司审计项目现场审计的情况下，应被告人杨某某要求在审计报告上署名，严重违反了《财政部关于注册会计师在审计报告上签名盖章有关问题的通知》中“出具审计报告应当由会计师事务所主任会计师或其授权的副主任会计师和一名负责该项目的注册会计师签名盖章并经会计师事务所盖章方有效”的规定。综上，上述4名被告人分别在管理、执行、复核、署名等事项上违背职责、违法操作，部分被告人还进行串供、隐藏罪证，显然已经违背了法律规定和职业道德，最终致使严重后果的发生，故应当以严重不负责任予以评价。

（一审法院合议庭成员　胡洪春　吴循敏　闻富国
二审法院合议庭成员　罗开卷　许　浩　金　俊
编写人　上海市第一中级人民法院　胡洪春　黄思嘉
责任编辑　周维明
审稿人　李玉萍）

原载《人民法院案例选》2020年第9辑（总第151辑）

2 刑事卷

China Law Reports
人民法院案例选

分类重排本

（2016—2020）

最高人民法院中国应用法学研究所　编

人民法院出版社

刑事卷总目录

第二册目录

刑法分则编

第三章　侵犯公民人身权利、民主权利罪

一、故意杀人罪

二、过失致人死亡罪

三、故意伤害罪

四、组织出卖人体器官罪

五、强　奸　罪

六、强制猥亵、侮辱罪

七、猥亵儿童罪

八、非法拘禁罪

九、绑　架　罪

十、拐卖妇女、儿童罪

十六、重　婚　罪

十七、虐　待　罪

十八、虐待被监护、看护人罪

十九、拐骗儿童罪

二十、组织未成年人进行违反治安管理活动罪

第四章　侵犯财产罪

一、抢　劫　罪

二、盗　窃　罪

三、诈 骗 罪

四、职务侵占罪

五、挪用资金罪

六、敲诈勒索罪

七、故意毁坏财物罪

第三章　侵犯公民人身权利、民主权利罪

一、故意杀人罪

137. 指导案例 4 号：王志才故意杀人案

——因恋爱婚姻矛盾激化引发的故意杀人案中被告人的定罪量刑

（最高人民法院审判委员会讨论通过　2011 年 12 月 20 日发布）

【关键词】

刑事　故意杀人罪　婚恋纠纷引发　坦白悔罪　死刑缓期执行　限制减刑

【裁判要点】

因恋爱、婚姻矛盾激化引发的故意杀人案件，被告人犯罪手段残忍，论罪应当判处死刑，但被告人具有坦白悔罪、积极赔偿等从轻处罚情节，同时被害人亲属要求严惩的，人民法院根据案件性质、犯罪情节、危害后果和被告人的主观恶性及人身危险性，可以依法判处被告人死刑，缓期二年执行，同时决定限制减刑，以有效化解社会矛盾，促进社会和谐。

【相关法条】

《中华人民共和国刑法》

第五十条第二款　对被判处死刑缓期执行的累犯以及因故意杀人、强奸、抢劫、绑架、放火、爆炸、投放危险物质或者有组织的暴力性犯罪被判处死刑缓期执行的犯罪分子，人民法院根据犯罪情节等情况可以同时决定对其限制减刑。

【基本案情】

被告人王志才与被害人赵某某（女，殁年 26 岁）在山东省潍坊市科技职业学院同学期间建立恋爱关系。2005 年，王志才毕业后参加工作，赵某某考入山东省曲阜师范大学继续专升本学习。2007 年赵某某毕业参加工作后，王志才与赵某某商议结婚事宜，因赵某某家人不同意，赵某某多次提出分手，但在王志才的坚持下二人继续保持联系。2008 年 10 月 9 日中午，王志才在赵某某的集体宿舍再次谈及婚恋问题，因赵某某明确表示二人不可能在一起，王志才感到绝望，愤而产生杀死赵某某然后自杀的念头，即持赵某某宿舍内的一把单刃尖刀，朝赵的颈部、胸腹部、背部连续捅刺，致其失血性休克死亡。次日8时30分许，王志才服农药自杀未遂，被公安机关抓获归案。王志才平时表现较好，归案后如实供述自己罪行，并与其亲属积极赔偿，但未与被害人亲属达成赔偿协议。

【裁判结果】

山东省潍坊市中级人民法院于2009年10月14日以（2009）潍刑一初字第35号刑事判决，认定被告人王志才犯故意杀人罪，判处死刑，剥夺政治权利终身。宣判后，王志才提出上诉。山东省高级人民法院于2010年6月18日以（2010）鲁刑四终字第2号刑事裁定，驳回上诉，维持原判，并依法报请最高人民法院核准。最高人民法院根据复核确认的事实，以（2010）刑三复22651920号刑事裁定，不核准被告人王志才死刑，发回山东省高级人民法院重新审判。山东省高级人民法院经依法重新审理，于2011年5月3日作出（2010）鲁刑四终字第2－1号刑事判决，以故意杀人罪改判被告人王志才死刑，缓期二年执行，剥夺政治权利终身，同时决定对其限制减刑。

【裁判理由】

山东省高级人民法院经重新审理认为：被告人王志才的行为已构成故意杀人罪，罪行极其严重，论罪应当判处死刑。鉴于本案系因婚恋纠纷引发，王志才求婚不成，恼怒并起意杀人，归案后坦白悔罪，积极赔偿被害方经济损失，且平时表现较好，故对其判处死刑，可不立即执行。同时考虑到王志才故意杀人手段特别残忍，被害人亲属不予谅解，要求依法从严惩处，为有效化解社会矛盾，依照《中华人民共和国刑法》第五十条第二款等规定，判处被告人王志才死刑，缓期二年执行，同时决定对其限制减刑。

原载《人民法院案例选》2016年第1辑（总第95辑）

138. 指导案例12号：李飞故意杀人案

——因民间矛盾引发的杀人案中被告人的定罪量刑

（最高人民法院审判委员会讨论通过　2012年9月18日发布）

【关键词】

刑事　故意杀人罪　民间矛盾引发　亲属协助抓捕　累犯　死刑缓期执行　限制减刑

【裁判要点】

对于因民间矛盾引发的故意杀人案件，被告人犯罪手段残忍，且系累犯，论罪应当判处死刑，但被告人亲属主动协助公安机关将其抓捕归案，并积极赔偿的，人民法院根据案件具体情节，从尽量化解社会矛盾角度考虑，可以依法判处被告人死刑，缓期二年执行，同时决定限制减刑。

【相关法条】

《中华人民共和国刑法》

第五十条第二款　对被判处死刑缓期执行的累犯以及因故意杀人、强奸、抢劫、绑架、放火、爆炸、投放危险物质或者有组织的暴力性犯罪被判处死刑缓期执行的犯罪分子，人民法院根据犯罪情节等情况可以同时决定对其限制减刑。

【基本案情】

2006年4月14日，被告人李飞因犯盗窃罪被判处有期徒刑二年，2008年1月2日刑满释放。2008年4月，经他人介绍，李飞与被害人徐某某（女，殁年26岁）建立恋爱关系。同年8月，二人因经常吵架而分手。8月24日，当地公安机关到李飞的工作单位给李飞建立重点人档案时，其单位得知李飞曾因犯罪被判刑一事，并以此为由停止了李飞的工作。李飞认为其被停止工作与徐某某有关。

同年9月12日21时许，被告人李飞拨打徐某某的手机，因徐某某外出，其表妹王某某（被害人，时年16岁）接听了李飞打来的电话，并告知李飞，徐某某已外出。后李飞又多次拨打徐某某的手机，均未接通。当日23时许，李飞到哈尔滨市呼兰区徐某某开设的“小天使形象设计室”附近，再次拨打徐某某的手机，与徐某某在电话中发生吵骂。后李飞破门进入徐某某在“小天使形象设计室”内的卧室，持室内的铁锤多次击打徐某某的头部，击打徐某某表妹王某某头部、双手数下。稍后，李飞又持铁锤先后再次击打徐某某、王某某的头部，致徐某某当场死亡、王某某轻伤。为防止在场的“小天使形象设计室”学徒工佟某报警，李飞将徐某某、王某某及佟某的手机带离现场抛弃，后潜逃。同月23日22时许，李飞到其姑母李某某家中，委托其姑母转告其母亲梁某某送钱。梁某某得知此情后，及时报告公安机关，并于次日晚协助公安机关将来姑母家取钱的李飞抓获。在本案审理期间，李飞的母亲梁某某代为赔偿被害人亲属4万元。

【裁判结果】

黑龙江省哈尔滨市中级人民法院于2009年4月30日以（2009）哈刑二初字第51号刑事判决，认定被告人李飞犯故意杀人罪，判处死刑，剥夺政治权利终身。宣判后，李飞提出上诉。黑龙江省高级人民法院于2009年10月29日以（2009）黑刑三终字第70号刑事裁定，驳回上诉，维持原判，并依法报请最高人民法院核准。最高人民法院根据复核确认的事实和被告人母亲协助抓捕被告人的情况，以（2010）刑五复66820039号刑事裁定，不核准被告人李飞死刑，发回黑龙江省高级人民法院重新审判。黑龙江省高级人民法院经依法重新审理，于2011年5月3日作出（2011）黑刑三终字第63号刑事判决，以故意杀人罪改判被告人李飞死刑，缓期二年执行，剥夺政治权利终身，同时决定对其限制减刑。

【裁判理由】

黑龙江省高级人民法院经重新审理认为：被告人李飞的行为已构成故意杀人罪，罪行极其严重，论罪应当判处死刑。本案系因民间矛盾引发的犯罪；案发后李飞的母亲梁某某在得知李飞杀人后的行踪时，主动、及时到公安机关反映情况，并积极配合公安机关将李飞抓获归案；李飞在公安机关对其进行抓捕时，顺从归案，没有反抗行为，并在归案后始终如实供述自己的犯罪事实，认罪态度好；在本案审理期间，李飞的母亲代为赔偿被害方经济损失；李飞虽系累犯，但此前所犯盗窃罪的情节较轻。综合考虑上述情节，可以对李飞酌情从宽处罚，对其可不判处死刑立即执行。同时，鉴于其故意杀人手段残忍，又系累犯，且被害人亲属不予谅解，故依法判处被告人李飞死刑，缓期二年执行，同时决定对其限制减刑。

原载《人民法院案例选》2016年第1辑（总第95辑）

139. 张静故意杀人案*

——玩“危险游戏”致人死亡案件中行为人主观心态的认定

【关键词】

故意杀人罪　主观故意　危险游戏

【裁判要点】

玩“危险游戏”致人死亡案件中行为人的主观心态应认定为故意。

【相关法条】

《中华人民共和国刑法》

第二百三十二条　故意杀人的，处死刑、无期徒刑或者十年以上有期徒刑；情节较轻的，处三年以上十年以下有期徒刑。

【案情及裁判】

浙江省宁波市人民检察院以被告人张静犯故意杀人罪，向宁波市中级人民法院提起公诉。

被告人张静辩称其没有杀死被害人的故意。

宁波市中级人民法院经公开审理查明：被告人张静与被害人张丽敏均在浙江省慈溪市务工，二人共同租住于慈溪市周巷镇城中村傅家兴二弄14号102室。2012年8月13日1时许，张静用手机上网时发现一条“用绳子勒脖子会让人产生快感”的信息，决定与张丽敏尝试一下，并准备了裙带作为勒颈工具。随后，张静与张丽敏面对面躺在床上，张静将裙带缠系在张丽敏的颈部，用双手牵拉裙带的两端勒颈。其间，张丽敏挣扎、呼救。两人的亲友、邻居等人闻声而至，在外敲窗询问，张静答称张丽敏在说梦话。后张静发现张丽敏已窒息死亡，遂割腕自杀，未果。当日8时许，张静苏醒后报警求救，经民警询问，其交代了自己的犯罪事实。案发后双方家属达成赔偿和解协议。

宁波市中级人民法院认为：被告人张静与被害人张丽敏相约做“用绳子勒脖子产生快感”的游戏，张静用裙带勒张丽敏颈部，且在张丽敏呼救时依然勒颈，放任张丽敏死亡结果的发生，其行为构成故意杀人罪。公诉机关指控的罪名成立。张静作为成年人，理应对勒颈可以致人死亡的常识有所认识，且当被害人被勒颈产生激烈反应，伴有脚踢

* 案例来源：最高人民法院刑事审判第一、二、三、四、五庭主办：《刑事审判参考》（第101集），法律出版社2015年版，第80～83页。

床板、喊叫救命等行为时，张静更应明知其行为可能会产生致人死亡的结果，但仍放任被害人死亡结果的发生，其行为符合故意杀人罪的特征。鉴于张静案发后主动报警，如实供认自己的犯罪事实，构成自首。并积极向被害人的亲属赔偿经济损失且获得谅解，依法可以减轻处罚。据此，依照《中华人民共和国刑法》第二百三十二条、第六十七条第一款之规定，宁波市中级人民法院以被告人张静犯故意杀人罪，判处有期徒刑七年。

一审宣判后，被告人张静以定性不当为由，向浙江省高级人民法院提起上诉。

浙江省高级人民法院经公开审理认为：原判认定的事实清楚，证据确实、充分，定罪和适用法律正确，量刑适当，审判程序合法，遂裁定驳回上诉，维持原判。

【法理解析】

本案的焦点问题在于玩“危险游戏”致人死亡时，被告人主观心态的认定。在本案中，对于被告人主观心态的认识，应该结合当时具体环境、游戏的危险程度和日常生活经验进行综合判断。首先，张静作为成年人，理应对勒颈可致人死亡的常识有所认识。从日常生活常识以及被告人自己的供述就可以判断出其明知这一点。其次，在游戏进行过程中，被告人对于危险的现实性也是明知的。当被害人被勒颈时反应激烈，伴有脚踢床板、喊叫救命等行为时，结合当时的客观情况可以判断被告人张静对其行为可能会产生致人死亡的结果应为明知。最后，被告人张静在明知游戏的危险性可能导致被害人死亡的情形下，仍然放任这种结果的发生，其主观上更符合间接故意犯罪的特征。因此，人民法院应当以（间接）故意杀人罪对其定罪处罚。

原载《人民法院案例选》2016 年第 1 辑（总第 95 辑）

140. 刘天赐故意杀人案

——轻微暴力致特殊体质者死亡的行为定性

【关键词】

特殊体质 不作为 间接故意 因果关系

【裁判要旨】

行为人明知被害人为特殊体质，对被害人实施轻微暴力，致特殊体质者病发，又未进行正确救助，致被害人死亡的，应以故意杀人罪定罪处罚。

【相关法条】

《中华人民共和国刑法》

第二百三十二条 故意杀人的，处死刑、无期徒刑或者十年以上有期徒刑；情节较轻的，处三年以上十年以下有期徒刑。

【案件索引】

一审：天津市第一中级人民法院（2013）一中刑初字第108号（2014年2月20日）

二审：天津市高级人民法院（2014）津高刑一终字第39号（2014年8月18日）

【基本案情】

天津市人民检察院第一分院指控：2012年10月3日17时许，被告人刘天赐在其居住处，因琐事殴打被害人刘某致其死亡，并将尸体掩埋于院内。被告人刘天赐为掩饰犯罪行为，假意与村民寻找被害人刘某。后因尸体腐败发生膨胀，被告人刘天赐多次用自制扎枪捅扎尸体进行放气。2012年12月初，被告人刘天赐为毁尸灭迹，将尸体肢解后抛弃。经鉴定，被害人刘某系死亡后被他人用锐器分尸。

公诉机关认为，被告人刘天赐故意杀人致人死亡，并在作案后分尸灭迹，其行为触犯了《中华人民共和国刑法》第二百三十二条规定，犯罪事实清楚，证据确实、充分，应当以故意杀人罪追究其刑事责任。

被告人刘天赐承认公诉机关指控其杀人分尸的犯罪事实，但辩解其只是打了被害人刘某一个耳光导致被害人癫痫发作，其实施了救助行为但未能阻止被害人死亡。其辩护人认为公诉人指控被告人刘天赐故意杀人的罪名不能成立，应以过失致人死亡罪和侮辱尸体罪对被告人刘天赐定罪量刑。

法院经审理查明：被告人刘天赐与被害人刘某（女，殁年13岁）均系天津市静海县中旺镇大庄子村村民，刘某有癫痫病史。2012年10月3日17时许，被害人刘某在刘天赐家大门口附近玩耍，被告人刘天赐在明知刘某患有癫痫病，且癫痫病发作后会致人死亡的情况下，因琐事对刘某进行打骂，致刘某癫痫病发作。刘天赐没有对被害人进行救助，导致被害人死亡。当日及之后数日，被告人刘天赐为掩盖罪行将尸体掩埋于院内，并假意与村民多次外出寻找被害人刘某。其间，被告人刘天赐认为已掩埋的尸体腐败膨胀，遂多次用自制扎枪捅扎尸体放气。2012 年 12 月初，被告人刘天赐为毁尸灭迹，在家中用剪刀将尸体肢解成九块，将躯干及四肢分装在两个白色编织袋内，驾驶家中摩托车分别将上述两包尸块抛弃至天津市静海县中旺镇大庄子桥附近青静黄排水渠北侧河堤及静海县中旺镇大庄子村村南护村河内，将尸体头部抛至青静黄排水渠内。经侦查，公安人员于 2013 年 4 月 10 日在刘天赐家中将其抓获归案。经鉴定，被害人刘某系死亡后被他人用锐器分尸。

【裁判结果】

天津市第一中级人民法院于 2014 年 2 月 20 日作出（2013）一中刑初字第 108 号刑事附带民事判决：一、被告人刘天赐犯故意杀人罪，判处无期徒刑，剥夺政治权利终身；二、扣押在案的剪刀、铁锨、摩托车等作案工具，依法予以没收；三、被告人刘天赐赔偿附带民事诉讼原告人刘均祥、杨秀芬丧葬费人民币 32699.5 元（于判决生效后一个月内付清）。

宣判后，公诉机关认为被告人刘天赐故意杀人，致人死亡并肢解尸体，其犯罪手段极其残忍，犯罪情节、后果均特别严重，依法应予严惩，且无法定、酌定从轻、减轻处罚情节，原判量刑畸轻，被害人家属要求抗诉，故提出抗诉。附带民事诉讼原告人就附带民事部分提出上诉。

二审法院在审理期间，经刘天赐亲属与被害人亲属协商，自愿达成刑事附带民事赔偿协议。附带民事诉讼原告人撤回上诉，检察机关撤回抗诉。天津市高级人民法院于 2014 年 8 月 18 日作出（2014）津高刑一终字第 39 号刑事附带民事裁定：准许天津市人民检察院撤回抗诉。准许上诉人刘均祥、杨秀芬撤回上诉。

【裁判理由】

法院生效裁判认为：被告人刘天赐在明知被害人刘某有癫痫病史，且癫痫病发作可能会出现死亡危害结果的情况下，因琐事掌掴被害人致其癫痫病发作，此时，被告人刘天赐即具有了刑法理论中防止危害结果发生的特别义务，即其有义务实施法所期待的行为以阻止危害结果的发生。但被告人没有选择诸如拨打急救电话或告知病人家属等普遍被认可且行之有效的方式对被害人进行救助，而是为了实现本人免受追责的目的，将被害人拖进自己独居的院内，进而又转移至居室内，导致被害人因得不到有效的救助而死亡。其主观心态是为保全自己而不考虑其他，甚至是置被害人死活于不顾。被告人刘天赐主观心态为放任的间接故意，客观方面为不作为，符合间接故意犯罪的构成要件，应认定被告人刘天赐犯有故意杀人罪。公诉机关指控被告人刘天赐故意杀人犯罪的事实清楚，证据确实、充分，罪名成立，应予以确认。被告人刘天赐的行为已构成故意杀人罪，应依法予以处罚。

【案例注解】

本案在审理过程中，关于被告人刘天赐的行为是应当认定为过失致人死亡还是间接故意杀人，存在不同意见：一种意见认为，刘天赐没有杀人的动机，也没有实施杀人的行为。案发时，刘天赐只打了被害人一个耳光，导致被害人癫痫病发作，其实施了救助行为，但未能阻止被害人死亡。刘天赐对危害结果持反对的意志状态，属于轻信可以避免的过失犯罪，因此，其行为构成过失致人死亡罪；另一种意见认为，被告人刘天赐明知被害人刘某患有癫痫病，且癫痫病发作后会致人死亡，仍因琐事不计后果掌掴被害人，致被害人癫痫病发作。为了实现本人免受追责的目的，刘天赐未采取任何正确的救助措施，最终致被害人死亡。刘天赐对被害人死亡结果的发生持放任的意志状态，其行为构成间接故意杀人罪。笔者同意后一种意见，本案被告人刘天赐的行为构成故意杀人罪。对刘天赐行为的定性，可以从以下三个方面分析：

一、刘天赐的杀人行为是轻微暴力诱发特殊体质者生命危险的作为行为与因伤害行为诱发他人生命危险后，未实施正确救助致人死亡的不作为行为的结合

现代刑法理论通说，将犯罪行为分为作为与不作为两种基本类型，作为是指积极的行为，即行为人以积极的身体活动实施刑法所禁止的危害行为；不作为是指消极的行为，即行为人在能够履行自己应尽义务的情况下，不履行该义务。有学者认为作为与不作为是一种对立关系，一个犯罪行为不可能同时包含作为与不作为。① 但也有学者持不同的观点，认为："作为与不作为之间的对立关系事实上是就单一行为而言，但许多犯罪包括了复数行为（在法律上仍然是一个犯罪行为），而复数行为中完全有可能包含了作为和不作为。"② 笔者赞同作为与不作为可能结合为一个犯罪行为的观点。结合本案，即是一个杀人行为包括了复数行为，既包括明知被害人患有癫痫病，且癫痫病发作会致人死亡，仍不计后果掌掴被害人致其癫痫病发作的作为行为，也包括被害人癫痫病发作后，没有实施正确救助方式的不作为行为。

1. 明知被害人患有癫痫病，且癫痫病发作会致人死亡，仍不计后果实施掌掴被害人致其癫痫病发作的作为行为。刑法学视野中，所谓"轻微暴力"，是指行为人对被害人所实施的辱骂、撕扯、推搡等低位暴力行为，所实施的打击的部位是他人的非要害部位，在强度上不会造成一般人轻伤以上后果的暴力行为。通常情况下，此种程度的暴力不足以诱发被害人生命危险，甚至不会对被害人的身体机能造成损害。"特殊体质者"，是指患有严重疾病或者其他原因导致身体素质与其他人不一样的人。③ 这里的"明知"是指行为人在实施轻微暴力行为之时或之前知道对方是特殊体质者，包括明知"可能"和明知"必然"，行为人可以基于和特殊体质者平时的交往、其他人的告知等途径知道对方可能是特殊体质者，也可以是确确实实地知道对方是特殊体质者。

本案中，一方面，被告人刘天赐掌掴被害人虽属于轻微暴力行为，通常情况下不足以诱发被害人生命危险，但被害人患有癫痫病，属于特殊体质，刘天赐的掌掴行为因此

① 参见陈兴良：《本体刑法学》，商务印书馆2001年版，第259页。

② 张明楷：《刑法学》（第四版），法律出版社2007年版，第150页。

③ 聂昭伟：《轻微暴力致特异体质者死亡如何定性》，载《人民法院报》2011年9月22日第7版。

诱发了刘某的生命危险。另一方面，刘天赐作为成年人，又与被害人刘某同村，且与刘某的爷爷系邻居，对刘某患有癫痫病以及癫痫病发作会致人死亡的情况是明知的，仍不计后果掌掴被害人的行为属于用积极的身体活动实施法所禁止的危害行为，是作为行为。

2. 被害人癫痫发作后，没有实施正确救助方式的不作为行为。不作为行为即“应为能为而不为”。首先，必须负有作为义务。不作为犯罪的作为义务来源主要有：（1）法律上的明文规定。（2）行为人职务上、业务上的要求。（3）行为人的法律地位或法律行为所产生的义务。（4）行为人自己先前行为具有发生一定危害结果的危险，负有防止其发生的义务。其次，行为人能够履行义务。法律不能给人们强加力所不能及的义务。只有在行为人能够履行而不履行的情况下，才是不作为。第三，行为人不履行特定义务。行为人因不履行特定的作为义务造成或可能造成的危害结果与作为犯罪造成或可能造成的危害结果具有“相当性”。①

本案中，首先，被告人刘天赐在明知被害人有癫痫病史，且癫痫病发作可能出现死亡危害结果的情况下，因琐事掌掴被害人致其癫痫病发作，刘天赐即负有防止危害结果发生的义务。其次，刘某病情发作后，刘天赐完全有能力采取及时通知被害人亲属，拨打“120”急救电话或者向他人求助等措施，以避免危害结果的发生。第三，在被害人癫痫发作后，虽然刘天赐供述其对被害人实施了心肺复苏及人工呼吸的救助，但其选择的方式并非正确的救助方式，不能认定为法所期待的恰当行为。刘天赐没有实施普遍被认可的方式对被害人进行救助，且客观上是阻却了被害人得到正确救助的机会，导致被害人最终因得不到及时救助而死亡，该结果与作为的杀人行为所造成的危害结果具有相当性。因此，刘天赐不正确实施救助的行为属于不作为行为。上述作为行为与不作为行为结合形成了刘天赐的杀人行为。

二、刘天赐的罪过形式属于间接故意

区分过于自信的过失与间接故意，可以从认识因素和意志因素两方面来进行区分。首先是认识因素方面，过于自信的过失是“预见到”结果发生的可能性，间接故意是“明知”结果发生的可能性。两者的区别在于行为人对危害结果发生的可能性转化为现实性的认识程度不同。就前者而言，行为人只是“预见”，行为人即使实施了既定的行为，一般也不会导致危害结果的发生，因此，危害结果发生的概率相对较低；而后者行为人是“明知”，只要实施既定的行为，由此促成结果发生的趋势十分明显，导致危害结果的概率较高。其次是意志因素方面，对过于自信的过失和间接故意来说，行为人对行为的性质、对象和结果均有所认识，均不希望结果发生。但是两者的区别在于前者对结果的发生是坚决反对和否定的，后者是不希望也不反对。

具体结合本案案情来说，被告人刘天赐明知被害人患有癫痫病，癫痫病发作可能出现死亡的危害结果，仍不计后果，对被害人实施轻微暴力，诱发被害人癫痫病发作。其掌掴被害人时，对被害人癫痫病发作从而引发死亡结果是持放任的态度。被害人癫痫病发作后，刘天赐为实现本人免受追责的目的，未采取任何正确的救助措施，此时其主观心态是为保全自己而不考虑其他，置被害人生命于不顾。因此，无论是其行为中的作为还是不作为，刘天赐均属于典型的放任危害结果发生的情形，其罪过形式属于间接故意。

---

① 曲新久：《刑法学》（第2版），中国政法大学出版社2007年版，第89页。

三、刘天赐的行为与被害人死亡结果的因果关系判断

实践中遇到轻微暴力致特殊体质被害人死亡的案件，通常根据因果关系“条件说”得出是否存在因果关系的结论。“条件说”认为，在行为与结果之间，如果存在“没有前者就没有后者”的条件关系，就认为存在刑法上的因果关系。在被害人特殊体质案件中，没有行为人的轻微暴力就没有被害人的损害结果。将“条件说”运用到本案中，被害人刘某死亡的主要原因是在受到刘天赐外界刺激后其癫痫病发作而死亡。尽管被告人的伤害行为只是被害人死亡的诱因，但根据“条件说”，如果被告人没有掌掴被害人刘某，则被害人死亡结果不会发生，二者之间形成了“没有前者就没有后者”的条件关系，则该掌掴行为无疑是被害人死亡的原因之一，二者之间存在因果关系。

另外，分析本案的因果关系时，还需要重点把握因果关系的多样性。刑法因果关系属于自然因果关系的一种，自然因果关系是复杂多样的，这种多样性同样存在于刑法因果关系中。本案即是多因一果的情况，行为人的行为，结合被害人自身特殊体质，共同诱发死亡的危害结果。值得注意的是，本案的行为是复数行为，行为是作为与不作为的结合。被告人刘天赐掌掴被害人，致被害人癫痫病发作的作为行为，被害人癫痫病发作后，刘天赐未采取正确救助方式的不作为行为以及被害人的癫痫病发作，三者共同导致了被害人的死亡结果，与被害人的死亡结果之间均存在因果关系。因此，刘天赐的行为与被害人的死亡结果之间具有刑法上的因果关系。

综上，本案被告人刘天赐明知被害人刘某患有癫痫病，且癫痫病发作会致人死亡，仍因琐事掌掴被害人，放任危害结果发生，致被害人癫痫病发作；在被害人刘某癫痫病发作后，明知不采取恰当的救助措施可能导致被害人死亡结果发生，仍未采取正确救助措施，放任该危害结果的发生，最终导致被害人死亡，应当构成故意杀人罪。

（一审法院合议庭成员　张　伟　郝　真　王　廑
二审法院合议庭成员　郝宝利　高慧卿　张爱晓
编写人　天津市高级人民法院　高慧卿　蔺思源
责任编辑　李　明
审稿人　蒋惠岭）

原载《人民法院案例选》2016 年第 3 辑（总第 97 辑）

141. 冯秀娟故意杀人案

——因夫妻纠纷杀害子女案件中的死刑适用

【关键词】

故意杀人　亲属间杀人行为

【裁判要旨】

在故意杀人案件中，有一类多系婚恋家庭矛盾、家庭暴力、感情纠纷等综合因素导致，对待这一类故意杀人案件，要正确适用宽严相济的刑事政策，既要维护被害未成年人的合法权益，坚决打击侵犯儿童权益的犯罪行为，又要注重保护特殊女性被告人的合法权益，深度还原案件真相，准确把握犯罪心理和动机，以便充分发挥司法的社会引导作用。

【相关法条】

《中华人民共和国刑法》

第二百三十二条　故意杀人的，处死刑、无期徒刑或者十年以上有期徒刑；情节较轻的，处三年以上十年以下有期徒刑。

第五十七条　对于被判处死刑、无期徒刑的犯罪分子，应当剥夺政治权利终身。

第六十一条　对于犯罪分子决定刑罚的时候，应当根据犯罪的事实、犯罪的性质、情节和对于社会的危害程度，依照本法的有关规定判处。

【案件索引】

一审：广东省韶关市中级人民法院（2014）韶中法刑一初字第 15 号（2014 年 8 月 27 日）

二审：广东省高级人民法院（2014）粤高法刑一复字第 66 号（2014 年 12 月 9 日）

【基本案情】

公诉机关起诉指控被告人冯秀娟为泄愤报复其丈夫而故意杀害三名亲生幼子，作案动机卑劣，犯罪后果极其严重，其行为已构成故意杀人罪，提请法院依法严惩被告人冯秀娟。

被告人冯秀娟及其辩护人提出，本案属于激情犯罪，系因家庭矛盾引发，冯秀娟归案后能如实供述自己的罪行，认罪态度好，请求对冯秀娟从轻处罚。

法院经审理查明：被告人冯秀娟与丈夫李呈华婚后生育三子女，分别为李甲（女，殁年 8 岁）、李乙（女，殁年 5 岁）及李丙（男，殁年 4 岁）。2013 年 7 月，冯秀娟与初恋男友廖某某发生婚外性关系，李呈华发现后对冯秀娟打骂，后李呈华提出离婚，冯秀娟因而产生自杀的想法。同年10月21日晚，冯秀娟、李呈华发生争吵，李呈华再次提出离婚，并拒绝了冯秀娟提出的离婚后由冯抚养儿子李丙的要求。冯秀娟顿生怨恨，决定携子女一起自杀以报复李呈华。22日晚，冯秀娟携带10瓶灭鼠药和两把小刀，带着李甲、李乙和李丙到韶钢松山下水库，后前往水库北堤北坡的草丛。不久，李甲、李乙和李丙在草丛上睡着，冯秀娟先后将李乙和李丙抱至水库北岸放入水中，致李乙、李丙先后溺死。冯秀娟返回草丛，将5瓶灭鼠药倒入一次性塑料杯内，给李甲喝下。待李甲昏迷后，冯秀娟又用李甲衣服上的帽带绳勒李甲的颈部，致李甲机械性窒息死亡。之后，冯秀娟将剩余的5瓶灭鼠药喝下，又用小刀割自己的左腕部两刀，昏倒在地，后被群众发现送往医院救治而自杀未果。

【裁判结果】

广东省韶关市中级人民法院认为，本案因冯秀娟与前男友通奸而直接引发夫妻矛盾。冯秀娟为报复丈夫，有准备、有预谋地对无辜的、年幼无知的亲生子女实施杀害行为，其犯罪动机卑劣，手段极为残忍，后果极其严重，依法应予严惩。虽本案是因情感纠葛引发，且冯秀娟归案后能如实供述自己的罪行，但因其所犯罪行极其严重，不足以对其从轻处罚。冯秀娟故意非法剥夺他人生命，致三人死亡，其行为已构成故意杀人罪。且犯罪动机卑劣，作案手段极为残忍，人身危险性极大，造成的后果极其严重，依法应予严惩。依照《中华人民共和国刑法》第二百三十二条、第五十七条第一款、第六十一条的规定，作出判决：被告人冯秀娟犯故意杀人罪，判处死刑，剥夺政治权利终身。

宣判后，本案在法定期限内没有上诉、抗诉，韶关市中级人民法院依法报请广东省高级人民法院复核。在复核期间，冯秀娟及其辩护人提出本案系家庭矛盾、夫妻感情纠纷引发，且属于激情犯罪，请求改判冯秀娟死刑，缓期两年执行。

广东省高级人民法院复核认为，冯秀娟在婚外与其他男性保持不正当男女关系，导致夫妻感情失和，在其行为被丈夫李呈华发现后仍然不思改过，致使家庭矛盾激化，在李呈华提出离婚后，冯秀娟为达到报复李呈华的目的，杀害三名年幼的亲生子女，故本案是冯秀娟的过错行为导致家庭矛盾激化而实施的报复杀人案件。冯秀娟有准备、有预谋地实施杀人行为，在其决定杀害三名被害人后，实施了购买作案用的灭鼠药、安排其母亲的日后生活、带领三名被害人从住处到现场水库的一系列行为，不属于激情犯罪。冯秀娟犯罪动机卑劣，手段极其残忍，后果极其严重，依法应予严惩，虽然其归案后能如实供述自己的罪行，有一定的认罪表现，但其犯罪情节恶劣，不足以对其从轻处罚。依照《中华人民共和国刑事诉讼法》第二百三十五条、二百三十六条第一款的规定，裁定同意韶关市中级人民法院以故意杀人罪判处冯秀娟死刑，剥夺政治权利终身的刑事判决，并依法报请最高人民法院核准。

最高人民法院经复核，核准广东省高级人民法院同意原审以故意杀人罪判处被告人冯秀娟死刑，剥夺政治权利终身的刑事裁定。

【裁判理由】

本案争议的焦点是因家庭矛盾引发的故意杀害亲生子女行为是否适用死刑的问题。

简单地看，本案系因冯秀娟的婚外情导致家庭失和，其为报复丈夫而杀害三名子女，仅以此论，应当以故意杀人罪判处冯秀娟死刑立即执行。然而，本案具有诸多特殊之处：首先，诱发案件发生的原因较为复杂，冯秀娟本人也是家庭生活的不幸者，与丈夫聚少离多，缺乏沟通和关爱，而其丈夫处理家庭矛盾的方式简单粗暴、动辄打骂，并不断言语刺激冯秀娟，致使冯心理崩溃，对生活失去信心，冯秀娟的表现是对丈夫的气愤和生活的绝望，也是间接的受害者；冯秀娟外嫁至夫家，常年与公婆共同生活，在夫家没有话语权，心情压抑无处排解，从而导致发生外遇进而激化家庭矛盾；冯秀娟自幼生活在农村，受教育程度较低，封建思想根深蒂固，将子女视为自己的一部分。其次，本案是因婚姻家庭矛盾引发，冯秀娟属携子自杀，社会危害性、对社会公众安全感的影响均与严重危害社会治安犯罪有所不同。再次，冯秀娟被救后痛不欲生，后悔莫及，几度欲自杀追随子女而去，并能如实供述犯罪事实，认罪、悔罪表现良好。综上，对冯秀娟的量刑存在着从轻处罚的可能。

对于被告人冯秀娟是否适用死刑立即执行的问题，广东省高级人民法院经全面衡量本案的量刑情节，最终认为，冯秀娟将情感转移至婚外情而寻求安慰，该过错行为是导致家庭矛盾激化升级的主要原因，且冯秀娟残杀未成年子女的主要目的在于泄愤及报复丈夫，犯罪性质恶劣；冯秀娟是有准备、有预谋地实施杀子行为，犯罪意志坚决，根本没有给三子女留有生还余地，严重违背基本人伦，犯罪后果极其严重，尽管冯秀娟具有从轻处罚的情节，但综合全案考虑，不足以对其从轻处罚。据此，广东省高级人民法院裁定同意原判对冯秀娟的死刑判决，对冯秀娟的死刑判决依法报请最高人民法院核准。

【案例注解】

本案是一场家庭悲剧，也是一部人伦惨案，冯秀娟本是家庭生活的弱者，也是婚姻生活的不幸者，但最终却残忍地杀害三名亲生子女，案件社会影响大，涉及婚恋家庭矛盾、家庭暴力、妇女儿童人身权利保护等多层面的问题。

首先，对于杀子案件不宜简单地一概而论，本案冯秀娟也是家庭矛盾的间接受害者，在案件审理过程中要切实维护其合法权益，让人民群众在每一个司法案件中都感受到公平正义。在复核审理期间，广东省高级人民法院委托广东省法律援助局为其指定了辩护人，切实保护冯秀娟依法享有的诉讼权利。针对冯秀娟归案后极度痛苦、几次欲自杀的情况，承办法官在依法提审冯秀娟时，动之以情，晓之以理，耐心细致地做冯秀娟的思想工作，对冯秀娟进行心理疏导，冯秀娟讲述了其对丈夫、生活绝望后携子自杀的心理路程，为案件顺利审理、全面掌握案情打下良好的基础。

其次，本案被告人与被害人具有特殊身份关系，遇害儿童是家庭矛盾的无辜受害者，法院在审理过程中坚持儿童利益最大化的原则，正确贯彻执行宽严相济的刑事政策，综合全案量刑情节，最终决定对被告人冯秀娟不予从轻处罚，从严打击侵犯多名未成年人生命健康的犯罪行为，切实承担起维护儿童合法权益的责任。

最后，广东省高级人民法院在审理本案期间，向被害人的父系、母系亲属和当地社区居委会了解案件相关情况，掌握人民群众对此类案件处理的司法期望，同时，多层次、多角度地掌握案件发生的原因，为今后避免此类案件的发生提供合理化建议。

本案突出体现了在婚姻家庭矛盾中，妇女面临婚姻破裂、家庭暴力等情况时，不知如何保护自己的合法权益，尤其是农村及经济不发达地区的妇女，总体受教育水平较低，在家庭生活中地位低下，缺乏关爱和交流的对象，长期压抑的生活导致她们性格极端，最终导致女性和儿童成为家庭矛盾的牺牲品。对此，在为妇女儿童等弱势群体提供保护时，应当针对不同层次人员的不同需求、不同地区的经济文化差异采取差别化的维权方法，一方面，在全社会倡导维护妇女儿童权益的理念，不断创新维权形式，拓宽维权途径，开设妇女儿童维权的绿色通道；另一面，针对农村及经济欠发达地区的特殊情况，要充分发挥村委会、居委会等基层群众自治性组织及司法所、人民调解委员会、妇联的作用，积极开展对侵害妇女儿童权益和家庭暴力事件的预防、调处工作，为受害妇女儿童提供多种形式的法律救助和服务，有效解决妇女在离婚、子女抚养等方面存在的问题，最大限度地保护妇女儿童的人身权利、财产权利。

保护妇女儿童权益是全社会的共同责任，法院在审判工作中要始终牢固树立"以人为本，公正司法，全力维护妇女儿童合法权益"的宗旨理念，不断探索维护妇女儿童权益的有效途径，充分发挥审判职能作用，要做到事先预防犯罪和事后司法救济并重。通过公正的司法裁判，以事后救济方式引导社会各界共同维护妇女儿童的合法权益，为妇女儿童事业的健康发展提供强有力的司法保障；法院也要善于总结审判工作中的经验，及时向妇联、基层组织提供司法建议，积极开展维护妇女儿童权益法制宣传教育，做到个案预防，把可能诱发的不安定因素消除在萌芽状态，为营造妇女儿童稳定、健康发展的社会环境保驾护航。

（一审法院合议庭成员　张新民　李飞洲　谭继欢
二审法院合议庭成员　王一民　李永梅　林葵生
编写人　广东省高级人民法院　李永梅
责任编辑　李玉萍
审稿人　蒋惠岭）

原载《人民法院案例选》2016年第4辑（总第98辑）

142. 任海玲故意杀人案

【裁判要点】

司法机关认定刑事案件待证事实应当遵循疑罪从无原则，准确把握疑罪的认定标准。当公诉机关对案件是否属于疑罪存在分歧意见时，法院要结合证明责任和证明标准充分说明认定疑罪的理由。

【案情及裁判】

陕西省西安市人民检察院以被告人任海玲犯故意杀人罪，向西安市中级人民法院提起公诉。

被告人任海玲在一审庭审中辩称：案发当晚弥某某得知她是华某某情妇后，持刀要杀她，她将计某某抱起来抵挡，弥某某持刀戳中计某某，致计某某死亡。其辩护人提出，起诉书指控任海玲在弥某某所喝的咖啡奶茶中投放具有镇静作用的药物并持刀杀死计某某的证据不足，公诉机关的指控不能成立。

西安市中级人民法院经审理认为：公诉机关指控被告人任海玲因感情纠葛而报复杀害计某某的事实不清，证据之间存在的疑点和矛盾无法排除，现有证据不能证明起诉书指控的犯罪事实，也不能完全排除他人作案的可能。被告人任海玲的辩护人所提本案证据不足、公诉机关指控不能成立的辩护意见，予以采纳。具体如下：第一，公诉机关当庭出示的被害人弥某某陈述、证人华某某、计某宏、王某某等的证言、手机通话记录等证据，仅能证明任海玲与华某某、弥某某三人存在感情纠葛，任海玲得知华某某因弥某某要与其分手而产生怨恨心理，具有作案动机；任海玲与弥某某在案发当日多次电话联系，并去过作案现场，具有作案时间。第二，被害人弥某某的睡衣及床单上的血迹中检出地西泮及阿普唑仑成分，但含有地西泮及阿普唑仑成分的镇静药物来源及残留物去向，缺乏相应的证据证实。任海玲归案后虽作过有罪供述，但从侦查到审判阶段从未供述过使用镇静药物的情况。第三，任海玲供述中提到的咖啡奶茶杯、烟头、手机、钥匙、血衣等物证，均未提取到案，无法印证其供述的真实性。第四，现场提取的刀具未作指纹鉴定，且刀具上未检出死者计某某的血迹，不能确定该刀具是作案工具，也不能确定任海玲曾持有该刀具。第五，侦查机关对现场周围住户没有系统排查，不能确定被害人弥某某所住院子的大门在案发当晚是否关闭、是否反锁，无法排除案发当晚有其他人进入案发现场。第六，在案证据之间还存在以下矛盾：（1）证人文利贤证实，其进入现场后，看见弥某某房中茶几上放着一把水果刀，其把水果刀拨到地上，但现场勘查笔录显示，在进房门左侧白色木柜上放着一把水果刀，刀上有血迹。（2）被害人弥某某称计某某睡前穿白色T恤、裤头，但现场勘查笔录和照片显示，计某某穿的是长裤。（3）任海玲归案后的多次供述存在矛盾。据此，依照《刑事诉讼法》第一百九十五条第（三）项和

《最高人民法院关于适用〈中华人民共和国刑事诉讼法〉的解释》第二百四十一条第一款第（四）项之规定，西安市中级人民法院判决宣告被告人任海玲无罪。

一审宣判后，西安市人民检察院提出抗诉。理由如下：第一，本案有被害人弥某某陈述，证人华某某、王某某等的证言证实被告人任海玲有作案动机和作案时间。第二，弥某某称饮用任海玲带来的饮料后昏睡，对自己手腕被割以及儿子计某某被杀等一概不知，与鉴定意见证实的从床单上弥某某的血迹中检出地西泮及阿普唑仑成分相印证，足以认定任海玲在其带到现场的饮料中投放有镇静类药物。第三，任海玲供称用手卡住计某某的脖子，用刀在计某某颈部连续捅刺两下，与鉴定意见证实的计某某系在被他人扼压颈部致机械性窒息的状态下又被刺伤颈部致椎动脉破裂大量失血，以及计某某颈部创口皮瓣可由现场提取的水果刀两次抽动形成等情况相印证。第四，本案案发时现场只有任海玲及弥某某、计某某三人，不存在他人作案的可能。综上，应认定任海玲的行为构成故意杀人罪。

陕西省人民检察院认为：西安市人民检察院的抗诉理由成立，被告人任海玲持刀杀害计某某的基本事实清楚，基本证据确实，原审判决错误。

陕西省高级人民法院经审理认为：公诉机关提供的证据能够证实被害人计某某遇害，被告人任海玲有作案动机，去过犯罪现场，具有作案时间。但公诉机关证明任海玲杀害计某某的证据不充分，主要依据的是任海玲的供述，而任海玲的供述前后不一，诸多内容不合情理，且未得到其他证据印证。由于案件证据之间存在的矛盾无法排除，依据现有证据不能得出任海玲杀害计某某的唯一结论。据此，陕西省高级人民法院依法裁定驳回抗诉，维持原判。

本案的争议焦点在于疑罪从无原则的具体适用。一般认为，“疑罪”是指定罪的事实不清、证据不足；案件中一般的细枝末节问题和不影响定罪事实的疑点，不可轻率适用疑罪从无原则。这是认定疑罪的基本原则。具体到个案，对疑罪的认定，要注意结合证明责任和证明标准充分说明理由。

一、疑罪是公诉机关未能实现法定证明责任的结果

根据《刑事诉讼法》的规定，公诉案件中被告人有罪的举证责任由人民检察院承担。据此，人民检察院应当提供确实、充分的证据证明被告人有罪，否则，一旦因举证不力而导致疑罪，就应当承担败诉的后果。此外，疑罪的产生还有另外一个重要原因，即被告人针对指控提出合理的辩解。一旦被告人提出的辩解理由形成对犯罪事实的合理怀疑，也将导致疑罪。这种疑罪在本质上仍然是公诉机关未能实现法定证明责任所致。

从证明责任的角度，对疑罪的认定应当注意以下问题：第一，疑罪不同于有证据证明无罪的案件，如有证据证明被告人是无辜者，就该被告人而言，案件显然不是疑罪，应当宣告被告人无罪。这种无罪宣告不是基于疑罪从无原则所宣告的无罪，而是事实上的无罪。第二，疑罪不以被告人翻供或者提出辩解为前提，即使被告人笼统认罪，如其认罪供述的真实性缺乏保障，在案证据不能达到法定证明标准，也不能认定被告人有罪。因此，疑罪是公诉机关未能履行证明责任的结果，法院对疑罪的认定，应当结合公诉机关的证明责任说明理由。

二、疑罪是指定罪事实未能达到法定证明标准

疑罪是指定罪的事实不清、证据不足，不能将疑罪等同于事实证据有瑕疵的案件。

根据《最高人民法院、最高人民检察院、公安部、国家安全部、司法部关于办理死刑案件审查判断证据若干问题的规定》对“证据确实、充分”证明标准的界定，所谓定罪的事实不清、证据不足，从诉讼证明的角度主要是指证据与证据之间、证据与案件事实之间存在矛盾，根据证据认定案件事实的过程不符合逻辑和经验规则，由证据得出的结论不是唯一结论。

实践中，疑罪有不同的表现形式，比较常见的就是以非法收集或者真实性缺乏保障的被告人口供作为定案根据的疑罪案件。有的案件，人民检察院提供的证据材料很多，但这些证据材料大多仅能证明犯罪事实存在，不能证明被告人与犯罪事实之间的关联，实际上主要是以被告人口供作为指控犯罪的根据。由于一旦被告人口供属于非法证据，依法应当予以排除，或者被告人口供缺乏其他证据的有效印证，真实性缺乏保障，则不能作为定案的根据，并最终会导致证据不足，不能认定被告人有罪。法院对疑罪的认定，应当立足个案特点，结合法定证明标准说明理由。

综上，本案虽有一些证据表明被告人任海玲有作案动机和作案嫌疑，但因侦查取证较为粗疏，未能收集固定相关物证等客观证据。尽管公诉机关当庭出示大量证据，但除任海玲曾作出的有罪供述外，其他证据只能证明犯罪事实发生，不能建立任海玲与杀人行为之间的关联。同时，任海玲供述的细节缺乏其他证据印证，真实性缺乏保障，任海玲翻供的理由虽显牵强，但不能反推其翻供具有真实性，任海玲的供述不能作为定案的根据。最后，在案证据之间存在的重要矛盾和疑点缺乏合理解释，上述问题最终导致指控任海玲实施杀人行为的犯罪事实未能达到证据确实、充分的证明标准，一、二审法院坚持证据裁判和疑罪从无原则，作出证据不足、指控的犯罪不能成立的无罪判决是于法有据的。

【编后补评】

近年来，根据疑罪从无原则判决被告人无罪的案件明显增多，这相对于过去常见的“疑罪从轻”“疑罪从挂”而言是法治的巨大进步。疑罪从无受到诸多因素的约束，其中之一就是裁判文书说理。说理透彻的裁判文书，既能够名正言顺地作出判决，又能够说服心怀疑虑的公众，增强社会对法治的信心。本案的判决书就是裁判文书说理的典型范例。法院并没有全然否认公诉机关的有罪证据，但是通过缜密的司法推理和严格的逻辑分析否认了有罪证据与杀人行为之间的关联性，堪称为裁判文书释法说理的模范。

（改写人　周维明
责任编辑　包献荣）

原载《人民法院案例选》2016 年第 11 辑（总第 105 辑）

143. 陈万寿故意杀人案*

——吸毒致幻后杀死无辜幼儿，罪行极其严重

【基本案情】

被告人陈万寿，男，汉族，1979 年 10 月 17 日出生，农民。

被告人陈万寿常年吸毒，曾被强制隔离戒毒二年后复吸毒品。2013 年 9 月 20 日 12 时许，陈万寿在广东省湛江市麻章区太平镇岭头村家中吸毒产生幻觉后，持菜刀闯入邻居陈某甲住宅，挟持陈某甲之子陈某乙（被害人，殁年 3 岁），威胁在一旁劝阻的群众。公安人员接警后赶到现场，陈万寿将陈某乙挟持至院内，不顾众人劝解，持菜刀砍切陈某乙颈部一刀，致其当场死亡。

【裁判结果】

本案由广东省湛江市中级人民法院一审，广东省高级人民法院二审。最高人民法院对本案进行了死刑复核。

法院认为：被告人陈万寿故意非法剥夺他人生命，其行为已构成故意杀人罪。陈万寿吸毒产生幻觉后，行凶杀害年仅 3 岁的幼儿，犯罪手段残忍，情节恶劣，罪行极其严重，应依法惩处。据此，依法对被告人陈万寿判处并核准死刑，剥夺政治权利终身。

罪犯陈万寿已于 2016 年 1 月 22 日被依法执行死刑。

【典型意义】

毒品具有中枢神经兴奋、抑制或者致幻作用，会使吸毒者出现兴奋、狂躁、抑郁，甚至被害妄想、幻视幻听等症状，进而导致其自伤自残或实施暴力犯罪。近年来，因吸毒诱发的故意杀人、故意伤害等暴力犯罪频发，严重危害社会治安，有的案件造成了恶劣的社会影响。本案就是一起因吸毒诱发故意杀人犯罪的典型案例。被告人陈万寿与被害人是邻居，两家平日关系尚好。陈万寿长期吸毒，曾被强制隔离戒毒，后又复吸，且此前曾有过吸毒致幻现象。陈万寿作案前一小时左右吸食毒品，随后产生幻觉，持菜刀闯入邻居家中挟持年仅 3 岁的被害人陈某乙，并不顾到场公安人员和群众的劝阻，将陈某乙残忍杀害。该案充分反映出毒品对吸毒者本人、家庭乃至社会的严重危害。广大群众尤其是青少年应当切实提高识毒、防毒、拒毒的意识和能力，珍爱生命，远离毒品。

（责任编辑　杨　奕）

原载《人民法院案例选》2016 年第 11 辑（总第 105 辑）

* 2016 年 6 月 24 日，最高人民法院公布的毒品犯罪及吸毒诱发次生犯罪十大典型案例之一。

144. 洪斌故意杀人案

——“相约自杀”案件的刑事责任

【关键词】

故意杀人罪　相约自杀　情节较轻

【裁判要旨】

在“相约自杀”案件中，幸存的行为人因教唆或帮助他人自杀而构成故意杀人罪。如果行为人既没有卑劣的犯罪动机，也没有对被害人进行强制、教唆或者诱骗，人身危险性较小，而且被害人对因果关系也有一定作用，可以认定为“情节较轻”。

【相关法条】

《中华人民共和国刑法》

第二百三十二条　故意杀人的，处死刑、无期徒刑或者十年以上有期徒刑；情节较轻的，处三年以上十年以下有期徒刑。

【案件索引】

一审：福建省厦门市中级人民法院（2015）厦刑初字第85号（2015年9月18日）

【基本案情】

厦门市人民检察院起诉书指控：被告人洪斌与被害人庄某某（女，殁年40岁）系同居关系。两人因赌博欠下巨额债务而无力偿还，遂萌生一同烧炭自杀的念头。2014年10月6日、7日，两人共同准备了盆具、木炭、沙子、封门的胶带等物品，并用胶带纸将暂住处厦门市思明区大洋山庄小区龙虎南三里×号×××室的次卧窗缝封住。10月7日晚，两人在该暂住处一起吃饭、喝酒，并服用催眠用的三唑仑。次日凌晨，被告人洪斌将三个点燃的炭盆放置于次卧内，待被害人庄某某进入该卧室后，用胶带纸将该卧室房门缝隙封死，之后两人躺于床上。10月8日6时许，被告人洪斌醒来，发现被害人庄某某已经死亡。中午，被告人洪斌出门先后购买了木炭、安眠药、胶带，返回上述暂住处，再次准备用同样方式自杀，并服下安眠药佐匹克隆。下午二三时许，被害人庄某某的母亲许某到该暂住处，发现被告人洪斌躺在客厅沙发上呈睡眠状态，其女儿庄某某躺在次卧床上，已经死亡。被告人洪斌后被到场公安人员带回公安机关接受调查。经法医鉴定，被害人庄某某系饮酒及服入三唑仑后因一氧化碳中毒而死亡。被告人洪斌漠视生命权利，与他人相约自杀并积极实施，致一人死亡，其行为已触犯《刑法》第二百三十二条，应以故意杀人罪追究刑事责任。被告人洪斌到案后尚能如实供述基本犯罪事实，根据《刑法》第六十七条第三款之规定，系坦白，可以从轻处罚。提请依法判处。

被告人洪斌对起诉指控的基本事实不持异议，但辩称其行为不构成犯罪。被告人洪斌的辩护人对起诉指控的事实及罪名均无异议，提出辩护意见为：（1）被告人洪斌明知他人报案而在现场等待，并在到案后如实供述自己的主要犯罪事实，应认定为自首。（2）本案因相约自杀引发，犯罪情节具有特殊性，洪斌未对被害人实施强制、教唆或者诱骗行为，且以放弃自己的生命为代价，作案动机平和，社会危害性较轻，应认定为情节较轻。（3）洪斌系初犯，因欠债及感情纠纷走上相约自杀的道路，案发偶然，且其家庭状况困难，请求予以从轻处罚。

法院经审理查明：2012 年，被告人洪斌与被害人庄某某（女，殁年 40 岁）认识后发展为同居关系。后二人因欠下巨额赌债无力偿还，萌生一起密闭烧炭自杀的念头。2014 年 10 月 6 日至 7 日期间，二人在暂住处厦门市思明区大洋山庄小区龙虎南三里×号×××室商定一起自杀后，共同准备了盆具、木炭、沙子、胶带等物品，洪斌用胶带将住处次卧的窗缝封住。10 月 7 日 20 时许，二人在住处一起吃饭、喝酒，并服用洪斌提供的用于催眠的药品三唑仑。次日凌晨，二人分别写下遗书，洪斌将三只盛有燃着木炭的不锈钢盆放置于次卧内，待庄某某进入该卧室后，用胶带将卧室的门缝封住，二人一起躺于床上。6 时许，洪斌醒来，发现庄某某已经死亡。中午，洪斌出门购买了木炭、安眠药、胶带，返回住处继续烧炭，准备再次用同样的方法自杀，并服下安眠药佐匹克隆。15 时许，庄某某的母亲许某到达该暂住处，发现洪斌躺在客厅沙发上呈睡眠状态，庄某某躺在次卧床上已经死亡。小区物业保安打电话报案后，公安人员到达现场将洪斌抓获。经法医鉴定，庄某某系饮酒及服入三唑仑后因一氧化碳中毒而死亡。到案后，洪斌如实供述了基本犯罪事实。

【裁判结果】

福建省厦门市中级人民法院于 2015 年 9 月 18 日作出（2015）厦刑初字第 85 号刑事判决：被告人洪斌犯故意杀人罪，判处有期徒刑五年。宣判后，洪斌未提起上诉，检察机关未提起抗诉，判决已生效。

【裁判理由】

法院生效判决认为：

一、关于洪斌的行为是否构成犯罪的问题

在案证据证实，本案中被告人洪斌与被害人庄某某相约自杀，洪斌明知一氧化碳中毒可能导致被害人死亡的后果，仍主动实施了密闭烧炭的行为，其主观上具有以自己的行为剥夺被害人生命的故意，符合故意杀人罪的主观要件；同时，其客观上也实施了非法剥夺他人生命的行为，符合故意杀人罪的客观要件。首先，洪斌实施了《刑法》所规制的非法剥夺他人生命的行为。洪斌与被害人共同准备好自杀工具、物品之后，提供三唑仑给被害人服用作为催眠，用胶带纸将卧室门窗的缝隙封死，点燃炭盆并放置于卧室内产生一氧化碳，其行为不仅为被害人自杀提供了条件、实施了帮助，而且已经形成明确、具体、直接的杀害行为。因此，虽无证据证实洪斌具有强制、教唆或者诱骗被害人的情节，但其行为性质在刑法意义上已构成非法剥夺他人生命的行为。其次，洪斌的行为与被害人的死亡结果之间具有因果关系。在案的《法医学尸体检验鉴定书》证实，被害人系饮酒及服入三唑仑后因一氧化碳中毒死亡，该鉴定意见得到在案其他证据的充分印证，被害人的致死原因直接指向洪斌实施的密闭烧炭产生一氧化碳的行为。因此，洪斌的杀害行为直接导致了被害人死亡结果的发生，二者之间成立刑法意义上的因果关系。再次，洪斌的行为具有刑事违法性，且不存在违法性阻却事由。我国宪法、法律明确尊重和保障人权，生命权作为公民个体至高无上的基本人权，任何个体不得自由处分与让渡。生命权并非被害人有处分权限的个人法益，被害人承诺不能成为故意杀人犯罪的违法性阻却事由。本案中，现有证据虽体现出被害人系在自愿情形下由洪斌实施杀害行为，但洪斌所侵害的生命权已经超出被害人承诺可处分的范围，不能以此排除其行为的刑事违法性，仍然具有社会危害性和可责难性，应当以犯罪论处。综上，被告人洪斌的行为符合《刑法》规定的故意杀人罪的构成要件，应当以指控的故意杀人罪定罪处罚。被告人相关辩护意见与法不符，不予采纳。

二、关于洪斌是否系自首的问题

被告人洪斌的到案情况，有公安机关接报警单、到案经过、出警经过等证据证实。案发当日 15 时 52 分，公安机关接到小区物业保安的报警后，及时到达现场，经初查发现被害人庄某某已经死亡，在场的洪斌具有重大犯罪嫌疑，遂当即将其控制。因此，洪斌在其罪行已被公安机关发觉的情况下，并未主动投案，而是被公安人员当场抓获归案。其次，保安简某及被害人母亲许某的证言证实，简某打电话报案的地点并非案发现场室内，而在相距数十米外的保安值班室内。在此期间洪斌一直身处案发现场室内，神智尚不清醒，不可能对简某报案具有明知，其辩称知道“应该有人报警”系个人经验推测，且其在认知上不认为自身行为性质涉嫌犯罪，故其主观上并无“明知他人报案”一说，客观上亦对他人报案确不知情。因此，本案不属于“明知他人报案而在现场等待”的情形。综上，被告人洪斌到案后虽如实供述案件事实，但不属于自动投案，依法不能认定为自首。辩护人该节辩护意见与查明事实不符，不予采信。

三、关于本案是否应认定情节较轻的问题

首先，从客观方面来看，洪斌的犯罪行为社会危害性相对较小。本案由二人相约自杀而引发，洪斌和被害人对生命权的漠视与放弃，应当为现代公民社会人伦道德所否定。在此过程中，洪斌实施的杀害行为非法剥夺被害人生命，构成故意杀人罪，但其社会危害性相对较小，与其他严重危害社会治安的故意杀人犯罪存在显著区别。其次，从主观方面来看，洪斌的主观恶性和人身危险性相对较小。案发前，洪斌和被害人陷入严重债务危机，多次产生自杀念头，欲在互相帮助下一起自杀避世，故本案犯罪动机不属于卑劣情形，洪斌的主观恶性较小。洪斌采用密闭烧炭产生一氧化碳的手段，致被害人一氧化碳中毒死亡，其犯罪手段并无暴力，相对平和轻缓，人身危险性较小。现有证据并未体现洪斌在行为过程中对被害人有强制、教唆或者诱骗情节，且其以可能放弃自己的生命为代价实施了本案。因此，综合本案犯罪行为的社会危害性、主观恶性和人身危险性等主客观情节，可以认定为故意杀人罪中的情节较轻。辩护人相关辩护意见有理，予以采信。

【案例注解】

本案系因相约自杀引发的案件，首先需要厘定的是，“相约自杀”并非我国立法语境下的专门术语，而是出于表述便利形成的一个俗语，故仅应在非法律术语的层面使用该词。自杀行为本身不构成犯罪，已是当今世界各国刑法的通例，而参与自杀行为（指教唆或者帮助他人自杀的行为），大多数国家或地区则作为与普通杀人罪相区别的独立犯罪类型处理，我国现行立法在《刑法》第二百三十二条故意杀人罪之外，对此并无特别规定。

一、相约自杀行为的种类与刑法评价

由于立法上的空白，对于参与自杀行为是否构成故意杀人罪，我国理论界和司法实务界均存在一定争议。主流的“可罚说”认为，“教唆、帮助自杀的，并非属于共同犯罪中的教唆犯或者帮助犯，但由于行为人的教唆行为、帮助行为对自杀者的死亡结果提供了原因力，即具有因果关系，所以一般应按故意杀人罪定罪处罚”。[①]“相约自杀其中一方杀死对方，继而自杀未逞的，应以故意杀人罪论处，但量刑时可以从轻处罚。”[②]行为人实施的帮助他人自杀的行为，属“形式上的教唆、帮助行为，具有杀人的间接正犯性质时，应当认定为故意杀人罪”。[③]“帮助他人自杀系剥夺他人生命权利的行为，符合故意杀人罪的特征，应认定构成故意杀人罪，原则上应追究行为人的刑事责任。”[④]“不可罚说”则观点相反，但分析进路不同，有的基于罪刑法定原则，主张教唆或者帮助自杀的行为属于法无明文规定不为罪；有的基于自我答责的原理，主张生命处分权是人的权利和自由，参与自杀和受嘱托杀人均不成立犯罪。[⑤]还有的学者提出介于二者之间的“法外空间说”[⑥]。

所谓“相约自杀”，指二人以上自愿约定共同自杀的行为。实践中的相约自杀有多种具体表现形式，从时空和手段、后果的不同进行区分，至少有以下几类（仅以二人为例）：一是相约双方均自杀身亡，显然无需进行刑法评价；二是相约双方在同一时间地点分别各自实施自杀，一方死亡而另一方未逞，双方仅有时空的关联并无行为的关联，未逞者不存在教唆或者帮助，其行为与对方的死亡结果之间不具有因果关系，故也不构成犯罪；三是相约一方先杀死对方后，再实施自杀行为未逞，在此情形下，未逞者并非教唆或者帮助行为，而是基于被害人承诺的受嘱托杀人行为；四是相约双方同时相互实施自杀行为，一方未逞，由于二人行为存在互相帮助与交叉融合，属于参与自杀行为，在此情形下未逞者是否构成故意杀人罪，将面临刑法的综合评价。

---

① 高铭暄、马克昌主编：《刑法学》（第五版），北京大学出版社、高等教育出版社 2011 年版，第 462 页。

② 张明楷：《刑法学》（第四版），法律出版社 2011 年版，第 759～760 页。

③ 同上，第 760 页。

④ 周道鸾、张军主编：《刑法罪名精释》（第四版）（上），人民法院出版社 2013 年版，第 506 页。

⑤ 参见钱叶六：《参与自杀的可罚性研究》，载《中国法学》2012 年第 4 期。

⑥ 参见周光权：《教唆、帮助自杀行为的定性——“法外空间说”的展开》，载《中外法学》2014 年第 5 期。

二、相约自杀是否构罪应围绕刑法因果关系进行具体分析

本案中的相约自杀即属于上述分类中的最后一种情形，自杀未逞者洪斌构成参与自杀行为，需要从刑法上评价其是否构成故意杀人罪。如果仅从理论层面探讨不同争议观点的合理性，对个案的处理显然并无助益。在对个案审查时，应当抛开理论上的分歧，从全案证据证实的事实出发，坚持主客观相一致原则，围绕未逞者行为与对方死亡结果之间是否具有刑法因果关系进行分析判定。

首先，从本案事实来看，洪斌实施了刑法所规制的剥夺他人生命的行为。洪斌与被害人相约自杀之后，二人共同提前准备了自杀用的炭盆、木炭、沙子等工具；在具体实施自杀行为时，洪斌提供其早已获取的违禁药品三唑仑，让被害人用酒服下作为催眠，用胶带纸将卧室门窗的缝隙封死，并点燃木炭放在盛有隔热沙子的炭盆中，端进卧室，关上房门。经对二人的行为进行对比可见，在均具有意思能力和行为能力的情况下，被害人仅在相约自杀的预备阶段实施了陪同准备工具的行为；在实施阶段，所有构成自杀手段的具体行为均系洪斌实施。因此，被害人的行为属于为自杀死亡后果提供条件和辅助，洪斌针对被害人的行为虽基于帮助自杀，但已经形成明确、具体、直接的杀害行为，应当评价为非法剥夺他人生命。

其次，洪斌的杀害行为符合主客观相一致原则。从主观上看，洪斌事先在网上查询了“烧炭自杀”的相关信息，其对于该行为手段可能致人一氧化碳中毒死亡具有高于一般经验法则的知识背景。在此明知之下，洪斌仍积极实施了密闭烧炭的行为，显见其对于被害人（和自己）的可能死亡持放任态度，主观上具有以自己的行为剥夺被害人生命的故意，符合故意杀人罪的主观要件。从客观上看，洪斌具体实施了非法剥夺他人生命的行为，并实际发生了被害人死亡的结果，符合故意杀人罪的客观要件。因此，洪斌的行为在主观故意和行为后果上形成了相互统一。

再次，从因果关系的角度来分析，洪斌的行为与被害人的死亡结果之间具有刑法因果关系。判断行为人的行为与危害结果之间是否存在刑法因果关系，核心在于判断该行为是否提供了原因力。“原因力强调的是行为的指向、力度和对结果的驱动，加之因果场、因果链和着力点三者的匡定，其一条线的运行轨迹符合‘孤立简化’的因果分析法则。对原因力的判断不仅有助于确认刑法因果关系的有无，同时还可以成为刑法因果关系强弱的测试仪。”① 本案的《法医学尸体检验鉴定书》证实，被害人系饮酒及服入三唑仑后因一氧化碳中毒死亡，从洪斌密闭烧炭行为的指向、力度和对结果的驱动来看，该行为对被害人的死亡结果提供了原因力，而被害人自身实施的陪同准备自杀工具的行为尚不足以构成原因力。反之，假设本案中死亡的是洪斌而庄某某未逞，则很难认定庄某某的行为对洪斌的死亡提供了原因力。因此，本案中洪斌的杀害行为与被害人的死亡结果之间成立刑法意义上的因果关系。

最后，从违法性阻却理论分析，洪斌的行为具有刑事违法性，且不存在违法性阻却事由。根据自我答责原理推断出个人对生命的处分权是一种绝对自由的观点，与我国现行宪法、法律的规定及社会主义法理均是不相符的。我国宪法和法律明确尊重和保障人

---

① 参见张训：《论刑法因果关系之原因力》，载《政治与法律》2010 年第 4 期。

权，生命权作为最基本的人权体现出至高无上性，但其绝非一种单纯的人身法益，而是个体与社会相互影响作用的综合体。任何权利和自由都不可能是无限制的，在重视个体权利价值的当代社会，仍有必要在生命的保护上坚持一种消极的、极为例外的“家长主义”制约，即在刑法的视角下，生命权不在个人自由处分的法益范围之内，被害人承诺不能成为杀人犯罪的违法性阻却事由。① 实际上，刑事司法实务中也多持同样观点。② 最高人民法院、最高人民检察院联合颁布的1999年10月20日《关于办理组织和利用邪教组织犯罪案件具体应用法律若干问题的解释》和2001年6月4日《关于办理组织和利用邪教组织犯罪案件具体应用法律若干问题的解释（二）》的规定也体现出积极保护生命权的精神。③ 从本案来看，并无证据证实洪斌具有胁迫、教唆或者诱骗被害人的情节，被害人系在自愿承诺情形下由洪斌实施杀害行为，但被害人对自身生命权的让渡不构成违法性阻却，洪斌的行为仍然具有社会危害性和可责难性，应当以犯罪论处。

需要注意的是，“相约自杀”作为引发案件的缘由，是一种非法律术语的便利表述，在个案分析中一旦揭开表象探讨行为本质，往往不能认定被害人实施了严格意义上的自杀行为，也就不能从被告人实施参与自杀行为（教唆或者帮助）的角度对犯罪进行证成。

三、认定故意杀人罪中的“情节较轻”应兼顾主客观因素

我国刑法对故意杀人罪规定了两个量刑档次，其中“情节较轻”的，处三年以上十年以下有期徒刑，但目前尚无任何司法解释对何为“情节较轻”作出明确规定。在审判实践中，常见的有将义愤杀人、防卫过当杀人、帮助“安乐死”等情形认定为“情节较轻”。理论通说认为，应当“结合行为的客观危害、行为人的主观过错、案发原因、犯罪手段、因果关系、危害结果等主客观方面综合分析判定”。④

在立法空白的情况下判断何时构成“情节较轻”，要尤其慎重，应当兼顾个案中被告人的多方面主客观因素。从本案客观方面的情节考察，案发的缘由具有特殊性，系因洪斌与被害人相约自杀而引发；犯罪手段上，系采用密闭方式烧炭，这与常见的持刀砍、绳勒、水溺等行为手段存在明显差别，被害人一氧化碳中毒死亡的过程也相对平和轻缓；危害后果上，行为过程发生在私人房屋内，并非公共场所，具有相对私密性。从主观方面的情节考察，犯罪动机上，洪斌并非常见的报复、泄愤等卑劣动机，而是打算和被害人互相帮助共同自杀；主观恶性上，并未存在对被害人进行强制、教唆或者诱骗的情节；因果关系上，虽然洪斌的行为系被害人死亡的唯一原因力，但被害人自身也有一定辅助行为；洪斌以可能同时放弃自己的生命为代价实施本案，人身危险性较小。综上，可以认定本案为故意杀人罪中的情节较轻。

本案开庭前，被害人家属书面声明放弃提起附带民事诉讼，不接受洪斌的经济赔偿，对其无法谅解，请求依法判决。开庭时，洪斌作无罪辩护，认为其行为不构成犯罪。宣

---

① 参见［日］曾根威彦：《刑法学基础》，黎宏译，法律出版社2005年版，第32～34页。

② 例如，最高人民法院中国应用法学研究所编的《人民法院案例选》2006年第1辑“夏锡仁故意杀人案”、最高人民法院刑事审判庭主办的《刑事审判参考》第60集指导案例“颜克于故意杀人案”、第89集指导案例“邓明建故意杀人案”等。

③ 前者第四条和后者第九条分别规定，指使、胁迫或者教唆、帮助邪教组织成员实施自杀的行为，应以故意杀人罪定罪处罚。

④ 参见周道鸾、张军主编：《刑法罪名精释》（第四版）（上），人民法院出版社2013年版，第507页。

判后，洪斌对判决书的论证说理和定罪量刑表示认可，服判未上诉。同时，公诉机关未对认定情节较轻提出抗诉，被害人家属一方亦平和地接受了判决结果，未提出任何异议或信访。本案的审理，充分体现了惩罚犯罪和保障人权的有机统一、案件法律效果和社会效果的有机统一。

（一审法院合议庭成员　吕秋收　王敏重　张晨昀
编写人　福建省厦门市中级人民法院　王敏重
责任编辑　周维明
审稿人　沈　亮）

原载《人民法院案例选》2016年第11辑（总第105辑）

145. 密禹故意杀人案
——因赌博纠纷杀人后窃取本人所输赌资行为的定性

【关键词】

赌博纠纷　故意杀人罪　赌资　盗窃

【裁判要旨】

行为人因赌博纠纷杀人后，窃取本人所输赌资的行为不构成盗窃罪，仅以故意杀人罪定罪处罚。

【相关法条】

《中华人民共和国刑法》

第二百三十二条　故意杀人的，处死刑、无期徒刑或者十年以上有期徒刑；情节较轻的，处三年以上十年以下有期徒刑。

第二百六十四条　盗窃公私财物，数额较大的，或者多次盗窃、入户盗窃、携带凶器盗窃、扒窃的，处三年以下有期徒刑、拘役或者管制，并处或者单处罚金；数额巨大或者有其他严重情节的，处三年以上十年以下有期徒刑，并处罚金；数额特别巨大或者有其他特别严重情节的，处十年以上有期徒刑或者无期徒刑，并处罚金或者没收财产。

【案件索引】

一审：天津市第一中级人民法院（2015）一中刑初字第 37 号（2015 年 9 月 17 日）

二审：天津市高级人民法院（2015）津高刑一终字第 76 号（2015 年 12 月 21 日）

【基本案情】

法院经审理查明：2014 年 7 月，被告人密禹经人介绍与被害人李某某相识，后密禹多次使用李某某提供的账号和密码进行网络赌博活动，输掉大量钱财。2014 年 12 月 6 日，密禹再次使用李某某提供的账号和密码进行网络赌博，并欠下 13 万元赌债。后李某某多次向密禹催要赌债，并要求密禹于同年 12 月 8 日还款。12 月 8 日上午，密禹与朋友驾驶牌照号为“津 JME5 × ×”的白色雪佛兰迈锐宝轿车前往河北省廊坊市，从其二姨父曹振顺处借得人民币 3 万元后返回本市。当日 14 时 30 分许，密禹独自驾车来到本市西青区李七庄街王兰庄花园李某某家中，密禹欲延期归还赌债，被李某某拒绝。密禹回到车内取出 4 万余元现金，并将车内一把长形尖刀藏在身上，返回李某某家中。密禹将 4 万余元现金交给李某某，李某某将大部分现金放入自己的单肩背包，剩余现金放在桌上。后二人因余款归还期限问题发生争执，李某某用桌上的现金砸密禹，密禹拿出尖刀，朝李某某胸腹部、背腰部等部位捅刺数十刀，致李某某因被刺破心肺、肝脏等，失血性休克死亡。行凶后，密禹将装有现金的背包拿走，逃离现场。后密禹发现背包内有一个钱包及两部手机（OPPO 牌黑色手机、小米牌白色手机），即将背包、钱包、手机及作案凶器尖刀等物品分别丢弃。案发后，李某某亲属报案。公安机关经侦查，于同日 23 时许将密禹抓获归案，涉案赌资 34800 元被收缴。

【裁判结果】

天津市第一中级人民法院于 2015 年 9 月 17 日作出（2015）一中刑初字第 37 号刑事判决：被告人密禹犯故意杀人罪，判处死刑，缓期二年执行，剥夺政治权利终身；对密禹限制减刑。一审宣判后，密禹提出上诉。天津市高级人民法院于 2015 年 12 月 21 日作出（2015）津高刑一终字第 76 号刑事裁定：驳回上诉，维持原判。

【裁判理由】

法院生效裁判认为：密禹因归还赌债的问题与被害人产生矛盾，后持刀捅刺被害人致死，其行为构成故意杀人罪。虽然密禹对已归还给被害人的所输 4 万余元窃走，但密禹对本人所输赌资“非法占有”的主观故意并非十分清晰。该 4 万余元原本系密禹所有，其作为赌资归还被害人后又窃走，其行为的危害对象仅限于赌博行为中的资金，危害范围也仅限于非法赌博的参与人员之间，危害程度更与社会上窃取他人财物的行为有很大的区别。因此，对密禹窃取自己所输赌资的行为不应认定为盗窃罪。综合本案的案发起因、密禹杀人的手段等具体情节，一审法院判处密禹死刑，缓期二年执行并限制减刑的量刑适当。故二审法院依法驳回上诉。

【案例注解】

本案一审期间，检察院在公诉中认为被告人密禹在杀死被害人后将已经归还的 4 万余元赌资拿走的行为构成盗窃罪，但一审法院认为罪名不成立。二审法院经审理认为，一审法院的处理是正确的。

虽然《刑法》及司法解释对被告人盗窃自己所输赌资的行为如何定性没有明确规定，但对于抢劫所输赌资的情形如何处理有相关的司法解释。《最高人民法院关于审理抢劫、抢夺刑事案件适用法律若干问题的意见》（以下简称《意见》）第七条规定：“抢劫赌资、犯罪所得的赃款赃物的，以抢劫罪定罪，但行为人仅以其所输赌资或所赢赌债为抢劫对象，一般不以抢劫罪定罪处罚。”

按照《刑法》的规定以及犯罪行为危害程度的对比，抢劫罪与盗窃罪相比，显然抢劫是重罪，盗窃是轻罪。按照“举重以明轻”的朴素法理，抢劫赌资在一定条件下可以不作为抢劫罪处理，那盗窃赌资在相似条件下更可以不作为盗窃罪处理。下面从几个方面进行分析：

一、从犯罪故意和危害程度方面分析

最高人民法院对《意见》第七条的规定解释为：对于仅以所输赌资或所赢赌债为抢劫对象的，行为人主观上对于所输赌资或所赢赌债的性质毕竟不像抢劫罪中对于他人财物的性质那样认识得清晰和明确，其主观故意的内容与抢劫他人财物有所不同，综合考

虑其主观故意和客观危害性，一般可不以抢劫罪定罪处罚。[①]

我们认为，这样的规定是合理的。赌博参与人员实际占有赌资，但其占有的来源并不合法，缺乏法律根据，赌资与其原所有权人（参与赌博的另一方）仍然存在某种联系，当然这种联系不是法律意义上的联系，而是一般民众观念认识上的联系，被告人一般均认为所抢的赌资、赌债是应属于其个人所有的财产。因此，在认定赌博参与人员抢劫其所输赌资的行为时，应当根据案件的具体情况来认定，必须考虑到被告人的特定身份，犯罪对象直接针对被告人所输赌资，被告人主观上对于该类财产性质的认识不同于普通抢劫罪中对于“他人财物”的认识，被告人行为的危害性主要集中于特定的赌博参与人员之间等因素。故基于该类案件中被告人主观故意的内容与非法占有“他人财物”明显不同。因此，一般不应当认定为抢劫罪，即对于该类犯罪中抢劫特定财物的侵犯财产权益的行为一般不给予单独的刑法评价。

将该《意见》中对抢劫行为的认定推之于盗窃行为，亦可以考虑从行为人盗窃所输赌资的主观故意和社会危害程度的角度来认定。本案中，密禹主观上对于4万余元赌资“非法占有”的故意并非十分清晰。密禹认为该4万余元不是“他人财产”，而是自己的钱。另外，该4万余元原本系密禹所有，其作为赌资归还被害人后又窃走，其行为的危害对象仅限于赌博行为中的资金，危害范围也仅限于非法赌博的参与人员之间，危害程度更与社会上窃取他人财物的行为有很大的区别。因此，对密禹窃取自己所输赌资的行为不宜认定为盗窃罪。

二、从犯罪的时空条件和数额条件分析

对于《意见》中所指出的抢劫赌资、赌债一般不以抢劫罪定罪处罚的情形，在司法实践中有两个严格的限定条件：

一是时空条件。抢劫行为应当发生在赌博现场或与赌博行为在时间上、空间上具有紧密的接续性和邻接性，即应当具备“当场性”。

二是数额条件。抢劫的财物应该等于或者没有明显超出自己所输赌资或者所赢赌债的范围，即对数额要求“相当性”。

如前所述，盗窃赌资、赌债可以不作为盗窃罪处罚的情形也应具备这两个条件。本案中，密禹参与的网络赌博并非当场结算输赢、给付金钱，而是采取“先上分、后付钱”的方式。被害人向密禹提供其账户密码并进行上分，密禹则通过账号在网络上下注，如果输光分数则需支付被害人对应的金钱。因此，密禹参与网络赌博所产生的输赢结算是网络与现实交织在一起。案发当天，密禹向被害人偿还赌债的行为是赌博结算的一个环节，仍然处于整个赌博行为的过程当中。因此，可以认定密禹杀人后将自己所输赌资拿走的行为具备时空上的“当场性”。

密禹杀人后将4万余元钱放入被害人的背包带离现场，后发现背包内还有钱包和手机。密禹供述其仅仅是想拿回自己的4万余元钱，并不想拿走被害人的钱包和手机，故将钱包、手机丢弃。首先，现有证据能够证明密禹供述的真实性和合理性，尚不能认定密禹对被害人钱包、手机具有非法占有的目的。其次，现有证据不能证明钱包内有财物，

---

① 最高人民法院刑事审判第一庭编：《现行刑事法律司法解释及其理解与适用》（上册），人民出版社2010年版，第760页。

手机估价鉴定也仅有1900元，均无法达到盗窃罪入罪的数额标准。因此，密禹拿走的4万余元与其所输的赌资在数额上具有“相当性”。

三、从《刑法》的谦抑性来分析

《刑法》的谦抑性，是指《刑法》应依据一定的规则控制处罚范围与处罚程度，即凡是适用其他法律足以抑制某种违法行为、足以保护合法权益时，就不能将其规定为犯罪；凡是适用较轻的制裁方法足以抑制某种犯罪行为、足以保护合法权益时，就不要规定较重的制裁方法。① 总体而言，《刑法》的谦抑性体现在两个方面，即非犯罪化和非刑罚化。具体到司法实践中，对于某些符合犯罪构成，但具有特殊情节的行为可以不作为犯罪处理。这也正是《意见》第七条规定所蕴含的“谦抑性”所在。

本案当中，密禹在案发现场已将4万余元现金作为所输赌资交付给被害人。其认为应当偿还赌债，而且现金已经发生交付，所有权已经转移。其盗窃行为单纯从犯罪构成上看，已经完全符合盗窃罪的成立条件。如前所述，密禹窃取赌资的行为毕竟在危害程度和范围上与普通盗窃有很大区别，犯罪对象赌资本身也是非法赌博的产物，属于不受法律保护的财产。因此，从《刑法》谦抑性的角度出发，对于这种具备特殊情节的“犯罪行为”，还是不作为犯罪来处理较为妥当。

（一审法院合议庭成员　张　伟　王　彦　王光营
二审法院合议庭成员　李　颖　郝红鹰　王力欣
编写人　天津市高级人民法院　王力欣
责任编辑　周维明
审稿人　沈　亮）

原载《人民法院案例选》2017年第2辑（总第108辑）

① 张明楷：《论刑法的谦抑性》，载《法商研究》1995年4期。

146. 肖胜故意杀人案*

——吸毒后交通肇事，持刀捅刺执行公务的民警，致1人死亡、1人轻伤，罪行极其严重

【基本案情】

被告人肖胜，男，汉族，1977年4月29日出生，原系湖南省武冈市卫生局水浸坪卫生院工作人员。

被告人肖胜自2007年开始吸食毒品，2008年7月25日曾因吸毒被行政拘留15日。2013年10月底至11月初，肖胜多次吸食毒品。同年11月9日14时许，肖胜驾驶一辆黑色起亚轿车途经湖南省武冈市铜宝路与北门闸二巷岔路口时，与同向行驶的杨某丙驾驶的越野车发生碰撞。事故发生后，双方分别报警。肖胜将随身携带的折叠式弹簧刀丢入附近的“人人电脑维修中心”店内垃圾桶里。武冈市公安局交通警察大队城区中队副中队长杨某丁（被害人，殁年37岁）和协警周某（被害人，时年23岁）接警后驾车赶到现场，决定将肇事车辆拖离，将肖胜、杨某丙及同车人员带往交警大队调查处理。肖胜声称口渴再次到“人人电脑维修中心”店内喝水，周某下车跟随。肖胜从店内垃圾桶里捡起其先前丢弃的弹簧刀，周某见状询问，肖胜即持刀捅刺周某左前臂。周某跑至店外，肖胜从店内找到一把单柄手锯追打，周某朝警车方向跑，肖胜又持弹簧刀追赶。杨某丁见状上前阻止，肖胜持弹簧刀朝杨某丁胸部等处连续捅刺数刀。周某与在场群众共同将肖胜手中的弹簧刀夺下，并将肖胜制服。杨某丁因被单刃刺器刺伤胸部致心脏破裂在被送往医院抢救途中死亡。周某的损伤构成轻伤。

【裁判结果】

本案由湖南省邵阳市中级人民法院一审，湖南省高级人民法院二审。最高人民法院对本案进行了死刑复核。

法院认为：被告人肖胜故意非法剥夺他人生命，其行为已构成故意杀人罪。肖胜交通肇事后，持械对依法执行公务的交通警务人员行凶，致1人死亡、1人轻伤，犯罪性质恶劣，社会危害极大，罪行极其严重，应依法惩处。据此，依法对被告人肖胜判处并核准死刑，剥夺政治权利终身。

罪犯肖胜已于2016年2月3日被依法执行死刑。

---

* 2017年6月20日最高人民法院发布的毒品犯罪及涉毒次生犯罪十大典型案例之一。

【典型意义】

毒品具有中枢神经兴奋、抑制或者致幻作用，会使吸毒者出现兴奋、狂躁、抑郁，甚至被害妄想、幻视幻听等症状，进而导致其自伤自残或实施暴力犯罪。近年来，因吸毒诱发的故意杀人、故意伤害等暴力犯罪屡有发生，严重危害社会治安，有的案件造成了恶劣的社会影响。本案就是一起因吸毒诱发的故意杀人犯罪典型案例。被告人肖胜自2007年开始吸食毒品，2008年曾因吸毒被行政拘留15日，案发前肖胜又多次吸食毒品，并出现吸毒导致的幻觉、被害幻想等症状。据肖胜供述，其吸食的毒品包括甲基苯丙胺、甲基苯丙胺片剂和氯胺酮。由于吸毒违法，也是自陷行为，故目前司法鉴定机构对于吸毒后作案者通常评定为具有完全刑事责任能力。肖胜在交通肇事后，持刀对执行公务的交通民警和协警行凶，致1人死亡、1人轻伤，犯罪性质恶劣，社会危害极大，罪行极其严重，人民法院依法对其判处死刑。该案充分反映出毒品对个人、家庭和社会的严重危害，尤其值得吸毒者警醒。

（责任编辑　杨　奕）

原载《人民法院案例选》2017年第8辑（总第114辑）

147. 彭洪杰、周永美故意杀人案

——故意杀人罪中“情节较轻”的认定

【关键词】

故意杀人　情节较轻　特殊职业身份

【裁判要旨】

行为人基于减少家庭负累等动机而故意杀害家庭中具有缺陷的新生婴儿的行为，以及医护人员受其请求后利用职业身份与专业知识为其提供帮助的行为均不能认定为故意杀人罪中的“情节较轻”。

【相关法条】

《中华人民共和国刑法》

第二百三十二条　故意杀人的，处死刑、无期徒刑或者十年以上有期徒刑；情节较轻的，处三年以上十年以下有期徒刑。

【案件索引】

一审：上海市崇明区人民法院（2016）沪0230刑初30号（2016年6月3日）

【基本案情】

2015年2月起，被告人彭洪杰的儿媳张柳在上海市第十人民医院崇明分院的多次例行产前检查中均未检出所怀胎儿可能存有先天缺陷。直至临产前约二周，才陆续在该院及他院的超声检查中查出胎儿可能存在唇裂等问题。被告人彭洪杰等人就此于同年7月6日与该院妇产科进行交涉，经时任该院妇产科副主任的被告人周永美等人劝说，彭洪杰等人同意待婴儿出生后再论。同年7月15日，张柳在该院顺利产下一男婴，目测有唇裂等问题。彭洪杰遂数次至周永美办公室讨要说法，并称其家庭经济困难，无力承担该婴儿的治疗费用，要求周永美帮助处理该名男婴。次日下午，在彭洪杰再次要求之下，二被告人决定采取推注氯化钾注射液的方式杀害该男婴。尔后，周永美从妇产科护士治疗间取出一支塑料管装的10ml氯化钾注射液和一支一次性塑料注射器交给彭洪杰，并告知彭需采用推注的方式将该氯化钾注射液注入男婴体内方能致其死亡。同年7月17日14时许，彭洪杰在该院妇产科15号病房42床处，使用上述注射器及氯化钾注射液，将氯化钾注射液推注入男婴头顶部，致男婴死亡。随后，彭洪杰将注射器等物丢弃。同年7月19日，彭洪杰主动至公安机关投案；次日，周永美在该医院内被公安人员抓获。二被告人到案后均如实供述了上述犯罪事实。经鉴定，被害男婴符合生前头部被他人注射氯化钾而死亡。此外，被害男婴出生后直至被杀害前，其身体的具体缺陷情况未得到确诊。

【裁判结果】

上海市崇明县人民法院于2016年6月3日作出（2016）沪0230刑初30号刑事判决，认定被告人彭洪杰犯故意杀人罪，判处有期徒刑七年；被告人周永美犯故意杀人罪，判处有期徒刑五年。宣判后，两名被告人未上诉，检察机关未抗诉，判决已发生法律效力。

【裁判理由】

法院生效裁判认为：关于公诉机关与辩护人对本案中两名被告人故意杀人行为应定性为“情节较轻”的指控及辩护意见，经查，彭洪杰在被害男婴出生以后，尚未对男婴除唇裂外是否存在四肢偏短、骶骨发育不良的先天缺陷等问题进行确诊，亦未对相关治疗费用、疗程、效果进行调查、核实，更未对治疗、修复被害男婴的身体缺陷进行努力和尝试的情况下，就以家庭经济困难、无力负担治疗费用为由，起意杀害该男婴，并数次要求周永美提供帮助。其对被害男婴生命权利极为漠视，犯意形成较为草率，但杀人意志坚决，主观恶性较深。被告人周永美从医二十余年且长期在妇产科领域从事医疗诊治和医务管理工作，其不但应对被害男婴的缺陷情况比彭洪杰具有更深的主观认知，还应当对医院未能筛查出被害男婴的相关缺陷是否构成医疗事故，以及如何合理应对医患纠纷有着较为明确的认识。面对彭洪杰不合理的要求和屡次纠缠，周永美在数次拒绝无果的情况下，应当选择合法、合理的方式予以应对。但其却在履职期间，应彭洪杰之请，凭借自己作为妇产科医生所掌握的药物知识，并利用能够取得氯化钾注射液、注射器的便利，向彭洪杰提供作案工具、教授使用方式，帮助彭洪杰杀害被害男婴。作为一名从医多年的执业医师，周永美理应以救死扶伤、治病救人为己任，其却罔顾医生职业道德和操守，参与杀害新生婴儿。其行径严重破坏了医生职业的整体形象，极大程度地伤害了社会公众对于医生职业的良好情感，社会影响恶劣。生命是人的最高人格利益，受到法律严格、平等的保护，人的生命权不因个体社会地位的高低、社会价值的大小而有所区别，也与个体的健康状况无关，任何人都不得非法剥夺他人的生命。作为新生婴儿，其自出生就拥有完全人格，是独立的个体，其生命权应当受到同等的尊重和保护。更兼之残疾人的权益历来受到社会民众的高度重视和热切关心，即使本案被害男婴经确诊后确有残疾，也不应当成为其被杀害的理由。不仅如此，其人身权利更应受到法律的特殊保护，其身心健康理应得到家庭成员的悉心呵护，其成长发展还应得到社会各界的关心爱护。而本案中，被害男婴出生后生命体征正常、平稳，其本身并无致命的先天性疾病，仅因具有唇裂及其他尚不确定是否存在的缺陷就在出生后第三天即被两名被告人共谋杀害，二人的行径严重背离了关爱和保护未成年人、残疾人等弱势群体的社会普遍价值。综上，两名被告人的故意杀人行为不能被评价为“情节较轻”，公诉机关及两名被告人的辩护人的相关指控和辩护意见不当，不应支持和采纳。

被告人彭洪杰、周永美共同故意非法剥夺他人生命，致一人死亡，其行为均已构成故意杀人罪。被告人彭洪杰在共同犯罪中起主要作用，系主犯，应当按照其所参与的全部犯罪处罚；被告人周永美起次要作用，系从犯，依法应当从轻、减轻或者免除处罚。

被告人彭洪杰在犯罪后能自动投案，并如实供述自己的罪行，系自首，依法可以从轻或者减轻处罚。被告人周永美到案后能如实供述自己的罪行，依法可以从轻处罚。鉴于被告人彭洪杰与被害男婴系嫡亲祖孙关系、其杀人手段尚不属极其残暴，周永美系受彭洪杰屡次纠缠后才产生犯意且未参与犯罪的实行阶段，两名被告人已获被害男婴父母谅解等因素，故决定对两名被告人减轻处罚。综合两名被告人的犯罪事实、性质、情节及在共同犯罪中的作用、地位，及两名被告人的犯罪动机、人身危险性，依法作出了如上裁判。

【案例注解】

《中华人民共和国刑法》第二百三十二条规定："故意杀人的，处死刑、无期徒刑或者十年以上有期徒刑；情节较轻的，处三年以上十年以下有期徒刑。"该罪是我国刑法中较为特殊的将刑罚从重至轻排列的罪名，一定程度上体现了"杀人偿命"的传统报应思想，也反映了刑法对故意杀人这一严重暴力犯罪从严惩处的立法考量。在刑罚设置上优先选择重刑之余，考虑到现实中故意杀人案件情状各异，立法者还设置了"情节较轻"的刑档。而在实践中，司法机关对于"情节较轻"的评判和适用不但对被告人的刑罚影响重大，还历来受到社会各方的广泛关注，甚至还关乎生命平等、伦理道德等社会价值，具有较强的价值宣扬和导向作用。

一、故意杀人罪中"情节较轻"的评价要素

现行法律及司法解释均未对故意杀人罪中"情节较轻"的适用标准作出具体规定，仅在最高人民法院、最高人民检察院、公安部、司法部于2015年印发的《关于依法办理家庭暴力犯罪的意见》中明确"对于因遭受严重家庭暴力，身体、精神受到重大损害而故意杀害施暴人；或者因不堪忍受长期家庭暴力而故意杀害施暴人，犯罪情节不是特别恶劣，手段不是特别残忍的，可以认定为刑法第二百三十二条规定的故意杀人'情节较轻'"。司法实务中"情节较轻"的适用多见于义愤杀人、防卫过当杀人、因受被害人长期迫害而杀人、帮助自杀、受嘱托杀人、大义灭亲、生母杀害亲生婴儿等情形。

结合《关于依法办理家庭暴力犯罪的意见》及司法实践中的判例来看，对于能否被评价为"情节较轻"，笔者认为，应当审查以下要素：

首先，应当着重考察行为人主观恶性是否较深，是否具有可宽恕的犯罪动机。从社会公众的价值观念和道德准则来看，他人如果处于行为人的境地，选择其他合法行为的可能性同样较低。正是因为行为人具有可宽恕的动机，所以民众对其谴责程度也很低，甚至给予一定程度的同情和怜悯。那么，在该种特定环境下，行为人实施犯罪的主观恶性是相对较低的。

其次，应当评估行为人是否具有较强的人身危险性，即考察行为人的一贯社会表现，前科、劣迹情况，到案后的认罪、悔罪态度，以及再次实施暴力犯罪的可能性。

再次，应当分析行为人作案方式和手段是否残暴。对行为人事前的预谋情况、使用犯罪工具的种类、采用何种杀人方式、杀人后对尸体的处理，以及被害人遭受痛苦的程度、时间长短等因素予以综合分析。

最后，要从民众所认同的道理和情理来看，能否认同案件适用"情节较轻"所依据的价值观念。司法裁判尽管具有专业性、封闭性的特征，但法官作出每一份裁判的价值

基础均源于社会伦理道德和基本秩序规范，而社会民众依据自有的朴素的正义观、道德观，以其所认同的道理和分享的情感出发，会对司法裁判中所作的情节评价作出认可与否的价值评判。那么，当司法裁判中所体现的价值与大多社会民众的价值同一时，该裁判才会得到民众的认可和接受。从另一个层面上来说，只有当司法裁判得到民众的价值认可，才能对民众起到教育、规范、指引的积极作用，最大程度地发挥司法的社会功能。

综上所述，故意杀人罪中情节较轻的认定，要考虑以下几个方面：第一是行为人作案方式和手段不是很残暴；第二是行为人具有可宽恕的杀人动机；第三是从行为人的一贯表现和认罪、悔罪态度来看。行为人再次实施犯罪的可能性较小；第四是从社会普遍价值的角度来看，要能够得到民众的认同和接受。只有这上述情形同时具备，才能认定为故意杀人罪“情节较轻”。如果具备其中几种情节，但是另一种情节很严重或者很恶劣，那么就不应该适用“情节较轻”。

二、本案的情节评价要素分析

本案中，控辩双方均认为，彭洪杰的杀人动机系为家庭“解决困难”，为孩子“寻求解脱”，其主观动机并非极其卑劣，其罪当罚，但其情可悯。被告人周永美出于对彭洪杰家庭困境的同情和怜悯，为了使彭洪杰不再找医院的麻烦，同时，也为了帮助彭洪杰家庭解决今后治疗患儿产生的巨大经济负担，在帮助患者解决问题的方式上是非不分，虽有违医生职业道德，但究其主观动机尚不属极其卑劣。故二人的犯罪动机均系事出有因，值得宽宥。另结合二人的犯罪手段、人身危险性等因素，应对二人的故意杀人行为评价为“情节较轻”。

笔者认为，从本案中彭洪杰、周永美二人所采用的杀人手段来看，二人并不希望婴儿忍受较长时间或较为剧烈的痛苦后死去，而是选择了药物注射这一痛苦相对较小、过程较为短暂的方式来结束婴儿的生命，以避免婴儿受到长时间、较剧烈的痛苦，并在婴儿死亡后直接将尸体推入太平间予以冷冻保存，故二人在行凶方式和对被害男婴尸体的后续处理上并未显现出极为残暴的手段特征。再从人身危险性来看，彭洪杰长期在上海市区以开出租车为生，拥有正当职业作为谋生方式。其居住地的村民委员会亦对彭洪杰的一贯表现予以认可，并印证了彭洪杰家庭条件确实较为困难。周永美所在单位为其出具了《工作表现说明》，辩护人提供了其立功受奖的证书及人民群众的联名信，证实了周永美在工作和社会活动中的良好表现。可见，二人本身并无严重的暴力倾向，再次实施严重暴力犯罪的可能性较小。但通过对二被告人杀人动机形成的原因、过程进行认真分析、研判后，不难发现，二被告人并不符合故意杀人罪中“情节较轻”的主观方面特征。

本案中，彭洪杰原本悉心期盼得到一名健康的孙子，直至其儿媳临产前约两周，医院才查出胎儿的相关缺陷，实质上已使得婴儿父母失去了选择的机会，只能接受缺陷婴儿的出生，也给彭洪杰一家带来了巨大的心理落差。一方面，彭洪杰难以接受其孙子具有先天缺陷的现实并将之归责于医院；另一方面，其又担心后续治疗、修复婴儿的缺陷会给家庭带来巨大的经济负担，使原已负债累累的家庭不堪重负。由此，其在未对被害男婴具体缺陷情况进行确诊、尝试治疗或修复的情况下就决意将其杀害，并数次要求周永美提供帮助。可见其杀人犯意形成较为草率，但杀人意志较为坚决。周永美则是希望彭洪杰不再因医院的产检问题而对其纠缠不休，并希望能为医院化解医患矛盾，故在帮助病患家属的方式上是非不分，违背了基本的人伦道德，突破了法律的底线，并利用自己的医学知识和能够接触到氯化钾注射液、注射器的便利向彭洪杰教授杀人方式、提供作案工具。二被告人各怀私心，对生命价值的认识极为浅薄，尽管明知被害男婴能正常存活，却丝毫未曾考虑到新生婴儿生命权利的独立性、自主性、平等性、不可侵犯性，将婴儿的鲜活生命视作家庭关系的附属品，以一己之私随意剥夺其生命，凸显出二人较为卑劣的犯罪动机和较深的主观恶性。兼之二人的行为严重背离了关爱和保护未成年人、残疾人等弱势群体的社会普遍价值和基本道德准则，肆意剥夺缺陷新生婴儿生存于世以及获得治疗、修复的权利，其行为难以获得社会民众的高度同情和宽恕。此外，周永美作为一名从医多年的执业医师，罔顾医生职业道德和操守，参与杀害新生婴儿，其行径严重破坏了医生职业的整体形象，极大程度地伤害了社会公众对于医生职业的良好情感，亦产生了十分恶劣的社会影响。综上，二被告人主观恶性较深，且其犯罪动机显然并不具有较强的可宽恕性，故不宜被评价为故意杀人罪“情节较轻”，合议庭最终未支持、采纳控辩双方的相关意见，并将本案基准刑确定在有期徒刑十年以上一档刑罚。

三、司法裁判应当起到指引社会价值的良性作用

打击犯罪、惩治罪犯，维护社会的长治久安和百姓的安居乐业固然是刑事审判的工作重心，但不可忽视的是，引导社会价值取向是同样也是审判工作的一个重要职能。倘若在对被告人处刑之余，法官作出的判词多能透射出引人向善的力量，则必会带给社会民众更多的感化和教育，甚至带动社会整体的进步与革新；若法官作出的判决内容与社会民众的预期大相径庭，甚至有违社会的“良心”，那么，判决的社会效果是极其恶劣的，一定程度上会损害民众对于司法的信任和尊重程度，带来的恶果便是社会整体的反思与停顿。再观本案的判决，法院正是通过司法裁判的形式，向社会民众突出强调了缺陷新生婴儿与常人一样具有平等的生命权，并表明了司法机关对于保护未成年人、残疾人等弱势群体人身权利的坚定立场和坚强决心。通过本案的判决，亦对农村地区、偏远落后地区意图杀害家庭中具有缺陷的新生婴儿的潜在犯罪行为起到了警示、震慑作用，还对广大医务工作者积极培育和践行医护人员职业道德的紧迫性和必要性鸣响警钟，较好地发挥了司法裁判的教化功能和指引作用，具有十分深远的社会意义。

（一审法院合议庭成员　张　程　金立寅　陶臻轶
编写人　上海市崇明区人民法院　金立寅
责任编辑　周维明
审稿人　李玉萍）

原载《人民法院案例选》2018 年第 2 辑（总第 120 辑）

148. 牛凤武故意杀人案

——故意杀人案中自首不予从宽处罚的标准

【关键词】

自首　从宽处罚　人身危险性　主观恶性　罪刑均衡

【裁判要旨】

在故意杀人案中，被告人虽然自首，但没有认罪悔罪，人身危险性没有降低、主观恶性没有减小，而且罪行极其严重，若从宽处罚会造成罪刑失衡的，应当不予从宽处罚。

【相关法条】

《中华人民共和国刑法》

第六十七条第一款　犯罪以后自动投案，如实供述自己的罪行的，是自首。对于自首的犯罪分子，可以从轻或者减轻处罚。其中，犯罪较轻的，可以免除处罚。

【案件索引】

一审：天津市第一中级人民法院（2015）一中刑初字第 68 号（2015 年 11 月 3 日）

二审：天津市高级人民法院（2016）津刑终 29 号（2016 年 6 月 2 日）

【基本案情】

天津市人民检察院第一分院指控：2011 年，被告人牛凤武与李某某相识后在牛凤武暂住处共同居住，被害人杨某为李某某与前夫所生之子。2014 年底，杨某因生活琐事与牛凤武渐生矛盾，继而反对其母李某某与牛凤武交往。2015 年春节期间，趁牛凤武回原籍过节之机，杨某母子搬离牛凤武暂住处，并租住于天津市西青区张家窝镇石化北里×号楼×××室。牛凤武回津后偶遇李某某，并趁杨某上班不在家之机与李某某进行交往，但被杨某发现，因杨某依然反对，二人矛盾深化。2015 年 4 月 19 日，被告人牛凤武找同事王希贵去李某某暂住处调解此事，并将住所内一把尖刀绑于小腿处隐藏携带。当日 19 时许，二人共同来至杨某母子租住处，发现杨某独自在家。20 时许，李某某返回住处，牛凤武借故骗得李某某房门钥匙将该单元防盗门反锁。21 时许，王希贵调解依然无效，牛凤武见杨某反对态度坚决，遂拔出尖刀，朝躺在双人床上的杨某胸腹部猛捅数刀，李某某、王希贵上前阻拦。在阻拦过程中，李某某持空酒瓶砸向牛凤武，并在争抢凶器过程中被牛凤武划伤头部、手部。之后，李某某检查杨某伤情，发现其行将死亡，提出报警救治，遭到牛凤武阻止。在确认杨某死亡后，牛凤武电话报警，并于现场等候公安民警到来。经鉴定，杨某系被他人用单刃刺器刺破左肺、肝脏等脏器致失血性休克死亡；

李某某左颞部创口、左手拇指创口的损伤程度均为轻微伤。

公诉机关认为：被告人牛凤武故意剥夺他人生命，致一人死亡，其行为触犯了《刑法》第二百三十二条，犯罪事实清楚，证据确实、充分，应当以故意杀人罪追究其刑事责任。被告人牛凤武系自首，同时适用《刑法》第六十七条第一款。

附带民事诉讼原告人李某某诉称：因被告人牛凤武的犯罪行为致其子死亡，造成附带民事诉讼原告人巨大的精神痛苦和经济损失，要求被告人牛凤武赔偿各项损失人民币906444元，精神损失费人民币5万元，共计人民币956444元。

法院经审理查明：2011年，被告人牛凤武经他人介绍与李某某相识后，共同居住在牛凤武暂住处天津市西青区张家窝镇西琉城村，被害人杨某（殁年29岁）系李某某与前夫所生之子。2014年底，被害人杨某从单位宿舍搬出与牛凤武、李某某共同生活，其间，因生活事务分担等琐事，杨某与牛凤武渐生矛盾，继而反对其母李某某与牛凤武交往。2015年初，在被告人牛凤武独自返回原籍过春节期间，李某某决定与被害人杨某搬离牛凤武暂住处，租住于天津市西青区张家窝镇石化北里×号楼×××室，并断绝与牛凤武的联系。2015年2月末，被告人牛凤武在天津市西青区张家窝镇偶遇李某某，二人恢复联系，并利用杨某上班不在家的时间继续交往，被杨某发现后，牛凤武找同事王希贵一同至李某某暂住处劝说杨某，但杨某仍然持反对态度，牛凤武遂对此怀恨在心，预谋杀害杨某。

2015年4月19日，被告人牛凤武再次找同事王希贵去李某某暂住处调解此事，并将住所内一把匕首绑于右小腿裤子内藏匿。当日19时许，牛凤武、王希贵到达李某某暂住处，看到杨某独自在家后，二人在屋内等候李某某。当晚20时许，李某某返回暂住处，被告人牛凤武以下楼锁自行车为由，骗得李某某房门钥匙将该单元防盗门反锁，意图在其行凶时，防止被害人杨某逃脱。当晚21时许，在王希贵、李某某劝说杨某未果的情况下，牛凤武与杨某言语不和，遂拔出尖刀，朝躺在双人床上的杨某胸腹部等处猛捅数刀，李某某、王希贵上前阻拦，并试图抢夺牛凤武手中凶器，遭牛凤武拒绝和反抗。在阻拦过程中，李某某持空酒瓶砸向牛凤武，并在争抢凶器过程中被牛凤武划伤头部、手部。之后，李某某检查杨某伤情，发现其将要死亡，李某某、王希贵均提出报警救治，牛凤武予以吓止，并表示等杨某彻底死亡后再行报警。之后，在确认杨某死亡后，牛凤武拨打电话报警，并在现场等候公安民警到来。经鉴定，杨某系被他人用单刃刺器刺破左肺、肝脏等脏器致失血性休克死亡；李某某左颞部创口、左手拇指创口的损伤程度均为轻微伤。

另查明，被告人牛凤武的行为确给附带民事诉讼原告人李某某造成经济损失，并应承担赔偿责任，依法应赔偿丧葬费人民币元38459.5元。

【裁判结果】

天津市第一中级人民法院于2015年11月3日作出（2015）一中刑初字第68号刑事附带民事判决：认定被告人牛凤武犯故意杀人罪，判处死刑，剥夺政治权利终身；犯罪工具匕首一把依法予以没收；被告人牛凤武赔偿附带民事诉讼原告人经济损失人民币38459.5元；驳回附带民事诉讼原告人的其他诉讼请求。宣判后，被告人牛凤武认为量刑过重，对刑事部分判决不服，提出上诉。天津市高级人民法院于2016年6月2日作出

（2016）津刑终29号刑事裁定：驳回上诉，维持原判。日前，最高人民法院已核准被告人牛凤武死刑。

【裁判理由】

法院生效裁判认为：被告人牛凤武蓄意行凶报复杨某，致被害人死亡，其行为构成故意杀人罪。被告人牛凤武在案发后，主动报警并在现场等候民警，到案后，如实供述自己的罪行，系自首，且本案案发确属事出有因，但不足以从轻处罚。其在死亡结果发生前已预谋自首，虽符合自首所要求的主动性、自愿性，却未能体现出其犯罪主观恶性的减小。被害人杨某仅是拒绝被告人牛凤武与其母李某某交往，并无过激言行，在案件起因上亦不存在过错。因此，被告人牛凤武故意杀害被害人的手段残忍，主观恶性、社会危害性极大，应依法予以严惩，依法认定被告人牛凤武犯故意杀人罪，判处死刑，剥夺政治权利终身。

二审法院天津市高级人民法院认为：纵观牛凤武实施的杀人行为及造成的严重后果，其主观恶性较深，虽有自首情节，但并非真诚悔罪。本案被害人只是反对母亲与牛凤武共同生活，并无过激行为，在案件起因上不存在过错。故裁定驳回上诉，维持原判。

最高人民法院亦同意一、二审法院之意见，认为：被告人牛凤武因生活琐事，故意非法剥夺他人生命，其行为已构成故意杀人罪。其犯罪手段残忍，情节、后果严重，社会危害性大，应依法惩处。牛凤武犯罪后主动向公安机关投案，具有自首情节，但其罪行极其严重，依法不足以从轻处罚。故裁定核准被告人牛凤武死刑。

【案例注解】

本案的争议焦点在于：该自首情节能否成为对被告人牛凤武从宽处罚的事由？是否应判处被告人牛凤武死刑？下面分四部分展开讨论：（1）依据现行法律和司法解释，如何理解自首制度关于量刑的规范体系与适用方法？（2）能否因被告人牛凤武的自首情节而对其从宽处罚？（3）如何正确看待死刑案件中的自首情节，易言之，自首情节能否成为免死情节？（4）以本案为例总结判断某一自首情节是否可以从宽处罚的基本思路。

一、自首量刑的规范体系与适用方法

自首制度一直是我国刑法中重要的量刑制度，《刑法》与司法解释、司法解释性文件共同设定了自首制度如何量刑的规范体系。《刑法》第六十七条第一款规定："犯罪以后自动投案，如实供述自己的罪行的，是自首。对于自首的犯罪分子，可以从轻或者减轻处罚。其中，犯罪较轻的，可以免除处罚。"这是自首制度的原则性规定，明确了"自动投案＋如实供述自己的罪行"的构成要件以及分类别从宽处罚的基本量刑原则。此外，另有三项司法解释、司法解释性文件对自首应如何量刑作出重要规定。

第一项规范是1998年4月《最高人民法院关于处理自首和立功具体应用法律若干问题的解释》（法释〔1998〕8号），其中第三条规定："具体确定从轻、减轻还是免除处罚，应当根据犯罪轻重，并考虑自首的具体情节"，明确了适用《刑法》第六十七条第一款选择量刑幅度的依据。第二项规范是2010年12月《最高人民法院关于处理自首和立功若干具体问题的意见》（法发〔2010〕60号，以下简称《自首立功意见》）。《自首立功意见》第八项"关于对自首、立功的被告人的处罚"进一步细化了上述依据："对

具有自首、立功情节的被告人是否从宽处罚、从宽处罚的幅度，应当考虑其犯罪事实、犯罪性质、犯罪情节、危害后果、社会影响、被告人的主观恶性和人身危险性等。自首的还应考虑投案的主动性、供述的及时性和稳定性等。……虽然具有自首或者立功情节，但犯罪情节特别恶劣、犯罪后果特别严重、被告人主观恶性深、人身危险性大，或者在犯罪前即为规避法律、逃避处罚而准备自首、立功的，可以不从宽处罚。”2010 年 2 月《最高人民法院关于贯彻宽严相济刑事政策的若干意见》（法发〔2010〕9 号）确认并重申了这一规定。[①] 第三项规范是 2017 年 3 月《最高人民法院关于常见犯罪的量刑指导意见》[②]（法发〔2017〕7 号），其中明确了“自首的具体情节”的各类要素及从宽幅度：“对于自首情节，综合考虑自首的动机、时间、方式、罪行轻重、如实供述罪行的程度以及悔罪表现等情况，可以减少基准刑的 40% 以下；犯罪较轻的，可以减少基准刑的 40% 以上或者依法免除处罚。恶意利用自首规避法律制裁等不足以从宽处罚的除外。”

以上规范共同确立了自首制度在量刑时的基本原则与常用规律：

原则：我国自首的量刑原则采“得减主义”[③]，即“可以从宽模式”，且以从宽为原则，以不从宽为例外；

规律 1：确定对自首是否从宽以及从宽处罚的幅度（从轻、减轻、免除）应考虑三类因素：（1）被告人罪行的严重程度，包括犯罪事实、犯罪性质、犯罪情节、危害后果、社会影响等；（2）被告人的主观恶性与人身危险性；（3）自首的具体情节，包括投案的情节（自首动机、时间、方式、投案的主动性）、供述的情节（及时性和稳定性）以及悔罪的表现；

规律 2：自首不从宽的两种情形：（1）犯罪情节特别恶劣、犯罪后果特别严重、被告人主观恶性深、人身危险性大；（2）在犯罪前即为规避法律、逃避处罚而准备自首的恶意自首。[④]

二、本案中自首不构成对被告人牛凤武从宽处罚的事由

本案中，被告人牛凤武在案发后主动报警并在现场等候民警，到案后如实供述自己的罪行，符合自首主动投案与如实供述罪行的构成要件，其行为成立自首当无疑问。但该自首情节不能成为对被告人牛凤武从宽处罚的事由，理由有二：

（一）牛凤武罪行极其严重，对于罪行极其严重的犯罪分子，自首亦不足以从宽处罚

本案中，被害人杨某仅是反对牛凤武与李某某交往，直至案发当日未有过激言行，在案件起因上没有过错；牛凤武预谋杀人，事先准备凶器、借故反锁房门为其行凶做准备；着手后不顾李某某与同事王希贵劝阻，捅刺杨某胸腹部等要害部位数刀致杨某左肺、

① 2010 年 2 月《最高人民法院关于贯彻宽严相济刑事政策的若干意见》（法发〔2010〕9 号）三、准确把握和正确适用依法从“宽”的政策要求中规定：“17. 对于自首的被告人，除了罪行极其严重、主观恶性极深、人身危险性极大，或者恶意地利用自首规避法律制裁者以外，一般均应当依法从宽处罚。”

② 新修订后的《最高人民法院关于常见犯罪的量刑指导意见》中关于自首情节的规定与法发〔2013〕14 号中内容一致。

③ 从各国立法来看，自首制度的量刑原则有必减主义（绝对从宽模式）和得减主义（相对从宽模式）。必减主义指具有自首情节时，应当从宽处罚，如越南、巴西、法国、俄罗斯等国刑法的规定；得减主义指具有自首情节不必然从宽，而是可以从宽，我国《刑法》规定即为此例。从世界范围来看，得减主义已成为主流。

④ 近年来，有学者提出恶意自首的概念，指恶意利用自首制度的从宽处罚功能，在犯罪前已经为了规避法律、逃避或减轻处罚而准备自首，将自首作为其行动计划一部分的情形。

肝脏等脏器被刺破，并致李某某轻微伤；又阻拦他人报警，最终导致杨某失血性休克而亡；可谓手段残忍，情节恶劣，后果严重。被告人牛凤武的行为已构成故意杀人罪，应考虑判处死刑立即执行。若仅因其具有自首情节便从宽处罚，改变死刑的结果，很难说是罚当其罪的，有违罪刑相适应的基本原则。

（二）牛凤武的自首情节并非出于真诚认罪悔罪，未能体现其人身危险性的降低与主观恶性的减小，不具有从宽处罚的理论基础

牛凤武捅刺被害人杨某后，李某某即提出报警救治，但遭到牛凤武的阻止，并声称“等死透了再报警”，后确于确认被害人死亡后报警自首。牛凤武的行为在客观上耽误了警察和医护人员对被害人实施救助的可能性和最佳时机，也充分体现出其对于杨某死亡结果的积极而坚决的追求。此自首情节的特殊性在于投案与悔罪无关，牛凤武在犯罪既遂之前便已经做好了自首的打算，且以被害人杨某的死亡结果为前提。其自首的主观动因虽未达到恶意利用自首规避法律制裁的程度，也绝非出于真诚认罪悔罪，更无法体现出人身危险性的降低与主观恶性的减小。

笔者认为，上述司法解释与司法解释性文件之所以罗列出判断对自首情节量刑时应考虑的诸多因素，正是在提示我们要通过这些要素对某一自首情节应否从宽处罚进行实质判断。通常认为，主动投案与如实供述体现出了犯罪人认罪悔罪的态度与诚意，也体现出犯罪人人身危险性降低、主观恶性减小、更利于接受教育和改造的特性，从而更利于实现特殊预防的刑罚目的，因此，可对犯罪人从宽处罚。① 也就是说，真正值得从宽处罚的，是通过自首体现出的人身危险性的降低与认罪悔罪的情节。然而本案中被告人牛凤武的自首并非出于真诚认罪悔罪，不仅不能体现其人身危险性的降低与再犯可能性的减小，亦无法体现其更利于接受教育和改造的特性，与刑罚特殊预防之目的无涉，不具有从宽处罚的基础。因而，不能基于此自首情节而对被告人牛凤武从宽处罚。

三、正确理解“宽严相济”：自首不是免死金牌

在情节比较轻微的犯罪中，自首制度适用与否可能仅影响刑期长短，但在涉及可能判处死刑的案件时，自首有时便会成为“最后一棵救命的稻草”，成为从死刑立即执行从轻为死刑缓期二年执行的直接依据。于是，自首在量刑上的从宽作用在死刑的关键点上被最大化了，本案即是如此。

在对牛凤武如何量刑进行讨论时，曾有观点主张：被告人牛凤武除自首外没有其他从宽情节，极有可能被判处死刑。虽然牛凤武的自首情节没有体现出其人身危险性的降低和主观恶性的减小，但基于“少杀”“慎杀”的刑事政策，是否可以考虑自首在节约司法资源、提升诉讼效益方面的积极作用而对其从宽处罚。我们最终否定了上述主张。一方面，诉讼效益的提升固然是自首制度的内在价值，但若仅基于效益本身便径直得出从宽处罚的结论，便是通过司法程序的便捷性抵消了犯罪人罪行的社会危害性和对犯罪人进行特殊预防的必要性，不仅在理论上无法立足，亦不被现有规范和司法实践所支持。另一方面，若基于控制死刑的政策需求而借助自首的名义得出从宽处罚的结论，无疑是

① 此观点可参见陈兴良：《刑法适用总论（下卷）》，法律出版社1999年版，第500页；刘四新、郭自力：《刑法内在逻辑结构与功能的规范解析——兼论数罪并罚的刑法缩减机理》，载《政法论坛》2008年第5期；卢永刚：《对自首犯的处罚研究》，载《法制与经济》2010年3月。

以政策性判断取代了法律判断，将自首是否成立的定性问题与自首能否从宽处罚的量刑问题混为一谈，无视并消解了自首制度本身的价值与自首可从宽处罚的理论根基。更重要的是，将“少杀”“慎杀”的刑事政策直接适用于本案这个前提本身就是错误的。

严格和慎重适用死刑是宽严相济刑事政策的内在要求，但是，一概认为自首必须从宽处罚或自首必然不能判处死刑立即执行的观点，均是忽视自首从宽的基本原理、肆意拓宽自首功能边界的错误观点，不仅使得自首成为减轻罪责的“挡箭牌”与保命的“免死金牌”，亦非宽严相济刑事政策的题中之义。在死刑案件中着重发挥自首从宽处罚的量刑功能，实现宽严相济，应做到该宽则宽、当严则严。

所谓该宽则宽，是指在可能判处死刑的案件中，应当格外重视对自首情节的分析，将真诚认罪悔罪、人身危险性降低等因素纳入考量范围，慎重适用死刑。自首情节是从宽情节中较为常见、影响力较为明显的量刑情节，其从宽量刑功能的广泛适用是贯彻“少杀”“慎杀”刑事政策的重要路径。实证研究的数据亦表明，司法实践中自首情节确对控制死刑起到了积极有效的作用，以自首对故意杀人罪的影响为例，存在自首情节的死刑立即执行判决率及死刑缓期二年判决率比无自首情节的分别低5.1%和3.8%，自首在故意杀人罪裁量的过程中发挥着较为明显的影响。①

所谓当严则严，则是指对自首情节进行严格的实质审查，排除不应当、不足以从宽处罚的情形，防止自首从宽功能被滥用、被利用。事实上，故意杀人等严重暴力犯罪一直是“当严则严”的重点适用对象。2010年4月，最高人民法院刑三庭《在审理故意杀人、伤害及黑社会性质组织犯罪案件中切实贯彻宽严相济刑事政策》的文件中明确对故意杀人案件“总体上应坚持从严惩处的方针”，并针对自首情节作出特别规定：“对于自首的故意杀人、故意伤害致人死亡的被告人，除犯罪情节特别恶劣，犯罪后果特别严重的，一般不应考虑判处死刑立即执行。”2017年3月，《最高人民法院关于常见犯罪的量刑指导意见》（法发〔2017〕7号）规定：“对严重暴力犯罪、毒品犯罪等严重危害社会治安犯罪，在确定从宽的幅度时，应当从严掌握。”

本案中，被告人牛凤武犯罪情节特别恶劣、犯罪后果特别严重，属于罪行极其严重的犯罪分子，且其自首情节不属于可从宽处罚的情形，亦没有其他从宽情节。综合全案犯罪事实与情节，依法判处牛凤武死刑，是罪刑相适应原则的具体适用，亦与故意杀人

---

① 王唯宁：《自首对故意杀人罪死刑适用的影响研究》，北京大学2015年博士学位论文，第20页。作者选取11250个故意杀人罪的生效判决进行分析发现：“样本中有3010个故意杀人罪存在自首情节，占总数的26.8%。在没有自首情节的故意杀人罪样本中，13%的样本的判决结果为死刑立即执行，14.4%的样本的判决结果为死刑缓期二年执行，72.6%的样本的判决结果为非死刑；而在存在自首情节的故意杀人罪样本中，7.9%的样本的判决结果为死刑立即执行，10.6%的样本的判决结果为死刑缓期二年执行，81.5%的样本的判决结果为非死刑。我们发现，存在自首情节的死刑立即执行判决率要比无自首的低5.1%；存在自首情节的死刑缓期二年判决率要比无自首的低3.8%；而如果从死刑适用的角度来看（即包括死刑立即执行和死刑缓期二年执行），存在自首的死刑适用率要比无自首的低8.9%。显然，自首在故意杀人罪裁量的过程中发挥着较为明显的影响。”［Pearson Chi－Square（皮尔逊卡方）的Asymp. Sig.（显著值）为0.00，小于0.05，应承认自首情节对故意杀人罪死刑适用具有显著影响。］

案件总体上所坚持的“从严惩处”的方针相一致。与本案相类似，之前的药家鑫案[①]等生效裁判均验证了这一立场。毕竟，对严重罪行过分强调从宽处罚，不仅会放纵犯罪人，贬损司法权威，还会给被害人与一般公众造成刑罚不公的错觉，不利于实现一般预防的刑罚目的。

四、自首可否从宽处罚的判断思路

自首制度也是一种量刑制度。作为量刑活动的重要环节，自首的功能定位在于准确量刑而非简单的从宽处罚，因而其作用的发挥受到量刑原则的制约与量刑目的的指引。量刑活动以刑罚正义和刑罚目的为双重指导，既是对犯罪行为的评价，也是对犯罪人的评价，应当首先以犯罪事实和情节为根据，同时参考犯罪人的个人情况，从而确立公正且有效的刑罚。基于此立场，便不难理解司法解释等规范在此问题上明确列明诸多判断要素和除外情形的用意。

在确定对具有自首情节的被告人是否可以从宽处罚以及从宽处罚的幅度时，应遵循以下步骤：

第一步，评估被告人罪行的严重程度。通过对行为性质、情节、后果、影响等客观事实的考察，评估被告人罪行的严重程度，确立与其罪行相适应的刑罚幅度。这是后续判断的基准与前提。

第二步，判断被告人的自首情节是否符合从宽处罚的条件。我们无法从自动投案与如实供述的客观行为直接推导被告人的主观心理。自首与人身危险性减小、认罪悔罪之间只是一种高概率的推论，而非必然结论。既是推论，便是需要验证，也是可以被反证的。因此，被告人的主观恶性、人身危险性及能够体现上述“两性”的自首的具体情节、悔罪表现等均成为判断自首能否、如何从宽处罚的要素。若无法通过这些要素的检验，便从根本上失去了从宽处罚的依据，不能带来从宽处罚的效果。

第三步，依据上述两步结论，综合全案事实情节，确定合理量刑。责任主义始终是量刑的基本原则，刑罚目的仅作为辅助性手段发挥作用，因而，通过第二步检验的自首情节不必然会带来从宽处罚的后果。在对罪行极其严重的犯罪分子从宽处罚会造成罪刑失衡时，不能对其从宽处罚。当然，“罪行极其严重”及“罪刑失衡”的判断是难以量化的，需要在个案中具体审查。对于可以从宽处罚的犯罪分子，则还需进一步确定从宽处罚的幅度。

综上，实践中应排除两类不应当、不足以从宽处罚的自首情形：一是被告人实质上没有认罪悔罪，不能体现被告人人身危险性的降低与主观恶性的减小，从而不具有从宽处罚基础的自首（没有通过第二步检验的自首），如没有悔罪动机的走投无路的自首，在犯罪前即为逃避法律、逃避或减轻处罚而将自首纳入行动计划之内的恶意自首等；二

① 药家鑫案中，辩护人提出药家鑫有自首情节，建议对其从轻处罚。一审法院陕西省西安市中级人民法院认为：“被告人药家鑫作案后虽有自首情节并当庭认罪，但纵观本案，药家鑫在开车将被害人张妙撞伤后，不但不施救，反而因怕被害人看见其车牌号而杀人灭口，犯罪动机极其卑劣，主观恶性极深；被告人药家鑫持尖刀在被害人前胸、后背等部位连捅数刀，致被害人当场死亡，犯罪手段特别残忍，情节特别恶劣，罪行极其严重；被告人药家鑫仅因一般的交通事故就杀人灭口，丧失人性，人身危险性极大，依法仍应严惩，故药家鑫的辩护律师所提对药家鑫从轻处罚的辩护意见不予采纳。”药家鑫提出上诉后，二审法院陕西省高级人民法院认为药家鑫“犯罪动机极其卑劣，手段特别残忍，情节特别恶劣，属罪行极其严重，虽系初犯、偶犯，并有自首情节，亦不足以对其从轻处罚”，裁定驳回上诉，维持原判。

是罪行极其严重，虽然自首符合从宽处罚的条件，但若予以从宽会造成罪刑失衡的自首（没有通过第三步考察的自首）。

五、结语

本案是自首不从宽处罚的典型案例，对于准确理解、运用死刑政策具有借鉴意义。《刑法修正案（八）》实施后，刑罚结构的调整客观上拓宽了自首从宽的适用空间，同时，宽严相济的刑事政策也要求扩大对自首的适用，但是，扩大适用不是无限制地滥用。排除不应当、不足以从宽处罚的情形，不仅是认真对待自首制度、准确发挥自首情节量刑功能的体现，也是实现刑罚报应与预防之目的的重要路径。

（一审法院合议庭成员　孙　健　曹向博　范培舒
二审法院合议庭成员　郝宝利　高慧卿　刘慧君
编写人　天津市第一中级人民法院　曹向博　聂晓昕
责任编辑　周维明
审稿人　李玉萍）

原载《人民法院案例选》2018年第4辑（总第122辑）

149. 梁某故意杀人案

——轻型危害结果情况下故意杀人罪的认定与量刑

【关键词】

刑事　故意杀人　轻微危害结果　未遂

【裁判要旨】

在故意杀人犯罪中，被告人实施了通常情况下足以造成被害人死亡危险的行为，结果却发生了小概率的轻微危害后果，经他人制止后未继续实施危害行为，亦未采取措施阻止危害结果的发生，其行为构成故意杀人罪未遂。

【相关法条】

《中华人民共和国刑法》

第二百三十二条　故意杀人的，处死刑、无期徒刑或者十年以上有期徒刑；情节较轻的，处三年以上十年以下有期徒刑。

【案件索引】

一审：北京市西城区人民法院（2018）京0102刑初182号（2018年5月11日）

【基本案情】

北京市西城区人民检察院指控：被告人梁某于2016年6月19日10时许，在北京市西城区大安胡同本人经营的报刊亭内，因存在矛盾与被害人王某发生口角、肢体冲突，被告人梁某持水果刀扎入被害人王某后颈部。后梁某明知他人报警在现场等待，当日被民警抓获。经鉴定，被害人王某身体所受损伤程度为轻微伤。针对上述指控，公诉机关提交了相应的证据。公诉机关认为，被告人梁某故意杀人的行为，侵犯了公民的生命权，触犯了《刑法》第二百三十二条，犯罪事实清楚，证据确实充分，应当以故意杀人罪追究其刑事责任，且情节较轻。鉴于被告人已经着手实行犯罪，由于意志以外的原因而未得逞，是犯罪未遂，根据《刑法》第二十三条，可以比照既遂犯减轻处罚。提请法院对被告人梁某依法惩处。

被害人王某当庭表示放弃附带民事赔偿，要求对被告人梁某从重处罚。

被告人梁某当庭辩解称其没有故意杀人，表示不认罪。

被告人梁某的指定辩护人提出如下辩护意见：（1）对公诉机关指控罪名无异议；

（2）被告人梁某属于犯罪中止；（3）被告人梁某属于激情杀人；（4）没有给被害人造成严重后果；（5）被告人梁某平时表现一贯良好，无犯罪前科。建议法庭对被告人梁某从轻处罚。

法院经审理查明：被告人梁某于2016年6月19日10时许，在北京市西城区中大安胡同本人经营的报刊亭内，因存在矛盾与被害人王某发生口角、肢体冲突，被告人梁某持金属刀扎入被害人王某后颈部。后被告人梁某于当日被民警抓获。经鉴定，被害人王某身体所受损伤程度为轻微伤。

【裁判结果】

北京市西城区人民法院于2018年5月11日作出（2018）京0102刑初182号刑事判决：被告人梁某犯故意杀人罪，判处有期徒刑四年。

宣判后，被告人未上诉，公诉机关未提出抗诉，一审判决已生效。

【裁判理由】

法院生效裁判认为：本案被告人梁某使用金属刀扎入被害人王某的后颈部深达10厘米，从该客观行为来看被告人主观目的就是想剥夺被害人的生命。因为被告人作为正常的成年人应当意识到用尖刀扎入被害人后颈部这一要害部位会导致被害人的死亡。可见，被告人梁某主观上有杀人的故意，客观上实施了杀人的行为，主、客观相一致，符合故意杀人罪的构成要件，其行为应当构成故意杀人罪。关于被告人梁某的辩护人所提的梁某的行为属于故意杀人罪犯罪中止辩护意见，经查，本案中被告人梁某在扎了被害人王某一刀后被现场证人曹某发现，曹某立刻对梁某进行制止并报警，在此情况下梁某虽然没有再对被害人行凶，但也没有及时叫救护车对被害人进行抢救，说明其对被害人是否死亡的后果采取一种漠不关心的态度，可见被告人并非是主动放弃犯罪而是被动地不再行凶，不符合犯罪中止形态的特征，故对该辩护意见不予采纳。被告人梁某故意杀人的行为，侵犯了公民的生命权利，已构成故意杀人罪，且情节较轻，依法应予以惩处。

【案例注解】

一、被告人梁某的犯罪行为罪名认定

在此类案件的罪名认定中，不能单纯地以行为结果作为区别故意伤害罪和故意杀人（未遂）罪的标准，要断定被告人梁某是否具有故意杀人的主观心态需要综合客观与主观两方面的表现加以认定。庭审过程中被告人梁某辩称其只是想教训被害人并没有想杀死被害人，不构成故意杀人罪。本案中，基于行为人主观心理是追求他人死亡的目的，虽然没有发生被害人死亡的结果，也不能认为是故意伤害罪，而应认定为故意杀人（未遂）罪。故意伤害罪，行为人只想伤害他人使其健康受到损害，并没有剥夺他人生命的目的。而故意杀人（未遂）罪，行为人主观心理状态和杀人既遂是一致的。

从本案中梁某的主观心理状态判断，梁某预见到自己的行为会剥夺他人的生命，并且希望或放任这种结果的发生，这一结论可以从其作案时和作案后的一些言语推断出其

故意杀人的目的：梁某在公安机关也多次供述称“我当时就想扎死他”“王某平时总是骂我，我忍无可忍就是想弄死他”“我想扎死他就扎死他吧，我自己活着也很累，我有股骨头坏死，折磨多年一直没有治好，活得真的没啥意思”等。可见，被告人梁某主观上有杀人的故意。

客观方面是认定和分析犯罪主观要件的重要依据，是主观要件的外化，通过对行为人客观外在活动的考察，可以确定行为人的主观意图。从客观方面看，本案中，被告人梁某持有的凶器是足以产生伤及性命危险的刀具，持刀刺扎的部位也是极易造成个体死亡的敏感部位——颈部，且被告人梁某将被害人王某推倒在地后，刀刃全部扎没入被害人王某后颈且深达10厘米，说明其使用的力度很大。虽然被告人梁某不承认杀人，但从其客观行为来看就是想剥夺被害人的生命。因为，被告人梁某是正常的成年人，其应当意识到用尖刀扎入被害人脖子这一要害部位会导致被害人的死亡。梁某不但用刀扎被害人的脖子而且是用力扎，可见梁某就是想致被害人于死地，也通过足够威胁被害人生命安全的手段实施了杀人的行为，主客观相一致，符合故意杀人的构成要件，其行为应构成故意杀人罪。

二、被告人梁某犯罪形态认定

杀人未遂，即死亡的结果所以没有发生并不是由于行为人主观上故意的内容的改变，只不过是由于犯罪分子意志以外的某种原因没有造成被害人死亡的结果。故意杀人罪在主观方面必须有杀人的故意，包括直接故意和间接故意。直接故意杀人有未遂，间接故意杀人则不存在未遂问题。

本案的辩护人认为梁某是犯罪中止，理由是梁某本可以再用刀扎被害人王某，但却主动放弃，并且在现场等待民警到来没有逃离现场。犯罪中止是指在犯罪过程中，自动放弃犯罪或者自动有效地防止犯罪结果发生。本案中被告人使用金属刀具扎入被害人的要害部位，不但是已经着手实施犯罪，而且犯罪行为已经完成了。被害人之所以没有死，并不是被告人希望的结果，而是因为刀具沿颈后中部斜刺入左颈前，未穿破皮肤，未伤及颈部重要血管及神经，未伤及食管、气管等重要器官，后经医生的紧急抢救才保住了性命。简言之，被告人持刀深度扎入被害人后颈，通常而言此危害行为足以产生伤人性命的危险，但是出乎意料的是刀扎的位置较为特殊，避开了人体颈部的重要器官，这种小概率发生的情况恰恰是被告人意志以外的因素。另外，梁某扎王某时，证人曹某正好在现场，见此情况立刻制止并报警，梁某也没有机会再实施伤害。梁某在扎了人后等待民警的过程中没有积极呼叫救护车对王某进行紧急抢救，其主观心态还是在追求被害人的死亡，没有放弃想要被害人死亡的念头，不属于自动放弃犯罪，不能认定犯罪中止，而应当认定犯罪未遂。

三、“情节较轻”的认定

关于何谓“情节较轻”，我国《刑法》及司法解释没有作出明确的规定。从司法实践情况看，故意杀人案件中“情节较轻”的情形通常表现为以下几种形式：受嘱托杀人、防卫过当情况下的故意杀人、精神失控情况下激情杀人、被害人行为极其恶劣激发行为人杀人等。在这些情况下，对未遂犯的处罚更为轻微。在本案中，被告人梁某没有预谋，出于激情杀人，被害人的伤害后果为轻微伤，可以认定情节较轻，可以在三年以上十年以下量刑。

（一审法院合议庭成员　马　越　郝之涛　郑　凯
编写人　北京市西城区人民法院　冀　敏
责任编辑　周维明
审稿人　李玉萍）

原载《人民法院案例选》2019 年第 1 辑（总第 131 辑）

150. 张志祥、樊哲庆、凡晚露故意杀人案

——协助近亲属“安乐死”行为的认定与量刑

【关键词】

刑事　故意杀人罪　“安乐死”　犯罪情节较轻　缓刑

【裁判要旨】

协助近亲属“安乐死”的行为符合我国《刑法》故意杀人罪的犯罪构成，且该行为不具有阻却违法性。在量刑时，应综合考虑行为的社会危害性、行为人的主观恶性和人身危险性等因素。根据我国宽严相济的刑事政策，结合案件的量刑情节，依法从宽处理，以达到法律效果和社会效果的统一。

【相关法条】

《中华人民共和国刑法》

第二百三十二条　故意杀人的，处死刑、无期徒刑或者十年以上有期徒刑；情节较轻的，处三年以上十年以下有期徒刑。

第六十七条　犯罪以后自动投案，如实供述自己的罪行的，是自首。对于自首的犯罪分子，可以从轻或者减轻处罚。其中，犯罪较轻的，可以免除处罚。

被采取强制措施的犯罪嫌疑人、被告人和正在服刑的罪犯，如实供述司法机关还未掌握的本人其他罪行的，以自首论。

犯罪嫌疑人虽不具有前两款规定的自首情节，但是如实供述自己罪行的，可以从轻处罚；因其如实供述自己罪行，避免特别严重后果发生的，可以减轻处罚。

第七十二条第一款　对于被判处拘役、三年以下有期徒刑的犯罪分子，同时符合下列条件的，可以宣告缓刑，对其中不满十八周岁的人、怀孕的妇女和已满七十五周岁的人，应当宣告缓刑：

（一）犯罪情节较轻；

（二）有悔罪表现；

（三）没有再犯罪的危险；

（四）宣告缓刑对所居住社区没有重大不良影响。

【案件索引】

一审：浙江省台州市路桥区人民法院（2018）浙1004刑初254号（2018年6月1日）

【基本案情】

浙江省台州市路桥区人民检察院指控：被告人张志祥、樊哲庆、凡晚露的行为均已触犯《刑法》第二百三十二条之规定，应当以故意杀人罪追究刑事责任。

被告人张志祥对犯罪事实和罪名无异议。其辩护人辩称被告人张志祥主观恶意小，在被害人生前给予充分照顾，当庭认罪态度好，并取得被害人其他亲属的谅解，请求对其从轻处罚并适用缓刑。

樊哲庆、凡晚露对犯罪事实和罪名均无异议。

法院经审理查明：被告人樊哲庆、张志祥、凡晚露分别系被害人冷某某的丈夫、女婿、女儿。被害人冷某某生前患有系统性红斑狼疮等多种疾病，案发前与被告人张志祥、凡晚露一同暂住。2017 年 8 月 28 日上午，被告人樊哲庆到该暂住处探望被害人冷某某，在被害人冷某某要求下，被告人樊哲庆尽管明知服用老鼠药会致人死亡，仍将被告人张志祥购买的老鼠药递给被害人冷某某，被害人冷某某当着被告人樊哲庆、张志祥、凡晚露的面将老鼠药服下。被害人冷某某服用老鼠药后，被告人樊哲庆、张志祥、凡晚露未及时采取送医救治等有效救治措施，最终导致被害人冷某某溴敌隆中毒，并于数小时后身亡。期间，被告人张志祥驾驶号牌为浙 JC××××小型车辆和被告人樊哲庆、被害人冷某某一同离开暂住处，被告人凡晚露留在暂住处内。在将被告人樊哲庆送回其位于螺洋街道的住处后，被告人张志祥载被害人冷某某在道路上漫无目的地行驶长达数小时，直至被害人冷某某死亡。

被害人冷某某死亡后，被告人张志祥前往公安机关开具死亡证明，公安机关在调查过程中发现重大嫌疑，于 2017 年 8 月 28 日依法传唤被告人张志祥、樊哲庆接受调查。在公安机关尚未掌握被告人凡晚露涉案情况下，被告人凡晚露于 2017 年 8 月 29 日凌晨主动向公安机关如实供述自己罪行。

在法庭审理过程中，证人凡某出庭作证，证明被告人张志祥在被害人冷某某患病期间给予充分照顾，工资收入大部分用于被害人冷某某就医。凡某对被告人张志祥的行为表示谅解，请求对被告人张志祥予以从轻处罚；证人张某出庭作证，证明被告人张志祥曾为给被害人冷某某看病，向其借款 1 万元。

【裁判结果】

浙江省台州市路桥区人民法院于 2018 年 6 月 1 日作出（2018）浙 1004 刑初 254 号刑事判决：一、被告人张志祥犯故意杀人罪，判处有期徒刑三年，缓刑五年。二、被告人樊哲庆犯故意杀人罪，判处有期徒刑三年，缓刑五年。三、被告人凡晚露犯故意杀人罪，判处有期徒刑二年，缓刑三年。

宣判后，被告人樊哲庆、张志祥、凡晚露未提出上诉，公诉机关未提出抗诉，判决已发生法律效力。

【裁判理由】

法院生效裁判认为：被告人张志祥、樊哲庆、凡晚露作为被害人冷某某的亲属，对被害人冷某某具有扶助的义务，但被告人张志祥、樊哲庆在冷某某提出自杀请求后却为其提供帮助，被害人冷某某服毒后被告人张志祥、樊哲庆、凡晚露亦未尽救助义务，放任被害人冷某某死亡结果的发生，其行为均已构成故意杀人罪。被告人张志祥、樊哲庆、凡晚露作为被害人的亲属，没有实施积极的杀害行为，其主观也非追求被害人死亡的结果，属于犯罪情节较轻。被告人张志祥、樊哲庆归案后如实供述自己的罪行，依法予以从轻处罚。被告人凡晚露案发后能自首，依法予以减轻处罚。被告人张志祥、樊哲庆、凡晚露当庭认罪态度好，具有悔罪表现，被害人的其他亲属对被告人的行为表示谅解，对被告人酌情予以从轻处罚。综合考虑被告人张志祥、樊哲庆、凡晚露的犯罪情节和性质，对被告人张志祥、樊哲庆、凡晚露均适用缓刑。

【案例注解】

本案是典型的协助近亲属"安乐死"的行为。世界上只有个别国家对积极安乐死实行了非犯罪化，但在我国，人为地提前结束患者生命的行为，还难以得到一般国民的普遍认可。即使患者同意，该行为仍是对生命权的侵害。

一、被告人的行为构成故意杀人罪

本案在定罪方面存在争议：一种意见认为，被告人没有实施积极的杀人行为，且刑法没有明确将协助自杀行为规定为犯罪，基于罪刑法定原则，被告人的行为不构成犯罪。另一种意见认为，被告人虽然没有实施积极杀害他人的行为，但两被告人在他人提出"安乐死"请求后积极提供帮助，并在他人实施自杀行为后未进行救助，一被告人作为女儿，当母亲自杀时未进行阻止，并在母亲服毒后未进行救助，因此，三被告人的行为均构成故意杀人罪。笔者同意第二种意见，理由如下：

（一）三被告人的行为符合故意杀人罪的犯罪构成

1. 客观上实施了故意杀人的行为。有学者认为，单纯的帮助自杀行为不具有刑事违法性，不应认定为犯罪。[①] 笔者不能认同。虽然刑法没有规定自杀是犯罪行为，但对于与自杀关联的部分行为，特别是帮助自杀行为，与自杀者死亡后果之间存在紧密的联系，间接侵犯了刑法所保护的公民生命权。就本案而言，三被告人实施的行为分为两个阶段。

（1）被告人张志祥、樊哲庆的帮助自杀行为。张志祥购买了自杀所用的老鼠药，樊哲庆将老鼠药递给死者，二被告人的行为均系积极的帮助死者自杀的行为。如果张志祥不在死者的要求下购买足以致人死亡的老鼠药，如果樊哲庆不将老鼠药递给死者，根据死者当时的活动能力情况，其不可能完成自杀行为。因此，二被告人的积极帮助行为对死亡后果的发生具有重要的作用，应负刑事责任。

（2）三被告人的不予救助行为。在死者服药之后，三被告人均未采取有效的救护措施，直至死者死亡。张志祥、樊哲庆因为先前的帮助自杀行为，使死者陷入具有死亡危险的境地，需承担实施救助的义务。同时，三被告人均系死者亲属，根据我国《婚姻法》等相关规定，亲属之间有互相扶助的义务，这种扶助义务当然及于一方发生生命危险的时刻。因此，张志祥、樊哲庆根据先行为义务对死者有救助的义务。三被告人基于法律规定对死者有救助的义务，而三被告人却不履行救助义务，间接导致死者的死亡，均应承担相应的刑事责任。

---

① 冯凡英：《教唆、帮助自杀行为刍议》，载《人民检察》2004 年第 2 期。

2. 三被告人主观上有故意杀人的间接故意。有一种意见认为，被告人在实施上述行为时，可能主观上也存在追求死者死亡，以使自己解脱的思想状态，因此其行为也符合直接故意杀人的特征。对此，笔者亦不认同，因为人的主观意识更多的是通过客观行为来表现。被告人实施了帮助自杀和怠于救助行为，死者死亡后果发生与否都不违背三被告人的主观意志，三被告人实施的行为也并不必然导致死亡后果的发生，其行为在死者死亡结果发生中占据着重要作用，但绝不是起决定性的作用。如果没有死者自己的服毒行为，便不会必然造成死亡结果的发生。从意志因素来看，三被告人是放任危害结果的发生。虽说三被告人在整个过程中不存在逼迫、欺骗等手段促成死者的自杀，也没有实施将毒药喂入死者口中等杀人实行行为，但是，在明知其行为可能发生危害社会的结果时，三被告人既没有阻止行为的继续发生，也没有对死者进行救助，听任死亡结果发生。换言之，三被告人主观上虽然没有追求死者死亡的直接故意，但在明知自己的行为可能会产生死者死亡的后果，仍放任这种后果的发生，主观上有故意杀人的间接故意。

（二）三被告人的行为不具有阻却违法性

刑法理论认为，符合一定条件的被害人承诺，可以排除损害被害人法益的行为的违法性。被害人请求或者许可行为人侵害其法益，表明了其放弃了该法益，放弃了对该法益的保护。因此，法律就没有必要予以保护，损害被放弃的法益的行为就没有侵害法益，没有违法性。因此，有人认为安乐死并不具有实质违法性：行为人的直接目的虽然是剥夺被害人的生命，但其根本目的却是为了减少病人临死前不堪忍受的痛苦……安乐死造成的后果虽然是提前结束了病人的生命，但对病人而言，免受痛苦地死实在比痛苦不堪地生更有价值，安乐死没有造成危害社会的结果。可见，安乐死符合法秩序的整体精神，是违法阻却事由的一种。① 笔者不赞同上述观点，主要有以下几点理由：

1. 行为人得到被害人同意的杀人行为是对他人生命权的侵害。生命权是保障人在生理上不受侵害的权利，生命权包括个人积极生存的权利，也包括不受他人侵犯的权利。生命权作为一个人最重要、最根本的权利，虽然可以通过个人自杀方式进行自我放弃，但绝不允许采取让人代劳或者帮助的放弃方式，应要求而杀死或者帮助杀害被害人的行为不能排除行为的社会危害性和违法性，生命权不在个人可自由处分的法益之内。

2. 近亲属之间救死扶伤既是道义要求，也是法律责任。在我国传统家庭伦理道德中，孝道一直占据首要位置，我国现行法律亦吸收了孝之道德观念，如我国《宪法》第四十九条第三款、《刑法》第二百六十一条、《婚姻法》第二十一条第一款和第三款、《老年人权益保障法》的第二章“家庭赡养与扶养”等都体现了对孝道观念的吸收。因此，近亲属之间不救死扶伤，反而协助近亲属自杀，应当受到道德和法律的谴责，不为法秩序所容。

因此，对生命垂危、痛苦不堪的患者，应当尽量给予医务上的治疗和精神上的安慰，人为地提前结束患者生命权的行为，不仅破坏了社会对生命权的尊重，而且也难以得到一般国民的认同。三被告人的行为不具有阻却违法性。

① 陈兴良主编：《刑法总论精释（上）》，人民法院出版社 2016 年版，第 307 页。

二、被告人的行为系犯罪情节较轻，可依法适用缓刑

（一）三被告人的行为符合故意杀人罪中的情节较轻

犯罪情节是体现行为的客观危害性、行为人的主观恶性和人身危险性的一系列主客观事实。客观危害性包括行为方式、危害结果、社会评价等，行为人的主观恶性包括行为人的犯罪动机、目的等，行为人的人身危险性包括行为人在实施犯罪行为之前的一贯表现和行为之后认罪、悔罪态度等。

笔者认为，本案三被告人的行为符合我国《刑法》故意杀人罪中情节较轻的情形，主要有以下几点理由：一是从行为的客观危害性来看，实施杀人的方式不是很恶劣。被告人张志祥购买了自杀所用的老鼠药，被告人樊哲庆明知服用老鼠药会致人死亡，仍将老鼠药递给死者，后三被告人在明知服用老鼠药后可能会死亡的结果仍不予救助，上述行为的杀人方式并不是很恶劣。二是从行为人的主观恶性来看，具有可宽恕的犯罪动机。三被告人基于帮助他人结束痛苦的状态和怜悯的心理，实行了协助他人自杀的行为，其犯罪动机并不卑劣，从社会普通民众朴素的认知来看，其杀人动机也是情有可原。三是从行为人的人身危险性来看，人身危险性很小。三被告人的一贯表现良好，均无前科劣迹，实行犯罪行为之后认罪、悔罪态度较好，被告人或如实供述犯罪事实，或投案自首，表明其再次实施犯罪的可能性很小。

（二）三被告人的行为符合缓刑的适用条件

在确定三被告人的罪名和量刑档次后，如何对其准确量刑也有不同意见：第一种意见认为，基于被告人与死者的特殊关系，并考虑被告人对死者生前的充分照顾，死者系身患多种疾病选择自杀等情节，可以对被告人免予刑事处罚。第二种意见认为，虽然被告人本次犯罪可认定为情节较轻，可以在三年以上十年以下有期徒刑的幅度内量刑，但不应适用缓刑，这种做法与故意杀人罪的重罪定位以及大部分帮助“安乐死”案件的判决结果相符。第三种意见认为，虽然被告人的犯罪情节较轻，但本案也未达到可免予刑事处罚的程度，同时考虑被告人在犯罪中的情节，基于我国宽严相济的刑事政策，可对被告人适用缓刑。笔者赞同第三种意见，理由如下：

1. 三被告人尚未达到可免予刑事处罚的程度。我国《刑法》第三十七条规定，对于犯罪情节轻微不需要判处刑罚的，可以免予刑事处罚。前文在阐述“故意杀人罪中的情节较轻”中已述及犯罪情节认定的问题，与判断行为人的犯罪行为情节轻微标准基本一致，也是根据犯罪情节存在的不同场合和时间，综合考虑行为人的罪前、罪中及罪后的各种情况进行综合认定。只有综合案件的各种情节才能准确认定犯罪是否属于情节轻微。本案中侵害的法益是人的生命权，触犯的罪名是故意杀人罪，三被告人的行为间接导致死者的死亡结果，系犯罪既遂，张志祥、樊哲庆有坦白情节，凡晚露有自首情节。三被告人虽符合故意杀人罪犯罪情节较轻，但根据现有的犯罪情节远未达到轻微的程度。因此，从教育与预防的角度出发，三被告人虽然其情可悯，但其罪不可恕，应该判处刑罚。

2. 三被告人的行为宜适用缓刑。从法律效果来看，本案的发生具有特殊性，死者身患多种目前医疗条件无法治愈的疾病，已无生活质量可言，其积极追求死亡结果，是一种“安乐死”的乞求。被告人通过帮助死者实施“安乐死”行为，其主观动机情有可原，主观恶性不大，属于犯罪情节较轻。通过案发后和庭审中的表现，可以明显看出被告人的认罪、悔罪表现。根据被告人的一贯表现，三人均没有再犯罪的危险，对其宣告缓刑也不会对居住的社区有重大不良影响。从社会效果来看，死者因身患重病，痛苦不堪，选择自杀的方式结束生命，对家庭而言是一个悲剧。倘若采用收监执行的方式，对死者小女儿而言，不但要面对母亲的逝去，还要面对亲人被关押的局面，无疑放大了痛苦。对张志祥、凡晚露的儿子而言，在父母被关押服刑的情况下，生活失去了寄托，难以健康成长。若造成如此局面，是对此家庭悲剧的延续而不是终止。对被告人适用缓刑，让他们在监狱之外用实际行动去弥补给家庭带来的创伤，才能让这个家庭悲剧真正画上句号，才能带来最好的社会效果。

（一审法院合议庭成员　夏俏骅　杨圣荣　朱秀君

编写人　浙江省台州市中级人民法院　王永兴

浙江省台州市路桥区人民法院　夏俏骅

责任编辑　包献荣

审稿人　李玉萍）

原载《人民法院案例选》2020年第4辑（总第146辑）

二、过失致人死亡罪

151. 关志成过失致人死亡案

——故意伤害致人死亡与过失致人死亡在主观心态上的区分

【关键词】

罪责刑相适应　故意伤害　过失致人死亡　主观心态

【裁判要旨】

判断被告人是否具有故意伤害的主观心态，应当结合双方关系、案件起因、现场环境、行为细节、致害过程、犯罪后的态度和表现等多个方面来予以综合判断。

【相关法条】

《中华人民共和国刑法》

第二百三十三条　过失致人死亡的，处三年以上七年以下有期徒刑；情节较轻的，处三年以下有期徒刑。本法另有规定的，依照规定。

【案件索引】

一审：海南省第二中级人民法院（2014）海南二中刑初字第 57 号（2014 年 9 月 9 日）

【基本案情】

公诉机关指控称：被告人关志成故意伤害他人身体，致一人死亡，其行为应当以故意伤害罪追究其刑事责任。

被告人关志成辩称：其扔砖头只是为了制止唐某某继续唠叨，主观上并没有打伤唐某某的故意，本案应认定为过失致人死亡罪。

法院经审理查明：2013 年 11 月 11 日 9 时许，被告人关志成因家庭琐事，在自家院内与其妻子唐某某（被害人，女，殁年43岁）发生口角，其遂从地上捡起一截红砖扔向唐某某所在的方向，红砖砸在唐某某身旁的墙壁上后，反弹到唐某某头部，致其受伤倒地，随后唐某某从地上爬起走进屋内，坐在床上呕吐并昏迷。之后被告人关志成及其亲属将唐某某送到九所卫生院和三亚市425医院救治，唐某某因伤势过重经抢救无效于当日死亡。经法医鉴定，唐某某系颅脑损伤死亡。2013年11月16日，关志成到乐东县公安局刑警大队投案。

【裁判结果】

海南省第二中级人民法院于2014年9月9日作出（2014）海南二中刑初字第57号刑事判决：被告人关志成犯过失致人死亡罪，判处有期徒刑四年。

宣判后，被告人关志成未提出上诉，公诉机关亦未抗诉，判决已发生效力。

【裁判理由】

法院生效裁判认为：被告人关志成因家庭琐事与被害人唐某某发生口角，其遂从地上拿起一截红砖扔向被害人唐某某所在的方向，砖头砸在被害人唐某某身旁的墙壁上后，反弹到被害人唐某某头部并致其死亡，故被告人关志成的扔砸行为与被害人唐某某受伤死亡之间具有一定的偶然性，且在被害人唐某某受伤后，被告人关志成立即将其送往医院救治，具有积极避免危害后果发生的强烈意愿。从致害过程及被害人唐某某受伤后被告人关志成的表现来看，被告人关志成主观上并不希望被害人唐某某身体受伤，更不希望被害人唐某某死亡的危害结果发生，不存在伤害被害人唐某某的故意，但鉴于当时被害人唐某某所处的位置空间较为狭小，关志成应当预见而没有预见到持具有一定质量的砖块朝该方向扔砸，可能会伤及被害人唐某某的严重后果，系疏忽大意的过失。被告人关志成主观上存在过失，客观上造成了被害人唐某某死亡的严重后果，其行为构成过失致人死亡罪。公诉机关指控的主要犯罪事实清楚，证据确实、充分，但指控的罪名不当，应予以纠正。本案系家庭矛盾引发，被告人关志成在被害人唐某某受伤后积极予以救治，且在案发后自动投案，并如实供述自己的罪行，依法构成自首。综合全案犯罪事实及以上量刑情节，依法对被告人关志成从轻处罚。

【案例注解】

本案的争议焦点为被告人关志成的行为构成故意伤害罪还是过失致人死亡罪。

两罪在客观上都造成了被害人死亡的结果，主观上对死亡结果均出于过失。不同点是，故意伤害致死行为具有希望或者放任伤害他人身体的故意，而过失致人死亡行为中则不存在此故意。因此，如何准确区分行为人犯罪时的主观心态，就是对这两个罪名作出正确界定的关键。

在审判实务中，对被告人主观心态的判断，往往简单地根据案件中的某一个事实得出结论，特别是局限于被告人的行为及危害后果，只要其实施了伤害行为，并造成了危害后果，即推断其实施行为时至少具有放任危害后果发生的故意。此种做法忽视了人主观心理具有的复杂性及个案中的特殊性，割裂了行为与整个犯罪过程的关系，仅简单地依据行为表现及危害后果就对被告人的主观心态作出对其不利的推断，也有悖于罪责刑相适应的原则。

因此，如何对故意伤害致人死亡与过失致人死亡的主观心态进行区分，不能简单地根据案件中的某一事实得出结论，还应结合以下几个方面进行综合判断：

1. 双方的关系。被告人与被害人关系的亲疏远近对犯意会产生一定的影响，在审判实务中应对该问题予以关注，了解双方之间是素不相识、一般关系、亲密无间还是冤家仇人，区分不同的情况来判定是否有产生故意伤害的可能性及大小。特别是夫妻、父母子女之类关系密切的亲属，判定被告人具有故意伤害的犯意时应该更加审慎。

2. 案件的起因。案件因何而起，对判断行为人的犯罪动机及其内心对犯罪结果的预期相当重要。根据一般的常理，因重大矛盾、激烈纠纷引发的案件，行为人主观犯意中的恶性较大，而一般日常生活琐事引发的案件，其产生故意伤害的可能性相对较小。

3. 现场环境。任何犯罪都是处于一个特定的环境中，而现场环境在一定程度上会对行为人行为实施及危害后果产生影响。因此，审判实务中不应割裂行为、结果与现场环境之间可能存在的联系。在某些案件中，通过对现场环境的调查了解，可能有助于判断行为人实施行为的心理动机。

4. 行为细节。行为人实施的伤害行为是体现其主观故意最直观的形式，但在把握其主要犯罪事实的基础上，还应尽量查清行为的具体细节。如犯罪是一时激愤临时起意的行为还是事先已有预谋和准备。如作案工具的选择，持刀具、棍棒、枪械等具有大杀伤力的工具，无疑体现出行为人意欲对他人造成重大伤害的故意，而仅是使用拳脚或其他伤害力相对较小的工具，其主观心态则需要具体区别对待；又如伤害行为所采取的方式、打击力度、次数，部位及是否有所节制等，这些种种细节往往在很大程度上反映被告人实施行为时所希望造成的后果。同时，一般生活意义上的“故意”不等同于刑法上的故意，不能将所有的故意殴打致人死亡的案件，都认定为故意伤害致死。行为人只具有一般殴打的意图，并无伤害的故意，由于某种原因或条件引起被害人死亡的，不能认定为故意伤害致死。特别是父母为教育子女而实施惩戒行为导致子女死亡，邻里之间由于民间纠纷一方殴打另一方造成死亡，以及其他轻微暴行致人死亡的案件，不能轻易认定为故意伤害致死。

5. 致害的过程。不仅应关注行为人行为的危害结果，也应整体把握致害过程及危害行为与结果之间的因果联系。查清危害结果是行为人直接导致，还是由于在其他某种原因或条件的引起或辅助下造成，伤害行为及危害结果之间存在必然性，还是具有一定的偶然性。如伤害行为与危害后果之间具有一定的偶然性，从有利于被告人的角度出发，显然不宜直接推断被告人具有故意伤害的心态。

6. 犯罪后的态度和表现。与对危害后果持放任态度不同，由于过失行为致人死亡的行为人主观上并没有伤害他人身体的故意，并不希望危害后果发生。因此，一般情况下，在犯罪行为实施后，其会变现出较为强烈的心理变化及较为积极的防止危害后果发生的态度，具体表现为情绪上的悲痛及尽力挽救被害人等等。

7. 一贯表现。虽然行为人一贯的表现情况不能作为定罪量刑的证据，但考虑到一般人的性格特征都具有一定的稳定性，通过对其性格及平时表现的了解，可有助法官对其是否产生故意伤害性及大小形成进一步的内心确信。这就需要法官在办理此类案件时，不能仅局限于卷宗材料及庭审调查，还应深入其住所地与其亲属、邻居及所在基层组织代表等人员进行细致的了解，力求通过多种渠道掌握被告人生活中最真实的情况。

就本案而言，从双方关系上看，被告人关志成与被害人唐某某是夫妻，经向相关人员了解，两人平时夫妻关系融洽，故关志成并不存在故意伤害唐某某的心理动因；从案件起因上看，本案系夫妻之间因家庭日常琐事争吵而引发，并不属于激烈的矛盾冲突；从犯案工具上看，关志成当时持的是一截红砖，其危险性相对较小，一般情况下，即使扔砸中唐某某也不容易导致其死亡的严重后果；从现场环境上看，当时关志成、唐某某两人相隔六七米，距离较近，而关志成持的是具有一定质量的砖头，如果关志成有明确的伤害唐某某的故意，其有很大可能性可以直接扔砸中唐某某；从行为方式上看，关志成在发生争吵前正使用红砖修理水泵，在与唐某某发生争吵后随手捡起红砖朝唐某某的方向扔去，可见关志成并非早有预谋实施该行为；从致害过程上看，根据关志成及在场证人的证言，当时二人是面对面进行争吵，关志成扔砸的砖头则是先砸中唐某某身边的墙壁后，反弹砸到唐某某后脑部的致命部位，这与鉴定意见及尸体照片的伤口位置相符，故整个致害过程及危害结果的发生存在一定的偶然性；从事后被告人的态度上看，关志成发现唐某某被砸中并出现呕吐神志不清等症状后，立即抱着唐某某去九所卫生院抢救，后又将唐某某送到三亚的医院继续抢救，在这整个过程中关志成情绪表现得非常焦急和悲痛，并积极跟人借钱进行救治，足以证明关志成有避免危害后果发生的强烈意愿。

综上，关志成在与唐某某因家庭琐事发生争吵后，随手捡起一截砖头扔向唐某某所在的方向，目的仅是为了吓唬唐某某，并没有对准被害人唐某某扔砸，主观上没有伤害唐某某的故意。但鉴于当时唐某某所处的位置空间较为狭小，关志成应当预见而没有预见到持具有一定质量的砖块朝该方向扔砸，可能会导致受到环境的影响从而伤及唐某某的严重后果，系疏忽大意的过失，其行为构成过失致人死亡罪。

此外，在对本案的定罪量刑中，还综合考虑了被告人的一贯表现及裁判的社会效果。本案被告人关志成家中有多名未成年的子女，还有一位年迈的母亲，其服刑后家中即失去了主要的劳动力及生活来源。且经深入其居住地调查核实，其子女、邻居、村委会的干部及唐某某的亲属均证实平时关志成与唐某某之间的夫妻关系和睦，关志成的母亲及几位子女还联名向法院递交求情信，请求对关志成予以轻判。如以故意伤害致人死亡对其定罪量刑，量刑标准应为十年以上有期徒刑，即使存在自首等酌定从轻、减轻的情节，因受量刑起点的限制，整体量刑依然会偏重。这在案件的法律层面上，或许并无问题，但却不能形成良好的社会效果，对其家庭成员今后的生活亦会造成不利的影响。因此，合议庭在把握全案事实的基础上，结合考虑各方面因素，作出将罪名纠正为过失致人死亡罪，判处有期徒刑四年的判决。该案宣判后，被告人未提出上诉，公诉机关亦未提出抗诉，被告人、被害人的亲属及当地的群众对判决结果也没有意见。从而使该案的判决取得了较为良好的法律效果及社会效果。

由于个案情况千差万别，如何认定被告人是否具有伤害的故意，本身就是个需要充分调查和分析案件的各种事实，再作出结论的复杂问题。而根据法律的规定，过失致人死亡罪的量刑为七年以下，故意伤害致死的量刑起点则为十年以上，两罪刑期相差较大，这就要求法官在面对两罪名进行抉择时应愈加审慎，不能僵化机械地去理解和套用某一标准，更不能简单地根据某一事实草率地得出结论，而是综合个案中的各种情况加以判断，以求在惩罚犯罪的基础上，体现罪责刑相适应的原则，确保法律效果与社会效果的协调统一。

（一审法院合议庭成员　伍柄霖　黄　灿　蒙　良
编写人　海南省第二中级人民法院　蒙　良
责任编辑　周维明
审稿人　沈　亮）

原载《人民法院案例选》2017 年第 1 辑（总第 107 辑）

152. 徐永做过失致人死亡案

——实施一般殴打行为致人摔倒后死亡如何定性

【关键词】

故意伤害　过失致人死亡　主观故意

【裁判要旨】

行为人实施一般殴打行为致被害人倒地受伤后死亡，其主观上没有伤害被害人的故意，而是疏忽大意的过失的，应认定构成过失致人死亡罪而非故意伤害罪。

【相关法条】

《中华人民共和国刑法》

第二百三十三条　过失致人死亡的，处三年以上七年以下有期徒刑；情节较轻的，处三年以下有期徒刑。本法另有规定的，依照规定。

【案件索引】

一审：广东省潮州市潮安区人民法院（2016）粤 5103 刑初 51 号（2016 年 8 月 17 日）

二审：广东省潮州市中级人民法院（2016）粤 51 刑终 124 号（2016 年 12 月 9 日）

【基本案情】

公诉机关：广东省潮州市潮安区人民检察院。

被告人：徐永做，男，1994 年 4 月 19 日出生，户籍地云南省富源县富村镇打蜂岩村 1 号。2015 年 6 月 12 日因本案被羁押，次日被刑事拘留，同年 6 月 25 日被逮捕。

法院经审理查明：被告人徐永做与被害人吴某良系亲戚、朋友关系，双方不存在矛盾或积怨。

2015 年 6 月 11 日晚上 9 点多，吴某良邀请徐永做、徐某贤、李某、刘某贵等人到广东省潮州市潮安区庵埠镇安南路“开心吧”喝酒。至 6 月 12 日凌晨 1 时左右，吴某良与徐永做、徐某贤、李某、刘某贵等人又转至潮州市潮安区庵埠镇潮安大道“V 吧”继续喝酒。其间，吴某良无故拿酒泼徐永做，徐永做遂与刘某贵走到“V 吧”外面停车场的池塘边坐。

当天凌晨 2 时多，吴某良及徐某贤、李某等人喝完酒后离开“V 吧”走到停车场时，因吴某良挑衅导致吴某良与徐永做发生口角并互相推搡、踢打。其间，徐永做挥手打中吴某良胸颈部一下，致吴某良倒地且头部后枕部碰撞到地面。徐永做见状即停手并蹲下询问吴某良要不要回去，吴称睡一下再走，徐永做遂离开现场。随后，在场的徐某贤等人将吴某良扶上三轮车后送到庵埠镇安南路“双阳楼”出租屋310房间内睡觉，徐永做也返回该处睡觉。

后来，吴某良出现呕吐、头痛症状，但因被认为系醉酒而没有及时送医。至当天下午6时许，吴某良被发现在出租屋内死亡。出租屋经营者谭某文遂于当天晚上以吴某良可能酒精中毒致死为由报警，民警到场后将在场的徐永做等人带回调查。徐永做在公安机关未确定犯罪嫌疑人，尚在一般性排查询问时主动交代自己的罪行。

经鉴定：吴某良系运动中的头部以后枕部为接触点与静止的钝性物作用致颅脑严重损伤而死亡。

另查明：案发后，被告人徐永做一方已就赔偿问题与被害人吴某良的家属自行达成协议，由徐永做一方赔偿吴某良家属因吴某良死亡而遭受的全部经济损失合计人民币11万元，吴某良家属对徐永做表示谅解。

【裁判结果】

广东省潮州市潮安区人民法院于2016年8月17日作出（2016）粤5103刑初51号刑事判决：被告人徐永做犯过失致人死亡罪，判处有期徒刑三年。

宣判后，潮州市潮安区人民检察院提出抗诉，认为徐永做的行为构成故意伤害罪而非过失致人死亡罪。

广东省潮州市中级人民法院经审理认为：原审判决定罪正确，量刑恰当，审判程序合法，遂裁定驳回抗诉，维持原判。

【裁判理由】

法院生效裁判认为：被告人徐永做因小故与被害人发生冲突并挥手打被害人时，应当预见其行为可能发生被害人伤亡的后果，但由于疏忽大意未能预见，造成被害人倒地致颅脑严重损伤而死亡，其行为已构成过失致人死亡罪，应依法予以惩处。被告人徐永做案发后在公安机关尚未确定犯罪嫌疑人，尚在一般性排查询问时主动交代自己罪行，且归案后如实供述自己的罪行，系自首，依法对其予以从轻处罚。鉴于被害人对引发本案存在一定的过错责任，且案发后被告人徐永做积极赔偿被害人家属的经济损失并取得被害人家属的谅解，依法对其予以酌情从轻处罚。

抗诉机关抗诉称被告人徐永做的行为应定性为故意伤害罪，原审判决认定罪名不正确并导致量刑明显不当的意见。经查，综合本案起因、有无预谋、打击部位、有无节制、死因、双方的关系等综合分析判断可知，在案证据不足以认定徐永做主观上具有伤害被害人的故意，不能认定徐永做的行为构成故意伤害罪。徐永做在与被害人发生冲突并挥手打被害人时，本应当承担避免对方因击打行为而摔倒磕碰致死的注意义务，但因疏忽大意致被害人倒地后头部碰撞地面，导致颅脑严重损伤而死亡，依法应承担相应的刑事责任。原审判决综合分析全案事实证据后依法认定徐永做的行为构成过失致人死亡罪并判处有期徒刑三年正确，也符合罪刑相当原则，故上述抗诉意见据理不足，不予采纳。

原审判决定罪正确，量刑恰当，审判程序合法，遂裁定驳回抗诉，维持原判。

【案例注解】

本案中，对于被告人徐永做的行为是构成故意伤害罪还是过失致人死亡罪，有以下两种意见：第一种意见认为，徐永做出于伤害的故意与吴某良互相打斗并致吴某良倒地受伤后死亡，其行为已构成故意伤害罪，本案公安、检察机关即持这种观点；第二种意见认为，徐永做主观上只有一般殴打的意图，并无伤害的故意，因此，其行为构成过失致人死亡罪。

我们同意第二种意见，具体理由如下：

故意伤害致死与过失致人死亡罪的区分是司法实践中经常遇到而且争议较大的问题。二者在客观上都造成了被害人死亡的结果，主观上对死亡结果均出于过失。区分二者的关键在于行为人主观上有无伤害他人身体健康的故意。故意伤害致死的行为人在主观上有伤害他人身体健康的故意，过失造成的死亡结果，则是故意伤害罪的加重情节。而过失致人死亡罪的行为人在主观上既无伤害他人身体健康的故意，更无剥夺他人生命的故意，对他人伤亡的结果具有疏忽大意或者过于自信的心理状态。刑法通说认为，一般生活上的“故意”不等于刑法意义上的伤害故意，一般殴打行为不等于刑法意义上的伤害行为。因此，不能将所有的“故意”殴打致人死亡的案件，都认定为故意伤害致死。如果行为人只具有一般殴打的意图，并无伤害的故意，只是由于某种原因或条件引起死亡结果，就不能认定为故意伤害致死；如果行为人主观上对死亡结果具有过失，就应认定为过失致人死亡罪。

司法实践中，要查明行为人主观上有无伤害他人身体健康的故意比较困难，尤其是在推搡中打一拳、踢一脚致人死亡的情况下，要认定行为人主观上有无伤害的故意就更加困难，也没有一个现成的标准可以套用。但是，主观故意总是通过客观行为予以体现出来，因此，我们可以通过对案件的起因、有无预谋、有无使用工具、打击的部位、打击力度、有无节制、双方的关系等多方面进行综合判断、分析，从而准确认定行为人案发时的主观故意。

就本案而言，（1）从案件的起因和有无预谋看，本案是因被害人吴某良酒后挑衅而引发的激情犯罪案件，徐永做在遭到挑衅后与吴某良互相推搡、踢打，并在此过程中将吴某良打倒在地，徐永做事先没有伤害吴某良的预谋。（2）从目的动机看，徐永做在与吴某良互相推搡、踢打过程中，为逞一时意气而挥手打中吴某良胸颈部，但此举只是一时意气所致，并不当然意味着徐永做有伤害的故意和目的。（3）从有无使用工具看，徐永做没有使用容易致人伤害或死亡的工具，如刀、斧、棍棒等，而只是徒手打中吴某良胸颈部。（4）从有无节制方面看，徐永做在吴某良倒地后，没有继续上前实施殴打，行为较为克制，可说明其并没有伤害吴某良的故意。（5）从打击的部位和力度看，徐永做并未有选择性地刻意打击吴某良的要害部位，而是随机打中吴某良的胸颈部一下。虽然客观上吴某良被打后即跌倒，由此可以推断该打击有一定的力度，但由于该打击在正常情况下一般不会直接致人损伤，因此，不能由此片面推断出徐永做有伤害吴某良的故意，更不能认为吴某良死亡的结果是徐永做的击打行为直接引起的。（6）从死因看，吴某良死亡的真正原因是倒地后头部以后枕部为接触点与静止的钝性物作用致颅脑严重损伤而死亡。可见，吴某良是被打后因外因自然力的作用，后脑着地致颅脑严重损伤而死亡，而不是被打中胸颈部后发生病变而直接引起死亡。(7) 从双方的关系看，徐永做与吴某良系亲戚、朋友关系，平时关系较好，不存在矛盾或积怨。徐永做此次酒后因小故与吴某良发生口角并互相推搡踢打，从情理上分析，难以认定徐永做有故意伤害吴某良的故意。综上，结合本案起因、有无预谋、打击部位、有无节制、死因、双方的关系等综合分析判断可知，在案证据不足以认定徐永做主观上具有伤害吴某良的故意，法院依法认定徐永做的行为构成过失致人死亡罪是正确的。

（一审法院合议庭成员　陈静纯　陈伟锐　李镇松
二审法院合议庭成员　江　瑾　沈　斌　蔡鑫鸿
编写人　广东省潮州市中级人民法院　江　瑾　沈　斌
责任编辑　李玉萍
审稿人　沈　亮）

原载《人民法院案例选》2017 年第 5 辑（总第 111 辑）

153. 谢杰元过失致人死亡案

——行为人与特殊体质人发生冲突导致死亡的定性

【关键词】

主观过失　特殊体质　预见可能性

【裁判要旨】

与存在特殊体质的被害人发生口角及肢体接触致其死亡的案件中，在没有证据证实行为人对被害人特殊体质及其严重程度有认识的情况下，不能认定行为人对危害结果具有预见可能性与主观上存在过失。

【相关法条】

《中华人民共和国刑法》

第二百三十三条　过失致人死亡的，处三年以上七年以下有期徒刑；情节较轻的，处三年以下有期徒刑。本法另有规定的，依照规定。

【案件索引】

一审：广东省梅州市梅县区人民法院（2016）粤1403刑初52号（2016年8月18日）

二审：广东省梅州市中级人民法院（2016）粤14刑终174号（2016年9月20日）

再审一审：广东省梅州市梅县区人民法院（2016）粤1403刑初183号（2016年10月27日）

再审二审：广东省梅州市中级人民法院（2016）粤14刑终216号（2017年3月21日）

【基本案情】

2015年上半年，因建房一事，被害人陈奇芳与被告人谢杰元等产生矛盾。2015年11月8日15时左右，为了装修房屋，被告人谢杰元叫司机陈国文载了一车沙石，堆放在梅县区新城办事处程江村梱杆下新建楼房门口。被害人陈奇芳看到后，从楼上跑下来制止被告人谢杰元，双方发生争执，被害人陈奇芳从地上捡起砖块扔向被告人谢杰元。陈奇芳的儿子陈庆海阻拦被告人谢杰元，而被害人陈奇芳手持木棍在后面追打时，被赶到现场的陈奇芳妹妹陈宝珍及其女婿张文品等人拦住劝阻。后被告人谢杰元与被害人陈奇芳又发生冲突，此时，被害人陈奇芳突然晕倒在地，后发现被害人陈奇芳已死亡。经鉴定，死者陈奇芳患有冠状动脉粥样硬化症，因情绪激动、外伤等因素诱发冠状动脉粥样硬化性心脏病突然发作致急性心力衰竭而死亡。

【裁判结果】

广东省梅州市梅县区人民法院审理后于2016年8月18日作出（2016）粤1403刑初52号刑事判决：被告人谢杰元犯过失致人死亡罪，判处有期徒刑一年二个月。

判决后，被告人谢杰元不服，提出上诉。广东省梅州市中级人民法院审理后于2016年9月20日作出（2016）粤14刑终174号刑事裁定：一、撤销广东省梅州市梅县区人民法院（2016）粤1403刑初52号刑事判决。二、发回广东省梅州市梅县区人民法院重审。

广东省梅州市梅县区人民法院再审后于2016年10月27日作出（2016）粤1403刑初183号刑事判决：被告人谢杰元无罪。

判决后，广东省梅州市梅县区人民检察院于2016年11月10日提出抗诉，广东省梅州市中级人民法院审理后于2017年3月21日作出（2016）粤14刑终216号刑事裁定：驳回抗诉，维持原判。

【裁判理由】

法院生效裁判认为：本案的焦点问题在于被害人陈奇芳的死亡与被告人谢杰元的行为是否具有刑法上的因果关系和被告人谢杰元主观上是否有过失。（1）根据公诉机关提供的证人证言，无法认定被告人谢杰元对被害人陈奇芳实施了殴打行为；（2）根据司法鉴定，被害人陈奇芳患有冠状动脉粥样硬化症，因情绪激动及外伤等因素诱发被害人冠状动脉粥样硬化性心脏病突然发作致急性心力衰竭死亡，亦即被害人陈奇芳死亡原因是冠状动脉粥样硬化性心脏病突然发作致急性心力衰竭死亡；（3）被告人谢杰元否认案发前知道被害人的疾病，公诉机关亦无法证实被告人谢杰元知道被害人患有该种疾病及其严重性，无法认定被告人谢杰元主观上具有过失。因此，公诉机关指控被告人谢杰元的行为构成过失致人死亡罪证据不足，指控的犯罪不能成立。被告人及辩护人提出不构成过失致人死亡罪的意见予以采纳。

【案例注解】

本案的焦点问题在于被害人陈奇芳的死亡与被告人谢杰元的行为是否具有刑法上的因果关系和被告人谢杰元主观上是否有过失，本文分述如下：

一、特定条件对因果关系的影响

故意伤害特殊体质者致其死亡案件中，被害人的特殊体质不是介入因素，而是行为时已经存在的特定条件，不影响伤害行为与死亡结果之间的因果关系。任何因果关系都是在特定条件下的客观联系，因果关系不能脱离客观条件而存在。在分析因果关系时，之所以可以仅就原因与结果进行因果分析，而不考虑特定条件，是因为特定条件在行为前已然存在，并不影响行为与结果之间的因果关系，只是作为因果关系的条件而存在。与特定条件相比，介入因素具有两个明显不同的特点：（1）时间性。所谓因果关系的介入，是发生于某一因果关系的发展过程中，这就要求介入因素必须晚于原因出现，因此，在时间上，介入因素必然在原因之后。（2）影响性。无论是人力还是自然力，只有参与到特定因果关系之中，对因果关系的运动产生影响，才能成为特定因果关系的介入因素。因此，介入因素必然对因果关系产生影响。在本案中，经鉴定，被害人可排除外加暴力打击致死，被害人患有冠状动脉粥样硬化症，因情绪激动、外伤等因素诱发冠状动脉粥样硬化性心脏病突然发作致急性心力衰竭死亡。结合该鉴定意见及其他证据，可以认定被害人属于有特殊体质的人，其在受到刺激而情绪激动或者受到一些轻微外伤等情况下，可能死亡。被害人因与被告人的纠纷而情绪激动、在有肢体接触的过程中受到一些轻微外伤等情况下，因为先前一直存在的特殊体质而导致急性心力衰竭死亡，那么，就这样一种特定条件下，导致被害人受到外伤、情绪激动的行为与被害人的死亡结果就存在刑法上的因果关系。虽然在一般情况下，情绪激动、轻微外伤并不可能导致死亡，但在该特定条件下，是能够达到刑法上直接的因果关系的。但本案中，被害人情绪激动虽然是与被告人的纠纷诱发的，但情绪问题主要还是被害人本人自身心理决定的范畴，不属于被告人行为直接导致的范畴，故不予讨论；而被害人的外伤亦无法认定就是被告人的行为直接导致的。故就现有证据，难以认定被告人的行为与被害人的死亡存在刑法上的因果关系。

二、关于主观方面的认定

在刑法上，行为人的行为是否构成犯罪，构成何罪，必须对应刑法规定的犯罪构成要件来判断，而在犯罪构成要件中，要求主客观相统一，既不能主观归罪，也不能客观归罪。本案中，即便有证据证实实施了伤害行为，出现了被害人死亡的危害结果，伤害行为与死亡结果之间存在因果关系，可认定其符合过失致人死亡罪的客观要件，但不能因此认定成立失致人死亡罪，还需要满足主观要件，即被告人对被害人死亡的结果存在主观上的过失。刑法上的过失是指行为人应当预见自己的行为可能发生危害社会的结果，因为疏忽大意而没有预见，或者已经预见而轻信能够避免，以致发生危害结果。无论是疏忽大意的过失还是过于自信的过失，前提都是行为人能够预见自己行为可能发生危害结果，如果根本不能预见，就属于意外事件。在现有证据无法证实行为人预先知道特殊体质的情况下，伤害特殊体质被害人，导致被害人死亡的案件中，判断行为人对被害人的死亡结果是否具有主观过失，应以被告人应当预见到或者可能预见到自己实施的伤害行为或者继续实施伤害行为会造成被害人死亡结果的发生为前提。而这需要综合具体情境予以判断。如行为人在实施伤害行为时，发现被害人生理状况异于常人，如极度瘦弱、严重病态等，或其实施暴力程度造成被害人的生理反应异于常人表现，如较轻的伤害行为造成被害人极度痛苦、受伤部位浮肿、出血异常等，此时，行为人作为一个具备基本常识的正常人，应当预见到或者可能预见到自己实施的伤害行为或者继续实施伤害行为会造成被害人死亡结果的发生，就应停止伤害行为，如果行为人仍然实施或者继续实施伤害行为导致特殊体质的被害人死亡的，应认定其具有对被害人死亡结果的主观过失。而本案中，被告人谢杰元与被害人因民间纠纷而引发口角及肢体接触，在现场有人劝阻的情况下，对被害人能够造成的伤害是非常小的（鉴定意见亦予以印证），对于一般人来说不可能造成死亡的结果，故在现有证据无法证实被告人谢杰元知道或者应当知道被害人有这种特殊体质的情况下，被告人并不能预见到自己与被害人发生的口角及肢体接触的行为可能导致被害人死亡，故不具有预见的可能性，被告人主观上就不存在过失。

（一审法院合议庭成员　吴文龙　陈伟明　古丽娟
二审法院合议庭成员　巫光清　范宜佳　华志斌
再审一审法院合议庭成员　张巧玲　黄佳佳　林小凤
再审二审法院合议庭成员　黄碧辉　黄清波　刘恩德
编写人　广东省梅州市中级人民法院　华志斌
责任编辑　周维明
审稿人　李玉萍）

原载《人民法院案例选》2018年第1辑（总第119辑）

154. 王飞过失致人死亡案

——伤害行为致特殊体质被害人死亡性质的认定

【关键词】

刑事　过失致人死亡　特殊体质　意外事件

【裁判要旨】

伤害行为致特殊体质被害人死亡的情况下，判断行为人的行为属于疏忽大意过失还是意外事件，在司法实践中可以从因果关系、伤害情况、行为人预见力等方面进行综合判断。

【相关法条】

《中华人民共和国刑法》

第十五条　应当预见自己的行为可能发生危害社会的结果，因为疏忽大意而没有预见，或者已经预见而轻信能够避免，以致发生这种结果的，是过失犯罪。

过失犯罪，法律有规定的才负刑事责任。

第十六条　行为在客观上虽然造成了损害结果，但是不是出于故意或者过失，而是由于不能抗拒或者不能预见的原因所引起的，不是犯罪。

第二百三十三条　过失致人死亡的，处三年以上七年以下有期徒刑；情节较轻的，处三年以下有期徒刑。本法另有规定的，依照规定。

【案件索引】

一审：福建省厦门市海沧区人民法院（2017）闽0205刑初315号（2018年8月27日）

二审：福建省厦门市中级人民法院（2018）闽02刑终687号（2018年12月7日）

【基本案情】

福建省厦门市海沧区人民检察院指控：被告人王飞因琐事与被害人寇某甲发生纠纷并对其进行殴打，应当预见可能造成被害人伤亡的风险，但由于疏忽大意没有预见，过失致被害人死亡，故对被告人王飞应以过失致人死亡罪追究刑事责任。被告人王飞具有自首情节，依法可以从轻处罚。

被告人王飞及其辩护人均认为王飞的行为不构成过失致人死亡罪。王飞对被害人的死亡不存在过失，被害人的死亡完全是由于不能预见的原因，即冠状动脉粥样硬化性心脏病急性发作致急性心脏功能不全而引起，属于意外事件。

法院经审理查明：2016 年 7 月 5 日 17 时许，被害人寇某甲及其家人在厦门市海沧区水云湾小区门口的桥面上，因购买的西瓜质量问题与西瓜摊主刘某某发生口角。被害人寇某甲摔碎西瓜摊上的西瓜，引发肢体冲突，刘某某抓、挠寇某甲手臂，寇某甲等人则对刘某某进行殴打，并摔碎刘某某的电子秤和数个西瓜。刘某某被打后随即打电话叫来其丈夫王飞。被告人王飞到场后先打了被害人寇某甲脸部一巴掌，接着两人徒手扭打在一起。打斗中，被告人王飞拳击被害人寇某甲头部等处。在此过程中，刘某某与被害人寇某甲的家人万某某、廖某某也在一旁扭打。之后被告人王飞与被害人寇某甲被路人劝开，被害人寇某甲独自走到路边人行道上并缓慢倒地，后经送医抢救无效死亡。经鉴定，被害人寇某甲外伤致左侧颞部帽状腱膜下出血、右侧颞部帽状腱膜下出血、右颞肌中部出血，面部散在擦伤累计长度超过 4.0cm，颈部挫伤面积超过 $2.0cm^2$，体表散在擦伤累计面积超过 $20.0cm^2$，损伤程度属于轻微伤；被害人寇某甲系因外伤、争吵、情绪激动等因素诱发其所患冠状动脉发育不良伴粥样硬化斑块形成的心脏病急性发作致急性心功能不全死亡。案发后，群众报警，被告人王飞在现场等候处理，如实供述上述犯罪事实。案件审理期间，被告人王飞向法院交纳赔偿款人民币 2 万元。

【裁判结果】

福建省厦门市海沧区人民法院于 2018 年 8 月 27 日作出（2017）闽 0205 刑初 315 号刑事附带民事判决：一、被告人王飞犯过失致人死亡罪，判处有期徒刑二年二个月。二、被告人王飞应于本判决生效之日起 10 日内赔偿附带民事诉讼原告人寇某乙、徐某某、廖某某、寇某丙、寇某丁经济损失人民币 379191 元（已缴纳 2 万元）。三、驳回附带民事诉讼原告人寇某乙、徐某某、廖某某、寇某丙、寇某丁的其他诉讼请求。

宣判后，附带民事诉讼原告人寇某乙、徐某某、廖某某、寇某丙、寇某丁及被告人王飞均提出上诉。福建省厦门市中级人民法院于 2018 年 12 月 7 日作出（2018）闽 02 刑终 687 号刑事附带民事裁定：驳回上诉，维持原判。

【裁判理由】

法院生效裁判认为：在案证据证明寇某甲摔刘某某西瓜摊上的西瓜，引发刘某某与其发生肢体冲突，刘某某抓、挠寇某甲手臂，寇某甲等人对刘某某进行殴打。刘某某叫来被告人王飞后，被告人王飞与被害人寇某甲徒手互殴，被告人王飞供述击打过被害人寇某甲头部、胸部、腹部等处。证人汪某、廖某某等人证言亦证明，被告人王飞有击打被害人寇某甲头面部。经鉴定，被害人寇某甲仅头部就有左侧颞部帽状腱膜下出血、右侧颞部帽状腱膜下出血、右颞肌中部出血三处伤情，系受两次钝性外力形成，该头部皮下出血损伤多处构成轻微伤，上述证据可以认定被告人王飞在与被害人寇某甲徒手互殴期间，已造成被害人轻微伤的后果。被告人王飞虽不知被害人寇某甲患有心脏病，也预见不到寇某甲患有心脏病，但应当预见击打他人头部可能导致他人伤亡的危害结果而没有预见，在主观方面属于疏忽大意的过失。经鉴定，被害人寇某甲系因外伤、争吵、情绪激动等因素诱发其所患冠状动脉粥样硬化性心脏病急性发作致急性心功能不全死亡，被告人王飞与被害人寇某甲短暂互殴即造成被害人轻微伤，外伤系被害人死亡的诱因之一，被告人王飞的行为与被害人的死亡结果之间具有刑法上的因果关系，其行为构成过失致人死亡罪。

【案例注解】

本案控辩双方的争议焦点在于被告人王飞是否构成过失致人死亡罪，对此，合议庭有三种不同观点：第一种观点认为，被告人王飞构成过失致人死亡罪，应当负刑事责任。其一，从案发经过看，在双方冲突已经中断的情况下，被告人王飞到达后即先动手殴打被害人寇某甲，重新引起双方肢体冲突，被告人王飞存在过错；其二，从因果关系看，尸检报告显示被害人寇某甲死亡原因系在患有冠状动脉粥样硬化性心脏病病变基础上，因外伤、争吵、情绪激动等外界因素作用诱发该病急性发作，导致急性心功能不全死亡，其中冠状动脉粥样硬化性心脏病为其主要死因，外伤、争吵、情绪激动等外界因素为死亡的诱因。因此，被告人王飞对被害人寇某甲的殴打行为是导致被害人死亡的诱因之一，被告人王飞的殴打行为与被害人寇某甲的死亡存在法律上的因果关系；其三，从预见能力看，被告人王飞作为成年人应当预见到殴打他人，即使是徒手殴打也有可能导致伤亡的结果，但因为疏忽大意而没有预见到，过失导致被害人寇某甲死亡。

第二种观点认为，被告人王飞构成过失致人死亡罪，但属情节较轻，应当负刑事责任。定罪方面，被告人王飞在互殴过程中已经造成被害人轻微伤，其应当预见其殴打行为可能会发生某种危害结果而没有预见到，在主观方面存在疏忽大意的过失，其行为构成过失致人死亡罪。情节方面，首先，被害人自身所患严重疾病是死亡的主要原因，被告人与被害人之间属一般性互殴，被告人殴打行为与被害人死亡结果之间作用程度较轻。其次，被害人及其亲属均不知被害人患有严重疾病，被告人亦不可能知道被害人患病。再次，被害人先动手摔他人西瓜并与被告人妻子刘某某发生肢体冲突，对矛盾的激化负有一定责任。最后，被害人死亡系多因一果，被告人轻微暴力行为作用程度较轻，应认定过失致人死亡，情节较轻。

第三种观点认为，本案属意外事件，被告人王飞不必承担刑事责任。首先，从行为当时的客观条件来看：（1）被害人寇某甲身高 174 厘米，体型中等，被告人王飞的体型较被害人更为瘦小；（2）被害人寇某甲殁年 36 周岁，其同住家属包括其妻子、弟弟、丈母娘等均不知其患有冠状动脉粥样硬化性心脏病，并均表示寇某甲本人也不知其本人患有该病；（3）依在场证据证明，被害人寇某甲方先摔碎刘某某的西瓜和电子秤，刘某某与寇某甲发生冲突并扭打起来，后被告人王飞与被害人寇某甲二人徒手抱打在一起。被害人寇某甲尸检见多处点片状及条状皮下出血及擦伤，损伤范围小、程度轻，不构成死因。整个事件过程中双方当事人包括被害人寇某甲均情绪激动，而被告人王飞对被害人寇某甲的殴打行为尚未达到可能造成被害人死亡的强度。其次，从行为人当时的主观认识来看，以一个正常的理智行为人出发，被告人王飞徒手殴打一名身型比自己壮硕的中年男子导致被害人受伤的结果是可以预见的，但程度轻的殴打而引发被害人冠状动脉粥样硬化性心脏病并导致其死亡的后果则属被告人王飞不能预见的范畴，系因被害人自身内部潜在疾病所致，被告人王飞对自己徒手抱打行为导致对方死亡的结果不具有预见的可能性。因此，被告人王飞主观上既不存在故意也不存在过失，综合客观情况来看，被害人寇某甲的死亡更多是由于意外因素所致，被告人王飞的殴打行为只是一个诱因，故被告人王飞不应当承担过失致人死亡的刑事责任，应对其宣告无罪。

最终合议庭采纳了第二种意见。

一、过失犯罪与意外事件的区别

过失犯罪是指行为人应当预见自己的行为可能发生危害社会的结果，因为疏忽大意而没有预见或者已经预见而轻信能够避免的心理态度。其中疏忽大意的过失有以下两个特征：（1）行为人应当预见自己的行为可能发生危害社会的结果，所谓“应当预见”，包括行为人有预见的义务、行为人当时有预见的能力；（2）行为人因疏忽大意而没有预见自己的行为可能发生危害后果。意外事件，是指行为人在客观上虽然造成了损害结果，但不是出于行为人的故意或者过失，而是由于不能预见的原因所引起的。所谓“不能预见的原因”，是指行为人没有预见，而且根据当时客观情况和行为人的主观认识能力，也不可能预见的原因。

疏忽大意过失和意外事件的区别在于行为人对危害结果的发生是否应当预见。在意外事件中，对危害结果的发生是不可能预见的；在疏忽大意过失中，对危害结果的发生是应当预见并且能够预见，只是由于疏忽大意而没有预见到。

二、伤害行为致特殊体质被害人死亡的定罪分析

本案系伤害行为致特殊体质被害人死亡，在此种情况下判断行为人的行为属于疏忽大意过失还是意外事件，关键在于案件事实查明及细节上的把握，在具体实践操作中可从因果关系、伤害情况、行为人的可预见力等方面进行综合分析。

（一）因果关系

刑法中的因果关系通说认为是指危害行为与危害结果之间的因果关系，即犯罪构成客观方面要件中危害行为与危害结果之间存在引起与被引起的关系，它是客观存在的，并不以人们主观意志为转移，二者之间的关系多样，有一因（行为）一果、一因（行为）多果、多因（行为）一果、多因（行为）多果，既有必然也有偶然。所谓偶然因果关系，是指当危害行为本身并不包含着产生危害结果的根据，但在其发展过程中，偶然介入其他因素并由介入因素合乎规律地引起危害结果时，危害行为与危害结果之间的联系。刑法的因果关系有两个机能：一是定罪的判断机能，即判断犯罪的主体；二是量刑的机能，即如何承担刑事责任。

从因果关系看，在被害人存在特殊体质的伤害类案件中，行为人的行为往往不是被害人死亡的直接原因，而是促发被害人自身疾病的诱因，此时是否应当肯定行为人的行为与被害人死亡结果之间的因果关系在一定程度上也影响案件的整体判断。本案经鉴定，被害人寇某甲系因外伤、争吵、情绪激动等因素诱发其所患冠状动脉粥样硬化性心脏病急性发作致急性心功能不全死亡，而被告人王飞与被害人寇某甲短暂互殴即造成被害人轻微伤，外伤系被害人死亡的诱因之一，因此，被害人死亡虽系多因一果，但被告人王飞的行为与被害人的死亡结果之间具有刑法上的因果关系。

（二）伤害情况

伤害情况，即伤害的方式、伤害的部位及所造成的损伤程度，结合打击器械、打击部位、打击形式等因素综合判断行为人的伤害程度。通过伤害情况的分析，力求尽可能客观还原伤害经过，从而探寻被告人在纠纷发生过程中的真实心理状态。本案在审理过程中公诉机关补充侦查，提交一份被害人所受伤害鉴定报告。该鉴定旨在说明被害人具体的伤害情况，以此证明被告人对被害人的殴打程度。经鉴定，被害人寇某甲仅头部就有左侧颞部帽状腱膜下出血、右侧颞部帽状腱膜下出血、右颞肌中部出血三处伤情，系受两次钝性外力形成，该头部皮下出血损伤多处构成轻微伤，该证据可以认定被告人王飞与被害人寇某甲徒手互殴期间，已造成被害人轻微伤的后果，且王飞虽无持械，但其击打寇某甲的部位主要在其头部。因此，本案被告人对被害人的伤害方式为徒手殴打，伤害部位主要为头部，所造成的损伤程度为轻微伤。

（三）行为人的预见力

《刑法》第十五条第一款规定："应当预见自己的行为可能发生危害社会的结果，因为疏忽大意而没有预见，或者已经预见而轻信能够避免，以致发生这种结果的，是过失犯罪。"应当预见是预见义务与预见能力的统一。预见义务是指法律、职务、业务或者社会共同生活规则所赋予的人在实施一定的行为时预见行为可能发生危害社会结果的责任。预见能力是指在行为当时的条件下，根据行为人的情况，行为人有预见行为可能发生危害社会结果的可能性。对预见能力的判断标准问题，理论上存在"客观标准说"与"主观标准说"两种观点。"客观标准说"以普通人的知识、能力水平为依据确定行为人是否有预见能力；"主观标准说"则以行为人本身实际具有的知识、能力为依据确定其是否有预见能力。笔者认为，由于刑事责任是一种个人责任，犯罪过失应根据行为人自身的情况来确定，因此应采用"主观标准说"，同时"客观标准说"作为进行判断时的参考。

在伤害行为致特殊体质被害人死亡的案件中，判断行为人对被害人的死亡结果是否存在预见可能性，不能仅以是否明知被害人的特殊体质为依据，而是应当从行为人的客观行为判断其主观故意。本案中，被告人王飞虽不知被害人寇某甲患有心脏病，也预见不到寇某甲患有心脏病，但其作为一名成年人应当知道人体头部属于要害部位，击打他人头部可能导致他人伤亡的危害结果。本案中其击打被害人头部造成三处伤情、构成多处轻微伤，证明其击打力度已达到一定伤害程度。因此，无论是从被告人自身的认知角度，还是客观第三人的评判标准，被告人都应当预见到其击打被害人头部可能造成被害人伤亡的危害后果，但其因疏忽大意而没有预见，被告人的行为及造成的客观后果导致其已构成过失致人死亡罪。

三、构成过失犯罪后的量刑考量

《刑法》第二百三十三条规定："过失致人死亡的，处三年以上七年以下有期徒刑；情节较轻的，处三年以下有期徒刑。本法另有规定的，依照规定。"在对被告人的行为进行定性分析后，应进一步进行量刑分析。笔者认为，可从以下五个方面判断是否属于"情节较轻"：一是被告人的过失程度。对于过失致人死亡罪而言，虽然行为人对被害人死亡的发生主观罪过上都表现为过失，但行为人过失的程度存在差别，既有严重疏忽大意也有一般疏忽大意，既有轻信把握也有冒险逞能。被告人主观上的过失大小也反映了犯罪情节的轻重。若行为人不顾他人劝阻一意孤行，或者严重疏忽大意，很容易预见事故发生的可能性而没有预见，则不能认定为情节较轻。本案中，客观来看，首先，被害人寇某甲身高 174 厘米，体型中等，被告人王飞的体型较被害人更为瘦小；其次，被害人寇某甲殁年 36 周岁，其同住家属包括其妻子、弟弟、丈母娘等均不知其患有冠状动脉粥样硬化性心脏病，并均表示寇某甲本人也不知其本人患有该病，因此被告人王飞疏忽大意的程度较轻，其预见危害后果的可能性相对较小。二是被告人的危害行为程度。本案被告人王飞系徒手与被害人冠某甲互殴，二人抱打在一起，后被告人王飞与被害人寇某甲被路人劝开，被害人寇某甲独自走到路边人行道上缓慢倒地，送医抢救无效死亡。因此，被告人王飞客观上对被害人的殴打程度较轻，其行为危害程度较低。三是被告人的主观恶意程度。综合本案案发过程，被告人王飞系为替其妻子出气意图教训一下被害人，且被告人系初犯，因此被告人的主观恶意不大。四是被害人的过错程度。本案事件起因系被害人先动手摔他人西瓜并与被告人妻子刘某某发生肢体冲突，对矛盾的激化负有一定责任。五是因果关系情况。如前文所述，本案被害人寇某甲死亡原因系在患有冠状动脉粥样硬化性心脏病病变基础上，因外伤、争吵、情绪激动等外界因素作用诱发该病急性发作，导致急性心功能不全死亡，其中冠状动脉粥样硬化性心脏病为其主要死因，外伤、争吵、情绪激动等外界因素为死亡的诱因。因此，被害人的死亡系多因一果，被告人轻微暴力行为作用程度较轻。

综合上述判断，本案被告人王飞的犯罪行为应属“情节较轻”，依法判处三年以下有期徒刑。

（一审法院合议庭成员　吉　强　周建伟　牟　燕　张富强
刘春霞　刘华英　刘玲英
二审法院合议庭成员　吕秋收　彭亚奴　王敏重
编写人　福建省厦门市海沧区人民法院　牟　燕　陈淑芳
责任编辑　包献荣
审稿人　李玉萍）

原载《人民法院案例选》2020 年第 5 辑（总第 147 辑）

三、故意伤害罪

155. 林伟故意伤害案

——故意伤害致人死亡案件如何把握“证据确实、充分”的证明标准

【关键词】

故意伤害　证明标准　排除合理怀疑　无罪

【裁判要旨】

指控被告人有罪的直接证据只有被告人原在侦查阶段、审查起诉阶段所做的部分相互矛盾且与现场监控录像相矛盾的有罪供述，案内缺乏指向性明确的客观性证据或言词证据相佐证且不能排除第三人作案的可能，不能由证据得出唯一的结论，应依法判决被告人无罪。

【相关法条】

《中华人民共和国刑事诉讼法》

第一百九十五条第（三）项　在被告人最后陈述后，审判长宣布休庭，合议庭进行评议，根据已经查明的事实、证据和有关的法律规定，分别作出以下判决：

（三）证据不足，不能认定被告人有罪的，应当作出证据不足、指控的犯罪不能成立的无罪判决。

【案件索引】

一审：广东省潮州市中级人民法院（2014）潮中法刑一初字第9号（2014年9月26日）

二审：广东省高级人民法院（2015）粤高法刑三终字第393号（2015年5月15日）

【基本案情】

公诉机关指控：被告人林伟与被害人沈某忠均系广东省潮安县彩塘镇万成鞋厂保安

员。2013 年 8 月 19 日 6 时许，林伟因沈某忠过早叫其起床而心生不满，遂用手推沈某忠的肩部，后又用脚蹬其腹部，继而双方互相推搡。期间，林伟拿起一把消防扳手，连续击打沈某忠的头部，致其受伤倒地。案发后，沈某忠经送医院抢救无效死亡。林伟于案发当天被公安机关抓获归案。

经法医鉴定：沈某忠系头部多处与钝性物作用致颅脑严重损伤而死亡。

针对上述指控，公诉机关提供了以下主要证据：

1. 物证：消防扳手一把、林伟的衣物若干。

2. 现场监控录像证实了案发时彩塘镇万成鞋厂保安房门前的部分情况：监控录像中的 06 时 12 分 06 秒，被害人沈某忠一人从他睡觉的房里走出来，步履正常地步行前往其宿舍对面的鞋厂保安房。12 分 12 秒，沈某忠从监控录像中消失。12 分 59 秒，保安房门前东南侧的一张办公桌被移动出一些。13 分 11 秒，沈某忠一人拐着脚绕着办公桌逆时针走了一圈，并于 13 分 13 秒从监控录像中消失。14 分 21 秒，被告人林伟出现在监控录像中，绕着保安房门前的办公桌逆时针慢走一圈，并于 14 分 26 秒从监控录像中消失。14 分 33 秒，在鞋厂保安房门前的塑料椅倒下，有功夫茶盘摔在地上。20 分 28 秒，林伟要打开鞋厂大门（但没打开），并于 20 分 43 秒消失在监控录像中。22 分 02 秒，鞋厂电动拉闸门慢慢打开。22 分 07 秒，鞋厂管工张某全在现场打电话，走来走去。24 分 16 秒，林伟打开鞋厂大门。以上时间均为监控录像的时间，比实际时间快 4 分 30 秒。

3. 电子数据提取报告书证实：（1）案发后，侦查机关在彩塘镇万成鞋厂内的监控硬盘录像机中提取了自 2013 年 8 月 18 日 22 时 0 分至同月 19 日 10 时 0 分的 143 个视频文件。（2）侦查机关在万成鞋厂的监控硬盘录像机中提取了鞋厂宿舍楼三楼的 2 个监控探头拍摄的自 2013 年 8 月 18 日 22 时 0 分至同月 19 日 10 时 0 分的 48 个视频文件。（3）侦查机关在万成鞋厂右侧的博时皮革店内的 DVR 硬盘录像机中提取了 4 个视频文件。

4. 现场勘验检查笔录、现场平面图及现场照片证实：案发后，侦查机关自 2013 年 8 月 19 日 8 时 20 分至 8 月 21 日 12 时 30 分对案发现场进行了勘查。进入鞋厂大门，靠南侧是沈某忠的宿舍和公司老板的办公室，靠北侧是一间保安房和宿舍楼。保安房门口东南侧有一张办公桌。桌下有一把消防扳手和一块中空圆形铁块等物。办公桌的东北侧靠墙有一把塑料沙滩椅，沙滩椅的右侧扶手及部分靠背处的塑料折断，折断的塑料碎块散落在保安房门口地上及血滩上。办公桌西南侧附近地面有一个已破碎的陶瓷茶盘托。保安房的门口地面上有一处范围为 118 × 76cm 的血滩。附近有一处密集滴血点。血滩西侧地面有散落成堆的茶渣，并有部分茶渣向四周散开，成堆茶渣及血滩上、附近地面上散落有陶瓷茶盅碎块。血滩往大门方向有扇形放射状细微滴血点。自血滩往东有一趟滴血点延续至宿舍楼大门门槛的东端处。公司大门外路边有一垃圾筐，筐内有陶瓷茶盘及茶盘托的碎片。侦查机关经现场勘查后，提取了消防扳手、茶盘碎片、血迹及沈某忠的血样、指纹、衣物。

5. 法医学尸体检验报告书证实：沈某忠系头部多处与钝性物作用致颅脑严重损伤而死亡。

6. 法医学 DNA 检验鉴定书证实：（1）现场保安房门口的血滩检见基因分型与死者沈某忠血样的基因分型相同。（2）现场保安房办公桌下扳手、现场距血滩一米处喷血点、现场桌子正下方红色斑迹、现场楼梯门槛处血迹、林伟的上衣、裤子及拖鞋均未检见有效基因分型。

7. 证人余某扬的证言：我在彩塘镇华美奥利公司任门卫。案发当天早上6时许，我在奥利公司门外打扫卫生时，听到公司左侧隔壁厂万成鞋厂铁门内发出一声很响的碰撞声音，接着有东西摔碎的声音。当时万成鞋厂的铁门关闭着，我听到有人喊叫的声音，但具体喊叫什么就没去注意。我继续打扫卫生，这时又听见万成鞋厂铁门内再次发出碰撞的声音，这次声音很小，我也没有去注意，后我就返回公司门卫房。

8. 证人张某全的证言：我在万成鞋厂任管工。案发当天早晨6时13分，我在鞋厂宿舍楼五楼睡觉时，接到鞋厂保安林伟打来的电话。林伟在电话中哭着说："下面有人摔倒，快点过来。"二三分钟后我从五楼下到一楼大门边，看到沈某忠仰躺在鞋厂保安房门前，已停止呼吸。地上还有一套打碎的瓷茶具。过一会儿，救护车和鞋厂老板沈某广都到来，然后将沈某忠送到医院，但沈某忠已死亡。张某全还证实万成鞋厂的员工住在鞋厂宿舍楼的三楼、四楼。保安林伟、沈某忠没有住在一起，各住在一楼的一边。没听说这二人有什么矛盾。

9. 证人沈某生的证言：案发当天早晨6时20分左右，我从万成鞋厂楼上下来准备去买菜，见到门卫沈某忠仰倒在门卫房外面，鞋厂管工张某全站在厂门口打电话。门卫房门口有一张办公桌斜一边，地上有功夫茶具摔碎的碎片。门卫林伟拿着扫把和垃圾斗从外面进来，说他刚才在房里听到有声就走出来，发现沈某忠倒在这里。沈还证实案发前林伟和沈某忠有时会一起喝酒。

10. 证人沈某广的证言：案发当天早晨6时19分左右，万成鞋厂管工张某全打电话给我，说保安沈某忠倒在万成鞋厂保安房门口，可能不行了。6时30分左右我赶到鞋厂后，看到沈某忠仰倒在地上，功夫茶具被摔碎在他脚尾处。保安林伟和张某全在场。后来，我和张某全、林伟一起将沈某忠抬上急救车送去医院，但沈某忠已死亡。沈某广还证实林伟和沈某忠分别住在鞋厂一楼的两间保安房里，他们之间的关系还可以，但不清楚他们具体有没有矛盾。

11. 证人沈某珠的证言：案发当天早晨6时17分，我接到万成鞋厂保安林伟的电话，说刚才我弟弟沈某忠跌倒在地上，让我过去。我赶到鞋厂时，老板沈某广和林伟等人在场。我看见鞋厂保安房外有一滩血，地上有被砸破的茶具，一张塑料椅被损坏。

12. 证人鄞某聪的证言：我是万成鞋厂的厂长。案发当天早上8时，我听说鞋厂保安沈某忠摔死后，立即赶到鞋厂，看见厂门左侧保安房门口地上有一滩血，旁边的桌子东倒西歪，地上有被打碎的茶盘。保安林伟跟我说他早上听到外面有声响，开门后看到沈某忠倒在地上。当时现场有警察在照相，在左侧保安房隔壁门口有几滴血滴，林伟在跟警察讲是刚刚扶沈某忠时手上沾到并滴在地上。鄞某聪还证实林伟和沈某忠二人平时关系不错，一起吃饭，有时一起喝点米酒。

13. 证人吴某珍的证言：我和丈夫沈某广在潮安县彩塘华美经营万成鞋厂。万成鞋厂宿舍楼共有五楼，一楼是门卫宿舍（保安房）及厕所、杂物间；二楼是样品展厅，大门平时常关闭，没有住人；三楼是员工宿舍及员工食堂；四楼、五楼是员工宿舍。其中一楼门口、三楼宿舍区及食堂都有安装监控设备，四楼的监控探头损坏了，二楼、五楼就没有监控设备。吴某珍还证实林伟和沈某忠是鞋厂的保安，平时关系一般，不清楚有没有矛盾。

14. 证人李某开的证言：我是万成鞋厂的工人，案发当晚我住在鞋厂宿舍楼的四楼。案发当天早晨7时30分左右，我从鞋厂四楼宿舍下到一楼，看到鞋厂保安房门前的地上有血，打听一下才知道有个保安死了。

15. 证人宋某生、黄某财、祝某泥、李某霞、黄某均系万成鞋厂工人，均证实案发当晚他们分别住在万成鞋厂宿舍楼的三、四、五楼，住三楼的还有阿山、阿桃、阿林等人。至第二天早上看到楼下血迹，才知道保安出事。

16. 证人倪某秋的证言：我原来因犯罪被羁押于潮安县看守所第一号监仓，我与同监仓的林伟处得比较熟。在羁押期间，林伟自己书写了一份《悔过书》并交给公安同志。林伟书写《悔过书》的过程中没有受到其他人的干扰和胁迫。

17. 潮州市公安局潮安分局的证明材料证实：侦查机关在侦查过程中对林伟依法取证，没有刑讯逼供的行为，也充分保障其休息、饮食。

18. 被告人林伟的供述。

（1）林伟在侦查阶段的第一至二份笔录中供述：案发当天早上6时15分，我听到屋外嘭的一声响，开门没看到人，只看见门口的办公桌往前斜向大门方向移动（之前办公桌与我宿舍门口平行），办公桌前一张椅子也被往前移动，原来放在办公桌上的茶具摔烂在地上。我绕过办公桌来到保安房隔壁的卫生间门槛处往楼梯间看去，没发现什么人。这时我身边发出嘭的一声，我转身发现沈某忠已经倒在办公桌与我宿舍门之间的地上，口鼻流血。我喊他但没有反应，我立即打电话报告鞋厂管工张某全和沈某忠的姐姐。

（2）林伟在侦查阶段的第三份至第五份笔录中供述：案发当天早上6时许，我因沈某忠过早叫我起床而心生不满，遂用手推沈某忠的肩部，后又用脚蹬其腹部。他被蹬了向后退时，将一张塑料凳子上的一副茶具碰倒在地，后一瘸一拐地往后面退。我重新关门进屋想要睡觉，他又来敲门。我听后很生气，用双手朝他的左肩膀用力一推，把他推倒在地上。他倒下的同时头部撞到门前桌子的桌角，身体滑下来倒在一张有靠背的塑料椅上，把塑料扶手压断，整个人四脚朝天倒在地上，鼻子和嘴巴流出很多血。我叫他但没有反应，我急忙打电话告知管工。林伟还供述称案发时我只用手推打沈某忠，我没有持工具作案。

（3）林伟在侦查阶段的第六至第十四份笔录中供述：案发当天早上6时许，我因沈某忠过早叫我起床而心生不满，遂用手推沈某忠的肩部，后又用脚蹬其腹部。沈某忠准备用脚回击我，但勾到办公桌边的一张塑料椅，椅上的茶杯掉到地上，后转身一瘸一拐地绕着办公桌向外面走去。我重新走进保安室里面关掉门睡觉，但沈某忠再次来敲宿舍门。我就打开门与他对骂起来，并互相推搡。沈某忠从办公桌的下面拿起一个装茶的小铁罐要来砸我，我一把抢过来放到办公桌下面。同时，我顺手拿起办公桌下的一把消防扳手，拿扳手砸中他的头部，并将他推倒。沈某忠在仰倒时头部撞到办公桌的桌角处，身体发生变向，掉下去时再撞到一张塑料靠椅，并将靠椅的一边扶手压断。我喊他但没有反应，我就打电话告诉鞋厂的管工张某全，叫他赶快下来。

（4）林伟在被羁押于看守所期间自书的《悔过书》一份，承认沈某忠系其本人失手打伤的，其对自己的行为表示悔过。后来，林伟又辩解称该《悔过书》是同监仓在押人员倪某秋叫我写的，他说是所长让他来叫我写。我对沈某忠的死亡没有责任，但既然有人叫我写《悔过书》我就写了。

（5）林伟在检察阶段供述的作案过程与他在侦查阶段第六至第十四份笔录的供述基本一致，但否认了原来的作案动机和起因，另供述了作案的起因：案发当天早晨6时左右，我说沈某忠你昨晚又在楼上睡觉，他说别乱说，我们二人因而吵架、打架。

公诉机关根据以上指控事实和证据，认为被告人林伟的行为已触犯了《刑法》第二百三十四条第二款之规定，应当以故意伤害罪追究其刑事责任。特提起公诉，请依法判处。

被告人林伟辩解称：（1）我和被害人沈某忠之间没有发生争吵，我也没有用消防扳手击打沈某忠，我们没有身体接触过，我没有故意伤害作案。案发当天早上6时左右，我听见保安房外面有茶具摔烂的声音，我就穿衣服后起来。开门看见保安房外的茶具摔碎在地，但没有看见其他人在。我以为是其他员工摔烂的，就去楼梯间下的厕所看看有没有人，后发现没人我就进厕所小便。在厕所还没出来就听到外面“崩”的一声，一出来就看到沈某忠倒在地上。我见状赶紧走回保安房，并打电话报告鞋厂管工张某全和沈某忠的姐姐。（2）我于2013年8月19日被羁押后受到刑讯逼供和通宵讯问，在侦查人员的提示下胡乱承认。

其辩护人辩护称：本案不能排除第三人作案的可能，认定林伟犯故意伤害罪的证据不足，请求法院依法做出裁判。

【裁判结果】

广东省潮州市中级人民法院于2014年9月26日作出（2014）潮中法刑一初字第9号刑事判决：一、被告人林伟无罪。二、随案移送的扣押自被告人林伟的手机一部，发还给被告人林伟。

宣判后，潮州市人民检察院提出抗诉。

在二审审理期间，被告人林伟于2014年12月11日死亡。广东省高级人民法院依照《刑事诉讼法》第十五条第（五）项之规定，于2015年5月15日作出（2015）粤高法刑三终字第393号刑事裁定：本案终止审理。

【裁判理由】

法院生效裁判认为：《刑事诉讼法》第五十三条第一款规定：“对一切案件的判处都要重证据，重调查研究，不轻信口供。只有被告人供述，没有其他证据的，不能认定被告人有罪和处以刑罚。”第二款规定：“证据确实、充分，应当符合以下条件：（一）定罪量刑的事实都有证据证明；（二）据以定案的证据均经法定程序查证属实；（三）综合全案证据，对所认定事实已排除合理怀疑。”本案中，公诉机关指控被告人林伟犯故意伤害罪的直接证据只有林伟原在侦查阶段、检察阶段所做的部分相互矛盾且与现场监控录像相矛盾的有罪供述，并缺乏指向性明确的客观性证据或言词证据相佐证，而本案事实又存在其他可能性，据以定案的证据链不完整，对指控的有罪事实不能排除合理怀疑，不能由证据得出唯一的结论。因此公诉机关指控被告人林伟故意伤害被害人沈某忠并致沈某忠死亡的证据不足，指控林伟犯故意伤害罪罪名不能成立。

依照《刑事诉讼法》第一百九十五条第（三）项、《最高人民法院关于适用〈中华人民共和国刑事诉讼法〉的解释》第二百四十一条第一款第（四）项之规定，遂作出如上判决。

【案例注解】

本案例涉及刑事案件证明标准的问题，对于正确贯彻证据裁判原则、有效防范冤假错案具有重要指导价值。

本案在审理过程中，对于能否认定被告人林伟有罪的问题，存在两种意见：

第一种意见认为，被告人林伟原来在侦查和审查起诉阶段均供认其持消防扳手打死被害人沈某忠，其供述得到尸检鉴定、现场监控录像等证据的印证，且本案可以排除第三人作案或被害人自行摔伤的可能，因此应当判决林伟犯故意伤害罪罪名成立。

第二种意见认为，公诉机关指控被告人林伟犯故意伤害罪的证据不足，且本案不能排除第三人作案的可能，不能由证据得出唯一的结论，因此不能判决林伟有罪。

我们同意第二种意见，理由是：证明标准问题是近年来我国理论界和实务界争论较大的一个问题。

关于证明标准的问题，1996 年《刑事诉讼法》第一百六十二条第一款规定："案件事实清楚，证据确实、充分，依据法律认定被告人有罪的，应当作出有罪判决。"实践中普遍认为，1996 年《刑事诉讼法》规定的证明标准是"事实清楚，证据确实、充分"。但对于何为"案件事实清楚，证据确实、充分"，由于该规定过于抽象、原则，缺乏足够的操作性，从而造成了公检法三机关在办理案件中存在非常多的纷争，影响了案件的质量和诉讼效率。

有鉴于此，在未能及时对《刑事诉讼法》进行修改的情况下，"两高三部"于 2010 年出台《关于办理死刑案件审查判断证据若干问题的规定》（以下简称《证据规定》），对上述证明标准进行了阐述。《证据规定》第五条第三款规定："办理死刑案件，对于以下事实的证明必须达到证据确实、充分：（一）被指控的犯罪事实的发生；（二）被告人实施了犯罪行为与被告人实施犯罪行为的时间、地点、手段、后果以及其他情节；（三）影响被告人定罪的身份情况；（四）被告人有刑事责任能力；（五）被告人的罪过；（六）是否共同犯罪及被告人在共同犯罪中的地位、作用；（七）对被告人从重处罚的事实。"这一规定，不仅适用于死刑案件，对办理其他类型案件也具有重要的指导意义。

2012 年的《刑事诉讼法》部分吸纳了《证据规定》对证明标准的解释，对"证据确实、充分"作出了具体的规定。2012 年的《刑事诉讼法》第五十三条第二款规定："证据确实、充分，应当符合以下条件：（一）定罪量刑的事实都有证据证明；（二）据以定案的证据均经法定程序查证属实；（三）综合全案证据，对所认定事实已排除合理怀疑。"

对照上述规定，具体联系本案，我们认为，本案公诉机关指控被告人林伟故意伤害被害人沈某忠并致沈某忠死亡的证据不足，指控林伟犯故意伤害罪罪名不能成立，理由如下：

1. 公诉机关指控林伟持消防扳手故意伤害沈某忠致其死亡的事实所依据的直接证据，是林伟本人原在侦查阶段、检察阶段所做的部分有罪供述，但上述有罪供述不仅与林伟归案后的无罪供述相互矛盾，而且这些有罪供述之间也相互矛盾，且林伟在归案当天及当庭均作无罪辩解，其无罪辩解中所述情形目前没有足够的证据可予排除。具体分析如下：

第一，林伟的多份供述之间相互矛盾。本案中，林伟归案后自侦查阶段至检察阶段共作了15份供述。从林伟所作的上述供述看，其中既有有罪供述，也有无罪供述。在有罪供述中，既存在只用手推打被害人致死、没有持工具作案的供述，也存在持工具消防扳手击打被害人致死的供述。而在持工具消防扳手击打被害人致死的有罪供述中，也存在三处矛盾：既有绕办公桌外围上卫生间后二人又再次吵架打架、才打死被害人的供述，也有上卫生间后沿墙边回宿舍、二人再次吵架打架后其为避开被害人才绕办公桌外围走了一圈，然后才打死被害人的供述；既作了在被害人倒地后有踩踏被害人的供述，也作了在被害人倒地后没有踩踏被害人的供述；既有持消防扳手击打被害人头部一次的供述，也有持消防扳手击打被害人头部二次的供述。

林伟虽在羁押于看守所期间书写过《悔过书》一份，但该《悔过书》的书写背景现无法完全查明，且该《悔过书》的内容只有一句话称是失手将沈某忠打伤，而未提及作案过程和细节，并不足以证明其有罪。

由于林伟的多种供述相互矛盾，而其无罪供述又没有其他有力证据可予排除，因此，只凭其中部分相互矛盾的有罪供述，是不足以认定本案证据充分而对林伟定罪量刑的。

第二，公诉机关指控事实所据以采信的关键证据是林伟原在侦查阶段、检察阶段所做的使用消防扳手击打被害人致死的9份有罪供述，但这些有罪供述与现场监控录像在细节上存在矛盾。

林伟在关于其使用消防扳手击打被害人致死的这9份有罪供述中，对于监控录像中所出现的其绕过保安房门前的办公桌外转走了一圈这一节有两种解释，但这二种解释在细节上均与监控录像存在矛盾。

林伟在第一种解释中供称：第一次打斗后我绕办公桌外围走一圈到卫生间小便，后返回宿舍。此时沈某忠再次来敲门，我们二人再次吵架打架，然后我就持扳手打死沈某忠。而现场监控录像显示：林伟自06时14分21秒至26秒从保安房前的办公桌外围经过，至14分33秒保安房门前的塑料椅倒下、功夫茶盘摔在地上。上述期间共计7秒钟。在这短短的7秒钟中，林伟是没有可能完成上卫生间小便、回去宿舍、二人再次吵架打架、打死沈某忠这一系列行为的。

而林伟在第二种解释中供称：第一次打斗后我直接去上卫生间，然后沿墙边返回宿舍。沈某忠再次来敲门，我们二人再次吵架打架。期间我为避开沈某忠打我，就绕着保安房的桌子外围走了一圈，然后回到桌子内侧。此时我看到他又要来打我，就拿走桌子下的消防扳手将他打死。这种解释虽然解决了时间矛盾的问题，但从监控录像看，林伟绕办公桌外围走路的样子慢悠悠，并不符合在打斗过程中为逃避被害人追打的行走状态。

第三，公诉机关无法提交足够证据排除林伟的无罪辩解中所述情形存在的可能性。

林伟当庭辩解中所述的案发当天早上的情形，与其被抓获当天在侦查机关所作的第一、二份笔录所述的情形基本一致，且与现场监控录像没有明显矛盾。现公诉机关无法提交足够证据排除上述情形存在的可能性，无法排除合理怀疑。

2. 本案公诉机关指控林伟故意伤害沈某忠并致其死亡的事实，缺乏指向性明确的客观性证据或言词证据为证。

第一，本案公诉机关虽然提交了195份视频资料为证，但这些监控录像都没有准确地监控到案发时现场的全部情况，其中对准案发现场保安房的监控录像只监控到案发现场保安房前办公桌周围的部分情况，只能证明被告人林伟和被害人沈某忠于间隔一分多钟的时间内先后走过监控位置，而无法直接证明林伟故意伤害沈某忠。

第二，公诉机关虽然提交了物证消防扳手，并认定该消防扳手系林伟作案时所使用的作案工具，但消防扳手上并没有提取到林伟或沈某忠的指纹、血迹、斑迹或任何可检测出 DNA 的痕迹，该消防扳手是否为林伟使用过存疑，是否是致被害人沈某忠死亡的作案工具也同样存疑。

第三，公诉机关虽然提交了 DNA 鉴定意见，但该鉴定意见无法证实林伟与沈某忠的死亡事实之间有何关联，也无法佐证林伟的有罪供述。

第四，公诉机关虽然提交了一系列证人证言，但这些证人均非现场目击证人，均无法直接证实林伟故意伤害沈某忠这一事实，无法证实案发时的情况。

第五，本案缺乏客观性证据证明林伟故意伤害沈某忠并致其死亡。

3. 本案事实存在其他可能性，据以定案的证据链不完整，不能排除合理怀疑。

本案发生在一个半封闭的空间，本案虽有监控录像证实案发时鞋厂的大门一直关闭着，没有外人进入该厂。但在案发现场的宿舍楼中，只有一楼、三楼有监控录像，而四楼的监控探头因损坏而无法监控，二楼、五楼均没有安装监控设备，且没有任何一个监控探头能监控到该宿舍楼楼梯的情况。而案发当晚该宿舍楼的三楼、四楼、五楼住了包括工人、管工、厨师等多人在内。现仅凭其中部分人自证其案发当天没有作案，并不能起到排除合理怀疑的证明作用。

本案中，既然证人张某全能在案发当天早晨接到林伟电话后从五楼下到一楼案发现场而避开任何监控录像，同理，就存在有第三人能由宿舍楼楼上到达案发现场作案而避开监控录像的可能性。因此，本案公诉机关提交的证据尚不足以达到《刑事诉讼法》所规定的“排除合理怀疑”的证明标准。

综上所述，本案中公诉机关指控被告人林伟犯故意伤害罪的直接证据只有林伟原在侦查阶段、检察阶段所做的部分相互矛盾且与现场监控录像相矛盾的有罪供述，并缺乏指向性明确的客观性证据或言词证据相佐证，而本案事实又存在其他可能性，据以定案的证据链不完整，对指控的有罪事实不能排除合理怀疑，不能由证据得出唯一的结论。因此，法院经审理后以证据不足为由判决被告人林伟无罪是正确的。

（一审法院合议庭成员　江　瑾　刘新燕　张秋芸
二审法院合议庭成员　王洪涛　王　雪　张伟伟
编写人　广东省潮州市中级人民法院　江　瑾　刘新燕
责任编辑　李玉萍
审稿人　裴显鼎）

原载《人民法院案例选》2016 年第 2 辑（总第 96 辑）

156. 李征琴故意伤害案

——轻微家庭暴力犯罪案件中被害人程序选择权的适用应体现未成年人利益最大化原则

【关键词】

未成年人利益最大化原则 被害人程序选择权 轻微家庭暴力犯罪

【裁判要旨】

轻微家庭暴力犯罪案件中的被害人依法享有程序选择权，有选择公诉或者自诉的权利。涉及未成年被害人时，被害人程序选择权的适用应受到未成年人利益最大化原则的限制，应充分保障未成年人合法权益。

【相关法条】

《最高人民法院、最高人民检察院、公安部、司法部关于依法办理家庭暴力犯罪案件的意见》

第八条 尊重被害人的程序选择权。对于被害人有证据证明的轻微家庭暴力犯罪案件，在立案审查时，应当尊重被害人选择公诉或者自诉的权利。被害人要求公安机关处理的，公安机关应当依法立案、侦查。在侦查过程中，被害人不再要求公安机关处理或者要求转为自诉案件的，应当告知被害人向公安机关提交书面申请。经审查确系被害人自愿提出的，公安机关应当依法撤销案件。被害人就这类案件向人民法院提起自诉的，人民法院应当依法受理。

【案件索引】

一审：江苏省南京市浦口区人民法院（2015）浦少刑初字第13号（2015年9月30日）

二审：江苏省南京市中级人民法院（2015）宁少刑终字第19号（2015年11月20日）

【基本案情】

江苏省南京市浦口区人民检察院指控：2013年6月，被告人李征琴与其丈夫施某斌通过安徽省来安县民政局办理了收养施某某（男，2006年9月2日生）的手续，并将其带回本市抚养。2015年3月31日晚，在位于本市高新技术开发区星火南路2号9幢一单元某室的家中，李征琴认为施某某考试作弊、未完成课外阅读作业且说谎，先后使用抓痒耙、跳绳对施某某进行抽打，造成施某某体表分布范围较广泛的挫伤。经南京市公安局物证鉴定所鉴定，施某某躯干、四肢等部位挫伤面积为体表面积的10%，其所受损伤已构成轻伤一级。案发后，被告人李征琴于2015年4月4日经公安机关电话通知后到案接受调查，并如实供述了自己的主要罪行。被告人李征琴作为养母，因家庭教育方式不当，故意伤害被害人施某某身体，且造成施某某的损伤程度达到轻伤一级的严重后果，其行为符合《刑法》第二百三十四条第一款的规定，构成故意伤害罪。根据《刑事诉讼法》第二百七十九条的规定，建议对其从宽处罚。提请依法判处。

被告人李征琴及其辩护人辩称：（1）本案所涉法医学人体损伤程度鉴定书程序违法，该鉴定并非由两名鉴定人独立完成，背离鉴定规则的独立原则。该鉴定书鉴定意见关于“挫伤”定义采纳的标准错误，应当优先适用公安部刑事侦查局编写的《人体损伤程度鉴定标准释义》（以下简称《释义》）及司法部编写的《人体损伤程度鉴定标准适用指南》（以下简称《适用指南》）的权威解释。据此，“皮内出血”不属于“挫伤”，故施某某的伤情不构成轻伤，应认定李征琴无罪。（2）《最高人民法院、最高人民检察院、公安部、司法部关于依法办理家庭暴力犯罪案件的意见》（以下简称《意见》）第八条规定了被害人程序选择权，施某某及其生父母已经表达了不追究李征琴刑事责任的意见，应尊重被害人的程序选择，撤销该案件。（3）根据未成年人利益最大化原则，应尊重施某某希望与李征琴共同生活的意愿，保障施某某的现有生活条件。

法院经审理查明，被告人李征琴与施某斌于2010年登记结婚，婚前双方各有一女，2012年下半年，李征琴夫妇将李征琴表妹张某某的儿子即被害人施某某（男，原籍安徽省来安县，案发时8周岁）带回本市抚养，施某某自此即处于李征琴的实际监护之下。2013年6月，李征琴夫妇至安徽省来安县民政局办理了收养施某某的手续。2015年3月31日晚，李征琴因认为施某某撒谎，在其家中先后使用竹制“抓痒耙”、塑料制“跳绳”对施某某进行抽打，造成施某某体表出现范围较广泛的150余处挫伤。

经南京市公安局物证鉴定所鉴定，施某某躯干、四肢等部位挫伤面积为体表面积的10%，其所受损伤已构成轻伤一级。

案发后，被告人李征琴于2015年4月4日经公安机关电话通知后主动到案接受调查。

另查明，案发后，公安机关依法从安徽省来安县民政局调取了收养人提交的收养材料，其中“收养当事人无子女证明”所盖印章与有权作出证明的单位印章不一致。被害人施某某的生父母张某某、桂某某与被告人李征琴达成和解协议，并对李征琴的行为表示谅解。

【裁判结果】

江苏省南京市浦口区人民法院于2015年9月30日作出（2015）浦少刑初字第13号刑事判决，以李征琴犯故意伤害罪，判处有期徒刑六个月。

宣判后，李征琴不服，向江苏省南京市中级人民法院提起上诉，江苏省南京市中级人民法院于2015年11月20日作出（2015）宁少刑终字第19号刑事裁定：驳回上诉，维持原判。

【裁判理由】

法院生效裁判认为：

一、关于法医学人体损伤程度鉴定书的效力问题

（一）关于鉴定程序是否合法

根据司法部《司法鉴定程序通则》第十九条规定，司法鉴定机构对同一鉴定事项，应当指定或者选择二名司法鉴定人共同进行鉴定。本案中，鉴定程序系由多个环节构成，伤情检查、拍照固定等仅为鉴定中的部分环节，且该过程中亦有拍照人员、办案人员等其他参与人的见证，伤情照片系张飙以科学方法拍摄，贾力虽未与张飙同时参与至伤情检查，但其对张飙的检查结果亦已审核确认，二人经共同研究作出鉴定结论，符合相关规定中关于"共同进行鉴定"的要求，该鉴定程序合法有效。故对于李征琴及其辩护人、被害人的诉讼代理人关于鉴定程序不合法的意见，不予采纳。

（二）关于鉴定结论是否正确

南京市公安局物证鉴定所出具的法医学人体损伤程度鉴定书系依法定程序、采取科学方法作出，鉴定结论关于"挫伤"的认定依据了《法医病理学》教科书，符合法医学理论通说及理论沿革，故一审法院对该鉴定意见予以采信，并无不当。关于"挫伤"的概念，目前并无法律、法规及司法解释对此进行明确规定，现有法医学理论通说均认为挫伤包括了皮内和（或）皮下及软组织出血，该概念在法医学理论沿革中亦未曾变更。《法医病理学》系卫生部规划的法医学科专业教材，在无任何法律法规和行业规范的情况下，将教科书作为医学鉴定的依据，是鉴定中的通常做法。而上诉人李征琴及其辩护人所引用的《释义》及《适用指南》既非规范性法律文件，亦非有权机关所作司法解释，其作为学术观点的一种，虽可在鉴定时作为参考，但不能当然否定教科书作为鉴定理论依据的通行做法，故李征琴及其辩护人提出的该两部著作为权威解释应优先适用的意见无法律及理论依据，不予采纳。

二、关于本案被害人的程序选择权问题

根据《意见》第八条规定，对于被害人有证据证明的轻微家庭暴力犯罪案件，在立案审查时，应当尊重被害人选择公诉或者自诉的权利。被害人不再要求公安机关处理或者要求转为自诉案件的，应当告知被害人向公安机关提交书面申请，经审查确系被害人自愿提出的，公安机关应当依法撤销案件。具体在本案中，被害人施某某的生母张某某虽已向公安机关递交书面材料要求对本案调解处理，被害人生父母亦已出具谅解书，表示对李征琴的谅解，但本案被害人系未满十周岁的未成年人，心智尚未成熟，其不具备独立判断能力及权利处分能力，而本案所涉刑事犯罪、人伦亲情及法律适用等复杂问题亦已当然超越未成年被害人独立判断和处分的认知和能力范围，其作为无民事行为能力人，不能认识到该项程序选择权的法律后果，其在庭审中出具的书信，表达不追究李征琴刑事责任亦不具有程序选择的法律意义。同时，因张某某、桂某某作为被害人生父母的同时，亦为上诉人李征琴的亲属，其考虑到物质生活及学习教育条件优越性比对及亲情关系等因素，代为作出希望本案调解处理的表达，不能当然代表被害人施某某的独立意思表示和根本利益诉求，公安机关未就此撤销案件，系出于对未成年人生命健康权的特殊保护，并不违反相关法律规定。

同时，根据《意见》第九条规定，对于家庭暴力犯罪自诉案件，被害人是无行为能力人、限制行为能力人，其法定代理人、近亲属没有告诉或者代为告诉的，人民检察院可以代为告诉。可见，《意见》对于无民事行为能力人、限制民事行为能力人采特殊保

护之态度，赋予检察机关代为告诉的权利，以充分保障无民事行为能力人、限制民事行为能力人的合法权益。本案符合《刑事诉讼法》及其司法解释关于提起公诉的相关规定，故检察机关基于对未成年被害人的特殊保护原则，就本案提起公诉，并非无视其程序选择权，且被害人生父母提交的刑事谅解书亦已作为酌定从轻情节在量刑时予以考量，故对于李征琴及其辩护人、被害人的诉讼代理人的该项意见，不予采纳。

三、关于在本案中如何体现未成年人利益最大化原则的问题

本案被害人施某某系未成年人，因其身心尚未成熟，缺乏独立生活能力，应予以特殊保护和照料。《未成年人保护法》明确规定了未成年人享有生存权、发展权、受保护权、参与权等权利，国家根据未成年人身心发展特点给予特殊、优先保护，保障未成年人的合法权益不受侵犯。

本案系故意伤害刑事案件，上诉人李征琴虽出于对施某某的关心、教育，但其以暴力手段摧残施某某的身心健康，造成严重后果，已构成犯罪，具有社会危害性，应受到国家法律的惩处。未成年人的父母或其他监护人依法对其有抚养教育的权利和义务，但该项权利的行使不得超越法律边界，应受到国家法律的监督。未成年人并非父母或其他监护人的私有财产，其生命健康权不应以任何理由受到侵害，物质生活的优越性不应亦无法替代对未成年人生命健康及人格尊严的权利保障。国家作为未成年人的最终监护人，有权力亦有责任对侵害未成年人合法权利的行为进行监督、干预，此系国家公权力的合法行使，符合未成年人利益最大化原则的要求。

对于本案未成年被害人施某某，国家、社会均应给予充分关爱，尽可能愈合其所受身心创伤，使其回归正常生活轨迹。相关部门现已为施某某提供了基本的住房、生活、教育保障，施某某亦表达了希望回原学校继续就读的愿望，上诉人李征琴及其辩护人提出一审判决造成施某某辍学的意见与事实不符，对此不予采信。张某某、桂某某作为施某某的生父母，亦应对其多加关心，加强沟通，关注其身心健康，保障其生存、发展等基本权利的实现。

【案例注解】

一、被害人程序选择权的内涵

《意见》所规定的被害人程序选择权系该概念在立法中首次出现，此前法律法规对此并无规定。“程序选择权”的概念虽早已有之，但主要存在于民事诉讼领域，是民事诉讼当事人所享有的一项重要的程序性权利。[①] 由于传统理论认为，处分原则仅存在于民事诉讼领域中，因而当事人仅在民事诉讼中可以自由处分其实体权利和诉讼权利，而在刑事诉讼和行政诉讼中不得处分权利。[②] 随着现代刑事诉讼理论的完善和发展，刑事诉讼当事人的主体地位逐渐得到认可，可处分性作为法律权利的基本属性得以确认，刑事诉讼当事人对自身诉讼权利的处分权受到法律确认。

本案所涉被害人程序选择权即是刑事诉讼当事人处分权的一种，是刑事诉讼当事人

① 我国台湾地区著名学者邱联恭先生最早提出“程序选择权”这一概念，认为程序选择权体现了立法对当事人诉讼主体思维的尊重，让当事人自己在发现案件真实与促进程序二者之间权衡，从而增加诉讼结果的权威性和可接受性。

② 参见江伟主编：《民事诉讼法学原理》，中国人民大学出版社 1999 年版，第 316 页。

所享有的决定是否行使以及如何行使诉讼权利的自由，具体体现为对有关程序利益问题进行判断和选择的权利。①

《意见》第八条规定，对于被害人有证据证明的轻微家庭暴力犯罪案件，在立案审查时，应当尊重被害人选择公诉或者自诉的权利。被害人要求公安机关处理的，公安机关应当依法立案、侦查。在侦查过程中，被害人不再要求公安机关处理或者要求转为自诉案件的，应当告知被害人向公安机关提交书面申请。经审查确系被害人自愿提出的，公安机关应当依法撤销案件。被害人就这类案件向人民法院提起自诉的，人民法院应当依法受理。

可见，《意见》在规定公安机关、人民法院对有证据证明的轻微家庭暴力犯罪案件的受理与立案程序时，赋予了被害人选择公诉或者自诉，以及在公安机关立案后不再要求处理的权利。《意见》之所以作此规定，主要是基于家庭暴力案件的特殊性。此类犯罪是发生在家庭成员之间的犯罪，基于家庭关系的人伦亲情因素以及可修复性，公权力对此类犯罪案件的介入应审慎、有限度。规定被害人程序选择权的目的不仅在于保护公民的人身权利，也考虑到维系家庭和睦、社会稳定，是法律对于两种利益的权衡和取舍。

二、被害人程序选择权的行使应以具备行为能力为前提

《意见》虽明确规定了被害人程序选择权，强调在作出对被害人利益具有重大影响的处理决定时，应当充分听取并尊重被害人的意见，但轻微家庭暴力犯罪案件中被害人程序选择权是否在任何情况下均成立，该项权利的行使是否存在一定限制，现行规定对此并未明确，需要我们对于此类法律概念及条款作出进一步的解释。我们从法解释学角度，以文义解释、立法目的解释、体系解释等法律解释基本方法②对被害人程序选择权进行分析，认为该权利并不是绝对的，应以被害人的行为能力为前提。

第一，从文义解释来看。被害人程序选择权是被害人的诉讼处分权利，是被害人在法律规定的范围内依据自己的意愿决定程序利益的取舍，是意思自治原则在刑事诉讼领域的运用。显然，被害人进行程序选择系权利处分行为，这就当然要求其具有行为能力，行为能力是独立行使权利、承担义务的基础。而本案被害人系未满十周岁的未成年人，其在法律上系无行为能力人，不具备权利处分能力，其亦无法认识到该项程序选择的法律后果。因此，本案被害人所作出的不予追究李征琴责任的意思表示，不具有程序选择的法律意义。

第二，从立法目的解释来看。《意见》第八条规定被害人有程序选择权，主要是基于家庭暴力犯罪案件不同于其他刑事案件，犯罪行为发生在家庭内部，从促进家庭和谐、维系家庭关系来说，被害人有时出于感情、经济等因素，会考虑选择对轻微家庭暴力犯罪行为不予追究，其意愿有可能更符合家庭实际情况，更有利于解决家庭成员之间矛盾，修复家庭关系。因此，《意见》所规定的程序选择权应当是针对具备独立判断能力的被害人而言，否则，《意见》体现的公权力依法介入、干预家庭暴力的立法目的将会落空。本案被害人尚年幼，心智尚未成熟，本案所涉刑事犯罪与人伦亲情的取舍已完全超越其独立判断的认知范围，应否定其具有任意选择是否要求追究被告人刑事责任的权利。

---

① 陈卫东、胡之芳：《关于刑事诉讼当事人处分权的思考》，载《政治与法律》2004 年第 4 期。

② 参见王泽鉴：《法律思维与民法实例》，中国政法大学出版社 2001 年版，第 212 页。

第三，从体系解释来看。《意见》第八条与《意见》第九条[①]相互呼应，无论从逻辑关系，还是从内在价值判断来看，两者关于强化对家暴被害人保护的内在精神均是一致的，应将二者结合起来进行解读。《意见》第八条规定了被害人的程序选择权，第九条则规定了通过代为告诉保障被害人的诉讼权利。根据第九条的规定，检察机关对于家庭暴力犯罪案件的被害人系无行为能力人、限制行为能力人，其法定代理人、近亲属没有告诉或代为告诉的，可以代为告诉。该条规定从内在价值判断来看，与第八条相呼应，体现对被害人的保护，而该条更强调对无行为能力及限制行为能力被害人的特殊保护。根据举轻以明重原则，检察机关对于自诉案件尚可提起公诉，对于符合《刑事诉讼法》及其司法解释所规定的可以提起公诉的案件，基于对未成年被害人特殊保护原则提起公诉，符合法律规定，既与保护被害人的价值判断相一致，亦在法律体例上协调统一，不生冲突。

三、未成年人利益最大化原则在本案中的适用

任何权利都不是绝对的、不受限制的，没有界限的权利往往导致对权利自身的否定，因而被害人程序选择权同样面临权利辩解，存在适度限制的问题，即如何合理使用的问题。具体到本案，因涉及未成年被害人，不仅仅是被害人程序选择权的适用问题，本案的审理均应在未成年人权利保护的范围内进行，以未成年人利益最大化为限。

（一）未成年人利益最大化原则是审理涉未成年人案件的基本准则

《联合国儿童权利公约》确立了儿童利益最大化原则，要求“关于儿童的一切行为，不论是由公私社会福利机构、法院、行政当局或立法机构执行，均应以儿童的最大利益为一种首要考虑”。我国已于1990年签署该公约，这一原则也已成为国际社会处理儿童问题时的基本准则。同时，《未成年人保护法》亦明确规定了未成年人享有生存权、发展权、受保护权、参与权等权利，国家根据未成年人身心发展特点给予特殊、优先保护，保障未成年人的合法权益不受侵犯。本案被害人施某某系未成年人，身心尚未成熟，缺乏独立生活能力，应予以特殊保护和照料，本案的审理亦应遵循未成年人利益最大化原则。

（二）应在法律框架下给予全社会未成年人最大限度的保护

本案的审理结果符合未成年人利益最大化原则，系在法律框架下对未成年人的最大限度保护。第一，本案系发生在家庭内部的故意伤害刑事案件，李征琴虽在平时的生活中对施某某较为关心、爱护，但其以暴力手段摧残施某某的身心健康，造成严重后果，已构成犯罪，具有社会危害性，应受到国家法律的惩处。第二，未成年人的父母或其他监护人依法对其有抚养教育的权利和义务，但该项权利的行使不得超越法律边界，应受到国家法律的监督。未成年人系具有独立人格的生命体，并非父母的私有财产，其生命健康权不应以任何理由受到侵害。国家作为未成年人的最终监护人，有权力亦有责任对侵害未成年人合法权利的行为进行监督、干预，此系国家公权力的合法行使，符合未成年人利益最大化原则的要求。第三，应全面考量未成年人利益最大化原则。具体到本案，

① 依据《意见》第九条规定，对于家庭暴力犯罪自诉案件，被害人无法告诉或者不能亲自告诉的，其法定代理人、近亲属可以告诉或者代为告诉；被害人是无行为能力人、限制行为能力人，其法定代理人、近亲属没有告诉或者代为告诉的，人民检察院可以告诉；侮辱、暴力干涉婚姻自由等告诉才处理的案件，被害人因受强制、威吓无法告诉的，人民检察院也可以告诉。人民法院对告诉或者代为告诉的，应当依法受理。

从被害人施某某个体角度来看，未成年人利益最大化并不等同于物质利益最大化，李征琴虽为施某某提供了较好的物质生活、学习条件，但物质生活的优越性并非未成年人健康成长的唯一保障及衡量标准，物质条件不应亦无法替代对未成年人生命健康及人格尊严的权利保障。因此，不能仅因李征琴与施某某的生父母相比能为其提供更好的物质生活条件，而认定施某某与李征琴共同生活才是利益最大化的实现。从全社会未成年人群体角度来看，本案反映了社会传统教育理念与现代法治文明的碰撞，本案的审理结果向社会传达了未成年人权利保护的理念，批判传统家长威权主义教育方式，倡导亲子之间科学良性沟通，长远来看，是对全社会未成年人群体的利益保护。

本案审理中，相关部门已为施某某提供了基本的住房、生活、教育保障。国家、社会，尤其是施某某亲属，应在今后给予其充分关爱，对其尽可能正面引导、疏解负面情绪，关注其身心健康，早日愈合其所受身心创伤，回归正常生活轨迹。司法机关等相关部门也将在今后继续关心被害人施某某的生活、学习状况，为其提供相应的保障与帮助。本案被最高人民法院评为2015年度十大刑事案件，以及四起侵犯妇女儿童权益犯罪典型案例之一，本案的审理充分体现国家公权力对儿童权益的保障，收到良好的法律效果与社会效果。

（一审法院合议庭成员　徐文露　赖超超　刘必祥
二审法院合议庭成员　周　侃　徐松松　徐聪萍
编写人　江苏省南京市中级人民法院　徐聪萍
责任编辑　李　明
审稿人　沈　亮）

原载《人民法院案例选》2016年第5辑（总第99辑）

157. 张保泉故意伤害案

——打击错误致人死亡的定罪处罚

【关键词】

打击错误　过失致人死亡　故意伤害

【裁判要旨】

在打击错误的情况下，行为人所认识的事实与实际发生的事实，只要在犯罪构成的范围内一致，即成立故意的既遂犯。打击错误不影响对行为人行为性质的判断及刑事责任的承担。

【相关法条】

《中华人民共和国刑法》

第二百三十四条　故意伤害他人身体的，处三年以下有期徒刑、拘役或者管制。

犯前款罪，致人重伤的，处三年以上十年以下有期徒刑；致人死亡或者以特别残忍手段致人重伤造成严重残疾的，处十年以上有期徒刑、无期徒刑或者死刑。本法另有规定的，依照规定。

【案件索引】

一审：广东省潮州市中级人民法院（2016）粤 51 刑初 14 号（2016 年 7 月 4 日）

【基本案情】

公诉机关广东省潮州市人民检察院诉称：被告人张保泉为索债与张某波发生争吵，并持双头锋利的铁枪意欲伤害张某波，由于失误而刺中冲上前劝架的被害人郑某佳并致其死亡。被告人张保泉的行为已经构成故意伤害罪，提请依法判处。

法院经审理查明：2015 年 9 月 17 日 0 时许，被告人张保泉为向张某波追讨欠款，携带一支可拆成两截的自制“铁枪”，驾驶摩托车到饶平县黄冈镇张某波的租屋附近，将其拦住。张保泉与张某波发生争吵，张某波的朋友即被害人郑某佳等人在旁劝架。期间，张保泉从摩托车上拿出两截自制“铁枪”，将之连接成一支长约 1.8 米、双头锋利的“铁枪”，挥动着去劈打在其身前的张某波。“铁枪”未劈中张某波，但张保泉在挥动“铁枪”向后甩的同时却刺中站他其身后的郑某佳。郑某佳被刺中左大腿后流血倒地，当场死亡。作案后，张保泉驾车携带“铁枪”逃离现场。当天晚上 10 时许，张保泉在亲属的陪同下主动到饶平县公安局城南派出所投案。

经法医鉴定：郑某佳被他人用利器刺伤左大腿大血管致失血性休克死亡。

【裁判结果】

广东省潮州市中级人民法院于2016年7月4日作出（2016）粤51刑初14号刑事判决：被告人张保泉犯故意伤害罪，判处有期徒刑十二年。一审宣判后，被告人张保泉未提出上诉，公诉机关亦未抗诉，该判决已发生法律效力。

【裁判理由】

法院生效裁判认为：被告人张保泉故意伤害他人身体，致一人死亡，其行为已构成故意伤害罪，应依法予以处罚。被告人张保泉曾因故意犯罪被判处有期徒刑，刑罚执行完毕以后，在5年以内故意再犯应当判处有期徒刑以上刑罚之罪，属累犯，应依法予以从重处罚。被告人张保泉犯罪以后自动投案，如实供述自己的罪行，系自首，依法予以从轻处罚。综上，依照《刑法》第二百三十四条第二款、第六十五条第一款、第六十七条第一款的规定，作出上述判决。

【案例注解】

本案被告人张保泉在持双头锋利的"铁枪"意欲伤害张某波时，由于失误而刺中冲上前劝架的被害人郑某佳并致其死亡。本案在审理过程中，关于被告人张保泉的行为应该如何定性的问题，存在两种意见：

第一种意见认为：被告人张保泉意欲伤害张某波而误伤并致郑某佳死亡，其对张某波承担故意伤害未遂的责任，对郑某佳承担过失致人死亡的责任；由于只有一个行为，故二者属于想象竞合犯，应从一重罪论处，即张保泉的行为构成过失致人死亡罪。

第二种意见认为：被告人张保泉意欲伤害张某波而误伤并致郑某佳死亡，二者在故意伤害罪的犯罪构成范围内是完全一致的，因此张保泉的行为已构成故意伤害罪。

我们同意上述第二种意见，具体理由如下：

本案是一宗比较典型的"打击错误"案。所谓打击错误，是指行为人对自己意欲侵害的某一对象实施侵害行为，由于行为本身的误差而导致实际侵害对象与其本欲侵害的对象不一致。打击错误又可分为不同犯罪构成要件间的打击错误和同一犯罪构成要件内的打击错误。前者如某人从高处投掷石块意欲砸毁甲的汽车，却因瞄不准而误将过路的行人乙砸死。后者如本案中张保泉用铁枪打张某波却误伤并致郑某佳死亡。我国刑法理论对于不同犯罪构成要件间的打击错误的情形应该如何处理，争议不大。通说认为，对实际发生的结果阻却故意的成立，在行为人主观上有过失且刑法有处罚过失犯的规定时，成立过失犯罪，与其所预见事实的未遂犯，形成想象竞合，按从一重罪处断的原则处理。但对于同一犯罪构成要件内的打击错误的情形应该如何处理，在刑法理论界存在一定的争议。主要有两种观点：具体符合说与法定符合说。具体符合说认为，在打击错误的情况下，行为人所认识的事实与实际发生的事实具体地相一致时，才成立故意的既遂犯；法定符合说则认为，在打击错误的情况下，行为人所认识的事实与实际发生的事实，只要在犯罪构成范围内是一致的，就成立故意的既遂犯，就不影响对其行为性质的判断及刑事责任的承担。笔者赞同法定符合说，即在同一犯罪构成要件内的打击错误不阻却故意的成立，不能改变行为人的行为性质。

本案中，张保泉出于伤害他人的故意，实施了故意伤害的行为，结果误伤并致郑某佳死亡。其行为完全符合故意伤害罪的构成要件，应负故意伤害罪的刑事责任。虽然张保泉由于失误而导致实际侵害对象与其本欲侵害的对象不一致，但由于张保泉主观上具有伤害故意，客观上也实施了故意伤害行为，而且其故意伤害行为也造成了他人死亡的危害后果，二者侵犯的法益和社会危害性相同，二者在刑法规定的故意伤害罪的犯罪构成范围内也是完全一致的，因而其行为构成故意伤害罪而非过失致人死亡罪。

（一审法院合议庭成员　江　瑾　刘新燕　蔡鑫鸿
编写人　广东省潮州市中级人民法院　江　瑾　刘新燕
责任编辑　周维明
审稿人　沈　亮）

原载《人民法院案例选》2016 年第 9 辑（总第 103 辑）

158. 孙道嵩、吕铁飞故意伤害案

——多因一果故意伤害致死和法定刑以下量刑

【关键词】

故意伤害致死　多因一果　法定刑以下量刑

【裁判要旨】

故意伤害案件中，若行为人的殴打行为与被害人自身疾病共同起大致相当的作用致使被害人死亡的，应当在法定刑以内根据殴打行为的作用大小予以处罚。

【相关法条】

《中华人民共和国刑法》

第六十三条第二款　犯罪分子虽然不具有本法规定的减轻处罚情节，但是根据案件的特殊情况，经最高人民法院核准，也可以在法定刑以下判处刑罚。

第二百三十四条　故意伤害他人身体的，处三年以下有期徒刑、拘役或者管制。

犯前款罪，致人重伤的，处三年以上十年以下有期徒刑；致人死亡或者以特别残忍手段致人重伤造成严重残疾的，处十年以上有期徒刑、无期徒刑或者死刑。本法另有规定的，依照规定。

【案件索引】

一审：江苏省无锡市崇安区人民法院（2015）崇刑初字第110号（2015年11月2日）

二审：江苏省无锡市中级人民法院（2015）锡刑终字第00165号（2016年1月21日）

【基本案情】

原公诉机关：江苏省无锡市崇安区人民检察院。

原审被告人：孙道嵩、吕铁飞。

法院经审理查明：被告人孙道嵩、吕铁飞与被害人吴某某系偶然相遇的陌生路人。2015年1月30日，上诉人孙道嵩、吕铁飞在无锡市崇安区汉昌东街乐家时尚酒店门口，因琐事与被害人吴某某（醉酒状态）发生口角并引起争执后，采用拳打脚踢的方式对吴某某进行殴打，致使其头部等多处受伤。后吴某某被送至无锡市第三人民医院抢救时已死亡。经法医鉴定，吴某某系因酒后头面部遭外伤作用引起弥漫性蛛网膜下腔出血致急性中枢神经功能障碍死亡。本案被害人吴某某在案发时自身存在脑部疾病、心血管疾病、急性乙醇中毒等情况。案发后，孙道嵩、吕轶飞在公安机关如实供述了其犯罪事实。

【裁判结果】

江苏省无锡市崇安区人民法院经审理认为：被告人孙道嵩、吕轶飞故意伤害他人身体，致1人死亡，其行为均已构成故意伤害罪，且系共同犯罪。公诉机关指控被告人孙道嵩、吕轶飞犯故意伤害罪的事实清楚，证据确实充分，指控罪名成立。在共同犯罪中，被告人孙道嵩、吕轶飞作用相当，不区分主从犯。

关于被告人吕轶飞及两辩护人提出的辩解辩护意见，综合评判如下：

（1）无锡市公安局物证鉴定所综合评析尸体检验，对提取检材的毒化检验、法医物证检验、法医病理学检验的检验结果出具法医学尸体检验鉴定意见：吴某某符合因酒后头面部遭外伤作用引起弥漫性蛛网膜下腔出血致急性中枢神经功能障碍死亡。该鉴定意见已明确导致吴某某死亡的直接原因就是弥漫性蛛网膜下腔出血致急性中枢神经功能障碍死亡。法医学尸体检验鉴定意见是由无锡市公安局物证鉴定所具有合法有效鉴定资质的鉴定人员依法作出的鉴定，鉴定过程客观、程序合法，鉴定方法科学，鉴定意见明确、合理，可以作为定案依据。

（2）吕轶飞伙同孙道嵩共同殴打吴某某的事实，有吕轶飞本人的供述及同案被告人孙道嵩的供述、相关证人证言及现场监控视频加以证实并相互印证。被害人吴某某身上的伤系被告人吕轶飞、孙道嵩共同伤害所致。吕轶飞辩护人提出的现有证据无法证明死者的受伤部位是吕轶飞击打所致的观点不能成立。作为共同犯罪人，被告人吕轶飞应对其共同犯罪行为所造成的危害后果承担刑事责任。

（3）根据法医学尸体检验鉴定意见书，两被告人的殴打行为致使被害人头面部外伤，是引发被害人出现弥漫性蛛网膜下腔出血继而致急性中枢神经功能障碍死亡的直接原因，两被告人的故意伤害行为与被害人死亡的结果之间有直接因果关系，应对被害人死亡的结果承担刑事责任。但鉴于被害人生前急性乙醇中毒在其死亡结果中亦属参与因素，且两被告人在各自家属帮助下，与被害人家属达成赔偿协议，积极赔偿，取得谅解，对两被告人可酌情从轻处罚。

（4）本案因琐事引发，现有证据不足以证明被害人对引发犯罪存在法律意义上的过错。

（5）案发后，被告人孙道嵩、吕轶飞乘车逃离现场，在途经通江派出所站前商贸街警务室附近时，被接到报警的民警拦下后查获，故两被告人不属于自动投案。虽抓获吕轶飞时，其正在打电话，但根据吕轶飞本人交代，其是给一警察朋友打电话，想咨询一下此事会如何处理，电话刚打通还未说即被抓住。据此，并无证据表明吕轶飞有自动投案的意愿，被告人吕轶飞不构成自首。但两被告人归案后均能如实供述自己的罪行，均可依法从轻处罚。

江苏省无锡市崇安区人民法院于2015年11月2日作出（2015）崇刑初字第110号刑事判决：一、被告人孙道嵩犯故意伤害罪，判处有期徒刑十年，剥夺政治权利一年；二、被告人吕轶飞犯故意伤害罪，判处有期徒刑十年，剥夺政治权利一年。

宣判后，原审被告人孙道嵩、吕轶飞均不服，向江苏省无锡市中级人民法院提出上诉称：法医学尸体检验鉴定意见书对吴某某自身脑部疾病、心血管疾病、急性乙醇中毒等与其死亡结果之间是否有因果关系及对其死亡的影响程度未作明确分析论证，不能全面客观反映上诉人的行为与吴某某死亡结果间的因果关系；认为吴某某的死因除了殴打外，还有其脑部疾病、醉酒等其他重要原因。两辩护人提交了有专门知识的人胡某某、庄某某（现供职于北京华夏物证鉴定中心）以北京某科鉴咨询服务中心的名义出具的法医学书证审查意见书。其中提出的审查意见为，被害人吴某某的死亡直接原因符合心源性猝死；他人殴打、醉酒状态、争吵、情绪激动等情况属于诱发因素。

出庭履行职务的检察员提出的意见是：原审判决认定事实正确，证据确实充分，定罪准确，审判程序合法，但考虑到被害人的死亡结果的多因性，一审对被告人均判处十年有期徒刑的量刑存在罪责明显不相适应的情况。建议二审法院依据《刑法》第六十三条第二款之特殊情况在法定刑以下量刑之规定改判。

无锡市中级人民法院于 2016 年 1 月 21 日作出（2015）锡刑终字第 00165 号刑事裁定：驳回上诉，维持原判。

【裁判理由】

法院生效裁判认为：上诉人孙道嵩、吕轶飞采用拳打脚踢的方式故意伤害他人身体，致一人死亡，其行为均已构成故意伤害罪，系共同犯罪。

关于上诉人孙道嵩及两辩护人提出的被害人吴某某死亡的直接原因符合心源性意外猝死，上诉人的殴打行为只是诱因之一的上诉理由和辩护意见，上诉人吕轶飞和出庭履行职务的检察员提出的两上诉人殴打行为是导致被害人吴某某死亡结果的原因之一的上诉理由和出庭意见，二审法院依据事实和证据综合评判如下：被害人吴某某的死因符合酒后头面部遭外伤作用引起弥漫性蛛网膜下腔出血致急性中枢神经功能障碍死亡。理由是：

（1）从形式要件看：无锡市公安局物证鉴定所出具的法医学尸体检验鉴定意见是由具有合法有效鉴定资质的鉴定人员依法做出的鉴定，鉴定过程客观、程序合法，鉴定方法科学，鉴定意见明确、合理，可以作为定案依据。

（2）从实质要件看：

首先，上诉人孙道嵩、吕轶飞共同对被害人吴某某头部实施了暴力击打行为的事实清楚，证据确实充分；

其次，被害人吴某某脑底血管虽有的见管壁厚薄不均，有的见玻璃体样变性，但肉眼观脑基底动脉环未见畸形、动脉瘤及破裂；

最后，两上诉人的共同伤害行为与被害人吴某某的死亡在因果联系上更为直接和密切。故法医学尸体检验对被害人吴某某死亡原因的鉴定意见符合客观实际，应予采纳。两上诉人均应对其共同犯罪行为所造成的危害后果承担刑事责任。

关于上诉人吕轶飞及其辩护人提出的吕轶飞构成自首的上诉理由和辩护意见，二审法院认为，吕轶飞在案发后离开现场途中被民警抓获，而吕轶飞供述其被抓获时正在打电话给其警察朋友想咨询此事会如何处理，没有证据能够证实吕轶飞有自动投案的行为和意思表示，故依法不构成自首。

关于上诉人吕轶飞及两辩护人提出的被害人吴某某对于本案的发生存在过错的上诉理由和辩护意见，二审法院认为，被害人吴某某与上诉人发生争执，并不足以认定其对引发犯罪存在法律意义上的过错。

关于上诉人孙道嵩、吕轶飞及其辩护人、出庭检察员就本案量刑提出的上诉理由、辩护意见和出庭意见，二审法院认为，依据法律规定，故意伤害他人身体致人死亡，应处十年以上有期徒刑、无期徒刑或者死刑。原审法院在量刑时根据上诉人孙道嵩、吕轶飞的犯罪事实，结合被害人生前急性乙醇中毒在其死亡结果中亦属参与因素、两上诉人积极赔偿并取得谅解、归案后均能如实供述自己的罪行等量刑情节，对其予以最大幅度的从轻处罚后在法定量刑幅度内判处起点刑，所处量刑并无不当，符合罪责刑相适应的刑法原则。

因此，二审法院认为原审判决认定事实正确，证据确实充分，定罪准确，审判程序合法，依法驳回上诉，维持原判。

【案例注解】

本案的关键问题在于故意伤害案中由多种原因导致被害人死亡结果时，该如何依照《刑法》的规定对造成死亡的多种因素作出合理评价，被告人的伤害行为是否具有绝对的原因力，其他具有一定原因力的因素，如被害人自身疾病和醉酒状态等是否对最终的死亡结果起到了主导作用以至于可以减轻被告人的罪责和量刑。

一、类似案件在法定刑以下量刑的法律依据

《刑法》规定了罪责相适应的基本原则，同时在第六十三条第二款中规定："犯罪分子虽然不具有本法规定的减轻处罚情节，但是根据案件的特殊情况，经最高人民法院核准，也可以在法定刑以下判处刑罚。"对于"特殊情况"的理解，最高人民法院曾征求了全国人大法工委的意见，得到的解释是：该条中的"特殊情况"主要是针对涉及国防、外交、民族、宗教等极个别特殊案件的需要，不是针对一般案件的规定。[①] 随着社会政治经济的发展变化，这一立法解释的严苛性使得量刑的一般公正与个别公正的矛盾十分凸出。此时司法实践则根据个案实际发挥了积极的能动作用，逐渐放宽了"特殊情况"的标准，从近几年最高人民法院核准的法定刑以下量刑的案例看，"特殊情况"还包括民用涉枪涉爆、被害人有重大过错或伤害致死案件中被害人身体条件有特殊情况、经济犯罪中认罪态度好并积极退赃且非索贿性质的犯罪、家庭成员间基于被殴打、侵害而发生的伤害、杀人案件以及其他社会危害性不大、取得被害人谅解的案件。[②]

例如在洪志宁故意伤害案[③]中，福建省高级人民法院经审理认为，被告人对被害人胸

---

① 参见全国人大常委会法制工作委员汇编：《法律询问答复》（2000—2005），中国民主法制出版社 2006 年版，第 123－124 页。

② 参见李剑弢、唐建秋：《法定刑以下判处刑罚的特殊情况和量刑》，载《人民司法》2015 年第 14 期。

③ 该案已形成名为《洪志宁故意伤害案——故意伤害行为导致被害人心脏病发作猝死的如何量刑》案例研究文章，载《刑事审判参考》2006 年第 2 集（总第 49 集）。具体案情：被告人洪志宁与曾银好均在该市轮渡海滨公园内运营茶摊，二人因争地界曾发生过矛盾。2004 年 7 月 18 日 17 昌许，与洪志宁同居的女友刘海霞酒后故意将曾银好同居女友方风萍发生争执。正好曾银好茶摊上喝茶的陈碰狮（男，48 岁）上前劝阻，刘海霞认为陈碰狮有意偏袒方风萍，遂辱骂陈碰狮，并与陈扭打起来。洪志宁闻讯赶到现场，挥拳连击陈碰狮的胸部和头部，陈碰狮被打后追撵洪志宁，追出二三米后倒地死亡。洪志宁逃离现场，后到水上派出所轮渡执勤点打探消息时，被抓获。经鉴定，被害人陈碰狮系在原有冠心病的基础上国因吵架时情绪激动、胸部被打、剧烈运动及饮酒等多种因素影响，诱发冠心病发作，管状动脑痉挛致心跳骤停而猝死。

部拳击数下的行为一般情况下不会产生被害人死亡的结果，但其拳击的危害行为，与被害人情绪激动、剧烈运动及饮酒等多种因素介入“诱发冠心病发作”导致了死亡结果的发生。被害人身患冠心病，被告人事先并不知情，是一偶然因素。其先前拳击行为与被害人死亡结果之间属偶然因果关系，被告人的行为与被害人死亡的结果具有刑法上的因果关系。被告人洪志宁系累犯，依法应从重处罚。以故意伤害罪，在法定刑以下判处有期徒刑五年，并依法报送最高人民法院核准。最高人民法院经复核后认为，被害人患有严重心脏疾病，洪志宁的伤害行为只是导致被害人心脏病发作的诱因之一，裁定核准福建省高级人民法院的刑事判决。同类案例还有最高人民法院以（2013）刑核字第16号刑事裁定书核准的刘某某等人故意伤害案、以（2006）刑复字第121号刑事裁定书核准的杨某某故意伤害案。这些都为该类案件在法定刑以下量刑提供了直接的法源依据。

根据类型化法律思维方法，该类案件在法定刑以下量刑所需的基本条件可以归纳为以下两个方面：第一，被害人存在身患特种严重疾病的事实，被告人事先并不知情，是一偶然因素。第二，被告人的伤害行为与被害人死亡结果之间纯属偶然间接事实因果关系，被害人自身疾病等因素对死亡结果具有一触即发的直接绝对原因力。不能满足全部条件的均不得适用法定刑以下量刑的规则。

二、法定刑以下量刑规则在本案中不适用

（一）本案中殴打行为仍然是最主要的致死原因

从司法鉴定意见看，法医学尸体检验鉴定意见书和法医病理学检验报告书均显示被害人吴某某系因酒后头面部遭外伤作用引起弥漫性蛛网膜下腔出血致急性中枢神经功能障碍死亡，且病理学专业的人士分析认为，从现有材料综合来看外力作用对吴某某的死亡是主要的。醉酒和脑底血管存在病理性改变也是导致死亡的因素，但作用没有外伤大。

上诉人提供的证据不足以推翻法医学尸体检验鉴定意见。从形式上讲，根据《刑事诉讼法》有关证据的规定，法医学尸体检验鉴定意见必须是由具有相关资质的人员作出，检测过程必须客观，程序合法，鉴定方法科学，才算是符合证明标准而被采用。本案中，一审法院判决所依据的由无锡市公安局物证鉴定所出具的法医学尸体检验鉴定意见完全符合这些形式要件，可以作为定案依据。而上诉人的辩护人所提供的北京某科鉴咨询服务中心出具的法医学书证审查意见书，以证明吴某某死亡的直接原因符合心源性意外猝死，但并未提供该中心的相关资质证明。还申请有专门知识的人胡某某出庭证明，但胡某某并未提供其所述的有效依据。从实质上讲，首先，根据病理学检验报告书，吴某某小脑延髓交界处蛛网膜下腔出血，小脑及脑干水肿，此两种情况可能导致吴某某死亡时间较快。法医认为，如果在出血点见畸形、动脉瘤，则考虑吴某某自身的脑血管病变的因素更大一些。但现有材料中未找到出血点，且肉眼观脑基底动脉环未见畸形、动脉瘤及破裂等情况，则考虑外伤的因素更大一些。其次，吴某某脑底血管有的见管壁厚薄不均，有的见玻璃体样变性，说明吴某某在生前原有脑血管病理性改变（高血压病人会有这种病理性改变），再加上案发时其系醉酒的状态，可导致血管更易扩张，更易破裂。总之，根据相关医学理论，猝死应当排除暴力因素，但吴某某生前遭受孙道嵩、吕轶飞的拳打脚踢，无法排除暴力因素，故可以认定吴某某并非猝死，亦非心源性意外猝死。

将这些医学检验状况纳入到《刑法》的分析框架就是，被害人自身的病变和醉酒状态等情况从医学上考量，对被害人最终的死亡结果虽占有一定的原因力，即具有可大致量化的比例性质，但法律实践中对致死因素作用力的思维考量尚不足深入到按比例大小来进行精确微观量化对比分析从而定性伤害行为的性质。所以从法律的抽象性出发，只能在法律适用时对各种原因力因素作出较为宏观的定性分析。然而被害人的醉酒状态和自身个别身体部位的轻微病变等因素是案件发生前都已经长期存在的既有事实，其只能作为背景性原因力而存在。从相关医学分析和正常人的认知来看，这种背景性原因力的致死能力很弱，远远达不到一触即发而造成被害人死亡的程度。显然上诉人殴打行为的暴力程度足够强，且确实起到了极大并且主导性的作用，才造成了一般情况下可以正常存活的被害人死亡的严重后果。

（二）被害人的基础性病变一直存在并非偶发

根据《刑法》的一般原理，被告人只对自己的行为负责，当其行为与其他人的行为或一定自然现象竞合时，由他人或自然现象造成的结果就不能归咎于被告人。如先前案例，被害人心脏病发作的诱因众多，将这些诱因共同产生的被害人心脏病发作而死亡这一后果之责任全部由被告人承担显然与其罪责不相适应。[①] 从《刑法》条文看，对故意伤害他人致人死亡的法定刑是以故意伤害行为系被告人死亡的直接原因甚至唯一原因作为标准配置的。从语义解释的角度去理解，该法定刑的适用条件从《刑法》的严格性角度讲应该尽量趋向于伤害行为是造成死亡的唯一原因的程度，但是并不绝对，这只是《刑法》适用严肃性的需要，即其仍然适用于伤害行为与其他因素并行导致死亡但是伤害行为占直接主导作用的情形。本案中被告人的伤害行为与被害人死亡结果之间显然具有《刑法》上抽象直接的因果关系，该种因果关系在延续的过程中虽然有其他背景性因素的介入，但是尚不足以达到阻断原有因果关系运行从而致使伤害行为和被害人死亡结果之间呈现间接关联的状态。介入因素只是与殴打行为并行共同促成了被害人最终的死亡结果，所以，上诉人的伤害行为对造成死亡结果的直接性是不可否认的。

本案中的基础性病变是从法医学尸体检验鉴定和法医病理学检验中才得知的，并非外部直接诊断确诊的致死性病变，即该病变属于被害人随着年龄的增长而身体机能自然衰变而产生的结果，且在一段时间内是一直存在的。根据检验报告显示吴某某原有心脏病变的基础，但不很严重，其乳头肌纤维断裂系镜下不是大面积，也不是肉眼所见，且急死会导致乳头肌纤维断裂。同时该病变不具有偶然爆发性，即不会像心脏病、冠心病等病变一样因特殊环境下的精神刺激和轻微外力即可触发死亡结果的偶发性。所以，本案中被害人自身存在的基础性病变与殴打行为一起并行对死亡结果所起的大致比例性作用不足以减轻被告人的罪责和量刑。当然，在对该类偶发性病变进行认定时要排除行为人明知的情况，即如果行为人明知被害人自身有某些一触即发并足以致死的疾病等因素存在的情况下，仍然借助偶然纠纷等外围环境因素实施了暗藏致死念头的故意伤害行为，最终导致被害人死亡的，应当作故意杀人罪处理。此时，其主观上可以是故意，也可是侥幸或者疏忽大意的过失。

（三）对错误诱因、打击部位等其他外围因素的考量

《刑法》中故意伤害罪针对的是行为人的作为和不作为的伤害行为，但是除开伤害

---

① 参见张思敏：《洪志宁故意伤害案——故意伤害行为导致被害人心脏病发作猝死的如何量刑》，载《刑事审判参考》2006 年第 2 集（总第 49 集）。

行为之外的其他关键因素均属于外围因素。也正是对这些外围因素的考量在一定程度上决定着该类特殊案件的定性及在法定刑以下量刑的可能。从本案的起因看，当事人双方系偶然相遇的陌生路人，纠纷因行车琐事而起，即使认定被害人当时因为醉酒而存在非完全清醒意识下的辱骂或者出言不逊的行为，从现代社会相对于传统熟人社会的人与人之间交往的陌生性来讲是应当以谦容礼让或置之不理等更为文明合法的方式进行处理以减少矛盾纠纷的发生，而不是依仗人多势众随意将言语冲突上升为肢体冲突以宣泄私愤。即没有动手打人的现实紧迫性和普通公众习俗中人之常情上的事在人为性，完全是一方的强势逞能行凶的行为。从打击部位看，打击的是头面部等关键身体部位，而不是抗打击能力强、致死性较弱的其他身体部位。这表明行为人出手时的主观上恶性较大，完全忽视了作为社会成员对他人生命健康在法律上所负担的积极尊重和消极避让义务。这些关键外围因素的考量决定了《刑法》严格适用的必要性。

综上，本案中上诉人的故意伤害致死行为，无论是在法理上还是情理上都不具有作为特例予以在法定刑以下量刑的条件。《刑法》第六十三条第二款规定的特殊情况在法定刑以下量刑的规则主要是为了调和《刑法》严苛性一般公正与极端个案公正之间的矛盾，防止极端不公正个案的出现，而不是具有普遍适用意义的规则。因此，该规则在故意伤害致死这种严重暴力案件中，适用条件应当从严把握，这不仅有利于体现《刑法》对严重暴力致死犯罪的严厉打击以形成威慑，还有利于防止该条款成为某些人逃避法律责任的手段以维护司法公正和权威。

（一审法院合议庭成员　胡健蕾　严海燕　吴汉烈

二审法院合议庭成员　徐海宏　黄　辛　周　华

编写人　江苏省无锡市中级人民法院　李奇才

责任编辑　周维明

审稿人　沈　亮）

原载《人民法院案例选》2016年第9辑（总第103辑）

159. 韩永仁故意伤害案

【裁判要点】

被告人犯罪后有合理依据相信会有人及时报案，客观上有足够时间、条件逃跑而未逃跑，归案后认罪、悔罪的，应当视为自首，依法可从轻处罚；但在考虑从轻时应当与主动到公安机关投案的典型自首有所区别。

【案情及裁判】

吉林省长春市人民检察院以被告人韩永仁犯故意伤害罪，向长春市中级人民法院提起公诉。

长春市中级人民法院经审理查明：被告人韩永仁与被害人逯某某均系长春市雪月山饭店的锅炉工，二人轮流值班，因韩永仁到雪月山饭店工作的时间早于逯某某，涉及锅炉房的事情饭店人员就交代给韩永仁，但未明确二人之间存在管理关系：2013 年 7 月 19 日晚，逯某某值班。韩永仁供述称：“21 时许，我看见逯某某将锅炉水加冒，他还在休息室听收音机，我就批评他，他不服还骂我，我用手扒拉他一下，他将我推倒，我右侧胳膊磕到凳子上，我急了，想他平时就不好好烧锅炉，我一说他，他就骂骂咧咧，我想教训他，就从休息室的碗架子上拿起一把尖刀。”韩永仁持刀扎逯某某左大腿上段前内侧及前胸正中平乳头处各一刀，后逯某某抢下尖刀，持刀追撵韩永仁至雪月山饭店一楼大厅，逯某某因伤情较重倒地，尖刀脱手，被在大厅值班的服务员金岚捡起，韩永仁见状回到锅炉房休息室。金岚随即拨打“120”急救电话，并电话告知经理庞秀平。后韩永仁再次来到大厅，见逯某某趴在地上不动，地上有不少血，询问金岚是否报“120”，得到答允后回到锅炉房休息室。后庞秀平拨打“110”报警电话，并派饭店员工赵立东、方强到锅炉房看锅炉的运转情况及韩永仁的动向，韩永仁始终在锅炉房休息室待着，直至被公安人员带走。经法医鉴定：逯某某系因左大腿单刃锐器刺创造成股动脉离断致失血死亡。

长春市中级人民法院认为：被告人韩永仁故意伤害他人身体，致逯某某死亡，其行为已构成故意伤害罪，应依法惩处。鉴于案发后，韩永仁有合理依据相信会有人及时报案，客观上有足够时间、条件逃跑而未逃跑，待在锅炉房休息室，归案后认罪、悔罪，应视为自首，对韩永仁依法可从轻处罚；韩永仁与逯某某又系工友关系，二人因工作问题产生矛盾进而引发本案，韩永仁有让他人打电话救助逯某某的意思表示，对韩永仁又可酌情从轻处罚。依照《刑法》第二百三十四条第二款、第六十七条第一款、第五十七条第一款、第三十六条第一款，判决如下：

一、被告人韩永仁犯故意伤害罪，判处无期徒刑，剥夺政治权利终身。

二、被告人韩永仁赔偿附带民事诉讼原告人胡凤春经济损失人民币 29305.5 元。

宣判后，被告人韩永仁未上诉，检察机关也未抗诉，判决已发生法律效力。

本案争议的焦点在于："明知他人报案而在现场等待"是否构成自动投案。《最高人民法院关于处理自首和立功具体应用法律若干问题的解释》（以下简称《解释》）第一条第（一）项规定："自动投案，是指犯罪事实或者犯罪嫌疑人未被司法机关发觉，或者虽被发觉，但犯罪嫌疑人尚未受到讯问，未被采取强制措施时，主动、直接向公安机关、人民检察院或者人民法院投案。"《最高人民法院关于处理自首和立功若干问题的意见》（以下简称《意见》）规定了五类应该视为自动投案的情形，包括"明知他人报案而在现场等待，抓捕时无拒捕行为，供认犯罪事实"的情形。

《意见》规定的"明知他人报案"包括两种情况：一种是行为人作案后在现场等待，现场有人报案，行为人看到或者听到他人报案，当然属于"明知他人报案"；另一种是行为人虽然没有亲眼看到或者亲耳听到他人报案，但根据当时情况可以认定为"明知他人报案"的情形。判断后一种情形下的"明知他人报案"，主要是结合案件的具体情况和行为人的自身情况，推断其主观上是否"明知"。本案中，证人金岚拨打"120"急救电话后，被告人韩永仁再次来到大厅，询问证人金岚是否报"120"，得到答允后回到锅炉房休息室。由于"120"与"110"一般都有联动关系，很多命案的报案人员都是急救医生。被告人韩永仁有合理的依据相信警察会赶到现场，因此，可以认定被告人韩永仁"明知他人报案"。

广义上讲，"在现场等待"包括三种情况：一是行为人作案后无法离开现场，不得不在现场等待；二是行为人作案后有条件逃走，但为了毁灭证据、继续作案、观察四周情况等而留在现场；三是行为人有条件逃走而未逃走，自愿在现场等待被抓捕。"明知他人报案而在现场等待，抓捕时无拒捕行为，供认犯罪事实"的情形之所以能认定为自动投案，在于其具备自动投案的本质特征：投案的主动性和自愿性。而投案的主动性和自愿性集中体现在"在现场等待"这一行为中。故《意见》规定的"在现场等待"只能是上述第三种情况，即行为人有机会逃走而未逃走，留在现场等待抓捕，主动、自愿地将自己交付法律制裁。具体来说，首先，需要判断行为人在当时的情况下是否有条件逃走，如果行为人因为受伤、意识不清、被群众包围等客观因素而不得不留在现场，并非能够自由选择是否留在现场，则不能认定为自动投案。其次，需要判断行为人不逃走的主观目的是什么，如果滞留现场是为了寻找作案机会、继续作案等而非等待抓捕，则不能认定为自动投案。本案中，根据现场客观情况，韩永仁系在作案后完全有条件逃离现场而未逃离。此外，韩永仁留在现场没有任何毁灭证据、试图再次作案的行为，在意识到他人已经知道自己的犯罪行为、会去报案的情况下，韩永仁对公安机关会对自己采取人身控制措施有充分的认识，在这种情况下留在现场，被抓捕时没有拒捕行为，应认定其自愿在现场等待被抓捕。

综上，被告人韩永仁明知他人报案而自愿在现场等待被抓捕，被抓捕时没有拒捕行为，具有自动投案的主动性和自愿性，应认定为自动投案。

需要指出的是，从鼓励行为人主动投案、节约司法资源的角度考虑，对自首认定的条件可以做适度的放宽。但在准确认定是否成立自首的同时，对不同形式的自首在量刑时考虑的从宽幅度应当有所区别。自首制度的功能主要体现在节约司法资源和被告人本身人身危险性的降低两个方面，应该结合被告人到案的经过，到案后的表现，对犯罪行为的认识，认罪、悔罪的程度等多个方面综合判断其自首的价值。对于自己并未主动报案，现场等待抓捕型的自首，虽也具有投案的主动性和自愿性，但和主动到公安机关投案的典型自首相比，在考虑从轻时应当有所区别，以确实做到量刑均衡。

【编后补评】

最高人民法院为明确认定自首的条件，先后出台了《最高人民法院关于处理自首和立功具体应用法律若干问题的解释》和《最高人民法院关于处理自首和立功若干问题的意见》。但在司法实践中，行为人犯罪后到案的过程较为复杂，有些行为并不完全符合自首的法律规定，对这些非典型的自首行为是否能够认定为自动投案，争议颇大。在这种情况下，就有必要参酌自首的立法本意，即鼓励犯罪嫌疑人自动投案，促使犯罪人悔过自新，确保案件及时侦破与审判的目的，对刑法、司法解释中的相关条文综合地运用扩大解释、类推解释等方法（作对被告人有利的类推解释并不违反罪刑法定原则）来加以解释。解释的界限在于，任何一种解释方法所得出的结论，均不得与有关自首的刑法条文与规范的目的相抵触。换句话说，目的解释是法律解释的女王。这一解释思路与方法，也可以同样适用于有关坦白与立功的刑法条文与规范。

（改写人　周维明
责任编辑　包献荣）

原载《人民法院案例选》2016年第11辑（总第105辑）

160. 沈伟军、程栋等故意伤害案

——恶势力犯罪的认定及量刑

【关键词】

恶势力　宽严相济　死刑

【裁判要旨】

1. 司法实践中对恶势力犯罪的认定，可根据现有法律规定并以恶势力的聚合随机性、组织松散性、秩序破坏性等特征，综合把握，予以认定。

2. 在恶势力犯罪中，对各被告人量刑应宽严相济，结合各被告人在共同犯罪中的地位及作用予以量刑。

3. 在适用死刑时应当综合考虑被告人的情节，即在被告人地位相当时，应考虑被告人实际参与实施犯罪的程度及对案件结果的最终影响程度等。

【相关法条】

《中华人民共和国刑法》

第二百三十四条　故意伤害他人身体的，处三年以下有期徒刑、拘役或者管制。

犯前款罪，致人重伤的，处三年以上十年以下有期徒刑；致人死亡或者以特别残忍手段致人重伤造成严重残疾的，处十年以上有期徒刑、无期徒刑或者死刑。本法另有规定的，依照规定。

第四十八条第一款　死刑只适用于罪行极其严重的犯罪分子。对于应当判处死刑的犯罪分子，如果不是必须立即执行的，可以判处死刑同时宣告缓期二年执行。

【案件索引】

一审：浙江省杭州市中级人民法院（2014）浙杭刑初字第155号（2014年10月8日）

二审：浙江省高级人民法院（2014）浙刑一终字第224号（2015年2月16日）

复核：最高人民法院（2015）刑一复87492309号（2015年12月24日）

【基本案情】

浙江省杭州市人民检察院以被告人沈伟军、汪任丙、程栋、徐月欢、余和平、李亮红、彭江剑、徐方圆、朱杰、汪聪、汪凌峰犯故意伤害罪，向杭州市中级人民法院提起公诉。

被告人沈伟军及其辩护人提出沈伟军未指使他人故意伤害王某，不构成故意杀人罪；被告人程栋、汪任丙、李亮红、彭江剑、余和平、徐方圆、朱杰、汪聪、汪凌峰对起诉书指控的事实及罪名均无异议，各辩护人均提出请求从轻处罚的辩护意见。

法院经审理查明：被告人沈伟军于2012年在浙江省临安市（原）万紫千红娱乐会所任负责人期间，因生意等与认其做“大哥”的被害人王某（殁年32岁）发生纠纷，遂认为王某对其不敬，起意暴力惩罚王某。2013年5月，沈伟军通过被告人汪任丙找到被告人程栋，指使程栋伤害王某并陆续提供前期活动经费人民币6万元。程栋遂与被告人徐月欢商量并于同年6月至8月间，纠集被告人李亮红、彭江剑、余和平、徐方圆、朱杰、汪聪、汪凌峰等人，以蹲守、跟踪等方式逐步摸清王某行踪，并准备了菜刀、砍刀、电击棍等工具。2013年9月27日1时许，汪任丙将王某的行踪通知程栋，程栋随即纠集徐月欢、李亮红、彭江剑、余和平、徐方圆驾驶车牌为A×××××的马自达牌轿车，来到浙江省临安市（原）锦城街道城中街尚品豆捞门口王某的汽车附近埋伏。当日3时许，王某行至该车附近，程栋即持菜刀上前砍王某，王某逃避时摔倒，程栋与徐月欢、李亮红、彭江剑、余和平分别持菜刀、砍刀、匕首和电击棍砍切、击打王某，后徐方圆驾车接应程栋等人逃离现场。王某因全身多处遭锐器砍切致失血性休克引发全身多器官功能衰竭经抢救无效于同年10月4日死亡。

【裁判结果】

杭州市中级人民法院于2014年10月8日作出（2014）浙杭刑初字第155号刑事判决：一、被告人沈伟军犯故意伤害罪，判处死刑，剥夺政治权利终身；二、被告人程栋犯故意伤害罪，判处死刑，剥夺政治权利终身；三、被告人徐月欢犯故意伤害罪，判处无期徒刑，剥夺政治权利终身；四、被告人汪任丙犯故意伤害罪，判处有期徒刑十五年，剥夺政治权利三年；五、被告人李亮红犯故意伤害罪，判处有期徒刑十三年，剥夺政治权利二年；六、被告人彭江剑犯故意伤害罪，判处有期徒刑十二年，剥夺政治权利一年；七、被告人余和平犯故意伤害罪，判处有期徒刑十一年，剥夺政治权利一年；八、被告人徐方圆犯故意伤害罪，判处有期徒刑十年，剥夺政治权利一年；九、被告人朱杰犯故意伤害罪，判处有期徒刑八年；十、被告人汪聪犯故意伤害罪，判处有期徒刑七年；十一、被告人汪凌峰犯故意伤害罪，判处有期徒刑三年。

宣判后，上述各被告人均对判决不服，向浙江省高级人民法院提出上诉。

浙江省高级人民法院于2015年2月16日作出（2014）浙刑一终字第224号刑事判决：一、驳回被告人程栋、徐月欢、汪任丙、李亮红、彭江剑、余和平、徐方圆、朱杰、汪聪、汪凌峰的上诉；二、撤销浙江省杭州市中级人民法院（2014）浙杭刑初字第155号刑事判决书中对被告人沈伟军的量刑部分，维持其余部分；三、被告人沈伟军犯故意伤害罪，判处死刑，缓期二年执行，剥夺政治权利终身。

最高人民法院经复核于2015年12月24日作出（2015）刑一复87492309号刑事裁定：核准浙江省高级人民法院（2014）浙刑一终字第224号维持第一审对被告人程栋以故意伤害罪判处死刑，剥夺政治权利终身的刑事判决。

【裁判理由】

法院生效判决认为：被告人沈伟军为报复，通过被告人汪任丙纠集被告人程栋，又由程栋纠集被告人徐月欢、李亮红、彭江剑、余和平、徐方圆、朱杰、汪聪、汪凌峰等人，有预谋地跟踪并围砍被害人手脚部位致其死亡，其行为均已构成故意伤害罪。且主观恶性深，犯罪手段残忍，犯罪后果严重，应依法严惩。在故意伤害共同犯罪中，沈伟军、程栋、徐月欢、汪任丙、李亮红、彭江剑、余和平均系主犯，应当按照其所参与的或者组织、指挥的全部犯罪处罚；徐方圆、朱杰、汪聪、汪凌峰均系从犯，对徐方圆依法可予从轻处罚，对朱杰、汪聪、汪凌峰依法可予减轻处罚。徐方圆系累犯，依法从重处罚。汪任丙、朱杰有暴力前科，可酌情从重处罚。余和平、汪聪均有自首情节，依法可予从轻处罚。沈伟军虽系故意伤害的起意者和主使者，但对被害人死亡后果所起作用低于程栋，且能通过家属积极赔偿被害人家属的经济损失，对其判处死刑，可不立即执行。

【案例注解】

一、恶势力的认定

我国刑法从组织、纠集、行为及危害性特征上对黑社会性质的组织作了明确规定，相对于黑社会性质组织这种已经形成相当规模的组织形式，在司法实践中，更为常见的是恶势力组织形式。“恶势力”虽具有黑社会性质组织的某些痕迹和性质，并以暴力、胁迫或其他手段，在一定区域或者行业内多次实施违法犯罪行为，但该组织本身并无稳定性，无明确的分工及等级区别，且无获取经济利益的手段支持组织活动，故而在一定时间内无法形成黑社会性质组织。然而，相关法律文件并未对恶势力进行较为详尽的界定，进而导致一段时期内各地对该类犯罪的司法裁量并不统一。

有鉴于此，《最高人民法院、最高人民检察院、公安部、司法部关于办理黑恶势力犯罪案件若干问题的指导意见》对恶势力进行了司法界定，认为“恶势力”系具有下列情形的组织：经常纠集在一起，以暴力、威胁或者其他手段，在一定区域或者行业内多次实施违法犯罪活动，为非作恶，欺压百姓，扰乱经济、社会生活秩序，造成较为恶劣的社会影响，但尚未形成黑社会性质组织的违法犯罪组织。该类恶势力一般为三人以上，纠集者相对固定，违法犯罪活动主要为故意伤害等暴力犯罪，或聚众“打砸抢”等严重扰乱社会秩序犯罪。那么，在刑事司法中，依据上述指导意见，准确把握、认定该类恶势力组织及相应犯罪便是当务之急。

基于上述指导意见，笔者认为恶势力犯罪应主要从以下几方面进行认定：

其一，聚合随机性。恶势力犯罪团伙相对于黑社会性质组织而言因并无严格、固定的组织架构，但该团伙的纠集者、骨干成员较为固定，而其他大多数团伙成员时聚时分，一遇有事便经纠集者、骨干成员串联而啸聚作案，作案后便就地解散。故而，黑社会性质组织的聚合性是一以贯之紧密固定，并未有松散情形，而该类恶势力的聚合性相对而言仅具有随机性，并非如黑社会性质组织般紧密。

其二，组织松散性。恶势力犯罪团伙并没有黑社会性质组织的严密组织性、纪律性，但其为首纠集者、骨干成员相对较为固定，而其他大多数成员或以乡土地域关系，或以固定职业关系，或以金钱收买为纽带聚合起来，且该类成员组成并不固定。故从紧密程度上，该类恶势力团伙一般可分为核心纠集者、骨干成员、松散组成人员等三类成员。

其三，秩序破坏性。恶势力犯罪团伙在一定区域或行业内多次实施犯罪活动，一般多实施插手建筑工程、市场销售等经济活动，实施非法拘禁、“套路贷”类诈骗、开设赌场、组织、容留卖淫等扰乱经济、社会秩序行为，更有甚者实施故意伤害、故意杀人等严重暴力犯罪，对当地社会、经济秩序带来较为恶劣的社会影响，扰乱了群众的社会生活秩序。

具体在本案，被告人沈伟军、程栋等人从犯罪动机、人员组成、社会危害等方面具有典型的恶势力犯罪特征，具体体现为：

从作案动机看，被告人沈伟军系老牌“混社会”分子，被害人王某系其带出来的“混社会”徒弟，双方矛盾起因是王某“混社会”“混”得好，不把沈伟军放在眼里，导致沈伟军不满进而产生报复之念。被告人程栋及徐月欢、徐方圆等均系临安当地“混社会”分子，其中程栋为首，徐月欢、余和平、徐方圆等听从于程栋指挥，因其刚步入社会，正四处寻机“出头上位”，便接下沈伟军所示砍打王某的“生意”。故，从动机上看，涉案人员沈伟军、王某系为“混社会”产生矛盾，进而又有程栋等人为“出头上位”动机介入，故本质上本案的作案纯系黑恶势力争权夺利而引发，系典型的“黑吃黑”类恶势力犯罪案件。

从作案人员看，程栋、徐月欢等临安本地成员组成较为固定，且以程栋为首指挥，徐月欢等人全程听从于程栋调遣；而其他团伙成员朱杰、汪聪等人则以同学等为纽带聚合在程栋等核心成员周边，但其等参与程度较低，并不固定参与蹲守等前期准备行为；彭江剑、李亮红等人纯系程栋等骨干以金钱收买而来，纠集潜至临安准备动手作案。故从人员组成看，本案作案团伙可较为明显地区分核心纠集者、固定骨干成员、外围松散成员三类组成人员，符合恶势力犯罪团伙的构成特征。

从社会危害程度看，程栋等人以蹲点、跟踪等方式，于数月内摸清被害人行踪，并选择凌晨时分在核心城区砍打被害人致其死亡。案发后在当地引发了一定震荡及恐慌，严重影响了社会治安和群众安全感，社会影响极其恶劣，因此公安机关迅速行动侦破本案并一举抓捕涉案人员。

二、恶势力犯罪的量刑

（一）对量刑的整体把握

宽严相济刑事政策是我国刑事政策中具有策略性的惩治政策，其本质是区别对待，重重轻轻，量刑平衡，实现罚当其罪。具体来说，就是通过对整个案件事实的分析，确定被告人的量刑情节，包括从宽情节与从严情节、法定情节与酌定情节等，根据各量刑情节综合衡量。

在办理恶势力犯罪案件时，在坚持宽严相济的基础上，将恶势力案件区别于普通的刑事案件，依法从严把握，该判重刑的要判重刑，对于主观恶性深，犯罪手段残忍，犯罪后果严重的，应当适用死刑。既可以有力打击本案各被告人的嚣张气焰，又可以震慑其他黑恶势力分子，维护社会稳定秩序。当然，这并不是意味着在司法实践中应“一刀切”地对所有被告人均适用实刑，对于犯罪确实较轻的，可以适用缓刑。如此，才是司法裁判对司法政策核心的贯彻。

显而易见的，即使是在恶势力犯罪中，各参与人的责任不可能完全相同，更不可能连带，因此在对各被告人进行量刑时，只能以每个被告人的责任程度为限，这就要求我们对该类犯罪设定量刑基础用以区分各被告人之间的不同，而这个基础就是主从犯的认定。主从犯从量刑的基准来说就是不同的，因各共犯之间的组织状态不同，而将不同犯罪事实归属于不同的被告人。如前所述，恶势力犯罪从形态上来看是共同犯罪，因而在对恶势力犯罪进行量刑把握时，可适用共同犯罪的相关规定，判断各被告人的行为与实际发生的结果之间的因果关系，进行结果归责。在此基础上，对各被告人是否具有自首立功表现、前科情况等进行综合评价，包括对被告人有多次暴力犯罪前科，经处罚后仍不思悔改，又实施暴力犯罪，作为酌情从重处罚的考量情况等等，均会影响最终量刑。换言之，就是依据各被告人在案件中的具体犯罪行为而认定主从犯地位，并进而认定在多个主犯或从犯中，哪个被告人应当对犯罪结果负责，哪个被告人的行为作用更大，以设置量刑起点，而后再根据各被告人的具体情况进行量刑。

具体在本案中，被告人沈伟军系本案起意者，程栋系具体纠集、故意伤害的指挥者、实施者，其他作案人员主要受程栋纠集而参与本案，故沈伟军、程栋系本案恶势力犯罪的首要犯罪人员，其余被告人依据其在恶势力犯罪中的具体地位，区别骨干成员、松散成员并结合其具体实施的犯罪行为而裁量刑罚，并在骨干成员、松散成员的量刑上作出重重轻轻的区分。因而，法院对沈伟军、程栋适用死刑，而对骨干成员、积极实施伤害人员徐月欢、李亮红、彭江剑等人适用有期徒刑十年以上不等的刑罚，对松散成员、参与程度较浅的犯罪成员朱杰、汪聪、汪凌峰等人则适用有期徒刑三年至八年不等的刑罚。

（二）对死刑的把握

死刑只适用于罪行极其严重的犯罪分子，因此，应当就案件具体情况判断各被告人的罪行是否极其严重、是否属于必须立即执行死刑。

《刑法》第二百三十四条规定，故意伤害致人死亡的，处十年以上有期徒刑、无期徒刑或者死刑。从立法意图来看，故意伤害致人死亡案件不同于故意杀人案件的死刑适用，并不是首先考虑适用死刑。因此，我们在对故意伤害案件进行量刑时，应当更加严格地把握罪行极其严重的标准，从行为人所犯罪行造成的实际危害结果和其主观恶性两个方面综合评定。本案中，沈伟军、程栋为了所谓的“混社会”的地位问题，有预谋地跟踪并围砍王某手脚部位致其死亡，显见犯罪手段之残忍，犯罪后果之严重；被告人沈伟军起意伤害王某，并出资支持、指使程栋伤害王某，系本案幕后策划者、指使者，是王某被伤害致死的总纠集者，被告人程栋受沈伟军指使，具体执行伤害王某的犯罪行为，并为此纠集了徐月欢等人，直接参与砍打王某，是故意伤害王某致死的直接责任人，地位、作用更为主要，显见二人主观恶性之深，罪行极其严重。

本案的关键在于如何判断二被告人是否属于“必须立即执行”。就刑罚的正当化根据来说，不是必须立即执行的，即是指犯罪人的人身危险性相对于死刑立即执行的犯罪人有所减弱。[①] 在共同犯罪中则表现为有罪行并不是最严重，或者在同一或同类案件中罪行不是最严重的情形。我国的共犯体系设置是按照作用类型进行划分的，在此基础上决定了处罚原则，即作用分类标准下的主犯与从犯，承载着量刑功能，直接决定和评价行为人的刑罚轻重。诚然，共同犯罪中，地位高的人较地位低的人应当重处，但地位相当时，就应当根据在共同犯罪中所起的作用来具体认定。司法实践中存在地位高但作用相对较小，也存在虽然地位不及他人，但在案发时起的作用巨大的情形。因此，武断地认为地位最高者量刑最重的想法是不合理的，必须结合具体案件进行具体分析。恶势力作为共同犯罪的一种形式，亦适用。

那么，如何判断各被告人作用的大小呢？笔者认为，应以对结果的参与程度为基础来认定。作为实现犯罪行为这一过程中的核心人物，实际实施如恶势力犯罪中暴力、破坏社会秩序等行为的被告人的量刑一般高于其他共犯，这是因为实际实施者与结果之间

① 张明楷：《刑法学》（第五版），法律出版社 2016 年版，第 531 页。

的关系是最为直接和密切的，对现场的控制能力是其他共犯无法比拟的，其行为的不同，可能导致截然不同结果的发生，因此，对于恶势力犯罪，被告人对结果的参与程度从根本上决定了各被告人作用的大小。就如本案的故意伤害罪来说，既纠集他人又实际参与砍打的，比仅纠集或仅实际参与砍打的作用要大，实际参与砍打的被告人的作用比没有实际参与砍打的要大，而仅提供车辆等工具用于跟踪、未参与砍打的显不属于主犯的行列；在实际参与砍打的被告人中，以参与程度的高低进行判断，率先纠集、纠集积极性高、纠集人数多，实际砍打被害人而非仅按住手脚等的，均应认为作用较大；等等。

沈伟军作为起意者和主使者，是该恶势力中“总指挥者”，沈伟军通过汪任丙而指使程栋去实施伤害行为，后由程栋纠集徐月欢等人，从犯意提起到结果发生各个环节均起到了重要的作用，其作用是凌驾于程栋及程栋纠集的整个恶势力团伙之上的，其地位显然是最高的，从量刑上不应当轻于程栋。但是，本案的特殊性在于，沈伟军虽总领本案的整个恶势力犯罪，提供资金支持所有其他被告人的犯罪活动，但从伤害的过程和结果来看，沈伟军对致死王某的结果控制力却不如程栋强。具体来说，首先，沈伟军仅指使程栋一人负责砍打王某一事，之后纠集的徐月欢等人均由程栋自己纠集，并由程栋安排徐月欢等人对王某进行蹲守、跟踪等，整个过程的安排均是根据程栋的指挥在持续发展下去；其次，沈伟军并未参与现场砍打，沈伟军授意程栋时没有明确表示对王某的具体伤害程度，说明程栋等人在砍打王某时，对现场造成损伤程度的可控性较大，具体损伤程度由程栋根据现场情况确定；最后，程栋实际参与砍打王某，且其砍打的作用又比其他受纠集者的大，因此，沈伟军即使是引起者、出资者，但从对结果的最终控制程度上不及程栋的作用大，加之，沈伟军通过亲属在二审期间赔偿50万元给王某亲属，弥补了王某亲属部分经济损失，表现了一定的悔意。基于此，笔者认为，沈伟军在本案中所起的作用较程栋较小，人身危险性相对于程栋有所减弱，沈伟军的罪行并不是本案中最严重的，属于“可不立即执行”的情形。

当然，以上并不是说所有的犯意引起者均比实际纠集者在恶势力犯罪中的作用大或小。本案中，犯意引起者虽比实际纠集者作用小，但其仍比其他伙同策划、准备工具者的作用大，笔者想说明的是，因司法实践纷繁复杂，必须根据案件具体情况具体分析，对各被告人在该犯罪中的作用大小进行区分。

（一审法院合议庭成员　武　胜　沈　励　王笑峻
二审法院合议庭成员　施永来　连　郑　陈上委
复核审法院合议庭成员　冉　容　孟　伟　周　军
编写人　浙江省杭州市中级人民法院　武　胜　陆　菁
责任编辑　周维明
审稿人　李玉萍）

原载《人民法院案例选》2018年第10辑（总第128辑）

四、组织出卖人体器官罪

161. 周凯章等组织出卖人体器官案

【裁判要点】

在获得被害人承诺的犯罪案件中，被害人可以在刑事诉讼中提起附带民事诉讼；附带民事诉讼的赔偿范围包括死亡赔偿金和残疾赔偿金；取得被害人承诺的犯罪案件中，可以适当减轻被告人的附带民事赔偿责任。

【案情及裁判】

广东省东莞市第一市区人民检察院以被告人周凯章等 8 人犯组织出卖人体器官罪，向东莞市第一人民法院提起公诉。在本案审理过程中，附带民事诉讼原告人欧阳某某、舒某、丁某某提起附带民事诉讼。

东莞市第一人民法院经公开审理查明：2011 年，被告人周凯章、张伟荣和孙珂（另案处理）经商量后，出资购买手术设备、汽车等作案工具，伙同被告人张玉鑫、赵英强、陈秀琴、钟晨、陈玉高、叶杰龙及龙海燕、高峰、“赖院长”、梁宏基（均另案处理）等人从事肾脏买卖及非法移植活动。其中，周凯章系主刀医生，负责移植手术和手术指导；张玉鑫系手术麻醉师，负责手术安排、手术麻醉，同时承租广东省佛山市一处住所供卖肾者术后休养及护理，还负责居间联系及分发卖肾者、医生助手、护士等人员的费用；张伟荣负责开车接送卖肾者、购肾者及同案人员，与卖肾者中介联系，与购肾者中介洽谈价格，收取并分发费用；钟晨系医生助手，协助周凯章进行移植手术；陈秀琴、龙海燕系护士，负责手术协助，其中陈秀琴还负责手术前抽取卖肾者血液样本；孙珂、赵英强系卖肾者中介，负责联系卖肾者，其中赵英强受孙珂指挥，还负责安排卖肾者在佛山市、东莞市等地的出租屋等待卖肾，以及卖肾者在此期间的食宿和身体检查；陈玉高、叶杰龙系购肾者中介，负责寻找购肾者，与周凯章等人联系手术事宜，并在手术前联系张伟荣拿卖肾者的血液样本到医院与购肾者的血液样本配对，陈玉高还负责安排购肾者手术后在其事先联络好的广州某医院休养。

2012 年 1 月，被告人张伟荣将经被告人赵英强介绍的卖肾者，即被害人欧阳某某送到佛山市某医院，被告人周凯章等人通过手术将欧阳某某的肾脏移植到购肾者宋某某体内。同年2月初，被害人舒某、丁某某通过某网站联系到赵英强，并商定以2万元出卖肾脏。赵英强安排舒某、丁某某住在东莞市一出租屋，并到医院检查身体。后被告人张伟荣、张玉鑫等人给舒某、丁某某抽血，经化验，舒某与被告人陈玉高介绍的购肾者黄某配型成功。同月21日，赵英强让舒某签下自愿卖肾协议，后将舒某带至广东省广州市某别墅，周凯章等人将舒某的肾脏移植到黄某体内。同月23日，陈玉高通知张伟荣自己这里有一名患者与丁某某配型成功，赵英强便让丁某某签下自愿卖肾协议后，将其带至上述广州市某别墅，周凯章等人将丁某某的肾脏移植到购肾者体内。经鉴定，被害人欧阳某某右肾被切除，系七级伤残；被害人舒某左肾被切除，系八级伤残；被害人丁某某左肾被切除，系八级伤残。

东莞市第一人民法院认为：被告人周凯章、张玉鑫、张伟荣、赵英强、叶杰龙、陈秀琴、陈玉高、钟晨的行为均已构成组织出卖人体器官罪。周凯章、张玉鑫、张伟荣、赵英强、叶杰龙、陈秀琴多次组织出卖人体器官，情节严重。周凯章、张玉鑫、张伟荣、赵英强、叶杰龙、陈玉高在各自所参与的共同犯罪中均起主要作用，系主犯，依法按其参与的全部犯罪处罚；陈秀琴、钟晨在各自所参与的共同犯罪中起次要作用，系从犯，依法对其从轻处罚。周凯章、张玉鑫、张伟荣、赵英强、陈秀琴、钟晨归案后如实供述自己的罪行，依法对其从轻处罚。周凯章等被告人明知缺乏器官移植的相关资质，为牟利仍违法实施器官移植手术，并利用部分被害人急需用钱的心理和生活困难的处境，与被害人达成出卖器官协议，协议签订时双方的信息、地位并不对等，其行为违反公序良俗，主观恶性明显，且对被害人的健康造成了不可逆的损害，应当承担民事赔偿责任。对各被害人提出的残疾赔偿金、伤残鉴定费、交通费、误工费、营养费等赔偿请求，予以支持。但被害人明知被告人的行为违法，为获得报酬而自愿出卖器官，具有一定过错，应自行承担40%的责任。依照《刑法》第二百三十四条之一第一款，第二十五条第一款，第二十六条第一款、第四款，第二十七条，第六十七条第三款，第五十三条，第五十五条第一款，第五十六条第一款，第三十六条第一款，《刑事诉讼法》第九十九条第一款、第一百零二条，《民事诉讼法》第六十四条、第一百四十二条，《民法通则》第一百零六条第二款、第一百一十九条、第一百三十条，《侵权责任法》第四条、第六条、第八条、第十六条，《最高人民法院关于审理人身损害赔偿案件适用法律若干问题的解释》第三条、第十七条、第二十条、第二十一条、第二十二条、第二十四条、第二十五条的规定，判决如下：

一、被告人周凯章犯组织出卖人体器官罪，判处有期徒刑十年，剥夺政治权利一年，并处罚金人民币50万元。

二、被告人张玉鑫犯组织出卖人体器官罪，判处有期徒刑九年，并处罚金人民币30万元。

三、被告人张伟荣犯组织出卖人体器官罪，判处有期徒刑八年六个月，并处罚金人民币20万元。

四、被告人赵英强犯组织出卖人体器官罪，判处有期徒刑七年，并处罚金人民币10万元。

五、被告人叶杰龙犯组织出卖人体器官罪，判处有期徒刑六年，并处罚金人民币15万元。

六、被告人陈秀琴犯组织出卖人体器官罪，判处有期徒刑五年，并处罚金人民币 10 万元。

七、被告人陈玉高犯组织出卖人体器官罪，判处有期徒刑三年，并处罚金人民币 6 万元。

八、被告人钟晨犯组织出卖人体器官罪，判处有期徒刑二年，并处罚金人民币 2 万元。

九、被告人周凯章、张玉鑫、张伟荣、赵英强、叶杰龙、陈秀琴连带赔偿附带民事诉讼原告人欧阳某某 88800 元。

十、被告人周凯章、张玉鑫、张伟荣、赵英强、陈秀琴、陈玉高、钟晨连带赔偿附带民事诉讼原告人舒某 101612.93 元。

十一、被告人周凯章、张玉鑫、张伟荣、赵英强、陈秀琴、陈玉高、钟晨连带赔偿附带民事诉讼原告人丁某某 34931.82 元。

一审宣判后，被告人周凯章提起上诉并提出，本案赔偿主体应为接受器官移植的病人，原审认定的赔偿主体错误；本案应进行医疗事故鉴定。

东莞市中级人民法院经二审审理认为：被告人周凯章等人的犯罪行为致使被害人欧阳某某、舒某、丁某某遭受身体损害和经济损失，除承担刑事责任外，依法还应承担相应的民事赔偿责任。考虑到各被害人自身的过错，其应自行承担 40% 的经济损失。原审判决附带民事部分认定事实清楚，证据确实、充分，审判程序合法，责任划分准确，处理适当，依照《中华人民共和国刑事诉讼法》第二百二十五条第一款第一项的规定，作出裁定：驳回上诉，维持原判。

本案的争议问题有如下三点：

1. 取得被害人承诺的犯罪行为，被害人能否在刑事诉讼中提起附带民事诉讼

法谚中虽然有“得到承诺的行为不违法”的格言。但是被害人承诺在被害人不具有承诺能力或被害人所作承诺违反法律的禁止性规定及公序良俗时无效，不影响犯罪的成立。被害人自愿出售器官的承诺违反了《人体器官移植条例》关于严禁买卖人体器官的规定和公序良俗，对被告人周凯章等人的行为构成组织出卖人体器官罪并无实质影响。被害人的肾脏被割除与被告人周凯章等人的犯罪行为有直接因果关系，被告人周凯章等人应该对此另行承担民事赔偿责任。因此，被害人在本案中可以提起附带民事诉讼。

2. 附带民事诉讼的赔偿范围，是否包括死亡赔偿金和残疾赔偿金（以下简称“两金”）

根据 2001 年制定的《最高人民法院关于确定民事侵权精神损害赔偿责任若干问题的解释》第九条的规定，“两金”属于精神损害抚慰金，不属于附带民事诉讼的赔偿范围。但是 2004 年制定的《最高人民法院关于审理人身损害赔偿案件适用法律若干问题的解释》（以下简称《人身损害赔偿解释》）又将“两金”界定为物质损失，是对未来可期待收入损失的赔偿，因而属于财产损害赔偿。2007 年 7 月 1 日施行的《侵权责任法》第十六条再次确认了“两金”属于物质损失的范围，至此，“两金”属于物质损失获得了法律上的依据。

3. 如何确定被告人在此类犯罪中承担的民事赔偿责任的比例

在本案中，被害人作为成年人，明知国家禁止买卖人体器官，为获得金钱利益仍同

意被告人摘除其器官，对自己重伤结果的发生也存在一定过错，因此应当适用《侵权责任法》第二十六条的过失相抵规则，减轻侵权人的责任。在责任分担上，实施犯罪行为的一方违法程度较高，应当承担主要责任；违法程度较低的被害人应当承担次要责任。

【编后补评】

在刑事附带民事诉讼中，被害人一方有过错的，可以根据《侵权责任法》第二十六条的过失相抵规则，减轻犯罪人的民事赔偿责任；而在刑事诉讼中，被害人一方有过错的，对于能否减轻犯罪人的刑事责任这个问题极具争议。实际上，被害人在犯罪中并不仅仅是一个被动的角色，很多犯罪中都有被害人过错的因素。最高人民法院在2010年颁布的《人民法院量刑指导意见（试行）》中将被害人过错作为故意伤害罪中的一个量刑情节予以规定，而2014年正式施行的《最高人民法院关于常见犯罪的量刑指导意见》中又取消了这一规定，但这并没有妨碍各地高院将其在量刑实施细则中加以规定。因此，是否要将被害人过错作为量刑情节在最高人民法院的量刑指导意见乃至在刑法中正式予以规定，以及如何在司法实践中正确地适用这一情节，应当成为理论界与实务界下一步的研究重点。

（改写人　周维明
责任编辑　包献荣）

原载《人民法院案例选》2016年第12辑（总第106辑）

162. 邓大伟、陈飞鸿等组织出卖人体器官案

——组织出卖人体器官罪中“情节严重”与未遂的认定

【关键词】

组织出卖人体器官　情节严重　未遂

【裁判要旨】

1. 多次组织出卖人体器官的行为应认定为情节严重。

2. 组织出卖人体器官罪是结果犯，只有当组织出卖的行为使供体的生命健康受到损害时才成立既遂；行为人虽实施了雇佣等组织出卖的行为，但尚未对器官进行摘取的，应认定为未遂。

【相关法条】

《中华人民共和国刑法》

第二百三十四条之一第一款　组织他人出卖人体器官的，处五年以下有期徒刑，并处罚金；情节严重的，处五年以上有期徒刑，并处罚金或者没收财产。

【案件索引】

一审：湖北省武汉市江夏区人民法院（2014）鄂江夏刑初字第 00127 号（2014 年 8 月 1 日）

【基本案情】

湖北省武汉市江夏区人民检察院以被告人邓大伟、陈飞鸿、彭会议、姚保飞、鲁梦梦、耿方方、朱跃周、张丰、黄邦海、欧海明、边成福、潘帅犯组织出卖人体器官罪，向武汉市江夏区人民法院提起公诉。

法院经公开审理查明：2012 年底至 2013 年 8 月间，被告人邓大伟、陈飞鸿与“许喆”（另案处理）合谋通过给他人进行肾脏移植的方式出卖人体器官，由被告人邓大伟负责购买手术器械、药品，并租赁武汉市江夏区藏龙岛开发区栗庙新村 1059 号私房作为手术室，由被告人陈飞鸿担任主刀医师实施肾脏移植手术。后被告人邓大伟又邀约被告人彭会议担任麻醉师，被告人姚保飞担任手术助手，协助被告人陈飞鸿进行手术，由被告人鲁梦梦、耿方方担任手术护士，负责手术准备和辅助工作，由被告人张丰、黄邦海、欧海明通过互联网介绍联络“供体”和“受体”进行手术，由被告人朱跃周租用车辆接送人员，由被告人边成福、潘帅对手术后的“供体”进行看护。具体分述如下：

1. 2012 年年底，被告人邓大伟通过互联网中介与被告人边成福商议，由被告人边成福作为“供体”，将自己的一枚肾脏通过手术予以出卖，由被告人邓大伟组织他人通过互联网寻找“受体”，并由被告人欧海明对被告人边成福进行照看。2013 年 1 月的一天，被告人邓大伟指使被告人朱跃周驾车将被告人陈飞鸿、彭会议、姚保飞、鲁梦梦等人先后接至上述手术室中为被告人边成福进行肾脏移植手术，将被告人边成福的右侧肾脏以人民币 17 万余元的价格移植给他人。事后被告人邓大伟通过“许喆”支付被告人陈飞鸿人民币 5 万元，另分别支付被告人边成福人民币 3 万余元、被告人彭会议人民币 8000 余元、被告人姚保飞人民币 1 万余元、被告人鲁梦梦人民币 3000 元、被告人朱跃周人民币 5000 余元、被告人欧海明人民币 2000 元。余款由被告人邓大伟分得。

2. 2012 年 9 月，被告人邓大伟通过互联网中介与被告人潘帅商议，由被告人潘帅作为“供体”将自己的一枚肾脏通过手术予以出卖，由被告人邓大伟组织他人通过互联网寻找“受体”，由被告人欧海明对被告人潘帅进行照看，并带其前往医院体检。2013 年 1 月的一天，被告人邓大伟指使被告人朱跃周驾车将被告人陈飞鸿、彭会议、姚保飞、鲁梦梦等人先后接至上述手术室中为被告人潘帅进行肾脏移植手术，将被告人潘帅的左侧肾脏以人民币 20 万余元的价格移植给他人。事后被告人邓大伟通过“许喆”支付被告人陈飞鸿人民币 5 万元，另分别支付被告人潘帅人民币 3 万余元、被告人彭会议人民币 8000 余元、被告人姚保飞人民币 1 万余元、被告人鲁梦梦人民币 3000 元、被告人朱跃周人民币 5000 余元、被告人欧海明人民币 2000 元。余款由被告人邓大伟分得。

3. 2012 年年底，被告人邓大伟通过互联网中介与被告人张丰商议，由被告人张丰作为“供体”以人民币 3 万余元的价格将自己的一枚肾脏通过手术予以出卖，由被告人邓大伟组织他人通过互联网寻找“受体”并带领被告人张丰前往医院体检。2013 年 2、3 月的一天，被告人邓大伟指使被告人朱跃周驾车将被告人陈飞鸿、彭会议、姚保飞、鲁梦梦等人先后接至上述手术室中为被告人张丰进行手术准备，后被告人陈飞鸿通过查阅体检报告发现被告人张丰的肾脏为双支血管，手术风险较大，遂与被告人邓大伟一起对被告人张丰进行劝说，后被告人一伙放弃手术。

4. 2013 年 3 月，被告人邓大伟通过互联网中介与周锦熠商议，由周锦熠作为“供体”将自己的一枚肾脏通过手术予以出卖，由被告人邓大伟组织他人通过互联网寻找“受体”并带领周锦熠前往医院体检。2013 年 4 月 30 日，被告人邓大伟指使被告人朱跃周驾车将周锦熠及被告人陈飞鸿、彭会议、姚保飞、鲁梦梦、耿方方先后接至上述手术室中进行肾脏移植手术，将周锦熠的左侧肾脏以人民币 25 万元的价格移植给他人。后被告人邓大伟又指使被告人边成福、潘帅在该手术室及武汉市洪山区石牌岭路附近一旅馆内对周锦熠进行看护。事后，被告人邓大伟分别支付周锦熠人民币 3 万余元、被告人陈飞鸿人民币 8 万元、被告人彭会议、姚保飞人民币各 1 万余元、被告人鲁梦梦、耿方方人民币各 3000 余元、被告人边成福、潘帅人民币各 2000 元、被告人朱跃周人民币 5000 余元。余款由被告人邓大伟分得。

5. 2013 年 6 月，被告人邓大伟组织被告人张丰、黄邦海作为中介通过互联网寻找可供肾脏移植的“供体”和“受体”。后被告人张丰、黄邦海分别将一男性“供体”及“受体”钟英华介绍给被告人邓大伟，并在被告人欧海明带领下前往医院体检。2013 年 7

月 7 日，被告人邓大伟指使被告人朱跃周将该男性“供体”、钟英华以及被告人陈飞鸿、彭会议、姚保飞、鲁梦梦、耿方方等人先后接至上述手术室中进行肾脏移植手术。术后，被告人邓大伟、朱跃周又伙同“老高”（另案处理）将钟英华送至中国人民解放军第 161 医院进行康复治疗，并指使被告人边成福、潘帅对该男性“供体”进行看护。事后，被告人邓大伟从钟英华处收取手术费用共计人民币 36 万元，后分别支付被告人陈飞鸿人民币 8 万元、被告人彭会议人民币 2 万元、被告人姚保飞人民币 1 万余元、被告人鲁梦梦、耿方方人民币各 4000 余元、被告人黄邦海人民币 6 万元、被告人张丰人民币 1 万余元、被告人边成福、潘帅人民币各 2000 元、被告人朱跃周人民币 5000 余元、被告人欧海明人民币 2000 元。余款由被告人邓大伟分得。

6. 2013 年 8 月，被告人邓大伟组织被告人张丰、欧海明作为中介通过互联网寻找可供肾脏移植的“供体”和“受体”。后被告人张丰、欧海明分别将“供体”杨立及“受体”袁巧林介绍给被告人邓大伟，并在被告人欧海明的带领下前往医院体检。2013 年 8 月 17 日，被告人邓大伟指使被告人朱跃周将杨立、袁巧林以及被告人彭会议、姚保飞、鲁梦梦、耿方方先后接至上述手术室中进行手术准备，并先后通知被告人陈飞鸿、边成福、潘帅到手术室。后公安人员接举报赶至上述手术室，将被告人邓大伟、朱跃周、潘帅以及正在进行手术准备工作的被告人彭会议、姚保飞、鲁梦梦、耿方方抓获。随后，在本区藏龙岛开发区“第一栈”旅馆内将被告人欧海明抓获；在本区藏龙岛开发区栗庙新村一网吧内将被告人边成福抓获；在武汉市武昌区南湖“风华天城”小区内将被告人张丰、黄邦海抓获。同年 8 月 26 日，被告人陈飞鸿在陕西省西安市陕西省人民医院内被公安人员抓获。

综上，被告人邓大伟、陈飞鸿、彭会议、姚保飞、鲁梦梦、朱跃周参与作案六次，分别获利人民币 329000 元、人民币 26 万元、人民币 46000 元、人民币 4 万元、人民币 13000 元、人民币 2 万元；被告人欧海明参与作案四次，获利人民币 6000 元；被告人耿方方、边成福、潘帅参与作案三次，分别获利人民币 7000 元、人民币 4000 元、人民币 4000 元；被告人张丰参与作案二次，获利人民币 1 万元；被告人黄邦海参与作案一次，获利人民币 6 万元。

【裁判结果】

武汉市江夏区人民法院于 2014 年 8 月 1 日作出（2014）鄂江夏刑初字第 00127 号刑事判决：一、被告人邓大伟犯组织出卖人体器官罪，判处有期徒刑七年，并处罚金人民币 10 万元。二、被告人陈飞鸿犯组织出卖人体器官罪，判处有期徒刑六年，并处罚金人民币 8 万元。三、被告人彭会议犯组织出卖人体器官罪，判处有期徒刑二年二个月，并处罚金人民币 4 万元。四、被告人姚保飞犯组织出卖人体器官罪，判处有期徒刑二年四个月，并处罚金人民币 4 万元。五、被告人鲁梦梦犯组织出卖人体器官罪，判处有期徒刑二年，并处罚金人民币 3 万元。六、被告人耿方方犯组织出卖人体器官罪，判处有期徒刑一年四个月，并处罚金人民币 2 万元。七、被告人朱跃周犯组织出卖人体器官罪，判处有期徒刑一年八个月，并处罚金人民币 2 万元。八、被告人张丰犯组织出卖人体器官罪，判处有期徒刑一年四个月，并处罚金人民币 1 万元。九、被告人黄邦海犯组织出卖人体器官罪，判处有期徒刑一年六个月，并处罚金人民币1万元。十、被告人欧海明犯组织出卖人体器官罪，判处有期徒刑一年三个月，并处罚金人民币1万元。十一、被告人边成福犯组织出卖人体器官罪，判处有期徒刑一年二个月，并处罚金人民币1万元。十二、被告人潘帅犯组织出卖人体器官罪，判处有期徒刑一年二个月，并处罚金人民币1万元。十三、已退违法所得人民币33000元予以没收，继续追缴违法所得人民币947000元。一审宣判后，被告人邓大伟等人未提出上诉，检察机关也未提出抗诉，判决已发生法律效力。

【裁判理由】

武汉市江夏区人民法院认为：被告人邓大伟、陈飞鸿、彭会议、姚保飞、鲁梦梦、耿方方、朱跃周、张丰、黄邦海、欧海明、边成福、潘帅组织他人出卖人体器官，其行为均已构成组织出卖人体器官罪。关于被告人邓大伟的辩护人所提“被告人邓大伟具有坦白、认罪的从轻处罚情节；第三笔是犯罪中止，未造成危害后果，应当免除处罚；第六笔是犯罪未遂，未造成危害后果，应当减轻处罚；悔罪态度明显”的辩护意见成立，予以采纳。关于被告人陈飞鸿的辩护人所提“被告人陈飞鸿不是组织者，是受他人邀约参与犯罪，没有起到主要作用，应认定为从犯；第六笔犯罪应认定为犯罪中止”的辩护意见，经查，被告人陈飞鸿与被告人邓大伟等人合谋通过给他人进行肾脏移植的方式出卖人体器官，被告人陈飞鸿担任主刀医师实施肾脏移植手术，其在共同犯罪中起主要作用，是主犯；在第六笔犯罪中，被告人陈飞鸿已经接到通知来武汉进行手术，按照惯例，其要等待手术准备就绪时再赶到手术室，但手术因公安人员的抓捕而未进行，该笔犯罪行为系由于其意志以外的原因而未得逞，为犯罪未遂，故对此辩护意见，与本案事实、证据及法律规定不符，不予采纳。关于被告人陈飞鸿的辩护人所提“被告人陈飞鸿系初犯、偶犯，且自愿认罪，有悔罪表现”的辩护意见成立，予以采纳。关于被告人彭会议、鲁梦梦、耿方方、欧海明的辩护人所提“指控情节严重不能成立”的辩护意见，经查，被告人彭会议、鲁梦梦、耿方方、欧海明均多次参与组织出卖人体器官的犯罪，已构成情节严重，故对该辩护意见，不予采纳。关于被告人彭会议的辩护人所提“被告人彭会议在共同犯罪中起辅助作用，是从犯；如实供述自己的罪行；第三笔是犯罪中止；第六笔是犯罪未遂”的辩护意见成立，予以采纳。关于被告人姚保飞的辩护人所提“被告人姚保飞在共同犯罪中起次要作用，是从犯；如实供述自己的罪行，是坦白，且当庭自愿认罪；第三笔是犯罪中止，第六笔是犯罪未遂”的辩护意见成立，予以采纳。关于被告人鲁梦梦的辩护人所提“被告人鲁梦梦主观上没有犯罪故意，客观上没有组织行为，情节非常轻微，不构成组织出卖人体器官罪”的辩护意见，经查，被告人鲁梦梦明知他人实施组织出卖人体器官犯罪，而参与其中，其行为已构成组织出卖人体器官罪，故对该辩护意见，不予采纳。关于被告人鲁梦梦的辩护人所提“被告人鲁梦梦具有未遂犯、中止犯的情节，且在从犯中起的作用较小”的辩护意见成立，予以采纳。关于被告人鲁梦梦的辩护人所提“被告人鲁梦梦主观恶性较小”的辩护意见，不予采纳。关于被告人耿方方的辩护人所提“被告人耿方方系从犯；第六笔是犯罪未遂；如实供述罪行，有悔罪表现”的辩护意见成立，予以采纳。关于被告人张丰的辩护人所提“指控情节严重不成立；被告人张丰具有从犯、坦白、犯罪未遂的量刑情节”的辩护意见成立，予以采纳。关于被告人欧海明的辩护人所提“被告人欧海明系从犯，且作用非常小；第六笔是犯罪未遂；如实供述罪行，是坦白；系初犯”的辩护意见成立，予以采纳。关于被告人潘帅的辩护人所提“被告人潘帅系从犯，且系初犯、偶犯；如实供述罪行，认罪态度好，有悔罪表现；第六笔是犯罪未遂”的辩护意见成立，予以采纳。关于被告人潘帅的辩护人所提“被告人潘帅犯罪主观恶性较小，社会危害性不大”的辩护意见，不予采纳。其中被告人邓大伟、陈飞鸿、彭会议、姚保飞、鲁梦梦、耿方方、朱跃周、欧海明、边成福、潘帅均多次组织他人出卖人体器官，属情节严重。被告人张丰、黄邦海参与组织他人出卖人体器官未达到多次，故被告人张丰、黄邦海不构成情节严重。对于指控的第一笔、第二笔中被告人邓大伟在事后支付被告人陈飞鸿人民币 8 万元的犯罪事实，经查，被告人陈飞鸿当庭供述在该两笔中，每笔只收到“许喆”转交的人民币 5 万元，被告人邓大伟当庭亦供述第一笔、第二笔事后交给“许喆”人民币 8 万元，再由“许喆”交给被告人陈飞鸿，故认定被告人陈飞鸿在第一笔、第二笔中分别收到被告人邓大伟通过“许喆”支付的人民币 5 万元。被告人邓大伟、陈飞鸿、彭会议、姚保飞、鲁梦梦、朱跃周在实施第三笔犯罪的过程中，自动放弃犯罪，是犯罪中止。被告人邓大伟、陈飞鸿、彭会议、姚保飞、鲁梦梦、耿方方、朱跃周、张丰、欧海明、边成福、潘帅在实施第六笔犯罪的过程中，已经着手实行犯罪，由于意志以外的原因而未得逞，是犯罪未遂。被告人邓大伟、陈飞鸿在共同犯罪中起主要作用，是主犯，应当按照其所参与的全部犯罪处罚。被告人彭会议、姚保飞、鲁梦梦、耿方方、朱跃周、张丰、黄邦海、欧海明、边成福、潘帅在共同犯罪中起辅助作用，是从犯，具有法定从轻、减轻或者免除处罚情节。被告人邓大伟、陈飞鸿、彭会议、姚保飞、鲁梦梦、耿方方、朱跃周、张丰、黄邦海、欧海明、边成福、潘帅如实供述自己的罪行，依法可以从轻处罚。被告人彭会议的亲属代为退出了部分赃款，被告人耿方方、欧海明的亲属代为退清了全部赃款，均可酌情从轻处罚。被告人邓大伟有犯罪前科，可酌情从重处罚。

【案例注解】

组织出卖人体器官罪是《刑法修正案（八）》新设的罪名，旨在打击日益猖獗的人体器官犯罪，维护人民群众生命健康安全。本案是湖北省首例组织出卖人体器官案件，涉案人数达 12 人，先后作案 6 次，非法获利达百余万元。然而关于本罪的具体用语的范围以及注意规定没有相应的司法解释进行说明，在审判实践中，组织出卖人体器官罪中“情节严重”的认定标准、犯罪既遂的认定标准，没有形成统一认识。本文具体分析如下：

一、组织出卖人体器官罪中“情节严重”的认定标准

《刑法修正案（八）》在组织出卖人体器官罪的法定刑设置方面，对一般情节的犯罪“处五年以下有期徒刑，并处罚金”，同时就“情节严重”的犯罪，规定了“处五年以上有期徒刑，并处罚金或者没收财产”的法定刑。法条设立不同档次的法定刑有其特殊的意义，对于不同危害程度的犯罪行为设立不同的处罚规定和处罚标准，能够全方位的对犯罪行为进行打击，防止出现漏洞。但在此规定中值得注意的问题是，“情节严重”是

本刑罚的关键之处，是否能够正确的界定“情节严重”，对于适用该刑罚有着重要的意义。

在相关的司法解释还没有出台之前，应当根据刑法其他条文的规定、器官市场的现状以及组织出卖器官行为的特点，对“情节严重”作出科学合理的认定。本罪的“情节严重”应当从以下几个角度进行考察：

（一）组织出卖人体器官的次数

实施犯罪的次数是衡量犯罪社会危害性大小的重要因素。在有些犯罪中，“多次”实施犯罪是构成犯罪的必要条件，如《刑法》第二百六十四条规定“多次盗窃”才成立盗窃罪；在另一些犯罪中，“多次”实施犯罪是加重处罚的前提，如《刑法》第二百六十三条规定“多次抢劫”将处以更严厉的刑罚。由于我国《刑法》第三百三十三条的非法组织卖血罪和组织出卖人体器官罪有相似性，且根据2008年6月《最高人民检察院、公安部关于公安机关管辖的刑事案件立案追诉标准的规定（一）》第五十二条的规定，组织卖血3次以上的才立案追诉，再比照“多次盗窃”和“多次抢劫”的立法特点，可以认为“组织出卖人体器官3次以上”是“情节严重”的表现之一。

（二）组织出卖人体器官活动中被组织者的人数

一般认为，在组织型的犯罪中，被组织者的人数越多，则犯罪的社会影响力和社会危害性越大，对行为人的刑罚处罚力度也应随之增加。考虑到组织3人以上卖血的将以非法组织卖血罪追究刑事责任，故宜将“组织3人以上出卖人体器官”认定为组织出卖人体器官罪的“情节严重”。

（三）组织出卖人体器官获利数额的大小

因为组织出卖人体器官的行为人在主观上往往出于牟利的目的，虽然组织出卖人体器官罪中并没有“以牟利为目的”的表述，但是获利数额的大小依然是评价行为人主观恶性大小的重要标准。结合我国实践中组织出卖人体器官活动一般至少获利10万元的状况，不妨以3倍于一般获利数额的标准将“组织出卖人体器官获利30万元以上”视为“情节严重”。

（四）组织出卖人体器官活动中供体的人身健康是否严重受损

《刑法》将组织出卖人体器官罪规定在故意伤害罪之后，足见立法者意图通过增设组织出卖人体器官罪来加强对公民人身健康权的保护。在部分器官移植中，如单肾移植，供体的人身健康在移植手术进行后不会受到显著的影响，但是在角膜移植中，供体将会面临失明的后果。如果不对严重损害供体人身健康的组织出卖人体器官的行为加重处罚，将有违罪刑相适应的刑法基本原则。

（五）将组织的他人器官卖往境外的

随着改革开放，我国经济发展的步伐逐渐加快，各个领域都朝着国际化的趋势迈进，人体器官的犯罪也不例外。将器官卖往国外的现象正在开始萌芽，大部分犯罪分子已经不满足于国内的“交易市场”，将视野扩大到国外领域，开展“国外市场”的器官交易。这种行为延伸到国外领域，不仅对国内的公民与秩序造成一定的侵害，而且给其他国外领域的公民和秩序也带来了巨大的破坏。因此，将器官卖往国外的情形认定“情节严重”能够给予这种不法行为更重的打击，防止这种行为的恶性演化。

（六）组织精神病人、残疾人出卖身体器官的

精神病人和残疾人是社会中的两大非常特殊的群体，无论在哪一方面都应当给予最高度的保护和重视。目前，许多成年人有健全的辨认意识，所以组织者在对成年人进行组织时常常会遇到不服从安排的情况，这使得组织者的出卖活动受到阻碍。于是组织者开始将矛头指向没有辨别意识的精神病人以及身体有缺陷的残疾人。精神病人和残疾人本来是国家急切保护的群体，如今犯罪分子却将黑手伸向他们，这种行为显然是对社会的极大蔑视，是更加值得法律加以严厉的惩治。

本案中，本案中被告人邓大伟、陈飞鸿、彭会议、姚保飞、鲁梦梦、耿方方、朱跃周、欧海明、边成福、潘帅组织他人出卖人体器官次数达 3 次以上，属于多次组织他人出卖人体器官，故构成情节严重。

二、组织出卖人体器官罪既遂的认定标准

按照我国刑法理论之通说，所谓犯罪既遂是指行为人所故意实施的行为已经具备了某种犯罪构成的全部要件。有的观点认为，本罪是行为犯，只要实行行为实施完毕，无须发生特定的危害后果即成立犯罪既遂。由于他人的生命健康是组织出卖人体器官罪所保护的法益，就应承认只有当组织出卖的行为使供体生命健康受到损害时，才成立既遂，行为人虽实施了雇佣等组织出卖的行为，但尚未对器官进行摘取的，最多只是组织出卖人体器官罪的未遂。有的观点认为，本罪是结果犯，立法机关将本罪规定在《刑法》的侵犯公民人身权利、民主权利罪中，说明本罪侵犯的客体是公民人身健康权，同时也是本罪所保护的法益，只有其受到实际侵害时才构成犯罪既遂。所以，本罪的既遂标准是实际摘除人体器官，使得供体的身体受到实际侵害。此外，“刑法将本罪规定在故意伤害罪与过失致人重伤罪之间，意味着本罪的法益与伤害罪的法益相同。”从而得出，本罪与故意伤害罪和过失致人重伤罪一样，都是以实际造成身体侵害为标准。

我们认为，将本罪认定为结果犯更为合理。理由有二：（1）本罪的客体是公民的身体健康权和正常的器官移植管理秩序，只有当组织行为使出卖者的身体受到伤害，使正常的器官移植秩序受到冲击时，才能认定为既遂。（2）将本罪认定为结果犯既能有效打击犯罪，又不至于使本罪处罚过于严苛。如果组织者仅仅实施了寻找供体、联系卖家和安排移植手术这三个行为，在组织者的犯罪目的尚未达成，刑法所保护的法益也未受到损失的情况下就认定为既遂，未免过于严厉。将本罪认定为结果犯，则只有对法益造成实际损害的犯罪行为才成立既遂。这样可以避免将造成实害与未造成实害的犯罪行为处以同种刑罚的情况，更有利于实现法律的公正，更能树立法律权威，也能给组织者在尚未实施摘除器官行为之前一个中止犯罪的机会。

针对组织出卖人体器官罪来说，犯罪未遂是指犯罪分子已经为犯罪准备了工具，寻找到了器官提供者，并且将器官提供者带到指定地点准备进行器官摘取，当犯罪行为停留在此阶段时，由于犯罪分子意志以外的原因，使得器官摘取的犯罪行为最终没有得逞。如果供体的器官已经被犯罪分子摘取，那么则认定犯罪行为已经既遂，此时就没有犯罪未遂一说了。如果供体的器官没有被犯罪分子摘取则说明犯罪行为没有得逞，此时的犯罪状态则为犯罪未遂或者犯罪中止。

本案中第三笔犯罪实施过程中，被告人在查看了“供体”的化验单后，认为“供

体”肾脏摘除手术有风险，在这种情况下，被告人仍可以进行肾脏摘除手术，但被告人自动放弃了手术，即被告人只实施了组织行为，自动放弃了组织出卖人体器官的行为，组织出卖人体器官行为尚未实施完毕，故第三笔系自动放弃犯罪，是犯罪中止。本案中第六笔犯罪，被告人已经着手实施犯罪，招募到“供体”和“受体”，医护人员已经在做术前准备工作，由于公安机关赶到现场抓捕而未能进行手术，第六笔犯罪中，被告人只实施了组织行为，组织出卖行为由于犯罪分子意志以外的原因尚未实施完毕，是犯罪未遂。

（一审法院合议庭成员　曾　波　李华杰　孟　娟
编写人　湖北省武汉市江夏区人民法院　彭笑美
责任编辑　周维明
审稿人　李玉萍）

原载《人民法院案例选》2017 年第 9 辑（总第 115 辑）

五、强　奸　罪

163. 刘某某强奸案

——强奸罪中对“明知幼女”的认定及未成年人强奸幼女的量刑

【关键词】

强奸罪　明知　幼女　量刑

【裁判要旨】

1. 在性侵幼女案件中，在认定行为人是否明知对方年龄的问题上，应贯彻对幼女的“最高限度保护”和对性侵幼女的“最低限度容忍”原则。除非辩方有证据证明行为人不明知，否则即可推定行为人明知对方系幼女。

2. 对具有恋爱关系的未成年人之间的性侵行为，应该贯彻宽严相济刑事政策中“宽”的一面，对被告人量刑时要与成年人性侵幼女相区别。

【相关法条】

《中华人民共和国刑法》

第二百三十六条第二款　奸淫不满十四周岁的幼女的，以强奸论，从重处罚。

第十七条第三款　已满十四周岁不满十八周岁的人犯罪，应当从轻或者减轻处罚。

《最高人民法院、最高人民检察院、公安部、司法部关于依法惩治性侵害未成年人犯罪的意见》

第十九条　知道或者应当知道对方是不满十四周岁的幼女，而实施奸淫等性侵害行为的，应当认定行为人“明知”对方是幼女。

对于不满十二周岁的被害人实施奸淫等性侵害行为的，应当认定行为人“明知”对方是幼女。

对于已满十二周岁不满十四周岁的被害人，从其身体发育状况、言谈举止、衣着特征、生活作息规律等观察可能是幼女，而实施奸淫等性侵害行为的，应当认定行为人

“明知”对方是幼女。

【案件索引】

一审：天津市静海县人民法院（2014）静刑少初字第8号（2014年4月10日）

二审：天津市第一中级人民法院（2014）一中刑少终字第26号（2014年7月28日）

【基本案情】

天津市静海县人民检察院指控：2013年8月上旬，被告人刘某某与被害人姜某某（女，2000年3月29日出生）经网上聊天相识。2013年8月中旬的一天下午，刘某某将姜某某带至本市静海县子牙镇天元宾（旅）馆，强行与其发生了性关系。此后，至同年10月17日，又多次与姜某某在天元宾（旅）馆等处所发生性关系，致使姜某某怀孕并流产。同年10月24日，被害人报案。同年10月28日刘某某被抓获归案。经鉴定，刘某某、姜某某为该流产胎儿组织所属个体生物学父母的几率大于99.9999%。

被告人刘某某辩称：其不明知被害人未年满14周岁；其与被害人是恋爱关系，并没有强迫对方发生性关系；已得到被害人谅解，并且自己未满18周岁。请求法院从轻处罚。

被告人刘某某的辩护人认为：被害人亲属的证言证明，户口本上登记的被害人的年龄并非实际年龄，所以不能以被害人亲属的口述年龄为准，不能认定被害人为幼女；被害人陈述第一次与刘某某发生性关系时被强迫，但刘某某供述双方第一次发生性关系是一起去的宾馆且六次性关系都是被害人自愿的，所以不能认定为强迫；被害人在饭店工作，由于饭店不会招聘幼女作为服务员，所以被害人应当已经年满14周岁；被害人在子牙镇卫生院做彩超检查时，称自己是16岁，且被害人一直对刘某某说自己是十六七岁。综上，刘某某不明知被害人为幼女，不存在强奸的主观故意，所以根据我国刑法中主客观相统一的原则，应当认定刘某某无罪。

法院经审理查明：2013年8月上旬，被告人刘某某多次到本市静海县子牙商业街的川香食府吃饭，与女服务员姜某某（2000年3月29日出生）相识。同年8月中旬一天，被告人刘某某带姜某某至本市静海县子牙镇天元旅馆客房内，强行与姜某某发生性关系。此后，至同年10月17日间，被告人刘某某与姜某某又先后在静海县子牙镇天元旅馆、子牙镇红绿灯路口北东侧旅馆、子牙镇小邀铺村刘某某家中和子牙镇东兴泰洗浴住宿等处所多次发生性关系，并致姜某某怀孕后堕胎。同年10月24日，被害人姜某某报案。同年10月28日，公安机关将刘某某抓获归案。

在一审审理期间，被害人姜某某提起了附带民事诉讼。经调解，双方达成协议，被告人刘某某及其家属一次性赔偿被害人经济损失人民币15000元，被害人对其表示谅解。

【裁判结果】

天津市静海县人民法院于2014年4月10日作出（2014）静刑少初字第8号刑事判决：被告人刘某某犯强奸罪，判处有期徒刑六年。宣判后，被告人刘某某提起上诉，天津市第一中级人民法院于2014年7月28日作出（2014）一中刑少终字第26号刑事判决：一、维持天津市静海县人民法院（2014）静刑少初字第8号刑事判决定罪部分，即上诉人刘某某犯强奸罪；二、撤销天津市静海县人民法院（2014）静刑少初字第8号刑事判决量刑部分，即对上诉人刘某某判处有期徒刑六年；三、上诉人刘某某犯强奸罪，判处有期徒刑四年。

【裁判理由】

法院生效判决认为：上诉人刘某某为满足个人私欲，奸淫不满14周岁幼女，其行为已构成强奸罪，应依法予以处罚。鉴于上诉人刘某某犯罪时不满18周岁，依法应从轻处罚。对于上诉人提出的其不构成犯罪以及不明知被害人系幼女的上诉理由与事实相悖；上诉人的辩护人提出的刘某某不明知对方系幼女以及无罪的辩护意见，根据不足，不予采纳。上诉人刘某某提出的一审法院对其量刑过重的上诉理由，予以采纳。一审认定的犯罪事实清楚，定罪准确，审判程序合法，但量刑不当，应予纠正。二审法院判决上诉人刘某某犯强奸罪，判处有期徒刑四年。

【案例注解】

本案有以下几个争议焦点，现评论如下：

一、姜某某受到性侵害时的实际年龄是否系幼女

刘某某的辩护人认为，被害人亲属的证言证实被害人实际年龄和户口本上登记的年龄不一致，所以不能认定被害人是否系幼女。在这种情况下，应该本着有利于被告人的原则不能认定被害人姜某某为幼女。

本文认为，综合全案证据，可以认定姜某某系幼女。理由如下：根据《最高人民法院关于适用〈中华人民共和国刑事诉讼法〉的解释》第一百零四条的规定，对证据的真实性，应当综合全案证据进行审查。对证据的证明力，应当根据具体情况，从证据与待证事实的关联程度、证据之间的联系等方面进行审查判断。证据之间具有内在联系，共同指向同一待证事实，不存在无法排除的矛盾和无法解释的疑问的，才能作为定案的根据。本案中，据被害人姜某某的户籍信息记载，其出生于2000年3月29日；其父亲姜明喜的证言证明，其实际出生日期是2000年农历三月二十五，属大龙；其母亲刘春清的证言证明，其是2000年3月29日出生，农历生日是三月二十五，属大龙；其祖母姜忠花的证言证明，姜某某今年14虚岁，属大龙，公历生日是4月23日，农历是三月。由于被害人姜某某出生在农村的卫生所，我国农村户籍登记制度相对来说不够完善，可能存在按农历出生日期登记、报户口时报错、户籍登记人员工作失误、家长虚报年龄等问题，[①] 所以户籍登记的信息跟被害人亲属陈述的出生日期并不能完全吻合情有可原。上述证人证言一致证明姜某某于2000年农历三月一天出生，结合姜某某受到上诉人刘某某性侵害的时间是在2013年8月中旬至同年10月17日之间的事实，应认定刘某某犯罪时被

---

① 参见黄尔梅主编：《最高人民法院、最高人民检察院、公安部、司法部性侵害未成年人犯罪司法政策案例指导与理解适用》，人民法院出版社2014年版，第9～15页。

害人姜某某实际年龄未满 14 周岁。据此，可以认定被害人姜某某受到性侵时系幼女。

二、刘某某在犯罪过程中是否明知被害人系幼女

关于在奸淫幼女的案件中是否需要行为人明知对方系幼女的问题，理论上一直有争议。一种观点认为，奸淫幼女的案件中不需要行为人认识到对方系幼女，主要理由是《中华人民共和国刑法》第二百三十六条第二款并没有规定行为人主观上的“明知”要件。[①] 另一种观点认为，奸淫幼女的案件也不能突破责任原则，行为人构成犯罪的要件之一就是主观上具备明知对方系幼女。《中华人民共和国刑法》第二百三十六条第二款的规定，并没有否定“明知”要件，其目的是特殊保护幼女。行为人的主观方面的应理解为：“只要行为人认识到女方一定或者可能是幼女，或者不管女方是否幼女，而决意实施奸淫行为，被奸淫的女方又确实是幼女的，就成立奸淫幼女类型的强奸罪。”[②]

近年来，随着河南官员李某强奸、猥亵 11 名幼女案和海南校长带女生开房案等案件被媒体曝光，性侵幼女案件成为全社会关注的焦点。我国司法为了及时应对这样的社会形势，同时为了消除歧见，在司法实践中统一对奸淫幼女犯罪的认定标准，最高人民法院、最高人民检察院、公安部、司法部联合出台了《关于依法惩治性侵害未成年人犯罪的意见》（以下简称《惩治性侵未成年人犯罪的意见》）。《惩治性侵未成年人犯罪的意见》第十九条实际上明确了以下问题：第一，奸淫幼女犯罪需要行为人主观上“明知”对方系幼女，这里的“明知”包括“明知”和“应当明知”；第二，未满 12 周岁的幼女可以推定行为人主观上“明知”；第三，已满 12 周岁未满 14 周岁的幼女，从被害人身体发育状况、言谈举止、衣着特征、生活作息规律等观察可能是幼女，而实施奸淫等性侵害行为的，应当认定行为人“明知”对方是幼女。

本案中，关于刘某某是否明知姜某某未满 14 周岁的问题，存在两种不同意见。一种意见认为，上诉人刘某某明知姜某某系幼女的证据不足。理由如下：首先，被害人姜某某 2013 年 8 月 5 日至同年 9 月先后在川香食府当服务员，9 月份又到子牙镇王二庄村红绿灯北边瑞余烤鱼堂当过一个多月的服务员，期间与上诉人刘某某相识，故从被害人在饭店做服务员的职业所决定的生活作息规律来看，上诉人刘某某仅凭在饭店与姜某某的接触是不能推断出被害人姜某某系幼女的。其次，根据证人张某、陈某某、东某某的证人证言，姜某某一直向他们说自己已年满 14 周岁，姜某某本人也曾述称其打工都向别人说是 16 岁。由此可以推断姜某某一直向周围的人宣称自己已满 14 周岁，这进一步加大了上诉人刘某某认识到被害人可能系幼女的困难。最后，被害人姜某某两次在公安机关所做陈述表明，其向刘某某说过自己已经 16 周岁，并且还向刘某某表示户口本上登记的出生日期是错误的。这一细节与上诉人刘某某的供述一致。

另一种意见认为，综合本案的证据，可以认定刘某某性侵姜某某时明知对方系幼女。本文认同第二种意见。理由如下：

其一，有证据证明刘某某在性侵姜某某前看过姜某某的户籍信息。被害人姜某某于 2013 年 8 月 5 日至同年 9 月先后在川香食府、子牙镇王二庄村瑞余烤鱼堂做服务员期间

---

① 参见何秉松主编：《刑法教科书》（上卷），中国法制出版社 2000 年版，第 312 页。

② 张明楷：《刑法学》（第三版），法律出版社 2007 年版，第 654 ~ 655 页。

与上诉人刘某某相识，上诉人刘某某仅凭在饭店与姜某某的接触虽不能了解姜某某的实际年龄，但结合被害人姜某某陈述的刘某某看到过其户口本复印件上是13周岁，以及刘某某供述的姜某某说过她16周岁，也说过她户口本上是13周岁，她还说户口本上的年龄是错误的等情节，内容能够相互印证。总之，被告人供述和被害人陈述在这个细节上基本一致，可以证明刘某某确实看过姜某某的户籍信息。

本案跟其他一般案件相比，特殊之处在于被害人姜某某一直在饭店打工，而不是在学校学习。如果被害人系小学生或者初中生，并且被告人明知这一点，基本上就可以判断被告人明知对方可能系幼女。[①] 本案中，姜某某恰恰不是学生。从一般人的经验推断来看，不会相信一个不满14周岁的孩子没有接受义务教育，而是在饭店从事服务员工作，同时也不会相信有哪家的老板会冒着违法风险，雇用一个幼女作为服务员。所以，上诉人刘某某辩称自己不明知对方系幼女似乎有一定道理。但是，本案的关键事实就是刘某某事前已经看过姜某某的身份证复印件，所以就刘某某的主观心态来看，其肯定知道刘某某可能不满14周岁。

其二，证人马某某、马某的辨认笔录中姜某某的照片证明，其身体发育并非较为成熟。本案中，需要寻找双方发生性关系时姜某某的身体发育状况。案发后，侦查机关没有及时固定姜某某身体发育情况的证据。但是，侦查机关在组织刘某某和姜某某开房的老板马某某和马某对两人进行辨认时，对姜某某进行了照相，姜某某当时的身体发育情况可以作为认定其年龄的参考。在证人马某某、马某的辨认笔录中存在姜某某的照片，从其中的照片中来看，姜某某身体发育一般，并非较为成熟，一般人通过社会经验会意识到其可能系幼女。

需要说明的是，姜某某那时的照片只是一项参考资料，法官可以据此进行刘某某是否明知姜某某系幼女的内心确认。但是，姜某某的照片只是辨认笔录证据的一部分，不能单独作为认定刘某某明知姜某某系幼女的证据。

其三，为贯彻特殊保护幼女的刑事政策，司法机关在对被告人是否“明知”女方系幼女认定上应该宽松掌握。一方面，《惩治性侵未成年人犯罪的意见》并没有借鉴英美刑法中的严格责任，而还是恪守大陆刑法中的责任主义原则，要求行为人对幼女主观上需要“明知对方系幼女”。[②] 另一方面，幼女身心、智力发育都不成熟，性防卫能力较低，《惩治性侵未成年人犯罪的意见》贯彻的指导思想就是对幼女的“最高限度保护”和对性侵幼女的“最低限度容忍”。为了平衡责任主义和对幼女的特殊保护，针对性侵未满12周岁的幼女，《惩治性侵未成年人犯罪的意见》第十九条实际上是采取了对行为人明知幼女的推定原则；针对已满12周岁未满14周岁的幼女，司法机关在认定被告人是否“明知”女方系幼女认定上应该宽松掌握。即控方只要能证明被告人可能知道对方系幼女，即可认定被告人主观上“明知对方系幼女”。对辩方提出的“不明知对方系幼女”的辩解理由，必须有确切的证据证明行为人确实不知道对方系幼女，才可以采纳，

① 参见黄尔梅主编：《最高人民法院、最高人民检察院、公安部、司法部性侵害未成年人犯罪司法政策案例指导与理解适用》，人民法院出版社2014年版，第26～30页。

② 参见刘宪权：《性侵幼女构成强奸仍应以“明知”为前提》，载《青少年犯罪问题》2014年第1期。

其余情况对辩方的辩护理由一般应从严掌握。例如，在被告人李某某强奸一案中，被害人李某持捡得的身份证声称自己已满16周岁，刻意隐瞒自己未满14周岁的事实，与一家电子公司签订劳务合同。被告人李某某在这家电子公司与李某相识，对其真实年龄无从知晓。[①] 只有像这样的特殊情况，才可以认定被告人不明知对方系幼女。

三、一审法院对被告人刘某某的量刑是否过重

本案中上诉人刘某某实施性侵行为时不满18周岁，如何在未成年人性侵幼女的案件中平衡对未成年被告人“教育、感化、挽救”方针和对幼女特殊保护原则是一个难题。

《惩治性侵未成年人犯罪的意见》第二十七条规定：“已满十四周岁不满十六周岁的人偶尔与幼女发生性关系，情节轻微，未造成严重后果的，不认为是犯罪。”该条规定虽然明确限定为已满十四周岁不满十六周岁的犯罪人，但是实际上确立的是对未成年人与幼女交往过程中发生性行为的处理原则，即对性侵幼女的案件应该贯彻宽严相济的刑事政策，对具有恋爱关系的未成年人之间的性侵行为应该从宽掌握。

另外，从域外立法经验来看，发生在未成年之间的性侵行为一般也都采取较为宽松的态度。比如，根据《意大利刑法》的规定“除采取暴力、胁迫等强制手段外，未成年人同不满13周岁的未成年人发生性关系的，如果相互间的年龄差距不超过三年，不予处罚。美国一些司法管辖区将未成年被告人与未成年被害人的年龄差距大小，作为认定被告人构成不同严重等级性侵害犯罪的考量因素。”[②]

上诉人刘某某奸淫不满14周岁的幼女，依法应判处三年以上十年以下有期徒刑。根据《天津市高级人民法院关于常见犯罪的量刑指导意见实施细则》（以下简称《实施细则》）的规定，奸淫幼女一人的，在四年至七年有期徒刑幅度内确定量刑起点。本案系未成年人之间的性侵行为，双方年龄差距不大，可以将量刑起点确定为四年有期徒刑。本案中，上诉人刘某某的从重量刑因素包括性侵幼女、多次性侵、导致被害人怀孕。根据《实施细则》的规定，对同一幼女实施奸淫多次的，增加基准刑的30%以下。本案中，刘某某奸淫姜某某六次之多，增加基准刑的30%。另外考虑到刘某某奸淫姜某某致其怀孕，可以认定为《实施细则》中规定的“其他可以从重处罚的情形”，本案增加基准刑的20%。对刘某某从轻量刑的因素包括未成年犯罪、双方一直在交往、除第一次以外姜某某同意与刘某某发生性关系、刘某某家属已经对被害人进行了赔偿、得到了被害人的谅解情节。由于未成年人之间性侵行为中的双方一直在交往、除第一次以外姜某某同意与刘某某发生性关系两个情节，在确定量刑起点时已经作为了考量因素，因此在确定被告人宣告刑时不再考虑。根据《实施细则》的规定，刘某某未成年犯罪、赔偿对方并得到对方谅解的情节可以分别减少基准刑的30%、20%。所以，刘某某从重增加基准刑为50%，从轻减少基准刑也是50%，对被告人刘某某的宣告刑应为四年有期徒刑左右。

综上，一审法院在对上诉人刘某某量刑时考虑了多次奸淫幼女、造成被害人怀孕等

---

① 参见黄尔梅主编：《最高人民法院、最高人民检察院、公安部、司法部性侵害未成年人犯罪司法政策案例指导与理解适用》，人民法院出版社2014年版，第141～144页。

② 参见黄尔梅主编：《最高人民法院、最高人民检察院、公安部、司法部性侵害未成年人犯罪司法政策案例指导与理解适用》，人民法院出版社2014年版，第46页。

情节，但未充分考虑上诉人刘某某实施犯罪行为时已满16周岁未满18周岁，系未成年人犯罪。上诉人刘某某及其家属对被害人进行了赔偿，被害人姜某某除第一次以外与刘某某发生性关系均系自愿等法定、酌定量刑情节。一审法院判决上诉人刘某某犯强奸罪，判处有期徒刑六年量刑过重，应依法改判。二审法院依法改判上诉人刘某某犯强奸罪有期徒刑四年是适当的。

（一审法院合议庭成员　郭　娜　郑永兰　王明琴
二审法院合议庭成员　李　强　侯金砖　路　诚
编写人　天津市第一中级人民法院　路　诚
责任编辑　李玉萍
审稿人　蒋惠岭）

原载《人民法院案例选》2016年第4辑（总第98辑）

164. 张某强奸案

——“违背妇女意志”在司法实践中的认定

【关键词】

强奸罪　违背妇女意志

【裁判要旨】

对被告人是否违背妇女意志进行了强奸的认定，应当在综合全案证据的基础上，从双方关系、案发过程、被害人案发时的状态及案发后的态度等方面进行分析。

【相关法条】

《中华人民共和国刑法》

第二百三十六条　以暴力、胁迫或者其他手段强奸妇女的，处三年以上十年以下有期徒刑。

奸淫不满十四周岁的幼女的，以强奸论，从重处罚。

强奸妇女、奸淫幼女，有下列情形之一的，处十年以上有期徒刑、无期徒刑或者死刑：

（一）强奸妇女、奸淫幼女情节恶劣的；

（二）强奸妇女、奸淫幼女多人的；

（三）在公共场所当众强奸妇女的；

（四）二人以上轮奸的；

（五）致使被害人重伤、死亡或者造成其他严重后果的。

【案件索引】

一审：海南省儋州市人民法院（2015）儋刑初字541号（2016年1月11日）

二审：海南省第二中级人民法院（2016）琼97刑终77号（2016年3月9日）

【基本案情】

公诉机关指控称：2015年7月22日晚，被告人张某与李某以及李某的朋友被害人刘某等人在儋州市那大镇中兴大道的“夜电酒吧”喝酒。期间，李某等人先行离开，仅剩张某以及刘某在酒吧内喝酒。次日凌晨0时许，张某开车将喝醉酒的刘某送到那大镇中兴大道日月明宾馆，然后开了一间房（8405），接着将刘某扶至房间内。刘某由于喝醉酒便在房间内呕吐，张某将刘某安顿好以后返回夜店酒吧继续喝酒。凌晨2时许，张某离开酒吧来到日月明酒店，让酒店服务员打开8405房间的房门后进入里面。趁刘某醉酒熟睡之机，将刘某的内裤脱下，强行与刘某发生性关系。得逞后，张某离开房间。凌晨5时许，刘某的丈夫拨打李某的电话询问刘某的去向，李某经问张某后得知刘某在日月明宾馆8405房间睡觉。李某遂将此情况告诉刘某的丈夫。刘某的丈夫来到日月明宾馆敲开房门后，发现刘某赤裸着身体，便意识到刘某可能被他人强奸。之后，刘某丈夫带着刘某来到顺豪酒店找张某质问其是否强奸刘某，张某予以否认。之后双方发生争执，张某害怕被殴打遂向公安机关报警，民警赶至现场后依法传唤张某到案。

被告人张某辩称：案发当晚被害人一直在用言语和行为对其进行挑逗，且被害人在与其发生关系时是清醒自愿的，并未违背被害人意志，两人发生关系属一夜情，其不构成强奸罪。

法院经审理查明的事实与公诉机关指控的事实一致。

【裁判结果】

海南省儋州市人民法院于2016年1月11日作出（2015）儋刑初字541号刑事判决：被告人张某犯强奸罪，判处有期徒刑三年十个月。宣判后，被告人张某不服提出上诉。海南省第二中级人民法院于2016年3月9日作出（2016）琼97刑终77号刑事裁定：驳回上诉，维持原判。

【裁判理由】

法院生效裁判认为：被告人张某违背妇女意志，强行与妇女发生性关系，其行为已构成强奸罪。对张某关于其与被害人刘某属“一夜情”，双方发生性关系未违背刘某意志的辩解，经查，根据证人李某等人的证言，被害人刘某的陈述，张某的相关供述，监控视频及现场勘查笔录，刘某当晚已处于醉酒状态，而张某在明知刘某已醉酒的情况下，深夜进入刘某所在房间，利用刘某失去清醒意识及反抗能力之机强行与其发生性关系，故张某的行为属违背妇女意志的奸淫行为，符合强奸罪的构成要件，对其辩解不予采纳。

【案例注解】

本案的争议焦点为双方发生性关系是否违背了被害人的意志。

“违背妇女意志”是强奸罪的关键构成要件，其直接决定了罪与非罪。由于强奸案件具有隐私性较强的特点，在司法实践中往往呈现证据类型单一、客观证据较少，言辞证据相互矛盾的状态。因此，如何对被害人当时的主观心态作出准确判定，一直是此类案件的难点。对于被告人在实施犯罪时使用了暴力、胁迫等手段，被害人存在激烈反抗或其身上留下明显伤痕的情形，可认定为“违背妇女意志”。但对于被告人未采取明显的暴力、胁迫手段，被害人未进行明显反抗的情形，判定是否“违背妇女意志”时应更加慎重。

笔者认为，由于强奸案件所侵害的人群及法益呈现出有别于其他暴力犯罪的特点，证据状态也有其特殊性，因此，不宜机械地适用“罪疑有利被告”的原则。在双方的确发生性关系的基础事实上，应对被害人的权益保护予以更多的关注。具体到案件中，不能根据其中的某些情节就武断地作出被害人自愿发生性关系的判断，而是应当在综合全案证据的基础上，结合一般社会生活的常理，对被害人的主观心理进行分析。

在本案中，存在一些“一夜情”的表象，如被害人与被告人在酒吧内言语暧昧，主动随被告人到酒店，案发后未第一时间报案等。但仍不足以得出被害人自愿与被告人发生性关系的结论，理由如下：

1. 从双方关系看，被害人与被告人并不熟识，双方缺乏一定的发生性关系的感情基础，虽然现如今的社会生活中“一夜情”确有存在，但也只是个别现象，大多数的两性行为还是以一定的感情为基础。因此，应将双方关系作为分析被害人当时心理的基础。从保护被害人的角度，不能当然作出被害人接受“一夜情”的推断，更不能仅凭存在言语上的暧昧就推断被害人愿意与被告人发生性关系。

2. 从被害人当时的状态看，根据酒店监控视频及相关言辞证据，被害人当晚酒后进入酒店时已步履踉跄，而酒店客房内还发现了被害人的呕吐物，按照一般生活常识，此时被害人已处于醉酒状态，失去了正常的辨识、判断与反抗能力。对此，一直陪伴被害人的被告人应当是明知的。被告人利用被害人神智不清醒，失去反抗能力之机与其发生性关系，应视为一种乘人之危的奸淫行为。

3. 从案发过程看，被告人将被害人送入酒店房间后离开，深夜又返回让服务员开门进入房间与被害人发生性关系。由于被告人再次返回酒店时被害人已醉酒在房间内，其开门进入未经被害人允许，应视为一种强行闯入的违法行为。该强行闯入行为本身就带有一定的暴力性质，在这之后双方发生的性关系，显然不应认定为是被害人自愿。

4. 从被害人案发后的态度看，被害人在案发后虽未立即报警，但因为此类案件涉及被害人的个人隐私，现实生活中强奸案的被害人基于担心隐私外泄或害怕家庭压力、社会舆论等种种考虑，往往未选择在案发后第一时间报警。因此，不能武断地以报案时间来判断案发时被害人的主观心态。本案中，被害人自始至终对外称自己是被强奸，并在案发后去质问被告人，故应视为其已通过自己的言行表达了发生性关系违背其意志的态度。

综上，从双方关系、案发过程、被害人案发时的状态及案发后的态度等方面分析，被告人的行为违背了被害人的意志，构成强奸罪。

（一审法院合议庭成员　马　静　周国芝　岳俏光
二审法院合议庭成员　蒙　良　潘心情　王柱进
编写人　海南省第二中级人民法院　蒙　良
责任编辑　周维明
审稿人　沈　亮）

原载《人民法院案例选》2017 年第 1 辑（总第 107 辑）

165. 曾福林强奸、猥亵儿童案

——强奸、猥亵行为的罪数认定

【关键词】

强奸　猥亵　罪数

【裁判要旨】

短时间内在不同地点针对同一被害人实施的强奸、猥亵行为应认定为数罪。

【相关法条】

《中华人民共和国刑法》

第二百三十六条第一款、第二款　以暴力、胁迫或者其他手段强奸妇女的，处三年以上十年以下有期徒刑。

奸淫不满十四周岁的幼女的，以强奸论，从重处罚。

第二百三十七条[①]　以暴力、胁迫或者其他方法强制猥亵妇女或者侮辱妇女的，处五年以下有期徒刑或者拘役。

聚众或者在公共场所当众犯前款罪的，处五年以上有期徒刑。

猥亵儿童的，依照前两款的规定从重处罚。

【案件索引】

一审：福建省厦门市集美区人民法院（2016）闽 0211 刑初 63 号（2016 年 3 月 10 日）

【基本案情】

厦门市集美区人民检察院以被告人曾福林犯强奸罪与猥亵儿童罪，向厦门市集美区人民法院提起公诉。

法院审理查明：2015 年 9 月 15 日 21 时许，被告人曾福林在集美区岑尾路“平安住宿”旅社 302 房间内，明知被害人吴某娥（时年 12 周岁）未年满 14 周岁，仍与被害人吴某娥发生性关系。同日 23 时许，被告人曾福林将被害人吴某娥带回其位于集美区岑尾路一出租房 301 室的暂住处，趁被害人吴某娥与其同床睡觉之机，用手摸被害人吴某娥

---

① 2015 年 11 月 1 日起施行的《刑法修正案（九）》将《刑法》第二百三十七条修改为：“以暴力、胁迫或者其他方法强制猥亵他人或者侮辱妇女的，处五年以下有期徒刑或者拘役。聚众或者在公共场所当众犯前款罪的，或者有其他恶劣情节的，处五年以上有期徒刑。猥亵儿童的，依照前两款的规定从重处罚。”

的胸部。2015 年 10 月 15 日，被告人曾福林被公安机关抓获。归案后，被告人曾福林在侦查阶段如实供述了上述犯罪事实。

【裁判结果】

福建省厦门市集美区人民法院于 2016 年 3 月 10 日作出（2016）闽 0211 刑初 63 号刑事判决：被告人曾福林犯强奸罪，判处有期徒刑三年一个月；犯猥亵儿童罪，判处有期徒刑六个月。数罪并罚，决定执行有期徒刑三年二个月。判决作出后，公诉机关未抗诉，被告人曾福林未上诉，判决已发生法律效力。

【裁判理由】

法院生效裁判认为：被告人曾福林与不满 14 周岁的幼女发生性关系，其行为已构成强奸罪，依法应从重处罚；其还猥亵不满 14 周岁的儿童，其行为又已构成猥亵儿童罪，依法应从重处罚。公诉机关指控的罪名成立。被告人曾福林犯数罪，依法应数罪并罚。被告人曾福林归案后如实供述自己的罪行，依法可以从轻处罚；其有劣迹，应酌情从重处罚。

【案例注解】

本案争议的焦点在于被告人曾福林实施的强奸行为和猥亵行为能否评价为一罪，以及先前的强奸行为能否吸收之后的猥亵行为或者是否应认定为连续犯。本案经审理认为，两罪应实施数罪并罚，理由如下。

被告人曾福林的第一个行为强奸已经实施完毕，构成犯罪既遂。间隔两个小时之后，在另一地点，又基于另一犯罪故意——猥亵，实施了犯罪行为，两个行为是相互独立的，触犯了两个不同的罪名。

1. 是否构成连续犯

连续犯是指基于同一的或概括的犯意，连续实施数个相对独立的犯罪行为，触犯同一个罪名的犯罪形态。连续犯的特点是行为人主观上基于同一的或者概括的犯罪故意，客观上实施了性质相同的数个行为，时间上数行为具有连续性，法律上数行为触犯了同一个罪名。在本案中，被告人曾福林主观上分别出于强奸和猥亵的故意，客观上实施了性质不同的强奸和猥亵行为，时间上有一定的间隔性，法律上两个行为触犯了两个不同的罪名，所以也不构成连续犯。

2. 是否构成吸收犯

吸收犯指一个犯罪行为因为是另一个犯罪行为的必经阶段，组成部分或当然结果，而被另一个犯罪行为吸收的情况。首先，吸收犯所具备的数个犯罪行为，均发生在一个犯罪过程中。这是吸收犯的本质特征。主观上需基于一个确定的犯罪故意。本案中被告人曾福林实施的两个犯罪行为分别是出于强奸和猥亵的故意；其次，吸收犯中数行为具有吸收关系，前行为是后行为的必经阶段，后行为是前行为的发展结果。在本案中被告人的强奸行为并不是猥亵行为的必经阶段，猥亵行为也不是强奸行为的发展结果，所以不构成吸收犯。

综上，被告人曾福林实施了第一个强奸行为后，又另起犯意实施了猥亵行为，两个行为互相独立，触犯了两个不同的罪名，既不是连续犯也不是吸收犯，所以，应分别认定为强奸罪和猥亵儿童罪，数罪并罚。

（一审法院合议庭成员 涂学斌 陈素治 洪惠英
编写人 福建省厦门市集美区人民法院 涂学斌
责任编辑 周维明
审稿人 李玉萍）

原载《人民法院案例选》2017 年第 7 辑（总第 113 辑）

166. 被告人李铁强奸案*

【基本案情】

被告人李铁曾因犯奸淫幼女罪被判处有期徒刑十年，2004 年 7 月 20 日刑满释放。2009 年暑期至 2011 年 6 月，李铁采取带被害人外出玩耍、送钱、送小人书等手段，先后将 14 名 6 至 7 岁的幼女诱骗至湖南省古丈县某山坡、某农贸市场楼梯间及其父在该县某单位的单元房等处，实施奸淫 26 次。其中，李铁于 2011 年五六月间，6 次进入古丈县某小学校园内，从教室里或操场上，先后将 8 名小学一年级女生诱骗至其父单元房内奸淫，2 名幼女遭多次侵害。

【裁判结果】

湖南省湘西土家族苗族自治州中级人民法院经审理认为：被告人李铁以诱骗的方法奸淫幼女的行为构成强奸罪。李铁曾因奸淫幼女被判处有期徒刑十年，刑满释放后仍不思悔改，继续针对幼女实施性侵害，所犯罪行极其严重，社会危害极大，且系累犯，应依法从重处罚。依照《刑法》有关规定，以强奸罪判处被告人李铁死刑，剥夺政治权利终身。经最高人民法院核准，李铁已被执行死刑。

【典型意义】

本案是一起典型的诱骗无知幼女实施性侵害的严重犯罪案件。根据我国《刑法》第二百三十六条的规定，奸淫不满 14 周岁幼女的，以强奸论，从重处罚；奸淫幼女多人的，处十年以上有期徒刑、无期徒刑或者死刑。根据最高人民法院、最高人民检察院、公安部、司法部 2013 年 10 月联合颁布的《关于依法惩治性侵害未成年人犯罪的意见》的规定，对不满 12 周岁的儿童实施强奸行为的、多次实施强奸犯罪的、有强奸犯罪前科劣迹的，更要依法从严惩处。被告人李铁曾因犯奸淫幼女罪被判处有期徒刑十年，刑满释放后仍不思悔改，在近两年时间内强奸 14 人 26 次，被害人均系六七岁的幼女，犯罪情节特别恶劣，罪行极其严重，社会危害极大。法院依法对李铁判处死刑，充分体现了严惩严重性侵害犯罪和保护未成年人的精神。

本案中，被告人李铁性侵 14 名幼女，持续时间长，犯罪次数多，其中有 12 名幼女是同一所小学一、二年级的学生，大多数学生被侵害后，并未意识到自己已遭受犯罪侵害，既未向老师反映，也未向家长诉说，凸显了我国目前对儿童性别意识及人身安全意识教育的缺位；被告人李铁多次自由出入校园甚至进入教室，将小学女生骗出实施奸淫，凸显了学校在校园安全管理上的不足；本案多名被害人的家长明知李铁有性犯罪前科，

* 2017 年 6 月 1 日最高人民法院发布的 6 起依法惩治侵害未成年人犯罪典型案例之一。

却疏于防范，凸显了家长在对孩子监护看管上的疏忽；李铁之前曾因犯奸淫幼女罪被判刑，出狱后仍居住在经常接触到幼女的社区，对其缺乏有效的监管，亦给其再次实施犯罪提供了可趁之机。本案再次启示我们，应进一步加强对未成年人的性教育，提高其自我保护的意识和能力；强化家长、老师的安全防范意识，切实加强校园安全管理，共建平安校园；进一步建立健全预防性侵未成年人犯罪的制度机制，加强对性犯罪前科人员的监管，共同筑牢家庭、学校、社会三道防线，最大限度地预防和减少此类案件的发生。

原载《人民法院案例选》2017年第12辑（总第118辑）

167. 刘志中被控强奸案

——明知对方系不满 14 周岁幼女仍多次实施强奸行为并导致幼女怀孕引产的处理

【关键词】

刑事　明知　幼女　强奸　其他严重后果

【裁判要旨】

明知对方系不满 14 周岁幼女，仍多次强奸幼女致幼女怀孕并引产，应属于强奸罪中"致使被害人重伤、死亡或者造成其他严重后果"，适用十年以上有期徒刑、无期徒刑或者死刑的刑罚。

【相关法条】

《中华人民共和国刑法》

第二百三十六条第三款　强奸妇女、奸淫幼女，有下列情形之一的，处十年以上有期徒刑、无期徒刑或者死刑：（一）强奸妇女、奸淫幼女情节恶劣的；

（二）强奸妇女、奸淫幼女多人的；

（三）在公共场所当众强奸妇女的；

（四）二人以上轮奸的；

（五）致使被害人重伤、死亡或者造成其他严重后果的。

【案件索引】

一审：四川省崇州市人民法院（2017）川 0184 刑初 778 号（2017 年 12 月 21 日）

【基本案情】

四川省崇州市人民检察院指控：被告人刘志中犯强奸罪。

被告人刘志中在开庭审理过程中无异议并自愿认罪。

法院经审理查明：2016 年至 2017 年 7 月期间，被告人刘志中在明知王某系不满 14 周岁幼女的情况下，采用引诱、胁迫等手段在崇州市三江镇三桥村 13 组其自家田地角落草丛、小树林、沙发厂房屋内、屋后树林等地多次与未成年被害人王某发生性关系。2017 年 8 月 8 日，王某父亲唐文某带其女儿到崇州市三江公立卫生院检查发现，王某已怀孕数月。2017 年 8 月 11 日，怀孕已 29 周 +1 天的王某在成都市妇女儿童中心医院引产分娩一死婴，经成都市公安局物证鉴定所作 DNA 比对鉴定，鉴定意见为在不考虑双胞胎或近亲情况前提下，刘志中是从王某体内引产出来胎儿的生物学父亲。

【裁判结果】

崇州市人民法院认为，被告人刘志中以引诱、胁迫等手段多次强奸不满14周岁的幼女，造成幼女怀孕并引产的严重后果，其行为严重损害了幼女的身心健康，已构成强奸罪。崇州市人民检察院指控被告人刘志中犯强奸罪的事实和罪名成立，予以支持。被告人刘志中奸淫不满14周岁的幼女，予以从重处罚。被告人刘志中归案后如实供述犯罪事实，庭审中自愿认罪，予以从轻处罚。据此，崇州市人民法院于2017年12月21日作出（2017）川0184刑初778号判决：被告人刘志中犯强奸罪，判处有期徒刑十二年。

宣判后，被告人未上诉，公诉机关未提起抗诉，该判决已发生法律效力。

【裁判理由】

法院生效裁判认为：本案中，被告人对其犯强奸罪的事实和罪名均无异议，并自愿认罪，案件的主要焦点在于强奸幼女的法律适用问题。公诉机关认为，被告人为满足其性欲需求，多次与未满14周岁未成年人发生性关系，造成被害人怀孕并引产的事实应适用“致使被害人重伤、死亡或者造成其他严重后果的”条款，因此，应当按照《刑法》第三款规定对被告人判处十年以上有期徒刑。被告人刘志中未提出答辩意见。《刑法》第二百三十六条第三款规定：“强奸妇女、奸淫幼女，有下列情形之一的，处十年以上有期徒刑、无期徒刑或者死刑：（一）强奸妇女、奸淫幼女情节恶劣的；（二）强奸妇女、奸淫幼女多人的；（三）在公共场所当众强奸妇女的；（四）二人以上轮奸的；（五）致使被害人重伤、死亡或者造成其他严重后果的。”

综合本案来看，被告人明知王某系未满14周岁幼女的情况下，采用引诱、胁迫等手段多次与被害人发生性关系，情节恶劣，并导致被害人怀孕引产的行为，对被害人身心健康造成了极大的伤害，应当适用《刑法》第二百三十六条第三款第五项“致使被害人重伤、死亡或者造成其他严重后果的”进行处罚。综合案件事实、情节，对被告人作出“判处有期徒刑十二年”的处罚决定。

【案例注解】

强奸未满14周岁幼女并造成被害人怀孕是否应认定为《刑法》第二百三十六条第三款五项规定的“造成其他严重后果”？最高人民法院颁布的司法解释并未作明确说明，从司法界实务来看，各地法院生效判决也并不统一甚至差别甚远。笔者通过中国裁判文书网查找相关案例，在“判决理由”中输入“强奸　明知　幼女　怀孕”关键词搜索，共查询到法院生效裁判文书79份，其中一审判决书56份，二审裁定书23份。该79份生效裁判文书中，对被告人判处“十年以上有期徒刑”29份，占比36.7%；判处“三年以上十年以下”46份，占比58.2%；判处“三年以下有期徒刑”4份，占比5.1%；无对被告人判处无期徒刑或者死刑的案例。可见，对于被告人明知被害人为未满14周岁幼女仍多次实施强奸行为并导致被害人怀孕的，多数案例判决认为应适用“三年以上十年以下有期徒刑”量刑处罚。

一、两种观点的分歧

一种观点认为，应适用《刑法》第二百三十六条第二款从重处罚，原因是怀孕是强奸行为本身可能造成的后果，因此，不应再作为加重后果重复评价，且怀孕造成被害人怀孕比造成被害人重伤、死亡的后果要轻，因此强奸造成被害人怀孕的行为不应认定为造成“其他严重后果”，而应适用《刑法》第二百三十六条第二款进行处罚。

另一种观点认为，应适用《刑法》第二百三十六条第三款第五项规定“致使被害人重伤、死亡或者造成其他严重后果”，原因是，相比对于成年女性的强奸犯罪，对于奸淫幼女的，应将强奸幼女致其怀孕引产结合未成年幼女的身体和心理特点，综合分析其怀孕引产带来的危害后果。理由如下：14 岁以下幼女因其身体和智力还处在发育期，身体和心智尚未成熟，不具备性侵害反抗能力，缺少对性知识的基本理解，怀孕引产不仅严重伤害其子宫等器官，更容易对其造成巨大心理障碍，甚至诱发其患精神疾病的风险。因此，对于强奸幼女致其怀孕不应与成年人怀孕做相同评价。根据《最高人民法院、最高人民检察院、公安部、司法部关于依法惩治性侵害未成年人犯罪的意见》第二十五条第六项，“造成未成年人被害人轻伤、怀孕、感染性病等后果的”，要依法从严惩处。由此可见，对造成幼女怀孕并引产适用强奸罪“造成其他严重后果”，体现了刑法的“宽严相济”原则，也有利于保护未成年人免受多重伤害。

二、致未满 14 周岁幼女怀孕引产的危害后果

1. 被害人怀孕后，引产乃至生育的概率远高于自然流产。主要原因为，未满 14 周岁幼女受到侵害后，大多数由于被告人长期的威逼利诱，内心极度恐惧，不敢将自己受到侵犯的事实告诉父母、朋友、老师等，而监护人由于疏于察觉，对被害人身体上的变化不能引起重视，待察觉到被害人身体异常后，已是孕中期甚至晚期，只能前往医院选择引产手术，甚至无奈将婴儿生下。以笔者搜集的 79 份生效裁判文书来看，被害人引产的案例 74 份，产下婴儿案件 3 份，且 3 份案例中 2 例案件中被害人产下婴儿后因心理害怕且缺乏生育常识，直接将产下的婴儿摔死，造成了严重的危害后果。

2. 引产对未满 14 周岁幼女的身心危害极大。一是对生育功能的损害。由于未成年女孩生育功能未完善，因此在做引产时更容易受到伤害，尤其对女性的生育能力的伤害是最大的，更可怕的是这种后遗症会造成女性在生育时出现难以怀孕和流产的现象；二是对心理健康造成危害。未满 14 周岁幼女一般处在中学甚至小学时期，因为对怀孕的无知和对引产的恐惧，有些女孩不得不中途放弃学业，甚至遭受周围同学和朋友的冷眼嘲讽，长期背负重大的心理阴影，严重阻碍其心理健康发展。有学者指出，因强奸“造成其他严重后果”，除包括因强奸妇女或者奸淫幼女引起被害人自杀或者精神失常这两种常见的情形外，还应包括因强奸妇女或者奸淫幼女造成被害人怀孕分娩或者堕胎等其他严重危害被害人身心健康的严重后果。

三、适用“造成其他严重后果”的条件

虽然强奸幼女属于刑法规定的法定从重处罚情形，甚至有的还需要加重处罚的情形，但本着“教育为主、惩罚为辅”和“罪、责、刑相一致”原则，并非涉及奸淫幼女的案件一律从重甚至加重处罚。对于未成年人奸淫幼女案件，鉴于未成年人身心发育不成熟、易冲动、易受外界不良影响，同时也相对易改造的特点，从严的幅度明显有别于成年被告人。因此，奸淫幼女情节较轻的，符合缓刑适用条件的，依法可以适用缓刑。因此，在具体案件中，要结合被告人主观恶性、暴力胁迫手段以及危害后果等综合考虑。一般来讲，适用《刑法》第二百三十六条第三款第五项规定“致使被害人重伤、死亡或者造成其他严重后果”，应当满足以下要件。

1. 主观要件：明知对方系未满 14 周岁幼女。在犯罪构成上，被告人首先“应当知道”被害人系幼女，这也是构成强奸幼女罪的基本要件。对于认定被告人是否明知，一般可以结合被害人身体发育、言谈举止、生活习惯等综合判断，若无特殊情况，一般都应当认定行为人明知。

2. 行为要件：采用胁迫、引诱等手段多次与被害人发生性关系。主要表现在被告人为了满足生理需求，强行与被害人发生关系的行为。虽然强奸幼女罪中并无区分幼女是否自愿的情节，但根据审判实践，“强奸”幼女与“和奸”幼女的危害后果明显不同，对幼女本身的伤害也差别较大，采用胁迫、引诱等手段多次与被害人发生性关系的行为本身也属于“情节恶劣”范畴。

3. 客观要件：导致被害人怀孕引产的严重后果。鉴于在司法案例中，被害人受到侵害后，由于不敢向父母老师诉说，加之欠缺基本生理知识，对自己身体变化不曾注意，出现引产甚至产下婴儿后果的概率明显较高。《最高人民法院、最高人民检察院、公安部关于当前办理强奸案件中具体应用法律若干问题的解答》第四条曾明确解释：“强奸‘致人重伤、死亡’是指强奸、奸淫幼女导致被害人性器官严重损伤或者造成其他严重伤害，甚至当场死亡或者经治疗无效死亡的。”从立法精神看，被害人性器官严重损伤的后果比肩重伤、死亡的后果。而对于未满 14 周岁幼女而言，怀孕引产必将导致其身体心理受到极大伤害，甚至导致被害人自杀、引发精神疾病的重大风险，危害后果明显严重。

随着我国法律体系的日益完善，对未成年人尤其未满 14 周岁幼女的保护也不断加大，在司法实践中，应充分考虑到案件中被告人主观恶性、作案手段、危害后果等综合因素，坚决惩治恶意侵害幼女的犯罪分子，实现刑事司法的惩罚性和震慑性。

（一审法院合议庭成员　王秀琴　杨淑希　吴　磊
编写人　四川省崇州市人民法院　闫宇飞
责任编辑　周维明
审稿人　李玉萍）

原载《人民法院案例选》2019 年第 2 辑（总第 132 辑）

六、强制猥亵、侮辱罪

168. 金岩强制侮辱妇女案

——通过网络侮辱妇女行为应综合其强制性与侮辱程度认定是否构成强制侮辱妇女罪

【关键词】

强制侮辱妇女罪　威胁　远程控制　隐私权　人权保障

【裁判要旨】

通过互联网偷窥妇女私生活并拍取其上半身裸照，以上传网络为威胁，胁迫要求妇女自拍侮辱性照片，应认定为构成强制侮辱妇女罪。

【相关法条】

《中华人民共和国刑法》

第二百三十七条[①]　以暴力、胁迫或者其他方法强制猥亵妇女或者侮辱妇女的，处五年以下有期徒刑或者拘役。

聚众或者在公共场所当众犯前款罪的，处五年以上有期徒刑。

猥亵儿童的，依照前两款的规定从重处罚。

【案件索引】

一审：四川省南充市顺庆区人民法院（2014）顺庆刑初字第40号（2014年3月17日）

① 2015年8月29日公布的《中华人民共和国刑法修正案（九）》第十三条对本条进行了修正。修正后的条文内容为："以暴力、胁迫或者其他方法强制猥亵他人或者侮辱妇女的，处五年以下有期徒刑或者拘役。

"聚众或者在公共场所当众犯前款罪的，或者有其他恶劣情节的，处五年以上有期徒刑。

"猥亵儿童的，依照前两款的规定从重处罚。"

【基本案情】

2013年年初，被害人张某某因为在韩国攻读硕士学位撰写毕业论文的事宜，在韩国与被告人金岩相识，被告人金岩利用其帮助被害人张某某使用的笔记本电脑安装撰写毕业论文有关软件之机，在该电脑上私自安装了远程控制软件“oray”。并于2013年5月至8月期间，利用该软件多次进入其电脑进行远程控制，在被害人张某某不知情的情况下，偷窥被害人私生活，让被害人电脑深夜播放淫秽视频，通过其电脑摄像头偷窥到其换衣服过程，并在其换衣服上身裸露时进行截图。2013年8月，被告人金岩设立头像为被害人张某某的微信号“a”，加被害人张某某为微信好友。2013年8月18日，被害人张某某在韩国处理毕业事宜，被告人金岩让张某某通过手机“朋友圈”看到之前截图的裸照，向张某某谎称自己还有很多其“不雅”图像视频资料，以这些可能会被流出及上传网络为威胁，强迫被害人张某某用手机与其在微信聊天时，谈论女性隐私话题及“性方面”话题。在聊天中，还要求被害人张某某按其“规定的动作”自拍侮辱性的、更裸露的照片传给自己，并要求以后经常陪自己聊天。被害人张某某非常害怕，提前回国到公安机关报案。2013年8月19日，被告人金岩数次向被害人张某某发信息均没有得到回应，遂将被害人张某某3张“生活照”和偷拍的5张上半身裸照的脸部“模糊处理”后，于2013年8月20日，发布到某互联网色情网站，并于当日及次日，将网址发给张某某，以希望达到威胁张某某继续与自己聊天并给自己“传照片”等目的。被告人金岩被抓获后，如实供述了自己的罪行。被告人金岩的父母代为向被害人张某某赔偿2万元，被害人张某某书面对被告人表示谅解。

【裁判结果】

2014年3月17日，四川省南充市顺庆区人民法院作出（2014）顺庆刑初字第40号刑事判决：被告人金岩犯强制侮辱妇女罪，判处有期徒刑一年，缓刑一年六个月。一审宣判后，被告人没有上诉，检察院也未提出抗诉，判决已发生法律效力。

【裁判理由】

法院认为：被告人金岩通过互联网远程控制软件，偷窥被害人私生活，让被害人电脑深夜播放淫秽视频，偷拍被害人上半身裸照，通过互联网，让被害人看到所“拍取”的裸照后，谎称有被害人很多“不雅”视频图片，并以这些“裸照”和“视频”将会流出和上传网络为威胁，胁迫被害人聊猥亵话题。要求对方拍侮辱性的、更裸露的照片，并要求与自己聊天，在要求没有得到满足后，将裸照脸部“处理”后上传网络等行为，强制性强，侮辱程度高，是以胁迫方法强制侮辱妇女的行为，其行为构成了强制侮辱妇女罪，应予刑罚处罚。被告人金岩如实供述自己罪行，可以从轻处罚。被告人金岩系初犯，其家人代为对被害人进行赔偿，取得被害人的谅解，可以酌情从轻处罚。根据被告人金岩的犯罪情节和认罪态度，没有再犯罪的危险，宣告缓刑对其所居住的社区无重大不良影响，可以宣告缓刑。

【案例注解】

“以暴力、胁迫或者其他方法强制猥亵妇女或者侮辱妇女的，处五年以下有期徒刑或者拘役"，是《刑法》第二百三十七条第一款对强制猥亵、侮辱妇女罪的规定。本案被告人利用互联网进行犯罪，被告人的行为是否"强制侮辱妇女"，被告人的行为是否构成犯罪，均涉及对该法条的具体理解与适用，对类似案件有较强的指导意义。

一、对受害人作为妇女特殊人格的侮辱行为应认定属于"侮辱妇女"行为

本案辩护人以"聊天"是二人对话、发布到网络的被害人裸照脸部经过"模糊处理"为由，提出被告人的行为没有造成妇女名誉权、荣誉权、性权利被侵害的后果，认为被告人并没有侮辱妇女。法院经审理评判，认为辩护人的辩护理由不能成立。

首先，从法律条文不难看出，强制侮辱妇女罪的成立，并不要求行为人实施侮辱行为的公然性、公开性。因此，被告人的偷拍裸照、胁迫被害人聊"猥亵侮辱"话题等，侮辱受害人人格的行为，可能只发生在被告人和受害人之间，但不等于就不构成强制侮辱妇女罪。

其次，被告人的行为是对妇女"特殊权利"的侵害，属于强制侮辱妇女罪规范的犯罪行为。普通的侮辱犯罪对犯罪对象并无特殊要求，比如某些骂人、贬低人格等行为，不分男女，侮辱程度相当；而强制侮辱妇女罪则明确要求是对妇女实施犯罪。全国人大常委会法工委主编的《中华人民共和国刑法释义》对侮辱妇女行为的释义是："以多次偷剪妇女的发辫、衣服，向妇女身上泼洒腐蚀物、涂抹污物，故意向妇女显露生殖器，追逐、堵截妇女等手段侮辱妇女的行为。"该释义仅仅列举了侮辱妇女的一些常见手段，没有对"侮辱妇女"的本身含义作解释。笔者认为，侮辱妇女行为的认定关键，在于其除了侵犯了妇女的一般人格尊严外，往往还侵犯了妇女的"特殊人格"尊严，侵害了其作为妇女的羞耻心、性自由等特殊权益。结合本案，被告人金岩偷窥妇女换衣服等私生活，深夜给其放淫秽视频，偷拍其裸照，明知对方不愿意而胁迫要求谈论"性话题"、胁迫要求对方拍裸照发给自己，并将对方裸照处理后发送到网上，这些行为都是针对被害人作为妇女的"特殊人格"而进行的侵权行为，应当认定为是强制侮辱妇女罪所规定的侮辱妇女行为。

二、被告人利用网络实施的侮辱妇女行为强制度高、侮辱性强，构成"强制侮辱妇女罪"

结合《刑法》第二百三十七条"强制侮辱妇女罪"的罪名来看，可以明确，"以暴力、胁迫或者其他方法强制侮辱妇女"，是法条对强制侮辱妇女行为的定义。同时，《中华人民共和国刑法释义》中提到："要注意区分本罪与非罪的界限，要将强制猥亵、侮辱妇女罪与一般的猥亵、侮辱妇女的违法行为加以区分，具有'强制'行为的，才能作为犯罪处理。"该释义从罪与非罪的高度，明确指出必须将强制侮辱妇女行为和一般侮辱妇女行为区分开来。那么，是不是可以理解为：只有带有强制性的才是强制侮辱妇女行为，构成此罪；而不带有强制性的就是一般侮辱妇女行为，不构成此罪呢？

对于释义中所说的"强制"，就应当理解为是对强制程度的合理判断；认定是否构成此罪的可行之法，就应当从强制性强弱和侮辱妇女程度的高低来进行判断。典型情况是：如果该行为强制性弱且侮辱程度低，就是一般侮辱妇女行为，并不构成此罪；如果该行为强制性强且侮辱程度高，则应当认定为构成了强制侮辱妇女罪。

就本案而言，被告人金岩实施的行为是侮辱妇女行为，被告人金岩虽然没有采用暴力手段，但采用了胁迫方法使受害人产生惧怕心理；同时，释义对"其他方法"的解释是"使用暴力、胁迫以外的使被害妇女不知抗拒、无法抗拒的方法"，笔者认为，"让被害人电脑深夜播放淫秽视频"以及"将裸照上传网络"等行为，可以理解为采用"其他方法"强制侮辱妇女。被告人的行为使受害人精神上受到强制而不敢反抗，其行为明显具有强制性较强的特点。根据本案证据查实的犯罪事实，被告人金岩实施了偷窥妇女私生活、截图裸照、胁迫聊侮辱性话题、胁迫拍侮辱性照片、将裸照上传网络等一系列侮辱妇女的行为，让受害人精神处于极度惶恐之中，不敢拒绝被告人聊侮辱性话题的要求，使受害人的妇女人格受到较大的侮辱和损害。因此，应综合认定被告人的行为强制性强、侮辱程度高，构成了强制侮辱妇女罪。

本案的特殊性在于，被告人主要是利用互联网实施犯罪行为，而不管作案人是通过网络侮辱妇女还是通过其他途径侮辱妇女，在准确理解法条规定的实质后，法院判断其行为有强制性强和侮辱程度高的特点，应当认定其犯强制侮辱妇女罪。本案合议庭综合考量了案件情形后，一致认为被告人构成强制侮辱妇女罪，对此类行为进行刑事打击，将形成良好的法律与社会效果。

（一审法院合议庭成员　何海洋　何学琳　吴大胜
编写人　四川省南充市中级人民法院　陈　忱
　　　　四川省南充市顺庆区人民法院　何海洋
责任编辑　李　明
审稿人　裴显鼎）

原载《人民法院案例选》2016 年第 1 辑（总第 95 辑）

169. 被告人潘德峰强制猥亵案*

【基本案情】

被告人潘德峰原系辽宁省沈阳市某学校兼职教师。2015 年 11 月至 2016 年 4 月期间，潘德峰分别将其学生吴某某（被害人，男，时年 16 岁）、赵某某（被害人，男，时年 16 岁）、朱某某（被害人，男，时年 16 岁）带至其家中，以不喝酒就是不尊敬老师为名，强行将 3 名被害人灌醉后留宿，乘被害人睡觉之际对 3 名被害人多次实施猥亵。

【裁判结果】

辽宁省沈阳市沈北新区人民法院经审理认为：被告人潘德峰利用教师身份，向被害人施压、劝酒致被害人醉酒，后乘被害人睡觉之际实施猥亵行为，已构成了强制猥亵罪。依照《刑法》有关规定，以强制猥亵罪判处被告人潘德峰有期徒刑三年。宣判后，潘德峰未提出上诉，检察机关未抗诉，判决已发生法律效力。

【典型意义】

本案是一起男教师强制猥亵未成年男学生的典型案例。未成年人身心发育尚不成熟，缺乏自我保护意识和能力，容易受到性侵害。多年来，我国刑法一直注重对妇女、儿童性权利的保障，但对 14 岁以上男性未成年人性权利的保障有所忽略。同时，整个社会对男性未成年人预防性侵害的教育也相对缺乏。家长和学校的忽视，容易使男性未成年人欠缺自我性保护的意识，也使得性侵男性未成年人的犯罪不容易被发现。2015 年 11 月 1 日施行的《刑法修正案（九）》第十三条，将《刑法》原第二百三十七条关于强制猥亵、侮辱妇女罪的相关规定修改为："以暴力、胁迫或者其他方法强制猥亵他人或者侮辱妇女的，处五年以下有期徒刑或者拘役。"扩大了强制猥亵的犯罪对象，将男性成年人及未成年人均涵盖在内。这意味着，凡是违背他人意志，实施强制猥亵行为的，不论猥亵的对象是女性还是男性，不论是未成年人还是成年人，均构成犯罪。

本案被告人潘德峰对多名未成年男学生实施性侵害，已触犯刑法，构成强制猥亵罪。潘德峰作为教师，系对未成年学生负有特殊职责的人员，法院依法判处其有期徒刑三年，体现了对此类犯罪从严惩处、绝不姑息的态度。本案的发生提示我们，一方面，应加强对男性未成年人防范性侵害知识教育，提高他们安全防范及自我保护的意识和能力；另一方面，教育培训机构应进一步加强对所选聘、任用教师的审核、监督和管理。

原载《人民法院案例选》2017 年第 12 辑（总第 118 辑）

---

* 2017 年 6 月 1 日最高人民法院发布的 6 起依法惩治侵害未成年人犯罪典型案例之一。

170. 王天宇强制猥亵妇女案

——强制猥亵罪的犯罪认定及未完成形态的辨析

【关键词】

刑事　强制猥亵　欺骗方式　未完成时态

【裁判要旨】

强制猥亵罪中的强制猥亵行为是指侵犯他人按照自己的意志决定是否从事性行为的权利，以欺骗的方式违背被害人主观意志为其拍摄裸照的行为不应认定为强制猥亵罪。对于强制猥亵罪的未完成时态，司法实践中应综合全案情况具体分析审慎惩处，实践中强制猥亵罪以处罚既遂为原则，以处罚未遂等其他犯罪形态为例外。

【相关法条】

《中华人民共和国刑法》

第二百三十七条第一款　以暴力、胁迫或者其他方法强制猥亵他人或者侮辱妇女的，处五年以下有期徒刑或者拘役。

【案件索引】

一审：北京市大兴区人民法院（2017）京 0115 刑初 1000 号（2017 年 9 月 11 日）

二审：北京市第二中级人民法院（2017）京 02 刑终 607 号（2017 年 11 月 14 日）

【基本案情】

北京市大兴区人民检察院指控：2016 年 2 月，被告人王天宇通过 QQ 方式虚构北京第二外国语学院中瑞酒店管理学院 2012 级“刘婧”的身份结识陈某（女，20 岁），后以开设性教育课程、配合调查问卷、奖励学分为由，于 2016 年 4 月 4 日 12 时许，将陈某骗至北京市大兴区庞各庄镇的北京天和假日酒店有限公司（小米假日酒店）客房 D03 房间内，对陈某拍摄暴露隐私部位的照片，并违背陈某意志抠摸其胸部、阴部等部位对其进行猥亵。2017 年 3 月 12 日 13 时许，被告人王天宇以同样的手段通过微信虚构北京第二外国语学院中瑞酒店管理学院学生管理办公室“陈佩佩”老师的身份，将刘某某（女，19 岁）骗至北京市大兴区庞各庄镇的北京中瑞酒店管理学院 1612 教室拍摄照片，后欲将刘某某带至北京天和假日酒店有限公司（小米假日酒店）客房，途中因刘某某产生怀疑并借故离开而未能得逞。刘某某于 2017 年 3 月 13 日报警，被告人王天宇于 2017 年 3 月 14 日被传唤到案。

被告人王天宇在开庭审理过程中对公诉机关的指控没有异议。

其辩护人的辩护意见为：第一，被告人王天宇的第二起犯罪事实不是犯罪未遂，而是犯罪预备；第二，被告人具有坦白情节，到案后立即如实交代了自己全部犯罪行为，配合侦查机关侦破本案；第三，被告人主动投案，应当认定为自首；第四，被告人父母积极赔偿了被害人，并取得其谅解；第五，被告人以非暴力的欺骗手段对被害人实施猥亵行为，主观恶性不深；第六，被害人的照片没有传播泄露，被告人猥亵妇女的目的只是满足自己不健康的心理欲望，没有利用照片再实施其他违法犯罪的意图和行为，综上，请求对被告人王天宇减轻处罚，让其早日回归学校。

本案因涉及个人隐私，为不公开开庭审理。法院经审理查明：2016 年 2 月份，被告人王天宇通过 QQ 虚构北京第二外国语学院中瑞酒店管理学院 2012 级“刘婧”的身份结识陈某（女，20 岁），后以开设性教育课程、配合调查问卷、奖励学分为由，于 2016 年 4 月 4 日 12 时许，将陈某骗至北京市大兴区庞各庄镇的北京天和假日酒店有限公司（小米假日酒店）客房 D03 房间内，让陈某穿着其事先准备的多套服装，使用道具黑色绑带对其拍摄暴露隐私部位的照片，并违背陈某意志以测量数据为由抠摸其胸部、阴部等部位，对其进行猥亵。

2017 年 3 月 12 日 13 时许，被告人王天宇再次通过微信虚构北京第二外国语学院中瑞酒店管理学院学生管理办公室“陈佩佩”老师的身份，将刘某某（女，19 岁）骗至北京市大兴区庞各庄镇的北京中瑞酒店管理学院 1612 教室拍摄照片，后欲将刘某某带至北京天和假日酒店有限公司（小米假日酒店）客房继续拍照，途中因刘某某产生怀疑后借故离开。刘某某于 2017 年 3 月 13 日报警，被告人王天宇于 2017 年 3 月 14 日 19 时被民警从学校传唤到案，到案后如实供述了上述主要事实。

【裁判结果】

北京市大兴区人民法院于 2017 年 9 月 11 日作出（2017）京 0115 刑初 1000 号判决：被告人王天宇犯强制猥亵妇女罪，判处有期徒刑一年二个月。

王天宇上诉称：王天宇在被公安机关查获照片后主动交代犯罪事实，应当认定为自首，从轻处罚。北京市第二中级人民法院于 2017 年 11 月 14 日作出（2017）京 02 刑终 607 号裁定，驳回上诉人王天宇的上诉，维持原判。

【裁判理由】

法院生效判决认为：被告人王天宇无视国法，为追求精神刺激满足其性欲，以开展性教育调查为由欺骗被害人致使产生错误认识，在被害人不知反抗的时候强制猥亵他人，其行为已构成强制猥亵罪，依法应予惩处。北京市大兴区人民检察院指控被告人王天宇犯强制猥亵罪的罪名成立，但其指控被告人王天宇对刘某某的行为系强制猥亵罪犯罪未遂一节，经查，被告人王天宇在教室为刘某某拍摄照片之后，在前往酒店途中刘某某借故离开，被告人王天宇尚未实施进一步行为，且在案证据不能确实充分证明被告人王天宇具有为满足其性刺激而实施强制猥亵刘某某的主观故意，因此，被告人王天宇针对刘某某的行为不构成强制猥亵罪。故检察院指控的该起事实系犯罪未遂，不予认定。

鉴于被告人经民警传唤到派出所后第一次讯问时如实供述其主要犯罪事实，且赔偿了被害人的经济损失并得到其谅解，依法从轻处罚。

关于被告人王天宇主动到案构成自首的辩护意见，经查，王天宇虽然在民警第一次讯问时供述主要犯罪事实，系如实供述自己罪行，但其系民警在学校内由老师电话联系其到学校，到达学校后未对民警如实交代犯罪事实，行为上不具有投案的主动性，故不符合自首的构成要件。

关于被告人王天宇主观恶性较小、危害后果较轻并请求减轻处罚的辩护意见，经查，被告人虽未采用暴力、胁迫手段强制猥亵被害人，但其行为具有预谋，蓄意假冒身份以进行性教育调查为手段欺骗被害人，致使被害人对其行为性质产生错误认识，违背被害人的真实意思实施强制猥亵行为，该手段属于暴力和胁迫以外其他使人难以反抗的手段，对被害人造成了伤害，其行为的主观恶性和危害后果较为严重，在量刑时酌情从重考虑。

【案例注解】

强制猥亵罪，是指以暴力、胁迫或者其他方法强制猥亵他人的行为。暴力手段是直接加之于被害人身体的有形强制，目的是排除反抗；胁迫手段主要是对被害人精神上的无形强制；其他手段，多是指行为人利用被害人患病、无性防卫能力、熟睡、醉酒等其他方法进行强制猥亵的行为。

本案中，检察院指控被告人的两次行为均构成强制猥亵罪，并且认定第二次行为构成强制猥亵罪的未遂。审理过程中，合议庭对于被告人行为的定性以及犯罪形态的认定也产生了分歧。最终经法院审理，认定被告人违背被害人意志强制猥亵作案一次。

一、被告人以欺骗的方式为被害人拍摄裸照的行为是否构成强制猥亵罪

本案中，合议庭就被告人在拍照过程中违背被害人意愿抠摸其阴部的行为构成强制猥亵罪均无异议，但关于被告人以欺骗的方式为被害人拍摄裸照的行为是否构成强制猥亵罪，合议庭产生了分歧。一种意见认为，被告人以欺骗的方式为他人拍摄裸照，其行为违背了他人的真实意愿，属于强制行为，拍摄裸照的行为也属于侵犯他人性自主权的行为之一，因此被告人的这种行为构成强制猥亵罪；另一种意见认为，被告人以欺骗方式为他人拍摄裸照，虽然违背了他人真实意愿，但是拍摄裸照的行为与通常意义上的猥亵行为如抠摸、搂抱等仍有区别，不应认定为侵犯他人性自主权的行为，因此该行为不构成强制猥亵罪。最终合议庭采纳了第二种意见，认为被告人的行为不能构成强制猥亵罪。理由如下：

强制猥亵罪中的强制猥亵行为是指侵犯他人按照自己的意志决定是否从事性行为的权利。

猥亵是一种受道德评价的行为，其本身不具有刑事可罚性。猥亵行为包含以下三个特征：第一，猥亵行为与性有关；第二，猥亵行为是自然性交之外的行为；第三，猥亵行为是违反正常的性道德观念的行为。判断一个行为是否构成猥亵，应当以现有社会已经形成的社会道德风尚为标准。之所以把某些猥亵行为纳入刑法的视野，主要在于它违背了他人的自由意志，对他人的人身权利造成了损害。强制猥亵是一种法律评价，“强制”是罪与非罪的界限。通说认为强制猥亵是侵犯被害人的性的自主权（或性的羞耻心）的行为。猥亵行为多为淫乱或下流的举动，司法实践中主要有鸡奸、兽奸、抠摸、舌舔、手淫、搂抱、剥光衣裤、显露生殖器、偷窥等表现形式。从具体的行为方式上看，大致可分为两类：一是侵犯人按照自己的意志决定是否从事性行为的权利，如鸡奸他人，强行抠摸等行为，这些性行为是指为了满足自己性需要的固定或不固定的性接触和性交，需要有实际的身体接触，仅凭语言或非身体接触的行为不能认定为从事性行为。每个人均有按照自己的意志决定自己的性行为的权利，即决定是否进行性行为，以及如何进行性行为（主要包括性行为的行为方式、对象、时间等因素）的权利。而上述行为无疑都侵犯了他人按照自己的意志从事性行为的权利。二是侵犯他人的性羞耻心的行为，如强迫他人观看其他人的性行为或生殖器，强行脱光他人衣裤，强行给他人拍裸照，偷窥、偷拍他人洗澡，或通过持续的淫秽下流的语言羞辱他人等行为。

实践中，哪种行为能够认定为强制猥亵罪中的猥亵行为呢？笔者认为应该是第一种行为。虽然他人按照自己的意志从事性行为的权利和他人的性的羞耻心都属于他人的性权利，但两者还是有一定区别，前者强调身体接触，侧重于对性的身体方面权利的保护，而后者则强调精神羞辱，侧重于对性的精神方面权利的保护。虽说侵犯他人从事性行为的权利的行为必然同时也侵犯了他人的性羞耻心，但侵犯他人性羞耻心的行为以强制手段实施时虽然可能同时侵犯了他人的人身自由权，却因缺少实际的身体接触，无法侵犯他人按照自己意志从事性行为的权利。

在本案中，被告人违背他人真实意愿，以欺骗的方式让被害人身着暴露服装为被害人拍摄裸照，但二人在拍照时并无身体上的实质接触，其行为属于侵犯其性羞耻心的行为，而非侵犯被害人按照自己的意志决定是否从事性行为，因此，被告人的该行为并不能构成强制猥亵罪。若是被害人自己认为受到了较大的人格侮辱或损害，情节严重被告人的行为可能被认定为强制侮辱罪。

二、被告人的第二次行为是否构成强制猥亵罪的其他未完成形态

公诉机关认为，被告人的第二次行为构成强制猥亵罪的未遂，因为被告人采用相同的欺骗手段准备对被害人实施拍摄裸照进而强制猥亵被害人，其已开始着手将被害人带至宾馆，表明已着手实施强制猥亵行为，仅因被害人及时识破离开现场这个意志以外的因素，使被告人的犯罪目的未能得逞。辩护人认为该行为构成强制猥亵罪的犯罪预备，只是在为强制猥亵行为准备条件。合议庭经过审查后认为，被告人第二次行为不构成强制猥亵罪的其他犯罪形态，因而不应认定为强制猥亵罪。

根据我国刑法总则的规定，原则上处罚犯罪预备、犯罪未遂与犯罪中止，但事实上犯罪预备、犯罪未遂与犯罪中止的处罚具有例外。换言之，许多犯罪的预备、未遂、中止行为的不法与责任没有达到值得科处刑罚的程度。但是，刑法分则对于哪些犯罪应当处罚犯罪预备、犯罪未遂与中止，又没有设立明文规定。所以，在司法实践中，我们必须实质性考察各种具体故意犯罪的特殊形态的可罚性。以犯罪未遂为例，应考察什么样的行为在未得逞的情况下，其行为的不法与责任达到了值得科处刑罚的程度。经考察发现以下三种情况：（1）罪质严重的未遂应当以犯罪未遂论处，如故意杀人未遂、抢劫未遂、强奸未遂等；（2）罪质一般的未遂，只有情节严重时，才能以犯罪未遂论处，如盗窃未遂、诈骗未遂等；（3）罪质轻微的未遂不以犯罪论处，如非法侵入住宅未遂、侵犯通信自由未遂等。一般来说，其中的罪质的轻重，取决于保护法益的重要程度。

本案中，被告人在教室为被害人拍摄照片之后，在前往酒店继续拍照的过程中，被害人借故离开，一是被告人尚未实施下一步行为，其供述自己的目的只是满足性刺激而拍摄裸照，拍摄裸照的行为不构成强制猥亵罪；二是在案证据并不能确实充分证明被告人具有为满足其性刺激而实施强制猥亵刘某某的主观故意；三是强制猥亵罪所侵犯的法益并非如故意杀人、抢劫等恶性犯罪严重，司法实践中对未遂的处罚极少；四是大多数情况下强制猥亵罪为行为犯，实施强制猥亵行为即既遂，很少有未遂这种犯罪形态的存在；五是即使结合被告人第一次的行为进行推测，其结果可能是抠摸被害人的隐私部位而没有其他更恶劣的猥亵行为，该行为的未遂行为的不法性是否应该受到苛责，仍需进一步商榷，并且这只是一种假设情况；六是实践中对于情节显著轻微的猥亵他人的行为，综合考虑暴力的程度、猥亵行为持续的时间、部位、对象、造成的结果等情节仍可不作为犯罪处理，那么被告人的上述行为尚未进行到猥亵他人的实际行为，当然存在不作为犯罪处理的空间；七是被告人的行为可能是强制猥亵罪的预备行为，但不能作为犯罪预备进行处罚，因为只有当行为人确实将实行某一特定犯罪、当某种犯罪预备行为发展必然造成重大或大量法益受到侵害、并实施了相应的预备行为时，才有必要处罚犯罪预备，被告人的行为尚未确实符合上述特征，综上，合议庭认定被告人针对刘某某实施的行为不构成强制猥亵罪，故检察院指控的该起事实系犯罪未遂以及辩护人认为的犯罪预备，法院均不予认定，但该次行为可作为量刑情节予以考虑。

综上，被告人王天宇为寻求刺激，违背他人意志，欺骗他人致使其在不知反抗的情况下实施了抠摸陈某阴部等处的猥亵行为，其行为已构成强制猥亵罪，故王天宇的行为构成强制猥亵罪，一、二审的结果是正确的。

（一审法院合议庭成员　黄淘涛　林树影　李景臣
二审法院合议庭成员　刘　硕　金昌伟　孙轶松
编写人　北京市大兴区人民法院　黄淘涛
责任编辑　周维明
审稿人　李玉萍）

原载《人民法院案例选》2019 年第 2 辑（总第 132 辑）

七、猥亵儿童罪

171. 张成龙猥亵儿童案
——通过网络方式强迫未成年人自行实施猥亵行为构成猥亵儿童罪

【关键词】

猥亵儿童罪　威胁　恐吓　网络　自行实施猥亵行为

【裁判要旨】

行为人为追求性刺激和性满足，通过网络QQ聊天等方式，在异地采取威胁、恐吓手段，强迫未成年人自行实施猥亵行为，并要求被害人将相关淫秽照片传送给其观赏的，应当以猥亵儿童罪定罪处罚。

【相关法条】

《中华人民共和国刑法》

第二百三十七条第一款、第三款　以暴力、胁迫或者其他方法强制猥亵他人或者侮辱妇女的，处五年以下有期徒刑或者拘役。

猥亵儿童的，依照前两款的规定从重处罚。

【案件索引】

一审：广西壮族自治区南宁市西乡塘区人民法院（2014）西刑初字第338号（2014年11月18日）

二审：广西壮族自治区南宁市中级人民法院（2015）南市刑一终字第93号（2015年10月29日）

【基本案情】

广西壮族自治区南宁市西乡塘区人民检察院以被告人张成龙犯猥亵儿童罪，向广西壮族自治区南宁市西乡塘区人民法院提起公诉。

被告人张成龙的辩护人提出，张成龙只构成侮辱罪，而不构成猥亵儿童罪。

法院经审理查明：2013 年 3 月份，被告人张成龙上网时在百度贴吧浏览了被害人刘某某的个人照片和身份信息后，以公布刘的个人私密照片、信息至刘某某在读学校贴吧及告知家长等方式，对刘某某进行威胁恐吓，要求刘某某自拍裸照并通过 QQ 传送给其观赏。其间，张成龙还以 QQ 聊天方式威胁、强迫被害人实施猥亵行为，并要求被害人将该相关自拍裸照通过 QQ 传送给其观赏。在张成龙的威胁恐吓下，自 2013 年 3 月至 7 月，被害人传送近千张个人裸露生殖器及自行实施猥亵的淫秽照片至张成龙的 QQ 上。后因被害人不愿意继续提供裸露照片，张成龙则以网名将其掌握的部分被害人裸露照片，通过网络发布于被害人在读学校贴吧、百度贴吧以及张成龙的百度个人主页（未设密）上。

【裁判结果】

广西壮族自治区南宁市西乡塘区人民法院于 2014 年 11 月 18 日作出（2014）西刑初字第 338 号刑事判决：被告人张成龙犯猥亵儿童罪，判处有期徒刑三年；犯侮辱罪，判处有期徒刑一年六个月，决定执行有期徒刑四年。宣判后，张成龙以其行为不构成猥亵儿童罪为由，提出上诉。

广西壮族自治区南宁市中级人民法院于 2015 年 10 月 29 日作出（2015）南市刑一终字第 93 号刑事判决：撤销广西壮族自治区南宁市西乡塘区人民法院（2014）西刑初字第 338 号刑事判决，以猥亵儿童罪判处被告人张成龙有期徒刑三年。

【裁判理由】

法院生效裁判认为：被告人张成龙为满足个人性刺激，通过 QQ 聊天方式威胁女童自行实施猥亵行为，并将相关自拍裸露生殖器及自行实施猥亵的裸露照片传送给其观赏，其行为已构成猥亵儿童罪。张成龙为继续实施猥亵儿童犯罪，以通过网络传播被害人裸照的方式，公然侮辱被害人人格，情节严重，其行为亦构成侮辱罪。鉴于张成龙侮辱他人的犯罪行为与其猥亵儿童的犯罪行为存在牵连关系，属牵连犯，依法应择一重罪对其定罪处罚，即应以猥亵儿童罪追究其刑事责任。

关于张成龙提出其不构成猥亵儿童罪的上诉理由及其辩护人提出的相同辩护意见，经查，猥亵儿童罪，是指猥亵不满 14 周岁儿童的行为。在犯罪客观方面，既包括行为人对被害儿童直接实施猥亵行为，也包括强迫被害人自行实施猥亵行为。在案证据证实，上诉人张成龙威胁强制被害人自行实施猥亵行为并自拍不雅照片传送给其观赏的行为，完全符合猥亵儿童罪的犯罪构成要件，据此，应当以猥亵儿童罪对其定罪处罚。因此，张成龙上诉提出的其仅是威胁被害人向其上传裸照，没有与被害人有直接的身体接触，其行为不构成猥亵儿童罪的理由，以及辩护人所提的相同辩护意见，既与查明的事实不符，也没有充足的法律依据，不予采纳。

鉴于上诉人张成龙的猥亵儿童犯罪系通过网络威胁被害人自行实施猥亵行为，与行为人身体上有直接接触的猥亵犯罪行为有所区别，其归案后能对犯罪事实供认不讳，且能当庭自愿认罪，故决定对其予以从轻处罚，并作出前述判决。

【案例注解】

对于被告人张成龙的行为是否构成猥亵儿童罪，存在两种意见：一种意见认为，司法实践中，猥亵儿童的方法主要有抠摸、搂抱、鸡奸和让儿童为其口淫、手淫等，被告人应与儿童存在直接的身体接触。本案被告人通过网络威胁被害人自行实施猥亵行为，被告人与被害人没有直接的身体接触，不能认定其行为构成猥亵儿童罪。另一种意见认为，被告人张成龙通过网络威胁被害人自行实施猥亵行为，虽没有与被害人有直接的身体接触，但仍符合猥亵儿童罪的构成要件，其行为构成猥亵儿童罪。笔者同意第二种意见，具体分析如下：

本案争议的焦点在于行为人并未与儿童有直接的身体接触，其行为是否属于猥亵儿童罪中的猥亵行为，即犯罪客观方面的问题。关于猥亵儿童罪中的猥亵行为，通常表现为以下情形：（1）直接对儿童实施猥亵行为；（2）让儿童对行为人或者他人实施猥亵行为；（3）强迫儿童自行实施猥亵行为等。[①] 司法实践中，猥亵儿童的方法通常表现为抠摸、搂抱、鸡奸、口淫、手淫等，但并不要求行为人与被害儿童间必须有直接的身体接触，或处于同一个可接触空间内。[②] 例如，在同一空间（比如在某一房间内）让儿童对他人实施摸弄生殖器等猥亵行为，或者让儿童自行实施手淫等猥亵行为，即行为人与被害儿童之间不存在直接的身体接触。据此，行为人通过网络（如 QQ 聊天、视频、微信等）这种能大大拉近彼此间时空距离的方式强迫被害儿童自行实施猥亵行为，因其采取的亦是抠摸、搂抱、鸡奸、口淫、手淫等下流淫秽方法（只是由被害儿童自行实施而已，即借助被害儿童的手实施该淫秽行为），亦属于强迫儿童自行实施猥亵行为。也就是说，猥亵儿童行为亦可表现为通过网络方式强迫被害儿童自行实施猥亵行为。因此，在本案中，张成龙通过 QQ 聊天方式发送图片，威胁被害人按照其所发图片动作进行模仿的行为，属于通过网络（如 QQ 聊天、视频、微信等）方式强迫被害儿童自行实施猥亵行为。

---

① 张明楷：《刑法学》，北京大学出版社 2006 年版。该著作将“针对妇女实施”的猥亵行为归纳为以下情形：一是直接对妇女实施猥亵行为，或者迫使妇女容忍行为人或者第三人对之实施猥亵行为；二是迫使妇女对行为人或者第三者实施猥亵行为；三是强迫妇女自行实施猥亵行为；四是强迫妇女观看他人的猥亵行为。另参见张明楷主编：《刑法学》，法律出版社 2011 年版。该著作对“针对妇女实施”的猥亵行为归纳为以下情形：一是直接对妇女实施猥亵行为，或者迫使妇女容忍行为人或者第三人对之实施猥亵行为（如强行抠摸妇女阴部，强行捏摸妇女乳房，强行脱光妇女衣裤，强行与妇女接吻、搂抱等）；二是迫使妇女对行为人或者第三者实施猥亵行为（如强迫妇女为行为人或第三者手淫）；三是强迫妇女自行实施猥亵行为（如当场强迫妇女本人手淫、当场强迫妇女捏摸自己的乳房等）；四是强迫妇女观看他人的猥亵行为（如强迫妇女观看男性的鸡奸活动，强迫妇女观看男性阴部等）。

② 周道鸾、张军：《刑法罪名精释》，人民法院出版社 2007 年版。该著作在精释猥亵儿童罪一节，提出猥亵儿童的客观方面表现为以淫秽下流的方法猥亵儿童的行为，并进一步提出，从司法实践看，猥亵儿童的方法主要有抠摸、搂抱、鸡奸和让儿童为其口淫、手淫等，但并未明确猥亵儿童在客观方面须被告人与被害人有直接的身体接触，也不能根据《刑法》关于猥亵儿童罪的规定，当然推导出构成猥亵儿童罪须被告人与被害儿童间有直接的身体接触，否则不构成猥亵儿童罪的结论。

综上所述，张成龙的行为符合猥亵儿童犯罪的构成要件，应当以猥亵儿童罪对其定罪处罚。

（一审法院合议庭成员　李　密　黄　润　何曼玲
二审法院合议庭成员　梁锦康　欧阳杰　刘　胜
编写人　广西壮族自治区南宁市中级人民法院　欧阳杰
责任编辑　周维明
审稿人　沈　亮）

原载《人民法院案例选》2017 年第 3 辑（总第 109 辑）

八、非法拘禁罪

172. 伏少鹏等故意杀人、组织、领导传销活动、非法拘禁案

——非法拘禁罪中暴力致死的处理

【关键词】

刑事　转化　因果关系　帮助犯　主观拟制

【裁判要旨】

非法拘禁罪中使用暴力致人伤亡的，依照故意杀人或故意伤害罪定罪处罚，属于法律的拟制性规定，除却行为要素与结果要素外并无对主观犯意的要求，因此，该拟制之目的在于无视行为人使用暴力时的犯意而仅以使用暴力行为造成“伤”还是“亡”的结果来确定转化成故意伤害罪还是故意杀人罪。在转化主体的选择上以行为人使用暴力与造成伤亡结果间存在因果关系来确认，而对帮助犯则应考虑其帮助行为是否超出非法拘禁罪规制范畴，并非一律转化。

【相关法条】

《中华人民共和国刑法》

第二百三十八条第一款、第二款　非法拘禁他人或者以其他方法非法剥夺他人人身自由的，处三年以下有期徒刑、拘役、管制或者剥夺政治权利。具有殴打、侮辱情节的，从重处罚。

犯前款罪，致人重伤的，处三年以上十年以下有期徒刑；致人死亡的，处十年以上有期徒刑。使用暴力致人伤残、死亡的，依照本法第二百三十四条、第二百三十二条的规定定罪处罚。

【案件索引】

一审：江西省宜春市中级人民法院（2018）赣09刑初7号（2018年6月13日）

二审：江西省高级人民法院（2018）赣刑终239号（2018年11月5日）

【基本案情】

江西省宜春市人民检察院指控：被告人伏少鹏、范普、杲将、李天一、李佐荃、祝大光组织、领导以推销产品为名，要求参加者购买产品获得加入资格，并按照一定顺序组成三级以上层级，直接或间接以发展人员的数量作为计酬或返利依据，引诱、胁迫参加者继续发展人员参加，骗取财物，组织参与传销活动人员达30人以上，扰乱经济社会秩序，其行为触犯了《刑法》第二百二十四条之一的规定，应当以组织、领导传销活动罪追究其刑事责任。

被告人伏少鹏、范普、祝大光、史辉、李零、员二琪、张鸿玉、苏耀钦、张星星、张帆为迫使被害人杨某加入传销组织，非法拘禁被害人杨某，其中被告人祝大光、史辉、李零、员二琪、张鸿玉、苏耀钦受被告人伏少鹏、范普指使对被害人杨某进行暴力殴打并致其死亡，其行为触犯了《刑法》第二百三十八条第一款、第二款和第二百三十二条的规定，应当分别以故意杀人罪追究被告人伏少鹏、范普、祝大光、史辉、李零、员二琪、张鸿玉、苏耀钦的刑事责任，以非法拘禁罪追究被告人张星星、张帆的刑事责任。在故意杀人的共同犯罪中，被告人伏少鹏、范普、祝大光、史辉、李零系主犯，同时适用《刑法》第二十五条第一款、第二十六条第一款的规定；被告人员二琪、张鸿玉、苏耀钦系从犯，同时适用《刑法》第二十五条第一款、第二十七条的规定。

被告人杲将、闫振宇、胡云操明知所在的传销组织对被骗入窝点的人会限制人身自由并实施殴打迫使加入传销活动的情况下，将被害人杨某骗至宜春的传销窝点，其行为触犯了《刑法》第二百三十八条第一款的规定，应当以非法拘禁罪追究其刑事责任。

被告人张帆、张星星明知所在的传销组织对被骗入窝点的人会限制人身自由并实施殴打迫使加入传销活动的情况下，分别将被害人王某某、贺某骗至宜春的传销窝点，被告人伏少鹏指使被告人杲将、闫振宇等人对被害人王某某、贺某实施非法拘禁和殴打，其行为触犯了《刑法》第二百三十八条第一款的规定，应当以非法拘禁罪追究其刑事责任。

被告人伏少鹏、范普、杲将、李天一、李佐荃、祝大光共同构成组织、领导传销活动罪；被告人伏少鹏、杲将、闫振宇、胡云操、张帆、张星星共同构成非法拘禁罪，同时适用《刑法》第二十五条第一款。被告人伏少鹏、范普、祝大光、杲将一人犯数罪，同时适用《刑法》第六十九条的规定。提请法院依法判处。

附带民事诉讼原告人诉称：请求法院依法追究被告人伏少鹏、范普、祝大光、史辉、李零、员二琪、张鸿玉、苏耀钦故意杀人罪的刑事责任，请求法院依法追究被告人张星星、张帆、杲将、闫振宇、胡云操非法拘禁罪的刑事责任，并依法判令各被告人赔偿给其死亡赔偿金、丧葬费、精神损害费、交通费等共计120万元。

被告人伏少鹏等人辩称：（1）其犯罪是受到上级胡海洋的指示和威胁，将被害人骗至宜春传销窝点的决定是胡海洋作出、协调安排的。（2）对新人的7日流程是传销组织规定的，主要是体罚、骂人和限制自由，没有殴打的故意。（3）另附带民事诉讼原告人的诉讼请求金额偏高，其中精神损害抚慰金、死亡赔偿金、交通费不合理等。

被告人伏少鹏等人的辩护人的辩护意见：（1）被告人不是传销组织的头目，其在组织、领导传销活动中系从犯，应当从轻、减轻或免除处罚；（2）被害人杨某的死亡是综合原因造成的。被告人主观上没有剥夺他人生命的故意，客观上没有实施剥夺他人生命的行为，其行为不构成故意杀人罪；（3）被告人如实交代自己的罪行，有悔罪表现，认罪态度较好；（4）被告人愿意赔偿被害人家属的经济损失，可酌情从轻处罚；（5）被告人也是传销组织的受害者；（6）附带民事诉讼原告人诉请金额明显偏高等。

法院经审理查明：2014年至2016年，被告人伏少鹏、祝大光、李佐荃、范普、杲将、李天一经他人介绍先后加入以推销“天津天狮生物发展有限公司”产品（实际无产品）为幌子的传销组织。该传销组织以拉人头方式发展下线，形成了业务员、管家、主任、大主任、业务经理、业务总管的层级管理模式，以介绍工作、合伙经营生意等名义将被害人诱骗到传销窝点，通过上课洗脑、非法拘禁、暴力殴打等方式诱骗、胁迫被害人购买传销“产品”，变相交纳费用，加入传销组织。至案发时，被告人李佐荃、范普、杲将、李天一均系该组织的主任，且在大主任被告人伏少鹏的带领下在宜春各管理一个传销窝点；被告人祝大光则在另一大主任王亚楠（另案处理）的带领下在宜春负责管理一个传销窝点。被告人杲将和闫振宇分别作为传销组织的主任和管家，安排其窝点内的被告人胡云操积极为组织发展下线。胡云操在明知新人进入传销窝点后会遭到非法拘禁，仍于2017年2月26日将被害人杨某骗至宜春。大主任被告人伏少鹏得知杨某来宜春后，安排主任被告人范普接管杨某，并安排被告人祝大光给杨某“立规矩”和“撕面子”。范普通过管家被告人史辉安排被告人李零担任“黑脸”负责恐吓杨某、被告人张星星担任“师傅”负责看管杨某、窝点内其余业务员听史辉安排进行配合，并让李零、胡云操将杨某带至其所管理的传销窝点（位于宜春市贸易广场菜市场附近豪德花苑A栋701室）。杨某进入该窝点后，李零等人立即对杨某进行人身控制，并开始对其进行威胁、恐吓、按压、殴打。在此后的几天里，杨某被被告人员二琪、张鸿玉、苏耀钦、李零、张星星轮流看守，并多次遭到祝大光、史辉、李零、张鸿玉、员二琪、苏耀钦的暴力殴打，在他们殴打杨某的过程中，周冬亮、曾松、孙雷、刘洋（均另案处理）、张星星帮忙按住杨某的手脚使其无法反抗。范普认为杨某不老实而对杨某扇过耳光和朝其脸上泼过水。被告人张帆则充当“红脸”，会在杨某遭受到殴打后对其进行情绪安抚。此外，范普作为该窝点负责人每天会听取史辉对杨某的情况汇报，并向大主任伏少鹏进行汇报。3月2日，杨某在下午连续遭到祝大光、史辉、李零、员二琪、张鸿玉、苏耀钦的暴力殴打后，于当晚7时许开始昏迷，后经送医院抢救无效死亡。伏少鹏得知杨某死亡消息后，当晚立即安排范普等人将传销窝点所有人员转移躲藏。经法医鉴定，杨某系钝性暴力反复打击导致创伤性休克及急性肾功能衰竭而死亡。

【裁判结果】

江西省宜春市中级人民法院于2018年6月13日作出（2018）赣09刑初7号刑事附带民事判决：一、被告人伏少鹏犯故意杀人罪，判处无期徒刑，剥夺政治权利终身；犯组织、领导传销活动罪，判处有期徒刑五年，并处罚金1万元；犯非法拘禁罪，判处有期徒刑三年。决定执行无期徒刑，剥夺政治权利终身，并处罚金1万元。二、被告人祝大光犯故意杀人罪，判处无期徒刑，剥夺政治权利终身；犯组织、领导传销活动罪，判处有期徒刑三年，并处罚金5000元。决定执行无期徒刑，剥夺政治权利终身，并处罚金5000元。三、被告人范普犯故意杀人罪，判处有期徒刑十四年，剥夺政治权利二年；犯组织、领导传销活动罪，判处有期徒刑三年，并处罚金5000元。决定执行有期徒刑十六年，剥夺政治权利二年，并处罚金5000元。四、被告人李零犯故意杀人罪，判处有期徒刑十四年，剥夺政治权利二年。五、被告人史辉犯故意杀人罪，判处有期徒刑十三年，剥夺政治权利二年。六、被告人员二琪犯故意杀人罪，判处有期徒刑六年。七、被告人张鸿玉犯故意杀人罪，判处有期徒刑五年。八、被告人杲将犯组织、领导传销活动罪，判处有期徒刑三年，并处罚金5000元；犯非法拘禁罪，判处有期徒刑二年，决定执行有期徒刑四年，并处罚金5000元。九、被告人苏耀钦犯故意杀人罪，判处有期徒刑四年。十、被告人李天一犯组织、领导传销活动罪，判处有期徒刑三年，并处罚金5000元。十一、被告人李佐荃犯组织、领导传销活动罪，判处有期徒刑三年，并处罚金5000元。十二、被告人张帆犯非法拘禁罪，判处有期徒刑二年。十三、被告人闫振宇犯非法拘禁罪，判处有期徒刑二年。十四、被告人张星星犯非法拘禁罪，判处有期徒刑一年零六个月。十五、被告人胡云操犯非法拘禁罪，判处有期徒刑一年六个月。十六、被告人伏少鹏、杲将、李零、员二琪、苏耀钦、张帆、闫振宇、胡云操连带赔偿附带民事诉讼原告人经济损失23836.9元。

宣判后，杨成元等人不服原审判决，提起上诉。江西省高级人民法院于2018年11月5日作出（2018）赣刑终239号刑事附带民事裁定：驳回上诉，维持原判。

【裁判理由】

法院生效裁判认为：上诉人伏少鹏、范普、杲将、李天一、李佐荃、祝大光组织、领导以推销产品为名，要求参加者购买产品获得加入资格，并按照一定顺序组成三级以上层级，直接或间接以发展人员的数量作为计酬或返利依据，引诱、胁迫参加者继续发展他人参加传销组织，骗取财物，扰乱经济社会秩序，其行为均已构成组织、领导传销活动罪。上诉人伏少鹏、范普、祝大光、史辉、李零、员二琪、张鸿玉、苏耀钦、张帆、原审被告人张星星为迫使被害人杨某加入传销组织，非法拘禁杨某，其中祝大光、史辉、李零、员二琪、张鸿玉、苏耀钦受伏少鹏、范普指使对杨某进行暴力殴打并致其死亡，伏少鹏、范普、祝大光、史辉、李零、员二琪、张鸿玉、苏耀钦的行为均已构成故意杀人罪，张帆、张星星的行为均已构成非法拘禁罪。上诉人杲将、闫振宇、原审被告人胡云操明知所在的传销组织对被骗入窝点的人会限制人身自由并实施殴打的情况下，将被害人杨某骗至宜春的传销窝点；上诉人张帆、原审被告人张星星明知所在的传销组织对被骗入窝点的人会限制人身自由并实施殴打的情况下，分别将被害人王某某、贺某骗至宜春的传销窝点，伏少鹏指使杲将、闫振宇等人对王某某、贺某实施非法拘禁和殴打，伏少鹏、杲将、闫振宇、胡云操、张帆、张星星均已构成非法拘禁罪。上诉人伏少鹏、祝大光、范普、杲将一人犯数罪，依法应当数罪并罚。

【案例注解】

《刑法》第二百三十八条（非法拘禁）第二款规定：犯前款罪，致人重伤的，处三年以上十年以下有期徒刑；致人死亡的，处十年以上有期徒刑。使用暴力致人伤残、死亡的，依照本法第二百三十四条（故意伤害罪）、第二百三十二条（故意杀人罪）的规定定罪处罚。根据该规定，在非法拘禁罪这一基本罪名下，若出现使用暴力致人伤亡之特定情节时，法律将该行为拟制为故意伤害或故意杀人，从而满足罪刑相适应的实质正义要求。

一、转化前提——“暴力”与“伤亡”间具有因果关系

从条文规定本身来看，在非法拘禁中有三种情形：一是非法剥夺他人人身自由的成立非法拘禁罪，其中具有侮辱、殴打情节的从重处罚；二是犯前款罪，致人伤亡的，以非法拘禁罪定罪，但提高了量刑幅度；三是使用暴力致人伤亡的，转化为故意杀人罪或故意伤害罪。可见，在非法拘禁罪的射程中是允许包含殴打这一暴力行为的，也允许包含致人伤亡这一结果，即单一暴力行为或单一伤亡结果均不会引发罪质的转化，而只有既具有使用暴力（当然该暴力不再限于殴打）这一行为又造成伤亡这一结果时，才可能引发罪质的转化。而行为与结果间，法条中用的是“致”之一字，根据字义解释，致字含有导致、招致之意，在法律中体现前后因素间存在因果关系。故笔者认为，本罪成立转化的前提在于所使用的“暴力”与发生的“伤亡”结果间存在“致”的因果关系。具体到本案中，被害人系钝性暴力反复打击导致创伤性休克及急性肾功能衰竭而死亡。从“反复打击”来看，被害人在长达6天的时间里被多人多次殴打，实施打击行为的各被告人的打击行为均系反复打击中的一部分，与死亡结果存在因果关系。因此，在本案中虽然各被告人实施的殴打行为在力度和强度上存在不同，但均属于致死暴力中的一部分，故并不能以某一人实施的殴打行为较轻来否认其成为转化中的“暴力”的事实。要明确的是，若是某一暴力系直接致死原因，那么对于其他殴打行为并不宜全部作为转化中的“暴力”。

二、转化主体——帮助行为未超基本罪范畴不宜转化

从法条规定本身来看，转化的主体应当为“使用暴力”者，那么以非法拘禁罪中最常见的暴力——殴打为例，在共同犯罪中可能存在四类人员：一是指使他人实施殴打行为的人，二是实际上实施殴打行为的人，三是为他人实施殴打行为提供帮助的人，四是未参与殴打行为的人。其中第四类人明显不属于使用暴力者，而第二类作为实行犯当然为使用暴力者，争议多在第一类与第三类人是否可以成为使用暴力者上。首先，我们来看第一类人，此类人多在共同犯罪中具有较高地位，居指挥领导地位，是使用“使用暴力者”来达到使用暴力后效果的人，“使用暴力者”作为其使用的一种“暴力”形式存在，因此应当认定其为暴力的使用者，进而成为转化主体。其次，我们来看第三类人，此类人多在共同犯罪中具有从属地位，为他人实施殴打提供一定帮助或便利，常作为帮助犯存在。这类人与第四类人的差别在于在殴打过程中有参与行为，多表现为限制被殴打者的人身自由。正如前文所说，成为转化的前提为行为人的行为（暴力）与伤亡结果存在因果关系，而这种因果关系应当为较为直接的因果关系，因为在转化类犯罪中，在其基本罪情况下本就存在着共同犯罪情形，而在基本罪共同犯罪的基础上再成立转化后的共同犯罪时，应当充分考虑到是否超过基本罪的规制范畴。就本案来看，在各被告人殴打被害人时，被告人张星星及周冬亮、曾松、孙雷、刘洋（均另案处理）帮忙按住被害人的手脚使其无法反抗，由于各被告人的殴打行为并未明显超过非法拘禁中的殴打这一暴力限度，帮助者的行为尚在非法拘禁罪所蕴含的暴力程度内，最重要的在于该行为并非与死亡结果有因果关系的“打击”行为，因此此类人员不宜成为转化主体。

三、转化结果——主观拟制下以行为结果确定转化后罪名

从条文规定本身来看，“使用暴力致人伤残或死亡的”涵盖了“使用暴力”这一行为要素与“致人伤残或死亡”这一结果要素，与故意伤害罪或故意杀人罪的条文相比，缺少对主观犯意的规定，可见本条款的拟制在于对主观的拟制，即只要行为人在非法拘禁过程中，使用暴力致人伤亡即转化为故意伤害罪或故意杀人罪，而无论其主观犯意如何。转化是在符合基本罪的情况下进行，因此就主观犯意来说，非法拘禁罪的主观犯意为非法剥夺他人人身自由，而非追求或放任伤亡结果，或许在实施殴打行为时可能蕴含造成他人人身损害的犯意，但必然不存在追求或放任他人死亡的犯意，否则无须按本条款之拟制而直接适用故意杀人罪即可。故而，在法律拟制系主观拟制下，行为人实施行为时的主观要素不再成为拟制后罪名的必要构成要件。因此，是构成故意伤害罪还是故意杀人罪，应当按照造成他人“伤残”还是“死亡”的结果来确定。本案中，各被告人使用暴力的行为造成了被害人的死亡，那么本案就应当转化为故意杀人罪，而不论各被告人在使用暴力（殴打）时的犯意是伤害还是杀害。

当然，法律拟制将非法拘禁过程中使用暴力致人伤亡以故意杀人或故意伤害罪定罪处罚，目的在于罪刑相适应原则的适用，对于非法拘禁罪中拟制前后各被告人的量刑，在明确定罪的情况下，仍应从量刑上来平衡各被告人在剥夺人身自由及造成人员伤亡中所起作用大小的不同。

（一审法院合议庭成员　雷珑婕　李湘宜　刘思婷
二审法院合议庭成员　黄　河　赵进发　陈荣华
编写人　江西省宜春市中级人民法院　刘思婷　李湘宜　管俊兵
责任编辑　周维明
审稿人　李玉萍）

原载《人民法院案例选》2019 年第 1 辑（总第 131 辑）

九、绑　架　罪

173. 丁伟元绑架案

——为寻找他人而挟持儿童作为人质行为的定性

【关键词】

刑事　绑架罪　非法拘禁罪　人质　主观目的

【裁判要旨】

行为人将儿童作为人质，利用人质近亲属对人质人身安危的担忧而迫使其交出第三人的行为应定性为绑架罪。

【相关法条】

《中华人民共和国刑法》

第二百三十八条　非法拘禁他人或者以其他方法非法剥夺他人人身自由的，处三年以下有期徒刑、拘役、管制或者剥夺政治权利。具有殴打、侮辱情节的，从重处罚。

犯前款罪，致人重伤的，处三年以上十年以下有期徒刑；致人死亡的，处十年以上有期徒刑；使用暴力致人伤残、死亡的，依照本法第二百三十四条、第二百三十二条的规定定罪处罚。

为索取债务非法扣押、拘禁他人的，依照前两款的规定处罚。

国家机关工作人员利用职权犯前三款罪的，依照前三款的规定从重处罚。

第二百三十九条　以勒索财物为目的绑架他人的，或者绑架他人作为人质的，处十年以上有期徒刑或者无期徒刑，并处罚金或者没收财产；情节较轻的，处五年以上十年以下有期徒刑，并处罚金。

犯前款罪，杀害被绑架人的，或者故意伤害被绑架人，致人重伤、死亡的，处无期徒刑或者死刑，并处没收财产。

以勒索财物为目的偷盗婴幼儿的，依照前两款的规定处罚。

第二百六十二条　拐骗不满十四周岁的未成年人，脱离家庭或者监护人的，处五年以下有期徒刑或者拘役。

【案件索引】

一审：安徽省阜阳市颍州区人民法院（2018）皖 1202 刑初 58 号（2018 年 3 月 27 日）

二审：安徽省阜阳市中级人民法院（2018）皖 12 刑终 192 号（2018 年 6 月 20 日）

【基本案情】

安徽省阜阳市颍州区人民检察院指控：2017 年 4 月 28 日中午 12 时许，被告人丁伟元以外出吃饭为由，将被害人李某甲从家中骗走，后带到丁伟元位于颍东区正午镇的老家，并于第二天带至阜阳市火车站附近蓝天旅馆 116 房间。期间丁伟元多次用语言威胁恐吓李某甲，让其听从安排不要乱说话，并多次打电话要挟其家人三天之内交出李某甲姑姑（丁伟元前妻）。

被告人丁伟元对起诉书指控的犯罪事实不持异议，对罪名持有异议，认为其不是绑架。辩护人提出的辩护意见是：对本案的犯罪事实没有异议，但认为被告人的行为不符合暴力、胁迫和以其他方式对被害人控制和限制人身自由，被害人案发时候可以正常玩耍，同时也有逃走的机会。应定拐骗儿童罪。

法院经审理查明：2017 年 4 月 28 日 12 时许，被告人丁伟元以外出吃饭为由，将被害人李某甲（丁伟元前妻李某乙的侄女，2007 年 1 月 4 日出生）从家中骗走，后将其带到丁伟元位于阜阳市颍东区正午镇的朋友王某某家中住了一晚，并于第二天带至阜阳市火车站附近蓝天旅馆 116 房间。期间丁伟元多次用语言威胁恐吓李某甲，让其听从安排不要乱说话，并多次打电话要挟其家人三日之内交出李某乙。阜阳市公安局颍州分局刑警大队接到报警后于次日 18 时许将丁伟元抓获。

阜阳市颍州区人民法院认为，被告人丁伟元离婚后为实现与前妻李某乙见面的目的，利用其与被害人的亲属关系及被害人年龄尚小、自我保护能力弱不敢反抗的特点，以哄骗、暴力威胁等手段控制李某甲，并利用李某甲近亲属对李某甲安危的忧虑，多次电话联系李某甲家人要求交出李某乙，其行为已构成绑架罪。鉴于丁伟元的绑架行为因家庭纠纷引起，在对被害人李某甲进行人身控制时没有殴打等恶劣情节，依法可以对其酌情从轻处罚。依照《刑法》第二百三十九条第一款、第五十二条、第五十三条之规定，以绑架罪判处被告人丁伟元有期徒刑五年，并处罚金人民币 1 万元。

一审宣判后，丁伟元以原判定性错误，量刑太重提出上诉。理由是：他采用欺骗手段将被害人从家中带走，使其脱离了家庭和监护人的看管，但并未严格意义上剥夺被害人的人身自由，也未采取暴力方式对被害人实施人身控制，被害人在案发时可以正常玩耍，也有逃走的机会；他没有向被害人的家人勒索财物，提出与前妻见面的要求也不属于非法要求，故不构成绑架罪，应当以拐骗儿童罪定罪处罚。

辩护人认为，本案因家庭纠纷引发，丁伟元将被害人带离家中的目的是让前妻回来而非勒索财物，虽然实施了限制被害人人身自由的行为，但是没有实施暴力，主观恶性小，应当定性为非法拘禁罪，建议二审法院依法改判。

阜阳市中级人民法院经二审审理查明，丁伟元在控制李某甲人身自由期间，除多次使用语言威胁外，还拿出匕首对其进行恐吓。关于丁伟元的其他犯罪事实同一审一致。

【裁判结果】

安徽省阜阳市中级人民法院于2018年6月20日作出（2018）皖12刑终192号刑事裁定：驳回上诉，维持原判。

【裁判理由】

法院生效裁判认为：丁伟元将被害人李某甲从家中骗走，对李某甲实施人身控制，不仅非法剥夺了李某甲的人身自由，而且利用李某甲家人对李某甲人身安危的担忧，多次威胁李某甲家人交出李某乙，其行为符合“人质型”绑架罪的犯罪构成。原判认定事实清楚，定罪准确，鉴于本案系家庭矛盾引发、丁伟元主观恶性较小、对被害人没有实施殴打等恶劣情节，对丁伟元已经从轻处罚，量刑适当。

【案例注解】

一、争议焦点

本案事实清楚，争议焦点集中于为寻找他人而挟持儿童作为人质行为的定性。对此，二审合议庭有两种不同意见，具体阐述如下：

（一）合议庭第一种意见认为，丁伟元的行为应当定性为非法拘禁罪，理由是：绑架犯罪往往是以勒索巨额赎金或者重大不法要求为目的，使用手段的极端性和索取不法要求的重要性是典型绑架犯罪的行为特征。我国刑法规定绑架罪的起点量刑为五年以上有期徒刑，而非法拘禁罪为三年以下。从立法本意来看，基于绑架罪的社会危害性远远大于非法拘禁罪，故规定了绑架罪的较高处刑。对此，应当严格限制对绑架罪客观行为的理解和认定，以体现罪刑相适应原则。如果一些情节比较轻微的绑架，不具有与绑架罪严厉评价相当的不法程度，如行为人扣押人质，只是索取少量财物或者提出其他轻微不法要求，不宜认定为绑架罪。[①] 本案中，丁伟元与被害人李某甲曾系亲属关系，当事人之间关系相对特殊；丁伟元因找不到前妻李某乙而将李某甲哄骗带走，威胁李某甲家人让李某乙回来与其见面，系因婚姻家庭纠纷引发的矛盾，提出的要求也不属重大不法要求；在对李某甲实施人身控制时，只是采取威胁恐吓的手段，并未实际造成李某甲的人身伤害；在限制人身自由方面，丁伟元将李某甲与自己的女儿丁某一块带至其朋友家及宾馆，期间自己均外出过，并未采取暴力或过激的手段，属于低强度的限制人身自由。综上，本案不具有与绑架罪相当的社会危害程度，应当以非法拘禁罪定罪处罚。

（二）合议庭第二种意见认为，丁伟元的行为应当定性为绑架罪，理由是：首先，我国刑法对“人质型”绑架罪的主观构成要件没有明确限制，没有要求构成该罪必须具有勒索财物以外其他不法要求的主观目的，甚至是重大不法要求；其次，“人质型”绑架罪侵犯的法益远远大于非法拘禁罪。非法拘禁罪侵犯的权益较窄，仅为侵犯被害人的人身自由权，而“人质型”绑架罪还同时侵犯他人的意思自决权等其他权益。本案中，丁伟元不仅限制了李某甲的人身自由，而且以李某甲的人身安全威胁其他人，迫使他人满足自己提出的条件以达到自己的目的。因此，本案定性为绑架罪较为适当。

---

① 张明楷：《刑法学》（第五版），法律出版社2016年版，第889页。

二、法理分析

笔者同意合议庭第二种意见，具体分析如下：

（一）“人质型”绑架罪与拐骗儿童罪的区别

按照《刑法》的规定，绑架他人作为人质的构成“人质型”绑架罪；拐骗儿童罪则是指拐骗不满 14 周岁的未成年人，使其脱离家庭或者监护人的行为。拐骗的手段主要表现为蒙骗、利诱等，将儿童偷走、抢走的行为也构成本罪。[①] 两罪在客观行为上虽有一定的相似之处，即限制了被害人的人身自由，但最主要的区别还是两罪主观目的的不同。理论界和实践界普遍认为，拐骗儿童罪多是以收养为目的，或使奴役、使唤。同时，从刑法分则的体系来看，拐骗儿童罪是与暴力干涉婚姻自由罪、虐待罪等破坏婚姻、家庭关系的犯罪规定在一起，可见刑法对于该罪名的立法本意侧重的是对家庭关系的保护。行为人实施的拐骗儿童行为导致家庭破裂，侵犯了儿童在监护人身边成长的合法权益。由此可见，拐骗儿童罪的一个重要特征是行为人以收养或奴役为目的，使儿童长期或者永久地脱离家庭或者监护人。本案中，丁伟元带走其前妻的侄女，并非出于自己收养或使奴役、使唤的目的，不具备使该儿童长期脱离家庭监护的意图，仅是通过短期暂时的控制，迫使其前妻出现，因此，丁伟元的行为不符合拐骗儿童罪的主观要件，不构成拐骗儿童罪。

（二）“人质型”绑架罪与非法拘禁罪的区别

非法拘禁罪是指非法拘禁他人或者以其他方法非法剥夺他人人身自由的行为。从刑法分则的体系来看，“人质型”绑架罪与非法拘禁罪都规定在第四章侵犯公民人身权利、民主权利的类罪中，说明该两罪都是侵犯他人人身自由权利的犯罪，主观上都有控制他人人身、行为自由的故意，客观上也必然表现为使用暴力、胁迫或者其他方法非法剥夺了他人的人身自由。但是两罪之间还是存在着明显的区别：（1）侵犯的法益不同。非法拘禁罪侵犯的是人身自由权，“人质型”绑架罪侵犯的是人身自由权与生命健康权、财产权、第三人自决权等复杂的客体。（2）主观要件不同。“人质型”绑架罪不单单追求限制他人人身自由的结果，而且具有满足其他要求的目的，而且此目的对行为人来说比剥夺人身自由的故意要更为直接，剥夺人身自由是为了达到该目的而采取的手段，犯罪目的是该罪的构成要件。而非法拘禁罪的主观方面不要求有特定目的，只要具备非法剥夺他人人身自由的故意即可，目的、动机作为量刑的情节不影响该罪的成立；（3）侵害对象不同。“人质型”绑架罪不仅剥夺了人质的人身安全，而且以伤害人质威胁他人，迫使他人作出某种行为以达到自己的目的，侵犯了第三人的自决权，而非法拘禁罪针对的是本人，且一般不以现实紧迫的暴力作为威胁；（4）暴力的激烈程度不同。非法拘禁罪本身以限制人身自由为目的，行为的手段和程度在一定意义上多为低强度，可控的。而绑架犯罪往往存在一定的不稳定性，在行为举动和手段上普遍要比非法拘禁罪表现得更强，给被害人造成的伤害更大；（5）量刑处罚不同。非法拘禁罪较绑架罪而言行为人的主观恶性和社会危害性小，因此起点刑远低于绑架罪的起点刑五年有期徒刑。本案中，丁伟元采取恐吓手段强迫被害人处于自己的控制之下，并多次以被害人的人身安全为由威胁被害人家人，迫使其前妻与其见面，不仅侵犯了被害人的人身自由，而且侵犯了他

---

① 张明楷：《刑法学》（第五版），法律出版社 2016 年版，第 889 页。

人的意思自决权、被害人家人对孩子的监护权等多种权益，其行为符合“人质型”绑架罪的主观故意和客观行为特征，应当以绑架罪定罪处罚。

（三）“人质型”绑架罪主观方面的认定

我国刑法条文对“人质型”绑架罪的法律规定较为简单、笼统，没有明确主观目的的构成要件，导致司法实务中争议很大，主要有以下三种观点：一是认为行为人的主观目的是“绑架他人作为人质”，二是认为主观目的是为了“满足其他不法要求”，三是认为主观目的并不要求具备不法性。[①] 笔者认为，“人质型”绑架罪是目的犯，必然要求具有绑架行为之外的犯罪目的，但根据现实的需求，已没有必要将犯罪目的限制为“非法目的”。

1. “人质型”绑架罪要求具有绑架行为之外的犯罪目的

我国《汉语大词典》中将“人质”解释为“一方拘留对方的人，用来迫使对方履行诺言或接受某些条件”。我国于1993年加入并适用的《反对挟持人质国际公约》第1条第1款明确规定：“任何人如劫持或扣押并以杀死、伤害或继续扣押另一人（以下称‘人质’）为威胁，以强迫第三方，即某个国家、某个国际政府间组织、某个自然人或法人或某一群人，作或不作某种行为，作为释放人质的明示或暗示条件，即为犯本公约意义范围内的劫持人质罪行。”由字典含义到公约规定可以看出，行为人绑架人质是为了以被害人的安危威胁第三方，迫使第三方作出自己希望的行为、举动，故“人质型”绑架罪应认定具有主观目的性。

2. “人质型”绑架罪的犯罪目的不宜人为限定为“非法目的”

（1）从法律解释的角度来看，目前我国刑法条文中并未规定“人质型”绑架罪的犯罪目的必须具有非法性，更没有规定为“重大非法要求”，对此，我们不应该做限制性的解释，人为缩小绑架罪的适用范围，这样有违罪刑法定的原则。另外，2009年《刑法修正案（七）》对绑架罪的法定最低刑由十年有期徒刑降为五年，同时规定了存在情节较轻的绑架罪，说明立法机关也考虑到近年来绑架犯罪在司法实践中的复杂多样性，从罪刑相适应的基本原则出发重新调整了绑架罪的起点刑和量刑档次。同时，在此次法律修改中也没有引入“人质型”绑架犯罪必须具有主观目的非法性的要求。

（2）从刑法保护的角度来看，绑架罪之所以定罪量刑较重，就因为该罪同时侵犯了多个法益，如果人为限定了处置范围，仅仅使具有非法目的的行为人受到刑事处罚，对于其他不以非法要求为目的的行为人来说，就有可能存在罪刑不相一致的情况，对于被害方而言，其正当的权益也无法得到保护。本案中，丁伟元向其前妻提出见面的要求，虽非传统意义上的非法要求，但对于其前妻而言却非自愿，至少也是不合理和不正当的要求。另外，若完全限定犯罪目的的非法性，可能也会导致一些本应通过合法手段获得救济的行为人，纷纷选择以较低的犯罪成本通过私力救济达到自身的目的，从而造成对以非法手段达到合法目的行为的法律纵容，严重侵害被害人的权利，也损害了法律的尊严和社会的稳定。

（3）从与国际接轨的角度出发，也无须规定绑架罪的非法性目的。在上文提到的《反对挟持人质国际公约》中并未提及强迫他人行为的合法性与非法性，只要是形成了

---

① 立克幸义、周科楠：《人质型绑架罪主观目的的构成》，载《中国检察官》2013年第1期。

胁迫，就在事实上成立了挟持人质罪，故我国的绑架人质罪也不宜限定需要具备非法性的目的。

三、本案结论

综上所述，对“人质型”绑架罪构罪条件的界定应更多地考虑绑架罪的罪质特征，即行为人为实现其犯罪目的，实际控制、支配了被害人，并将其作为人质来侵犯第三人自决权，强迫其作为或者不作为以满足行为人的要求，作为释放人质的条件，至于行为人提出的要求即犯罪目的是否合法不影响对该罪的认定。

（一审法院合议庭成员　梅卫红　刘　志　王　炯
二审法院合议庭成员　周　东　李志军　王　刚
编写人　安徽省阜阳市中级人民法院　罗亚敏
责任编辑　周维明
审稿人　李玉萍）

原载《人民法院案例选》2019 年第 2 辑（总第 132 辑）

174. 李栋翀绑架案

——以借为名控制被害人人身后实行勒索行为性质的认定

【关键词】

刑事　绑架　敲诈勒索　强迫交易

【裁判要旨】

行为人以借为名采取控制并以人身安全相威胁的暴力手段向被害人强行索要财物，又基于该行为对被害人家属提出勒索财物要求的行为系勒索型绑架行为，应以绑架罪定罪量刑。

【相关法条】

《中华人民共和国刑法》

第二百三十九条　以勒索财物为目的绑架他人的，或者绑架他人作为人质的，处十年以上有期徒刑或者无期徒刑，并处罚金或者没收财产；情节较轻的，处五年以上十年以下有期徒刑，并处罚金。

犯前款罪，杀害被绑架人的，或者故意伤害被绑架人，致人重伤、死亡的，处无期徒刑或者死刑，并处没收财产。

以勒索财物为目的偷盗婴幼儿的，依照前两款的规定处罚。

【案件索引】

一审：福建省厦门市同安区人民法院（2017）闽 0212 刑初 36 号（2017 年 8 月 15 日）

【基本案情】

公诉机关福建省厦门市同安区人民检察院指控：2016 年 4 月 4 日 11 时许，被告人李栋翀在福建省厦门市同安区五显镇后垄村科兴宇集团西侧围墙外小路边，编造借口让被害人李某甲驾驶闽 D68Q9×号轿车载其到郭山村。李某甲在郭山村偏僻路段拒绝前行并将车开回原处。为摆脱被告人李栋翀，李某甲打开车门作势下车，被告人李栋翀跟着下车，李某甲见状欲驾车逃离，被告人李栋翀遂拉开驾驶室车门强行上车，将李某甲挤至副驾驶位置后夺过车辆控制权。后被告人李栋翀驾车载李某甲自后垄村沿军村、批发市场等处行经顶溪头路段时，李某甲趁遇红绿灯车速减慢想打车门下车逃走，被告人李栋翀遂将李某甲头部按压在车辆中控台位置，并驾车快速离开。后被告人李栋翀驾车经丙洲大桥、翔安区、同安轻工业食品园等路段快速行驶，迫使李某甲无法下车逃离。期间被告人李栋翀以借钱为由，强行向李某甲索要人民币15万元，并称其若没钱便要与李某甲一起死。李某甲因自身安全受到威胁，迫于无奈只得与其丈夫李某乙联系筹集15万元事宜。李某乙接到电话后即报警并通知被告人李栋翀的家属。被告人李栋翀获悉后，于当日15时许在同盛北路路段将李某甲放行并弃车逃离。经鉴定：李某甲的手、腿部等多处擦伤，损伤程度不构成轻微伤。

2016年6月13日13时许，被告人李栋翀在福建省厦门市同安区新民镇西塘村被抓获。

为支持指控，公诉人当庭讯问了被告人、宣读、出示了相关书证、被害人陈述、证人证言、视听资料、刑事照片以及被告人的供述与辩解等证据。

起诉认为，被告人李栋翀的行为已触犯《刑法》第二百三十九条之规定，应以绑架罪追究其刑事责任。被告人李栋翀有犯罪前科，提请法院依法予以惩处。

被告人李栋翀对起诉指控的事实无异议，提出自己的行为不应认定为绑架罪。

辩护人提出被告人李栋翀的行为属于强迫借款，本案应认定为强迫交易罪，理由如下：（1）被告人没有掩饰隐瞒自己的身份；（2）被告人在案件的起始过程中，明确向被害人表达借款意图及还款承诺；（3）被告人暴力逼迫借款的意图已传达至被害人家属，被害人家属清楚被告人的目的是借款。同时，被告人李栋翀的行为符合犯罪中止的特征，归案后如实供述犯罪事实。

法院经审理查明，案件发生经过基本与检察院指控一致。

【裁判结果】

福建省厦门市同安区人民法院于2017年8月15日作出（2017）闽0212刑初36号刑事判决：被告人李栋翀犯绑架罪，判处有期徒刑五年六个月，并处罚金人民币3000元。宣判后，被告人李栋翀未上诉，公诉机关未提出抗诉，该判决现已生效。

【裁判理由】

法院生效裁判认为：福建省厦门市同安区人民法院根据上述事实和证据认为：关于被告人李栋翀所提其行为不应被认定为绑架罪，以及辩护人所提被告人李栋翀的行为应认定为强迫交易罪的辩护意见。经查，被告人李栋翀的陈述可以与被害人李某甲、李某乙的证言、报警录音、银行卡明细等证据相互印证，证实以下事实：（1）被告人李栋翀的借款请求已遭被害人李某甲拒绝；（2）被告人李栋翀在被李某甲拒绝借款后采用控制人身自由、驾车高速行驶、言语威胁等方式继续逼迫李某甲“借款”；（3）被告人李栋翀同意李某甲向其丈夫李某乙告知情况要求筹款，并自己向李某乙发送短消息提供收取钱款的账户；（4）被告人李栋翀系临时提出借款数额及还款计划，但其有欠款、无存款，没有还款能力。法院认为，借款应当基于双方自由、自愿的前提。本案中，被告人李栋翀虽然在形式上提出借款要求，但根据其已遭到被害人拒绝后又对被告人进行人身控制，让被害人陷入人身安全风险，多次向被害人逼迫催款，且本人不具备还款能力等情况。根据主客观相一致的原则，足以认定被告人李栋翀具有非法占有的目的。被告人李栋翀以非法占有为目的，采用暴力、威胁方式控制被害人李某甲，利用李某甲的近亲属对其人身安危的忧虑，通过李某甲向李某乙索取金钱。被告人李栋翀主观上具有勒索财物的目的，客观上实施了绑架他人作为人质的行为，符合绑架罪的构成要件。公诉机关指控的事实成立，辩护人所提此节辩护意见，理由不足，不予采纳。

关于辩护人所提被告人李栋翀的行为应认定为犯罪中止的辩护意见。法院认为，被告人李栋翀已着手实施控制被害人人身自由的绑架行为，且通过驾车快速行驶、言语威胁等方式让被害人李某甲陷入人身危险境地，又明确提出索取钱款的非法要求，被害人李某甲的近亲属也已经明知李某甲被实际控制之后可能面临的人身危险后果及李栋翀所提的不法要求。被告人李栋翀的行为依法应当认定为犯罪既遂。辩护人所提此节辩护意见，理由不足，不予采纳。

关于辩护人所提被告人李栋翀归案后如实供述自己的罪行的辩护意见。经查，被告人李栋翀辩称是向李某甲借款且准备还款，对其是否具有非法占有的目的提出辩解，依法不能认定为如实供述。辩护人所提此节辩护意见，理由不足，不予采纳。但被告人李栋翀庭审时承认被李某甲拒绝借款后对其采取逼迫行为，对起诉指控的犯罪事实基本无异议，法院在量刑时对其认罪态度酌情予以考虑从轻处罚。

被告人李栋翀以勒索财物为目的绑架他人，情节较轻，其行为已构成绑架罪。公诉机关指控的罪名成立。

【案例注解】

本案被告人是以涉嫌敲诈勒索罪被刑事拘留，以涉嫌强迫交易罪被逮捕，在案件审理期间，辩护人也对本案的定性提出异议，认为本案被告人的行为是强迫交易罪中的强迫他人借款的行为，本案应定性为强迫交易罪。本案的争议焦点在于被告人以借为名采取控制、并以人身安全相威胁的暴力手段向被害人强行索要财物，又基于该行为对被害人家属提出勒索财物要求的行为应如何定性的问题。

首先，本案不宜定为敲诈勒索罪。理由如下：虽然敲诈勒索罪与勒索型绑架罪的表现形式存在一定的相似性，可能会带来一定的混淆，但是这二者之间还是存在很大的差异性的。

第一，犯罪侵害的对象不同，敲诈勒索罪实施威胁的对象和取得财物的对象是相同的。而绑架罪实施威胁绑架的对象和取得财物的对象分别是不同的人。在本案中，李栋翀实施威胁绑架的对象系李某甲，而取得财物的对象是李某甲的近亲属，只不过他是通过李某甲联系，但这并不影响李栋翀利用李某甲的近亲属对其人身安危的忧虑，通过李某甲向其近亲属索取金钱的事实。

第二，客观要件表现不同。敲诈勒索罪威胁的内容如系暴力，行人声称是将来实施，而绑架暴力内容的威胁，则是当时、当场已经实施的。本案中，李栋翀在被李某甲拒绝借款后采用控制人身自由、驾车高速行驶，言语威胁等手段逼迫李某甲“借款”，该控制、威胁行为已经发生，并不存在将来实施的情况。

第三，敲诈勒索罪行为人并不掳走被害人予以隐藏控制，而绑架罪则要将被害人掳走加以隐藏、控制。本案中李某甲的人身安全完全置于李栋翀的控制之下，而这种控制是通过夺取车辆将被害人掳走实现的。

其次，本案被告人的行为也不宜认定为强迫交易罪中的强迫他人借款的行为。强迫交易罪属于破坏市场经济秩序的犯罪，其在客观方面表现为以暴力、威胁手段强买强卖商品、强迫他人提供服务或者强迫他人接受服务，情节严重的行为。强迫交易罪与绑架罪最主要的区别在于行为人的主观目的是不一致的，强迫交易罪中行为人实施强迫交易行为主观上是为了达成交易，牟取不法利益，而绑架罪行为人主观上则是为了非法占有公私财物。在本案中，辩护人以被告人有向被害人提出借款要求并明确具体的借款金额以及还款承诺为由，认为被告人的行为系一种以暴力逼迫方式，强迫他人借款的强迫交易行为。引用的依据为《最高人民检察院关于强迫借贷行为适用法律问题的批复》中"以暴力、胁迫手段强迫他人借贷，属于刑法第二百二十六条第二项规定的'强迫他人提供或者接受服务'，情节严重的，以强迫交易罪追究刑事责任"相关条款，但该批复也规定"同时构成故意伤害罪等其他严重犯罪的，依照处罚较重的规定定罪处罚"。笔者认为，如果要认定为强迫交易罪，行为人与被害人之间必须要有交易事实存在，虽然这种不平等交易，是一方强求另一方接受的交易。但是如果没有这种交易存在，行为人以非法占有为目的，使用暴力、胁迫或控制人身自由等其他方法，以被害人为人质，强行向被害人近亲属索要财物的，应当认定为是绑架行为，而不构成强迫交易罪。

而本案中，被告人李栋翀在被害人李某甲已经明确拒绝借款的情况下，采用控制其人身自由的方式提出借款请求，虽然李栋翀表示自己系向李某甲借款周转，但从在案的证据综合来看，李栋翀并无周全的还款计划，其也不具备还款的经济能力，所谓的"借钱周转"一说并不具备现实操作性，李栋翀主观上已经具有了非法占有的故意。其次，虽然李栋翀向李某甲借款在形式上有一定的交易性质，但是李某甲并非从事放贷经营的主体，在这种情况下，李某甲是否属于市场交易的主体以及被告人李栋翀强迫李某甲借钱给自己的行为能否构成强迫交易罪均存在疑问。客观上被告人李栋翀采用暴力威胁手段控制李某甲的人身自由，向李某甲索取15万元的财物，进而通过李某甲向李某甲亲属提出强行借款的要求，虽然本案系李某甲自己主动提出可向其亲属筹钱，但是该提议也得到了李栋翀的同意，而且李某甲是在完全被李栋翀控制后，无法逃脱的情况下才提出向家属筹钱的。李栋翀明确以李某甲的人身安全作为要挟从而向李某甲家属提出汇款的要求，进一步将危害对象扩展到李某甲的家属。根据主客观相一致的原则，足以认定被告人李栋翀具有非法占有的目的。

被告人李栋翀以非法占有为目的，采用暴力、威胁方式控制被害人李某甲，利用李某甲的近亲属对其人身安危的忧虑，通过李某甲向李某乙索取金钱。被告人李栋翀主观上具有勒索财物的目的，客观上实施了绑架他人作为人质的行为，符合绑架罪的构成要件，因此在本案中，对被告人李栋翀应以绑架罪追究其刑事责任。

（一审法院合议庭成员　杨明洁　徐水锦　陈忠志

编写人　福建省厦门市同安区人民法院　杨明洁　彭婷婷

责任编辑　周维明

审稿人　李玉萍）

原载《人民法院案例选》2019年第10辑（总第140辑）

十、拐卖妇女、儿童罪

175. 蓝树山拐卖妇女、儿童案*

【基本案情】

1988年9月，被告人蓝树山伙同同案被告人谭汝喜（已判刑）等人在广西壮族自治区南宁市，将被害人向某某（女，时年22岁）拐带至福建省大田县，经林传溪（另案处理，已判刑）等人介绍，将向某某出卖。1989年6月，蓝树山伙同黄日旭（另案处理，已判刑），经“邓八”（在逃）介绍，将被害人廖某（男，时年1岁）从广西壮族自治区宾阳县拐带至大田县，经林传溪介绍，将廖某出卖。此后至2008年间，蓝树山采取类似手段，单独或伙同他人在广西宾阳县、巴马县等12个县，钦州市、凭祥市、贵港市、河池市等地，先后将被害人韦某某、黄某某等33名3至10岁男童拐带至福建省大田县、永春县，经林传溪、苏二妹（另案处理，已判刑）和同案被告人郭传贴、涂文仕、陈建东（均已判刑）等人介绍，将其出卖。蓝树山拐卖妇女、儿童，非法获利共计50余万元。

【裁判结果】

广西壮族自治区河池市中级人民法院经审理认为：蓝树山为牟取非法利益，拐卖妇女、儿童，其行为已构成拐卖妇女、儿童罪。虽然蓝树山归案后坦白认罪，但其拐卖妇女、儿童人数多，时间长，主观恶性极深，社会危害极大，情节特别严重，不足以从轻处罚。依照刑法有关规定，以拐卖妇女、儿童罪判处被告人蓝树山死刑，剥夺政治权利终身，并处没收个人全部财产。宣判后，蓝树山提出上诉。广西壮族自治区高级人民法院经依法审理，裁定驳回上诉，维持原判，并依法报请最高人民法院复核。最高人民法院经依法复核，核准蓝树山死刑。

【典型意义】

对于拐卖妇女、儿童犯罪，我国司法机关历来坚持从严惩治的方针，其中，偷盗、

---

* 案例来源：最高人民法院2015年2月27日发布的人民法院惩治拐卖妇女儿童犯罪典型案例。

强抢、拐骗儿童予以出卖，造成许多家庭骨肉分离，对被拐儿童及其家庭造成巨大精神伤害与痛苦，在社会上易引发恐慌情绪，危害极大，更是从严惩治的重点。本案中，被告人蓝树山拐卖妇女1人，拐骗儿童34人予以出卖，不少儿童被拐10多年后才得以解救，回到亲生父母身边。众多家长为寻找被拐儿童耗费大量时间、金钱和精力，其中有1名被拐儿童亲属因伤心过度去世。综合考虑，蓝树山所犯罪行已属极其严重，尽管有坦白部分拐卖事实的从轻处罚情节，法院对其亦不予从轻处罚。

原载《人民法院案例选》2016年第1辑（总第95辑）

176. 马守庆拐卖儿童案*

【基本案情】

2006年至2008年，被告人马守庆伙同被告人宋玉翠、宋玉红、宋空军（均已判刑）等人，以出卖为目的，向侯会华、侯树芬、师江芬、师小丽（均另案处理，已判刑）等人从云南省元江县等地收买儿童，贩卖至江苏省连云港市、山东省临沂市等地。其中马守庆作案27起，参与拐卖儿童37人，其中1名女婴在从云南到连云港的运输途中死亡。马守庆与宋玉翠、宋玉红、宋空军共同实施部分犯罪，在其中起组织、指挥等主要作用。案发后，公安机关追回马守庆等人的犯罪所得22.6万元。

【裁判结果】

江苏省连云港市中级人民法院经审理认为：马守庆以出卖为目的拐卖儿童，其行为已构成拐卖儿童罪。马守庆参与拐卖儿童37人，犯罪情节特别严重，且系主犯，应依法惩处。据此，依照刑法有关规定，以拐卖儿童罪判处被告人马守庆死刑，剥夺政治权利终身，并处没收个人全部财产。宣判后，马守庆提出上诉。江苏省高级人民法院经依法审理，裁定驳回上诉，维持原判。最高人民法院经依法复核，核准马守庆死刑。罪犯马守庆已被依法执行死刑。

【典型意义】

本案是一起由拐卖犯罪团伙实施的特大贩婴案件。本案犯罪时间跨度长，被拐儿童人数多达37人，且均是婴儿。在收买、贩卖、运输、出卖婴儿的诸多环节，“人贩子”视婴儿为商品，缺少必要的关爱、照料；有的采取给婴儿灌服安眠药，用塑料袋、行李箱盛装运输等恶劣手段，极易导致婴儿窒息伤残或者死亡，本案中即有1名婴儿在被贩运途中死亡。实践中，不法分子在贩运途中遗弃病婴的情形亦有发生。人民法院综合考虑马守庆拐卖儿童的犯罪事实、性质、情节和危害后果，对其依法判处死刑，符合罪责刑相一致原则。

原载《人民法院案例选》2016年第1辑（总第95辑）

* 案例来源：最高人民法院2015年2月27日发布的人民法院惩治拐卖妇女儿童犯罪典型案例。

177. 孙同山拐卖儿童案*

【基本案情】

2004 年 10 月至 2012 年 1 月，被告人孙同山伙同张祖斌、田学良等 17 名被告人（均已判刑）以出卖为目的，通过居间介绍或强抢等方式，贩卖婴儿共计 14 人。

【裁判结果】

山东省潍坊市中级人民法院经审理认为：孙同山以出卖为目的，居间介绍贩卖儿童 7 人，强抢儿童并贩卖 7 人（1 名婴儿系从亲生父母处强抢，其余 6 名系从同案被告人处抢得），其行为已构成拐卖儿童罪。孙同山归案后主动供述了公安机关尚未掌握的部分罪行，并有协助公安机关抓获同案犯的立功表现，可予以从轻处罚。依照刑法等有关规定，以拐卖儿童罪判处被告人孙同山无期徒刑，剥夺政治权利终身，并处没收个人全部财产；对其他 17 名被告人分别判处十五年至一年六个月不等有期徒刑。宣判后，孙同山提出上诉。山东省高级人民法院经依法审理，裁定驳回上诉，维持原判。

【典型意义】

本案是一起交叉结伙贩卖儿童的共同犯罪案件，涉案人数众多，且互相介绍、互为依托、共享信息，使该团伙的拐卖“供需”网络不断扩大，买卖双方“交易”成功率上升，导致买卖地拐卖儿童案件高发，社会危害性极大，且容易滋生新的犯罪。特别是本案被告人不仅通过收买后贩卖的方式作案，在拐卖团伙发展壮大到一定程度后，逐渐出现强抢儿童予以贩卖的现象。犯罪分子不仅从“人贩子”手中强抢婴儿，亦从亲生父母手中强抢，社会危害性及人身危险性进一步升级。因此，在加大对此类犯罪团伙打击力度的同时，应加大宣传力度，提高父母的安全防范意识，不给犯罪分子以可乘之机。

原载《人民法院案例选》2016 年第 1 辑（总第 95 辑）

* 案例来源：最高人民法院 2015 年 2 月 27 日发布的人民法院惩治拐卖妇女儿童犯罪典型案例。

178. 邢小强拐卖儿童案*

【基本案情】

2011 年 9 月，被告人邢小强的妻子陈某怀孕，经检查是一对双胞胎。邢小强想将孩子卖掉，后经他人居间介绍，约定孩子出生后，以 2.5 万元的价格卖给婚后未生育的石某某、龙某某夫妇。同年 12 月 19 日，陈某生下一对双胞胎男婴，邢小强即将两个孩子抱走，交给龙某某，得款 2 万余元。

2012 年 12 月，陈某再次怀孕。被告人邢小强还想将孩子卖掉，主动找人介绍，寻找买家。经联系，约定若是男婴，便以 1 万元的价格卖给婚后未生育的孔某某、党某某夫妇。2013 年 1 月，陈某生下一名男婴。邢小强让孔某某的父亲将小孩抱走，得款 1 万元。

【裁判结果】

湖北省枣阳市人民法院经审理认为：邢小强以非法获利为目的出卖 3 名亲生儿子，其行为已构成拐卖儿童罪。邢小强经人居间介绍，出卖亲生儿子，在共同拐卖儿童犯罪中起主要作用，系主犯，归案后如实供述自己的犯罪事实，认罪态度较好，可酌情从轻处罚。依照刑法有关规定，以拐卖儿童罪判处被告人邢小强有期徒刑十年，并处罚金人民币 1 万元。本案居间介绍的其他多名同案被告人，均以拐卖儿童罪分别判处五年至二年不等有期徒刑，或者被宣告缓刑、免予刑事处罚。

【典型意义】

本案是一起以非法获利为目的出卖亲生子女构成拐卖儿童罪的典型案例。当前，在司法机关严厉打击下，采取绑架、抢夺、偷盗、拐骗等手段控制儿童后进行贩卖的案件明显下降，一些父母出卖、遗弃婴儿，以及“人贩子”收买婴儿贩卖的现象仍多发高发。对于父母将子女私自送给他人收取钱财的案件，如果行为人具有非法获利的目的，就应该以拐卖儿童罪论处。本案中，被告人邢小强先后两次将 3 名亲生儿子卖给他人，且均是在孩子出生之前即主动表示要卖出孩子，联系居间介绍人要求帮助寻找买家，并且明码标价，收取数额较高的钱财，孩子出生后即按事先约定将孩子卖出。根据上述事实与情节，足以认定邢小强并非因生活困难、无力抚养才被迫将孩子送养，而是将孩子作为商品，将生孩子出卖作为牟利手段来获取非法利益。人民法院据此认定邢小强的行为构成拐卖儿童罪，对参与犯罪的居间介绍人，根据各自地位、作用、责任大小，分别

---

* 案例来源：最高人民法院 2015 年 2 月 27 日发布的人民法院惩治拐卖妇女儿童犯罪典型案例。

判处轻重不等的刑罚，体现了人民法院对于以非法获利为目的的出卖亲生子女犯罪坚决依法惩处的鲜明态度。

原载《人民法院案例选》2016 年第 1 辑（总第 95 辑）

179. 王宁宁拐卖儿童案*

【基本案情】

2010 年 11 月、2013 年 12 月，被告人王宁宁以收养为名，先后通过互联网联系 3 名未婚先孕且不想抚养孩子的妇女到山东省临邑县待产。3 名妇女产子后，王宁宁单独或伙同周长峰、邵金环（均系同案被告人，已判刑）将 3 名男婴分别以每名儿童 3 万余元至 4 万余元的价格卖给他人。

【裁判结果】

山东省临邑县人民法院经审理认为：王宁宁以收养为名，将从亲生父母处骗来的婴儿出卖，其行为已构成拐卖儿童罪。王宁宁拐卖儿童 3 人，应依法惩处。鉴于其归案后认罪态度较好，依法可酌情从轻处罚。依照刑法有关规定，以拐卖儿童罪判处被告人王宁宁有期徒刑十年，并处罚金人民币 2 万元。

【典型意义】

本案是一起利用孕妇并通过互联网贩卖婴儿的典型案例。近年来，随着打击力度的加大，不法分子不断变换手法，采取更为隐蔽的方式实施拐卖犯罪。比如，事先联系好“买主”，物色、组织孕妇到“买主”所在地，待孕妇临产后即将其所生子女出卖获利，以此逃避长途贩卖、运输婴儿过程中被查缉的风险。此类犯罪手段的变化已引起司法机关的关注，本案的依法审理，是对犯罪行为的有力震慑。

原载《人民法院案例选》2016 年第 1 辑（总第 95 辑）

* 案例来源：最高人民法院 2015 年 2 月 27 日发布的人民法院惩治拐卖妇女儿童犯罪典型案例。

180. 杨恩光、李文建等拐卖妇女案*

【基本案情】

被告人杨恩光、李文建伙同田沈忠、张兴祥、李春飞等人（均系同案被告人，已判刑），先后以嫖娼为名，在云南省河口县一些宾馆、酒店，采用暴力手段，强行将越南籍妇女被害人阮某桃、阮某恒等 17 人带至云南省富宁县、砚山县、广南县、马关县等地，通过赵阿林、何万周（均系同案被告人，已判刑）等联系，转卖给当地村民。其中，杨恩光参与作案 6 起，拐卖妇女 12 人，李文建参与作案 7 起，拐卖妇女 14 人。

【裁判结果】

云南省红河哈尼族彝族自治州中级人民法院经审理认为：杨恩光、李文建等人采用暴力、胁迫的方式绑架妇女后出卖，其行为构成拐卖妇女罪，均应依法惩处。在共同犯罪中，杨恩光、李文建提起犯意，具体负责联系买家交易及分配赃款，起主要作用，系主犯。杨恩光系累犯，应从重处罚。依照刑法有关规定，以拐卖妇女罪分别判处被告人杨恩光、李文建死刑，缓期二年执行，剥夺政治权利终身，并处没收个人全部财产；以拐卖妇女罪分别判处田沈忠、张兴祥、李春飞等人无期徒刑，剥夺政治权利终身，并处没收个人全部财产；其他同案被告人分别被判处十五年至四年不等有期徒刑，并处没收个人全部财产或罚金。宣判后，杨恩光、李文建提出上诉。云南省高级人民法院经依法审理，裁定驳回上诉，维持原判。

【典型意义】

本案被害人身份特殊，均系越南籍妇女，且多数在我国境内从事卖淫活动，本属依法整顿治理的对象，但被害人的特殊身份并不影响我国司法机关对拐卖妇女涉案人员的定罪量刑。本案两名被告人被判处死缓，三名被告人被判处无期徒刑，彰显了我国司法机关依法严厉打击、遏制一切形式拐卖妇女犯罪的决心。案发后，我国司法机关依照我国缔结和参加的有关国际条约的规定，积极履行所承担的国际义务，将被解救妇女妥善安置，并及时与有关外事部门联系，提供司法协助和司法救助，将被解救妇女全部安全地送返国籍国。

原载《人民法院案例选》2016 年第 1 辑（总第 95 辑）

---

* 案例来源：最高人民法院 2015 年 2 月 27 日发布的人民法院惩治拐卖妇女儿童犯罪典型案例。

181. 蔡明占、杨秀花拐卖儿童案

——民间送养与构成拐卖儿童罪、遗弃罪的界定

【关键词】

民间送养　拐卖儿童罪　遗弃罪

【裁判要旨】

受重男轻女思想影响或迫于生活困难将亲生子女送人抚养，收取少量“营养费”“感谢费”的，构成民间送养；以贩卖牟利为目的将亲生子女送人抚养的，应以拐卖儿童罪处理；因送养导致子女身心健康受到严重损害，或者具有其他恶劣情节的，可以遗弃罪论处。

【相关法条】

《中华人民共和国刑法》

第二百四十条　拐卖妇女、儿童的，处五年以上十年以下有期徒刑，并处罚金；有下列情形之一的，处十年以上有期徒刑或者无期徒刑，并处罚金或者没收财产；情节特别严重的，处死刑，并处没收财产：

（一）拐卖妇女、儿童集团的首要分子；

（二）拐卖妇女、儿童三人以上的；

（三）奸淫被拐卖的妇女的；

（四）诱骗、强迫被拐卖的妇女卖淫或者将被拐卖的妇女卖给他人迫使其卖淫的；

（五）以出卖为目的，使用暴力、胁迫或者麻醉方法绑架妇女、儿童的；

（六）以出卖为目的，偷盗婴幼儿的；

（七）造成被拐卖的妇女、儿童或者其亲属重伤、死亡或者其他严重后果的；

（八）将妇女、儿童卖往境外的。

第七十三条　拘役的缓刑考验期限为原判刑期以上一年以下，但是不能少于二个月。

有期徒刑的缓刑考验期限为原判刑期以上五年以下，但是不能少于一年。

缓刑考验期限，从判决确定之日起计算。

【案件索引】

一审：河南省内乡县人民法院（2015）内刑初字第232号（2015年9月23日）

【基本案情】

2012年农历八月二十一日，河南省内乡县瓦亭镇魏河村村民魏某某生一男孩，被告

人蔡明占（魏某某的丈夫）以抚养不起为由，找到被告人杨秀花（算命的“神婆”），讲述了自己的家庭情况及不想抚养该男孩的想法。杨秀花得知该情况后，把该男孩介绍给本村的杨某某（另案处理）及其儿子孙某（已死亡），杨某某和孙某表示愿意抚养该男孩。之后，孙某与蔡明占联系，蔡明占索要 65000 现金，经过孙某、被告人杨秀花的讨价还价，以 56000 元的价格达成协议。2012 年农历九月二十四日晚，被告人蔡明占以 56000 元的价格将自己的亲生儿子卖给邓州市十林镇河池村的杨某某抚养。

2014 年农历八月二日，魏某某又生一女孩。内乡县瓦亭镇魏河村村民崔某某得知后找到蔡明占之哥嫂蔡某某、袁某某，提出如果蔡明占不愿抚养，他愿意介绍给他人抚养。蔡某某、袁某某二人征求被告人蔡明占的意见，蔡明占表示不愿意抚养。崔某某通过其女儿崔某丁将女婴介绍给郑州市惠济区古荥镇岭君峪村村民柴某某、崔某甲夫妇抚养。2014 年农历八月三日，柴某某、崔某甲及崔某丁从郑州赶到内乡县第二人民医院，经蔡明占同意，柴某某、崔某甲二人出资 2 万元将该女婴买走。

河南省内乡县人民检察院提起公诉认为：被告人蔡明占、杨秀花的行为已经构成拐卖儿童罪，请求予以惩处。

【裁判结果】

河南省内乡县人民法院于 2015 年 9 月 23 日作出（2015）内刑初字第 232 号判决：一、被告人蔡明占犯拐卖儿童罪，判处有期徒刑五年零六个月，并处罚金 10000 元；二、被告人杨秀花犯拐卖儿童罪，判处有期徒刑三年，缓刑四年，并处罚金 10000 元；三、被告人蔡明占非法所得 76000 元依法予以追缴。

【裁判理由】

河南省内乡县人民法院审理认为：被告人蔡明占以非法获利为目的，将自己的孩子出卖给他人抚养，并收取对方巨额钱财；被告人杨秀花，明知蔡明占要将自己的儿子卖给他人，积极从中介绍、中转并接送，两人的行为均符合拐卖儿童罪的法定构成要件，构成拐卖儿童罪，且系共同犯罪，内乡县人民检察院指控成立，法院予以支持。被告人蔡明占在共同犯罪中起主要作用，系主犯，应当按照其参与的全部犯罪定罪处罚。鉴于被告人蔡明占认罪态度较好，依法可酌情从轻处罚。被告人杨秀花，在共同犯罪中起次要、辅助作用，系从犯，应当从轻或减轻处罚。鉴于被告人杨秀花确有悔罪表现，适用缓刑不致再危害社会，依法可以宣告缓刑。

【案例注解】

司法实践中，将亲生子女送人抚养并收取一定数额费用的行为，是民间送养行为还是构成拐卖儿童罪或遗弃罪，一直以来都存在争议，正如本案，公诉机关认为被告人构成拐卖儿童罪，法院在审理也产生三种意见：

第一种观点认为：被告人蔡明占、杨秀花不构成犯罪，其行为属于民间送养行为。原因是现行法律对于出卖亲生子女的行为尚无明文规定，也不好适用类推，所以难以确定罪名。

第二种意见认为：被告人蔡明占的行为构成遗弃罪。因为被告人蔡明占、杨秀花的行为不具备拐骗、绑架、收买、贩卖、接送、中转的行为，所以根据我国《中华人民共和国收养法》第三十一条规定，出卖亲生子女的，可视为遗弃婴儿，依照《中华人民共和国刑法》第二百六十一条，应认定为遗弃罪。

第三种意见认为：被告人蔡明占、杨秀花的行为构成拐卖儿童罪，其主观上有出卖的故意，客观上实施了出卖行为，且两次分别出卖子女收取了收养人现金共计 76000 元，应以拐卖儿童罪追究其刑事责任。

之所以会出现上述分歧，一是因为这类案件在犯罪主体、犯罪对象及犯罪行为上的特殊性，二是因为现行刑法及相关司法解释、诸多规范性文件等对该特殊行为规定不统一。

一、出卖亲生子女犯罪行为具有的特殊性

相比较典型的遗弃犯罪或者拐卖儿童犯罪，出卖亲生子女的犯罪具有如下特殊性：（1）犯罪主体与犯罪对象的关系特殊。基于逃避法律追究与避免社会非难的考虑，一般的拐卖儿童犯罪，犯罪主体不会将犯罪的矛头指向与自己关系较为亲密的人，同时社会伦理也极端反对贩卖亲生子女的行为，而出卖亲生子女犯罪行为的犯罪主体与犯罪对象之间恰恰具有直系血亲关系，因而一般容易将这种行为排除在拐卖儿童罪之外。（2）犯罪行为特殊。实践中的遗弃犯罪大多表现为行为人对亲生子女不提供经济供给，不给予必要的照料，移置于自己的监护范围之外，或者自己离开甚至阻碍他人扶助亲生子女，实质上表现为消极地不履行所承担的抚养义务。而出卖亲生子女除了表现为行为人放弃对亲生子女的抚养外，还收取数额不等的金钱，由于人的价值具有不可评估性与收取金钱数额的不等性，社会公众极易将所收取的金钱视为转让亲生子女的对价，因此容易倾向于将这种行为一概评价为拐卖儿童行为。（3）犯罪主观方面的认定难度特殊。实践中行为人在接受询问时基本否认自己的行为属于出卖子女，多以未婚先孕逃避社会道德非难、家庭经济困难逃避抚养职责等理由强调自己的行为属于不得已而为之。因此，要判断行为人的主观心理究竟是出卖还是拒绝承担抚养义务，必须结合客观事实及客观行为综合分析，即通过客观行为表象分析其主观心态。但是，基于司法者的判断视角不同，作出的判断结果也就各异，比如该类案件的客观事实是行为人将亲生子女的监护权转移给他人，同时收取了一定数额的金钱。此种情形下司法者是着重评价行为人转让亲生子女监护权的行为，还是着重评价收取一定数额金钱的行为，特别是所收取的金钱能否视为孩子的身价。故此，实践中判断行为人的主观心理状态时，根据近乎相同的客观事实，不同的司法者基于判断的视角不同做出了不同判断，进而导致此类案件在行为性质的认定上呈现极大的差异，在量刑上差距更大。

二、相关法律、司法解释及规范性文件不统一

我国现行《刑法》并未对出卖亲生子女的行为作出直接而明确的规范，《刑法》第二百四十条只规定拐卖儿童是指以出卖为目的，有拐骗、绑架、收买、贩卖、接送、中转儿童的行为之一的。出卖亲生子女的行为并未在此法条规定的行为之列。最早对出卖亲生子女的行为作出规范的是 1991 年的《收养法》，该法第三十条第三款规定出卖亲生子女，情节恶劣的行为，构成遗弃罪。1997 年《中华人民共和国刑法》并未明确规定此问题，而 1998 年修正后的《中华人民共和国收养法》不再将此种行为一概认定为遗弃罪。随后在 1999 年最高人民法院颁布的《全国法院维护农村稳定刑事审判工作座谈纪要》第二节第（六）项规定："对于出卖子女确属情节恶劣的，可按遗弃罪处罚。"这一规定基本上延续了1991年《收养法》的精神。2000年3月《最高人民法院、最高人民检察院、公安部、民政部、司法部、全国妇联关于打击拐卖妇女儿童犯罪有关问题的通知》中规定："以营利为目的，出卖不满十四周岁子女，情节恶劣的，应以拐卖儿童罪追究刑事责任。"这一规定首次明确了以营利为目的的出卖亲生子女的行为可以认定为拐卖儿童罪。2010年3月，最高人民法院、最高人民检察院、公安部、司法部颁布的《关于依法惩治拐卖妇女儿童犯罪的意见》（以下简称《意见》）第十六条规定："以非法获利为目的，出卖亲生子女的，应当以拐卖妇女、儿童罪论处"。

从上述法律、司法解释及一系列规范性文件可以看出，对于出卖亲生子女行为的定性，在法律规定层面是变化不定和不统一的，这也给司法实践者作出判断造成一定困难。

三、以亲生子女为犯罪对象的拐卖儿童罪与遗弃罪的区别

拐卖儿童罪是指以出卖为目的，有拐骗、绑架、收买、贩卖、接送、中转儿童的行为之一的。遗弃罪，是指对于年老、年幼、患病或者其他没有独立生活能力的人，负有扶养义务而拒绝扶养，情节恶劣的行为。

以亲生子女为对象的犯罪，在构成拐卖儿童罪或遗弃罪上的区别如下：（1）在客观行为上，拐卖儿童罪由于犯罪对象是亲生子女的特殊性，故不存在有拐骗、绑架、收买、接送、中转等行为，只可能表现为贩卖行为，即将自己的子女出卖给他人换取一定数额金钱的行为。遗弃罪在客观上表现为放弃抚养，即对自己亲生子女应当承担抚养义务而拒绝承担，该罪在一般情形下表现为不作为，但有时也表现为积极作为，如将子女抛弃、私自送养等。（2）在犯罪情节上，拐卖儿童罪并没有要求以情节恶劣为犯罪构成要件，只要行为人以出卖为目的，将亲生子女卖给他人，即构成犯罪。而遗弃罪则以情节恶劣为必要条件，即要求手段、行为恶劣，或者对儿童身心等方面造成严重影响等后果。（3）在主观目的上，拐卖儿童罪要求行为人是以出卖为目的，即出卖亲生子女以换取一定的钱财。而遗弃罪在主观上虽不排斥将亲生子女换取一定数额的金钱，但重在强调行为人主观上是以放弃、拒绝承担自己的抚养义务为目的。

四、将亲生子女送人抚养并收取一定数额费用的行为是民间送养还是构成拐卖儿童罪或遗弃罪要严格区分

从目前法律、司法解释及有关部门出台的规范性文件看，将出卖亲生子女定性为拐卖儿童罪有"以出卖为目的""以营利为目的"及"以非法获利为目的"三个判断标准，但从实际情况看，三者不管是在文义上还是在学理上，差别都不甚明显，在实践中不仅单纯依据区别认定存在很大困难，而且会导致与立法本意相悖情形。比如行为人在出卖行为中并没有营利或者获利，那么即使其以出卖为目的将亲生子女卖给他人，也不能定拐卖儿童罪，这显然是与立法本意相悖的。故本文认为直接以行为人是"以出卖出目的"还是"以拒绝承担抚养义务为目的"来区分判断出卖亲生子女行为的性质更为妥当和可行，只要行为人是以出卖为目的将亲生子女卖给他人，而不论其是否获利或者获利多少，都应以拐卖儿童罪来定罪处罚；而如果行为人并不是以出卖为目的，而是出于放弃、拒绝承担抚养义务的目的，则应以遗弃罪来定罪处罚。

同时，在司法实践中应严格区分借送养之名出卖亲生子女与民间送养行为的界限。所谓民间送养，是指行为人不是出于非法获利目的，而是迫于生活困难，或者受重男轻女思想影响，私自将没有独立生活能力的子女送给他人抚养，包括收取少量“营养费”“感谢费”的行为。根据《意见》规定，要严格区分借送养之名出卖亲生子女与民间送养行为的界限，区分的关键在于行为人是否具有非法获利的目的。在实践中，应通过审查将子女“送”人的背景和原因、有无收取钱财及收取钱财的多少、对方是否具有抚养目的及有无抚养能力等事实，综合判断行为人是否具有出卖的目的。如果行为人将生育作为非法获利手段，生育后即出卖子女的；或明知对方不具有抚养目的，根本不考虑对方是否具有抚养目的，为收取钱财将子女“送”给他人的；或为收取明显不属于“营养费”“感谢费”的巨额钱财将子女“送”给他人的，则应当认定为拐卖儿童罪。而倘若行为人是迫于生活困难，私自将没有独立生活能力的子女送给他人抚养，包括收取少量“营养费”“感谢费”的，属于民间送养行为，不能以拐卖妇女、儿童罪论处。对私自送养导致子女身心健康受到严重损害，或者具有其他恶劣情节，符合遗弃罪特征的，可以遗弃罪论处。

本案中，之所以应以拐卖儿童罪追究被告人蔡明占、杨秀花的刑事责任，主要有四方面原因：一是本案被告人蔡明占、杨秀花分别两次将蔡明占亲生子女送他人抚养的行为，显然均是以营利为目的。二是本案被告人蔡明占、杨秀花两次将亲生子女送他人抚养并没有关注收养人家庭条件。因为一般的民间送养，送养人都会希望子女去向为经济条件、收养人素质、孩子成长环境较本人更好的家庭。三是民间送养中，收养人往往为表示感谢，会给予送养人一定的“营养费”“感谢费”，以补贴送养方因生育子女而支出的花费，为送养儿童母亲补充营养，为送养方家庭困难给予一定的人道资助。但这些费用数额一般不会太多，多数为收养方主动给予，不会因此引起一般人误认为此即儿童的对价。而本案被告人蔡明占、杨秀花第一次向被收养人索要所谓的“营养费”“感谢费”56000 元，远远超出生育子女的医疗、营养所需。第二次将女孩送人抚养收取的 2 万元虽然数额不大，但送养行为仍是以营利为目的。四是本案被告人蔡明占两次将亲生子女送他人抚养，收取的费用并不是用于婴儿母亲住院费用、治疗身体疾病、缓解家庭经济困难等，系常人情感上可接受范围，而是大部已另做它用。故此，本案应以拐卖儿童罪追究被告人蔡明占、杨秀花的刑事责任。

（一审法院合议庭成员　柳殿奎　程振华　张　珂
编写人　河南省内乡县人民法院　冯建晓　杨慧文
责任编辑　李玉萍
审稿人　蒋惠岭）

原载《人民法院案例选》2016 年第 4 辑（总第 98 辑）

182. 被告人余镇、高敏拐卖儿童、被告人黄思美收买被拐卖的儿童案*

【基本案情】

2015年9月，被告人余镇的妻子周某怀孕，2015年底，余镇让被告人高敏寻找需要婴儿并能支付6万元“营养费”的人。经高敏联系，被告人黄思美因儿媳结婚多年未生育，愿意收养。经协商，余镇同意以56000元的价格将婴儿“送”给黄思美。2016年6月21日，余镇以假名为周某办理住院手续，次日周某生育一男婴。6月23日，余镇以给孩子洗澡为由私自将男婴从家中抱走送给黄思美，得款56000元。黄思美将男婴带至安徽省淮北市相山区家中抚养。男婴母亲周某获悉后到公安机关报案，公安人员至黄思美住处将被拐卖的男婴解救。

【裁判结果】

安徽省淮北市相山区人民法院经审理认为：被告人余镇以非法获利为目的出卖亲生子，被告人高敏居间介绍，二被告人的行为均已构成拐卖儿童罪。被告人黄思美对被拐卖的儿童予以收买，其行为构成收买被拐卖的儿童罪。高敏在共同犯罪中起次要作用，系从犯，可依法减轻处罚。黄思美收买被拐卖的儿童抚养，对被拐卖的儿童没有虐待，未阻碍解救，可依法从轻处罚。依照《刑法》有关规定，以拐卖儿童罪判处被告人余镇有期徒刑五年，并处罚金人民币3万元；以拐卖儿童罪判处被告人高敏有期徒刑三年，缓刑三年，并处罚金人民币1万元；以收买被拐卖的儿童罪判处被告人黄思美有期徒刑六个月，缓刑一年。宣判后，余镇提出上诉。安徽省淮北市中级人民法院经依法审理，裁定驳回上诉，维持原判。判决已发生法律效力。

【典型意义】

本案是一起出卖亲生子女构成犯罪的典型案例。当前，在司法机关严厉打击下，采取绑架、抢夺、偷盗、拐骗等手段控制儿童后进行贩卖的案件明显下降，但父母出卖亲生子女的案件仍时有发生。子女不是父母的私有财产，孩子应该享有独立人格尊严，绝不允许买卖。根据2010年《最高人民法院、最高人民检察院、公安部、司法部关于依法惩治拐卖妇女儿童犯罪的意见》有关规定，以非法获利为目的，出卖亲生子女的，应当以拐卖妇女、儿童罪论处。本案中，被告人余镇在妻子怀孕期间即联系被告人高敏物色买家，商定价格，妻子生育后采取欺骗方式将婴儿抱走卖给他人，故法院依法以拐卖儿童罪对其定罪判刑。没有买就没有卖，收买与拐卖相伴而生，《刑法修正案（九）》对收

* 2017年6月1日最高人民法院发布的6起依法惩治侵害未成年人犯罪典型案例之一。

买被拐卖的妇女、儿童罪作了重大修改，删除了原规定具备特定情节可以不追究刑事责任的条款，体现了对买方加大惩治力度的精神。本案被告人黄思美主观上虽然是为帮助他人收养而收买被拐卖的儿童，但其行为同样构成犯罪，法院对其依法定罪判刑，具有重要警示教育意义。

原载《人民法院案例选》2017 年第 12 辑（总第 118 辑）

183. 董小勇拐卖儿童案

——出卖亲生子女行为的定性及在法定刑以下判处刑罚的适用

【关键词】

出卖亲生子女　拐卖儿童罪　在法定刑以下判处刑罚

【裁判要旨】

出卖亲生子女，符合拐卖儿童罪犯罪构成要件的，应依照拐卖儿童罪定罪处罚。出卖亲生子女者不具有法定减轻处罚情节时，根据案件特殊情况，经最高人民法院核准，也可以在法定刑以下判处刑罚。

【相关法条】

《中华人民共和国刑法》

第二百四十条　拐卖妇女、儿童的，处五年以上十年以下有期徒刑，并处罚金；有下列情形之一的，处十年以上有期徒刑或者无期徒刑，并处罚金或者没收财产；情节特别严重的，处死刑，并处没收财产：

（一）拐卖妇女、儿童集团的首要分子；

（二）拐卖妇女、儿童三人以上的；

……

拐卖妇女、儿童是指以出卖为目的，有拐骗、绑架、收买、贩卖、接送、中转妇女、儿童的行为之一的。

第六十三条　犯罪分子具有本法规定的减轻处罚情节的，应当在法定刑以下判处刑罚；本法规定有数个量刑幅度的，应当在法定量刑幅度的下一个量刑幅度内判处刑罚。

犯罪分子虽然不具有本法规定的减轻处罚情节，但是根据案件的特殊情况，经最高人民法院核准，也可以在法定刑以下判处刑罚。

【案件索引】

一审：安徽省泗县人民法院（2015）泗刑初字第00301号（2016年3月9日）

二审：安徽省宿州市中级人民法院（2016）皖13刑终159号（2016年7月1日）

核准：最高人民法院（2016）最高法刑核45111857号（2016年12月25日）

【基本案情】

法院经审理查明：泗县经济开发区赵位村位庄村民位某因其子婚后无子女，遂委托他人找到王晓梅（另案处理），表示想让王晓梅帮忙收养一个孩子，王晓梅答应后遂让其同学徐贺医院医生张某某帮忙。董小勇夫妻已生育两个男孩，在得知其妻李某又怀孕男孩，因家庭负担重，担心抚养不起，董小勇产生将男孩出生后送给他人抚养的想法，提出以“营养费”名义收取收养家庭 3 万元。2014 年 5 月 23 日，李某在泗县中医院顺产一男婴，王晓梅得知后向位某家索要“营养费”45000 元，并于当晚带位某夫妇到泗县中医院找到董小勇夫妇，把男婴抱离医院抚养。数日后董小勇通过他人询问王晓梅关于营养费的事，经王晓梅多次催要，位某付给王晓梅 4 万元。董小勇得款 3 万元，王晓梅得款 1 万元。

【裁判结果】

安徽省泗县人民法院于 2016 年 3 月 9 日作出（2015）泗刑初字第 00301 号刑事判决：一、被告人董小勇犯拐卖儿童罪，判处有期徒刑三年，缓刑五年，并处罚金 1 万元人民币；二、被告人董小勇违法所得 3 万元人民币予以追缴，上缴国库（已退公安机关 15000 元，余款予以追缴）。本判决依法报请最高人民法院核准后生效。宣判后，安徽省泗县人民检察院提出抗诉称：（2015）泗刑初字第 00301 号刑事判决以“董小勇的行为没有造成严重的社会危害后果，且具有悔罪情节”为由，在法定刑以下量刑，属法律适用错误，量刑明显不当。安徽省宿州市人民检察院支持泗县人民检察院抗诉，认为原判对董小勇在法定刑以下量刑，属法律适用错误，建议二审法院依法改判。安徽省宿州市中级人民法院于 2016 年 7 月 1 日作出（2016）皖 13 刑终 159 号刑事裁定：驳回抗诉，维持原判。本裁定依法报请最高人民法院核准后生效。最高人民法院于 2016 年 12 月 25 日作出（2016）最高法刑核 45111857 号刑事裁定：第一审判决、第二审裁定认定的事实清楚、证据确实、充分、定罪准确，量刑适当。审判程序合法。核准安徽省宿州市中级人民法院（2016）皖 13 刑终 159 号维持第一审以拐卖儿童罪在法定刑以下判处被告人董小勇有期徒刑三年，缓刑五年，并处罚金人民币 1 万元的刑事裁定。

【裁判理由】

宿州市中级人民法院二审裁判认为：证人李某、贺某、张某某、王晓梅等人均证明，董小勇在其小孩出生和送出后询问并索要了 3 万元营养费，非法获利的目的明显，其行为符合《最高人民法院、最高人民检察院、公安部、司法部关于依法惩治拐卖妇女儿童犯罪的意见》第十六条、第十七条第二款第（三）项的规定，即为收取明显不属于“营养费”“感谢费”的巨额钱财将子女“送”给他人的，属于出卖亲生子女，应当以拐卖儿童罪论处。原判对董小勇在法定刑以下量刑是依据《刑法》第六十三条第二款的规定，即犯罪分子虽然不具有本法规定的减轻处罚情节，但是根据案件的特殊情况，经最高人民法院核准，也可以在法定刑以下判处刑罚。原判在具体处罚时，综合董小勇的犯罪事实、情节、对社会造成的危害程度和一贯表现，并根据董小勇认罪、悔罪态度，在法定刑以下量刑并适用缓刑并无不当。

最高人民法院裁判认为：被告人董小勇以非法获利为目的，出卖亲生子女，其行为已构成拐卖儿童罪。董小勇为非法获利出卖亲生子女，在拐卖儿童共同犯罪中起主要作用，系主犯，应按照其所参加的全部犯罪处罚。董小勇拐卖儿童，依法本应判处五年以上十年以下有期徒刑，其虽没有法定减轻处罚情节，但鉴于其因生活困难而出卖亲生子女，收取钱财相对有限，归案后积极退赃，且未造成被送养人身心健康受到严重损害，根据案件具体情况，对其依法可在法定刑以下判处刑罚。

【案例注解】

当前，出卖亲生子女、购买婴儿的情况日益增多，出卖者以送养为名，收取巨额“营养费”“感谢费”，形成一条以送养为名的卖婴链。此种行为应引起广泛的社会关注，对符合拐卖儿童罪犯罪构成要件的，应依照拐卖儿童罪定罪处罚，以保证未成年子女的身心健康。同时，出卖亲生子女案件的处理方式，亦体现了法与情、一般公正与个别公正的紧张关系。如何正确处理法、情、理之间的关系，且最大限度地实现罪刑法定与罪责刑相适应原则的统一，对于化解社会矛盾，促进社会和谐具有重要意义。

一、关于出卖亲生子女行为的定性

“出卖亲生子女”是指父母一方或双方为牟利或其他非法目的，将有遗传关系的子女卖给他人，并收取一定费用的行为。笔者认为，该行为应构成拐卖儿童罪。首先，该行为侵犯了被出卖者的人身自由和人格尊严权，符合拐卖儿童罪的客体和客观上的构成要求；根据《刑法》第二百四十条“拐卖儿童是指以出卖为目的，有拐骗、绑架、收买、贩卖、接送、中转儿童的行为之一的”，该行为符合其中的“出卖”；刑法上关于犯罪主体的规定也并没有排除被害人的亲属，主观方面要求故意且具有出卖的目的而非“以营利为目的”，因此，出卖亲生子女只要是故意出卖而不论其目的均可构成此罪。

目前，我国追究出卖亲生子女刑事责任的主要法律依据为：《刑法》第二百四十条拐卖妇女、儿童罪；《刑法》第二百六十一条遗弃罪；《收养法》第三十一条以及2010年3月15日，最高人民法院、最高人民检察院、公安部、司法部联合发布《关于依法惩治拐卖妇女儿童犯罪的意见》（以下简称《意见》）。《意见》明确“以非法获利为目的，出卖亲生子女的，应当以拐卖妇女、儿童罪论处”。《意见》同时规定了四种出卖亲生子女，应当以拐卖妇女、儿童罪论处的情形：“（1）将生育作为非法获利手段，生育后即出卖子女的；（2）明知对方不具有抚养目的，或者根本不考虑对方是否具有抚养目的，为收取钱财将子女‘送’给他人的；（3）为收取明显不属于‘营养费’‘感谢费’的巨额钱财将子女‘送’给他人的；（4）其他足以反映行为人具有非法获利目的的‘送养’行为的。”《意见》还规定：“不是出于非法获利目的，而是迫于生活困难，或者受重男轻女思想影响，私自将没有独立生活能力的子女送给他人抚养，包括收取少量‘营养费’‘感谢费’的，属于民间送养行为，不能以拐卖妇女、儿童罪论处”，“对私自送养导致子女身心健康受到严重损害，或者具有其他恶劣情节，符合遗弃罪特征的，可以遗弃罪论处；情节显著轻微危害不大的，可由公安机关依法予以行政处罚。”

本案中，证人李某、贺某、张某某、王晓梅等人均证明，董小勇在其孩子出生和送出后询问并索要了3万元营养费，拐卖儿童的主观故意存在，其行为符合《最高人民法院、最高人民检察院、公安部、司法部关于依法惩治拐卖妇女儿童犯罪的意见》第十六条、第十七条第二款第（三）项的规定，即为收取明显不属于“营养费”“感谢费”的巨额钱财将子女“送”给他人的，属于出卖亲生子女，应当以拐卖儿童罪论处。

二、关于出卖亲生子女构成拐卖儿童罪在法定刑以下判处刑罚的法律依据、社会效果及司法实践

就本案而言，从法律适用角度分析，一审法院刑事判决适用法律正确，量刑适当。一审法院对董小勇在法定刑以下判处刑罚是依据《刑法》第六十三条第二款的规定：“犯罪分子虽然不具有本法规定的减轻处罚情节，但是根据案件的特殊情况，经最高人民法院核准，也可以在法定刑以下判处刑罚。”泗县人民法院已考虑到董小勇拐卖儿童罪没有法定减轻处罚的情节，但根据该案件的特殊情况，即“董小勇因为家庭生活困难，才将孩子出卖给他人，小孩现仍在收养人处生活，董小勇的行为没有造成严重的社会危害后果，且具有悔罪情节”，并依法报请最高人民法院核准，决定对董小勇在法定刑以下判处刑罚。泗县人民法院对董小勇在法定刑以下判处刑罚并非基于董小勇是否具有法定减轻处罚的情节及可以在法定刑以下判处刑罚的酌定情节，而是根据案件的特殊情况，并依法报请最高人民法院核准。

从社会效果角度分析，一审法院考虑该案的特殊情况，认定董小勇犯拐卖儿童罪，在法定刑以下判处有期徒刑三年，缓刑五年，惩罚与教育相结合，体现了罪刑法定与罪责刑相适应原则的统一，有利于化解社会矛盾，促进社会和谐。董小勇家庭生活十分困难，经济来源主要是几亩承包地，董小勇的父亲、母亲、岳父、岳母、董小勇妻子的大伯及两个男孩需由董小勇赡养、抚养。其中，董小勇的父亲已瘫痪十年，生活不能自理，治疗费用、生活费用主要由董小勇负担；董小勇妻子的大伯80多岁，没有家人，跟董小勇家生活且经常生病。董小勇因生活困难，无能力抚养才将刚出生的儿子出卖，实属情非得已。另，同村36位村民均联名证明“董小勇忠厚老实，尊老爱幼，道德品质好，家庭上有老、下有小，经济十分困难，但从未干过违法违纪的事。现出现这种情况，实属偶然”。收养人在泗县桃花源西门开盲人按摩店，其妻子及母亲在泗县水上商城卖服装，父亲是建筑包工头，家庭经济状况良好，四人共同抚养被出卖男孩，被出卖男孩在收养人家中生活幸福，且案发至今仍在收养人家中生活。另，收养人家庭仅一人是盲人，并非泗县人民检察院抗诉书中称“收买人夫妇都是盲人”。董小勇现在是家庭的顶梁柱，若对其依拐卖儿童罪处五年以上有期徒刑，董小勇家庭可能会支离破碎，老无所依、幼无所养，不利于社会的安定、和谐。而收养人家庭经济状况良好，一家人对被出卖男孩视如己出，被出卖男孩至今仍在收养人家生活。董小勇的行为没有造成严重的社会危害后果，且董小勇认罪、悔罪。故泗县人民法院考虑该案的特殊情况，本着惩罚与教育相结合的原则，以有利于化解社会矛盾，促进社会和谐为出发点。决定对董小勇在法定刑以下判处刑罚，适用缓刑，并依法报请最高人民法院核准，既体现了罪刑法定与罪责刑相适应原则的统一，也具有良好的社会效果。

一审法院对董小勇在法定刑以下判处刑罚，并适用缓刑，有法律和事实依据，司法实践中已有相关案例，如：（1）武亚军、关倩倩拐卖儿童案——武亚军、关倩倩因家庭生活困难，以26000元出卖自己出生仅4个月的男婴，构成拐卖儿童罪，分别判处有期徒刑三年，缓刑五年。（2）曹金某、曹小某拐卖儿童案——曹金某在已有两名子女的情况下，再次生育一对双胞胎男婴，考虑家庭经济状况，抚养孩子困难，决定将双胞胎男婴中的一个出卖，曹小某得知后，串通他人，联系收买人，将一名男婴以52000元卖与他人，曹金某获利48000元，曹小某获利800元，曹金某、曹小某均构成拐卖儿童罪，判处有期徒刑三年，缓刑五年。

（一审法院合议庭成员　孙　雪　苗晓莉　付静思
二审法院合议庭成员　赵　耀　徐　莉　胡　奇
编写人　安徽省宿州市中级人民法院　徐　莉
责任编辑　周维明
审稿人　李玉萍）

原载《人民法院案例选》2017年第12辑（总第118辑）

十一、收买被拐卖的妇女、儿童罪

184. 李侠拐卖儿童、孙泽伟收买被拐卖的儿童案*

【基本案情】

2013年5月21日20时许，被告人李侠发现左某某带领孙子陈某某（不满2周岁）和孙女在河南省开封市祥符区世纪广场玩耍，遂趁左某某不注意时将陈某某盗走。后李侠冒充陈某某的母亲，在网上发帖欲收取5万元钱将陈某某“送养”。被告人孙泽伟看到消息后与李侠联系，于5月23日见面交易。在未对李侠及陈某某的身份关系进行核实的情况下，经讨价还价，孙泽伟付给李侠4万元钱，将陈某某带至山东省菏泽市曹县家中。公安机关破案后，已将陈某某解救送还亲属。

【裁判结果】

河南省开封市祥符区人民法院经审理认为：李侠以出卖为目的偷盗幼儿，其行为已构成拐卖儿童罪。孙泽伟收买被拐卖的儿童，其行为已构成收买被拐卖的儿童罪。依照刑法有关规定，以拐卖儿童罪判处被告人李侠有期徒刑十年，并处罚金人民币2万元；以收买被拐卖的儿童罪判处被告人孙泽伟有期徒刑七个月。

【典型意义】

拐卖儿童造成许多家庭骨肉分离，社会危害巨大。收买被拐卖的儿童行为，客观上诱发、助长“人贩子”铤而走险实施拐卖犯罪，造成被拐儿童与家人长期天各一方，社会危害同样不容忽视。本案中，被告人李侠偷盗幼儿出卖，法院以拐卖儿童罪对其判处有期徒刑十年，体现了依法从严惩处。作为具有正常社会阅历、经验的成年人，被告人孙泽伟应当知道李侠携带的幼童可能系被拐卖，但未对双方关系进行任何核实即对幼童陈某某予以收买，其行为已构成收买被拐卖的儿童罪。人民法院对本案“买主”依法定

* 案例来源：最高人民法院2015年2月27日发布的人民法院惩治拐卖妇女儿童犯罪典型案例。

罪判刑，再次向社会昭示：我国法律绝不容忍任何买卖儿童的行为，抱着侥幸心理收买被拐卖的儿童进行“抚养”，最终不仅会“人财两空”，还要受到法律制裁。

原载《人民法院案例选》2016 年第 1 辑（总第 95 辑）

185. 王尔民收买被拐卖的妇女、非法拘禁、强奸案*

【基本案情】

被告人王尔民因妻子不能生育而欲收买妇女为其生子。2013 年 6 月，王尔民以 1 万元从张正见、武仲廷（均系同案被告人，已判刑）处将被害人杨某（女，患有精神分裂症）收买回家。为防止杨某逃跑，王尔民将杨某关在家中杂物间，并用铁链锁住杨某的双脚，将杨某的一只手锁在一块大石头上。其间，王尔民多次与杨某发生性关系。同年 7 月 12 日，杨某被公安机关解救。

【裁判结果】

江苏省睢宁县人民法院经审理认为：王尔民收买被拐卖的妇女后非法限制其自由，明知该妇女患有精神病，还多次与其发生性关系，其行为分别构成收买被拐卖的妇女罪、非法拘禁罪和强奸罪，应依法并罚。依照刑法有关规定，对王尔民以收买被拐卖的妇女罪判处有期徒刑一年六个月；以非法拘禁罪判处有期徒刑二年六个月；以强奸罪判处有期徒刑七年，决定执行有期徒刑十年。

【典型意义】

本案是一起因收买被拐卖的妇女被判刑的典型案例。实践中，收买被拐卖的妇女不仅侵犯了妇女的人格尊严，还往往滋生出非法拘禁、强奸、伤害、侮辱等其他犯罪，严重侵犯了妇女的人身权利，社会危害不容低估，一些群众对“买主”盲目同情的错误观念亦应纠正。

原载《人民法院案例选》2016 年第 1 辑（总第 95 辑）

* 案例来源：最高人民法院 2015 年 2 月 27 日发布的人民法院惩治拐卖妇女儿童犯罪典型案例。

十二、诬告陷害罪

186. 宋某诬告陷害案（河南）*

【基本案情】

宋某因交通事故纠纷于2009年10月19日向法院提起民事诉讼，河南省郑州市二七区人民法院经审理，判决李某强支付宋某各项损失9万余元。由于李某强未履行判决确定的赔偿义务，宋某向法院申请执行。由于李某强一直未到案，经查找其名下无财产可供执行，法院在执行过程中先后申请救助基金5万元发放给宋某。后经对担保人李某军（李某强父亲）采取执行措施，李某军交纳了执行款38000元。加上此案在审理期间已向宋某发放救助金1万元，截至2014年4月30日，宋某领取案件款项达98000余元，已实现判决确定的全部债权，宋某亦向法院出具结案证明。

2014年6月3日以来，宋某多次向市区两级纪委、党委政法委、检察院、新华社等单位领导发送举报信息，称二七区人民法院工作人员孙某宁、李某欢克扣、截留其执行款45000元，意图使其受到刑事追究。2014年6月5日，二七区纪委接到市纪委转来的署名短信举报后，立即成立调查组对反映的问题进行了核实。经查，并未发现孙某宁、李某欢有任何克扣、截留执行款项的行为。

【裁判结果】

《中华人民共和国刑法》第二百四十三条第一款规定："捏造事实诬告陷害他人，意图使他人受刑事追究，情节严重的，处三年以下有期徒刑、拘役或者管制；造成严重后果的，处三年以上十年以下有期徒刑。"根据上述法律规定，河南省新郑市人民检察院对宋某依法提起公诉，新郑市人民法院经审理，认定宋某捏造犯罪事实、意图陷他人于刑事追诉之中，造成恶劣社会影响，其行为已构成诬告陷害罪，故判处宋某有期徒刑一年六个月。一审判决宣告后，宋某不服，提起上诉。郑州市中级人民法院经审理，裁定驳回上诉，维持原判。

---

* 司法人员依法履职保障十大典型案例。

【典型意义】

提升司法公信力不仅要求司法案件的结果公正，也要求司法人员的形象符合中立、公正的客观标准。司法人员的社会声誉是司法机关公正形象的重要载体，恶意贬损法官形象就是诋毁司法公信。当事人对裁判结果或者法院工作人员司法作风不满，可以通过上诉、申请再审、信访投诉举报等多种合法途径反映情况、表达诉求，但决不能毫无根据地随意指责司法人员贪腐或有其他犯罪行为。没有确凿证据，甚至故意捏造事实、散布谣言，轻易对法官、审判辅助人员提出性质严重的指控，不仅是对法院工作人员的人格污蔑，也是对司法公信的恶意破坏，更是对社会公共利益的肆意侵犯。《人民法院落实〈保护司法人员依法履行法定职责规定〉的实施办法》第十三条规定，法官因依法履职遭受不实举报、诬告陷害致使名誉受到损害的，其所在人民法院应当会同有关部门及时澄清事实，消除不良影响，维护法官良好声誉，并依法追究相关单位或者个人的责任。本案中，宋某故意捏造事实、进行虚假告发，导致有关单位对相关人员展开调查，给司法人员工作造成巨大压力、正常生活受到严重影响。法院依法对其判处刑罚，不仅是对法院干警的关心爱护，也是为司法人员依法履职提供制度保障的必要举措。

原载《人民法院案例选》2017 年第 11 辑（总第 117 辑）

十三、非法侵入住宅罪

187. 龙军等非法侵入住宅宣告无罪案
——近亲属间非法侵入住宅的，不宜轻易认定构成犯罪

【关键词】

刑事　亲属相犯　刑法谦抑性　宽严相济刑事政策　非法侵入住宅罪

【裁判要旨】

1. 刑法谦抑性原则和理念以及宽严相济的刑事政策，要求司法机关在充分遵循罪刑法定等刑法基本原则的前提下，克减不必要的犯罪认定或者抑制不必要的重刑主义倾向。我国刑法规定犯罪最本质的特征是严重社会危害性。非法侵入他人住宅的行为，并不当然具有严重社会危害性。因此，我国《刑法》规定的非法侵入住宅罪是结果犯，不应认定为行为犯。

2. 我国《刑法》规定的非法侵入住宅罪是结果犯，在确定该罪的犯罪构成要件时，应该对其加以"情节较严重"或者"后果较严重"等类限制。

3. 近亲属之间基于正当或者基本正当的事由非法侵入对方住宅时，只有在发生"情节严重"或者"后果严重"时，才能认定构成非法侵入住宅罪。

【相关法条】

《中华人民共和国刑法》

第十三条　一切危害国家主权、领土完整和安全，分裂国家、颠覆人民民主专政的政权和推翻社会主义制度，破坏社会秩序和经济秩序，侵犯国有财产或者劳动群众集体所有的财产，侵犯公民私人所有的财产，侵犯公民的人身权利、民主权利和其他权利，以及其他危害社会的行为，依照法律应当受刑罚处罚的，都是犯罪，但是情节显著轻微危害不大的，不认为是犯罪。

第二百四十五条　非法搜查他人身体、住宅，或者非法侵入他人住宅的，处三年以下有期徒刑或者拘役。

司法工作人员滥用职权，犯前款罪的，从重处罚。

【案件索引】

一审：湖南省花垣县人民法院（2017）湘3124刑初41号（2017年9月25日）

二审：湖南省湘西土家族苗族自治州中级人民法院（2017）湘31刑终215号（2017年10月18日）

【基本案情】

自诉人（上诉人）龙俊诉称：2014年至2015年，被告人龙军、李茂芬、龙庆为逼迫自诉人在对父母财产分割上作出不合理让步，多次非法强行闯入自诉人住宅吵闹打砸，长时间拒不退出。三被告人的行为均触犯了刑律，构成非法侵入住宅罪。诉请依法追究三被告人刑事责任。

被告人（被上诉人）龙军、龙庆、李茂芬辩称：龙军、龙庆与龙俊系兄弟姐妹关系，与龙俊发生争执均因为家庭琐事，没有非法侵入龙俊住宅的故意。

辩护人陈巧生的辩护意见：本案龙俊被打坏的门和木椅已得到赔偿。纠纷系家庭矛盾引起。被告人龙军没有主观上没有犯罪故意，客观上没有实施犯罪行为。请求宣告被告人龙军无罪。

法院经审理查明：自诉人龙俊（男）与被告人龙军（女）、龙庆（女）系同胞兄弟姐妹，被告人李茂芬系龙军之夫。2013年10月20日，龙俊、龙庆、龙军与父母龙某某、陈某某共同签订了《父母赡养协议》，对父母的财产进行了分配。2014年1月1日、11月4日，龙某某、陈某某相继去世。三位子女为父母的遗产分割问题，多次发生纠纷。具体如下：（1）2014年1月24日，为送母亲陈某某去医院看病，龙军、李茂芬来到龙俊住宅，双方发生争执推搡。龙俊向公安机关报警。（2）2014年4月1日，因认为自诉人龙俊将花垣镇政府门面租金收取后未入家庭收入账，龙军、李茂芬与龙俊在该门面发生争执，龙军打了龙俊一耳光。（3）2015年3月24日，龙庆因需要还房贷找到龙俊，遭到龙俊拒绝后，双方在龙俊的住宅里发生争吵，龙俊向公安机关报警。（4）2015年4月1日，龙庆、李茂芬再次到龙俊住处，要求解决还房贷问题。龙军在进入龙俊前栋大门后，龙俊拒绝其进入后栋大门。龙庆在前栋与后栋之间过道打砸，将两把椅子及大门砸坏。龙军随后赶来，双方再次发生争吵推搡。龙俊再次向公安机关报警。后来经过公安机关调解，龙军赔偿龙俊500元。

【裁判结果】

湖南省花垣县人民法院于2017年9月25日作出（2017）湘3124刑初41号刑事判决：被告人龙军、龙庆、李茂芬无罪。

宣判后，龙俊不服原审判决，提起上诉。湖南省湘西土家族苗族自治州中级人民法院于2017年10月18日作出（2017）湘31刑终215号刑事裁定：驳回上诉，维持原判。

【裁判理由】

花垣县人民法院一审认为：非法侵入住宅罪是指非法强行闯入他人住宅或经要求退出而无理拒不退出的行为，本罪侵犯的客体是他人的隐私权，即行为人无权又无正当理由进入他人住宅，意图破坏他人生活的安宁和安全。被告人龙军、李茂芬、龙庆进入自诉人龙俊的住宅，是为了与自诉人协商家庭琐事及父母遗留遗产问题，并非恶意进入自诉人住宅，没有侵犯他人隐私权的故意，其行为不构成犯罪。

湘西土家族苗族自治州中级人民法院二审认为：上诉人龙俊起诉的第二起事实，因发生纠纷的地点并非龙俊的住宅，故该次纠纷与非法侵入住宅的事实无关。龙俊起诉的其他三次事实，经查，龙军、李茂芬、龙庆虽到龙俊住宅吵闹，甚至发生推搡、打砸，其行为有不当之处，但龙庆、龙军与龙俊系同胞兄弟姐妹，其到龙俊住处也是为处理父母的财产才发生纠纷。被告人的行为虽给龙俊的生活造成了一定影响，但不具有刑法规定的非法侵入住宅罪所要求的“非法性”及“情节严重”。故三被告人的行为不构成非法侵入住宅罪。

【案例注解】

本案事实清楚。三被告人的行为，简单地从表面上看，都符合我国《刑法》第二百四十五条规定的非法侵入住宅罪的犯罪构成要件。一审、二审法院均宣告三被告人无罪，应认为主要是在不违背罪刑法定原则的前提下，秉承刑法谦抑性原则和理念以及宽严相济刑事政策所作选择。这可从以下几个方面来理解。

一、关于亲属相犯案件特殊处理之古今中外

发生在亲属间的违法犯罪行为，一般称之为亲属相犯行为。该行为包括两种类型：第一类是亲属间的侵害行为，即行为人对自己的亲属实施侵害（这又可以分为亲属间的财产侵害行为和亲属间的人身侵害行为）；第二类是亲属间的容隐行为，例如窝藏、包庇、作伪证等行为。亲属相犯违法犯罪不仅侵犯法律规范，也侵害伦理规范，影响到行为人或者受害人的家庭和谐，甚至影响社会秩序的稳定，应受法律规范和伦理规范的双重调整。本案中，三被告的被诉行为，显然是典型的亲属相犯行为。

通过对美国、加拿大、德国、法国、日本、韩国、意大利等国家刑法典关于亲属相犯行为比较，可以发现，它们都无一例外地对亲属相犯行为作了明确的规定，区别仅在于处理方式不同：一是定罪上的宽恕——不作为犯罪处理（如加拿大、法国）；二是量刑上的宽容——“免除处罚”或“从轻、减轻或者免除处罚”（如日本）；三是刑事程序发动上的宽容——规定为不告不理（如韩国、德国，日本刑法则在亲属之间作出区分，只将特定亲属范围内的亲属相盗作为亲告罪处理）。

中国封建社会长期是以身份为基础、以家族为本位的社会，形成了以维护宗法伦理秩序为宗旨的家族本位法。所以，中国古代法律为了维护封建伦理秩序，通过全面规制家庭这一社会最小单位，保障父权和夫权权威地位，进而维护封建君主统治，对亲属相犯行为都进行了特殊处理，只是范围和程度在各个时期有所不同。以唐律为例，“出于对宗法制度的维护，唐律以是否符合礼制作为判断行为是否具有社会危害性、是否构成犯罪的标准，而对礼制侵犯的严重程度也就成为了衡量犯罪严重程度的重要尺度。”① 如对亲属间的人身伤害，唐律往往采取亲属有别、尊卑有别的处理方法。②

① 孙广坤：《亲属相犯行为定罪量刑的介述与思考》，载《法律适用》2016 年第 8 期。

② 范忠信：《中西法文化的暗合与差异》，中国政法大学出版社 2001 年版，第 132 页。

在我国现行刑法去伦理化的背景下，身份刑法和伦理刑法的标签几乎成为禁忌，亲属关系在我国刑事立法中基本上不见踪迹。刑法中难以寻到伦理关系的规定，关于盗窃、抢夺等有限的司法解释，不能包括现实中发生的所有类型的亲属相犯行为。我国关于亲属相犯行为立法的不足或者不完善，给司法实践中这类犯罪的定罪量刑带来了法律规范与伦理规范选择适用的困惑。

法律的生命在于经验而不是逻辑。从人伦和常理来看，亲属相犯犯罪以及为自用而犯该罪的社会危害性相对较小，对此类犯罪宽大处理容易被公众所接受，会取得更好的法律效果和社会效果。

我国现行法律对于亲属间一般犯罪从轻、减轻处罚仍停留在理论探讨中，现行刑法没有亲属相犯行为定罪量刑的规定，但在司法实践中，最高人民法院和最高人民检察院等部门单独或者联合，对亲属相犯行为的定罪量刑先后出台了《关于审理盗窃案件具体应用法律若干问题的解释》《关于审理抢劫、抢夺刑事案件适用法律若干问题的意见》《关于审理未成年人刑事案件具体应用法律若干问题的解释》《关于依法惩治拐卖妇女儿童犯罪的意见》等司法解释。这些司法解释充分考虑了伦理规范对亲属相犯行为定罪量刑的影响。特别是《最高人民法院关于审理掩饰、隐瞒犯罪所得、犯罪所得收益刑事案件适用法律若干问题的解释》规定，为近亲属掩饰、隐瞒犯罪所得及其产生的收益，且系初犯、偶犯的，可免予刑事处罚，体现了对近亲属间犯罪的宽大、人道原则，同时还设置了“行为人认罪、悔罪并退赃、退赔”的前置条件，防止该从宽处理规定被人为滥用，导致失之过宽。这些司法解释释放出司法尊重家庭人情伦理的正能量，对于人性司法、完善立法都是十分有益的探索，值得在司法实践中进一步认真总结提炼，为亲属间其他一般性犯罪从轻、减轻处罚提供公众能够接受的实践样本。

我国现行刑事立法和司法解释中关于亲属相犯犯罪行为定罪量刑的规定，具有以下特点：一是刑法典的去伦理化与司法解释伦理化相结合。刑法典总则部分和分则部分都充分体现了去伦理化的特征，而司法解释则对部分亲属相犯行为定罪量刑吸收了伦理规范。二是司法解释中亲属相犯犯罪行为处理方式多样。既有定罪上从宽、量刑上从轻，还有刑事启动程序上受害人的自由裁量，以及行为双方自行和解。三是司法解释中关于亲属相犯行为涉及范围很窄。目前主要有盗窃、抢劫、抢夺等犯罪。这些犯罪虽然有代表性但不全面，因而法律适用上有很大局限性。①

有人针对《最高人民法院关于审理掩饰、隐瞒犯罪所得、犯罪所得收益刑事案件适用法律若干问题的解释》评论道：“近亲属间犯罪从宽系对中国法律文化传统的理性传承。”“在现代刑事司法中，谦抑性也体现为法律义务适当避让亲情义务，可以更好地维护社会公认的亲情伦理原则，增进家庭的和睦，确保国家的稳定，实现社会的秩序。在西方法律中，亲亲相隐制度主要体现为刑事诉讼法中规定的亲属拒绝作证权，指因夫妻关系和亲属关系而享有的拒绝作证权；刑法典中规定了犯人的亲属容隐犯罪人的某些犯罪，可以免除刑罚处罚或者减轻处罚。”②

对亲属相犯案件予以特别处理的理论支撑，一般认为主要有：一是刑法谦抑性的原

---

① 孙广坤：《亲属相犯行为定罪量刑的介述与思考》，载《法律适用》2016 年第 8 期。

② 郝绍彬：《近亲属间犯罪从宽彰显法治进步》，载《法制日报》2015 年 6 月 1 日第 7 版。

则和精神；二是恢复性司法的理念（努力补偿被害人的利益，谋求被害人的谅解，从而尽可能恢复到犯罪前的人际关系）；三是人格责任论（通过对行为人人格的分析，考察其人身危险性和再犯可能性，而不仅仅依行为人的犯罪行为进行定罪量刑）；四是宽严相济刑事政策；五是构建和谐型社会的现实考量。

二、刑法谦抑性原则和理念以及宽严相济刑事政策之解读

我国现行《刑法》只在总则部分明确规定了罪刑法定、适用刑法人人平等及罪责刑相适应三项基本原则。但是，在立法、司法两方面都应该遵循或秉承刑法谦抑性原则和理念，在我国理论界和实务界都已经基本形成共识。

从刑事司法角度看，刑法谦抑性原则和理念要求司法机关在充分遵循罪刑法定等刑法三项基本原则的前提下，克减不必要的犯罪认定或者抑制不必要的重刑主义倾向。具体说来，在定罪方面，在罪与非罪之间存疑时要坚持"疑罪从无"，在重罪与轻罪之间存疑时要坚持"疑罪从轻"原则；在量刑方面，在法定从轻情节或从重情节之间存疑时，应该认定从轻情节或者不认定从重情节，即坚持"疑罪从轻"原则；当犯罪行为在轻罪重罪之间发生竞合无法区分时，应按轻罪处理；在此罪与彼罪之间存疑，而此罪与彼罪的量刑又相同时，首先应以"优势证据原则"采信证据，认定具体罪名，但如果两部分证据基本相当时，则应该采纳被告人的辩解。[①] 易言之，刑法谦抑性原则和理念基本要求，有罪无罪存疑时"疑罪从无"，罪重罪轻存疑时"疑罪从轻"。

刑法谦抑性原则的重要内涵是刑法的经济性。它要求以最小的成本取得最大的刑法效益。"这种（刑法）成本节约，既包含着对司法成本的减少使用，还包含着要求刑法最少地对现有社会秩序和人际关系的干预。这也就要求刑法尽量减少对社区中和家庭中人与人之间长期稳定的社会关系的破坏。因此，刑法只能作为法益保护的最后手段。"[②] 根据该原则，对于一些可以通过轻缓手段调整的亲属相犯行为，刑法完全可以退居其后，以《侵权责任法》《治安管理处罚法》等其他法律进行调整，或者由当事人之间自行协商解决，以尽可能实现当事人利益的平衡和社会关系的平稳运行。

我国虽然没有通过立法来明确承认刑法谦抑性原则和理念，但其精神实质在我国刑事司法政策方面得到了明确、充分的肯定。2010 年 2 月 8 日，最高人民法院印发《关于贯彻宽严相济刑事政策的若干意见》（以下简称《若干意见》）。该《若干意见》中关于从"宽"方面的内容，基本上可以认为是对刑法谦抑性原则和理念的重述。[③]

三、刑法谦抑性原则和理念在解释本罪构成要件时的适用

根据罪刑法定原则，法院在认定公诉机关或自诉人指控的被告人涉嫌犯罪的事实之后，认定被告人被指控的行为是否构成被指控的犯罪，首先要解释刑法条款，确定该罪的犯罪构成要件。由于刑法规定的原则性和语义的含糊性，在确定犯罪构成要件时，往

① 高壮华：《简论刑法谦抑性原则》，载《河南警察学院学报》2017 年第 2 期。

② 孙广坤：《亲属相犯行为定罪量刑的介述与思考》，载《法律适用》2016 年第 8 期。

③ 该《若干意见》第 14 条规定："宽严相济刑事政策中的从'宽'，主要是指对于情节较轻、社会危害性较小的犯罪，或者罪行虽然严重，但具有法定、酌定从宽处罚情节，以及主观恶性相对较小、人身危险性不大的被告人，可以依法从轻、减轻或者免除处罚；对于具有一定社会危害性，但情节显著轻微危害不大的行为，不作为犯罪处理；对于依法可不监禁的，尽量适用缓刑或者判处管制、单处罚金等非监禁刑。"第 15 条规定："被告人的行为已经构成犯罪，但犯罪情节轻微，或者未成年人、在校学生实施的较轻犯罪，或者被告人具有犯罪预备、犯罪中止、从犯、胁从犯、防卫过当、避险过当等情节，依法不需要判处刑罚的，可以免予刑事处罚。"

往需遵循或秉承刑法谦抑性原则和理念以及宽严相济刑事政策。

我国《刑法》第二百四十五条对于非法侵入住宅罪的罪状，只简单地描述为“非法侵入他人住宅”。如何确定该罪的犯罪构成要件，就必须通过解释。解释者遵循或秉承不同的原则和理念，必将导致不同的，甚至大相径庭的结论。

在我国刑法理论上，通常对该罪的“非法侵入”作出两种情况的解释：一种是“积极的侵入”，一种是“消极的不退出”。

1989年11月30日，最高人民检察院发布《人民检察院直接受理的侵犯公民民主权利、人身权利和渎职案件立案标准的规定》，其第六条对哪些行为构成非法侵入住宅罪作了一些列举，如：非法强行侵入他人住宅，经要求或教育仍不退出；非法强行侵入他人住宅后毁损、污损或者搬走他人生活用品；非法强行侵入他人住宅，停尸闹事，致使他人无法居住，等等。该司法解释对于哪些行为构成非法侵入住宅罪采用的是有限列举的方式，而且在这些行为后面加上了许多要求“情节严重”或者“严重后果”的限定词。[①]对于该司法解释的某些具体规定，当然可以讨论，但其遵循或秉承刑法谦抑性原则和理念，则是毋庸争议、应该肯定的。

据通说，我国刑法规定犯罪最本质的特征是严重社会危害性。非法侵入他人住宅与醉酒驾驶行为不同，并不当然具有严重社会危害性。因此，应该坚持认为，我国刑法规定的非法侵入住宅罪是结果犯，不应认定为行为犯。对于情节或者结果不那么严重的非法侵入住宅的行为，根据我国《刑法》第十三条“但是情节显著轻微危害不大的，不认为是犯罪”的规定，可以不认定为犯罪。

根据刑法谦抑性原则和理念，也考虑到特定情形下某些人侵入他人住宅是基于意外事件或风俗习惯（如我国农村许多地区仍然保留有“串门”的习俗），应该认为对“非法侵入他人住宅”行为，不论是“积极的侵入”，还是“消极的不退出”，如果不加任何条件限制地一概认定为犯罪，显然不具有现实可行性。搜狗百科的“非法侵入住宅罪”词条中提出，区分本罪与非罪的界限，关键看情节是否严重，即只有对严重妨碍了他人居住安全与生活安宁的非法侵入住宅的行为，才能以犯罪论处。这个意见，如果绝对化，可能有违人们对住宅安宁权的需求越来越高的发展趋势。但应该认为，在确定该罪的犯罪构成要件时，对其加以诸如“情节较严重”或者“后果较严重”等类限制，才既有现实可行性，也很有必要。否则，有罪判决结果很难得到社会大众的广泛认同。

对发生在亲属之间的侵权行为，我国当前的被害人及社会大众往往具有更高的忍耐性，被害人往往没有追究侵权方刑事责任的强烈愿望。根据刑法谦抑性原则和理念，在近亲属之间基于正当或者基本正当的事由非法侵入对方住宅时，对其入罪的限制条件，显然应该比其他人更高。质言之，近亲属之间基于正当或者基本正当的事由非法侵入对方住宅时，只有在发生“情节严重”或者“后果严重”时，才应该认定构成非法侵入住宅罪。

四、本案宣告被告人无罪之具体考虑

三被告人未经允许，强行进入自诉人的住宅，并发生推搡吵闹，在一定程度上确实影响了自诉人的正常居住，具有不当性甚至非法性。但法院对被告人不予定罪，主要是

① 张慧聪：《浅析非法侵入住宅罪》，载《法制与社会》2012年第17期。

考虑到以下三个方面：一是被告人进入自诉人住宅系事出有因，且有一定的正当理由。因为双方为继承财产发生纠纷，且该纠纷当时尚未定论，即未达成一致协议或者由法定机关作出终审裁决。在继承纠纷未获解决前，被告人强行进入自诉人住宅协商解决问题，应视为理由正当或基本正当。被告人的强行进入行为即使方法不当、有过激行为，只要被告人当时不是以解决纠纷为名行非法侵入之实，就不应该界定为刑法意义上的“非法侵入”。二是被告人的强行进入行为，虽然给自诉人造成了一定影响，但尚不能认定为已经达到非法侵入住宅罪所要求的亲属之间“情节严重”的程度。三是被告人与自诉人关系特殊。我国对于近亲属之间非法侵害行为的犯罪认定标准自古以来就要求更高，处罚方向也是尽量从轻的。刑法谦抑性原则和理念在近亲属之间违法犯罪的认定处理上体现得更为充分。就本案而言，被告人的主观目的、行为手段及危害后果，应该认为均达不到近亲属之间的非法侵入住宅罪所要求的条件。因此，对三被告人非法进入自诉人住宅的行为，尚非必须进行刑法上的评价。

总之，一审、二审法院的裁判结果，应认为不违背罪刑法定原则，符合刑法谦抑性原则和理念以及宽严相济刑事政策之要求，无论法律效果还是社会效果均较好，值得肯定。

（一审法院合议庭成员　杨朝晖　刘聪明　梁正英
二审法院合议庭成员　王　平　鲁勤练　杨向路
编写人　湖南省湘西土家族苗族自治州中级人民法院　王　平　胡基厚
责任编辑　周维明
审稿人　李玉萍）

原载《人民法院案例选》2019 年第 3 辑（总第 133 辑）

十四、侮辱罪

188. 蔡晓青侮辱案*

——如何认定“人肉搜索”致人自杀死亡的行为性质以及如何认定侮辱罪中“严重危害社会秩序和国家利益”提起公诉的情形

【关键词】

侮辱罪　自诉案件　人肉搜索

【裁判要点】

通过“人肉搜索”捏造、虚构事实行为，侵犯他人名誉权，造成他人自杀的，应当认定为情节严重的侮辱行为，构成侮辱罪。

“人肉搜索”引发社会广泛关注和讨论，严重危害了互联网的安全与管理秩序，属于严重危害社会秩序的情形，应当由检察机关提起公诉。

【相关法条】

《中华人民共和国刑法》

第二百四十六条[①]　以暴力或者其他方法公然侮辱他人或者捏造事实诽谤他人，情节严重的，处三年以下有期徒刑、拘役、管制或者剥夺政治权利。

前款罪，告诉的才处理，但是严重危害社会秩序和国家利益的除外。

---

* 案例来源：最高人民法院刑事审判第一、二、三、四、五庭主办：《刑事审判参考》（第101集），法律出版社2015年版，第84～89页。

① 2015年8月29日公布的《中华人民共和国刑法修正案（九）》第十六条对本条进行了修正。修正后的条文内容为：“以暴力或者其他方法公然侮辱他人或者捏造事实诽谤他人，情节严重的，处三年以下有期徒刑、拘役、管制或者剥夺政治权利。

“前款罪，告诉的才处理，但是严重危害社会秩序和国家利益的除外。

“通过信息网络实施第一款规定的行为，被害人向人民法院告诉，但提供证据确有困难的，人民法院可以要求公安机关提供协助。”

【案情及裁判】

广东省陆丰市人民检察院以被告人蔡晓青犯侮辱罪，向陆丰市人民法院提起公诉。

被告人蔡晓青对公诉机关指控的犯罪事实无异议。其辩护人提出侮辱罪是自诉案件，对蔡晓青提起公诉属于程序不当；被害人徐某自杀与蔡晓青发布微博不存在刑法上的因果关系，蔡晓青不具有法定的严重情节，不构成侮辱罪。

陆丰市人民法院经公开审理查明：被告人蔡晓青因怀疑徐某在陆丰市东海镇金碣路32号其“格仔店”服装店试衣服时偷了一件衣服，于2013年12月2日18时许将徐某在该店的视频截图配上“穿花衣服的是小偷”等字幕后，上传到其新浪微博上，并以求“人肉搜索”等方式对徐某进行侮辱。同月4日，徐某因不堪受辱，在陆丰市东海镇茫洋河跳水自杀。案发后，蔡晓青的父母与徐某父母达成和解协议，蔡晓青父母一次性赔偿徐某父母人民币12万元，徐某父母出具谅解书，请求司法机关对蔡晓青从轻处罚。

陆丰市人民法院认为：被告人蔡晓青因怀疑徐某在其经营的服装店试衣服时偷衣服，遂在该店的视频截图配上“穿花衣服的是小偷”等字幕后，上传到其新浪微博上，公然对他人进行侮辱，致徐某因不堪受辱跳水自杀身亡，情节严重，其行为构成侮辱罪。案发后被告人亲属与被害人亲属达成调解协议，被告人亲属对被害人亲属的经济损失进行赔偿，取得被害人家属的谅解。被告人当庭认罪，确有悔罪表现，依法可以从轻处罚。据此，依照《中华人民共和国刑法》第二百四十六条之规定，陆丰市人民法院以侮辱罪判处被告人蔡晓青有期徒刑一年。

一审宣判后，被告人蔡晓青不服，向汕尾市中级人民法院提起上诉。汕尾市中级人民法院经审理认为：一审判决认定的事实清楚，证据确实、充分，适用法律正确，审判程序合法，量刑适当，应予维持。据此，依照《中华人民共和国刑事诉讼法》第二百二十五条第一款第（一）项之规定，汕尾市中级人民法院裁定驳回上诉，维持原判。

【法理解析】

本案的焦点问题是“人肉搜索”致人死亡的行为是否构成侮辱罪。首先，该行为在客观上侵犯了他人的名誉权。名誉权是指公民或者法人对自己在社会生活中所获得的社会评价即自己的名誉，依法所享有的不可侵犯的权利。本案中，被告人明确指明徐某是小偷并要求“人肉搜索”，其行为本质是对他人人格的公然侮辱，给他人造成严重的负面影响。其次，被告人的侮辱行为与被害人的死亡结果具有刑法上的因果关系。本案中，被告人的“人肉搜索”行为对被害人造成了巨大的心理压力，使其产生极度恐惧，并最终自杀身亡。再次，被告人侮辱他人的行为达到“情节严重”的程度。被害人因不堪侮辱而跳河自杀，明显属于“情节严重”。最后，“人肉搜索”严重危害了互联网的安全与管理秩序，属于严重危害社会秩序的情形，应当由检察机关提起公诉。

原载《人民法院案例选》2016年第1辑（总第95辑）

十五、侵犯公民个人信息罪

189. 邵保明等侵犯公民个人信息案*

——非法出售户籍信息、手机定位、住宿记录等个人信息，构成侵犯公民个人信息罪

【基本案情】

2016 年年初，被告人邵保明、康旭、王杰、陆洪阳分别以“大叔调查公司”的名义向他人出售公民个人信息，被告人倪江鸿不久后参与。五被告人通过在微信朋友圈发布出售个人户籍、车辆档案、手机定位、个人征信、旅馆住宿等各类公民个人信息的广告的方式寻找客户，接单后通过微信向上家购买信息或让其他被告人帮忙向上家购买信息后加价出售，每单收取 10 元至 1000 余元不等的费用。经查，被告人邵保明获利 26000 元，被告人康旭获利 8000 元，被告人倪江鸿、王杰、陆洪阳各获利 5000 元。

【裁判结果】

浙江省东阳市人民法院判决认为：被告人邵保明、康旭、倪江鸿、王杰、陆洪阳单独或伙同他人，违反国家有关规定，向他人出售公民个人信息，情节严重，其行为均已构成侵犯公民个人信息罪。综合考虑被告人的坦白、退赃等情节，以侵犯公民个人信息罪判处被告人邵保明有期徒刑一年三个月，并处罚金人民币 8000 元；被告人康旭有期徒刑一年，并处罚金人民币 4000 元；被告人倪江鸿、王杰、陆洪阳各有期徒刑十个月，并处罚金人民币 2000 元。该判决已发生法律效力。

（责任编辑　杨　奕）

原载《人民法院案例选》2017 年第 5 辑（总第 111 辑）

* 2017 年 5 月 9 日最高人民法院公布的关于侵犯公民个人信息犯罪的 7 个典型案例之一。

190. 韩世杰、旷源鸿、韩文华等侵犯公民个人信息案*

——非法查询征信信息牟利，构成侵犯公民个人信息罪

【基本案情】

2015年9月3日至4日，被告人韩世杰、旷源鸿、韩文华利用连光辉（湖北省巴东县农村商业银行沿渡河支行征信查询员）的征信查询ID号、密码及被告人李冲、耿健美（洛阳银行郑州东风路支行客户经理）提供的洛阳银行郑州东风路支行的银行专用网络，在该行附近使用电脑非法查询公民个人银行征信信息3万余条。

2015年9月5日至6日，被告人韩世杰、旷源鸿、韩文华利用连光辉的征信查询ID号、密码及被告人李楠、卢惠生（德州银行滨州金廷支行行长）提供的德州银行滨州分行的银行专用网络，在该行南面的停车场内，使用电脑分两次非法查询公民个人银行征信信息2万余条。

2015年9月8日，被告人韩世杰、旷源鸿、韩文华利用李涛（江苏省淮安市农村商业银行徐溜支行职工）的银行征信查询ID号及密码及被告人李楠、卢惠生提供的德州银行滨州分行专用网络，在该行南面的停车场内，使用电脑非法查询公民个人银行征信信息近3万条。

被告人韩亮、邓佳勇获得征信查询ID号、密码并非法提供给被告人韩世杰等人使用，双方通过被告人陈莎莎中转租金、传递密码。被告人韩世杰、旷源鸿、韩文华将查询获得的上述公民个人银行征信信息出售给他人，向被告人韩亮、李冲、李楠支付了相关费用。

【裁判结果】

湖北省巴东县人民法院判决认为：被告人韩世杰、旷源鸿、韩文华、韩亮、邓佳勇、李楠、陈莎莎、卢惠生、李冲、耿健美违反国家有关规定，非法获取公民个人信息出售牟利，情节严重，其行为已构成侵犯公民个人信息罪。综合考虑被告人自首、坦白、积极退赃等情节，以侵犯公民个人信息罪判处被告人韩世杰有期徒刑一年六个月，并处罚金人民币2万元；被告人旷源鸿有期徒刑一年三个月，并处罚金人民币2万元；被告人韩文华处有期徒刑一年二个月，并处罚金人民币1万元；被告人韩亮有期徒刑一年，并

---

* 2017年5月9日最高人民法院公布的关于侵犯公民个人信息犯罪的7个典型案例之一。

处罚金人民币 1 万元；以及其他各被告人相应有期徒刑、拘役和罚金。该判决已发生法律效力。

（责任编辑　杨　奕）

原载《人民法院案例选》2017 年第 5 辑（总第 111 辑）

191. 周滨城等侵犯公民个人信息案*

——非法购买学生信息出售牟利，构成侵犯公民个人信息罪

【基本案情】

2016 年 4 月，被告人周滨城向他人购买浙江省学生信息 193 万余条。后被告人周滨城将其中 100 万余条嘉兴、绍兴地区的学生信息以 6 万余元的价格出售给被告人陈利青，将 45655 条嘉兴地区的学生信息以 3500 元的价格出售给被告人刘亚、陈俊、周红云，将 7214 条平湖地区的学生信息以 1400 元的价格出售，将 2320 条平湖地区的学生信息以 500 元的价格出售，共计非法获利 65400 元。此外，2016 年 4 月，被告人刘亚、陈俊、周红云以 3000 元的价格向他人购买嘉兴地区学生信息 25068 条。

【裁判结果】

浙江省平湖市人民法院判决认为：被告人周滨城、陈利青、刘亚、陈俊、周红云违反国家有关规定，向他人出售或者以购买的方法非法获取公民个人信息，数量分别为 193 万余条、100 万余条、7 万余条、7 万余条、7 万余条，其行为均已构成侵犯公民个人信息罪。综合考虑被告人自首、坦白等情节，以侵犯公民个人信息罪判处被告人周滨城有期徒刑一年十一个月，并处罚金人民币 4 万元；被告人陈利青有期徒刑十一个月，并处罚金人民币 10 万元；被告人刘亚、陈俊、周红云有期徒刑九个月至七个月不等、缓刑一年，并处罚金人民币 5000 元至 4000 元不等。该判决已发生法律效力。

（责任编辑　杨　奕）

原载《人民法院案例选》2017 年第 5 辑（总第 111 辑）

* 2017 年 5 月 9 日最高人民法院公布的关于侵犯公民个人信息犯罪的 7 个典型案例之一。

192. 夏拂晓侵犯公民个人信息案*

——非法买卖网购订单信息，构成侵犯公民个人信息罪

【基本案情】

2015 年 10 月至 2016 年 7 月，被告人夏拂晓买卖大量含有公民姓名、收货地址、手机号码等内容的网购订单信息，非法获利约 5 万元。被告人夏拂晓在归案后如实供述自己的罪行。

【裁判结果】

浙江省绍兴市柯桥区人民法院判决认为：被告人夏拂晓违反国家有关规定，非法获取公民个人信息并向他人出售，情节严重，其行为已构成侵犯公民个人信息罪。综合考虑全案情节，以侵犯公民个人信息罪判处被告人夏拂晓有期徒刑二年，并处罚金人民币 2000 元。该判决已发生法律效力。

（责任编辑　杨　奕）

原载《人民法院案例选》2017 年第 5 辑（总第 111 辑）

* 2017 年 5 月 9 日最高人民法院公布的关于侵犯公民个人信息犯罪的 7 个典型案例之一。

193. 肖凡、周浩等侵犯公民个人信息案*

——利用黑客手段窃取公民个人信息出售牟利，构成侵犯公民个人信息罪

【基本案情】

被告人肖凡、周浩预谋窃取邮局内部的公民个人信息进行出售牟利，共同出资购买了黑客软件。2016 年 5 月至 2016 年 6 月，两人通过黑客软件侵入邮局内网，在邮局内网窃取邮局内部的公民个人信息 103257 条，并将窃取的公民个人信息全部出售给被告人李晓波。后李晓波将购买的公民个人信息出售给被告人王丽元 4 万条，王丽元又将购买到的公民个人信息出售给被告人宋晓波 3 万条。

【裁判结果】

内蒙古自治区赤峰市红山区人民法院判决认为：被告人肖凡、周浩通过黑客手段窃取公民个人信息并非法出售，李晓波、王丽元、宋晓波通过购买方式非法获取公民个人信息，其行为均已构成侵犯公民个人信息罪。据此，以侵犯公民个人信息罪判处被告人肖凡、周浩、李晓波各有期徒刑二年，并处罚金人民币 5 万元；被告人王丽元有期徒刑一年，并处罚金人民币 3 万元；被告人宋晓波有期徒刑六个月，并处罚金人民币 3 万元。该判决已发生法律效力。

（责任编辑　杨　奕）

原载《人民法院案例选》2017 年第 5 辑（总第 111 辑）

* 2017 年 5 月 9 日最高人民法院公布的关于侵犯公民个人信息犯罪的 7 个典型案例之一。

194. 杜明兴、杜明龙侵犯公民个人信息案*

——通过互联网非法购买、交换、出售公民个人信息，构成侵犯公民个人信息罪

【基本案情】

被告人杜明兴、杜明龙加入涉及个人信息交换买卖的QQ群，通过购买、交换等方式获取大量公民个人信息，再在群里发布广告招揽买家。2015年11月至2016年3月，杜明兴向他人购买或者交换车主信息等公民个人信息28万余条，向他人出售关于期货、基金、车主、信用卡等公民个人信息42万余条；杜明龙向他人购买杭州地区新生儿及其父母信息等公民个人信息3万余条，向他人出售车主信息、小区业主信息等公民个人信息近40万条。

【裁判结果】

江苏省南京市鼓楼区人民法院判决认为：被告人杜明兴、杜明龙违反国家有关规定，向他人出售或者以非法方法获取公民个人信息，情节严重，其行为已构成侵犯公民个人信息罪。综合考虑被告人坦白、退赃等情节，以侵犯公民个人信息罪判处被告人杜明兴、杜明龙各有期徒刑一年四个月，罚金人民币1万元；被告人有期徒刑一年二个月，罚金人民币1万元。该判决已发生法律效力。

（责任编辑　杨　奕）

原载《人民法院案例选》2017年第5辑（总第111辑）

* 2017年5月9日最高人民法院公布的关于侵犯公民个人信息犯罪的7个典型案例之一。

195. 丁亚光侵犯公民个人信息案*

——非法提供近2000万条住宿记录供他人查询牟利，构成侵犯公民个人信息罪“情节特别严重”

【基本案情】

2013年年底，一家为全国4500多家酒店提供网络服务的公司因系统存在安全漏洞，致使全国高达2000万条宾馆住宿记录泄露。2015年初至2016年6月，被告人丁亚光通过在不法网站下载的方式，非法获取宾馆住宿记录等公民个人信息，并上传至自己开办的“嗅密码”网站。该网站除了能够查询住宿记录外，还提供用户QQ、部分论坛账号及密码找回功能。其中住宿记录共有将近2000万条，用户经注册成为会员后，可以在网页“开房查询”栏目项下，以输入关键字姓名或身份证号的方式查询网站数据库中宾馆住宿记录（显示姓名、身份证号、手机号码、地址、住宿时间等信息）。丁亚光自2015年5月份左右开始对该网站采取注册会员方式收取费用60元/人，到2016年1月份上调到120元/人。2015年11月1日至2016年6月23日，“嗅密码”网站共有查询记录49698条，收取会员费191440.92元。

【裁判结果】

浙江省乐清市人民法院判决认为：被告人丁亚光非法获取住宿记录等公民个人信息后通过网站提供查询服务牟利，供查询的公民个人信息近2000万条，其行为已经构成侵犯公民个人信息罪，且属于“情节特别严重”。综合考虑退赃等情节，以侵犯公民个人信息罪判处被告人丁亚光有期徒刑三年，并处罚金人民币2万元。该判决已发生法律效力。

（责任编辑　杨　奕）

原载《人民法院案例选》2017年第5辑（总第111辑）

* 2017年5月9日最高人民法院公布的关于侵犯公民个人信息犯罪的7个典型案例之一。

196. 方帅侵犯公民个人信息案

——公民个人信息的类别判断及数量认定

【关键词】

刑事　侵犯公民个人信息罪　内容映射性　信息隐秘性　交付数量

【裁判要旨】

1. 对《最高人民法院、最高人民检察院关于办理侵犯公民个人信息刑事案件适用法律若干问题的解释》第五条第一款第四项规定作等外解释时，应从敏感重要性、内容映射性和信息隐秘性等方面从严把握。简历信息应属于一般类公民个人信息，适用“五千条以上”的入罪标准。

2. 行为人通过网络出售的公民个人信息，应以实际交付量计算公民个人信息数量，购买人是否实际下载不影响数量计算。

【相关法条】

《中华人民共和国刑法》

第二百五十三条之一　违反国家有关规定，向他人出售或者提供公民个人信息，情节严重的，处三年以下有期徒刑或者拘役，并处或者单处罚金；情节特别严重的，处三年以上七年以下有期徒刑，并处罚金。

违反国家有关规定，将在履行职责或者提供服务过程中获得的公民个人信息，出售或者提供给他人的，依照前款的规定从重处罚。

窃取或者以其他方法非法获取公民个人信息的，依照第一款的规定处罚。

单位犯前三款罪的，对单位判处罚金，并对其直接负责的主管人员和其他直接责任人员，依照各该款的规定处罚。

《最高人民法院、最高人民检察院关于办理侵犯公民个人信息刑事案件适用法律若干问题的解释》

第五条第一款第三项、第四项、第五项　非法获取、出售或者提供公民个人信息，具有下列情形之一的，应当认定为刑法第二百五十三条之一规定的“情节严重”：

（三）非法获取、出售或者提供行踪轨迹信息、通信内容、征信信息、财产信息五十条以上的；

（四）非法获取、出售或者提供住宿信息、通信记录、健康生理信息、交易信息等其他可能影响人身、财产安全的公民个人信息五百条以上的；

（五）非法获取、出售或者提供第三项、第四项规定以外的公民个人信息五千条以上的；

【案件索引】

一审：上海市徐汇区人民法院（2018）沪0104刑初525号（2018年12月17日）

二审：上海市第一中级人民法院（2019）沪01刑终98号（2019年3月29日）

【基本案情】

上海市徐汇区人民检察院指控被告人方帅犯侵犯公民个人信息罪。

被告人方帅对指控的事实及罪名无异议。其辩护人的辩护意见：尚未下载的简历信息没有对外泄露，没有社会危害性，本案不能认定为情节特别严重。

法院经审理查明：2015年，被告人方帅进入北京网聘咨询有限公司（智联招聘），负责向招聘企业提供招聘信息发布账号（可用于下载求职者简历）的销售服务。2017年1月底，陈某通过QQ结识方帅，以“做人力资源工作、需要购买简历”为由，提议通过方帅向北京网聘咨询有限公司购买简历。同年2月起，方帅为提高业绩、获得提成，违反公司规定，私自从公司内部资料库中找到A公司等十余家招聘企业信息，通过网络伪造上述企业公章、制作虚假服务合同、上传电子版合同至北京网聘咨询有限公司等方式，骗取北京网聘咨询有限公司审核通过后，将陈某支付的款项通过他人转账至北京网聘咨询有限公司银行账户并进行认领，从而欺骗客服人员违规向陈某出售方帅以招聘企业名义创建的网站信息发布账号（内含点数，1点可以下载1份简历），供陈某用于下载求职者简历。经北京网聘咨询有限公司统计，上述虚假合同内包含简历下载数量为52115条，目前简历已被下载数量为46488条，去重后简历下载数量为46022条。2018年1月31日，方帅被抓获，到案后如实供述上述犯罪事实。

【裁判结果】

上海市徐汇区人民法院于2018年12月17日作出（2018）沪0104刑初525号刑事判决：一、被告人方帅犯侵犯公民个人信息罪，判处有期徒刑三年，并处罚金人民币3万元；二、被告人的违法所得应予没收。

宣判后，被告人方帅提出上诉。上海市第一中级人民法院于2019年3月29日作出（2019）沪01刑终98号刑事裁定：驳回上诉，维持原判。

【裁判理由】

法院生效裁判认为：方帅违反国家有关规定，向他人出售公民个人信息，情节特别严重，其行为已构成侵犯公民个人信息罪，原判定性正确。根据北京网聘咨询有限公司统计，涉案合同内包含简历数量为52115条，实际下载量为46488条，方帅违规出售的公民个人信息数量应当以涉案合同内包含的简历数量为准，是否实际被下载，不应影响出售数量之认定，故本案方帅出售的公民个人信息数量应当为52115条，原判对此认定欠妥，予以纠正。方帅的犯罪行为属情节特别严重。原判根据方帅犯侵犯公民个人信息罪的事实、性质、情节及社会危害程度，并考虑到方帅家属已代为退缴违法所得3万元，方帅系坦白等因素，所作量刑，尚无不当。

【案例注解】

公民个人信息是指以电子或者其他方式记录的能够单独或者与其他信息结合识别特定自然人身份或者反映特定自然人活动情况的各种信息，包括姓名、身份证件号码、通信通讯联系方式、住址、账号密码、财产状况、行踪轨迹等。《最高人民法院、最高人民检察院关于办理侵犯公民个人信息刑事案件适用法律若干问题的解释》（以下简称《侵犯公民个人信息案件司法解释》）第五条第一款第三项至第五项根据不同类型公民个人信息的重要程度，在侵犯公民个人信息的数量维度上，对侵犯公民个人信息罪规定了“五十条以上”“五百条以上”“五千条以上”的入罪标准。[①] 因“五十条以上”的信息入罪门槛较低，《侵犯公民个人信息案件司法解释》明文规定仅限于行踪轨迹信息、通信内容、征信信息和财产信息这四类与公民财产、人身安全密切相关，重要度和敏感度极高的信息，不允许司法实践中再通过等外解释予以扩大。“五百条以上”信息，则规定了除住宿信息、通信记录、健康生理信息、交易信息外，还可以作其他可能影响人身安全、财产安全的公民个人信息的等外解释。“五千条以上”信息则是除“五十条”“五百条”规定以外的一般公民个人信息。故对于部分未在《侵犯公民个人信息案件司法解释》中列明的公民个人信息是否属于“五百条以上”信息，在司法实践中存在争议。此外，《侵犯公民个人信息案件司法解释》第十一条对公民个人信息的数量计算规则作了相关规定，但仅规定了信息的累计计算规则和批量信息的计算规则，未对信息数量具体起算基准作出规定。基于此，本案审理难点有二：一是简历信息属于何种公民个人信息类别，应适用《侵犯公民个人信息案件司法解释》第五条第一款第四项规定的“五百条以上”的数量标准入罪，还是应适用该款第五项“五千条以上”的数量标准入罪；二是认定公民个人信息具体数量时，应以交付数量还是以实际下载数量为基准进行计算。

一、公民个人信息的类别判断应从严把握

《侵犯公民个人信息案件司法解释》第五条第一款第四项所规定的住宿信息、通信记录、健康生理信息、交易信息等其他可能影响人身、财产安全的公民个人信息在重要程度上不及该款第三项规定的行踪轨迹信息、通信内容、征信信息和财产信息，但因与公民人身、财产安全直接相关，入罪门槛依然相对较低，故作等外解释时应从严把握，具体而言，可重点从以下两方面予以考量：

1. 内容映射性及敏感重要性。刑法所规范的公民个人信息，其重要特征在于能够识别特定自然人身份和反映特定自然人活动情况。住宿信息、通信记录、健康生理信息和交易信息除能够反映公民的基本身份信息外，还能够指向公民日常活动的深层要素，反映出特定公民在特定时间段内与人身、财产安全密切相关的活动信息。如住宿信息反映公民特定时间的地理定位，通信记录反映公民的日常交际对象及频次，健康生理信息反映公民特定时间的就诊情况，交易信息反映公民的交易对象、邮寄地址、消费喜好等。

---

① 《侵犯公民个人信息案件司法解释》第五条第一款规定：“非法获取、出售或者提供公民个人信息，具有下列情形之一的，应当认定为刑法第二百五十三条之一规定的‘情节严重’：……（三）非法获取、出售或者提供行踪轨迹信息、通信内容、征信信息、财产信息五十条以上的；（四）非法获取、出售或者提供住宿信息、通信记录、健康生理信息、交易信息等其他可能影响人身、财产安全的公民个人信息五百条以上的；（五）非法获取、出售或者提供第三项、第四项规定以外的公民个人信息五千条以上的……”

该类信息所指向的深层内容往往能够让犯罪分子直接实施精准诈骗等犯罪活动,[①] 系直接关系到公民人身及财产安全的高度敏感信息和重要信息。故在适用该项规定时，一方面应确保所适用的公民个人信息与该项所列举的四项信息在敏感性及重要程度上具有相当性，另一方面还应考量被侵犯的公民个人信息指向的具体内容深度是否足以让犯罪分子直接实施精准诈骗等犯罪活动，从而使公民人身、财产安全处于危险状态。

2. 获取难度及隐秘性。首先，住宿信息、通信记录、健康生理信息、交易信息往往直接涉及个人隐私，一般均由酒店服务商、通信服务商、医疗服务机构、交易平台等特定单位依法保存，任何单位及个人未经授权不得擅自调取或者查阅，即该类信息均具有一定保密性。其次，上述信息系公民日常生活必然留痕的轨迹，信息提供人通常希望相关信息获取方或者持有方等不对外泄露或者使用上述信息，即该类信息均具有一定的隐秘性。最后，国家对此类信息进行严格保护，禁止任何单位或者个人依据此类信息获利，即该类信息均具有不可经营性。在适用该款规定时，应充分考量被侵犯的公民个人信息是否具有相应的保密、隐秘及不可经营等特征。

本案中，方帅出售的公民个人信息系从智联招聘网站下载的简历，简历系一组包含公民姓名、出生年月、通信通讯联系方式、教育背景、历史履职信息及求职意向等信息的信息集合，具有信息完整度高、关联度高、有效性高的特点。相较一般公民个人信息，简历确实能够更加具体、真实地反映出特定公民的身份信息，但简历所涉信息多为公民基本信息，其指向的信息深度仅能大体反映公民的生活轨迹和求学、履职信息，并非与公民人身、财产安全直接相关。简历信息被泄露后也多被用于电话营销等活动，难以被犯罪分子直接利用实施精准诈骗等犯罪活动，故一般不会直接威胁到公民的人身、财产安全。此外，简历一般系公民求职所用，投递对象多、范围广，求职者在向招聘企业投递简历时，对于其中相关信息的流转权利已经作出部分让渡，甚至某种程度上希望更多招聘企业和个人知晓。特别是存于招聘网站的简历，求职者在招聘网站上投递、制作简历时，已经就其简历体现的个人信息作了保密解除供招聘企业浏览。故简历在敏感重要性、内容映射性及信息隐秘性上均不及《侵犯公民个人信息案件司法解释》规定的"五百条以上"信息标准，仅能适用"五千条以上"标准的一般公民信息。

二、侵犯公民个人信息数量应以实际交付量为计算标准

司法实践中，公民个人信息的网络交易大多通过邮件、网盘等方式进行，经常出现交易终了后卖家已经通过邮件、网盘将信息交付而买家仅下载了部分信息的情形。在认定涉案公民个人信息数量时采交付数量为起算基准还是采实际下载数量为起算基准，在数值上往往有较大差别，甚至会直接影响罪与非罪、罪轻与罪重的问题。对此，司法实务界和理论界亦有不同理解：一种观点认为，刑法应采客观主义立场，法益侵害结果是刑事责任的基础，因此，对公民个人信息数量的认定应以法益实际侵害结果即信息下载数量为基准，尚未下载的简历信息没有对外泄露，故没有对法益造成侵害。另一种观点认为，公民个人信息只要被交付即处于失控状态，故应以交付数量为起算基准。我们同意后一种观点。侵犯公民个人信息罪在刑法分则中设置于侵犯公民人身权利、民主权利罪一章，位于侵犯通信自由罪和私自开拆、隐匿、毁弃邮件、电报罪之后，故侵犯公民

① 参见喻海松：《网络犯罪二十讲》，法律出版社2018年版，第224页。

个人信息罪所保护的法益应为与上述罪名相似的公民人格尊严和个人信息自由，因此，侵犯公民个人信息罪所侵害的是公民个人信息得到合法采集、流通和使用的权利。[1] 行为人只要通过邮件、网盘等方式将公民个人信息进行交付，被交付的公民个人信息就已经处于失控状态，事实上已经侵害了公民个人信息的合法采集、流通和使用的权利。此外，刑法定罪处罚应采主客观相一致原则，行为人主观上有出售故意，客观上交付信息完成交易即已构罪，故应以实际交付的数量为计算标准。

本案中，北京网聘咨询有限公司的网站账户内含点数，该点数可供招聘企业用于读取、下载相关应聘者的简历，故持有该点数的网站账户，即等同于控制相关简历信息，行为人交付网站账号的行为，即等同于交付公民个人信息。方帅通过伪造相关招聘企业公章的方式，欺骗第三方的招聘网站违规将网站账户发放给陈某的行为，实际上已经等同于将简历信息交付给陈某。陈某取得北京网聘咨询有限公司账户时，相关简历信息即已失控，对简历信息合法采集、流通和使用权利的法益即已遭受侵害。故本案应以账户中内含的可供下载的简历数量为起算基准，即本案侵犯的公民个人信息数量应为虚假合同内包含简历下载数量 52115 条。

值得注意的是，本案一审以涉案简历下载量达 4.6 万条以上，且方帅在本案中伪造 10 余个企业公章等行为综合认定方帅属情节特别严重，二审直接依据方帅实际出售和交付数量认定其属情节特别严重，但一审的定罪量刑无需更改。司法实践中不乏二审审理结论与一审相同，但定罪量刑依据发生变化的情形。根据《刑事诉讼法》等相关规定，二审改判系二审法院根据查明的案件事实及证据情况，确认原审判决在认定事实、适用法律或者定罪量刑等案件的实体问题上有误，需要依法纠正而作出的判决。对于二审认定的部分事实发生变化，但定罪量刑与一审相同的案件，应视该部分事实是否影响案件实体结果而分别处理：如对案件的实体结果没有影响，一般可以直接裁定维持原判；如可能影响案件的实体处理，例如原判遗漏情节足以影响案件的实体处理，理应加重刑罚，但囿于上诉不加刑原则而无法加重上诉人的刑罚，或者原判错误认定事实导致量刑过重，理应减轻刑罚，但原判已经在法定刑的起点刑量刑而无法减轻刑罚等，此时可在事实部分将二审查明的事实予以表述后，判决维持原判的定罪及量刑。

（一审法院合议庭成员　戚　俊　陈智勇　范安平
二审法院合议庭成员　吴　斌　陈　兵　王晓越
编写人　上海市第一中级人民法院　陈　兵　王　骐
责任编辑　包献荣
审稿人　李玉萍）

原载《人民法院案例选》2020 年第 5 辑（总第 147 辑）

① 参见郑旭江：《侵犯公民个人信息罪的述与评——以〈关于办理侵犯公民个人信息刑事案件适用法律若干问题的解释〉为视角》，载《法律适用》2018 年第 7 期。

197. 聂晓轩、董浩等侵犯公民个人信息案
——认定刑法上的“公民个人信息”需要结合犯罪构成进行限缩解释

【关键词】

刑事　侵犯公民个人信息罪　犯罪构成　被害人同意　限缩解释

【裁判要旨】

侵犯公民个人信息罪的犯罪构成要件中包含一个不成文的构成要件要素，即“违背权利主体个人意愿”。经过填充这一要素，本罪的成立范围实现了合理的限缩，即对于权利主体自愿公开、甚至主动公开的个人信息，或者可以合理推断出权利主体并不排斥公开的个人信息，行为人获取后提供、传播、出售给他人的，不宜以侵犯公民个人信息罪论处。其获取行为构成其他犯罪的，以其他犯罪论处。

【相关法条】

《中华人民共和国刑法》

第二百五十三条之一　违反国家有关规定，向他人出售或者提供公民个人信息，情节严重的，处三年以下有期徒刑或者拘役，并处或者单处罚金；情节特别严重的，处三年以上七年以下有期徒刑，并处罚金。

违反国家有关规定，将在履行职责或者提供服务过程中获得的公民个人信息，出售或者提供给他人的，依照前款的规定从重处罚。

窃取或者以其他方法非法获取公民个人信息的，依照第一款的规定处罚。

单位犯前三款罪的，对单位判处罚金，并对其直接负责的主管人员和其他直接责任人员，依照各该款的规定处罚。

《最高人民法院、最高人民检察院关于办理侵犯公民个人信息刑事案件适用法律若干问题的解释》

第一条　刑法第二百五十三条之一规定的“公民个人信息”，是指以电子或者其他方式记录的能够单独或者与其他信息结合识别特定自然人身份或者反映特定自然人活动情况的各种信息，包括姓名、身份证件号码、通信通讯联系方式、住址、账号密码、财产状况、行踪轨迹等。

【案件索引】

一审：北京市朝阳区人民法院（2018）京0105刑初79号（2018年11月30日）

二审：北京市第三中级人民法院（2019）京03刑终47号（2019年2月15日）

【基本案情】

北京市朝阳区人民检察院指控：被告人董浩以睿思科管理顾问（北京）有限公司（以下简称睿思科顾问公司）名义，伙同北京市公安局西城分局某派出所民警聂晓轩、辅警郭强等人，私自违规使用公安数字证书登录公安内部信息网查询系统，查询不特定人员公民个人信息共计54618条。其间，董浩、陈某某、王某某、蓝某等人以睿思科顾问公司名义非法获利人民币197万余元，聂晓轩、郭强等人非法获利人民币32万余元。上述六人均应以侵犯公民个人信息罪追究刑事责任。

被告人聂晓轩当庭对指控其收取财物，私自违规使用公安数字证书登录公安内部信息网帮助睿思科顾问公司查询公民的个人犯罪记录等信息予以承认。

被告人董浩当庭辩称同聂晓轩合作系同政府机构合作，给付聂晓轩财物系支付咨询费用，不属于行贿。

被告人郭强当庭承认在聂晓轩指示下私自违规使用公安数字证书登录公安内部信息网查询犯罪记录等信息。

被告人陈某某、王某某、蓝某当庭辩称不知公司业务涉嫌违法，自己行为不构成犯罪。

公诉机关在一审法院第一次开庭完毕后对聂晓轩、董浩、郭强以外的被告人撤回了指控，并将聂晓轩、董浩、郭强的指控罪名从侵犯公民个人信息罪变更为受贿罪、行贿罪，北京市朝阳区人民法院裁定准许公诉机关对被告人陈某某、王某某、蓝某撤回起诉。

法院经审理查明：睿思科顾问公司于2014年成立，系中外合资企业，后转为外商独资企业，变更后法定代表人为被告人董浩，并由其负责在中国境内开展业务。睿思科顾问公司主营业务是接受客户委托对应聘人员进行背景调查，内容主要包括身份证信息是否真实、学历学位是否属实、有无犯罪记录等。被告人董浩为开展调查犯罪记录的业务，于2014年通过朋友介绍同北京市公安局西城分局某派出所民警聂晓轩结识，双方达成合意，由被告人聂晓轩通过公安系统内部网络查询犯罪记录，睿思科顾问公司向其支付相应费用。

2014年起，睿思科顾问公司接受多家用人单位委托，为之核实申请入职人员的个人信息以及查询相关犯罪记录。被告人聂晓轩使用自己的密钥通过公安内部系统查询，并将结果通过电子邮件回复给睿思科顾问公司。后期聂晓轩指派辅警郭强使用聂晓轩的密钥进行查询并汇总回复。同时，聂晓轩还指派其他同事为自己查询过部分信息。经统计，睿思科顾问公司通过聂晓轩这一渠道先后共查询个人犯罪记录54618条，聂晓轩因此获利人民币328160.45元，先后支付郭强人民币95537元。

【裁判结果】

北京市朝阳区人民法院于2018年11月30日作出（2018）京0105刑初79号刑事判决：一、被告人聂晓轩犯受贿罪，判处有期徒刑四年，罚金人民币30万元；二、被告人郭强犯受贿罪，判处有期徒刑一年六个月，罚金人民币10万元；三、被告人董浩犯单位行贿罪，判处有期徒刑二年，罚金人民币50万元；四、公安机关扣押之物品由扣押机关分别发还北京市公安局西城分局某派出所及睿思科顾问公司；五、扣押及在案之赃款依法没收。

一审宣判后，被告人董浩上诉。北京市第三中级人民法院于2019年2月15日作出（2019）京03刑终47号刑事裁定：驳回上诉，维持原判。

【裁判理由】

法院生效裁判认为：本案不宜认定为侵犯公民个人信息罪，整体上属于职务犯罪。被告人聂晓轩身为国家工作人员，利用职务便利非法收受他人财物，为他人谋利，数额巨大，其行为构成受贿罪，被告人郭强协助聂晓轩从事上述行为，获取违法所得数额较大，其行为构成受贿罪的共犯。

被告人董浩作为睿思科顾问公司的法定代表人，在中国境内行使单位最高管理者的职责，其作出的通过行贿手段来开展业务的决定符合单位的决策程序，并且由其直接实施，其目的在于为单位谋取经济利益，故应认定为单位犯罪。睿思科顾问公司是依法成立的法人组织，为谋取不正当利益而向国家工作人员行贿，数额超过追诉标准，构成单位行贿罪。在公诉机关未按照单位犯罪起诉的情况下，法院按照相关司法解释的规定，对被告人董浩以单位行贿罪追究刑事责任。

【案例注解】

睿思科顾问公司接受多家外企单位的委托，对于应聘人员进行背景核查，其通过聂晓轩利用职务便利进行有无犯罪记录的查询。根据目前材料显示，用人单位均已获得应聘人员的授权，在此基础上委托睿思科顾问公司进行核查，用人单位获得犯罪记录信息后仅用于筛查应聘人员，现无证据证明用于其他非法用途或者流出。因此，本案的争议焦点是这种情形下获取的公民的“无犯罪记录”这一信息是否属于刑法所保护的对象。

根据《最高人民法院、最高人民检察院关于办理侵犯公民个人信息刑事案件适用法律若干问题的解释》第一条规定，《刑法》第二百五十三条之一规定的“公民个人信息”，是指以电子或者其他方式记录的能够单独或者与其他信息结合识别特定自然人身份或者反映特定自然人活动情况的各种信息，包括姓名、身份证件号码、通信通讯联系方式、住址、账号密码、财产状况、行踪轨迹等。依文义解释，本案中涉及的个人信息符合司法解释所下定义的字面规定，但一、二审法院认为，对于何谓“公民个人信息”不应就字面意思进行理解，以至于认为任何反映特定身份情况或者活动情况的信息均构成本罪的保护对象。

从实证经验出发，可以概括性地将本罪的行为类型归纳为两大类：一是“非法获取型”，二是“违规出售型”。具体到本案，聂晓轩和睿思科顾问公司两个层面都符合“违规出售”的外观。但对两个层面罪责的分析都必然不能绕过“公民个人信息”的内涵界定。对聂晓轩来说，其行为外观符合“将在履行职责或者提供服务过程中获得的公民个人信息出售或者提供给他人”，似乎可以根据司法解释的规定直接入罪，但是其在履职过程中能够接触和获取的“信息”类型很多，具体构成何种罪名、是否符合入罪条件必须结合具体的犯罪构成来进行分析，不能用“系在其履职过程中获取的”这一要素代替或者架空其他要素的判断，比如聂晓轩获取的信息还有可能涉及“国家秘密”，那么显然对于“国家秘密”的判断是需要单独进行实质性审查的。本案亦是同理，“履职过程中获取”同“公民个人信息”都是构成本罪的必要非充分条件，不能彼此代替，否则就人为地减少了构成要件要素。对睿思科顾问公司来说，其行为性质同样需要实质性判断。其接受委托、调取犯罪记录的行为，委托方外观是用人单位，实质上是应聘者，应聘者通过睿思科顾问公司提供的服务，获取到的并非其本身从未掌握的信息，而是“本人并无犯罪记录”这一其已经掌握的、并且欲对外公开和传播的信息。纵观这一过程，睿思科顾问公司的获利点并非在于“违规出售”公民个人信息，而是在于对相关数据的调查、获取和整合。判断其行为是否符合指控罪名，不能绕过相关数据是否属于“公民个人信息”这一本质问题。

笔者认为，应从如下几个层面进行探讨，对“公民个人信息”这一概念进行一定程度的限缩解释，方能确定合理的惩罚范围。

一、依体系解释方法，个人权益应是本罪保护的优势法益

体系解释，是指以法律条文在法律体系上的地位，依其编、章、节、条、款、项之前后关联位置，或相关法条之法意，阐明其规范意旨之解释方法。[①] 体系解释的意义在于通过体系之关联而探求法条深层次的规范意义，并维护法律体系及概念用语之统一性。

虽然侵犯公民个人信息罪有“违反国家有关规定”这样的用语，似乎重在维护国家对相关信息的管理秩序。但是从刑法分则的设置体系上看，本罪却没有放在“妨害社会管理秩序罪”一章，而是规定在“侵犯公民人身权利、民主权利罪”一章中。对于本罪的保护法益，或者说侵犯对象的内涵，论者基本从隐私权、个人生活安宁权以及信息数据本身具备的价值等几个方面进行理解。无论是从人格权属性着眼，还是从财产权属性着眼，落脚点均是基于个人性质的法益。因此，即使承认本罪保护的法益具有复合性，既有社会管理属性，又有个人权利属性，仍然可以说本罪的主要保护法益是公民个人法益。从功能类似的条文之间相互协调的角度也应作出这样的解释。比如本罪作为《刑法》第二百五十三条之一，其保护法益应与“私自开拆、隐匿、毁弃邮件、电报罪”方向一致。因此，应该有相当充分的依据认为公民的个人法益在本罪保护的法益中处于优势地位。

综上，考虑到侵犯公民个人信息罪在《刑法》中的体系定位，可以认为其主要是从人格权属性着眼，保护权利主体对于个人信息的自我控制。在这一优势法益没有受到侵害的情况下，不宜认定成立侵犯公民个人信息罪。从目前的权威解读来看，司法解释具体起草者也支持这一思路。在相关解读文章中认为，个人信息一定程度上是从隐私权中分离出来的，本罪保护的重要方面是隐私和生活安宁，对于权利人自愿公开、甚至主动

① 梁慧星：《民法解释学（第四版）》，法律出版社 2015 年版，第 219 页。

公开的个人信息，行为人获取后出售、提供的行为，不宜以侵犯公民个人信息罪论处。[①]本案中涉及的个人信息可以涵摄到上述类型中。

二、在没有违背权利主体意愿的情况下，个人信息的获取、提供、传播行为不存在法益侵害

20世纪下半叶以来，伴随着对公民自治和自主决定权的日益重视，刑法学者们在对法益概念进行构建时，也越发地将人作为法秩序的主体、目的与中心。[②] 根据这种法益观，在现代法秩序中，国家与法律的任务无外乎支持和促进公民人格的自由发展和自我实现。相应地，刑法的任务也便在于保护对人格发展不可或缺的外在条件免受侵害，这些条件就是刑法的保护客体即法益。刑法的根本任务在于保护法益，法益并非仅指特定行为对象或者客体在客观上的完整和存续的状态，而是也包含了权利人依其自身意愿，自主地对其所享有的法益客体进行支配和使用的自由。当权利人通过有效的同意（或者承诺）允许行为人对相应的法益客体进行“损害”时，行为人的行为就只是权利人对于自身法益进行支配和使用的外在表现，其并不违反权利人的自主意志，从而欠缺法益侵害性。

从被害人同意的理论视角观察，即使承认“有犯罪记录”属于应该保护的个人隐私（对此应根据犯罪记录的性质认定，并非毫无争议），对于该信息的定性和处置也首先应该考虑拥有记录者本人的态度，即其是否将相关记录视为个人隐私。何况本案涉及的其实是“无犯罪记录”这一信息。本案中，用人单位要求应聘人员提供“无犯罪记录”的要求是符合一般社会观念的，并不涉及滥用强势地位或者用工歧视。应聘者在求职过程中显然是希望将自身“无犯罪记录”这一信息向用人单位披露，以证明自己的入职资格。在权利主体希望信息得到扩散和传播的前提下，唯一合理的结论就是，个人有无犯罪记录、是否披露给他人完全属于权利主体自身控制的内容，法律应该尊重这种自决权利。如果将协助实现这一目的的行为认定为犯罪，明显违背一般人的认知和感觉。从本案实际情况看，传播行为也没有给其他人造成安全隐患或者风险，没有侵犯到任何公民的利益，刑法没有必要也没有理由介入。

综上，侵犯公民个人信息罪虽然也涉及国家对个人信息的管理秩序，但这只是本罪的次要保护法益。本罪的成立关键在于“是否未经权利主体的同意，或者违背了权利主体的意愿”。如果是经过被收集者同意的信息获取行为，就可以认为至少存在被害人同意（或者承诺），即便一定程度上违反了相关管理规定，也不能构成本罪。至于非法获取的手段行为另行构成其他犯罪的，直接以其他犯罪论处。

如有向国家工作人员行贿的行为，则国家工作人员一方基于收受贿赂而超越或者滥用了职权，其职务行为的不可收买性受到了玷污和侵犯，应该构成受贿罪，同时还有可能构成相关的渎职犯罪，按照相关的规定依法处罚。而行贿方作为贿赂犯罪的对向犯，依其主体性质分别可能构成行贿罪或者单位行贿罪。

---

① 喻海松：《侵犯公民个人信息罪的司法适用态势与争议焦点探析》，载《法律适用》2018年第7期。

② 王钢：《被害人承诺的体系定位》，载《比较法研究》2019年第4期。

另外，将收集到的他人已公开信息予以出售、提供，是否构成本罪？对这一问题，司法解释确定了对此种行为原则上的否定态度，但是在司法实践中，鉴于“公民个人信息”的丰富性和多面性，笔者建议作入罪考虑时必须结合出售、提供行为是否侵犯到信息权人对于信息的决定权和控制权这一本质属性来谨慎斟酌。《民法典》第一百一十一条规定了自然人的个人信息受法律保护，将个人信息权作为一项具体人格权进行保护。相关解读指出，该项权利具有不同于其他人格权的丰富内涵，主要包括控制权或者占有权、自决权、保护权、查询权、更正权、冻结权以及遗忘权等内容，[①] 其中特别强调了自决的权利，即信息权人享有按照自己意愿的决定权。出于法秩序的统一性原理，作为最后保障法的刑法，对于公民个人信息的理解不能脱离或者违背民法的精神。公民个人信息内涵丰富，具有多面性。即使是公民个人公开的信息，也可能存在仅为特定目的、限于特定领域传播的情况，而并非泛泛地允许其被无限制地传播，从而给自身带来侵害或者滋扰。从这个角度而言，司法解释所确定的对于收集到的他人公开信息予以出售、提供可以以本罪认定的精神是具有合理性的，因为本质上这种行为仍然会侵犯到信息权人对于信息的控制。但在实际处理中，应该回归对于本罪侵犯法益的实质判断，对于主观上无侵犯他人自决权和控制权、客观上未造成严重社会危害的行为留有一定的出罪空间。

三、适用法律时要重视不成文的构成要件要素

犯罪的构成要件有成文的构成要件与不成文的构成要件之分。成文的构成要件要素，是指刑法明文规定的构成要件要素；不成文的构成要件要素，则是刑法文字上没有明文规定，但根据刑法学理可以判断出来的、成立犯罪所必须具备的要素。最常见的不成文构成要件要素莫过于侵犯财产犯罪中的“非法占有目的”。法律适用的过程一定程度上就是发现法律的过程，其中一部分重要的内容就是发现法条文字背后的真实含义，以及发现不成文的构成要件要素。

刑法对个人法益所保护的是法益主体的支配自由。例如，财产法益一般包括所有权，根据民法学理，所有权是对所有权人享有的权能的统称，是指所有权人依法享有的、依据自身意愿对自己的财产进行占有、使用、收益和处分的权利。显然，权利人的意志必然是所有权的有机组成部分，从而也是财产法益中不可分割的部分。那么，对于貌似侵犯、破坏财产权的行为，如果存在被害人同意，自然不会带来任何侵害后果。如果侵犯、破坏的手段行为牵涉到其他犯罪构成或损害了其他主体的利益，则应考察是否构成其他犯罪，但是不应以侵犯有同意权者的财产为由追究行为人的刑事责任。

所有涉及私人领域、意志自由、行动自由、财产的领域，在认定是否构成犯罪的过程中可能都需要经历这一层次的判断。有的构成要件中法益主体的意愿虽没有被明文规定，似乎是“缺席”的状态，但在适用法条的过程中，这一层次的检验却不能“缺席”。在一些犯罪构成要件中，即使没有明确地说明行为构成犯罪以缺乏被害人同意为前提，但是也要解释为犯罪成立需要以违背法益主体的意思为前提。对于侵入这些领域的具体

---

① 最高人民法院民法典贯彻实施工作领导小组主编：《中华人民共和国民法典总则编理解与适用》（下），人民法院出版社2020年版，第561页。

行为是否认定为犯罪，在构成要件表面符合的情况下，要考察权利主体自身的判断，即是否违背其真实意思表示。裁判者应以法律规定为出发点，进行逻辑推理，从而填补法律规定的盲区或者漏洞。

（一审法院合议庭成员　刘砺兵　张　林　黄士华
二审法院合议庭成员　王海虹　刘　泽　程　昊
编写人　北京市朝阳区人民法院　刘砺兵
责任编辑　包献荣
审稿人　李玉萍）

原载《人民法院案例选》2020年第6辑（总第148辑）

198. 彭某、蒋某某等侵犯公民个人信息案
——非法买卖公民房产交易信息的刑法评价

【关键词】

刑事　侵犯公民个人信息　信息类型　情节严重　情节特别严重

【裁判要旨】

公民个人与房产公司所签订合同的小区名称、楼栋号、房间号、业主姓名、房屋面积、联系方式等信息，应认定为交易信息；以牟利为目的，非法将公民房产交易信息当作商品对外出售，并以此为业或多次实施此类行为的，构成侵犯公民个人信息罪。

【相关法条】

《中华人民共和国刑法》

第二百五十三条之一第一款、第三款　违反国家有关规定，向他人出售或者提供公民个人信息，情节严重的，处三年以下有期徒刑或者拘役，并处或者单处罚金；情节特别严重的，处三年以上七年以下有期徒刑，并处罚金。

窃取或者以其他方法非法获取公民个人信息的，依照第一款的规定处罚。

《最高人民法院、最高人民检察院关于办理侵犯公民个人信息刑事案件适用法律若干问题的解释》

第一条　刑法第二百五十三条之一规定的“公民个人信息”，是指以电子或者其他方式记录的能够单独或者与其他信息结合识别特定自然人身份或者反映特定自然人活动情况的各种信息，包括姓名、身份证件号码、通信通讯联系方式、住址、账号密码、财产状况、行踪轨迹等。

第五条　非法获取、出售或者提供公民个人信息，具有下列情形之一的，应当认定为刑法第二百五十三条之一规定的“情节严重”：

（一）出售或者提供行踪轨迹信息，被他人用于犯罪的；

（二）知道或者应当知道他人利用公民个人信息实施犯罪，向其出售或者提供的；

（三）非法获取、出售或者提供行踪轨迹信息、通信内容、征信信息、财产信息五十条以上的；

（四）非法获取、出售或者提供住宿信息、通信记录、健康生理信息、交易信息等其他可能影响人身、财产安全的公民个人信息五百条以上的；

（五）非法获取、出售或者提供第三项、第四项规定以外的公民个人信息五千条以上的；

（六）数量未达到第三项至第五项规定标准，但是按相应比例合计达到有关数量标

准的；

（七）违法所得五千元以上的；

（八）将在履行职责或者提供服务过程中获得的公民个人信息出售或者提供给他人，数量或者数额达到第三项至第七项规定标准一半以上的；

（九）曾因侵犯公民个人信息受过刑事处罚或者二年内受过行政处罚，又非法获取、出售或者提供公民个人信息的；

（十）其他情节严重的情形。

实施前款规定的行为，具有下列情形之一的，应当认定为刑法第二百五十三条之一第一款规定的“情节特别严重”：

（一）造成被害人死亡、重伤、精神失常或者被绑架等严重后果的；

（二）造成重大经济损失或者恶劣社会影响的；

（三）数量或者数额达到前款第三项至第八项规定标准十倍以上的；

（四）其他情节特别严重的情形。

【案件索引】

一审：湖南省衡阳市蒸湘区人民法院（2018）湘0408刑初280号（2019年3月15日）

二审：湖南省衡阳市中级人民法院（2019）湘04刑终234号（2019年6月17日）

【基本案情】

湖南省衡阳市蒸湘区人民检察院指控：被告人彭某出售或提供公民个人信息79026条；被告人蒋某某、邓某购买或收受公民个人信息20592条；被告人姚某某购买或收受公民个人信息12029条；被告人曾某购买或收受公民个人信息11967条；被告人彭某某购买或收受公民个人信息5380条。

公诉机关认为，六被告人违反国家有关规定，向他人出售、提供或者购买、收受公民个人信息，情节特别严重，应当以侵犯公民个人信息罪追究六被告人的刑事责任。

被告人彭某等六人对公诉机关指控的基本犯罪事实及罪名不持异议，并表示自愿认罪。其辩护人提出，被告人侵犯公民个人信息不属于财产信息，而是普通信息，请求判处缓刑或免予刑事处罚。

法院经审理查明：2014年以来，被告人彭某为牟取利益，采取购买、交换等方式，获取了大量衡阳市各大楼盘业主房产信息，信息内容包含：小区名称、楼栋号、房间号、业主姓名、房屋面积、联系方式等内容。2015年9月10日至2018年2月14日期间，被告人彭某以每条信息0.5元至4元不等的价格，将上述楼盘业主信息出售给被告人蒋某某、邓某、姚某某、曾某、彭某某及周某某（另案处理）等人共计79026条，获利数万元。其中，2015年9月10日，被告人彭某出售或提供的房产信息共计259条；2016年5月20日至2018年2月14日期间，被告人彭某出售或提供的房产信息共计78767条。2016年5月13日至2017年8月8日期间，被告人邓某在被告人蒋某某授意下通过U盘复制或电子邮件的形式，收到被告人彭某发送的各楼盘房产信息共计20592条，支付被告人彭某相应价款共计25000余元。2016年8月4日至2017年4月18日期间，被告人姚某某为了提高个人装修业绩，与被告人彭某协商确认，以每条信息几角至1元不等的价格，从被告人彭某处购买楼盘房产信息共计12029条，支付被告人彭某相应价款共计12000余元。2015年9月10日至2017年8月30日期间，被告人曾某为了提高个人装修业绩，与被告人彭某协商确认，以每条信息0.8元至2.5元不等的价格，从被告人彭某处购买楼盘房产信息共计11967条，支付彭某数万元费用。2016年10月3日至2017年6月5日期间，被告人彭某某为了提高销售业绩，与被告人彭某协商确认，以每条信息0.8元至1.2元不等的价格，从被告人彭某处购买楼盘房产信息共计5380条，支付被告人彭某相应价款共计5000余元。

【裁判结果】

湖南省衡阳市蒸湘区人民法院于2019年3月15日作出（2018）湘0408刑初280号刑事判决：被告人彭某犯侵犯公民个人信息罪，判处有期徒刑三年六个月，并处罚金10万元；被告人蒋某某等五人犯侵犯公民个人信息罪，判处有期徒刑三年至一年不等，缓刑四年至一年不等，并处罚金。

宣判后，彭某对一审判决不服，提出上诉。湖南省衡阳市中级人民法院于2019年6月17日作出（2019）湘04刑终234号刑事裁定：驳回上诉，维持原判。

【裁判理由】

法院生效裁判认为：上诉人彭某为获取非法利益，采取购买、交换等方式获取大量楼盘业主房产信息后对外出售，情节特别严重，其行为已构成侵犯公民个人信息罪；蒋某某、姚某某、曾某、彭某某、邓某，为提高装修业绩，采取购买的方式，非法获取大量楼盘业主房产信息，情节特别严重，其行为均已构成侵犯公民个人信息罪。彭某有立功情节，依法可以从轻处罚。蒋某某、邓某侵犯公民个人信息犯罪是共同犯罪，蒋某某在共同犯罪中起主要作用，是主犯，应按照其所参与的全部犯罪处罚；邓某在共同犯罪中起次要作用，是从犯，依法应当减轻处罚。蒋某某有自首情节，依法可以从轻处罚。彭某、姚某某、曾某、彭某某、邓某归案后，均能如实供述自己的犯罪事实，庭审中均自愿认罪，有坦白情节，依法可以从轻处罚。彭某家属代为退还违法所得5万元，可以酌情从轻处罚。彭某上诉提出“其有坦白和立功情节，依法可以从轻处罚，请求二审法院依法改判”，经查，原审判决已综合考虑了其坦白和立功法定从轻处罚情节，作出判决并无不当，故对该上诉理由，不予采纳。彭某辩护人辩称“原判认定事实不清，证据不足，量刑不平衡，请求二审法院依法改判”。经查，原审认定彭某出售、提供公民个人信息的事实有鉴定意见、各被告人供述、电脑截图等证据证实，可以认定。原判据此认定彭某符合情节特别严重并无不当，故对辩护人辩解，不予采纳。综上，原判认定事实清楚，证据确实充分，程序合法，处理恰当，予以支持。

【案例注解】

一、公民个人信息类型的认定问题

2017年5月8日，最高人民法院、最高人民检察院联合出台《最高人民法院、最高人民检察院关于办理侵犯公民个人信息刑事案件适用法律若干问题的解释》，其中第五条规定了构成侵犯公民个人信息罪“情节严重”和“情节特别严重”的诸种情形，加强了认定此类犯罪的可操作性。但在本案中，控辩双方对上述情形的理解存在较大差异。公诉人认为，各被告人出售、购买、获取的公民个人与房产公司签订合同的信息，因包含小区名称、楼栋号、房间号、业主姓名、房屋面积、联系方式等内容，理应属于财产信息的范畴，根据司法解释的规定，50条以上即达到情节严重的标准，10倍以上即达到情节特别严重的标准。而辩护人认为，各被告人出售、购买、获取公民个人信息只是一般普通信息，根据司法解释的规定，5000条以上才达到情节严重的标准，5万条以上才能达到情节特别严重的标准。本案各被告人非法出售或购买的公民个人信息来源均为广大购房客户与各大房地产开发商在签订合同时所登记的信息，其信息真实程度较高，只要获取了上述信息就等于知晓各购房客户与开发商签订房屋买卖合同的交易信息。

笔者认为，认定侵犯公民个人信息究竟属于何种类型，要从以下几个方面予以分析认定：

1. 获取信息的难易程度。对于公民行踪轨迹信息、通信内容、征信信息、财产信息等直接显示特定公民隐私的，获取的难度及成本都相当高，不经法定程序或者不采取特别手段，是无法轻易获取的，而除此之外的住宿信息、通信记录、健康生理信息、交易信息及一般个人普通信息，可通过对方自愿提供、购买、交换、非法剽窃等方式获取，其获取的难度则相对较低。

2. 信息本身对公民个人的重要程度。对于公民行踪轨迹信息、通信内容、征信信息、财产信息等公民个人极度隐私的信息，一旦泄露可能直接危及公民人身安全或者公民财产，进而造成公民人身安全被非法侵害或公民财产被违法处置等现实风险，其重要程度远高于上述信息之外的其他信息。

3. 能否精准指向或确定特定公民的特定信息。对于获取的信息能够精准确定特定公民的具体位置、通信的内容、财产的状况、信用的状况等，就等于精准确定了该公民各种真实状况，该公民一旦被掌握信息的人不法侵害，都必将造成实际的损害后果。但除此之外的信息，可能还需要与其他信息结合使用，才能确定公民的真实状况，其危害性相对于上述信息而言则是递减的。

结合本案，笔者根据上述思路认为彭某通过购买、交换等方式获取的房地产公司与公民个人签订的购房合同所包含的信息，虽然包含小区名称、楼栋号、房间号、业主姓名、房屋面积、联系方式等内容，但是这些信息获取的难度均不大，且获取这些信息也无法精准确定特定公民的财产状况，更无法确定特定公民对房产的直接产权，仅能确定公民个人与房地产开发商签订合同的交易过程，故将本案所涉信息认定为交易信息。

二、侵犯公民个人信息情节认定应注意的其他问题

认定是否构成侵犯公民个人信息罪，信息条数的真实性、客观性、提取程序的合法性、不重复性等均直接影响被告人的定罪量刑；信息类型的认定不仅是法律适用的问题，更是事实认定的问题，故在实务中，应力求在以下环节加以妥善解决：

1. 公安机关在此类案件侦查过程中，应严格依照《刑事诉讼法》及相关司法解释、办案规程的规定，按程序提取、固定各类信息，让涉案人员确认，对于信息条数存在争议的，及时委托鉴定机构进行鉴定。

2. 相关部门应尽快出台各类公民信息的专业鉴定机构管理办法，赋予鉴定资质，明确鉴定程序，培养鉴定人员，让公民信息鉴定工作有章可循，将信息类型、信息条数的确定，交由专业鉴定机构鉴别并出具意见书，以弥补法官专业之不足并提高审判效率。

3. 在鉴定管理办法尚未出台前的过渡时期，实务中，在辩方提出鉴定机构无相关资质和鉴定程序不合法的意见时，不能单独将该鉴定意见作为定案依据，应将鉴定意见与其他证据进行比对核实后决定是否采纳鉴定意见。

三、“情节特别严重”的量刑平衡

对于信息类型和条数达到情节特别严重标准的，在量刑时亦要充分考虑各被告人的主观动机、目的、主观恶性、客观行为、社会危害性等因素区别对待，对于以牟利为目的，非法将公民信息当作商品对外出售，以交易公民信息为业或多次实施此类行为的，理应从重处罚。本案第一被告人彭某以交易公民信息为业，以交换、购买等手段获取的公民信息对外出售给其他各被告人，并以此牟利，条数达到7万余条，社会危害性大；反观其他各被告人均是装修公司经营者或员工，购买公民信息目的就是为了推销装修业务以提高销售业绩，没有将信息再用于其他非法活动，更没有非法利用信息本身进行牟利，虽信息条数亦达到情节特别严重的标准，但社会危害性明显小于第一被告人彭某，故而在量刑时综合考虑了上述因素，对其他五名被告人依法判处缓刑。

（一审法院合议庭成员　曾佑荣　杨海波　蒋海燕
二审法院合议庭成员　李国锋　李自蹊　匡梓精
编写人　湖南省衡阳市蒸湘区人民法院　杨海波
责任编辑　周维明
审稿人　李玉萍）

原载《人民法院案例选》2020年第7辑（总第149辑）

199. 张某某、赵某某侵犯公民个人信息案

——境外外国公民的个人信息属于侵犯公民个人信息罪的犯罪对象

【关键词】

刑事　外国公民　侵犯公民个人信息罪

【裁判要旨】

侵犯公民个人信息的犯罪地在中华人民共和国领域内的，无论侵犯的是中国公民或外国公民的个人信息，均构成侵犯公民个人信息罪。

【相关法条】

《中华人民共和国刑法》

第六条　凡在中华人民共和国领域内犯罪的，除法律有特别规定的以外，都适用本法。

凡在中华人民共和国船舶或者航空器内犯罪的，也适用本法。

犯罪的行为或者结果有一项发生在中华人民共和国领域内的，就认为是在中华人民共和国领域内犯罪。

第二百五十三条之一　违反国家有关规定，向他人出售或者提供公民个人信息，情节严重的，处三年以下有期徒刑或者拘役，并处或者单处罚金；情节特别严重的，处三年以上七年以下有期徒刑，并处罚金。

违反国家有关规定，将在履行职责或者提供服务过程中获得的公民个人信息，出售或者提供给他人的，依照前款的规定从重处罚。

窃取或者以其他方法非法获取公民个人信息的，依照第一款的规定处罚。

单位犯前三款罪的，对单位判处罚金，并对其直接负责的主管人员和其他直接责任人员，依照各该款的规定处罚。

《最高人民法院、最高人民检察院关于办理侵犯公民个人信息刑事案件适用法律若干问题的解释》

第五条第一款第五项、第二款第三项　非法获取、出售或者提供公民个人信息，具有下列情形之一的，应当认定为刑法第二百五十三条之一规定的“情节严重”：

（五）非法获取、出售或者提供第三项、第四项规定以外的公民个人信息五千条以上的；

实施前款规定的行为，具有下列情形之一的，应当认定为刑法第二百五十三条之一

第一款规定的“情节特别严重”：

（三）数量或者数额达到前款第三项至第八项规定标准十倍以上的；

【案件索引】

一审：江西省萍乡市安源区人民法院（2018）赣0302刑初203号（2018年9月14日）

二审：江西省萍乡市中级人民法院（2018）赣03刑终158号（2018年11月19日）

【基本案情】

江西省萍乡市安济源区人民检察院指控：2016年5月，被告人张某某在萍乡市安源区通过“暗网”等非法网站及网名叫“数据大牛”（侦查机关称真实身份不详）的人处非法购买大量他人的邮箱账号密码和日本公民的信用卡信息（又称“CVV”信息）。之后，通过“财神”软件筛选出可以登录苹果手机ID的邮箱账号密码，用iphone4手机绑定非法获取的信用卡信息实现支付功能，为游戏玩家充值并收取低于市场价格的费用以非法获利。

2016年11月左右，被告人赵某某通过QQ联系到张某某。张某某将非法获取的日本公民信用卡信息以每条120元的价格出售给赵某某。之后，赵某某通过非法网站、QQ群下载或者购买信用卡信息及邮箱账号密码，筛选出可以登录安卓手机的邮箱账号，用安卓智能手机绑定非法获取的信用卡信息实现支付功能，为游戏玩家充值并收取低于市场价格的费用以非法获利。赵某某还将非法获取的一部分信用卡信息出售给王某某（另案处理）。

案发后，公安机关从被告人张某某、赵某某的住处依法扣押了作案用的电脑和手机。经鉴定，张某某的相关电子设备中检出的邮箱账号密码信息数据量约74.9GB，信用卡信息共4301条；赵某某的相关电子设备中检出邮箱账号密码信息2067295条，信用卡信息3132条。

公诉机关认为，被告人张某某、赵某某非法获取、违反国家有关规定向他人出售公民个人信息，情节特别严重，二人的行为均触犯《刑法》第二百五十三条之一第一款、第三款的规定，犯罪事实清楚，证据确实、充分，应当以侵犯公民个人信息罪追究刑事责任，且系情节特别严重。二被告人系共同犯罪，不宜区分主从犯，但是张某某在信用卡信息提供、非法获取的公民信息的数量等情节上造成的不法后果更严重，作用更大。

被告人张某某、赵某某对指控的事实及罪名均无异议。

被告人张某某的辩护人辩护提出：（1）本案邮箱信息及信用卡信息的所有权人是日本人或者其他外国人，不属于侵犯公民个人信息罪调整的对象。（2）本案邮箱信息并没有实名制，不能反映某人特定的身份，且本案中仅是辅助信息，必须和信用卡信息相结合才能发挥其价值。侦查机关没有对邮箱数量进行统计，只能结合绑定的信用卡信息来认定数量。

被告人赵某某的辩护人辩护提出：邮箱账号密码需要检测确定有用后绑定信用卡才能被利用，不能以从赵某某电子设备中检测出的邮箱账号密码信息2067295条和信用卡信息3132条作为定案数量，而应以其向张某某购买的29条信用卡信息作为定案数量。

法院经审理查明：2016年5月，被告人张某某在萍乡市安源区通过“暗网”等非法网站及网名叫“数据大牛”的人处非法购买大量日本公民的信用卡信息和他人的邮箱账号密码。之后，通过“财神”软件筛选出可以登录苹果手机ID的邮箱账号密码，用iphone4手机绑定非法获取的信用卡信息实现支付功能，为游戏玩家充值并收取低于市场价格的费用以非法获利。

2016年11月左右，被告人赵某某通过QQ联系到张某某。张某某将非法获取的日本公民信用卡信息以每条120元的价格出售给赵某某。之后，赵某某通过非法网站、QQ群下载或者购买信用卡信息及邮箱账号密码，筛选出可以登录安卓手机的邮箱账号，用安卓智能手机绑定非法获取的信用卡信息实现支付功能，为游戏玩家充值并收取低于市场价格的费用以非法获利。赵某某还将非法获取的一部分信用卡信息出售给王某某（另案处理）。

案发后，公安机关从被告人张某某、赵某某的住处依法扣押了作案用的电脑和手机。经鉴定，张某某的相关电子设备中检出的邮箱账号密码信息数据量约74.9GB，信用卡信息共4301条；赵某某的相关电子设备中检出邮箱账号密码信息2067295条，信用卡信息3132条。

【裁判结果】

江西省萍乡市安源区人民法院于2018年9月14日作出（2018）赣0302刑初203号刑事判决：一、被告人张某某犯侵犯公民个人信息罪，判处有期徒刑四年，并处罚金人民币40万元；二、被告人赵某某犯侵犯公民个人信息罪，判处有期徒刑三年六个月，并处罚金人民币30万元；三、公安机关从被告人张某某住处扣押的笔记本电脑5台、iphone4手机86台、iphone6plus手机1台以及从被告人赵某某住处扣押的电脑主机4台、安卓智能手机14台、iphone7plus手机1台，予以没收，由公安机关依法处理。

宣判后，被告人张某某、赵某某不服判决，提出上诉。江西省萍乡市中级人民法院于2018年11月19日作出（2018）赣03刑终158号刑事判决：一、维持江西省萍乡市安源区人民法院（2018）赣0302刑初203号刑事判决中的第三项；二、撤销江西省萍乡市安源区人民法院（2018）赣0302刑初203号刑事判决中的第一项、第二项；三、张某某犯侵犯公民个人信息罪，判处有期徒刑三年，缓刑四年，并处罚金人民币40万元；四、赵某某以犯侵犯公民个人信息罪，判处有期徒刑三年，缓刑三年，并处罚金人民币40万元。

【裁判理由】

法院生效裁判认为：依照《刑法》第二百五十三条之一的规定，违反国家有关规定，向他人出售或者提供公民个人信息，情节严重的，构成侵犯公民个人信息罪。按照我国《刑法》属地管辖的原则，中国公民在中国领域内针对领域外的外国公民实施犯罪的，适用《刑法》的相关规定。我国《刑法》并未将公民个人信息限定为中华人民共和国公民的个人信息，外国公民的个人信息受到中国公民的侵害时，应当一样受到《刑法》的保护，故被告人张某某、赵某某在中国领域内非法获取、出售领域外的外国公民信用卡信息及相关邮箱账号密码的行为已构成侵犯公民个人信息罪。除了信用卡信息，鉴定机构还从张某某、赵某某被扣押的电子产品中分别检测出他人邮箱账号密码数据74.9GB和2067295条，虽未全部逐条核实，但从计算机数据角度足以推定其数量已经远远超过《最高人民法院、最高人民检察院关于办理侵犯公民个人信息刑事案件适用法律若干问题的解释》（以下简称《侵犯公民个人信息刑事案件司法解释》）第五条中规定的5万条以上，故可以认定二被告人属于侵犯公民个人信息情节特别严重。

【案例注解】

侵犯公民个人信息罪，是指出售或者非法获取、非法提供公民个人信息，情节严重的犯罪行为，而要判断侵犯外国公民个人信息的行为是否构成该罪，主要是看犯罪对象是否属于刑法所保护的公民个人信息，我国刑法是否具有管辖权，以及侵犯公民个人信息是否已经达到情节严重。就本案而言，张某某、赵某某在中国非法获取、出售境外日本公民信用卡信息及他人邮箱账号密码的行为已构成侵犯公民个人信息罪，且属于情节特别严重，主要理由如下：

一、本案的犯罪对象属于我国《刑法》保护的“公民个人信息”

通常所说的“公民”，是指具有某国国籍，并根据该国法律规定享有权利和承担义务的人。依照《刑法》及《侵犯公民个人信息刑事案件司法解释》的规定，“公民个人信息”是指以电子或者其他方式记录的能够单独或者与其他信息结合识别特定自然人身份或者反映特定自然人活动情况的各种信息，包括姓名、身份证件号码、通信通讯联系方式、住址、账号密码、财产状况、行踪轨迹等。本案中张某某、赵某某所非法获取、出售的邮箱账号密码及信用卡信息具有个体性和隐私性的特征，属于刑法意义上的公民个人信息。从立法上看，我国《刑法》并未将侵犯公民个人信息罪的犯罪对象限定为中国公民或境内其他国家公民的个人信息，境外外国公民的信息在中国受到侵害时，也可受到刑法的保护。从司法实践来看，将境外外国公民个人信息排除在刑法保护之外，无疑会放纵犯罪。如在侵犯公民个人信息犯罪案件中所涉及的个人信息既有境内各国公民的个人信息，也有境外外国公民的个人信息时，只处罚涉及境内各国公民个人信息的部分，既不合理，也难操作。

二、根据属地原则，对于中国公民在我国领域内实施犯罪的，我国《刑法》具有管辖权

依照《刑法》第六条第一款的规定，凡在中华人民共和国领域内犯罪的，除法律有特别规定的以外，都适用本法。犯罪的行为或者结果有一项发生在中华人民共和国领域内的，就认为是在中华人民共和国领域内犯罪。本案中张某某在中国境内通过“暗网”等非法途径购买海量境外日本公民的信用卡信息和他人的邮箱账号密码，将其中部分信用卡信息出售给赵某某，赵某某又将其中部分信用卡信息出售给王某某，二人侵害境外日本公民个人信息的犯罪行为地和结果地均在中国，故可以适用我国《刑法》。

三、本案张某某、赵某某侵犯公民个人信息数量均远远超出情节特别严重的标准

在通过网络侵犯公民个人信息的犯罪中，海量的电子数据要转化为信息条数，动辄可能要以百万条计，要求逐一核实信息的真实性，目前还很难做到，因此应当允许适当地使用推定规则。本案中，鉴定机构从张某某、赵某某被扣押的电子产品中分别检测出约 74.9GB 和 2067295 条他人邮箱账号密码数据，虽未全部逐条确定，但从计算机数据角度足以推定其数量已经远远超过《侵犯公民个人信息刑事案件司法解释》中规定的 5 万条以上，故可以认定属于侵犯公民个人信息情节特别严重。

（一审法院合议庭成员　陈远爱　彭利兵　肖　英
二审法院合议庭成员　彭　竣　钟　琰　袁绍萍
编写人　江西省萍乡市中级人民法院　钟　琰
责任编辑　周维明
审稿人　李玉萍）

原载《人民法院案例选》2020 年第 12 辑（总第 154 辑）

十六、重　婚　罪

200. 夏国学重婚案

——前婚在登记中存在程序瑕疵不影响重婚罪的认定

【关键词】

婚姻登记　程序瑕疵　明知　重婚罪

【裁判要旨】

前婚的婚姻登记程序虽然存在程序瑕疵，如果被告人明知自己已登记结婚而又故意与他人结婚的，仍构成重婚罪。

【相关法条】

《中华人民共和国刑法》

第二百五十八条　有配偶而重婚的，或者明知他人有配偶而与之结婚的，处二年以下有期徒刑或者拘役。

【案件索引】

一审：北京市海淀区人民法院（2014）海刑初字第2337号（2014年12月15日）

二审：北京市第一中级人民法院（2015）一中刑终字第633号（2015年4月22日）

【基本案情】

被告人夏国学于1999年6月7日委托他人为自己与于某某在内蒙古自治区赤峰市喀喇沁旗民政局办理了结婚登记手续，领取了结婚证，后双方以夫妻名义共同居住生活，并育有一女。2011年6月8日，被告人夏国学在未与于某某解除婚姻关系的情况下，与黄某在内蒙古自治区赤峰市喀喇沁旗民政局又办理了结婚登记手续，领取结婚证，并以夫妻名义共同居住生活。后经被害人于某某报警，被告人夏国学于2014年5月25日被公安机关抓获归案。

1998 年夏国学与被害人于某某在内蒙古赤峰市工作时相识交往，后于某某怀孕，由于夏国学毕业后未服从组织分配自行回乡，无法落户，因此二人无法办理结婚登记手续。后夏国学委托他人为其和于某某办理结婚登记手续，并提供了办理手续的身份证复印件、于某某婚姻状况证明、二人的合影照片等材料。1999 年 6 月 7 日，内蒙古自治区赤峰市喀喇沁旗民政局在夏国学和于某某均未亲自到场的情况下，为二人办理了结婚登记，中间人将结婚证书交给夏国学后夏国学又转交给了于某某。此后夏国学与于某某一直以夫妻名义共同居住生活，1999 年 7 月女儿出生后亦根据二人的结婚证等证件办理了孩子的出生证明。夏国学在 2009 年 3 月 26 日填写的当时就职单位大唐联诚公司员工登记表中显示婚姻状况为已婚，配偶也是于某某。2004 年夏国学通过网络认识了黄某并开始交往，于某某得知后二人不断争吵，夏国学与黄某的关系也是断断续续。2008 年，夏国学还曾与于某某签署了《婚姻协议》表示夏国学如果再有出轨行为，于某某在提出离婚时，家里一切财产都归于某某所有。2010 年年底，夏国学搬离了与于某某的家，与黄某同居。2011 年 6 月 8 日，夏国学在未与于某某解除婚姻关系的情况下，与黄某在内蒙古自治区赤峰市喀喇沁旗民政局又办理了结婚登记手续，领取结婚证，并以夫妻名义共同居住生活。2013 年 7 月，于某某向海淀法院起诉离婚，夏国学对二人结婚证的效力提出质疑。后夏国学于 2013 年 10 月 11 日向喀喇沁旗人民法院提起行政诉讼，请求法院判处被告喀喇沁旗婚姻登记处撤销其与于某某的婚姻登记，喀喇沁旗人民法院以超过诉讼时效为由裁定驳回夏国学的起诉。夏国学上诉后又撤回起诉，二审法院准许夏国学撤回起诉和上诉。2014 年 4 月，夏国学在办理的北京市工作居住证中配偶一栏仍填写的是于某某。2014 年 5 月，被害人于某某向公安机关报警称夏国学涉嫌重婚，公安机关经立案侦查于 2014 年 5 月 25 日将夏国学抓获归案。

【裁判结果】

北京市海淀区人民法院于 2014 年 12 月 15 日作出（2014）海刑初字第 2337 号刑事判决：认定被告人夏国学犯重婚罪，判处有期徒刑十个月。宣判后，被告人夏国学不服，向北京市第一中级人民法院提出上诉。北京市第一中级人民法院以同样的事实于 2015 年 4 月 22 日作出（2015）一中刑终字第 633 号刑事裁定：驳回上诉人夏国学的上诉，维持原判。

【裁判理由】

法院生效裁判认为：第一，赤峰市喀喇沁旗婚姻登记处出具的夏国学、于某某二人的结婚证、婚姻登记档案材料能够证明夏国学与于某某的结婚证书乃是国家民政机关依据相关证明材料依法出具的，并非伪造的证件。夏国学虽针对该结婚证办理的程序瑕疵提起了行政诉讼，但根据《最高人民法院行政审判庭关于婚姻登记行政案件原告资格及判决方式有关问题的答复》规定："婚姻关系双方或一方当事人未亲自到婚姻登记机关进行婚姻登记，且不能证明婚姻登记系男女双方的真实意思表示，当事人对该婚姻登记不服提起诉讼的，人民法院应当依法予以撤销。"故，对于婚姻关系双方未亲自到登记机关进行婚姻登记的，并非不考虑双方的真实意思表示必然导致婚姻被撤销。本案中夏国学所提行政诉讼系因超过了法定诉讼时效，而被法院驳回起诉。之后夏国学虽然提出上诉，但最终自愿撤回了起诉和上诉。因此，目前夏国学与于某某的结婚登记仍是合法有效的。第二，夏国学的供述与于某某的陈述相互印证，可以证明二人在同居之初无论是出于给孩子上户口还是其他目的，的确是想到民政部门办理合法的结婚登记，但只是因夏国学没有户籍材料，而一时无法办理。后由夏国学向他人提供了相关证明材料和照片，委托他人为其办理结婚证书。故夏国学虽本人未亲自到场，但其对于提供相关证明材料委托他人办理的结婚证应是民政部门依法出具的真实有效证件应为明知。第三，夏国学与于某某领取结婚证后不仅以夫妻名义共同居住生活十余年，并育有一女，而且夏国学依据与于某某的结婚证办理了女儿的出生证明、北京市工作居住证等合法证件，在2008年夏国学补办的户口这一记载户籍人身关系的国家机关证件中显示其婚姻状态为已婚，在2009年其就职的大唐联诚公司员工登记表中其所填写的信息也为已婚，配偶为于某某，故综合分析以上情况夏国学在其办理的各类合法有效证件、填写的各类表格、履历中婚姻状况均为已婚，配偶均为于某某，已不仅仅是对其与于某某之间存在婚姻事实的一种公示，更是对二人之间存在合法有效婚姻关系的认可。因此，夏国学对于自己与于某某之间存在法律上的婚姻关系的情况应是明知的。第四，证人解某某、李某某的证言以及夏国学2011年登记的户籍材料、夏国学与黄某的结婚登记材料相互印证可以证明，2011年夏国学在未与于某某解除婚姻关系的情况下，重新申领了婚姻状况为未婚的户籍材料，从而与黄某在内蒙古自治区赤峰市喀喇沁旗民政局又办理了结婚登记手续，领取了结婚证，并以夫妻名义共同居住生活。综上，在案证据相互印证足以证明夏国学主观上具有明知自己有配偶而又与他人结婚的重婚故意。

【案例注解】

重婚罪是指自己有配偶而与他人结婚，或者明知他人有配偶而与之结婚的行为。重婚行为是对“一夫一妻”制的婚姻制度下形成的合法婚姻关系的严重侵害，不仅破坏了他人的家庭生活，给配偶的心灵带来创伤，造成家庭关系不稳定，而且其实质上是对整个社会的公共利益和公共秩序的挑战和破坏，必须用法律乃至刑法加以惩戒。由于重婚行为破坏的是合法的婚姻关系，因此，刑法要求重婚者的前婚必须是经婚姻登记机关登记的合法有效的“法律婚”，而其后婚则可以是“法律婚”也可以是“事实婚”。同时，刑法还要求重婚者的主观方面必须是直接故意，即其明知已经存在一个合法有效的婚姻，仍在同一时期内保持或缔结另一个婚姻，从而具有破坏“一夫一妻”制的直接故意意图。因为，只有这样行为人的重婚行为才具有刑罚可罚性。

本案争议的焦点问题就涉及以下两点：一是婚姻关系双方当事人未亲自到婚姻登记机关办理的结婚登记是否具有法律效力；二是在重婚行为人未亲自到场办理结婚登记的情况下如何认定其存在重婚的主观故意。

一、婚姻关系双方当事人未亲自到婚姻登记机关办理的结婚登记是否具有法律效力

根据《婚姻法》第八条第一款的规定，要求结婚的男女必须亲自到婚姻登记机关办理婚姻登记。但《婚姻法》并没有规定当事人未亲自到场登记的法律后果。《婚姻法》第十条、第十一条关于无效婚姻或可撤销婚姻的规定都未将这种情形列入其中。然而，实践中由于婚姻登记机关工作人员不严格执法，办人情登记、关系登记等种种原因，确实存在着很多男女一方甚至是双方未亲自到场却办理了结婚登记的情形。本案中夏国学与于某某的婚姻登记就是如此。根据《最高人民法院关于适用〈中华人民共和国婚姻法〉若干问题的解释（三）》第一条第二款的规定，目前当事人以结婚登记程序存在瑕疵为由主张撤销结婚登记的，只能依法申请行政复议或者提起行政诉讼。而对于这种婚姻登记是否一定就要被撤销，审判实践中一直也有较大的争议。2005 年《最高人民法院行政审判庭关于婚姻登记行政案件原告资格及判决方式有关问题的答复》中规定，婚姻关系双方或一方当事人未亲自到婚姻登记机关进行婚姻登记，且不能证明婚姻登记系男女双方的真实意思表示，当事人对该婚姻登记不服提起诉讼的，人民法院应当依法予以撤销。可见最高人民法院对此种情形的处理并没有一刀切，而是考虑到男女双方的真实意思表示，区分不同情况分别对待。我们认为，这是符合立法原意和生活实际的。因为，从立法目的上看，要求婚姻双方当事人必须亲自到场虽属于程序性规定，但却是为保证当事人双方自愿缔结婚姻的实体条件服务的，也就是说当事人双方是否亲自到场并不重要，重要的是保证当事人的自愿。因当事人是否自愿是其缔结婚姻时的主观心理状态，很难通过其他加以证明，所以《婚姻法》将其以“必须”的字眼加以强调。对于一方或双方未亲自到场的情形，应该区分双方当事人是否自愿而不同处理：（1）有证据证明双方当事人有结婚登记的共同意愿，或共同实施欺骗行为或一方实施欺骗行为另一方认可，抑或虽未实施欺骗行为却通过人情、关系办理了登记，除婚姻无效情形外，应认可其婚姻的效力；（2）婚姻登记的一方或双方当事人非自愿的情形，人民法院应当依法予以撤销。

本案中夏国学与于某某的结婚登记虽存在二人未亲自到婚姻登记机关办理的程序瑕疵。但赤峰市喀喇沁旗婚姻登记处出具的夏国学、于某某二人的结婚证、婚姻登记档案材料能够证明夏国学与于某某的结婚证书乃是国家民政机关依据相关证明材料依法出具的，并非夏国学所称伪造的证件。夏国学虽针对该结婚证办理的程序瑕疵提起了行政诉讼，但根据《最高人民法院行政审判庭关于婚姻登记行政案件原告资格及判决方式有关问题的答复》，对于婚姻关系双方未亲自到登记机关进行婚姻登记的，并非不考虑双方的真实意思表示必然导致婚姻被撤销。夏国学的供述以及于某某的陈述均能证明二人在办理结婚登记时均是出于自愿，仅是因为夏国学的户籍问题才未能按照正常程序办理登记。而此后夏国学与于某某也确实以夫妻名义共同生活了十余年，并育有一女。因此，夏国学与于某某的婚姻不仅符合结婚的实质要件，且已完成了婚姻登记这个形式要件，只不过结婚登记程序存在瑕疵，而该瑕疵又被当事人结婚登记的真实意思表示及后来的事实行为加以追认，故程序存在这一瑕疵并不能阻却婚姻的成立及效力。本案中夏国学所提行政诉讼系因超过了法定诉讼时效，而被法院驳回起诉。之后夏国学虽然提出上诉，但最终自愿撤回了起诉和上诉。因此，无论从实质还是形式上，截至本案二审审理期间，夏国学与于某某的结婚登记仍是合法有效的。

二、在重婚行为人未亲自到场办理结婚登记的情况下如何认定其存在重婚的主观故意

在法学理论及司法实践中，重婚罪行为人的主观方面都应当为直接故意，即明知自己有配偶而故意与他人结婚，在同一时期内保持或缔结两次婚姻，从而破坏了“一夫一妻”制的婚姻关系。然而，由于作为犯罪构成主观要件的明知仅存在于行为人的意识之中，因此，认定重婚行为人的主观心态只能从其是否参与办理结婚登记、办理登记的具体过程、登记后的生活状况等客观证据出发，根据主客观相一致的原则，运用经验法则与逻辑规则形成判断，以此来推定行为人的主观心态。本案中，首先，夏国学的供述与于某某的陈述相互印证，可以证明二人在同居之初无论是出于给孩子上户口还是其他目的，的确是想到民政部门办理合法的结婚登记，但只是因夏国学没有户籍材料，而一时无法办理。后由夏国学向他人提供了相关证明材料和照片，委托他人为其办理结婚证书。现夏国学虽只承认向受委托人提供了二人的身份证复印件、于某某的婚姻状况证明及照片，且未交待办理证件的真假情况，但其结婚档案中确实还存有夏国学父亲所在村委会出具的父子关系证明等办理结婚登记所需的重要材料。现有证据能够证明该结婚证确为夏国学托人办理，于某某并未参与，且无证据证明有第三人另行向登记机关提供了上述证明材料，故夏国学虽本人未亲自到场，但其对于提供相关证明材料委托他人办理的结婚证应是民政部门依法出具的真实有效证件应为明知。其次，夏国学及其辩护人均称仅凭户籍材料、入职登记等证据中显示夏国学为已婚并不能证明夏国学明知其与于某某的婚姻为合法有效。然而，法庭认定案件事实并非依靠割裂的单一证据，而是通过对全案证据进行综合分析论证，从而形成完整的证据链条。夏国学与于某某领取结婚证后不仅以夫妻名义共同居住生活十余年，并育有一女，而且夏国学依据与于某某的结婚证办理了女儿的出生证明、北京市工作居住证等合法证件，在2008年夏国学补办的户口这一记载户籍人身关系的国家机关证件中显示其婚姻状态为已婚，在2009年其就职的大唐联诚公司员工登记表中其所填写的信息也为已婚，配偶为于某某，故综合分析以上情况夏国学在其办理的各类合法有效证件、填写的各类表格、履历中婚姻状况均为已婚，配偶均为于某某，已不仅仅是对其与于某某之间存在婚姻事实的一种公示，更是对二人之间存在合法有效婚姻关系的认可，因此，夏国学对于自己与于某某之间存在法律上的婚姻关系的情况应是明知的。最后，证人解某某、李某某的证言以及夏国学2011年登记的户籍材料、夏国学与黄某的结婚登记材料相互印证可以证明，2011年夏国学在未与于某某解除婚姻关系的情况下，重新申领了婚姻状况为未婚的户籍材料，从而与黄某在内蒙古自治区赤峰市喀喇沁旗民政局又办理了结婚登记手续，领取了结婚证，并以夫妻名义共同居住生活。综上，在案证据相互印证足以证明夏国学主观上具有明知自己有配偶而又与他人结婚的重婚故意。据此，二审法院认为一审判决认定夏国学构成重婚罪事实清楚、证据确实、适用法律正确，且对于夏国学的量刑也适当，最终作出了驳回夏国学的上诉，维持原判的裁定。

（一审法院合议庭成员　刘　璐　张　坤　王　丽
二审法院合议庭成员　赵俊怀　林兵兵　吴小军
编写人　北京市第一中级人民法院　刘　璐
责任编辑　周维明
审稿人　沈　亮）

原载《人民法院案例选》2016年第11辑（总第105辑）

201. 刘某某重婚案

——婚姻登记程序瑕疵不影响重婚的认定

【关键词】

重婚罪　婚姻登记程序瑕疵　婚姻无效

【裁判要旨】

要求结婚的男女双方未亲自到婚姻登记机关进行结婚登记的，或者结婚登记时身份信息填报错误的，属婚姻登记程序瑕疵，不影响婚姻登记的法律效力。未离婚、婚姻未被依法宣告无效或婚姻登记未被撤销前，一方又与他人结婚的，构成重婚罪。

【相关法条】

《中华人民共和国刑法》

第二百五十八条　有配偶而重婚的，或者明知他人有配偶而与之结婚的，处二年以下有期徒刑或者拘役。

《中华人民共和国婚姻法》

第十条　有下列情形之一的，婚姻无效：

（一）重婚的；

（二）有禁止结婚的亲属关系的；

（三）婚前患有医学上认为不应当结婚的疾病，婚后尚未治愈的；

（四）未到法定婚龄的。

【案件索引】

一审：重庆市江北区人民法院（2015）江法刑初字第00514号（2015年8月26日）

二审：重庆市第一中级人民法院（2015）渝一中法刑终字第00675号（2015年12月3日）

【基本案情】

重庆市江北区人民检察院指控被告人刘某某犯重婚罪，向重庆市江北区人民法院提起公诉。

被告人刘某某及其辩护人均提出，张某在2000年办理复婚登记时刘某某未到场，系张某一方独自操办，且婚姻登记的男方姓名和身份证号码与刘某某不同，不能认定刘某某与张某在法律上已经复婚。因复婚登记无效，所以2013年刘某某与张某申领补办结婚证的行为同样不产生复婚的法律效力。

法院经审理查明：1992 年 10 月，被告人刘某某与张某在重庆市开县登记结婚，1995 年 9 月二人经原四川省开县人民法院调解离婚。2000 年，为给小孩办理户籍，张某和刘某某商议复婚，刘某某表示同意。因刘某某在外地，遂由张某一方独自办理了登记复婚相关手续；在复婚登记时将男方即刘某某的身份信息填报错误（身份证号码错误，男方姓名使用了一个同音字）。2006 年，刘某某因犯职务侵占罪被北京市海淀区人民法院判处有期徒刑七年。2010 年 4 月 10 日刘某某刑满释放后，与张某及二人之子共同生活。因为结婚证损毁，2013 年刘某某与张某在重庆市渝北区民政局申请补领结婚证，补领的结婚证上载明男方信息与刘某某现在使用的姓名及公民身份证号码不一致。

在与张某婚姻关系存续期间，刘某某与罗某相识。后刘某某隐瞒婚姻状况，与罗某于 2014 年 4 月 10 日在重庆市江北区婚姻登记机关登记并领取了结婚证。罗某发现刘某某涉嫌重婚后报案，公安机关于 2015 年 4 月 8 日将刘某某电话通知到案。刘某某到案后如实供述了本案事实。

【裁判结果】

重庆市江北区人民法院于 2015 年 8 月 26 日作出（2015）江法刑初字第 00514 号刑事判决：被告人刘某某犯重婚罪，判处拘役六个月。宣判后，刘某某不服提出上诉。重庆市第一中级人民法院于 2015 年 12 月 3 日作出（2015）渝一中法刑终字第 00675 号刑事裁定：驳回上诉，维持原判。裁定现已发生法律效力。

【裁判理由】

法院生效裁判认为：刘某某与张某的复婚登记存在瑕疵：一是婚姻登记时当事人未亲自到场，二是婚姻登记男方信息错误，但该瑕疵不影响复婚登记的法律效力。复婚是刘某某与张某的真实意思表示，刘某某对自己系已婚身份是明知的；且该复婚登记不属于婚姻无效或被撤销的情形。被告人刘某某有配偶又与他人登记结婚，其行为已构成重婚罪，依法应予处罚。刘某某的供述与证人张某、罗某等的证言、结婚登记申请书、补发婚姻登记证审查处理表、结婚证等证据互相印证，证实 2000 年刘某某与张某复婚登记由张某单方办理并得到刘某某同意、2010 年刘某某刑满释放后与张某以夫妻名义共同生活及 2013 年刘某某与张某补办结婚证的事实。刘某某与张某的复婚登记虽然存有瑕疵，但不属于法定婚姻无效或可撤销情形，且该复婚登记系二人真实意思表示，二人通过补办结婚证的形式对婚姻关系予以认定。故刘某某与张某的婚姻合法、有效。鉴于刘某某在尚未受到讯问、未被采取强制措施时，经公安机关电话联系即主动、直接向公安机关投案，到案后如实供述了基本犯罪事实，系自首，依法予以从轻处罚，其对自己行为性质的辩解不影响自首的成立。

【案例注解】

婚姻关系是重要的民事法律关系，2001 年《婚姻法》修正后，最高人民法院就相关法律适用问题已先后出台了 3 个司法解释。重婚不仅在《婚姻法》中属婚姻无效的情形，同样也可能构成刑事犯罪，要受到刑罚制裁。重婚罪属于故意犯罪，认定犯罪时不仅要求被告人有重婚行为，也要证明其有重婚的故意，婚姻登记的法律效力对案件性质认定有重大影响。

一、程序瑕疵不影响婚姻登记的法律效力

《婚姻法》第八条规定："要求结婚的男女双方必须亲自到婚姻登记机关进行结婚登记……"由此，当事人未亲自到场的婚姻登记无疑是存在瑕疵的。然而，存在程序瑕疵的婚姻登记不等同于婚姻无效或者可被撤销。根据2005年10月8日《最高人民法院行政审判庭关于婚姻登记行政案件原告资格及判决方式有关问题的答复》（法〔2005〕行他字第13号）第二条的规定，婚姻关系双方当事人或一方当事人未亲自到婚姻登记机关进行婚姻登记，且不能证明婚姻登记系男女双方的真实意思表示，当事人对该婚姻登记不服提起诉讼的，人民法院应当依法予以撤销。按照对此答复的理解，人民法院应当撤销的婚姻登记必须符合"不能证明婚姻登记系男女双方的真实意思表示"这一条件，如果根据查明的事实可以认定婚姻登记（包括复婚登记）系男女双方的真实意思表示，则一方当事人未亲自到婚姻登记机关办理相关手续，不影响婚姻（复婚）登记的法律效力。

事实上，在审判实践中，当事人以结婚登记中的瑕疵问题申请宣告婚姻无效或者起诉离婚的案件时有发生，如一方当事人未亲自到场办理结婚登记、借用或冒用他人身份证或户口本进行结婚登记、婚姻登记机关越权管辖、当事人提交的婚姻登记资料存在瑕疵等。这些并非《婚姻法》第十条所列举的结婚要件的瑕疵，可以统一称之为结婚登记的程序瑕疵。由于历史原因，结婚登记时身份信息填报错误并非个案。结婚登记程序存在瑕疵时，如果同时欠缺结婚的实质要件，在法律规定的情形内，可以被人民法院宣告无效。在不存在婚姻无效或被撤销的情况下，结婚登记信息错误可以通过其他合法的途径予以更正。

如果对符合结婚实质要件但有程序瑕疵的婚姻宣告无效，不仅随意扩大了无效婚姻的范围，也不利于对已建立民事关系的保护，不符合婚姻登记制度的立法本意。处理时应依照《最高人民法院关于适用〈中华人民共和国婚姻法〉若干问题的解释（三）》第一条第一款"当事人以婚姻法第十条规定以外的情形申请宣告婚姻无效的，人民法院应当判决驳回当事人的申请"的规定，判决驳回当事人的申请。

二、婚姻无效或被撤销对重婚罪认定的影响

《婚姻法》第十条规定了四种婚姻无效的情形：（1）重婚的；（2）有禁止结婚的亲属关系的；（3）婚前患有医学上认为不应当结婚的疾病，婚后尚未治愈的；（4）未到法定婚龄的。上述四个条件是人民法院宣告婚姻无效的唯一标准，并且没有其他兜底条款。《婚姻法》第十一条规定了婚姻可以被撤销的情形，即因胁迫结婚的，受胁迫的一方可以向婚姻登记机关或人民法院请求撤销该婚姻。如果婚姻登记不属于上述可宣告无效的四种情形之一，且婚姻登记未被婚姻登记机关、人民法院依法宣告无效或者予以撤销，则依法登记的婚姻关系应受到法律保护。

司法实践中出现得较多的重婚案件是存在一个合法婚姻关系，一方当事人又与他人建立事实婚姻关系，直接两次登记结婚的重婚行为出现较少。那么，如果在法院审理刘某某重婚案件时，其与罗某或张某的婚姻关系被依法宣告无效，是否会影响重婚罪的认定呢？结论是否定的。首先，《婚姻法》第十二条规定："无效或被撤销的婚姻，自始无效……"以重婚行为的无效性来对重婚罪成立与否进行抗辩不能成立，因为重婚行为的特殊之处就在于其中至少有一个婚姻关系是无效的，这样的抗辩理由属循环论证，有自相矛盾之嫌。即使刘某某与张某在前的复婚登记在本案审理过程中被宣告无效，也不影响对刘某某重婚行为的认定。依照《最高人民法院关于适用〈中华人民共和国婚姻法〉若干问题的解释（一）》第十三条“婚姻法第十二条所规定的自始无效，是指无效或者可撤销婚姻在依法被宣告无效或被撤销时，才确定该婚姻自始不受法律保护”的规定，法律保护依法进行的婚姻登记行为，婚姻是否有效、是否应被撤销应当由国家有权机关依照法定程序进行认定，不应由当事人自行判断。在婚姻未被撤销或宣告无效之前被告人又与他人结婚的，即使先前的婚姻关系并不合法，同样可能构成重婚罪。

三、婚姻登记程序瑕疵的法律救济途径

无可否认，婚姻登记信息错误，特别是姓名或者公民身份证号码错误将会给婚姻关系当事人的生活带来不利影响，典型的就是难以直接在婚姻登记机关登记离婚，从而再与他人结婚。

直接以结婚证遗失申请补办的方式难以纠正原结婚证中错误的登记信息。《婚姻登记条例》第十七条规定：“结婚证、离婚证遗失或者损毁的，当事人可以持户口簿、身份证向原办理婚姻登记的机关或者一方当事人常住户口所在地的婚姻登记机关申请补领。婚姻登记机关对当事人的婚姻登记档案进行查证，确认属实的，应当为当事人补发结婚证、离婚证。”如本案中，刘某某也在2013年申请补发了结婚登记证，但是正因为婚姻登记机关要通过查询历史档案的方式，根据自己留存的资料补发证件，最终导致补领的结婚证中刘某某的信息同样是错误的。

“单身证明”难以证明单身。有当事人试图通过开具单身证明的方式在其他地区重新结婚。目前婚姻登记信息全国联网相对滞后，婚姻登记机关事实上难以在源头上阻止同一人两次登记结婚。存在已婚当事人进行信息查询时显示为未婚的情况，不法分子以此为依据很容易再次登记结婚。一个地方的婚姻登记机关出具的结婚证明、单身证明等文书事实上难以证明当事人的真实婚姻状况，故现在很多地方已不再出具单身证明文件。即使出具，相关文书上一般也都会注明仅证明在某一时间段内在该婚姻登记机关辖区内当事人的婚姻状况。如果当事人以婚姻登记信息中姓名、身份证号显示不是自己就置之不理，直接与他人结婚，则存在重婚的风险。

婚姻登记在我国现行法律制度的框架下，属于行政确认行为。根据《最高人民法院关于适用〈中华人民共和国婚姻法〉若干问题的解释（三）》第一条第二款的规定，当事人以婚姻登记程序存在瑕疵为由提起民事诉讼，主张撤销结婚登记的，告知其可以依法申请行政复议或者提起行政诉讼。如果当事人认为婚姻登记存在程序瑕疵的，可以通过行政复议或者行政诉讼的方式予以变更。当事人对领取结婚证效力提出异议的，不属于法院民事案件的审查范围，而应当向民政部门申请结婚或向法院提起行政诉讼，请求撤销婚姻登记。

重婚行为暴露后，被告人为了逃避法律制裁，可能提起民事或行政诉讼，请求撤销其中一次婚姻登记或者请求宣告无效；不知情的建立婚姻关系者为了保护自己的权益，也可能提起相关诉讼请求确认婚姻无效。这种情况下审理重婚案件应多与当事人沟通，及时掌握相关案件的情况，特别是相关民事、行政诉讼不在同一法院审理时更应如此。

在有法院对重婚罪进行审理时，宣告婚姻无效的民事案件一般应等待刑事案件判决生效后再作出判决。第一，遵循“先刑后民”的处理原则，刑事判决生效后相关民事审判中证据认定更简单，可以直接将相关刑事判决作为认定的依据，也有利于保持对同一事实认定的一致性；第二，刑事案件中公安机关侦查手段更有效，对相关证据的收集更加全面，更有利于查清案件事实；第三，宣告婚姻无效的民事诉讼系一审终审，当事人没有上诉的权利，而重婚罪的被告人可以提起上诉，更有利于保护当事人的权利。同时，相关行政诉讼则与重婚罪的审理无涉。即使当事人通过行政诉讼更正了错误的婚姻登记信息或者撤销了婚姻登记，也不影响重婚罪的认定，相关行政诉讼、刑事诉讼可以一并进行。

（一审法院合议庭成员　郑　旭　肖学富　戴真银
二审法院合议庭成员　陈小川　郜志龙　陈　超
编写人　重庆市江北区人民法院　肖学富
责任编辑　周维明
审稿人　沈　亮）

原载《人民法院案例选》2017 年第 3 辑（总第 109 辑）

202. 蔡某某重婚案

——以夫妻名义同居生活

【关键词】

重婚罪　无罪　婚外同居　事实重婚

【裁判要旨】

1. 犯罪事实认定应结合控辩双方证据予以认定，如果辩方证据对公诉机关指控的犯罪事实形成反证，致使控方的有罪证据之间无法形成闭合锁链，控方又无法对证据之间的矛盾作出合理解释的，控方相关有罪证据不得作为定案的根据。

2. 重婚罪中的事实重婚不同于婚外同居，其要求行为人“以夫妻名义”“公开”同居生活。本案中被告人子女非被害人亲生，可以证实被告人在婚姻存续期间有明显过错，但指控其与他人以夫妻名义公开同居生活的证据不足，故不应认定其构成重婚罪。

【相关法条】

《中华人民共和国刑法》

第二百五十八条　有配偶而重婚的，或者明知他人有配偶而与之结婚的，处二年以下有期徒刑或者拘役。

《中华人民共和国刑事诉讼法》

第一百九十五条　在被告人最后陈述后，审判长宣布休庭，合议庭进行评议，根据已经查明的事实、证据和有关的法律规定，分别作出以下判决：

（一）案件事实清楚，证据确实、充分，依据法律认定被告人有罪的，应当作出有罪判决；

（二）依据法律认定被告人无罪的，应当作出无罪判决；

（三）证据不足，不能认定被告人有罪的，应当作出证据不足、指控的犯罪不能成立的无罪判决。

【案件索引】

一审：上海市虹口区人民法院（2014）虹刑初字第1058号（2015年10月14日）

二审：上海市第二中级人民法院（2015）沪二中刑终字第1254号（2016年4月5日）

【基本案情】

被告人蔡某某与查某某于1981年9月结婚，婚后蔡某某经常外出居住，1984年2月蔡某某育有一女查某颖。2004年被告人蔡某某与韩某某共同设立上海丽山建筑装饰有限公司，韩某某任公司董事长，被告人蔡某某任公司财务，后该公司经营地移至本市周家嘴路734号公平大楼地下室。期间，有人看见被告人蔡某某早晨穿睡衣在门边梳头，有时遛狗，经常与韩某某同进同出。

2012年10月，基于查某某与查某颖的亲子鉴定排除了双方存在生物学父女的可能性，上海市浦东新区人民法院判决查某某与查某颖没有生物学的父女关系。

虹口区人民检察院指控被告人蔡某某有配偶仍与他人以夫妻名义共同生活，应当以重婚罪追究其刑事责任，提请法院依照《中华人民共和国刑法》第二百五十八条的规定对被告人蔡某某定罪处罚。

庭审中，被害人查某某认为，被告人蔡某某构成重婚罪。被告人蔡某某否认以夫妻名义与韩某某共同生活，认为自己不构成重婚罪。蔡的辩护人提出，公诉机关指控被告人蔡某某犯重婚罪的证据不足，指控的罪名不能成立。

【裁判结果】

上海市虹口区人民法院于2015年10月14日作出（2014）虹刑初字第1058号刑事判决：被告人蔡某某无罪。一审判决后，检察院提起抗诉，上海市第二中级人民法院于2016年4月5日作出上海市第二中级人民法院（2015）沪二中刑终字第1254号刑事裁定：驳回抗诉，维持原判。

【裁判理由】

法院生效裁判认为：证明被告人蔡某某与韩某某持续、稳定地共同居住的证据既不充分也不确凿。证明被告人蔡某某与韩某某以夫妻名义相称仅有两名证人证言，其中李荣生称韩某某向其介绍蔡某某是老板娘，杨磊称蔡某某、韩某某在其面前以夫妻相称，另有两名证人则根据生活经验认为蔡某某与韩某某可能是夫妻。前两名证人的证言既为蔡某某与韩某某所否认，也有卞柏林、柴勇、虞爱荣、蔡秀萍等证人的反证；后两名证人的意见仅是他们的主观判断，而非客观证据，不能证明蔡某某与他人以夫妻名义公开同居生活。被告人蔡某某是丽山建筑装潢公司财务，其与公司老板韩某某同处公司经营地并有同进同出现象存在非法同居之外的可能性，即使其曾被发现有早晨穿睡衣出现在公司门口的情况，也不能确切证明是与韩某某以夫妻名义公开同居。被告人蔡某某在与查某某结婚后所生女儿非查某某亲生，由此一般可以判断蔡某某与他人有过婚外情。然而，重婚罪的行为对象不包括非法同居，更不包括通奸。本案除推断外，无证据证明蔡某某女儿的生父是何人；根据查某某陈述，连其本人以前都一直认为蔡某某的女儿是自己的女儿。显然，蔡某某与他人孕育女儿，不是公然与他人以夫妻名义共同生活状态下产生的结果。故查某颖非查某某亲生的事实也不能证明被告人蔡某某与他人以夫妻名义共同生活。综上，法院认为虽被告人蔡某某在与查某某在婚姻存续期间确有明显过错，但公诉机关指控被告人蔡某某犯重婚罪的证据不足。据此，判决被告人蔡某某无罪。

【案例注解】

重婚罪，是指有配偶而与他人结婚，或者明知他人有配偶而与之结婚的行为。根据通说，该罪中的重婚既包括登记结婚，也包括事实婚姻，即有配偶者与他人以夫妻名义同居生活，或者明知他人有配偶而与之以夫妻名义同居生活，即使没有办理结婚登记，也均应当认定为重婚罪。本案被告人蔡某某涉嫌的犯罪就属于事实重婚的情况。但对于事实重婚中的“以夫妻名义同居生活”应当如何证明，以及应当达到何种证明程度，在本案的审理过程中存在一定争议。有意见认为，被告人蔡某某明知自己有配偶而与他人长期同居，且有证人证实两人曾以夫妻互称，亦有人因为看到二人同进同出而误以为二人系夫妻，据此足以认定被告人蔡某某以夫妻名义与他人同居生活的事实，故应当认定重婚罪。

我们对此持不同意见并认为，根据本案证据认定的事实，不能认定被告人蔡某某构成重婚罪。具体分析如下：

（一）事实判断上，应结合控辩双方证据综合认定

本案中，公诉机关提供的证据能够直接证明被告人蔡某某以夫妻名义与他人同居生活的，仅有四份证人证言，其中两份证人证言分别证明如下事实：（1）蔡某某与韩某某曾以夫妻名义相称；（2）蔡、韩二人一起吃住。另两份证人证言显示，两位证人通过对蔡、韩二人日常生活的观察，认为二人是夫妻。

而根据《最高人民法院关于适用〈中华人民共和国刑事诉讼法〉的解释》（以下简称《解释》）第一百零四条的规定，对证据的真实性，应当综合全案证据进行审查。也即，在案件审理过程中，法院应当对控辩双方提供的证据以及人民法院依职权收集的证据，依照一定规则进行证据能力和证明力的综合判断。① 在本案审理过程中，除了公诉机关提供的证人证言外，辩方亦提供五份证人证言，且相关证人均出庭作证，分别证明以下事实：（1）起诉书指控的同居住所不能做饭；（2）五名证人从未听过蔡、韩二人以夫妻相称；（3）蔡、韩未在上述住所共同居住。

在案件事实的认定上，必须综合控辩双方提供的证据。通过比较双方提供的证人证言，可以发现控方提供的上述前两份证人证言均存在反证，控辩双方提供的证人证言之间内容上存在矛盾，且矛盾无法合理排除，控方也无法做出合理解释，所以相关证据不能作为定案的根据。而控方的后两份证人证言的内容不仅仅是就案件相关情况的直接感知所作的陈述，还包括了证人个人的推测意见，即二位证人根据日常观察猜测蔡、韩二人系夫妻，显然这仅仅是一种主观判断，缺乏足够的客观证据印证，对于该猜测性、推断性的证言，根据《解释》第七十五条第二款，亦不得作为定案根据。

由此，公诉机关指控被告人蔡某某事实重婚的直接证据并不具有相应的证明力，各证据之间更不能形成闭合的证据锁链，因而不能实现其证明目的。

（二）法律定性上，应严格区分事实重婚与婚外同居

重婚、有配偶的人与他人同居均是我国《婚姻法》所禁止的行为，两者都是发生在合法婚姻关系存续期间与婚外异性同居的违法行为。但前者不仅违反了夫妻忠贞义务，更侵犯了我国一夫一妻制的婚姻关系，是被我国刑法明确规定的犯罪行为；后者仅是一般的民事违法行为，它是指有配偶者与婚外异性，不以夫妻名义，持续、稳定地共同居住。所以，相较婚外同居，事实重婚不仅要求行为人与婚外异性同居，还要求是“以夫

① 张军、江必新主编：《新刑事诉讼法及司法解释适用解答》，人民法院出版社2013年版，第123页。

妻名义”“公开”同居生活。

首先，事实重婚中的同居生活应以“夫妻名义”进行。关于是否以“夫妻名义”同居生活，在司法实践中应当综合当事人的互相称谓、生活起居等各种相关情况进行认定，并应当达到能够使亲友、邻居有合理理由相信二人可能系夫妻的程度。本案公诉机关即试图从被告人蔡某某与韩某某在人前互称夫妻、共同起居情况等事实角度予以证明。然而经对全案证据的认定与审查核实，只能证明有人看到被告人蔡某某早晨穿睡衣在门边梳头，经常与韩某某同进同出等可以证明二人同居的情况，蔡、韩互称夫妻的事实并无充分证据证实，二人同进同出等行为更未达到使亲友、邻居有合理理由相信其可能系夫妻的程度，因而不能认定被告人蔡某某以“夫妻名义”与他人共同生活。

其次，事实重婚应当具有公开性。重婚罪中行为人与婚外异性以夫妻名义共同生活应公开进行，即一般而言，行为人对自己的亲友、邻居并不刻意隐瞒与婚外异性同居生活的事实，因而有别于一般的婚外同居，甚至通奸。本案中相关证人系被告人蔡某某所在公司员工、物业人员及周边邻居，对蔡的客观生活情况均有一定了解，但对公诉机关所指控的蔡以夫妻名义婚外同居的事实并不知情，甚至提出反证，因而难言本案被告人蔡某某的相关行为具有公开性。被告人蔡某某在婚后所生女儿非其丈夫查某某亲生，可以判断蔡与他人有过婚外情，但重婚罪的客观行为并不包括婚外同居和通奸。而查一直以来对此亦并不知情，所以，蔡与他人孕育女儿的客观事实，显然也并非公然与他人在以夫妻名义共同生活状态下产生的结果，自然也不具备构成重婚罪所要求的公开性。也即，子女非亲生，不能成为重婚罪中公开“以夫妻名义同居生活”的判断依据。

综上，虽然被告人蔡某某在与查某某的婚姻关系存续期间确有明显过错，但综合全案证据，尚不足以证明蔡以夫妻名义与婚外异性公开同居生活，因而不能认定蔡犯重婚罪，上述以证据不足为由宣告被告人蔡某某无罪的判决意见无疑是正确的。

（一审法院合议庭成员　张金伟　杨　红　黄　怡
二审法院合议庭成员　董　玮　袁　婷　黄伯青
编写人　上海市虹口区人民法院　葛立刚
责任编辑　周维明
审稿人　李玉萍）

原载《人民法院案例选》2018年第2辑（总第120辑）

203. 叶某、王某、李某重婚案

——重婚罪中“以夫妻名义共同生活”的认定

【关键词】

刑事　重婚罪　以夫妻名义共同生活　证据证明力

【裁判要旨】

有配偶者而在外与他人生育子女一起生活，无其他证据证明被告人是以夫妻名义共同生活的，依法应不予认定为重婚行为。

【相关法条】

《中华人民共和国刑法》

第二百五十八条　有配偶而重婚的，或者明知他人有配偶而与之结婚的，处二年以下有期徒刑或者拘役。

【案件索引】

一审：福建省厦门市同安区人民法院（2017）闽0212刑初64号（2017年7月19日）

二审：福建省厦门市中级人民法院（2017）闽02刑终555号（2017年9月29日）

【基本案情】

自诉人吴某自诉称：其于2004年1月8日与被告人叶某登记结婚。双方婚姻关系存续期间，叶某长期与被告人王某同居，并于2012年1月14日生育一女。之后被告人叶某搬至与王某共同租赁的房屋中共同居住，并将夫妻共同财产大量用于两人及非婚生女的共同生活。被告人王某明知叶某与吴某有婚姻关系，经自诉人多次规劝仍不悔改。两人共同生育两个非婚生子女。

2013年，经被告人叶某的二嫂告知，自诉人吴某才知道被告人叶某与被告人李某早已对外宣称是夫妻，共同居住于叶某出资购买并放置在其哥哥名下的房产中。两人于2006年2月3日非婚生育一子。被告人李某还经常以妻子身份带该子到被告人叶某的老家拜访及携子披麻戴孝为叶某之父送葬，并以被告人叶某妻子的身份到叶某出租的店面收取租金。

被告人叶某公然与婚外异性以夫妻名义共同生活，甚至与王某、李某非婚生育子女，被告人王某、李某明知叶某有配偶仍公然以妻子身份对外示人，与叶某共同生活并育有子女，三被告人的行为均构成重婚罪。

被告人叶某对自诉人控诉的事实有异议，辩称自己与李某原系男女朋友关系，并未共同生活，不知道李某的儿子叶洪磊是否是他的。自己虽与王某生育儿女，但未与其共同生活。

被告人李某对自诉人控诉的事实有异议，辩称不清楚叶洪磊是否是叶某的儿子，没有与叶某共同生活。

自诉人吴某以被告人叶某、王某、李某犯重婚罪，于2017年1月20日向本院提交刑事自诉状提起控诉，本院经审查后于2017年1月20日立案受理。2017年4月13日，自诉人吴某向本院书面申请撤回对被告人王某的控诉。

经审理查明：自诉人吴某与被告人叶某于2004年1月8日登记结婚。双方婚姻关系存续期间，叶某与李某于2006年2月3日生育一子。后被告人李某将其子带至叶某老家拜访及披麻戴孝为叶某之父送葬。2015年间，被告人李某到叶某出租的店面收取租金。被告人叶某还与王某于2012年1月14日生育一女，于2015年2月10日生育一子。

【裁判结果】

福建省厦门市同安区人民法院于2017年7月19日作出（2017）闽0212刑初64号刑事裁定：一、准予自诉人吴某撤回对被告人王某的起诉；二、驳回自诉人吴某对被告人叶某、李某的起诉。

宣判后，自诉人吴某提出上诉，福建省厦门市中级人民法院于2017年9月29日作出（2017）闽02刑终555号刑事裁定：驳回上诉，维持原判。

【裁判理由】

一审法院裁判认为：自诉人吴某要求对被告人王某撤回起诉，符合有关法律规定，应予准许。

依照《最高人民法院关于适用〈中华人民共和国婚姻法〉若干问题的解释（一）》第二条之规定："婚姻法第三条、第三十二条、第四十六条规定的'有配偶者与他人同居'的情形，是指有配偶者与婚外异性，不以夫妻名义，持续、稳定地共同居住。"

自诉人吴某控诉被告人叶某、李某的行为构成重婚罪，其所提供的证据不能确定被告人叶某与王某、李某"持续、稳定地共同居住"，不能确定被告人叶某与王某、李某对外以夫妻名义共同生活，不能确定被告人李某明知叶某有配偶而与之对外以夫妻名义共同生活。因此，自诉人吴某控诉被告人叶某、李某犯重婚罪，缺乏罪证。

二审法院裁判认为：原审认定上诉人吴某对原审被告人叶某、李某提起重婚罪的控诉缺乏罪证的事实清楚，予以确认。关于上诉人吴某及其诉讼代理人提出的原审认定事实错误及程序违法的上诉及代理意见。经查，首先，本案为自诉案件，自诉人应当自行收集被控诉人的相关罪证。对自诉人申请人民法院调取相关证据的申请，人民法院有权审查，认为有必要的应予以调取。故原审人民法院对上诉人向法院提交的调查证据申请经审查后认为没有必要，未予调取并未违反程序。其次，因上诉人提供的王某的联系方式客观上无法将诉讼材料送达王某，影响案件的进一步审理，上诉人先撤回对王某的起诉符合法律规定，也不会影响上诉人之后的诉权，原判准许撤回起诉并无不当。最后，上诉人吴某提交的证据只能证明叶某、李某有非婚生子的事实，而吴某本人承认在2011

年前其与叶某一直共同生活，经营公司，叶某一般都是回家的，又未能提交证实叶某、李某以夫妻名义共同生活的证据，原判认定上诉人指控叶某、李某犯重婚罪缺乏罪证并无不当。二审期间，诉讼代理人申请调取的证据内容并不能证实叶某、李某以夫妻名义共同生活这一待证事实，无调取之必要，决定不予调取。综上，原审认定吴某对原审被告人叶某、李某提起重婚罪的控诉缺乏罪证事实清楚，上诉人吴某及其诉讼代理人提出的上诉、代理意见缺乏事实和法律依据，不予采纳。原审裁定适用法律正确，审判程序合法。上诉人吴某及其诉讼代理人提出的上诉及代理意见缺乏事实和法律依据，不予采纳。

【案例注解】

在审判实践中遇到的重婚罪案件，主要存在三种情形：（1）被告人在婚姻关系存续期间，与他人又进行结婚登记、或办理其他足以证实其另行建立婚姻关系的手续。对于上述行为，一般有结婚证、相关计生、婚姻查询登记等书证材料证实。（2）被告人（有配偶者）自认与他人建立事实婚姻关系。（3）被告人与他人可能存在事实婚姻关系，但被告人否认。前两种情况中，由于书证的调查取证相对容易，或被告人自认犯罪事实，易于认定。对于第三种情况应当如何把握证据的证明力和印证程度，在实践中存在困难。

首先，《婚姻法》第二条第一款“实行婚姻自由一夫一妻、男女平等的婚姻制度”、第三条“禁止重婚。禁止有配偶者与他人同居”、第四条“夫妻应当互相忠实，互相尊重”等均明文对夫妻之间忠实义务进行规定，通过法律来保障一夫一妻的婚姻制度。重婚和有配偶者与他人同居的行为是我国现行《婚姻法》明文禁止的。《最高人民法院关于适用〈中华人民共和国婚姻法〉若干问题的解释（一）》第二条也对“有配偶者与他人同居”作出了相关解释：“婚姻法第三条、第三十二条、第四十六条规定的‘有配偶者与他人同居’的情形，是指有配偶者与婚外异性，不以夫妻名义，持续、稳定地共同居住。”

依照我国《刑法》第二百五十八条的规定，重婚罪是指有配偶而与其他人结婚或者明知他人有配偶而与之结婚的行为。主要表现为禁止两种行为：法律上重婚，即有配偶者又与他人登记结婚，相婚者（本人无配偶，但明知他人有配偶而与之结婚的人）明知他人有配偶而与之登记结婚，这种重婚行为当事人调查取证相对比较容易；事实上重婚，有配偶者又与他人建立事实婚姻关系，即以夫妻名义共同生活的关系。事实上重婚行为的认定，即关于如何认定“以夫妻名义共同生活”在实践中存在一定的疑惑，主要是因为它的认定标准存在不明确性，且调查取证难度大。

“以夫妻名义共同生活”，首先必须具备“共同生活”，笔者认为可以从以下几方面判断：（1）共同的居所；（2）共同的精神生活，主要指双方的互相理解和慰藉；（3）共同承担生活的费用。以夫妻名义共同生活的表现形式是多样的，如举行婚礼、公开自称或介绍为夫妻、以夫妻名义对外处理事务、生养小孩、申报户口、购置住房等。在司法实务中，有配偶者在外与他人生育子女一起生活，无其他证据证明被告人是以夫妻名义共同生活的，依法应不予认定为重婚行为。认定重婚，关键要看是否构成另一夫妻关系。如果双方对外没有以夫妻名义共同居住，通俗地说就是邻居、同事等均不认为双方系夫妻关系，也就是说公众对男女双方系夫妻关系的认知并不是普遍的，那么即使生了孩子，也不能认定为重婚；如果双方有持续稳定的同居关系，而且周边人均把男女双方看作夫妻，那么男方构成重婚罪，如果这种情况下女方是明知男方结婚，而自愿与其以夫妻名义保持这种持续稳定的同居关系，那么女方也构成重婚罪，反之，女方不构成犯罪，不承担刑事责任。

回归到本案中，本案的争议焦点在于：一是叶某是否构成重婚罪。这部分需要看叶某分别和王某、李某是否构成重婚。二是李某是否构成重婚罪。自诉人提交的证据以及法院自行调取的证据材料虽然可以证实叶某在婚内与王某生育两子，但无法证实叶某和王某对外以夫妻名义共同生活。首先，被告人叶某否认与王某同居；其次，王某居住的社区的房东的证言仅证称租房给王某，只见过一名男子两次，未见王某一家人出入小区，该证人系自诉人自己找到的，所作的笔录也是在社区工作人员和法院工作人员见证下进行的，可信度还是比较高的。另外王某所居住的社区居委出具的证明也仅能证实王某租住在该社区，对于叶某和王某共同居住的证明力是很薄弱的。

关于叶某对李某是否构成重婚罪、李某是否构成重婚罪。在案的户籍信息、证人证言也仅能证明李某和叶某生育一子的事实，还是不能认定叶某与李某共同生活。关于吴某之后补充提交的店面租赁合同、通话录音，只能证明李某收取叶某店面的租金，但是并不能证明李某对外有表示她和叶某是夫妻关系。自诉人指控叶某和李某犯重婚罪这部分的证据更薄弱，缺乏罪证。自诉人的证据其实集中在叶某分别与王某、李某生育子女，但是都没有证据证实叶某与王某或者李某共同生活。证实叶某与王某、李某共同生活的罪证不足。自诉人吴某控诉被告人叶某、王某、李某的行为构成重婚罪，其所提供的证据不能证实被告人叶某与王某、李某“持续、稳定地共同居住”，不能证实被告人叶某与王某、李某以夫妻名义共同生活，不能证实被告人李某明知叶某有配偶而与之以夫妻名义共同生活。据此，本案自诉人起诉叶某、李某犯重婚罪，缺乏罪证。

（一审法院合议庭成员　杨明洁　庄晓梅　蒋金强
二审法院合议庭成员　吕秋收　刘荣秀　王敏重
编写人　福建省厦门市同安区人民法院　杨明洁　彭婷婷
责任编辑　周维明
审稿人　李玉萍）

原载《人民法院案例选》2019 年第 12 辑（总第 142 辑）

十七、虐　待　罪

204. 蔡亚珊虐待案
——持续的加害行为造成儿童重伤时如何定性

【关键词】

虐待儿童　故意伤害行为　重伤　结果加重犯

【裁判要旨】

家庭成员加害儿童致其重伤，在不能认定造成重伤的具体伤害行为时，应结合被告人的主观心态和一贯表现，将重伤认定为持续虐待的结果，以虐待罪的结果加重犯定罪处罚。

【相关法条】

《中华人民共和国刑法》

第二百六十条　虐待家庭成员，情节恶劣的，处二年以下有期徒刑、拘役或看管制。

第二百六十条第二款　犯前款罪，致使被害人重伤、死亡的，处二年以上七年以下有期徒刑。

【案件索引】

一审：北京市朝阳区人民法院（2012）朝刑初字第2832号（2013年6月13日）

【基本案情】

北京市朝阳区人民检察院指控被告人蔡亚珊犯虐待罪，向法院提起公诉并依据被害人构成轻伤的后果，建议对被告人判处有期徒刑一年至二年。法院审理案件过程中，被害人陈某某（女，时年4岁）及其亲生父母陈嵬、张云燕提起刑事附带民事诉讼并申请进行伤残鉴定和重新进行伤情鉴定。经鉴定，被害人陈某某损伤程度为重伤（偏轻），伤残程度属九级。此后，公诉机关变更起诉，指控被告人蔡亚珊的行为造成被害人重伤的后果，构成虐待罪并建议判处有期徒刑三年至五年。

庭审中，被害人陈某某的诉讼代理人认为，被告人蔡亚珊的行为构成故意伤害罪，应对其从重处罚。被告人蔡亚珊当庭对案件事实基本予以认可，其辩护人辩称被告人蔡亚珊自愿认罪，系初犯、偶犯。本案系因家庭纠纷矛盾激化引发的犯罪，被告人有悔罪表现，并积极赔偿了被害人的经济损失，建议法院对被告人从轻处罚。鉴定人出庭就本案的关键证据即被害人伤情鉴定的鉴定意见接受询问。鉴定人证实被害人陈某某的胰腺损伤是外力击打所致，排除病变、运动损伤的可能，是病历资料揭示的2010年10月14日这一次损伤构成重伤（偏轻）的后果。鉴定人倾向认为重伤后果系一次损伤导致，但不能明确排除腹部、背部多次受到外力造成的可能。

法院经审理查明：被告人蔡亚珊和陈嵬于2008年5月结婚，2009年年初陈嵬和前妻张云燕所生的女儿陈某某与陈嵬、蔡亚珊一起生活。自2010年以来，被告人蔡亚珊因家庭矛盾，为发泄心中不满，先后多次掐陈某某的脸、嘴、身上，用擀面杖殴打、用脚踢踹其全身多个部位，用开水烫伤其身体和双脚，导致陈某某多次就诊并入院治疗。被告人蔡亚珊后于2011年12月14日被查获归案。

【裁判结果】

北京市朝阳区人民法院于2013年6月13日作出（2012）朝刑初字第2832号刑事附带民事判决，认定被告人蔡亚珊犯虐待罪，判处有期徒刑五年；被告人蔡亚珊赔偿附带民事诉讼原告人陈某某经济损失。宣判后，被告人未上诉，公诉机关未提起抗诉。附带民事诉讼原告人及法定代理人对刑事、民事部分的判决结果均无异议，判决已发生法律效力。

【裁判理由】

法院生效裁判认为：被告人蔡亚珊在与被害人陈某某共同生活期间，因家庭矛盾经常采用打骂等方式对被害人进行虐待，并致被害人重伤（偏轻）后果，已构成虐待罪。对于被害人之诉讼代理人提出被告人行为构成故意伤害罪的意见，经审查，被告人多次供述其实施虐待行为，目的在于通过对被害人长期施虐以此发泄对于婚姻家庭生活的不满，且根据鉴定意见和本案其它证据无法认定造成重伤后果的具体伤害行为，不能排除被害人的重伤结果系长期虐待行为积累所致的可能，故对被害人之诉讼代理人的该意见不予采纳。被告人蔡亚珊的虐待行为给附带民事诉讼原告人造成的经济损失应承担赔偿责任。鉴于被告人蔡亚珊当庭自愿认罪，并在亲属的帮助下已赔偿被害人部分经济损失，故对被告人蔡亚珊酌情予从轻处罚。根据被告人蔡亚珊犯罪的事实、性质、情节和社会危害程度，以及附带民事诉讼原告人经济损失的具体情况，法院作出如上判决。

【案例注解】

如何区分发生在家庭成员之间的虐待行为和故意伤害行为，在理论界和司法实践领域均存在较大争议，实践中主要依据被告人的主观心态、行为的客观方面加以判定。在主观方面，虽然二者都是故意犯罪，但故意的内容有所不同。虐待罪的行为人在主观上只是对被害人进行肉体和精神上的折磨和摧残，意图使被害人痛苦从而达到其发泄、报复等目的，并不想直接造成被害人伤害的后果；而故意伤害罪的行为人在主观上是有意识地造成被害人身体上的伤害，表现为行为人对于造成被害人伤害结果的追求或放任。在客观方面，虐待行为属于连续犯罪，具有持续性、连贯性，表现为一种长期的、连续的折磨，既可以采用积极作为的方式实施，也可以采用消极不作为的方式实施，或者二者结合进行；而故意伤害不存在连续性和长期性，往往是一次行为。在行为方式上，虽然故意伤害罪也可以由作为或不作为方式构成，但二者是相互排斥的，不能同时使用。虐待致人重伤与故意伤害致人重伤的加重情节相似，但引起重伤的原因却并不相同。虐待致人重伤是由长期的打骂、摧残行为导致的结果，被害人的重伤后果系因长期受虐待而积累所致；而故意伤害造成的危害后果，往往都是一次行为造成。如果在虐待过程中，行为人基于伤害被害人的故意施加暴力并造成了重伤的后果，那就不能构成虐待罪，而应定性为故意伤害罪。

本案在审理过程中，就虐待中的重伤后果定性存在三种意见。第一种意见认为案件应定性为故意伤害罪的结果加重犯；第二种意见认为案件构成虐待罪的结果加重犯；第三种意见认为应以虐待罪与故意伤害罪予以并罚。法院裁判采纳了第二种意见，即在无法查明造成重伤后果的具体伤害行为的情形下，应将虐待中的重伤后果评价为构成虐待罪的结果加重犯，以虐待罪一罪定罪处罚。理由如下：

1. 从被告人的主观故意分析，被告人在公安机关多次供述其因婚姻生活不顺心而产生虐待被害人的想法，在长达一年多的时间内，其多次以殴打、用开水烫等多种方式对被害人连续施暴，事后又让被害人父亲带被害人就医治疗。因此，在主观故意上，认定被告人是通过虐待被害人来发泄自己对婚姻生活的不顺心，相较于认定被告人是基于追求或者放任造成被害人重伤的后果进行施暴更为合理。

2. 从被告人的行为方式分析，被告人既采用了积极作为的方式（如殴打、用开水烫）进行施暴，又采用了消极不作为的方式（如被害人生病后不给予及时医治，待被害人病情加重后才带其去救治）加以虐待，被告人的施暴行为在方式、手段等方面保持前后一贯的连续性，伤害行为是整个虐待行为中的一个组成部分，是被告人不法行为的持续表现之一。将伤害行为单独加以评价，与除此之外的其它虐待行为予以并罚，这显然是否认虐待手段可以包括伤害行为，与立法本意相悖，构成了对虐待行为的重复评价。

3. 从被害人的致伤原因分析，本案中，虐待的过程具有连贯性且时间跨度大，从鉴定人的鉴定意见和本案的其它证据无法认定造成被害人重伤后果的具体伤害行为。在无法查清造成重伤后果的具体伤害行为的情况下，结合对被告人主观心态的分析，应认定重伤的结果系由长期的虐待行为累积所致，被告人构成虐待罪的结果加重犯。

综上所述，一审法院的判决是正确的。

（一审法院合议庭成员　张　妍　王　杰　方　猛
编写人　北京市朝阳区人民法院　陈　法
责任编辑　李玉萍
审稿人　蒋惠岭）

原载《人民法院案例选》2016 年第 4 辑（总第 98 辑）

205. 被告人王思琦虐待案*

【基本案情】

2010年6月，被告人王思琦与丈夫廖某1离异并获得女儿廖某2（被害人，2007年1月出生）的抚养权，后王思琦将廖某2带至上海生活。2014年6月至2015年4月，王思琦在家全职照顾女儿廖某2学习、生活。其间，王思琦以廖某2撒谎、学习不用功等为由，多次采用用手打、拧，用牙咬，用脚踩，用拖鞋、绳子、电线抽，让其冬天赤裸躺在厨房地板上，将其头塞进马桶，让其长时间练劈叉等方式进行殴打、体罚，致廖某2躯干和四肢软组织大面积挫伤。虽经学校老师、邻居多次劝说，王思琦仍置若罔闻。经鉴定，廖某2的伤情已经构成重伤二级。

【裁判结果】

上海市长宁区人民法院经审理认为：被告人王思琦以教育女儿廖某2为由，长期对尚未成年的廖某2实施家庭暴力，致廖某2重伤，其行为已构成虐待罪。鉴于王思琦案发后确有悔改表现，并表示愿意接受心理干预、不再以任何形式伤害孩子，对其适用缓刑不致再危害其孩子及社会，法院依法判决：被告人王思琦犯虐待罪，判处有期徒刑二年，缓刑二年；被告人王思琦于缓刑考验期起六个月内，未经法定代理人廖某1同意，禁止接触未成年被害人廖某2及其法定代理人廖某1。宣判后，王思琦未提出上诉，检察机关未抗诉，判决已发生法律效力。

【典型意义】

本案是一起母亲虐待亲生女儿致重伤被判刑的典型案例。被告人王思琦身为单亲母亲，独自抚养孩子，承受较大的家庭和社会压力，其爱子之心可鉴，望女成才之愿迫切，但采取暴力手段教育孩子，并造成重伤的严重后果，其行为已经远远超越正常家庭教育的界限，属于家庭暴力。这不仅不能使孩子健康成长，反而给孩子造成了严重的身心伤害，自己也受到了法律的制裁。

实践中，监护人侵害其所监护的未成年人的现象时有发生，但由于未成年人不敢或无法报警，难以被发现。有的即使被发现，因认为这是父母管教子女，属于家务事，一般也很少有人过问，以致此类案件有时难以得到妥善处理。长此以往，导致一些家庭暴力持续发生并不断升级。2016年3月1日施行的《反家庭暴力法》，正式确立了学校、医院、村（居）民委员会、社会服务机构等单位发现儿童遭受家庭暴力后有强制报告的义务。本案即是被害人的老师发现被害人身上多处伤痕后，学校报警，公安机关及时立

---

* 2017年6月1日最高人民法院发布的6起依法惩治侵害未成年人犯罪典型案例之一。

案，得以使本案进入司法程序。未成年人的健康成长，不仅需要家长关爱，也需要全社会的共同关爱和法律的强有力保障。本案中，公安、民政、教育等部门及时向被害人伸出了援助之手，使得被害人的合法权益得到了及时有效的保护。

原载《人民法院案例选》2017 年第 12 辑（总第 118 辑）

十八、虐待被监护、看护人罪

206. 被告人王璐、孙艳华虐待被看护人案*

【基本案情】

被告人王璐、孙艳华原系吉林省四平市铁西区某幼儿园教师。2015 年 11 月至 12 月间，王璐、孙艳华因幼儿穿衣慢或不听话等原因，在幼儿园教室内、卫生间等地点，多次恐吓所看护的幼儿，并用针状物等尖锐工具将肖某某等 10 余名幼儿的头部、面部、四肢、臀部、背部等处刺、扎致伤。

【裁判结果】

吉林省四平市铁西区人民院经审理认为：被告人王璐、孙艳华身为幼儿教师，多次采用针刺、恐吓等手段虐待被看护幼儿，情节恶劣，其行为均已构成虐待被看护人罪。依照《刑法》有关规定，以虐待被看护人罪分别判处被告人王璐、孙艳华有期徒刑二年六个月。宣判后，王璐、孙艳华提出上诉。吉林省四平市中级人民法院经依法审理，裁定驳回上诉，维持原判，判决已发生法律效力。

【典型意义】

本案是一起虐待被看护幼儿构成犯罪的典型案例。近年来，保姆、幼儿园教师、养老院工作人员等具有监护或者看护职责的人员虐待被监护、看护人的现象时有发生，严重侵害了此类弱势群体的合法权益，引起社会普遍关注。为此，《刑法修正案（九）》增设了虐待被监护、看护人罪，作为《刑法》第二百六十条之一：“对未成年人、老年人、患病的人、残疾人等负有监护、看护职责的人虐待被监护、看护的人，情节恶劣的，处三年以下有期徒刑或者拘役。单位犯前款罪的，对单位判处罚金，并对其直接负责的主管人员和其他直接责任人员，依照前款的规定处罚。有第一款行为，同时构成其他犯罪的，依照处罚较重的规定定罪处罚。”该罪名的增设，改变了刑法之前的虐待罪主体只能由家庭成员构成的状况，将保姆及幼儿园、托儿所、中小学校、养老院、社会福利院等

* 2017 年 6 月 1 日最高人民法院发布的 6 起依法惩治侵害未成年人犯罪典型案例之一。

场所内具有监护、看护职责的人也纳入本罪主体。凡是上述主体对其所监护、看护的对象实施虐待行为，情节恶劣的，均可以本罪追究刑事责任。如果虐待行为造成被害人轻伤以上伤害后果或者死亡的，则应以故意伤害罪或者故意杀人罪等处罚较重的罪名定罪处罚。

对待弱势群体的态度，体现了一个国家的文明程度。我国刑法新增设的虐待被监护、看护人罪，彰显了我国法律对老年人、未成年人、患病的人、残疾人等弱势群体的合法权益加大保护力度的精神。本案的判决，警示那些具有监护、看护职责的单位和人员，应当依法履职，一切针对被监护、被看护人的不法侵害行为，都将受到法律的惩处；本案的发生，也警示幼儿园等具有监护、看护职责的单位应严格加强管理，切实保障被监护、看护人的合法权益免受不法侵害。

原载《人民法院案例选》2017 年第 12 辑（总第 118 辑）

207. 郑某、梁某等虐待被看护人案

——看护人员负责人罪责的认定、禁止令和从业禁止的适用、诉讼代理人人数众多情形的处理

【关键词】

刑事　看护人员负责人罪责　禁止令　从业禁止　诉讼代理人代表

【裁判要旨】

1.《刑法修正案（九）》增设虐待被看护人罪，该罪主体主要是指除“监护人”外对未成年人、老年人、患病的人、残疾人等负有看管、照顾义务的人。对看护人员负有监督管理职责的负责人员，明知看护人员实施虐待行为而不加以制止，放任危害结果的发生，且情节恶劣的，亦可成为该罪犯罪主体，其行为亦应以虐待被看护人罪定罪处罚，以警示具有看护职责的单位和人员依法履职。

2. 幼童是一个需要特殊保护和照料的群体，对于违背特定职业要求和义务的被告人，应从预防再犯、维护社会秩序以及促进犯罪分子教育矫正的需求出发，根据禁止令和从业禁止适用条件和范围准确适用。顶格适用从业禁止，充分彰显法律对虐童行为的零容忍态度和加大保护弱势群体合法权益力度的精神。

3. 对诉讼代理人人数众多的刑事案件，应兼顾诉权保障、诉讼秩序、诉讼效率等，借鉴涉众型非法集资案件集资参与人代表制度的内涵，由诉讼代理人选派代表参与相关诉讼活动。

【相关法条】

《中华人民共和国刑法》

第二百六十条之一第一款　对未成年人、老年人、患病的人、残疾人等负有监护、看护职责的人虐待被监护、看护的人，情节恶劣的，处三年以下有期徒刑或者拘役。

第三十七条之一第一款　因利用职业便利实施犯罪，或者实施违背职业要求的特定义务的犯罪被判处刑罚的，人民法院可以根据犯罪情况和预防再犯罪的需要，禁止其自刑罚执行完毕之日或者假释之日起从事相关职业，期限为三年至五年。

第七十二条第一款　对于被判处拘役、三年以下有期徒刑的犯罪分子，同时符合下列条件的，可以宣告缓刑，对其中不满十八周岁的人、怀孕的妇女和已满七十五周岁的人，应当宣告缓刑：

（一）犯罪情节较轻；

（二）有悔罪表现；

（三）没有再犯罪的危险；

（四）宣告缓刑对所居住社区没有重大不良影响。

第二款 宣告缓刑，可以根据犯罪情况，同时禁止犯罪分子在缓刑考验期限内从事特定活动，进入特定区域、场所，接触特定的人。

《中华人民共和国刑事诉讼法》

第一百八十七条第二款 在开庭以前，审判人员可以召集公诉人、当事人和辩护人、诉讼代理人，对回避、出庭证人名单、非法证据排除等与审判相关的问题，了解情况，听取意见。

【案件索引】

一审：上海市长宁区人民法院（2018）沪0105刑初239号（2018年11月27日）

【基本案情】

上海市长宁区人民检察院指控：2016年2月，为解决员工低龄子女看护问题，携程计算机技术（上海）有限公司（以下简称携程公司）与上海《现代家庭》杂志社读者服务部（以下简称读者服务部）签署携程亲子园服务合作协议。同年3月，读者服务部与上海锦霞教育信息咨询有限公司（以下简称锦霞公司）签署携程亲子园运营服务购买协议，由锦霞公司实际负责亲子园日常运营。后锦霞公司聘用被告人郑某负责携程亲子园的日常管理，聘用被告人梁某、吴某、廖某、唐某、周某、嵇某、沈某为携程亲子园工作人员，并由郑某安排其他被告人分别负责云朵班、彩虹班看护幼儿工作。

2017年8月间，被告人梁某、唐某购买芥末，后与被告人吴某、廖某、周某、沈某、嵇某等人在看护云朵班、彩虹班幼儿过程中，采取用芥末涂抹幼儿口部、手部或让幼儿闻嗅、持芥末恐吓等方式对数名幼儿进行虐待，期间有对幼儿拉扯、推搡、拍打或喷液体等行为。

2017年8月底开始，被告人郑某明知彩虹班、云朵班看护人员使用芥末等方式管教幼儿，不仅不予制止，反而要求其他被告人对幼儿“做规矩”时注意回避摄像头。

2017年11月上旬，被看护幼儿的家长查看监控视频后案发，被告人周某、唐某、沈某、郑某、吴某、梁某先后被公安人员抓获。被告人嵇某、廖某主动投案。

诉讼代理人代表提出各被告人具有虐待的故意，且多次实施虐待行为，均构成虐待被看护人罪。

被告人郑某、梁某、吴某、廖某、唐某、周某、沈某、嵇某对检察机关的指控无异议。

辩护人对各被告人构成虐待被看护人罪均无异议，分别从相关被告人在犯罪中的地位、作用，以及坦白、自首等从宽处罚的量刑情节等角度提出了从轻处罚的辩护意见。

法院经审理查明：携程公司与读者服务部于2016年2月签署携程亲子园服务合作协议，以解决公司员工幼儿托育等问题。同年3月，读者服务部与锦霞公司签署携程亲子园运营服务购买协议，由锦霞公司实际运营携程亲子园项目。后锦霞公司聘用被告人郑某负责携程亲子园的日常管理，聘用被告人梁某、吴某、廖某、唐某、周某、嵇某、沈某为携程亲子园工作人员，并由被告人郑某安排其他被告人分别负责云朵班、彩虹班看护幼儿工作。

2017年8月间，被告人梁某、唐某购买芥末，后与被告人吴某、廖某、周某、沈某、嵇某等人在看护云朵班、彩虹班幼儿过程中，采取用芥末涂抹幼儿口部、手部或让幼儿闻嗅、持芥末恐吓等方式对数名幼儿进行虐待，期间有对幼儿拉扯、推搡、拍打或喷液体等行为。2017年8月底至案发，被告人郑某在日常工作中明知云朵班、彩虹班存在对幼儿使用芥末进行管教的情况不仅未制止，反而在日常管理中要求其他被告人对幼儿“做规矩”时注意回避监控等。2017年11月上旬，幼儿家长查看视频后案发。被告人唐某、周高、沈某、郑某、吴某、梁某先后被公安人员抓获。被告人嵇某、廖某主动投案。

【裁判结果】

上海市长宁区人民法院于2018年11月27日作出（2018）沪0105刑初239号刑事判决：被告人郑某犯虐待被看护人罪，判处有期徒刑一年六个月；被告人梁某犯虐待被看护人罪，判处有期徒刑一年二个月；被告人吴某犯虐待被看护人罪，判处有期徒刑一年二个月，缓刑一年六个月；被告人廖某犯虐待被看护人罪，判处有期徒刑一年一个月，缓刑一年六个月；被告人唐某犯虐待被看护人罪，判处有期徒刑一年二个月；被告人周某犯虐待被看护人罪，判处有期徒刑一年二个月，缓刑一年六个月；被告人沈某犯虐待被看护人罪，判处有期徒刑一年一个月，缓刑一年六个月；被告人嵇某犯虐待被看护人罪，判处有期徒刑一年，缓刑一年；禁止被告人郑某、梁某、唐某自刑罚执行完毕之日或者假释之日起五年内从事看护工作；禁止被告人吴某、廖某、周某、沈某、嵇某在缓刑考验期内从事看护工作。

宣判后，上述八名被告人未提出上诉，检察机关亦未抗诉，判决已发生法律效力。

【裁判理由】

法院生效判决认为：幼儿是一个需要特殊保护和照料的群体，被告人梁某、吴某、廖某、唐某、周某、沈某、嵇某作为携程亲子园工作人员，理应遵循托育服务从业人员的职业道德，为幼儿的人身安全、健康成长尽到看护职责，但在日常工作中为达到管教的目的，违背职业道德和看护职责要求，多次对多名幼儿采取用芥末涂抹幼儿、让幼儿闻嗅芥末、持芥末恐吓等方式进行虐待，情节恶劣；被告人郑某作为携程亲子园负责管理的人员，明知存在虐待幼儿的行为，不履行监督、管理职责加以制止，放任幼儿被持续虐待后果的发生，各被告人的行为均构成虐待被看护人罪，依法应予惩处。公诉机关指控被告人郑某、梁某、吴某、廖某、唐某、周某、沈某、嵇某犯虐待被看护人罪罪名成立。本案各被告人均是为了管教幼儿而实施相应的行为，各被告人对本案后果的发生持希望或放任的态度，具有共同的犯罪故意。被告人梁某辩护人关于本案不属共同犯罪的辩护意见，不予采纳。被告人吴某在本案的共同犯罪中，直接参与实施犯罪行为，被告人吴某辩护人关于吴微系从犯的辩护意见，不予采纳。被告人唐某、周某、沈某不具有到案的主动性，其辩护人关于三名被告人系自首的辩护意见，不予采纳。被告人周某到案后的供述情况，不符合立功的条件，其辩护人关于周某有立功情节的辩护意见，不予采纳。被告人廖某、嵇某具有自首情节，被告人郑某、梁某、吴某、唐某、周某、沈某到案后先后如实供述自己的罪行，各辩护人据此建议对被告人从轻处罚的辩护意见，予以采纳。

本案各被告人违背职业要求的特定义务，在看护工作中实施虐待幼儿的行为，根据犯罪情节和预防再犯罪的需要，应禁止被告人郑某、梁某、唐某在刑罚执行完毕或假释之日起一定期限内从事看护工作；禁止被告人吴某、廖某、周某、沈某、嵇某在缓刑考验期限内从事看护工作。

【案例注解】

一、如何认定看护人员负责人的罪责

《刑法修正案（九）》增设了虐待被看护人罪，该罪的主体主要是指除“监护人”外对未成年人、老年人、患病的人、残疾人等负有看管、照顾义务的人。看护人员的负责人是指对上述人员具有聘用、岗位安排、日常管理和监督、考核等职责的人员，一般包括在医院、中小学校、幼儿园、托儿所、福利院、养老院等机构担负监督管理职责的人员。实践中，负责人往往无需直接履行看护行为，故对于未直接实施虐待被看护人行为的负责人如何认定罪责存有争议。结合本案，应从以下三个方面把握。

一是考量是否与被看护人有看护责任关系。本罪主体是特殊主体，即负有看管、呵护职责的自然人和单位。看护人员负责人的看护职责主要体现为通过招聘任用符合条件的看护人员，并在日常工作中监督管理、教育培训看护人员，确保看护人员正确履行看护行为，看护人员的职责亦可视为负责人看护职责的延伸。本案中郑某作为亲子园的负责人，全权管理亲子园日常事务，负责看护人员的招聘、岗位及工作安排，与亲子园全体幼儿具有看护责任关系。

二是考量是否明知看护人员实施情节恶劣的虐待行为。看护人员负责人主观上认识到有违法犯罪事实发生，亦即明知看护人员实施情节恶劣的虐待行为，而非应当知道看护人员实施了犯罪行为。负责人员在主观上应达到明知的程度，才能构成本罪。具体到本案中，郑某在审理阶段供述其知道虐待行为的发生并提醒看护人员注意回避监控，且有同案被告人的供述以及相关监控视频等证据证实，可以认定其具有明知的认识要素。

三是考量是否具有阻止和避免虐待行为发生的可能性。看护人员负责人负有管理监督看护人员正确履职的义务，也应具备阻止看护人员实施虐待行为的可能性，即“法律不强人所难”。同时，负责人的阻止行为应具有避免看护人员实施虐待行为的可能性，即客观上有结果回避的可能性。具体到本案中，郑某作为亲子园负责人，有着长期的幼儿管理教学经验，其在巡视班级教学时并未及时制止虐待行为的发生，甚至要求其他被告人对幼儿“做规矩”时注意回避监控，使得幼儿被持续虐待后果的发生。

综上，本案中看护人员负责人郑某对亲子园幼儿有看护的责任，明知存在虐待幼儿的行为，不履行监督、管理职责予以制止，反而放任危害后果的持续发生，情节恶劣，以虐待被看护人罪定罪处罚，充分彰显了法律对虐童行为的零容忍态度。同时，对亲子园负责人的定罪处罚，也为可能发生的虐待被看护人行为设置了一条红线，警示看护人员负责人切实履行监管职责和看护职责，为被看护人提供良好的看管和呵护环境。

二、如何准确适用从业禁止和禁止令

《刑法修正案（八）》增设了“禁止令”的规定，《刑法修正案（九）》增设了“从业禁止”的规定。“禁止令”和“从业禁止”都是基于预防再犯、维护社会公共安全的需要，对被判处刑罚的罪犯权利的一种限制，且禁止令中禁止罪犯从事特定活动等规定，也包含了一定时间内禁止其从事相关职业的内涵。司法实践中，应从以下几个方面准确把握两者的区别，以正确适用：

一是区分适用对象。“禁止令”适用于被判处管制和宣告缓刑的罪犯，法院根据犯罪分子的犯罪原因、犯罪性质、犯罪手段以及犯罪后的悔罪表现、个人一贯表现等情况，考虑其于所犯罪行的关联程度，有针对性地禁止其在管制和缓刑考验期限内从事特定活动等。“从业禁止”适用于因利用职业便利实施犯罪，或者实施违背职业要求的特定义务的犯罪被判处刑罚的犯罪分子。

二是区分适用期限。“禁止令”的期限既可以与管制执行、缓刑考验期限相同，也可以短于管制执行、缓刑考验期限，但判处管制的禁止令期限不得少于3个月，宣告缓刑的禁止令期限不得少于2个月。判处管制的犯罪分子在判决执行以前先行羁押以致管制执行期限少于3个月的，禁止令期限不受最短期限的限制。“从业禁止”的期限为3年到5年。

三是区分适用起点。“禁止令”的执行期限从管制、缓刑执行之日起计算。“从业禁止”的执行期限自犯罪分子刑罚执行完毕之日或者假释之日起计算。

四是区分执行机关和法律后果。“禁止令”由司法行政机关指导的社区矫正机构负责执行。违反禁止令尚不属于情节严重的，由社区矫正机构所在地公安机关予以治安处罚；情节严重的应当撤销缓刑，执行原判刑罚。“从业禁止”的执行机关无明文规定，但被禁止从事相关职业的人违反规定的，由公安机关依法处罚，情节严重的按照拒不执行判决、裁定罪处罚。

本案中，被告人在日常看护工作中，对多名幼儿实施了用芥末涂抹幼儿，让幼儿闻嗅芥末、持芥末恐吓等方式的虐待行为，负责人明知上述行为而放任虐待行为的发生，其犯罪行为均违背了看护职业的基本职责和道德。鉴于各被告人在犯罪中的地位、作用、情节、悔罪表现等情况，分别对其适用实刑和缓刑。为预防上述被告人再犯以及保护幼儿安全，对宣告缓刑的犯罪分子依法适用“禁止令”，禁止各被告人在缓刑考验期限内从事看护工作。对判处实刑的依法适用“从业禁止”，且顶格适用，彰显了依法准确严惩犯罪、预防犯罪的法律精神。

三、如何处理诉讼代理人人数众多的情形

《刑事诉讼法》第四十六条规定，被害人及其法定代理人或者近亲属自案件移送审查起诉之日起，有权委托诉讼代理人。《最高人民法院关于适用〈中华人民共和国刑事诉讼法〉的解释》第四百七十三条进一步要求未成年被害人如无诉讼代理人，法院应当帮助其申请法律援助。在本案中，共有35名未成年人，且均未自行委托诉讼代理人，经法院通知，法律援助机构共指派了35名诉讼代理人提供法律帮助。在诉讼代理人人数众多的情形下，如何平衡好诉讼代理人权利充分有效行使和审判活动高效有序推进的关系，尤其是保障庭审活动规范有序进行。本案审理中借鉴了涉众型经济案件代表人制度，提出了诉讼代理人代表出庭制度，解决了司法实践中代理人众多而无法保障庭审活动高效有序推进的问题。诉讼代理人代表出庭制度的有如下三点理论、法律和实践依据。

一是符合诉讼理论。在公诉案件中，当今世界各国普遍实行国家追诉主义，即由检察机关承担提起和支持公诉的职责。具体而言，公诉机关主要负有收集和证明被告人有罪或者无罪、犯罪情节轻重的各种证据的义务，履行诉讼活动中的控告职责，出庭支持公诉是其具体履行上述职责的重要方式。诉讼代理人作为被害人权利的代行者，主要在授权范围内帮助被害人实现其诉讼主张，如配合公诉机关揭发和证实犯罪、保护被害人合法权益不被侵犯等。由于被害人无独立提起公诉的权利，其代理人也不具有独立追诉被告人刑事责任的权利，其追诉主张和意志需依附于公诉机关实现。因此，即使被害人、诉讼代理人不到庭，亦不视为追诉犯罪诉求的撤回。法庭可根据查明犯罪事实、情节等需要，决定是否在被害人、诉讼代理人不到庭情况下开庭。同时，借鉴最高人民法院、最高人民检察院关于涉众型非法集资案件集资参与人可推选代表人或由法院指定代表人参加或旁听庭审的规定，在不违背被害人意志的前提下，由诉讼代理人选派代表出庭为全体被害人提出主张和诉求，符合刑事诉讼原理。

二是符合法律规定。在公诉案件中，诉讼代理人并非庭审活动中必须到庭的一方，根据《最高人民法院关于适用〈中华人民共和国刑事诉讼法〉的解释》第一百八十八条规定，被害人、诉讼代理人经传唤或者通知未到庭，不影响开庭审理的，人民法院可以开庭审理。亦即即使法院通知诉讼代理人出庭，其放弃或拒绝出庭的，如不影响法庭调查、辩论等庭审活动进行的，法庭可以正常开庭。本案中，法院在庭前依法通知了 35 名诉讼代理人开庭的时间和地点，并经诉讼代理人确认由其选派代表出庭，既确保了诉讼代理人诉讼权利的行使，也符合法律对于代理人权利的规定。

三是符合实践需求。第一，符合庭审集中高效有序的需求。司法实践中，法庭客观上难以满足众多被害人及诉讼代理人出庭的需求，有限的法庭空间往往无法容纳全体诉讼代理人，且庭审程序也容易因全体诉讼代理人出庭而冗长拖沓。尤其在刑事案件中，同一案件被害人大多基于同样的犯罪事实，追诉主张和意见也大体相同，因此，安排代表出庭发表意见更有利于庭审集中高效推进。第二，符合被害人权利保障的需求。为了保障被害人和诉讼代理人的诉讼权利，我国法律赋予了其诉讼参与人的地位，并明确了参与诉讼的具体方式，如申请排除非法证据，申请回避，申请证人、鉴定人、有专门知识的人到庭，申请调取新的物证、重新鉴定或勘验，提出申诉或者控告，请求检察机关抗诉，以及经许可阅卷、向被告人发问、进行法庭辩论等权利。其中，被害人和诉讼代理人诸多诉讼权利可以在庭前或庭后行使，安排代表出庭也能帮助其提出主张和行使权利。第三，符合本案诉讼代理人的实际情况。本案诉讼代理人均由法律援助机构指派，法律援助机构能够较好地掌握代理人履职能力等情况，并根据实际组织推选相关代表出庭。

需要指出的是，尽管是选派诉讼代理人代表出庭，但要充分保障被害人和诉讼代理人的诉讼权利，倾听其诉求。在本案处理中，法院在庭前逐一走访被害人，告知其权利义务并听取诉求。同时，安排诉讼代理人阅卷并听取意见，为被害人和诉讼代理人依法行使权利、合理表达诉求创造了良好条件。

（一审法院合议庭成员　朱铁军　周伟敏　顾薛磊
编写人　上海市长宁区人民法院　朱铁军　周伟敏　徐明敏
责任编辑　周维明
审稿人　李玉萍）

原载《人民法院案例选》2019 年第 12 辑（总第 142 辑）

十九、拐骗儿童罪

208. 被告人卢晓旭拐骗儿童案*

【基本案情】

2015年9月20日16时许，被告人卢晓旭（女）以收取卫生费为名，在天津市河西区上门行骗时，见被害人夏某（女，13岁）独自在家，意欲让夏某跟随其一起行骗，遂谎称与夏某父亲相识，骗取夏某信任后将夏某从家中带离，致使夏某脱离监护人监管。后因发现夏某不具备与其共同行骗的可能性，卢晓旭于同年9月23日晚带夏某搭乘出租车，后借故离开，将夏某独自留在车内。出租车司机了解情况后，将夏某送回家中。同月24日，公安人员将卢晓旭抓获。

【裁判结果】

天津市河西区人民法院经审理认为：被告人卢晓旭以欺骗的方法拐骗儿童脱离家庭和监护人监管，其行为已构成拐骗儿童罪。卢晓旭到案后如实供述自己的罪行，依法可从轻处罚。依照《刑法》有关规定，以拐骗儿童罪判处被告人卢晓旭有期徒刑二年六个月。宣判后，卢晓旭未提出上诉，检察机关未抗诉，判决已发生法律效力。

【典型意义】

家庭监护是保护儿童安全的最重要方式。家长对儿童的监护权以及儿童受家长的保护权均受法律保护，他人未经监护人同意或授权，不得以任何形式私自将儿童带走，使之脱离家庭和监护人。根据我国《刑法》第二百六十二条规定，拐骗不满14周岁的未成年人脱离家庭或者监护人的行为，构成拐骗儿童罪。本案被告人卢晓旭拐骗儿童的目的虽然不是为了出卖，在拐骗过程中也没有实施其他加害行为，但其编造谎言，将未满14周岁的儿童从家中骗出，使之长时间脱离家长的监护，侵犯了家长对儿童的监护权及儿童受家长保护权，也严重威胁到儿童的人身安全，已构成犯罪。法院对本案被告人的依法惩处，彰显了对家庭关系和儿童合法权益的保护力度，同时，也昭告大众，在未经家

* 2017年6月1日最高人民法院发布的6起依法惩治侵害未成年人犯罪典型案例之一。

长同意和授权的情况下，不论以何种形式私自将儿童带走，使之脱离家庭和监护人的行为都是违法行为，都将受到法律的惩处。拐骗儿童的犯罪行为，使受骗儿童的心灵遭受严重创伤，给儿童的父母和其他亲人造成极大的痛苦，也给群众的正常生活秩序带来威胁。因此，不论其动机、目的如何，都不应轻视其社会危害性，必须给予应有的惩处。

原载《人民法院案例选》2017 年第 12 辑（总第 118 辑）

二十、组织未成年人进行违反治安管理活动罪

209. 赵向、谭帅强等组织未成年人进行违反治安管理活动案

——组织未成年人在娱乐场所进行有偿陪侍行为的认定

【关键词】

刑事　组织未成年人进行违反治安管理活动　治安管理处罚　有偿陪侍

【裁判要旨】

行为人以招募、雇佣、引诱、强迫、容留等手段，组织未成年人在娱乐场所进行有偿陪酒、陪唱活动，既侵害了未成年人的身心健康，也严重危害社会治安管理秩序和学校的正常教育秩序，应对其以组织未成年人进行违反治安管理活动罪定罪量刑。

【相关法条】

《中华人民共和国刑法》

第二百六十二条之二　组织未成年人进行盗窃、诈骗、抢夺、敲诈勒索等违反治安管理活动的，处三年以下有期徒刑或者拘役，并处罚金；情节严重的，处三年以上七年以下有期徒刑，并处罚金。

《中华人民共和国治安管理处罚法》

第二条　扰乱公共秩序，妨害公共安全，侵犯人身权利、财产权利，妨害社会管理，具有社会危害性，依照《中华人民共和国刑法》的规定构成犯罪的，依法追究刑事责任；尚不够刑事处罚的，由公安机关依照本法给予治安管理处罚。

【案件索引】

一审：河南省汝州市人民法院（2018）豫0482刑初784号（2018年11月5日）

【基本案情】

河南省汝州市人民检察院指控：2017年年底，被告人赵向、谭帅强、谭钢强等人经

预谋，以招聘营业员到X市卖化妆品为由，诱骗胡某甲（女，2004年1月6日出生）、胡某乙（女，2003年12月25日出生）、胡某丙（女，2001年12月27日出生）至湖北省H市，组织未成年少女在KTV从事陪酒、陪唱。2018年4月30日，被告人赵向到少女谢某某住宿的某宾馆，欲诱使其到H市从事有偿陪酒、陪唱，因谢某某的母亲报警案发。公诉机关认为，被告人赵向的行为已构成拐骗儿童罪、组织未成年人进行违反治安管理活动罪，被告人谭帅强、谭钢强的行为已构成组织未成年人进行违反治安管理活动罪，应依法惩处。

被告人赵向辩称：对起诉书指控的事实及罪名无异议。当时不知道胡某甲不满14周岁。其辩护人的意见：公诉机关指控赵向犯拐骗儿童罪不能成立，指控赵向犯组织未成年人进行违反治安管理活动罪没有事实根据和法律依据。

被告人谭帅强、谭钢强辩称：对起诉书指控的事实及罪名无异议。

法院经审理查明：2017年11月，被告人赵向、谭帅强、谭钢强等人经预谋，自2018年1月1日至2018年5月，先后组织未成年少女胡某甲、胡某乙、胡某丙在KTV进行有偿陪酒、陪唱。其中，2018年1月1日，赵向明知胡某甲不满14周岁，仍诱骗其到H市KTV陪酒、陪唱，致其脱离家庭、监护人。

另查明，2018年4月30日，被告人赵向到少女谢某某（女，2002年10月31日出生，时年15周岁）住宿的某宾馆，欲诱使其到H市从事有偿陪酒、陪唱，谢某某的母亲报警，赵向被抓获。

【裁判结果】

河南省汝州市人民法院于2018年11月5日作出（2018）豫0482刑初784号刑事判决：一、被告人赵向犯拐骗儿童罪，判处有期徒刑一年；犯组织未成年人进行违反治安管理活动罪，判处有期徒刑十个月，并处罚金人民币8000元。数罪并罚，决定执行有期徒刑一年六个月，并处罚金人民币8000元。二、被告人谭帅强犯组织未成年人进行违反治安管理活动罪，判处有期徒刑六个月，并处罚金人民币5000元。三、被告人谭钢强犯组织未成年人进行违反治安管理活动罪，判处有期徒刑六个月，并处罚金人民币5000元。

宣判后，三被告人均没有上诉，检察机关亦没有提出抗诉，判决已发生法律效力。

【裁判理由】

法院生效裁判认为：（1）被告人赵向拐骗不满14周岁的未成年人，使其脱离家庭、监护人，其行为已构成拐骗儿童罪。被告人赵向、谭帅强、谭钢强组织未成年人在娱乐场所从事以营利为目的的陪侍，其行为已构成组织未成年人进行违反治安管理活动罪，且系两人以上共同犯罪。公诉机关指控的罪名成立，法院予以支持。（2）被告人赵向兼犯数罪，应数罪并罚。关于被告人赵向提出的“当时不知道胡某甲不满14周岁”的意见及其辩护人所提的“指控赵向犯拐骗儿童罪不能成立”的意见，经查，赵向在公安机关供述其当时问过胡某甲的年龄，知道其快14周岁了，且有被害人胡某甲、胡某丙的陈述相印证，被告人赵向明知胡某甲不满14周岁，仍诱骗其到KTV内陪酒、陪唱，使其脱离家庭和监护人，其行为已构成拐骗儿童罪。上述意见法院不予采纳。（3）关于三辩护人提出的指控三被告人犯组织未成年人进行违反治安管理活动罪没有事实根据及法律依据，罪名不能成立的意见，经查，三被告人组织未成年少女在娱乐场所从事以营利为目的的陪酒、陪唱，侵犯了未成年人的身心健康及社会治安管理秩序，其行为已构成组织未成年人进行违反治安管理活动罪。上述辩护意见法院不予采纳。（4）三被告人在庭审中认罪态度较好，可酌情从轻处罚。结合被告人的犯罪情节、认罪态度、缴纳罚金情况、在共同犯罪中的作用等，在量刑时一并予以考虑。

【案例注解】

近年来，一些不法分子组织、诱骗、胁迫未成年人进行违反治安管理活动的现象比较突出。这些幕后组织者为获取不法利益，利用未成年人生理、心理上的不成熟或精神上的空虚、物质上的匮乏等弱点，以招募、雇佣、引诱、强迫、容留等手段，组织、策划、指挥和控制多名未成年人从事违法活动。这种行为既扰乱了正常的社会治安管理秩序和学校教学管理秩序，又损害了未成年人的受教育权及健康权，且会诱使未成年人逐步走上犯罪道路，对国家、社会和家庭都会造成恶劣的影响。因未成年人从事的违反治安管理的活动大多未构成犯罪，故对幕后组织者追究刑事责任也遇到一定困难。在本案中，法院把组织多名未成年人在娱乐场所进行有偿陪侍行为认定为组织未成年人进行违反治安管理活动罪的客观表现形式之一，是适当的。这对打击该类犯罪、保护未成年人合法权益提供了范本，具有较强的参考价值。

一、罪与非罪

（一）对本罪中“组织”的理解

在现代汉语中，作为动词的“组织”一词，有通过安排、整顿使分散的人或事物成为一个整体或系统之意。我国现行《刑法》中有多个组织型犯罪，如“组织、领导、参加恐怖活动组织罪”“组织残疾人、儿童乞讨罪”“组织、领导传销活动罪”“组织未成年人进行违反治安管理活动罪”等。按照相关司法解释，“组织”是指采用招募、雇佣、强迫、拉拢、引诱、容留、介绍等手段，进行领导、策划、指挥、控制。[①] 如组织他人偷越国边境罪，是将“组织”解释为领导、策划、指挥的行为；如组织、利用邪教组织破坏法律实施罪，是将“组织”解释为发起、组建的行为；如组织卖淫罪，是将“组织”解释招募、雇佣、强迫、引诱、容留的行为。关于组织者和被组织者的人数多少才能构成“组织”，有不同的看法。一般来说，对组织者的人数没有限定，但是被组织者的人数是否有最低要求，有不同的看法；有的认为对被组织者的人数也不应限定，有的认为应该限定，否则就背离“组织”的基本含义。参照最高人民法院、最高人民检察院于1992年12月11日发布的《关于执行〈全国人民代表大会常务委员会关于严禁卖淫嫖娼的决定〉的若干问题的解答》中的规定，“组织他人卖淫罪，是指以招募、雇佣、强迫、引诱、容留等手段，控制多人从事卖淫的行为”，“‘多人’‘多次’的‘多’，是指‘三’以上的数（含本数）”。笔者认为，“组织”一词应当是指针对三人以上的对象。对本罪中的“组织”的理解，应该从犯罪行为是否对被害人有一定的控制性特征以及犯罪对象是否为众来分析。从本案看，三名被告人通过诱骗等手段将多名未成年女性骗至外

① 参见《最高人民法院、最高人民检察院关于办理妨害国（边）境管理刑事案件应用法律若干问题的解释》第一条。

地后，实施共同生活、统一接送“上下班”等监视行为及殴打、威胁等行为，具有明显的控制性特征；三被告人控制多名未成年女性提供营利性陪侍服务，犯罪对象为众，故应当认定为“组织”行为。

（二）对本罪中“未成年人”的理解

本罪的犯罪对象是“未成年人”，被组织的对象是否为“未成年人”影响到本罪是否构成。根据《未成年人保护法》第二条规定，未成年人是指未满18周岁的公民。如果行为人组织不满18周岁的未成年人进行违反治安管理活动的，就应构成本罪。

（三）对本罪中“违反治安管理活动”范围的理解

根据《治安管理处罚法》相关规定，违反治安管理活动具体包括“扰乱公共秩序的行为”“妨害公共安全的行为”“侵犯人身权利、财产权利的行为”以及“妨害社会管理的行为”共四类100多种行为。组织未成年人进行违反治安管理活动罪是规定在《刑法》分则侵犯公民人身权利、民主权利罪一章中的犯罪，“组织未成年人进行盗窃、诈骗、抢夺、敲诈勒索等违反治安管理活动”是该罪的客观表现形式。从该条文表述来看，该罪与《治安管理处罚法》第四十九条的内容比较接近，但是违反治安管理活动不能仅局限于盗窃、诈骗、抢夺、敲诈勒索这四种行为。同时，“组织未成年人进行盗窃、诈骗、抢夺、敲诈勒索等违反治安管理活动”中的“等”字，在汉语中主要有两种理解，一是指列举未尽，二是指列举煞尾。纵观《刑法》总则，“等”字都是列举未尽的意思。在《刑法》分则中，“等”字总共出现在30多个条文中，也都是列举未尽之含义。[①] 因此，除《治安管理处罚法》第三章规定的四类行政违法行为（扰乱公共秩序，妨害公共安全，侵犯人身权利、财产权利，妨害社会管理）之外，《治安管理处罚法》中未规定的，但与该法规定的违法行为性质类同的违反治安管理的活动也应属于“违反治安管理活动”的行为。就本案而言，《娱乐场所管理条例》第十四条将在娱乐场所从事营利性陪侍行为和赌博、卖淫嫖娼、吸贩毒品等行为并列，一并予以禁止，且均规定了相应的罚则。由此可见，在娱乐场所从事营利性陪侍是违反治安管理活动的行为，将此类行为纳入《刑法》第二百六十二条之二所规定的违反治安管理活动行为的范围是正确的。

（四）对本罪中“情节严重”的理解

对于何为“情节严重”，目前尚无明确标准。笔者认为，应当考虑犯罪分子是否为累犯或惯犯、是否为共同犯罪、是否组织多数未成年人、持续时间长短等情节，是否对未成年人实施限制人身自由、通讯自由、暴力威胁、殴打以及控制报酬等手段，是否造成严重后果或恶劣社会影响等。本案中，三名被告人利用被害人系未成年人、身心发育不全、反应反抗能力差等特点，先后控制多名未成年女性，在娱乐场所长时间从事营利性陪侍，非法获利，严重损害了未成年人身心健康，显然属于犯罪“情节严重”。同时，在适用该罪名对犯罪分子进行定罪量刑时，法律赋予了司法机关更大的自由裁量权，司法机关应敢于适用，并认真总结司法实践中的问题，为最高司法机关出台相关司法解释提供理论和实践参考。

二、此罪与彼罪

对组织过程中教唆、传授犯罪方法行为之认定。行为人组织未成年人实施违反治安

① 何萍：《组织未成年人进行违反治安管理活动罪探析》，载《华东政法大学学报》2010年第2期。

管理的活动目的就是为了能从组织行为中获得不法利益，所以，在组织未成年人的过程中组织者为了使自己的利益更大化，往往会使用一些手段来使未成年人的作用发挥到极致。虽然未成年人从生理及心理上远不如成年人，但通过组织者传授的一些“窍门”，也可以实现成年人才有可能完成的活动。如果行为人在组织未成年人进行违反治安管理活动的同时还教唆、帮助未成年人实施了某些犯罪活动，或者为了使未成年人能够顺利地实施犯罪活动教授其一些犯罪方法，这就超出了本罪组织行为的范围，应该从教唆行为或传授犯罪方法本身的性质来认定。

三、罪数形态

（一）处断的一罪之认定

为了组织未成年人进行违反治安管理活动的顺利进行，组织者往往会采取一些措施来迫使未成年人听从组织者的指挥、服从组织者的安排，往往会在组织过程中对被组织者殴打和非法拘禁。如果行为人的殴打或非法拘禁行为目的在于保证组织行为的进行，此时的殴打、非法拘禁行为就只能看作组织行为的手段，属于牵连犯。《刑法》总则对于牵连犯的处罚原则并没有定论，并且《刑法》分则中对涉及牵连犯的罪名处罚原则也各不相同。通说认为，对于牵连犯应该从一重罪处断。

（二）法条竞合之认定

《刑法》中规定了不同的专门组织犯罪行为，主要有组织卖淫罪、组织他人偷越国（边）境罪、组织淫秽表演罪等。卖淫、进行淫秽表演都属于违反治安管理活动的行为，而偷越国（边）境的行为如果不是情节严重，也是违反治安管理活动的行为，故行为人如果组织未成年人进行卖淫、淫秽表演、偷越国（边）境的行为，则组织者的行为还分别触犯了组织卖淫罪、组织他人偷越国（边）境罪、组织淫秽表演罪等犯罪。因组织未成年人进行违反治安管理活动罪是一般法条，而其他三个属于特殊法条，则构成一行为触犯数法条的法条竞合，应当按照法条竞合的处理原则定罪量刑。

（三）数罪并罚之认定

如果行为人实施了拐骗不满 14 周岁的未成年人的行为，实施拐骗行为的目的实际是为了获得组织未成年人进行违反治安管理活动的条件，应视为组织行为的一部分，只是一个犯罪的阶段，不能成立两个犯罪，对行为人择一重罪处罚，不能并罚。但如果在拐骗儿童的过程中又产生了组织儿童进行违反治安管理活动的组织行为，同时符合两个犯罪构成，根据罪责刑相适应原则，对行为人进行数罪并罚，合情合理。

（一审法院合议庭成员　邵存霞　杨国锋　陈世月
编写人　河南省高级人民法院　克仰志
责任编辑　包献荣
审稿人　李玉萍）

原载《人民法院案例选》2020 年第 7 辑（总第 149 辑）

第四章　侵犯财产罪

一、抢　劫　罪

210. 指导案例14号：董某某、宋某某抢劫案

——未成年被告人禁止令的适用

（最高人民法院审判委员会讨论通过　2013年1月31日发布）

【关键词】

刑事　抢劫罪　未成年人犯罪　禁止令

【裁判要点】

对判处管制或者宣告缓刑的未成年被告人，可以根据其犯罪的具体情况以及禁止事项与所犯罪行的关联程度，对其适用“禁止令”。对于未成年人因上网诱发犯罪的，可以禁止其在一定期限内进入网吧等特定场所。

【相关法条】

《中华人民共和国刑法》

第七十二条第二款　宣告缓刑，可以根据犯罪情况，同时禁止犯罪分子在缓刑考验期限内从事特定活动，进入特定区域、场所，接触特定的人。

【基本案情】

被告人董某某、宋某某（时年17周岁）迷恋网络游戏，平时经常结伴到网吧上网，时常彻夜不归。2010年7月27日11时许，因在网吧上网的网费用完，二被告人即伙同王某（作案时未达到刑事责任年龄）到河南省平顶山市红旗街社区健身器材处，持刀对被害人张某某和王某某实施抢劫，抢走张某某5元现金及手机一部。后将所抢的手机卖掉，所得赃款用于上网。

【裁判结果】

河南省平顶山市新华区人民法院于2011年5月10日作出（2011）新刑未初字第29号刑事判决，认定被告人董某某、宋某某犯抢劫罪，分别判处有期徒刑二年六个月，缓

刑三年，并处罚金人民币1000元。同时禁止董某某和宋某某在36个月内进入网吧、游戏机房等场所。宣判后，二被告人均未上诉，判决已发生法律效力。

【裁判理由】

法院生效裁判认为：被告人董某某、宋某某以非法占有为目的，以暴力威胁方法劫取他人财物，其行为均已构成抢劫罪。鉴于董某某、宋某某系持刀抢劫；犯罪时不满18周岁，且均为初犯，到案后认罪悔罪态度较好，宋某某还是在校学生，符合缓刑条件，决定分别判处二被告人有期徒刑二年六个月，缓刑三年。考虑到被告人主要是因上网吧需要网费而诱发了抢劫犯罪；二被告人长期迷恋网络游戏，网吧等场所与其犯罪有密切联系；如果将被告人与引发其犯罪的场所相隔离，有利于家长和社区在缓刑期间对其进行有效管教，预防再次犯罪；被告人犯罪时不满18周岁，平时自我控制能力较差，对其适用禁止令的期限确定为与缓刑考验期相同的三年，有利于其改过自新。因此，依法判决禁止二被告人在缓刑考验期内进入网吧等特定场所。

原载《人民法院案例选》2016年第2辑（总第96辑）

211. 焦某某等人抢劫、盗窃、寻衅滋事案
——为实施抢劫而偷开他人机动车的定性

【关键词】

偷开他人机动车　盗窃罪　数罪并罚

【裁判要旨】

对为实施抢劫而偷开他人机动车，使用完毕后遗弃的行为，即使该机动车事后被公安机关追回并发还被害人，也应当以抢劫罪与盗窃罪数罪并罚。

【相关法条】

《中华人民共和国刑法》

第二百六十三条　以暴力、胁迫或者其他方法抢劫公私财物的，处三年以上十年以下有期徒刑，并处罚金；有下列情形之一的，处十年以上有期徒刑、无期徒刑或者死刑，并处罚金或者没收财产：

（一）入户抢劫的；

（二）在公共交通工具上抢劫的；

（三）抢劫银行或者其他金融机构的；

（四）多次抢劫或者抢劫数额巨大的；

（五）抢劫致人重伤、死亡的；

（六）冒充军警人员抢劫的；

（七）持枪抢劫的；

（八）抢劫军用物资或者抢险、救灾、救济物资的。

第二百六十四条①　盗窃公私财物，数额较大的，或者多次盗窃、入户盗窃、携带凶器盗窃、扒窃的，处三年以下有期徒刑、拘役或者管制，并处或者单处罚金；数额巨大或者有其他严重情节的，处三年以上十年以下有期徒刑，并处罚金；数额特别巨大或者有其他特别严重情节的，处十年以上有期徒刑或者无期徒刑，并处罚金或者没收财产。

【案件索引】

一审：浙江省宁波市镇海区人民法院（2015）甬镇刑初字第225号（2015年5月15日）

---

① 本条经2011年2月25日《刑法修正案（八）》第三十九条修改。

【基本案情】

公诉机关：浙江省宁波市镇海区人民检察院。

被告人焦某某，曾用名“焦湘豫”，绰号“小龙”，男，1992 年 3 月 12 日出生于河南省泌阳县，汉族，中专文化，农民，家住河南省泌阳县。因涉嫌犯抢劫罪于 2014 年 12 月 14 日被浙江省宁波市公安局镇海分局抓获羁押，同月 15 日被刑事拘留，2015 年 1 月 20 日被依法逮捕。现羁押于浙江省宁波市镇海区看守所。

被告人仲广威，绰号“小威”，男，1988 年 6 月 7 日出生于河南省泌阳县，汉族，小学文化，农民，家住河南省泌阳县。因涉嫌犯抢劫罪于 2014 年 12 月 14 日被浙江省宁波市公安局镇海分局抓获羁押，同月 15 日被刑事拘留，2015 年 1 月 20 日被依法逮捕。现羁押于浙江省宁波市镇海区看守所。

被告人孙航，绰号“小虎”，男，1989 年 8 月 1 日出生于河南省泌阳县，汉族，半文盲，农民，家住河南省泌阳县。因涉嫌犯抢劫罪于 2014 年 12 月 14 日被浙江省宁波市公安局镇海分局抓获羁押，同月 15 日被刑事拘留，2015 年 1 月 20 日被依法逮捕。现羁押于浙江省宁波市镇海区看守所。

法院经审理查明以下犯罪事实：

（1）抢劫、盗窃。2014 年 12 月 13 日下午，被告人焦某某、仲广威、孙航等人经事先预谋，准备好口罩、手套、刀具等作案工具意欲实施抢劫。当晚 20 时许，三被告人驾驶面包车在马路上寻找抢劫目标，面包车驶至宁波市江北区洪塘街道宁沁路与江北大道交叉口时发生故障。三被告人遂采用工具撬锁、发动等方式，窃得被害人叶某停放在上述宁沁路口的浙 B0K8 × ×银色长安面包车 1 辆，价值人民币 8000 元。三被告人驾驶盗窃所得的车辆继续寻找目标，次日凌晨 4 时许，三被告人驾车驶至镇海区蛟川街道银凤晓月小区北门附近时，见单身一人行走的被害人徐某某，遂决定对其抢劫。被告人焦某某将面包车驶近徐某某后，三被告人下车将被害人强行拖上面包车，并采用胶带捆绑、封堵被害人的手脚、眼睛和嘴巴等手段控制被害人，劫得被害人包内现金人民币 500 余元、“步步高” X1ST 手机 1 部及银行卡等物，实物价值人民币 1190 元。后三被告人将被害人带至镇海区九龙湖镇汶溪村桃窑一空置房内，采用言语威胁、刀具划刺被害人四肢等手段逼迫被害人说出银行卡密码，后由被告人仲广威看管被害人，被告人焦某某、孙航至邮政储蓄银行镇海区长石营业所的 ATM 机上，从被害人的银行账户内劫得人民币 2000 元。后三被告人将被捆绑的被害人遗弃在上述空置房内驾车驶离现场，行驶至本区骆驼街道胜光村宁波绕城高速附近时因面包车发生故障，三被告人将该车遗弃在上述绕城高速南侧树林边后逃离。三被告人逃离后，被害人徐某某自行解开捆绑四肢的胶带后获救。经法医鉴定，被害人徐某某因锐器作用致四肢多处皮肤划伤、裂伤，损伤属于轻伤二级。

另查明：公安机关扣押涉案赃款人民币 1800 元并已发还被害人徐某某，涉案面包车已被追回并发还被害人叶某。

（2）寻衅滋事。2014 年 11 月 30 日凌晨 1 时许，被告人孙航伙同他人在河南省泌阳县迎宾路移民办楼下的“老字号”大排档吃夜宵，席间因琐事与邻桌正在吃饭的孟某某等人发生争执，继而引起打斗，被告人孙航伙同他人用随身携带的伸缩甩棍、酒瓶等击打对方，致被害人孟某某、马某受伤。经法医鉴定，被害人马某的伤势构成轻伤二级，被害人孟某某的伤势构成轻微伤。

浙江省宁波市镇海区人民检察院指控被告人焦某某、仲广威犯抢劫罪、盗窃罪，被告人孙航犯抢劫罪、盗窃罪、寻衅滋事罪，向宁波市镇海区人民法院提起公诉。

被告人焦某某、仲广威、孙航对起诉书指控的犯罪事实均无异议，并表示自愿认罪。

辩护人辩护称被告人焦某某、仲广威、孙航能如实供述自己的犯罪事实，并自愿认罪，请求法院对其从轻处罚。

【裁判结果】

浙江省宁波市镇海区人民法院于2015年5月25日作出（2015）甬镇刑初字第225号刑事判决：一、被告人焦某某犯抢劫罪，判处有期徒刑六年九个月，并处罚金人民币1000元；犯盗窃罪，判处有期徒刑七个月，并处罚金人民币2000元。决定执行有期徒刑七年，并处罚金人民币3000元；二、被告人仲广威犯抢劫罪，判处有期徒刑六年三个月，并处罚金人民币1000元；犯盗窃罪，判处有期徒刑六个月，并处罚金人民币2000元。决定执行有期徒刑六年六个月，并处罚金人民币3000元；三、被告人孙航犯抢劫罪，判处有期徒刑六年三个月，并处罚金人民币1000元；犯盗窃罪，判处有期徒刑七个月，并处罚金人民币2000元；犯寻衅滋事罪，判处有期徒刑一年九个月。决定执行有期徒刑八年，并处罚金人民币3000元（限判决生效后一个月内向本院缴纳）；四、犯罪工具美工刀二把、折叠刀二把、小砍刀一把、手套四副、口罩三副、胶带一卷、开锁工具一套、甩棍一根，予以没收；责令被告人焦兆金、仲广威、孙航继续退赔被害人徐某某经济损失人民币1890元。

一审宣判后，三被告人均表示不上诉。

【裁判理由】

法院生效裁判认为：被告人焦某某、仲广威、孙航以非法占有为目的，以暴力方法劫取公私财物并致人轻伤，其行为均已构成抢劫罪；被告人焦某某、仲广威、孙航采用秘密手段窃取公私财物，数额较大，其行为均已构成盗窃罪；被告人孙航伙同他人随意殴打他人，情节恶劣，其行为已构成寻衅滋事罪。公诉机关指控成立。对被告人焦某某、仲广威、孙航应当数罪并罚。被告人孙航被判处有期徒刑以上刑罚，在刑罚执行完毕后五年内又犯应当判处有期徒刑以上刑罚之罪，系累犯，依法应当从重处罚。被告人焦某某、仲广威、孙航归案后均能如实供述自己的犯罪事实，并自愿认罪，依法均可以从轻处罚。辩护人关于被告人焦某某、仲广威、孙航能如实供述自己的犯罪事实，并自愿认罪，请求法院对其从轻处罚的相关辩护意见成立，予以采纳。犯罪工具应予没收，被告人焦某某、仲广威、孙航应继续退赔被害人徐某某经济损失。

据此，根据被告人焦某某、仲广威、孙航的犯罪事实和具体情节，对被告人焦兆金、仲广威、孙航均依照《刑法》第二百六十三条、第二百六十四条、第二十五条第一款、第六十七条第三款、第六十九条、第六十四条的规定，对被告人孙航还依照《刑法》第二百九十三条第一款第（一）项、第六十五条第一款的规定，作出上述判决。

【案例注解】

《最高人民法院、最高人民检察院关于办理盗窃刑事案件适用法律若干问题的解释》（以下简称《解释》）分别经2013年3月8日最高人民法院审判委员会第1571次会议，2013年3月18日最高人民检察院第十二届检察委员会第1次会议审议通过，自2013年4月4日起施行。《解释》中关于为实施其他犯罪，偷开他人机动车如何定性与1998年3月17日起施行的《最高人民法院关于审理盗窃案件具体应用法律若干问题的解释》（以下简称《审理盗窃案件解释》）有着细微的差别，本案从一个典型案例入手来探讨为实施其他犯罪，偷开机动车辆后如何定性的问题。对于本案中的被告人焦某某等人是否要数罪并罚，形成了两种截然不同意见：第一种意见认为，被告人焦某某等人为实施抢劫犯罪，偷开机动车作为犯罪工具使用后将车辆遗弃导致丢失，应以盗窃罪和抢劫罪数罪并罚。第二种意见认为，被告人焦某某等人为实施抢劫犯罪，偷开机动车作为犯罪工具使用后将车辆遗弃，但是车辆最终被公安机关追回，并发还被害人，没有导致丢失，故应按照其实施的抢劫罪从重处罚。本文赞同第一种意见，现就本案所涉主要法律问题进行如下分析。

一、从汉语的语义来理解

本案是以盗窃罪和抢劫罪数罪并罚，还是以抢劫罪从重处罚，关键是看被告人焦某某等人因盗窃的面包车发生故障，将该面包车遗弃在绕城高速南侧树林边的行为是否构成《解释》中所规定的“将车辆遗弃导致丢失的”情形。持第二种意见的人认为《解释》中规定的“将车辆遗弃导致丢失的”中的“丢失”是指失去，永远也找不回来了，强调的更多的是丢失这种结果，本案中被告人焦某某等人虽然将盗窃来的面包车遗弃到了一个远离原处的地点，但是公安机关依靠被告人的供述，在被告人所供述的地点将被盗面包车找到，并发还给了被害人，这种结果对于被害人来说车辆不属于丢失，只是属于一种暂时的失控，且这种失控的时间也较短，故上述这种情形不属于《解释》中所规定的“将车辆遗弃导致丢失的”，因而不能对被告人焦某某等人实行数罪并罚。笔者认为，持该种意见的人在对“丢失”的理解上存在一定的偏差，在汉语中“丢失”解释为“失去，遗失，遗失的事实或情况”，其强调的是“失去”的这种持续的状态，而不是“失去”的这种结果，比如老舍先生在《四世同堂》中写道：“北平若不幸丢失了，我想我就不必再活下去。”这句话更多地强调的是北平若是不幸失去的这样一种状态。我们在日常生活中也经常会说“我的某某东西丢失了，但是后来又找到了”，我们所强调的也是我的某某东西暂时失去的这样一种状态。故从语义的理解来看，《解释》中所说的“将车辆遗弃导致丢失的”中的“丢失”是指失去、遗失的这种状态，而非永远失去的这种结果。再者从盗窃罪的既未遂角度来看，现阶段我们一般适用的观点是“即使行为人没有控制财物，但是只要被害人失去了对财物的控制，就成立盗窃既遂”。本案中被告人焦某某等人将被盗面包车使用完毕后，遗弃到远离原处的地方，对于被害人来说其的面包车就是一种丢失、失控的状态，也就是说已经丢失了。虽然公安机关最终将被盗车辆追回，并发还给了被害人，但是仍不能阻碍“丢失”这种状态的发生，故被告人焦某某等人的行为属于“将车辆遗弃导致丢失的”情形，应当以盗窃罪、抢劫罪数罪并罚。

二、从立法的本意来理解

关于偷开他人机动车的处理，2013 年 4 月 4 日起施行的《解释》第十条规定：“偷开他人机动车的，按照下列规定处理：（一）偷开机动车，导致车辆丢失的，以盗窃罪定罪处罚；（二）为盗窃其他财物，偷开机动车作为犯罪工具使用后非法占有车辆，或者将车辆遗弃导致丢失的，被盗车辆的价值计入盗窃数额；（三）为实施其他犯罪，偷开机动车作为犯罪工具使用后非法占有车辆，或者将车辆遗弃导致丢失的，以盗窃罪和其他犯罪数罪并罚；将车辆送回未造成丢失的，按照其所实施的其他犯罪从重处罚。”与 1998 年的《审理盗窃案件解释》相比较，《解释》删除了为练习开车、游乐等目的的规定，规定偷开机动车，导致车辆丢失的，以盗窃罪定罪处罚。从《解释》第十条第（一）项的规定来看，只要是偷开机动车，导致车辆丢失的，一律以盗窃罪定罪处罚。故此处的“丢失”应与盗窃罪中认定既遂的标准相一致，即被害人只要失去了对财物的控制，对行为人来说就构成了盗窃既遂。故《解释》第十条第（二）项、第（三）项中关于“丢失”的理解也应与该条中第（一）项中“丢失”的理解相同。

1998 年的《审理盗窃案件解释》第十二条第（三）项规定：“为盗窃其他财物，盗窃机动车辆当犯罪工具使用的，被盗机动车辆的价值计入盗窃数额；为实施其他犯罪盗窃机动车辆的，以盗窃罪和所实施的其他犯罪实行数罪并罚。为实施其他犯罪，偷开机动车辆当犯罪工具使用后，将偷开的机动车辆送回原处或者停放到原处附近，车辆未丢失的，按照其所实施的犯罪从重处罚。”但是这一规定仍然不尽清晰，导致实践中对于为盗窃其他财物，偷开机动车当犯罪工具使用后，将偷开的机动车辆送回原处或者停放到原处附近，车辆未丢失的，是否也应将车辆价值计入盗窃数额，存在认识分歧。而 2013 年的《解释》对上述情形分别列举了两项对有关情形予以明确：第（二）项规定，为盗窃其他财物，偷开机动车作为犯罪工具使用后非法占有车辆，或者将车辆遗弃导致丢失的，被盗车辆的价值计入盗窃数额；第（三）项规定，为实施其他犯罪，偷开机动车作为犯罪工具使用后非法占有车辆，或者将车辆遗弃导致丢失的，以盗窃罪和其他犯罪数罪并罚，将车辆送回未造成丢失的，按照其所实施的其他犯罪从重处罚。

由此可见，1998 年的《审理盗窃案件解释》对“非法占有”限制较严，比较强调行为人对汽车是否“占为己有”，而《解释》对“非法占有”限制较宽，侧重于强调行为人对汽车的有效支配，而不坚持是否“占为己有”。司法解释之所以有此变化，笔者理解是因为在盗窃行为已使财物所有人失去对财物控制的情况下，所有人的合法权益已经受到侵害，社会危害性已经发生，在这种情况下，如对“非法占有”限制太严，就不利于对犯罪既遂的认定和对犯罪的打击。

三、回归到本案

被告人焦某某等人将面包车遗弃在远离盗窃现场的区域，属于《解释》中所规定的“为实施其他犯罪，偷开机动车作为犯罪工具使用后将车辆遗弃导致丢失”的情形。本案中被告人焦某某等人驾驶面包车在马路上寻找抢劫目标，在寻找目标的过程中自身驾驶的面包车出现故障，为了继续实施后续的抢劫犯罪行为，采用工具撬锁等方式，盗窃被害人叶某停放在路边的面包车，并驾驶该面包车实施了抢劫被害人徐某某财物的行为。

在上述抢劫行为实施完毕之后，因车辆发生故障而将上述面包车遗弃在远离盗窃现场的其他区域，造成车辆的所有人对面包车失去控制。在当时的情形来看，被害人的车辆就处于一种丢失、失控的状态。一审判决认定本案被告人焦某某等人构成抢劫罪和盗窃罪，应当数罪并罚，是符合法律规定的。

（一审合议庭成员　张艳卿　洪志远　徐荣燕
编写人　浙江省宁波市镇海区人民法院　张艳卿
责任编辑　周维明
审稿人　沈　亮）

原载《人民法院案例选》2016 年第 10 辑（总第 104 辑）

212. 李贵松等抢劫案*

——为获取毒资共谋抢劫，并利用未成年人犯罪，依法严惩

【基本案情】

被告人李贵松，男，汉族，1990年9月17日出生，农民。

被告人王洪，男，汉族，1990年10月5日出生，农民。

被告人李贵松系吸毒人员，无正当收入来源。为谋钱财，李贵松伙同被告人王洪指使女性未成年人杨某某、丁某某等人，以招嫖名义将嫖娼人员诱骗至隐蔽处实施抢劫。2015年5月31日晚，杨某某、丁某某在云南省大理市一公园内招嫖，后丁某某将被害人张某某带至该市下关镇一小区单元楼入口处。丁某某打电话联系李贵松，李贵松、王洪等人赶到后，采用暴力手段劫取张某某现金1500余元。

【裁判结果】

本案由云南省大理市人民法院审理。

法院认为：被告人李贵松、王洪以非法占有为目的，采用暴力手段劫取他人财物，其行为均已构成抢劫罪。在共同犯罪中，李贵松、王洪共谋抢劫，纠集未成年人参与作案，并积极实施抢劫行为，均起主要作用，系主犯，对二人均应按照其所参与的全部犯罪处罚。据此，依法对被告人李贵松、王洪均判处有期徒刑四年，并处罚金人民币2000元。

宣判后，在法定期限内没有上诉、抗诉，上述裁判已于2016年4月19日发生法律效力。

【典型意义】

吸食毒品花费巨大，且戒断难度大、复吸比例较高。一旦沾染毒品，即如同踏上一条“不归路”，一些吸毒人员因此倾家荡产、家庭破裂，也有一些吸毒人员为获取购毒资金不惜以身试法、铤而走险。近年来，无收入来源的吸毒人员为获取毒资，实施抢劫、盗窃等侵财性犯罪的案件呈上升趋势。本案中，被告人李贵松系吸毒人员，其为筹集毒资及生活费用，与他人共谋以色诱的方式实施抢劫，并利用女性未成年人实施犯罪，最终受到法律的严惩。未成年人杨某某系农村外出务工人员，认识李贵松后受到李的诱惑、哄骗开始吸毒，又在李的指使下参与抢劫，走上违法犯罪道路。未成年人涉世未深，抵制诱惑、分辨是非的能力不强，容易受到身边不良因素的影响而沾染恶习。杨某某的经

---

* 2016年6月24日最高人民法院公布的毒品犯罪及吸毒诱发次生犯罪十大典型案例之一。

历充分说明毒品对未成年人的特殊危害，为广大未成年人及家长敲响了警钟。希望广大群众尤其是青少年能够深刻认识本案例的警示作用，自觉远离毒品、抵制毒品危害。

（责任编辑　杨　奕）

原载《人民法院案例选》2016年第11辑（总第105辑）

213. 刘波抢劫案

——抢劫嫖资行为的定性

【关键词】

抢劫　嫖资　非法占有目的

【裁判要旨】

行为人以自己已经支付的嫖资为目标实施抢劫的，以抢劫罪定罪处罚。

【相关法条】

《中华人民共和国刑法》

第二百六十三条　以暴力、胁迫或者其他方法抢劫公私财物的，处三年以上十年以下有期徒刑，并处罚金；有下列情形之一的，处十年以上有期徒刑、无期徒刑或者死刑，并处罚金或者没收财产：

（一）入户抢劫的；

（二）在公共交通工具上抢劫的；

（三）抢劫银行或者其他金融机构的；

（四）多次抢劫或者抢劫数额巨大的；

（五）抢劫致人重伤、死亡的；

（六）冒充军警人员抢劫的；

（七）持枪抢劫的；

（八）抢劫军用物资或者抢险、救灾、救济物资的。

【案件索引】

一审：山东省济南市市中区人民法院（2015）市刑初字第 102 号（2016 年 5 月 26 日）

二审：山东省济南市中级人民法院（2016）鲁 01 刑终 237 号（2016 年 9 月 8 日）

【基本案情】

公诉机关山东省济南市市中区人民检察院指控：被告人刘波于 2014 年 7 月 21 日 18 时许，经与网友杨某联系后，在济南市市中区万达广场怡家客房 010403 房间内，按照约定支付给杨某包养费 5000 元后，趁其不备，将放有粉末状氯硝安定成分药物的红酒让其喝下，双方发生性关系后，趁其药物发作昏睡之机，当场劫取其现金 5000 元（包养费）

及苹果5S手机1部。同日20时许，刘波经与网友李某联系后，在济南市历城区闵子骞路山东农业大厦爱之缘酒店018813房间内，按照约定支付给李某嫖资3000元后，趁其不备，将放有粉末状氯硝安定成分药物的红酒让其喝下，双方发生性关系后，趁其药物发作昏睡之机，当场劫取其现金3000元（嫖资）及苹果5S手机1部。次日，刘波因杨某、李某向其联系索要手机，遂通过快递分别将上述2部手机（价值共计7009元）返还。综上，被告人刘波抢劫作案2起，抢劫价值共计15009元。同年7月22日下午，公安人员在山东经济开发投资公司内将刘波抓获。

公诉机关认为：被告人刘波以非法占有为目的，使用药物麻醉的方法，当场劫取公民财物，其行为触犯了《刑法》第二百六十三条，应当以抢劫罪追究其刑事责任。

被告人刘波辩称：其从被害人处拿走的现金均是自己的，其没有拿被害人的钱；其拿走被害人的手机，是为了要挟被害人不要报警，并没有占有被害人手机的意图。其辩护人辩护称：被告人刘波虽拿走了被害人的手机，但其并无非法占有该手机的主观目的，且其确已将手机归还给了被害人，因此，被告人刘波拿走被害人手机的行为不应构成抢劫罪；被告人刘波向被害人支付的嫖资属于非法债务，根据《最高人民法院关于对为索取法律不予保护的债务非法拘禁他人行为如何定罪问题的解释》及《最高人民法院关于审理抢劫、抢夺刑事案件适用法律若干问题的意见》（以下简称《解释》）中关于抢劫特定财物行为的定性的规定，刘波取回其支付的嫖资的行为，亦不宜认定为抢劫罪。综上，公诉机关指控被告人刘波犯抢劫罪不能成立。

法院经审理查明：2014年7月，被告人刘波通过互联网（QQ号码：××××××，网名：风月）先后与杨某、李某联系，分别以“包养”“嫖娼”为名与杨某、李某约定于2014年7月21日晚在济南见面。同年7月21日18时许，刘波与杨某在济南市市中区万达广场怡家客房010403房间见面后，刘波按约支付给杨某“包养费”现金5000元，然后趁其不备，将放有氯硝安定成分药物的红酒让其喝下，二人发生了性关系，后趁杨某因药物发生作用昏睡之机，刘波将其支付的现金5000元及杨某的苹果5S手机1部拿走后逃离现场。当晚20时许，刘波与李某在济南市历城区闵子骞路山东农业大厦爱之缘酒店018813房间见面后，刘波按约支付给李某“嫖资”现金3000元，后刘波采取上述同样手段，与李某发生性关系，后趁李某因药物发生作用昏睡之机，将其支付的现金3000元及李某的苹果5S手机1部拿走后逃离现场。次日，杨某、李某先后与刘波联系索要手机，刘波通过快递将上述苹果5S手机2部（经鉴定价值共计7009元）分别予以返还。

同年7月22日凌晨，公安人员接杨某报警后，通过QQ号码经侦查后确定刘波具有重大作案嫌疑，遂于当日下午在山东经济开发投资公司内将刘波抓获。后经技术手段侦查，公安人员又掌握了刘波采取同样手段抢劫被害人李某的事实。经讯问，刘波对上述事实均供认不讳。

【裁判结果】

山东省济南市市中区人民法院于2016年5月26日作出（2015）市刑初字第102号刑事判决：一、被告人刘波犯抢劫罪，判处有期徒刑六年，并处罚金人民币1万元；二、继续追缴被告人刘波的违法所得人民币8000元，并予以没收，上交国库。宣判后，被告人刘波向山东省济南市中级人民法院提出上诉。山东省济南市中级人民法院于2016年9月8日以同样的事实作出（2016）鲁01刑终237号刑事裁定：驳回上诉，维持原判。

【裁判理由】

法院生效裁判认为：关于上诉人刘波及其辩护人提出的刘波在被害人熟睡的情况下仅拿回自己支付的嫖资，主观上是为了免费嫖娼，没有非法占有他人财物的故意，并且嫖资属非法行为产生的利益，不能因是否实际占有而转移，两被害人无法律上的所有权，不属于法律保护的法益，不能认为其侵占了他人的财物的问题。经查，法律规定，抢劫对象既包括他人合法财产，也包括违法持有、占有的财产，虽然嫖资在法律意义上不属于被害人合法占有，但法律并不因此就允许上诉人以严重侵害他人人身、财产权益，危害社会的方法任意的占有该财物，上诉人支付被害人的嫖资本质上仍然属于法律上的“他人财物”，符合抢劫犯罪的对象，因此，上诉人刘波及其辩护人提出的此条上诉理由和辩护意见不能成立，不予采纳。

上诉人刘波采取麻醉的手段，抢劫他人财物，原审法院认定其行为构成抢劫罪成立。关于上诉人刘波及其辩护人提出的原审判决未适用《解释》中关于仅以所输赌资或所赢赌债为抢劫对象的，不以抢劫罪定罪处罚的原则，属适用法律错误；刘波采用麻醉方法取回自己支付的嫖资系有因行为，不应认定构成抢劫罪或者其他侵财类犯罪的问题。经查，上述司法解释对“仅以所输赌资或所赢赌债为抢劫对象的，一般不以抢劫罪定罪处罚”的意见，是基于行为人对所输赌资或所赢赌债的性质认识不清晰和不明确，主观故意和客观危害性不同于直接抢劫他人财物。本案上诉人刘波事先预谋，并准备了作案用的药物，采取麻醉的方法取回嫖资，其非法占有的主观故意和社会危害性均较为恶劣，不属于对劫取“他人财物”的性质认识不清晰和不明确，其行为符合抢劫罪非法占有他人财物的犯罪特征。关于辩护人提出的刘波劫取二被害人的行为系处于连续状态中，应认定为一次抢劫的问题。经查，刘波基于同一个犯意，在不同的时间和地点，先后对杨某、李某实施抢劫行为，每个行为均独立构成犯罪，其行为依法构成二次抢劫。上诉人及其辩护人提出的辩解和辩护意见均不能成立，不予采纳。刘波在较短时间内连续抢劫作案，且抢劫手段社会危害性较大，辩护人提出对其从轻处罚的理由不足。原审法院认定犯罪事实清楚，证据确实、充分，定罪准确，量刑适当，审判程序合法，应予维持。

【案例注解】

该案例涉及两个主要问题：一是行为人仅以自己已经给付的嫖资为对象实施抢劫的，是否构成抢劫罪；二是行为人抢走被害人手机又于次日归还的行为，能否认定其具有非法占有他人财物的目的。

一、抢劫嫖资行为的定性

张明楷教授指出：“即使在民法上的非法占有，也不意味着该占有本身不受法律保护。在与所有人相对抗的意义上说，行为人占有确实是非法的，但法律并不允许他人任意侵害行为人非法占有的财物。也即，民法上人认定为非法占有，意味着应当根据民法将财物返还给所有权人；而刑法保护这种占有，意味着他人不得随意侵害该占有。”本案中，嫖资属于不法原因给付，是行政没收的对象，但在经由行政没收这一法定程序改变现状之前，任何人对于提供性服务的失足人员已经占有的嫖资实施盗窃、抢劫等，都是侵害法益的行为。本案中，行为人以麻醉的手段使被害人不能保护其占有的财产，被害人具有财产损失，被告人刘波的行为侵害了被害人的法益。

本案中被告人刘波辩解其从被害人处拿走的现金均是其自己的，其没有拿被害人的钱。从案前被告人与被害人的联络看，嫖资系被害人提供性服务的等价物，被告人对此交易是明知的，嫖资现金5000元、3000元分别自被告人刘波交付给两被害人时起，上述嫖资已经转移由两被害人实际占有，作为一个成年人不存在对行为对象属性错误认识的可能性。因此，其取走嫖资的行为具有非法占有他人财物的故意。

至于辩护人提出的《解释》第七条“关于抢劫特定财物行为的定性”中规定：“抢劫赌资、犯罪所得的赃款赃物的，以抢劫罪定罪，但行为人仅以其所输赌资或所赢赌债为抢劫对象，一般不以抢劫罪定罪处罚。构成其他犯罪的，依照刑法的相关规定处罚”，该规定中明确了抢劫赌资、犯罪所得赃款赃物的行为构成抢劫罪，而抢劫行为人自己所输赌资或所赢赌债一般不以抢劫罪定罪处罚，该规定仅适用于将行为人自己所输赌资或所赢赌债作为抢劫对象的特定情形，本案涉及的嫖资并未包含在解释规定的情形之中。最高人民法院意见，是基于行为人对所输赌资或所赢赌债的性质认识不清晰和不明确，主观故意和客观危害性不同于直接抢劫他人财物。该《解释》只限定于赌资及犯罪所得的赃款赃物，不具有类推解释的效力。本案被告人刘波事先预谋，并准备了作案用的药物，采取麻醉的方法取回嫖资，其非法占有的主观故意和社会危害性均较为恶劣，不属于对劫取“他人财物”的性质认识不清晰和不明确，其行为符合抢劫罪的非法占有他人财物的犯罪特征。

二、取走手机行为的定性

正如前文所言，刑法中的非法占有目的系由“排除意思”与“利用意思”构成，前者强调法的侧面，后者重视经济的侧面。在认定行为人是否具有非法占有的目的时，需要确定案件的焦点所在。已经排除占有的，需要进一步判断行为人是否明显具有利用意思或者已经实际利用了所取得的财物。反之，如果行为人明显具有利用意思或者已经实际利用了财物的，就只需要判断行为人是否具有排除的意思，而排除的判断则考虑是否返还、返还的时间以及对财物利用的必要性等因素。本案中，证据显示被告人对手机加以利用，利用其防止对方报警或者要挟对方放弃索要“嫖资”，但其排除占有的意思则因为其QQ聊天的明确表示不会占有被害人手机及于次日将手机返还被害人的行为而得以否定。被告人与被害人杨某的手机QQ聊天记录内容能够证明，其在逃离作案现场后，即已经通过QQ聊天明确表示过不会占有被害人的手机；其于次日被害人索要时即将手机返还被害人。首先，被告人在被害人索要手机时均表示归还的意思；其次，实际上都在第二天收到了被告人通过快递归还的手机；再次，被告人出于防止对方报警或者要挟对方放弃索要“嫖资”的考虑而取走手机，在本案中手机足以成为其实现这一想法的最有利的工具，也说明了其对手机这一特定财物加以利用的必要性。因此，在本案中手机可以成为抢劫的对象，但却因为行为人对手机不具有非法占有的目的而不成立对手机的抢劫。

综上，对于已经给付的嫖资的非法占有行为，具有法益的侵害性，以麻醉手段取得嫖资的行为符合抢劫罪的特征，构成抢劫罪。至于行为人取走被害人手机作为要挟对方放弃索要“嫖资”的行为，因其不具有占有他人财物的目的，不符合抢劫罪的主观要件，不成立抢劫罪。

（一审法院合议庭成员 马金勇 孙登岭 赵玉怀
二审法院合议庭成员 陈 静 刘建民 毕庶惠
编写人 山东省济南市市中区人民法院 马金勇
责任编辑 周维明
审稿人 李玉萍）

原载《人民法院案例选》2018 年第 3 辑（总第 121 辑）

214. 潘喜飞、张振兴等抢劫案

——劫取银行承兑汇票并套现行为的刑法认定

【关键词】

抢劫罪　银行承兑汇票　数额认识错误

【裁判要旨】

行为人劫取他人买卖占有的银行承兑汇票，并在控制占有人前提下对票据进行套现，其行为构成抢劫罪。在共同犯罪中，结合被告人参与的具体行为、生活经历等，行为人对于银行票据价值数额无法认知的情况下，可认定为数额认识错误，结合从犯等情节依法予以减轻处罚。对于被害人的身份认定，应以实际损失主体为判断标准，票据占有人、被套现者均应认定为本案被害人，平等进行保护。

【相关法条】

《中华人民共和国刑法》

第二百六十三条第四项　以暴力、胁迫或者其他方法抢劫公私财物的，处三年以上十年以下有期徒刑，并处罚金；有下列情形之一的，处十年以上有期徒刑、无期徒刑或者死刑，并处罚金或者没收财产：

（四）多次抢劫或者抢劫数额巨大的；

【案件索引】

一审：江苏省扬州市中级人民法院（2014）扬刑初字第0002号（2014年10月21日）

二审：江苏省高级人民法院（2014）苏刑一终字第00162号（2016年2月3日）

【基本案情】

公诉机关：江苏省扬州市人民检察院。

被告人：潘喜飞（江苏永弘矿产资源开发有限公司法定代表人，以下简称永弘公司）、张振兴（江苏华健国际经贸有限公司法定代表人，以下简称华健公司）、常胜（江苏华特钢铁有限公司法定代表人，以下简称华特公司）、高平、陈小兵。

法院经审理查明：潘喜飞曾与常胜、张振兴一起合作经营铁矿石业务，后潘喜飞分别欠常胜、张振兴巨额债务无法归还。2012年，张振兴经营的华健公司曾两次向中财招商投资集团有限公司（以下简称中财公司）大额借款融资，常胜系该融资业务的介绍人，潘喜飞经营的永弘公司系该借款的担保人，该融资模式为由中财公司借款给华健公司入银行账户，银行开具出相应额度的承兑汇票或其他金融票证后交由中财公司处置以回笼资金赚取利息，华健公司通过此融资增加银行贷款额度。2012 年 12 月左右，潘喜飞为偿还债务，产生再次向中财公司融资以开出银行承兑汇票后，从中财公司人员手中劫取汇票并转让套现的想法。

2012 年 12 月 16 日，潘喜飞、张振兴与中财公司达成借款协议并签订借款合同，约定由中财公司借款 9500 万元给永弘公司，永弘公司自己承担 500 万元转让贴息费用和利息费用，从银行开出 1 亿元，出票人为永弘公司，收款人为华健公司的银行承兑汇票后交由中财公司处理，同时，约定将永弘公司和华健公司的印章及网银 U 盾一并交由中财公司保管以确保中财公司借出资金的安全，此次借款由潘喜飞、张振兴及华健公司作担保人。为满足银行开具承兑汇票的条件，潘喜飞和张振兴还签订了一份价值 1 亿元的虚假铁矿石贸易合同。

为劫得汇票后顺利转让套现，12 月初，常胜和潘喜飞安排各自公司会计一起到农业银行南京凤凰南路分理处开设了华健公司和永弘公司账户，并开通了两个账户的网上银行业务。常胜又与潘喜飞公司两名员工一起刻制了华健公司的财务、法人和单位印章。12 月 19 日，常胜使用电话“黑卡”自称姓潘主动联系了杭州新浙金融外包公司（以下简称新浙公司），接洽了银行承兑汇票转让套现事宜。12 月中下旬，潘喜飞以公司间纠纷需要拿回永弘公司印章为由让高平召集了陈小兵，陈小兵又召集了夏前喜、常勇等人，根据潘喜飞的安排，夏前喜冒充永弘公司会计跟住中财公司人员以掌握动向，陈小兵、常勇等人负责劫取印章。

12 月 20 日上午，由于潘喜飞仅向张振兴借到 300 万元贴现费用和 100 万元预付给中财公司的利息费用共计 400 万元，中财公司确定借款 9200 万元给永弘公司，与潘喜飞借得的 300 万元贴现费用一起存入永弘公司银行保证金账户后，银行开出了面额总计 9500 万元，出票人为永弘公司，收款人为华健公司的 10 张银行承兑汇票，后该汇票交由中财公司业务人员刘翎。13 时许，潘喜飞、夏前喜和中财公司的刘翎、单礼一起来到位于扬州经济开发区新东方大厦 2 号楼的华健公司办公场所准备传真汇票给中财公司本部，潘喜飞借故让夏前喜和刘翎、单礼先行上楼，其在楼下等待事先召集的陈小兵、常勇等人，潘喜飞提供了华健公司电梯卡和提货单让陈小兵等人上楼劫取永弘公司印章。与此同时，常胜亦从南京赶至扬州华健公司楼下与潘喜飞汇合，二人一起在常胜车上等待。陈小兵、常勇等 9 人上楼后按照潘喜飞的指使强行从单礼、刘翎手中先后劫取了永弘公司印章和 10 张银行承兑汇票送至楼下给潘喜飞和常胜，刘翎讲出是中财公司自己的 9500 万元银行承兑汇票，但陈小兵等人未予理睬。由于陈小兵等人未能找到华健公司印章，常胜随即打电话让永弘公司员工将事先私刻的华健公司印章送来。在劫取印章及汇票期间，张振兴打电话给公司员工陈学富告知不要管公司办公场所内发生的事情，并让陈学富交代给公司其他员工。成功劫取印章和汇票后，陈小兵等人按潘喜飞和高平的指使继续在华健公司办公室内控制住刘翎和单礼。

与此同时，潘喜飞和常胜拿到汇票及私刻的华健公司印章后迅速赶至高速公路溧阳出口处与新浙公司人员在路边汽车上接洽，潘喜飞在背书栏加盖了私刻的华健公司财务章和法人印章后，新浙公司人员经过审核后将套现款人民币 9208 万余元汇入潘喜飞和常胜事先开设的华健公司南京农业银行账户。至当日 17 时许，潘喜飞确认资金到账后即打电话告知高平和陈小兵可以放人，陈小兵等人离开后，刘翎和单礼迅速报警，并电话告知张振兴10张银行承兑汇票已被他人抢走。

常胜确认资金到账后遂指使华特公司会计使用华健公司南京农行账户的网银U盾通过网上银行进行转账，转入华特公司账户1438万元，转入江阴可绿贸易公司（以下简称可绿公司）账户950万元，转入刘佳敏（孙运涛）账户300万元，之后将网银U盾转交给永弘公司会计。潘喜飞指使会计通过网上银行进行转账，先后分多次转入华健公司账户6000万元，转入扬州远方科技贸易有限公司（以下简称远方公司）账户50万元，转给吴彦菲300万元，转给常州巨鸿国际贸易有限公司（以下简称巨鸿公司）账户50万元。张振兴得知潘喜飞转账还款后，安排员工在酒店开房连夜等候。次日上午10时左右，张振兴见到6000万元资金陆续到账后，即安排员工按照事先拟定的还款顺序通过网上银行迅速转账还款，先后转入中国银行扬州国贸支行账户2500万元，转入谢馥兴账户750万元，转入江苏天润环境建设集团有限公司（以下简称天润公司）账户1530万元，转入张振兴个人信用卡账户150万元，转入扬州汇海投资担保有限公司（以下简称汇海公司）账户209.6万元，转入扬州锦泰华公司账户825万元。

案发后，常胜退出赃款1438万元，公安机关从新浙公司处查扣了被劫的10张银行承兑汇票，冻结了永弘公司在中国银行扬州国贸支行的保证金账户，暂扣了天润公司账户资金1530万元，冻结了永弘公司、华健公司账户资金共计169万余元，冻结了汇海公司、远方公司、刘佳敏（孙运涛）、可绿公司、南园之星、南通力愿、周净账户的资金共计270万余元。案发后陈小兵主动到公安机关投案。高平被抓捕归案后检举两条他人犯罪线索，公安机关均已立案侦查。

【裁判结果】

扬州市中级人民法院于2014年10月21日作出（2014）扬刑初字第0002号刑事判决：一、被告人潘喜飞犯抢劫罪，判处无期徒刑，剥夺政治权利终身，并处没收个人全部财产。二、被告人张振兴犯抢劫罪，判处有期徒刑十年，剥夺政治权利一年，并处罚金人民币10万元。三、被告人常胜犯抢劫罪，判处有期徒刑十二年，剥夺政治权利二年，并处罚金人民币20万元。四、被告人高平犯抢劫罪，判处有期徒刑四年，并处罚金人民币3万元。五、被告人陈小兵犯抢劫罪，判处有期徒刑三年，并处罚金人民币2万元。六、公安机关扣押的人民币1530万元退还江苏天润环境建设集团有限公司，公安机关冻结的扬州汇海投资担保有限公司在江都农村商业银行仙女支行32108804720100000×××××账户资金人民币209.6万元、冻结的扬州远方科技贸易有限公司在中国建设银行扬州分行320017486360525×××××账户资金人民币11.56万元、冻结的刘佳敏在中国工商银行汶河支行62220211080031×××××账户资金人民币50.14万元，均不予追缴。七、公安机关扣押的退赃款人民币1438万元及冻结的永弘公司、华健公司账户资金，发还中财招商投资集团有限公司。八、责令被告人潘喜飞、张振兴、常胜、高平、陈小兵继续退赔被害单位中财招商投资集团有限公司和杭州新浙金融外包公司的经济损失。

一审判决后，被告人潘喜飞、张振兴、常胜以不构成抢劫罪提起上诉。扬州市人民检察院以扣押冻结财物处理不当提起抗诉。

江苏省高级人民法院于2016年2月3日作出（2014）苏刑一终字第00162号刑事判

决：一、维持江苏省扬州市中级人民法院（2014）扬刑初字第0002号刑事判决的第一、二、三、四、五、六、八项。二、撤销江苏省扬州市中级人民法院（2014）扬刑初字第0002号刑事判决的第七项。三、公安机关冻结的周净在江苏江南农村商业银行62136300010642××××× 账户资金人民币20478.05元，不予追缴。四、公安机关扣押的退赃款人民币1438万元，冻结的永弘公司在中国银行扬州国贸支行5339615××××× 的账户资金人民币9644.8750万元及孳息，在中国银行扬州国贸支行5300604××××× 账户资金人民币0.66万元及孳息、在中国工商银行南京大厂支行4301014909l002××××× 账户资金人民币8.03万元及孳息，冻结的华健公司在中国银行扬州国贸支行5027603××××× 账户资金人民币43.4万元及孳息、在中信银行扬州分行73280101822001××××× 账户资金人民币33.05万元及孳息、在中国工商银行邗江支行11082603191000××××× 账户资金人民币34.95万元及孳息、在中国农业银行南京凤凰南路分理处1203010400××××× 账户资金人民币49.21万元及孳息，冻结的江阴可绿贸易有限公司在中国农业银行江阴西郊支行6430010400××××× 账户资金人民币13311.75元及孳息，以上赃款均等返还中财招商投资集团有限公司和杭州新浙金融外包公司。

【裁判理由】

法院生效裁判认为：被告人潘喜飞以非法占有为目的，以欺诈手段诱使中财公司借出资金转账至银行而开具银行承兑汇票，继而采用暴力、胁迫手段劫得中财公司实际控制的银行承兑汇票，同时，看押中财公司相关人员并在此过程中转让套现，从而实现非法占有财物的目的，其行为符合抢劫罪的特征；被告人张振兴应当知道被告人潘喜飞欲行抢劫，仍提供帮助为抢劫银行承兑汇票创造了条件；被告人常胜应当知道被告人潘喜飞劫取的是中财公司实际控制的银行承兑汇票，仍提供帮助将劫得的银行承兑汇票予以套现；被告人高平、陈小兵在劫得银行承兑汇票后应当知道其不属于被告人潘喜飞所有，仍然帮助看押中财公司相关人员，为套现银行承兑汇票提供了时间保证；五名被告人的行为均已构成抢劫罪。被告人潘喜飞、张振兴、常胜、高平、陈小兵共同实施抢劫犯罪，被告人潘喜飞在共同犯罪中起主要作用，系主犯，应当按照其所实施的全部犯罪处罚；被告人张振兴在共同犯罪中起次要作用，被告人常胜在共同犯罪中起次要作用，均系从犯，依法予以从轻处罚；被告人高平、陈小兵在共同犯罪中均起次要作用，依法予以减轻处罚。被告人高平归案后如实供述罪行，依法可以从轻处罚；其检举揭发他人犯罪行为，有立功表现，依法予以从轻处罚。被告人陈小兵在案发后主动投案，如实供述犯罪行为，系自首，依法予以从轻处罚。

【案例注解】

本案事实复杂，不仅关系到抢劫他人控制的银行承兑汇票如何定性，而且涉及长链条的犯罪行为中共同犯罪的认定，且涉案财产数额巨大，涉及相关利害关系人众多，对于涉案财物处理等相关问题都具有研究价值。

一、劫取他人控制的银行承兑汇票构成抢劫罪

（一）中财公司的票据占有状态属于刑法上保护的法益

银行承兑汇票属于有价证券的一种，属于财产犯罪的行为对象。本案定性的争议在于如何认定行为人劫取自己为出票人的票据。对于中财公司占有票据的行为，是否在法律保护的范围之内，则要结合财产犯罪保护的法益进行认定。关于财产犯罪保护法益，传统理论往往笼统地表述为所有权，但所有权学说在适用上具有一定局限性，无法适应现代商品社会中所有权权能分离的现象，也无法解释挪用类犯罪侵害的对象，难以涵盖拒不支付劳动报酬罪等对象为债权的犯罪。[①] 因此，将财产犯罪保护的法益认定为本权说更符合司法实践需要。本权说认为，财产犯罪的法益是所有权及其他本权，本权是合法占有的权利，如担保物权、抵押权、租赁权等。在本案中，中财公司对票据的占有具有民法上权利基础的利益。在中财公司借款方式操作上，由中财公司出资借款，再到银行开具出票人为永弘公司、收款人为华健公司的银行承兑汇票，然后将银行承兑汇票交由中财公司控制，中财公司为保证借出资金在此期间的安全，要求将永弘公司的印章以及华健公司的印章交由中财公司保管。潘喜飞经营的永弘公司和中财公司签订借款合同时明确约定此次借款开出的汇票由中财公司保管并处置。此种借出资金然后通过控制银行承兑汇票转让以回笼资金的拆借资金模式实际上是一种票据买卖行为，票据买卖虽然不产生票据法意义上的权利义务，但属于民法中的合同行为，[②] 足以认定中财公司对被劫的10张银行承兑汇票具有实际、稳定的占有权，属于财产犯罪中本权的保护范围之内。

（二）劫取汇票行为符合抢劫罪构成要件

潘喜飞、张振兴、常胜第一阶段实施的各种欺骗行为是为抢劫行为做准备。首先假意借款与中财公司签订了空白借款合同、资金到账后又利用虚假贸易合同在银行开出承兑汇票，按照事先约定银行承兑汇票交由中财公司实际控制和处理，并且控制了永弘公司和华健公司的印章，常胜事先也帮助潘喜飞刻制了华健公司印章和开设华健公司账户欲行控制到账资金，并联系新浙公司准备转让银行承兑汇票，三被告人均参与借款前行为，属于共同犯罪中的共谋；第二个阶段中潘喜飞召集的陈小兵等人占有银行承兑汇票时实施了一般性强制性行为，结合陈小兵等9人到场造成对方心理压力的情况下，实际已使中财公司人员不能抗拒、不敢抗拒，具有暴力胁迫的行为特征，同时，潘喜飞等人在劫得银行承兑汇票后继续对中财公司人员进行看押控制，并在此时间内将银行承兑汇票予以套现。由此可见，潘喜飞非法取财的主要手段或者说中财公司丧失对财物控制的根本原因在于银行承兑汇票的被劫和相关人员被看押，也就是说劫取银行承兑汇票行为在非法占有财物过程中起了决定作用，同时，票据套现亦是在抢劫延续行为过程中予以实现，据此，潘喜飞的行为符合抢劫罪的“两个当场”特征，应当以抢劫罪定罪处罚。

（三）劫取汇票后套现行为的性质认定

劫取汇票后，常胜使用私刻的永弘公司印鉴进行背书、潘喜飞冒充合法持票人身份向新浙公司转让银行承兑汇票，虽然符合《刑法》第一百九十四条第一款第三项规定，冒用他人的汇票、本票、支票进行金融票据诈骗活动，骗取财物数额较大的行为构成票

---

① 张明楷：《刑法学》（第四版），法律出版社2011年版，第836～837页。

② 关于票据买卖行为是否为非法的判断标准上，根据《最高人民法院关于适用〈中华人民共和国合同法〉若干问题的解释（二）》第十四条规定，强制性规定区分为效力性强制性规定与管理性强制性规定，违反效力性强制性规定则合同直接无效，违反管理性强制性规定的需要根据合同具体内容进行判断。票据买卖属于违反管理性规定，不属于无效合同。崔建远：《合同法总论》（上卷），中国人民大学出版社2008年版，第283页。

据诈骗罪。但不应对此单独评价，其已被抢劫犯罪包含在内，属于刑法中事后不可罚行为，不成立数罪。事后不可罚行为是“犯罪成立后，即使实施与该犯罪相关联的事后的一定违法行为，也不处罚的场合”。[①] 更为确切的表述是“在状态犯的场合，利用该犯罪行为的结果的行为如果孤立地看，符合其他犯罪的构成要件，具有可罚性，但由于被综合评价在该状态犯中，故没有必要另认定为其他犯罪”。[②] 典型的事后不可罚行为包括财产犯罪后针对赃物的行为、犯罪后隐匿、毁灭证据的行为。之所以不处罚是因为可能后续行为没有侵害新的法益（缺乏违法性），也可能是缺乏期待可能性（缺乏有责性）。[③] 本案中潘喜飞实施的抢劫汇票行为与使用汇票套现行为密不可分，劫取、控制汇票，行为人需要对票据进行转让、套现才能获取财产性利益，非法占有财产的目的最终得以实现，因此，抢劫行为与使用私刻印章转让贴现的行为是一个整体，后行为是前行为的延续，所实施的后行为所造成的结果都可归因于抢劫行为，故不需要单独进行刑法评价。

（四）被告人高平、陈小兵的行为定性

高平、陈小兵受潘喜飞的召集，虽然约定是拿回永弘公司的印章，但陈小兵等人采用暴力、胁迫手段抢得永弘公司的印章后，高平又按照潘喜飞的要求指使陈小兵去抢华健公司的印章，虽因客观原因未能抢到，但已明显超出帮助潘喜飞抢回永弘公司财物的范畴，高平、陈小兵应当知道此时的行为性质，但高平、陈小兵仍然继续帮助潘喜飞强行抢得中财公司人员控制保管的银行承兑汇票，在中财公司人员明确喊出是中财公司财物后，陈小兵等人仍然置之不理，又看押中财公司人员数小时，为潘喜飞转让套现银行承兑汇票提供了时间保证，两被告人的行为符合抢劫共犯的特征，均应以抢劫罪定罪处罚。高平、陈小兵参与抢劫银行承兑汇票并看押中财公司人员，属于事中共犯，陈小兵在劫得装有银行承兑汇票的信封时仅是确认，并不确切知道银行承兑汇票的实际状况，虽然中财公司人员明确喊出银行承兑汇票的面额，但此时陈小兵已将信封送往潘喜飞处，也没有证据证明两人从转让套现款中直接分得赃款，结合高平、陈小兵的身份和经历，对于银行承兑汇票的经济价值认识不足，属于数额认识错误，综合判定从犯情节，依法予以减轻处罚。

二、涉案财物处理及被害人权益保护

（一）被害人身份的认定

对于存在连续性犯罪行为中，被害人身份如何判断，司法实践中存在不同的观点，有的认为，应以行为人第一次行为造成损失者为被害人，后续行为属于民事违约行为。例如，通过支付预付款获得他人房产后以抵押方式获得第三人借款过程中，既有欺骗卖房人的行为，也有欺骗抵押权人行为，应认定原房东为被害人。[④] 有的观点认为，应以犯罪行为是否给权利人造成实际损失为判断标准，例如，行为人骗取汽车租赁后又抵押借款行为，对于租赁者和借款人均应认定为案件被害人。[⑤]

---

① 马克昌：《比较刑法原理》，武汉大学出版社2002年版，第772页。

②③ 张明楷：《刑法学》（第四版），法律出版社2011年版，第432页。

④ 参见周有文、陈巧芳合同诈骗案（第876号案例），载最高人民法院刑事审判第一、二、三、四、五庭主办：《刑事审判参考》（第93集），法律出版社2014年版，第26～32页。

⑤ 参见曹忠合同诈骗案，载国家法官学院案例开发研究中心编：《中国法院2015年度案例（刑法分则案例）》，中国法制出版社2015年版，第57～60页。

被害人的确认应当结合个体法益和损害救济两个方面进行考察。就财产犯罪而言，一是相对方的财产利益有没有受损，二是受损结果是否是他人采取暴力、强迫、窃取、欺诈等为刑法所禁止的行为方式而导致的。① 本案中因抢劫行为导致中财公司丧失了对票据的占有，财产利益受损，票据套现阶段，新浙公司因不成立票据的善意取得，② 也造成了财产的损失。因此，本案中中财公司、新浙公司均属于被害人，对其权益应该平等加以保护。

（二）涉案赃物的处理

1. 银行承兑汇票处置。在银行承兑汇票的处理上，有的观点认为应发还给中财公司。二审判决中认为应退回承兑银行。判决主要考虑：首先，银行签发汇票亦是基于虚假的铁矿石贸易合同，故票据本身不具备合法的基础交易关系；其次，汇票已超过时效转化为普通债权债务关系。根据《票据法》规定，超过票据权利时效的，仍享有民事权利，可以请求出票人或承兑人返还其与未支付票据金额相当的利益。因此，本案中银行汇票已超过有效期，票据对应的财产性利益表现为汇票保证金予以释放，转化为一般性债权债务关系，作为本案赃款予以追缴并均等返还两被害单位。

2. 已偿还合理债务行为可成立善意取得。赃物处理中适用善意取得制度在司法解释中已有规定。③ 在金钱作为赃款时，也不宜一追到底，因为金钱作为种类物，不同于一般财物，转移占有即转移所有权。但是，行为人将赃款用于归还债务或相关经济活动的，必须是合法的正当债务以及正当经济活动，否则取得赃款的第三人不能认定为善意，不能适用赃物之善意取得原则。④ 因目前《刑事诉讼法》对赃物处理的规定较为原则，并没有相应的处理程序，因此，法院在处理中引入听证程序，通知被告人及相应钱款接受方、中财公司、新浙公司等相关利害关系人到场，由钱款接受方通过购销合同、欠条以及相关业务资料等证据证明债权债务的真实性和正当性，法院由此判定其不明知接收的是涉案赃款，取得涉案财物的方式合法，依法不予追缴。

（一审法院合议庭成员　尹晓涛　朱恩松　姜金良
二审法院合议庭成员　叶　巍　陈亚鸣　贾冰一
编写人　江苏省扬州市中级人民法院　姜金良
责任编辑　周维明
审稿人　李玉萍）

原载《人民法院案例选》2018 年第 7 辑（总第 125 辑）

---

① 劳东燕：《被害人视角与刑法理论的重构》，载《政法论坛》2006 年第 5 期。

② 《票据法》第十二条规定：以欺诈、偷盗或者胁迫等手段取得票据的，或者明知有前列情形，出于恶意取得票据的，不得享有票据权利。持票人因重大过失取得不符合本法规定的票据的，也不得享有票据权利。

③ 2011 年颁布的《最高人民法院、最高人民检察院关于办理诈骗刑事案件具体应用法律若干问题的解释》（法释〔2011〕7 号）第十条规定了行为人已将诈骗财物用于清偿债务或者转让给他人，应当依法追缴的四种情形，同时明确了他人善意取得诈骗财物的，不予追缴。2014 年 10 月颁布的《最高人民法院关于刑事裁判涉财产部分执行的若干规定》第十一条第二款明确规定了第三人善意取得涉案财物的，不予追缴，作为原所有人的被害人对该涉案财物主张权利的，人民法院应当告知其通过诉讼程序处理。

④ 参见《刑事涉案财物处理问题之探讨》，载最高人民法院刑事审判第一、二、三、四、五庭主办：《刑事审判参考》（第 79 集），法律出版社 2012 年版，第 196 页。

215. 李四刚抢劫案

——抢劫数额巨大的承兑汇票未贴现的行为的认定

【关键词】

刑事　抢劫　承兑汇票　数额巨大　未贴现

【裁判要旨】

抢劫数额巨大的承兑汇票，因行为人意志以外的原因未能贴现的，应认定为抢劫数额巨大且未遂。

【相关法条】

《中华人民共和国刑法》

第二百六十三条　以暴力、胁迫或者其他方法抢劫公私财物的，处三年以上十年以下有期徒刑，并处罚金；有下列情形之一的，处十年以上有期徒刑、无期徒刑或者死刑，并处罚金或者没收财产：

（一）入户抢劫的；

（二）在公共交通工具上抢劫的；

（三）抢劫银行或者其他金融机构的；

（四）多次抢劫或者抢劫数额巨大的；

（五）抢劫致人重伤、死亡的；

（六）冒充军警人员抢劫的；

（七）持枪抢劫的；

（八）抢劫军用物资或者抢险、救灾、救济物资的。

【案件索引】

一审：河南省沁阳市人民法院（2017）豫0882刑初1935号（2017年12月28日）

二审：河南省焦作市中级人民法院（2018）豫08刑终85号（2018年4月23日）

【基本案情】

河南省沁阳市人民检察院（抗诉人）指控：被告人李四刚、李小刚以抢劫数额巨大的承兑汇票为目的，由于意志以外的原因，未能将实际抢得的价值2582223.2元的承兑汇票予以贴现，应当按照抢劫数额巨大和犯罪未遂的情节定罪量刑。

被告人李四刚的辩护人的辩护意见：抢劫的承兑汇票不可能被贴现，原审被告人也没有实施贴现行为，涉案汇票数额不应计入抢劫数额。本案并未造成较大的财产损失。

被告人李小刚的辩护人的辩护意见：原审被告人虽抢得汇票，但未予贴现，根据《最高人民法院关于审理抢劫刑事案件适用法律若干问题的意见》，未实际使用、消费的，不计数额。李小刚参与抢劫，是受李四刚所骗，其犯罪的主观目的和李四刚不同。

法院经审理查明：李四刚与李小刚共同预谋抢劫被害人周某某的承兑汇票。2017 年 5 月 24 日 18 时许，李四刚和李小刚窜至沁阳市怀庆办事处玫瑰公馆小区 4 号楼电梯内，李四刚捂住周某某的嘴，李小刚用李四刚购买的电击棒击打周某某的左腹部，周某某因害怕而假装晕倒，李四刚、李小刚将周某某随身携带的挎包抢走，包内装有现金 2000 元、银色苹果 5 手机 1 部、金额 2582223. 2 元的承兑汇票 26 张。经沁阳市价格认证中心鉴定，该手机价值 300 元。案发后，承兑汇票均已追回并发还被害人。

【裁判结果】

河南省沁阳市人民法院于 2017 年 12 月 28 日作出（2017）豫 0882 刑初 1935 号刑事判决：一、被告人李四刚犯抢劫罪，判处有期徒刑六年，并处罚金人民币 5000 元；被告人李小刚犯抢劫罪，判处有期徒刑五年，并处罚金人民币 4000 元；二、违法所得人民币 2000 元、银色苹果 5 手机 1 部依法予以追缴并发还被害人。

宣判后，河南省沁阳市人民检察院以抢劫数额巨大的承兑汇票未贴现的行为应认定为抢劫数额巨大且未遂为由提出抗诉。河南省焦作市中级人民法院于 2018 年 4 月 23 日作出（2018）豫 08 刑终 85 号刑事判决：一、维持河南省沁阳市人民法院（2017）豫 0882 刑初 1935 号刑事判决的第二项；二、撤销河南省沁阳市人民法院（2017）豫 0882 刑初 1935 号刑事判决的第一项；三、被告人李四刚犯抢劫罪，判处有期徒刑七年，并处罚金人民币 3 万元，被告人李小刚犯抢劫罪，判处有期徒刑五年，并处罚金人民币 1 万元。

【裁判理由】

法院生效裁判认为：李四刚、李小刚以暴力方法抢劫他人财物，共计抢劫现金 2000 元、银色苹果 5 手机 1 部、金额 2582223. 2 元的承兑汇票 26 张，数额巨大，其行为均已构成抢劫罪。其中抢劫的金额为 2582223. 2 元的承兑汇票，由于犯罪分子意志以外的原因而未得逞，是犯罪未遂，可以减轻处罚。本案系共同犯罪，李四刚提议并准备作案工具，在犯罪中起主要作用，系主犯，应按照其所参与的全部犯罪予以处罚。李小刚在犯罪中起次要作用，系从犯，依法应当从轻处罚。李四刚、李小刚到案后均如实供述罪行，依法均可以从轻处罚。抗诉机关的抗诉理由成立，法院予以支持。

【案例注解】

本案主要涉及抢劫数额巨大的承兑汇票，由于意志以外的原因，未贴现或转让的情形，是否应同时认定抢劫数额巨大和未遂？在审理过程中，对被告人李四刚、李小刚抢劫承兑汇票未贴现的行为如何定性，存在三种意见：

第一种观点认为，抢劫承兑汇票虽未贴现，但应当认定抢劫数额巨大和犯罪未遂。理由是：李四刚原来倒卖过承兑汇票，知道如何将承兑汇票变现，此次抢劫的目标明确，就是抢劫汇票，客观上也存在可以贴现的情况。因此应当将被抢的汇票价值认定为抢劫数额，由于意志以外原因，没有兑付或贴现，属于犯罪未遂。

第二种观点认为，抢劫承兑汇票未贴现，不应计入抢劫数额。理由是：根据《最高人民法院关于审理抢劫、抢夺刑事案件适用法律若干问题的意见》，“抢劫信用卡后使用、消费的，其实际使用、消费的数额为抢劫数额；抢劫信用卡后未实际使用、消费的，不计数额，根据情节轻重量刑。所抢信用卡数额巨大，但未实际使用、消费或者实际使用、消费的数额未达到巨大标准的，不适用‘抢劫数额巨大’的法定刑”。这里的“信用卡”从上下文的意思上可以推出，是包括各种银行卡，而银行卡也包括有密码或没密码的，因为上述意见指出“实际使用、消费的数额未达到数额巨大”，说明包括可以直接使用、消费的信用卡。而本案被抢的承兑汇票，在功能上有与信用卡相似的地方，都有支取、使用的功能，在承兑汇票没有使用的情况下，依照上述意见精神，不计数额。因此，虽然本案被告人抢劫了数额巨大的承兑汇票，但不能适用“抢劫数额巨大”的法定刑。

第三种观点认为，抢劫罪的成立不以数额较大为要件，金融票证如承兑汇票能被评价为抢劫罪的对象，而且，承兑汇票并不等同于普通的有体物，即使行为人未贴现抢劫的承兑汇票，也使他人的财产处于危险之中。所以，当行为人以暴力、胁迫等强制手段抢劫他人承兑汇票的，即使没有使用，也不妨碍抢劫罪的成立。抢劫承兑汇票后贴现的行为，同时触犯了抢劫罪与金融诈骗罪，应数罪并罚。对上述案件以抢劫数额巨大和未遂论处，是以抢劫行为为主行为，以贴现行为为从行为或抢劫行为的延伸，并将两个行为进行综合判断，确定案件性质，而没有区分相关犯罪的构成要件要素，没有具体判断哪一行为取得了何种财物，哪一行为针对何种具体对象，哪一行为与何种结果之间具有因果关系，或者说具体结果应当归属于哪一行为，有违罪刑法定原则。

笔者赞同第一种意见。具体理由如下：

（一）贴现行为属于事后不可罚行为，不需单独进行刑法评价

抢劫承兑汇票后，转让、贴现银行承兑汇票的行为，虽然符合《刑法》第一百九十四条第一款第三项规定，属于冒用他人的汇票进行金融票据诈骗活动，骗取财物数额较大的行为，但不应单独评价，已被抢劫犯罪包含在内，属于事后不可罚行为，不成立数罪。事后不可罚行为是指犯罪成立后，即使实施与该犯罪相关联的事后的违法行为，如果孤立地看，符合其他犯罪的构成要件，具有可罚性，但由于被综合评价在该犯罪中，没有必要认定为其他犯罪。典型的事后不可罚行为包括财产犯罪后针对赃物的行为，犯罪后隐匿、毁灭证据的行为。之所以不处罚，是因为后续行为没有侵害新的法益（缺乏违法性），也可能是因为缺乏期待可能性（缺乏有责性）。抢劫汇票行为与转让、贴现行为密不可分，截取、控制汇票后，行为人需要对票据进行转让、贴现才能获取财产性利益，非法占有财产的目的最终得以实现。因此，抢劫行为与转让、贴现的行为是一个整体，后行为是前行为的延续，实施后行为所造成的结果都可归因于抢劫行为，故不需要单独进行刑法评价。

（二）票面数额应计入抢劫数额

虽然抢劫信用卡数额巨大但未使用、消费的不计入抢劫数额，但是这并不必然意味着抢劫承兑汇票数额巨大未贴现或转让的也应不计入抢劫数额。

一是承兑汇票与信用卡毕竟功能有异，由于功能有别，财产移转占有的方式同样有

异，实施抢劫后将承兑汇票贴现或转让直接造成被害人积极财产的直接减少，抢劫行为人积极财产的直接增加，而使用、消费信用卡则造成被害人消极财产的增加，抢劫行为人积极财产的直接增加，前者财物占有的移转方向是由被害人到抢劫行为人，后者则是消极财产由抢劫行为人移转到被害人（若可将使用、消费信用卡的行为理解为抢劫行为人消极财产的减少），因此不能简单地对信用卡进行扩张解释，将承兑汇票包含入内，直接适用抢劫信用卡犯罪的相关规定。

二是尽管抢劫信用卡数额巨大，由于行为人意志以外的原因无法实际使用、消费的部分，不计入抢劫数额，却作为量刑情节考虑。这一规定不仅使抢劫信用卡犯罪的惩处体系更加完备，更使抢劫数额的认定思路更加明晰，即之所以作为量刑情节考虑，是因为这种情节值得刑法评价。这种情节表明了法益侵害的危险性，但未计入抢劫数额是因为这种法益侵害的危险性相对而言不具有紧迫性。然而，在抢劫数额巨大的承兑汇票由于意志以外的原因未贴现或转让的情形下，抢劫的对象是承兑汇票所代表的财产，不是承兑汇票起代表财产作用的载体本身，尽管只要行为人不贴现或转让，被害人的财产最终就不会受损失，但是，被害人对承兑汇票丧失占有不仅仅意味着丧失了对起代表财产作用的载体本身的占有，更加意味着产生载体本身所代表的财产被转让的危险，这是丧失对载体本身所代表的财产占有的危险，是对承兑汇票所代表的财产产生侵害的危险，并具有紧迫性。既然法益侵害的危险具有紧迫性，就应将承兑汇票记载的金额认定为行为人的抢劫数额。

三是承兑汇票不仅具有财产价值，支付功能强大，而且在一定程度上如同货币一样流通，行为人抢劫承兑汇票就应当评价为抢劫财物，并且应当按照票面数额认定抢劫数额。但承兑汇票虽然流通性强，毕竟不是货币，或不能被评价为货币，应作出相似但又有异于抢劫货币的处理，鉴于其流通性强、有待贴现或转让的特性，抢劫承兑汇票虽应按票面数额计入抢劫数额，但不宜按票面数额认定为既遂，而应将贴现或转让作为既遂与未遂的认定标准。

（三）应同时认定抢劫数额巨大和未遂

首先，依据《最高人民法院关于审理抢劫、抢夺刑事案件适用法律若干问题的意见》第十条“刑法第二百六十三条规定的八种处罚情节中除‘抢劫致人重伤、死亡的’这一结果加重情节之外，其余七种处罚情节同样存在既遂、未遂问题，其中属抢劫未遂的，应当根据刑法关于加重情节的法定刑规定，结合未遂犯的处理原则量刑”规定，抢劫数额巨大的承兑汇票的行为存在既遂、未遂的问题。

其次，有价支付凭证的财产权益实现特点决定，抢劫记名、可挂失的有价支付凭证的，不能把是否取得凭证作为区别既遂与未遂的标准。因为行为人抢劫这种有价证券后，并不意味着已经获得了对凭证所记载财产的完全控制，行为人还必须去相关机构兑付财产，实际非法获取财产实现抢劫犯罪的目的，构成抢劫既遂。承兑汇票作为一种记名、可挂失的有价支付凭证，在贴现以前，其票面数额只具有财产权利上的象征意义，仅抢劫承兑汇票并不能实现对其财产所有人财产权益的侵犯。抢劫行为人劫得承兑汇票后，并不意味着已经获得了对承兑汇票所记载财产的完全控制。如果行为人要进一步非法占有承兑汇票所记载的财产，就必须去贴现财物。只有将承兑汇票票面金额内的资金兑现或者转让才能真正占有他人财产，从而实现占有他人财产的犯罪目的。

最后，抢劫罪既侵犯财产权利又侵犯人身权利，具备劫取财物或者造成他人轻伤以上后果两者之一的，均属抢劫既遂；既未劫取财物，又未造成他人人身伤害后果的，属抢劫未遂。抢劫行为人劫取记名、可挂失的承兑汇票后，在冒名贴现时被人发觉或在行为人冒领以前义务人挂失，或在劫取承兑汇票后立即被抓获等，导致行为人没能最终控制承兑汇票中记载的钱财，若没有造成被害人轻伤以上后果，就属于因意志以外的原因而未能具备既遂的全部要件，应构成未遂；如果抢劫承兑汇票后顺利贴现，则构成犯罪既遂。本案中，被告人李四刚、李小刚将他人数额巨大的承兑汇票抢到手仅仅是完成了抢劫行为的一部分，并没有实现非法占有他人财产的目的，且没有造成被害人轻伤以上后果，应同时认定为抢劫数额巨大和未遂。

（一审法院合议庭成员　张敏洁　范献献　陈伟利
二审法院合议庭成员　张国胜　李元成　梁战胜
编写人　河南省焦作市中级人民法院　李元成　李小源
责任编辑　周维明
审稿人　李玉萍）

原载《人民法院案例选》2019 年第 3 辑（总第 133 辑）

216. 陈田伟抢劫案
——转化型抢劫中使用暴力抗拒抓捕、未遂等情节的认定

【关键词】

刑事　转化型抢劫　暴力　抗拒抓捕　未遂

【裁判要旨】

1. 转化型抢劫案件中，在他人追赶、抓捕、制止犯罪过程中，使用拳击等方式主动攻击他人，进行对抗的，应认定构成使用暴力抗拒抓捕。

2. 暴力程度达到轻微伤以上，仅是前提行为未达到“数额较大”，尚未构成犯罪的转化型抢劫的构成要件，是对认定转化型抢劫的弥补性规定。而暴力程度较小，未造成轻伤以上后果的，可不认定为“使用暴力”，是对以摆脱方式逃脱抓捕的特殊规定。对前提行为已达“数额较大”，且使用暴力抗拒抓捕的一般转化型抢劫犯罪中，暴力程度不影响行为性质的认定。

3. 转化型抢劫是法律拟制的转化犯，只要符合法定条件，即转化为抢劫。但前提行为转化为抢劫犯罪之后，仍应适用或劫取财物或造成他人轻伤以上后果的一般抢劫犯罪既未遂认定标准，区分不同的犯罪形态。既未劫取财物，又未造成他人人身伤害后果的，应认定为抢劫未遂。

【相关法条】

《中华人民共和国刑法》

第二百六十三条　以暴力、胁迫或者其他方法抢劫公私财物的，处三年以上十年以下有期徒刑，并处罚金；有下列情形之一的，处十年以上有期徒刑、无期徒刑或者死刑，并处罚金或者没收财产：

（一）入户抢劫的；

（二）在公共交通工具上抢劫的；

（三）抢劫银行或者其他金融机构的；

（四）多次抢劫或者抢劫数额巨大的；

（五）抢劫致人重伤、死亡的；

（六）冒充军警人员抢劫的；

（七）持枪抢劫的；

（八）抢劫军用物资或者抢险、救灾、救济物资的。

第二百六十九条　犯盗窃、诈骗、抢夺罪，为窝藏赃物、抗拒抓捕或者毁灭罪证而

当场使用暴力或者以暴力相威胁的，依照本法第二百六十三条的规定定罪处罚。

【案件索引】

一审：山东省淄博市张店区人民法院（2018）鲁 0303 刑初 314 号（2018 年 6 月 28 日）

二审：山东省淄博市中级人民法院（2018）鲁 03 刑终 157 号（2018 年 9 月 12 日）

【基本案情】

法院经审理查明：2018 年 3 月 11 日 21 时许，陈田伟驾驶摩托车在淄博市张店区步行街中段公园派出所附近，趁耿某某不备夺走其手提包一个，被与耿某某同行的王某追上。王某抓住陈田伟所骑摩托车尾部，将陈田伟连人带车拽倒在地，王某也摔倒在地。二人爬起后相互对打，陈田伟为抗拒抓捕拳击王某，后弃包逃走。被抢包内有现金 17000 元、三部苹果手机及购物卡等物品。经鉴定，三部手机价值人民币 3037 元；在追赶抓捕陈田伟的过程中，造成王某头、臂、膝等多处挫伤、擦伤等，构成轻微伤。

【裁判结果】

山东省淄博市张店区人民法院于 2018 年 6 月 28 日作出（2018）鲁 0303 刑初 314 号刑事判决：以抢劫罪判处被告人陈田伟有期徒刑四年，并处罚金人民币 5000 元。

宣判后，被告人陈田伟不服原审判决，以“属于犯罪中止、原审判决认定其系犯罪未遂，量刑过重”为由，提起上诉。山东省淄博市中级人民法院于 2018 年 9 月 12 日作出（2018）鲁 03 刑终 157 号刑事裁定：驳回上诉，维持原判。

【裁判理由】

法院生效裁判认为：陈田伟驾驶机动车抢夺他人财物，为抗拒抓捕当场使用暴力，其行为构成抢劫罪。陈田伟系累犯，依法应从重处罚；系犯罪未遂，依法可从轻处罚；归案后如实供述犯罪事实，认罪态度较好，酌情可从轻处罚。关于陈田伟所持“属于犯罪中止，原审判决认定其系犯罪未遂，量刑过重”的上诉理由，经查，陈田伟实施抢夺犯罪之后，王某追赶并将其拽倒在地的行为属抓捕制止犯罪的正当行为，陈田伟爬起后与王某的对打及攻击王某的行为属抗拒抓捕而使用暴力，而陈田伟弃包而逃，系因王某积极追赶抓捕这一属于陈田伟意志以外的原因所迫，并非其主动放弃犯罪，依法构成犯罪未遂。原审判决据此未遂情节，已予从轻处罚。故该上诉理由不能成立，不予采纳。原审判决定罪准确，审判程序合法。陈田伟有多次抢夺犯罪前科，屡教不改，未有真诚悔罪的表现。原审判决认定陈田伟抢劫犯罪构成的事实清楚，虽有部分购物卡，仅有被害人耿某某的陈述与王某的证言，而侦查人员未依法对该物证收集、固定，致使认定购物卡价值证据不足，但这并不影响原判对陈田伟的量刑，故原审判决并无不当。

【案例注解】

本案事实较为简单，但二审审理过程中，合议庭在上诉人陈田伟系使用暴力抗拒抓捕，抑或以摆脱方式逃脱抓捕；被害人仅构成轻微伤，是否达到转化型抢劫所要求的暴力程度；转化型抢劫犯罪是否存在未遂形态；侦查机关收集物证存在瑕疵，是否影响事实认定等方面存在较大争议。

一、关于陈田伟系使用暴力抗拒抓捕，抑或以摆脱方式逃脱抓捕的问题

2016 年 1 月，最高人民法院公布《关于审理抢劫刑事案件适用法律若干问题的指导意见》（以下简称《审理抢劫案件适用法律指导意见》）中，“关于转化型抢劫犯罪的认定”第二款规定了以摆脱方式逃脱抓捕的行为。该行为与使用暴力抗拒抓捕如何区分？有意见认为，抗拒抓捕而采取暴力行为，主观上主动性极强，且对抓捕人的威胁性程度较大，极容易致抓捕人受到伤害，而摆脱则体现以下三个方面：一是行为人只是想逃脱抓捕，而未主动抗拒抓捕；二是行为人逃脱抓捕的方式只是被动地实施摆脱行为，并未主动采取暴力行为；三是摆脱的方式，一般情况下对抓捕人的人身损害不大。区分二者的关键，要看行为本身是属于明显主动的攻击行为还是消极防御的逃脱行为。

综合本案事实和证据，陈田伟实施抢夺行为后，被王某追上，将其连人带车掀翻在地。二人起身后，陈田伟用拳头主动攻击王某，与王某对打，应属为抗拒抓捕而使用暴力，而非以摆脱方式逃脱抓捕的消极防御行为。

二、关于被害人仅构成轻微伤，是否达到转化型抢劫所要求的暴力程度的问题

转化型抢劫中，使用暴力致人伤害的程度，有两处不同的规定。一是《最高人民法院关于审理抢劫、抢夺刑事案件适用法律若干问题的意见》（以下简称《审理抢劫、抢夺案件适用法律意见》）第五条规定的，致人轻微伤以上后果的，以转化型抢劫论处；二是《审理抢劫案件适用法律指导意见》中规定的，暴力强度较小，未造成轻伤以上后果的，可不认定为“使用暴力”，不以抢劫罪论处。司法实践中，对两种不同的暴力程度的规定，容易混淆。仔细研读法条，《审理抢劫、抢夺案件适用法律意见》中关于轻微伤的规定，针对的是行为人主动抗拒抓捕，且在前盗窃、诈骗、抢夺行为未达到“数额较大”，使用暴力抗拒抓捕的情形。仅是前提行为尚未构成犯罪的转化型抢劫的构成要件，是对认定转化型抢劫的弥补性规定，不是所有转化型抢劫的成罪要件。而《审理抢劫案件适用法律指导意见》中的轻伤，则是对于以摆脱方式逃脱抓捕行为中，暴力程度的特殊规定。该情形下，被告人主观上没有伤害他人的目的，仅是为了自己顺利逃脱，人身危害性较小，所以司法解释对于以摆脱方式逃脱抓捕使用暴力的程度作出了较严格的规定。

本案被害人王某在追赶抓捕陈田伟的过程中，头、臂、膝等多处挫伤、擦伤等，虽仅构成轻微伤，但陈田伟抢夺的款物超过抢夺罪数额较大的标准，且系使用暴力抗拒抓捕，不属于《审理抢劫、抢夺案件适用法律意见》及《审理抢劫案件适用法律指导意见》中分别规定的两种特殊情形，既不以轻微伤，也不以轻伤为构成要件，被害人的伤情程度不影响对其抢劫犯罪的认定。

三、关于转化型抢劫犯罪是否存在未遂形态的问题

转化型抢劫是否存在未遂形态，现行法律和司法解释没有作出明确规定。有观点认为，转化型抢劫是一种独立的犯罪形态，是法律拟制的转化犯，其犯罪构成要件不同于一般抢劫罪，并不存在因犯罪分子意志以外的原因而未得逞的情形，只要发生转化既为既遂，并不存在未遂形态。故《审理抢劫、抢夺案件适用法律意见》第十条关于“具备劫取财物或者造成他人轻伤以上后果两者之一的，均属抢劫既遂；既未劫取财物，又未造成他人人身伤害后果的，属抢劫未遂”的规定，只适用于普通抢劫，不适用于转化型抢劫。笔者认为，《刑法》第二百六十九条是对罪名转化的规定，在前提盗窃、诈骗、抢夺行为转化为抢劫之后，转化后的抢劫犯罪仍然存在既未遂等不同的犯罪形态。且转化型抢劫危害程度一般要轻于普通抢劫，该类案件中，被告人的主观恶性相对较小，而抢劫犯罪法定刑罚较重，对转化型抢劫区分既未遂也是罪责刑相适应的刑法基本原则的体现，故《审理抢劫、抢夺案件适用法律意见》第十条规定的普通抢劫的既遂标准亦应适用于转化型抢劫。本案陈田伟既未劫取财物，又未造成被害人轻伤以上后果，应认定为抢劫未遂。

（一审法院合议庭成员　贾高远　邹玉凤　尹　锐
二审法院合议庭成员　王　玮　孙一文　成玉华
编写人　山东省淄博市中级人民法院　张　金
责任编辑　周维明
审稿人　李玉萍）

原载《人民法院案例选》2019 年第 7 辑（总第 137 辑）

二、盗 窃 罪

217. 花荣盗窃案*

——入户盗窃既未遂形态如何认定以及盗窃过程中群众在户外监视是否意味着被害人未失去对财物的控制

【关键词】

入户盗窃　犯罪既遂　控制说

【裁判要点】

入户盗窃且窃得财物，即使盗窃过程中群众在户外监视并不意味着被害人未失去对财物的控制，应当认定为入户盗窃既遂。

【相关法条】

《中华人民共和国刑法》

第二百六十四条　盗窃公私财物，数额较大的，或者多次盗窃、入户盗窃、携带凶器盗窃、扒窃的，处三年以下有期徒刑、拘役或者管制，并处或者单处罚金；数额巨大或者有其他严重情节的，处三年以上十年以下有期徒刑，并处罚金；数额特别巨大或者有其他特别严重情节的，处十年以上有期徒刑或者无期徒刑，并处罚金或者没收财产。

【案情及裁判】

上海市闸北区人民检察院以被告人花荣的行为构成盗窃罪，且系犯罪既遂，向闸北区人民法院提起公诉。

上海市闸北区人民法院经公开审理查明：2013 年 12 月 7 日 14 时 30 分许，被告人花荣见上海市永兴路 649 弄 53 号 82 岁独居老人陈雅香家中二楼窗户未关，即踩凳翻窗进

---

* 案例来源：最高人民法院刑事审判第一、二、三、四、五庭主办：《刑事审判参考》（第 101 集），法律出版社 2015 年版，第 90 ~ 95 页。

入陈雅香家中。陈雅香的邻居尹家耕碰巧看见，遂马上打电话报警，并与另一名邻居郭云风一起守候在53号门口。当日14时40分左右，花荣窃得现金人民币（以下币种同）377元和价值172元的中华牌香烟3包放于口袋内，从53号房门走出来后被尹家耕和郭云风抓获。尹、郭两人从花荣的上衣口袋内搜出一把匕首。随后，民警赶到现场，从花荣身上查获上述窃得的财物，并将花荣带至派出所。花荣到案后，如实供述了自己的罪行。

上海市闸北区人民法院认为：花荣携带凶器入户盗窃他人财物，其行为构成盗窃罪。花荣已经着手实施犯罪，由于意志以外的原因而未得逞，系犯罪未遂，可以比照既遂犯从轻处罚。花荣到案后如实供述自己的罪行，依法可以从轻处罚。据此，依照《中华人民共和国刑法》第二百六十四条、第二十三条、第六十七条第三款和第六十四条之规定，闸北区人民法院以盗窃罪判处被告人花荣拘役五个月，并处罚金1000元；违法所得责令退赔，发还被害人；缴获的刀具予以没收。

一审宣判后，上海市闸北区人民检察院认为原判认定事实正确，但适用法律错误，量刑不当，依照《中华人民共和国刑事诉讼法》第二百一十七条之规定，提出抗诉。上海市人民检察院第二分院支持抗诉。

上海市第二中级人民法院经审理认为：原判认定事实正确，但认为花荣系盗窃未遂，适用法律错误；对花荣判处主刑拘役五个月，量刑不当，应予改判。上海市闸北区人民检察院、上海市人民检察院第二分院的抗诉意见正确，应予支持。据此，依照《中华人民共和国刑事诉讼法》第二百二十五条第（二）项和《中华人民共和国刑法》第二百六十四条、第六十七条第三款、第六十四条之规定，判决如下：

一、维持上海市闸北区人民法院（2014）闸刑初字第215号刑事判决第二项，即违法所得责令退赔，发还被害人；缴获的刀具予以没收。

二、撤销上海市闸北区人民法院（2014）闸刑初字第215号刑事判决第一项，即被告人花荣犯盗窃罪，判处拘役五个月，并处罚金人民币1000元。

三、原审被告人花荣犯盗窃罪，判处有期徒刑八个月，并处罚金人民币1000元。

【法理解析】

本案涉及两个基本法律问题：（1）入户盗窃既遂和未遂的区别标准应该是是否取得财物。盗窃罪是侵犯财产的犯罪，无论是要求数额的普通盗窃还是入户盗窃，既未遂的区分还是应当坚持以侵犯财产结果为标准。因此，仅有入户盗窃行为，但未窃得财物的，构成盗窃罪，但系犯罪未遂。（2）盗窃过程中群众在户外监视是否构成入室盗窃未遂。当行为人获得被窃财物的控制，而被害人则失去了对被窃财物的控制时，财产所有权已受到实质侵害。虽然在实施盗窃的过程中被群众发现，之后处于群众的监视之下，但是群众在户外的监视不能等同于被害人对财物的控制。综上，被告人花荣不仅实施了入户盗窃行为，且已实际窃得财物并离开被害人住所，其行为系入户盗窃既遂。

原载《人民法院案例选》2016年第1辑（总第95辑）

218. 指导案例 27 号：臧进泉等盗窃、诈骗案

——利用信息网络窃取、骗取财物行为的认定

（最高人民法院审判委员会讨论通过　2014 年 6 月 23 日发布）

【关键词】

刑事　盗窃　诈骗　利用信息网络

【裁判要点】

行为人利用信息网络，诱骗他人点击虚假链接而实际通过预先植入的计算机程序窃取财物构成犯罪的，以盗窃罪定罪处罚；虚构可供交易的商品或者服务，欺骗他人点击付款链接而骗取财物构成犯罪的，以诈骗罪定罪处罚。

【相关法条】

《中华人民共和国刑法》

第二百六十四条　盗窃公私财物，数额较大的，或者多次盗窃、入户盗窃、携带凶器盗窃、扒窃的，处三年以下有期徒刑、拘役或者管制，并处或者单处罚金；数额巨大或者有其他严重情节的，处三年以上十年以下有期徒刑，并处罚金；数额特别巨大或者有其他特别严重情节的，处十年以上有期徒刑或者无期徒刑，并处罚金或者没收财产。

第二百六十六条　诈骗公私财物，数额较大的，处三年以下有期徒刑、拘役或者管制，并处或者单处罚金；数额巨大或者有其他严重情节的，处三年以上十年以下有期徒刑，并处罚金；数额特别巨大或者有其他特别严重情节的，处十年以上有期徒刑或者无期徒刑，并处罚金或者没收财产。本法另有规定的，依照规定。

【基本案情】

一、盗窃事实

2010 年 6 月 1 日，被告人郑必玲骗取被害人金某 195 元后，获悉金某的建设银行网银账户内有 305000 余元存款且无每日支付限额，遂电话告知被告人臧进泉，预谋合伙作案。臧进泉赶至网吧后，以尚未看到金某付款成功的记录为由，发送给金某一个交易金额标注为 1 元而实际植入了支付 305000 元的计算机程序的虚假链接，谎称金某点击该 1 元支付链接后，其即可查看到付款成功的记录。金某在诱导下点击了该虚假链接，其建设银行网银账户中的 305000 元随即通过臧进泉预设的计算机程序，经上海快钱信息服务有限公司的平台支付到臧进泉提前在福州海都阳光信息科技有限公司注册的“kissal23”账户中。臧进泉使用其中的 116863 元购买大量游戏点卡，并在“小泉先生哦”的淘宝网店上出售套现。案发后，公安机关追回赃款 187126. 31 元发还被害人。

二、诈骗事实

2010年5月至6月间，被告人臧进泉、郑必玲、刘涛分别以虚假身份开设无货可供的淘宝网店铺，并以低价吸引买家。三被告人事先在网游网站注册一账户，并对该账户预设充值程序，充值金额为买家欲支付的金额，后将该充值程序代码植入到一个虚假淘宝网链接中。与买家商谈好商品价格后，三被告人各自以方便买家购物为由，将该虚假淘宝网链接通过阿里旺旺聊天工具发送给买家。买家误以为是淘宝网链接而点击该链接进行购物、付款，并认为所付货款会汇入支付宝公司为担保交易而设立的公用账户，但该货款实际通过预设程序转入网游网站在支付宝公司的私人账户，再转入被告人事先在网游网站注册的充值账户中。三被告人获取买家货款后，在网游网站购买游戏点卡、腾讯Q币等，然后将其按事先约定统一放在臧进泉的"小泉先生哦"的淘宝网店铺上出售套现，所得款均汇入臧进泉的工商银行卡中，由臧进泉按照获利额以约定方式分配。

被告人臧进泉、郑必玲、刘涛经预谋后，先后到江苏省苏州市、无锡市、昆山市等地网吧采用上述手段作案。臧进泉诈骗22000元，获利5000余元，郑必玲诈骗获利5000余元，刘涛诈骗获利12000余元。

【裁判结果】

浙江省杭州市中级人民法院于2011年6月1日作出（2011）浙杭刑初字第91号刑事判决：一、被告人臧进泉犯盗窃罪，判处有期徒刑十三年，剥夺政治权利一年，并处罚金人民币3万元；犯诈骗罪，判处有期徒刑二年，并处罚金人民币5000元，决定执行有期徒刑十四年六个月，剥夺政治权利一年，并处罚金人民币35000元。二、被告人郑必玲犯盗窃罪，判处有期徒刑十年，剥夺政治权利一年，并处罚金人民币1万元；犯诈骗罪，判处有期徒刑六个月，并处罚金人民币2000元，决定执行有期徒刑十年三个月，剥夺政治权利一年，并处罚金人民币12000元。三、被告人刘涛犯诈骗罪，判处有期徒刑一年六个月，并处罚金人民币5000元。宣判后，臧进泉提出上诉。浙江省高级人民法院于2011年8月9日作出（2011）浙刑三终字第132号刑事裁定，驳回上诉，维持原判。

【裁判理由】

法院生效裁判认为：盗窃是指以非法占有为目的，秘密窃取公私财物的行为；诈骗是指以非法占有为目的，采用虚构事实或者隐瞒真相的方法，骗取公私财物的行为。对既采取秘密窃取手段又采取欺骗手段非法占有财物行为的定性，应从行为人采取主要手段和被害人有无处分财物意识方面区分盗窃与诈骗。如果行为人获取财物时起决定性作用的手段是秘密窃取，诈骗行为只是为盗窃创造条件或作掩护，被害人也没有"自愿"交付财物的，就应当认定为盗窃；如果行为人获取财物时起决定性作用的手段是诈骗，被害人基于错误认识而"自愿"交付财物，盗窃行为只是辅助手段的，就应当认定为诈骗。在信息网络情形下，行为人利用信息网络，诱骗他人点击虚假链接而实际上通过预先植入的计算机程序窃取他人财物构成犯罪的，应当以盗窃罪定罪处罚；行为人虚构可供交易的商品或者服务，欺骗他人为支付货款点击付款链接而获取财物构成犯罪的，应当以诈骗罪定罪处罚。本案中，被告人臧进泉、郑必玲使用预设计算机程序并植入的方法，秘密窃取他人网上银行账户内巨额钱款，其行为均已构成盗窃罪。臧进泉、郑必玲和被告人刘涛以非法占有为目的，通过开设虚假的网络店铺和利用伪造的购物链接骗取他人数额较大的货款，其行为均已构成诈骗罪。对臧进泉、郑必玲所犯数罪，应依法并罚。

关于被告人臧进泉及其辩护人所提非法获取被害人金某的网银账户内305000元的行为，不构成盗窃罪而是诈骗罪的辩解与辩护意见，经查，臧进泉和被告人郑必玲在得知金某网银账户内有款后，即产生了通过植入计算机程序非法占有目的；随后在网络聊天中诱导金某同意支付1元钱，而实际上制作了一个表面付款“1元”却支付305000元的假淘宝网链接，致使金某点击后，其网银账户内305000元即被非法转移到臧进泉的注册账户中，对此金某既不知情，也非自愿。可见，臧进泉、郑必玲获取财物时起决定性作用的手段是秘密窃取，诱骗被害人点击“1元”的虚假链接系实施盗窃的辅助手段，只是为盗窃创造条件或作掩护，被害人也没有“自愿”交付巨额财物，获取银行存款实际上是通过隐藏的事先植入的计算机程序来窃取的，符合盗窃罪的犯罪构成要件，依照《刑法》第二百六十四条、第二百八十七条的规定，应当以盗窃罪定罪处罚。故臧进泉及其辩护人所提上述辩解和辩护意见与事实和法律规定不符，不予采纳。

原载《人民法院案例选》2016年第2辑（总第96辑）

219. 李某某盗窃案*

【裁判要点】

未成年人犯罪案件的审理，应做到教育、感化和挽救为主，惩罚为辅。通过社会调查了解的未成年被告人的成长经历、案外犯罪原因、羁押表现情况以及监护落实情况和社区矫治意见等，可以作为是否适用缓刑的参考依据。

【案情及裁判】

上海市长宁区人民检察院以被告人李某某犯盗窃罪，向上海市长宁区人民法院提起公诉。

法院经审理查明：2015 年 10 月 20 日 4 时许，被告人李某某前往上海市娄山关路 836 号巴比馒头店内购买食品，乘被害人袁某某不备之机，窃得被害人袁某某放置于店内工作台下面的一只黑色单肩包，内有现金人民币 8400 元。被害人袁某某发现后追至娄山关路 814 号处将被告人李某某抓获并在附近地面发现被窃的黑色单肩包。

侦查机关上海市公安局长宁分局委托安徽省芜湖市鸠江区司法局对被告人李某某开展社会调查。该局经调查后于 2015 年 11 月 3 日出具了社会调查报告。上海市长宁区人民法院在审理中，于 2016 年 2 月 6 日向该局发送了社区矫正征询意见函，并于同年 2 月 26 日收到书面回复。鸠江区司法局在书面回复中建议对被告人李某某适用缓刑，并同意做好社区矫治工作。

法院认为：被告人李某某以非法占有为目的，秘密窃取他人财物，数额较大，其行为已构成盗窃罪，应依法承担刑事责任，并处罚金。公诉机关指控的犯罪事实清楚，证据确实充分。被告人李某某犯罪时已满 16 周岁不满 18 周岁，系未成年人，应当从轻处罚。被告人李某某到案后能如实供述自己的罪行，系坦白，可以从轻处罚。被告人李某某窃取的赃款已被当场追回和发还，没有造成被害人损失，可酌情从轻处罚。对被告人李某某的社会调查表明，被告人李某某因过早离开家庭和学校，缺少家庭和学校教育，导致其法制意识淡薄。李某某的母亲离家出走，父亲缺乏管教，致其没有约束自己的行为，从而滋生了子女犯罪，对此负有不可推卸的责任。被告人李某某初中毕业后，不思进取，盲目交友，独自一人来到上海后没有稳定工作和收入，没有固定住所，在网吧等地闲逛，在不劳而获思想驱动下最终走上了盗窃的犯罪道路。案发后，被告人李某某对自己的错误行为有所认识，在监所期间认罪悔过，表现较好。李某某的伯父李某平愿意接纳并做好对李某某的帮教工作。结合社会调查情况中有关其个人成长经历、社会调查意见和羁押期间表现情况等，可在对全案综合考虑基础之上判处其拘役并宣告缓刑，同时判处禁止令执行事项。

---

* 本案原载《最高人民法院公报》2016 年第 8 期（总第 238 期）。

综上，上海市长宁区人民法院依照《刑法》第二百六十四条，第十七条第一款、第三款，第六十七条第三款，第七十二条，第七十三条第一款、第三款，第五十三条之规定，于 2016 年 2 月 29 日作出判决：

一、被告人李某某犯盗窃罪，判处拘役五个月，缓刑五个月，并处罚金人民币 500 元。（缓刑考验期限，从判决确定之日起计算。罚金自本判决确定之日起一个月内一次缴纳完毕。）

二、被告人李某某在缓刑考验期限内禁止进入夜总会、酒吧、迪厅、网吧等娱乐场所。禁止每日 22 点至次日 6 点离开其户籍地或居住地，如因治病或者探望长辈、亲属等原因确需在禁止时段离开住所的，应由法定代理人等成年亲属陪同，并应在事发后 24 小时内向社区报告。

一审宣判后，被告人李某某没有提出上诉，上海市长宁区人民检察院也没有提出抗诉，一审判决已发生法律效力。

【编后补评】

社会调查制度是一个国家少年司法制度的重要组成部分。这一制度能够保护未成年犯罪人的合法权益，使之尽可能地得到社会的帮教从而更好地回归社会，实现少年司法教育、感化和挽救为主、惩罚为辅的制度目的与功能。这一制度得到了国际公约的确认，《联合国少年司法最低限度标准规则》第 16 条明确规定："所有案件除涉及轻微违法行为的案件外，在主管当局作出判决的最后处理之前，应对少年生活的背景和环境或犯罪的条件进行适当的调查，以便主管当局对案件作出明智的判决。"世界法治发达国家的少年司法实践也纷纷采纳了这一制度。我国 2012 年修正的《刑事诉讼法》第二百六十八条规定："公安机关、人民检察院、人民法院办理未成年人刑事案件，根据情况可以对未成年犯罪嫌疑人、被告人的成长经历、犯罪原因、监护教育等情况进行调查"，从而在立法上正式确认了这一制度。但我国目前社会调查制度尚处于刚刚起步的状态，在制度的具体运行上尚有欠缺，需要在实践中不断完善。

规范社会调查报告和健全异地委托调查机制是完善我国社会调查制度的重要举措。规范社会调查报告要求报告内容必须体现一些必要的内容。本案中的社会调查报告的内容涉及了未成年被告人的个人情况、家庭背景、社会交往、实施违法行为前后的情况、羁押期间表现情况、亲属态度等方面，内容详尽、叙述细致，为法院适用缓刑提供了极有价值的参考依据。另外，根据《刑事诉讼法》第二十四条规定，刑事案件原则上由犯罪地的人民法院管辖，但由于我国幅员辽阔，在实践中经常会遇见非本地的未成年人在本地实施犯罪的情况，健全异地委托调查机制就必不可少。本案中鸠江区司法局较好地履行了异地调查的委托，并根据被告人的实际情况在社区矫正征询意见函中建议适用缓刑并同意做好社区矫治工作，这对于借鉴实践经验来健全异地委托调查机制具有一定的参考意义。

（改写人　周维明
责任编辑　包献荣）

原载《人民法院案例选》2016 年第 11 辑（总第 105 辑）

220. 李泽银盗窃案

——使用假币调包换取真币的行为的定性

【关键词】

调包　盗窃　持有　使用假币

【裁判要旨】

1. 单纯利用假币作为犯罪工具来窃取或骗取被害人财物的行为不属于持有、使用假币罪中的“使用”。

2. 对于以假换真、骗偷兼有的“调包”行为，尽管被告人实施了欺骗行为，但该欺骗行为只是为其秘密窃取财物创造条件或提供掩护，被告人实现非法占有目的的关键手段是秘密窃取，因此应当认定为盗窃罪。

【相关法条】

《中华人民共和国刑法》

第二百六十四条　盗窃公私财物，数额较大的，或者多次盗窃、入户盗窃、携带凶器盗窃、扒窃的，处三年以下有期徒刑、拘役或者管制，并处或者单处罚金；数额巨大或者有其他严重情节的，处三年以上十年以下有期徒刑，并处罚金；数额特别巨大或者有其他特别严重情节的，处十年以上有期徒刑或者无期徒刑，并处罚金或者没收财产。

【案件索引】

一审：安徽省岳西县人民法院（2014）岳刑初字第00171号（2015年1月23日）

二审：安徽省安庆市中级人民法院（2015）宜刑终字第00070号（2015年4月8日）

【基本案情】

安徽省岳西县人民检察院指控：2014年3月23日、5月7日，被告人李泽银伙同他人谎称用零钱找被害人兑换整钱，然后采用调包的方式，用假币骗走被害人吴某某人民币4000元、程某某人民币5000元。公诉机关认为李泽银的行为同时触犯持有、使用假币罪和诈骗罪两个罪名，择一重罪处罚，应以持有、使用假币罪追究其刑事责任。

被告人李泽银对起诉书指控的事实无异议，当庭自愿认罪。李泽银的辩护人提出如下辩护意见：（1）对起诉书指控的罪名有异议，认为李泽银的行为不构成持有、使用假币罪，而应构成诈骗罪。（2）李泽银在庭审中自愿认罪，有悔罪表现，建议法庭对李泽银从轻处罚。

法院经审理查明：2014 年 3 月 23 日，被告人李泽银伙同周祖华（在逃）一起骑摩托车至潜山县槎水镇万全村被害人吴某某家。二人谎称要去某朋友家送红包，要用零钱向吴某某兑换整钱。吴某某表示同意，并将 4000 元的百元面额的人民币交给李泽银二人，后李泽银二人又以不需要兑换零钱为由，趁吴某某不备，将事先准备好的 4000 元假币调包换下吴某某的 4000 元真币，将 4000 元假币还给吴某某，从而窃取吴某某人民币 4000 元。

2014 年 5 月 7 日，李泽银二人又以同样手法窃取被害人程某某人民币 5000 元。

【裁判结果】

安徽省岳西县人民法院于 2015 年 1 月 23 日作出（2014）岳刑初字第 00171 号刑事判决：一、被告人李泽银犯盗窃罪，判处有期徒刑一年二个月，并处罚金人民币 1 万元；二、扣押于公安机关的 1430 元返还给被害人程某某；责令被告人李泽银继续退赔 7570 元，返还给被害人程某某 3570 元、吴某某 4000 元。

李泽银不服提出上诉称，其采取欺骗手段，虚构要用零钱兑换整钱的事实，使被害人产生错误认识而给予其财物，其行为应构成诈骗罪。原判定罪不当，请求二审法院予以改判。

安徽省安庆市中级人民法院经审理认为：原判对李泽银的定罪准确，量刑适当，审判程序合法。但对李泽银先行给付被害人的 200 元未从被害人的实际损失中扣除，同时对被扣押的李泽银的农金卡中的 300 元未判决追缴，并对被扣押的作案工具摩托车一辆未判决没收不当。鉴于李泽银在二审期间有明显的悔罪表现，可再予以从轻处罚。判决如下：一、撤销安徽省岳西县人民法院（2014）岳刑初字第 00171 号刑事判决的第一、二项；二、上诉人李泽银犯盗窃罪，判处有期徒刑一年一个月，并处罚金人民币 1 万元。三、扣押于公安机关的 1730 元返还给被害人程某某；责令被告人李泽银继续退赔 7070 元，返还给被害人程某某 3070 元、吴某某 4000 元。四、扣押于公安机关的作案工具摩托车一辆予以没收。

【裁判理由】

法院生效裁判认为：针对李泽银上诉提出其构成诈骗罪而不构成盗窃罪的理由，应从被告人所采取的主要手段和被害人有无处分财物的意思等方面区分盗窃与诈骗。本案中，李泽银向被害人虚构用零钱兑换整钱的事实，该欺骗行为只是为其秘密窃取被害人财物创造条件或提供掩护。被害人听信李泽银等人编造的谎言，好心帮忙换钱，并非基于李泽银虚构的事实而产生错误认识，进而自愿交付并处分财物。李泽银趁被害人不备，采取调包的方式，用同等面额的假币将真币调换，最终取得被害人的财物，被害人对此毫不知情，对李泽银实现非法占有目的起决定性作用的手段是秘密窃取，故李泽银的行为应构成盗窃罪。原判定罪准确，李泽银提出其构成诈骗罪的上诉理由不能成立。

【案例注解】

本案所涉问题是李泽银以虚假事由欺骗被害人，进而趁被害人不备，使用假币调包换取真币，对于此类以假换真、骗偷兼有的行为应当如何认定其性质，一审中控辩审三方存在着较大的分歧。公诉机关认为，李泽银的行为同时触犯持有、使用假币罪和诈骗罪两个罪名，择一重罪处罚，应构成持有、使用假币罪；辩护人认为，李泽银采取欺骗手段，使被害人产生错误认识而处分财物，李泽银的行为应构成诈骗罪；一审法院认为，李泽银趁被害人不备，采取以假币调包换取真币的方法秘密窃取被害人财物，其行为应构成盗窃罪。

二审法院的生效裁判认可了一审法院的观点，认定李泽银的行为构成盗窃罪。对此分析如下：

一、李泽银的行为是否构成持有、使用假币罪

依照《刑法》第一百七十二条规定，持有、使用假币罪是指明知是伪造的货币而持有、使用，数额较大的行为。对此可以理解为，行为人明知是伪造的货币而将其当做（即冒充）真货币在经济交往、日常生活中运用，使不具备流通性的假币得以充当真币而流通，数额较大的行为。本案中李泽银的行为，表面上虽符合上述法律规定，其实则不然。李泽银并不是真正的使用假币，而是利用假币作为犯罪工具来窃取被害人的财物。李泽银和被害人吴某某、程某某之间的假币交换并不是正常的经济交易而产生的货币流通，只不过是李泽银为秘密窃取被害人财物而创造条件或提供掩护的一种手段。因此，李泽银主观上没有使用假币的意图，客观上仅持有了假币。同时，李泽银持有假币是其为实施盗窃行为所作的准备，即其持有假币的行为是盗窃的预备行为，在此情况下，根据相关刑法理论，预备行为为实行行为所吸收，仅依实行行为所构成的犯罪定罪，故李泽银不构成持有、使用假币罪。

二、李泽银的行为是否构成诈骗罪

诈骗是指被告人采用隐瞒事实和虚构真相的欺诈方法，使得财物的所有人（即本案中的被害人）产生错误认识，从而自愿地将财物交与被告人的行为。诈骗罪是一种交互型犯罪，被害人是否具有处分财物的意思和行为，是区分诈骗和盗窃的关键所在。在审理此类案件时一方面要从客观上审查被害人交付的财物是否已被被告人控制和支配，另一方面要从被害人的主观上审查其是否具有将财物转移给被告人控制和支配的意思。本案中被害人虽将一定数量的财物（即现金）交至李泽银手中，但被害人的目的是为让李泽银以零钱兑换整钱，在形式上该财物虽已交至李泽银手中，但被害人在意识上仍然保持着对该财物的控制，李泽银在客观上并未取得对该财物的实际控制权。并且当时的整个过程都发生在被害人的家中，被害人对其家中的财物当然具有控制权。就被害人主观上而言，李泽银趁其不备调包取走财物，被害人当时并不知情，事后方才知晓，在这种情况下，财物虽然在李泽银手中暂时持有，但被害人在主观上没有让李泽银取得财物控制权的意思。在李泽银表示无需换钱时，被害人即要求李泽银将钱归还，此时李泽银通过调包的方式将钱窃取，在整个过程中，被害人在主观上都希望保持着对该财物的控制，都没有将该财物交与李泽银控制和支配的意思。通过以上分析，我们可以看出本案中的被害人没有处分财物的意思和行为，因此，李泽银的行为不构成诈骗罪。如果对此情形认定为诈骗，那么在李泽银接到财物时即已诈骗既遂，即便李泽银之后归还了财物，也是诈骗既遂后的返还行为，如此认定则于法理不合。

三、李泽银的行为应当构成盗窃罪

本案中李泽银向被害人虚构用零钱兑换整钱的事实，该欺骗行为只是其为秘密窃取被害人财物创造条件或提供掩护。李泽银通过该欺骗行为仅仅是取得了对财物的暂时持有，然而这不是李泽银的最终目的，这只是其实现非法占有目的的辅助行为。对李泽银实现非法占有目的起决定性作用的手段是秘密窃取，具体体现为李泽银采用调包的方式，表现出其主观上不愿让被害人知道其财物被盗，而在调包后，被害人也确实并不知道其财物已经被李泽银所控制。正是李泽银实施的调包这一秘密窃取的手段，使得李泽银实现了非法占有被害人财物目的，因此，李泽银的行为符合盗窃罪秘密窃取的行为特征，一、二审法院对李泽银构成盗窃罪的认定是正确的。

（一审法院合议庭成员　王月萍　王志文　陈　亮
二审法院合议庭成员　朱祖琴　张　跃　江石平
编写人　安徽省安庆市中级人民法院　朱祖琴　张　跃
责任编辑　周维明
审稿人　沈　亮）

原载《人民法院案例选》2017年第6辑（总第112辑）

221. 潘满慧、胡志勇盗窃案

——盗窃彩票犯罪数额的认定

【关键词】

盗窃　彩票　票面金额　兑奖金额　犯罪数额

【裁判要旨】

被告人从彩票站盗取待售的刮刮乐彩票并兑得奖金的，应以票面金额认定犯罪数额。中奖金额高于票面金额的部分，属于违法所得，应予以没收。

【相关法条】

《中华人民共和国刑法》

第二百六十四条　盗窃公私财物，数额较大的，或者多次盗窃、入户盗窃、携带凶器盗窃、扒窃的，处三年以下有期徒刑、拘役或者管制，并处或者单处罚金；数额巨大或者有其他严重情节的，处三年以上十年以下有期徒刑，并处罚金；数额特别巨大或者有其他特别严重情节的，处十年以上有期徒刑或者无期徒刑，并处罚金或者没收财产。

【案件索引】

一审：江苏省兴化市人民法院（2016）苏1281刑初685号（2016年12月28日）

【基本案情】

法院经审理查明：2016年7、8月份，被告人潘满慧伙同被告人胡志勇在兴化市戴南镇、周庄镇等地盗窃8次，窃得现金、电视机等物品，共计价值人民币39914元。其中，被告人潘满慧盗窃作案8次，窃得财物共计价值人民币39914元；被告人胡志勇盗窃作案7次，窃得财物共计价值人民币33744元。分述如下：

1. 2016年7月2日晚，被告人潘满慧、胡志勇在盐都区大纵湖镇潘大路，采取撬窗入室等手段，进入被害人徐建军的水产品门市，窃得格兰仕空调1台及空调外机1台，价值人民币2595元；窃得都市飞鸽牌电动三轮车1辆，价值人民币1210元，合计人民币3805元。

2. 2016年7月6日晚，被告人潘满慧、胡志勇在兴化市周庄镇周北村，采取撬窗入室等手段，进入被害人赵华兵家中，窃得小天鹅牌洗衣机1台，价值人民币1080元；窃得黄铜香炉1只、烛台2只，价值人民币60元，合计人民币1140元。

3. 2016年7月21日晚，被告人潘满慧在东台市梁垛镇临塔村六组21号被害人成志祥家门口，采取钥匙投锁等手段，窃得宗申牌三轮摩托车1辆，价值人民币6170元。

4. 2016 年 7 月下旬的一天晚上，被告人潘满慧、胡志勇在兴化市戴南镇徐顾村，采取爬墙、撬窗等手段，进入被害人冒庆华家中，窃得长虹牌液晶电视机 1 台，价值人民币 1200 元；海尔牌电视机 1 台，价值人民币 90 元；台式电脑 1 台，价值人民币 150 元；艾斐堡牌保险柜子 1 个，价值人民币 540 元；龙头样式装饰品 1 个，价值人民币 110 元；宝剑 1 把，价值人民币 110 元；玉手镯 8 只，价值人民币 2580 元；窃得 52 度陈坛老窖 V/9 酒 45 瓶、西凤御藏酒（18M）8 瓶、西凤御藏酒（9M）2 瓶、52 度泸州老窖头曲（09 版）6 瓶、今世缘白酒 3 瓶、海之蓝白酒 2 瓶、五粮醇白酒 2 瓶、洋河大曲白酒 1 瓶、贵州茅台赖茅白酒 1 瓶、郎酒双喜白酒 2 瓶、刘伶醉董北村特曲 4 瓶，价值人民币 4095 元，合计人民币 8875 元。

5. 2016 年 8 月 1 日晚，被告人潘满慧、胡志勇在兴化市大邹镇渭水村小邹，采用翻墙、推门等手段，进入被害人张太仁家中，窃得科沃斯吸尘器 1 台，价值人民币 900 元；窃得格兰仕微波炉 1 台，价值人民币 30 元；窃得格兰仕电磁炉 1 台，价值人民币 90 元；窃得取暖器 1 台；现金人民币 20 元，合计人民币 1040 元。

6. 2016 年 8 月 2 日晚，被告人潘满慧、胡志勇在兴化市戴南镇徐唐村，采取钻窗等手段，进入被害人周青农家中，窃得酷开液晶电视机 1 台，价值人民币 2080 元；窃得艾欧史密斯牌热水器 1 台，价值人民币 2340 元；窃得海尔牌微波炉 1 台，价值人民币 120 元；窃得苏泊尔牌电压力锅 1 个，价值人民币 180 元；窃得奥克斯取暖器 1 个，价值人民币 175 元；窃得油画 5 幅，价值人民币 1335 元；窃得花灯台灯 2 个，价值人民币 280 元；窃得瓷花瓶 1 个，价值人民币 50 元；窃得棉被 2 条，价值人民币 90 元；窃得张裕干红葡萄酒 4 瓶，价值人民币 180 元；窃得今世缘白酒 4 瓶；铁锅子 2 个；电饭煲 1 个；餐具 1 套；监控主机 1 台，合计人民币 6830 元。

7. 2016 年 8 月上旬的一天晚上，被告人潘满慧、胡志勇至兴化市茅山镇纪荀村纪东七组，采取推窗户等手段，进入被害人王巧林家的烧腊摊，窃得软玉溪香烟 1 条，价值人民币 201 元；窃得硬壳利群香烟 1 条，价值人民币 123 元；窃得红南京香烟 3 条，价值人民币 309 元；窃得紫杉树香烟 2 条，价值人民币 134 元；窃得红双喜香烟 1 条，价值人民币 67 元；窃得人民币 20 元，合计人民币 854 元。

8. 2016 年 8 月 9 日晚，被告人潘满慧、胡志勇在兴化市戴南镇史堡村，采取撬窗等手段，进入被害人夏素芹的体育彩票店，窃得现金人民币 7200 元、面值人民币 4000 元的刮刮乐彩票及监控主机 1 台，后被告人潘满慧、胡志勇将中奖的彩票拿到袁桂平经营的体育彩票店兑换人民币 2500 元，合计人民币 11200 元。

案发后，被告人潘满慧、胡志勇如实供述自己的犯罪行为，所窃得的大部分赃物已被公安机关追缴并发还被害人，被告人潘满慧退出赃款人民币 1000 元由公安机关发还给被害人夏素芹。

【裁判结果】

江苏省兴化市人民法院于 2016 年 12 月 28 日作出（2016）苏 1281 刑初 685 号刑事判决：认定被告人潘满慧犯盗窃罪，判处有期徒刑二年六个月，并处罚金人民币 25000 元；被告人胡志勇犯盗窃罪，判处有期徒刑二年三个月，并处罚金人民币 2 万元。未退出的赃款、赃物或赃物折价款人民币 12214 元予以追缴，发还被害人。判决已发生法律效力。

【裁判理由】

法院生效裁判认为：被告人潘满慧、胡志勇多次盗窃他人财物，数额较大，其行为均已构成盗窃罪，且系共同犯罪。被告人潘满慧、胡志勇曾因故意犯罪被判处有期徒刑，刑罚执行完毕后5年以内，再犯应当判处有期徒刑刑罚之罪，系累犯，依法应当从重处罚。被告人潘满慧、胡志勇归案后，如实供述自己的犯罪行为，依法可以从轻处罚。鉴于被告人潘满慧、胡志勇当庭自愿认罪且大部分赃物被扣押并发还被害人，亦酌情对其从轻处罚。

公诉机关起诉指控两被告人犯罪的主要事实清楚，证据确实、充分，罪名成立，依法予以支持，但指控数额不当。第八节中所偷体育彩票店刮刮乐彩票的面值是人民币4000元，从法益侵害角度考量，被害人的损失即人民币4000元，之后两被告人因中奖兑换的人民币2500元不应作为犯罪数额累加计算，故予以纠正。

【案例注解】

本案的争议焦点是对被告人潘满慧、胡志勇窃得彩票价值的认定。公诉机关认为彩票属有价证券，根据《最高人民法院、最高人民检察院关于办理盗窃刑事案件适用法律若干问题的解释》第五条的规定，盗窃不记名、不挂失的有价支付凭证、有价证券、有价票证的，应当按票面数额和盗窃时应得的孳息、奖金或者奖品等可得收益一并计算盗窃数额。据此，公诉机关根据两被告人窃得彩票票面金额4000元及事后兑奖所得奖金2500元，合计6500元认定涉案彩票的价值。法院最终认为，被害人的实际损失只有人民币4000元，被告人因盗窃所得收益也未超过4000元，故应以4000元认定该节犯罪数额。笔者认为，法院的认定符合常识、常理、常情，亦不违背司法解释的本意，具体理由如下：

一、彩票属于不记名、不挂失，具有期待权的有价证券

有价证券可作狭义和广义的理解，狭义的有价证券指表示具有财产价值的民事权利的证券，权利的发生、转移和行使均以持有证券为必要，如各种票据等；广义的有价证券泛指表示民事权利的证券，除狭义的有价证券之外，还包括股票、债券和仓单等，代表物权、债权、社员权、期待权。[①] 按证券是否记名分类，有价证券分为记名有价证券和不记名有价证券。

1994年《中国福利彩票管理办法》第二条将福利彩票界定为“有价凭证”。1998年《中国福利彩票发行与销售管理暂行办法》第二条对福利彩票仅界定为“凭证”。根据2009年5月4日国务院发布的第554号令《彩票管理条例》第二条规定：彩票是指国家为筹集公益资金，促进社会公益事业发展而特许发行、依法销售，自然人自愿购买，并按照特定规则获得中奖机会的凭证。以上规定的变化过程足以反映出我国法律界对彩票是否属于有价证券存在很大的争议。

笔者认为，彩票区别于狭义的有价证券，属于期待权的有价证券，也是记载射幸合

① 韩世远：《彩票的法律分析》，载《法学》2005年第4期。

同关系的凭证。彩票购买者通过购买彩票取得的是一种机会，在开奖之前，其是债权的期待权人，至于其有否取得证券记载的或然性的债权或者所有权，要取决于持有人意志之外的事件或特定规定；在开奖之后，如果确属中奖的彩票，则债权的期待权转化为一种实实在在的债权。因此，在侵财型犯罪中，对涉案彩票的价值认定也应当区别于一般有价证券的价值认定思路。

二、盗窃彩票案件数额认定的法律适用规则

《最高人民法院、最高人民检察院关于办理盗窃刑事案件适用法律若干问题的解释》第五条针对不记名、不挂失的有价支付凭证、有价证券、有价票证的犯罪数额认定作出了规定，即“按票面数额和盗窃时应得的孳息、奖金或者奖品等可得收益一并计算盗窃数额”。有人认为，此处的“一并计算”就是简单相加。诚然，对于不记名的支票，除票面金额外，还可能产生利息，被告人盗窃支票，给被害人造成的损失包括本金和利息，应以本息一并认定犯罪数额。但股票、彩票等有价证券的价值，会随市场行情而波动，以盗窃时的价值认定是财产犯罪、职务犯罪中通行的数额认定方法。被告人盗窃时，股票价值可能高于票面金额，也可能低于票面金额；彩票如属于开奖的彩票，其中奖金额亦可以高于票面金额或低于票面金额。一概以票面金额与孳息、奖金相加，明显有悖常理。因此，应以被告人盗窃时该有价证券的票面金额，并综合考虑可得孳息、奖金、奖品的多少，合情合理地确定价值才符合司法解释本意。

三、盗窃彩票的犯罪数额应结合盗窃场所、彩票品种、票面金额、中奖金额、开奖与否、兑奖与否等因素实事求是作出认定

第一，彩票品种影响彩票价值认定。实践中，在我国经批准发行的彩票品种呈多样化，包括乐透型、数字型、竞猜型、传统型、即开型、视频型、基诺型。影响彩票能否实现期待的财产利益的因素也因彩票品种不同而呈现差异。本案中，被告人从彩票站窃得的“刮刮乐”彩票属于即开型彩票，是否中奖只取决于彩票本身记载的数字、符号、图案及中奖规则，无需持有人选择数字或加入其他人为因素。因此，该类彩票的价值仅与刮开与否有关，与其他因素无关。

第二，彩票的票面金额与中奖金额不能被持有人同时拥有。首先，从彩票零售者的角度看，彩票具有一般商品的特征。根据《彩票管理条例》第十五条的规定，彩票发行机构、彩票销售机构可以委托单位、个人代理销售彩票。由此可见，彩票零售商与彩票发行机构、销售机构之间是委托代销关系，而不是包销关系。尽管彩票在我国不具有流通性，但即开型彩票仍然标有票面金额，具有一般商品的属性。因此，对于彩票零售站而言，待售的即开型彩票是具有财产利益的商品，其价值即为票面金额。其次，从彩民的角度看，彩票是具有期待权的有价证券。彩民从彩票零售站购买彩票时，需要按照票面金额支付兑价。彩民基于期待中奖的心理支付票面金额购买彩票后，对该彩票中奖与否享有了期待权，一旦中奖即享有按照射幸合同兑得中奖金额的权利。再次，票面金额和中奖金额属于“有你无我”的关系。彩票零售商因为仅代理彩票销售，在彩票发行机构的指导下销售彩票，除自己以彩票消费者的身份购买彩票外，不享有对彩票中奖的期待权，故当其拟销售的彩票失窃时，被侵害的法益仅是彩票的票面价值。彩民按票面金额购买彩票后，可以在开奖后按中奖结果获得中奖金额，亦可选择在开奖前按票面金额让与他人。因此，对彩民而言，彩票在开奖之前失窃，被侵害的法益可以是票面金额，也可以是对彩票中奖的期待权。票面金额和中奖金额不一致的情况下，应就高认定犯罪数额。若是按“累加”论以票面金额加中奖金额认定犯罪数额，则得出彩民会因被盗窃而受益的悖论。

此外，对于开奖、刮奖之后的彩票，其价值已不再是期待权，而是确定的，实实在在的债权，即中奖金额，其票面金额已毫无意义。

第三，盗窃彩票案件的犯罪数额认定还与兑奖与否有关。如前所述，通常情况下，被告人盗窃彩票并实际兑奖的，以中奖金额认定犯罪数额符合情理和法理。被告人因故未实际兑奖的，如何认定盗窃犯罪数额，也是值得探讨的实践问题。刑事司法遵循主客观统一原则，被告人盗窃彩票后，即非法占有了他人对彩票的期待权，彩票中奖并且可能中大奖，在正常人主观认知范围之内，但毕竟中大奖的概率极小，也有可能会超出被告人期待权范围。实践中，被告人窃得彩票后发现中了巨额奖金的案例虽鲜少发生，但并非不可能出现。笔者试区分以下几种情形分析被告人中巨额奖金情况下的犯罪数额认定思路。情形一，被告人实际兑得奖金，主客观方面一致，以中奖金额认定其犯罪数额不会引发争议；情形二，被告人担心会暴露盗窃事实不去兑奖，选择抛弃奖券或其他方法处置导致失主无法兑奖，因被告人的抛弃行为给失主造成了实际损失，是其对赃物的处分，以中奖金额认定其盗窃数额，与《最高人民法院、最高人民检察院关于办理盗窃刑事案件适用法律若干问题的解释》第五条第（二）项规定的思路一致，符合罪责刑一致原则；情形三，被告人发现中奖金额过高，法律责任过重，及时将奖券归还失主，说明其主观上不具有非法占有巨额奖金的故意，中奖金额可以不认定为盗窃数额。

综上，被告人潘满慧、胡志勇从彩票零售站窃得面值4000元的彩票，实际兑得奖金2500元。应以彩票面值4000元认定其盗窃数额。若两被告人窃得彩票后实际兑得奖金数额超出4000元的，仍应以4000元认定犯罪数额，超出部分属于违法所得，应予判决追缴。

（一审法院独任审判员　易书芹
编写人　江苏省泰州市中级人民法院　吴晓蓉
江苏省兴化市人民法院　易书芹
责任编辑　周维明
审稿人　李玉萍）

原载《人民法院案例选》2018年第1辑（总第119辑）

222. 吕宁盗窃案

——通过秘密方式修改他人支付宝密码并转移其绑定银行卡内资金的行为，认定为盗窃罪

【关键词】

秘密方式修改支付宝密码　盗窃罪　信用卡诈骗

【裁判要旨】

行为人趁被害人不备，以秘密方式修改被害人手机中的支付宝信息，随后登录被害人支付宝，将其绑定的银行卡内的资金转移到自己银行卡内的行为，应按盗窃罪论处，不宜认定为信用卡诈骗罪。

【相关法条】

《中华人民共和国刑法》

第二百六十四条　盗窃公私财物，数额较大的，或者多次盗窃、入户盗窃、携带凶器盗窃、扒窃的，处三年以下有期徒刑、拘役或者管制，并处或者单处罚金；数额巨大或者有其他严重情节的，处三年以上十年以下有期徒刑，并处罚金；数额特别巨大或者有其他特别严重情节的，处十年以上有期徒刑或者无期徒刑，并处罚金或者没收财产。

第一百九十六条　有下列情形之一，进行信用卡诈骗活动，数额较大的，处五年以下有期徒刑或者拘役，并处二万元以上二十万元以下罚金；数额巨大或者有其他严重情节的，处五年以上十年以下有期徒刑，并处五万元以上五十万元以下罚金；数额特别巨大或者有其他特别严重情节的，处十年以上有期徒刑或者无期徒刑，并处五万元以上五十万元以下罚金或者没收财产：

（一）使用伪造的信用卡，或者使用以虚假的身份证明骗领的信用卡的；

（二）使用作废的信用卡的；

（三）冒用他人信用卡的；

（四）恶意透支的。

前款所称恶意透支，是指持卡人以非法占有为目的，超过规定限额或者规定期限透支，并且经发卡银行催收后仍不归还的行为。

盗窃信用卡并使用的，依照本法第二百六十四条的规定定罪处罚。

【案件索引】

一审：四川省成都市龙泉驿区人民法院（2016）川 0112 刑初 498 号（2016 年 8 月

22 日）

【基本案情】

公诉机关四川省成都市龙泉驿区人民检察院指控：2015 年 12 月 2 日，被告人吕宁趁同寝室被害人何某睡觉之机，将何某手机上的支付宝密码重置，随后分两次把何某支付宝绑定的建设银行卡中的人民币 3000 元转账至自己的支付宝账户后使用。被告人吕宁在 2015 年 12 月 4 日、12 月 5 日、12 月 8 日又采取上述相同手段分 3 次通过支付宝平台将何某建设银行卡中的人民币共计5300元转账至自己的支付宝账户并使用。2016 年 2 月 5 日，被告人吕宁与何某一起到公安机关报案，案发后吕宁家属代为退赔了何某全部经济损失并取得何宇谅解。

被告人吕宁对指控事实无异议。

四川省成都市龙泉驿区法院经审理查明，案件事实与指控事实一致。

【裁判结果】

四川省成都市龙泉驿区人民法院于 2016 年 8 月 22 日作出（2016）川 0112 刑初 498 号刑事判决：被告人吕宁犯盗窃罪，判处拘役四个月，缓刑十个月，罚金 1000 元。

一审判决后，被告人未提起上诉，检察机关未抗诉，该判决已发生法律效力。

【裁判理由】

法院生效裁判认为："支付宝"具有快捷支付功能，用户将银行卡与"支付宝"账户绑定，在使用"支付宝"账户付款时，仅需要输入"支付宝"的密码，相应款项即自动从绑定的银行卡内转出。

被告人吕宁未经何某同意，更改其"支付宝"密码，使用更改后的"支付宝"密码，从其绑定银行卡转走 8300 元，其行为已构成盗窃罪。被告人吕宁犯罪后主动投案，到案后如实供述其犯罪事实，属自首，可以从轻处罚。被告人吕宁初次犯罪，退赔损失，取得谅解，酌情从轻处罚。公诉机关指控被告人吕宁的事实清楚，证据确实充分，法院予以支持。本案中，被告人吕宁并没有获取何某信用卡信息，信用卡的相关属性被无限弱化，仅是一个象征的程序，不属于以窃取等方式获他人信用卡信息资源，并通过通讯终端等使用的，从而不属于冒用他人信用卡，不构成信用卡诈骗罪，因此，公诉机关指控罪名不当，予以纠正。

【案例注解】

一、通讯移动设备具有支付功能应用的性质分析

随着通讯网络技术的不断发展，现代社会中通过移动通讯设备上具有支付功能的应用替代现金支付的网络支付方式日益兴起。这类具有支付功能的应用程序，通过将移动通讯设备持有人及其银行卡、信用卡进行关联，当持有人需用此应用进行支付时，以向通讯移动设备的该应用输入支付密码或小额免密等方式，将银行卡内的资金转移到需要支付的账户上，即完成支付。移动通讯设备持有人在通讯设备上使用这一应用程序，通

过注册、绑定银行卡、设定密码等一系列行为使持有人银行卡内的资金进入一种实际的被控制的便捷（随时随地可以任意适用）状态，从而避免对银行卡内资金控制必须通过银行柜台或 ATM 机器进行而带来的不便。此外，持有人还可以通过该应用程序将银行卡内的资金直接转入此应用的电子账户用于保管和支付。故而持有人可以通过移动通讯设备及应用程序对自己银行卡内资金形成实时控制，移动通讯设备中的应用程序则通过数字密码或指纹密码等等形式对持有人进行识别。从这个角度看来“电子钱包”或许是对这类应用程序的性质的一种解读。而密码则可以被看作“电子钱包”的钥匙。

本案中，被告人吕宁对被害人何某手机上的支付宝密码进行重置，在掌握被害人支付宝密码后分 2 次把何某支付宝绑定的建设银行卡中的人民币 3000 元转账至自己的支付宝账户。后被告人吕宁在 2015 年 12 月 4 日、12 月 5 日、12 月 8 日又采取上述相同手段分 3 次通过支付宝平台将何某建设银行卡卡中人民币共计 5300 元转账至自己的支付宝账户。

被告人吕宁的行为可以解释为：被告人吕宁趁被害人睡觉之机，通过更换被害人“电子钱包的钥匙”（更改支付宝密码）的方式，将被害人“电子钱包”（支付宝应用程序绑定的银行卡）的资金转移到自己的“电子钱包”（支付宝账户）的行为。

因此，法院认为被告人吕宁的行为中并没有获取何某信用卡信息，信用卡的相关属性被无限弱化，仅是一个象征的程序，不属于以窃取等方式获他人信用卡信息资源，并通过移动通讯设备等使用的情况，故不属于冒用他人信用卡，不构成信用卡诈骗罪。

二、信用卡诈骗罪与盗窃罪的区别

信用卡诈骗罪，是指以非法占有为目的，利用信用卡进行诈骗活动，骗取数额较大财物的行为。

盗窃罪，是指以非法占有为目的，窃取他人占有的数额较大的财物的行为。

信用卡诈骗罪是包含于诈骗罪内的特殊诈骗罪。从侵犯法益角度来看两罪均是对他人财物的占有，都属于侵犯财产型案件。因此，区分两罪的关键在于其行为方式和内容的不同。

信用卡诈骗罪要求行为人具有利用信用卡进行诈骗的行为，主要有以下三种方式：(1) 是行为人使用伪造的信用卡或者使用以虚假的身份证明骗领的信用卡骗取财物；(2) 是行为人使用作废的信用卡骗取财物；(3) 是行为人冒用他人信用卡骗取财物。冒用行为，是非持卡人以持卡人的名义使用信用卡进行诈骗的行为。这三种情形中信用卡的取得方式虽各有不同，但是取得信用卡后实际获得财物的方式应当均是骗取。有学者认为：“冒用他人信用卡，只限于对自然人使用，在机器上使用他人信用卡取款的，成立盗窃罪。”[①] 笔者赞同此意见。诈骗罪的行为内容在于使被害人陷入错误认识从而进行财物的处分，而对于机器（如 ATM 机或移动通讯设备）来说，只能通过识别密码判断行为人的人身专属性，一旦密码正确，则任何人都可以被认为是银行卡的持有人，而若持有人忘记密码而导致密码错误，机器亦无法辨认出持有人的真实身份。因此从这个意义上来说，被告人吕宁通过通讯移动设备更改密码转移资金的行为并不能构成对通讯移动设

① 张明楷：《刑法学》（第五版），法律出版社 2016 年版，第 803 页。

备或移动通讯设备中的应用程序的欺骗，属于行为（欺骗）对象的不能。

从行为的方式来看，在信用卡诈骗罪中，利用信用卡这一方式是区别此罪与彼罪的重要条件。从前面的分析可以看出，在持有人通过对移动通讯设备中的支付应用程序与银行卡进行关联后，银行卡的功能已经被弱化，其大部分功能尤其是支付功能已被移动设备中的支付应用程序所取代。被告人的行为方式表现为变更密码转移资金，并非单纯持有他人名义信用卡进行欺骗。

而盗窃罪中的行为关键在于窃取，所谓窃取行为是指违反他人意志，窃取他人财物的行为。我国刑法理论的通说还认为，秘密窃取是盗窃行为的必要特征。在本案中，被告人吕宁趁被害人何某睡着之机，对其手机中的支付宝程序密码的修改行为就是一种秘密窃取行为。这一行为完全符合盗窃罪的犯罪构成中关于行为方式的规定，被告人虽未实际对被害人的现金进行占有，但将其绑定的银行卡上的资金转移到自己的支付宝账户的行为已经构成对银行卡上债权的转移占有，因此本案中，被告人的行为更为符合盗窃罪的犯罪构成，应以盗窃罪论处。

三、关于利用通讯移动设备支付应用的相关犯罪分析

近年来，利用移动通讯设备支付应用程序占有他人财物的犯罪行为越来越多，例如：在违章机动车上贴假罚单，要求被害人通过二维码扫描方式支付罚款的行为；将商家用于收款的二维码私自更换为自己账户的二维码以致顾客扫描二维码后应支付给商家的款项转入犯罪人账户的行为等。

对于这类犯罪的性质，素来在盗窃罪和诈骗罪之间颇有争议。笔者认为：盗窃罪与诈骗罪的关键区别就在于犯罪嫌疑人的行为手段及该行为导致的法律后果，如果犯罪嫌疑人通过骗取被害人的信任，获得被害人自愿对财物进行处分的法律后果的，以诈骗罪论处；如果取得信任后窃取被害人财物的行为仍宜定盗窃罪。

就具体案例而言，在违章机动车上贴假罚单，要求被害人通过二维码扫描方式支付罚款的行为，是通过假罚单骗取被害人信任由被害人主动处分其财物的行为，符合诈骗罪的犯罪构成要件。而在将商家用于收款的二维码私自更换为自己账户的二维码以致顾客扫描二维码后应支付给商家的款项转入犯罪人账户的这类行为则较为复杂。犯罪嫌疑人行为的对象有两个：一个是商家，一个是顾客，应分别进行分析。对顾客而言，犯罪嫌疑人将商家的收款二维码更改的行为顾客并不知情，类似于犯罪嫌疑人假冒商家的名义收取货款，此时顾客是受骗方，误以为该二维码是正确的二维码，于是处分自己的财物。我们应当注意的是，顾客在收银台处时，购买行为虽未完成，但双方的买卖合同已经生效，并且实际已经取得了商品的占有，此时的货款理论上说应该属于商家所有。即使顾客因误解处分了货款的所有权，自己却并未有任何损失。从法益侵害角度来说，这一行为未对顾客的法益造成损坏，故而不成立诈骗罪。对商家而言，用于收款的二维码类似于电子收银台，与自己的银行账户相关联，犯罪嫌疑人通过改变二维码的方式将顾客的货款直接转移到自己的账户。这一过程表面看似商家从未取得过该货款的占有和所有权，而事实上并非如此，当顾客拿着商品到收银台处，扫描误以为是商家的收款二维码时买卖合同就已经生效完成，货款处于商家拟制占有的状态。因此，认定犯罪嫌疑人的行为是一种窃取符合法律规定，只是这种窃取发生的时间上比较独特，但完全符合盗窃罪的构成要件。

随着科技进步与经济社会发展，我们还将面临对更多法律没有直接进行规定的行为进行裁判的难题，但是，只要对法律条文和新的犯罪行为进行深入分析，仍然能够得出正确的判断，从而使罪刑法定原则贯彻始终。

（一审法院合议庭成员　金学强　汪广秀　刘云嫦
编写人　四川省成都市龙泉驿区人民法院　杨　佳
责任编辑　周维明
审稿人　李玉萍）

原载《人民法院案例选》2018 年第 8 辑（总第 126 辑）

223. 王庆余盗窃案

——“诈式盗窃”的司法认定

【关键词】

盗窃　诈骗　诈式盗窃　占有　处分行为

【裁判要旨】

行为人以非法占有为目的，利用为电信公司代办业务的工作便利，知悉翼支付系统漏洞，在无实际业务交易的情况下，向其掌控的多个翼支付账号虚假充值，并将充值款项转至个人银行卡变现据为己有的行为，属于“诈式盗窃”，应当以盗窃罪予以认定。

【相关法条】

《中华人民共和国刑法》

第二百六十四条　盗窃公私财物，数额较大的，或者多次盗窃、入户盗窃、携带凶器盗窃、扒窃的，处三年以下有期徒刑、拘役或者管制，并处或者单处罚金；数额巨大或者有其他严重情节的，处三年以上十年以下有期徒刑，并处罚金；数额特别巨大或者有其他特别严重情节的，处十年以上有期徒刑或者无期徒刑，并处罚金或者没收财产。

第六十四条　犯罪分子违法所得的一切财物，应当予以追缴或者责令退赔；对被害人的合法财产，应当及时返还；违禁品和供犯罪使用的本人财物，应当予以没收。没收的财物和罚金，一律上缴国库，不得挪用和自行处理。

【案件索引】

一审：江苏省无锡市惠山区人民法院（2017）苏0206刑初568号（2016年12月19日）

二审：江苏省无锡市中级人民法院（2017）苏02刑终188号（2017年6月27日）

【基本案情】

江苏省无锡市惠山区人民检察院指控：2015年10月1日至10日间，被告人王庆余利用其位于无锡市惠山区堰桥街道友谊街250号的惠山区堰桥庆年手机经营部（以下简称庆年手机经营部）为中国电信股份有限公司无锡分公司（以下简称电信无锡公司）代办电信业务过程中发现的电信业务系统漏洞，多次对其实际掌握的多个天翼手机号码对应的翼支付账号进行虚假充值，共计充值人民币205600元，后将已充值到翼支付账号中的金额大部分转账至其个人银行卡中供其个人赌博以及借给他人使用。

公诉机关认为：被告人王庆余以非法占有为目的，多次秘密窃取公私财物，数额巨大，其行为触犯了《刑法》第二百六十四条的规定，应当以盗窃罪追究刑事责任。

法院经审理查明：2015 年 10 月 1 日至 10 日间，被告人王庆余利用庆年手机经营部为电信无锡公司代办电信业务过程中发现的电信业务系统漏洞，多次使用工号 WD4099 登录电信系统，对其实际掌握的多个天翼手机号码对应的翼支付账号进行虚假充值，共计充值人民币 205600 元，后将已充值到翼支付账号中的人民币 194590 元转账至其个人银行卡中用于个人赌博以及借给他人使用。

【裁判结果】

江苏省无锡市惠山区人民法院于 2016 年 12 月 19 日作出（2017）苏 0206 刑初 568 号刑事判决：一、被告人王庆余犯盗窃罪，判处有期徒刑六年六个月，并处罚金人民币 5000 元；二、被告人王庆余应退赔人民币 138990 元，发还被害单位。一审宣判后，王庆余不服，向无锡市中级人民法院提出上诉。无锡市中级人民法院于 2017 年 6 月 27 日作出（2017）苏 02 刑终 188 号刑事裁定：驳回上诉，维持原判。

【裁判理由】

法院生效裁判认为：被告人王庆余利用为电信公司代办业务过程中知悉的翼支付系统漏洞，在无实际业务交易的情况下，向其掌控的多个翼支付账号虚假充值，并将充值款项转至个人银行卡变现据为已有，造成电信公司资费的巨大损失，其行为符合盗窃罪的构成要件，并非业务差错。被告人王庆余以非法占有为目的，利用电信公司业务系统漏洞，多次秘密窃取单位钱款，数额巨大，其行为已构成盗窃罪。

【案例注解】

本案发生后，在案件定性上各方存在异议。一种观点认为，本案应该以诈骗罪认定；另一种观点则认为，应当以盗窃罪认定。本文认同第二种意见，具体分析如下：

一、诈骗罪认定中的处分行为与处分意思

诈骗罪，是指以非法占有为目的，用虚构事实、隐瞒真相的方法，骗取数额较大公私财物的行为。诈骗罪的基本构造是：行为人实施欺诈行为→对方产生认识错误→对方基于错误认识处分财产→行为人取得财产→被害人遭受财产损失。在诈骗罪的客观构成要件中，被害人的处分行为占据核心地位。我国刑法学界主流观点认为，诈骗犯罪最主要的特点是行为人设法使被害人在认识上产生错觉，以至“自愿”将自己所有或者持有的财物交付给行为人。因此，被骗者交付行为是诈骗罪必不可少的要件。在盗窃与诈骗区别的场合，二者区分的关键，是被害人是否因受骗而自愿将财物交付给行为人。只要不是被害人因受蒙蔽而自愿交付财物给行为人，就不构成诈骗罪，而只能构成盗窃罪。[①] 比如，甲对 A 说，你家孩子出了车祸，A 慌忙跑出去，而甲将其财物拿走的情形就属于盗窃而不是诈骗，因为 A 对其财物并无处分行为。

---

① 高铭暄：《新编中国刑法学》，中国人民大学出版社 1998 年版，第 783 页以下；张明楷：《诈骗罪与金融诈骗罪》，清华大学出版社 2006 年版，第 126 页以下；刘明祥：《论诈骗罪中的交付财产行为》，载张志勇等编：《诈骗罪专题整理》，中国人民公安大学出版社 2007 年版，第 195 页以下。

需要讨论的是，在被害人客观上对财产作出处分行为时，是否需要具备处分意思？比如最高人民法院发布的第27号指导性案例：2010年6月1日，被告人郑必玲骗取被害人金某195元后，获悉金某的中国建设银行网银账户内有305000余元存款且无每日支付限额，遂电话告知被告人臧进泉，预谋合伙作案。臧进泉赶至网吧后，以尚未看到金某付款成功的记录为由，发送给金某一个交易金额标注为1元而实际植入了支付305000元的计算机程序虚假链接，谎称金某点击该1元支付链接后，其即可查看到付款成功的记录。金某在诱导下点击了该虚假链接，其中国建设银行网银账户中的305000元随即通过臧进泉预设的计算机程序，经上海快钱信息服务有限公司的平台支付到臧进泉提前在福州海都阳光信息科技有限公司注册的"kissal23"账户中。

在该案中，被害人对其305000元财产在客观上确实作了处分行为，即点击了行为人虚构的虚假链接。换言之，如果被害人没有上当受骗去点击该虚假链接，其不会交付财产，财产也不会遭受损失。但是，该被害人在客观上处分自己财产时并未产生处分意思，对而只对其中的1元具有处分意思，对剩余数额则无处分意思。在这种情形下，是否还是诈骗罪？

对此，处分意思不要说认为，诈骗罪的成立，主要客观上有处分行为即可，没有必要具有处分意思。即诈骗罪是以基于错误的交付即处分行为为必要，处分行为、交付行为不以意思表示为必要，有事实行为即可，也包含没有意识到交付内容的情况。这是因为在诈骗对象为财物的情形下，处分行为的内容是转移财物的占有，所以只要有事实上的处分行为即已经足够。在犯罪对象为债权等财产性利益时，不一定要求债权者基于债务者的欺骗而作出免除债务的意思表示，或作出取得债权的意思表示。这就与财产诈骗不需要有转移财产所有权的意思表示相均衡。① 与此相对，处分意思必要说认为，处分行为的成立，不仅需要在客观方面有处分财产的事实，主观方面还必须要有处分财产的意思。作为处分行为主观要素的处分意思，是指对转移财物的占有或财产性利益及其引起的结果的认识。如果只有表面上的处分形式而没有真正的基于意思的处分，就不构成诈骗罪。②

我们认为，诈骗罪的认定应当坚持处分意思必要说。第一，处分意思不要说会不当缩小盗窃罪的成立范围，而无节制地扩大诈骗罪的范围。比如，在旅馆住宿后，行为人借口送人而溜走的情况下，根据处分意思不要说，就只能成立诈骗罪。③ 第二，处分意思不要说，难以区分诈骗罪与盗窃罪间接正犯的界限。这是因为盗窃罪存在间接正犯的情形，盗窃罪间接正犯的被利用者都是不知情者，如果认为处分行为仅限于客观的处分行为，而不要求处分意识，那么，诈骗罪与盗窃罪的间接正犯则无法区分。从被害方来说，诈骗与盗窃的界限在于，前者基于被害人有瑕疵的意识而转移占有，后者是违反被害人的意志而转移占有。但在被害人没有处分意识的情况下，很难认为行为人是基于被害人有瑕疵的意识而转移占有。④ 换言之，在被害人没有处分意识的情况下转移占有成立盗

① 参见郑泽善：《刑法分论争议问题研究》，中国人民大学出版社2015年版，第199页。

② 周光权：《刑法各论》，中国人民大学出版社2008年版，第131页。

③ ［日］山口厚：《问题探究刑法各论》，有斐阁1999年版，第150页。转引自郑泽善：《刑法分论争议问题研究》，中国人民大学出版社2015年版，第201页。

④ 张明楷：《诈骗罪与金融诈骗罪》，清华大学出版社2006年版，第162页。

窃罪。

上述指导性案例也是贯彻了处分意思必要说的观点。法院生效裁判认为：对既采取秘密窃取手段又采取的欺骗手段非法占有财物行为的定性，应从行为人采取的主要手段和被害人有无处分财物意识方面区分盗窃与诈骗。如果行为人获取财物时起决定性作用的手段是秘密窃取，诈骗行为只是为盗窃创造条件或作掩护，被害人也没有“自愿”交付财物的，就应当认定为盗窃；如果行为人获取财物时起决定性作用的手段是诈骗，被害人基于错误认识而“自愿”交付财物，盗窃行为只是辅助手段的，就应当认定为诈骗。在信息网络情形下，行为人利用信息网络，诱骗他人点击虚假链接而实际上通过预先植入的计算机程序窃取他人财物构成犯罪的，应当以盗窃罪定罪处罚；行为人虚构可供交易的商品或者服务，欺骗他人为支付货款点击付款链接而获取财物构成犯罪的，应当以诈骗罪定罪处罚。本案中，被告人臧进泉、郑必玲使用预设计算机程序并植入的方法，秘密窃取他人网上银行账户内巨额钱款，其行为均已构成盗窃罪。

二、“诈式盗窃”与诈骗罪的区别与判断

理论上一般认为，盗窃罪和诈骗罪是互斥关系。因此，涉及对财物的犯罪，只有可能在两者之间择一，而不可能是竞合。在诈骗罪中，被害人同意财物占有的转移，就是一种财产处分，这种同意或者处分，能够排除盗窃罪“打破占有”的客观构成要件，而违反这种意思表示的占有转移，就属于打破占有，就属于盗窃罪的范畴。一般而言，诈骗罪是一种受到欺骗影响而同意占有转移的“自我损害型”犯罪。与之相对，盗窃罪则是一种违反占有人意愿而打破占有的“他人损害型”犯罪。

在理论上需要注意的是，如何判断被害人关于财物的某种处置是否属于财产处分？一方面，根据上文所阐释的被害人主观层面是否具有处分的意识；另一方面，还需要判断处分行为在客观上是否具有“直接性”，来判断案件中是否存在处分行为，进而判断是构成诈骗罪还是盗窃罪。① 事实上，财产处分的直接性要求，有利于在某些情况下区分诈骗罪和盗窃罪。欺骗他人使得其对财物的占有松弛，从而试图以非法占有目的将财物带走的行为，不构成诈骗罪，而构成盗窃罪。在某些情形下，被害人因为被骗作出的各种表示，仅仅是影响到财物占有的松弛，但是并不会导致财产的直接性减少。至于占有的打破，则是通过之后行为人进一步的行为完成的，因而成立盗窃罪。

比较典型的是对“骗打手机”行为的处理。在此类案件中，辩护人可能会认为，行为人的行为只是普通的诈骗罪。因为行为人在非法占有目的下，采用虚构事实的办法，让被害人信以为真，其是为了“打电话”而自愿交付手机，自然属于诈骗罪的范畴。事实上，这种观点是值得商榷的。在“骗打手机”的案件中，被害人并没有直接处分自己的财产，因而不构成诈骗罪。在诈骗罪中，财产处分直接性的要求或特征，意味着受骗者被错误影响的行为必须是在没有额外、追加、补充的犯罪性的中间步骤情况下，直接导致自己财产减少。② 如果行为人的欺诈行为仅仅是为其后续行为引起财产损失创设了一个事实上的可能性，那么，就应当认定这种场合下并没有直接的财产处分行为。在“骗打手机案”中，被害人允诺的事实仅仅是允许行为人用其手机在其身边打电话，尽管手机在物理上转移到了行为人手上，但是始终处于被害人的控制之下，手机的占有并未发

①② 陈兴良主编：《刑法各论精释（上）》，人民法院出版社2015年版，第477页。

生转移，被害人并未处分财产。故而，这种情形缺乏交付财产的直接性，属于“诈式盗窃”，而非诈骗。

三、第三方介入情形下被害人的认定与犯罪性质的关系

在诈骗行为尤其是三角诈骗行为中，被害人的确定，对于诈骗罪与盗窃罪的区分往往具有决定性意义。比如在“掉包二维码”案件中，如果拟定被害人为商家，行为人通过掉包“二维码”套取的资金就是通过秘密窃取得到，则自然要以盗窃罪来认定；如果被害人为消费者，那么，行为人掉包“二维码”牟利的情况，就是虚构事实的诈骗行为，消费者在行为人诈骗行为基础上实施了处分行为，那么，行为人就是虚构事实的诈骗行为。[①] 这是因为在诈骗与盗窃交织的案件中，被害人与行为人之间的关系决定了行为性质的走向，行为人如果直接针对的是被害人，行为性质的判断基本明确，若行为人针对的并非是被害人，可能是第三人，如在三角诈骗中，第三人是否为被害人的判断与真正被害人的判断，则对行为人的行为性质的判断具有决定性意义，上述“二维码掉包”案中被害人的争议与确定问题，清楚地展现了这个问题。

在本案中，电信公司与王庆余签订了电信业务代办合同，双方系代理关系，电信公司与天翼支付公司虽未签订书面代理协议，但从现有书证看，二者也是代理关系。王庆余虚假充值时，遭受损失的应当是天翼支付公司。但是到当月月底，电信公司在明知王庆余虚假充值、并未向其缴纳业务款的情况下，仍按口头约定向天翼支付公司支付相应款项，造成其自身遭受损失，其遂成为本案受害单位。

分析本案，可以确定的是翼支付公司向客户翼支付账户打款如同取款机，并不需要人工判断，即翼支付公司向翼支付账户打款只是一个支付系统，只要电信员工在翼支付系统中输入相关数额即可，不需要考量是否有人真实交款。换言之，在客户支付对价后，电信员工就可以使用该系统充值，至于有无客户实际支付对价以及支付多少对价，在充值时并无任何约束和监管，完全由电信员工支配。当然，在充值系统上操作成功后，所充值的数额将会在系统后台自动生成，届时电信公司将会与充值系统平台进行结算，而电信员工将收取的客户资金及时上交公司，以完成对账。在这种案件中，电信员工之所以可以非法套取资金，主要是利用交款的时间差，从而占有了充值款项，其未将充值的钱划入电信公司结算账户而提现占有。

根据本案的合同关系，可以认定这样的事实：由于电信公司与天翼支付公司在本质是代理关系，电信员工经由天翼支付公司向客户手机充值，天翼支付公司利用技术平台完成充值，收取一定的中介费、手续费，电信公司应当按照代理关系向天翼支付公司支付相应的账款。换言之，天翼支付公司在该交易流程中仅仅是中介角色，其本身并不占有任何客户缴纳的财产，客户支付的财产完全由电信公司员工控制，现金以及非现金方式皆由员工所控制。[②] 那么，在这种情形下，基于以上两个因素的考量，天翼支付公司就不可能成为本案的被害人，故而行为人的行为就不可能成立诈骗罪。

在本案中，真正的被害人应当为电信公司，行为人的行为应当以盗窃罪论处。这是

---

① 当然，消费者在本案中不可能属于被害人。

② 当然，如果电信公司设置了客户支付系统，客户支付的对价员工无法控制、占有的情形例外，本案显然不属于这种情形。

因为行为人在无实际客户办理业务充值的前提下，先虚拟客户业务充值，使得充值系统中产生“支付对价”，再利用系统漏洞将该本不存在实际对应财产的“支付对价”转移至自己账号，最后电信公司依据合同和代理关系还需要向支付平台支付相应的客户资金，完全处于被害人的地位。本案中，行为人谋取利益的方式，实际上就是一种“诈式盗窃”，即其先虚构客户支付对价充值的事实，经由天翼支付公司平台充值，在该系统账面产生资金后，再利用系统漏洞将原本不存在的资金转移至自己的账号，表面上看是欺骗了天翼支付公司支付平台，但正如上文所指出的那样，天翼支付公司在该支付流程中仅仅是一个中介角色，其对客户资金及其流向并无控制权。另外，基于其与电信公司的代理关系，其本身不可能成为被害人，其也不可能产生错误认识而处分财产，因此，被害人只能为电信公司。从这个角度而言，原本并不存在客户支付的业务办理事实，而行为人利用天翼支付公司的系统漏洞，非法获取了系统内的账户资金，而电信公司则按照代理关系向天翼支付公司支付该资金，相当于行为人间接窃取了电信公司的资金，因而应当认定为盗窃罪。

（一审法院合议庭成员　许景波　顾溶熔　张　明
二审法院合议庭成员　蔡连德　张建彤　周　群
编写人　江苏省无锡市中级人民法院　庄绪龙　张建彤
责任编辑　周维明
审稿人　李玉萍）

原载《人民法院案例选》2018 年第 9 辑（总第 127 辑）

224. 张昆盗窃案

——盗窃经质押债权转让的质押物的盗窃数额认定

【关键词】

刑事　盗窃　质押物　质押债权转让

【裁判要旨】

盗窃质押物，应当按照质押物原优先受偿部分认定犯罪数额，质押物以质押债权形式转让所增加的数额不应纳入犯罪数额。

【相关法条】

《中华人民共和国刑法》

第二百六十四条　盗窃公私财物，数额较大的，或者多次盗窃、入户盗窃、携带凶器盗窃、扒窃的，处三年以下有期徒刑、拘役或者管制，并处或者单处罚金；数额巨大或者有其他严重情节的，处三年以上十年以下有期徒刑，并处罚金；数额特别巨大或者有其他特别严重情节的，处十年以上有期徒刑或者无期徒刑，并处罚金或者没收财产。

【案件索引】

一审：浙江省宁波市鄞州区人民法院（2018）浙 0212 刑初 753 号（2018 年 8 月 15 日）

二审：浙江省宁波市中级人民法院（2018）浙 02 刑终 677 号（2018 年 12 月 18 日）

【基本案情】

浙江省宁波市鄞州区人民检察院指控：2016 年底，被告人张昆起意偷回其名下、已质押给他人而逾期未赎回的渝 BTQ6 × × 奔驰轿车（2016 年 3 月 22 日质押给王成波，逾期未赎回，王成波又将车质押给龚银华，龚银华随后又于 5 月 30 日以 47.8 万元人民币价格将车质押给龚杰）（以下币种同），遂搜寻并获悉了该车的实际位置。2017 年 1 月 15 日，张昆又伙同罗朝霞（另案处理）来到宁波市鄞州区朝晖路 416 弄 11 号常青藤小区，被告人张昆进入地下车库，使用事先补办的车钥匙窃取龚杰停放的该轿车［价值 63 万元；车内有中华牌香烟（型号 329）共 6 条，价值 4200 元；苹果 MacBookAir 笔记本电脑一台，价值 2200 元］，接着被告人张昆与罗朝霞驾车返回重庆。嗣后，又以 63 万元价格将车转卖给他人。

公诉机关认为：被告人张昆的行为已构成盗窃罪，盗窃数额特别巨大，提请法院依照《刑法》第二百六十四条之规定予以判处。

被告人张昆对公诉机关指控的事实没有异议，但对盗窃罪名有异议，认为其开回的是自己的汽车，没有犯盗窃罪，本案属于经济纠纷。

被告人张昆的辩护人辩护称：（1）被告人张昆主观上没有偷车的动机，被告人把自己的车开回重庆不是偷车，不符合盗窃罪窃取他人财物的特征；（2）被告人没有盗窃前科；（3）该车辆里面还有被告人张昆自己的合法权利，该车当时98万元购买，最后卖了63万元，被告人张昆仅以36万元抵押给王成波，该车辆中还有被告人张昆自己的份额；（4）报案人龚杰并不是合法占有该车辆，张昆跟王成波办的是质押手续，王成波有义务妥善保管质押物，如果债务人不履行，王成波单方处置车子是违法的。王成波与龚银华，龚银华与龚杰之间的转让协议是没有生效的，这样处置明显损害了被告人张昆的利益。最后，就被告人张昆是否构成盗窃罪请求法庭予以考虑。

浙江省宁波市鄞州区人民法院经公开开庭审理查明：2016年3月22日，被告人张昆以其个人所有的号牌为渝BTQ6××奔驰轿车出价40万元质押给王成波借款，王成波扣除利息12000元和停车费600元，将其余387400元借款打到了被告人张昆指定的两个银行账户，被告人张昆逾期未还款赎车。2016年5月23日，王成波以43万元价格将质物渝BTQ6××奔驰轿车以质押债权转让形式转让给了龚银华。2016年5月30日，龚银华又以47.8万元价格将该质物以质押债权转让形式转让给了龚杰。

其余事实与宁波市鄞州区人民检察院指控事实一致，在此不予重复。

另查明，2017年9月12日被告人张昆在重庆市渝中区被民警抓获。

罗朝霞到案后，其亲友已代为罗朝霞向龚杰赔偿30万元，并取得了对方的谅解。

【裁判结果】

浙江省宁波市鄞州区人民法院于2018年8月15日作出（2018）浙0212刑初753号刑事判决：一、被告人张昆犯盗窃罪，判处有期徒刑六年，并处罚金人民币2万元；二、责令被告人张昆继续退赔赃款给被害人。宣判后，宁波市鄞州区人民检察院认为原判犯罪数额认定确有错误，量刑明显不当，提出抗诉；原审被告人张昆亦不服原判，提起上诉。浙江省宁波市中级人民法院于2018年12月18日作出（2018）浙02刑终677号刑事判决：驳回抗诉、上诉，维持原判。

【裁判理由】

浙江省宁波市鄞州区人民法院判决认为：被告人张昆主观上具有非法占有的故意，客观上实施了秘密窃取他人已经实际占有的财物，其行为已构成盗窃罪。本案中先后两次质物转让，导致质押借款数额增加，该情形并未告知被告人张昆，故被告人张昆对后两次转质增加的债务并不承担法律责任，应当以王成波向被告人张昆实际交付的借款387400元以及盗窃所得的香烟和电脑来认定本案的盗窃数额。

浙江省宁波市中级人民法院判决认为：张昆将涉案奔驰轿车质押给王成波，并取得借款。张昆逾期未赎回车辆时，王成波有权依法处理，并优先受偿。后张昆逾期未予以赎回。张昆明知车辆已由他人占有、使用，仍采取秘密窃取的方式将车辆盗取并转卖，其有盗窃的故意与行为，已构成盗窃罪。张昆对车辆后续以质押债权形式转让所增加的数额等情况不知情，本案针对车辆部分的盗窃数额应按原优先受偿部分进行认定，但张昆盗取车辆并转卖的行为客观上造成车辆占有人的经济损失，应在量刑时予以考虑。原判对案件定性以及犯罪数额的认定有事实、法律依据，所处刑罚亦无不当。抗诉机关、支持抗诉机关以及出庭检察员要求依法改判等意见，不予采纳；上诉人张昆及其辩护人要求予以改判等意见亦不予采纳。

【案例注解】

本案审理的主要问题是如何准确认定被告人张昆盗窃汽车的犯罪数额。在审理过程中，对于张昆盗窃汽车的犯罪数额存在四种不同的意见，主要分歧在于涉案车辆的价值应如何作为犯罪数额予以认定。一是被告人一方的意见，认为张昆是将属于自己的车辆取回，不是盗窃，涉案车辆不应计入本案的盗窃数额。二是原公诉机关（抗诉机关）的意见，认为张昆的盗窃对象是车辆，应当将车辆的价格作为盗窃数额来认定，即全额认定。三是支持抗诉机关的意见，认为应当将龚杰支付的人民币 47.8 万元作为盗窃车辆的犯罪数额，即将最后一次通过债权转让方式取得车辆的人所支付的价款作为犯罪数额。四是一审法院的意见，认为应当以王成波向张昆实际交付的借款 387400 元作为盗窃车辆的犯罪数额。二审法院同意一审法院的意见，具体理由如下：

一、将涉案车辆的价值排除在盗窃犯罪数额之外的意见，混淆了行使取回权与盗窃行为的界限，不能成立

本案中，被告人张昆将涉案奔驰轿车质押给王成波，并取得借款，涉案车辆由王成波占有。张昆逾期未赎回车辆时，王成波有权依法处理，并优先受偿。后张昆逾期未赎回。涉案车辆无论是继续由王成波占有，还有通过质押债权转让等方式由其他的人占有，在张昆未赎回车辆前，相关人员对车辆的占有权能够对抗张昆对车辆的所有权（本权），故张昆不能认为车辆是自己的，车辆在价值份额上还有自己的部分就擅自将车辆从占有人处取回。虽然张昆对车辆后续的质押债权转让的具体内容并不知情，但其对车辆处于他人占有、使用的状态却是明知的；张昆未经权利人龚杰的许可，伙同他人使用事先补办的车钥匙将涉案车辆开走并转卖，系以秘密窃取的方式盗窃车辆，其有盗窃的故意与行为，已构成盗窃罪。故在计算本案盗窃犯罪数额时，应当考虑张昆盗窃车辆时应承担的责任数额。将涉案车辆的价值排除在盗窃犯罪数额之外的意见，是对张昆行为性质与盗窃犯罪数额认定的不当认识。

二、将涉案车辆的价值全额计入盗窃犯罪数额的意见，把车辆价值等同于非法占有数额，不当扩大了责任范围

将涉案车辆的价值全额计入盗窃犯罪数额的意见，其理由主要在于两方面：一是认为本案被害人系龚杰而不是王成波，审理对象亦非涉案质押债权的民事法律关系；二是《最高人民法院关于审理盗窃案件具体应用法律若干问题的解释》（已失效，法释〔1998〕4 号）第一条规定，盗窃数额，是指行为人窃取的公私财物的数额。虽然该司法解释被2013年盗窃罪的新司法解释废止，但在新司法解释对盗窃数额没有重新规定的情况下，原规定对认定“盗窃数额”具有参照意义。故认为本案中张昆的盗窃对象是车辆，应当以车辆的价格来认定其盗窃数额。经鉴定涉案车辆价值63万元，所以应当将该63万元计入本案的盗窃数额。

根据价格证明或估价证明来认定盗窃数额，是司法实践中采用的常见方法，究其说法本身而言，并没有什么不当之处。但具体到本案而言，不应直接将被盗财物价值作为盗窃犯罪数额。因为按照质押协议，在张昆逾期未赎回车辆时，王成波有权依法处理，并优先受偿。王成波有权要求优先受偿的范围就是张昆应当承担的责任范围。张昆通过盗窃非法占有的部分针对的就是其责任范围部分而不是后续转让的数额或者车辆价值。此外，张昆将车辆质押给他人用以借款的数额低于车辆价值，如果全额将车辆价值作为盗窃数额，意味着将属于张昆自己的那一部分份额也认定为了犯罪数额，于理不符。

三、将龚杰通过债权转让方式取得车辆时所支付的价款作为盗窃犯罪数额的意见，忽视了被告人知情的范围，亦不当扩大了责任范围

将龚杰通过债权转让方式取得车辆时所支付价款作为盗窃犯罪数额的意见，主要理由是张昆从龚杰处将涉案车辆盗走，龚杰受到的损失为其通过质押债权转让取得车辆时所支付的价款，龚杰系本案被害人，应当以其受到的损失作为张昆盗窃车辆的犯罪数额。此种意见注意到了涉案车辆的价值高于龚杰的损失数额，张昆对车辆价值仍享有部分权益的实际情况，从被害人损失角度认定本案的盗窃犯罪数额。但未注意到被害人损失数额与被告人责任数额存在不一致的情况。本案中，张昆虽知道该车的质押债权可能被再次被转让，但对于转让的数额、对象等均不知情；对方受让该质押债权所支付的数额与转让的质押债权本身是两个概念，且这种转让也不能增加张昆的义务，即不能扩大优先受偿的范围，更不涉及涉案车辆的权属变化。当出现后续转让数额高于车辆实际价值即“买贵了”时，如果以后续质押债权转让的数额来认定盗窃数额，有违主客观相统一原则，会不当扩大被告人的责任范围。

四、将王成波通过质押债权转让方式取得车辆所支付价款作为盗窃犯罪数额的意见，准确界定了被告人对车辆的盗窃数额，应予支持

如前所述，张昆以涉案车辆为质押物向王成波借款，张昆负有向王成波按照约定还款的义务；在张昆逾期未还款赎车时，王成波有权处置车辆并优先受偿，张昆的还款数额即为其责任范围。在张昆盗窃涉案车辆时，其意图非法占有的数额应以其还款责任为限。龚杰通过质押债权转让取得涉案车辆，张昆虽然从龚杰处将车辆盗走，但对在其后续转让中增加的数额，因该数额并不属于质押协议中担保的范围，在处置涉案车辆时不属于可优先受偿的范围，张昆对相关转让情况也并不知情，张昆对此不承担偿还责任。即张昆的责任范围并不因后续的转让而扩大，其盗窃涉案车辆时的盗窃数额仍应以其质押时的还款责任范围为限。同时，还应注意到张昆盗取车辆并转卖的行为客观上造成了车辆占有人龚杰的经济损失，对此应在量刑时予以考虑。

综上，本案盗窃犯罪数额的认定是按照权利人优先受偿数额、被告人非法占有数额、被盗车辆（财物）价值数额认定，还是按照被害人损失数额认定？实践中对此存在争议。在普通的盗窃案件中，上述概念中的数额是相等的。但由于本案中涉案车辆的质押债权多次转让，造成盗窃犯罪数额认定上的困难。将被告人非法占有数额界定在权利人优先受偿数额之内，并据此认定盗窃犯罪数额，遵循了主客观相统一的原则，能准确界定被告人的责任范围，是比较妥当的。

（一审法院合议庭成员　陈亚飞　周雪良　徐丽君
二审法院合议庭成员　陈　靖　丁朝松　潘效国
编写人　浙江省宁波市中级人民法院　陈　靖
责任编辑　周维明
审稿人　李玉萍）

原载《人民法院案例选》2019 年第 5 辑（总第 135 辑）

225. 刘云峰盗窃案

——两次刑罚均执行完毕后各自漏罪一并起诉的处理

【关键词】

刑事　刑罚执行完毕　同种漏罪　数罪并罚

【裁判要旨】

被告人多次犯罪，两次被判处刑罚，在第二次刑罚执行完毕以后，发现之前各自漏罪，此情形不符合《刑法》第七十条规定的数罪并罚条件，人民法院应将该两次漏罪单独定罪处理，不能先并后减。两次漏罪系同种数罪，应实行并罚。

【相关法条】

《中华人民共和国刑法》

第七十条　判决宣告以后，刑罚执行完毕以前，发现被判刑的犯罪分子在判决宣告以前还有其他罪没有判决的，应当对新发现的罪作出判决，把前后两个判决所判处的刑罚，依照本法第六十九条的规定，决定执行的刑罚。已经执行的刑期，应当计算在新判决决定的刑期以内。

【案件索引】

一审：湖南省衡阳县人民法院（2018）湘 0421 刑初 275 号（2018 年 10 月 30 日）

【基本案情】

湖南省衡阳县人民检察院指控：2015 年 10 月 16 日 10 时许，被告人刘云峰伙同“小徕叽”（身份不明）在衡阳县板市乡卫生院内盗窃被害人万长生的一台豪爵摩托车，刘云峰负责望风。经鉴定，被盗车辆价值 3520 元。2017 年 6 月 2 日上午，刘云峰在衡阳市解放大道与采霞街交汇处的农业银行门口盗窃被害人廖淑娇的一台台铃电动车。经鉴定，被盗车辆价值 2720 元。以上，被告人刘云峰单独或者共同盗窃二次，被盗车辆总价值 6240 元。2018 年 5 月 21 日，刘云峰主动到公安机关投案。

被告人刘云峰在开庭审理过程中对上述事实均无异议。

法院经审理查明：刘云峰曾因犯盗窃罪，2013 年 1 月 24 日被衡南县人民法院判处管制一年，同年 12 月 27 日被衡南县人民法院判处拘役五个月，2014 年 11 月 24 日被衡阳县人民法院判处拘役六个月，2016 年 2 月 1 日被衡南县人民法院判处有期徒刑八个月，2017 年 8 月 28 日被衡东县人民法院判处拘役二个月。本次公诉机关起诉指控的两次犯罪事实分别是 2016 年被衡南县人民法院判处有期徒刑之前所犯之漏罪、2017 年被衡东县人民法院判处拘役之前所犯之漏罪。

【裁判结果】

湖南省衡阳县人民法院于2018年10月30日作出（2018）湘0421刑初275号刑事判决：被告人刘云峰犯盗窃罪，判处拘役四个月，并处罚金人民币1000元。

宣判后，被告人刘云峰未提出上诉，检察机关未抗诉，判决已发生法律效力。

【裁判理由】

法院生效裁判认为：刘云峰以非法占有为目的，秘密窃取他人财物，数额较大，其行为构成盗窃罪，公诉机关指控其犯盗窃罪的事实清楚，证据确实充分，罪名成立。被告人刘云峰在第一次盗窃中起辅助作用，系从犯，应当从轻或者减轻处罚，被告人刘云峰主动到公安机关投案，并如实供述犯罪事实，具有自首情节，依法可以从轻或者减轻处罚。公诉机关指控被告人刘云峰曾因犯罪被判处有期徒刑，系累犯，应当从重处罚。经审查，本案中被告人刘云峰两次犯罪，第一次是在2015年10月16日，该次犯罪是2016年2月1日被衡南县人民法院判处有期徒刑之前所犯之漏罪；第二次是在2017年6月2日，是2017年8月28日被衡东县人民法院判处拘役之前所犯之漏罪。就两次犯罪事实而言，刘云峰第二次犯罪属于判处有期徒刑刑满释放后五年内所犯之罪，但本次所犯罪行较轻，且具有自首情节，不应当判处有期徒刑以上刑罚，不构成累犯，对公诉机关指控被告人刘云峰系累犯应当从重处罚的量刑意见不予采纳，但被告人有前科，可酌情从重处罚。由于本次起诉的犯罪事实均是在刑罚执行完毕以后发现的漏罪，不符合《刑法》第七十条规定的并罚条件，不能“先并后减”，而应将两次漏罪单独处理。综合全案情节，决定对被告人从轻处罚。

【案例注解】

本案的争议焦点主要有两个方面：一是发现的漏罪是否应当与刑罚已执行完毕的前罪并罚；二是两次漏罪是否应当并罚。

一、发现的漏罪是否应当与刑罚已执行完毕的前罪并罚

对此，存在两种不同观点。一种观点认为，刑罚执行完毕后发现的漏罪应当与前罪进行数罪并罚。实行数罪并罚，对被告人刘云峰决定执行的刑罚一般会短于两罪分别判处刑罚之和，更为有利。虽然我国《刑法》对此未作明文规定，但在法无明文规定的情况下，应当作出有利于被告人的判决，据此可以参照《刑法》第七十条的规定分别对刘云峰的两次犯罪实行数罪并罚。另一种观点认为，刑罚执行完毕后发现的漏罪不能与前罪进行数罪并罚。将刑罚执行完毕后发现的漏罪与前罪进行数罪并罚，不符合《刑法》第七十条规定的时间条件，即“判决宣告以后，刑罚执行完毕以前”。因此，不能适用《刑法》第七十条规定的并罚原则，而应当依法对两次漏罪单独处理。我们同意后一种观点，理由如下：

（一）本案不符合数罪并罚条件

数罪并罚是人民法院对行为人在法定时间内所犯的数罪分别定罪量刑后，依照法定的并罚原则及刑期计算方法决定其最后应执行的刑罚制度。设立数罪并罚制度的目的是解决人民法院在量刑时如何处理宣告刑和执行刑之间的关系问题，数罪并罚的前提是数罪的刑罚均未执行或者未执行完毕。而本案中被告人刘云峰前罪刑罚均已执行完毕，不存在多个可执行、待执行的刑罚，只存在一个漏罪等待判决、执行的刑罚。因此，该案情形不符合数罪并罚的前提条件，将已经执行完毕的刑罚作为数罪并罚的适用对象不符合法律逻辑，数罪中只有一罪存在未执行的刑罚也没有适用数罪并罚的必要性。

（二）本案并不符合《刑法》第七十条规定的并罚情形

《刑法》第七十条规定，判决宣告以后，刑罚执行完毕以前，发现被判刑的犯罪分子在判决宣告以前还有其他罪没有判决的，应当对新发现的罪作出判决，把前后两个判决所判处的刑罚，依照本法第六十九条的规定，决定执行的刑罚。已经执行的刑期，应当计算在新判决决定的刑期以内。由此可知，适用《刑法》第七十条实行数罪并罚的时间条件是发现漏罪“在判决宣告以后，刑罚执行完毕以前”，不包括在刑罚执行完毕以后，又发现漏罪的情形。对于刑罚执行完毕以后，又发现判决宣告之前还有其他罪没有判决而应当追诉的，应当依法另行定罪量刑。当然，可以根据被告人刘云峰前罪与漏罪的性质、刑罚执行完毕的期间等，在量刑时酌情从轻处罚。

二、两次漏罪是否应当并罚

并罚的前提是存在数罪，数罪可以分为同种数罪和异种数罪，同种数罪是指行为人实施二次以上相同性质的行为，二次以上符合相同的犯罪构成；异种数罪是指行为人实施二次以上不同性质的行为，二次以上符合不相同的犯罪构成。对异种数罪实行并罚自无疑义，而对同种数罪的处理则相对复杂，如同种数罪包括同种漏罪、同种新罪，而同种漏罪、同种新罪又因系刑罚执行完毕前发现还是刑罚执行完毕后发现有不同的处理。本案中，被告人刘云峰两次漏罪行为性质相同、犯罪构成相同，应属于同种数罪。本案同种数罪还有一个特殊之处在于，两次漏罪系被告人两次犯罪被判处刑罚且两次刑罚均已执行完毕以后、发现的之前的各自漏罪。对于这种情况的同种漏罪如何处理，法律及司法解释并未作出明确规定，学界则众说纷纭、莫衷一是。我们认为，对被告人刘云峰的两次漏罪应实行并罚，理由如下：

（一）同种漏罪的处罚不能简单套用同种数罪的处罚原则

《刑法》分则规定多次偷税未经处理的按照累计数额计算、多次贪污未经处理的按照累计贪污数额计算。以此推之，多次盗窃未经处理的也应按照累计数额计算，暗含同种数罪不应当实行数罪并罚之意。然而仔细研读《刑法》分则的相关规定，不难发现，《刑法》分则规定的犯罪数额累计计算的前提是判决宣告以前一人犯同种数罪，但本案的特殊之处在于，两次漏罪的发现时间均是在各自判决宣告以后且各自刑罚执行完毕以后，已经失去累计计算犯罪数额的基础。如果把这两次漏罪剥离出来，只考虑这两次犯罪行为，那么本案的处理则相当简单，数额累加，以一罪处理。但本案的两次犯罪行为均是符合犯罪构成要件的独立犯罪，简单以数额相加、以一罪处理则明显有复杂问题简单化的嫌疑，也明显违背事实。

（二）对同种漏罪实行并罚并不违反《刑法》的规定

我国《刑法》并没有明确规定对于同种漏罪不得并罚。司法解释也规定对于在判决宣告以后，发现被告人在判决宣告以前有没有被处罚的罪行的，应当实行数罪并罚。根据司法解释的精神，只要犯罪行为发生在判决宣告以前、发现在判决宣告以后，且都被追诉的，原则上应实行数罪并罚。

（三）罪责刑相适应原则决定了对同种漏罪应当实行并罚

犯罪是刑罚的前提，刑罚是犯罪的后果。因此，行为人实施数个犯罪的，就必须对每一个犯罪判处相应的处罚。责任非难是刑罚的基础，只有对各个犯罪行为进行分析判断，才能准确判定行为人的非难可能性。量刑公正依赖于精确量刑，而量刑精确取决于每一次犯罪过程中的具体情节。只有对同种漏罪实行并罚，才能妥当处理各自的量刑情节、实现量刑的精确化与合理性，才有利于实现罪责刑相适应原则。本案中，被告人刘云峰的两个漏罪，第一次犯罪有从犯、自首两个法定从轻情节，可判处拘役二个月，并处罚金；第二次犯罪有自首情节，可判处拘役三个月，并处罚金。根据《刑法》第六十九条关于数罪并罚的规定，判决宣告以前一人犯数罪的，除判处死刑和无期徒刑的以外，应当在总和刑期以下、数刑中最高刑期以上，酌情决定执行的刑期，拘役最高不能超过一年，附加刑种类相同的，合并执行。据此，人民法院判决被告人刘云峰对该两次漏罪承担的刑罚是拘役四个月、罚金人民币1000元。如果不实行“一罪一刑”、数罪并罚，则很难对每次犯罪行为的具体犯罪情节全部评价，也很难做到量刑精确、罚当其罪。

（四）对同种漏罪实行并罚有利于被告人权利保护

对同种漏罪分别定罪量刑后实行并罚，有助于被告人充分了解人民法院对数个犯罪行为的定性与处理，进而决定是否上诉；人民检察院也可以据此判断量刑是否恰当，从而决定是否启动抗诉程序；上级法院也可以更直观判断多个漏罪的某一罪行是否存在定性或者量刑偏差，维护司法权威。在刑罚执行过程中，也可能发生对某一时间之前的犯罪实行赦免的情况，实行并罚则更有利于赦免。

综上，根据我国《刑法》规定，判决宣告前或者刑罚执行期间实施的但刑罚执行完毕后才被发现的犯罪，不能与刑罚已经执行完毕的前罪实行并罚，应将漏罪单独处理。如果存在多个同种漏罪，应对同种漏罪实行并罚。

（一审法院独任审判员　彭国超
编写人　湖南省衡阳县人民法院　王　娟
责任编辑　包献荣
审稿人　李玉萍）

原载《人民法院案例选》2020年第2辑（总第144辑）

226. 黄海盗窃案

——挂失并取走本人银行卡内他人款项行为的定性

【关键词】

刑事　盗窃　侵占　存款债权

【裁判要旨】

实际存款人将款项存入账户名义人开立的账户，实际存款人持有并实际控制该卡，账户名义人通过挂失并取走自己账户下他人款项的行为构成盗窃罪。

【相关法条】

《中华人民共和国刑法》

第二百六十四条　盗窃公私财物，数额较大的，或者多次盗窃、入户盗窃、携带凶器盗窃、扒窃的，处三年以下有期徒刑、拘役或者管制，并处或者单处罚金；数额巨大或者有其他严重情节的，处三年以上十年以下有期徒刑，并处罚金；数额特别巨大或者有其他特别严重情节的，处十年以上有期徒刑或者无期徒刑，并处罚金或者没收财产。

【案件索引】

一审：四川省成都市高新技术产业开发区人民法院（2018）川0191刑初508号（2018年8月14日）

二审：四川省成都市中级人民法院（2018）川01刑终1049号（2018年9月28日）

【基本案情】

四川省成都市高新技术产业开发区人民检察院指控：被告人黄海系成都市优游信息技术有限公司（以下简称优游信息公司）行政司机。2017年11月中旬，黄海应优游信息公司总经理李某要求，将自己一张平安银行卡（卡号62305820000××××××××）及U盾交给公司财务人员盛某，用于公司使用。2017年11月15日、11月18日、11月20日，公司使用该账户共计收款102.1万元。黄海收到短信提示后，于2017年11月20日到银行将该卡挂失并补办新卡。11月20日至22日，黄海将其中16.8万余元用于还款、消费等。11月21日、22日，黄海将其中65万元转入自己光大银行卡内（卡号62149216××××××××），并将其中60万元用于炒股，并亏损18万余元。11月22日，黄海使用其中20万元用于购买一辆川RW××××别克君越轿车。12月5日，黄海将其中5万元用于信用卡还款。2017年11月20日，黄海以办ETC为名，让优游信息公司法定代表人喻某在空白 A4 纸上签名捺印，后黄海在该纸上虚构喻某向其偿还借款 103 万元。2017 年 11 月 27 日，喻某报案。2017 年 12 月 7 日，黄海与喻某在高新区锦城大道南苑茶楼见面时被警察抓获。被告人黄海秘密盗窃他人财物，数额特别巨大，应当以盗窃罪追究其刑事责任。

被告人黄海辩称自己不构成犯罪，他人只要通过银行将现金存入其名下卡中，便属于其私人合法财产，由银行代其保管该钱款，其对该银行账户有绝对的控制支配权。其辩护人的辩护意见：（1）款项来源不清楚，银行账户实名制是法定要求，且不得转让和转借，以上规定决定了银行账户所有人有权终止转让和租借，且终止转让和租借时未告知租用人不违法，黄海作为该账户的合法持有人，对账户里的资金是合法占有，有法定权利要求银行进行支付，不存在非法占有；（2）黄海没有通过秘密窃取的方式窃取他人财物；（3）黄海作为账户实名注册的主体，对于涉案账户拥有控制权。

法院经审理查明的事实与指控事实一致。

【裁判结果】

四川省成都市高新技术产业开发区人民法院于 2018 年 8 月 14 日作出（2018）川 0191 刑初 508 号刑事判决：一、被告人黄海犯盗窃罪，判处有期徒刑十一年，并处罚金人民币 6 万元；二、将扣押在案的移动电话两部予以没收；将扣押在案的被告人黄海用赃款购买的别克牌轿车及钥匙、冻结的银行账户资金、扣押在案的现金均返还被害单位成都市优游信息技术有限公司；继续追缴被告人黄海的违法所得返还被害单位；不足部分，责令被告人黄海退赔。

宣判后，被告人黄海不服判决，向四川省成都市中级人民法院提起上诉。四川省成都市中级人民法院于 2018 年 9 月 28 日作出（2018）川 01 刑终 1049 号刑事裁定：驳回上诉，维持原判。

【裁判理由】

法院生效裁判认为：被告人黄海以非法占有为目的，秘密窃取他人财物 102.1 万元，其行为已构成盗窃罪，且数额特别巨大。首先，从款项性质分析，黄海在公安机关所作多次供述均供称将银行卡交由李某使用，李某告知其要将钱存到该银行卡上，后黄海将该银行卡交给公司盛某，其供述能够与李某、喻某、盛某的证言印证证实，黄海系将银行卡交由公司使用，不论打入该卡的 102.1 万元是公司款项还是个人款项，名义为何，黄海对该款项并非其个人收入，而系借用其银行卡之他人款项主观上是明知的；其次，从对银行卡的占有方式分析，黄海在应李某要求开通网银、U 盾后，便将银行卡、U 盾及密码均交由公司财务盛某保管，虽黄海之后否认将卡交给公司使用，但在案证人证言均证实优游信息公司仅是借用以黄海名义开设的该账户，以方便公司账户外资金的提取和周转，根本没有委托黄海保管、管理、占有、使用卡内资金的意思及行为表示，涉案资金的实际控制是以银行卡及 U 盾仍由公司财务人员盛某控制的方式实现，即卡上资金实质上并不是黄海而是公司所有，亦不处于黄海而是由公司实际占有的状态；最后，从转移资金的行为方式分析，黄海在未向公司相关人员告知其通过挂失补卡的方式将卡内资金转入仅自己能够控制的银行卡上，使存款债权的实际所有人失去对款项的支配控制的情况下，将款项转移用于偿还贷款、炒股、购买汽车等予以耗用，还于挂失卡当日辞职，并意图伪造公司向其借款的假象掩盖犯罪事实，表明其主观上非法占有的故意明显。黄海以自己身份证向银行申请挂失、重新办卡、设置密码，继而取走存款的行为虽不违反银行行业规定，但其行为相对于不知情的被害人而言却系秘密窃取。综上所述，黄海是以非法占有为目的，采取被害人所不知晓的秘密手段窃取了他人实际所有和控制的财物，原判以盗窃罪对黄海定罪处罚符合在案证据所证事实及法律规定。

【案例注解】

随着我国经济社会的加速发展，银行等金融机构的业务日益扩张，银行卡成为消费、交易等经济活动中的重要工具，与银行卡相关的犯罪活动也日益增多，呈现出多样化、新型化的特点。现实生活中，亲朋好友之间、公司与员工之间不乏借用他人银行卡，或借用他人身份证办理银行卡或账户存放现金，并由存款人自己保管银行卡和密码的情形，此时若账户名义人利用自己是银行卡法定所有人的身份，持本人身份证到银行挂失、补卡并以此将实际存款人存入该账户的钱款私自提取据为已有，因账户名义人的此行为并未违反银行储蓄实名制的相关规定，从表面上看其行为并不违法，故在理论和实践中对该行为的定性形成盗窃罪、侵占罪、诈骗罪及不构成犯罪四种意见，其中最主要的是盗窃罪与侵占罪的争论。

持盗窃罪观点的人认为，在账户名义人挂失银行卡前，因由实际存款人自己保存管理卡及密码，故卡内款项系由存款人实际占有，账户名义人以非法占有为目的，在实际存款人不知情的情况下通过挂失补卡等方法秘密窃取他人存款为已有，构成盗窃罪；持侵占罪观点的人认为，因账户名义人随时都可凭借其实名登记人身份向银行申请挂失并补卡，故账户名义人始终对卡内存款有法律上的占有控制权，存款名义人对卡内款项有代为保管关系，其将代为保管的他人财物非法占为已有拒不返还的行为，构成侵占罪。本案合议庭在理论分析基础上，结合行为人非法占有目的产生时间、实际存款人的行为表现等具体案件事实，认为本案应定性为盗窃罪，理由如下：

一、前提："存款"系存款债权

储户将现金存入银行，银行与储户间就特定资金形成合同关系，关于存款合同的性质有物权说和债权说两种观点，笔者赞成存款合同债权说。货币是种类物，储户将货币存入银行后，取款时银行归还的并非原来的货币，而是其他等额货币，故存款行为完成后，系由银行取得所存现金的所有权及对现金的占有，储户取得请求银行还本付息的权利即存款债权，该权利在本质上是一种财产性利益。财产性利益虽不是通常意义上的"财物"，但仍属于广义的财产范围，侵害财产性利益与侵害财物同样具有严重的社会危害性，且我国立法和司法解释的一些规定都表明财产性利益属于刑法所保护的法益，[①] 故

① 参见 2000 年 5 月 12 日《最高人民法院关于审理扰乱电信市场管理秩序案件具体应用法律若干问题的解释》中对非法充值电信卡使用等构成盗窃罪的规定。

作为财产性利益的存款债权可以成为侵犯财产罪的犯罪对象，成为占有的对象。盗窃罪与侵占罪分别属于转移占有型财产犯罪和非转移占有型财产犯罪，区别关键在于行为人实施犯罪行为之前是否已占有控制财物，故接下来需要讨论的是账户名义人在实施挂失行为之前，卡内的存款债权是由账户名义人还是实际存款人占有和控制支配。

二、核心：存款债权的实际归属及是否“代为保管”

（一）存款债权的实际归属为实际存款人

1. 对存款债权的所有。在民法上，根据存款实名制，存在谁名下的款项应当归谁所有。但这一规则并不适用于刑法，刑法更强调的是实质上的所有关系而不是形式上的所有关系。[①] 实际存款人将现金存入银行后所取得的对银行的存款债权并不能因为其存入的是名义人账户就认为其将所有权转移给了账户名义人，实际存款人主观上并无转移存款债权所有权的意愿，客观上亦不能因为违反存款实名制规定就认定其实施了转移存款债权所有权的行为，故存款债权始终由实际存款人所有。

2. 对存款债权的控制支配及占有。认定占有的成立与否应从主客观即占有的意思及占有的事实两方面进行考量：从客观上看，刑法上的“占有”与民法上的“占有”不同，刑法上的“占有”是指事实上的占有，或者说是指事实上的支配、现实的支配。对财物事实上的支配，意味着被害人在通常情况下能够左右财物、对财物的支配没有障碍。事实上的支配，不是根据物理的事实或者现象进行判断，而是根据社会的一般观念进行判断。[②] 本案中，虽然银行卡不是以实际存款人的身份办理，但是由实际存款人自己保管银行卡和密码，从一般的社会观念判断，实际存款人能够自由支取卡上款项，存款债权事实上是由实际存款人控制支配，即存款债权人客观上通过持有银行卡及密码的方式控制支配存款债权；从主观上看，本案中，账户名义人明知实际存款人借用银行卡的目的和用途，其之所以将卡借给实际存款人使用也是基于其与实际存款人之间的特殊关系，认可实际存款人能够自由存取款，账户名义人将银行卡及密码交由实际存款人保管的行为，更是表明其对实际存款人占有存款债权的认可，其自身并无占有存款债权的意思。综上，从主客观两方面分析，存款债权的控制支配及占有由实际存款人享有。

支持侵占罪的观点认为，银行卡挂失前实际存款人与账户名义人对存款债权皆具有支配力，但账户名义人对存款债权的支配力强于实际存款人，因为账户名义人随时可根据账户登记信息终止银行卡业务（挂失补卡或者销户）取得对存款债权的支配控制权，并排除实际存款人的相关权利，故账户名义人对存款债权的占有才是排他性的占有。针对该观点，笔者认为，银行账户开户后可以脱离身份证明独立使用的现实特性说明，账户本身及密码是比开户人姓名及身份证号码等更为重要的交易信息，控制支配存款凭证（银行卡）及密码即可控制支配存款债权，实际存款人也是通过此方式实现对存款债权的实际支配与控制。此外，占有是在一定时空条件下对财物（财产性利益）的控制和管领，即占有对财物的控制具有紧密性，账户名义人的确可通过挂失等手段取得对存款债权的控制支配，但必须借助银行的辅助行为才能实现，而实际存款人则直接控制存款债

---

① 陈兴良：《挂失并取走自己账户下他人款项构成盗窃罪》，载《中国审判》2010年第51期。

② 张明楷：《刑法学（第五版）》，法律出版社2016年版，第945页。

权，故实际存款人现实地控制支配明显强于账户名义人根据法律拟制所取得的内容仅为有处分财产可能性的支配力，且账户名义人需借助于其他（构成犯罪的）手段行为才能取得对存款债权的控制支配权，从此意义上说，实际存款人对存款债权的支配力强于账户名义人，并且在一定时空条件下，实际存款人对存款债权的占有是排他的。

（二）存款债权并非由账户名义人代实际存款人保管的财产性利益

代为保管的本质是占有，构成代为保管的前提是有占有的事实，在论述了存款债权并非由账户名义人占有的情况下，本无再讨论是否由账户名义人代为保管的必要，但鉴于账户名义人能够通过其挂失行为使实际存款人完全丧失对存款债权的占有，故在此亦对该问题予以阐述，从而进一步说明本案并不符合侵占罪的构成要件。

法律对侵占罪中代为保管的含义无明文规定，理论界对代为保管的形成根据有争议，主要分歧在于代为保管是仅能基于委托保管关系形成，还是也可以基于其他合同关系或者事实上的管理和习惯形成。支持侵占罪的观点中有的认为代为保管的根据不仅包括根据委托或者其他合同关系而产生，还应当包括在事实和习惯上有支配可能性，本案账户名义人在事实上就有支配可能性，故可以认定为存款债权系其代实际存款人保管的财产性利益。笔者认为，保管成立的前提条件是双方有保管的合意，对财物的保管这一事宜要达成一致的意思表示，就本案而言，实际存款人一直自己保管银行卡、U盾及密码，并在取得卡后修改密码，表明实际存款人并不想让账户名义人控制支配存款债权，实际存款人根本没有委托存款名义人代为保管、管理卡内资金的意思及行为表示，存款债权的实际控制是以银行卡及密码仍由实际存款人控制的方式实现，故双方并未成立代为保管的关系。因此，本案不符合侵占罪所要求的“他人所有，本人占有，代为保管”特性，不构成侵占罪。存款债权实质上由实际存款人所有及占有控制，账户名义人以非法占有为目的，实施一定行为将他人的存款债权占为己有的，应根据该行为的性质确定本案定性。

三、手段：挂失补卡行为属于盗窃罪中的“秘密手段”

盗窃罪中的秘密窃取包含秘密——隐蔽性及窃取——平和性两个方面的内涵。本案中，账户名义人以自己身份证向银行申请挂失、重新办卡、设置密码，继而转移实际存款人对存款债权的占有并取走存款，账户名义人挂失补卡的行为是以和平手段取得他人财物，具有平和性，其行为时主观上自认为采取了不被财物控制人发觉的方法，具有秘密性，故其行为对于不知情的被害人即实际存款人而言确系秘密窃取，账户名义人可以实施上述行为只是因为银行管理上的规定，仅进行形式上的审查，但是否违反银行管理规定并不影响对其秘密窃取行为的认定，行为本身未违反银行管理规定亦不能否认其构成犯罪。

需要说明的是，实践中有案情与本案相似但细节有所不同的案例，[①] 但被告人挂失银行卡的目的是不愿将银行卡继续提供给实际存款人使用，在此过程中才得知卡内有资金，后产生非法占有卡内资金的犯罪故意。该案犯罪故意的产生时间、挂失后的具体事实等

① 详见王德录、刘晓辉：《曹成洋侵占案》，载《刑事审判参考》2013年第6期。

与本案有异，致对卡内资金控制占有的认定及最终结论与本案不同，此问题有待进一步探讨。故在审理类似案件时不能一概而论，应结合如非法占有目的的产生时间、实际存款人是否更改密码及账户名义人能否实际控制银行卡等具体案件事实综合分析认定。

（一审法院合议庭成员 李 黎 曹 健 王少松
二审法院合议庭成员 李抒璟 戈金梁 聂婷婷
编写人 四川省成都市中级人民法院 李抒璟
四川省成都市青羊区人民法院 谌 辉
责任编辑 包献荣
审稿人 李玉萍）

原载《人民法院案例选》2020年第7辑（总第149辑）

227. 蒋超超、林恺等盗窃案

——“供犯罪所用的本人财物”的司法认定

【关键词】

刑事　盗窃　供犯罪所用　本人财物

【裁判要旨】

对《刑法》第六十四条规定的应当予以没收的“供犯罪所用的本人财物”，人民法院应综合考虑财物与犯罪的关联程度、是否损害他人合法民事权利、财物价值与犯罪情节的相当性等因素作出认定。

【相关法条】

《中华人民共和国刑法》

第六十四条　犯罪分子违法所得的一切财物，应当予以追缴或者责令退赔；对被害人的合法财产，应当及时返还；违禁品和供犯罪所用的本人财物，应当予以没收。没收的财物和罚金，一律上缴国库，不得挪用和自行处理。

【案件索引】

一审：陕西省西安市长安区人民法院（2017）陕 0116 刑初 296 号（2017 年 10 月 23 日）

二审：陕西省西安市中级人民法院（2017）陕 01 终 911 号（2017 年 12 月 19 日）

【基本案情】

陕西省西安市长安区人民检察院指控：被告人郗菲菲、李超、蒋超超、林恺犯盗窃罪。

被告人郗菲菲、李超、蒋超超对公诉机关指控的犯罪事实和罪名无异议。

被告人林恺除辩解其未参与检察机关指控的第一宗盗窃外，对其余犯罪事实和罪名无异议。同时认为，不应将他名下用贷款购买的车辆认定为作案工具，请求法院能将车辆返还。

被告人蒋超超认为，他的车不能作为作案工具予以没收，车辆也是家人借钱首付贷款购买，请求法院能够将车辆返还。

法院经审理查明：2016 年 11 月 10 日 17 时许，经预谋，被告人林恺驾驶陕 A8 × × × × 轿车载被告人郗菲菲、李超前往陕西省西安市长安区下北良村忆青春网吧伺机盗窃手机。被告人郗菲菲、李超进入网吧，被告人林恺驾车在外接应。被告人李超在网吧内望风，被告人郗菲菲使用铁丝制成的钩状工具盗走被害人郭某放置于电脑桌上的苹果7plus手机一部，三人驾车逃离现场。后三人又于11月14日21时许、22日17时许，采取上述相同方式先后在西安市雁塔区青松路尚MISS网咖、西安市经济技术开发区红树林网吧，分别盗窃被害人张某、被害人雷某放置于电脑桌上的苹果6S、OPPO R9手机各一部。以上手机价值共计9041元。

2016年11月18日17时许、20时许，25日19时许，29日17时许，经预谋，被告人蒋超超驾驶其所有的陕AZ××××轿车载被告人郗菲菲、李超先后前往西安市灞桥区西航花园社区冒险岛网咖、西安市未央区新房村本都网吧、西安市高陵区大时代网吧、华阴市现代商城自由空间网吧伺机盗窃手机。被告人郗菲菲、李超进入网吧，被告人蒋超超驾车在外接应。被告人李超在网吧内望风，被告人郗菲菲趁被害人不备或者使用铁丝制成的钩状工具分别盗窃被害人余某、宋某、任某、孟某放置在电脑桌上的苹果6S手机、OPPO R9手机、vivo x7plus手机、OPPO R9 plus手机各一部，价值共计12097元。

综上，被告人郗菲菲、李超参与盗窃七次，价值21138元；被告人蒋超超参与盗窃四次，价值12097元；被告人林恺参与盗窃三次，价值9041元。

【裁判结果】

陕西省西安市长安区人民法院于2017年10月23日作出（2017）陕0116刑初296号刑事判决：一、被告人郗菲菲犯盗窃罪，判处有期徒刑二年，并处罚金18000元；被告人李超犯盗窃罪，判处有期徒刑一年零八个月，并处罚金15000元；被告人蒋超超犯盗窃罪，判处有期徒刑一年零一个月，并处罚金9000元；被告人林恺犯盗窃罪，判处有期徒刑一年，并处罚金8000元；二、责令被告人郗菲菲、李超、林恺、蒋超超退赔被害人郭某等人经济损失；三、对被告人郗菲菲、李超、林恺、蒋超超的非法所得继续追缴；四、涉案车辆陕A8××××轿车、陕AZ××××轿车依法予以没收，由西安市公安局长安分局上缴国库；作案工具铁丝钩两根、手套一个，予以没收。

宣判后，蒋超超、林恺提起上诉，认为一审法院将其贷款购买的车辆予以没收不当，并提交了车辆贷款购买合同等证据材料。

陕西省西安市中级人民法院于2017年12月19日作出（2017）陕01终911号刑事判决：一、维持陕西省西安市长安区人民法院（2017）陕0116刑初296号刑事判决书第一项、第二项、第三项，即被告人郗菲菲犯盗窃罪，判处有期徒刑二年，并处罚金人民币18000元；被告人李超犯盗窃罪，判处有期徒刑一年八个月，并处罚金人民币15000元；被告人蒋超超犯盗窃罪，判处有期徒刑一年一个月，并处罚金人民币9000元（已缴纳）；被告人林恺犯盗窃罪，判处有期徒刑一年，并处罚金人民币8000元（已缴纳）；责令被告人郗菲菲、李超、林恺、蒋超超退赔被害人郭家宁等人经济损失；对被告人郗菲菲、李超、林恺、蒋超超的非法所得继续追缴。二、撤销陕西省西安市长安区人民法院（2017）陕0116刑初296号刑事判决书第四项，即涉案车辆陕A8××××、陕AZ××××轿车依法予以没收，由西安市公安局长安分局予以执行，上缴国库；作案工具铁丝钩两根、手套一个，予以没收。三、作案工具铁丝钩两根、手套一个，予以没收。

【裁判理由】

法院生效裁判认为：上诉人蒋超超、林恺及原审被告人郗菲菲、李超以非法占有为目的，多次结伙盗窃他人财物，数额巨大，其行为均构成盗窃罪，依法应予惩处。对于上诉人蒋超超、林恺提出返还车辆的上诉理由，经查：（1）涉案陕 A8××××、陕 AZ××××轿车是上诉人蒋超超、林恺通过银行贷款购买，车辆已办理抵押手续，且用于偿还银行贷款的资金来源于家庭共同财产，因此涉案车辆并非完全属于上诉人蒋超超、林恺本人财产。（2）涉案陕 A8××××、陕 AZ××××轿车主要用于上诉人蒋某、林某家庭日常生活和工作，没有证据证明是为实施盗窃犯罪而购买，虽然该车客观上对案件发生具有一定帮助作用，但本案中的财物被盗与车辆运输没有直接因果关系。（3）根据罪责刑相适应原则，没收"供犯罪所用的本人财物"应体现罪责刑的均衡，所没收财物的范围、价值应当与犯罪的危害程度相当，应根据财物的价值和犯罪的情节综合考虑，没收车辆对上诉人蒋超超、林恺明显偏重。综上，上诉人蒋超超、林恺名下车辆不应作为供犯罪所用的本人物品予以没收，故上诉人蒋超超、林恺的上诉理由成立，予以采纳。原审判决认定事实清楚，证据确实、充分，定罪准确，量刑适当，审判程序合法，唯判决没收陕 A8××××、陕 AZ××××轿车不当，依法应予纠正。

【案例注解】

《刑法》第六十四条规定，违禁品和供犯罪所用的本人财物，应当予以没收。它体现了我国《刑法》对犯罪工具予以没收处理的立法态度，这也是世界各国刑法的通行做法。但对于如何判定"供犯罪所用的本人财物"，司法解释没有作出具体规定，我国刑法理论界和司法实践中亦存在分歧，尤其是对于非直接或者非专门用于犯罪的财物、设定了他人民事权利的财物等处理尚未统一，存在类案不同判问题，有损法律的严肃性和裁判的公正性。

具体到本案，对于被告人蒋超超、林恺在盗窃犯罪实施过程中驾驶的陕 A8××××、陕 AZ××××轿车是否应认定为《刑法》第六十四条规定的"供犯罪所用的本人财物"，在一、二审法院审理中形成两种不同意见：第一种意见认为，被告人蒋超超、林恺在盗窃犯罪中分别驾驶陕 A8××××、陕 AZ××××轿车多次载被告人郗菲菲、李超到网吧实施盗窃，并在盗窃完成后作为逃离工具，应认定为"供犯罪所用本人财物"。第二种意见认为，被告人蒋超超、林恺在盗窃犯罪中驾驶的陕 A8××××、陕 AZ××××轿车虽然起到了到达和逃离犯罪现场的工具作用，但该车之上设定有其他合法抵押权，且该车并非被告人蒋超超、林恺为盗窃犯罪而购买，根据二被告人的罪行，如果对其车辆予以没收，与被告人郗菲菲、李超相比明显惩罚失衡。笔者同意第二种意见。理由如下：

一、"供犯罪所用财物"应是与犯罪有经常性或者密切性联系，对犯罪实施具有决定或者重要作用的财物

对于"供犯罪所用"的理解与认识，按照文义解释方法，即为犯罪而使用的财物，也就是司法实务部门和刑法理论界所称的犯罪工具。我国刑法教材多将犯罪工具定义为犯罪分子进行犯罪活动所用的一切器械物品。按此理解，所有在犯罪预备、犯罪实行过程中使用的与犯罪有联系的财物都包含在上述范围。照此逻辑，犯罪中被告人实际使用的与犯罪没有必然联系的生活必需品或者常用品，如穿着的衣服、鞋袜也都属于"供犯罪所用"的犯罪工具范畴，如果依照《刑法》第六十四条的规定判决予以没收，显然有违常情常理，会引发法律评价与社会经验的冲突问题。按照法律解释方法理论，在文义解释出现问题时，就需要采用文理解释方法，从立法本意和法律精神去把握条文的内涵外延。《刑法》之所以规定将“供犯罪所用的财物”予以没收，主要目的是证明犯罪事实、发挥特殊预防作用、剥夺被告人再犯能力等，实际上也会产生一定惩罚效果。如故意杀人犯罪中被告人所用的长刀，既是证明故意杀人犯罪的物证，又是违禁品，需要予以没收。基于对没收“供犯罪所用财物”的行为性质、目的的分析，认定“供犯罪所用财物”可从以下三个方面把握：第一，财物与犯罪应该存在直接紧密的联系，具有直接性。所谓直接联系就是该财物对犯罪行为或者结果的发生起到决定或者直接作用，抑或该财物是实施或者完成犯罪行为的必要条件或者重要条件。对于轿车与犯罪是否具有直接联系，不能一概而论，应当具体问题具体分析，主要应根据犯罪性质和犯罪构成，并结合犯罪因果关系去判断。比如，在运输毒品犯罪中，被告人如何运输毒品，是运输毒品罪的犯罪构成的重要事实内容。轿车作为毒品的运输载体，是实施运输毒品犯罪行为和犯罪结果实现的关键因素，是对犯罪起到决定作用的犯罪工具，故此时轿车应属于《刑法》第六十四条所规定的“供犯罪所用”范畴。而在盗窃犯罪中，与盗窃犯罪实施密切相关的万能钥匙、撬锁螺丝刀等偷盗工具，是盗窃犯罪完成的必要条件或者重要条件，显然也属于“供犯罪所用”范畴。但盗窃犯罪的犯罪构成没有将驾驶汽车或者运输行为作为认定盗窃犯罪的必要犯罪事实内容。对于并非专门用于运送被告人到达盗窃行为地和逃离现场的轿车或者运输行为，不是盗窃犯罪的必要条件或者重要条件，自然不属于“供犯罪所用”范畴，但如果是为盗窃运输赃物而专门购买使用的车辆就应另当别论。具体到本案，案涉车辆只是被告人的交通工具，没有对盗窃犯罪完成起到决定作用，并非盗窃犯罪实施的必要条件或者重要条件。即使没有案涉车辆载运，被告人也可以通过其他交通工具或者采取其他方式到达、逃离现场。第二，被告人有将财物用于犯罪的主观认识，具有主观故意。《刑法》第六十四条虽未限定没收“供犯罪所用的本人财物”必须发生在故意犯罪中，但从文义解释看，“供犯罪所用”是被告人在主观上对财物用于犯罪有明确的认识，继而积极主动的在犯罪中使用该财物。由于过失犯罪，被告人对犯罪实施缺乏主动性，对犯罪目的实现也没有积极追求，对于财物在犯罪中的使用缺乏主动性和明确认识，故不属于应当没收的情形。第三，财物与犯罪具有密切联系，具有专门性。所谓密切联系，是指财物和犯罪存在经常性的联系，财物经常用于犯罪，反复使用。对于临时使用或者只是起到辅助作用的财物不应认定为“供犯罪所用”，继而作为应当没收的对象。实际上，最高人民法院、最高人民检察院在有关司法解释中，对犯罪工具认定就有类似的专门性判断要求。如 2005 年 5 月 13 日施行的《最高人民法院、最高人民检察院关于办理赌博刑事案件具体应用法律若干问题的解释》第八条第二款规定：“……赌博用具、赌博犯罪所得以及赌博犯罪分子所有的用于赌博的资金、交通工具、通讯工具等，应当依法予以没收。”本案中，案涉车辆的主要用途为家庭生活和工作，并非为实施盗窃犯罪而购买，没有连续性或者长期性用于实施盗窃犯罪，故不应认定为“供犯罪所用”。

二、财物为本人所有且予以没收对第三人的合法权利不会构成损害

按照文义解释，“本人财物”是指被告人进行犯罪活动所使用的属于其本人所有的财物。但随着经济社会的快速发展，财产流转日益频繁，权利主体多元化，权利内容呈现多层次性和交叉性。一个财物可能同时存在叠加多项权利。因此，在作出没收“供犯罪所用的本人财物”时，仅审查本人是否对该财物具有所有权尚不全面。对“本人财物”的认定，不仅要对被告人是否具有所有权进行审查，还应注意予以没收是否会损害第三人合法民事权利。本案中，蒋超超、林恺的轿车涉及夫妻财产共有财产权和银行的抵押权，如果刑事判决不顾上述情况简单判决没收，割裂了刑民关系，造成剥夺他人民事权利的法律后果，不仅损害了他人合法权益，也有损法律的统一性和严肃性。因此，在作出是否没收的判决时，不仅应查明“供犯罪所用财物”是否为被告人本人所有，还应当查明该财物之上是否存在他人合法民事权利。

三、坚持罪责刑相适应原则，衡量拟没收财物的价值是否与犯罪的危害性质和危害程度相当

对“供犯罪所用财物”予以没收，虽然其不属于我国《刑法》所规定的法定刑罚种类，刑法理论界对此也有强制措施说、刑罚说、保安处分说等不同观点认识，但无论持何种观点，均不能否定其所具有的惩罚性效果。因此，在认定是否属于应当没收的“供犯罪所用财物”时，应坚持罪责刑相适应原则，对没收裁判的合理性问题进行衡量。《刑法》第五条规定：“刑罚的轻重，应当与犯罪分子所犯罪行和承担的刑事责任相适应。”第六十一条规定：“对于犯罪分子决定刑罚的时候，应当根据犯罪的事实、犯罪的性质、情节和对社会的危害程度，依照本法的有关规定判处。”因此，在认定“供犯罪所用的本人财物”继而作出没收判决时，也应参照上述规定，拟没收的财物范围和价值应当与犯罪的危害性质和危害程度基本相当。如果拟没收的财物价值明显超过犯罪危害性质和危害程度所对应的应受惩罚程度，没收会与社会基本认知和价值判断产生冲突，反向说明没收的不合理，此时就需要重新审视没收裁判。具体到本案，蒋超超、林恺盗窃犯罪数额分别为9000余元和1万余元，判处的刑罚分别为有期徒刑一年零一个月、一年，并处罚金分别为9000元、8000元，如对价值数倍于犯罪数额和罚金标准的轿车予以没收，实际上变相加重了对蒋超超、林恺的惩罚，与比其二人罪行更为严重的其他被告人相比，会出现惩罚失衡问题。从此角度来看，判决没收轿车也不尽合理。

（一审法院合议庭成员　姚化鹏　马婉贞　田　力
二审法院合议庭成员　马建国　吴　东　杨海明
编写人　陕西省高级人民法院　王琪轩
责任编辑　包献荣
审稿人　李玉萍）

原载《人民法院案例选》2020年第8辑（总第150辑）

三、诈　骗　罪

228. 杨丽涛诈骗案*

——篡改网页内容发布虚假消息，骗取他人财物的行为应当如何认定

【关键词】

诈骗罪　破坏计算机信息系统罪　犯罪未遂　牵连犯

【裁判要点】

侵入红十字会网站，篡改网页内容发布虚假募捐消息，骗取他人财物的行为，同时构成诈骗罪和破坏计算机信息系统罪，属于牵连犯，应当从一重罪处罚。

【相关法条】

《中华人民共和国刑法》

第二百八十七条　利用计算机实施金融诈骗、盗窃、贪污、挪用公款、窃取国家秘密或者其他犯罪的，依照本法有关规定定罪处罚。

第二百六十六条　诈骗公私财物，数额较大的，处三年以下有期徒刑、拘役或者管制，并处或者单处罚金；数额巨大或者有其他严重情节的，处三年以上十年以下有期徒刑，并处罚金；数额特别巨大或者有其他特别严重情节的，处十年以上有期徒刑或者无期徒刑，并处罚金或者没收财产。本法另有规定的，依照规定。

【案情及裁判】

江苏省昆山市人民检察院以被告人杨丽涛犯破坏计算机信息系统罪，向昆山市人民法院提起公诉。

被告人杨丽涛对起诉书指控的犯罪事实无异议。其辩护人提出：昆山市红十字会网

---

* 案例来源：最高人民法院刑事审判第一、二、三、四、五庭主办：《刑事审判参考》（第101集），法律出版社2015年版，第103～109页。

站只是一个信息发布平台，不属重要的计算机信息系统。杨丽涛对网站的攻击行为未造成严重后果，不构成破坏计算机信息系统罪。即使要追究杨丽涛的刑事责任，也应以诈骗罪未遂处理。

昆山市人民法院经公开审理查明：2008 年 5 月 18 日，被告人杨丽涛为利用网络骗取社会各界对四川汶川地震提供的捐款，在深圳市龙岗区坂田和堪村 9 号暂住地使用自行组装的台式电脑，登录昆山市红十字会网站管理后台。将其本人篡改过的包含虚假募捐账户为“5 · 12 四川汶川地震捐款”的消息链接至昆山市红十字会网站上，致使网站管理员无法正常管理网站，昆山市红十字会网站被迫关闭 27 小时。杨丽涛发布的虚假消息载明募捐账户名为庞土贤，账号为 6222023602010819555。该账户由杨丽涛控制。至案发无募捐款项汇入该账号。

昆山市人民法院认为：被告人杨丽涛为骗取社会为四川汶川地震提供的救灾捐款，利用计算机非法入侵昆山市红十字会网站，发布虚假的为汶川地震募捐的消息，并将其本人控制的银行账户设定为虚假募捐账户，其行为构成诈骗罪，且情节严重，依法应予严惩。杨丽涛已经着手实行犯罪，但因意志以外的原因诈骗未能得逞，系犯罪未遂，可以比照既遂犯从轻或者减轻处罚。据此，依照《中华人民共和国刑法》第二百八十七条、第二百六十六条、第二十三条、第六十四条之规定，昆山市人民法院以被告人杨丽涛犯诈骗罪，判处有期徒刑二年，并处罚金人民币 5000 元。

一审宣判后，被告人杨丽涛以其未获取任何财物，对其量刑应当比照诈骗“数额较大”既遂标准减轻处罚，原审判决量刑畸重为由向苏州市中级人民法院提起上诉。苏州市中级人民法院经公开审理认为，第一审人民法院认定的事实清楚，证据充分，定罪及适用法律正确，量刑恰当，审判程序合法。杨丽涛的上诉理由并无事实和法律依据，不予采纳。据此，苏州市中级人民法院裁定驳回上诉，维持原判。

【法理解析】

本案中被告人的行为同时构成诈骗罪和破坏计算机信息系统罪，属于牵连犯，应当从一重罪处罚。理由如下：首先，被告人侵入红十字会网站，篡改网页内容发布虚假募捐消息的行为，导致网站管理员无法登录后台管理界面，无法正常管理网站，影响了昆山市红十字会向地震灾区正常的募捐行为，其行为构成破坏计算机信息系统罪。其次，被告人非法侵入和控制昆山市红十字会网站后，篡改网站上内容，发布虚假的募捐消息是以非法占有为目的，实施了虚构事实、隐瞒真相的欺骗行为。但是，被告人虽然着手实施诈骗行为，但由于意志以外的原因而未获取财物，系诈骗未遂。最后，被告人破坏计算机信息系统行为是其诈骗行为的手段行为，应当按照“从一重罪处罚”原则处断。由于被告人所犯诈骗罪的法定刑高于所犯破坏计算机信息系统罪的法定刑，所以，人民法院应当以诈骗罪对其定罪处罚。

原载《人民法院案例选》2016 年第 1 辑（总第 95 辑）

229. 葛玉友等诈骗案*

——在买卖过程中，行为人采取秘密的欺骗手段，致使被害人对所处分财物真实重量产生错误认识，并进而处分财物的行为如何定性

【关键词】

诈骗罪　错误认识　秘密欺骗手段

【裁判要旨】

在买卖过程中，行为人采取秘密的欺骗手段，致使被害人对所处分财物真实重量产生错误认识，并进而处分财物的行为应认定为诈骗罪。

【相关法条】

《中华人民共和国刑法》

第二百六十六条　诈骗公私财物，数额较大的，处三年以下有期徒刑、拘役或者管制，并处或者单处罚金；数额巨大或者有其他严重情节的，处三年以上十年以下有期徒刑，并处罚金；数额特别巨大或者有其他特别严重情节的，处十年以上有期徒刑或者无期徒刑，并处罚金或者没收财产。本法另有规定的，依照规定。

【案情及裁判】

浙江省湖州市德清县人民检察院以被告人葛玉友、姜闯、张福生犯盗窃罪，向德清县人民法院提起公诉。葛玉友对公诉机关起诉书指控的犯罪事实、定性均无异议。姜闯、张福生及其辩护人对公诉机关起诉书指控的犯罪事实均无异议，但均对定性提出异议，认为姜闯、张福生的行为不构成盗窃罪，而应构成诈骗罪。

德清县人民法院经公开审理查明：（1）被告人葛玉友、姜闯在德清恒运纺织有限公司收购碎布料期间，经事先商量，采用事先偷偷在运输车辆上装入 1.5 吨重的石头，同林祥云一起给“空车”过磅，随后偷偷把石头卸掉才去装载碎布料，再同林祥云一起满载车辆过磅，然后根据两次过磅结果计算车上碎布料重量，再和林祥云进行现金交易的方法，在林祥云没有察觉的情况下，每次交易均从德清恒运纺织有限公司额外多运走 1.5 吨碎布料。自 2011 年 4 月至 2011 年 8 月，葛玉友、姜闯采用上述方法，先后 7 次骗得碎布料共计 10.5 吨，共计价值人民币（以下币种同）5.25 万元。（2）葛玉友、姜闯、张

---

* 案例来源：最高人民法院刑事审判第一、二、三、四、五庭主办：《刑事审判参考》（第 101 集），法律出版社 2015 年版，第 96 ~ 102 页。

福生经事先商量，采用事先偷偷在运输车辆上装入2吨重的水，同林祥云一起给“空车”过磅之后又偷偷把水放掉才去装载碎布料，再同林祥云一起给满载车辆过磅，然后根据两次过磅结果计算车上碎布料重量，再和被害人林祥云进行现金交易的方法，在林祥云没有察觉的情况下，每次交易均从德清恒运纺织有限公司额外多运走2吨碎布料。自2011年8月至2011年9月，先后两次骗得碎布料共计4吨，共计价值1.96万元。案发后，葛玉友、姜闯分别退出赃款27000元、40000元，并已发还被害单位。

德清县人民法院认为：被告人葛玉友、姜闯、张福生结伙，以非法占有为目的，虚构事实、隐瞒真相，骗取他人财物的行为，均构成诈骗罪。其中葛玉友、姜闯诈骗数额巨大，张福生诈骗数额较大。公诉机关指控的犯罪事实成立，但指控的罪名有误，法院予以更正。姜闯、张福生的辩护人所提本案犯罪事实应当构成诈骗罪，不构成盗窃罪的辩护意见予以采纳。葛玉友、姜闯、张福生虽不具有自首情节，但能如实供述自己的罪行，且葛玉友、姜闯分别退出赃款27000元、40000元，可以酌情从轻处罚。

据此，依照《刑法》第二百六十六条、第二十五条第一款、第六十七条第三款、第五十二条、第五十三条之规定，德清县人民法院判决如下：

一、被告人葛玉友犯诈骗罪，判处有期徒刑三年四个月，并处罚金人民币1.5万元。

二、被告人姜闯犯诈骗罪，判处有期徒刑三年二个月，并处罚金人民币1.2万元。

三、被告人张福生犯诈骗罪，判处有期徒刑一年二个月，并处罚金人民币6000元。

宣判后，三被告人未提起上诉，检察机关亦未抗诉，该判决已发生法律效力。

【法理解析】

本案主要涉及诈骗罪与盗窃罪的区分问题。在诈骗手段和盗窃手段相交织的案件中，区分盗窃罪与诈骗罪两罪的关键在于被害人针对财物是否存在处分行为。在认定处分行为时，要坚持主客观相统一的原则。除了从客观上分析有无“交付”行为，还要从主观上分析受骗者对所交付的财产至少需要认识到所处分财物的种类、名称等外观物理特征，即知道自己是在对什么东西进行处分。具体到本案，被害人“自愿”多交付碎布料给被告人，符合处分财产行为的客观要求，同时，由于行为人的秘密欺骗行为并非直接针对碎布料进行，即并没有将碎布料进行秘密藏匿，被害人也并没有因此而对车上碎布料的物理外观发生错误认识，具有处分意识。综上所述，本案中，三被告人的行为符合诈骗罪的构成要件，因此人民法院对三被告人以诈骗罪定罪处罚是正确的。

原载《人民法院案例选》2016年第2辑（总第96辑）

230. 肖群、张红梅、刘娜、胡美连、刘生媛、毛双萍诈骗案

——电信诈骗中被害人电话为空号、错号、无人接听等情形应计入拨打诈骗电话次数

【关键词】

拨打诈骗电话次数　社会危害性　犯罪未遂

【裁判要旨】

犯罪分子在实施电话诈骗中，针对不特定对象拨打的电话号码，存在拨通后不信、拨错或没有拨通等情形，属于因意志以外的原因诈骗犯罪未能得逞情形，应认定为犯罪未遂。拨通后不信、拨错或没有拨通的电话均应计入拨打次数予以量刑。

【相关法条】

《中华人民共和国刑法》

第二百六十六条　诈骗公私财物，数额较大的，处三年以下有期徒刑、拘役或者管制，并处或者单处罚金；数额巨大或者有其他严重情节的，处三年以上十年以下有期徒刑，并处罚金；数额特别巨大或者有其他特别严重情节的，处十年以上有期徒刑或者无期徒刑，并处罚金或者没收财产。本法另有规定的，依照规定。

【案件索引】

一审：江西省吉安县人民法院（2014）吉刑初字第252号（2015年3月26日）

二审：江西省吉安市中级人民法院（2015）吉中刑二终字第80号（2015年8月14日）

【基本案情】

2014年3月左右，被告人肖群在“小易”（未到案）的提议下，同意拨打电话到台湾地区实施诈骗活动。受“小易”的指使，肖群用“小易”提供的一个名叫黄日彪的身份信息到吉安县电信分公司营业厅开设了宽带网络、购买了8台电话机，并在“小易”提供的技术人员的指导下用“小易”寄来的2台交换机将8台电话机利用网络实现了拨打台湾地区电话的功能。

2014年4月1日，被告人肖群招募被告人张红梅、刘娜、胡美连、刘生媛在吉安县敦厚镇白云路45号1单元××室，按照“小易”邮寄过来的台湾地区居民信息资料（含

有姓名、身份证号码、住址、电话号码信息），冒充台湾地区高雄长庚医院、台湾地区新竹马偕医院、台湾地区台南奇美医院的工作人员给台湾地区居民拨打电话，询问其是否委托一个名叫林美惠的人员到医院办理医疗证明，并谎称其个人信息有可能外泄被冒用于从事违法犯罪活动，当台湾地区居民相信后，便会说以医院名义帮其报警，并让其等候警察的电话，接着肖群等人便会将台湾地区居民的信息通过电话传送给“小易”，以便其他团伙成员冒充警察再次与台湾地区居民联系，继续实施诈骗。

2014 年 6 月 3 日，被告人肖群招募被告人毛双萍在上述地点，伙同上述被告人用“小易”邮寄过来的上述台湾地区居民信息资料，冒充台湾地区高雄长庚医院的工作人员，用上述方法给台湾地区居民拨打电话实施诈骗。

被告人肖群、张红梅、刘娜、胡美连、刘生媛、毛双萍按台湾地区居民信息资料拨打电话后，对通话了可能会相信的台湾地区居民，在信息资料上相应位置打“√”；对打通了电话不相信的、电话号码空号的、打错了电话的（指非信息资料上的本人接电话），在信息资料上相应位置打“×”；对没有人接电话的，在信息资料上相应位置打“○”。经统计，共打“√”92 个，打“×”8075 个，打“○”4077 个。从 2014 年 4 月 1 日至案发，肖群等人共拨打电话 12244 个；从 2014 年 6 月 3 日至案发，肖群、毛双萍等人共拨打电话 1500 余个。2014 年 6 月 13 日，肖群、张红梅、刘娜、胡美连、刘生媛、毛双萍被公安机关抓获归案。

被告人肖群共收到“小易”银行汇款 82975.12 元，全部用于实施诈骗的开销和发放工资。案发后，肖群退缴非法所得 3 万元；张红梅退缴非法所得 10700 元；刘娜退缴非法所得 8500 元；胡美连退缴非法所得 8860 元；刘生媛退缴非法所得 3500 元。

【裁判结果】

江西省吉安县人民法院于 2015 年 3 月 26 日作出（2014）吉刑初字第 252 号刑事判决：一、被告人肖群犯诈骗罪，判处有期徒刑四年八个月，并处罚金 2 万元；二、被告人张红梅犯诈骗罪，判处有期徒刑三年，并处罚金 2 万元；三、被告人刘娜犯诈骗罪，判处有期徒刑三年，并处罚金 2 万元；四、被告人胡美连犯诈骗罪，判处有期徒刑三年，并处罚金 2 万元；五、被告人刘生媛犯诈骗罪，判处有期徒刑三年，并处罚金 2 万元；六、被告人毛双萍犯诈骗罪，判处有期徒刑一年，并处罚金 1 万元；七、对被告人肖群非法所得 3 万元，被告人张红梅非法所得 10700 元，被告人刘娜非法所得 8500 元，被告人胡美连非法所得 8860 元，被告人刘生媛非法所得 3500 元，予以没收，由扣押机关吉安县公安局上缴国库。

宣判后，被告人肖群、张红梅、刘娜、胡美连、刘生媛不服判决，向江西省吉安市中级人民法院提起上诉，二审查明事实后，裁定维持原判。判决已发生法律效力。

【裁判理由】

法院生效裁判认为：被告人肖群、张红梅、刘娜、胡美连、刘生媛、毛双萍以非法占有为目的，虚构事实，隐瞒真相，通过拨打电话向不特定的多数人实施诈骗，虽然诈骗数额难以查证，但肖群、张红梅、刘娜、胡美连、刘生媛拨打诈骗电话次数在5000人次以上，属情节特别严重，毛双萍拨打诈骗电话次数在500人次以上，属情节严重，其行为均构成诈骗罪（未遂），依法应比照既遂犯减轻处罚。肖群在共同犯罪中起主要作用，系主犯；张红梅、刘娜、胡美连、刘生媛、毛双萍在共同犯罪中起次要作用，系从犯，可比照主犯从轻处罚。肖群、张红梅、刘娜、胡美连、刘生媛、毛双萍系初犯，认罪悔罪，且案发后肖群、张红梅、刘娜、胡美连、刘生媛将非法所得全部退缴，依法均可从轻处罚。关于肖群等人及其辩护人提出肖群等人所拨打的电话中，空号、错号、无人接听等情形不应计算为犯罪次数的意见，经查，肖群等人已为诈骗准备好电话机、台湾地区居民信息资料等工具和条件，从拨打电话时起，已属着手实施诈骗。因拨打后是空号、错号（即非信息资料上的本人接电话）、无人接听等情形，导致其诈骗钱财的犯罪目的不能得逞，系意志以外的原因属犯罪未遂，该情形符合《最高人民法院、最高人民检察院关于办理诈骗刑事案件具体应用法律若干问题的解释》第五条第二款、第三款规定的诈骗未遂情形，应计入拨打诈骗电话次数。

【案例注解】

本案审理的争议焦点是关于电话拨打后为空号、错号、无人接听、拨通后不信的情形能否计入拨打诈骗电话次数。

一种意见认为，空号情形不应计算为犯罪次数，错号、无人接听、拨通后不信的情形应计算为犯罪次数。理由是：诈骗罪是以非法占有为目的，采用虚构事实或者隐瞒真相的方法，骗取数额较大的公私财物的行为，诈骗数额是诈骗罪构成要件的危害结果。诈骗数额难以查证，即没有证据证实诈骗行为有危害结果，或者证实诈骗行为有危害结果的证据不足，应依法认定诈骗行为没有危害结果，诈骗行为未遂。根据我国刑法规定和刑法理论，行为的严重社会危害性是成立犯罪的首要条件。现《最高人民法院、最高人民检察院关于办理诈骗刑事案件具体应用法律若干问题的解释》将没有危害结果的拨打诈骗电话500人次以上的行为规定为诈骗犯罪，就是认为单纯的拨打诈骗电话行为会影响到具体的人和作为人群集合的社会，具有社会危害性，拨打诈骗电话500人次以上的行为具有严重社会危害性，因此拨打诈骗电话的行为应该是已经实际影响到使用人的行为，或者是能够实际影响使用人的行为，否则社会危害性无从谈起。拨打诈骗电话为空号的情形，所拨打的电话号码不存在对应的使用人，拨打再多也不存在影响任何人的可能，因此没有社会危害性，不应计入拨打诈骗电话人次，否则背离了该司法解释出台的本意，违背刑法的谦抑性原则。拨打电话后是错号（即非信息资料上的本人接电话）、无人接听、拨通后不信等情形，所拨打的电话号码存在对应的使用人，肖群等人拨打后已对使用人造成了影响，或者存在影响使用人的可能，因此具有社会危害性，应计入拨打诈骗电话人次。

另一种意见认为，空号、错号、无人接听、拨通后不信等情形均应计算为犯罪次数。理由是：本案被告人肖群等人已为诈骗准备好电话机、台湾地区居民信息资料等工具和条件，从拨打电话时起，已属着手实施诈骗。因拨打后是空号、错号（即非信息资料上的本人接电话）、无人接听、拨通后不信等情形，导致其诈骗钱财的犯罪目的不能得逞，系意志以外的原因属犯罪未遂，该情形符合《最高人民法院、最高人民检察院关于办理诈骗刑事案件具体应用法律若干问题的解释》第五条第二款、第三款规定的诈骗未遂情形，应计入拨打诈骗电话次数。法院判决最终采用了第二种意见。

电信诈骗犯罪是指以非法占有为目的，利用电话、计算机网络等电信技术，采用虚构事实、隐瞒真相的欺骗手段，在信息空间中传播虚假信息，使他人陷入认识错误，从而骗得他人财物，数额较大或者情节严重的行为。电信诈骗犯罪与普通诈骗罪相比有其显著的特殊属性：第一，采用远程、非接触性的欺骗方式，隐蔽性强。第二，欺骗对象具有随机性。行为人在实施电信诈骗犯罪时没有十分具体的欺骗对象。行为人一般不认识受骗人，不清楚受骗人的财产情况，没有明确的下手目标，只是借助电话或网络通信平台，采用普遍撒网、广种薄收的方式来“巧遇”受骗人。第三，犯罪团伙化、职业化，作案人数众多。第四，作案地点不固定，多为跨地域、跨境作案。第五，犯罪成本低，收益大，社会危害性大。第六，作案手段技术含量不断提高，作案手法不断翻新。

我国关于电信诈骗的规定主要见于《刑法》第二百六十六条及2011年《最高人民法院、最高人民检察院关于办理诈骗刑事案件具体应用法律若干问题的解释》中，根据《最高人民法院、最高人民检察院关于办理诈骗刑事案件具体应用法律若干问题的解释》第五条规定，诈骗未遂，以数额巨大的财物为诈骗目标的，或者具有其他严重情节的，应当定罪处罚；利用拨打电话手段对不特定多数人实施诈骗，诈骗数额难以查证，但拨打诈骗电话500人次以上的，应当认定为《刑法》第二百六十六条规定的“其他严重情节”，以诈骗罪（未遂）定罪处罚；拨打诈骗电话5000人次以上的，应当认定为《刑法》第二百六十六条规定的“其他特别严重情节”，以诈骗罪（未遂）定罪处罚。该司法解释是为有效惩治和预防电信诈骗犯罪活动，针对电信诈骗行为查处难、取证难、诈骗数额往往难以查清的实际，根据刑法总则有关犯罪未遂的规定，专门规定的“硬杠杆”，对诈骗数额难以查证的电信诈骗案件，可以根据群发信息、群拨电话的数量、手段和危害等，以诈骗罪未遂追究刑事责任。根据刑法规定，结合相关刑法理论，尽管诈骗财物“数额较大”是诈骗罪的构成条件之一，但诈骗罪的成立并不以行为人实际骗取的财物达到“数额较大”标准为必要，此只是认定诈骗罪既遂的必要条件；实际骗取财物虽未达到“数额较大”，但如果以数额巨大的财物为诈骗目标，或者具有其他严重情节的，完全可以也应当以诈骗罪（未遂）追究行为人的刑事责任。

本案中电信诈骗者拨打电话为空号、错号、无人接听、拨通后不信的情形构成犯罪未遂，而非犯罪预备。《刑法》第二十二条第一款明确规定：“为了犯罪，准备工具、制造条件的，是犯罪预备。”《刑法》第二十三条第一款明确规定：“已经着手实行犯罪，由于犯罪分子意志以外的原因而未得逞的，是犯罪未遂。”即犯罪预备是着手实施前的阶段，而犯罪未遂则是已经着手实施，但是因为其他外界原因而没有得逞，两者本质区别在于是否已着手实施犯罪。电信诈骗的必要环节和手段是拨打电话，因而，着手拨打电话应是实施犯罪的开始，在此之前的安装电话及招募拨打电话人员才是为了犯罪而准备工具、制造条件。也就是说，一旦着手拨打了电话，即已开始实施犯罪，拨打后因是空号、错号、无人接听、拨通后不信而导致诈骗钱财的犯罪目的不能得逞，系意志以外的原因而没有得逞，行为人希望发生危害结果的意志并没有改变与放弃。为此，诈骗实施者拨打电话为空号、错号、无人接听、拨通后不信的情形系意志以外原因的犯罪未遂，均应计算为拨打诈骗电话次数。

（一审法院合议庭成员　彭洪基　罗丽群　刘加民
二审法院合议庭成员　邓林煌　甘国飞　王　钥
编写人　江西省吉安市中级人民法院　王　钥
责任编辑　李玉萍
审稿人　沈　亮）

原载《人民法院案例选》2016 年第 6 辑（总第 100 辑）

231. 范洪先诈骗案

——借新债还旧债类案件中非法占有目的的认定

【关键词】

诈骗罪　借新债还旧债　非法占有目的　刑事推定

【裁判要旨】

诈骗罪以非法占有目的为主观要件。而非法占有本身属于主观思维活动，无法直接获知，需要通过刑事推定来认定。刑事推定是在有证据证明基础事实的前提下，运用逻辑和经验法则来推断行为人是否具有非法占有目的，这一推定允许被告人提出证据进行反驳。

【相关法条】

《中华人民共和国刑法》

第二百六十六条　诈骗公私财物，数额较大的，处三年以下有期徒刑、拘役或者管制，并处或者单处罚金；数额巨大或者有其他严重情节的，处三年以上十年以下有期徒刑，并处罚金；数额特别巨大或者有其他特别严重情节的，处十年以上有期徒刑或者无期徒刑，并处罚金或者没收财产。本法另有规定的，依照规定。

【案件索引】

一审：云南省曲靖市中级人民法院（2015）曲中法刑初字第 70 号（2015 年 7 月 6 日）

二审：云南省高级人民法院（2015）云高刑终字第 1175 号（2015 年 10 月 16 日）

【基本案情】

2010 年至 2014 年 6 月期间，被告人范洪先隐瞒其注册、经营的公司因经营不善、背负债务无力偿还的真相，以资金周转紧张、购进车辆、代购代销车辆等为由，以给付高额利息为诱饵、通过将其名下房产、公司、车辆等作抵押等欺骗手段，先后骗取多名个人和多家公司钱财，共计价值人民币 6982. 1 万元。自 2014 年 5 月 3 日起，曲靖市公安局麒麟公安分局经侦大队陆续接到被害人刘某某、黄某某、孙某某等 50 余人报案，称曲靖市洪鑫商贸有限公司的法人代表范洪先以公司资金周转困难需要资金为借口，并以承诺给付高额利息为诱饵，分别向熟人、朋友等 50 余人借款，数额高达 6000 余万元，现范洪先逃匿。公安机关于5月6日立案侦查并进行网上追逃。5月8日14时许，四川省雅安市石棉县公安局刑侦大队民警发现一名云南曲靖籍在逃犯罪嫌疑人在石棉县利民巷附近活动，即赶到利民巷摸排，在利民巷王龙云家将范洪先抓获。

【裁判结果】

云南省曲靖市中级人民法院于2015年7月6日作出（2015）曲中法刑初字第70号刑事判决：认定被告人范洪先犯诈骗罪，判处无期徒刑，并处没收个人全部财产；随案移送的被告人范洪先用赃款购买的吉利英伦越野汽车6辆依法拍卖，所得款项用于偿还本案被害人；继续追缴被告人范洪先非法所得退赔本案被害人。

宣判后，范洪先及其辩护人提出上诉，认为其没有非法占有的目的，不构成犯罪，认定其诈骗部分数额有误，且有自首情节，请求法院对其从轻处罚。

云南省高级人民法院于2015年10月16日作出（2015）云高刑终字第1175号刑事裁定：驳回上诉，维持原判。

【裁判理由】

法院生效裁判认为：范洪先以非法占有为目的，虚构事实，隐瞒真相，骗取他人财物，数额特别巨大，其行为侵害了公私财物的所有权，已触犯刑律，构成诈骗罪，应依法惩处。关于范洪先及其辩护人提出的一审认定其诈骗部分数额有误、部分事实不清、部分事实不构成犯罪的上诉理由和辩护意见，经审理查明，在案有被害人陈述及报案材料、借款协议、抵押借款合同、欠条、收条、承诺书、银行存取款业务回单、会计流水账单、证人证言及范洪先对犯罪事实的供述等证据，相互印证，足以证实范洪先以非法占有为目的骗取他人钱财的事实。故此上诉理由和辩护意见与查明的事实不符，不予采纳。范洪先及其辩护人提出有自首情节的上诉理由和辩护意见，经审理查明，公安机关出具情况说明，证实范洪先打电话向公安机关报警，是称其公司财物被债权人搬走，请求公安机关出警处理，其并非主动投案，交代诈骗犯罪事实，故其不具有自首情节，此上诉理由和辩护意见不能成立。范洪先诈骗他人财物数额特别巨大，造成他人重大损失，后果严重，社会危害大，一审法院根据范洪先犯罪的事实、犯罪的性质、情节和社会危害程度，判处其无期徒刑并无不当，故对范洪先及其辩护人提出的量刑过重的上诉理由和辩护意见，不予采纳。一审判决认定事实清楚，证据确实、充分，定罪准确，量刑适当。审判程序合法。二审法院裁定：驳回上诉，维持原判。

【案例注解】

本案涉及对诈骗罪主观要件“以非法占有为目的”的认定问题。诈骗罪系《刑法》规定的目的犯，即以特定目的作为主观构成要件的犯罪。非法占有的目的是被告人主观上的思维活动，对此无法直接获知。司法实践中，由于侦查阶段收集被告人具有“以非法占有为目的”主观方面的证据材料较为困难，而被告人不会轻易承认其主观上具有非法占有他人财物的目的。尤其在存在借款事实时，由于民事借贷纠纷与刑事诈骗在借款约定等形式上的相似性，以“非法占有为目的”成为区分民间借贷和刑事诈骗的关键，如何认定被告人以非法占有为目的成为审理该类诈骗罪的重点和难点。

诈骗罪的审理中，由于直接能够证实被告人主观目的的证据材料较为匮乏，往往需要运用推定的方式对被告人的主观目的进行认定。如《全国法院审理金融犯罪案件工作座谈会纪要》在对金融诈骗罪非法目的的认定中就列举了七种推定该行为系以非法占有为目的的金融诈骗犯罪的具体行为。① 推定是指在诉讼过程中，法院依据某一已经证明的基础事实，根据日常经验法则，推导与已知基础事实相关的诉讼证明中的另一事实是否存在。② 在司法实践中，基础事实与推定事实之间的因果关系的确定性建立在实践中的总结和逻辑经验基础之上，这些总结和逻辑经验不限于立法及司法解释所列举的情形。经验法则作为一种不完全的理性，存在非必然性，在其基础上建构的推定，允许被告方进行反驳。此外，不能以推定事实作为进一步推定的基础事实，避免过分偏离客观事实，造成事实认定的错误。

在审理诈骗案件中，推定可以作为法官的采证规则存在，用于判断被告人的主观目的是否是“以非法占有为目的”。一般来说，推定事实的适用条件是：（1）基础事实已被证实。（2）基础事实与推定事实之间有着客观的、常态的一定联系，而不是偶发的、随机的或者主观臆想的联系。（3）没有反证或者反证的证明力不足。但是，与控方依然要承担的证明责任相比，反证的证明标准是比较低的，只要反驳具有高度盖然性即可，而无需达到控方需达到的排除合理怀疑的证明标准。具体到个案中，应根据该犯罪目的的独有特征和客观表现形态，结合诈骗罪的具体犯罪行为方式来进行分析认定，实质上就是“应当将主观目的的证明建立在客观事实的基础之上”，因为人危害社会的心理态度，永远表现在刑法所规定的禁止危害社会的行为中。③

在本案中，被告人的借款事实一共有 80 起，其中认定为诈骗罪的事实为 75 起。从本案的事实来看，其不断以高额利息借款，以此偿还以前的高额利息，而新债和旧债到期后长期不能归还的基础事实通过在案证据均能得到证实。结合该基础事实，依靠逻辑和经验，可以推定被告人主观具有非法占有的目的。虽然被告人以其经营不善、于是采用拆东墙补西墙的方式进行弥补恰恰证实其主观意图并非占有他人财物，而是归还借款为由进行反驳。但经查证，被告人供述其借钱的时候整个公司处于严重亏损状态，没有实际支付能力，想以后通过向小额信贷公司融资来偿还这些钱。该供述与客观证据相互印证，其除了公司经营收入外没有其他收入来源，仅依赖借贷方式来偿还借款。因此，就个别还债行为来看，其有归还借款的主观目的，但从整个事实来看，其借新债的时候已经长期处于经营不善的状态，没有任何利润收入，其明知已无偿还能力仍然承诺高息返还向他人借款。即便是归还旧债，也不能成为任何人作为合法依据侵占他人财产长期

---

① （1）明知没有归还能力而大量骗取资金的；（2）非法获取资金后逃跑的；（3）肆意挥霍骗取资金的；（4）使用骗取的资金进行违法犯罪活动的；（5）抽逃、转移资金、隐匿财产，以逃避返还资金的；（6）隐匿、销毁账目，或者搞假破产、假倒闭，以逃避返还资金的；（7）其他非法占有资金、拒不返还的行为。

② 参见卞建林：《证据法学》，中国政法大学出版社 2002 年版。

③ 参见陈兴良：《目的犯的法理研究》，载《法学研究》2004 年第 3 期。

不归还的理由。因此，范洪先提出的反驳证明力不足，无法反驳从基础事实推定出的其具有非法占有目的的事实。

（一审法院合议庭成员　赵俊栋　雷宣波　廖云凤
二审法院合议庭成员　柏崇良　刘晋云　秦立平
编写人　云南省高级人民法院　刘　毅
责任编辑　周维明
审稿人　沈　亮）

原载《人民法院案例选》2016年第8辑（总第102辑）

232. 刘国义等诈骗案*

【裁判要点】

行为人在明知自己控制的为虚拟现货交易平台，客户注入的资金不能真正进入现货交易市场而是转至行为人个人账户的情况下，通过将虚拟交易虚构为真实交易、修改系统交易方式等方式套取客户资金并占为己有的，应认定为诈骗罪。

【案情及裁判】

江苏省扬州市宝应县人民检察院以被告人刘国义、盛凌红、蔡祖鹏、吕鹏犯诈骗罪，向江苏省扬州市宝应县人民法院提起公诉。

法院经审理查明：

1. 2013 年 9 月 13 日，被告人刘国义以安徽银富宝电子商务有限公司名义从深圳金智软件有限公司购得名为“银富宝订购回收系统”的虚拟交易软件。该软件仅用于模拟培训、仿真交易，客户在该软件系统上操作注入资金后，资金不会进入真正的白银交易市场，而是流入“重庆易极富”第三方支付平台后再转入被告人刘国义的个人账户。

2. 2013 年 10 月以来，被告人刘国义在明知上述事实的情况下，与被告人盛凌红签订协议让其发展客户，并约定给其手续费 75% 及客户亏损 70% 的提成。被告人盛凌红在明知上述事实的情况下，依然让被告人蔡祖鹏、吕鹏发展客户，并约定在得到被告人刘国义所给的手续费及客户亏损的提成后，再与被告人蔡祖鹏、吕鹏分成。

3. 2013 年 9 月至同年 11 月间，被告人蔡祖鹏、吕鹏发展被害人刘某某、蔡某某为客户。为获取非法利益，二被告人虚构了上海黑石私募投资有限公司业务员等身份。在取得被害人的信任后，为达到让被害人亏损的目的，被告人刘国义、盛凌红合谋修改了银富宝订购回收系统的最大持仓量以及亏损方式。2013 年 11 月 8 日，被告人蔡祖鹏、吕鹏让被害人刘某某等人用注入银富宝订购回收系统的 50 余万元资金在该系统上购买白银。当晚，被告人蔡祖鹏和吕鹏“唱双簧”，谎称自己进操盘室，让被告人吕鹏单独与被害人刘某某电话联系，传达分析师的指令，其目的是在被害人亏损后，可以相互推卸责任。当晚 9 时 15 分左右，被害人两个账户盈利近 10 万元时，被告人蔡祖鹏等人故意不让其卖出，直至被害人投入资金亏损，从而骗得被害人刘某某、蔡某某人民币共计 40 余万元。事后，被害人刘某某提出因亏损导致其无法偿还所借款，被告人刘国义支付给盛凌红人民币 10 万元用于退还给被害人，被告人盛凌红从中支付给蔡祖鹏人民币 7 万元，后由蔡祖鹏经手实际退还给被害人人民币 4 万元。

法院认为：

---

* 本案原载《最高人民法院公报》2016 年第 2 期（总第 232 期）。

1. 被告人刘国义、盛凌红、蔡祖鹏、吕鹏以非法占有为目的，在明知控制的为虚拟白银现货交易平台，客户注入的资金并未真正进入白银现货交易市场的情况下，通过虚构事实、隐瞒真相的方式骗取客户资金，数额巨大，其行为均已构成诈骗罪。被告人刘国义、盛凌红、蔡祖鹏、吕鹏系共同犯罪，而且在共同犯罪中均起主要作用，都是主犯。被告人刘国义犯罪后主动投案，并如实供述犯罪事实，是自首，依法予以从轻处罚，被告人盛凌红、蔡祖鹏、吕鹏归案后如实供述犯罪事实，依法予以从轻处罚。刘国义等人已退出全部赃款，取得了被害人的谅解，均可酌情从轻处罚。

2. 针对被告人刘国义、盛凌红、吕鹏的辩护人提出应当以非法经营罪定罪量刑的辩护意见，法院认为，被告人刘国义、盛凌红隐瞒银富宝订购回收系统为一款虚拟软件的真相，并故意修改系统交易方式；被告人吕鹏、蔡祖鹏使用虚假身份虚构事实，骗取被害人的信任，故意通过虚拟交易套取被害人资金40余万元，上述行为符合诈骗罪的构成要件，而不应认定为非法经营罪，故对上述辩护意见不予采纳。

据此，宝应县人民法院依照《刑法》第二百六十六条，第二十五条第一款，第二十六条第一、四款，第六十七条第一、三款，第五十二条，第五十三条，第六十四条，《最高人民法院、最高人民检察院关于办理诈骗刑事案件具体应用法律若干问题的解释》第一条的规定，于2014年4月30日判决如下：

一、被告人刘国义犯诈骗罪，判处有期徒刑四年，并处罚金人民币8万元。

二、被告人盛凌红犯诈骗罪，判处有期徒刑四年，并处罚金人民币8万元。

三、被告人蔡祖鹏犯诈骗罪，判处有期徒刑四年，并处罚金人民币7万元。

四、被告人吕鹏犯诈骗罪，判处有期徒刑四年，并处罚金人民币7万元。

五、对被告人盛凌红、蔡祖鹏非法所得人民币各3万元，依法继续予以追缴，没收上缴国库。

一审宣判后，刘国义、蔡祖鹏不服，向扬州市中级人民法院提起上诉，称本案应当以非法经营罪定罪量刑。二审法院受理立案后，二人又自愿撤回上诉。二审法院裁定准许撤回上诉。一审判决已发生法律效力。

【编后补评】

本案的争议焦点在于诈骗罪与非法经营罪的区分。两罪的区分在于：诈骗罪是以非法占有为目的，使用欺骗方法，骗取数额较大的公私财物的行为，保护客体是国家、集体或个人的财物的所有权。而非法经营罪则是指自然人或单位违反国家规定，故意从事非法经营活动，扰乱市场秩序，情节严重的行为，保护客体是市场秩序。在本案中，被告人刘国义等人以非法占有为目的，通过虚构事实、隐瞒真相的方式骗取客户资金占为己有的行为，属于使用欺诈方法骗取他人数额较大的财物，侵犯了他人财物的所有权，完全符合诈骗罪而非非法经营罪的构成要件，因此，宝应县人民法院在一审判决中对罪名的认定是正确的。

（改写人　周维明
责任编辑　包献荣）

原载《人民法院案例选》2016年第11辑（总第105辑）

233. 丘某良诈骗案*

【基本案情】

2014 年，被告人丘某良与李某相识后，丘某良称在文化教育方面有认识的领导，能办理教师调动等事项，并取得了李某的信任。2014 年 9 月，李某找到丘某良帮忙办理其朋友谢某报刊亭的事情。在办理过程中，丘某良收取了李某转交的谢某的 45000 元。

2014 年 11 月，李某找到丘某良，拜托帮助将自己的朋友谢某的嫂子进入广东省河源市某中学工作，丘某良答应帮其办理。在办理过程中，丘某良以需要相关经费等理由，通过银行转账、现金交付等方式骗取了被害人 85000 元。

2014 年 12 月，李某再次找到丘某良，让丘某良帮助王某进入河源市源城区某小学工作，丘某良答应帮忙办理。在办理过程中，丘某良以找工作需要经费为由骗取了被害人王某 6 万元。

期间，因办理报刊亭的事情长期未果，为应付李某的不断催促，丘某良便于 2015 年 2 月伪造一份《个体工商户营业执照》交给谢某，企图蒙混过去，不料露出马脚。2015 年 3 月 13 日，丘某良被公安机关抓获。

【裁判结果】

广东省河源市源城区人民法院经审理认为：被告人丘某良无视国家法律，以非法占有为目的，虚构事实，骗取他人财物价值 19 万元，数额巨大，其行为已构成诈骗罪。鉴于被告人丘某良当庭自愿认罪，如实供述自己的罪行，可酌情从轻处罚。遂依法作出一审判决：被告人丘某良犯诈骗罪，判处有期徒刑五年零八个月，并处罚金 5000 元。

宣判后，丘某良未上诉，本案刑事判决已发生法律效力。

【典型意义：诚实守信】

从审判实践中来看，包括本案在内的不少以找工作、替人办事为名的诈骗案件中发现，犯罪分子的骗术并不高明，而是抓住了被害人急于求成、想走捷径的心理，从而让犯罪分子有机可乘。此类诈骗时有发生，法官告诫广大市民不要轻易相信社会上人员所谓的“有关系”“有门路”，应通过正规的途径去找工作、办事，切勿贪走捷径，谨防上当受骗。

（责任编辑　杨　奕）

原载《人民法院案例选》2017 年第 2 辑（总第 108 辑）

* 2016 年 8 月 23 日最高人民法院公布的关于弘扬社会主义核心价值观的 10 个典型案例之一。

234. 朱元珍诈骗案

——借贷型诈骗案中案发前已归还利息应折抵犯罪数额

【关键词】

借贷型诈骗　利息　折抵　犯罪数额

【裁判要旨】

在借贷型诈骗罪案中，案发前以利息名义给付的钱款应折抵未付的本金，以确定最终的诈骗数额。

【相关法条】

《中华人民共和国刑法》

第二百六十六条　诈骗公私财物，数额较大的，处三年以下有期徒刑、拘役或者管制，并处或者单处罚金；数额巨大或者有其他严重情节的，处三年以上十年以下有期徒刑，并处罚金；数额特别巨大或者有其他特别严重情节的，处十年以上有期徒刑或者无期徒刑，并处罚金或者没收财产。本法另有规定的，依照规定。

【案件索引】

一审：云南省昆明市晋宁县人民法院（2015）晋法刑初字第 215 号（2015 年 12 月 28 日）

【基本案情】

公诉机关云南省昆明市晋宁县人民检察院以被告人朱元珍犯诈骗罪，向云南省昆明市晋宁县人民法院提起公诉。

法院经审理查明：2012 年 2 月至 2014 年 9 月，被告人朱元珍以非法占有为目的，虚构买车、买房、资金周转等事由，在没有偿还能力的情况下，通过虚假房产证作抵押、公交承包车营运权多次抵押、口头约定用其房产证或者承包的公交车作抵押、承诺短期内给予高额利息回报等方式，先后骗取被害人方某某、贾某某、赵某某、谭某某、彭某、张某某、李某、王某、李某一、林某、韩某某、李某二、杨某某等 13 人的借款共计 3225645 元，所得赃款用于偿还之前的高利贷借款。扣减已还款项及支付的利息 477000 元，仍有借款共计人民币 2748645 元不能偿还。2014 年 12 月 5 日，被告人朱元珍主动到昆阳派出所投案，并如实供述了其犯罪事实。

【裁判结果】

云南省昆明市晋宁县人民法院于2015年12月28日作出（2015）晋法刑初字第215号刑事判决：一、被告人朱元珍犯诈骗罪，判处有期徒刑十一年，并处罚金人民币10万元。二、随案移送现金人民币16000元，追缴发还被害人。责令被告人朱元珍退赔各被害人被诈骗款项。宣判后，朱元珍未提出上诉，检察机关未抗诉，判决已发生法律效力。

【裁判理由】

云南省昆明市晋宁县人民法院认为：被告人朱元珍以非法占有为目的，在明知没有还款能力或者有效担保等情况下，采用虚构事实、隐瞒真相的方法，多次以借贷的形式，骗取他人款项共计人民币2748645元，数额特别巨大，其行为已构成诈骗罪。公诉机关对被告人犯诈骗罪的指控事实清楚，证据确实、充分，指控罪名成立，予以支持。被告人朱元珍主动到公安机关投案，并如实供述自己的主要犯罪事实，依法认定其自首，可从轻或减轻处罚。

【案例注解】

本案审理过程中，对被告人朱元珍构成诈骗罪的犯罪事实无太多争议，系典型的借贷型诈骗。然而对被告人朱元珍案发前支付过的利息是否折抵犯罪金额存在争议。第一种观点认为，朱元珍已付利息属于朱元珍为了实现诈骗目的而付出的犯罪成本，该利息对诈骗数额不产生影响，即本案的诈骗数额应当是3225645元。第二种观点认为，根据《最高人民法院关于审理民间借贷案件适用法律若干问题的规定》第二十六条第一款规定，借贷双方约定的利率未超过年利率24%，出借人请求借款人按照约定的利率支付利息的，人民法院应予以支持。从有利于保护被害人合法权利的角度来看，本案13名被害人的合法利息应予以保护，但应当将被害人从被告人处所获取的超出年利率24%的部分折抵未还本金确定被告人朱元珍的最终诈骗数额。第三种观点认为，被告人朱元珍在无还款能力的前提下，仍虚构事实，使用假房产证等手段骗得被害人的款项时，此时其犯罪目的已经实现，朱元珍在犯罪目的实现后付给被害人的利息应不属于犯罪成本。本案中，朱元珍欲通过民间借贷的外在形式掩盖其诈骗财物的非法目的，其行为性质属犯罪行为而非侵权行为，因民事债权人和刑事被害人所承担的风险不同，其利息受保护情况也应存在区别。同时，参照集资诈骗罪相关司法解释的精神，朱元珍案发前归还的477000元，均应折抵未还本金，从而确定其最终的诈骗数额为2748645元。笔者认同第三种观点，被告人朱元珍案发前已付利息应折抵未还本金，从而确定最终的诈骗数额，具体理由如下：

1. 案发前已给付的利息不属于犯罪成本。目前，刑法理论和实务界对犯罪成本不应从犯罪数额中扣除基本已经达成共识。犯罪成本是指行为人为达到犯罪目的在实施犯罪行为后所付出的经济代价，包括直接成本、机会成本和风险成本。笔者认为，本案中，首先，被告人朱元珍虚构事实理由，采取虚假的房产证作抵押、承诺高额利息等多种方式后，取得被害人的信任，被害人主动将本金交给被告人，此时被告人已完成了其诈骗行为，被告人的犯罪目的已经实现，他的全部犯罪成本此时已经花费完成。被告人朱元珍在犯罪目的实现后，却陆续支付了部分利息，其主观上不具有非法占有全部所骗款项的故意。故可将已支付利息认为是其以利息的形式支付部分款项的行为。因此，其所支付的利息不属于犯罪成本。其次，在诈骗犯罪中，犯罪的客体是公私财产所有权。而当诈骗类犯罪行为人在案发前将利息支付给被害人时，其主要存在两种不同的主观心态：一是给被害人一些甜头，为再次诈骗创造条件；二是确实想返还财物。笔者认为，其他犯罪中的犯罪成本一般是让案外人受益，而借贷型诈骗中受益人恰恰是被害人，被告人给付被害人的利息实际上是减少了被害人的损失，而诈骗数额是以被害人实际损失数额为准。因此，无论被告人是何种心态，但客观上都归还了被害人财物。从这个角度看，案发前支付的利息不应作为犯罪成本，而应折抵未还本金以确定最终的诈骗数额，从而体现罪刑相适应的原则。

2. 借贷型诈骗应结合其自身特点进行综合评论。有一种观点认为，诈骗数额应以犯罪既遂时被告人获得的财物数额来认定，案发前归还的数额只能作为量刑情节来考虑。笔者认为，对于借贷型诈骗犯罪而言，其结合借贷这一行为具有自身的特点，借贷行为包括本金、利息的给付、还款时间等因素，往往是经过一个长期持续的过程犯罪行为才最终形成，其犯罪构成之一是以非法占有为目的，判断行为人是否具有非法占有的目的，也需要一个综合的评价。被告人朱元珍在诈骗款项拿到后，却陆续支付了部分利息，可以证明其具有归还部分款项的意思，主观上不具有非法占有全部所骗款项的故意。故可将已支付利息认为是其以利息的形式支付部分款项的行为。

3. 对于案发后支付利息的评价，刑事被害人所应承担的风险高于民事债权人。虽然相关法律法规对借贷中合法的利息应予以保护作出规定，但在处理民事案件时所适用的上述规定并不当然适用于刑事案件。笔者认为，首先，刑事诈骗案件中被害人的任何利息均不能得到法律保护。因为，民事债权人和刑事被害人在各自案件中所应承担的法律风险不尽相同：民事债权人会选择信用度较高的亲友作为其借款对象，同时，也往往会在放贷前通过一系列工作仔细考察借款人是否是正当的开销确实需要资金以缓解燃眉之急，并考察资金是否确实投入了正当的开销之中。借款后，他们的本金和合法利息往往可以得到债务人的主动偿还，或者通过民事诉讼就能得到保障，借款风险较低。而对于刑事被害人而言，其往往为贪图高息而草率信任被告人，不太去关注被告人是否是十分相熟的人，也不关注其信用度和资金的真实用途，而是在被告人所提供的虚假担保、高额利息或回报等的引诱下，不去考察担保的真实性，也未多加思索就将其款项付给对方，最终将为草率借款的行为承担利息得不到保障的较高风险。其次，刑事案件中的定罪量刑是以犯罪时的行为及结果为准，而孳息则是在行为人诈骗行为完成后产生的，属于事后的结果。故诈骗犯罪后产生的利息不计入犯罪的数额。

4. 与之相似的集资诈骗的相关司法解释支持案发前已付利息可全部用于折抵未还本金以确定诈骗数额。根据《最高人民法院关于审理非法集资刑事案件具体法律若干问题的解释》第五条第三款规定，行为人为实施集资诈骗活动而支付的利息，本金未归还可予折抵本金。《最高人民法院、最高人民检察院、公安部关于办理非法集资刑事案件适用法律若干问题的意见》第五条第一款也规定，集资参与人本金尚未归还的，所支付的回报可予折抵本金。根据上述司法解释的规定，对于本金未还清的，集资诈骗罪的诈骗数额是所借本金扣除已还本金及已付所有利息后的数额；而对于本金已还清的，案发前所付利息应当作为违法所得予以追缴。笔者认为，在对借贷型诈骗诈骗罪犯罪数额的认定上，在此类犯罪的相关法律或司法解释未就案发前已付利息对诈骗数额产生何种影响作出具体规定之前，可以参照上述规定，将案发前已付全部利息折抵未付的本金，以确定最终的诈骗数额。其理由在于：（1）集资诈骗罪与诈骗罪虽然在犯罪的手段和方式上有所不同，但犯罪性质非常相似，在如何认定犯罪数额等方面所应遵循的原则应是相通的；（2）集资诈骗罪既然在利息对犯罪数额影响的处理上采取了有利于被告人的方式，而诈骗罪不论是社会危害性还是法定最高刑，均较集资诈骗罪轻，本着“举重以明轻”的法理进行参照处理，可以收到社会效果和法律效果的统一。

（一审法院合议庭成员　黄　锦　普永梅　吴　杰
编写人　云南省昆明市晋宁县人民法院　普永梅
责任编辑　周维明
审稿人　沈　亮）

原载《人民法院案例选》2017 年第 3 辑（总第 109 辑）

235. 李东、焦捷等诈骗案

——采用刷卡交易后撤销交易、中断信号的方式骗取收单行垫付资金的行为的定性

【关键词】

刷卡交易　收单行垫付资金　诈骗罪

【裁判要旨】

采用刷卡交易后撤销交易、中断信号的方式骗取收单行垫付资金的行为应定性为普通诈骗罪。

【相关法条】

《中华人民共和国刑法》

第二百六十六条　诈骗公私财物，数额较大的，处三年以下有期徒刑、拘役或者管制，并处或者单处罚金；数额巨大或者有其他严重情节的，处三年以上十年以下有期徒刑，并处罚金；数额特别巨大或者有其他特别严重情节的，处十年以上有期徒刑或者无期徒刑，并处罚金或者没收财产。本法另有规定的，依照规定。

【案件索引】

一审：安徽省滁州市中级人民法院（2015）滁刑初字第 00028 号（2016 年 1 月 22 日）

二审：安徽省高级人民法院（2016）皖刑终 121 号（2016 年 5 月 5 日）

【基本案情】

公诉机关滁州市人民检察院指控：2014 年 8 月 27 日、28 日、30 日，被告人李东、焦捷、薛文政、夏鹏、韩平、魏绍杰等人利用张炳德向被告人孙平借来的中国银行 POS 机，以刷信用卡虚假交易、撤销交易、中断信号的方式，进行“空套”资金，共虚假刷卡交易 58 笔，交易金额 5072673.90 元，造成中国银行滁州分行损失 4902263.77 元。其中焦捷在 2014 年 8 月 30 日骗取中国银行资金 2381924.94 的行为是按照李东指示实施的。被告人李东、焦捷于 2014 年 6 月曾非法拘禁他人；被告人夏鹏于 2014 年 4 月 11 日交通肇事。公诉机关认为被告人李东、焦捷的行为构成诈骗罪、非法拘禁罪，被告人薛文政、韩平、魏绍杰的行为构成诈骗罪，被告人夏鹏的行为构成诈骗罪、交通肇事罪，被告人张炳德、孙平的行为构成非法经营罪。

李东、焦捷、薛文政、夏鹏、韩平的辩护人辩护主要提出李东、焦捷等人行为是帮

助持卡人信用卡套现，从中获利，应以非法经营罪论处，不构成诈骗罪。

法院经审理查明：被告人李东、焦捷、薛文政系朋友。2014 年 8 月下旬，李东告知焦捷通过 POS 机刷卡可以谋利，后焦捷与其朋友被告人夏鹏、韩平谈及此事，夏、韩两人均表示愿意寻找 POS 机。2014 年 8 月 27 日，韩平通过被告人张炳德与经营滁州市卓越汽车美容店的被告人孙平联系借用 POS 机事宜，并告知孙借用 POS 机用于刷信用卡套现，按套刷金额支付好处费，孙平表示同意。当天下午，李东、焦捷电话联系被告人薛文政到滁州市操作 POS 机刷卡。当晚，薛文政和袁本俊（另案处理）来到位于滁州市泰鑫现代城 4 幢乙单元 1202 室的李东办公室，检验韩平等人所借的 POS 机是否符合要求。当晚薛文政使用该 POS 机，采用刷卡交易后撤销交易、中断信号的方式进行试卡操作，骗取中国银行资金 240.11 元。

2014 年 8 月 28 日晚，在李东、焦捷联系下，薛文政、袁本俊等人再次来到李东办公室，焦捷、夏鹏、韩平、张炳德亦携带从孙平处所借的 POS 机来到李东办公室，由袁本俊提供本金，薛文政使用由经营中介业务的张秀军（另案处理）、余君（另案处理）等人联系的秦泗春、王树波、刘学英、应最云、蔡训礼等人信用卡进行虚假交易操作，骗取中国银行资金 2520098.72 元。被告人魏绍杰跟随李东也到现场，为李东等人提供车辆等帮助。8 月 29 日上午，李东、焦捷、薛文政、夏鹏、韩平、孙平等人在确定套刷的款项进入滁州市卓越汽车美容店 POS 机对公账户后，将其中 20 万元转至张炳德账户，2449000 元转至孙平的个人账户，后从孙平账户转 2301000 元至李东实际管理的合肥招商银行南七支行的程德伍账户。8 月 29 日下午，在滁州市悠仙美地茶楼，李东、焦捷等人与上述信用卡持卡人和中介人员结算，焦捷负责操作电脑转账，夏鹏、韩平负责让信用卡持卡人在 POS 机交易凭证上签名，并照相、签承诺函。后程德伍账户内的赃款于 29 日下午、30 日被按约定比例分别转入秦泗春、王树波、蔡训礼、刘学英、信用卡中介人员、袁本俊、焦捷、韩平以及夏鹏、李东等人所掌控的账户。

2014 年 8 月 30 日下午，焦捷让夏鹏驾驶车辆随其将薛文政从合肥市接到滁州市。在途中，焦捷电话联系李东后决定利用夏鹏服装店网络操作虚假交易。后薛文政、焦捷、韩平利用从孙平处借来的 POS 机，使用王喜贵、李静、赖伟标、马中哮信用卡进行刷卡操作，骗取中国银行资金 2381924.94 元，薛文政负责 POS 机操作，焦捷负责电脑转账。虚假操作结束后，焦捷、韩平、夏鹏将薛文政送到当日李东所在的全椒县微光城市酒店。8 月 30 日套刷的款项于 2014 年 9 月 1 日进入滁州市卓越汽车美容店的对公账户后，孙平、韩平将该款转至孙平的个人账户 179000 元，转入合肥招商银行南七支行的程德伍账户 2203000 元。当日中午，该程德伍账户被侦查机关冻结。

被告人李东、焦捷非法拘禁的事实、被告人夏鹏交通肇事的事实（略）。

【裁判结果】

滁州市中级人民法院于 2016 年 1 月 22 日作出（2015）滁刑初字第 00028 号刑事判决：一、被告人李东犯诈骗罪，判处有期徒刑十四年，并处罚金人民币 30 万元；犯非法拘禁罪，判处有期徒刑一年，决定执行有期徒刑十四年六个月，并处罚金人民币 30 万元。二、被告人焦捷犯诈骗罪，判处有期徒刑十五年，并处罚金人民币 70 万元；犯非法拘禁罪，判处有期徒刑一年，决定执行有期徒刑十五年六个月，并处罚金人民币 70 万元。三、被告人薛文政犯诈骗罪，判处有期徒刑十四年，并处罚金人民币50万元。四、被告人夏鹏犯诈骗罪，判处有期徒刑七年，并处罚金人民币20万元；犯交通肇事罪，判处有期徒刑三年，决定执行有期徒刑九年，并处罚金人民币20万元。五、被告人韩平犯诈骗罪，判处有期徒刑六年，并处罚金人民币5万元。六、被告人魏绍杰犯诈骗罪，判处有期徒刑三年，宣告缓刑五年，并处罚金人民币1万元。七、被告人孙平犯非法经营罪，判处有期徒刑五年，并处罚金人民币50万元。八、被告人张炳德犯非法经营罪，判处有期徒刑四年，并处罚金人民币5万元。九、违法所得继续予以追缴。宣判后，被告人李东、焦捷、薛文政、夏鹏、韩平、张炳德向安徽省高级人民法院提起上诉。安徽省高级人民法院于2016年5月5日以同样的事实作出（2016）皖刑终121号刑事裁定，维持原判。

【裁判理由】

法院生效裁判认为，李东、焦捷、薛文政、夏鹏、韩平、魏绍杰伙同他人以非法占有为目的，通过中断信号造成收单行不能收到交易撤销信息的手段，故意隐瞒刷卡交易已经被撤销的真相，骗取收单行垫付的资金，造成中国银行490余万元的资金损失，其中，焦捷、薛文政、夏鹏、韩平参与诈骗490万余元，李东、魏绍杰诈参与骗金额252万余元，数额特别巨大，其行为均已构成诈骗罪，李东、焦捷、薛文政、夏鹏、韩平、魏绍杰及薛文正的辩护人认为原判定性不准及本案应定性为非法经营罪的上诉理由和辩护意见均不能成立。张炳德、被告人孙平违反国家规定，提供POS终端供他人非法从事资金支付结算业务，情节特别严重，其行为构成非法经营罪。原判定罪准确，量刑适当。裁定驳回上诉，维持原判。

【案例注解】

该案例涉及被告人实施的采取刷卡交易后撤销交易、中断信号的方式骗取接单行垫付资金的行为，如何定性的问题。近年来，我国信用卡产业发展迅速，我国已成为世界上持卡人数最多的国家。信用卡产业作为当今金融业发展速度最快的一项业务之一，其简便、快捷、安全的支付和结算方式，已在我国全面普及。而伴随着信用卡业务的发展和经营环境的变化、信息技术的突飞猛进，信用卡风险问题日益突出，与信用卡有关的诈骗、非法经营、盗窃等犯罪发案率较高，此类犯罪大多利用ATM机及POS实施。由于犯罪分子作案手段多样，犯罪行为形式上可能同时触犯诈骗罪、非法经营罪、信用卡诈骗罪、盗窃罪等数个罪名，对利用信用卡实施的犯罪准确定罪已成为司法实践中的突出问题。在对利用信用卡获利的犯罪定性时，应全面考查犯罪主客观方面的特征，严格对照可能触犯的诈骗罪、非法经营罪、信用卡诈骗罪、盗窃罪的犯罪构成，准确认定。

一、被告人李东、焦捷等人的行为完全符合诈骗罪的构成要件，构成诈骗罪

我国《刑法》第二百六十六条对诈骗罪的行为模式未作具体规定，对罪状仅以“诈骗公私财物”六个字来表述。理论上通常认为，以非法占有为目的，用虚构事实或者隐瞒真相的方法，骗取数额较大公私财物的行为。据此，判断一行为是否构成诈骗罪，主观上要看行为人是否具有非法占有的目的，客观上要看行为人是否实施了欺诈行为给被害人造成经济损失。本案中，被告人李东、焦捷、薛文政等人先在信用卡中存入一定数额的现金，然后利用中国银行的 POS 机刷卡交易，随后又进行撤销交易操作，在发卡行收到信息发出撤销指令后，李东等人以物理破坏的方式中断撤销信号的传送，造成收单行因不能接收发卡行的撤销信号，仍按照交易指令向 POS 机绑定的结算账户垫付资金的后果。该犯罪行为中，李东、焦捷等人使用的信用卡是真实的，信用卡内也存有一定金额的现金，交易金额也在存入的现金幅度内，不存在透支问题。李东等人刷卡交易行为是正当的，不会给银行资金造成损失，单独来看是合法的。李东等人撤销交易也是符合信用卡使用规定的，单独来看也不存在违法情况。本案的关键是李东等人撤销交易后，实施了以物理破坏的方式中断发卡行撤销信号的传送。李东等人采取隐瞒交易被撤销的真相，造成收单行在不知交易被撤销的情况下，认为交易有效，自愿向 POS 机绑定的结算账户垫付资金，而李东等人所持信用卡中预存的现金因交易撤销并不发生转移，造成收单行的资金损失。显然，正是被告人李东等人实施了隐瞒真相的诈骗行为，导致收单行陷入认识错误，认为交易是真实有效的，将收单行的自有资金垫付给 POS 机绑定的结算账户，直接造成收单行的经济损失。李东等人的作案手段完全符合诈骗罪的客观要件。主观方面，李东等人具有非法占有的目的和行为。李东等人在实施诈骗前进行了预谋，事先商定了骗取资金后赃款的分配方案。在通过隐瞒真相的手段骗取收单行向 POS 机绑定的结算账户垫付资金后，李东等人通过转账将资金转移到所控制的合肥一账户，后各被告人与持卡人按照事先约定的分成比例将赃款予以瓜分，事实上非法占有了收单行垫付的资金。被告人李东等人的行为完全符合诈骗罪主客观两方面的构成特征，应当认定为诈骗罪。

二、如何界定涉信用卡的非法经营罪与诈骗罪

非法经营罪是《刑法》第二百二十五条规定的犯罪，是指未经许可经营专营、专卖物品或者其他限制买卖物品，买卖进出口许可证、进出口原产地证明以及其他法律、行政法规规定的经营许可证或者批准文件，以及从事其他非法经营活动，扰乱市场秩序，情节严重的行为。2009 年 2 月《刑法修正案（七）》在第二百二十五条第三款增加了“非法从事资金支付结算业务”的规定，2009 年 12 月 3 日《最高人民法院、最高人民检察院关于办理妨害信用卡管理刑事案件具体应用法律若干问题的解释》第七条规定：“违反国家规定，使用销售点终端机具（POS 机）等方法，以虚构交易、虚开价格、现金退货等方式向信用卡持卡人直接支付现金，情节严重的，应当根据刑法第二百二十五条的规定，以非法经营罪定罪处罚。”该条明确规定了什么是涉信用卡的非法经营罪。由上述规定我们可以看出，利用信用卡套现被以非法经营罪处罚的有明确的主体，也就是利用 POS 机为持卡人刷卡套现自己收取手续费的 POS 机使用人。这类人一般没有与持卡人非法占有刷卡套现收入的故意，仅是为持卡人提供 POS 机，收取比例较低的手续费，而诈骗罪的行为人具有非法占有银行资金的故意，客观上应具有骗取银行资金的行为。本案中，被告人孙平、张炳德为李东提供刷卡服务，并没有参与诈骗的预谋，仅仅收取刷卡的手续费，故以非法经营罪定罪是准确的。而被告人李东、焦捷等人出于非法占有银行资金的目的，采取隐瞒真相的手段，骗取并非法占有了收单行垫付的资金，并不是向持卡人提供刷卡服务，帮助持卡人套现，收取数额较低的手续费，故不能定非法经营罪，而只能以诈骗罪定罪。

三、如何界定涉信用卡的盗窃罪与诈骗罪

盗窃罪，是指以非法占有为目的，秘密窃取公私财物，数额较大，或者多次盗窃公私财物的行为。从盗窃罪的犯罪构成要件来看，盗窃罪的犯罪客体是公私财物的所有权，客观方面，一般表现为行为人以秘密窃取的方法，将公私财物转移到自己的控制之下，并非法占有的行为。实践中盗窃犯罪分子多采取秘密窃取的方式取得财物，与诈骗罪有着明显的区别。然而，犯罪行为混合有骗取和窃取两种手段时，如何界定诈骗罪与盗窃罪常常会引起争议。一般认为，诈骗是基于受骗人有瑕疵的意思而取得财物，盗窃是违背被害人的意思而取得财物，区分二者的关键是看受害人是否存在出于认识错误自愿将财物交付行为人处分行为。有此财物处分行为的，是诈骗罪，无此财物处分行为的，不能认定诈骗罪，应定盗窃罪。就本案而言，李东等人采取的手段是欺骗，让收单行工作人员不知道交易已经被撤销，误以为交易是真实有效的，从而使收单行将本属于银行所有的资金垫付到李东等人使用的 POS 所绑定的银行结算账户内。收单行工作人员实施了财物交付行为，被告人取得财物的主要手段是诈骗而非窃取，故应当认定为诈骗罪而不是盗窃罪。不当使用信用卡构成盗窃罪的典型案例是 2007 年的广州市中级人民法院审理的许霆案。许霆在客观方面没有采用虚构事实或者隐瞒真相的方法实施诈骗行为，许霆实施的是将 ATM 机吐出的多于其操作数额的人民币取走的恶意取款行为，属秘密窃取，故定性为盗窃罪。

四、如何界定信用卡诈骗罪与普通诈骗罪

本案是利用信用卡实施的犯罪，被告人李东等人是构成信用卡诈骗罪还是构成普通诈骗罪是本案争议焦点之一，也是司法实践中争议较大、认识不统一、判决不一致的突出问题。信用卡诈骗罪是从诈骗罪中分离而来，由于其侵犯客体和犯罪工具的特殊危害性而独立成为一罪。两者在本质上是相同的，主体方面，两者的法定犯罪主体均为一般主体，单位不能成为这两个罪的犯罪主体；主观方面，两罪都是故意犯罪，且必须具有非法占有的目的；客观方面，两者都表现为虚构事实或隐瞒真相等欺诈行为，均属于贪利性犯罪；客体方面，两罪都侵犯了公私财物的所有权等。信用卡诈骗罪既然从诈骗罪中分离出来而独立成罪，自然二者之间也存在明显的区别：首先，两罪侵犯的客体并不完全相同，诈骗罪侵犯的是单一客体即公私财物的所有权。而信用卡诈骗罪侵犯的则是复杂客体，除公私财物的所有权之外，更主要的是其侵犯了信用卡制度，即信用卡诈骗罪属于侵犯金融管理秩序的经济犯罪。其次，两罪在客观方面的表现不完全相同，普通诈骗罪在客观方面表现为“使用虚构事实或者隐瞒真相的方法，骗取财物，”其具体的犯罪工具和行为方式法律并没有明确限制，而信用卡诈骗罪不仅犯罪工具仅限于信用卡，且其具体行为方式由刑法明文限定为四种，即使用伪造的信用卡或使用虚假身份证明骗领信用卡，使用作废的信用卡，冒用他人信用卡支取现金或者接受以信用卡进行支付、结算的各种服务，以及恶意透支。因而可以理解：即使行为人是利用信用卡进行诈骗，但其行为方式不属于法定的信用卡诈骗罪的四种行为方式的范围，就不能以信用卡诈骗罪定罪，而只能以普通诈骗罪论处。就本案而言，被告人李东等人作案时利用了他人的信用卡，后通过从 POS 机绑定的账户转账取走了从银行骗取的钱，诈骗行为与信用卡有密切关系。但是根据《刑法》第一百九十六条规定构成信用卡诈骗罪的仅限于四种情形。本案被告人李东等人的行为显然不属于使用伪造的信用卡、骗领的信用卡、作废的信用卡骗取财物或恶意透支。尽管被告人李东等人刷卡交易时使用了他人的信用卡，但其事先得到持卡人的同意或者授权，故不属于“冒用他人的信用卡”，所以李东等人虽然利用信用卡进行诈骗，但其行为并不能归为信用卡诈骗罪，而应被认定为普通诈骗罪。

（一审法院合议庭成员　宋珺梅　隋鸿达　宋　方
二审法院合议庭成员　杨玥玫　王丽霞　余乃荣
编写人　安徽省高级人民法院　余乃荣
责任编辑　周维明
审稿人　沈　亮）

原载《人民法院案例选》2017 年第 4 辑（总第 110 辑）

236. 覃凤达、张兆许等诈骗，非法获取计算机信息系统数据，非法控制计算机信息系统，提供侵入、非法控制计算机信息系统程序、工具案

——电信诈骗的认定及牵连犯处断的适用

【关键词】

电信诈骗　牵连犯　罪数

【裁判要旨】

1. 利用“钓鱼网站”链接、“木马”程序链接、网络渗透等隐蔽技术手段获取被害人的相关具有财产利益的账号、密码，并在互联网上实施诈骗行为的应当定性为诈骗罪。

2. 以“木马”程序链接的方式获取他人信用卡信息资料后再冒用他人信用卡进行诈骗活动时，因为受害人具有一定的偶然性，不具有经验意义上的手段行为和目的行为的关系，所以，诈骗犯罪与非法获取计算机信息系统数据罪、非法控制计算机信息系统犯罪之间不构成牵连犯。

【相关法条】

《中华人民共和国刑法》

第二百六十六条　诈骗公私财物，数额较大的，处三年以下有期徒刑、拘役或者管制，并处或者单处罚金；数额巨大或者有其他严重情节的，处三年以上十年以下有期徒刑，并处罚金；数额特别巨大或者有其他特别严重情节的，处十年以上有期徒刑或者无期徒刑，并处罚金或者没收财产。本法另有规定的，依照规定。

第二百八十五条　违反国家规定，侵入国家事务、国防建设、尖端科学技术领域的计算机信息系统的，处三年以下有期徒刑或者拘役。

违反国家规定，侵入前款规定以外的计算机信息系统或者采用其他技术手段，获取该计算机信息系统中存储、处理或者传输的数据，或者对该计算机信息系统实施非法控制，情节严重的，处三年以下有期徒刑或者拘役，并处或者单处罚金；情节特别严重的，处三年以上七年以下有期徒刑，并处罚金。

提供专门用于侵入、非法控制计算机信息系统的程序、工具，或者明知他人实施侵入、非法控制计算机信息系统的违法犯罪行为而为其提供程序、工具，情节严重的，依照前款的规定处罚。

【案件索引】

一审：安徽省宣城市宣州区人民法院（2016）皖1802刑初276号（2017年1月19日）

二审：安徽省宣城市中级人民法院（2017）皖18刑初66号（2017年6月23日）

【基本案情】

法院经审理查明：

一、关于诈骗事实和非法获取计算机信息系统数据、非法控制计算机信息系统的事实

2015年9月至11月26日间，覃凤达在家中利用互联网向张兆许等人购买用于侵入、非法控制计算机信息系统、非法获取计算机信息系统数据的程序后，通过笔记本电脑、短信群发器（猫池）向全国安卓操作系统的手机用户发送该程序链接，以控制对方手机信息系统，从而获取对方手机信息系统内的通讯录、短信等数据，并通过通讯录、短信等数据获取被害人信用卡信息资料，后由罗志康通过互联网、通讯终端等使用获取的信用卡信息。同年11月2日和19日，覃健钢、覃印财先后至覃凤达家中，按照覃凤达提供的信息购买木马病毒，再利用覃凤达提供的他人手机号码，共同使用覃凤达提供的银行账户和网络，各自单独通过笔记本电脑、短信群发器（猫池）向全国安卓操作系统的手机用户发送该程序链接，实施诈骗。期间，覃凤达、覃健钢、覃印财为非法控制手机通讯设备获取有关数据，向全国范围内的不特定手机用户发送专门用于侵入、非法控制计算机信息系统、非法获取计算机信息系统数据的程序。其中覃凤达非法控制1231台计算机信息系统并获取计算机信息系统数据，并从非法控制的12台计算机系统中诈骗他人钱财165961.54元，覃健钢非法控制65台计算机信息系统并获取计算机信息系统数据，并从非法控制的1台计算机系统中诈骗他人钱财6499元，覃印财非法控制137台计算机信息系统并获取计算机信息系统数据。具体犯罪事实分述如下：

1.2015年10月19日，覃凤达、罗志康采用上述方法7次冒用孙铭和的中国工商银行信用卡，消费使用金额2302.91元。

2.2015年10月9日至10日，覃凤达、罗志康采用上述方法15次冒用李朝平的中国工商银行信用卡，消费使用金额21489.25元。

3.2015年10月11日，覃凤达、罗志康采用上述方法6次冒用林坚的中国建设银行信用卡，消费使用金额5000元。

4.2015年10月16日，覃凤达、罗志康采用上述方法13次冒用汪百胜的中国农业银行、中国建设银行信用卡，消费使用金额9991元。

5.2015年10月18日至19日，覃凤达、罗志康采用上述方法2次冒用杨伟的中国建设银行信用卡，消费使用金额55000元。

6.2015年10月27日，覃凤达、罗志康采用上述方法多次冒用冯世伟的中国工商银行、中国建设银行信用卡，消费使用金额21798.6元。

7.2015年10月29日，覃凤达、罗志康采用上述方法多次冒用刘言富的中国工商银行、中国农业银行、中国建设银行、中国邮政储蓄银行信用卡，消费使用金额11950元。

8.2015年10月29日至30日，覃凤达、罗志康采用上述方法7次冒用尚庆富的中国工商银行信用卡，消费使用金额14827.2元。

9.2015年10月25日，覃凤达、罗志康采用上述方法4次冒用刘平中国工商银行信用卡，消费使用金额9928.6元。

10.2015年11月3日，覃凤达、罗志康采用上述方法3次冒用董树坤的中国建设银

行信用卡，消费使用金额 2952 元。

11. 2015 年 11 月 3 日，覃凤达、罗志康采用上述方法 5 次冒用葛新朝的中国建设银行信用卡，消费使用金额 4222. 98 元。

12. 2015 年 11 月 24 日，覃凤达、覃健钢、罗志康采用上述方法冒用张文才的中国工商银行信用卡，消费使用金额 6499 元。另：2015 年 9 月 30 日至 10 月 3 日，覃勇获取李莎莎银行卡及身份信息后发送给罗志康，罗志康冒用李莎莎中国银行信用卡，消费使用金额 998 元。2015 年 10 月 8 日，覃勇获取刘西章银行卡及身份信息后发送给罗志康，罗志康冒用刘西章中国农业银行信用卡，消费使用金额 2400 元。

2015 年 11 月 26 日，覃健钢、覃印财在宾阳县新廖村委会老覃村内被抓获归案，被临时羁押在宾阳县看守所。同年 12 月 24 日，覃凤达在广西壮族自治区南宁市西乡塘区被抓获，被临时羁押在南宁市第一看守所。2016 年 1 月 15 日，罗志康在南宁市青秀山风景区合作路东方圣泉洗浴会所被抓获，被临时羁押在南宁市第一看守所。2015 年 11 月 26 日，侦查人员依法对覃健钢、覃印财居住的宾阳县新廖村委会老覃村二队的住宅进行搜查，查获并扣押笔记本电脑 6 台、卡套 4 个、银行卡 5 张、短信群发器 4 台、加密狗 3 个、虚拟运营商卡 378 张、手机 8 部、内存卡、SIM 卡、路由器、信封、居住证等物品，以及现金 14100 元；2015 年 12 月 26 日，从覃凤达处扣押现金 4 万元；2016 年 1 月 15 日，从罗志康处扣押银行卡 5 张、U 盾 6 个、现金 9850 元。同月 16 日，罗志康的亲属代为退出已用于购买汽车的赃款 10 万元。案发后，公安机关退还被害人孙铭和经济损失 2302. 91 元、被害人刘平经济损失 9928. 6 元。

二、关于提供侵入、非法控制计算机信息系统程序、工具的事实

2015 年 10 月，张兆许为获取非法利益，以 1500 元/个的价格分别将专门用于侵入、非法控制计算机信息系统、非法获取计算机信息系统数据的程序，出售给覃凤达 5 个、覃健钢 1 个，非法获利 9000 元。覃凤达、覃健钢利用该程序非法控制他人计算机信息系统并获取他人计算机信息系统数据后，实施诈骗。经鉴定，送检程序“athzmm. apk”具备将自身设置为随系统自启动、安装后监控服务防止进程被中止、自隐蔽、读取短信、读取联系人、将上述读取到的内容打包发送到指定的邮箱等功能。

【裁判结果】

安徽省宣城市宣州区人民法院于 2017 年 1 月 19 日作出（2016）皖 1802 刑初 276 号刑事判决：一、覃凤达犯诈骗罪，判处有期徒刑四年八个月，并处罚金人民币 5 万元，犯非法获取计算机信息系统数据、非法控制计算机信息系统罪，判处有期徒刑四年六个月，并处罚金人民币 5 万元，决定执行有期徒刑八年，并处罚金人民币 10 万元。二、覃健钢犯诈骗罪，判处有期徒刑十一个月，并处罚金人民币 5000 元，犯非法获取计算机信息系统数据、非法控制计算机信息系统罪，判处有期徒刑二年六个月，并处罚金人民币 15000 元，决定执行有期徒刑三年，并处罚金人民币 2 万元。三、覃印财犯非法获取计算机信息系统数据、非法控制计算机信息系统罪，判处有期徒刑三年，并处罚金人民币 2 万元。四、罗志康犯诈骗罪，判处有期徒刑四年四个月，并处罚金人民币 5 万元。五、张兆许犯提供侵入、非法控制计算机信息系统程序、工具罪，判处有期徒刑二年，并处罚金人民币 2 万元。六、覃凤达、覃健钢、覃印财、罗志康、张兆许的违法所得予以追缴，扣押的笔记本电脑八台、台式电脑一台、卡套四个、银行卡十张、短信群发器四台、加

密狗三个、虚拟运营商卡三百七十八张、手机十六部、U 盾七个、U 盘五个及内存卡、SIM 卡、路由器、手机卡等物品，予以没收。责令覃凤达、覃健钢、覃印财、罗志康退赔被害人经济损失；张兆许的违法所得予以追缴。宣判后，覃凤达、覃印财、张兆许不服一审判决向安徽省宣城市中级人民法院提出上诉，宣城市中级人民法院经审理于 2017 年 6 月 23 日作出（2017）皖 18 刑初 66 号刑事判决：驳回上诉，维持原判。

【裁判理由】

法院生效裁判认为：覃凤达、覃健钢、罗志康以“木马”程序链接的方式获取他人信用卡信息资料，冒用他人信用卡进行诈骗活动，其中覃凤达诈骗数额达 165962.04 元，数额巨大；覃健钢诈骗数额达 6499 元，数额较大；罗志康诈骗数额达 169360.04 元，数额巨大，覃凤达、覃健钢、罗志康的行为符合诈骗的构成要件，其行为均构成诈骗罪。覃凤达非法控制计算机信息系统达 1000 多台，并获取计算机信息系统数据，情节特别严重；覃印财非法控制计算机信息系统 137 台，并获取计算机信息系统数据，情节特别严重。覃健钢非法控制计算机信息系统 64 台，并获取计算机信息系统数据，情节严重；覃凤达、覃印财、覃健钢的行为均构成非法控制计算机信息系统、非法获取计算机信息系统数据罪。因《刑法》第二百八十五条第二款是选择性罪名，覃凤达、覃印财、覃健钢的行为同时实施了非法控制计算机信息系统、非法获取计算机信息系统数据两种犯罪行为，应对不同行为并列确定罪名，不实行数罪并罚。因覃凤达、覃健钢以“木马”程序链接的方式获取他人信用卡信息资料后再冒用他人信用卡进行诈骗活动时的受害人具有一定的偶然性，不具有经验意义上的手段行为和目的行为的关系，故其二人不构成牵连犯，覃凤达、覃健钢的行为同时构成诈骗罪及非法控制计算机信息系统、非法获取计算机信息系统数据罪，应当对其所犯罪行为实行并罚。对覃凤达的辩护人认为非法控制计算机信息系统、非法获取计算机信息系统数据罪与诈骗罪构成牵连犯的辩护意见，不予采纳。对覃印财的辩护人认为覃印财不构成非法控制计算机信息系统、非法获取计算机信息系统数据罪，覃印财只构成侵犯公民个人信息罪，且与诈骗罪构成牵连犯的辩护意见亦不予采纳。张兆许明知他人实施侵入、非法控制计算机信息系统的违法犯罪行为而为其提供程序、工具，多次向覃凤达等人提供侵入、非法控制计算机信息系统程序、工具，违法所得 9000 元，情节严重，其行为构成提供侵入、非法控制计算机信息系统程序、工具罪。

【案例注解】

近年来，由于智能手机的全面普及我国无现金社会在全球的领先发展，利用通讯工具、互联网等技术手段实施的电信网络诈骗犯罪活动持续高发。一些不法分子结成团伙，设置窝点，利用“伪基站”设备群发手机短信“木马”程序链接等方式，获取精准的公民个人信息及相关财产信息。作为一种非接触性犯罪，电信诈骗具有技术含量高，时空跨度大，波及人数多，手段隐蔽的特点。电信网络诈骗犯罪还滋生了上下游犯罪链条。严重侵犯了人民群众的财产安全，为此需要我们严厉打击电信网络犯罪，坚持全面惩处的原则，才能有效地遏制电信网络犯罪高发的势头。为此最高人民法院、最高人民检察院、公安部颁布的《关于办理电信网络诈骗等刑事案件适用法律若干问题的意见》（以下简称《意见》）顺应人民群众的普遍期待，适应新形势下的斗争需要，提出更为明确具体的适用法律依据，在审判实践中应当予以适用。

一、关于本案的定性

本案被告人的行为也符合冒用他人信用卡进行信用卡诈骗的犯罪构成，在案件的审理过程中也产生了是否构成信用卡诈骗罪的争议。合议庭经评议后认为，通过发送木马程序链接等进行诈骗与传统性诈骗最大的区别就是行为人和受害人之间不产生直接接触，亦直接接触信用卡。双方之间产生的连接方式系通过电信网络，并通过网络取得被害人的相关信息，通过网络犯罪系其主要犯罪特征。据《意见》的特殊规定，通过电信网络利用“钓鱼网站”链接、“木马”程序链接、网络渗透等隐蔽技术手段获取被害人的相关具有财产利益的账号、密码，并在互联网上实施诈骗行为的应当定性为诈骗罪并予以从重处罚，故本案应当直接定性为诈骗罪。

二、本案是否构成牵连犯

行为人非法获取公民的个人信息后，实施电信网络诈骗，是定一罪还是数罪并罚，在理论和实践界均存在争议，有观点认为在法无明文规定的情况下，应当根据牵连犯从一重罪处罚。还有观点认为我国《刑法》并未明确规定牵连犯，在没有法律明确规定从一重罪处罚的情况下应当实行数罪并罚。

一般而言，牵连犯是指数行为之间有手段和目的、原因和结果的关系，在手段行为和结果行为触犯了其他罪名的场合，成立牵连犯。如何认定牵连犯应当根据社会相当性的一般标准以及一望而知的普通生活经验中的认识标准来确定。① 如果只是一种偶然的手段与目的、原因和结果的关系，则不是牵连犯。② 本案中，因覃凤达、覃健钢以“木马”程序链接的方式获取他人信用卡信息资料，冒用他人信用卡，进行诈骗活动中的受害人具有一定的偶然性，不具有经验意义上的手段行为和目的行为的关系，故认定其二人不构成牵连犯。

此外，对侵犯公民个人的各项隐私信息的行为进行独立的评价，可以全面打击此类犯罪，回应社会要求严厉打击电信诈骗的要求，有利于加强国家对公民个人信息安全的保护，严惩公然利用公民个人信息实施的犯罪活动。

（一审法院合议庭成员　孙文庆　罗宣林　周江生
二审法院合议庭成员　曹　沂　马林海　郭　威
编写人　安徽省宣城市中级人民法院　曹　沂
责任编辑　周维明
审稿人　李玉萍）

原载《人民法院案例选》2017 年第 10 辑（总第 116 辑）

---

① 转引自《人民司法（案例）》2017 年第 14 期，原载甘雨沛、何鹏：《外国刑法学》，北京大学出版社 1984 年版，第 452 页。

② 转引自《人民司法（案例）》2017 年第 14 期，原载张明楷：《外国刑法纲要》，清华大学出版社 1999 年版，第 351 页。

237. 黄广耀、胡亚民诈骗案

——诈骗罪中欺骗行为及其因果关系的认定

【关键词】

诈骗　拆迁　公房　无罪

【裁判要旨】

全民所有制企业改制为股份制私有企业，企业所有的房产由自管公房变更为私有股份制产并取得相应权证后，应按照私有房产进行拆迁补偿。因拆迁工作人员错误认定房屋产权性质，且在拆迁过程中渎职、未尽审核义务，被拆迁人按照要求提供了相关材料后获得了错误的拆迁补偿的，被拆迁人具有一定的责任，但不应认为是造成该结果的主要原因。被拆迁人的行为应认定为不当得利的民事责任而非诈骗罪的刑事责任。

【相关法条】

《中华人民共和国刑法》

第二百六十六条　诈骗公私财物，数额较大的，处三年以下有期徒刑，拘役或者管制，并处或者单处罚金，数额巨大或者有其他严重情节的，处三年以上十年以下有期徒刑，并处罚金，数额特别巨大或者有其他特别严重情节的，处十年以上有期徒刑或者无期徒刑，并处罚金或没收财产。本法另有规定，依照规定。

《中华人民共和国刑事诉讼法》

第一百九十五条第三项　证据不足，不能认定被告人有罪的，应当作出证据不足、指控的犯罪不能成立的无罪判决。

【案件索引】

一审：北京市第三中级人民法院（2013）三中刑初字第96号（2014年12月26日）

二审：北京市高级人民法院（2015）高刑终字第157号（2016年9月29日）

【基本案情】

北京市人民检察院第二分院指控：2010年3～4月间，被告人黄广耀与被告人胡亚民经预谋，假借北京东达包装制品有限公司（以下简称东达公司）的名义，在北京市通州区西海子里河沿16、18号拆迁过程中，采用虚构租赁关系、虚增拆迁面积、伪造赠与协议、隐瞒部分房屋没有房屋产权证明等手段，骗取北京新城基业投资发展有限公司（以下简称新城基业公司）签订房屋拆迁补偿协议，骗得拆迁款共计人民币693万余元。

被告人及辩护人辩称：被告人的行为不构成诈骗罪。（1）被告人没有诈骗拆迁款的主观故意。拆迁款的发放以拆迁协议的面积为依据，是拆迁方依据测绘报告填写的，没有证据显示被告人与测绘公司有任何的共同犯罪故意；被告人没有伪造赠与协议的故意，如非专业公司引导，被告人不可能形成通过伪造赠与协议骗取拆迁款的想法。（2）被告人没有诱使新城基业公司作出错误认识并支付拆迁补偿款。拆迁方入户调查，测绘报告对公司的自建房都有体现，东达公司不存在隐瞒。（3）东达公司股东会决策将拆迁补偿款暂存股东名下，用于购置搬迁后的职工住房，被告人没有非法占有拆迁款。（4）二被告人被控诈骗693万余元，这一数额是本案被害人新城基业公司计算得出，而新城基业公司是把涉案房屋作为自管公房，以自管公房的标准、以房改批复为依据计算的，这与客观事实相矛盾。因为该房屋是东达公司的私营股份制产，不是公房。该计算结果不应作为定案依据。

辩护人向法庭提交了东达公司股东会决议、公司新址土地转让谈判材料等证据。

北京市第三中级人民法院审理查明：

1. 涉案房屋状况

东达公司前身为全民所有制的通县纸箱厂。通县纸箱厂拥有里河沿16、18号11间房屋的产权证，产权性质为集体，并拥有里河沿16、18号国有土地使用证。2003年，厂子改制为东达公司，黄广耀、胡亚民等5人成为公司股东。同年，东达公司取得里河沿16、18号12间房屋的“京房权证通股字”房屋所有权证，登记的建筑面积为206.15平方米；2007年，东达公司以出让方式取得该院387平方米的国有土地使用权，并取得了国有土地使用权证。院内另有公司自行加盖的12间房屋。截至拆迁时，共有房屋24间，曾作为东达公司的职工宿舍使用，在拆迁时，一部分被公司职工占用，其他租给外来人员。

2. 拆迁组织情况

2010年，通州区政府决定对西海子棚户区进行征地拆迁，并授权城基业公司作为拆迁项目实施主体，新城基业公司分别委托测绘公司、评估公司、拆迁公司进行拆迁项目的测绘、评估、签订拆迁合同工作。三个专业公司将获取的资料交给新城基业公司做拆迁预算。拆迁期限为28天。

入户调查前，新城基业公司对各专业公司进行了集中培训，规定，对于被拆迁房屋建筑面积的认定，私有房屋按房屋所有权证表明的面积认定；公有住房按照《北京市公有住房租赁合同》表明的使用面积结合实际测量面积确定，其中自管公房需提供房改协议及发票，直管公房需提供房改协议。

3. 涉案房屋拆迁补偿经过

2010年3月，测绘、评估、拆迁公司入户调查。东达公司股东会确定由胡亚民负责拆迁工作。此时，无论是新城基业公司还是三家专业公司都认为东达公司里河沿16、18号的房屋系公房。

3月19日，测绘公司首先入户并制作完成了涉案房屋的平面图，标注了每间房屋的承租人和建筑面积。档案显示，测绘公司房地平面图上17间房的面积要大于胡亚民后来所提供的公房租赁合同的面积。

之后评估公司入户对房屋情况进行核实。评估公司根据以往惯例认为单位的房产就是公房，便要求胡亚民提供公房租赁合同。同时拆迁公司在入户时亦仅要求东达公司提供公房租赁合同，没有要求提供房产证。

因评估公司与拆迁公司均要求提供公房租赁合同，黄广耀便交给胡亚民一些公房租赁合同，准备用这些合同再加上找单位老职工或亲朋好友签订租赁合同作为拆迁材料提供。目的是这些人拿到的拆迁款能够交回单位，而且还能解决大家的住房问题。于是黄广耀、胡亚民分别以黄广耀等24人的名义，签订了公房租赁合同。胡亚民将之交给评估公司，并指认了每名承租人承租的房屋。评估公司在收到测绘公司给其的房屋平面图和胡亚民给其的租赁合同后，认为手续齐全，便对每间房屋按照公房标准，参照测绘面积进行了评估，将评估明细表交胡亚民签收。《拆迁估价明细表》显示，评估公司将房屋的产别定性为“公产”。按照正常程序，公房需要经过房改，将房屋售予个人后，个人才可作为被拆迁人。评估公司并没有看到房改售房协议，但认为反正没有房改手续签不了拆迁补偿协议，被拆迁人自己去做房改，跟评估公司没关系。

胡亚民组织被拆迁人到拆迁公司签拆迁补偿协议，拆迁公司发现没有进行房改，便没有签协议，并对胡亚民和新城基业公司提出。胡亚民接到通州区住建委房改的通知后，递交了对有产权的206.5平方米房产进行房改的申请，住建委批准。另12间公司自建房无法办理房改。

因赶拆迁进度，新城基业公司对拆迁公司表示，想什么办法通县纸箱厂也得给签了并告诉胡亚民，12间自建房办不了房改，只能办理赠与，并告诉其怎么写赠与协议。胡亚民与黄广耀便写了赠与协议。在新城基业公司授意下，第二次递交时，拆迁公司签订了拆迁补偿协议。

拆迁公司将材料交新城基业公司审核组审核。审核组发现通州纸箱厂的自管公房没有房改协议，没有审核通过。后新城基业公司对审核组授意，拆迁公司再次将材料报上去，审核通过。

后24户被拆迁人收到了拆迁补偿款共计900余万元。被拆迁人将拆迁款陆续转到黄广耀、胡亚民账户中。根据新城基业公司出具的文件，里河沿16、18号的24户被拆迁人，签约面积与房改批复面积不一致造成的实际支出差额合计690余万元。

4. 被告人在拆迁后的行为

2010年10月，东达公司召开股东会，对拆迁补偿款交回款项形成如下决议：此款应用于建设和购买职工用房，可暂存于股东名下，并由股东股本作担保。2011年下半年，黄广耀看中通州区漷县土地，准备重建厂房和职工宿舍。东达公司与该土地产权方在2012年7月~8月基本达成协议，欲签约时，黄广耀、胡亚民被抓。

为查明事实，法庭调取了测绘、评估、拆迁公司相关工作人员及被拆迁人证言等证据。

【裁判结果】

北京市第三中级人民法院于2014年12月26日作出（2013）三中刑初字第96号刑事判决：宣告被告人黄广耀、胡亚民无罪。宣判后，北京市人民检察院第二分院提出抗诉。北京市高级人民法院于2016年9月29日作出（2015）高刑终字第157号刑事裁定：驳回抗诉，维持原判。

【裁判理由】

针对公诉机关指控被告人的四种骗取拆迁款的手段，法院生效裁判认为：

1. 关于被告人是否虚构租赁关系。

拆迁时，里河沿16、18号内的房屋被居住、占用，已经设立租赁关系，是客观存在的，不存在拆迁范围确定之后又进行房屋租赁的情况。被告人提供24份公房租赁合同，仅起到证明24间房屋上存在租赁关系的作用，并不能决定这些房屋按照何种标准补偿。

2. 关于被告人是否虚增拆迁面积。

通过对在案反映里河沿16、18号每间房屋面积的材料进行对比发现，由胡亚民签字确认的拆迁房屋基本情况表上载明的建筑面积与公有住房租赁合同或房改批复记载的面积相同，最能反映房屋的实际面积。该表出现在新城基业公司拆迁档案中，可见新城基业公司对房屋的实际面积是明知的。而测绘公司制作的房地平面图上记载的面积远远大于实际面积，评估公司正是根据测绘公司的测绘结果对房屋价值进行了评估，虽然胡亚民在领取评估报告时明知房屋实际建筑面积被增大，评估价款高于实际价值，依然签字确认，最终导致过度补偿，但该结果并非胡亚民积极追求、主动造成。

3. 关于被告人是否伪造赠与协议。

签订拆迁补偿协议前，拆迁公司、新城基业公司已经发现里河沿16、18号拆迁材料不齐，但新城基业公司要求在政策允许的情况下想办法尽快把拆迁协议签了。将房屋赠与个人是新城基业公司提出的，并非二被告人为骗取拆迁款而有意为之。

4. 关于被告人是否隐瞒部分房屋没有产权证。

无论是评估公司的拆迁档案还是新城基业公司的拆迁档案中，均未发现涉案房屋的所有权证。被告人供称，向拆迁公司提供了产权证，而评估公司、拆迁公司则称，没有向东达公司要产权证，只要了公房租赁合同。拆迁档案中缺少产权证，至少说明拆迁单位没有严格依法履行职责。现有证据无法证明拆迁档案中缺少产权证的原因，认定二被告人故意隐瞒部分房屋没有产权证的证据尚不充分。

法院认为，证明黄广耀、胡亚民构成诈骗罪的事实不清，证据不足，指控罪名不能成立。

【案例注解】

1. 准确认定涉案房屋产权性质是认定被告人行为性质的前提。

20世纪90年代国企改革中，大量属于国营单位集体所有的公房随着国营单位的私营化股份制改革，房屋的产权性质也发生了变化，我们将这类房屋称为“公改私”房产。由于历史原因，这类房产的性质认定在实践中可能出现复杂的情形。《北京市人民政府关于城市公有住房管理的若干规定》对“公房”给出定义，全民所有和集体所有的房屋是公房。本案的东达公司在2003年改制之前，属于全民企业，此时里河沿16、18号内的房屋属于全民所有制单位自行管理的公房。但2003年改制之后，公司已经成为由5名自然人股东所有的有限责任公司，里河沿16、18号房屋所有权证此后也变更为“京房权证通股字”，可见，在2010年拆迁之时，里河沿16、18号内的房屋已经不是公房。但是本案中的新城基业公司及测绘、评估、拆迁公司乃至通州区建委均认为里河沿16、18号的房屋为公房，按照房改政策进行拆迁。按照现有法律法规和拆迁政策，在无其他证据的情况下，拆迁方作出东达公司被拆迁房屋可以进行房改售房的决定缺乏法律依据。

需特别指出的是，本案被拆迁房屋是否能够按照房改售房不仅牵扯到对房屋性质的认定，更涉及对犯罪数额的计算，因为诈骗罪是数额犯，必须要确定犯罪数额，确认被告人多拿了多少不应得的。被告人应得款项即按照股份制产标准补偿的数额，按照拆迁政策法规，房屋补偿价 = ［（基准价格 × K + 拆迁房屋重置成新价） × 因素修正系数］ × 拆迁房屋建筑面积 + 拆迁房屋设备、装修及附属物价格。可以看出拆迁补偿的计算并不简单，其中涉及需要专业机构进行评估后确定的数值，因此，按照股份制产标准补偿数额应由具有资质的相应机关作出，而本案缺乏这方面的证据。

2. 本案是一起政府主导下的拆迁，现有证据无从得出被告人实施了骗取行为的结论。

即便计算出按照股份制产标准补偿数额，也不能得出按照公房标准补偿的数额减去股份制产标准补偿数额为被告人诈骗数额的结论。因为如果不是拆迁方误判涉案房屋的产权性质，当初就按照股份制产标准补偿，也许就不会出现后来被告人按照拆迁方的要求提供公房租赁合同、进行房改、进行赠与等一系列事情。

被拆迁人在拆迁中争取最大利益的初衷无可厚非，关键要看被拆迁人是否基于这种初衷实施了“骗”的行为。拆迁公司代表新城基业公司与被拆迁人签订的拆迁补偿协议在字面上是基于双方自愿平等基础产生的，但实际上，现阶段的拆迁均是以政府为主导，更像一个行政行为，被拆迁人没有拆与不拆的选择权。涉案24间房并不是被告人得知要拆迁的消息后加盖的，而是历史条件下形成的，在没有证据证明被告人在拆迁过程中与拆迁单位人员有勾连的情况下，房子的拆迁手续是否齐全，按什么标准补偿，并不是被告人说了算，能够决定给多少补偿的是拆迁单位。被拆迁人按照要求提供了相关材料后获得了拆迁补偿，现在认为有些补偿是不应该拿的，国家遭受了损失，处理相关人员不依法拆迁的渎职责任是正确的，因为这些人代表的是政府，由此产生的后果也应当由政府承担，而不应该将后果转嫁给被拆迁人。

3. 综合全案事实，应当认为导致本案拆迁补偿款发放错误的主要原因在于拆迁工作人员，而非被告人的行为。

综合所有证据，我们可以看出，最终拆迁补偿款发放错误这一结果的出现实际上是多因一果，即拆迁公司对被拆迁房屋的性质认定错误，专业公司没有按要求严格审查拆迁所需材料，新城基业公司违规审查，被拆迁人提供了与实际租住人不完全相同的公房租赁合同等。既然是多因一果，就要看被告人的行为对发生的后果有多大的影响。现在看来，被告人仅是提供了与实际租住人不完全相同的租赁合同，而提供的原因则是专业公司要求的，之后还存在专业公司没有严格按照规定审查材料，拆迁单位违规审查等后续行为，在此过程中，拆迁单位并不是没有看到其中存在的问题，而是为了加快拆迁进度，跨越了法律的红线，违法按照正式房屋的标准对被告人进行了补偿，造成了国家的损失。对于这个结果的发生，被告人具有一定的责任，但绝不是造成该结果的主要原因。

认定被告人构成犯罪，必须证据确实充分，必须要证明被告人有诈骗的故意。本案中被告人黄广耀、胡亚民并没有无中生有，虚构房屋的存在或伪造无证的12件房屋的房产证，以现有证据认定两名被告人构成诈骗罪证据不充分，宣告无罪符合疑罪从无的刑事理念。

（一审法院合议庭成员　宋环宇　程　昊　于靖民
二审法院合议庭成员　朱　军　蔡云霞　黄肖娟
编写人　北京市第三中级人民法院　宋环宇　王　硕
责任编辑　周维明
审稿人　李玉萍）

原载《人民法院案例选》2018年第5辑（总第123辑）

238. 游某明诈骗案

——诈骗罪中诈骗数额的认定

【关键词】

多次小额诈骗　累计数额　追诉时效

【裁判要旨】

行为人多次实施小额诈骗，虽然每次诈骗的金额未达到数额较大的起点，但是诈骗金额累计计算达到数额较大的起点，且未经处理的，依法应以诈骗罪追究刑事责任。

【相关法条】

《中华人民共和国刑法》

第二百六十六条　诈骗公私财物，数额较大的，处三年以下有期徒刑、拘役或者管制，并处或者单处罚金；数额巨大或者有其他严重情节的，处三年以上十年以下有期徒刑，并处罚金；数额特别巨大或者有其他特别严重情节的，处十年以上有期徒刑或者无期徒刑，并处罚金或者没收财产。本法另有规定的，依照规定。

【案件索引】

一审：广东省广州市海珠区人民法院（2016）粤0105刑初321号（2016年11月10日）

【基本案情】

广州市海珠区人民检察院以被告人游某明犯诈骗罪向广州市海珠区人民法院提起公诉。

广州市海珠区人民法院经公开审理查明：2014年12月20日上午，被告人游某明伙同同案人汤某球、司徒某、李某飞、梁某洪、李某洪（均另案处理）等人在本市海珠区车管所附近，以认识车管所内部人员可以协助办理违章业务为由，取得前来办理违章业务的被害人刘某的信任，骗得被害人刘某人民币3700元。随后，被告人游某明伙同同案人梁某洪将被害人刘某带至本市荔湾区交警大队，以帮被害人刘某购买交强险为由，骗得被害人刘某人民币800元。次日，被告人游某明伙同同案人刘某晃（另案处理）以疏通车管所内部关系为由，再次骗得被害人刘某人民币1200元。

2015年7月13日，被告人游某明伙同同案人汤某球、李某飞在本市海珠区车管所附近，采取上述同样方式，骗得被害人马某润人民币300元。

2015年8月21日，被告人游某明伙同同案人李某飞、刘某晃在本市海珠区车管所附近，采取上述同样方式，骗得被害人周某章人民币400元。

2015年8月28日，被告人游某明被抓获。

综上，被告人游某明共参与3宗诈骗，诈骗他人财物共计人民币6400元。

【裁判结果】

广州市海珠区人民法院于2016年11月10日作出（2016）粤0105刑初321号刑事判决：一、被告人游某明犯诈骗罪，判处有期徒刑六个月，并处罚金人民币2000元。二、责令被告人游某明在本判决发生法律效力之次日内退赔被害人刘某的经济损失人民币5700元，退赔被害人马某润的经济损失人民币300元，退赔被害人周某章的经济损失人民币400元（与同案人互负连带责任）。

宣判后，被告人游某明未提出上诉，公诉机关亦未提出抗诉，该判决已经发生法律效力。

【裁判理由】

法院生效裁判认为：被告人游某明无视国家法律，以非法占有为目的，多次伙同同案人采用虚构事实、隐瞒真相的方法骗取他人财物，数额较大，其行为已构成诈骗罪，依法应予惩处。公诉机关指控被告人游某明的犯罪事实清楚，证据确实、充分，罪名成立，予以支持。惟被告人游某明归案后如实供述自己的罪行，依法对其从轻处罚。公诉机关建议对被告人游某明在有期徒刑一年三个月以下量刑的意见合理，予以采纳。

【案例注解】

本案的争议焦点在于被告人游某明实施的三宗诈骗金额分别为5700元、300元、400元，每次诈骗的金额均未达到数额较大的起点（根据广东省高级人民法院印发的粤高法发〔2014〕12号文件规定，广州市诈骗数额较大的起点掌握在6000元以上），但诈骗金额累计已达到数额较大的起点，对于被告人游某明的诈骗数额能否累计计算，并以诈骗罪追究其刑事责任，存在两种不同的意见。一种意见认为，虽然被告人游某明每次诈骗的金额均未达到数额较大的起点，但其诈骗金额累计已经达到数额较大的起点，且均未经处理，依法应以诈骗罪追究其刑事责任（肯定说）。另一种意见认为，在刑法和司法解释并未明确规定多次实施小额诈骗可以累计数额并作为入罪条件的情况下，对被告人游某明的诈骗金额累计计算缺乏充分法律依据，根据罪刑法定的刑法基本原则，被告人游某明的行为不构成诈骗罪，只能予以治安管理处罚（否定说）。

笔者同意上述第一种意见，这里涉及对多次小额诈骗行为的刑事评价问题。具体评析如下：

先来看一下持否定说的理由，主要有以下几点：（1）在《刑法》和司法解释并未明确规定对该种类型的诈骗行为（多次小额诈骗）是否可以累计数额并作为入罪情节的情况下，根据“法无明文规定不为罪，法无明文规定不处罚”的刑法基本原则，对该种类型的诈骗行为不应累计数额后进行刑法评判。（2）在非基于同一犯罪故意，分别实施的诈骗行为之间应分别予以评价。《刑法》和《治安管理处罚法》都对诈骗行为规定了相应的处罚，两者之间存在相互衔接的关系，连接和区分二者的关键在于其社会危害性，具体就表现在数额上。对于尚未达到《刑法》规定的数额标准的诈骗行为，公安机关可以依据《治安管理处罚法》予以处罚，而不能将多次《归治安管理处罚法》调整范围的行为累计施以刑罚处罚。（3）类似的盗窃罪、敲诈勒索罪经《刑法》修订或者刑法修正案修正后，均增加了“多次”的入罪情节，其立法动因就是之前对多次实施上述行为，虽社会危害性大却无法通过刑法处罚。如果能够通过数额累加的方式予以解决，显然不必作上述修改。1997年《刑法》修订时和历次刑法修正案均未对诈骗罪作出修改，增加“多次诈骗”的入罪情节，不是因为诈骗数额可以累加，而是因为诈骗更多体现的是通过智力犯罪，人身危险性相对较小。相比之下，敲诈勒索、盗窃具有更大的人身危险性，需要通过规定“多次”这一客观构成要件来打击这类存在于之前刑法无法触及的空白地带的行为。因此，从侵犯财产罪的共性看，本案所涉的这类诈骗行为不能通过数额累计入罪。（4）1996年《最高人民法院关于审理诈骗案件具体应用法律的若干问题的解释》第九条的规定，并未正面回答诈骗数额在本案情形下能否累计的问题，其针对的是累计后应否扣除案发前已归还部分的问题，不能作为支持这类诈骗行为数额可以累计的法律依据。

但是，笔者认为上述否定说虽有一定的道理，但是存在过于机械地理解和适用法律条文的问题，而忽略了立法的本意和诈骗罪的犯罪构成要件，极易放纵对此类犯罪行为的打击力度。

第一，刑法规定了诈骗数额较大的，构成诈骗罪，并未说明必须是一次诈骗的数额要达到数额较大，实施诈骗的行为人以非法占有为目的，采用虚构事实或隐瞒真相的手段骗取他人财物，最终达到了刑法要求的数额，即应构成诈骗罪，这符合刑法保护社会功能的要求。

第二，1996年《最高人民法院关于审理诈骗案件具体应用法律的若干问题的解释》第九条规定，“对于多次进行诈骗，并以后次诈骗财物归还前次诈骗财物，在计算诈骗数额时，应当将案发前已经归还的数额扣除，按实际未归还的数额认定，量刑时可将多次行骗的数额作为从重情节予以考虑”，其中并未使用多次进行诈骗犯罪的用语，说明其描述的是一种诈骗行为，存在每次诈骗金额未达较大标准，归还后仍超过数额较大标准的情况，说明诈骗数额可以累计。

第三，多次实施诈骗后达到数额较大标准的与一次诈骗达到数额较大相比，社会危害性更大。社会危害性是犯罪的本质特征，诈骗罪的社会危害性一般体现为犯罪数额。任何行为，都有一个从量变到质变的过程，单次诈骗没有达到起刑点，是违法行为，但多次诈骗便是一个量的积累过程，达到规定的起刑点就具备了社会危害性，可以认定为犯罪。持不能累计的观点忽视了事物量变质变的原理，机械地理解和适用连续犯的刑法理论，客观上放纵了犯罪。

第四，侵犯财产的数额是认定侵犯财产犯罪的重要标准，但不是唯一的标准。除根据侵犯财产数额外，还应当根据犯罪的其他具体情节以及犯罪嫌疑人、被告人的认罪态度和悔罪表现等进行全面分析，正确定罪量刑。

第五，作为同种性质的侵犯财产犯罪的盗窃罪、敲诈勒索罪，现行《刑法》均规定了“多次”的入罪情节。虽然从《刑法》第二百六十六条的文字表述来看，并未将“多次诈骗”明确规定为入罪的情节，但不能据此得出对于多次诈骗达到数额较大的不能定罪处罚的结论，司法实践中可以参照适用盗窃罪、敲诈勒索罪的相关规定，以免放纵犯罪。

第六，司法实践中存在对于多次诈骗的累计数额以犯罪论处的做法。例如，江苏省高级人民法院、江苏省人民检察院、江苏省公安厅2011年7月26日联合发布的《关于我省执行诈骗公私财物“数额较大”“数额巨大”“数额特别巨大”标准的意见》（苏高法〔2011〕370号）第四条规定，诈骗数额接近“数额较大”的标准，具有下列情形之一的，应当以诈骗罪定罪处罚：……（五）多次诈骗的；……

综上，虽然被告人游某明每次诈骗的金额均未达到数额较大的起点，但其诈骗金额累计已经达到数额较大的起点，且均未经处理，依法应以诈骗罪追究其刑事责任。需要强调的是，笔者虽然赞成对多次实施小额诈骗且未经处理的可以累计计算诈骗数额，达到数额较大起点的，应当依法定罪处罚，但也认为多次诈骗行为之间并非没有任何时间限制，根据相关法律对一般诈骗违法行为的追究时效和诈骗数额较大的犯罪行为的追诉时效的规定，参照相关司法解释对“多次盗窃”“多次敲诈勒索”的规定，对多次实施小额诈骗且未经处理的行为追究刑事责任也应以二年内为限较为适当，既能充分体现刑法的谦抑性原则，又能有效保障对此类行为的打击力度。2016年12月19日最高人民法院、最高人民检察院、公安部联合发布的《关于办理电信网络诈骗等刑事案件适用法律若干问题的意见》第二条第一项中明确规定：“二年内多次实施电信网络诈骗未经处理，诈骗数额累计计算构成犯罪的，应当依法定罪处罚”，也充分体现了这一点。该项规定虽然是针对电信网络诈骗作出的，但笔者认为对于与本案类似的多次小额诈骗行为同样可以参照适用。

（一审法院合议庭成员　邹世发　区少敏　叶锦洪
编写人　广东省广州市海珠区人民法院　邹世发
责任编辑　周维明
审稿人　李玉萍）

原载《人民法院案例选》2018年第5辑（总第123辑）

239. 陈文辉、郑金锋等诈骗、侵犯公民个人信息案

——共同实施电信诈骗时被告人刑事责任的认定

【关键词】

刑事　电信诈骗　共同犯罪　量刑起点　因果关系　自首

【裁判要旨】

共同实施电信诈骗的被告人，应当对其参与期间所有的共同犯罪人所拨打的电话次数和诈骗金额承担责任；电信网络诈骗既有既遂，又有未遂，分别达到不同量刑幅度的，应当依照处罚较重的规定确定量刑起点；被害人被诈骗后受不良精神和心理因素的影响而发生心源性休克，继发多器官功能衰竭而死亡，应当认定被害人的死亡结果与诈骗行为之间存在着因果关系；被告人慑于法律的威严而主动投案，但没有主动供述主要犯罪事实的，不能认定具有自首情节。

【相关法条】

《中华人民共和国刑法》

第二百六十六条　诈骗公私财物，数额较大的，处三年以下有期徒刑、拘役或者管制，并处或者单处罚金；数额巨大或者有其他严重情节的，处三年以上十年以下有期徒刑，并处罚金；数额特别巨大或者有其他特别严重情节的，处十年以上有期徒刑或者无期徒刑，并处罚金或者没收财产。本法另有规定的，依照规定。

第二百五十三条之一　违反国家有关规定，向他人出售或者提供公民个人信息，情节严重的，处三年以下有期徒刑或者拘役，并处或者单处罚金；情节特别严重的，处三年以上七年以下有期徒刑，并处罚金。

违反国家有关规定，将在履行职责或者提供服务过程中获得的公民个人信息，出售或者提供给他人的，依照前款的规定从重处罚。

窃取或者以其他方法非法获取公民个人信息的，依照第一款的规定处罚。

单位犯前三款罪的，对单位判处罚金，并对其直接负责的主管人员和其他直接责任人员，依照各该款的规定处罚。

《最高人民法院、最高人民检察院关于办理诈骗刑事案件具体应用法律若干问题的解释》

第一条　诈骗公私财物价值三千元至一万元以上、三万元至十万元以上、五十万元以上的，应当分别认定为刑法第二百六十六条规定的“数额较大”、“数额巨大”、“数额特别巨大”。

各省、自治区、直辖市高级人民法院、人民检察院可以结合本地区经济社会发展状

况，在前款规定的数额幅度内，共同研究确定本地区执行的具体数额标准，报最高人民法院、最高人民检察院备案。

第二条　诈骗公私财物达到本解释第一条规定的数额标准，具有下列情形之一的，可以依照刑法第二百六十六条的规定酌情从严惩处：

（一）通过发送短信、拨打电话或者利用互联网、广播电视、报刊杂志等发布虚假信息，对不特定多数人实施诈骗的；

（二）诈骗救灾、抢险、防汛、优抚、扶贫、移民、救济、医疗款物的；

（三）以赈灾募捐名义实施诈骗的；

（四）诈骗残疾人、老年人或者丧失劳动能力人的财物的；

（五）造成被害人自杀、精神失常或者其他严重后果的。

诈骗数额接近本解释第一条规定的“数额巨大”、“数额特别巨大”的标准，并具有前款规定的情形之一或者属于诈骗集团首要分子的，应当分别认定为刑法第二百六十六条规定的“其他严重情节”、“其他特别严重情节”。

第五条　诈骗未遂，以数额巨大的财物为诈骗目标的，或者具有其他严重情节的，应当定罪处罚。

利用发送短信、拨打电话、互联网等电信技术手段对不特定多数人实施诈骗，诈骗数额难以查证，但具有下列情形之一的，应当认定为刑法第二百六十六条规定的“其他严重情节”，以诈骗罪（未遂）定罪处罚：

（一）发送诈骗信息五千条以上的；

（二）拨打诈骗电话五百人次以上的；

（三）诈骗手段恶劣、危害严重的。

实施前款规定行为，数量达到前款第（一）、（二）项规定标准十倍以上的，或者诈骗手段特别恶劣、危害特别严重的，应当认定为刑法第二百六十六条规定的“其他特别严重情节”，以诈骗罪（未遂）定罪处罚。

第六条　诈骗既有既遂，又有未遂，分别达到不同量刑幅度的，依照处罚较重的规定处罚；达到同一量刑幅度的，以诈骗罪既遂处罚。

《最高人民法院关于处理自首和立功具体应用法律若干问题的解释》

第一条　根据刑法第六十七条第一款的规定，犯罪以后自动投案，如实供述自己的罪行的，是自首。

……

（二）如实供述自己的罪行，是指犯罪嫌疑人自动投案后，如实交代自己的主要犯罪事实。

犯有数罪的犯罪嫌疑人仅如实供述所犯数罪中部分犯罪的，只对如实供述部分犯罪的行为，认定为自首。

共同犯罪案件中的犯罪嫌疑人，除如实供述自己的罪行，还应当供述所知的同案犯，主犯则应当供述所知其他同案的共同犯罪事实，才能认定为自首。

【案件索引】

一审：山东省临沂市中级人民法院（2017）鲁13刑初26号（2017年7月19日）

二审：山东省高级人民法院（2017）鲁刑终281号（2017年9月12日）

【基本案情】

山东省临沂市人民检察院指控：

一、诈骗罪

2015年11月至2016年8月，被告人陈文辉、郑金锋等人交叉结伙，通过网络购买学生信息和公民购房信息，分别在海南省海口市、江西省新余市等地，冒充教育局、财政局、房产局工作人员，以发放贫困学生助学金、购房补贴为名，以高考学生为主要诈骗对象，拨打电话，骗取他人钱款，金额共计56万余元，通话次数共计2.3万余人次，并造成一被害人徐玉玉死亡。

二、侵犯公民个人信息罪

2016年6月至8月，被告人陈文辉通过腾讯QQ、支付宝等工具从杜天禹（另案处理）处购买非法获取的山东省高考学生信息10万余条，并使用上述信息实施电信诈骗活动。

公诉机关认为：被告人陈文辉、郑金锋等人以非法占有为目的，实施电信诈骗，情节特别严重，均应当以诈骗罪追究刑事责任。被告人陈文辉以非法方法获取公民个人信息，应当以侵犯公民个人信息罪追究其刑事责任。被告人陈文辉犯数罪，应当数罪并罚。提请法院依法惩处。

被害人徐玉玉的诉讼代理人当庭提出以下代理意见：被告人陈文辉等人冒充国家机关工作人员进行诈骗，诈骗数额巨大，并造成被害人死亡的严重后果，建议依法从重处罚。

被告人陈文辉、郑金锋、黄进春、熊超、陈宝生、郑贤聪、陈福地当庭对公诉机关指控的犯罪事实均予以供认。

被告人陈文辉的辩护人提出以下辩护意见：（1）被害人徐玉玉死亡后，未经过法医学尸体检验、病理组织学检查及毒物检验，仅凭其死亡前的医院抢救病历分析得出的死亡原因存在一定的不确定性，不能证实徐玉玉的死亡与陈文辉的诈骗行为存有必然或者直接的因果关系；即便存有因果关系，徐玉玉的死亡也属多因一果，不能让陈文辉对徐玉玉的死亡后果承担全部责任。（2）陈文辉系主动投案自首。（3）陈文辉有悔罪表现。（4）陈文辉购买公民个人信息的行为主观恶性较小。

被告人郑金锋的指定辩护人提出以下辩护意见：（1）指控郑金锋在钦州市诈骗数额过高，以熊超名字开户用于收存本起诈骗赃款的银行卡中有合法正当的借贷、转账等交易往来119300元，应当从诈骗数额中予以扣除，该起诈骗数额应为64200元。（2）郑金锋在2016年5月下旬才为陈文辉在新余市的诈骗犯罪介绍取款人，不应对新余市的全部诈骗犯罪承担责任。郑金锋在2016年8月8日才为陈文辉在九江市的诈骗犯罪取款，不应对九江市的全部诈骗犯罪承担责任。（3）郑金锋在九江市、新余市和海口市的诈骗犯罪中仅起次要、辅助作用，系从犯。（4）郑金锋认罪态度好，有悔罪表现。

被告人黄进春的辩护人提出以下辩护意见：（1）黄进春所参与的诈骗犯罪中，从犯意的提起、犯罪地点的选择、作案工具的准备等均不是黄进春所为，其在诈骗活动中处于被动地位，所得赃款少，起次要作用，系从犯。（2）指控黄进春诈骗数额过高，拨打诈骗电话次数过多。(3) 黄进春在九江市干了20多天就离开了，系因害怕而主动放弃犯罪，属于犯罪中止。(4) 黄进春认罪态度好，有悔罪表现。

被告人熊超的指定辩护人提出以下辩护意见：(1) 在钦州市实施诈骗犯罪时，租房、准备作案工具和被诈骗人员信息的搜集均由郑金锋负责，熊超只负责拨打电话、做饭等，并接受郑金锋安排为陈文辉转移诈骗赃款，所得赃款较少，在共同犯罪中起次要作用，系从犯。(2) 熊超认罪态度好，有悔罪表现。

被告人陈宝生的指定辩护人提出以下辩护意见：(1) 陈宝生所参与的诈骗犯罪中，既不是犯意的提起者，也不是犯罪活动的组织者，在共同犯罪中起次要作用，系从犯。(2) 陈宝生具有投案自首情节。(3) 陈宝生认罪态度好，有悔罪表现。

被告人郑贤聪的指定辩护人提出以下辩护意见：(1) 郑贤聪主动投案并如实供述所犯罪行，系自首。(2) 郑贤聪所参与的诈骗犯罪中，从作案工具的购买、被诈骗人员信息的搜集、诈骗流程及组织策划、赃款分配等环节可以看出，郑贤聪听从陈文辉的指挥，系从犯。(3) 郑贤聪认罪态度好，有悔罪表现。

被告人陈福地的指定辩护人提出以下辩护意见：(1) 陈福地只参与了四次取款共计9200元，不能认定为诈骗数额巨大。(2) 陈福地所参与的诈骗犯罪中，其只参与部分取款，所起作用较小，系从犯。(3) 陈福地认罪态度好，积极退赃1万元，有悔罪表现。

法院经审理查明：

一、诈骗事实

2015年11月至2016年8月，被告人陈文辉、郑金锋、黄进春、熊超、陈宝生、郑贤聪、陈福地等人交叉结伙，通过网络购买学生信息和公民购房信息，分别在江西省九江市、新余市、广西壮族自治区钦州市、海南省海口市等地租赁房屋作为诈骗场所，分别冒充教育局、财政局、房产局的工作人员，以高考学生为主要诈骗对象，以发放贫困学生助学金、购房补贴为名，拨打诈骗电话2.3万余次，骗取他人钱款共计56万余元，并造成被害人徐玉玉死亡。

其中，被告人陈文辉在江西省九江市、新余市纠集人员实施诈骗犯罪，拨打诈骗电话1.3万余次，诈骗金额共计311990元；被告人郑金锋在广西壮族自治区钦州市、海南省海口市纠集人员实施诈骗犯罪，并为陈文辉等人在九江市、新余市实施诈骗时转移赃款，拨打诈骗电话2.3万余次，诈骗金额共计545033元；被告人黄进春参与九江市、新余市、钦州市的诈骗犯罪，拨打诈骗电话1.1万余次，诈骗金额225493元；被告人熊超参与钦州市的诈骗犯罪，参与拨打诈骗电话1.1万余次，诈骗金额224944元，并帮助陈文辉等人在九江市实施诈骗时转移赃款；被告人陈宝生参与九江市、新余市的诈骗犯罪，参与拨打诈骗电话1.1万余次，诈骗金额270556元；被告人郑贤聪参与九江市的诈骗犯罪，参与拨打诈骗电话2000余次，诈骗金额84700元；被告人陈福地帮助陈文辉等人在九江市实施诈骗时转移赃款84700元。具体事实分述如下：

1. 2016年7月初，被告人陈文辉、黄进春、郑金锋共谋实施电信诈骗。同年7月6日，陈文辉、黄进春租赁江西省九江市浔阳区信华城市花园一期21栋××室作为犯罪场所。陈文辉购买了电脑、打印机、手机、手机卡等作案工具和高考学生信息。陈文辉又联系被告人陈宝生，三被告人以发放贫困学生助学金为名实施诈骗。7月底，郑金锋把吴某某（未达刑事责任年龄）介绍给陈文辉到九江市实施诈骗后，黄进春离开。8月初，陈文辉又联系被告人郑贤聪及其妻子陈某（另案处理）到九江市实施诈骗。8月中旬，陈宝生离开。陈文辉、郑贤聪、吴首耀、陈某四人实施诈骗至8月19日。期间，陈文辉一直使用郑金锋介绍的取款人为其转移诈骗赃款。8月8日，郑金锋与陈文辉约定由自己转移诈骗赃款，并具体组织陈福地、熊超帮助陈文辉等人共转移诈骗赃款84700元。上述被告人共拨打诈骗电话7000余次，骗取被害人徐玉玉、郝某某、孙某一、范某某、孙某二、袁某某、王某一、申某某、张某某、郭某一、王某二、洪某、金某某、杨某某、李某一等人钱款共计228100元，并造成被害人徐玉玉死亡。

2. 2016年4月，被告人陈文辉、黄进春共谋冒充教育局、财政局工作人员，以发放助学金的名义实施电信诈骗。同年4月3日，陈文辉、黄进春租赁江西省新余市江山御景小区2栋3单元××室作为诈骗场所。陈文辉购买了电脑、打印机、手机、手机卡等作案工具和高考学生信息，二人拨打诈骗电话十余天后离开。同年5月，陈文辉、黄进春返回新余市继续实施诈骗，又分别联系陈宝生、“女人强”（另案处理）共同实施诈骗至6月底。同年5月底，郑金锋为陈文辉介绍取款人帮助转移赃款63445元。上述被告人共拨打诈骗电话6000余次，骗取被害人刘某某、郭某二、黄某某、冯某、张某某等人的钱款共计83890元。

3. 2016年4月，被告人郑金锋、黄进春、熊超共谋到广西壮族自治区钦州市实施电信诈骗，三人租赁万锦华府小区6栋1单元××室作为诈骗场所。郑金锋购买了电脑、打印机、手机、手机卡等作案工具和公民个人信息，冒充教育局或房管局的工作人员，以发放贫困学生助学金和购房补贴为名，拨打诈骗电话。5月初，黄进春离开钦州市，郑金锋、熊超又分别联系郑文强（另案处理）、吴首耀到钦州市实施诈骗。上述被告人共拨打诈骗电话1万余次，骗取被害人周某某、丁某某、李某二、赖某某等人钱款共计183500元。

4. 2015年11月17日，被告人郑金锋和陈肇升（另案处理）租赁海南省海口市秀英区洛杉矶城小区B座一单元××室作为诈骗场所实施电信诈骗。同年12月6日，郑金锋和陈肇升冒充教育局、财政局工作人员，以发放贫困学生助学金为名，拨打电话，骗取福建省柘荣县被害人林某某69988元。陈福宗、陈清金、陈德才、孙明福、陈文林（均另案处理）为郑金锋转移诈骗赃款。

二、侵犯公民个人信息事实

2016年6月至8月，被告人陈文辉为实施电信诈骗犯罪，通过腾讯QQ、支付宝等工具从杜天禹处购买非法获取的山东省高考学生信息10万余条。

另查明，2016年8月27日，被告人陈文辉、郑贤聪通过新闻媒体得知徐玉玉被骗死亡后，分别到福建省安溪县公安局、永春县公安局投案。同年10月29日，被告人陈宝生到安溪县公安局投案。被告人郑金锋、黄进春、熊超、陈福地均被抓获归案。

【裁判结果】

山东省临沂市中级人民法院于2017年7月19日作出（2017）鲁13刑初26号刑事判决：以诈骗罪判处被告人陈文辉无期徒刑，剥夺政治权利终身，并处没收个人全部财产；以侵犯公民个人信息罪判处其有期徒刑五年，并处罚金人民币3万元，决定执行无期徒刑，剥夺政治权利终身，并处没收个人全部财产；以诈骗罪判处被告人郑金锋有期徒刑十五年，并处罚金人民币60万元；其他被告人均被判处有期徒刑；责令被告人陈文辉、郑金锋等共同退赔相关被害人经济损失。

宣判后，被告人陈文辉等不服，提出上诉。山东省高级人民法院于2017年9月12日作出（2017）鲁刑终281号刑事裁定：驳回上诉，维持原判。

【裁判理由】

法院生效裁判认为：上诉人陈文辉及原审被告人郑金锋等人，以非法占有为目的，虚构事实真相，通过拨打诈骗电话的方式骗取他人钱款，其行为依法均构成诈骗罪。陈文辉为实施诈骗犯罪，通过购买的方式获取大量的公民个人信息，其行为又构成侵犯公民个人信息罪。上诉人陈文辉组织并实施诈骗犯罪活动，应对其组织的全部犯罪活动承担刑事责任。陈文辉组织的诈骗犯罪活动中，冒充国家机关工作人员，骗取在校学生钱款，拨打诈骗电话共计1.3万余人次，依法应当认定情节特别严重。被害人徐玉玉因接听陈文辉等人的诈骗电话被骗取钱款后即出现不良精神和心理状态，发生心源性休克并继发多器官功能衰竭而死亡，应当认定徐玉玉的死亡与陈文辉等人实施的诈骗行为之间具有因果关系。陈文辉诈骗数额巨大，并造成一名被害人死亡，系罪责最为严重的主犯，依法应当从重处罚。本案案发后，陈文辉虽主动到公安机关投案，但其在供述自己的犯罪事实时，避重就轻，未如实供述自己实施诈骗和侵犯公民个人信息的主要犯罪事实，且作为主犯，亦未供述其他多名同案犯的共同犯罪事实，依法不能认定其具有自首情节。陈文辉所犯侵犯公民个人信息罪中，非法获取公民个人信息10万余条，情节特别严重，依法不予从轻处罚。被告人郑金锋组织、指挥在广西壮族自治区钦州市、海南省海口市的诈骗犯罪活动，积极参与陈文辉在江西省九江市、新余市的诈骗犯罪活动，拨打诈骗电话共计2.3万余人次，诈骗数额特别巨大，犯罪情节特别严重；郑金锋冒充国家机关工作人员，骗取在校学生钱款，并造成一名被害人死亡，酌情从重处罚。鉴于其在造成被害人死亡的诈骗犯罪过程中，作用相对较小，且认罪态度较好，依法可从轻处罚。

【案例注解】

一、共同实施电信诈骗的被告人，应当对其参与期间共同犯罪人所拨打的电话次数和诈骗金额承担责任

《刑法》第二十五条第一款规定，共同犯罪是指二人以上共同故意犯罪。共同犯罪分子具有共同犯罪的故意，对其行为的性质和造成或将要造成的危害结果都是明知的，而且故意的内容在彼此之间是相互沟通、协调的，使得各个共同犯罪分子的活动具有内在的一致性，对于危害结果的发生持追求或者放任的态度。基于主观上的共同故意，行为人的行为彼此相关，相互配合，即使所实施的行为不完全相同，但都对危害结果的发生起着一定的作用，故共同犯罪犯罪人均应对其所参与的共同犯罪期间所有的犯罪活动承担责任。当然，根据《刑法》第二十七条的规定，应当根据共同犯罪人在共同犯罪活动中所处的地位、具体罪行的大小以及对犯罪结果所起的作用等犯罪分析，以区分主从。《刑法》第二十六条第四款规定，对于组织、领导犯罪集团的首要分子以外的主犯，应当按照其所参与的或者组织、指挥的全部犯罪处罚。此即明确，主犯应当对其参与的犯罪承担责任，而对于起组织、指挥作用的主犯来说，基于其往往是犯意的发起者，认识到自己的组织、指挥行为以及与他人共同实施犯罪行为会发生危害社会的结果，具有较深的主观恶性。组织、指挥者在共同犯罪中起组织、领导、策划、指挥的作用，对于整个犯罪过程具有操控性的支配地位，进而对于危害结果或者危险的发生具有原因力的作用，具有核心的主导作用，故应当对组织、指挥的全部犯罪承担责任。

《最高人民法院、最高人民检察院、公安部关于办理电信网络诈骗等刑事案件适用法律若干问题的意见》（以下简称《意见》）中规定，全部犯罪包括能够查明具体诈骗数额的事实和能够查明发送诈骗信息条数、拨打诈骗电话人次数、诈骗信息网页浏览次数的事实。多人共同实施电信网络诈骗，犯罪嫌疑人、被告人应对其参与期间该诈骗团伙实施的全部诈骗行为承担责任。明知他人实施电信网络诈骗犯罪，帮助转移诈骗犯罪所得及其产生的收益，套现、取现的，以共同犯罪论处。

具体到本案犯罪事实的认定方面，上诉人陈文辉在江西省九江市、新余市，原审被告人郑金峰在广西壮族自治区钦州市、海南省海口市，二人分别组织多人实施电信诈骗，作为组织、指挥者，应当对所组织的全部犯罪承担责任。陈文辉组织多人在九江市拨打诈骗电话共计7000余人次，诈骗所得金额22万余元；在新余市拨打诈骗电话共计6000余人次，诈骗所得金额8万多元，法院生效裁判认定陈文辉拨打诈骗电话1.3万余人次，诈骗金额共计31万余元是正确的。郑金锋组织多人在钦州市拨打诈骗电话共计1万余人次，诈骗所得金额18万余元；在海口市通过拨打电话诈骗所得金额6万多元，故郑金峰作为组织者应当对其组织人员在钦州市、海口市拨打的诈骗电话1万余人次、诈骗金额24万余元承担刑事责任。由于郑金峰在陈文辉实施电信诈骗犯罪活动之前与其共谋，由郑金峰为陈文辉组织的诈骗活动转移赃款，系事前有共谋的共同犯罪，客观方面郑金峰也实施了为陈文辉等人的诈骗赃款转移、取现行为并取得了约定的提成，郑金峰应当对陈文辉组织的在九江市、新余市的诈骗行为承担刑事责任，故生效裁判认定郑金峰拨打诈骗电话2.3万余人次，诈骗金额共计54万余元。对于同案其他被告人，应当根据其在共同实施诈骗犯罪活动中地位及所起的作用等方面综合评价，区分主从，根据其参与期间共同犯罪人拨打诈骗电话、诈骗金额的总数量认定犯罪事实，并贯彻宽严相济的刑事政策予以裁判。

二、实施电信诈骗，既有既遂，又有未遂，分别达到不同量刑幅度的，依照处罚较重的规定处罚，达到同一量刑幅度的，以诈骗罪既遂处罚

《最高人民法院、最高人民检察院关于办理诈骗刑事案件具体应用法律若干问题的解释》（以下简称《解释》）第六条规定，诈骗既有既遂，又有未遂，分别达到不同量刑幅度的，依照处罚较重的规定处罚；达到同一量刑幅度的，以诈骗罪既遂处罚。《意见》对此亦有同样的规定内容，并且明确，对实施电信网络诈骗犯罪的被告人裁量刑罚，在确定量刑起点、基准刑时，一般应就高选择。确定宣告刑时，应当综合全案事实情节，充分考虑从重、从轻等量刑因素的价值和影响，确保罪刑相适应。

诈骗罪是典型的数额犯，犯罪形态既遂与未遂并存的情形非常普遍，在按照《意见》均构成犯罪的情况下，如何确定量刑起点往往成为诉辩双方争议的焦点问题。在电信诈骗犯罪案件中，被告人实施的未遂部分常常是其所实施的犯罪行为的绝大部分，确定量刑起点这个问题尤其突出。对此，应当根据《解释》《意见》的规定，在确定被告人适用的法定刑幅度时，先就未遂部分进行是否减轻处罚的评价，确定未遂部分所对应的法定刑幅度，再与既遂部分所对应的法定刑幅度进行比较，确定对被告人适用的法定刑幅度。如果未遂部分对应的法定刑幅度较重，应当以未遂部分对应的法定刑幅度确定为对被告人适用的法定刑幅度，将包括既遂部分在内的其他情节以及未遂部分的未遂情节一并作为量刑起点的调节要素确定基准刑。如果既遂部分对应的法定刑幅度较重或者与未遂部分对应的法定刑幅度相同的，应当以既遂部分对应的法定刑幅度确定对被告人适用的法定刑幅度，将包括未遂部分在内的其他情节作为确定量刑起点的调节要素。

本案中，上诉人陈文辉拨打诈骗电话1.3万余人次，诈骗金额共计31万余元，依照《解释》《意见》的规定，其拨打诈骗电话人次超过5000人次，依法应当认定为情节特别严重，但从全部案情来看，所拨打电话的全部人次中绝大部分系未遂。陈文辉诈骗所得31万余元，达到数额巨大的标准，依法应当认定为情节严重，这部分属于其诈骗既遂的部分。按照上述确定基准刑的原则，因陈文辉的全部犯罪既遂部分与未遂部分并存，且处于不同的法定量刑幅度，其未遂部分所处的法定量刑幅度较重，既遂部分所处的量刑幅度较轻，应当对其未遂部分是否减轻处罚作出评价。当前，电信诈骗犯罪活动猖獗，被害人人数多、范围广，社会危害性很大，属于应当严厉打击的犯罪类型。陈文辉拨打诈骗电话人次超过法定特别严重情节数额标准的两倍以上，且其案件在社会上受到广泛关注，社会影响极其恶劣，不能对其未遂部分减轻处罚，故应当确定十年以上有期徒刑或者无期徒刑作为对其量刑的起点。陈文辉组织多人冒充国家工作人员，骗取在校学生钱款，在诈骗过程造成被害人徐玉玉死亡，综合考量这些从重处罚情节，原审法院判处其无期徒刑的量刑结果是正确的。原审被告人郑金峰拨打诈骗电话2.3万余人次，诈骗金额共计54万余元，所认定的拨打诈骗电话人次中绝大部分系未遂，所对应的量刑幅度与诈骗既遂获取的诈骗金额处于同一量刑幅度，依法应当确定十年以上有期徒刑或者无期徒刑作为对其量刑的起点。郑金峰冒充国家机关工作人员，骗取在校学生钱款，并造成一名被害人死亡，应当酌情从重处罚。在诈骗被害人徐玉玉的犯罪过程中，郑金锋根据分工，帮助转移赃款，作用相对小于陈文辉，且认罪态度较好，原审法院对其从轻处罚判处有期徒刑十五年，量刑是适当的。原审法院对本案其他被告人量刑时，根据以上确定量刑起点原则，分别确定了相应的量刑起点，根据各被告人在共同犯罪中所处的地位、起的作用以及其本人所具有的从轻、从重处罚情节，在确定基准刑的基础上，分别予以从轻、减轻或者从重处罚，做到了罪责刑相适应的量刑要求。

三、被害人被诈骗后出现忧伤、焦虑、情绪压抑等不良精神和心理因素的情况下发生心源性休克，继发多器官功能衰竭而死亡，应当认定死亡结果与诈骗行为之间存在因果关系，属于相关法律规定的实施电信诈骗造成被害人死亡严重后果的情形

被害人被诈骗之后死亡，其死亡结果与诈骗行为之间是否存在因果关系，在类似诈骗犯罪案件中都是犯罪事实认定的难点。

刑法上的因果关系不仅仅是一个事实问题，更为重要的是一个法律问题。对于刑法中的因果关系的认定，应当从事实和法律两个方面加以考察，坚持行为事实与价值评判相统一，作为行为事实的因果关系只有经过价值判断，才能转化为犯罪的因果关系，使之成为承担刑事责任的根据。因此，认定因果关系的成立，首先要确定事实因果关系的存在，在此基础上，具有法律因果关系的，才能认定。事实因果关系是原因和结果之间决定和被决定、引起和被引起的关系，这种关系只是一种抽象的理论模式，现实生活中是具体的，具有特定性。其表现形式多种多样，除了一因一果的关系之外，还有多因一果与一因多果等情形。传统刑法理论上，对于因果关系曾有偶然因果关系之说，指某种行为本身不包含产生某种危害结果的必然性，但在其发展过程中，偶然又有其他原因加入其中，即偶然地同另一原因的展开过程相交错，由后来介入的这一原因合乎规律地引起了这种危害结果的发生。《解释》第二条规定，造成被害人自杀、精神失常或者其他严重后果的属于从重处罚的情节，《意见》中亦规定，造成被害人死亡或者其近亲属自杀、死亡或者精神失常等严重后果的，酌情从重处罚，此即从法律层面上设定了标准，将诈骗犯罪中造成被害人死亡的情形确定了法律上因果关系的存在。

本案中，判断被害人徐玉玉的死亡与陈文辉等人实施的诈骗行为之间是否存在刑法上的因果关系，亦需要从事实和法律规范等角度综合评价。在案证据证实，徐玉玉在被骗之前，身体健康状况良好，没有足以危及生命的健康隐患。徐玉玉死亡原因分析意见书证实，徐玉玉在被骗后出现忧伤、焦虑、情绪压抑等不良精神和心理因素的情况下发生心源性休克，继发多器官功能衰竭而死亡。相关证据排除了徐玉玉因机械性损伤、正常疾病导致死亡的可能性，从身体健康到死亡，且发生在很短的时间内，这期间陈文辉等人的诈骗行为无疑是导致徐玉玉死亡的重大诱因。因此，徐玉玉的死亡结果与陈文辉等人实施的诈骗行为之间存在着密切的客观联系，具有事实上的因果关系。陈文辉等人实施电信诈骗，置不特定人的合法权益于现实的危险中，是法律所不容许的，其行为具有违法性、有责性、可罚性的内容。虽然徐玉玉的死亡超出陈文辉等人的主观意愿范畴，但陈文辉等人的诈骗行为直接造成徐玉玉忧伤、焦虑、情绪压抑等不良精神和心理因素的出现，发生心源性休克后死亡，属于相关法律规定的实施电信诈骗造成被害人死亡后果的情形，具有刑法上的因果关系，陈文辉等人对此应承担相应的刑事责任。

四、被告人作案后，慑于法律的威严而主动投案，但没有主动供述主要犯罪事实的，不能认定具有自首情节

《最高人民法院关于处理自首和立功具体应用法律若干问题的解释》中规定，犯罪嫌疑人自动投案后，如实供述自己的罪行，是指如实交代自己的主要犯罪事实。犯有数罪的犯罪嫌疑人仅如实供述所犯数罪中部分犯罪的，只对如实供述部分犯罪的行为，认定为自首。共同犯罪案件中的犯罪嫌疑人，除如实供述自己的罪行，还应当供述所知的同案犯，主犯则应当供述所知其他同案的共同犯罪事实，才能认定为自首。据此，犯罪嫌疑人虽然主动投案，但没有同时交代其主要犯罪事实，或者主犯没有供述所知其他同案的共同犯罪事实的，不能认定具有自首情节。

上诉人陈文辉实施诈骗犯罪活动过程中，看到新闻媒体报道了徐玉玉被诈骗后死亡的消息后，立即指使同案被告人停止进行诈骗活动并抛弃作案工具，后慑于法律的威严，到当地公安机关投案，但其在接受公安机关讯问时，除供述诈骗徐玉玉的事实外，避重就轻，仅供述诈骗数额1万余元，且作为九江市、新余市诈骗共同犯罪的纠集者，未交代其余多名同案犯的犯罪事实，仅在其他犯罪嫌疑人供述了相关犯罪事实之后，陈文辉才予以供述，属于未如实供述主要犯罪事实，依法不能认定其所犯诈骗罪具有自首情节。同时，陈文辉亦未对其侵犯公民个人信息的犯罪事实如实供述，依法对其所犯侵犯公民个人信息罪也不能认定具有自首情节。

近年来，我国电信诈骗犯罪活动猖獗，司法实践中此类案件的审理会遇到很多很多问题，而徐玉玉被诈骗案中对案件事实认定、刑罚适用等有非常重要的借鉴意义。为依法打击该类犯罪，确保公正裁判，审理此类案件时，应当注意以下问题：

一是关于犯罪事实的认定方面。被告人拨打诈骗电话人次数和诈骗金额的认定方面。基本原则是，共同实施电信诈骗的被告人，应对其参与期间共同犯罪人所拨打的电话次数和诈骗金额承担责任，认定为其犯罪事实。《意见》对此已有明确的规定，如本案有公安机关提取的被告人拨打诈骗电话的通讯记录，即可以该客观证据予以认定；公诉机关不能提供详细通讯记录的，可以根据被告人供述每天拨打的电话人次，结合其作案天数予以认定。认定诈骗金额方面，有公安机关提取的能够直接证实确切诈骗所得金额客观证据的可以直接予以认定，确因被害人人数众多等客观条件限制，无法逐一收集被害人陈述的，可以结合已收集的被害人陈述以及银行交易记录、第三方支付结算账户交易记录等证据，综合认定被害人人数及诈骗金额。

二是关于刑罚适用方面。实施电信诈骗，全案既有既遂又有未遂的，在确定量刑起点时，既遂、未遂分别达到不同量刑幅度的，应当依照处罚较重的规定确定量刑起点；处于同一量刑幅度的，应当以诈骗罪既遂处罚。

（一审法院合议庭成员　徐映波　侯培栋　李殿基
二审法院合议庭成员　谢　萍　蒋海年　李仲轲
编写人　山东省高级人民法院　李仲轲
责任编辑　杨　奕
审稿人　李玉萍）

原载《人民法院案例选》2018 年第 8 辑（总第 126 辑）

240. 贾海亮诈骗案
——诈骗犯罪中诈骗数额的认定

【关键词】

刑事　诈骗数额　财产损失　犯罪成本

【裁判要旨】

在诈骗犯罪中，诈骗数额的认定应当以被害人的实际损失为基础，被害人实际取得的有现实经济价值的犯罪成本应当予以扣除。

【相关法条】

《中华人民共和国刑法》

第二百六十六条　诈骗公私财物，数额较大的，处三年以下有期徒刑、拘役或者管制，并处或者单处罚金；数额巨大或者有其他严重情节的，处三年以上十年以下有期徒刑，并处罚金；数额特别巨大或者有其他特别严重情节的，处十年以上有期徒刑或者无期徒刑，并处罚金或者没收财产。本法另有规定的，依照规定。

【案件索引】

一审：北京市西城区人民法院（2018）京0102刑初607号（2018年10月17日）

【基本案情】

北京市西城区人民检察院指控被告人贾海亮伙同他人以非法占有为目的，虚构事实、隐瞒真相，骗取他人财物的行为，触犯了《刑法》第二十五条、第二百六十六条，应当以诈骗罪追究其刑事责任，且系共同犯罪。提请依法惩处。

被告人贾海亮辩称：其没有虚构事实或隐瞒真相，没有参与公诉机关指控的第二起事实，在第一起事实中，也仅是帮着接人。其辩护人的主要辩护意见为：（1）公诉机关没有提供其他共同犯罪人的相关材料，本案不是共同犯罪。（2）被告人贾海亮如实供述犯罪事实。

法院经审理查明：被告人贾海亮于2017年6月至9月间，伙同他人，在北京市西城区宣武门外大街×××号苹果手机店等地，以帮助手机店冲销量赚取兼职费为名，由贾海亮等人支付首付和少量兼职费，骗取被害人申请分期贷款购买手机，并由贾海亮等人最终获取手机，由被害人实际承担贷款及其他费用，具体事实如下：

2017年6月20日，被告人贾海亮伙同张志超（另案处理）等人骗取被害人王源钰、史文强向捷信消费金融有限公司分期贷款购买2部iphone 7plus 256G手机，造成二被害人承担贷款及其他费用共计人民币 17125.92 元，被告人贾海亮支付王源钰、史文强各 800 元报酬。赃款已由张志超家属代为退赔。

2017 年 9 月 12 日，被告人贾海亮等人骗取被害人江谨妤向捷信消费金融有限公司分期贷款购买 1 部 OPPO 牌 r9s plus 64G 手机，造成被害人江谨妤承担贷款及其他费用人民币 3672.48 元，被告人贾海亮支付江谨妤 770 元报酬。

2017 年 10 月 20 日，被告人贾海亮被民警抓获。

【裁判结果】

北京市西城区人民法院于 2018 年 10 月 17 日作出（2018）京 0102 刑初 607 号号刑事判决：一、被告人贾海亮犯诈骗罪，判处有期徒刑一年二个月，并处罚金人民币二千元。二、责令被告人贾海亮退赔人民币二千九百零二元四角八分发还被害人江谨妤。三、在案扣押的手机予以变卖，变卖款并入判决主文第二项执行。

宣判后，被告人贾海亮未提出上诉，判决已发生法律效力。

【裁判理由】

法院生效裁判认为：被告人贾海亮伙同他人以非法占有为目的，虚构事实、隐瞒真相，骗取他人财物，且数额较大的行为，侵犯了公民的财产权利，已构成诈骗罪，且系共同犯罪，依法应予惩处。北京市西城区人民检察院指控被告人贾海亮犯诈骗罪成立。关于被告人贾海亮的辩解及其辩护人提出的本案不是共同犯罪的辩护意见，已被在案证据所否定，法院不予采纳；辩护人提出的被告人如实供述的意见，理由不足，法院不予采纳。

【案例注解】

犯罪数额是犯罪事实的重要组成部分，其对案件定罪量刑具有重要意义，也是审判中用于衡量犯罪行为侵害法益严重程度的主要标准。特别是诈骗案件，诈骗数额直接影响认定案件的事实及被告人量刑的区间。

本案是一起非常典型的诈骗案件，但是案件中涉及四个与犯罪有关的数额：一个是涉案手机的价格，一个是贷款数额及相关费用，一个是贷款的首付费用，一个是所谓的兼职费。那么诈骗数额到底应当如何认定呢？

一、诈骗数额的认定应当以被害人的实际损失为基础

审判实践中对于本案诈骗数额认定的标准争议很大，当时主要有两种截然不同的观点：

一种观点认为，被告人实际上是为了骗取手机，而最终也取得了手机，所以本案的诈骗对象是手机，那么诈骗金额应当认定为手机价格。

另一种观点认为，本案中被害人实际上是在被欺骗的状态下进行的贷款，被害人实际上处分的是贷款及相关费用，所以本案诈骗金额应当是贷款及相关费用。

诈骗罪是行为人通过实施欺骗的行为，使被害人陷入一定的错误认识，被害人又基于该错误的认识对自己的财产进行处分，从而使行为人或者第三人取得该财产，被害人遭受财产损失的犯罪。但是诈骗数额的认定，理论和实践部门的一直争议较大，目前主要有五种观点：主观说、所得说、交付说、损失说、双重标准说。

主观说认为，诈骗数额应当以行为人主观目的中期望获得的数额为标准进行认定。所得说认为，诈骗数额应当以客观上行为人能够通过实施诈骗行为而获得的财产数额的多少作为认定标准。交付说认为，诈骗数额应当以被害人基于认识错误而处分的数额的多少作为认定标准。损失说认为，诈骗数额应当以行为人诈骗行为实际使他人受到损失的数额作为认定标准。双重标准说认为，诈骗数额应当从犯罪形态的不同情况出发，在既遂状态下，以被骗人实际处分的财产数额作为认定标准，在未遂状态下，以行为人主观上希望获取的财产数额作为标准。①

笔者认为，在实践中，损失说更为科学，也更符合刑法打击侵犯财产的犯罪，保护公民合法财产权利的目的。

本案中，被告人是以通过虚假交易赚取兼职费用为由，使得被害人陷入协助被告人刷销量、不实际发生购买手机的行为、也不会产生相关贷款及费用的错误认识，诱骗被害人自愿提供信息，以被害人的名义购买手机并签订贷款合同，并将手机最终交付给了被告人。其中被告人支出了贷款首付费用和被害人的兼职费用，取得了手机，被害人实际上损失了贷款及相关费用，获取了兼职费用。

犯罪的本质特征在于其主观恶性与客观危害相一致，对犯罪行为认定所依据的事实，也要从行为人主观的恶性和行为的社会危害性方面把握。

第一，本案中，被害人在错误认识中处分了手机，承担了贷款及相关费用。那么可以说手机是贷款及相关费用的对价物，被告人收取了手机，也就是让被害人承担了贷款及相关费用的损失。第二，被告人实施诈骗行为的时候，其虽然想骗取的是手机，实际上只取得了手机，但是其在通过这种行为实施诈骗的时候，其应该能够认识到被害人将会为此承担贷款及相关费用，被害人也实际上遭到了要承担贷款及相关费用的损失。因此，将被害人的实际损失认定为犯罪数额的基础符合主客观相一致的原则。第三，如果认定犯罪数额为手机价格，法院判决中只能判令追缴手机的价格，虽然被告人获利被追回，但被害人对手机价格和贷款及相关费用之间的差额无法继续追偿。这不符合刑法对于被害人财产的保护原则，也不符合刑法所规定的公平正义原则。而将被害人实际损失认定为犯罪数额，可以在最大限度上保护被害人的合法财产权利，有效消弭被告人的违法行为给交易行为带来的损害。

犯罪的本质是有一定的社会危害性，而社会危害性的内容是对合法权益的侵犯。因此，被害人被侵害的法益就是实际损失，应当是认定诈骗罪犯罪数额的根本，该损失数额实际上表示了诈骗犯罪的社会危害性严重程度，被害人有实际损失，其法益才受到侵害，才能成立诈骗犯罪。因此，法院在诈骗数额的认定时以被害人的实际损失为基础是有实践意义的。

二、被害人实际取得的有现实经济价值的犯罪成本应当予以扣除

犯罪成本是被告人为实施犯罪行为而付出的物质成本。特别是在诈骗案中，犯罪成本非常常见，比如，为实施诈骗犯罪而购买工具、租用场地等。在法庭审理中，被告人支付给被害人的财物，在认定诈骗数额时是否需要扣除，直接影响到诈骗罪的成立与否，

① 王作富：《刑法分则实务研究》，中国方正出版社2010年版，第1285页。

也关系到被害人被骗财物的退赔和追缴数额，是非常关键的争议焦点。

法律及司法解释中并未提到犯罪成本的问题，但一些规范性文件中的具体规定为司法实践中提供了借鉴性参考。比如，《最高人民法院关于审理诈骗案件具体应用法律的若干问题的解释》（法发〔1996〕32 号）第二条规定，利用经济合同进行诈骗的，诈骗数额应当以行为人实际骗取的数额认定，合同标的数额可以作为量刑情节予以考虑。第九条规定，对于多次进行诈骗，并以后次诈骗财物归还前次诈骗财物，在计算诈骗数额时，应当将案发前已经归还的数额扣除，按实际未归还的数额认定，量刑时可将多次行骗的数额作为从重情节予以考虑。该解释虽然已经废止，但其所确立的"实际骗取原则"仍在司法实践广为运用。《全国法院审理金融犯罪案件工作座谈会纪要》（法发〔2001〕8 号）规定，具体认定金融诈骗犯罪的数额时，应当以行为人实际骗取的数额计算。对于行为人为实施金融诈骗活动而支付的中介费、手续费、回扣等，或者用于行贿、赠与等费用，均应计入金融诈骗的犯罪数额。但应当将案发前已归还的数额扣除。《最高人民法院关于审理非法集资刑事案件具体应用法律若干问题的解释》（法释〔2010〕18 号）第五条规定，集资诈骗的数额以行为人实际骗取的数额计算，案发前已归还的数额应予扣除。行为人为实施集资诈骗活动而支付的广告费、中介费、手续费、回扣，或者用于行贿、赠与等费用，不予扣除。

也就是说，作为一般原则，诈骗数额应以行为人实际骗取的数额进行认定，作为犯罪成本体现的广告费、中介费、手续费、回扣以及行贿、赠与等费用并不能在犯罪数额中予以扣除。但是，是否所有的犯罪成本都不能扣除呢？

而本案中，将被害人的实际损失认定为犯罪数额，被害人实际财产损失因为被告人犯罪成本支出而部分弥补，那么这部分被弥补的损失应当从诈骗数额中扣除，才能最终认定为犯罪金额，予以定罪量刑，这也是罪责刑相一致原则的体现。还有，这部分可以被扣除的犯罪成本，笔者认为只有交付给被害人或者使被害人有现实经济价值犯罪成本才能考虑扣除，因为占有财产是实现财产权利的前提和基础，被害人失去了对财物的占有和控制才造成损失，被告人的犯罪成本被被害人占有和控制，才能减轻被害人的财产损失。法院生效的判决中将被害人实际已经取得的兼职费用从犯罪数额中予以扣除符合我们刑法的立法精神。

（一审法院合议庭成员　张传荣　王双静　罗　健
编写人　北京市西城区人民法院　孟丽娟
责任编辑　周维明
审稿人　李玉萍）

原载《人民法院案例选》2019 年第 6 辑（总第 136 辑）

241. 陈美保等诈骗、寻衅滋事案
——“套路贷”恶势力犯罪的认定

【关键词】

刑事　假借民间借贷之名　非法组织占有　暴力威胁　“套路贷”　恶势力

【裁判要旨】

行为人以非法占有为目的，经常组织在一起，假借民间借贷之名，诱使或迫使被害人签订“借贷”等相关协议，通过虚增借贷金额、恶意制造违约、肆意认定违约等方式形成虚假债权债务，并以暴力、威胁或者其他手段，在一定区域或者行业内多次实施违法犯罪活动，为非作恶，欺压百姓，扰乱经济、社会生活秩序，造成较为恶劣的社会影响，但尚未形成黑社会性质组织的违法犯罪组织的，宜按“套路贷”恶势力犯罪处理。

【相关法条】

《中华人民共和国刑法》

第二百六十六条　诈骗公私财物，数额较大的，处三年以下有期徒刑、拘役或者管制，并处或者单处罚金；数额巨大或者有其他严重情节的，处三年以上十年以下有期徒刑，并处罚金；数额特别巨大或者有其他特别严重情节的，处十年以上有期徒刑或者无期徒刑，并处罚金或者没收财产。本法另有规定的，依照规定。

第二百九十三条　有下列寻衅滋事行为之一，破坏社会秩序的，处五年以下有期徒刑、拘役或者管制：

（一）随意殴打他人，情节恶劣的；

（二）追逐、拦截、辱骂、恐吓他人，情节恶劣的；

（三）强拿硬要或者任意损毁、占用公私财物，情节严重的；

（四）在公共场所起哄闹事，造成公共场所秩序严重混乱的。

纠集他人多次实施前款行为，严重破坏社会秩序的，处五年以上十年以下有期徒刑，可以并处罚金。

第二十五条第一款　共同犯罪是指二人以上共同故意犯罪。

第二十六条　组织、领导犯罪集团进行犯罪活动的或者在共同犯罪中起主要作用的，是主犯。

三人以上为共同实施犯罪而组成的较为固定的犯罪组织，是犯罪集团。第二十七条在共同犯罪中起次要或者辅助作用的，是从犯。

对于从犯，应当从轻、减轻处罚或者免除处罚。

第六十四条　犯罪分子违法所得的一切财物，应当予以追缴或者责令退赔；对被害人的合法财产，应当及时返还；违禁品和供犯罪所用的本人财物，应当予以没收。没收的财物和罚金，一律上缴国库，不得挪用和自行处理。

第六十五条　被判处有期徒刑以上刑罚的犯罪分子，刑罚执行完毕或者赦免以后，在五年以内再犯应当判处有期徒刑以上刑罚之罪的，是累犯，应当从重处罚，但是过失犯罪和不满十八周岁的人犯罪的除外。

前款规定的期限，对于被假释的犯罪分子，从假释期满之日起计算。

第七十二条　对于被判处拘役、三年以下有期徒刑的犯罪分子，同时符合下列条件的，可以宣告缓刑，对其中不满十八周岁的人、怀孕的妇女和已满七十五周岁的人，应当宣告缓刑：

（一）犯罪情节较轻；

（二）有悔罪表现；

（三）没有再犯罪的危险；

（四）宣告缓刑对所居住社区没有重大不良影响。

宣告缓刑，可以根据犯罪情况，同时禁止犯罪分子在缓刑考验期限内从事特定活动，进入特定区域、场所，接触特定的人。

被宣告缓刑的犯罪分子，如果被判处附加刑，附加刑仍须执行。

第七十三条　拘役的缓刑考验期限为原判刑期以上一年以下，但是不能少于二个月。

有期徒刑的缓刑考验期限为原判刑期以上五年以下，但是不能少于一年。

缓刑考验期限，从判决确定之日起计算。

【案例索引】

一审：河南省内乡县人民法院（2018）豫1325刑初848号（2018年12月30日）

【基本案情】

法院经审理查明：2018年3月以来，被告人林明良（在逃）纠结钱高伟、陈勇（在逃）、葛云洲、木文凯（在逃）、蔡明源（在逃）、林义、傅静雅、林文璇、张荣浩、黄福秋、高勇、陈万风、林小喜、陈成都等人在江苏常熟市世界贸易中心1102室组成以荣绅信用公司为名的犯罪集团在网上借款放贷。上述放贷人员进入“荣绅信用公司”后，被拉进一个名字叫“荣绅电子商务财务群”的微信群，平时有推送员将客户资料推送给负责放贷的人员，客户加放贷人员的工作微信号，放贷人员即问客户索要客户的名字、手机号码、推送员推荐的聊天截屏，客户提供以后，放贷人员告知客户“贷款1500到手1050，条子打1500到期还1500，续期费450，如果逾期一天每天需支付借款额30%的逾期费，3天逾期催收部直接催收”等，客户同意以后，放贷人员让客户到“有凭证”平台打好借条发给放贷人员，借条上写借放贷人员1500元，到期日期及利率24%，放贷人员在“有凭证”平台收到客户按要求写好的借条后，通过支付宝给客户转账1050元，并告诉客户注意查收，按期还款，到期还款会提醒，到期可以续期，提高借款额度视还款清款而定，删除好友直接进行催收等。续期一次一般为7天，如果客户到期需要续期，需要先支付450元的续期费用才给续期，如果客户需要提高借款额度，则客户需要先偿还前一期借款，重新打一个借条，然后按照借条的金额先扣除百分之三十的利息，只支付给客户百分之七十的钱。放贷人员通过上述套路借款骗取被害人续期费、逾期费等共计52400元。其中被告人葛云洲、钱高伟涉嫌诈骗犯罪12150元；被告人高勇、林义、张荣浩、黄福秋涉嫌犯罪26400元；被告人陈万风、林小喜、傅静雅涉嫌诈骗犯罪13850元。该犯罪团伙以林明良为首要分子，木文凯、蔡明源、高勇、林义、钱高伟、葛云洲、陈万风为主要骨干成员，不断实施犯罪行为。该公司由钱高伟负责日常管理以及后勤保障、以葛云洲、林义、傅静雅、林文璇、张荣浩、黄福秋、高勇、陈万风、林小喜、陈成都等人具体实施放款诈骗，该犯罪团伙通过收取高额的续期费、手续费等名义实施诈骗，被害人无法偿还借款以及续期费时，将被害人信息提供推送至湖南邵阳由陈美保、吕桂田、周前程、邓闽陈、吕路梅、吕红梅、池明月、邓超、吕建端、梁云龙、梁学师、张天平、陈勇保、尹涛涛、尹玉龙组成的催收公司，该催收公司以陈美保为首要分子，以吕桂田、周前程为骨干成员，陈勇保等人予以协助实施犯罪。催收组通过电话短信轰炸、Ps淫秽图片等软暴力形式对被害人实施催收还款，从所催收回来的钱中抽取10%的提成。

【裁判结果】

法院经审理查明：

河南省内乡县人民法院于2018年12月30日作出（2018）豫1325刑初848号刑事判决：

一、被告人陈美保犯寻衅滋事罪，判处有期徒刑一年零八个月（刑期自判决执行之日起计算，判决执行前先行羁押的，羁押一日折抵刑期一日，即自2018年6月30日起至2020年2月29日止）

二、被告人高勇犯诈骗罪，判处有期徒刑一年零六个月，并处罚金20000元。（刑期自判决执行之日起计算，判决执行前先行羁押的，羁押一日折抵刑期一日，即自2018年6月30日起至2019年12月29日止，罚金已缴纳）

三、被告人钱高伟犯诈骗罪，判处有期徒刑一年零二个月，并处罚金20000元。（刑期自判决执行之日起计算，判决执行前先行羁押的，羁押一日折抵刑期一日，即自2018年6月30日起至2019年8月29日止，罚金已缴纳）

四、被告人葛云洲犯诈骗罪，判处有期徒刑一年零二个月，并处罚金20000元。（刑期自判决执行之日起计算，判决执行前先行羁押的，羁押一日折抵刑期一日，即自2018年6月30日起至2019年8月29日止，罚金已缴纳）

五、被告人张荣浩犯诈骗罪，判处有期徒刑一年零二个月，并处罚金20000元。（刑期自判决执行之日起计算，判决执行前先行羁押的，羁押一日折抵刑期一日，即自2018年6月30日起至2019年8月29日止，罚金已缴纳）

六、被告人陈万风犯诈骗罪，判处有期徒刑一年零二个月，并处罚金20000元。（刑期自判决执行之日起计算，判决执行前先行羁押的，羁押一日折抵刑期一日，即自2018年6月30日起至2019年8月29日止，罚金已缴纳）

七、被告人林义犯诈骗罪，判处有期徒刑一年，并处罚金20000元。（刑期自判决执行之日起计算，判决执行前先行羁押的，羁押一日折抵刑期一日，即自2018年6月30日起至2019年6月29日止，罚金已缴纳）

八、被告人吕桂田犯寻衅滋事罪，判处有期徒刑一年。（刑期自判决执行之日起计算，判决执行前先行羁押的，羁押一日折抵刑期一日，即自2018年6月30日起至2019年6月29日止）

九、被告人周前程犯寻衅滋事罪，判处有期徒刑一年。（刑期自判决执行之日起计算，判决执行前先行羁押的，羁押一日折抵刑期一日，即自2018年6月30日起至2019年6月29日止）

十、被告人梁云龙犯寻衅滋事罪，判处有期徒刑十个月。（刑期自判决执行之日起计算，判决执行前先行羁押的，羁押一日折抵刑期一日，即自2018年6月30日起至2019年4月29日止）

十一、被告人林小喜犯诈骗罪，判处有期徒刑七个月，并处罚金10000元。（刑期自判决执行之日起计算，判决执行前先行羁押的，羁押一日折抵刑期一日，即自2018年6月30日起至2019年1月29日止，罚金已缴纳）

十二、被告人黄福秋犯诈骗罪，判处有期徒刑七个月，并处罚金10000元。（刑期自判决执行之日起计算，判决执行前先行羁押的，羁押一日折抵刑期一日，即自2018年6月30日起至2019年1月29日止，罚金已缴纳）

十三、被告人吕建端犯寻衅滋事罪，判处有期徒刑七个月。（刑期自判决执行之日起计算，判决执行前先行羁押的，羁押一日折抵刑期一日，即自2018年6月30日起至2019年1月29日止）

十四、被告人张天平犯寻衅滋事罪，判处有期徒刑七个月。（刑期自判决执行之日起计算，判决执行前先行羁押的，羁押一日折抵刑期一日，即自2018年6月30日起至2019年1月29日止）

十五、被告人邓闽陈犯寻衅滋事罪，判处有期徒刑七个月。（刑期自判决执行之日起计算，判决执行前先行羁押的，羁押一日折抵刑期一日，即自2018年6月30日起至2019年1月29日止）

十六、被告人陈勇保犯寻衅滋事罪，判处有期徒刑七个月。（刑期自判决执行之日起计算，判决执行前先行羁押的，羁押一日折抵刑期一日，即自2018年6月30日起至2019年1月29日止）

十七、被告人傅静雅犯诈骗罪，判处有期徒刑六个月，并处罚金5000元。（刑罚已经执行完毕，罚金已缴纳）

十八、被告人池明月犯寻衅滋事罪，判处有期徒刑七个月，缓刑一年。（缓刑考验期自判决确定之日起计算至届满）

十九、被告人作案工具笔记本电脑八台、台式电脑24部、手机30部依法予以没收。

宣判后，被告人均没有提起上诉，判决书已发生法律效力。

【裁判理由】

法院生效裁判认为：被告人钱高伟、葛云洲、林义、张荣浩、高勇、黄福秋、陈万风、林小喜、傅静雅以林明良为首要分子，木文凯、蔡明源、高勇、林义、钱高伟、葛云洲、陈万风为主要骨干成员，组成较为严密的犯罪组织，有预谋、有计划地实施“套路贷”犯罪。该犯罪团伙在被害人无法偿还借款以及续期费时，将被害人信息提供推送至湖南邵阳由陈美保、吕桂田、周前程、邓闽陈等人组成的催收公司，该催收公司以陈美保为首要分子、以吕桂田、周前程为骨干成员，梁云龙、邓闽陈、吕建端、张天平、池明月，陈勇保等人予以协助实施犯罪。该犯罪集团的组成人员众多，有明显的首要分子、重要骨干成员，人员较为固定，经常纠集在一起，多次实施犯罪活动，为非作恶，欺压百姓，扰乱经济、社会生活秩序，完全符合恶势力犯罪集团的法定构成要件。内乡县人民检察院指控成立，本院予以支持。

被告人钱高伟、葛云洲、林义、张荣浩、黄福秋、高勇、陈万风、林小喜、傅静雅伙同他人以非法占有为目的，骗取他人合法财产，数额较大，其行为构成诈骗罪，且属共同犯罪。被告人陈美保、吕桂田、周前程、邓闽陈、池明月、吕建端、梁云龙、张天平、陈勇保采取辱骂、恐吓等暴力方式进行催讨，情节恶劣，其行为构成寻衅滋事罪，且属共同犯罪。在共同犯罪中，被告人高勇、林义、陈万风、葛云洲、钱高伟、张荣浩、陈美保、吕桂田、周前程在共同犯罪中起主要作用，应当按照其参与的全部罪行定罪处罚。被告人黄秋福、林小喜、傅静雅、梁云龙、池明月、邓闽陈、吕建端、张天平、陈勇保在共同犯罪中起次要辅助作用，系从犯，依法应当从轻或减轻处罚。被告人陈美保曾因犯罪被判处有期徒刑以上刑罚，刑满释放后五年内，又犯应当判处有期徒刑以上刑罚之罪，系累犯，应当从重处罚。鉴于被告人钱高伟、葛云洲、林义、张荣浩、高勇、黄福秋、陈万风、林小喜、傅静雅、陈美保、吕桂田、周前程、梁云龙、邓闽陈、池明月、吕建端、张天平、陈勇保案发后主动退缴全部赃款，退赔被害人经济损失，积极认罪悔罪，并在律师见证下签署认罪认罚具结书，依法应从轻处罚。

【案例注解】

本案涉及两个焦点问题：一是如何认定“恶势力”；二是“套路贷”与普通的民间借贷两者有什么区别。

一、“恶势力”的演进及认定标准

我国刑法条文中并无“恶势力”的概念，但司法实务界早已形成共识，即“恶势力”是黑社会性质组织的雏形，有的最终发展成为了黑社会性质组织，故及时严惩“恶势力”团伙犯罪，是遏制黑社会性质组织滋生、防止违法犯罪活动造成更大社会危害的有效途径。但因其在刑法概念体系中的“缺位”，对“恶势力”的认定标准一直争议不断；且对于不构成犯罪集团的“恶势力”之惩处，在刑法总则亦难寻觅罪责承担的具体规定，只能依据抽象的宽严相济政策或者用足具有“普适性”的条文实现依法从严打击。

2009 年《最高人民法院、最高人民检察院、公安部办理黑社会性质组织犯罪案件座谈会纪要》（以下简称《2009 年纪要》）首次在司法规范性文件中明确其定义：“恶势力”是指经常纠集在一起，以暴力、威胁或其他手段，在一定区域或者行业内多次实施违法犯罪活动，为非作恶，扰乱经济、社会生活秩序，造成较为恶劣的社会影响，但尚未形成黑社会性质组织的犯罪团伙。“恶势力”一般为三人以上，纠集者、骨干成员相对固定，违法犯罪活动一般表现为敲诈勒索、强迫交易、欺行霸市、聚众斗殴、寻衅滋事、非法拘禁、故意伤害、抢劫、抢夺或者黄、赌、毒等。《2009 年纪要》对“恶势力”之定义及认定标准，是以全国打黑除恶专项斗争协调小组办公室制定的《“恶势力”战果统计标准》为基础，根据当时的实践情况总结、归纳而来，以期为司法实践中如何正确区分“黑”与“恶”提供参考。

2015年《全国部分法院审理黑社会性质组织犯罪案件工作座谈会纪要》对于“恶势力”的认定标准未作修正，但着重强调——正确把握“打早打小”与“打准打实”的关系。“打早打小”，是指各级政法机关必须依照法律规定对有可能发展成为黑社会性质组织的犯罪集团、“恶势力”团伙及早打击，绝不能允许其坐大成势，而不应被理解为对尚处于低级形态的犯罪组织可以不加区分地一律按照黑社会性质组织处理。“打准打实”，就是要求审判时应当本着实事求是的态度，在准确查明事实的基础上，构成什么罪，就按什么罪判处刑罚。对于不符合黑社会性质组织认定标准的，应当根据案件事实依照刑法中的相关条款处理，从而把法律规定落到实处。由于黑社会性质组织的形成、发展一般都会经历一个从小到大、由“恶”到“黑”的渐进过程，因此，“打早打小”不仅是政法机关依法惩治黑恶势力犯罪的一贯方针，而且是将黑社会性质组织及时消灭于雏形或萌芽状态，防止其社会危害进一步扩大的有效手段。而“打准打实”既是刑事审判维护公平正义的必然要求，也是确保打黑除恶工作实现预期目标的基本前提。

2018年1月16日最高人民法院、最高人民检察院、公安部、司法部联合印发的《关于办理黑恶势力犯罪案件若干问题的指导意见》（以下简称《2018年指导意见》）第十四条规定：“具有下列情形的组织，应当认定为‘恶势力’：经常纠集在一起，以暴力、威胁或者其他手段，在一定区域或者行业内多次实施违法犯罪活动，为非作恶，欺压百姓，扰乱经济、社会生活秩序，造成较为恶劣的社会影响，但尚未形成黑社会性质组织的违法犯罪组织。恶势力一般为三人以上，纠集者相对固定，违法犯罪活动主要为强迫交易、故意伤害、非法拘禁、敲诈勒索、故意毁坏财物、聚众斗殴、寻衅滋事等，同时还可能伴随实施开设赌场、组织卖淫、强迫卖淫、贩卖毒品、运输毒品、制造毒品、抢劫、抢夺、聚众扰乱社会秩序、聚众扰乱公共场所秩序、交通秩序以及聚众‘打砸抢’等。”

《2018年指导意见》在《2009年纪要》的基础上对“恶势力”的概念作出了修正：一是在“为非作恶”后增加“欺压百姓”的认定条件，进一步明确“恶势力”区分于一般违法犯罪的行为特征；二是将“纠集者、骨干成员相对固定”删减为“纠集者相对固定”，降低“组织特征”的认定“门槛”；三是对于“恶势力”惯常实施的违法犯罪活动进一步明确化，列举了更具体的行为表现形式，并划分为“主要违法犯罪行为”与“可能伴随实施的违法犯罪行为”两类。

2019年4月9日，最高人民法院、最高人民检察院、公安部、司法部联合印发的《关于办理恶势力刑事案件若干问题的意见》第四条规定：“恶势力，是指经常纠集在一起，以暴力、威胁或者其他手段，在一定区域或者行业内多次实施违法犯罪活动，为非作恶，欺压百姓，扰乱经济、社会生活秩序，造成较为恶劣的社会影响，但尚未形成黑社会性质组织的违法犯罪组织。”第六条第一款规定：“恶势力一般为3人以上，纠集者相对固定。纠集者，是指在恶势力实施的违法犯罪活动中起组织、策划、指挥作用的违法犯罪分子。成员较为固定且符合恶势力其他认定条件，但多次实施违法犯罪活动是由不同的成员组织、策划、指挥，也可以认定为恶势力，有前述行为的成员均可以认定为纠集者。”

从上述规定来看，“恶势力”的认定有三个的要件：一是组织特征。经常纠集在一起，一般为3人以上，纠集者相对固定。二是行为特征。以暴力、威胁或者其他手段，在一定区域或者行业内多次实施违法犯罪活动，为非作恶，欺压百姓。三是危害特征。扰乱经济、社会生活秩序，造成较为恶劣的社会影响，但尚未形成黑社会性质组织。[①]

二、“套路贷”与普通的民间借贷有本质的区别

“套路贷”是新型黑恶犯罪的一种，这类新型黑恶犯罪不仅严重侵害当事人的合法权益，也扰乱金融市场秩序，影响社会和谐稳定。

根据2019年4月9日最高人民法院、最高人民检察院、公安部、司法部联合印发的《关于办理“套路贷”刑事案件若干问题的意见》中的规定，“套路贷”与普通的民间借贷有本质的区别：

一是出借目的不同。民间借贷目的是为了获取利息收益，而“套路贷”，是对以非法占有为目的，假借民间借贷之名，诱使或迫使被害人签订“借贷”或变相“借贷”“抵押”“担保”等相关协议，通过虚增借贷金额、恶意制造违约、肆意认定违约、毁匿还款证据等方式形成虚假债权债务，并借助诉讼、仲裁、公证或者采用暴力、威胁以及其他手段非法占有被害人财物的相关违法犯罪活动的概括性称谓。

二是手段方法不同。民间借贷一般是双方真实意愿下的借贷行为，受民事法律的保护，双方主观上都不希望发生违约的情况，而“套路贷”则存在诱骗受害人签订虚假合同，制造银行流水，单方面肆意认定违约等多种虚构事实、隐瞒真相的行为，主动追求并制造“违约”事实发生，为下一步设计“套路”，非法占有更多财物奠定基础。

三是法律后果不同。民间借贷的本金和合法利息均受法律保护；而“套路贷”本质上是属于违法犯罪行为，在实施过程中不仅破坏金融管理秩序，还伴随产生多种违法犯罪行为，严重侵害受害人人身权、财产权，其签订的虚假借款合同以及恶意垒高的债务一律不受法律保护。

实践中，“套路贷”的常见犯罪手法和步骤包括但不限于以下情形：

（1）制造民间借贷假象。犯罪嫌疑人、被告人往往以“小额贷款公司”“投资公司”“咨询公司”“担保公司”“网络借贷平台”等名义对外宣传，以低息、无抵押、无担保、快速放款等为诱饵吸引被害人借款，继而以“保证金”“行规”等虚假理由诱使被害人基于错误认识签订金额虚高的“借贷”协议或相关协议。有的犯罪嫌疑人、被告人还会以被害人先前借贷违约等理由，迫使对方签订金额虚高的“借贷”协议或相关协议。

（2）制造资金走账流水等虚假给付事实。犯罪嫌疑人、被告人按照虚高的“借贷”协议金额将资金转入被害人账户，制造已将全部借款交付被害人的银行流水痕迹，随后便采取各种手段将其中全部或者部分资金收回，被害人实际上并未取得或者完全取得“借贷”协议、银行流水上显示的钱款。

（3）故意制造违约或者肆意认定违约。犯罪嫌疑人、被告人往往会以设置违约陷阱、制造还款障碍等方式，故意造成被害人违约，或者通过肆意认定违约，强行要求被害人偿还虚假债务。

（4）恶意垒高借款金额。当被害人无力偿还时，有的犯罪嫌疑人、被告人会安排其所属公司或者指定的关联公司、关联人员为被害人偿还“借款”，继而与被害人签订金

① 钟晋：《恶势力及恶势力犯罪集团的认定标准——详解〈关于办理恶势力刑事案件若干问题的意见〉》，载网易新闻频道，最后访问时间：2019年4月17日。

额更大的虚高"借贷"协议或相关协议，通过这种"转单平账""以贷还贷"的方式不断垒高"债务"。

（5）软硬兼施"索债"。在被害人未偿还虚高"借款"的情况下，犯罪嫌疑人、被告人借助诉讼、仲裁、公证或者采用暴力、威胁以及其他手段向被害人或者被害人的特定关系人索取"债务"。

由此可见，"套路贷"是新型黑恶犯罪的一种，这类新型黑恶犯罪不仅严重侵害当事人的合法权益，也扰乱金融市场秩序，影响社会和谐稳定。

本案中，以林明良为首要分子，木文凯、蔡明源、高勇、林义、钱高伟、葛云洲、陈万风为主要骨干成员，组成较为严密的犯罪组织，有预谋、有计划地实施"套路贷"犯罪。该犯罪团伙在被害人无法偿还借款以及续期费时，将被害人信息提供推送至湖南邵阳由陈美保、吕桂田、周前程、邓闽陈、吕路梅、吕红梅、池明月、邓超、吕建端、梁云龙、梁学师、张天平、陈勇保、尹涛涛、尹玉龙组成的催收公司，该催收公司以陈美保为首要分子，以吕桂田、周前程为骨干成员，陈勇保等人予以协助实施犯罪。该犯罪集团的组成人员众多，有明显的首要分子、重要骨干成员，人员较为固定，经常纠集在一起，多次实施犯罪活动，为非作恶，欺压百姓，扰乱经济、社会生活秩序，完全符合恶势力犯罪集团的法定构成要件。

（一审法院合议庭成员　张　珂　房剑立　程国敏
编写人　河南省内乡县人民法院　成延洲　杨慧文
责任编辑　周维明
审稿人　李玉萍）

原载《人民法院案例选》2019 年第 6 辑（总第 136 辑）

242. 张家祥等诈骗案

——电信诈骗犯罪集团中行为人犯罪着手时间的认定

【关键词】

刑事　犯罪着手　实质客观说　主客观相统一　犯罪集团

【裁判要旨】

在犯罪集团中，尤其是组织结构复杂、分工精细的电信诈骗集团中，组织犯的犯罪着手时间为犯罪集团运行之日，实行犯的犯罪着手时间为其实行犯罪之时或加入犯罪集团次日，胁从犯的犯罪着手时间为其犯意产生并实行犯罪行为时。

【相关法条】

《中华人民共和国刑法》

第二十五条第一款　共同犯罪是指二人以上共同故意犯罪。

第二十六条　组织、领导犯罪集团进行犯罪活动的或者在共同犯罪中起主要作用的，是主犯。

三人以上为共同实施犯罪而组成的较为固定的犯罪组织，是犯罪集团。

对组织、领导犯罪集团的首要分子，按照集团所犯的全部罪行处罚。

对于第三款规定以外的主犯，应当按照其所参与的或者组织、指挥的全部犯罪处罚。

第二十七条　在共同犯罪中起次要或者辅助作用的，是从犯。

对于从犯，应当从轻、减轻处罚或者免除处罚。

《最高人民法院、最高人民检察院关于办理诈骗刑事案件具体应用法律若干问题的解释》

第一条第一款　诈骗公私财物价值三千元至一万元以上、三万元至十万元以上、五十万元以上的，应当分别认定为刑法第二百六十六条规定的“数额较大”、“数额巨大”、“数额特别巨大”。

第二条　诈骗公私财物达到本解释第一条规定的数额标准，具有下列情形之一的，可以依照刑法第二百六十六条的规定酌情从严惩处：

（一）通过发送短信、拨打电话或者利用互联网、广播电视、报刊杂志等发布虚假信息，对不特定多数人实施诈骗的；

（二）诈骗救灾、抢险、防汛、优抚、扶贫、移民、救济、医疗款物的；

（三）以赈灾募捐名义实施诈骗的；

（四）诈骗残疾人、老年人或者丧失劳动能力人的财物的；

（五）造成被害人自杀、精神失常或者其他严重后果的。

诈骗数额接近本解释第一条规定的“数额巨大”、“数额特别巨大”的标准，并具有前款规定的情形之一或者属于诈骗集团首要分子的，应当分别认定为刑法第二百六十六条规定的“其他严重情节”、“其他特别严重情节”。

【案件索引】

一审：北京市第二中级人民法院（2017）京02刑初54号（2017年12月21日）

二审：北京市高级人民法院（2018）京刑终22号（2018年3月26日）

【基本案情】

公诉机关指控称：被告人张家祥、许家禔、周圣修、许齐耀等35人，伙同他人于2014年6月至11月间，先后参加张峰育（在逃）等人在肯尼亚共和国境内成立的诈骗犯罪组织，利用电信网络技术手段对中国居民进行语音群呼，冒充医保局、公安局及检察院工作人员等身份，虚构被害人因个人信息泄露而涉嫌犯罪等虚假事实，以需要接受审查、资产保全等为名，先后骗取沈某演、孙某娟等110人钱款共计人民币650余万元。

公诉机关认为，各被告人的行为触犯了刑法规定，应当以诈骗罪追究刑事责任，并具有冒充司法机关等国家机关工作人员，在境外实施电信网络诈骗等从重情节。

各被告人及其辩护人对公诉机关指控各被告人犯诈骗罪均不持异议，各被告人均表示认罪。针对指控的事实、证据及法律适用、量刑等问题，被告人及其辩护人提出多项辩解及辩护意见，有关犯罪集团中犯罪着手问题包括以下：（1）被告人周圣修的辩护人提出，周圣修不应对其离开肯尼亚返回我国台湾地区期间该诈骗组织实施的诈骗行为承担责任，即应以其返回诈骗窝点时重新计算犯罪着手时间。（2）被告人张翠萍、黄玉娟、杨小鸿的辩护人提出，公诉机关的指控未将三被告人参与诈骗培训的时间扣除，导致认定三被告人诈骗数额过高。（3）被告人杨小鸿的辩护人提出本案不应认定为犯罪集团。（4）被告人许家禔等29人的辩护人提出，上述29名被告人系从犯，在犯罪集团中没有起到组织、策划或其他主要作用，依法应当从轻、减轻或者免除处罚。（5）被告人许齐耀等11人的辩护人提出，上述11名被告人系被胁迫参加犯罪。

法院经审理查明：2014年6月至11月间，被告人张家祥等35人先后出境至肯尼亚共和国（以下简称肯尼亚），参加张峰育（音，化名阿财、胖财，我国台湾地区居民，在逃）等人组织的针对我国居民进行电信诈骗的犯罪集团，该犯罪集团租用肯尼亚内罗毕市的Runda Kigwaru 46号别墅作为窝点实施电信诈骗活动。在电信诈骗过程中，该集团成员分工配合，被告人张家祥、周圣修等对部分新加入成员进行话术培训；被告人刘泰廷、吴耿诚作为电脑操作手，利用电信网络技术手段向我国不特定人员发送含有“医保信息泄漏”“转拨电话报警”等内容的电话“语音包”；从事一线接听电话的被告人丁育绫等人冒充“社保局”“医保局”等单位工作人员，谎称被害人医保卡消费异常，身份信息遭泄露，建议向公安机关报警并将电话转接至二线；从事二线接听或拨打电话的被告人周圣修等人冒充公安民警等，虚构被害人信息泄露被用于犯罪活动，谎称检察机关已介入并将电话转接至三线；从事三线接听或拨打电话的被告人张家祥等人冒充检察官等，谎称需对被害人资金流向进行调查等事实，套取被害人个人及银行账户信息，并要求被害人向被告人指定的银行账户转账、汇款，或者要求被害人同意并协助他人远程操作被害人的电子银行账户进行转账，以此骗取山东、河南、江苏、安徽等多地被害人钱款。现已查明该犯罪集团诈骗被害人 110 名（名单略），被骗钱款共计人民币 6588978.7 元。其中：被告人张家祥于 2014 年 9 月 2 日参加诈骗犯罪集团，参与期间该犯罪集团的诈骗数额为 6430667.21 元；其主要为三线人员，同时管理、培训一线人员（其余 34 名被告人诈骗数额及分工略）。

【裁判结果】

北京市第二中级人民法院于 2017 年 12 月 21 日作出（2017）京 02 刑初 54 号刑事判决：一、被告人张家祥犯诈骗罪，判处有期徒刑十三年，并处罚金人民币 13000 元，剥夺政治权利三年（其余 34 名被告人情况略）……三十六、责令各被告人依法退赔被害人损失（清单附后）。三十七、扣押在案的代为退赔款人民币 67900 元并入判决主文第三十六项责令退赔部分执行；随案移送的扣押物品依法予以没收。宣判后，部分被告人提出了上诉。北京市高级人民法院于 2018 年 3 月 26 日作出（2018）京刑终 22 号刑事裁定：驳回上诉，维持原判。

【裁判理由】

关于本案所涉犯罪集团中各行为人犯罪着手时间及相关问题，法院生效判决认为：

1. 关于犯罪集团的认定问题。本案被告人为实施电信网络诈骗犯罪而组成较为固定的犯罪组织，组织严密，核心成员固定，有相对固定的人员负责窝点组建、人员培训、管理、分赃等，符合犯罪集团的认定条件，应当被认定为犯罪集团。

2. 关于被告人参与犯罪期间。各被告人加入犯罪集团之次日即为犯罪着手时间，应对其参与期间该诈骗集团实施的全部诈骗行为承担责任。

3. 关于主从犯的认定问题。犯罪集团中从事窝点筹备、组建、人员分工、管理、培训等行为，或者从事二、三线，以及电脑操作、翻译、租房、后勤保障的核心成员，因其职责较为固定，加入时间相对较长，且均积极参与犯罪，在共同诈骗犯罪及各自所在环节中均起主要作用，均应认定为主犯。

4. 关于是否认定胁从犯的问题。被诱骗参加犯罪的人不是胁从犯；虽被告人的护照、手机被集中管理，但人身自由并未受到过多限制，可与外界通信、可在一定条件下自由离开，此种情形不属于胁从犯。

5. 被告人周圣修等人中途离开犯罪窝点后的犯罪期间计算问题。周圣修等人虽短暂离开犯罪窝点，但在其离开犯罪窝点期间仍然从犯罪窝点领取薪水，且仍然为犯罪集团招募人员，因而不能视为其脱离犯罪集团，应连续计算犯罪期间。

【案例注解】

本案中，部分被告人及其辩护人认为，被告人参加犯罪集团后的诈骗话术培训时间系犯罪预备行为，未犯罪着手。还有辩护人认为，被告人周圣修离开犯罪窝点又返回的，应重新计算犯罪着手时间。法院审判中一并考虑的问题还有：（1）部分从事诈骗窝点筹备及组织管理的被告人供称，其到肯尼亚后，先在当地旅游观光。虽然可以确定其到肯尼亚的时间，但难以确定其具体从事犯罪窝点组建的各时间节点，如何确定其诈骗开始时间？（2）部分被告人及其辩护人提出有些被告人系胁从犯，到达犯罪窝点后并未立即开展诈骗行为，如何确定其犯罪着手时间？

犯罪着手时间的确立在犯罪集团中有重要意义，其直接对应着各被告人实施诈骗的期间及诈骗数额。而犯罪集团中行为人犯罪着手的认定，一方面要考虑犯罪着手的一般理论，另一方面要考虑犯罪集团的特征，尤其是电信诈骗集团的特征，还要兼顾各组织犯、实行犯或胁从犯的个性。

一、犯罪着手的一般理论

"着手"概念由刑事古典学派的创始人贝卡利亚于1764年首次提出，并将其与犯罪未遂相联系。犯罪实行的着手是指行为人的行为已经超出了预备行为的范围，进入犯罪的实行行为阶段，在法律效果上产生未遂问题。在有些案件中，难以判断着手时间点，理论学说对此也有争论。

（一）德日观点概述

1. 主观说——犯意外化

该观点认为，行为人的主观犯意是实行着手的标准，其外在行为"仅仅具有作为犯意的认定资料的意义"。① 当某个人举起飞刀的时候，第三人无法判断其是杀人行为，抑或无聊而练习"飞刀绝技"，必须结合该人的主观故意才能判断。当犯意的成立能根据外部的行为确定地认定时，即为着手。也有观点认为，犯意不仅应当外化，而且还应达到一定的程度。从一般人的社会经验判断，这种外化的犯意通常可以被认为能使犯罪活动完成。如仅仅扬言要实施一定的犯罪，并在与被害人很远的地方挥舞刀具，还不能算着手，因为这种犯意还没有到达"不可撤回的程度"。②

2. 客观说——实行了构成要件行为或对法益造成危险

客观说分为形式客观说和实质客观说。形式客观说认为着手就是在客观上有构成要件的行为，小野清一郎认为，"犯罪的实行，是符合构成要件的行为"。③ 然而，什么是所谓的构成要件行为，形式客观说在该问题上容易陷入循环论证中。实质客观说认为，只有行为人实施了客观行为，且客观行为具有造成法益侵害的现实危险性时，才是犯罪着手。④

3. 折中说——主客观混合理论

鉴于主观说、客观说分别只着重强调行为的主观意图或客观行为，都可能不当放大着手的认定范围，因此产生了主客观相结合的折中说。该说的观点比较多，如根据"犯罪计划＋法益直接危险"的观点，当按照犯罪人的主观犯罪计划，行为人认为的法益已经进入直接危险阶段，则为着手。⑤ 根据印象理论，未遂的处罚根据是违反规范并现实化了的意志，由于该行为动摇了公众对于法秩序效力的信赖并损及法安全感和法和平之时，

① ［日］西原春夫：《犯罪实行行为论》，戴波、江溯译，北京大学出版社2006年版，第9页。

② 转引自［日］西原春夫：《犯罪实行行为论》，戴波、江溯译，北京大学出版社2006年版，第10页。

③ 张永江：《未遂犯研究》，法律出版社2008年版，第84页。

④ 参见张明楷：《未遂犯论》，法律出版社、日本成文堂1997年版，第60页。

⑤ 参见何荣功：《实行行为研究》，武汉大学出版社2007年版，第233～234页。

朝向犯罪的行为才具备应处罚性。[①]

（二）国内观点概述

1. 主客观统一说——通说

国内刑法理论通说认为，犯罪实行行为的着手是主客观相统一的概念，是指行为人已经开始实施刑法分则规定的具体犯罪构成客观方面的行为。犯罪着手是具体犯罪构成实行行为的开始，它具备主客观有机统一的含义。

2. 实质的客观说

“实行行为只能是具有侵害法益的紧迫危险性的行为；侵害的法益的危险达到紧迫程度（发生危险结果）时，才是实行的着手。”[②]“所谓实行的着手，就是开始实施行为人所追求的、具有引起某种犯罪结果的现实危险的行为。”[③]相对于强调行为本身的具体危险性的看法，上述观点更强调危害结果的具体危险性和紧迫性。

综上，在判断犯罪着手时，要综合主客观方面来判断。各种学说都有其缺陷，即使折中说也受到了一定的批评，因为折中说混合了两种不同的，甚至相互矛盾的学说，最终会倒向其中之一。而且，主观说、客观说也并非折中说所谓的那么“纯粹”，如主观说虽然强调犯意的外化，但同时也要求有外在的行为作为犯意的载体。但上述学说为我们判断实行着手提供了视角，即哪些因素是在判断该问题时应当考虑的。

二、犯罪集团中犯罪着手的特点

犯罪集团是指由三人以上组成的，为了多次实行某一种或数种犯罪，经事前通谋而建立起来的较为稳定的犯罪组织。犯罪集团是共同犯罪的特殊形式，因参与主体的多样性、行为方式的多元性、主观故意的差异化，其实行着手的认定具有不同于一般认定的特点。

（一）犯罪主体的多样性

犯罪集团中行为主体在三个以上，各主体在犯罪中的角色不同，相互之间具有复杂的关系。其中一人对他人具有指挥、领导关系，法益侵害结果只是其中一部分人直接造成的，帮助犯、教唆犯、共谋犯的犯罪着手时间、空间具有很大差异，这影响各主体实行着手时间的判断。在进行着手判断时，既要考虑各犯罪主体的个性，又要在犯罪集团的整体背景下衡量，犯罪集团是共同犯罪的特殊形式，贯彻“个别行为，整体责任”。各行为人在犯罪集团中互相配合，对法益危害后果都有所贡献。

（二）主观故意的差异化

共同犯罪的故意包括两个方面：一是对自己所从事的行为具有认识并追求危害后果；二是认识到自己行为和犯罪集团的其他人的行为是一个共同体，并对犯罪集团的危害后果具有一定认识。主观故意的差异性，是犯罪主体多元化的必然结果，帮助犯只对自己所帮助的实行行为具有主观故意，首要分子的主观故意内容涵盖了整个犯罪集团，教唆犯对自己所教唆的犯罪承担责任，对教唆过限的犯罪没有主观故意，不承担责任。由于承继共犯的存在，共同犯罪人犯意产生的时间可能不一致。

---

① 参见［德］托马斯·魏根特：《刑法未遂理论在德国的发展》，樊文译，载《法学家》2006年第4期。

② 张明楷：《刑法学》，法律出版社2007年版，第286页。

③ 黎宏：《论未遂犯的成立条件》，载《云南大学学报》（法学版）2004年第2期。

（三）行为方式多元性

在犯罪集团中，各行为人犯罪形态不同的情况比较常见。在认定“着手”时，必须坚持形式违法性的标准，即必须存在刑法分则的行为。不一定每个人都实施实行行为，犯罪集团应作为整体考虑，至少有个体实施了刑法分则规定的实行行为，犯罪集团中他人因与实行行为人共同意思联络而承担责任。实行行为的判断应按照判断一般的实行着手的标准认定，在坚持主客观相统一的判断标准下，应当以行为对法益造成危险的紧迫程度为重点考虑，毕竟现代刑法学以保护法益为目的。

三、电信诈骗集团的犯罪着手

电信诈骗集团是犯罪集团的一种，在犯罪着手的判断上，其既具有上述犯罪集团的一般特点，同时因其高科技和网络特性，也具有一些新表征。

（一）电信诈骗集团的分类——传统型与公司型

从审判实践看，我国电信诈骗集团主要分为两类：

第一类是时间上产生较早，具有地缘性特点，往往是熟人纠集其朋友、亲属、同学等进行诈骗，彼此熟悉。这种诈骗集团中，成员彼此十分了解，组织架构简单，虽有分工，但并不十分固定，一人兼数职或流动岗位的情况普遍。

第二类则是后来产生的公司型诈骗集团，多见于跨国（境）电信诈骗，本案涉及的诈骗集团即属该类，其实行公司化管理，组织结构严密，分工精细，主要有：“水车组”负责办理或收购大量银行卡，供犯罪集团收取资金及提现；“智囊团”负责根据时下热点研究诈骗话术单和流程；技术保障组负责群发诈骗短信和技术保障；后勤保障组负责对新招募犯罪人员的手机管理、吃穿住行、医疗保障等；话务组一般分为一、二、三线，根据犯罪流程逐步跟进；还有专人负责联系地下钱庄将资金转移到境外；等等。

（二）公司型诈骗集团的特点——成员架构复杂并且意思联络不明确

公司型诈骗集团人员众多，层级也较多。在犯罪集团的层级上，一个首要分子往往在多个国家或地区有多个犯罪窝点，每个犯罪窝点又都是一个犯罪集团，这些犯罪窝点共用一个或多个提现、转账或网络技术系统，每个“水车组”也是一个犯罪集团，这些犯罪集团的成员之间往往没有直接联系，如一、二线话务人员对提现组或诈骗话术策划组的成员的存在可能是不知道的，甚至不知道幕后的首要分子是谁，在共同犯罪的意思联络上没有第一类的诈骗集团那样直接和明显，其往往只对其参与了一个诈骗集团具有概括认识，但对于共同犯罪的他人何时何地着手犯罪往往缺乏认识。例如，卡务组的犯罪分子高价收购他人的银行卡，但其只知道该卡会被犯罪集团用于提现和转账，但何人何时转的谁的钱，其并不在意。

四、本案中的具体认定

根据《最高人民法院、最高人民检察院、公安部关于办理电信网络诈骗等刑事案件适用法律若干问题的意见》第四条第二项的规定，多人共同实施电信网络诈骗，犯罪嫌疑人、被告人应对其参与期间该诈骗团伙实施的全部诈骗行为承担责任。“参与期间”从犯罪嫌疑人、被告人着手实施诈骗行为开始起算。因此，控辩双方争议焦点之一是如何认定犯罪“着手”的时间。此外，部分被告人及其辩护人还认为本案不是犯罪集团，不能按照犯罪集团的理论定罪处罚，该争议是讨论犯罪集团中犯罪“着手”问题的前提，须先对犯罪集团作出认定。

（一）关于本案犯罪集团的认定

有人提出，该团伙一线人员流动性较大，不符合犯罪集团成员较为固定的特征，不应认定为犯罪集团。

判决认为，犯罪集团不能要求所有成员均稳定，犯罪集团的组织机构较为复杂，成员包括核心成员和外围成员等，对于犯罪集团而言，只要核心成员固定，分工明确就可实现组织的固定。

具体到本案，被告人周圣修、张富崴、刘泰廷、张智维等人，为实施电信网络诈骗犯罪而组成较为固定的犯罪组织，且该犯罪组织核心成员稳定，分工严密，实行公司化管理，有明显且相对固定的人员负责电信网络诈骗窝点的组建、人员召集、培训、管理、赃款分配等，符合犯罪集团的认定条件，应当认定为犯罪集团。部分在犯罪集团中从事一线诈骗行为的被告人，虽然具有一定流动性，但其犯罪地位、作用、分工均固定且明确，不影响诈骗犯罪集团的认定。

（二）诈骗集团中实行犯着手时间的认定

部分辩护人认为，被告人犯罪着手的时间应当从其具体实施诈骗的时间起算，如被告人系一线人员的，犯罪时间应当除去接受犯罪培训的时间，培训不能视为犯罪着手。公诉机关认为，被告人犯罪着手的时间，应当以薪水表中记载的被告人加入犯罪团伙的日期计算，对没有薪水表的被告人，则从其进入犯罪窝点的次日开始计算。

判决采纳了公诉机关的意见，具体理由如下：

1. 主观上，实行人的诈骗培训是不可撤销的犯意外化

第一，本案中，一线人员虽然流动性很大，在犯罪集团存续期间陆续有新成员加入，但这些新加入人员中，绝大多数在去肯尼亚诈骗窝点前已经从事过类似诈骗活动，极少数人员在到了肯尼亚犯罪窝点当天也明知该窝点从事诈骗活动，其自主进入犯罪窝点，和其他犯罪分子一起活动即可视为犯罪故意的外化。在案没有任何证据显示承继犯具有参加培训后不进行诈骗的可能，培训与一线上岗具有前后继发性。

第二，新加入的一线人员在话术培训的过程中，和二线、三线及其他犯罪集团成员“磨合”，并形成共同犯罪的意思联络，新加入人员为犯罪集团其他人提供了精神助力，起到了精神鼓舞和“站台”作用，增加了犯罪集团犯罪的决心。

第三，公司型诈骗集团中犯意产生时间的判断。公司型诈骗犯罪集团组织机构庞杂，各被告人加入诈骗犯罪集团，不可能立即与他人形成十分明确的共同犯罪意思联络，甚至加入犯罪集团时分工尚未具体确定。但只要其明知是诈骗集团仍加入，犯罪意图就已经明显了。因此，一般的公司型集团诈骗中，加入犯罪集团即可视为有诈骗故意，不需要被告人具体从事诈骗实行行为。

2. 客观上，诈骗培训具有法益侵害危险性

第一，对新加入人员进行培训是犯罪集团实施犯罪行为的必要组成部分。如果没有这些培训，不仅被培训的被告人无法进行后续的犯罪行为，整个犯罪集团也无法吸收新成员，培训新加入的犯罪人员也是主犯张家祥等人的重要分工内容。

第二，在话术培训过程中，有些新加入人员就尝试着用新学习的诈骗话术进行诈骗，充分说明话术培训带有“以实操带学习”的性质，培训对他人财产权已经形成迫切危险。

第三，一般案件中，加入犯罪集团行为本身意味着法益保护面临危险。公司化运作

的诈骗集团中，每个犯罪成员都具有整齐划一的犯罪培训和犯罪时间表是不可能的，一些成员加入后实施相关行为是比较常见的。但是，犯罪集团已经将其作为一分子，为其发放薪水，将其纳入管理，其潜在的社会危害性已经具备。

（三）诈骗集团中胁从犯着手时间的认定

部分被告人及其辩护人提出本案中存在胁从犯，依法应予从轻或减轻处罚，其主张的胁从犯中包括了一些从事诈骗话术培训的被告人，关于如何认定参与诈骗培训的胁从犯的犯罪着手问题，判决认为：

1. 胁从犯参与诈骗培训不能当然视为着手

第一，胁从犯参加诈骗培训不能当然代表其具有不可撤回的犯罪故意。根据《刑法》第二十八条的规定，胁从犯是指共同犯罪中被胁迫参加犯罪的人。胁从犯既不同于自主自愿参与犯罪的情形，也不同于没有意志自由、行动选择自由的情形，胁从犯主观上不愿意或不完全愿意实施共同犯罪，但尚有选择的自由，只是因受到他人威胁而被动参加共同犯罪。从犯罪意图上看，参加犯罪培训并不代表其愿意参与犯罪，其不稳定的参与心理可能导致参加培训后不进行诈骗。因而，其参加培训并不能当然视为犯罪的着手。

第二，胁从犯参加犯罪培训不能当然视为参与犯罪的行为。胁从犯是被胁迫参加犯罪，其参加犯罪培训可能只是权宜之计，培训后仍然可能不进行诈骗活动。与一般人培训后自动转为一线上岗人员不同，胁从犯在这中间存在变数。当然，如果胁从犯在培训期间，已经实际拨打诈骗电话，则应认定为着手。

因此，应根据主客观相一致原则，以胁从犯故意实施诈骗行为时为其犯罪着手时间。

2. 本案不存在胁从犯

被诱骗参加犯罪的人不是胁从犯，具体到本案：

第一，部分被告人自供在此次犯罪前曾在其他国家或地区实施过电信诈骗，且上述供述与其出入境记录能够印证，该部分被告人对到肯尼亚诈骗至少具有概括的主观故意，该部分被告人不能认定为是受蒙骗或胁迫参加诈骗犯罪。

第二，部分被告人称出于找工作赚钱等目的，受高薪诱惑被招募到诈骗犯罪集团，且存在护照、手机被统一保管的情况，但被告人均供述在肯尼亚期间可以定期与家人通话，如自己明确表示不想继续参与诈骗犯罪，在支付交通费用的情况下，可自由退出，即使明确拒绝实施诈骗行为，也能够保证正常的饮食和休息，不会遭到殴打或虐待。同时，根据在案证据及查明的事实，各被告人对实施诈骗行为，既未明确表示过拒绝，亦未表现出任何反抗举动，反而均自主接听被害人回电，并根据话术单对被害人进行诈骗，且均有诈骗成功的案例。

第三，在案并无任何证据证明被告人系受到他人暴力胁迫或精神强制而实施诈骗犯罪。

（四）诈骗集团中组织犯着手时间的认定

虽然诈骗集团中各主犯及其辩护人均未对公诉机关指控的犯罪着手时间有异议，但是准确界定其着手时间也具有重要意义。一种意见认为，应当以组织犯筹备犯罪集团或窝点之日起为犯罪着手；另一种观点认为，应以实行犯着手犯罪的时间为其着手之时。判决同意第二种观点，即以犯罪集团中一、二、三线实际拨打电话，并有日报表记录之日为犯罪着手时间，理由是：第一，犯罪集团组织行为通常不会产生某起犯罪的现实危险，此时法益保护没有面临紧迫的危险。组织犯制定犯罪计划，招募犯罪成员、选定犯罪窝点时，距离犯罪的真实发生仍然在时间上有一定距离，犯罪实行条件也未全部具备，不符合着手的一般理论。第二，如果将组织工作视为组织犯的着手，将会不当扩大未遂的处罚范围，与一般人的常识相抵触。第三，周圣修等人系主犯，对犯罪集团的整体犯罪承担责任。虽然其短暂离开犯罪窝点，但在其离开犯罪窝点期间仍然从犯罪窝点领取薪水、分红等报酬，且仍然为犯罪集团招募人员，因而不能视为其脱离犯罪集团，应连续计算犯罪期间。

综上，判决认为，在犯罪集团的行为人犯罪着手问题上，各被告人的犯罪着手时间应在犯罪集团的整体背景下考虑，对于电信诈骗犯罪集团，从其组建成立后实施诈骗犯罪开始，该集团作为一个整体即完成犯罪着手，被告人新加入犯罪集团成为犯罪集团的一分子，只是进一步增强了犯罪集团的犯罪能力和社会危害性。各被告人虽分工不同，如翻译、厨师、一线、二线、三线、日常用品采购等，但都是服务于整个犯罪集团的运行，根据“部分实行，全部责任”的共同犯罪理论，此时已经进入犯罪实行阶段。犯罪集团的组织犯从犯罪集团正式运作之日起进入犯罪着手，胁从犯的犯罪着手时间为其故意实施刑法分则规定的具体构成要件行为之时。

（一审法院合议庭成员　崔　杨　刘立杰　吴炎冰　郭　瑛　齐刘磊
二审法院合议庭成员　朱　军　闫　颖　许　秀
编写人　北京市第二中级人民法院　王　璇
责任编辑　周维明
审稿人　李玉萍）

原载《人民法院案例选》2019年第7辑（总第137辑）

243. 耿万喜诈骗案

——普通经济纠纷与诈骗犯罪的认定

【关键词】

刑事　诈骗　非法占有目的　经济纠纷　履约能力

【裁判要旨】

1. 行为人未虚构合同主体内容，仅对合同效益、交易风险及履约能力等有夸张许诺的，不宜认定为诈骗行为。

2. 行为人是否具有非法占有的目的，可通过行为人的履约能力、对标的物处置、履约积极性或者损失补救等客观事实来认定。

【相关法条】

《中华人民共和国刑事诉讼法》

第二百四十五条[①]**第一款**　人民法院按照审判监督程序重新审判的案件，由原审人民法院审理的，应当另行组成合议庭进行。如果原来是第一审案件，应当依照第一审程序进行审判，所作的判决、裁定，可以上诉、抗诉；如果原来是第二审案件，或者是上级人民法院提审的案件，应当依照第二审程序进行审判，所作的判决、裁定，是终审的判决、裁定。

《最高人民法院关于适用〈中华人民共和国刑事诉讼法〉的解释》

第三百八十九条第一款第三项、第四项　再审案件经过重新审理后，应当按照下列情形分别处理：

（三）原判决、裁定认定事实没有错误，但适用法律错误，或者量刑不当的，应当撤销原判决、裁定，依法改判；

（四）依照第二审程序审理的案件，原判决、裁定事实不清或者证据不足的，可以在查清事实后改判，也可以裁定撤销原判，发回原审人民法院重新审判。

第三百八十九条第二款　原判决、裁定事实不清或者证据不足，经审理事实已经查清的，应当根据查清的事实依法裁判；事实仍无法查清，证据不足，不能认定被告人有罪的，应当撤销原判决、裁定，判决宣告被告人无罪。

【案件索引】

一审：江苏省滨海县人民法院（1986）刑字第135号（1986年10月7日）

① 《刑事诉讼法》2018年修正后，本条改为第二百五十六条，条文内容未变。

二审：江苏省盐城市中级人民法院（86）刑上字第250号（1986年11月24日）
指令再审：江苏省高级人民法院（2016）苏刑再6号（2017年4月10日）
再审（提审）：最高人民法院（2018）最高法刑再5号（2018年6月7日）

【基本案情】

江苏省滨海县人民检察院指控：被告人耿万喜于1985年10月21日至26日以给滨海县土产果品公司（以下简称滨海果品公司）代购橘子罐头为由，先后两次将该公司3万元骗到四川省江津县果品公司（以下简称江津果品公司），企图为自己贩卖橘子作资金。案发后，经多方追款，直至1986年3月以货抵款，赃款才全部追回。公诉机关认为，被告人耿万喜的行为构成诈骗罪，提请法院依法判处。

被告人耿万喜及其辩护人的辩护意见：（1）被告人耿万喜没有诈骗的犯罪目的和动机，认定其犯诈骗罪的法律依据不足；（2）本案已经过经济庭调解结案，根据有关规定再作重复处理不妥。

法院经审理查明：1985年5月21日，原审被告人耿万喜以陈铸东平货铺（以下简称东平货铺）的名义与江津果品公司订了50吨柑橘购销合同。同年6月15日，耿万喜所在单位江苏省阜宁县综合贸易服务部（以下简称阜宁服务部）亦与江津果品公司订了50吨柑橘。

为解决资金问题，1985年10月17日，阜宁服务部以代买橘子罐头为由，与滨海县陈铸供销社签订联营橘子的合同，陈铸供销社向阜宁服务部提供3万元资金。10月21日，耿万喜因滨海果品公司对橘子罐头感兴趣，持内容为“现货20吨，价2650元，果品加工厂，如要速汇款复”的电报，与滨海果品公司经理王某、高某谈妥代购橘子罐头事宜。双方在电报上注明货名、价款及到货时间等，加盖阜宁服务部业务专用章。耿万喜表示购买橘子罐头需资金3万元，滨海果品公司于当日向江津果品公司汇出2万元，10月26日又汇出1万元。

1985年10月21日，阜宁服务部经理田某、业务员耿某某前往四川省江津县（现重庆市江津区）办理购买橘子事宜。到达江津后，田某、耿某某二人前往江津果品加工厂了解行情，得知当地并无罐头存货，而且价格远超预期。耿某某遂将该行情告知耿万喜，耿万喜亦转告滨海果品公司。滨海果品公司随即表示不要橘子罐头，要求耿万喜等人归还3万元，但耿万喜以钱款在田某、耿某某手上为由推脱。其间，耿万喜向耿某某去信，要求耿某某将滨海果品公司的3万元用于购买东平货铺的橘子，至于滨海果品公司所需的罐头可以想办法先发一部分或者购买当地批发货充抵，最终耿某某、田某将全部款项用于购买橘子。由于当时四川控制橘子销售，加上天气原因，橘子腐烂严重，耿某某未将东平货铺购买的橘子发往江苏。而田某则将阜宁服务部购买的橘子分批发往江苏，其中一批到达阜宁后，耿万喜打电话通知滨海果品公司，滨海果品公司随即派人前去收货，后由阜宁服务部负责销售该批橘子，将所卖橘子款约10500元交给滨海果品公司。之后阜宁服务部又汇款9000元给滨海果品公司偿还欠款。1986年3月，在滨海县人民法院的调解下，阜宁服务部以白酒抵欠款10544.88元，双方债务两清。

【裁判结果】

最高人民法院于2018年6月7日作出（2018）最高法刑再5号刑事判决：一、撤销江苏省高级人民法院（2016）苏刑再6号刑事裁定、江苏省盐城市中级人民法院（86）刑上字第250号刑事裁定和江苏省滨海县人民法院（1986）刑字第135号刑事判决。二、原审被告人耿万喜无罪。

【裁判理由】

法院生效裁判认为：诈骗罪是指以非法占有为目的，用虚构事实或者隐瞒真相的方法，骗取数额较大的公私财物的行为。本案中，原审被告人耿万喜未经认真考察即对滨海果品公司作出承诺，夸大履约能力；在滨海果品公司明确不再购买橘子罐头并提出返款要求后，仍擅自决定将货款挪作他用，具有一定的过错。但耿万喜确有为履行代购橘子罐头的协议和弥补损失而积极作为，结合诈骗罪的犯罪构成和案发当时的法律、政策综合考虑，原判认定耿万喜犯诈骗罪的依据不足。具体如下：

首先，既有证据不能认定耿万喜有虚构事实或者隐瞒真相的行为。第一，耿万喜持1985年10月18日由江津方面发来的关于橘子罐头行情的电报与滨海果品公司商谈代购橘子罐头的业务，说明耿万喜并非凭空虚构事实。第二，耿某某、田某在到达江津后，确有前往当地果品加工厂了解橘子罐头价格及存货，在得知橘子罐头涨价及没有存货后，耿万喜基于滨海果品公司对罐头价格的预期，及时将该价格变动情况通知滨海果品公司，并没有隐瞒对其不利的事实。第三，耿万喜将滨海果品公司的3万元用于购买其经营的东平货铺的橘子，虽然未经滨海果品公司同意，挪用资金用于非合同目的，但这种行为属于资金周转的一种方式，应承担民事违约责任，不属于刑法上虚构事实或者隐瞒真相的行为。

其次，再审查明的事实尚不能认定耿万喜具有非法占有他人财产的目的。第一，田某的证言、耿万喜的辩解，证实耿万喜可以代表阜宁服务部对外从事经济活动，耿万喜及阜宁服务部在案发前亦通过与陈铸供销社联营的方式取得一定的资金，故耿万喜及其所在的阜宁服务部具有一定的履约能力。第二，在耿万喜与滨海果品公司谈妥代购橘子罐头事宜之后，耿万喜代表阜宁服务部在上述电报上签下货款、价格、到货时间等内容，并加盖阜宁服务部的业务专用章，该电报具有合同的效力，可视为耿万喜所在的阜宁服务部愿为此次交易承担法律后果。第三，滨海果品公司与阜宁服务部订立的合同均盖有单位的印章，款项往来均走单位的账户，滨海果品公司的汇款也均由田某、耿某某在使用，耿万喜始终没有直接占有和使用滨海果品公司的3万元，该3万元也从未流入到耿万喜的个人账户，难以认定耿万喜具有非法占有的目的。

再次，滨海果品公司案发前并没有遭受实际损失。滨海果品公司购买橘子罐头的合同目的落空后，耿万喜和阜宁服务部积极采取措施，通过销售橘子、转款和以货抵债的方式，使滨海果品公司的3万元货款全部收回。在对耿万喜采取刑事强制措施之前，受案法院已就滨海果品公司诉阜宁服务部合同纠纷一案调解结案，双方对债务问题已无争议。

最后，根据当时的法律和政策，本案中的行为应当按照经济纠纷处理。1985年7月18日发布的《最高人民法院、最高人民检察院关于当前办理经济犯罪案件中具体应用法律的若干问题的解答（试行）》“关于诈骗罪的几个问题”中规定：“国营单位或集体经济组织，有部分履行合同的能力，但其主管人员或直接责任人员用夸大履约能力的方法，取得对方信任与其签订合同，合同生效后，虽为履行合同作了积极的努力，但未能完全履行合同的，应按经济合同纠纷处理。”据此，本案中耿万喜虽然具有一定的过错，但根据案发当时的法律和司法解释，其与滨海果品公司之间的争议，属于经济合同纠纷，不宜作为犯罪处理。

【案例注解】

本案是最高人民法院第三巡回法庭成立后第一起当庭宣告无罪的刑事再审案件。妥善处理历史形成的产权案件，审慎把握区分经济纠纷与刑事犯罪，是当前刑事审判的重要工作任务。本案例对于人民法院准确把握经济违法行为入刑标准具有重要指导意义。

区分经济纠纷与诈骗犯罪，最关键是要解决两个问题：

一、准确把握经济纠纷中一般不实陈述或者重大误解与隐瞒真相、虚构事实的诈骗手段之间的区别

首先，要确定行为人是否有达成交易从而实现合同利益的“诚意”。本案中，耿万喜于1985年10月18日接到四川江津发来的电报，说明耿万喜确实有委托他人去了解四川江津橘子罐头的行情。虽然电报上没有明确是橘子还是橘子罐头（一审公诉人有提出），但从2650元/吨及“果品加工厂”这些内容可以推测应是橘子罐头的行情，由此说明耿万喜对于购买橘子罐头一事确有做相应准备工作；阜宁服务部与滨海果品公司虽没签订关于代购橘子罐头的合同，但在滨海果品公司的提议下，耿万喜在电报上签下货款、价格、到货时间等内容，并加盖阜宁服务部的业务专用章，该电报具有合同的效力，可视为耿万喜及其单位愿为此次交易承担法律后果的表现；耿某某、田某及陈铸供销社派出的人员在到达四川江津后，确有前往当地果品加工厂再次了解橘子罐头的价格及存货情况，在得知橘子罐头涨价及没存货后，耿万喜在明知滨海果品公司要求罐头价格不能超过1.3元/罐的情况下，及时将该情况通知滨海果品公司，并没有隐瞒对其不利的事实。从以上事实可以看出，耿万喜为达成涉案橘子罐头的交易，确实进行一定的主动、积极的行为。

其次，要看行为人不实陈述的意图是为达成交易合意还是为骗取财物，不实陈述的对象是否涉及合同的主体行为。耿万喜确有为代购橘子罐头做过一系列行为，但其未经认真考察研究就轻易对滨海果品公司作出承诺，导致双方交易的预期利益未能实现，其对于购买橘子罐头这一主体行为没有虚构、隐瞒，但对于合同效益、交易风险及履约能力等有夸张、夸大之嫌。据《最高人民法院、最高人民检察院关于当前办理经济犯罪案件中具体应用法律的若干问题的解答（试行）》（1985）第四点的规定，“国营单位或集体经济组织，有部分履行合同的能力，但其主管人员或直接责任人员用夸大履约能力的方法，取得对方信任与其签订合同，合同生效后，虽为履行合同作了积极的努力，但未能完全履行合同的，应按经济合同纠纷处理”，对耿万喜的行为不宜认定为诈骗行为。

最后，耿万喜将滨海果品公司的3万元用于购买其经营的东平货铺的橘子，虽然未经滨海果品公司同意挪用资金用于非合同目的，但这种行为属于资金周转的一种方式，应承担违约责任，但尚未构成虚构事实的欺诈手段。

二、通过查明的事实准确认定行为人是否具有非法占有他人财物的目的

诈骗罪与民事欺诈的本质区别在于行为人是否具有非法占有的目的。司法实践中，主观目的很难通过证据来直接证明，一般通过行为人是否具有履约能力、财物处理方式、是否有积极履行合同或者弥补对方损失等客观事实或者行为来推定其是否具有非法占有的目的。

首先，从阜宁服务部的会议记录及田某的证言、耿万喜的供述可以证明耿万喜具有代表阜宁服务部对外从事经济活动的资格，而阜宁服务部作为国营企业，具有合法经营商品贸易的资质，在案发前亦通过与陈铸供销社联营的方式取得一定的资金能力，其与四川江津方面也有合作的经验，故耿万喜与阜宁服务部在本案中具有一定的履约能力与经营资质。

其次，本案滨海果品公司与阜宁服务部之间属于单位之间的行为。双方订立的合同均盖有单位的印章，款项来往均走单位的账户，滨海果品公司的汇款也均由田某、耿某某在使用，耿万喜始终没有直接占有和使用滨海果品公司的3万元，该3万元也从未流入到耿万喜的个人账户，从赃款流向上难以认定耿万喜有非法占有的故意。

最后，耿万喜有积极的行为弥补滨海果品公司的经济损失。其一，在写给耿某某的信件中，耿万喜有提到“需想办法，发一车皮橘罐头，滨海果品先给5000～10000瓶，否则我们失信于人”“他们叫我先搞五千瓶给他们门市，无法，我准备拿批发价给他们约1.60元，给滨果算1.48元，我们要亏几百元”。而耿某某的证言中亦提到“耿万喜多次对我讲，你先把滨海果品公司钱还掉”。这些证据可以印证耿万喜并无侵吞滨海果品公司货款的故意。其二，证人耿某某、王某、陈某1、陈某2、胡某某的证言也能印证耿万喜将橘子到达阜宁的消息通知滨海果品公司，让滨海果品公司将橘子拉去销售抵偿欠款的事实。其三，耿万喜作为阜宁服务部的代理人，积极推动阜宁服务部与滨海果品公司在法院的调解。从上述可知，耿万喜既有弥补滨海果品公司损失的想法，亦有相应的实际行动。

［一审法院合议庭成员　曹子华　郭霞富　靳水跃
二审法院合议庭成员　任宝秀　徐　平　郭乃湘
指令再审法院合议庭成员　刘景玉　刘　刚　卢　宁
再审（提审）法院合议庭成员　王旭光　仇晓敏
编写人　最高人民法院　仇晓敏
福建省泉州市中级人民法院　孙　越
责任编辑　包献荣
审稿人　李玉萍］

原载《人民法院案例选》2020年第1辑（总第143辑）

244. 郑某诈骗案

——债权凭证可成为侵犯财产罪的犯罪对象

【关键词】

刑事　债权凭证　侵犯财产罪　犯罪对象　犯罪数额　犯罪既遂　犯罪未遂

【裁判要旨】

作为侵犯财产罪犯罪对象的“财物”，是指存在一定客观价值或者主观价值，具有管理可能性的财产，包括有形物、无形物以及财产性利益。财产性利益的内容和载体是分离的，其具体内容要附着在一定的载体之上才可能成为侵犯财产罪的犯罪对象。债权凭证是记载、展现债权的载体，债权凭证和债权相分离，债权要通过债权凭证才能被人控制和管理。在民法上，债权凭证是债权人主张债权的重要证据。债权凭证（如借条、欠条、存折、存单等）本身虽然不是刑法保护的对象，但是却可能成为侵犯财产罪的犯罪对象。行为人以消灭债务为目的，抢劫、盗窃、诈骗、抢夺合法、有效的借条、欠条等债权凭证，并且该借款凭证是确认债权债务关系存在的唯一证明的，可以抢劫罪、盗窃罪、诈骗罪、抢夺罪论处。诈骗犯罪数额应以最终实际骗取的金额来认定。诈骗既有既遂，又有未遂，分别达到不同量刑幅度的，依照处罚较重的规定处罚；达到同一量刑幅度的，以诈骗罪既遂处罚。

【相关法条】

《中华人民共和国刑法》

第二百六十六条　诈骗公私财物，数额较大的，处三年以下有期徒刑、拘役或者管制，并处或者单处罚金；数额巨大或者有其他严重情节的，处三年以上十年以下有期徒刑，并处罚金；数额特别巨大或者有其他特别严重情节的，处十年以上有期徒刑或者无期徒刑，并处罚金或者没收财产。本法另有规定的，依照规定。

第六十七条　犯罪以后自动投案，如实供述自己的罪行的，是自首。对于自首的犯罪分子，可以从轻或者减轻处罚。其中，犯罪较轻的，可以免除处罚。

被采取强制措施的犯罪嫌疑人、被告人和正在服刑的罪犯，如实供述司法机关还未掌握的本人其他罪行的，以自首论。

犯罪嫌疑人虽不具有前两款规定的自首情节，但是如实供述自己罪行的，可以从轻处罚；因其如实供述自己罪行，避免特别严重后果发生的，可以减轻处罚。

第六十四条　犯罪分子违法所得的一切财物，应当予以追缴或者责令退赔；对被害人的合法财产，应当及时返还；违禁品和供犯罪所用的本人财物，应当予以没收。没收的财物和罚金，一律上缴国库，不得挪用和自行处理。

【案件索引】

一审：浙江省宁波市奉化区人民法院（2017）浙0213刑初678号（2018年5月4日）

二审：浙江省宁波市中级人民法院（2018）浙02刑终386号（2018年7月16日）

【基本案情】

浙江省宁波市奉化区人民检察院指控：2010年3月至2011年12月期间，被告人郑某在背负巨额债务（部分债务为高利贷）的情况下，以投资、转让股份等事项为名，骗取被害人沈某某、林某甲、林某乙财产共计人民币260.24万元，后用于还债和消费。2012年1月，被告人郑某为躲避被害人沈某某、林某甲、林某乙等人追讨欠款，切断了与相关人员的联系，潜逃至外地。具体事实如下：

1. 2010年3月，被告人郑某邀请被害人沈某某到奉化投资开设澜泊湾浴场，后被害人沈某某自2010年3月至2011年12月共支付给被告人郑某人民币129.64万元。被告人郑某将其中约100万元人民币投入到澜泊湾浴场，余款用于还债和消费。2010年12月在澜泊湾浴场注册公司时，被告人郑某未经被害人沈某某同意即将股份登记到被告人郑某名下，后又在被害人沈某某不知情的情况下于2011年5月将该股权转让给他人。

2. 2010年12月至2011年11月期间，被告人郑某隐瞒被害人沈某某已对澜泊湾浴场投资的情况下，仍以投资该浴场、做生意等需要资金为名，多次骗得被害人林某甲钱款共计人民币80.6万元，后被告人将该钱款用于还债和消费。

3. 2011年12月6日，被告人郑某隐瞒其已于2011年5月将登记在自己名下的奉化市澜泊湾休闲有限责任公司的股权转让给他人的事实，以转让股份为名，与被害人林某乙签订股份转让协议，约定以人民币50万的价格转让该公司股权。后被告人郑某以免除债务、收取现金的方式取得被害人林某乙财产共计人民币50万元，被告人郑某将骗取的现金人民币30多万元用于还债和消费。

公诉机关认为被告人郑某的行为已触犯《刑法》第二百六十六条的规定，应当以诈骗罪追究刑事责任。

被告人郑某对公诉机关指控的第一和第二起诈骗犯罪事实不予认可，认为是民间借贷纠纷，对公诉机关指控的第三起诈骗事实予以认可。辩护人辩称公诉机关指控的第一起和第二起事实均属于民事纠纷，不属于诈骗犯罪，并辩称第三起诈骗中的诈骗数额应为现金支付的30多万元。

一审法院经审理查明：2011年12月6日，被告人郑某隐瞒其已于同年5月将登记在自己名下的奉化市澜泊湾休闲有限责任公司的股权转让给他人的事实，以转让股份为名，与被害人林某乙签订股份转让协议，约定以人民币50万元的价格转让该公司股权，被告人郑某以免除债务、收取现金的方式取得被害人林某乙财产共计人民币50万元，被告人郑某将骗取的现金人民币30多万元用于还债和消费。2017年4月11日，被告人郑某在江苏省泗洪县青阳镇被公安机关抓获。

上诉人（原审被告人）郑某上诉称：（1）其与林某乙签订的股份转让协议，并不能免除其欠林某乙的10余万元债务，这10余万元不应计入其诈骗数额；（2）其实际上也没有全部收到其余30余万元；（3）其诈骗不属于数额特别巨大，原判量刑过重；请求二审法院依法改判。其辩护人认为：（1）郑某与林某乙签订股权股份转让协议前郑某欠林某乙多少钱以及协议签订后郑某实际收到林某乙多少钱，原判没有具体查明；（2）郑某与林某乙签订的股权、股份转让协议并不能免除郑某欠林某乙的10余万元债务，该10余万元不应计入诈骗数额，郑某的诈骗犯罪数额应为30余万元，属于数额巨大，原判认定诈骗数额为50万元属于认定事实错误，导致量刑过重；请求二审法院依法判决。

二审法院经审理查明：浙江省奉化市澜泊湾休闲有限责任公司于2010年12月7日成立，上诉人（原审被告人）郑某系该公司股东，持有12.5%股权；2011年5月，上诉人郑某将其持有的全部股权转让给李某，奉化市澜泊湾休闲有限责任公司亦于同月11日申请办理公司股东变更登记。

2011年12月6日，上诉人郑某隐瞒上述情况，以转让其持有的股权为名，与被害人林某乙签订了股权股份转让协议，约定以人民币50万元的价格转让奉化市澜泊湾休闲有限责任公司12.5%股权。此前，郑某向林某乙借款共计人民币10余万元，其中5万元出具过借条。在既未返还借条、亦未出具收条的情况下，林某乙将郑某欠其的债务进行折抵后，另行支付给郑某人民币约38万元。郑某实际骗得林某乙人民币约38万元，所得款项用于还债和消费。

【裁判结果】

浙江省宁波市奉化区人民法院于2018年5月4日作出（2017）浙0213刑初678号刑事判决：一、被告人郑某犯诈骗罪，判处有期徒刑十年，并处罚金人民币8万元；二、被告人郑某于判决生效后一个月内向被害人林某乙退赔人民币50万元。

宣判后，郑某提出上诉。浙江省宁波市中级人民法院于2018年7月16日作出（2018）浙02刑终386号刑事判决：一、撤销浙江省宁波市奉化区人民法院（2017）浙0213刑初678号刑事判决；二、上诉人（原审被告人）郑某犯诈骗罪，判处有期徒刑八年六个月，并处罚金人民币6万元；三、上诉人郑某向被害人林某乙退赔违法所得人民币38万元。

【裁判理由】

法院生效裁判认为：上诉人（原审被告人）郑某以非法占有为目的，隐瞒其已将所持有的奉化市澜泊湾休闲有限责任公司股权转让给他人的事实，以向被害人林某乙转让股权的名义，实际骗取林某乙人民币约38万元，诈骗数额巨大，其行为已构成诈骗罪。上诉人郑某的犯罪所得，依法应责令退赔给被害人。原判定罪正确，审判程序合法，但认定上诉人郑某诈骗犯罪数额特别巨大有误，导致量刑不当，应予纠正。上诉人郑某及辩护人所提原判量刑过重等上诉理由和辩护意见成立，予以采纳。

关于上诉人郑某是否收到林某乙人民币30余万元的问题。经查，上诉人郑某在侦查阶段和一审庭审时均供述收到了林某乙根据股权股份转让协议支付的现金30余万元，该供述能与被害人林某乙的陈述相互印证，依据现有证据，可以认定郑某收到了林某乙支付的人民币30余万元。上诉人郑某在二审审理时所提其没有收到30余万元的辩解与其原先供述和在案其他证据相悖，且不能合理说明翻供理由，不予采信。

关于债权债务关系折抵的10余万元是否计入诈骗犯罪数额的问题。经查，能够成为诈骗行为对象的，应是借款凭证等物，而不是债权债务关系这类刑法所保护的法益。而且，借款凭证必须是确认债权债务关系存在的唯一证明，被骗后必然导致债权债务关系消灭的后果，才可以对诈骗借款凭证的行为定罪论处。在本案中，林某乙与郑某在处置这10余万元债权债务关系时，林某乙没有归还郑某出具的借条，郑某也没有出具用于明确消灭债权债务关系的收条，郑某实际骗取到手的钱财只有林某乙支付的现金部分，即人民币约38万元。诈骗犯罪的数额应以行为人最终实际骗取的财物来认定，林某乙与郑某商定用债权债务关系折抵的10余万元不属于郑某最终实际骗取的财物，不应计入郑某的诈骗犯罪数额。上诉人郑某及辩护人的相关上诉理由和辩护意见成立，予以采纳。

【案例注解】

本案的争议焦点主要有两个方面：一是债权凭证能否成为诈骗罪的犯罪对象；二是在涉案的50万元股权、股份转让费中，被害人用债权折抵的10余万元能否计入诈骗数额。

一、债权凭证可成为侵犯财产罪的犯罪对象

根据《刑法》规定，侵犯财产罪（如盗窃罪、诈骗罪、抢劫罪、抢夺罪、侵占罪等）的犯罪对象是"财物"。随着经济的发展，财产关系日益复杂，"财物"的种类和表现形式多种多样，"财物"的内涵随之扩大。一般而言，作为侵犯财产罪的犯罪对象的"财物"包括有形物（如房产、机动车等）、无形物（如游戏币、虚拟货币、网络流量、电力等）、财产性利益。有学者认为："刑法中的'财物'，是指存在一定客观价值或者主观价值，具有管理可能性的财产，包括有形物、无形物以及财产性利益。"① 与有形物相比，作为财产性利益，其内容和载体是分离的，其本身要附着在一定的载体之上才可能成为侵犯财产罪的犯罪对象。根据《最高人民法院关于审理盗窃案件具体应用法律若干问题的解释》（法释〔1998〕4号，已失效）第五条的规定，有价支付凭证、有价证券、有价票证能够成为盗窃罪的犯罪对象。债权是债务的对称，是债的关系中权利主体具备的能够要求义务主体为一定行为或不为一定行为的权利。债权和债务共同构成债的内容。债权与物权相对应，是财产权的重要组成部分。债权的客体既可以是物，也可以是一定的行为。债权是内容，债权凭证是记载、展现债权的载体，债权凭证和记载的内容相分离，债权要通过债权凭证才能被人控制和管理。在民法上，债权凭证是债权人主张债权的重要证据。债权凭证（如借条、欠条、存折、存单等）本身不是刑法保护的对象，债权凭证记载的财产性利益才是刑法保护的对象。

《浙江省高级人民法院、浙江省人民检察院、浙江省公安厅关于抢劫、盗窃、诈骗、抢夺借据、欠条等借款凭证是否构成犯罪的意见》（以下简称《意见》，浙高法〔2002〕10号）规定："债务人以消灭债务为目的，抢劫、盗窃、诈骗、抢夺合法、有效的借据、欠条等借款凭证，并且该借款凭证是确认债权债务关系存在的唯一证明的，可以抢劫罪、盗窃罪、诈骗罪、抢夺罪论处。债务人以外的人在债务人的教唆之下实施或者帮助债务

① 陈洪兵：《财产犯罪对象研究》，载中国社会科学网，http：//m. cssn. cn/fx/fx_ xfx/201403/t20140317_1031943. htm，最后访问时间：2020年9月20日。

人实施抢劫、盗窃、诈骗、抢夺借据、欠条等借款凭证，并且明知债务人是为了消灭债务的，以抢劫罪、盗窃罪、诈骗罪、抢夺罪的共犯论处。”

分析上述规定，可知：首先，能够成为抢劫、盗窃、诈骗、抢夺犯罪对象的，是借款凭证这类客观存在的物，而不是债权所代表的财产性利益；其次，借款凭证必须是确认债权债务关系存在的唯一证明，借款凭证被抢劫、盗窃、诈骗、抢夺后必然导致债权消灭的后果，才可以对抢劫、盗窃、诈骗、抢夺借款凭证的行为定罪论处，亦即，借款凭证必须是确认债权债务关系的唯一物理凭证；除了借款凭证外，尚有其他证据能够确认债权债务关系的，抢劫、盗窃、诈骗、抢夺合法、有效的借据、欠条等借款凭证的行为，不以抢劫罪、盗窃罪、诈骗罪、抢夺罪论处。

在本案中，郑某欠林某乙人民币10余万元，其中仅有5万元出具过借条，郑某以转让股权为名骗取林某乙50万元，但林某乙仅支付了现金约38万元，其余10余万元以债权折抵，林某乙与郑某在处置这10余万元债权时，林某乙没有归还郑某出具的借条或当场销毁借条，郑某也没有出具用于明确消灭债权债务关系的收条。显然，本案与上述《意见》规定的情况不同，郑某不是以借款凭证为诈骗对象，而是在诈骗过程中，被害人用债权折抵股权转让费，郑某实际骗取到手的钱财只有林某乙支付的现金部分，即人民币约38万元。

二、诈骗犯罪数额的认定

《最高人民法院关于审理诈骗案件具体应用法律的若干问题的解释》（法发〔1996〕32号，已失效）第二条第二款规定：“利用经济合同进行诈骗的，诈骗数额应当以行为人实际骗取的数额认定，合同标的数额可以作为量刑情节予以考虑。”《最高人民法院关于审理非法集资刑事案件具体应用法律若干问题的解释》（法释〔2010〕18号）第五条第三款规定：“集资诈骗的数额以行为人实际骗取的数额计算，案发前已归还的数额应予扣除。行为人为实施集资诈骗活动而支付的广告费、中介费、手续费、回扣，或者用于行贿、赠与等费用，不予扣除。行为人为实施集资诈骗活动而支付的利息，除本金未归还可予折抵本金以外，应当计入诈骗数额。”按照上述司法解释，诈骗犯罪应以最终实际骗取的金额来认定犯罪数额。

在本案中，被害人林某乙用10余万元债权抵扣部分股权转让费，实际上是以新的债权债务关系代替旧的债权债务关系，若股权股份转让协议被确认无效，林某乙完全可以凭借原有的借款凭证或其他证据主张债权。因此，10余万元债权不属于郑某最终实际骗取的金额，不应计入诈骗犯罪（既遂）的数额。林某乙支付的现金约38万元才属于郑某最终实际骗取的金额。综上所述，郑某及其辩护人所提“10余万元不应计入诈骗数额，郑某的诈骗犯罪数额应为30余万元，属于数额巨大”之上诉理由和辩护意见成立，予以采纳。

三、诈骗犯罪既遂、未遂的认定

从犯罪形态角度进行分析，行为人欲通过侵犯债权凭证消灭债务的，如果行为人没有实际控制、损毁该债权凭证或者被害人有其他证据证明债权存在的，可被认定为犯罪未遂；如果行为人控制、损毁了该债权凭证从而导致被害人不可能实现债权的，可被认定为犯罪既遂。在本案中，涉案的股权转让费50万元中，38万元可以被认定为犯罪既遂数额，10余万元债权属于犯罪未遂数额。《最高人民法院、最高人民检察院关于办理诈骗刑事案件具体应用法律若干问题的解释》第六条规定："诈骗既有既遂，又有未遂，分别达到不同量刑幅度的，依照处罚较重的规定处罚；达到同一量刑幅度的，以诈骗罪既遂处罚。"因此，对于数额犯中犯罪行为既遂与未遂并存且均构成犯罪的情况，在确定全案适用的法定刑幅度时，先就未遂部分进行是否减轻处罚的评价，确定未遂部分所对应的法定刑幅度，再与既遂部分对应的法定刑幅度比较，确定全案适用的法定刑幅度。如果既遂部分对应的法定刑幅度较重或者二者相同的，应当以既遂部分对应的法定刑幅度确定全案适用的法定刑幅度，将包括未遂部分在内的其他情节作为确定量刑起点的调节要素进而确定基准刑。如果未遂部分对应的法定刑幅度较重的，应当以未遂部分对应的法定刑幅度确定全案适用的法定刑幅度，将包括既遂部分在内的其他情节，连同未遂部分的情节一并作为量刑起点的调节要素进而确定基准刑。在本案中，郑某诈骗犯罪既遂部分的法定刑幅度较重，全案应以犯罪既遂认定，但应确定适用数额巨大的法定刑幅度。

本案属于刑事诈骗案件，不属于民事欺诈案件，辩护人所提"郑某与林某乙签订的股份转让协议属于民事方面的效力待定合同，林某乙可以通过民事诉讼途径维护权益"的辩护意见与事实不符，不能成立，不予采纳。

（一审法院合议庭成员　邬剑红　鲍丙春　徐恩琴
二审法院合议庭成员　钱　成　刘世宇　万仁赞
编写人　浙江省宁波市中级人民法院　钱　成　尹振国
责任编辑　周维明
审稿人　李玉萍）

原载《人民法院案例选》2020年第12辑（总第154辑）

四、职务侵占罪

245. 詹承钰职务侵占案
——如何界定职务侵占罪中“利用职务上的便利”

【关键词】

职务侵占罪　职务便利　双重客体　实际控制　信用信托

【裁判要旨】

职务侵占罪中通过对“行为人取得控制、支配本单位财物的地位是否基于从事职位规定事务的原因”和“行为人将本单位财物非法占为己有是否基于控制、支配本单位财物地位的原因”两个方面进行评价分析，进而对“利用职务上的便利”进行实质解读和司法判定。

【相关法条】

《中华人民共和国刑法》

第二百七十一条　公司、企业或者其他单位的人员，利用职务上的便利，将本单位财物非法占为己有，数额较大的，处五年以下有期徒刑或者拘役；数额巨大的，处五年以上有期徒刑，可以并处没收财产。

国有公司、企业或者其他国有单位中从事公务的人员和国有公司、企业或者其他国有单位委派到非国有公司、企业以及其他单位从事公务的人员有前款行为的，依照本法第三百八十二条、第三百八十三条的规定定罪处罚。

【案件索引】

一审：福建省沙县人民法院（2014）沙刑初字第243号（2015年1月29日）

二审：福建省三明市中级人民法院（2015）三刑终字第58号（2015年5月13日）

【基本案情】

公诉机关福建省沙县人民检察院指控：被告人詹承钰以非法占有为目的，盗窃单位财物共计 212492.65 元，数额巨大，应当以盗窃罪追究其刑事责任，提请法院依法判处。

被告人詹承钰辩称：其系利用保管沙县中联加油站内保险柜锁匙的职务便利，窃取单位存放在保险柜内的营业款，应构成职务侵占罪；并且具有自首情节，建议对其从轻处罚。

一审法院经审理查明：2013 年 4 月至 2014 年 6 月，被告人詹承钰担任中国石油天然气股份有限公司福建沙县中联加油站沙县片区助理职务，协助沙县片区经理管理沙县中联加油站，未被授权保管沙县中联加油站内保险柜锁匙及保险柜内的营业款。

2014 年 6 月 20 日至同年 6 月 24 日，每日 18 时许，被告人詹承钰先后五次利用在沙县中联加油站工作，熟悉工作环境的便利，盗得沙县中联加油站沙县片区经理黄传智保管的保险柜钥匙，并用该钥匙打开保险柜，窃取沙县中联加油站放置在保险柜内的营业款计人民币（以下币种均为人民币）212492.65 元。

案发后，被告人詹承钰经单位领导询问，便主动地交代了自己盗窃犯罪的事实，且在明知黄传智报警的情形下，仍在现场等候抓捕，到案后如实供述了自己的犯罪事实。且公安机关从被告人詹承钰处扣押赃款 3905 元，并发还被害单位。

一审宣判后，被告人詹承钰上诉称：其除了担任沙县中联加油站沙县片区助理外，还担任加油站的值班经理，在实际工作中，可以使用存放营业款保险柜的钥匙，且有时可根据职责向现金押运公司移交营业款，因此其有接触、管理公司营业款的职责，利用该职务便利窃取公司财物，应构成职务侵占罪。

检察机关出庭意见认为：有证据证明詹承钰在沙县中联加油站工作期间履行值班经理职责，其在窃取公司营业款过程中利用了值班经理的职务便利，建议二审法院综合全案证据依法裁判。

二审审理查明：原判认定被告人詹承钰于 2014 年 6 月 20 日至同年 6 月 24 日先后五次利用其在沙县中联加油站工作之机，将保险柜内营业款计 212492.65 元非法占为己有，并在案发后主动向公司有关人员坦白作案经过，在现场等待公安机关处理的事实清楚，证据均经庭审举证、质证，可以作为定案的依据，足以认定。但认定詹承钰的工作职务，及未被授权管理、经手加油站内营业款的事实有误，应予纠正。

在二审审理期间，法庭就被告人詹承钰在沙县中联加油站的具体工作职责及其实际从事的工作内容要求检察机关补充调取了一系列证据，证实：（1）詹承钰在沙县中联加油站的工作时间为 2013 年 5 月至 2014 年 6 月，其与中国石油天然气股份有限公司福建三明销售分公司签订的是劳动合同，用工形式为合同用工；（2）詹承钰在 2013 年 10 月至 2014 年 6 月期间，每月均有多次作为营业款的移交人，将加油站营业款交予现金押运公司，并在《重要物品交接登记簿》上签字确认；（3）沙县中联加油站系按值班经理岗位向詹承钰发放工资，且在工资表的值班经理署名处亦为詹承钰本人签名；（4）根据中国石油天然气股份有限公司福建销售分公司于 2012 年 6 月编辑的《加油站值班经理工作手册》规定："加油站保险柜钥匙与密码实行两岗分开管理，原则上加油站经理保管钥匙，值班经理保管密码。"

上述事实，有第二审开庭审理中经质证确认的中国石油天然气股份有限公司福建三明销售分公司出具并提供的情况说明、2014 年 4 月至同年 5 月的绩效工资计算表、《加油站值班经理工作手册》，及福建东南保安守押有限公司三明勤务分部出具并提供的说明、重要物品交接登记簿等书证证实，足以认定。

【裁判结果】

福建省沙县人民法院于2015年1月29日作出（2014）沙刑初字第243号刑事判决：一、被告人詹承钰犯盗窃罪，判处有期徒刑六年，并处罚金人民币3万元；二、责令被告人詹承钰退赔被害单位中国石油天然气股份有限公司福建沙县中联加油站人民币208587.65元。宣判后，詹承钰向福建省三明市中级人民法院提起上诉。福建省三明市中级人民法院于2015年5月13日根据二审查明詹承钰利用职务上的便利，非法占有单位钱款的事实，再结合其罪责及相关量刑情节综合评判，作出（2015）三刑终字第58号刑事判决：维持一审刑事判决第二项，撤销第一项，并改判詹承钰犯职务侵占罪，判处有期徒刑五年，并处没收个人财产人民币3万元。

【裁判理由】

二审审理认为：虽根据中国石油天然气股份有限公司福建三明销售分公司出具的情况说明来看，詹承钰于2013年5月至2014年6月期间担任沙县中联加油站片区助理职务。但从其单位提供的2014年4月至同年5月的绩效工资计算表来看，单位系按值班经理岗位向詹承钰发放工资，且在工资表的值班经理署名处亦为詹承钰本人签名。再根据福建东南保安守押有限公司三明勤务分部提供的重要物品“交接登记簿”及其出具的“情况说明”来看，在2013年10月至2014年6月期间詹承钰每月均有多次作为营业款的移交人，将加油站营业款交予押运公司。由此可以看出，詹承钰除了担任片区助理职务外，在实际工作中还履行加油站值班经理职责，且在履职过程中有实际负责管理、经手营业款的职权，该事实与加油站经理黄传智证实的因加油站疏于管理，未严格按照保险柜钥匙与密码实行“两岗分开”管理的规定，导致在实际工作中，值班经理可以拿到保险柜钥匙接触到营业款的事实能够相互印证，足以认定。因此，詹承钰在履行加油站值班经理职责期间，利用其管理、经手加油站营业款的职务之便，将单位营业款非法占为己有，依法应以职务侵占罪追究其刑事责任，原判认定其构成盗窃罪不当，依法予以纠正。

【案例注解】

本案一、二审人民法院对被告人窃取公司财物是否基于“职务之便”认识不一。后因二审人民法院对相关涉案证据要求检察机关作进一步补强，进而影响到最终的定性判断。在司法实践中，职务侵占罪与盗窃罪较易发生混淆，有必要对二者加以区分，利于司法人员在实践中对行为性质作准确把握。

一、关于“职务”范围的界定

正确理解和判定“利用职务上的便利”的前提必须对“职务”进行科学的界定，刑法理论和司法实践对“职务”的概念存在不同的理解。有学者认为：“职务指的是职务范围内的权力（即职权），进而主张职务活动的本质在于管理性。"[①] 还有学者认为："职务是一项由单位分配给行为人持续地、反复地从事的工作，即职务须具有持续性、稳定性的特征。如果是单位临时一次性委托行为人从事某项事务，行为人趁机实施侵占行为的，一般不宜认定为'利用职务上的便利'而实施的职务侵占罪。"[②]

前述两种观点均不当限制了"职务"的内涵和外延。关于前者的观点，根据《现代汉语词典》中"职务是指职位规定应该担任的工作"[③] 的解释，职务并非与职权的含义等同，不能局限地将职务仅理解为管理性活动，而应包括在单位从事的管理活动和普通业务活动。关于后者的观点，在典型的职务侵占罪案件中，职务确实如上所述需要具有持续性、稳定性特征，这与台湾地区业务侵占罪中"所谓业务，是就社会公众经常经营从事的事务而言，若仅偶尔为之，则不得谓为业务"[④] 的规定十分类似。若仅作此理解，则实践中大量存在的行为人仅仅利用一次临时性的工作机会侵占本单位财物的行为就无法以职务侵占罪论处。

故对职务侵占罪中"职务"范围的界定，不能局限于仅用管理性、劳务性、持续性的客观、外在表现形式阐述，将"非管理性普通业务"和"临时授权性业务"排除在"职务"范围之外。而应以是否具有侵犯职务侵占罪"诚实信用信托关系"客体的可能性作为指导原则，凡是不具有"侵犯可能性"的不作为职务侵占罪的评价对象；具有侵犯可能性的则应分析"行为人从事的事务是否对侵占的本单位财物具有控制、支配地位，具有控制、支配地位的则属于职务侵占罪之职务；不具有控制、支配地位的则不属于职务侵占罪之职务，并且这种控制、支配地位可以表现为主管、管理、保管、经手、占有、处分等多种形式"。[⑤] 综上所述，职务侵占罪中"职务"的范围应在"本单位财物所有权"和"诚实信用信托关系"双重客体立场下，分析从事的事务是否对本单位财物具有控制、支配地位，其范围不仅涵括管理性事务和非管理性普通业务，还涵括经常性持续性业务和临时授权性业务。

二、关于"利用职务上的便利"的认定

学界大致存在三种观点：第一种观点认为："利用职务上的便利就是利用从事公务上的便利，即行为人利用在管理本单位经营、生产过程中所进行的领导、指挥、监督等职权。"[⑥] 第二种观点认为："利用职务上的便利就是从事公务和劳务上的便利，即行为人利用本人的职权范围内或者因执行职务而产生的主管、经手、管理本单位财物的便利条件，不管是从事公务活动的便利还是从事劳务活动的便利均包括在内。"[⑦] 第三种观点认为："利用职务上的便利就是利用工作上的便利，即行为人利用因工作或业务而合法持有、控制、管理、支配单位财产的权利。"[⑧]

---

① 郭泽强：《关于职务侵占罪主体问题的思考——以对"利用职务上的便利"之理解为基点》，载《法学评论》2008 年第 6 期。

② 赵震：《职务犯罪重点疑难精解》，法律出版社 2013 年版，第 160 页。

③ 中国社会科学院语言研究所词典编辑室编：《现代汉语词典》，商务印书馆 2005 年版，第 1750 页。

④ 田宏杰等：《海峡两岸职务侵占罪比较研究》，载《政法论坛》1999 年第 6 期。

⑤ 刘伟琦：《"利用职务上的便利"的司法误区与规范性解读》，载《政治与法律》2015 年第 1 期。

⑥ 张祥飞：《论职务侵占罪的几个问题》，载《现代法学》1997 年第 4 期。

⑦ 参见《最高人民法院公报》2008 年第 11 期，第 40 页。

⑧ 赵永红、钱业弘：《试论职务侵占罪的几个问题》，载《法学专论》2001 年第 4 期。

第一种观点将“利用职务上的便利”限定于“领导、指挥、监督”等职权，显然将“职务”等同于“职权”，正如前文所述不当限定了“职务”的外延。第三种观点将利用工作形成的熟悉环境、接近作案目标等一切便利条件都纳入“利用职务上的便利”，实际上扩大了“职务”的范围。第二种观点建立在前文所述“职务”范围解读的基础上，较为全面合理地界定了“利用职务上的便利”的外延，也是学术界通说性解释。但该观点仅仅采取列举的方法将“利用职务上的便利”阐述为“利用主管、经手、管理本单位财物的便利”，并且没有用兜底条款给予周全考虑，无形之中限制了“利用职务上的便利”的内涵与外延。因此，应当在借鉴学术界通说性解释的基础上，准确把握“利用职务上的便利”的实质内涵。

首先，在判定时不仅要把“利用职务上的便利”因素理解为行为要件，更应将其理解为对诚实信用信托关系客体的昭示，据此，侵害诚实信用信托关系的客观行为和方式就不能局限于主管、经手和管理等客观外在的形式特征。正如前文所述，基于侵犯诚实信用信托关系可能性的立场，“利用职务上的便利”即是“利用因承担事务而具有的控制、支配本单位财物的地位”。行为人具有控制、支配本单位财物的地位，就对单位负有忠诚、奉公的义务，其利用该地位侵占本单位财产，必然侵犯了单位的财产权益和诚实信用的信托关系（单位基于信赖赋予其一定的职务）。因此，利用因承担事务而具有的控制、支配本单位财物的地位是“利用职务上的便利”的实质解读。

其次，职务侵占罪与盗窃罪、侵占罪等普通侵财罪的本质区别，在于职务侵占罪属于利用职务上的便利，侵占本单位的财物所有权，也就是说职务侵占罪中的“非法占有本单位的财产”和“利用职务上的便利”具有因果联系，如果没有此种因果联系的解读，均不能提供普遍适用性的判定标准。为确保“利用职务上的便利”的实质内涵在司法实践中得以实现，可以通过对“行为人从事的事务与控制、支配本单位财物的地位”和“利用控制、支配本单位财物的地位与非法将本单位财物占为己有之间”两个因果关系的判定构建“利用控制、支配本单位财物”的识别规则，即一旦判定两个因果关系成立，即可确认属于职务侵占罪中的“利用职务上的便利”。上述“两个因果关系的判定”能为“利用职务上的便利”的认定，提供普遍适用性的认定规则的内在根据为：若第一个因果关系判定成立，即行为人因从事的事务具有控制、支配本单位财物的地位，相对应的，该行为人就应基于诚实信用的信托关系，负有不得侵占单位财产的忠诚义务，和保证单位财物免遭损害的奉公义务。如果行为人背离这种义务，却利用控制、支配本单位财物的地位将本单位财物非法占为己有，即第二个因果关系判定成立，不仅侵犯了本单位财物所有权，还侵犯了相互之间诚实信用的信托关系。这也与职务侵占罪侵犯的“将本单位财物非法占为己有”和“诚实信用的信托关系”两客体相一致。

应当运用“两个因果关系判定”规则来分析本案，即詹承钰虽然没有被中国石油天然气股份有限公司福建沙县中联加油站授权保管加油站保险柜钥匙及柜内营业款，但其在实际工作中履行的是值班经理的职务，根据单位授权负责保管保险柜密码，且具有向现金押运公司移交营业款的职责，据此可认定詹承钰因为其从事值班经理的事务实际上已经对营业款具有支配、控制地位（第一个因果关系判定成立），在盗得经理黄传智保管的保险柜钥匙后，其又利用值班经理支配、控制营业款的地位，将营业款非法占为己有（第二个因果关系判定成立）。据此，理应认定詹承钰属于职务侵占罪中的“利用职务上的便利”，构成职务侵占罪。通过以上的分析结论，我们可以得出詹承钰构成职务侵占罪的定性更加全面准确，也更符合刑法设定该罪立法本意和内在精神。而一审法院判定詹承钰犯盗窃罪，否定其“利用职务上的便利”定性有所偏颇。

通过以上对职务侵占罪中“利用职务上的便利”进行分析，可以看出“利用职务上便利”实质内涵，如果对“行为人从事的事务与控制、支配本单位财物的地位”和“利用控制、支配本单位财物的地位与非法将本单位财物占为己有之间”两个因果关系进行识别判定，则不必刻意地去纠缠和区分主管、经手、管理等模糊概念。如此视角的转换不仅使得“利用职务之便”的认定化繁为简，而且，符合职务侵占罪通过惩治行为人侵犯诚实信用的信托关系法益的行为而保护单位财产法益的特征。

（一审法院合议庭成员　余良云　邓怀礼　张隆金
二审法院合议庭成员　傅树朝　王　健　徐　浩
编写人　福建省三明市中级人民法院　徐　浩　吴良盛
责任编辑　李　明
审稿人　裴显鼎）

原载《人民法院案例选》2016 年第 1 辑（总第 95 辑）

246. 刘艳丽职务侵占案

——村干部侵吞计生奖励返还款的定性

【关键词】

职务侵占　从事公务

【裁判要旨】

村干部没有协助人民政府从事行政管理活动，而是利用担任村基层组织职务的便利侵吞村集体财产的，不属于依照法律从事公务的情况，应当构成职务侵占罪。

【相关法条】

《中华人民共和国刑法》

第二百七十一条第一款　公司、企业或者其他单位的人员，利用职务上的便利，将本单位财物非法占为己有，数额较大的，处五年以下有期徒刑或者拘役；数额巨大的，处五年以上有期徒刑，可以并处没收财产。

【案件索引】

一审：河南省南阳市内乡县人民法院（2013）内刑初字第 152 号（2013 年 8 月 13 日）

再审：河南省南阳市内乡县人民法院（2015）内刑再初字第 001 号（2015 年 10 月 19 日）

【基本案情】

法院经审理查明：2005 年 4 月，被告人刘艳丽开始担任内河南省南阳市乡县城关镇东风村村干部，任村妇联主任兼计划生育管理员，2006 年起开始兼任村出纳。2009 年 3 月内乡县城关镇计生办因东风村完成社会抚养费的征收任务，欲将奖励返还款 21250 元拨付东风村，被告人刘艳丽将计生经费拨付卡经村主任曾某某签字和加盖村计生领导小组印章后上报拨付。2009 年 3 月 5 日奖励返还款拨付后，由被告人刘艳丽签字领取，后刘艳丽将该款发放给相关村组干部。2009 年 9 月 30 日，内乡县城关镇人民政府为被告人刘艳丽颁发了聘书，聘任其为东风村计划生育管理员。2010 年 4 月内乡县城关镇计生办因东风村完成社会抚养费征收任务，欲将奖励返还款 20850 元拨付东风村，被告人刘艳丽将计生经费拨付卡经村主任曾某某签字和加盖村计生领导小组印章后上报拨付。2010 年 4 月 28 日奖励返还款拨付后，由被告人刘艳丽签字领取。被告人刘艳丽未将该款入账，据为己有。被告人刘艳丽在内乡县人民检察院向其核实内乡县城关镇计生办账目去向时，主动供述了其非法占有计生返还款的犯罪事实。案发后，被告人刘艳丽主动退出赃款42100元。

【裁判结果】

河南省南阳市内乡县人民法院于2013年8月13日作出（2013）内刑初字第152号刑事判决：一、被告人刘艳丽犯贪污罪，判处有期徒刑一年，缓刑二年；二、被告人刘艳丽违法所得42100元依法追缴。一审宣判后，经院长发现判决确有错误，提交内乡县人民法院审判委员会讨论后决定再审，2015年10月19日作出（2015）内刑再初字第001号刑事判决：一、撤销本院（2013）内刑初字第152号刑事判决；二、原审被告人刘艳丽犯职务侵占罪，免予刑事处罚。

【裁判理由】

法院生效裁判认为：原审被告人刘艳丽任东风村妇联主任、现金出纳兼计划生育管理员期间，利用职务之便，侵占集体财产20850元，其行为已构成职务侵占罪。内乡县城关镇东风村完成社会抚养费的征收任务后，镇政府决定将计生奖励返还款用于解决所辖村的经费不足问题，乡计生办将奖励返还款拨付东风村，该财产的属性即为村集体财产，拨付款先由政府领导签字下拨，被告人刘艳丽将拨付卡交村领导签字后，其作为村出纳前去领取。被告人利用的是村出纳的职务便利，未将返还款入账而据为己有，而不是利用协助人民政府从事有关计划生育管理工作的职务便利，故应认定为职务侵占，内乡县人民检察院指控罪名和原判判决罪名不当，适用法律错误、认定的事实因出现新的证据而发生变化，依法应予改判。原审被告人刘艳丽犯罪情节轻微，且已全部退赃，可以免予刑事处罚。

【案例注解】

我国广大农村地域辽阔，人口众多，大量国家行政事务政府有时必须委托农村基层组织成员代为完成。近几年来，随着行政管理事务的日益繁重，在很大程度上改变了某些农村基层组织的管理内容，也给农村基层组织成员带来了巨大的寻租空间，导致不少村干部走向违法犯罪道路。如何公正惩治农村基层组织成员犯罪、客观评价犯罪性质是此类案件处理时需要着重解决的问题。

一、本案是构成贪污罪还是职务侵占罪的争议

村民委员会等村基层组织人员在从事哪些工作时属于《刑法》第九十三条第二款规定的“其他依照法律从事公务的人员”，可以按照公务人员追究贪污、受贿、渎职等责任，实践中一直存在分歧。虽然《全国人民代表大会常务委员会关于〈中华人民共和国刑法〉第九十三条第二款的解释》①（以下简称《立法解释》）中规定了以下七种情形：“（一）救灾、抢险、防汛、优抚、扶贫、移民、救济款物的管理；（二）社会捐助公益事业款物的管理；（三）国有土地的经营和管理；（四）土地征收、征用补偿费用的管理；（五）代征、代缴税款；（六）有关计划生育、户籍、征兵工作；（七）协助人民政

① 根据2009年8月27日《全国人民代表大会常务委员会关于修改部分法律的决定》修改。

府从事的其他行政管理工作。”明确村民委员会等村基层组织人员协助人民政府从事上述“七项职能”工作时，属于“其他依照法律从事公务的人员”，将村干部从事公务活动与基层自治活动进行了区分。但在实务中，由于对协助从事公务活动时点的把握以及对相关款项性质是否变化认识不一，操作中仍有难点，就本案而言，存在着两种意见。一种意见认为刘艳丽协助政府从事社会抚养费征收工作，属于《立法解释》中第（六）项有关计划生育、户籍、征兵工作，该工作包括征收以及征收后的款项管理等。社会抚养费不是村集体所有财产，基于该项征收的奖励返还并不成为村集体独立的收入，而是用于村计划生育工作和建设的专项费用。奖励款返还并没有改变该款的属性即仍是国有财产，刘艳丽的行为仍属于在协助政府从事行政管理工作，故其侵吞相关款项的行为应认定构成贪污罪。第二种意见认为，刘艳丽协助政府从事社会抚养费征收的工作已经完结，后经镇政府研究将计划生育奖励款返还拨付后，该财产的属性即转变为村集体财产，且该款项也不专指用于某项工作。该案被告人利用任村出纳之便，领取奖励款后未入账，其身份不属于“其他依照法律从事公务的人员”。主体上不符合贪污罪的构成要件，其行为构成职务侵占罪。笔者同意第二种意见，被告人刘艳丽的行为构成职务侵占罪。

刘艳丽以贪污罪或职务侵占罪论处，主要看是否符合以下条件：一是是否该人员系村基层组织人员；二是是否系在从事公务，即协助人民政府进行特定行政管理工作；三是是否利用职务便利侵吞了公共财产。本案刘艳丽系村委会干部，其所侵吞的款项是计生奖励返还款，因而对其能否以贪污罪定罪的关键在于其行为是否符合上述后两个要件，即是否从事公务和利用职务便利侵吞了公共财物。

二、本案被告人实施犯罪行为时不属于依法协助人民政府从事行政管理工作

如果村干部是在协助人民政府进行社会抚养费征收的管理阶段，侵吞了征收的社会抚养费，那么就符合《立法解释》的相关规定，构成犯罪的，应当以贪污罪论处。如果村干部并非在协助人民政府对社会抚养费征收费用进行管理，此时，村干部并不具有从事协助政府进行行政管理的职权，并非从事公务，意味着其没有侵犯国家工作人员的职务廉洁性。在这个阶段，即使侵吞了相关公款，也不能以贪污罪论处。从本案的情况看，刘艳丽协助从事社会抚养费征收工作已经结束，计划生育奖励款经过镇统一安排返还村里，该款项性质也就变为集体财产，对该款项的管理、使用属于村民自治范围的经营、管理活动。刘艳丽是以村出纳的身份领取、侵吞的款项，其行为不属于上述七种协助从事公务行为，没有利用从事公务便利侵吞财产，不符合《立法解释》规定的以国家工作人员论的从事公务条件。

三、本案被告人侵吞的款项不具有公款的性质

贪污罪与职务侵占罪在构成要件上的一个主要区别就是侵犯的财产性法益不同。贪污罪侵害的财产性法益是公共财产所有权，而职务侵占罪侵犯的只能是单位集体财产权。本案中从该款项用途看，计划生育奖励返还款并无明确指明用于计划生育工作，而是概指用于补充村集体经费不足，其钱款经由收支两条线的财务处理，其性质、功能均应由下拨后的用途来认定，并不能因为其款项最初来源于社会补偿费征收就苛求其一直保持国有资产属性，否则也违反了财政收支的基本原则。因此，该笔款项从其下拨村集体，其性质已变为集体财产，其使用、处分并不由政府决定和监督，而是由村集体自由支配。因此从这个意义上看，刘艳丽侵吞款项不具有公款的性质，其侵犯的是集体财产权，不符合贪污罪的对象特征，其应构成职务侵占罪。

综上，在认定是否属于《立法解释》所规定的“协助人民政府从事土地征收、征用补偿费用的管理”时，应当准确理解立法本意，注意把握“协助”的时间点，避免对“从事公务”的范围作过于宽泛的认定。具体到本案中，刘艳丽在实施犯罪行为时，其协助政府从事公务的工作已经完成，其实施犯罪利用的是村干部的职务便利，侵吞的是村集体财产，应当以职务侵占罪定罪处罚。

（一审法院合议庭成员　郭晓菊　王胜崇　李锡锋
再审法院合议庭成员　江海洋　郭　磊　杨志平
编写人　河南省南阳市内乡县人民法院　成延洲
河南省南阳市中级人民法院　肖新征
责任编辑　周维明
审稿人　沈　亮）

原载《人民法院案例选》2016 年第 10 辑（总第 104 辑）

五、挪用资金罪

247. 柯远鹏挪用资金案

——挪用资金罪的认定

【关键词】

挪用资金罪　职务侵占罪　非法占有目的

【裁判要旨】

公司股东提供个人担保，擅自以本公司名义对外借款并挪用该笔资金归个人使用，在不能证明其对该资金具有非法占有目的时，应当认定为挪用资金罪。

【相关法条】

《中华人民共和国刑法》

第二百七十二条第一款　公司、企业或者其他单位的工作人员，利用职务上的便利，挪用本单位资金归个人使用或者借贷给他人，数额较大、超过三个月未还的，或者虽未超过三个月，但数额较大、进行营利活动的，或者进行非法活动的，处三年以下有期徒刑或者拘役；挪用本单位资金数额巨大的，或者数额较大不退还的，处三年以上十年以下有期徒刑。

【案件索引】

一审：福建省厦门市思明区人民法院（2015）思刑初字第 803 号（2016 年 8 月 15 日）

二审：福建省厦门市中级人民法院（2016）闽 02 刑终 514 号（2016 年 12 月 5 日）

【基本案情】

2010 年 12 月 16 日，被告人柯远鹏利用担任厦门希尔福酒店有限公司（以下简称希尔福公司）股东、监事，负责公司经营并掌管公司公章的职务便利，以希尔福公司的名义与浙江杭州湾投资有限公司（以下简称杭州湾公司）签订借款协议，柯远鹏系上述希尔福公司与杭州湾公司借款协议的担保人。同日，杭州湾公司将人民币（币种，下同）300万元借款转入希尔福公司账户；次日，被告人柯远鹏指示公司财务人员将该300万元转入其个人银行账户。此后，被告人柯远鹏将该笔钱款用于个人投资、还款和消费。上述借款到期后，柯远鹏个人出资代希尔福公司归还杭州湾公司部分相关款息，至案发尚有2648608.06元未归还希尔福公司。

另：被告人柯远鹏因犯信用卡诈骗罪于2012年6月28日被取保候审，同年12月4日被福建省厦门市思明区人民法院判处有期徒刑二年六个月，缓刑三年，并处罚金人民币3万元；缓刑考验期自2012年12月18日起至2015年12月17日止。

【裁判结果】

福建省厦门市思明区人民法院于2016年8月15日作出（2015）思刑初字第803号刑事判决：一、撤销厦门市思明区人民法院（2012）思刑初字第1334号刑事判决书对被告人柯远鹏“犯信用卡诈骗罪，判处有期徒刑二年六个月，缓刑三年，并处罚金人民币3万元”的缓刑宣告；二、被告人柯远鹏犯职务侵占罪，判处有期徒刑七年，并处没收财产人民币8万元；与前罪犯信用卡诈骗罪判处的有期徒刑二年六个月，并处罚金人民币3万元，数罪并罚，决定执行有期徒刑八年，并处罚金人民币3万元，没收财产人民币8万元；三、责令被告人柯远鹏退赔被害单位厦门希尔福酒店有限公司经济损失人民币2648608.06元。一审宣判后，原审被告人柯远鹏不服，以原判定性有误，其应构成挪用资金罪为由提出上诉。福建省厦门市中级人民法院以原判适用法律及定性有误为由，于2016年12月5日作出（2016）闽02刑终514号刑事判决：一、维持福建省厦门市思明区人民法院（2015）思刑初字第803号刑事判决之第一项及第三项判决；二、撤销福建省厦门市思明区人民法院（2015）思刑初字第803号刑事判决之第二项判决；三、上诉人柯远鹏犯挪用资金罪，判处有期徒刑三年二个月；犯信用卡诈骗罪，判处有期徒刑二年六个月，并处罚金人民币3万元，数罪并罚，决定执行有期徒刑四年六个月，并处罚金人民币3万元。

【裁判理由】

法院生效裁判认为：被告人柯远鹏身为非国有公司人员，利用职务上的便利，挪用本单位资金归个人使用，数额共计2648608.06元且尚未退还，其行为已构成挪用资金罪。关于原判认定柯远鹏构成职务侵占罪的问题。经查，首先，柯远鹏以希尔福公司名义向杭州湾公司借款300万元，后该笔资金由杭州湾公司按约转入希尔福公司对公账户，该笔款项的性质应属希尔福公司的单位资金。其次，柯远鹏利用职务上的便利，将该笔希尔福公司账户内的300万元单位资金擅自转入其个人账户，并用于个人投资、还款及消费，客观上具备了挪用单位资金归个人使用的行为性质。第三，虽然柯远鹏挪用上述单位资金后，至今尚有260余万元款项未能归还，但鉴于柯远鹏本人便是上述希尔福公司与杭州湾公司借款协议的担保人，相关民事案件生效判决已确认柯远鹏对该笔借款具有连带清偿责任，且案发前其个人已出资代希尔福公司向杭州湾公司陆续归还部分款息，在其经济能力受限无法继续还款后亦未采取制作假账等手段掩盖挪用资金的事实，归案后也始终对个人擅自使用该笔款项的事实供认不讳、明确还款态度，故在案证据尚不足以证实柯远鹏对涉案款项具有明确的非法占有意图。据此，柯远鹏利用职务便利挪用本单位资金归个人使用，其行为符合挪用资金罪的法定构成要件。综上，原判认定的主要事实清楚，审判程序合法，但适用法律及定性有误，二审依法予以改判。根据《刑法》第十二条、第二百七十二条第一款、第六十七条第三款、第六十九条、第七十七条、第六十四条以及《最高人民法院、最高人民检察院关于办理贪污贿赂刑事案件适用法律若干问题的解释》第六条、第十一条第二款和《刑事诉讼法》第二百二十五条第一款第（二）项之规定，作出判决。

【案例注解】

本案争议的焦点在于，被告人柯远鹏挪用本公司资金的涉案行为是构成职务侵占罪还是挪用资金罪的问题，主要涉及对“被告人柯远鹏对该笔资金是否具有非法占有目的”之评定。为此，结合一审及二审调取在案的证据，本案需要递进厘清三个关键事实：一是被柯远鹏所使用的资金来源；二是该笔资金的实际用途；三是柯远鹏的个人还款能力及还款意愿。

一、300 万资金的来源——被挪用资金的性质为单位资金

本案被柯远鹏所挪用的资金来源具有特殊性，该笔资金并非希尔福公司的原始资金，而是柯远鹏利用其本人担任希尔福公司股东并保管公章的便利，擅自借用希尔福公司名义对外向杭州湾公司所借款项，在借款之时至到期还款期内，柯远鹏始终未向公司其他股东披露其以希尔福公司名义向杭州湾公司借款 300 万元一事，直至其无力还款后被杭州湾公司以民事纠纷诉之法院，其他公司股东才得知此事。被告人柯远鹏到案后，始终辩解该笔资金系其本人的对外借款，并非希尔福公司的单位资金。但是，无论柯远鹏以希尔福公司名义对外借款的本意及其对公私资金的混同误区为何，都无法否认该笔资金是以民事上确认的有效借款协议为基础的希尔福公司向杭州湾公司的借款，且已由杭州湾公司按约转入希尔福公司对公账户的事实，同时，柯远鹏的行为也导致希尔福公司需要为此承担巨额的经济债务。因此，从涉案款项的承受主体及责任承担来看，该笔款项的性质应属希尔福公司的单位资金。

二、300 万资金的用途——被挪用归个人使用

上述 300 万元公司借款依约转入希尔福酒店对公账户后，柯远鹏并非将该资金用于希尔福公司的经营等用途，甚至未向其他公司股东如实告知该笔资金的实际来源，而是利用其管理公司的职务便利，以其个人资金“走账”为由，通过公司财务人员将该笔单位资金擅自转入其个人账户，并用于个人投资、还款及消费，最终导致亏损而无力还款。柯远鹏既以本公司名义对外借款，便应将该款用于公司的经营，若用于其他用途则亦应经过其他股东的同意，否则便属于擅自挪用本单位资金归个人使用的行为，应承担挪用资金不能还款的刑事责任。当然，在挪用资金的过程中，柯远鹏并未一味的将该款用于个人还款、消费等纯消耗用途，还存在投资其他企业经营的情形，故对挪用资金的非法占有意图难以据此确定。

三、提供担保及部分还款——非法占有目的难以认定

本案争议焦点的关键在于，柯远鹏对挪用资金是否具有非法占有的目的。对此，二审法院与一审法院基于对证据切入角度的不同而作出不同的认定。二审法院认为，柯远鹏为希尔福公司与杭州湾公司的借款协议提供个人担保是本案尤为重要的特殊事实，且在此基础上，相关民事案件生效判决已确认柯远鹏对该笔借款具有连带清偿责任，案发前其个人也已出资代希尔福公司向杭州湾公司陆续归还部分款息。基于此，可以说明柯远鹏在擅自决定以希尔福公司名义对外借款之时，对该笔资金并无非法占有的目的；而在借款到期后，柯远鹏也是在其担保范围内履行了部分还款、付息责任。虽然柯远鹏挪用上述单位资金后，至案发时尚有260余万元款项未能归还，但其在当时仍是希尔福公司的股东，且在经济能力受限无法继续还款后亦未采取制作假账等手段掩盖挪用资金的事实，归案后也始终对个人擅自使用该笔款项的事实供认不讳、明确还款态度，故在案证据尚不足以证实柯远鹏对涉案款项具有明确的非法占有意图。

综上，本案难以认定被告人柯远鹏对其挪用的本单位资金具有非法占有目的，故应认定其构成挪用资金罪。

（一审法院合议庭成员　吴长城　汪漳龙　廖宝珍
二审法院合议庭成员　廖惠敏　徐　艳　黄宏亮
编写人　福建省厦门市中级人民法院　徐　艳
责任编辑　周维明
审稿人　李玉萍）

原载《人民法院案例选》2018年第3辑（总第121辑）

248. 崔广旭职务侵占、挪用资金案

——冒用单位名义对外借款后无法归还的行为性质认定

【关键词】

刑事　主体身份　借调　挪用资金　表见代理

【裁判要旨】

国有企业的工作人员借调到社会团体，但从事的工作不具有公务性的，不能认定为国家工作人员。冒用单位名义多次向外借款归个人花用，但是有连续不断的归还行为的，应认定为挪用资金罪。

【相关法条】

《中华人民共和国刑法》

第二百七十一条　公司、企业或者其他单位的人员，利用职务上的便利，将本单位财物非法占为己有，数额较大的，处五年以下有期徒刑或者拘役；数额巨大的，处五年以上有期徒刑，可以并处没收财产。

国有公司、企业或者其他国有单位中从事公务的人员和国有公司、企业或者其他国有单位委派到非国有公司、企业以及其他单位从事公务的人员有前款行为的，依照本法第三百八十二条、第三百八十三条的规定定罪处罚。

第二百七十二条　公司、企业或者其他单位的工作人员，利用职务上的便利，挪用本单位资金归个人使用或者借贷给他人，数额较大、超过三个月未还的，或者虽未超过三个月，但数额较大、进行营利活动的，或者进行非法活动的，处三年以下有期徒刑或者拘役；挪用本单位资金数额巨大的，或者数额较大不退还的，处三年以上十年以下有期徒刑。

国有公司、企业或者其他国有单位中从事公务的人员和国有公司、企业或者其他国有单位委派到非国有公司、企业以及其他单位从事公务的人员有前款行为的，依照本法第三百八十四条的规定定罪处罚。

【案件索引】

一审：上海市浦东新区人民法院（2016）沪0115刑初65号（2016年12月22日）

【基本案情】

上海市浦东新区人民检察院诉称：

（一）贪污犯罪事实

2015年1月至4月，被告人崔广旭在担任上海市建筑施工行业协会（以下简称建筑协会）副秘书长兼办公室主任期间，利用分管财务管理等职务便利，通过上海市浦东新区潍坊街道鸿泰刻字服务部何建华，采用虚开印刷费发票进行报销的手法，先后2次将建筑协会资金共计人民币（以下币种同）309698元予以侵吞，占为己有。

（二）诈骗犯罪事实

2015年3月17日，被告人崔广旭利用职务便利，擅自挪用建筑协会资金350万元用于支付个人购房款。同年3月25日，被告人崔广旭向被害人王华涛谎称建筑协会需要资金周转，冒用建筑协会名义与其签订350万元的借款协议，骗取王华涛350万元用于偿还前述个人挪用资金。2015年4月15日，被告人崔广旭挪用建筑协会资金360万元用于偿还王华涛借款，同年4月30日，崔广旭向被害单位上海颛桥建筑工程有限公司（以下简称颛桥公司）王继荣谎称建筑协会财务审计中出现资金缺口，需要资金周转，冒用建筑协会名义与颛桥公司签订360万元的借款协议，骗取颛桥公司360万元用于偿还前述个人挪用债务。2015年6月11日，被告人崔广旭挪用建筑协会资金86.34万元，将其中60万元用于偿还上海奉贤二建股份有限公司的个人借款，剩余资金用于个人开销。2015年7月16日，被告人崔广旭挪用建筑协会资金360万元用于偿还颛桥公司欠款，2015年7月30日，被告人崔广旭向被害单位上海广厦（集团）有限公司（以下简称广厦公司）乔顺其谎称建筑协会因财务审计出现资金周转困难，冒用建筑协会名义与广厦公司签订460万元的借款协议，骗取广厦公司460万元，后被告人崔广旭将其中360万元和86.34万元用于偿还前述个人挪用债务，剩余资金用于个人开销。

公诉机关认为被告人崔广旭作为国家工作人员，利用职务上的便利，侵吞公款人民币30万余元，应当以贪污罪追究其刑事责任；被告人崔广旭以非法占有为目的，采用虚构事实、隐瞒真相的手段，骗取公私财物，数额特别巨大，应当以诈骗罪追究其刑事责任。被告人崔广旭一人犯数罪，应予数罪并罚。

被告人崔广旭辩称：其不具有国家工作人员的身份，不应构成贪污罪；起诉书指控的诈骗事实应构成挪用资金罪。

辩护人提出：（1）建筑协会是社会团体，被告人崔广旭不是受中国建筑第八工程局有限公司委派至上海市建筑施工行业协会，其在建筑协会没有从事“公务性”工作，崔广旭不属于国家工作人员，起诉书指控的贪污罪不能成立，应认定为职务侵占罪。（2）被告人崔广旭多次以拆东墙补西墙方式借款还款，其冒用建筑协会名义借款，只是为掩饰挪用资金购房行为的一种手段，没有非法占有的故意；被告人崔广旭最后一笔借款460万元后，崔广旭未作平账处理，借款单位及个人也是基于崔广旭系建筑协会领导职务的身份以及加盖公章的协议才同意借款，崔广旭没有非法占有这些款项的目的，故起诉书指控的诈骗事实应认定为挪用资金罪。

法院经审理查明：

（1）被告人崔广旭系中国建筑第八工程局有限公司职员；2008年4月，经上海建筑行业协会与中国建筑第八工程局有限公司协商后，崔广旭借调至上海建筑行业协会信息咨询部工作；2012年2月，崔广旭担任上海建筑行业协会办公室副主任，2013年1月任协会办公室主任，2015年3月任协会副秘书长兼办公室主任。

被告人崔广旭担任协会办公室主任期间，主要负责协会的文秘档案、财务管理、会员管理、会费收取等；其担任协会副秘书长期间，主要分管办公室和信息咨询部。

（2）2014 年下半年，被告人崔广旭利用上述职务便利，在上海建筑行业协会与鸿泰刻字部的印刷业务中，将协会应支付给刻字部的印刷费用共计 77900 元占为已有。

2015 年 1 月，被告人崔广旭利用上述职务便利，以向鸿泰刻字部支付印刷费为名，让鸿泰刻字部虚开发票，套取协会资金 211698 元，崔广旭将其中的 77900 元（上述被其侵吞的 77900 元印刷费）支付给鸿泰刻字部，余款被崔广旭占为已有。同年 4 月，被告人崔广旭利用职务便利，采取上述虚开印刷费发票的方法，侵占协会资金 98000 元。

（3）2015 年 3 月 9 日，被告人崔广旭利用担任协会副秘书长及办公室主任的职务便利，擅自在其保管的盖有印鉴的空白支票上填写收款人为“上海雅汇房产开发有限公司”（以下简称雅汇房产公司），金额为 350 万元，崔广旭将该支票作为其个人购房款交给雅汇房产公司入账（入账时间为 3 月 17 日），从而挪用上海建筑行业协会资金 350 万元。3 月 24 日，被告人崔广旭以上海建筑行业协会需要资金周转为由向康花汁借款 350 万元，并以上海建筑行业协会名义与康花汁签订借款协议，将该笔借款 350 万元归还给上海建筑行业协会。

2015 年 4 月 14 日，被告人崔广旭利用上述职务便利，以支付出差费用等为由，从上海建筑行业协会财务人员处领取了 1 张盖有印鉴的空白支票，崔广旭在该支票上填写了收款人“康花汁”，金额为 360 万元，崔广旭将该支票交给康花汁，作为上海建筑行业协会归还其前述的借款 350 万元及支付借款利息 10 万元。同年 4 月 30 日，被告人崔广旭以上海建筑行业协会需要资金用于审计平账为由向灏桥公司借款 360 万元，并以上海建筑行业协会的名义与灏桥公司签订借款合同，将该笔 360 万元归还给上海建筑行业协会。

2015 年 6 月 9 日，被告人崔广旭利用上述职务便利，以需要支付车辆置换费用为由填写了上海建筑行业协会支票申请单，从协会财务人员处领取了 1 张盖有印鉴的空白支票，崔广旭在该支票上填写金额 863400 元，将该支票通过鸿泰刻字部套取现金用于归还其个人债务及个人花用。同年 7 月 15 日，被告人崔广旭利用职务便利，以需要分担印刷费为由填写了上海建筑行业协会支票领取申请单，从协会财务人员处领取了 1 张盖有印鉴的空白支票，崔广旭在该支票上填写了金额 360 万元，将该支票作为上海建筑行业协会的还款交给灏桥公司入账。同年 7 月 30 日，被告人崔广旭以协会需要资金应对审计为由，向广厦公司借款 460 万元，并以上海建筑行业协会的名义与广厦公司签订借款合同，将 460 万元中 446.34 万元归还给上海建筑行业协会。

2015 年 8 月 19 日，被告人崔广旭在上海建筑行业协会领导陪同下至上海市浦东新区人民检察院投案，供述其挪用协会资金的事实。同年 8 月 31 日，被告人崔广旭向上海建筑行业协会退还了 30 万元。同年 9 月 7 日，崔广旭在组织谈话期间，主动供述了通过虚开发票侵吞协会资金的事实；当日晚，上海市浦东新区人民检察院通知崔广旭到案协助调查，并以崔广旭涉嫌贪污罪、挪用公款罪立案侦查。被告人崔广旭到案后如实供述了侵吞、挪用协会资金的事实。

在审理期间，被告人崔广旭退还了 3189275 元。

【裁判结果】

上海市浦东新区人民法院于 2016 年 12 月 22 日作出（2016）沪 0115 刑初 65 号刑事

判决：一、被告人崔广旭犯职务侵占罪，判处有期徒刑一年；犯挪用资金罪，判处有期徒刑二年六个月，决定执行有期徒刑三年。二、退缴的赃款发还上海市建筑施工行业协会，不足部分继续向被告人崔广旭追缴或责令其退赔后，发还上海市建筑施工行业协会。宣判后，被告人未提出上诉，公诉机关亦未提出抗诉，判决已发生法律效力。

【裁判理由】

法院生效裁判认为：被告人崔广旭身为上海建筑行业协会工作人员，利用职务上的便利，将本单位资金30万余元非法占为已有，数额较大，其行为已构成职务侵占罪；被告人崔广旭还利用职务便利，挪用本单位资金360万元归个人使用，数额较大，超过三个月未归还，其行为还构成挪用资金罪。公诉机关指控的事实成立，法院予以支持。对被告人崔广旭应予两罪并罚。

关于被告人崔广旭的主体身份，现有证据证明被告人崔广旭系从中国建筑第八工程局有限公司借调至上海建筑行业协会工作，上海建筑行业协会是社会中介组织，是一种民间组织社会团体，其本身不是政府管理机构，且其运作的资金主要来源于会员单位，被告人崔广旭在协会中所从事的工作也不具有国家事务性及社会公共事务性，故依据现有证据尚不足以判定被告人崔广旭系国家工作人员，也不足以判定崔广旭系受国家机关、国有公司、企业、事业单位、人民团体委托管理、经营国有财产的人员，故崔广旭不符合贪污罪的主体，公诉机关指控崔广旭构成贪污罪，法院难以支持。

关于公诉机关指控的诈骗犯罪事实，查明的事实表明被告人崔广旭在挪用单位资金后又利用职务便利以上海建筑行业协会名义向他人借取款项后归还挪用款，对其“职务性”的借款行为上海建筑行业协会就负有按约定归还借款的义务，故崔广旭所得的借款应视为上海建筑行业协会的款项，其在一挪用本单位资金后，又以本单位名义向他人借款来归还其所挪用款项的行为，可视为多次挪用单位资金，以后次挪用的资金来归还前次挪用资金，其行为性质应属挪用，应认定为挪用资金罪。关于被告人崔广旭挪用资金的犯罪金额，鉴于崔广旭所挪用的部分资金至案发尚未超过三个月，故该部分金额不计入其犯罪金额。

被告人崔广旭系自首，且退赔了大部分的赃款，对其所犯职务侵占罪及挪用资金罪均依法从轻处罚。

【案例注解】

本案的争议焦点主要有两个方面：一是被告人崔广旭的主体身份是否能够认定为国家工作人员；二是被告人崔广旭冒用单位的名义对外借款归个人使用且在案发前未归还的行为，构成何种犯罪。

（一）被告人崔广旭主体身份的认定

我国《刑法》第九十三条规定：“本法所称国家工作人员，是指国家机关中从事公务的人员。国有公司、企业、事业单位、人民团体中从事公务的人员和国家机关、国有公司、企业、事业单位委派到非国有公司、企业、事业单位、社会团体从事公务的人员，以及其他依照法律从事公务的人员，以国家工作人员论。”

本案中，被告人崔广旭系由国有公司（中建八局）借调到社会团体（建筑协会）的工作人员，由于建筑协会系非营利性行业性社会团体法人且其运作资金也主要来源于会员缴纳的会费，不具备国家机关的属性，所以被告人崔广旭在建筑协会中的职务身份不符合在国家机关从事公务人员的规定。

对于其主体身份的认定就需要判断其是否符合《刑法》第九十三条中关于“国家机关、国有公司、企业、事业单位委派到非国有公司、企业、事业单位、社会团体从事公务的人员”的规定。

1. 借调行为的性质。借调指的是被借调的人员由原机构或单位暂时“借”到其他机构或单位任职，以执行指定的工作，借调虽然并非一种正式的人事制度，但是在实践中却是普遍存在的人员流动方式。借调与正式的调任不同，借调人员的人事关系和工资福利待遇仍保留在原单位之中，并且通常情况下，借调期满后除非办理正式调动手续，否则借调人员仍须返回原单位工作。所以在本案中，由于尚未办理正式调动手续，且在案证据也显示，被告人的工资福利、组织关系仍挂靠在中建八局，从劳动关系的角度来看，被告人崔广旭仍属于中建八局的员工。

因此，对于被告人崔广旭主体身份的判断需要参照是否符合受委派从事公务的特征。《全国法院审理经济犯罪案件座谈会纪要》（以下简称《纪要》）将委派界定为委任、派遣，并对其形式进行了不完全列举，即包括任命、指派、提名、批准等，这其中并不包括借调。这些列举的任命、指派、提名、批准等方式的词性均具有一定的管理性和权力性的韵味，体现出在委派关系中，委派单位和被委派人员就委派活动之间所具有的一定的强制性的管理关系。

而本案中所涉及的借调关系，从被告人与其原单位的关系来看，中建八局对于此次人员借调既没有党政部门进行研究讨论的会议纪要，也没有组织人事部门出具的任免文件，在形式上缺乏认定委派行为的程序要件；从被告人原单位与借调单位的关系来看，根据建筑协会的章程规定，秘书处的工作人员可以由会员单位推荐，所以被告人原所属的国有公司中建八局对于建筑协会人员的任用，仅有推荐的权利，而无决定委派的权力，而且在实际运行层面，中建八局作为一个会员单位，其在协会中并没有具体的需要管理的公务，更不可能也没有必要专门委派一名人员代表其在协会中从事组织、领导、监督、管理的公务性工作；从被告人在建筑协会的职务任命程序上来看，建筑协会的副秘书长由协会会员大会按照章程选举产生，不需要报协会登记管理机关和行业主管部门批准或任命。

所以对于本案中被告人以借调的方式从国有公司到社会团体工作，是否能够认定为刑法意义上的委派，还有值得商榷的地方。

2. 被告人崔广旭的工作职责不具有公务性。《刑法》对于职务犯罪之所以要为国家工作人员配置重于非国家工作人员的刑罚，其立法原意就在于国家工作人员代表国家行使公权力，若其违背了职务行为的廉洁性，则更可能对公共财产或公共利益造成严重的损害，所以认定国家工作人员身份的核心要素就是工作职责的公务性。

《纪要》的规定对于从国有公司委派到社会团体的人员认定其从事公务人员有两个判断标准：其一，是与职权相联系的公共事务，其二，是监督管理国有财产的职务活动。

结合上述规定可以对被告人崔广旭的工作职责是否具备公务性进行比照判断。首先，从上海市建筑施工行业协会的属性来分析，根据建筑协会章程反映，该协会系上海市建筑施工行业同业企业单位联合组建的非营利性的行业性社团法人，工作重点是维权服务，所以建筑协会的属性更多偏向于为行业内企业服务，例如，组织业务培训和会员交流联络、提供咨询服务、进行评优评奖等，不具有公共管理属性；并且被告人作为建筑协会的副秘书长，其工作职责主要是负责协会内部管理，不具有对外性的属性，不符合公共性的特征，不宜认定为国家工作人员。其次，该协会的运行经费绝大部分来源于会员所缴纳的会费，并无财政拨款，所以其也不具有监督管理国有财产的权利和义务。

此外，根据《纪要》认定被委派人员从事公务指的是其代表国有公司在社会团体中从事组织、领导、监督、管理等工作。这条规定预设的前提即国有公司对于相应的社会团体具有包括组织、领导、监督、管理等在内的一定的管理权能。但是从本案的实际来看，中建八局与建筑协会之间并无这样的权力划分关系，事实上中建八局只不过是该协会的会员单位之一。根据该协会章程第十三条的规定，会员享有的权利包括："一、本会的选举权、被选举权和表决权；二、参加本会的活动权；三、获得本会服务的优先权；四、对本会工作的知情权、批评建议权和监督权；五、入会自愿、退会自由。"由此可见，会员单位对于该协会并不存在管理的权能，进而被告人更不可能凭空产生公务性管理权能。

综上所述，根据在案的证据不足以判定被告人崔广旭系国家工作人员，也不足以判定崔广旭系受国有公司委派到社会团体中从事公务的人员，宜认定为是非国家工作人员。

（二）对于被告人崔广旭冒用协会名义对外借款行为性质的认定

对于被告人崔广旭冒用单位的名义对外借款归个人使用且无能力偿还的行为的定性，存在着两种不同的意见：

第一种观点认为被告人崔广旭的行为构成诈骗罪。理由是被告人崔广旭多次冒用建筑协会的名义对外借款，并在借条上加盖协会的公章，使得被告人的借款行为从外观上与协会对外借款相似，各位被害人也都提到是基于对被告人所具有的建筑协会领导的身份以及在借条上所加盖的公章的信任，误认为是建筑协会需要借款才出借资金。这些都符合诈骗罪中"行为人实施欺骗行为——受骗者产生错误认识——受骗者基于错误认识处分财产——行为人或第三人取得财产——被害人遭受财产损失"的基本犯罪构造。①

第二种观点认为被告人崔广旭的行为应当认定为挪用资金罪。被告人崔广旭最初着手实施的犯罪行为是挪用建筑协会账上的资金用于支付本人的购房款，其后多次利用职务上的便利向他单位借款的目的也都是为了归还挪用款，并且所借得的款项最终都进入到协会的账户之中，用于填补先前挪用单位资金所造成的亏空，这也表明了被告人崔广旭对于涉案的资金没有永久占有的故意，在犯罪主观方面还是宜就低认定其具有挪用的故意。被告人崔广旭系非国家工作人员，利用职务上的便利挪用数额较大的本单位资金归个人使用超过三个月未归还，应当认定为挪用资金罪。

合议庭最终认定被告人崔广旭的行为构成挪用资金罪，理由如下：

1. 被告人崔广旭主观上不具备永久性占有资金的犯罪故意。本案中，被告人崔广旭在挪用本单位的资金后，又先后三次分别从王华涛、颛桥公司以及广厦公司处以建筑协会的名义借得钱款。从被告人虽然采用欺骗的手段、冒用单位的名义借款，但是借得的

---

① 张明楷：《刑法学》，法律出版社 2016 年版，第 1000 页。

钱款主要用于归还先前的到期债务，还按照商业惯例支付了部分借款利息，这种借新债还旧债的行为模式反映出被告人主观上并没有侵吞借款的故意，而且在案发前的几次借还款周期都比较短，这些也都反映出被告人希望通过不断的循环借贷，能够弥补上其挪用单位资金所造成的账目上的缺口，其主观上还是基于侥幸的心理，妄图利用涉案单位不甚规范的财务制度，来达到掩饰自己挪用资金的目的。

此外，对于被告人挪用单位资金购房行为的判断，传统占有型的财产性犯罪要求行为人具备将涉案款项非法据为己有的“排除故意”，这些“非法占有的目的”一般都需要通过客观行为彰显出来，例如，行为人通过虚假发票平账、销毁账目，或者虚报账目等手段，使得自己侵吞资金的行为难以在单位账目上反映出来，从而顺利完成非法占有。但是在本案中，被告人是以半公开的形式多次对外借款以归还协会挪用款，协会账目中的资金缺口一直都存在而没有被刻意的遮盖或隐蔽，通过一般形式的财务核查就能够被发现。所以，可以认定被告人对于涉案的资金只有“利用故意”，而没有将资金永久据为己有的“排除故意”。

2. 本案中的被害方应当是建筑协会。从被告人的行为外观上看，其冒用单位的名义，并采用在借据上加盖建筑协会公章的形式，使得颛桥公司等单位基于错误的认识而出借款项。但是这些单位的借款都通过被告人后续的借款和挪用协会公款得到了偿还。从犯罪的本质来看，保护法益是现代刑法存在的正当性依据，无法益侵害则无犯罪。[①] 而从本案中的法益侵害角度来看，被告人先前以虚构事实、隐瞒真相借得的两笔借款（来自王华涛、颛桥公司）都全额予以归还，资金出借方并未遭受实际损失，而第三笔借款方广厦公司，由于被告人所具备的建筑协会副秘书长的身份，以及其利用职务便利在借据上加盖建筑协会公章的行为，广厦公司完全有理由相信建筑协会向其借款的真实性，这些都使得借款行为符合民法上表见代理的特征。

对于依据表见代理关系而产生的债权债务关系，建筑协会具有偿还的义务，广厦公司作为善意一方可以通过双方协商或者民事诉讼的途径要求建筑协会归还借款，其债权能够得到完整的救济，因此对于广厦公司也就不存在法益侵害的现实后果。

而纵观本案，最终因为犯罪行为遭受损失的应当是建筑协会，由于被告人利用职务上的便利，将其个人借款行为蒙上了单位借款的面纱，单位也为此要承担还款的义务。虽然在案发时通过被告人借款平账，建筑协会在本单位财务账目中并未直接产生资金被挪用的情况，但是其所承担的债务应视为是被告人挪用单位资金行为的延续。

3. 被告人借新债归还旧债的行为系挪用资金行为的延续。虽说从外观上看，被告人四次直接挪用单位账户内的资金后不久（间隔分别为 8 日、15 日、50 日、14 日）就通过向外借款的方式进行了平账，这几次挪用行为时间较短，单独予以考量乃至进行累加的话都没有达到法律规定的挪用资金超过三个月的入罪标准。所以对于被告人的行为应当从整体上予以判断，对于全案进行综合的分析。

不论被告人通过借新债归还旧债的行为循环了多少次，也不论被告人将挪用款项填补建筑协会财务亏空多少次，其每次填补亏空的行为都是为了后续继续挪用资金做准备。所以单位上的资金始终有部分资金是处于为被告人所挪用的状态，这在刑法理论上属于

---

① 梁根林：《刑事法网：扩张与限缩》，法律出版社 2005 年版，第 239 页。

延续犯。

首先，从被告人的主观方面来看，被告人为了支付本人的购房款，多次直接从单位账上挪用资金，期间虽然有归还行为，但是从整体上来看，这些归还行为并不是被告人基于真诚悔悟、及时纠偏等善念主动放弃犯罪行为以防止危害结果的发生，而是其为了避免挪用行为被建筑协会发现而采取的补救措施，其每次还款行为都可以看作是为了下次的挪用做准备的行为，其在案发前都没有停止挪用行为的主观态度和客观行为，可以推断被告人挪用资金的犯罪故意和危害行为一直都在延续。

其次，从被告人的客观行为来看，被告人通过以建筑的名义对外借款，虽然暂时性的弥补上了建筑协会账目上的亏空，但是由于单位要对外承担还款义务，这也可以视为是增加了建筑协会的消极财产，客观上并未减少建筑协会的财务负担，可以视为建筑协会的部分财物从第一次挪用（2015 年 3 月 17 日）开始就始终处于为被告人非法占用的状态，挪用单位资金的情况也一直处于延续的状态之中并没有消除。而且，被告人数次对外借款均是打着建筑协会的幌子，借款方均是出于对其职务权力的认可才出借资金，所以被告人的犯罪行为具有典型的职务性特征。

最后，关于本案的危害后果的认定。根据《最高人民法院关于审理挪用公款案件具体应用法律若干问题的解释》第四条的规定："多次挪用公款不还，挪用公款数额累计计算；多次挪用公款，并以后次挪用的公款归还前次挪用的公款，挪用公款数额以案发时未还的实际数额认定。"本案中被告人崔广旭分四次挪用了直接挪用了建筑协会的资金，金额分别为 350 万元、360 万元、86 万元、360 万元，以建筑协会的资金名义对外借款，金额分别为 350 万元、360 万元、460 万元，截止到案发时尚欠广厦公司 460 万元未归还，由于该笔借款时间为 2015 年 7 月 30 日，至案发时（2015 年 8 月 19 日）尚不满三个月，对于该笔借款依法不能认定为刑罚当罚性层面的挪用资金行为，所以被告人的犯罪金额应认定为是其挪用后超过三个月仍未归还的 360 万。

（一审法院合议庭成员　苏　琼　倪建军　褚云芳
编写人　上海市浦东新区人民法院　张　凡
责任编辑　周维明
审稿人　李玉萍）

原载《人民法院案例选》2019 年第 10 辑（总第 140 辑）

六、敲诈勒索罪

249. 吴剑平、吴剑伟等人敲诈勒索案

——在车辆较少的路段上驾车“碰瓷”的刑法定性

【关键词】

敲诈勒索　以危险方法危害公共安全　定性

【裁判要旨】

被告人在车辆较少的路段上选中特定车辆后，在不对其他车辆造成干扰和影响的情况下，利用弹弓制造车辆碰撞、擦挂声音，采用言语威胁等手段要求对方赔钱的行为，应当定性为敲诈勒索罪。

【相关法条】

《中华人民共和国刑法》

第二百七十四条　敲诈勒索公私财物，数额较大或者多次敲诈勒索的，处三年以下有期徒刑、拘役或者管制，并处或者单处罚金；数额巨大或者有其他严重情节的，处三年以上十年以下有期徒刑，并处罚金；数额特别巨大或者有其他特别严重情节的，处十年以上有期徒刑，并处罚金。

【案件索引】

一审：四川省南充市嘉陵区人民法院（2015）嘉刑初字第43号（2015年11月26日）

【基本案情】

四川省南充市嘉陵区人民检察院以被告人吴剑平、陈柏杨犯敲诈勒索罪，向南充市嘉陵区人民法院提起公诉。

法院审理查明：2013年7月开始，被告人吴剑平、吴剑伟、陈柏杨与柯振生（批捕在逃）、柯颖泉（刑拘在逃）等人相继结成团伙，长期在四川省境内多条高速公路上以

制造交通事故假象的“碰瓷”方式，采用言语威胁等手段强行索取他人钱财，具体方式是：由柯颖泉先后提供雷克萨斯轿车、捷豹轿车、宝马轿车各一辆，吴剑平、吴剑伟、陈柏扬、柯振生等人事先将车辆的左后视镜弄坏弹簧和弄上裂痕，由吴剑平驾车搭乘吴剑伟、陈柏杨、柯振生等人在高速公路上寻找“碰瓷”目标，选中后，趁目标车辆变道时，吴剑平驾车快速超车，当两车相距很近时，坐在后排的陈柏杨或者柯振生等人用事先准备的弹弓将橄榄弹向目标车辆的右后车门附近，发出类似于车辆碰撞、擦挂的声音，接着打开应急灯，如对方不停车就加速去追，并按喇叭和招手，示意目标车辆停车。待对方停车查看时，吴剑伟等人趁对方不注意用砂纸将目标车辆磨花，然后指着自己车上事先已经被弄坏弹簧和弄上裂痕的后视镜，说是被对方车辆撞坏，要求赔钱。如果对方要求报警或者报保险公司处理，吴剑平等人就会装出很凶的样子恐吓对方，并拿出对讲机假装叫人来帮忙，吴剑伟假装当和事佬，和对方商谈赔偿事宜，如果对方答应赔钱但身上钱不够，陈柏杨、吴剑伟或者柯振生就陪对方下高速出口到银行取钱。2013 年 12 月开始，被告人吴瑞开先后驾驶牌照为川 A31Q × × 的哈飞牌轿车、川 AS17 × × 飞度牌轿车为被告人吴剑平、吴剑伟、陈柏杨、柯振生、李国正等人在高速公路上对过往车辆进行“碰瓷”时望风；在川 A31Q × × 哈飞牌轿车卖与他人后，未购买川 AS17 × × 飞度牌轿车前，吴瑞开与吴剑伟、陈柏杨、李国正搭乘吴剑平驾驶的宝马轿车在高速公路上实施“碰瓷”。2014 年 4 月，被告人李国正与被告人吴剑平、吴剑伟、陈柏杨、吴瑞开等人在成南高速公路上以制造交通事故假象的“碰瓷”方式，并采用言语威胁等手段，强行索取他人钱财。

“碰瓷”所得的钱财在除去当天开支和给吴瑞开人民币 200 元（以下币种均指人民币）至 500 元之后，剩下的钱中 40% 由柯振生或者陈柏杨通过银行存入车主柯颖泉账户；60% 由吴剑平等人按照比例分配，其中，吴剑平 30%，吴剑伟 15%，陈柏杨 10%，李国正 5%。有柯振生参加“碰瓷”时，李国正未参加，吴剑伟 10%，柯振生 10%。

【裁判结果】

南充市嘉陵区人民法院于 2015 年 11 月 26 日作出（2015）嘉刑初字第 43 号刑事判决：一、被告人吴剑平犯敲诈勒索罪，判处有期徒刑五年六个月，并处罚金 18 万元；（刑期从判决执行之日起计算，判决执行以前先行羁押的，羁押一日折抵刑期一日，即自 2014 年 4 月 19 日起至 2019 年 10 月 18 日止）（罚金限本判决生效后十日内缴纳）二、被告人陈柏杨犯敲诈勒索罪，判处有期徒刑五年六个月，并处罚金 18 万元；（刑期从判决执行之日起计算，判决执行以前先行羁押的，羁押一日折抵刑期一日，即自 2014 年 4 月 19 日起至 2019 年 10 月 18 日止）（罚金限本判决生效后十日内缴纳）三、被告人吴剑伟犯敲诈勒索罪，判处有期徒刑五年，并处罚金 16 万元；（刑期从判决执行之日起计算，判决执行以前先行羁押的，羁押一日折抵刑期一日，即自 2014 年 4 月 19 日起至 2019 年 4 月 18 日止）（罚金限本判决生效后十日内缴纳）四、被告人吴瑞开犯敲诈勒索罪，判处有期徒刑二年十个月，并处罚金 10 万元；（刑期从判决执行之日起计算，判决执行以前先行羁押的，羁押一日折抵刑期一日，即自 2014 年 4 月 19 日起至 2017 年 2 月 18 日止）（罚金限本判决生效后十日内缴纳）五、被告人李国正犯敲诈勒索罪，判处有期徒刑二年六个月，并处罚金 5 万元；（刑期从判决执行之日起计算，判决执行以前先行羁押的，羁押一日折抵刑期一日，即自2014年4月19日起至2016年10月18日止）（罚金限本判决生效后十日内缴纳）六、责令被告人吴剑平、陈柏杨、吴剑伟共同退赔给王继伟1万元、王友平3000元、达鹏垚3000元、刘涛1.8万元、吴仁伟1万元，被告人吴剑平、陈柏杨共同退赔给李剑1.8万元，被告人吴剑平、吴剑伟、陈柏杨共同退赔给李超和喻连阳共计5000元、杨功全4000元、刘小榆和刘永霞共计1万元，被告人吴剑平、陈柏杨、吴剑伟、吴瑞开共同退赔给吴剑1.2万元、龚鹏和张雨涵共计5000元、吴中5000元、熊江闽和张小平共计1.1万元、陈科1.35万元，被告人吴剑平、陈柏杨、吴剑伟、吴瑞开、李国正共同退赔给陈伟2万元、向正勇1.9万元、张遂勇1万元；（以上款项限本判决生效后十日内支付）七、没收涉案作案工具车牌号为粤BP88××的黑色325I型宝马轿车一辆，车牌号为川AS731××的飞度轿车一辆，银色金属豹子标志两个，两副号码为川BMX6××、川A2M4××的金属车牌，玻璃上有两条裂痕的后视镜一个，多处裂纹的玻璃后视镜一个，盐津橄榄三盒，黑色对讲机两部，用黑色胶带捆绑的金属弹弓一个等物品。

【裁判理由】

法院生效裁判认为，从本案中被告人的作案方式、犯罪对象来看，该起犯罪更符合敲诈勒索罪的特征。首先，虽然被告人的作案地点选在车流量大、车速较快的高速路上，但被告人所针对的并非不特定的车辆，而是选中特定车辆后再下手，中途不会更换目标。其次，被告人的作案手法是利用弹弓等工具制造虚假擦碰现象，并未与某些驾车“碰瓷”案一样进行真实的车辆擦挂。也就是说，被告人并非想与“碰瓷”车辆真正相撞，而是将冲撞的危险控制在可控范围内，被害车辆因突然受到撞击而失去控制酿成车祸的可能性很小，对其他过往车辆的正常行驶没有造成足够的干扰和影响。综合看来，被告人的犯罪行为并非针对不特定多数人的生命、健康或大量公私财产的安全。另外，五被告人主观上以非法占有为目的，客观上多次采用言语威胁等手段，强行索要被害人钱财。从主客观方面结合来看，本案定性为敲诈勒索罪更合适。

【案例注解】

在高速路上虚构事实，再言语威胁而侵占他人钱财的案件并不罕见，但在定罪过程中却存在分歧。一种观点认为被告人敲诈勒索罪的特征明显，作案期间未引发其他交通事故，没有产生严重后果，应当以敲诈勒索罪定罪；另一种观点认为，被告人虽然以敲诈钱财为最终目的，但其行为已足以现实地危及了不特定多数人的人身财产安全，构成以危险方法危害公共安全罪，应以此罪论处。笔者认为，此类案件定性的关键在于是否侵害“公共安全”。虽然高速路上驾车“碰瓷”案件多不胜数，但各案件中的作案手法，作案环境等因素各不相同，必须具体问题具体分析才能最准确地为案件定性。

一、“公共安全”的界定

在我国刑法学界，对于“公共安全”这一概念，通说认为，所谓“公共安全”的范围，就是不特定多数人的生命、健康和重大公私财产的安全。笔者认为“不特定多数人的生命、健康和重大公私财产的安全”包含着两方面的内容：一是对象不特定，二是危害结果不特定。“不特定”本身就意味着随时有向多数发展的可能性，会使社会多数成员遭受侵害或危险。具体而言，“对象不特定”是指一般情况下，罪犯在实施犯罪行为时，针对的对象是不确定的。这种情况下一般犯罪人具有反社会人格，实施犯罪行为仅仅是为了报复社会，没有特定的犯罪对象，伺机而动，因而导致公共安全受到威胁。但如果行为只能侵害不特定的一个人时，不能认定为该行为侵害了公共安全。“危害结果的不特定”是指行为的危害范围随时可能扩展，最终会威胁到哪些人或财产具有不确定性，在扩展范围内的人身和财产都可能受到侵害。有学者对危害公共安全犯罪中存在的这种现象作出了细致论述：“不特定并不是说危害公共安全犯罪的行为人没有特定侵犯对象或者目标，实施危害公共安全的犯罪人，有的在主观上也有要侵犯的特定对象，同时也会对损害的可能范围有估计和认识，客观上有指向的目标，只不过其行为所造成或可能造成的实际后果则是犯罪分子难以控制的。因此，不能将不特定理解为没有特定侵犯对象或目标。”① 由于以危险方法危害公共安全罪是危险犯，所以既包括实际危害结果的不确定，也包括危险范围的不确定。所以，以危险方法危害公共安全罪的“不特定多数人的生命、健康和重大公私财产的安全”应当结合结果可能波及的程度或者已经波及的程度来认定，而不仅仅关注行为人的主观意图。

二、驾车“碰瓷”是否侵害了公共安全应当具体情况具体分析

对“驾车碰瓷”行为的定性不能一刀切，应当具体情况具体分析，这也是司法实务界的主流观点。一般而言，要结合碰瓷行为发生的时间、路况、车速和碰瓷方式等进行综合评判。对于发生在车辆高峰期，车流量较大的交通道路上的碰瓷，毫无疑问可能引发车辆的连续追尾，也会使不特定多数人的生命、健康或者重大公私财产处于危险状态，可以认定危害了公共安全。而对于发生在车辆较少的路段，选择特定的车辆作为犯罪对象的，一般不会引发第三人的危险，其侵害的客体仅为特定人员的人身安全和特定的财产，不宜认定为危害了公共安全。因此，认定碰瓷行为是否危害了公共安全必须结合案发时的具体因素进行综合判断。

当然，并不是说只要碰瓷行为危害到了公共安全就可以认定为以危险方法危害公共安全罪，因为这只是满足了该罪名的客体要件，以该罪名定罪还需要满足主体、主观方面、客观方面的要件。

（一审法院合议庭成员 彭 禹 任 俊 龚 祥
编写人 四川省南充市嘉陵区人民法院 段钰秋
责任编辑 周维明
审稿人 沈 亮）

原载《人民法院案例选》2017 年第 4 辑（总第 110 辑）

① 高铭暄、马克昌主编：《刑法学》，北京大学出版社、高等教育出版社 2000 年版，第 353 ~ 354 页。

250. 沈光朗敲诈勒索再审改判无罪案
——敲诈勒索罪的构成要件

【关键词】

刑事　敲诈勒索　无罪　构成要件

【裁判要旨】

就付出的劳务向债务人主张报酬，即使实施了一定的威胁、恐吓等违法行为，但被告人与债务人就报酬数额进行了协商，在案证据不能排除被告人行为的初衷是索要合法债权，不足以认定被告人主观上具有非法占有的目的，不应认定被告人构成敲诈勒索罪。

【相关法条】

《中华人民共和国刑法》

第二百七十四条　敲诈勒索公私财物，数额较大或者多次敲诈勒索的，处三年以下有期徒刑、拘役或者管制，并处或者单处罚金；数额巨大或者有其他严重情节的，处三年以上十年以下有期徒刑，并处罚金；数额特别巨大或者有其他特别严重情节的，处十年以上有期徒刑，并处罚金。

《中华人民共和国刑事诉讼法》

第二百四十五条①　人民法院按照审判监督程序重新审判的案件，由原审人民法院审理的，应当另行组成合议庭进行。如果原来是第一审案件，应当依照第一审程序进行审判，所作的判决、裁定，可以上诉、抗诉；如果原来是第二审案件，或者是上级人民法院提审的案件，应当依照第二审程序进行审判，所作的判决、裁定，是终审的判决、裁定。

人民法院开庭审理的再审案件，同级人民检察院应当派员出席法庭。

【案件索引】

一审：广东省电白县人民法院（2008）电刑初字第103号（2009年5月7日）

二审：广东省茂名市中级人民法院（2009）茂中法刑二终字第95号（2009年6月23日）

再审：广东省茂名市中级人民法院（2011）茂中法刑再字第2号（2011年5月16日）

再审：广东省高级人民法院（2015）粤高法审监刑再字第13号（2016年2月26

① 《刑事诉讼法》2018年修正后，本条改为第二百五十六条，条文内容未变。

日）

【基本案情】

广东省电白县人民检察院指控：2005年4月12日，被告人沈光朗与被害人蔡某及贵联集团有限公司（以下简称贵联公司）签订了聘用合同和协议书，由被告人沈光朗出任贵联公司及相关联公司的执行董事兼总裁。根据约定，沈光朗同意在三年的任期内带领其管理团队争取实现以至少一个项目公司为主体的企业公开上市，并约定在项目公司按照贵联公司同意之私募计划私募成功或按照贵联公司同意的上市计划上市成功后，贵联公司按集资额的5%和2%的现金分别给予被告人沈光朗及其管理团队一次性奖励，但奖金在集资款收到后180天内付清。被告人沈光朗到任后，聘请了由马楠、陈治川、刘祥、吕志东、邱仲珩（五人另案）等人组成的上市工作团队。

2006年6月，在申请上市过程中，被告人沈光朗发现贵联公司的申请上市资料不齐全，即指使马楠、吕志东伪造了湖南省常德市金芙蓉铝箔包装有限公司的房产证、金芙蓉铝箔包装有限公司及金鹏凹版印刷有限公司的公积金证明等假证件、公文，并做了假账。

上市失败后，被告人沈光朗自2007年3月12日起就不到贵联公司上班，其团队成员也陆续不到贵联公司上班。2007年4月，被告人沈光朗在深圳市汉唐大厦1102室开设了中国企业融资有限公司，并以负责人的身份上班。2007年6月28日，贵联公司以被告人沈光朗的行为严重失当和失职为由终止与被告人沈光朗的聘用合同。被告人沈光朗在合同终止后，一直占用着贵联公司配给其工作使用的丰田皇冠3.0小轿车（车牌号码：粤B51×××，价值人民币362300元）拒不归还，直至2007年10月21日，才通过其朋友罗国洪将该车交给公安机关。

2007年4月开始，被害人蔡某与香港澳科控股有限公司经过谈判，达成股权买卖协议，由香港澳科控股有限公司以15.555亿港元收购贵联公司股权。2007年6月13日，香港澳科控股收购贵联的公告发布后，被告人沈光朗为了向蔡某索要奖金，纠集马楠、陈治川、吕志东、邱仲珩、刘祥等人分别于2007年6月20日、8月10日、8月11日在深圳市北海渔村、深圳华侨海景酒店等处密谋、策划，以贵联公司已成功上市为借口向被害人蔡某进行敲诈勒索。其间，被告人沈光朗采取了包括威胁、恐吓等勒索手段。被告人沈光朗还通过律师向被害人提出索要1.08亿港元的要求，并与被害人就数额进行谈判。在被害人拒绝其无理要求后，被告人沈光朗一方面通过向香港联交所、香港澳科控股有限公司等部门发律师函，企图阻止澳科控股有限公司与贵联公司的正常交易；另一方面，被告人沈光朗向中国农业银行天津津南分行等多个部门发出匿名检举信，对贵联公司及其董事长蔡某进行恶意诽谤。同时，又向被害人蔡某发出威胁的匿名邮件，并指使王仕生向被害人蔡某及其儿子蔡某某的手机发送多条带有人身安全威胁性质的恐吓短信，通过上述手段对被害人蔡某进行威胁、要挟。被害人蔡某在广东省电白县投资期间收到恐吓短信而向电白县公安机关报案。被告人沈光朗虽然没有索取到财物，但其为索取财物而实施的上述威胁、恐吓行为，不但严重威胁了被害人的人身安全和声誉，而且给被害人及其企业造成了巨大的经济损失。

被告人沈光朗辩称：（1）贵联公司的上市工作没有失败。在申请上市过程中，中介机构、香港联交所没有发现上市申请存在任何问题；上市是否失败要以联交所的有效文件为准。事实上是蔡某出于自身商业利益的考虑而主动撤回上市申请；因为2006年11月加铝Alcon已经提出用2亿至2.5亿美元现金购买贵联公司60%股权的方案，蔡某在权衡利弊选择了卖股权套现方案后，亲自向香港联交所递交申请撤回了上市方案。此外，其在贵联公司工作一直勤勉尽责，但蔡某在2007年3月12日停止了其总裁职权，其间正值其父病危须照顾，其也履行了请假手续。故其没有失职、失当的行为。（2）关于敲诈勒索罪的指控。澳科收购贵联是在其本人与团队完成了约80%左右工作的基础上完成的，其本人与团队有权依约向蔡某主张合法债权，不存在非法占有的目的和犯罪故意，也没有实施敲诈勒索的行为。两次工作聚餐均只提到通过与蔡某和谈、准备起诉和向有关部门披露等方法来主张自己的合法权益，并没有威胁之意。其主张权利均通过律师发函和向有关部门披露等合法途径，没有实施敲诈勒索的行为。王仕生所发的威胁短信是其与蔡某积怨已久的个人行为，其本人没有指使王仕生发任何威胁短信。检举信和匿名邮件与其无关，其没有指使任何人实施上述行为。从其办公室中搜到的邮件包尚未开启，不能证明该材料与其有关，而且检举信没有任何索要金钱的内容。其从来没有提出过索要1.08885亿港元的要求，只是主张依约按集资额个人应得5%及团队应得2%的奖励。其向蔡某主张权益并没有造成任何不良后果，完全是民事纠纷，不构成敲诈勒索罪。（3）关于职务侵占罪的指控。依《聘用合同》规定，其有权使用配置的车辆，其使用粤B51×××小轿车是合法行为。同时，贵联公司尚欠其200万余元服务费及380万元左右地产奖金债权、780万元工业奖励、7800万元上市奖励债权，其有权留置该车。因此，其不构成职务侵占罪。（4）关于伪造国家机关公文、证件罪的指控。其没有伪造国家机关公文、证件的动机，更没有指使马楠、吕志东伪造国家机关公文、证件的行为。马楠作为副总裁和有经验的投资专业人士全权负责上市资料。上市资料的搜集、整理是马楠、吕志东的工作职责，其本人没有参与具体上市资料的准备工作。马楠、吕志东的口供有逼供、诱供和推卸自身责任之嫌，属不实之词，不能成为合法证据。

辩护人提出的辩护意见认为：（1）沈光朗没有敲诈勒索的主观故意，他只是在向蔡某主张自己的合法报酬，没有实施任何敲诈勒索的行为，没有证据证明王仕生是在沈光朗的指使下向蔡某发短信。指控沈光朗指使马楠、陈治川书写和投递检举信，只有马楠和陈治川的言词证据，被告人沈光朗对此全部否认。而在沈的办公室抽屉里搜到的邮件包，是余晓峰寄给赵剑朴的，在搜获时是未启封的，里面什么内容，沈也不知道。而且检举揭发也是法律赋予每个公民的权利，不应以此作为指控犯罪的依据。（2）沈光朗使用粤B51×××小轿车是合法行为。贵联公司虽然于2007年6月28日单方面解聘沈光朗，但合同规定在仲裁机构尚未对双方的争议作出仲裁之前，沈光朗依约有使用该车的权利。另外，该粤B51×××小轿车属贵联实业（深圳）发展有限公司所有，而沈光朗不在该公司担任任何职务，沈光朗不属本案犯罪主体，指控沈光朗犯职务侵占罪的理由不足。（3）伪造国家机关公文、证件是马楠、吕志东所为，没有一项客观证据能够直接证明沈光朗参与该案。除马楠、吕志东为推脱自己的罪责所作的伪证外，本案再无任何证据能证明沈光朗参与该行为。马楠、吕志东的言词证据存在矛盾，证据之间存在重大瑕疵，本案证据严重不足，依法不应当认定沈光朗有罪。（4）全案证据存在重大缺陷无法形成完整证据链，本案属于经济纠纷，同案人供述前后不一，存在严重矛盾，都是诱供的结果，电白县公安机关违法立案所形成的言词证据不足采信。本案证据大部分为间接证据和言词证据，依法不能直接作为定案依据。

综上，辩护人对全案作无罪辩护。

法院经审理查明：2005 年 4 月 12 日，原审上诉人沈光朗与贵联集团有限公司、蔡某共同签订了《聘用合同》和《协议书》。《聘用合同》约定，自 2005 年 5 月 1 日起三年内，由沈光朗出任贵联集团有限公司及相关联公司的执行董事兼总裁，全面负责贵联集团有限公司及相关联公司的日常业务管理工作。《协议书》约定由沈光朗带领其管理团队负责公司的上市工作，在项目公司按照贵联集团有限公司同意之私募计划私募成功或按照贵联集团有限公司同意的上市计划上市成功后，贵联集团有限公司按集资额的 5% 及 2% 的现金分别给予沈光朗及其管理团队一次性奖励，奖励在集资收到后 180 天内付清。沈光朗到任后组织了由马楠、陈治川、刘祥、吕志东、邱仲珩（五人另案处理）等人组成的上市工作团队。

2006 年 7 月，贵联集团有限公司向香港联交所递交了上市申请表；2007 年 1 月 22 日，香港联交所向贵联集团有限公司委托的中介公司亚州嘉诚公司发文称由于贵联集团有限公司超期回答联交所提出的问题而终止其上市申请，同时申请费 45 万港元丧失。因此，董事长蔡某与沈光朗产生矛盾。2007 年 4 月开始，在没有沈光朗及其团队参与的情况下，蔡某与香港澳科控股有限公司达成股权买卖协议。2007 年 6 月 13 日，沈光朗向蔡某、蔡某某父子提出澳科与贵联交易成功是沈光朗与其团队的工作成果，要求依约支付奖励报酬。6 月 20 日晚，沈光朗召集其团队成员马楠、陈治川、吕志东、刘祥、邱仲珩在深圳市北海渔村二楼大厅聚餐。席间沈光朗说大家都有权按约定向蔡某及贵联集团有限公司讨要报酬，并说要先礼后兵，准备与蔡某打官司。同时，让大家回去将对蔡某不利的资料交给他。之后吕志东、刘祥等人将贵联集团有限公司有关财务、管理经营等方面的资料提供给沈光朗。沈光朗大学同学王仕生分别于 7 月 1 日和 7 月 15 日用其手机 1352××××××× 将带有威胁内容的短信发给蔡某、蔡某某父子。8 月 6 日，马楠书写了一份《关于主张停止澳科控股收购贵联集团股权的交易的函》，内容是诬蔑蔡某在澳科与贵联交易中采取欺诈手段、虚构年度利润、严重损害股东利益，且在香港和内地违法经营，意图阻止贵联集团有限公司交易成功。陈治川也书写了一份《善意提醒》，称蔡某靠走私骗税行贿起家，并对蔡某、蔡某某父子的人格品德进行恶劣评价。马楠、吕志东与沈光朗的秘书李抗将《关于主张停止澳科控股收购贵联集团股权的交易的函》寄给蔡某，而陈治川写的《善意提醒》则匿名寄给云南中烟集团有限公司、北京中国烟草局。8 月 11 日，根据沈光朗的通知，马楠、吕志东、邱仲珩与赵剑朴在深圳市华侨海景酒店大厅会面，沈光朗说如果蔡某没有诚意的话，就发邮件威胁一下老蔡。此外，沈光朗还通过律师张志向蔡某的律师张勇提出按澳科收购贵联总额的 7% 索要奖金，并与张勇就数额进行了谈判；在被拒绝后，沈光朗通过向香港罗申美会计行、香港澳科控股有限公司等发律师函，声称贵联集团有限公司负有支付其巨额债务的义务，企图以此阻止澳科控股有限公司与贵联集团有限公司的正常交易。

【裁判结果】

广东省电白县人民法院于 2009 年 5 月 7 日作出（2008）电刑初字第 103 号刑事判

决：被告人沈光朗构成敲诈勒索罪（未遂），判处有期徒刑二年。被告人沈光朗不服，提出上诉。

广东省茂名市中级人民法院于2009年6月23日作出（2009）茂中法刑二终字第95号刑事裁定：驳回上诉，维持原判。沈光朗向广东省高级人民法院提起申诉。

广东省高级人民法院于2010年11月18日作出（2010）粤高法刑申字第158号指令再审函，指令广东省茂名市中级人民法院再审本案。

广东省茂名市中级人民法院于2011年5月16日作出（2011）茂中法刑再字第2号刑事裁定：维持（2009）茂中法刑二终字第95号刑事裁定和（2008）电刑初字第103号刑事判决。沈光朗向最高人民法院申诉，最高人民法院将申诉材料转给广东省高级人民法院。

广东省高级人民法院于2015年4月16日作出（2013）粤高法刑申第101号再审决定，决定提审本案，并于2016年2月26日作出（2015）粤高法审监刑再字第13号刑事判决：撤销原一审判决、二审裁定和再审裁定，改判被告人沈光朗无罪。

【裁判理由】

法院生效裁判认为：2005年4月12日，被告人沈光朗与贵联集团有限公司、蔡某签订了合法有效的《聘用合同》和《协议书》。2005年5月至2007年6月，沈光朗接受贵联集团有限公司的聘请，担任贵联集团有限公司及相关联公司的执行董事兼总裁，全面负责贵联集团有限公司及相关联公司的日常业务管理工作。沈光朗到任后组织了由马楠、陈治川、刘祥、吕志东、邱仲珩等人组成的上市团队。贵联集团有限公司虽然没有直接独立上市，但是通过与香港澳科控股公司的股权收购合作达到了上市募集资金的目的。根据证人赵剑朴的证人证言，同案人吕志东、马楠、原审上诉人沈光朗的供述和《沈光朗总裁在贵联控股2006年度工作会议上的讲话》，可以认定沈光朗及其团队为贵联集团有限公司上市做了大量工作，并与香港澳科控股有限公司就股权买卖事宜进行过协商。虽然沈光朗及其团队没有直接参与贵联集团有限公司与香港澳科控股有限公司股权买卖的最终谈判工作，但在案证据不足以否认股权买卖与沈光朗及其团队工作的关系。沈光朗在得知贵联集团有限公司与香港澳科控股有限公司达成股权买卖协议后，依据《协议书》的约定向蔡某要求奖金，并委托律师与蔡某进行谈判。沈光朗和蔡某委托的律师均证实双方进行了多次谈判，但在奖金数额上没有达成一致意见。由此可见，沈光朗有合理理由认为其与贵联集团有限公司之间存在合法债权债务关系。虽然沈光朗及其团队成员在主张奖金的过程中实施了一定的威胁、恐吓行为，但在案证据不能排除沈光朗行为的初衷是索要合法债权，不足以认定沈光朗主观上具有非法占有的目的，其行为不符合敲诈勒索罪的主观构成要件。

【案例注解】

本案先后经过电白县法院一审，茂名中院二审、再审等审理程序，均认定被告人沈光朗构成敲诈勒索罪，被告人沈光朗是北京大学经济学硕士、中国人民大学金融学博士，32岁就任深圳发展银行总行离岸业务部总经理，案件社会关注度较高。广东省高级人民法院再审改判沈光朗无罪，主要基于以下考虑：

首先，本案证据能够肯定沈光朗与贵联集团有限公司的债权债务关系。承办法官补充摘录了经原审庭审质证的证人赵剑朴的证言，同案人吕志东、马楠、沈光朗的供述和《沈光朗总裁在贵联控股2006年度工作会议上的讲话》等证据中证明沈光朗团队为贵联集团有限公司上市做了大量工作的内容，进而认定沈光朗及其团队与贵联集团有限公司存在合法的债权债务关系。虽然沈光朗及其团队没有直接参与贵联集团有限公司与香港澳科控服有限公司股权买卖的最终谈判工作，但在案证据不足以否认股权买卖与沈光朗及其团队工作的关系。

其次，现有证据不足以认定沈光朗主观上具有非法占有的目的。根据《刑法》第二百七十四条关于敲诈勒索的规定，敲诈勒索罪的构成要件有四个：一是本罪侵犯的客体是公私财产的所有权；二是客观方面表现为对被害人实施威胁或者要挟的方法，迫使其当场或者限期交出较大数额的公私财物的行为；三是犯罪主体为一般主体，即年满16周岁并具有刑事责任能力的人；四是主观方面由直接故意构成并且具有非法占有公私财物的目的。本案在客体、客观方面和主体上均符合敲诈勒索罪的构成要件。但在案证据不足以认定沈光朗主观上具有非法占有公私财物的目的。沈光朗在得知贵联集团有限公司与香港澳科控股有限公司达成股权买卖协议后，依据《协议书》的约定向贵联集团有限公司董事长蔡某要求奖金，并委托律师与蔡某进行谈判。沈光朗和贵联集团有限公司委托的律师均证实双方进行了多次谈判，但在奖金数额上没有达成一致意见，最终认定沈光朗有合理理由认为其与贵联集团有限公司之间存在合法债权债务关系，现有证据不足以认定沈光朗主观上具有非法占有的目的，不符合敲诈勒索罪的主观构成要件。

该无罪判决推翻了原审裁判主张的“被告人索要协商未果、未经法律确认的权利，应认定被告人主观上具有非法占有的目的”的逻辑，承办法官在补充取证的基础上客观论证沈光朗与贵联集团有限公司之间存在合法的债权债务关系，结合沈光朗和贵联集团有限公司委托律师进行谈判但没有就资金数额达成一致意见的事实，认为即使沈光朗及其团队成员在主张奖金的过程中实施了一定的威胁、恐吓行为，但在案证据仍不足以认定沈光朗构成敲诈勒索罪，对敲诈勒索罪“非法占有的目的”进行从严把握。该判决生效后不久沈光朗被辽宁省政府聘为金融顾问。该判决保障了金融从业人员维护合法经济利益的权利和无罪不受刑罚追究的基本人权，有利于激发金融从业人员的工作积极性和促进金融行业的健康发展。该案被腾讯网、《信息时报》和《羊城晚报》、金羊网等媒体报道，社会效果较好。

（一审法院合议庭成员　廖　辉　陈国权　许　车
二审法院合议庭成员　黄昌文　邵志伟　欧梅菊
再审法院合议庭成员　黄志平　张　虹　冯为波
再审法院合议庭成员　莫君早　马远斌　叶海情
编写人　广东省高级人民法院　莫君早
责任编辑　周维明
审稿人　李玉萍）

原载《人民法院案例选》2019年第1辑（总第131辑）

251. 冉恒高敲诈勒索案
——“先因型”敲诈勒索的定性及处理

【关键词】

刑事　敲诈勒索　非法占有　先因型

【裁判要旨】

1. 劳动者在劳动过程中与企业发生争议，应当依法、依规维护权益，企业在招工、用工过程中即使有违规之处，劳动者也应当通过合理、合法途径解决，不能诉诸极端手段。

2. 双方即使存在真实性纠纷，行为人采用人身威胁、恶语恐吓等极端手段索取天价“赔偿款”，已超出纠纷处置合理边界，可以推定其主观上具有非法占有目的，应当以敲诈勒索罪论处。

【相关法条】

《中华人民共和国刑法》

第二百七十四条　敲诈勒索公私财物，数额较大或者多次敲诈勒索的，处三年以下有期徒刑、拘役或者管制，并处或者单处罚金；数额巨大或者有其他严重情节的，处三年以上十年以下有期徒刑，并处罚金；数额特别巨大或者有其他特别严重情节的，处十年以上有期徒刑，并处罚金。

第十八条第三款　尚未完全丧失辨认或者控制自己行为能力的精神病人犯罪的，应当负刑事责任，但是可以从轻或者减轻处罚。

第二十三条　已经着手实行犯罪，由于犯罪分子意志以外的原因而未得逞的，是犯罪未遂。

对于未遂犯，可以比照既遂犯从轻或者减轻处罚。

第六十七条第三款　犯罪嫌疑人虽不具有前两款规定的自首情节，但是如实供述自己罪行的，可以从轻处罚；因其如实供述自己罪行，避免特别严重后果发生的，可以减轻处罚。

【案件索引】

一审：浙江省桐乡市人民法院（2017）浙 0483 刑初 420 号（2018 年 3 月 16 日）

二审：浙江省嘉兴市中级人民法院（2018）浙 04 刑终 135 号（2018 年 5 月 18 日）

【基本案情】

浙江省桐乡市人民检察院指控：被告人冉恒高的行为违反了《刑法》第二百七十四条的规定，应当以敲诈勒索罪追究其刑事责任。被告人冉恒高系犯罪未遂，依法可以比照既遂犯从轻或者减轻处罚。被告人冉恒高作案时系限制刑事责任能力人，可以从轻或减轻处罚。被告人冉恒高归案后如实供述自己的罪行，可以从轻处罚。

被告人冉恒高对基本犯罪事实无异议，但辩称因桐乡市鸿企纺织有限公司拖欠其工资、相关福利待遇不到位又拒绝补偿的情况下，才要求厂里治疗其眼睛，在此过程中其精神和心理压力过大导致精神病发，才作出去公司闹事、砸毁财物、持刀到老板办公室、到乡下找老板父母、发短信威胁杀人放火索要钱财等各种不理智的行为，不认为是敲诈勒索，而是维护其合法权益。其辩护人提出：现有证据不能明确冉恒高的眼睛损害不是职业病；涉案公司未按相关法律规定招工、用人，存在重大过错；冉恒高作案时系限定刑事责任能力人；冉恒高系犯罪未遂；冉恒高归案后如实供述其主要犯罪事实，其所要求的金额是在病发时提出，不能以此数额定案；冉恒高因法律意识淡薄，不清楚法律上的维权方式及精神病发作才触犯法律。

法院经审理查明：2015 年 5 月至 2016 年 1 月间，被告人冉恒高在桐乡市鸿企纺织有限公司和毛车间工作。2016 年 3 月份开始，被告人冉恒高以自己眼部疾病是在该公司工作时造成的为由，要求公司给予治疗和赔偿未果。后被告人冉恒高采用到公司吵闹、砸毁公司财物及公司负责人张某某的汽车玻璃，持刀威胁公司法定代表人徐某某，纠缠、威胁徐某某父母，发送“杀人放火”“准备给老板爸妈收尸”“给女儿买骨灰盒”等威胁、恐吓短信给张某某等手段索要钱财，公安机关为此多次出警。2016 年 10 月 30 日下午，被告人冉恒高再次发送短信给张某某，以威胁张某某家人生命安全的方式索要人民币 50 万元，后因被害人张某某报警而未得逞。

【裁判结果】

浙江省桐乡市人民法院于 2018 年 3 月 16 日作出（2017）浙 0483 刑初 420 号刑事判决：被告人冉恒高犯敲诈勒索罪，判处有期徒刑三年，并处罚金 2 万元。被告人冉恒高不服，提出上诉，并要求为其指定鉴定机构进行职业病鉴定，另委托医疗机构进行精神病鉴定。其辩护人还提出，本案即便构成犯罪，也应从轻判处，请求二审予以改判。浙江省嘉兴市中级人民法院于 2018 年 5 月 18 日作出（2018）浙 04 刑终 135 号刑事裁定：驳回上诉，维持原判。

【裁判理由】

法院生效裁判认为：（1）在劳动过程中与企业产生纠纷，应当合理、合法维权。综合本案证据，无论被告人冉恒高的眼部疾病是否是在涉案公司工作时造成，是否属于职业病，其以他人生命安全进行威胁、恐吓等方式索要数额特别巨大的财物已严重超出了合理、合法维权的必要限度，行为符合敲诈勒索罪的构成要件，被告人冉恒高就其行为性质所提辩解不予采纳，辩护人就职业病所提相关辩护意见不影响本案定性。（2）辩护人所提涉案公司在招工、用人方面存在问题的意见对本案定性亦无影响，但考虑本案确因冉恒高与公司存在纠纷而引发，量刑时予以体现。（3）关于认定的涉案数额，根据被告人冉恒高庭前及当庭供述，50万元并非随口一提，而是其按照自己认为可以工作的年限计算得出，以此数额认定其犯罪金额并无不当。

嘉兴市中级人民法院经审理认为上诉人冉恒高的行为构成敲诈勒索罪。重新委托进行职业病和精神病鉴定，理由不足；辩护所称公司使用了不符合环保要求的静电剂导致职业性眼病，依据不足。相关上诉、辩护意见，缺乏法律依据，不予采纳。

【案例注解】

敲诈勒索作为常见的侵财型犯罪，司法实践中却常常遭遇非典型性，行为人虽然实施了威胁、恐吓等手段索取了钱财，但是行为人之所以要求被害人交付财物，是基于一定的原因或者理由，可称之为“先因型”敲诈勒索，或“事出有因型”敲诈勒索，本案即属此类型。本案争议的焦点在于被告人冉恒高是否属于因劳动争议纠纷而导致维权过度，还是依法已构成敲诈勒索。

一、“先因型”敲诈勒索的类型分析及非法占有目的的综合判断

司法实践中，行为人与被害人没有任何权利主张基础事由，行为人主观上直接基于非法占有的目的，采用威胁、恐吓等手段索取财物，可以称之为“无因型”敲诈勒索，依法构成敲诈勒索罪应无异议。“无因型”敲诈勒索中，被害人并不存在失范行为，未侵害行为人任何利益，行为人是在恶意求财的贪利驱动下，发挥其“主观能动性”，编造或寻求借口、理由去索要财物。但是实践中难点在于，行为人与被害人具有权利主张事由，客观上需要对“先因”进行甄别、判断，剔除那些对刑法构成无意义、无价值的“伪因”。“先因”既包括合法之因，也包括非法之因。需要说明的是，本文所称“因”之合法与非法，并非是对“因”的实质判断，而是对“因”的形式判断。大致可以分为如下类型：（1）合法之因＋确定权利，如追讨借款、货款等合法债务；（2）合法之因＋不确定权利，如人身损害赔偿，赔偿数额经有权机关确定或协商确定之前；（3）不合法之因＋确定权利，如追讨赌债、嫖资等；（4）不合法之因＋不确定权利，如男女分手时所谓青春损失费。

是否具有合法之因，并非区别行为人是否具有非法占有目的的关键，不能简单以“先因”是否具有非法性，是否缺乏法律基础，而机械判断行为人是否具有非法占有的目的，主要应当判断是否明显超出确定权利以及行为手段、方式。对于“合法之因＋确定权利”，即使采取了威胁、恐吓手段，但主观不上并不具有非法占有的主观目的，不应认定为敲诈勒索，行为手段构成其他犯罪的，可以作其他犯罪处理。对于“合法之因＋不确定权利”，因为行为人存在主张权利的合法事由，具有主张权利的正当性，但又很容易滋生权利的滥用，即所谓的“天价赔偿”问题，我们认为，虽然行为人主张的数额明显超出公众普遍预期，如果以曝光等和平手段相要挟，也不宜认定为敲诈勒索，但是明显超出公众普遍预期，又恶语相告，采取人身威胁、恐吓等手段，从其客观行为上可以推断其具有非法占有的主观目的，可以敲诈勒索罪论处。对于“不合法之因＋确定权利”，行为人不合法之因主要是行政管理调整的范畴，不宜以“先因”缺乏合法性基础，从而推定行为人主观上具有非法占有目的。对于“不合法之因＋不确定权利”，如果行为人数额达到构罪标准，且符合其他构罪要件，就应当以犯罪论处。

二、冉恒高主张其系职业性眼病，无证据支持，缺乏维权的合理依据，“先因”具有实质非法性，从客观行为可以判断其具有非法占有的主观故意

随着法治进程的推进，公民权利意识日益提高，通过合法手段维护自身权益应充分肯定，但是实践中，因过度维权导致触犯刑律事件时有发生，区分过度维权行为是否构成敲诈勒索罪，可以从维权依据、维权手段、维权数额三个方面判断。本案中，对于冉恒高所称其眼疾系工作中所致问题，侦查阶段，公安机关已委托桐乡市第一人民医院对行为人进行了职业病诊断，结论显示行为人无职业性眼病，此前，其主张权益具有形式上合法性，行为手段、方式并未违反法律强制性规定，此后，其经职业病诊断后，仍据此为由不断骚扰公司经营管理人员，甚至威胁、恶语恐吓，打砸公司和负责人财物，其所称“维权”已明显缺乏合理依据，属无理取闹，试图通过该手段获取不正当权益，该“先因”已属“伪因”，应作否定性评价。对于主观上非法占有目的的判断，最简洁直观的方式是行为人的供述，但是绝大多数案件中，特别是“先因型”敲诈勒索案件中，行为人似乎都有合法诉求的形式依据，故此，必须通过被告人的客观行为加以判断。张明楷教授认为，非法占有目的，是指排除权利人，将他人财物作为自己的财物进行支配，并遵从财物的用途进行利用、处分的意思。在“先因型”敲诈勒索行为中，行为人因为先前遭受了被害人失范性行为所造成的利益损害，在民事权利义务法律关系的范畴，存在利益补偿、填补请求权基础，具有正当化诉求，其向对方提出一定数额的补偿请求，并非是排除权利人对财物的合法支配，不属于财产性犯罪中非法占有目的。财产性犯罪中的“非法占有目的”属于主观的超过因素，在司法证明的客观实践中，一般需要通过刑事推定予以证实。刑事法官通常需要根据具体个案中展现出来的主客观方面的事实，并结合经验法则和逻辑，从基础事实中推断行为人的主观占有目的。但是，“先因型”敲诈勒索案件中，掺杂着客观真实的利益损失、真实迫切的赔偿诉求以及相关利益侵害者花钱了事、息事宁人等诸多因素，导致了“非法占有目的”这一主观超过的构成要件要素之认定极为复杂。就本案而言，在已经鉴定冉恒高并不存在职业性眼病的情况下，其仍然企图通过各种极端手段索要财物，可以认定其具有非法占有的主观目的。

三、即使存在合法“先因”，但是采取威胁、恐吓等极端手段，主张明显超出合理标准的诉求，仍构成敲诈勒索罪，但在量刑时应与“无因型”敲诈勒索相区别

敲诈勒索罪的构成要件必须包括非法占有的主观目的和客观上威胁、恐吓行为。行为人客观上实施了恶语相告、揭露隐私等行为，被害人产生畏惧心理，并因此交付财物，造成了被害人财物受损。上述环节均完成即属于敲诈勒索罪既遂。概而言之，判断是否构成敲诈勒索罪，有无“先因”，并非是判断罪与非罪的关键，“先因”主要是在出罪和量刑上发挥作用，如前所述，如果事出有因，被害人本身具有失范行为，行为人主张权利的手段没有明显超过合理限度，不宜以敲诈勒索罪入罪。但本案中，行为人采用到公司吵闹、砸毁公司及公司负责人财物，发送“杀人放火”“准备给老板爸妈收尸”“给女儿买骨灰盒”等威胁、恐吓短信给张某某等手段索要钱财50万元，以危害生命相要挟，行为手段极端，明显超出合理限度，应当以敲诈勒索罪论处。但是，值得注意的是，“先因型”与“无因型”敲诈勒索行为在性质和处罚必要性的双重角度均存在巨大差异，在应然的角度对于上述两种类型的敲诈勒索行为之罪刑关系分析理应有所区分。本案中，行为人属于限定刑事责任能力人，属于犯罪未遂，另，行为人对犯罪性质虽有所辩解，但是归案后对基本犯罪事实供述在案，依法可以认定为坦白，一审法院结合其文化程度、认知水平以及身体状况，依法对其尽可能地减轻处罚，既维护了被害人合法权益和社会秩序，也对行为人给予必要的惩处，符合罪责刑相适应原则，最终二审维持原判，取得了较好的法律效果和社会效果。在刑事司法实践中，对于该类型案件的处理，不应就案办案，还应当考虑社会效果。社会效果是司法必须考量的重要因素，原因在于法律的目的、功能具有社会性，司法程序实现实体公正具有或然性，法律还存在滞后性、不完善性等问题。《刑法》第二百七十四条采用简单罪状的立法方式规定敲诈勒索罪，立法上具有开放性结构，同时给了司法者充分灵活适用法律的空间，以更好地处理具体案件，实现个案处理的妥当性，在法律的形式正义与个案中的实质正义之间寻求平衡。

（一审法院合议庭成员　钟元元　安乐莺　梁培生
二审法院合议庭成员　范　悦　张　筱　朱　凯
编写人　浙江省桐乡市人民法院　侯立伟
责任编辑　周维明
审稿人　李玉萍）

原载《人民法院案例选》2019年第1辑（总第131辑）

252. 郭利敲诈勒索再审改判无罪案

——消费纠纷中过度维权行为与敲诈勒索罪的区分

【关键词】

刑事　敲诈勒索　过度维权　无罪

【裁判要旨】

行为人作为消费方与商品经营方达成赔偿和解协议后，因消费受损害程度未经鉴定等缘故，其再次索赔虽违反向对方的承诺，尚未超出民事纠纷范畴。行为人作为消费者在索赔时提出准备向媒体曝光等行为，在不能证明其有非法占有目的情况下，不符合敲诈勒索罪的犯罪构成要件。

【相关法条】

《中华人民共和国刑事诉讼法》

第二百二十五条[①]**第一款第三项**　第二审人民法院对不服第一审判决的上诉、抗诉案件，经过审理后，应当按照下列情形分别处理：

（三）原判决事实不清楚或者证据不足的，可以在查清事实后改判；也可以裁定撤销原判，发回原审人民法院重新审判。

《最高人民法院关于适用〈中华人民共和国刑事诉讼法〉的解释》

第三百八十九条第二款　原判决、裁定事实不清或者证据不足，经审理事实已经查清的，应当根据查清的事实依法裁判；事实仍无法查清，证据不足，不能认定被告人有罪的，应当撤销原判决、裁定，判决宣告被告人无罪。

【案件索引】

一审：广东省潮安县人民法院（2009）安刑初字第492号（2010年1月8日）

二审：广东省潮州市中级人民法院（2010）潮中法刑一终字第17号（2010年2月5日）

再审（指令）：广东省潮州市中级人民法院（2010）潮中法刑终再字第1号（2010年12月30日）

再审（提审）：广东省高级人民法院（2015）粤高法审监刑再字第19号（2017年3

① 《刑事诉讼法》2018年修正后，本条改为第二百三十六条，条文内容未变。

月22日）

【基本案情】

广东省潮安县人民检察院指控：被告人郭利以非法占有为目的，采用要挟手段，勒索公私财物，数额巨大，其行为应当以敲诈勒索罪追究刑事责任。被告人郭利犯罪未遂。

被告人郭利辩解称：其索赔300万元的行为是维权行为，其已取得的40万元只是部分赔偿款；其并没有要挟对方，双方一直在协商解决问题。

法院经审理查明：原审被告人郭利之女郭某某于2006年2月出生后，曾食用施恩公司生产的“施恩”牌奶粉。2008年9月，政府有关部门检查后确认部分批次“施恩”牌奶粉含有三聚氰胺，并向社会公布。郭利带女儿郭某某到医院检查，结果显示其“双肾中央集合系统内可见数个点状强回声”。郭利遂将家中剩下和新购买的部分“施恩”牌婴幼儿奶粉送检，检出两个批次奶粉中三聚氰胺含量较高。2009年4月，郭利多次找销售商和施恩公司索赔，并向媒体反映“施恩”牌奶粉存在的问题及其女儿食用后造成的危害后果，媒体对相关情况进行了报道。同年6月13日，施恩公司派员与郭利协商，双方达成和解协议，施恩公司补偿郭利一方人民币40万元，并于当日将该款汇入郭利的银行账户。同日，郭利出具书面材料表示，基于问题已妥善解决，不再追诉并放弃赔偿要求。同月25日，北京电视台播出了题为《一个男人，如何使“施恩”奶粉低头》的视频，内容主要是郭利向该台反映“施恩”奶粉问题。同月29日，施恩公司及其控股股东雅某利公司派员主动与郭利取得联系。在双方沟通的过程中，郭利提出，其家人对上述赔偿问题不满意，其妻高某因此流产及患精神疾病，要求施恩公司赔偿其误工费和女儿医疗费等共人民币300万元。郭利还表示，如不满足其要求，将通过国内外媒体对上述两家公司进行负面报道。雅某利公司报案，郭利于2009年7月23日被羁押。

【裁判结果】

广东省潮安县人民法院于2010年1月8日作出（2009）安刑初字第492号刑事判决：被告人郭利犯敲诈勒索罪，判处有期徒刑五年。

一审宣判后，被告人郭利以一审判决认定事实不清，证据不足，定性不当为由提出上诉。广东省潮州市中级人民法院于2010年2月5日作出（2010）潮中法刑一终字第17号刑事裁定：驳回上诉，维持原判。

本案经媒体报道，引发社会关注。广东省高级人民法院审查后认为本案在程序上存在不符合《刑事诉讼法》规定的情形，确有错误，决定指令潮州市中级人民法院对本案进行再审。潮州市中级人民法院再审后作出裁定，维持上述裁判。

潮州中院再审裁定后，原审被告人郭利的父母以郭利无犯罪动机和行为为由，向广东省高级人民法院提出申诉。广东省高级人民法院审查后，决定提审本案，并作出再审判决：一、撤销广东省潮州市中级人民法院和广东省潮安县人民法院的上述裁判；二、原审被告人郭利无罪。

【裁判理由】

广东省高级人民法院再审认为：

1. 从本案发生、发展的过程看，尚不能认定郭利的行为性质超出民事纠纷的范畴。首先，本案是因施恩公司一方主动与郭利联系而引发。在涉案 40 万元赔偿协议履行后，郭利接受采访的视频在电视台播出，施恩公司一方主动找到郭利商谈有关事宜。其次，现有证据不能证明是郭利首先提议“再次赔偿”。在施恩公司一方有再次赔偿的意思表示或双方皆有再次就赔偿问题进行商谈意愿前提下，郭利就赔偿数额提出要求，符合民事纠纷协商解决的特征。最后，施恩公司一方在报案后仍与郭利就“再次赔偿”事宜多次联系、商谈，并让郭利出具了索赔的书面材料。

2. 现有证据不足以证明郭利具有非法占有他人财物的目的。首先，郭利在本案中有权提出民事赔偿。郭利因其女儿食用涉案问题奶粉身体健康受到侵害而找到施恩公司索赔，施恩公司对其生产的奶粉质量不合格及造成相关人身损害事实没有异议，并自愿赔偿了 40 万元。其次，郭利之女因涉案问题奶粉受损害的情况不清。虽然郭利已获得和再次要求的赔偿数额超出了当时有关部门处理问题奶粉事件的最高赔偿标准，但在其女儿人身受损害程度没有评估鉴定和施恩公司一方主动联系郭利继续协商处理双方纠纷的情况下，不宜以郭利提出新的索赔数额超出以上标准而认定非法占有。

3. 现有证据不足以证明郭利实施了敲诈勒索行为。敲诈勒索罪的客观方面表现为实施威胁、要挟的方法，迫使被害人交出数额较大财物的行为。首先，监督产品质量是消费者的合法权利，消费者可选择通过媒体对产品质量进行舆论监督的维权方式。其次，郭利不具备实施有关要挟行为的条件。郭利在向施恩公司一方提出 300 万元索赔之前，政府部门及媒体已经向社会公布曝光了相关奶粉的质量问题。再次，郭利在本案中享有一定的民事权利，其索赔行为不违反法律规定。最后，郭利虚构其妻子因故流产、患精神病等事实，不足以引发施恩公司一方产生恐惧、害怕等精神上的强制效应，该行为不足以认定构成威胁、要挟。

综上所述，原审裁判认定原审被告人郭利以非法占有为目的，使用威胁、要挟的方法，强行索取财物行为的事实不清，证据不足。根据现有证据证明的事实评判，郭利的行为性质未超出民事纠纷的范畴，不能认定郭利构成敲诈勒索罪。

【案例注解】

消费纠纷中的“过度维权”与敲诈勒索的区分在刑事司法理论界有不同的观点争鸣，在司法实践中也是一个常见的难点问题。对于消费者提出的过度高额索赔，能否认定其具有非法占有目的，需结合案件具体情况分析认定；监督产品质量是消费者的合法权利，消费者提出准备向媒体曝光并索赔的，不能轻易视同敲诈勒索行为。通过对郭利敲诈勒索再审改判无罪案的思考和梳理，笔者认为，划清二者关系应注意把握以下要点：

1. 从行为主体上看，索赔方是否具有消费者的身份。真实的消费关系存在是正当维权的基础，在有正当维权基础的情况下，应审慎认定敲诈勒索犯罪。消费者是指为满足生活消费需要而购买、使用商品或者接受服务的，由国家专门法律确认其主体地位和保护其消费权益的个人。如果争议双方不存在真实的消费关系，索赔方以牟利为目的“知假买假”；通过其他渠道掌握对方产品质量问题和缺陷，并以此索取高额钱财，则倾向于不认定为正常维权行为。在本案中，郭利无疑具有消费者的身份。

2. 从违背对方意志的程度看，是否有明显违背被索赔方意志的意思表示和行为。民事行为的基本特征是行为主体具有自愿性。如行为人没有明显违背被索赔方意志的意思表示和行为，双方都有就赔偿问题进行商谈的意愿的前提下，倾向于认定为民事纠纷。在敲诈勒索犯罪中，行为人使用威胁、要挟等方法，对对方造成精神强制，明显违背被害人的意志。本案中，施恩公司主动找到郭利沟通商谈，在这种情况下，郭利提出高额的赔偿要求，双方解决纠纷还处于正常的磋商阶段，不能认为违背了施恩公司的意志，给其造成精神强制。

3. 从行为客观表现看，是否对被害人实施威胁、要挟行为。敲诈勒索罪客观方面主要表现为采用对被害人实施威胁、要挟方法，强行索取财物的行为。在威胁、要挟的内容上，一般表现为对人身的加害行为或者毁坏财物、名誉，揭发被害人的违法行为、隐私等。对以下两种常见的索赔中的手段行为的性质要具体分析，准确把握。（1）实施媒体曝光的行为是否可以认定为要挟、威胁。根据《消费者权益保护法》的相关规定，消费者可以选择通过媒体对损害其合法权益的行为进行舆论监督的维权方式。由于新闻媒体和互联网传播信息的迅捷性、广泛性，对商家某些不当经营行为的曝光可能给其带来极为不利的后果，甚至带来毁灭性的打击。消费者采取向新闻媒体和互联网曝光的维权方式，不能简单认定为是行使言论自由权利和监督权，也不能简单视为敲诈勒索的手段，还应结合其主观上是否具有非法占有的目的，客观上是否能够达到威胁、要挟的程度等方面来评判其手段行为是否符合犯罪构成。（2）索赔中有虚构事实的情节对构成威胁、要挟行为的影响。在消费纠纷中，有的消费者为达到索赔的目的，在维权基础事实以外，往往会虚构一些事实，并以此增加向商家索赔的筹码，如本案中郭利虚构其妻子流产及患精神病等事实。虚构事实并非敲诈勒索罪的犯罪构成客观方面的要件。行为人虚构事实的情节能否引发对方产生恐惧、害怕等精神上的强制效应，是认定构成威胁、要挟行为要考量的因素。

4. 从索赔方的损害结果看，索赔行为是否有事实依据，索赔数额与造成损害是否明显比例失衡。对于较小的损害或者没有明显的损害而索要较大数额的赔偿，要结合损害的性质、损害的因果关系等其他情节综合认定行为人是否具有非法占有的目的，而不应单纯以数额多少来确定。具体而言，一是看损害是否实际发生；二是看损害的性质，是造成人身损害还是财产损失；三是看损害后果是否明确。本案中，郭利女儿人身受损害的情况没有评估鉴定。对于类似本案的情况，损害程度尚不明确，特别是造成人身损害后果，且人身损害的程度没有评估鉴定的情况下，不宜以提出过高的维权要求，认定行为人主观上具有非法占有目的，从而认定其构成敲诈勒索罪。

5. 从索赔的过程看，是否经过正当的程序处理。消费者和经营者发生消费权益争议的，可以与经营者协商和解、请求消费者协会或者依法成立的其他调解组织调解、向有关行政部门投诉、根据与经营者达成的仲裁协议提请仲裁机构仲裁、向人民法院提起诉讼等正当途径解决。对于消费者通过正当途径或声称要通过正当途径索要赔偿的，不应认定为敲诈勒索行为。对于经过正当程序处理后，消费者又继续以要挟、威胁手段索要赔偿的，也要结合案件的其他情节认定是否构成敲诈勒索罪。

（一审法院合议庭成员　郑小伟　李英才　陈静纯
二审法院合议庭成员　江　瑾　郭旭平　张秋芸
再审法院合议庭成员　黄雪玲　江　海　刘新燕
再审法院合议庭成员　李　华　王兴元　池菡洁
编写人　广东省高级人民法院　王兴元
责任编辑　周维明
审稿人　李玉萍）

原载《人民法院案例选》2019 年第 1 辑（总第 131 辑）

253. 李某、姜某、涂某敲诈勒索案
——基于婚外情先因条件下敲诈勒索罪的认定

【关键词】

刑事　婚外情　敲诈勒索未遂

【裁判要旨】

在敲诈勒索犯罪中，被告人因怀疑他人与配偶之间存在不正当男女关系，纠集他人使用暴力殴打、言语威胁等手段，迫使被害人当场写下数额巨大的借条，且造成被害人身体损伤轻微伤的，其行为构成敲诈勒索罪。

【相关法条】

《中华人民共和国刑法》

第二百七十四条　敲诈勒索公私财物，数额较大或者多次敲诈勒索的，处三年以下有期徒刑、拘役或者管制，并处或者单处罚金；数额巨大或者有其他严重情节的，处三年以上十年以下有期徒刑，并处罚金；数额特别巨大或者有其他特别严重情节的，处十年以上有期徒刑，并处罚金。

【案件索引】

一审：湖北省武汉市江汉区人民法院（2017）鄂0103刑初1178号（2017年11月25日）

二审：湖北省武汉市中级人民法院（2018）鄂01刑终308号（2018年3月22日）

【基本案情】

湖北省武汉市江汉区人民检察院指控：2017年6月5日23时许，被告人姜某意外发现其妻子黄某与被害人兰某存在不正当关系后，于2017年6月6日凌晨零时许用妻子黄某的手机与被害人兰某通过微信约定在本市江汉区中山公园见面，同时被告人姜某邀约被告人李某、涂某到中山公园为其帮忙。2017年6月6日凌晨零时30分许，被告人姜某、李某与被害人兰某在中山公园喷泉处相遇后，对被害人兰某进行殴打、辱骂；被告人涂某来后负责看守，并在案发现场录制视频，以证明兰某与黄某早存在婚外情。从当日零时许至3时许，被告人姜某、李某对被害人兰某进行殴打、辱骂、威逼长达3小时左右。后被告人姜某、李某、涂某在离开时扣押了被害人兰某驾驶的一辆车牌为鄂A×××××的3008款灰色标致汽车。当日12时许，被告人姜某、李某、涂某驾驶被害人兰某的汽车，在本市江汉区菱角湖公园门口，与事先约好的被害人兰某再次见面，

见面后被告人姜某、李某、涂某再次对被害人兰某进行恐吓、威逼，让兰某承认与黄某有婚外情并发生性关系的事实并再次录制视频，被害人兰某在殴打、恐吓、威逼的情形下，向被告人姜某打了一张50万元人民币的借条，被告人姜某承诺扣押保管的被害人兰某的汽车，在被害人兰某还钱之后予以归还。经鉴定，被害人兰某的损伤程度为轻微伤。被告人姜某于2017年6月10日被公安机关抓获，被告人李某于2017年6月12日被公安机关抓获，后协助公安机关规劝被告人涂某投案，被告人涂某于同日至公安机关投案。被告人姜某已对被害人兰某予以赔偿，并取得被害人兰某谅解。公诉机关认为，被告人姜某、李某、涂某的行为构成敲诈勒索罪，且系犯罪未遂，李某有立功表现，涂某有自首情节。

被告人姜某及其辩护人均辩称：事发后姜某将欠条交予其妻子黄某，要黄某退还兰某，系犯罪中止，且被害人兰某与被告人姜某的妻子保持不正当男女关系，具有过错，姜某赔偿被害人兰某经济损失并取得谅解。被告人李某、涂某对指控的事实和罪名均不持异议。被告人李某的辩护人辩称：本案系犯罪未遂，被告人李某系从犯，具有立功表现，认罪态度较好。被告人涂某的辩护人辩称：本案系犯罪未遂，被告人涂某系从犯，具有自首情节。

法院经审理查明：2017年6月5日23时许，被告人姜某怀疑妻子黄某与被害人兰某存在不正当男女关系，使用黄某的手机，假冒黄某名义约被害人兰某在本市江汉区中山公园见面。随后被告人姜某电话联系被告人李某，并驾车接上被告人李某赶至中山公园大门附近，在此处，又电话联系被告人涂某要他过来帮忙。在中山公园门前，被告人姜某、李某与被害人兰某相遇，被告人姜某持事先准备好的甩棍对被害人兰某进行殴打，并不断逼问兰某与妻子的关系，被告人李某亦使用拳脚对被害人兰某殴打了几下。被告人涂某来到中山公园后，负责看守被害人兰某，并用手机录制证明兰某与黄某存在婚外情的视频证据。凌晨3时许，被告人姜某、李某、涂某驾驶被害人兰某的标致牌汽车将被害人兰某带至其家附近，放其离开，并将兰某的汽车开走，要兰某之后打电话给被告人姜某。

当日12时许，被告人姜某、李某、涂某驾驶被害人兰某的汽车，在本市江汉区菱角湖公园门口与被害人兰某碰面，在被害人兰某的汽车内，被告人姜某、李某、涂某再次对被害人兰某进行恐吓、威逼和殴打，让兰某承认与黄某有婚外情并发生性关系，逼迫被害人兰某支付人民币50万元解决此事，在兰某表示无法立即支付后，让其在被告人姜某打印好的一张金额为人民币50万元的欠条上签字，随后让其离开。接被害人报案，公安机关于2017年6月10日、12日分别将被告人姜某、李某抓获。被告人李某归案后，规劝被告人涂某投案，被告人涂某在李某的规劝下于同日投案。被害人兰某的损伤经鉴定，属轻微伤。

另查明，案发后，被告人姜某赔偿被害人兰某人民币3万元、被告人李某赔偿被害人兰某人民币1万元，均取得被害人兰某的谅解。

【裁判结果】

湖北省武汉市江汉区人民法院于2017年11月25日作出（2017）鄂0103刑初1178号刑事判决：认定被告人姜某犯敲诈勒索罪，判处有期徒刑三年六个月，并处罚金人民币 5000 元；被告人李某犯敲诈勒索罪，判处有期徒刑三年，并处罚金人民币 3000 元；被告人涂某犯敲诈勒索罪，判处有期徒刑三年，并处罚金人民币 3000 元。

宣判后，被告人涂某、李某不服原审判决，提起上诉。湖北省武汉市中级人民法院于 2018 年 3 月 22 日作出（2018）鄂 01 刑终 308 号刑事裁定：驳回上诉，维持原判。

【裁判理由】

法院生效裁判认为：上诉人李某、涂某、原审被告人姜某以非法占有为目的，采取暴力殴打及言语威胁等方式，向他人强行索要钱财人民币 50 万元，数额特别巨大，其行为均已构成敲诈勒索罪，因意志以外的原因而未得逞，系犯罪未遂。原审认定事实清楚，证据确实、充分，定罪准确，审判程序合法。原审鉴于上诉人李某系从犯，其归案后如实供述了犯罪事实，赔偿了被害人的经济损失并取得谅解，且有立功表现；上诉人涂某系从犯，具有自首情节；原审被告人姜某系主犯，其归案后如实供述了自己的罪行，赔偿了被害人的经济损失并取得谅解等情节，对上诉人李某、涂某、原审被告人姜某在法定刑幅度以下减轻处罚均无不当。上诉人李某、涂某提出原审量刑过重的上诉理由及其辩护人相同的辩护意见，本院均不予采纳。

【案例注解】

配偶权是在合法婚姻关系存续期间，夫妻双方之间发生的、由夫妻双方平等专属享有的要求对方陪伴生活、钟爱、帮助的基本身份权利，贞操忠实义务（又称配偶性生活排他专属义务）是配偶权派生出的夫妻间权利义务内容。本案中姜某的妻子出轨侵犯了姜某的配偶权，但是婚姻关系中两性感情的约束属道德范畴，姜某等人实施违法手段威胁兰某，超出了维护自身配偶权的正当方法和程度，迫使兰某基于内心恐惧而默许交付钱财，行为人的行为本身具有违法性和危害性，可能构成敲诈勒索罪。

一、敲诈勒索罪的认定

敲诈勒索罪，是指以非法占有为目的，对被害人使用威胁或要挟的方法，强行索要公私财物的行为。被告人姜某在主观上具有以兰某与妻子之间可能存在不正当男女关系为由向兰某索要巨额财物的非法占有目的，客观上实施了威胁、要挟等手段迫使兰某写下事先准备好的欠条，其行为构成敲诈勒索罪。

1. 在司法实践中，威胁内容的种类没有限制，对被害人身体健康、名誉等内容进行威胁，只要达到足以使被害人产生恐惧心理的程度即可；威胁的结果，是使被害人基于恐惧心理而处分自己数额较大的财产，被害人处分财产，并不限于被害人直接交付财产，也可以是因为恐惧而默许行为人取得财产。威胁对方的内容本身是否是合法的、合道德的并不影响敲诈勒索罪的成立。在界分敲诈勒索犯罪与维权行为时，需要综合考虑权利行使的正当性，手段行为与权利内容的关联性、维权手段的必要性与相当性等因素，在司法实践中，考察行为人权利的正当性以及维权手段，通常能够印证其非法占有目的的有无。在本案中，假如兰某确实与姜某的妻子之间存在被道德规范所谴责的不正当男女关系，姜某应该以合法的手段维护自身合法权益，但是这也不能成为姜某据此威胁对方索要钱财的出罪事由。其维权行为侵犯了刑法保护的法益，兰某基于内心恐惧填写欠条，即意味着默许姜某等获得 50 万元财物，姜某等人的行为符合敲诈勒索罪的构成要件。

2. 敲诈勒索罪可能包含轻微的暴力手段，如果行为人的暴力行为尚未造成被害人严重伤情或者死亡结果，这一犯罪事实仍在敲诈勒索罪的涵射范畴之内，假如造成了被害人严重伤情或死亡结果，则可能构成敲诈勒索与故意伤害罪或故意杀人罪的数罪并罚。在本案中，行为人索要财物过程中对被害人进行了殴打，被害人兰某的伤情经鉴定只构成轻微伤，尚达不到故意伤害罪的入罪标准，故被告人的行为只构成敲诈勒索罪。

3. 敲诈勒索罪与抢劫罪的行为人在主观上均具有非法占有财物的目的，客观上都使用威胁方法，敲诈勒索罪的行为人也可以使用暴力手段相威胁，但是二种罪名的暴力程度相差较大。在敲诈勒索罪的实施过程中，行为人非法获取财物或者获得财物允诺有可能当场、即时发生，但是威胁内容的实现通常不是即时性的，所以即便是行为人在事发当场对行为人实施了暴力行为相威胁，但是该暴力行为不是非法占有他人财物的主要手段，只是为了使对方产生恐惧心理，尚未达到足以压制他人反抗的程度，在这种情况下不应该认定为抢劫罪。

二、犯罪停止形态的认定

主观上，行为人实行犯罪的意志已经通过客观的实行行为开始表现出来；客观上，行为人已经开始直接实施具体犯罪构成要件的行为。

敲诈勒索罪是结果犯，如果行为人使用威胁或者要挟的手段，非法获取了他人财物即达到犯罪既遂状态。在本案中，因被害人兰某不能当场给付50万元财物，其填写了姜某等人事先准备写好金额的欠条，意味着允诺姜某等可以获取其相应金额的钱款。欠条是一种债务凭证，但是根据我国《民法通则》的相关规定，以合法形式掩盖非法目的的欠条凭据是无效的。因此，在认定姜某等人的行为构成犯罪的前提下，欠条无效，姜某等不能获取欠条允诺的50万元钱款。本案中的行为人虽然使用了威胁或要挟手段，强迫被害人处分财产，但是由于意志以外的原因未能占有财物，在尚未拿到50万元就被警方抓获，属犯罪未遂。

（一审法院合议庭成员　谢　春　颜冬萍　祝新发
二审法院合议庭成员　徐正武　郑雄文　施　茜
编写人　北京市西城区人民法院　冀　敏
责任编辑　周维明
审稿人　李玉萍）

原载《人民法院案例选》2019年第8辑（总第138辑）

254. 马贵彬敲诈勒索案
——拖欠货运费用情况下承运人扣箱并借此收取货主钱款行为的性质认定

【关键词】

刑事　敲诈勒索　索要货款　留置权行使

【裁判要旨】

对行为人基于行使权利而使用威胁、要挟的方式获取钱款的行为，应从主客观方面予以评析。当行为人的权利具有事实根据和法律依据，采用的方式虽符合威胁、要挟形式，但其要求未超出权利范围、手段具有相当性和必要性的情况下，不构成敲诈勒索罪。

【相关法条】

《中华人民共和国刑法》

第二百七十四条　敲诈勒索公私财物，数额较大或者多次敲诈勒索的，处三年以下有期徒刑、拘役或者管制，并处或者单处罚金；数额巨大或者有其他严重情节的，处三年以上十年以下有期徒刑，并处罚金；数额特别巨大或者有其他特别严重情节的，处十年以上有期徒刑，并处罚金。

【案件索引】

一审：上海市虹口区人民法院（2017）沪0109刑初232号（2017年12月13日）

【基本案情】

上海市虹口区人民检察院指控：被告人马贵彬以非法占有为目的，使用要挟的方法强行索取他人钱款，数额特别巨大，其行为应当以敲诈勒索罪追究其刑事责任。同时认定被告人马贵彬到案后能如实供述其罪行，被告人马贵彬有揭发他人犯罪行为，经查证属实，系立功。

庭审中，被告人马贵彬对主要犯罪事实及指控罪名均无异议。其辩护人则提出三点主要辩护意见：（1）被告人马贵彬主观上没有非法占有的目的，其收取的是信丽公司拖欠其的货款。（2）被告人马贵彬始终是希望信丽公司付款，未向货主单位要挟和索要，货主单位是主动代替信丽公司付款。（3）被告人马贵彬是行使《物权法》规定的留置权，属于合法维权，不应认定为刑事犯罪。

法院经审理查明：上海信丽公司系由案外人章轶掌控，章轶长期以较低的运费价格承接运输业务并收取货主货运费，又以较高的运费价格转托给他人运输但仅支付部分货运费。2014 年 10 月至 2015 年 7 月间，被告人马贵彬所在公司承接上海信丽公司部分业务后予以实际运输，累计人民币 120 余万元的货运费未得到章铁的按期支付，导致马贵彬公司经营困难而无法向承运司机发放报酬。2015 年 7 月，马贵彬公司的司机在承运上海信丽公司转托运输的共 10 个集装箱时采取扣箱不运的方式要求马贵彬马上发放报酬。被告人马贵彬告知章铁并再次向章铁索要应收货运费，章铁遂联系并告知货主上海华震公司、上海存安公司、上海巴士悦信公司集装箱被扣和自己未支付也无力支付货运费的情况，上海华震公司、上海存安公司、上海巴士悦信公司虽前期已将相关运输费足额支付给章铁，但为让实际承运的司机尽快运输、不影响正常交易，支付给马贵彬 120 万元以结清上海信丽公司拖欠马贵彬的货运款，马贵彬收到钱款后亦及时向货运司机发放了报酬并由司机将集装箱运输到指定港区。

被害单位的汇款凭证、员工、司机及案外人章铁的证言，均能证实被告人马贵彬主观上不具有非法占有被害单位钱款的目的，马贵彬收取的 120 万元未超出其应向信丽公司收取货款的金额，且扣箱行为并非起指令司机作出，其讨要钱款的对象也为章铁而非货主，货主是基于章铁无法支付钱款会影响货物的运输而代章铁结清货运款。

【裁判结果】

上海市虹口区人民法院审理过程中，上海市虹口区人民检察院以证据发生变化为由提出撤回起诉申请。

上海市虹口区人民法院于 2017 年 12 月 13 日作出（2017）沪 0109 刑初 232 号刑事裁定：准许上海市虹口区人民检察院撤诉。

【裁判理由】

法院生效裁定认为：被告人马贵彬承接上海信丽公司委托的集装箱业务后，上海信丽公司已累计拖欠马贵彬所在公司 120 余万元货运费，导致马贵彬所在公司已无法正常向集装箱承运的司机发放运输报酬，该些司机在承运上海信丽公司转包给马贵彬的上海华震公司、上海存安公司、上海巴士悦信公司的集装箱时借机扣箱，上海华震公司、上海存安公司、上海巴士悦信公司为不影响货物正常运输影响交易，在实际已事先向上海信丽公司支付过货运费情况下，又支付给马贵彬 120 万元，马贵彬将该钱款均用于偿付司机的运输报酬后，司机始将上述三公司的货物运输至指定港区。目前在案证据不足以证实被告人马贵彬实施了以非法占有为目的，指使货车司机扣箱、向货主索取超出其应得货款的敲诈勒索行为。上海市虹口区人民检察院的撤回起诉申请，应予准许。

【案例注解】

敲诈勒索罪，是指以非法占有为目的，对被害人实施威胁或者要挟的方法，强行索取数额较大的公私钱款的行为，其中要挟方法通常是指抓住被害人的某些把柄或者制造某种迫使其交付财物的借口，其客观行为可分为四阶段，分别为：行为人实施威胁、要挟，被害人产生恐惧、害怕心理，被害人不得已交付财物，行为人获得财物，主观上要求行为人具有非法占有他人财物的目的。

货代公司拖欠货运费用情况下，承运人扣箱并借此收取货主钱款的行为，客观行为符合上述敲诈勒索罪四阶段，第一阶段被告人马贵彬首先以扣箱不运要挟，第二阶段被害人即货主基于货物无法按时发货造成的违约后果产生害怕，第三阶段被害人迫不得已在已经支付货代公司货款的情况下又向马贵彬支付钱款而受有损失，第四阶段马贵彬方最终也在收款后才将货物运至指定港口。但从主观上要认定被告人符合敲诈勒索罪，要排除其取得钱款的合法性，即需考虑被告人取得钱款的行为是否是行使其合法权利。此类案件能否认定被告人构成敲诈勒索罪，笔者认为，关键在于从以下两个要素分析敲诈勒索罪与权利行使的区别。

一、行使的权利需具有事实根据和法律依据

权利基础的两个要素为事实根据和法律依据，具备了这两个要素，行为人的权利才具有民事上的可诉性，才是可主张和可实现的权利。如果权利的产生没有事实根据或者行使时无法律依据，则不能称之为行使权利，则其所谓行使“权利”就缺乏正当性。虽然缺乏正当性的权利行使并不一定全部都可以认定为具有非法占有的目的并构成敲诈勒索罪，但具有正当性的权利行使，不管手段如何，一定可以排除非法占有的主观目的，进而阻却敲诈勒索罪的构成。在货物运输过程中，承运费用产生于承运人与托运人之间，承运费用的履行逾期时，承运人对托运人欠付的费用是基于合同产生的债权，这种情况下，法律给予承运人依据合同法实现债权的多种权利行使方式，其中一项权利便是留置权。留置权是指债权人依照合同的约定占有债务人的动产，债务人不按照合同约定的期限履行债务时，债权人有权留置该动产，并依照法律的规定将动产折价或者以拍卖、变卖后的价款优先受偿的权利。托运人欠费的情况下，承运人即可对托运人所有的交付其承运的货物采取适当的留置措施以实现自己的债权。但当托运人是货代公司时，托运人与货物实际所有人分离，承运人能否行使留置权？一般通说认为，动产以占有为所有权的公示，此时货代公司对货物属于间接占有，故承运人可视货代公司即为货主，就货代公司逾期支付的运费行为亦可对货代公司托运的货物行使留置权。本案中被告人马贵彬在货代公司信丽公司拖欠其运费的情况下，即对信丽公司再次委托其运输的上海华震、上海存安、上海巴士悦信三家公司的货物采取了扣箱行为，要求信丽公司支付拖欠的货款，其实质就是依据合同法行使留置权。且不管本案留置权行使的方式方法等是否正确，可以明确的是，被告人马贵彬此情况下行使留置权既有事实根据，亦有法律依据。当然，留置权的行使应仅限于债权人向债务人行使，因此，马贵彬的留置权仅能对抗信丽公司的返还请求。

二、权利的行使不应超限

权利的行使仍应遵循一定的限度，否则权利的行使就成为权利的滥用，在主观上，限度外的部分易转为非法占有，如再辅以威胁、要挟手段行使的，则有可能构成敲诈勒索罪，甚或是其他犯罪。对具有事实根据和法律依据的权利行使，仍应考察下面几点来进一步判断是否构成敲诈勒索罪的情况。

（一）行权要求不可超出权利范围

一般而言，行为人采用胁迫、要挟手段行使财产权，如果实际获取财物的数额与其权利的数额相同或者基本相同时，其当然不具有敲诈勒索罪的非法占有目的。但如果行为人主观上为获取超过自己有权获得的之外的财物，客观上获取的财物价值也远远大于应获得财物的，则不应被视为是正当权利行使，其主观上已转化为非法占有目的，可构成敲诈勒索罪。当权利为内容确定的债权，以该确定的数额债权加实现债权所花费的其他合理的经济损失为限；当权利为内容不确定的债权，只要行为所提出的财产性要求与债权直接相关且未超出一般常规合理想象的数额，便应视为是在权利的范围之内。本案中，被告人马贵彬对信丽公司所有的债权为确定的数额120万元，其在扣留货物后，对信丽公司提出的要求也仅为等额的120万，未超出权利范围。

（二）行权手段的必要性与相当性

行为人所使用的手段必须具有必要性及相当性，所谓的必要性，指的是具体案件中，行为人的行权做法符合社会经验和逻辑认可，符合常识、常理、常情；所谓相当性，是指手段相对于权利本身的重大性、侵害相对方权益的程度、紧急程度等综合情况下可为一般大众所接受和容忍。公民行权的手段各种各样，在此仅讨论可能涉及敲诈勒索罪的威胁、要挟手段。

敲诈勒索罪中的要挟、威胁方式上有口头的有书面的，其内容上有以施加杀、伤等伤害生命、身体、自由的暴力，有以揭发、张扬被害人隐私、违法行为等损害名誉、财产的，还有利用某种权势或者优势地位损害被害人切身利益的，从造成被害人精神恐惧、害怕的程度上看，显然暴力相威胁的程度大于非暴力的程度。当权利合法确定时，行为人即使以会施加暴力相要挟、威胁，只要未实际实施暴力行为，也未采取长期滋扰形式严重影响被害人生活的，仍未超出以要挟、威胁手段私力救济，不成立敲诈勒索罪。仅当没有行使权利的真实意思，单纯以行使权利为借口，或者行为太过火的情况下，可以以敲诈勒索罪论处。

本案中，被告人马贵彬的要挟行为是利用了其优势地位，货物因天气原因落箱堆场，已经耽误了流转时间，此时被告人马贵彬又在货物急需出港交易时扣押货箱并向托运人主张运费，既实现了向托运人施压，又实现了由托运人向货主转压。本案的特殊性在于，虽然被告人马贵彬行使权利的指向对象与最终付出钱款的相对方是分离的，但是其行使的权利仍是法律规定的留置权，而紧急扣押货物不予运输是留置权的必然手段，其手段与其债权不仅具有相当性，更加具有匹配性。故被告人马贵彬行使权利的手段具有必要性与相当性。货物的实际所有人上海华震公司、上海存安公司、上海巴士悦信公司基于自身公司考虑，因害怕耽误运输、影响交易向被告人马贵彬直接支付货款的行为，应为第三人主动为债务人代为履行，其所受损失可依据法律向信丽公司索偿，第三人的主动代为履行不能改变被告人马贵彬依法行使留置权的行为性质。

综上，被告人马贵彬在货物运输中，因货代公司欠款而采取扣留货物并索要运费的行为，属于依法行使留置权，其要求并最终所得的金额与货代公司所欠金额一致，对该钱款主观上没有非法占有的故意，客观上该钱款虽然由第三人货主给付，但被告人马贵彬扣箱的行为符合留置权的手段行为，第三人的给付行为系主动为债务人履行，马贵彬客观上未对货主实施敲诈勒索行为，被告人马贵彬主客观符合敲诈勒索罪犯罪构成的证据不足。公诉机关基于案件证据而提出撤回起诉，法院应予准许。

（一审法院合议庭成员　周　军　陈春丹　张建国
编写人　上海市虹口区人民法院　陈春丹
责任编辑　周维明
审稿人　李玉萍）

原载《人民法院案例选》2019年第12辑（总第142辑）

255. 林东亮等人敲诈勒索案

——如何准确认定利用信息网络违法犯罪的恶势力

【关键词】

刑事　敲诈勒索　网络犯罪　恶势力

【裁判要旨】

1. 通过“线上”联系的方式经常纠集在一起，采用“以网霸凌”等足以对被害人形成心理强制的方式为非作恶、欺压百姓，造成社会秩序混乱，影响人民群众安全感的，应当认定为利用信息网络违法犯罪的恶势力。

2. 以网络监督为名，滥用公民监督权，使用威胁或者要挟的方法，勒索财物数额较大的，应当以敲诈勒索罪惩处。

【相关法条】

《中华人民共和国刑法》

第二百七十四条　勒索公私财物，数额较大或者多次敲诈勒索的，处三年以下有期徒刑、拘役或者管制，并处或者单处罚金；数额较大或者有其他严重情节的，处三年以上十年以下有期徒刑，并处罚金；数额特别巨大或者有其他特别严重情节的，处十年以上有期徒刑，并处罚金。

《最高人民法院、最高人民检察院、公安部、司法部关于办理黑恶势力犯罪案件若干问题的指导意见》

第十四条　具有下列情形的组织，应当认定为“恶势力”：经常纠集在一起，以暴力、威胁或者其他手段，在一定区域或者行业内多次实施违法犯罪活动，为非作恶，欺压百姓，扰乱经济、社会生活秩序，造成较为恶劣的社会影响，但尚未形成黑社会性质组织的违法犯罪组织。

【案件索引】

一审：湖南省浏阳市人民法院（2019）湘0181刑初67号（2019年2月26日）

二审：湖南省长沙市中级人民法院（2019）湘01刑终523号（2019年4月29日）

【基本案情】

湖南省浏阳市人民检察院指控：林东亮等5人以选择性发布负面网络信息或者收费删除已发布的网络信息为手段，威胁、要挟他人，勒索财物，其行为均构成敲诈勒索罪，且系恶势力。

林东亮及其辩护人辩护提出：没有非法强索钱财，不构成敲诈勒索罪；被害单位有过错，可酌情从轻处罚的辩解及辩护意见。

刘家初、张马成及其辩护人均辩护提出：在共同犯罪中起次要作用，系从犯。

胡本权对公诉机关指控无异议。

周均及其辩护人提出：没有向达浒镇政府索要钱财删帖，获取的 3 万元系向镇政府工作人员的个人借款，不构成敲诈勒索罪。

法院经审理查明：2015 年 4 月以来，被告人林东亮纠集在网络上认识的被告人刘家初、张马成、胡本权、周均等湖南浏阳籍无业人员，利用其在网络上的知名度，搜索、采集本地区负面新闻，在林东亮等 5 名被告人经营的“胡三刀网络新闻”“湘鄂赣法治内容”“阳光正义”“与法同行”“南衙观察”“公民观点”等微信账号、微信公众号及在浏阳区域有一定影响力的社区论坛发布负面新闻，通过制造负面舆情要挟和以删除网络信息为诱饵，向涉事单位和个人勒索钱财 42 次共计 30 万余元。其中被告人林东亮单个作案 28 次，共计数额人民币 26. 2075 万元，伙同被告人刘家初、张马成、胡本权、周均共同作案 13 次，数额人民币 10. 73 万元；被告人刘家初单独作案 1 次，数额人民币 0. 2 万元，伙同被告人林东亮共同作案 5 次，数额人民币 2. 26 万元，共计人民币 2. 46 万元；被告人张马成伙同被告人林东亮、胡本权共同作案 5 次，共计数额为人民币 1. 57 万元；被告人胡本权伙同被告人林东亮、张马成共同作案 4 次，共计数额为人民币 1. 93 万元；被告人周均伙同被告人林东亮作案 1 次，数额为人民币 5. 3 万元。（具体犯罪事实略）

【裁判结果】

湖南省浏阳市人民法院于 2019 年 2 月 26 日作出（2019）湘 0181 刑初 67 号刑事判决：一、被告人林东亮犯敲诈勒索罪，判处有期徒刑七年六个月，并处罚金人民币 10 万元；……五、被告人周均犯敲诈勒索罪，判处拘役四个月，并处罚金人民币 1 万元。

宣判后，原公诉机关湖南省浏阳市人民检察院提出抗诉，被告人周均提出上诉。二审审理期间，被告人周均认罪认罚，湖南省长沙市人民检察院撤回抗诉，并提出对周均从轻改判的量刑建议。湖南省长沙市中级人民法院于 2019 年 4 月 29 日作出（2019）湘 01 刑终 523 号刑事判决：认定林东亮等 5 人系恶势力，维持对林东亮的定罪量刑，以敲诈勒索罪对周均改判拘役三个月十天，并处罚金人民币 1 万元。

【裁判理由】

法院生效裁判认为：林东亮单独或者伙同周均、刘家初、胡本权、张马成以非法占有为目的，以发布负面网络信息或者删除已发布的网络信息为由，威胁、要挟他人，索取公私财物，林东亮索要的数额巨大，周均、刘家初、胡本权、张马成索要的数额较大，其行为均已构成敲诈勒索罪。林东亮、刘家初、胡本权、张马成以网络为平台纠集在一起，在浏阳市以发布被害人、被害单位的网络信息博取网友群众的关注，但背着网友群众却实施向被害人、被害单位索要钱财的违法犯罪活动，以“网”谋利，严重扰乱了正常的社会生活秩序，造成较为恶劣的社会影响，系恶势力犯罪。

关于林东亮及其辩护人辩护提出的没有非法强索钱财，不构成敲诈勒索罪；被害单位有过错，可酌情从轻处罚的辩解及辩护意见。经查，被告人林东亮以非法占有为目的，利用其网络影响力，以在网络上发布负面网络信息相要挟或者已经发布了网络信息，在被害人、被害单位相关人员要求删除网络信息时，向被害人、被害单位相关人员明示或者暗示不给钱就不删除网络信息，被害人、被害单位害怕被发布负面网络信息或者为了消除已发布的网络信息造成的舆情压力而被迫给付被告人林东亮财物，其行为符合敲诈勒索罪的构成要件；被害单位因害怕被发布负面网络信息或者寻求删除相关网络信息而采取拿钱了事的方式，虽系被迫，但作为企业、单位相关领导不应采取此种方式“息事宁人”，屈从于被告人，有了舆情压力应当正面应对，勇于担当，但被害单位及其有关人员应对舆情不当的方式不是被告人违法犯罪的理由。对上述辩护意见均不予采纳。

【案例注解】

《最高人民法院、最高人民检察院、公安部、司法部关于办理黑恶势力犯罪案件若干问题的指导意见》（以下简称《“两高两部”关于办理黑恶势力案件意见》）、《最高人民法院、最高人民检察院、公安部、司法部关于办理恶势力刑事案件若干问题的意见》（以下简称《“两高两部”关于办理恶势力案件意见》）将组织网上威胁、恐吓、滋扰的恶势力列为重点打击对象。司法实践中，要将正常的网上监督与以网敲诈、以网施暴、以网牟取非法利益区分开来，紧紧围绕是否经常纠集在一起、是否为非作恶、是否欺压百姓等关键特征，准确认定利用信息网络违法犯罪的恶势力。林东亮团伙通过信息网络经常纠集在一起；以“公民监督”为幌子，以索取被害人钱财作为不发布负面新闻或者删帖的条件，大肆敲诈勒索，欺压百姓；不但造成了被害单位和个人财产的损失，同时对群众和基层组织形成了心理强制，严重破坏了当地的社会生态，危害性特征明显，应当认定为恶势力。具体分析如下：

一、林东亮团伙具备恶势力的组织特征

《“两高两部”关于办理黑恶势力案件意见》《“两高两部”关于办理恶势力案件意见》明确规定，认定恶势力要求犯罪嫌疑人、被告人经常纠集在一起，并且多次实施违法犯罪活动。经常纠集在一起，是恶势力团伙成员之间联系紧密程度的重要表征，是对违法犯罪组织持续性的要求，是恶势力的组织特征。根据上述规定，我们认为，应当主要通过团伙成员在实施违法犯罪活动中的组织性和联系的紧密程度来判定是否经常纠集在一起。“纠集”不但体现在犯罪嫌疑人、被告人日常联系是否紧密，更体现在具体的违法犯罪活动中分工合作是否密切；不但体现在人的聚集上，更体现在违法犯罪的联络、分工、实行、收益分配等纠合上。在网络互联时代，通过电话、短信、QQ、微信等方式，完全可以实现提出犯意、召集人员、商定分工、分配收益等全部活动。“纠集”的方式，应当结合犯罪的手段来把握。办理在网络空间实施犯罪的案件，不应将“纠集”方式限定为成员面对面的聚集，为实施违法犯罪活动而电话、短信、QQ、微信联系的，也应当纳入“纠集”方式的范围。

本案中，林东亮团伙成员达5人，由林东亮为主纠集，主要通过两种方式实施敲诈：第一种是对发生负面新闻的单位和个人以上网发帖为要挟，进行敲诈勒索；第二种为发布负面新闻帖，向被害人索费后才删帖。在第一种犯罪方式中，虽然犯罪实行行为在现场完成，但线索的获取、人员的召集、犯罪收益的分配等系通过网络完成。在第二种犯罪方式中，被告人之间无需见面，犯罪全过程均可通过网络完成。林东亮团伙“线下”面对面的聚集较少，“线上”联络较为紧密。团伙成员在自媒体账号设置关注，通过网络相互提供负面新闻线索，商定由某一成员发布负面新闻贴，其余成员通过转载、留言等方式扩大影响，借此向被害人勒索钱财。鉴于林东亮团伙主要以网络敲诈勒索的方式实施犯罪，依据林东亮团伙在犯罪过程中频繁的网络联系，应当认定该团伙“经常纠集在一起”，“线下”联系较少并不影响这一特征的认定。

二、林东亮团伙具备恶势力的行为特征

《“两高两部”关于办理黑恶势力案件意见》对认定恶势力的行为特征提供了明确的指引，即“以暴力、威胁或者其他手段，在一定区域和行业内多次实施违法犯罪活动，为非作恶，欺压百姓”。对恶势力的行为特征，应当重点从以下几个方面把握：其一，恶势力犯罪方式不以暴力或者威胁为限，其他足以对被害人形成心理强制，从而实现为非作恶目的的方式，应当认定为“其他手段”，如软暴力。其二，恶势力具有通过犯罪形成非法影响，谋求强势地位的目的。其三，基于这一目的，恶势力违法犯罪相对集中在一定的区域和行业，具有重复性、一定的公开性和侵害对象随意性大、起因不法性强等特点。

具体到本案，林东亮等人通过发布负面舆情进行要挟或者以删除网络信息实施敲诈，以网霸凌，行为方式与“暴力”“威胁”相当，足以对被害人形成心理强制，应当认定为恶势力犯罪的“其他手段”。林东亮等人犯罪的目的非常明确，除敲诈被害人的财物外，更重要的是扩大以林东亮为首的网络势力的影响力，形成被害人在发生负面舆情后主动付钱以免被林东亮团伙炒作的局面。林东亮团伙的犯罪实施地主要集中在浏阳市；侵害的对象覆盖生产企业、基层组织、学校和个人，随意性极大；被害单位及个人与林东亮等人之间并无纠纷，起因的不法性强；犯罪方式公开，覆盖面和辐射面较广。因此，应当认定林东亮团伙以其他手段，在一定区域和行业内多次实施违法犯罪活动，为非作恶，欺压百姓。

三、林东亮团伙具备恶势力的危害性特征

《“两高两部”关于办理黑恶势力案件意见》规定，恶势力“扰乱经济、社会生活秩序，造成较为恶劣的社会影响”。通过实施违法犯罪形成较为恶劣的社会影响，是恶势力团伙的危害性特征。《“两高两部”关于办理恶势力案件意见》进一步明确，应当结合侵害对象及其数量、违法犯罪次数、手段、规模、人身损害后果、经济损失数额、违法所得数额、引起社会秩序混乱的程度以及对人民群众安全感的影响程度等因素，综合把握恶势力危害性特征。我们认为：其一，认定恶势力“较为恶劣的社会影响”应当参照黑社会性质组织的危害性特征来把握。恶势力团伙是黑社会性质组织的雏形，“较为恶劣的社会影响”不仅仅是通过案件获取的“恶名”，更为重要的是通过实施违法犯罪对经济、社会秩序的干扰、破坏和影响程度。其二，对是否造成“较为恶劣的社会影响”，应当结合犯罪的方式、手段，重点考量某些特定因素来判断。犯罪的方式、手段不同，考量的因素也应当有所侧重。如在以直接暴力犯罪的案件中，人身损害后果是考量社会影响是否恶劣的重要因素。而在以网络信息发布为主要犯罪手段的恶势力犯罪案件中，应当结合网络犯罪的特点，重点考量传播范围、违法所得数额、引起的社会秩序混乱的程度以及对人民群众安全感的影响程度等因素综合把握。

结合本案，林东亮团伙通过网络敲诈勒索作案42次，侵害对象多达30个，勒索钱财高达37万余元。更为严重的是，林东亮团伙选择性地发布、删除负面新闻，甚至形成了发生负面新闻主动向林东亮团伙交费删帖、签订“合作协议”以求林东亮团伙不再侵害的恶例，严重破坏了当地的生产生活环境和社会秩序，严重影响人民群众的安全感。因此，虽然林东亮团伙未造成人员伤亡后果，但是依据该团伙对当地社会秩序的破坏程度，应当认定林东亮团伙造成了“较为恶劣的社会影响”。

（一审法院合议庭成员　何春华　康娜萍　吉朝根
二审法院合议庭成员　韩德民　刘　舸　鲁　璇
编写人　湖南省高级人民法院　许又德
责任编辑　包献荣
审稿人　李玉萍）

原载《人民法院案例选》2020年第2辑（总第144辑）

256. 李洪炳敲诈勒索案

——以非法占有为目的的司法认定

【关键词】

刑事　敲诈勒索罪　诈骗罪　正当维权　事出有因

【裁判要旨】

对于“事出有因”的民事纠纷，被告人放弃正当维权途径，阻挠被害人依法主动弥补损失的积极行为，并利用各种胁迫手段，迫使被害人支付明显超过实际损失的大额赔偿，构成敲诈勒索罪。

【相关法条】

《中华人民共和国刑法》

第二百七十四条　敲诈勒索公私财物，数额较大或者多次敲诈勒索的，处三年以下有期徒刑、拘役或者管制，并处或者单处罚金；数额巨大或者有其他严重情节的，处三年以上十年以下有期徒刑，并处罚金；数额特别巨大或者有其他特别严重情节的，处十年以上有期徒刑，并处罚金。

【案件索引】

一审：湖南省靖州苗族侗族自治县人民法院（2016）湘1229刑初130号（2017年3月28日）

二审：湖南省怀化市中级人民法院（2017）湘12刑终196号（2018年4月19日）

再审一审：湖南省靖州苗族侗族自治县人民法院（2018）湘1229刑初78号（2018年11月15日）

再审二审：湖南省怀化市中级人民法院（2019）湘12刑终63号（2019年4月9日）

【基本案情】

湖南省靖州苗族侗族自治县人民检察院指控：被告人李洪炳未经“爱晚家具厂”老板戴某某同意就以“爱晚家具厂”的名义向靖州苗族侗族自治县电力公司（以下简称电力公司）索取赔偿，且得到赔偿后未将赔偿款交给戴某某，是以非法占有为目的，采用虚构事实、隐瞒真相的方法，骗取公私财物共计人民币68000元，数额巨大，构成诈骗罪。

被告人李洪炳辩称：其不构成犯罪，电力公司误剪李洪炳家三相电造成李洪炳家建房停工及租用其场地的“爱晚家具厂”损失客观存在，李洪炳为维权也产生了大量费用。李洪炳就此与电力公司多次进行协商，最终达成协议并取得赔偿。电力公司赔偿李洪炳后并未认为李洪炳的行为属诈骗而以被害人名义向公安机关报案。“爱晚家具厂”老板默许李洪炳找电力公司赔偿家具厂损失，得到赔偿款后未将赔偿款付家具厂老板，如双方产生争议，应属民事纠纷。

法院经审理查明：2010 年 8 月的一天，电力公司在协助靖州苗族侗族自治县人民政府组织的整治“三违”行动中，误将连接到被告人李洪炳老宅（李洪炳一家未在此居住生活）用于家具厂生产的三相电电线剪断。当日，电力公司准备对李洪炳家被剪断线路进行施工恢复，因李洪炳阻拦、不配合，未能施工。后电力公司多次派员找到李洪炳协商恢复供电未果。停电期间，租用李洪炳家场地生产家私的“爱晚家具厂”老板戴某某多次要求李洪炳找电力公司恢复供电。停电 17 天后，李洪炳家三相电恢复通电。之后，被告人李洪炳多次到电力公司，以“爱晚家具厂”是其本人所有，停电影响其家具厂生产及自建房屋建筑施工，造成了重大损失为由，要求电力公司赔偿20 万元，电力公司不同意。李洪炳则采取拒不缴纳电费并将自己的三相电转接给他人使用的方式向电力公司施压，同时，还多次到电力公司领导办公室向公司领导要求赔偿，坐等至下班。其间，电力公司曾组织人员前往李洪炳家欲剪其电线阻止其非法用电，因李洪炳威胁说要打剪线的人，电力公司人员被迫停止该项行动。2014 年上半年，电力公司高压电线断落引发泥湾山火，李洪炳作为受灾户到电力公司商谈山火致损赔偿问题。电力公司担心拖得时间越久，李洪炳拖欠电费越多，非法用电引发安全事故的可能性就越大，加之，电力公司有关项目、事项可能需李洪炳配合。基于以上因素，2014 年 9 月 23 日，电力公司经过会议研究决定对李洪炳因停电造成损失予以赔偿，2014 年 9 月 25 日，电力公司与李洪炳就停电造成损失一事达成赔偿协议，一次性赔偿李洪炳人民币 68000 元，协议还约定李洪炳不参与泥湾山火纠纷处理。李洪炳得到赔偿款后没有告诉戴某某，也没有分赔偿款给戴某某。

【裁判结果】

湖南省靖州苗族侗族自治县人民法院于 2017 年 3 月 28 日作出（2016）湘 1229 刑初 130 号刑事判决：一、被告人李洪炳犯敲诈勒索罪，判处有期徒刑三年，并处罚金人民币 5000 元。二、被告人李洪炳犯罪所得人民币 68000 元予以追缴，上缴国库。

宣判后，被告人李洪炳提起上诉。湖南省怀化市中级人民法院于 2018 年 4 月 19 日作出（2017）湘 12 刑终 196 号刑事裁定：一、撤销湖南省靖州苗族侗族自治县人民法院（2016）湘 1229 刑初 130 号刑事判决；二、发回湖南省靖州苗族侗族自治县人民法院重新审判。

湖南省靖州苗族侗族自治县人民法院于 2018 年 11 月 15 日作出（2018）湘 1229 刑初 78 号刑事判决：一、被告人李洪炳犯敲诈勒索罪，判处有期徒刑三年，并处罚金人民币 5000 元。二、被告人李洪炳犯罪所得人民币 68000 元予以追缴，上缴国库。

宣判后，被告人李洪炳提起上诉。湖南省怀化市中级人民法院于 2019 年 4 月 9 日作出（2019）湘 12 刑终 63 号刑事裁定：驳回上诉，维持原判。

【裁判理由】

法院生效裁判认为：李洪炳以非法占有为目的，在明知自家电线被误剪后，采取阻拦等方式拒不配合恢复供电，之后，放弃正当维权途径，采取拖欠电费，私自转接电线供他人用电，威胁电力公司工作人员致使不能依法行使职务，多次到电力公司负责人办公室影响其办公等方式索要巨额赔偿费，致使电力公司在被逼无奈的情况下支付人民币68000元。李洪炳主观上具有非法谋取不当利益的故意，客观上实施了要挟、威胁行为，且数额巨大，其行为已构成敲诈勒索罪。李洪炳虽辩称自己不构成犯罪，但能如实供述基本案件事实，可以从轻处罚。李洪炳犯罪所得人民币68000元，应予以追缴。关于李洪炳提出其行为系正当维权，不构成犯罪的理由，经查：（1）家具厂系他人所有，停电造成家具厂损失与否与李洪炳无关，且家具厂未授权其代为索赔，李洪炳无权向电力公司索赔。停电期间，李洪炳家老宅无人居住，不影响其生活，无损失，李洪炳建立在虚假的事实上索要财物，主观上具有非法占有的目的。（2）李洪炳并非因疏忽大意的过错心理及错误认识提出超过索赔限度的巨额赔偿。现代社会对电的使用依赖程度高，正常情况下，用电人在停电后只希望尽快恢复供电，李洪炳却阻止供电部门误剪电线后及时恢复供电，并采取擅自转接电供他人使用，自行收取电费，拒交应交电费，威胁电力公司工作人员行使职务，影响电力公司工作人员正常办公秩序等行为，让电力公司产生了因电费的流失，转接供电可能导致危及他人人身及财产安全造成责任事故而承担赔偿后果的恐惧心理，迫使电力公司无奈之下给付“赔偿款”68000元。李洪炳的行为不是正当维权，而是借机敲诈勒索。

【案例注解】

近年来，各种天价维权案频发，成为人们关注的焦点，例如《京华时报》报道的黄某天价笔记本电脑索赔案中，检察院认为黄某在自己的权益遭到侵犯后以曝光的方式索赔，并不是一种侵害行为，而是维权行为，索要500万美金属于维权过度但不是敲诈勒索，遂作出不起诉的决定。[①] 在李海峰今麦郎索赔案中，因今麦郎方便面醋包中汞超标，李海峰向今麦郎公司索要450万元赔偿款。今麦郎公司选择报警，最终法院以李海峰犯敲诈勒索罪判处有期徒刑五年。[②] 应当以何种标准来区分带有“威胁或者要挟”色彩的维权行为与敲诈勒索罪的界限，没有具体的裁量标准可供参考。本案是因“事出有因”而引发的敲诈勒索案，笔者通过对敲诈勒索罪的构成要件一一解构，剖析此类维权案演变成刑事案件的原因。

一、“事出有因”仍然能构成“以非法占有为目的”

敲诈勒索罪的构成要件之一为行为人必须具有以非法占有为目的，对于没有权利基础，理当成立犯罪，没有争议。最难判断的是“事出有因”，行为人具有一定的权利基础，只是在维权的过程中超出权利范围，不当的权利方式导致性质的转变。对于过度维

① 白明辉：《因索赔500万美金被关押10个月 “勒索华硕案”女生将获国家赔偿》，载《北京晨报》2008年10月27日第5版。

② 徐建华：《专家解读李海峰今麦郎案背后的质量法治与消费维权启示》，载《中国质量报》2016年2月1日第2版。

权行为的定性，有些国家经历了从不入罪到谨慎入罪的过程，如英国最初强调的是勒索罪对象的财物只能是“他人的财物”，到现在英国法认为，行使权利不完全阻却财产犯罪，将可罚的行为扩大化。[①] 在我国审判实践中，目前对于过度维权行为仍然持比较谨慎的态度，只要有权利基础存在，一般不予入罪。对于过度维权是否入罪最大的争议点在于行为人是否有“以非法占有为目的”，不支持入罪的观点是认为行为人具有权利基础，是在行使权利，不具有以非法占有为目的。是否只要“事出有因”，行为人的所有行为就不具有刑法规制的基础，笔者的观点不同。在学说上来讲，所有权绝对的思想已经衰退，所有权的行使伴随着义务，即便对于自救行为形式上也进行限制，因为这背离法治国家的理念。[②] 行为人虽然具备一定的权利基础，但是其不是在权利范围内行使，也同样能够构成财产犯罪。笔者根据审判实践总结出认定被告人是否具有“以非法占有为目的”的考量因素和步骤：一是利益损害结果的客观真实性；二是索赔数额与权益受损程度不具有相当性；三是将索赔的数额与“维权”的手段结合起来进行综合判断。

结合本案来看，第一，电力公司在协助靖州苗族侗族自治县人民政府组织的整治“三违”行动中，误将连接到被告人李洪炳老宅用于家具厂生产的三相电电线剪断，致使被告人李洪炳一直追索赔偿，是“事出有因”，利益损害结果具有客观真实性，具备一定的权利基础。第二，被告人的索赔数额与权益受损程度不具有相当性。电力公司在发现剪错后，立即要实施恢复用电，但被告人李洪炳阻拦，致使停电 17 天，而且被停电的李洪炳老宅租给案外人进行家具生产，被告人李洪炳并不居住在此，而且家具厂在停电期间仍然继续向被告人缴纳电费，从财产上来看，被告人并没有损失，而实际损失人家具厂也并未委托被告人进行维权，被告人利用家具厂的名义向电力公司进行索赔 20 万元，后降低到 15 万元，远远超出实际损失，都明显超出其权利范围，与实际损失不具有相当性。第三，被告人利用拒缴电费、非法转接电线等手段胁迫电力公司对其进行巨额赔偿，进一步确定被告人具有“以非法占有为目的”。民事责任以补偿性为原则，其意在恢复因侵权行为造成的各种损害，被告人长达四年欠缴电费且非法转接电线并收取电费，暴力阻碍电力公司员工剪除非法用电电线，最后致使电力公司被逼无奈向被告人支付 68000 元的赔偿款。被告人从被害人处得到赔偿款后未将赔偿款交给实际损失人，故法院认定被告人构成以非法占有为目的符合事实。综上所述，在本案中，虽然被告人系因“事出有因”而索要赔偿，但其超出权利范围，并非正当维权，不影响侵犯财产犯罪的成立。

二、正当维权与敲诈勒索罪的区分

敲诈勒索罪的行为结构是施害人实施了胁迫行为——对方产生恐惧心理——被害人基于恐惧心理转移财产——行为人取得财产。而所谓胁迫，是指以恶害相通告迫使被害人处分财产……威胁的种类没有限制……威胁内容的实现自身不必具有违法性。[③] 然从正当维权的行为结构来看，系为了维护自身利益，采取一定措施，致使侵权人承担赔偿损失的责任。二者从结构上看相似，都是为了取得一定财物而采取的某些行为。维权行为

① 徐光华：《从典型案件的“同案异判”看过度维权与敲诈勒索罪》，载《法学杂志》2013 年第 4 期。

② 童伟华：《财产罪基础理论研究》，法律出版社 2012 年版，第 176 页。

③ 张明楷：《刑法学》，法律出版社 2003 年版，第 763 页。

与敲诈勒索罪的界限标准，在客观构成要件方面，主要涉及两个问题：一是维权主体采取胁迫性质的维权手段进行索赔，是否具有刑法学意义上的规范含义；二是维权主体采用的带有胁迫性质的维权手段能否使对方内心产生恐惧心理。

针对手段是否具有刑法学意义上的规范含义，即判断手段是否具关联性、相当性。所谓关联性是指维权应当与权利基础具有通常的联系，如不存在关联性，则可能构成敲诈勒索，例如对于维权的消费者来说，以伤害经营者的人身权利或者毁坏经营者的财物相威胁时，则手段并不具有关联性。所谓相当性，是指采取的威胁手段能够为社会公众所普遍接受和认同，故不具有法律上的可谴责性。对于具有关联性和相当性的维权行为，不应将其上升到刑事规范范围，而应当作为民事或者行政管辖范围。具体到本案来看，被告人李洪炳自2010年因被误剪电线之后，以电力公司不赔偿损失为由一直拒缴电费并私自转接电线供他人用电，自行收取电费，截至2012年4月李洪炳家已欠缴1万余度电费。电力公司督促其交纳电费并对其私自转接电线供他人用电的违法行为进行剪线查处时，李洪炳坚持没有赔偿到位就不交电费，并手持木棒，威胁说要打剪线的人，电力公司人员被迫停止该执法行为，导致供电安全隐患一直没有排除。从关联性来看，被告人私自转接供他人用电，且阻碍电力公司剪除违法用电的电线，长达四年，不仅侵害了电力公司的利益，而且导致供电安全隐患一直没有排除，严重威胁了其他人的安全，故被告人的行为不具有关联性。同时，以牺牲他人的安全和侵犯电力公司的财产利益来进行索赔，也超出社会公众容忍度范围，故将被告人的索赔手段纳入刑法规制范围。

针对维权主体采用的带有胁迫性质的维权手段能否使对方内心产生恐惧心理。胁迫手段本身并不能成为衡量是否构成敲诈勒索的唯一判断标准，如果被胁迫人没有因为行为人的胁迫而产生“不自由地交付财物”，即胁迫行为与交付财物之间没有因果关系，也不能构成敲诈勒索。因此，胁迫手段是否达到相当程度，需要结合被胁迫人是否产生恐惧心理进行判断。综合本案来看，其最大的争议点在于胁迫行为持续时间太长，被告人李洪炳自2010年开始有胁迫行为，但是电力公司直到2014年才对其进行赔偿，之后也并未报案，致使人们产生合理怀疑：电力公司是否是基于被告人的胁迫而交付财物。从查明的事实来看，被告人李洪炳欠缴电费且私自转接电线供他人用电，电力公司进行依法处理时，遭到被告人李洪炳的阻拦，长期的非法用电致使安全隐患问题愈加突出，最终致使电力公司无奈妥协，所以虽然时间拉得长，但是并不影响被告人的胁迫行为与电力公司交付财物之间成立因果关系。

三、关于本案罪名的定性

本案一审公诉机关起诉被告人李洪炳的罪名系诈骗罪，公诉机关认为被告人李洪炳未经“爱晚家具厂”老板戴某某同意就以“爱晚家具厂”的名义向电力公司索取赔偿，且得到赔偿后未将赔偿款交给戴某某，是以非法占有为目的，采用虚构事实、隐瞒真相的方法，构成诈骗罪。虽然诈骗罪与敲诈勒索罪均属于侵财类型的犯罪，但二者在犯罪构成方面存在很大的不同，特别是在两罪的犯罪方法上表现不同，诈骗罪是行为人以虚构事实或者隐瞒事实真相的方法使被害人造成错误认识，并基于这种错误认识被害人“自愿”交付财物；敲诈勒索罪则是行为人通过威胁或者要挟的方法给被害人造成心理上、精神上的恐惧，从而被迫交付数额较大的财物。虽然二者都是利用了被害人的瑕疵意思而取财，但前者采用欺骗的方法，而后者是使用欺骗或者要挟的方法；前者被害人是“自愿”交付财物，后者被害人是被迫交付财物。因此，在区分诈骗罪和敲诈勒索罪时，主要不是看有没有欺骗，而是行为人取得财物是否通过欺骗的手段。具体到本案来看，电力公司在与被告人协商赔偿数额时已知被告人并非家具厂的老板，并非实际损失人，但由于被告人采取种种胁迫手段，致使电力公司被逼无奈拿钱了事，故被告人李洪炳的行为构成敲诈勒索罪。

（一审法院合议庭成员　谢取泽　田建华　简跃义
二审法院合议庭成员　莫劲枝　田　芳　荆　成
再审一审法院合议庭成员　夏文强　李凌松　顾志刚　龙庆洪
简跃义　胡开成　蒙永成
再审二审法院合议庭成员　莫劲枝　田　芳　荆　成
编写人　湖南省新晃侗族自治县人民法院　龙　微
湖南省怀化市中级人民法院　莫劲枝
责任编辑　包献荣
审稿人　李玉萍）

原载《人民法院案例选》2020 年第 5 辑（总第 147 辑）

七、故意毁坏财物罪

257. 李金键、李金锻等故意毁坏财物案
——故意毁坏财物罪与盗伐林木罪的异同

【关键词】

故意毁坏财物　盗伐林木　生态资源

【裁判要旨】

不以非法占有为目的，故意砍伐、毁坏他人林木的行为，不构成盗伐林木罪，而应认定为故意毁坏财物罪。

【相关法条】

《中华人民共和国刑法》

第二百七十五条　故意毁坏公私财物，数额较大或者有其他严重情节的，处三年以下有期徒刑、拘役或者罚金；数额巨大或者有其他特别严重情节的，处三年以上七年以下有期徒刑。

【案件索引】

一审：福建省厦门市同安区人民法院（2016）闽0212刑初844号（2017年1月17日）

【基本案情】

公诉机关福建省厦门市同安区人民检察院以被告人李金键等犯故意毁坏财物罪，向厦门市同安区人民法院提起公诉。

法院审理查明：2015年12月至2016年1月间，被告人李金键、李金锻、曾清露为私自占地，在未经林业行政主管部门批准并核发林木采伐许可证的情况下，分别雇请挖掘机，在厦门市同安区五显镇明溪村后烧东“松柏仔埔”挖地毁树。经查，被毁林木属于同安区五显镇明溪村林班11大班150小班，林地类型为经济林地，林种为果树林，被

毁林木为龙眼树。具体事实分述如下：

1. 2015 年 12 月 15 日，被告人曾清露雇请挖掘机在该处毁坏龙眼树 15 株。经福建省中信司法鉴定所进行司法鉴定：被毁龙眼树立木蓄积量 0. 787 立方米，价值人民币 11520 元。

2. 2015 年 12 月下旬至 2016 年 1 月上旬间，被告人李金锻雇请被告人李天福，由被告人李天福驾驶挖掘机在该处毁坏龙眼树 7 株。经福建省中信司法鉴定所进行司法鉴定：被毁龙眼树立木蓄积量 0. 382 立方米，价值人民币 5920 元。

3. 2015 年 12 月下旬至 2016 年 1 月上旬间，被告人李金键在该处毁坏龙眼树 28 株。经福建省中信司法鉴定所进行司法鉴定：被毁龙眼树立木蓄积量 0. 95 立方米，价值人民币 8800 元。

2016 年 7 月 20 日，被告人曾清露接民警电话通知，主动到案接受调查；同年 7 月 22 日，被告人李金键、李金锻接民警电话通知，主动到案接受调查；同年 8 月 18 日，被告人李天福主动向公安机关投案。归案后，被告人李金锻、李天福、曾清露对上述犯罪事实均供认不讳。现被告人李金键已暂缴赔偿款人民币 9000 元、被告人李金锻已暂缴赔偿款人民币 6000 元、被告人曾清露已暂缴赔偿款人民币 8000 元。厦门市同安区五显镇明溪村村委会谅解了被告人李金键、李金锻、李天福、曾清露。

另查明，被告人李金键因犯盗窃罪，于 2008 年 3 月 13 日被厦门市中级人民法院判处有期徒刑十三年六个月，剥夺政治权利二年，并处罚金人民币 8 万元，经减刑于 2015 年 9 月 24 日刑满释放。

【裁判结果】

福建省厦门市同安区人民法院于 2017 年 1 月 17 日作出（2016）闽 0212 刑初 844 号刑事判决：一、被告人李金键犯故意毁坏财物罪，判处有期徒刑六个月。二、被告人李金锻犯故意毁坏财物罪，判处拘役四个月，缓刑六个月。三、被告人李天福犯故意毁坏财物罪，判处拘役四个月，缓刑六个月。四、被告人曾清露犯故意毁坏财物罪，判处有期徒刑八个月，缓刑一年。宣判后，被告人李金键、李金锻、李天福、曾清露未提出上诉，公诉机关未提出抗诉，判决已发生法律效力。

【裁判理由】

法院生效裁判认为：被告人李金键、李金锻、李天福、曾清露故意毁坏集体财物，数额较大，其行为均已构成故意毁坏财物罪，公诉机关指控的罪名成立。被告人李金锻、李天福系共同犯罪。被告人李金键在原判刑罚执行完毕后 5 年内再故意犯应当判处有期徒刑以上刑罚之罪，系累犯，应当从重处罚；庭审时自愿认罪，积极赔偿被害人的经济损失并取得谅解，可以酌情从轻处罚。被告人李金锻犯罪以后自动投案，如实供述自己的罪行，系自首，可以从轻或者减轻处罚；积极赔偿被害人的经济损失并取得谅解，可以酌情从轻处罚。被告人李天福犯罪以后自动投案，如实供述自己的罪行，系自首，可以从轻或者减轻处罚。被告人曾清露犯罪以后自动投案，如实供述自己的罪行，系自首，可以从轻或者减轻处罚；积极赔偿被害人的经济损失并取得谅解，可以酌情从轻处罚。综合以上量刑情节，决定对被告人李金锻、李天福、曾清露从轻处罚。鉴于被告人李金锻、李天福、曾清露具有悔罪表现，李金锻、曾清露已经赔偿被害人的经济损失并取得其谅解，结合审前社会调查报告，对被告人李金锻、李天福、曾清露适用缓刑符合法律规定，不会对其住所地社区造成重大不良影响，决定对被告人李金锻、李天福、曾清露适用缓刑。

【案例注解】

林木具有双重属性，一方面，它具有普通财产价值；另一方面，它又具有独特的生态资源价值。从财产属性看，未经审批砍伐、破坏他人林木可能构成侵犯财产犯罪中的故意毁坏财物罪；从生态资源属性看，则可能构成破坏生态环境保护罪范畴中的盗伐林木罪。本案的争议点即在于罪名的认定问题。被告人故意砍伐、毁坏他人林木的行为究竟构成故意毁坏财物罪还是盗伐林木罪，关键就在于故意毁坏财物罪和盗伐林木罪之间的区分。

故意毁坏财物罪规定于《刑法》第二百七十五条，系故意毁坏公私财物，数额较大或者有其他严重情节的行为。盗伐林木罪则规定在《刑法》第三百四十五条第一款，系盗伐森林或者其他林木，数量较大的行为。《最高人民法院关于审理破坏森林资源刑事案件具体应用法律若干问题的解释》（法释〔2000〕36号）第三条规定："以非法占有为目的，具有下列情形之一，数量较大的，依照刑法第三百四十五条第一款的规定，以盗伐林木罪定罪处罚：（一）擅自砍伐国家、集体、他人所有或者他人承包经营管理的森林或者其他林木的；（二）擅自砍伐本单位或者本人承包经营管理的森林或者其他林木的；（三）在林木采伐许可证规定的地点以外采伐国家、集体、他人所有或者他人承包经营管理的森林或者其他林木的。"

从上述规定可见，两罪均系故意犯罪，针对的均是他人所有的公私财物（林木），但仍存在明显区别：（1）从侵犯的客体来看，故意毁坏财物罪侵犯的是公私财物的所有权；而盗伐林木罪既侵犯了国家对森林或者其他林木资源的管理制度，又侵犯了他人的森林或者其他林木所有权。（2）从犯罪的客观方面看，故意毁坏财物罪表现为行为人实施了毁坏公私财物，数额较大或者有其他严重情节的行为；而盗伐林木罪表现为行为人实施了擅自砍伐国家、集体、他人所有或者他人承包经营管理的森林或者其他林木、擅自砍伐本单位或者本人承包经营管理的森林或者其他林木、在林木采伐许可证规定的地点以外采伐国家、集体、他人所有或者他人承包经营管理的森林或者其他林木，数量较大的行为，概而言之，行为人实施的是砍伐行为。（3）从犯罪的主观方面看，两罪均表现为故意，但具体目的有所不同，故意毁坏财物罪的犯罪目的在于毁坏，不以占有被毁坏的财物为目的；而盗伐林木罪则明确要求以非法占有为目的，即行为人砍伐林木的目的在于非法占有这些林木。

具体到本案中，被告人砍伐、毁坏林木的目的在于非法占有种植经济作物，而非占有被伐林木，实施的犯罪行为包括以挖掘机挖掘、以油锯锯砍、毁坏林木等，因此，其行为不构成盗伐林木罪，而应认定为故意毁坏财物罪。

近年来，随着房价高企、土地资源紧张，部分地区非法占地行为日益猖獗，毁林占地现象时有发生。这些犯罪分子砍伐、毁坏林木的目的并非要占有林木，而是要私自侵吞林木所在的土地。这类犯罪，事实上不仅侵犯了国家、集体、他人的公私财物，更严重破坏了宝贵的生态资源，侵犯了国家对森林、树木的保育、管理制度。然而，当前我国在行政处罚的范畴内，对破坏林木的行为规定较为全面，如《森林法》第四十四条第一款规定："违反本法规定，进行开垦、采石、采砂、采土、采种、采脂和其他活动，致使森林、林木受到毁坏的，依法赔偿损失；由林业主管部门责令停止违法行为，补种毁坏株数一倍以上三倍以下的树木，可以处毁坏林木价值一倍以上五倍以下的罚款。"但在刑事法律体系，对破坏林木等森林资源行为的规范则不甚完善。除国家重点保护植物规定有"非法采伐、毁坏"两种行为方式外，对于一般的林木，刑事法律仅规定了"采伐"这一破坏方式，对于其他毁坏林木的行为未见任何规定。因此，对于通过采伐以外的方式破坏非国家重点保护植物的行为，在破坏生态环境保护罪体系内难以找到适用的法条，只能以故意毁坏财物罪入刑。而如遇到行为人破坏的是自己所有的林木，则将面临无论其破坏范围大小、社会影响恶劣程度如何，均难以入刑的尴尬境地。这对于完善生态环境保护法律体系，加大对生态环境犯罪的打击力度，不能不说是一大缺憾。对此，笔者建议，一方面，加大生态环境立法力度，在刑事法律的层面上规范毁坏森林等林木资源的入刑标准，健全从行政处罚到刑事犯罪的生态保护法律体系；另一方面，在相关立法修订之前，规范故意毁坏财物罪对毁林案件的适用，统一定罪量刑标准，加大生态犯罪打击力度。

（一审法院合议庭成员　洪秀娟　叶有才　陈　坤
编写人　福建省厦门市同安区人民法院　洪秀娟
责任编辑　周维明
审稿人　李玉萍）

原载《人民法院案例选》2018 年第 1 辑（总第 119 辑）

258. 蔡培同、陈小坚故意毁坏财物案

——故意毁坏财物罪与盗伐林木罪的异同

【关键词】

刑事　故意毁坏财物　盗伐林木　生态资源

【裁判要旨】

以非法占地为目的，故意砍伐、毁坏他人林木的行为，不构成盗伐林木罪，而应认定为故意毁坏财物罪。

【相关法条】

《中华人民共和国刑法》

第二百七十五条　故意毁坏公私财物，数额较大或者有其他严重情节的，处三年以下有期徒刑、拘役或者罚金；数额巨大或者有其他特别严重情节的，处三年以上七年以下有期徒刑。

【案件索引】

一审：福建省厦门市同安区人民法院（2018）闽 0212 刑初 406 号（2018 年 7 月 20 日）

【基本案情】

福建省厦门市同安区人民检察院指控：被告人蔡培同、陈小坚故意毁坏单位财物，损失价值 22400 元，数额巨大，其行为均已触犯《刑法》第二百七十五条之规定，应当以故意毁坏财物罪追究刑事责任。

两被告人均对上述犯罪事实供认不讳。

法院经审理查明：2017 年 6 月下旬，被告人陈小坚欲租用被害单位厦门市集美区后溪镇后溪村柴场社（以下简称柴场社）位于该社 01 大班 040 小班林地做堆场使用。柴场社同意后，被告人陈小坚负责清理该地块杂草以便丈量租赁面积。后被告人陈小坚与被告人蔡培同约定共同参股经营该地块，并在未办理林木采伐许可证、未取得柴场社同意的情况下，共谋由被告人蔡培同负责清理该地块上的林木。2017 年 6 月 25 日，被告人蔡培同雇请人员砍伐上述地块的荔枝树，被柴场社村民制止，未再继续砍伐。次日，上述人员欲到该地块搬运被砍伐的林木时，被村民制止并报警。经鉴定，被砍伐荔枝树 24 株，立木蓄积量 2.78 立方米，损失价值人民币 22400 元。

2017 年 8 月 3 日，被告人蔡培同自动投案。2017 年 10 月 23 日，被告人陈小坚自动

投案。归案后，两被告人均对上述犯罪事实供认不讳。现被告人蔡培同、陈小坚已赔偿被害单位柴场社全部经济损失，并取得被害单位的谅解。

另查明，2018年7月18日，被告人蔡培同、陈小坚与被害单位厦门市集美区后溪镇后溪村柴场村民小组协商达成《补植复绿协议》，两被告人承诺在被害单位1.5亩地块上采取“补种复绿”方式进行生态修复。

【裁判结果】

福建省厦门市同安区人民法院于2018年7月20日作出（2018）闽0212刑初406号刑事判决：一、被告人蔡培同犯故意毁坏财物罪，判处有期徒刑一年二个月，缓刑二年。二、被告人陈小坚犯故意毁坏财物罪，判处有期徒刑一年二个月，缓刑二年。宣判后，被告人蔡培同、陈小坚未提出上诉，公诉机关未提出抗诉，判决已发生法律效力。

【裁判理由】

法院生效裁判认为：被告人蔡培同、陈小坚故意毁坏单位财物，损失价值22400元，数额巨大，其行为已构成故意毁坏财物罪，公诉机关指控的罪名成立。本案系共同犯罪。被告人蔡培同、陈小坚自动投案并如实供述自己的罪行，系自首，可以从轻或者减轻处罚；积极赔偿被害单位经济损失并取得谅解，承诺采取生态修复措施，可以酌情从轻处罚。综合以上量刑情节，决定对蔡培同、陈小坚减轻处罚。鉴于被告人蔡培同、陈小坚具有悔罪表现，已经赔偿被害单位经济损失并取得谅解，结合审前社会调查报告，对被告人蔡培同、陈小坚适用缓刑符合法律规定，不会对其住所地社区造成重大不良影响，决定对被告人蔡培同、陈小坚适用缓刑。

【案例注解】

林木具有双重属性，一方面，它具有普通财产价值；另一方面，它又具有独特的生态资源价值。从财产属性看，未经审批砍伐、破坏他人林木可能构成侵犯财产犯罪中的故意毁坏财物罪；从生态资源属性看，则可能构成破坏生态环境保护罪范畴中的盗伐林木罪。本案的争议点即在于罪名的认定问题。被告人故意砍伐、毁坏他人林木的行为究竟构成故意毁坏财物罪还是盗伐林木罪，关键就在于故意毁坏财物罪和盗伐林木罪之间的区分。

故意毁坏财物罪规定于《刑法》第二百七十五条，系故意毁坏公私财物，数额较大或者有其他严重情节的行为。盗伐林木罪则规定在《刑法》第三百四十五条第一款，系盗伐森林或者其他林木，数量较大的行为。根据《最高人民法院关于审理破坏森林资源刑事案件具体应用法律若干问题的解释》（法释〔2000〕36号）第三条规定：“以非法占有为目的，具有下列情形之一，数量较大的，依照刑法第三百四十五条第一款的规定，以盗伐林木罪定罪处罚：（一）擅自砍伐国家、集体、他人所有或者他人承包经营管理的森林或者其他林木的；（二）擅自砍伐本单位或者本人承包经营管理的森林或者其他林木的；（三）在林木采伐许可证规定的地点以外采伐国家、集体、他人所有或者他人承包经营管理的森林或者其他林木的。”

从上述规定可见，两罪均系故意犯罪，针对的均是他人所有的公私财物——林木，但仍存在明显区别：（1）从侵犯的客体来看，故意毁坏财物罪侵犯的是公私财物的所有权；而盗伐林木罪既侵犯了国家对森林或者其他林木资源的管理制度，又侵犯了他人的森林或者其他林木所有权。（2）从犯罪的客观方面看，故意毁坏财物罪表现为行为人实施了毁坏公私财物，数额较大或者有其他严重情节的行为；而盗伐林木罪表现为行为人实施了擅自砍伐国家、集体、他人所有或者他人承包经营管理的森林或者其他林木，擅自砍伐本单位或者本人承包经营管理的森林或者其他林木，在林木采伐许可证规定的地点以外采伐国家、集体、他人所有或者他人承包经营管理的森林或者其他林木，数量较大的行为，概而言之，行为人实施的是砍伐行为。（3）从犯罪的主观方面看，两罪均表现为故意，但具体目的有所不同，故意毁坏财物罪的犯罪目的在于毁坏，不以占有被毁坏的财物为目的；而盗伐林木罪则明确要求以非法占有为目的，即行为人砍伐林木的目的在于非法占有这些林木。

具体到本案中，被告人砍伐、毁坏林木的目的在于非法占用林地作为堆场使用，而非占有被砍伐的林木，实施的犯罪行为包括以挖掘机挖掘、以油锯锯砍、毁坏林木等，因此，其行为不构成盗伐林木罪，而应认定为故意毁坏财物罪。

近年来，随着房价高企、土地资源紧张，部分地区非法占地行为日益猖獗，毁林占地现象时有发生。这些犯罪分子砍伐、毁坏林木的目的并非要占有林木，而是要私自侵吞林木所在的土地。这类犯罪，事实上不仅侵犯了国家、集体、他人的公私财物，更严重破坏了宝贵的生态资源，侵犯了国家对森林、树木的保育、管理制度。然而，当前我国在行政处罚的范畴内，对破坏林木的行为规定较为全面，如《森林法》第四十四条第一款规定：“违反本法规定，进行开垦、采石、采砂、采土、采种、采脂和其他活动，致使森林、林木受到毁坏的，依法赔偿损失；由林业主管部门责令停止违法行为，补种毁坏株数一倍以上三倍以下的树木，可以处毁坏林木价值一倍以上五倍以下的罚款。”但在刑事法律体系，对破坏林木等森林资源行为的规范则不甚完善。除国家重点保护植物，规定有“非法采伐、毁坏”两种行为方式外，对于一般的林木，刑事法律仅规定了“采伐”这一破坏方式，对于其他毁坏林木的行为未见规定。因此，对于通过采伐以外的方式破坏非国家重点保护植物的行为，在破坏生态环境保护罪体系内难以找到适用的法条，只能在财产罪范畴内以故意毁坏财物罪入刑。这对于完善生态环境保护法律体系，加大对生态环境犯罪的打击力度，不能不说是一大缺憾。对此建议，一方面，加大生态环境立法力度，在刑事法律的层面上规范毁坏森林等林木资源的入刑标准，健全从行政处罚到刑事犯罪的生态保护法律体系；另一方面，在相关立法修订之前，规范故意毁坏财物罪对毁林案件的适用，统一定罪量刑标准，加大生态犯罪打击力度。

（一审法院合议庭成员　洪秀娟　叶采惠　刘兵华
编写人　福建省厦门市同安区人民法院　洪秀娟
责任编辑　周维明
审稿人　李玉萍）

原载《人民法院案例选》2019 年第 1 辑（总第 131 辑）

八、破坏生产经营罪

259. 董志超、谢文浩破坏生产经营案

——互联网经济中破坏生产经营罪的适用

【关键词】

互联网经济 反向炒信 破坏生产经营罪

【裁判要旨】

1. 被告人主观上具有报复和从中获利的目的，客观上实施了反向炒信行为，导致竞争对手的淘宝店铺被淘宝网实施了搜索降权，其生产经营因此受到严重影响，遭受重大损失的，该行为应以破坏生产经营罪定罪处罚。

2. 被害单位因被告人犯罪行为遭受的损失，可以综合案发时行业发展趋势、被害单位日常收入情况、案发时收入情况，依照有利于被告人的原则，综合予以认定和评估。

【相关法条】

《中华人民共和国刑法》

第二百七十六条 由于泄愤报复或者其他个人目的，毁坏机器设备、残害耕畜或者以其他方法破坏生产经营的，处三年以下有期徒刑、拘役或者管制；情节严重的，处三年以上七年以下有期徒刑。

【案件索引】

一审：江苏省南京市雨花台区人民法院（2015）雨刑二初字第29号（2015年12月18日）

二审：江苏省南京市中级人民法院（2016）苏01刑终33号（2016年12月19日）

【基本案情】

原公诉机关：南京市雨花台区人民检察院。

被告人：董志超，男，1982年11月14日出生于安徽省庐江县，居民身份证号码

3426××××××××××4678，汉族，大学本科文化，个体从业人员，住安徽省合肥市庐江县冶父山镇魏岗村上董村民组。因涉嫌犯破坏生产经营罪于2014年5月17日被刑事拘留，同年6月23日被取保候审。

被告人：谢文浩，男，1993年8月15日出生于广东省始兴县，居民身份证号码4402××××××××××2230，汉族，大学本科文化，无业，户籍地广东省始兴县澄江镇潭坑村包屋场组月形1号。因涉嫌犯破坏生产经营罪于2014年5月14日被刑事拘留，同年6月13日被取保候审。

南京市雨花台区人民检察院以被告人董志超、谢文浩犯破坏生产经营罪，向南京市雨花台区人民法院提起公诉。

起诉书指控：2014年4月，被告人董志超为谋取市场竞争优势，雇用被告人谢文浩，多次以同一账号大量购买北京智齿数汇科技有限公司南京分公司（以下简称智齿科技南京公司）淘宝网店铺的商品，致使该公司店铺被淘宝公司认定为虚假交易刷销量，并对其搜索降权。因消费者在数日内无法通过淘宝网搜索栏搜索到智齿科技南京公司淘宝网店铺的商品，严重影响该公司正常经营。经审计，智齿科技南京公司因被搜索降权，影响经营而产生的经济损失为人民币159844.29元。

公诉机关认为：被告人董志超、谢文浩以打击竞争对手为目的，以其他方法破坏生产经营，二被告人的行为均已触犯《刑法》第二百七十六条的规定，且系共同犯罪，应当以破坏生产经营罪追究两被告人的刑事责任。

被告人董志超、谢文浩对公诉机关指控的犯罪事实不持异议。

董志超的辩护人辩护提出，（1）董志超的行为不构成犯罪；（2）董志超的行为情节显著轻微，社会危害性非常小；（3）对被害单位损失数额的审计结果过高；（4）董志超具有坦白情节，可以从轻处罚；（5）董志超平时表现良好，无犯罪前科，系初犯，归案后认罪、悔罪，已赔偿被害单位的经济损失，可以酌情从轻处罚。

【裁判结果】

南京市雨花台区人民法院一审审理查明：2013年9月，北京智齿数汇科技有限公司通过北京万方数据股份有限公司获得万方数据知识资源系统V1.0的使用权，后于2013年11月在淘宝网注册成立名称为“PaperPass论文通行证”的网上店铺，主要经营论文相似度检测业务（俗称“论文查重”），由该公司南京分公司即智齿科技南京公司具体负责运营。

2014年4月，在淘宝网经营论文相似度检测业务的被告人董志超为谋取市场竞争优势，雇佣并指使被告人谢文浩，多次以同一账号恶意大量购买智齿科技南京公司淘宝网店铺的商品，其中，4月18日凌晨指使被告人谢文浩使用同一账号，恶意购买120单商品；4月22日凌晨指使被告人谢文浩使用同一账号，恶意购买385单商品；4月23日凌晨指使被告人谢文浩使用同一账号，恶意购买1000单商品。

2014年4月23日，浙江淘宝网络有限公司认定智齿科技南京公司淘宝网店铺从事虚假交易，并对该店铺作出商品搜索降权的处罚，后经智齿科技南京公司线下申诉，于4月28日恢复该店铺商品的搜索排名。被处罚期间，因消费者在数日内无法通过淘宝网搜索栏搜索到智齿科技南京公司淘宝网店铺的商品，严重影响该公司正常经营。经审计，智齿科技南京公司因其淘宝网店铺被商品搜索降权处罚而导致的订单交易额损失为人民币159844.29元。

另查明，被告人谢文浩、董志超分别于2014年5月13日、5月16日被公安机关抓获，二被告人归案后均如实供述了自己的犯罪事实。本案侦查期间，被告人董志超已赔偿被害单位智齿科技南京公司经济损失人民币15万元。

南京市雨花台区人民法院认为，被告人董志超、谢文浩出于打击竞争对手的目的，以其他方法破坏生产经营，二被告人的行为均已构成破坏生产经营罪。被告人董志超、谢文浩共同故意实施破坏生产经营的犯罪行为，系共同犯罪。被告人董志超、谢文浩归案后能如实供述自己的罪行，当庭认罪、悔罪，具有坦白情节，依法予以从轻处罚。被告人董志超、谢文浩系初次犯罪，有退赔被害单位经济损失等认罪、悔罪表现，且二被告人所在社区均同意对其实施社区矫正，可对两被告人适用缓刑。依照《中华人民共和国刑法》第二百七十六条，第二十五条第一款，第六十七条第三款，第七十二条第一款，第七十三条第二款、第三款之规定，以破坏生产经营罪判处被告人董志超有期徒刑一年六个月，缓刑二年；判处被告人谢文浩有期徒刑一年，缓刑一年二个月。

宣判后，董志超、谢文浩不服，向南京市中级人民法院提出上诉。

董志超、谢文浩上诉均提出，仅是刷单行为，不构成破坏生产经营罪。

董志超的辩护人也提出，董志超不构成破坏生产经营罪。（1）董志超不具有破坏生产经营罪所要求的“报复泄愤”的主观目的，仅是“打击竞争对手”的商业惯例；董志超的行为不属于破坏生产资料、生产工具、机器设备的经营行为，不属于“以其他方法破坏生产经营”；行为后果并未造成“生产经营活动无法进行”；行为与后果间介入浙江淘宝网络有限公司降权处罚的因素，不具有刑法上的因果关系。（2）案件尚未达到此罪刑事立案标准。涉案损失鉴定意见依据审计报告不属于鉴定意见，属于书证，且存在取材错误、论证混乱等问题，无其他证据印证，应不予认定。

出庭检察员认为，一审判决认定上诉人董志超、谢文浩犯破坏生产经营罪的定性准确，但鉴于二审期间出现新的证据导致一审判决认定被害单位经济损失数额发生变化，建议二审法院维持一审判决定性，公正量刑。

南京市中级人民法院经审理审理：

淘宝平台是由浙江淘宝网络有限公司运营的网络交易平台，包括淘宝网（taobao.com）以及淘宝启用的其他域名。为维护淘宝正常经营秩序，保障淘宝用户合法权益，浙江淘宝网络有限公司制订了《淘宝规则》，对淘宝用户增加基本义务或者限制基本权利的条款。根据《淘宝规则》，为提升消费者的购物体验，浙江淘宝网络有限公司对于涉嫌通过不正当方式获得商品销量等妨害买家权益的虚假交易的商品，可以给予单个商品淘宝网搜索降权的市场管控措施，即调整该商品在搜索结果中的排序。

北京智齿数汇科技有限公司于2013年11月在淘宝网注册成立名称为“PaperPass论文通行证”的网上店铺，主要经营论文相似度检测业务，由该公司南京分公司即智齿科技南京公司具体负责运营。

2014年4月，在淘宝网经营论文相似度检测业务的上诉人董志超出于报复和自己从中获利的目的，雇用并指使上诉人谢文浩，多次以同一账号恶意大量购买智齿科技南京公司淘宝网店铺的商品，意图使浙江淘宝网络有限公司以涉嫌虚假交易对智齿科技南京公司的商品作出搜索降权等市场管控措施。其中，4月18日凌晨指使上诉人谢文浩使用同一账号，恶意购买120单商品；4月22日凌晨指使上诉人谢文浩使用同一账号，恶意购买385单商品；4月23日凌晨指使上诉人谢文浩使用同一账号，恶意购买1000单商品。

2014年4月23日，浙江淘宝网络有限公司认定智齿科技南京公司淘宝网店铺从事虚假交易，并对该店铺商品作出商品搜索降权的市场管控措施，后经智齿科技南京公司线下申诉，于同年4月28日恢复该店铺商品的搜索排名。搜索降权期间，消费者在数日内无法通过淘宝网搜索栏搜索到智齿科技南京公司淘宝网店铺的商品，该公司淘宝网店铺正常生产经营遭到破坏。经分析、统计2014年4月至5月智齿科技南京公司每日成交金额及行业成交趋势，智齿科技南京公司因其商品被搜索降权而产生的损失为人民币10万余元。

另查明，上诉人谢文浩、董志超分别于2014年5月13日、5月16日被公安机关抓获，二上诉人归案后均如实供述了自己的犯罪事实。案件侦查期间，上诉人董志超已赔偿被害单位智齿科技南京公司经济损失人民币15万元。

南京市中级人民法院认为，上诉人（原审被告人）董志超、谢文浩由于报复和其他目的，以其他方法破坏生产经营，其行为均构成破坏生产经营罪，且系共同犯罪。由于二审期间出现新的证据，原审判决认定二上诉人造成的损失数额不当，予以纠正。鉴于损失数额变化依法调整二上诉人的量刑。出庭检察员的意见及上诉人谢文浩提出的量刑过重的上诉理由成立，法院均予以采纳。上诉人董志超、谢文浩归案后能如实供述自己的罪行，依法可以从轻处罚；有退赔被害单位损失的悔罪表现，酌情从轻处罚。根据二上诉人犯罪的事实、性质、情节和对社会的危害程度，决定对二上诉人均予以从轻处罚，并对上诉人董志超宣告缓刑。依照《中华人民共和国刑事诉讼法》第二百二十五条第一款第（三）项和《中华人民共和国刑法》第二百七十六条，第二十五条第一款，第六十七条第三款，第七十二条第一款，第七十三条第二款、第三款，第三十七条的规定，南京市中级人民法院于2016年12月19日作出（2016）苏01刑终33号判决：

一、维持南京市雨花台区人民法院（2015）雨刑二初字第29号刑事判决对上诉人（原审被告人）董志超、谢文浩的定罪部分，即上诉人董志超犯破坏生产经营罪，上诉人谢文浩犯破坏生产经营罪；

二、撤销南京市雨花台区人民法院（2015）雨刑二初字第29号刑事判决对上诉人（原审被告人）董志超、谢文浩的量刑部分，即判处上诉人董志超有期徒刑一年六个月，缓刑二年，判处上诉人谢文浩有期徒刑一年，缓刑一年二个月；

三、上诉人（原审被告人）董志超犯破坏生产经营罪，判处有期徒刑一年，缓刑一年；

上诉人（原审被告人）谢文浩犯破坏生产经营罪，免予刑事处罚。

【裁判理由】

法院生效裁判认为，本案的焦点问题在于行为的定性和损失数额的认定。

关于二上诉人的行为定性。经查，在案证据证实，二上诉人主观上具有报复和从中获利的目的，客观上实施了通过损害被害单位商业信誉的方式破坏被害单位生产经营的行为，被害单位因二上诉人的行为遭受了10万元以上的损失，且二上诉人的行为与损失间存在因果关系，其行为符合破坏生产经营罪的犯罪构成，应以破坏生产经营罪定罪处罚。第三方因素的介入并不影响因果关系的认定。故该相关上诉理由、辩护意见不能成立，不予采纳。

关于本案损失的认定。经查，在案证据证实，2014年4月至5月，淘宝网论文相似度检测行业被搜索的网络浏览量和用户个数基本处于上升态势，被害单位商品搜索降权期间的日确认收货搜索引导成交金额仅为4019元、419元、70元、19元、23元、4932元，平均额为1578.8元，远远低于其扣除搜索降权期间当年4月、5月或4月至5月的平均额18547元、23352元、21216元，损失客观存在，依照有利于上诉人的原则，法院就低认定损失为人民币10万余元。故该辩护意见不能成立，不予采纳。

【案例注解】

本案系互联网领域新类型案件，涉及罪名适用、损失认定等问题。自上个世纪80年代后期互联网诞生后，伴随着电子商务、网络、移动互联网等技术的进步，互联网经济活动在全球范围迅速普及推广。人们的经济活动和社会生活日益依赖于互联网。依托于互联网而发生的经济活动即互联网经济，获得了高速的发展。互联网经济逐渐发展成为贸易的基本形态，并将可能成为经济的主导形态。以淘宝公司等第三方电子商务平台为代表的互联网经济形态更是在互联网经济发展中占据重要地位。

法律的稳定性和滞后性决定了法律总是落后于社会生活。很多新类型的案件植根于经济发展和技术进步的过程中发生、显现，反映了人民群众对司法的新要求和新期待。发生在互联网经济领域的不法、违规即是新类型案件中的代表性案件，给法律适用提出了新的挑战。本案发生在淘宝网络平台，被告人利用淘宝规则造成被害单位损失，在认定罪与非罪、此罪彼罪等问题上均应体现刑法对于健康市场经济秩序的保障。案件的争议焦点主要存在于行为定性、损失认定以及刑罚适用三个问题，即二被告人的行为是属于损害他人商业信誉的行为还是其他方法破坏生产经营的行为，能否构成犯罪并进行处罚以及被害单位的损失能否依法准确认定。

一、关于行为定性

（一）刑法及有关司法解释、规范性意见相关罪名的梳理

二被告人的行为涉及损害商业信誉罪和破坏生产经营罪。在司法实践中，二罪名较之盗窃、诈骗等均非常见罪名，刑法罪状的表述以及司法解释的更新均较为缓慢。

1. 破坏生产经营罪及其他相关犯罪的犯罪构成及司法解释

（1）破坏生产经营罪

刑法条文：《刑法》第五章侵犯财产罪中的第二百七十六条规定，由于泄愤报复或者其他目的，毁坏机器设备、残害耕畜或者以其他方法破坏生产经营的，处三年以下有期徒刑、拘役或者管制；情节严重的，处三年以上七年以下有期徒刑。

追诉标准：《最高人民检察院、公安部关于公安机关管辖的刑事案件立案追诉标准的规定（一）》（公通字〔2008〕36号）第三十四条规定："［破坏生产经营案（刑法第二百七十六条）］由于泄愤报复或者其他个人目的，毁坏机器设备、残害耕畜或者以其他方法破坏生产经营，涉嫌下列情形之一的，应予立案追诉：（一）造成公私财物损失五

千元以上的；（二）破坏生产经营三次以上的；（三）纠集三人以上公然破坏生产经营的；（四）其他破坏生产经营应予追究刑事责任的情形。”

犯罪构成要件：客体要件是生产经营的正常活动，包括工业、建筑业、第三产业，包括国有的和非国有的；客观要件表现为以毁坏机器设备、残害耕畜或者其他方法破坏生产经营的行为，如切断电源，破坏农业机械，破坏运输工具等，其他方式可以表现为砸碎、烧毁。但不论方式如何，采用的手段怎样，破坏的对象都必须和生产经营活动直接相联系，如破坏用于生产的生产工具、生产工艺、生产对象；犯罪主体是自然人，主观方面表现为直接故意，并且具有泄愤报复或者其他个人目的，其他目的一般是指出于个人恩怨而产生的不正当心理追求，如憎恨、厌恶、不满，如妒忌他人的成绩而心怀不满。通说认为必须具有泄愤报复或其他个人目的才可以构成此罪。

此罪彼罪区分：与故意毁坏财物罪的主要区别在于主观目的不同，破坏生产经营罪的目的在于达到自己泄愤报复或其他个人目的，毁坏财物的目的在于使财物部分或者全部丧失价值或者使用价值。侵害的对象也不同，破坏生产经营侵犯的是与生产经营活动直接相关的投入使用的机器设备、耕畜等。

（2）损害商业信誉、商品声誉罪

刑法条文：《刑法》第三章第八节扰乱市场秩序罪（1997 年《刑法》修订时新增）中的第二百二十一条规定，捏造并散布虚伪事实，损害他人的商业信誉、商品声誉，给他人造成重大损失或者有其他严重情节的，处二年以下有期徒刑或者拘役，并处或者单处罚金。

追诉标准：《最高人民检察院、公安部关于公安机关管辖的刑事案件立案追诉标准的规定（二）》（公通字〔2010〕23 号）第七十四条规定：“捏造并散布虚伪事实，损害他人的商业信誉、商品声誉，涉嫌下列情形之一的，应予立案追诉：（一）给他人造成直接经济损失数额在 50 万元以上的；（二）虽未达到上述数额标准，但具有下列情形之一的：1. 利用互联网或者其他媒体公开损害他人商业信誉、商品声誉的；2. 造成公司、企业等单位停业、停产六个月以上，或者破产的；（三）其他给他人造成重大损失或者有其他严重情节的情形。”

《最高人民法院、最高人民检察院关于办理利用信息网络实施诽谤等刑事案件适用法律若干问题的解释》（法释〔2013〕21 号）第七条规定，违反国家规定，以营利为目的，通过信息网络有偿提供删除信息服务，或者明知是虚假信息，通过信息网络有偿提供发布信息等服务，扰乱市场秩序，具有下列情形之一的，属于非法经营行为“情节严重”，依照《刑法》第二百二十五条第（四）项的规定，以非法经营罪定罪处罚：（1）个人非法经营数额在 5 万元以上，或者违法所得数额在 2 万元以上的；（2）单位非法经营数额在 15 万元以上，或者违法所得数额在 5 万元以上的。实施前款规定的行为，数额达到前款规定的数额五倍以上的，应当认定为《刑法》第二百二十五条规定的“情节特别严重”。

《最高人民法院、最高人民检察院关于办理利用信息网络实施诽谤等刑事案件适用法律若干问题的解释》第九条规定，用信息网络实施诽谤、寻衅滋事、敲诈勒索、非法经营犯罪，同时又构成《刑法》第二百二十一条规定的损害商业信誉、商品声誉罪，第二百七十八条规定的煽动暴力抗拒法律实施罪，第二百九十一条之一规定的编造、故意传播虚假恐怖信息罪等犯罪的，依照处罚较重的规定定罪处罚。

犯罪构成要件：客体是复杂客体，既侵犯了商业信誉和商品声誉权利人的合法权益，又扰乱了市场秩序。他人必须是提供商品或服务的人。商业信誉是指从事商业活动的诚实信用和名誉，包括信用、资产、经营作风，商品声誉是指商品的良好声誉和称誉，包括性能、质量、价格等。商业信誉和商品声誉与财产权利相联系，是在长期经营过程中逐渐形成，是社会对其生产、经营、商品、服务等面的质量、信用、声誉的客观认识与评价。客观要件表现为捏造并散布虚伪事实，损害他人的商业信誉、商品声誉，给他人造成重大损失或者其他严重情节的行为。行为方式是多样的，主要是在公开场合，如订货会、交易会上公开宣扬捏造的事实……以顾客、消费者的名义向有关监督管理部门如消费者协会、工商行政管理部门等作虚假投诉，损害其商业信誉或者商品声誉。主体为一般主体，主观要件为直接故意。在认定侵害后果时，要确认侵害行为与损失间有因果关系。

（二）二被告人行为定性的分歧

1. 搜索排名的性质认定

根据淘宝规则的有关规定，淘宝搜索排名的依据主要是淘宝卖家销售商品或服务的数量、售后评价、店铺评分等一系列因素，淘宝公司综合考虑上述因素后予以综合评价，扶持鼓励好的淘宝网卖家在较高的排名位置。根据一般的经验，搜索排名与淘宝卖家的收入密切相关。

搜索排名作为互联网经济概念，在淘宝、大众点评等互联网经济中广泛存在，其与一般实体经济中百姓对于商品通过口口宣传、广告形成对商家、商品或者服务的评价不同，淘宝网中的搜索排名是淘宝采用这种标准对结合卖家的成交量、售后评价等予以的确认或者体现。所以从根本上看，理解为互联网经济中的信誉更为合适，这与炒信、反向炒信的概念能够直接对应。

但从另一个角度看，确实与一般的信誉不同。其对于商家的收入的影响较之实体经济的影响大得多，可否理解为互联网经济中的生产工具、生产工艺或者生产对象。

2. 直接关联关系的认定

破坏生产经营的对象要求与生产经营活动直接相联系，突出表现在破坏之后就无法开展正常的生产经营活动，或者说破坏了就不能经营、无法经营。搜索排名虽与生产经营活动有联系，但并非直接联系，根据在案证据，被害单位遭受破坏了并不必然导致不能生产经营，介入淘宝处罚因素后，仍然可以进行生产经营活动，仅是收入额减少。与此同时，商业信誉与商品声誉与被害人的财产权利的联系却不需要这么直接，可以是间接的。特别是破坏行为的对象是淘宝规则，是对淘宝规则的破坏，触发了淘宝的处罚机制，导致被害单位排名降权。

3. 行为性质的评价

二上诉人的行为是否类似于商家间向工商执法部门的恶意举报、陷害等，根据最高人民法院主编的《刑法分则及配套规定新释新解》（人民法院出版 2011 年 9 月版）对于损害商业信誉、商品声誉的行为的列举方式，“以顾客、消费者的名义向有关监督管理部门如消费者协会、工商行政管理部门等作虚假投诉，损害其商业信誉或商品声誉”。从此角度，认定为损害商业信誉更为合适，且从刑法解释的角度看，只是将实体经济领域的信誉扩大解释到互联网虚拟经济中去，符合刑法立法目的和解释方法，并不存在障碍。

4. 是否属于竞合

破坏生产经营罪属于1979年《刑法》规定，1997年《刑法》沿用的罪名，只是将破坏生产经营罪从破坏经济秩序犯罪移入侵犯财产罪中。损害商业信誉、商品声誉罪属于1997年《刑法》修订时新增的罪名。二者从目前的情况看，一般不讨论竞合问题。从目前可查的资料看，涉及竞合的案例讨论较多的下述案例。

案例：1999年3、4月间，被告人温某、王某、查某等三人多次在证后商都信息港网上BBS公告栏发布有关交通银行郑州分行行长携款潜逃的信息和煽动性语言，造成郑州分行出现挤兑现象，致使银行遭受重大损失1000余万元。裁判结果以破坏生产经营罪定罪处罚。讨论认为，被告人的行为既损害了商业信誉，又直接破坏了银行营业的正常进行，并导致重大损失，属于想象竞合，择一重处。

对此案例，也有文章论证属于以其他方法破坏生产经营，虽不是对机器设备、耕畜的破坏，但只要是对生产经营的破坏即可，破坏机器设备、耕畜只是破坏方法的一种列举式的规定，并非全部规定。损害商业信誉和破坏生产经营罪可以构成想象竞合，择一重处。

（三）生效裁判意见

经过研究，我们认为，被告人的行为性质具有竞合性，既属于损害商业信誉的行为，又属于以其他方法破坏生产经营。损害商业信誉的行为根据上述分析可以理解，但认定属于破坏生产经营的行为主要理由如下：一是被告人主观上有报复的目的。从被告人的供述可以看出被告人董志超有报复的目的，同时还有自己从中获利的目的。二是司法实践中存在的案例以及理论文章虽有争议，但已有案例认可损害商业信誉的方式破坏生产经营。互联网经营、淘宝商户经营应属于生产经营的一种，搜索排名根据互联网经营的模式，其作用较之一般生产工具对生产经营更具有重要意义，是淘宝经营中的重要指标，与商户的经营收入密切挂钩，属于生产要素。三是违法行为与损失间存在因果关系。虽损害商业信誉罪和破坏生产经营罪的因果关系程度不同，但根据渎职犯罪等司法解释、会议纪要等规定，刑法中的因果关系为客观因果关系，只要是发生的原因即可认定，外来因素、第三方因素的介入并不影响因果关系的认定。多因一果亦是因果关系的一种，且是司法实践中常见的因果关系。不应将破坏生产经营的因果关系限定为直接因果关系，应予以扩大解释。

二、被害单位损失的认定问题

对于二上诉人客观上实施的三次刷单行为，有书证聊天记录、被告人供述、证人证言等证据予以证实，二上诉人亦无异议。本案中客观事实认定的难点在于损失认定，具体而言包括损失的范围、损失的认定方法、损失的数额等。

（一）关于损失的范围

一般而言，刑法中的损失是指已经发生的损失。本案中，由于是互联网犯罪，其侵害的客观对象是被害单位的搜索权，搜索权的降权是其客观损失。搜索权降权之后经申诉予以恢复，为恢复搜索权支付的各种开支费用应为损失。但搜索权降权期间被害单位的损失是否为已经发生的损失或者说是否是被害单位必然遭受的损失存在争议，以此认定犯罪行为造成的损失存在较大争议。与一般的生产性企业不同，如造成生产工具破坏，则可以按照平均产量乘时间的方式认定，本案中被害单位为服务销售型企业，搜索权降低后必然遭受损失，但此损失一不是已经发生，二是并非所有都必然发生。故损失的范围应为搜索权降权、申诉支付的费用以及必然的销售损失。

（二）关于损失与行为间的因果关系

从破坏生产经营罪的罪状表述以及相关解读看，破坏生产经营罪的损失与行为间属于直接关联的关系，因果关系更为密切。而损害商业信誉的罪状表述为重大损失，与行为结果间的因果关系没有破坏生产经营罪密切，不会直接导致损失，应该存在损害商业信誉行为发生→商户商业信誉下降→造成停产或经济损失等。同时，损害商业信誉罪的追诉标准中又将重大损失界定为直接经济损失。虽因果关系的程度不同，但可以确定二罪强调的应该都是实际损失，即直接经济损失。在本案中，直接经济损失应限定为降权期间可得利益的损失。

（三）一审认定损失的检材、方法存在的问题及评判意见

一审判决认定的数据基本采用的是4月11～22日以周初、周中、周末不同时间段平均数额作为认定被害单位日均销售额，进而以降权之后的数额与对应时间的差价作为损失数额。审判卷鉴定报告中呈交订单比计算表显示：降权期间的净成交额分别为121471元、130816元、126046元、109982元、114778元、110852元、110841元，与降权前后的数额相当，甚至基本均高出4月11日至5月4日的平均收入额112109元。虽被害单位搜索权降权导致淘宝搜索订单大量下降，但被害单位还有其他途径可以销售，虽从其他途径的订单数额难以直观看出订单、成交数量大增，但降权同期的成交金额实际并未遭到重大损失。换言之，被害单位是否因降权遭受了损失难以认定，仅以淘宝搜索降低的订单数量认定，是否排除了在淘宝搜索不到转而通过其他途径成交的没有损失的订单，从而保证了成交金额基本稳定。仅以淘宝搜索订单数额认定，一是检材是否客观，即4月11～22日的数据作为检材数据有无代表性、是否准确、客观；二是鉴定方法是否科学，简单的平均进行推定，能否界定为应当收到的订单数额；三是总成交金额没有发生损失时，能否仅以淘宝搜索损失的数额认定为被害单位损失数额，是否忽略了“此消彼长”现象的存在，客观上是否存在此消彼长现象。如上所述，仅通过一审的证据材料无法确认损失数额的认定方法，不能简单予以认定。

（四）二审出现新证据后的损失认定情况

二审中，通过到淘宝公司调查，淘宝公司出具了新的相应数据，从数据上看，4月23日至4月28日降权期间，智齿公司搜索引导成交金额分别为4019元、419元、70元、19元、23元、5004元，4月7日之前此数额在1.5万元以下浮动，4月7日至4月22日基本在2万元以上浮动，4月29日至5月3日在1～2万元间浮动，5月4日至5月30日基本在2万元以上浮动，部分数额达2.9万元或4.5万元以上。浙江淘宝网络有限公司出具的案发期间淘宝平台经营论文检查的同类行业搜索的网页浏览量和用户个数波动情况，证明搜索降权处罚期间行业基本呈上升态势，而智齿科技南京公司销售业绩下降明显。从数据上看，不难看出损失数额客观存在，但具体数额如何认定与计算难以寻找出合适方法。以4月1日至22日、4月29日至4月30日的平均数计算约为18547元，5月1日至5月30日的平均数计算约为23352元，4月1日至5月30日扣除案发的几天的平均数为21216元，4月23日至4月28日平均数为1578.8元，抛开计算方法的科学性，

采取何平均数计算，损失均在10万元以上，但达不到50万。

（五）生效裁判的意见

生效裁判认为，被告人的违法行为确实给被害单位造成了客观损失。基于一审、二审出现的新证据，可以判定被害单位存在客观损失，且损失从有利于被告人的角度模糊认定，可以认定为10万余元。

同时生效裁判还认为，被告人的行为造成的损失虽达不到损害商业信誉立案追诉标准，不构成损害商业信誉罪，并不影响以破坏生产经营罪认定。司法实践中，不构成合同诈骗罪依然可以定诈骗罪，不能因为追诉标准的不同放纵犯罪。损害商业信誉罪与破坏生产经营罪存在竞合，应该择一重处。

三、关于刑罚的适用

法律具有评价、指引、规范、预测等作用，刑罚具有一般预防和特殊预防的功能。对于新类型的犯罪，我们认为应充分发挥刑法的评价、规范、指引、预测作用，慎用刑罚的特殊预防功能。原因在于新类型的犯罪属于经济发展过程中产生的新矛盾，充分发挥刑法的评价、规范等作用即可产生法律适用的效果，即可以产生减少、杜绝此类犯罪发生的作用，足以发挥刑法的目的。鉴于此，我们对二被告人从宽处罚，分别宣告了缓刑和免予刑事处罚。

（一审法院合议庭成员　郑朝明　郭素芹　王存宽
二审法院合议庭成员　王瑞琼　汪　波　刘天虹
编写人　浙江省南京市中级人民法院　王瑞琼
责任编辑　李玉萍
审稿人　沈　亮）

原载《人民法院案例选》2017年第4辑（总第110辑）

260. 刘灼波破坏生产经营案

——阻止他人的生产经营活动并损害其种植物的行为构成破坏生产经营罪

【关键词】

牟取非法利益　破坏生产经营罪

【裁判要旨】

为牟取个人利益，非法阻止被害人在承包土地范围内进行生产经营并损害被害人种植的果树的行为，构成破坏生产经营罪。

【相关法条】

《中华人民共和国刑法》

第二百七十六条　由于泄愤报复或者其他个人目的，毁坏机器设备、残害耕畜或者以其他方法破坏生产经营的，处三年以下有期徒刑、拘役或者管制；情节严重的，处三年以上七年以下有期徒刑。

【案件索引】

一审：广东省五华县人民法院（2016）粤1424刑初18号（2016年3月15日）

二审：广东省梅州市中级人民法院（2016）粤14刑终90号（2016年4月26日）

【基本案情】

公诉机关广东省五华县人民检察院以被告人刘灼波犯破坏生产经营罪，向广东省五华县人民法院提起公诉。

法院审理查明：1995年间，广东省五华县河东镇宝瑞村民委员会（原宝瑞管理区办事处）为发展三高农业，将河东镇宝瑞村发窝里至下塘肚（地名）一带的耕地集约起来统一开发，并与宝瑞村村民刘某甲、刘某乙等人签订土地集约合同。河东镇宝瑞村委会将土地集约起来后将土地发包给他人开发，至2005年以前河东镇宝瑞村民委员会按合约规定将土地补偿款支付给村民。2014年5月，宝瑞村村民刘某甲等人以五华县河东镇宝瑞村民委员会违反合同约定为由将宝瑞村民委员会起诉至原审法院，并经原审法院作出判决。后宝瑞村民委员会不服上诉至广东省梅州市中级人民法院，梅州市中级人民法院作出维持原判的终审判决。

另查明：2013年11月20日，被害人刘某丙与五华县河东镇宝瑞村民委员会签订《宝瑞村鱼塘土地承包合同》，取得河东镇宝瑞村下塘肚范围内的土地承包经营权。刘某丙承包期间，被告人刘灼波伙同刘某甲等人以宝瑞村民委员会未履行法院判决义务，村民不再同意将上述土地再发包给他人开发为由，从2015年4月16日至2015年4月24日期间，多次到刘某丙承包的土地范围内阻止刘某丙生产经营，并抢种果苗。2015年4月24日下午，被告人刘灼波伙同刘某乙又纠集村民多人，将被害人刘某丙刚种植的龙眼树苗600株、荔枝树苗20株拔掉，致使被害人刘某丙无法在承包的鱼塘及土地上正常生产。经五华县物价局价格认证中心鉴定，河东镇宝瑞村刘某丙被损毁的龙眼树、荔枝树损失价值70440元。

【裁判结果】

广东省五华县人民法院审理后于2016年3月15日作出（2016）粤1424刑初18号刑事判决：被告人刘灼波犯破坏生产经营罪，判处有期徒刑三年。宣判后，被告人刘灼波不服提出上诉。广东省梅州市中级人民法院于2016年4月26日作出（2016）粤14刑终90号刑事裁定：驳回上诉，维持原判。

【裁判理由】

法院生效裁判认为：上诉人刘灼波无视国家法律，为牟取个人利益伙同他人阻止被害人在承包土地范围内进行生产经营并损害被害人种植的果树，其行为已构成破坏生产经营罪。上诉人刘灼波多次阻止被害人在承包土地范围内进行生产经营，并导致被害人已经种植和正在生长的果树损失数额巨大，属于情节严重，依法应在三年以上七年以下有期徒刑内量刑。鉴于本案事出有因，可依法对上诉人刘灼波酌情从轻处罚。刘灼波上诉提出本案因五华县河东镇宝瑞村民委员会拒不支付法院判决确定的义务，导致部分村民到被害人刘某丙承包的土地上种植果树及放掉鱼塘内的水，与被害人刘某丙发生纠纷，系事出有因。经查，本案确实因五华县河东镇宝瑞村民委员会拒不支付法院判决确定的义务，导致上诉人等人到损害被害人刘某丙承包的土地上种植果树及放掉鱼塘内的水，并与被害人刘某丙发生纠纷，属于事出有因，对上诉人刘灼波量刑可酌情从轻考虑，但上诉人刘灼波作为完全行为能力人，其应当知道阻止被害人在承包土地范围内进行生产经营并损害被害人种植的果树可能要承担的法律后果，为牟取个人利益伙同他人仍积极主动实施，其行为已符合破坏生产经营罪的构成要件。刘灼波上诉还提出被害人刘某丙提供的果树采购证据，系收据不是正规发票，不能证实刘某丙果树的损失数量；公诉机关没有提供相应证据证实其损坏被害人刘某丙的财产，被害人刘某丙的损失与其没有任何关系。经查，被害人刘某丙虽然提供果树损失的单据不是正规发票，但上诉人刘灼波等人阻止被害人刘某丙在承包土地范围内进行生产经营并损害被害人刘某丙种植的果树的事实，有被害人刘某丙的妻子曾丽青的陈述，证实上诉人刘灼波与刘某甲、刘某乙等人多次阻止其在承包土地范围内进行生产经营并将被害人种植的果树600多株龙眼树等拔掉的详细过程，与证人刘某、朱某、刘某丁、马某、刘某戊证实的内容相吻合，并且与侦查机关在案发后制作的现场勘查笔录、现场方位图及现场照片，证实案发现场位于广东省五华县河东镇宝瑞村下塘肚，现场被毁坏的龙眼树苗600株、荔枝树苗20株的事实，及广东省五华县物价局价格认证中心华价鉴字（2015）234号、1291鉴定书，证实五华县河东镇宝瑞村下塘肚刘某丙承包土地范围内被损毁的龙眼树600株、荔枝树20株

（经济损失共70440元）的意见相印证，应予认定。上诉人刘灼波的该上诉意见，理由和依据均不足，不予采纳。依照《刑事诉讼法》第二百二十五条第一款第（一）项之规定，裁定如下：驳回上诉，维持原判。

【案例注解】

本案争议的焦点是：上诉人刘灼波为阻止被害人在承包土地范围内进行生产经营并损害被害人种植的果树，是否构成破坏生产经营罪的问题。对此有两种意见：一种意见认为上诉人刘灼波故意毁坏他人的财物，损害公私财物所有权，其行为构成故意毁坏财物罪；另一种意见认为上诉人刘灼波为阻止被害人在承包土地范围内进行生产经营并损害被害人种植的果树，不仅损害被害人的财物所有权，而且还破坏他人正常的生产经营活动，其行为构成破坏生产经营罪。法院生效裁定采纳第二种意见。理由是：

破坏生产经营罪是指行为人出于泄愤报复或者其他个人目的，故意毁坏机器设备、残害耕畜或者以其他方法破坏生产经营的行为，而故意毁坏财物罪是指行为人故意非法毁灭或者损坏公私财物，数额较大或者情节严重的行为。破坏生产经营罪与故意毁坏财物罪作为传统型的犯罪，司法实务中较常出现，但最高人民法院至今未对该两罪出台相应的司法解释，随着社会经济的不断发展，传统型犯罪亦出现新的变化、新的问题，如破坏生产经营罪与故意毁坏财物罪中侵犯的客体、主观方面问题、危害结果等应如何界定和区分，均存在一定的争议。本案之所以定性为破坏生产经营罪，主要可从如下几方面分析：

1. 从侵犯的客体看。破坏的客体是双重客体还是单一客体是区别破坏生产经营罪和故意毁坏财物罪的关键点之一。破坏生产经营罪侵害的客体是国家、集体或者个人生产经营的正常活动和公私财产利益，侵犯的是双重客体，即除了国家、集体或者个人生产经营的正常活动外还包括公私财产利益，而故意毁坏财物罪侵害的客体是侵害公私财产利益，即公私财物的所有权，属于单一客体。本案上诉人刘灼波在实施犯罪过程中不但侵犯了公私财产的利益，还破坏他人生产经营的正常活动，即侵犯了双重客体，其行为符合破坏生产经营罪的客体要件。

2. 从主观方面看。行为人是否以为谋求私利、其他非法利益或者因嫉妒、私欲等目的得不到满足而对被害人财产的报复或者损害是区分破坏生产经营罪和故意毁坏财物罪的关键点之一。破坏生产经营罪的行为人虽然可能与被害人有矛盾或者其他原因引发，结果上亦可能造成被害人财产的损害，但行为人主观方面并不以毁坏财物为目的，而以为谋求私利、其他非法利益或者因嫉妒、私欲等目的得不到满足而对被害人财产的报复和损害等。而故意毁坏财物罪主观方面表现为行为没有以谋求私利、其他非法利益或者因嫉妒、私欲等目的得不到满足时而对被害人财产的实施报复的意思，而是以故意非法毁灭或者毁坏财物为目的。本案上诉人刘灼波不是以故意非法毁灭或者毁坏财物为目的，而是为谋求私利、其他非法利益等目的得不到满足而对被害人财产的报复和损害等，其行为符合破坏生产经营罪的主观方面要求。

3. 从危害结果看。行为人的行为是否属于行为犯是区别破坏生产经营罪和故意毁坏财物罪的关键点之一。破坏生产经营罪的行为人一旦实施破坏生产经营的行为即构成此罪，属于行为犯，不以被害人财物实际受到损害作为定性的必要条件，即损害结果不是定性情节的评价因素，只是量刑情节的评价因素；而故意毁坏财物罪表现为行为人通常已经将公私财物实施非法毁坏或者损坏，犯罪结果主要表现为损害结果已经发生，且达到数额较大或者其他严重情节才构成此罪，属于结果犯，损害结果不仅是定性情节的评价因素，同时也是量刑情节的评价因素。本案上诉人刘灼波实施了阻止被害人在承包土地范围内进行生产经营，即构成破坏生产经营罪，至于其另外还损害被害人的财物数额巨大，达到情节严重，不是定性的评价因素，只是作为量刑情节的评价因素。

综上，上诉人刘灼波阻止被害人在承包土地范围内进行生产经营并损害被害人种植的果树，从主观方面看，表现为上诉人刘灼波不是以毁坏他人财物为目的，而是为谋求私利、其他非法利益等目的得不到满足而对被害人财产的报复和损害；从侵犯的客体看，上诉人刘灼波阻止被害人在承包土地范围内进行生产经营并损害被害人种植的果树过程中，既侵害了被害人生产经营的正常活动，又侵害了被害人的财产利益，即侵犯的是双重客体。上诉人刘灼波如认为广东省五华县河东镇宝瑞村民委员会拒不支付法院判决确定的义务，可通过其他法律途径解决，但不能成为阻止被害人在承包土地范围内进行生产经营并损害被害人种植的果树的理由。故上诉人刘灼波的行为符合破坏生产经营罪的构成要件，应认定为构成破坏生产经营罪，不构成故意毁坏财物罪。

（一审法院合议庭成员　李法宁　周秀红　刘　东
二审法院合议庭成员　巫光清　黄清波　华志斌
编写人　广东省梅州市中级人民法院　巫光清
责任编辑　周维明
审稿人　李玉萍）

原载《人民法院案例选》2017年第8辑（总第114辑）

九、拒不支付劳动报酬罪

261. 指导案例28号：胡克金拒不支付劳动报酬案

——对不具备用工主体资格的单位或者个人（包工头）可以以拒不支付劳动报酬罪追究刑事责任

（最高人民法院审判委员会讨论通过　2014年6月23日发布）

【关键词】

刑事　拒不支付劳动报酬罪　不具备用工主体资格的单位或者个人

【裁判要点】

1. 不具备用工主体资格的单位或者个人（包工头），违法用工且拒不支付劳动者报酬，数额较大，经政府有关部门责令支付仍不支付的，应当以拒不支付劳动报酬罪追究刑事责任。

2. 不具备用工主体资格的单位或者个人（包工头）拒不支付劳动报酬，即使其他单位或者个人在刑事立案前为其垫付了劳动报酬的，也不影响追究该用工单位或者个人（包工头）拒不支付劳动报酬罪的刑事责任。

【相关法条】

《中华人民共和国刑法》

第二百七十六条之一第一款　以转移财产、逃匿等方法逃避支付劳动者的劳动报酬或者有能力支付而不支付劳动者的劳动报酬，数额较大，经政府有关部门责令支付仍不支付的，处三年以下有期徒刑或者拘役，并处或者单处罚金；造成严重后果的，处三年以上七年以下有期徒刑，并处罚金。

【基本案情】

被告人胡克金于2010年12月分包了位于四川省双流县黄水镇的三盛翡俪山一期景观工程的部分施工工程，之后聘用多名民工入场施工。施工期间，胡克金累计收到发包人支付的工程款51万余元，已超过结算时确认的实际工程款。2011年6月5日工程完工后，胡克金以工程亏损为由拖欠李朝文等20余名民工工资12万余元。6月9日，双流县人力资源和社会保障局责令胡克金支付拖欠的民工工资，胡却于当晚订购机票并在次日早上乘飞机逃匿。6月30日，四川锦天下园林工程有限公司作为工程总承包商代胡克金垫付民工工资12万余元。7月4日，公安机关对胡克金拒不支付劳动报酬案立案侦查。7月12日，胡克金在浙江省慈溪市被抓获。

【裁判结果】

四川省双流县人民法院于2011年12月29日作出（2011）双流刑初字第544号刑事判决，认定被告人胡克金犯拒不支付劳动报酬罪，判处有期徒刑一年，并处罚金人民币2万元。宣判后被告人未上诉，判决已发生法律效力。

【裁判理由】

法院生效裁判认为：被告人胡克金拒不支付20余名民工的劳动报酬达12万余元，数额较大，且在政府有关部门责令其支付后逃匿，其行为构成拒不支付劳动报酬罪。被告人胡克金虽然不具有合法的用工资格，又属没有相应建筑工程施工资质而承包建筑工程施工项目，且违法招用民工进行施工，上述情况不影响以拒不支付劳动报酬罪追究其刑事责任。本案中，胡克金逃匿后，工程总承包企业按照有关规定清偿了胡克金拖欠的民工工资，其清偿拖欠民工工资的行为属于为胡克金垫付，这一行为虽然消减了拖欠行为的社会危害性，但并不能免除胡克金应当支付劳动报酬的责任，因此，对胡克金仍应当以拒不支付劳动报酬罪追究刑事责任。鉴于胡克金系初犯、认罪态度好，依法作出如上判决。

原载《人民法院案例选》2016年第2辑（总第96辑）

262. 姜宗林、陈荣水、史建国拒不支付劳动报酬案

——拒不支付劳动报酬案中共同犯罪的认定

【关键词】

拒不支付劳动报酬罪　不作为犯　共同犯罪

【裁判要旨】

多人合伙承包工程，负责合伙财务的合伙人携款逃匿，其他合伙人有能力支付，在政府有关部门责令支付期限内仍不支付劳动报酬，数额较大的，所有合伙人均构成拒不支付劳动报酬罪的共犯，应根据其在共同犯罪中的作用区分主从犯。

【相关法条】

《中华人民共和国刑法》

第二百七十六条之一　以转移财产、逃匿等方法逃避支付劳动者的劳动报酬或者有能力支付而不支付劳动者的劳动报酬，数额较大，经政府有关部门责令支付仍不支付的，处三年以下有期徒刑或者拘役，并处或者单处罚金；造成严重后果的，处三年以上七年以下有期徒刑，并处罚金。

单位犯前款罪的，对单位判处罚金，并对其直接负责的主管人员和其他直接责任人员，依照前款的规定处罚。

有前两款行为，尚未造成严重后果，在提起公诉前支付劳动者的劳动报酬，并依法承担相应赔偿责任的，可以减轻或者免除处罚。

第二十五条　共同犯罪是指二人以上共同故意犯罪。

二人以上共同过失犯罪，不以共同犯罪论处；应当负刑事责任的，按照他们所犯的罪分别处罚。

第五十二条　判处罚金，应当根据犯罪情节决定罚金数额。

第六十七条　犯罪以后自动投案，如实供述自己的罪行的，是自首。对于自首的犯罪分子，可以从轻或者减轻处罚。其中，犯罪较轻的，可以免除处罚。

被采取强制措施的犯罪嫌疑人、被告人和正在服刑的罪犯，如实供述司法机关还未掌握的本人其他罪行的，以自首论。

犯罪嫌疑人虽不具有前两款规定的自首情节，但是如实供述自己罪行的，可以从轻处罚；因其如实供述自己罪行，避免特别严重后果发生的，可以减轻处罚。

【案件索引】

一审：安徽省阜阳市界首市人民法院（2016）皖1282刑初230号（2016年12月23日）

二审：安徽省阜阳市中级人民法院（2017）皖12刑终71号（2017年5月31日）

【基本案情】

公诉机关安徽省界首市人民检察院指控称：2013年4月20日，被告人姜宗林、陈荣水、史建国合伙承包界首市邴集乡美好乡村家园建设项目，约定由陈荣水负责施工现场，姜宗林负责资金收进、支出、后勤伙食，史建国负责审核、做账、监督，本工程所欠外债共同承担。2014年4月，被告人陈荣水开始负责资金收进、支出。施工过程中，项目部已足额支付三人工程款，工程结束时，三人仍拖欠王在明、王子锦等12名工人239920元工资。经王在明、王子锦等人控告，界首市人社局于2014年12月10日责令姜宗林、陈荣水、史建国于同年12月14日9时前，足额发放拖欠的农民工工资，但三人未在责令的期限内支付工资。界首市公安局于2015年1月16日立案侦查后，被告人姜宗林于同年2月2日付完全部工资。被告人姜宗林、史建国、陈荣水于同年2月11日到公安机关投案，并如实供述犯罪事实。公诉机关认为，被告人姜宗林、陈荣水、史建国有能力支付而拒不支付劳动者的劳动报酬，数额较大，经政府有关部门责令支付仍不支付，其行为触犯了《刑法》第二百七十六条之一的规定，应当以拒不支付劳动报酬罪追究其刑事责任。

被告人姜宗林对公诉机关指控的犯罪事实及罪名均不持异议。

被告人陈荣水对公诉机关指控的犯罪事实及罪名均不持异议。

被告人史建国对公诉机关指控的犯罪事实及罪名均不持异议。其辩护人对公诉机关指控的犯罪事实亦不持异议，同时提出以下辩护意见：（1）被告人史建国不经手工程款，且积极配合帮助追讨劳动报酬，没有犯罪的故意，不构成犯罪；（2）被告人史建国在涉案的工程项目中没有领取任何报酬，在责令改正期限内没有支付能力，不构成犯罪。（3）如果法院判处被告人史建国有罪，被告人史建国具有自首情节，可从轻处罚，且被告人史建国在提起公诉前已支付劳动者报酬，建议法院判处被告人免予刑事处罚，予以训诫。

一审宣判后，史建国不服，提起上诉称，其没有拒不支付劳动报酬的故意，被拖欠工资的工人在《控告书》《刑事控告书》中仅控告姜宗林一人，也确认在姜宗林领取工程款潜逃后，其和陈荣水多次积极配合工人与姜宗林联系发放工资事宜，界首市劳动保障执法大队出具的《案情调查报告》认定了该节事实。以上三份书证均证明其并无犯罪的故意，而是积极配合工人追讨工资；合伙人之间的责任共担指的是民事责任而非刑事责任，其与姜宗林、陈荣水之间不存在事先同谋、事后串通、共同故意的犯罪事实；姜宗林在收到工程款后携款潜逃，而该工程款在收支相抵的情况下仍有足够的余款支付涉案工资，且其在涉案工程中不经手、不掌控工程款，也未领取任何报酬，当时正值年关，其流动资金链断裂，也无法向金融单位进行融资，其在责令改正期限内确无支付能力。请求法院撤销原判，依法宣告其无罪。

法院经审理查明：2013年4月20日，被告人姜宗林、陈荣水、史建国合伙以安徽大柳塘建筑安装有限公司名义承包界首市邴集乡美好乡村家园建设项目。合伙协议约定由被告人陈荣水负责施工现场，被告人姜宗林负责资金收进、支出、后勤伙食，被告人史建国负责审核、做账、监督。合伙协议约定三被告人共同受益、风险共担，本工程所欠外债共同承担。工程施工过程中，界首市邴集乡美好乡村家园建设项目部已陆续足额支付三被告人工程款。2014 年 10 月工程结束，三被告人仍拖欠被害人王在明、王子锦等 12 名工人共计 239920 元工资。2014 年 12 月 6 日，被害人王在明、王子锦等人向界首市人力资源和社会保障局控告三被告人拖欠工资，界首市人力资源和社会保障局于 2014 年 12 月 10 日向三被告人送达劳动保障监察责令改正决定书，责令被告人姜宗林、陈荣水、史建国于 2014 年 12 月 14 日 9 时前足额发放所拖欠的工人工资，三被告人在责令的期限内仍未支付工资。界首市公安局于 2015 年 1 月 16 日立案侦查，被告人姜宗林于 2015 年 2 月 2 日足额支付所欠全部工资。被告人姜宗林、史建国、陈荣水于 2015 年 2 月 11 日到界首市公安局投案，并如实供述犯罪事实。

【裁判结果】

安徽省阜阳市界首市人民法院于 2016 年 12 月 23 日作出（2016）皖 1282 刑初 230 号刑事判决：一、被告人姜宗林犯拒不支付劳动报酬罪，判处有期徒刑十个月，缓刑一年，并处罚金人民币 1 万元。二、被告人陈荣水拒不支付劳动报酬罪，判处有期徒刑十个月，缓刑一年，并处罚金人民币 1 万元。三、被告人史建国犯拒不支付劳动报酬罪，判处有期徒刑十个月，缓刑一年，并处罚金人民币 1 万元。宣判后，被告人史建国提出上诉。安徽省阜阳市中级人民法院于 2017 年 5 月 31 日作出（2017）皖 12 刑终 71 号刑事判决：一、维持安徽省界首市人民法院（2016）皖 1282 刑初 230 号刑事判决第一项，即“被告人姜宗林犯拒不支付劳动报酬罪，判处有期徒刑十个月，缓刑一年，并处罚金人民币 1 万元”；二、撤销安徽省界首市人民法院（2016）皖 1282 刑初 230 号刑事判决第二、三项，即“被告人陈荣水、史建国犯拒不支付劳动报酬罪，判处有期徒刑十个月，缓刑一年，并处罚金人民币 1 万元”；三、原审被告人陈荣水犯拒不支付劳动报酬罪，判处有期徒刑六个月，缓刑一年，并处罚金人民币 1 万元；四、上诉人史建国犯拒不支付劳动报酬罪，判处罚金人民币 1 万元。

【裁判理由】

法院生效裁判认为：史建国、姜宗林、陈荣水作为承建工程的合伙人，在工程资金已足额拨付，且足以支付工人工资的情况下拒不支付，数额较大，经劳动监察部门责令整改后仍不支付，三人的行为均已构成拒不支付劳动报酬罪，且系共同犯罪，依法应予惩处。姜宗林、陈荣水、史建国主动到案后，如实供述犯罪事实，构成自首，依法可以从轻处罚，涉案工资已被足额支付，可酌情对三人从轻处罚。在案证据证明，姜宗林、陈荣水、史建国系合伙关系，共同对债务承担连带责任。同时，涉案工程款至工程结束时已足额拨付，亦足以支付拖欠的涉案工资，但三人在界首市劳动监察部门责令整改的期限内，故意无正当理由继续拖欠涉案工资，客观上有能力支付而不支付，且数额较大，符合拒不支付劳动报酬罪的构成。鉴于陈荣水在工人追讨涉案工资过程中，能够积极协助工人联系在合伙事务中负责财务的姜宗林，并主动到劳动监察部门说明情况，可酌情对其从轻处罚；史建国在合伙事务中仅负责审核、做账、监督，并未负责过工程资金的收支，亦能够积极协助联系姜宗林，并主动到劳动监察部门说明情况，可以对其单处罚金。

【案例注解】

本案中，姜宗林、陈荣水、史建国合伙以安徽大柳塘建筑安装有限公司名义承包界首市邴集乡美好乡村家园建设项目，施工过程中，项目部已足额支付三人工程款，可认定该合伙具有支付能力。工程结束时，三人仍拖欠王在明、王子锦等12名工人239920元工资。工程款在负责合伙财务的姜宗林账户上，姜宗林逃匿，在界首市人社局责令期限内未支付工人报酬，构成拒不支付劳动报酬罪应无疑问。本案的争议焦点是，不负责合伙财务的陈荣水、史建国是否构成该罪，若构成该罪，与姜宗林是否构成共犯，能否区分主从犯。

一、陈荣水、史建国是否构成拒不支付劳动报酬罪

工程款由谁负责是合伙的内部事务，无法对抗合伙的对外债务。合伙协议也约定，三人共同受益、风险共担，本工程所欠外债共同承担。三人对拖欠的涉案工资都承担连带责任。工程款在负责合伙财务的姜宗林账户上，陈、史无法动用，二人应穷尽一切力量寻找姜宗林要求其动用合伙财务支付工资，二人虽然积极与姜联系，但未穷尽一切力量且未产生动用合伙财产支付工资的结果，合伙债务依然存在。二人作为合伙人，每个人都有全部清偿的义务。二人清偿后，可再向姜宗林追偿，而不能将债务无法清偿的风险转移到处于弱势的劳动者身上，这有悖于拒不支付劳动报酬罪的立法宗旨。否则，二人明知姜宗林不肯支付劳动报酬，自己也不采取有效措施避免劳动者得不到报酬的结果的发生，就属于《刑法》第十四条规定的“明知自己的行为会发生危害社会的结果，并且希望或者放任这种结果发生”，属故意犯罪，应当承担刑事责任，而不单单承担民事责任。

根据《刑法》第二百七十六条之一的规定，拒不支付劳动报酬有两种表现形式：“以转移财产、逃匿等方法逃避支付劳动者的劳动报酬”或者“有能力支付而不支付劳动者的劳动报酬”。陈荣水、史建国多次积极配合与姜宗林联系，要求发放工资，甚至带领工人到界首市劳动监察部门控告姜宗林，不符合“以转移财产、逃匿等方法逃避支付劳动者的劳动报酬”。在无法动用合伙财务来支付劳动报酬时，陈、史应用自己其他财产清偿债务，在财力所及的限度内，及时筹措资金，在界首市人社局责令支付的期限内付款。经查，陈、史的资产均足以支付，陈未付款，史虽拿出汽车做抵押，但汽车价值与拖欠工资之间的差额仍然达到了“数额较大”的标准，都符合“有能力支付而不支付劳动者的劳动报酬”的表现形式，构成拒不支付劳动报酬罪。

二、三人是否属于共同犯罪

拒不支付劳动报酬罪属于不作为犯，上述两种表现形式看似大相径庭，实质上都是不作为的方式，姜宗林属积极的不作为，陈、史属消极的不作为。由于该罪只能是不作为的形式，故而属于纯正不作为犯。三人均有作为的义务，且三人的作为义务可以只依靠其中任意一人来履行，只要其中一人履行了作为义务，就可以防止结果发生。三人属于以自己的不作为参与他人不作为犯罪，共同导致危害结果。三人的行为与危害结果都

有因果关系。关键在于，应该以三人各自独立构成犯罪即同时正犯论处，还是以三人构成共同犯罪论处。

《刑法》第二十五条第一款规定："共同犯罪是指二人以上共同故意犯罪。"由此可知，共同犯罪需要同时具备如下要件：（1）二人以上；（2）行为人之间有共同的犯罪故意；（3）行为人有共同的犯罪行为。本案中，三人都没有履行支付劳动报酬的义务，可认定为有共同的犯罪行为，符合（1）、（3）两个要件是确定无疑的，争议在于三人是否有共同的犯罪故意。若是无共同的犯罪故意，则属于两人以上在没有意思联络的情况下，同时对同一法益实施同一犯罪的情形，应定性为同时正犯（同时犯）。

刑法中对共同故意的界定笼统含糊，而司法实践中又不断有各种新情况出现。拒不支付劳动报酬罪属不作为犯，且为纯正不作为犯，在行为人以自己的不作为参与他人的不作为从而导致危害结果发生时，行为人主观上是否存在共同故意，在理论和实践上都有争议。

共同犯罪是一种修正的犯罪形式，它不是将单独犯罪简单地合并相加，而是数个单独犯罪的主观意思在某种程度上达成了一致，从而在这数人之间形成了内在一致的共同犯罪故意。各行为人都认识到，除了自己以外尚有他人共同实施侵害法益的行为，而且认识到自己的行为与他人的行为具有同一法益侵害上的互助性。这种主观意思的相连即犯意联络，其实质是各行为人共同实施特定犯罪行为的"合意"。

本案中，三行为人多次进行电话联络，都认识到其他人的不作为，且知晓三人共同的不作为会导致不能在界首市人社局责令期限内支付劳动报酬的危害后果，即认识到三人行为在同一法益侵害上具有互助性。姜宗林逃避支付劳动报酬，陈荣水、史建国希望姜能支付劳动报酬，表面上看似乎并没有共同的犯罪故意，实质上却共同放任了法益侵害后果的发生，在这一层面上，应认定为具有共同的犯罪故意。

因此，三人构成拒不支付劳动报酬罪的共犯，应根据其在共同犯罪中的作用来区分主从犯。姜宗林负责合伙财务，又有逃匿行为，在共同犯罪中起主要作用，为主犯。陈荣水、史建国能够积极协助工人联系在合伙事务中负责财务的姜宗林，并主动到劳动监察部门说明情况，且史建国在合伙事务中从未负责过工程资金的收支，在共同犯罪中起次要作用，为从犯，应当从轻、减轻或免除处罚。

（一审法院合议庭成员　梅卫红　王黎明　尤　红
二审法院合议庭成员　刘　琦　袁理想　刘钦锋
编写人　安徽省阜阳市人民法院　张非男　王楠楠
责任编辑　周维明
审稿人　李玉萍）

原载《人民法院案例选》2017年第11辑（总第117辑）

263. 林某某拒不支付劳动报酬案

——拒不支付劳动报酬罪的正确认定

【关键词】

刑事　拒不支付劳动报酬　劳务合同纠纷

【裁判要旨】

在判断拒不支付劳动报酬罪的罪与非罪过程中，即使被告人与被害人签订了“工程承包协议”等形式各异的合同，只要该合同实质是以劳务与报酬进行的交换，被告人作为劳动者付出劳动的受益人，即应支付劳动报酬；被告人经政府有关部门责令支付仍不支付且数额较大的，应纳入刑法调整范围，构成拒不支付劳动报酬罪，而非民事法律关系调整的合同范畴。

【相关法条】

《中华人民共和国刑法》

第二百七十六条之一　以转移财产、逃匿等方法逃避支付劳动者的劳动报酬或者有能力支付而不支付劳动者的劳动报酬，数额较大，经政府有关部门责令支付仍不支付的，处三年以下有期徒刑或者拘役，并处或者单处罚金；造成严重后果的，处三年以上七年以下有期徒刑，并处罚金。

单位犯前款罪的，对单位判处罚金，并对其直接负责的主管人员和其他直接责任人员，依照前款的规定处罚。

有前两款行为，尚未造成严重后果，在提起公诉前支付劳动者的劳动报酬，并依法承担相应赔偿责任的，可以减轻或者免除处罚。

第六十七条第三款　犯罪嫌疑人虽不具有前两款规定的自首情节，但是如实供述自己罪行的，可以从轻处罚；因其如实供述自己罪行，避免特别严重后果发生的，可以减轻处罚。

【案件索引】

一审：云南省安宁市人民法院（2017）云0181刑初537号（2018年1月4日）

【基本案情】

云南省安宁市人民检察院指控：被告人林某某自2015年12月承包安宁市太平街道办事处云南省第一人民医院新昆华医院项目一期后续工程的劳务施工，截至2016年11月，共拖欠郑某某、张某某等30名农民工工资432043元。经安宁市人力资源和社会保障局下发责令整改通知书后，仍采取逃匿的方式拒不支付劳动报酬。案发后，被告人林某某的家人已经将其拒不支付的劳动报酬432043元全额付清。

公诉机关认为，被告人林某某的行为已触犯《刑法》第二百七十六条之一之规定，应当以拒不支付劳动报酬罪追究其刑事责任。案发后，被告人林某某的家人帮其将拖欠的工资全额付清，建议对其酌情从轻处罚；建议对其判处有期徒刑一年至一年零六个月，并处罚金。

被告人林某某辩解称：自己拖欠的人数只有十多人，且拖欠的是工程款并非劳动报酬。被告人林某某的辩护人提出林某某无罪，认为本案事实不清、证据不足：（1）公诉机关的指控证据中仅有3名员工作了笔录，公诉机关指控30名员工工资被拖欠的事实不清；郑某某、张某某未将自己的利润作为工资予以发放；总包方无故克扣林某某100余万元工程款，故林某某不存在携款潜逃或逃匿的情形，也不是最直接、根本和源头的责任主体，最直接、根本和源头的责任主体应该是总包钱某某、蔡某等人。（2）张某某、郑某某系小包工头，二人与林某某就工程款如何支付均有约定，林某某拖欠二人的是工程款而非工人工资。（3）本案系总包方钱某某等人将本应支付给林某某的工程款直接支付给郑某某、张某某，还指使二人以拒不支付劳动报酬罪构陷林某某，以期达到非法目的。

法院经审理查明的事实与公诉机关指控的一致。另查明，被告人林某某于2015年12月9日与青海金茂劳务有限公司签订《劳务作业内部承包责任合同》，以人工费综合单价包干的方式承包云南省第一人民医院新昆华医院项目一期后续工程的劳务施工。被告人林某某与郑某某签订《新昆华医院景观分项工程承包协议书》，在第一条中约定承包方式为包工，第五条中约定了承包费用工资额结算的方式。

【裁判结果】

云南省安宁市人民法院于2018年1月4日作出（2017）云0181刑初537号刑事判决：以拒不支付劳动报酬罪判处被告人林某某有期徒刑一年，并处罚金人民币2万元。

宣判后，被告人林某某未提出上诉，云南省安宁市人民检察院未提出抗诉，判决已经发生法律效力。

【裁判理由】

法院生效裁判认为：拒不支付劳动报酬罪，是指以转移财产、逃匿等方法逃避支付劳动者的劳动报酬或者有能力支付而不支付劳动者的劳动报酬，数额较大，经政府有关部门责令支付仍不支付的行为。被告人林某某分包劳务工程，本案被害人为其提供劳务后，被告人林某某采取逃跑的方式回到福建，经政府有关部门通知仍拒不支付劳动者的劳动报酬432043元，其行为已触犯《刑法》，构成拒不支付劳动报酬罪，应依法惩处。被告人林某某虽与郑某签有《新昆华医院景观分项工程承包协议书》，但根据协议约定的内容以及实际履行的情况，该协议实质为郑某某、张某某等30人为被告人林某某提供劳务，完成被告人林某某分包的劳务工程，故而郑某某、张某某等人有获得劳动报酬的权利。同时，根据被害人陈述、证人证言、被告人的供述及安宁市人力资源和社会保障局出具的证据材料，被告人林某某在未支付完毕30名工人劳动报酬的情况下，擅自离开云南省回到福建省，经政府有关部门要求，拒不处理拖欠工资事宜，已形成事实上的逃跑行为，被告人林某某用工但拒不支付劳动报酬，其行为符合拒不支付劳动报酬罪的认定要件，应追究其刑事责任。被告人林某某到案后如实供述案件基本事实，依法可以从轻处罚。公诉机关指控的犯罪事实清楚，证据确实、充分，罪名成立，所提被告人林某某家人案发后帮其将拖欠的工资全额付清、建议对其酌情从轻处罚的建议及相关量刑建议，法院予以采纳。被告人林某某的辩解意见及其辩护人所提的无罪辩护意见，法院不予采纳。

【案例注解】

拒不支付劳动报酬罪是《刑法修正案（八）》的新增罪名。在此之前，处理欠薪问题的方式主要有：一是由劳动争议处理机构调解，二是由劳动争议仲裁机构仲裁，三是与用人单位协商解决，四是向人民法院提起诉讼。但由于制度的不健全和用工单位的恶意拖欠，造成劳动者无法追索其应得工资的情况频频出现，久拖不决的薪金问题甚至造成部分相关人员做出过激行为，成为影响社会稳定的重要隐患，并由此引发了许多社会问题。出于加强民生保护目的，加大对一些严重损害劳动者利益行为的惩处力度，2011年2月25日，第十一届全国人大常委会第十九次会议通过的《刑法修正案（八）》中，拒不支付劳动报酬罪规定于《刑法》第二百七十六条之一。至此，恶意欠薪行为被纳入刑法的规制范围。

本案审理过程中，被告人林某某及其辩护人一直围绕着林某某拖欠的是工程款而非工人工资的问题进行辩解和辩护，提出张某、郑某系小包工头，二人与林某某就工程款如何支付均有约定，进而林某某不构成拒不支付劳动报酬罪。这其实涉及的是拒不支付劳动报酬罪中刑民交叉领域的问题。在理论界，学者认为刑民交叉主要有三种类型：一是过渡型交叉，即对单个行为只能进行单一法律（刑法或民法）判断，但到底需要运用何种法律进行判断时难以确定或者容易存在认识上的不一致。二是竞合型交叉，即对单数的自然行为可以同时进行刑法和民法判断，但判断之后出现刑事法律事实与民事法律事实的部分或完全竞合。三是牵连型交叉，即对有牵连性的多个行为可以同时进行刑法和民法判断，但判断之后出现刑事法律事实与民事法律事实的牵连。从拒不支付劳动报酬罪来看，根据《刑法》第二百七十六条之一的法条规定，本罪引发的刑民交叉问题属于牵连型交叉，该行为同时符合在民事领域构成以“劳动报酬”为标的的合同之债并以之为前提。

第一，何为劳动报酬。劳动报酬，顾名思义是劳动者付出体力或脑力劳动所得的对价。《刑法》第二百七十六条之一的规定并未将拒不支付劳动报酬罪的主体局限于《劳动法》《劳动合同法》规定的用人单位。因此，不宜以《劳动法》和《劳动合同法》调整的范围来界定该法律条款的劳动者和劳动报酬，从而得出该条法律规定仅适用于双方建立了劳动关系情况下发生的恶意欠薪的结论。

第二，何种关系下产生劳动报酬。劳动者基于劳动关系能够获得劳动报酬，但是不能反过来说劳动者的劳动报酬只能从属于劳动关系，因为劳动关系仅仅是劳动用工关系的一种情形，劳动者基于劳务关系获得的同样是劳动报酬。例如，建筑工程施工领域小包工头招用的民工，按照包工头指令从事建筑工程施工，获得的工资也是劳动报酬。这与劳动关系中劳动者获得的劳动报酬之间不存在本质上差异。

第三，《劳动法》和《劳动合同法》调整的劳动关系领域以外的用工行为如何定性。虽然近年来，随着我国劳动用工制度的改革，在劳动关系领域里已实行全面的劳动合同制，但在《劳动法》和《劳动合同法》调整的劳动关系领域以外，仍存在各种形式的劳动用工。不论是劳动合同形式的用工关系还是其他形式，都是通过使用他人劳动，扩大雇主事业范围或者活动范围，用人单位和雇主因此获得利益。雇主作为接受劳动的受益者，也应承担对劳动者按时支付劳动报酬的义务。实践中，雇主出于最大限度实现自身利益并尽可能减轻己方负担、规避对劳动者责任的考虑，往往更多选择不与招用的劳动者建立正式劳动关系，而采用其他用工关系，比如雇佣关系、劳务关系等。建筑工程施工领域这种情况尤为突出。一方面，这是建筑工程施工活动用工的临时性、阶段性特点和实际需要所决定的；另一方面，也是用工者出于减轻对工人所负责任的一种现实考量。这种情况下如果仅仅用劳动关系来限定《刑法》第二百七十六条之一的适用范围，会导致大量的在其他用工方式之下的劳动者合法权益无法得到法律所提供的充分保障和有效救济。

第四，从民法的视角判断本罪的客体认定。民法属于调整型实体法，主要通过对权利义务的规定来建立行为规范，而刑法属于保护型实体法，主要通过假定及制裁来建立行为规范。虽然二者均是建立行为规范，均是保护公平和效率，但刑法具有适用层面的最后性和补充性。所以刑法的适用仅出现在具有法益最后保护作用的刑事诉讼中。对于拒不支付劳动报酬罪的认定而言，民法对本罪的客体构成要件的认定上起重要辅助性作用。拒不支付劳动报酬罪侵犯的是双重客体，既侵犯了劳动者获得劳动报酬的权利，又扰乱了市场经济秩序，其中，对于劳动者获得劳动报酬的权利需要结合民法的相关规定进行判断。劳动者获得劳动报酬的权利源于以“劳务”为标的的合同，此类合同最鲜明的特征是以“劳务”和“报酬”进行交换，主要有雇佣合同、劳动合同、承揽合同、保管合同、委托合同、居间合同以及行纪合同等类型。要判断是否构成拒不支付劳动报酬罪则需要运用民法的规定从以下几个方面进行判断：其一是判断被害人与被告人之间是否形成以“劳务”为标的的合同。如果双方是买卖关系，则不存在拒不支付劳动报酬的问题。其二是判断“劳动报酬”的性质。以民事合同为基础加以判断劳动报酬的性质，将之限定为合同相对方对劳务本身所支付的对价，可以更有力地保障更多劳动者的合法权益，实现本罪设立的意义。

综上所述，本案被拖欠劳动报酬的郑某某等劳动者，通过自己的劳动获得报酬，其虽与林某某签订有工程协议，但从该协议内容上看，实质上仍然是以“劳务”为标的的合同，劳动者用自己的“劳务”和林某某的“报酬”进行交换。林某某作为劳动者付出劳动的受益人，最终用逃匿的方式拒不支付劳动者的劳动报酬，经劳动部门责令支付仍不支付，法院经审理后作出了上述判决。

（一审法院合议庭成员　彭　惠　李鑫鹏　宝朝华
编写人　云南省高级人民法院　彭　惠
责任编辑　周维明
审稿人　李玉萍）

原载《人民法院案例选》2020年第12辑（总第154辑）

3 刑事卷

China Law Reports

人民法院案例选

分类重排本

（2016—2020）

最高人民法院中国应用法学研究所　编

人民法院出版社

刑事卷总目录

第三册目录

刑法分则编

第五章　妨害社会管理秩序罪

第一节　扰乱公共秩序罪

一、使用虚假身份证件、盗用身份证件罪

二、代替考试罪

三、非法获取计算机信息系统数据、非法控制计算机信息系统罪

四、破坏计算机信息系统罪

五、编造、故意传播虚假恐怖信息罪

六、聚众斗殴罪

七、寻衅滋事罪

八、组织、领导、参加黑社会性质组织罪

九、传授犯罪方法罪

十、开设赌场罪

第二节 妨害司法罪

一、打击报复证人罪

二、扰乱法庭秩序罪

三、拒不执行判决、裁定罪

四、非法处置查封、扣押、冻结的财产罪

第三节　危害公共卫生罪

第四节　破坏环境资源保护罪

一、污染环境罪

二、非法捕捞水产品罪

三、危害珍贵、濒危野生动物罪

四、非法狩猎罪

五、非法占用农用地罪

六、非法采矿罪

七、危害国家重点保护植物罪

八、非法收购、运输盗伐、滥伐的林木罪

第五节　走私、贩卖、运输、制造毒品罪

一、走私、贩卖、运输、制造毒品罪

二、非法生产、买卖、运输制毒物品、走私制毒物品罪

二、挪用公款罪

三、受　贿　罪

四、单位受贿罪

五、行　贿　罪

刑事诉讼编

一、管　　辖

二、证　　据

三、附带民事诉讼

八、犯罪嫌疑人、被告人逃匿、死亡案件违法所得的没收程序

九、依法不负刑事责任的精神病人的强制医疗程序

第五章　妨害社会管理秩序罪

第一节　扰乱公共秩序罪

一、使用虚假身份证件、盗用身份证件罪

264. 陈志勇盗用身份证件案

——盗用身份证件罪中情节严重的认定

【关键词】

交通肇事　盗用他人驾驶证　情节严重

【裁判要旨】

交通肇事后，在接受公安机关调查处理交通事故案件中，盗用他人驾驶证、冒用他人身份，致使交警部门作出的事故认定书主体错误的，应认定为情节严重，以盗用身份证件罪追究刑事责任。

【相关法条】

《中华人民共和国刑法》

第二百八十条之一　在依照国家规定应当提供身份证明的活动中，使用伪造、变造的或者盗用他人的居民身份证、护照、社会保障卡、驾驶证等依法可以用于证明身份的证件，情节严重的，处拘役或者管制，并处或者单处罚金。

有前款行为，同时构成其他犯罪的，依照处罚较重的规定定罪处罚。

【案件索引】

一审：福建省厦门市翔安区人民法院（2016）闽0213刑初321号（2016年8月31日）

【基本案情】

福建省厦门市翔安区人民检察院以被告人陈志勇犯交通肇事罪和盗用身份证件罪，向福建省厦门市翔安区人民法院提起公诉。

法院审理查明：2015 年 11 月 17 日 9 时许，被告人陈志勇驾驶闽 D968 × × 号重型货车至厦门市翔安区内厝镇新垵村田中央自然村村路倒车时，未注意观察车后情况，碰撞在该处行走的被害人许某，造成许某受伤经医治无效于 2016 年 4 月 20 日死亡的损害后果。经法医鉴定，被害人许某（殁年 84 周岁）因多脏器功能衰竭而死亡，本次交通事故损伤在其死亡过程中起到辅助作用。

事故发生后，被告人陈志勇电话报警并滞留现场等候公安机关到场处理。但在公安机关调查中，被告人陈志勇盗用陈捷的驾驶证，并以陈捷的身份接受调查处理及签收相关法律文书，导致厦门市公安局翔安分局交警大队于 2015 年 12 月 21 日作出第 3502134201500215 号道路事故认定书，认定陈捷负本起事故全部责任，并送达相关当事人，后对陈捷作出相应行政处罚。直至 2016 年 5 月 17 日被公安机关发现，被告人陈志勇才如实供述自己的犯罪行为。2016 年 5 月 18 日，厦门市公安局翔安分局交警大队作出《关于撤销陈捷交通事故认定书的决定》（翔公交〔2016〕81），并于同日作出第 3502134201500215B 号道路交通事故认定书，认定被告人陈志勇负本起事故全部责任，被害人许某不负事故责任。

【裁判结果】

福建省厦门市翔安区人民法院于 2016 年 8 月 31 日作出（2016）闽 0213 刑初 321 号刑事判决：被告人陈志勇犯交通肇事罪，判处拘役六个月；犯盗用身份证件罪，判处拘役四个月，并处罚金人民币 5000 元；数罪并罚，决定执行拘役十个月，并处罚金人民币 5000 元。法院宣判后，原审被告人表示不上诉，抗诉机关无抗诉，判决已生效。

【裁判理由】

法院认为：被告人陈志勇违反交通安全法规，驾驶机动车交通肇事致一人死亡，负事故的全部责任，其行为已构成交通肇事罪。被告人陈志勇在接受公安机关调查处理交通事故案件中，盗用他人驾驶证，情节严重，其行为已构成盗用身份证件罪。公诉机关指控的罪名均成立。被告人身犯二罪，依法应数罪并罚。被告人归案后如实供述自己的罪行，庭审时自愿认罪，具有坦白情节，依法可以从轻处罚。鉴于被害人的死亡存在多因一果的情形，可酌情对被告人从轻处罚。被告人被先行羁押 8 日，依法可折抵刑期。

【案例注解】

盗用身份证件罪是 2015 年 11 月 1 日生效的《刑法修正案（九）》新规定的罪名，条文具体内容为："在依照国家规定应当提供身份证明的活动中，使用伪造、变造的或者盗用他人的居民身份证、护照、社会保障卡、驾驶证等依法可以用于证明身份的证件，情节严重的，处拘役或者管制，并处或者单处罚金。"

一、关于本罪的犯罪对象

《刑法修正案（九）》列举了身份证、护照、驾驶证后又用了“等依法可以用于证明身份的证件”进行概括性规定，目的在于确保立法的严密性。由于列举的证件不仅记载了大量公民个人信息，而且能够决定公民能否实施具有重大社会意义的行为，具有很强的社会公信力。因此，在依照国家规定应当提供真实身份的活动中，一旦使用伪造、变造的证件会给相信此证件效力的一方造成不同程度的损失，损害公众对这类证件公信力的信赖和对国家机关管理活动的质疑，具有严重社会危害性，具有刑事处罚的必要性。但同时应对证件范围应作适当限制解释，即仅限于记载的个人信息量和社会公信力与居民身份证、护照、驾驶证相当的证件，这是贯彻刑法谦抑主义的需要，防止处罚过宽而导致滥用。

二、关于“盗用”的理解

“盗用”是指盗用他人名义，即在他人不知情的情况下使用他人依法可以用于证明身份的各类证件，且一般应为他人真实的身份证件，获得证件的方式包括但不限于捡到、购买、盗得等。实践中，有的是经过证件持有人本人同意或与其串通，冒用证件所有人名义从事相关社会经济活动的情况。这种行为因为不存在盗用本人名义的情况，因而不属于本罪处罚的范围，对这种行为是否需要通过行政处罚等方式规制，则需视冒用的具体情况而定。

三、关于“情节严重”的认定

《刑法修正案（九）》规定盗用他人身份证件需达到情节严重才入罪，但对何为“情节严重”目前尚未有相关司法解释明确。从《刑法》将该罪规定在第六章妨害社会管理秩序罪中可知，该罪的犯罪客体是国家对相关具有社会公信力的身份证件的管理秩序，情节严重应指对该种管理秩序的侵犯达到较深程度或造成较大后果，譬如因盗用证件行为致使相关国家机关针对错误主体作出处理决定或对被盗用人合法权益造成较大损害等。

综上，本案被告人陈志勇在发生交通事故后，为逃避法律制裁和责任承担，利用陈捷与其共同驾驶同一部大货车，驾驶证长期放置车上及二人有一定亲属关系长相较为相似之便，在处理交通事故过程中盗用陈捷的驾驶证，并以陈捷之名义处理事故，致使交警部门作出认定陈捷负本起事故全部责任的事故认定书，并送达相关当事人，后对陈捷作出相应行政处罚。该种盗用证件行为已经对交警部门的执法行为产生严重干扰，导致作出错误事故认定书并致使被盗用方因此受到行政处罚，理应评价为盗用身份证件情节严重，故依法应以盗用身份证件罪追究刑事责任。

（一审法院独任审判员　吴南回

编写人　福建省厦门市翔安区人民法院　吴南回

责任编辑　周维明

审稿人　李玉萍）

原载《人民法院案例选》2017年第8辑（总第114辑）

二、代替考试罪

265. 韩小悦、何汝佳代替考试案

——“法律规定的国家考试”范围的界定

【关键词】

代替考试罪　法律规定的国家考试

【裁判要旨】

“成人高等教育本科毕业生申请学士学位外国语水平全省统一考试”是根据教育部的有关规定和授权，面向社会公开，由地方高等教育主管部门统一组织的考试，与成人本科毕业生达到相应的学位标准从而获得国家认可的学士学位这一国家学位制度密切关联，符合国家教育考试的概念，属于教育法授权教育行政部门确定的“国家教育考试”，因此，属于代替考试罪中“法律规定的国家考试”的范围。

【相关法条】

《中华人民共和国刑法》

第二百八十四条之一　在法律规定的国家考试中，组织作弊的，处三年以下有期徒刑或者拘役，并处或者单处罚金；情节严重的，处三年以上七年以下有期徒刑，并处罚金。

为他人实施前款犯罪提供作弊器材或者其他帮助的，依照前款的规定处罚。

为实施考试作弊行为，向他人非法出售或者提供第一款规定的考试的试题、答案的，依照第一款的规定处罚。

代替他人或者让他人代替自己参加第一款规定的考试的，处拘役或者管制，并处或者单处罚金。

【案件索引】

一审：广东省广州市天河区人民法院（2016）粤0106刑初1581号（2017年3月31日）

【基本案情】

法院经审理查明：2016 年 4 月 22 日，被告人何汝佳通过他人联系被告人韩小悦，双方协商一致，由韩小悦代替何汝佳参加 2016 年度广东省成人高等教育学士学位外国语统考。

2016 年 4 月 24 日 9 时左右，被告人韩小悦在广东省广州市天河区华南农业大学第三教学楼 204 课室 2016 年成人高等教育学士学位外国语统考第 009 考场，持何汝佳身份证和准考证，以何汝佳的名义参加考试时被监考人员当场发现。

【裁判结果】

广州市天河区人民法院于 2017 年 3 月 31 日作出（2016）粤 0106 刑初 1581 号刑事判决：一、被告人韩小悦犯代替考试罪，判处拘役一个月，缓刑二个月，并处罚金人民币 1000 元。二、被告人何汝佳犯代替考试罪，判处拘役一个月，缓刑二个月，判处罚金人民币 1000 元。一审宣判后，被告人没有上诉，检察机关没有抗诉，判决已经发生法律效力。

【裁判理由】

法院生效裁判认为：本案的争议焦点是：关于本案涉及的“广东省成人高等教育学士学位外国语统考”是否属于我国《刑法》第二百八十四条之一第一款中“法律规定的国家考试”的问题。

本案被告人参加的“成人高等教育本科毕业生申请学士学位外国语水平全省统一考试”是被告人何汝佳申请学士学位必须参加、由地方高等教育主管部门统一命题和组织的成人高等教育学士学位外国语水平全省统一考试，即这一考试是成人本科毕业生取得国家承认的学士学位证书的必要条件。同时，该考试是根据教育部的有关规定和授权，面向社会公开，由地方高等教育主管部门统一组织的考试，符合国家教育考试的概念，属于《教育法》授权教育行政部门确定的“国家教育考试”。

法院认为：被告人韩小悦代替他人参加法律规定的国家考试，被告人何汝佳让他人代替自己参加法律规定的国家考试，其行为均构成代替考试罪，依法应当在“处拘役或者管制，并处或者单处罚金”的量刑幅度内处罚。被告人韩小悦、何汝佳均具有自动投案情节并如实供述罪行，是自首，可以从轻处罚。根据两名被告人的犯罪情节及悔罪表现，对其适用缓刑不致再危害社会，可以对其宣告缓刑。

【案例注解】

广州市天河区作为我国华南地区高新及金融产业的中心区域和大量高等学校、职业学校以及培训机构的集聚地，必然会吸纳大量的各类型人才，也必然会伴随有大量涉及入学、职业资格等各种类型、各种层次的考试，因为社会竞争激烈且与个人利益密切相关，代替考试等不公平竞争的情形也屡见不鲜，故在《刑法修正案（九）》增设了代替考试罪，将上述其中部分违法情形上升为犯罪行为予以打击后，已经陆续涌现了一批涉嫌该罪名的案件被公诉机关起诉到天河区人民法院，而针对该类案件如何把握入罪门槛和量刑标准，也成为了审判一线法官亟待解决的问题。

一、“法律规定的国家考试”之“法律”

《刑法》第二百八十四条之一将其适用范围限定为“法律规定的国家考试”，此条款中的“法律”应当是狭义的概念，仅指全国人大及其常委会制定的法律，不包括行政法规与规章等广义上的规范性法律文件。

根据考试的目的及内容，我国现行的考试可分为以下三类：一是国家教育考试，包括入学考试和水平考试，入学考试包括普通和成人高等学校招生考试、全国硕士研究生招生考试、高等教育自学考试等，水平考试意在测评应试者在某方面的知识、能力是否达到一定水平，包括外语水平考试等；二是国家工作人员选拔考试，主要包括国家公务员考试和地方公务员考试；三是资格类考试，意在测评应试人员是否具备从事某一职业的资格或条件。上述考试分别依据法律、行政法规、部门规章或相关行政部门的规范性文件设立并作出详细规定。

笔者认为，上述考试不能全部纳入“代替考试罪”的规制范围，只有由全国人大及其常委会制定的法律规定的考试才属于适用此条款。首先，增加本罪主要是从维护社会诚信及考试公平性的角度，惩治失信背信行为，如果将所有依据法律、行政法规、部门规章等设立的考试都适用此条款，打击面过宽，难以实现良好的社会效果。其次，国务院正在持续推进行政审批项目清理，要逐步取消没有法律法规依据的准入类职业资格，有法律法规依据的准入类资格，如果与国家安全、公共安全、人民生命财产安全关系并不密切，或者自身不宜采取职业资格方式进行管理的，将按程序提请修改法律法规后予以取消。由此可见，国务院正在逐步清理、减少不必要的准入资格类考试，其改革趋势为只保留有法律法规依据且与国家安全、公共安全及人民生命财产安全关系密切的考试，因而合理限定代替考试罪中“法律规定的国家考试”的范围与这种改革趋势更为相符。再次，刑罚作为调整社会关系的最后手段，应减少不必要的犯罪认定，相比于《刑法》规定的其他犯罪行为，如暴力犯罪、经济犯罪等，代替考试的社会危害性相对较小，无论是法律还是行政法规、部门规章等，对考试作弊行为的处罚都作出了相关规定，在一定程度上能够实现惩罚目的。因此，只有当此类行为的危害性达到一定程度时，才应由刑法对其进行规制。在衡量代替考试行为的社会危害性大小时，应综合考虑考试涉及的地域范围、是否涉及特殊行业人员从业资质等有关资格认定及其他各类因素，如普通高等学校招生全国统一考试，涉及全国普通高等院校招生问题，这类考试的社会关注度高、影响大、涉及面广，如《执业医师法》，涉及医疗职业工作者的从业资格的认定，与医疗质量、人民的生命健康息息相关，此类考试的重要性和影响力大，在这类考试中作弊，其行为的社会危害性也更大。此外，对于这类全国性的、涉及重要行业人员的从业资质认定的考试，通常都由全国人大及其常委会制定的法律进行规定，包括《高等教育法》《公务员法》《执业医师法》《法官法》等近二十部法律，因此，将此条款的“法律”作狭义解释，即全国人大及其常务委员会制定的法律，既可以保证具有较大社会危害性的行为得到惩治，也符合刑法的谦抑性原则，充分发挥刑法的教育功能，实现良好的社会效果。

二、“法律规定的国家考试”中的教育考试

我国的国家教育考试主要包括：入学考试，如高考、中考、研究生入学考试等；水平考试，如汉语水平考试、外语水平考试等；还有文凭方面的考试，如自学考试、学历文凭考试等。在水平类考试中，多为以部门规章、文件为依据设立的考试，如全国英语四、六级考试，国家教委在批转理工科本科和文理科本科用的两份《大学英语教学大纲》的通知中规定：对结束四、六级学习的学生进行统一的标准考试，大学英语六级考试就是根据这一规定而设计的。对于此类考试，非依据法律设定，不应纳入“代替考试罪”的规制范围。对于入学考试及文凭方面的考试，则需要根据具体情况判定其是否属于“法律规定的国家考试”。

入学考试，主要包括普通和成人高等学校招生考试、研究生招生考试，《教育法》第二十一条规定：“国家实行国家教育考试制度。国家教育考试由国务院教育行政部门确定种类，并由国家批准的实施教育考试的机构承办。”教育部出台的《国家教育考试违规处理办法》第二条规定，国家教育考试包括普通和成人高等学校招生考试、全国硕士研究生招生考试，根据上述规定，这三类考试都应属于“法律规定的国家考试”的范畴。

文凭方面的考试，主要包括高等教育自学考试、成人高等教育本科毕业生申请学士学位外语水平考试等。《高等教育法》第二十一条规定：“国家实行高等教育自学考试制度，经考试合格的，发给相应的学历证书或者其他学业证书。”根据该规定，高等教育应属于“法律规定的国家考试”。对于成人高等教育本科毕业生申请学士学位外语水平考试等测评结果作为国家承认学历、学位依据的考试，《国家教育考试违规处理办法》第二条规定，国家教育考试是由国务院教育行政部门确定实施，由经批准的实施教育考试的机构承办，面向社会公开、统一举行，其结果作为招收学历教育学生或者取得国家承认学历、学位证书依据的测试活动。需要注意的是，这里的“统一举行”并不要求是“统一由国家一级组织”，有些“法律规定的国家考试”也可以由地方根据法律规定组织实施，如高考，既有全国统一考试，也有各省依照法律规定组织的考试，但在上述规定中未明文规定本案涉及该项考试是否为国家教育考试。

三、本案涉及的考试之性质

根据《教育法》的规定，国家教育考试由国务院教育行政部门确定种类，并由国家批准的实施教育考试的机构承办。国务院教育行政部门即国家教育部虽未出台明文规定一一列举国家教育考试的种类，但在其出台的《国家教育考试违规处理办法》第二条中规定：国家教育考试是由国务院教育行政部门确定实施，由经批准的实施教育考试的机构承办，面向社会公开、统一举行，其结果作为招收学历教育学生或者取得国家承认学历、学位证书依据的测试活动。此外，根据《高等教育法》的相关规定，国家实行学位制度，公民通过接受高等教育或者自学，其学业水平达到国家规定的学位标准，可以向学位授予单位申请授予相应的学位。根据《学位条例》《学位条例暂行实施办法》的相关规定，学士学位由国务院授权的高等学校授予，学位授予单位可根据暂行实施办法，制定本单位授予学位的工作细则。因此，国家教育考试的确定与其是否为取得国家承认学历、学位相关，而学位申请人根据学位授予单位的要求申请学位，即考试性质的确定还应参照学位授予单位的相关规定。

根据广东省学位委员会办公室于2016年2月18日发布的《关于做好2016年成人高等教育本科毕业生申请学士学位外国语水平全省统一考试报名工作的通知》，可知“成人高等教育本科毕业生申请学士学位外国语水平全省统一考试”是根据教育部和国务院学位委员会的有关要求和授权组织的考试。成人本科毕业生除了达到本专业规定的公共课（政治理论课和外国语）、基础理论课、专业基础和专业课的平均成绩、毕业论文（毕业设计或其他毕业实践环节）的成绩均达到优良，以及通过学位授予学校组织的课程考核和全省统一命题统一组织的外国语水平考试，且成绩及格者方可向学位授予学校申请学士学位。结合本案华南农业大学教务处出具的复函，成人本科毕业生申请学士学位必须参加由地方高等教育主管部门统一命题和组织的成人高等教育学士学位外国语水平全省统一考试，即“成人高等教育本科毕业生申请学士学位外国语水平全省统一考试”和测评结果是成人本科毕业生取得国家承认的学士学位证书的必要条件。

综上，“成人高等教育本科毕业生申请学士学位外国语水平全省统一考试”是根据教育部的有关规定和授权，面向社会公开，由地方高等教育主管部门统一组织的考试，与成人本科毕业生达到相应的学位标准从而获得国家认可的学士学位这一国家学位制度密切关联，符合国家教育考试的概念，本案涉及的“广东省2016年成人高等教育本科毕业生申请学士学位外国语水平全省统一考试”可以认定为我国《刑法》第二百八十四条之一规定的“法律规定的国家考试”。

（一审法院合议庭成员　陈　宇　佘国源　陈红建

编写人　广东省广州市天河区人民法院　陈　宇　莫　丹　郑绿喃

责任编辑　周维明

审稿人　李玉萍）

原载《人民法院案例选》2018年第3辑（总第121辑）

266. 郭艳锋组织考试作弊、龚习林等代替考试案

——组织考试作弊罪、代替考试罪的认定

【关键词】

刑事　考试作弊　代替考试　犯罪既遂　情节严重

【裁判要旨】

在法律规定的国家考试中，组织美术培训学校老师或在校大学生代替考生考试作弊的行为构成组织考试作弊罪；代替他人参加上述考试的行为构成代替考试罪。

【相关法条】

《中华人民共和国刑法》

第二百八十四条之一　在法律规定的国家考试中，组织作弊的，处三年以下有期徒刑或者拘役，并处或者单处罚金；情节严重的，处三年以上七年以下有期徒刑，并处罚金。

为他人实施前款犯罪提供作弊器材或者其他帮助的，依照前款的规定处罚。

为实施考试作弊行为，向他人非法出售或者提供第一款规定的考试的试题、答案的，依照第一款的规定处罚。

代替他人或者让他人代替自己参加第一款规定的考试的，处拘役或者管制，并处或者单处罚金。

【案例索引】

一审：陕西省西安市雁塔区人民法院（2018）陕0113刑初450号（2018年5月25日）

【基本案情】

西安市雁塔区人民检察院指控：2017年11月，被告人郭艳锋在西安菁华美术培训学校担任副校长期间，为获取非法利益，分别向本校三名学生欧立银、谢小宝、石逸帆的家长承诺帮助三名学生以高分通过2018年陕西省普通高等学校艺术类专业考试，并分别收取三名家长145000元、10万元、15万元。后郭艳锋分别联系被告人西安菁华美术培训学校老师龚习林、河南零翔文化传媒有限公司老师陆骄阳、西安美术学院建筑环境艺术系学生邱胜禄，代替上述三名学生参加2018年陕西省普通高等学校艺术类专业考试，并于同年12月8日晚上将三名学生的准考证、身份证交给龚习林、陆骄阳、邱胜禄。次日下午，龚习林、陆骄阳、邱胜禄在西安市高新区绿地笔克会展中心考点替考过程中被

考务人员发现并报警，公安机关接报至现场将三人抓获，并在龚习林的带领下将郭艳锋抓获。公诉机关认为，被告人郭艳锋的行为已构成组织考试作弊罪，被告人龚习林、陆骄阳、邱胜禄的行为已构成代替考试罪，依法应予惩处。公诉机关建议对被告人郭艳锋判处一年又六个月左右有期徒刑，并处罚金，对被告人龚习林、陆骄阳、邱胜禄单处罚金。

被告人郭艳锋、龚习林、陆骄阳、邱胜禄对起诉书指控的事实和罪名均无异议，庭审中均表示认罪。被告人郭艳锋的辩护人辩称：郭艳锋犯罪情节较轻，认罪态度好，有坦白情节，积极退赃，系初犯，建议对郭艳锋从轻处罚。被告人龚习林的辩护人辩称：龚习林犯罪情节较轻，有立功表现，认罪态度好，系初犯，建议对龚习林从轻处罚。被告人陆骄阳的辩护人辩称：陆骄阳犯罪情节较轻，认罪态度好，社会表现一贯良好，建议对陆骄阳从轻处罚。被告人邱胜禄的辩护人辩称：邱胜禄系犯罪未遂，主观恶性不深，社会危害后果尚未产生，认罪态度好，系初犯，建议对邱胜禄从轻处罚。

法院经审理查明：2017 年 11 月，被告人郭艳锋在西安菁华美术培训学校担任副校长期间，为获取非法利益，分别向在该培训学校参加培训的三名学生欧立银、谢小宝、石逸帆的家长承诺帮助三名学生以高分通过 2018 年陕西省普通高等学校艺术类招生美术类专业课统考，并分别收取三名学生家长 145000 元、10 万元、15 万元。后被告人郭艳锋联系被告人西安菁华美术培训学校老师龚习林、河南零翔文化传媒有限公司老师陆骄阳、西安美术学院建筑环境艺术系学生邱胜禄，由三被告人分别代替上述三名学生参加 2018 年陕西省普通高等学校艺术类招生美术类专业课统考（考试科目为速写、素描、色彩），并约定高分通过后给付三被告人一定报酬（其中被告人邱胜禄已收到 1000 元订金）。开考前一天晚上，被告人郭艳锋将三名学生的身份证、准考证分别交给三被告人。2017 年 12 月 9 日上午，被告人龚习林、陆骄阳、邱胜禄在西安市高新区唐延南路 4 号西安绿地笔克会展中心考点参加考试。当日上午，被告人龚习林、陆骄阳、邱胜禄分别代替欧立银、谢小宝、石逸帆参加了速写和素描两门科目考试；当日下午，三被告人在代替三名学生参加色彩科目考试过程中被考务人员发现并报警，公安机关接报警赶至现场将三被告人抓获，并在龚习林的带领下将郭艳锋抓获。破案后，追回赃款 396000 万元。

【裁判结果】

陕西省西安市雁塔区人民法院于 2018 年 5 月 25 日作出（2018）陕 0113 刑初 450 号刑事判决：对被告人郭艳锋以组织考试作弊罪，判处有期徒刑一年零三个月，并处罚金 8 万元；对被告人龚习林、陆骄阳、邱胜禄以代替考试罪，分别判处罚金 1 万元；涉案赃款 396000 万元依法予以没收。

宣判后，检察机关未提出抗诉，被告人未提出上诉，判决已发生法律效力。

【裁判理由】

法院生效裁判认为：被告人郭艳锋在法律规定的国家考试中组织作弊，其行为已构成组织考试作弊罪；被告人龚习林、陆骄阳、邱胜禄在法律规定的国家考试中，代替他人考试，其行为均已构成代替考试罪。西安市雁塔区人民检察院指控四被告人所犯罪名成立。被告人郭艳锋、龚习林、陆骄阳的辩护人辩称三被告人犯罪情节较轻及被告人邱胜禄的辩护人辩称邱胜禄主观恶性不深，社会危害后果尚未产生的意见，经查，陕西省普通高等学校艺术类招生美术类专业课统考属法律规定的国家考试，被告人郭艳锋组织被告人龚习林、陆骄阳、邱胜禄在上述考试过程中代替他人考试并收取高额报酬，四被告人的行为不仅破坏了国家对考试组织的管理秩序，也破坏了社会诚信体系，侵害了其他考生的合法权益，社会危害性较大，故对上述辩护意见不予采纳。被告人邱胜禄的辩护人辩称本案系犯罪未遂的意见，经查，代替考试属行为犯，行为人只要实施了在法律规定的国家考试中代替他人考试的行为即可成立犯罪既遂，被告人邱胜禄已经代替学生石逸帆参加完两门科目考试，在参加第三门科目考试过程中被查获，故本案属犯罪既遂，对该辩护意见不予采纳。四被告人的辩护人均辩称四被告人认罪态度好、系初犯、积极退赃的意见以及被告人龚习林的辩护人辩称龚习林协助公安机关抓获同案犯、有立功表现的意见，经查属实，予以采纳，对四被告人依法可从轻处罚。根据四被告人犯罪的事实、犯罪的性质、情节和对社会的危害程度，综合后予以量刑，作出以上判决。

【案例注解】

近些年在高考、研究生入学考试、国家公务员考试等重大考试中存在的作弊案件屡禁不止，尤其是团伙性质组织的作弊案件引起了社会的极大关注，同时暴露出我国法律在惩治考试作弊行为方面的不足。2015 年 11 月 1 日《刑法修正案（九）》正式实施，对组织考试作弊、代替考试违法犯罪行为予以刑法规制，以维护国家考试管理秩序和考生的切身利益。《刑法》第二百八十四条之一第一款规定："在法律规定的国家考试中，组织作弊的，处三年以下有期徒刑或者拘役，并处或者单处罚金；情节严重的，处三年以上七年以下有期徒刑，并处罚金。"第四款规定："代替他人或者让他人代替自己参加第一款规定的考试的，处拘役或者管制，并处或者单处罚金。"

一、组织考试作弊罪、代替考试罪的犯罪构成

（一）犯罪主体

该两罪主体为一般主体，即年满 16 周岁，具备刑事责任能力的自然人。需要注意的是一些特殊主体的认定，如明知存在作弊行为而不作为或积极促成作弊的考试主管部门工作人员；未能履行监考职责而为作弊提供帮助的监考老师等，该类主体亦可构成组织考试作弊罪。

（二）主观方面

该两罪的主观方面为故意，即明知自己组织考生作弊或者代替考试行为会损害国家的考试管理秩序及他人公平参与考试的权利，仍希望这种危害结果的发生。行为人为了追逐自身利益，助考者获得了金钱或其他利益，作弊考生获得的是考试准入资格，他们对实施作弊行为是明知的，并且极力希望作弊行为结果的发生，有故意犯罪的心理动机。

（三）犯罪客体

在法律规定的国家考试中作弊，违反了考试公平、公正原则，对于其他考生的合法权益和国家考试制度造成了严重侵害，故该两罪侵犯的客体为复杂客体，侵犯了国家对考试组织的管理秩序和他人公平参与考试的权利。

（四）客观方面

组织考试作弊罪的客观方面表现为在法律规定的国家考试中组织作弊的行为，组织性具体表现为行为人采用欺骗的方式实施组织、策划、直接参与作弊行为，且行为人在整个考试及与其相关的活动中都有可能实施作弊行为。代替考试罪的客观方面表现为代替他人或者让他人代替自己参加法律所规定的国家考试的行为。

二、“法律规定的国家考试”的范围认定

对于“法律规定的国家考试”应从以下两个方面把握：一是所涉考试必须是法律作出明确规定的。这里的法律应作广义上的理解，不仅指全国人民代表大会及其常委会制定的法律，还应包括行政法规、部门规章、地方性法规等规范性法律文件。就国家考试而言，由全国人大及其常委会直接规定的考试很少，大多散见于各考试主管部门制定出台的相关考试法律规章制度中，如《国家教育考试违规处理办法》《高等学校招生全国统一考试管理处罚暂行规定》《国家司法考试违纪行为处理办法（试行）》等。二是国家考试并不要求是“统一由国家一级组织的考试”。有些法律规定的考试，不是由国家一级统一组织，而是由地方根据法律规定组织实施，这些考试也属于“法律规定的国家考试”。如根据《公务员法》的规定，公务员录用考试属于国家考试，既包括国家统一组织的招录中央及其直属机构公务员的考试，也包括各省市等地方组织的录用地方各级公务员的考试；高考既有全国统一考试，也有各省依照法律规定组织的考试。因此，“国家考试”不仅包括高考、硕士研究生考试等国家教育考试，还应包括国家司法考试、注册会计师考试等职业资格考试、全国大学英语四、六级以及普通话水平测试、公务员考试等面向社会、统一举行，并具有较大社会影响的考试。对此，为了准确适用本罪，仍然需要相应的司法解释，明确“法律规定的国家考试”的具体范围，以便于司法操作。

三、组织考试作弊罪、代替考试罪的犯罪形态

犯罪形态是指故意犯罪在其发生、发展和完成的过程中的各个阶段，因主客观原因而停止下来的各种犯罪形态，包括犯罪预备、犯罪未遂、犯罪中止、犯罪既遂四种形态，一般把前三种形态称为未完成形态，把第四种形态称为完成形态。①

（一）犯罪预备形态

为在考试中作弊，提前准备相关工具，创造条件，由于意志以外原因，致使行为人未能着手实行组织考试作弊、代替考试的实行行为的停止形态，是犯罪预备形态。实践中这些行为主要表现为：购买作弊工具、寻找替考者（枪手）、广告宣传、发帖找考生或家长（被替考者）、寻找犯罪办公场所等为实施作弊而创造条件的行为。

（二）犯罪未遂形态

犯罪未遂，是指行为人已经着手实行作弊行为但由于意志以外原因，致使犯罪未能完成的犯罪停止形态。着手行为主要是指双方已经达成作弊合意，开始实施作弊行为。如果作弊的犯意仅存于思想中或者是提前准备作弊工具、找枪手、在网上发帖找考生等，这些行为虽是违法行为，但不具有侵害法益的紧迫性，不宜被认定为本罪的着手实行行为，否则刑法的打击面过大，有违刑法的谦抑性原则。

（三）犯罪中止形态

在组织考试作弊、代替考试行为中，犯罪实施的任一个环节都有可能成立犯罪中止。只要行为人出于自己的意志及时中止犯罪作弊行为，或采取的措施有效地避免了犯罪结

① 何素军、鲁海军：《组织考试作弊的司法认定》，载《人民司法》2016年第19期。

果发生的，都可以认定为犯罪中止。

（四）犯罪既遂形态

从该两罪的法律规定来看，该两罪是行为犯，即只要行为人实施了在法律规定的国家考试中作弊的行为或代替考试的行为即可成立犯罪既遂，并不要求出现国家正常的考试秩序、考生公平竞争的权利受到实际侵害的结果，即不以实际损害结果的发生为既遂标准。是否达到既遂状态，还要看其是否完全达到了犯罪的构成要件要素。如果要素齐备，就构成了本罪的既遂状态，缺少其中任一个就不是既遂状态，有可能不构成犯罪，也有可能是未遂状态。如进入考场后在开始答题前被发现的，就构成犯罪未遂；在考场开始答题后被发现的不属于未得逞，而是属于犯罪既遂。

具体到本案，被告人郭艳锋作为组织者，负责事先联络考生、家长和替考者并收取费用，在开考前将考生的准考证、身份证交给替考者，在考场周围为替考者安排好食宿。考试当天，替考者即被告人龚习林、陆骄阳、邱胜禄已经分别代替三名考试参加完上午的速写和素描两门科目考试，在参加下午色彩科目考试过程中被查获。本案组织者和替考者参与了考前、考中两个阶段，替考者只要蒙混过关进入考场，国家考试的正常秩序以及他人公平参与考试的权益就处在现实的严重危险之中。代替考试的行为无需考虑替考者具体考试作答的情况，即考试的成绩优劣不在要求之列，只要其已经开始答题就属于代替考试的行为完成，故本案均属犯罪既遂。

四、立法建议

（一）组织考试作弊“情节一般”与“情节严重”的认定

对于“情节严重”的具体情形，目前尚无司法解释作相应规定。认定行为人的行为是否属于情节严重，需要综合判断，但是没有标准会造成裁判的不统一，导致各地法院的量刑差异较大。司法实践中，对“情节严重”的认定，主要考虑以下因素：第一，组织考试作弊的人次。组织少数人次实施考试作弊行为，较之组织多人次考试作弊的行为，社会危害程度有明显差异；同一场考试中组织多人作弊，原则上可认定为“情节严重”。第二，行为人组织考试作弊所涉及的具体考试类型。在高考、研究生入学考试、国家公务员考试等社会影响面大的考试中组织作弊的，较之在法律规定的其他考试中组织作弊的社会危害性更大。第三，组织考试作弊的形式。如果组织考试作弊已经形成团伙化或者集团化操作，行为人明确分工、互相协作，较之一般的组织考试作弊行为危害更大，可以认定为“情节严重”。第四，组织考试作弊的手段和后果。行为人使用信息技术手段、特别是专用的作弊器材，并且顺利实现作弊，较未使用信息技术手段，或者由于现场无线电干扰未实现作弊目的的，在认定时也应当有所区分。尽管最高人民法院研究室对“情节严重”作出了上述解释，但还是比较笼统，实务中不好把握，如组织人次中几人为“多人”、几次为“多次”，何种类型的考试为社会影响大或者比较重要的考试，何种作弊的手段危害后果更严重，这些情形均需要司法解释予以明确。

本案涉及的考试是2018年陕西省普通高等学校艺术类招生美术类专业课统考，被告人郭艳锋组织三名“枪手”为三名学生替考，共收取三名家长395000元，但相比规模较大的集团组织、使用信息手段作弊的情形，本案的社会危害程度相对较小，且被告人认罪态度好，到案后如实供述了涉案事实，涉案赃款全部追回，被告人郭艳锋曾是西安美术学院的优秀毕业生，也是家里的顶梁柱，考虑到上述情节，对被告人郭艳锋按照“情节一般”从轻处罚。

（二）单位可否成为本罪的犯罪主体

本案被告人郭艳锋是西安菁华美术培训学校的副校长（其他一名校长、一名副校长均已到案，另案处理），三名被替考的学生是该美术培训学校的在校学生，该美术培训学校是否构成组织考试作弊罪？但《刑法修正案（九）》并未将单位列入本罪的主体范围。近年来，各种教育培训机构、考试辅导机构泛滥，开设各种“包过班”，向考生及家长承诺保证考试过关，学校校长、老师共同组织、策划、参与考试作弊，该种行为应该是单位行为。从刑法理论上讲，单位可以成为本罪的犯罪主体，对于单位领导人以单位名义实施的犯罪，其受益的是单位，应按照单位犯罪处理，策划者、参与人与单位同罚。单位犯本罪的，可对其判处罚金，并对直接负责的主管人员和其他责任人员判处相应刑罚。因此，建议在立法时予以考虑。

（一审法院合议庭成员　郭晓瑞　肖　英　张居仁

编写人　陕西省西安市雁塔区人民法院　郭晓瑞　张宏军

责任编辑　周维明

审稿人　李玉萍）

原载《人民法院案例选》2019年第8辑（总第138辑）

三、非法获取计算机信息系统数据、非法控制计算机信息系统罪

267. 杨小慧等非法获取计算机信息系统数据、非法控制计算机信息系统案

——通过预置软件的方式获取用户手机数据并向用户手机推送商业性电子信息行为的定性

【关键词】

手机　计算机信息系统　非法获取　非法控制　商业性　电子信息

【裁判要旨】

被告人未经用户同意，向用户手机中预置具有获取用户手机位置、网络状态、安装其他应用程序以及上传手机收发短信、通话信息、通讯录、GPS定位信息等功能的软件，并通过操控后台服务器的方式，在用户不知情的情况下向用户推送软件、广告等商业性电子信息，达到“情节严重”标准的，构成非法获取计算机信息系统数据、非法控制计算机信息系统罪。

【相关法条】

《中华人民共和国刑法》

第二百八十五条第二款　违反国家规定，侵入前款规定以外的计算机信息系统或者采用其他技术手段，获取该计算机信息系统中存储、处理或者传输的数据，或者对该计算机信息系统实施非法控制，情节严重的，处三年以下有期徒刑或者拘役，并处或者单处罚金；情节特别严重的，处三年以上七年以下有期徒刑，并处罚金。

【案件索引】

一审：北京市朝阳区人民法院（2014）朝刑初字第01743号（2015年1月29日）

二审：北京市第三中级人民法院（2015）三中刑终字第00288号（2015年6月19日）

【基本案情】

法院经审理查明：2010 年 7 月，被告人杨小慧、陈新、罗真运、张炳等人在广东省深圳市成立深圳市安丰易联信息技术有限公司（以下简称安丰公司，住所位于广东省深圳市福田区，法定代表人陈新）；后杨小慧、罗真运等人又成立深圳市万丰博通信息技术有限公司（以下简称万丰公司，住所位于广东省深圳市福田区，法定代表人罗真运）；2011 年 5 月，杨小慧在北京市成立北京麦德联合信息技术有限公司（以下简称麦德公司，住所位于北京市朝阳区望京新兴产业区利泽中园二区 208 号 3 号楼 3509A 室）。上述三家公司的经营范围包括计算机软件开发、网络技术开发、手机软硬件开发等。被告人马庆沐于 2011 年年底在安丰公司任技术员，后于 2012 年年底到麦德公司任技术员；被告人林伟东于 2011 年 1 月至 2012 年 2 月在安丰公司任技术员；被告人吴浩于 2011 年 6 月至 2013 年 2 月在麦德公司任技术员；被告人黄光侠于 2012 年 9 月至 2013 年 8 月在麦德公司任副总经理。

自 2011 年底起，被告人杨小慧、陈新、罗真运、张炳经商议后，授意被告人马庆沐、林伟东、吴浩、黄光侠研发“静默插件”，将该插件通过刷机的方式植入大量移动终端；杨小慧、张炳等人安排被告人祝春娟、杜雪梅通过后台服务端操控的方式向植入“静默插件”的移动终端推送软件、广告等商业性电子信息。经鉴定：涉案的“静默插件”具有在用户不知情的情况下，获取用户手机位置、用户手机网络状态、更改用户网络状态、删除用户手机内安装的应用程序、安装其他应用程序、通过手机网络访问互联网、强制关闭用户手机内正在运行的应用程序、获取当前用户手机内运行的应用列表、唤醒用户手机、读写用户存储卡等信息的功能；以及在用户不知情时，上传手机收发短信、通话信息、通讯录、GPS 定位信息的功能。经对涉案公司网站数据库进行勘查：被告人杨小慧等所经营的公司服务器内含有大量用户移动终端内的信息，其中被获取 imsi（即国际移动用户识别码）的移动终端有 206806 部，被获取手机型号的移动终端有 265970 部，被获取手机号码的移动终端有 44564 部，被获取地址信息的移动终端有 132168 部，被获取软件安装列表的移动终端有 196733 部，被获取 imei（即国际移动设备识别码）的移动终端有 265991 部，被获取通讯录的移动终端有 102368 部，被获取的通讯录共 19426523 条。

【裁判结果】

北京市朝阳区人民法院于 2015 年 1 月 29 日作出（2014）朝刑初字第 01743 号刑事判决：被告人杨小慧犯非法获取计算机信息系统数据、非法控制计算机信息系统罪，判处有期徒刑三年六个月，罚金人民币 5 万元；判处被告人陈新、罗真运、张炳有期徒刑三年，罚金人民币 3 万元；判处被告人马庆沐有期徒刑二年，罚金人民币 3 万元；判处被告人黄光侠、吴浩有期徒刑一年六个月，罚金人民币 2 万元；判处被告人林伟东有期徒刑一年五个月，罚金人民币 2 万；判处被告人祝春娟、杜雪梅有期徒刑一年五个月，罚金人民币 1 万元。

一审宣判后，被告人杨小慧、陈新、张炳、罗真运、黄光侠均提出上诉，北京市第三中级人民法院于 2015 年 6 月 19 日作出（2015）三中刑终字第 00288 号刑事裁定：驳回杨小慧等5人的上诉，维持原判。

【裁判理由】

法院生效裁判认为：非法获取计算机信息系统数据、非法控制计算机信息系统罪是指行为人违反国家规定，实施了侵入普通计算机信息系统或采用其他技术手段，获取计算机信息系统数据，或者对计算机信息系统实施非法控制，达到情节严重的行为。本案中，被告人杨小慧、陈新、罗真运、张炳，以营利为目的，授意技术人员马庆沐、林伟东、吴浩、黄光侠研发、升级“静默插件”，安排祝春娟、杜雪梅通过后台服务端操控的方式向植入“静默插件”的移动终端推送软件、广告等商业性电子信息，从而非法获取计算机信息系统数据，实现对计算机信息系统的非法控制。上述10被告人的行为均已构成非法获取计算机信息系统数据、非法控制计算机信息系统罪。

关于被告人杨小慧及其辩护人、被告人陈新、张炳的辩护人所提本案被告人安装“静默插件”的行为没有违反国家规定，杨小慧、陈新、张炳的行为不构成犯罪的辩护意见。经查：根据《计算机信息系统安全保护条例》（以下简称《计算机保护条例》）的规定，任何组织或者个人，不得利用计算机信息系统从事危害国家利益、集体利益和公民合法利益的活动，不得危害计算机信息系统的安全。违反本条例的规定……构成犯罪的，依法追究刑事责任。根据《全国人民代表大会常务委员会关于加强网络信息保护的决定》（以下简称《加强网络信息保护决定》）的规定，任何组织和个人未经电子信息接收者同意或者请求，或者电子信息接收者明确表示拒绝的，不得向其固定电话、移动电话或者个人电子邮箱发送商业性电子信息。对有违反本决定行为的……构成犯罪的，依法追究刑事责任。根据《最高人民法院、最高人民检察院关于办理危害计算机信息系统安全刑事案件应用法律若干问题的解释》（以下简称《办理危害计算机系统安全刑事案件的解释》）的规定，“计算机信息系统”是指具备自动处理数据功能的系统，包括计算机、网络设备、通信设备、自动化控制设备等。本案中，被告人杨小慧、陈新、张炳等人以营利为目的，共同商量决定研发“静默插件”，未经手机用户的同意，通过向用户手机（通信设备）预置“静默插件”的方式侵入计算机信息系统，非法获取身份认证信息，并在手机用户不知情的情况下向用户推送软件、广告等商业性电子信息，其行为已违反国家规定，构成非法获取计算机信息系统数据、非法控制计算机信息系统罪。故该辩护意见不予采纳。

关于被告人吴浩的辩护人所提公诉机关指控其所犯罪行“情节特别严重”不能成立，本案应认定为“情节严重”的辩护意见。经查：根据《办理危害计算机系统安全刑事案件的解释》第一条规定，获取网络金融服务以外的身份认证信息五百组以上或非法控制计算机信息系统二十台以上的，应认定为《刑法》第二百八十五第二款规定的“情节严重”；数量达到上述标准五倍以上的，应认定为“情节特别严重”。根据对涉案公司网站数据库进行远程勘验，综合全案证据，能够认定本案非法获取的计算机信息系统数据、非法控制的计算信息系统的数量，已远超出上述“情节特别严重”的标准，本案应认定为“情节特别严重”。故该辩护意见不予采纳。

关于被告人祝春娟的辩护人、被告人杜雪梅及其辩护人所提二被告人的行为不属于非法获取计算机信息系统数据的辩护意见。经查：被告人祝春娟、杜雪梅身为麦德公司的员工，知晓“静默插件”的运营模式，其中祝春娟负责市场推广，杜雪梅负责后台推送，二被告人的行为系整个犯罪活动的重要组成部分，非法获取计算机信息系统数据并不违背二被告人的主观意志，其与非法控制计算机信息系统紧密关联，不可分割。故该辩护意见不予采纳。

关于各被告人在共同犯罪中的地位和作用。本案中，被告人杨小慧等10人的行为属于一个完整的犯罪活动。被告人杨小慧、陈新、罗真运、张炳等四人作为决策者，在共同犯罪中起组织、领导作用，均系主犯，应当对全部犯罪活动承担刑事责任；其中杨小慧作用较大，其余三被告人作用相当。被告人马庆沐、黄光侠、吴浩、林伟东等四人作为技术人员，在杨小慧等人的授意下，参与研发升级“静默插件”，在共同犯罪中处于从属地位，均系从犯；其中马庆沐始终参与犯罪活动，作用较大；黄光侠、吴浩、林伟东在不同时间段参与犯罪活动，三被告人应对各自参与的部分承担刑事责任。被告人祝春娟、杜雪梅在张炳等人的安排下，负责市场推广，进行后台操控，在共同犯罪中起帮助作用，均系从犯。被告人杨小慧、陈新、罗真运、张炳、马庆沐、吴浩、祝春娟、杜雪梅归案后如实供述犯罪事实，其中被告人罗真运、张炳、马庆沐、吴浩、祝春娟、杜雪梅当庭自愿认罪，十被告人均系初犯，综合上述量刑情节，对被告人杨小慧、陈新、罗真运、张炳所犯罪行依法予以从轻处罚；对被告人马庆沐、黄光侠、吴浩、林伟东、祝春娟、杜雪梅所犯罪行依法予以减轻处罚，故作出上述判决。

【案例注解】

本案涉及非法获取计算机信息系统数据、非法控制计算机信息系统罪的司法认定。根据《刑法》第二百八十五条第二款［系《刑法修正案（七）第九条新增规定》］之规定，非法获取计算机信息系统数据、非法控制计算机信息系统罪是指违反国家规定，侵入国家事务、国防科技、尖端科学技术领域以外的计算机信息系统或采用其他技术手段，获取该计算机信息系统中存储、处理或者传输的数据，或者对该计算机信息系统实施非法控制，达到情节严重的行为。2011年9月1日施行的《办理危害计算机系统安全刑事案件的解释》明确了“计算机信息系统”“身份认证信息”的内涵和外延，对“情节严重”“情节特别严重”、单位犯罪及共同犯罪作了明确规定。但是关于行为人侵入、控制计算机信息系统，以及获取计算机信息系统数据的具体行为方式，立法和司法解释并未明确列举释明，尤其是随着近年来随着互联网信息技术的快速发展，侵入用户手机等通讯设备进而获取相关手机数据，推送软件、广告等电子信息的行为时有发生，对这类案件的定性日益成为争议焦点和审判难点，急需在司法实践中加以解决。本案系涉通讯设备终端的新类型网络犯罪案件，具有较强的典型性和指导性。本案重点探讨以下几个问题：

一、用户手机是否属于计算机信息系统

随着信息技术的发展，各类内置有可以编程、安装程序的操作操作系统的数字化设备广泛应用于各个领域，其本质与传统的计算机信息系统和计算机系统已无差别。任何内置有操作系统的具备自动处理数据功能的设备都可能成为侵入、破坏和传播计算机病毒的对象，有必要将这些设备的安全纳入刑法保护范畴。《办理危害计算机系统安全刑事案件的解释》采用概括加列举的方式，将“计算机信息系统”“计算机系统”界定为具备自动处理数据功能的系统，包括计算机、网络设备、通信设备、自动化控制设备等，其中网络设备是指路由器、交换机等组成的用于连接网络的设备；通信设备包括手机、通信基站等用于提供通信服务的设备；自动化控制设备是指在工业中用于实施自动化控制的设备，如电力系统中的检测设备、制造业中的流水线控制设备等。[①] 当前，智能手机已成为手机市场的主流，使用日益广泛。智能手机具有独立的操作系统，独立的运行空间，可由用户自行安装软件、游戏、导航等第三方服务商提供的程序，并可以通过移动通讯网络来实现无线网络接入，它具有 PDA 的功能，具有开放性的操作系统，运行速度快，兼具人性化与个性化特点。从功能来看，智能手机与个人计算机已无本质差别，故用户手机属于计算机信息系统。

二、向用户手机预置静默插件的行为是否违反国家规定

根据《刑法》第九十六条的规定，《刑法》所称的违反国家规定，是指违反全国人民代表大会及其常务委员会制定的法律和决定，国务院制定的行政法规、规定的行政措施、发布的决定和命令。根据《计算机保护条例》的规定，任何组织或者个人，不得利用计算机信息系统从事危害国家利益、集体利益和公民合法利益的活动，不得危害计算机信息系统的安全。违反本条例的规定……构成犯罪的，依法追究刑事责任。根据《加强网络信息保护决定》的规定，任何组织和个人未经电子信息接收者同意或者请求，或者电子信息接收者明确表示拒绝的，不得向其固定电话、移动电话或者个人电子邮箱发送商业性电子信息。对有违反本决定行为的……构成犯罪的，依法追究刑事责任。根据上述法律、行政法规的规定，获取手机用户信息或者向手机用户推送商业性电子信息应当以向用户明示为原则，且必须征得用户的同意方可进行。

本案中的“静默插件”，是指在用户不知情的情况下，具备获取用户手机位置、用户手机网络状态、更改用户网络状态、删除用户手机内安装的应用程序、安装其他应用程序、通过手机网络访问互联网、强制关闭用户手机内正在运行的应用程序、获取当前用户手机内运行的应用列表、唤醒用户手机、读写用户存储卡等信息的功能的软件安装包。“静默插件”是在用户不知情的情况下植入的，它不可能满足用户事先同意的条件，因此，安装、使用“静默插件”的行为违反了上述国家规定。

三、向尚未出售的手机预置静默插件的行为能否认定为非法侵入计算机信息系统

根据《刑法》第二百八十五条第二款的规定，构成非法获取计算机信息系统数据、非法控制计算机信息系统罪的要件是行为人违反国家规定，侵入计算机信息系统或采用其他技术手段，获取该计算机信息系统中的数据，或对该计算机信息系统实施非法控制。非法侵入的常见方式是利用他人网上认证信息进入计算机信息系统，或者在计算机信息系统中植入木马后门程序，获取该计算机信息系统中存储、处理或者传输的信息数据。本案中，杨小慧等人通过“刷机”的方式，即通过一定的方式更改或替换手机中原本存在的一些语言、图片、铃声、软件或操作系统（通俗地讲即给手机重装系统）将自己研发的静默插件植入尚未出售的手机，这一行为能否认定为非法侵入计算机信息系统。手机作为最常用的通讯设备，属于计算机信息系统的范围，本案的特殊之处在于，“静默插

① 喻海松：《〈关于办理危害计算机信息系统安全刑事案件应用法律若干问题的解释〉的理解与适用》，载《人民司法》2011 年第 19 期。

件”的植入对象为尚未出售、使用的手机，这是否属于司法解释中规定的“通讯设备”。笔者认为，尚未出售的手机已经完全具备了自动处理数据功能的系统，且随时可以投入使用，并连通互联网，其与正在使用中的手机没有本质区别，属于司法解释中规定的“通讯设备”的范围。就本案而言，被告人事先向用户手机预置“静默插件”的行为是整个犯罪活动不可或缺的一个环节，不应将其限定在某一时段内孤立看待，而应视为非法获取手机数据、非法控制手机的准备行为，能够认定为非法侵入计算机信息系统。

四、涉案手机 imei 号码、用户通讯录、地理位置等信息是否属于非法获取计算机信息系统数据罪中的“数据”

本案被告人通过静默插件获取了用户手机 imei 号码（即国际移动设备标识，手机串号，是手机的唯一识别号码）、激活时间、用户所安装的软件数量、插件版本号、手机系统版本号、手机型号、用户通讯录、手机位置信息等数据，那么这些数据是否属于《刑法》第二百八十五条第二款所规定的“计算机信息系统数据”与计算机信息系统安全相关的数据中最为重要的是用于认证用户身份的身份认证信息（如口令、证书等），此类数据通常是网络安全的第一道防线，也是网络盗窃的最主要对象，特别是非法获取电子银行、证券交易、期货交易等网络金融服务的账号、口令等身份认证信息的活动非常猖獗，故应对身份认证信息予以重点保护。为此，《办理危害计算机系统安全刑事案件的解释》界定了“身份认证信息”，是指确认用户在计算机信息系统上操作权限的数据，包括账号、口令、密码、数字证书。从实践来看，数字签名、生物特征等都属于身份认证信息。基于保障计算机信息系统安全之考量，应对“数据”的范围进行当然性解释。具体就本案所涉手机数据来看，用户手机激活时间、用户安装的软件数量、插件版本号、手机系统版本号、手机型号等信息均属于计算机存储、处理的数据，反映了用户的个性化特征，具有一定的统计分析和商业价值，当然属于“数据”的范围。imei 号码是手机的唯一识别号码，具有识别确定手机使用人的功能；手机通讯录和地理位置信息则属于公民个人信息的范畴，涉及用户隐私，事关用户安全，更应受法律严格保护。

五、通过“静默插件”向手机用户推送软件、广告等商业性电子信息的行为能否认定为非法控制计算机信息系统

本案被告人预置“静默插件”的目的是为了向手机用户推送软件、广告等商业性电子信息，进而从网络运营商处谋取利益。那么，该行为能否认定为非法控制计算机信息系统呢？所谓非法控制，比较常见的是行为人利用网站漏洞将木马植入到网站上，在用户访问网站时利用客户端漏洞将木马移植到用户计算机上，或在互联网上传播捆绑有木马的程序或文件，当用户连接到互联网时，这个程序会通知黑客，来报告 IP 地址以及预先设定的端口。黑客在收到这些信息后，利用这个潜伏在其中的程序，可以任意地修改计算机的参数设定、复制视频、窥视整个硬盘中的内容等，从而达到控制计算机的目的。[①] 从“静默插件”的功能来看，其具有更改用户网络状态、删除用户手机内安装的应用程序、安装其他应用程序、通过手机网络访问互联网、强制关闭用户手机内正在运行的应用程序、唤醒用户手机等功能。这意味着在用户完全不知情的情况下，被告人可

① 黄太云：《刑事立法的理解与适用：刑事立法背景、立法原意深度解读》，中国人民公安大学出版社 2014 年版。

以通过后台服务器远程遥控用户手机自动下载相关软件。这一行为已实质上侵犯了用户对手机完整的支配权利，属于未经授权即对计算机信息系统实施控制的情形。因此，在未获允许的情况下，通过"静默插件"向手机用户推送软件、广告等商业性电子信息的行为，应当认定为非法控制计算机信息系统。

六、本案能否认定为犯罪"情节特别严重"

根据《办理危害计算机系统安全刑事案件的解释》第一条的规定，非法获取计算机信息系统数据或者非法控制计算机信息系统，具有下列情形之一的，应当认定为《刑法》第二百八十五条第二款规定的"情节严重"：（1）获取支付结算、证券交易、期货交易等网络金融服务的身份认证信息十组以上的；（2）获取第（1）项以外的身份认证信息500组以上的；（3）非法控制计算机信息系统20台以上的；（4）违法所得5000元以上或者造成经济损失1万元以上的……数量或者数额达到上述第（1）项至第（4）项规定标准五倍以上的，应当认定为"情节特别严重"。

本案中，远程勘验结果显示涉案公司服务器内含有大量用户移动终端内的信息，其中被获取imsi（即国际移动用户识别码）的移动终端有206806部，被获取手机型号的移动终端有265970部，被获取手机号码的移动终端有44564部，被获取地址信息的移动终端有132168部，被获取软件安装列表的移动终端有196733部，被获取imei（即国际移动设备识别码）的移动终端有265991部，被获取通讯录的移动终端有102368部，被获取的通讯录共19426523条，从以上数据可以看出被告人非法控制计算机信息系统数量之大，远远超出了"情节特别严重"所要求的100台的规定。从案发经过和社会危害来看：在整个作案过程中，手机用户均处于不知情的状态，如果不是警方主动介入，用户不会发现自己的手机被控制；杨小慧等人所获取的手机信息涉及个人隐私等公民个人信息，侵犯用户手机的数量达到数十万之众，危害范围广，社会影响大。综合全案证据，本案非法获取的计算机信息系统数据、非法控制的计算信息系统的数量，已远远超出上述"情节特别严重"的标准，故应认定为"情节特别严重"。

随着互联网信息行业的快速发展，涉及手机等移动通讯终端的网络犯罪案件日渐增多。在专业技术壁垒的掩护下，该类犯罪表现出极强的隐蔽性和专业性，往往犯罪行为已持续很久，但手机用户却毫不知情。鉴于这一新型网络犯罪的专业性和隐蔽性，我国急需出台专门针对手机等通讯设备的网络犯罪立法或司法解释，对该类犯罪的行为模式、认定标准以及处罚方式作出明确的规定，以便于统一该类案件在审判实践中的裁判尺度，有利于规范相关从业者的市场行为，促进我国手机互联网行业的健康发展。

（一审法院合议庭成员　吴小军　丁　旭　黄士华
二审法院合议庭成员　冯　桢　李　丹　王庆刚
编写人　北京市高级人民法院　吴小军
北京市朝阳区人民法院　解　帅
责任编辑　周维明
审稿人　沈　亮）

原载《人民法院案例选》2017年第2辑（总第108辑）

268. 肖开海非法获取计算机信息系统数据案

——以技术手段窃取苹果手机 ID 密码的刑法定性

【关键词】

非法获取苹果手机 ID 密码　计算机信息系统数据

【裁判要旨】

苹果手机 ID 密码属于计算机系统重要数据，行为人以技术手段非法获取苹果手机 ID 密码的行为，属于非法获取计算机信息系统数据，应以非法获取计算机信息系统数据罪定罪处罚。

【相关法条】

《中华人民共和国刑法》

第二百八十五条第二款　违反国家规定，侵入前款规定以外的计算机信息系统或者采用其他技术手段，获取该计算机信息系统中存储、处理或者传输的数据，或者对该计算机信息系统实施非法控制，情节严重的，处三年以下有期徒刑或者拘役，并处或者单处罚金；情节特别严重的，处三年以上七年以下有期徒刑，并处罚金。

第二十五条第一款　共同犯罪是指二人以上共同故意犯罪。

第六十七条第一款　犯罪以后自动投案，如实供述自己的罪行的，是自首。对于自首的犯罪分子，可以从轻或者减轻处罚。其中，犯罪较轻的，可以免除处罚。

第六十四条　犯罪分子违法所得的一切财物，应当予以追缴或者责令退赔；对被害人的合法财产，应当及时返还；违禁品和供犯罪所用的本人财物，应当予以没收。没收的财物和罚金，一律上缴国库，不得挪用和自行处理。

《最高人民法院、最高人民检察院关于办理危害计算机信息系统安全刑事案件应用法律若干问题的解释》

第一条　非法获取计算机信息系统数据或者非法控制计算机信息系统，具有下列情形之一的，应当认定为刑法第二百八十五条第二款规定的“情节严重”：

（一）获取支付结算、证券交易、期货交易等网络金融服务的身份认证信息十组以上的；

（二）获取第（一）项以外的身份认证信息五百组以上的；

（三）非法控制计算机信息系统二十台以上的；

（四）违法所得五千元以上或者造成经济损失一万元以上的；

（五）其他情节严重的情形。

实施前款规定行为，具有下列情形之一的，应当认定为刑法第二百八十五条第二款规定的“情节特别严重”：

（一）数量或者数额达到前款第（一）项至第（四）项规定标准五倍以上的；

（二）其他情节特别严重的情形。

明知是他人非法控制的计算机信息系统，而对该计算机信息系统的控制权加以利用的，依照前两款的规定定罪处罚。

【案件索引】

一审：广东省中山市第二人民法院（2016）粤 2072 刑初 1944 号（2017 年 6 月 30 日）

二审：广东省中山市中级人民法院（2017）粤 20 刑终 258 号（2017 年 9 月 19 日）

【基本案情】

2015 年 5 月开始，被告人肖开海在中山市东凤镇唯美家园小区六栋 701 房内通过网络发布破解苹果手机账号（即 Apple ID）密码广告，先后接受微信名为“飞飞”“市场代卖解 ID 黄老板”等 12 名客户的订单，在没有获得手机绑定 ID 用户的同意下，本人或者委托“大力王”和“宋弟”（均另案处理）利用网上租用的“钓鱼网站”和“XSS”方式非法获取进入苹果官方服务器的 ID 密码，对手机与 ID 进行解除绑定的操作，从中收取每台人民币 100 元至 450 元不等的费用。过程中，利用“钓鱼网站”获取 ID 密码的方式为：被告人肖开海发送虚假的苹果官方邮件或短信至 ID 用户邮箱或手机内，ID 用户点击进入钓鱼网站并输入 ID 密码后，被告人肖开海便可从后台获得 ID 密码进行解除绑定操作。利用“XSS”方式（仅针对将 QQ 邮箱作为 ID 的用户）获取 ID 密码的方式为：被告人肖开海先加 ID 用户为 QQ 好友，后向对方发送含有链接的信息或者邮件，ID 用户点击后，被告人肖开海便可从后台进入 ID 用户的 QQ 邮箱进行 ID 密码重置，随后完成解除绑定操作。截至 2016 年 6 月，被告人肖开海共采用上述手段破解 174 台苹果手机 ID，违法所得人民币 44180 元。2016 年 6 月 2 日，被告人肖开海被抓获归案。

【裁判结果】

广东省中山市第二人民法院于 2017 年 6 月 30 日作出（2016）粤 2072 刑初 1944 号刑事判决：以被告人肖开海犯非法获取计算机信息系统数据罪，判处有期徒刑三年，并处罚金 3 万元。肖开海不服原审判决，提起上诉，广东省中山市中级人民法院于 2017 年 9 月 19 日作出（2017）粤 20 刑终 258 号刑事裁定：驳回上诉，维持原判。

【裁判理由】

法院生效裁定认为：上诉人肖开海无视国家法律，结伙违反国家规定，采用技术手段，非法获取计算机信息系统中存储的数据，情节特别严重，其行为已构成非法获取计算机信息系统数据罪，应依法惩处。肖开海归案后如实供述其罪行，认罪态度较好，依法可以从轻处罚。原审判决认定事实清楚，适用法律正确，量刑适当，审判程序合法。肖开海上诉所提，经查无据，不予采纳。二审驳回上诉，予以维持。

【案例注解】

一、非法获取计算机信息系统数据罪的刑法规定及犯罪手段

非法获取计算机信息系统数据罪，是指行为人违反国家法律规定，侵入普通计算机信息系统或者采用其他技术手段，获取该计算机信息系统中存储、处理或者传输的数据，情节严重的行为。非法获取计算机信息系统数据罪是《刑法修正案（七）》颁布后增加的较新的罪名。

计算机信息系统中存储、处理或者传输的数据，是指存在于计算机信息系统中的各种数据。苹果手机账户（即 Apple ID，苹果公司为其产品所引入的认证系统）密码，属于苹果手机系统中存储的数据，可以在任何计算机终端使用，是用于确认用户在计算机信息系统上操作权限的数据，属于身份认证信息，即便排除手机来源非法，也不能非法获取手机系统中存储的邮箱账户和密码等数据。苹果手机 ID 密码可以让手机权利人在手机丢失时通过使用密码达到查找手机下落或远程遥控锁死手机使用功能的目的。

本案中，被告人通过网络发布破解苹果手机账户密码的广告，接受 12 名客户的订单，在没有获得手机绑定 ID 用户的同意下，其本人或者委托他人利用网上租用的“钓鱼网站”和“XSS”方式非法获取进入苹果官方服务器的 ID 密码，对手机与 ID 进行解除绑定的操作，从中收取每台人民币 100 元至 450 元不等的费用。其利用“钓鱼网站”获取 ID 密码的方式为：被告人发送虚假的苹果官方邮件或短信至 ID 用户邮箱或手机内，ID 用户点击进入钓鱼网站并输入 ID 密码后，被告人便可从后台获得 ID 密码进行解除绑定操作。利用“XSS”方式（仅针对将 QQ 邮箱作为 ID 的用户）获取 ID 密码的方式为：被告人先加 ID 用户为 QQ 好友，后向对方发送含有链接的信息或者邮件，ID 用户点击后，被告人肖开海便可从后台进入 ID 用户的 QQ 邮箱进行 ID 密码重置，随后完成解除绑定操作。综上，被告人肖开海的行为均符合非法获取计算机信息系统数据罪的构罪特征。有观点认为，根据《刑法》第二百八十五条规定，明确了非法获取计算机信息系统数据罪必须是侵入计算机信息系统或者采用其他技术手段来获取计算机数据。而被告人在采用钓鱼网站技术欺骗被害人取得苹果手机的登录密码，该行为并未侵入计算机系统获取数据，只是笼统套用采用其他技术手段，如果定罪则有违刑法罪行法定之原则。笔者认为，上述观点并不正确，只要行为人的行为符合采用其他技术手段非法获取了计算机数据，就可以符合该类犯罪的客观构成要件。

司法实践中，还有一类犯罪方法是被告人购买了公民个人使用的邮箱和邮箱密码，又购买了 App 的扫号器软件，因为苹果用户的注册名都是邮箱号，而有的人的邮箱账号密码和苹果手机 ID 密码是一样的，被告人把购买的邮箱和密码分批次数据导入到 App 扫号器软件，软件会自动把邮箱号及密码假设为苹果 ID 号和密码进行登陆，一旦软件后台发现 ID 账户密码登陆成功后，就会将该账户的 ID 账户资料包括账户、密码、注册信息、账户剩余余额数、绑定的信用卡信息（该信息是被屏蔽掉的，只看到信用卡的最后两位数，并非每一个 ID 都会绑定信用卡）、ID 支付是否需要密码保护等内容生成文本格式保存，完成发现苹果 ID 号的工作，并实施该类犯罪。这种犯罪手段，同样符合采用其他技术手段非法获取了计算机数据，同样符合该类犯罪的客观构成要件。

二、非法获取计算机信息系统数据罪的量刑规定

《刑法》第二百八十五条规定，违反国家规定，侵入前款规定以外的计算机信息系统或者采用其他技术手段，获取该计算机信息系统中存储、处理或者传输的数据，或者对该计算机信息系统实施非法控制，情节严重的，处三年以下有期徒刑或者拘役，并处或者单处罚金；情节特别严重的，处三年以上七年以下有期徒刑，并处罚金。《最高人民法院、最高人民检察院关于办理危害计算机信息系统安全刑事案件应用法律若干问题的解释》第一条规定："非法获取计算机信息系统数据或者非法控制计算机信息系统，具有下列情形之一的，应当认定为刑法第二百八十五条第二款规定的'情节严重'：（一）获取支付结算、证券交易、期货交易等网络金融服务的身份认证信息十组以上的；（二）获取第（一）项以外的身份认证信息五百组以上的；（三）非法控制计算机信息系统二十台以上的；（四）违法所得五千元以上或者造成经济损失一万元以上的；（五）其他情节严重的情形。实施前款规定行为，具有下列情形之一的，应当认定为刑法第二百八十五条第二款规定的'情节特别严重'：（一）数量或者数额达到前款第（一）项至第（四）项规定标准五倍以上的；（二）其他情节特别严重的情形。明知是他人非法控制的计算机信息系统，而对该计算机信息系统的控制权加以利用的，依照前两款的规定定罪处罚。"

本案中，被告人肖开海本人或委托他人非法破解 174 台苹果手机 ID，违法所得共 44180 元，属于情节特别严重，符合《刑法》第二百八十五第二款以及《最高人民法院、最高人民检察院关于办理危害计算机信息系统安全刑事案件应用法律若干问题的解释》的规定，法院对其量刑是正确的。值得注意的是，该类犯罪还有一种形态，即被告人为非法获取他人计算机信息系统数据，而以金钱购买的形式非法获取公民个人信息，如果其中部分信息与被告人所犯的非法获取计算机信息系统数据罪没有关联，则除了按非法获取计算机信息系统数据罪定罪处罚被告人外，还应当对被告人的行为另行按构成非法获取公民个人信息罪进行处罚。

此外，此类犯罪侵犯的客体是计算机信息系统的安全，客观上只要行为人实施了非法侵入并获取计算机数据的行为并达到情节严重的标准，就构成犯罪，不存在犯罪未遂形态，至于获取的苹果 ID 密码具体由谁变卖、获利如何分配不影响本案定罪量刑。

（一审法院合议庭成员　黄宏图　区美定　袁耀明
二审法院合议庭成员　陆渊亮　徐昶洁　裴　涛
编写人　广东省中山市第二人民法院　李世寅　黄宏图
责任编辑　周维明
审稿人　李玉萍）

原载《人民法院案例选》2018 年第 8 辑（总第 126 辑）

269. 马某某等非法获取计算机信息系统数据案

——网络爬虫技术使用过界的刑法规制

【关键词】

刑事　网络爬虫技术　非法获取计算机信息系统数据罪　违法所得

【裁判要旨】

网络爬虫技术使用合法性基础是数据提供者知情、同意。行为人销售具有爬虫功能的搜索软件，未经授权非法获取用户计算机信息数据，构成非法获取计算机信息系统数据罪。行为人销售捆绑非法爬虫软件程序的合法软件，合法软件实际上是传播非法爬虫软件的犯罪工具，其销售收入应全部认定为违法所得，依法予以没收。

【相关法条】

《中华人民共和国刑法》

第二百八十五条　违反国家规定，侵入国家事务、国防建设、尖端科学技术领域的计算机信息系统的，处三年以下有期徒刑或者拘役。

违反国家规定，侵入前款规定以外的计算机信息系统或者采用其他技术手段，获取该计算机信息系统中存储、处理或者传输的数据，或者对该计算机信息系统实施非法控制，情节严重的，处三年以下有期徒刑或者拘役，并处或者单处罚金；情节特别严重的，处三年以上七年以下有期徒刑，并处罚金。

提供专门用于侵入、非法控制计算机信息系统的程序、工具，或者明知他人实施侵入、非法控制计算机信息系统的违法犯罪行为而为其提供程序、工具，情节严重的，依照前款的规定处罚。

单位犯前三款罪的，对单位判处罚金，并对其直接负责的主管人员和其他直辖责任人员，依照各该款规定处罚。

【案件索引】

一审：江苏省扬州经济技术开发区人民法院（2019）苏 1091 刑初 157 号（2019 年 12 月 10 日）

【基本案情】

江苏省扬州经济技术开发区人民检察院指控：被告人马某某、莫某某提供专门用于侵入、非法控制计算机信息系统的程序、工具，情节特别严重，应当以提供侵入、非法控制计算机信息系统程序、工具罪追究其刑事责任。

被告人马某某、莫某某对起诉书指控的犯罪事实没有意见。

被告人马某某的辩护人提出被告人马某某所提供的软件并非专门用于侵入、非法控制计算机信息系统的程序、工具，被告人马某的行为不构成犯罪；对起诉书指控的犯罪数额有异议，认为“探索云盘搜索”软件的收费服务有三项：探索云盘搜索、自助下载、PDF 转换，应将提供自助下载、PDF 转换等合法功能的费用从犯罪数额中扣除。被告人莫某某的辩护人对起诉书指控的罪名无异议，其提出犯罪数额应扣除合法功能所对应的费用。

法院经审理查明：2017 年 7 月，被告人马某某雇佣被告人莫某某一同开发“探索云盘搜索”网站，在被告人马某某的策划和安排下，2018 年 1 月被告人莫某某将“探索云盘搜索”网站开发完毕，2018 年 3 月又开发了“探索云盘搜索”插件与充值会员的功能，每个充值会员缴费后，可任意使用探索云盘搜索、自助下载、PDF 转换三项功能。下载并使用“探索云盘搜索”插件的用户只要在这台电脑上登录百度网盘账户，该网盘内关于分享链接的地址和提取码会在用户不知情，且未经百度网站授权的情况下上传到“探索云盘搜索”网站的服务器。2018 年 9 月 7 日被告人马某某、莫某某利用“探索云盘搜索”插件非法获取第一个信息，其以充值会员每人每月人民币 7 元、6 个月人民币 42 元、一年人民币 84 元、永久使用人民币 360 元的价格在网络上销售该款软件牟利，自 2018 年 9 月 7 日起至 2019 年 8 月 1 日期间，两被告人共获取违法所得人民币 70115 元。经鉴定，在安装有“探索云盘搜索”插件的浏览器中登入百度网盘账户，进入“我的分享”时，插件程序会将已登录账户的所有分享链接的地址和提取码上传到服务器。

【裁判结果】

江苏省扬州经济技术开发区人民法院于 2019 年 12 月 10 日作出（2019）苏 1091 刑初 157 号刑事判决：一、被告人马某某犯非法获取计算机信息系统数据罪，判处有期徒刑三年，缓刑四年，并处罚金人民币 1 万元；二、被告人莫某某犯非法获取计算机信息系统数据罪，判处有期徒刑三年，缓刑三年六个月，并处罚金人民币 1 万元。

宣判后，两被告人在法定期限内未提出上诉，公诉机关未抗诉，判决已发生法律效力。

【裁判理由】

法院生效裁判认为：被告人马某某、莫某某违反《网络安全法》第二十七条“任何个人和组织不得从事非法侵入他人网络、干扰他人网络正常功能、窃取网络数据等危害网络安全的活动”的规定，在用户不知情，且未经百度网站授权的情况下，利用“探索云盘搜索”的插件自动抓取用户存储于百度网盘的分享链接的地址和提取码，并将该信息收录于自己研发的网站上用于牟利，其犯罪数额已达情节特别严重，均已构成非法获取计算机信息系统数据罪。

【案例注解】

为确保搜索功能的准确性、高效性，网络爬虫技术使用愈发普及。网络爬虫技术是一种自动提取网页的程序，它是按照指定规则提取所需的网页数据，并下载到本地形成互联网网页镜像备份的程序，其本质是一套实现高效下载计算机系统数据的系统。实践中，网络爬虫技术广泛运用于搜索引擎中，在新兴网络服务器中，网络爬虫技术通过下载网页数据，为搜索引擎系统提供数据来源，再进行数据的过滤、解析，相比传统搜索引擎更具有准确性。但其适用范围与法律边界却不甚明细，作为新兴技术手段，法律的评价也不一致。从技术手段上分析，网络爬虫技术涉及计算机类犯罪，在网络空间犯罪的帮助行为上，涉及网络爬虫程序软件，可能构成提供侵入、非法控制计算机信息系统程序、工具罪。因此以本案为例对网络爬虫使用过界的法律性质进行分析。

本案中，被告人马某某雇佣被告人莫某某开发的“探索云盘搜索”插件在用户登录百度网盘账户，未经授权，突破网络平台保护措施，使用网络爬虫技术获取数据，并将该数据在网络中传播，属于网络爬虫技术过界使用、非法使用。按照行为性质、行为对象的性质认定为非法获取计算机信息系统数据罪，具有法律依据。

一、网络爬虫技术使用过界的违法性在于行为人未经授权或越权，避开或突破系统保护措施使用网络爬虫技术获取计算机数据

1. 未经授权或越权，避开或者突破计算机信息系统安全保护措施的行为，属于侵入行为。网络爬虫技术对获取收集处理计算机信息系统数据具有重要意义。《网络安全法》第二十七条规定，任何个人和组织不得从事非法侵入他人网络、干扰他人网络正常功能、窃取网络数据等危害网络安全的活动。只有在秉持尊重数据提供者意愿原则的基础上，才能进行数据开放共享，从而实现数据价值的最大化。无论是从网络从业规则还是从数据提供方来说，网络爬虫技术的使用必须以数据提供者知情同意为基础，爬取的数据是数据提供者同意被获取或者已经被公开的数据。反之，未经相关授权或越权，避开或突破系统保护措施使用网络爬虫技术获取数据的行为，属于网络爬虫技术过界使用行为，属于非法行为。本案中，被告人马某某雇佣被告人莫某某共同开发“探索云盘搜索”的插件，可以在使用过程中用户不知情情形下，将用户存储的以及搜索到的信息数据地址和提取码一并上传到指定服务器上。该插件实质上是一个运用网络爬虫技术将用户发布在网络上的信息进行收集汇总的工具，属于网络爬虫技术使用插件，是过界使用网络爬虫技术。

非法获取计算机信息系统数据罪的客观方面在于行为人违反国家规定，未经授权或越权实施侵入国家事务、国防建设、尖端科学技术领域以外的普通计算机信息系统，或者采用其他技术手段，从而获取这些计算机信息系统中存储、处理或者传输的数据的行为，并且情节严重。该罪的主要犯罪行为是“侵入”。虽然《最高人民法院、最高人民检察院关于办理危害计算机信息系统安全刑事案件应用法律若干问题的解释》（以下简称《解释》）并未对“侵入”作出解释，但《解释》第二条规定，具有避开或者突破计算机信息系统安全保护措施，未经授权或者超越授权获取计算机信息系统数据的功能的，或对计算机信息系统实施控制的功能的程序、工具属于“专门用于侵入、非法控制计算机信息系统的程序、工具”。根据这一规定，“侵入”应为未经授权或者超越授权，通过技术手段避开或者突破计算机信息系统安全保护措施进入计算机信息系统，达到窃取他人在计算机系统存储、处理和传输的数据的目的。本案中，被告人马某某、莫某某研发的“探索云盘搜索”插件在用户登录百度网盘账户，进入“我的分享”时，可以避开百度网盘的安全保护措施，且在未经授权或者他人同意的情况下，进入被告人百度网盘，爬取数据并使用，其行为可以认定为非法获取计算机信息系统数据罪中的“侵入”。

2. 购买人不具有违法使用的故意时，程序、工具提供者不构成提供侵入、非法控制计算机信息系统程序、工具罪。网络爬虫技术使用过界除了可能构成非法获取计算机信息系统数据罪外，还可能构成提供侵入、非法控制计算机信息系统程序、工具罪。非法获取计算机信息系统数据罪的本质在于数据获取的未经授权性与非法性，非法获取数据的主体是该罪的惩罚对象。提供侵入、非法控制计算机信息系统程序、工具罪的本质在于提供程序、工具的违法性。“提供”指向他人供给，既包括出于营利目的的有偿供给，也包括不以营利为目的的免费供给。该罪的犯罪行为对象是实施违法犯罪行为的个人或单位，即为实施违法犯罪行为的个人或单位提供帮助或创造条件，是网络空间犯罪中的帮助行为。只有购买人具有违法使用的故意并实施了相关违法犯罪行为，提供者实质上起到了帮助作用，提供者才能构成提供侵入、非法控制计算机信息系统程序、工具罪。

本案中，被告人马某某、莫某某共同研发的“探索云盘搜索”插件，虽然出卖给网上不特定人，但购买下载使用“探索云盘搜索”插件的用户只是为了搜索方便，对该插件能自动爬取数据的功能并不知晓也未使用，也未利用该插件实行非法控制他人计算机信息系统等违法犯罪行为，不具有违法使用的故意。因此被告人马某某、莫某某的行为不构成提供侵入、非法控制计算机信息系统程序、工具罪。检察机关指控的罪名不能成立。

二、非法爬取的百度网盘数据属于刑法中计算机信息系统数据

1. 百度网盘属于刑法中计算机信息系统。《刑法》第二百八十五条、第二百八十六条规定了侵入的对象是“计算机信息系统”“计算机系统”。虽然表示不同，但《解释》第十一条规定，“计算机信息系统”“计算机系统”是指具有自动处理数据功能的系统，包括计算机、网络设备、通信设备、自动化控制设备等。“计算机信息系统”“计算机系统”认定的关键在于功能性判断，即只要能够具有自动处理数据功能的系统，都可能认定为刑法中的计算机信息系统，既包括传统意义上的计算机系统，也包括具备自动处理数据功能的系统，如可以通过无线网络获取数据的手机、内置程序，可以获取相关数据的打印机或传真机等。任何内置有操作系统的智能化设备，不论是电脑系统、互联网系统还是智能手机系统，都应该被纳入刑法保护范畴，都可以成为网络犯罪的对象。最高人民检察院第 34 号指导案例李骏杰等破坏计算机信息系统案，认定行为人对购物网站内部评价系统中的购物评价进行删改，属于对计算机信息系统内存储数据进行修改操作，网站系统也属于刑法上计算机信息系统。

本案中，被告人马某某、莫某某通过插件获取被害人百度网盘中的资料。百度网盘是百度推出的一项云存储服务，其主要功能在于用户可以将自己的文件上传到网盘上，实现跨终端随时随地查看和分享的目的，其本质在于对用户信息数据进行存储，并依据用户意愿进行处理。百度网盘的主要功能在于存储文件，属于对数据进行处理，系刑法中的计算机信息系统。因此，被告人马某某、莫某某侵入对象百度网盘属于刑法中计算机信息系统。

2. 未经授权或越权非法爬取百度网盘内文件行为属于非法获取计算机信息系统数据。行为人违背数据提供者意愿，未经相关授权或越权，避开或突破系统保护措施的情况下使用网络爬虫技术获取数据的行为，损害计算机信息系统安全，属于网络爬虫技术使用过界行为。根据网络爬虫技术使用原理，网络爬虫技术使用的对象是互联网上已经发布的，与计算机信息系统相关联的数据。而在计算机科学中，所有能够输入到计算机并被计算机程序处理的符号的介质用于输入电子计算机进行处理，具有一定意义的数字、字母、符号和模拟量均属于计算机数据。计算机信息系统中可以复制、显现的，文本、图形、图像、动画、音频及视频等多种媒体信息都属于计算机信息系统数据。

本案中百度网盘属于刑法中的计算机信息系统，其中存储的文件是有一系列计算机信息系统数据组合而成的，其本质仍属于计算机信息系统数据。被告人马某某、莫某某在用户不知情，且未经百度网站授权的情况下，避开百度网盘安全保护措施利用具有网络爬虫技术的“探索云盘搜索”插件自动抓取用户存储于百度网盘的地址和提取码，将该数据收录复制泄露在网络上。两被告人利用网络爬虫技术未经授权或越权非法获取被害人百度网盘内文件的行为属于非法获取计算机信息系统数据，构成非法获取计算机信息系统数据罪。

三、非法获取计算机信息系统数据罪中的违法所得是指全部犯罪所得

违法所得通常指通过实施犯罪直接或者间接产生、获得的任何财产，或转变、转化后的财产以及收益。《解释》第一条第一款第四项规定：“非法获取计算机信息系统数据或者非法控制计算机信息系统，具有下列情形之一的，应当认定为刑法第二百八十五条第二款规定的‘情节严重’：（四）违法所得五千元以上或者造成经济损失一万元以上的。”该规定将违法所得5000元以上作为认定非法获得计算机信息系统数据情节严重的标准，主要基于实践中危害计算机信息系统安全犯罪猖獗和泛滥的深层次原因，该类犯罪形成了环环相扣的利益链条，且非法获取计算机信息系统数据行为主要目的在于牟利。在非法获取计算机信息系统数据罪中，违法所得越多，意味着犯罪行为人获得的数据越多，越能反映非法获取计算机信息系统数据行为规模、获取条数、持续时间以及后续提供非法获得数据的规模。

本案中，被告人马某某、莫某某开发了“探索云盘搜索”软件与插件，并开发了充值会员服务。用户下载插件之后，普通用户每天只能搜索3次资源，如果充值成为会员，可以一天使用搜索、查看、下载的功能200次。7元使用1个月，42元使用6个月，84元使用1年，360元永久使用，充值会员每天可以查看200个资料。“探索云盘搜索”软件的收费服务包括三项：探索云盘搜索、自助下载、PDF转换。被告人辩护律师提出，具有爬取数据的插件与探索云盘搜索使用有关，与其他两项功能无关，因此对行为人违法所得应作相应扣减。这一观点忽略了网络犯罪的特殊性。行为人将形式合法的软件作为犯罪工具，以掩盖使用非法功能的犯罪行为。将捆绑网络爬虫技术插件的形式合法的软件进行传播，该形式上合法的软件获得的犯罪所得都属于非法获取计算机信息系统数据罪中的违法所得。本案中“探索云盘搜索”中所有软件仅为犯罪工具，“探索云盘搜索”插件的使用才是犯罪目的。该插件在未经网站以及数据提供者授权情况下，避开百度网盘保护措施非法获取普通计算机用户信息数据，扩大网站资源，增加软件销售可能性。因而被告人马某某、莫某某通过销售软件获得的 70115 元会员费都应认定为违法所得，依法予以没收。

（一审法院合议庭成员　徐东庆　石　月　叶玉宏
编写人　江苏省扬州市中级人民法院　姜金良　张丹丹
责任编辑　周维明
审稿人　李玉萍）

原载《人民法院案例选》2020 年第 12 辑（总第 154 辑）

270. 欧建宏、陈言敏等非法控制计算机信息系统案

——未经智能手机用户授权利用后台程序推送商业性电子信息行为的司法认定

【关键词】

刑事　非法控制计算机信息系统　未经授权　广告 SDK

【裁判要旨】

行为人在尚未出售的智能手机中预装程序，待手机投入使用后，在用户不知情的情况下推送商业性电子信息，且此程序还具有自动上传用户手机信息、自动更新、静默下载等功能，属于对计算机信息系统进行非法控制，应当以非法控制计算机信息系统罪定罪处罚。

【相关法条】

《中华人民共和国刑法》

第二百八十五条第二款　违反国家规定，侵入前款规定以外的计算机信息系统或者采用其他技术手段，获取该计算机信息系统中存储、处理或者传输的数据，或者对该计算机信息系统实施非法控制，情节严重的，处三年以下有期徒刑或者拘役，并处或者单处罚金；情节特别严重的，处三年以上七年以下有期徒刑，并处罚金。

《最高人民法院、最高人民检察院关于办理危害计算机信息系统安全刑事案件应用法律若干问题的解释》

第一条第二款　实施前款规定行为，具有下列情形之一的，应当认定为刑法第二百八十五条第二款规定的“情节特别严重”：

（一）数量或者数额达到前款第（一）项至第（四）项规定标准五倍以上的；

（二）其他情节特别严重的情形。

第十一条第一款　本解释所称“计算机信息系统”和“计算机系统”，是指具备自动处理数据功能的系统，包括计算机、网络设备、通信设备、自动化控制设备等。

【案件索引】

一审：浙江省平湖市人民法院（2018）浙 0482 刑初 574 号（2019 年 1 月 25 日）

二审：浙江省嘉兴市中级人民法院（2019）浙 04 刑终 71 号（2019 年 7 月 11 日）

【基本案情】

浙江省平湖市人民检察院指控：被告人欧建宏、陈言敏等违反国家规定，采用技术手段，非法控制计算机信息系统，属情节特别严重，应当以非法控制计算机信息系统罪共同犯罪追究刑事责任。

被告人欧建宏、陈言敏等以及辩护人均提出广告 SDK 是合法的，预装行为不属于侵入或者其他技术手段，没有违反国家规定；广告 SDK 获取用户信息、向用户手机弹送广告不属于控制行为；广告 SDK 实施的是广告运行权，而非系统控制权，本案中计算机信息系统未受到侵害。

法院经审理查明：2015 年 8 月，被告人欧建宏、陈言敏等的人事关系从北京网秦天下科技有限公司（以下简称网秦公司）转入上海朗趣软件科技有限公司（以下简称朗趣公司），成立朗趣公司北京团队，直至案发期间陆续有被告人刘鹏、李仁平等加入。朗趣公司北京团队成立后，继续与原朗趣公司团队（又称上海团队）合作原有业务，并开始研发只保留广告功能的 SDK，即广告 SDK，同时向被告人赖宜练所在的深圳市鼎勤通讯有限公司（以下简称鼎勤公司），被告人罗轶先、李铭岳所在的深圳智汇云商科技有限公司（以下简称智汇公司）以及深圳语信时代通信设备有限公司、上海耘棋信息技术有限公司、深圳云逗科技有限公司等手机方案商、中间商、厂商（以下统称为手机商）推广广告 SDK 业务。经协商，由朗趣公司北京团队提供广告 SDK 工具包，手机商将广告 SDK 工具包预装到智能手机系统（以下简称手机）中，并使广告 SDK 获取系统权限，朗趣公司北京团队则根据存活率按安装台数或以广告费收入分成的方式向手机商支付费用。

装有广告 SDK 的手机在用户首次开机联网时，广告 SDK 即通过互联网与后台服务器连接，在用户不知情的情况下向后台服务器上传 imei、imsi 等用户信息、自动更新广告 SDK 版本等，并根据与手机商达成的运营方案通过服务端（即 BOSS 系统）对推送方式、内容及频率等进行配置，向用户推送商业性电子信息，从而产生广告费收入。

2016 年，被告人欧建宏使用他人身份信息陆续注册成立北京瑞徕科技有限公司、北京徕乾科技有限公司、新疆港乾信息技术有限公司、北京泰安瑞达科技有限公司等用于收取广告 SDK 的违法所得。

另查明，朗趣公司自 2015 年 10 月 21 日起至案发，收到深圳腾讯科技有限公司（以下简称腾讯公司）打款共计 36122708. 36 元，其中 2017 年收到的 14493171. 03 元均系广告 SDK 的违法所得；自 2016 年 7 月起至案发，徕乾公司收到腾讯公司打款共计 20211758. 27 元，其中包含广告 SDK 的违法所得；自 2017 年 6 月起至案发，瑞徕公司收到腾讯公司打款共计 9673163. 13 元，均系广告 SDK 的违法所得；鼎勤公司自 2016 年 1 月 27 日起至案发，以深圳市鼎科创达科技有限公司的名义收到朗趣公司打款共计 4755745. 25 元，均系广告 SDK 的违法所得；智汇公司自 2015 年 8 月 3 日起至案发，收到朗趣公司打款共计 3916164. 28 元，其中 130 余万元系广告 SDK 的违法所得。

【裁判结果】

浙江省平湖市人民法院于 2019 年 1 月 25 日作出（2018）浙 0482 刑初 574 号刑事判

决，以非法控制计算机信息系统罪，判处被告人欧建宏有期徒刑四年六个月，并处罚金30万元；判处其余被告人一年四个月至二年八个月不等的有期徒刑，并处1万元至14万元不等的罚金，部分被告人适用缓刑。

宣判后，被告人欧建宏等13人分别以案件定性错误、量刑过重等理由提起上诉。浙江省嘉兴市中级人民法院于2019年7月11日作出（2019）浙04刑终71号刑事裁定：驳回上诉，维持原判。

【裁判理由】

法院生效裁判认为：本案的争议焦点在于广告SDK的运行是否构成非法控制计算机信息系统，具体表现为：（1）非法性；（2）控制行为；（3）客体为计算机信息系统。

经查，广告SDK是预装在手机中的，手机用户不知情，而且广告SDK的预装及运营有诸多规避行为，例如设置白名单（不运营的用户）、区域性运营（避开百度、阿里、腾讯三大公司所在地）、设置静默期（激活后一段时间内不运营）、不在桌面上显示广告SDK的图标、规避操作系统提供方的检测获取签名、进网样机中未预装广告SDK等；在弹送广告的方式上具有伪装性，例如在用户点击某个应用程序的前后弹送广告，使用户误以为是打开的应用程序所弹的广告等。此外，被害人陈述亦证实对所使用的手机装有广告SDK并不知情，所弹广告未经允许。综上可见，广告SDK的预装及运行均未经用户允许，而其获取用户信息、自动更新、静默安装等功能均属于未经用户授权，上述行为违反了《计算机信息系统安全保护条例》及《全国人大常委会关于加强网络信息保护的决定》的相关规定，属于违反国家规定，具有非法性。

广告SDK使用户手机执行了一系列操作：获取用户信息，自动上传、下载、删除数据，弹出广告、调用手机辅助功能自动模拟用户操作等，上述操作与用户操作手机的行为目的无因果关系，符合控制行为的本质。

智能手机作为具备自动处理数据功能的通信设备，当然属于计算机信息系统的范畴。

综上，被告人欧建宏、陈言敏等28人以牟利为目的，违反国家规定，采用技术手段非法控制他人计算机信息系统，属情节特别严重，其行为均已构成非法控制计算机信息系统罪，系共同犯罪。

【案例注解】

一、以非法控制计算机信息系统罪的本质判断涉案行为性质

非法控制计算机信息系统罪是指违反国家规定，对国家事务、国防建设、尖端科学技术领域以外的计算机信息系统实施非法控制，情节严重的行为。非法控制计算机信息系统罪是《刑法修正案（七）》新增的罪名，该罪名的客体属复杂客体，包括国家对计算机信息系统安全的管理秩序、计算机信息系统的正常运行秩序及计算机信息系统及其存储、处理或者传输的数据的安全。

在审理此类涉及其他技术领域的犯罪时，往往对被告人采取的技术手法不甚理解，因此，在司法实务中需要把握犯罪行为的实质。本案影响广告SDK定性的具体问题如下：

（一）非法性

根据《刑法》第二百八十五条第二款的规定，非法控制计算机信息系统的方法包括侵入或者其他技术手段。侵入是未经授权或者超越授权获得对计算机信息系统存储、处理或者传输的数据增、删、改或者获取的权限，本质在于未经授权或者超越授权。因此，非法控制的本质在于未经授权或者超越授权。

经查，广告 SDK 的预装及运行均未经用户允许，而其获取用户信息、自动更新、静默安装等功能均属于未经用户授权，上述行为违反了《计算机信息系统安全保护条例》及《全国人大常委会关于加强网络信息保护的决定》的相关规定，属于违反国家规定，具有非法性。

（二）何为控制

控制的后果是控制计算机信息系统执行特定的操作，是使用了控制权的行为，不限于行为人直接行使了控制权，也可以是通过“计算机程序”等媒介使用了控制权。[①] 而且控制行为不必然具有排他性，包括完全控制，也包括部分控制，只要是计算机信息系统执行其发出的指令即可。

经查，广告 SDK 除了向手机用户弹送广告外，还具有获取用户信息、自动更新、静默安装等功能，本案便是利用广告 SDK 程序使用户手机执行了一系列非用户意志的操作，而广告 SDK 的运行及运行后果能否被手机用户中止和改变不影响行为性质的认定。

（三）计算机信息系统的界定问题

根据《最高人民法院、最高人民检察院关于办理危害计算机信息系统安全刑事案件应用法律若干问题的解释》（以下简称《办理危害计算机信息系统案件司法解释》），刑法保护的计算机信息系统，是指具备自动处理数据功能的系统，包括计算机、网络设备、通信设备、自动化控制设备等。从该规定看，计算机信息系统应当指的是设备整体，并非仅指其中的操作系统，而智能手机作为具备自动处理数据功能的通信设备，当然属于计算机信息系统的范畴。

综上，本案中广告 SDK 程序的安装及运行未经授权，具有非法性，其运行使智能手机执行了特定操作，实为控制，属于非法控制计算机信息系统。

二、非法控制计算机信息系统罪的量刑标准及本案的量刑考虑

非法控制计算机信息系统，情节严重的，构成此罪。一方面，非法控制计算机信息系统行为可能没有十分明显的损害后果，例如本案中被害人仅是手机卡顿，使用感差，抑或尚未发生损害后果，存在损害的可能性，而控制计算机信息系统的台数无疑影响损害后果或者隐患的严重程度；另一方面，目前非法控制计算机信息系统行为的目的主要是牟取经济利益，同时也可能给他人造成经济损失，因此，违法所得及造成经济损失的金额也客观反映犯罪行为的严重程度。《办理危害计算机信息系统案件司法解释》将非法控制计算机信息系统的数量以及造成经济损失、违法所得金额作为衡量情节严重的标准，即非法控制计算机信息系统 20 台以上的，应当认定为“情节严重”；违法所得 5000 元以上或者造成经济损失 1 万元以上的亦构成“情节严重”；同时，它设置了兜底条款，

① 喻海松：《网络犯罪二十讲》，法律出版社 2018 年版，第 32 页。

对于不符合上述情形，但确实达到情节严重程度，如造成恶劣社会影响的，也可以按照犯罪处理。此外，该解释将“情节严重”的5倍设置为“情节特别严重”的标准，即非法控制计算机信息系统100台以上、违法所得25000元以上或者经济损失5万元以上的，构成“情节特别严重”。

本案中，广告SDK控制手机的实际数量因客观现实问题而无法查清，其中有涉案公司业务存在重叠的原因，此外，根据imei号认定被控制手机台数也存在问题（双卡双待的手机有两个imei号），但本案控制手机的数量已远超情节特别严重的100台的标准无疑；同时结合违法所得方面，仅2017年，朗趣公司、瑞徕公司的违法所得就高达2400余万元，鼎勤公司、智汇公司的违法所得金额也在数百万元，均已远超25000元的情节特别严重标准，故无论从控制的台数还是违法所得金额，本案均已达到“情节特别严重”的情形，法定刑为三年以上七年以下有期徒刑，并处罚金。被告人欧建宏作为公司实际负责人，在共同犯罪中起主要作用，系主犯，在上述法定刑以内量刑；其余被告人作为公司员工，对于广告SDK的原理均系明知，主观上有非法控制计算机信息系统的共同故意，在各自的分工领域发挥作用，均系从犯，依法予以减轻处罚，在法定刑以下量刑处罚，并对部分所起作用较小的被告人依法适用缓刑。

三、本案定罪处罚的现实意义

互联网加快了社会发展的步伐，并已融入了人们的日常生产、生活，随着信息技术的普及和发展，极大地促进了社会方方面面的发展，但其安全隐患和威胁也日渐突显，利用计算机网络实施的各类犯罪也以其技术性、隐蔽性、快速性，开始对社会造成不同程度的危害，并埋下诸多安全隐患，互联网信息技术也成为了一把“双刃剑”。

互联网催生了各种各样丰富的资源，人们从互联网上中寻求到经济利益的机会也越来越多，各种行业应运而生，且更新换代速度快，灵活的头脑、敏捷的思维、发展的眼光都成为现代社会创业成功的关键。本案的被告人文化程度普遍较高，都具有研究生、本科文化水平，具有较高的计算机技术应用能力，初衷是从事广告业务，赚取各大平台的广告费，并将手机用户作为发展业务的资源，但错误地在并未通过手机用户授权的情况下，采用技术手段，违反手机用户意志推送商业性电子信息。从表面上看，似乎只是推送广告的行为，没有给他人带来实际的经济损失，赚取的也是正当的广告推广费用，并没有具体的社会危害性，但其背后隐藏的实质是侵犯了智能手机的运行权及用户的信息安全，同时作为被告人口中的“灰色地带”，该行为也扰乱了正常的行业秩序。值得重视的是，广告SDK后台数据中已有上亿个imei号，可见运营的用户资源数量之庞大，在本案被告人熟练运营广告SDK之后，已开始拓展其他业务范围，在广告SDK基础上尝试利用微信辅助功能模拟用户操作，实施公众号导粉行为，经营微信公众号业务，同样属于非法控制计算机信息系统的行为，可见其行为的潜在危害性。

本案系浙江省首例通过非法控制计算机信息系统推送商业性电子信息的案件，审理过程中对于该行为构成犯罪与否争议较大，不仅因为该行为牵涉智能手机生产、销售的诸多环节，专业性较强，还因为被告人具有较多的规避行为，自认为已规避法律风险，出现多方面的自我辩解，可见被告人并非对于其行为性质缺乏正确的法律认知，而是面对巨大的经济利益，同时身处行业大环境之中，具有随波逐流的心态，抱着侥幸心理，铤而走险。通过对此类行为作出司法实务上的评判，对于规范公众及该行业从业人员对非法控制计算机信息系统行为的认知具有指导意义，保护了智能手机的正常运行秩序以及数据安全的同时，有助于扫除此类所谓的行业灰色地带，整顿和规范行业秩序。

（一审法院合议庭成员　吴竹琴　金　兰　蒋锡麟
二审法院合议庭成员　袁敏玮　张　筱　徐　洁
编写人　浙江省平湖市人民法院　吴竹琴
责任编辑　包献荣
审稿人　李玉萍）

原载《人民法院案例选》2020 年第 1 辑（总第 143 辑）

四、破坏计算机信息系统罪

271. 蔡盛开、夏理想等提供侵入、非法控制计算机信息系统的程序、工具，非法获取计算机信息系统数据，刘仲昊破坏计算机信息系统案

——锁定手机进而索要财物行为的认定

【关键词】

计算机信息系统　牵连犯　从一重重处

【裁判要旨】

行为人利用他人通过非法途径获取的受害人通讯设备账号、密码等信息，锁定受害人的通讯设备造成设备不能正常运行，后果严重的，构成破坏计算机信息系统罪。

行为人通过破坏计算机信息系统实施敲诈勒索犯罪的，应按照从一重重处原则对行为人予以处罚。

【相关法条】

《中华人民共和国刑法》

第二百七十四条　敲诈勒索公私财物，数额较大或者多次敲诈勒索的，处三年以下有期徒刑、拘役或者管制，并处或者单处罚金；数额巨大或者有其他严重情节的，处三年以上十年以下有期徒刑，并处罚金；数额特别巨大或者有其他特别严重情节的，处十年以上有期徒刑，并处罚金。

第二百八十五条第一款、第二款、第三款　违反国家规定，侵入国家事务、国防建设、尖端科学技术领域的计算机信息系统的，处三年以下有期徒刑或者拘役。

违反国家规定，侵入前款规定以外的计算机信息系统或者采用其他技术手段，获取该计算机信息系统中存储、处理或者传输的数据，或者对该计算机信息系统实施非法控制，情节严重的，处三年以下有期徒刑或者拘役，并处或者单处罚金；情节特别严重的，

处三年以上七年以下有期徒刑，并处罚金。

提供专门用于侵入、非法控制计算机信息系统的程序、工具，或者明知他人实施侵入、非法控制计算机信息系统的违法犯罪行为而为其提供程序、工具，情节严重的，依照前款的规定处罚。

第二百八十六条第一款、第二款、第三款　违反国家规定，对计算机信息系统功能进行删除、修改、增加、干扰，造成计算机信息系统不能正常运行，后果严重的，处五年以下有期徒刑或者拘役；后果特别严重的，处五年以上有期徒刑。

违反国家规定，对计算机信息系统中存储、处理或者传输的数据和应用程序进行删除、修改、增加的操作，后果严重的，依照前款的规定处罚。

故意制作、传播计算机病毒等破坏性程序，影响计算机系统正常运行，后果严重的，依照第一款的规定处罚。

第二百八十七条　利用计算机实施金融诈骗、盗窃、贪污、挪用公款、窃取国家秘密或者其他犯罪的，依照本法有关规定定罪处罚。

【案件索引】

一审：江苏省淮安市洪泽区人民法院（2016）苏0829刑初字第290号（2017年3月10日）

【基本案情】

公诉机关：江苏省淮安市洪泽区人民检察院。

被告人蔡盛开，广东省海丰县海城镇海珠社区居民委员会居民。

被告人夏理想，安徽省利辛县阚疃镇程楼村。

被告人周亮，四川省双流县万安镇东林4组。

被告人张迪，安徽省宿州市萧县祖楼镇毛河行政村张塘村。

被告人刘仲昊，江苏省建湖县近湖镇阳光水城。

江苏省淮安市洪泽区人民法院审理查明：2014年至2015年9月期间，被告人蔡盛开模仿苹果官网、QQ官网开发、设计了“紫缘管理系统”钓鱼网站，为谋取非法利益租赁给被告人夏理想、周亮、张迪和杨超、赵轩（均另案处理）等人用以非法获取他人苹果电子设备密码、QQ密码，被告人蔡盛开非法获利85692元；而被告人夏理想、周亮、张迪租用“紫缘管理系统”钓鱼网站，通过向他人手机、邮箱发送含有“紫缘管理系统”网址链接的信息、邮件等，骗取他人在该钓鱼网站输入自己的苹果手机ID账号、QQ账号、密码，被告人夏理想骗取他人苹果电子设备账号、密码1700余组，被告人周亮骗取他人苹果电子设备账号、密码600余组，被告人张迪骗取他人QQ账号、密码1300余组。自2014下半年以来，被告人刘仲昊通过购买赵轩、杨超等人利用“紫缘管理系统”非法获取的他人苹果电子设备账号、密码等信息，登录苹果官网的Icloud界面，利用前述苹果电子设备账号、密码，使用“抹除模式”，锁定该苹果电子设备，并对他人苹果电子设备屏幕留言实施勒索，共锁定被害人吴某某等15人的苹果电子设备20台，勒索人民币7000元。

【裁判结果】

江苏省淮安市洪泽区人民法院于2017年3月10日作出（2016）苏0829刑初字第290号刑事判决：以提供侵入、非法控制计算机信息系统的程序、工具罪判处被告人蔡盛开有期徒刑三年，缓刑四年，并处罚金人民币30万元；以非法获取计算机信息系统数据罪判处被告人夏理想有期徒刑一年，缓刑一年六个月，并处罚金人民币6万元；以非法获取计算机信息系统数据罪判处被告人周亮有期徒刑六个月，缓刑一年，并处罚金人民币3万元；以非法获取计算机信息系统数据罪判处被告人张迪有期徒刑十个月，缓刑一年，并处罚金人民币5万元；以破坏计算机信息系统罪判处被告人刘仲昊有期徒刑二年，缓刑三年。一审宣判后，被告人蔡盛开、夏理想、周亮、张迪、刘仲昊在法定期限内未提起上诉，公诉机关亦未提出抗诉，一审判决已发生法律效力。

【裁判理由】

法院生效裁判认为：被告人蔡盛开明知他人实施侵入、非法控制计算机信息系统的违法犯罪行为而为其提供程序、工具，情节特别严重，其行为已构成提供侵入、非法控制计算机信息系统的程序、工具罪。

被告人夏理想、周亮、张迪违反国家规定，采用技术手段获取计算机信息系统数据，情节严重，其行为已构成非法获取计算机信息系统数据罪。

被告人刘仲昊违反国家规定，利用他人非法提供的手机等移动终端账号、密码等信息，锁定并干扰被害人苹果手机的系统功能，致使被害人吴某某等15人的苹果电子设备20台无法正常运行，造成严重后果，其行为已构成破坏计算机信息系统罪；被告人刘仲昊在实施前罪的基础上，以留言“你手机因浏览暴力色情网站已被锁定，解锁联系QQ××××”，要挟被害人向其支付“解锁费”共计7000元，数额较大，构成敲诈勒索罪。因两罪间存在牵连，即前一行为与后一行为存在手段和目的关系，不能按照两罪并罚，应择一重罪处。比较前后罪的法定刑，以破坏计算机信息系统罪对被告人刘仲昊定罪量刑。公诉机关指控的罪名成立。鉴于被告人蔡盛开、夏理想、周亮、张迪、刘仲昊归案后均如实供述自己的罪行，可以从轻处罚。被告人蔡盛开、刘仲昊已退出全部赃款，可以酌情从轻处罚。

【案例注解】

随着互联网在我国的迅猛发展，手机通讯迎来3G、4G时代，而手机功能也由传统的接打电话、传递短信息，迅速发展成兼具电子计算机功能的多功能、高智能水平，因其强大的软件功能以及便利、快捷的特点，已经成为人们工作生活中必不可少的与外界交流的工具。然而，有一些不法分子却伺机利用以苹果手机为代表的移动电子信息设备自身存在的一些漏洞，实施违法犯罪活动。本案几名被告人中，蔡盛开模仿苹果官网、QQ官网开发、设计“紫缘管理系统”钓鱼网站，被告人夏理想、周亮、张迪等租用该钓鱼网站，非法获取被害人的苹果电子设备ID账号、QQ账号、密码，并从中牟利；而被告人刘仲昊则通过购买赵轩、杨超（另案处理）等人非法获取的他人苹果电子设备账号、密码等信息，使用苹果手机“抹除模式”锁定并向被害人留言“你手机因浏览暴力色情网站已被锁定，解锁联系 QQ××××”，敲诈勒索他人“解锁费”，以此达到其非法占有他人财物的目的，形成了一个针对苹果设备漏洞实施犯罪的一个黑色产业链。

此案审理中，对于被告人蔡盛开犯提供侵入、非法控制计算机信息系统的程序、工具罪，被告人夏理想、张迪犯非法获取计算机信息系统数据罪没有争议，但对被告人刘仲昊的犯罪行为是否符合牵连犯的特征、该如何处罚认识不统一，以下将着重对此予以探讨。

1. 苹果手机属于刑法规制的“计算机信息系统”的认定。本案中涉及的罪名皆与计算机有关，而被告人实施的犯罪对象是被害人持有的苹果手机及其绑定在同一 ID 账户下的 IPAD 及苹果电脑，后两种被认定为计算机系统毋庸讳言，而目前难题是对苹果手机的认定。我国刑法虽对提供侵入、非法控制计算机信息系统的程序、工具罪和非法获取计算机信息系统数据罪有明确规定，但未对计算机系统、计算机信息系统进行明确规定，因而需要借助与之相关的司法解释予以明确。在我国，刑法立法规范与刑事司法解释共同构成刑事法律规范，也是我国刑事司法的基本法律依据。我国现行的司法解释，具有细化构成犯罪标准和统一司法裁判尺度的功能。针对刑法立法中未明确规定的计算机系统、计算机信息系统，在 2011 年 9 月 1 日起施行的《最高人民法院、最高人民检察院关于办理危害计算机信息系统安全刑事案件应用法律若干问题的解释》（以下简称《两高解释》）第十一条中予以规定：本解释所称“计算机信息系统”和“计算机系统”，是指具备自动处理数据功能的系统，包括计算机、网络设备、通信设备、自动化控制设备等。其中，网络设备是指路由器、交换机等组成的用于连接网络的设备；通讯设备包括手机、通信基站等用于提供通信服务的设备。因此，本案中涉及的苹果手机属于“计算机信息系统”的范畴，对于苹果手机信息系统实施的犯罪可以适用与之相关的刑法罪名予以规制。

2. 被告人刘仲昊犯罪行为解析。不考虑犯罪形态，仅就行为人实施的犯罪行为来评价，被告人刘仲昊共实施了两个犯罪行为：一个是破坏计算机信息系统行为（以下简称行为一），另一个是实施了敲诈勒索行为（以下简称行为二），这两个行为的认定是审理本案的关键。行为一中，被告人刘仲昊利用非法获取的苹果手机 ID 账户及密码，对该 ID 绑定下的手机、IPAD 及苹果电脑，采用苹果设备自有的“抹除模式”，以干扰他人持有的苹果手机及其他设备，使其手机中数据清零，处于未激活状态，无法开机，其作为手机的功能丧失。也就是说，刘仲昊通过修改他人苹果手机 ID 账号、密码等信息，干扰他人对该设备的正常使用，且达到刑法规定的“已经造成计算机系统不能正常运行”的程度。

对刘仲昊实施的破坏计算机信息系统行为，是否属于“后果严重”，可根据《两高解释》第四条[①]的规定进行判定。被告人刘仲昊共远程锁定并造成 20 台手机及其设备无

① 《两高解释》第四条规定：“破坏计算机信息系统功能、数据或者应用程序，具有下列情形之一的，应当认定为刑法第二百八十六条第一款和第二款规定的‘后果严重’：（一）造成十台以上计算机信息系统的主要软件或者硬件不能正常运行的；……”

法正常运行，其造成的社会危害当然属于“后果严重”。据此，可以认定被告人构成《刑法》第二百八十六条破坏计算机信息系统罪。

行为二中，被告人刘仲昊通过锁定他人手机，致使其手机及其绑定的其他设备无法打开，功能无法正常使用，其主要利用被害人对手机依赖、苹果官网解锁费时费力且存储在手机账户里面的通讯录及隐私信息有可能外泄造成更大损失及部分被害人并不知道该如何操作的惊慌失措心理，同时在手机屏幕上留下要挟信息“你手机因浏览暴力色情网站已被锁定，解锁联系QQ××××”，通过要挟留言使被害人产生心理恐惧，自愿向其支付“解锁费”，从而实现其非法占有他人财物的目的。刘仲昊的行为符合敲诈勒索犯罪构成要件，即敲诈勒索行为——使被害人产生恐惧——交付财物——占有财物。因而，可以认定被告人刘仲昊构成敲诈勒索罪。

3. 本案涉及牵连关系的认定。一般认为，牵连犯是指行为人出于一个最终的犯罪目的，而实施了数个犯罪行为（手段行为、原因行为、结果行为、目的行为），且分别触犯不同罪名的犯罪形态。[①] 基于一个最终的犯罪目的，行为能够区分为手段行为、目的行为或原因行为、结果行为的，且两个犯罪行为分别触犯不同罪名，则可以认定其存在牵连关系。这里的犯罪目的，我国刑法中一般认为是“犯罪人希望通过实施犯罪行为达到某种危害社会结果的心理状态”[②]，其可以以行为产生的结果外化为客观的社会危害，因此，犯罪目的的内容具有客观性和危害性。而目前认定牵连关系，主要有主观说、客观说和折中说三种学说。主观说强调了以行为人主观上有牵连认识为标准，但如数行为间在客观上不具有牵连关系，仅凭行为人主观认为有牵连关系，就认定其为牵连犯，明显违反主客观相一致的认定犯罪的标准。客观说强调了数行为间在性质上有密切的因果关系，但其忽略了行为人主观认识，无限放大在主观上无联系而在客观上存在的联系行为认定为牵连犯，明显不妥。折中说主张从主客观两个方面加以判定，即在客观性质上数行为一般处于手段与目的或原因与结果的关系，且在主观认识上行为人具有犯意的继续，可认定其存在牵连关系。[③] 折中说符合主客观相统一的原则，可将其作为判定牵连关系的标准。

本案被告人刘仲昊利用非法获取的苹果手机ID账号、密码等，对他人绑定在该ID下的手机等设备实施锁定后索要财物的行为，根据折中说，可以认定其为牵连犯。本案中，被告人刘仲昊基于非法占有他人财物的目的，并在其支配下先后实施了锁定他人苹果手机ID账号致使该手机及其绑定下的其他设备无法使用的破坏计算机信息系统行为，向苹果手机被锁定ID账户受害人索要“解锁费”实施敲诈勒索行为，两个行为中先行为为后行为的手段，后行为是先行为的目的，符合客观行为手段与目的的关系；且被告人刘仲昊在非法占有他人财物的主观认识上，在破坏计算机信息系统的主观目的实现后，继续实施敲诈勒索的非法占有目的，符合主观认识上犯意的继续，因而可以认定被告人刘仲昊犯罪行为，应认定牵连犯。

---

① 参见高铭暄、叶良芳：《再论牵连犯》，载《现代法学》2005年第2期。
② 高铭暄、马克昌主编：《刑法学》，北京大学出版社2005年版，第127页。
③ 参见高铭暄、叶良芳：《再论牵连犯》，载《现代法学》2005年第2期。

另根据《刑法》第二百八十七条规定，利用计算机实施金融诈骗、盗窃、贪污、挪用公款、窃取国家秘密或者其他犯罪的，依照本法有关规定定罪处罚。该条强调行为人以计算机为工具实施的犯罪行为，与盗窃、诈骗、敲诈勒索等传统犯罪，虽形式上发生了变化，一个是在虚拟的电子网络空间、一个是现实社会空间，但其实质上并无变化，因而立法中给予提示性规定，仍应按照刑法规定定罪处罚。该条虽然对其适用何罪没有明确规定，但给予了一个指向，即利用计算机实施的盗窃、诈骗、贪污、挪用公款或其他犯罪，属于牵连犯。这里要明确的是该条规定的“其他犯罪”为罪名的不完全列举，敲诈勒索罪当然属于这个范畴。

综上，无论是从法理上还是立法规定，都可以认定被告人刘仲昊利用计算机实施的敲诈勒索犯罪为牵连犯。

4．关于牵连犯的处罚规则。我国刑法立法及多次修改中，尤其是1997年《刑法》修改后，对于牵连犯的概念及其处罚原则在刑法总则中仍未予以明文规定，而是将其分散在刑法分则中，并给予了以下五种不同的处置规则：一是规定为数罪并罚，如第二百四十一条第四款规定的收买被拐卖的妇女、儿童，又强行与妇女发生性关系，或者非法剥夺、限制妇女、儿童的人身自由或者有伤害、侮辱等犯罪行为的；第二百九十四条第三款规定的犯组织、领导、参加黑社会性质组织罪、入境发展黑社会组织罪又有其他犯罪的等等，实施数罪并罚。二是规定为直接按照某罪定罪，如《刑法》第一百九十六条第三款规定的盗窃信用卡并使用的，直接以盗窃罪定罪处罚。三是规定为直接按照某罪定罪加重处罚，如《刑法》第二百五十三条第二款邮政工作人员私自开拆、毁弃邮件、电报又从中窃取财物的，直接以盗窃罪定罪并从重处罚。四是按照重罪的加重犯处理，如第二百四十条规定的拐卖妇女、儿童，又奸淫被拐卖的妇女的，或者又诱骗、强迫被拐卖的妇女卖淫的，定拐卖妇女、儿童罪，适用十年以上有期徒刑、无期徒刑或者死刑的加重法定刑。五是传统理论认定的从一重处断，如《刑法》第三百九十九条第四款规定的司法工作人员收受贿赂，犯徇私枉法罪，民事、行政枉法裁判罪或者执行判决、裁定失职罪，执行判决、裁定滥用职权罪，又构成受贿罪的，依照处罚较重的罪定罪处罚。[①] 立法上的不尽相同规定，反映在司法解释的标准上也是不尽相同，其沿袭了刑法分则中认定为数罪并罚、从一重处等规定。牵连犯的认定和处罚规则不统一，对于司法实践如何认定、适用产生一定困难。

综上，对牵连犯的处罚原则如何适用，笔者认为，应按照传统牵连犯处理原则为从一重重处为宜。[②] 理由是：一是符合主客观相一致的刑法原则。其表现在从客观上考虑了行为人实施了数个犯罪行为，从主观上兼顾到了行为人基于一个最终犯罪目的这个特殊犯意。二是实行从一重重处贯彻了重处经济犯罪的精神。三是有利于保持立法与司法解

① 参见高铭暄、叶良芳：《再论牵连犯》，载《现代法学》2005年第2期。

② 也有学者提出应按照“从一重重处”，笔者基本赞同这一观点。传统牵连犯处罚原则是从一重处，但在司法实践中，法官定罪量刑时，对于其实施一个犯罪行为与实施两个犯罪行为而被裁定为一罪，在量刑考量时，肯定是不一样。因而，该种观点将量刑予以考虑，更为精细、更为全面。但每个具体案件情况不同，法官在适用牵连犯时，应在自由裁量权范围内，用好刑罚尺度。

释一致性。四是牵连犯是实质的一罪，不是并罚的数罪，量刑处罚上应有所区分。[①]

具体到本案中，被告人刘仲昊破坏计算机信息系统行为，属于后果严重，其法定刑在五年以下有期徒刑；因胁迫被害人支付“解锁费”非法获利7000元，属于数额较大，敲诈勒索罪法定刑在三年以下有期徒刑；按照从一重重处原则，对被告人刘仲昊应按照破坏计算机信息系统罪定罪量刑。

（一审法院合议庭成员　陈　旭　卜慧珍　谢秀兰
编写人　江苏省淮安市洪泽区人民法院　鲁海军　王亚林
责任编辑　周维明
审稿人　李玉萍）

原载《人民法院案例选》2018年第1辑（总第119辑）

① 参见吴振兴：《罪数形态论》，中国检察出版社1996年版，第286页。

272. 蒋飞洋破坏计算机信息系统案

——攻击网站服务器致其瘫痪再进行敲诈的刑法评价

【关键词】

计算机信息系统　敲诈勒索　后果严重　择一重罪处罚

【裁判要旨】

用攻击网站服务器致其瘫痪的手法进行敲诈勒索的，手段行为和目的行为分别触犯破坏计算机信息系统罪和敲诈勒索罪两个罪名，这两罪属于牵连竞合关系，应按重罪即破坏计算机信息系统罪处罚。

【相关法条】

《中华人民共和国刑法》

第二百八十六条　违反国家规定，对计算机信息系统功能进行删除、修改、增加、干扰，造成计算机信息系统不能正常运行，后果严重的，处五年以下有期徒刑或者拘役；后果特别严重的，处五年以上有期徒刑。

违反国家规定，对计算机信息系统中存储、处理或者传输的数据和应用程序进行删除、修改、增加的操作，后果严重的，依照前款的规定处罚。

故意制作、传播计算机病毒等破坏性程序，影响计算机系统正常运行，后果严重的，依照第一款的规定处罚。

单位犯前三款罪的，对单位判处罚金，并对其直接负责的主管人员和其他直接责任人员，依照第一款的规定处罚。

《最高人民法院、最高人民检察院关于办理危害计算机信息系统安全刑事案件应用法律若干问题的解释》

第四条　破坏计算机信息系统功能、数据或者应用程序，具有下列情形之一的，应当认定为刑法第二百八十六条第一款和第二款规定的“后果严重”：

（一）造成十台以上计算机信息系统的主要软件或者硬件不能正常运行的；

（二）对二十台以上计算机信息系统中存储、处理或者传输的数据进行删除、修改、增加操作的；

（三）违法所得五千元以上或者造成经济损失一万元以上的；

（四）造成为一百台以上计算机信息系统提供域名解析、身份认证、计费等基础服务或者为一万以上用户提供服务的计算机信息系统不能正常运行累计一小时以上的；

（五）造成其他严重后果的。

实施前款规定行为，具有下列情形之一的，应当认定为破坏计算机信息系统“后果特别严重”：

（一）数量或者数额达到前款第（一）项至第（三）项规定标准五倍以上的；

（二）造成为五百台以上计算机信息系统提供域名解析、身份认证、计费等基础服务或者为五万以上用户提供服务的计算机信息系统不能正常运行累计一小时以上的；

（三）破坏国家机关或者金融、电信、交通、教育、医疗、能源等领域提供公共服务的计算机信息系统的功能、数据或者应用程序，致使生产、生活受到严重影响或者造成恶劣社会影响的；

（四）造成其他特别严重后果的。

【案件索引】

一审：江苏省无锡市惠山区人民法院（2016）苏0206刑初79号（2016年5月5日）

【基本案情】

公诉机关指控：2015年7月19日13时许至7月20日22时许，被告人蒋飞洋通过远程控制的机器（俗称“肉鸡”）对无锡江南影视传播有限公司的K3K游戏服务器进行DDOS攻击，致使K3K游戏服务器瘫痪，后被告人蒋飞洋以不进行攻击为由敲诈K3K游戏运营公司人民币1888元。2015年8月12日21时许，被告人蒋飞洋以同样的方式对K3K游戏系统的服务器进行DDOS攻击，后被告人蒋飞洋以不进行攻击为由敲诈K3K游戏运营公司人民币1888元。

2015年6月至8月，被告人蒋飞洋对浙江杭州齐趣科技有限公司运营的云海游戏服务器进行攻击，致使被攻击的游戏网站不能正常运行，之后通过腾讯QQ聊天工具与被攻击网站的负责人联系，向对方勒索钱财，按月收取保护费，否则威胁对方持续攻击网站，并让对方将钱款汇入其指定的支付宝账户内，共获利人民币5362元。

被告人蒋飞洋对起诉指控的犯罪事实没有异议。

辩护人辩称：被告人蒋飞洋归案后认罪态度好，能主动退赃，建议从轻处罚。

法院经审理查明：1.2015年7月19日13时许至7月20日22时许，被告人蒋飞洋通过其注册的无锡江南影视传播有限公司开发的K3K游戏账号“bingwawa”，登录该游戏客户端获取K3K游戏服务器IP地址后，将获取的IP地址设置在被其远程控制的IP地址为“58.215.49.13”和域名为“bingwa.3322.org”的两台主控端服务器攻击软件的攻击目标IP地址中，多次使用攻击软件中被其远程控制的机器（俗称“肉鸡”）对K3K游戏服务器进行DDOS攻击，致使K3K游戏服务器瘫痪，注册用户无法登录，游戏无法正常运行。后被告人蒋飞洋以不进行攻击为由敲诈K3K游戏运营公司人民币1888元。2015年8月12日21时许，被告人蒋飞洋以同样的方式对K3K游戏系统的服务器进行DDOS攻击，致使K3K游戏服务器瘫痪，注册用户无法登录，后被告人蒋飞洋以不进行攻击为由敲诈K3K游戏运营公司人民币1888元。

案发后，公安机关依法扣押被告人蒋飞洋白色东芝笔记本电脑1台、金色iPhone6手机1部、白色iPhone4S手机1部、黑色HP笔记本电脑1台；被告人蒋飞洋家属退出赃款人民币3776元。

2. 2015 年 6 月至 8 月，被告人蒋飞洋对浙江杭州齐趣科技有限公司运营的云海游戏服务器进行攻击，致使被攻击的游戏网站不能正常运行，之后通过腾讯 QQ 聊天工具与被攻击网站的负责人联系，向对方勒索钱财，按月收取保护费，否则威胁对方持续攻击网站，并让对方将钱款汇入其指定的支付宝账户内，共获利人民币 5362 元。

【裁判结果】

江苏省无锡市惠山区人民法院于 2016 年 5 月 5 日作出（2016）苏 0206 刑初 79 号刑事判决：一、蒋飞洋犯破坏计算机信息系统罪，判处有期徒刑一年九个月（刑期自判决执行之日起计算，判决执行以前先行羁押的，羁押一日折抵刑期一日，即自 2015 年 8 月 13 日起至 2017 年 5 月 12 日止）。二、扣押在案的作案工具东芝笔记本电脑 1 台、iPhone6 手机 1 部予以没收，上缴国库。判决宣判后，被告人蒋飞洋未提出上诉、公诉机关江苏省无锡市惠山区人民检察院未提出抗诉，判决现已发生法律效力。

【裁判理由】

法院生效裁判认为：被告人蒋飞洋对计算机信息系统功能进行攻击、干扰，使其不能正常运行，借此对游戏网站进行敲诈勒索，获取非法利益，其破坏计算机信息系统的手段行为和敲诈勒索的目的行为分别触犯了破坏计算机信息系统罪和敲诈勒索罪，二者属于牵连竞合关系，应从一重罪处罚。本案破坏计算机信息系统罪所对应的法定刑明显高于敲诈勒索罪，属于重罪，应按该罪定罪处罚。

关于破坏计算机信息系统罪认定后果严重还是后果特别严重的问题，被告人蒋飞洋的违法所得共 9138 元，符合《最高人民法院、最高人民检察院关于办理危害计算机信息系统安全刑事案件应用法律若干问题的解释》所规定的"违法所得五千元以上"的后果严重的入罪条件。另外该解释规定"造成为一万以上用户提供服务的计算机信息系统不能正常运行累计一小时以上的"构成后果严重，五倍以上构成后果特别严重。虽然游戏公司提供了去重后的注册在线用户数量，但该数据是其单方面提供，无证据证明其统计软件的科学性和客观性，故不能据此认定构成后果特别严重。

【案例注解】

网络技术的日益发达，随之而来的是通过攻击网站、篡改系统数据等手段实施的各种犯罪。这其中往往伴随两个问题：

一、手段行为和目的行为相竞合的问题

在网络攻击的犯罪中，是对信息系统的破坏或者是对存储数据的修改，往往只是其攻击手段，最终黑客等要达到的可能是敲诈勒索、窃取国家秘密或者实施金融诈骗等目的，即其手段行为和目的行为往往会触犯多个罪名，在此情况下如何定罪量刑。笔者认为，在此种情况基于一个目的而实施的多行为之间存在手段与目的、结果与原因的牵连关系，应当择一重罪处罚。在确定案件性质后，另一行为触犯的罪名可以作为量刑情节予以考虑。这种处理方式与《刑法》第二百八十七条利用计算机实施犯罪的提示性规定的相关精神具有统一性，即便《刑法修正案（九）》在第二百八十七条后增加了之一、之二条款的非法利用信息网络罪、帮助信息网络犯罪活动罪两个新罪名，但是在上述条款中均规定："有前两款行为，同时构成其他犯罪的，依照处罚较重的规定定罪处罚。"可见，牵连犯择一重罪处罚的刑法原则是明确的。这在严厉打击犯罪的同时，亦符合刑法罪责刑相适应的原则。

二、网络电子数据取证及证据认定的困难

被告人蒋飞洋曾因犯敲诈勒索罪，于2012年3月13日被广东省深圳市福田区人民法院判刑，其当年的作案手段与本案如出一辙，但是却认定为敲诈勒索罪，经了解主要是当年侦查机关未调取到其实施网络攻击的相关电子证据，从证据角度认定敲诈勒索罪更能体现出刑法疑罪从无的理念。

本案中被害单位报案后，侦查机关经过前期调查，在抓获被告人蒋飞洋时对其使用的电脑及硬盘进行了扣押，后来在其中提取到相关攻击程序，并对其所控制的"肉鸡"等数据进行了取证，后又对其所租用的服务器进行了证据调取，再由技侦人员对调取的硬盘复制，然后封存原始证据，在复制盘上进行漏洞修复和侦查比对实验，这一方面保证了证据提取程序的合法性，另一方面有效地避免了因调查取证对原始证据的破坏。再结合被害单位提供的被攻击数据等相关证据，可以反映出蒋飞洋攻击网站的初步事实。

但是本案在认定破坏计算机信息系统是后果严重还是后果特别严重时，并未依据被害单位提供的在线用户数。主要考虑理由有：首先，该证据是被害单位单方面提供，不能保证数据的客观性；其次，虽然被害单位表示其提供的用户数是根据用户注册时的机器码和IP地址去掉重复后统计得到的，但统计程序的正确性无其他证据证明，故不宜将其作为对被告人定罪量刑的证据使用。

利用计算机网络实施的犯罪，由于犯罪手段的高技术性、侦查技术的局限性，往往使得证据的取得困难重重。虽然《最高人民法院、最高人民检察院关于办理危害计算机信息系统安全刑事案件应用法律若干问题的解释》第四条对于破坏计算机信息系统功能、数据或者应用程序，构成后果严重及后果特别严重均有具体规定，但是由于电子证据的特殊性，如何及时规范取证将直接影响证据的证明力问题。《最高人民法院、最高人民检察院、公安部关于办理刑事案件收集提取和审查判断电子数据若干问题的规定》为电子证据的提取和审查作出了相关指引性规定。但是在实际案件中，证据认定的可行性往往也是审理过程中的一道拦路虎。就本案而言，即使被害单位在线用户数的提取过程有第三方见证（如相关公证机构公证），但统计程序的正确性无法认定，这其中往往还涉及相关单位的知识产权及技术秘密等问题。所以，法院想通过《最高人民法院、最高人民检察院关于办理危害计算机信息系统安全刑事案件应用法律若干问题的解释》中规定的"造成为一百台以上计算机信息系统提供域名解析、身份认证、计费等基础服务或者为一万以上用户提供服务的计算机信息系统不能正常运行累计一小时以上的"这个数字标准来认定是否达到后果严重、后果特别严重，有实际的困难。

（一审法院合议庭成员　王艳华　顾溶熔　钱云霞
编写人　江苏省无锡市惠山区人民法院　顾溶熔
责任编辑　周维明
审稿人　李玉萍）

原载《人民法院案例选》2018年第7辑（总第125辑）

273. 李森、何利民、张锋勃等破坏计算机信息系统案

——用棉纱等堵塞环境监测采样器造成监测数据失真的司法认定

【关键词】

干扰环境监测采样　数据失真　后果严重　破坏计算机信息系统罪

【裁判要旨】

1. 环境监测系统属于计算机信息系统；用棉纱等堵塞环境监测采样器，造成监测数据失真，是破坏计算机信息系统的行为。

2. 多次干扰采样，次数多、时间长、幅度大，致使影响全国大气环境治理情况评估的公正性，属于造成严重后果，应以破坏计算机信息系统罪定罪量刑。

【相关法条】

《中华人民共和国刑法》

第二百八十六条第一款　违反国家规定，对计算机信息系统功能进行删除、修改、增加、干扰，造成计算机信息系统不能正常运行，后果严重的，处五年以下有期徒刑或者拘役；后果特别严重的，处五年以上有期徒刑。

【案件索引】

一审：陕西省西安市中级人民法院（2016）陕01刑初233号（2017年6月15日）

【基本案情】

陕西省西安市人民检察院指控：西安市长安区环境空气自动监测站（简称长安子站）系国家环境保护部确定的西安市13个国控空气站点之一，通过环境空气质量自动监测系统采集、处理监测数据，并将数据每小时传输发送至中国环境监测总站，一方面通过网站实时向社会公布，另一方面用于编制全国环境空气质量状况月报、季报和年报，向全国发布。且长安子站为全市两个国家直管监测子站之一，由中国环境监测总站委托武汉宇虹环保产业股份有限公司进行运行维护，未经允许，非运维方工作人员不得擅自进入。

2016年2月4日，长安子站回迁至西安市长安区西安邮电大学南区动力大楼房顶。被告人李森利用协助子站搬迁之机私自截留子站钥匙并偷记子站监控电脑密码，此后至2016年3月6日间，在被告人何利民的授意、指使下，被告人李森、张锋勃多次潜入长

安子站内，利用棉纱堵塞采样器的方法，干扰子站内环境空气质量自动监测系统的数据采集功能，被告人李森还多次指使被告人张楠、张肖采用上述方法对子站自动监测系统进行干扰，造成该站自动监测数据多次出现异常，影响了国家环境空气质量自动监测系统正常运行。为防止罪行败露，2016 年 3 月 7 日、3 月 9 日，在被告人李森的指使下，被告人张楠、张肖两次潜入长安子站内将监控视频删除。

针对上述指控，检察机关提供了受案材料及侦破经过、现场勘查笔录及照片、刑事科学技术鉴定书及专家意见、搜查、提取笔录及扣押物品清单、辨认笔录及照片、视听资料、物证、书证、证人证言、被告人的供述及辩解等证据。

检察机关认为，被告人李森、何利民、张锋勃、张楠、张肖违反国家规定，干扰国家环境空气质量自动监测系统正常运行，其行为已触犯《中华人民共和国刑法》第二百八十六条之规定，应以破坏计算机信息系统罪追究五被告人的刑事责任。

被告人李森在庭审中承认指控属实。其辩护人发表如下辩护意见：（1）李森等人堵塞采样器的行为，没有违反国家规定，不具有破坏计算机信息系统罪的违法性要件；（2）李森等人用棉纱堵塞采样器的行为，仅干扰了数据分析器的数据，而对采集器的采集、分析、传输等内在功能没有影响和破坏，进而对计算机信息系统也没有影响和破坏；（3）本案未达到严重后果。请求宣告李森无罪。

被告人何利民在庭审中辩称其对李森堵塞采样器的行为仅是默许、放任。其辩护人发表如下辩护意见：（1）现有证据无法证明本案造成了严重后果，指控被告人犯罪不成立；（2）何利民未授意、指使李森、张锋勃堵塞采样器，现有证据亦不足以充分指控何利民授意、指使他人堵塞采样器。请求宣告何利民无罪。

被告人张锋勃在庭审中承认指控属实。其辩护人发表如下辩护意见：（1）张锋勃实施堵塞采样器的行为并非《刑法》所规定的破坏计算机信息系统犯罪行为；（2）现有证据不足以证明张锋勃堵塞采样器的行为造成了《刑法》所规定的严重后果；（3）张锋勃具有自首情节。请求宣告张锋勃无罪。

被告人张楠在庭审中承认指控属实。其辩护人发表如下辩护意见：（1）指控张楠犯破坏计算机信息系统罪后果严重不成立；（2）张楠主观上对自己的行为后果认识不明确，不具有犯罪故意；（3）张楠受李森指使，不得不听从李森安排堵塞采样器。请求宣告张楠无罪。

被告人张肖在庭审中承认指控属实。其辩护人发表如下辩护意见：（1）张肖的行为不属于实施了破坏计算机信息系统功能的行为；（2）张肖的行为未造成严重后果；（3）张肖无破坏计算机信息系统犯罪的主观故意；（4）张肖有坦白情节。请求宣告张肖无罪。

法院经审理查明：长安子站系原国家环境保护部（2018 年 3 月组建为国家生态环境部，以下简称环境部）确定的西安市 13 个国控空气站点之一，通过环境空气质量自动监测系统采集、处理监测数据，并将数据每小时传输发送至中国环境监测总站（以下简称监测总站），一方面通过网站实时向社会公布，另一方面用于编制全国环境空气质量状况月报、季报和年报，向全国发布。长安子站为全市两个国家直管监测子站之一，由监测总站委托武汉宇虹环保产业股份有限公司（以下简称宇虹公司）进行运行维护，未经允许，非运维方工作人员不得擅自进入。

2016 年 2 月 4 日，长安子站回迁至西安市长安区西安邮电大学南区动力大楼房顶。

被告人李森利用协助子站搬迁之机私自截留子站钥匙并偷记子站监控电脑密码，此后至2016年3月6日间，在被告人何利民的授意、指使下，被告人李森、张锋勃多次进入长安子站内，用棉纱堵塞采样器的方法，干扰子站内环境空气质量自动监测系统的数据采集功能。被告人李森还多次指使被告人张楠、张肖采用上述方法对子站自动监测系统进行干扰，造成该站自动监测数据多次出现异常，多个时间段内监测数据严重失真，影响了国家环境空气质量自动监测系统正常运行。为防止罪行败露，2016年3月7日、3月9日，在被告人李森的指使下，被告人张楠、张肖两次进入长安子站将监控视频删除。2016年2、3月间，长安子站每小时的监测数据已实时传输发送至监测总站，通过网站向社会公布，并用于环境部编制2016年2月、3月和第一季度全国74个城市空气质量状况评价、排名。2016年3月5日，监测总站在例行数据审核时发现长安子站数据明显偏低，检查时发现了长安子站监测数据弄虚作假问题，后公安机关将被告人李森、何利民、张楠、张肖、张锋勃抓获到案。被告人李森、被告人张锋勃、被告人张楠、被告人张肖在庭审中均承认指控属实，被告人何利民在庭审中辩称其对李森堵塞采样器的行为仅是默许、放任，请求宣告其无罪。

【裁判结果】

陕西省西安市中级人民法院（2016）陕01刑初233号刑事判决认为：被告人李森、张锋勃、张楠、张肖违反国家规定，针对环境质量监测系统多次实施干扰采样的行为，被告人何利民授意、指使李森干扰采样，五被告人的行为致使监测数据严重失真，失真的监测数据已实时发送至监测总站并向社会公布，并已用于环境部编制环境质量评价的月报、季报，环境部亦在2016年2、3月和第一季度的全国74个重点城市空气质量排名中采信上述虚假数据，已向社会公布并上报国务院，影响全国大气环境治理情况评估，影响公正性，损害了政府公信力，五被告人的犯罪行为造成严重后果，均构成破坏计算机信息系统罪。遂依照《中华人民共和国刑法》第二百八十六条第一款，第二十五条第一款，第二十六条第一款、第四款，第四十七条，第六十一条，第六十七条第三款及《最高人民法院、最高人民检察院关于办理环境污染刑事案件适用法律若干问题的解释》第十条第一款第（二）项之规定，以破坏计算机信息系统罪判处被告人李森有期徒刑一年十个月、判处被告人何利民有期徒刑一年七个月、判处被告人张锋勃有期徒刑一年四个月；判处被告人张楠有期徒刑一年三个月、判处被告人张肖有期徒刑一年三个月。宣判后，被告人李森、何利民、张锋勃、张楠、张肖均未上诉，一审判决已生效。

【裁判理由】

法院生效裁判认为：五被告人的行为违反了国家规定。《环境保护法》第六十八条规定禁止篡改、伪造或者指使篡改、伪造监测数据，《大气污染防治法》第一百二十六条规定禁止对大气环境保护监督管理工作弄虚作假，《计算机信息系统安全保护条例》第七条规定不得危害计算机信息系统的安全，以上法律及条例均规定了“构成犯罪的，依法追究刑事责任”。可见，《环境保护法》《大气污染防治法》《计算机信息系统安全保护条例》保护监测数据的真实性和计算机信息系统的安全性不受侵害。本案五被告人采取堵塞采样器的方法伪造或者指使他人伪造监测数据，弄虚作假，危害了计算机信息系统的安全，违反了上述国家规定。

各被告人的行为破坏了计算机信息系统。《最高人民法院、最高人民检察院关于办理危害计算机信息系统安全刑事案件应用法律若干问题的解释》第十一条规定，计算机信息系统和计算机系统，是指具备自动处理数据功能的系统，包括计算机、网络设备、通信设备、自动化控制设备等。长安子站系国控环境空气质量自动监测站点，产生的监测数据经过系统软件直接传输至监测总站，通过环境部和监测总站的政府网站实时向社会公布，参与计算环境空气质量指数并实时发布。空气采样器是环境空气质量监测系统的重要组成部分。PM10、PM2.5 监测数据作为环境空气综合污染指数评估中的最重要两项指标，被告人用棉纱堵塞采样器的采样孔或拆卸采样器的行为，必然造成采样器内部气流场的改变，造成监测数据失真，影响对环境空气质量的正确评估。因此，被告人的行为破坏了计算机信息系统功能，造成计算机信息系统不能客观反映真实空气质量状况的后果。

各被告人的行为造成了严重后果。（1）被告人李森、张锋勃、张楠、张肖均多次堵塞、拆卸采样器干扰采样，被告人何利民授意、指使被告人李森干扰采样降低监测数据。（2）被告人的干扰行为造成了监测数据的显著异常。2016 年 2 月至 3 月间，长安子站颗粒物监测数据多次出现与周边子站变化趋势不符的现象。其中，长安子站的 PM10 数据在 2016 年 3 月 5 日 19 时至 22 时由 361 下降至 213，下降了 41%，其他周边子站均值升高了 14%（由 316 上升至 361），6 日 16 时至 17 时长安子站监测数值由 188 上升至 426，升高了 127%，其他子站均值变化不大（由 318 降至 310），6 日 17 时至 19 时长安子站数值由 426 下降至 309，下降了 27%，其他子站均值变化不大（由 310 降至 304）。可见，被告人堵塞采样器的行为足以造成监测数据的严重失真。上述数据的严重失真，与监测总站在例行数据审核时发现长安子站 PM10 数据明显偏低可以印证。（3）失真的监测数据已实时发送至监测总站，并向社会公布。长安子站空气质量监测的小时浓度均值数据已经通过互联网实时发布。（4）失真的监测数据已被用于编制环境评价的月报、季报。环境部在 2016 年二、三月及第一季度的全国 74 个重点城市空气质量排名工作中已采信上述虚假数据，已向社会公布并上报国务院。综上可见，被告人多次干扰采样，足以造成监测数据的严重失真，并且已经造成了特定时间段内监测数据严重失真的后果。长安子站作为长安区唯一国控子站，失真的监测数据作为评价长安区空气质量状况的重要数据已实时发送至监测总站，并向社会公布，且用于月报、季报，影响全国大气环境治理情况评估，影响公正性，损害了政府公信力，可能误导环境决策，影响地方政府治理污染措施的力度，因此，被告人实施干扰采样的行为造成了严重后果，符合《刑法》第二百八十六条规定的“后果严重”要件。

各被告人系共同犯罪，均系主犯。（1）被告人何利民对被告人李森有授意、指使行为。被告人李森、张楠均供述何利民授意、指使李森采取手段降低监测数据，证人张娟维亦证明何利民打电话、发短信要求李森去长安子站处理数据，被告人何利民在立案侦查后及庭审中亦供述其明知李森用棉纱堵塞采样器后还要求李森采取手段迅速降低监测数据，可见被告人何利民明知通过正常途径无法在短时间内降低监测数据的情况下仍授意、指使李森降低监测数据。（2）被告人张楠、张肖在侦查期间的供述及被告人李森供述均证明张楠、张肖明知用棉纱堵塞采样器可以在短时间内降低监测数据，在本案指控的时间段之前已采取过类似行为，仍多次拆卸、堵塞采样器干扰采样，意图是明显的，二人对自己行为的后果主观上明知，具有共同犯罪的故意。（3）被告人李森多次实施并指使他人多次实施干扰采样行为，被告人何利民授意和指使李森实施干扰采样行为，被告人张锋勃、张楠、张肖均多次、独立实施了干扰采样行为，均系主犯。五名被告人系共同犯罪，其中被告人李森、何利民对全案负责，被告人张锋勃、张楠、张肖对各自实施的行为负责，应根据五被告人在共同犯罪中所处地位、所起作用予以相应惩处。

各被告人不构成自首。在案证据证明2016年3月21日公安部指定西安市公安局受理本案时已掌握何利民指使李森通过堵塞采样器的方法降低空气监测数据，李森指使张肖堵塞采样器，指使张楠删除监控视频，3月23日对李森、张楠、张肖采取了取保候审措施。其后，公安机关分别传唤了何利民、李森、张楠、张肖、张锋勃并对他们依法采取了刑事拘留措施，五被告人在公安机关已掌握其基本犯罪事实前无投案的主动性和自愿性，不构成自首。五被告人到案后均如实供述了自己的基本犯罪事实，有悔罪表现，其行为构成坦白，依法可以从轻处罚。

【案例注解】

该案系全国首例适用《最高人民法院、最高人民检察院关于办理环境污染刑事案件适用法律若干问题的解释》第十条第一款第（二）项"干扰采样，致使监测数据严重失真"的司法解释规定进行定罪量刑的案件。具体如何认定，无先例可循。其争议焦点是，干扰环境监测系统采样器采样，导致数据失真，该行为是否属于破坏计算机信息系统，是否属于造成严重后果，能否依照破坏计算机信息系统罪定罪处罚。

一、环境监测系统是否属于计算机系统，用棉纱堵塞等干扰环境监测系统采样器采样导致数据失真，该行为是否属于破坏计算机信息系统

首先，环境监测系统应属于计算机信息系统。根据《中华人民共和国计算机信息系统安全保护条例》第二条的规定，计算机信息系统，是指"由计算机及其相关的和配套的设备、设施（含网络）构成的，按照一定的应用目标和规则对信息进行采集、加工、存储、传输、检索等处理的人机系统"。本案中，长安子站系国控环境空气质量自动监测站点，其通过空气采样器对PM10、PM2.5进行采集、加工、存储、传输和检索，空气采样器是环境空气质量监测系统的重要组成部分，PM10、PM2.5监测数据作为环境空气综合污染指数评估中的最重要两项指标，通过环境部和监测总站的政府网站实时向社会公布，产生的监测数据经过系统软件直接传输至监测总站，参与计算环境空气质量指数并实时发布。2011年9月1日起施行的《最高人民法院、最高人民检察院关于办理危害计算机信息系统安全刑事案件应用法律若干问题的解释》第十一条规定："本解释所称计算机信息系统和计算机系统，是指具备自动处理数据功能的系统，包括计算机、网络设备、通信设备、自动化控制设备等。"因此，本案中的环境空气质量监测系统应属于司法解释中所规定的计算机信息系统。

其次，用棉纱堵塞采样器，造成监测数据失真，应属于破坏计算机信息系统的行为。破坏计算机系统主要表现为三种方式：一是"对计算机信息系统功能进行删除、修改、增加、干扰"；二是"对计算机信息系统中存储、处理或传输的数据和应用程序进行删除、修改、增加的操作"；三是"故意制作、传播计算机病毒等破坏性程序"。2017年1

月 1 日起施行的《最高人民法院、最高人民检察院关于办理环境污染刑事案件适用法律若干问题的解释》（法释〔2016〕29 号）第十条规定："违反国家规定，针对环境质量监测系统实施下列行为，或者强令、指使、授意他人实施下列行为的，应当依照刑法第二百八十六条的规定，以破坏计算机信息系统罪论处：（一）修改参数或者监测数据的；（二）干扰采样，致使监测数据严重失真的；（三）其他破坏环境质量监测系统的行为。从事环境监测设施维护、运营的人员实施或者参与实施篡改、伪造自动监测数据、干扰自动监测设施、破坏环境质量监测系统等行为的，应当从重处罚。"

本案中，被告人用棉纱堵塞采样器的采样孔或拆卸采样器的行为，导致采样器内部气流场的改变，造成监测数据失真，影响国家对环境空气质量的正确评估，符合法释〔2016〕29 号第十条所规定的"干扰采样，致使监测数据严重失真"的破坏计算机信息系统的行为。

二、多次干扰环境监测采样，次数多、时间长、幅度大，致使影响全国大气环境治理情况评估的公正性，应属于造成严重后果

本案的另一争议焦点是各被告人之行为是否造成"严重后果"。庭审中，被告人何利民的辩护人为证明李森等人堵塞采样器没有造成严重后果，何利民等人的行为不构成犯罪，提交了其所在律师事务所委托西安市环境保护局、环境监测站作出的《评估函》，西安市环境保护局、环境监测站指出：被告人干扰采样器的特定时间内的监测数据失真不会使西安市的整体环境空气质量的评价加重一个级别。破坏计算机信息系统罪的"后果严重"，主要是指给国家、集体、组织或者个人造成重大经济损失的，或者影响正常的工作秩序或生活秩序的，或者造成恶劣的社会影响等。①

法院生效裁判认为：(1) 辩护人所提交的证据主要证明被告人的行为对同期西安市整体环境空气质量的影响，与被告人的行为是否造成长安子站监测数据严重失真，造成严重后果是不同的概念，其所提交的证据无法否认被告人堵塞采样器的行为造成了长安子站监测数据严重失真的后果；(2) 长安子站作为长安区唯一的国控子站，其监测数据是长安区区域空气质量的重要反映，其数据的真实性应当得到保障，不容侵害。国家环境空气质量监测系统是通过一个个子站的监测系统发挥作用，不因其中每一个子站监测数据评价的区域面积较小而否定子站的价值，不因长安子站的监测数据对评价西安市整体空气质量状况没有决定性的影响而否定长安子站真实监测数据的重要性。辩护人所提"不会使西安市的整体环境空气质量的评价加重一个级别，对 3 月 6 日的数据仅使评价由中度加重为重度，但同期政府已经发布了黄色应急响应紧急通知，没有影响政府采取相应的应急预案"之意见，无法否定被告人行为对长安子站的影响。故辩护人所提交证据的证明目的不成立，依法未予采纳。

各被告人多次干扰采样，次数多、时间长、幅度大，致使影响全国大气环境治理情况评估的准确性，属于造成严重后果。各被告人的弄虚作假行为致使真实数据已不可逆，假数据与真实数据之间的差别无法准确衡量，因此要判断后果是否严重从而是否认定为犯罪行为，不仅要着眼于监测数据，还要着眼于干扰次数、时间、影响的幅度和数据采

① 吕薛文：《破坏计算机信息系统案——如何认定破坏计算机信息系统罪》，载《刑事审判参考》2000 年第 4 辑。

信发布。(1）被告人李森、张锋勃、张楠、张肖均多次堵塞、拆卸采样器干扰采样，被告人何利民授意、指使被告人李森干扰采样，降低监测数据。(2）被告人的干扰行为造成了监测数据的显著异常。2016年2月至3月间，长安子站颗粒物监测数据多次出现与周边子站变化趋势不符的现象。长安子站PM2.5数据分别在2月24日18时至25日16时、3月3日4时至6日19时两个时段内异常，PM10数据分别在2月18日18时至19日8时、2月25日20时至21日8时、3月5日19时至6日23时三个时段内异常。其中，长安子站的PM10数据在2016年3月5日19时至22时由361下降至213，下降了41%，其他周边子站均值升高了14%（由316上升至361)，6日16时至17时长安子站监测数值由188上升至426，升高了127%，其他子站均值变化不大（由318降至310)，6日17时至19时长安子站数值由426下降至309，下降了27%，其他子站均值变化不大（由310降至304)。可见，被告人堵塞采样器的行为足以造成监测数据的严重失真。上述数据的严重失真，与监测总站在例行数据审核时发现长安子站PM10数据明显偏低可以相互印证。(3）失真的监测数据已实时发送至监测总站，并向社会公布。长安子站空气质量监测的小时浓度均值数据已经通过互联网实时发布。(4）失真的监测数据已被用于编制环境评价的月报、季报。环境部在2016年二、三月及第一季度的全国74个重点城市空气质量排名工作中已采信上述虚假数据，已向社会公布并上报国务院。综上可见，被告人多次干扰采样，足以造成监测数据的严重失真，并且已经造成了特定时间段内监测数据严重失真的后果。长安子站作为长安区唯一国控子站，失真的监测数据作为评价长安区空气质量状况的重要数据已实时发送至监测总站，并向社会公布，且用于月报、季报，影响全国大气环境治理情况评估，影响公正性，损害了政府公信力，误导环境决策，影响地方政府治理污染措施的力度，因此，被告人实施干扰采样的行为造成了严重后果，符合《刑法》第二百八十六条规定的“后果严重”的情形。

三、各被告人的行为均构成破坏计算机信息系统罪

根据《刑法》第二百八十六条的规定，破坏计算机信息系统罪，是指违反国家规定，对计算机信息系统功能进行删除、修改、增加、干扰或对计算机信息系统中存储、处理、传输的数据和应用程序进行删除、修改、增加的操作或故意制作、传播计算机病毒等破坏性程序，影响计算机系统正常运行，后果严重的行为。

认定破坏计算机信息系统罪应从犯罪构成上把握：一是破坏计算机信息系统罪的犯罪对象是计算机信息系统功能、计算机信息系统及其中的数据、应用程序。这里的数据，是指计算机实际处理的一切文字、符号、声音、图像等有意义的组合。侵犯的客体是计算机信息系统的安全。二是破坏计算机信息系统罪在客观方面表现为违反国家规定，对计算机信息系统功能进行删除、修改、增加、干扰，对计算机信息系统中存储、处理、传输的数据和应用程序进行删除、修改、增加的操作，故意制作、传播计算机病毒等破坏性程序，影响计算机系统正常运行，后果严重的行为。①

《环境保护法》第六十八条规定，禁止篡改、伪造或者指使篡改、伪造监测数据；《大气污染防治法》第一百二十六条规定，禁止对大气环境保护监督管理工作弄虚作假；

① 吕薛文：《破坏计算机信息系统案——如何认定破坏计算机信息系统罪》，载《刑事审判参考》2000年第4辑。

《计算机信息系统安全保护条例》第七条规定，不得危害计算机信息系统的安全。本案被告人作为环境保护工作人员，明显违反国家法律规定，针对环境质量监测系统多次实施干扰采样的行为，被告人何利民授意、指使李森干扰采样；五被告人的行为致使监测数据严重失真，失真的监测数据已实时发送至监测总站并向社会公布，已用于环境部编制环境质量评价的月报、季报，环境部亦在2016年2、3月和第一季度的全国74个重点城市空气质量排名中采信上述虚假数据，已向社会公布并上报国务院，影响全国大气环境治理情况评估，损害了政府公信力，其行为完全符合《最高人民法院、最高人民检察院关于办理环境污染刑事案件适用法律若干问题的解释》第十条第一款第（二）项“违反国家规定，针对环境质量监测系统实施下列行为，或者强令、指使、授意他人实施下列行为的，应当依照刑法第二百八十六条的规定，以破坏计算机信息系统罪论处：……（二）干扰采样，致使监测数据严重失真的……”之规定，应当以破坏计算机信息系统罪追究刑事责任。西安市人民检察院指控被告人李森、何利民、张锋勃、张楠、张肖犯破坏计算机信息系统罪的犯罪事实成立，罪名及适用法律正确，应予支持。对五被告人的犯罪行为应依法予以惩处，鉴于五被告人到案后均能坦白认罪，有悔罪表现，依法可以从轻处罚。

该案作为首例适用《最高人民法院、最高人民检察院关于办理环境污染刑事案件适用法律若干问题的解释》第十条第一款第（二）项的案件，在判决后得到法律实务界的广泛认同，对审理类似案件具有一定的指导和借鉴意义。①

（一审法院合议庭成员　张燕萍　骆成兴　袁　兵

编写人　陕西省西安市中级人民法院　高　伟　王全谋　骆成兴　袁　兵

责任编辑　周维明

审稿人　李玉萍）

原载《人民法院案例选》2019年第4辑（总第134辑）

① 如本案判决后，广东省东莞市中级人民法院、山西省临汾市中级人民法院等先后对类似案件作出类似判决。

274. 韩某某、刘某某等破坏计算机信息系统案
——修改企业安装的环境质量在线监测系统参数或者监测数据，干扰采样行为的认定

【关键词】

刑事　破坏计算机信息系统　篡改参数　数据造假　污染环境

【裁判要旨】

1. 企业安装的环境质量在线监测系统虽并未明确指明是计算机信息系统，但因其具备自动处理数据功能且能够反映环境空气污染指数，并直接与环保部门在线监测数据关联，从而属于《最高人民法院、最高人民检察院关于办理危害计算机信息系统安全刑事案件应用法律若干问题的解释》第十一条关于计算机信息系统及计算机系统的解释的规定。

2. 被告人对环境质量监测系统的功能及参数进行直接篡改，致使监测系统的正常功能受到侵害，并影响环保部门对环境空气监测质量的正确评估，属于《最高人民法院、最高人民检察院关于办理环境污染刑事案件适用法律若干问题的解释》第十条规定的以修改参数、干扰采样破坏计算机信息系统污染环境的认定。

【相关法条】

《中华人民共和国刑法》

第二百八十六条第一款　违反国家规定，对计算机信息系统功能进行删除、修改、增加、干扰，造成计算机信息系统不能正常运行，后果严重的，处五年以下有期徒刑或者拘役；后果特别严重的，处五年以上有期徒刑。

第二款　违反国家规定，对计算机信息系统中存储、处理或者传输的数据和应用程序进行删除、修改、增加的操作，后果严重的，依照前款的规定处罚。

《最高人民法院、最高人民检察院关于办理环境污染刑事案件适用法律若干问题的解释》

第十条　违反国家规定，针对环境质量监测系统实施下列行为，或者强令、指使、授意他人实施下列行为的，应当依照刑法第二百八十六条的规定，以破坏计算机信息系统罪论处：

（一）修改参数或者监测数据的；

（二）干扰采样，致使监测数据严重失真的；

（三）其他破坏环境质量监测系统的行为。

重点排污单位篡改、伪造自动监测数据或者干扰自动监测设施，排放化学需氧量、

氨氮、二氧化硫、氮氧化物等污染物，同时构成污染环境罪和破坏计算机信息系统罪的，依照处罚较重的规定定罪处罚。

从事环境监测设施维护、运营的人员实施或者参与实施篡改、伪造自动监测数据、干扰自动监测设施、破坏环境质量监测系统等行为的，应当从重处罚。

《最高人民法院、最高人民检察院关于办理危害计算机信息系统安全刑事案件应用法律若干问题的解释》

第十一条第一款 本解释所称"计算机信息系统"和"计算机系统"，是指具备自动处理数据功能的系统，包括计算机、网络设备、通信设备、自动化控制设备等。

【案件索引】

一审：天津市武清区人民法院（2018）津0114刑初203号（2018年6月7日）

二审：天津市第一中级人民法院（2018）津01刑终567号（2018年8月20日）

【基本案情】

天津市武清区人民检察院指控：被告人韩某某、刘某某、赵某某犯破坏计算机信息系统罪。

法院经审理查明：被告人韩某某作为天津市凯森新能源科技有限公司（位于天津市武清区大良镇旗良公路东侧）下属的大良供热站站长，于2016年11月前后至2017年2月17日，默许并授意该站员工被告人刘某某、赵某某对站内烟气连续在线监测系统中二氧化硫、氮氧化合物、烟尘等污染物的后台参数进行篡改，造成二氧化硫、一氧化氮、烟尘等污染物在线监控数据与实时上传到国家环保部门的监控数据严重不符，所传输的被篡改数据使计算机信息系统不能客观反映烟气排放的真实情况，致使环保部门不能有效监控该企业烟气污染物是否超标排放。2017年2月17日，经天津市环境监控中心对该单位锅炉净化设施出口现场监测，二氧化硫排放浓度（小时均值）为377mg/m^3，严重超过锅炉大气污染物排放标准。

【裁判结果】

天津市武清区人民法院于2018年6月7日作出（2018）津0114刑初203号刑事判决：一、被告人韩某某犯破坏计算机信息系统罪，判处有期徒刑一年二个月；二、被告人刘某某犯破坏计算机信息系统罪，判处有期徒刑一年；三、被告人赵某某犯破坏计算机信息系统罪，判处有期徒刑十一个月。

宣判后，被告人韩某某以其并非主犯，原判对其量刑过重为由提起上诉，被告人刘某某和赵某某以量刑过重为由提起上诉，天津市第一中级人民法院于2018年8月20日作出（2018）津01刑终567号刑事裁定：驳回上诉，维持原判。

【裁判理由】

法院生效裁判认为：被告人韩某某、刘某某、赵某某违反国家规定，针对环境质量检测系统多次实施篡改、干扰传输数据的行为，致使检测数据严重失真，使计算机信息系统不能客观反映烟气排放的真实情况，超标排放污染物，后果严重，其行为均已构成破坏计算机信息系统罪。公诉机关指控各被告人的罪名成立，法院予以支持。韩某某在共同犯罪中起主要作用，系主犯；赵某某、刘某某起次要作用，系从犯，依法应从轻处罚。庭审中，三被告人认罪态度较好，依法可从轻处罚。鉴于本案适用认罪认罚从宽制度，依法从宽处罚。原判决认定事实和适用法律正确，量刑并无不当，审判程序合法。韩某某、刘某某、赵某某及其辩护人提出的上诉意见依据不足，对其上诉请求法院不予支持。

【案例注解】

本案的争议焦点为对修改企业安装的环境质量在线监测系统参数或者监测数据、干扰采样行为的性质认定，主要涉及以下三个方面的问题：

一、涉案企业安装的环境在线监测系统是否属于刑法所指的计算机信息系统

环境质量是通过定性与定量的方法，描述环境所处的状态，将具体环境下的要素通过与人为要求的数据对比从而对环境进行的评定。对于环境污染程度的数据评价称为环境质量评价，而用以作为参照物的数据就称为环境指数。《环境空气质量手工监测技术规范》明确规定了环境质量手工监测的点位布设、样品采集的时间、频率、运输、保存、监测方法、数据处理、质量监控等技术要求。《污染源自动监控设施运行管理办法》规定，在污染源现场安装的符合国家规定标准的监控、监测仪器、流量（速）计、记录仪、数据采集传输仪器属于自动监控设施。三被告人供职的天津市凯森新能源科技有限公司虽不属于天津市重点排污单位，但该公司属于天津市环保局依法确定必须安装自动监测系统的排污单位，必须在污染源安装环境在线监测仪器。

根据《最高人民法院、最高人民检察院关于办理危害计算机信息系统安全刑事案件应用法律若干问题的解释》第十一条规定："本解释所称'计算机信息系统'和'计算机系统'，是指具备自动处理数据功能的系统，包括计算机、网络设备、通信设备、自动化控制设备等。"三被告人所在企业安装的在线监测仪器将监测的数据与系统软件对比处理后，与环保部门联网，数据直接纳入环保部门环境空气质量监测系统。可以看出，在线监测仪器具备自动采集、处理、存储、回传、显示数据的功能，属于具备自动处理数据功能的计算机系统。因此，只要是符合国家标准的具备数据处理传输功能的，企业安装的用于监测环境质量的环境监测仪器均属于环境监测系统，也是计算机信息系统的重要组成部分。

二、被告人的行为是否属于破坏环境质量监测系统的行为

污染企业安装的环境在线监测系统是与环保部门监测终端连接的具有监测与预警功能的预防环境污染事故发生的重要设备。具有实时监测污染企业污染物排放的含量、成分与标准，并对超标排放污染物行为进行及时预警的功能。行为人对计算机信息系统内的功能或数据进行删除、修改、增加，会扰乱计算机信息系统的正常运行，致使计算机网络所反映的信息不能发挥原有设定的功能或者显示真实数据。司法实务中认定修改参数、篡改数据，干扰采样的重要标准是考察行为人有没有对计算机信息系统内的功能或数据进行直接侵害或者产生影响，计算机信息系统的正常功能有无受到阻碍。可理解为行为造成计算机信息系统不能正常运行，包括使计算机信息系统不能运行和不能按原来的设计要求运行，从而导致分析数据不正常。这种篡改、干扰行为不仅限于内部篡改数据，也包括借助外力实施的破坏计算机信息系统的行为，其中既有本案中行为人利用其掌握在线监测系统的密码，直接修改后台环保监测参数污染环境的；也有单位或者个人用装置将大气污染防治网格化精准监控预警系统的监控探头套上，干扰监测设备正常运行的；还有单位或者个人私自将氨氮自动监控仪器抽取污水的取水管与水泵断开，另外从其他水源进行取水检测，致使监测数据严重失真的。

本案中被告人采用修改参数或者监测数据的方法，违法排放污染物，严重污染环境。

三、本案被告人是否构成破坏计算机信息系统罪

计算机信息系统是本案犯罪的对象，只有行为人利用计算机信息系统作为载体，篡改系统内部数据，干扰计算机系统正常功能的行使，致使环境监测系统不能正常监测环保数据的，才构成此罪。本罪在主观方面要求行为人具有主观故意性，即明知自己的行为会造成破坏计算机信息系统功能的正常运行，或者破坏计算机信息系统的数据，仍持有希望或者放任这种结果发生的主观心态。本罪侵犯的客体是计算机信息系统的安全。计算机信息系统的安全是指计算机及其相关的和配套的设备、设施（含网络）的安全，运行环境的安全，存储信息的安全，计算机功能的正常发挥，以及计算机信息系统的安全运行。本罪的客观方面表现为行为人实施了破坏计算机信息系统功能且造成严重后果的行为。计算机信息系统的功能，是指按照一定的应用目标和规则对信息进行采集、加工、存储、传输、检索的功用和能力。本罪的行为具体表现为对计算机信息系统中存储、处理或者传输的数据进行篡改的操作，造成计算机信息系统的功能不能正常发挥。

本案中三被告人的违法行为造成了严重的危害后果：（1）被告人违反国家规定，针对环境质量检测系统多次实施篡改、干扰传输数据的行为，造成检测数据严重失真，使计算机信息系统不能客观反映烟气排放的真实情况。（2）被告人篡改行为造成了监测数据异常。被告人利用其掌握在线监测系统后台密码，擅自将在线监测系统后台中二氧化硫参数K由1改为0.2，氮氧化物参数K由1改为0.2，烟尘参数K由1修改为0.08，造成了在线监测数据小于实时监测数据。天津市环境监控中心对被告人所在单位进行现场监测后，发现该单位实际排放的二氧化硫数据为377mg/m^3，严重超过锅炉大气污染物排放标准。（3）造成排污单位逃避监管，超标排放污染物污染环境的严重后果。

综上，本案中三被告人违反国家规定，针对环境质量监测系统功能进行篡改，致使在线监测系统不能正常运行，并造成严重后果，因此构成破坏计算机信息系统罪。

（一审法院合议庭成员　李海峰　沈玉霞　张宝和
二审法院合议庭成员　杨雪梅　刘　为　路　诚
编写人　天津市武清区人民法院　李海峰　姜　欣
责任编辑　周维明
审稿人　李玉萍）

原载《人民法院案例选》2020年第11辑（总第153辑）

五、编造、故意传播虚假恐怖信息罪

275. 黄小丽、王海洋编造虚假恐怖信息案

——编造虚假恐怖信息既遂形态的认定

【关键词】

编造虚假恐怖信息　既遂形态

【裁判要旨】

为催收债务，编造火灾、爆炸威胁等恐怖信息，致使幼儿园停课，公安机关采取紧急疏散人员、防恐排爆等处置措施，严重扰乱社会秩序的，构成编造虚假恐怖信息罪的既遂。

【相关法条】

《中华人民共和国刑法》

第二百九十一条之一　投放虚假的爆炸性、毒害性、放射性、传染病病原体等物质，或者编造爆炸威胁、生化威胁、放射威胁等恐怖信息，或者明知是编造的恐怖信息而故意传播，严重扰乱社会秩序的，处五年以下有期徒刑、拘役或者管制；造成严重后果的，处五年以上有期徒刑。

编造虚假的险情、疫情、灾情、警情，在信息网络或者其他媒体上传播，或者明知是上述虚假信息，故意在信息网络或者其他媒体上传播，严重扰乱社会秩序的，处三年以下有期徒刑、拘役或者管制；造成严重后果的，处三年以上七年以下有期徒刑。

【案件索引】

一审：福建省厦门市翔安区人民法院（2016）闽0213刑初421号（2016年12月2日）

【基本案情】

厦门市翔安区人民检察院以被告人黄小丽、王海洋犯编造虚假恐怖信息罪，向翔安

区人民法院提起公诉。

法院审理查明，2016年3月间，被告人黄小丽在上海证大投资咨询有限公司资产管理部任职期间，为完成公司下达的催讨欠款任务，在多次致电借款人徐某催款无果的情况下，欲通过向徐某之女徐某萱就读地址在厦门市翔安区内厝镇的明珠幼儿园施压迫使徐某还款，遂于同年3月24日17时许佯称应聘拨打该幼儿园园长童某的手机收集该幼儿园相关信息。

2016年3月25日12时许，被告人黄小丽再次致电童某，谎称自己是徐某萱亲属，在取得徐某萱班主任邱某的联系方式后，于13时许让其同事被告人王海洋致电邱凤玉并言语侮辱、恐吓，编造将向幼儿园投递炸弹包裹及幼儿园将起火、被炸、出现小孩死尸等恐怖信息，逼迫邱某等人让徐某筹集人民币10万元偿还借款。二被告人同时拨打童某手机，但未接通。童某于15时许回拨后，被告人王海洋继续以上述言语侮辱、恐吓。为进一步向幼儿园施压，被告人黄小丽谎称幼儿园举办活动需要，通过网络以款项到付方式诱使翔安幸福园花店向该幼儿园送花10束，并向童某发送“今天给你送花明天早上你家幼儿园就变成丧葬地”等恐怖信息，欲进一步引起恐慌。期间，童某电话报警，并因鲜花分两箱包装怕藏有炸弹而拒收，同时禁止人员靠近送花之人。公安机关到场处置过程中接听被告人王海洋来电时，被告人王海洋仍以幼儿园将发生爆炸、撞击事件及出现死尸等进行恐吓。公安机关为避免出现严重后果，随即要求幼儿园停课，紧急疏散在校幼儿、教职工及该幼儿园所在楼栋的居民，并紧急将该情况逐级上报，后派遣刑侦、防爆、特警等大批警力到场处置。经对现场进行搜查，未发现爆炸物等危险物品。

【裁判结果】

福建省厦门市翔安区人民法院于2016年12月2日作出（2016）闽0213刑初421号刑事判决：一、被告人黄小丽犯编造虚假恐怖信息罪，判处有期徒刑九个月。二、被告人王海洋犯编造虚假恐怖信息罪，判处有期徒刑九个月。法院宣判后，原审被告人表示不上诉，抗诉机关无抗诉，判决已生效。

【裁判理由】

法院生效裁判认为：被告人黄小丽、王海洋为向他人催收债务，编造火灾、爆炸威胁等恐怖信息，致使幼儿园停课及公安机关采取紧急疏散人员、防恐排爆等处置措施，严重扰乱社会秩序，其行为均已构成编造虚假恐怖信息罪。公诉机关指控的罪名成立。本案系共同犯罪，二被告人共同积极实施编造虚假恐怖信息行为，地位、作用相当，不予区分主从犯。被告人黄小丽、王海洋到案后能如实供述自己的罪行，庭审时自愿认罪，具有坦白情节，依法均可以从轻处罚。被告人黄小丽、王海洋因本案均被先行羁押1日，依法均可折抵刑期。

【案例注解】

编造、故意传播虚假恐怖信息罪是近年来各地发生的呈上升趋势的一种犯罪，其本身犯罪成本低、犯罪对象广泛、犯罪分子隐蔽性强，因而社会危害性大。正常情况下，虚假的信息通常是不会产生实际的恐怖结果的，但是虚假恐怖信息的编造、传播往往导致社会公众心理的恐慌以及社会秩序的混乱，使得国家、社会以及个体为防止恐怖行为的出现而付出物质上和精神上的代价，必然对社会秩序产生一定程度的干扰。2001 年 12 月 29 日，全国人民代表大会常务委员会第 25 次会议通过了《刑法修正案（三）》，该修正案第八条增设了“投放虚假的爆炸性、毒害性、放射性、传染病病原体等物质，或者编造爆炸威胁、生化威胁、放射威胁等恐怖信息，或者明知是编造的恐怖信息而故意传播，严重扰乱社会秩序，处五年以下有期徒刑、拘役或者管制；造成严重后果的，处五年以上有期徒刑”，并将该罪名的条文作为《刑法》第二百九十一条之一。

一、对严重扰乱社会秩序与造成严重后果的司法解读

目前，对于编造、故意传播虚假恐怖信息罪的完成形态，无论是理论界还是司法实务界均存有一定的争议。主流观点认为，行为人的编造或传播行为必须实际引起了社会秩序的严重混乱，否则不能构成本罪的完成形态。法律规定行为产生严重扰乱社会公共秩序的后果，是该罪客观方面的一个必备的构成要素，而只有完全具备该罪客观构成要素的行为才可能构成既遂状态。然而，何谓公共秩序？笔者认为，公共秩序既包括一种秩序、状态，也包括为维持这种秩序、状态所制定的规则，也就是指根据社会规范加以维持的正常的公共生活状态。

鉴于编造虚假恐怖信息或者明知是编造的恐怖信息而传播，从手段上讲一般不可能对生命安全和财产造成实际危害，而行为人更多地想借此在社会上造成一定程度的恐怖气氛，引起社会秩序的混乱，因而，是否严重扰乱社会秩序是区分罪与非罪的界限。扰乱社会秩序往往指引起社会恐慌，致使工作、生产、营业和教学、科研活动无法正常进行，一般表现为致使国家机关、社会团体、企事业单位正常的工作、生产、经营、教学、科研等秩序被迫停止或中断一定时间，或者引起一定区域内的社会公众心理恐慌，感到自身安全受到威胁，无法正常地生活、学习、工作等情形，因而导致国家、社会及个人为防止恐怖行为的出现而付出物质上和精神上的代价。由此可以认为，公安、武警、卫生检疫等国家职能机关的正常工作秩序也应包含在社会秩序的范畴之内。

《刑法》第二百九十一条之一规定的第二档刑要求造成严重后果，主要是指由于编造恐怖信息或者明知是编造的恐怖信息在公众场合传播，引起秩序大乱，造成人员践踏死伤等情况发生。

二、编造、故意传播虚假恐怖信息罪的犯罪形态

鉴于编造、故意传播虚假恐怖信息罪是选择性罪名，从刑法条义来看，此罪并非行为犯，而是结果犯，即行为人实施的编造、故意传播虚假恐怖信息行为只有达到严重扰乱社会秩序的程度，才能追究其刑事责任。

由于《刑法》以及有关司法解释均未对编造、故意传播虚假恐怖信息罪的定罪量刑标准作出具体规定，司法机关在处理此类案件时，应根据《刑法》规定、刑事政策等具体掌握。实践中，行为人为达到扰乱社会秩序的目的，编造、传播虚假恐怖信息的方法较多，如打电话、发手机短信、利用计算机网络、张贴书报、散发传单等，这些行为有的直接造成社会秩序严重混乱，有的直接造成职能部门的工作受到严重干扰。因此，单纯以引起社会秩序的严重混乱为标准来定罪量刑显然不能适应司法实践的需要，还需要根据具体情形来对严重扰乱社会秩序作出评判。

1. 如果编造、传播的虚假恐怖信息系直接向不特定单位或公众传播，致使国家机关、社会团体、企事业单位正常的工作、生产、经营、教学、科研等秩序被迫停止或中断一定时间，或者引起一定区域内的社会公众心理恐慌，感到自身安全受到威胁，无法正常地生活、学习、工作等情形，此时，就应以是否引起社会秩序的严重混乱为标准来界定是否属于严重扰乱社会秩序。

2. 如果编造、传播的虚假恐怖信息系直接向特定的对象传递，虽然虚假恐怖信息被控制在一定范围内，相关职能部门为应对虚假恐怖信息已经采取了一定的措施，付出相当的精力和代价，那么行为人实际上已给公安机关或其他职能部门的工作造成严重干扰，此时，就应以职能部门的正常工作秩序是否受到严重干扰为标准来界定是否属于严重扰乱社会秩序。

3. 如果编造、传播的虚假恐怖信息，既引起社会秩序的严重混乱，又造成职能部门的正常秩序受到干扰，则要在严重扰乱社会秩序的范围内考虑犯罪情节是否达到后果严重的程度。如果达不到后果严重的程度，则要在正常幅度内视情节予以从重处罚。

三、对于本案定罪与量刑的述评

在本案中，二被告人编造恐怖信息对幼儿园的正常教学秩序造成影响，公安人员为此紧急疏散在校幼儿、教职工及该幼儿园所在楼栋的居民，并紧急将该情况逐级上报，后派遣刑侦、防爆、特警等大批警力到场处置，其行为符合编造虚假恐怖信息罪的特征，应当认定构成编造虚假恐怖信息罪。

（一）行为人主观方面具有犯罪故意

被告人黄小丽在上海证大投资咨询有限公司资产管理部任职期间，为完成公司下达的催讨欠款任务，在多次致电借款人徐某催款无果的情况下，欲通过向徐某之女徐某萱就读的地址在厦门市翔安区内厝镇的明珠幼儿园施压迫使徐某还款，遂伙同被告人王海洋对幼儿园老师言语侮辱、恐吓，编造将向幼儿园投递炸弹包裹及幼儿园将起火、被炸、出现小孩死尸等恐怖信息，目的是引起幼儿园的恐慌，进而逼迫徐某还款，其主观故意符合该罪的特征。

（二）行为人客观上实施了编造并传播虚假恐怖信息的行为

被告人黄小丽、王海洋除言语威胁恐吓外，为进一步制造恐怖气氛，还通过网络以款项到付方式诱使翔安幸福园花店向该幼儿园送花 10 束，并继续向幼儿园发送恐怖威胁信息，该行为将口头的言语恐怖威胁实质化。

（三）行为人编造虚假恐怖信息严重扰乱了社会秩序

鉴于二被告人的上述行为，且在幼儿园报警公安机关到场处置过程中，被告人王海洋仍以幼儿园将发生爆炸、撞击事件及出现死尸等进行恐吓，致使公安机关为避免出现严重后果，随即要求幼儿园停课，紧急疏散在校幼儿、教职工及该幼儿园所在楼栋的居民，并紧急将该情况逐级上报，后派遣刑侦、防爆、特警等大批警力到场处置。虽经对现场进行搜查，未发现爆炸物等危险物品，但由于二被告人的行为客观上意见对幼儿园的教学秩序和公安机关的正常工作造成了严重影响，足以认定严重扰乱社会秩序，完全具备编造虚假恐怖信息罪的客观构成要素，符合犯罪的既遂状态。

（一审法院独任审判员　吴南回

编写人　福建省厦门市翔安区人民法院　吴南回

责任编辑　周维明

审稿人　李玉萍）

原载《人民法院案例选》2017年第8辑（总第114辑）

六、聚众斗殴罪

276. 郅杰故意杀人，范长龙、唐来福等聚众斗殴案

——聚众斗殴罪的认定与转化

【关键词】

刑事　聚众斗殴罪　致人重伤　致人死亡　转化犯　被害人

【裁判要旨】

1. 聚众斗殴致人死亡的，对加害方的首要分子和直接加害人定故意杀人罪，对其他积极参加者以聚众斗殴罪从重处罚。

2. 在斗殴时部分人员持械、部分人员未持械的，对持械者、持械者的纠集者及所在方首要分子均应认定为“持械聚众斗殴”。“械”应理解为具有杀伤力且可能造成人身伤亡后果的工具。

3. 积极参加聚众斗殴而伤亡者不是刑事被害人，但因参加聚众斗殴而受重伤、死亡的，其本人或法定代理人、近亲属可提起附带民事诉讼，适用“混合过错”的归责原则。除此以外，因聚众斗殴而受伤者无权提起附带民事诉讼。

【相关法条】

《中华人民共和国刑法》

第二百九十二条　聚众斗殴的，对首要分子和其他积极参加的，处三年以下有期徒刑、拘役或者管制；有下列情形之一的，对首要分子和其他积极参加的，处三年以上十年以下有期徒刑：

（一）多次聚众斗殴的；

（二）聚众斗殴人数多，规模大，社会影响恶劣的；

（三）在公共场所或者交通要道聚众斗殴，造成社会秩序严重混乱的；

（四）持械聚众斗殴的。

聚众斗殴，致人重伤、死亡的，依照本法第二百三十四条、第二百三十二条的规定定罪处罚。

第二百三十二条　故意杀人的，处死刑、无期徒刑或者十年以上有期徒刑；情节较轻的，处三年以上十年以下有期徒刑。

【案件索引】

一审：浙江省宁波市中级人民法院（2017）浙02刑初104号（2017年12月6日）

二审：浙江省高级人民法院（2018）浙刑终4号（2018年5月9日）

【基本案情】

2016年10月，许步云与张磊（均另案处理）因各自经营的KTV员工流动问题产生纠纷。后许步云委托被告人范长龙，张磊指派被告人郅杰处理此事，但双方协商未成。

2016年10月28日晚，以范长龙为首的一方与郅杰为首的一方相互约架，双方均纠集多人，均因对方未到己方的约架地点而未果。

次日晚，以范长龙为首的一方与以郅杰为首的一方又约架于宁波市滨江大道附近。范长龙纠集被告人唐来福、高峰和方朝辉（男，殁年39岁）等人。郅杰纠集被告人吴勇龙、方海涛等人，又通过被告人吴新飞纠集被告人胡倍倍等人。当日23时40分许，上述人员在宁波市中兴北路与曙光北路路口相遇，范长龙、唐来福、高峰、方朝辉等人下车持砍刀、钢管等工具冲向对方时，郅杰一方的胡倍倍、方海涛等人下车持钢管等工具准备斗殴，郅杰则驾车撞向范长龙一方的人，致使方朝辉被车撞击致双肺挫裂出血、失血性休克经送医院抢救无效死亡，致高峰被车撞击受伤。高峰逃离后又返回犯罪现场查看情况并寻求治疗，在公安人员对其进行询问时，其如实交代了自己的主要犯罪事实。

案发后，在吴勇龙的带领下，郅杰和张磊先后逃往宁波市北仑区和浙江省三门县躲藏，后被抓获。2016年11月18日，被告人方海涛向公安机关自动投案，并如实供述了主要犯罪事实。

案发后，被告人郅杰、吴勇龙的亲属自愿代为赔偿，共同就民事赔偿分别与方朝辉的近亲属及高峰达成赔偿协议，方朝辉的近亲属和高峰对郅杰、吴勇龙的犯罪行为表示谅解。

被告人郅杰辩解称：其是在情急之下开车撞人的，主观上是过失而非故意。郅杰的辩护人提出郅杰的行为不构成故意杀人罪：（1）郅杰不存在故意杀人的动机；（2）客观外在表现证明郅杰没有杀人故意；（3）情急之下的自救行为不能认定为间接故意杀人。

被告人吴新飞的辩护人提出：吴新飞在案发现场的时间短，没有下车，没有持械，也没有具体伤害行为，主观恶性很小，犯罪情节轻微。

被告人高峰的辩护人提出：高峰在聚众斗殴共同犯罪中系一般参加者而非积极参加者，其地位、作用相对较轻；高峰在聚众斗殴中被对方撞成重伤，是刑事被害人。

【裁判结果】

浙江省宁波市中级人民法院于2017年12月6日作出（2017）浙02刑初104号刑事判决：一、被告人郅杰犯故意杀人罪，判处无期徒刑，剥夺政治权利终身；二、被告人范长龙犯聚众斗殴罪，判处有期徒刑八年；三、被告人唐来福犯聚众斗殴罪，判处有期徒刑八年；四、被告人吴勇龙犯聚众斗殴罪，判处有期徒刑五年；五、被告人吴新飞犯聚众斗殴罪，判处有期徒刑五年；六、被告人高峰犯聚众斗殴罪，判处有期徒刑三年；七、被告人胡倍倍犯聚众斗殴罪，判处有期徒刑三年；八、被告人方海涛犯聚众斗殴罪，判处有期徒刑一年六个月。一审宣判后，范长龙、唐来福、吴新飞提出上诉。浙江省高级人民法院于2018年5月9日作出（2018）浙刑终4号刑事裁定：驳回被告人范长龙、唐来福、吴新飞的上诉，维持原判。

【裁判理由】

法院生效裁判认为：被告人郅杰、范长龙、唐来福、吴勇龙、吴新飞、高峰、胡倍倍、方海涛在交通要道聚众斗殴，参加人数多，规模大，造成一人死亡，一人受伤，社会影响恶劣。其中，郅杰纠集、指挥多人持械聚众斗殴，系聚众斗殴的首要分子，同时，其在斗殴过程中驾车撞击对方人员，致一人死亡，一人受伤，其行为已构成故意杀人罪。范长龙、唐来福组织、指挥多人持械聚众斗殴，系聚众斗殴的首要分子。吴勇龙向范长龙一方约架并积极参加聚众斗殴，吴新飞纠集被告人胡倍倍等人持械聚众斗殴；被告人高峰、胡倍倍、方海涛积极参加聚众斗殴，并有持械情节。被告人范长龙、唐来福、吴勇龙、吴新飞、高峰、胡倍倍、方海涛的行为均构成聚众斗殴罪。

郅杰因涉嫌犯寻衅滋事罪被取保候审，在取保候审期间纠集多人持械聚众斗殴，并在斗殴过程中驾车撞击对方人员，致一人死亡，一人受伤，在本案中罪行最严重，其犯罪性质恶劣，所造成的后果极其严重，社会危害性极大，应予严惩，但鉴于郅杰的亲属积极代为赔偿方朝辉家属和高峰的经济损失，且取得了方朝辉家属和高峰的谅解，故对郅杰予以从轻处罚。在聚众斗殴犯罪中，被告人郅杰致一人死亡，一人受伤，以郅杰为首的一方系加害方，故对吴勇龙、吴新飞、胡倍倍、方海涛应予从重处罚。范长龙和唐来福虽然系聚众斗殴的首要分子，但是在归案后能如实供述自己的主要罪行，依法予以从轻处罚。吴勇龙积极参加聚众斗殴，对双方聚众斗殴的发生负有一定的责任，但鉴于吴勇龙的家属代为赔偿方朝辉家属和高峰的部分经济损失，且取得了方朝辉家属和高峰的谅解，故对吴勇龙依法予以从轻处罚。虽然现有证据不足以证明吴新飞持械斗殴，但其系持械者的纠集者，应认定为持械聚众斗殴。吴新飞认罪态度较好，可酌情从轻处罚。高峰在侦查机关一般性调查询问时，主动交代自己的罪行，归案后亦能如实供述，可认定为自首，依法予以从轻处罚。胡倍倍在归案后能如实供述自己的主要罪行，认罪态度较好，依法予以从轻处罚。方海涛犯罪后自动投案，归案后如实供述了其主要犯罪事实，可认定其有自首情节，依法予以减轻处罚。

【案例注解】

聚众斗殴罪是从1979年《刑法》“流氓罪”中分离出来的犯罪，聚众斗殴犯罪是常见的、多发的犯罪，不仅严重扰乱社会公共秩序，而且严重侵害公民的财产权利和人身权利。本案集中了聚众斗殴行为罪与非罪的界限、聚众斗殴罪的转化、对持械聚众斗殴中“械”的理解、聚众斗殴犯罪中的主从犯问题、聚众斗殴参加者伤亡时是否系刑事被害人、自首等疑难问题，具有较强的典型性和指导性。现重点探讨如下几个问题：

一、聚众斗殴行为罪与非罪的界限

根据《刑法》第二百九十二条规定，聚众斗殴罪与非罪的界限是行为人是否属于聚众斗殴的积极参加者。本罪是行为犯，只要行为人实施了聚众斗殴行为，且属于首要分子和其他积极参与者，就构成犯罪。如果聚众斗殴参与者斗殴的态度消极或者尾随参与，且在斗殴中作用不大或者情节显着轻微，危害不大的，不应按犯罪处理，即一般的参与者不构成本罪，可作为违反《治安管理处罚法》的行为处理。

当前，在司法实践中，由于没有明确区分聚众斗殴积极参加者与一般参加者的标准，造成了聚众斗殴罪与非罪的含混不清。

判断行为人是否是聚众斗殴罪中“积极参加者”要从主客观两方面同时进行：一是主观上是否对聚众斗殴积极、主动；二是客观上是否积极作为、配合。除此之外，还要考虑行为人在聚众斗殴中参加程度、所起的作用，其行为造成的后果等因素。

聚众斗殴的“积极参加者”的客观表现主要有以下几点：（1）明知是聚众斗殴而主动加入；（2）经他人要求而参加，但行为积极；（3）为聚众斗殴出谋划策；（4）为聚众斗殴准备工具、创造条件（如帮助约定斗殴时间、地点、准备斗殴工具、联络参加者、查看聚众斗殴地点、打探对方情况等）；（5）在“斗殴”阶段积极作为或积极唆使他人作为；（6）聚众斗殴前后运送参加者赶赴或撤离现场；（7）造成严重后果（不包括导致他人死亡或重伤，造成死亡或重伤按转化犯追究其杀人或重伤的刑事责任）等。

根据《浙江省高级人民法院关于审理聚众斗殴犯罪案件相关问题的纪要》的规定：“为主纠集人员，或者在斗殴时负责组织、指挥的，应认定为聚众斗殴的首要分子；纠集多人斗殴的，提供斗殴凶器的，接送多人赶赴、离开斗殴现场的，在斗殴时行为积极的，一般应认定为聚众斗殴的积极参加者。”

在本案中，被告人郅杰、范长龙、唐来福均为主纠集人员，并在斗殴过程中负责组织、指挥，应当认定为聚众斗殴的首要分子。且郅杰、范长龙、唐来福均系持械聚众斗殴。被告人郅杰驾车撞击方朝辉、高峰并致方朝辉死亡、高峰受伤，系直接加害人。被告人吴新飞积极纠集多人参与斗殴，属于积极参加聚众斗殴。被告人吴勇龙与范长龙一方约架、纠集人员、运输斗殴工具、犯罪后带郅杰、张磊逃亡，属于积极参加聚众斗殴。被告人高峰、被告人胡倍倍、被告人方海涛积极参加聚众斗殴，且持械参与斗殴。

二、聚众斗殴罪的转化问题

根据《刑法》第二百九十二条第二款的规定：“聚众斗殴，致人重伤、死亡的，依照本法第二百三十四条、第二百三十二条的规定定罪处罚。”关于该规定的法律性质，有“法律拟制说”“注意规定说”“转化犯说”“结果加重犯说”“法律推定说”等学说。张明楷教授持“法律拟制说”：“第二百九十二条第二款的文言，明显属于法律拟制的表述，即只要在聚众斗殴中致人重伤、死亡，就应认定为故意伤害、故意杀人罪。”① “法律拟制”是将原本不符合某种规定的行为也按该规定处理。但是，虽然聚众斗殴致人重伤、死亡时行为定性发生变化，但“仍然需要在构成要件的符合性框架内进行严格的条件限定，而不能以立法拟制来简单地进行回应”②。按照“注意规定说”，聚众斗殴中致人重伤、死亡如果要按照故意伤害罪、故意杀人罪论处，必须符合各罪的全部构成要件，那么，在聚众斗殴中过失致人重伤、死亡的，就不能按照故意伤害罪、故意杀人罪处罚。

① 张明楷：《刑法分则解释原理》，中国人民大学出版社2004年版，第272页。

② 陈伟：《聚众斗殴转化犯的范围及其界定》，载《法治研究》2018年第1期。

转化犯是指在实施某一犯罪行为的过程中，因又实施了一行为或者出现了某一较为严重的结果，而超出了基本罪的构成要件，刑法特别规定在此情形下犯罪发生了转化，并以转化后的犯罪定罪处罚的犯罪形态。[①] 在我国刑法中，大多数转化犯不一定具有转化罪的犯罪故意。[②]“结果加重犯说”认为，致人重伤、死亡结果而转化为故意伤害或故意杀人的情形，属于“形式上的转化犯、实质上的结果加重犯”[③]。结果加重犯是犯罪行为发生了法定的严重后果，而加重行为人法定刑的情形，其并未超出同一犯罪构成要件。而《刑法》第二百九十二条第二款显然超出了同一犯罪构成要件。“法律推定说”认为，致人重伤、死亡结果的按照故意伤害罪或故意杀人罪定罪处罚是为了减轻犯罪检控的证明负担所作的法律推定，对于参与犯罪的其他人对加害行为有加功作用的，推定为故意杀人罪、故意伤害罪的共犯。[④]“转化犯说”和“法律拟制说”并不存在本质区别，都需要超越A犯罪构成要件，而按B犯罪构成定罪处罚，本案采纳转化犯说。

在本案中，被告人郅杰在聚众斗殴的过程中，在能够避让人群的情况下，直接驾车冲向人群，致使一人死亡，一人受伤。在犯罪后，驾车逃离现场，没有实施施救行为。郅杰作为一个有驾驶经验的成年人，明知自己驾车冲向人群的行为会发生他人伤亡的结果，并且放任这种结果的发生，其杀人的故意明显。又根据转化犯的处理规则，行为人在聚众斗殴过程中即使没有杀人故意，但客观上致人死亡、重伤的，也应认定为故意杀人罪、故意伤害罪。又根据想象竞合犯的处罚原则，郅杰驾车冲撞虽然致一人死亡，一人受伤，但是应按较重的故意杀人罪的法定刑处罚。

三、对持械聚众斗殴中“械”的理解

从刑法立法的目的来看，持械聚众斗殴之所以要加重处罚，不仅因为持械行为容易壮大持械者的力量，激化斗殴双方的矛盾，造成斗殴参加者伤亡的后果，更重要的是持械参与人使用了工具，使得周围的群众感到更加害怕，更易造成恐慌，从而使社会公共秩序受到严重的破坏。从目的解释的方法来看，应将“械”解释为具有杀伤力且有可能造成人身伤亡后果的物品，如刀、枪、棍、棒、砖头、硫酸等。如果斗殴参与者所持物品不具有杀伤力且不可能造成人身伤亡，如旗帜、标语、水等，不能理解为“械”。行驶中的汽车具有重大杀伤力且容易造成人身伤亡，因此，被告人郅杰驾车撞击对方的行为可以单独认定为持械聚众斗殴。

四、聚众斗殴犯罪中不必区分主从犯

聚众斗殴犯罪是多人参与的必要共同犯罪行为，不宜再适用刑法总则关于共同犯罪的一般规定对各被告人区分主、从犯。理由是，刑法总则关于共同犯罪的一般规定是针对任意的共同犯罪而言的，因为刑法分则各罪除了必要的共同犯罪之外，都是以个人单独犯罪为标准，因而刑事立法没有必要在刑法分则每一个条文中对每一个犯罪都在规定个人单独犯罪同时还规定共同犯罪，这样一来，就有必要在刑法总则中规定共同犯罪的构成，为处理共同犯罪案件提供法律依据。而对必要的共同犯罪，刑法已经在分则相应

---

① 李振林、林清红：《转化犯与法律拟制之关系辨析》，载《铁道警察学院学报》2015年第1期。

② 薛进展：《转化犯基本问题新论》，载《法学》2004年第10期。

③ 莫洪宪、刘夏：《刑讯逼供罪转化犯问题研究》，载《山东警察学院学报》2010年第4期。

④ 刘之雄：《法律推定的故意伤害罪、故意杀人罪研究——以聚众斗殴致人重伤、死亡为焦点》，载《法学家》2018年第1期。

的条款中对行为人的犯罪地位作出了特别的规定，因此，对必要共同犯罪的处理不能适用对于任意共同犯罪的处理原则。就聚众斗殴犯罪而言，《刑法》第二百九十二条已经按照聚众斗殴参与者在共同犯罪中的地位、作用划分了首要分子和其他积极参加者，并明确了量刑标准，此时，没有必要再按照《刑法》的规定区分主从犯。

五、遭受伤亡的聚众斗殴参加者不应列为刑事被害人

参与聚众斗殴者，明知可能伤害他人或被他人伤害，仍然参加聚众斗殴，应自行承担相应的刑事和民事责任。如在聚众斗殴中未造成重伤、死亡结果的，参与聚众斗殴者无权提起刑事附带民事诉讼。但是聚众斗殴参加者遭受重伤或死亡时，因加害者的行为性质发生变化，遭受重伤或死亡的聚众斗殴参加者或其近亲属可以提起刑事附带民事诉讼或民事诉讼，但适用混合过错归责原则，即遭受重伤或死亡的一方也要承担部分民事责任。斗殴前，被告人高峰参与殴打对方人员，激化双方矛盾。后又积极、主动参与聚众斗殴，且有持械情节，在刑法上属于犯罪行为，在民法上属于自甘风险的行为，虽然其在犯罪过程中受伤，但其所应承担的刑事责任由其自担，不得由他人分担，故高峰不是刑事被害人。

六、返回现场治伤的斗殴参与者的自首问题

根据《刑法》第六十七条第一款的规定，自首的构成要件是“自动投案”和“如实供述罪行”。从本案来说，有争议的问题是被告人高峰在积极参加聚众斗殴中受伤后认为自己是受害者，并返回犯罪现场求医的行为是否是“自动投案”。

所谓“自动投案”是被告人在犯罪后、归案前，出于本人意志而向司法机关承认自己实施了犯罪行为，并自愿置于司法机关的控制之下，等待法律制裁的行为。“自动投案”的本质属性有两个：一是投案的主动性；二是投案的自愿性。典型的“自动投案”，首先必须是“投案”，即向司法机关承认自己实施了犯罪行为，并自愿置于司法机关的控制之下，等待法律的制裁。行为人在犯罪以后自动投案并如实供述自己的罪行，将要引起的法律后果就是司法机关对其进行的审查和裁判，接受审查和裁判才能说明行为人具有悔罪的诚意。

在本案中，被告人高峰以被害人的身份返回犯罪现场查看朋友的伤势并要求治疗，其没有意识到自己已经构成犯罪，属于法律认识错误。但是高峰犯罪后返回犯罪现场查看朋友的伤势并要求治疗的行为客观上符合“自动投案”的要件。从典型的“自动投案”来看，只有承认自己实施了犯罪行为，并自愿将自己置于或者最终置于司法机关控制之下，才是自动投案。但是本案中的被告人高峰对法律认识错误，客观上又作出了“自动投案”的行为。对“自动投案”作目的解释，可以认定为“自动投案”。自首设立的目的是功利性的，不要求犯罪嫌疑人、被告人有悔罪的主观动机或目的，只要客观上自愿将自己置于司法机关的控制之下，节约了司法资源，则可以认定为“自动投案”。犯罪嫌疑人、被告人对自己行为性质的误解不影响“自动投案”。事实上，公安机关在被告人高峰投案后为其作了三次询问笔录，没有将其视为犯罪嫌疑人而予以讯问。

《最高人民法院关于处理自首和立功若干问题的意见》规定了“在司法机关未确定犯罪嫌疑人，尚在一般性排查询问时主动交代自己罪行”的情形视为“自动投案”，被告人高峰在积极参加聚众斗殴中受伤，认为自己是受害者返回犯罪现场查看情况并求医，后如实交代自己的主要犯罪事实的，大致符合该规定，即在侦查机关一般性调查询问时

（还未锁定犯罪嫌疑人，也未掌握犯罪线索和捕获其他犯罪嫌疑人）主动交代自己的罪行，归案后亦如实供述，可以认定有自首情节。

（一审法院合议庭成员　马立军　尹振国　李　辉
二审法院合议庭成员　薛春宝　黄惠锋　郑　军
编写人　浙江省宁波市中级人民法院　尹振国
责任编辑　周维明
审稿人　李玉萍）

原载《人民法院案例选》2018年第12辑（总第130辑）

277. 罗望、屠德宽等聚众斗殴、故意伤害案

——介入因素是否引起因果关系中断、聚众斗殴罪主从犯和转化犯的司法认定

【关键词】

刑事　介入因素　因果关系　主从犯　转化犯

【裁判要旨】

刑事犯罪过程中，介入因素不必然引起因果关系中断；聚众斗殴罪一般不区分主从犯，但可以根据各首要分子和积极参加者在实施犯罪过程中的各种情节，在法定刑幅度内确定相应的基准刑，以体现罪责刑相适应原则；聚众斗殴致人伤亡时，只对致害方有关责任人员转化定罪，以体现罪责自负原则。

【相关法条】

《中华人民共和国刑法》

第九十七条　本法所称首要分子，是指在犯罪集团或者聚众犯罪中起组织、策划、指挥作用的犯罪分子。

第二百九十二条　聚众斗殴的，对首要分子和其他积极参加的，处三年以下有期徒刑、拘役或者管制；有下列情形之一的，对首要分子和其他积极参加的，处三年以上十年以下有期徒刑：

（一）多次聚众斗殴的；

（二）聚众斗殴人数多，规模大，社会影响恶劣的；

（三）在公共场所或者交通要道聚众斗殴，造成社会秩序严重混乱的；

（四）持械聚众斗殴的。

聚众斗殴，致人重伤、死亡的，依照本法第二百三十四条、第二百三十二条的规定定罪处罚。

第二百三十四条　故意伤害他人身体，处三年以下有期徒刑、拘役或者管制。

犯前款罪，致人重伤的，处三年以上十年以下有期徒刑；致人死亡或者以特别残忍手段致人重伤造成严重残疾的，处十年以上有期徒刑、无期徒刑或者死刑。本法另有规定的，依照规定。

第二十五条　共同犯罪是指二人以上共同故意犯罪。

二人以上共同过失犯罪，不以共同犯罪论处；应当负刑事责任的，按照他们所犯的罪分别处罚。

【案件索引】

一审：福建省晋江市人民法院（2015）晋刑初字第4115号（2016年10月11日）

二审：福建省泉州市中级人民法院（2016）闽05刑终1774号（2017年3月27日）

【基本案情】

法院经审理查明：2015年5月3日23时许，被告人罗望向被告人屠德宽索讨因打台球欠下的赌债，导致双方在电话中发生争吵并相互威胁、挑衅。当日23时44分左右，罗望身背内藏刀具、双节棍的背包，纠集吴德燃、赵清、黄俊、“阿杜”“波仔”“大蛇”等人（另案处理）到屠德宽的租房楼下并与许某等人聚合。后罗望与吴德燃一同到屠德宽的宿舍讨债，但因屠德宽没有还债意愿，罗望愤懑地下楼。随后，屠德宽与被告人邹润冬要求被告人曾学平、封秀强等人一旦楼下发生斗殴要下楼帮忙打架。当屠德宽下楼后再次与罗望发生争吵，封秀强、曾学平听到屠德宽、邹润冬的叫唤陆续冲下楼，封秀强捡起砖头欲砸罗望，罗望遂从背包中掏出一把刀追砍封秀强，封秀强往回跑至现场小卖部附近被吴德燃绊倒在地，罗望遂与吴德燃、许某、“大蛇”等人围殴封秀强，曾学平、邹润冬各持一钢管、被告人危敏持一木条板紧随其后与罗望、许某、“大蛇”等人进行斗殴。厮打过程中，被告人曾学平持钢管抡打许某头部，致右颞部硬膜外血肿、右颞部硬膜下血肿、双侧脑疝、右颞骨骨折、继发性脑梗塞。当日，被害人许某被送往晋江市中医院救治，经医院行“开颅血肿清除术+去骨瓣减压术”并转入急诊、住院ICU病房监护及对症治疗后，右颞部颅骨缺损，右颞顶叶、双基底节区、双丘脑见多发陈旧性梗死灶，呈植物生存状态，在病情稳定先后于2015年11月18日、12月18日被转入普通病房三、四病区，并自2015年12月1日起改由家属自雇护工护理，2016年3月1日因未能续付护工工资，被害人许某家属将其留置在医院，没有前往护理或继续雇请护工护理，医院为许某提供基本生命支持用药、营养和基础护理、生活护理。2015年8月9日经法医鉴定，被害人许某右额颞顶部损伤程度为重伤二级。经福建明鉴司法鉴定所鉴定，被害人许某的伤残等级评定为一级伤残。2016年4月15日，被害人许某在晋江市中医院因突发呼吸、心跳骤停，经抢救无效被宣布临床死亡。后经晋江市公安局物证鉴定室法医鉴定，被害人许某因重度颅脑损伤致昏迷终因多器官衰竭死亡。案发后，晋江市公安局罗山派出所民警例行巡逻发现多人聚集并有人受伤，疑似打群架，遂将现场案件关系人吴德燃、屠德宽带至派出所审查。2015年5月4日，被告人邹润冬、曾学平、封秀强、危敏先后被公安机关抓获归案；被告人罗望于案发当日自行到晋江市公安局罗山派出所接受调查。

【裁判结果】

福建省晋江市人民法院于2016年10月11日作出（2015）晋刑初字第4115号刑事附带民事判决：一、被告人屠德宽犯故意伤害罪，判处有期徒刑十二年，剥夺政治权利一年；二、被告人曾学平犯故意伤害罪，判处有期徒刑十二年，剥夺政治权利一年；三、被告人罗望犯聚众斗殴罪，判处有期徒刑五年六个月；四、被告人邹润冬犯聚众斗殴罪，判处有期徒刑四年六个月；五、被告人封秀强犯聚众斗殴罪，判处有期徒刑四年六个月；

六、被告人危敏犯聚众斗殴罪，判处有期徒刑三年。

一审宣判后，被告人屠德宽、曾学平、罗望、邹润冬、封秀强均对刑事判决不服，提出上诉，要求改判。福建省泉州市中级人民法院于 2017 年 3 月 27 日作出（2016）闽 05 刑终 1774 号刑事裁定：驳回上诉，维持原判。

【裁判理由】

法院生效裁判认为：被告人罗望与被告人屠德宽因赌债纠纷，为逞强斗狠，发泄私愤，公然藐视国家法纪和社会公德，双方分别纠集许某、吴德燃等人及被告人邹润冬、曾学平、封秀强、危敏等人，持械聚众斗殴，扰乱公共秩序，其中被告人屠德宽纠集、组织多人持械聚众斗殴，是聚众斗殴一方的首要分子，且致对方一人死亡，应对其组织、指挥的全部罪行承担刑事责任，被告人曾学平在被告人屠德宽的纠集下积极参与持械聚众斗殴，直接实施加害行为，致一人死亡，其行为均依法构成故意伤害罪（致人死亡）；被告人罗望纠集、组织本方多人持械参与斗殴，系聚众斗殴一方的首要分子，因其纠集、组织行为只是本方人员伤亡的条件而非直接原因，其犯罪行为与本方斗殴参加者许某死亡之间不具有刑法上的直接因果关系，其不应对许某之死承担刑事责任，其行为构成聚众斗殴罪；被告人邹润冬、封秀强、危敏积极参与持械聚众斗殴，其行为均已构成聚众斗殴罪。公诉机关指控被告人曾学平犯故意伤害罪（致人死亡）、被告人罗望、邹润冬、封秀强、危敏犯聚众斗殴罪的罪名均成立。

在本案聚众斗殴过程中，被告人屠德宽虽没有持械，也没有实施具体的殴斗行为，但其组织、纠集本方斗殴人员到现场，并亲眼目睹本方其他积极参加者曾学平、邹润冬、封秀强、危敏持械参与殴斗，其明知上述共犯的行为可能致人伤亡，却没有要求不能造成他人伤亡或采取有效措施阻止致人伤亡结果产生的行为表现，仍采取默认、不加以制止等放任态度，因而对于被告人曾学平致人伤亡的行为，屠德宽有明显的概括故意，被告人曾学平对被害人许某的加害行为没有超出屠德宽的故意范围和犯罪目的，不存在实行过限，被告人屠德宽作为聚众斗殴一方的首要分子应对本方人员的全部犯罪承担责任，对曾学平造成对方人员伤亡的后果承担责任，并应依法以故意伤害罪转化定罪处罚。公诉机关指控被告人屠德宽的罪名、适用法律不当。

被告人曾学平的致害行为是导致被害人许某死亡的根本原因，被害人许某家属消极配合治疗、护理这一介入因素不足以阻断被告人曾学平的犯罪行为致被害人死亡结果的因果关系，被告人曾学平的犯罪行为与被害人许某死亡之间具有刑法意义上的直接因果关系。被告人曾学平及其辩护人有关刑法因果关系的抗辩意见不符合法律规定，不予采纳，但考虑到本案伤害后果存在其他因素介入，可酌情从轻处罚。

在共同犯罪中，被告人曾学平虽受人纠集，但其行为积极，并直接持械实施加害行为致人死亡，作用与屠德宽基本相当；被告人邹润冬、封秀强、危敏受他人纠集积极参与持械聚众斗殴，均属积极参加者，但被告人危敏在斗殴中实际发挥的作用不大，应有别于邹润冬、封秀强进行差别量刑。被告人罗望作为聚众斗殴一方的首要分子并造成本方一人在斗殴中被对方殴打致死，且有犯罪前科，应酌情从重处罚。

被告人罗望虽主动投案、被告人危敏虽当庭表示认罪，但二被告人归案后均对起诉书指控的犯罪事实避重就轻，未能如实供述自己和他人的罪行，不能认定为自首或坦白；

被告人屠德宽于案发后在现场因形迹可疑被巡警当场带回派出所进行一般性排查询问，且归案后虽当庭表示认罪，但对起诉书指控的犯罪事实避重就轻，未能如实供述自己的主要罪行，不能认定为自首或坦白。被告人邹润冬、封秀强、曾学平归案后均能如实供述罪行，当庭自愿认罪，均具有坦白情节，依法均可从轻处罚。被告人屠德宽、邹润冬、曾学平、封秀强、危敏均主动赔偿被害人部分经济损失，可酌情从轻处罚。鉴于本案参与聚众斗殴犯罪的双方行为人，无论首要分子、积极参加者，都是为了侵害对方，双方对斗殴事件的起因均有责任，双方均有过错，应当在量刑时酌情对双方过错大小予以考虑。被告人罗望有关其没有聚众斗殴，控罪不能成立且有自首情节的辩解，与事实不符，且有悖法律规定，不予采纳。被告人屠德宽的辩护人认为屠德宽主动赔偿被害人部分经济损失，可酌情从轻处罚的意见，与事实和法律相符，予以采纳，但有关本案定性、持械实行过限、自首情节、斗殴对方也有严重过错等辩护意见与查明的事实不符或不符合法律规定，不予采纳。被告人曾学平的辩护人认为曾学平有坦白情节，斗殴对方也有责任且主动赔偿被害人部分经济损失的意见，与事实和法律相符，予以采纳，但有关防卫过当并建议减轻处罚的辩护意见不符合事实和法律规定，不予采纳。公诉机关基于本案的犯罪性质、情节和各被告人在共同犯罪的地位、作用以及法定、酌定轻重情节，对被告人邹润冬、封秀强、危敏在有期徒刑三年至五年幅度内求刑的意见适当并符合法律规定，上述三被告人认为量刑过重的辩解不予采纳。

【案例注解】

本案在审理过程中，因出现诸如刑法因果关系、聚众斗殴罪转化犯认定等刑法适用上的难点，导致各方在以下三个问题出现重大争议：（1）被害人被殴致重伤，治疗一段时间后呈植物人状态，后因家属消极护理等因素介入出现死亡后果，如何判定行为人的犯罪行为与被害人死亡结果间的因果关系。（2）聚众斗殴犯罪是否存在主从犯之分。（3）对于聚众斗殴致人伤亡适用转化犯的行为人范围及刑事责任的确定问题。

本案在审理过程中，对上述争议问题存在两种不同意见：

第一种意见认为：首先，被告人曾学平等人在将被害人许某殴打致重伤并住院治疗后，许某经积极治疗后病情稳定，并未立即死亡。虽然被告人曾学平等人的行为有可能导致许某死亡，具有致许某死亡的危险性，但它也仅仅是停留在可能性和危险性而已，并没有合乎规律地引起许某死亡后果的发生，况且如果经过科学、精心护理也许许某不会较快死亡，且从一般常理来看，作为被害人家属，对于亲属呈植物人状态，理应对其尽力维持其生命。相反，在继续治疗过程中，被害人家属却实施了独立于伤害行为之外的一系列消极治疗护理行为，从无奈接受将许某由重症监护室转出到普通病房，到不再探望、不陪护，最后放弃护理等，从这个方面来看，被害人亲属的这一放弃护理治疗行为是异乎寻常的，是足以单独引起被害人许某死亡这一结果的。本案中正是由于介入了被害人家属放弃治疗的积极因素，才最终导致许某死亡。综上所述，由于在被告人曾学平等人的致害行为之后，又介入了独立于先前的致害行为之外的被害人家属因担心花费巨额医疗费而放弃积极治疗这一独立于伤害行为的积极因素，并最终导致被害人许某死亡。因此被告人曾学平等人的伤害行为与被害人许某死亡之间的因果关系，因被害人家属放弃治疗护理行为的介入而阻断，即被告人曾学平等人的行为仅与许某的重伤具有刑法意义上的因果关系，而与被害人许某之死不具有刑法意义上的因果关系，被告人仅对被害人的重伤结果负责，就被害人死亡的后果，被告人无需负侵权赔偿责任与刑事责任。其次，在必要的共同犯罪中，并不能完全排除刑法总则关于共同犯罪一般规定的适用。不区分主从犯，本案无法体现罪责刑相适应的原则，也不符合宽严相济原则。对于本案在区分首要分子和积极参加者基础上，还应当区分主从犯。被告人罗望、屠德宽因是首要分子属当然主犯；被告人曾学平虽是积极参加者，但其直接致伤被害人，应认定是主犯；被告人危敏尾随追赶，作用较小，可认定为从犯；被告人邹润冬、封秀强在聚众斗殴中主动、积极参与并发挥重要作用，应认定为聚众斗殴罪的主犯。最后，认为直接致伤亡的实施者的行为超出了本方的共同故意范围，应当单独对其行为进行转化定罪。

第二种意见认为：首先，被告人曾学平等一方的致害行为是导致被害人许某死亡的根本原因，被害人许某家属消极治疗护理这一介入因素不足以阻断被告人曾学平等一方的犯罪行为致被害人死亡的结果。即被告人曾学平等一方的危害行为造成被害人身体严重伤害，死亡不可避免，外力因素介入后虽加速了被害人死亡，但介入因素不中断被告人曾学平等一方致害行为与被害人死亡之间的因果关系，被告人仍然应当对被害人死亡的结果承担刑事责任。其次，聚众斗殴处罚的是首要分子和积极参加者，只需划分首要分子和积极参加者，不应再划分主从犯。最后，在聚众斗殴致人伤亡的情况下，只要对致害方有关责任人员转化定罪即可，对另一方构成聚众斗殴罪的责任主体无须进行转化定罪，以体现罪责自负的原则。

笔者同意第二种意见，具体理由如下：

一、曾学平等人的故意伤害行为与被害人许某死亡之间存在刑法上的因果关系

刑法意义上的因果关系是指危害行为与危害后果间引起与被引起的合乎规律的联系。一般而言，在存在介入因素的情况下，判断先前行为与危害后果之间的因果关系是否被切断而导致不存在刑法意义上的因果关系，主要考虑介入因素的异常性以及同先前行为之间的关系，即介入因素的出现是异常还是正常的，介入因素是独立于先前行为还是从属于先前行为。如果介入因素异常、介入因素本身独立于先前行为、先前行为导致结果发生的可能性较小，则应当肯定先前行为与结果之间不存在刑法意义上的因果关系，或者说因果关系已经断绝。反之，如果介入因素的出现是正常的、介入因素本身从属于先前行为、先前行为导致结果发生的可能性较大，则应当认为先前行为与结果之间存在刑法意义上的因果关系，或者说因果关系并未被切断。本案而言，曾学平等人的致害行为是导致被害人许某死亡的根本原因，被害人许某家属消极不配合治疗护理这一介入因素不足以阻断被告人曾学平等人的犯罪行为致被害人死亡的结果。即曾学平等人的危害行为造成被害人身体严重伤害，死亡不可避免，外力因素介入后加速了被害人死亡，那么，介入因素不中断曾学平等一方致害行为与被害人死亡之间的因果关系，曾学平仍然应当对被害人死亡的结果承担刑事责任。理由如下：

1. 曾学平等人的致伤行为与被害人许某重型颅脑损伤之间具有必然因果关系，其违法原因与损害后果间的因果关系简单明了。

2. 曾学平等人的致伤行为是被害人许某死亡的根据。因为曾学平等人的致伤行为造成被害人许某死亡，结合相关主治医生等证人证言的意见，曾学平的致伤行为与许某的死亡间是一种特殊但又必然的因果关系，即曾学平的致伤行为并不是一定要导致被害人许某死亡的后果发生，而是由于故意伤害行为与死亡后果间介入了其他因素，通过这些因素的作用造成许某死亡。从本案案情看，许某受伤伤情严重，医生的意见是住院治疗只能维持生命的延续，如果按正常的方式治疗，许某也难免死亡，故曾学平等人的行为与许某死亡有必然因果关系。

3. 被害人许某家属消极护理的行为相对于许某死亡后果来说，没有必然因果关系，是偶然因果关系。因为被害人许某经诊断为右额颞部硬膜外血肿、右颞骨骨折、右颞部头皮裂伤等，伤势严重，住院治疗也只能推迟死亡时间。从这个角度来说，被害人家属消极治疗护理行为并不是异常的介入因素，并不能中断先前的因果关系，而是一种可预见的因素。况且期间收治医院基于人道考虑仍为许某提供基本生命支持用药、营养和基础护理、生活护理。

4. 从刑法一般原理来看，犯罪行为人负有防止更严重结果发生的义务，而在本案中，当许某家属消极护理时，涉案犯罪行为人并没有继续采取垫付医疗费等必要的挽救措施，没有尽自己的义务，但不可能接受行为人以“如果继续实施抢救就可能避免死亡结果的发生”的理由对指控进行抗辩，因此不能以被害人家属消极护理为借口逃避对许某死亡的责任。

综上，根据刑法因果关系中断一般理论，只有在介入的因素是异乎寻常的，且能独立引起损害结果发生时，先前的因果关系才会中断，而在本案中许某的家属不配合护理既不是异乎寻常的，也不能独立引起损害结果发生，所以许某家属不配合治疗和护理与其死亡后果没有刑法意义上的因果关系。曾学平等人实施的故意伤害行为致被害人许某身受重伤、深度昏迷，伤情极其严重，根本无望治愈，继续治疗徒劳无益，即使没有被害人家属不配合护理等因素的介入，死亡结果同样会发生。因此，应认定曾学平等人的故意伤害行为与许某的死亡具有刑法意义上的因果关系，曾学平以及聚众斗殴同方首要分子的屠德宽应对被害人许某的死亡结果承担刑事责任和民事赔偿责任，如此处理合乎常理和情理，又经得起实践的检验，实现了法律效果和社会效果的有机统一。

二、聚众斗殴罪不应区分主从犯

首先，由于聚众斗殴罪的特殊性，刑法出于打击少数，争取、教育、改造多数，不扩大打击面的刑事政策需要，规定只处罚首要分子和积极参加者。

其次，聚众斗殴犯罪不应当再适用刑法总则关于共同犯罪的一般规定，对各被告人区分主从犯。因为刑法总则关于共同犯罪的一般规定是针对任意的共同犯罪而言。刑法分则各罪除了必要的共同犯罪外，都是以个人单独犯罪为标准，而刑事立法没有必要在刑法分则每一个条文中对每个犯罪都在规定个人单独犯罪的同时还规定共同犯罪，因而有必要在刑法总则中规定共同犯罪的构成，为处理共同犯罪案件提供法律依据。而对必要的共同犯罪，刑法已经在分则相应的条款中对行为人的犯罪地位作出了特别规定，对必要的共同犯罪的处理不能适用对于任意的共同犯罪的处理原则，应按特别规定优于一般规定的原则处理。《刑法》第二百九十二条规定，首要分子聚集包括积极参加者在内的多人进行斗殴，是聚众斗殴犯罪的必要条件，法条已经直接对各被告人的犯罪地位作出了明确的界定，即斗殴双方的首要分子和积极参加者应追究刑事责任，其他一般参加者不构成犯罪。因此，对聚众斗殴犯罪在确定首要分子和其他积极参加者的前提下，不再区分主从犯，更符合立法原意。如果为了解决可能造成各被告人量刑普通偏重的问题而任意适用从犯的规定，有违法律精神。

再次，根据各首要分子和积极参加者在实施犯罪过程中的各种情节，在法定刑幅度内确定相应的基准刑，更能体现罪责刑相适应的原则。

最后，根据《福建省高级人民法院修改〈关于常见犯罪的量刑指导意见〉实施细则的通知》精神，由于有关司法解释对部分罪名的定罪处刑标准作出新规定，需要对《福建省高级人民法院〈关于常见犯罪的量行指导意见〉实施细则》（以下简称《实施细则》）的有关内容进行相应调整修改。为此，根据最高人民法院的授权，福建省人民法院对《实施细则》进行了再次修改完善，涉及聚众斗殴罪的量刑评议表中仍未单列出从犯情节的调整刑幅。由此可见，上级法院对此罪是否有从犯情节并非有意疏漏，而是没有认同主从犯之分。

三、聚众斗殴致人伤亡只对致害方有关责任人员转化定罪

在聚众斗殴致人伤亡的情况下，只要对致害方有关责任人员转化定罪即可，对另一方构成聚众斗殴罪的责任主体无须进行转化定罪，以体现罪责自负的原则。理由如下：（1）不存在受害方承担转化犯罪的事实基础。相对于致害方，当只有一方受害方人员中出现伤亡结果时，受害方人员只有聚众斗殴的实行行为，而没有致同犯伤亡的实行行为。（2）也不存在使受害方承担转化犯罪刑事责任的理论基础。斗殴双方都可能构成犯罪，不过敌我的双方人员间并非刑法意义上的共犯。而共犯是要求对共同犯罪行为和共同犯罪结果存在追求或放任的心理。所以说聚众斗殴极易导致双方人员互有伤亡，其中任何一方都是致害者又是受害方，双方人员均不应对属于自己一方人员的伤亡结果承担刑事责任，但应对他方人员的伤亡结果视情况承担刑事责任。（3）刑法分则中规定的转化条件之出现伤亡结果，应指对受害方或相对方造成的结果，不包括对行为人自身或本方人员的伤亡结果。由于刑事责任的承担基础是以犯罪行为与危害后果之间具有刑法意义上的因果关系，而决定民事责任构成的基本要件也是取决于损害后果与加害行为间是否具有因果关系。

对于本案来说，首先，作为受害方首要分子的被告人罗望实施的聚众斗殴行为只是为本方聚众斗殴参与者许某伤亡后果的形成提供一定条件，但并不是造成许某伤亡后果的直接原因。被告人罗望的犯罪行为所侵害的法益不应当包括在实施犯罪过程中本方所遭受的损害，因其没有致本方参与者伤亡的故意，其聚众斗殴的目的是泄愤报复殴打对方，主观故意内容明确不包括造成本方人员伤亡，而许某伤亡结果显然已超出其主观故意，因而不能对其进行转化定罪。

其次，本案被告人屠德宽、邹润冬、封秀强、危敏、曾学平作为聚众斗殴中的致害方人员，除了被告人曾学平是直接致害人理当转化定罪外，被告人屠德宽也应转化定罪处罚。因为被告人屠德宽作为聚众斗殴一方的纠集者，应认定首要分子，其在主观上不仅应认识到积极参加者的斗殴故意和行为，还应认识到行为可能产生的严重危害后果，因此应对全部犯罪后果负总责，而现没有证据表明屠德宽事先对聚众斗殴的危害后果有明确的限制或要求本方参加者不得致对方人员伤亡，因此直接行为人的实行行为不存在实行过限的问题，仍应转化定罪。

在共同犯罪中，被告人屠德宽虽没有持械，也没有实施具体的斗殴行为，但公诉机关提供的相关证人证言、被告人邹润冬、曾学平、封秀强等人的供述、现场实时监控视频及截图等证据证明屠德宽除了作为首要分子组织、纠集本方斗殴人员到现场外，其本人在斗殴现场亲眼目睹本方其他共犯曾学平、邹润冬、封秀强、危敏持械参与殴斗，明知可能致人伤亡，仍持默认、不加以制止等放任态度，也没有证据证明屠德宽在组织聚众斗殴犯罪过程中，有要求其他积极参加者不能造成他人伤亡或采取有效措施阻止致人伤亡结果产生的行为表现，因而对于被告人曾学平致人伤亡的行为，屠德宽有明显的概括故意。而曾学平对对方参与斗殴人员许某的加害行为没有超出屠德宽的故意范围和犯罪目的，不存在实行过限，屠德宽应对曾学平致许某死亡的后果承担责任，并应依法以故意伤害罪转化定罪处罚。

其他积极参加者是否转化定罪？从现有证据来看，无法证明致害方的各行为人在对被害人许某实施加害行为过程中，存在与直接加害人曾学平间有协调配合，共同加害的行为，因而致害方各行为人，除首要分子屠德宽转化定罪外，其他行为人因实质上具有持械聚众斗殴的故意，其个人行为已融入持械斗殴的整体行为中，对其各自行为理应认定为持械聚众斗殴的积极参加者，只对自己的行为承担刑事责任，即被告人邹润冬、封秀强、危敏以聚众斗殴罪论处。

综上，一、二审法院在认定被害人死亡不因家属消极护理而中断与曾学平等人殴打行为间所具有刑法上的因果关系，聚众斗殴致人伤亡适用转化犯的行为人范围及具体刑事责任确定以及聚众斗殴罪不区分主从犯等疑难问题的处理方法是正确的。

（一审法院合议庭成员　刘向阳　许逢其　赖建来
二审法院合议庭成员　黄仲谋　吴飞普　黄　霖
编写人　福建省晋江市人民法院　刘向阳
责任编辑　周维明
审稿人　李玉萍）

原载《人民法院案例选》2019 年第 8 辑（总第 138 辑）

七、寻衅滋事罪

278. 黄某寻衅滋事罪案（江苏）*

【基本案情】

黄某是闫某之母。2007 年 9 月 15 日，江苏省徐州市鼓楼区人民法院判决闫某犯故意伤害罪，判处其有期徒刑一年。该案经徐州市中级人民法院二审后维持原判。黄某不服一、二审判决，多次申诉信访。徐州市中级人民法院、扬州市中级人民法院和江苏省高级人民法院对该案进行复查，均驳回黄某申诉。2012 年 4 月，最高人民法院经复查后决定对该案不提起再审。2012 年至 2014 年 5 月期间，黄某因不满闫某案的复查结果，单独或者带其患有精神疾病的儿媳先后数十次到徐州市中级人民法院门前，采取身披状衣、使用高音喇叭播放录音等方式喧闹，干扰法院办公，并不断辱骂该案承办法官，造成恶劣社会影响。

【裁判结果】

2014 年 5 月 8 日，徐州市中级人民法院在充分固定证据后报警。徐州市泉山区人民检察院于 2014 年 7 月 14 日向泉山区人民法院提起公诉。泉山区人民法院经审理，于 2014 年 8 月 15 日作出判决：黄某犯寻衅滋事罪，判处有期徒刑二年六个月。

【典型意义】

人民权益要靠法律保障，法律权威要靠人民维护。司法公信是确保法律正确实施的基础，法官良好声誉是司法公信的重要组成部分。全社会都应当强化规则意识，形成尊崇法律、尊重法院、崇尚法官的法治观念。实践中，一些当事人在对诉讼结果不满时，不是通过正常渠道依法理性表达诉求，而是在法院周边拉横幅、喊口号，聚众喧闹、散发材料，播放高音喇叭、招徕围观注意，严重扰乱法院办公秩序，或是在互联网和各种媒介上夸大事实、捏造谎言，侮辱法官人格尊严、肆意诋毁法院工作，甚至编演舞台剧大搞“行为艺术”向法院施加压力，以求达到其个人目的。这些错误行为不仅会妨碍社

* 司法人员依法履职保障十大典型案例。

会公众对司法裁判形成客观评价，也不利于全民法治观念的塑造，还会削弱法律在维护群众权益、化解社会矛盾中的权威地位。为此，《人民法院落实〈保护司法人员依法履行法定职责规定〉的实施办法》第十一条和第十三条分别对维护机关安全和维护法官名誉作出了规定。本案中，人民法院依法对黄某判处刑罚，不仅是对其非理智行为的制裁，也是对法律权威和司法公信的积极维护。

原载《人民法院案例选》2017 年第 11 辑（总第 117 辑）

279. 唐某寻衅滋事案

——寻衅滋事行为的认定

【关键词】

寻衅滋事罪　主客观相一致原则　罪刑相适应原则

【裁判要旨】

行为人以求死为目的持刀向他人索要财物，没有造成严重社会危害后果的，应以寻衅滋事罪论处。

【相关法条】

《中华人民共和国刑法》

第二百九十三条　有下列寻衅滋事行为之一，破坏社会秩序的，处五年以下有期徒刑、拘役或者管制：

（一）随意殴打他人，情节恶劣的；

（二）追逐、拦截、辱骂、恐吓他人，情节恶劣的；

（三）强拿硬要或者任意损毁、占用公私财物，情节严重的；

（四）在公共场所起哄闹事，造成公共场所秩序严重混乱的。

纠集他人多次实施前款行为，严重破坏社会秩序的，处五年以上十年以下有期徒刑，可以并处罚金。

【案件索引】

一审：江苏省南京市高淳区人民法院（2016）苏0118刑初59号（2016年4月26日）

【基本案情】

法院审理查明：被告人唐某因既往吸毒，致精神障碍，觉生活无望，多次意图自杀，后又产生实施犯罪行为希望被公安机关击毙的念头。2015年12月9日13时许，被告人唐某随身携带折叠刀，至位于江苏省南京市高淳区桠溪镇定埠集镇的江苏高淳农村商业银行定埠支行内，在该行营业窗口持刀威胁、恐吓营业员，要求其交出钱款，随后被其朋友吕某等人制止。在该行工作人员取消警铃后，被告人唐某自行拨打电话报警并在现场等候处理。经鉴定，被告人唐某系精神活性物质（毒品）所致精神障碍，作案时具有完全刑事责任能力。

南京市高淳区人民检察院认为：被告人唐某在公共场所无故持凶器恐吓他人，情节恶劣，其行为触犯了《刑法》第二百九十三条第一款第（二）项的规定，应当以寻衅滋事罪追究其刑事责任。且被告人唐某曾因故意犯罪被判处有期徒刑，在刑罚执行完毕后五年内再犯应当判处有期徒刑以上刑罚之罪，根据《刑法》第六十五条第一款的规定，系累犯，应当从重处罚。

被告人唐某对上述事实及证据无异议，未作辩解，表示自愿认罪。

被告人唐某的指定辩护人对上述事实及证据不持异议，同时提出如下辩护意见：（1）被告人唐某案发后用自己的手机主动报警，并在原地配合抓捕后，如实供述其犯罪事实，属自首，依法可从轻或减轻处罚；（2）被告人唐某的行为未造成严重后果，社会危害性较小，可酌情从轻处罚。

法院经审理查明：被告人唐某在公共场所无故持凶器恐吓他人，情节恶劣，其行为已触犯刑律，构成寻衅滋事罪。被告人唐某曾因故意犯罪被判处有期徒刑，刑罚执行完毕后五年内再犯应当判处有期徒刑以上刑罚之罪，系累犯，依法应当从重处罚。鉴于被告人唐某案发后能主动打电话报警，在现场配合抓捕，并如实供述犯罪事实，系自首，依法可从轻处罚。判处被告人唐某犯寻衅滋事罪，判处有期徒刑一年一个月。

【裁判结果】

江苏省南京市高淳区人民法院于 2016 年 4 月 26 日作出苏 0118 刑初 59 号刑事判决：判处被告人唐某犯寻衅滋事罪，判处有期徒刑一年一个月。案件判决后，被告人服判不上诉，一审判决已经发生法律效力。

【裁判理由】

法院生效裁判认为：被告人唐某在公共场所无故持凶器恐吓他人，情节恶劣，其行为已触犯刑律，构成寻衅滋事罪，加之被告系累犯，依法应当从重处罚。鉴于被告人唐某案发后能主动打电话报警，在现场配合抓捕，并如实供述犯罪事实，系自首，依法可从轻处罚。南京市高淳区人民检察院指控被告人唐某犯寻衅滋事罪，事实清楚，证据确实、充分，法院予以支持。对被告人唐某的辩护人提出的上述辩护意见，经查属实，本院予以采纳。据此，法院为维护社会管理秩序，保护公民人身权利不受侵犯，打击犯罪，依照《刑法》第二百九十三条第一款第（二）项、第六十五条第一款、第六十七条第一款、第六十四条之规定，判决被告人唐某犯寻衅滋事罪，判处有期徒刑一年一个月。

【案例注解】

在该案审理过程中，对被告人唐某的行为的定性存在争议，第一种意见认为，其行为应该认定为构成抢劫罪。此观点认为，被告人唐某实施了持刀进入银行，威胁、恐吓银行的业务人员，并向其索要财物的行为，虽然后来被其朋友们制止，但是其行为仍然属于当场以暴力、胁迫或者其他方法抢劫公私财物，符合抢劫罪的构成要件，因此，构成抢劫罪。

第二种意见认为，其行为构成寻衅滋事罪。寻衅滋事罪是指行为人为寻求刺激、发泄情绪等，无事生非，实施了包括随意殴打他人情节恶劣、持凶器随意殴打他人等行为的。本案被告人唐某的行为从客观方面来看确实符合抢劫罪的构成要件，持刀进入银行，并采用威胁、恐吓银行业务人员的方式，当场索要财物，但是通过在案的证据均能证明本案被告人唐某主观上并非以非法占有为目的的谋财，而是自知生活无望的求死心理，在其行为被朋友制止后也没有进一步威胁恐吓行为，符合在公共场所，持凶器威胁、恐吓他人，因此，应该认定为构成寻衅滋事罪。

司法实践中，抢劫和寻衅滋事案件都属多发性案件。两罪存在着一定的竞合之处，对被告人行为的定性，应遵循"主客观相一致原则"和"罪刑相适应原则"。

一、主客观相一致原则

寻衅滋事罪与抢劫罪有很多相似之处，但两罪仍具有本质区别，应当依照两罪的构成要件，正确把握行为特征，准确界定两罪的界限。

（一）侵犯的犯罪客体不同

寻衅滋事罪侵犯的客体是公共秩序。寻衅滋事罪在破坏公共秩序的同时，可能会在一定程度上侵犯他人的人身权利或者财产权利，但是寻衅滋事罪破坏公共秩序占主导的、决定性的地位。而抢劫罪侵犯的客体是他人财产和人身权利。虽然在公共场所的抢劫会在一定程度上破坏公共秩序，但是与侵犯他人财产和人身权利的严重程度相比，抢劫罪所破坏的公共秩序是次要的。

（二）客观表现不同

抢劫罪行为人的客观行为一般表现为当场使用暴力、胁迫或者其他方法，使受害人身体受到强制，不能反抗或者不敢反抗，抢走财物或者迫使受害人交出财物。寻衅滋事罪行为人的客观行为一般表现为无事生非、故意找茬、肆意挑衅，扰乱社会秩序。除了强拿硬要、任意毁损、占有公私财物的行为，还可能具体表现为随意殴打他人，追逐、拦截、辱骂他人，或者在公共场所起哄闹事，造成公共场所秩序严重混乱等。

（三）主观故意不同

寻衅滋事罪主观方面表现为公然藐视国家法纪和社会公德，其动机是通过寻衅滋事活动，追求精神刺激，填补精神上的空虚。而抢劫罪则以非法占有财物为目的。

从本案的情形来看，主观方面，被告人唐某并非以非法占有为目的，而是出于一种求死的不健康心理；从客观方面来看被告人唐某持刀进入银行，采用威胁、恐吓银行业务人员的方式，索要财物，但其在被朋友制止后即放弃，没有反抗或进一步威胁恐吓行为，并自己主动报警在现场等候，其暴力行为持续时间很短，暴力程度只是使被害人产生了恐惧心理，并未达到足以压制他人反抗，使被害人的人身权利和财产权利都处于紧迫危险的严重程度，被告人唐某也没有当场取得财物，不符合抢劫罪的构成要件。唐某在公共场所持刀威胁、恐吓营业员，无事生非，扰乱社会秩序，应认定为寻衅滋事罪。

二、罪刑相适应原则

罪刑相适应原则的基本含义是：犯多大罪就应当承担多大的刑事责任，法院亦应判处其相应轻重的刑罚，做到重罪重罚，轻罪轻罚，罚当其罪，罪刑相称。罪轻罪重，应当考虑行为人的犯罪行为本身和其他各种影响刑事责任大小的因素，使刑罚既与犯罪的客观危害相对应，也与行为人的个人情况相对应。

这就要求我们在个案中分析罪轻罪重和刑事责任大小时，不仅要看犯罪的客观社会危害性，而且要结合考虑行为人的主观恶性和人身危险性，把握罪行和罪犯各方面因素综合体现的社会危害性程度，从而适用相应轻重的刑罚。本案被告人唐某虽然客观上实施了持刀威胁、恐吓银行营业员，要求其交出钱款的行为，但是其主观上没有非法占有他人财物的直接故意，而是出于求死心理，该行为也被他人及时制止，并未直接造成公共秩序混乱，或者其他严重的社会危害后果，如果认定其构成抢劫罪，可能依法处十年以上有期徒刑、无期徒刑或者死刑，并处罚金或者没收财产，可能造成罪刑不相适应，因此，本案综合考虑被告人的犯罪事实、主观恶性和社会危害性，以寻衅滋事罪定罪量刑较为恰当。

（一审法院合议庭成员　赵跃辉　张青泰　邢海涛
编写人　江苏省南京市高淳区人民法院　高欣欣　刘　鹏
责任编辑　周维明
审稿人　李玉萍）

原载《人民法院案例选》2018年第3辑（总第121辑）

280. 李正亮寻衅滋事案

——放火损毁公私财物但未危及公共安全行为的刑法评价

【关键词】

刑事　寻衅滋事　公共安全　放火

【裁判要旨】

行为人醉酒后为宣泄而在楼道公共场所无端点燃公私财物，致使其独立燃烧，但主观上没有追求或放任危害公共安全的心理，客观上未造成足以危及公共安全的危险的，不构成放火罪。若该行为属于在公共场所无事生非、制造事端，情节恶劣，扰乱社会正常秩序的，应认定为损毁型寻衅滋事罪。

【相关法条】

《中华人民共和国刑法》

第二百九十三条　有下列寻衅滋事行为之一，破坏社会秩序的，处五年以下有期徒刑、拘役或者管制：

（一）随意殴打他人，情节恶劣的；

（二）追逐、拦截、辱骂、恐吓他人，情节恶劣的；

（三）强拿硬要或者任意损毁、占用公私财物，情节严重的；

（四）在公共场所起哄闹事，造成公共场所秩序严重混乱的。

纠集他人多次实施前款行为，严重破坏社会秩序的，处五年以上十年以下有期徒刑，可以并处罚金。

第一百一十四条　放火、决水、爆炸以及投放毒害性、放射性、传染病病原体等物质或者以其他危险方法危害公共安全，尚未造成严重后果的，处三年以上十年以下有期徒刑。

第一百一十五条　放火、决水、爆炸以及投放毒害性、放射性、传染病病原体等物质或者以其他危险方法致人重伤、死亡或者使公私财产遭受重大损失的，处十年以上有期徒刑、无期徒刑或者死刑。

【案件索引】

一审：江苏省淮安市洪泽区人民法院（2018）苏0813刑初10号（2018年4月24日）

【基本案情】

公诉机关江苏省淮安市洪泽区人民检察院以被告人李正亮犯寻衅滋事罪，向淮安市洪泽区人民法院提起公诉。

被告人李正亮对起诉书指控的犯罪事实未提出异议。其辩护人的辩护意见是，被告人李正亮具有自首情节，其在案发后，自己进行灭火、抢救受损财物，并报警，在公安机关讯问时，如实供述自己的罪行，符合自首的认定。被告人李正亮没有前科劣迹，主观恶性较小；案件的社会影响及危害较小，并得到了有效控制。建议对被告人李正亮适用缓刑。

法院审理查明：2017年5月6日3时许，被告人李正亮同朋友醉酒后在KTV消费，因个人原因致头部摔破，在朋友帮助下在诊所进行包扎后，被送到位于洪泽区天湖豪庭小区。因情感纠纷，为发泄内心不满，被告人李正亮用随身携带打火机点燃停放在楼道中的电动车坐垫，然后乘电梯上楼。楼道起火地方，并无其他充电电源，排除电瓶车自燃起火情况，通过监控可以认定在被告人进入楼道后起火。楼道电动车起火，并伴有浓烟冒出，约六分钟，被告人李正亮乘电梯下一楼，来到楼道见起火，遂拨打110报警。后民警和消防人员赶到现场将火势扑灭。火灾造成两辆电动车被烧毁、一楼楼道墙面损坏、电梯间配件损坏的财产损失，经鉴定共计价值人民币3000余元。

被告人李正亮归案后如实供述自己的犯罪事实。

另查明，案发后，被告人李正亮已经赔偿了被害人的全部经济损失。

【裁判结果】

江苏省淮安市洪泽区人民法院于2018年4月24日作出（2018）苏0813刑初10号刑事判决：被告人李正亮犯寻衅滋事罪，判处有期徒刑一年，缓刑一年六个月。

一审宣判后，被告人未提出上诉，检察院亦未提出抗诉，判决已经生效。

【裁判理由】

法院生效裁判认为：被告人李正亮破坏社会秩序，任意损毁公私财物，情节严重，其行为已构成寻衅滋事罪。公诉机关对李正亮犯寻衅滋事罪的指控成立，予以支持。对于被告人李正亮的辩护人提出的被告人李正亮具有自首情节的辩护意见，经审查认为，被告人李正亮在案发后报警，其目的是掩盖真相，推诿罪责，并无自动投案的主动性和自愿性，不符合自首的条件，故该辩护意见无法律依据，不予采纳。但被告人李正亮归案后如实供述自己的犯罪事实，可以从轻处罚。被告人李正亮已赔偿被害人的全部经济损失，辩护人的相关辩护意见成立，予以采纳，可以酌情从轻处罚。

【案例注解】

本案争议焦点是行为人醉酒后为宣泄内心不满而点燃摆放于楼道内的电动车的行为，是构成损毁型寻衅滋事罪还是放火罪。此案需要解决的是放火罪中的“危害公共安全”的认定。

一、“危害公共安全”是放火犯罪认定的关键

放火罪，是行为人追求或放任通过火的燃烧致使公私财物损失、人员伤亡的犯罪，系危害公共安全类犯罪的典型样式，属于重罪。其特征表现为对不特定多数人的生命、健康和重大公私财产安全的侵犯，侵害的法益是公共安全。《刑法》对放火罪分别用第一百一十四条和第一百一十五条两个条款予以规定，两个法条的共同点为，放火行为须达到“危害公共安全”；不同点为前者“尚未造成严重后果”，法定刑在三年以上十年以下，刑罚相对较轻，后者“造成严重后果”，对应的法定刑在十年以上有期徒刑、无期徒刑或者死刑，刑罚相对较重，最高可判处死刑；两个法条之间为互补关系，即前者是构成放火罪的一般构成要件规定，放火行为危害公共安全但“尚未造成严重后果”，后者是放火罪的结果加重要件规定，补强并加重“造成严重后果”的放火行为所产生的危害公共安全的刑罚处罚，两个法条共同织密了放火犯罪对公共安全法益侵害的保护网，同时也便于司法实践操作和公众遵守。据此可知，放火罪认定的关键是对“危害公共安全”正确把握和运用。

1. “危害公共安全”的属性认定。当前通说认为，公共安全是特指不特定多数人的生命健康、财产安全、重大公私财产安全和其他公共利益的安全。① 有论者认为，公共安全是多数人的生命和财产安全，包含特定和不特定多数人。② 也有论者提出，公共安全是对不特定人的生命、健康或财产安全的统称。③ 还有论者认为，公共安全是指不特定或多数人的生命、健康或财产安全。④ 笔者认为，公共安全的设计是有别于针对特定个人、财产的法益的侵犯，其目的是从社会个人、财产法益的保护抽象上升到社会整体利益的保护，可以说社会性、公众性是其鲜明的特点。这里的社会性，是对社会成员整体利益的侵犯，体现的是犯罪对象的不特定性。对于不特定的理解，应以危害行为危及的对象、范围、程度超出行为人预料和控制出发，其可能是特定的、也可能是不特定的犯罪对象。而公众性，则体现的是行为所危及对象的量，“多数”的理解应是危及对象量上的判断，因而“不特定”与“多数”是可以并存的概念，并不矛盾。⑤ 无论是将“不特定”与“多数”合并在一起，还是仅保留其中一个，都是对其保护范围的缩小，因而定义为“不特定”或“多数”人的生命、健康或财产安全，能最全面体现公共安全的社会性、公众性特征。因此，放火罪中的“危害公共安全”即是对不特定或多数人的生命、健康和财产的安全，此集中体现了放火行为的客观属性，而这种客观属性主要依靠在事后通过判断行为当时及其之后是否造成人员伤亡、财产损害来表现出来。换句话说，并不是所有的放火行为都危害公共安全，而仅是对造成人员伤亡、财产损害为表现的公共安全产生客观紧迫性，才可以用放火罪进行评价，否则应按他罪定罪量刑处置。

2. “危害公共安全”的认定标准。对于放火罪中“危害公共安全”的认定，理论上存在争议，主要表现在以下三种学说：其一是“独立燃烧说”，即点火物接触到对象物，使得对象物处于独立燃烧的状态；其二是“效用丧失说”，即由于燃烧使得对象物重要

---

① 参见高铭暄、马克昌主编：《刑法学》（下编），中国法制出版社 1999 年版，第 609 页。

② 参见刘志伟主编：《危害公共安全犯罪疑难问题与司法对策》，吉林人民出版社 2001 年版，第 60 页。

③ 参见张小虎：《放火罪之理论探讨》，载《河南省政法管理干部学院学报》2002 年第 4 期。

④ 参见张明楷：《刑法学》（下），法律出版社 1997 年版，第 556 页。

⑤ 参见陆玮：《放火罪与寻衅滋事罪的区分》，载《人民司法·案例》2018 年第 2 期。

部分消失，丧失其基本用途；其三是“毁弃说”，即燃烧使得对象物的破坏达到故意损毁财物罪中的毁坏程度。[①] 刑法中对危害公共安全犯罪的规制，基于公共区域内的人和物两个方面考虑，从上述三种意见来看，笔者认为，“效用丧失说”“毁弃说”则是从财物的角度来判定放火行为是否危害公共安全，而“独立燃烧说”着重强调的是对公共安全的保护，不仅从物的效用，还从人的生命、健康方面予以全面综合考虑，避免了顾此失彼。因而，“独立燃烧说”应是“危害公共安全”的判定标准。理由有三：首先，“独立燃烧说”符合立法对放火罪这一危害公共安全的性质；其次，放火罪的主要对象物是建筑物，而在我国主要表现为砖木结构、砖混结构和钢筋混凝土结构三种，这种建筑结构及材质的燃烧需要一定时间，采用“独立燃烧说”较为符合目前实际现状；最后，采用“独立燃烧说”有助于鼓励犯罪中止，正如有论者所言，考虑到我国建筑物结构及其材质，从点火物接触到对象物再到独立燃烧，再到造成重大损失，需要一定的时间，也正是在这段时间内，行为人有可能选择放弃犯罪，减少放火行为造成的损害结果。[②] 这也印证了刑法不仅在于惩治犯罪，同时也在教化引导减少犯罪。

3. 本案中放火行为的评价。本案中李正亮处于醉酒状态下实施的放火行为，我国《刑法》明确规定，并不因其处于醉酒状态而免除刑事处罚。对于李正亮放火行为应着重从以下三个方面来认定：一是放火行为是否危害到公共安全。从放火的地点来看，发生在居民楼楼道，属于公共场所，但从其放火对象来看，仅是对电动车后座上的可燃物点燃，并引发存放在楼道中的两辆电瓶车进行独立燃烧，火势便被楼道混凝土结构的墙体所阻挡，未能进一步蔓延，即使两辆电瓶车全部损毁，也无法引发大火进而危害到该栋楼内不特定或多数人的生命、健康或财产安全，不属于放火罪中“危害公共安全”的放火行为。二是放火行为损害的结果是可控的。放火行为的危害在于行为的不可控性，一旦点火物接触到对象物，达到独立燃烧的状态，火势就容易处于失控状态，进而危害公共安全。本案中，行为人用打火机点燃对象物电瓶车后座的易燃物，致使其着火，并蔓延至两辆电瓶车，通过对损害结果的鉴定，烧毁了电瓶车两辆、熏黑了墙壁及因高温损坏的部分电梯部件，损害结果是可控的；即使不灭火，火也会在燃烧电瓶车后熄灭，加之，行为人及时报警，在火势未起之际，已经被扑灭，火势客观上处于可控状态。三是行为人主观上无放火犯罪的故意或放任危害公共安全的心理。行为人在凌晨三点回家时，已经处于醉酒状态，这种醉酒是因其自身大量饮酒所致。行为人处于醉酒状态后，为宣泄内心不满，迁怒于楼道里摆放的电动车，通过监控视频可以看到，其在踉踉跄跄中多次在楼道里进出，并用脚踹被烧坏的电动车，拿出打火机点火后，乘电梯上楼回家，在其上楼后 6 分钟，行为人又来到一楼楼道，遂报警。行为人之所以放火是为了发泄心中的愤懑，在楼道放火不仅会危及他人安全也会使其自身处于危险境地，对于一个成年人来说，不会不知道放火行为的严重性，从其下楼查看火势，即使是醉酒状态下他也考虑到放火的问题严重性。从其报警情形来看，他要求快来灭火，这是他花身家性命得来的房子，如果灭火不及时要警察赔。从中可以看出，行为人对自己的放火行为已经后悔，本意是对妨碍在楼道通行的电动车进行泄愤，并未想对包括自身在内的居民安全产生危

---

① 参见黎宏：《论放火罪的若干问题》，载《法商研究》2015 年第 3 期。

② 参见张明楷：《刑法学》（下），法律出版社 1997 年版，第 556 页、第 561 页。

害，法庭上有其供述，与其在侦查阶段、审查起诉阶段的供述相一致，且通过调阅监控视频录像、报警电话记录、参与救火并被烧伤的客观事实，可以认定在行为人放火时，并未有希望或放任危害公共安全的主观故意。行为人的放火行为在客观和主观上均不符合放火罪的犯罪构成要件，不应以放火罪追究刑事责任。尽管行为人的放火行为对该栋居民楼内的不特定或多数人的生命、健康或财产安全带来了一定的危险，但这种危险是可控的，是在客观事实上无法对公共安全造成重大危害的，如对其按照放火罪追究刑事责任，则显得苛刻且不符合法律规定。

二、损毁型寻衅滋事罪的认定

损毁型寻衅滋事罪，是指行为人无事生非，为宣泄内心不满，随意采用放火等方式毁损公私财物，严重破坏社会秩序的行为，其属于《刑法》第二百九十三条寻衅滋事罪明确规定的客观表现种类。笔者认为，损毁型寻衅滋事罪构成要件为，行为人在主观上为故意，在客观上实施了放火等行为，侵犯的法益为双重法益，且对社会秩序的破坏达到了“情节严重”的程度。

1. 行为人主观上的寻衅滋事故意。行为人有明显的追求或放任侵犯社会秩序的意图，并通过寻衅滋事行为表现出来。根据《最高人民法院、最高人民检察院关于办理寻衅滋事刑事案件适用法律若干问题的解释》（以下简称《办理寻衅滋事案件司法解释》）第一条的规定，行为人为寻求刺激、发泄情绪、无事生非、逞强耍横等，实施《刑法》第二百九十三条规定的行为的，应当认定为寻衅滋事。因而，在损毁型寻衅滋事犯罪中，行为人具有一般寻衅滋事犯罪中所具有的无事生非、发泄情绪、寻求刺激，逞强耍横的主观内容。

2. 行为人客观上实施了放火等损毁公私财物行为。当前，寻衅滋事犯罪客观表现行为主要有四类，损毁他人公私财物行为属于第三类，而损毁他人公私财物的常见行为方式有放火焚烧、打砸等。放火焚烧损毁他人财物的行为，要注意行为人实施的地点、犯罪对象、产生结果、是否危害到公共安全等，严格区分本罪与放火罪、故意杀人（伤害）罪等犯罪之间的界限。

3. 行为人侵犯的是双重法益。行为人为达到宣泄内心、无事生非的目的，随意放火损毁他人公私财物，火势一方面对财物进行损毁，另一方面有可能危及他人人身生命安全；同时，这种放火行为必然造成社会恐慌，破坏正常的社会公共秩序。因而，损毁型寻衅滋事罪的法益可分为两个层面，一个是放火行为对个体人身或财产权益的侵害，另一个是对社会正常公共秩序的危害，这也是该类犯罪被列在第六章妨害社会管理秩序罪的原因。

4. 破坏社会秩序“情节严重”的认定。要构成损毁型寻衅滋事犯罪，除了行为人实施了任意损毁公私财物外，《刑法》规定其必须达到“情节严重”。根据《办理寻衅滋事案件司法解释》第四条的规定，任意损毁、占用公私财物，破坏社会秩序，具有下列情形之一的，应当认定为《刑法》第二百九十三条第一款第三项规定的“情节严重”：（1）强拿硬要公私财物价值1000元以上，或者任意损毁、占用公私财物价值2000元以上的；（2）多次强拿硬要或者任意损毁、占用公私财物，造成恶劣社会影响的；（3）强拿硬要或者任意损毁、占用精神病人、残疾人、流浪乞讨人员、老年人、孕妇、未成年人的财物，造成恶劣社会影响的；（4）引起他人精神失常、自杀等严重后果的；（5）严重影响他人的工作、生活、生产、经营的；（6）其他情节严重的情形。对此，笔者认为，损毁型寻衅滋事罪中的“情节严重”，可以从犯罪数额、对象、后果等方面予以综合考虑。具体到本案中涉及的放火损毁他人公私财物行为，考虑到寻衅滋事罪重点打击的是对社会公共秩序的破坏，而采用放火方式损毁他人财物的行为，还可能会危及他人人身生命安全，对社会造成严重恐慌，因而行为人一经实施点燃对象物且独立燃烧的，便可认定为“情节严重”，符合罪刑相一致原则，同时也有助于发挥刑法对犯罪的惩治作用，便于司法实践操作。

5. 本案中行为人评价。行为人李正亮通过点燃电动车后座可燃物，以达到其发泄内心不满的目的，这明显是无事生非、制造事端。在其放火后，由于火势处于可控状态，未对居民楼小区内不特定或多数人的生命、健康或财产安全造成危险，但也符合了无事生非的主观特征，即对不特定个体合法权益的侵害。该行为在客观上对他人两辆电动车及小区业主共同所有的楼道墙体及电梯部分受损部件造成不同程度损坏，经鉴定达3000余元。在主观上，该行为的社会危害性使得处于该居民楼内居民处于恐慌状态，对社会公共安全生产产生不信赖，在社会公众心理产生不安宁；在客观上也对小区内的公共秩序产生了严重的破坏，严重影响了小区内居民正常工作、生活的安宁。由此可见，被告人的行为达到了对社会公共秩序破坏“情节严重”程度。结合行为人主客观方面因素，笔者认为，行为人李正亮放火损毁他人公私财物的行为以损毁型寻衅滋事罪定罪量刑，符合罪刑法定原则，罚当其罪。

三、损毁型寻衅滋事罪与故意损毁财物罪的区分

李正亮放火损毁他人公私财物的行为，客观上造成他人财产损失，主观上有损毁他人财物的故意，对他人公私财物所有权法益的侵害，尽管该损失3000余元，未达到故意损毁财物罪5000元以上的立案追诉标准，但其采用放火损毁的方式、发生在楼道的地点，这与损毁型寻衅滋事罪“情节严重”的判定具有一致性，在前文已经论证不再赘述。因而，李正亮放火损毁他人公私财物的行为触犯了故意损毁财物罪。一个行为同时触犯了两个罪名，属于想象竞合犯，应按照从一重罪原则处断。根据两个罪名的法定刑，损毁型寻衅滋事罪法定刑分为两档，一档为五年以下有期徒刑、拘役或者管制，二档为五年以上十年以下有期徒刑，可以并处罚金；故意损毁财物罪法定刑同样分为两档，一档为三年以下有期徒刑、拘役或罚金，二档为三年以上七年以下有期徒刑。通过比较，同一档次的损毁型寻衅滋事罪法定刑明显高于故意损毁财物罪的。因而，应按照损毁型寻衅滋事罪定罪量刑。

同时，对于两个罪名的区分，有学者提出了“任意损毁公私财物的行为，可能构成故意毁坏财物罪，也可能构成寻衅滋事罪”，“司法机关的任务，不是在两罪之间找出区别，而是以想象竞合犯从一重罪论处”。[①] 该论点是基于两个罪名之间存在同一构成要件事实重合的基础上，难以区分两罪情形下，以想象竞合犯理论解决实践中的难题。而对于有些构成要件事实能区分的情况下，还是有必要进行区分。可以从以下三个方面对损毁型寻衅滋事罪和故意损毁财物罪进行区分，从犯罪对象来看，前者为不特定对象的公私财物，后者一般为特定的；从犯罪客体来看，前者是对公共秩序和他人公私财物所有

① 张明楷：《寻衅滋事罪探究》（下篇），载《政治与法律》2008年第2期。

权法益的双侵害，后者仅是对他人财物所有权法益的单侵害；从犯罪主观方面来看，前者是对公共秩序犯罪和损毁他人公私财物的目的，后者仅是损毁他人公私财物的目的。具体到本案中，一是李正亮放火损毁他人财物的行为，不是针对特定的他人财物，而是任意的、随机的，有别于故意损毁财物罪针对特定的他人财物。二是李正亮案中，除了对公共秩序法益的侵害外，还对他人所有公私财物造成了损失，而故意损毁财物罪仅是对他人公私财物的损毁。三是李正亮主观上不仅具有损毁他人财物的故意，还有无事生非、不计后果地采取放火，放任对公共秩序侵害的故意。故而，从两罪的区分角度来看，本案应以损毁型寻衅滋事罪定罪更能全面涵括李正亮的违法犯罪行为，彰显罪刑相适应，实现罚当其罪。

（一审法院合议庭成员　陈　旭　陈秀萍　张　海
编写人　江苏省淮安市洪泽区人民法院　鲁海军
责任编辑　周维明
审稿人　李玉萍）

原载《人民法院案例选》2020 年第 1 辑（总第 143 辑）

八、组织、领导、参加黑社会性质组织罪

281. 杨斌、吴登柱等组织、领导、参加黑社会性质组织案

——黑社会性质组织中危害性特征的认定

【关键词】

刑事　黑社会性质组织犯罪　危害性特征　非法控制　重大影响

【裁判要旨】

危害性特征是黑社会性质组织的本质特征。在司法实践中，认定一个犯罪组织是否具备黑社会性质组织的危害性特征，关键在于所造成的危害后果是否符合《刑法》第二百九十四条规定的“在一定区域或者行业内，形成非法控制或者重大影响，严重破坏经济、社会生活秩序”标准；而判定是否符合这一标准，要从形成非法控制或者重大影响的手段、对象、范围、程度等方面进行综合考量。根据司法实践经验，危害后果只要符合《最高人民法院、最高人民检察院、公安部、司法部关于办理黑恶势力犯罪案件若干问题的指导意见》规定的“在一定区域或者行业内，形成非法控制或者重大影响，严重破坏经济、社会生活秩序”八种情形中两种以上的，应当认定为具备黑社会性质组织罪的危害性特征。

【相关法条】

《中华人民共和国刑法》

第二百九十四条　组织、领导黑社会性质的组织的，处七年以上有期徒刑，并处没收财产；积极参加的，处三年以上七年以下有期徒刑，可以并处罚金或者没收财产；其他参加的，处三年以下有期徒刑、拘役、管制或者剥夺政治权利，可以并处罚金。

境外的黑社会组织的人员到中华人民共和国境内发展组织成员的，处三年以上十年以下有期徒刑。

国家机关工作人员包庇黑社会性质的组织，或者纵容黑社会性质的组织进行违法犯罪活动的，处五年以下有期徒刑；情节严重的，处五年以上有期徒刑。

犯前三款罪又有其他犯罪行为的，依照数罪并罚的规定处罚。

黑社会性质的组织应当同时具备以下特征：

（一）形成较稳定的犯罪组织，人数较多，有明确的组织者、领导者，骨干成员基本固定；

（二）有组织地通过违法犯罪活动或者其他手段获取经济利益，具有一定的经济实力，以支持该组织的活动；

（三）以暴力、威胁或者其他手段，有组织地多次进行违法犯罪活动，为非作恶，欺压、残害群众；

（四）通过实施违法犯罪活动，或者利用国家工作人员的包庇或者纵容，称霸一方，在一定区域或者行业内，形成非法控制或者重大影响，严重破坏经济、社会生活秩序。

【案件索引】

一审：贵州省兴仁市人民法院（2018）黔2322刑初135号（2018年12月29日）

二审：贵州省黔西南布依族苗族自治州中级人民法院（2019）黔23刑终84号（2019年4月23日）

【基本案情】

贵州省兴仁市人民检察院指控：被告人杨斌、李本祥、彭能元、谭智仁、张传林、蔡国军、吴登柱、李华友、谭松、匡其孔、蔡国进、杨小进、杨礼云、廖小砖、张雪峰、任中华、陈攀分别犯组织、领导、参加黑社会性质组织罪、开设赌场罪、寻衅滋事罪、敲诈勒索罪、诈骗罪、强迫交易罪、组织卖淫罪、容留卖淫罪、故意毁坏财物罪。

被告人杨斌辩称：其根本没有组织任何人，很多被告人其根本不认识，其没有组织、领导黑社会，对指控的组织、领导黑社会性质组织罪，其不认罪。指控的在温泉酒店、颜某家和七星楼408房开设赌场其没有意见，对其他指控的违法事实和犯罪事实，其根本没参加，不认罪。

被告人吴登柱辩称：其没有参加黑社会，只是喝酒以后和他们一起玩，对指控的参加黑社会性质组织罪，其不认罪。对指控的寻衅滋事、开设赌场和聚众斗殴其没意见，自愿认罪。

被告人李本祥、谭智仁、张传林、蔡国军、李华友、蔡国进、杨礼云、谭松、杨小进、廖小砖、陈攀、任中华、张雪峰均辩称：自己不构成参加黑社会性质组织罪；并对指控的部分犯罪事实提出异议。

被告人彭能元、匡其孔对公诉机关的指控均无异议，自愿认罪。

各被告人的辩护人认为：本案不具备黑社会性质组织罪的“四个特征”，公诉机关指控本案构成组织、领导、参加黑社会性质组织罪的事实不清，证据不足。

法院经审理查明：被告人杨斌因抢劫于1996年6月17日在云南省昆明市被劳动教养三年，1998年11月6日解除劳教后返回贵州省普安县，之后在普安县罐子窑镇通过非法开采铁矿获利。2003年，杨斌开始在普安铅矿承包铅锌矿进行开采，张某和李某甲也在开采铅锌矿，杨斌为了争夺矿山的开采权，威胁、恐吓张某和李某甲，并纠集10多名社会闲散人员持钢管砍刀等凶器殴打李某甲，张某和李某甲因惧怕杨斌，被迫退出矿山。

后杨斌为了构筑其在矿山上的“关系网”，以普安铅矿“副矿长”自居。2004年1月，杨斌与蒋某某合伙违规承包普安铅矿202矿等矿点，被告人李本祥和被告人彭能元开始跟着杨斌做事，杨斌为他们发工资。2006年12月，杨斌非法与普安铅矿签订了大明槽、绿阴塘等七个矿的探采矿权，拉拢、腐蚀普安铅矿的管理人员，向普安监狱原监狱长董某某、副监狱长宋某某共计行贿82.3万元，于2009年12月被以行贿罪判处有期徒刑一年零二个月。刑满释放后的杨斌将获取经济利益的方式转为承包政府工程，2011年向普安县发展和改革局原局长欧某某行贿，于2015年9月被判处拘役三个月。在服刑期间杨斌共收到组织成员和普安公安局民警等人送的现金人民币15.52万元，并三次请假出所。杨斌积累了较强的经济实力，从2006年开始逐渐在普安、兴义、昆明购买九套商品房，在普安县购买三处门面房共计4255.77平方米。杨斌逐渐在普安县声名鹊起，在老百姓心中形成了有钱有势霸道的声名。被告人谭智仁大学毕业后2012年开始投靠杨斌。

2013年，杨斌与彭能元、王某（警察）等人吃饭喝酒结束后，行至普安县盘水镇兴辉电玩城附近，杨斌与兴辉电玩城老板发生口角，杨斌遂纠集李本祥、彭能元、谭智仁、吴登柱、谭松等20多人欲打砸电玩城，王某劝说杨斌无效后又打电话给普安县公安局副局长邹某某和盘水派出所所长江某某（二人另案处理），二人作为朋友劝说杨斌不要闹事，杨斌才放弃实施打砸。杨斌由此渐渐树立了在普安县的强势地位。通过李本祥、彭能元、谭智仁的介绍，杨斌开始吸纳刑满释放人员和社会闲散人员。2013年，被告人吴登柱认识李本祥；2014年，经李本祥介绍杨斌认识了吴登柱；同年，李华友经朋友介绍认识了杨斌；2015年，经谭智仁介绍杨斌认识了被告人张传林；同年，经彭能元介绍杨斌认识了被告人蔡国军；2016年，经吴登柱介绍杨斌认识了被告人谭松。吴登柱、李华友、张传林、蔡国军、谭松认识杨斌后，开始跟随杨斌做事听从杨斌安排，杨斌逐渐将这些人发展为手下成员。这些人又分别发展手下成员匡其孔、杨礼云、杨小进、蔡国进、陈攀、张雪峰、任中华、廖小砖跟随他们。这些成员认为跟着杨斌能有钱赚或者违法犯罪可以得到保护而靠近杨斌，以跟随杨斌为荣。至此该团伙逐步形成了以杨斌为组织者、领导者，李本祥、彭能元、谭智仁、蔡国军、吴登柱、张传林、李华友为骨干成员，谭松、蔡国进、匡其孔、杨小进、杨礼云、陈攀、张雪峰、任中华、廖小砖为其他参加者的较为稳定的犯罪组织。杨斌负责决策和指挥整个组织的运转，李本祥、彭能元管理矿山和项目工程，谭智仁开设赌场、管理项目工程、娱乐场所和杨斌在赌场上的股份，彭能元、蔡国军、张传林主要开设赌场，吴登柱、李华友、谭松、张雪峰、匡其孔、任中华、杨小进、杨礼云、廖小砖等人开设赌场、为赌场开车放哨或者充当打手。以杨斌为首的组织成员以实施违法犯罪为主要活动，通过违法犯罪获取强大的经济利益，并且在普安县城树立了有钱有关系能打能杀不能惹的恶名。该犯罪组织在长期的聚会和违法犯罪活动中逐渐形成了一定的组织纪律和活动规约。杨斌还在组织成员面前显示其与邹某某的亲密关系，在皇家至尊喝酒时手搭邹某某肩膀，向李本祥、吴登柱、李华友、谭松、陈攀等成员介绍“这是公安局的邹局长，在普安整点事不要紧，邹局可以保你们”。杨斌通过上述奖惩方式对组织成员进行管理，树立其作为组织者、领导者的非法权威。

该犯罪组织主要通过有组织地实施开设赌场、容留卖淫、发放高利贷（开办信贷公司）、敲诈勒索、强迫交易、经营娱乐场所、通过行贿手段承揽政府工程等违法犯罪活动敛财，从而具有支持组织活动的强大经济实力；为树立其非法权威，维护非法利益，有组织地多次实施开设赌场、容留卖淫、寻衅滋事、敲诈勒索、故意伤害、故意毁坏财物、强迫交易等违法犯罪活动，为非作恶，欺压残害群众；通过在普安县盘水镇、罐子窑镇、地瓜镇、三板桥镇等地多次实施违法犯罪活动，称霸一方，在普安县城及周边地区形成非法控制和重大影响，致使受害群众不敢报案，证人不敢作证；利用国家工作人员邹某某、江某某、李某和高某某的包庇和纵容，被害人报案后案件也是降格处理或者压案不查。同时，为了扩大影响获取更多经济利益，杨斌还积极向基层组织政权渗透，被违规选举为罐子窑镇小山坡村村主任，导致该村出现一村两长的现象，破坏了基层组织建设。杨斌利用组织的影响力，扶持其干老亲袁某某通过拉票和代填选票并经过三次选举担任铁厂村主任。该犯罪组织长期在普安县城及周边地区开设赌场聚众赌博，在赌场上发放高利贷，非法控制普安县的赌场行业，导致许多参赌人员因赌致贫、倾家荡产、妻离子散，利用暴力和国家机关工作人员的包庇纵容，对人民群众进行欺压残害，严重破坏了上述地区的经济秩序和社会生活秩序。

【裁判结果】

贵州省兴仁市人民法院于2018年12月29日作出（2018）黔2322刑初135号刑事判决：一、被告人杨斌犯组织、领导黑社会性质组织罪，判处有期徒刑十年，并处没收个人全部财产，剥夺政治权利二年；犯敲诈勒索罪，判处有期徒刑十二年，剥夺政治权利三年，并处罚金人民币80万元；犯开设赌场罪，判处有期徒刑六年，并处罚金人民币150万元；犯容留卖淫罪，判处有期徒刑六年，并处罚金人民币10万元；犯寻衅滋事罪，判处有期徒刑四年零六个月；犯强迫交易罪，判处有期徒刑二年，并处罚金人民币300万元；犯故意毁坏财物罪，判处有期徒刑一年；数罪并罚，总和刑期有期徒刑四十一年零六个月，剥夺政治权利五年，并处没收个人全部财产，并处罚金人民币540万元，决定执行有期徒刑二十三年，剥夺政治权利五年，并处没收个人全部财产，并处罚金人民币540万元。二、被告人吴登柱犯参加黑社会性质组织罪，判处有期徒刑三年零六个月，并处没收个人财产人民币30万元；犯聚众斗殴罪，判处有期徒刑三年零六个月；犯寻衅滋事罪，判处有期徒刑三年零二个月；犯开设赌场罪，判处有期徒刑三年，并处罚金人民币3万元；数罪并罚，总和刑期有期徒刑十三年零二个月，并处没收个人财产人民币30万元，并处罚金人民币3万元，决定执行有期徒刑十二年，并处没收个人财产人民币30万元，并处罚金人民币3万元。

（其余被告人分别被以参加黑社会性质组织罪、开设赌场罪、聚众斗殴罪、寻衅滋事罪、非法拘禁罪、容留卖淫罪、故意伤害罪、窝藏罪、盗窃罪，判处二年零十个月至十三年不等的有期徒刑，并处附加刑。）

一审宣判后，被告人杨斌、吴登柱等15人不服，提起上诉。被告人彭能元、任中华未提出上诉。

贵州省黔西南布依族苗族自治州中级人民法院于2019年4月23日作出（2019）黔23刑终84号刑事判决：一、维持贵州省兴仁市人民法院（2018）黔2322刑初135号刑事判决主文第一项杨斌犯组织、领导黑社会性质组织罪，敲诈勒索罪，开设赌场罪，容留卖淫罪，寻衅滋事罪，强迫交易罪，故意毁坏财物罪的定罪量刑部分；第二项；第三项；第四项；第五项；第六项；第七项；第八项杨礼云犯参加黑社会性质组织罪、聚众斗殴罪、寻衅滋事罪的定罪量刑部分；第九项；第十项；第十一项；第十二项；第十三项；第十四项；第十五项；第十六项；第十七项；第十八项；第十九项；第二十项；第二十一项；第二十二项。二、撤销贵州省兴仁市人民法院（2018）黔2322刑初135号刑事判决主文第一项中杨斌数罪并罚决定执行的刑罚；第八项中杨礼云原犯寻衅滋事罪，判处有期徒刑二年及数罪并罚决定执行的刑罚。三、上诉人（原审被告人）杨斌犯组织、领导黑社会性质组织罪，判处有期徒刑十年，并处没收个人全部财产，剥夺政治权利二年；犯敲诈勒索罪，判处有期徒刑十二年，剥夺政治权利三年，并处罚金人民币80万元；犯开设赌场罪，判处有期徒刑六年，并处罚金人民币150万元；犯容留卖淫罪，判处有期徒刑六年，并处罚金人民币10万元；犯寻衅滋事罪，判处有期徒刑四年零六个月；犯强迫交易罪，判处有期徒刑二年，并处罚金人民币300万元；犯故意毁坏财物罪，判处有期徒刑一年；数罪并罚，决定执行有期徒刑二十三年，剥夺政治权利五年，并处没收个人全部财产。（其他判项略）

【裁判理由】

法院生效裁判认为：被告人杨斌纠集、网罗李本祥等16人形成较为稳定的犯罪组织，人数较多，有明确的组织者、领导者，骨干成员较为固定；通过有组织地实施违法犯罪活动或者其他手段获取经济利益，具有强大的经济实力支持该组织的活动；以暴力、威胁等手段，有组织地多次实施开设赌场、寻衅滋事、敲诈勒索、强迫交易、容留卖淫等违法犯罪活动，为非作恶，欺压、残害群众；通过实施违法犯罪活动和利用国家工作人员的包庇、纵容，称霸一方，在普安县城内，对赌博行业形成非法控制和重大影响；杨斌利用组织的势力和影响，为自己和帮助他人在基层群众自治组织中担任职务，严重破坏基层组织建设，严重影响了当地的经济、社会生活秩序，形成了以杨斌为组织、领导者，李本祥、彭能元、谭智仁、张传林、蔡国军、吴登柱、李华友为积极参加者、骨干成员，谭松、匡其孔、蔡国进、杨小进、杨礼云、廖小砖、张雪峰、任中华、陈攀为其他参加者的黑社会性质组织。杨斌的行为已构成组织、领导黑社会性质组织罪，李本祥、彭能元、谭智仁、张传林、蔡国军、吴登柱、李华友、谭松、匡其孔、蔡国进、杨小进、杨礼云、廖小砖、张雪峰、任中华、陈攀的行为已构成参加黑社会性质组织罪，均应依法惩处。杨斌作为黑社会性质组织的组织者、领导者和首要分子，应当对该组织所实施的全部罪行负责。（其余犯罪罪状叙述略）

【案例注解】

危害性特征是黑社会性质组织的本质特征。我国《刑法》、立法解释与司法解释规定危害性特征的表现形式包含“非法控制”与“重大影响”，但均以“严重破坏经济、社会生活秩序”为要件，可见二者在社会危害性质以及程度上均具备相当性，在法益侵害性上并无实质区别。所以，“重大影响”亦能反映黑社会性质组织犯罪的社会危害性，仍属于该罪的本质体现。故在司法实践中，如何准确理解和把握“非法控制”和“重大影响”的标准就显得十分重要。

《刑法》第二百九十四条对危害性特征的规定为：通过实施违法犯罪活动，或者利用国家工作人员的包庇或者纵容，称霸一方，在一定区域或者行业内，形成非法控制或者重大影响，严重破坏经济、社会生活秩序。

《最高人民法院、最高人民检察院、公安部办理黑社会性质组织犯罪案件座谈会纪要》（以下简称2009年《纪要》）、《全国部分法院审理黑社会性质组织犯罪案件工作座谈会纪要》（以下简称2015年《纪要》）、《最高人民法院、最高人民检察院、公安部、司法部关于办理黑恶势力犯罪案件若干问题的指导意见》（以下简称2018年《指导意见》）对于"一定区域""一定行业"的范围、"形成非法控制或者重大影响"的具体认定标准作了进一步明确。有关危害性特征认定的三个基准问题如下：

一、形成非法控制或者重大影响的手段

根据《刑法》的规定，实现危害性特征的手段包括通过实施违法犯罪活动，或者利用国家工作人员的包庇或者纵容。即实现非法控制或者重大影响的途径有二：（1）直接对抗公权力，即通过实施违法犯罪活动，扰乱合法秩序，并由此建立非法秩序；（2）间接对抗公权力，即在公然对抗政府管制力的同时，对政府进行渗透，通过贿买、威胁等手段，引诱、逼迫国家工作人员参加黑社会性质组织犯罪活动，或者为其提供非法保护，从而削弱政府的合法控制。

二、形成非法控制或者重大影响的对象、范围

关于"一定区域"的理解和把握问题，2009年《纪要》、2015年《纪要》、2018年《指导意见》均作了规定。其中，2018年《指导意见》指出："鉴于黑社会性质组织非法控制和影响的'一定区域'的大小具有相对性，不能简单地要求'一定区域'必须达到某一特定的空间范围，而应当根据具体案情，并结合黑社会性质组织对经济、社会生活秩序的危害程度加以综合分析判断。"考虑到不同区域的经济发展、社会环境、资源及人口分布等存在的客观差距，要求不能机械地以特定的空间范围作为确定危害区域的绝对标准。为准确体现黑社会性质组织犯罪的法益侵害性，确保法律适用的公平性，要以对人民群众合法权益、经济社会生活秩序的侵害范围为基准，确定危害的范围。

关于"一定行业"的界定问题，2009年《纪要》指出："黑社会性质组织所控制和影响的行业，既包括合法行业，也包括黄、赌、毒等非法行业。这些行业一般涉及生产、流通、交换、消费等一个或者多个环节。"2015年《纪要》再次明确："黑社会性质组织所控制和影响的'一定行业'，是指在一定区域内存在的同类生产、经营活动。黑社会性质组织通过多次有组织地实施违法犯罪活动，对黄、赌、毒等非法行业形成非法控制或重大影响的，同样符合非法控制特征（危害性特征）的要求。"从国内外黑社会组织的演变过程及发展现状来看，大肆操控黄、赌、毒等非法行业是黑社会组织积累巨额黑金的重要来源，也是其对抗政府执法权的具体体现。从社会危害程度来看，黑社会性质组织的危害性主要体现为对合法社会的对抗，通过非法手段控制非法行业，其控制手段、经营内容均为非法，体现了对社会合法管理秩序的双重对抗性，比通过非法手段控制合法行业的社会危害更重，更应该从严打击。

三、形成非法控制或者重大影响的程度

非法控制与重大影响在社会危害程度上具有相当性，2009年《纪要》就黑社会性质组织的危害程度列举了八种情形，规定只要具备情形之一的，就可以认定为"在一定区域或者行业内，形成非法控制或者重大影响，严重破坏经济、社会生活秩序"。2015年《纪要》在2009年《纪要》规定的基础上，对相关问题进行了补充和变更，主要表现在对相关经济损失、敛财数额的认定上设置了具体数额标准，明确了八种情形一般不会单独存在，往往是两种以上的情形同时并存，相互交织，也就是说具备两种以上情形的才可认定为符合危害性特征。

2018 年《指导意见》基本援引 2009 年《纪要》的规定，其认定危害性特征的标准并不如 2015 年《纪要》那样严格。2018 年《指导意见》规定："具有以下情形之一的，可认定为'在一定区域或者行业内，形成非法控制或者重大影响，严重破坏经济、社会生活秩序'：（1）致使在一定区域内生活或者在一定行业内从事生产、经营的多名群众，合法权利遭受犯罪或者严重违法活动侵害后，不敢通过正当途径举报、控告的；（2）对一定行业的生产、经营形成垄断，或者对涉及一定行业的准入、经营、竞争等经济活动形成重要影响的；（3）插手民间纠纷、经济纠纷，在相关区域或者行业内造成严重影响的；（4）干扰、破坏他人正常生产、经营、生活，并在相关区域或者行业内造成严重影响的；（5）干扰、破坏公司、企业、事业单位以及社会团体的正常生产、经营、工作秩序，在相关区域、行业内造成严重影响，或者致使其不能正常生产、经营、工作的；（6）多次干扰、破坏党和国家机关、行业管理部门以及村委会、居委会等基层群众自治组织的工作秩序，或者致使上述单位、组织的职能不能正常行使的；（7）利用组织的势力、影响，帮助组织成员或他人获取政治地位，或者在党政机关、基层群众自治组织中担任一定职务的；（8）其他形成非法控制或者重大影响，严重破坏经济、社会生活秩序的情形。"

笔者认为，上述情形表明，黑社会性质组织犯罪的危害程度集中体现在两个方面：一是对人民群众生活、经济社会秩序的侵害程度，主要表现为欺压残害群众形成心理强制、威慑；垄断一定行业生产经营；干扰、破坏正常生产、经营、工作、生活秩序，干预行业准入、经营、竞争等经济活动，造成重大影响等。二是削弱国家管制力、对抗行政执法权、破坏社会管理秩序从而危及政府职权的正常行使的程度，主要表现为插手民间纠纷、经济纠纷，造成严重影响；多次干扰、破坏国家机关及基层组织工作秩序，使其职能不能正常行使；利用组织势力、影响，渗透到党政机关、基层群众自治组织中担任一定职务，或者获取其他政治地位等。

本案中，以被告人杨斌为首的违法犯罪组织通过实施开设赌场、寻衅滋事、敲诈勒索、强迫交易、容留卖淫等犯罪活动，在普安县盘水镇及周边为非作恶，欺压、残害群众。在上述违法犯罪活动中，组织、领导者杨斌直接在一线带领成员组织实施，如殴打王某某、龙某某、肖某、唐某某等，敲诈勒索朱某、打砸温泉酒店、授意谭智仁在普安赌场占干股，授意蔡国军和彭能元开赌场等；组织成员为逞强争霸实施犯罪后杨斌出面处理善后，如吴登柱、杨小进等人在全友酒店殴打陈某某和徐某某，杨礼云无故殴打王某，故意开车撞倒张某某，事后得到杨斌的帮忙和认可。该组织还拉拢腐蚀普安县公安局原副局长邹某某、盘水派出所原所长江某某、原民警高某某、李某等人作为"保护伞"，利用这些人保护组织成员违法犯罪后被降格处理或者不被处理，如吴登柱、李华友、蔡国进、杨礼云、匡其孔、谭松等人殴打他人，被害人报案后，普安县公安局盘水派出所也只是立为行政案件，并积极组织双方调解，最终对被告人轻处或者不处罚；被告人杨礼云故意殴打他人致人轻伤后被取保候审，在取保候审期间又故意殴打他人、开车撞人，检察院已经批捕，在被告人杨斌找邹某某、江某某等人的帮忙下，杨礼云在被逮捕当天签了逮捕证后当场释放让其回家，过了两三天才为杨礼云补办取保候审手续；温泉酒店多次被杨斌等人打砸，酒店报案后公安机关亦不处理，致使受害人不能通过正当渠道有效维护自己的权利；王某某被杨斌等人殴打致轻伤，因害怕报复只能逃往云南医治，不敢向公安机关报案等。该组织成员长期在普安县境内大肆开设赌场，在赌场发放高利贷，非法控制普安县内的赌场业，致使许多参赌人员因赌致贫、家庭破裂，严重破坏了普安县的经济秩序和社会秩序。此外，杨斌还利用该组织的势力和影响插手基层群众自治组织建设，其本人在有犯罪前科劣迹和不具备被选举村的村民资格，即不符合担任村干部条件的情况下，经个别党政干部帮助，将户口临时迁回罐子窑镇小山坡村，违规顺利当选为小山坡村村主任，导致该村出现一村存在两名村主任的违法现象，严重破坏了基层组织建设，其间，其占用国家扶持村民的养殖户棚圈建设资金，致使真正搞养殖建设的农户得不到国家资金补助；杨斌还扶持其干老亲袁某某担任白沙乡铁厂村村主任助理后，袁某某利用职务造册冒领一万元村民征地款，乡纪委发现后也没有处分袁某某，反而以该村村党支部书记没有尽到监督责任为由，对支部书记进行了处分，在此情况下，杨斌继续扶植袁某某担任铁厂村主任，袁某某通过在村里拉票和代填选票的伎俩，干扰、破坏村委选举，经过三次选举才担任铁厂村主任，严重破坏了基层群众自治组织建设，在群众中造成恶劣影响。本案涉黑犯罪组织，在为达到“非法控制”和“重大影响”的手段上，既实施了多次违法犯罪活动又利用了国家工作人员的包庇、纵容行为，其造成的社会危害性符合2018年《指导意见》中第（1）、（2）、（6）、（7）种情形，具备典型的黑社会性质组织的危害性特征。

（一审法院合议庭成员　翟红果　沈家玉　何厚高　杨清广
何光仁　张远付　温光祥
二审法院合议庭成员　高　峰　张黔川　蒋文禄　高华育　简　坤
编写人　贵州省黔西南布依族苗族自治州中级人民法院　高华育
责任编辑　包献荣
审稿人　李玉萍）

原载《人民法院案例选》2020年第6辑（总第148辑）

九、传授犯罪方法罪

282. 赵国庆盗窃、传授犯罪方法案
——利用网络传授犯罪方法行为性质的认定

【关键词】

刑事　网络传授　传播对象　主观故意　犯罪形态

【裁判要旨】

利用网络传授犯罪方法罪的主观方面应当为直接故意，犯罪方法的传授对象不应限于特定人员，向社会公众传授亦可入罪。在犯罪形态上，该罪系行为犯，只有入罪与否，而无既遂、未遂之分，至于是否入罪及法定刑选择则需综合全案相关因素整体考量，慎重评判。

【相关法条】

《中华人民共和国刑法》

第二十三条　已经着手实行犯罪，由于犯罪分子意志以外的原因而未得逞的，是犯罪未遂。

对于未遂犯，可以比照既遂犯从轻或者减轻处罚。

第二百九十五条　传授犯罪方法的，处五年以下有期徒刑、拘役或者管制；情节严重的，处五年以上十年以下有期徒刑；情节特别严重的，处十年以上有期徒刑或者无期徒刑。

【案件索引】

一审：上海市徐汇区人民法院（2017）沪 0104 刑初 1137 号（2018 年 6 月 22 日）

二审：上海市第一中级人民法院（2018）沪 01 刑终 1275 号（2018 年 10 月 10 日）

【基本案情】

上海市徐汇区人民检察院指控：2016 年 10 月起，被告人赵国庆在互联网学习使用

Fiddler 软件（以下简称 FD 软件）操作技巧并在各互联网平台查找相关漏洞。该软件可在网络环境中实现抓取数据包并修改相关数据包的功能。

2017 年 2 月 27 日，被告人赵国庆在上海诺诺镑客金融信息服务有限公司（以下简称诺诺镑客公司）运营的诺诺镑客金融平台发现充值漏洞，遂起意利用 FD 软件，在注册充值诺诺镑客金融平台账户过程中修改充值数据实施盗窃。嗣后，其伙同被告人杨子健分别在诺诺镑客金融平台注册账号，由赵国庆操作进行虚假充值。经查，当日下午 4 时 8 分许，赵国庆账号充值一次，虚增充值金额人民币（币种均同）9997 元，提现 1 万元。赃款转入户名为赵国庆的中国农业银行 622848067911365 × × × × 账户。杨子健账号充值一次，虚增充值金额 9997 元，提现 10000 元。赃款转入户名为杨子健的中国建设银行 621700163003335 × × × × 账户。

2017 年 2 月 27 日 16 时 10 分许，被告人赵国庆通过 QQ 聊天工具将上述诺诺镑客金融平台充值漏洞信息告知李某（网名宇）及白某某（网名兔子、过气兔），并以 28000 元的价格将该漏洞操作教程出售给李某。随后，在得知有人将该漏洞信息发布后，其又指使白某某将该漏洞在网上免费大量发布。经统计，2017 年 2 月 27 日，上述利用 FD 软件虚假充值的情况共计涉及诺诺镑客金融平台 420 个账户，420 张银行卡，588 笔交易，造成诺诺镑客金融平台损失共计 1056 万元。

2017 年 3 月 3 日，被告人赵国庆、杨子健分别被抓获到案后如实供述上述犯罪事实。

公诉机关认为：被告人赵国庆、杨子健的行为均触犯《刑法》第二百六十四条、第二十五条第一款之规定，应当以盗窃罪追究其共同犯罪的刑事责任；赵国庆的行为又触犯《刑法》第二百九十五条之规定，应当以传授犯罪方法罪追究其刑事责任，并予以数罪并罚。赵国庆、杨子健系坦白，可以从轻处罚。提请依法审判。

被告人赵国庆对盗窃事实无异议，供认其将漏洞操作方法出售给李某，未向白某某传授犯罪方法，仅将漏洞信息告知白某某。辩护人认为，赵国庆未指使白某某在网络上“泛滥”漏洞操作方法，白某某仅传授给唐某等三人，未在网络上大量发布漏洞操作方法。公诉机关指控赵国庆传授犯罪方法“情节特别严重”，于法无据。赵国庆系初犯，有坦白情节，家属已帮助退赔赃款，建议法庭从轻或者减轻处罚。

被告人杨子健对公诉机关指控的犯罪事实及罪名无异议。辩护人认为，杨子健系初犯，主观恶性较小，到案后认罪悔罪，其家属已经退赃，建议对其从轻处罚。

法院经审理查明：2016 年 10 月起，被告人赵国庆在互联网学习使用 FD 软件操作技巧并在各互联网平台查找相关漏洞。FD 软件可在网络环境中实现抓取数据包并修改数据的功能。

2017 年 2 月 27 日 15 时左右，被告人赵国庆发现上海诺诺镑客金融信息服务有限公司（以下简称诺诺镑客公司）运营的诺诺镑客金融平台存在充值漏洞，遂在其事先注册的诺诺镑客金融平台账户内充值过程中，利用 FD 软件抓取充值数据包并修改充值数据，进而实施盗窃。当日 16 时 8 分许，赵国庆的诺诺镑客金融平台账户虚增充值金额 9997 元，提现 1 万元，赃款转入赵国庆名下中国农业银行账户。赵国庆操作成功后，将上述漏洞信息告知被告人杨子健，二人商定，由杨子健在诺诺镑客金融平台注册账号，赵国庆负责操作杨子健账户进行虚假充值，经查，杨子健账户虚增充值金额 9997 元，提现 1 万元，赃款转入杨子健名下中国建设银行账户。

2017 年 2 月 27 日 16 时 10 分许，被告人赵国庆通过 QQ 聊天工具将上述充值漏洞信息相继告知网友白某某（网名兔子、过气兔）、李某（网名宇），并将漏洞操作方法以 2 万余元的价格出售给李某。后李某将漏洞操作方法发送给黄某、吴某、“黎明”等人，后黄某（已判决，盗窃数额 22 万余元）、吴某（已判决，盗窃数额 140 万余元）等人使用 FD 软件窃取诺诺镑客金融平台资金。

当日 17 时 13 分许，白某某获悉他人在网络上发布上述漏洞操作方法后，遂与被告人赵国庆取得联系，白某某提议在网络上“泛滥”漏洞操作方法，赵国庆同意白某某将漏洞操作方法在网络上发布，经查证，白某某将漏洞操作方法转发给唐杰、张瑞（均已判决）及郭某某。

经诺诺镑客公司统计，2017 年 2 月 27 日，利用 FD 软件虚假充值的情况共涉及诺诺镑客金融平台 420 个账户、420 张银行卡、588 笔交易，诺诺镑客公司经济损失达 1056 万元。

2017 年 3 月 3 日，被告人赵国庆、杨子健分别被公安机关抓获，到案后二人供述各自罪行，其家属已帮助退赔所窃赃款。

【裁判结果】

上海市徐汇区人民法院于 2018 年 6 月 22 日作出（2017）沪 0104 刑初 1137 号刑事判决：一、被告人赵国庆犯盗窃罪，判处有期徒刑一年六个月，并处罚金人民币 3000 元；犯传授犯罪方法罪，判处有期徒刑八年，决定执行有期徒刑八年六个月，并处罚金人民币 3000 元。二、被告人杨子健犯盗窃罪，判处有期徒刑一年三个月二十日，并处罚金人民币 1000 元。三、已退赔的赃款发还被害单位，被告人赵国庆的其余违法所得应予追缴；犯罪工具予以没收。判决后，赵国庆提出上诉。上海市第一中级人民法院于 2018 年 10 月 10 日作出（2018）沪 01 刑终 1275 号刑事裁定：驳回上诉，维持原判。

【裁判理由】

法院生效裁判认为：上诉人赵国庆单独及伙同原审被告人杨子健，通过不正当手段修改诺诺镑客金融平台充值数据的方法，实现虚假充值，进而盗窃公司财产，其行为均已构成盗窃罪；上诉人赵国庆发现诺诺镑客金融平台充值漏洞及操作方法后，不计后果地向他人传授，造成公司重大财产损失，其行为又构成传授犯罪方法罪。诺诺镑客金融平台漏洞及操作获利方法系赵国庆于 2017 年 2 月 27 日下午首发并对外出售，其将该方法高价出售给李某时并未对其扩散的可能采取过任何防范措施，相反，在得知漏洞及操作方法被他人在网络上发布后，又指使白某某予以传播，随后几个小时内即发生多起针对诺诺镑客金融平台的异常充值及提现操作，作案手法与赵国庆所传播的漏洞及操作获利方法一致，综上，赵国庆系本案中犯罪方法的源头制作者，且具有传播之故意，依法应当对该犯罪方法所导致诺诺镑客公司的经济损失承担相应的刑事责任。

【案例注解】

随着移动社交网络的完善发展，利用网络传授犯罪方法呈日益高发之势。有别于语言、文字、动作、图像等传统方式，利用网络传授犯罪方法手段较为隐蔽，社会危害往往难以估量，在司法认定上也存在诸多疑难与争议之处，有必要予以厘清。

一、本罪不要求传播对象具有特定性

有观点认为，本罪的传授行为应有一定的针对性，如果行为人是在网上向不特定的多数人传播犯罪方法，则不应以犯罪论处。[①] 笔者认为，向不特定人员传授犯罪方法亦可入罪，理由如下：

1. 从罪状表述上看，《刑法》分则对传授犯罪方法罪的表述属简明罪状，并未限定传授方式及对象。司法实践中，传授犯罪方法的方式多种多样，既可以公开传授，也可以秘密传授；既可以言词方式传授，也可以文字、图画、身体动作方式传授；既可以面对面传授，也可以是通过第三人转达或广播、电视、报刊、互联网等媒体进行传授。传授方式的多样化决定了传授对象势必难以特定化，如公开传授的受众多为社会公众，接受广播、互联网传授的人员情况难以确定等。

2. 从法益侵害性上看，向不特定人员传授犯罪方法的行为比向特定的人员传授犯罪方法的行为社会危害性更大。向特定人员传授犯罪方法的，由于知晓或掌握的人员有限，如果用于实施犯罪行为，对法益的侵害范围相对固定，且作为上游的传授犯罪方法犯罪一旦案发，侦查机关可以通过讯问、追踪等侦查手段找到传授对象，进而可能在其实施犯罪之前予以阻止或在其实施犯罪之后及时将其绳之以法。但如传授犯罪方法的对象不特定，一方面可能使本无犯意的人员产生犯罪动机，另一方面由于人员的不特定性，导致潜在的犯罪人员和犯罪可能难以估量，侦查机关的预防和打击活动也面临着额外的困难与挑战，其社会危害性显然大于向特定对象传授，应当予以刑罚处罚。

本案中，赵国庆首发的犯罪方法在网络上发布传播后，随后几个小时内即发生数百起针对诺诺镑客金融平台的异常充值及提现操作，作案手法与赵国庆所传播的漏洞及操作获利方法一致，赵国庆的行为符合传授犯罪方法罪的客观构成要件。

二、本罪主观方面应当为直接故意

传授犯罪方法罪是指故意使用各种手段向他人传授犯罪方法的行为，[②] 主观方面应当为故意而非过失属当然之意，但故意形式尤其是以网络方式传授的情况下是否包括间接故意，存在一定争议。通说认为，本罪主观方面应当是直接故意，但也有观点认为间接故意亦可入罪。[③] 笔者认为，本罪应当排除间接故意适用之余地，严格要求直接故意，即行为人明知自己将向他人传授的系犯罪方法的情况下，仍然积极追求将该方法传授出去之结果的发生：

1. “传授”意为将自己掌握的犯罪方法教予他人，系一种积极举动，行为本身即决定了行为人在主观方面必然是追求之状态，而间接故意要求行为人对犯罪方法传授出去之结果的发生持一种听之任之的态度，即既不追求，也不反对，如此心态，显难作出传授之行为。值得注意的是，不能排除行为人原本并无传授犯罪方法之故意，但经受不住他人恳求或者其他原因，无奈或被迫传授，此种情况下，行为人主观状态似乎为间接故意，但是，行为人在决定传授之时，其主观方面已经转化为积极追求之状态，不可能存

① 郝斌：《论我国计算机犯罪的刑事立法完善》，载《商丘师范学院学报》2003 年第 3 期。

② 张明楷：《刑法学》，法律出版社 2007 年版，第 772 页。

③ 参见于同志、臧德胜：《网络传授犯罪方法罪的司法认定》，载《人民司法》2011 年第 8 期。

在一方面同意将犯罪方法加以传授，另一方面又不追求将犯罪方法传授给接收者之心态，[①] 因此依然认定为直接故意较妥。

2. 行为人通过网络传授犯罪方法时，对于他人是否接受持一种无所谓的态度较为常见，且由于网络信息接收者的不特定性，要求传授者对于传授对象接受其传授的内容持积极追求的状态并不切合实际，此间似乎有间接故意存在之可能。但传授犯罪方法罪属于妨害社会管理秩序之犯罪，其危害性在于可能引发他人犯意及为犯罪提供参考路径，助长犯罪行为的发生，因此行为人在主观上只需为追求将犯罪方法传授出去，能够为他人所知的直接故意即可，至于是否希望传授对象接受或掌握及传授对象是否实际接受或掌握，不应在本罪的犯罪构成考虑范围之内。通过网络传播犯罪方法的，只要行为人将犯罪方法给予他人或予以发布，即可认定其主观方面具有直接故意。

本案中，上诉人赵国庆首发并对外出售漏洞及操作方法，其将该方法高价出售给李某时并未对扩散可能采取过任何防范措施，相反，在得知漏洞及操作方法被他人在网络上发布后，又指使他人予以散播，具有传播犯罪方法的直接故意。

三、本罪系行为犯，只有犯罪成立与否，而无既未遂之分

传授犯罪方法罪是否有未遂形态，对此存在一定争议：第一种观点认为，只有被传授人接受并运用所传授的犯罪方法实施犯罪才为既遂，否则为未遂；[②] 第二种观点认为，传授犯罪方法是否实施完毕决定着本罪的既遂、未遂；[③] 第三种观点认为本罪属举动犯，只有既遂而无未遂。[④]

笔者认为，首先，如前所述，行为人是否希望传授对象接受或掌握及传授对象是否实际接受乃至于运用不属犯罪构成范畴，况且如传授行为已告完成，是否既遂却取决于他人的接受与实行与否，一方面难言符合刑法理论，另一方面更因查证不可行，不符合当下需对网络传授犯罪方法予以惩处的司法实践，故第一种观点有待商榷；其次，“传授”在很多情况下确系一个过程，而非一个瞬间，更不是一个时间点，但根据罪状表述及立法精神不能推断出传授犯罪方法一旦着手即为既遂：犯罪的本质是侵犯法益，故没有侵犯法益的行为不可能构成犯罪，当然也不可能成为实行行为，不仅如此，即使某种行为具有侵害法益的危险，但这种危险非常微小时，刑法也不可能将其规定为犯罪的实行行为。[⑤] 传授行为未完成可分为两种情况：现场传授的一般为犯罪方法未及传授完毕即告中断；非现场传授的一般为犯罪方法未及上传或散播即被查获。上述情况中的犯罪方法实际均未能得到传播，对社会管理秩序并未发生侵害，不宜科以刑罚，但一旦传授行为完成，对社会管理秩序的侵害危险也告成立，应受刑罚处罚。[⑥] 因此，本罪只有入罪与否，而无既遂与未遂之分。

当然，如被传授人接受并运用所传授的犯罪方法实施犯罪，造成的社会后果亦应当

---

① 参见刘志伟、左坚卫：《传授犯罪方法罪中若干问题研究》，载《河南财经政法大学学报》2003 年第 2 期。

② 郑有荣、陈正云：《对传授犯罪方法罪的几个问题的探讨》，载《上海法学研究》1992 年第 2 期。

③ 参见刘志伟、左坚卫：《传授犯罪方法罪中若干问题探究》，载《河南财经政法大学学报》2003 年第 2 期。

④ 参见张军副总主编：《扰乱公共秩序》，中国人民公安大学出版社 1999 年版，第 380～381 页；王作富主编：《刑法分则实务研究》（下），中国方正出版社 2003 年版，第 1465～1467 页。

⑤ 张明楷：《刑法学》，法律出版社 2007 年版，第 286 页。

⑥ 当然，如果情节显著轻微，也可以不认定为犯罪。

为量刑时考量的主要因素之一，除此之外，传授的是何种犯罪方法、传授采用的手段、传授对象的特殊情况及数量多寡等均应当予以考虑。本案中，赵国庆将其始发的犯罪方法告知给他人的一刻起，其传授行为已告既遂，其后该方法的泛滥导致诺诺镑客公司经济损失达1056万元。赵国庆的行为属情节严重，应当判处五年以上十年以下有期徒刑。

（一审法院合议庭成员　戚　俊　陆新星　仇蕴雯
二审法院合议庭成员　吴　斌　王晓越　陈　兵
编写人　上海市第一中级人民法院　陈　兵
责任编辑　周维明
审稿人　李玉萍）

原载《人民法院案例选》2019年第10辑（总第140辑）

十、开设赌场罪

283. 方俊、王巧玲等开设赌场案

——建立微信群供他人抢红包赌博的，构成开设赌场罪

【关键词】

微信群　抢红包　开设赌场罪　网络犯罪　犯罪客体

【裁判要旨】

开设赌场罪不限于开设线下的赌场。以营利为目的抢微信红包的，属于赌博行为，行为人建立“微信群”供他人抢红包赌博的，应定性为开设赌场。

【相关法条】

《中华人民共和国刑法》

第三百零三条　以营利为目的，聚众赌博或者以赌博为业的，处三年以下有期徒刑、拘役或者管制，并处罚金。

开设赌场的，处三年以下有期徒刑、拘役或者管制，并处罚金；情节严重的，处三年以上十年以下有期徒刑，并处罚金。

【案件索引】

一审：浙江省丽水市莲都区人民法院（2015）丽莲刑初字第799号（2015年12月21日）

二审：浙江省丽水市中级人民法院（2015）浙丽刑终字第254号（2016年1月12日）

【基本案情】

法院经审理查明：

1. 2015年8月8日至同年8月13日期间，被告人方俊（微信昵称：“这个杀手不太

冷”，微信号：lsfangjun）和钟磬（另案处理）（微信昵称：“知足”，微信号：zq29771172）组建名称为“238/4 单尾小发 30 退错福利”的微信群（群号：691688566@chatroom），组织、召集他人在该微信群内以“抢红包”的方式进行赌博，并纠集被告人罗林林（微信昵称：“假装”，微信号：miss_ linkin00）入伙，由被告人方俊担任群主，钟磬担任管理员，被告人罗林林担任财务，被告人王巧玲（微信昵称：“隔壁邻居”，微信号：zhilin1117）负责和被告人罗林林对账并收钱，被告人方俊和钟磬还负责维护群内秩序，并雇佣李民等人担任“代包手”。

群内制定严格的赌博规则：由“代包手”发红包，群内赌博人员抢红包，抢到金额尾数最小的人发下一个红包。群内并设立奖励制度，从抽头的钱中抽出 20 元设立奖池作为奖励，抢到特殊数字的金额时，如“123.45”“11.11”等，则奖励 5.20 元至 6888 元，吸引赌博人员参与赌博。每个红包 238 元，实际发放金额为 200 元，剩余 38 元作为“抽头”，其中“代包手”分得 3～5 元，20 元进入奖池，被告人方俊、罗林林和钟磬三人则按照 40%、30%、30% 的比例分取剩余的 13～15 元。

在该“微信群”运营期间，共发放红包 3244 个，涉案赌资人民币 772072 元，被告人方俊、罗林林和钟磬三人共从中抽头人民币 123272 元，被告人方俊、王巧玲实际分得人民币 17964 元，被告人罗林林和钟磬各实际分得人民币 13473 元。

2. 2015 年 8 月 14 日至同年 8 月 18 日期间，被告人方俊伙同被告人徐泽辰（微信昵称：“A000 情歌”，微信号：lmy2234）组建名称为“换群，没来的私密我”的微信群（群号：1619011268@chatroom），组织、召集他人在该微信群内以“抢红包”的方式进行赌博，由被告人方俊担任群主，被告人徐泽辰担任管理员，被告人王巧玲担任财务，被告人方俊、徐泽辰还负责维护群内秩序，并雇佣李民等人担任“代包手”。

群内制定严格的赌博规则：由“代包手”发红包，群内赌博人员抢红包，抢到金额尾数最小的人发下一个红包。群内并设立奖励制度，从抽头的钱中抽出 20 元设立奖池作为奖励，抢到特殊数字的金额时，如“123.45”“11.11”等，则奖励 5.20 元至 6888 元，吸引赌博人员参与赌博。每个红包 238 元，实际发放金额为 200 元，剩余 38 元作为抽头，其中“代包手”分得 3～5 元，20 元进入奖池，被告人方俊、徐泽辰、王巧玲三人则分取剩余的 13～15 元。

在该微信群运营期间，共发放红包 2069 个，涉案赌资人民币 492422 元，被告人方俊、王巧玲二人共从中抽头人民币 78622 元，实际获利人民币 26597 元。

被告人徐泽辰于 2015 年 8 月 14 日入群担任管理，合伙半天后于当天退出，共计发放红包 135 个、涉案赌资人民币 32130 元、共计抽头人民币 5130 元，实际分得人民币 300 元。

3. 2015 年 8 月 16 日至同年 8 月 18 日期间，被告人徐泽辰伙同被告人范李健（微信昵称：“A 男模服装店 15157828886”，微信号：lijian2619）组建名称为“138/4（单尾数小发）”的微信群（群号：10205020596@chatroom），组织、召集他人在该“微信群”内以“抢红包”的方式进行赌博，由被告人徐泽辰担任群主，负责维护群内秩序，并雇佣谭军等人担任“代包手”。

群内制定严格的赌博规则：由“代包手”发红包，群内赌博人员抢红包，抢到金额尾数最小的人发下一个红包。群内并设立奖励制度，从抽头的钱中抽出25元设立奖池作为奖励，抢到特殊数字的金额时，如“100.00”“1.23”等，则奖励99元至5999元，吸引赌博人员参与赌博。每个红包138元，实际发放金额为105元，剩余33元作为抽头，其中“代包手”分得3元，25元进入奖池，被告人徐泽辰、范李健二人则按照50%、50%的比例分取剩余的5元（2015年8月17日开始不再设立奖池）。

在该微信群运营期间，共发放红包301个、涉案赌资人民币41538元，被告人徐泽辰、范李健二人共从中抽头人民币9933元，二人实际各分得人民币4587元。

综上，被告人方俊、王巧玲涉案赌资共计人民币1264494元，共计抽头人民币201894元，非法获利共计人民币44561元；被告人罗林林涉案赌资共计人民币772072元，共计抽头人民币123272元，非法获利共计人民币13473元；被告人徐泽辰涉案赌资共计人民币73668元，共计抽头人民币15063元，非法获利共计人民币4887元；被告人范李健涉案赌资共计人民币41538元，共计抽头人民币9933元，非法获利共计人民币4587元。

【裁判结果】

浙江省丽水市莲都区人民法院于2015年12月21日作出（2015）丽莲刑初字第799号刑事判决：一、被告人方俊犯开设赌场罪，判处有期徒刑三年六个月，并处罚金人民币45000元；二、被告人王巧玲犯开设赌场罪，判处有期徒刑三年，缓刑四年，并处罚金人民币20000元；三、被告人罗林林犯开设赌场罪，判处有期徒刑三年，缓刑四年，并处罚金人民币14000元；四、被告人徐泽辰犯开设赌场罪，判处有期徒刑八个月，缓刑一年六个月，并处罚金人民币6000元；五、被告人范李健犯开设赌场罪，判处有期徒刑六个月，缓刑一年，并处罚金人民币5000元；六、各被告人的违法所得，予以追缴；被扣押的作案工具手机等，予以没收。

一审宣判后，被告人方俊不服，提出上诉。浙江省丽水市中级人民法院于2016年1月12日作出（2015）浙丽刑终字第254号刑事裁定：驳回上诉，维持原判。

【裁判理由】

法院生效裁判认为：被告人方俊、王巧玲、罗林林、徐泽辰、范李健以营利为目的，利用手机在网络上组建“微信群”的方式，开设赌场，从中抽头获利，其中被告人方俊、王巧玲、罗林林情节严重，其行为均已构成开设赌场罪。原判认定的第1笔犯罪事实中，被告人方俊、罗林林起主要作用，系主犯；被告人王巧玲起次要、辅助作用，系从犯，应当从轻或者减轻处罚。被告人方俊、王巧玲、罗林林、徐泽辰、范李健归案后如实供述自己的犯罪事实，当庭自愿认罪，均可以从轻处罚。原判认定事实清楚，证据确实、充分，定罪及适用法律正确，综合本案事实及上述情节所作量刑适当，审判程序合法。被告人方俊及其辩护人提出原判量刑过重，请求从轻处罚的上诉理由和辩护意见不足，法院不予采纳。

【案例注解】

开设赌场罪打击的是开设赌场用来赌博的行为。一般而言，开设赌场罪包含两个要点：（1）行为人开设了赌场；（2）赌场中存在赌博行为。以营利为目的抢微信红包属于赌博行为，建微信群抢红包构成开设赌场罪。

一、以营利为目的抢微信红包属于赌博行为

所谓赌博，是指以偶然性来决定财物或者财产性利益得失的行为。这里的“偶然性”，换成一个通俗易懂的词就是“运气”。比如，常见的掷骰子押单双，投注人能否押中单双就是完全靠运气。一般认为，“即使当事人的技能对胜败的决定有相当的影响，只要残存着偶然性，也可以说是存在偶然的事情”①，即仍然属于一种赌博行为，此乃日本刑法的通说②。

“微信红包”是腾讯公司旗下产品微信于2014年1月27日推出的一款应用，可以实现发红包、查收发记录和提现。随着微信的普及，抢微信红包的行为也成为一种社会潮流。

微信红包有两种类型：一种是“拼手气红包”，即每个人能抢到的红包金额完全靠手气，系统后台会随机进行分配；另一种是“普通红包”，即每个红包的金额是固定的。抢微信红包一般经过如下流程：先由发红包的人选好红包类型，再选好红包总金额和红包总个数，如果选择的是普通红包，系统会根据红包总金额和红包个数自动计算出每个红包的金额。都设定好后，即可将红包发出来。然后由微信群里的人点击红包即可领到。在“普通红包”中虽然每个人抢到的红包金额都一样，但如果红包的个数少于微信群里的总人数，则网速最慢的人就会抢不到红包。在“拼手气红包”中，每个人能抢到的红包金额则具有很大的随机性，有的人可能抢到了最多的金额，而有的人可能只抢到几分钱。同时，如果红包的个数少于微信群里的总人数，在“拼手气红包”中仍然有抢不到红包的可能。此外，还有一种“点对点”即“个人对个人”直接发送的红包，只能由被发红包的人全部领走。综上所述，除了“点对点”发送的红包外，其他的抢红包行为在能否抢到红包和抢到多少金额的红包上，都具有很大的不确定性，也就是充满了偶然性。

如上所述，抢微信红包就是靠运气，那么抢微信红包的行为是否就属于赌博？对此，笔者认为，应当从赌博罪的客体即赌博罪侵害的社会关系着手。对赌博罪的客体即侵害的法益，国外有两种观点③：一种观点认为，赌博行为危害了社会公共秩序和善良风俗。因为，勤劳致富是一个国家强盛的根本，而赌博则容易使人产生不劳而获的思想，如果国民都沉迷于赌博，则无人从事生产。这样不仅整个社会的风气会变坏，也会影响一个国家经济的正常运行。此外，赌博也容易带来一系列社会问题，影响社会稳定。比如，因赌博导致家破人亡和铤而走险犯罪的，从古代到现在都屡见不鲜。所以，为了社会公共利益，有必要打击赌博行为。还有一种观点则认为，赌博罪是一种对财产的犯罪，因为赌博容易造成赌博者个人的财产损失，也就是说赌博罪是为了保护赌博者的财产安全。

---

① ［日］大塚仁：《刑法概说：各论》（第三版），冯军译，中国人民大学出版社2003年版，第497页。

② 参见张明楷编著：《外国刑法纲要》（第二版），清华大学出版社2007年版，第693页；［日］大谷实：《刑法各论》（新版第2版），黎宏译，中国人民大学出版社2008年版，第480页；［日］西田典之：《日本刑法各论：第3版》，刘明祥、王昭武译，中国人民大学出版社2007年版，第311页；［日］山口厚：《刑法各论》（第二版），王昭武译，中国人民大学出版社2011年版，第602页

③ 参见黄河：《大陆法系国家赌博罪之比较》，载《云南大学学报（法学版）》2003年第4期。

日本刑法学者平野龙一认为，赌博犯罪是“为了处罚那种期待侥幸而赌钱，结果造成财产上的损失，或者，抓住他人的侥幸心理而让人蒙受财产损失的行为”①。从其他国家和地区的刑法规定来看，有的国家确实将赌博罪规定在侵害财产犯罪中，如奥地利。但日本刑法界的通说②和我国台湾地区学者③一般认为赌博罪侵害的是整个社会的善良风俗，也即对社会公共利益的犯罪。

如果认为赌博罪是为了保护赌博者的财产，则单纯的只抢红包而不发红包的行为就不属于赌博罪中所要打击的赌博行为。因为，抢红包只有两种风险：一种是速度慢了抢不到红包，一种是抢到了很少的金额。在这两种情况下，抢红包者的个人财产根本不存在流失的风险。抢到了或者抢到了大金额的红包说明运气好，但没有抢到红包或者抢到金额少的红包，对其个人而言并不存在什么损失。这种只会获益而不会造成损失的行为就不应纳入赌博罪的范畴。只有当抢红包存在财产损失可能的，才能认定为赌博罪中的赌博行为。比如抢红包的过程中，规定抢到最小红包的人必须给大家发红包，这时抢红包者就存在抢到的红包金额不抵发出去的红包金额的情况。如果认为赌博罪是为了维护善良风俗，则只抢不发的行为也属于赌博罪中的赌博行为。因为，此时赌博罪并没有侧重保护财产安全。从我国刑法典的规定来看，赌博罪规定在“妨害社会管理秩序罪”一章中，而不是“侵犯财产罪”中，说明赌博罪的客体是“社会管理秩序和社会风尚”④。所以，从理论上来讲，抢微信红包时“又抢又发”固然属于赌博行为，“只抢不发”也属于赌博行为。但我国的赌博罪限定赌博行为要以营利为目的，如果是以娱乐为目的而收发红包，就不属于赌博罪中的赌博行为。

具体到本案中，微信群里抢红包的行为显然是一种赌博行为。根据法院查明的事实，微信群里每个红包的发放金额都为105元、200元，由群内赌博人员抢红包，抢到金额尾数最小的人发下一个红包。抢到特殊数字金额时，如“123.45”“11.11”“100.00”“1.23”等，则重金奖励。由于抢红包者能抢到多少金额完全靠运气，所以完全符合赌博行为的特征。此外，建微信群的人也是为了抽头营利。如第1节和第2节事实中，每个红包238元，实际发放金额为200元，剩余38元作为抽头。第2节事实中，每个红包138元，实际发放金额为105元，剩余33元作为抽头。被告人方俊、王巧玲共计抽头人民币201894元，非法获利共计人民币44561元；被告人罗林林共计抽头人民币123272元，非法获利共计人民币13473元；被告人徐泽辰共计抽头人民币15063元，非法获利共计人民币4887元；被告人范李健共计抽头人民币9933元，非法获利共计人民币4587元。作为参与抢红包的人而言，主观目的上也是为了赢钱，而非娱乐。

二、建微信群供他人赌博属于开设赌场

赌场的原始含义本来就是指线下的各种有形赌场。不管是1979年《刑法》还是1997年《刑法》，当时都没有线上赌场一说，所以开设赌场罪的立法原意就是为了打击各种开设线下赌场的行为。但随着科技的发展，各种新形式的赌场层出不穷。此时，就

① ［日］山口厚：《刑法各论》（第二版），王昭武译，中国人民大学出版社2011年版，第601页。

② 张明楷编著：《外国刑法纲要》（第二版），清华大学出版社2007年第2版，第693页。

③ 林山田：《刑法各罪论》（下），北京大学出版社2012年版，第380页。

④ 张军主编：《刑法分则及配套规定新释新解》，人民法院出版社2013年版，第1251页。

直接涉及对“赌场”一词的解释。在刑法解释领域，一向存在形式解释论①和实质解释论②的争论，持形式解释论者侧重于刑法的字面含义，持实质解释论者侧重于刑法的规范目的。不过，持形式解释论者，如陈兴良教授同样赞同刑法条文的含义应该随着时间、外部世界以及人们价值观念的变化而发生变化。持实质解释论者也主张进行实质解释应当遵循如下原则③：实体上的正当性是指必须证明行为具有处罚必要性，且解释的结论在文字可能具有的含义里，没有违背国民的预测可能性；形式上的正当性是指解释的结论符合刑罚体系逻辑和谐、一致的要求，且不违背类似问题应该得到类似处理的法治原则。张明楷教授亦不赞同超出刑法用语可能具有的含义进行解释。④ 从“赌场”的字面含义来看，指的是“用来赌博的场所”。微信群虽然属于虚拟赌场，但同样是用来赌博的场所。所以，将微信群解释为赌场没有超出“赌场”一词的字面含义，既不违反形式解释论也不违反实质解释论。对此，全国人大常委会法制工作委员会主编的《中华人民共和国刑法释义：根据刑法修正案九最新修订》特意提到“随着科技的发展，赌博的形式在发生变化。近年来，在网上进行网络赌博的情况也不断增加”⑤，并特意提到《最高人民法院、最高人民检察院关于办理赌博刑事案件具体应用法律若干问题的解释》《最高人民法院、最高人民检察院、公安部关于办理网络赌博犯罪案件适用法律若干问题的意见》已经将建立赌博网站的行为规定为开设赌场。这说明全国人大常委会法制工作委员会对将赌博网站定性为赌场是持赞同意见的。虽然全国人大常委会法制工作委员会不是立法机关，但多少还是表明立法机关的法制工作机构是赞同对赌场进行扩大解释的。参照前述两个司法解释将赌博网站定性为“赌场”的解释方法，将用来赌博的微信群定性为“赌场”亦无不可。

事实上，本案中被告人建立微信群用来赌博的行为和线下赌场并无二致：

1. 微信群内部有严密的组织和明确的分工。如法院查明的第1节事实中，被告人方俊担任微信群群主，钟磬担任管理员，被告人罗林林担任财务，被告人王巧玲负责和被告人罗林林对账并收钱，被告人方俊和钟磬还负责维护群内秩序，并雇佣李民等人担任“代包手”。

2. 被告人建立微信群的目的就是为了供他人赌博，且微信群在一定时间内持续存在，具有稳定性。

3. 赌博方式由被告人事先决定并制定了赌博流程。本案中，被告人为微信群建立了严格的赌博规则：由“代包手”发红包，群内赌博人员抢红包，抢到金额尾数最小的人发下一个红包。群内并设立奖励制度，从抽头的钱中抽出20元设立奖池作为奖励，抢到特殊数字的金额时，如“123.45”“11.11”等，则奖励5.20元至6888元，吸引赌博人员参与赌博。每个红包238元，实际发放金额为200元，剩余38元作为抽头，其中“代

① 参见陈兴良：《形式解释论的再宣示》，载《中国法学》2010年第4期。

② 参见张明楷：《实质解释论的再提倡》，载《中国法学》2010年第4期。

③ 苏彩霞：《我国刑法立法解释立场的实证考察》，载《浙江大学学报》（人文社会科学版）2010年第2期。

④ 参见张明楷：《实质解释论的再提倡》，载《中国法学》2010年第4期。

⑤ 全国人大常委会法制工作委员会编：《中华人民共和国刑法释义：根据刑法修正案九最新修订》，法律出版社2015年第6版，第535页。

包手”分得3～5元，20元进入奖池，被告人方俊、罗林林和钟磬三人则按照40%、30%、30%的比例分取剩余的13～15元。

综上，本案被告人建立微信群供他人赌博的行为明显构成开设赌场罪。

（一审法院合议庭成员　蒋乐仁　周丽珍　张　云
二审法院合议庭成员　陈伟平　陈　杨　章作添
编写人　浙江省奉化市人民法院　张远金
责任编辑　李　明
审稿人　裴显鼎）

原载《人民法院案例选》2016年第1辑（总第95辑）

284. 王龙、王蕾开设赌场案

——开设赌场罪与非法经营罪的区分

【关键词】

开设赌场　非法经营　互联网

【裁判要旨】

建立网站，未实际销售彩票，而是以彩票的开奖号码作为媒介，接受网民的投注，以一定的赔率对投注金额兑奖的行为，不属于非法经营行为，而属于开设赌场行为。

【相关法条】

《中华人民共和国刑法》

第三百零三条第二款　开设赌场的，处三年以下有期徒刑、拘役或者管制，并处罚金；情节严重的，处三年以上十年以下有期徒刑，并处罚金。

【案件索引】

一审：福建省厦门市同安区人民法院（2016）闽 0212 刑初 429 号（2016 年 11 月 28 日）

【基本案情】

福建省厦门市同安区人民检察院指控：2015 年 1 月以来，被告人王龙、王蕾在厦门市同安区美人山一里×号楼××××室暂住处，未经许可利用互联网以金鼎国际娱乐平台销售重庆时时彩彩票（网址：www. 57paoba. com），接受他人投注金额共计人民币 678513. 4 元，获利人民币 5 万余元。2015 年 12 月 23 日，被告人王龙、王蕾在上述暂住处被抓获归案，并被现场缴获电脑、手机、银行卡、网银 U 盾等作案工具。

归案后，被告人王龙、王蕾均如实供述上述犯罪事实。

为支持指控，公诉人当庭讯问了被告人王龙、王蕾，宣读、出示了电脑、手机、银行卡、网银 U 盾等物证；户籍证明、银行卡交易明细、笔记本及诉讼文书等书证；证人周某、耿某某、董某某、林某某的证言；被告人王龙、王蕾的供述和辩解；搜查、提取笔录及现场照片；到案经过、违法经历查询单、情况说明、扣押清单、网站截图等其他证明材料等证据。

起诉书认为，被告人王龙、王蕾违反国家法规，擅自销售彩票，数额共计人民币 678513. 4 元，获利 5 万余元，情节特别严重，其行为均应以非法经营罪追究刑事责任。本案系共同犯罪。二被告人归案后均如实供述自己的罪行，可以从轻处罚。提请本院依法判处。

被告人王龙当庭辩称其接受彩民投注金额为57万余元，其行为应构成开设赌场罪。其辩护人提出本案应定性为开设赌场罪，被告人王龙到案后如实供述罪行，应当从轻处罚，自愿认罪并真诚悔罪、系初犯、愿意退赃，可酌情从轻处罚，建议对被告人王蕾判处缓刑等辩护意见。

被告人王蕾对起诉指控的事实没有异议，但认为其行为构成开设赌场罪。其辩护人提出本案应定性为开设赌场罪，被告人王蕾到案后如实供述罪行，应当从轻处罚，自愿认罪并真诚悔罪、系初犯、愿意退赃，可酌情从轻处罚，建议对被告人王蕾判处缓刑等辩护意见。

法院经审理查明：2015年1月以来，被告人王龙、王蕾在厦门市同安区美人山一里×号楼××××室暂住处，未经许可利用计算机网络以金鼎国际娱乐平台建立赌博网站（网址：www.57paoba.com），并以重庆时时彩彩票的开奖号码作为参考号码非法接受该赌博网站会员的投注，以1∶1.7的赔率对中奖会员进行兑奖。2015年12月23日，被告人王龙、王蕾在上述暂住处被抓获归案，现场被缴获电脑、手机、银行卡、网银U盾等作案工具。经查，被告人王龙、王蕾共接受网民投注金额共计人民币678513.4元，获利人民币5万余元。

【裁判结果】

福建省厦门市同安区人民法院于2016年11月28日作出（2016）闽0212刑初429号刑事判决：一、被告人王龙犯开设赌场罪，判处有期徒刑三年二个月，并处罚金人民币1万元。二、被告人王蕾犯开设赌场罪，判处有期徒刑三年二个月，并处罚金人民币1万元。三、随案移送的作案工具U盾1个、苹果6plus手机2部、中国联通电话卡8张、笔记本电脑2台（宏基、HASEE各1台）、台式电脑2台（清华紫光、HYNIUDAI各1台；每台含屏幕、主机各1个）及扣押在本院的二被告人退缴的违法所得人民币5万元，予以没收。判决作出后，公诉机关未抗诉，被告人未上诉，判决已发生法律效力。

【裁判理由】

法院生效裁判认为：被告人王龙、王蕾以营利为目的，在计算机网络建立赌博网站，接受他人投注人民币678513.4元，情节严重，其行为均已构成开设赌场罪。公诉机关指控二被告人的行为构成非法经营罪的罪名不当，应予更正。本案系共同犯罪。二被告人归案后如实供述自己的罪行，庭审时自愿认罪，依法可从轻处罚；已退缴全部赃款，可酌情从轻处罚。二被告人的辩护人提出的相关辩护意见，理由成立，予以采纳；但提出对二被告人判处缓刑的辩护意见，缺乏法律依据，不予采纳。

【案例注解】

本案控辩双方争议的焦点之一是关于被告人王龙、王蕾的行为定性问题。公诉机关认为二被告人的行为依据《最高人民法院、最高人民检察院关于办理赌博刑事案件具体应用法律若干问题的解释》（以下简称《解释》）第六条应认定为“非法经营”行为，而被告人的辩护人则认为二被告人的行为依据《解释》第二条应认定为“开设赌场”行为。因此，本案的关键是如何理解《解释》第二条与第六条。

《解释》第二条规定："以营利为目的，在计算机网络上建立赌博网站，或者为赌博网站担任代理，接受投注的，属于刑法第三百零三条规定的'开设赌场'"；第六条规定："未经国家批准擅自发行、销售彩票，构成犯罪的，依照刑法第二百二十五条第（四）项的规定，以非法经营罪定罪处罚。"

具体到本案，二被告人利用计算机网络以金鼎国际娱乐平台建立赌博网站（网址：www.57paoba.com），并以重庆时时彩彩票的开奖号码作为参考号码非法接受该赌博网站会员的投注，以1∶1.7的赔率对中奖会员进行兑奖。因此，被告人王龙、王蕾虽然在计算机网络以金鼎国际娱乐平台建立赌博网站，但并未实际销售彩票，而是以重庆时时彩彩票的开奖号码作为赌博媒介，接受网民的投注，对投注金额自行兑奖，属于传统的"坐庄"行为，主观上具有开设赌场并与他人对赌的目的。被告人王龙、王蕾的行为符合开设赌场罪的特征，应以开设赌场罪对其定罪处罚。

（一审法院合议庭成员　蔡　弯　叶金柱　周　永

编写人　福建省厦门市同安区人民法院　纪春燕　蔡　弯

责任编辑　周维明

审稿人　李玉萍）

原载《人民法院案例选》2017年第7辑（总第113辑）

285. 刘华、盛罡等故意毁坏财物、开设赌场案

——开设赌场罪中赌场及共犯的认定

【关键词】

开设赌场　共同犯罪　言词证据

【裁判要旨】

1. 开设赌场中的“赌场”是指为行为人所控制，具有一定的连续性和稳定性，专门用于赌博活动，并且在一定范围内为他人所知晓的地方。

2. 明知他人实施赌博犯罪活动，而为其提供资金、计算机网络、通讯、费用结算等直接帮助的，以赌博罪的共犯论处。

3. 公安机关查办行政违法案件时，发现有犯罪线索的，在刑事立案后，对行政执法中收集的言词证据，认为确有必要作为刑事证据使用的，应当由侦查人员依据刑事诉讼法的规定向证人、当事人重新取证。

【相关法条】

《中华人民共和国刑法》

第三百零三条第二款　开设赌场的，处三年以下有期徒刑、拘役或者管制，并处罚金；情节严重的，处三年以上十年以下有期徒刑，并处罚金。

《中华人民共和国刑事诉讼法》

第五十二条第二款　行政机关在行政执法和查办案件过程中收集的物证、书证、视听资料、电子数据等证据材料，在刑事诉讼中可以作为证据使用。

【案件索引】

一审：新疆维吾尔自治区乌鲁木齐市米东区人民法院（2016）新 0109 刑初 141 号（2017 年 7 月 20 日）

【基本案情】

法院审理查明：

1. 2012 年 11 月 4 日晚上 11 时许，被告人马磊和段朝阳、伊斯曼、刘文广（三人另案处理）等人在米东区盛世明珠娱乐会所娱乐时，因段朝阳意图与会所女服务员发生不正当行为，伊斯曼、刘文广介入并拉扯该服务员，引发该女服务员男友、盛世明珠娱乐会所工作人员胡跃辉与段朝阳发生争执，后胡跃辉纠集盛世明珠娱乐会所内数名工作人员，持刀将段朝阳背部、伊斯曼头部砍伤，段朝阳、伊斯曼、刘文广、马磊等人随即逃

离现场。

次日凌晨1时许，段朝阳、伊斯曼等人打电话纠集相关参与人员，并由被告人马磊驾车返回现场。伙同被告人丁宁（持镐头把子）、邓旭（持钢管）、张凯靖（持砍刀）、钱炟序（持木棒）、杨文杰、马福刚、陈龙（后5人另案处理）等多人，由段朝阳带领返回盛世明珠娱乐会所意图报复，但因该会所工作人员已经提前离开案发现场，故段朝阳等人对盛世明珠娱乐会所大厅玻璃门、安检门、吧台及吧台上的电脑、指纹机、会员机等物品进行打砸。在得知盛世明珠娱乐会所已报警，公安机关已出警后，段朝阳等人遂逃离现场。在相隔数小时后，段朝阳伙同被告人马磊、丁宁、邓旭返回盛世明珠娱乐会所意图再次报复，发现公安民警仍在犯罪现场，故未能继续实施犯罪行为。

案发后，被告人马磊等人与盛世明珠娱乐会所达成赔偿协议，赔偿人民币5万元，并已给付完毕。

2. （1）2011年冬季至2012年，被告人陈登云指使段朝阳（另案处理）、被告人芮高德、被告人马磊等人在乌鲁木齐市米东区大破城村的果园山庄农家乐开设赌场，以二八杠形式赌博牟利。其中，被告人陈登云召集部分参赌人员，被告人芮高德、段朝阳主要负责召集参赌人员，郭靖、马磊负责放高利贷、追债，招募赌场工作人员，被告人丁宁在马磊等人指示下向参赌人员发放高利贷，并领取每日500元的工资。（2）2012年冬天，被告人陈登云指使郭靖（另案处理）、被告人马磊等人在乌鲁木齐市米东区下沙河枣园农家乐开设赌场，以二八杠形式赌博牟利。（3）2012年冬天，在下沙河枣园农家乐赌场开设之后，被告人马磊、芮高德等人又将赌场地点转换至乌鲁木齐市米东区长山子镇五家梁村聚贤庄农家乐，继续开设赌场牟利。（4）2012年冬天，被告人芮高德、被告人马磊、郭志成在聚贤庄赌场开设十几天后，又将开设赌场地点转移至嘉顿庄园农家乐（东宫葡萄园）继续牟利。（5）2013年冬天，段朝阳在乌鲁木齐市米东区芦草沟乡永红沙厂开设赌场赌场，被告人马磊参与赌场入股并参与分红，被告人为该赌场招揽参赌人员并参与分红。

3. 2014年8月期间，被告人刘华为在伊犁霍尔果斯中哈自贸合作区开设赌场进行牟利，租赁合作区内东方劲秀展厅的二楼大厅进行装修改造，并办理了“霍尔果斯永力娱乐城”个体工商户营业执照、娱乐经营许可证等相关手续。其后，被告人刘华联系招募了发牌手、监台、荷官等赌场工作人员。并与被告人盛罡先后到广州市、重庆市等处购买赌桌、筹码等赌具。2014年10月1日，霍尔果斯永力娱乐城开业。霍尔果斯永力娱乐城由被告人刘华负责经营管理，被告人盛罡负责赌场监控并领取高额工资。

2014年10月3日，被告人王全在明知被告人刘华开设赌场的情况下，向被告人刘华出借230万元用于赌场运营并收取21万元的高额利息。被告人万子霄在明知被告人刘华开设赌场的情况下，帮助被告人刘华保管赌场备用金，并向被告人刘华借用财务管理人员，帮助赌场运营。

该赌场运营期间，被告人程登云、芮高德、马磊等人在该赌场向参赌人员放高利贷牟利。

2015年1月6日，该娱乐城被伊犁州公安局霍尔果斯口岸分局查封。

4. 2015年6月14日，乌鲁木齐市公安局刑侦支队民警在米东区特变水木尚城小区将被告人程登云抓获。2015年6月15日，乌鲁木齐市公安局刑侦支队民警在米东区阳光绿景小区将被告人马磊抓获。2015 年 6 月 21 日，乌鲁木齐西路派出所在乌鲁木齐市米东区米泉南路昌盛二巷 12 号附 2 号将被告人邓旭抓获。2015 年 6 月 21 日至 24 日，被告人邓旭被羁押于乌鲁木齐铁路公安局乌鲁木齐公安处看守所。2015 年 6 月 24 日，乌鲁木齐市公安局刑侦支队民警在昌吉市富友国际小区将被告人芮高德抓获。2015 年 6 月 27 日，海口铁路公安处三亚车站派出所民警在三亚火车站六站台执勤时，抓获网上追逃人员丁宁。2015 年 7 月 4 日乌鲁木齐市公安局刑侦支队三名民警将丁宁从三亚市押解回乌鲁木齐市，当天羁押在乌鲁木齐市第二看守所。2015 年 7 月 10 日，乌鲁木齐市公安局刑侦支队一大队在米东区小地磅抓获被告人刘华。2015 年 8 月 26 日，被告人盛罡向乌鲁木齐市公安局刑侦支队投案自首。2015 年 10 月 11 日，被告人万子宵向乌鲁木齐市公安局刑侦支队投案自首。2015 年 10 月 21 日，被告人王全向乌鲁木齐市公安局刑侦支队投案自首。

2001 年 10 月 15 日，被告人王全因犯寻衅滋事罪、诈骗罪被新疆维吾尔自治区昌吉回族自治州中级人民法院判处有期徒刑七年，并处罚金 5 万元。2001 年 1 月 3 日至 2003 年 1 月 2 日在原米泉市看守所服刑二年，后因保外就医实行暂予监外执行，2005 年 5 月刑罚执行完毕。2012 年 6 月 20 日，被告人盛罡因犯寻衅滋事罪被乌鲁木齐市达坂城区人民法院判处有期徒刑一年零六个月，缓刑三年。乌鲁木齐市米东区社区矫正工作领导小组出具解除社区矫正证明书证实 2015 年 7 月 1 日被告人盛罡矫正期满，依法解除社区矫正。因被告人盛罡实际系缓刑矫正期内再犯新罪，2017 年 6 月 27 日经本院决定，同年 6 月 29 日对其执行逮捕，同日乌鲁木齐市公安局监所管理支队第一看守所出具乌公监（第一看守）所暂字（2017）第 025 号暂不予收押通知书，认为被告人盛罡因左下肢下端软组织裂伤缝合术后，左腓骨远端骨折，生活不能自理，不宜在看守所收押。

【裁判结果】

乌鲁木齐市米东区人民法院于 2017 年 7 月 12 日作出（2016）新 0109 刑初 141 号刑事判决：一、被告人刘华犯开设赌场罪，判处有期徒刑一年零二个月，缓刑一年零六个月，并处罚金 2 万元；二、撤销乌鲁木齐市达坂城区人民法院（2010）达刑初字第 3 号刑事附带民事判决书主文中被告人盛罡犯寻衅滋事罪，判处有期徒刑一年零六个月，缓刑三年的缓刑部分；被告人盛罡犯开设赌场罪，判处有期徒刑八个月，并处罚金 1 万元；数罪并罚，决定执行有期徒刑一年零十个月，并处罚金 1 万元；三、被告人王全犯开设赌场罪，判处有期徒刑六个月，缓刑一年，并处罚金 1 万元；四、被告人万子霄犯开设赌场罪，免予刑事处罚；五、被告人程登云犯开设赌场罪，免予刑事处罚；六、被告人芮高德犯开设赌场罪，免予刑事处罚；七、被告人马磊犯故意毁坏财物罪，免予刑事处罚；犯开设赌场罪，免予刑事处罚；八、被告人丁宁犯故意毁坏财物罪，免予刑事处罚；犯开设赌场罪，免予刑事处罚；九、被告人邓旭犯故意毁坏财物罪，免予刑事处罚。一审宣判后，当事人未上诉，检察院未抗诉，该判决已发生法律效力。

【裁判理由】

法院生效裁判认为：

1. 被告人马磊、丁宁、邓旭为帮助其同伙报复他人，伙同多人故意毁坏他人财物，其行为均已构成故意毁坏财物罪。根据《刑法》第二百七十五条“故意毁坏公私财物，数额较大或者有其他严重情节的，处三年以下有期徒刑、拘役或者罚金；数额巨大或者有其他特别严重情节的，处三年以上七年以下有期徒刑”的规定，应当以故意毁坏财物罪追究各被告人的刑事责任。被告人马磊、丁宁、邓旭在共同犯罪中所起的作用较小，属从犯，依法应当从轻处罚。被告人丁宁、马磊、邓旭自愿认罪，可以酌情从轻处罚。案发后，各被告人已部分赔偿被害人经济损失，可以酌情从轻处罚。《刑法》第三十七条规定：“对于犯罪情节轻微不需要判处刑罚的，可以免予刑事处罚，但是可以根据案件的不同情况，予以训诫或者责令具结悔过、赔礼道歉、赔偿损失，或者由主管部门予以行政处罚或者行政处分。”结合被告人马磊、丁宁、邓旭的犯罪情节、认罪态度、悔罪表现和社会危害性，可以对上述被告人免除处罚。

2. 被告人程登云、芮高德、马磊以营利为目的，开设赌场并从中获取非法利益，被告人丁宁为他人开设赌场的行为提供帮助，其行为均已构成开设赌场罪。《刑法》第三百零三条第二款规定：“开设赌场的，处三年以下有期徒刑、拘役或者管制，并处罚金；情节严重的，处三年以上十年以下有期徒刑，并处罚金。”公诉机关的指控成立，新疆维吾尔自治区乌鲁木齐市米东区人民法院予以支持。被告人丁宁在共同犯罪中所起的作用较小，属于从犯，依法应当从轻处罚。被告人程登云、芮高德、马磊、丁宁自愿认罪，可以酌情从轻处罚。《刑法》第三十七条规定：“对于犯罪情节轻微不需要判处刑罚的，可以免予刑事处罚，但是可以根据案件的不同情况，予以训诫或者责令具结悔过、赔礼道歉、赔偿损失，或者由主管部门予以行政处罚或者行政处分。”结合被告人程登云、芮高德、马磊、丁宁的犯罪情节、认罪态度、悔罪表现和社会危害性，可以对上述被告人免除处罚。

3. 被告人刘华以营利为目的，开设赌场并从中获取非法利益，被告人盛罡、王全、万子霄为他人开设赌场的行为提供帮助，其行为均已构成开设赌场罪。《刑法》第三百零三条第二款规定：“开设赌场的，处三年以下有期徒刑、拘役或者管制，并处罚金；情节严重的，处三年以上十年以下有期徒刑，并处罚金。”公诉机关的指控成立，法院予以支持。被告人盛罡、王全、万子霄在共同犯罪中所起的作用较小，属从犯，依法可以对被告人盛罡、王全从轻处罚，依法可以对被告人万子霄减轻处罚。被告人刘华自愿认罪，可以酌情从轻处罚。被告人盛罡、王全、万子霄案发后自动投案，属自首，依法可以从轻处罚。被告人盛罡在缓刑考验期内再犯新罪，依法应当撤销缓刑，数罪并罚。结合被告人刘华、王全的犯罪情节、认罪态度、悔罪表现和社会危害性，可以认定其没有再犯罪的危险，宣告缓刑对所居住社区没有重大不良影响，可以适用缓刑。《刑法》第三十七条规定：“对于犯罪情节轻微不需要判处刑罚的，可以免予刑事处罚，但是可以根据案件的不同情况，予以训诫或者责令具结悔过、赔礼道歉、赔偿损失，或者由主管部门予以行政处罚或者行政处分。”结合被告人万子霄的犯罪情节、认罪态度、悔罪表现和社会危害性，可以对其免除处罚。

【案例注解】

本案的争议问题与相关分析如下：

一、“开设赌场”的含义

本文认为，所谓“赌场”就是供赌博参与者进行赌博的处所或地方，所谓“开设”

就是在自己的主持下具备了某种活动所必备的基本条件，因而能够控制该场所。由于聚众赌博同样也存在提供赌场的问题，因此，开设赌场中的“赌场”不是指一般进行赌博的场所，而是指行为人所控制，具有一定的连续性和稳定性，专门用于赌博活动，并且在一定范围内为他人所知晓的地方。具体来讲，区分开设赌场和聚众赌博应综合考虑以下几个方面的因素：一是看赌博场所由谁所有、受谁控制。开设赌场的“赌场”一般是赌场老板自己的场所，包括住房、轮船等，也包括长期租用的场所，关键是可以由其控制。而聚众赌博的场所则包括召集者自己的住所、临时借用的他人住所、棋牌室等娱乐经营场所，甚至是荒山野岭、僻静无人之处，多数不能由召集者控制。本案中赌博场所系由被告人租赁且实际控制。二是看赌博场所是否相对固定。一般来说，开设赌场有比较固定的场所，而聚众赌博地点则并不固定。因此，对于“打一枪换一个地方”的，或者由参赌者自行确定地点的，应认定为聚众赌博。但本案中赌博场所相对固定。三是看赌场存续时间是否相对稳定。开设赌场一般存续时间较长，而聚众赌博一般以次计算，时间上无稳定性和持续性。本案中的赌博场所存续时间较长。四是看参赌人员是否相对固定。开设赌场一般是招引不特定多数人参加赌博，而聚众赌博行为人所召集的对象一般为熟人，且表现为主动邀约。本案中，被告人为规避风险，参赌人员均经过事前筛选，每次均招引有支付能力的不特定多数人参加赌博。五是看赌博方式由谁设定。开设赌场的赌博方式一般由赌场老板事先设定，有的还有一系列赌博规程。而聚众赌博因具有临时聚合性，赌博方式一般是不确定的，多数由参赌者临时商定。本案的赌博方式均由被告人事先予以确定。六是看赌具由谁提供。开设赌场的赌具一般是赌场提供。而聚众赌博使用的赌具有可能由召集者提供，有可能由参赌人员自带。本案中的赌具均由被告人所开设的赌场提供。七是看由谁坐庄。开设赌场的如果参与赌博，一般来讲，都是赌场老板或者其专门雇用的人员坐庄，而聚众赌博一般则是轮流坐庄。本案中均由赌场负责坐庄。故本案更符合开设赌场罪的构成要件。

二、赌场雇用人员是否应当以共犯追究刑事责任

《最高人民法院、最高人民检察院关于办理赌博刑事案件具体应用法律若干问题的解释》（以下简称《办理赌博刑事案件解释》）第四条规定：“明知他人实施赌博犯罪活动，而为其提供资金、计算机网络、通讯、费用结算等直接帮助的，以赌博罪的共犯论处。”尽管《刑法修正案（六）》，即《刑法》第三百零三条第二款对开设赌场行为进行了单独规定，但《办理赌博刑事案件解释》第四条仍可以作为认定开设赌场罪共犯的依据。对于赌场雇用人员应区分以下几种情形处理：一是对于从事端茶送水等单纯服务工作的赌场雇用人员，不应追究刑事责任；二是对于参与赌场管理并按赌场收入分红或者领取高额固定工资的管理人员，应以开设赌场罪的共犯追究刑事责任；三是对于具体从事发牌坐庄、望风看场、兑换筹码、接送赌徒等与赌博直接相关工作的，如果按赌场收入分红或者领取高额固定工资的，或者长期从事前述工作，情节严重的，以开设赌场罪的共犯追究刑事责任。本案中，被告人丁宁长期从事赌场工作并领取工资，属情节严重，被告人盛罡在赌场领取高额工资，故二人均构成开设赌场罪的共犯。

三、明知他人实施开设赌场犯罪活动而向其放贷行为的性质

公民之间单纯的借贷关系，即使收取高额利息，一般不构成犯罪，如果明知他人借款是用于从事违法犯罪活动而给予借款，甚至借机收取高额利息，则有可能构成违法犯罪行为的帮助犯。根据《办理赌博刑事案件解释》第四条关于赌博罪共犯认定的规定，明知他人实施开设赌场犯罪活动，而为其提供资金、计算机网络、通讯、费用结算等直接帮助的，以开设赌场犯罪的共犯论处。所谓直接帮助，是指对于开设赌场犯罪的发生和发展来说，这种帮助有直接的促进作用，并不是可有可无的。被告人王全向赌场放贷230万元，被告人万子霄虽未领取分红，但其为赌场管理备用金，为赌场安排至关重要的财务管理人员，属于对赌场的直接帮助，构成开设赌场罪的共犯。

四、在赌场放高利贷行为的性质

在赌场放高利贷的行为，主要有两种情况：第一种是明知他人借款是用于开设赌场而向其发放借款，收取高额利息；第二种是向赌徒发放借款，收取高额利息。对于前者，完全符合《办理赌博刑事案件解释》第四条的规定，可以认定为开设赌场犯罪的共犯，如被告人王全的行为；对于后者，则要区分情况处理。实践中，在赌场向赌徒发放高利贷有三种情形：一是赌场老板自己或者雇用专人在赌场向赌徒发放借款，收取高额利息；二是行为人明知他人开设赌场，主动与赌场老板或者管理人员联系同意后，在赌场向赌徒发放借款，收取高额利息；三是行为人自行到赌场向赌徒发放借款，收取高额利息。对于第一种情形，是赌场老板最大限度赚取赌徒钱财的手段，属于开设赌场行为方式之一，可作为开设赌场罪的从重处罚情节，如第二起案件中各被告人的行为；对于第二种情形，属于行为人与开设赌场犯罪者事前或者事中通谋，可认定为开设赌场犯罪的共犯；对于第三种情形，不能认定行为人与开设赌场犯罪者事前或者事中通谋，所以，虽然该行为客观上使赌博活动时间延长，赌注提高，规模扩大，社会危害性进一步增强，但由于赌徒的参赌行为，属于违法，一般不构成犯罪（以赌博为业的除外），故不能将该种情形认定为开设赌场犯罪的共犯。本案第三起案件中，公诉机关指控被告人程登云、芮高德、马磊等人先后三次到该娱乐城向参赌人员放高利贷，但因公诉机关未提供相关证据证明上述行为与被告人刘华开设的赌场有事先的共谋，故被告人程登云、芮高德、马磊不能认定为被告人刘华开设赌场罪一案的共犯。

五、行政机关在行政执法和查办案件过程中收集的言词证据可否直接作为刑事证据使用

《刑事诉讼法》第五十二条第二款规定："行政机关在行政执法和查办案件过程中收集的物证、书证、视听资料、电子数据等证据材料，在刑事诉讼中可以作为证据使用。"《最高人民法院关于适用〈中华人民共和国刑事诉讼法〉的解释》第六十五条规定："行政机关在行政执法和查办案件过程中收集的物证、书证、视听资料、电子数据等证据材料，在刑事诉讼中可以作为证据使用；经法庭查证属实，且收集程序符合有关法律、行政法规规定的，可以作为定案的根据。根据法律、行政法规规定行使国家行政管理职权的组织，在行政执法和查办案件过程中收集的证据材料，视为行政机关收集的证据材料。"从上述法律规定可以看出，行政机关在行政执法和查办案件过程中收集的言词证据能否在刑事诉讼中可以作为证据使用，没有明确的法律规定。从现行刑事诉讼理念出发，刑事诉讼中据以定案的证据必须系具有侦查权的主体依照刑事诉讼法的规定收集、调取、制作，并经庭审质证才可以作为证据使用。从主观性证据和客观性证据的形成过程分析，主观性证据系在取证时临时生成，其内容受取证程序的影响较大；而客观性证据在取证前业已存在，其内容受取证程序的影响较小。故刑事诉讼中的言词证据原则上应当重新收集，特殊情况下也可以进行适当形式转换，但必须有其他证据相互印证。公安机关查办行政违法案件时，发现有犯罪线索的，在刑事立案后，对行政执法中收集的言词证据，认为确有必要作为刑事证据使用的应当由侦查人员依据刑事诉讼法的规定在告知权利与义务、相关法律后果后，向证人、当事人重新取证。不能因其职权的双重性，混淆行政处罚与刑事诉讼程序，任意转换不同程序进行执法。未经重新收集、制作的言词证据，不能作为刑事诉讼证据使用。另一方面，《最高人民法院、最高人民检察院、公安部〈关于办理侵犯知识产权刑事案件适用法律若干问题的意见〉》第二条规定：“……行政执法部门制作的证人证言、当事人陈述等调查笔录，公安机关认为有必要作为刑事证据使用的，应当依法重新收集、制作。”《人民检察院刑事诉讼规则（试行）》第六十四条第三款规定：“人民检察院办理直接受理立案侦查的案件，对于有关机关在行政执法和查办案件过程中收集的涉案人员供述或者相关人员的证言、陈述，应当重新收集……”上述法律规定虽未直接规定公安机关侦办的普通刑事案件，但根据其主旨，可以得出行政机关在行政执法和查办案件过程中收集的言词证据不能直接作为刑事证据使用的结论。故对于未经转化为刑事证据的行政机关在行政执法和查办案件过程中收集的言词证据，即第一次案件中证人钱烜序、张凯靖在行政机关所做的证言，第三起案件中证人文某、魏某、尔某、李某、陈某、王某 1、王某 2 在行政机关所做的证言，法院均不予采信。

（一审法院合议庭成员　廖　凌　乔巴生　邵明钦

编写人　新疆维吾尔自治区乌鲁木齐市米东区人民法院　乔巴生

责任编辑　周维明

审稿人　李玉萍）

原载《人民法院案例选》2017 年第 10 辑（总第 116 辑）

286. 刘淑琼、王旺等开设赌场案

——以销售彩票为幌子接受赌民投注行为的定性

【关键词】

刑事　开设赌场罪　非法经营罪　网络赌博

【裁判要旨】

行为人以销售彩票为幌子，实际利用真实彩票开奖信息作为赌博输赢的判断标准，在公众场合接受不特定人员投注的行为，应以开设赌场罪定罪处罚。

【相关法条】

《中华人民共和国刑法》

第三百零三条　以营利为目的，聚众赌博或者以赌博为业的，处三年以下有期徒刑、拘役或者管制，并处罚金。

开设赌场的，处三年以下有期徒刑、拘役或者管制，并处罚金；情节严重的，处三年以上十年以下有期徒刑，并处罚金。

第二百二十五条　违反国家规定，有下列非法经营行为之一，扰乱市场秩序，情节严重的，处五年以下有期徒刑或者拘役，并处或者单处违法所得一倍以上五倍以下罚金；情节特别严重的，处五年以上有期徒刑，并处违法所得一倍以上五倍以下罚金或者没收财产：

（一）未经许可经营法律、行政法规规定的专营、专卖物品或者其他限制买卖的物品的；

（二）买卖进出口许可证、进出口原产地证明以及其他法律、行政法规规定的经营许可证或者批准文件的；

（三）未经国家有关主管部门批准非法经营证券、期货、保险业务的，或者非法从事资金支付结算业务的；

（四）其他严重扰乱市场秩序的非法经营行为。

《最高人民法院、最高人民检察院关于办理赌博刑事案件具体应用法律若干问题的解释》

第六条　未经国家批准擅自发行、销售彩票，构成犯罪的，依照刑法第二百二十五条第（四）项的规定，以非法经营罪定罪处罚。

《最高人民法院、最高人民检察院、公安部关于办理网络赌博犯罪案件适用法律若干问题的意见》

第一条第一款　利用互联网、移动通讯终端等传输赌博视频、数据，组织赌博活动，具有下列情形之一的，属于刑法第三百零三条第二款规定的“开设赌场”行为：

（一）建立赌博网站并接受投注的；

（二）建立赌博网站并提供给他人组织赌博的；

（三）为赌博网站担任代理并接受投注的；

（四）参与赌博网站利润分成的。

【案件索引】

一审：四川省成都市双流区人民法院（2016）川 0116 刑初 1445 号（2017 年 1 月 17 日）

二审：四川省成都市中级人民法院（2017）川 01 刑终 291 号（2017 年 4 月 19 日）

【基本案情】

四川省成都市双流区人民检察院起诉指控：2015 年 10 月，被告人刘淑琼、李育辉、王旺、李文康、辜学军、李世民共同出资在四川省双流县（现成都市双流区，下同）东升街办棠中路四段 214 号“众和轩茶府”，摆放电脑，开始在计算机网络上开设“渝州娱乐网站”投注站，售卖顺子、豹子等不同赔率的玩法，聘用陈雨负责售卖。2015 年 12 月 17 日，四川省双流县公安局民警在对该茶楼进行检查时，当场查获该非法售卖“渝州娱乐网站”投注站场所，并缴获电脑主机，下注结果反馈单、账本等。经核实，2015 年 11 月 1 日至 12 月 6 日从查货账本上算出盈利 54658 元，2015 年 12 月 7 日至 12 月 20 日，刘淑琼等人售卖“渝州娱乐网站”投注站所提取的电子勘验结算报表显示 1908980 元投注积分，退水后积分 157100 元，共盈利 211758 元。

被告人刘淑琼等六人对起诉指控的基本事实无异议，对指控盈利的金额有异议。

法院经审理查明：2015 年 10 月起，原审被告人刘淑琼、李育辉、王旺、李文康、辜学军、李世民共同出资，在四川省双流县东升街办棠中路四段 214 号“众和轩茶府”摆放电脑开设投注站，利用“重庆时时彩”的开奖号码信息，售卖顺子、豹子等不同赔率的玩法，聘用陈雨负责售卖。2015 年 12 月 17 日，四川省双流县公安局民警在对该茶楼进行检查时，当场查获该非法售卖投注站场所，并缴获电脑主机，下注结果反馈单、账本等。从查获账本上显示，从 2015 年 11 月 1 日至 12 月 6 日，共盈利 814528 元，同时几名原审被告人在该投注场所自己投注 759870 元；根据从刘淑琼等人设立的投注站所提取的电子勘验结算报表显示，从 2015 年 12 月 7 日至 12 月 17 日，有 1908980 元投注积分，退水后积分 157100 元。

【裁判结果】

四川省成都市双流区人民法院于 2017 年 1 月 17 日作出（2016）川 0116 刑初 1445 号刑事判决：一、被告人李育辉犯开设赌场罪，判处有期徒刑三年八个月，并处罚金人民币 3 万元；二、被告人刘淑琼犯开设赌场罪，判处有期徒刑三年二个月，并处罚金人民币 3 万元；三、被告人王旺犯开设赌场罪，判处有期徒刑三年二个月，并处罚金人民币 3 万元；四、被告人李文康犯开设赌场罪，判处有期徒刑三年，并处罚金人民币 3 万元；五、被告人辜学军犯开设赌场罪，判处有期徒刑一年六个月，并处罚金人民币 3 万元；六、被告人李世民犯开设赌场罪，判处有期徒刑一年六个月，并处罚金人民币3万元；对扣押在案笔记本、纸张、电脑机箱、打印机、显示器、显示屏、键盘予以没收。刘淑琼、王旺、李文康、辜学军、李世民不服原审判决，以其行为应构成非法经营罪而非开设赌场罪为由，提起上诉。成都市中级人民法院于2017年4月19日作出（2017）川01刑终291号刑事裁定：驳回上诉，维持原判。

【裁判理由】

法院生效判决认为：刘淑琼、李育辉、王旺、李文康、辜学军、李世民利用“时时彩”开奖信息提供一个赌博的平台，并非发行、销售彩票的行为，不具备利用国家有关彩票规定的特定方式干扰正常彩票市场的特征；结合王旺、李育辉、李文康等在公安机关的交代的在整个期间盈利数额，再结合六人在案发前分红的情况，参照《最高人民法院、最高人民检察院、公安部关于办理网络赌博犯罪案件适用法律若干问题的意见》中情节严重的数额标准，结合本案其他情况综合研判，各上诉人及原审被告人经预谋，积极准备，在公共场合茶楼设置投注点，设置打票机、大屏幕等赌博设备，预先设置赌博规则，招引不特定茶客或过客购买所谓“彩票”竞赌，组织严密、分工明确，有较大的社会危害性，应予认定情节严重。

【案例注解】

在司法实践中，我们发现，随着时代的发展，赌博的方式越来越多样化，以致与其他犯罪行为在形式上出现了重合。为了应对赌博类犯罪手段日益丰富的趋势，我们要透过犯罪行为的表象分析其实质，准确把握立法精神并适用法律，结合罪责刑相适应这一基本刑法原则的内在要求，以达到打击赌博犯罪、维护社会秩序的目的。

在本案中，一、二审争议的焦点均在于六被告人利用“重庆时时彩”的开奖信息，在计算机上售卖“顺子”“豹子”等不同赔率的玩法的行为，是定性为开设赌场罪，还是定性为聚众赌博罪，或者是适用《最高人民法院、最高人民检察院关于办理赌博刑事案件具体应用法律若干问题的解释》第六条“未经国家批准擅自发行、销售彩票，构成犯罪的，依照刑法第二百二十五条第（四）项的规定，以非法经营罪定罪处罚”的规定，定性为非法经营罪；以及其行为是否应认定为司法解释规定的“网络赌博”。笔者认为，本案中被告人的行为应定性为开设赌场罪。具体理由如下：

一、本案不应定性为聚众赌博罪

开设赌场原作为赌博罪一种表现形式，根据2006年《刑法修正案（六）》的规定，从赌博罪中分立。聚众赌博与开设赌场均有为赌博提供场所、赌具等物质便利条件的行为，两者的区别在于：（1）聚众赌博的规模一般较小，赌头通常利用自己的人际关系在小范围内组织他人参赌，聚众赌博行为中其成员相对固定，同时赌头也参与赌博；开设赌场具有一定的规模，参赌的人员众多。内部有比较严密的组织和明确的分工。（2）聚众赌博一般具有临时性、短暂性的特点，组织参赌人员在一次赌博结束后，下一次赌博又需再次组织；开设赌场具有持续性和稳定性特点，只要在其经营时间内、赌博人员来到赌场，就均能进行赌博活动。（3）赌具的提供。聚众赌博中的赌具有时由召集者提供，有时由参赌者自带；开设赌场中的赌具一般由赌场提供。（4）聚众赌博的赌博方式一般由参赌人员临时确定；开设赌场的赌博方式具有多样性，一般由经营者事先设定，提供筹码，有时还有一定的赌博规程。根据本案的案情，被告人经预谋，有相对明确的分工，在公共场合茶楼设置投注点，准备打票机、大屏幕等赌博设备，预先设置赌博规则，招引不特定茶客或过客购买所谓“彩票”竞赌，结合两者之间的区别特征，被告人的行为应构成开设赌场罪而并非聚众赌博罪。

二、本案不应定性为非法经营罪

《最高人民法院、最高人民检察院关于办理赌博刑事案件具体应用法律若干问题的解释》第六条规定：“未经国家批准擅自发行、销售彩票，构成犯罪的，依照刑法第二百二十五条第（四）项的规定，以非法经营罪定罪处罚。”有观点依据上述司法解释认为被告人应以非法经营罪定罪处罚，该观点没有准确把握被告人的犯罪事实，其理由如下：（1）行为人是利用他人发行的“时时彩”，自己以另种方式非法牟利，实际上与“时时彩”经营机构之间并不存在任何关联，其非法所得也不上缴“时时彩”彩票发行机构，其本质上只是利用了“时时彩”开奖信息这一形式，为庄家与参赌者之间的赌博提供一个判断输赢的衡量标准，借助正规彩票的信息，为个人赌博提供一个稳获非法所得的平台，与通过竞猜某场球赛最终比分确定输赢的赌球行为，在本质上没有什么差别，并非发行、销售“时时彩”的行为，不具备利用国家有关彩票规定的特定方式去干扰正常的彩票市场的特征。（2）从侵害的法益上看，本案中被告人等开设赌场，招引人员竞赌，主要不是扰乱市场交易管理秩序的行为，而是赌博行为侵害了正常的社会管理秩序。（3）从客观方面的行为来看，本案被告人等是借用“时时彩”的开奖信息作为评判输赢的标准，以庄家和参赌者结算的方式获取非法利益，其行为不具有非法发行、销售等经营行为的特点，也不是通过非法经营行为获利，不符合非法经营罪客观方面的要件。因此，对其以开设赌场罪定罪处罚符合刑法相关规定。（4）随着社会的发展，赌博的形式不断翻新，种类和花样逐渐增多，危害也越来越大，新的赌博形式已经不限于用牌、色子等作为载体了。将利用“时时彩”信息竞猜对赌的行为以赌博定性，符合民众对赌博的一般理解，更有利于体现罪刑相适应的原则。综上，以另一种方式非法牟利，实质上不是一种非法发售彩票的非法经营行为，不具备利用国家有关彩票规定的特定方式去干扰正常彩票市场的特征。故对本案被告人不应认定为非法经营罪，而只能认定为开设赌场罪。

三、本案不应定性为“网络赌博”

《最高人民法院、最高人民检察院、公安部关于办理网络赌博犯罪案件适用法律若干问题的意见》第一条第一款规定：“利用互联网、移动通讯终端等传输赌博视频、数据，组织赌博活动，具有下列情形之一的，属于刑法第三百零三条第二款规定的‘开设赌场’行为：（一）建立赌博网站并接受投注的；（二）建立赌博网站并提供给他人组织赌博的；（三）为赌博网站担任代理并接受投注的；（四）参与赌博网站利润分成的。”结合本案情况，主要分析其是否属于第三种情形。（1）根据负责技术维护的被告人王旺交代，“渝州娱乐网站”利用了“重庆时时彩”的开奖号码，重新构建了另外一套完全不同的系统，并用这套系统来卖自己的彩票，二者不是等同的；投注点由几名被告人坐庄，每个月给“渝州娱乐网站”交3000元人民币的管理费；但从开业到案发只打给“渝州娱乐网站”一次3000元。其他被告人表示对具体合作模式不清楚。由此分析，被告人的投注点虽利用了“渝州娱乐网站”的资源，但被告人投注点盈利状况并不与该网站收取费用形成变动关联，未形成一种抽成的方式，实质上更像是支付一种使用其网站软件的费用。(2) 侦查机关在补充侦查中通过对“渝州娱乐网站”终端情况进行查询，因该网站网址未进行过登记备案，民警未查询到终端等情况。因此，本案仅有装载于被告人电脑内的“渝州娱乐网站”软件系统，而没有确定对应的域名或服务器，证明被告人利用互联网进行了赌博数据传输的证据薄弱，尚不能得到有效地证实。(3) 被告人在茶楼里设点进行单机操作，没有在网络上销售伪彩，也未发展下线，比较符合实体赌场的特征。(4) 根据众多被告人的辩解分析，被告人也在该投注点进行投注，并且相当部分是所谓的“打要”，即该机器可以进行所谓的“空打”而并未发生实际的资金的转移支付，由此推断，假若该案是司法解释所指称的“网络赌博”，涉及与上家的分成问题，是不允许发生“空打”的现象的。综上所述，被告人的行为不属于司法解释规定的“网络赌博”。

（一审法院合议庭成员　李　骞　刘　芳　高志容
二审法院合议庭成员　秦　波　周大军　戈金梁
编写人　四川省成都市中级人民法院　秦　波　陈　曦
责任编辑　周维明
审稿人　李玉萍）

原载《人民法院案例选》2018 年第 9 辑（总第 127 辑）

287. 颜植毅、黄吉兴等开设赌场、诈骗，梁锦辉开设赌场案

——开设网络平台利用彩票开奖信息进行竞猜赌博行为的刑法定性

【关键词】

网络平台　赌博　开设赌场

【裁判要旨】

在网络上开设平台，利用“重庆时时彩”的投注规则、开奖时间及开奖号码作为输赢标准，在平台与投注之间进行对赌的行为，应当认定为开设赌场罪。

【相关法条】

《中华人民共和国刑法》

第三百零三条第二款　开设赌场的，处三年以下有期徒刑、拘役或者管制，并处罚金；情节严重的，处三年以上十年以下有期徒刑，并处罚金。

第二百二十五条　违反国家规定，有下列非法经营行为之一，扰乱市场秩序，情节严重的，处五年以下有期徒刑或者拘役，并处或者单处违法所得一倍以上五倍以下罚金；情节特别严重的，处五年以上有期徒刑，并处违法所得一倍以上五倍以下罚金或者没收财产：

（一）未经许可经营法律、行政法规规定的专营、专卖物品或者其他限制买卖的物品的；

（二）买卖进出口许可证、进出口原产地证明以及其他法律、行政法规规定的经营许可证或者批准文件的；

（三）未经国家有关主管部门批准非法经营证券、期货、保险业务的，或者非法从事资金支付结算业务的；

（四）其他严重扰乱市场秩序的非法经营行为。

第二百六十六条　诈骗公私财物，数额较大的，处三年以下有期徒刑、拘役或者管制，并处或者单处罚金；数额巨大或者有其他严重情节的，处三年以上十年以下有期徒刑，并处罚金；数额特别巨大或者有其他特别严重情节的，处十年以上有期徒刑或者无期徒刑，并处罚金或者没收财产。

【案件索引】

一审：浙江省杭州市萧山区人民法院（2016）浙0109刑初第2025号（2017年6月

8日）

二审：浙江省杭州市中级人民法院（2017）浙01刑终599号（2017年11月30日）

【基本案情】

被告人颜植毅，男，1975年3月16日出生于福建省安溪县，汉族，大专文化，无业，户籍地安溪县凤城镇新安西路南侧2号1梯×××室；因本案于2016年4月20日被刑事拘留，同年5月26日被逮捕，现羁押于杭州市萧山区看守所。

被告人黄吉兴，别名黄建兴，男，1984年10月11日出生于福建省安溪县，汉族，初中文化，个体投资公司经营者，户籍地安溪县魁斗镇镇西村湖内××号；因本案于2016年4月20日被刑事拘留，同年5月26日被逮捕，现羁押于杭州市萧山区看守所。

被告人陈界龙，男，1980年6月5日出生于福建省南安市，汉族，初中文化，无业，户籍地南安市金淘镇水阁村大路××号；因本案于2016年4月20日被刑事拘留，同年5月26日被逮捕，现羁押于杭州市萧山区看守所。

被告人梁锦辉，男，1984年12月27日出生于福建省南安市，汉族，中专文化，无业，户籍地南安市诗山镇凤坡村瑞莲×××号；因本案于2016年4月20日被刑事拘留，同年5月26日被取保候审，2017年5月25日继续被取保候审。

浙江省杭州市萧山区人民法院经审理查明：

一、开设赌场事实

1. 2015年6月份左右，被告人颜植毅、黄吉兴、陈界龙经事先商量后，通过购买网络平台的方式在福建省厦门市翔鹭花城小区房间内开设"中金国际"网络平台，组织他人利用"重庆时时彩"的中奖号码，私设赔率进行竞猜赌博。期间，被告人颜植毅负责日常管理，被告人陈界龙负责平台操作，被告人黄吉兴还聘用被告人梁锦辉等人通过QQ聊天方式招揽客户投注。2015年8月至2016年2月，共接受在该赌博网络平台的充值赌资5208278.91元。

2. 2016年3月，被告人颜植毅、黄吉兴结伙，通过购买网络平台的方式在福建省宁德市盈丰佳园小区房间内开设"将军娱乐"网络平台，组织他人利用"重庆时时彩"的中奖号码，私设赔率进行竞猜赌博。期间，被告人颜植毅负责日常管理，被告人黄吉兴聘请被告人梁锦辉等人通过QQ聊天招揽客户投注。至2016年4月20日，共接受在该赌博网络平台的充值赌资54322.75元。

二、诈骗事实

2015年6月至2016年2月，被告人颜植毅、黄吉兴、陈界龙在福建省厦门市翔鹭花城小区房间内开设"中金国际"网络平台组织他人进行赌博竞猜，期间因投注人员中奖金额较大，造成了经营亏损，被告人颜植毅、黄吉兴、陈界龙决定以开展充值优惠活动诱骗客户充值，在活动结束后将平台关闭。2016年2月3日，被告人颜植毅等人在平台上发布充值送百分之五十的优惠活动，骗取充值金额共计353026.6元。

杭州市萧山区人民检察院指控被告人颜植毅、黄吉兴、陈界龙犯非法经营罪、诈骗罪、被告人梁锦辉犯非法经营罪，向杭州市萧山区人民法院提起公诉。

被告人颜植毅对起诉书指控其等人开设网络平台招募人员充值投注的主要事实无异议，但辩称其没有销售彩票，只是利用了"重庆时时彩"的中奖号码与网络会员对赌，其行为应认定为赌博罪；对起诉书指控的诈骗事实及罪名均提出异议，辩称自己没有诈骗他人钱财，其行为不构成犯罪。

其辩护人对起诉书指控被告人颜植毅犯诈骗罪的事实及罪名无异议，但对起诉书指控被告人颜植毅犯非法经营罪提出异议，其认为应以赌博罪定罪为宜。量刑方面，其提出被告人颜植毅如实供述了赌博事实，且在赌博过程中基本无获利，建议对被告人颜植毅酌情从轻处罚。

被告人黄吉兴对起诉书指控的事实及罪名均无异议，并当庭表示自愿认罪。

被告人陈界龙对起诉书指控其等人开设网络平台招募人员下注的主要事实无异议，但辩称其等人开设的是赌博网络平台，没有销售彩票，具体罪名由法院依法认定；对起诉书指控其犯诈骗罪的事实及罪名均提出异议，辩称其仅听从安排取钱，并不知道颜植毅等人要关闭网络平台，其没有诈骗故意。

其辩护人对起诉书指控被告人陈界龙犯非法经营罪提出异议，认为应以赌博罪认定为妥；对起诉书指控被告人陈界龙犯诈骗罪的事实及罪名均提出异议，其提出陈界龙对颜植毅等人搞充值送活动的目的及关闭网络平台的事实并不知晓，无共同犯罪故意，其行为不构成诈骗罪。量刑方面，其提出被告人陈界龙有坦白情节，且系初犯，建议对被告人陈界龙从轻处罚。

被告人梁锦辉对起诉书指控的事实及罪名均无异议，并当庭表示自愿认罪。

【裁判结果】

浙江省杭州市萧山区人民法院于2017年6月8日作出浙江省杭州市萧山区人民法院（2016）浙0109刑初2025号刑事判决：一、被告人颜植毅犯开设赌场罪，判处有期徒刑六年，并处罚金30万元；犯诈骗罪，判处有期徒刑八年六个月，并处罚金1万元。两罪并罚，决定执行有期徒刑十三年六个月，并处罚金31万元。二、被告人黄吉兴犯开设赌场罪，判处有期徒刑六年，并处罚金30万元；犯诈骗罪，判处有期徒刑七年六个月，并处罚金1万元。两罪并罚，决定执行有期徒刑十二年六个月，并处罚金31万元。三、被告人陈界龙犯开设赌场罪，判处有期徒刑五年六个月，并处罚金25万元；犯诈骗罪，判处有期徒刑八年，并处罚金1万元。两罪并罚，决定执行有期徒刑十二年六个月，并处罚金26万元。四、被告人梁锦辉犯开设赌场罪，判处有期徒刑三年，缓刑四年，并处罚金3万元。五、公安机关冻结的赃款246744.44元按比例发还各被害人；扣押在本院的被告人梁锦辉退出的赃款人民币18000元予以没收，上缴国库；尚未追回的被告人颜植毅、黄吉兴、陈界龙犯罪所得赃款，继续予以追缴；随案移送的犯罪工具笔记本电脑9台予以没收，上缴国库。

宣判后，浙江省杭州市萧山区人民检察院认为被告人颜植毅等人属于非法发行、销售彩票，其行为应构成非法经营罪，故依法提起抗诉。被告人颜植毅、黄吉兴、陈界龙因事实或罪名有异议均向浙江省杭州市中级人民法院提起上诉。浙江省杭州市中级人民法院于2017年11月30日作出浙江省杭州市中级人民法院（2017）浙01刑终599号刑事判决：一、驳回抗诉机关（原公诉机关）杭州市萧山区人民检察院之抗诉。二、驳回上诉人（原审被告人）颜植毅、黄吉兴、陈界龙之上诉。三、撤销浙江省杭州市萧山区人民法院（2016）浙0109刑初第2025号刑事判决第五项中对公安机关冻结的赃款的处理情况的判决；维持判决的其余部分。四、公安机关冻结的赃款人民币 246744.44 元全部予以没收并上缴国库。

【裁判理由】

法院生效判决认为：关于抗诉机关提出本案第一起事实应当认定为非法经营罪的抗诉意见以及上诉人颜植毅提出第一起事实应当定赌博罪的上诉理由。经查：（1）上诉人颜植毅等人设立该网络平台的主观故意是与人在网上对赌，只是利用了“重庆时时彩”这种彩票的投注规则、开奖时间和将开奖号码作为确定输赢的标准，客观上也是由上诉人颜植毅等人以网络平台的形式自己坐庄与参赌人员进行赌输赢，而参赌人员则需要先在该网络平台注册、登录并向账户内充值以获取积分，再以积分下注猜号码。（2）上诉人颜植毅等人的利益来源全部是参赌人员的对赌赌资，且是以庄家的身份和参赌人员结算的方式获取非法利益，并不具有非法发行、销售等经营行为的特点。（3）官方“重庆时时彩”发行的范围仅限于重庆地区，且在此之前就已停止网上销售的方式，因此上诉人颜植毅等人的行为不会干扰到官方“重庆时时彩”的正常经营和国家彩票市场管理交易秩序。（4）上诉人颜植毅等人以营利为目的，在计算机网络上开设赌博网站，接受不特定参赌人员充值投注，参赌人员人数众多且流动性大，社会公众认知度广，涉及赌资金额大，符合开设赌场罪的构成要件。综上，原判认定第一起事实构成开设赌场罪正确，因此，抗诉机关提出的该抗诉意见、上诉人颜植毅提出的该上诉理由均不能成立，二审法院不予采纳。

【案例注解】

在审理过程中，对于各被告人在网络上开设平台，利用“重庆时时彩”的投注规则、开奖时间及开奖号码作为输赢标准，在平台与投注之间进行对赌的行为的定性，有三种不同的意见：第一种观点认为各被告人的行为构成非法经营罪；第二种观点认为各被告人的行为构成赌博罪；第三种观点认为各被告人的行为构成开设赌场罪。笔者认为各被告人通过网络，以彩票中奖号码组织他人对赌的行为构成开设赌场罪。

一、被告人的行为不构成非法经营罪

（一）被告人的行为不属于非法发行、销售彩票行为

根据《最高人民法院、最高人民检察院关于办理赌博刑事案件具体应用法律若干问题的解释》第六条的规定，未经国家批准擅自发行、销售彩票，构成犯罪的，以非法经营罪定罪处罚。彩票是指国家为筹集社会公益资金，促进社会公益事业发展而特许发行、依法销售，按照特定规则获得中奖机会的凭证。彩票销售金额的 50% 左右用于返奖，其余 35% 左右是政府收入，用于社会公益事业，余者是发行费用。本案中各被告人的利益来源全部是参赌人员的对赌赌资，且是以庄家身份和参赌人员结算的方式获取非法利益。因此，其行为不具有非法发行、销售等经营行为的特点。

（二）被告人的行为没有侵犯市场交易管理秩序

非法经营罪，是指自然人或者单位，违反国家规定，故意从事非法经营活动，扰乱市场秩序，情节严重的行为。非法经营罪侵犯的客体是国家的市场交易管理秩序，涉及彩票的，则为国家的彩票市场管理交易秩序。彩票的发行涉及面广、数额巨大，且其也

属于射幸合同，其与赌博在很大程度上具有相似性，但适度的规范彩票市场又是一种有利于社会的再分配。因此，在我国内地，国家将发行、销售彩票纳入专营范围，进行规范管理，未经审批擅自发行、销售彩票的行为，必然扰乱国家对彩票发行、销售的正常管理秩序。[①] 但并非所有利用彩票信息的行为均应当以非法经营罪进行定罪处罚，还要看行为人的行为结果与彩票经营机构有无关联。如果与彩票经营机构没有关联，即使有“重庆时时彩”的外衣，也不应当将其定性为非法经营罪，而应当以赌博罪或者开设赌场罪进行定性。根据在案证据，“重庆时时彩”在2015年2月就已不允许网上销售，且被告人与相应的彩票经营机构之间也没有任何的关联，其只是利用了相应的彩票开奖信息进行对赌，故被告人在网上销售“重庆时时彩”的行为并未扰乱“重庆时时彩”的正常市场交易管理秩序，主要侵害的法益是良好的社会风尚和正常的社会管理秩序。

（三）不以非法经营罪定罪处罚更加符合民众对赌博行为的理解

自彩票不允许网上进行销售之后，一般民众对于网络上还存在的大量的所谓的彩票网站平台，实际上知道该彩票平台不是真正的彩票，其只是利用了彩票的外衣而进行所谓的赌博行为。因此，本案被告人在网络上建立相关平台，让参与人员在该平台上进行注册、登记并向账户内充值获取积分，再以积分下注猜号码比输赢，将参与人员的行为认定为赌博，更加符合民众长期以来对于赌博行为的理解。

二、本案被告人的行为应认定为开设赌场罪

开设赌场罪原是赌博罪的罪状之一，但由于开设赌场参赌人数多，赌资数额大，行为人从中不法获利更多，与一般的聚众赌博相比而言社会危害性更大，因此，《刑法修正案（六）》将其从赌博罪中分立了出来单独进行规定。聚众赌博与开设赌场均有为赌博提供场所、赌具等物质便利条件的行为。但实践中赌博罪与开设赌场罪的主要区别在于赌博犯罪活动的组织性、开放性和经营性。如果被告人对赌场的管理、控制及规模是有严格组织的，且赌博时间、地点相对固定，参赌人员流动性较大的话，就符合开设赌场罪的构罪要件。《最高人民法院、最高人民检察院关于办理网络赌博犯罪案件适用法律若干问题的意见》（以下简称《意见》）明确规定：“利用互联网、移动通讯终端等传输赌博视频、数据，组织赌博活动，具有下列情形之一的，属于刑法第三百零三条第二款规定的‘开设赌场’行为：（一）建立赌博网站并接受投注的；（二）建立赌博网站并提供给他人组织赌博的；（三）为赌博网站担任代理并接受投注的；（四）参与赌博网站利润分成的。”该《意见》明确规定，建立赌博网站并接受投注的属于开设赌场。虽然网络聚众赌博与网络开设赌场在表面行为上有相似之处，但二者不论在主观目的上，还是在客观行为方式上，均有所不同：首先，聚众者的目的仅限于组织他人参赌，以此营利；而赌场的开设者和管理者对整个赌博活动有详细的规划和管理，并通过多种方式吸引更多的人参与赌博活动，维系赌场运行，经营性特征明显，其营利的目的具有更大的全局性和长远性。其次，开设赌场即使是帮助犯，也具有相对的稳定性、连贯性，行为者必然与该赌博网站有某种固定联系，如为赌博网站负责推广、招募会员等，其行为对象面向不特定的社会公众。而聚众赌博则稳定性较弱，对每次赌博的时间与地点的控制性较

① 刘德权、黄祥青主编：《最高人民法院司法观点集成·刑事卷》（第二版），人民法院出版社2014年版，第1288页。

弱，行为对象也往往仅局限于其人际关系网。因此，我们在判断区分的时候不能单纯、割裂地从某一招引行为去判断，而更应该根据行为者的主观目的、一贯行为状态以及与赌博网站、赌客之间的关系等因素综合判断。

本案被告人颜植毅、黄吉兴、陈界龙经事先商量后，通过先后开设“中金国际”网络平台、“将军娱乐”网络平台，组织他人利用“重庆时时彩”的中奖号码，私设赔率进行竞猜赌博。期间，被告人颜值毅负责日常管理，被告人陈界龙负责平台操作，被告人黄吉兴还聘用被告人梁锦辉等人通过 QQ 聊天方式招揽客户投注。可见本案被告人的目的是建立一个拥有众多会员的赌博网站，该赌博平台有一套严密的组织体系和工作制度，组织者对赌博平台管理较为严格，人员分工明确，其经营性特征明显。且被告人梁锦辉被招聘进网络平台工作，其所负责的就是向不特定社会公众推广该赌博网站，招揽客户，让客户注册网站会员，从而让客户在该网站上进行赌博。且实际上该赌博网站也拥有一大批会员，规模较大，社会公众的认知度较高。因此，纵观本案情况，各被告人各司其职，分工明确，赌博时间、地点相对固定，赌场规模较大，参赌人员人数众多且流动性大，社会公众认知度广，涉及赌资金额大，可以认定本案被告人的行为属于建立赌博网站并接受投注，应以开设赌场罪进行定罪。

（一审法院合议庭成员 陈 睿 吕杏芳 颜寿刚
二审法院合议庭成员 钱安定 胡 荣 陈洒洒
编写人 浙江省杭州市萧山区人民法院 张志远 陈 睿
责任编辑 周维明
审稿人 李玉萍）

原载《人民法院案例选》2018 年第 9 辑（总第 127 辑）

288. 梁桓久、陈炳伟等开设赌场案

——上一级检察院对下级检察院二审抗诉案件的监督范围及对为开设赌场提供资金支付结算服务行为的认定

【关键词】

刑事　开设赌场罪　抗诉范围　帮助行为

【裁判要旨】

1. 上一级检察院只能通过支持、撤回或者指令抗诉的方式对下级检察院抗诉工作进行监督、指导。上一级检察院在抗诉期限届满之后，不能超出下级检察院抗诉书范围提出新的支持抗诉意见。

2. 被告人为境外赌博网站提供资金结算服务，虽然该行为在开设赌场犯罪过程中起到帮助作用，但其在共同犯罪中却起到组织、领导作用，可以认定为主犯。

【相关法条】

《中华人民共和国刑法》

第三百零三条第二款　开设赌场的，处三年以下有期徒刑、拘役或者管制，并处罚金；情节严重的，处三年以上十年以下有期徒刑，并处罚金。

《中华人民共和国刑事诉讼法》

第二百二十八条　地方各级人民检察院认为本级人民法院第一审的判决、裁定确有错误的时候，应当向上一级人民法院提出抗诉。

《人民检察院刑事诉讼规则（试行）》

第五百八十九条[①]　上一级人民检察院对下级人民检察院按照第二审程序提出抗诉的案件，认为抗诉正确的，应当支持抗诉；认为抗诉不当的，应当向同级人民法院撤回抗诉，并且通知下级人民检察院。下级人民检察院如果认为上一级人民检察院撤回抗诉不当的，可以提请复议。上一级人民检察院应当复议，并将复议结果通知下级人民检察院。

上一级人民检察院在上诉、抗诉期限内，发现下级人民检察院应当提出抗诉而没有提出抗诉的案件，可以指令下级人民检察院依法提出抗诉。

---

① 2019年12月30日起施行的《人民检察院刑事诉讼规则》第五百八十九条规定："上一级人民检察院对下级人民检察院按照第二审程序提出抗诉的案件，认为抗诉正确的，应当支持抗诉。上一级人民检察院认为抗诉不当的，应当听取下级人民检察院的意见。听取意见后，仍然认为抗诉不当的，应当向同级人民法院撤回抗诉，并且通知下级人民检察院。上一级人民检察院在上诉、抗诉期限内，发现下级人民检察院应当提出抗诉而没有提出抗诉的案件，可以指令下级人民检察院依法提出抗诉。上一级人民检察院支持或者部分支持抗诉意见的，可以变更、补充抗诉理由，及时制作支持抗诉意见书，并通知提出抗诉的人民检察院。"

【案件索引】

一审：江西省瑞昌市人民法院（2019）赣0481刑初40号（2019年3月26日）

二审：江西省九江市中级人民法院（2019）赣04刑终210号之一（2019年7月25日）

【基本案情】

江西省瑞昌市人民检察院指控：被告人梁桓久、陈炳伟、陈志坚、梁桂、桂斌、王康、梁雪琴、邓涛、朱美亮、梁德余犯开设赌场罪。

被告人梁桓久、陈炳伟等10人对公诉机关指控的罪名及事实均无异议。

法院经审理查明：2018年3月份，被告人梁桓久与陈海伟（在逃）经密谋后决定合伙为境外赌博网站提供资金支付结算服务获利，梁桓久负责注册微信并绑定银行卡，陈海伟负责将梁桓久提供的微信生成二维码并提供给赌博网站由参赌人员扫码付款，梁桓久在收到参赌人员的赌资汇总后转给陈海伟，陈海伟按4.2%的比例提成，然后将款项转给赌博网站，陈海伟随后将1.2%比例的提成交给梁桓久。2018年4月至5月期间，梁桓久以每月支付1万元工资的条件召集被告人梁桂、桂斌、王康、梁雪琴、朱美亮、邓涛（较晚参加）及李秀琴（不起诉）为其工作，陈海伟以每月7000元工资的条件召集被告人陈炳伟、陈志坚为其工作。上述人员明知陈海伟和梁桓久为赌博网站提供资金支付结算服务，仍接受该项工作，其中王康负责登录微信号并绑定银行卡，梁桂、梁雪琴负责将赌资提现至银行卡，朱美亮、桂斌、邓涛负责查单确认赌资是否到账，李秀琴负责租房和后勤，陈炳伟、陈志坚负责制作二维码和将赌资扣除提成后转给赌博网站。梁德余向梁桓久提供20余张银行卡用于资金流转使用，并按照每张银行卡1500元收取费用。在此期间，上述人员先后在上海市和九江市租用场所，共计为境外赌博网站结算赌博资金34252570余元，梁桓久按照约定的1.2%比例获取了所谓的服务费用411030.84元。梁桓久向朱美亮、梁桂、桂斌、王康、梁雪琴及李秀琴各支付工资1万元，并为李秀琴购买车辆支付资金17万元。

另查明，2018年5月15日14时许，公安民警在九江市小巴黎街静雅楼2单元502室作案现场将梁桓久、陈炳伟、陈志坚、梁桂、桂斌、王康、梁雪琴、邓涛、朱美亮抓获归案，现场扣押作案工具MEIZU牌手机127部、彩色打印机1台、苹果牌笔记本电脑1台等；梁德余于2018年5月23日14时30分许主动向上海市公安局宝山分局罗店派出所民警投案；上述被告人归案后均如实供述了上述事实经过。梁德余向瑞昌市公安局上缴违法所得49000元；李秀琴家属向瑞昌市公安局上缴梁桓久给付李秀琴的违法所得17万元；梁桓久的家属在案件审理过程中主动代为上交违法所得8万元。

【裁判结果】

江西省瑞昌市人民法院于2019年3月26日作出（2019）赣0481刑初40号刑事判决：一、被告人梁桓久犯开设赌场罪，判处有期徒刑二年六个月，并处罚金人民币8万元。二、被告人陈炳伟犯开设赌场罪，判处有期徒刑一年四个月，缓刑二年，并处罚金人民币5万元（已交）。三、被告人陈志坚犯开设赌场罪，判处有期徒刑一年四个月，缓刑二年，并处罚金人民币5万元（已交）。四、被告人梁桂犯开设赌场罪，判处有期徒刑一年六个月，并处罚金人民币5万元。五、被告人桂斌犯开设赌场罪，判处有期徒刑一年五个月，并处罚金人民币5万元。六、被告人王康犯开设赌场罪，判处有期徒刑一年六个月，并处罚金人民币5万元。七、被告人梁雪琴犯开设赌场罪，判处有期徒刑一年四个月，缓刑二年，并处罚金人民币5万元。八、被告人朱美亮犯开设赌场罪，判处有期徒刑一年四个月，缓刑二年，并处罚金人民币5万元（已交）。九、被告人邓涛犯开设赌场罪，判处有期徒刑一年五个月，并处罚金人民币5万元。十、被告人梁德余犯开设赌场罪，判处有期徒刑一年，缓刑一年六个月，并处罚金人民币5万元（已交）。十一、依法追缴被告人的违法所得。十二、作案工具手机、电脑、彩色打印机等物品予以没收。

宣判后，江西省瑞昌市人民检察院提出抗诉称，原审认定事实不当，对被告人陈炳伟、陈志坚量刑畸轻。江西省九江市人民检察院支持抗诉意见为：（1）原审认定被告人梁桓久为从犯，系适用法律错误；（2）原审对被告人陈炳伟、陈志坚量刑畸轻。江西省九江市中级人民法院于2019年7月25日作出（2019）赣04刑终210号之一刑事裁定：驳回抗诉，维持原判。

【裁判理由】

法院生效裁判认为：被告人梁桓久明知是境外赌博网站，而为赌博网站提供资金支付结算服务，属于开设赌场罪的共同犯罪；在共同犯罪中，被告人梁桓久起组织、领导作用，系主犯。原审认定其为从犯有误。但因瑞昌市人民检察院提出抗诉并未针对被告人梁桓久，依法不能加重其刑罚。原审对陈炳伟、陈志坚判处有期徒刑一年四个月，缓刑二年，并处罚金5万元，是否属量刑畸轻的问题。本案被告人为境外赌博网站结算赌博资金3400余万元，收取服务费40余万元，属于情节严重，应当在有期徒刑三年至十年内判处刑罚。因陈炳伟、陈志坚均为从犯，且具有坦白情节，原审适用减轻处罚，在下一个量刑档次内量刑并不违反法律规定，不宜认定量刑畸轻。原审认定事实清楚，证据确实、充分，审判程序合法，但对被告人梁桓久适用法律有误，法院予以纠正，因抗诉机关并未对其提出抗诉，故不得加重其处罚。

【案例注解】

本案涉及的法律争议焦点主要有两个问题：一是上一级检察院在抗诉期限届满后，能否超出下级检察院抗诉书范围，提出新的支持抗诉意见；二是被告人为开设赌场提供资金支付结算服务的帮助行为能否认定为主犯。

一、上一级检察院在抗诉期限届满后，能否超出下级检察院抗诉书范围，提出新的支持抗诉意见

一审宣判后，江西省瑞昌市人民检察院提出抗诉称，原审认定事实不当，对原审被告人陈炳伟、陈志坚量刑畸轻。九江市人民检察院支持抗诉意见为：（1）原审认定原审被告人梁桓久为从犯，系适用法律错误；（2）原审对原审被告人陈炳伟、陈志坚量刑畸轻。作为上一级检察院的市级检察院在下级检察院抗诉意见的基础上增加了一条抗诉意见，即认为一审法院认定被告人梁桓久为从犯系适用法律错误。进而言之，上一级检察院在抗诉期限届满后，能否超出下级检察院抗诉书范围，提出新的支持抗诉意见？对此，司法实务界和理论界存在两种意见：

第一种意见认为，上一级检察院在抗诉期限已满之后，仍可以超出下级检察院抗诉书范围，提出新的支持抗诉意见。其理由是上一级检察院领导下级检察院，上一级检察院的抗诉意见可以覆盖下级检察院的抗诉意见。我国的人民检察院既是公诉机关，又是法律监督机关，上一级检察院提出的抗诉意见就是下级检察院的抗诉意见。上一级检察院对于下级检察院抗诉意见是可以更改的，依据《最高人民法院关于适用〈中华人民共和国刑事诉讼法〉的解释》第三百二十六条的规定，人民检察院只对部分被告人的判决提出抗诉，或者自诉人只对部分被告人的判决提出上诉的，第二审人民法院不得对其他同案被告人加重刑罚。2013 年《检察机关执法工作基本规范》第 6 · 214 条第二款规定："上级人民检察院不支持下级人民检察院提出的抗诉意见和理由，但认为原审判决、裁定确有其他错误的，应当在支持抗诉意见中表明不同意刑事抗诉书的抗诉意见和理由，并且提出新的抗诉意见和理由。"

第二种意见认为，上一级检察院不能在抗诉期满后，突破下级检察院抗诉意见范围，提出新的支持抗诉意见。笔者同意此意见。理由如下：（1）二审抗诉案件提出抗诉的主体只能是作出判决法院的同级人民检察院。《刑事诉讼法》第二百二十八条规定："地方各级人民检察院认为本级人民法院第一审的判决、裁定确有错误的时候，应当向上一级人民法院提出抗诉"，规定了抗诉主体是作出判决法院的同级人民检察院。第二百三十条规定："不服判决的上诉和抗诉的期限为十日，不服裁定的上诉和抗诉的期限为五日，从接到判决书、裁定书的第二日起算。"《人民检察院刑事诉讼规则（试行）》① 第五百八十四条和第五百八十五条对此进行了细化。《人民检察院刑事抗诉工作指引》第十九条也有类似规定。按照法律、司法解释等规定，本案中提起抗诉的主体只能是作出判决的法院的同级人民检察院，即本案抗诉主体是瑞昌市人民检察院。（2）上一级检察院在抗诉期满后提出新的支持抗诉意见并无法律依据。《人民检察院刑事诉讼规则（试行）》第五百八十九条规定："上一级人民检察院对下级人民检察院按照第二审程序提出抗诉的案件，认为抗诉正确的，应当支持抗诉；认为抗诉不当的，应当向同级人民法院撤回抗诉，并且通知下级人民检察院。下级人民检察院如果认为上一级人民检察院撤回抗诉不当的，可以提请复议。上一级人民检察院应当复议，并将复议结果通知下级人民检察院。上一级人民检察院在上诉、抗诉期限内，发现下级人民检察院应当提出抗诉而没有提出抗诉的案件，可以指令下级人民检察院依法提出抗诉。"从中可以看到，上一级人民检察院只能通过支持、撤回或者指令抗诉的方式对下级检察院抗诉工作进行监督、指导。虽然 2019 年 12 月 30 日施行的《人民检察院刑事诉讼规则》中对第五百八十九条内容作了部分变动，但是上一级检察院对下级检察院二审抗诉的监督和指导方式无实质性变化，因此仍可适用新规则。即使在《人民检察院刑事抗诉工作指引》第二十四条"上一级人民检察院支持或者部分支持抗诉意见的，可以变更、补充抗诉理由，及时制作支持刑事抗诉意见书，阐明支持或者部分支持抗诉的意见和理由，在同级人民法院开庭之前送达人民法院，同时通知提出抗诉的人民检察院"中，也规定了上一级检察院可以支持或者部分支持抗诉意见，可以变更、补充抗诉理由，但是并没提及抗诉期满后可以增加下级检

① 《人民检察院刑事诉讼规则（试行）》自 2013 年 1 月 1 日起施行，2019 年 12 月 30 日废止。

察院的抗诉意见。2013 年《检察机关执法工作基本规范》系检察院内部工作规范，在 2015 年《刑法修正案（九）》施行、2018 年《刑事诉讼法》修订后并没有修改，无论是法律位阶还是生效时间，都不能作为本案中上一级检察机关提出新的抗诉意见的依据。（3）二审刑事抗诉权首先应该看作是对一审公诉活动的继续，其次才是对法院审判监督。抗诉是指“人民检察院发现或者认为人民法院的判决、裁定确有错误时，提请审判机关依法重新审理并予以纠正的诉讼行为”。[①] 既包括对未生效裁判的抗诉，也包括对已生效裁判的抗诉。刑事抗诉是法律赋予人民检察院的重要职权。通过刑事抗诉纠正确有错误的裁判，也是人民检察院履行法律监督职能的重要体现。

从《人民检察院刑事诉讼规则（试行）》第五百八十九条规定可以看出，在抗诉期满后，上一级人民检察院只能通过支持、撤回或者指令抗诉的方式对下级检察院抗诉工作进行监督、指导。从文义解释来看，“支持抗诉”只能在下级检察院抗诉意见范围进行抗诉，并不包括改变抗诉意见。在抗诉期满后，抗诉意见即已固定。这样规定具有合理性，因为下级检察院是该案的公诉机关，参加了庭审过程，对案情比较了解。抗诉权虽具有法律监督性质，但是在实践中多数的抗诉意见往往是对被告人不利的，如果允许上一级检察院任意改变下级检察院的抗诉意见，对被告人则属于“突袭”，限制和侵害了原审被告人的辩护权，使得本已处在弱势的被告人在诉讼中更加不利。此外，依据《刑事诉讼法》第二百三十二条规定，抗诉书是人民检察院行使刑事抗诉权，表明抗诉意见，阐明抗诉理由的载体，是正式法律文书，原审被告人在二审审判前收到确定的抗诉书，是其行使辩护权的重要前提和保障，而支持抗诉意见书并非刑事诉讼法律规定的正式法律文书。

当然，如果在抗诉期限内，上一级检察院认为下级检察院的抗诉意见有必要更改，可以及时与下级检察院沟通，对抗诉书进行修改和补充，将自己的意见融入抗诉书中再提交人民法院，2019 年 12 月 30 日起施行的《人民检察院刑事诉讼规则》对此作了更为细致的规定。

二、被告人为开设赌场提供资金支付结算服务的帮助行为能否认定为主犯

（一）开设赌场罪的立法历程

1997 年《刑法》第三百零三条规定了赌博罪，即以营利为目的，聚众赌博、开设赌场或者以赌博为业的行为均构成赌博罪，采用的是单一罪名。随着网络兴起，犯罪分子利用互联网开设赌场的行为越来越多，2005 年 5 月《最高人民法院、最高人民检察院关于办理赌博刑事案件具体应用法律若干问题的解释》第二条对此作出了回应，规定以营利为目的，在计算机网络上建立赌博网站，或者为赌博网站担任代理，接受投注的，属于《刑法》第三百零三条规定的“开设赌场”。2006 年《刑法修正案（六）》第十八条将《刑法》第三百零三条修改为“开设赌场的，处三年以下有期徒刑、拘役或者管制，并处罚金；情节严重的，处三年以上十年以下有期徒刑，并处罚金”。自此，“开设赌场罪”独立形成了一个罪名。为了解决司法机关在办案过程中出现的各种具体问题，最高人民法院、最高人民检察院、公安部于 2010 年发布了《关于办理网络赌博犯罪案件适用法律若干问题的意见》（以下简称《办理网络赌博案件意见》），它对网上开设赌场犯罪

---

① 陈光中、徐静村：《刑事诉讼法学》，中国政法大学出版社 2000 年版，第 375 页。

的行为方式、量刑标准及共同犯罪等作出了明确规定。自此，开设赌场罪在定罪量刑方面有了相对较完整的适用规范。

（二）行为人为境外赌博网站提供结算服务的行为构成开设赌场罪

本案被告人梁桓久与陈海伟（在逃）经密谋后决定，合伙为境外赌博网站提供资金支付结算服务获利，被告人梁桓久负责注册微信并绑定银行卡，陈海伟负责将梁桓久提供的微信生成二维码，提供给赌博网站由参赌人员扫码付款，被告人梁桓久在收到参赌人员的赌资汇总后转给陈海伟，陈海伟按比例提成，然后将款项转给赌博网站，陈海伟随后将一定比例的提成交给梁桓久。此后，被告人梁桓久召集被告人梁桂等 7 人为其工作，陈海伟以发工资的条件召集被告人陈炳伟、陈志坚为其工作。根据《刑法》及司法解释相关规定，本案被告人梁桓久、陈炳伟等 10 人明知赌博网站，而为其提供资金支付结算服务，并收取服务费用，其行为构成开设赌场罪。

（三）关于被告人梁桓久在开设赌场共同犯罪中的地位与作用

关于被告人梁桓久在开设赌场犯罪过程中的地位与作用，存在两种意见：第一种意见认为，被告人梁桓久系本案从犯。理由如下：《刑法》第二章第三节之共同犯罪人划分为主犯、从犯、胁从犯、教唆犯等，是以行为人在共同犯罪中的作用为主要标准，同时考虑行为人在共同犯罪中的分工。本案被告人梁桓久在开设赌场犯罪中是否实施开设赌场罪构成要件的实行行为，是区分主犯和从犯的关键所在。《办理网络赌博案件意见》第一条明确了网上开设赌场犯罪的实行行为。梁桓久为赌博网站提供资金收支服务的行为，并非上述构成开设赌场罪的典型实行行为，而是该意见第二条规定的帮助行为，即为赌博网站提供与银行链接的通道，用于收支赌资，收取服务费。梁桓久为开设赌场犯罪创造便利条件，提供帮助，依法应当认定为从犯。况且，本案被告人梁桓久对赌资没有所有权、支配权，只是按结算资金一定比例收取服务费。

第二种意见认为，被告人梁桓久在本案中应当认定为主犯。笔者同意此意见。理由如下：（1）认定被告人梁桓久为主犯符合共同犯罪构成理论。本案共有 10 名被告人，梁桓久与在逃的陈海伟经密谋后决定，合伙为境外赌博网站提供资金支付结算服务获利，梁桓久负责注册微信并绑定银行卡，雇请其他被告人参与为赌博网站提供结算服务活动。梁桓久虽然在开设赌场犯罪过程中起到辅助作用，但在共同犯罪中却起到组织、领导作用，故应认定为主犯。实际上正是这些所谓的“服务或者帮助”行为，维持了整个赌场赌博活动的正常运行。（2）从文义解释角度来看，根据《办理网络赌博案件意见》第二条规定，明知是赌博网站，而为其提供下列服务或者帮助的，属于开设赌场罪的共同犯罪，以“共犯”论，并不是指以“从犯”论，此规定并没有明确排除主犯的认定。（3）从逻辑角度来看，因本案中全部被告人均为赌博网站提供结算服务，按照第一种意见，梁桓久和陈海伟是结算服务的组织者，在犯罪活动中发挥的作用大于其他被告人。如果组织者梁桓久认定为从犯，这就意味着本案没有主犯，全部是从犯，亦不符合常理。此外，如果实施典型的开设赌场犯罪的实行行为的犯罪嫌疑人始终未被抓获，未被法院定罪判刑，就认定提供帮助或者服务的被告人为从犯，就是未审先定，也不符合无罪推定的理念。（4）从刑罚效果来看，第一种意见不利于打击开设赌场犯罪行为。根据《刑法》第二十七条规定：“在共同犯罪中起次要或者辅助作用的，是从犯。对于从犯，应当从轻、减轻处罚或者免除处罚。”本案中虽然涉及犯罪金额较大，但对“从犯”的认定是几名被告人在法定刑下一档量刑的主要考虑因素之一。在我国当前赌博类犯罪仍是一个相对高发的犯罪形势下，这显然不利于打击此类犯罪行为。

（一审法院合议庭成员　高　波　范友芳　周起俊
二审法院合议庭成员　蔡报刚　夏　亮　吴　思
编写人　江西省九江市中级人民法院　顾佰成　蔡报刚
编辑责任　包献荣
审稿人　李玉萍）

原载《人民法院案例选》2020 年第 5 辑（总第 147 辑）

第二节　妨害司法罪

一、打击报复证人罪

289. 刘某、彭某打击报复证人案

——殴打证人致其受轻伤行为的认定

【关键词】

妨害司法　打击报复证人　想象竞合

【裁判要旨】

对证人进行殴打致其受轻伤的行为，构成打击报复证人罪和故意伤害罪的想象竞合犯；在两罪的法定刑相同时，应按照打击报复证人罪从重处罚。

【相关法条】

《中华人民共和国刑法》

第三百零八条　对证人进行打击报复的，处三年以下有期徒刑或者拘役；情节严重的，处三年以上七年以下有期徒刑。

【案例索引】

一审：广东省广州市白云区人民法院（2017）粤0111刑初408号（2017年3月7日）

【基本案情】

广州市白云区人民法院经公开审理查明：2016年10月24日17时许，被告人彭某、刘某在本市白云区太和镇龙兴西路广州市白云区人民法院太和人民法庭门口，因对出庭

担任证人的张某不满，遂对其进行殴打，致其受伤。经鉴定，张某双侧鼻骨骨折，头面部软组织挫擦伤，右足软组织挫伤，损伤程度属轻伤二级。2016 年 10 月 27 日，被告人彭某、刘某到公安机关投案自首。案发后，被告人刘某的家属赔偿了被害人的经济损失，取得被害人的谅解。

【裁判结果】

广州市白云区人民法院于 2017 年 3 月 7 日作出（2017）粤 0111 刑初 408 号刑事判决：被告人刘某犯打击报复证人罪，判处有期徒刑一年；被告人彭某犯打击报复证人罪，判处有期徒刑十个月。

【裁判理由】

法院认为：被告人彭某、刘某无视国家法律，对证人进行打击报复，致被害人轻伤，妨害司法，其行为已构成打击报复证人罪。公诉机关指控被告人彭某、刘某犯打击报复证人罪事实清楚，证据确实、充分，罪名成立。被告人彭某、刘某犯罪后有自首情节，依法可以从轻处罚。被告人刘某的家属案发后赔偿了被害人的经济损失，取得被害人对两被告人的谅解，可酌情对两被告人从轻处罚。但两被告人在人民法院派出法庭门口公然用暴力手段对出庭作证的证人实施殴打，不仅侵犯了被害人的人身权利，还妨碍了司法机关正常的诉讼活动，依法应予严惩。公诉机关的量刑建议与两被告人的罪责相适应，予以采纳。辩护人认为两被告人是初犯，有自首情节，认罪态度好，悔罪积极，赔偿被害人损失，取得被害人谅解，请求对两被告人从轻处罚的意见，经查属实，予以采纳。辩护人提出两被告人是出于对亲属权益的维护，且被害人有语言挑衅，才打击被害人，主观恶性小，社会危害性小的意见不能成立，这不能成为对两被告人从轻处罚的理由。对于辩护人建议对两被告人适用缓刑的意见，法院认为，出庭作证是公民应尽的责任和义务，它对于查明案件事实，维护司法公正，实现社会正义具有重要作用。对证人实施打击报复，不仅侵害了被害人的人身权利，还会影响证人出庭作证率，妨碍司法诉讼活动的正常进行，不利于社会公平正义的实现，具有较大的社会危害性，因此，不宜对两被告人适用缓刑，辩护人的上述意见，法院不予采纳。

【案例注解】

司法的职能在于审判，其在解决利益纠纷、维护社会秩序、实现公平正义的过程中发挥了重要作用。实践中，殴打证人、侮辱法官、在法庭内大声喧哗等破坏司法活动的现象比比皆是。司法保护着国家、社会和个人利益，同样的，司法本身也需要保护，因此，对于妨害司法的行为要予以法律制裁。

我国《刑法》设专章对妨害司法的行为进行规制，而打击报复证人罪是其中重要罪名之一。证人证言是诉讼法明确规定的证据种类之一，是查明案件事实的重要依据。但证人证言具有一定的特性，其可靠性和证明力受个人认知、记忆能力等因素的影响，证人出庭作证能够减少甚至消除其不确定性，对于查明案件事实，进而促进司法公正的实现具有重要意义。实践中，个别当事人或相关人员对证人进行人格侮辱、谩骂、威胁、殴打等，这些给证人带来了沉重的心理负担和挥之不去的安全压力。为保证证人的安全，消除作证的顾虑，使其更积极的配合司法机关的诉讼活动，《刑法》第三百零八条专门规定了打击报复证人罪，强化对证人的保护力度。

下面以彭某、刘某的行为为切入点对打击报复证人罪进行剖析：

1. 构成打击报复证人罪的行为要符合四个构成要件。犯罪构成是犯罪成立的条件，它由四个部分构成。打击报复证人罪的构成要件为：（1）犯罪客体是证人的合法权益以及司法机关诉讼活动的正常秩序；（2）客观方面表现为使用各种手段打击报复证人；（3）犯罪主体为一般主体，凡是年满16周岁，具有刑事责任能力的人都可以成为本罪主体；（4）主观方面由故意构成。本案的被害人张某是法庭审理的一宗劳动纠纷案中的证人，曾多次出庭作证，被告人刘某、彭某在案发当日对从法庭作证出来的张某进行殴打，可见其二人明知张某是证人，是对张某在案件中作证的行为进行报复，而故意实施上述打击报复的行为，对张某的人身权利造成了损害，进而干扰了法庭司法活动的正常开展，完全符合上述四个构成要件。

2. 证人作证和遭打击报复间成立因果关系是打击报复证人罪的内在要求。构成打击报复证人罪还需证人作证和打击报复行为之间成立因果关系，证人作证是因，打击报复证人是果，行为人的打击报复行为是针对证人的作证行为而实施的。如果证人作证和打击报复行为之间不构成因果关系，就不能以打击报复证人罪论处。这也符合刑法设立的本罪的初衷，即通过严惩打击报复证人的行为，鼓励证人作证，从而有效保障司法工作的正常进行。刘某、彭某在法庭外对刚出法庭的张某进行殴打，对证人张某的作证行为不满才实施的报复行为，出庭作证和遭打击报复间的逻辑关系明晰。

3. 打击报复罪与其他罪名竞合时应从重处罚。打击报复证人的手段多种多样，通过非法手段对证人进行打击报复，可能产生打击报复证人罪与其他罪的竞合问题。我国《刑法》第二百三十四条明确规定“故意伤害他人身体的，处三年以下有期徒刑、拘役或者管制”，本案中，刘某、彭某殴打张某致其轻伤的行为构成故意伤害罪。而在上文中，已详细阐述了两被告人的行为构成打击报复证人罪，被告人的一个行为触犯了两个罪名，对两被告人以何罪论处呢？法条竞合指的是一行为同时符合数个法条规定的犯罪构成，但从法条之间的逻辑关系来看，只能适用其中的一个法条进行处理，如诈骗罪与合同诈骗罪。想象竞合犯是指一个行为触犯了数个罪名的情况，从犯罪构成的评价上，该行为符合数个犯罪构成。故意伤害罪和打击报复证人罪，这两个法条在逻辑上并不存在竞合关系，刘某、彭某实施一个行为触犯两个罪名应以想象竞合犯处理。在张某构成轻伤的情况下，两罪的法定刑几乎一致，对两被告人的行为适用打击报复证人罪，除考虑被害人轻伤的损害后果外，还对妨碍司法机关正常诉讼活动的损害后果进行了评价，量刑较单纯的故意伤害罪重。判处被告人刘某、张某打击报复证人罪，符合想象竞合从重处罚的原则。

保障司法人员依法履职行为是每个人都受到公正的审判必要条件，妨碍司法人员依法履职的行为要坚决予以法律制裁。本案中，刘某、彭某对张某进行殴打的行为，不仅侵害了张某的人身健康权，而且侵犯了法庭正常的审判活动。法院以打击报复证人罪对被告人刘某、彭某进行处罚，严惩了妨害司法诉讼的行为，维护了司法的权威，同时，很好地发挥了打击报复证人罪立法和司法的宣传教育功能，起到了良好的一般预防效果。

（一审法院合议庭成员　简伟杰　温统斯　谢兰英
编写人　广东省广州市白云区人民法院　简伟杰
责任编辑　周维明
审稿人　李玉萍）

原载《人民法院案例选》2018 年第 5 辑（总第 123 辑）

二、扰乱法庭秩序罪

290. 刘某损毁笔录、殴打法官案（辽宁）*

【基本案情】

2015年11月18日上午，辽宁省大连市甘井子区人民法院开庭审理刘某与其丈夫离婚纠纷一案。刘某因对法官张某制作的调解笔录内容不满，在法庭内公然将笔录撕毁，并连续追逐、殴打张某直到法庭之外，致使庭审被迫中断、张某经鉴定受轻微伤。

【裁判结果】

《中华人民共和国刑法》第三百零九条规定："有下列扰乱法庭秩序情形之一的，处三年以下有期徒刑、拘役、管制或者罚金：……（二）殴打司法工作人员或者诉讼参与人的；……（四）有毁坏法庭设施，抢夺、损毁诉讼文书、证据等扰乱法庭秩序行为，情节严重的。"根据以上法律规定，辽宁省大连市沙河口区人民法院经审理认为：刘某在法庭审理期间，故意殴打司法工作人员，严重扰乱法庭秩序，其行为妨害了法院开庭审理案件的正常活动和秩序，构成扰乱法庭秩序罪。大连市沙河口区人民法院于2016年6月判决：刘某犯扰乱法庭秩序罪，判处有期徒刑八个月。

【典型意义】

法庭是人民法院代表国家依法审判各类案件的专门场所，人民法院依法公正高效审理案件，必须确保良好的法庭秩序。维护法庭秩序，就是维护法律权威、司法权威。法官在法庭内的主导地位是确保诉讼活动正常进行的制度依靠，法庭设施、诉讼材料是开展案件审理工作的物质基础。进入法庭的一切人员均负有尊重司法人员、遵守法庭规则、听从法官指挥的义务。实践中，一些诉讼参与人和旁听人员蓄意违反法庭规则，拒不服从法官指挥，有的故意破坏法庭设施、损毁诉讼材料，甚至公然挑战法律尊严，暴力侵犯他人人身安全，不仅导致正常的审理工作无法进行，还严重破坏了公共安全秩序。为此，《刑法修正案（九）》将一些严重扰乱法庭秩序的行为增列为犯罪，强化了对法庭秩

* 司法人员依法履职保障十大典型案例。

序的法律保障力度。《人民法院落实〈保护司法人员依法履行法定职责规定〉的实施办法》第十一条规定各级人民法院应当依法维护庭审秩序。本案中，张某撕毁调解笔录、追打法官的行为已严重触犯刑律，人民法院依法追究其刑事责任是正当的。

原载《人民法院案例选》2017 年第 11 辑（总第 117 辑）

291. 刘某1、刘某2聚众哄闹法庭、殴打法警案（浙江）*

【基本案情】

2015年6月23日上午，浙江省永嘉县人民法院依法公开宣判刘某等人聚众斗殴一案。在法警将刘某押解至法庭时，刘某的妹妹刘某1、刘某2等人起立鼓掌。面对法官和法警的劝说制止，刘某1、刘某2等人不仅拒不听从，反而变本加厉地鼓动喧闹，致使宣判被迫中止，刘某被法警带回暂押。刘某1、刘某2等人见状，强行闯入审判区域和羁押通道，围困、推搡、拉扯法警衣物。其间，刘某1持手机将前来劝阻的法警郑某头部砸伤，并伙同刘某2纠集部分旁听者不停打骂郑某及法警黄某，导致黄某全身部分软组织挫伤，郑某全身多处表皮剥脱。

【裁判结果】

《中华人民共和国刑法》第三百零九条规定，聚众哄闹、冲击法庭，或者殴打司法工作人员，严重扰乱法庭秩序的，处三年以下有期徒刑、拘役、管制或者罚金。根据以上法律规定，浙江省乐清市人民法院经审理认为：刘某1、刘某2不听从法庭指挥，伙同他人在法庭上哄闹，后又强行进入法庭羁押通道，推搡、拉扯、殴打司法工作人员，严重扰乱法庭秩序，二人的行为均构成扰乱法庭秩序罪。根据刘某1、刘某2各自行为情节，浙江省乐清市人民法院分别于2016年5月、2016年3月判决：刘某1犯扰乱法庭秩序罪，判处有期徒刑九个月；刘某2犯扰乱法庭秩序罪，判处拘役六个月。

【典型意义】

旁听案件审理是公民行使知情权、监督权的重要途径。人民法院依法保障公民的旁听权利，但同时公民也应当遵守旁听案件的纪律规范。在案件审理中，法庭内的区域被划分为审判活动区和旁听区，两区之间以栏杆等进行隔离。如此设置不仅是对法庭内的空间作出物理区隔，也是对参与案件审理活动人员各自的权利范围作出法律界定，其目的是为了保障诉讼活动秩序，确保司法人员能够依法履行职务。旁听人员虽然并非案件当事人，但同样负有遵守法庭纪律的义务，没有规矩约束和规则引领，审判的严肃性和公正性就无从谈起。为此，《人民法院法庭规则》第十七条对法庭纪律作出了规定，其中明确在庭审活动中全体人员都应当服从审判长或独任审判员的指挥，尊重司法礼仪，不得鼓掌、喧哗，并且明确旁听人员不得进入审判活动区。但在实践中，一些旁听人员和诉讼参与人无视司法礼仪，有的不听劝阻，乱闯非审判区域，不仅扰乱了庭审秩序，

* 司法人员依法履职保障十大典型案例。

也破坏了法院正常工作环境，有的甚至导致被告人脱逃、公共安全事故等重大安全隐患，严重损害法律权威。为此，《人民法院落实〈保护司法人员依法履行法定职责规定〉的实施办法》第十条进一步明确了当事人活动区域与法官办公区域的相对隔离原则，第十一条也对维护庭审秩序和机关安全作出了更加细致的规定。本案中，刘某1、刘某2作为旁听人员，故意违反法庭规则，不仅聚众哄闹庭审现场，致使公开宣判无法进行，而且强行闯入禁区、暴力袭击司法警察，造成重大安全风险，已经构成扰乱法庭秩序罪，故人民法院依法对其判处刑罚。

原载《人民法院案例选》2017年第11辑（总第117辑）

三、拒不执行判决、裁定罪

292. 蒋红庆拒不执行判决、裁定公诉案*

——被执行人躲避执行，转移财产，依法被判处有期徒刑六个月，缓刑一年

【基本案情】

林志鹏诉蒋红庆、胡古月民间借贷纠纷一案，江苏省丹阳市人民法院于 2013 年 11 月 28 日作出（2013）丹民初字第 3538 号民事判决，判决被告蒋红庆、胡古月夫妇向原告林志鹏返还借款 5 万元。同年 12 月 20 日，丹阳市人民法院向被告公告送达了判决书，2014 年 2 月 11 日发生法律效力，林志鹏于 2014 年 2 月 14 日向法院申请强制执行。丹阳市人民法院立案执行后，及时发出执行通知书、财产申报通知书和传票，被执行人下落不明。经对被执行人的财产进行查询，发现无可供执行的财产，但蒋红庆于 2014 年 1 月 26 日，出售了其名下房产，2014 年 3 月 7 日收得房款 385000 元，随即用该款偿还其他债务、以他人名义投资经商以及用于个人生活花销等。丹阳市人民法院以涉嫌犯罪为由，将该案移送丹阳市公安局立案侦查，丹阳市公安局及时立案，并通过网上追逃，抓获被执行人蒋红庆。蒋红庆被公安机关抓获归案后，如实供述了前述事实，并清偿了对林志鹏的债务。

丹阳市人民法院经审理认为：被告人蒋红庆对人民法院的判决有能力执行而拒不执行，情节严重，其行为已构成拒不执行判决罪，依法应予刑罚处罚。被告人蒋红庆归案后如实供述了自己的罪行，依法可从轻处罚；其已于案发后履行了全部执行义务，量刑时可酌情从轻处罚，并符合缓刑适用条件。依法判处蒋红庆有期徒刑六个月，缓刑一年。

【典型意义】

被执行人躲避执行，下落不明，虽然在判决生效前转让房屋，但在进入执行程序后收得房款，且所收房款用作他用，并未履行判决义务，具有明显的抗拒执行的主观故意，

* 2016 年 11 月 30 日最高人民法院发布的 6 起依法审理拒执刑事案件典型案例之一。

属于有执行能力而抗拒执行情形，依法应予以刑事处罚。鉴于具有从轻处罚情节，依法对被执行人判处缓刑，取得了良好的法律效果和社会效果。

（责任编辑　杨　奕）

原载《人民法院案例选》2017年第1辑（总第107辑）

293. 张文苗拒不执行判决、裁定公诉案*

——被执行人拒不迁出房屋，谩骂、殴打执行人员，鉴于有从轻情节，依法被判处拘役五个月零十日

【基本案情】

2012 年 6 月 28 日，安徽省安庆市大观区人民法院判决张文苗与查俊英离婚，并将该市大观区市府路南一巷 7 栋 103 室房产的所有权判决给查俊英。民事判决生效后，查俊英于 2013 年 1 月 30 日申请对该房屋强制执行。2013 年 5 月 6 日，大观区人民法院向被执行人张文苗发出执行通知书，告知其要按照民事判决书确定的义务交付房屋，被执行人张文苗拒不签收通知书，并对送达人员进行谩骂。2013 年 10 月 25 日，法院在张文苗居住房屋处张贴公告，责令张文苗在指定期间迁出该房屋，到期仍不履行的，将依法强制执行。当天，张文苗对法院工作人员谩骂，并在屋内手持木棍挥舞，不让法院工作人员张贴公告。2014 年 1 月 14 日，大观区人民法院执行人员对张文苗采取强制搬迁措施，张文苗情绪激动并殴打办案人员，致使一名办案人员嘴部受伤流血。

2015 年 7 月 27 日，被执行人张文苗被公安机关抓获归案，后检察机关提起公诉。大观区人民法院经审理认为：被告人张文苗对人民法院生效判决有能力执行而拒不执行，情节严重，其行为已构成拒不执行判决、裁定罪。鉴于本案系婚姻、家庭纠纷引起且已履行完毕，酌情对被告人予以从轻处罚。依法判处被告人张文苗拘役五个月零十日。

【典型意义】

被执行人不签收执行文书，阻碍张贴公告，对法院执行人员采取谩骂、殴打等方式抗拒执行，致执行人员受伤，其行为已构成拒不执行判决、裁定罪，依法应予刑事处罚。鉴于具有从轻处罚情节，依法对被执行人从轻判处。

（责任编辑　杨　奕）

原载《人民法院案例选》2017 年第 1 辑（总第 107 辑）

* 2016 年 11 月 30 日最高人民法院发布的 6 起依法审理拒执刑事案件典型案例之一。

294. 韩应超拒不执行判决、裁定公诉案*

——被执行人阻碍人民法院对被执行财产进行处置，导致执行工作无法进行，被判处有期徒刑一年，缓刑一年

【基本案情】

朱小会与韩应超、康宝娟民间借贷纠纷一案，河南省禹州市人民法院于2015年3月作出民事判决，判决韩应超偿还朱小会借款45万元及利息。判决生效后，朱小会申请强制执行。禹州市人民法院依法向韩应超送达了执行通知书、限制高消费令、报告财产令，韩应超收到上述法律文书后拒不履行判决确定的义务。案件在审理期间，禹州市人民法院于2014年10月10日对韩应超所有的位于禹州市博雅苑一处房产进行财产保全，于2015年10月12日向其发出评估、拍卖裁定书，于2016年1月25日张贴腾房公告，限韩应超及该房住户于张贴公告之日起40日内腾空迁出。腾房公告到期后，被执行人韩应超仍拒绝腾房，禹州市人民法院于2016年3月30日对被执行人采取了拘留措施。拘留后被执行人韩应超仍拒绝腾房，致使执行工作无法进行。2016年5月9日，禹州市人民法院将韩应超涉嫌构成拒不执行判决、裁定罪有关证据线索移送公安机关。公安机关将韩应超刑事拘留，韩应超及其亲属与朱小会达成和解协议，并将房屋腾空。

禹州市人民法院经审理认为：被告人韩应超对人民法院的判决、裁定有能力执行而拒不执行，情节严重，其行为已经构成拒不执行判决、裁定罪。鉴于被告人韩应超如实供述自己的罪行，且韩应超及其亲属与申请执行人达成和解协议，对其可从轻处罚。依法判处韩应超有期徒刑一年，缓刑一年。

【典型意义】

被执行人拒不腾空房屋，阻碍执行法院对被执行财产进行处置，被拘留后仍对抗执行，导致执行工作无法进行，其行为已经构成拒不执行判决、裁定罪，依法应予以刑事处罚。鉴于具有从轻处罚情节，对被执行人依法判处缓刑。

（责任编辑　杨　奕）

原载《人民法院案例选》2017年第1辑（总第107辑）

---

* 2016年11月30日最高人民法院发布的6起依法审理拒执刑事案件典型案例之一。

295. 王仁华拒不执行判决、裁定公诉案*

——被执行人有钱款可供执行，经两次司法拘留，仍拒不执行判决义务，被判处有期徒刑一年六个月，缓刑二年

【基本案情】

王仁华与宋秀凤所生之子王志国因意外事故死亡，事故责任方给付王仁华、宋秀凤赔偿金人民币77万元，王仁华得款后拒不给付宋秀凤应得的份额，宋秀凤遂提起诉讼，吉林省磐石市人民法院作出（2012）磐民一初字第1014号民事判决，判决王仁华返还宋秀凤人民币308000元，并负担案件受理费5920元。判决生效后，王仁华未主动履行给付义务，宋秀凤申请强制执行。磐石市人民法院立案执行后，王仁华在有能力履行法院生效判决的情况下，拒不执行判决书中确定的义务。2013年6月，王仁华因拒不执行判决，被法院先后两次司法拘留，但仍对抗执行。法院将其涉嫌拒不执行判决罪的线索移送公安机关，后检察机关提起公诉。被执行人王仁华与宋秀凤达成和解协议，王仁华给付宋秀凤人民币205920元，案件履行完毕。

磐石市人民法院经审理认为：被告人王仁华对人民法院判决有能力执行而拒不执行，情节严重，其行为已构成拒不执行判决罪。鉴于被告人王仁华有悔罪表现，可对其适用缓刑。依法判处被告人王仁华有期徒刑一年六个月，缓刑二年。

【典型意义】

被执行人有钱款可供执行，明显有能力执行而对抗执行，在法院两次对其实施司法拘留措施后仍拒不执行，情节严重，依法应予以刑事处罚。鉴于具有从轻处罚情节，依法被判处缓刑。

（责任编辑　杨　奕）

原载《人民法院案例选》2017年第1辑（总第107辑）

* 2016年11月30日最高人民法院发布的6起依法审理拒执刑事案件典型案例之一。

296. 北京诺缘建筑工程有限公司、郑汝妹拒不执行判决、裁定自诉案*

——被执行人被纳入失信被执行人名单、法定代表人被限制高消费后，仍拒不履行给付义务，申请执行人依法提起自诉，后因双方达成执行和解而撤诉

【基本案情】

孙国兵与北京诺缘建筑工程有限公司劳动仲裁纠纷案，北京市平谷区劳动人事争议仲裁委员会京平劳人仲字［2015］第17号、第1009号裁决书裁决：北京诺缘建筑工程有限公司给付孙国兵工资款、医疗费、生活费及各项补助金、赔偿金共计17万余元。因北京诺缘建筑工程有限公司未履行仲裁裁决，孙国兵申请强制执行。北京市平谷区人民法院立案执行后，于2015年6月10日、8月30日分别作出（2015）平执字第02248号、第2931号执行裁定，裁定对北京诺缘建筑工程有限公司相关财产予以执行，还采取了纳入失信被执行人名单、限制其法定代表人郑汝妹高消费等执行措施，但被执行人北京诺缘建筑工程有限公司仍拒不履行义务。

2016年1月，孙国兵以北京诺缘建筑工程有限公司、郑汝妹为被告，依法向平谷区人民法院提起刑事自诉，请求以拒不执行判决、裁定罪追究二被告人的刑事责任，平谷区人民法院经审查依法予以受理。案件审理期间，郑汝妹认识到自己错误，并积极筹措资金履行义务，后双方达成执行和解，由北京诺缘建筑工程有限公司共给付孙国兵10万元了结两起执行案件。孙国兵提交撤回拒不执行判决、裁定罪自诉申请，平谷区人民法院依法作出刑事裁定，准许孙国兵撤诉。

【典型意义】

按照《刑法修正案（九）》的相关规定，单位可以成为拒不执行法院判决、裁定犯罪主体。本案被执行人不履行人民法院作出的执行仲裁裁决的执行裁定，被纳入失信被执行人名单、法定代表人被限制高消费后，仍拒不履行给付义务。申请执行人提起自诉，人民法院依法予以立案审查，充分运用法律手段打击单位为被执行人的拒执行为，促成双方达成执行和解，以准予撤诉方式结案，取得良好的法律效果和社会效果。

（责任编辑　杨　奕）

原载《人民法院案例选》2017年第1辑（总第107辑）

* 2016年11月30日最高人民法院发布的6起依法审理拒执刑事案件典型案例之一。

297. 指导案例71号：毛建文拒不执行判决、裁定案

（最高人民法院审判委员会讨论通过　2016年12月28日发布）

【关键词】

刑事　拒不执行判决、裁定罪　起算时间

【裁判要点】

有能力执行而拒不执行判决、裁定的时间从判决、裁定发生法律效力时起算。具有执行内容的判决、裁定发生法律效力后，负有执行义务的人有隐藏、转移、故意毁损财产等拒不执行行为，致使判决、裁定无法执行，情节严重的，应当以拒不执行判决、裁定罪定罪处罚。

【相关法条】

《中华人民共和国刑法》

第三百一十三条　对人民法院的判决、裁定有能力执行而拒不执行，情节严重的，处三年以下有期徒刑、拘役或者罚金。

【基本案情】

浙江省平阳县人民法院于2012年12月11日作出（2012）温平鳌商初字第595号民事判决，判令被告人毛建文于判决生效之日起15日内返还陈先银挂靠在其名下的温州宏源包装制品有限公司投资款20万元及利息。该判决于2013年1月6日生效。因毛建文未自觉履行生效法律文书确定的义务，陈先银于2013年2月16日向平阳县人民法院申请强制执行。立案后，平阳县人民法院在执行中查明，毛建文于2013年1月17日将其名下的浙CVU661小型普通客车以15万元的价格转卖，并将所得款项用于个人开销，拒不执行生效判决。毛建文于2013年11月30日被抓获归案后如实供述了上述事实。

【裁判结果】

浙江省平阳县人民法院于2014年6月17日作出（2014）温平刑初字第314号刑事判决：被告人毛建文犯拒不执行判决罪，判处有期徒刑十个月。宣判后，毛建文未提起上诉，公诉机关未提出抗诉，判决已发生法律效力。

【裁判理由】

法院生效裁判认为：被告人毛建文负有履行生效裁判确定的执行义务，在人民法院具有执行内容的判决、裁定发生法律效力后，实施隐藏、转移财产等拒不执行行为，致

使判决、裁定无法执行，情节严重，其行为已构成拒不执行判决罪。公诉机关指控的罪名成立。毛建文归案后如实供述了自己的罪行，可以从轻处罚。

本案的争议焦点为，拒不执行判决、裁定罪中规定的“有能力执行而拒不执行”的行为起算时间如何认定，即被告人毛建文拒不执行判决的行为是从相关民事判决发生法律效力时起算，还是从执行立案时起算。对此，法院认为，生效法律文书进入强制执行程序并不是构成拒不执行判决、裁定罪的要件和前提，毛建文拒不执行判决的行为应从相关民事判决于2013年1月6日发生法律效力时起算。主要理由如下：第一，符合立法原意。全国人民代表大会常务委员会对《刑法》第三百一十三条规定解释时指出，该条中的“人民法院的判决、裁定”，是指人民法院依法作出的具有执行内容并已发生法律效力的判决、裁定。这就是说，只有具有执行内容的判决、裁定发生法律效力后，才具有法律约束力和强制执行力，义务人才有及时、积极履行生效法律文书确定义务的责任。生效法律文书的强制执行力不是在进入强制执行程序后才产生的，而是自法律文书生效之日起即产生。第二，与民事诉讼法及其司法解释协调一致。《中华人民共和国民事诉讼法》（以下简称《民事诉讼法》）第一百一十一条规定：诉讼参与人或者其他人拒不履行人民法院已经发生法律效力的判决、裁定的，人民法院可以根据情节轻重予以罚款、拘留；构成犯罪的，依法追究刑事责任。《最高人民法院关于适用〈中华人民共和国民事诉讼法〉的解释》（以下简称《民事诉讼法解释》）第一百八十八条规定：《民事诉讼法》第一百一十一条第一款第（六）项规定的拒不履行人民法院已经发生法律效力的判决、裁定的行为，包括在法律文书发生法律效力后隐藏、转移、变卖、毁损财产或者无偿转让财产、以明显不合理的价格交易财产、放弃到期债权、无偿为他人提供担保等，致使人民法院无法执行的。由此可见，法律明确将拒不执行行为限定在法律文书发生法律效力后，并未将拒不执行的主体仅限定为进入强制执行程序后的被执行人或者协助执行义务人等，更未将拒不执行判决、裁定罪的调整范围仅限于生效法律文书进入强制执行程序后发生的行为。第三，符合立法目的。拒不执行判决、裁定罪的立法目的在于解决法院生效判决、裁定的“执行难”问题。将判决、裁定生效后立案执行前逃避履行义务的行为纳入拒不执行判决、裁定罪的调整范围，是法律设定该罪的应有之意。将判决、裁定生效之日确定为拒不执行判决、裁定罪中拒不执行行为的起算时间点，能有效地促使义务人在判决、裁定生效后即迫于刑罚的威慑力而主动履行生效裁判确定的义务，避免生效裁判沦为一纸空文，从而使社会公众真正尊重司法裁判，维护法律权威，从根本上解决“执行难”问题，实现拒不执行判决、裁定罪的立法目的。

（生效裁判审判人员　郭朝晖　曾洪宁　裴　伦
责任编辑　杨　奕）

原载《人民法院案例选》2017年第4辑（总第110辑）

298. 朱克术拒不执行判决、裁定案

——原具有执行内容的判决、裁定发生法律效力后，未经法定程序撤销之前，义务人的义务不能免除

【关键词】

刑事　拒不执行判决、裁定罪　再审调解

【裁判要旨】

原具有执行内容的判决、裁定发生法律效力后，经再审调解重新确定双方当事人权利义务，在执行原判决期间，负有执行义务的人有隐藏、转移、故意毁损财产等拒不执行行为，致使判决、裁定无法执行，情节严重的，应当以拒不执行判决、裁定罪定罪处罚。

【相关法条】

《中华人民共和国刑法》

第三百一十三条　对人民法院的判决、裁定有能力执行而拒不执行，情节严重的，处三年以下有期徒刑、拘役或者罚金；情节特别严重的，处三年以上七年以下有期徒刑，并处罚金。

《中华人民共和国民事诉讼法》

第一百九十九条　当事人对已经发生法律效力的判决、裁定，认为有错误的，可以向上一级人民法院申请再审；当事人一方人数众多或者当事人双方为公民的案件，也可以向原审人民法院申请再审。当事人申请再审的，不停止判决、裁定的执行。

第二百三十三条　执行完毕后，据以执行的判决、裁定和其他法律文书确有错误，被人民法院撤销的，对已被执行的财产，人民法院应当作出裁定，责令取得财产的人返还；拒不返还的，强制执行。

【案件索引】

一审：安徽省寿县人民法院（2017）皖0422刑初35号（2018年2月28日）

【基本案情】

安徽省寿县人民检察院指控：安徽省寿县人民法院于2014年10月27日作出（2014）寿民一初字第00788号民事判决，判令被告人朱克术于判决生效后10日内给付袁叙平、袁晨、袁超因陈兆生死亡享有的死亡赔偿金、精神抚慰金计182994元。该判决于2015年1月17日生效。因朱克术未自觉履行法律文书确定的义务，袁叙平、袁晨、

袁超于2015年4月3日向寿县人民法院申请强制执行。寿县人民法院立案执行期间，朱克术拒绝履行，此后手机停机致其无法联系，执行人员多次到其居住地寻找，均无收获。2015年4月24日，朱克术故意转移财产将所得款项20万元转账至其子陈兰飞账户用于购房，拒不执行生效判决。2016年9月13日，寿县公安局决定对陈兆昕、朱克术拒不执行判决、裁定案立案侦查。朱克术在讯问前期仍隐瞒所得款项的去向，直至2016年9月29日讯问中才如实供述了转移财产的事实。2016年10月17日、18日、19日，被告人朱克术先后分三次向寿县人民法院交纳共计20万元，作为该民事判决书的执行款项。

被告人朱克术对起诉书列述的事实无异议，并当庭认可本人之前不履行生效判决所确定的给付义务的行为是错误的。当庭辩解称：本人认为寿县人民法院作出的（2014）寿民一初字第00788号民事判决是错误的，本人心里不服，所以不愿履行；现该案通过再审审理，并经淮南市中级法院调解结案，对方当事人袁叙平、袁晨、袁超退回了本人9万余元，这说明寿县人民法院原先作出的判决有错；本人的行为虽然错误，但不属犯罪。

法院经审理查明：安徽省寿县人民法院于2014年10月27日作出（2014）寿民一初字第00788号民事判决，判令被告人陈兆昕、朱克术于本判决生效后10日内给付原告袁叙平、袁晨、袁超因陈兆生死亡享有的死亡赔偿金、精神抚慰金182994元。该判决于2015年1月17日生效。因朱克术未自觉履行法律文书确定的义务，袁叙平、袁晨、袁超于2015年4月3日向寿县人民法院申请强制执行。寿县人民法院立案执行期间，朱克术拒绝履行，此后手机停机致其无法联系，执行人员多次到其居住地寻找，均无收获。2015年4月24日，朱克术故意转移财产将所得款项20万元转账至其子陈兰飞账户用于购房，拒不执行生效判决。2016年9月13日，寿县公安局决定对陈兆昕、朱克术拒不执行判决、裁定案立案侦查。朱克术在讯问前期仍隐瞒所得款项的去向，直至2016年9月29日讯问中才如实供述了转移财产的事实。2016年10月17日、18日、19日，被告人朱克术先后分三次向寿县人民法院交纳共计20万元，作为该民事判决书的执行款项。陈兆昕、朱克术、陈兰双三人因不服寿县人民法院作出的上述判决、裁定，向寿县人民检察院、淮南市人民检察院提出申诉，淮南市人民检察院经审查后认为寿县人民法院作出的上述判决中"认定的基本事实缺乏证据证明"，向淮南市中级人民法院提出抗诉；淮南市中级人民法院于2017年1月23日作出裁定，指令寿县人民法院对上述案件再审。寿县人民法院经再审后，于2017年8月2日作出（2017）皖0422民再1号民事判决，对原审判决予以维持。陈兆昕、朱克术、陈兰双三人不服上述再审判决，在法定期限内向淮南市中级人民法院提出上诉。淮南市中级人民法院在审理中查明袁叙平已于2009年与他人在淮南市谢家集区婚姻登记机关登记结婚，并经调解促成双方当事人达成协议，协议约定"已执行的寿县人民法院（2014）寿民一初字第00788号民事判决的各项费用共计20万元，由袁叙平、袁晨、袁超于调解书签收之日一次性从中退还陈兰双9.5万元，该款交由陈兆昕、朱克术代为管理，用于陈兰双的日常生活支出"，该协议内容经淮南市中级人民法院（2017）皖04民再8号民事调解书确认并生效。

【裁判结果】

安徽省寿县人民法院于2018年2月28日作出（2017）皖0422刑初35号刑事判决：

被告人朱克术犯拒不执行判决、裁定罪，判处拘役一个月。宣判后，朱克术未提起上诉，公诉机关未提出抗诉，判决已发生法律效力。

【裁判理由】

法院生效裁判认为：安徽省寿县人民法院（2014）寿民一初字第00788号民事判决生效后，被告人朱克术在对该判决所确定的给付义务有能力履行的情况下，采取躲避、拒不向执行法院报告财产情况的方式刻意规避执行，同时采取转移可供执行财产的方式，致使该生效判决无法执行，其行为性质符合《全国人民代表大会常务委员会关于〈中华人民共和国刑法〉第三百一十三条的解释》及《最高人民法院关于审理拒不执行判决、裁定刑事案件适用法律若干问题的解释》《最高人民法院关于依法制裁规避执行行为的若干意见》中界定的“有能力执行而拒不执行，情节严重”的情形，应当依照《刑法》第三百一十三条的规定对其追究刑事责任。公诉机关指控的犯罪事实及罪名成立，应予支持。

关于被告人及其辩护人提出的“寿县人民法院（2014）寿民一初字第00788号民事判决经淮南市中级人民法院再审，最终调解结案，调解书中对双方当事人的权利义务关系重新进行了确定，寿县人民法院此前作出的判决所确定的义务被告人无须履行，被告人此前不执行该判决的行为不构成犯罪”一节辩解、辩护意见，评判如下：（1）寿县人民法院（2014）寿民一初字第00788号民事判决书是国家审判机关根据在案证据、确认的法律事实所作出并生效的判决，该判决在未经法定程序撤销前，朱克术作为该判决确定的义务人之一不能免除相应的履行义务；（2）朱克术及其他义务人对该已经发生法律效力的判决、裁定认为有错误的，可以依照法定程序向寿县人民法院或上一级人民法院申请再审，但《民事诉讼法》第一百九十九条明确规定“当事人申请再审的，不停止判决、裁定的执行”，同时，为切实维护被执行人的合法权益，《民事诉讼法》第二百三十三条也明确规定“执行完毕后，据以执行的判决、裁定和其他法律文书确有错误，被人民法院撤销的，对已被执行的财产，人民法院应当作出裁定，责令取得财产的人返还；拒不返还的，强制执行”，该法律规定明确了被执行人“应履行义务”与“司法救济”的先后次序，但朱克术在未依照该规定依法获得司法救济之前，藐视人民法院生效判决的权威，并刻意规避执行、转移可供执行财产，其行为已然对国家的司法秩序造成一定程度的危害；（3）之后，朱克术、陈兆昕、陈兰双的申诉虽获淮南市中级人民法院立案受理，但在淮南市中级人民法院于2017年1月23日裁定指令寿县人民法院对上述案件再审前，朱克术的犯罪行为已经完成；（4）淮南市中级人民法院经再审后最终调解结案，调解书中虽对双方当事人的权利义务关系重新进行了确定，但就其实质而言，并未完全免除寿县人民法院（2014）寿民一初字第00788号民事判决所确定的朱克术、陈兆昕、陈兰双应当履行的相应给付义务，仅是因在再审过程中获取了“袁叙平在该案提起诉讼前已与他人另行登记结婚”的新证据而取消了袁叙平分得赔偿款的权利及相应份额，朱克术等人对该判决所确定的其他部分的给付义务仍有履行的必要。基于上述因素考量，对被告人及其辩护人提出的该节辩解、辩护意见本院不予采纳。

鉴于被告人朱克术归案后，在侦查终结前如实供述了其转移财产的相关事实，并全部履行了相应的给付义务，可认定为具有坦白、悔罪情节，依法可对其酌情从轻处罚；

被告人朱克术当庭对其行为性质的辩解，不影响其“坦白”的成立。

【案例注解】

我国《刑法》第三百一十三条规定拒不执行判决、裁定罪是指对人民法院的判决、裁定有能力执行而拒不执行，情节严重的行为。对于原具有执行内容的判决、裁定发生法律效力后，但该判决、裁定经再审调解重新确定双方当事人权利义务，据以执行基础发生变化，在执行原判决期间，负有执行义务的人有隐藏、转移、故意毁损财产等拒不执行行为，致使判决、裁定无法执行，情节严重的，能否直接构成拒不执行判决罪，不尽明确，成为本案的争议焦点。合议庭最后予以支持构成拒不执行判决罪，主要基于以下理由：

第一，根据《民事诉讼法》第一百九十九条“当事人申请再审的，不停止判决、裁定的执行”的规定，义务人对已经发生法律效力的判决、裁定认为有错误的，可以依照法定程序申请再审，但再审期间并不停止执行，同时，根据《民事诉讼法》第二百三十三条“执行完毕后，据以执行的判决、裁定和其他法律文书确有错误，被人民法院撤销的，对已被执行的财产，人民法院应当作出裁定，责令取得财产的人返还；拒不返还的，强制执行”的规定，可见，被执行人“应履行义务”与“司法救济”应有先后次序，但义务人在未依照该规定依法获得司法救济之前，刻意规避执行、转移可供执行财产，无视生效判决的权威，这种行为已然对国家的司法秩序造成一定程度的危害。

第二，原具有执行内容的判决、裁定发生法律效力后，未经法定程序撤销之前，义务人的义务不能免除，在执行原判决期间，负有执行义务的人有隐藏、转移、故意毁损财产等拒不执行行为，致使判决、裁定无法执行，情节严重。如此从义务人的犯罪构成角度上看：（1）拒不执行判决、裁定罪的客体要件是人民法院的正常活动。人民法院是代表国家行使审判权的唯一机关，它对各类案件作出的判决和裁定，是代表国家行使审判权的具体形式。全国人民代表大会常务委员会对《刑法》第三百一十三条规定解释道：“人民法院的判决、裁定”是指人民法院依法作出的具有执行内容并已发生法律效力的判决、裁定。也就是说，在具有执行内容的判决、裁定发生法律效力后，就具有法律约束力和强制执行力，义务人应有及时、积极履行生效法律文书确定义务的责任。判决和裁定一经生效，就具有法律强制力，有关当事人以及负有执行责任的机关、单位，都必须坚持执行。即使有不同意见，也只能按照法律的有关规定，进行申诉，而不允许抗拒执行。维护这种生效的判决、裁定的权威，就是维护法律和法制的权威，就是维护司法机关的正常活动。（2）拒不执行判决、裁定罪的客观要件，即在客观方面表现为有能力执行而拒不执行人民法院的生效判决和裁定，情节严重的行为。（3）拒不执行判决、裁定罪的主体要件为特殊主体，主要是指有义务执行判决、裁定的当事人。（4）拒不执行判决、裁定罪的主观要件，即在主观方面表现为故意，即行为人明知是人民法院已经生效的判决或裁定，而故意拒不执行。该案中义务人的申诉虽获上级法院的立案受理，但在裁定指令再审前，义务人的犯罪行为已然完成，被执行人的行为已构成拒不执行判决罪。

第三，符合立法原意，拒不执行判决、裁定罪的立法原意在于解决法院生效判决、裁定的“执行难”问题。为避免生效裁判沦为一纸空文，促使被执行人迫于刑罚的威慑力而主动履行生效裁判确定的义务，从而使社会公众真正尊重司法裁判，维护法律权威，从根本上解决“执行难”问题，同时兼顾刑事审判及执行工作的规律和特点，确保符合审判、执行工作实际。对原具有执行内容的判决、裁定发生法律效力后，该判决、裁定虽经再审调解重新确定双方当事人权利义务，但在执行原判决期间，负有执行义务的人有隐藏、转移、故意毁损财产等拒不执行行为，致使判决、裁定无法执行，情节严重的，纳入拒不执行判决、裁定罪的调整范围，应是法律设定该罪的应有之意。

（一审法院合议庭成员　夏金廷　姚　远　徐　斌
编写人　安徽省寿县人民法院　黄小宝
责任编辑　周维明
审稿人　李玉萍）

原载《人民法院案例选》2019年第1辑（总第131辑）

四、非法处置查封、扣押、冻结的财产罪

299. 张庆国非法处置查封的财产案*

——被执行人擅自将诉讼保全查封的财产抵债给他人，妨害人民法院生效判决的执行，被判处有期徒刑六个月

【基本案情】

王丙河诉张庆国等借款纠纷一案，山东省桓台县人民法院依法作出民事调解书，张庆国等应偿还王丙河借款本金及利息 379000 元。王丙河在诉讼期间申请财产保全，桓台县人民法院于 2014 年 7 月 9 日以（2014）桓民初字第 1528－1 号民事裁定书依法查封了机器设备。因张庆国等未主动履行还款义务，王丙河申请强制执行。2014 年 8 月 25 日，桓台县人民法院立案执行。经查，在查封期限内，张庆国擅自将查封设备内的电火花数控线切割机一台和立式升降台铣床一台抵债给他人。桓台县人民法院责令张庆国将该两台设备追回，张庆国未追回。

桓台县人民法院将张庆国涉嫌非法处置查封的财产罪的线索移送公安机关。经公安机关侦查、检察机关起诉，桓台县人民法院经审理认为：被告人张庆国将法院的查封财产擅自抵债，致使查封财产无法追回，其行为已构成非法处置查封的财产罪。鉴于被告人张庆国经公安机关电话传唤后到案，归案后如实供述其犯罪事实，系自首，依法可从轻处罚。在简易审理中自愿认罪，可酌情予以从轻处罚。依法判处张庆国有期徒刑六个月。张庆国不服，提出上诉，淄博市中级人民法院依法驳回上诉，维持原判。

【典型意义】

被执行人将人民法院诉讼期间保全查封的财产擅自抵债给他人，且查封的财产未追回，妨害了人民法院执行工作。人民法院以非法处置查封的财产罪判处其有期徒刑六个

---

* 2016 年 11 月 30 日最高人民法院发布的 6 起依法审理拒执刑事案件典型案例之一。

月，有效打击了在立案执行前非法处置已被查封的财产，逃避执行的犯罪行为，丰富了打击拒执行为的司法实践。

（责任编辑　杨　奕）

原载《人民法院案例选》2017 年第 1 辑（总第 107 辑）

300. 王为杰非法处置查封的财产案

——非法处置查封的财产罪中“非法处置”的认定

【关键词】

非法处置查封的财产罪　重复评价　情节严重

【裁判要旨】

行为人在明知相关房产已被司法机关查封的情况下，仍予以非法处置，导致判决、裁定难以执行，而且在执行机构对其采取两次拘留后仍不予履行，情节严重的，构成非法处置查封的财产罪。

【相关法条】

《中华人民共和国刑法》

第三百一十四条　隐藏、转移、变卖、故意毁损已被司法机关查封、扣押、冻结的财产，情节严重的，处三年以下有期徒刑、拘役或者罚金。

【案件索引】

一审：福建省厦门市思明区人民法院（2015）思刑初字第220号（2015年7月17日）

【基本案情】

福建省厦门市思明区人民检察院指控：2013年3、4月间，被告人王为杰因与陈明发、黄碰粉、庄朝锡债务纠纷先后被诉至厦门市思明区人民法院、厦门市湖里区人民法院。2013年4月3日、4月22日厦门市思明区人民法院、厦门市湖里区人民法院分别作出裁定查封王为杰名下的厦门市思明区洪文七里××号之二××室产权。2013年5月3日，王为杰通过其聘请的律师收悉上述思明区人民法院财产保全裁定书，在明知法院查封上述房产的情况下，与陈进益签订房屋买卖协议，并分两次共收取陈进益购房款共计300万元。此后，王为杰将其中65万元用于归还庄朝锡申请财产保全的债务。厦门市思明区人民检察院认为，被告人王为杰明知房产被法院查封而变卖，情节严重，其行为已触犯《刑法》第三百一十四条之规定，构成非法处置查封、扣押、冻结的财产罪。

被告人王为杰辩称：其是在不知道房产被查封的情况下签订的买卖合同，在知道被查封后收取首付款是为了能够清偿债务。如依据法律当认定其有罪，其自愿认罪。辩护人认为被告人王为杰不构成非法处置查封的财产罪，理由是：（1）王为杰买卖房产的行为发生在房产被查封之前；（2）王为杰与买方陈进益签订的《房屋买卖协议》不能成立变卖的事实，也不会减损房屋的价值，不符合该罪“情节严重”的情形；（3）王为杰无法还清债务在于司法机关将其已归还的款项混淆处理，且王为杰已因该行为被司法机关两次拘留，如若对该行为再定罪量刑则违反禁止重复评价原则。

法院经审理查明：2013年2月18日，被告人王为杰因与陈明发、黄碰粉债务纠纷被诉至本院，经陈明发、黄碰粉申请，本院于2013年4月3日作出裁定查封王为杰名下的厦门市思明区洪文七里××号之二××室产权。2013年9月9日，厦门市中级人民法院判决王为杰偿还陈明发、黄碰粉50万元及相应利息。经陈明发、黄碰粉申请，该案于2013年10月8日进入执行程序。2013年4月1日经厦门市思明区开元街道人民调解委员主持调解，王为杰同意赔偿陈明发、黄碰粉有关陈鑫祥的死亡补偿金70万元，除先行支付的6万元，剩余64万元于2013年10月30日前分期付清。2013年5月2日，陈明发、黄碰粉因王为杰未如期履行义务向本院申请强制执行。2013年5月2日，该案进入执行程序。2013年5月3日，王为杰在明知法院查封上述房产的情况下，与陈进益签订房屋买卖协议并分两次收取陈进益购房款共计300万元，但未向本院报告讼争房产出卖以及收取300万购房款的事实，而是谎称仍居住于讼争房产，且未能按期还款、故意躲避执行，截至2015年4月17日仅支付了453404.56元，所收取的300万购房款已花费殆尽，致使上述判决、裁定难以执行。

【裁判结果】

福建省厦门市思明区人民法院于2015年7月17日作出（2015）思刑初字第220号刑事判决：被告人王为杰犯非法处置查封的财产罪，判处有期徒刑一年二个月，并处罚金人民币1万元。一审宣判后，当事人未上诉，该判决已经发生法律效力。

【裁判理由】

法院生效裁判认为：查封是法律赋予人民法院的一项职权，人民法院一旦依法对当事人的财产采取了查封的强制措施，即具有法律约束力，非经人民法院依法定程序解除，任何组织、个人不得以任何理由处置被人民法院查封的财产。被告人王为杰在明知法院查封上述房产的情况下，与陈进益签订房屋买卖协议并分两次收取陈进益购房款，这一行为设定了新的债务关系，造成被采取查封措施的财产价值的严重贬损。而且王为杰始终未向法院报告讼争房产出卖事实，构成了非法处置。

被告人王为杰所收取的购房款高达300万元，由此产生新的债务关系，严重减损了该房产的现有价值，最终导致判决、裁定难以执行。而且王为杰未向法院报告讼争房产出卖以及收取300万购房款的事实，而是谎称仍居住于讼争房产，在执行机构对其采取两次拘留后仍不予履行。故意躲避执行且未能按期还款，除了支付453404.56元外，所收取的300万购房款已花费殆尽，属情节严重。

综上所述，被告人王为杰在明知相关房产已被司法机关查封的情况下，仍予以非法处置，其行为已侵害了司法机关财产保全措施的正常执行，扰乱了民事诉讼活动。被告人王为杰明知房产被法院查封而变卖，情节严重，其行为已构成非法处置查封的财产罪。辩护人的辩护意见不应采纳，公诉机关指控的该罪名成立，应予支持。

【案例注解】

本案控辩双方争议的焦点主要集中在以下三点：

一、签订房产买卖合同并收取定金的行为能否构成非法处置查封的财产罪中的“处置”

根据《刑法》第三百一十四条的规定，隐藏、转移、变卖、故意毁损已被司法机关查封、扣押、冻结的财产，情节严重的，构成非法处置查封、扣押、冻结财产罪。司法实践中，对本罪准确认定的关键在于对客观要件的理解，从《刑法》法条的字面含义可知，该罪的“处置”包括了隐藏、转移、变卖、故意毁损四种形态。所谓隐藏，是指将已被司法机关查封、扣押、冻结的财产隐蔽、藏匿起来，意图不使司法机关发现的行为。所谓转移，是指将已被司法机关查封、扣押、冻结的财产改换位置，从一处移至另一处，意图使司法机关难于查找、查找不到或者使其失去本应具有的查封价值的行为。所谓变卖，是指违反规定，将已被司法机关查封、扣押、冻结的财产出卖以换取现金或其他等价物的行为。所谓毁损，是指将已被司法机关查封、扣押、冻结的财产进行损伤、损毁，使之失去财物或者证据价值的行为。上述四种行为，司法实践中比较容易发生争议的主要是转移和变卖。

对于“转移”的含义，多数学者持“位移说”，将转移解释为将已被司法机关查封、扣押、冻结的财产改换位置，从一处移至另一处，使司法机关难以查找的行为。“位移说”并不能涵盖司法实践中所有的“转移”行为，可能会放纵犯罪。比如“位移说”无法妥善解释行为人转移被冻结的存款的行为。如果行为人虽然并不使财产发生空间上的位移，却改变了财产所有权主体，也应当认定为本罪中的“转移”。这样，既有利于严密刑事法网，避免刑法中不应有的漏洞。又符合“可能文义”的解释原则。所谓“转移”，在《现代汉语词典》（修订本）中有两个意思：一是改换位置，从一方移到另一方；二是改变。而改变的意义很广泛，签订买卖合同，财产所有权主体的变更当然应该视为是一种改变。

所谓变卖，是指将已被司法机关查封、扣押、冻结的财产以各种形式出卖给他人的行为。对于买卖动产来说，通常只要当事人意思表示一致，交付财产，即可视为买卖成立。但对于买卖不动产和一些特殊的动产（如汽车、船舶等），根据民法原理和法律有关规定，除需要当事人意思表示一致之外，还需要履行法定的手续，才能视为买卖有效成立，即所谓的“要式民事法律行为”。

就本案而言，首先，就被查封的房产签订房产买卖合同并收取定金的行为，显然不会使该房产发生“隐藏”“转移”或者“毁损”的法律后果，那么，被告人就已被司法机关查封、扣押的不动产，与第三人签订房产买卖合同并收取定金的行为，是不是属于《刑法》意义上的“变卖”。针对这一问题，可以归纳为没有办理法定手续，也没有实际完成交付，仅仅签订买卖合同并收取部分金额的行为是否应当认定“变卖”，实践中存在不同的观点，案件审理当中控辩双方也持有不同的观点：控方认为这就是一种变卖行为，而辩方则认为仅就查封房产签订《房屋买卖协议》不能成立变卖的事实。换言之，控方强调的是“变卖”的“行为”，即只要有“行为”，便符合该罪的客观要件。辩方则强调“变卖”的“结果”，即并不否认被告人存在“变卖”的“行为”，但认为因该“行为”无法成立“变卖”的“结果”，故仍不符合该罪的客观要件。双方的争议源于动产与不动产在物权变动的法定要件的区别，即对于动产物权的交易一般以物的实际交付为要件，而对于不动产和一些特殊的动产（如汽车、船舶等）的交易，除需要当事人意思表示一致之外，还需要履行法定的手续，才能视为买卖有效成立，即所谓的“要式民事法律行为”。由于本案被查封的财产为不动产，此时单纯地签订买卖合同并不会发生房产所有权的转移，也就是被告人的“变卖”行为并不会产生“变卖”的法律后果。就双方的争议而言，其实质是刑法理论界普遍存在的“行为无价值论”与“结果无价值论”之争。

在这个意义上，可以认为行为无价值论与结果无价值论在以下四个方面呈现对立。其一，违法性的本质是什么？究竟是法益侵害还是对行为规范、命令规范的违反？在行为并没有侵害法益的危险性时，能否仅根据行为的规范违反性进行处罚？其二，主观要素是否对违法性有影响？在成立犯罪之际，是否应将重点放在行为的故意、动机与目的等主观要素之上。换言之，违法判断的“静的对象”是主观的因素还是客观的因素？或者说，是否应承认主观的违法要素？其三，判断违法性的基准点、重点究竟在哪里，是行为还是结果。换言之，违法判断的“动的对象”是以行为为中心，还是以结果为中心。其四，违法性判断的逻辑是什么，是事前的还是事后的判断，判断的顺序是什么，是沿着行为——结果的顺序思考问题，还是根据结果进行反向判断，在这一点上，行为无价值论重视行为时，强调从行为到结果的“顺向”思维逻辑。结果无价值论则选择“逆向”思考。

就行为无价值论和结果无价值论的分歧而言，我们的基本观点如下：其一，违法性的本质是行为规范的违反。同时，侵害法益也是违法性判断的根据之一，在没有法益侵害或危险时，不能仅根据行为的规范违反性进行处罚。其二，应当承认主观的违法要素。其三，判断违法性的基准点、重点是行为，在既遂犯、结果（加重）犯的场合，判断对象以行为为中心同时考虑结果。其四，违法性判断是事实判断。对行为危险性的判断应从行为出发。对客观的结果归属的判断，应根据结果进行反向判断。

犯罪的本质在于侵害法益，刑法的重要机能也在于保护法益。不管买卖行为本身是否合理，价格是否符合市场行情，只要其事实上改变了财产所有权的主体，使司法机关生效裁判文书的被执行人或执行标的物发生变化，进而导致司法机关的生效裁判文书难以执行的，妨害了人民法院正常的司法活动，因此应当认定为本罪中的“变卖”。本案被告人明知其房产已被司法机关查封，仍与第三人签订房产买卖合同并收取定金的行为，虽然没有办理法定手续，也没有实际完成交付，但实质上已妨害了人民法院正常的司法活动。该行为既是对行为规范的违反，同时也构成了对于非法处置查封的财产罪所保护法益的侵害，应当认定为本罪中的“处置”。至于该“处置”行为最终有无发生“变卖”的法律后果，则应属于是否构成“情节严重”的判断。

此外，这种签约未过户的非常态的交易行为在某些地方是一种“常态”的交易行为。在我国普通民众中，相当多数的人法律意识淡薄，或者是已有不动产、特殊动产未办理登记手续，或者是交易时不办理过户手续。只要给付价款，实际交付标的物，即应视为买卖成立。

二、非法处置查封的财产行为“情节严重”的认定标准

“情节严重”是构成本罪的法定条件之一。所谓“情节严重”，是对犯罪行为社会危害性的一种描述，在我国刑法分则中，以“情节严重”作为入罪标准的罪名并不罕见，但在实际操作中，由于“情节严重”缺乏定量性，且尚未形成一致的解释标准，现行法律并未对此予以明确。

司法实践中，主要结合司法工作实际和具体案情加以判断，但是一方面使得司法机关难以把握准确的入罪标准，影响司法裁判的统一性和权威性；另一方面，基于避免争议和改判风险的担忧，也打击了司法机关在司法实践中适用本罪的积极性，进而导致条文设置的旁落。笔者认为，不妨从以下两个角度来考虑：一是参考已公布司法解释对同一罪名的解释。这主要是针对犯罪构成要件的开放性很强，能将很多犯罪行为涵摄进来认定为同一罪名，而司法解释又未对新出现的犯罪行为的“情节严重”作出解释的情形。二是参考近似罪名的司法解释。每个罪名的犯罪构成要件都是对生活中形形色色具体犯罪行为抽象、提炼后形成的类型，受制于立法技术等原因，不同罪名的犯罪构成要件常常出现部分重叠，形成近似罪名，故要注意准确定罪。近似罪名之间具有一些共同特征，在遇到某一须判定“情节严重”而又没有司法解释作为依据的罪名时，可以参考近似罪名的司法解释来认定。

之于本罪，“情节严重”是构成本罪的法定条件之一。现行法律和司法解释并未对本罪构成情节严重的条件予以明确。参考近似罪名的司法解释。其最为近似的罪名为拒不执行判决、裁定罪。全国人大常委会对于该罪“情节严重”的含义作了如下解释——“下列情形属于《刑法》第三百一十三条规定的‘有能力执行而拒不执行，情节严重’的情形：（一）被执行人隐藏、转移、故意毁损财产或者无偿转让财产、以明显不合理的低价转让财产，致使判决、裁定无法执行的；（二）担保人或者被执行人隐藏、转移、故意毁损或者转让已向人民法院提供担保的财产，致使判决、裁定无法执行的；（三）协助执行义务人接到人民法院协助执行通知书后，拒不协助执行，致使判决、裁定无法执行的；（四）被执行人、担保人、协助执行义务人与国家机关工作人员通谋，利用国家机关工作人员的职权妨害执行，致使判决、裁定无法执行的；（五）其他有能力执行而拒不执行，情节严重的情形。”

从该解释可见，全国人大常委会在对该罪名“情节严重”进行解释的思路，主要是从犯罪行为、主观方面、行为结果这三个方面加以考虑。需要注意的是，无论是从理论角度还是从实务角度，对“情节严重”的评价虽然是多角度、多方面的，但不是杂乱无序的，各评价要素应当按照一定的位阶排序。换言之，对于非法处置查封的财产行为“情节严重”的认定思路，也可以从犯罪构成出发——从犯罪行为、犯罪客体、犯罪所得、危害结果、主观方面、犯罪次数和违反前置法律次数等角度进行解释。

结合司法工作实际，笔者认为，实施隐藏、转移、变卖、故意毁损已被司法机关查封、扣押、冻结的财产的行为有下列情形之一的，应当认定为《刑法》第三百一十四条规定的“情节严重”而立案追诉：一是因非法处置已被司法机关查封、扣押、冻结的财产未构成犯罪，被依法处理后再次隐藏、转移、变卖、故意毁损已被司法机关查封、扣押、冻结的财产；二是隐藏、转移、变卖、故意毁损财产数量较多、价值较大的；三是非法处置查封、扣押、冻结的财产造成恶劣影响或者社会影响较大的，如引发媒体关注、舆论炒作、集体上访、申请执行人生活严重困难等；四是非法处置查封、扣押、冻结的财产致使执行活动无法进行的，或者严重损害了司法机关的正常执行活动的；五是非法处置查封、扣押、冻结的财产造成国家、集体、个人利益严重损失的；六是非法处置查封、扣押、冻结的财产的行为手段恶劣的；七是非法处置查封、扣押、冻结的财产，有其他情节严重的情形的。

就本案而言，被告人王为杰所收取的购房款高达300万元，因此，产生新的债务关系，严重减损了该房产的现有价值，最终导致判决、裁定难以执行，且是在执行机构对其采取两次拘留后仍不予履行，该行为完全符合我们所列举的“情节严重”的情形。

三、司法拘留与刑事处罚应否适用“禁止重复评价”原则

司法拘留，是在刑事、民事和行政诉讼过程中，法院对严重妨碍诉讼行为的诉讼参与人以及其他人员采用的一种强制性手段，其仅仅是对有妨害诉讼行为人的惩戒，与刑事处罚无任何关系。而所谓“禁止重复评价”原则，实质上是“禁止双重危险”“一事不再理”等诉讼法原则在实体法上的延伸，是指任何人不得为同一犯罪行为受到两次刑事处罚。许多国家都以《宪法》《刑法》的形式确认了这些原则。结合国外的立法规定和目前刑法理论，这一原则在司法运用上存在着观点差异，有观点认为，该原则指的是禁止对与被告人刑事责任有关的要素作多次评价；也有观点认为，是指在定罪量刑时，禁止对同一犯罪构成事实予以二次或二次以上的法律评价；还有观点认为，是指禁止对法条所规定之构成要件要素，在刑罚裁量中再度当作刑罚裁量事实，重加审酌，而作为加重或减轻刑罚之依据。

以上观点虽有差异，但有一点是明确的——该原则只适用于刑事法领域，不能跨法律部门适用。也就是说，对《民事诉讼法》《行政处罚法》等评价过的行为再次作刑事法评价，与“禁止重复评价”原则并无矛盾之处。之于本案，被告人王为杰因其非法处置被查封的财产行为以及其后的拒不履行生效判决的行为两次被司法拘留，系人民法院依据《民事诉讼法》第一百一十一条的规定作出的。该条规定同时明确，人民法院可以根据情节轻重予以拘留，构成犯罪的，还应依法追究相应的刑事责任。因此，两次司法拘留以后再行刑事处罚，不仅不违背“禁止重复评价”原则，而且是对其情节严重程度已构成犯罪的一个恰如其分的评价依据。

（一审法院合议庭成员　张锦前　方晋晔　苏丽英
编写人　福建省厦门市思明区人民法院　方晋晔　林　鸿
责任编辑　周维明
审稿人　沈　亮）

原载《人民法院案例选》2017年第2辑（总第108辑）

301. 曹某等寻衅滋事、非法变卖查封财产案（山东）*

【基本案情】

2010年12月，山东省新泰市人民法院（以下简称新泰法院）立案执行曹某、曹某1等人与新泰市某建材公司民间借贷纠纷案。2011年5月，曹某、曹某1等人通过竞拍取得新泰市某建材公司租赁权，但其以对新泰市某建材公司享有债权抵顶租赁费为由拒绝缴纳拍卖款。在新泰法院未出具拍卖裁定情况下，曹某等于2011年6月擅自进入该公司进行生产，并将该公司内查封的一台振动筛、厂房钢构大棚、两台锤破机切割后变卖。2013年，新泰法院工作人员对曹某、曹某1等人非法占用的新泰市某建材公司依法采取了断电、强制腾退等措施，曹某、曹某1因此怀恨在心。为发泄不满，二人多次到新泰法院办公场所、宿舍区辱骂法院工作人员，并将被褥长期放在法院办公室拒不搬出，严重影响法官正常工作和法院办公秩序。其间，曹某还故意殴打新泰法院法警徐某，致徐某轻微伤。

【裁判结果】

《中华人民共和国刑法》第三百一十四条规定："隐藏、转移、变卖、故意毁损已被司法机关查封、扣押、冻结的财产，情节严重的，处三年以下有期徒刑、拘役或者罚金。"根据以上法律规定及刑法关于寻衅滋事罪的规定，山东省宁阳县人民法院经审理认为：曹某、曹某1为发泄情绪，多次辱骂、随意殴打他人，破坏社会秩序，情节恶劣，其行为均已构成寻衅滋事罪；曹某明知司法机关对相关财产已查封仍予以变卖，情节严重，其行为已构成非法处置查封的财产罪。山东省宁阳县人民法院于2015年3月判决：曹某犯寻衅滋事罪，判处有期徒刑二年，犯非法处置查封的财产罪，判处有期徒刑一年，决定执行有期徒刑二年六个月；曹某1犯寻衅滋事罪，判处有期徒刑一年三个月。

【典型意义】

人民法院对涉案财产采取查封、扣押、冻结等执行措施，是保证案件执行到位、兑现当事人胜诉权益的必要手段，非经法院判决或者裁定，任何人都不得擅自处置。为保障案件执行工作顺利开展，法律对破坏执行措施的行为规定了多层次、多类别的处罚方式，刑法还将隐藏、转移、变卖、故意毁损已被司法机关查封、扣押、冻结的财产等行为规定为犯罪。因此，对法院执行措施的尊重，就是对法律权威的尊重。公民、法人和其他组织不仅应当尊重生效裁判，也应当尊重法院其他审判执行措施。本案中，曹某等

* 司法人员依法履职保障十大典型案例。

人明知司法机关对相关财产已查封仍予以变卖，严重妨碍了案件执行工作，且扰乱法院工作秩序，属于应当被追究刑事责任的行为。人民法院对其判处刑罚，是保障法律实施、维护司法权威的必要举措。

原载《人民法院案例选》2017 年第 11 辑（总第 117 辑）

302. 邓贵龙非法处置查封的财产案

——涉案财物被依法查封后"非法处置"行为的认定

【关键词】

查封　非法处置　故意毁损　情节严重

【裁判要旨】

认定被告人是否构成非法处置被查封的财产罪，关键在于其行为是否使被查封、扣押、冻结的财产的效用或价值减少、丧失，行为方式、主观动机均不影响"毁损行为"的认定。对于该罪"情节严重"的把握，应当结合具体案情，考察被告人隐藏、转移、变卖、毁损财产的数额、数量、行为手段、主观恶性等情节予以认定。

【相关法条】

《中华人民共和国刑法》

第三百一十四条　隐藏、转移、变卖、故意毁损已被司法机关查封、扣押、冻结的财产，情节严重的，处三年以下有期徒刑、拘役或者罚金。

【案件索引】

一审：江苏省扬州市江都区人民法院（2016）苏1012刑初307号（2016年11月28日）

二审：江苏省扬州市中级人民法院（2017）苏10刑终23号（2017年6月12日）

【基本案情】

公诉机关指控：2012年4月29日，无锡市中级人民法院以（2012）锡商初字第0052号裁定冻结、查封了保盛集团有限公司位于江苏省扬州市江都区仙女镇正谊村汤庄组1-13幢的所有房产及相应人的财产，并依法送达了该民事裁定书和协助执行通知书。2013年3月份左右，被告人邓贵龙在明知无锡市中级人民法院已查封上述房产的情况下，入驻上述房屋的A幢交易厅，并将A幢交易厅的内部、外部拆毁至四面框架结构墙进行装修改造，期间，无锡市中级人民法院发现查封物被损毁后曾到现场张贴了多份公告予以制止，但未果。被告人邓贵龙的行为导致A幢交易厅在2013年6月7日至6月16日的拍卖估价作业期间，仅以四面框架墙及土地的价值被估价，经鉴定，毁损价值人民币（下同）263711元。公诉机关认为：被告人邓贵龙故意损毁已被司法机关查封的财产，情节严重，其行为已构成非法处置查封的财产罪。提请法院依照《刑法》第三百一十四条的规定进行判处。公诉机关当庭提供了被告人邓贵龙的供述、证人周某某、刘某某等人的证词以及相关书证等证据。

被告人邓贵龙辩称：其不构成非法处置查封的财产罪，理由是：(1) 无锡市中级人民法院是对房屋的权属查封，并没有对房屋的所有权、使用权查封；(2) 其将 A 幢交易厅的内部、外部拆毁至四面框架结构墙进行装修改造，起诉书认定其损毁数额 26 万余元，不是事实；(3) 无锡市中级人民法院并没有对其装修行为进行制止。

辩护人的辩护意见：被告人邓贵龙不构成非法处置查封的财产罪，理由是：(1) 被告人邓贵龙不存在“故意毁损”的事实；(2) 本案尚未达到“情节严重”的程度。

江苏省扬州市江都区人民法院经审理查明：江阴市元通典当有限公司与保盛公司典当纠纷一案，无锡市中级人民法院于 2012 年 4 月 29 日以（2012）锡商初字第 0052 号民事裁定书对保盛公司的房产进行诉讼保全，裁定冻结、查封保盛集团公司位于江苏省扬州市江都区仙女镇正谊村汤庄组 1－13 幢的所有房产及相应人的财产，并依法送达了该民事裁定书和协助执行通知书。2013 年 3 月，因保盛公司欠刘某某的债务，该公司法定代表人周某某在明知其房产已被查封的情况下，采用伪造租房协议（伪造的时间是 2012 年 1 月 12 日，在查封之前）的手段，以“以租代偿”的方式将被查封的房产租给刘某某，同时，刘某某又将房屋转租给上合酒业，并于 2014 年春节后补签转租协议（转租协议时间倒签在 2013 年 2 月 5 日），该公司法定代表人即被告人邓贵龙在明知无锡市中级人民法院已查封上述房产的情况下，入驻上述房屋的 A 幢交易厅，并将 A 幢交易厅的内部、外部拆毁至四面框架结构墙进行装修改造，期间，无锡市中级人民法院发现查封物被损毁后曾到现场张贴了多份公告予以制止，但未果。被告人邓贵龙的行为导致 A 幢交易厅在 2013 年 6 月 7 日至 6 月 16 日的拍卖估价作业期间，仅以四面框架墙及土地的价值被估价，经鉴定，毁损价值 263711 元。

【裁判结果】

江苏省扬州市江都区人民法院于 2016 年 11 月 28 日作出（2016）苏 1012 刑初 307 号刑事判决：被告人邓贵龙犯非法处置查封的财产罪，判处有期徒刑九个月。宣判后，被告人邓贵龙不服一审判决，向江苏省扬州市中级人民法院提起上诉。江苏省扬州市中级人民法院于 2017 年 6 月 12 日作出（2017）苏 10 刑终 23 号刑事裁定：驳回上诉，维持原判。

【裁判理由】

法院生效裁判认为：本案的争议焦点有三：(1) 是法院对涉案房屋的查封行为是否影响被告人继续租赁使用该房屋；(2) 是被告人邓贵龙的装修行为能否评价为对涉案房屋的毁损行为；(3) 是被告人邓贵龙的行为是否达到“情节严重”。

第一，被告人邓贵龙不应当享有对涉案房屋的租赁权。上诉人邓贵龙进驻涉案房屋的行为是在明知该房产已被法院裁定查封之后，并为此伪造转租合同落款日期，后又在明知法院张贴查封公告的情况下继续对房屋进行拆损改造装修。实际上，当事人的租赁行为发生在法院的查封行为之后，其作为涉案房屋的承租人，无法享有房屋的使用权。

第二，被告人的装修行为给涉案房屋造成实际影响，应当被评价为“故意毁损”。被告人邓贵龙明知无锡市中级人民法院已经裁定查封涉案房产并张贴了查封公告，仍与他人签订该房屋的转租合同并对房屋拆损改造，表明其主观上具有妨害法院诉讼活动的故意。无论其本意是否为改造装修房屋及最终是否完成改造装修，均不能否定其妨害司法犯罪故意，也不能否定其毁损涉案房屋的故意。

第三，被告人邓贵龙的行为导致涉案房屋在拍卖评估时，仅以四面框架墙及土地的价值被估价，经鉴定毁损价值达 263711 元，应当被评价为情节严重。扬州市江都区价格认证中心对涉案房屋作出的价格鉴证结论书，是以 2013 年 6 月 7 日至 6 月 16 日评估期间作为鉴证基准日，依据基准日现场照片等资料，进行了现场勘查，结合鉴证目的、遵循价格鉴证基本原则、按照价格鉴证操作程序，作出的鉴证结论客观、真实，并与本案证人证言等证据相印证，能够确认在法院委托司法评估期间由于上诉人邓贵龙的非法处置行为给涉案房屋造成损失的情况。

【案例注解】

非法处置查封、扣押、冻结的财产罪系 1997 年《刑法》新增设的罪名，1997 年《刑法》第三百一十四条规定："隐藏、转移、变卖、故意毁损已被司法机关查封、扣押、冻结的财产，情节严重的，处三年以下有期徒刑、拘役或者罚金。"《最高人民法院关于执行〈中华人民共和国刑法〉确定罪名的规定》（法释〔1997〕9 号）根据 1997 年《刑法》第三百一十四条的精神为该条罪规定了"非法处置查封、扣押、冻结的财产罪"罪名。就这一罪名，司法实践中围绕其构成要件及司法认定均存在颇多争议。

一、对"故意毁损"行为方式的理解

非法处置查封的财产罪，要求行为人客观上实施了故意隐藏、转移、变卖、毁损已被司法机关查封的财产的行为。隐藏是指使司法机关不能或者难以发现被查封、扣押、冻结的财产的行为；转移是指使被查封、扣押、冻结的财产发生场所变动的行为；变卖是指使有偿转让被查封、扣押、冻结的财产的行为。司法实践中，债权人或者第三人为了追偿债务，隐藏、转移、变卖涉案财物的行为比较常见，而本案的主要认定难点在于如何理解"故意毁损"这一行为方式。

对于"故意毁损"的行为方式，争论主要在于：毁损行为必须将财产从物质形态上消失吗？对此，有以下观点：观点一：认为"'毁损'，是指毁灭、损坏，使被毁灭的财产从物质形态上消失，或者失去或减少其价值"①。观点二：认为"所谓毁损，就是毁灭、损坏，被毁灭的财产从物质形态上消失，被损坏的财产将失去或减少其价值"②。观点三：认为"所谓故意毁损，是指故意毁灭、损坏财产，使其价值丧失或减少的行为。单纯撕毁封条的行为不属于对财产的毁损"③。从该罪所保护的法益进行分析，所谓故意毁损，应当是指故意使有关财产的价值丧失或减少的行为，至于毁损行为是否达到使财产从物质形态上消失的程度在所不问。对于"故意毁损"这一行为方式与是否构成该罪之间关系把握，应当注意以下几点：

第一，实施方式不影响犯罪成立。"故意毁损"是指故意使被查封、扣押、冻结的

① 吴占英：《妨害司法罪立案追诉标准与司法认定实务指南》，中国人民公安大学出版社 2010 年版，第 207 页。
② 刘宪权主编：《刑法学》，上海人民出版社 2005 年版，第 703 页。
③ 吴占英：《妨害司法罪立案追诉标准与司法认定实务指南》，中国人民公安大学出版社 2010 年版，第 207 页。

财产的效用或价值减少、丧失的行为，至于行为人究竟采用什么样的方式导致涉案财产被毁损并不是本罪需要考虑的问题。例如本案被告人为了装修改造被法院冻结、查封的房屋，将其A幢交易厅内部、外部拆毁至四面框架结构，导致该房屋在拍卖评估作业期间，仅以四面框架墙及土地的价值被估价，经鉴定毁损价值达26万余元。

第二，主观动机不影响犯罪成立。非法处置查封、扣押、冻结的财产的动机是多样的，有的为了朋友间的义气，有的为了宣泄对司法机关的不满，有的为了追偿债务，还有的为了满足个人的经济利益，无论行为人出于何种目的，只要在客观上造成了涉案财物效用减损的后果，且情节严重，即构成犯罪。

第三，应当区分本罪中的“故意毁损行为”与故意毁坏财物罪中的“毁坏行为”。从二者侵犯的客体来看，非法处置查封的财产罪被规定于《刑法》第二十三章“妨害社会管理秩序罪”中，而故意毁坏财物罪则被规定于《刑法》第二十二章“侵犯财产罪”中，可见二者所保护的法益并不相同，前者侧重于保护司法机关的正常秩序，而后者则侧重于保护公私财物不受非法侵害。因此，虽然二者的“毁损”“毁坏”行为都可以界定为“使财物的效用丧失或者减少的一切行为”，大部分行为在实践中也不难认定，例如通过有形力导致财物明显毁损的行为（砸毁他人汽车）、通过有形力破坏财物原有状态的行为（往汽车上喷洒油漆）、通过有形力导致财物丧失的行为（故意将汽车推入河中），但是在司法实践中却不能将其完全进行等同理解，行为人的同一行为内容有可能构成前者之罪，却无法构成后者之罪。例如本案中的行为人所实施行为（装修）的特殊性，被告人擅自拆除房屋内部结构准备对其进行装修，由于装修行为内包含修复财物、使财物本身向更好的方向发展的内涵，因此实践中不宜将其评价为故意毁坏财物，但是却不阻碍其构成“非法处置查封的财产罪”中的“毁损”行为。

二、对本罪成立的程度要素的把握——“情节严重”

根据《刑法》的有关规定，隐藏、转移、变卖、故意毁损已被司法机关查封、扣押、冻结的财产的行为，只有达到“情节严重的”程度才构成犯罪，否则只能按一般违法行为处理。因此，非法处置查封的财产罪属于情节犯，但法律及司法解释对于“情节严重”的标准未作具体规定，尽管《最高人民法院关于适用财产刑若干问题的规定》（以下简称《规定》，法释〔2000〕45号）第十一条规定：“自判决指定的期限届满第二日起，人民法院对于没有法定减免事由不缴纳罚金的，应当强制其缴纳。对于隐藏、转移、变卖、损毁已被扣押、冻结财产情节严重的，依照《刑法》第二百一十四条的规定追究刑事责任。”但这一《规定》实际上还是没有对“情节严重的”用语作出合理的解释。有观点指出：所谓情节严重，“主要是指多次隐藏、转移、变卖、故意毁损已被司法机关查封、扣押、冻结的财产或者隐藏、转移、变卖、故意毁损上述财产数量大的；影响十分恶劣的；造成严重后果的等等”。[①] 还有观点认为，“所谓‘情节严重’，一般是指数额大，给当事人以及国家和人民造成重大经济损失等”。[②] 因此，对于“情节严重”在实践中应当如何把握值得探讨。

在对省内2016年及2017年相关案例进行研究后，发现实践中被告人构成非法处置

① 郎胜主编：《中华人民共和国刑法新注》，中国法制出版社2002年版，第445～446页。

② 严励主编：《刑法案例教程》，法律出版社2006年版，第380页。

查封、扣押、冻结的财产罪多数基于以下两种情形：第一，被告人将已经被查封的财物出售给第三人，导致债权人的债权无法实现；第二，被告人擅自转移已经被查封的财物，导致涉案财产减少或灭失，无法执行。法官在判决书对于以什么样的标准界定“情节严重”并没有进行详细表述，一般简单表述为“数额巨大，情节严重”“主观恶性较大、情节严重”。因此，可以认为，在此类具体案件中，对于“情节严重”这一标准，需要结合具体案情，考察以下情节：（1）被告人多次实施隐藏、转移、变卖、毁损已被司法机关查封、扣押、财产的行为；（2）隐藏、转移、变卖、毁损的财产数量较大；（3）隐藏、转移、变卖、毁损行为造成损失的数额较大；（4）行为人所实施的非法处置行为在社会上造成恶劣影响；（5）非法处置涉案财产的行为手段恶劣、主观恶性较深。

三、对已查封房产租赁权的把握

关于租赁权人在涉案财物被查封后是否仍享有租赁权的问题：被告人在明知涉案房屋已经被查封的情况下采用“合同倒签”的形式租赁、转租该房屋，不应享有承租人对该房屋的使用权。

《现代汉语词典》对“查封”一词解释为“检查以后，贴上封条，禁止动用”。在法院执法过程中，查封是指对涉案人员的财物或者场所进行就地封存，使其保持原有状态，涉案财物一旦被查封，无论是执法人员还是当事人都不得对涉案物品的封存状态进行改变。首先，无锡市中级人民法院根据《最高人民法院关于人民法院民事执行中查封、扣押、冻结财产的规定》（法释〔2004〕15号），对所查封的房产依法向被执行人及协助执行人制作并送达了民事裁定书、协助执行通知书，因此，其对涉案房屋进行依法查封的行为符合程序性规定。且本案被告人在明知涉案房屋处于查封、冻结措施已经启动并尚在持续之中的情况下，仍然强行入驻该房屋并且进行装修。其次，当事人伪造租赁合同时间的行为阻碍了其实体权利的实现。被告人及其辩护人在庭审中反复强调“法院的查封仅仅针对房屋的所有权，而不针对房屋的使用权”。从法律解释的角度，查封是程序法上的一种概念，其作为诉讼保全措施，是为保障债权人利益、而对债务人处分财产的一种限制，实质是对债务人物权处分权能的限制。查封不同于通过设定抵押、质押等实体性权利实现的物权限制，该限制仅具有手段上的防范性，而不具备实体上的优先性，并且也不阻碍其他债权人的实体利益。从法律规定的角度，根据《最高人民法院关于人民法院民事执法中查封、扣押、冻结财产的规定》（法释〔2004〕15号）第九条的规定：查封、扣押的财产不宜由人民法院保管的，人民法院可以指定被执行人负责保管；不宜由被执行人保管的，可以委托第三人或者申请执行人保管。由人民法院指定被执行人保管的财产，如果继续使用对该财产的价值无重大影响，可以允许被执行人继续使用；由人民法院保管或者委托第三人、申请执行人保管的，保管人不得使用。法律允许查封房产前的承租人继续使用租赁房屋，体现了对不知情第三人的保护，按照“买卖不破租赁”的规定，即便将来涉案房屋被拍卖，原出租人失去对该房产的所有权，承租人在原有的租赁期限内也仍然可以继续承租该房屋。但是在本案中，保盛公司法定代表人周某某在明知其公司房产已经被查封的情况下，仍故意采取合同倒签的方式，将涉案房产即江都区仙女镇正谊村汤庄组1－13幢房屋租赁给宝胜公司债权人刘某某，刘某某同样在明知的情况下又将该房屋转租给本案被告人邓贵龙，邓贵龙在明知涉案房屋已经被查封的情况下仍然入驻上述房屋的A幢交易厅，并对交易厅内部进行装修改造。实际上，当事人的租赁行为发生在法院的查封行为之后，因此本案的被告人邓贵龙及其辩护人的辩解不能成立，其作为涉案房屋的承租人，无法享有房屋的使用权。

（一审法院合议庭成员　徐旭东　濮建军　潘鑫玉
二审法院合议庭成员　黄　志　居　平　张高峰
编写人　江苏省扬州市中级人民法院　周　洁
责任编辑　周维明
审稿人　李玉萍）

原载《人民法院案例选》2018年第9辑（总第127辑）

第三节　危害公共卫生罪

303. 胡万林等非法行医案

——以举办保健培训为名实施医疗活动致人死亡行为的刑事定性

【关键词】

非法行医　保健培训　抢救行为

【裁判要旨】

行为人不具备医生执业资格，通过欺骗病人参加保健培训班的方式实施医疗活动，致人死亡的行为构成非法行医罪。

【相关法条】

《中华人民共和国刑法》

第三百三十六条第一款　未取得医生执业资格的人非法行医，情节严重的，处三年以下有期徒刑、拘役或者管制，并处或者单处罚金；严重损害就诊人身体健康的，处三年以上十年以下有期徒刑，并处罚金；造成就诊人死亡的，处十年以上有期徒刑，并处罚金。

【案件索引】

一审：河南省洛阳市中级人民法院（2014）洛刑一初字第 15 号（2014 年 11 月 19 日）

二审：河南省高级人民法院（2015）豫法刑二终字第 7 号（2015 年 2 月 3 日）

【基本案情】

被告人胡万林，男，1949 年 12 月 12 日出生，无业。1974 年 4 月 29 日因犯反革命罪被判处有期徒刑十五年，1980 年 12 月改判免予刑事处罚。2000 年 9 月因犯非法行医罪被判处有期徒刑十五年，2011 年 12 月 11 日刑满释放。因涉嫌非法行医罪于 2013 年 9 月

30 日被逮捕。

被告人吕伟，女，1970 年 1 月 12 日出生，无业，因涉嫌非法行医罪于 2013 年 9 月 30 日被逮捕。

被告人唐孟君，男，1984 年 3 月 26 日出生，无业，因涉嫌非法行医罪于 2013 年 9 月 30 日被逮捕。

被告人贺桂芝，女，1964 年 9 月 12 日出生，无业，因涉嫌非法行医罪于 2013 年 9 月 30 日被逮捕。

河南省洛阳市人民检察院以被告人胡万林、吕伟、唐孟君、贺桂芝犯非法行医罪，向洛阳市中级人民法院提起公诉。

法院经审理查明：被告人胡万林于 2011 年 12 月 11 日刑满释放后，授意吕伟在博客上宣称用“五味疗法”可免除吃药打针等传统治疗方式带来的痛苦，针对糖尿病、高血压、白血病、艾滋病、各类癌症等有特殊效果。2013 年 8 月，吕伟指使唐孟君分别联系身患不同疾病或痴迷中医的云某某等十余人参加“自然大法培训班”，由胡万林传授“五味疗法”和“吐故纳新疗法”，饮用由咖啡、白糖、盐、生抽（或酱油）、陈醋兑水后调成的“五味汤”后大量喝生水，喝到腹胀，再把喝到腹内的水吐出来，然后继续喝生水、呕吐，反复进行，就可以把体内的病毒排出体外，达到治病强身的目的。被害人云某某按照胡万林传授的疗法照做后，出现了严重呕吐、抽搐、昏迷等症状，吕伟、唐孟君、贺桂芝遂采取灌凉水、往云某某头上浇凉水的方法进行救治。随着云某某病情的加重，吕伟先后两次去找胡万林，胡万林指使吕伟分别采取将泥土涂抹到云某某身上后浇凉水和向其口中灌其配制的液体的方法进行医治。当晚 22 时 30 分，云某某因机体脱水、水电解质平衡紊乱和急性呼吸循环功能障碍死亡。

【裁判结果】

河南省洛阳市中级人民法院于 2014 年 11 月 19 日作出（2014）洛刑一初字第 15 号刑事附带民事判决：一、被告人胡万林犯非法行医罪，判处有期徒刑十五年，并处罚金人民币 10 万元。二、被告人吕伟犯非法行医罪，判处有期徒刑十一年，并处罚金人民币 10 万元。三、被告人唐孟君犯非法行医罪，判处有期徒刑三年，并处罚金人民币 3 万元。四、被告人贺桂芝犯非法行医罪，免予刑事处罚。一审宣判后，被告人胡万林、吕伟以不构成犯罪为由提出上诉。河南省高级人民法院于 2015 年 2 月 3 日作出（2015）豫法刑二终字第 7 号刑事附带民事裁定：驳回上诉，维持原判。

【裁判理由】

法院生效裁判认为：被告人胡万林未取得医生执业资格，伙同吕伟、唐孟君、贺桂芝以开办“培训班”的名义进行非法行医，造成他人死亡，其行为均已构成非法行医罪，且系共同犯罪，均应依法惩处。关于胡万林提出不构成犯罪的理由，经查，被告人胡万林不具备行医资格，却伙同吕伟在互联网上公开发布其采用“五味疗法”可治疗糖尿病、白血病、艾滋病、各类癌症，能使人百病不生的宣传文章，然后又以举办“培训班”的名义，联系或痴迷中医或求医问药的云某某等十余人参加，由胡万林向大家教授其“五味疗法”和“吐故纳新疗法”，其实质具有非法行医的主观故意。当云某某按照胡万林讲授的方法照做后出现昏迷症状时，胡万林又指使吕伟等人采取毫无科学性的方法进行救治，并灌入胡万林所配制的不明液体，最终导致云某某死亡的后果。胡万林等人的行为不仅侵犯了他人的身体健康，同时也侵犯了国家医疗管理秩序，符合非法行医罪的特征。在共同犯罪中，胡万林、吕伟起主要作用，系主犯；唐孟君、贺桂芝起次要、辅助作用，系从犯，对唐孟君依法予以减轻处罚，贺桂芝犯罪情节轻微不需要判处刑罚，对其依法免予刑事处罚。胡万林系累犯，应从重处罚。遂作出上述判决。

【案例注解】

本案被告人胡万林辩称自己没有非法行医，只是开办保健养生培训班，没有非法行医的主观意图，不构成犯罪。被告人吕伟、唐孟君、贺桂芝辩称自己没有从事医疗活动，是参加健康学习，还实施了抢救行为，不是医疗行为，不构成非法行医罪。在审判过程中，对被告人胡万林等人的行为是否构成犯罪以及构成何罪形成了三种意见：第一种意见认为，被告人胡万林等人未取得医生执业资格而实施非法行医行为，造成他人死亡的严重后果，构成非法行医罪。第二种意见认为，胡万林明知其方法足以致人死亡，也明知道食用过量芒硝会致人死亡，主观上具有放任危害结果发生的故意，构成间接故意杀人罪。第三种意见认为，胡万林等人的行为属于养生保健行为，被害人云某某的死亡结果不能认定是由四被告人的行为造成，四被告人不构成犯罪。生效判决最终采纳了第一种意见，依法作出了判决。

一、如何区分医疗行为与养生保健行为

非法行医，是指未取得医生执业资格，擅自从事医疗业务活动的行为，然而何为“医疗业务”，医疗业务与当下时髦的养生保健行为如何区分，成为认定非法行医罪的关键。随着时代的发展进步和人民群众生活水平的提高，老百姓对身体健康越来越重视，一时间各种各样的养生保健活动大受追捧，养生讲座、保健按摩等活动越来越普及，有的还通过权威电视频道进行播放，取得了较高收视率，引起了广泛的社会关注。养生保健行为与医疗行为有一定的相似性，均以促进身体健康为目的，普通民众很容易产生混淆，一些不法分子便利用这一漏洞，借养生保健之名实施非法行医活动，给认定非法行医犯罪带来了极大的困难。区分医疗行为与养生保健行为应从以下几个方面着手：

（一）是否以治愈疾病为目的

医疗行为和养生保健行为虽然均能够促进人体健康，但是二者选择的途径是不一样的。养生保健行为仅通过补充某种身体所需物质或者通过一定的活动来调节身体机理，达到强身健体和提高身体免疫力的作用，不以治疗疾病为目的，一般也不会产生副作用。而医疗行为则是以治疗某种疾病为目的，通过使用特定的药物或者通过特定的医疗活动，达到药到病除的作用。具体而言，医疗行为有广义、狭义之分。广义的医疗行为，是指出于医疗的目的所实施的行为，包括疾病的治疗与预防、生育的处置、按摩、针灸等符合医疗目的的行为；狭义的医疗行为，是指只能由医师根据医学知识与技能实施，否则便会对人体产生危险的行为。非法行医罪中的医疗行为是广义上的医疗行为，对医疗行为的分析，还需要考虑地域性和历史性，在我国，中医“望、闻、问、切”的行为无疑属于医疗行为中的诊断行为，而在欧美地区则可能被排除在医疗行为之外。即使是同一地区医疗行为的含义会因科技的发展和公众观念的进步而变化。例如，神医巫术在我国封建社会中被认为属于医疗行为，而在今日，早已不再被视为医疗行为。结合我国的具体情况，医疗行为需要有以下要求：(1) 行为人有治愈病人疾病的主观意愿，承诺能为病人缓解疾病、减轻身体痛苦、消除或者减轻其对药物或者毒品等的病态依赖、延长生命、改善身体功能与外观、矫正畸形或者帮助或避免生育等。(2) 行为人以治病为目的指导病人服用特定药物、从事特定行为等进行治疗，具体药物、方式不受限制，如既可以指导服用国家规定的药物，也可以是自己调制的中药偏方，还可以是针灸、按摩等方式。(3) 病人相信行为人能够治愈自己的疾病，将自己的生命健康委托给行为人医治，产生信任关系。只有双方本着治疗疾病的目的进行有关的治疗行为，才能认为医疗行为。如果仅是一般的讲授强身健体的养生保健方法，不构成医疗行为。

(二) 是否需要专业的技术知识和规范流程来完成

养生保健行为以强身健体为目的，所要实现的目标比较模糊和宽泛，没有特定的衡量标准，虽然也需要相应的人体保健知识，但是与以治疗疾病为目的的医疗行为相比，二者对知识的专业性和技术性的依赖则有天壤之别。医疗行为是通过对人体机理的强行干预实现治疗效果，其要实现的目的很明确，如果达不到治疗的效果则意味着治疗行为的失败，因此，所使用的多为对人体会产生较强反应的药物，而这些药物一旦使用剂量不当或者使用方法不当，很可能产生副作用，医疗行为要求执行人员必须有相应的专业知识并有丰富的医疗经验，此外，还要求严格按照规定的医疗流程进行操作，否则极有可能造成医疗事故。而养生保健行为则没有如此严格的要求。

(三) 是否存在潜在的危险性

养生保健行为仅具备调节身体机能的作用，不以治疗为目的，没有对人体机理进行强行干预，所提供的保健食品对人体健康只是起到锦上添花的作用，不会产生危害健康的危险性。国家食品药品监督管理局发布的如《保健食品注册管理办法（试行）》中规定，保健食品是指声称具有特定保健功能或者以补充维生素、矿物质为目的的食品，即适宜于特定人群食用，具有调节机体功能，不以治疗疾病为目的，并且对人体不产生任何急性、亚急性或者慢性危害的食品。而医疗行为则不同，医疗行为所作用的是药物，药物的使用有严格的适应症状和使用方法，一旦药不对症，或者剂量过量，不仅起不到治疗该种疾病的目的，反而会因为摄入了不该摄入的药物而出现新的问题，更有甚者，严重服用个别药物的还会出现生命危险。

结合本案来看，胡万林等人声称自己是传授“吐故纳新”的“自然大法”，通过喝水、吐水等行为，达到“病从口出”“吐故纳新”目的，使身体强健，百病不生，健康长生。表面上看，是一种不依赖药物治疗的养生保健行为，但是实质上，却是借保健之名行医疗之实。首先，胡万林等人在网络上宣称自己的“吐故纳新大法”可以包治百病，甚至还指出对“糖尿病、高血压、白血病、艾滋病、心脑血管病、各类癌症、儿童先天性疾病、皮肤病等有特殊效果”，可见其行为是以治疗疾病为目的，并非普通的保健行为。其次，胡万林在采购所谓的“五味汤”时，专门从药店购买了作为中药的芒硝，而芒硝是列入国家药典的药物，具有通便功效，主治腹满胀痛、大便燥结、肠痈肿痛等症状，饮用后产生恶心、呕吐等现象，过量食用对人体有害。可见，胡万林并非单纯地进行养生保健，而是通过药物实施一定的治疗行为，实现自己所宣称的“包治百病”的目的。最后，参加胡万林所谓培训班的人员均是长期身患病症的病人，其跟随胡万林的目的是相信其方法可以治疗自身病症，而不仅仅是进行养生保健。因此，胡万林等人的行为并非养生保健行为，而是医疗行为。

二、如何区分“行医”与举办知识讲座的行为

本案中，胡万林等人还辩称自己只是举办了知识讲座，进行保健培训，并没有实施治疗行为，死者的死亡是自己所为，与保健培训无关。如何区分“行医”与单纯的医疗知识讲座，对本案的认定至为重要。笔者认为，把握二者的区别要注意以下几点：

1. 医疗知识讲座是一种知识传授行为，讲授者与听众均是从事医疗工作的人员，培训的目的是交流和探讨医疗知识，而不是治疗听众的疾病。从本案来看，被告人胡万林从未学习过基础医疗常识和中医理论，其编造自己在山上采药发现古书、神书，自己根据女娲补天创造“五味汤”能治百病的幌子，自封“阴灵道人”“耕耘大师”，通过被告人吕伟在网络上进行大肆吹捧、宣称胡万林“可治疗糖尿病、白血病、艾滋病、各类癌症、多种疾病及百病不生”等内容，诱使他人前来治疗，主观上已超出了举办养生保健讲座的范围，具有非法行医的故意。来参加胡万林所谓“吐故纳新疗法”培训班的人，大多是身患重病的病人，期待通过胡万林传授方法达到治愈自己疾病的目的，并非以交流探讨医疗知识为目的前来进修的学员。胡万林对这一情况也心知肚明，其在“培训班”上并不是以讲授知识的态度进行授课，而是手把手指导“学员”配制并要求服务“五味汤”，该行为名为培训，实则为一种行医行为。

2. 医疗行为的行为人与行为对象均是特定的，如果是面向不特定社会群众讲授医疗知识，则不属于行医。被告人胡万林曾因非法行医罪曾被河南省商丘市中级人民法院判处过刑罚，刑满释放后，为了规避“行医”“治病”这些敏感的用语，其采取了举办培训班、传授养生治病方法的隐蔽方式来实施非法行医行为，对他人讲解其所谓的“五味疗法”“吐故纳新”疗法，并宣称其用该方法治愈过多人的疾病，让参加的人员按照胡万林所授的饮用“五味汤”“大量喝凉水喝到腹胀，直至呕吐”“反复呕吐”“病从口出、吐故纳新”等方法，达到所谓的治病、养生的疗效。虽然表面上看，其实施的是“一对多”的讲授行为，但实质上，对每一个病人，其均是按照传授同样治疗方法，相当于一名大夫同时对多个病号进行治疗的行为，且在新“学员”服用“五味水”不适当时，还有“老学员”从旁听监督指导，其行为已远非普通的保健知识讲座行为，而是治疗对象特定、治疗方法明确的行医行为。

3. 行医行为并不要求以营利为目的，不能以是否营利作为认定非法行医罪的要件。医疗业务是以治疗疾病为内容的业务，不要求行为人主观上具有营利目的，非法行医罪并非营业犯，不以追求经济利益为要件，尽管在实践中非法行医者大多通过非法行医收取费用，但《刑法》第三百三十六条第一款规定的非法行医罪，并未要求行为人具有营利目的。因此，没有营利目的的人实施非法行医行为，情节严重的，仍应以非法行医罪论处。本案中胡万林等人，虽然没有收取治疗费用，但其实施了非法行医行为，仍应认定为非法行医罪。

三、对他人实施抢救能否构成非法行医

本案中，贺桂芝等人在被害人云某某因按照“五味疗法”昏迷后，按照胡万林的指使进行了救治行为，有一种意见认为，这是一种见义勇为的救助行为，虽然方法不当，但其是在紧急情况下出于救治生命的目的采取的急救措施，不属于非法行医。笔者认为，这种观点不成立。贺桂芝等人在明知胡万林因非法行医罪被判处刑罚，不具备行医资格的情况下而再次非法行医的情况下，仍积极参与非法行医活动，在整个非法行医活动中，四名被告人分工明确，由被告人胡万林具体实施非法行医行为，被告人吕伟组织、指挥，被告人唐孟君、贺桂芝按照各自的分工积极参与非法行医行为，最终导致被害人死亡，被告人胡万林、吕伟、唐孟君、贺桂芝主观上具有共同故意实施非法行医行为的犯意联络，客观上共同参与实施了非法行医行为，属共同犯罪。贺桂芝等人在被害人云某某按照胡万林传授的疗法照做后，出现严重呕吐、抽搐、昏迷等症状，吕伟、唐孟君、贺桂芝等人并没有采取拨打120急救等正规渠道对被害人进行抢救，而是在胡万林的指使下采取采取灌凉水、往云某某头上浇凉水等毫无科学性的方法进行抢救，随着云某某病情的加重，吕伟先后两次去找胡万林，胡万林指使吕伟分别采取将泥土涂抹到云某某身上后浇凉水和向其口中灌其配制的液体的方法进行医治，最终导致云某某死亡的后果。该行为不属基于道德上的见义勇为的救助行为，而是其非法行医行为的延续，与前期的非法行医行为不能割裂开来，而应当作为一个整体行为统一认识和处理。

综上所述，被告人胡万林主观上具有非法行医的犯罪故意，客观方面在不具有行医资格的情况下实施了非法行医行为，并造成他人死亡的危害后果，该行为不仅侵犯了他人的身体健康，同时，也侵犯了国家对医疗机构和医务人员的管理秩序，符合非法行医罪的构成要件。被告人吕伟在胡万林的授意下在网上建立博客，并大肆吹捧胡万林的“五味疗法”能治疗各种疾病，后由吕伟组织举办“培训班”进行非法行医活动，并在该“培训班”中起指挥作用；被告人唐孟君在吕伟的指使下，作为“培训班”的联络人，联系学员参加，并充当胡万林的助手，传授并亲手调制“五味汤”；被告人贺桂芝受吕伟、唐孟君的指使，收取食宿费，负责“培训班”的日常开支，与吕伟、唐孟君等人采取毫无科学性的方法抢救云某某，并阻止过他人拨打120抢救。被告人吕伟、唐孟君、贺桂芝在明知胡万林因非法行医罪被判处刑罚，不具备行医资格的情况下而再次非法行医的情况下，仍积极参与非法行医活动。在整个非法行医活动中，四名被告人分工明确，由被告人胡万林具体实施非法行医行为，被告人吕伟组织、指挥，被告人唐孟君、贺桂芝按照各自的分工积极参与非法行医行为，最终导致被害人死亡，被告人胡万林、吕伟、唐孟君、贺桂芝主观上具有共同故意实施非法行医行为的犯意联络，客观上共同参与实施了非法行医行为，属共同犯罪。一、二审法院对各被告人所作判决是正确的。

（一审法院合议庭成员　胡　漪　李俊峰　李丽君
二审法院合议庭成员　刘志高　张同仁　刘中华
编写人　河南省高级人民法院　芦　磊
责任编辑　周维明
审稿人　沈　亮）

原载《人民法院案例选》2016年第12辑（总第106辑）

304. 李景秀非法行医案

——无证行医案中事故等级评判标准

【关键词】

刑事　非法行医　医疗事故　鉴定依据　证据采信

【裁判要旨】

无证行医致人伤残，按照法律规定应依据《医疗事故分级标准（试行）》进行鉴定，在医疗事故技术鉴定机构不予鉴定时，通过其他鉴定机构按照相关鉴定标准进行的伤残等级鉴定意见，可以直接对应司法解释中医疗事故分级标准，认定就诊人身体的伤残程度及功能障碍。

【相关法条】

《中华人民共和国刑法》

第二十五条第一款　共同犯罪是指二人以上共同故意犯罪。

第六十七条第三款　犯罪嫌疑人虽不具有前两款规定的自首情节，但是如实供述自己罪行的，可以从轻处罚；因其如实供述自己罪行，避免特别严重后果发生的，可以减轻处罚。

第三百三十六条　未取得医生执业资格的人非法行医，情节严重的，处三年以下有期徒刑、拘役或者管制，并处或者单处罚金；严重损害就诊人身体健康的，处三年以上十年以下有期徒刑，并处罚金；造成就诊人死亡的，处十年以上有期徒刑，并处罚金。

《最高人民法院关于审理非法行医刑事案件具体应用法律若干问题的解释》

第二条第一项　具有下列情形之一的，应认定为刑法第三百三十六条第一款规定的“情节严重”：

（一）造成就诊人轻度残疾、器官组织损伤导致一般功能障碍的；

《医疗事故技术鉴定暂行办法》

第十三条第五项　有下列情形之一的，医学会不予受理医疗事故技术鉴定：

（五）非法行医造成患者身体健康损害的；

【案件索引】

一审：江西省南昌市西湖区人民法院（2018）赣 0103 刑初 39 号（2018 年 4 月 23 日）

【基本案情】

江西省南昌市西湖区人民检察院指控：2015年5月，被告人李景秀和查冬洋、姜燕（以上二人均另案处理）共同出资，合伙成立秘密形象设计有限公司，该公司在未取得医疗机构执业许可证、李景秀、查冬洋、姜燕也均未取得医师资格的情况下，开展美容微整形形象设计培训项目。

2015年12月8日，被害人王某某经朋友介绍认识查冬洋，查冬洋接待王某某后介绍其在该公司学习微整形注射，具体由李景秀、姜燕指导操作，并在该公司接受微整形注射美容。2016年8月20日左右，王某某在南昌秘密形象设计公司美容室对李景秀提出其想注射玻尿酸，经商议，由李景秀代购韩国维诺丝牌玻尿酸为王某某注射，王某某于2016年8月23日转账5230元给李景秀。8月26日17时许，王某某在秘密形象设计公司接受玻尿酸注射，由姜燕在旁协助，李景秀使用注射器在王某某的左眉上方注射了一针玻尿酸，王某某当场感觉自己左眼看不清楚东西，后姜燕立即送王某某前往南昌大学第一附属医院就诊，经诊断王某某左眼注射操作并发症，视网膜动脉栓塞，后王某某前往北京中国人民解放军总医院第一附属医院就诊，经诊断为左眼失明。2017年4月21日经江西求实司法鉴定中心鉴定：王某某左眼无光感后果与注射玻尿酸致眼部视网膜动脉阻塞存在直接因果关系，其左眼视觉障碍伤残等级评定为八级；2017年7月13日经南昌市西湖区公安司法鉴定中心鉴定：王某某损伤程度为重伤二级。2016年9月6日23时，民警经过侦查在南昌市东湖区经纬府邸2期6栋3单元1506室抓获李景秀。

公诉机关认为，被告人李景秀未取得医生职业资格，伙同他人非法行医，情节严重，其行为应当以非法行医罪追究刑事责任。特提起公诉，请依法判处。

被告人李景秀对公诉机关指控的犯罪事实和罪名无异议。辩护人对公诉机关指控的定性不持异议，量刑方面的辩护意见：（1）被告人李景秀系坦白，依法可以从轻处罚；（2）李景秀当庭认罪、悔罪表现好，事发后积极陪同被害人就医，也垫付了部分的费用；（3）被告人李景秀是初犯、偶犯，犯罪主观恶性较小，社会危害性不大，依法可酌定从轻处罚；（4）被害人也存在一定的过错，其在接受李景秀注射之前已经注射过玻尿酸，也知道被告人李景秀没有行医资格；（5）2016年12月12日对非法行医进行了新的司法解释，但是本案的发生在司法解释之前，请法庭按照刑法从旧兼从轻的原则，作出有利于被告人的判决。

法院经审理查明的基本事实与公诉机关指控的一致。另查明：事发后，李景秀、查冬洋、姜燕三人共同赔偿了王某某医疗费2万元。2018年1月4日，南昌市医学会医疗事故技术鉴定工作办公室作出关于不予受理“王某某被非法行医案的医疗事故等级鉴定”的通知，决定不予受理，其理由如下：（1）根据《医疗事故技术鉴定暂行办法》第十三条的有关规定，非法行医造成患者身体健康损害的，医学会不予受理医疗事故技术鉴定。（2）医疗事故等级鉴定应是在该案被确定为医疗事故后方能进行，而该案不属于医疗事故技术鉴定的情形，故不能进行医疗事故等级鉴定。

2018年4月16日，在法院主持调解下，被告人李景秀、同案人姜燕的亲友共同赔偿被害人王某某各项经济损失47万元，被害人王某某对李景秀、姜燕表示谅解，并撤回了附带民事诉讼。

【裁判结果】

江西省南昌市西湖区人民法院于2018年4月23日作出（2018）赣0103刑初39号刑事判决：被告人李景秀犯非法行医罪，判处有期徒刑年一年二个月，并处罚金5000元。宣判后，被告人李景秀未提出上诉，公诉机关未提出抗诉，判决已发生法律效力。

【裁判理由】

法院生效裁判认为：被告人李景秀未取得医生职业资格，伙同他人非法行医，情节严重，已构成非法行医罪。公诉机关指控的犯罪事实和罪名成立。被告人归案后如实供述了自己的罪行，依法可以从轻处罚。现被告人李景秀家属已赔偿了被害人的损失，并取得被害人的谅解，可以酌情从轻处罚。

【案例注解】

一、本案未统一鉴定机构及鉴定标准的问题

本案系江西省首例因整容致残构成非法行医的案件。按照《刑法》及《最高人民法院关于审理非法行医刑事案件具体应用法律若干问题的解释》规定，非法行医致人伤残的，如系造成"轻度残疾、器官组织损伤导致一般功能障碍"，属于《刑法》第三百三十六条第一款规定的"情节严重"，处三年以下有期徒刑、拘役或者管制；如系造成"中度以上残疾、器官组织损伤导致严重功能障碍"，应认定为《刑法》第三百三十六条第一款规定的"严重损害就诊人身体健康"，处三年以上十年以下有期徒刑。因此，本案的伤残程度直接关系到被告人的量刑档次。

根据《最高人民法院关于审理非法行医刑事案件具体应用法律若干问题的解释》规定，"轻度残疾、器官组织损伤导致一般功能障碍""中度以上残疾、器官组织损伤导致严重功能障碍"，参照卫生部《医疗事故分级标准（试行）》认定。而本案在委托进行医疗事故等级伤情鉴定时，南昌市医学会医疗事故技术鉴定工作办公室不予受理，其理由如下：（1）根据《医疗事故技术鉴定暂行办法》第十三条的有关规定，非法行医造成患者身体健康损害的，医学会不予受理医疗事故技术鉴定。（2）医疗事故等级鉴定应是在该案被确定为医疗事故后方能进行，而该案不属于医疗事故技术鉴定的情形，故不能进行医疗事故等级鉴定。

基于《最高人民法院关于审理非法行医刑事案件具体应用法律若干问题的解释》规定，本案要求参照卫生部《医疗事故分级标准（试行）》认定被害人伤残等级，而南昌市医学会医疗事故技术鉴定工作办公室又由于《医疗事故技术鉴定暂行办法》的规定，不能对被害人进行医疗事故等级鉴定，公安机关委托江西求实司法鉴定中心对被害人进行了伤残等级鉴定。该鉴定机构参照《道路交通事故受伤人员伤残评定》（GB18667－2002）标准4.8.2.a款之规定，鉴定被害人左眼视觉障碍伤残等级评定为八级。

二、本案鉴定意见可否采信的问题

针对因医疗事故技术鉴定机构不予受理，而适用《道路交通事故受伤人员伤残评定》标准进行鉴定得出的鉴定意见，是否能作为本案证据使用，笔者持肯定意见。

首先，2010年《最高人民法院关于审理刑事案件中涉及人体损伤残疾程度鉴定如何适用鉴定标准问题的请示的批复的通知》中批复：对于法院审理刑事案件中涉及人体损伤残疾程度的鉴定标准，在新的国家统一标准出台之前，除职工工伤与职业病致残程度鉴定、道路交通事故受伤人员伤残评定等有国家标准的鉴定外，其他情况下可由你院酌情确定统一适用的鉴定标准。该批复说明，法院对于鉴定标准的适用上先参照现有的国家标准，其他情况可以酌情确定统一适用的鉴定标准。

其次，对于被害人的伤残等级鉴定，2016 年《最高人民法院、最高人民检察院、公安部、国家安全部、司法部关于发布〈人体损伤致残程度分级〉的公告》中明确，司法鉴定机构和司法鉴定人进行人体损伤致残程度鉴定统一适用《人体损伤致残程度分级》。该标准 5. 8. 2. 7 款与《道路交通事故受伤人员伤残评定》标准 4. 8. 2. a 款相一致，均认定为八级伤残。具体到本案中，《人体损伤致残程度分级》系在 2016 年 4 月 18 日公布，自 2017 年 1 月 1 日起施行，而本案的案发时间是在 2016 年 8 月，根据从旧兼从轻的原则，鉴定机构适用了《道路交通事故受伤人员伤残评定》意见来鉴定。

最后，2002 年《医疗事故分级标准（试行）》标准中，明确医疗事故一级乙等至三级戊等对应伤残等级一至十级，根据该分级标准，一级属于死亡、重度残疾，二级属于中度残疾、器官组织损伤导致严重功能障碍，三级属于轻度残疾、器官组织损伤导致一般功能障碍。本案依照《道路交通事故受伤人员伤残评定》标准鉴定的八级伤残，可对应《医疗事故分级标准（试行）》标准的三级丙等医疗事故，认定为轻度残疾、器官组织损伤导致一般功能障碍。

本案从鉴定意见对应的残疾等级可认定被告人造成就诊人轻度残疾、器官组织损伤导致一般功能障碍；本案的鉴定机构和鉴定人均具有法定资质，其鉴定程序合法，且从有利于被告人的原则出发，在医疗事故技术鉴定机构不予受理的情况下，应根据现有的鉴定意见对被告人进行处罚。

（一审法院合议庭成员　徐晓霞　李　琴　李玉玲
编写人　江西省南昌市西湖区人民法院　徐晓霞　徐　娟
责任编辑　周维明
审稿人　李玉萍）

原载《人民法院案例选》2019 年第 3 辑（总第 133 辑）

305. 曾兵兵、袁朝非法行医案
——非法行医行为与被害人死亡结果之间因果关系的认定

【关键词】

刑事　非法行医　因果关系　鉴定意见

【裁判要旨】

刑法上的因果关系是指犯罪构成客观方面要件中危害行为与危害结果之间存在的引起与被引起的关系。确定非法行医行为的具体内容是认定因果关系是否存在的基本前提；在被害人接受行为人非法行医后非短时间内发病、存在被害人曾经吃药等自身特殊状态的情况下，还需要排除是否存在介入因素以及确定介入因素的异常性大小。同时，对于鉴定意见关于因果关系的内容需在综合全案事实、证据的基础上进行审查判断是否属实，从而准确判断是否可以作为定案的根据。

【相关法条】

《中华人民共和国刑法》

第三百三十六条第一款　未取得医生执业资格的人非法行医，情节严重的，处三年以下有期徒刑、拘役或者管制，并处或者单处罚金；严重损害就诊人身体健康的，处三年以上十年以下有期徒刑，并处罚金；造成就诊人死亡的，处十年以上有期徒刑，并处罚金。

《最高人民法院关于修改〈关于审理非法行医刑事案件具体应用法律若干问题的解释〉的决定》

第二条　在《解释》第三条后增加一条，作为修改后《解释》第四条："非法行医行为系造成就诊人死亡的直接、主要原因的，应认定为刑法第三百三十六条第一款规定的'造成就诊人死亡'。

"非法行医行为并非造成就诊人死亡的直接、主要原因的，可不认定为刑法第三百三十六条第一款规定的'造成就诊人死亡'。但是，根据案件情况，可以认定为刑法第三百三十六条第一款规定的'情节严重'。"

【案件索引】

一审：广东省广州市南沙区人民法院（2017）粤0115刑初599号（2018年8月3日）

【基本案情】

广州市南沙区人民检察院指控：2016 年 11 月起，被告人曾乒乓在未取得医生执业资格的情况下，在其与被告人袁朝共同经营的南沙区大岗镇潭大公路 39－45 号荔枝商贸城 4 座 5 号柏恩医药潭民分店北侧一出租屋，从事医疗活动。被告人袁朝将光顾上述药店的部分群众指引到被告人曾乒乓处看病，并帮忙接收周边住户要求提供医疗服务的微信订单及钱款。2017 年 4 月 22 日，被告人曾乒乓未进行任何药物过敏测试，为被害人刘某某注射药物治疗。被害人刘某某接受注射后出现过敏反应，送医院抢救无效死亡。经鉴定，被害人刘某某的死因符合过敏性休克导致死亡。同日，公安机关在广州市南沙区第六人民医院抓获被告人曾乒乓，被告人袁朝即将被告人曾乒乓从事医疗活动的药物及医用物品转移及丢弃。同日，公安机关在其经营的药店抓获被告人袁朝。

被告人曾乒乓对指控其非法行医的事实及罪名不持异议，但辩称被害人刘某某的死亡与其非法行医无关。辩护人提出：被害人刘某某的死亡与被告人曾乒乓的非法行医行为是否有因果关系存疑，鉴定意见不能作为本案证据，现有证据不足以证实曾乒乓的非法行医已达到“情节严重”标准，不应认定为非法行医罪。

被告人袁朝对指控的事实及罪名均不持异议。辩护人提出：没有直接证据证明被害人刘某某系被被告人曾乒乓注射青霉素致过敏死亡，被告人袁朝既没有参与用药治疗也不清楚治疗情况，不应认定为非法行医罪。

法院经审理查明：2016 年 11 月起，被告人曾乒乓在未取得医生执业资格的情况下，在其与被告人袁朝共同经营的位于南沙区大岗镇潭大公路 39－45 号荔枝商贸城 4 座 5 号的柏恩医药潭民分店北侧一出租屋内从事医疗活动。被告人袁朝将光顾上述药店的部分群众指引到被告人曾乒乓处看病，并帮忙接收周边住户要求提供医疗服务的微信订单及钱款。2017 年 4 月 22 日 16 时至 18 时许，被告人曾乒乓在未进行任何药物过敏测试的情况下，为被害人刘某某注射青霉素等药物治疗。19 时许，被害人刘某某出现过敏反应，经送医院抢救无效死亡。当天晚上，被告人曾乒乓得知被害人刘某某被送医救治后即赶到医院，告知医护人员部分用药情况，并在医院等候，民警接报后在医院将其抓获；被告人袁朝随即将曾乒乓从事医疗活动的药物及医用物品转移及丢弃，后其在上述药店被公安机关抓获。

经鉴定，被告人曾乒乓对被害人刘某某诊疗行为存在过错，曾乒乓的过错行为与刘某某死亡之间存在因果关系，原因力为主要因素；被害人刘某某的死因符合过敏性休克导致死亡，青霉素导致刘某某发生过敏性休克的可能性大于其他药物导致其发生过敏性休克的可能性。

另查明，被告人曾乒乓、袁朝与被害人刘某某家属自行达成和解协议，已赔偿 20.3 万元，并获得谅解。

【裁判结果】

广州市南沙区人民法院于 2018 年 8 月 3 日作出（2017）粤 0115 刑初 599 号刑事判决：一、被告人曾乒乓犯非法行医罪，判处有期徒刑三年六个月，并处罚金人民币 1 万元。二、被告人袁朝犯非法行医罪，判处有期徒刑三年，缓刑四年，并处罚金人民币

5000 元。三、扣押于公安机关的注射用青霉素钠 18 瓶、注射液瓶 6 个、注射器 1 个、纸盒 1 个予以没收、销毁。

宣判后，被告人曾乒乓、袁朝没有提出上诉，公诉机关广州市南沙区人民检察院没有提出抗诉，判决已发生法律效力。

【裁判理由】

法院生效裁判认为：现有证据足以证实被告人曾乒乓对被害人刘某某实施过输液（青霉素）的治疗行为，且曾乒乓对被害人刘某某的诊疗行为存在过错，曾乒乓的过错行为与刘某某死亡之间存在因果关系，鉴定意见关于曾乒乓的过错行为为主要因素的建议可信，应予以采纳。被告人曾乒乓、袁朝结伙非法行医，致一名就诊人死亡，其行为均已触犯刑律，构成非法行医罪，依法应予以惩处。被告人曾乒乓自动投案并如实供述自己的罪行，是自首，依法可以减轻处罚。被告人袁朝在共同犯罪中起辅助作用，是从犯，依法应当减轻处罚；袁朝归案后能如实供述自己的罪行，是坦白，依法可以从轻处罚。被告人曾乒乓、袁朝积极赔偿被害人家属的损失，并获得谅解，可酌情从轻处罚。

【案例注解】

本案中，被告人曾乒乓对其在未取得医生执业资格的情况下从事医疗活动没有异议，对其在案发当天对被害人刘某某进行看病治疗的事实亦无异议。本案的特殊性在于，一是鉴定意见仅认定被害人刘某某的死因符合过敏性休克导致死亡，并没有明确导致过敏的过敏源是什么；二是被害人刘某某在接受被告人曾乒乓的治疗前吃过药，且输液后并非短时间内在接受治疗的地方病发，而是在离开后回到休息处的一个多小时后才发病。因此，本案争议焦点就在于，如何在认定被告人曾乒乓非法行医的具体行为内容的基础上，分析判断该非法行医行为与被害人刘某某死亡之间是否存在因果关系。

一、被告人曾乒乓非法行医的具体内容

刑法上的因果关系是指犯罪构成客观方面要件中危害行为与危害结果之间存在的引起与被引起的关系。有因才有果，确定危害行为是否存在是认定因果关系的基本前提，具体到本案中，首先要明确被告人曾乒乓非法行医的具体内容。

现有证据反映，被告人曾乒乓在对被害人刘某某进行治疗过程中存在以下几方面过错：（1）曾乒乓未写相关的病历，违反了病历书写基本规范。（2）按照曾乒乓的供述，案发当天其为被害人刘某某先后挂了 4 瓶吊瓶，分别是左氧氟沙星、生理盐水加入赖氨匹林、葡萄糖水加入维生素 C 和维生素 B6、生理盐水加入青霉素；但在被害人刘某某就诊时无细菌感染的有力指征，且刘某某本身不属于暴露于致病菌的高危人群的情况下，曾乒乓对其进行静脉、联合用药抗菌药物的滥用治疗，违反了抗菌药物治疗性应用的基本原则和抗菌药物预防性应用的原则。（3）根据被害人刘某某所用药物顺序及总用药时间，曾乒乓对其注射左氧氟沙星时违反了左氧氟沙星缓慢输注的原则。（4）按照曾乒乓的供述，其为被害人刘某某注射青霉素前没有进行皮试，也没有询问其相关的过敏史和现病史等情况，违反了青霉素使用规范。

值得一提的是，虽然被告人曾乒乓供称曾为被害人刘某某实施过青霉素输液，但检测报告却显示刘某某的尿液、血液青霉素钠定性结果为阴性，且鉴定意见亦没有明确刘某某是因青霉素过敏致死，仅认为注射青霉素发生过敏性休克可以出现刘某某的死亡的特征。那么，能否认定被告人曾乒乓在治疗过程中使用了青霉素就成为本案的关键事实。现有证据反映：（1）案发当天公安机关在药店附近找到的医疗垃圾中有不少药物外包装，包括盐酸左氧氟沙星氯化钠注射液瓶、注射用青霉素钠注射液瓶、维生素C注射液纸盒、注射用赖氨匹林注射液瓶和注射器针头带管，与被告人曾乒乓供认的当天用药吻合。（2）广州市南沙区第六人民医院急诊室留观察病历记录单显示："主诉：于半天前因咽痛、咽喉不适到私人诊所注射及口服药物治疗。"（3）证人李某委的证言证实，案发当天其送被害人刘某某到被告人曾乒乓处看病，两个多小时后离开。（4）被告人袁朝当庭供述，案发当天被害人刘某某来找曾乒乓，其在他输液后曾见过他。（5）被告人袁朝在得知被害人刘某某被送进医院后，将曾乒乓当天使用过的医疗垃圾及药店的相关药物进行丢弃、转移，应当承担相应的不利后果。故现有证据足以证实被告人曾乒乓对被害人刘某某实施过青霉素输液的治疗行为。

二、被告人曾乒乓的非法行医行为与被害人刘某某的死亡有因果关系，且原因力为主要因素

司法实践中，对于非法行医行为与被害人伤亡之间是否存在因果关系、存在何种程度的因果关系往往涉及医学方面的专业问题，需要借助相关具有资质的鉴定机构出具的鉴定意见。鉴定是指诉讼活动中鉴定人运用科学技术或者专门知识对诉讼涉及的专门性问题进行鉴别和判断并提供意见的活动。鉴定意见作为《刑事诉讼法》规定的八种证据种类之一，其本身不具有预定的证明力，与其他种类的证据一样，鉴定意见必须经过查证属实，才能作为定案的根据。因此，对于鉴定意见关于因果关系的内容亦需在综合全案事实、证据的基础上进行审查判断是否属实，从而准确判断是否可以作为定案的根据。

此外，在判断因果关系是否成立时还需考虑介入因素。一般情况下，在明确原因行为和危害结果、且两者之间具有引起与被引起的关系后，可以认定存在因果关系；但在因果关系的发展进程中，往往并非直接、单纯地引起与被引起，更多的情况下可能会有其他因素的介入，而介入因素的异常性大小等将影响因果关系的判断。本案中，虽然现有证据可以证实被告人曾乒乓对被害人刘某某实施过青霉素输液的治疗行为，但关于刘某某死因的鉴定意见只是确定刘某某符合过敏性休克导致死亡，且注射青霉素发生过敏性休克可以出现刘某某的死亡特征，并没有明确导致刘某某过敏的过敏源；而且，刘某某在接受曾乒乓的治疗前吃过药，且输液后并非短时间内在接受治疗的地方病发，而是在离开后回到休息处的一个多小时后才发病，在此期间是否可能存在异常因素的介入亦需予以考虑。

现有证据反映：（1）关于被害人刘某某死因的鉴定意见排除了刘某某因机械性暴力作用致死，排除了因吸入美沙酮、氯胺酮、吗啡、3，4－亚甲基二氧基甲基苯丙胺、可卡因、3，4－亚甲基二氧基苯丙胺、6－乙酰吗啡、杜冷丁、甲基苯丙胺、苯丙胺成分毒品/药品中毒致死。（2）虽然证人李某委、陈某涵的证言以及鉴定意见等证据显示，4月22日凌晨被害人刘某某曾饮酒，且死亡后血液中还检出乙醇成分；但针对这一点，尸检鉴定意见已明确指出：刘某某的血液检出乙醇成分，含量为35.7mg/100ml，但未达致死量，可排除因酒精中毒而死亡。（3）证人李某委、陈某涵的证言证实，被害人刘某某在被告人曾乒乓的药房治疗后至送到医院抢救期间没有饮水、进食，且基本处于车内和室内。（4）被害人刘某某先被送至南沙区第六人民医院抢救，后被转院至广州市番禺区中心医院。从上述（3）、（4）点可知，由于被害人刘某某在输液后没有饮水、进食，与外界亦没有过多接触，且现有证据亦没有反映医院的抢救过程存在异常，可以认定在输液后不存在异常介入因素。（5）被告人曾乒乓、袁朝供述，被害人刘某某在接受曾乒乓的输液治疗之前，还口服了双黄连、银翘解毒等中成药，该说法与急诊室医生“主诉：于半天前因咽痛、咽喉不适到私人诊所注射及口服药物治疗”的记录相印证。从现有证据来看，可能存在的其他过敏源应为刘某某在接受输液治疗前的口服药。针对这一点，被告人曾乒乓供称，当时刘某某说自己吃了中成药没什么效果，所以才到药店找其帮忙输液治疗，由此可知刘某某在到药店之前已口服中成药有一段时间，且并无异常反应；按照曾乒乓的说法，刘某某到药店时其发现他的喉咙有脓点（并非过敏反应可能出现的水肿），其使用青霉素是为了消炎。综上，鉴定意见结合输液药物的顺序，输液药物进入体内与被害人刘某某发生过敏性休克的间隔，以及现阶段医学科学的认知，认定刘某某因青霉素过敏发生休克的可能性远大于其他药物的意见可信，应予以采纳。

综合全案事实、证据，可以认定被告人曾乒乓对被害人刘某某的诊疗行为存在过错，曾乒乓的过错行为与刘某某死亡之间存在因果关系：（1）曾乒乓在诊疗过程中，存在违反病历书写规范、抗生素使用原则、青霉素使用规范等过错行为；（2）曾乒乓对被害人刘某某实施过输注青霉素等药物的治疗行为，而刘某某的死因符合过敏性休克导致死亡，注射青霉素发生过敏性休克可以出现刘某某死亡的特征；（3）被害人刘某某因青霉素过敏发生休克的可能性远大于其他药物。鉴定意见在上述分析基础上认定被告人曾乒乓的过错行为为主要因素，其过错参与度为80%左右的建议可信，应予以采纳。

（一审法院合议庭成员　许东俊　陈润彰　彭淑姝
编写人　广东省广州市南沙区人民法院　许东俊
责任编辑　周维明
审稿人　李玉萍）

原载《人民法院案例选》2019年第11辑（总第141辑）

306. 王在朝非法行医案
——行医行为超出执业许可证所确定执业范围性质的认定

【关键词】

刑事　非法行医　乡村医生执业资格　致人死亡

【裁判要旨】

对于已经取得乡村医生执业资格的行为人，未向卫生行政管理部门注册，没有取得医疗机构执业许可证，因擅自行医并造成就诊人死亡的，不构成非法行医罪。

【相关法条】

《中华人民共和国刑法》

第三百三十六条第一款　未取得医生执业资格的人非法行医，情节严重的，处三年以下有期徒刑、拘役或者管制，并处或者单处罚金；严重损害就诊人身体健康的，处三年以上十年以下有期徒刑，并处罚金；造成就诊人死亡的，处十年以上有期徒刑，并处罚金。

《最高人民法院关于审理非法行医刑事案件具体应用法律若干问题的解释》

第一条　具有下列情形之一的，应认定为刑法第三百三十六条第一款规定的“未取得医生执业资格的人非法行医”：

（一）未取得或者以非法手段取得医师资格从事医疗活动的；

（二）被依法吊销医师执业证书期间从事医疗活动的；

（三）未取得乡村医生执业证书，从事乡村医疗活动的；

（四）家庭接生员实施家庭接生以外的医疗行为的。

《中华人民共和国侵权责任法》

第六条第一款　行为人因过侵害他人民事权益的，应当承担侵权责任。

【案件索引】

一审：天津市东丽区人民法院（2018）津0110刑初64号（2018年5月4日）

二审：天津市第二中级人民法院（2018）津02刑终331号（2019年1月10日）

【基本案情】

天津市东丽区人民检察院指控：2014年6月至12月间，被告人王在朝在未取得医生执业资格的情况下，在天津市东丽区华明家园慈园×号楼×门×××室内开展诊疗活动。12月12日8时许，被害人谷某某到王在朝经营的诊所就诊，王在朝为其打针治疗。当日

15 时许，被害人谷某某再次到诊所内就诊，王在朝使用抗生素、激素为被害人输液，当日 17 时 30 分许回家。当晚 19 时许，被害人谷某某在家中晕倒，后经抢救无效死亡。经鉴定，被害人谷某某系冠心病发作导致猝死，王在朝的诊疗行为在客观上延误诊断和治疗。2016 年 1 月 12 日，被告人王在朝被抓获归案。公诉机关认为，被告人王在朝未取得医生执业资格非法行医，情节严重，应按照非法行医罪对其定罪处罚，法定刑为三年以下有期徒刑、拘役或者管制，并处或单处罚金。建议法院对被告人王在朝判处有期徒刑二年至三年，并处罚金。

三附带民事诉讼原告人诉称：被告人王在朝无证行医，其诊疗行为对谷某某的死亡有延误诊断和治疗的责任，要求王在朝赔偿三原告人医疗费、死亡赔偿金、丧葬费、被抚养人生活费、精神损害抚慰金及尸检费、交通费，总计人民币 911625 元。

被告人王在朝辩称：出事时，被害人已经连续在诊所治疗三天，并称其开设诊所手续齐全，被害人的死亡和其关系不大。不认为其行为构成犯罪，不同意赔偿被害人家属经济损失。庭审中，对公诉机关出示宣读的证据均未提出异议。

法院经审理查明：被告人王在朝于 2004 年取得乡村医生执业证书。2010 年，经河北省沧县卫生局许可，在沧县崔尔庄镇前乔庄村经营沧县崔尔庄镇前乔庄卫生室，诊疗科目为内科，具有收费资格。2014 年 6 月，被告人王在朝来到本市东丽区华明街华明家园，租赁慈园×号楼×门×××室经营“贯庄诊所”，开展诊疗活动。12 月 12 日，被害人谷某某先后两次到王在朝经营的诊所就诊，王在朝为其使用了盐酸林可霉素、替硝唑氯化钠注射液、5% 葡萄糖注射液、地塞米松磷酸钠注射液、维生素 C 注射液等药物为其打针、输液治疗。治疗后 17 时 30 分许，谷某某回到家中。当晚 18 时 30 分许，被害人谷某某在家中晕倒，后经抢救无效死亡。经鉴定，被害人谷某某系冠心病发作导致猝死，死者生前使用的盐酸林可霉素、替硝唑氯化钠注射液、5% 葡萄糖注射液、地塞米松磷酸钠注射液、维生素 C 注射液等药物和谷某某的死亡没有直接关系，但王在朝的诊疗行为及用药不规范（无病历记录、未行相应检查、无用药记录、未明确诊断），在客观上延误了谷某某的诊断和治疗。

【裁判结果】

天津市东丽区人民法院于 2018 年 5 月 4 日作出（2018）津 0110 刑初 64 号刑事判决：一、被告人王在朝无罪。二、被告人王在朝于本判决生效后 10 日内赔偿刑事附带民事诉讼原告人许某、谷某 1、谷某 2 经济损失人民币 81165. 1 元。

宣判后，原审被告人王在朝、原审附带民事诉讼原告人许某、谷某 1、谷某 2 不服，均提出上诉；天津市东丽区人民检察院提请抗诉。

天津市第二中级人民法院于 2019 年 1 月 10 日作出（2018）津 02 刑终 331 号刑事裁定：一、准许上诉人王在朝撤回上诉。二、准许天津市人民检察第二分院撤回抗诉。三、驳回上诉人许某、谷某 1、谷某 2 的上诉，维持原判。

【裁判理由】

法院生效裁判认为：被告人王在朝于 2004 年取得乡村医生执业证书，在批准的执业地点行医。2014 年，被告人王在朝离开执业地点来到天津市东丽区华明街行医，但未在东丽区卫生行政管理部门注册，未取得医疗机构执业许可证。根据2008年5月9日施行的《最高人民法院关于审理非法行医刑事案件具体应用法律若干问题的解释》（以下简称《关于审理非法行医刑事案件的解释》）第一条第二项规定，个人未取得《医疗机构执业许可证》开办医疗机构的，应认定为“未取得医生执业资格的人非法行医”。按照《关于审理非法行医刑事案件的解释》的规定，被告人王在朝的行为构成犯罪。2016年12月16日，《最高人民法院关于修改〈关于审理非法行医刑事案件具体应用法律若干问题的解释〉的决定》删除了第一条第二项。本着从旧兼从轻的原则，对被告人王在朝未取得医疗机构执业许可证开办医疗机构的行为，不应认定为“未取得医生执业资格的人非法行医”。我国《刑法》规定，未取得医生执业资格的人非法行医，情节严重的，构成非法行医罪。该罪的犯罪主体为未取得医生执业资格的人。被告人王在朝已取得乡村医生执业证书，具有医生执业资格，具备一定的医学知识并多年从事医疗活动，不符合非法行医罪主体方面的要求，其行为不构成非法行医罪。

虽然被告人王在朝的上述行为不构成犯罪，但是由于被告人王在朝的诊疗行为对被害人的死亡有延误诊断和治疗的责任，故应对被害人家属因此遭受的合理经济损失承担相应的过错责任，结合本案的情况，法院确定由王在朝承担10%的民事责任。

【案例注解】

本案的关键在于三个层层递进的问题：一是被告人王在朝取得的乡村医生执业证书是否属于《刑法》所规定的取得医生执业资格。二是若被告人王在朝取得了医生执业资格，其超出执业许可证所确定的执业范围的行医行为是否属于非法行医。三是若确定被告人王在朝的行医行为属于非法行医，该非法行医行为属于行政违法还是刑事违法。

一、被告人王在朝取得的乡村医生执业证书，是否属于《刑法》所规定的取得医生执业资格

在现行医疗方面的行政管理规范中，很难找到医生执业资格这个名词。但对于医师的规定，主要来自《执业医师法》和《乡村医生从业管理条例》。第一，《执业医师法》第八条第二款规定：“医师资格统一考试的办法，由国务院卫生行政部门制定。医师资格考试由省级以上人民政府卫生行政部门组织实施。”其效力及于全国范围内。而《乡村医生从业管理条例》第三条第二规定：“县级以上地方人民政府卫生行政主管部门负责本行政区域内乡村医生的管理工作。”其效力仅限于本县范围内。结合《乡村医生从业管理条例》第十五条规定：“乡村医生经注册取得执业证书后，方可在聘用其执业的村医疗卫生机构从事预防、保健和一般医疗服务。未经注册取得乡村医生执业证书的，不得执业。”从该规定可以分析出，乡村医生取得执业证书后，应当具备执业资格，但还不能明确是否属于具有医生执业资格的人。第二，非法行医罪的典型主体是没有医师资格的人从事医疗服务活动。根据最高人民法院2016年12月16日公布的修正后的《关于审理非法行医刑事案件的解释》规定，非法行医罪的犯罪主体包括：未取得或者以非法手段取得医师资格从事医疗活动的；被依法吊销医师执业证书期间从事医疗活动的；未取得乡村医生执业证书，从事乡村医疗活动的；家庭接生员实施家庭接生以外的医疗行为的。其中与本案相关的是第三种类型，即未取得乡村医生执业证书，从事乡村医疗活动的。第三，结合本案，反推被告人王在朝属于已经取得了乡村医生执业证书的人，应当排除在非法行医的主体范围之外。通过上述三个法律、法规和司法解释的规定，可以总结出具有医生执业资格的人包括三类：一是取得执业医师资格的人；二是取得执业助理医师资格的人；三是取得乡村医生执业资格的人。结合本案，被告人王在朝在诊所内接收和治疗的病人并未超出其审核核定的科目和门类。综上，已经取得乡村医生执业证书的被告人，不属于未取得医生执业资格的人。

二、若被告人王在朝取得了医生执业资格，其超出执业许可证所确定的执业范围的行医行为是否属于非法行医

首先，河北省沧县卫生局给被告人王在朝颁发的医疗机构执业许可证允许其在河北省沧州市崔尔庄镇乔庄行医，而其在天津行医时并未得到当地卫生局的准许。其次，沧县卫生局给被告人王在朝颁发的医疗机构执业许可证确定的诊疗科目为内科，且具有收费资格，其在诊所内为被害人谷某某进行治疗过程中的用药范围并未超出其审核核定的科目和门类。再次，本案的另一关键点在于被害人死亡与被告人的诊疗行为有无因果关系。经鉴定，被害人谷某某系冠心病发作导致猝死，但因被告人王在朝的诊疗行为及用药不规范（无病历记录、未行相应检查、无用药记录、未明确诊断），在客观上延误了谷某某的诊断和治疗。最后，2001 年，最高人民法院就非法行医主体问题向卫生部征询过意见。卫生部在复函中明确指出：除随急救车出诊或者随采血车采血，对病人实施现场急救，经批准的家庭病床、卫生支农、承担政府交办任务的及卫生部门批准义诊等情况外，乡村医生超出其申请执业地点的，应视为非法行医。按照卫生部的回复，可见被告人的跨区域行医行为属于非法行医行为。

有观点认为，因被告人王在朝未到行医所在地的卫生行政管理部门进行登记注册，未领取医疗机构执业许可证，其行为不符合国务院发布的《医疗机构管理条例》的有关规定，故其开办诊所的行为是非法行为。笔者认为，开办诊所与卫生行政管理部门的批准是一个统一的、相互一致的行为，受相关的行政法规调整和制约。而行政法规的规定不得与法律相抵触。我国《刑法》第三百三十六条第一款对非法行医罪的概念已定义得非常明确，非法行医罪的立法意旨在于打击那些无医师执业资格而从事诊疗活动的无证行医者。综合上述分析，本案被告人王在朝的跨区域行医行为属于非法行医，但该行为属于行政违法还是刑事违法，应作进一步讨论。

三、若确定被告人王在朝的行医行为属于非法行医，该非法行医行为属于行政违法还是刑事违法

2008 年 4 月 28 日，最高人民法院审判委员会通过《关于审理非法行医刑事案件的解释》。2016 年 12 月 16 日，最高人民法院通过了《关于修改〈关于审理非法行医刑事案件具体应用法律若干问题的解释〉的决定》。此次修改删除了第一条第二项规定，即“个人未取得《医疗机构执业许可证》开办医疗机构的”情形。由此可见，有行医资格的乡村医生跨区域行医属于行政违法行为而不是刑事违法行为。在法学理论上，违法行为包括行政违法行为和刑事违法行为。刑事违法属于犯罪构成要件（社会危害性、刑事违法性、应受惩罚性）之一。从《刑法》第三百三十六条规定来看，非法行医罪的刑事违法性必须是“未取得医生执业资格的人”，但本案的被告人王在朝是具备医生执业资格的人。因此，被告人王在朝违反行医范围的行为属于违反行政管理法规的行为，不能据此认定其构成非法行医罪。

此外，最高人民法院研究室在《关于审理非法行医刑事案件的解释》的理解与适用中指明两个问题：第一，取得执业医师资格，但根据《乡村医生从业管理条例》的规定经县级卫生部门注册后，在乡村医疗机构从事一般医疗服务的，不能按非法行医处理。第二，对于违反《执业医师法》的规定，超出注册的执业地点、执业类别、执业范围从事诊疗活动的，目前不宜作为刑事犯罪处理。①

（一审法院合议庭成员　孙宝芳　马锡玲　孙淑金
二审法院合议庭成员　蔡淑英　关成吉　梁　云
编写人　天津市东丽区人民法院　王立鑫
责任编辑　包献荣
审稿人　李玉萍）

原载《人民法院案例选》2020年第4辑（总第146辑）

① 李晓：《〈关于审理非法行医刑事案件具体应用法律若干问题的解释〉理解与适用》，载《人民司法》2008年第19期。

第四节　破坏环境资源保护罪

一、污染环境罪

307. 宋友生、李伯庆等污染环境案
——污染环境犯罪故意、过失及环境评估报告和公司财产损失的司法认定

【关键词】

污染环境罪　犯罪故意　财产损失　环境评估报告

【裁判要旨】

环境污染损害鉴定报告采取虚拟治理的方法估算的污染修复费用，属于为消除污染而采取必要合理措施所产生的费用，环境污染损害鉴定报告估算，环境污染修复费用已经超过100万元，应当认定为《刑法》第三百三十八条规定的“后果特别严重”。

【相关法条】

《中华人民共和国刑法》

第三百三十八条　违反国家规定，排放、倾倒或者处置有放射性的废物、含传染病病原体的废物、有毒物质或者其他有害物质，严重污染环境的，处三年以下有期徒刑或者拘役，并处或者单处罚金；后果特别严重的，处三年以上七年以下有期徒刑，并处罚金。

【案件索引】

一审：天津市北辰区人民法院（2013）辰刑初字第443号（2013年12月31日）

二审：天津市第一中级人民法院（2014）一中刑终字第78号（2014年3月25日）

【基本案情】

公诉机关天津市北辰区人民检察院指控称：2013 年 2 月，被告人宋友生从被告人杨德志处购买一辆半挂式货车和一个大罐（车斗）用于运送废酸。同年 3 月，被告人杨德志应被告人宋友生要求，介绍其为被告人李伯庆处理废酸。被告人李伯庆在明知被告人宋友生没有处理废酸资质的情况下，仍以每吨 40 元的价格持续向被告人宋友生提供被告人李伯庆经营的“天津市宏庆强化工产品经销有限公司”的废酸。被告人宋友生先后雇佣被告人轧乃鹏跟车，被告人轧乃明、赵有全驾驶车辆拉运，并指示被告人轧乃鹏、轧乃明、赵有全将废酸倾倒在北辰区大张庄镇南麻疸村村南 205 国道北侧的明渠内，造成渠内水体污染。公诉机关认为，六名被告人的行为已构成污染环境罪。

被告人宋友生、李伯庆、赵有全、杨德志、轧乃明、轧乃鹏对公诉机关指控的犯罪事实及罪名均无异议。

被告人李伯庆辩护人的主要辩护意见为：被告人李伯庆犯罪的主观恶性小，社会危害性不大；被告人李伯庆到案后如实供述犯罪事实，且系初犯。故请求法院对被告人李伯庆从轻处罚。

被告人轧乃鹏对公诉机关指控的罪名无异议，但辩称其是 2013 年 4 月 10 日前后为被告人宋友生跟车。被告人轧乃鹏的辩护人提出以下辩护意见：（1）公诉机关指控被告人轧乃鹏犯罪的时间及倾倒废酸的数量有误；（2）天津市环境保护技术开发中心出具的评估报告是在污染程度和范围无法确定情况下所作，对于该报告不应采用；（3）被告人轧乃鹏具有自首情节；（4）被告人轧乃鹏系初犯、从犯。故请求法院对被告人轧乃鹏从轻处罚。

被告人赵有全的辩护人提出以下辩护意见：（1）被告人赵有全因形迹可疑被盘查后到案，系自首；（2）被告人赵有全到案后如实供述犯罪事实；（3）被告人赵有全系初犯、从犯。故请求法院对被告人赵有全从轻处罚。

法院经审理查明：被告人宋友生以案外人“宋守英”的名义并借用其资金人民币 5 万元从被告人杨德志处购买一辆红色“解放”牌重型半挂式货车（车牌号：冀 BS72 × ×）和一个大罐（车斗号：冀 BP8 × × 挂）用于拉运废酸。同年 3 月，被告人杨德志在明知被告人宋友生没有处理废酸资质的情况下，仍应被告人宋友生要求介绍其为被告人李伯庆处理废酸；被告人李伯庆亦在明知被告人宋友生没有处理废酸资质的情况下，仍委托其处理天津市宏庆强化工产品经销有限公司产生的废酸并支付费用。

2013 年 3 月至 4 月中旬，被告人宋友生雇佣被告人轧乃明驾驶车辆从被告人李伯庆处拉运废酸 1000 余吨分多次倾倒在天津市北辰区大张庄镇南麻疸村村南 205 国道北侧的明渠内。同年 4 月中旬至 5 月 9 日，被告人宋友生雇佣被告人赵有全驾驶车辆、被告人轧乃鹏跟车从被告人李伯庆处拉运废酸，并指示二人将共计 800 余吨的废酸分多次倾倒在上述明渠内。

2013 年 5 月 9 日凌晨 1 时许，被告人赵有全在倾倒废酸时被当场抓获。同年 5 月 29 日，被告人宋友生被公安机关抓获归案。同年 5 月 31 日，被告人杨德志和轧乃明到公安机关投案。同年6月2日被告人轧乃鹏到公安机关投案。同年6月25日被告人李伯庆被公安机关抓获归案。经鉴定，被告人宋友生等人倾倒的酸性废液是具有腐蚀性的危险物质，属危险废物，污染修复费用最低为人民币600万元。

【裁判结果】

天津市北辰区人民法院于2013年12月31日作出（2013）辰刑初字第443号刑事判决：一、被告人宋友生犯污染环境罪，判处有期徒刑五年六个月，并处罚金100万元；二、被告人李伯庆犯污染环境罪，判处有期徒刑六年，并处罚金100万元；三、被告人轧乃鹏犯污染环境罪，判处有期徒刑三年，并处罚金5万元；四、被告人赵有全犯污染环境罪，判处有期徒刑四年，并处罚金10万元；五、被告人杨德志犯污染环境罪处罚金5万元；六、被告人轧乃明犯污染环境罪，判处有期徒刑三年六个月，并处罚金8万元。

宣判后，被告人李伯庆、轧乃鹏、赵有全、轧乃明不服判决，提出上诉，天津市第一中级人民法院于2014年3月25日作出（2014）一中刑终字第78号刑事裁定：驳回上诉，维持原判。

【裁判理由】

法院生效裁判认为：关于辩护人提出的原审判决认定各上诉人及原审被告人排放的危险废物数量不清的问题。经查，原审判决认定的排放危险废物数量有上诉人李伯庆及原审被告人宋友生的供述予以证明，二人供述稳定，可以互相印证，且系合法取得，经庭审质证可作为定案证据，原审判决据此认定排放危险废物的数量并无不当。

关于辩护人提出的天津市环境保护技术开发中心作出的环境污染损害鉴定初步评估报告依据不足，报告不符合《中华人民共和国刑事诉讼法》（以下简称《刑事诉讼法》）要求的问题。经查，根据《最高人民法院、最高人民检察院关于办理环境污染刑事案件适用法律若干问题的解释》（以下简称《解释》）第十一条第二款规定："县级以上环境保护部门及其所属检测机构出具的监测数据，经省级以上环境保护部门认可的，可以作为证据使用。"本案中的评估报告由天津市环境保护技术开发中心及天津市环境污染损害鉴定评估中心出具。天津市环境污染损害鉴定评估中心是天津市环境保护局成立的，主要职责为：从事环境污染损害鉴定评估的技术指导；承担环境污染损害的鉴定评估等。该机构作为省级环保部门，根据天津市北辰区环境保护监测站的监测报告作出的评估报告符合《解释》的要求，可以作为证据使用。

关于辩护人提出的评估报告评估标准过高，认定造成的损失排除不了其他企业排污造成的可能性问题。经查，评估报告依据天津市北辰区环境保护监测站的监测数据，结合本案排放的危险废物数量，根据《环境污染损害数额计算推荐方法》确定污染修复费用最低为600万元。该修复费用只是修复本案排放危险废物的费用，并未涉及其他企业排污问题，辩护人的辩护意见缺乏依据。

关于各上诉人及辩护人提出的原审判决量刑过重问题。经查，各上诉人及原审被告人违反国家规定，非法排放危险废物，严重污染环境，后果特别严重，原审判决综合考虑各上诉人及原审被告人的犯罪事实及在共同犯罪中的地位、作用和具备的法定、酌定量刑情节，依法予以判罚，量刑并无不当。

【案例注解】

本案争议焦点主要有三点：一是污染环境罪的主观方面到底是故意还是过失；二是天津市环境保护技术开发中心作出的环境污染损害鉴定初步评估报告可否作为证据使用；三是采用虚拟治理方法估算出的污染修复费用是否属于为消除污染而采取必要合理措施所产生的费用。

一、关于污染环境罪的主观方面应为故意

1997 年《中华人民共和国刑法》（以下简称《刑法》）增设了重大环境污染事故罪，从“事故”一词的含义出发，很容易推出其主观方面是过失。后《刑法修正案（八）》对此罪条文进行了修改，修改后的罪名为污染环境罪。污染环境罪条文中将“造成重大环境污染事故，致使公私财产遭受重大损失或者人身伤亡的严重后果的”修改为“严重污染环境的”，降低了入罪门槛。关于污染环境罪的犯罪主观要件，一直存有争议。有观点认为“事故”一词的取消客观上降低了入罪门槛，从行为方式来看“排放、倾倒、处置”这些行为都是有意为之，故本罪为故意犯罪。[①] 有观点认为修改后的“环境污染罪”未改变原设的法定最高刑期“三到七年的有期徒刑”，结合环境污染行为的社会危害性和潜在影响性，立法者若不是将本罪主观罪过限定在过失方面，那就明显有了重罪轻罚的嫌疑，可见修改后的“环境污染罪”仍然是过失犯罪。[②] 还有观点认为本罪在主观方面应当采用过错（包括故意和过失）刑事责任原则，并辅助以严格责任为特例，即行为人不论是以故意还是过失违反国家规定有重大污染环境行为的，构成本罪（除了依法可以免责的战争、自然灾害等）。[③] 笔者认为，从相关司法解释精神出发，污染环境罪的主观要件应认定为故意。

《解释》第七条规定：“行为人明知他人无经营许可证或者超出经营许可范围，向其提供或者委托其收集、贮存、利用、处置危险废物，严重污染环境的，以污染环境罪的共同犯罪论处。”《刑法》第二十五条规定：“共同犯罪是指二人以上共同故意犯罪。二人以上共同过失犯罪，不以共同犯罪论处……”可见，如果仍认为污染环境罪的主观方面是过失的话，那么明知他人无经营资质仍然向其提供危险废物的行为，就不能作为共同犯罪论处，与《解释》的规定相悖。除此以外，实践中还出现过的两年内曾因违反国家规定，排放、倾倒有毒物质受到过两次以上行政处罚，又实施该种行为的，对这种屡教不改的行为如果仍以过失来论处，确实难以服众。从刑法学理论上讲，如果认定本罪主观罪过既包括故意又包括过失，设定一种“混合罪过”的观点，在理论上又难以自圆其说。因此笔者认为污染环境罪的主观方面应为故意。

---

① 王楠：《环境污染罪的法律思考》，载《山东社会科学》2013 年 S2 期。

② 吴隽雅：《论修改后的“环境污染罪”的罪名完善——加强生态文明建设之刑事法律保障》，载《生态文明的法制——2013 年全国环境资源法学研讨会（2013.6.4～6·乌鲁木齐）论文集》。

③ 陈嫡、陈勃：《重大环境污染事故罪的探讨》，载《陕西行政学院学报》2007 年第 2 期。

二、关于环境污染损害鉴定初步评估报告可以作为证据使用

二审中，轧乃鹏的辩护人认为环保部门的《初步评估报告》形式不规范，不符合《刑事诉讼法》的要求，不宜作为定案证据使用。法院经审理查明，根据《解释》第十一条第二款规定："县级以上环境保护部门及其所属监测机构出具的监测数据，经省级以上环境保护部门认可的，可以作为证据使用。"本案中的评估报告由天津市环境保护技术开发中心及天津市环境污染损害鉴定评估中心出具，天津市环境污染损害鉴定评估中心是天津市环保局环境保护局成立的，主要职责为：从事环境污染损害鉴定评估的技术指导，承担环境污染损害的鉴定评估等。该机构作为省级环保部门，根据天津市北辰区环境保护监测站的监测报告作出的评估报告符合《解释》的要求，可以作为证据使用，故辩护意见法院不予采纳。

根据《刑事诉讼法》的规定，原则上诉讼所涉及的专门性问题是由鉴定人运用科学技术或者专门知识进行鉴别和判断并提供鉴定意见。但目前具备环境污染鉴定能力的司法鉴定机构不仅数量极少而且鉴定费用昂贵。这条突破性规定在于授权环保部指定的机构可以出具检验报告，使得检验报告具备与鉴定意见同等的证据效力，为有效审理环境污染刑事案件提供了便利。

三、关于污染修复费用是否属于为消除污染而采取必要合理措施所产生的费用

根据《解释》第三条的规定，实施《刑法》第三百三十八条、第三百三十九条规定的行为，致使公私财产损失一百万元以上的，应当认定为后果特别严重。这里就涉及"公私财产损失"的界定。《解释》第九条规定："本解释所称'公私财产损失'，包括污染环境行为直接造成财产损毁、减少的实际价值，以及为防止污染扩大、消除污染而采取必要合理措施所产生的费用。"

具体到本案就是环境评估报告采用虚拟治理方法估算的污染修复费是否属于为消除污染而采取必要合理措施所产生的费用的问题。如果是，此案估算的污染修复费为600万元，也就意味着此案的公私财产损失远远超过100万元，被告人的行为后果属于特别严重，量刑幅度应在三年以上七年以下有期徒刑，并处罚金；如果不是，量刑就在三年以下有期徒刑或拘役，并处或单处罚金。是或否，直接决定了量刑的不同。《解释》所说的"消除污染而采取必要合理措施所产生的费用"，是否将"污染修复费用"涵盖在内，尚不清楚。法院在审理此案时将污染修复费纳入到为消除污染而采取必要合理措施所产生的费用中，是基于以下考虑。

首先，最高人民法院和最高人民检察院出台《关于办理环境污染刑事案件适用法律若干问题的解释》的背景是我国环境污染情况严重，涉及环境污染的刑事案件呈多发的态势，而法律法规对这方面的规定比较欠缺，入罪门槛较高，处罚力度不够。在这种背景下出台专项解释就是为了严厉打击环境污染刑事犯罪。如果不将污染修复费纳入其中的话，环境本身的损失仍然得不到《刑法》的保护，如此就背离了立法的初衷。

其次，从环境修复的专业技术角度出发，本案采取对酸性废液进行虚拟治理的方法估算出的污染修复费用最低为600万元。这600万是对土地表层进行脱酸、修复的费用，还不涉及地下土壤和水体的治理与修复，如果算上地下土壤和地下水以及修复过程中所需付出的人力和时间，600万元远远不够。所以关于辩护人提出的评估报告评估标准过高，认定造成的损失排除不了其他企业排污造成的可能性问题，法院经审理认为600万元是依据天津市北辰区环境保护监测站的监测数据和《环境污染损害数额计算推荐方法》所确定下来的最低修复费用。该修复费用只是修复本案排放危险废物的费用，并未涉及其他企业排污问题。

（一审法院合议庭成员　史修金　郭　莹　刘国华
二审法院合议庭成员　杨雪梅　张玉峰　李草原
编写人　天津市北辰区人民法院　张国强　史修金　李丹媚
责任编辑　李　明
审稿人　蒋惠岭）

原载《人民法院案例选》2016年第3辑（总第97辑）

308. 刘祖清污染环境案*

——排放含重金属的污染物严重超标，构成污染环境罪

（一）基本案情

2013年10月以来，被告人刘祖清伙同他人，在未按国家规定办理工商营业执照及环境影响评价审批手续，在未建设配套水污染防治等环保设施的情况下，雇用工人从事鞋模加工。期间，产生的废水未经过处理，通过连接围堰的管道排至村庄排水渠。经监测，上述加工厂总外排口废水中重金属浓度为镍23200mg/L、总铬8.64mg/L、铜36mg/L、锌132mg/L，分别超过《污水综合排放标准》（GB8978－1996）规定的排放标准23199倍、4.76倍、35倍、25.4倍。

（二）裁判结果

福建省晋江市人民法院一审判决、泉州市中级人民法院二审裁定认为：被告人刘祖清伙同他人在鞋模加工时，违反国家规定，排放含镍、铬、铜、锌的废水，超过国家规定的排放标准23199倍、4.76倍、35倍、25.4倍，严重污染环境，其行为已构成污染环境罪。据此，以污染环境罪判处被告人刘祖清有期徒刑二年八个月，并处罚金人民币5万元。

（责任编辑　杨　奕）

原载《人民法院案例选》2016年第12辑（总第106辑）

* 2016年12月26日最高人民法院发布的环境污染犯罪八起典型案例之一。

309. 田建国、厉恩国污染环境案*

——非法炼铅污染环境，判处有期徒刑四年半

（一）基本案情

被告人田建国租赁炼铅厂，未取得危险废物经营许可证，未采取任何污染防治措施，利用火法冶金工艺进行废旧铅酸蓄电池还原铅生产。自2012年8月至2013年10月，被告人田建国先后从张柱芳等人（已另案处理）处购买价值人民币108330105元的废旧铅酸蓄电池共计13500余吨，用于还原铅生产，严重污染环境。被告人厉恩国建设炼铅厂租赁给田建国，且为田建国经营提供帮助。田建国归案后如实供述自己的犯罪行为。

（二）裁判结果

江苏省徐州市云龙区人民法院一审判决、徐州市中级人民法院二审裁定认为：田建国非法收购废旧铅酸电池，利用火法冶金工艺进行炼铅，在非法处置过程中，产生的大量废水、废气均未经处理直接排放，溢出的粉尘用自制布袋收集，生产的成品铅锭露天堆放，造成严重污染，构成污染环境罪。厉恩国构成污染环境罪的共同犯罪。综合考虑污染行为持续时间、经营规模、污染范围以及排放污染物的数量等因素，二被告人的行为应当认定为“后果特别严重”。据此，以污染环境罪判处被告人田建国、厉恩国各有期徒刑四年六个月，并处罚金人民币10万元。

（责任编辑　杨　奕）

原载《人民法院案例选》2016年第12辑（总第106辑）

* 2016年12月26日最高人民法院发布的环境污染犯罪八起典型案例之一。

310. 浙江汇德隆染化有限公司等污染环境案*

——18000 余吨精馏残液倾倒海塘，判处罚金 2000 万元

（一）基本案情

被告单位浙江汇德隆染化有限公司（以下简称汇德隆公司）是一家年产 4 万吨保险粉及 3800 吨亚硫酸钠的化工企业，绍兴腾达印染有限公司（以下简称腾达公司）主要经营印花、染色等项目，上述两公司实际控制人均为被告人严海兴。在保险粉合成、过滤干燥过程中产生的精馏残液（含有甲醇、甲酸钠、亚硫酸钠等成分），属于危险废物。2012 年 7、8 月间，为缓解汇德隆公司处理精馏残液的排污压力，严海兴经与被告人潘得峰（汇德隆公司总经理）、潘华林（腾达公司土建主管）商议，将汇德隆公司的精馏残液外运至无危险废物处置资质的腾达公司。精馏残液经与腾达公司自身产生的废水混合后，通过暗管直接排入管网，累计排放 5000 余吨。2012 年 10 月起，为缓解汇德隆公司处理精馏残液的排污压力，潘得峰又以 50～80 元/吨的价格委托无危险废物处置资质的被告人汝建国外运处置汇德隆公司的精馏残液，严海兴明知且默许上述外运处置行为。汝建国伙同被告人汝建成、汝俊，分别雇用被告人徐夫锁、唐长征、李镇华、罗卫杰等人采用槽罐车将上述精馏残液运至杭州湾上虞工业园区外海塘等地直接倾倒，累计倾倒 18000 余吨。被告人潘德凤（汇德隆公司仓库主管）明知汇德隆公司非法外运处置精馏残液，仍接受潘得峰的指派，组织人员负责对运输精馏残液的槽罐车过磅、填写供货清单等工作。

（二）裁判结果

浙江省绍兴市上虞区人民法院一审判决、绍兴市中级人民法院二审裁定认为：被告单位汇德隆公司伙同被告人汝建国、汝建成、汝俊等违反国家规定，排放、倾倒、处置有毒物质，严重污染环境，构成污染环境罪，且属后果特别严重。综合考虑案发后自首、立功、如实供述、退缴违法所得、补缴污水处理费等情节，以污染环境罪判处被告单位浙江汇德隆染化有限公司罚金人民币 2000 万元；判处被告人严海兴有期徒刑四年六个月，并处罚金人民币 100 万元；判处被告人潘得峰、汝建国各有期徒刑四年，并处罚金人民币 30 万元；判处被告人潘华林有期徒刑三年，并处罚金人民币 6 万元；判处被告人汝建成有期徒刑一年六个月，并处罚金人民币 5 万元；判处被告人汝俊有期徒刑一年三个月，并处罚金人民币 3 万元；判处被告人潘德凤、徐夫锁各有期徒刑十个月，缓刑一年，并处罚金人民币 1 万元；判处被告人唐长征、李镇华各有期徒刑六个月，缓刑一年，并处罚金人民币 1 万元；判处被告人罗卫杰拘役六个月，缓刑十个月，并处罚金人民币 1

* 2016 年 12 月 26 日最高人民法院发布的环境污染犯罪八起典型案例之一。

万元；禁止被告人徐夫锁、唐长征、李镇华、罗卫杰在缓刑考验期限内从事与排污相关的活动。

（责任编辑　杨　奕）

原载《人民法院案例选》2016 年第 12 辑（总第 106 辑）

311. 王秋为等污染环境案*

——居民区附近非法填埋生活垃圾，判处有期徒刑五年

（一）基本案情

2014 年 10 月起，被告人王秋为承包现代农业物流园用地回填工程，并转包给他人，在明知该物流园用地不具备生活垃圾处置功能，且他人无处置生活垃圾资质的情况下，任其倾倒、填埋生活垃圾。该填埋场西北侧为吴淞江，东侧为农田，500 米内有村庄 3 座，最近的村庄距离该填埋场 125 米。王秋为和被告人李伟根系合伙关系，其中王秋为总体负责填埋工程。被告人刘红海系南侧填埋工地负责人，被告人韩洋应刘红海之邀作为合伙人参与南侧填埋工程。该填埋场采用生活垃圾和建筑垃圾分层填埋的方式填埋生活垃圾。填埋生活垃圾被发现后，王秋为派人移除北侧部分生活垃圾，南侧继续填埋生活垃圾直至 2015 年 3 月。经测算，北侧所倾倒、填埋生活垃圾的留存量为 48236 立方米，南侧所倾倒、填埋生活垃圾的留存量为 146935 立方米。经评估，王秋为、李伟根填埋生活垃圾造成公私财产损失合计人民币约 12067009. 94 元，刘红海、韩洋填埋生活垃圾造成公私财产损失合计人民币约 9084680. 27 元。

（二）裁判结果

江苏省苏州市姑苏区人民法院判决认为：被告人王秋为、李伟根明知涉案物流园用地不具备生活垃圾处置功能，且他人无处置生活垃圾资质，任其倾倒、填埋生活垃圾，造成公私财产重大损失；被告人刘红海、韩洋违反国家规定，无资质倾倒、填埋生活垃圾，造成公私财产重大损失。上述各被告人的行为均构成污染环境罪，且属“后果特别严重”。据此，以污染环境罪判处被告人王秋为有期徒刑五年，并处罚金人民币 20 万元；被告人刘红海有期徒刑四年八个月，并处罚金人民币 15 万元；被告人李伟根有期徒刑三年六个月，并处罚金人民币 10 万元；被告人韩洋有期徒刑二年六个月，并处罚金人民币六万元。该判决已发生法律效力。

（责任编辑　杨　奕）

原载《人民法院案例选》2016 年第 12 辑（总第 106 辑）

* 2016 年 12 月 26 日最高人民法院发布的环境污染犯罪八起典型案例之一。

312. 湖州市工业和医疗废物处置中心有限公司污染环境案*

——危险废物处置企业非法处置危险废物，后果特别严重

（一）基本案情

湖州市工业和医疗废物处置中心系具有处置危险废物资质的企业，其许可经营项目为湖州市范围内医药废物、有机溶剂废物、废矿物油、感光材料废物等危险废物和医疗废物的收集、贮存、处置。2011 年至 2014 年 4 月，被告人施政（法定代表人）指使、授意或者同意其下属经营管理人员，将该中心收集的危险废物共计 5950 余吨交由没有相应资质的单位和个人处置，从中牟利。其中，部分危险废物被随意倾倒。

（二）裁判结果

浙江省湖州市吴兴区人民法院一审判决、湖州市中级人民法院二审判决认为：被告单位湖州市工业和医疗废物处置中心有限公司违反国家规定，处置危险废物，严重污染环境。被告人施政系被告单位直接负责的主管人员，指使、授意或者同意其下属经营管理人员实施上述行为。被告单位和被告人的行为均已构成污染环境罪，且属后果特别严重。综合考虑本案相关犯罪情节，判决被告单位湖州市工业和医疗废物处置中心有限公司犯污染环境罪，判处罚金人民币 40 万元；被告人施政犯污染环境罪，判处有期徒刑三年十个月，并处罚金人民币 15 万元，与其所犯行贿罪判处的刑罚并罚，决定执行有期徒刑六年三个月，并处罚金人民币 25 万元。

（责任编辑　杨　奕）

原载《人民法院案例选》2016 年第 12 辑（总第 106 辑）

* 2016 年 12 月 26 日最高人民法院发布的环境污染犯罪八起典型案例之一。

313. 建滔（河北）焦化有限公司污染环境案*
——挥发酚超标直排大气，判处罚金245万元

（一）基本案情

2014年3月，被告单位建滔（河北）焦化有限公司二期生化处理站的生化池出现活性污泥死亡，不能达标处理蒸氨废水。被告人王成武（公司总经理）、张剑甫（公用工程部经理）、胡晓晶（公用工程部副经理）、陈瑞（二期生化处理站主任）和张铸（岗位责任人）发现这一情况后，在未采取有效措施使蒸氨废水处理达标的情况下，为逃避环保部门的监管，由张剑甫指使陈瑞、张铸捏造达标的虚假水质检测表，并将这些未达标处理的蒸氨废水用于熄焦塔补水，导致蒸氨废水中的挥发酚被直接排入大气，严重污染环境。经检测，熄焦塔补水中的有毒物质挥发酚超出国家规定标准137倍。

（二）裁判结果

河北省邢台市桥东区人民法院判决认为：被告单位建滔（河北）焦化有限公司违反国家规定排放严重危害环境、损害人体健康的污染物，严重污染环境，构成污染环境罪。被告人张剑甫、张铸、陈瑞、王成武、胡晓晶作为直接负责的主管人员或者其他直接责任人员，应当承担相应的刑事责任。案发后被告单位建滔（河北）焦化有限公司投入大量资金对设备进行改造，达到环保要求，可以酌情从轻处罚。据此，以污染环境罪判处被告单位建滔（河北）焦化有限公司罚金人民币245万元；被告人张剑甫有期徒刑一年，并处罚金人民币5万元；被告人张铸有期徒刑十个月，并处罚金人民币3万元；被告人陈瑞有期徒刑十个月，并处罚金人民币3万元；被告人王成武有期徒刑六个月，缓刑一年，并处罚金人民币2万元；被告人胡晓晶罚金人民币2万元。该判决已发生法律效力。

（责任编辑　杨　奕）

原载《人民法院案例选》2016年第12辑（总第106辑）

* 2016年12月26日最高人民法院发布的环境污染犯罪八起典型案例之一。

314. 白家林、吴淑琴污染环境案*

——非法处置含矿物油的包装桶，构成污染环境罪

（一）基本案情

润滑油等矿物油系危险废物，根据《国家危险废物名录》的规定，含有或直接沾染危险废物的废弃包装物、容器亦属于危险废物。2014 年 10 月至 2015 年 4 月，被告人白家林在未取得危险废物经营许可证的情况下，从被告人吴淑琴等人处收购沾染有矿物油、涂料废物及废有机溶剂等物的废旧包装桶，并雇用工人清洗或者切割后出售。对于清洗废旧包装桶产生的废水，白家林指使工人倾倒在地上，通过铺设的管道排放至外环境。据查，吴淑琴先后向白家林出售沾染有润滑油的废旧包装桶共计 50.5 吨。

（二）裁判结果

重庆市渝北区人民法院一审判决认为：被告人白家林违反国家规定，非法处置危险废物三吨以上，严重污染环境；被告人吴淑琴明知白家林无经营许可证，向其提供危险废物，严重污染环境，构成共同犯罪。据此，综合考虑被告人吴淑琴系初犯，庭审中自愿认罪等情节，以污染环境罪判处被告人白家林有期徒刑一年八个月，并处罚金 15 万元；被告人吴淑琴有期徒刑一年，缓刑二年，并处罚金 8 万元。被告人白家林提起上诉后申请撤回上诉，重庆市第一中级人民法院经审查裁定准许。

（责任编辑　杨　奕）

原载《人民法院案例选》2016 年第 12 辑（总第 106 辑）

* 2016 年 12 月 26 日最高人民法院发布的环境污染犯罪八起典型案例之一。

315. 浙江金帆达生化股份有限公司等污染环境案*

——非法倾倒草甘膦母液35000余吨，判处罚金7500万元

（一）基本案情

方埠化工厂系浙江金帆达生化股份有限公司（以下简称金帆达公司）下属企业，专门生产农药草甘膦。2011年，方埠化工厂生产产生的危险废物草甘膦母液因得不到及时处理而胀库。为不影响生产，并降低处理成本，被告人杜忠祥（金帆达公司副总经理）、宋秋琴（金帆达公司国内贸易部经理），经被告人蒲建国（金帆达公司总经理）默许，委托不具备危险废物处置资质的杭州联环化工有限公司（以下简称联环公司）、湖州德兴化工物资有限公司（以下简称德兴公司）、富阳博新化工有限公司（以下简称博新公司）及被告单位衢州市新禾农业生产资料有限责任公司（以下简称新禾公司）等有业务往来的化工原料提供单位非法外运处置草甘膦母液。被告人李小峰（方埠化工厂分管物管部的副厂长）明知生产产生的草甘膦母液应委托有处理资质的企业处置，仍负责联系宋秋琴通知新禾公司等单位非法拉运草甘膦母液。从2011年10月至2013年5月，金帆达公司共非法处置草甘膦母液35000余吨，直接倾倒至外环境。

2011年下半年，被告单位新禾公司为谋取利益，在不具备危险废物处置资质的情况下，违反国家规定，经被告人吴贵长（新禾公司法定代表人）同意，由被告人洪国女（新禾公司副总经理）与杜忠祥、宋秋琴联系，约定为金帆达公司处置草甘膦母液，并收取每吨80～100元的处置费用。从2012年初至2013年5月期间，新禾公司通过被告人黄小东、王飞合伙经营的槽罐车将共计5000余吨的草甘膦母液从方埠化工厂运至衢州，倾倒在小溪、沙滩、林地等处，并支付黄小东、王飞每吨50～60元的处置费用。被告人严琦（新禾公司股东）负责与黄小东、王飞及金帆达公司结算草甘膦母液处置费用、开具发票等事宜。被告人林树木、舒文忠、柴荣贵、杨建云、傅国祥、陈卸荣、张仙国、方岳良、邱土良、蒋东华作为槽罐车的驾驶员、押运员，参与草甘膦母液的运输及协助倾倒。

（二）裁判结果

浙江省龙游县人民法院一审判决、浙江省衢州市中级人民法院二审裁定认为：被告单位浙江金帆达生化股份有限公司、衢州市新禾农业生产资料有限责任公司与被告人黄小东、王飞等人违反国家规定，倾倒、处置危险废物，严重污染环境，其行为均已构成污染环境罪，且属后果特别严重。综合考虑案发后自首、如实供述、退缴违法所得等情

---

* 2016年12月26日最高人民法院发布的环境污染犯罪八起典型案例之一。

节，以污染环境罪判处被告单位浙江金帆达生化股份有限公司罚金人民币 7500 万元；判处被告单位衢州市新禾农业生产资料有限责任公司罚金人民币 400 万元；判处被告人杜忠祥有期徒刑六年，并处罚金人民币 100 万元；以及其他各被告人相应有期徒刑和罚金。

此外，浙江省杭州市富阳区人民法院、萧山区人民法院、杭州市中级人民法院、德清县人民法院、湖州市中级人民法院均已分别对涉案的博新化工、联环化工、德兴化工及相关被告人依法作出裁判。

（责任编辑　杨　奕）

原载《人民法院案例选》2016 年第 12 辑（总第 106 辑）

316. 张某甲、周某某等污染环境案

——污染环境罪是故意犯罪并有未遂形态

【关键词】

污染环境罪　故意犯罪　犯罪未遂

【裁判要旨】

依据《刑法》和有关司法解释，污染环境罪属故意犯罪；行为人明知他人无危险废物处置资质，仍向其提供危险废物并委托处置，严重污染环境的，以污染环境罪的共同犯罪论处；被委托人已经着手处置危险废物，但因意志以外的原因尚未造成严重污染环境后果的，对其未能得逞的部分，应认定构成共同犯罪的未遂。

【相关法条】

《中华人民共和国刑法》

第三百三十八条　违反国家规定，排放、倾倒或者处置有放射性的废物、含传染病病原体的废物、有毒物质或者其他有害物质，严重污染环境的，处三年以下有期徒刑或者拘役，并处或者单处罚金；后果特别严重的，处三年以上七年以下有期徒刑，并处罚金。

【案件索引】

一审：江苏省丹阳市人民法院（2015）丹环刑初字第00001号（2015年9月29日）

二审：江苏省镇江市中级人民法院（2015）镇环刑终字第00002号（2015年11月16日）

【基本案情】

公诉机关江苏省丹阳市人民检察院以被告人张某甲、李某某、周某某犯污染环境罪，向江苏省丹阳市人民法院提起公诉。

法院经审理查明：被告人张某甲、李某某系句容市葛村镇荣盛防水材料厂的经营者，自2011年11月至2014年4月，在该厂内，以营利为目的，违反国家规定，在未取得危险废物经营许可证的情况下，为他人非法处置危险废物，其中已处置成功43余吨，尚有66余吨未处置成功即被查获。具体详述如下：（1）2011年11月，张某甲非法加工处置从上海铁路机务综合开发有限公司南京机务分公司（另案处理）运来的7余吨废机油；（2）2012年下半年，张某甲非法处置由益云晖（另案处理）委托加工处置的废重油36余吨，后因执法机关查获，尚有13.647吨未能处置；（3）2014年3、4月，周某某在明

知张某甲、李某某未取得危险废物经营许可证的情况下，违反国家规定，委托处置废重油52.427吨，后由于炼油设备无法加工及执法机关的查获，该批废重油未能处置成功。另查明，案发后，李某某主动至公安机关投案并如实供述自己的罪行。

另查明：原句容市葛村镇荣盛防水材料厂系张某甲、李某某与张运龙（另案处理）共同成立，实为小炼油厂，2008年4月30日以张运龙的名义领取个体工商户营业执照，2012年4月30日工商营业执照到期，经营范围是：建筑防水材料、玻璃厂专用、调和油生产销售、水泥砂石、建筑材料零售。该厂未经环保审批，无危险废物经营许可证。张某甲、李某某等人利用该厂的场地、设备长期非法提炼废机油、废重油，主要工艺是利用加热锅炉蒸馏脱水提取油料。2010年1月21日，句容市人民政府以该厂未办理环保审批手续，无污染治理设施即投入生产，对周围环境造成严重影响为由，作出句政发〔2010〕13号文件决定关闭该厂；2013年4月25日，句容市环境保护局发现该厂仍正常生产，向该厂送达停产通知书。2014年4月16日，句容市环境保护局再次向该厂送达停产通知书。但是该厂并未实际关闭，张某甲等人多次违法炼油，并堆放大量危险废物，案发时高达270余吨，积累严重的安全隐患，并严重污染环境。2014年3月11日、4月4日，句容市环境保护局现场调查发现该厂正在整理场地、维修设备，但有生产迹象，新进重油，堆放危险废物。2014年4月4日，句容市环境保护局现场检查发现该厂有生产迹象，无危险废物经营许可证，李某某表示现在不生产，但想把场地内的现有产品生产完毕。

【裁判结果】

江苏省丹阳市人民法院于2015年9月29日作出（2015）丹环刑初字第00001号刑事判决：一、被告人张某甲犯污染环境罪，判处有期徒刑一年八个月，并处罚金人民币5万元。二、被告人李某某犯污染环境罪，判处有期徒刑一年六个月，并处罚金人民币4万元。三、被告人周某某犯污染环境罪，判处有期徒刑一年五个月，并处罚金人民币3万元。宣判后，周某某不服，提起上诉。因出现新证据，二审对张某甲、李某某的一项犯罪事实不予认定，江苏省镇江市中级人民法院于2015年11月16日作出（2015）镇环刑终字第00002号刑事判决：一、周某某犯污染环境罪，判处罚金人民币1万元；二、张某甲犯污染环境罪，判处有期徒刑一年七个月，并处罚金人民币5万元；三、李某某犯污染环境罪，判处有期徒刑一年五个月，并处罚金人民币3万元。

【裁判理由】

法院生效裁判认为：关于周某某的废重油渣是否为危险废物的问题。经查，周某某经营的船舶为舟港海通38号，该船具有海上船舶危险品适装证书，该船运载的废重油渣是重油的沉淀油渣。依据《国家危险废物名录》，该废重油渣属于危险废物废矿物油（HW08），具有毒性。该危险废物的属性亦得到江苏省固体废物监督管理中心的鉴定意见、上海化工研究院检测中心检验报告等证据印证。故对周某某认为其废重油渣不是危险废物的上诉理由，不予采信。

关于污染环境罪是否为故意犯罪的问题。首先，根据《刑法》第三百三十八条关于污染环境罪的规定，排放、倾倒、处置均为故意行为，且无任何揭示过失犯罪的表述。

其次，《刑法》第二十五条第一款规定共同犯罪是指二人以上共同故意犯罪。《最高人民法院、最高人民检察院关于办理环境污染刑事案件适用法律若干问题的解释》第七条规定了污染环境罪的共同犯罪情形。故，污染环境罪系故意犯罪，否则不能构成共同犯罪。最后，实践中该类犯罪的行为人对其非法排放、倾倒、处置危险废物会导致严重环境污染的后果具有预见性。本案中，张某甲、李某某、周某某作为长期从事废重油处置、运输的人员，对非法提炼废重油会污染环境均是明知的。故对周某某及其辩护人提出该罪是过失犯罪、没有未遂形态，周某某不构成犯罪的意见不予采信。

关于周某某是否已经着手非法处置危险废物、是否构成污染环境罪（未遂）的问题。依据《危险废物经营许可证管理办法》第三十一条第（四）项之规定，张某甲等人通过加热锅炉实现废重油的蒸馏、脱水从而提炼油料，是处置危险废物的行为。周某某明知张某甲等人无危险废物处置资质，仍违反《固体废物污染环境防治法》第五十七条之规定向张某甲等人非法运输废重油，并非法委托其处置。张某甲等人明知其炼油设施无任何环保设备，无危险废物经营许可证，工厂已被句容市人民政府决定关闭，多次被句容市环境保护局责令停产，非法提炼废重油会污染环境，仍然积极平整场地、维修设备，通知周某某到场查看炼油情况，并当场将20余吨废重油加入锅炉，系着手实施炼油的行为。张某甲、李某某、周某某三人均已经着手实施非法处置行为，构成污染环境罪的共犯，因意志以外的原因未能得逞，应认定为犯罪未遂。

关于周某某是否构成自首的问题。经查，周某某主动向公安机关供述其非法委托张某甲等人处置其废重油的犯罪事实，有关细节系其主动供述，并与张某甲、李某某的供述，于扣强的证言，句容市环境保护局执法材料等证据相互印证，足以认定。但在一审、二审期间，周某某均辩称其仅是存放而未委托处置废重油，该项辩解没有事实依据，不予采信，周某某亦不能构成自首。故对周某某提出的构成自首的上诉理由不予采信。

关于周某某的刑罚是否适当的问题。本案中，周某某非法委托处置废重油，构成犯罪未遂，依法可以比照既遂犯从轻或者减轻处罚，在量刑时，应充分考虑未污染环境的客观事实，按照罪责刑相适应的原则，可以依法单处罚金。故对周某某及其辩护人的提出的量刑过重的意见予以采信。

关于张某甲、李某某的定罪量刑。虽然张某甲、李某某未提起上诉，但依据《刑事诉讼法》第二百二十二条之规定，二审对一审判决认定的事实和适用法律进行全面审查，不受上诉或者抗诉范围的限制。经查，一审认定的2012年4月、5月张某甲等人非法处置从上海铁路局南京东机务段处运来的7余吨废机油的犯罪事实，因有新证据，不予认定；对一审查明的张某甲、李某某的其他犯罪事实予以确认。因此，张某甲、李某某非法处置危险废物3吨以上，构成污染环境罪，但原审判处的刑罚应予调整。

【案例注解】

该类案件的争论焦点是：（1）污染环境罪是故意犯罪还是过失犯罪；（2）污染环境罪“着手”情形的认定；（3）污染环境罪共同犯罪的认定；（4）污染环境罪未遂形态的量刑；（5）环境刑事案件与民事侵权案件的衔接问题。

一、关于污染环境罪是故意犯罪还是未遂犯罪的问题

学术界对此有重大分歧。一种观点认为，污染环境罪是过失犯罪，其中，有专家认为，行为人对违反国家环境保护法规，排放、倾倒或者处置有害物质是明知的，但对于由此造成的严重后果不是行为人所希望的；[①] 有专家认为，行为人应当预见自己排放、倾倒或者处置有害物质的行为可能造成严重污染环境的后果，因为疏忽大意没有预见，或者已经预见而轻信能够避免。[②] 另一种观点认为，污染环境罪是故意犯罪。[③]

笔者认为，污染环境罪是故意犯罪，主要依据是：（1）《刑法》总则中明确规定，过失犯罪的，法律有规定的才负刑事责任。而对于过失犯罪的规定，一般而言，《刑法》或者在条文中直接表述，如第一百一十五条第二款（过失犯前款罪的，处三年以上七年以下有期徒刑；情节较轻的，处三年以下有期徒刑或者拘役）；或者能够通过字面解释直接得出结论，如重大责任事故罪、交通肇事罪等。而从《刑法》第三百三十八条的条文表述来看，并不能得出本罪属于过失犯罪的解释。（2）《刑法》第二十五条第一款规定共同犯罪是指二人以上共同故意犯罪。《最高人民法院、最高人民检察院关于办理环境污染刑事案件适用法律若干问题的解释》第七条规定了污染环境罪的共同犯罪情形。故污染环境罪系故意犯罪，否则不能构成共同犯罪。（3）实践中该类犯罪的行为人对其非法排放、倾倒、处置危险废物会导致严重环境污染的后果具有预见性，但仍追求或放任污染后果的发生，如果事实上造成了严重污染环境的后果，即应以污染环境罪的既遂定罪处罚。（4）按照“举轻以明重”的法律解释理论，任何过失犯罪都必须有与之相对应的故意犯罪存在，但如果将污染环境罪定性为过失犯罪，却无法从《刑法》中找到与之相对应的故意犯罪，必将造成法律解释的悖论，并形成立法上的漏洞。[④] 因此，依据《刑法修正案（八）》和《最高人民法院、最高人民检察院关于办理环境污染刑事案件适用法律若干问题的解释》，应将污染环境罪认定为故意犯罪。

二、关于非法处置危险废物“着手”情形的认定

根据《危险废物经营许可证管理办法》第三十一条第（四）项规定，处置是指危险废物经营单位将危险废物焚烧、煅烧、熔融、烧结、裂解、中和、消毒、蒸馏、萃取、沉淀、过滤、拆解以及用其他改变危险废物物理、化学、生物特性的方法，达到减少危险废物数量、缩小危险废物体积、减少或者消除其危险成分的活动，或者将危险废物最终置于符合环境保护规定要求的场所或者设施并不再回取的活动。据此，只要是启动将危险废物焚烧、煅烧、熔融、烧结、裂解、中和、消毒、蒸馏、萃取、沉淀、过滤、拆解以及用其他改变危险废物物理、化学、生物特性的方法的行为，就是处置危险废物的着手行为。本案中，张某甲等人将废重油加入锅炉，是实施废重油的蒸馏工序的开始，是着手处置危险废物的行为。

三、关于污染环境共犯的认定

行为人明知他人无危险废物处置资质，仍向其提供危险废物并委托处置，严重污染环境的，构成污染环境罪的共同犯罪。而对于共同犯罪而言，只要其中一人开始着手实

---

① 周道鸾、张军主编：《刑法罪名精释》，人民法院出版社2013年版，第858页。

② 高铭暄、马克昌主编：《刑法学》，北京大学出版社、高等教育出版社2014年版，第577页；李少平、朱孝清、李伟主编：《公检法办案标准与适用》（第4卷），人民法院出版社2014年版，第2518页。

③ 张明楷：《刑法学》，法律出版社2011年版，第995页；胡云腾主编：《最高人民法院、最高人民检察院关于环境污染刑事犯罪司法解释的理解与适用》，人民法院出版社2014年版，第12页。

④ 周海浪：《污染环境罪的主观责任探疑》，载《人民司法·应用》2012年第23期。

施犯罪，就应认定该共同犯罪已开始着手施行。本案中，周某某非法委托处置，被委托人张某甲已经开始处置危险废物，对张某甲、周某某等即应认定该共同犯罪已经着手施行。

四、关于污染环境罪的量刑应充分考虑有无污染环境的后果

由于污染环境罪是故意犯罪，就会存在中止、未遂等故意犯罪的特殊形态，因此，即使未发生严重污染环境的后果也构成犯罪，这就突破了原来认为的污染环境罪是过失犯罪，没有未遂形态，只有发生严重污染环境的后果才能构成犯罪的观点。[①] 但需要说明的是，尽管《刑法修正案（八）》将污染环境罪由原来的过失犯罪修改为故意犯罪，迎合了环境刑事立法早期化（法益保护的前置化）的趋势，但是司法实践仍应坚持责任主义原则，即随着法益保护前置化和犯罪圈的扩大，在更加有力地保护社会安全的同时，必然损害刑法的自由保护机能，如果在犯罪认定的最后阶段——责任判断阶段不对这种倾向及时加以必要抑制，那么这种过渡预防的做法无疑会因为不受任何控制而摧毁应当保护的自由，最终导致刑法的社会保护与自由保障两大机能的失衡。[②] 因此，对于污染环境罪的未遂形态，应充分考虑未严重污染环境的客观情形，依法从轻、减轻处罚（如单处罚金刑等），在刑罚上充分体现刑法的谦抑性，避免不分情形一律“严打”的做法。另外，相对于非法排放、倾倒危险废物，非法处置危险废物对环境的危害一般来说是较小的，司法解释对此三种情形采取了相同的入罪、量刑标准，值得商榷，司法实践应在量刑上体现不同犯罪情形的社会危害性。

五、环境资源刑事案件与民事公益诉讼案件分别审理容易导致事实认定错误，应引起重视

本案一审期间，由于公诉机关没有起诉上海铁路局南京东机务段、上海铁路机务综合开发有限公司南京机务分公司，相关单位及人员亦未到庭接受询问，一审法院在张某甲、李某某认罪的情况下，认定了与上海铁路局南京东机务段有关的两笔犯罪事实。而二审法院结合民事公益诉讼中的新证据，对其中第二笔犯罪事实不予认定。该案的改判凸显了环境资源刑事案件与关联民事公益诉讼系基于同一违法（犯罪）事实，理应由同一法院同一审判组织一并审理，以确保裁判的准确性。

（一审法院合议庭成员　吴光俊　郦　超　朱新朝
二审法院合议庭成员　肖　雄　曹　英　陈小娟
编写人　江苏省镇江市中级人民法院　肖　雄
责任编辑　周维明
审稿人　沈　亮）

原载《人民法院案例选》2017 年第 3 辑（总第 109 辑）

---

① 周道鸾、张军主编：《刑法罪名精释》，人民法院出版社 2013 年版，第 859 页；高铭暄、马克昌主编：《刑法学》，北京大学出版社、高等教育出版社 2014 年版，第 575 页；李少平、朱孝清、李伟主编：《公检法办案标准与适用》（第 4 卷），人民法院出版社 2014 年版，第 2518 ~ 2519 页。

② 王勇：《环境犯罪立法：理念转换与趋势前瞻》，载《当代法学》2014 年第 3 期。

317. 李良松污染环境案

——被告人缴纳生态修复资金可酌情从轻处罚

【关键词】

刑事　污染环境罪　生态修复资金　环境修复

【裁判要旨】

在污染环境案件中，被告人具有及时采取措施，主动缴纳生态修复款项用于环境恢复等悔罪表现，在刑事审判过程中可作为从轻处罚的酌定情节。

【相关法条】

《中华人民共和国刑法》

第三百三十八条　违反国家规定，排放、倾倒或者处置有放射性的废物、含传染病病原体的废物、有毒物质或者其他有害物质，严重污染环境的，处三年以下有期徒刑或者拘役，并处或者单处罚金；后果特别严重的，处三年以上七年以下有期徒刑，并处罚金。

【案件索引】

一审：福建省漳州市龙文区人民法院（2015）文刑初字第123号（2015年9月6日）

【基本案情】

被告人李良松自2014年10月以来向王荣辉承租位于福建省漳州市龙文区朝阳镇樟山村的厂房，从事螺丝、机电产品和钢管家具配件等电镀生产加工，该加工厂没有办理相关的环保手续，且未配套建设任何废水处理设施，生产废水未经处理便通过车间外的PVC管直排外环境。2014年12月2日，经龙文区环境保护监测站工作人员现场采样并由漳州市环境监测站监测鉴定，加工厂除油车间（南侧车间）外PVC管破裂处总铬浓度为12.7mg/L，超过国家规定排放标准11.7倍。2014年12月31日，福建省环境保护厅作出了对漳州市环境监测站监测报告予以认可的批复。2015年1月13日，漳州市公安局龙文分局对本案进行立案侦查。同年2月11日，被告人李良松主动到漳州市公安局龙文分局投案。

审理期间，被告人李良松向法院缴纳生态修复基金人民币5万元，并缴纳相关款项人民币2万元。

【裁判结果】

福建省漳州市龙文区人民法院于2015年9月6日作出（2015）文刑初字第123号刑事判决：被告人李良松犯污染环境罪，判处有期徒刑一年三个月，缓刑二年，并处罚金人民币2万元。一审宣判后，被告人李某某没有上诉，一审判决已发生法律效力。

【裁判理由】

法院生效裁判认为：被告人李良松违反法律规定，非法排放含有毒物质铬的生产废水，严重污染环境，其行为构成污染环境罪，应予追究其刑事责任。公诉机关指控的罪名成立，予以支持。被告人李良松犯罪以后自动投案并如实供述自己的罪行，是自首，依法可以从轻处罚；主动缴纳生态修复基金，有悔罪表现，酌情予以从轻处罚。根据被告人李良松的犯罪情节及悔罪表现，对被告人李良松可依法宣告缓刑。据此，依照《刑法》第三百三十八条，第六十二条，第六十七条第一款，第七十二条第一款，第七十三条第一款、第三款以及《最高人民法院、最高人民检察院关于办理环境污染刑事案件适用法律若干问题的解释》第一条第（三）项、第十条第（三）项和《最高人民法院关于处理自首和立功具体应用法律若干问题的解释》第一条、第三条的规定，作出判决。

【案例注解】

2011年《刑法修正案（八）》取消原“重大环境污染事故罪”，改为“污染环境罪”，放宽了因污染环境追究刑事责任的标准，加大对污染环境行为的打击力度。近年来，社会经济的发展使得一些人为了追求利益而无视环境的保护，在经济取得发展的同时，环境遭受到了严重的破坏，进而引发了一系列的社会问题。

该案例涉及被告人缴纳生态修复资金是否可以酌情从轻处罚的问题。《刑法》第三百三十八条规定违反国家规定，排放、倾倒或者处置有放射性的废物、含传染病病原体的废物、有毒物质或者其他有害物质，严重污染环境的，处三年以下有期徒刑或者拘役，并处或者单处罚金；后果特别严重的，处三年以上七年以下有期徒刑，并处罚金。根据《最高人民法院、最高人民检察院关于办理环境污染刑事案件适用法律若干问题的解释》第一条第（三）项的规定，非法排放含重金属、持久性有机污染物等严重危害环境、损害人体健康的污染物超过国家污染物排放标准或省、自治区、直辖市人民政府根据法律授权制定的污染物排放标准三倍以上的，认定为“严重污染环境”，需要追究相关的刑事责任。本案中被告人李某某排放的生产废水中重金属铬浓度超过国家规定排放标准11.7倍，属于严重污染环境，应追究其刑事责任。

在具体量刑方面本案有两种意见：第一种意见认为，被告人已对环境造成污染，就应当追究其相应的刑事责任，而不必考虑其是否采取措施恢复被破坏的生态环境。第二种意见认为，将被告人能否采取措施减轻污染程度、恢复生态环境作为一种酌情从轻处罚的考量情节，有利于促使被告人更主动的对遭受破坏的环境予以修复，也更加符合立法本意。我们赞同第二种意见，可将被告人缴纳生态修复资金作为酌情从轻处罚的考量情节。

《最高人民法院关于常见犯罪的量刑指导意见》及《福建省高级人民法院〈人民法

院量刑指导意见（试行）〉实施细则（试行）》（以下简称《实施细则》）对污染环境罪都没有具体的量刑指导意见。在实践中不同地区对量刑幅度的把握与掌控不尽相同。本案在《刑法》第三百三十八条定罪处罚的框架内，尝试将被告人缴纳生态修复资金作为予以从轻处罚的量刑情节，在惩罚了污染环境行为的同时，使遭受破坏的生态环境尽可能得到恢复。同时参照《实施细则》中“对于积极赔偿被害人经济损失的，综合考虑犯罪性质、赔偿数额、赔偿能力等情况，确定从宽的幅度”的规定，可以看出，立法者是鼓励被告人采取积极赔偿以挽回相关损失的，并在量刑时予以从宽处理。在环境污染案件中，不仅要对犯罪分子进行惩戒，更为关键的是要最大限度地使遭受到破坏的生态环境得到恢复。在本案的处理过程中将被告人缴纳生态修复资金作为酌情从轻处罚的考量情节，促使造成环境污染的被告人积极主动地缴纳生态修复资金用以恢复被破坏的生态环境，对实施了污染环境行为的被告人具有警醒和教育作用。同时，也诠释了“污染环境罪”的立法精神，也体现了刑罚以教育、挽救为主，惩罚为辅的理念，并具有良好的价值导向。

（一审法院独任审判员　刘　翔

编写人　福建省漳州市龙文区人民法院　刘　翔

责任编辑　周维明

审稿人　沈　亮）

原载《人民法院案例选》2017 年第 5 辑（总第 111 辑）

318. 宁夏回族自治区中卫市沙坡头区人民检察院诉宁夏明盛染化有限公司、廉兴中污染环境案

【基本案情】

2007 年以来，明盛公司在废水处理措施未经环境影响评估，未经申报登记、验收的情况下，擅自在厂区外东侧腾格里沙漠采用“石灰中和法”处置工业废水。2009 年 6 月 18 日，廉兴中任明盛公司法定代表人，负责公司的全面工作并决定继续使用“石灰中和法”处置工业废水。明盛公司于 2011 年 5 月 11 日取得排放污染物许可证，有限期至 2014 年 4 月 30 日。明盛公司在排放污染物许可证到期后，仍继续非法排污。至 2014 年 9 月被责令关闭停产时，该公司厂区外东侧腾格里沙漠渗坑内存有大量工业废水。经宁夏环境监测中心站对现场废水取样检测认定，废水中多项监测因子超过国家排放标准。案发后，明盛公司、廉兴中为防止污染扩大，及时采取措施，消除污染。明盛公司支付因采取合理必要措施所产生的费用 626640 元。

【裁判结果】

宁夏回族自治区中卫市沙坡头区人民法院一审认为：明盛公司违反国家有关环境保护的规定，非法排放、处置有毒物质，严重污染环境，廉兴中系被告单位直接负责的主管人员，对污染环境的行为负有直接责任，明盛公司和廉兴中的行为均已触犯刑律，构成污染环境罪。公诉机关的指控成立，予以支持。廉兴中归案后，能如实供述自己的犯罪事实，可以从轻处罚；案发后，明盛公司、廉兴中及时采取措施，消除污染，可以酌情从宽处罚。明盛公司排污时间相对较长，且在排放污染物许可证到期后，仍非法排污，严重污染环境，结合明盛公司的具体犯罪事实，决定对其判处罚金人民币 500 万元。根据廉兴中的犯罪事实、性质、情节和对社会的危害程度，对廉兴中可以适用缓刑，依法实行社区矫正。一审法院判决明盛公司犯污染环境罪，判处罚金人民币 500 万元；廉兴中犯污染环境罪，判处有期徒刑一年六个月，缓刑二年，并处罚金人民币 5 万元。

【典型意义】

本案系腾格里沙漠污染事件发生后首例宣判的环境污染刑事案件。环境是社会健康发展的重要因素，也是刑法保护的重要法益。本案审理法院正确适用《最高人民法院、最高人民检察院关于办理环境污染刑事案件适用法律若干问题的解释》，依法惩治私设暗管排放、倾倒有毒、有害废物，严重污染腾格里沙漠生态环境的犯罪行为，充分贯彻宽严相济的刑事政策，依法保障社会公共利益和人民群众环境权益。该案的审理也为正确处理经济发展与环境保护之间的关系敲响了警钟，警醒政府在发展经济与保护环境、当

前利益和长远利益等问题发生矛盾时应当如何取舍。该案的审理和判决对于教育和促进企业依法生产，依托科技手段提升清洁生产工艺和排放控制技术，实现绿色发展具有较好推动和示范作用。

【点评专家】竺效，中国人民大学教授

【点评意见】

本案最大的亮点在于法院采用了“双罚制”，即对涉案企业宁夏明盛染化有限公司判处刑事罚金500万元，让涉案企业在经济上“得不偿失”，今后不敢再犯，较好地威慑了那些不依法办理环评手续、超标排污、无排污许可证排污或“超（许可）证”排污、偷排污染物的潜在的类似环境污染危害行为人。同时，法院对涉案企业的法定代表人、污染行为直接负责的企业主管人员廉兴中，判处有期徒刑一年六个月，并处罚金五万元。那些心存侥幸的污染企业的法定代表人应该以此为戒，环保警钟时时敲响，环境守法谨记于心，依法经营，保护环境，避免犯罪入狱“自由和财产两失”。

此外，该案也结合案发后明盛公司、廉兴中及时采取措施，支付因采取合理必要的环境处置措施所产生的费用626640元，以积极消除污染行为对环境的不利影响等具体案件情节，对企业法定代表人廉兴中适用了缓刑，即判处有期徒刑一年六个月，缓刑二年，并依法对其实行社区矫正。环境损害后果往往具有不可逆性，该案中，法院的这一做法对于引导类似环境危害行为人在案发后积极预防环境危害后果的发生或扩大，修复被破坏的生态或恢复被污染的环境，具有良好的示范效果。

（责任编辑　杨　奕）

原载《人民法院案例选》2017年第9辑（总第115辑）

319. 陈作华、吴明林污染环境案

——污染环境罪共同犯罪的认定

【关键词】

污染环境　共同犯罪　量刑情节

【裁判要旨】

行为人明知他人无经营许可证或者超出经营许可范围，向其提供或者委托其收集、贮存、利用、处置危险废物，严重污染环境的，以污染环境罪的共同犯罪论处；掌握危险废物信息渠道的介绍人，虽未直接实施非法处置行为，但在共同犯罪中起重要作用的，应当认定为主犯；被告人归案后主动带公安人员查找污染源头，有效避免危害后果继续蔓延扩散的，可综合考虑全案情节予以从轻处罚。

【相关法条】

《中华人民共和国刑法》

第三百三十八条　违反国家规定，排放、倾倒或者处置有放射性的废物、含传染病病原体的废物、有毒物质或者其他有害物质，严重污染环境的，处三年以下有期徒刑或者拘役，并处或者单处罚金；后果特别严重的，处三年以上七年以下有期徒刑，并处罚金。

【案件索引】

一审：广东省广州市番禺区人民法院（2016）粤 0113 刑初 2068 号（2017 年 3 月 22 日）

二审：广东省广州市中级人民法院（2017）粤 01 刑终 901 号（2017 年 5 月 31 日）

【基本案情】

公诉机关：广东省广州市番禺区人民检察院。

上诉人（原审被告人）吴明林。

原审被告人陈作华。

原审被告人陈作华、上诉人吴明林为获取非法利益，2016 年 6 月间，上诉人吴明林从上线得知广东省清远市一化工公司有一批工业废水需要处理，遂找到陈作华提出犯意进行谋合，陈作华在无危险废物处理资质的情况下，雇车去位于广东省清远市的该公司，将 160 吨工业废水运回广州市番禺区，加上陈作华之前储存的 10 吨工业废水，先后多次使用其购买的车牌号为粤 AQ69 × × 的槽罐车，非法排放到本市番禺区亚运大道石楼镇往市桥方向石碁京珠高速出入口处的下水道，造成环境污染。同年7月，上诉人吴明林再次将广东省鹤山市的脂美化工有限公司的工业废水需要处理的信息介绍给陈作华，陈作华遂雇车去到鹤山市该公司把约8吨的工业废水运回番禺区，再抽到其车牌号为粤AQ69××的槽罐车（含树脂废水8.55吨，经鉴定为具有浸出毒性特征的危险废物）准备非法排放。2016年7月6日，执法人员发现在番禺区亚运大道石楼镇往市桥方向石碁京珠高速出入口处有浓烈的刺激性气味，安排广州绿由工业弃置废物回收处理有限公司清理出废液（含树脂废水14.35吨，经鉴定为具有浸出毒性特征的危险废物），在原审被告人陈作华租赁的位于石碁镇桥山村的山地处，清理出废化工物料10.72吨（经鉴定为易燃性危险废物）及含油污泥14.51吨。原审被告人陈作华两次获取非法利益共计人民币54000元，上诉人吴明林二次获取非法利益共计人民币5200元。

【裁判结果】

广东省广州市番禺区人民法院于2017年3月22日作出（2016）粤0113刑初2068号刑事判决：一、被告人陈作华犯污染环境罪，判处有期徒刑二年九个月，并处罚金18万元；二、被告人吴明林犯污染环境罪，判处有期徒刑二年，并处罚金6万元；三、依法扣押的作案工具粤AQ69××槽罐车，予以没收上缴国库。

一审宣判后，被告人吴明林不服，向广州市中级人民法院提起上诉。广州市中级人民法院于2017年5月31日作出（2017）粤01刑终901号刑事判决：一、维持广州市番禺区人民法院作出的（2016）粤0113刑初2068号刑事判决第一项、第二项、第三项的定罪及罚金刑部分；二、撤销广州市番禺区人民法院作出的（2016）粤0113刑初2068号刑事判决第二项的量刑部分，即判处有期徒刑二年；三、上诉人吴明林犯污染环境罪，判处有期徒刑一年六个月，并处罚金6万元。

【裁判理由】

法院生效裁判认为：上诉人吴明林及原审被告人陈作华无视国家法律，非法排放、倾倒、处置危险废物，严重污染环境，其行为均已构成污染环境罪，依法应予惩处。对于上诉人吴明林及辩护人提出的吴明林系从犯的意见，经查，现有证据表明，上诉人吴明林虽未直接实施排放、倾倒废水的行为，但其得知有工业废水需要处理后主动找原审被告人陈作华进行合谋，并实地踩点，在犯意发起、犯罪联络、报酬金额的确定及非法获利后的处分等方面均起主要作用，不宜认定为从犯，因此，上述辩护意见不能成立，法院不予采纳；对于上诉人吴明林及辩护人提出的第二宗犯罪事实属未遂的意见，经查，第二宗犯罪事实8.55吨树脂废水从鹤山市一化工公司运回番禺区后，再抽到其使用的槽罐车内储存准备非法排放，因案发而未得逞。但两宗犯罪事实属于连续行为，而第一宗犯罪事实中非法排放的危险废物数量远超过污染环境罪的定罪标准，故纵观全案，依法应认定上诉人吴明林、原审被告人陈作华构成全案既遂，因此，上述意见理据不充分，广州市中级人民法院不予采纳。鉴于上诉人吴明林归案后积极配合侦查人员到鹤山市化工公司调查取证，避免了工业废水危害结果的继续扩散，如实供述自己的罪行，在二审期间又通过其家属主动缴纳罚金6万元，有明显的认罪、悔罪表现。上诉人吴明林及其辩护人对该节辩护意见，理据充分，法院予以采纳。

【案例注解】

当前，我国面临资源约束趋紧、环境污染严重、生态系统退化的严峻形势，已经严重影响到人民群众的生命健康和经济社会的可持续发展。为从源头上扭转生态环境恶化的趋势，建设美丽中国，实现中华民族的永续发展，必须全面加强环境资源审判工作，依法严惩污染环境、破坏资源犯罪。笔者结合本案审理情况，对污染环境罪相关问题分析如下。

一、污染环境罪的立法沿革

随着环境污染的日趋严重，为回应人民群众日益增强的环境保护意识，国家加大了对污染环境犯罪的打击力度。1997 修订的《刑法》第三百三十八条规定："违反国家规定，向土地、水体、大气排放、倾倒或者处置有放射性的废物、含传染病病原体的废物、有毒物质或者其他危险废物，造成重大环境污染事故，致使公私财产遭受重大损失或者人身伤亡的严重后果的，处三年以下有期徒刑或者拘役，并处或者单处罚金；后果特别严重的，处三年以上七年以下有期徒刑，并处罚金。"2011 年 2 月 25 日公布的《刑法修正案（八）》将该条修改为："违反国家规定，排放、倾倒或者处置有放射性的废物、含传染病病原体的废物、有毒物质或者其他有害物质，严重污染环境的，处三年以下有期徒刑或者拘役，并处或者单处罚金；后果特别严重的，处三年以上七年以下有期徒刑，并处罚金。"该条修改前后对应的罪名分别为重大环境污染事故罪和污染环境罪，犯罪构成主要有以下差别：（1）前者排放的空间限于土地、水体、大气，后者无此限制；（2）前者排放的客体为有放射性的废物、含传染病病原体的废物、有毒物质或者其他危险废物，后者将其中的"其他危险废物"改为"其他有害物质"；（3）前者为"结果犯"，即必须造成重大环境污染事故，致使公私财产遭受重大损失或者人身伤亡的严重后果，否则不构成该罪，后者虽然也有"严重污染环境"的限定条件，但更强调非法排放、倾倒或者处置的行为，可以理解为"行为犯"。大幅降低了污染环境行为的入罪标准，将刑法对环境法益的保护提前到危害后果发生之前，即法益保护前置化。相关司法解释更明显体现了这种转变：《最高人民法院关于审理环境污染刑事案件具体应用法律若干问题的解释》①（法释〔2006〕4 号）第一条、第二条、第三条规定，认定"公私财产遭受重大损失""人身伤亡的严重后果"及"后果特别严重"，必须要有实际危害后果的发生。《最高人民法院、最高人民检察院关于办理环境污染刑事案件适用法律若干问题的解释》②（法释〔2013〕15 号）第一条规定应认定为"严重污染环境"的情形，除包含"致使公私财产损失三十万以上的"等发生实际危害后果的外，也包含"非法排放、倾倒、处置危险废物三吨以上"等不以危害后果发生为条件的特定行为，而第三条规定的应认定为"后果特别严重"的情形，则必须以危害后果的发生为条件。《最高人民法院、最高人民检察院关于办理环境污染刑事案件适用法律若干问题的解释》（法释〔2016〕29 号），基本延续了法释〔2013〕15 号司法解释的思路，但加大了惩处力度，进一步细化了认定标

① 根据 2013 年 6 月 17 日《最高人民法院、最高人民检察院关于办理环境污染刑事案件适用法律若干问题的解释》，本解释已废止。

② 根据 2016 年 12 月 23 日《最高人民法院、最高人民检察院关于办理环境污染刑事案件适用法律若干问题的解释》第十八条规定，本解释现已废止。

准，比如将“非法排放、倾倒、处置危险废物一百吨以上”认定为“后果特别严重”。

具体到本案，陈作华非法排放具有浸出毒性特征的危险废物近200吨，依照法释〔2013〕15号司法解释第一条第二项的规定，非法排放、倾倒、处置危险废物三吨以上的，应当认定为“严重污染环境”，并在“三年以下有期徒刑或者拘役”的幅度内量刑；而如依照法释〔2016〕29号司法解释第三条第二项的规定，非法排放、倾倒、处置危险废物一百吨以上的，应认定为“后果特别严重”，在“三年以上七年以下有期徒刑”的幅度内量刑。本案犯罪行为发生在2016年6～7月间，而法释〔2016〕29号司法解释于2017年1月1日起施行，且处罚较重，依照《刑法》第十二条确立的“从旧兼从轻”原则，本案应适用〔2013〕15号司法解释，在“三年以下有期徒刑或者拘役”的幅度内量刑。如本案犯罪行为发生在2017年1月1日后，则应适用〔2016〕29号司法解释，在“三年以上七年以下有期徒刑”的幅度内量刑，所受刑罚将大幅提高。三年内连续出台司法解释，大幅提高刑罚幅度，从立法层面反映出国家依法严惩污染环境犯罪行为，切实加强维护公众环境权益的司法保障的刑事政策。

二、吴明林的定罪量刑问题

《最高人民法院、最高人民检察院关于办理环境污染刑事案件适用法律若干问题的解释》第七条规定：“行为人明知他人无经营许可证或者超出经营许可范围，向其提供或者委托其收集、贮存、利用、处置危险废物，严重污染环境的，以污染环境罪的共同犯罪论处。”本案中，为谋取非法利益，吴明林主动将具有浸出毒性特征的工业废液需要非法排放的信息介绍给陈作华，陈作华将这批工业废液从清远市和鹤山市运回广州市番禺区处置。吴明林虽然辩称其不知道陈作华无经营许可证，对此也无审查义务，但吴明林有化工专业的知识背景，且曾在专业环保公司从事过废液、废物处置工作，对于废液、废物的处置必须要有经营许可证和必要技术条件是明知的，而从废液处置费为300元/吨也可以看出陈作华不可能是通过正当途径处理废水，可以推定其主观上具有放任的故意，其行为构成污染环境罪的共犯。

关于吴明林在共同犯罪中的地位问题。吴明林及辩护人认为，吴明林仅负责介绍陈作华与两家化工厂认识，从中赚取金额不大的介绍费，仅起到中间介绍的辅助作用，应认定为从犯，并减轻处罚。经查，现有证据表明，吴明林虽未直接实施排放、倾倒废液行为，但其得知有工业废液需要非法排放后主动找陈作华进行合谋，并积极实施了实地踩点，收取了废液处理费，事后进行了分配，在整个作案过程中其行为也起到了主要作用，不宜认定为从犯。当然在共同犯罪中，两被告人的地位和作用不完全一样，陈作华准备了作案车辆，雇用了司机，具体实施了非法排放行为，获得了更大的非法利益，其地位作用比吴明林要大一些，我们在量刑时充分考虑两被告人的地位、作用，作出了不一样的量刑结果，以体现罪责刑相一致原则。鉴于吴明林归案后能如实供述自己的罪行，主动带公安人员指认现场，查找废液源头产生地，及时有效地防止环境污染危害后果继续蔓延扩散，在二审期间又通过其家属主动缴纳罚金6万元，有明显的认罪、悔罪表现，酌情予以从轻处罚。

三、案件启示

本案属于团伙作案，呈现职业犯罪的特点，除陈作华、吴明林外，还有多名涉案人员正在侦查起诉中，他们都曾在专业环保公司从事过废物处理工作，熟悉废液处理流程，具有废液处理的专业知识，掌握废液需要处理的信息渠道，初步形成了从源头到运输、再到非法排放的黑色作案链条，还购置了槽罐车和货柜式货车等专业作案工具，是专门非法处置废液获取利益的团伙。他们作案手段隐蔽，选择夜深人静的偏僻环境，利用执法监督力度相对较弱的时机，很难及时被发现。他们反侦察意识强，转移排放，产生污水的企业不在当地直接排放，实际排放的地方没有污染源，废液排放完了源头也就消失了，溯源查处难度大。本案给我们很多启示：

（一）以牺牲环境为代价牟取个人私利的老路走不通

陈作华、吴明林为牟取个人私利，非法处置涉案废液，严重污染环境，最终受到法律的制裁，两人不仅被判处有期徒刑，失去了人身自由，还被处以罚金，作案工具也被没收，教训是非常惨痛的。此外，陈作华、吴明林非法排放危险废液，损害社会环境公共利益，造成清污损失几十万元，环境公益组织有可能对其提起民事诉讼，要求其承担清污费用及其他修复性费用。

（二）应对跨区域排污行为，必须加强跨区域合作

环境保护无边界，本案废液源来自于经济相对不发达地区，最终流向经济相对发达地区，造成跨区域环境污染损害。这给政府的监管提出了新的挑战，必须树立跨区域的环保全局观念，形成通力合作的管理模式来治理环境污染问题，加强预防和打击的力度。人民法院要积极探索审判实践中出现的新情况和新问题，总结审判经验，提高司法专业水平，形成对污染环境犯罪行为的有力打击，为保护环境、防治污染提供有效的司法保障。

（三）追根溯源，建立污染治理的长效机制

如前所述，如果不能迅速查找到污染源头，则可能发生更大的生态环境危机。本案中，吴明林归案后积极配合侦查人员到鹤山市调查取证，指认废液源头企业，告之当地环境执法部门进行查处。但清远市的废液源头企业至今尚未查找到，未能及时清除环境污染隐患，防止继续蔓延扩散。政府环境监管部门，要举一反三，长效治污，必须要建立更严格的监管制度，落实“三同时”，彻查源头，查处一起，见效一片。

（一审法院合议庭成员　马　聪　陈善波　巫晓蓉
二审法院合议庭成员　丁阳开　谢国雄　茹艳飞
编写人　广东省广州市中级人民法院　丁阳开　董广绪
责任编辑　周维明
审稿人　李玉萍）

原载《人民法院案例选》2018 年第 6 辑（总第 124 辑）

320. 被告单位德司达（南京）染料有限公司、被告人王占荣等污染环境案*

【基本案情】

德司达公司生产过程中产生的废酸液体属于危险废物，依照国家相关规定应当交由具有资质的企业进行处置。2010 年 9 月，被告人王军受德司达公司指派联系处置废酸事宜，与仅具有经销危险化学品资质的顺久公司法定代表人王占荣达成了以每吨 580 元处置废酸的口头协议。此后，德司达公司产生的废酸液体均交由被告人王占荣进行处置。时任公司罐区主管的被告人黄进军明知顺久公司王占荣没有处置资质，仍具体负责与拉运废酸的王占荣直接对接，王军负责审核支付处置废酸费用。2013 年 9 月，王占荣明知丁卫东（另案处理）没有处置废酸资质，仍与丁卫东达成每吨 150 元处置费用的口头协议，并指使被告人徐仁米驾驶槽罐车从德司达公司拉运废酸，直接送至丁卫东停放在江都宜陵码头等处的船上。至 2014 年 5 月间，交由丁卫东处置的废酸共计 2828.02 吨。其间，丁卫东多次指使被告人孙新山、钱存林等人于夜间驾驶船只，将其中的 2698.1 吨废酸直接排放至泰东河和新通扬运河水域的河道中。其中，孙新山参与排放 1729.82 吨，钱存林参与排放 318.78 吨。后丁卫东未及排放的 129.92 吨废酸被查获。江苏科技咨询中心、江苏省环境科学研究院专家论证分析认为，德司达公司产生的上述废酸液体属于危险废物，其中主要成分为硫酸并含有大量有机物，硫酸浓度较高且具有极强的腐蚀性，对生物、水体、环境的危害极大，废酸中残存的大量有机废物对生物环境也会造成长远的累积性危害。

【裁判结果】

江苏省高邮市人民法院一审认为：被告单位德司达公司违反国家环境保护法律规定，明知被告人王占荣经营的顺久公司无废酸处置资质，将公司生产过程中产生的废酸交由王占荣处置；被告人王占荣明知丁卫东亦无废酸处置资质，仍将德司达公司的废酸转交其处置；被告人徐仁米明知其运输的是化工废液以及丁卫东可能没有处置废酸的能力，而帮助王占荣进行运输作业；被告人孙新山、钱存林明知是化工废液，仍然违反国家规定偷排，最终导致严重污染环境后果，均已构成污染环境罪，且属共同犯罪。被告人王军、黄进军系德司达公司直接负责的主管人员和其他直接责任人员，应当知道王占荣没有废酸处置资质，仍然在各自职责范围内促成交易，导致严重污染环境的后果发生，均应以污染环境罪追究刑事责任。德司达公司为降低危险废物的处置成本，在明知他人没有处置资质的情况下仍委托进行处置，最终导致严重污染环境，德司达公司由此减少支

---

* 2018 年 6 月 4 日最高人民法院发布的 10 起服务保障新时代生态文明建设典型案例之一。

出巨额的处置费用。一审法院综合德司达公司的犯罪情节以及缴纳罚金的能力，以污染环境罪判处德司达公司罚金人民币2000万元，判处其余被告人一年至五年有期徒刑不等并处罚金。江苏省扬州市中级人民法院二审维持原判。

【典型意义】

本案系因非法处置危险废物污染水体引发的环境污染刑事案件，对于根据罪责刑相适应原则妥当确定单位犯污染环境罪的罚金数额进行了有益探索。根据我国《刑法》规定，判处罚金，应当根据犯罪情节决定罚金数额。对于单位罚金的确定，应当根据单位犯罪的情节和特点，结合单位违法所得数额、造成损失的大小等因素综合考虑。德司达公司为降低危险废物的处置成本，明知他人没有处置资质仍委托进行处置，最终导致严重污染环境后果的发生，由此逃避支付的巨额处置费用可认定为通过犯罪行为获取的利益。

同时，消除环境污染的严重后果必然会有相当的费用支出，根据相关司法解释规定，公私财产损失包括污染环境行为直接造成财产损毁、减少的实际价值，以及为防止污染扩大、消除污染而采取必要合理措施所产生的费用，故而，公私财产损失数额应当作为确定罚金的一个重要参数。人民法院根据德司达公司的犯罪情节以及缴纳罚金的能力，在实际获取利益和公私财产损失数额的区间幅度内确定判处罚金的数额，既有利于生态环境的修复，也有助于充分发挥刑罚威慑力，督促企业提高依法处置危险废物的自觉性。

（责任编辑　杨俊芳）

原载《人民法院案例选》2018年第10辑（总第128辑）

321. 成都方鑫冷轧薄板有限公司、张智慧、汤明忠等污染环境案

——企业减少危险废物处置成本行为性质的认定

【关键词】

刑事 污染环境罪 非法处置 减少支出 违法所得

【裁判要旨】

在污染环境犯罪案件中，负有依法处置危险废物义务的企业为减少处置费用、降低生产成本，委托无资质单位低价非法处置危险废物，其少支出的危险废物处置成本应认定为违法所得予以追缴。

【相关法条】

《中华人民共和国刑法》

第三百三十八条 违反国家规定，排放、倾倒或者处置有放射性的废物、含传染病病原体的废物、有毒物质或者其他有害物质，严重污染环境的，处三年以下有期徒刑或者拘役，并处或者单处罚金；后果特别严重的，处三年以上七年以下有期徒刑，并处罚金。

第六十四条 犯罪分子违法所得的一切财物，应当予以追缴或者责令退赔；对被害人的合法财产，应当及时返还；违禁品和供犯罪所用的本人财物，应当予以没收。没收的财物和罚金，一律上缴国库，不得挪用和自行处理。

《最高人民法院、最高人民检察院关于办理环境污染刑事案件适用法律若干问题的解释》

第十七条第三款 本解释所称"违法所得"，是指实施刑法第三百三十八条、第三百三十九条规定的行为所得和可得的全部违法收入。

【案件索引】

一审：四川省成都市青白江区人民法院（2018）川 0113 刑初 368 号（2019 年 4 月 24 日）

二审：四川省成都市中级人民法院（2019）川 01 刑终 577 号（2019 年 7 月 31 日）

【基本案情】

四川省成都市青白江区人民检察院指控：被告单位成都方鑫冷轧薄板有限公司（以下简称方鑫薄板公司）、被告人张智慧、汤明忠、邱虹铭、陈永红、李红、干杰、潘福均

犯污染环境罪。

被告单位方鑫薄板公司辩护人的辩护意见：不构成犯罪。

被告人张智慧对指控大部分事实予以否认，其辩护人的辩护意见：在案证据不足以证实指控非法处置废酸的事实及数量。

被告人汤明忠对指控事实无异议，其辩护人的辩护意见：汤明忠主观上不具有犯罪故意，客观上没有犯罪行为。

被告人邱虹铭对指控事实无异议，其辩护人的辩护意见：对指控废酸非法排放、处置的数量存有异议，邱虹铭主观恶性不大，无犯罪前科，且系从犯，应当从轻、减轻处罚。

被告人陈永红对指控的大部分事实予以否认，其辩护人的辩护意见：指控其倾倒废酸数量不真实，陈永红系从犯，应当从轻、减轻处罚。

被告人李红对指控大部分事实予以认可，其辩护人的辩护意见：部分废酸不应纳入指控范围，李红系从犯，初犯，未从中获取利益，应当从轻处罚。

被告人干杰对指控的大部分事实予以认可，其辩护人的辩护意见为：无充分证据证明指控数量，干杰是从犯，有自首情节，且系初次犯罪，应当从轻处罚。

被告人潘福均对指控的大部分事实予以认可，其辩护意见：起诉书指控数量不准确，无证据证明倾倒的废酸造成了环境污染，不构成犯罪。

法院经审理查明：被告单位方鑫薄板公司生产工艺包括在生产过程中对带钢进行酸洗加工，在酸洗加工过程中产生的废酸性洗液属于国家危险废物名录中的危险废物，废物类别为 HW34，危险特性为 C、T。2016 年 10 月，为降低生产成本，牟取非法利益，被告人邱虹铭（时任方鑫薄板公司副总经理，分工负责环保工作）与被告人张智慧先行协商，报经被告人汤明忠（时任方鑫薄板公司总经理）同意许可后，在明知张智慧无危险废物经营资质的情况下，决定将方鑫薄板公司生产过程中所产生废酸以 180 元/吨处置费的方式交由张智慧处置，废酸处置的正常市场价为 1800 元/吨。后张智慧安排被告人陈永红（驾驶员）及被告人李红（押运员）共同驾驶套牌罐车、被告人干杰驾驶另一罐车前往方鑫薄板公司装运废酸，运往张智慧事先联系的被告人潘福均经营的洗石场、成都市羊叉河等处非法排放、处置。2016 年 11 月至 2017 年 12 月 16 日期间，张智慧安排从方鑫薄板公司装运废酸共计 4450.20 吨，收取方鑫薄板公司支付的废酸处理费用共计 777174 元，且所装运废酸均未交由四川省有资质处置废酸企业进行处置，全部予以非法排放、处置。其中，陈永红帮助非法排放、处置废酸共计 2694.20 吨，李红帮助非法排放、处置废酸共计 2237.81 吨，干杰帮助非法排放、处置废酸共计 1151.02 吨，潘福均接收装运废酸至少 350 吨，并通过其经营的洗石场帮助非法排放。

2017 年 12 月 7 日，被告人张智慧、陈永红、李红驾驶套牌罐车将废酸排放于羊叉河内后导致河水污染，环保部门发现后将案件线索移送公安机关。2017 年 12 月 18 日，被告人陈永红、李红、张智慧先后被公安机关抓获归案；2017 年 12 月 20 日、12 月 22 日，被告人邱虹铭、汤明忠接公安机关电话通知后，先后主动到案接受调查；2018 年 2 月 26 日，被告人潘福均被公安机关抓获归案；2018 年 3 月 5 日，被告人干杰主动向公安机关投案。

【裁判结果】

四川省成都市青白江区人民法院于2019年4月24日作出（2018）川0113刑初368号刑事判决：一、被告单位方鑫薄板公司犯污染环境罪，判处罚金人民币300万元（已缴纳的行政处罚罚款20万元在其中予以折抵）；二、被告人张智慧犯污染环境罪，判处有期徒刑六年，并处罚金人民币50万元；三、被告人汤明忠犯污染环境罪，判处有期徒刑五年，并处罚金人民币40万元；四、被告人邱虹铭犯污染环境罪，判处有期徒刑五年，并处罚金人民币40万元；五、被告人陈永红犯污染环境罪，判处有期徒刑三年六个月，并处罚金人民币12万元；六、被告人李红犯污染环境罪，判处有期徒刑三年，并处罚金人民币10万元；七、被告人干杰犯污染环境罪，判处有期徒刑二年，并处罚金人民币8万元；八、被告人潘福均犯污染环境罪，判处有期徒刑二年，并处罚金人民币8万元；九、对被告单位方鑫薄板公司的违法所得7099423.20元予以追缴，对被告人张智慧的违法所得777174元予以追缴，对潘福均的违法所得2000元予以追缴；十、对扣押在案的车辆和手机予以没收。

宣判后，方鑫薄板公司、张智慧、汤明忠、邱虹铭、陈永红、李红、干杰、潘福均不服判决，向四川省成都市中级人民法院提出上诉。四川省成都市中级人民法院于2019年7月31日作出（2019）川01刑终577号刑事裁定：驳回上诉，维持原判。

【裁判理由】

法院生效裁判认为：张智慧违反国家对危险废物的监管规定，未依法取得危险废物经营许可证，非法排放、处置危险废物；方鑫薄板公司及其直接负责的主管人员汤明忠、直接责任人员邱虹铭明知张智慧无危险废物经营许可证，仍将危险废物交由张智慧处置；陈永红、李红、干杰、潘福均明知张智慧实施污染环境犯罪，仍然在危险废物装运、转移、排放、提供处置场地等方面为张智慧提供帮助。上述单位及人员均构成污染环境罪，且属后果特别严重。本案系共同犯罪。张智慧是犯意提起者，组织指挥者，实际获利者，起主要作用，系主犯；汤明忠、邱虹铭是犯意提起者，具体决策者，起主要作用，系主犯；陈永红、李红、干杰、潘福均帮助张智慧处置危险废物，起次要辅助作用，系从犯，应当从轻、减轻或者免除处罚。汤明忠、邱虹铭、干杰主动投案，如实供述犯罪事实，系自首，可以从轻或者减轻处罚。因方鑫薄板公司主管人员汤明忠构成自首，方鑫薄板公司即构成自首，可以从轻或者减轻处罚。李红、潘福均如实供述犯罪事实，系坦白，可以从轻处罚。被告单位方鑫薄板公司正常处置废酸价格为1800元/吨，而其实际以180元/吨的价格交由被告人张智慧处置，其少支出的处置成本，属于应该支出而没有支出的费用，系违法所得，应予以追缴，即违法所得金额为（1800元/吨－180元/吨）×4382.36吨＝7099423.20元。

【案例注解】

本案争议的焦点主要是对于“违法所得”的认定。依据《最高人民法院、最高人民检察院关于办理环境污染刑事案件适用法律若干问题的解释》（以下简称《办理环境污染刑事案件司法解释》）第十七条第三款[1]规定，对违法所得中“所得和可得”的理解应为：“所得”是指已经得到了的实际违法获利，对此没有争议；“可得”从字面理解为可以得到的利益。目前，对“可得”的利益的理解存在两种意见：第一种观点认为，应只包括即将获取的经济增加值，即积极利益；第二种观点认为，应包括即将获取的经济增加值和减少的成本及费用。我们同意第二种观点，即因非法排污而减少支出的污染治理费用，应归为违法可得收入。

一、刑法规定的“违法所得”辨析

《刑法》第六十四条规定了犯罪分子违法所得的一切财物应予追缴，但对“违法所得”的范畴未明确界定。从罪刑法定原则的严格解释来看，犯罪分子违法所得的财物，一般应理解为犯罪所得，是指刑法分则构成要件的犯罪行为取得之物、犯罪行为产生之物及其转化物或者替代物、收益。认定“违法所得”应考虑三个方面的因素：一是刑事违法性。违法所得必须是行为人触犯我国刑法所获取的收益，这区别于违反民法和行政法的违法所得所承担的法律后果。二是物质利益性。违法所得指向的是财物，其范围应限定在物质性利益及其他可转化的物质性利益。三是因果关联性。违法所得的违法行为与所得利益之间应存在内在的、必然的、合乎规律的引起与被引起关系，违法行为与所得利益没有因果关系时，则造成犯罪客观方面的缺失，不构成真正刑法意义上的违法所得。实施非法排放污染物的污染环境犯罪行为所减少支出的处置成本是否应归入《办理环境污染刑事案件司法解释》中规定的“所得和可得的全部违法收入”，需要考虑的因素包括：一是考虑关联性，即节约支出的资金与实施犯罪行为的内在的、必然的关联性；二是考虑目的性，即为达到降低依法处置成本的目的而实施了污染环境的非法处置犯罪行为；三是考虑利益性。即犯罪单位是否因非法处置犯罪行为而实际获取了物质性利益或者可转化的物质性利益。满足以上条件可认定为违法所得予以追缴。从司法实践来看，亦不乏据此予以处置的案例，如以诈骗方式使得债权人免除债务亦构成诈骗罪，其因免除债务而减少的支出视为获利；逃税行为需将未缴纳的税款补缴，将所逃税款视为企业未实际支出的成本等。综上，“所得”应包括广义上的“收益”“获利”，完全可以认为减少支出、降低成本的另一面就是获取了收益。结合当前环境污染的严峻形势，考虑到环境污染犯罪中可能有很大一部分尤其是企业违法排放、处置行为就是以降低成本、减少支出的方式从中获益，若不加以惩治不足以遏制犯罪。同时，考虑到环境民事公益诉讼、生态损害赔偿之诉还在发展过程中，且在司法实践中并非所有污染环境的刑事案件都附带提起或者单独另行提起了公益诉讼、生态损害赔偿之诉，为加大对污染环境违法犯罪的打击力度，法院亦有必要在司法审查中切实履职尽责，让污染者在承担刑事责任的同时，也不能因违法犯罪行为没有被追究民事赔偿责任而实际获得利益。

二、污染环境罪中犯罪单位“违法所得”的理解与适用

从《办理环境污染刑事案件司法解释》第十七条的规定来看，污染环境罪中的违法所得似乎被限定为“违法收入”。然而该解释第一条第八项却规定，违法减少防治污染设施运行支出100万元以上即已达到污染环境罪的入罪标准。可见，因违法犯罪行为减

① 《办理环境污染刑事案件司法解释》第十七条第三款规定：“本解释所称‘违法所得’，是指实施刑法第三百三十八条、第三百三十九条规定的行为所得和可得的全部违法收入。”

少的支出实际上已通过司法解释被纳入定罪标准的考量范畴，那么，因违法犯罪行为减少的支出能否被纳入“违法收入”的考量范畴？由最高人民法院司法解释起草人撰写的《〈关于办理环境污染刑事案件适用法律若干问题的解释〉的理解与适用》① 第二部分第六点“减少支出、违法所得构成严重污染环境的情形”中提到，《办理环境污染刑事案件司法解释》第一条将“违法减少防治污染设施运行支出一百万元以上”“违法所得三十万元以上”增加规定为“严重污染环境”的情形，主要是考虑到实施环境污染犯罪的单位和个人多是为了谋取不法利益。同时指出，增设以上两项规定，是让行为人得不偿失，得不偿失一是体现在对犯污染环境罪的犯罪单位直接负责的主管人员和其他直接责任人员适用自由刑，剥夺其一定时期人身自由；二是体现在给予犯污染环境罪的犯罪单位经济处罚，通过罚金、没收违法所得的方式，剥夺犯罪单位在污染环境犯罪中获取的非法经济利益。逐利是企业的天性，让犯罪单位尤其是负有污染治理义务的企业得不偿失，主要体现在经济处罚上。这固然可以通过罚金刑来实现，但对单位污染环境违法犯罪行为的打击，更应强调预防目的，以期更好地保护环境免受污染。追缴违法所得作为一种非刑罚处罚方法，将因违法犯罪减少的支出视为获取的利益，让犯罪单位直观感受到其已获得利益的失去，在预防犯罪上的效果更优于单独罚金刑的适用。故从体系理解和惩治、预防犯罪的角度来看，因违法犯罪减少的支出在非刑罚处罚方式的追缴违法所得中也应予以评价，对《办理环境污染刑事案件司法解释》第十七条规定的“收入”的理解应当结合污染环境罪的惩治目的，回归《刑法》第六十四条的立法本意，将因违法犯罪减少的支出视为变相取得的利益，即因防治污染设备设施停止运行等减少的支出也应视为“违法所得”而一并予以追缴。本案中，将近 4000 吨废酸排放到何处无法查清，即使检察院提起公益诉讼追究企业的民事责任，仍有可能不能填平方鑫薄板公司因犯罪而减少支出的成本，其仍然可从犯罪中获利。从惩治污染环境犯罪客观现实需求出发，因污染环境犯罪减少的支出应作为违法所得追缴。否则，犯罪单位很可能仍因犯罪行为而获利，达不到惩治污染环境犯罪的目的，也达不到让犯罪单位深刻反思、预防犯罪的目的。

三、因违法犯罪减少支出金额的追缴方式

《刑法》第六十四条所指的追缴是强制犯罪分子将其违法所得的财物予以退回或者按价退赔、返还原主或者上缴国库的一种强制措施。刑事追缴的主体具有法定性，即追缴权的行使主体只能是法律规定的主体，除法律规定的主体外，任何机关不得行使。根据我国现行法律规定，公安机关、检察机关和人民法院是刑事追缴的主体。本案中公安机关、检察机关在侦查、起诉过程中未对被告单位因违法犯罪减少支出金额作出审查处理，在审判阶段亦未提出处理意见，人民法院根据在案证据及审理查明的事实，经过对犯罪事实、犯罪结果等方面的全面审查和法律分析，主动认定被告单位因违法犯罪减少支出金额应当属于刑事犯罪违法所得，进而依法作出追缴的裁判。关于违法所得及其收益的追缴数额的认定，应采取纯益主义（扣除成本的违法所得）还是总额主义（所得的违法所得），理论界有不同观点。基于罪责刑相适应原则，本案对被告单位因违法犯罪减

① 周加海、喻海松：《〈关于办理环境污染刑事案件适用法律若干问题的解释〉的理解与适用》，载《人民司法（应用）》2013 年第 4 期。

少的支出金额，采取了纯益主义观点加以认定，即追缴的数额以被告单位从违法犯罪中获取的体现在财物成本上的直接收益为标准，并从有利于被告单位的角度出发，参考其曾经与有资质处置废酸单位签订的多份处置合同以及四川省废酸合法处置一般均价，最终确定以被告单位签订的依法处置单价最低的合同所约定的处置价格，减去被告单位在本案中实际支付给无资质处置人用于非法处置废酸的单价，以前述差价乘以本案中能够查实的非法处置的废酸数量来确定其减少的支出金额。

（一审法院合议庭成员　张德荣　王　军　葛云飞
二审法院合议庭成员　蒋　敏　袁　艺　陈　楠
编写人　四川省成都市中级人民法院　蒋　敏　袁　艺　陈　楠
责任编辑　包献荣
审稿人　李玉萍）

原载《人民法院案例选》2020 年第 5 辑（总第 147 辑）

322. 董金友污染环境案
——污染环境案件中“处置”行为的认定

【关键词】

刑事 污染环境 危险废物 处置行为

【裁判要旨】

被告人不具有危险废物经营许可证，私自收购废旧铅蓄电池，雇佣他人拆解，虽其中部分未经拆解，外观性状未发生改变，但废旧铅蓄电池及其中所含废酸液、外塑料包装物均属于危险废物，被告人未采取防治措施，而将未拆解与已拆解混同存放，直接置于地面，其不当存储行为导致未拆解部分被浸出毒性物质沾染，属于非法“处置”危险废物行为，未拆解部分应计入非法处置危险废物数量范围。

【相关法条】

《中华人民共和国刑法》

第三百三十八条 违反国家规定，排放、倾倒或者处置有放射性的废物、含传染病病原体的废物、有毒物质或者其他有害物质，严重污染环境的，处三年以下有期徒刑或者拘役，并处或者单处罚金；后果特别严重的，处三年以上七年以下有期徒刑，并处罚金。

《最高人民法院、最高人民检察院关于办理环境污染刑事案件适用法律若干问题的解释》

第三条第一款第二项 实施刑法第三百三十八条、第三百三十九条规定的行为，具有下列情形之一的，应当认定为“后果特别严重”：

（二）非法排放、倾倒、处置危险废物一百吨以上的；

【案件索引】

一审：辽宁省沈阳市皇姑区人民法院（2018）辽0105刑初635号（2018年12月28日）

二审：辽宁省沈阳市中级人民法院（2019）辽01刑终80号（2019年2月19日）

【基本案情】

辽宁省沈阳市皇姑区人民检察院指控：2018年5月，被告人董金友伙同他人在辽宁省铁岭市懿路工业园中央路7号嘉旭铜业厂院内，在未经有关部门批准的情况下，私自收购废弃铅蓄电池，并在工厂内拆解，该厂没有任何治污措施，在拆解电池过程中，产生废液未经任何处理直接排放到车间地面通过厂内暗井自渗。2018 年 5 月 21 日，该生产地点被公安机关查获，并在现场提取废液送检，经鉴定，其中有毒重金属铅含量超过国家标准，属于浸出毒性物质。现场查获废旧铅蓄电池、废旧蓄电池塑料壳等共计约 326 吨。经辽宁省固体废物管理中心认定，本案涉及的废铅蓄电池已被列入《国家危险废物名录》（2016 版），属于危险废物，废物类别为 HW49 其他废物，废物代码为 900 - 044 - 49，危险性为 T（毒性）；其中含有的废酸液和废旧蓄电池外塑料包装物属于蓄电池组成部分，也属于危险废物，废物类别为 HW49 其他废物，废物代码为 900 - 044 - 49，危险性为 T（毒性）。公诉机关认为，被告人董金友的行为触犯了《刑法》第三百三十八条之规定，应当以污染环境罪追究其刑事责任。

被告人董金友对于公诉机关指控的罪名及犯罪事实均无异议。其辩护人的辩护意见：本案有 44.78 吨的电动车废电瓶未经处置，不应计入涉案危险废物范围，且被告人董金友系初犯，主观恶性不深，从事拆解行为的时间较短，其社会危害性相对较小，又在庭审中能如实供述犯罪事实，建议法院从轻处罚。

法院经审理查明的事实与检察院指控一致。

【裁判结果】

辽宁省沈阳市皇姑区人民法院于 2018 年 12 月 28 日作出（2018）辽 0105 刑初 635 号刑事判决：被告人董金友犯污染环境罪，判处有期徒刑三年五个月，并处罚金人民币 20 万元（已交纳）；公安机关扣押的危险废物，依法由公安机关予以处理。

宣判后，被告人董金友提出上诉，后撤回上诉，辽宁省沈阳市中级人民法院准许撤回上诉。

【裁判理由】

法院生效裁判认为：被告人董金友违反国家规定，非法处置有毒物质，后果特别严重，其行为已构成污染环境罪。公诉机关指控的罪名成立，法院予以支持。被告人董金友能够如实供述犯罪事实，故可以从轻处罚。关于辩护人提出公诉机关指控中有 44.78 吨未经拆解电动车废旧电瓶不应计入涉案危险废物数量的辩护意见。经查，该部分废旧电瓶经认定为危险废物，被告人董金友未采取防治措施，将该部分危险废物与已经拆解的危险废物共同存放，存放地点尚残留有毒重金属超标的废液，被告人董金友的上述行为属于危险废物的处置行为，因此，该部分危险废物应计入涉案危险废物的数量范围，对于辩护人该辩护意见，法院不予采纳。辩护人提出的其他辩护意见，与法院查明的事实相符，予以采纳。

【案例注解】

我国《刑法》在污染环境罪中规定了“排放、倾倒、处置”三种入罪行为模式。司法实务界和法学理论界对于“排放”“倾倒”的概念没有太大争议，依据字面含义就能够理解和解释。但对于“处置”一词，由于其外延较广，且本身涵盖了较多的具体行为模式，同时没有具体的司法解释，故在司法实践中存在不同的理解，以致对某些行为是否属于“处置”问题产生争议，直接影响了罪与非罪的认定。基于此，我们有必要厘清

"处置"的含义。

一、"处置"的一般含义和刑法运用

"处置"通常包含两种含义：一是表达处理、安排的意思；二是表达发落、处罚、惩治之意。第一种含义通常指向对象为事、物，第二种通常指向对象为人。很显然，污染环境罪中的"处置"更加偏于第一种含义。

我国《刑法》在法条罪名或者罪状的表述中有多处涉及"处置"一词，主要有：《刑法》第三百一十四条非法处置查封、扣押、冻结的财产罪，规定："隐藏、转移、变卖、故意毁损已被司法机关查封、扣押、冻结的财产，情节严重的，处三年以下有期徒刑、拘役或者罚金。"第三百三十八条污染环境罪，规定："违反国家规定，排放、倾倒或者处置有放射性的废物、含传染病病原体的废物、有毒物质或者其他有害物质，严重污染环境的，处三年以下有期徒刑或者拘役，并处或者单处罚金；后果特别严重的，处三年以上七年以下有期徒刑，并处罚金。"第三百三十九条第一款非法处置进口的固体废物罪，规定："违反国家规定，将境外的固体废物进境倾倒、堆放、处置的，处五年以下有期徒刑或者拘役，并处罚金；造成重大环境污染事故，致使公私财产遭受重大损失或者严重危害人体健康的，处五年以上十年以下有期徒刑，并处罚金；后果特别严重的，处十年以上有期徒刑，并处罚金。"

由此可见，即使在同一部《刑法》中，"处置"一词在不同的语境、罪名罪状中表达的意思也带有一定的差异，不能一概而论。比如《刑法》第三百一十四条非法处置查封、扣押、冻结财产罪，处置一词出现在罪名中，但"处置"的具体行为模式已经在罪状中予以明确，为隐藏、转移、变卖、故意毁损四种行为。第三百三十九条非法处置进口的固体废物罪的处置，指的是不按照《固体废物污染环境防治法》的要求处理固体废物的情形。我国《固体废物污染环境防治法》中对处置进行了定义，其中列明与处置行为并列的行为有收集、贮存、运输、利用等。第一百二十四条认定处置，是指将固体废物焚烧和用其他改变固体废物的物理、化学、生物特性的方法，达到减少已产生的固体废物数量、缩小固体废物体积、减少或者消除其危险成分的活动，或者将固体废物最终置于符合环境保护规定要求的填埋场的活动。第三百三十八条污染环境罪中的"处置"一词，则与上述其他法条中的意义或相近，或完全不同，比如与非法处置进口的固体废物罪中的处置，语义既有交叉重叠的地方，也不完全一致，由于两个法条间具有一定的联系，多数情形下可以进行参照，但仍有区别。

二、司法实践中如何认定对于危险废物的处置行为

在司法实践中，对于危险废物的"处置"行为有不同的认识：一种观点认为，"处置"是指对于有放射性的废物、含传染病病原体的废物、有毒物质等实施了具体的改变其性状的行为；另一种观点认为，只要对于上述废物等作出的相应行为即应认定为"处置"。笔者认为，由于"处置"语义具有一定的不明确性，故在司法实践中，有必要运用解释的方法来处理实际问题。第一，从字面解释的角度而言，处置带有处理、安置、安排之意，虽亦未能尽述其意，但在运用体系解释、目的解释等其他解释方法对于处置解释时不应超出该词的固有用法和用词边界。第二，污染环境罪中，由于"排放""倾倒"行为模式具体直接，而"处置"一词却含义广泛，该法条没有兜底性条款，可以认为立法时使用"处置"一词带有兜底的目的，其本身涵盖了更多的行为模式。第三，如何理解“处置”所涵盖的模式。广义的“处置”实际上包含“排放”“倾倒”等在内的一切处理行为，本条的“处置”的意义应为在排放、倾倒方式以外以其他方式处理的行为，当然刑法中的处置并非单纯的处理行为，而是具有严重社会危害性的行为。它在罪状表述中与“排放”“倾倒”并列，其涵盖的行为模式应当是具有与“排放”“倾倒”所侵害的法益相当，具有刑事可处罚性的行为，即与“排放”“倾倒”类似，通过积极地实施追求某种效果的具体行为，例如焚烧、填埋、中和等，具体可以参照《危险废物经营许可证管理办法》第三十一条第四项列举的“危险废物处置”的情形，包括焚烧、煅烧、熔融、烧结、裂解、中和、消毒、蒸馏、萃取、沉淀、过滤、拆解以及用其他改变危险废物物理、化学、生物特性的方法。同时，笔者还认为，污染环境罪中“处置”行为不一定必然要改变有毒物质等的性状，从侵害法益相当、具有刑事可处罚性的角度出发，例如对于无危险废物经营许可证，私自收购废旧铅蓄电池，而后出售，以及不当存储等行为造成严重污染环境的后果的情形，亦应认定为“处置”行为。总之，司法实践应当基于具体法律规定，结合个案中行为人的主观目的、客观行为及侵害法益，将以环境保护相关法律、法规禁止的方式来处理放射性的废物、含传染病病原体的废物、有毒物质或者其他有害物质认定为“处置”行为，非法出售、购买、运输、不当堆放等行为由于属于以破坏环境保护法律的方式处理环境污染物，应当归为污染环境罪中的“处置”行为。这样既不超出“处置”一词的含义边界，符合人们一般认知理解，也最大程度地保护环境法益，符合立法目的。

三、未经拆解的废旧铅蓄电池是否应计入犯罪数量

其一，经辽宁省固体废物管理中心认定，废旧铅蓄电池属于危险废物，且其中含有的废酸液、外塑料包装物均属于危险废物。根据上述认定材料，废旧铅蓄电池本身即属于危险废物，其中含有的废酸液、外塑料包装物均属于蓄电池组成部分，亦属于危险废物。其二，被告人董金友等人虽未对上述废旧电瓶进行拆解，但其个人不具备收购、拆解危险废物的资质，嘉旭公司亦不具备蓄电池拆解资质，并且，被告人董金友等人未采取防治措施，将该部分未拆解的废旧电瓶直接放置于地面，且与已拆解的废旧电瓶铅板等危险废物、残留废液等共同存放，故应当认定被告人董金友对于该部分废旧电瓶存在非法处置的行为。

综上，被告人董金友未采取防治措施，而将未经拆解的废旧铅蓄电池与已经拆解的危险废物共同存放，存放地点尚残留有毒重金属超标的废液，上述行为属于危险废物的处置行为，因此，应计入涉案危险废物的数量范围。

（一审法院合议庭成员　金　军　宁　妍　吕　超
二审法院合议庭成员　贾敏飞　范　哲　杨　帆
编写人　辽宁省沈阳市皇姑区人民法院　宁　妍
责任编辑　包献荣
审稿人　李玉萍）

原载《人民法院案例选》2020年第6辑（总第148辑）

二、非法捕捞水产品罪

323. 江苏省连云港市连云区人民检察院诉尹宝山等人非法捕捞水产品刑事附带民事诉讼案*

【基本案情】

2012年6月初至7月30日，尹宝山召集李至友、秦军、秦波涛、李明明、秦新波等人，在伏季休渔期间违规出海作业捕捞海产品，捕捞的海产品全部由尹宝山收购。至2012年7月30日，尹宝山收购上述另5人捕捞的水产品价值828784元人民币。连云港市连云区人民检察院以上述6人犯非法捕捞水产品罪向连云港市连云区人民法院提起公诉，同时根据相关职能部门出具的修复方案，提起刑事附带民事诉讼，要求六人采取一定方式修复被其犯罪行为破坏的海洋生态环境。

【裁判结果】

江苏省连云港市连云区人民法院一审认为：尹宝山召集李至友、秦军、秦波涛、李明明、秦新波等人违反保护水产资源法规，在禁渔期、禁渔区非法捕捞水产品，情节严重，六人的行为均已构成非法捕捞水产品罪。六人主动退缴部分违法所得，确有悔罪表现，还主动交纳了海洋生态环境修复保证金，同意以实际行动修复被其犯罪行为损害的海洋生态环境，量刑时可酌情从轻处罚。六人在禁渔期、禁渔区非法捕捞海产品的犯罪行为，影响海洋生物休养繁殖，给海洋渔业资源造成严重破坏。为了保护国家海洋渔业资源，改善被六人犯罪行为破坏的海洋生态环境，六人应当根据《中华人民共和国侵权责任法》的规定，采取科学、合理的方式予以修复。根据专业机构出具的修复意见，采取增殖放流的方式，放流中国对虾苗可以有效地进行修复。遂对六人分别判处一年至二年三个月不等的有期徒刑，部分适用缓刑，没收全部违法所得。同时判决六人以增殖放流1365万尾中国对虾苗的方式修复被其犯罪行为破坏的海洋生态环境。一审判决作出后，尹宝山以一审量刑过重为由，上诉至江苏省连云港市中级人民法院，该院经审理后

---

* 2017年6月22日最高人民法院发布的十起环境资源刑事、民事、行政典型案例之一。

裁定驳回上诉，维持原判。

【典型意义】

本案系江苏省首例由检察机关提起刑事附带民事诉讼的环境资源刑事案件。该案在审判及执行方式上的探索创新，对环境资源案件审理具有较好的借鉴价值。一审法院在依法受理检察机关提起的刑事附带民事起诉后，查明案件事实并充分听取了各被告对修复方案的意见，将生态修复方案向社会公开，广泛征求公众的意见，在汇总、审查社会公众意见后，确认了相关职能部门出具的根据产出比 1∶10 增殖放流中国对虾苗的修复方案的科学性、合理性，开创了引导社会公众参与环境司法的新机制。本案对环境资源审判贯彻恢复性司法理念审理海洋生态环境破坏案件，引导社会公众参与审判具有较好的示范意义。

【点评专家】罗丽，北京理工大学教授

【点评意见】

本案是由检察机关在提起公诉追究犯罪行为人非法捕捞水产品罪刑事责任时提起的附带民事诉讼案件。本案的典型意义在于：第一，本案充分发挥了刑事附带民事诉讼制度在维护环境公共利益方面的功能。我国设立刑事附带民事诉讼制度的主要目的在于，通过使民事赔偿与刑事制裁一体化，实现服务于预防与控制犯罪、救济被害人的刑事政策目标。根据我国现行立法规定，在追究破坏环境资源保护罪犯罪行为人刑事责任时，检察机关通过提起刑事附带民事诉讼，能够有效实现保护国家财产、集体财产等生态环境公共利益之目的。因此，针对犯罪嫌疑人构成破坏环境资源保护罪的案件，检察机关除提起公诉追究行为人刑事责任外，还应通过提起刑事附带民事诉讼途径维护国家财产、集体财产等生态环境公共利益。例如，在本案中，检察机关通过提起附带民事诉讼请求依法判令六名被告人修复被其犯罪行为损害的海洋生态环境或赔偿生态环境修复费用 81900 元的请求得到了法院支持，法院最终判决六名被告以增殖放流中国对虾苗 1365 万尾的方式修复被其破坏的海洋生态环境，实现了维护海洋生态环境公共利益之目的。第二，本案在审判和执行方式方面引入了信息公开和公众参与机制，有利于制定科学、合理的生态修复方案。由于生态环境损害调查、鉴定评估、修复方案编制等工作会涉及生态环境公共利益，法院在审判和执行过程中对相关重大事项向社会公开，并推行公众参与机制，便于公众监督，有利于制定科学、合理的生态环境修复方案。如在本案中，人民法院充分听取了各被告对修复方案的意见，并将生态修复方案通过地方新闻媒体、法院官方微博、微信公众号等方式向社会公开，广泛征求公众的意见。这种在生态环境损害赔偿司法裁判过程中引导社会公众参与民主科学决策的创新方式，具有积极的借鉴价值。

（责任编辑　杨　奕）

原载《人民法院案例选》2017 年第 9 辑（总第 115 辑）

三、危害珍贵、濒危野生动物罪

324. 湖南省岳阳楼区人民检察院诉何建强等非法杀害珍贵、濒危野生动物罪，非法狩猎罪刑事附带民事诉讼案*

【基本案情】

2014 年 11 月至 2015 年 1 月期间，何建强、钟德军在湖南省东洞庭湖国家级自然保护区收鱼时，与养鱼户及帮工人员方建华、龙雪如、龙启明和涂胜保、余六秋、张连海、任小平等人商定投毒杀害保护区内野生候鸟，由何建强提供农药并负责收购。此后，何建强等人先后多次在保护区内投毒杀害野生候鸟，均由何建强统一收购后贩卖给李强介绍的汪前平。2015 年 1 月 18 日，何建强、钟德军先后从方建华及余六秋处收购了 8 袋共计 63 只候鸟，在岳阳市君山区壕坝码头被自然保护区管理局工作人员当场查获。经鉴定，上述 63 只候鸟均系中毒死亡；其中 12 只小天鹅及 5 只白琵鹭均属国家二级保护野生动物；其余苍鹭、赤麻鸭、赤颈鸭、斑嘴鸭、夜鹭等共计 46 只，均属国家“三有”保护野生动物。查获的 63 只野生候鸟核定价值为人民币 44617 元。

湖南省岳阳楼区人民检察院以何建强等七人犯非法猎捕、杀害珍贵濒危野生动物罪，向岳阳市岳阳楼区人民法院提起公诉。岳阳市林业局提起刑事附带民事诉讼，请求七名被告人共同赔偿损失 53553 元，湖南省岳阳楼区人民检察院支持起诉。

【裁判结果】

湖南省岳阳市岳阳楼区人民法院一审认为：何建强伙同钟德军、方建华在湖南东洞庭湖国家级自然保护区内，采取投毒方式非法杀害国家二级保护动物小天鹅、白琵鹭及其他野生动物，李强帮助何建强购毒并全程负责对毒杀的野生候鸟进行销售，何建强、钟德军、方建华、李强的行为均已构成非法杀害珍贵、濒危野生动物罪，属情节特别严重。龙雪如、龙启明、龙真在何建强的授意下，采取投毒方式，分别在国家级自然保护区内猎杀野生候鸟，破坏野生动物资源，情节严重，其行为均已构成非法狩猎罪。何建

* 2017 年 6 月 22 日最高人民法院发布的十起环境资源刑事、民事、行政典型案例之一。

强、钟德军的犯罪行为同时触犯非法杀害珍贵、濒危野生动物罪和非法狩猎罪，应择一重罪以非法杀害珍贵、濒危野生动物罪定罪处罚。此外，因何建强等七人的犯罪行为破坏了国家野生动物资源，致使国家财产遭受损失，各方应承担赔偿责任。相应损失以涉案63只野生候鸟的核定价值认定为44617元，根据各人在犯罪过程中所起的具体作用进行分担，判决何建强、钟德军、方建华、李强犯非法杀害珍贵、濒危野生动物罪，判处有期徒刑六年至十二年不等，并处罚金。龙雪如、龙真、龙启明犯非法狩猎罪，判处有期徒刑一年至二年不等，其中二人缓刑二年。由何建强等七人共同向岳阳市林业局赔偿损失人民币44617元。

【典型意义】

本案系非法猎捕、杀害珍贵、濒危野生动物刑事附带民事诉讼案件。刑罚是环境治理的重要方式，面对日趋严峻的环境资源问题，运用刑罚手段惩治和防范环境资源犯罪，加大环境资源刑事司法保护力度，是维护生态环境的重要环节。本案发生于东洞庭湖国家级自然保护区内，在检察机关提起公诉的同时，由相关环境资源主管部门提起刑事附带民事诉讼、检察机关支持起诉，依法同时追究行为人刑事责任和民事责任，具有较高借鉴价值。一审法院在认定七名被告人均具有在自然保护区内投毒杀害野生候鸟的主观犯意前提下，正确区分各自的客观行为，根据主客观相一致原则对七名被告人分别以杀害珍贵、濒危野生动物罪和非法狩猎罪定罪；并根据共同犯罪理论区分主从犯，分别对七名被告人判处一年至十二年不等的有期徒刑，部分适用缓刑，既体现了从严惩治环境资源犯罪的基本价值取向，突出了环境法益的独立地位，又体现了宽严相济的刑事政策，充分发挥了刑法的威慑和教育功能。此外，本案不仅追究了被告人杀害野生候鸟的刑事责任，还追究了被告人因其犯罪行为给国家野生动物资源造成损失的民事赔偿责任，对环境资源刑事犯罪和民事赔偿案件的一并处理具有较好的示范意义。

【点评专家】秦天宝，武汉大学教授

【点评意见】

本案中司法机关依法对非法捕杀珍贵、濒危野生动物的犯罪行为进行打击，不仅体现了我国司法机制惩治环境犯罪行为、保护生态环境的积极意义，而且本对今后我国环境司法专门化的进一步发展具有积极意义。

首先，本案体现了打击环境违法行为中的多部门协作。本案中，湖南省东洞庭湖自然保护区管理局发现犯罪行为后立即将该案移交岳阳市森林公安局办理。公安机关积极进行案件侦办和移送工作，并由检察机关依法提起公诉，最终由法院依法作出判决。同时，检察机关还派员支持了由岳阳市林业局提起的刑事附带民事诉讼。行政机关、公安机关、检察机关、审判机关等多部门的协作配合不仅有效打击了环境违法行为，而且也代表了新时期我国环境司法机制的发展方向。其次，本案提升了公众保护环境、特别是野生生物的意识。本案中人民法院依法对环境犯罪行为进行了判决，不仅使违法行为人得到了应有的处罚，而且证据鉴定、法律适用等内容向公众呈现了我国司法机关保护生态环境的具体运行机制。同时，人民陪审员的加入以及开庭审理的方式体现了司法机关保障公众参与环境保护的权利，进而提升了公众的环境保护意识。最后，本案积极探索了生态环境修复机制。在附带民事赔偿部分，法院判决被告赔偿其违法行为造成的国家野生动物资源损失。虽然单纯的经济赔偿难以完全填补和修复生态环境损失，但本案判决体现了我国环境司法实践的积极探索，对于建立健全我国的生态环境修复机制具有重要意义。

（责任编辑　杨　奕）

原载《人民法院案例选》2017 年第 9 辑（总第 115 辑）

325. 刘光伍非法收购珍贵、濒危野生动物案

——经营非国家重点保护的野生动物不构成非法经营罪

【关键词】

非法经营罪　非国家重点保护野生动物　罪刑法定

【裁判要旨】

现行法律及相关司法解释并没有对经营非国家重点保护野生动物的行为是否涉嫌刑事犯罪作出具体规定或者解释，按照法无明文规定不为罪的法理，经营非国家重点保护野生动物的行为不构成非法经营罪。

【相关法条】

《中华人民共和国刑法》

第三百四十一条　非法猎捕、杀害国家重点保护的珍贵、濒危野生动物的，或者非法收购、运输、出售国家重点保护的珍贵、濒危野生动物及其制品的，处五年以下有期徒刑或者拘役，并处罚金；情节严重的，处五年以上十年以下有期徒刑，并处罚金；情节特别严重的，处十年以上有期徒刑，并处罚金或者没收财产。

违反狩猎法规，在禁猎区、禁猎期或者使用禁用的工具、方法进行狩猎，破坏野生动物资源，情节严重的，处三年以下有期徒刑、拘役、管制或者罚金。

第二百二十五条　违反国家规定，有下列非法经营行为之一，扰乱市场秩序，情节严重的，处五年以下有期徒刑或者拘役，并处或者单处违法所得一倍以上五倍以下罚金；情节特别严重的，处五年以上有期徒刑，并处违法所得一倍以上五倍以下罚金或者没收财产：

（一）未经许可经营法律、行政法规规定的专营、专卖物品或者其他限制买卖的物品的；

（二）买卖进出口许可证、进出口原产地证明以及其他法律、行政法规规定的经营许可证或者批准文件的；

（三）未经国家有关主管部门批准非法经营证券、期货、保险业务的，或者非法从事资金支付结算业务的；

（四）其他严重扰乱市场秩序的非法经营行为。

【案件索引】

一审：安徽省蚌埠市淮上区人民法院（2016）皖0311刑初197号（2017年3月30

日）

二审：安徽省蚌埠市中级人民法院（2017）皖03刑终161号（2017年5月31日）

【基本案情】

公诉机关安徽省蚌埠市淮上区人民检察院指控：2016年6月22日至8月30日，被告人刘光伍以每斤青蛙8～12元不等的价格在蚌埠市淮上区沫河口镇的沫河口农贸市场、二十六村、单塘村等地多次向水产经营户大肆非法收购黑斑蛙、金线蛙3万余斤，再以每斤青蛙14～17元不等的价格向江西省九江市、南昌市、安徽省安庆市、合肥市等地点进行销售牟利，非法收购野生动物交易额达26万余元。2016年8月30日，被告人刘光伍在进行非法收购野生动物过程中，被蚌埠市森林公安局民警当场抓获，非法收购的400余斤青蛙中有5只国家二级重点保护珍贵的、濒危的野生动物虎纹蛙。

公诉机关认为：被告人刘光伍违反国家规定，未经许可经营法律、行政法规限制买卖的物品；非法收购国家二级重点保护珍贵野生动物虎纹蛙，其行为已触犯《刑法》第二百二十五条第（一）项、第三百四十一条第一款之规定，应当以非法经营罪，非法收购珍贵、濒危野生动物罪追究其刑事责任。被告人刘光伍身犯两罪，根据《刑法》第六十九条之规定，应当实行数罪并罚。

辩护人的主要辩护意见：（1）被告人刘光伍的行为不构成非法经营罪。刘光伍买卖的物品是否系野生动物证据不足；刘光伍买卖的物品即使属于非国家重点保护野生动物，其出售、利用行为也仅是一般违法行为，不应作为犯罪处理；认定刘光伍收购物品的种类及数量证据不足。（2）被告人刘光伍涉嫌犯非法收购、出售国家重点保护的珍贵、濒危野生动物罪。

法院经审理查明：2016年6月至8月期间，被告人刘光伍在蚌埠市淮上区沫河口镇的沫河口农贸市场、二十六村、单塘村等地多次向水产经营户收购青蛙。2016年8月30日，刘光伍在进行非法收购野生青蛙的过程中，被蚌埠市森林公安局民警当场抓获，现场查获刘光伍收购的青蛙435斤。经鉴定，查获的435斤青蛙中，部分野生动物为黑斑蛙，现列为安徽省二级重点保护陆生野生动物；部分野生动物为金线蛙，现列为安徽省二级重点保护陆生野生动物；其余5只野生动物为虎纹蛙，现列为国家二级重点保护陆生野生动物。

另查明，查获的435斤青蛙现已全部被公安机关放生。

【裁判结果】

安徽省蚌埠市淮上区人民法院于2017年3月30日作出（2016）皖0311刑初197号刑事判决：被告人刘光伍犯非法收购珍贵、濒危野生动物罪，判处有期徒刑八个月，并处罚金人民币1万元。被告人刘光伍不构成非法经营罪。宣判后，蚌埠市淮上区人民检察院提出抗诉。蚌埠市中级人民法院于2017年5月31日作出（2017）皖03刑终161号刑事裁定：驳回抗诉，维持原判。

【裁判理由】

法院生效裁判认为：被告人刘光伍非法收购国家二级保护野生动物虎纹蛙5只，其行为已构成非法收购珍贵、濒危野生动物罪，公诉机关指控的该事实及罪名成立；公诉机关指控被告人刘光伍经营非国家重点保护野生动物构成非法经营罪，因现行法律及司法解释对经营非国家重点保护野生动物是否构成非法经营罪未作明确规定，根据罪刑法定原则，法律没有明文规定为犯罪行为的，不得定罪处刑，故对刘光伍经营非国家重点保护野生动物的行为不能认定为犯罪，公诉机关指控的该罪名不成立。

【案例注解】

非法经营罪，是指未经许可经营专营、专卖物品或其他限制买卖的物品，买卖进出口许可证、进出口原产地证明以及其他法律、行政法规规定的经营许可证或者批准文件，以及从事其他非法经营活动，扰乱市场秩序，情节严重的行为。本罪是1997年《刑法》增设的罪名，1979年《刑法》和单行刑法均没有规定此罪名。在过去的司法实践中，对非法经营的犯罪行为一般是按照投机倒把罪处理的。鉴于在司法实践中投机倒把罪逐渐形成了一个“口袋罪”，1997年修订《刑法》时，对投机倒把罪作了分解，将非法经营的行为单独作了规定。

我国《刑法》第二百二十五条规定：“违反国家规定，有下列非法经营行为之一，扰乱市场秩序，情节严重的，处五年以下有期徒刑或者拘役，并处或者单处违法所得一倍以上五倍以下罚金；情节特别严重的，处五年以上有期徒刑，并处违法所得一倍以上五倍以下罚金或者没收财产：（一）未经许可经营法律、行政法规规定的专营、专卖物品或者其他限制买卖的物品的；（二）买卖进出口许可证、进出口原产地证明以及其他法律、行政法规规定的经营许可证或者批准文件的；（三）未经国家有关主管部门批准非法经营证券、期货、保险业务的，或者非法从事资金支付结算业务的；（四）其他严重扰乱市场秩序的非法经营行为。”在1997年《刑法》施行后，全国人大常委会颁布了一系列立法解释或刑法修正案，最高人民法院、最高人民检察院亦颁布了相关的司法解释，对《刑法》第二百二十五条进一步补充，对“非法经营活动”中的经营对象作了进一步明确，并且列举了相关活动，目前包括非法经营文物、外汇、出版物、烟草、买卖国家机关颁发的野生动物允许进出口证明书、特许猎捕证、狩猎证、驯养繁殖许可证等公文、证件等行为，但是对于经营非国家重点保护的野生动物是否构成非法经营罪，有关立法及司法解释未作明确规定。基于本案，刘光伍经营非国家重点保护野生动物的行为不构成非法经营罪主要有以下几个理由：

1. 非国家重点保护野生动物是否属于《刑法》第二百二十五条第（一）项中的“其他限制买卖的物品”，法律没有明文规定。“其他限制买卖的物品”是指国家根据经济发展和维护国家、社会和人民群众利益的需要，规定在一定时期实行限制性经营的物品。是否为限制物品，并非一成不变，国家根据实际需要，可以加以变化调整。根据最新修订并于2016年3月1日实施的《中华人民共和国陆生野生动物保护实施条例》第二十五条（原为第二十六条，并删去第二款）的规定，“经营利用非国家重点保护野生动物或者其产品的，应当向工商行政管理部门申请登记注册”，删去的内容为：“经核准登记经营利用非国家重点保护野生动物或者其产品的单位和个人，必须在省、自治区、直辖市人民政府林业行政主管部门或者其授权单位核定的年度经营利用限额指标内，从事经营利用活动”。根据上述行政法规的变化可以看出，经营非国家重点野生保护动物仅需向工商部门登记注册，并不等同于将其列为“其他限制买卖的物品”。

2. 刘光伍的行为也不能评价为《刑法》第二百二十五条第（四）项的“其他严重扰乱市场秩序的非法经营行为”。《刑法》第二百二十五条第（四）项是在前三项规定明确列举的三类非法经营行为具体情形的基础上规定的一个兜底性条款，在司法实践中适用该项规定应当特别慎重，相关行为需有法律、司法解释的明确规定，且要具备与前三项规定行为相当的社会危害性和刑事处罚必要性，严格避免将一般的行政违法行为当作刑事犯罪来处理。结合本案来看，虽然刘光伍收购非国家重点保护野生动物具有一定的社会危害性，但尚没有相关法律、司法解释予以明确，故不能认定为属于“其他严重扰乱市场秩序的非法经营行为”。

3. 对经营非国家重点保护野生动物的行为进行刑事处罚没有法律依据。2017 年 1 月 1 日起施行的《野生动物保护法》第二十七条第四款规定：“出售、利用非国家重点保护野生动物的，应当提供狩猎、进出口等合法来源证明。”第三十三条第二款规定：“运输非国家重点保护野生动物出县境的，应当持有狩猎、进出口等合法来源证明，以及检疫证明。”第四十八条第二款规定：“违反本法第二十七条第四款、第三十三条第二款规定，未持有合法来源证明出售、利用、运输非国家重点保护野生动物的，由县级以上地方人民政府野生动物保护主管部门或者工商行政管理部门按照职责分工没收野生动物，并处野生动物价值一倍以上五倍以下的罚款。”本款有明确的行政处罚规定，但没有刑事处罚规定。

4. 无证据证明刘光伍贩卖的青蛙用于制作食品。《野生动物保护法》第四十九条规定：“违反本法第三十条规定，生产、经营使用国家重点保护野生动物及其制品或者没有合法来源证明的非国家重点保护野生动物及其制品制作食品，或者为食用非法购买国家重点保护的野生动物及其制品的，由县级以上人民政府野生动物保护主管部门或者工商行政管理部门按照职责分工责令停止违法行为，没收野生动物及其制品和违法所得，并处野生动物及其制品价值二倍以上十倍以下的罚款；构成犯罪的，依法追究刑事责任。”根据该法条的规定，对于生产、经营使用没有合法来源证明的非国家重点保护野生动物及其制品，只有用于制作食品并构成犯罪的，才可以追究刑事责任。本案在案证据无法证明刘光伍贩卖的青蛙用于制作食品。

5. 根据罪刑法定原则，经营非国家重点保护野生动物的行为不能评价为犯罪。罪刑法定原则是刑法的一项基本原则，该原则被载入了《刑法》，即我国《刑法》第三条规定：“法律明文规定为犯罪行为的，依照法律定罪处刑；法律没有明文规定为犯罪行为的，不得定罪处刑。”可见，对刘光伍经营非国家重点保护野生动物的行为不能评价为犯罪行为。

综上所述，现行法律及相关司法解释并没有对经营非国家重点保护野生动物的行为是否涉嫌刑事犯罪作出具体规定或者解释，法无明文规定不为罪，故被告人刘光伍的行为不构成非法经营罪。

（一审法院合议庭成员　蔡元利　陈小会　崔荫巍
二审法院合议庭成员　唐传佳　饶　钢　秦　玉
编写人　安徽省蚌埠市淮上区人民法院　陈小会
责任编辑　周维明
审稿人　李玉萍）

原载《人民法院案例选》2017 年第 12 辑（总第 118 辑）

326. 黄宇恒、郭凤勤等非法收购、出售珍贵、濒危野生动物案

——非法收购、出售《濒危野生动植物种国际贸易公约》保护动物的情节认定

【关键词】

驯养繁殖物种　CITES　同属或同科　情节特别严重

【裁判要旨】

1. 司法解释规定的“珍贵、濒危野生动物”包括相关野生动物以及驯养繁殖的上述物种，驯养繁殖物种可成为非法收购、出售珍贵、濒危野生动物罪的犯罪对象。

2. 涉案动物被列入 CITES 附录Ⅱ，但司法解释附表中仅有同科的国家一级保护野生动物，无同属或同科的国家二级保护野生动物，遵循刑法谦抑理念，不得参照该国家一级保护野生动物“情节严重”或“情节特别严重”的认定标准执行。

3. 涉案动物被列入 CITES 附录Ⅰ、附录Ⅱ，但在司法解释附表中无同属或同科的国家一、二级保护野生动物，无可供参照的“情节严重”“情节特别严重”的认定标准，根据罪刑法定原则，不得类比参照与其同目的国家一、二保护野生动物的认定标准执行。

【相关法条】

《中华人民共和国刑法》

第三百四十一条第一款　非法猎捕、杀害国家重点保护的珍贵、濒危野生动物的，或者非法收购、运输、出售国家重点保护的珍贵、濒危野生动物及其制品的，处五年以下有期徒刑或者拘役，并处罚金；情节严重的，处五年以上十年以下有期徒刑，并处罚金；情节特别严重的，处十年以上有期徒刑，并处罚金或者没收财产。

《最高人民法院关于审理破坏野生动物资源刑事案件具体应用法律若干问题的解释》

第一条　刑法第三百四十一条第一款规定的“珍贵、濒危野生动物”，包括列入国家重点保护野生动物名录的国家一、二级保护野生动物、列入《濒危野生动植物种国际贸易公约》附录一、附录二的野生动物以及驯养繁殖的上述物种。

第十条　非法猎捕、杀害、收购、运输、出售《濒危野生动植物种国际贸易公约》附录一、附录二所列的非原产于我国的野生动物“情节严重”、“情节特别严重”的认定标准，参照本解释第三条、第四条以及附表所列与其同属的国家一、二级保护野生动物的认定标准执行；没有与其同属的国家一、二级保护野生动物的，参照与其同科的国家一、二级保护野生动物的认定标准执行。

【案件索引】

一审：广东省广州市荔湾区人民法院（2017）粤0103刑初695号（2017年9月19日）

二审：广东省广州市中级人民法院（2017）粤01刑终1835号（2018年4月12日）

【基本案情】

广东省广州市荔湾区人民检察院指控称：2012年至2013年期间，被告人黄宇恒从广州市荔湾区芳村花鸟鱼艺大世界市场等地收购红尾蚺8条、球蟒2条，再以收购的红尾蚺6条分别交换得球蟒2条、网纹蟒2条以及杜氏蚺2条，以用作饲养和销售，并将前述动物放置在广州市荔湾区浣花西路芬芳街76号605房内，由被告人郭凤勤、黄健强协助饲养。

随后，被告人黄宇恒于2012年至2016年期间，在“爬行天下”论坛里，通过其注册的实名商家“恒宇爬宠”及其他账户发帖、跟帖，并在微信、QQ等网络平台发布前述动物的饲养、交易信息，以招揽客户。其中，2012年4月，被告人黄宇恒以人民币13000元的价格，向客户方某某（另案处理）销售红尾蚺4条。2015年9月3日，被告人黄宇恒以人民币900元的价格，向微信上的客户“爬杨石良一哥红”（另案处理）销售红尾蚺幼体1条，并指使被告人郭凤勤与该客户现场交收。2015年9月11日，被告人黄宇恒通过邮寄的方式，以人民币3500元的价格，向微信上的客户“张某”（另案处理）销售红尾蚺成体1条。

2016年11月24日，被告人黄健强在广州市荔湾区浣花西路芬芳街76号605房被民警抓获，当场被查获杜氏蚺2条（经鉴定，该动物被列入《濒危野生动植物种国际贸易公约》附录Ⅰ）、球蟒2条、网纹蟒2条、红尾蚺17条（经鉴定，上述三种动物均被列入《濒危野生动植物种国际贸易公约》附录Ⅱ）、台式电脑主机1台、笔记本2本和快递单据8张等。随后，被告人黄宇恒在广州市海珠区革新路137号船舶太古酒店被民警抓获。2016年12月7日，被告人郭凤勤经民警电话通知后，在亲属陪同下到案。

公诉机关认为：被告人黄宇恒无视国家法律，非法收购、出售珍贵、濒危野生动物，情节特别严重，其行为触犯了《刑法》第三百四十一条第一款之规定，应当以非法收购、出售珍贵、濒危野生动物罪追究其刑事责任。被告人郭凤勤、黄健强无视国家法律，非法出售珍贵、濒危野生动物，情节特别严重，其行为触犯了《刑法》第三百四十一条第一款之规定，应当以非法出售珍贵、濒危野生动物罪追究其刑事责任。

被告人黄宇恒辩称：对公诉机关指控其非法收购、销售红尾蚺的事实不持异议，但球蟒2条、网纹蟒2条、杜氏蚺2条共6条蛇是交换而来，并非收购。自己的犯罪情节不是情节特别严重，请求法院从轻处罚。其辩护人另提出以下辩护意见：黄宇恒饲养球蟒2条、网纹蟒2条、杜氏蚺2条的行为最多构成犯罪预备；涉案的6条蛇可能为杂交品种，鉴定意见仅根据形态学方法鉴定作出结论缺乏科学依据；黄宇恒主观恶意小，归案后如实供述自己的罪行，且涉案动物未流入社会，请求法院对其从轻处罚。

被告人郭凤勤、黄健强辩称：对公诉机关指控的事实及定性无异议，但主观上为饲养动物，并无打算出售的意图，请求法院从轻处罚。

一审宣判后，黄宇恒不服，提起上诉称：黄宇恒仅是一个宠物玩家，涉案小动物是从宠物市场购买来的，不知道涉案行为构成犯罪，请求二审法院改判黄宇恒无罪。

上诉人黄宇恒的辩护人提出的辩护意见：（1）黄宇恒通过交换获得涉案4条蟒蛇，不属于情节特别严重的情形。①涉案4条蟒蛇分别被列入《濒危野生动植物种国际贸易公约》附录Ⅱ，应对照国家二级重点保护野生动物标准保护，原判参照国家一级重点保护野生动物标准认定，属于适用法律错误，根据有利于被告人的原则，应认定黄宇恒为一般情节。②全国多地法院判例均将球蟒、网纹蟒认定为国家二级重点保护野生动物，未将4条蟒蛇作为情节特别严重的认定对象。③涉案4条蟒蛇原产地在国外，经多次杂交后转入境内，华南野生动物物种鉴定中心出具的鉴定意见，仅从形态学上判断物种，并未详细说明涉案物种是人工杂交还是野生物种，更未对涉案物种的保护级别进行详细说明。（2）黄宇恒没有直接的犯罪故意。黄宇恒从小宠物蛇开始养起，养了几年，对于涉案蛇类是否属于国家保护动物没有知道或者应当知道的途径，被抓捕后才知道涉案动物属于保护动物。（3）黄宇恒存在自首及其他从轻、减轻量刑情节，应从宽处罚。①其父黄健强主动提供黄宇恒的明确位置供抓捕，与亲友送去投案无实质差别，应认定黄宇恒自动投案，其到案后如实供述自己的罪行，应认定自首。②黄宇恒不存在职业贩卖和杀害的情节，无犯罪的主观恶意。③黄宇恒此前无刑事或行政处罚记录，有一份很好的工作，且勤奋好学。④其父黄健强因工导致残疾，其母郭凤勤患有双向情感障碍重性精神疾病，黄宇恒患有中度抑郁症，且结婚多年至今无小孩，如被处以十年有期徒刑，整个家庭将被无情摧毁。综上，请求二审法院对黄宇恒适用一般情节进行处罚，并适用缓刑。

法院经审理查明的事实与公诉机关指控的事实一致。

【裁判结果】

广东省广州市荔湾区人民法院于2017年9月19日作出（2017）粤0103刑初695号刑事判决：一、被告人黄宇恒犯非法收购、出售珍贵、濒危野生动物罪，判处有期徒刑十年，并处罚金2万元。二、被告人黄健强犯非法出售珍贵、濒危野生动物罪，判处有期徒刑一年，缓刑二年，并处罚金5000元。三、被告人郭凤勤犯非法出售珍贵、濒危野生动物罪，判处有期徒刑十个月，缓刑一年，并处罚金5000元。四、依法扣押的蛇类、作案工具予以没收。宣判后，被告人黄宇恒提起上诉。广东省广州市中级人民法院以适用法律不当，对上诉人黄宇恒的量刑过重为由，于2018年4月12日作出（2017）粤01刑终1835号刑事判决：一、维持广东省广州市荔湾区人民法院作出的（2017）粤0103刑初695号刑事判决第一项的定罪部分及第二项、第三项、第四项。二、撤销广东省广州市荔湾区人民法院作出的（2017）粤0103刑初695号刑事判决第一项的量刑部分。三、上诉人黄宇恒犯非法收购、出售珍贵、濒危野生动物罪，判处有期徒刑一年十个月，并处罚金1万元。

【裁判理由】

法院生效裁判认为：上诉人黄宇恒无视国家法律，非法收购、出售珍贵、濒危野生动物，其行为已构成非法收购、出售珍贵、濒危野生动物罪，原审被告人郭凤勤、黄健强无视国家法律，非法出售珍贵、濒危野生动物，其行为均已构成非法出售珍贵、濒危野生动物罪，应依法予以惩处。原审被告人郭凤勤、黄健强在共同犯罪中起次要作用，是从犯，原审被告人郭凤勤有自首情节，依法均可从轻处罚。

关于上诉人黄宇恒提出的涉案动物为人工繁殖物种，并非野生动物，其行为不构成犯罪的意见。经查，本案鉴定意见并未明确涉案动物是否为驯养繁殖物种，上诉人黄宇恒主张涉案动物系驯养繁殖物种缺乏事实依据。且依照《最高人民法院关于审理破坏野生动物资源刑事案件具体应用法律若干问题的解释》第一条的规定，“珍贵、濒危野生动物”包括相关野生动物以及驯养繁殖的上述物种，涉案球蟒、网纹蟒、红尾蚺和杜氏蚺均被列入《濒危野生动植物国际贸易公约》（CITES）附录Ⅰ或附录Ⅱ，非法收购、出售前述野生动物以及驯养繁殖的上述物种，均构成非法收购、出售珍贵、濒危野生动物罪，涉案动物是否为驯养繁殖物种不影响罪名成立。上述意见理据不足，应不予采纳。

关于上诉人黄宇恒的辩护人提出黄宇恒不构成“情节特别严重”的辩护意见。经查，涉案球蟒、网纹蟒为爬行纲蛇目蟒科蟒属，均被列入《濒危野生动植物种国际贸易公约》附录Ⅱ，但司法解释附表中仅有同科的国家一级保护野生动物“蟒”，无同属或同科的国家二级保护野生动物。依照《最高人民法院关于审理破坏野生动物资源刑事案件具体应用法律若干问题的解释》第十条的规定，涉案球蟒、网纹蟒“情节严重”或“情节特别严重”的认定标准能否参照“蟒”的认定标准执行。根据《濒危野生动植物种国际贸易公约》的定义，该公约附录Ⅰ的物种为若再进行国际贸易会导致灭绝的动植物，明确规定禁止其国际贸易，附录Ⅱ的物种为目前无灭绝危机，管制其国际贸易的物种，可见，公约对附录Ⅰ、附录Ⅱ中物种的保护力度明显不同。《最高人民法院、最高人民检察院、国家林业局、公安部、海关总署关于破坏野生动物资源刑事案件中涉及的CITES附录Ⅰ和附录Ⅱ所列陆生野生动物制品价值核定问题的通知》亦明确：“我国是《濒危野生动植物种国际贸易公约》（CITES）缔约国，非原产我国的CITES附录Ⅰ和附录Ⅱ所列陆生野生动物已依法被分别核准为国家一级、二级保护野生动物。”可见，涉案球蟒、网纹蟒被列入公约附录Ⅱ，其“情节严重”“情节特别严重”的认定标准不能参照国家一级保护野生动物“蟒”的认定标准执行，否则将造成量刑畸重，违背刑法谦抑理念。原审判决参照“蟒”的认定标准，认定上诉人黄宇恒的行为属于“情节特别严重”，适用法律不当，应予以纠正。另涉案红尾蚺、杜氏蚺为爬行纲蛇目蚺科懒膳属，虽被列入公约附录Ⅰ或附录Ⅱ，但在司法解释附表中并无与其同属或同科的国家一、二级保护野生动物，无可供参考的“情节严重”“情节特别严重”的认定标准，根据罪刑法定原则，亦不能认定上诉人黄宇恒属于“情节严重”或“情节特别严重”。因此，上述辩护意见理据充分，应予以采纳。

关于上诉人黄宇恒的辩护人提出黄宇恒构成自首的辩护意见，经查，侦查人员是根据原审被告人黄健强提供的准确地址，在广州市海珠区革新路137号船舶太古酒店抓获上诉人黄宇恒，上诉人黄宇恒不属于“自动投案”，不构成自首，应对该项辩护意见不予采纳，但上诉人黄宇恒无抗拒抓捕的行为，到案后如实供述自己的罪行，有坦白表现，依法可予以从轻处罚。

关于上诉人黄宇恒的辩护人提出黄宇恒主观上不明知涉案动物是珍贵、濒危野生动物的辩护意见，经查，QQ、微信、微博截图证实，黄宇恒通过多种渠道发布有关涉案动物的资讯，清楚涉案物种相关情况，且知悉国家禁止红尾蛇等交易，综合全案证据，可推定上诉人黄宇恒主观上明知涉案动物属于国家重点保护的珍贵、濒危野生动物，因而该项辩护意见理据不足，应不予采纳。

综上，鉴于涉案球蟒、网纹蟒被列入《濒危野生动植物种国际贸易公约》附录Ⅱ，不能参照国家一级保护野生动物“蟒”的认定标准执行，司法解释附表中亦无同属或同科的国家二级保护野生动物可供参照，涉案杜氏蚺、红尾蚺也无可供参考的国家一、二级保护野生动物，不能认定上诉人黄宇恒属于“情节严重”或“情节特别严重”。上诉人黄宇恒犯罪数量较少、获利不多，未造成大量珍贵、濒危野生动物死亡的严重后果，属犯罪情节较轻；同时还考虑到上诉人黄宇恒在抓捕过程中无反抗，到案后如实供述自己的罪行，有坦白表现等法定酌定从轻情节，原审判处其有期徒刑十年，并处罚金2万元属量刑畸重，二审应予以改判。综上，原审判决认定事实清楚，证据确实、充分，确定的罪名正确，审判程序合法，唯适用法律不当，对上诉人黄宇恒的量刑过重，应予以纠正。

【案例注解】

笔者结合本案审理情况，对非法收购、出售珍贵濒危野生动物罪相关问题分析如下：

一、驯养繁殖物种能否成为本罪的犯罪对象

本罪的犯罪对象为“珍贵、濒危野生动物”，根据《最高人民法院关于审理破坏野生动物资源刑事案件具体应用法律若干问题的解释》第一条的规定，《刑法》第三百四十一条第一款规定的“珍贵、濒危野生动物”包括列入国家重点保护野生动物名录的国家一、二级保护野生动物、列入《濒危野生动植物种国际贸易公约》附录一、附录二的野生动物以及驯养繁殖的上述物种。在司法解释层面，我国现阶段将驯养繁殖的相关物种归入“珍贵、濒危野生动物”范畴，予以保护。而学术界基于不同的理论，对“野生动物”有不同理解：有学者认为，应当根据动物的自然天性区别是否是野生动物，将其定义为存活、生长于野外自然生态环境之中的，未经驯养繁育的各类动物；有学者认为，野生动物本身以及其子代，虽然经过驯养繁殖，但仍具有野生、自然的属性，也应认定为野生动物。从实际情况看，动物大致可以分为纯粹野外自然生长的动物、原本野外自然生长尔后为驯养繁殖的动物、原本为驯养繁殖尔后在野外自然生长的动物、纯粹驯养繁殖的动物。从理论上讲，纯粹驯养繁殖的动物完全没有野外自然生长的过程和经历，不宜按照野生动物保护，否则会过分扩大打击面，违背罪刑法定原则。但按照目前的物种鉴定技术，除科学研究证实无法驯养繁殖的物种（如穿山甲）外，无法就相关动物是否为驯养繁殖物种作出准确鉴定，如被告人据此做无罪辩护，根据疑罪从无原则，只能认定其无罪，将造成不必要的枉纵，不利于珍贵、濒危野生动物资源的保护。鉴于此，除涉案动物被列入人工繁育国家重点保护野生动物名录，且有充分证据证明确系驯养繁殖物种，不以犯罪论处之外，非法收购、出售相关野生动物以及驯养繁殖的上述物种，均构成非法收购、出售珍贵、濒危野生动物罪，涉案动物是否为驯养繁殖物种不影响罪名成立。

二、非法收购、出售 CITES 保护动物的情节认定

我国是《濒危野生动植物种国际贸易公约》（CITES）缔约国，有义务保护非原产我国的 CITES 附录Ⅰ和附录Ⅱ所列陆生野生动物。《最高人民法院关于审理破坏野生动物资源刑事案件具体应用法律若干问题的解释》第十条规定："非法猎捕、杀害、收购、运输、出售《濒危野生动植物种国际贸易公约》附录一、附录二所列的非原产于我国的野生动物'情节严重'、'情节特别严重'的认定标准，参照本解释第三条、第四条以及附表所列与其同属的国家一、二级保护野生动物的认定标准执行；没有与其同属的国家一、二级保护野生动物的，参照与其同科的国家一、二级保护野生动物的认定标准执行。"但该条如何适用，各地法院做法不一，导致严重的"同案不同判"现象，笔者结合本案作如下分析：

1. 非法收购、出售 CITES 附录Ⅱ所列的非原产于我国的野生动物，但在司法解释附表中仅有同属或同科的国家一级保护野生动物，没有同属或同科的国家二级保护野生动物，能否参照该国家一级保护野生动物"情节严重""情节特别严重"的认定标准执行？如本案中，涉案球蟒、网纹蟒为爬行纲蛇目蟒科蟒属，被列入公约附录Ⅱ，但附表中仅有同科的国家一级保护野生动物"蟒"，无同属或同科的国家二级保护野生动物。

第一种观点认为：应参照《最高人民法院、最高人民检察院、国家林业局、公安部、海关总署关于破坏野生动物资源刑事案件中涉及的 CITES 附录Ⅰ和附录Ⅱ所列陆生野生动物制品价值核定问题的通知》第二条"如果仅有一种国家重点保护陆生野生动物的，应当参照该种国家重点保护陆生野生动物的同类制品价值标准核定"的规定执行，即在司法解释附表中仅有同属或同科的一种国家一级保护野生动物，没有同属或同科的国家二级保护野生动物，应当参照该国家一级保护野生动物"情节严重""情节特别严重"的认定标准执行。

第二种观点认为：根据 CITES 的定义，该公约附录Ⅰ的物种为若再进行国际贸易会导致灭绝的动植物，明确规定禁止其国际贸易，附录Ⅱ的物种为目前无灭绝危机，管制其国际贸易的物种，可见，公约对附录Ⅰ、附录Ⅱ中物种的保护力度明显不同。《最高人民法院、最高人民检察院、国家林业局、公安部、海关总署关于破坏野生动物资源刑事案件中涉及的 CITES 附录Ⅰ和附录Ⅱ所列陆生野生动物制品价值核定问题的通知》亦明确："我国是《濒危野生动植物种国际贸易公约》（CITES）缔约国，非原产我国的 CITES 附录Ⅰ和附录Ⅱ所列陆生野生动物已依法被分别核准为国家一级、二级保护野生动物。"可见，非法收购、出售被列入公约附录Ⅱ所列的非原产于我国的野生动物，如在司法解释附表中仅有同属或同科的国家一级保护野生动物，没有同属或同科的国家二级保护野生动物，则不能参照该国家一级保护野生动物“情节严重”“情节特别严重”的认定标准执行，否则将造成量刑畸重，违背刑法谦抑理念。笔者同意第二种观点。

遵循刑法谦抑理念和罪责刑相一致原则，笔者认为：（1）非法收购、出售CITES附录Ⅰ所列的非原产于我国的野生动物，在司法解释附表中仅有同属或同科的国家一级保护野生动物，或者既有同属或同科的国家一级保护野生动物，又有同属或同科的国家二级保护野生动物的，应参照该国家一级保护野生动物“情节严重”“情节特别严重”的认定标准执行；（2）非法收购、出售CITES附录Ⅰ所列的非原产于我国的野生动物，在司法解释附表中仅有同属或同科的国家二级保护野生动物，没有同属或同科的国家一级保护野生动物的，应参照该国家二级保护野生动物“情节严重”“情节特别严重”的认定标准执行；（3）非法收购、出售CITES附录Ⅱ所列的非原产于我国的野生动物，在司法解释附表中仅有同属或同科的国家二级保护野生动物，或者既有同属或同科的国家一级保护野生动物，又有同属或同科的国家二级保护野生动物的，应参照该国家二级保护野生动物“情节严重”“情节特别严重”的认定标准执行；（4）非法收购、出售CITES附录Ⅱ所列的非原产于我国的野生动物，在司法解释附表中仅有同属或同科的国家一级保护野生动物，没有同属或同科的国家二级保护野生动物的，不能参照该国家一级保护野生动物“情节严重”“情节特别严重”的认定标准执行，仅能按照一般情节处理。此外，在司法解释附表中有多种同级国家重点保护野生动物可供参照的，根据有利于被告人的原则，应参照数量标准最高的国家重点保护野生动物的认定标准执行，给予被告人较轻量刑。

2. 非法收购、出售CITES附录Ⅰ、附录Ⅱ所列的非原产于我国的野生动物，但在司法解释附表中没有同属或同科的国家一、二级保护野生动物，是否一概按照一般情形量刑？如本案中，杜氏蚺为爬行纲蛇目蚺科懒臁属，被列入CITES附录Ⅰ，红尾蚺为爬行纲蛇目蚺科蚺属，被列入CITES附录Ⅱ，在司法解释附表中无同属或同科的国家一、二级保护野生动物，仅有同目的国家一级保护野生动物“蟒”。

第一种意见认为：应参照《最高人民法院、最高人民检察院、国家林业局、公安部、海关总署关于破坏野生动物资源刑事案件中涉及的CITES附录Ⅰ和附录Ⅱ所列陆生野生动物制品价值核定问题的通知》第一条“没有与其同科的国家重点保护陆生野生动物的，参照与其同目的国家重点保护陆生野生动物的同类制品价值标准核定；没有与其同目的国家重点保护陆生野生动物的，参照与其同纲或者同门的国家重点保护陆生野生动物的同类制品价值标准核定”的规定执行，即附表中没有同属或同科的国家一、二级保护野生动物的，可参照与其同目、同纲或同门的国家一、二级保护野生动物“情节严重”、“情节特别严重”的认定标准执行。否则会导致对部分附录二物种的保护力度明显大于附录Ⅰ物种，与公约精神相悖。

第二种观点认为：涉案动物虽被列入公约附录Ⅰ或附录Ⅱ，但在司法解释附表中并无与其同属或同科的国家一、二级保护野生动物，无可供参考的“情节严重”“情节特别严重”的认定标准，根据罪刑法定原则，不能认定属于“情节严重”或“情节特别严重”，仅能认定为一般情形。笔者同意第二种观点。

三、结语

珍贵、濒危野生动物是宝贵的自然资源，是全人类的共同财富。近年来，随着森林资源的减少和人为地猎捕，许多物种灭绝加剧，生物多样性不断退化，人类赖以生存的生态环境正在经受严峻的挑战，加强珍稀动物的保护刻不容缓，坚持打击惩治犯罪行为，加大生态系统保护力度，具有现实紧迫性。人与自然是生命的共同体，人类必须尊重自然，顺应自然，保护自然，保护野生动物，繁荣物种，建立人与其他物种唇齿相依的关系，促进人与生态，人与自然的和谐发展，真正保护人类自己的美好家园。

（一审法院合议庭成员　蔡正尧　欧少颜　冯志强
二审法院合议庭成员　丁阳开　谢国雄　茹艳飞
编写人　广东省广州市中级人民法院　丁阳开　董广绪
责任编辑　周维明
审稿人　李玉萍）

原载《人民法院案例选》2018 年第 8 辑（总第 126 辑）

327. 邓某某、陶某某非法收购珍贵、濒危野生动物制品案

——环资案件刑事附带民事公益诉讼新旧法冲突情形下损害金额的认定

【关键词】

刑事　刑事附带民事公益诉讼　损害金额　新旧法冲突

【裁判要旨】

在环资损害刑事附带民事公益诉讼案件中，行为时法律与审判时法律冲突又无明确法律适用指导原则时，损害金额应遵循同一案件同一事实的刑、民二元认定方法，即刑事部分按照从旧兼从轻、有利于被告人原则选择适用的法律依据，民事部分遵循民事自愿、公平原则选择适用的法律依据。

【相关法条】

《中华人民共和国刑法》

第三百四十一条　非法猎捕、杀害国家重点保护的珍贵、濒危野生动物的，或者非法收购、运输、出售国家重点保护的珍贵、濒危野生动物及其制品的，处五年以下有期徒刑或者拘役，并处罚金；情节严重的，处五年以上十年以下有期徒刑，并处罚金；情节特别严重的，处十年以上有期徒刑，并处罚金或者没收财产。

违反狩猎法规，在禁猎区、禁猎期或者使用禁用的工具、方法进行狩猎，破坏野生动物资源，情节严重的，处三年以下有期徒刑、拘役、管制或者罚金。

《中华人民共和国侵权责任法》

第八条[①]　二人以上共同实施侵权行为，造成他人损害的，应当承担连带责任。

第十五条[②]　承担侵权责任的方式主要有：

（一）停止侵害；

（二）排除妨害；

（三）消除危险；

（四）返还财产；

---

① 本条对应《民法典》第一千一百六十八条。

② 本条对应《民法典》第一百七十九条之规定："承担民事责任的方式主要有：（一）停止侵害；（二）排除妨碍；（三）消除危险；（四）返还财产；（五）恢复原状；（六）修理、重作、更换；（七）继续履行；（八）赔偿损失；（九）支付违约金；（十）消除影响、恢复名誉；（十一）赔礼道歉。法律规定惩罚性赔偿的，依照其规定。本条规定的承担民事责任的方式，可以单独适用，也可以合并适用。"

（五）恢复原状；

（六）赔偿损失；

（七）赔礼道歉；

（八）消除影响、恢复名誉。

以上承担侵权责任的方式，可以单独适用，也可以合并适用。

《最高人民法院、最高人民检察院关于检察公益诉讼适用法律若干问题的解释》①

第二十条 人民检察院对破坏生态环境和资源保护、食品药品安全领域侵害众多消费者合法权益等损害社会公共利益的犯罪行为提起刑事公诉时，可以向人民法院一并提起附带民事公益诉讼，由人民法院同一审判组织审理。

人民检察院提起的刑事附带民事公益诉讼案件由审理刑事案件的人民法院管辖。

【案件索引】

一审：四川省成都市金牛区人民法院（2019）川0106刑初402号（2019年6月12日）

【基本案情】

四川省成都市金牛区人民检察院指控：2016年底，被告人陶某某接受被告人邓某某的出资委托后，在成都市成华区建设南路枫林路菜市场附近，以14000元的价格从一陌生男子处购买黑熊熊掌两只并转交邓某某，邓某某将两只黑熊熊掌存放于其和陶某某共同经营的位于成都市金牛区二道桥街72号“莲品荟”会所厨房的冰柜里。2018年4月16日，公安机关在“莲品荟”会所查获上述两只熊掌。经司法鉴定，查获的两只熊掌系食肉目熊科黑熊的足掌，黑熊为国家二级重点保护野生动物，涉及的黑熊数量至少为一只，价值4万元。被告人邓某某、陶某某在接公安机关电话通知后于2018年4月16日、17日分别主动前往公安机关，如实供述了上述犯罪事实。公诉机关认为，被告人邓某某、陶某某的行为均已构成非法收购珍贵、濒危野生动物罪，系共同犯罪，二被告人均有自首情节，要求依照《刑法》第三百四十一条、第二十五条、第六十七条第一款之规定予以处罚。

在诉讼过程中，附带民事公益诉讼起诉人四川省成都市金牛区人民检察院以成金检民公（2019）51010600002号刑事附带民事公益诉讼起诉书向法院提起附带民事公益诉讼。

附带民事公益诉讼起诉人诉称：被告邓某某、陶某某以食用为目的非法购买国家二级重点保护野生动物制品，其行为违反了《野生动物保护法》第三条“野生动物资源属于国家所有”第二十一条“禁止猎捕、杀害国家重点保护野生动物”第二十七条“禁止购买国家重点保护野生动物及其制品”之规定，破坏生物多样性、危害生态系统平衡，损害了社会公共利益，根据《民法总则》第一百七十九条和《侵权责任法》第八条、第十五条之规定，请求判令：（1）被告邓某某、陶某某在成都市级以上媒体公开赔礼道歉；（2）被告邓某某、陶某某连带支付赔偿金4万元。

---

① 本司法解释已于2020年12月29日修正。

被告人（刑事附带民事公益诉讼被告）邓某某及其辩护人（刑事附带民事公益诉讼代理人）辩称：（1）邓某某收购熊掌的时间为2016年年底，按照从旧兼从轻的原则，鉴定标准应当按照当时的规定即《关于印发〈野生动物及其产品（制品）的价格认定规则〉的通知》（发改价证办〔2014〕246号）《林业部、财政部、国家物价局关于陆生野生动物资源保护管理费收费办法的通知》（林护字〔1992〕72号）《关于在野生动物案件中如何确定国家重点保护野生动物及其产品价值标准的通知》（林策通字〔1996〕8号）认定黑熊的价值为25050元；（2）邓某某具有自首情节，归案后自愿认罪认罚；（3）邓某某购买熊掌系尽孝，法制意识淡漠，其本人患有糖尿病、心脏病等多种疾病。请求对邓某某从轻处罚并适用缓刑。在刑事附带民事公益诉讼部分提出以下代理意见：（1）邓某某购买的熊掌是野生动物产品（制品），其价值不能超过黑熊动物个体的价值，附带民事公益诉讼起诉人要求邓某某按照黑熊动物个体的价值支付赔偿款于法无据；（2）根据法不溯及既往的原则，附带民事公益诉讼起诉人以并非购买行为发生的时间即2016年年底的相关鉴定方法而是以2017年12月15日才实施的《野生动物及其制品价值评估方法》认定黑熊的价值属适用法律不当；（3）邓某某收购熊掌的行为是财产买卖行为，发生在黑熊受伤害以后，邓某某没有伤害、杀害野生动物的意图和行为，不属于侵害野生动物身体的侵权行为，故不应当承担侵权的赔礼道歉责任。

被告人（刑事附带民事公益诉讼被告）陶某某及其辩护人（刑事附带民事公益诉讼代理人）所提黑熊价值认定、赔偿数额的辩护与代理意见与被告人邓某某的辩护人暨附带民事公益诉讼委托代理人所提意见一致。

经法院审理查明的事实与公诉机关暨刑事附带民事公益诉讼起诉人指控、起诉的事实一致。

【裁判结果】

四川省成都市金牛区人民法院于2019年6月12日作出（2019）川0106刑初402号刑事判决：一、被告人邓某某犯非法收购珍贵、濒危野生动物制品罪，判处有期徒刑一年六个月，缓刑二年，并处罚金一万元；二、被告人陶某某犯非法收购珍贵、濒危野生动物制品罪，判处有期徒刑一年，缓刑一年六个月，并处罚金8000元；三、责令被告邓某某、陶某某在本判决生效后十日内在成都市级媒体上公开赔礼道歉，并缴纳赔偿金4万元（已支付，此赔偿金专项用于生态环境的保护与修复）；四、扣押在案的黑熊熊掌两只予以没收。宣判后，被告人在法定期限内未提出上诉，公诉机关未提出抗诉，判决已发生法律效力。

【裁判理由】

法院生效裁判认为：被告人邓某某、陶某某违反野生动物保护管理法律法规，未经许可非法收购国家重点保护的珍贵、濒危野生动物制品黑熊熊掌两只，其行为均已构成非法收购珍贵、濒危野生动物制品罪，公诉机关指控成立，决定予以支持。

对被告人邓某某、陶某某应当承担刑事责任的认定。法院认为，首先，《最高人民法院关于审理破坏野生动物资源刑事案件具体应用法律若干问题的解释》第五条规定，非法收购、运输、出售珍贵、濒危野生动物制品价值在10万元以上、20万元以上分别属于情节严重、情节特别严重，由此可见，应以被告人邓某某、陶某某购买的野生动物制品的价值而非以野生动物整体的价值作为本案追究二被告人刑责的依据。其次，被告人邓某某、陶某某均供述购买黑熊熊掌的时间发生在2016年年底，存放黑熊熊掌场所的工作人员亦证实了在此期间黑熊熊掌的保存情况，故应当以二被告人购买野生动物制品的时间作为认定涉案黑熊熊掌价值的基准点。虽然2017年12月15日实施的《野生动物及其制品价值评估方法》对野生动物及制品的鉴定价值较高，但根据刑法从旧兼从轻的原则，应以此前适用的林策通字〔1996〕（8）号的价值确定方法计算两只黑熊熊掌的价值为宜。根据林策通字〔1996〕（8）号第二条的规定，“国家重点保护陆生野生动物具有特殊利用价值或者导致野生动物死亡的主要部分，其价值标准按照该种动物价值标准的80%予以折算”，根据《刑法》从旧兼从轻的原则，涉案黑熊熊掌的价值应认定为25050元的80%，即20040元。最后，根据《最高人民检察院、公安部关于公安机关管辖的刑事案件立案追诉标准的规定（一）》第六十五条“非法收购、运输、出售国家重点保护的珍贵、濒危野生动物及其制品的，应予立案追诉”的规定，本罪不以犯罪金额为入罪条件，被告人邓某某、陶某某购买珍贵、濒危野生动物制品的行为本身就应当受到刑事处罚。无论是以新旧价值鉴定方法，被告人邓某某、陶某某购买的黑熊熊掌价值都没有达到10万元情节严重的情节，控辩双方争议黑熊价值25050元或是4万元均不影响本案量刑区间，即便没有对涉案两只黑熊熊掌进行价值鉴定，亦对本案的量刑没有直接的影响。

对被告人邓某某、陶某某及各自辩护人所提二被告人是为尽孝才实施了收购黑熊熊掌的行为，请求从轻处罚的辩解、辩护意见，法院认为，被告人邓某某、陶某某不应采取违反法律法规、破坏社会公共利益的行为来实现个人目的，对老人尽孝道的行为亦应当遵守国家制定的各项法律法规。被告人邓某某、陶某某及各自辩护人所提以上请求从轻处罚的辩解、辩护意见不能成立，决定不予采纳。对被告人邓某某、陶某某购买黑熊熊掌的动机及并非为转卖而购买的事实作为量刑情节予以综合评判。

在共同犯罪中，被告人邓某某系犯意发起者，并出资非法收购珍贵、濒危野生动物制品，被告人陶某某接受邀约寻找珍贵、濒危野生动物制品的来源并予以收购，被告人邓某某、陶某某还共同保管购买的珍贵、濒危野生动物制品，二被告人均积极参与，本案不分主从犯，其中被告人邓某某的作用相对被告人陶某某更大，在量刑时予以综合评判。

被告人邓某某、陶某某在分别接公安机关通知后均主动到案并如实供述相关犯罪事实，系自首，依法予以从轻处罚。

对被告邓某某的代理人所提邓某某收购黑熊熊掌的行为是财产买卖行为，发生在黑熊受伤害以后，邓某某没有伤害、杀害野生动物的意图和行为，不属于造成野生动物身体被害的侵权行为，邓某某不应当承担侵权的赔礼道歉责任的代理意见。金牛区人民法院裁判认为，邓某某、陶某某违反野生动物保护管理法律法规，未经许可非法收购国家重点保护的珍贵、濒危野生动物制品黑熊熊掌两只，损害了社会公共利益，是破坏生态环境的行为，根据《最高人民法院关于审理环境民事公益诉讼案件适用法律若干问题的解释》第十八条“对污染环境、破坏生态，已经损害社会公共利益或者具有损害社会公共利益重大风险的行为，原告可以请求被告承担停止侵害、排除妨碍、消除危险、恢复原状、赔偿损失、赔礼道歉等民事责任”的规定，公益诉讼起诉人请求判令二被告人赔礼道歉于法有据，符合法律规定，邓某某的代理人提出的该项代理意见不能成立，决定不予采纳。

对被告邓某某、陶某某应当缴纳的公益诉讼赔偿金数额的认定。裁判认为，首先，公益诉讼起诉人要求二被告赔付的是因二被告收购珍贵、濒危野生动物制品造成的国家野生动物资源损失以及由此造成的对社会公共利益的损害，而非单纯赔付所收购动物制品的价值。其次，赔偿金数额的判定应当充分考虑以下几点：（1）赔偿金的构成除二被告非法收购的珍贵、濒危野生动物制品本身的价值外，还包括案涉珍贵、濒危野生保护动物的生态价值以及被破坏的生态环境、社会公共利益的修复费用；（2）自二被告实施非法收购行为起至今，均未采取积极、主动修复生态、弥补损失的行为，二被告实施非法收购行为对生态环境的影响持续进行，且不论生态环境自我修复或人工修复，都有一个时间过程，应当按照当下的实际情况确定生态修复成本，并酌情考虑期间损失；（3）公益诉讼兼具预防与补救功能，从预防角度看，环境公益诉讼的目的在于向社会公开宣传维护生态环境的理念、增强公众生态环境意识、推动生态环境保护，以1996年施行的标准计算涉案黑熊的价值不足以完全评价二被告于2016年年底实施的非法收购行为的社会危害性，不能充分发挥警示教育作用及社会引导作用。从补救角度看，判令二被告承担赔偿义务的目的除惩戒外还有修复被破坏的生态环境，随着社会经济的发展，以依据1996年颁布施行的标准计算涉案黑熊价值作为判赔二被告的根据难以抵销当前修复一只黑熊消失对生态造成破坏的成本。且在2017年12月已经根据新的社会经济环境颁布施行。将依据该方法进行鉴定得出的黑熊价值作为二被告的判赔依据更具合理性和公平性。综上所述，公益诉讼起诉人提出的请求二被告连带支付赔偿金4万元的诉讼请求于法有据，符合公平正义原则。对二名被告的代理人所提上述相关代理意见，决定不予采纳。

【案例注解】

一、环资案件损害金额认定的困境

我国现有关于环资损害金额认定的法律法规多为授权性、概括性规定，如《最高人民法院关于审理环境民事公益诉讼案件适用法律若干问题的解释》第二十三条规定：“生态环境修复费用难以确定或者确定具体数额所需鉴定费用明显过高的，人民法院可以结合污染环境、破坏生态的范围和程度、生态环境的稀缺性、生态环境恢复的难易程度、防治污染设备的运行成本、被告因侵害行为所获得的利益以及过错程度等因素，并可以参考负有环境保护监督管理职责的部门的意见、专家意见等，予以合理确定。”《林业部关于在野生动物案件中如何确定国家重点保护野生动物及其产品价值标准的通知》（已失效）第二条规定：“国家重点保护陆生野生动物具有特殊利用价值或者导致野生动物死亡的主要部分，其价值标准按照该种动物价值标准的80%予以折算；其他部分，其价值标准按照该种动物价值标准的20%予以折算。前款所称具有特殊利用价值或者导致野生动物死亡的主要部分，由省、自治区、直辖市陆生野生动物行政主管部门根据实际情况予以确定。”《野生动物及其制品价值评估方法》第五条规定，野生动物制品的价值，由核算其价值的执法机关或者评估机构根据实际情况予以核算，均未明确规定金额认定的标准。在新旧法冲突时亦未明确适用原则，尤其在刑事附带民事公益诉讼中，基于同一案件事实衍生出两个性质不同、原则有别的诉讼，在损害金额计算依据不一又无明确适用规定的情况下，当事双方对损害金额的认定往往争议颇大，司法实践中的处理也各有不同。

二、环资案件损害金额刑、民二元认定的现实依据

在环资领域，遑论实体法或程序法都有待完善，许多被诉行为皆非近年发生，行为实施时法律与庭审时法律不一致，如文章伊始所引之案例，在司法实践中尚有良多。对损害赔偿的鉴定依据，虽先后出台了《最高人民法院关于审理环境民事公益诉讼案件适用法律若干问题的解释》《最高人民法院、最高人民检察院关于检察公益诉讼案件适用法律若干问题的解释》，但没有确立新旧法冲突时的适用原则，亦没有对损害赔偿的具体计算标准作出规定，而是多为授权性、指导性规定，并无具体可执行的实施细则。

若全案适用行为时法律，刑事部分确无不当，遵循了刑事从旧兼从轻以及有利于被告人原则，然民事部分的损害若从旧法，则显然不能弥补既有之损害，也无法消弭修复被诉行为所造成损失的费用。若全案适用庭审时法律，民事部分也许更得受偿，然刑事部分势必有违刑法基本原则，加重对被告人的处罚，致使罪责刑不相适应。环资案件的损害金额，不仅仅包括被破坏实物本身之价值，还包括其生态价值以及从被损害到被修复的期间损失。环资案件公益诉讼司法解释多为授权性规定，关于生态价值及期间损失并无明确规定，在司法实践中，鉴定机构无法对该部分价值进行鉴定，鉴于此，在法无明文规定的情况下，至少可以援引距案发时社会经济环境较为匹配的规定计算损害金额，最大程度在法律允许范围内实现惩罚犯罪及修复生态双重目的。故在处理该类案件时，可以采用证据一元、事实一元、认定二元的方法，能最优的解决实践中存在的此类问题。

三、环资案件损害金额刑、民二元认定的法理依据

第一，刑、民诉讼目的不同。刑事诉讼的目的在于惩罚犯罪、保障人权，一方面，犯罪行为破坏的是国家保护的法益与秩序，必须要科以刑罚，修复被破坏的社会关系；另一方面，刑罚又是剥夺、限制人身自由的最为严厉的惩处手段，对刑罚的适用要慎之又慎，在定罪量刑过程中也要充分保障被告人的合法权益。民事诉讼的目的在于解决民事主体之间的纠纷，一般是让侵权方不同程度地对自己侵权行为所造成的损失承担民事责任，这种损失区别于犯罪行为所造成的对社会秩序、法益所造成的抽象的损失，往往是可量化的、具体的损失。

第二，刑、民诉讼原则不同。刑事诉讼的基本原则为罪刑法定、罪责刑相适应以及适用平等原则，被告人的行为必须经庭审确立，符合犯罪构成，所课处的刑罚亦不应超过行为时被告人的可预见范围。民事诉讼的基本原则为自愿原则、诚信原则、公平原则以及公序良俗原则，在民事案件的审理中，要遵循原被告双方的自由意志，更要兼顾公平，在本文所议之情形中，要弥补修复被告损害生态的行为所造成的影响，所付出的时间成本、精力成本、经济成本皆因按照修复时的时况而非破坏时的时况进行评估。

第三，刑、民裁判规则不同。基于刑、民诉讼目的、原则的差异，衍生出的庭审裁判规则也不同。刑事诉讼中，所有指控事实必须由符合法律规定的证据加以证实才能认可其成立，刑罚量的设置在精准化量刑的趋势下往往也是有据可循，更是明确了行为时法律与庭审时法律不一致时应遵循从旧兼从轻原则、有利于被告人原则以及比例原则，在前述裁判规则的指引下，刑事部分适用旧法无可指摘。然而，民事诉讼讲求自愿原则，在司法实践中，只要是不违背国家法律规定及社会公序良俗，只要原被告双方达成一致，法庭即认可其合意，在本文所议之情形中，若被告认可公益诉讼起诉人依据《野生动物及其制品价值评估方法》得出的损害金额，法庭不应干涉，若不认可，则要考虑公平原则与公益诉讼修复生态之目的，在法律准许范围内最大程度争取修复利益。

（一审法院合议庭成员　张志伟　王　燎　李　力　刘德斌
姜绍刚　许世蔓　刘贵林
编写人　四川省成都市金牛区人民法院　张志伟　叶　潇
责任编辑　周维明
审稿人　李玉萍）

原载《人民法院案例选》2020年第10辑（总第152辑）

四、非法狩猎罪

328. 刘东非法狩猎案

——在禁猎区非法狩猎“三有”保护野生动物的认定

【关键词】

刑事　非法狩猎“三有”保护野生动物　禁猎区

【裁判要旨】

违反狩猎法规，在禁猎区、禁猎期或者使用禁用的工具、方法狩猎，非法狩猎野生动物二十只以上的，属于非法狩猎“情节严重”。

【相关法条】

《中华人民共和国刑法》

第三百四十一条第二款　违反狩猎法规，在禁猎区、禁猎期或者使用禁用的工具、方法进行狩猎，破坏野生动物资源，情节严重的，处三年以下有期徒刑、拘役、管制或者罚金。

第七十二条第一款　对于被判处拘役、三年以下有期徒刑的犯罪分子，同时符合下列条件的，可以宣告缓刑，对其中不满十八周岁的人、怀孕的妇女和已满七十五周岁的人，应当宣告缓刑：

（一）犯罪情节较轻；

（二）有悔罪表现；

（三）没有再犯罪的危险；

（四）宣告缓刑对所居住社区没有重大不良影响。

《最高人民法院关于审理破坏野生动物资源刑事案件具体应用法律若干问题的解释》

第六条第一项　违反狩猎法规，在禁猎区、禁猎期或者使用禁用的工具、方法进行狩猎，具有下列情形之一的，属于非法狩猎“情节严重”：

（一）非法狩猎野生动物二十只以上的；

【案件索引】

一审：内蒙古自治区额尔古纳市人民法院（2018）内0784刑初40号（2018年4月16日）

【基本案情】

法院经审理查明：2017年11月下旬的一天傍晚，被告人刘东发现一只野鸡落在自己家的草垛里，于是便在天黑后用手电筒照明，拿木棍将野鸡打死；2017年12月中旬，被告人刘东在自家牛舍里和后院杖子上先后4次用弹弓打死了19只麻雀；2017年12月19日，被告人刘东的表弟许凯明驾驶车辆，与被告人刘东一起去看望在六卡沟的舅舅，车辆驶出嘎密山的时候，被告人刘东看见路边有一只沙半鸡，于是就拿弹弓将沙半鸡打死放在了车里，之后继续驾车行驶了大约5公里左右，在村子西北方向边防公路旁看见另一只沙半鸡死在路边，被告人刘东又下车捡回来放在了车里。

2017年12月19日，额尔古纳市公安局黑山头边防派出所与特警大队在黑山头镇开展清边行动，设卡检查时发现被告人刘东所驾驶的车辆上有两只鸟类死体和一把弹弓，并在其家中搜出其他鸟类死体20只，后黑山头边防派出所将案件移交给额尔古纳市森林公安局。额尔古纳市森林公安局民警使用GPS设备采集被告人刘东狩猎地点的坐标，并通过“谷歌地图”软件上标尺测量，发现被告人刘东四次狩猎地点距国境线距离均不超过10公里。2017年12月22日，经内蒙古大兴安岭林业科学技术研究所司法鉴定所〔2017〕林司鉴字第22号司法鉴定意见书鉴定，沙半鸡、麻雀、环颈雉属“三有”保护野生动物，列入《国家保护的有益的或者有重要经济、科学研究价值的陆生野生动物名录》。

另查明，案发后，公安机关扣押被告人刘东非法狩猎的猎物鸟类死体22只、弹弓一把、钢珠一袋、麦子一食品袋、木棍一根。

【裁判结果】

内蒙古自治区额尔古纳市人民法院于2018年4月16日作出（2018）内0784刑初40号刑事判决：被告人刘东犯非法狩猎罪，判处有期徒刑六个月，缓刑一年。

宣判后，检察机关未提出抗诉，被告人未提出上诉，判决已发生法律效力。

【裁判理由】

法院生效裁判认为：被告人刘东违反野生动物保护法规，在禁猎区狩猎，破坏野生动物资源，情节严重，其行为已构成非法狩猎罪。鉴于被告人刘东到案后能够如实供述自己的犯罪事实，可以从轻处罚。

【案例注解】

众所周知，列入国家野生动物保护名录的野生动物受法律保护，殊不知进入“三有”动物名录的野生动物，同样受法律保护。“三有”动物是指有重要生态、科学、社会价值的陆生野生动物，包括麻雀、青蛙、壁虎、蟾蜍、野鸡、野兔和各种蛇类等共计

1700多种。对于“三有”动物，我国《刑法》及相关法律规定，私自捕捉1只（条）就违法，捕捉20只（条）以上就构成犯罪，捕捉50只（条）以上就属于重大刑事案件。我国《野生动物保护法》规定，猎捕非国家重点保护野生动物的，必须取得狩猎证，并且服从猎捕量限额管理。额尔古纳市位于内蒙古自治区大兴安岭溪北麓，西部及北部隔额尔古纳河与俄罗斯相望，物产资源丰富，自然条件得天独厚，野生动植物资源丰富，非法猎捕、盗伐林木等破坏动植物资源的违法犯罪行为时有发生，本案对于减少此类犯罪行为具有警示教育意义。

我国《刑法》和《野生动物保护法》规定，以下三类野生动物明文受保护：国家重点保护野生动物；地方重点保护野生动物；有益的和有重要经济、科学研究价值的陆生野生动物（即“三有”动物）。那些常见的、经常被人们捕捉、烹饪的青蛙、麻雀等“不起眼”的小动物，很可能就属于“三有”保护动物，但长期以来被人们所忽视。

为贯彻落实《野生动物保护法》，加强对国家和地方重点保护野生动物以外的陆生野生动物资源的保护和管理，早在2000年8月，国家林业局第7号令就发布了“三有”保护动物名录，具体罗列了受保护动物或其品种，比如本案中刘东捕捉的沙半鸡、麻雀、环颈雉，就在此中。

不过并非只要捕捉“三有”保护动物就一定会接受刑事处罚。《国家林业局、公安部关于森林和陆生野生动物刑事案件管辖及立案标准》规定，违反狩猎法规，在禁猎区、禁猎期或者使用禁用的工具、方法狩猎，具有下列情形之一的，应予立案：（1）非法狩猎陆生野生动物20只以上的；（2）在禁猎区或者禁猎期使用禁用的工具、方法狩猎的；（3）具有其他严重破坏野生动物资源情节的。

可见，是否在禁猎区、禁猎期或者使用禁用的工具、方法狩猎，以及非法狩猎陆生野生动物的数量，是决定此类违法行为能否刑事立案的标准。《内蒙古自治区实施〈中华人民共和国野生动物保护法〉办法》中也明确规定，在自然保护区、风景游览区、文物保护区、城镇市区、距国境线10公里以内、铁路和公路两侧1公里以内的地区，为禁猎区。

非法狩猎罪指违反狩猎法规，在禁猎区、禁猎期或者使用禁用工具、方法进行狩猎，破坏珍禽珍兽或者其他野生动物资源，情节严重的行为。行为人违反其中任何一种形式或者数种形式非法狩猎野生动物，且情节严重的，即可构成犯罪。因此，判断一个非法狩猎行为是否构成了非法狩猎罪，关键是该非法狩猎行为是否“情节严重”。“情节严重”的情形法律也有明文规定，《最高人民法院关于审理破坏野生动物资源刑事案件具体应用法律若干问题的解释》第六条规定，违反狩猎法规，在禁猎区、禁猎期或者使用禁用的工具、方法进行狩猎，具有下列情形之一的，属于非法狩猎“情节严重”：（1）非法狩猎野生动物20只以上的；（2）违法狩猎法规，在禁猎区或者禁猎期使用禁用的工具、方法狩猎的；（3）具有其他严重情节的。

本案中，额尔古纳市森林公安局民警使用GPS设备采集被告人刘东狩猎地点的坐标，并通过“谷歌地图”软件上标尺测量，发现被告人刘东四次狩猎地点距国境线距离均不超过10公里，应属于“禁猎区”，且数量达20只以上，符合“情节严重”的立案标准。《刑法》第三百四十一条第二款规定：“违反狩猎法规，在禁猎区、禁猎期或者使用禁用的工具、方法进行狩猎，破坏野生动物资源，情节严重的，处三年以下有期徒刑、拘役、管制或者罚金。”第七十二条第一款规定：“对于被判处拘役、三年以下有期徒刑的犯罪分子，同时符合下列条件的，可以宣告缓刑，对其中不满十八周岁的人，怀孕的妇女和已满七十五周岁的人，应当宣告缓刑：（一）犯罪情节较轻；（二）有悔罪表现；（三）没有再犯罪的危险；（四）宣告缓刑对所居住社区没有重大不良影响。”本案中鉴于被告人刘东到案后能够如实供述自己的犯罪事实，可以从轻处罚。

在这里，还要明确几个问题：

一、区分本罪与非法猎捕、杀害珍贵、濒危野生动物罪的界限

两罪的犯罪主体、主观方面都相同，皆属故意犯罪。两罪侵犯的客体不尽相同，其同类客体都是对环境资源保护和管理制度的侵犯，只是犯罪所侵犯的直接客体有所不同，非法狩猎罪所侵犯的客体为国家保护野生动物资源的管理制度；而非法猎捕、杀害珍贵、濒危野生动物罪所侵犯的客体为国家对珍贵、濒危野生资源的重点保护制度。两罪的主要区别是：（1）犯罪客观方面不同。非法狩猎罪主要表现为在禁猎区、禁猎期或使用禁用工具、方法实施的狩猎行为，且情节严重的才构成犯罪；而非法猎捕、杀害珍贵、濒危野生动物罪则表现为非法猎捕、杀害珍贵、濒危野生动物的行为，行为人只要客观上对国家重点保护的珍贵、濒危野生动物实施了非法捕杀行为，即可构成犯罪，不受任何“禁止性”条件和情节是否严重的限制。（2）犯罪对象不同。非法狩猎罪的犯罪对象主要是指珍贵、濒危野生动物以外的一般陆生野物；而非法猎捕，杀害珍贵、濒危野生动物罪的犯罪对象为《国家重点保护野生动物名录》的珍贵、濒危野生动物，既包括陆生的野生动物，也包括水生的野生动物。

二、狩猎法规中“禁猎区”的含义

《野生动物保护法》第六条第一款规定：“任何组织和个人都有保护野生动物及其栖息地的义务。禁止违法猎捕野生动物、破坏野生动物栖息地。”这里，法律规定了一个禁止行为：破坏野生动物栖息地。

该法第十二条第一款规定：“国务院野生动物保护主管部门应当会同国务院有关部门，根据野生动物及其栖息地状况的调查、监测和评估结果，确定并发布野生动物重要栖息地名录。”结合该条第二款分析，禁猎区与野生动物重要栖息地存在两个层次的关系。第一个层次：省级以上人民政府依法划定相关自然保护区域，保护野生动物及其重要栖息地，保护、恢复和改善野生动物生存环境。第二个层次：对不具备划定相关自然保护区域条件的，县级以上人民政府可以采取划定禁猎（渔）区、规定禁猎（渔）期等其他形式予以保护。

这里明确了两个问题：第一，省级以上人民政府依法划定相关自然保护区域，法律位阶在县级以上人民政府划定禁猎区之上。依照当然解释方法，省级以上人民政府依法划定的相关自然保护区域是理所当然的禁猎区。第二，禁猎区与野生动物重要栖息地是“一体两侧”的不同表述概念，一个侧重于形式，一个侧重于目的，野生动物重要栖息地就是禁猎区的一部分，而不是独立的存在。也就是说，野生动物重要栖息地就是法定的禁猎区。

该法第二十条规定：“在相关自然保护区域和禁猎（渔）区、禁猎（渔）期内，禁止猎捕以及其他妨碍野生动物生息繁衍的活动，但法律法规另有规定的除外。野生动物迁徙洄游期间，在前款规定区域外的迁徙洄游通道内，禁止猎捕并严格限制其他妨碍野生动物生息繁衍的活动。迁徙洄游通道的范围以及妨碍野生动物生息繁衍活动的内容，由县级以上人民政府或者其野生动物保护主管部门规定并公布。"

该条第一款规定进一步明确了相关自然保护区域是法定的"禁猎区"，无须再通过县级以上人民政府划定禁猎区的形式进行明确。该条第二款规定明确了在野生动物迁徙洄游期间，在前款规定区域外的迁徙洄游通道，也是法定的"禁猎区"，同样无须县级以上人民政府再明确。需要县级以上人民政府或者其野生动物保护主管部门规定并公布的，是迁徙洄游通道的范围，而不是明确迁徙洄游通道为"禁猎区"。一个是对性质的界定："什么是什么"；一个是对范围的规定："什么属于什么"。这好比《刑法》规定了非法狩猎罪，县级以上人民政府依法划定禁猎区，但我们不能因此认为是县级以上人民政府规定在禁猎区狩猎可以入刑。

三、野生动物重要栖息地与相关自然保护区域的认定

国务院野生动物保护主管部门会同国务院有关部门确定并发布的野生动物重要栖息地，以及省级以上人民政府依法划定的相关自然保护区域，是法定的禁猎区，那么，这两种地域该如何认定呢？或者说，国家公园、地方级自然保护区、湿地公园、森林公园等，是否属于其范围之列呢？

截至目前，国务院野生动物保护主管部门以及国务院有关部门尚未确定和发布野生动物重要栖息地名单，因此不能具体地确定。

对相关自然保护区域的划定和管理，《〈中华人民共和国野生动物保护法〉释义》是如此解释的："野生动物栖息地有江河湖泊、草原、森林、海洋等多种形式，相关自然保护区域的划定和管理不但要遵守本法的相关规定，也要遵守有关专项的资源保护法律和法规的规定。"该解释除将自然保护区和国家公园明确为"相关自然保护区域"外，同时，明确"规定相关自然保护区域依照有关法律法规的规定划定和管理，为下一步改革留出了空间"。

《自然保护区条例》第十二条第二款规定："地方级自然保护区的建立，由自然保护区所在的县、自治县、市、自治州人民政府或者省、自治区、直辖市人民政府有关自然保护区行政主管部门提出申请，经地方级自然保护区评审委员会评审后，由省、自治区、直辖市人民政府环境保护行政主管部门进行协调并提出审批建议，报省、自治区、直辖市人民政府批准，并报国务院环境保护行政主管部门和国务院有关自然保护区行政主管部门备案。"因此，地方级自然保护区可以认定为省级以上人民政府依法划定的相关自然保护区域。这里需要明确的概念是，省级以上人民政府依法划定的相关自然保护区域，不单包括国家级自然保护区和省级自然保护区，也包括市级、县级自然保护区（小区），只要是经省级人民政府批准的，都应当认定为省级以上人民政府依法划定的相关自然保护区域。

《湿地保护管理规定》第三十一条第六项规定："除法律法规有特别规定的以外，在湿地内禁止从事下列活动：（六）破坏野生动物栖息地、鱼类洄游通道，采挖野生植物或者猎捕野生动物。"

《森林公园管理办法》第十六条规定："森林公园经营管理机构应当按照林业法规的规定，做好植树造林、森林防火、森林病虫害防治、林木林地和野生动植物资源保护等工作。"

依照目前的解释，将湿地公园、森林公园认定为省级以上人民政府依法划定的相关自然保护区域，或是县级以上人民政府划定的禁猎区，应该于理可通，但严格理论起来，还有一些“软肋”。

其一，部门规章规定的禁猎区不能视为《刑法》规定的禁猎区。《刑法》第九十六条规定：“本法所称违反国家规定，是指违反全国人民代表大会及其常务委员会制定的法律和决定，国务院制定的行政法规、规定的行政措施、发布的决定和命令。”所以，违反《湿地保护管理规定》和《森林公园管理办法》狩猎，不能认定为《刑法》第三百四十一条第二款规定的“违反狩猎法规”。但是，《湿地保护管理规定》第一条规定：“为了加强湿地保护管理，履行国际湿地公约，根据法律法规和国务院有关规定，制定本规定。”第三十六条规定：“本规定所称国际湿地公约，是指《关于特别是作为水禽栖息地的国际重要湿地公约》。”《关于特别是作为水禽栖息地的国际重要湿地公约》（以下简称《湿地公约》）第四条规定：“1. 每个缔约国应在湿地（不论是否已列入《名录》）建立自然保护区，以促进对湿地和水禽的保护，并采取充分措施予以看管。2. 当某一缔约国出于紧急的国家利益的考虑而取消列入《名录》的湿地或缩小其边界时，应尽可能弥补湿地资源的任何损失，特别应建立新的自然保护区，以供水禽生存，并在同一地区或其他地区保护原来生境的适当部分。”第五条规定：“各缔约国应努力协调和支持目前和将来就保护湿地及其动植物所制订的政策和条例。”我国于1992年加入《湿地公约》。也就是说，《湿地公约》在我国具有法律效力。国家林业主管部门作为国际湿地公约履约办公室的承担单位，其颁布的规章能不能视为有法律授权，存在争议。肯定者认为，《湿地公约》第五条规定为实质上的授权；否定者认为，《湿地公约》该原则规定不能视为法律授权。从明确性、规范性角度而言，《湿地保护管理规定》内容不能视为法律和行政法规授权。

其二，国家湿地公园、森林公园认定为省级以上人民政府依法划定的相关自然保护区域存在障碍。国家湿地公园、森林公园是由省级林业主管部门申报国家林业主管部门批准成立的，虽然经过了省级人民政府的同意，但由此认定是省级以上人民政府划定的，在行政主体上可能还欠缺说服力。再者，“依法划定”如何认定？部门规章虽然是广义法律范畴，但要省级以上人民政府依照部门规章行政，似乎勉强。事实上，《〈中华人民共和国野生动物保护法〉释义》对此规定的解释是“相关自然保护区域依照有关法律法规的规定划定和管理”，部门规章不在此“法”之列。

其三，县级以上湿地公园、森林公园认定为县级以上人民政府划定的禁猎区存在争议。县级以上湿地公园、森林公园虽然是通过林业系统这个渠道认定的，但县级以上人民政府对该认定通过文件批复、批准成立管理机构、勘查定界、制定和发布管理规定等形式予以了确认。从实质上讲，是“划定”了禁猎区；但从形式上看，并未专门“划定”禁猎区。如果将这里的“划定”作广义或者扩张解释，将县级以上湿地公园、森林公园认定为县级以上人民政府划定的禁猎区并无太大法理和逻辑问题；但是，要达成共识并非易事，要避免执法和司法争议也很困难，因此，需要进一步释法才能解疑、定争。

四、刑法规定的“禁猎区”的认定

法律法规规章对“禁猎区”的认定至少包括以下区域：一是国务院野生动物保护主管部门会同国务院有关部门确定并发布的野生动物重要栖息地；二是省级以上人民政府

依法划定的相关自然保护区域；三是县级以上人民政府划定的禁猎区；四是在野生动物迁徙洄游期间，县级以上人民政府或者其野生动物保护主管部门规定并公布的迁徙洄游通道；五是国家公园；六是部门规章规定的湿地（包括湿地公园）、森林公园等。

在以上六类区域中，前四类为法律、行政法规规定的“禁猎区”，自然应当认定为《刑法》第三百四十一条第二款规定的“禁猎区”。至于有人认为《刑法》规定的“禁猎区”，仅指县级以上人民政府划定的禁猎区，实为望文生义。第一类和第二类的法律位阶要高于第三类，如果说第三类可以认定为《刑法》规定的“禁猎区”，根据“举轻以明重”法理和当然解释方法，第一类和第二类理所当然为《刑法》规定的“禁猎区”。第四类与第三类认定相似，而且法律规定是对前三类区域的补充，其保护目的与立法目的具有同一性，根据目的解释、体系解释和比较解释方法，将其认定为《刑法》规定的“禁猎区”没有问题。

以上第五类区域，按照《〈中华人民共和国野生动物保护法〉释义》说明，是“为下一步改革留出了空间”。而且，依照国家发改委、环保部等13个部委联合发布的《建立国家公园体制试点方案》和《中共中央、国务院关于加快推进生态文明建设的意见》规定，国家公园的成立由国务院批复，其层次与前两类地域批准机关相同或在其之上，根据《刑法》第九十六条规定和“举轻以明重”法理，将国家公园认定为刑法规定的“禁猎区”于法有据、于理亦通。

以上第六类区域，从目的解释和扩张解释出发，可以认定为《刑法》规定的“禁猎区”，但由于欠缺法律、行政法规的明确规定和授权，此认定争议甚大，因此有必要在修订《陆生野生动物保护实施条例》时予以明确，或者是在修订有关司法解释时予以明确。

值得说明的是，如果以上有关地域不是县级以上人民政府划定或者确定的，而是县级以上人民代表大会及其常委会通过地方性法规规定或是通过决议、决定明确的，能否认定为《刑法》规定的“禁猎区”呢？单从文义来看，似乎不行，但结合法理来讲，是可以的。同级权力机关及其常设机构作出决定的法律位阶要高于行政决定，如果行政机关作出的决定和确定具有某种法律效力，那么“举轻以明重”，同级权力机关及其常设机构作出的类似决定和确定也应当具有某种法律效力。

（一审法院合议庭成员　尹正灵　雷宝印　李　芳
编写人　内蒙古自治区额尔古纳市人民法院　雷宝印　陈　静
责任编辑　周维明
审稿人　李玉萍）

原载《人民法院案例选》2019年第8辑（总第138辑）

五、非法占用农用地罪

329. 赵某某、王某某等非法占用农用地案

——擅自以村委会名义将村山坡林地承包给村民作为墓地使用的定性

【关键词】

刑事　非法占用农用地　墓地　改变土地用途

【裁判要旨】

村委会主任与其他村民擅自以村委会名义将村山坡林地改变用途，承包给村民作为墓地使用，造成林地被大面积毁占的损害后果，构成非法占用农用地罪。其行为虽以村委会名义作出，但不符合单位犯罪的构成要件，应当分别以自然人犯罪追究刑事责任。

【相关法条】

《中华人民共和国刑法》

第三百四十二条　违反土地管理法规，非法占用耕地、林地等农用地，改变被占用土地用途，数量较大，造成耕地、林地等农用地大量毁坏的，处五年以下有期徒刑或者拘役，并处或者单处罚金。

【案件索引】

一审：天津市蓟州区人民法院（2017）津0119刑初789号（2018年9月4日）

二审：天津市第一中级人民法院（2018）津刑终814号（2019年5月9日）

【基本案情】

天津市蓟州区人民检察院指控：被告人赵某某、杨某某、王某某于2013年至2014年违反土地管理法规，将本村北山的林地植被毁坏并建成墓地，将部分墓地永久性承包给村民。经天津市蓟州区林业勘查设计院鉴定，被毁占用地面积共计43.9亩，涉及41.3亩经济林。被告人赵某某、杨某某后主动向公安机关投案，被告人王某某后被公安机关

传唤到案。

公诉机关认为，被告人赵某某、杨某某、王某某非法占用林地，改变被占用土地用途，数量较大，造成林地大量毁坏，其行为已经触犯了《刑法》第三百四十二条的规定，应以非法占用农用地罪追究其刑事责任。

三被告人及其辩护人提出：（1）三被告人没有非法占用农用地的主观故意，没有实施非法占用农用地的客观行为，没有改变土地用途，不构成非法占用农用地罪；（2）本案系村委会单位犯罪，不应按自然人犯罪追究三被告人个人的刑事责任；（3）认定非法占用农用地的面积中应当扣除承包给村民后村民个人施工部分，以及为迁移被征用土地上 59 座坟墓而修建的公益性墓地部分。

法院经审理查明：2013 年初，因蓟州区水务局邦均镇基础设施建设征用该镇西南道村土地 10.02435 亩，需迁移该地上原有坟墓 59 座。时任该村村委会主任赵某某经与时任该村会计杨某某、村民王某某商议，决定在该村北山选址修建公益性墓地用于迁移上述坟墓，后建成墓穴 89 座。其间，赵某某、杨某某、王某某经商议后，以统一规划为由，擅自决定并以村委会名义将公墓周边山地以一分地一万元的价格向村民发包，以作为墓地使用。除部分地块系由村民承包后自行平整外，其余地块由三被告人以村委会名义雇用挖掘机、装载机等进行平整，并根据村民所选地块用石头垒成围墙后发包给村民，收取相应的机械使用费。经赵某某安排，杨某某具体负责收取承包费及机械施工费，王某某负责测量并确定各户的墓地边界。上述修建公益性墓地及将山地发包给村民作为墓地使用均未经本村民主议定程序及有关部门的批准。至案发，毁占用地面积为 43.9 亩，其中经济林 41.3 亩。2017 年 2 月 22 日，王某某被公安机关传唤到案，2 月 23 日，赵某某向公安机关投案，2 月 24 日，杨某某向公安机关投案，被告人到案后均如实供述了自己的主要犯罪事实。

【裁判结果】

天津市蓟州区人民法院于 2018 年 9 月 4 日作出（2017）津 0119 刑初 789 号刑事判决：被告人赵某某犯非法占用农用地罪，判处有期徒刑一年六个月，缓刑二年，并处罚金人民币 5 万元；被告人杨某某犯非法占用农用地罪，判处有期徒刑十个月，缓刑一年，并处罚金人民币 3 万元；被告人王某某犯非法占用农用地罪，判处有期徒刑十个月，缓刑一年，并处罚金人民币 3 万元。

宣判后，三被告人以事实不清、量刑过重为由提起上诉。天津市第一中级人民法院于 2019 年 5 月 9 日作出（2018）津 01 刑终 814 号刑事裁定：驳回上诉，维持原判。

【裁判理由】

法院生效裁判认为：被告人赵某某、王某某、杨某某违反土地管理法规，非法占用林地，改变被占用土地用途，数量较大，造成林地大量毁坏，其行为已构成非法占用农用地罪，应依法予以处罚。在共同犯罪中，赵某某起主要作用，系主犯，按照其所参与的或者组织、指挥的全部犯罪处罚。王某某、杨某某在共同犯罪中起次要作用，系从犯，依法从轻处罚。赵某某、杨某某主动投案，并能如实供述主要犯罪事实，是自首，依法从轻处罚。王某某被传唤到案后，能如实供述自己的主要犯罪事实，是坦白，依法从轻处罚。原审判决认定事实清楚，证据确实、充分，定罪准确，量刑适当，审判程序合法。

【案例注解】

本案在审理过程中，控辩双方的争议焦点主要集中在三被告人的行为是否构成非法占用农用地罪，是否属于单位犯罪以及对于基于法令行为而引发的犯罪行为的定性等三个方面：

一、三被告人是否构成非法占用农用地罪

依照《刑法》第三百四十二条的规定，违反土地管理法规，非法占用耕地、林地等农用地，改变被占用土地用途，数量较大，造成耕地、林地等农用地大量毁坏的，构成非法占用农用地罪。本案涉案地块属于林地，依照《最高人民法院关于审理破坏林地资源刑事案件具体应用法律若干问题的解释》的相关规定，在非法占用的林地上实施建窑、建坟、建房、挖沙、采石、采矿、取土、种植农作物、堆放或排泄废弃物等行为或者进行其他非林业生产、建设，造成林地的原有植被或林业种植条件严重毁坏或者严重污染，数量较大的，构成本罪。本案中，三被告人的行为符合本罪的构成要件，应认定为非法占用农用地罪。

1. 三被告人明知涉案土地性质为农用地（林地），具有非法占用、改变土地用途作为墓地使用的主观故意。非法占用农用地罪在主观方面的罪过形态为故意，包含认知和意志两个方面的因素。在认知因素上，要求被告人明知涉案土地系农用地，在实践中，被告人往往也会以主观上不明知进行辩解，对此需要进行综合判断。按照《土地管理法》的规定，土地按照用途分为农用地、建设用地、未利用地，其界限很明确，即使未就土地地类进行公示的情况下，村民也能够基于一般常识认识到土地是否属于农用地。本案中的涉案土地系林地，属于农用地。赵某某供述“那块地属于农用地，以前都是杂草、树木等”，王某某供述“那块地地面坑坑洼洼，有桃树、枣树、核桃树和杂草等，一到夏天就上不去人了”，杨某某供述“以前地貌坑坑洼洼、杂草丛生，有核桃树、枣树等”，足以证明三被告人对涉案土地属于农用地具有清晰的认识。在意志因素上，三被告人在明知相关事项需要经过相关部门审批的情况下，未经审批，未通过村民代表大会、村民大会民主决策程序，擅自决定在涉案地块上选一块地用于修建公墓，在此过程中，又以统一规划为由，决定将公墓周围土地发包给村民作为墓地永久性使用，主观上具有非法占用农用地，改变涉案土地用途为墓地使用的故意。

2. 三被告人客观上实施了非法占用农用地的行为。三被告人实施非法占用农用地的行为主要体现在以下三个方面：一是以村委会名义在涉案土地上选址，并雇用机械、人工修建公益性墓地，已建成墓穴 89 座，部分已使用。二是三被告人擅自以统一规划为由，以村委会名义将上述公益性墓地周围的涉案土地向村民发包作为墓地永久性使用。村民在承包土地后，进一步实施了修建或已进行了墓葬行为，鉴于墓地性质的特殊性，一旦实施了墓葬行为，受限于传统观念及公序良俗的考虑，再行恢复为林地的障碍极大。三是除部分土地系发包给村民后由村民自行平整外，其余大部分土地系三被告人雇用机械、人工进行平整后，按照各户所需垒砌石头围墙后发包给村民，实施了毁占林地的行为。

3. 三被告人的行为改变了涉案林地的用途，造成林地的原有植被严重毁坏，且达到了数量较大的标准。涉案土地的用途是否被改变，需要综合进行认定，从在案证据看涉案地块上确实属于西南道村的“义地”，长期以来西南道村人去世后埋葬于涉案土地上，该土地上确有部分老坟地存在。但考虑到森林植被具有自行恢复能力，且村民自发的墓葬行为具有零星、不规律的特点，并不会导致林地植被状况的大面积破坏，亦未改变该地块系农用地（林地）的土地性质。案发前卫星照片也能够显示该地块的植被情况并未因村民自发的墓葬行为而破坏。但在三被告人将涉案土地统一规划为墓地，进行大规模施工，并向村民发包由村民进一步施工后，涉案土地上墓地已建成，地面由砖石铺砌，墓地均由石砌台阶路相连，并建设有水泥砖砌停车场，原有植被大面积破坏、林地的土地用途被改变为墓地，面积达41.3亩，达到数量较大的标准。

二、本案是否属于单位犯罪

我国《刑法》第三十条将单位犯罪的主体限定为公司、企业、事业单位、机关、团体，村民委员会是农村基层群众性自治组织，从文义上看并不属于上述范畴，且依照《公安部关于村民委员会可否构成单位犯罪主体问题的批复》，对以村民委员会名义实施犯罪的，不应以单位犯罪论。村委会是否能够作为单位犯罪的主体，在理论和实践上历来存在着较大的争议，近年来理论上的认识逐渐趋于一致，即村委会可以作为单位犯罪的主体，在司法实践中也出现了相关的案例。我们认为，村委会有自己的名称、组织机构和场所，有自己的经费，且能够以自己的名义承担相应的责任，因此可以作为单位犯罪的主体。但并非只要以村委会名义实施的犯罪行为，均构成单位犯罪，还应当具备按照单位决策程序决定、由单位决策机构实施、为单位谋取非法利益或以单位名义为本单位全体成员或多数成员谋取非法利益等要件，否则，仍应当以自然人犯罪分别追究个人刑事责任。本案中，被告人赵某某、杨某某、王某某经商议后擅自决定修建公墓，并将村土地承包给村民作为墓地使用，三被告人的行为虽以村委会的名义作出，但从主体身份、决策过程、相关款项的收支等方面来看，不符合单位犯罪的构成要件，不构成单位犯罪。

1. 从三被告人的主体身份来看，赵某某系西南道村村委会主任，杨某某、王某某二人因选举时选票未过半数而未能当选为村委会委员，该二人身份均系普通村民，同时，杨某某做村里的会计工作。依照《村民委员会组织法》的相关规定，村民委员会由主任、副主任和委员共3至7人组成，本案三被告人中仅有赵某某一人为村委会成员，三被告人未能组成合法的村委会，不得以村委会的名义对村集体事项作出决策。在不存在合法村委会的情况下，能够对村集体事项作出决定的决策机构应为村民代表大会或村民会议。

2. 从决策过程来看，三被告人决定修建公墓及向村民发包土地作为墓地使用前，未通过村民代表大会、村民会议等民主议定程序进行决策。依照《村民委员会组织法》的相关规定，涉及村民利益的本村公益事业的兴办和筹资筹劳方案及建设承包方案、土地承包经营方案，需经村民会议讨论决定方可办理，村民会议可以授权村民代表会议讨论决定上述事项，三被告人的行为未通过单位决策程序，体现的并非单位意志。另外，案发后形成的西南道村村民代表会会议记录村民176人出具的书面材料等证据以及被告人杨某某的供述，能够证实三被告人对于上述事项应当通过村民代表大会、村民会议等民主议定决策程序主观上明知。

3. 从相关款项的收支情况来看，本案中，三被告人向承包墓地的村民收取数额不等的土地承包费和机械施工费，上述款项的收取和支出都是通过被告人杨某某的个人账户进行，未通过村委会的账户进行流转，未依据相关规定将上述款项上交至相关单位，逃避了财务监管，并继续用于修建墓地及配套道路、停车场，体现出的仍然是三被告人的个人行为。

三、基于法令行为而引发的犯罪行为的定性

本案涉案非法占用农用地面积，系依据鉴定机构天津市蓟州林业勘察设计院出具的鉴定意见，结合被告人王某某的供述、证人夏某某、张某某的证言及对卫星云图照片的指认，涉案时间前后的卫星云图照片及其他证据综合予以认定。但被告人及其辩护人均提出，其中修建公益性墓地为了迁移被征用土地上原有59座坟墓，该部分认定的非法占用农用地面积中予以扣除。这就涉及对基于法令行为而引发的犯罪行为定性问题的探讨。

法令行为是指基于成文法律、法令、法规的规定，作为行使权利或者承担义务所实施的行为，由于法令行为是法律本身所允许乃至鼓励的、形成法秩序的一部分行为，因此具有违法的阻却性。本案中，因蓟州区水务局邦均镇基础设施建设需要征用西南道村土地，该土地上有老坟墓59座，需要迁移，镇政府遂责令西南道村村委会负责迁坟事宜并支付了安置补偿金。被告人赵某某作为村委会主任，按照上级政府要求迁移坟墓的命令，经与被告人杨某某、王某某商议，决定并修建了公益性墓地，确系基于法令行为而引发实施的行为。但是法令行为的实施应当按照法律的规定实施，履行法定的程序，才能够阻却违法。依照相关法律规定，修建公益性墓地除需要经过村民民主议定程序外，还需规划、土地行政部门出具的选址意见书、建设项目用地预审报告，经乡镇人民政府和区县民政部门审查同意后，报市民政部门备案，还需到区审批局办理审批手续。赵某某与王某某、杨某某在明知修建公墓需要审批的情况下，未履行上报审批手续，擅自决定修建公墓。其行为虽因执行上级命令而引起，但违反了相关法律规定，不因此形成违法性阻却，应对其行为承担相应的刑事责任。综上，修建公墓所占用的面积不应从三被告人非法占用农用地面积中扣除。但考虑到本案确属事出有因，从犯罪动机来看，确系因执行上级的命令而引起，因此在量刑时酌情从轻予以考虑。

（一审法院合议庭成员　李　静　崔军委　王玉龙
二审法院合议庭成员　杨雪梅　刘　为　王少兵
编写人　天津市第一中级人民法院　杨雪梅　王少兵
责任编辑　周维明
审稿人　李玉萍）

原载《人民法院案例选》2020年第11辑（总第153辑）

六、非法采矿罪

330. 被告人梁理德、梁特明非法采矿案*

【基本案情】

2013 年下半年，被告人梁理德和温岭市箬横镇下山头村村委会商定，由梁理德出面以村委会的名义办理该村杨富庙矿场的边坡治理项目。2013 年 11 月、2014 年 9 月台州市国土资源局审批同意其开采建筑用石料共计 27. 31 万吨。被告人梁特明受梁理德指使在该矿负责管理日常事务，所采宕碴矿销售给温岭市东海塘用于筑路。至案发，该矿场超越审批许可数量采矿，经浙江省国土资源厅鉴定，该治理工程采挖区界内采挖量合计 415756 吨（包括岩石 381396 吨，风化层 19523 吨，土体 12209 吨），界外采挖量合计 829830 吨（包括岩石 814289 吨，风化层 9843 吨，土体 5698 吨），两项共计 1245586 吨。扣除台州市国土资源局审批许可的 27. 31 万吨及风化层、土体、建筑废料等，二被告人共非法采矿 822585 吨，价值 13161360 元。

【裁判结果】

浙江省温岭市人民法院一审认为：被告人梁理德、梁特明违反《矿产资源法》的规定，未取得采矿许可证擅自采矿，情节特别严重。在共同犯罪中，梁理德起主要作用、系主犯，梁特明起次要、辅助作用，系从犯，依法可以从轻或减轻处罚。鉴于梁特明系从犯，归案后能如实供述其犯罪事实，且当庭自愿认罪，确有悔罪表现，决定对梁特明依法予以减轻处罚并适用缓刑。一审法院以非法采矿罪，判处梁理德有期徒刑四年六个月，并处罚金人民币 35 万元；判处梁特明有期徒刑二年，缓刑三年，并处罚金人民币 15 万元；对梁理德、梁特明的犯罪所得人民币 13161360 元，予以追缴没收，上缴国库。浙江省台州市中级人民法院二审维持原判。

【典型意义】

本案系非法采矿刑事案件。矿产资源是国家自然资源的重要组成部分，各地滥采、

* 2018 年 6 月 4 日最高人民法院发布的 10 起服务保障新时代生态文明建设典型案例之一。

盗采矿产现象较为严重，对此类非法采矿的行为应予严惩。司法实践中，对于被告人非法采矿的数量及价值的认定往往成为案件审理的焦点。本案通过委托有资质的鉴定机构进行鉴定，较为合理地确定了非法采矿数量及价值，为准确量刑奠定了较好基础。本案在判处主犯有期徒刑四年六个月并处罚金的同时，追缴二被告人的犯罪所得1300余万元，有力地震慑了此类犯罪，维护了国家利益，对增强社会公众对矿产资源的保护意识和守法意识，促进自然资源的有序开发和合理利用有着积极的示范作用和现实意义。

（责任编辑　杨俊芳）

原载《人民法院案例选》2018年第10辑（总第128辑）

331. 林日波非法采矿案

——非法采矿罪中被破坏的矿产资源价值的司法认定

【关键词】

刑事　非法采矿　情节严重　矿产资源价值　司法认定

【裁判要旨】

行为人违反矿产资源法的规定，在未取得采矿许可证的情况下擅自采矿，情节严重的，其行为构成非法采矿罪。

【相关法条】

《中华人民共和国刑法》

第三百四十三条　违反矿产资源法的规定，未取得采矿许可证擅自采矿，擅自进入国家规划矿区、对国民经济具有重要价值的矿区和他人矿区范围采矿，或者擅自开采国家规定实行保护性开采的特定矿种，情节严重的，处三年以下有期徒刑、拘役或者管制，并处或者单处罚金；情节特别严重的，处三年以上七年以下有期徒刑，并处罚金。

《最高人民法院、最高人民检察院关于办理非法采矿、破坏性采矿刑事案件适用法律若干问题的解释》

第二条　具有下列情形之一的，应当认定为刑法第三百四十三条第一款规定的“未取得采矿许可证”：

（一）无许可证的；

（二）许可证被注销、吊销、撤销的；

（三）超越许可证规定的矿区范围或者开采范围的；

（四）超出许可证规定的矿种的（共生、伴生矿种除外）；

（五）其他未取得许可证的情形。

第三条　实施非法采矿行为，具有下列情形之一的，应当认定为刑法第三百四十三条第一款规定的“情节严重”：

（一）开采的矿产品价值或者造成矿产资源破坏的价值在十万元至三十万元以上的；

（二）在国家规划矿区、对国民经济具有重要价值的矿区采矿，开采国家规定实行保护性开采的特定矿种，或者在禁采区、禁采期内采矿，开采的矿产品价值或者造成矿产资源破坏的价值在五万元至十五万元以上的；

（三）二年内曾因非法采矿受过两次以上行政处罚，又实施非法采矿行为的；

（四）造成生态环境严重损害的；

（五）其他情节严重的情形。

实施非法采矿行为，具有下列情形之一的，应当认定为刑法第三百四十三条第一款规定的“情节特别严重”：

（一）数额达到前款第一项、第二项规定标准五倍以上的；

（二）造成生态环境特别严重损害的；

（三）其他情节特别严重的情形。

第十三条　非法开采的矿产品价值，根据销赃数额认定；无销赃数额，销赃数额难以查证，或者根据销赃数额认定明显不合理的，根据矿产品价格和数量认定。

矿产品价值难以确定的，依据下列机构出具的报告，结合其他证据作出认定：

（一）价格认证机构出具的报告；

（二）省级以上人民政府国土资源、水行政、海洋等主管部门出具的报告；

（三）国务院水行政主管部门在国家确定的重要江河、湖泊设立的流域管理机构出具的报告。

【案件索引】

一审：福建省霞浦县人民法院（2019）闽0921刑初2号（2019年3月8日）

【基本案情】

福建省霞浦县人民检察院指控称：2015年下半年至2017年5月间，被告人林日波未取得采矿许可证，即在霞浦县松城街道倒虹管沙墩岗后山开采建筑用花岗斑岩，出售获利。经福建省第四地质大队鉴定，涉案非法开采点面积为2316平方米、矿石资源储量为6626立方米、建筑用花岗斑岩矿产资源破坏总价值为人民币331300元。

2018年3月27日，被告人林日波经霞浦县公安局电话传唤到案；同年5月14日，公安机关暂扣被告人林日波人民币10万元。

被告人林日波对公诉机关指控的罪名及主要犯罪事实无异议，但辩称，其破坏的矿产资源价值低于331300元。其辩护人辩称：（1）对破坏的矿产资源价值有异议。①霞浦县价格认证中心违反程序规定，致使认定的价格高于实际碎石的价格，因此，作出的［霞价鉴（2017）91号］价格认定结论书，不具有客观性，不能作为定案依据；②福建省第四地质大队仅有对矿产资源破坏价值的技术鉴定资质，没有对具体价值金额认定的资质，认定涉案矿石属于花岗斑岩缺乏依据，作出的《鉴定报告审查意见书》依据的基础参数存在不确定性，鉴定结论不具有客观性，矿产资源破坏价值鉴定结论书的证据效力待定。（2）本案有销赃数额，应根据销赃数额结合被告人林日波供述、证人证言综合认定被破坏的矿产资源价值。（3）本案行政机关移送追究刑事案件程序违法。（4）被告人林日波主观恶性小，对矿产资源破坏程度小，犯罪情节较轻，可予免予刑事处罚或适用缓刑。

法院经审理查明：2015年下半年至2017年5月间，被告人林日波未取得采矿许可证，即在霞浦县松城街道倒虹管沙墩岗后山开采建筑用花岗斑岩，出售获利共计人民币28000元。经福建省第四地质大队鉴定，涉案非法开采点面积为2316平方米、矿石资源储量为6626立方米、建筑用花岗斑岩矿产资源破坏总价值为人民币331300元。

2018年3月27日，被告人林日波经霞浦县公安局电话传唤到案。案发后，被告人林日波自愿向公安机关退出违法所得人民币 28000 元。

本案在审理过程中，被告人林日波自愿缴纳生态修复资金人民币 19 万元（其中人民币 72000 元暂扣在公安机关，向法院缴纳为 118000 元）。

【裁判结果】

福建省霞浦县人民法院于 2019 年 3 月 8 日作出（2019）闽 0921 刑初 2 号刑事判决：一、被告人林日波犯非法采矿罪，判处有期徒刑十一个月，缓刑一年，并处罚金人民币 3 万元（已缴纳）；二、被告人林日波退出的违法所得人民币 28000 元（扣押在公安机关），予以没收，上缴国库；三、将被告人林日波缴纳的生态修复资金人民币 19 万元用于本县域内生态环境损坏修复。宣判后，林日波未提出上诉，判决已发生法律效力。

【裁判理由】

法院生效裁判认为：关于本案被破坏的矿产资源的价值认定问题，经查，霞浦县价格认证中心接受霞浦县国土资源局的价格认定协助工作，对涉案的开采矿产品“碎石”单价进行认定，价格认定人员按程序规范地进行鉴定，以此得出的结论具有客观、真实性，可以作为认定案件事实的依据。福建省第四地质大队具有矿产资源破坏价值技术鉴定资质，其鉴定程序及鉴定的非法开采的矿石资源储量 6626 立方米的结论，均符合法律规定，应予采信，其依据霞浦县价格认证中心出具的价格认定意见，以及非法开采的矿石资源储量，认定破坏的矿产资源价值，具有事实和法律依据，对破坏的矿产资源价值的鉴定意见，应予以采信，且根据《最高人民法院、最高人民检察院关于办理非法采矿、破坏性采矿刑事案件适用法律若干问题的解释》（以下简称《办理非法采矿案件司法解释》）第三条第一项的规定，本案经鉴定的矿产资源被破坏的价值达人民币 331300 元，属于情节严重；关于本案行政机关移送追究刑事案件程序合法性问题，经查，本案系霞浦县国土资源局向霞浦县公安局移送的林日波涉嫌非法采矿的案件，移送程序符合《公安机关受理行政执法机关移送涉嫌犯罪规定》，霞浦县公安局于 2018 年 3 月 23 日依法立案侦查。故辩护人的上述辩护意见均无事实和法律依据，不予采纳。综上，法院依法作出上述判决。

【案例注解】

《刑法》第三百四十三条第一款对非法采矿罪作了明文规定，违反矿产资源法的规定，未取得采矿许可证擅自采矿，擅自进入国家规划矿区、对国民经济具有重要价值的矿区和他人矿区范围采矿，或者擅自开采国家规定实行保护性开采的特定矿种，情节严重的，处三年以下有期徒刑、拘役或者管制，并处或者单处罚金；情节特别严重的，处三年以上七年以下有期徒刑，并处罚金。可以看出，非法采矿罪为情节犯，本罪的入罪门槛是“情节严重”，但“情节严重”是一个概括性术语，《办理非法采矿案件司法解释》第三条规定了“情节严重”，其中只要具有以下一种情形，即可认定非法采矿“情节严重”：（一）开采的矿产品价值或者造成矿产资源破坏的价值在 10 万元至 30 万元以上的；（二）在国家规划矿区、对国民经济具有重要价值的矿区采矿，开采国家规定实行保护性开采的特定矿种，或者在禁采区、禁采期内采矿，开采的矿产品价值或者造成矿产资源破坏的价值在5万元至15万元以上的；（三）二年内曾因非法采矿受过两次以上行政处罚而又实施非法采矿行为的；（四）造成生态环境严重损害的；（五）其他情节严重的情形。

在本案中，被告人林日波违反矿产资源法的规定，未取得采矿许可证擅自采矿，争议焦点主要围绕被破坏的矿产资源价值的认定问题。

按照司法解释，开采的矿产品价值或者造成矿产资源破坏的价值在10万元至30万元以上的，构成"情节严重"，故矿产品价值或者造成矿产资源破坏的价值是关键点。因此司法实践中须对矿产品价值和造成矿产资源破坏价值进一步厘定

一、矿产品价值的认定

根据《办理非法采矿案件司法解释》第十三条的规定，非法开采的矿产品价值，首先要按销赃数额来认定，若无销赃数额、数额难以查证或者根据销赃数额认定明显不合理的，则根据矿产品价格和数量认定。矿产品价值难以确定的，依据特定机构出具的报告，结合其他证据作出认定。

二、矿产资源破坏价值认定

因非法采矿造成矿产资源的价值损失既包括已被开采的矿产品价值，又包括了利用非法方法造成矿床破坏导致无法利用科学、合理的方法开采出的矿产资源的价值，鉴于对破坏的矿产资源价值的认定涉及较多专业性问题，《办理非法采矿案件司法解释》第十四条规定，对案件所涉的专门性问题可以特定部门出具鉴定意见或报告并结合其他证据综合认定。

本案中，辩护人认为应结合销赃数额确认被破坏的矿产资源价值，而《福建省第四地质大队矿产资源破坏价值鉴定结论书》认定林日波为非法开采为无证开采，开采矿种为建筑用花岗斑岩矿石，涉案非法开采点面积为2316平方米、矿石资源储量为6626立方米，破坏矿产资源价值331300元。而被告人自认非法获利数额只有28000元，除言词证据外，并没有其他证据予以佐证，故本案的销赃数额难以确认。同时，依据福建省国土资源厅关于进一步规范矿产资源破坏价值鉴定工作的通知证实，福建省第四地质大队具有固体矿产勘查甲级及环境地质调查乙级等资质，且福建省第四地质大队在鉴定时也已结合《霞浦县价格认证中心关于霞浦县松城街道倒虹管后山沙墩岗地方涉嫌非法开采矿产品"碎石"的价格认证结论书》，故林日波非法采矿的数量已经确定，而其向外出售花岗斑岩矿石的市场价格也有相关证据能够确定为每立方米50元左右。故本案破坏的矿产资源价值331300元。

［一审法院合议庭成员　王新宇　陈美花　曾凤杰

福建省霞浦县人民法院　陈美花

编写人　福建省福鼎市人民法院　陈可希

北京德恒（温州）律师事务所　缪智楠

责任编辑　周维明

审稿人　李玉萍］

原载《人民法院案例选》2019年第9辑（总第139辑）

七、危害国家重点保护植物罪

332. 唐会权非法采伐、毁坏国家重点保护植物案
——擅自移植国家重点保护植物行为的定性

【关键词】

刑事　非法采伐国家重点保护植物罪　采伐　移植

【裁判要旨】

非法采伐国家重点保护植物罪中的采伐不仅包括砍伐行为，还应当包括采集、采挖、移植等使国家重点保护植物与原适宜生长的生态环境相分离，导致其物质属性和生态功能发生改变、减损甚至消灭的行为方式。

【相关法条】

《中华人民共和国刑法》

第三百四十四条　违反国家规定，非法采伐、毁坏珍贵树木或者国家重点保护的其他植物的，或者非法收购、运输、加工、出售珍贵树木或者国家重点保护的其他植物及其制品的，处三年以下有期徒刑、拘役或者管制，并处罚金；情节严重的，处三年以上七年以下有期徒刑，并处罚金。

《最高人民法院关于审理破坏森林资源刑事案件具体应用法律若干问题的解释》

第一条　刑法第三百四十四条规定的“珍贵树木”，包括由省级以上林业主管部门或者其他部门确定的具有重大历史意义、科学研究价值或者年代久远的古树名木，国家禁止、限制出口的珍贵树木以及列入国家重点保护野生植物名录的树木。

【案件索引】

一审：重庆市万州区人民法院（2017）渝 0101 刑初 862 号（2018 年 12 月 29 日）

二审：重庆市第二中级人民法院（2019）渝 02 刑终 31 号（2019 年 6 月 25 日）

【基本案情】

重庆市万州区人民检察院指控：被告人唐会权犯非法采伐、毁坏国家重点保护植物罪。

被告人唐会权对公诉机关指控的犯罪事实和罪名不持异议，但辩解不知红豆杉是一级保护植物，其在当地表现好，请求从轻处罚。

法院经审理查明：2016 年 2 月，被告人唐会权在重庆市万州区恒合土家族乡七星村三组村民向某的自留山内发现一株红豆杉，在经向某同意后，未办理相关采伐手续，独自采挖该株红豆杉。次日，被告人唐会权未经七星村村民蒲某同意，擅自在蒲某的自留山采挖两株红豆杉。为方便运输，被告人唐会权将 3 株红豆杉截断，只保留了大约 1.5 米的桩头，然后用货车运回万州区恒合土家族乡箱子村 6 组，栽种在自家房屋前后。经重庆市林业司法鉴定中心鉴定，被告人唐会权移植的三株红豆杉均为野生南方红豆杉，属于国家一级重点保护野生植物。2016 年 2 月，被告人唐会权在家中被公安机关抓获归案。

另查明，红豆杉属（所有种）被列入国家一级重点保护野生植物。被告人唐会权采伐的三株红豆杉被公安机关扣押后，移栽到万州区珍稀植物园内，现已死亡。

【裁判结果】

重庆市万州区人民法院于 2018 年 12 月 29 日作出（2017）渝 0101 刑初 862 号刑事判决：一、被告人唐会权犯非法采伐国家重点保护植物罪，判处有期徒刑三年六个月，并处罚金人民币 3 万元；二、扣押在案的红豆杉三株，予以没收。

宣判后，被告人唐会权提起上诉。重庆市第二中级人民法院于 2019 年 6 月 25 日作出（2019）渝 02 刑终 31 号刑事判决：一、维持重庆市万州区人民法院（2017）渝 0101 刑初 862 号刑事判决第二项，即扣押在案的红豆杉三株，予以没收；二、撤销重庆市万州区人民法院（2017）渝 0101 刑初 862 号刑事判决第一项，即被告人唐会权犯非法采伐国家重点保护植物罪，判处有期徒刑三年六个月，并处罚金人民币 3 万元；三、上诉人唐会权犯非法采伐国家重点保护植物罪，判处有期徒刑三年三个月，并处罚金人民币 3 万元。

【裁判理由】

法院生效裁判认为：

1. 关于被告人唐会权移栽红豆杉行为的定性。被告人唐会权移栽红豆杉的行为应定性为采伐。一审法院从词义上对采伐进行了解释，“采伐”通常是指有选择性地砍伐、采集林木，从而使行为对象的物质属性和生存状态发生变化，即通过砍伐、采挖、迁移等方式，使林木与原适宜其生长的生态环境相分离，以致最终改变、减损甚至消灭其原有生态属性或者生态功能的活动。本案中，被告人唐会权移栽野生红豆杉，虽然有别于一般意义上的砍伐，但该行为仍然改变了涉案红豆杉的生存状态，破坏了其原生长地的生态环境，并且在移栽过程中也一定程度上减损甚至消灭其生态属性。因此，本案移栽红豆杉的行为应当认定为采伐。

被告人唐会权的辩护人主张唐会权移栽红豆杉的行为应定性为毁坏，而毁坏指的是毁灭和损坏，虽然和采伐一样都会产生使珍贵植物或者使用价值部分丧失或者全部丧失的后果，但在主观上二者是有区分的，前者主观上是让树木的使用价值有毁损，而本案中唐会权移栽红豆杉是因为好看故把其移栽至自家园子，主观目的为了观赏，没有毁灭和损坏的意思。被告人唐会权的辩护人主张唐会权移栽红豆杉的行为应定性为毁坏的辩护意见不能成立。

2. 如何量刑。被告人唐会权非法采伐国家一级保护植物野生红豆杉三株，情节严重，应当判处三年以上七年以下有期徒刑。虽然被告人唐会权非法采伐野生红豆杉的行为有别于砍伐等常见的采伐行为，主观恶性和社会危害程度相对较小，但其为方便运输将野生红豆杉主干截断，移栽手段粗暴，较大地减损了三株野生红豆杉原有的生态属性，对三株野生红豆杉的最终死亡负有不可推卸的责任。被告人唐会权辩护人认为应当适用缓刑的辩护意见，不予采纳。同时，经核实，被告人唐会权有投案自首行为，可以从轻或者减轻处罚，但一审法院在量刑时已经充分考虑被告人唐会权到案如实供述犯罪事实、认罪态度较好等情节，二审法院综合考虑被告人唐会权的投案自首行为、家庭情况等情节，酌情从轻处罚。

【案例注解】

一、非法采伐国家重点保护植物罪概述

1979 年颁布的《刑法》第一百二十八条规定：“违反保护森林法规，盗伐、滥伐森林或者其他林木，情节严重的，处三年以下有期徒刑或者拘役，可以并处或者单处罚金。”1997 年修订的《刑法》首次规定“非法采伐、毁坏珍贵树木罪”，第三百四十四条规定：“违反森林法的规定，非法采伐、毁坏珍贵树木的，处三年以下有期徒刑、拘役或者管制，并处罚金；情节严重的，处三年以上七年以下有期徒刑，并处罚金。”2002 年公布的《刑法修正案（四）》第六条规定：“将刑法第三百四十四条修改为：‘违反国家规定，非法采伐、毁坏珍贵树木或者国家重点保护的其他植物的，或者非法收购、运输、加工、出售珍贵树木或者国家重点保护的其他植物及其制品的，处三年以下有期徒刑、拘役或者管制，并处罚金；情节严重的，处三年以上七年以下有期徒刑，并处罚金。’”至此，《刑法》关于非法采伐、毁坏珍贵树木罪的规定趋于完善。

但是，由于《刑法》第三百四十四条没有叙明采伐的具体方式，刑法学界对采伐的范畴尤其是采挖、移植行为是否属于采伐有不同的认识。《现代汉语词典》将采伐定义为在森林中砍伐树木，采集木材，[①] 其他主流词典基本上也是如此定义。有学者从词典释义出发，认为采伐的重点在于“伐”，即具有使林木失去生长环境的破坏因素，而移植行为从文义上明显不属于采伐、毁坏，采挖、移植行为从形式上就无法满足《刑法》第三百四十四条所规定的犯罪构成。[②] 张明楷教授在其《刑法学》教科书中也认为单纯的移植行为不是非法采伐行为。[③] 言下之意，移植本身不属于采伐行为，犯罪构成应当评价

---

① 中国社会科学院语言研究所词典编辑室编：《现代汉语词典》，商务印书馆 2012 年版，第 119 页。

② 王华伟：《中国刑法第 13 条但书实证研究——基于 120 份判决书的理论反思》，载《法学家》2015 年第 6 期；崔志伟：《“但书”出罪的学理争议、实证分析与教义学解构》，载《中国刑事法杂志》2018 年第 2 期。

③ 张明楷：《刑法学》（第五版），法律出版社 2016 年版，第 1137 页。

移植之外的其他实行行为。

司法实务中，福建省高级人民法院、福建省人民检察院、福建省公安厅于2005年联合发布的《林业刑事案件中若干问题的处理意见（二）》第五条规定，非法采伐、毁坏珍贵树木或者国家重点保护的其他植物中的“采伐”，包含“采伐”“采挖”“采集”“移植”等方式，非法采伐、采挖、采集、移植珍贵树木或者国家重点保护的其他植物，应按非法采伐、毁坏国家重点保护植物罪论处。通过检索中国裁判文书网，各地法院对于移植是否属于采伐范畴的认定也不一致，大多数认为非法采伐包括了非法采挖、采集、移植、砍伐等行为在内，擅自采挖、移植国家重点保护植物构成非法采伐国家重点保护植物罪；[①] 也有部分法院认为非法采伐是指未经许可的擅自砍伐行为，擅自移植国家重点保护植物以非法毁坏国家重点保护植物罪定罪量刑。[②]

二、对非法采伐国家重点保护植物罪中“采伐”的理解

由于刑法条文对非法采伐国家重点保护植物罪中的“采伐”没有进行明确界定，刑法学界和实务界对于移植是否属于采伐行为有所争议。因此，厘清移植行为的法律定性对统一该类案件的法律适用标准具有重要意义。

（一）对“采伐”的文义解释

从词语结构来看，采伐系由“采”和“伐”两个表示动作或者行为的语素组成，这两个古汉语单字本身具有丰富的字义，词汇化为“采伐”由来已久，也可以逆序为“伐采”。[③] 采伐的客体主要是林木，也可以是草木[④]、木石[⑤]、茶叶[⑥]、矿产[⑦]等。可见“采伐”纯属联合型动词，单字之间无偏正或者修饰关系，词义根据行为对象或者方式可由单字的字义独立表达，或取“伐”的义项“砍伐”，或取“采”的义项“采集”“采摘”“开采”“采挖”等。采伐亦蕴含移植之义，如近代上海《新闻报》一篇关于某地禁采苗木的报道有如下表述：“无如贪狡者流，往往任意采伐，或樵为燃料，或私于移植，……”[⑧] 移植之所以在采伐的外延之下，正是因为它一般包括了采挖、运输和栽植三种行为。

从语法搭配、使用频率、构词能力等考察词义的演变，“采伐”因通常搭配林木使用，后又成为林业生产术语，故“砍伐”作为其核心义项的地位稳固。比较而言，“采”的构词能力更强，现代汉语中常与其他单字组词表义“采集”，并且含义更加丰富和具体。此消彼长之下，“采伐”因此常取“砍伐”之意。词典编纂者从之，亦以砍伐解释采伐的意思。

但是，词典释义并不等同于法律解释。语义学上，词典对某一词项的释义一般是由

① 参见重庆市第一中级人民法院（2018）渝01刑终262号刑事裁定书、江西省吉安县人民法院（2016）赣0821刑初64号刑事判决书、江西省抚顺市中级人民法院（2015）抚刑再终字第2号刑事裁定书、浙江省丽水市中级人民法院（2014）浙丽刑抗再字第5号刑事判决书。

② 参见江西省铅山县人民法院（2018）赣1124刑初109号、贵州省凯里市人民法院（2017）黔2601刑初39号刑事判决书、黑龙江省农垦中级法院（2015）垦刑终字第67号刑事判决书、云南省景东彝族自治县人民法院（2015）景刑初字第150号刑事判决书。

③ 日本和我国台湾地区至今仍在使用“伐采”一词。

④ “与彼草木不能伐采”语，参见〔东汉〕王充：《论衡》，上海人民出版社1974年版，第211页。

⑤ “仍俾采伐木石等以充用”语，参见〔明〕宋濂等：《元史》，中华书局1976年版，第1608页。

⑥ 参见《鄂省府禁摘秋茶，采伐过度斫丧元气叶老味淡》，载《经济旬刊》1936年第23期。

⑦ 王竞：《采伐陕甘边境矿产木材之建议》，载《西北研究（西安）》1941年第5期。

⑧ 参见《示禁采伐苗木》，载《新闻报》1923年5月4日第3版。

人们所公认的描述性特征构成，而公认描述是基于过往的实践经验而作出，可能会滞后于语言习惯的发展，故词典释义在保证核心含义的前提下可能难以全面顾及该词的其他用法。尤需注意的是，词典释义是跳脱于语境的，而对法律用语的解释则必须立足于它所存在的特定语境。语义学的解释可能只是分析的起点，以为确定相关词项的意义提供指引，语用学的解释或许才是探究的终点，以使解释的结果符合概念在实际运用中的要求。

《刑法》第三百四十四条规定的非法采伐对象是珍贵树木或者国家重点保护的其他植物，对于国家重点保护植物的列举主要是在农业部和国家林业局联合公布的《国家重点保护野生植物名录》中。《国家重点保护野生植物名录（第一批）》于1999年公布，第二批名录尚在讨论中，还未正式发布。已经公布的名录，除了树木之外，还包括其他类型的植物。名录本身具有开放性，将来还会有更多种类的植物进入名录。采伐的具体方式应根据行为对象确定，不能一概而论。显然，采伐列入《国家重点保护野生植物名录》中的草本植物、水生植物的行为方式只能表现为“采”，如采集、采挖、移植等，而不可能是砍伐。这表明刑法语境中的采伐除砍伐外，还包括采集、采挖、移植等行为在内。

行政机关公布的规范文件中亦广泛使用采伐一词，如《浙江省森林管理条例》（2004年修订）第六十三条规定：“本条例所称采伐，包括采挖。”① 国家林业部门规定采挖树木，必须办理林木采伐许可证；② 采集（含移植、采伐）国家重点保护野生植物，必须持有《国家重点保护野生植物采集证》；采伐（采挖）国家重点保护野生树木，必须依法办理林木采伐许可证；③ 采集（采伐、移植）红豆杉属植物属省级林业主管部门审批事项④等。一方面，行政主管部门对采伐包括采集、采挖和移植等的界定具有专业性、科学性，司法实践中应当予以参照；另一方面，社会生活中存在大量此类规范性文件，人们循此开展各种活动，会认识到采伐包括多种行为方式，也并不存在仅指砍伐的统一认识。

因此，将采伐解释为还包括采集、采挖、移植等行为在内，形式上仍属该用语的含义范围内，实质上也未超出公民可能预测的范围，符合罪刑法定原则。

（二）对“采伐”的体系解释

法律解释具有一定的位阶，充分而妥当的文义解释优先于其他解释方法。当文义解释不具有规范意义上的妥当性时，应进一步考虑体系解释的方法。非法采伐国家重点保护植物罪采用了空白罪状形式，说明犯罪构成要件时要根据其指明的其他法律、法规进行，具体的犯罪实行行为往往要参照其他法律、行政法规的一般违法行为进行确认。

---

① 《浙江省森林管理条例》，载浙江林业网 http：//www.zjly.gov.cn/art/2014/10/24/art_1277883_4906510.html，最后访问时间：2019年8月13日。

② 《国家林业局关于切实加强和严格规范树木采挖移植管理的通知》，载中国林业网 http：//www.forestry.gov.cn/hljb/4994/content-825807.html，最后访问时间：2019年8月13日。

③ 《国家林业局关于采集国家重点保护野生植物有关问题的通知》，载中国林业网 http：//www.forestry.gov.cn/main/72/content-651676.html，最后访问时间：2019年8月13日。

④ 《国家林业和草原局公告（2018年第10号）》，载中国林业网 http：//www.forestry.gov.cn/main/3457/20180706/145356779855542.html，最后访问时间：2019年8月13日。

在与保护植物资源有关的国家规定[①]中，除《森林法》的规定外，《种子法》禁止非法采伐国家重点保护的天然种质资源；《草原法》禁止在生态脆弱区的草原上采挖植物；国务院《野生植物保护条例》禁止非法采集国家和地方重点保护野生植物；《城市绿化条例》禁止非法砍伐或者迁移古树名木；《野生药材资源保护管理条例》禁止采猎一级保护野生药材物种，采伐或者狩猎二、三级保护野生药材物种，除必须持有采药证，还必须分别向有关部门申请采伐证或者狩猎证；《国务院关于禁止采集和销售发菜制止滥挖甘草和麻黄草有关问题的通知》禁止采集发菜、采挖野生药材甘草和麻黄草。这些规定中的植物有的明确指称林木（树木），行为方式是“砍伐”“迁移”；有的不区分草本或者木本等而统称植物，行为方式是“采伐”“采挖”“采集”；有的明确指称发菜等草本植物，行为方式是“采集”“采挖”。体系解释的结果进一步确认了非法采伐国家重点保护植物罪中的采伐包括采集、采挖、移植、砍伐等行为在内，并且采伐木本植物的方式除砍伐外，也可以是采挖、移植。

（三）对“采伐”的目的解释

法律概念的解释涉及规则的适用问题，最后还需要运用目的解释的方法进行验证，对解释结果是否符合立法意图作终局性地考察。

《刑法修正案（四）》将非法采伐、毁坏珍贵树木罪修改为非法采伐、毁坏国家重点保护植物罪，条文中“违反森林法的规定”修改为“违反国家规定”，犯罪对象扩到国家重点保护的其他植物，同时，将下游非法收购、运输、加工、出售珍贵树木或者国家重点保护的其他植物及其制品的行为规定为犯罪。环境保护刑事法网的严密化和刑法保护力度的强化，凸显了刑法重视生态环境法益的立法目的。因此，认为犯罪实行行为仅限于砍伐的观点，与刑法保护具有重要经济和科学文化研究价值的珍贵植物的直接目标相悖，与刑法保护生态环境的根本目标相悖，只有将各种形式的非法采伐行为纳入刑法的规制范围，才是符合立法意图的解释。事实上，“砍伐”一词只能用来表达有限的信息，而《刑法》选用“采伐”就在于它能够完整地承载传递刑法规范意图的功能。

根据《森林法实施条例》的规定，森林资源包括森林、林木、林地以及依托森林、林木、林地生存的野生动物、植物和微生物。树木被采挖走之后，所破坏的森林资源不仅包括树木本身，还包括依附其生长的其他生物资源。从危害后果来看，树木移植并不增加绿化面积，反而由于成活率等原因必然导致森林覆盖率的总体下降。即便树木最终成活，由于移植过程常斩除部分树根、旁枝甚至主干，恢复根系和树冠需数年之久，必然减损树木的环境和生态功能。此外，采挖树木如不及时回填补植，还会导致水土流失，破坏原生地生态环境。因此，采挖、移植树木的危害性不亚于砍伐，甚至比砍伐树木的后果更为严重。采挖、移植国家重点保护的其他植物亦是如此。截取植物一部分的砍伐行为尚且属于采伐，将植物连根掘起的采挖、移植行为更应属于采伐。并且，随着社会的发展和人们认识水平的普遍提高，对国家重点保护植物，特别是具有较高观赏价值的植物，目前单纯的砍伐行为已很少见，移植已成为主要的犯罪手段，案件多发易发，对国家重点保护野生植物资源构成严重威胁。因此，非法采挖、移植行为理应属于刑法禁

---

① 根据《刑法》第九十六条的规定，《刑法》中的“违反国家规定”，是指违反全国人民代表大会及其常务委员会制定的法律和决定，国务院制定的行政法规、规定的行政措施、发布的决定和命令。

止的非法采伐行为。

综上所述，非法采伐国家重点保护植物罪中的采伐行为，具体包含砍伐、采集、采挖、移植等行为在内，采伐本质上是使国家重点保护植物与原适宜其生长的生态环境相分离，以致最终改变、减损甚至消灭其原有生态属性或者生态功能的活动。

三、与擅自移植国家重点保护植物相关罪名的辨析

《刑法》第三百四十四条规定的非法采伐、毁坏国家重点保护植物罪是选择性罪名。采伐和毁坏这两种行为可以单独实施，也可以兼并实施，只要有其中一种行为即可构成本罪。如果单独实施某种行为，则应当按照该犯罪实行行为定罪，或为非法采伐国家重点保护植物罪，或为非法毁坏国家重点保护植物罪；如果两种行为兼而有之，则定非法采伐、毁坏国家重点保护植物罪。否则，有违刑法主客观相一致的定罪原则。

本案中，尽管被告人唐会权主观上具有希望被移植（移栽）的植物成活的意愿，但未依法办理"国家重点保护野生植物采集证"和"林木采伐许可证"，脱离了国家监管，移植是否具备相应的技术条件以及操作方式是否规范均得不到保障，很可能导致被移植植物死亡的后果，其擅自移植国家一级重点保护植物野生红豆杉属于《刑法》第三百四十四条规定的非法采伐行为，构成非法采伐国家重点保护植物罪。

从犯罪结果来看，采伐和毁坏行为都可能造成植物的物质属性和生态属性减损或者灭失。但从主观上看，采伐的目的是为了获取植物的使用价值或者交换价值，如据为己有、自用或者营利；毁坏则是阻碍植物的正常生长或者追求植物死亡、灭失的后果，并不以获取整株植物或者其部分为目的，通常采用砍伐、火烧、水淹、剥皮等方式毁坏植物。

本案中，被告人唐会权主观上是为了涉案红豆杉移植到自家园中进行欣赏，客观上实施了斩断树根及部分主干的行为，对树木造成损坏。如前所述，斩除部分树根、旁枝甚至主干等行为系树木采挖后定植前的惯用处理方式，也是为了减少水分的蒸发和营养的流失，以提高移植的成活率，属于移植行为的组成部分，为非法采伐国家重点保护植物罪所吸收。因此，认定被告人唐会权犯非法采伐国家重点保护植物罪定性准确。

此外，擅自移植国家重点保护植物存在向他人支付价款购买后采挖的情形，事先的收购行为也没有独立侵害刑法所保护的客体，仅为非法采伐的预备行为，同样为非法采伐国家重点保护植物罪所吸收，不应认定构成非法收购国家重点保护植物罪，而应以非法采伐国家重点保护植物罪定罪。

（一审法院合议庭成员　陈　伟　曹家芳　余忠卿
二审法院合议庭成员　张镇勇　杨　超　冯　波
编写人　重庆市万州区人民法院　梅念章　艾朝辉
责任编辑　包献荣
审稿人　李玉萍）

原载《人民法院案例选》2020 年第 4 辑（总第 146 辑）

八、非法收购、运输盗伐、滥伐的林木罪

333. 涂华清非法收购滥伐的林木案

——生态修复资金制度在个案中的创新运用

【关键词】

环境公益诉讼　环境损害　替代修复　生态修复资金　司法理念量刑规范化

【裁判要旨】

被告人涂华清非法收购滥伐的林木，情节特别严重，鉴于被告人涂华清具有自首情节，积极退出违法所得，通过法院审判及教育，自愿缴纳生态修复资金，用于对受损生态环境的修复，综合被告人悔罪认罪态度，依法酌情对其予以从轻处罚，判处被告人涂华清有期徒刑三年，缓刑四年，并处罚金人民币25万元。顺昌法院探索“生态司法＋”的绿色发展理念，从以“打击为主”的审判理念转变为以“教育、修复”为主的审判理念，希望通过生态修复资金机制的不断完善化、系统化和制度化，综合运用法律等手段，在依法严惩破坏生态环境犯罪的同时，将“谁破坏、谁治理、谁修复”的原则贯彻落实到司法实践中，并在福建省率先出台《生态修复资金管理办法》，充分发挥生态修复专项资金的作用，使法院能够充分利用法律武器，在守护环境中扮演重要角色。

【相关法条】

《中华人民共和国刑法》

第三百四十五条　盗伐森林或者其他林木，数量较大的，处三年以下有期徒刑、拘役或者管制，并处或者单处罚金；数量巨大的，处三年以上七年以下有期徒刑，并处罚金；数量特别巨大的，处七年以上有期徒刑，并处罚金。

违反森林法的规定，滥伐森林或者其他林木，数量较大的，处三年以下有期徒刑、拘役或者管制，并处或者单处罚金；数量巨大的，处三年以上七年以下有期徒刑，并处罚金。

非法收购、运输明知是盗伐、滥伐的林木，情节严重的，处三年以下有期徒刑、拘役或者管制，并处或者单处罚金；情节特别严重的，处三年以上七年以下有期徒刑，并

处罚金。

盗伐、滥伐国家级自然保护区内的森林或者其他林木的，从重处罚。

《最高人民法院关于审理破坏森林资源刑事案件具体应用法律若干问题的解释》

第十条 刑法第三百四十五条规定的“非法收购明知是盗伐、滥伐的林木”中的“明知”，是指知道或者应当知道。具有下列情形之一的，可以视为应当知道，但是有证据证明确属被蒙骗的除外：

（一）在非法的木材交易场所或者销售单位收购木材的；

（二）收购以明显低于市场价格出售的木材的；

（三）收购违反规定出售的木材的。

第十一条 具有下列情形之一的，属于在林区非法收购盗伐、滥伐的林木“情节严重”：

（一）非法收购盗伐、滥伐的林木二十立方米以上或者幼树一千株以上的；

（二）非法收购盗伐、滥伐的珍贵树木二立方米以上或者五株以上的；

（三）其他情节严重的情形。

具有下列情形之一的，属于在林区非法收购盗伐、滥伐的林木“情节特别严重”：

（一）非法收购盗伐、滥伐的林木一百立方米以上或者幼树五千株以上的；

（二）非法收购盗伐、滥伐的珍贵树木五立方米以上或者十株以上的；

（三）其他情节特别严重的情形。

【案件索引】

一审：福建省顺昌县人民法院（2016）闽0721刑初19号（2016年3月18日）

【基本案情】

福建省顺昌县人民检察院指控：2013年9月至11月间，被告人涂华清在其经营的福建省顺昌县大干富屯竹木货场内，明知包良兴（已判刑）销售给其的杉木没有木材运输证，仍然以每立方米1070元的价格多次收购，立木蓄积量计380.2164立方米。后被告人涂华清将该批杉木销售，非法获利人民币40700元。

2015年6月17日，被告人涂华清主动到顺昌县公安机关投案，如实供述自己的犯罪事实，并退出违法所得40700元。

在本案审理过程中，被告人涂华清自愿缴纳生态修复资金人民币10万元，用于生态环境的修复。

【裁判结果】

福建省顺昌县人民法院于2016年3月18日作出（2016）闽0721刑初19号刑事判决：一、被告人涂华清犯非法收购滥伐的林木罪，判处有期徒刑三年，缓刑四年，并处罚金人民币25万元（缓刑考验期，从判决确定之日起计算。罚金于本判决生效后次日内缴纳）。二、被告人涂华清退出的赃款人民币40700元，予以没收，由扣押机关上缴国库。宣判后，被告人未提起上诉，公诉机关未抗诉，判决已生效。

【裁判理由】

法院生效裁判认为：被告人涂华清作为木材经营者，明知是他人滥伐的林木而予以收购，情节特别严重，已构成非法收购滥伐的林木罪。公诉机关指控的罪名成立。被告人涂华清有犯罪前科，酌情予以从重处罚；鉴于被告人涂华清具有自首情节，积极退出违法所得，自愿缴纳生态修复资金，依法酌情予以从轻处罚。经审前社会调查，顺昌县司法局对被告人涂华清作出适宜实施社区矫正的意见，宣告缓刑对所居住社区没有重大不良影响，决定对被告人涂华清予以宣告缓刑。

【案例注解】

生态司法的价值目标是充分发挥生态司法的能动性，救济受损的生态环境，促进经济社会可持续发展，实现人与自然的正义、公平、和平。本案就是一起司法理念创新、生态环境修复制度创新的典型案例，同时对生态修复制度在量刑规范化的运用方面进行了实践，是在推进生态修复性司法的实践方面可复制、可推广的生态司法保护“顺昌实践”。

一、生态司法理念上的创新

传统生态司法追求正义、公平价值。现代修复性司法认为，生态司法是一种调解、协商过程，强调面对面的和谈，更关注社会冲突的和解。生态环境修复司法是生态司法审判价值理念的升华。生态环境修复司法着重对被害人、社会所受伤害进行补偿以及对犯罪行为人的改造，旨在对破坏的环境进行修复，从而达到减少损害、保护生态环境的目的，与惩治破坏环境犯罪刑事目的具有吻合性。

近年来，顺昌法院在依法严惩破坏生态环境犯罪的同时，积极探索“生态司法＋”的绿色发展理念，审判理念从以“打击为主”转变为以“教育、修复”为主。本案中，被告人涂华清非法收购滥伐的林木，收购数量达到情节特别严重，鉴于被告人涂华清自愿缴纳生态修复资金，对受损的生态环境予以修复，保护了环境的整体利益，考虑到生态环境修复的目的性，从对被告人涂华清进行教育改造考量，依法判处其法定刑的最低刑罚并适用缓刑。

二、生态环境修复模式的制度创新

从责任承担方式来看，生态环境修复有直接修复、赔偿性修复、替代性修复等形式。针对不同区域环境保护和环境恢复的要求，不同的区域经济发展水平和不同人群环境治理能力的差异，生态环境修复的方案也必须从现实出发，因人、因时、因地制宜。在相关司法实践中，为了实现这个目的，顺昌法院充分发挥了法院在服务生态文明建设和绿色发展上的能动性，在福建省率先出台《生态修复资金管理办法》，通过生态修复资金机制的不断完善化、系统化和制度化，综合运用法律等手段，在依法严惩破坏生态环境犯罪的同时，将“谁破坏、谁治理、谁修复”的原则贯彻落实到司法实践中。本案中，被告人涂华清在审理过程中悔罪态度好，并表示希望对受损的生态环境进行修复，但本案系非法收购滥伐的林木案，如果按照传统的生态修复模式，很难找到与本案性质相对应的修复方式。案件审理中，被告人涂华清自愿缴纳生态修复资金10万元。案件宣判后，顺昌法院从被告人涂华清交纳的“生态修复资金”中拨付资金，会同国土、农业等部门，对由一家小造纸厂使用，后企业因污染被取缔，土地长期闲置的10余亩土地采取回填、盖土、造田整理的方式进行复垦复耕，既新增了耕地面积，又具有积极的引导示范意义，形成“从就地、异地、异类到公益水域、林地、农田等多层修复、立体保护”的生态修复模式，取得良好社会成效。

三、生态修复制度在量刑规范方面的运用

将修复生态环境作为量刑情节不仅对保护生态环境，建设生态文明具有重要意义，对犯罪人回归社会也能起到促进作用。修复生态环境是犯罪嫌疑人犯罪后的态度，因此可以作为酌定量刑情节适用，同时，其作为酌定量刑情节有坚实的理论基础。虽“修复生态环境”可作为量刑情节适用，但如何把握一个度？在本案的审理过程中，审判人员充分参照《福建省高级人民法院关于涉林刑事案件量刑指导意见（试行）》关于“涉林犯罪被告人已进行‘复植补种’的，或交纳相应补种保证金用于恢复森林生态环境的，可以减少基准刑20%以下”的规定，对被告人涂清华已经进行的替代性修复，在上述范围内给予减轻处罚。

修复生态环境作为量刑情节是法院在量刑过程中需要考虑的事实，并非犯罪人所必须履行的义务。被告人认识到自己所实施的犯罪行为为生态环境带来了严重损害，悔过并主动修复被损生态环境的行为，是自发性的行为。在判决作出前，若被告人具有主动修复被其损害生态环境的情节，则应当将其作为酌定量刑情节予以考量，根据其对被损环境的修复程度决定其刑罚的从宽处罚程度。若被告人并没有修复生态环境的行为，则依照法律规定判处其承担相应的刑罚。此外，针对很多案件中，犯罪人缺乏修复生态环境的环保意识，审判机关或检察机关可以做适当的建议，这不仅有利于促进犯罪人修复生态环境，而且也是司法机关参与环保意识教育的良举。

（一审法院合议庭成员　郭功荣　洪琪琳　朱　艳
编写人　福建省顺昌县人民法院　张夏兰　黎曼倩
责任编辑　韩德强
审稿人　曹守晔）

原载《人民法院案例选》2019年第7辑（总第137辑）

第五节　走私、贩卖、运输、制造毒品罪

一、走私、贩卖、运输、制造毒品罪

334. 刘依善等贩卖毒品案*

——对于认定毒品交易上家犯罪事实的证据要求如何把握以及对于毒品来源有证据欠缺的案件应当注意哪些问题

【关键词】

贩卖毒品罪　毒品交易　毒品来源

【裁判要旨】

对于认定毒品交易上家犯罪事实的证据要达到"事实清楚，证据确实、充分"的有罪判决标准，才能认定交易上家构成贩卖毒品罪。对于毒品来源有证据欠缺的案件应当注意归纳总结、认定事实部分毒品来源表述等问题。

【相关法条】

《中华人民共和国刑法》

第三百四十七条第二款第（一）项　走私、贩卖、运输、制造毒品，有下列情形之一的，处十五年有期徒刑、无期徒刑或者死刑，并处没收财产：

（一）走私、贩卖、运输、制造鸦片一千克以上、海洛因或者甲基苯丙胺五十克以上或者其他毒品数量大的。

* 案例来源：最高人民法院刑事审判第一、二、三、四、五庭主办：《刑事审判参考》（第101集），法律出版社2015年版，第115～120页。

【案情及裁判】

天津市人民检察院第二分院以被告人刘依善、厚金花犯贩卖毒品罪，被告人施修更犯贩卖毒品罪、非法持有毒品罪，向天津市第二中级人民法院提起公诉。

天津市第二中级人民法院经公开审理查明：被告人刘依善与厚金花2011年在福建省福州市因吸毒相识，刘依善得知厚金花在天津市有毒品的销售渠道，提议共同到该市贩卖毒品牟利。二人商定由刘依善购买甲基苯丙胺（冰毒），厚金花负责打开销路。厚金花随即告知在天津市的张彩燕（另案处理）等人其有甲基苯丙胺出售。2012年11月下旬，厚金花、刘依善先后到达天津市并入住滨海新区塘沽宾岛商务酒店518室。其间，刘依善的女友颜晓琴亦来到天津并租住在塘沽时代大厦2823室。据刘依善供称，施修更与喻某于2012年12月7日到塘沽后，两次共卖给其甲基苯丙胺2900克。同年12月8日1时许，厚金花向吸毒人员郭玮琦出售甲基苯丙胺50克，获毒资人民币（以下币种同）15000元。同日，刘依善、厚金花向张彩燕出售甲基苯丙胺30克，获毒资9000元。当晚，刘依善又向张彩燕出售甲基苯丙胺50克，张彩燕于次日支付毒资14000元。同月11日零时许，刘依善在时代大厦附近再次向张彩燕出售甲基苯丙胺100克，后在塘沽浩发快捷酒店门口等待收取毒资时被抓获。同日，公安机关在宾岛商务酒店518室将厚金花抓获，当场查获甲基苯丙胺晶体、片剂、液体共12.03克；在时代大厦2823室查获刘依善藏匿的甲基苯丙胺晶体、片剂共2512.06克。

2013年1月15日，施修更与雷正全（另案处理）在福州市鼓楼区铭豪酒店722房间吸食毒品后离开。当日，公安机关先后将雷正全、施修更抓获，从施修更随身携带的手提包及所驾驶的汽车内查获甲基苯丙胺113.90克、麻黄碱4.31克。

天津市第二中级人民法院认为：被告人刘依善、厚金花为谋取非法利益而贩卖毒品，其行为均构成贩卖毒品罪。被告人施修更违反国家有关毒品的管理规定，非法持有毒品，其行为构成非法持有毒品罪。公诉机关对施修更犯贩卖毒品罪的指控，虽然有刘依善的供述证明施修更和喻某暗示其贩卖毒品并向其提供毒品，事后又催要毒资，但该事实仅有刘依善的供述，无其他证据佐证，故公诉机关指控施修更犯贩卖毒品罪证据不足，不予支持。

据此，依照《刑法》第三百四十七条第二款第（一）项、第三百四十八条、第五十七条第一款、第六十五条第一款、第二十五条第一款、第二十六条第一款、第二十七条之规定，天津市第二中级人民法院判决如下：

一、被告人刘依善犯贩卖毒品罪，判处死刑，剥夺政治权利终身，并没收个人全部财产；

二、被告人厚金花犯贩卖毒品罪，判处有期徒刑十五年，并处罚金人民币4万元；

三、被告人施修更犯非法持有毒品罪，判处有期徒刑十五年，并处罚金人民币4万元。

宣判后，被告人施修更不服，向天津市高级人民法院提起上诉。天津市高级人民法院经公开审理认为，一审认定的事实清楚，证据确实、充分，定罪准确，量刑适当，审判程序合法，遂裁定驳回上诉，维持原判，并将被告人刘依善的死刑裁定依法报请最高人民法院核准。

最高人民法院经复核，裁定核准天津市高级人民法院维持第一审以贩卖毒品罪判处被告人刘依善死刑，剥夺政治权利终身，并处没收个人全部财产的刑事裁定。

【法理解析】

本案争议的焦点有两个问题：（1）能否基于现有证据认定毒品交易上家犯罪事实。根据被告人刘依善的多次供述证实毒品来源于施修更和喻某，被告人厚金花供称她之前认识施修更和喻某，但不知道刘依善毒品的确切来源，证人颜晓琴的证言印证了被告人刘依善的部分供述，但不能确切指出被告人刘依善的毒品来源。施修更只承认持有毒品罪的事实，而否认与被告人刘依善存在交易。喻某否认参与任何毒品交易活动。综上所述，虽然刘依善的毒品来源于施修更、喻某的可能性较大，但是认定施修更、喻某向刘依善贩卖毒品的证据没有达到“事实清楚，证据确实、充分”的有罪判决标准，依法不能认定。（2）对于毒品来源有证据欠缺的案件应当注意的问题。一是对审判中发现的取证、举证不足问题要加强调查研究，及时向侦查机关、检察机关反馈意见；二是在判决书中应注意处理关于毒品来源的表述，一般情况下可以不表述，在必须进行表述可以采取“据被告人供述……”的方式，避免案件结果和认定事实之间存在矛盾。

原载《人民法院案例选》2016年第2辑（总第96辑）

335. 傅勇、朱小勇贩卖、运输毒品，石远德运输毒品案*

——对接应毒品的行为，如何结合在案证据认定毒品运输方和接应方的犯罪事实并准确定性

【关键词】

贩卖毒品罪　毒品运输方　毒品接应方

【裁判要旨】

在接应毒品的行为，对于毒品运输方将毒品交给接应方后否认涉案的情形，应当结合在案证据认定其所涉的犯罪事实并准确定性。对于毒品接应方，在没有证据证实其是毒品下家或者贩卖毒品共犯的情况下，其行为宜以运输毒品罪论处。

【相关法条】

《中华人民共和国刑法》

第三百四十七条第二款第（一）项　走私、贩卖、运输、制造毒品，有下列情形之一的，处十五年有期徒刑、无期徒刑或者死刑，并处没收财产：

（一）走私、贩卖、运输、制造鸦片一千克以上、海洛因或者甲基苯丙胺五十克以上或者其他毒品数量大的。

【案情及裁判】

浙江省杭州市人民检察院以被告人朱小勇、傅勇犯贩卖、运输毒品罪，被告人石远德犯运输毒品罪，向杭州市中级人民法院提起公诉。

被告人傅勇、朱小勇、石远德均对公诉机关指控的事实及罪名提出异议，请求法院宣告无罪。其中，傅勇辩称，其不明知朱小勇携带毒品来杭州，其从未实施贩毒行为，司法机关所查扣的毒品系其用于自吸。朱小勇辩称，案发期间其不在杭州，不认识傅勇等人，没有实施指控的贩卖、运输毒品行为，且司法机关在其租住处查扣的毒品并非其所有。石远德辩称，其不明知运输的物品是毒品。

杭州市中级人民法院经公开审理查明：2013 年 2 月 20 日，被告人朱小勇携带毒品，雇人驾车从广东省东莞市前往浙江省杭州市余杭区。当日 21 时许，朱小勇因车辆在行驶

* 案例来源：最高人民法院刑事审判第一、二、三、四、五庭主办：《刑事审判参考》（第 101 集），法律出版社 2015 年版，第 127 ~ 133 页。

途中出现故障，给被告人傅勇打电话求助。傅勇明知朱小勇携带毒品，仍指使被告人石远德、郭俊富（另案处理）驾车接应朱小勇。次日1时许，石远德、郭俊富在浙江省杭新景高速公路杭州南出口附近与朱小勇会合，朱小勇将藏有996.8克甲基苯丙胺的红牛饮料箱交给石远德、郭俊富二人后，自行驾车前往杭州市余杭区。石远德、郭俊富驾车行至杭州市上城区钱江一桥附近，遇到交警检查酒驾，石远德下车逃跑，并将藏有毒品的红牛饮料箱扔在杭州武警支队三中队营地内。石远德随即被交警抓获，郭俊富因无酒驾嫌疑被释放。武警官兵在营地内发现毒品后送交公安机关。其间，石远德将毒品被其丢弃的情况电话告知傅勇。傅勇与朱小勇见面后商定，由郭俊富指路，傅勇指使严勇驾驶朱小勇的汽车回到石远德丢弃毒品的地点寻找毒品。当日4时许，傅勇等人下车寻找毒品时，被武警官兵及交警抓获。随后，公安机关又从傅勇的租住处和暂住处查获甲基苯丙胺733.8克、海洛因22.88克，扣押电子秤1台、天平秤1台及砝码、吸毒工具等物。同年3月8日，公安机关在东莞市虎门镇新世界大酒店908房间抓获朱小勇，从朱小勇的租住处查获甲基苯丙胺36.94克等物。综上，被告人傅勇贩卖甲基苯丙胺733.8克、海洛因22.8克，运输甲基苯丙胺999.6克；被告人朱小勇贩卖、运输甲基苯丙胺999.6克，贩卖甲基苯丙胺36.94克；被告人石远德运输甲基苯丙胺999.6克。

杭州市中级人民法院认为：被告人傅勇、朱小勇明知是毒品而贩卖、运输，其行为均构成贩卖、运输毒品罪；被告人石远德明知是毒品而接驳转运，其行为构成运输毒品罪。三被告人提出的辩解理由均与在案证据不符，不能成立。傅勇、石远德系累犯，且傅勇又系毒品再犯，依法均应从重处罚。在运输毒品共同犯罪中，石远德受指使接驳转运毒品，与朱小勇、傅勇相比作用略小，对其可酌情从轻处罚。

据此，依照《刑法》第三百四十七条第二款第（一）项、第三百五十六条、第四十八条第一款、第六十五条第一款、第二十五条第一款、第五十七条第一款、第六十四条之规定，杭州市中级人民法院判决如下：

一、被告人傅勇犯贩卖、运输毒品罪，判处死刑，剥夺政治权利终身，并处没收个人全部财产。

二、被告人朱小勇犯贩卖、运输毒品罪，判处死刑，缓期二年执行，剥夺政治权利终身，并处没收个人全部财产。

三、被告人石远德犯运输毒品罪，判处无期徒刑，剥夺政治权利终身，并处没收个人全部财产。

一审宣判后，被告人傅勇、朱小勇、石远德均提出上诉。

检察机关认为：原判认定的事实清楚，证据确实、充分，定罪准确，量刑适当，各被告人的上诉理由均不能成立，建议驳回上诉，维持原判。

浙江省高级人民法院经公开审理认为：原判认定的事实清楚、证据确实、充分，定罪准确，量刑适当，审判程序合法。据此，浙江省高级人民法院裁定驳回三名被告人的上诉，维持原判。核准以贩卖、运输毒品罪判处被告人朱小勇死刑，缓期二年执行，剥夺政治权利终身，并处没收个人全部财产的刑事判决，并将同意核准判处被告人傅勇死刑的裁定依法报请最高人民法院复核。

最高人民法院裁定核准浙江省高级人民法院维持第一审以贩卖、运输毒品罪判处被告人傅勇死刑，剥夺政治权利终身，并处没收个人全部财产的刑事裁定。

【法理解析】

本案主要涉及的是对于接应毒品的行为以及如何结合在案证据认定毒品运输方和接应方的犯罪事实并准确定性的问题。（1）对于毒品运输方将毒品交给接应方后否认涉案的情形，应当结合在案证据认定其所涉的犯罪事实并准确定性。首先，通过傅勇、石远德等人的供述，证人杨成、沈希丹的证人证言，侦查人员的证言以及行车轨迹、电话通话清单等证据足以表明朱小勇携带毒品来到杭州的犯罪事实。其次，结合多人指证朱小勇是毒贩以及朱小勇的客观行为据此能够认定朱小勇主观上具有贩卖毒品的目的。（2）对于毒品接应方，仅凭石远德的接应行为，而无其他证据所相互印证，不能认定其构成贩卖毒品罪。当然，对公安机关从石远德身上及暂住处查获的大宗毒品甲基苯丙胺，可以认定石远德的行为构成运输毒品罪。综上，结合案情和在案证据，对该宗毒品犯罪事实，认定被告人朱小勇、傅勇构成贩卖、运输毒品罪，认定被告人石远德构成运输毒品罪，是正确的。

原载《人民法院案例选》2016 年第 2 辑（总第 96 辑）

336. 潘文、廖发能等故意杀人、贩卖运输毒品案

——毒品案件死刑适用及从重情节把握

【关键词】

毒品案件　死刑适用　从重情节

【裁判要旨】

对贩毒团伙中的主犯以及再犯、累犯、武装掩护贩毒或者有其他法定从重情节的，毒品数量达到死刑数量标准的，依法适用死刑。

【相关法条】

《中华人民共和国刑法》

第三百四十七条　走私、贩卖、运输、制造毒品，无论数量多少，都应当追究刑事责任，予以刑事处罚。

走私、贩卖、运输、制造毒品，有下列情形之一的，处十五年有期徒刑、无期徒刑或者死刑，并处没收财产：

（一）走私、贩卖、运输、制造鸦片一千克以上、海洛因或者甲基苯丙胺五十克以上或者其他毒品数量大的；

（二）走私、贩卖、运输、制造毒品集团的首要分子；

（三）武装掩护走私、贩卖、运输、制造毒品的；

（四）以暴力抗拒检查、拘留、逮捕，情节严重的；

（五）参与有组织的国际贩毒活动的。

走私、贩卖、运输、制造鸦片二百克以上不满一千克、海洛因或者甲基苯丙胺十克以上不满五十克或者其他毒品数量较大的，处七年以上有期徒刑，并处罚金。

走私、贩卖、运输、制造鸦片不满二百克、海洛因或者甲基苯丙胺不满十克或者其他少量毒品的，处三年以下有期徒刑、拘役或者管制，并处罚金；情节严重的，处三年以上七年以下有期徒刑，并处罚金。

单位犯第二款、第三款、第四款罪的，对单位判处罚金，并对其直接负责的主管人员和其他直接责任人员，依照各该款的规定处罚。

利用、教唆未成年人走私、贩卖、运输、制造毒品，或者向未成年人出售毒品的，从重处罚。

对多次走私、贩卖、运输、制造毒品，未经处理的，毒品数量累计计算。

【案件索引】

一审：云南省西双版纳傣族自治州中级人民法院（2013）西刑初字第82号（2014年5月5日）

二审：云南省高级人民法院（2014）云高刑终字第1063号（2015年5月15日）

复核：最高人民法院（2015）刑三复25512157号

【基本案情】

2012年1月间，邓双军与上诉人潘文合谋筹集毒资，从云南省购买毒品运往湖北省贩卖，上诉人伍刚、原审被告人李书岗等人参与出资。邓双军、潘文指使唐星星（在逃）租用景洪市大曼么小区11栋3单元某房间、指使原审被告人张钟租用昆明市蒜村9栋某房间，用于藏匿和转运毒品。邓双军与上诉人哓打合谋，由哓打与境外毒贩联系毒品货源，上诉人廖发能为二人转交毒资、毒品。

同年2月20日，潘文通过银行转付100万元毒资，廖发能将邓双军、潘文等人筹集的89万元毒资交给哓打，随后哓打将毒品甲基苯丙胺片剂60包、手枪1支及子弹若干发送往景洪农场五分场附近的橡胶林中交给廖发能，廖发能运往景洪市大曼么小区11栋3单元某室交给邓双军等人藏匿。2月22日，廖发能再次将邓双军、潘文等人筹集的毒资61万元交给哓打。在此期间，潘文安排张钟、上诉人伍刚、李书岗、李继业、熊永军、郭辉先后前往昆明准备接应，并安排郭辉在昆明办理一辆雷克萨斯越野车的落户手续。唐星星、张钟驾驶由潘文出资购买的云A012××东风小康微型车前往景洪，伍刚、李书岗随旅行团到景洪市途中观察沿途公安查缉情况，伍刚到达景洪后又乘飞机返回昆明。

同年2月23日17时许，哓打安排上诉人沙二、查思将毒品运至景洪农场五分场附近交给廖发能，廖发能骑摩托车带毒品运回景洪准备交给邓双军，途中因发现有人跟踪，遂将毒品丢弃在路边的草丛中逃离现场，公安民警从草丛中查获廖发能丢弃的毒品甲基苯丙胺片剂（俗称“麻古”）20包，共计净重10998克；民警在景洪市嘎洒转盘附近将沙二、查思抓获。同日18时许，西双版纳州公安局禁毒支队组织警力对在景洪市大曼么小区11栋3单元某室的邓双军、潘文等人实施抓捕，唐星星在楼梯内被抓获，民警柯占军进入房间后与邓双军扭打，潘文持手枪向柯占军的腹部开枪射击，邓双军抢过柯占军公务用手枪，并向柯占军头部开枪射击，柯占军受枪击致肝破裂并颅脑损伤而牺牲。潘文、邓双军持枪从卫生间翻窗户逃离，潘文作案手枪掉落在单元门旁；邓双军逃跑过程中开枪拒捕，致一名群众重伤，逃跑至景洪市大曼么十字路口时被民警当场击毙，其抢夺的手枪被现场收缴。民警从大曼么小区11栋3单元某室内查获毒品甲基苯丙胺片剂48包、装有毒品甲基苯丙胺片剂的“感冒清热颗粒”药盒12盒、“阿胶益寿口服液”2盒，房间内查获毒品合计净重32217克，制式手枪子弹23发。从11栋3单元门旁查获潘文掉落的作案用制式手枪1支。

云南省西双版纳傣族自治州中级人民法院根据被告人潘文、廖发能、哓打、张钟、李书岗、伍刚、熊永军、李继业、郭辉、沙二、查思犯罪的事实、性质、情节和社会危害程度，依照《中华人民共和国刑法》相关条文之规定，判决如下：一、被告人潘文犯故意杀人罪，判处死刑，剥夺政治权利终身；犯贩卖、运输毒品罪，判处死刑，剥夺政治权利终身，并处没收个人全部财产，数罪并罚，决定执行死刑，剥夺政治权利终身，并处没收个人全部财产。二、被告人廖发能犯贩卖、运输毒品罪，判处死刑，剥夺政治权利终身，并处没收个人全部财产。三、被告人晓打犯贩卖、运输毒品罪，判处死刑，剥夺政治权利终身，并处没收个人全部财产。四、被告人张钟犯贩卖、运输毒品罪，判处死刑，剥夺政治权利终身，并处没收个人全部财产。五、被告人伍刚犯贩卖、运输毒品罪，判处死刑，剥夺政治权利终身，并处没收个人全部财产。六、被告人李书岗犯贩卖、运输毒品罪，判处死刑，缓期二年执行，剥夺政治权利终身，并处没收个人全部财产。七、被告人熊永军犯贩卖、运输毒品罪，判处无期徒刑，剥夺政治权利终身，并处没收个人全部财产。八、被告人李继业犯贩卖、运输毒品罪，判处无期徒刑，剥夺政治权利终身，并处没收个人全部财产。九、被告人郭辉犯贩卖、运输毒品罪，判处无期徒刑，剥夺政治权利终身，并处没收个人全部财产。十、被告人沙二犯运输毒品罪，判处有期徒刑十五年，并处没收个人财产人民币10万元。十一、被告人查思犯运输毒品罪，判处有期徒刑十五年，并处没收个人财产人民币10万元。十二、被告人潘文赔偿附带民事诉讼原告人陶凤芝、钟叶敏各项物质损失共计人民币20189.5元（限判决生效后10日内付清）。十三、查获的毒品甲基苯丙胺43215克、奥地利产GLOCK（格洛克）9MM制式手枪1支、手机9部，云A012××微型车和无牌雷克萨斯越野车、鄂M664××汽车、无牌摩托车各1辆依法没收。摩托车和车辆上缴国库。

宣判后，被告人潘文上诉称：其向民警臀部、腿部开枪，主观上没有杀人故意、客观上没有杀人行为；受邓双军邀约与其他人筹集毒资参与毒品犯罪，邓双军组织、策划，是主犯；其作用小，是从犯，请求二审查明事实，依法改判。辩护人提出：潘文的作用要小于邓双军，民警致命伤是邓双军开枪造成，潘文不构成故意杀人罪；潘文认罪态度好，请求二审依法改判。

被告人晓打上诉称：为赚取少量运费，受邓双军、玉坎胆、廖发能指使、雇佣参与运输毒品犯罪，作用小；民警在其毒瘾发作时给其吸食毒品，有诱供行为，请求二审依法从轻改判。辩护人提出：本案系一般共同犯罪，并非犯罪集团，不属于武装掩护贩毒；晓打仅受人指使收钱和送毒品，构成运输毒品罪，是从犯，请求二审依法改判。

被告人廖发能上诉称：没有出资，也没有参与组织、策划，受邓双军邀约，帮转交毒资和毒品，为从犯，请求依法改判。辩护人提出：廖发能受人指使帮助运输毒品，没有实施贩卖毒品的行为，是从犯，请求二审依法从轻改判。

被告人伍刚上诉称：认定其为主犯的事实不清，证据不足；其有立功情节，请求二审依法改判。辩护人提出：伍刚没有出资购买毒品，受人指使参与运输毒品，为从犯，请求二审依法改判。

其他被告人分别提出从轻改判的上诉理由。

云南省人民检察院提出：一审认定事实清楚，证据确实、充分，一审根据在案证据，认定各被告人的具体作用及地位，并分别判处相应刑罚，定罪准确，量刑适当，建议二审维持原判。

【裁判结果】

云南省西双版纳傣族自治州中级人民法院审理云南省西双版纳傣族自治州人民检察院指控被告人潘文犯故意杀人罪、贩卖、运输毒品罪，被告人晓打、廖发能、伍刚、张钟、李书岗、熊永军、李继业、郭辉犯贩卖、运输毒品罪，被告人沙二、查思犯运输毒品罪，附带民事诉讼原告人陶凤芝、钟叶敏提起刑事附带民事诉讼一案，于2014年5月5日作出（2013）西刑初字第82号刑事附带民事判决。附带民事诉讼原告人、被告人张钟、李书岗服判，被告人潘文不服刑事判决、被告人晓打、廖发能、伍刚、熊永军、李继业、郭辉、沙二、查思不服，分别提出上诉。本案附带民事判决已生效。云南省高级人民法院于2015年5月15日作出（2014）云高刑终字第1063号刑事判决，认定原审判决认定事实清楚，证据确实充分，定罪准确，但对被告人张钟、熊永军、李继业、郭辉量刑过重，依法从轻改判，维持对潘文、晓打、廖发能、伍刚的死刑判决。最高人民法院依法核准。

【裁判理由】

法院生效裁判认为：上诉人潘文与邓双军（已被击毙）无视国法，开枪射杀公安民警，非法故意剥夺他人生命，潘文的行为已触犯刑律，构成故意杀人罪。上诉人潘文、伍刚、熊永军、李继业、郭辉、原审被告人李书岗、张钟无视国法，伙同邓双军非法买卖毒品甲基苯丙胺片剂并实施运输的行为，已触犯刑法，构成贩卖、运输毒品罪，依法予以惩处。在共同犯罪中，潘文、邓双军提起犯意，为主出资，指挥其他人员，地位突出，起主要作用，是主犯；使用事前购买的枪支抗拒抓捕，属武装掩护实施毒品犯罪，依法应从重判处。伍刚、李书岗出资购毒，积极参与实施犯罪，起主要作用，是主犯。张钟、熊永军、李继业、郭辉起次要或辅助作用，是从犯。潘文、伍刚、张钟系累犯，依法应从重判处。上诉人晓打、廖发能无视国法，非法买卖、运输毒品甲基苯丙胺片剂的行为，已触犯刑律，构成贩卖、运输毒品罪，依法予以惩处；上诉人沙二、查思无视国法，为获取非法利益，运输毒品甲基苯丙胺片剂的行为，已触犯刑律，构成运输毒品罪，依法予以惩处。在共同犯罪中，晓打与邓双军合谋，联系境外毒贩获取毒品，倒卖获取利润，安排他人运输毒品，起主要作用，是主犯。廖发能转交毒资、毒品，起主要作用，是主犯。沙二、查思受晓打雇佣、指使帮助运输毒品，系从犯。

潘文是主犯，且系累犯，依法从重判处；使用事前购买的枪支抗拒抓捕，属于武装掩护贩卖、运输毒品，依法从重判处。本案涉及毒品数量大，社会危害性大，罪行极其严重，一审分别以故意杀人罪、贩卖运输毒品罪对其判处死刑，数罪并罚，决定执行死刑，量刑适当。晓打、廖发能系主犯，所贩卖、运输毒品数量大，罪行极其严重，一审以贩卖、运输毒品罪分别对二人判处死刑，量刑适当。伍刚是主犯，且系累犯，依法从重判处，其参与贩卖、运输毒品数量大、罪行极其严重，一审以贩卖、运输毒品罪对其判处死刑，量刑适当。故，二审维持对四人的死刑判决，依法报送最高人民法院复核。

最高人民法院复核后认为，本案贩卖、运输毒品数量巨大，且在进行毒品犯罪中公然开枪拒捕，射杀公安民警，犯罪情节特别恶劣，社会危害极大，后果极其严重，潘文、晓打、廖发能、伍刚所犯罪行极其严重。第一审判决、第二审判决认定事实清楚，证据确实、充分，定罪准确，量刑适当。审判程序合法。故，依法核准对四人的死刑判决。

【案例注解】

一、毒品案件死刑适用规定

根据《刑法》第三百四十七条第二款（一）项规定，走私、贩卖、运输、制造鸦片一千克以上、海洛因或者甲基苯丙胺五十克以上或者其他毒品数量大的，处十五年有期徒刑、无期徒刑或者死刑，并处没收财产。在司法实践中，最高人民法院从控制死刑的刑事政策出发，结合毒品犯罪的实际情况，对毒品犯罪适用死刑有严格标准，《全国部分法院审理毒品犯罪案件工作座谈会纪要》（南宁会议）对毒品案件死刑适用的原则、具体标准作出了细致规定：（1）具有毒品犯罪集团的首要分子、武装掩护毒品犯罪、暴力抗拒检查、拘留或者逮捕、参与有组织的国际贩毒活动等严重情节的；（2）毒品数量达到实际掌握的死刑标准，并具有毒品再犯、累犯，利用、教唆未成年人走私、贩卖、运输、制造毒品，或者向未成年人出售毒品等法定从重处罚情节的；（3）毒品数量达到实际掌握的死刑数量标准，并具有多次走私、贩卖、运输制造毒品，向多人贩毒，在毒品犯罪中诱使、容留多人吸毒，在戒毒监管场所贩毒，国家工作人员利用职务便利实施毒品犯罪，或者职业犯、惯犯、主犯等情节的；（4）毒品数量达到实际掌握的死刑数量标准，并具有其他从重情节的；（5）毒品数量超过实际掌握的死刑数量标准，且没有法定、酌定从轻处罚情节的。《全国法院毒品犯罪审判工作座谈会纪要》（武汉会议）则根据我国毒品犯罪的严峻形势，重申在审判工作中继续坚持依法从严惩处毒品犯罪的指导思想，提出充分发挥死刑对预防和惩治毒品犯罪的重要意义，要求突出打击重点，严格审慎适用死刑。

二、本案死刑适用分析

本案中，潘文、伍刚等内地人员筹集毒资，通过边境地区人员晓打、廖发能，从境外购买毒品甲基苯丙胺片剂达43215克，数量巨大，已经远远超过毒品案件实际中适用死刑的数量标准，社会危害后果极其严重。潘文、伍刚、晓打、廖发能是主犯，潘文、伍刚还是累犯，依法从重判处。本案适用死刑符合《全国部分法院审理毒品犯罪案件工作座谈会纪要》（南宁会议）的原则和具体标准。

三、本案另一从重情节的分析

云南省由于毗邻缅甸联邦共和国，禁毒形势一直处于高压严峻之态，近年来，境外毒贩与国内毒贩勾结，开辟新通道，通过西双版纳州将毒品转运至内地省份，且呈现单起案件毒品数量巨大、所造成社会危害严重的趋势，云南省公检法各级部门，通过“人民禁毒战争”，不断加大对毒品犯罪的打击力度。面对政法机关的打击，云南边境地区毒品犯罪呈现出毒枪一体、武装掩护的新情况，毒贩购买毒品时，同时从境外购买枪支，枪毒合流一并贩运，使用购买枪支抗拒公安查缉，给一线查缉民警造成极大危险。

本案中，潘文等人勾结边境地区人员，从境外购买大量毒品和枪支、弹药，公然抗拒抓捕，使用枪支射杀公安民警，社会危害极大，犯罪情节特别恶劣，罪行极其严重，依法从严从重判处，从而震慑毒品犯罪。

（一审法院合议庭成员　岩　对　黄剑波　蔡建红
二审法院合议庭成员　李文华　舒　宇　石文超
编写人　云南省高级人民法院　李文华
责任编辑　李　明
审稿人　沈　亮）

原载《人民法院案例选》2016 年第 5 辑（总第 99 辑）

337. 马德禄贩卖毒品、柴秋燕容留他人吸毒案

——毒品称量、取样和送检程序不合法的情况下毒品成分及数量的认定

【关键词】

毒品称量　取样和送检程序　事实认定

【裁判要旨】

毒品成分和数量是毒品犯罪认定和量刑的主要证据，是决定被告人刑罚轻重的重要因素之一。规范的称量、取样和送检程序是准确认定毒品数量和成分的前提。在取样送检程序不合法导致无法查明毒品的数量和成分时，对无法查明的部分不予认定。

【相关法条】

《中华人民共和国刑法》

第三百四十七条第一款第（三）项　走私、贩卖、运输、制造毒品，无论数量多少，都应当追究刑事责任，予以刑事处罚。

第三款　走私、贩卖、运输、制造鸦片二百克以上不满一千克、海洛因或者甲基苯丙胺十克以上不满五十克或者其他毒品数量较大的，处七年以上有期徒刑，并处罚金。

《中华人民共和国刑事诉讼法》

第二百二十五条第一款第（三）项　第二审人民法院对不服第一审判决的上诉、抗诉案件，经过审理后，应当按照下列情形分别处理：

（三）原判决事实不清楚或者证据不足的，可以在查清事实后改判；也可以裁定撤销原判，发回原审人民法院重新审判。

【案件索引】

一审：四川省雅安市雨城区人民法院（2015）雨城刑初字第 57 号（2015 年 5 月 5 日）

二审：四川省雅安市中级人民法院（2015）雅刑终字第 56 号（2015 年 8 月 17 日）

【基本案情】

四川省雅安市雨城区人民检察院指控：2013 年初至 2014 年 6 月 3 日，被告人马德禄先后向黄先文、王阳云、李永祥、唐飞等人多次贩卖冰毒。2014 年 6 月 3 日 20 时许，公安民警在其租住房处搜出甲基苯丙胺 62. 33 克。2013 年年底至 2014 年 6 月，被告人柴秋燕在其租住房内多次容留马德禄、王阳云、孟安兵、李永祥、“香香”“黑巴”等人吸食

毒品。公诉机关认为，被告人马德禄的行为构成贩卖毒品罪，被告人柴秋燕的行为构成容留他人吸毒罪，提请依法判处。

被告人马德禄辩称：没有贩卖过毒品，只是自己和朋友吸食；62.33 克甲基苯丙胺是被告人的，构成非法持有毒品罪，不构成贩卖毒品罪。其辩护人提出，公诉机关指控的犯罪事实不清、证据不足，被告人的行为构成非法持有毒品罪，不构成贩卖毒品罪。

被告人柴秋燕对公诉机关指控的犯罪事实和罪名无意见。

四川省雅安市雨城区人民法院经审理认为：马德禄的行为已构成贩卖毒品罪；柴秋燕的行为已构成容留他人吸毒罪。从马德禄处查获的毒品数量应认定为马德禄贩卖毒品的数量，可酌情从轻处罚。柴秋燕到案后如实供述自己的罪行，可从轻处罚。故判决：一、被告人马德禄犯贩卖毒品罪，判处有期徒刑十五年，并处没收财产 1 万元。二、被告人柴秋燕犯容留他人吸毒罪，判处有期徒刑九个月，并处罚金 3000 元。

一审宣判后，被告人马德禄及其辩护人提出上诉，认为：（1）查获的两袋中有一袋不是毒品，毒品的数量只有 46.88 克；（2）只有王阳云一人证词证实马德禄贩毒，证据不充分；（3）公诉机关出示马德禄的第二份口供是虚假的；（4）马德禄自愿认罪，有悔罪表现，有吸毒情节，请求依法改判。

原审被告人柴秋燕对原审判决认定其容留他人吸毒的事实无异议。

检察机关出庭认为：原判定罪准确，审判程序合法，量刑适当，建议驳回上诉，维持原判。庭审中，检察机关补充出示了现场检查、称量、取样的光盘和光盘制作说明，以证明公安民警在马德禄、柴秋燕住处进行现场检查时发现疑似毒品及进行称量和取样的过程。

经二审审理查明，2013 年年初至 2014 年 6 月 3 日，马德禄先后在名山区、雨城区向王阳云、黄先文等人贩卖甲基苯丙胺。2013 年底至 2014 年 6 月，马德禄和柴秋燕同居生活。2014 年 6 月 3 日 20 时许，公安民警对柴秋燕租住的雨城区青衣江路东段 285 号 3 幢×单元×号房进行检查时，搜查出吸食毒品所用的工具，以及马德禄的疑似毒品物质两袋，电子秤一只，分装袋若干。经现场拆包称量，一袋净重 46.88 克，另一袋净重 15.45 克，两袋疑似毒品物质总重 62.33 克。民警现场从 46.88 克的疑似毒品物质中提取 0.28 克作为检材送检。

经四川省公安厅物证鉴定中心鉴定，所送检材检出甲基苯丙胺。

柴秋燕在雅安市雨城区平安小区、青衣江路东段 285 号 3 幢×单元×号的租住房屋内多次容留马德禄、王阳云、孟安兵、李永祥、“香香”“黑巴”等人吸食毒品。

【裁判结果】

四川省雅安市雨城区人民法院于 2015 年 5 月 5 日作出（2015）雨城刑初字第 57 号刑事判决，以贩卖毒品罪判处马德禄有期徒刑十五年，并处没收财产 1 万元；以容留他人吸毒罪，判处柴秋燕有期徒刑九个月，并处罚金 3000 元。宣判后，马德禄提出上诉。四川省雅安市中级人民法院于 2015 年 8 月 17 日作出（2015）雅刑终字第 56 号刑事判决，认为原判定罪准确，审判程序合法，但认定马德禄贩卖毒品的数量有误，量刑不当，依法应予改判，故判决：一、维持四川省雅安市雨城区人民法院（2015）雨城刑初字第 57 号刑事判决第二项，即“被告人柴秋燕犯容留他人吸毒罪，判处有期徒刑九个月，并处罚金3000元”；二、撤销四川省雅安市雨城区人民法院（2015）雨城刑初字第57号刑事判决第一项，即“被告人马德禄犯贩卖毒品罪，判处有期徒刑十五年，并处没收财产1万元”；三、上诉人（原审被告人）马德禄犯贩卖毒品罪，判处有期徒刑十三年六个月，并处罚金1万元。

【裁判理由】

法院生效裁判认为：上诉人（原审被告人）马德禄违反国家对毒品管理的相关法律法规，非法贩卖毒品甲基苯丙胺的行为构成贩卖毒品罪；原审被告人柴秋燕多次容留他人吸食毒品的行为构成容留他人吸毒罪。对于从马德禄住处查获的毒品数量46.88克应认定为其贩卖毒品的数量，但考虑到马德禄吸食毒品的情节，可对马德禄酌情从轻处罚。柴秋燕到案后如实供述自己的罪行，可从轻处罚。对于上诉人及其辩护人所提出“查获的两袋毒品中有一袋不是毒品，毒品的数量只有46.88克”的意见，经查，公安机关查获涉案毒品时对其中装有46.88克的一袋疑似毒品进行了取样送检，并检出甲基苯丙胺，故依法应认定为毒品；因现场未对装有15.45克的一袋疑似毒品进行取样送检，且已将两袋疑似毒品混合包装，现已失去重新鉴定的条件，认定15.45克疑似毒品内含有甲基苯丙胺的证据不足，故本案应认定的毒品数量为46.88克，对该辩解及辩护意见应予以采纳。对上诉人及其辩护人所提“只有王阳云一人证词证实马德禄贩毒，证据不充分”的意见，经查，本案除了王阳云的证言证实马德禄贩卖毒品外，还有证人李永祥、黄先文、刘宇的证言、辨认笔录和照片及柴秋燕在公安机关的多次供述均能予以证实，且与马德禄在公安机关第一、二次讯问笔录中供述自己贩卖毒品的事实能够相互印证，故对该辩解及辩护意见不予采纳。对于上诉人及其辩护人提出“公诉机关出示马德禄的第二份口供虚假”的意见，经查，雅安市公安局雨城区分局于2014年6月4日3时对马德禄宣布刑事拘留，于同日6时送至雅安市看守所，对马德禄于2014年6月4日3时48分至56分在雨城分局河北派出所所作的讯问笔录并无不当，且马德禄在该次讯问笔录上签字捺印，无证据或相关线索证实公安机关的此次讯问存在非法取证情形，该讯问笔录具有合法性和真实性，对该辩解及辩护意见不予采纳。对于辩护人所提“马德禄自愿认罪，有悔罪表现，有吸毒情节”的意见，经查，马德禄无任何认罪悔罪表现，原判已充分考虑到马德禄具有吸毒情节并予以从轻处罚，故对该意见不予采纳。

【案例注解】

毒品成分和数量是毒品犯罪认定和量刑的主要证据，是决定被告人刑罚轻重的重要因素之一。在审判实践中，毒品成分和数量的认定在某种程度上取决于疑似毒品检材的称量、取样和送检程序是否合法、是否合理，鉴定机构和鉴定人员是否具有相应资质，鉴定依据是否充分等情况。也就是说，合理合法的称量方式和取样送检程序是准确认定毒品数量和成分的前提，不合法、不合理的称量方式和取样送检程序将导致不能准确认定毒品与毒品数量，给被告人留下合理怀疑的空间。在涉及甲基苯丙胺的毒品犯罪案件中，疑似毒品检材的称量方式和取样送检程序，对毒品成分和数量的认定尤为重要。甲基苯丙胺，又俗称冰毒，因其原料外观为纯白结晶体，晶莹剔透，故被吸毒、贩毒者称为“冰”。由于它的毒性剧烈，人们便称之为“冰毒”。又因苯丙胺有其音译名安非他明或安非它命之称，故甲基苯丙胺也有甲基安非他明之称。此外，甲基苯丙胺是在麻黄素化学结构基础上改造而来，故又有去氧麻黄素之称。甲基苯丙胺药用为片剂，作为毒品用时多为粉末，也有液体与丸剂。由于受利益驱使，某些贩毒者为了追求最大利益，会在纯度很高的甲基苯丙胺中掺杂掺假，混合贩卖，将掺入的根本不含毒品成分的其他材料称之为辅料，而将“冰毒”称之为“肉”。

本案中，公安机关对现场查获的两袋疑似毒品，在持有人马德禄和见证人的见证下，现场分别进行了称量并去皮，并全程进行录音录像，但在取样送检过程中，仅对其中装有46.88克的一袋疑似毒品进行了取样送检，并检出甲基苯丙胺，而对装有15.45克的另一袋疑似毒品未进行取样送检，尔后将两袋疑似毒品混合包装。虽然在现场查获疑似毒品的过程中，被告人马德禄均指认了该两袋疑似毒品为“肉”，也即“冰毒”。在一审庭审中，被告人马德禄对起诉指控该62.33克毒品为甲基苯丙胺，认定62.33克为其贩卖毒品数量未提出异议。一审判决作出后，马德禄提出上诉。在二审庭审中，马德禄对取样送检并检出甲基苯丙胺的46.88克的一袋毒品不持异议，但对未取样送检的15.45克的一袋疑似毒品提出异议，认为是添加在毒品中的辅料，不含毒品成分，不应认定为其贩毒数量。而公安人员在提取检材后，已将两袋疑似毒品混合包装，认定毒品数量为62.33克。该取样送检程序和毒品数量认定明显不合法，也不合理。因为在涉案可疑毒品分别装有两袋的情况下，不能排除其中未取样的一袋不含甲基苯丙胺，甚至不含毒品成分的可能性。即使在外观完全相同的情况下，也不能完全排除以上合理怀疑。由于其中15.45克的一袋取样送检程序不合法，现已混合包装，不能重新取样送检，根据刑事诉讼证明标准的要求及存疑有利于被告人原则，该15.45克疑似毒品不能认定为马德禄贩卖毒品数量。因此，在涉及毒品犯罪案件中，称量、取样和送检程序一定要做到以下两点：

1. 程序一定要合法。在毒品犯罪案件中，称量、取样和送检程序是否合法是毒品犯罪定罪量刑的关键。对现场查获的毒品，一定要在见证人的见证下，当场称量、取样、封存，并制作笔录经嫌疑人和见证人签字确认，整个过程还应全程录音录像。

2. 程序一定要合理。对现场查获或住处起获的疑似毒品，均应分别称量、取样、记录和封存，并送交有资质的鉴定中心鉴定，不给被告人留下合理怀疑的空间。

（一审法院合议庭成员　王　卫　谢尔兴　袁　勇
二审法院合议庭成员　黄　敏　梅　雪　李开江
编写人　四川省雅安市中级人民法院　黄　敏
责任编辑　周维明
审稿人　沈　亮）

原载《人民法院案例选》2016年第7辑（总第101辑）

338. 唐小平走私、贩卖、运输毒品案*

——跨国毒品犯罪，数量特别巨大，且系累犯，罪行极其严重

【基本案情】

被告人唐小平，男，汉族，1969年8月16日出生，农民。1992年6月18日因犯盗窃罪被判处有期徒刑三年；2004年11月26日因犯故意伤害罪被判处有期徒刑十一个月；2010年11月22日因犯抢劫罪被判处有期徒刑二年，2012年4月1日刑满释放。

2012年11月中旬，被告人唐小平到缅甸联邦邦康市向尼果（已被缅甸司法机关判刑）购买200万颗甲基苯丙胺片剂（俗称"麻古"）。尼果联系彭勇（另案处理，已判刑）将该批毒品走私入境，后彭勇与唐家庄（另案处理，已判刑）将二人向尼果购买的75万颗甲基苯丙胺片剂与唐小平所购毒品一起藏在改装的重型货车车厢夹层内进行运输。同年12月2日，公安人员在云南省孟连傣族拉祜族佤族自治县（以下简称孟连县）一公路上截停上述货车，从车厢夹层内查获甲基苯丙胺片剂共计256.74千克，并将唐家庄抓获。

2012年12月，被告人唐小平与刘进新、王铁成（均系同案被告人，已判刑）商议共同贩卖毒品，约定由唐小平向尼果联系购买毒品，刘进新、王铁成出资并联系运输工具。后刘进新将150万元转入唐小平账户用于支付跨境运输费用，王铁成在刘进新的安排下将大笔现金送至孟连县一宾馆，交给唐小平的亲戚雷某某。在唐小平的联系下，尼果指使他人将毒品从缅甸联邦邦康市运至孟连县，刘进新安排他人接取毒品后藏匿于一废品收购站内。2013年1月15日，公安人员从雷某某所住宾馆房间内查获现金448.16万元，并于次日在上述废品收购站和一处简易房内查获甲基苯丙胺片剂共计96.45千克。

【裁判结果】

本案由云南省普洱市中级人民法院一审，云南省高级人民法院二审。最高人民法院对本案进行了死刑复核。

法院认为：被告人唐小平伙同他人走私、贩卖、运输甲基苯丙胺片剂，其行为已构成走私、贩卖、运输毒品罪。在共同犯罪中，唐小平出境联系购买毒品，并组织、指挥他人支付毒资、接取毒品，系罪责最为严重的主犯，应当按照其所参与和组织、指挥的全部犯罪处罚。唐小平走私、贩卖、运输毒品数量特别巨大，社会危害极大，罪行极其严重，且其曾多次因犯罪被判刑，在刑罚执行完毕后五年内又犯罪，系累犯，主观恶性深，人身危险性大，应依法从重处罚。据此，依法对被告人唐小平判处并核准死刑，剥

* 2016年6月24日最高人民法院公布的毒品犯罪及吸毒诱发次生犯罪十大典型案例之一。

夺政治权利终身，并处没收个人全部财产。

罪犯唐小平已于 2016 年 6 月 17 日被依法执行死刑。

【典型意义】

走私毒品属于源头性毒品犯罪，境外毒品被走私入境后，经犯罪分子层层转卖、运输，扩散至广大内地城市和吸食消费环节，造成了严重的社会危害。“金三角”缅北地区是国内消费市场上甲基苯丙胺片剂的主要来源。本案就是一起典型的将甲基苯丙胺片剂从缅北地区走私入境的跨国毒品犯罪。该案参与人员、犯罪环节众多，涉案毒品数量、毒资数额特别巨大。被告人唐小平两次以贩卖为目的走私毒品入境，其直接联系境外人员购买毒品，利用或纠集他人运输毒品，在共同犯罪中罪责最为突出，且有盗窃、故意伤害、抢劫等多次犯罪前科。人民法院根据唐小平的毒品犯罪数量、情节、危害后果及其在共同犯罪中的地位、作用，并综合考虑其主观恶性、人身危险性，对其判处死刑，体现了依法严惩走私毒品犯罪的一贯立场。

（责任编辑　杨　奕）

原载《人民法院案例选》2016 年第 11 辑（总第 105 辑）

339. 洪海沿制造毒品案*

——制造毒品数量巨大，并非法持有枪支、弹药，罪行极其严重

【基本案情】

被告人洪海沿，男，汉族，1972 年 10 月 16 日出生，农民。

2012 年 7 月至 2013 年 5 月，被告人洪海沿在其位于广东省陆丰市甲西镇西山一村的旧屋内，伙同他人制造甲基苯丙胺（冰毒），并将制造出的部分毒品藏匿于其在该村的住宅和所经营的“伟发商场”内。2013 年 5 月 23 日，公安人员抓获洪海沿时，当场从其旧屋、住宅和“伟发商场”内查获甲基苯丙胺共计 8605 克，含甲基苯丙胺成分的液体共计 45.51 千克及化学品、制毒工具一批。同时，从洪海沿住宅和“伟发商场”内查获手枪 3 支、猎枪 1 支、制式手枪弹 46 发及其他子弹 84 发。

【裁判结果】

本案由广东省汕尾市中级人民法院一审，广东省高级人民法院二审。最高人民法院对本案进行了死刑复核。

法院认为：被告人洪海沿伙同他人制造甲基苯丙胺，其行为已构成制造毒品罪；洪海沿违反枪支管理规定，非法持有枪支、子弹，其行为又构成非法持有枪支、弹药罪。洪海沿制造毒品数量巨大，社会危害大，罪行极其严重，应依法惩处。对洪海沿所犯数罪，应依法并罚。据此，依法对被告人洪海沿判处并核准死刑，剥夺政治权利终身，并处没收个人全部财产。

罪犯洪海沿已于 2015 年 11 月 24 日被依法执行死刑。

【典型意义】

近年来，随着以甲基苯丙胺为代表的合成毒品在我国滥用人数的不断增长，制造合成毒品犯罪呈加剧之势，制造甲基苯丙胺犯罪突出。本案就是一起典型的制造甲基苯丙胺犯罪案件。被告人洪海沿伙同他人在自家旧屋内制造甲基苯丙胺，数量达 8000 余克，其还非法持有枪支、弹药，情节严重，具有严重的社会危害性。人民法院根据其犯罪事实、情节，依法对其判处死刑，体现了对制造合成毒品这类源头性毒品犯罪的严厉惩治，充分发挥了刑罚的威慑作用。

（责任编辑　杨　奕）

原载《人民法院案例选》2016 年第 11 辑（总第 105 辑）

* 2016 年 6 月 24 日最高人民法院公布的毒品犯罪及吸毒诱发次生犯罪十大典型案例之一。

340. 舒余坤贩卖毒品案*

——假释考验期内大量贩卖毒品，且系毒品再犯，罪行极其严重

【基本案情】

被告人舒余坤，男，汉族，1973 年 5 月 14 日出生，农民。2000 年 4 月 17 日因犯贩卖毒品罪被判处无期徒刑，剥夺政治权利终身，并处没收财产，2011 年 10 月 12 日被假释，假释考验期至 2014 年 9 月 4 日。

2014 年 2 月 22 日，被告人舒余坤在云南省寻甸回族彝族自治县倘甸镇的租住房内，向从贵州省贵阳市来向其购买海洛因的杨平、罗太会（均系同案被告人，已判刑）贩卖毒品。其中，杨平出资购买 600 克海洛因，罗太会出资购买 400 克海洛因，舒余坤还委托二人将 200 克海洛因运回贵阳市代其贩卖。2 月 23 日，杨平、罗太会携带海洛因返回贵阳市，于当日 19 时 30 分许在贵阳市云岩区金关收费站被抓获，公安人员当场从罗太会的提包中查获 1194 克海洛因。2 月 28 日，公安人员在云南省昆明市倘甸工业园区冯家村将舒余坤抓获，当场从其家中查获 1050.4 克海洛因。

【裁判结果】

本案由贵州省贵阳市中级人民法院一审，贵州省高级人民法院二审。最高人民法院对本案进行了死刑复核。

法院认为：被告人舒余坤贩卖海洛因，其行为已构成贩卖毒品罪。舒余坤贩卖毒品数量大，社会危害大，罪行极其严重，应依法惩处。舒余坤曾因犯贩卖毒品罪被判处无期徒刑，在假释考验期内又犯贩卖毒品罪，系毒品再犯，应依法从重处罚，并应撤销假释，与前罪没有执行完毕的刑罚并罚。据此，依法对被告人舒余坤判处并核准死刑，剥夺政治权利终身，并处没收个人全部财产。

罪犯舒余坤已于 2016 年 6 月 21 日被依法执行死刑。

【典型意义】

当前，毒品犯罪中累犯、再犯的比例较高，部分毒品犯罪分子在假释或者暂予监外执行期间又实施毒品犯罪，反映出较深的主观恶性和人身危险性，历来是毒品犯罪的重点惩治对象。本案就是一起毒品犯罪分子在假释考验期内又大量贩卖毒品，被依法判处死刑的典型案例。被告人舒余坤系毒品上线，其掌握毒品来源，大量持毒待售，对促成毒品交易起到更大的作用。在抓获舒余坤的同时，另从其住处查获待售的 1000 余克海洛

* 2016 年 6 月 24 日最高人民法院公布的毒品犯罪及吸毒诱发次生犯罪十大典型案例之一。

因，应依法认定为其贩卖的毒品。舒余坤在假释考验期内犯新罪，前后两罪均系贩卖毒品罪，且前罪被判处重刑，反映其不思悔改，主观恶性深，人身危险性大。人民法院对舒余坤判处并核准死刑，体现了对罪行极其严重毒品犯罪分子的依法严惩。

（责任编辑　杨　奕）

原载《人民法院案例选》2016 年第 11 辑（总第 105 辑）

341. 孙静贩卖毒品案*

——通过网络贩卖毒品，并利用未成年人犯罪，依法严惩

【基本案情】

被告人孙静，女，汉族，1993年6月9日出生，无业。

被告人孙静系吸毒人员。2013年9月至2014年3月，孙静购得甲基苯丙胺后，以其创建的百度贴吧“三妈很强大”及QQ群“当岔道已成往事”“一口浓烟吐出美好明天”等为载体联系毒品买家，在网上约定交易细节后，将毒品藏在玩具兔子内通过快递寄给买家。孙静多次从在网上认识的杜仲伟（另案处理，已判刑）处购买甲基苯丙胺共计1000余克，从黄辉、周丽瑶（均另案处理，已判刑）处购买甲基苯丙胺110克，通过网络将购得的毒品贩卖给北京、辽宁、山东、江苏等20余个省份的吸毒人员，发送快递共计200余件，获毒赃55万余元。

2014年2月中下旬，被告人孙静在明知刘某某系未成年人的情况下，仍指使刘为其发送装有甲基苯丙胺的快递，并指使刘协助其对QQ群“当岔道已成往事”进行管理。同年3月6日，孙静前往湖南省郴州市欲向黄辉、周丽瑶购买毒品时被抓获，公安人员当场查获其购毒款3.46万元。

【裁判结果】

本案由湖南省长沙市中级人民法院审理。

法院认为：被告人孙静伙同他人贩卖甲基苯丙胺，其行为已构成贩卖毒品罪。孙静贩卖毒品数量大，且多次、向多人贩卖，犯罪情节恶劣，社会危害大，应依法惩处。孙静出资购买毒品，积极联系买家，直接交寄毒品，并指使他人参与贩卖毒品，在共同犯罪中起主要作用，系主犯，应当按照其所参与的全部犯罪处罚。孙静利用未成年人贩卖毒品，应依法从重处罚。据此，依法对被告人孙静判处无期徒刑，剥夺政治权利终身，并处没收个人全部财产。

宣判后，在法定期限内没有上诉、抗诉，上述裁判已于2015年7月26日发生法律效力。

【典型意义】

随着信息网络的普及，网络涉毒犯罪呈快速蔓延之势，主要表现为利用网络贩卖毒品、买卖制毒物品、传播制毒技术和组织他人吸毒等。本案就是一起利用互联网贩卖毒

---

* 2016年6月24日最高人民法院公布的毒品犯罪及吸毒诱发次生犯罪十大典型案例之一。

品的典型案例。被告人孙静创建百度贴吧、QQ 群用于联系毒品买家，涉毒网络群组人数众多；在短短数月内，其发送涉毒快递 200 余件，贩卖对象覆盖 20 余个省份的吸毒人员，反映出网络毒品犯罪影响范围广、不受地域限制、社会危害大的现实特点。同时，孙静虽有吸毒行为，但其短期内大量购入毒品，主要是为了贩卖，人民法院按照其购买的毒品数量认定其贩卖毒品数量，仅在量刑时对其吸食毒品的情节予以酌情考虑，体现了对此类犯罪的依法从严惩处。当前，互联网是广大群众尤其是青少年获取外界信息的重要渠道，利用互联网实施的毒品犯罪较传统犯罪具有更大的危害性和影响力，对于网络涉毒犯罪应保持高压态势，坚决遏制毒品通过网络渠道蔓延。

（责任编辑　杨　奕）

原载《人民法院案例选》2016 年第 11 辑（总第 105 辑）

342. 莫进友贩卖毒品案*

——武装掩护毒品犯罪，依法严惩

【基本案情】

被告人莫进友，男，汉族，1992 年 12 月 9 日出生，农民。

2015 年 3 月 16 日凌晨，被告人莫进友在广西壮族自治区东兴市东兴镇凯迪阳光假日酒店，将 1 小包氯胺酮贩卖给吸毒人员王某某。二人交易结束后被公安人员发现，王某某被当场抓获，公安人员从其身上查获 2. 48 克氯胺酮。莫进友在逃跑过程中持随身携带的手枪朝公安人员追来的方向射击，后将携带的 5. 23 克甲基苯丙胺、0. 79 克氯胺酮丢弃于路边绿化带内。莫进友逃至一交叉路口欲拦车逃跑时被抓获，公安人员当场从其身上查获手枪 1 支、子弹 3 发。

【裁判结果】

本案由广西壮族自治区东兴市人民法院一审，广西壮族自治区防城港市中级人民法院二审。

法院认为：被告人莫进友贩卖甲基苯丙胺、氯胺酮，其行为已构成贩卖毒品罪。莫进友在实施贩卖毒品犯罪的过程中，随身携带枪支，并向公安人员开枪射击，其行为属于《刑法》第三百四十七条第二款第（三）项规定的武装掩护贩卖毒品，应依法惩处。据此，依法对被告人莫进友判处有期徒刑十五年，并处没收财产人民币 2 万元。

上述裁判已于 2015 年 12 月 4 日发生法律效力。

【典型意义】

近年来，毒品犯罪分子在实施走私、贩卖、运输、制造毒品犯罪的过程中，为掩护犯罪而携带枪支、弹药、爆炸物的案件屡有发生。特别是在广西、云南等边境地区，“枪毒合流”案件呈上升趋势。武装掩护毒品犯罪，不仅大大增加了执法机关查缉毒品犯罪的风险，也对社会治安和人民群众的生命财产安全构成威胁，并反映出犯罪分子较深的主观恶性和较大的人身危险性。因此，《刑法》第三百四十七条第二款第（三）项规定，犯罪分子具有“武装掩护走私、贩卖、运输、制造毒品”情节的，无论毒品数量多少，均应判处十五年有期徒刑以上刑罚。本案就是一起典型的贩毒人员携带枪支、弹药掩护毒品犯罪的案件。被告人莫进友贩卖少量毒品，却在实施毒品交易时随身携带枪支、弹药，并向追赶的公安人员开枪射击，虽未造成人员伤亡，但仍应认定为武装掩护贩卖毒

* 2016 年 6 月 24 日最高人民法院公布的毒品犯罪及吸毒诱发次生犯罪十大典型案例之一。

品。人民法院根据其犯罪事实、情节，依法对其判处有期徒刑十五年，并处没收部分个人财产，体现了对武装掩护型毒品犯罪的依法严惩。

（责任编辑　杨　奕）

原载《人民法院案例选》2016 年第 11 辑（总第 105 辑）

343. 林坤武贩卖毒品案*

——多次零包贩卖毒品，且系累犯和毒品再犯，依法严惩

【基本案情】

被告人林坤武，男，汉族，1968年7月8日出生，无业。2009年1月5日因犯盗窃罪被判处有期徒刑一年零二个月，并处罚金人民币8000元；2011年1月28日因犯贩卖毒品罪被判处有期徒刑十一个月，并处罚金人民币1000元；2012年11月7日因犯贩卖毒品罪被判处有期徒刑一年零一个月，并处罚金人民币2000元，2013年7月3日刑满释放。

被告人林坤武在福建省东山县铜陵镇家中多次向吸毒人员贩卖海洛因共计0.7克。其中，2014年11月12日、27日，林坤武在家中两次向吸毒人员洪某贩卖海洛因，每次0.1克；同月13日、27日，林坤武在家中两次向吸毒人员陈某某贩卖海洛因，每次0.1克；同月25日、26日、27日，林坤武在家中三次向吸毒人员何某某贩卖海洛因，每次0.1克。同月27日，公安人员在林坤武家中将其抓获，并当场从客厅查获0.7克海洛因。

【裁判结果】

本案由福建省东山县人民法院一审，福建省漳州市中级人民法院二审。

法院认为：被告人林坤武贩卖海洛因，其行为已构成贩卖毒品罪。林坤武多次并向多人贩卖毒品，犯罪情节严重，且其曾因犯贩卖毒品罪被判刑，在刑罚执行完毕后五年内又犯贩卖毒品罪，系累犯和毒品再犯，应依法从重处罚。据此，依法对被告人林坤武判处有期徒刑四年零八个月，并处罚金人民币3000元。

上述裁判已于2015年10月29日发生法律效力。

【典型意义】

近年来，受毒品消费市场持续膨胀影响，涉案毒品数量在10克以下的零包贩毒案件增长迅速，且此类案件在贩卖毒品案件乃至全部毒品犯罪案件中均占有较高比例。零包贩毒是毒品犯罪的末端环节，直接导致毒品进入吸食、消费领域，社会危害不容忽视。因此，严厉打击零包贩毒犯罪，是有效遏制毒品问题蔓延和毒品犯罪增长的重要手段。本案中，被告人林坤武每次贩卖海洛因仅0.1克，共贩卖海洛因1.4克，虽然数量较少，但其多次并向多名吸毒人员贩卖毒品，具有较大的社会危害性。根据相关司法解释的规定，其犯罪行为属于《刑法》第三百四十七条第四款规定的“情节严重”，依法应当判

* 2016年6月24日最高人民法院公布的毒品犯罪及吸毒诱发次生犯罪十大典型案例之一。

处三年以上七年以下有期徒刑。林坤武有三次犯罪前科，且两次因犯贩卖毒品罪被判刑，仍不思悔改，又贩卖毒品，主观恶性较深。人民法院根据其犯罪事实，及其系累犯、毒品再犯的情节，在法定量刑幅度内对其从重判处刑罚，较好地贯彻了严厉打击末端毒品犯罪的刑事政策。

（责任编辑　杨　奕）

原载《人民法院案例选》2016 年第 11 辑（总第 105 辑）

344. 李某某贩卖毒品案

——毒品灭失的情况下如何认定贩卖毒品

【关键词】

毒品灭失　贩卖毒品罪　定案证据　毒品数量

【裁判要旨】

1. 在毒品灭失的情况下，被告人口供与同案犯供述或购毒人证言能够相互印证，并且完全排除诱供、逼供、串供的情形的，可以认定被告人构成贩卖毒品罪。

2. 在毒品灭失，贩卖毒品的数量无法查证时，可以查实毒品买卖的时间、地点、金额等基本情节的，可以认定贩卖毒品的犯罪事实，但不予认定具体数量。

【相关法条】

《中华人民共和国刑法》

第三百四十七条　走私、贩卖、运输、制造毒品，无论数量多少，都应当追究刑事责任，予以刑事处罚。

走私、贩卖、运输、制造毒品，有下列情形之一的，处十五年有期徒刑、无期徒刑或者死刑，并处没收财产：

（一）走私、贩卖、运输、制造鸦片一千克以上、海洛因或者甲基苯丙胺五十克以上或者其他毒品数量大的；

（二）走私、贩卖、运输、制造毒品集团的首要分子；

（三）武装掩护走私、贩卖、运输、制造毒品的；

（四）以暴力抗拒检查、拘留、逮捕，情节严重的；

（五）参与有组织的国际贩毒活动的。

走私、贩卖、运输、制造鸦片二百克以上不满一千克、海洛因或者甲基苯丙胺十克以上不满五十克或者其他毒品数量较大的，处七年以上有期徒刑，并处罚金。

走私、贩卖、运输、制造鸦片不满二百克、海洛因或者甲基苯丙胺不满十克或者其他少量毒品的，处三年以下有期徒刑、拘役或者管制，并处罚金；情节严重的，处三年以上七年以下有期徒刑，并处罚金。

单位犯第二款、第三款、第四款罪的，对单位判处罚金，并对其直接负责的主管人员和其他直接责任人员，依照各该款的规定处罚。

利用、教唆未成年人走私、贩卖、运输、制造毒品，或者向未成年人出售毒品的，从重处罚。

对多次走私、贩卖、运输、制造毒品，未经处理的，毒品数量累计计算。

【案件索引】

一审：北京市朝阳区人民法院（2015）朝少刑初字第1165号（2015年5月19日）

【基本案情】

被告人李某某（女，17岁）于2015年1月7日17时许，安排胡某某（另案处理）在本市朝阳区定福庄某小区门口等待，期间胡某某欲以600元的价格向郭某（男，26岁）出售毒品甲基苯丙胺（冰毒）1.7克，后胡某某被当场抓获。涉案毒品已经鉴定并收缴。2015年1月11日15时许，被告人李某某再次在本市朝阳区某小区门口，以400元的价格向刘某某（男，25岁）出售毒品1包。被告人李某某后被抓获归案。现从李某某处起获苹果牌5S型移动电话机1部在案。

【裁判结果】

北京市朝阳区人民法院于2015年5月19日作出（2015）朝少刑初字第1165号刑事判决：一、被告人李某某犯贩卖毒品罪，判处有期徒刑八个月，罚金人民币1000元；二、在案之苹果牌5S型移动电话机一部，予以没收。

宣判后，被告人李某某表示服从判决，未提出上诉，公诉机关亦未提出抗诉，判决已经发生法律效力。

【裁判理由】

法院生效裁判认为：（1）毒品虽然已灭失，但是从在案被告人的供述、证人证言等证据上可以认定被告人明知毒品而贩卖，进而可确定交易物品的毒品性质；（2）参照《全国部分法院审理毒品犯罪案件工作座谈会纪要》（以下简称《大连会议纪要》）第二条之规定，在毒品、毒资等证据已不存在情况下，可以通过合法取得并印证一致的被告人供述与购毒人证言来定案。（3）毒品即已灭失，毒品数量通过在案证据也无法查证时，可以降低认定基本事实的门槛，不予认定毒品数量。因此，法院生效判决认定被告人李某某无视国法，为牟取私利出售毒品，其行为触犯了刑律，已构成贩卖毒品罪，依法应予惩处。北京市朝阳区人民检察院指控被告人李某某犯贩卖毒品罪的事实清楚，证据确实、充分，指控罪名成立。鉴于被告人犯罪时尚未成年，当庭自愿认罪并如实供述所犯罪行，本院对其所犯罪行依法从轻处罚。扣押在案之苹果牌5S型移动电话机1部，系被告人李某某联系贩卖毒品之工具，依法应予没收。综上，根据被告人李某某犯罪的事实、性质、情节以及对于社会的危害程度和悔罪表现，本院依照《刑法》第三百四十七条第四款，第十七条第一、三款，第六十七条第三款，第五十二条，第五十三条，第六十四条及第六十一条之规定作出判决。

【案例注解】

本案争议的焦点在于对第二起犯罪的认定，主要涉及三个问题：（1）毒品灭失或未查获实物，能否认定物品的毒品性质。（2）毒品灭失或未查获实物，如何认定毒品犯罪的事实。（3）毒品灭失或未查获实物，如何认定毒品犯罪的数量。

一、毒品灭失或未查获实物，能否认定交易物品的毒品性质

毒品作为载体，是办理毒品案件的核心，也是定罪量刑的主要依据。而实践中，由于毒品的特殊性质，存在被销毁、吸食、转卖等情况，而导致物证灭失。在此种情况下，如何认定涉案物品的毒品性质，规范性文件中并未作出明确规定。本案指控的第二起犯罪系被告人在被抓获后供述的，所涉毒品早已被购毒人吸食。对能否认定涉案物品的性质，存在两种不同意见：一种意见认为，指控的物品是否为毒品，必须经过鉴定才能认定，毒品检验报告是证明贩卖毒品证据链的重要一环，否则即便存在交易，也无法确定为贩卖毒品；另一种意见认为，如果有充分的证据证明行为人在主观上明知是毒品，且进行了交易，就可以认定贩卖物品的毒品性质。至于是否贩卖的是否真的为毒品，属于贩卖毒品罪的既未遂问题。合议庭采用第二种意见，因为如果只要没有实物就一律不认定为毒品的话，实践中有大批涉毒案件将无法追究，不利于打击毒品犯罪。对是否为毒品，可以用主观明知来间接证明。而对如何认定行为人主观明知是毒品，可参照《全国部分法院审理毒品犯罪案件工作座谈会纪要》（《大连会议纪要》）第十条的规定。本案指控的第二起犯罪，有足够的证据证实被告人在主观上明知为毒品，且完成了交易，故可以认定交易物品的毒品性质。

二、毒品灭失或未查获实物，如何认定毒品犯罪的事实

《大连会议纪要》第二条毒品犯罪的死刑适用问题中规定：“有些毒品犯罪案件，往往由于毒品、毒资等证据已不存在，导致审查证据和认定事实困难。在处理这类案件时，只有被告人的口供与同案其他被告人供述吻合，并且完全排除诱供、逼供、串供等情形，被告人的口供与同案被告人的供述才可以作为定案的证据。仅有被告人口供与同案被告人供述作为定案证据的，对被告人判处死刑立即执行要特别慎重。”

对上述规定的理解：（1）这条虽然是慎用死刑的规定，但是明确提出了在毒品客观不存在时定案的证据标准：①有言词证据互相印证；②言词证据合法取得。（2）实践中有的案件不存在同案犯或同案犯未到案，被告人的口供与购毒人证言吻合，并且完全排除诱供、逼供、串供等情形，是否可作为定案证据？又如，购毒人亦未到案，被告人的口供与其他见证人证言吻合，并且完全排除诱供、逼供、串供等情形，可否作为定案证据？探寻该条规定的本意，即是在缺少实物证据的情况下，需用相互印证的言词证据来证明被告人贩卖故意与行为。此间言词证据的范围，《大连会议纪要》里只提到了被告人与同案其他被告人的供述。而相对于被告人与同案犯之间，参与毒品交易的上下家更直接指向交易，其相互印证的证据之证明力更强。因此，举轻以明重，如果上下家证词吻合，则符合这一规定的精神，应当作为定案证据。至于见证人，由于各案情况不同，见证人证言的证明力也各不相同，应当不可统一扩大解释。

就本案而言，被告人供述和购毒人的证言稳定，双方在毒品买卖的时间、地点、方式、金额等情节上相互印证，且无诱供、逼供、串供的情形，合议庭基于对《大连会议纪要》有关规定的理解，认为本案可以认定第二起贩卖毒品的犯罪事实。

三、毒品灭失或未查获实物，如何认定毒品犯罪的数量

毒品数量是毒品犯罪案件量刑的重要情节。在毒品灭失或未查获实物的情况下，对毒品犯罪的数量认定只能依靠在案的言词证据。这样就存在以下问题：一是言词证据不一，如何认定数量；二是能否以孤证认定数量；三是数量无法查证，还可否认定犯罪事实。

对前两个问题，我们认为：在毒品灭失的情况下，如果被告人供述与购毒人证言仅在毒品数量上供证不一，而交易的时间、地点、价格、人员等其他方面完全吻合的，可以按照“就低不就高”的原则认定毒品数量；如果被告人翻供，但不能作出合理解释，也提供不了新证据，且其之前多次供述与购毒人证言一致时，也可以认定毒品数量；如果被告人供述与其他证言一致性不高，即使在个别细节上有相似性，或是只有一方孤证，无其他证据印证，均不能认定毒品数量。

对第三个问题，存在不同的意见。一种意见认为，毒品数量对定罪有重要的制约作用。按照我国《刑法》对毒品犯罪的规定，对涉案毒品进行准确定量是正确定罪量刑的基础。因此，对于无法查证毒品数量的，不能认定犯罪事实。另一种意见认为，《刑法》第三百四十七条第一款规定：“走私、贩卖、运输、制造毒品，无论数量多少，都应当追究刑事责任，予以刑事处罚。”如果案件供证吻合，完全排除诱供、逼供、串供等情形，即使无法查证毒品数量，也可以认定犯罪事实。

本案指控的第二起犯罪，被告人供述和购毒人证言均提到了交易“一包”毒品，但均无数量陈述，且在案无其他证据对“一包”进行定量佐证，合议庭认为应当采用上述第二种意见，认定该起贩卖毒品犯罪事实，但不予认定具体数量。主要基于以下几点考虑：（1）虽然不予认定毒品数量，不利于严厉打击毒品犯罪，但毒品犯罪的数量标准，相对于普通犯罪的数额标准而言，由于分界区间要窄得多，因此查证时要求更为精确与严格。（2）本案公诉机关还指控了其他犯罪，且亦未指控该起毒品的数量。因此，不认定这一起案件的毒品数量这一具体事实，并不影响案件的整体认定。（3）贩卖毒品的次数也是影响量刑的重要情节，对认定该起犯罪事实对本案的量刑具有重要意义。

综上，我们认为本案第二起犯罪，虽然毒品已灭失，但是在案言词证据取得合法且相互印证，可以据此认定贩卖毒品的犯罪事实；单个数量无法查证的，不影响贩卖毒品事实的认定。

（一审法院合议庭成员　刘　佳　薛培丽　张秀英
编写人　北京市朝阳区人民法院　刘　佳
责任编辑　周维明
审稿人　沈　亮）

原载《人民法院案例选》2016 年第 12 辑（总第 106 辑）

345. 陆伍兴运输毒品案

——判断被告人对其运输的毒品是否存在主观明知的方法

【关键词】

刑事　运输毒品　主观明知

【裁判要旨】

在运输毒品犯罪案件中，被告人辩称不明知其所运输的货物为毒品的，应当参照《全国部分法院审理毒品犯罪案件工作座谈会纪要》，依据被告人实施毒品犯罪行为的过程、方式、毒品被查获时的情形、被告人被抓获时的情形等证据，结合被告人的年龄、阅历、智力、对毒品的熟悉程度、毒品犯罪前科等情况，进行综合分析判断。被告人存在《纪要》中所描述的情形，又不能作出合理解释的，在排除其受他人蒙骗的可能性后，可认定被告人对其运输的毒品存在主观明知。

【相关法条】

《中华人民共和国刑法》

第三百四十七条第二款第（一）项　走私、贩卖、运输、制造毒品，有下列情形之一的，处十五年有期徒刑、无期徒刑或者死刑，并处没收财产：

（一）走私、贩卖、运输、制造鸦片一千克以上、海洛因或者甲基苯丙胺五十克以上或者其他毒品数量大的。

【案件索引】

一审：广西壮族自治区南宁市中级人民法院（2014）南市刑一初字第104号（2015年3月10日）

二审：广西壮族自治区高级人民法院（2015）桂刑三终字第60号（2015年11月16日）

复核审：最高人民法院（2015）刑四复41304251号（2016年4月22日）

【基本案情】

广西壮族自治区南宁市人民检察院指控：2014年7月12日2时许，被告人陆伍兴驾驶车牌号为桂A8Q2××的吉利牌汽车搭载黄夏琳、黄霞从宾阳县出发，途经贵港市、玉林市、广东省罗定县、云浮市前往广州市。同日10时许，陆伍兴等人到达广州市白云区水沥村后，遂通过电话与一名绰号“阿水”的男子联系。随后，“阿水”驾驶摩托车将陆伍兴等人带到宾馆休息。次日 14 时许，陆伍兴经电话与“阿水”联系后，遂驾驶车辆在公路旁收到了“阿水”送来的一个黑色拉杆箱，陆伍兴等人将该箱子放入车辆尾箱后，便驾驶车辆从广州市沿原路返回广西宾阳县。同日 24 时许，陆伍兴驾驶车辆至宾阳县 G72 高速公路宾阳收费站时，被公安人员抓获，公安人员同时从其携带的挎包内查获毒品可疑物 3 包（净重 23.76 克），从车尾箱的拉杆箱内查获毒品可疑物 6 包（净重 5549 克）。经鉴定，从上述毒品可疑物中检出甲基苯丙胺。

被告人陆伍兴辩称，其并不明知拉杆箱内藏有毒品，其没有运输毒品的行为，而是非法持有毒品，请求从轻处罚。辩护人提出的辩护意见是：（1）起诉指控陆伍兴明知是毒品而故意非法进行运输，没有充足的证据予以证实；（2）对陆伍兴挎包内查获的 23.76 克毒品，因这些毒品系陆伍兴用于自己吸食的毒品，所以不应计算到其运输毒品的总数量中；（3）陆伍兴是初犯、偶犯，且毒品已被查获没有流入社会，未造成重大危害后果。综上，请求法院对被告人陆伍兴从轻处罚。

法院经审理查明：2014 年 7 月 12 日 2 时许，被告人陆伍兴驾驶车牌号为桂 A8Q2 × × 的吉利轿车搭载黄夏琳、黄霞（均另案处理）从广西壮族自治区宾阳县出发，于当日到达广东省广州市。次日下午，陆伍兴经与“阿水”（在逃，身份不详）电话联系，驾车至一公路旁从“阿水”处取得一拉杆箱放进后备箱，并与黄夏琳、黄霞原路返回。车行至宾阳县 G72 高速公路宾阳收费站时被截获，公安人员当场从陆伍兴驾驶的轿车后备箱拉杆箱内查获甲基苯丙胺 5549 克，并从陆伍兴携带的挎包内查获甲基苯丙胺 23.76 克。

【裁判结果】

广西壮族自治区南宁市中级人民法院于 2015 年 3 月 10 日作出（2014）南市刑一初字第 104 号刑事判决：被告人陆伍兴犯运输毒品罪，判处死刑，剥夺政治权利终身，并处没收个人全部财产；对公安机关扣押的供被告人陆伍兴犯罪所用的吉利轿车（车牌号桂 A8Q2 × ×），NOKIA 牌手机 1 台、电子秤 1 台、银行卡 1 张，依法予以没收。

宣判后，被告人陆伍兴以其没有打开拉杆箱，对拉杆箱内装有毒品不知情，其没有得 5000 元的高额报酬，一审对其行为定性不准、量刑过重为由提出上诉。

广西壮族自治区高级人民法院于 2015 年 11 月 16 日作出（2015）桂刑三终字第 60 号刑事裁定，驳回被告人陆伍兴的上诉，维持原判。并依法将本案报请最高人民法院复核。

最高人民法院经复核，于 2016 年 4 月 22 日作出（2015）刑四复 41304251 号刑事裁定，核准广西壮族自治区高级人民法院（2015）桂刑三终字第 60 号维持第一审以运输毒品罪判处被告人陆伍兴死刑，剥夺政治权利终身，并处没收个人全部财产的刑事裁定。

【裁判理由】

法院生效裁判认为，被告人陆伍兴违反国家毒品管制法规，运输甲基苯丙胺，其行为已构成运输毒品罪。运输毒品数量大，社会危害严重，应依法惩处。

关于被告人陆伍兴庭上提出“其并不明知拉杆箱内装有毒品，其没有运输毒品的行为”辩解及辩护人提出的“起诉指控陆伍兴明知是毒品而故意非法运输，没有充足的证据予以证实”辩护意见，经查，本案公安机关除在陆伍兴所驾驶的轿车后尾箱的拉杆箱内查获到6包冰毒及1台电子秤外，还从陆伍兴随身携带的挎包内查获到3小包共23.76克冰毒。虽然在案证据已证实，陆伍兴直到驾车回到G72高速公路宾阳收费站被公安人员查获时，都没有打开过该拉杆箱，但被告人陆伍兴的供述、证人黄夏琳、黄霞的证词以及公安机关出具的到案经过，都证实陆伍兴对拉杆箱内装有毒品冰毒是明知的：（1）陆伍兴多次供述均承认其和阿水相互熟悉，因此知道阿水送来的拉杆箱内装有毒品，其之所以帮助阿水将毒品冰毒运输回宾阳，是因为阿水曾承诺给其5000元报酬，且当天阿水已给其3000元，余款2000元待运回宾阳后，由接货人给付。陆伍兴供述承认得到的高额报酬，符合《最高人民法院、最高人民检察院和公安部办理毒品犯罪案件适用法律若干问题的意见》（以下简称《办理毒品犯罪案件适用法律若干问题的意见》）规定的"行为人为获取不同寻常的高额报酬而携带、运输毒品，从中查获毒品的"推定"明知"标准。（2）在广州交接毒品时，陆伍兴和阿水分别驾驶车辆先在路上多次兜圈，后才在公路边交接毒品，以及陆伍兴交代黄夏琳、黄霞藏匿装有毒品的拉杆箱的异常方式，符合《办理毒品犯罪案件适用法律若干问题的意见》规定的"行为人采用高度隐蔽方式交接毒品，明显违背合法物品惯常交接方式的"推定"明知"标准。（3）公安机关在抓获陆伍兴时，陆伍兴的表现为神色慌张，且关闭车门、车窗拒绝配合检查等，陆伍兴抗拒检查等异常行为，符合《办理毒品犯罪案件适用法律若干问题的意见》规定的"行为人在执法人员检查时，抗拒检查的"推定"明知"标准。故对陆伍兴庭上所提辩解及辩护人提出的辩护意见，不予采纳。

第一审判决、第二审裁定认定的事实清楚，证据确实、充分，定罪准确，量刑适当，审判程序合法。因此，最高人民法院裁定核准广西壮族自治区高级人民法院（2015）桂刑三终字第60号维持第一审以运输毒品罪判处被告人陆伍兴死刑，剥夺政治权利终身，并处没收个人全部财产的刑事裁定。

【案例注解】

在运输毒品犯罪案件中，被告人的行为要成立运输毒品罪，须被告人主观上明知其所运输、携带、邮寄的是毒品。就毒品犯罪案件而言，主观明知是指被告人知道或者应当知道其所贩卖、运输、制造、走私的是毒品。所谓"知道"是指被告人明确供认其所贩卖、运输、制造、走私的是毒品。而"应当知道"是指通过在案证据以及查获毒品时的情形推断被告人主观上知道其所贩卖、运输、制造、走私的是毒品。司法实践中，就运输毒品案件而言，被告人虽实施了运输毒品的行为，但为了逃避刑事制裁，常对其所运输、携带、邮寄的毒品作种种辩解，辩称对所运输的毒品不知情，否认其主观上明知运输、携带、邮寄的是毒品。为有效打击毒品犯罪，避免放纵犯罪和冤假错案的发生，应正确认定毒品犯罪案件中被告人的主观明知。

毒品犯罪案件中，判断被告人对涉案毒品是否明知，不能仅凭被告人的供述，而应依据被告人实施毒品犯罪行为的过程、方式、毒品被查获时的情形、被告人被抓获时的情形等证据，结合被告人的年龄、阅历、智力、对毒品的熟悉程度、毒品犯罪前科等情况，进行综合分析判断。为指导毒品案件办理工作，正确认定被告人的主观明知，《全国部分法院审理毒品犯罪案件工作座谈会纪要》中明确规定了十种在被告人不能作出合理解释时可认定其主观明知的情形：（1）执法人员在口岸、机场、车站、港口和其他检查站点检查时，要求被告人申报为他人携带的物品和其他疑似毒品物，并告知其法律责任，而被告人未如实申报，在其携带的物品中查获毒品的；（2）以伪报、藏匿、伪装等蒙蔽手段，逃避海关、边防等检查，在其携带、运输、邮寄的物品中查获毒品的；（3）执法人员检查时，有逃跑、丢弃携带物品或者逃避、抗拒检查等行为，在其携带或者丢弃携带物品中查获毒品的；（4）体内或者贴身隐秘处藏匿毒品的；（5）为获取不同寻常的高额、不等值报酬为他人携带、运输物品，从中查获毒品的；（6）采用高度隐蔽的方式携带、运输物品，从中查获毒品的；（7）采用高度隐蔽的方式交接物品，明显违背合法物品惯常交接方式，从中查获毒品的；（8）行程路线故意绕开检查站点，在其携带、运输的物品中查获毒品的；（9）以虚假身份或者地址办理托运手续，在其托运的物品中查获毒品的；（10）有其他证据足以认定被告人应当知道的。被告人虽具有前述“主观明知”情形，但能作出合理解释或者有证据证明其确属被蒙骗的，也不能认定其主观明知。

本案中，被告人陆伍兴在一审庭审中辩称其并不明知拉杆箱内装有毒品，其没有运输毒品的行为，即其对运输毒品主观上不明知，其辩护人也提出相同的辩护意见。但从本案证据分析，并结合被告人的年龄、阅历和智力等情况，足以证实被告人陆伍兴对其运输的毒品主观上是明知的。（1）被告人陆伍兴在侦查阶段曾供述承认，其和“阿水”相互熟悉，其去广东省广州市的目的是帮助“阿水”将毒品冰毒从广东省广州市运回广西宾阳。即被告人在侦查阶段曾明确供称其知道“阿水”送来的拉杆箱内装有毒品。一审庭审中，被告人陆伍兴翻供称其不明知运输的拉杆箱内装有毒品，但被告人及其辩护人在庭审中并未提及侦查人员在讯问被告人陆伍兴时存在刑讯逼供或者非法取证的情形，陆伍兴对其当庭翻供亦未能作出合理解释。因此，被告人陆伍兴在侦查阶段所作的关于知道帮助“阿水”送来的拉杆箱内装有毒品的供述应予采纳。（2）被告人陆伍兴曾供称，其之所以帮助“阿水”将毒品冰毒从广东省广州市运回广西宾阳，是因为“阿水”曾承诺给其5000元的报酬，且当天“阿水”已给付其3000元现金，余款2000元待运回宾阳后，由接货人给付。被告人陆伍兴帮助“阿水”将一个普通拉杆箱从广东省广州市运回广西宾阳即得5000元的报酬，明显属于为获取不同寻常的高额、不等值的报酬而为他人携带、运输物品的情形，符合《全国部分法院审理毒品犯罪案件工作座谈会纪要》规定的“被告人为获取不同寻常的高额、不等值报酬为他人携带、运输物品，从中查获毒品的”情形。（3）在案证据证实，在广州市交接毒品时，陆伍兴和“阿水”各驾驶车辆先在路上多次兜圈，后在公路边交接毒品，接收到藏匿有毒品的拉杆箱后，陆伍兴不是直接打开车尾箱将拉杆箱放置尾箱，而是交代黄夏琳、黄霞将车辆后排位置放倒，将拉杆推进后尾箱，陆伍兴和“阿水”交接毒品高度隐蔽、方式异常，明显违背合法物品的惯常交接方式，符合《全国部分法院审理毒品犯罪案件工作座谈会纪要》规定的“采用高度隐蔽的方式交接物品，明显违背合法物品惯常交接方式，从中查获毒品的”情形。（4）视频资料证实，公安机关民警在广西宾阳县收费站抓获被告人陆伍兴时，陆伍兴的表现为神色慌张，且关闭车门、车窗拒绝配合公安机关的检查，后是民警敲碎车窗后才将陆伍兴等人抓获归案，其实属路遇执法人员检查时抗拒检查的行为，符合《全国部分法院审理毒品犯罪案件工作座谈会纪要》规定的“行为人执法人员检查时，有逃跑、丢弃携带物品或者逃避、抗拒检查等行为，在其携带或者丢弃携带物品中查获毒品的”情形。（5）陆伍兴本人吸食毒品冰毒，且民警还从陆伍兴随身携带的挎包内查获冰毒

23.76克，陆伍兴运输的亦属同种类的毒品冰毒，其对毒品冰毒较常人更为熟悉，尚且，陆伍兴系心智健全的成年人，亦无证据证实其有受他人蒙骗的事实，排除其被蒙骗帮“阿水”运输毒品的可能性。综上，本案没有证据证实陆伍兴运输内装毒品的拉杆箱是受人蒙骗所为，且陆伍兴对存在前述可认定为主观明知的情形亦不能作出合理解释，依据被告人陆伍兴的供述、证人证言、视听资料等证据，再结合被告人陆伍兴的年龄、阅历、智力、对毒品的熟悉程度，足以证实陆伍兴对其运输的毒品主观上是明知的。

被告人陆伍兴明知是毒品甲基苯丙胺仍非法运输，其行为已构成运输毒品罪，运输毒品数量大，社会危害严重，故法院依法以运输毒品罪判处其死刑，剥夺政治权利终身，并处没收个人全部财产。

（一审法院合议庭成员　梁锦康　何　莉　欧阳杰
二审法院合议庭成员　梁　锐　植勇建　吕保鸿
复核法院合议庭成员　宋　莹　高　蕾　郭艳地
编写人　广西壮族自治区南宁市中级人民法院　欧阳杰
责任编辑　周维明
审稿人　沈　亮）

原载《人民法院案例选》2017年第4辑（总第110辑）

346. 李怀愉贩卖、运输毒品案*

——贩卖、运输毒品数量巨大，且系累犯和毒品再犯，罪行极其严重

【基本案情】

被告人李怀愉，男，汉族，1968 年 12 月 15 日出生，无业。1996 年 8 月 26 日因犯盗窃罪被判处有期徒刑五年，2004 年 3 月 21 日因犯贩卖毒品罪被判处有期徒刑十五年，剥夺政治权利五年，并处没收财产人民币 5 万元，2012 年 6 月 20 日刑满释放。

2014 年 4 月和 5 月，被告人李怀愉电话联系孙少东（同案被告人，已判刑）后，先后 2 次指使李想才（同案被告人，已判刑）到广东省惠东县，从孙少东处分别购买 1000 克甲基苯丙胺（冰毒）和 1000 克氯胺酮（俗称“K 粉”）后运回湖南省益阳市，由李怀愉贩卖。同年 5 月 22 日，李怀愉电话联系孙少东后，于次日与李想才携带购毒款到达惠东县。经孙少东介绍，李怀愉向他人购得氯胺酮 3000 克及甲基苯丙胺 5000 克。24 日 5 时许，李怀愉与李想才携带毒品乘车回到益阳市，李怀愉将部分毒品放在某公司楼上 203 室。6 时 30 分许，李怀愉携带毒品到益阳市龙洲路一餐馆与他人见面时被抓获，公安人员当场从李怀愉处查获甲基苯丙胺 105. 9 克、氯胺酮 1580. 4 克。当日 13 时许，公安人员在上述 203 室内查获甲基苯丙胺 4960. 8 克、氯胺酮 2030. 2 克。综上，李怀愉运输、贩卖甲基苯丙胺共计 6066. 7 克、氯胺酮共计 4610. 6 克。

【裁判结果】

本案由湖南省益阳市中级人民法院一审，湖南省高级人民法院二审。最高人民法院对本案进行了死刑复核。

法院认为：被告人李怀愉明知甲基苯丙胺、氯胺酮是毒品，而伙同他人贩卖、运输，其行为已构成贩卖、运输毒品罪。在贩卖、运输毒品共同犯罪中，李怀愉提供全部购毒款，联系毒品上家或者直接向上家购买毒品，亲自或者指使同案被告人李想才到广东省惠东县接取毒品，并负责保管、销售毒品，起主要作用，系主犯，应当按照其所指挥和参与的全部犯罪处罚。李怀愉多次贩卖、运输毒品，数量巨大，社会危害大，罪行极其严重，且其曾因犯贩卖毒品罪被判处有期徒刑，在刑罚执行完毕后五年内又犯贩卖、运输毒品罪，系累犯和毒品再犯，应依法从重处罚。据此，依法对被告人李怀愉判处并核准死刑，剥夺政治权利终身，并处没收个人全部财产。

罪犯李怀愉已于 2017 年 4 月 26 日被依法执行死刑。

---

* 2017 年 6 月 20 日最高人民法院发布的毒品犯罪及涉毒次生犯罪十大典型案例之一。

【典型意义】

近年来，犯罪分子在广东省制造甲基苯丙胺和氯胺酮的情况较为突出，所制毒品流向湖南、湖北、浙江等周边省份甚至更远地区。湖南籍贩毒人员前往广东购买毒品运回当地进行贩卖，是当前湖南毒品犯罪的一个重要特点。本案就是一起典型的从广东购买毒品后运回湖南进行贩卖的案件。被告人李怀愉伙同他人在短期内多次从广东省惠东县购买甲基苯丙胺和氯胺酮运回湖南省益阳市进行贩卖，毒品数量巨大，社会危害大，且李怀愉曾因犯贩卖毒品罪被判处重刑，属累犯和毒品再犯，并具有盗窃前科，主观恶性深。人民法院根据李怀愉犯罪的事实、性质和具体情节，依法对其判处死刑，体现了对此类贩卖、运输毒品犯罪的严惩。

（责任编辑　杨　奕）

原载《人民法院案例选》2017年第8辑（总第114辑）

347. 蔡志雄贩卖、制造毒品案*

——伙同他人制造、贩卖毒品，数量特别巨大，罪行极其严重

【基本案情】

被告人蔡志雄，男，汉族，1973年8月2日出生，农民。

2013年7月，被告人蔡志雄以办厂生产胶水为名，租赁位于广西壮族自治区合浦县闸口镇内的一处养猪场，并出资在此秘密建造制毒窝点。同年9月至12月间，蔡志雄先后组织周育强、廖林生、翁火胜、陈建文（均系同案被告人，已判刑）等人，在该窝点内制造毒品氯胺酮（俗称“K粉”），并将制成的部分氯胺酮在合浦县进行贩卖。同年11月底，在制造出最后一批氯胺酮后，陈建文将氯胺酮运至合浦县廉州镇某小区3栋1B3车库存放。同年12月15日20时许，陈建文受蔡志雄指使，伙同廖林生向他人贩卖氯胺酮时被抓获，公安人员当场从陈建文驾驶的面包车内查扣氯胺酮19862克。随后，公安人员在该小区2栋1单元102室抓获周育强、翁火胜，在该室陈建文居住的房间内查扣氯胺酮861克，在上述车库内查扣氯胺酮125827克，在上述养猪场等处查扣一批制毒设备和原料。

【裁判结果】

本案由广西壮族自治区北海市中级人民法院一审，广西壮族自治区高级人民法院二审。最高人民法院对本案进行了死刑复核。

法院认为，被告人蔡志雄明知氯胺酮是毒品，而伙同他人制造、贩卖，其行为已构成贩卖、制造毒品罪。在共同犯罪中，蔡志雄出资租赁制毒场地，购买制毒设备和原料，纠集人员制造毒品，并指使他人将制造出的部分毒品予以贩卖，起主要作用，系罪责最为严重的主犯，应当按照其所指挥和参与的全部犯罪处罚。蔡志雄制造、贩卖毒品数量特别巨大，社会危害极大，罪行极其严重。据此，依法对被告人蔡志雄判处并核准死刑，剥夺政治权利终身，并处没收个人全部财产。

罪犯蔡志雄已于2017年5月5日被依法执行死刑。

【典型意义】

氯胺酮是一类精神药品，具有麻醉作用，滥用氯胺酮会产生认知障碍、引起幻觉，危害很大。近年来，滥用氯胺酮等合成毒品的人数呈上升之势，制造氯胺酮犯罪多发，个别地区较为突出。本案就是一起典型的制造、贩卖氯胺酮犯罪案件。被告人蔡志雄系

---

* 2017年6月20日最高人民法院发布的毒品犯罪及涉毒次生犯罪十大典型案例之一。

广东籍人员，为牟取非法利益，在广西纠集多人制造出大量氯胺酮并进行贩卖，案发后查获的成品数量达140余千克，社会危害极大，罪行极其严重。人民法院根据蔡志雄犯罪的事实、性质和具体情节，依法对其判处死刑，体现了对制造毒品这类源头性毒品犯罪的严惩政策。

（责任编辑　杨　奕）

原载《人民法院案例选》2017年第8辑（总第114辑）

348. 杨开水运输毒品案*

——假释考验期内组织怀孕妇女运输毒品，数量特别巨大，且系毒品再犯，罪行极其严重

【基本案情】

被告人杨开水，男，汉族，1986年1月20日出生，农民。2004年11月18日因犯运输毒品罪被判处有期徒刑十五年，并处没收个人全部财产，2012年4月30日被假释，假释考验期至2014年3月18日止。

2013年11月，被告人杨开水在缅甸老街经莫某某（在逃）介绍，商定为一毒贩运输一批毒品到云南省昆明市，运费为43万元。后杨开水又与马某某（怀孕妇女，另案处理）商定运输另一批毒品到昆明市，运费为40万元。杨开水与卢家忠（同案被告人，已判刑）商议后，确定驾驶两辆轿车共同运输毒品，所得报酬均分。同月24日，杨开水与黄明乔（同案被告人，已判刑）和杨某甲（怀孕妇女，另案处理）驾乘一辆起亚牌轿车，卢家忠与字某某（怀孕妇女，另案处理）等人驾乘一辆英伦牌轿车在云南省镇康县南伞镇，先后接应受莫某某指使参与运毒的杨某乙（怀孕妇女，另案处理）和马某某，以及二人携带的装有毒品的行李。杨开水、卢家忠将装有毒品的行李放入英伦牌轿车的后备箱内，杨开水、黄明乔等人驾车在前探路，卢家忠、杨某乙等人驾车在后行驶，前往昆明市。行至云南省龙陵县勐糯镇时，因卢家忠驾驶的轿车出现故障，上述人员分别在该镇两家酒店住宿。次日10时许，公安人员在酒店抓获杨开水、卢家忠、黄明乔等人，查获海洛因共计37140克、甲基苯丙胺片剂（俗称“麻古”）共计10467克。

【裁判结果】

本案由云南省曲靖市中级人民法院一审，云南省高级人民法院二审。最高人民法院对本案进行了死刑复核。

法院认为：被告人杨开水明知海洛因、甲基苯丙胺片剂是毒品，而伙同他人运输，其行为已构成运输毒品罪。杨开水运输毒品数量特别巨大，社会危害大，罪行极其严重。在共同犯罪中，杨开水负责洽谈运输毒品，安排行程，并邀约同案被告人卢家忠等人共同运输，起主要作用，系主犯，应当按照其所指挥和参与的全部犯罪处罚。杨开水曾因犯运输毒品罪被判刑，又实施运输毒品犯罪，系毒品再犯，主观恶性深，应依法从重处罚。杨开水在假释考验期内犯新罪，应撤销假释，予以并罚。据此，依法对被告人杨开水判处并核准死刑，剥夺政治权利终身，并处没收个人全部财产。

---

* 2017年6月20日最高人民法院发布的毒品犯罪及涉毒次生犯罪十大典型案例之一。

罪犯杨开水已于2016年7月20日被依法执行死刑。

【典型意义】

为牟取高额报酬而组织他人运输毒品，不同于为挣取少量运费而受人指使、雇用运输毒品的情形，对前者应当依法予以严惩。尤其是组织怀孕妇女、病残人员等特殊群体运输毒品的，明显具有逃避法律制裁的目的，体现了更大的社会危害性和主观恶性，在政策把握上更应当体现严厉性。本案是一起典型的组织多名怀孕妇女运输毒品的犯罪案件，参与人员多，涉案毒品数量特别巨大，约定的非法报酬数额巨大。被告人杨开水系运输毒品共同犯罪中的组织者、直接实施者，罪责最为突出。杨开水曾因犯运输毒品罪被判处重刑，被假释后却不思悔改，变本加厉，在假释考验期内又犯运输毒品罪，系毒品再犯，主观恶性极深，应依法从重处罚。人民法院根据杨开水犯罪的事实、性质和具体情节，综合考虑其主观恶性、人身危险性，对其判处死刑，体现了对此类运输毒品犯罪的严惩政策。

（责任编辑　杨　奕）

原载《人民法院案例选》2017年第8辑（总第114辑）

349. 臧吉喆贩卖毒品案*

——通过互联网贩卖毒品数量大，且系毒品再犯，依法严惩

【基本案情】

被告人臧吉喆，男，汉族，1993 年 12 月 15 日出生，农民。2013 年 9 月 23 日因犯贩卖毒品罪被判处拘役四个月，缓刑六个月，并处罚金人民币 3 万元。

2015 年 10 月至 2016 年 1 月间，被告人臧吉喆与赵某、徐某某（均另案处理）通过 QQ 或者微信联系后，假借淘宝购物或者以支付宝转账的方式，分别向二人购买甲基苯丙胺（冰毒）共计 250 克用于贩卖。其中，臧吉喆假借淘宝购物的方式，3 次向赵某购买甲基苯丙胺共计 180 克；假借淘宝购物及直接以支付宝转账的方式，2 次向徐某某购买甲基苯丙胺共计 70 克。2016 年 1 月 15 日，公安人员抓获臧吉喆，当场查获甲基苯丙胺 4. 53 克。

【裁判结果】

本案由江苏省徐州市中级人民法院审理。

法院认为：被告人臧吉喆明知甲基苯丙胺是毒品而贩卖，其行为已构成贩卖毒品罪。臧吉喆贩卖毒品数量大，且曾因犯贩卖毒品罪被判刑，此次又犯贩卖毒品罪，系毒品再犯，应依法从重处罚。臧吉喆当庭认罪态度较好，可酌情从轻处罚。据此，依法对被告人臧吉喆判处无期徒刑，剥夺政治权利终身，并处没收个人全部财产。

宣判后，在法定期限内没有上诉、抗诉，上述裁判已于 2017 年 4 月 29 日发生法律效力。

【典型意义】

随着电子商务的快速发展，互联网支付、物流配送等配套服务越来越便捷，为生产生活提供了巨大便利。但是，一些不法分子利用信息网络覆盖面广、易隐瞒真实身份等特点，在网络交流平台上散布涉毒信息，借助电子商务平台进行毒品交易，形成毒品犯罪的一个新特点。本案就是一起通过互联网获取涉毒信息，再借助电子商务平台跨地域购买毒品转卖牟利的典型案例。被告人臧吉喆根据 QQ 群中发布的售毒信息，与上家通过淘宝购物或互联网支付的方式完成毒品交易，5 次购买甲基苯丙胺共计 250 克，贩卖毒品数量大。臧吉喆曾因犯贩卖毒品罪被判刑，仍不知悔改，又贩卖毒品，主观恶性较大。

* 2017 年 6 月 20 日最高人民法院发布的毒品犯罪及涉毒次生犯罪十大典型案例之一。

人民法院根据臧吉喆犯罪的事实及其系毒品再犯等情节，对其判处无期徒刑，体现了对此类犯罪的从严惩处。

（责任编辑　杨　奕）

原载《人民法院案例选》2017 年第 8 辑（总第 114 辑）

350. 於国军贩卖毒品案*
——多次零包贩卖毒品，依法严惩

【基本案情】

於国军，男，汉族，1969 年 12 月 11 日出生，农民。

被告人於国军多次向吸毒人员贩卖甲基苯丙胺（冰毒）共计 15.4 克。其中，2015 年 11 月至 2016 年 2 月间，於国军先后 17 次向陈某贩卖甲基苯丙胺共计 13 克；2016 年 3 月，於国军先后 2 次向吕某某贩卖甲基苯丙胺共计 2.4 克。2016 年 4 月 14 日，公安人员在於国军家中将其抓获，当场查获甲基苯丙胺 12.09 克。

【裁判结果】

本案由浙江省岱山县人民法院一审，浙江省舟山市中级人民法院二审。

法院认为：被告人於国军明知甲基苯丙胺是毒品而贩卖，其行为已构成贩卖毒品罪。於国军贩卖甲基苯丙胺数量较大，且多次贩卖，应依法惩处。据此，依法对被告人於国军判处有期徒刑十一年，并处罚金人民币 5000 元。

上述裁判已于 2016 年 12 月 21 日发生法律效力。

【典型意义】

零包贩毒（一般指贩毒数量 10 克以下）作为末端毒品犯罪，是吸毒者获得毒品的直接渠道。由于我国吸毒人数庞大，零包贩毒案件在毒品犯罪案件中所占比例较高，社会危害不容忽视。要有效遏制毒品蔓延，控制毒品犯罪增长，在严厉打击大宗毒品犯罪的同时，也必须依法打击零包贩毒犯罪。本案被告人於国军每次贩卖甲基苯丙胺仅 1 克左右，但其贩卖毒品近 20 次，共计 15.4 克，同时，从其家中查获 12.09 克毒品，亦应计入其贩卖毒品的数量。《刑法》第三百四十七条第三款规定，贩卖甲基苯丙胺 10 克以上不满 50 克的，处七年以上有期徒刑，并处罚金。人民法院根据於国军多次贩卖甲基苯丙胺共计 27.49 克的事实，对其判处有期徒刑十一年，体现了对此类末端毒品犯罪的严惩。

（责任编辑　杨　奕）

原载《人民法院案例选》2017 年第 8 辑（总第 114 辑）

---

* 2017 年 6 月 20 日最高人民法院发布的毒品犯罪及涉毒次生犯罪十大典型案例之一。

351. 杨洪贩卖毒品案*

——利用未成年人贩卖毒品，依法从重处罚

【基本案情】

杨洪，男，汉族，1993年7月27日出生，农民。

被告人杨洪和蒲某（未成年人，另案处理）均系吸毒人员。2016年6月中旬以来，蒲某暂住在杨洪租住的四川省射洪县太和镇文化路一出租房内。二人同住期间，杨洪向许某、罗某、李某及杨某某（未成年人）贩卖甲基苯丙胺（冰毒）共计10次，约4克，其中9次指使蒲某送货。2016年7月21日，公安人员在杨洪租住处将其与蒲某抓获，当场查获甲基苯丙胺6.9克。综上，杨洪贩卖甲基苯丙胺共计10.9克。

【裁判结果】

本案由四川省射洪县人民法院审理。

法院认为：被告人杨洪明知甲基苯丙胺是毒品而贩卖，其行为已构成贩卖毒品罪。杨洪贩卖毒品数量较大，且多次、向多人贩卖，应依法惩处。杨洪利用未成年人贩卖毒品，且贩毒对象部分为未成年人，应依法从重处罚。杨洪在归案后如实供述犯罪事实，依法可以从轻处罚。据此，依法对被告人杨洪判处有期徒刑九年六个月，并处罚金人民币8000元。

宣判后，在法定期限内没有上诉、抗诉，上述裁判已于2017年5月8日发生法律效力。

【典型意义】

未成年人涉毒比例较高是当前毒品滥用与毒品犯罪方面的一个突出特点。一些犯罪分子利用未成年人心智不够成熟、分辨是非能力较弱、好奇心强、容易受到毒品诱惑的特点，控制、指使未成年人实施毒品犯罪，或者向未成年人出售毒品，严重危害未成年人身心健康。为保护未成年人权益，《刑法》第三百四十七条第六款规定："利用、教唆未成年人走私、贩卖、运输、制造毒品，或者向未成年人出售毒品的，从重处罚。"本案就是一起利用未成年人贩卖毒品，并向未成年人出售毒品的典型案例。被告人杨洪通过为未成年人蒲某提供食宿等方式拉拢、控制蒲某，多次指使蒲某为其向购毒人员送毒品，

---

* 2017年6月20日最高人民法院发布的毒品犯罪及涉毒次生犯罪十大典型案例之一。

还向未成年人杨某某出售毒品。人民法院根据杨洪犯罪的事实和具体情节，对其从重判处刑罚，较好地体现了对未成年人的特别保护。

（责任编辑　杨　奕）

原载《人民法院案例选》2017 年第 8 辑（总第 114 辑）

352. 陈浪浪贩卖毒品案

——贩卖毒品罪既未遂的认定

【关键词】

贩卖毒品罪　交易环节　犯罪既遂

【裁判要旨】

被告人和买家事先商定毒品交易细节，就毒品数量、价格达成合意，在携带毒品到达交易现场，实施交易行为时被当场抓获的，应当认定为贩卖毒品罪既遂。

【相关法条】

《中华人民共和国刑法》

第三百四十七条　走私、贩卖、运输、制造毒品，无论数量多少，都应当追究刑事责任，予以刑事处罚。

走私、贩卖、运输、制造毒品，有下列情形之一的，处十五年有期徒刑、无期徒刑或者死刑，并处没收财产：

（一）走私、贩卖、运输、制造鸦片一千克以上、海洛因或者甲基苯丙胺五十克以上或者其他毒品数量大的；

（二）走私、贩卖、运输、制造毒品集团的首要分子；

（三）武装掩护走私、贩卖、运输、制造毒品的；

（四）以暴力抗拒检查、拘留、逮捕，情节严重的；

（五）参与有组织的国际贩毒活动的。

走私、贩卖、运输、制造鸦片二百克以上不满一千克、海洛因或者甲基苯丙胺十克以上不满五十克或者其他毒品数量较大的，处七年以上有期徒刑，并处罚金。

走私、贩卖、运输、制造鸦片不满二百克、海洛因或者甲基苯丙胺不满十克或者其他少量毒品的，处三年以下有期徒刑、拘役或者管制，并处罚金；情节严重的，处三年以上七年以下有期徒刑，并处罚金。

单位犯第二款、第三款、第四款罪的，对单位判处罚金，并对其直接负责的主管人员和其他直接责任人员，依照各该款的规定处罚。

利用、教唆未成年人走私、贩卖、运输、制造毒品，或者向未成年人出售毒品的，从重处罚。

对多次走私、贩卖、运输、制造毒品，未经处理的，毒品数量累计计算。

【案件索引】

一审：福建省厦门市翔安区人民法院（2017）闽0213刑初425号（2017年10月27日）

二审：福建省厦门市中级人民法院（2017）闽02刑终774号（2017年12月5日）

【基本案情】

公诉机关厦门市翔安区人民检察院以被告人陈浪浪犯贩卖毒品罪，向厦门市翔安区人民法院提起公诉。

法院经审理查明：2016年12月至2017年1月间，被告人陈浪浪经与王某事先电话约定，两次在福建省石狮市绿岛国际酒店内，每次均以人民币（币种下同）1000元的价格将1小包的毒品氯胺酮（俗称K粉）贩卖给王某。2017年3月10日，被告人陈浪浪与王某电话联系，约定以9000元的价格将10小包毒品氯胺酮贩卖给王某，并约在厦门市翔安区沈海高速马巷收费站出口交易。次日0时许，被告人陈浪浪携带10小包毒品自福建省石狮市打车至上述交易地点，见公安机关抓捕，遂欲逃离，并把携带的毒品丢弃在路边的草丛中。公安机关即时抓获被告人陈浪浪，并在被告人陈浪浪周边现场查获其丢弃的1个红色塑料袋包裹的10小包白色粉末，从陈浪浪身上缴获作案工具苹果7手机一部。经依法鉴定，现场查获的10小包白色粉末中均检出氯胺酮成分，净重共计43.3克。经现场检测，被告人陈浪浪的尿样氯胺酮定性检测结果为阳性。被告人陈浪浪到案后在侦查阶段对其犯罪行为供认不讳，在审查起诉阶段未能如实供述其犯罪事实，在庭审中如实供述并自愿认罪。

【裁判结果】

厦门市翔安区人民法院于2017年10月27日作出（2017）闽0213刑初425号刑事判决：一、被告人陈浪浪犯贩卖毒品罪，判处有期徒刑三年，并处罚金人民币3000元。二、扣押在案的作案工具苹果7手机一部，予以没收。宣判后，被告人陈浪浪提出上诉。厦门市中级人民法院于2017年12月5日作出（2017）闽02刑终774号刑事裁定：驳回上诉，维持原判。

【裁判理由】

法院生效裁判认为：2016年12月至2017年1月期间陈浪浪向王某两次贩卖毒品的事实，有证人王某的证言、辨认笔录和陈浪浪的供述等证据证实，且交易的时间、地点、方式和毒品的种类、数量、价格均能印证一致，陈浪浪的翻供无其他证据支持，不足以采信。辩护人辩称：本案系特情介入下的犯意引诱，被告人实施的第三起贩卖毒品行为系犯罪未遂，应当依法从轻处罚。经查，陈浪浪的供述等证据证实，2017年3月10日王某向其提出购买毒品时，陈浪浪已持有毒品待售，故本案依法不应认定为犯意引诱。贩卖毒品罪在犯罪形态上系行为犯，在案证据证实，陈浪浪和买家事先商定毒品交易细节，就毒品数量、价格达成了合意，在携带毒品到达交易现场，实施交易行为时被当场抓获，其已经实施了刑法所规定的贩卖毒品行为，依法应当认定为贩卖毒品罪的既遂。

【案例注解】

关于贩卖毒品罪的既遂与未遂的标准问题，我国刑法学界目前主要有以下几种观点：有学者主张契约说，即贩卖毒品的双方当事人就毒品交易事项达成一致便构成既遂，与毒品是否交付无关。有学者认为，应以毒品实际交付为既遂标准。即使达成了买卖协议，只要尚未实际交付毒品，就不构成既遂；即使交易款尚未支付，只要毒品已交付即构成既遂。有学者认为，贩卖毒品行为通常包括两个阶段：第一阶段为购买毒品即先低价买入毒品，第二阶段为将低价买入的毒品高价抛出，从中获利。因此，无论买入还是卖出，只要买或卖的行为实施完毕，二者只居其一就构成本罪既遂。还有学者主张应以毒品是否进入交易为准，是否实际成交、是否获利，不影响既遂的成立。

贩卖毒品罪的既遂与未遂的标准问题，在实践中显得较为复杂。笔者同意进入交易说的主张，即贩卖毒品的既遂与否，应以毒品是否进入交易环节为准，而不论行为人是否已将毒品卖出获利或是否已经实际转移毒品。如果因行为人意志以外的原因而未进行实质性的毒品交易行为，则属于贩卖毒品罪未遂。无论购买还是卖出，只要行为人实施了其中一个行为，就应视为贩卖毒品罪既遂。采用这一标准来界定贩卖毒品罪的既遂与未遂，有以下意义：

首先，贩卖毒品行为通常始于购买，购买毒品行为具有双重的社会危害性。一方面，行为人从其“上线”处购买毒品，这一购买行为本身就已经造成了毒品的非法流通与运转；另一方面，购买毒品行为本身就意味着可能出售毒品，是实施新的卖出毒品行为的起点或必要前提，因而购买毒品行为同时包含了进一步危害社会的现实危险性。

其次，在实际破获的贩卖毒品案件中，大量被抓获的毒品犯罪人均停留在购买了毒品尚未卖出，或者正在进行毒品交易而人赃并获的阶段，真正能够将毒品从卖方转移到买方手上，在毒品交易全部完成以后被抓获的情形属于少数。如果以毒品是否实际交付为标准来判断贩卖毒品罪的既遂与否，则必然使大量的毒品案件作未遂处理，反而会放纵毒品犯罪分子，不利于对毒品犯罪的打击。

本案中，罪犯陈浪浪和买家事先商定毒品交易细节，就毒品数量、价格达成了合意，携带毒品到达交易现场，实施交易行为时被当场抓获，其已经实施了刑法所规定的贩卖毒品行为，依法应当认定为贩卖毒品罪的既遂。

（一审法院合议庭成员　郑　锋　康水分　张顺辉
二审法院合议庭成员　吕秋收　刘荣秀　王敏重
编写人　福建省厦门市翔安区人民法院　郑　锋
责任编辑　周维明
审稿人　李玉萍）

原载《人民法院案例选》2018 年第 10 辑（总第 128 辑）

353. 程启忠运输毒品案

——购毒者接收物流寄递毒品行为的性质认定

【关键词】

刑事　共犯　运输毒品　物流寄递　非法持有毒品

【裁判要旨】

在没有证据证明购毒者是为了实施贩卖、运输毒品等其他犯罪的情况下，购毒者接收物流寄递毒品行为应认定为非法持有毒品罪。

【相关法条】

《中华人民共和国刑法》

第三百四十七条　走私、贩卖、运输、制造毒品，无论数量多少，都应当追究刑事责任，予以刑事处罚。

走私、贩卖、运输、制造毒品，有下列情形之一的，处十五年有期徒刑、无期徒刑或者死刑，并处没收财产：

（一）走私、贩卖、运输、制造鸦片一千克以上、海洛因或者甲基苯丙胺五十克以上或者其他毒品数量大的；

（二）走私、贩卖、运输、制造毒品集团的首要分子；

（三）武装掩护走私、贩卖、运输、制造毒品的；

（四）以暴力抗拒检查、拘留、逮捕，情节严重的；

（五）参与有组织的国际贩毒活动的。

走私、贩卖、运输、制造鸦片二百克以上不满一千克、海洛因或者甲基苯丙胺十克以上不满五十克或者其他毒品数量较大的，处七年以上有期徒刑，并处罚金。

走私、贩卖、运输、制造鸦片不满二百克、海洛因或者甲基苯丙胺不满十克或者其他少量毒品的，处三年以下有期徒刑、拘役或者管制，并处罚金；情节严重的，处三年以上七年以下有期徒刑，并处罚金。

单位犯第二款、第三款、第四款罪的，对单位判处罚金，并对其直接负责的主管人员和其他直接责任人员，依照各该款的规定处罚。

利用、教唆未成年人走私、贩卖、运输、制造毒品，或者向未成年人出售毒品的，从重处罚。

对多次走私、贩卖、运输、制造毒品，未经处理的，毒品数量累计计算。

第三百四十八条　非法持有鸦片一千克以上、海洛因或者甲基苯丙胺五十克以上或者其他毒品数量大的，处七年以上有期徒刑或者无期徒刑，并处罚金；非法持有鸦片二百克以上不满一千克、海洛因或者甲基苯丙胺十克以上不满五十克或者其他毒品数量较大的，处三年以下有期徒刑、拘役或者管制，并处罚金；情节严重的，处三年以上七年以下有期徒刑，并处罚金。

【案件索引】

一审：辽宁省沈阳市苏家屯区人民法院（2016）辽0111刑初337号（2017年1月5日）

二审：辽宁省沈阳市中级人民法院（2017）辽01刑终118号（2017年4月18日）

【基本案情】

沈阳市苏家屯区人民检察院指控，2016年3月8日，被告人程启忠以每只1500元的价格卖给汉口一齐姓男子6只幼犬；3月10日，程启忠与齐姓男子达成协议，齐姓男子以鸽子和毒品抵顶其应当支付的买狗钱，3月15日，齐姓男子将毒品装在一个鸽笼内通过铁路托运给程启忠，3月16日，程启忠委托在沈阳北站工作的王功洁代为取鸽笼，王功洁取出鸽笼后将鸽笼放在车内，后王功洁被民警抓获，民警在鸽笼内搜出三袋白色晶体和一袋红色片剂（七粒），当晚21时许，被告人程启忠按约定到沈阳市苏家屯区蕙兰六街25号楼楼下取鸽笼时被公安机关抓获。经鉴定，白色晶体净重136.10克，红色片剂净重0.68克，均检出甲基苯丙胺成分。

检察机关认为，被告人的行为已构成运输毒品罪，提请法院依照《刑法》第三百四十七条第二款之规定惩处。

被告人对检察机关指控的事实有异议，辩称其没有运输毒品，不知道发过来的是毒品，当时收到信息说鸽子已到让去取，没有看见东西，笔录是打印好让其签字，其不知道是怎么回事，是被冤枉的。

辩护人的辩护意见是：该案证据不足，指控的罪名不成立，被告人不构成运输毒品罪。

法院经审理查明，2016年3月8日，被告人程启忠向湖北省汉口一姓齐的男子以每只1500元的价格出售6只狗崽（德国牧羊犬幼崽），3月10日，程启忠与齐姓男子达成协议，齐姓男子以鸽子和毒品抵顶其应当支付的买狗钱，并通过铁路进行托运。3月15日，齐姓男子通过铁路托运一个鸽笼给程启忠，收货人“程三”，3月16日，程启忠委托在沈阳北站工作的王功洁代为提取鸽笼，王功洁取出鸽笼并将鸽笼放在轿车内后，即被公安民警抓获，在鸽笼内搜出三袋白色晶体和一袋红色片剂（七粒）。当晚21时许，被告人程启忠按约定到沈阳市苏家屯区蕙兰六街25号楼楼下取该鸽笼时被公安民警抓获。经鉴定，白色晶体净重136.10克，红色片剂净重0.68克，均检出甲基苯丙胺成分。

沈阳市苏家屯区人民法院认为，被告人程启忠违反国家对毒品的管理制度，明知是毒品而予以运输，已构成运输毒品罪。检察机关指控被告人的犯罪成立。被告人程启忠的辩护人认为该案证据不足，指控的罪名不成立的辩护意见，因无事实和法律依据，不予采纳。

【裁判结果】

辽宁省沈阳市苏家屯区人民法院于2017年1月5日作出（2016）辽0111刑初337

号刑事判决：认定被告人程启忠犯运输毒品罪，判处有期徒刑十五年，剥夺政治权利五年，没收财产人民币10万元。宣判后，被告人程启忠不服判决，向沈阳市中级人民法院提出上诉。沈阳市中级人民法院于2017年4月18日作出（2017）辽01刑终118号刑事判决：改判程启忠犯非法持有毒品罪，判处有期徒刑九年，并处罚金人民币5万元。

【裁判理由】

法院生效裁判认为：上诉人程启忠供述的毒品上线“齐姓男子”现未查实，故无法认定毒品下线程启忠直接参与涉案毒品的运输过程，机打的包裹单上发件人名为“程三”，亦无法推定程启忠系发件人，且出行记录显示程启忠在案发前未到武汉，无法证实其邮寄包裹；现场检测报告书证实程启忠系吸毒人员，程启忠供述其购买毒品用于自吸，原公诉机关亦未指控或证实程启忠购买毒品系用于贩卖等其他犯罪的目的。综上，上诉人程启忠作为购毒者，明知是贩毒者通过物流方式寄递的毒品而予以接收，且没有证据证实其为了实施贩卖毒品等其他犯罪，毒品数量达到非法持有毒品的最低数量标准，故上诉人程启忠的行为不应评价为毒品上线运输毒品的共犯或帮助犯，而以非法持有毒品罪评价更为客观，原判定罪及量刑均应依法调整，故对该案予以改判。

【案例注解】

本案涉及购毒者接收贩毒者通过物流寄递方式交付毒品行为的定性问题。2008年最高人民法院印发的《全国部分法院审理毒品犯罪案件工作座谈会纪要》对于接收物流寄递方式交付的毒品并未作出明确规定，如果没有证据证明购毒者是为了实施贩卖毒品等犯罪。对于其单纯接收物流寄递毒品的行为，应当认定为运输毒品罪还是非法持有毒品罪，实践中存在不同意见。

第一种意见认为，贩毒者通过物流寄递方式交付毒品的行为因购毒者的购买、送货要求而发生，购毒者提供收件地址、电话等信息，购毒者与贩毒者有通过物流寄递方式运输毒品的共同犯罪故意，应当认定为运输毒品罪的共犯。司法实践中以该意见处理此类案件的做法较为普遍。程启忠运输毒品案中，一审法院在审理时即认为程启忠作为购毒者指使他人接收贩毒者通过物流寄递方式交付的毒品，其行为系运输毒品的重要环节，应为毒品上线运输行为的共犯或者具有运输毒品的帮助行为，应构成运输毒品罪。

第二种意见认为，贩毒者通过物流寄递方式运输毒品的行为应视为毒品交付行为的组成部分，对购毒者不应再认定为运输毒品罪，购毒者接收毒品数量达到较大以上的，应认定为非法持有毒品罪。

笔者同意第二种意见，理由如下：

第一，从非法持有毒品罪的发展来看，将接收通过物流寄递方式交付的毒品行为定性为非法持有毒品罪符合该罪的立法精神。我国1979年《刑法》并没有将非法持有毒品单独规定为犯罪，究其原因，是当时考虑到非法持有毒品行为的非独立性，认为其可以为贩卖、运输毒品等犯罪行为所吸纳。而在无法确定毒品持有者持有大量毒品的行为究竟是走私、贩卖、运输、窝藏等何种毒品犯罪行为的前提或后续环节的情况下，犯罪分子就可能因法律疏漏而逃脱法律制裁。基于此，1990年《全国人民代表大会常务委员会关于禁毒的决定》（以下简称《决定》）对非法持有毒品的行为规定了相应的刑事责任。

1994 年最高人民法院对该《决定》作出的司法解释提出，根据已查获的证据，不能认定非法持有较大数量毒品是为了进行走私、贩卖、运输或者窝藏毒品犯罪的，才构成本罪。因此，1997 年《刑法》修订后将非法持有毒品罪正式纳入刑法典中，而非法持有毒品罪的立法精神并未改变。2014 年最高人民法院发布的《全国法院毒品犯罪审判工作座谈会纪要》亦延续该立法精神，提出对于没有证据证明购毒者为了实施贩卖毒品等其他犯罪，达到非法持有毒品罪的定罪标准的，一般以非法持有毒品罪定罪处罚。因此，将程启忠案定性为非法持有毒品罪符合该罪的立法精神和法律构成。

第二，将购毒者接收物流寄递毒品行为定性为运输毒品罪存在理论缺陷，是对共犯理论的曲解和泛化。根据我国《刑法》规定，一般共同犯罪的成立要求必须同时具备三个条件：一是犯罪主体要求二人以上；二是犯罪客观方面要求有共同的犯罪行为；三是犯罪主观方面要求行为人有共同的犯罪故意。据此，构成运输毒品共同犯罪应当具备以下条件：从主体方面看，运输毒品共同犯罪必须是二人以上共同实施运输毒品犯罪；从客观方面看，各毒品共同犯罪人必须有共同参与运输毒品犯罪的行为，即各共同毒品犯罪人的行为都是指向运输毒品犯罪，而且互相联系、互相配合，成为一个统一的运输毒品犯罪的整体，每个犯罪人的行为都是共同运输毒品犯罪行为的一个有机组成部分；各共同毒品犯罪人之间必须具备实施运输毒品犯罪的共同故意，各共同犯罪人之间存在运输毒品犯罪的意思联络。在程启忠案中，如认定程启忠构成运输毒品罪需具备两个基本条件：其一，程启忠具有运输毒品的目的，除此之外，无其他目的；其二，程启忠实施了运输毒品的行为。本案被告人程启忠的行为是否构成运输毒品罪的关键，并不在于程启忠是否为“齐姓男子”提供了邮寄地址，而是在于程启忠是否具有运输毒品的目的及实施了运输毒品的行为。从本案证据看，被告人程启忠没有与毒品上线“齐姓男子”托运毒品的共谋，亦未实施托运毒品的行为，仅在其作为购毒者收取包裹环节被公安机关查获。因此，程启忠属于接收毒品的人。从程启忠的供述及相关证据可以看出，程启忠和“齐姓男子”联系的目的在于购买并接收通过邮包寄来的毒品，而非将毒品由武汉运到沈阳的过程。本案所查获毒品确实系从武汉邮寄而来，但该毒品的运输过程并不是程启忠所关心的，也不是他所能控制的，程启忠追求的是对“邮包”的接收。这与运输毒品罪行为人的主观目的是不同的。在没有证据证实程启忠具有运输目的及与齐姓男子共谋实施运输行为的情况下，程启忠的行为就不构成运输毒品罪的共犯。且如果将购毒者接收贩毒者通过物流寄递方式交付的毒品简单定性为运输毒品罪，势必会将所有购毒者认定为运输毒品罪，打击面过大，亦与宽严相济的刑事审判政策相悖。

第三，实践中，行为人持有毒品行为往往不具有独立性，而是与贩卖、运输毒品等行为相联系，是贩卖、运输毒品等行为的前提或后续环节，购毒者具有接收物流寄递方式交付的毒品的行为，只有在购毒者拒不说明毒品的来源，而司法机关根据已查获的证据，又不能认定非法持有较大数量的毒品是为了进行贩卖、运输等其他毒品犯罪的，才构成非法持有毒品罪，因此，将购毒者接收贩毒者通过物流寄递方式交付的毒品的行为定性为非法持有毒品罪是以没有证据证明购毒者、接收者是为了实施贩卖、运输毒品等其他犯罪为前提的。这就要求公安机关在毒品案件侦查中，注意调取证据的严谨性、及时性、准确性，以确保对毒品犯罪的准确打击，避免因证据调取不足而放纵毒品犯罪。如果能够证明购毒者、接收者存在参与运输毒品，或以实施贩卖走私毒品为目的等情况，即按照购毒者、接收者实际触犯的运输毒品罪、走私、贩卖毒品罪认定，而不能单纯将接收通过物流寄递方式交付的毒品的行为评价为运输毒品罪的共犯。然而，毒品案件的证据收集具有一定难度，对该类案件证据的收集是否全面关系到购毒者、接收者行为定性问题。实践中应注重从以下几方面收集证据：首先，审查物流寄递毒品的来源。公安机关应调取购毒者供述毒品上线的信息，调取货运单查询毒品的发货人，调取发货日物流公司的监控录像，对购毒者签署的字迹与货运单上签署的字迹进行文字鉴定，均可以确定购毒者是否为发货人以及是否参与运输毒品的过程。本案中，程启忠供述的毒品上线“齐姓男子”现未查实，亦无证据证实程启忠具有参与邮寄毒品包裹的行为，机打的包裹单上发件人名为“程三”，亦无法推定程启忠系发件人，且出行记录显示程启忠在案发前未到武汉，无法证实其具有邮寄包裹的行为。其次，审查购毒者是否具有贩卖毒品等其他目的。公安机关应调取购毒者购买毒品的主观目的的口供，确定其口供的合理性，判断其是否具有贩卖毒品的主观目的。程启忠案中程供述购买毒品为自己吸食，对于贩卖等其他毒品犯罪的主观故意是零口供，亦无证据证实程启忠购买毒品系用于贩卖等其他犯罪的目的。因此，程启忠作为购毒者，明知是贩毒者通过物流方式寄递的毒品而予以接收，且没有证据证实其为了实施贩卖毒品等其他犯罪，毒品数量达到非法持有毒品的最低数量标准，符合非法持有毒品罪的构成要件，因此二审法院对程启忠改判为非法持有毒品罪，对原判定罪及量刑均依法调整。

在司法实践中，审判机关应严格证据规则，对涉毒犯罪分子认定犯罪事实和确定罪名时要慎重，努力做到准确定性，按照宽严相济的刑事审判政策，对犯罪分子给予适当的刑罚。

（一审法院合议庭成员　曲　宁　常景宁　李贞川
二审法院合议庭成员　朱晓光　边　锋　魏冬梅
编写人　辽宁省沈阳市中级人民法院　魏冬梅
责任编辑　周维明
审稿人　李玉萍）

原载《人民法院案例选》2019 年第 6 辑（总第 136 辑）

354. 龙梅贩卖毒品案
——麻醉药品制剂和精神药品制剂类毒品量刑时宜以含量作为考量情节

【关键词】

刑事　麻醉药品制剂　精神药品制剂　含量　纯度

【裁判要旨】

我国毒品犯罪的数量不宜以纯度折算，但对于包含美沙酮在内的、属于国家定点生产企业标准规格生产的麻醉药品制剂和精神药品制剂的毒品，应当按照麻醉药品制剂和精神药品制剂中该类毒品成分的含量认定涉案毒品的含量。

【相关法条】

《中华人民共和国刑法》

第三百五十七条　本法所称的毒品，是指鸦片、海洛因、甲基苯丙胺（冰毒）、吗啡、大麻、可卡因以及国家规定管制的其他能够使人形成瘾癖的麻醉药品和精神药品。

毒品的数量以查证属实的走私、贩卖、运输、制造、非法持有毒品的数量计算，不以纯度折算。

【案件索引】

一审：重庆市北碚区人民法院（2015）碚法刑初字第00601号（2015年11月17日）

二审：重庆市第一中级人民法院（2016）渝01刑终1号（2016年3月14日）

【基本案情】

重庆市北碚区人民检察院指控：被告人龙梅犯贩卖毒品罪。

被告人龙梅对公诉机关指控的事实和罪名无异议，但表示自己在贩卖的美沙酮中加入了大约100毫升的水，实际美沙酮只有约120毫升。

法院经审理查明：被告人龙梅系吸毒人员，在重庆市北碚区月亮田接受免费的美沙酮维持治疗。其在喝美沙酮的过程中，采取喝一半、留一半在嘴里的方式，将美沙酮带出并吐入随身携带的容器中。2015年8月3日14时许，被告人龙梅经电话联系后，在重市北碚区天生街道济民医院后门过道处，将多次积攒的1小瓶毒品美沙酮贩卖给唐荣宪。被告人龙梅收取唐荣宪毒资人民币300元后，被公安民警当场抓获，公安民警从唐荣宪处查获疑似毒品美沙酮1小瓶（净重211.55克、净体积215毫升）；从被告人龙梅处查获毒资人民币300元。被告人龙梅到案后如实供述了上述犯罪事实。

经重庆市公安局毒品检测中心鉴定：从查获的疑似毒品中检出美沙酮成分。经重庆市食品药品检验检测研究院检验：从查获的疑似毒品中测得盐酸美沙酮的含量为0.42毫克/毫升。另查明，北碚区美沙酮维持治疗门诊由北碚区精神卫生中心承办，设立固定门诊一个、流动门诊一个，流动门诊停靠点为北碚区月亮田保险公司和东阳镇黄桷登辉堂，所使用的药品均由西南药业股份有限公司提供，规格为10毫升含10毫克美沙酮。

【裁判结果】

重庆市北碚区人民法院于2015年11月17日作出（2015）碚法刑初字第00601号刑事判决：一、被告人龙梅犯贩卖毒品罪，判处有期徒刑一年零七个月，并处罚金人民币2000元。二、对扣押在案的毒品美沙酮依法予以没收。

宣判后，被告人龙梅不服，提起上诉。重庆市第一中级人民法院于2016年3月14日作出（2016）渝01刑终1号刑事裁定：驳回上诉，维持原判。

【裁判理由】

法院生效裁判认为：被告人龙梅贩卖毒品美沙酮给他人，其行为构成贩卖毒品罪。被告人龙梅到案后，如实供述自己的罪行，可依法从轻处罚。原审判决根据被告人龙梅犯贩卖毒品罪的事实、情节，对其判处刑罚适当。被告人龙梅关于原审判决对其量刑过重的上诉理由不成立。重庆市人民检察院第一分院建议驳回上诉，维持原判的意见成立，予以支持。原审判决认定事实和适用法律正确，量刑适当，审判程序合法。裁定驳回上诉，维持原判。

【案例注解】

该案例涉及两个问题：一是贩卖麻醉、精神药品制剂类毒品时，对其毒品的数量认定是以制剂总量认定数量，还是以制剂中麻醉、精神药品的含量来认定数量的问题；二是对制剂掺假、掺杂后的毒品数量认定的问题。

我国《刑法》规定对毒品的数量不宜以纯度折算，但司法解释及其他规定都认定对麻醉、精神药品制剂的需要以制剂中麻醉、精神药品的含量来计算数量。[①] 两者是矛盾的，尤其在遇到贩卖兑水后的麻醉、精神药品制剂的情况时，两者的冲突就会叠加，从而在量刑上映射出极其不合理的两极判断。

目前司法实践中，对毒品中的麻醉药品制剂和精神药品制剂大多数按照制剂重量来认定数量，少数在考虑到量刑畸重的情况下，采用模糊或者另辟蹊径的做法，尽量做到

① 《最高人民法院关于审理毒品案件定罪量刑标准有关问题的解释》第一条、第二条以括号标注的形式表述了麻醉药品制剂和精神药品制剂的含量认定问题："度冷丁（杜冷丁）二百五十克以上（针剂100mg/支规格的两千五百支以上，50mg/支规格的五千支以上；片剂25mg/片规格的一万片以上，50mg/片规格的五千片以上）；盐酸二氢埃托啡十毫克以上（针剂或者片剂20ug/支、片规格的五百支、片以上）。"《最高人民法院、最高人民检察院、公安部关于办理走私、非法买卖麻黄碱类复方制剂等刑事案件适用法律若干问题的意见》第六条第一款规定："实施本意见规定的行为，以走私制毒物品罪、非法买卖制毒物品罪定罪处罚的，应当以涉案麻黄碱类复方制剂中麻黄碱类物质的含量作为涉案制毒物品的数量。"

罪刑均衡。因此，有必要对我国麻醉药品制剂和精神药品制剂的含量作统一认定。另外，司法实践中存在大量掺假、掺杂的毒品，其含量往往极低，“不以纯度折算”从社会危害性角度以及违背《刑法》第十三条的精神等角度经常大受诟病，司法实践中也存在量刑畸重的情况。因此，对掺假、掺杂情况下的毒品含量的认定仍需要直观面对并进行认真分析。

一、两组概念的厘清

在贩卖毒品犯罪的司法实践中，存在精神药品制剂、麻醉药品制剂与毒品；精神药品制剂、麻醉药品制剂的重量与毒品含量两组概念混淆的情况。

《刑法》第三百五十七条明确规定了毒品的概念：“本法所称的毒品，是指鸦片、海洛因、甲基苯丙胺（冰毒）、吗啡、大麻、可卡因以及国家规定管制的其他能够使人形成瘾癖的麻醉药品和精神药品。”可以看出，我国是采取列举加兜底的方式明确了毒品的概念。毒品实质上是因其药理作用而作为麻醉药品和精神药品，但同时又因这种药理作用滥用而致的社会危害性被规定为毒品，具有一体两面的效果。所谓制剂是指为适应治疗或者预防的需要，按照一定的剂型要求所制成的，可以最终提供给用药对象使用的药品。而麻醉药品制剂与精神药物制剂，国际公约对此作了解释。根据《1961 年麻醉药品公约》的解释，麻醉药品制剂是指含有麻醉品的固体或者液体混合剂。根据《1971 年精神药物公约》的规定，精神药物制剂是指任何无论其物理状态而含有一种或者多种精神药物之混合物或者溶剂，或已成剂型之一种或者多种精神药物。由此可见，麻醉药品制剂和精神药品制剂是含有毒品成分的制剂，比如说含有可卡因成分的制剂，全球很多国家法律都有相关的规定。可以说，由于毒品与精神药品制剂、麻醉药品制剂二者的成瘾性、危害性不同，等级归类也不同。

麻醉药品制剂和精神药品制剂重量，一般是指麻醉药品制剂和精神药品制剂（一般指针剂、片剂）的总重量，包含盐分、水分、淀粉、糖分、色素等成分，而含量是指有效药品的含量，即麻醉药品制剂和精神药品制剂的含量。计算麻醉药品制剂和精神药品制剂的含量还会用到两个概念：体积与浓度规格。体积一般是指麻醉药品制剂和精神药品制剂总体积，麻醉药品制剂和精神药品制剂都会明确规定浓度规格，体积乘以美沙酮的浓度规格即得出纯美沙酮的含量。

二、精神药品制剂、麻醉药品制剂宜以含量认定数量

毒品犯罪中，对属于国家管制的精神药品制剂、麻醉药品制剂应当按其含量计算贩卖数量。具体理由如下：

从精神药品制剂、麻醉药品制剂本身性状来说，一是精神药品制剂、麻醉药品制剂中盐分、水分、淀粉、糖分、色素等成分占有相当大的比重，毒品成分的含量较低。根据精神药品制剂、麻醉药品制剂的总重量认定涉案毒品的数量，势必同毒品成分的实际数量有明显差距，难以体现罚当其罪。二是对不同厂家生产或者同一厂家生产的不同规格的同类精神药品制剂、麻醉药品制剂，在总重量相同的情况下，其毒品成分的含量却有可能有较大差异。根据精神药品制剂、麻醉药品制剂的总重量认定涉案毒品的数量，难以实现量刑平衡。三是正规生产、使用单位的精神药品制剂、麻醉药品制剂，毒品成分的含量是有严格标准的，不涉及毒品含量的鉴定问题，因此不会给司法实践带来困难。四是精神药品制剂、麻醉药品制剂作为毒品，其毒效、药效、吸毒者对该毒品的依赖程度，都是根据该精神药品制剂、麻醉药品制剂的毒品成分的大小和多少确定的，即其规格含量，医疗行业中也是根据精神药品制剂、麻醉药品制剂毒品成分的重量来计算其规格含量，而不是根据精神药品制剂、麻醉药品制剂的净重来计算其数量。

从精神药品制剂、麻醉药品制剂的含量规定适用范围来说，大多数国家都对毒品成分在麻醉药品制剂和精神药品制剂中的含量进行了规定，如美国、澳大利亚、新西兰、马来西亚。我国港澳台地区也有关于麻醉药品制剂和精神药品制剂毒品含量的定量规定，如澳门的阿片或者吗啡制剂，所含吗啡以无水吗啡碱计算不超过0.2%；我国台湾地区的可待因制剂，其可待因含量每100毫升（或者100公克）1公克以上不超过5公克。[①] 这些定量规定使得毒品含量趋向精密化、准确化，在实践当中也易于操作，切实可行。

从刑法条文文字表述精简角度来看，《最高人民法院关于审理毒品案件定罪量刑标准有关问题的解释》通过括号标注的方式规定，对杜冷丁和盐酸二氢埃托啡针剂及片剂，要按照麻醉药品制剂和精神药品制剂中所含该类毒品成分的数量认定涉案毒品数量。鉴于毒品犯罪案件中还有一些涉案毒品也属于流入非法渠道的正规药品，也应当采用这样的毒品数量认定方法，而逐一采用括号标注的方式较为烦琐，故需统一作出规定。

从毒品犯罪司法精神角度来说，根据2008年《全国部分法院审理毒品案件工作座谈会议纪要》第五条“对于国家管制的精神药品和麻醉药品，刑法、司法解释等尚未明确规定量刑数量标准，也不具备折算条件的，应当由有关专业部门确定涉案毒品毒效的大小、有毒成分的多少、吸毒者对该毒品的依赖程，综合考虑其致瘾癖性、戒断性、社会危害性等依法量刑”的规定，可以得出对国家管制的麻醉药品制剂和精神药品制剂亦应当计算其含量以确定贩卖的数量。

值得注意的是，我国没有关于精神药品制剂的毒品成分含量的相关规定，而对麻醉药品制剂的规定也主要是药品监督管理部门发布的一些非立法性规范文件，如《国家食品药品监督管理局关于含麻醉药品复方制剂管理的通知》，其法律效力有待提高。同时，这些非立法性规范文件也只是对部分麻醉品复方制剂中药品的剂量作出了规定。从放开精神药品制剂和麻醉药品制剂的含量政策来看，需配套做好精神药品制剂和麻醉药品制剂含量的统一规格，统一适用的规定。

三、掺假、掺杂的毒品不应以纯度折算

既然麻醉药品制剂和精神药品制剂要按照含量计算其数量，那么，是否对所有的毒品都应该按照含量计算其数量，更为甚者，对于掺假、掺杂的毒品，是否也应去掉所含杂质的量来认定毒品的数量呢？笔者认为，掺假、掺杂的毒品不宜以纯度折算。

按照美沙酮制剂中美沙酮的含量来计算其数量与除去行为人自己所掺杂质后的总量来认定数量，两种行为方式不同，得出的结论也不相同。前者是指要计算出包含杂质的麻醉药品制剂和精神药品制剂的总量，然后根据浓度来计算毒品含量；后者是通过排除行为人自己所掺的杂质的量，然后根据所剩的毒品的重量或者含量来计算贩毒的数量。前者不管贩毒者掺假、掺杂的行为，只以掺假、掺杂后的麻醉药品制剂和精神药品制剂总重量中的含量来计算数量；而后者排除了杂质的重量后，或按原麻醉药品制剂和精神药品制剂的总重量来认定毒品的数量，或按原麻醉药品制剂和精神药品制剂的含量来认

---

① 杨洁：《毒品目录与分级制度的比较研究》，昆明理工大学2013年硕士学位论文。

定毒品的数量。

对于以去除所兑的水后再认定麻醉药品制剂和精神药品制剂的数量这种方式而言，既然要去掉毒品所兑水分的重量，相当于一次去除杂质的行为，为什么不索性计算药品中的含量，把杂质全部去除？为什么只去除行为人自己所掺的杂质，不去除麻醉药品制剂和精神药品制剂自身所带的盐分、糖分、淀粉、色素等杂质？对于毒品而言，其他与其不同的应该都是杂质。所以这种计算方式前后矛盾。

本案是在美沙酮维持治疗法（MMT）已经在全球范围内广泛应用的背景下的特殊产物，关键在于掺水后美沙酮数量认定的问题，涉及四种认定数量的方法：（1）按兑水后美沙酮的重量来认定数量；（2）按兑水后美沙酮的含量来计算数量；（3）按去掉所兑水后的美沙酮的重量来计算；（4）按去掉兑水后的美沙酮的含量来计算数量。这四种方法又可以分为两个方面的问题：一是美沙酮制剂的含量问题，二是兑水后美沙酮数量的认定问题，二者不能等同。一审考虑到被告人龙梅是从美沙酮维持治疗门诊盗取规格为10毫升含10毫克盐酸美沙酮贩卖，而实际查获的盐酸美沙酮规格经鉴定为0.42毫克/毫升，由此认定最终查实的美沙酮的含量是90毫克，最终认定对被告人龙梅在三年以下量刑幅度内量刑。二审阶段虽然对一审的认定方式持保留态度，但综合考虑适用法律正确、量刑合理以及被告人龙梅是初犯等因素，维持原判。该案例从立法本意出发，结合我国毒品犯罪宽严相济的刑事政策，以美沙酮制剂中美沙酮的含量来认定贩卖的数量，同时，不考虑被告人龙梅兑水的情节，充分保证该类案件的公正性、客观性，减少此类案件量刑的随意性。

（一审法院合议庭成员　范宜民　罗　敏　谢淑静
二审法院合议庭成员　张　艳　汪礼滔　孙红涛
编写人　重庆市第一中级人民法院　杜　伟
责任编辑　包献荣
审稿人　李玉萍）

原载《人民法院案例选》2020年第4辑（总第146辑）

355. 王某某运输毒品案

——毒品犯罪案件行为人主观明知的认定

【关键词】

刑事　运输毒品　主观明知　事实推定　证明责任

【裁判要旨】

毒品犯罪案件中，在被告人拒不认罪的情况下，对被告人“主观明知”的认定可运用事实推定的方式进行判断，但这种事实推定是可以通过被告人的反证被推翻的。当被告人对涉案毒品不明知的抗辩具有高度可能性，且公诉机关不能进一步举证证实被告人对毒品主观明知且达到事实清楚，证据确实、充分的标准时，不能认定被告人有罪。

【相关法条】

《中华人民共和国刑法》

第三百四十七条　走私、贩卖、运输、制造毒品，无论数量多少，都应当追究刑事责任，予以刑事处罚。

走私、贩卖、运输、制造毒品，有下列情形之一的，处十五年有期徒刑、无期徒刑或者死刑，并处没收财产：

（一）走私、贩卖、运输、制造鸦片一千克以上、海洛因或者甲基苯丙胺五十克以上或者其他毒品数量大的；

（二）走私、贩卖、运输、制造毒品集团的首要分子；

（三）武装掩护走私、贩卖、运输、制造毒品的；

（四）以暴力抗拒检查、拘留、逮捕，情节严重的；

（五）参与有组织的国际贩毒活动的。

《最高人民法院、最高人民检察院、公安部关于印发〈办理毒品犯罪案件适用法律若干问题的意见〉的通知》

二、关于毒品犯罪嫌疑人、被告人主观明知的认定问题

走私、贩卖、运输、非法持有毒品主观故意中的“明知”，是指行为人知道或者应当知道所实施的行为是走私、贩卖、运输、非法持有毒品行为。具有下列情形之一，并且犯罪嫌疑人、被告人不能做出合理解释的，可以认定其“应当知道”，但有证据证明确属被蒙骗的除外：

（一）执法人员在口岸、机场、车站、港口和其他检查站检查时，要求行为人申报为他人携带的物品和其他疑似毒品物，并告知其法律责任，而行为人未如实申报，在其

所携带的物品内查获毒品的；

（二）以伪报、藏匿、伪装等蒙蔽手段逃避海关、边防等检查，在其携带、运输、邮寄的物品中查获毒品的；

（三）执法人员检查时，有逃跑、丢弃携带物品或逃避、抗拒检查等行为，在其携带或丢弃的物品中查获毒品的；

（四）体内藏匿毒品的；

（五）为获取不同寻常的高额或不等值的报酬而携带、运输毒品的；

（六）采用高度隐蔽的方式携带、运输毒品的；

（七）采用高度隐蔽的方式交接毒品，明显违背合法物品惯常交接方式的；

（八）其他有证据足以证明行为人应当知道的。

【案件索引】

一审：广东省广州市中级人民法院（2015）穗中法刑一初字第220号（2016年9月14日）

二审：广东省高级人民法院（2017）粤刑终26号（2017年7月24日）

重审一审：广东省广州市中级人民法院（2017）粤01刑初335号（2018年8月2日）

重审二审：广东省高级人民法院（2018）粤刑终1363号（2018年12月28日）

【基本案情】

广东省广州市人民检察院指控：2014年8月16日12时许，被告人王某某到广东省广州市白云区广州白云国际机场，拟乘坐CZ352航班前往沈阳再转机至境外。过安检通道时，安检员从被告人王某某随身携带的双肩背包夹层内查获甲基苯丙胺（冰毒）一包（经鉴定，净重1101克，检出甲基苯丙胺成分，含量为63.6%），遂将被告人王某某抓获。

公诉机关认为被告人王某某运输毒品甲基苯丙胺，数量大，其行为触犯了《刑法》第三百四十七条第二款第一项，应当以运输毒品罪追究其刑事责任。

被告人王某某辩称其不知道携带的背包里藏有毒品，该背包是一名黑人男子通过快递公司交给他的，其是遭到了陷害。

辩护人的辩护意见认为：公诉机关指控被告人王某某犯运输毒品罪的证据不足，不能排除合理怀疑，应当作出无罪判决。

广东省广州市中级人民法院经审理查明：2013年4月起，非洲电信诈骗人员通过手机短信及电子邮件与被告人王某某频繁联系，以任命王某某为联合国加纳难民大使、联合国已通过外国银行向其发放巨额款项以及款项发放、审批通关过程中出现阻碍需要支付手续费等各种名义，连续不断地诱骗王某某向境外汇款。王某某对上述骗局深信不疑，不仅按对方要求源源不断地向境外汇款，而且还为此不惜反复向亲友借钱，即使已被提醒过遭遇骗局也执迷不悟。

2014年8月，非洲诈骗人员预订了境外—广州—沈阳—境外的机票和酒店，以到广州接见外交官接收文件以及见投资人等名义，指使被告人王某某于8月14乘飞机抵达广州并入住广州市恒东商务酒店。王某某在酒店房间内久等及经多次短信催促后，都不见非洲诈骗人员所称的“外交官”出现，就发短信询问诈骗人员外交官是否可以给其发送文件以及给其去日本东京的费用。15 日 18 时许，自称“外交官”的诈骗人员发短信向王某某索要了酒店地址和房间号，王某某也告知对方其第二天中午前往沈阳的行程并希望对方能在第二天 10 时前送文件并给其一些钱。随后，广州物流公司的工作人员与王某某取得联系，并答应第二天 8～9 时取到文件后就直接拿给王某某。

16 日 10 时许，非洲诈骗人员发短信让被告人王某某一旦收到清关证书就立即通知他；提醒其他的清关证书将会在日本签发给王某某；还叮嘱王某某在收到文件后要放进那个袋子里面好好保管，未抵达日本之前不要拿出来，以免损坏。10 时 30 分许，王某某在酒店内接收了快递员送来装有文件的双肩背包并当面打开查看，又用电话向快递公司的工作人员询问了快递物品里是否有钱。随后，王某某带上双肩背包及行李乘出租车赶往广州白云国际机场，拟乘坐 CZ352 航班前往沈阳。13 时许，在经过机场安检通道时，安检人员从王某某随身携带的双肩背包的夹层内查获了毒品甲基苯丙胺（俗称冰毒）一包（净重 1101 克，含量为 63.6%），遂抓捕了王某某。

【裁判结果】

广东省广州市中级人民法院于 2016 年 9 月 14 日作出（2015）穗中法刑一初字第 220 号刑事判决：被告人王某某犯走私毒品罪，判处无期徒刑，剥夺政治权利终身，并处没收个人全部财产。广东省高级人民法院于 2017 年 7 月 24 日作出（2017）粤刑终 26 号刑事裁定：以原审判决事实不清、证据不足为由撤销广东省广州市中级人民法院（2015）穗中法刑一初字第 220 号刑事判决，将案件发回广东省广州市中级人民法院重新审判。广东省广州市中级人民法院于 2018 年 8 月 2 日作出（2017）粤 01 刑初 335 号刑事判决：被告人王某某无罪。宣判后，原公诉机关广东省广州市人民检察院以广东省广州市人民法院（2017）粤 01 刑初 335 号刑事判决认定事实和适用法律确有错误，应认定原审被告人王某某的行为构成运输毒品罪为由提出抗诉。在广东省高级人民法院审理过程中，广东省人民检察院认为广东省广州市人民检察院抗诉不当，决定撤回抗诉。广东省高级人民法院于 2018 年 12 月 28 日作出（2018）粤刑终 1363 号裁定：准许广东省人民检察院撤回抗诉。

【裁判理由】

法院生效裁判认为：现有证据不足以认定王某某主观上具有运输毒品的犯罪故意，理由如下：

一、现有证据证实被告人王某某是受骗来广州处理事务

1. 手机短信、机票订单以及被告人王某某背包内的文件证实，从 2013 年 4 月至案发前的一年多时间里，非洲诈骗团伙就一直通过手机短信以及电子邮件与被告人王某某密切联系，致使其相信自己已被任命为联合国加纳难民大使且联合国已通过国外银行向其发放巨额款项，再以汇款审批、发放过程中出现各种阻碍需要支付手续费等名义，连续不断地骗取其金钱。而王某某不仅对上述电信诈骗的骗局一直深信不疑，不断按要求向境外汇款，而且自己亦以诈骗团伙所编的理由反复向亲友借钱用于支付被骗汇款，甚至

不惜为此大量举债，期间，即使有朋友提醒王某某是遭遇国际诈骗甚至王某某自己也因伪造官方文件被判入狱且失信于亲友，王某某仍顽固不化、执迷不悟，继续上当受骗，而且还接受对方指令及安排前来广州办理“放款”手续等事宜，甚至还要被安排去日本东京。由此可见，从一年多前直至案发，王某某从境外到广州都处于被非洲团伙连续诈骗的过程当中，其本次前来广州办理“放款手续”的行程与其此前在境外被骗的情节环环相扣，自然连贯，不可能是王某某为了实施毒品犯罪而故意铺垫安排、制造假象。

2. 手机短信和查获的银行汇款单证实，被告人王某某相信境外对其过亿的放款骗局，其与诈骗团伙联系的内容也是围绕上述“巨额放款”，双方通讯记录中并未提及其他关于托运物品及报酬，而且，王某某在境外期间就长期有不断向国外诈骗人员汇款的行为，仅本案查获的汇款单就反映其案发前两个月就曾共计汇款1065美元。另外，王某某收到的200美金是其被骗到广州后，因诈骗团伙还要让其到日本办“放款手续”，其基于经济拮据才要求诈骗团伙给点途中花费，不能排除是诈骗团伙为了稳住王某某才给其200美元。更何况，高风险的毒品走私却仅获得200美元报酬也与常理不符。从上述倒贴汇款而非获取报酬的行为可见，王某某并不具有为获得巨大利益而帮非洲犯罪团伙运输毒品的主观故意。

3. 手机短信证实，被告人王某某来到广州后的两天内，联系的仍是之前就对其实施诈骗的“Alex”等非洲人员，所谈“银行放款”及索要证明文件等内容均与其在境外一直被骗的内容紧密相关，其中并无提及任何与毒品或托运物品有关的内容。且王某某是按要求在广州酒店等候却不见诈骗人员所称的“外交官”前来，并经多次催问未果的情况下才要求对方将涉“银行放款”文件快递给他，目的是自己以后（包括再前往日本东京）交涉办理“银行放款”事宜时能够出示有力证明。另外，证人马某山和曾某海的证言也证实涉案藏匿有毒品的双肩包确实是诈骗人员借上述理由用来装着文件快递送给王某某的。综上可见，王某某接收藏有毒品双肩包的过程与其受蒙骗而要求对方送文件的辩解自然吻合，其相信对方送给他的只是用背包装的文件而非其他非法物品或托带物品符合一般普通人的常规判断。

4. 被告人王某某入境广州时即在白云机场购买新手机卡，是旅客为避免拨打国际长途而节省手机话费的惯常行为，不足以证实是逃避犯罪侦查行为。另外，手机短信及通话清单证实王某某到广州后，虽曾通过电话联系一名沈阳人“薛某”，但通过短信记录能反映王某某与“薛某”联系是为了通知“薛某”其已到广州，告知对方自己所住酒店的具体房间以及具体行程，并让对方有空与其联系。从上述内容及表达方式可见，如果“薛某”也是受安排在沈阳接收毒品的同伙，则王某某告诉对方自己的具体行程就显得多此一举，相反，王某某辩解因本次行程要途经沈阳才联系之前来中国大陆时就相识的东北人“薛某”，则符合其一人前来大陆且经济上处于窘境、需要与认识的朋友联络并希望获得朋友帮助的现实境况，因而，短信中王某某才会客气地让对方“有空与其联系”。另外，在王某某被捕后，还有自称为“牛某某”的中国朋友发短信问王某某“还在广州嘛”，这也反映出王某某同样有将行程告诉过其他朋友。因此，王某某与“薛某”的联系并不足以推定就是为了交接毒品。

二、现有证据不能证明被告人王某某明知其包内有毒品

1. 现场检测报告书证实被告人王某某并不吸毒，在案证据不足以证实王某某能够认

知毒品。

2. 证人曾某某的证言和被告人王某某的供述证实王某某收到黑人快递给他的背包后，还毫无顾忌地在公开的酒店大堂并当着快递人员的面打开过背包，上述行为与明知背包内藏有毒品所应有的谨慎和警惕行为并不相符。另外，涉案毒品被压得较为扁平并藏在背包有较硬背部隔板的夹层内，不知情的人不剪开夹层一般不能直接通过触摸而发现其中藏有毒品，因此，王某某没能发现他人送来背包内藏有的毒品合乎情理。

3. 虽然被告人王某某供认黑人给其装文件的背包中还有新衬衣和小黑包等物品，但在案证据证实王某某此行被骗来中国大陆除了机票和住宿由非洲犯罪团伙承担外，其还要向亲友借钱支付自己本次旅程的其他花销，甚至拮据到要发短信向非洲犯罪团伙要求"外交官"给点钱，因此，背包中的新衬衣和小黑包等物品不排除和给200美元一样，也是非洲犯罪团伙用以临时接济王某某的生活用品，目的是稳住王某某并让王某某继续听任其摆布。因而，上述情节并不足以据此推定王某某明知涉案背包及其中物品是他人让其托带的毒品。

4. 背包内的200美金是放在装文件的大信封中的小信封内，快递员送达时已经超过了与王某某约定的时间。王某某收件后由于要赶乘飞机时间仓促，并无充足时间对大信封内物品作仔细检查，况且，快递公司的证人马某山反映，王某某在收到快递后曾电话问过其货物内是否有钱的事，也证实王某某当时确实没有找到装在背包中大信封里小信封内的钱。因此，王某某供称事前不知信封内有钱与客观状况及证据相符，并不足以用作推定其是在故意隐瞒。

三、现有证据不能排除被告人王某某认为自己携带的是合法物品的可能性

1. 虽然证人王某（机场安检员）的证言反映其用工具打开背包夹层发现了一包物品后再问被告人王某某，王某某仍坚持说是文件。但是，由于背包是之前诈骗团伙用来装文件送给王某某的，王某某根据其过往经历而推断回答背包里面的东西同样也是别人给他的文件自然合理，况且，毒品的外包装与快递件极为相似，也容易造成误判。

2. 在案证据证明王某某接收背包是为了拿到属于自己的文件，不是帮助他人托带的不明物品。涉案背包在王某某看来只是装文件的工具，并非他人托带的物品，况且，涉案毒品被隐藏在背包的夹层内，王某某接收到背包后即使已尽到当着快递员的面翻看的注意义务，但因毒品藏匿巧妙而不可能被其通过常规方法发现。另外，快递员送达背包时已超过了约定时间，王某某接收到背包后必须立即赶往机场乘飞机，时间上并不容许其对文件、背包的事宜作过多的思考分析及处理。因此，王某某认为其没有携带违禁品及没有申报他人托带物品而选择走无申报通道属自然合理。

3. 证人李某某和王某的证言证实被告人王某某在机场被检查并发现毒品时，仍然神情镇定及配合检查的冷静行为表现，与明知背包内藏有毒品被发现及可能被审判而应有的慌张、逃跑表现截然相反，上述行为表现不仅不能证明王某某对毒品明知，相反，其不明知才会无知无畏，坦荡镇静。

4. 被告人王某某受过高等教育并多次乘机往返过国内与境外，有着丰富的社会阅历，因此，王某某对背包内藏匿毒品过机场安检会被发现以及从事毒品犯罪将会被判重刑等常识应当明知，但本案却并无证据证明其明知是危险而不惜以身犯险的合理理由。相反，现有证据足以证实非洲诈骗团伙向王某某编造巨额"银行放款"的骗局诱惑，才

使王某某愿意盲目接受该团伙的安排。

综上，现有证据证实被告人王某某是受蒙骗而为他人运输毒品。公诉机关认定王某某明知毒品而运输的证据不足，指控罪名不能成立。

【案例注解】

在审理毒品犯罪过程中，坚持主客观相统一的基本原则是界定被告人罪与非罪及准确定性的前提。本案被告人王某某在机场安检时，在其随身携带的背包中查获毒品，对于其有实施运输毒品客观行为的基础事实可以基本确定，故本案争议的焦点在于其对背包中的毒品是否主观明知，若王某某对涉案毒品并不主观明知则不能认定其有罪。在本案审理过程中形成了以下两种观点：第一种观点认为，被告人王某某无法对自己所称的荒诞行程作出合理解释，且其采用高度隐蔽的背包夹藏方式携带毒品从广州乘飞机前往沈阳，依法应推定其具有毒品犯罪的主观故意。第二种观点认为，被告人王某某是被诈骗人员安排前来办理“银行放款”手续等；公诉机关认定王某某明知毒品而运输的证据不足，指控罪名不能成立，应依法宣告其无罪。笔者同意第二种观点，理由是：

一、对毒品犯罪行为人的主观明知可适用事实推定

事实推定是指在刑事诉讼过程中，法庭依照法律规定的程序，根据经验法则或者法律规定，从已查明的事实推断另一个事实存在，并允许被告人举证反驳的证明方法。[①]

司法实践中，行为人对涉案毒品主观明知是毒品犯罪认定的构成要件之一，但因主观明知要素属行为人内心活动，且毒品犯罪场所和方式具有隐蔽性，犯罪结果发生具有滞后性等特点，导致在审理毒品犯罪案件中对于行为人对毒品是否主观明知很难精准把握，特别是在被告人拒不认罪且缺乏其他直接证据的情况下，往往陷入基于证据不足不起诉或宣判无罪的困境。因此，在审理毒品犯罪案件时，引入事实推定规则，在查明的基础事实与推定事实之间通过逻辑推理构建常态化、经验性的联系，一定程度上可替代司法证明，降低司法机关对行为人主观要素的证明难度，突破司法证明困境，为毒品犯罪的主观要素证明困难构建一条较为合理的出路。

《办理毒品犯罪案件适用法律若干问题的意见》（以下简称《意见》）作了专门的规定，即具有下列情形之一，并且犯罪嫌疑人、被告人不能作出合理解释的，可以认定其“应当知道”，但有证据证明确属被蒙骗的除外：（1）执法人员在口岸、机场、车站、港口和其他检查站检查时，要求行为人申报为他人携带的物品和其他疑似毒品物，并告知其法律责任，而行为人未如实申报，在其所携带的物品内查获毒品的；（2）以伪报、藏匿、伪装等蒙蔽手段逃避海关、边防等检查，在其携带、运输、邮寄的物品中查获毒品的；（3）执法人员检查时，有逃跑、丢弃携带物品或逃避、抗拒检查等行为，在其携带或丢弃的物品中查获毒品的；（4）体内藏匿毒品的；（5）为获取不同寻常的高额或不等值的报酬而携带、运输毒品的；（6）采用高度隐蔽的方式携带、运输毒品的；（7）采用高度隐蔽的方式交接毒品，明显违背合法物品惯常交接方式的；（8）其他有证据足以证明行为人应当知道的。上述规定通过界定行为人在特定场所实施特定行为来判断其对毒品是否主观明知，体现了我国司法机关在办理毒品犯罪案件中的对行为人的“主观明

① 南英、高憬宏主编：《刑事审判方法》（第二版），法律出版社 2015 年版，第 297 页。

知”要素的认定可适用事实推定规则。

二、推定事实是可以被推翻的

推定事实的成立是在基础事实上基于经验法则进行的逻辑推定，必然受到基础事实的真实性、推定依据的可靠性、推定方法合理性等因素影响，因此，对于明知因素的推定事实，是可被推翻的事实，在存在相反事实成立的情况下，推定事实就将被推翻，相反的事实也就得到证明。① 被告方可以通过主张或举证证明基础事实不真实、推定依据不可靠或者推定运用不合理，从而推翻推定的事实。②

2008 年最高人民法院印发的《全国部分法院审理毒品犯罪案件工作座谈会纪要》中明确，对于毒品犯罪中的“主观明知的认定问题”，要“判断被告人对涉案毒品是否明知，不能仅凭被告人供述，而应当依据被告人实施毒品犯罪行为的过程、方式、毒品被查获时的情形等证据，结合被告人的年龄、阅历、智力等情况，进行综合分析判断”。此外，《意见》中对于推定被告人的主观明知因素也作出了“但书”规定：“……被告人不能做出合理解释的，可以认定其‘应当知道’，但有证据证明确属被蒙骗的除外。”由此可见，审理毒品犯罪案件时，对于事实推定规则并不是硬性僵化适用，而是要求结合经验法则对行为人客观情况、实施行为、案发场所进行综合性分析，而推定事实也不能转化成为不可推翻的客观事实。

本案一审阶段仅对被告人王某某在机场被查获毒品的事实予以认定，但对于有手机短信证明王某某案发前已被诈骗以及如何取得涉案背包的过程并未进行进一步的查明认定，影响了对本案的综合分析和判断，从而忽略了“有证据证明确属被蒙骗的”这一合理怀疑，导致在一审阶段本案事实未能查清。重审一审阶段通过查明手机短信中的内容，补充查明被告人王某某从 2013 年 4 月至案发近一年被非洲犯罪团伙诈骗过程的事实并予以认定，并从王某某是否受骗、对涉案毒品是否能够知情及其对涉案毒品不明知的辩解是否合理或有证据支持的三个角度进行分析评判，层层递进，是在查明的基础事实上，结合王某某的人生经历、社会经验、所处环境等，运用人性心理及经验法则来推导出王某某案发时的主观心态，从而推断被告人王某某提出自己无罪的辩解是具有高度可能性、合理性的，遂推翻了公诉机关对王某某对携带毒品主观明知的指控。

三、被告方、公诉方的举证证明标准应有所区别

公诉机关在刑事公诉案件中始终承担证明被告人犯其指控之罪的责任。根据我国《刑事诉讼法》的规定，法院对案件进行判决需要达到“案件事实清楚，证据确实、充分”，法院方可判决被告人有罪，因此，公诉人的举证标准也始终应该达到最高证明标准，使其指控的被害人罪行达到“事实清楚，证据确实、充分”的程度。虽然通过事实推定规则使公诉机关可以在一定程度上绕过司法证明，直接推定特定犯罪构成要件，使证明责任向被告人转移，但当被告人的辩解或提供证据可证明推定事实不成立时，证明责任会再次向公诉机关转移。故公诉机关需要对被告人提出的辩解及证据予以证伪来证明被告人的抗辩不能成立，或提出更有力的证据证明被告人有罪，从而支持其对被告人的有罪指控。

---

① 陈瑞华：《刑事证据法学》（第二版），北京大学出版社 2014 年版，第 336 页。

② 南英、高憬宏主编：《刑事审判方法》（第二版），法律出版社 2015 年版，第 302 页。

但需要注意的是，被告人举证的证明标准应低于公诉机关承担的证明责任的证明标准，被告人对推定事实的证伪或者对相反事实的证明，最多达到高度可能性的程度就可以了。[①] 这是因为被告人在诉讼过程中的诉讼地位与取证能力均相对弱势，不宜对其设定与公诉机关一样的证明标准。对于被告人举证的证明标准，只要达到高度可能性，即指被告方对于与推定事实相反的事实的真实性，只要证明到令法官产生高度的可信性即可，而法官对推定事实的可靠性产生合理的怀疑，就可以认定推定事实不成立。[②] 但公诉机关无论是对被告人提出有罪指控，还是对被告人提出的抗辩及证据的证伪，始终应达到“事实清楚，证据确实、充分”之标准。否则，因为案件无法排除合理怀疑，根据无罪推定原则，对于事实不清、证据不清的指控，法官只能作出有利于被告人的裁判。

回归本案，本案在案证据所证实的基础事实仅是王某某在案发当天携带毒品在机场进行安检并被当场查获的客观事实，且王某某主张其被诈骗集团利用运输毒品，经综合审查全案证据，可判断其对涉案毒品并不主观明知的辩解具有高度可能性，使得根据《意见》对王某某对涉案毒品“应当知道”的事实推定不能成立。这时公诉机关就需要对王某某对毒品的主观明知进行进一步的证明，从而形成完整的证据链，实现主客观相统一，以排除本案的合理怀疑，使全案证据达到事实清楚，证据确实充分的程度。但因公诉机关在审理过程中未能提交证据充分证明王某某对涉案毒品主观明知，对于王某某的有罪指控缺乏主观要件的证据，因此，根据疑罪从无原则宣告王某某无罪符合法律规定。

综上，事实推定虽然不同于证据证明的事实认定方法，但始终贯穿于刑事证明过程中。在办理毒品犯罪案件中，应坚持主客观相统一的基本原则，正确适用事实推定法则，在已经查明的基础事实上对被告人的主观意志进行合法、合理及合乎逻辑和经验法则的推定，准确把握被告人的主观明知要素，使案件事实清楚、证据确实充分，从而更好地在司法实践中实现正义与公平。

（重审一审合议庭成员　黄　坚　文方遒　黄　威
重审二审合议庭成员　王晓文　梁　美　黄玉良
编写人　广东省广州市中级人民法院　黄　坚　李晓虹
责任编辑　周维明
审稿人　李玉萍）

原载《人民法院案例选》2020年第10辑（总第152辑）

① 陈瑞华：《刑事证据法学》（第二版），北京大学出版社2014年版，第349页。
② 陈瑞华：《刑事证据法学》（第二版），北京大学出版社2014年版，第340页。

二、非法生产、买卖、运输制毒物品、走私制毒物品罪

356. 鲁福平非法生产制毒物品案

——非法生产邻氯苯基环戊酮，情节特别严重，依法惩处

（一）基本案情

被告人鲁福平，男，汉族，1965 年 11 月 22 日出生，无业。2005 年 11 月 15 日因犯虚开增值税专用发票、用于骗取出口退税、抵扣税款发票罪被判处有期徒刑七年，并处罚金人民币 20 万元；2014 年 1 月 23 日因犯非法买卖制毒物品罪被判处有期徒刑一年九个月，并处罚金人民币 15000 元，2015 年 1 月 24 日刑满释放。

2016 年 5 月，被告人鲁福平与周某（另案处理）共谋生产邻氯苯基环戊酮（以下简称邻酮），商定由周某提供资金，鲁福平负责联系工厂、组织人员。同年 6 月，鲁福平选定河南省平顶山市一生化公司车间作为生产邻酮的地点，并安排王某某（另案处理）做技术员。周某向王某某支付 10 万元定金，并安排蔡某某、陈某某参与生产邻酮。至同年 7 月 25 日被查获时，鲁福平等人利用该公司设备、人员生产邻酮 4 批次，共计 231.5 千克。

（二）裁判结果

本案由江苏省建湖县人民法院审理。

法院认为：被告人鲁福平违反国家规定，非法生产国家管制的易制毒化学品邻酮，情节特别严重，其行为已构成非法生产制毒物品罪，应依法惩处。在共同犯罪中，鲁福平参与共谋非法生产制毒物品，选定生产场所，纠集、指挥他人进行生产，起主要作用，系主犯，应当按照其所指挥和参与的全部犯罪处罚。鲁福平曾因故意犯罪被判处有期徒刑，在刑罚执行完毕后五年内又犯罪，系累犯，应依法从重处罚。据此，依法对被告人鲁福平判处有期徒刑八年六个月，并处罚金人民币 5 万元。

宣判后，在法定期限内没有上诉、抗诉，上述裁判已于 2017 年 1 月 17 日发生法律效力。

（三）典型意义

随着国内制造甲基苯丙胺、氯胺酮等合成毒品犯罪案件的增长，作为制造合成毒品原料的麻黄碱、羟亚胺、邻酮等制毒物品流入非法渠道被用于制造毒品的形势较为严峻。非法生产、买卖制毒物品案件频发。为从源头上遏制制毒物品犯罪，国家在立法、司法层面均加大了对制毒物品犯罪的打击力度。2015 年 11 月 1 日起施行的《刑法修正案（九）》完善制毒物品犯罪的规定，增加非法生产、运输制毒物品罪，并提高法定刑。2016 年 4 月 11 日起施行的《最高人民法院关于审理毒品犯罪案件适用法律若干问题的解释》下调了制毒物品犯罪的定罪量刑标准。本案是一起比较典型的非法生产邻酮的案件。邻酮是生产羟亚胺的原料，而羟亚胺又可用于制造毒品氯胺酮。被告人鲁福平明知邻酮属于被管制的易制毒化学品，为牟取暴利伙同他人非法进行生产，至案发时产量达 230 余千克，属于情节特别严重，应当判处七年以上有期徒刑。人民法院根据鲁福平犯罪的事实及具体情节，依法对其判处了刑罚。

（责任编辑　杨　奕）

原载《人民法院案例选》2017 年第 8 辑（总第 114 辑）

357. 章宝泉、林喜民等非法买卖制毒物品案

——向他人出售制毒物品行为的定性

【关键词】

刑事　制造毒品罪　非法买卖制毒物品罪　主观故意　明知

【裁判要旨】

被告人生产并出售制毒物品给他人，他人转手又出售给第三人，第三人最终将购得的制毒物品用于制造毒品的，若无证据证明被告人与他人及第三人有共同制造毒品的主观故意，被告人的行为应构成非法买卖制毒物品罪。

【相关法条】

《中华人民共和国刑法》

第三百五十条第一款、第二款　违反国家规定，非法运输、携带醋酸酐、乙醚、三氯甲烷或者其他用于制造毒品的原料或者配剂进出境的，或者违反国家规定，在境内非法买卖上述物品的，处三年以下有期徒刑、拘役或者管制，并处罚金；数量大的，处三年以上十年以下有期徒刑，并处罚金。

明知他人制造毒品而为其生产、买卖、运输前款规定的物品的，以制造毒品罪的共犯论处。

《最高人民法院、最高人民检察院、公安部关于办理制毒物品犯罪案件适用法律若干问题的意见》

一、关于制毒物品犯罪的认定

……

（二）违反国家规定，实施下列行为之一的，认定为刑法第三百五十条规定的非法买卖制毒物品行为：

1. 未经许可或者备案，擅自购买、销售易制毒化学品的；

2. 超出许可证明或者备案证明的品种、数量范围购买、销售易制毒化学品的；

……

（五）明知他人实施走私或者非法买卖制毒物品犯罪，而为其运输、储存、代理进出口或者以其他方式提供便利的，以走私或者非法买卖制毒物品罪的共犯论处。

二、关于制毒物品犯罪嫌疑人、被告人主观明知的认定

对于走私或者非法买卖制毒物品行为，有下列情形之一，且查获了易制毒化学品，结合犯罪嫌疑人、被告人的供述和其他证据，经综合审查判断，可以认定其“明知”是制毒物品而走私或者非法买卖，但有证据证明确属被蒙骗的除外：

1. 改变产品形状、包装或者使用虚假标签、商标等产品标志的；

……

【案件索引】

一审：江西省景德镇市中级人民法院（2015）景刑一初字第17号（2018年5月18日）

【基本案情】

江西省景德镇市人民检察院指控：被告人章宝泉明知他人需要羟亚胺盐酸盐（以下简称羟盐）作为原料用于制造毒品氯胺酮（俗称K粉），仍违反国家规定，非法生产羟盐约59.325吨，并已向其非法出售约32吨，剩余约27.325吨未及出售即被查获（未遂），行为已触犯《刑法》第三百五十条、第三百四十七条的规定，应当以制造毒品罪追究刑事责任。被告人林喜民、王俊超明知他人需要羟盐作为原料用于制造毒品氯胺酮，仍违反国家规定，向其出售羟盐约11吨，其行为均已触犯《刑法》第三百五十条、第三百四十七条的规定，应当以制造毒品罪追究刑事责任。被告人阙明国明知他人需要邻氯苯基环戊酮（以下简称邻酮）作为原料用于制造毒品氯胺酮，仍违反国家规定，伙同他人非法生产邻酮约114.5吨，并已向其非法出售约87.5吨，剩余约27吨未及出售即被查获（未遂），其行为已触犯《刑法》第三百五十条、第三百四十七条的规定，应当以制造毒品罪追究刑事责任。被告人戴显达违反国家规定，伙同他人非法生产用于制造毒品的原料邻酮约114.5吨，并已非法出售约87.5吨，剩余约27吨危及出售即被查获（未遂），其行为已触犯《刑法》第三百五十条的规定，应当以非法买卖制毒物品罪追究刑事责任。被告人黎明保违反国家规定，为被告人章宝泉非法生产、出售用于制造毒品的原料羟盐约59.325吨，其中已出售约32吨，剩余约27.325吨未及出售即被查获（未遂），提供转账、购买原料、送货、收款等帮助，其行为已触犯《刑法》第三百五十条的规定，应当以非法买卖制毒物品罪追究刑事责任。被告人吴永超违反国家规定，为被告人章宝泉非法生产、出售用于制造毒品的原料羟盐约59.325吨，其中已出售约32吨，剩余约27.325吨未及出售即被查获（未遂），提供管理生产以及非法购买用于制造毒品的配剂硫酸约49.6吨、盐酸约45.8吨、甲苯约12.6吨等帮助，其行为已触犯《刑法》第三百五十条的规定，应当以非法买卖制毒物品罪追究刑事责任。被告人章项违反国家规定，为被告人章宝泉非法生产、出售用于制造毒品的原料羟盐约59.325吨，其中已出售约32吨，剩余约27.325吨未及出售即被查获（未遂），提供上网查询资料、转账、收款、安排被告人黎明保帮忙以及非法购买用于制造毒品的配剂甲苯约10.26吨等帮助，其行为已触犯《刑法》第三百五十条的规定，应当以非法买卖制毒物品罪追究刑事责任。鉴于被告人黎明保、吴永超、章项在共同犯罪中起次要作用，系从犯，对其三人处罚时还应适用《刑法》第二十七条的规定。

被告人章宝泉、林喜民、王俊超及其辩护人均辩护提出：对公诉机关指控的犯罪事实没有异议，但对指控罪名有异议，其主观上均不明知对方购买羟盐是用来制造毒品氯胺酮，公诉机关指控其行为构成制造毒品罪错误。

被告人阙明国及其辩护人辩护提出：对章宝泉用邻酮制造羟盐的事情不知情，公诉机关指控其行为构成制造毒品罪事实不清、证据不足，定性错误。

被告人戴显达及其辩护人辩护提出：其只知道公司生产的H8是油品添加剂，不知道实际生产的是邻酮，起诉书指控其非法买卖制毒物品罪不属实。

被告人黎明保及其辩护人辩护提出：对起诉书指控其帮助章宝泉运输相关物品的事实不持异议，其没有在提供帮助的过程中获取与其付出价值不等的高额报酬，不知道H8及“盐”具体是什么，希望法院对其从轻处罚。

被告人吴永超及其辩护人辩护提出：不知道硫酸、盐酸、甲苯是国家管制的制毒物品，亦不知道帮助章宝泉具体生产的是什么，更不知道是国家管制的制毒物品羟盐，其行为不构成犯罪。

被告人章项及其辩护人辩护提出：对起诉书指控的犯罪事实不持异议，提出购买甲苯过程中没有人要其提供过相关合法购买手续，不知道甲苯是国家管制的易制毒化学品，另其亦不清楚章宝泉购买的H8及用H8生产的具体是什么，希望法院对其从轻处罚。

法院经审理查明：2012年下半年，被告人林喜民通过被告人王俊超找到被告人章宝泉，商定租赁位于河南省南阳市宛城区瓦店镇界中村一个停产的化工厂作为生产场地，共谋制造制毒物品羟盐，章宝泉负责技术，林喜民负责出资及销售，王俊超协助生产，并负责部分出资。为购得生产羟盐的主要原料制毒物品邻酮，章宝泉找到被告人阙明国、戴显达。阙明国、戴显达以公司名义生产邻酮约114.5吨，并标注代号为H8，以每吨28万元出售约87.5吨给章宝泉，阙明国从每吨价格中抽取3万元作为好处费。在具体生产羟盐的过程中，章宝泉雇请被告人吴永超为生产技术管理人员，吴永超还帮助章宝泉购买生产羟盐的辅料制毒物品盐酸、硫酸及甲苯。章宝泉之女被告人章项除帮助章宝泉在网上查阅羟盐的相关资料及购买生产羟盐的辅料制毒物品甲苯外，还安排其下属员工被告人黎明保协助章宝泉购买邻酮及出售成品羟盐给他人。

自2013年7月开始生产至2014年6月案发时止，章宝泉等人共计生产羟盐约51.675吨，非法出售约32吨，剩余约19.675吨未及出售即被公安机关查获。产品有两种包装形式，一种是外包装白色蛇皮袋上印有“楚龙”商标、“豌豆粉”“纯豌豆粉”“大豆粉”等字样，内包装为透明塑料袋；另一种是外包装白色蛇皮袋上无字无图案，内包装为锡箔纸。生产出一定量的羟盐，章宝泉便会安排黎明保运至由黎明保提供的存放地点进行藏匿。其中约11吨以200万元/吨的价格由章宝泉、林喜民、王俊超三被告人共同出售给林才（在逃）。另，章宝泉私自以120万元/吨的价格共计出售约21吨给黄振强，黄振强转手出售给余运添（另案处理），余运添又转手出售给潘国光、潘运文、潘粤锋等人（均另案处理），潘国光等人在惠州市一处果园内将羟盐制成氯胺酮，公安机关在上述制毒窝点现场缴获疑似氯胺酮1.25余吨，经鉴定均含有氯胺酮成分。

【裁判结果】

江西省景德镇市中级人民法院于2018年5月18日作出（2015）景刑一初字第17号刑事判决：八名被告人的行为均构成非法买卖制毒物品罪，分别判处四年至十年等有期徒刑，并处相应罚金。

宣判后，公诉机关未抗诉，八名被告人亦未提起上诉，判决现已生效。

【裁判理由】

法院生效裁判认为：被告人章宝泉非法购买邻酮约87.5吨用于生产羟盐，并向黄振强非法出售羟盐约21吨，伙同林喜民、王俊超向林才非法出售羟盐约11吨，尚未出售即被公安机关查获约19.675吨，共计约51.675吨，数量大，其行为已构成非法买卖制毒物品罪，其中19.675吨系未遂。公诉机关指控被告人章宝泉犯制造毒品罪证据不充分，现有证据不足以证实章宝泉与黄振强、余运添、潘国光、潘运文、潘粤锋、林才等人有共同制造毒品的主观犯罪故意，章宝泉的行为依法应构成非法买卖制毒物品罪。被告人林喜民、王俊超非法出售羟盐约11吨，数量大，其行为均已构成非法买卖制毒物品罪。公诉机关指控被告人林喜民、王俊超犯制造毒品罪证据不充分，无法证实二被告人与他人有制造毒品的共同故意，被告人林喜民、王俊超应构成非法买卖制毒物品罪。被告人阙明国、戴显达非法出售邻酮约114.5吨，其中约27吨系未遂，数量大，行为均已构成非法买卖制毒物品罪。公诉机关指控被告人阙明国犯制造毒品罪证据不充分，无法证实阙明国与章宝泉有共同制造毒品的主观犯罪故意，被告人阙明国应构成非法买卖制毒物品罪。被告人黎明保在章宝泉非法生产、买卖羟盐的过程中，帮助章宝泉购买生产原料邻酮、提供原料及产品藏匿存放地点、将羟盐运输至交易地点并代收货款，其行为已构成非法买卖制毒物品罪。公诉机关指控的罪名成立，应予支持。被告人吴永超在章宝泉非法生产、买卖羟盐的过程中，帮助章宝泉组织管理生产并购买甲苯约12.6吨、盐酸45.8吨、硫酸约49.6吨等生产辅料，其行为已构成非法买卖制毒物品罪。公诉机关指控的罪名成立，应予支持。被告人章项在章宝泉非法生产、买卖羟盐的过程中，除安排黎明保提供帮助外，还帮助章宝泉上网查询相关羟盐的生产及管制资料，购买邻酮、甲苯约10.26吨等生产原料及辅料，其行为已构成非法买卖制毒物品罪。公诉机关指控的罪名成立，应予支持。被告人章宝泉、林喜民、王俊超三人共同非法生产、买卖羟盐，林喜民是犯意提出者且出资100万元，王俊超出资40万元并参与前期生产的相关事宜，章宝泉负责技术生产管理，三被告人均系主犯。被告人阙明国伙同戴显达非法生产、买卖邻酮，阙明国负责技术生产，戴显达负责其他日常管理工作，二被告人均系主犯。戴显达所起作用相对较小，酌情对其从轻处罚。被告人黎明保、吴永超、章项在非法买卖制毒物品罪中起次要或者辅助作用，系从犯，依法应从轻处罚。被告人林喜民、王俊超、阙明国、戴显达、黎明保、吴永超、章项到案后均能如实供述主要犯罪事实，依法可从轻处罚。

【案例注解】

一、被告人生产并出售制毒物品给他人，他人转手又出售给第三人，第三人最终将购得的制毒物品用于制造毒品的，若无证据证明被告人与他人及第三人有共同制造毒品的主观故意，被告人的行为应构成非法买卖制毒物品罪

具体到本案中，公诉机关对本案前四名被告人的行为均指控为制造毒品罪，合议庭在审理过程中对前四名被告人特别是第一被告人章宝泉的行为定性亦有较大争议。一种意见同意公诉机关意见。主要理由是，章宝泉私自出售给黄振强的部分物品已被查明用于制造毒品，该事实的发生并未超出章宝泉的主观犯罪故意，故其该部分行为应当构成制造毒品罪。另一种意见主张非法买卖制毒物品罪。主要理由是，章宝泉的第一手下线黄振强购买的目的并非直接用于制造毒品，而是转手卖给了其他人，现有证据不足以证实章宝泉与黄振强及黄振强的下线如余运添、潘国光等人有共同制造毒品的主观合意，故对其行为定性为非法买卖制毒物品罪更为妥当。后经反复研究分析，合议庭达成一致意见，认为章宝泉等前四名被告人的行为均应当构成非法买卖制毒物品罪。主要理由如下：

1. 从客观方面分析，章宝泉、阙明国、林喜民、王俊超等四名被告人有非法买卖制毒物品邻酮、羟盐的行为。为牟取巨额暴利，章宝泉、林喜民、王俊超三被告人共谋进行非法生产及出售羟盐，章宝泉从阙明国处购得生产羟盐的主要原料邻酮，后将生产所得的羟盐出售给林才、黄振强等人。因林才未到案，对出售给林才部分的羟盐的具体去向及用途现无法查明；而章宝泉私自出售给黄振强部分，被黄振强转手出售给余运添、潘国光等人，由潘国光等人最终用于制造毒品氯胺酮。

2. 从主观方面分析，阙明国对邻酮，章宝泉、林喜民、王俊超对羟盐是国家禁止买卖的易制毒物品均是明知的，且四被告人生产均以出售从而获取巨额利润为目的。对阙明国、章宝泉、林喜民及王俊超主观上对他人购买上述易制毒物品的目的是用于制造毒品是否是“明知”的，则需要进一步论证。

第一，无直接证据证明阙明国、章宝泉、林喜民、王俊超主观上对他人购买易制毒物品是用于制造毒品是“明知”的。根据章宝泉、林喜民及王俊超的供述，其对羟盐是国家禁止生产、买卖的易制毒物品是明知的，且供述称林才、黄振强等人购买的目的可能是用于制造毒品氯胺酮，能否由此即认定章宝泉主观上对他人购买的目的是用于制造毒品是明知的呢？对出售给林才部分，因林才未到案，该部分羟盐的具体去向及用途，及林才与章宝泉等被告人是否有共同制造毒品的主观意思联络均无法核实，故章宝泉、林喜民及王俊超等被告人该部分的行为依法应定性为非法买卖制毒物品罪。对章宝泉私自出售给黄振强部分，该部分虽查明出售的羟盐最终被用于制造毒品氯胺酮，但章宝泉的直接下线黄振强并非将购得的羟盐直接用于制造毒品氯胺酮，且现有证据亦不足以证明章宝泉与余运添、潘国光等人相识及共谋过制造毒品的事实，故综合查明的事实及证据难以认定章宝泉主观上对他人制造毒品的事实是明知的。另，根据阙明国的供述，其对邻酮是国家禁止生产、出售的易制毒物品是明知的，但对章宝泉购买的目的是用于制造羟盐及出售给他人被用于制造氯胺酮是不知情的。邻酮是制造羟盐的主要原料，不能直接用于制造氯胺酮，根据查明的事实及证据，章宝泉并非将邻酮直接用于制造毒品氯胺酮，而是用于制作羟盐，且现亦无证据证明阙明国与林才、黄振强、余运添及潘国光等人有共同犯罪的意思联络，故现有证据亦不足以证实阙明国主观上对他人购买邻酮的目的是用于制造毒品的事实是“明知”的。

第二，为防止《刑法》第三百五十条第一款规定的虚置化，不宜对该条第二款中的“明知”进行扩大适用。司法实践中，在无证据证明确实存在欺瞒的情形下，被告人主观上一般对买卖对象系易制毒物品均是明知的，且一般情形下，他人从被告人处购得易制毒物品后亦往往用于制造毒品，为避免第一款规定罪名即非法买卖制毒物品罪的虚置化，需慎重认定上述第二款中的明知。而现实性的刑法理念注重满足中国社会治理的现实需要，以彰显刑法的社会功能和人权保障功能。我们认为对上述条款中明知的认定需从避免相应罪名的虚置化及现实性刑法理念要求的相互调和下进行具体认定。首先，两款中明知的内容不同。上述第一款中的明知系对买卖对象是易制毒物品的明知，而第二款中的明知则是对他人将从其处购得的易制毒物品用于制造毒品的明知，故两款中明知的内容是不同的。其次，对第二款的适用应考虑到刑法谦抑性的要求，不宜扩大对明知内容的认定。上述第二款罪名的成立，被告人往往已具备第一款犯罪构成要件，若以他人购买制毒物品用于制毒未超出被告人主观明知为由直接以制造毒品罪的共犯论处则有重刑主义倾向，亦与罪责刑相适应原则相悖。

综上，在具体罪名的认定上，应坚持构罪的主客观相统一的要求，必须具备客观违法性及主观上的非难可能性，[①] 贯彻证据裁判原则及疑罪从无原则的要求。具体到本案中，章宝泉、林喜民、王俊超及阙明国在明知出售对象是易制毒物品，且客观上有非法出售羟盐、邻酮的行为，但现有证据却尚不足以证明被告人对他人购买的目的最终系用于制造毒品具有主观上的明知，故章宝泉等被告人的行为依法应定性为非法买卖制毒物品罪。

二、在非法买卖制毒物品罪中，若查明的证据可证实被告人主观上对经手物品的非法性是明知的，其行为依法应认定为非法买卖制毒物品罪

《最高人民法院、最高人民检察院、公安部关于办理制毒物品犯罪案件适用法律若干问题的意见》第一条第（五）项规定："明知他人实施走私或者非法买卖制毒物品犯罪，而为其运输、储存、代理进出口或者以其他方式提供便利的，以走私或者非法买卖制毒物品罪的共犯论处。"该意见第二条规定："关于制毒物品犯罪嫌疑人、被告人主观明知的认定。对于走私或者非法买卖制毒物品的行为，有下列情形之一，且查获了易制毒化学品，结合犯罪嫌疑人、被告人的供述和其他证据，经综合审查判断，可以认定其'明知'是制毒物品而走私或者非法买卖，但有证据证明确属被蒙骗的除外：1. 改变产品形状、包装或者使用虚假标签、商标等产品标志的；……"具体到本案中，结合查明的事实及证据，黎明保等三名被告人在章宝泉非法生产、出售羟盐过程中，参与生产原料如邻酮、甲苯、硫酸、盐酸的购买、运输，黎明保在章宝泉生产、出售羟盐过程中，找地点存放及将羟盐运至交易地点，吴永超全程参与羟盐的生产、管理，章项主动参与羟盐资料的查询，三被告人对产品与外包装袋上显示的大豆粉不符均是明知的，亦无证据证明三被告人系被蒙骗，依据上述司法解释的规定，可推定三被告人主观上均明知产品是易制毒物品，仍帮助章宝泉等人进行非法生产、买卖，故均应以非法买卖制毒物品罪的共犯论处。

（一审法院合议庭成员　刘俊炜　程国华　王慧莲
编写人　江西省景德镇市中级人民法院　王慧莲
责任编辑　包献荣
审稿人　李玉萍）

原载《人民法院案例选》2020 年第 3 辑（总第 145 辑）

① 参见张明楷主编：《刑法学》，法律出版社 2007 年第 3 版，第 101 ~ 102 页。

三、容留他人吸毒罪

358. 高锋容留他人吸毒案*

——娱乐场所管理者容留多人吸食毒品，依法严惩

【基本案情】

被告人高锋，男，汉族，1977 年 6 月 20 日出生，广东省珠海市香洲区东方星会所经理。

2014 年 10 月 16 日，被告人高锋应聘到珠海市香洲区南湾南路 4017 号东方星会所任经理，负责会所的经营、订房等全面工作。同年 12 月 1 日 0 时许，高锋在明知有客人要在该会所内吸毒的情况下，仍然将两个房间提供给客人娱乐消费。当日 3 时许，公安人员在该会所的两个房间内查获 55 名吸毒人员。当日 16 时许，高锋被抓获归案。

【裁判结果】

本案由广东省珠海市香洲区人民法院一审，珠海市中级人民法院二审。

法院认为：被告人高锋容留他人吸食毒品，其行为已构成容留他人吸毒罪。高锋归案后如实供述自己的罪行，认罪态度较好，依法可以从轻处罚。据此，依法对被告人高锋判处有期徒刑二年，并处罚金人民币 5 万元。

上述裁判已于 2015 年 6 月 26 日发生法律效力。

【典型意义】

近年来，容留他人吸毒犯罪案件增长迅速。其中，一些娱乐场所的经营者、管理者为招揽生意而容留他人吸毒的案件时有发生。本案就是一起娱乐场所管理者容留多人吸毒的典型案例。被告人高锋作为涉案娱乐场所的管理者，明知有顾客要在其会所包房内吸食毒品，但其为了增加营业收入，仍为他人提供吸食毒品的场所，且一次性容留 55 人吸毒，犯罪情节恶劣。人民法院根据其犯罪性质、情节、后果，依法对其从严惩处。该案例告诫娱乐场所的经营者、管理者，应当认真遵守国家禁毒法律法规，严格落实禁毒

---

* 2016 年 6 月 24 日最高人民法院公布的毒品犯罪及吸毒诱发次生犯罪十大典型案例之一。

防范措施，预防毒品违法犯罪在本场所内发生，发现娱乐场所内有毒品违法犯罪活动的，应立即向公安机关报告，决不能为了招揽生意或者碍于情面而容留他人吸毒。禁绝毒品，人人有责，作为公共场所的经营者、管理者，更应提高防毒拒毒的责任意识。

（责任编辑　杨　奕）

原载《人民法院案例选》2016 年第 11 辑（总第 105 辑）

359. 利惠青等容留他人吸毒案*

——租赁娱乐场所容留多人吸毒，依法惩处

【基本案情】

被告人利惠青，男，汉族，1974 年7 月14 日出生，农民。2005 年11 月29 日因犯聚众扰乱社会秩序罪被判处有期徒刑一年，2006 年8 月18 日刑满释放。

被告人蔡映堂，男，汉族，1983 年8 月24 日出生，无业。

被告人邬林泉，男，汉族，1971 年1 月19 日出生，农民。

2016 年1 月，被告人利惠青、蔡映堂等人出资租赁广东省东莞市长安镇一 KTV 的2 间包房用于容留他人吸毒，被告人邬林泉等人负责包房的收费、记账等工作。同年2 月29 日18 时许，陈某等数人来到上述包房吸食氯胺酮（俗称“K 粉”），次日19 时许公安人员到场抓获利惠青、蔡映堂、邬林泉、陈某等十余人，当场缴获氯胺酮0. 58 克。经现场检测，利惠青、蔡映堂、陈某等15 人均吸食了毒品。至案发时，上述2 间包房营业约15 天，收入约8 万元。

【裁判结果】

本案由广东省东莞市第二人民法院审理。

法院认为：被告人利惠青、蔡映堂、邬林泉结伙容留他人吸毒，其行为均已构成容留他人吸毒罪。利惠青、蔡映堂伙同他人出资租赁包房，负责经营管理，在共同犯罪中起主要作用，均系主犯，应当按照其二人参与的全部犯罪处罚。邬林泉在共同犯罪中起次要作用，系从犯，依法应当从轻处罚。三被告人为牟取非法利益，利用娱乐场所容留他人吸毒，人数众多，可酌情从重处罚。蔡映堂、邬林泉归案后如实供述自己的罪行，认罪态度较好，依法可以从轻处罚；利惠青当庭如实供述自己的罪行，可以酌情从轻处罚。据此，依法对被告人利惠青、蔡映堂和邬林泉分别判处有期徒刑一年十个月、一年八个月和一年，并处罚金人民币1 万元、1 万元和3000 元。

宣判后，在法定期限内没有上诉、抗诉，上述裁判已于2017 年2 月21 日发生法律效力。

【典型意义】

聚众吸毒是当前毒品滥用方面较为突出的一种现象。娱乐场所的经营者、管理者为招揽生意而容留他人吸毒的案件时有发生，一些不法分子为牟取利益而将娱乐场所专门用于容留他人吸毒甚至聚众吸毒，犯罪性质较一般的容留吸毒行为更为严重。本案就是

* 2017 年6 月20 日最高人民法院发布的毒品犯罪及涉毒次生犯罪十大典型案例之一。

一起利用娱乐场所容留他人吸毒以牟取非法利益的案例。被告人利惠青等人为容留他人吸毒赚取利润而租赁 KTV 的 2 间包房，安排人员为吸毒者提供服务，容留行为持续时间长，案发时一次性容留十余人吸毒，犯罪情节恶劣。人民法院根据利惠青等人犯罪的事实、性质和具体情节，依法判处了刑罚。

（责任编辑　杨　奕）

原载《人民法院案例选》2017 年第 8 辑（总第 114 辑）

第六节 组织、强迫、引诱、容留、介绍卖淫罪

360. 张桂方、冯晓明组织卖淫案*

——如何区分与认定组织卖淫罪与引诱、容留、介绍卖淫罪以及如何认定组织卖淫罪的“情节严重”

【关键词】

组织卖淫罪 引诱、容留、介绍卖淫罪 情节严重

【裁判要旨】

区分组织卖淫罪和引诱、容留、介绍卖淫罪的关键是行为人是否对卖淫者具有管理、控制等组织行为。具有组织卖淫的人数达到15人以上、或造成被组织者伤亡或被组织者中有幼女的情形之一的，应认定为组织卖淫罪的“情节严重”。

【相关法条】

《中华人民共和国刑法》

第三百五十八条第一款第（一）项 组织他人卖淫或者强迫他人卖淫的，处五年以上十年以下有期徒刑，并处罚金；有下列情形之一的，处十年以上有期徒刑或者无期徒刑，并处罚金或没收财产：

（一）组织他人卖淫，情节严重的；

【案情及裁判】

广东省广州市人民检察院以被告人张桂方、冯晓明犯组织卖淫罪，向广州市中级人民法院提起公诉。

被告人张桂方、冯晓明对起诉书指控的事实均无异议，但请求从轻处罚。张桂方的

* 案例来源：最高人民法院刑事审判第一、二、三、四、五庭主办：《刑事审判参考》（第101集），法律出版社2015年版，第134～140页。

辩护人提出，张桂方的行为不构成组织卖淫罪，仅构成介绍卖淫罪；张桂方归案后，如实供述自己的罪行，认罪态度好，具有悔罪表现，请求法庭对其从轻处罚。

广州市中级人民法院经审理查明：（1）2011年3月至2012年7月期间，被告人张桂方、冯晓明租用广东省广州市番禺区大石街大山村大涌路275号之七的出租屋作为卖淫场所，由同案人彭定军（已判刑）、“小胖”（另案处理）负责拉客及收取嫖资，组织王某、张某、王某玉等10名妇女，以每次人民币（以下币种同）100元的价格进行卖淫活动，从中谋取非法利益。2012年7月27日，冯晓明被公安人员抓获。2012年9月28日，张桂方被公安人员抓获，当天被取保候审。（2）2012年10月至2013年1月期间，张桂方伙同他人租用了广东省广州市番禺区大石街大山村富山二街5号之一的出租房作为卖淫场所，组织胡某、杨某某、陈某某等3名妇女，以每次130元的价格进行卖淫活动，从中谋取非法利益。2013年1月31日，张桂方被公安人员抓获。

广州市中级人民法院认为：被告人张桂方、冯晓明组织多名妇女多次从事卖淫活动，其行为均构成组织卖淫罪，且情节严重。据此，依照《刑法》第三百五十八条第一款第（一）项、第五十二条、第五十三条之规定，广州市中级人民法院判决如下：

一、被告人张桂方犯组织卖淫罪，判处有期徒刑十一年，并处罚金人民币5万元。

二、被告人冯晓明犯组织卖淫罪，判处有期徒刑十年，并处罚金人民币3万元。

一审宣判后，被告人张桂方、冯晓明不服，向广东省高级人民法院提起上诉。

广东省高级人民法院经审理认为：上诉人张桂方、冯晓明以容留等手段，组织多名妇女从事卖淫行为，其行为均构成组织卖淫罪。上诉人张桂方归案后能如实供述自己的罪行，认罪态度较好，依法可以从轻处罚。原判认定事实清楚，证据确实、充分，定罪准确，审判程序合法，唯认定二上诉人的行为属于组织卖淫情节严重并据此量刑不当，应予纠正。二上诉人的相关上诉意见成立，予以采纳。据此，依照《刑法》第三百五十八条第一款、第六十七条第三款以及《刑事诉讼法》第二百二十五条第一款第（二）项之规定，广东省高级人民法院判决如下：

一、维持广东省广州市中级人民法院（2013）穗中法刑一初字第101号刑事判决第一项中对上诉人张桂方的定罪部分及第二项中对上诉人冯晓明的定罪部分的判决。

二、撤销广东省广州市中级人民法院（2013）穗中法刑一初字第101号刑事判决第一项中对上诉人张桂方的量刑部分及第二项中对上诉人冯晓明的量刑部分的判决。

三、上诉人张桂方犯组织卖淫罪，判处有期徒刑八年，并处罚金人民币4万元。

四、上诉人冯晓明犯组织卖淫罪，判处有期徒刑五年，并处罚金人民币3万元。

【法理解析】

本案主要涉及两个关键问题：（1）组织卖淫罪和引诱、容留、介绍卖淫罪的区分。两个罪名的核心区别是行为人是否对卖淫者具有管理、控制等组织行为。如果行为人只是实施了容留、介绍甚至引诱卖淫的行为，没有对卖淫活动进行组织的，就不能以组织卖淫罪处罚。就本案而言，被告人张桂方、冯晓明虽然没有从人身自由上对卖淫女实施严格的控制行为，但其通过提供固定场所，规定上下班时间，制定分配比例等行为实际上是对多名卖淫女卖淫活动的管理行为。因此，认定其二人行为构成组织卖淫罪。（2）组织卖淫罪“情节严重”的认定。我国相关司法解释对组织卖淫罪的“情节严重”并没有规定。结合司法实践，以下情形宜认定为组织卖淫罪“情节严重”的情形：一是组织卖淫的人数较多，具体人数以 15 人作为最低限度较为适宜；二是被组织者是否因被组织卖淫造成伤亡；三是被组织者中有幼女的。因此，二被告人的行为不宜认定为组织卖淫罪“情节严重”。

（改写人　中国政法大学博士　包献荣）

原载《人民法院案例选》2016 年第 2 辑（总第 96 辑）

361. 王辉、文兴洲等组织卖淫、协助组织卖淫案
——组织卖淫罪与协助组织卖淫罪的区分

【关键词】

组织卖淫罪　协助组织卖淫罪　犯罪集团

【裁判要旨】

在卖淫团伙中，在组织卖淫活动中是否发挥了核心作用，具有核心地位以及处于或者接近该团伙的核心层的行为人可以被认定为组织卖淫者；属于隶属关系又不接近核心层的行为人，应当被认定为协作组织卖淫者。

【相关法条】

《中华人民共和国刑法》

第三百五十八条　组织、强迫他人卖淫的，处五年以上十年以下有期徒刑，并处罚金；情节严重的，处十年以上有期徒刑或者无期徒刑，并处罚金或者没收财产。

组织、强迫未成年人卖淫的，依照前款的规定从重处罚。

犯前两款罪，并有杀害、伤害、强奸、绑架等犯罪行为的，依照数罪并罚的规定处罚。

为组织卖淫的人招募、运送人员或者有其他协助组织他人卖淫行为的，处五年以下有期徒刑，并处罚金；情节严重的，处五年以上十年以下有期徒刑，并处罚金。

【案件索引】

一审：重庆市北碚区人民法院（2015）碚法刑初字第00295号（2015年7月29日）

【基本案情】

2014年9月下旬，被告人王辉、文兴洲通过微信取得联系后，共谋在重庆市北碚区从事组织卖淫活动。双方商议由王辉负责提供卖淫地点和场所、支付卖淫场地费、支付招嫖人员每人每月300元伙食费、支付招嫖人员及失足妇女租房费，文兴洲则总负责整个组织卖淫团伙的事宜。

2014年10月7日至11月6日期间，被告人文兴洲通过电话或朋友介绍的方式先后雇请被告人罗策、毛梦玲、黄丽娜、丁新全、王成、林杨、苏杨、唐某某（另案处理）从事微信招嫖；先后招募王某某、吴某某等多名失足妇女；同时为招嫖人员、失足妇女分别在重庆市北碚区天生巷、重庆市北碚区天生丽街租房供其日常居住。为了方便管理，

该团伙还为招嫖人员制定了值班制度、上下班及考勤制度。同时文兴洲亦通过微信招嫖。

被告人毛自强自2014年10月8日参与该团伙后，负责对失足妇女的迟到、早退、请休假进行考核，对失足妇女支付卖淫道具的费用进行记录，并对卖淫所需的部分情趣用品、道具进行采购和发放。毛自强在北碚区铂瑞酒店负责共一周多的时间，之后断断续续参与进来。毛自强不在的时间由“师姐”（化名）负责对失足妇女试房、考核、分发及检查道具。

被告人罗策负责记录每天卖淫收支情况，并收取嫖资。将嫖资汇总后，在次日凌晨失足妇女下班时发放失足妇女的提成，之后将剩余嫖资及账本交付文兴洲。罗策因负责记账、收取嫖资，领取固定工资1400元，同时罗策亦通过微信招嫖。

该团伙除为失足妇女提供住宿、技师房休息，要求失足妇女在团伙内部购买卖淫所需物品之外，还规定了失足妇女上下班时间、迟到请假扣钱、着统一工作服、携统一工包等制度。为了方便管理，该团伙还为失足妇女编号，以失足妇女长相、身高将其分为中式900元、泰式1100元、泰式1200元三个档次，并规定了分成比例：900元档次的卖淫业务，每单嫖资失足妇女提成370元，招嫖人员提成100元，王辉提成300元，文兴洲提成100元；1100元档次的卖淫业务，每单嫖资失足妇女提成450元，招嫖人员提成130元，王辉提成400元，文兴洲提成100元；1200元档次的卖淫业务，每单嫖资失足妇女提成520元，招嫖人员提成130元，王辉提成400元，文兴洲提成100元。其中，招嫖人员提成的130元中的100元每周一发放，30元累计后每月发放。

2014年10月7日至10月25日期间，由被告人王辉在北碚区铂瑞酒店开房提供场地，该团伙在该酒店通过以上管理、分工的方式介绍、容留多名失足妇女从事卖淫活动。

2014年10月27日至11月6日间，被告人王辉将组织卖淫的场所转移至北碚区川仪大酒店，该团伙在该酒店以同样的管理和分工方式介绍、容留多名失足妇女从事卖淫活动。

2014年11月6日16时许，公安民警接群众举报后，在北碚区川仪大酒店9楼将正在从事卖淫活动的失足妇女王某某、吴某某当场查获，同时查获另外5名失足妇女，并将被告人王辉、文兴洲、罗策、毛梦玲、苏杨抓获归案。同日16时许，公安民警在北碚区天生巷出租屋内将被告人黄丽娜、丁新全、王成、林杨、唐某某抓获归案。

2014年10月7日至11月5日间，多名失足妇女在该团伙的组织下卖淫465起，其中泰式406起（1100元档次的281起，1200元档次的125起），中式59起。卖淫总金额512200元。

【裁判结果】

重庆市北碚区人民法院于2015年7月29日作出（2015）碚法刑初字第00295号刑事判决：

一、被告人王辉犯组织卖淫罪，判处有期徒刑五年六个月，并处罚金人民币4万元。

二、被告人文兴洲犯组织卖淫罪，判处有期徒刑五年三个月，并处罚金人民币2万元。

三、被告人毛自强犯协助组织卖淫罪，判处有期徒刑二年六个月，并处罚金人民币

15000 元。

四、被告人罗策犯协助组织卖淫罪，判处有期徒刑二年六个月，并处罚金人民币 15000 元。

五、被告人毛梦玲犯协助组织卖淫罪，判处有期徒刑一年八个月，宣告缓刑二年，并处罚金人民币 12000 元。

六、被告人黄丽娜犯协助组织卖淫罪，判处有期徒刑一年八个月，宣告缓刑二年，并处罚金人民币 1 万元。

七、被告人丁新全犯协助组织卖淫罪，判处有期徒刑一年六个月，并处罚金人民币 6000 元。

八、被告人王成犯协助组织卖淫罪，判处有期徒刑一年四个月，并处罚金人民币 4000 元。

九、被告人林杨犯协助组织卖淫罪，判处有期徒刑一年二个月，并处罚金人民币 3000 元。

十、被告人苏杨犯协助组织卖淫罪，判处有期徒刑一年，并处罚金人民币 3000 元。

十一、对被告人王辉犯罪所得赃款人民币 180100 元、被告人文兴洲犯罪所得赃款人民币 50960 元、被告人罗策犯罪所得赃款 5860 元、被告人毛梦玲犯罪所得赃款 14700 元、被告人黄丽娜犯罪所得赃款 10780 元、被告人丁新全犯罪所得赃款 7340 元、被告人王成犯罪所得赃款 6430 元、被告人林杨犯罪所得赃款 3100 元、被告人苏杨犯罪所得赃款 880 依法予以追缴。

十二、对公安机关扣押在案的涉案工具（手机、账本、对讲机、卖淫道具）依法予以没收。

一审宣判后，十被告人均未提起上诉，检察机关亦未抗诉，判决已经发生法律效力。

【裁判理由】

法院生效裁判认为：本案中，该卖淫团伙为牟取非法利益，以酒店为掩饰，为卖淫活动提供场所及用品，雇佣招嫖人员、收银员，招募卖淫人员，为服务人员制定上下班（值班）及考勤制度，为卖淫人员分类编号、规定作息时间、安排统一着装等制度，并制定性服务方式、收费标准及分成方法，已形成人员固定、分工明确的卖淫犯罪组织。

被告人文兴洲雇佣服务人员、招募卖淫人员，建立卖淫组织，通过对人（卖淫人员及其他人员）、财（卖淫定价及非法所得的分配使用）、物（卖淫活动及其他联络、保障工作）的管理，组织并领导多名卖淫人员长期进行卖淫活动，集中控制管理卖淫行为，并对上述人员进行集中管理控制，系卖淫场所的实际管理者，是卖淫团伙的核心人物，符合组织卖淫罪的特征，应被认定为组织卖淫者。故对被告人文兴洲的辩护人提出其只构成协助组织卖淫罪的意见不予采纳。

被告人王辉提供卖淫场所、支付房费及招嫖人员伙食费，为卖淫活动提供物质保障，与文兴洲之间是按照事先合谋进行的分工协作及比例分成，且分成比例之高，并非简单的协助组织卖淫者所能获得。即是说，王辉与文兴洲之间并非上下级的层属关系，而是平等的分工协作关系，王辉亦应被认定为组织卖淫者。故对被告人王辉的辩护人提出其只构成协助组织卖淫罪的意见不予采纳。

关于公诉机关指控被告人毛自强构成组织卖淫罪的意见，经查，毛自强在侦查阶段供述，其受宋斌（音）安排来到北碚区帮忙，宋斌是整个公司的老板，跟王辉是合伙人。到达北碚后其将宋斌意思转达给文兴洲和王辉，他们安排其管理卖淫女。被告人文兴洲在侦查阶段供述，毛自强充当斌哥派到北碚区的角色，来对卖淫人员进行管理，这些工作是其和王辉还有毛自强一起商定的。被告人王辉在侦查阶段供述，其只认识文兴洲和罗策，其余人只见过面并没有接触过。其只负责找场地，其他事务都由文兴洲具体负责。毛自强、文兴洲、王辉关于毛自强如何进入该犯罪组织、为何从事管理卖淫人员的陈述不一致，且案外人宋斌未到案，故对毛自强辩解其受宋斌雇用，给宋斌帮忙的意见不予采纳。根据审理查明的事实，毛自强参与到该犯罪组织后，负责考核和记录失足妇女的作息时间、支付费用，同时采购和发放情趣用品。由于在案被告人对毛自强如何管理失足妇女均供述不知情，亦否认毛自强上传下达过宋斌的指示；从毛自强处查获的五个笔记本仅显示毛自强对考核等方面所做的记录，未显示是由其本人对失足妇女进行业务培训，亦未显示是由其本人制定失足妇女的工作流程及请假上工制度；且毛自强在该犯罪组织中负责时间不长，其不在的时间由“师姐”负责，亦未从该组织中领取提成；在案证据亦未显示毛自强与核心人物文兴洲是平等协作关系。故法院认为，就毛自强负责的考核和记录、采购和发放行为看，毛自强在卖淫活动中不直接指挥、管理或指派卖淫人员，失足妇女的卖淫活动对毛自强从事的考核和记录、采购和发放的行为亦不具有依赖性，毛自强的行为不符合组织卖淫罪的特征，应当认定为协助组织卖淫者。辩护人的该项意见予以采纳。

关于公诉机关指控被告人罗策构成组织卖淫罪的意见，被告人罗策在该组织犯罪中，不仅通过微信招嫖，亦从事收银工作。罗策任收银员期间，参与收取嫖资，记录卖淫账目，分发提成。但是，该收银工作并不对卖淫人员进行管理控制，也不对卖淫活动进行指挥和调度，罗策在分发提成后还要将剩余嫖资交付文兴洲，其对嫖资的分配处理亦不具有决定权；罗策所从事的微信招嫖工作，是为组织卖淫的人招募人员，且受核心人员文兴洲的领导。故罗策在该组织犯罪中，是为卖淫行为提供帮助，应当认定为协助组织卖淫者。辩护人的该项意见予以采纳。

被告人毛梦玲、黄丽娜、丁新全、王成、林杨、苏杨在被告人王辉、文兴洲的领导和指挥下，明知是卖淫行为，仍通过微信方式招募嫖客，介绍卖淫服务，为他人卖淫活动负责通风报信。以上人员的行为或为卖淫行为创造条件，或为卖淫行为提供便利，或为卖淫行为排除障碍，客观上都对组织卖淫行为起到了辅助作用，均已构成协助组织卖淫罪。

【案例注解】

《刑法》第三百五十八条虽然规定了组织卖淫罪、协助组织卖淫罪的罪名，但是，具有概括性和原则性。司法实践中，常通过分析犯罪特征（即功能因素）对案件予以定性。这种分析方法在被告人人数较多、分工较复杂的情况下，常出现审判不一的局面。被告人王辉、文兴洲等犯组织卖淫罪、协助组织卖淫罪一案，在涉案人数、内部层级划分及短时间内非法获取暴利等方面较为典型。本案的争议焦点在于对组织卖淫行为的理解。即被告人罗策嫖资收取和分发的行为，被告人毛自强情趣用品采购和卖淫活动记录的行为，是否属于组织卖淫行为。公诉机关指控认为卖淫活动对毛自强的考核和记录、采购和发放行为具有人身依附性；罗策的收取、分发嫖资行为对卖淫活动具有财产控制性。被告人毛自强、罗策应当以组织卖淫罪追究各自的刑事责任。

对于该争议焦点，审理法院认为，应坚持对组织卖淫罪的实质理解。《刑法》第三百五十八条规定，组织卖淫罪，是指以招募、雇佣、强迫、引诱、容留等手段，控制多人从事卖淫的行为。判断一个行为是否构成组织卖淫罪，根本上取决于该行为在卖淫行为中是否起到组织者的作用。协助组织卖淫罪，是指为组织卖淫的人招募、运送人员或者有其他协助组织他人卖淫的行为。协助组织卖淫罪实际上就相当于组织卖淫罪的从犯，但因刑法已将其单独设立成一个罪名，不能再称其从犯。通过对组织卖淫罪与协助组织卖淫罪概念的比对，区分两罪的关键是看行为人在整个犯罪过程中的刑事责任大小，是否发挥了组织者作用。具体而言，有以下两个核心因素：

一、通过常规的功能因素进行分析认定

行为人在组织卖淫中是否发挥核心作用，是从功能因素认定组织卖淫罪的关键。所谓核心作用，是指对卖淫团伙中的人（卖淫人员及其他人员）、事（卖淫活动及其他联络、保障工作）、物（卖淫定价及非法所得的分配使用）等全部事项或者核心事项具有最后的统筹、决定权。客观而论，卖淫是一种非法买卖性服务的双方行为，本质是一种契约。对于卖淫组织而言，卖淫契约的成立与履行都具有重要地位。本案中，被告人毛自强从事记录员和采购员工作、被告人罗策从事收银员工作，毛自强不对失足妇女进行业务培训、不制定失足妇女的工作流程及请假上工制度、其不在岗的时间由他人负责；罗策亦不对失足妇女进行管理控制、不对卖淫活动进行指挥和调度、其在分发提成后还要将剩余嫖资进行上交。二被告人对契约的签订和履行均不起统筹和决定作用。

二、从被告人内部的层级关系（即人际因素）进行甄别

行为人在卖淫团伙中是否具有核心地位，是从人际因素认定组织卖淫罪的关键。任何具有相当规模的卖淫组织，其内部都存在一定程度的层级关系。通过对行为人在卖淫团伙中地位的分析，看其是否具有核心地位，并结合其在犯罪中所起的作用大小，以此来综合认定是组织卖淫，还是协助组织卖淫。

判断行为人是否是组织卖淫者，需要看其是否处于或者接近该团伙的核心层，而不取决于该行为人是否直接管理、控制卖淫者，因为直接管理、控制卖淫者也可能仅是被雇佣的打手。在认定时，首先确定卖淫团伙中最容易被确定的核心人物，他们是当然的组织卖淫者。只要该名或几名核心人物确定，如果团伙内的其他行为人与该核心人物是平等协作关系，则其他行为人可以被认定为组织卖淫者；如果团伙内的其他行为人与该核心人物是隶属关系，即听命于核心人物，则还要看其他行为人的具体分工和权责大小。比较接近核心层，仍可认定组织卖淫者；不接近核心层，应认定为协作组织卖淫者。

本案中，二被告人与核心人物文兴洲、王辉事先没有分工合谋、利润分成约定，卖淫活动中受核心人物领导和指挥下，并不接近于该团伙的核心层，与核心人物系隶属关系，故二被告人被认定为协助组织卖淫罪。

从人际因素分析案件定性，为审判实践提供新的思路，是本案的一个特点。本案另一特点在于，通过对证据的分析、认定，对每个被告人参与组织（协助）卖淫的次数进行统计，核算出每名被告人的获利情况，并在判决主文中一一予以表述，在类似判决中较为少见。

（一审法院合议庭成员　邓海燕　刘万忠　赖政灵

编写人　重庆市北碚区人民法院　邓海燕

责任编辑　周维明

审稿人　沈　亮）

原载《人民法院案例选》2016年第12辑（总第106辑）

第七节　制作、贩卖、传播淫秽物品罪

一、制作、复制、出版、贩卖、传播淫秽物品牟利罪

362. 深圳市快播科技有限公司、王欣等传播淫秽物品牟利案

——网络视频缓存加速服务提供者构成传播淫秽物品牟利罪的认定

【关键词】

缓存服务器　淫秽视频　传播

【裁判要旨】

1. 网络信息服务提供者的缓存服务器在调度服务器支配下下载、存储并上传视频淫秽视频的行为，属于传播淫秽物品的实行行为。

2. 依据技术中立原则给予法律责任豁免的情形，通常限于技术提供者，对于技术的实际使用者，则应视其具体行为是否符合法律规定进行判断。恶意使用技术危害社会或他人的行为，不属于法律责任豁免范畴。

3. 在淫秽视频存储于缓存服务器中，并在网络环境下非选择性地传播时，传播者的传播行为具有非直观性、技术介入性等特点，在规制对象、行为表现形式等方面有别于《最高人民法院、最高人民检察院关于办理利用互联网、移动通讯终端、声讯台制作、复制、出版、贩卖、传播淫秽电子信息刑事案件具体应用法律若干问题的解释（二）》第四条的规定，因此，不能适用该条有关“情节特别严重”的数量标准。

【相关法条】

《中华人民共和国刑法》

第三百六十三条第一款　以牟利为目的，制作、复制、出版、贩卖、传播淫秽物品

的，处三年以下有期徒刑、拘役或者管制，并处罚金；情节严重的，处三年以上十年以下有期徒刑，并处罚金；情节特别严重的，处十年以上有期徒刑或者无期徒刑，并处罚金或者没收财产。

第三百六十六条　单位犯本节第三百六十三条、第三百六十四条、第三百六十五条规定之罪的，对单位判处罚金，并对其直接负责的主管人员和其他直接责任人员，依照各该条的规定处罚。

【案件索引】

一审：北京市海淀区人民法院（2015）海刑初字第512号（2016年9月13日）

二审：北京市第一中级人民法院（2016）京01刑终592号（2016年12月15日）

【基本案情】

公诉机关指控：被告人王欣系快播公司法定代表人及首席执行官，被告人吴铭系快播公司快播事业部总经理，被告人张克东系快播公司快播事业部副总经理兼技术平台部总监，被告人牛文举系快播公司快播事业部副总经理兼市场部总监。被告单位快播公司自2007年12月成立以来，基于流媒体播放技术，通过向国际互联网发布免费的QVOD媒体服务器安装程序（以下简称QSI）和快播播放器软件的方式，为网络用户提供网络视频服务。期间，被告单位快播公司及其直接负责的主管人员被告人王欣、吴铭、张克东、牛文举以牟利为目的，在明知上述QVOD媒体服务器安装程序及快播播放器被网络用户用于发布、搜索、下载、播放淫秽视频的情况下，仍予以放任，导致大量淫秽视频在国际互联网上传播。2013年11月18日，北京市海淀区文化委员会（以下简称海淀文委）从位于本市海淀区北京网联光通技术有限公司（以下简称光通公司）查获快播公司托管的服务器4台。后北京市公安局从上述3台服务器里提取了29841个视频文件进行鉴定，认定其中属于淫秽视频的文件为21251个。被告人吴铭、张克东、牛文举于2014年4月23日被抓获归案，被告人王欣于2014年8月8日被抓获归案。北京市海淀区人民检察院认为：被告单位快播公司及被告人王欣、吴铭、张克东、牛文举以牟利为目的，传播淫秽物品，情节特别严重，其行为均已构成传播淫秽物品牟利罪，提请法院依据《刑法》第三百六十三条第一款、第三百六十六条、第三十条、第三十一条之规定，对被告单位快播公司及被告人王欣、吴铭、张克东、牛文举分别定罪量刑。

被告单位、各被告人及其辩护人在第一次庭审中提出，本案事实不清、证据不足，程序违法，适用法律错误，指控罪名不能成立。在第二次庭审过程中，被告单位、被告人王欣、张克东、牛文举对指控事实和罪名均不持异议，其辩护人主要围绕量刑情节作了罪轻辩护。

法院经审理查明：被告单位深圳市快播科技有限公司成立于2007年12月26日，公司性质为有限责任公司，注册资本1000万元。该公司主办的快播网站网址包括：www. kuaibo. com、www. qvod. com等。快播公司持有网络文化经营许可证，至案发之日没有取得互联网视听节目服务许可。被告人王欣为快播公司的法定代表人、股东、执行董事、经理，负责快播公司经营和管理工作。快播公司快播事业部负责公司视频播放器的技术开发和市场推广。被告人吴铭于2013年担任快播事业部总经理，负责事业部全面工作。被告人张克东系快播公司股东，于2012年担任事业部副总经理兼技术平台部总监，最初开发了快播视频传输和播放的核心软件。被告人牛文举于2012年担任事业部副总经理兼运营部总监，2013年担任事业部市场部负责人，负责信息安全组工作。

快播公司通过免费提供QSI（QVOD Server Install，即QVOD资源服务器程序）和QVOD Player（即快播播放器程序或客户端程序）的方式，为网络用户提供网络视频服务。任何人（被快播公司称为"站长"）均可通过QSI发布自己所拥有的视频资源。具体方法是："站长"选择要发布的视频文件，使用资源服务器程序生成该视频文件的特征码（hash值），导出包含hash值等信息的链接。"站长"把链接放到自己或他人的网站上，即可通过快播公司中心调度服务器（运行P2P Tracker调度服务器程序）与点播用户分享该视频。这样，快播公司的中心调度服务器在站长与用户、用户与用户之间搭建了一个视频文件传输的平台。为提高热点视频下载速度，快播公司搭建了以缓存调度服务器（运行Cache Tracker缓存调度服务器程序）为核心的平台，通过自有或与运营商合作的方式，在全国各地不同运营商处设置缓存服务器1000余台。在视频文件点播次数达到一定标准后，缓存调度服务器即指令处于适当位置的缓存服务器（运行Cache Server程序）抓取、存储该视频文件。当用户再次点播该视频时，若下载速度慢，缓存调度服务器就会提供最佳路径，供用户建立链接，向缓存服务器调取该视频，提高用户下载速度。部分淫秽视频因用户的点播、下载次数较高而被缓存服务器自动存储。缓存服务器方便、加速了淫秽视频的下载、传播。

2012年8月，深圳市公安局公安信息网络安全监察分局对快播公司进行检查，针对该公司未建立安全保护管理制度、未落实安全保护技术措施等问题，给予行政警告处罚，并责令整改。随后，深圳网监将违法关键词和违法视频网站链接发给快播公司，要求采取措施过滤屏蔽。快播公司于是成立了信息安全组开展了不到一周的突击工作，于8月8日投入使用"110"不良信息管理平台，截至9月26日共报送"色情过滤"类别的不良信息15836个。但在深圳网监验收合格后，信息安全组原有4名成员或离职或调到其他部门，"110"平台工作基本搁置，检查屏蔽工作未再有效进行。2013年8月5日，深圳市南山区广播电视局（以下简称南山广电局）执法人员对快播公司开展调查，在牛文举在场的情况下，执法人员登录www. kuaibo. com，进入快播"超级雷达"（一种发现周边快播用户观看网络视频记录的应用），很快便找到了可播放的淫秽视频。牛文举现场对此予以签字确认。但快播公司随后仅提交了一份整改报告。10月11日，南山广电局认定快播公司擅自从事互联网视听节目服务，提供的视听节目含有诱导未成年人违法犯罪和渲染暴力、色情、赌博、恐怖活动的内容，对快播公司予以行政处罚。此后，快播公司的"110"平台工作依然搁置，检查屏蔽工作依然没有有效落实。

快播公司直接负责的主管人员王欣、吴铭、张克东、牛文举，在明知快播公司擅自从事互联网视听节目服务、提供的视听节目含有色情等内容的情况下，未履行监管职责，放任淫秽视频在快播公司控制和管理的缓存服务器内存储并被下载，导致大量淫秽视频在网上传播。

2013年上半年，北京网联光通技术有限公司为解决使用快播播放器访问快播视频资源不流畅的问题，与快播公司联系技术解决方法，双方开展战略合作。根据双方协商，由光通公司提供硬件设备即4台服务器，由快播公司提供内容数据源以及降低网络出口带宽、提升用户体验的数据传输技术解决方案，负责远程对软件系统及系统内容的维护。2013 年 8 月，光通公司提供 4 台服务器开始上线测试，快播公司为 4 台服务器安装了快播公司的缓存服务器系统软件，并通过账号和密码远程登录进行维护。2013 年 11 月 18 日，北京市海淀区文化委员会在行政执法检查时，从光通公司查获此 4 台服务器。2014 年 4 月 11 日，北京市公安局海淀分局决定对王欣等人涉嫌传播淫秽物品牟利罪立案。经查，该 4 台服务器从 2013 年下半年投入使用，至 2013 年 11 月 18 日被扣押，存储的均为点击请求量达到一定频次以上的视频文件。公安机关从服务器里提取了 29841 个视频文件进行鉴定，认定其中属于淫秽视频的文件为 21251 个。

2013 年底，为了规避版权和淫秽视频等法律风险，在王欣的授意下，张克东领导的技术部门开始对快播缓存服务器的存储方式进行调整，将原有的完整视频文件存储变为多台服务器的碎片化存储，将一部视频改由多台服务器共同下载，每台服务器保存的均是 32M 大小的视频文件片段，用户点播时需通过多台服务器调取链接，集合为可完整播放的视频节目。

另查：快播公司盈利主要来源于广告费、游戏分成、会员费和电子硬件等，快播事业部是快播公司盈利的主要部门。根据账目显示，快播事业部的主要收入来源于网络营销服务（包括资讯快播、客户端、第三方软件捆绑、VIP 服务等），其中资讯快播和第三方软件捆绑是最为主要的盈利方式。具体而言，快播公司向欲发布广告的公司收取广告费，用户使用快播播放器时，会有快播资讯窗口弹出，该窗口内除部分新闻外即是广告内容；快播公司还向一些软件开发公司收取合作费用，使得用户安装快播播放器的同时捆绑安装一些合作公司软件。快播公司营业收入逐年增长，至 2013 年仅快播事业部即实现营业收入人民币 143075083 元，其中资讯快播营业收入人民币 70463416 元，占 49.25%，第三方软件捆绑营业收入为人民币 39481457 元，占 27.59%。

被告人吴铭、张克东、牛文举于 2014 年 4 月 23 日在深圳被抓获，被告人王欣于 2014 年 8 月 8 日到案。

【裁判结果】

北京市海淀区人民法院于 2016 年 9 月 13 日作出（2015）海刑初字第 512 号刑事判决：被告单位深圳市快播科技有限公司及被告人王欣、吴铭、张克东、牛文举的行为均已构成传播淫秽物品牟利罪，情节严重，应依法惩处。判处被告单位深圳市快播科技有限公司罚金人民币 1000 万元；判处被告人王欣有期徒刑三年六个月，罚金人民币 100 万元；判处被告人张克东有期徒刑三年三个月，罚金人民币 50 万元；判处被告人吴铭有期徒刑三年三个月，罚金人民币 30 元；判处被告人牛文举有期徒刑三年，罚金人民币 20 万元。一审宣判后，被告人吴铭不服，以其行为不构成犯罪为由，向北京市第一中级人民法院提起上诉。北京市第一中级人民法院经审理认为，上诉人吴铭及原审被告单位深圳市快播科技有限公司及原审被告人王欣、张克东、牛文举以牟利为目的，在互联网上传播淫秽视频，其行为均已构成传播淫秽物品牟利罪，情节严重，应依法惩处。于 2016 年 12 月 15 日作出（2016）京 01 刑终 592 号刑事裁定：原审人民法院判决认定的事实清楚、证据确实充分、适用法律证据、量刑适当、审判程序合法，应予维持，驳回上诉，维持原判。

【裁判理由】

法院生效裁判认为：被告单位深圳市快播科技有限公司及被告人王欣、吴铭、张克东、牛文举以牟利为目的，在互联网上传播淫秽视频，其行为均已构成传播淫秽物品牟利罪，情节严重，应依法惩处。北京市海淀区人民检察院指控被告单位深圳市快播科技有限公司、被告人王欣、吴铭、张克东、牛文举犯传播淫秽物品牟利罪的事实清楚，证据确实、充分，指控罪名成立。被告单位、各被告人及辩护人在第一次庭审中所提之无罪辩护意见，没有事实及法律依据，不予采纳。从主体身份看，快播公司通过调度服务器为使用资源服务器程序的“站长”提供视频文件转码、链接地址发布服务，为使用快播播放器的用户提供搜索、下载、上传服务，进而通过其缓存服务器提供视频存储和下载加速服务，快播公司属于网络信息服务提供者，应当依法承担网络安全管理义务。从客观行为看，快播公司在明知快播网络服务系统被众多“站长”（用户）用于传播淫秽视频的情况下，有能力但拒不履行网络安全管理义务，甚至采取技术措施规避法律责任，放任他人利用自己的网络技术服务传播淫秽视频，放任自己的缓存服务器被他人利用介入到淫秽视频的传播之中，导致淫秽视频大量传播的严重危害后果。从主观认知看，快播公司曾因传播淫秽视频等网络信息安全问题被采取行政处罚措施，王欣、张克东、牛文举等人亦曾多次供述知道快播传播淫秽视频的问题，足以认定快播公司明知其网络服务系统被用于传播淫秽视频。从犯罪目的来看，由于大量淫秽视频得以通过快播网络服务系统传播，快播播放器的用户数量和市场占有率得以提高，快播资讯和捆绑软件的盈利能力得以提升，快播公司拒不履行网络安全管理义务，具有非法牟利目的。快播公司的行为符合《刑法》第三百六十三条规定的传播淫秽物品牟利罪的构成要件。快播公司明知快播网络服务系统被用于传播淫秽视频，但出于扩大经营、非法牟利目的，拒不履行监管和阻止义务，放任其网络平台大量传播淫秽视频，具有明显的社会危害性和刑事违法性，应当依法追究刑事责任。单位犯罪中直接负责的主管人员，是在单位实施犯罪中起决定、批准、授意、纵容、指挥等作用的人员，一般是单位的主管负责人。王欣在快播公司传播淫秽视频牟利犯罪行为中起到了决定、批准、授意、纵容、指挥等作用。张克东、牛文举则是快播公司和王欣意志的执行者，不仅明知快播公司传播淫秽视频牟利的行为，而且为了快播公司实现非法牟利目的，在管理过程中指挥和监督下属员工积极落实单位和王欣的决定，在快播公司传播淫秽视频牟利犯罪行为中起到了纵容、指挥等作用。吴铭系快播事业部的总经理，负责整个快播事业部的工作，具有领导、管理、监督职责。王欣、张克东、吴铭、牛文举均应作为快播公司直接负责的主管人员承担相应的刑事责任。鉴于快播公司在第二次庭审中能自愿认罪，对其酌予从轻处罚；考虑到王欣在第二次庭审过程中，能如实供述犯罪事实，自愿认罪，对其酌予从轻处罚；考虑到张克东在第二次庭审过程中，能如实供述犯罪事实，自愿认罪，在犯罪过程中主要从事技术工作，听命于王欣，作用较王欣相对较轻，对其酌予从轻处罚；考虑到被告人吴铭参与时间较短，不是公司股东，听命于王欣，作用相对王欣、张克东较轻，对其酌予从轻处罚。考虑到牛文举不是公司股东，听命于王欣，作用相对王欣、张克东、吴铭较轻，且能如实供述犯罪事实，自愿认罪，对其酌予从轻处罚。

【案例注解】

本案是发生在互联网时代的新类型刑事案件，自案发后便受到社会公众尤其是网民的普遍关注，其中所涉及的法律适用问题也引起学界的广泛讨论。在审理过程中，本案争议焦点主要集中在三个方面：第一，快播公司免费提供快播资源服务器程序和快播播放器程序，且并未直接在自己的网页上提供淫秽视频链接或者播放服务，是否应该承担传播淫秽物品牟利罪的刑事责任？第二，快播公司作为网络视频缓存加速服务提供者，免费提供视频缓存加速这一技术服务，是否应该适用“技术中立”原则而免责？第三，快播公司作为缓存加速服务提供者参与淫秽视频传播，如何评价其传播淫秽物品牟利的量刑情节？

对第一个问题，认定快播公司是否构成传播淫秽物品牟利罪，客观上主要应当审查快播公司是否存在传播淫秽物品的行为，主观上主要看快播公司和各被告人对参与淫秽视频传播是否存在明知，是否具有非法牟利的目的。对第二个问题，关于“技术中立”原则的适用，应该充分考虑该原则所保护的社会价值、适用范围，结合快播公司的具体行为及传播内容进行理解。对第三个问题，关于快播公司传播淫秽物品牟利量刑情节的评价，则要结合其具体犯罪情节并充分考量网络信息平台传播的特点，审慎把握。具体分析如下：

一、快播公司及各被告人的行为构成传播淫秽物品牟利罪

（一）客观上，快播公司已经成为淫秽视频的实际传播者

快播公司是一家流媒体应用开发和服务供应企业，其免费发布快播资源服务器程序和播放器程序，使快播资源服务器、用户播放器、中心调度服务器、缓存调度服务器和上千台缓存服务器共同构建起了一个庞大的基于 P2P 技术提供视频信息服务的网络平台。用户使用快播播放器客户端点播视频，或者“站长”使用快播资源服务器程序发布视频，快播公司中心调度服务器均参与其中。中心调度服务器为使用资源服务器程序的“站长”提供视频文件转换、链接地址发布服务，为使用播放器程序的用户提供搜索、下载、上传服务，进而通过其缓存服务器提供视频存储和加速服务。快播公司缓存服务器内存储的视频文件，也是在中心调度服务器、缓存调度服务器控制下，根据视频被用户的点击量自动存储下来，只要在一定周期内点击量达到设定值，就能存储并随时提供给用户使用。

具体而言，快播公司的 P2P 技术不仅使得用户在下载视频的同时提供了上传视频的服务，而且在用户与用户之间还介入了自己控制、管理的缓存服务器。快播用户在点播视频过程中，在拥有视频的“站长”（或“客户端”）、缓存服务器、观看视频的客户端之间形成三角关系，快播调度服务器不仅拉拽淫秽视频文件存储在缓存服务器里，而且也向客户端提供缓存服务器里的淫秽视频文件。这让缓存服务器实际上起到了淫秽视频的下载、储存、分发的作用。快播公司并不制作或购买合法的视频资源产品，其以搜索点击数量决定“缓存”哪些视频的技术特点，决定了其缓存服务器中存储的视频文件必然包括被搜索点击频率较高的淫秽视频。正是快播公司提供的这种介入缓存服务器的视频点播服务，以及设立这种“缓存”技术规则，决定了其实质介入了淫秽视频的传播行为。

传播淫秽物品牟利罪的“传播”，是指通过播放、陈列、建立淫秽网站、网页等方式使淫秽物品让不特定人感知，以及通过出借、赠送等方式散布、流传淫秽物品的行为。实施传播行为者，不仅包括最初的视频内容提供者，也包括在整个传播链条中介入其中任何一个环节的内容提供者。查获的4台涉案缓存服务器内的淫秽视频文件均是快播用户一周内点播达到一定次数后被缓存服务器下载、存储下来的完整视频，并处于提供给光通公司用户在其个人选定的时间和地点获取的状态。技术是快播公司研发的，技术服务是快播公司提供的，技术服务规则是快播公司设定的，调度服务器均是快播公司所有并控制的，缓存服务器是在快播公司调度服务器的远程控制和维护下根据快播公司研发的技术和设定的技术规则下载、存储淫秽视频并提供给用户使用的。调度服务器和缓存服务器的运转是快播公司主观意志的体现，调度服务器和缓存服务器对淫秽视频的下载、存储、上传供用户使用等活动，应视为快播公司介入传播的行为，缓存服务器内存储的淫秽视频客观上应当认定为属于快播公司占有之下。快播公司放任其缓存服务器存储淫秽视频，使公众可以观看并随时得到下载加速服务的方式，属于通过互联网陈列等方式提供淫秽物品的传播行为。比较而言，在单纯的P2P传播模式下，对在用户之间建立链接渠道程序的提供者，难以认定是淫秽视频的内容提供者；但在运用缓存服务器提供加速服务的传播模式下，缓存服务器一旦从网络上下载、存储并根据用户需要上传了淫秽视频，快播公司便成为了淫秽视频的内容提供者，而不仅仅是技术服务的提供者。

（二）主观上，快播公司及各被告人对介入淫秽视频传播存在明知，而且具有非法牟利目的

构成传播淫秽物品牟利罪要求行为人对传播淫秽物品行为具有明知，且要有牟利目的。本案中，快播公司及各被告人已经具备了以上两个主观要件。具体为：

1. 快播公司及各被告人对已经介入淫秽视频传播活动具有明知。《刑法》中规定的“明知”，司法实践中一般可以从两个角度证明：一是直接证明行为人知道或者因他人告知而知道；二是基于行为人的特定身份、职业、经验等特点推定其知道。对于单位犯罪而言，要求直接责任人员对于单位传播淫秽物品行为具有明知，并不要求对于单位传播淫秽物品的具体方法、技术等完全知晓。具体到本案，并不要求各被告人对于快播公司缓存服务器在调度服务器的支配下传播淫秽视频的具体方法、技术具有认知，只要求各被告人对于快播公司传播淫秽视频这一基本事实具有明知即可。在案证据证明，被告人王欣、张克东、牛文举对于快播缓存服务器实质上介入淫秽视频传播均已知晓，王欣、张克东对于介入传播的具体技术原理更有深入了解。2012年8月，深圳网络监管部门针对快播公司未建立信息安全保护管理制度、未落实安全保护技术措施的情况给予行政处罚警告，快播公司接受整改的主要内容就是审核和过滤淫秽视频。2013年8月，南山广电局执法人员对快播公司现场执法检查，确认快播公司网络上存在淫秽视频内容，随后作出行政处罚决定。如果说在第一次接受行政处罚并作出整改时，快播公司的经营者、管理者对快播网络服务系统介入淫秽视频传播并导致淫秽视频在互联网上大量传播还存在不知情的可能，那么，在事隔一年之后快播公司再次接受行政处罚并作出整改，而且先后两次整改的内容都是针对快播公司传播淫秽视频这一事实，此时，快播公司的经营者、管理者仍然坚称对此并不知情，显然不足采信。

2. 快播公司传播淫秽物品具有牟利目的。传播淫秽物品牟利罪要求以牟利为目的，

即行为人主观上具有牟取非法利益的目的。这里的利益，既包括直接利益，也包括间接利益。司法实践中认定“以牟利为目的”，既包括通过制作、复制、出版、贩卖、传播淫秽物品直接获取对价的目的，也包括通过广告、流量、用户数量等获得间接收入的目的。淫秽视频被搜索、点播、下载的数量越多，淫秽视频网站的用户数量越多，网页访问量越大，广告收入越高，淫秽视频的网络传播者所获取的间接利益就越大。所以，以获取广告费等间接利益为目的，为吸引网络用户、增加网站网页访问量、提高用户数量，而在互联网上发布、陈列、播放淫秽视频的行为，应当认定为“以牟利为目的”传播淫秽物品的行为。快播公司综合管理中心财务总监的证言及其提供的财务报表显示，快播公司盈利主要来源于快播事业部，而快播事业部的主要收入来源于网络营销服务，其中资讯快播和第三方软件捆绑是最主要的盈利方式，这部分盈利收入即直接来自快播播放器的安装和使用。快播资源服务器程序发布的视频经过快播技术手段加密，只能用快播播放器播放，快播公司因此对于使用快播软件播放快播视频过程中的第三方软件捆绑和广告资讯等盈利具有独占性。快播公司正是利用这种独占性特点，不断通过提供缓存技术支持等方法改善用户体验，增加用户数量和市场占有率，进而提升快播资讯广告或捆绑推广软件的盈利能力，增加收入。使用快播资源服务器程序发布、经由快播网络平台传播的淫秽视频的点击数量直接影响了快播播放器的用户数量，与快播公司的广告和软件捆绑收益密切关联。快播公司明知其快播软件和快播网络平台被用于传播淫秽视频而不予监管，反而用缓存服务器加速传播，致使淫秽视频在互联网上大量传播，快播播放器软件借此得到推广，快播公司也因此大量获利。快播公司和各被告人明知其网络系统上淫秽视频的传播和公司盈利增长之间的因果关系，仍放任其网络系统被用于传播淫秽视频，应当认定为具有非法牟利目的。

二、对快播公司并不适用“技术中立”的责任豁免

司法实践对于技术中立的肯定，意在鼓励技术创新和发展，但技术是人类利用自然规律的成果，一定程度上受到技术提供者和使用者意志的控制和影响，并体现技术提供者和使用者的目的和利益。技术本身的中立性与技术使用者的社会责任、法律责任的关系，主要取决于技术使用方式对社会发展起到了推动还是阻碍作用。依据技术中立原则给予法律责任豁免的情形，通常限于技术提供者，对于技术的实际使用者，则应视其具体行为是否符合法律规定进行判断。恶意使用技术危害社会或他人的行为，应受法律制裁。本案中，快播公司并不单纯是技术的提供者，“站长”或用户发布或点播视频时，快播公司的调度服务器、缓存服务器参与其中，快播公司构建的P2P网络平台和缓存加速服务都让其成为技术的使用者，同时也是网络视频信息服务的内容提供者。快播公司在提供P2P视频技术服务和缓存技术服务时，虽然客观上没有对视频内容进行选择，但当其明知自己的P2P视频技术服务被他人用于传播淫秽视频，自己的缓存技术服务被利用成为大量淫秽视频的加速传播工具，本身有义务、有能力阻止而不阻止时，快播公司就不可能再获得技术中立的责任豁免。快播公司出于牟利目的，拒不履行网络安全管理义务，放任他人利用快播网络系统大量传播淫秽视频，且放任自己的缓存服务器介入淫秽视频的传播，在使用技术的过程中明显存在恶意，应当承担相应的法律责任。

基于技术中立原则的要求，在信息网络传播权保护领域，技术的提供者需要尽到合理的注意义务，从而产生所谓“避风港”规则。这一规则在《信息网络传播权保护条例》中规定为，当网络用户利用网络服务实施侵权行为时，被侵权人有权通知网络服务提供者采取删除、断开链接等必要措施，网络服务提供者如果并不明知作品、表演、录音录像制品系侵权时，接到通知后，未采取必要措施的，网络服务提供者应当承担责任；网络服务提供者接到通知后采取了必要措施的，则不需要承担责任。设立该项规则的目的在于，保护单纯的网络服务提供者不因网络中海量的作品、表演、录音录像制品中存在侵权内容而被追究侵权赔偿责任，以促进网络服务的发展。本案中，辩护人认为基于“避风港”规则，快播公司作为网络服务提供者，可以适用《信息网络传播权保护条例》的规定免除责任。然而，《信息网络传播权保护条例》第三条明确规定：“依法禁止提供的作品、表演、录音录像制品，不受本条例保护。权利人行使信息网络传播权，不得违反宪法和法律、行政法规，不得损害公共利益。”也就是说，“避风港”规则保护的对象是合法的作品、表演、录音录像制品，而淫秽视频内容严重危害青少年身心健康和社会管理秩序，属于依法禁止提供的对象，不属于信息网络传播权保护的范围，当然不适用《著作权法》意义上的“避风港”规则。

关于缓存服务器内存储视频的“缓存”状态是否适用“避风港”规则免责的问题。经查，知识产权法领域基于“避风港”规则免责的“缓存”是指“断电即被清除的临时存储”。而本案中快播公司4台涉案缓存服务器内存储的淫秽视频，均系根据视频点击量自动存储下来，只要在设定的周期内点击量达到要求，就能长期存储并随时提供用户使用。即，其并非计算机信息系统中通常意义上“断电即被清除的临时存储”，而是对符合设定条件内容的硬盘（服务器）存储，不属于适用“避风港”规则免责的“缓存”类型。

三、对于快播公司传播淫秽视频牟利的行为，应当认定为“情节严重”

（一）快播公司的行为不属于相关司法解释规定的传播淫秽物品牟利“情节特别严重”的情形

根据2010年公布的《最高人民法院、最高人民检察院关于办理利用互联网、移动通讯终端、声讯台制作、复制、出版、贩卖、传播淫秽电子信息刑事案件具体应用法律若干问题的解释（二）》（以下简称《2010年解释》）第四条规定，以牟利为目的，网站建立者、直接负责的管理者明知他人制作、复制、出版、贩卖、传播的是淫秽电子信息，允许或者放任他人在自己所有、管理的网站或者网页上发布，达到相应定罪标准的，以传播淫秽物品牟利罪定罪处罚。根据上述司法解释的规定，传播淫秽视频的数量达到1000个，即属“情节特别严重”，应在十年有期徒刑以上量刑。本案中，快播公司的行为在放任传播、不作为犯罪、平台责任等方面与上述司法解释的规定虽有一定相似之处，但在规制对象、行为表现形式等方面仍存在区别。相对于《2010年解释》第四条规定的情形，快播公司的放任传播行为具有非直观性和更大的技术介入性，不能直接适用该条的规定认定为传播淫秽物品牟利“情节特别严重”。具体分析如下：

1. 快播公司对于特定视频是否属于淫秽视频缺乏事先的明知。“事先明确知道是淫秽电子信息”与“明知其网络平台上存在淫秽电子信息”所表达的主观明知内容并不相同，前者通常是针对特定视频文件的上传、下载、传播，后者则是笼统地针对网络平台所传播的内容包括哪类信息。本案中，快播公司在提供视频发布、点对点链接、缓存加速等服务时，并没有事先设置有效的内容审查技术环节或监管措施。因此，快播公司主观上虽然明知自己的网络平台上存在淫秽视频，但就本案缓存服务器内检验出的淫秽视频而言，没有证据表明快播公司事先明确知道其中不特定的任一视频是否属于淫秽视频（服务器目录中均以特征码作为文件名）。虽然本案能够认定快播公司控制下的缓存服务器参与了淫秽视频的传播，但无法认定快播公司有针对性地实施了上传、下载和存储、提供淫秽视频的行为。

2. 快播公司不具有传播淫秽视频的直接故意。从行为人的意志因素上说，现有证据并不能证明快播公司“希望”淫秽视频通过快播网络平台大量传播。实际上，缓存服务器提供加速服务符合淫秽网站“站长”的直接传播故意和点播用户的自主选择意愿，快播公司则采取了听之任之的放任态度。此外，本案没有证据证明快播公司与淫秽网站的站长或者其他发布淫秽视频的用户之间存在共谋。快播公司无论是提供快播视频客户端软件、服务器软件，抑或提供缓存服务器的储存、加速服务，无论是针对服务对象还是服务内容，都没有进行区分或选择，故无法认定快播公司与淫秽网站等具有直接故意的淫秽视频传播者之间具有犯意联络。缓存服务器内大量淫秽视频的存在，是淫秽网站、用户（每一个用户既是下载者也是上传者）的直接故意和快播公司的间接故意交织在一起共同作用的结果。

3. 快播公司的放任传播与技术介入的非直观性是本案的重要特征。传统的淫秽视频传播行为，一般由淫秽网站站长或用户以直观陈列的方式实施，传播者直接将淫秽视频链接放到网上供他人点播，或直接展示播放，或直接提供下载服务。而本案是在 P2P 传播模式下，快播公司放任其缓存服务器参与淫秽视频的传播，而没有开展有效的事前审查或后台审查。并且，缓存服务器介入视频传播的方式，不是直接提供缓存服务器的链接，而是用户点击淫秽网站上的链接后，快播公司的缓存服务器才根据调度服务器的指挥提供加速服务，其实现方式更多地体现出网络技术的后台传输特点，技术介入性和非直观性特征明显。考虑到快播公司的放任传播方式具有的非直观性与传统直观陈列传播方式的区别，以及技术介入性特点，单纯以缓存服务器内实际存储的淫秽视频数量来评价快播公司及各被告人的刑事责任，似乎过于严苛。

4. 快播公司放任淫秽视频传播的直接获利数额难以认定。根据现有证据可以认定，快播公司及各被告人之所以放任淫秽视频传播，目的是利用淫秽视频传播带动快播播放器的用户数量和市场占有率得到提高，从而提升快播资讯和捆绑软件的盈利能力，且实际获利巨大。但应当看到，没有证据证明快播公司经营的网络平台通过传播淫秽视频直接收取费用，快播公司的盈利方式具有间接性。实际上，快播公司及各被告人在经营视频点播业务过程中，主观上兼有合法经营目的和非法牟利目的，客观上难以即时区分合法视频点播服务和非法视频点播服务，因而无法区分快播公司现有营业收入中具体有哪些属于传播淫秽视频所得，哪些是合法经营所得。这种合法经营和非法经营的混同存在，反映出快播公司行为的社会危害性和主观恶性，比纯粹以淫秽物品传播为专营业务的淫秽网站要小。

5. 对快播公司犯罪情节的认定应充分考量网络信息平台传播特点。点对点视频传播技术更新速度快，也促使传播能力迅速攀升。缓存服务器参与下的 P2P 视频点播技术使淫秽物品传播产生了超高速率、超大范围的传播效果，缓存服务器提供存储服务的淫秽视频数量动辄数以万计。这种新技术传播模式与传播淫秽物品牟利罪的刑法条文和相关司法解释制定时的情形存在较大差别，故不宜按照相关司法解释的规定单纯根据传播淫秽视频的数量标准来确定刑罚。科学技术的应用必须符合法律规范，法律也应当鼓励优先运用技术措施解决技术问题，从而使科学技术具有更大的发展空间。本案量刑时应当充分考量科技发展的特殊性，不宜简单地将对传统传播淫秽物品行为的量刑标准适用于新类型网络传播淫秽物品犯罪，以体现时代变迁条件下刑法的谦抑性，更好实现罪责刑相统一。

综上，快播公司传播淫秽物品牟利的情形与相关司法解释规定的情形在主客观方面均有所不同，故不宜直接根据相关司法解释规定的数量标准认定为“情节特别严重”。

（二）快播公司放任淫秽视频大量传播并获取巨额非法利益，应当认定为传播淫秽物品牟利“情节严重”

“情节严重”，是出于立法技术的考虑而对犯罪情形的综合表述。一方面，立法者无法预见所有情节严重的情形，而作出明确、具体的规定；另一方面，即使有所预见，也不能使用冗长表述而使刑法丧失简明价值。传播淫秽物品牟利罪中的“情节严重”，是法定刑升格的依据。司法实践中，这种情节可以根据具体案情综合判定。就本案而言，深圳网络监管部门和南山广电局先后两次针对快播公司存在的网络信息安全问题给予行政处罚，快播公司及各被告人明知这些执法活动的具体指向就是其涉嫌传播淫秽视频、侵权等网络违法犯罪行为，仍消极对待整改，以作为的形式掩盖不作为的实质，继续放任自己控制的缓存服务器为淫秽视频传播提供加速服务，放任快播网络平台大量传播淫秽视频，其主观恶性和社会危害性显然大于一般的传播淫秽物品牟利行为。综合考虑快播公司拒不履行其作为视频信息服务企业的网络安全管理义务，放任其网络系统被用于传播淫秽信息，两次受到行政处罚后仍不积极履行安全管理责任，造成淫秽视频大量传播，间接获取巨额非法利益，故应当依据《刑法》第三百六十三条第一款的规定，认定为传播淫秽物品“情节严重”。

（一审法院合议庭成员　杨晓明　吴扬传　梁铭全
二审法院合议庭成员　张　鹏　刘　璐　相　阳
编写人　最高人民法院　李静然
北京市海淀区人民法院　游　涛
责任编辑　周维明
审稿人　李玉萍）

原载《人民法院案例选》2017 年第 10 辑（总第 116 辑）

363. 深圳市快播科技有限公司、王欣等传播淫秽物品牟利案

——网络信息服务提供者刑事责任的认定

【关键词】

刑事　传播淫秽物品牟利罪　网络信息服务提供者　作为和不作为　单位直接负责的主管人员

【裁判要旨】

以 P2P 技术为依托的网络视频信息服务提供企业，在向网络用户提供视频服务的过程中不仅拉拽淫秽视频文件存储在缓存服务器里，参与了部分不法用户传播淫秽视频的过程，而且在明知其经营、管理的网络服务系统被用于传播淫秽视频的情况下，出于扩大经营、非法牟利目的，拒不履行监管和阻止义务，放任其网络平台大量传播淫秽视频，从作为和不作为的角度讲，都具有明显的社会危害性和刑事违法性，应当构成犯罪。在该企业中，对涉及核心产品研发、营销的部门具有决策权和管理权的负责人，应当认定为直接负责的主管人员，对单位传播淫秽物品牟利的犯罪行为亦应承担相应的刑事责任。

【相关法条】

《中华人民共和国刑法》

第三百六十三条第一款　以牟利为目的，制作、复制、出版、贩卖、传播淫秽物品的，处三年以下有期徒刑、拘役或者管制，并处罚金；情节严重的，处三年以上十年以下有期徒刑，并处罚金；情节特别严重的，处十年以上有期徒刑或者无期徒刑，并处罚金或者没收财产。

第三百六十六条　单位犯本节第三百六十三条、第三百六十四条、第三百六十五条规定之罪的，对单位判处罚金，并对其直接负责的主管人员和其他直接责任人员，依照各该条的规定处罚。

【案件索引】

一审：北京市海淀区人民法院（2015）海刑初字第 512 号（2016 年 9 月 13 日）

二审：北京市第一中级人民法院（2016）京 01 刑终 592 号（2016 年 12 月 15 日）

【基本案情】

北京市海淀区人民检察院起诉书指控：被告人王欣系快播公司法定代表人及首席执行官，被告人吴铭系快播公司快播事业部总经理，被告人张克东系快播公司快播事业部

副总经理兼技术平台部总监，被告人牛文举系快播公司快播事业部副总经理兼市场部总监。被告单位快播公司自2007年12月成立以来，基于流媒体播放技术，通过向国际互联网发布免费的QVOD媒体服务器安装程序（以下简称QSI）和快播播放器软件的方式，为网络用户提供网络视频服务。期间，被告单位快播公司及其直接负责的主管人员被告人王欣、吴铭、张克东、牛文举以牟利为目的，在明知上述QVOD媒体服务器安装程序及快播播放器被网络用户用于发布、搜索、下载、播放淫秽视频的情况下，仍予以放任，导致大量淫秽视频在国际互联网上传播。2013年11月18日，北京市海淀区文化委员会（以下简称海淀文委）从位于本市海淀区北京网联光通技术有限公司（以下简称光通公司）查获快播公司托管的服务器4台。后北京市公安局从上述3台服务器里提取了29841个视频文件进行鉴定，认定其中属于淫秽视频的文件为21251个。被告人吴铭、张克东、牛文举于2014年4月23日被抓获归案，被告人王欣于2014年8月8日被抓获归案。北京市海淀区人民检察院认为，被告单位快播公司及被告人王欣、吴铭、张克东、牛文举以牟利为目的，传播淫秽物品，情节特别严重，其行为均已构成传播淫秽物品牟利罪，提请北京市海淀区人民法院依据《刑法》第三百六十三条第一款、第三百六十六条、第三十条、第三十一条之规定，对被告单位快播公司及被告人王欣、吴铭、张克东、牛文举分别定罪量刑。

控辩双方围绕本案定性等焦点问题在两次庭审辩论过程中均发表了意见。

被告单位、各被告人及辩护人在第一次庭审中发表辩护意见认为，本案事实不清、证据不足、程序违法、适用法律错误，指控罪名不能成立。辩护意见概括如下：（1）就传播“主体”认定方面，不能确定起获的4台服务器是否为快播公司控制和管理；合同约定应由光通公司删除违法内容，不应由快播公司对服务器中的淫秽视频承担法律责任；快播公司也不属于放任他人在其网站上发布淫秽视频的责任主体。（2）就传播“内容”认定方面，涉案起获的服务器内的文件为视频文件碎片，不能将鉴定书所鉴定的数量作为定罪量刑依据，且快播公司不是这些视频文件的发布者和使用者。（3）就传播“行为”认定方面，快播公司提供的是技术服务，没有传播、发布、搜索淫秽视频行为，也不存在帮助行为；快播技术不是专门发布淫秽视频的工具，而是提供缓存服务以提高网络传输效率，为用户提供P2P视频点播技术服务；基于技术中立原则，对快播公司的行为应适用避风港原则，快播公司不应为网络用户传播淫秽物品承担刑事责任；快播公司实际上是因其先进的流媒体技术被终端用户用于发布和分享淫秽信息的被害者；没有证据显示涉案缓存服务器中的淫秽视频曾经被某些用户浏览或下载，没有证据证明快播公司从涉案服务器中获取任何直接利益，没有证据证明快播公司从涉案服务器获取非法利益的具体数额。（4）就“网络安全管理义务和措施”方面，快播公司只是播放工具软件的开发者和提供者，并不是网络信息提供者或者网络服务运营商，没有查处、屏蔽淫秽视频的法定义务；快播公司采取了监管措施，设置了“110”不良信息管理平台，屏蔽了大量不良视频，履行了网络安全管理义务；现有技术对淫秽视频难以有效杜绝，若全部审查视频内容需要大量人力物力成本，快播公司及各被告人不具备防范和杜绝他人利用快播软件传播淫秽信息的技术能力。（5）就“主观故意”方面，没有证据证明快播公司及各被告人有通过传播淫秽视频牟利的目的，或放任传播淫秽视频的间接故意。快播公司不具备刑法意义上“明知”的主观要件，涉案视频文件是碎片存储，并非完整的视频，快播公司不可能“明知”缓存服务器里存储的视频是淫秽视频；2012 年和 2013 年受行政处罚的内容与快播播放器的运营模式、淫秽内容没有关系。(6) 就“被告单位及各被告人的具体责任”方面，控方未能证明快播公司及各被告人与传播淫秽视频的直接行为人存在共同的犯罪故意，在公诉机关没有追究直接传播人员刑事责任的情况下，不宜单独追究软件开发者的刑事责任；被告人吴铭及其辩护人认为吴铭不是公司的股东，只是挂名事业部总经理，并不实际负责具体业务，对涉案 4 台服务器及存储视频的情况并不了解，不具备犯罪时间和行为，不应对涉案软件开发行为承担法律责任；被告人牛文举及其辩护人认为牛文举较为全面地履行了自己的职责，及时上报整改情况，取得了显著成效，不应承担法律责任。

在第二次庭审过程中，被告单位、被告人王欣、张克东、牛文举对指控事实和罪名均表示无异议，其辩护人主要围绕量刑情节作罪轻辩护，希望对被告单位和各被告人从宽处罚。辩护意见概括如下：(1) 量刑应该考虑本案发生的特殊社会环境和网络犯罪特点，防止对被告人主观认知评价不足。(2) 快播公司不是淫秽视频直接传播者，仅是怠于履行监管职责，主观上不具有直接、主动传播意义上的明知，放任心态是由于屏蔽技术难度较大造成的，在主观恶性上应区别于能管而不管。(3) 快播公司并非网站，仅是提供了一个传播通道，不应适用相关司法解释规定；且涉案 4 台服务器获利情况、淫秽视频数量均不明，淫秽视频数量也不是判定法定刑升格唯一标准，建议不适用情节特别严重，而应认定情节一般或情节严重。(4) 王欣具有自首情节；张克东系从犯，应在三年有期徒刑以下判处刑罚并适用缓刑；牛文举尽到了监管职责，不是公司股东，无决策权，系从犯。被告人吴铭及其辩护人对快播公司构成传播淫秽物品牟利罪不持异议。吴铭坚持认为本人工作分工与视频监管没有关系，不应对快播公司行为承担法律责任。其辩护人认为吴铭担任快播事业部总经理前，快播软件及缓存服务器就已经存在，吴铭对此并无实际决定权，对于涉案 4 台缓存服务器也不知情，其行为不应当构成犯罪；如果法院认定有罪，希望考虑到本案案情，判处其三年有期徒刑以下刑罚并适用缓刑。

公诉机关发表公诉意见，认为起诉书指控事实清楚，证据确实、充分，已证明被告单位及各被告人的行为构成传播淫秽物品牟利罪，具有严重的社会危害性，应当依法追究刑事责任。经过两次庭审，结合被告单位及被告人在第二次庭审中作出的有罪供述，也进一步证明了被告单位和各被告人的行为构成传播淫秽物品牟利罪。公诉意见概括如下：(1) 快播公司在网上发布 QSI 资源发布工具和快播用户端软件（播放器），在快播管理的调度服务器、存储服务器、QSI 软件、快播播放器以及网站站长、用户之间形成了一个可以实现发布、搜索、下载、存储和观看功能的综合性网络平台。在这个网络平台中，所有视频资源都可以实现无障碍、无筛选、无监管的自由流通。而所有视频的上传、观看、分享和采集用户观影特征、调度选择、网络优化等功能，都是在快播后台调度服务器的统一处理下完成的。快播公司对平台上的视频内容不加审核，且在明知存在大量淫秽视频的情况下仍不落实监管责任，反而架设缓存服务器，用以存储大量淫秽视频，为用户随时提供下载流量补偿服务，并开发碎片化视频存储方式规避风险。作为快播网络平台的控制与管理者，快播公司及王欣等人对本公司视频网络平台中存在海量淫秽视频完全明知。按照有关法律规定，快播公司依法应当积极采取技术手段将海量淫秽视频加以屏蔽和监管，同时也有足够的专业能力对淫秽视频进行有效的管控。但快播公司并没有进行实际意义上的管控，而是为了追逐经济利益放任淫秽视频在网络空间广泛传播。快播公司曾经因为没有落实有关监管责任和快播网络中存在大量淫秽视频两次受到行政处罚，但仍不思整改、不实际履行监管责任，不但没有采用视频关键帧提取、淫秽视频图像识别等行业常见的、成熟的屏蔽手段，且连最基础的关键词、二级域名屏蔽等措施也没有认真实行，这种有悖于行业常规的做法也进一步反映出快播公司对淫秽视频监管的懈怠，进而导致了海量淫秽视频持续、广泛传播。作为快播公司的管理者，被告人王欣等人清楚知道海量淫秽视频能够带来用户数增长和流量增加，进而为快播公司带来可观的广告收益和经济利益。快播公司在全国各地架设的上千台缓存服务器也对淫秽视频的传播起到了推波助澜的作用。（2）技术本身无罪，但如果使用技术的人用以危害社会，就是违法犯罪。快播公司的运营模式已不仅仅是单纯的提供技术服务，而是一种利用技术手段实施的犯罪行为，不能因技术中立原则而免除刑事责任。（3）本案不同于传统传播淫秽物品牟利的案件，从快播公司传播行为与用户行为的混同性、快播大型网络传输平台的特殊性、快播公司自主研发技术的特别性、社会对新型技术发展产生负面效应的容忍性等方面考虑，快播公司放任传播淫秽物品和据此牟利的行为具有间接性。根据罪责刑相适应的刑法原则，快播公司及各被告人的刑事责任应当区别于传统的直接传播淫秽牟利的犯罪主体的刑事责任。（4）本案属于单位犯罪，快播公司和三名被告人在庭审中均明确表示认识到了快播公司和各自的行为性质，对公诉机关指控的犯罪事实及罪名均予以承认，对淫秽视频的存在、缓存服务器的功用、主观明知、监管措施严重不足、放任传播、牟利目的等关键问题均作了较为明确的供述，认罪悔罪且态度真诚，对其从宽处罚符合我国宽严相济的刑事司法政策。被告人吴铭对快播公司构成犯罪亦不持异议，仅就自身所起作用进行辩解，属于违法性认识不足，同样可以酌予从轻，故建议合议庭对快播公司及4名被告人均予以从宽处罚。

法院经审理查明，原审被告单位深圳市快播科技有限公司通过免费提供QSI（QVOD Server Install，即QVOD资源服务器程序）和QVOD Player（即快播播放器程序或客户端程序）的方式，为网络用户提供网络视频服务。其不仅通过自身的中心调度服务器在站长与用户、用户与用户之间搭建了一个视频文件传输的平台，同时为提高热点视频下载速度，通过自有或与运营商合作的方式，在全国各地不同运营商处设置缓存服务器1000余台。部分淫秽视频因用户的点播、下载次数较高而被缓存服务器自动存储，进一步方便、加速了淫秽视频的下载、传播。2012年8月至2013年10月间，深圳市公安局公安信息网络安全监察分局、深圳市南山区广播电视局对快播公司进行检查，针对该公司未建立安全保护管理制度、未落实安全保护技术措施等问题，给予行政处罚，并责令整改。快播公司成立了信息安全组开展了不到一周的突击工作，投入使用了“110”不良信息管理平台。但在深圳网监验收合格后，信息安全组原有4名成员或离职或调到其他部门，“110”平台工作基本搁置，检查屏蔽工作未再有效进行。

2013年11月18日，北京市海淀区文化委员会在行政执法检查时，从北京网联光通技术有限公司查获由快播公司管理维护的4台服务器。公安机关从服务器里提取了29841个视频文件进行鉴定，认定其中属于淫秽视频的文件为21251个。

被告人王欣为快播公司的法定代表人、股东、执行董事、经理，负责快播公司经营和管理工作。快播公司快播事业部负责公司视频播放器的技术开发和市场推广。被告人吴铭于 2013 年担任快播事业部总经理，负责事业部全面工作。被告人张克东系快播公司股东，于 2012 年担任事业部副总经理兼技术平台部总监，最初开发了快播视频传输和播放的核心软件。被告人牛文举于 2012 年担任事业部副总经理兼运营部总监，2013 年担任事业部市场部负责人，负责信息安全组工作。以上四人在明知快播公司擅自从事互联网视听节目服务、提供的视听节目含有色情等内容的情况下，未履行监管职责，放任淫秽视频在快播公司控制和管理的缓存服务器内存储并被下载，导致大量淫秽视频在网上传播。

【裁判结果】

北京市海淀区人民法院于 2016 年 9 月 13 日作出（2015）海刑初字第 512 号刑事判决：一、被告单位深圳市快播科技有限公司犯传播淫秽物品牟利罪，判处罚金人民币 1000 万元。二、被告人王欣犯传播淫秽物品牟利罪，判处有期徒刑三年六个月，罚金人民币 100 万元。三、被告人张克东犯传播淫秽物品牟利罪，判处有期徒刑三年三个月，罚金人民币 50 万元。四、被告人吴铭犯传播淫秽物品牟利罪，判处有期徒刑三年三个月，罚金人民币 30 万元。五、被告人牛文举犯传播淫秽物品牟利罪，判处有期徒刑三年，罚金人民币 20 万元。

宣判后，被告人吴铭不服，提出上诉。北京市第一中级人民法院于 2016 年 12 月 15 日作出（2016）京 01 刑终 592 号刑事裁定：驳回上诉，维持原判。

【裁判理由】

法院生效裁判认为：对于吴铭的辩护人所提利用快播软件上传淫秽视频的是不法用户，快播公司不是传播主体的辩护意见，经查，根据快播公司提供网络视频服务的方式，任何人均可通过其免费提供的 QVOD 资源服务器程序发布自己所拥有的视频资源，其中也包括淫秽视频。但无论用户上传还是点播视频，都需要快播公司的中心调度服务器提供服务，而且为了提高下载速度，快播公司在用户与用户之间还设置了由其控制、管理的缓存服务器。当达到快播公司设置的条件时，快播调度服务器不仅拉拽淫秽视频文件存储在缓存服务器里，而且也向用户提供缓存服务器里的淫秽视频文件。因此，快播公司不仅参与了部分不法用户传播淫秽视频的过程，而且其设置的缓存服务器实际上也起到了对淫秽视频进行下载、储存、分发、传播的作用。因此，快播公司符合传播淫秽物品的主体条件。

对于吴铭的辩护人所提快播公司已在能力范围内穷尽了防范和监督措施、不存在不作为情况的辩护意见，经查，快播公司作为互联网信息服务的提供者，必须对其网络信息服务内容履行网络安全管理义务。2012 年快播公司被深圳网监处罚后，虽设置了信息安全组，开发了依靠关键字屏蔽发挥作用的“110”不良信息管理平台。但根据牛文举的供述以及快播公司负责信息安全工作的员工证言，在深圳网监验收合格之后，“110”不良信息管理平台就基本被搁置，原为应对检查设立的信息安全组也名存实亡，可见快播公司不仅没有积极探索研究更有效的不良信息监管措施，而且就连关键词屏蔽这一行业内最普遍、最基本的淫秽视频管控措施都没有认真落实。而正是其怠于履行网络安全义务的不作为导致淫秽视频在快播网络上仍长时间地大量传播。

此外，上诉人吴铭系快播事业部总经理，负责快播播放器等核心产品的营销工作，在快播事业部拥有管理权，应当认定为直接负责的主管人员？对快播公司传播淫秽物品牟利的犯罪行为应承担相应的刑事责任。故上诉人吴铭以及原审被告单位深圳市快播科技有限公司、原审被告人王欣、张克东、牛文举以牟利为目的，在互联网上传播淫秽视频，其行为均已构成传播淫秽物品牟利罪，情节严重，依法应予惩处。吴铭的上诉理由及其辩护人的辩护意见均不能成立，不予采纳。

【案例注解】

本案在二审审理中存在两个法律适用的焦点问题：一是随着网络科技的飞速发展，类似快播公司这样以相关技术为依托的网络信息服务提供者，是否应当对在其搭建的网络平台中传播淫秽物品的行为承担刑事责任？二是怎样认定单位犯罪中直接负责的主管人员？吴铭作为快播公司主要运营部门的负责人，其行为是否构成犯罪？

一、法律审判的不是“技术”而是“行为”

随着互联网信息技术的快速发展，利用信息网络作为犯罪工具、犯罪场域实施传统犯罪的态势悄然成型，传统犯罪趋向网络化。同时，和传统的犯罪行为相比，网络技术犯罪在手段上通常不具有典型性，甚至其技术手段还具备合法性和创新性外观，因此，在罪与非罪、此罪与彼罪的判断上，司法实践也极易产生争议，从而给刑事司法也带来了全新的挑战。

本案作为互联网视频信息服务提供企业“涉黄”入罪的第一案，在一审期间就曾引起全社会的广泛关注。在一审庭审中，被告人及辩护人多次从技术本身的创新性和中立性出发，提出“技术中立”“技术本身并不可耻”等观点，一度受到广大网民的力挺，成为被告人及其辩护人为己方最强有力的辩护。二审期间，辩护人再次提出快播公司只是提供了一种技术模式，法院审判的不应是技术，而应是行为，故快播公司无罪。我们认为，“快播案”是互联网信息技术犯罪的典型案例，其中既包含着技术创新和技术管制之间的冲突，也包含着技术中立和可罚行为之间的转化问题。法院认定快播公司构成犯罪正是基于其“行为”，辩护人的辩护意见有偷换概念之嫌，其理由和结论都是不能成立的。

（一）“快播案”中“技术”的刑法属性

在探究快播公司技术行为的法律属性之前，我们有必要系统认识快播公司所使用的技术模式。从技术层面看，快播公司使用的是 P2P（Peer-to-Peer，又称为“点对点”技术）流媒体技术。它是指任何一个个人都能通过快播公司开发的 QVOD 软件上传分享自己所有视频文件，和传统的中央服务器传输模式相比，P2P 技术并不需要固定而集中的资源中央服务器。快播公司在全国建立的 2000 余台服务器，将用户的视频信息复制下载到 QVOD 网络，用户只要通过 QVOD 自带的检索器，就能找到相关视频。同时，快播公司还开发了视频自动存储技术，凡点击一定频次以上的视频，就会自动上传到公司的缓存服务器，以提供给更多人观看。在 P2P 技术的运用上，快播公司自己并不制作网络视频，但是却将他人的网络视频归集于自己的服务器中，并提供点播服务，这使得快播公司的服务器成为了新的视频源。

“技术中立”，是 1984 年美国最高法院在环球电影制片公司诉索尼公司案中确立的一个法律原则。根据该原则，如果产品可能被广泛用于合法的、不受争议的用途，即能够具有实质性的非侵权用途，即使制造商和销售商知道其设备可能被用于侵权，也不能推定其故意帮助他人侵权并构成帮助侵权。技术中立原则对于推动技术进步具有重要意义，它不仅在知识产权领域具有排除帮助侵权的民事责任的功能，而且在刑事领域同样具有排除共犯责任的功能。适用技术中立原则的一个前提条件是：制造商或者销售商只是单纯的技术设备的开发者和提供者，并不能干预设备的实际使用。① 然而，在"快播案"中，"技术本身无罪"的观点却模糊了刑法的适用规则，即模糊了技术开发和技术运用之间的界限。网络技术的开发本身是中立。但是，将开发后的技术通过商业经营等方式运用到现实生活中，则意味着该技术和整个社会发生了联系，具备了社会意义，其就不再是纯粹的技术行为，而转变为社会行为。而刑法所评价的，就是技术的运用行为。②

（二）快播公司"技术行为"的客观违法性

在刑法理论中，犯罪即是一种行为，但它不是一般的行为，而是危害社会的行为，即危害行为。危害行为的表现形式多种多样，刑法理论将繁多的危害行为概况为两种基本形式：作为与不作为。作为，是指行为人以积极的身体活动实施刑法所禁止的危害行为。不作为，是指行为人在能够履行自己应尽义务的情况下不履行该义务。具体到本案中，快播公司以先进的技术为基础提供网络信息服务，"技术"只是问题的"表象"，而法律真正要评价的却是快播公司在运用技术过程中实施的"行为"。

1. 从作为的角度看。传播淫秽物品牟利罪的客观行为是传播淫秽物品，即通过播放、陈列，在互联网上建立淫秽网站、网页等方式使淫秽物品让不特定或者多数人感知以及通过出借、赠送等方式散布、流传淫秽物品。传播的方式形形色色，但其实质都是让不特定或者多数人可以感知（看到、听到）淫秽物品。快播公司以 P2P 技术为基础搭建了提供视频信息服务的网络平台。技术虽是快播公司提供服务的基础，但如何使用相关技术，如何设定技术服务规则则是快播公司可自主选择的积极作为方式。快播公司向所有用户免费提供 QVOD 资源服务器程序及快播播放器程序，在被深圳网监处罚前对上传视频资源的用户及视频内容均不做任何限制。同时，QVOD 除了具备常规的视频播放功能之外，还可以针对广泛分布于互联网上的视频种子进行在线播放。当终端用户观看在线视频有卡顿现象，或者某些视频因点击量高而成为热门视频时，快播公司的缓存服务器便自动将视频文件下载存储起来，用户可以直接从快播公司的缓存服务器下载观看。因此，缓存服务器就成为视频资源站。为了确保在线片源的不断丰富，快播公司研制开发了便捷易用的建站发布视频工具软件 QSI。通过使用 QSI 建立一个视频站点，可以上传视频资源，这些视频发布者被称为站长。快播公司通过服务器对站长上传视频、用户观看视频、用户分享视频、采集用户观影特征并分析、调度选择和优化网络等进行处理。由此可见，快播公司在提供视频软件技术的同时，还利用该技术建立了一个视频发布、传播和分享的平台。其不仅参与了部分不法用户传播淫秽视频的过程，而且其设置的缓存服务器实际上也起到了对淫秽视频进行下载、储存、分发、传播的作用。这就如，一个展览厅的管理者，不仅允许他人将淫秽图片存放在展览厅，而且允许不特定或者多数

① 陈兴良：《在技术与法律之间——评快播案一审判决》，载 http：//www. dffyw. com/faxuejieti/xs/201609/41167. html，访问时间：2016 年 9 月 15 日。

② 王潜：《"快播案"中的刑事法理分析》，载《湖北工业职业技术学院学报》2016 年第 2 期。

人进入展览厅观看淫秽图片的行为，当然属于传播淫秽物品。快播公司的行为与此相类似，也属于传播淫秽物品。[①] 因此，可以认定快播公司在向网络用户提供视频服务的过程中存在参与淫秽视频传播的积极行为。

2. 从不作为的角度看。P2P 技术本身即存在着易被用于传播淫秽视频、盗版作品的风险。如前所述，快播公司作为一家以 P2P 技术为依托的网络视频服务企业，已经用该技术建立了一个视频发布、传播和分享的平台，成为一个网络服务系统的管理者。确切地说，快播公司具有网络视频软件提供者和网络视频内容管理者的双重角色。其不仅应当承担法定的网络安全管理义务，而且应当自觉承担起与其技术特点所造成的法益侵害风险程度相当的更高的注意义务。但在案证据显示，2012 年快播公司被深圳网监处罚后，虽设置了信息安全组，开发了依靠关键字屏蔽发挥作用的“110”不良信息管理平台。但根据牛文举的供述以及快播公司负责信息安全工作的员工证言，在深圳网监验收合格之后，“110”不良信息管理平台就基本被搁置，原为应对检查设立的信息安全组也名存实亡。可见，快播公司不仅没有积极探索研究更有效的不良信息监管措施，而且就连关键词屏蔽这一行业内最普遍、最基本的淫秽视频管控措施都没有认真落实。而正是快播公司这种逃避履行法定义务的消极不作为行为，造成了大量淫秽视频在快播网络上快速传播的危害后果。

综上，虽然刑法理论通常会区分作为与不作为，但作为与不作为完全可能同时存在于一个案件中，并且被评价为一个犯罪行为。本案中，无论从作为还是不作为的角度看，快播公司的行为均理应受到刑罚的处罚。

3. 快播公司行为的主观要件

刑法处罚的是有主观意识支配的行为，因此，要证明快播公司行为的主观违法性和可罚性，就要证明其是否主观明知快播网络平台被用于传播淫秽物品，且对这种危害结果采取一种什么样的态度。首先，传播淫秽物品牟利罪是故意犯罪，行为人必须明知自己传播的是淫秽物品。但是，具体案件中的被告人是否明知，不能仅凭被告人的口供确定。即使被告人不承认明知，也完全可能根据被告人的特定身份、职业、生活与工作经验等推定被告人明知。快播公司因其网站上有淫秽内容被行政机关多次处罚。2013 年 8 月 5 日，深圳南山广电局执法人员对快播公司现场执法检查时，也确认了快播公司网站上的淫秽视频内容，随后作出了行政处罚决定。在这种情况下，可以认定快播公司的经营者、管理者对快播网络传播淫秽视频的情况是明知的。其次，通说认为，目的犯只存在于直接故意犯罪之中，因此，以牟利为目的的传播淫秽物品牟利罪主观方面只能是直接故意。因为行为人要从中牟利，很难想象其对传播行为造成的结果仅出于放任的情况。但是，随着互联网的迅猛发展，网络的开放性、信息的海量性以及在线传播的高效性和隐蔽性也使得参与网络传播淫秽物品的行为人，尤其是这些网络技术的提供者和网络平台的管理者，心态不同于传统的犯罪行为人。应当说，像快播公司这样的互联网服务企业，其所追求的就是企业利益的最大化，认为其行为是出于积极追求淫秽视频的广泛传播显然不符合实际。但其为了达到牟利的目的，对于一切可以增加其用户数量和市场占有率，进而提升快播资讯广告或捆绑推广软件的盈利能力的行为（包括合法的和非法

① 张明楷：《快播案定罪量刑的简要分析》，载 http：//www. dffyw. com/faxuejieti/xs/201609/41166. html，访问时间：2016 年 9 月 19 日。

的）都可以容忍，或者是放任，才是其最真实的主观心态。因此，快播公司是出于间接故意实施的传播行为。最后，辩护方在一审庭审中一直强调快播公司没有从淫秽视频的传播中获得任何经济利益，包括与其他公司合作托管服务器，也不收取任何费用。但是，我们应当看到，快播公司虽然并不是从下载或者观看淫秽视频文件的用户那里直接获得利益，但其通过淫秽视频的点击数量获得广告收益，而且由于刑法并没有限定牟利目的的实现方式，只要主观上具有牟利目的即可，故认定快播公司具有牟利目的。

二、单位犯罪中直接负责的主管人员责任的认定

刑法中对单位犯罪实行双罚制。即原则上除了追究单位本身的刑事责任外，还要追究单位直接负责的主管人员和其他直接责任人员的刑事责任。本案二审期间，只有吴铭一人提出上诉，其主要上诉理由即为自己不是快播公司直接负责的主管人员，没有传播淫秽视频的主观故意，也没有牟利，其行为不构成犯罪。而刑法对于单位犯罪中直接负责的主管人员无论是从其主体身份还是主观要件的认定上都是与单纯自然人犯罪有所区别的。

第一，单位犯罪中直接负责的主管人员，是指在单位实施犯罪中起决定、批准、授意、纵容、指挥等作用的人员，一般是单位的主管负责人。因此，认定此类人员应当同时具备两个条件：一是其在单位中具有管理者身份且实际行使管理职权；二是其对单位具体犯罪行为负有主管责任，起到了决策、纵容或指挥的作用。本案中，快播公司的组织机构图以及王欣、张克东、牛文举的供述、证人何明科等人的证言相互印证可以证明吴铭自 2013 年担任快播事业部的总经理，负责快播事业部的整体工作，具体包括事业部的人、财、物，也包括业务，张克东、牛文举作为快播事业部副总经理在工作中一般先向吴铭汇报，特殊情况也可以直接向王欣汇报。因此，可以认定吴铭在快播事业部拥有决策权和管理权，对事业部的工作具有领导、管理和监督的职责。此外，吴铭虽辩称其对涉案 4 台服务器不知情，服务器以及相关软件的运作状态均与其没有直接责任关系，但快播事业部负责快播网络的日常工作，其通过自有或合作的方式，在全国各地不同运营商处设置缓存服务器 1000 余台，期间均要与合作单位签订合同，本案 4 台缓存服务器的设置及使用就在吴铭担任事业部总经理期间。因此，吴铭对参与淫秽视频传播的缓存服务器的设置与运行负有主管责任。同时，牛文举的供述证明快播公司因涉及淫秽信息被行政处罚后，其如实向吴铭进行了汇报，并且在之后信息安全组成立以及“110”不良信息管理平台日常运营的过程中，其均向吴铭汇报相关情况，并由吴铭指示进行下一步工作。故吴铭作为快播事业部的总经理对审核过滤淫秽信息工作长期停滞，纵容快播相关职能部门怠于履行信息安全监管义务，也负有不可推卸的责任。

第二，刑法意义上的故意应由两个因素构成：一是认识因素，即明知自己的行为会发生危害社会的结果；二是意志因素，即希望或者放任这种结果发生。结合本案具体情况，在认识因素方面，吴铭系快播事业部的总负责人而非具体技术研发人员，故要证明其对自己及快播公司的犯罪行为具有“明知”，并不要求其对快播网络传播淫秽物品的具体方法、技术等完全知晓，只要求其对快播公司传播淫秽视频这一基本事实具有明知即可。本案中，牛文举的供述可以证明快播公司因涉淫秽视频被行政处罚后，其不仅将处罚原因、处罚情况向吴铭做过汇报，而且在之后其也要定期或不定期地向吴铭汇报淫秽视频的屏蔽情况。故吴铭不仅知道快播网络服务系统传播淫秽视频，而且知道快播公司的行为已经导致淫秽视频在互联网上大量传播。并非如吴铭在二审辩解中所称对此毫不知情。在意志因素方面，张克东的供述证明在公司产品会上说起快播涉黄，吴铭的态度是“内容的事情找王欣做决策”。证人刘海宝的证言证明，2014 年 3 月，快播事业部的领导吴铭、张克东、牛文举曾给他们开会，告诉他们“遇有检查时，该说的说，不该说的不说”。同时，牛文举的供述证明吴铭对信息安全组的工作状态一直知晓，但在检查过后信息安全组多人离职或调动，审核过滤淫秽信息工作基本停滞一事，吴铭并没有进行有效的督促而是放任不管，可见吴铭对快播公司涉及传播淫秽视频的行为采取了推脱、回避的态度，而其履职的状况也体现了其对淫秽视频通过快播网络大量传播这一危害后果的放任。

第三，根据我国《刑法》规定，单位犯罪要求单位实施的犯罪行为是为本单位或本单位的全体成员谋取非法利益，而不是仅仅为单位主管人员自己或少数人谋取非法利益，更不以单位直接负责的主管人员从单位非法收益中获利为限。在案证据证明，快播公司的主要盈利来源于快播事业部，具体就是通过增加用户数量和市场占有率，进而提升快播资讯广告或捆绑推广软件的盈利能力。吴铭本人虽不是公司股东，从快播公司仅领取工资报酬，但其作为快播事业部的总经理，明知快播网络上淫秽视频传播与快播播放器软件推广以及公司盈收增长之间的因果关系，仍放任快播网络系统被继续用于传播淫秽视频，应当认定为具有非法牟利的目的。

综上分析，吴铭作为快播事业部的总经理，负责整个快播事业部的工作，其任职时间虽不长，但对于快播公司存在的传播淫秽视频的问题是明知的，却一直采取推脱、回避的态度。吴铭对于快播事业部审核过滤淫秽信息工作停滞一事，亦负有督促有效运转之责，但其放任不管，实际上体现了快播公司对传播淫秽视频的放任意志。故吴铭均应作为快播公司直接负责的主管人员承担相应的刑事责任。

在互联网时代，网络技术日新月异，突飞猛进，随之带来的是对法律的挑战。“快播案”无疑将对中国互联网刑事立法与司法工作产生重要的影响。法律不能成为网络技术发展的绊脚石，阻碍技术发展。但网络技术应当造福于人类，网络技术也不能成为犯罪的挡箭牌。[①] 刑事司法机关在审理类似新形式的传统犯罪中的经验与教训，网络服务提供者在技术开发中对法律风险的防控，对技术中立规则的反思等，都是本案留给我们的值得思考的问题。

（一审法院合议庭成员　杨晓明　吴扬传　梁铭全
二审法院合议庭成员　张　鹏　刘　璐　相　阳
编写人　北京市第一中级人民法院　刘　璐
责任编辑　杨　奕
审稿人　李玉萍）

原载《人民法院案例选》2018 年第 8 辑（总第 126 辑）

① 张明楷：《快播案定罪量刑的简要分析》，载 http：//www. dffyw. com/faxuejieti/xs/201609/41166. html，访问时间：2016 年 9 月 19 日。

二、组织淫秽表演罪

364. 张绍杰、夏俊喜组织淫秽表演案

——组织在线实时观看淫秽表演并收取费用行为的定性

【关键词】

淫秽表演　组织在线观看　淫秽行为　淫秽物品

【裁判要旨】

组织在线实时观看淫秽表演并收取费用的，不属于为牟利传播电子信息形态的淫秽物品，应定性为组织淫秽表演罪。

【相关法条】

《中华人民共和国刑法》

第三百六十五条　组织进行淫秽表演的，处三年以下有期徒刑、拘役或者管制，并处罚金；情节严重的，处三年以上十年以下有期徒刑，并处罚金。

第三百六十七条第一款　本法所称淫秽物品，是指具体描绘性行为或者露骨宣扬色情的诲淫性的书刊、影片、录像带、录音带、图片及其他淫秽物品。

【案件索引】

一审：浙江省宁波市江北区人民法院（2017）浙0205刑初399号（2017年10月27日）

【基本案情】

浙江省宁波市江北区人民检察院指控称：2017年2月，被告人张绍杰、夏俊喜经事先商量，由夏俊喜在蜜色、蜜桃等直播平台上以挑逗性的动作发布性爱直播广告，吸引网友添加其微信作进一步交流，张绍杰通过多个微信账号收取人民币30元至218元不等的会员费，之后组织会员进入QQ群，通过网络直播方式，发布二人的淫秽表演视频，供群内网友观看。截至5月上旬，先后组织98人进群观看，非法获利至少人民币

12516.5元。公诉机关认为，被告人张绍杰、夏俊喜以牟利为目的，利用互联网平台传播淫秽视频，其行为已构成传播淫秽物品牟利罪。

两被告人对起诉书指控的犯罪事实和罪名均无异议。

两被告人的辩护人辩称：张绍杰、夏俊喜通过视频实时直播性行为表演的过程中，不存在刑法规定的淫秽物品，故不构成传播淫秽物品牟利罪。

法院经审理查明：2017年2月，被告人张绍杰、夏俊喜经事先商量，由夏俊喜在蜜色、蜜桃等直播平台上以挑逗性的动作发布性爱直播广告，言明加微信并发送50元红包后即可加入QQ群观看淫秽直播，吸引网友添加微信。张绍杰通过多个微信账号收取人民币30元至218元不等的“会员费”，之后组织“会员”进入QQ群。张绍杰、夏俊喜二人通过在线视频方式，供群内网友观看其正在实施的性交等淫秽行为。自2017年2月至5月上旬，先后组织90余人进群观看，非法获利人民币12000余元。2017年5月9日，民警将张绍杰、夏俊喜抓获，后将二人传唤至派出所进一步调查。经讯问，该二人交代了前述行为。同日，张绍杰、夏俊喜因涉嫌犯组织淫秽表演罪被公安机关取保候审。

【裁判结果】

宁波市江北区人民法院于2017年10月27日作出（2017）浙0205刑初399号刑事判决：以组织淫秽表演罪各判处被告人张绍杰、夏俊喜拘役四个月，并处罚金人民币7000元；作案工具依法予以没收；违法所得，继续予以追缴。宣判后，检察院未提出抗诉，被告人未提出上诉，判决已经发生效力。

【裁判理由】

法院生效裁判认为：被告人张绍杰、夏俊喜以网络直播方式组织进行淫秽表演，其行为均已构成组织淫秽表演罪。两被告人归案后能如实供述自己的罪行，依法应予以从轻处罚。

【案例注解】

法律及司法解释中并未明确借助互联网实施的组织在线实时观看淫秽行为的定性，在审理过程中存在三种不同意见。

第一种意见认为，组织淫秽表演罪针对的是组织当众实施淫秽表演的行为，“组织”行为从一般理解看，要三人以上，张绍杰与夏俊喜两个人的行为不能认定为“组织”；传播淫秽物品牟利罪针对的是以牟利为目的，传播含有淫秽内容书刊、影片、录像带、录音带、图片及其他淫秽物品的行为，但张绍杰与夏俊喜的整个行为过程中不存在“淫秽物品”。鉴于法无明文规定，应认定张绍杰与夏俊喜无罪。

第二种意见认为，两被告人将其二人正在进行的淫秽行为通过网络传播，其形式近似于利用互联网平台传播淫秽视频，且存在牟利目的，应以传播淫秽物品牟利罪定罪处罚。《最高人民法院、最高人民检察院关于办理利用互联网、移动通讯终端、声讯台制作、复制、出版、贩卖、传播淫秽电子信息刑事案件具体应用法律若干问题的解释》[以下简称《解释（一）》]已将淫秽物品从传统意义上的有形物品扩大到了无形物品，在本案中，不能仅凭借承载淫秽内容的物品形态发生变化就否定其是淫秽物品。

第三种意见认为，张绍杰与夏俊喜自2017年2月至被抓获，所实施的发布广告、收取微信红包、组织QQ群以及在QQ群内视频直播二人正在实施的淫秽行为等过程中，两人之间有分工、互相配合，共同组织观众（发过微信红包即“会员费”后，加入QQ群的“会员”）在同一时间观看其二人实施的表演。尽管观看者观看表演要借助互联网实现，但两人实施的淫秽表演行为与观看行为同步进行，这种即时性的同步表演行为，不同于传播淫秽物品牟利，因为，后者通常是以既有的淫秽电子信息为传播对象。

一、以新手段实施的行为构成何罪需要案情与法意相结合加以判断

据2017年8月4日中国互联网络信息中心（CNNIC）发布的第40次《中国互联网络发展状况统计报告》，截至2017年6月，中国网民规模达到7.51亿，占全球网民总数的五分之一。互联网普及率为54.3%，超过全球平均水平4.6个百分点。与此同时，利用互联网实施的犯罪逐渐增加，各种犯罪行为不仅严重危害网络秩序，且因为其面向的对象是不特定的网民公众，终端的接受者不可控，极有可能危害未成年人的身心健康。这已经被立法、司法解释所关注和规范。但是，法律的滞后性特征，决定了刑法的规制难以细密到囊括每一种行为，在严密刑事法网之前，不能拘泥于对传统行为表现方式的理解，要综合法意与案情，结合理论与实践，进行科学判断。

二、组织淫秽表演罪与传播淫秽物品牟利罪如何区分

就组织淫秽表演罪而言，其问责的对象是淫秽表演的组织者，是否属于组织淫秽表演，主要考量两个核心要素：一是有无组织行为，包括但不限于策划表演过程，招募、管理表演者，提供表演场地和设备等行为，如果仅仅进行淫秽表演，缺乏组织行为，不构成该罪。二是有无淫秽表演行为，包括但不限于性交、手淫、口淫、诲淫性的裸体和脱衣舞表演等关于性行为或者露骨宣扬色情的淫秽性表演行为。

而传播淫秽物品牟利罪，则是指以牟利为目的，传播淫秽的书刊、影片、音像、图片或者其他淫秽物品的行为。追究的是淫秽物品传播者的刑事责任，对其问责的基础是行为人实施了传播淫秽物品并牟利的行为。主要考量三个核心要素：一是以牟利为目的；二是传播行为；三是传播的对象为淫秽物品。在本案中收取微信红包即“会员费”，可以认定具有牟利目的。但是其通过互联网让“会员”观看其正在实施的淫秽行为是否属于传播淫秽“物品”？在QQ群里发布通知，让“会员”一起观看其正在实施的淫秽行为是认定为“传播”贴切还是“给他人表演”合适？

三、组织淫秽表演罪和传播淫秽物品牟利罪的区别

（一）是否“传播”了“淫秽物品”

“传播”一般是指散布或者使他人可以得到或获取，实施传播行为的结果是扩大影响范围。传播淫秽物品，就是传播固定淫秽信息的某种载体，可以使不特定多数人获取，获取淫秽物品的人可以反复使用。传播淫秽物品牟利的行为之所以受刑法惩治，也是因为淫秽物品具有反复被多人看到或听到的可能性，具有波及范围广、涉及人数多的特点。那么，存储淫秽电子数据的视频文件、压缩包等，当然符合“淫秽物品”的特质。

相反，如果不具有被多数人反复使用的可能性，就不具备传播淫秽物品牟利罪特有的社会危害性，不应以传播淫秽物品牟利罪论处，构成其他犯罪的，按其他犯罪追究刑事责任。对于在线观看其他人正在实施的淫秽行为，其淫秽行为不曾以任何形式存储于可以反复使用的载体。一旦实施者结束了正在实施的淫秽行为，则观看者无法反复观看，也没有被不特定多数人获取的可能。如果观看者召集其他人一起观看，则可能另外构成组织淫秽表演罪。

另外，在线观看只是借助互联网传递数据，并没有固定数据。如果将其认定为传播淫秽物品，那么组织播放淫秽音像制品的行为是否也应当认定为传播淫秽物品牟利罪？将组织在线实时观看淫秽行为认定为传播淫秽物品，可能会导致刑法适用的混乱。

（二）是否有"组织淫秽表演"的过程和后果

《〈中华人民共和国刑法〉理解与适用》解读行为人实施的"组织"行为，指"策划表演过程，纠集、招募、雇用表演者，寻找、租用表演场地，招揽观众等组织演出的行为"。本案中，两被告人张绍杰与夏俊喜在直播平台上以挑逗性的动作发布广告，广告中讲明通过QQ群在线实时观看淫秽表演，以微信红包方式收费后，确定"会员"资格并将其加入QQ群，在群中发布在线视频时间，告知群成员共同观看其二人实施的淫秽行为，之后二人在网络另一端实施淫秽行为，群成员同时在线观看。其二人既是淫秽表演的组织者，也是淫秽行为的表演者。整个过程具备策划表演过程、招揽观众等行为特征。

组织在线共同观看淫秽表演，应认定为网络时代组织淫秽表演的一种新手段。随着娱乐场所管理的规范化，传统类型的组织淫秽表演行为很容易受到查处；组织"会员"一起在群中在线实时观看两人正在进行的淫秽行为，由于表演者和观看者处于不同的场所，更加具有隐蔽性，因此，也更难被发现并追责。并且，无论是一群人现场观看面对面实施的淫秽表演，还是借助QQ群一起在线观看淫秽表演，均有真人表演的心理刺激，营造了群体观看的氛围，其带来群体堕落感等社会后果是一致的。

（三）据以认定是否构成传播淫秽物品牟利罪和组织淫秽表演罪的证据也有区别

尽管"淫秽物品"的外延有所扩大：先是《刑法》第三百六十七条规定的"具体描绘性行为或者露骨宣扬色情的诲淫性的书刊、影片、录像带、录音带、图片及其他淫秽物品"，其后的《解释（一）》对"其他淫秽物品"的定义是"包括具体描绘性行为或者露骨宣扬色情的诲淫性的视频文件、音频文件、电子刊物、图片、文章、短信息等互联网、移动通讯终端电子信息和声讯台语音信息"，范围确实拓宽，但是淫秽信息附着于载体的特征没有改变。无论所附着的是有形载体，还是无形载体，附着淫秽信息的载体就是认定是否构成犯罪的重要证据。

而对于组织在线实时观看正在实施的淫秽行为，淫秽行为实施结束，就没有其他的载体予以呈现。如果没有在其在线视频时抓取证据，行为过程只能通过证人证言、犯罪嫌疑人或被告人供述和辩解等方式呈现或者由公安机关通过技术手段获取。

（一审法院合议庭成员　杨灵方　张　萍　侯　丽
编写人　浙江省高级人民法院　张纵华　杨灵方
责任编辑　周维明
审稿人　李玉萍）

原载《人民法院案例选》2018年第4辑（总第122辑）

第六章　贪污贿赂罪

一、贪　污　罪

365. 指导案例11号：杨延虎等贪污案

——贪污罪中“利用职务上的便利”的认定

（最高人民法院审判委员会讨论通过　2012年9月18日发布）

【关键词】

刑事　贪污罪　职务便利　骗取土地使用权

【裁判要点】

1. 贪污罪中的“利用职务上的便利”，是指利用职务上主管、管理、经手公共财物的权力及方便条件，既包括利用本人职务上主管、管理公共财物的职务便利，也包括利用职务上有隶属关系的其他国家工作人员的职务便利。

2. 土地使用权具有财产性利益，属于《中华人民共和国刑法》第三百八十二条第一款规定中的“公共财物”，可以成为贪污的对象。

【相关法条】

《中华人民共和国刑法》

第三百八十二条第一款　国家工作人员利用职务上的便利，侵吞、窃取、骗取或者以其他手段非法占有公共财物的，是贪污罪。

【基本案情】

被告人杨延虎1996年8月任浙江省义乌市委常委，2003年3月任义乌市人大常委会副主任，2000年8月兼任中国小商品城福田市场（2003年3月改称中国义乌国际商贸城，简称国际商贸城）建设领导小组副组长兼指挥部总指挥，主持指挥部全面工作。2002年，杨延虎得知义乌市稠城街道共和村将列入拆迁和旧村改造范围后，决定在该村购买旧房，利用其职务便利，在拆迁安置时骗取非法利益。杨延虎遂与被告人王月芳（杨延虎的妻妹）、被告人郑新潮（王月芳之夫）共谋后，由王、郑二人出面，通过共和村王某某，以王月芳的名义在该村购买赵某某的3间旧房（房产证登记面积61.87平方米，发证日期1998年8月3日）。按当地拆迁和旧村改造政策，赵某某有无该旧房，其所得安置土地面积均相同，事实上赵某某也按无房户得到了土地安置。2003年3、4月，为使3间旧房所占土地确权到王月芳名下，在杨延虎指使和安排下，郑新潮再次通过共和村王某某，让该村村民委员会及其成员出具了该3间旧房系王月芳1983年所建的虚假证明。杨延虎利用职务便利，要求兼任国际商贸城建设指挥部分管土地确权工作的副总指挥、义乌市国土资源局副局长吴某某和指挥部确权报批科人员，对王月芳拆迁安置、土地确权予以关照。国际商贸城建设指挥部遂将王月芳所购房屋作为有村证明但无产权证的旧房进行确权审核，上报义乌市国土资源局确权，并按丈量结果认定其占地面积64.7平方米。

此后，被告人杨延虎与郑新潮、王月芳等人共谋，在其岳父王某祥在共和村拆迁中可得25.5平方米土地确权的基础上，于2005年1月编造了由王月芳等人签名的申请报告，谎称“王某祥与王月芳共有三间半房屋，占地90.2平方米，二人在1986年分家，王某祥分得36.1平方米，王月芳分得54.1平方米，有关部门确认王某祥房屋25.5平方米、王月芳房屋64平方米有误”，要求义乌市国土资源局更正。随后，杨延虎利用职务便利，指使国际商贸城建设指挥部工作人员以该部名义对该申请报告盖章确认，并使该申请报告得到义乌市国土资源局和义乌市政府认可，从而让王月芳、王某祥分别获得72和54平方米（共126平方米）的建设用地审批。按王某祥的土地确权面积仅应得36平方米建设用地审批，其余90平方米系非法所得。2005年5月，杨延虎等人在支付选位费24.552万元后，在国际商贸城拆迁安置区获得两间店面72平方米土地的拆迁安置补偿（案发后，该72平方米的土地使用权被依法冻结）。该处地块在用作安置前已被国家征用并转为建设用地，属国有划拨土地。经评估，该处每平方米的土地使用权价值35270元。杨延虎等人非法所得的建设用地90平方米，按照当地拆迁安置规定，折合拆迁安置区店面的土地面积为72平方米，价值253.944万元，扣除其支付的24.552万元后，实际非法所得229.392万元。

此外，2001年至2007年间，被告人杨延虎利用职务便利，为他人承揽工程、拆迁安置、国有土地受让等谋取利益，先后非法收受或索取57万元，其中索贿5万元。

【裁判结果】

浙江省金华市中级人民法院于2008年12月15日作出（2008）金中刑二初字第30号刑事判决：一、被告人杨延虎犯贪污罪，判处有期徒刑十五年，并处没收财产20万元；犯受贿罪，判处有期徒刑十一年，并处没收财产10万元；决定执行有期徒刑十八年，并处没收财产30万元。二、被告人郑新潮犯贪污罪，判处有期徒刑五年。三、被告人王月芳犯贪污罪，判处有期徒刑三年。宣判后，三被告人均提出上诉。浙江省高级人民法院于2009年3月16日作出（2009）浙刑二终字第34号刑事裁定：驳回上诉，维持原判。

【裁判理由】

法院生效裁判认为：关于被告人杨延虎的辩护人提出杨延虎没有利用职务便利的辩护意见。经查，义乌国际商贸城指挥部系义乌市委、市政府为确保国际商贸城建设工程顺利进行而设立的机构，指挥部下设确权报批科，工作人员从国土资源局抽调，负责土地确权、建房建设用地的审核及报批工作，分管该科的副总指挥吴某某也是国土资源局的副局长。确权报批科作为指挥部下设机构，同时受指挥部的领导，作为指挥部总指挥的杨延虎具有对该科室的领导职权。贪污罪中的"利用职务上的便利"，是指利用职务上主管、管理、经手公共财物的权力及方便条件，既包括利用本人职务上主管、管理公共财物的职务便利，也包括利用职务上有隶属关系的其他国家工作人员的职务便利。本案中，杨延虎正是利用担任义乌市委常委、义乌市人大常委会副主任和兼任指挥部总指挥的职务便利，给下属的土地确权报批科人员及其分管副总指挥打招呼，才使得王月芳等人虚报的拆迁安置得以实现。

关于被告人杨延虎等人及其辩护人提出被告人王月芳应当获得土地安置补偿，涉案土地属于集体土地，不能构成贪污罪的辩护意见。经查，王月芳购房时系居民户口，按照法律规定和义乌市拆迁安置有关规定，不属于拆迁安置对象，不具备获得土地确权的资格，其在共和村所购房屋既不能获得土地确权，又不能得到拆迁安置补偿。杨延虎等人明知王月芳不符合拆迁安置条件，却利用杨延虎的职务便利，通过将王月芳所购房屋谎报为其祖传旧房、虚构王月芳与王某祥分家事实，骗得旧房拆迁安置资格，骗取国有土地确权。同时，由于杨延虎利用职务便利，杨延虎、王月芳等人弄虚作假，既使王月芳所购旧房的房主赵某某按无房户得到了土地安置补偿，又使本来不应获得土地安置补偿的王月芳获得了土地安置补偿。《中华人民共和国土地管理法》第二条、第九条规定，我国土地实行社会主义公有制，即全民所有制和劳动群众集体所有制，并可以依法确定给单位或者个人使用。对土地进行占有、使用、开发、经营、交易和流转，能够带来相应经济收益。因此，土地使用权自然具有财产性利益，无论国有土地，还是集体土地，都属于《中华人民共和国刑法》第三百八十二条第一款规定中的"公共财物"，可以成为贪污的对象。王月芳名下安置的地块已在2002年8月被征为国有并转为建设用地，义乌市政府文件抄告单也明确该处的拆迁安置土地使用权登记核发国有土地使用权证。因此，杨延虎等人及其辩护人所提该项辩护意见，不能成立。

综上，被告人杨延虎作为国家工作人员，利用担任义乌市委常委、义乌市人大常委会副主任和兼任国际商贸城指挥部总指挥的职务便利，伙同被告人郑新潮、王月芳以虚构事实的手段，骗取国有土地使用权，非法占有公共财物，三被告人的行为均已构成贪污罪。杨延虎还利用职务便利，索取或收受他人贿赂，为他人谋取利益，其行为又构成受贿罪，应依法数罪并罚。在共同贪污犯罪中，杨延虎起主要作用，系主犯，应当按照其所参与或者组织、指挥的全部犯罪处罚；郑新潮、王月芳起次要作用，系从犯，应减轻处罚。故一、二审法院依法作出如上裁判。

原载《人民法院案例选》2016年第1辑（总第95辑）

366. 王媛、李洁等贪污，诈骗，掩饰、隐瞒犯罪所得案

——贪污罪的认定及其与诈骗罪的区别

【关键词】

贪污罪　诈骗罪　从事公务　共同犯罪

【裁判要旨】

1. 只要被告人在国有公司中的职权范围包括管理、监督国有财产的内容，即使劳动合同载明其所属岗位为技术岗位，也应当认定属于《刑法》第九十三条规定的“从事公务”。

2. 被告人在共同实施贪污单位公共财物的问题上缺乏共同的认识因素，事先没有犯意的沟通和联系，不能认定为贪污罪的共犯，应按其参与的具体犯罪情节、性质认定罪名。

3. 被告人因工作调动不再行使管理、监督国有财产的职权时，利用工作上的便利骗取单位公共财物的行为应以诈骗罪论处。

【相关法条】

《中华人民共和国刑法》

第二十五条　共同犯罪是指二人以上共同故意犯罪。

二人以上共同过失犯罪，不以共同犯罪论处；应当负刑事责任的，按照他们所犯的罪分别处罚。

第九十三条　本法所称国家工作人员，是指国家机关中从事公务的人员。

国有公司、企业、事业单位、人民团体中从事公务的人员和国家机关、国有公司、企业、事业单位委派到非国有公司、企业、事业单位、社会团体从事公务的人员，以及其他依照法律从事公务的人员，以国家工作人员论。

第二百六十六条　诈骗公私财物，数额较大的，处三年以下有期徒刑、拘役或者管制，并处或者单处罚金；数额巨大或者有其他严重情节的，处三年以上十年以下有期徒刑，并处罚金；数额特别巨大或者有其他特别严重情节的，处十年以上有期徒刑或者无期徒刑，并处罚金或者没收财产。本法另有规定的，依照规定。

第三百一十二条　明知是犯罪所得及其产生的收益而予以窝藏、转移、收购、代为销售或者以其他方法掩饰、隐瞒的，处三年以下有期徒刑、拘役或者管制，并处或者单处罚金；情节严重的，处三年以上七年以下有期徒刑，并处罚金。

单位犯前款罪的，对单位判处罚金，并对其直接负责的主管人员和其他直接责任人

员，依照前款的规定处罚。

第三百八十二条 国家工作人员利用职务上的便利，侵吞、窃取、骗取或者以其他手段非法占有公共财物的，是贪污罪。

受国家机关、国有公司、企业、事业单位、人民团体委托管理、经营国有财产的人员，利用职务上的便利，侵吞、窃取、骗取或者以其他手段非法占有国有财物的，以贪污论。

与前两款所列人员勾结，伙同贪污的，以共犯论处。

【案件索引】

一审：天津市东丽区人民法院（2014）丽刑初字第279号（2015年1月29日）

二审：天津市第二中级人民法院（2015）二中刑终字第148号（2015年8月21日）

【基本案情】

公诉机关指控称：第一，被告人王媛自2004年4月至案发在天津钢管集团股份有限公司（以下简称钢管公司）安全环保部（以下简称安环部）任计划综合管理员，负责本部门劳保用品的计划申报、审查、领取和发放工作。被告人李洁自2005年1月至2009年1月在钢管公司供应部材料科任采购结算员，负责劳保物资的计划、采购、合同、结算与支付工作。2006年12月至2008年5月间，被告人王媛、李洁预谋后，利用职务上的便利，由王媛虚开劳保产品《材料领用单》，李洁负责做账，使钢管公司向供应商天津胜发劳动保护用品有限公司（以下简称胜发公司）多支付劳保用品采购款，胜发公司将多支付的公款取出后由该公司总经理王某胜交给李洁。王媛、李洁通过上述手段先后七次骗取公款共计人民币265000元，王媛得款165000元，李洁得款10万元。

第二，2008年11月至12月间，被告人王媛、李洁预谋后，利用职务上的便利，伙同被告人栗京辉，通过钢管公司供应商河南亚南实业有限公司（以下简称亚南公司），采取上述同样手段两次骗取公款共计人民币559400元。王媛从中分得20万元，李洁分得12万元，其余款项用于王媛、李洁旅游、购物等消费及支付开票税款和亚南公司业务费用。

第三，2009年5月至2010年12月，被告人王媛利用职务上的便利，伙同栗京辉，采取上述同样手段四次骗取公款，共计人民币1048000元。栗京辉将骗取的公款交给王媛14万余元，给王媛购买安利产品消费10万余元，其余款项用于安排王媛旅游、购物消费及亚南公司业务费用60余万元。

第四，2009年年底至2010年年底，被告人王媛利用职务上的便利，伙同本公司安环部司机被告人董亚华，分三批将钢管公司采购的价值人民币1038000余元的劳保用品，运到厂外董亚华家中藏匿，非法据为己有。

第五，2011年7月至8月间，被告人王媛利用职务上的便利，通过供应部库管员黄洁（另案处理）代填写《材料领用单》及领导签名等方法，私自到钢管公司腾飞仓库拉走多种规格的纸张共210箱，据为己有，价值人民币26000元。

第六，2011年9月间，被告人王媛伙同被告人穆斌，采取上述同样手段，从钢管公司腾飞仓库私自拉走碳带50卷，241－1型打印纸1箱，据为己有，共计价值人民币

7156 元。

第七，另查，2013 年 3 月 15 日，被告人王媛以与被害人王某飞做生意为由，骗取王某飞人民币 10 万元。

第八，被告人王媛、穆斌经预谋后，虚构事实，以能为被害人郑某荣联系钢管公司拉钢渣业务为由，于 2013 年 1 月 8 日、1 月 9 日骗取郑某荣人民币共计 54 万元。

综上，被告人王媛、穆斌之行为均已构成贪污罪、诈骗罪，被告人李洁、董亚华、栗京辉之行为均已构成贪污罪；被告人董亚华、栗京辉在共同犯罪中起辅助作用，均系从犯，提请天津市东丽区人民法院依法判处。

被告人王媛辩称：公诉机关指控的贪污事实和诈骗事实都不存在，其行为不构成犯罪。第一，钢管公司虽属国有企业，但王媛所从事的两份工作皆非从事公务，其不属于国有公司、企业、事业单位、人民团体中从事公务的人员，故不具有国家工作人员主体身份，不符合贪污犯罪的构成要件。第二，起诉书指控的 8 起犯罪事实，事实不清、证据不足，不应予以认定。

被告人李洁辩称：其伙同王媛从胜发公司套现公款只有 3 次，自己从中没有得到任何好处；自己的行为构成自首。其辩护人认为：其工作岗位和工作内容属于技术服务类，不属于国有企业从事公务的人员，不符合构成贪污罪的主体要求。

被告人董亚华辩称：其没有伙同王媛将钢管公司的劳保用品拉至家中藏匿，自己并不构成贪污罪。

被告人栗京辉对公诉机关指控的罪名及事实均未表异议。

被告人穆斌辩称：其行为不构成贪污罪。穆斌是劳务派遣的司机，不符合贪污罪的主体，主观上没有非法占有的目的；公诉机关指控穆斌犯诈骗罪的证据不足，指控的罪名不能成立。

法院经审理查明：被告人王媛自 2004 年 4 月至 2007 年 11 月在天津钢管股份有限公司安全环保处工作，2007 年 11 月至 2010 年 12 月在天津钢管集团股份有限公司安全环保部工作，2010 年 12 月至 2013 年 6 月在天津钢管制造有限公司安全环保处环境监测站工作。2004 年 4 月至 2010 年 12 月，王媛担任劳保用品计划综合管理员，主管负责钢管公司各部门劳保计划的汇总、审批报送工作以及本部门劳保计划的制订、劳保用品的领取和发放等工作。

被告人李洁自 2005 年 1 月至 2009 年 1 月在天津钢管集团股份有限公司供应部材料科任劳保用品采购员，负责公司各部门劳保用品的采购工作包括劳保物资的计划、采购、合同、结算与支付等工作。

被告人董亚华系天津钢管集团股份有限公司生活服务中心车辆管理部专职驾驶员，自 2002 年被派至公司安环部工作至案发，其工资关系在生活服务中心，具体工作由安环部直接安排。

被告人栗京辉系河南省南阳市亚南实业有限公司销售部经理。

被告人穆斌（系王媛之丈夫）于 2007 年至 2012 年在天津钢管集团股份有限公司担任班车司机。

（一）被告人王媛、李洁、栗京辉贪污、董亚华掩饰、隐瞒犯罪所得的犯罪事实如下：

（1）2006年12月至2008年5月间，被告人王媛、李洁预谋后，利用职务上的便利，由王媛虚开劳保产品《材料领用单》，李洁负责做账，使钢管公司向供应商胜发公司多支付劳保用品采购款，胜发公司将多支付的公款扣除相应税金后取出，由该公司总经理王某胜将现金交给李洁。王媛、李洁通过上述手段先后四次骗取公款共计人民币165000元。

2008年11月至12月间，被告人王媛、李洁预谋后，利用职务上的便利，伙同被告人栗京辉，通过钢管公司供应商亚南公司，采取上述同样手段两次骗取公款共计人民币559400元。后王媛从中分得20万元，李洁分得12万元，其余款项用于王媛、李洁旅游、购物等消费及支付开票税款和亚南公司业务费用。

（2）2009年5月至2010年12月，被告人王媛利用职务上的便利，伙同栗京辉采取上述同样手段四次骗取公款，共计人民币1048000元。栗京辉将套现出来的公款交给王媛8万元，其余款项用于给王媛安排旅游、购物消费及亚南公司业务费用。

2009年年底至2010年年底，被告人王媛利用职务上的便利，分三批将钢管公司采购的价值人民币1038000余元的劳保用品，运到厂外安环部司机被告人董亚华家中及他处藏匿，据为己有。董亚华在明知是犯罪所得赃物的情况下帮助王媛将上述劳保用品从厂内转移至厂外。

（二）被告人王媛、穆斌诈骗的犯罪事实如下：

（1）2011年7、8月间，被告人王媛通过钢管公司供应部库管员黄洁代填写安环部《材料领用单》及领导签名等方法，到钢管公司腾飞仓库骗领多种规格的纸张共210箱，据为己有，经鉴定价值人民币23948.81元。

2011年9月间，被告人王媛伙同穆斌，采取上述同样手段，从钢管公司腾飞仓库骗领碳带50卷、241－1型打印纸1箱，据为己有，共计价值人民币7156元。

（2）被告人王媛、穆斌经预谋后，虚构事实，以能为被害人郑某荣联系钢管公司拉钢渣业务为由，于2013年1月8日、1月9日先后骗取郑某荣人民币共计54万元。

2013年3月15日，王媛以与被害人王某飞做生意为由，骗取王某飞10万元人民币。

案发后，被告人王媛、穆斌于2013年6月5日被抓获归案，李洁于同年10月11日被查获归案，董亚华于同年11月26日被侦查机关抓获归案，被告人栗京辉于同年10月17日在准备投案途中被侦查机关查获归案。李洁退缴赃款人民币5万元，亚南公司退赔钢管公司经济损失合计人民币1880700元。

【裁判结果】

天津市东丽区人民法院于2015年1月29日作出（2014）丽刑初字第279号刑事判决：

一、被告人王媛犯贪污罪，判处有期徒刑十三年，剥夺政治权利二年，并处没收财产人民币20万元；犯诈骗罪，判处有期徒刑十一年三个月，并处罚金人民币32万元，数罪并罚，决定执行有期徒刑二十年，剥夺政治权利二年，并处罚金人民币32万元，没收财产人民币20万元。被告人李洁犯贪污罪，判处有期徒刑十年。被告人董亚华犯掩饰、隐瞒犯罪所得罪，判处有期徒刑五年，并处罚金人民币20万元。被告人栗京辉犯贪污罪，判处有期徒刑三年，缓刑五年。在缓刑考验期限内，依法实行社区矫正。被告人穆斌犯诈骗罪，判处有期徒刑八年，并处罚金人民币15万元。以上罚金于判决书生效后10日内交付本院。

二、追缴被告人王媛、李洁共同贪污犯罪所得人民币165000元（其中李洁已退赃5万元），发还天津钢管集团股份有限公司；追缴被告人王媛、董亚华共同犯罪所得人民币1038000元，发还天津钢管集团股份有限公司。

三、责令被告人王媛退赔天津钢管集团股份有限公司人民币23948.81元，退赔被害人王某飞人民币10万元；被告人王媛、穆斌共同退赔天津钢管集团股份有限公司人民币7156元，共同退赔被害人郑某荣人民币54万元。

四、随案移送被告人穆斌名下建设银行存款（账户为0064×××4842）中本金人民币10万元，依法作为执行款项发还被害人王某飞，剩余款项作为执行款发还被害人郑某荣。

一审宣判后，被告人王媛、李洁、董亚华、穆斌提起上诉。天津市第二中级人民法院于2015年8月21日作出（2015）二中刑终字第148号刑事裁定：驳回上诉，维持原判。

【裁判理由】

法院生效裁判认为：被告人王媛、李洁身为国有公司工作人员，利用自己职务上的便利，共同或分别伙同被告人栗京辉等人以侵吞、窃取手段，将国有公司财物非法占为己有，王媛、李洁、栗京辉之行为均已构成贪污罪，且系共同犯罪；董亚华在明知是犯罪所得赃物的情况下，积极帮助转移赃物，其行为已构成掩饰、隐瞒犯罪所得罪，属于情节严重；其中王媛涉案金额281万余元，李洁涉案金额724400元，栗京辉涉案金额1607400元，董亚华涉案金额1038000元。

被告人王媛单独或伙同穆斌以非法占有为目的，采取虚构事实、隐瞒真相的方法，骗取公共财物和公民个人财物，王媛涉案金额671104.81元，穆斌涉案金额547156元，均属于数额特别巨大，二被告人之行为均已构成诈骗罪，且系共同犯罪。被告人王媛一人犯二罪，依法应予数罪并罚。

公诉机关指控被告人李洁、栗京辉犯贪污罪罪名正确，予以支持；对王媛应按贪污罪、诈骗罪数罪并罚的指控意见正确，应予支持，但认为涉案的第五起和第六起犯罪事实按贪污罪处罚的意见不当，依法应按诈骗罪对其定罪量刑，故予以纠正；指控董亚华犯贪污罪的罪名有误，应予纠正；指控穆斌犯贪污罪的意见，缺乏事实及法律依据，不予支持，对涉案这起犯罪（公诉机关指控的第六起）应按诈骗罪定罪处罚。

被告人王媛、李洁在共同参与的贪污犯罪过程中分工负责，互相配合，均起主要作用，系主犯，应对各自所参与的全部犯罪负责。王媛在伙同栗京辉等人贪污犯罪过程中起主要作用，系主犯，应对全案负责。栗京辉在参与的贪污犯罪过程中起次要作用，系从犯，依法应予减轻处罚；栗京辉有自首情节，依法又可对其减轻处罚。被告人王媛在参与的共同诈骗犯罪过程中起主要作用，系主犯，应对全案负责；穆斌在共同犯罪过程中起辅助作用，系从犯，依法应对其减轻处罚。鉴于被告人李洁在归案后主动退赔赃款人民币5万元，故酌情可对其从轻处罚。

【案例注解】

本案涉及以下三个法律问题，也是本案的争议焦点。

一、被告人王媛和李洁均在国有公司中从事技术岗位，其行为是否构成贪污罪

被告人王媛和李洁的辩护人均认为钢管公司虽属国有企业，但二人所从事的工作皆非从事公务，其岗位只是技术岗位，二人不属于国有公司、企业、事业单位、人民团体中从事公务的人员，故不具有国家工作人员主体身份，不符合贪污犯罪的构成要件。

关于贪污罪的主体，《刑法》第三百八十二条明确规定是国家工作人员和受国家机关、国有公司、企业、事业单位、人民团体委托管理、经营国有财产的人员。而关于“国家工作人员”的范围，《刑法》第九十三条作了明确规定，包括：（1）国家机关中从事公务的人员；（2）国有公司、企业、事业单位、人民团体中从事公务的人员；（3）国家机关、国有公司、企业、事业单位委派到非国有公司、企业、事业单位、社会团体从事公务的人员；（4）其他依照法律从事公务的人员。以上（2）、（3）、（4）种人员均“以国家工作人员论”，也称作“准国家工作人员”。

关于“从事公务”的理解，2003 年最高人民法院印发的《全国法院审理经济犯罪案件工作座谈会纪要》作出规定：“从事公务，是指代表国家机关、国有公司、企业、事业单位、人民团体等履行组织、领导、监督、管理等职责。公务主要表现为与职权相联系的公共事务以及监督、管理国有财产的职务活动。如国家机关工作人员依法履行职责，国有公司的董事、经理、监事、会计、出纳人员等管理、监督国有财产等活动，属于从事公务。那些不具备职权内容的劳务活动、技术服务工作，如售货员、售票员等所从事的工作，一般不认为是公务。”

本案中，钢管公司的营业执照、工商登记、劳动合同书等书证材料证实钢管公司是国有公司，王媛、李洁系国有公司职工，所签劳动合同岗位是技术岗位；钢管公司与胜发公司、亚南公司之间增值税专用发票、财务转账凭证等书证证实，钢管公司已向供应商支付了相应的货款；钢管公司安环能源部出具的证明材料证实本部门没收到过超过计划外的劳保用品；被告人李洁、栗京辉等人的供述证实实施犯罪的具体流程（公司各个部门每季度将劳保用品的计划报表交到安环部，王媛负责统计报表，汇总数据后交给李洁或张某，由李洁或张某做采购计划，找供应商报价后做合同，然后组织供应商进货，有的直接进库房，有的直接送到现场，供应商凭签收以后的送货单和发票办理入库手续。2006 年开始王媛虚开劳保用品《材料领用单》，由李洁做账，钢管公司把钱付给供应商，供应商不实际供货或少供货，由胜发公司的王某胜和亚南公司的栗京辉把虚开的那部分公款取出来，或交给李洁现金，李洁再和王媛分，或用公款供李洁和王媛旅游、购物用）；再结合本案其他证人证言及相关书证分析，王媛和李洁与国有公司所签劳动合同虽然是技术岗，但是二人均利用了各自担任劳保用品计划综合管理员、供应部材料科劳保用品采购员的身份以及利用各自职务范围内经手、管理公共财物所形成的职务上的便利条件，伙同供应商使用非法套现的手段侵吞或窃取国有公司财物。二被告人所从事岗位工作名义上虽属技术岗位，但很显然与那些不具备职权内容的劳务活动、技术服务类工作有明显的区别，二人工作性质均具有一定的职权内容，具有公务性，其身份属于“准国家工作人员”，完全符合贪污罪的主体构成要件，故应以贪污罪追究刑事责任。

二、被告人董亚华之行为是否构成贪污罪的共犯

共同犯罪是指二人以上共同故意犯罪。从犯罪的主观方面要求参与共同犯罪的人员不仅认识到自己在故意实施犯罪，而且还要认识到其他犯罪人和自己一起共同实施犯罪。如果没有认识或根据实际情况也不可能认识的，即缺乏共同的认识因素，从而也就失去了构成共同故意的前提。在共同犯罪中，各共同犯罪人可能存在着具体分工的不同，以及所处地位和所起作用的差别，但无论是组织犯、实行犯还是教唆犯、帮助犯，其主观故意的内容都是相同的，并且主观上具有犯意的沟通和联系。这是使共同犯罪人承担共同犯罪的刑事责任的主观基础。

本案中，被告人董亚华辩称其没有伙同王媛将钢管公司的劳保用品拉至家中藏匿，王媛亦否认这一事实。而证人亚南公司业务员刘某、钢管公司劳保用品采购员张某的证言及刘某对王媛个人拉走劳保用品的种类及数量的记录单据均能证实王媛拿走了一批劳保用品，让张某帮助折抵成集团允许采购的劳保用品下账，张某用刘某折算好的劳保用品的品种和数量填写了《材料领用单》并下账，这批劳保用品的价值 1038000 余元；证人刘某和刘某亮（刘某雇佣的个体出租司机）的证言均能证实，他们从钢管公司库房内分三批将劳保用品运出，由董亚华带路开车将物品卸到厂外聚贤里小区董亚华家建的铁棚处，从库房装货时，王媛均在场；被告人栗京辉证实王媛个人通过刘某从亚南公司拿走了价值 1038000 元的劳保用品，刘某告诉其钢管公司仓库放不下，拉到厂外去了；公安机关出具的辨认笔录证实，刘某亮、刘某二人均辨认出董亚华，刘某亮辨认出王媛曾和董亚华一起去总仓库。通过以上证据的分析，再结合其他证人证言以及《材料领用单》等相关书证，足以认定被告人董亚华协助王媛将钢管公司内的劳保用品转移出厂的事实成立，证据确实充分。综上，王媛利用了本人职务范围内经手、管理公共财物的职务便利，采取窃取手段非法占有公共财物的事实清楚，证据确实充分，其行为性质是贪污罪无疑，且是窃取型贪污罪。而董亚华之行为性质从涉案被告人的供述、相关证人证言以及犯罪过程中行为人的客观行为表现等方面分析，发现现有证据不能证实董亚华与王媛在共同实施贪污单位公共财物的问题上有共同的认识因素。即二人事先并没有共同贪污犯意的沟通和联系，所以，也就无法证明董亚华有与王媛共同贪污之主观故意，故其行为不应按贪污罪共犯处罚。那么董亚华帮助王媛将单位的大量劳保用品转移出厂的行为应如何处罚呢？法院考虑董亚华作为钢管公司职工，在明知将公司内如此大量的劳保用品转移出厂至个人家中及他处存放，不符合单位管理规定及常理，应是犯罪所得物品的情况下仍帮助王媛实施上述行为，其行为无论从主观方面还是客观方面分析，均符合掩饰、隐瞒犯罪所得罪的构成要件，故应依此罪定罪处罚。

三、骗取型贪污罪和诈骗罪的界限——被告人王媛在不再担任劳保用品计划综合管理员职务的情况下骗领公司财物的行为如何定性

骗取型贪污罪和诈骗罪在行为手段上基本一致，即都是通过虚构事实、隐瞒真相的方法获取不法经济利益。二者最本质的区别在于犯罪主体不同，即诈骗罪的犯罪主体为一般主体，骗取型贪污罪的犯罪主体为特殊主体，为国家工作人员以及受国家机关、国有公司、企业、事业单位、人民团体委托管理、经营国有财产的人员。从理论上而言，是不难区分诈骗罪与贪污罪的，但是由于具体案件中表现形态不一，在某些具有特殊主体身份之人实施的骗取财物的犯罪行为中，很难说清楚是否利用了职务便利。即便被告人具有特定主体身份，但并非经手、管理公共财物之人，其骗取公共财物的行为没有利用职务便利，而只是利用了工作上的便利，其行为亦不构成贪污罪。

本案中，公诉机关依据指控的第五起、第六起犯罪事实，认定被告人王媛、穆斌犯贪污罪。实际上，王媛在上述案发时间段内，已不再担任劳保用品计划综合管理员一职，而是被调到环境监测站工作，其隐瞒了自己已调岗的事实真相，利用之前自己擅自保留的空白的盖有安环部公章的《材料领用单》骗取了仓库保管员黄某的信任，才得以将公共财物骗领到手，非法占为己有。也就是说王媛当时已并非经手、管理公共财物之人，其骗领公司财物不是利用本人职务上的便利，而是工作上的便利，由于其当时不具备特定主体身份，故该两起犯罪行为应按诈骗罪定罪处罚。同案犯穆斌，作为王媛的丈夫，在明知王媛的工作岗位已被调动的情况下，受王媛指使到钢管公司供应部仓库，将打印纸等物品拉回家，非法占为己有，其行为依法应按诈骗罪的共犯定罪处罚。

因为王媛当时已不再具备利用职务上的便利这一贪污罪必备构成要件，故不能按贪污罪对王媛定罪处罚，其犯罪性质从主观方面、客观方面分析均符合诈骗罪的构成要件。作为从中起辅助作用的同案犯穆斌来讲，对其应随主犯的犯罪性质定性，故也应按诈骗罪定罪处罚。

（一审法院合议庭成员　张亚玲　张　喆　李　芸
二审法院合议庭成员　钟　彬　张玉军　梁　云
编写人　天津市东丽区人民法院　张亚玲
责任编辑　周维明
审稿人　沈　亮）

原载《人民法院案例选》2016年第9辑（总第103辑）

二、挪用公款罪

367. 王川、陈鸿鹏挪用公款案
——挪用公款案件中合同制员工的身份认定

【关键词】

挪用公款　合同制员工　国家工作人员

【裁判要旨】

经国家出资企业中负有管理、监督国有资产职责的组织批准或者研究决定，代表其在国有控股、参股公司及其分支机构中从事组织、领导、监督、经营、管理工作的合同制员工，应当认定为国家工作人员。

【相关法条】

《中华人民共和国刑法》

第三百八十四条　国家工作人员利用职务上的便利，挪用公款归个人使用，进行非法活动的，或者挪用公款数额较大、进行营利活动的，或者挪用公款数额较大、超过三个月未还的，是挪用公款罪，处五年以下有期徒刑或者拘役；情节严重的，处五年以上有期徒刑。挪用公款数额巨大不退还的，处十年以上有期徒刑或者无期徒刑。

挪用用于救灾、抢险、防汛、优抚、扶贫、移民、救济款物归个人使用的，从重处罚。

【案件索引】

一审：四川省达州市达川区人民法院（2016）川1703刑初157号（2016年10月18日）

【基本案情】

四川省达州市达川区人民检察院以被告人王川、陈鸿鹏犯挪用公款罪，向达川区人民法院提起公诉。

法院经审理查明：中国电信股份有限公司是依法成立的中央国有控股的股份有限公司。中国电信股份有限公司授权中国电信股份有限公司四川分公司对中国电信达州分公司进行管理。2009 年 11 月 18 日被告人王川被中国电信股份有限公司四川分公司招聘为劳动合同制员工，所在部门为政企客户部，所在岗位为政企销售经理；2013 年 4 月 19 日中国电信股份有限公司达州市分公司达川区销售中心明确被告人王川为政企客户经理；2013 年 10 月 25 日中国电信股份有限公司达州市分公司达川区销售中心确定被告人王川为政企中心经理（即政企组组长）。政企组组长的职责为政企客户收入及业务发展，组织政企客户关怀和存量维系、欠费催收工作，政企客户服务达标工作，组织推进政企行业信息化项目的销售和服务。被告人陈鸿鹏系达川区渡市镇鸿鑫电信通信经营部负责人，该经营部系中国电信达州分公司代理商。

2010 年 4 月 19 日中国电信达州分公司规定政企客户的收款、缴款必须由公司政企专用收款渠道收款，各政企收款人员在将发票交给客户单位后必须及时到公司财务部认领进账支票并做好登记和销账。中国电信股份有限公司中电信川〔2012〕215 号关于印发中国电信股份有限公司四川分公司资金管理办法的通知规定，各单位加强个人营收资金账户的管理，除农村信用社外，各单位不得在其他银行以个人名义开立营收资金账户，个人账户的开立、变更和撤销应报省公司财务部审批，账户实施卡、折和密码分离管理。

2013 年 6 月，被告人王川找到被告人陈鸿鹏商量将中国电信股份有限公司达州分公司政企客户的通信费打到私人账户，再取出来用于“空中充值”，从而赚取酬金，赚取的酬金由二人平分，被告人陈鸿鹏表示同意。同年 6 月底，被告人陈鸿鹏根据被告人王川的要求，通过其公司内网给被告人王川发送委托书样本，被告人王川依照该样本分别于 2013 年 7 月 2 日、7 月 15 日、8 月 12 日伪造三份委托书送至达州市公安局达川区分局，委托该局将通信费打到被告人王川的私人账户及被告人陈鸿鹏所经营的“达县渡市镇鸿鑫电信通信经营部”账户，导致该局将应支付给中国电信达州分公司的通信费共计 3659885 元打到委托书指定的上述账户中。截至 2013 年 12 月 21 日，被告人王川、陈鸿鹏将其中的 642250 元用于“空中充值”，应获取“酬金”共计约 12192. 61 元，其中被告人王川非法获利共计约 1582. 69 元，陈鸿鹏非法获利共计约 3406. 67 元（已扣除公司在知道二人挪用通信费后，公司让二被告人把挪用的通信费进行充值所应得的酬金）。2013 年 12 月中旬，中国电信股份有限公司达州分公司年底清账，达川区营销中心总经理张茂华发现达州市公安局达川区分局的通信费打到被告人王川、陈鸿鹏的私人账户并追问二人，被告人王川、陈鸿鹏将用达州市公安局达川区分局的通信费进行“空中充值”的事实告知张茂华，张茂华要求二被告人对已经购买“空中充值”卡的赶快把钱充到公司账户，并在 2013 年 12 月 31 日前把钱还到公司账上。张茂华向中国电信股份有限公司达州分公司报告后，该公司于 2014 年 1 月 21 日向达州市公安局达川区分局报案。2014 年 1 月 24 日，中国电信股份有限公司达州分公司的通信费已全部收回。

【裁判结果】

四川省达州市达川区人民法院于 2016 年 10 月 18 日作出（2016）川 1703 刑初 157 号刑事判决：一、被告人王川犯挪用公款罪，判处有期徒刑一年；二、对被告人陈鸿鹏犯挪用公款罪，判处有期徒刑十一个月；三、对被告人王川非法获利 1582. 69 元予以追缴，对被告人陈鸿鹏非法获利3406.65元予以追缴。一审宣判后，二被告人未提起上诉，公诉机关未提起抗诉，判决已发生法律效力。

【裁判理由】

法院生效裁判认为：《最高人民法院、最高人民检察院关于办理国家出资企业中职务犯罪案件具体应用法律若干问题的意见》第七条规定，国家出资企业，包括国家出资的国有独资公司、国有独资企业以及国有资本控股公司、国有资本参股公司。第六条第二款规定："经国家出资企业中负有管理、监督国有资产职责的组织批准或者研究决定，代表其在国有控股、参股公司及其分支机构中从事组织、领导、监督、经营、管理工作的人员，应当认定为国家工作人员。"2009年11月18日，被告人王川被中国电信股份有限公司四川分公司招聘为劳动合同制员工，2013年10月25日，中国电信股份有限公司达州市分公司达川区销售中心确定被告人王川为政企中心经理，政企组组长的职责为政企客户收入及业务发展，组织政企客户关怀和存量维系、欠费催收工作，政企客户服务达标工作，组织推进政企行业信息化项目的销售和服务。被告人王川系经国家出资企业中负有管理、监督国有资产职责的组织研究决定，在国有控股公司分支机构中从事经营、管理工作的人员，应当认定为国家工作人员。《最高人民法院关于审理挪用公款案件具体应用法律若干问题的解释》第八条规定："挪用公款给他人使用，使用人与挪用人共谋，指使或者参与策划取得挪用款的，以挪用公款罪的共犯定罪处罚。"被告人陈鸿鹏虽是代理商，但为了获取酬金及完成空中充值任务，与被告人王川共谋，其行为应按照被告人王川的行为定罪处罚。

【案例注解】

该案例涉及挪用公款罪案件中，非在编工作人员（即合同制工作人员）能否构成挪用公款罪的主体问题。挪用公款罪作为职务犯罪的一种，要求构成该罪的主体必须是特殊主体，即在国家机关中从事公务的国家工作人员，包括在国有公司、企事业单位和人民团体中从事公务的人员，受国有单位委派到非国有单位中从事公务的人员，其他依照法律从事公务的人员。需要注意的是，根据《最高人民法院关于审理挪用公款案件具体应用法律若干问题的解释》第八条的规定，在挪用人与使用人相分离的情况下，非国家工作人员也能成为挪用公款罪的主体。国家工作人员挪用公款归他人使用，使用人（非国家工作人员）与挪用人（国家工作人员）共谋，指使或者参与策划取得挪用款的，以挪用公款罪的共犯定罪处罚。实践中，争议的焦点往往是合同制工作人员是否构成挪用公款罪的犯罪主体。

一、刑法理论界关于国家工作人员界定的不同学说

（一）身份说

根据《最高人民法院关于办理违反公司法受贿、侵占、挪用等刑事案件适用法律若干问题的解释》[①]，国家工作人员，是指在国有公司、企业或者其他公司、企业中行使管

---

① 根据《最高人民法院关于废止1980年1月1日至1997年6月30日期间发布的部分司法解释和司法解释性质文件（第九批）的决定》，本解释现已废止。

理职权，并具有国家工作人员身份的人员，包括受国有公司、国有企业委派或者聘请，作为国有公司、国有企业代表，在中外合资、合作、股份制公司、企业中，行使管理职权，并具有国家工作人员身份的人员。

（二）公务说

根据《刑法》第九十三条之规定，国家工作人员，是指国家机关中从事公务的人员。根据《最高人民检察院关于办理公司、企业人员受贿、侵占和挪用公司、企业资金犯罪案件适用法律的几个问题的通知》① 规定，公司、企业中的国家工作人员，是指国有企业中的管理工作人员，公司、企业中由政府主管部门任命或者委派的管理人员，国有企业委派到参股、合营公司、企业中行使管理职能的人员，其他依法从事公务的人员。同时，根据《最高人民法院、最高人民检察院关于办理国家出资企业中职务犯罪案件具体应用法律若干问题的意见》之规定，经国家机关、国有公司、企业、事业单位提名、推荐、任命、批准等，在国有控股、参股公司及其分支机构中从事公务的人员，应当认定为国家工作人员；经国家出资企业中负有管理、监督国有资产职责的组织批准或者研究决定，代表其在国有控股、参股公司及其分支机构中从事组织、领导、监督、经营、管理工作的人员，应当认定为国家工作人员。

不难看出，现行立法在界定国家工作人员身份时并未局限于要求必须是国家工作人员的身份，而是要求在国家机关、国有控股公司等中从事组织、领导、监督、经营、管理工作，即“履行公务”。

二、非在编工作人员能否构成挪用公款罪的主体

根据现行刑法及司法解释，司法实践中认定是否具备国家工作人员的身份依据的是是否从事公务。因此，即使是国有控股公司中的非在编人员，在符合经负有管理、监督国有资产职责的组织研究决定，在国有控股公司分支机构中从事经营、管理工作的条件下，作出挪用公款的行为，仍能构成挪用公款罪的主体。本案中，被告人王川被中国电信股份有限公司四川分公司招聘为劳动合同制员工，所在部门为政企客户部，所在岗位为政企销售经理。之后中国电信股份有限公司达州市分公司达川区销售中心确定被告人王川为政企中心经理。政企组组长的职责为政企客户收入及业务发展，组织政企客户关怀和存量维系、欠费催收工作，政企客户服务达标工作，组织推进政企行业信息化项目的销售和服务。被告人王川系经国家出资企业中负有管理、监督国有资产职责的组织研究决定，在国有控股公司分支机构中从事经营、管理工作的人员，应当认定为国家工作人员。

在本案中，还需要注意以下两个问题：

1. 《最高人民法院关于审理挪用公款案件具体应用法律若干问题的解释》第八条规定，挪用公款给他人使用，使用人与挪用人共谋，指使或者参与策划取得挪用款的，以挪用公款罪的共犯定罪处罚。本案中，被告人陈鸿鹏虽是代理商，但为了获取酬金及完成空中充值任务，与被告人王川共同形成挪用公款的故意，符合上述司法解释的规定，其行为应按照被告人王川的行为定罪处罚，亦构成挪用公款罪。

2. 在国有公司、企业、事业单位工作的具体管理部分财产的工作人员，如国有控股

① 根据2002年2月25日《最高人民检察院关于废止部分司法解释和规范性文件的决定》，本解释现已废止。

公司的销售，虽然也经手、管理国有公司、企业、事业单位的财产，但这种经手和管理的本质上仍是一种提供劳务的形式，是在从事经营、管理工作的人员的领导下进行的非履行公务行为，他们不是国家工作人员。

（一审法院合议庭成员　柏　燕　王安娜　魏建英
编写人　四川省达州市达川区人民法院　江河丽
责任编辑　周维明
审稿人　李玉萍）

原载《人民法院案例选》2017年第9辑（总第115辑）

368. 夏秀存挪用公款案

——挪用公款案中的个人名义与个人决定以单位名义的司法认定

【关键词】

刑事　挪用公款　以个人名义　个人决定以单位名义　个人利益

【裁判要旨】

1. 单位负责人指使相关财务人员履行正常的财务手续将公款从单位账户划出，相应情况在单位的财务账上如实反映，并且以单位名义与其他单位签订相应的合同，应认定为个人决定以单位名义将公款供其他单位使用。

2. 挪用公款与谋取个人利益之间具有直接的因果关系，才可以认定为挪用公款罪。

【相关法条】

《中华人民共和国刑法》

第三百八十四条第一款　国家工作人员利用职务上的便利，挪用公款归个人使用，进行非法活动的，或者挪用公款数额较大、进行营利活动的，或者挪用公款数额较大、超过三个月未还的，是挪用公款罪，处五年以下有期徒刑或者拘役；情节严重的，处五年以上有期徒刑。挪用公款数额巨大不退还的，处十年以上有期徒刑或者无期徒刑。

【案件索引】

一审：天津市蓟县人民法院（2015）蓟刑初字第0369号（2016年11月30日）

二审：天津市第一中级人民法院（2017）津01刑终127号（2017年4月5日）

【基本案情】

天津市蓟县人民检察院指控：被告人夏秀存自1995年5月至2014年1月任天津市河东区房地产管理局供热公司经理，负责全面工作。在此期间，被告人夏秀存于2006年9月，利用主管单位资金的便利，未经河东区房地产管理局批准，个人擅自决定将河东房管局供热公司500万元转入华腾热力工程有限公司并开立定期存单，为自己参股的天津市华奥供热有限责任公司提供质押担保，使华奥供热有限责任公司从中国农业银行东丽支行贷款450万元用于经营活动。后被查获归案。

被告人夏秀存辩称：对公诉机关指控的罪名和事实均有异议，并称其没有擅自挪用公款，系请示局领导后才办理的手续，并且办理手续需要使用由书记管理的公章，同时其并没有获得个人利益。

被告人夏秀存的辩护人发表辩护意见称：第一，被告人不具有个人擅自决定挪用涉案款项的事实。其一，被告人在侦查机关供述中，多次辩称其在担保前曾口头请示河东房管局王某某副局长。该辩解与证人刘某某向法庭提交亲笔证言及由奥斯特公司致华腾热力公司的《关于尽快落实为天津市华奥供热有限责任公司提供450万元贷款担保的意见函》可以相互印证。其二，河东房管局曾于2007年4月对被告人擅自对外担保进行纪律处分，但被告人又于2007年和2008年连续获得区市两级"五一劳动奖章"和劳动模范荣誉称号，可以佐证被告人所辩解的其受河东房管局处分其实是"代领导受过"的真实性和合理性。其三，虽然本案证人王某某证实夏秀存为华奥公司担保前没有向其请示，但请法庭考虑到王某某与本案有重大利害关系的情况。第二，被告人没有谋取个人利益。公诉机关的起诉是以被告人参股华奥公司认定为被告人谋取个人利益的依据，虽然工商登记文件记载自2006年8月初至2007年1月末被告人持有华奥公司的股份，但依据《天津市华奥供热有限责任公司股东会决议》以及相应的《转股协议》、民事调解书以及相应的《协议书》、证人刘某某、夏某某、张某某证言等证据，均可以证实被告人只是名义股东，实际出资人是华腾热力公司，并且可以证实被告人没有从登记在其名下的华奥公司的股份享受任何利益。综上，被告人不具有将公款供本人、亲友或者其他自然人使用及以个人名义将公款供其他单位使用的情形，也不符合个人决定以单位名义将公款供其他单位使用，谋取个人利益的情形，请求法院依法宣告被告人无罪。

法院经审理查明：天津市河东区房地产管理局供热公司（以下简称河东供热公司）系天津市河东区房地产管理局（以下简称河东区房管局）的下属事业单位，后更名为天津市河东区房管局供热服务中心。天津市华腾供热有限责任公司（以下简称华腾供热公司）系河东供热公司投资成立的国有企业单位。华腾供热公司于2002年2月28日控股成立了天津市华腾热力工程有限公司（以下简称华腾热力公司）。2000年11月至2007年4月，被告人夏秀存任河东供热公司经理及华腾供热公司经理，并于2002年2月28日至2007年5月兼任华腾热力公司董事长。

河东区房管局于2006年2月27日召开会议，决定投资蓟县宝塔路锅炉房。2006年4月19日，夏秀存担任法定代表人的华腾热力公司、刘某某担任法定代表人的奥斯特（天津）地产有限公司（以下简称奥斯特公司）、武某某、夏某某、张某某、夏彤玮、郭春海、鲍义强在蓟县参股成立了天津市华奥供热有限责任公司（以下简称华奥公司），并由被告人夏秀存任法定代表人。2006年4月29日、5月10日河东供热公司及华腾供热公司共投资计160万元人民币（以下币种同）。2006年5月12日，刘某某代表华奥公司以3800万元竞得蓟县宝塔路锅炉房所需的土地。2006年6月2日，河东供热公司再次投资80万元。2006年6月9日，夏秀存代表华奥公司与蓟县规划和国土资源局签订蓟县国有土地使用权出让合同。后河东区房管局认为竞拍地价过高，要求夏秀存撤回先期投资240万元。夏秀存于2006年8月6日与华腾热力公司签订股份转让协议，华腾热力公司持有的华奥公司的股份转让给夏秀存，并进行股东变更登记，股东变更为奥斯特公司、夏秀存及李殿刚。2006年8月7日，在夏秀存的授意下，华腾供热公司的财务人员转账300万元至华腾热力公司。2006年8月23日、25日，河东供热公司向华腾热力公司分别转账200万元、100万元。2006年9月1日，华腾热力公司从天津市农村信用社账户转存中国农业银行天津市分行账户510万元。2006年9月8日，华腾热力公司开具中国农业银行500万元转账支票。2006年9月12日，华腾热力公司用上述支票为华奥公司从中国农业银行天津东丽支行借款450万元质押担保。

2007年2月份，河东区房管局发现夏秀存动用公款为华奥公司担保的事情后，遂督促华腾热力公司催要450万元的质押担保款及投资。2007年3月12日，华腾热力公司分别与华奥供热公司和奥斯特公司签订协议，约定华腾热力公司在华奥公司总投资额690万元折成股份转让给奥斯特公司，奥斯特公司用其位于蓟县迎宾路南侧雍景嘉园69号商业用房抵顶华腾热力公司的投资款，并经蓟县人民法院（2007）蓟民二初字第74号民事调解书予以确认。2007年4月12日，河东区房管局党委、河东区房管局对夏秀存未经局领导批准擅自动用公款为华奥公司提供质押担保一事进行党纪政纪处理，并对华腾热力公司与华奥公司的上述调解行为予以确认。

【裁判结果】

天津市蓟县人民法院于2016年11月30日作出（2015）蓟刑初字第0369号刑事判决：被告人夏秀存无罪。一审宣判后，原审公诉机关以原判事实认定错误为由提出抗诉，后天津市人民检察院第一分院认为抗诉不当，申请撤回抗诉。天津市第一中级人民法院于2017年4月5日作出（2017）津01刑终127号刑事裁定：准许天津市人民检察院第一分院撤回抗诉。

【裁判理由】

法院生效裁判认为：被告人夏秀存作为国家工作人员，虽利用职务上的便利，个人决定以单位名义将单位公款借给其他单位使用，但并未谋取个人利益，故蓟县人民检察院指控的罪名不成立，法院不予支持。对被告人的辩解意见及辩护人的辩护意见，法院适当予以采纳。

【案例注解】

一、“以个人名义将公款供其他单位使用”与“个人决定以单位名义将公款供其他单位使用”在司法实践中的区分

2002年，《全国人民代表大会常务委员会关于〈中华人民共和国刑法〉第三百八十四条第一款的解释》明确规定：“以个人名义将公款供其他单位使用的”“个人决定以单位名义将公款供其他单位使用，谋取个人利益的”，属于挪用公款“归个人使用”。2003年，最高人民法院印发的《全国法院审理经济犯罪案件工作座谈会纪要》就“以个人名义”与“个人决定以单位名义”再次明确规定：“在司法实践中，对于将公款供其他单位使用的，认定是否属于‘以个人名义’，不能只看形式，要从实质上把握。对于行为人逃避财务监管，或者与使用人约定以个人名义进行，或者借款、还款都以个人名义进行，将公款给其他单位使用的，应认定为‘以个人名义’。‘个人决定’既包括行为人在职权范围内决定，也包括超越职权范围决定。”但司法实践中如何具体把握个人名义与个人决定以单位名义仍有争议，笔者结合本案进行分析。

首先，“以个人名义”是指单位的法定代表人、其他主要负责人或普通工作人员，在职权范围外，或者虽在职权范围内但逃避财务监管，或者以个人名义明确与使用人约定，擅自出借公款的情形。[①] 对此，应当从形式与实质两个方面综合把握其内涵。在形式上，“以个人名义”主要表现为未经单位集体研究决定，擅自出借公款的行为，它往往欠缺相应的合法借贷手续或者即使存在借贷手续也是为了掩盖非法出借公款的目的而办理的虚假手续，具体表现为单位的出借凭证或其他证明款项提供的文件上没有盖单位公章或者仅有个人签字等形式。事实上，挪用公款的实质是“公款私用”，是个人擅自支配单位的公款，表现为行为人在谋取个人私利这一主观意图的支配下，将单位的公款当作自己的私有款项进行处分。[②]

而个人决定以单位名义，具体来说，“个人决定”就是未曾与单位其他领导商量或不顾单位其他领导反对，个人独断专行所作的决定，[③] 其范围包含了所有能够体现行为人个人意志的主张，不限于行为人的职权范围，应包括行为人超越职权所作的决定。[④] 正如本案中，被告人夏秀存的行为不符合河东区房管局关于担保管理权由局长和局长办公会议掌握的规定，其行为是超越职权的行为，应当认定为个人决定。而具体的司法实践中，“个人决定”的情形更为复杂，对其进行正确理解需从立法本意上进行考虑。对于个人隐瞒真实情况，欺骗单位决策人员，使得单位集体基于错误认识，决定将公款提供给其他单位使用的情形，由于其事实上并不是单位集体决定真实意思的表达，而是单位负责人意图公款私用，应认定为单位负责人“个人决定”；对单位负责人利用职务之便，盗用“单位名义”擅自挪用公款供其他单位使用的，也应认定为“个人决定”。

其次，“单位名义”常通过两种方式予以表现：一是公款是通过履行正常的财务手续从单位账户划出，在单位的财务账上反映出来并盖有单位公章；二是以单位名义与其他单位签订相应的合同。本案中，被告人夏秀存动用公款进行质押时由相关财务人员具体经办，未逃避财务监管；且现有证据也不能证实夏秀存存在指示财务人员故意隐瞒资金去向或虚假记载账簿等行为；此外，被告人夏秀存动用公款进行质押时，均是由单位加盖公章，据此，可以认定属于单位名义。但如果其虽然顶着单位的名义，即使手续齐全，但谋取了个人利益，也应将其视为个人行为。回归本案，被告人夏秀存的行为当然属于个人决定以单位名义挪用公款的行为。

二、个人决定以单位名义将公款供其他单位使用如何认定是否谋取个人利益

我们在考察个人决定的以单位名义实施的某一行为是个人行为还是单位行为时，会把落脚点放在行为实施后利益的归属问题上。在经过合法调查后所获利益的指向仍然是单位，那么对此就理当定性为单位为之；反之，则认定为个人行为。如果单位和个人同时获得利益，由于是以单位名义实施的行为，只要单位有利益，一般也以单位行为认定，然后再考虑对个人获利的事实是否需要另行定罪。因此，可以判断，对于上述“谋取个人利益”的这种做法也理当对此作出较为严格的法律界定。

一方面，这种利益应该是公款出借后所获取的全部利益，即纯粹的个人利益。也就是说，除了个人利益之外，公款所有单位在公款出借后无论根据约定还是在事实上都不会获得丝毫利益，甚至除了公款使用权、收益权暂时丧失外，还造成了其他经济损失。

---

① 郭立新、刘涛：《检察机关侦查案件认定中的疑难问题解析》，中国检察出版社2005年版，第85页。

② 田宏杰、张耕：《刑事案例诉辩审评——挪用公款罪》，中国检察出版社2005年版，第99页。

③ 吴仁碧：《刑法中的挪用和归个人使用》，载《法制日报》2003年10月30日。

④ 廖芹：《论挪用公款罪》，武汉大学2004年论文，第15页。

为什么需要作这样的界定呢？因为，将公款外借给其他单位并以单位的名义，该种借贷关系的外在特征和相关书证都能表明该借贷关系是单位与单位之间的，只要单位根据借款合同或双方约定能够从借款行为中获得一些利益，应本着有利于被告人的原则首先以该事实向单位求证，除非在单位没有获得约定或实际利益，而个人利益也早已是既得利益。

另一方面，从字面上分析，“为私利”有其广泛的内容和众多的表现形式，实践中很难把握和界定。为私利可以指挪用公款后通过自己使用公款或借给他人使用而获得经济上的收益或者非物质的其他利益，也可以指仅出于亲朋关系，碍于情面而挪用并出借公款。但从刑法所调整的犯罪行为看，也应将这里的“个人利益”限定在具体的直接的利益上，不然会使此罪的惩治范围扩大，因为，绝大多数单位间或单位与个人间的资金借用，都伴随着相关领导或经办人系熟人或亲朋的事实，仅因借贷双方的相关人员有私交而认定“谋取个人利益”显然不妥，也难以操作和把握。但这种非物质性利益必须是出借公款行为所直接带来的，甚至本身就作为一种交换条件，如果没有证据证明这种非物质性利益与公款出借行为之间存在直接的因果关系，也不能轻易认定。如公款出借后不久，在对方单位工作的行为人的儿子因为表现出色被提级或受表彰，而没有其他证据证明该事实与公款出借行为之间的相关性，就不能牵强地认定为“谋取个人利益”。

回归本案，首先，现有证据不能证实被告人夏秀存参股华奥公司。其一，其辩护人提供的证人张某某、武某某、刘某某证言证实，被告人夏秀存只是名义股东，并非实际参股人，相应权益仍然由华腾热力公司享有；其二，被告人夏秀存在与华腾热力公司签订股份转让协议后，未向华腾热力公司支付对价；其三，河东区房管局发现夏秀存动用公款为华奥公司担保的事情后，督促华腾热力公司催要 450 万元的质押担保款及投资；其四，华奥公司为清偿质押担保借出的 450 万元及华腾热力的投资款 240 万元钱款用其位于蓟县迎宾路南侧雍景嘉园 69 号商业用房直接抵顶给华腾热力公司，并未以夏秀存作为清偿对象。

其次，被告人夏秀存事实上也未获得其他利益。其一，夏秀存虽曾供述称刘某某曾允诺其退休后可以到华奥公司工作，但此后又推翻其供述，且无其他证据佐证。尤其是被告人夏秀存称之所以借款供华奥公司使用，是为了帮助其单位追回先期的投资。其二，证人刘某某当庭证实未给予夏秀存上述允诺，并证实华奥公司没有给付夏秀存任何报酬。其三，夏秀存退休后也并未到华奥公司工作。故在案证据足以证实被告人夏秀存未谋取个人利益。

（一审法院合议庭成员　唐树军　闵　鹏　崔军委

二审法院合议庭成员　张玉峰　左树芳　李草原

编写人　天津市蓟州区人民法院　周金宝　唐树军　崔军委

责任编辑　周维明

审稿人　李玉萍）

原载《人民法院案例选》2018 年第 4 辑（总第 122 辑）

369. 钱建清、钱赛亚挪用公款案

——以公款帮助他人完成银行揽储任务的行为认定

【关键词】

刑事　挪用公款罪　营利活动　银行揽储

【裁判要旨】

为帮助他人完成揽储任务而将公款以个人名义存入银行，但个人并未获取利益的行为，不应认定为挪用公款进行营利活动；对于数额较大超过三个月未还的，应认定为挪用公款归个人使用。

【相关法条】

《中华人民共和国刑法》

第三百八十四条第一款　国家工作人员利用职务上的便利，挪用公款归个人使用，进行非法活动的，或者挪用公款数额较大、进行营利活动的，或者挪用公款数额较大、超过三个月未还的，是挪用公款罪，处五年以下有期徒刑或者拘役；情节严重的，处五年以上有期徒刑。挪用公款数额巨大不退还的，处十年以上有期徒刑或者无期徒刑。

《最高人民法院、最高人民检察院关于办理贪污贿赂刑事案件适用法律若干问题的解释》

第六条　挪用公款归个人使用，进行营利活动或者超过三个月未还，数额在五万元以上的，应当认定为刑法第三百八十四条第一款规定的“数额较大”；数额在五百万元以上的，应当认定为刑法第三百八十四条第一款规定的“数额巨大”。具有下列情形之一的，应当认定为刑法第三百八十四条第一款规定的“情节严重”：

（一）挪用公款数额在二百万元以上的；

（二）挪用救灾、抢险、防汛、优抚、扶贫、移民、救济特定款物，数额在一百万元以上不满二百万元的；

（三）挪用公款不退还，数额在一百万元以上不满二百万元的；

（四）其他严重的情节。

【案件索引】

一审：江苏省江阴市人民法院（2017）苏0281刑初757号（2017年12月14日）

二审：江苏省无锡市中级人民法院（2018）苏02刑终55号（2018年2月6日）

【基本案情】

法院经审理查明：江阴市月城供销合作社原系江阴市供销合作总社于1950年7月成立的全民所有制企业。1989年，供销社企业性质由全民所有制变为集体所有制，同时扩股吸纳社员股金。1998年，江阴市月城供销合作社进行企业改制并清退社员股金，清退后剩余资产均为国有资产。2000年，江阴市月城供销合作社划归江阴市月城镇人民政府管理，现江阴市月城供销合作社的工商登记性质为集体所有制企业，主管部门为江阴市月城镇人民政府，具体由国有事业单位江阴市月城镇农村经济服务中心负责管理。被告人钱建清2006年3月被任命为江阴市月城供销合作社主任、党支部书记，2016年9月被免去江阴市月城供销合作社党支部书记职务，同年10月被免去江阴市月城供销合作社主任职务，被告人钱赛亚在此期间担任江阴市月城供销合作社出纳会计职务。

2013年1月、2015年10月，被告人钱建清、钱赛亚分别利用担任江阴市月城供销合作社主任、出纳会计职务上的便利，共同分两次挪用江阴市月城供销合作社公款共计138万元归个人使用，超过三个月未还。具体犯罪事实分述如下：

1. 2013年1月29日，被告人钱建清为帮助其子钱某1（在中国农业银行江阴青阳支行工作）完成银行揽储任务，指使被告人钱赛亚将江阴市月城供销合作社公款100万元存入被告人钱建清个人中国农业银行账户，后又应银行工作人员要求将该款以个人存单形式继续存放于银行。2014年10月，被告人钱赛亚为帮助朋友钱某2（时任中国邮政储蓄银行江阴市月城支行行长）完成银行揽储任务，向被告人钱建清提出将上述款项转存至中国邮政储蓄银行江阴市月城支行，被告人钱建清表示同意，被告人钱赛亚即于当月30日将上述100万元转入被告人钱建清中国邮政储蓄银行账户。2015年9月1日，被告人钱建清、钱赛亚将该款退还给江阴市月城供销合作社。

2. 2015年10月，被告人钱赛亚为帮助其子购置房产，向被告人钱建清提出借用江阴市月城供销合作社公款使用，被告人钱建清表示同意，后被告人钱赛亚于当月27日将江阴市月城供销合作社公款38万元转入其个人银行账户用于交纳房款，后被告人钱赛亚于2016年2月16日将该款退还给江阴市月城供销合作社。

另查明，2012年7月至12月，被告人钱建清为帮助其子钱某1完成银行揽储任务，还先后分别指使被告人钱赛亚将江阴市月城供销合作社公款50万元、50万元、120万元、110万元、100万元、100万元存入其个人中国农业银行账户，后均予以退还，使用时间为1日至11日不等；2016年1月19日，被告人钱建清为帮助其子钱某1完成银行揽储任务，指使被告人钱赛亚将江阴市月城供销合作社公款80万元存入其个人中国农业银行账户，后于2016年2月16日退还给江阴市月城供销合作社；2016年2月25日、6月3日，被告人钱赛亚为帮助钱某2完成银行揽储任务，经被告人钱建清同意先后两次分别将江阴市月城供销合作社公款100万元存入钱赛亚个人名下中国邮政储蓄银行账户，后分别于2016年3月31日、7月11日退还。

【裁判结果】

江阴市人民法院于2017年12月14日作出（2017）苏0281刑初757号刑事判决：一、被告人钱建清犯挪用公款罪，判处有期徒刑一年，缓刑一年六个月；二、被告人钱赛亚犯挪用公款罪，判处有期徒刑一年，缓刑一年六个月。

钱赛亚不服原审判决，提起上诉。无锡市中级人民法院于2018年2月6日作出（2018）苏02刑终55号刑事裁定：驳回上诉，维持原判。

【裁判理由】

法院生效判决认为：原审判决认定上诉人钱赛亚、原审被告人钱建清犯挪用公款罪的定罪和量刑事实清楚，证据确实、充分，适用法律正确，量刑适当，诉讼程序合法，应予维持。关于上诉人钱赛亚及其辩护人提出的上诉理由与辩护意见，经查：上诉人钱赛亚、原审被告人钱建清作为国家工作人员，利用职务上的便利，未经主管单位批准，为帮助他人完成揽储任务而以个人名义将本单位国有资产存入银行或用作个人购房款，且超过三个月未还，属于挪用公款归个人使用，应认定为挪用公款罪，原审判决的定性并无不当。

【案例注解】

关于本案两名被告人的挪用行为是否属于进行营利活动，形成了两种意见：第一种意见认为构成营利活动。依据是1998年《最高人民法院关于审理挪用公款案件具体应用法律若干问题的解释》（以下简称为《审理挪用公款案件司法解释》）第二条第一款第二项之规定："挪用公款数额较大，归个人进行营利活动的，构成挪用公款罪，不受挪用时间和是否归还的限制。在案发前部分或者全部归还本息的，可以从轻处罚；情节轻微的，可以免除处罚。挪用公款存入银行、用于集资、购买股票、国债等，属于挪用公款进行营利活动。所获取的利息、收益等违法所得，应当追缴，但不计入挪用公款的数额。"该解释明确规定"挪用公款存入银行"即属于进行营利活动，这也是本案引起分歧的重要原因。

第二种意见认为不构成营利活动。理由是本案缘起于钱建清或钱赛亚为在银行工作的亲友揽储，且大部分利息已入单位账，无证据显示钱建清或钱赛亚将利息据为己有或者获取其他收益，亦不足以证明被告人钱赛亚通过炒房获利。笔者同意第二种意见，理由如下：

一、正确理解《审理挪用公款案件司法解释》关于"营利活动"的规定

首先，从司法解释的特征来看，司法解释虽然是对高度概括的法律的进一步阐释，但是由于社会生活的复杂多样性，司法解释也不可能预见所有的法律适用问题并作出事无巨细的规定，不可避免仍然具有较为原则的特征。对挪用公款存入银行的行为不能一概而论，因为，实践中挪用公款存入银行的行为具有不同的情形，例如，有的行为人是出于赚取利息的目的，有的行为人是出于转移单位资金的目的，也有的行为人是出于帮助他人完成揽储任务的目的等。而所谓营利活动是一种获取经济利益的行为，挪用公款存入银行是能够产生孳息的，《审理挪用公款案件司法解释》所称“存入银行属于进行营利活动”，指的就是当事人获取所挪用公款孳息的行为。对于行为人主观上无营利故意，客观上也未得利者，不应认定为挪用公款进行营利活动，只有那些主观上为了获取利息等个人利益的才能视为进行营利活动。

其次，从《审理挪用公款案件司法解释》文义来看，规定：“挪用公款存入银行、用于集资、购买股票、国债等，属于挪用公款进行营利活动。所获取的利息、收益等违法所得，应当追缴，但不计入挪用公款的数额。”“存入银行”是与“用于集资、购买股票、国债”并列的关系，而“用于集资、购买股票、国债”具有非常明显的营利特征。因此“存入银行”必须要达到该种程度，才是《审理挪用公款案件司法解释》所规定的属于营利活动的行为。

二、为帮助他人完成揽储任务而个人未实际获利的行为不属于挪用公款进行营利活动

如前所述，在挪用公款给他人使用的情况下，应结合挪用人的主观意图、认知能力及实际使用方式，根据主客观相统一原则具体加以分析。挪用公款进行营利活动的认定并不以行为人本人具有营利目的为必要，如明知他人进行营利活动而挪用公款给他人使用同样应认定为进行营利活动，如用于偿还债务则需要从债务产生的原因角度判断公款使用类型。本案中，从主观方面看，被告人钱建清、钱赛亚公款私存之目的在于帮助他人完成揽储任务，主观上不具有营利目的，所获取的利息交单位入账而未占为己有，亦无其他证据证明被告人钱建清、钱赛亚通过挪用行为个人从中获益。从客观方面看，根据会计钱赛亚交代，钱建清挪用公款存入银行的利息共计约 4 万余元，而其交给单位入账的利息共计有 33428.5 元，加上钱建清储蓄银行卡上未入账的利息 1 万余元，两者数字基本吻合。而且，留在钱建清的卡上的 1 万余元利息虽然没有入账，但该卡一直由钱赛亚保管在单位，钱建清也从未向其要过利息。可见，本案被告人客观上并未获取经济利益，且银行工作人员既未将公款实际用于生产经营、投资理财等经济活动以获取利润，也非为了进行经营活动做准备，即使存在完成揽储任务进而提高业绩等情况，也不属于以公款为资本进行营利性活动。综合来看，本案被告人的行为不属于挪用公款进行营利活动。

三、本案被告人的行为属于挪用公款归个人使用

挪用公款罪所侵害的法益是国家工作人员职务行为的廉洁性及单位对公款的占有权、使用权、收益权，行为人利用职务之便将公款挪用归个人使用，使得公款处于流失及不可回收的风险状态，由于侵害了上述法益而被科处刑罚。因此，应当从是否侵害法益角度判断行为是否属于挪用公款归个人使用。本案中，一方面，被告人钱建清、钱赛亚为帮助银行工作人员完成揽储任务而将公款以个人名义存入银行，个人通过对公款的支配达到了帮助他人目的，银行工作人员则通过对公款的支配实现了完成揽储任务目标，均符合“使用”的文义。更重要的是，该挪用行为将公款存放于个人名下，使得公款不可避免地处于风险之中，例如，在个人面临诉讼的情况下，公款存在被司法机关冻结、扣划的风险。虽然被告人钱建清、钱赛亚辩称银行卡、存单均存放于单位保险柜，但上述风险仍现实存在。另一方面，钱赛亚为支付住房首付款而向单位借款，虽已向单位支付利息，也未有证据证明其有炒房行为，但该笔款项系超过三个月后才归还。因此，两名被告人挪用超过三个月未还的部分应当属于挪用公款归个人使用的行为而受到刑事追究。

（一审法院合议庭成员　成志昀　袁春萍　姚耀芬
二审法院合议庭成员　楼炯燕　杨温蕊　周　群
编写人　江苏省无锡市中级人民法院　楼炯燕
江苏省江阴市人民法院　成志昀
责任编辑　周维明）
审稿人　李玉萍）

原载《人民法院案例选》2018 年第 12 辑（总第 130 辑）

370. 徐文峰挪用公款案

——以借款形式提前支取工程款不能认定为挪用公款

【关键词】

刑事　挪用公款　借款　提前支取工程款

【裁判要旨】

建设工程施工合同关系中，施工单位负责人违反竣工后一次性付清房款的约定，通过疏通关系，以借款形式提前向政府部门支取部分工程款，并在工程交付后将该部分款项作为工程款一并清算的行为，不构成挪用公款罪的共犯。

【相关法条】

《中华人民共和国刑法》

第三百八十四条　国家工作人员利用职务上的便利，挪用公款归个人使用，进行非法活动的，或者挪用公款数额较大、进行营利活动的，或者挪用公款数额较大、超过三个月未还的，是挪用公款罪，处五年以下有期徒刑或者拘役；情节严重的，处五年以上有期徒刑。挪用公款数额巨大不退还的，处十年以上有期徒刑或者无期徒刑。

挪用用于救灾、抢险、防汛、优抚、扶贫、移民、救济款物归个人使用的，从重处罚。

【案件索引】

一审：湖南省南县人民法院（2017）湘0921刑初329号（2018年12月27日）

二审：湖南省益阳市中级人民法院（2019）湘09刑终92号（2019年4月10日）

【基本案情】

湖南省南县人民检察院指控：2013年1月29日至2014年12月17日期间，被告人徐文峰与时任南县房地产管理局局长曾建科（已判决）共谋后，指使曾建科利用职务上的便利，先后八次挪用公款共计人民币762万元，供自己进行营利性活动，期间，被告人徐文峰参与了办理财务手续、提供银行账户等挪用公款行为。南县人民检察院认为，被告人徐文峰与时任南县房地产管理局局长曾建科共谋，利用曾建科职务上的便利，挪用公款归其使用，进行营利活动，情节严重，其行为构成挪用公款罪。

被告人徐文峰辩护其行为不构成挪用公款罪。

法院经审理查明：2013年10月至2015年2月期间，被告人徐文峰利用曾建科（时任南县房管局局长）在管理南县廉租房与公租房建设的职务之便，违反合作协议，提前获得在建工程款项共计 762 万元。具体事实如下：

1. 2013 年 10 月至 2015 年 12 月期间，南县房地产管理局（以下简称南县房管局）与被告人徐文峰签订了二份合作开发建设公租房和二份合作开发建设廉租房合同。该建设合同均以南县房管局南国用（2013）第 2267、2270 号地块为建设用地，以南县房管局为建设单位，向南县建设局报建公租房与廉租房，但实际施工承建方为被告人徐文峰。曾建科在管理该廉租房与公租房建设的过程中，利用职务之便，违反与施工承建方签订的房屋验收合格交付后一次性付清房款协议，在房屋未建设竣工交付之前，应承被告人徐文峰的请求，不经南县房管局集体研究和报告南县保障性安居工程工作领导小组，个人决定，先后多次以借款的形式提前向其拨付工程款项共计 472 万元。在工程竣工交付使用后，被告人徐文峰与南县房管局对该笔借款进行了工程款清算。

2. 2013 年 10 月至 2015 年 12 月期间，南县房管局与被告人徐文峰签订了一份在南县太济街合作开发建设公租房的合同，该建设合同以被告人徐文峰的南国用（2014）第 1478 号地块为建设用地（该地块在房屋交付后于 2015 年已过户到房管局名下），以南县房管局为建设单位，向南县建设局报建，实际施工承建方为被告人徐文峰。曾建科在管理该公租房建设的过程中，利用职务之便，违反与施工承建方签订的房屋验收合格交付后一次性付清房款协议，应徐文峰的请求，不经南县房地产管理局集体研究和报告南县保障性安居工程工作领导小组，个人决定，以借款的形式先后分别于 2014 年 8 月 14 日和 2014 年 12 月 17 日两次支付房屋收购款 90 万元和 200 万元。在工程竣工交付使用后，该笔工程款被告人徐文峰与南县房管局进行了工程款清算。该公租房自 2015 年 1 月 23 日后陆续出租给王晓红、胡利姣、黄德武等人居住。

【裁判结果】

湖南省南县人民法院于 2018 年 12 月 27 日作出（2017）湘 0921 刑初 329 号刑事判决：被告人徐文峰无罪。

判决后，湖南省南县人民检察院提起抗诉。湖南省益阳市中级人民法院于 2019 年 4 月 10 日作出（2019）湘 09 刑终 92 号裁定：驳回抗诉，维持原判。

【裁判理由】

法院生效裁判认为：被告人徐文峰在承建南县房管局公租房、廉租房的建设工程中，通过曾建科以借的方式获得的 762 万元工程建设款，在工程竣工交付使用后均与南县房管局进行了工程款清算，没有改变该款用途，又无须归还，不具备挪用款项只是使用权的转移，事后还须归还的本质属性。被告人徐文峰的行为不具备挪用公款的犯罪构成要件。公诉机关指控被告人徐文峰犯挪用公款罪的罪名不成立。据此，判决宣告被告人徐文峰无罪。

【案例注解】

挪用公款罪，是指国家工作人员利用职务上的便利，挪用公款归个人使用，进行非法活动的，或者挪用公款数额较大、进行营利活动的，或者挪用公款数额较大、超过 3

个月未归还的行为。本罪的法益是公款的占有权、使用权、收益权以及职务行为的廉洁性。挪用人必须利用职务上的便利实施挪用行为，即利用职务权力与地位形成的主管、管理、经营、经手公款或者特定款物的便利条件实施挪用行为。[①] 挪用公款罪的行为主体是国家工作人员，但不包括受委托管理、经营国有财产的人员，最高人民法院 1998 年 4 月 29 日《关于审理挪用公款案件具体应用法律若干问题的解释》中规定，挪用公款给他人使用，使用人与挪用人共谋，指使或者参与策划取得挪用款的，以挪用公款罪的共犯定罪处罚。具体到本案中，被告人徐文峰在建设本案关联的公租房与廉租房的过程中，利用曾建科在管理南县廉租房与公租房建设的职务之便，违反合作协议，提前获得在建工程款项共计 762 万元。公诉机关认为，被告人徐文峰与时任南县房管局局长曾建科共谋，利用曾建科职务上的便利，挪用公款归其使用，进行营利活动，情节严重，应当以挪用公款罪追究其刑事责任。被告人徐文峰认为在建设本案相关联的公租房与廉租房的过程中，其与南县房管局签订的是建设施工合同，他只是违反了协议中关于房屋付款方式的约定，以“借款”形式提前支取了工程款，其行为不构成挪用公款罪。故本案的焦点问题在于：一是被告人徐文峰所签订的合同性质是否为建设施工合同；二是被告人徐文峰是否构成挪用公款罪。

一、关于合同性质的认定

政府部门与施工单位虽然签订的是公租房、廉租房收购协议，但在城建档案馆、建设局的报建档案及房管局的报建资料中，均明确标明建设单位是该政府部门，且该政府部门缴纳的均是建筑安装营业税而非不动产销售税时，应认定该政府部门与施工单位实际履行的是建设工程施工合同，而非房屋收购合同。具体到本案，应首先审查徐文峰与南县房管局所签订的合同性质，如被告人徐文峰签订的是建设工程合同，则徐文峰基于同一法律关系而产生的“借款”行为，不宜认定为挪用公款。本案中，公诉机关提出曾建科和徐文峰签订的是房屋收购合同，而非建设工程合同，有如下具体理由：（1）被告人曾建科、徐文峰均多次供述涉案工程签订的是房屋收购协议；证人任胜均、李春辉的证言亦证实南县房管局根据《公租房、廉租房管理办法》向徐文峰收购了三处保障安居工程合同；公租房收购协议书等合同证实南县房管局与徐文峰是房屋收购关系。（2）从合同内容上来看，南县房管局与徐文峰签订的房屋收购合同及其补充协议不存在承包方式、工程造价、工程款结算等内容，不符合建设施工合同的形式要件，故不能将该合同认定为建设施工合同。本案中，被告人徐文峰在承建南县房管局公租房、廉租房的建设工程中，虽然与南县房管局签订了《公共租赁住房收购协议书》《廉租住房收购协议书》等房屋收购协议，但在南县城建档案馆、建设局的报建档案、房管局的报建资料中，均明确标明建设单位是南县房管局，在最高人民法院 2004 年 10 月 25 日发布的《最高人民法院审理建筑工程施工合同纠纷案件若干问题的解释》中规定“当事人就同一建设工程另行订立的建设工程施工合同与经过备案的中标合同实质性内容不一致的，应当以备案的中标合同作为结算工程价款的根据”，故本案应当采信建设局的报建档案合同。且南县房管局缴纳的均是建筑安装营业税，而非不动产销售税，亦证明南县房管局履行的是建设施工合同，而非房屋收购合同。故被告人徐文峰与南县房管局在廉租房、公租房建设

① 张明楷：《刑法学（下）》，法律出版社 2016 年版，第 1188～1189 页。

中是房屋建设与建设承包的关系。

二、关于被告人徐文峰是否构成挪用公款罪

在该类建设工程施工合同关系中，施工单位负责人不顾与政府部门签订的房屋验收合格交付后“一次性付清房款”的付款条件，通过疏通关系，使得该政府部门负责人擅自决定同意施工单位以“借”的方式提前获取部分工程款。在工程竣工交付使用后，施工单位均将该“借款”与作为建设单位的政府部门进行了工程款清算。施工单位的这类“借款”行为，并未改变该款项用途，也无须归还，不符合“挪用”款项只是“使用权的转移，事后还须归还”的本质特征，因而不符合挪用公款罪的构成要件。故该施工单位的负责人不构成挪用公款罪的共犯。

具体到本案中，曾建科在管理该廉租房与公租房建设的过程中，利用职务之便，违反与施工承建方签订的房屋验收合格交付后“一次性付清房款”协议，在房屋未建设竣工交付之前，应承建商徐文峰的请求，未经南县房地产管理局集体研究和报告南县保障性安居工程工作领导小组，个人决定以“借款”的形式提前向徐文峰拨付了工程款项。公诉机关认为涉事承建商徐文峰利用国家工作人员曾建科职务上的便利，多次挪用公款归其使用，符合《刑法》第三百八十四条关于挪用公款罪的规定：“国家工作人员利用职务上的便利，挪用公款归个人使用，进行非法活动的，或者挪用公款数额较大、进行营利活动的，或者挪用公款数额较大、超过三个月未还的”，应以挪用公款罪处罚。但承建商徐文峰的行为是否构罪应当从实质上进行分析，挪用公款罪的本质在于挪用行为，而非公款的利用行为，[①] 应以公款的挪用行为作为框定挪用公款罪处罚范围的基本依据。“挪用”是指未经合法批准，或者违反财经纪律，擅自使公款脱离单位的行为，公款的挪用行为应当理解为不按公款的规定用途而改变公款支配关系的行为。曾建科提前借支工程款给徐文峰的行为并不符合刑法学意义上的“挪用”，该笔公款的原本用途即为应支付给徐文峰的工程款，徐文峰通过曾建科以“借”的方式获得的762万元工程款，并未改变该款项用途，也无须归还，是该款所有权的转移，不具备“挪用”的本质特征，该行为不符合挪用公款罪的构成要件。且该行为客观上有助于加快工程建设速度，符合廉租房、公租房建设的政策性规定。

综上，施工单位负责人以“借款”形式提前向政府部门支取工程款不能认定为“挪用”公款，应依法作出无罪判决。

（一审法院合议庭成员　彭勇军　熊罗生　蒋　秀
二审法院合议庭成员　刘可清　练川南　雷　蕾
编写人　湖南省益阳市中级人民法院　李嘉馨
责任编辑　包献荣
审稿人　李玉萍）

原载《人民法院案例选》2020年第2辑（总第144辑）

① 李强：《挪用公款罪中“归个人使用”的解释逻辑》，载《法学》2015年第4期。

三、受　贿　罪

371. 指导案例 3 号：潘玉梅、陈宁受贿案

——“为请托人谋取利益”以受贿罪论处

（最高人民法院审判委员会讨论通过　2011 年 12 月 20 日发布）

【关键词】

刑事　受贿罪　“合办”公司受贿　低价购房受贿　承诺谋利　受贿数额计算　掩饰受贿退赃

【裁判要点】

1. 国家工作人员利用职务上的便利为请托人谋取利益，并与请托人以“合办”公司的名义获取“利润”，没有实际出资和参与经营管理的，以受贿论处。

2. 国家工作人员明知他人有请托事项而收受其财物，视为承诺“为他人谋取利益”，是否已实际为他人谋取利益或谋取到利益，不影响受贿的认定。

3. 国家工作人员利用职务上的便利为请托人谋取利益，以明显低于市场的价格向请托人购买房屋等物品的，以受贿论处，受贿数额按照交易时当地市场价格与实际支付价格的差额计算。

4. 国家工作人员收受财物后，因与其受贿有关联的人、事被查处，为掩饰犯罪而退还的，不影响认定受贿罪。

【相关法条】

《中华人民共和国刑法》

第三百八十五条第一款　国家工作人员利用职务上的便利，索取他人财物的，或者非法收受他人财物，为他人谋取利益的，是受贿罪。

【基本案情】

2003 年 8、9 月间，被告人潘玉梅、陈宁分别利用担任江苏省南京市栖霞区迈皋桥街道工委书记、迈皋桥办事处主任的职务便利，为南京某房地产开发有限公司总经理陈某

在迈皋桥创业园区低价获取100亩土地等提供帮助，并于9月3日分别以其亲属名义与陈某共同注册成立南京多贺工贸有限责任公司（简称多贺公司），以“开发”上述土地。潘玉梅、陈宁既未实际出资，也未参与该公司经营管理。2004年6月，陈某以多贺公司的名义将该公司及其土地转让给南京某体育用品有限公司，潘玉梅、陈宁以参与利润分配名义，分别收受陈某给予的480万元。2007年3月，陈宁因潘玉梅被调查，在美国出差期间安排其驾驶员退给陈某80万元。案发后，潘玉梅、陈宁所得赃款及赃款收益均被依法追缴。

2004年2月至10月，被告人潘玉梅、陈宁分别利用担任迈皋桥街道工委书记、迈皋桥办事处主任的职务之便，为南京某置业发展有限公司在迈皋桥创业园购买土地提供帮助，并先后4次各收受该公司总经理吴某某给予的50万元。

2004年上半年，被告人潘玉梅利用担任迈皋桥街道工委书记的职务便利，为南京某发展有限公司受让金桥大厦项目减免100万元费用提供帮助，并在购买对方开发的一处房产时接受该公司总经理许某某为其支付的房屋差价款和相关税费61万余元（房价含税费121.0817万元，潘支付60万元）。2006年4月，潘玉梅因检察机关从许某某的公司账上已掌握其购房仅支付部分款项的情况而补还给许某某55万元。

此外，2000年春节前至2006年12月，被告人潘玉梅利用职务便利，先后收受迈皋桥办事处一党支部书记兼南京某商贸有限责任公司总经理高某某人民币201万元和美元49万元、浙江某房地产集团南京置业有限公司范某某美元1万元。2002年至2005年间，被告人陈宁利用职务便利，先后收受迈皋桥办事处一党支部书记高某某21万元、迈皋桥办事处副主任刘某8万元。

综上，被告人潘玉梅收受贿赂人民币792万余元、美元50万元（折合人民币398.1234万元），共计收受贿赂1190.2万余元；被告人陈宁收受贿赂559万元。

【裁判结果】

江苏省南京市中级人民法院于2009年2月25日以（2008）宁刑初字第49号刑事判决，认定被告人潘玉梅犯受贿罪，判处死刑，缓期二年执行，剥夺政治权利终身，并处没收个人全部财产；被告人陈宁犯受贿罪，判处无期徒刑，剥夺政治权利终身，并处没收个人全部财产。宣判后，潘玉梅、陈宁提出上诉。江苏省高级人民法院于2009年11月30日以同样的事实和理由作出（2009）苏刑二终字第0028号刑事裁定，驳回上诉，维持原判，并核准一审以受贿罪判处被告人潘玉梅死刑，缓期二年执行，剥夺政治权利终身，并处没收个人全部财产的刑事判决。

【裁判理由】

法院生效裁判认为：关于被告人潘玉梅、陈宁及其辩护人提出二被告人与陈某共同开办多贺公司开发土地获取“利润”480万元不应认定为受贿的辩护意见。经查，潘玉梅时任迈皋桥街道工委书记，陈宁时任迈皋桥街道办事处主任，对迈皋桥创业园区的招商工作、土地转让负有领导或协调职责，二人分别利用各自职务便利，为陈某低价取得创业园区的土地等提供了帮助，属于利用职务上的便利为他人谋取利益；在此期间，潘玉梅、陈宁与陈某商议合作成立多贺公司用于开发上述土地，公司注册资金全部来源于陈某，潘玉梅、陈宁既未实际出资，也未参与公司的经营管理。因此，潘玉梅、陈宁利用职务便利为陈某谋取利益，以与陈某合办公司开发该土地的名义而分别获取的 480 万元，并非所谓的公司利润，而是利用职务便利使陈某低价获取土地并转卖后获利的一部分，体现了受贿罪权钱交易的本质，属于以合办公司为名的变相受贿，应以受贿论处。

关于被告人潘玉梅及其辩护人提出潘玉梅没有为许某某实际谋取利益的辩护意见。经查，请托人许某某向潘玉梅行贿时，要求在受让金桥大厦项目中减免 100 万元的费用，潘玉梅明知许某某有请托事项而收受贿赂；虽然该请托事项没有实现，但“为他人谋取利益”包括承诺、实施和实现不同阶段的行为，只要具有其中一项，就属于为他人谋取利益。承诺“为他人谋取利益”，可以从为他人谋取利益的明示或默示的意思表示予以认定。潘玉梅明知他人有请托事项而收受其财物，应视为承诺为他人谋取利益，至于是否已实际为他人谋取利益或谋取到利益，只是受贿的情节问题，不影响受贿的认定。

关于被告人潘玉梅及其辩护人提出潘玉梅购买许某某的房产不应认定为受贿的辩护意见。经查，潘玉梅购买的房产，市场价格含税费共计应为 121 万余元，潘玉梅仅支付 60 万元，明显低于该房产交易时当地市场价格。潘玉梅利用职务之便为请托人谋取利益，以明显低于市场的价格向请托人购买房产的行为，是以形式上支付一定数额的价款来掩盖其受贿权钱交易本质的一种手段，应以受贿论处，受贿数额按照涉案房产交易时当地市场价格与实际支付价格的差额计算。

关于被告人潘玉梅及其辩护人提出潘玉梅购买许某某开发的房产，在案发前已将房产差价款给付了许某某，不应认定为受贿的辩护意见。经查，2006 年 4 月，潘玉梅在案发前将购买许某某开发房产的差价款中的 55 万元补给许某某，相距 2004 年上半年其低价购房有近两年时间，没有及时补还巨额差价；潘玉梅的补还行为，是由于许某某因其他案件被检察机关找去谈话，检察机关从许某某的公司账上已掌握潘玉梅购房仅支付部分款项的情况后，出于掩盖罪行目的而采取的退赃行为。因此，潘玉梅为掩饰犯罪而补还房屋差价款，不影响对其受贿罪的认定。

综上所述，被告人潘玉梅、陈宁及其辩护人提出的上述辩护意见不能成立，不予采纳。潘玉梅、陈宁作为国家工作人员，分别利用各自的职务便利，为他人谋取利益，收受他人财物的行为均已构成受贿罪，且受贿数额特别巨大，但同时鉴于二被告人均具有归案后如实供述犯罪、认罪态度好，主动交代司法机关尚未掌握的同种余罪，案发前退出部分赃款，案发后配合追缴涉案全部赃款等从轻处罚情节，故一、二审法院依法作出如上裁判。

原载《人民法院案例选》2016 年第 1 辑（总第 95 辑）

372. 丁利康受贿案*

【裁判要旨】

国有医疗机构中，从事医疗数据统计、传输、维护等信息管理工作的事业编制人员，其统计、传输、维护的信息和数据系国有医疗机构对医疗业务进行管理、监督、决策的重要依据，属于医保信息，工作内容具有公务性质，该人员系国有事业单位中从事公务的人员，应以国家工作人员论。该类人员利用从事信息管理的职务便利，非法收受医药营销人员财物，向其提供本医疗机构药品使用情况统计数据等信息，为相关药品生产、销售企业以不正当手段销售药品提供便利的行为，应当依照《刑法》第三百八十五条第一款的规定，以受贿罪定罪处罚。

【案情及裁判】

上海市嘉定区人民检察院以丁利康犯受贿罪，向上海市嘉定区人民法院提起公诉。公诉书指控：被告人丁利康在担任上海市嘉定区马陆镇社区卫生服务中心办公室信息管理员期间，利用其负责构建、维护计算机网络及日常信息统计工作等职务便利，于2006年至2011年间，分别收受许荣、张汉球、吴银兵等人给予的好处费共计人民币（以下币种相同）4.9万余元。

被告人丁利康辩称：其收受张汉球的好处费共为18000余元；吴银兵给予其礼券、消费卡，部分是出于其平时帮助吴银兵咨询电脑使用中的问题等原因。对公诉机关指控的其余犯罪事实、证据等均无异议，请求法院对其从轻处罚。

上海市嘉定区人民法院一审查明：被告人丁利康在担任上海市嘉定区马陆镇社区卫生服务中心办公室信息管理员期间，利用负责构建、维护计算机网络及日常信息统计工作的便利，于2006年至2011年间收受非洛地平片、伤湿止痛膏等医药销售代表许荣给予的好处费27600元，2007年下半年至2011年3、4月间收受浙江海力生制药公司医药销售代表张汉球给予的好处费18000余元，并向上述医药销售代表提供医院药品使用情况；2008年至2010年间，收受电脑设备供应商上海银兵贸易有限公司负责人吴银兵给予的价值2000元的礼券、消费卡。2011年5月23日，丁利康在单位领导找其谈话时主动交代了其收受有关医药代表贿赂的犯罪事实。当日，丁利康经通知在接受检察机关调查谈话时，亦如实供述了上述犯罪事实。一审审理过程中，丁利康退赔5万元。

上海市嘉定区人民法院一审认为：国家工作人员的本质特征是行使职权、从事公务，即代表国家机关、国有公司、企事业单位、人民团体等履行组织、领导、监督、管理等职责。被告人丁利康原系上海市嘉定区马陆镇社区卫生服务中心办公室信息管理员，具有构建、维护计算机网络及日常信息统计工作职责，其向医药代表提供该院相关药品使

* 案例来源：《最高人民法院公报》2014年第9期。

用情况，系利用了不具有职权内容的工作便利，不具有从事公务的性质，对其不应以国家工作人员论，其行为构成非国家工作人员受贿罪，应依法惩处。对于其收受电脑设备供应商给予的价值2000元的礼券、消费卡的行为，本院结合其非法收受他人好处费共计4.7万余元的事实，在量刑时一并予以体现。据此，判决被告人丁利康犯非国家工作人员受贿罪，判处有期徒刑一年九个月，缓刑一年九个月。

上海市嘉定区人民检察院以原判定性错误，从而导致适用法律错误，量刑明显不当为由，向上海市第二中级人民法院提出抗诉。抗诉理由如下：上海市嘉定区马陆镇社区卫生服务中心系国有事业单位，丁利康系该单位事业编制人员。丁利康作为办公室信息管理员，其工作职责具备技术和管理相结合的双重特征。一审判决仅注意到信息管理工作技术属性的一面，忽略了其公共事务管理属性的另一面。因此，一审法院认为丁利康利用了不具职权内容的工作便利，不具有从事公务的性质，从而认定其行为构成非国家工作人员受贿罪，属于定性错误，导致适用法律及量刑不当。建议法院依法纠正。

上海市第二中级人民法院二审经审理认为：丁利康身为国有事业单位中从事公务的国家工作人员，利用信息管理的职权，私自向药商提供数据，收受钱款，符合受贿罪钱权交易的特征，其还利用具有单位电脑采购建议权的职务便利，在计算机网络日常维护管理工作中，收取电脑设备供应商的礼券、消费卡，相关金额应与前述收取医药销售代表的贿赂款累计，一并以受贿罪论处。原判认定丁利康收受贿赂的行为及数额正确，但定性错误，导致适用法律及量刑不当，依法应予纠正。

据此，上海市第二中级人民法院依照《刑事诉讼法》第二百二十五条第一款第（二）项和《刑法》第三百八十五条第一款、第三百八十六条、第三百八十三条第一款第（三）项、第二款、第九十三条第二款、第六十七条第一款、第七十二条第一款、第七十三条第二款、第三款、第六十四条的规定，于2013年5月17日判决如下：

一、维持上海市嘉定区人民法院（2012）嘉刑初字第1117号刑事判决的第二项，即违法所得予以没收；

二、撤销上海市嘉定区人民法院（2012）嘉刑初字第1117号刑事判决的第一项，即被告人丁利康犯非国家工作人员受贿罪，判处有期徒刑一年九个月，缓刑一年九个月；

三、原审被告人丁利康犯受贿罪，判处有期徒刑三年，缓刑三年。

本判决为终审判决。

【编后补评】

本案争议的焦点是被告人是否为国家工作人员。受贿罪属于身份犯，其犯罪主体是国家工作人员。国家工作人员的本质特征是行使职权、从事公务。在本案中，被告人丁利康作为办公室信息管理员，其工作具有技术和管理的双重性，而其利用负责构建、维护计算机网络及日常信息统计工作的便利收受他人贿赂的行为，应当认为是利用职权之便。因为，被告人丁利康对医院内用药数据等信息管理、监控、保密的职责实质上是履行对公共事务的管理，具有公务性质，故其应以国家工作人员论。

（改写人 中国政法大学博士 包献荣）

原载《人民法院案例选》2016年第2辑（总第96辑）

373. 朱建军受贿、挪用公款案

——国有参股公司中国家工作人员的认定

【关键词】

国有参股公司　受贿罪　挪用公款罪　非国家工作人员受贿罪

【裁判要旨】

自然人股东与国有股东共同成立新公司，自然人股东以实物出资后未变更实物的权属登记，后又抽逃出资，不能认定为“形式出资”，该公司应认定为国有参股公司；该公司的个人股东依据公司章程当选为董事、董事长，不应认定为国家工作人员。

【相关法条】

《中华人民共和国刑法》

第一百六十三条　公司、企业或者其他单位的工作人员利用职务上的便利，索取他人财物或者非法收受他人财物，为他人谋取利益，数额较大的，处五年以下有期徒刑或者拘役；数额巨大的，处五年以上有期徒刑，可以并处没收财产。

公司、企业或者其他单位的工作人员在经济往来中，利用职务上的便利，违反国家规定，收受各种名义的回扣、手续费，归个人所有的，依照前款的规定处罚。

国有公司、企业或者其他国有单位中从事公务的人员和国有公司、企业或者其他国有单位委派到非国有公司、企业以及其他单位从事公务的人员有前两款行为的，依照本法第三百八十五条、第三百八十六条的规定定罪处罚。

第二百七十二条　公司、企业或者其他单位的工作人员，利用职务上的便利，挪用本单位资金归个人使用或者借贷给他人，数额较大、超过三个月未还的，或者虽未超过三个月，但数额较大、进行营利活动的，或者进行非法活动的，处三年以下有期徒刑或者拘役；挪用本单位资金数额巨大的，或者数额较大不退还的，处三年以上十年以下有期徒刑。

国有公司、企业或者其他国有单位中从事公务的人员和国有公司、企业或者其他国有单位委派到非国有公司、企业以及其他单位从事公务的人员有前款行为的，依照本法第三百八十四条的规定定罪处罚。

【案件索引】

一审：湖南省宁乡县人民法院（2014）宁刑初字第00135号（2015年2月11日）

二审：湖南省长沙市中级人民法院（2015）长中刑二终字第00254号（2015年5月21日）

【基本案情】

长沙建工集团是经长沙市人民政府长政函（2002）1号文件批准，由全民所有制企业原长沙建设集团公司（现为长沙建工一分公司）兼并集体所有制企业原长沙市工程建设公司（现为长沙建工二分公司），合并全民所有制企业原长沙市第三建筑安装公司（现为长沙建工三分公司）之后，并吸纳自然人股份，于2002年3月正式改制组建而成，公司注册资本金为10171.37万元。公司组建之初注册资本金为6071.37万元，其中长沙市住建委代表国有股净资产（原长沙建设集团公司等三家公司资产）出资2061.69万元（上述出资未过户至长沙建工集团名下，登记在各分公司名下），另有14个自然人以实物的形式出资4009.68万元。其中，被告人朱建军以车辆、设备等实物出资623.82万元，但上述设备未过户至长沙建工集团名下，其将出资设备经营其于2002年至2006年担任经理的长沙建工第四分公司（长沙建工集团的分公司）。除被告人朱建军外，其余13个自然人出资的实物亦均未过户至长沙建工集团名下。该14名股东与公司约定股本金归个人所有，该14名股东不参与公司的分红，股东对公司的债权、债务不负法律责任。2010年9月，因公司拟申报轨道交通专项资质，申报的条件中有一项即注册资本金须达到1个亿。为了资质建设的需要，长沙建工集团以集团公司组织班子成员和项目经理个人的名义出资，申请增加注册资本金4100万，其中被告人朱建军出资1000万元，但出资后即抽走资本金。上述出资人均出具了不参与公司分红分利，不占公司实际股份，不承担出资人相应权利义务的承诺书。长沙建工集团下属最多时达三十余家分公司，其组织管理模式为：各分公司均自筹资金，独立经营核算，但均以长沙建工集团的名义开展业务。其中，第一、二、三分公司均有其独立的单位基本账号及税务号，财务较为独立，不需要向总公司缴纳管理费；其余数十家分公司向总公司缴纳管理费（按年缴纳或按业务量缴纳）。

2006年12月，被告人朱建军经选举表决，经长沙市住建委同意，至2012年2月期间担任长沙建工集团党委书记、董事长、总经理。

2007年至2012年期间，朱建军利用其职务便利，收受他人财物人民币200118.5元，欧元8000元；并挪用公司公款240万元。

被告人朱建军案发后，在长沙市纪委对其调查阶段主动、如实供述办案机关未掌握的其收受贿赂、挪用资金的罪行。

湖南省宁乡县人民检察院以宁检刑诉（2014）88号起诉书指控被告人朱建军犯受贿罪、挪用公款罪，于2014年3月21日提起公诉。

【裁判结果】

宁乡县人民法院一审判决：一、被告人朱建军犯非国家工作人员受贿罪，判处有期徒刑三年；犯挪用资金罪，判处有期徒刑三年六个月。决定执行有期徒刑五年；二、没收被告人朱建军退缴的违法所得人民币261181元，上缴国库。

一审宣判后，被告人朱建军对一审判决不服，向长沙市中级人民法院提起上诉；宁乡县人民检察院亦提起抗诉。在审理过程中，长沙市人民检察院申请撤回抗诉；上诉人朱建军申请撤回上诉。长沙市中级人民法院于2015年5月21日作出二审裁定：准许长沙市人民检察院撤回抗诉；准许上诉人朱建军撤回上诉。

【裁判理由】

宁乡县人民法院经审理认为：根据工商登记及公司出资情况，长沙建工集团系国有参股有限责任公司，而非国有独资企业；被告人朱建军系公司自然人股东，是董事会选举产生的董事长，不应当认定为国有单位委派至国有参股企业从事公务的人员。被告人朱建军身为国有参股企业长沙建工集团的股东，担任董事长、总经理，利用职务便利，非法收受他人财物，为他人谋取利益，数额巨大；其挪用本单位数额巨大的资金归个人使用，进行营利活动且至案发时未归还，其行为已分别构成非国家工作人员受贿罪和挪用资金罪。朱建军案发后主动向办案机关供述办案机关未掌握的罪行，可以自首论。

【案例注解】

本案的定性涉及两个关键问题：长沙建工集团是国有独资公司还是国有参股公司？朱建军是否属于“国家工作人员”？

一、长沙建工集团是国有参股而非国有独资企业

公诉机关认为，长沙建工集团名义上为国有参股的公司，但个人股东实质上是“形式出资”或者“虚假出资”，因此该公司实质上属于国有独资企业。

依照法律规定，股东以动产入股时，以动产交付使用而非权属登记的变更为标准。2002年，朱建军入股的动产经过了验资，且为其承包的第四分公司使用，该情形应当认定为实际出资而非“形式出资”。朱建军2010年入股的1000万元已缴入专用账户，后抽走，为抽逃出资而非“虚假出资”。朱建军依法应当承担出资人的责任，同时享有相关股东权利。

另本案还有如下情况：（1）长沙市政府相关文件将其定义为国有参股企业；（2）工商登记注明系国有资本参股企业；（3）从实际出资来看，无证据证明自然人出资实际上系国有资产；（4）从经营的实际情况看，长沙建工共计36家分公司，除第一、二、三分公司外，其余均不包含国有资本在内。

综合上述事实，应当认定长沙建工集团是国有参股而非国有独资企业。

二、被告人朱建军不应当认定为国有单位委派至国有参股企业从事公务的人员

公诉机关认为，长沙建工集团领导人员由长沙市住房和城乡建设委员会进行任免，朱建军被任命为长沙建工集团党委书记、董事长，主持公司党政全面工作、企业改制工作和分管财务工作。因此，被告人朱建军系在国有公司中从事公务的人员，即系国家工作人员。

本院认定如下事实：（1）朱建军与长沙市住建委并无隶属关系，长沙市住建委是长沙建工集团的股东之一，而2006年12月时朱建军亦是持股10.27%的股东，双方是平等主体地位；（2）根据长沙建工集团公司章程及《中华人民共和国公司法》的规定，长沙建工集团的董事长应当由董事会选举产生，长沙市住建委仅有董事提名权；（3）朱建军担任董事或董事长源于其个人的股东权利而非直接代表住建委所持的股份，其在担任董事长之前作为董事代表的是自己的股份利益而非直接代表住建委所持股份利益；（4）朱建军担任董事长经过了公司董事会选举表决，现有证据不能证明其系长沙市住建委直接提名或直接指定其担任董事长，而长沙市住建委的“同意”仅仅是最大股东（非控股股东）的“表决”而非“委任”；且所有管理人员均经长沙市住建委“同意”，如理解为“委任”，则排除了所有自然人股东的一切权益，无人代表自然人股东权益；（5）党委书记一职与本案生产、经营过程中发生的职务犯罪无关系。

综合上述事实，应当认定朱建军系国有参股企业长沙建工集团的单位人员，而非国家工作人员。

（一审法院合议庭成员　袁晓河　欧喜华　谢凤翔
二审法院合议庭成员　唐雪平　韩德民　刘　舸
责任编辑　李　明
审稿人　蒋惠岭）

原载《人民法院案例选》2016 年第 3 辑（总第 97 辑）

374. 翟金凤受贿、非国家工作人员受贿案

——国家机关退休人员以借款为名受贿的认定

【关键词】

受贿罪　国家工作人员主体身份　退休人员　以借为名

【裁判要旨】

国家机关工作人员等在退休后，虽不再具有国家机关工作人员等身份，但依法继续从事公务的，仍应认定为国家工作人员。判断国家工作人员是否以借款为名行受贿之实，要从双方的人物关系、借款必要性、赃款去向、还款表现等方面综合考量，判断证据之间能否形成较为完整的证据锁链。虽存在借条，但双方间的钱款往来符合“权钱交易”特征的，仍应认定为受贿。

【相关法条】

《中华人民共和国刑法》

第九十三条　本法所称国家工作人员，是指国家机关中从事公务的人员。国有公司、企业、事业单位、人民团体中从事公务的人员和国家机关、国有公司、企业、事业单位委派到非国有公司、企业、事业单位、社会团体从事公务的人员，以及其他依照法律从事公务的人员，以国家工作人员论。

第三百八十五条第一款　国家工作人员利用职务上的便利，索取他人财物的，或者非法收受他人财物，为他人谋取利益的，是受贿罪。

【案件索引】

一审：北京市海淀区人民法院（2016）京 0108 刑初 732 号（2016 年 12 月 8 日）

二审：北京市第一中级人民法院（2017）京 01 刑终 249 号（2017 年 4 月 25 日）

【基本案情】

被告人翟金凤于 1997 年 1 月至 2002 年 12 月被任命担任北京市海淀区四季青乡党委副书记，2003 年 1 月至 2004 年 9 月被任命担任四季青乡人大副主席，2004 年 9 月至 2006 年 5 月担任四季青镇副职待遇；2006 年 5 月至 2008 年 2 月任四季青镇调研员，2008 年 3 月起退休。根据四季青乡党委决定，翟金凤在担任四季青乡党委副书记期间约于 2001 年 11 月被乡党委委派兼任远大村党总支书记，主持远大村全面工作，后经远大农工

商公司[①]党总支换届选举于2003年12月24日被任命为该公司党总支书记，直至2007年3月19日。翟金凤在兼任远大农工商公司党总支书记期间负责远大农工商公司全面工作。后经四季青镇党委会决定，翟金凤于2007年3月19日被免去远大农工商公司党总支书记职务。翟金凤自2002年至2007年2月底担任远大村及远大农工商公司党总支书记期间，主持远大村全面工作，对远大村范围内的所有工作全面负责，包括蓝靛厂地区拆迁工作、与北京永泰房地产开发有限责任公司合作建设“永泰大酒店”项目（原名为“四季青农业科技发展中心”项目）等工作。2007年3月12日，经四季青农工商总公司推荐，四季青镇经济合作总社第一届集体资产管理委员会决定由四季青农工商总公司聘任翟金凤为该公司总政工师。2008年1月，经远大农工商公司党总支会议决定聘请当时为该公司顾问的翟金凤作为远大农工商公司代表进入永泰酒店管理方董事会，负责远大农工商公司与永泰公司合作的该项目工作，对董事会中涉及远大农工商公司利益的重大事项进行监督，一直到2008年12月。

上述位于北京市海淀区远大路的“永泰大酒店”项目系四季青农工商总公司、海淀区远大农工商公司与北京永泰房地产开发有限责任公司合作开发建设的项目，于2003年前后双方协商签订的合作建设协议，原项目名称为“四季青农业科技发展中心”，性质为农业科技发展项目，后变更为酒店项目。该项目用地系由远大村农村集体所有村庄工矿用地获批征用后于2000年11月转为城市建设用地，属于国有土地；2005年2月，四季青镇政府批准四季青农工商总公司通过协议方式将该地块的国有土地使用权转让给北京永泰酒店管理有限公司，土地规划用途为商业、地下车库。该项目采用合作开发、委托经营模式，北京四季青乡农工商总公司作为甲方（授权委托远大农工商公司），北京永泰房地产开发有限公司作为乙方（授权委托永泰酒店管理有限公司作为丙方）进行具体磋商，约定甲方作为该项目建设用地的土地使用权所有者，乙方作为合作建设者，建成物业及项目经营收益甲乙双方按比例分成，有关租售事宜由甲方委托乙方统一经营，甲方分得产权以协议方式交由乙方经营；甲方提供地上三通一平的建设用地，负责建设用地的拆迁及拆迁后劳动力安置工作，办理土地使用所需要的文件、资料和手续，协助乙方办理房屋经营手续，协调与相邻单位的关系；乙方负责建设及承担相应费用。

2003年至2008年12月，被告人翟金凤在先后担任上述职务期间，受指派或委托作为上述项目的国有土地经营管理方的实际代表人员，与作为项目合作建设方的北京永泰房地产开发有限责任公司总经理戴迪、副总经理李礼等有关人员建立和开展业务关系，负责对上述项目中的国有土地经营收益等相关事项进行监督和管理。2008年3月底至4月初，被告人翟金凤利用上述职务便利，以借款的名义，向北京永泰房地产开发有限责任公司总经理戴迪和副总经理李礼索要人民币150万元，后将上述钱款用于支付以其配偶陈明贤名义购买的北京市海淀区清琴麓苑的一套房屋购房款。

被告人翟金凤于2014年1月1日被恒有源科技发展集团有限公司（中外合资的有限责任公司）聘任为公司经管顾问，担任顾问书记一职，直至2015年4月。在此期间，翟

① 农工商联合企业是农村的一种基层组织形式，除了管理村集体事务外，还会协助政府从事行政管理工作。远大村即包括村委会、远大农工商公司、党总支三块牌子，一套人员。远大农工商总公司是远大村对外开展经济活动的集体经济组织。远大农工商公司是集体所有制企业，系四季青农工商总公司的二级单位。

金凤受恒有源科技发展集团公司邀请和委托参与集团地能热冷一体化新兴产品的经营管理工作，牵头负责该公司在杏石口路80号的自建展示项目部的工作，对该项目行使管理、监督、审核职权。被告人翟金凤利用上述职务之便，在项目的工程进度审核、工程款结算支付等管理工作中为承包方北京韩建集团有限公司第八分公司的项目部经理陈东提供便利和帮助，并于2014年8月底至9月初收受陈东为其购买的一辆奥迪牌A4L型轿车，购买价款合计人民币328800元，并以其个人名下价值人民币89800元的本田牌雅阁型轿车折价置换。

被告人及其辩护人对于第一起事实的主要辩护意见为：涉案150万元是翟金凤与李礼、戴迪之间的借款，双方的借款手续完备，翟金凤没有受贿的故意；且翟金凤对涉案酒店项目没有监督管理职权，对涉案项目也不知情，没有利用职务便利为他人谋取利益的行为。

【裁判结果】

北京市海淀区人民法院于2016年12月8日作出（2016）京0108刑初732号刑事判决：一、被告人翟金凤犯受贿罪，判处有期徒刑五年六个月，罚金人民币20万元；犯非国家工作人员受贿罪，判处有期徒刑一年，决定执行有期徒刑六年，罚金人民币20万元。二、在案扣押人民币150万元，予以没收；责令被告人翟金凤退缴剩余赃款人民币239000元，予以没收。

宣判后，翟金凤向北京市第一中级人民法院提起上诉。北京市第一中级人民法院于2017年4月25日作出（2017）京01刑终249号刑事判决：驳回上诉，维持原判。

【裁判理由】

法院生效裁判认为：在案证据证明，涉案的永泰酒店项目系对国有土地进行开发和利用，四季青农工商总公司、远大村委会和远大农工商公司受四季青镇政府委托，协助政府经营管理永泰酒店项目的国有土地。翟金凤于2008年3月退休前，作为四季青镇的国家机关工作人员，受四季青镇指派担任远大村党支部书记、远大农工商公司党总支书记，负责远大村和远大农工商公司全面工作，从而直接负责永泰酒店项目；翟金凤于2008年3月退休后，虽不再具有国家机关工作人员身份，但仍受四季青农工商总公司和远大农工商公司的委托、任命担任四季青农工商总公司总政工师、远大农工商公司顾问暨驻永泰酒店董事会代表，继续负责永泰酒店项目，协助四季青镇政府对国有土地进行经营管理。翟金凤退休前后，均属于依法从事公务活动的人员，应认定为国家工作人员。翟金凤经营管理永泰酒店项目国有土地的权力对永泰酒店项目的合作方永泰公司形成了制约、管理的关系，翟金凤利用上述职务上的便利，向永泰公司的管理人员李礼、戴迪以借款名义索要150万元，其行为已符合受贿罪的构成要件。虽翟金凤辩解该150万元系民间借贷，但在案证据表明，翟金凤与李礼、戴迪之间除了因其职务上的便利而形成的制约与被制约的关系外，并无密切的私交，翟金凤既未在“借款”时与出借方约定利息，所借款项也未用于其“借款”时所述的用途，且在“借款”后截至案发时，长达七年的时间里，翟金凤在具备还款能力的情况下，没有还款的表示和行为。这足以表明该150万元并非借款而系索贿款。

【案例注解】

本案疑难点集中在第一起事实中：一是翟金凤索要150万元时已从四季青镇退休，不再属于国家机关工作人员，需要研究其是否还符合受贿罪的主体要件；二是涉案的150万元是翟金凤以“借款”的名义索要的且向李礼出具了“借款申请”，需要研究该笔钱款应认定为借款还是受贿款。

一、关于翟金凤主体身份的认定

对于第一起事实中翟金凤主体身份的认定存在两种意见：一种意见认为，翟金凤于2008年3月退休，其索要钱款时已经解除了国家机关工作人员的身份，也不再担任远大村和远大农工商公司的党总支书记，不属于“从事公务”的国家工作人员，不具有“职权便利”，不构成受贿罪。另一种意见认为，翟金凤索要涉案150万元时虽不再是在职的国家机关工作人员，其仍属于《刑法》第九十三条规定的国家工作人员，构成受贿罪。

笔者同意第二种观点，理由如下：

根据《刑法》第九十三条的规定，国家工作人员包括以下四类人员：（1）在国家机关中从事公务的人员；（2）在国有公司、企业、事业单位、人民团体中从事公务的人员；（3）国家机关、国有公司、企业、事业单位委派到非国有公司、企业、事业单位、社会团体从事公务的人员；（4）其他依照法律从事公务的人员。

从《刑法》规定可以看出，依照法律从事公务是判断国家工作人员身份的核心内容。虽然一般情况下任职、职务等是从事公务的前提条件，但司法实践中，依法从事公务的情况远比法律规定的前三种情况复杂，故法律又规定了第四种“其他依照法律从事公务”的兜底条款，应坚持将“公务性”作为判断国家工作人员身份的实质要件。

一般而言，国家机关工作人员从事公务的时间始于具备一定身份职责，终于退休离职。然而实践中较普遍存在的是国家机关工作人员等在退休后的一段时间内，仍从事公务。具体又细分为两种情形：一是退休后且不再有其他兼职、任命的情况下，在交接工作尚未正式完成前，退休的国家机关工作人员等往往仍会从事一定的公务。这主要是因为办理退休手续后的一段时间内，存在公共事务交接等问题，这就可能出现国家机关工作人员等已退休但还有职权仍从事公务的情况。此时，并不能因已办理退休手续就否定其仍从事公务的事实和国家工作人员的身份。公务员、国有公司、企业、事业单位、人民团体工作人员与国家工作人员是行政法和刑法上的不同概念，并不能完全画等号，不能因不再具备公务员等身份就直接否定国家工作人员的身份。二是国家机关工作人员在退休后，受原单位返聘或被委托、任命为村基层组织人员协助政府从事特定的行政管理工作等而继续从事公务，也是实践中非常常见的情况。村基层组织人员主要是指村党支部、村委会和村经联社、经济合作社、农工商联合企业等掌管村经济活动的组织的人员。在基层实践中，相关人员虽然到龄退休，但其原来负责的某项专项工作仍未完成，基于该项工作的复杂性及对工作的熟悉程度等原因，由其他国家工作人员来接手该项工作需要耗费大量的时间、精力，不利于工作的及时完成。为了较为顺畅地完成该项工作，基层政府组织往往通过返聘或让该退休人员继续在基层组织任职等变通的方式，让该退休人员在一段时期内能够合法地继续从事公务直至该专项工作完成。此时，该退休人员自然也应认定为国家工作人员。本案就属于第二种情况。

回到本案中，争议焦点之一即为翟金凤从事的是否为公务，能否认定为国家工作人员。从翟金凤退休前和退休后两个时间段来分析，翟金凤在2008年3月退休前任四季青乡党委副书记，翟金凤此时的身份是国家机关工作人员，并负责“永泰大酒店”项目中国有土地管理等相关事项，符合国家工作人员的主体身份。翟金凤在这一时期，经乡党委委派兼任远大村党总支书记，后经远大农工商公司党总支换届选举于2003年被任命为该公司党总支书记，受指派负责对“永泰大酒店”项目中国有土地经营收益等相关事项进行经营和管理。虽翟金凤也在村基层组织中任职，并以此身份配合政府从事公务，但这主要是从基层实践出发，为了更好开展工作的需要，这一时期其身份应属于国家机关中从事公务的人员。

翟金凤于2007年3月19日被免去远大农工商公司党总支书记职务，并于2008年3月从四季青镇国家机关退休，正常来讲，应当停止从事公务活动，失去享有的公权力。但其退休前后仍受四季青农工商总公司和远大农工商公司的委托、任命担任四季青农工商总公司总政工师、远大农工商公司顾问暨驻永泰酒店董事会代表，继续负责对“永泰大酒店”项目的监督管理。永泰酒店项目用地是国有土地，该项目的经营性质从本质上是国有土地经营管理活动，此时，翟金凤是以村经济组织人员的身份，继续负责协助政府进行国有土地的经营和管理，自然也应认定为“其他依照法律从事公务的人员”。①

综上，无论退休前后，翟金凤均具有国家工作人员的主体身份。

二、关于是借款还是受贿款的认定

对于第一起事实中150万元性质的认定存在两种意见：一种意见认为，这150万元是以借款的名义收取的，且翟金凤向李礼出具了借条，借款手续完备，翟金凤没有受贿的故意，戴迪、李礼也没有明确表示过这笔钱不需要归还，其仍具有债权，故这笔钱应当认定为借款。另一种意见认为，翟金凤虽然出具了借条，但综合双方的人物关系、借款必要性、赃款去向、还款表现等方面，双方之间“权钱交易”的意思明确，应认定为受贿。

笔者同意第二种意见，理由如下：

收受贿赂的方式除了赤裸裸的财物与权力交易外，大量地表现为以各种名目来进行掩饰。“以借为名”的贿赂犯罪就是一种具有隐蔽性、迷惑性的犯罪手段。

“以借为名”的受贿形式中，受贿人往往通过出具书面借款手续、虚假抵押等方式作为掩饰手段，使贿赂行为身披民间借贷的“合法”外衣。此时，仍应以受贿罪构成要件为基础，结合案件的具体情况综合加以判断和认定。是否出具借条，是否具有名义上的抵押担保不影响受贿罪的实质认定。

最高人民法院在《全国法院审理经济犯罪案件工作座谈会纪要》（以下简称《纪要》）中规定：国家工作人员利用职务上的便利以借为名向他人索取财物，或者非法收受财物为他人谋取利益的，应当认定为受贿。具体认定时，不能仅仅看是否有书面借款手续，应当根据以下因素综合判定：（1）有无正当、合理的借款事由；（2）款项的去

① 《全国人民代表大会常务委员会关于〈中华人民共和国刑法〉第九十三条第二款的解释》规定：村民委员会等村基层组织人员协助人民政府从事国有土地的经营和管理等行政管理工作，属于《刑法》第九十三条第二款规定的“其他依照法律从事公务的人员”。根据全国人大常委会的解释释义，解释中所说的“村委会等村基层组织人员”，主要是指村党支部、村委会和村经联社、经济合作社、农工商联合企业等掌管村经济活动的组织的人员。

向；（3）双方平时关系如何、有无经济往来；（4）出借方是否要求国家工作人员利用职务上的便利为其谋取利益；（5）借款后是否有归还的意思表示及行为；（6）是否有归还的能力；（7）未归还的原因；等等。

根据《纪要》的规定，准确界定行为是受贿还是正常的借款关系，首先要把握“权钱交易”的本质特征。双方之间的权钱交易动机明确，各有所求，心照不宣。在这种状况下实施的所谓“借款”行为，具有收受或索取他人财物的故意，出具的“借款手续”也不具有民事上的约束力，只是一种规避法律的行为。即便在形式上出具了借条，但经过一个合理的时间后，借款人一方无还款的明显打算和积极行动，出借人一方也没有催要借款的表现，联系其他条件则基本可以确定属于变相的受贿。即便具有名义上的担保，如果不符合抵押、质押、保证等法定生效条件，“出借方”对“借款方”的还款不能实现有效制约，亦不能排除受贿的成立。

回到本案中，针对翟金凤与永泰房地产公司管理人员之间是借款还是受贿款，应从事前、事中、事后的角度，结合主观意思表示和客观行为表现予以全面的分析和认定：（1）双方之间存在权钱交易的客观可能性。一般来说，如果借贷双方系亲友，国家工作人员的职权没有与对方发生关联，则真实借贷关系可能成立，否则，存在真实借贷关系的可能性较小。在案证据显示，双方基于业务认识，平时主要是业务关系，并无密切的私人关系或私交。（2）双方存在与职权密切相关的监管与被监管的管理关系，且给钱时仍存在制约、请托关系。翟金凤与永泰公司之间的业务制约、管理关系是一种整体上的概括性制约、请托关系，永泰公司的永泰酒店项目得以顺利实施、推进和继续持续经营，都离不开翟金凤的帮助和提供便利。故永泰公司一直有求于翟金凤。这种业务上管理和依赖关系是持续、连贯的，未因为翟金凤的职务变动而中断。（3）翟金凤出具的借条不具有民事上的约束力。虽然双方的借条是出借方主动要求翟金凤签订，但签订借条是为了规避法律的处罚，借条不是约束翟金凤还款的“紧箍咒”。双方未具体约定利息、还款方式、还款时间，且该借条被出借方随意放置，以上表现可以看出双方都没有将该借条作为有民事上约束力的借款凭证。（4）借款时机和借款事由不同于真实的借贷关系。自然人之间进行的借款，一般情况下都有特定的用途，往往表现为一方因经济拮据需要借钱，另一方经济宽裕、有能力出借。而本案中翟金凤并不是在急需用钱的情况下向对方借款。借款的时机恰恰在出借人有求于借款人，借款人利用职务便利能够帮助出借人获得某种利益的前后。且借款的名义用途与实际用途不符，借款理由牵强附会。借据上借款人的落款为：“陆洋　翟金凤代”，但实际上该笔借款系翟金凤购房使用，与陆洋无关且陆洋毫不知情，这实际上也反映出翟金凤避免受借条约束的主观心态。（5）翟金凤借款后没有归还的意思表示及行为，翟金凤也从未有过实质还款的意思表示。虽然戴迪的证言表示“2014 年春节前后，翟金凤主动给其打电话，说钱用得差不多了，过一段时间还给其。其说行，让她周转开就还给其。但至今她也没有把这钱还给其”。但不能据此认为翟金凤有真实的还款表示，事实表明翟金凤在借款长达 6 年之久后并未直接还款而首先以“过一段时间还款”试探借款人的态度，同时结合后期依旧不予归还的实际表现，翟金凤的还款表示并不真实，实为不想还款的暗示，在对方并未坚持要求其还款后，双方对翟金凤无需还款已是心照不宣。（6）翟金凤具备还款条件和能力后，没有还款实质意向或表现。将用所谓“借款”购买的房屋出卖之后，所得钱款用于购买基金、银行理财、购买房产、存入银行等，没有将钱款归还出借方的实际行为和真实意思表示。（7）直至案发前，长达7年的时间跨度里翟金凤一直未还款。直到2015年6月，翟金凤已被立案侦查，该笔款项才经其丈夫退还给永泰房地产公司。综合上述七方面足以认定，该“借款”实为索贿款。

需要进一步说明的是，借款后是否有归还的意思表示及行为要坚持主客观相一致的判断标准。无归还的意思表示并不因出借方是否有催讨“债务”的行为而改变。在实践中常见的情况是，出借方对于是否催讨“债务”态度暧昧，处于“如果还也可，不还也罢”的模棱两可的心态。如在本案中，钱款出借方北京永泰房地产公司总经理戴迪证称：“2008年年初，翟金凤给其打电话说要借150万元作周转。其当时就意识到翟金凤将来有可能就不还这笔钱了，但因为考虑到之前与翟金凤合作过，且翟金凤在远大路酒店项目上也帮助过永泰公司，当时就答应了。翟金凤如果不还的话，其也不会要了。”戴迪还表示“让她周转开就还给其”。在这种情况下，出借方因受过国家工作人员职务上的“照顾”或者以后有求于国家工作人员，基于这种考虑而“借给”国家工作人员钱款，同时对于是否催讨债务态度暧昧，则是否归还这笔钱就取决于国家工作人员。如果国家工作人员没有归还的意思，出借方不会主动催讨，实质是双方认可了出借方将钱款给予国家工作人员。

判断借款后是否有归还的意思表示及行为，一方面，不能仅看借款人的口头表示，如果借款人仅口头表达要还款，但既无还款方案，又无还款行动，尤其是在有还款能力的前提下，这种还款“表示”不能认为是还款的真意表达。另一方面，借款人可能未还清全部借款，但承认债务的存在，积极筹措还款的资金，并偿还了部分的欠款，在这种情形下，应认为借款人有归还的意思表示及行为。

综合上述，区分受贿还是借款要结合多种因素作综合性实质判断，从借条的实际约束力、行为人借款理由、借款必要性、双方关系、双方对待借款的态度与做法等客观表现捕捉真实信息，探寻行为人的真实意思表示，不能单纯因有书面借款手续就否定受贿的成立，也不能因借款手续不完备就将钱款一概认定为受贿款，只有证据之间形成较为完整的证据锁链，达到足以排除合理怀疑的情况下才能认定受贿的成立。

（一审法院合议庭成员　覃　波　张　红　王秀华
二审法院合议庭成员　林辛建　宋振宇　杨　朔
编写人　北京市第一中级人民法院　林辛建　魏晓田
责任编辑　周维明
审稿人　李玉萍）

原载《人民法院案例选》2018年第7辑（总第125辑）

375. 张伟受贿、巨额财产来源不明案

——购买股权后拒不支付余款行为的司法认定

【关键词】

刑事 拒付余款 索贿 主动性 强制性 交易性

【裁判要旨】

受贿人购买股权后拒不支付余款的行为是否构成索贿，应重点审查是否同时符合索贿主动性、强制性、交易性的三大特征。主动性要求受贿人在收受财物过程中处于积极主动的地位，强制性要求受贿行为伴随以既存的、现实较为确定的利益损失为筹码的心理强制，交易性要求受贿人以本人职权为条件迫使对方给付财物。

【相关法条】

《中华人民共和国刑法》

第三百八十五条第一款 国家工作人员利用职务上的便利，索取他人财物的，或者非法收受他人财物，为他人谋取利益的，是受贿罪。

第三百八十六条 对犯受贿罪的，根据受贿所得数额及情节，依照本法第三百八十三条的规定处罚。索贿的从重处罚。

【案件索引】

一审：广东省广州市中级人民法院（2018）粤01刑初510号（2019年8月15日）

【基本案情】

广东省广州市人民检察院指控：2008年至2018年间，被告人张伟利用担任广东省卫生厅医政处副调研员、副处长和广东省卫生和计划生育委员会医政处副处长、处长的职务便利，为他人在行政审批、药品推销等业务上谋取利益，索取和收受他人财物共计人民币2086.25万元。

被告人张伟对指控的事实及罪名均无异议，提出起诉书认定其收受黄文镰60万元，但没有在巨额财产来源不明罪中扣除相应的数额。

辩护人的辩护意见：（1）对起诉指控张伟犯受贿罪、巨额财产来源不明罪不持异议。（2）张伟对受贿罪有自首情节，且受贿行为未造成其他损害后果。（3）张伟如实供述巨额财产来源不明的犯罪事实，具有坦白情节。（4）张伟主动向广东省监察委上缴违法所得，共计上缴3338.86万元。包括其主动向组织上缴的1838.86万元，及其写信给张振海委托张振海上缴的1500万元。（5）张伟认罪态度好，且真诚悔罪，在任职期间工作成

果显著，工作能力突出，曾受到多次表彰。（6）起诉指控张伟向张振海索取1488.75万元的事实是否既遂，是否构成索贿均值得商榷。（7）张伟曾向监察机关检举揭发他人犯罪事实，请核实其是否构成立功。综上，建议对张伟从轻处罚。

法院经审理查明：

一、受贿罪

2008年至2018年间，被告人张伟利用担任原广东省卫生厅（以下简称原省卫生厅）医政处副调研员、副处长和广东省卫生和计划生育委员会（以下简称省卫计委）医政处副处长、处长的职务便利，接受广东丹霞生物制药有限公司（以下简称丹霞制药公司）、广东双林生物制药有限公司（以下简称双林制药公司）等单位的请托，在行政审批、药品推销等业务上提供帮助，收受张振海、何云霞等人贿送的财物共计2086.25万元。具体犯罪事实如下：

1. 2013年至2018年间，被告人张伟利用担任省卫计委医政处副处长、处长，负责血液管理业务的职务便利，为丹霞制药公司在本省东莞市塘厦镇等15家单采血浆站设置审批和执业许可等业务上提供帮助，先后多次收受该公司董事长张振海的贿赂共计人民币200万元。2015年，张伟与张振海约定以1500万元价格购买该公司0.375%股权，在支付11.25万元办理股权过户后，不支付余款1488.75万元。2017年4月，上述股权转让得款1473.3万元，张伟继续占有该款，并交由张振海进行理财投资。

2. 2015年至2018年间，被告人张伟利用担任省卫计委医政处处长，负责血液管理业务及医院管理的职务便利，为双林制药公司在本省廉江市等5家单采血浆站的设置审批和执业许可等业务上及为何云霞向广州中医药大学附属第一医院等医院推销药品提供帮助，先后多次收受该公司董事长助理何云霞的贿赂共计183万元。

3. 2012年至2017年间，被告人张伟利用担任原省卫生厅医政处副处长和省卫计委医政处副处长、处长，负责血液管理业务的职务便利，为广东卫伦生物制药有限公司在本省清远市清新区等6家单采血浆站的设置审批和执业许可等业务上提供帮助，先后多次收受该公司董事长黄锦程的贿赂共计80万元。

4. 2008年至2017年间，被告人张伟利用担任原省卫生厅医政处副调研员、副处长和省卫计委医政处副处长、处长，负责审批医疗广告的职务便利，为广州美莱医疗美容门诊部在医疗广告审批的业务上提供帮助，先后多次收受该部行政部助理黄文镰的贿赂共计60万元。

5. 2010年至2017年间，被告人张伟利用担任原省卫生厅医政处副处长和省卫计委医政处副处长、处长，负责审批医疗广告的职务便利，为广州长安医院、广州现代医院在医疗广告审批和中外合资医院设置等业务上提供帮助，先后多次收受上述公司董事长林志程的贿赂共计35万元。

6. 2012年至2018年间，被告人张伟利用担任原省卫生厅医政处副处长和省卫计委医政处副处长、处长，负责审批医疗广告的职务便利，为广州男科医院在医疗广告审批的业务上提供帮助，先后多次收受该院原企划部主任陈伟的贿赂共计20万元。

7. 2010年至2017年间，被告人张伟利用担任原省卫生厅医政处副处长和省卫计委医政处副处长、处长，负责血液管理业务的职务便利，为深圳卫光生物制品有限公司设置在本省罗定市、新兴县等2个单采血浆站的再次执业登记申请、变更及血液质量检查等业务上提供帮助，先后多次收受该公司原料血浆管理部部长王安康的贿赂共计 19.5 万元。

二、巨额财产来源不明罪

2010 年 8 月 5 日，被告人张伟通过其兄张某办理了一张中国工商银行牡丹灵通卡，并以张某名义开设了该卡关联的股票账户。该卡和账户一直由被告人张伟实际控制使用。至 2018 年 7 月 10 日止，被告人张伟在该卡中存入人民币共计 1838.86 万元，其对其中的 1141.36 万元不能说明来源。

【裁判结果】

广东省广州市中级人民法院于 2019 年 8 月 15 日作出（2018）粤 01 刑初 510 号刑事判决：一、被告人张伟犯受贿罪，判处有期徒刑十年，并处罚金 100 万元；犯巨额财产来源不明罪，判处有期徒刑五年，决定执行有期徒刑十二年，并处罚金 100 万元。二、扣押的被告人张伟违法所得共计 3227.61 万元予以没收，上缴国库。

宣判后，被告人张伟未提出上诉，公诉机关广东省广州市人民检察院未提出抗诉，判决现已发生法律效力。

【裁判理由】

法院生效裁判认为：张伟在担任省卫计委医政处副处长、处长，负责血液管理业务期间，向被管理方丹霞制药公司董事长张振海购买该司 0.375% 股权，在支付 11.25 万元办理股权过户后不支付余款 1488.75 万元，并在上述股权转让得款后，继续占有款项，与张振海约定由张振海为其代持上述款项再投资。张伟作为国家工作人员，客观上实行了利用职务上的便利，非法收受他人财物，为他人谋取利益的行为，主观上具有收受贿赂的犯罪故意，其行为构成受贿罪，但尚未构成索贿。理由如下：第一，索贿一般伴随心理强制，以既存的、现实比较确定的利益损失为强制筹码。在本案中，张伟没有以手中权力相要挟，没有给张振海造成如不给付财物，可能遭受人身财产或者名誉损失的心理强制。第二，张伟虽以购买股权为由取得股权后拖延不支付对价，但张振海之前一直有贿送财物给张伟，并非没有行贿犯意，并非完全处于被动地位。第三，张振海供述称，如果张伟还在当省卫计委医政处处长，负责管单采血浆站，其还是会把这 1500 万元给他。事实上，在张伟将款项转给张振海委托理财时，张振海无论在主观上还是客观上，都没有拿回上述款项，仍认可该款项属张伟所有，这反映了张振海具有贿送财物的意愿。故张伟以购买股权为由收受张振海 1488.75 万元的行为构成受贿罪，但不应认定为刑法上的索贿情节。

【案例注解】

索贿是受贿的下位概念，其与一般受贿共同构成受贿罪的两种表现形式。鉴于索贿情节对被告人的刑罚轻重具有重大影响，故有必要审慎适用。本案被告人张伟购买股权后拒不支付余款是否构成索贿的问题，存在两种意见：一种意见认为，张伟作为行业主管部门领导，利用自己职权的优势地位，通过认购原始股后拖延拒不支付余款的方式向他人索要财物，在此过程中，张振海多次催要余款不得，明显处于被动地位而非主动贿送财物，故应认定为索贿。另一种意见认为，张伟没有以手中权力相要挟，没有逼迫他人交付财物的行为，且张振海之前一直有贿送财物给张伟，其并非没有犯意，并非完全处于被动地位，故张伟的行为不构成索贿。

我们同意第二种观点。“索贿”是指国家工作人员利用职务上的便利，主动向他人索要或勒索并收取财物。[①]“索要”指行为人在进行职务活动时，向当事人以明示或者暗示的方式要求贿赂，但未使用要挟胁迫的方法；“勒索”指使用要挟胁迫的方法，明示或者暗示如不送财物其事就不好办或者会有严重后果，迫使对方不得已给自己送财物。[②]由此可见，构成索贿应当符合主动性、强制性、交易性三个特征，具体论述如下：

一、受贿人的索要行为应当具有主动性

主动性是指受贿人主动以明示或暗示的方式要求行贿人给予自己财物，而非被动地等待行贿人给予财物。在索贿犯罪中，行贿人本来无行贿的意图，而是受贿人通过勒索、胁迫的方式使行贿人给付财物，因此，收受贿赂行为的产生具有单方支配性。倘若在受贿人的索要行为前，行贿人一直有行贿的行为；或者行贿人本就有行贿的意图，即便受贿人提出了索要财物的请求，受贿人也仅是“顺水推舟”，并非“始作俑者”，故不能认为受贿人的行为积极主导权钱交易进程，从而认定受贿人构成“索贿型”受贿罪。

主动性特征主要用于区分索取贿赂和收受贿赂两种行为。中国古代把收受贿赂和行贿称为“彼此俱罪之赃”，也就是说两者互为犯罪对象，是对合犯。而索取贿赂则称为“取与不和之赃”，也就是说被索之人是无可奈何的，是不同意的。因此，无论是主观罪过还是客观危害，索取贿赂都要比收受贿赂严重，故我国刑法规定对索贿行为予以从重处罚。[③]

具体到本案，张伟虽以购买股权为由取得股权后拖延不支付对价，但张振海并非完全处于被动地位。一方面，张振海之前一直有贿送财物给张伟，并表示如果张伟还在当省卫计委医政处处长、负责管单采血浆站，其还是会把钱款给他，这反映了张振海并非没有行贿犯意；另一方面，张伟将款项转给张振海委托理财时，张振海无论在主观上还是客观上，都没有拿回上述款项，仍认可该款项属张伟所有，并未有要求其归还的意思表示，这反映了张振海主动贿送财物的意愿。换言之，张伟的行为缺乏索要的主动性。

二、受贿人的索要行为应当具有强制性

强制性是指行为人以所掌握的职权为条件，乘人之危，向他人施加精神压力，迫使对方向其交付财物。具体表现在以下三方面：第一，索贿必须伴随相当程度上的心理强制。这种心理强制虽未达到抢劫、敲诈勒索的威胁程度，但必须能够引发一定的作用，即足以致使受贿人产生若不给付财物，其人身、名誉、财产或正常行为将遭受损失的恐惧心理。第二，索贿必须伴随“现实较为确定”的心理强制，不包括受贿人以不利用将来可能获得的职务上的便利帮助谋取利益为条件。如果国家工作人员向行贿人提出，行贿人如不给付财物，其不会以将来可能获得的职务便利帮助谋取利益（包括正当利益和不正当利益），则不宜认定为索贿。例如，房地产规划审批案件中，某规划局副局长提出

① 高铭暄、马克昌：《刑法学》，中国法制出版社 1999 年版，第 315 页。

② 马克昌：《刑法理论探索》，法律出版社 1995 年版，第 268 页。

③ 李成：《“索贿”若干问题研究》，载《人民检察》2003 年第 1 期。

不给付财物，将会提高审批要求，让审批事项无法如期获批通过，将构成索贿；反之，若该副局长提出不给付财物，虽然其现在并无项目规划审批职权，但将会在“未来当上正职后”让审批事项无法通过，则不构成索贿。第三，索贿必须伴随“既存的”心理强制，不包括行贿人自己臆想的受贿人可能施加的行为。倘若受贿人主动提出让行贿人给付财物，但并未施加任何影响行贿人心理的行为，反之是行贿人自己认为如不给付财物，国家工作人员将会对其实施不利行为，此类情形因不符合主客观相一致的原则，不应认定具有索贿情节。

受贿罪中的索贿行为与敲诈勒索罪中的索要行为均有强制性特征。敲诈勒索罪是指以非法占有为目的，采用威胁或要挟等手段，强行索要公私财物的行为。除了犯罪主体和犯罪客体外，敲诈勒索罪和受贿罪在客观方面的索取财物手段上也有差异。[①] 根据《现代汉语词典》的解释，索取只有“向他人要财物”的意思，而勒索则是“以威胁手段向他人要财物”。[②] 据此可以认为，敲诈勒索罪主要是以暴力加害被害人及其亲属，揭发他人的隐私或不正当行为危害他人的名誉、地位、前途，毁坏他人的财物，破坏生产或营业等相威胁或要挟，强行迫使他人不得不交出公私财物，具有明显、公开、强行的特点。受贿罪的索要财物行为，则主要在进行公务的活动中，利用职务上的便利向他人索取财物或以为他人谋利益相交换，索取他人财物，一般是利用对方有所要求之机会主动索取财物，并不使用暴力、威胁等强行勒索手段，尽管有时也可能刁难、要挟，但索取手段较隐蔽，方法较婉转。

在判断受贿人行为的性质时，不能仅着眼于索要行为的手段和方式，更要衡量索要行为的强制程度。本案中，张伟并未达到要挟、强迫的地步，行贿人仍存在与受贿人协商的可能，仍可以自行决定是否实施行贿行为，故张伟的索要手段未达到强制性的要求，即没有以手中权力相要挟，给张振海造成如不给付财物就可能遭受人身财产或者名誉损失的心理强制，因而不应认定为索贿。

三、受贿人的索要行为应当具有交易性

交易性是指索贿者通过要挟迫使对方向自己给付财物，而以本人利用职权为某种行为或者不为某种行为为交换，这种交易也可以是以未来的利益为交易，表现为权钱交易的造意者、提起者。[③] 当前受贿犯罪由“短平快型”的直接权钱交易向长期的“感情投资型”发展。行贿者为了长期利用国家工作人员手中的权力谋求利益，往往对受贿人进行“感情投资”，以“感谢业务照顾”“搞好关系”等名义进行长期铺垫，以此建立密切稳定的关系，“放长线，钓大鱼”，并以此掩盖权钱交易的实质。

索贿与一般受贿具有同质性，两者均具有权钱交易的本质特征，故交易性主要作为衡量罪与非罪的标准。根据《全国法院审理经济犯罪案件工作座谈会纪要》的规定，关于以借款为名索取或者非法收受财物行为的认定，应当根据以下因素综合判断：（1）有无正当、合理的借款事由；（2）款项的去向；（3）双方平时关系如何、有无经济往来；（4）出借方是否要求国家工作人员利用职务上的便利为其谋取利益；（5）借款后是否有

---

① 张军主编：《刑法（分则）及配套规定新释新解》（第9版），人民法院出版社2016年版，第1992页。

② 参见《现代汉语词典》，商务印书馆1985年版，第684页、第1103页。

③ 陈正云、钱舫：《国家工作人员职务经济犯罪的定罪与量刑》，人民法院出版社2000年版，第285页。

归还的意思表示及行为；（6）是否有归还的能力；（7）未归还的原因等。本案受贿人“购买股权后拒不支付余款”的行为与上述规定中“以借款为名索取或者非法收受财物行为”的行为存在一定的相似性，根据上诉因素可认定其具有交易性。

在本案中，张伟和张振海之间并非正常的股权转让关系。从行贿人的角度而言，张振海之前一直有财物给予张伟，且事实上，在张伟将款项转给张振海委托理财时，不仅主观上认可款项属张伟所有，而且客观上也没有拿回款项，这反映了张振海并无真实、合理的收回对方所欠款项的意愿。从受贿人的角度而言，张伟并未约定支付余款的日期、利息等，也没有支付余款的意思表示和行为。还有一个不能忽视的事实是，张伟担任省卫计委医政处副处长、处长，负责血液管理业务，张振海担任被管理方丹霞制药公司董事长，张伟和张振海的企业之间存在业务上的管理与被管理关系，因此张伟与张振海之间的行为实为权钱交易、长线投资，张伟构成受贿罪。同时，鉴于张伟的索要行为不具有主动性和强制性特征，故仅构成一般受贿。

（一审法院合议庭成员　庞美娟　李晓刚　许媛媛
编写人　广东省广州市中级人民法院　庞美娟　谢韵静
责任编辑　包献荣
审稿人　李玉萍）

原载《人民法院案例选》2020 年第 3 辑（总第 145 辑）

四、单位受贿罪

376. 淮安市洪泽区人民医院麻醉科等单位受贿案

——国有事业单位内设机构收受贿赂行为的认定

【关键词】

刑事　国有事业单位内设机构　单位受贿　双罚制

【裁判要旨】

国有事业单位内设机构，虽不具有法人资格亦不能对外独立承担责任，但其部门主管人员以其名义收受贿赂利益归部门的，可按照《刑法》第三百八十七条以单位犯罪论处，并对其直接负责的主管人员和其他直接责任人员以单位受贿罪论处。

【相关法条】

《中华人民共和国刑法》

第三百八十七条　国家机关、国有公司、企业、事业单位、人民团体，索取、非法收受他人财物，为他人谋取利益，情节严重的，对单位判处罚金，并对其直接负责的主管人员和其他直接责任人员，处五年以下有期徒刑或者拘役。

前款所列单位，在经济往来中，在账外暗中收受各种名义的回扣、手续费的，以受贿论，依照前款的规定处罚。

第三十条　公司、企业、事业单位、机关、团体实施的危害社会的行为，法律规定为单位犯罪的，应当负刑事责任。

第三十一条　单位犯罪的，对单位判处罚金，并对其直接负责的主管人员和其他直接责任人员判处刑罚。本法分则和其他法律另有规定的，依照规定。

【相关索引】

一审：江苏省淮安市洪泽区人民法院（2017）苏0813刑初2号（2017年6月13日）

【基本案情】

江苏省淮安市洪泽区人民检察院以被告单位淮安市洪泽区人民医院麻醉科、被告人鲁朝波、李欣犯单位受贿罪，向淮安市洪泽区人民法院提起公诉。

被告单位淮安市洪泽区人民医院麻醉科对起诉书指控的犯罪事实未提出异议。其辩护人的辩护意见是，被告单位收取的回扣款主要用于提供医护人员的福利，弥补工资上的不足，调动医护人员的积极性；社会危害性较小；案发后全额退赃，且有自首情节，对被告单位从轻处罚。

被告人鲁朝波对起诉书指控的犯罪事实未提出异议。

被告人李欣对起诉书指控的犯罪事实未提出异议，但辩称系被告人鲁朝波安排其实施的行为。其辩护人的辩护意见是，被告人李欣在单位犯罪中起次要作用，应认定为从犯；案发后自首，认罪态度较好。建议对被告人李欣免予刑事处罚。

法院经审理查明：2012 年 6 月至 2016 年 1 月期间，被告单位淮安市洪泽区人民医院麻醉科在负责麻醉类药品、耗材使用及新的药品、耗材使用建议权等工作过程中，经时任麻醉科主任的被告人鲁朝波决定，以部门名义收取药品销售公司业务员所送的回扣款；其中被告人鲁朝波安排担任麻醉科医生的被告人李欣负责收取、保管、发放等回扣款收支事项。至 2016 年 1 月，被告单位淮安市洪泽区人民医院麻醉科由被告人鲁朝波、李欣经手，先后收取江苏扬子江医药经营有限公司等药品销售公司业务员张俊生、颜阳、顾亚、陈林等人所送药品和耗材回扣款共计人民币 590726 元，其中部分回扣款用于科室人员聚餐等开支，其余款项按照麻醉科医生所用药量予以分配。

案发后，被告人鲁朝波、李欣主动到检察机关投案，如实供述自己及单位的犯罪事实。

另查明，被告人鲁朝波、李欣及被告单位淮安市洪泽区人民医院麻醉科相关人员已退出全部赃款。

【裁判结果】

江苏省淮安市洪泽区人民法院于 2017 年 6 月 13 日作出（2017）苏 0813 刑初 2 号刑事判决：被告淮安市洪泽区人民医院麻醉科犯单位受贿罪，判处罚金人民币 10 万元（罚金于判决生效后一个月内缴纳）；被告人鲁朝波犯单位受贿罪，判处有期徒刑六个月，缓刑一年（缓刑考验期限，从判决确定之日起计算）；被告人李欣犯单位受贿罪，免予刑事处罚。该判决已发生法律效力。

【裁判理由】

法院生效裁判认为：被告单位淮安市洪泽区人民医院麻醉科作为国有事业单位内设机构，以单位名义非法收受回扣，归单位所有，并为他人谋取利益，情节严重；被告人鲁朝波系直接负责的主管人员；被告人李欣系其他责任人员，其行为均已构成单位受贿罪。公诉机关指控的罪名成立，法院予以支持。被告人鲁朝波、李欣共同实施犯罪行为，系共同犯罪。被告单位淮安市洪泽区人民医院麻醉科及被告人鲁朝波、李欣犯罪后自首，可以从轻处罚。被告单位及两被告人已退出全部赃款，均可酌情从轻处罚。辩护人的相关辩护意见成立，法院予以采纳。对于被告人李欣的辩护人提出的被告人李欣系从犯的辩护意见，法院经审查认为，对单位犯罪中的直接负责的主管人员和其他责任人员，可不区分主从犯，按照其在单位犯罪中所起的作用判处刑罚，故对该辩护意见，法院不予采纳。

【案例注解】

单位内设机构，是一个单位根据职能工作开展而设置的无独立决策权和财产权的内部办事机构，由于其不具备法人资格，不能独立进行参加对外活动，一般而言其是以借助单位名义进行活动。对以单位名义实施的犯罪，在刑法总则有明确规定："公司、企业、事业单位、机关、团体实施的危害社会的行为，法律规定为单位犯罪的，应当负刑事责任。"单位不是法律意义上的专业用语，而我国在1997年刑法立法时，明确单位犯罪的罪状、构成要件及罪名，并将单位限定为公司、企业、事业单位、机关、团体等五类犯罪主体，在刑法分则中又明文规定了哪些犯罪构成单位犯罪，与刑法总则中对单位犯罪的定罪原则进行了对应，因而判定单位是否构成犯罪时，要结合总则和分则一并作出判断。

一、事业单位内设机构单位犯罪入刑考证

事业单位实施危害社会的行为的，是可以构成单位犯罪的，但并不是所有的犯罪类型都可以适用，以刑法明确规定其承担刑事责任为限。理论界和实务界对于事业单位内设机构是否构成犯罪，存在一定争议，但最高人民院2001年1月21日下发的《全国法院审理金融犯罪案件工作座谈会纪要》（以下简称2001《会议纪要》）明确："以单位的分支机构或者内设机构、部门的名义实施犯罪，违法所得亦归分支机构或者内设机构、部门所有的，应认定为单位犯罪。不能因为单位的分支机构或者内设机构、部门没有可供执行罚金的财产，就不将其认定为单位犯罪，而按照个人犯罪处理。"这里规定的单位分支机构或内设机构较刑法总则中五种单位类型，有所突破，即刑法总则中的犯罪主体仅是单位，2001《会议纪要》中的犯罪主体除单位外，还涉及五种单位类型的分支机构或内设机构。而尽管该文是以会议纪要的形式下发，目前仍有效，对于指导各级法院办理单位内设机构案件认定其是否构成犯罪具有重要指向作用。这也为事业单位内设机构实施犯罪行为，判断是否触犯刑法，提供了法律依据。

在最高人民法院下发2001《会议纪要》5年后，2006年9月12日，最高人民检察院以答复（《关于国有单位的内设机构能否构成单位犯罪主体问题的答复》）的形式，再次确定国有单位的内设机构可以构成单位受贿罪的犯罪主体，并明确了构成本罪的行为模式，即在国有单位内设机构利用其行使职权便利，索取、非法收受他人财物，并归该内设机构所有或支配，为他人谋取利益的行为。同时以提示性条款明确，在内设机构与外界产生采购等建立联系后，以不入账方式在账外暗中收受各种名义的回扣、手续费的行为，这是典型的受贿行为，其当然构成单位受贿罪。

二、被告单位麻醉科作为事业单位内设机构以利用其采购药品、器械及耗材的建议权而收受回扣行为的认定

单位犯罪在客观上一般表现为经过单位决策机构决定或由负责人员决定，实施了某些犯罪，从刑法立法和2001《会议纪要》相衔接的规定来看，内设机构构成犯罪的，也必然同单位犯罪一样，只不过是其参与决策实施的主体不是单位，而是由涉案内设机构部门会议或部门负责人决定实施的。内设机构虽不具有独立对外进行活动，但依据其内部分工仍享有一定的职权，而该职权的行使取决于部门负责人的决定，虽然该职权不能独立对外行使，但对内却足以影响决策，进而促使以单位作出相关决策，使得该内设机构的相关职权的内容变成单位意志。

如本案中，作为洪泽区人民医院的内设机构的被告单位麻醉科，其实施犯罪的主观意志，由科室负责人鲁朝波决定，并在其授意、安排下科室人员具体实施的。经查，作为部门负责人的鲁朝波涉案的一个职权就是“决定麻醉科麻醉药品或麻醉器械、耗材的采购申报工作”，采购哪些麻醉药品、器械及耗材（以下简称药器材）由麻醉科自行申报，其取得了对药器材采购的建议申报权。从洪泽区人民医院药器材采购流程来看，麻醉科由被告人鲁朝波签发包含药品名称、生产厂家、产品规模、用途等信息的申请单，报经该院药事委员会、医疗器械委员会审批通过，再由院里药材、设备科和相关药厂议价、招标、采购，药材科、设备科根据依据药器材使用量制定采购计划，然后麻醉科再从药材科、设备科领取药器材。在整个药品采购流程中，药器材采购是经过该院相关药事、医疗器械委员会审批、经药材科等采购，看似规范严谨，实则是被告人鲁朝波利用单位授予其享有申报全院药器材的职权，并在日常管理中管控掌握整个医院对药器材的种类及使用量来影响单位的采购。从调阅 2012 年 6 月至 2016 年 1 月期间，其决定申报并提交的药器材申请单，及被告人鲁朝波供述来看，经被告人鲁朝波报送的药器材申请单，全部被洪泽区人民医院药事等委员审批通过，并按照其提供的使用量进行采购。涉案的药商销售代表，正是看中了被告人鲁朝波享有的权力，才不惜以药品零售价 15% ~ 20% 的提成给予麻醉科，借机拉拢、收买。因而，可以认定被告单位麻醉科虽然是医院的内设机构，但其利用对单位药器材采购申报的职权，人为操控相关药品的种类及使用量，进而影响单位对涉案药品的采购，为他人谋取利益。

本案中查实的被告麻醉科涉案金额 590726 元，其中部分回扣款用于科室人员聚餐、科室人员生老病死看望等公共开支，其余款项按照麻醉科医生所用药量、护士辛苦费等予以分配。据此，可以认定，被告人鲁朝波、李欣收受的贿赂 590726 元，全部用于被告单位麻醉科所有和支配，并未归为个人所有。

被告单位麻醉科利用其采购药器材的建议权，收受他人以赞助费、提成等名义支付的回扣 590726 元，属于受贿行为，将违法所得归该科室所有而不是归个人所有，依据《刑法》第三百八十七条的规定以单位受贿罪论。

三、事业单位内设机构构成单位受贿罪及其相关责任人的处罚规则

我国刑法中，对于单位犯罪实行以单位和个人双罚制为主、个人单罚制为辅。无论是双罚制还是单罚制，其直接负责的主管人员和其他直接责任人员都是要被追究刑事责任的。双罚制中，单位承担的刑事责任是罚金，而对于单位是否有财物予以履行，我国刑法中并未明确规定，但从 2001《会议纪要》对于单位内设机构构成单位犯罪规定来看，其没有可供执行的罚金不是否定其构成本罪的要件要素。单罚制，即只处罚单位犯罪的自然人。一般表现为虽是由单位实施的犯罪行为，但实际的社会危害性主要反映在个人行为上，只需处罚个人，无须处罚单位。对于自然人犯罪，刑法规定了直接负责的主管人员和其他直接责任人员两类人应承担刑事责任。

刑法规定的单位受贿罪是双罚制，对于个人犯罪部分，一般是指在单位犯罪中所起决定、批准、受意、纵容、指挥等作用的人员，多为单位的主管负责人，具体到内设机构则是指部门负责人，于本案中则是麻醉科负责人鲁朝波。而对于被告人李欣，是否认定为其他直接责任人员，一方面要查明其是否受部门负责人指派或奉命来认定，另一方面还要参照其参与犯罪的时间、程度、作用的大小等来认定。本案中，被告人李欣虽然是受部门负责人安排收取、保管、发放等回扣款有关收支事项，但正是在他的参与实施下，被告单位麻醉科收受他人贿赂长达 4 年之久，数额达到 59 万余元，且若不是经人举报，该犯罪行为将持续进行，足以证明被告人李欣在被告单位麻醉科的犯罪行为中起到了较大的作用。根据 2001《会议纪要》规定："其他直接责任人员，是在单位犯罪中具体实施犯罪并起较大作用的人员，既可以是单位的经营管理人员，也可以是单位的职工，包括聘用、雇佣的人员。"因而认定被告人李欣为其他直接责任人员。另根据 2000 年 9 月 28 日《最高人民法院关于审理单位犯罪案件对其直接负责的主管人员和其他直接责任人员是否区分主犯、从犯问题的批复》中规定："在审理单位故意犯罪案件时，对其直接负责的主管人员和其他直接责任人员，可不区分主犯、从犯，按照其在单位犯罪中所起的作用判处刑罚。"具体到本案中，因被告人鲁朝波、李欣主从关系不明显，因而裁判中未区分主从犯，但在量刑时予以考虑其在单位犯罪中所起到的作用，有所区分其刑罚，达到罪责刑相一致。

（一审法院合议庭成员　陈　旭　傅志军　严卫鸿
编写人　江苏省淮安市洪泽区人民法院　鲁海军
责任编辑　周维明
审稿人　李玉萍）

原载《人民法院案例选》2019 年第 2 辑（总第 132 辑）

五、行 贿 罪

377. 张贵全行贿案

——谋取不正当利益的认定

【关键词】

刑事　BT 模式　行贿罪　不正当利益

【裁判要旨】

为改变 BT 模式的出资方式而向相关责任人行贿的，应当认定为谋取不正当利益。

【相关法条】

《中华人民共和国刑法》

第三百八十九条　为谋取不正当利益，给予国家工作人员以财物的，是行贿罪。

在经济往来中，违反国家规定，给予国家工作人员以财物，数额较大的，或者违反国家规定，给予国家工作人员以各种名义的回扣、手续费的，以行贿论处。

因被勒索给予国家工作人员以财物，没有获得不正当利益的，不是行贿。

第三百九十条　对犯行贿罪的，处五年以下有期徒刑或者拘役，并处罚金；因行贿谋取不正当利益，情节严重的，或者使国家利益遭受重大损失的，处五年以上十年以下有期徒刑，并处罚金；情节特别严重的，或者使国家利益遭受特别重大损失的，处十年以上有期徒刑或者无期徒刑，并处罚金或者没收财产。

行贿人在被追诉前主动交待行贿行为的，可以从轻或者减轻处罚。其中，犯罪较轻的，对侦破重大案件起关键作用的，或者有重大立功表现的，可以减轻或者免除处罚。

【案件索引】

一审：四川省蒲江县人民法院（2017）川 0131 刑初 60 号（2017 年 11 月 23 日）

【基本案情】

四川省蒲江县人民检察院起诉指控：2010 年 3 月，蒲江县兴城公司（以下简称兴城公司)，经请示蒲江县人民政府批复同意后，对樱桃山游客接待中心及配套项目等三个项目采用 BT 模式建设。时任兴城公司董事长杨忠荣确定由挂靠四川福龙建筑有限公司（以下简称福龙公司）的张贵全来承接该三个项目。在项目实施过程中，张贵全以资金链断裂，无法继续实施工程和发放民工工资为由，要求向兴城公司借款。因该项目工程工期紧张，为避免工程停工和按期完成该项目，经杨忠荣与时任兴城公司副总经理陈礼卫商量后，擅自决定修改项目施工合同条款，修改项目建设模式的方式，以取消项目回报为条件，答应借款给张贵全。在 2010 年 5 月 25 日以借款方式，将兴城公司公款 200 万元以借款的方式拨付给福龙公司，由福龙公司支付给张贵全。2010 年 9 月 7 日，张贵全以发放民工工资为由再次找到杨忠荣，要求借款 50 万元，杨忠荣再次将兴城公司 50 万元以借款方式拨付到福龙公司，由福龙公司支付给张贵全。2012 年 6 月，经审计确定总工程款后，借给张贵全的 250 万元公款用于抵扣张贵全的工程款。

为了对杨忠荣、陈礼卫在工程项目中的帮助表示感谢，张贵全在 2010 年 6 月的一天，在蒲江县仙鹤桥边，送给陈礼卫一条中华牌香烟、两瓶酒和5000 元感谢费。2010 年 6 月的一天，张贵全在杨忠荣妻子开的茶楼，送给杨忠荣一条中华牌香烟、两瓶酒和 1 万元感谢费。2010 年 8 月的一天，在樱桃山游客接待中心项目施工工地上，张贵全送给杨忠荣感谢费 2 万元钱。

四川省蒲江县人民检察院起诉认为，被告人张贵全为了谋取不正当利益，给予国家工作人员财物，共计 35000 元，应当以行贿罪追究其刑事责任。

被告人张贵全对起诉书指控的事实无异议。其辩护人辩护称：(1) 张贵全三次送礼发生在端午节和中秋节前，主要是联系朋友感情；第一次送礼是借款完成后，不是承诺事成后给予好处费，第二次送礼也没有以此提出向兴城公司借款的要求；根据陈礼卫和杨忠荣的陈述，张贵全送礼的目的是拜节和关照，即使张贵全不送礼，陈礼卫和杨忠荣也会履职和同意借款给张贵全。(2) 行贿罪的前提条件是为了获得不正当利益，无论张贵全是否送礼，杨忠荣基于工期的考虑、陈礼卫基于领导的安排，也会同意借款给张贵全，张贵全送礼的主观目的不是为了获取不正当利益，况且公诉机关已撤销对杨忠荣、陈礼卫挪用公款罪的指控，这表明公诉机关也认为杨忠荣、陈礼卫同意借款非犯罪行为。因此张贵全不能因杨忠荣、陈礼卫的合法行为而获取了不正当利益。

法院经审理查明的事实与起诉书指控的事实一致。另查明，兴城公司系国有独资公司。本案在审理过程中，蒲江县人民检察院撤回对被告人杨忠荣、陈礼卫挪用公款罪的起诉。被告人张贵全经电话通知于 2016 年 11 月 3 日到检察院接受询问，交待了自己的犯罪事实，蒲江县人民检察院于 2016 年 11 月 8 日对张贵全补充立案。杨忠荣向纪委退还受贿赃款 3 万元，陈礼卫向纪委退还受贿赃款 5000 元。

【裁判结果】

四川省蒲江县人民法院于 2017 年 11 月 23 日作出四川省蒲江县人民法院（2017）川 0131 刑初 60 号刑事判决：一、被告人张贵全犯行贿罪，判处拘役三个月，缓刑四个月。二、对本案中已追缴的赃款 35000 元予以没收，上缴国库。宣判后，四川省蒲江县人民检察院未提起抗诉，张贵全未提起上诉，判决已发生法律效力。

【裁判理由】

法院生效判决认为：被告人张贵全为谋取不正当利益，给予国家工作人员财物35000元，其行为已构成行贿罪。被告人张贵全在被追诉前主动交待行贿行为，对其可以从轻处罚。蒲江县人民检察院指控被告人张贵全犯行贿罪的事实和罪名成立。

张贵全在项目实施过程中，以资金链断裂，无法继续实施工程和发放民工工资为由，要求向兴城公司借款，并先后送钱和财物给杨忠荣和陈礼卫。张贵全明知该项目采用BT模式建设，应先由其出资建设，但仍然向兴城公司借款；张贵全明知该借款要求违背了国家工作人员的职务要求，仍要求其提供帮助，应认定为谋取不正当利益；公诉机关是否撤销对杨忠荣、陈礼卫挪用公款罪的指控，与张贵全构成行贿罪没有关联性。

从张贵全的多次供述可以证实张贵全送礼目的是拜节和关照，其中包括借款事项，张贵全为谋取不正当利益，要求国家工作人员违反政策规定，为自己提供帮助，给予国家工作人员财物35000元，侵犯了国家工作人员职务的廉洁性和国有公司的经济管理制度，其行为已构成行贿罪。在行贿罪中，谋取不正当利益是否实现不影响该罪名的成立。

【案例注解】

BT是政府利用非政府资金来进行非经营性基础设施建设项目的一种融资方式。具体而言，指一个项目的运作通过项目公司总承包，融资、建设验收合格后移交给业主，业主向投资方支付项目总投资加上合理回报的过程。我国部分基础设施建设采用BT模式进行建设施工，并取得了一定的成绩，减轻了政府在基础设施建设中的经济压力，但BT模式的弊端也逐渐显现，其中投资方在修建过程中资金链断裂情形时有发生，影响了BT模式工程的修建。在BT建设模式中，投资方取得工程后因资金链断裂，向相关责任人行贿要求改变BT模式，向政府或政府平台公司借款修建工程，在工程结算时再扣除该借款部分的工程款的行为，是否构成行贿罪，在审判实务中有两种不同的观点：

一种观点认为，行贿罪要求行为人具有“谋取不正当利益”的主观故意，同时，2012年，最高人民法院、最高人民检察院联合发布的《关于办理行贿刑事案件具体应用法律若干问题的解释》（以下简称《办理行贿案件的解释》）第十二条中，明确提出“‘谋取不正当利益’，是指行贿人谋取的利益违反法律、法规、规章、政策规定，或者要求国家工作人员违反法律、法规、规章、政策、行业规范的规定，为自己提供帮助或者方便条件”，而上述借款行为并不存在该条包含的内容，不能认定行为人谋取不正当利益，从而不构成行贿罪。

另一种观点认为，谋取不正当利益的外延很明显应当比谋取非法利益的外延宽泛，行为人因行贿行为逃避了其部分出资义务，违反了政府平台公司的财务制度，同时违反了“三重一大”政策，属于谋取不正当利益，应当构成行贿罪。

本案的审理采取了第二种观点，即行为人违反了财务制度及政策规定，具有谋取不正当利益的主观故意，构成行贿罪。

一、谋取不正当利益的认定

1979年《刑法》第一百八十五条规定了行贿罪，但是并未确定行贿罪的构成要件是什么。1985年，《最高人民法院、最高人民检察院关于当前办理经济犯罪案件中具体应用法律若干问题的解答（试行）》中，首次提出“谋取非法利益”为行贿罪的构成要件。1988年，《全国人大常委会关于惩治贪污罪贿赂罪的补充规定》中，明确规定“谋取不正当利益”作为行贿罪的构成要件。1997年《刑法》正式确立了“谋取不正当利益”是行贿罪的构成要件。随着“谋取不正当利益”这一概念的提出，理论界和司法部门一直在不断对“谋取不正当利益”进行解读。

（一）谋取不正当利益的理论争议

在刑法理论上，对于“谋取不正当利益”有几种不同的理解。第一种是“非法利益说”，与1997年《刑法》的规定相对应，将不正当利益等同于非法利益，即不正当利益是违反法律、法规和政策而取得的利益。第二种是“不应得利益说”，在非法利益的基础上，将谋取不正当利益的理解扩大至其他不应得的利益，该种理解仅扩大了“非法利益说”的范围，但仍然主要着眼于获得利益的不正当，而对其手段不予考虑。第三种是“手段不正当说”，该理解主要着眼于获得利益的手段、方法不正当，而不考虑其所获得的利益是否正当。《办理行贿案件的解释》第十二条的规定中，包含了“不应得利益说”及“手段不正当说”。

（二）司法实践中谋取不正当利益的含义演变

1997年《刑法》将“谋取不正当利益”作为行贿罪的必备要件后，对其的理解经历了从模糊到相对明确再到明确的认知过程。1999年，最高人民法院和最高人民检察院联合发布的《关于在办理受贿犯罪大要案的同时要严肃查处严重行贿犯罪分子的通知》中规定：“‘谋取不正当利益’是指谋取违反法律、法规、国家政策和国务院各部门规章规定的利益，以及要求国家工作人员或者有关单位提供违反法律、法规、国家政策和国务院各部门规章规定的帮助或者方便条件。”可以认为该解释将不正当利益解读为非法利益。2008年，最高人民法院、最高人民检察院联合发布的《关于办理商业贿赂刑事案件适用法律若干问题的意见》中，将1999年通知中的“国务院部门规章”扩大为所有“规章”，并且将违反行业规范谋取的利益也认为是不正当利益。2012年的《办理行贿案件的解释》第十二条再次对谋取不正当利益进行了扩大解释。

（三）谋取不正当利益的表现形式

根据《办理行贿案件的解释》第十二条的规定，可以认为谋取不正当利益有两种表现形式。一是不应得利益。即谋取的利益本身违反法律、法规、规章、政策的规定的。行为人本无获得该利益的资格，而通过向国家工作人员行贿的手段获得该种利益。在建工案件类，具体表现为，如行为人并没有参与招投标的资格，而通过向相关责任人行贿，篡改其资质资格，从而参与招投标，并进一步取得利益的情况。二是手段不正当利益。即行贿人所要谋取的利益本身是合法的，但其通过不法手段取得该利益。手段不正当利益又包含两种情况。第一种是“要求国家工作人员违反法律、法规、规章、政策、行业规范的规定，为自己提供帮助或者方便条件”，如行为人本身即具有参与招投标的资格，通过向国家工作人员行贿，在招投标过程中弄虚作假，从而取得建设工程。第二种是“违背公平、公正原则，在经济、组织人事管理等活动中，谋取竞争优势的”，如贿选等。

结合本案，被告人在取得BT建设项目后，通过行贿手段，要求国家工作人员违反财务制度及“三重一大”政策规定，通过借款形式提前支付工程款，绕开BT项目建设要求的先期出资义务，从中获得的利益属于手段不正当利益中的第一种情况。

（四）谋取不正当利益的外延

《日本刑法》规定："行贿罪是通过向公务员提供、提议提供或约定提供贿赂，侵害公务的公正执行的犯罪。"《法国刑法典》第 443－1 条中的规定，也未要求谋取不正当利益作为定罪的必备要件。美国联邦刑法、我国香港刑法也未在行贿罪相关犯罪中要求谋取不正当利益。

我国虽然要求行贿罪以谋取不正当利益为构成要件，但从 1999 年至 2012 年最高人民法院、最高人民检察院的联合发文中可以看出，对谋取不正当利益的解释在不断扩大。2003 年，陈兴良教授提出："不正当利益不仅指获得的利益本身不正当，而且利益本身虽然正当，但是要求国家工作人员违反法律、法规、规章规定而谋取的，也属于不正当利益。"该观点与 2012 年《办理行贿案件的解释》中对谋取不正当利益的解释是吻合的。由此可见，"谋取不正当利益"比"谋取非法利益"的外延更加宽泛。

二、违反 BT 模式出资义务也应认定为谋取不正当利益

（一）BT 模式的投资方须履行其出资义务

BT 是英文 Build（建设）和 Transfer（移交）的缩写形式，是政府利用非政府资金来进行非经营性基础设施建设项目中，使用"建设—移交"形式的一种融资模式。由政府与投资方签订 BT 投资合同后，投资方组建 BT 项目公司，在工程建设期间，对项目进行融资、建设，并承担建设期间的风险。项目竣工后，投资方将验收合格的项目移交政府，政府根据合同的约定按比例分期偿还投资方的各项费用。

BT 模式的运作方式，决定了投资方在合同履行前期需要投入先期资金完成工程的建设，有出资义务，且该出资义务是合同成立的必备要件。投资方需要在介入 BT 模式前，对自身的风险承担能力作出完善的评估，对自己的流动资金或项目资金的筹措能力有充分的认识，同时，对工程需要投入的资金有足够的预判，确定其可使用或可筹措资金能够支付工程建设中的各类款项，以避免在工程建设中出现资金链断裂的情况。

如果因前期的预算工作与工程建设中的实际情况出现误差，导致资金链断裂的情况无法避免，投资方应当用合理合法的途径来完成资金的筹措，如向银行贷款，或在政府或政府平台公司许可的情况下，将不影响主要工程建设的小项目分包给其他公司完成等手段来完成工程。而不能采取逃避该出资义务的手段，向政府或政府平台公司借款。这种情况下不仅投资方没有履行出资义务，同时政府也未能通过 BT 模式达到减轻财政压力的目的。

（二）违反 BT 出资模式属于谋取不正当利益

对违反 BT 模式出资义务，要求国家工作人员违反财务管理制度通过借款形式先行支付工程款的，不仅违反了公司财务管理制度，也违反了"三重一大"政策规定，属于谋取不正当利益。

《会计法》中对于各单位在各种经济关系中的会计事务进行了明确的规定，包含会计核算、会计监督、会计机构、会计人员、法律责任等。各单位又根据《会计法》《企业会计准则》等相关法律、法规及财会制度，并结合公司具体情况制定了公司、企业实施经营管理活动中，对财务管理体系建立、维护及对会计核算与监督的制度保障的公司财务管理制度。根据《会计法》第十条的规定，对资本、基金的增减，收入、支出、费用、成本的计算，财务成果的计算和处理均需要办理会计手续，进行会计核算。政府平台公司也具有其独立的公司财务管理制度。投资人要求政府或政府平台公司通过借款的形式逃避其出资义务的，属于违反法律规定及财务制度的行为，属于“要求国家工作人员违反法律、法规、规章、政策、行业规范的规定，为自己提供帮助或者方便条件”的情况，属于谋取不正当利益。

结合本案，被告人通过行贿手段，通过向兴城公司借款的形式逃避其出资义务，兴城公司通过修改合同等方式，将原应由被告人出资的部分通过借款的形式先行支付，再在结算时扣除工程款的方式帮助其逃避出资义务，违反了法律规定及财务管理制度，同时，该行为还违反了“三重一大”政策规定，属于谋取不正当利益中的手段不正当利益。

（一审法院合议庭成员　李　强　李冬梅　胡佑富

编写人　四川省蒲江县人民法院　李冬梅　钟　珊

责任编辑　周维明

审稿人　李玉萍）

原载《人民法院案例选》2019 年第 7 辑（总第 137 辑）

刑事诉讼编

一、管　　辖

378. 艾伦·门多萨·塔布雷交通肇事案
——海事刑事诉讼专门管辖的新尝试

【关键词】

管辖制度改革　海事刑事诉讼　专门管辖　试点审判

【裁判要旨】

《刑法》分则并无针对海上交通肇事犯罪的专门条款。在现有刑法规定下，根据刑法解释原理，只能依照《刑法》第一百三十三条的规定，对发生在海上的交通肇事行为进行定罪量刑。本案审判同时涉及海事刑事诉讼管辖制度改革。海事法院本无刑事案件的管辖权，而最新修正的《刑事诉讼法》第二十七条则规定：专门人民法院案件的管辖另行规定。该条是对专门法院审理刑事案件的赋权性规定，对“另行规定”的法源未予限制，或法律，或司法解释等。据此，为探索海事刑事审判的规律及海事法院管辖海事刑事案件的可行性，最高人民法院于2017年2月指定宁波海事法院为审理海事刑事案件的试点法院，浙江省高级人民法院于同年3月指定宁波海事法院审理本案，宁波海事法院由此获得本案的审判权，并依法组成合议庭对本案进行了审理，作出了判决。该案的成功审判，在一定程度上验证了海事刑事诉讼实行专门管辖的正确性。

【相关法条】

《中华人民共和国刑法》

第一百三十三条　违反交通运输管理法规，因而发生重大事故，致人重伤、死亡或者使公私财产遭受重大损失的，处三年以下有期徒刑或者拘役；交通运输肇事后逃逸或者有其他特别恶劣情节的，处三年以上七年以下有期徒刑；因逃逸致人死亡的，处七年以上有期徒刑。

《中华人民共和国刑事诉讼法》

第二十八条　专门人民法院案件的管辖另行规定。

【案件索引】

一审：宁波海事法院（2017）浙 72 刑初 1 号（2017 年 8 月 16 日）

【基本案情】

浙江省宁波市人民检察院指控：2016 年 5 月 7 日凌晨，马耳他籍“卡塔利娜（CATALINA）”轮在二副即被告人艾伦·门多萨·塔布雷（ALLAN MENDOZA TABLATE，以下简称艾伦）驾驶下，从江苏连云港开往印度尼西亚。当日 3 时 34 分许，“卡塔利娜”轮途经浙江象山沿海南韭山岛东偏北约 72 海里附近（东经 123°35.4′，北纬 29°33.1′）海域时，艾伦在海面起雾能见度差、周边作业渔船密集且通航环境复杂的情况下，违反《海上交通安全法》等相关规定，未保持正规瞭望，未能对当时局面和碰撞危险作出充分估计，未使用安全航速行驶，未及早采取有效的避让行为，未采取有效的雾航措施，造成“卡塔利娜”轮与山东荣成石岛籍“鲁荣渔 58398”轮发生碰撞，造成船员张雷等 14 人死亡、船员王维军等 5 人失踪、“鲁荣渔 58398”轮沉没，财产损失人民币 5078800 元的重大交通事故。本起事故经认定，“卡塔利娜”轮应承担主要责任。2016 年 9 月 22 日，艾伦经电话通知，主动到浙江省公安边防总队海警第二支队投案自首，并如实供述了犯罪事实。

被告人艾伦对公诉机关指控其犯罪的事实及证据均无异议，但辩称该次事故是其无意造成的，其作出了符合判断的行为，但也许是因为海上雾太大，加之时间在凌晨，导致判断失误。其辩护人对公诉机关指控的罪名、犯罪事实及证据均无异议，但提出：（1）被告人主动归案，具有自首情节。（2）被告人具有以下酌定从轻处罚情节：①被害人方渔轮瞭望疏忽、未及早采取有效的避让行动、未采取有效的雾航措施，其行为违反了《1972 年国际海上避碰规则》的相关规定，亦存在过失；②被告人方船东及时与 19 名被害人近亲属达成赔偿和解协议，积极赔偿被害人近亲属经济损失，且得到了部分被害人近亲属的谅解；③被告人真诚悔罪，认罪态度好。综合上述情节，请求法庭予以从宽量刑。辩护人还向法庭提供了授权委托书、和解协议书、银行付款凭证及谅解书等证据。

法院经审理查明：马耳他籍“卡塔利娜”轮系钢质散货船，船籍港瓦莱塔，船长 225 米，船宽 32.26 米，型深 19.60 米，40485 总吨，船舶所有人为波尔萨利船运有限公司（BORSARI SHIPPING COMPANY LTD）。中国籍“鲁荣渔 58398”轮系钢质捕捞船，船籍港石岛，船长 39.28 米，船宽 7.25 米，型深 3.80 米，297 总吨，船舶所有人为刘福航。被告人艾伦案发前系“卡塔利娜”轮二副。

2016 年 5 月 5 日 17 时 30 分许，“卡塔利娜”轮从中国江苏连云港空载驶往印度尼西亚。同月 7 日零时至 4 时，该轮由被告人艾伦值班驾驶。当日凌晨 3 时 34 分许，“卡塔利娜”轮途经浙江省象山县沿海南韭山岛东偏北约 72 海里附近（概位北纬 29°33.1′，东经 123°35.4′）水域时，艾伦在海面起雾、能见度不良、渔区航行的情况下，违反《海上交通安全法》等相关规定，未保持正规瞭望，未能对当时局面和碰撞危险作出充分估计，未使用安全航速行驶，未及早采取有效的避让行为，未采取有效的雾航措施，导致“卡塔利娜”轮与由董崇强驾驶的正在双拖作业的“鲁荣渔 58398”轮发生碰撞，造成“鲁荣渔 58398”轮扣翻、沉没，被害人船员张雷等十四人死亡，船员王维军等五人失踪的重大交通事故。经鉴定，“鲁荣渔58398”轮财产损失人民币5078800元。经认定，艾伦驾驶的“卡塔利娜”轮对本起事故负主要责任。

案发后，被告人艾伦到浙江省公安边防总队海警第二支队投案自首，并如实供述了犯罪事实。“卡塔利娜”轮船舶所有人波尔萨利船运有限公司已经赔偿死亡和失踪人员近亲属共计人民币2245万元。被害人姜文龙、吴德臣等的近亲属出具谅解书对被告人艾伦的犯罪行为表示谅解。

【裁判结果】

宁波海事法院于2017年8月16日作出（2017）浙72刑初1号刑事判决：被告人艾伦·门多萨·塔布雷犯交通肇事罪，判处有期徒刑三年六个月。判决后，被告人艾伦没有提出上诉，该判决已发生法律效力。

【裁判理由】

宁波海事法院经审理认为，被告人艾伦在驾驶船舶过程中，违反海上交通运输管理法规，与捕捞渔船发生碰撞，致使渔船扣翻、沉没，造成14名船员死亡，5名船员失踪，且负事故的主要责任，其行为已构成交通肇事罪，情节特别恶劣，应当依法惩处。公诉机关指控的犯罪事实清楚，证据确实、充分，指控罪名成立。鉴于艾伦案发后自首，真诚认罪、悔罪，“卡塔利娜”轮船舶所有人积极赔偿被害人近亲属经济损失，部分被害人近亲属对艾伦的犯罪行为表示谅解等情节，依法可对其从轻处罚。被告人和辩护人所提的相关辩护意见，予以采纳。故依照《刑法》第一百三十三条、第六条、第六十七条第一款以及《最高人民法院关于审理交通肇事刑事案件具体应用法律若干问题的解释》第四条之规定，作出上述判决。

【案例注解】

本案系我国海事法院试点审判的首例海事刑事案件，标志着我国海事法院新一轮诉讼管辖制度改革的启动。

审视世界各国的诉讼管辖制度，由于各国法院组织系统不同，各个法院受理的案件范围也不尽相同，但我国是唯一一个设立海事法院专门受理海事民商事纠纷的国家。①

目前，我国是世界上设立海事审判专门机构最多最齐全的国家，也是受理海事案件最多的国家。全国海事法院积极行使海事司法管辖权，准确适用国内法、国际条约、国际惯例，公正高效审理海事案件，平等保护中外当事人的合法权益，极大提升了中国海事审判的国际地位。②

总结海事法院自1984年设立以来的审判实践经验，近年来我国在不断扩大海事法院

① 英国历史上曾设立过海事法院，初期主要审理海盗案件。总体看，“英国海事法院没有固定的管辖权范围，在它的发展过程中，其管辖权一直处于变动之中。从性质上看，英国海事法院的管辖权涉及海事案件、民事案件、刑事案件以及捕获案件”。19世纪在普通法院的压力下，海事法院被降格为一个审判法庭。参见肖崇俊：《英国海事法院的历史探析（1360—1873）》，华东政法大学出版社2010年版，转引自赵微：《赋予海事法院刑事审判权之正当性分析》，载《海事犯罪立法与司法研究集锦》，人民交通出版社股份有限公司2016年版。

② 参见《中国海事审判白皮书（1984—2014）》。

原有海事民商事案件受理范围的前提下，已经开始探索建立更加符合海事审判规律的海事诉讼管辖体制与机制问题，并在海事行政审判方面取得成功经验的基础上，进一步开展海事刑事审判尝试，为海事审判“三审合一”提供理论依据和实践经验的支持。

一、海事刑事诉讼管辖制度改革之趋势

海事法院属于专门法院，其诉讼管辖为专门管辖。专门管辖在案件类型、专属管辖、级别管辖、集中管辖、协议管辖、共同管辖及管辖权异议的处理等方面有其特殊性。[①] 海事刑事案件改由海事法院审判，就是将海事刑事案件列入海事法院管辖的范围，实行海事刑事诉讼专门管辖制度。从法律规定、改革要求、自身发展及经验借鉴来看，海事刑事诉讼实行专门管辖，是未来的发展趋势，“三审合一”是海事法院最终的审判格局。

（一）《刑事诉讼法》的相关规定

我国2012年修正《刑事诉讼法》时，增加了第二十七条对专门法院审理刑事案件的赋权性规定。对该条进行文义解释，可得出以下两点结论：一是专门人民法院有权审理刑事案件。这既是对军事法院、铁路运输法院等专门法院已有刑事审判权的肯定，也为知识产权法院、海事法院等专门法院审理刑事案件预留了空间。二是专门法院的管辖另行规定。但对另行规定的法源未予限制，或法律，或司法解释，为最高人民法院推行管辖制度改革提供了便利。

（二）人民法院四五改革纲要的要求

《最高人民法院关于全面深化人民法院改革的意见——人民法院第四个五年改革纲要（2014—2018）》明确：改革海事案件管辖制度；进一步理顺海事审判体制；科学确定海事法院管辖范围，建立更加符合海事案件审判规律的工作机制。由此可见，将海事刑事案件纳入海事法院专门管辖的范围，探索海事刑事案件的审判规律，已经列入最高人民法院的议事日程。2017年2月21日《最高人民法院办公厅关于指定宁波海事法院作为海事刑事案件管辖试点法院审理宁波“5·7”涉外海上交通肇事案的复函》，即是落实人民法院四五改革纲要的具体行动。同年3月6日浙江省高级人民法院根据上述复函，指定宁波海事法院审理被告人艾伦·门多萨·塔布雷（ALLAN MENDOZA TABLATE）交通肇事罪一案[②]，则正式启动了海事刑事案件专门管辖的进程。

（三）海事法院收案范围的演变

从海事法院的历史沿革来看，其收案范围也呈逐步扩大的态势。1984年全国人大常委会批准设立海事法院后，最高人民法院于同年的11月28日在《关于设立海事法院几个问题的决定》中，将其收案范围暂定为：国内企业、组织、公民之间，中国企业、组织、公民同外国企业、组织、公民之间，外国企业、组织、公民之间，依法应当由我国管辖的18种海事案件和海商案件。1989年5月13日最高人民法院颁布了《关于海事法院收案范围的规定》，正式规定海事法院管辖的案件为五类42种。2001年9月18日，最高人民法院颁布了《关于海事法院受理案件范围的若干规定》，将收案分为四类，增加为63种，其中包括海事行政案件、海事行政赔偿案件和行政机关依法申请强制执行的案

---

① 吴勇奇：《对海事诉讼管辖有关问题的理解与思考》，载《民商事审判管辖实务研究》，人民法院出版社2006年版。

② 参见宁波海事法院（2017）浙72刑初1号刑事判决书。

件。2016 年 2 月 24 日，最高人民法院再次颁布了《最高人民法院关于海事法院受理案件范围的规定》，进一步将海事法院管辖的案件分为六类，扩大至 108 种，并再次规定海事法院受理海事行政类案件 7 种。[①] 该规定第 112 条同时明确：法律、司法解释规定或者上级法院指定海事法院管辖的其他案件，从其规定或者指定。该条规定为海事法院受理海事刑事案件，最终实现“三审合一”埋下了伏笔。

（四）其他专门法院管辖的借鉴

我国专门法院包括铁路法院、海事法院、军事法院和知识产权法院，[②] 在这四个专门法院中，已经明确具有刑事案件审判权限的是军事法院和铁路运输法院，其管辖依据分别是中国人民解放军总政治部、军事法院、军事检察院关于《〈中华人民共和国刑法〉第十章所列刑事案件管辖范围的通知》和《最高人民法院关于铁路运输法院案件管辖范围的若干规定》。《最高人民法院关于知识产权法院案件管辖等有关问题的通知》中，虽无刑事案件管辖权的规定，但《最高人民法院在关于全国法院推进知识产权民事、行政和刑事案件审判“三合一”工作的意见》中，授权各级人民法院的知识产权庭审理刑事案件。借鉴上述专门法院的管辖经验，最高人民法院关于发挥海事法院专业优势，扩大海事法院管辖范围，实施海事审判“三审合一”的意图十分明显。

二、海事刑事诉讼专门管辖符合海事审判之规律

对于海事刑事诉讼应由海事法院管辖，学界通常从提升海洋意识、维护国家权益、规范海上交通秩序、体现审判专业性、匹配特殊侦查、节省司法资源、提升国际影响力、推进一带一路建设等角度论述其必要性。[③] 但笔者认为，是否符合审判规律，是实行海事刑事诉讼专门管辖的重要决策依据，具体要看专门管辖会给海事刑事案件的审判质量、效率和社会效果带来何种影响。相关理论和试点实践证明，海事法院管辖海事刑事案件拥有诸多好处，符合海事审判的规律。

（一）更能发挥海事法院的专业优势

全国海事法院自 1984 年成立至 2016 年，共审结一审海事海商案件 181342 件（不包括海事执行案件、海事行政案件和特别程序案件），[④] 其中包含不少与犯罪相关联的海事海商案件。通过办案，审判人员掌握了各类案件发生、发展的规律，了解了相关专业术语的含意，并积累了丰富的办案经验，能够在海事部门没有调查结论的情况下，根据自己收集的证据，准确认定船舶碰撞或触碰事故是否发生。这些专业优势，十分有利于相关刑事案件的审判。以前述艾伦·门多萨·塔布雷交通肇事案件为例，宁波海事法院的审判团队对于船舶碰撞事故十分熟悉，对国际海上碰撞规则相当了解，运用相关证据证明碰撞的发生、当班驾驶人员的过错极为熟练，能够发现起诉书指控的不恰当之处，并准确对肇事船舶的航行环境加以认定，也能理解海事调查报告中为何认定肇事船舶为让

---

① 自 2001 年开始，最高人民法院对海事行政案件的专门管辖虽有反复，但至 2016 年最终予以确认，并实施至今。

② 这里暂不讨论林区法院和农垦法院，因其管理体制尚未完全纳入人民法院管理序列。

③ 黄炎：《海上刑事犯罪管辖制度改革研究——两校两院促进海事刑事审判改革研讨会综述》，载《大连大学学报》2016 年第 6 期；陈键洪：《构建我国海事刑事案件专门管辖制度相关问题研究》，载《湖北经济学院学报（人文社会科学版）》2018 年第 3 期；赵微：《赋予海事法院刑事审判权之正当性分析》，载《法治研究》2015 年第 1 期。

④ 吴勇奇：《〈海事诉讼特别程序法〉修订的必要性、可行性及规划建议》，载《海大法律评论（2016—2017）》，上海浦江教育出版社 2018 年版。

路船并违反让路义务，对证据材料中专业术语的翻译是否也能够准确作出判断。所有这些，都保证了试点审判的顺利进行，并使案件得到公平公正的处理。

（二）更有利于相关案件的协调处理

海事刑事案件危害结果触及的领域较广，案件发生后往往涉及事件调查、刑责追究、民事赔偿和行政处罚等，并涉及刑事、民事和行政诉讼。按照2016年之前的管辖分工，同一海上案件涉及的三大诉讼，可能由两家以上的法院受理。以前述艾伦·门多萨·塔布雷交通肇事案件为例，海事法院只受理死亡失踪船员和船东的民事赔偿纠纷案件，而当班驾驶人员的刑事责任追究由地方人民法院受理（该案不涉及行政诉讼）。这种情况下，两家法院认定的案件事实、当事人的过错等难免存在差异，甚至发生矛盾和冲突，也难以对相关案件进行协调处理，比如先民事后刑事的处理顺序，进而影响刑事案件的定罪与量刑，影响司法的公信力及权威。同一海上案件涉及的三大诉讼统一由海事法院处理，即可避免这些问题。

（三）更有利于类案的集中研究和统一处理

海上刑事犯罪相对于陆地来说，犯罪数量较少，地域分布较广，同一地方法院审理的类案相对较少。而海事法院实行长臂管辖原则，管辖的地域远大于地方法院，海事刑事诉讼如果实行专门管辖，就能够将分散发生的个案，相对集中到一家海事法院审判。以浙江海域发生的海上交通肇事犯罪为例，如果实行专门管辖，即可将嘉兴、宁波、舟山、台州、温州地区各县市区分散审判的个案，集中到宁波海事法院审判，形成数量较多的类案。这对于海上交通肇事犯罪规律的研究，审判经验的积累，以及裁判尺度的统一，无疑会有积极的作用。

（四）更有利于涉海法律的统一实施

传统观念将海事法律限定在海商法等民商事法律规范中，但涉海法律远远超出这个范围，以目前生效的涉及海洋的法律为例，除了《海商法》外，还有《领海及毗连区法》《专属经济区和大陆架法》《海域使用管理法》《海上交通安全法》《海洋环境保护法》《港口法》和《渔业法》等7部法律，而且散见于各法律中的涉海条款更是数不胜数。这些法律法条在实施中所形成的三大诉讼，分属于不同法院，难以形成一致的理解和适用，难以形成统一的司法导向和合力。如果将海事刑事案件也纳入海事法院管辖范围，实行海事审判“三审合一”，则有利于打通民事、行政、刑事的分割，有利于涉海法律的统一实施，有利于形成司法合力，有利于“克服海洋法律碎片化带来的冲突和矛盾”。①

三、海事刑事犯罪之特殊性

海事刑事犯罪有其特殊性，它不仅影响定罪，也影响量刑。海事法院作为专门法院，通过相关案件的审判实践，更能体会海事刑事犯罪的特殊性，更有利于对其进行深入研究，为海事刑事审判提供指导，并为海事刑事立法提供依据。

（一）行为区间的特殊性

国家主权所及范围一般包括领海、领土和领空，但因人类生产生活主要集中在陆地上，所以法律调整的重点在陆地上，换句话说，理论与实践均把陆上犯罪作为关注重点。

① 初北平、曹兴国：《海法概念的国际认同》，载《中国海商法研究》2015年第3期。

陆上犯罪将行为区间作为犯罪构成要件和量刑考量因素的相对较少，但海上犯罪，由行为区间特殊性所决定的因素，在定罪和量刑时则应当予以考虑。以前述艾伦·门多萨·塔布雷交通肇事案件为例：一是同样发生碰撞事故，船舶驾驶人员违反交通法规的持续时间往往长于车辆驾驶人员，主观过错相对较重；二是长时间在船上工作、生活，往往扭曲船员的心理，加上枯燥的船舶驾驶，极易造成驾驶人员注意力分散，"妨碍船员对于危险的感知和判断能力以及解除危险能力水平的发挥"，[①] 深夜班次驾驶人员更是如此；三是船舶大小的差异性、瞭望的特殊性、事故时点的特定性等，既决定了驾驶人员对船舶发生碰撞非明知的可能性，也决定了查明和认定海上交通肇事逃逸的困难性。肇事船舶"卡塔利娜"轮在转向避让过程中，就发生船体震动现象，当操舵水手感觉异常，向二副即被告人报告情况时，被告人解释为系船舶大幅度转向而发生的震动。这是否系被告人真实的主观判断，是否系被告人逃避责任的推托之词，难以查证落实；四是海上逃生、救助难度大，客观上也不利于船舶驾驶人员在事故发生后，及时采取措施减少人员伤亡和财产损失。

（二）危害结果的特殊性

行为的危害程度对于判断罪与非罪具有关键作用。有些危害结果，是海上犯罪所特有的，对定罪标准应作出专门规定，如非法捕捞罪。而对海陆共有的危害结果，因发生的区间不同，法律评价标准也应该有所差异。以前述艾伦·门多萨·塔布雷交通肇事案件为例，同样载运货物，因船舶价值较高，载货数量较大，船员配备较多，一旦发生碰撞事故，导致的人员伤亡就多，财产损失就大，与道路交通适用同一定罪标准，船舶驾驶人员极易构成犯罪，尤其是财产损害定罪标准。[②] 这无疑会影响航运从业人员的就业选择，进而影响我国航运业的发展。综观我国《刑法》第一百三十一条规定的重大飞行事故罪、第一百三十二条规定的铁路运营安全事故罪、第一百三十三条规定的交通肇事罪，分别针对航空、铁路、公路三种不同的交通运输行业，构成了事故类犯罪罪名群，唯独没有专门针对海上交通运输的罪名。现有《刑法》规定下，根据刑法解释原理，我们只能依据《刑法》第一百三十三条的规定，对发生在海上的交通肇事行为进行定罪量刑。为此，审判实践中不可避免地会出现海上交通肇事罪罚失衡现象。正如学者指出的，"如果简单比照陆上交通肇事罪的定罪标准加以处理，很容易出现泛罪化的危机"。[③]

---

① 李亮宽：《谈船员心理疲劳对船舶的影响及解决措施》，载《船舶标准化工程师》2016年第5期。

② 2000年11月21日实施的《最高人民法院关于审理交通肇事刑事案件具体应用法律若干问题的解释》第二条规定："交通肇事具有下列情形之一的，处三年以下有期徒刑或者拘役：（一）死亡一人或者重伤三人以上，负事故全部或者主要责任的；（二）死亡三人以上，负事故同等责任的；（三）造成公共财产或者他人财产直接损失，负事故全部或者主要责任，无能力赔偿数额在三十万元以上的。交通肇事致一人以上重伤，负事故全部或者主要责任，并具有下列情形之一的，以交通肇事罪定罪处罚：（一）酒后、吸食毒品后驾驶机动车辆的；（二）无驾驶资格驾驶机动车辆的；（三）明知是安全装置不全或者安全机件失灵的机动车辆而驾驶的；（四）明知是无牌证或者已报废的机动车辆而驾驶的；（五）严重超载驾驶的；（六）为逃避法律追究逃离事故现场的。"第三条规定："'交通运输肇事后逃逸'，是指行为人具有本解释第二条第一款规定和第二款第（一）至（五）项规定的情形之一，在发生交通事故后，为逃避法律追究而逃跑的行为。"第四条规定："交通肇事具有下列情形之一的，属于'有其他特别恶劣情节'，处三年以上七年以下有期徒刑：（一）死亡二人以上或者重伤五人以上，负事故全部或者主要责任的；（二）死亡六人以上，负事故同等责任的；（三）造成公共财产或者他人财产直接损失，负事故全部或者主要责任，无能力赔偿数额在六十万元以上的。"

③ 曹兴国：《海事刑事案件管辖改革与涉海刑事立法完善》，载《中国海商法研究》2017年第4期。

海上交通肇事造成船员失踪，是比较常见的危害结果。失踪显然不能等同于死亡，但生还的可能性几乎为零。从民事审判的角度看，公民因意外事故下落不明，经有关机关证明该公民不可能生存，利害关系人可以申请宣告其死亡。但刑法上如何规制，能否归类于《刑法》第一百三十三条所规定的“致人死亡”，也应该予以明确。[①]

（三）海上规则的特殊性

陆地与大海具有不同的特性，这些不同特性，决定了海上管理规则不同于陆上。以海上交通管理为例，首先，由于海上航行船舶隶属于不同国家和地区，又在公海或不同国家和地区管辖海域相遇，为统一航行规则，各国以加入公约的方式，统一适用国际海上避碰规则。其次，为确保海上航行安全，国际海上避碰规则分船舶在任何能见度情况下的行动规则、船舶在互见中的行动规则、船舶在能见度不良时的行动规则三种情况，对瞭望、安全航速、碰撞危险、避免碰撞的行动、狭水道、分道通航制、追越、对遇局面、交叉相遇局面、让路船的行动、直航船的行动等进行了全面规制，并规定了号灯和号型、声响和灯光信号等，一个显著的特点，就是在发现对方船舶之前，规则就对船舶驾驶人员的瞭望观察提出了要求，并要求船舶驾驶人员要时刻注意附近的船舶动态，尽早采取各种措施避让通行，确保船舶安全。如果两船发生了碰撞，则驾驶人员违反交通规则的过错早就开始了，并且一直处于违反各项操作规程的状态。这完全有别于陆上交通规则，也是笔者关于“船舶驾驶人员违反交通法规的持续时间往往长于车辆驾驶人员”的客观依据。

（四）犯罪形态的特殊性

由于海上活动难以独立完成，决定了海上犯罪以共同犯罪为常态的特殊性。海上走私，非法捕捞等故意犯罪自然不必多说，即使是海上过失犯罪，也是如此，同时还会涉及更多的问题。以前述海上交通肇事为例，首先，船舶驾驶既是一个团体式组织，也是一个系统性行为，由负责指挥驾驶船舶的船长或值班驾驶员、负责动力运行的轮机长或值班轮机员，以及负责操舵的舵工组成一个驾驶团体，在船长或值班驾驶员的指挥下，互相配合，协调行动，确保船舶按照船长或值班驾驶员的意思行动。如果负责指挥的高级船员发出的指令不当，而负责动力运行和操舵的船员执行命令也有错误，结果发生船舶碰撞，就会涉及责任分配和共同过失犯罪问题。其次，船舶驾驶人员在交接班时，船舶仍处于运行状态，交接过程中发生船舶碰撞，如何确定责任承担者，也是一个特殊的难题，牵涉共同过失犯罪。再次，船舶航行中遇有恶劣天气或复杂情况，当班驾驶员可以请求船长到驾驶室指导船舶驾驶，此时发生船舶碰撞，当班驾驶员是否当然免除责任，也需要研究。最后，在引航过程中发生事故，造成严重后果的责任追究更为复杂。引航阶段，由引船员指挥驾驶船舶，但船长需到驾驶台上来，并不免除驾驶责任。此时若发生船舶碰撞或触碰事故，其刑事责任是由引航员承担，还是由船长承担，抑或由引航员和船长共同承担，缺少刑法明确规定。按照海商法的规定，[②] 引航单位或引航员对引航所造成的事故不负民事赔偿责任，但引船员是否也可免除刑事责任？这值得深入探讨。

---

① 1992 年 10 月 30 日《最高人民法院研究室关于遇害者下落不明的水上交通肇事案件应如何使用法律问题的电话答复》中虽明确“根据被告人的行为造成受害人下落不明的这一事实，以交通肇事罪定罪处罚”，但未明确受害人下落不明是否视同死亡。

② 《海商法》第三十九条规定：船长管理船舶和驾驶船舶的责任，不因引航员引领船舶而解除。

（五）案件侦查的特殊性

海事刑事犯罪侦察的特殊性表现在：海上事故、海上违法行为依法由相关行政部门进行调查，并作出行政处理，例如违法捕捞行为，由海洋渔业部门进行调查并作出行政处罚；船舶碰撞或触碰事故，由海事行政部门进行调查并作出行政处罚。对构成犯罪的，行政部门根据相关规定移送公安部门处理。公安部门对犯罪行为的侦查，更多表现为对行政部门所收集的证据、所形成的调查报告等的审查，并作必要的补充侦查。因此，行政部门的调查，对打击海上犯罪的作用举足轻重，证明犯罪的主要证据和重要证据，均来自相关行政部门的调查。

根据《最高人民法院关于适用〈中华人民共和国刑事诉讼法〉的解释》第六十五条关于“行政机关在行政执法和查办案件过程中收集的物证、书证、视听资料、电子数据等证据材料，在刑事诉讼中可以作为证据使用；经法庭查证属实，且收集程序符合有关法律、行政法规规定的，可以作为定案的根据”的规定，行政部门收集的证据材料作为刑事诉讼证据，没有异议。问题在于相关部门作出的调查报告能否作为刑事诉讼的证据，缺乏明确的规定。[①] 比较而言，前述案件的《船舶碰撞事故调查报告》系国家海事局根据其行政执法和查办案件职责，综合其调查收集的证据材料而作出的船舶碰撞事实及双方责任认定的报告。由海事调查官作出，具有相当的专业性，该项工作不是法官能够轻易胜任的。因此，海上事故调查报告具有类似于鉴定报告的性质。在前述案件的判决书中，宁波海事法院明确将该《船舶碰撞事故调查报告》列为认定案件事实和责任的重要证据，无疑是正确的。

四、实行专门管辖需要明确之问题

展望未来，海事审判“三审合一”，需要在立法上予以明确，机构上予以安排，制度上予以完善，部门上予以协调。就目前来说，试行海事刑事诉讼专门管辖，需解决以下几个问题：

（一）关于海事刑事案件的范围界定

在立法尚未赋予海事法院刑事管辖权的背景下，根据我国《刑事诉讼法》第二十七条和《最高人民法院关于海事法院受理案件范围的规定》第一百一十二条的规定，最高人民法院通过指定试点法院的方式，由海事法院的上级法院指定管辖具体海事刑事案件，“先行试点”海事刑事诉讼专门管辖，为立法提供实践样本，不失为一种积极稳妥的做法。《最高人民法院办公厅关于指定宁波海事法院作为海事刑事案件管辖试点法院审理宁波“5·7”涉外海上交通肇事案的复函》虽使用了“海事刑事案件”的提法，但并未对“海事刑事案件”的内涵与外延予以明确。而科学界定海事刑事案件的范围，是海事法院试行刑事审判需要明确的首要问题。

笔者认为，所谓海事刑事案件，应当是与海事法院管辖的民事案件与行政案件相关联的犯罪案件，而不是发生在海上（包括通海水域）、与船舶有关联的所有刑事案件。

① 在海事民商事审判中，最高人民法院民事审判第四庭与中国海事局曾制定过《关于规范海上交通事故调查与海事案件审理工作的指导意见》，其中第一条第五项、第六项明确：海事调查报告及其结论意见可以作为海事法院在案件审理中的诉讼证据，除非有充分事实证据和理由足以推翻海事调查报告及其结论意见；海事法院在案件审理中，诉讼当事人对海事局的海事调查报告及其结论意见有疑义的，海事法院可以要求海事局对当事人提出的相关问题作出解释和说明。

如船舶碰撞纠纷由海事法院管辖，则船舶碰撞所构成的犯罪案件应由海事法院审判更为有利；海上污染纠纷案件由海事法院管辖，则海上污染所构成的破坏海洋环境犯罪案件，也应由海事法院审判；海上捕捞管理等行政案件由海事法院管辖，则违法捕捞构成犯罪的案件，也应由海事法院审判；船舶触碰桥梁、码头、海底电缆以及海上航运作业等构成重大安全生产责任事故的犯罪，也应纳入海事刑事案件范围等。只有这样，才能发挥海事法院在查明案件事实方面的长处，便于刑民、刑行案件的协调处理，同时也有利于统一涉海法律法规的理解与适用。

（二）关于海事刑事案件的侦查部门

《最高人民法院、最高人民检察院、公安部关于办理海上发生的违法犯罪案件的有关问题的通知》第三条规定："海上发生的刑事案件，由犯罪行为发生海域海警支队管辖；如果由犯罪嫌疑人居住地或者主要犯罪行为发生地公安机关管辖更为适宜的，可以由犯罪嫌疑人居住地或者主要犯罪行为发生地的公安机关管辖。"因此，海上发生的刑事案件的侦查部门，既可以是海警支队，也可以是公安机关。但笔者认为，海事刑事案件的侦查机关不应仅仅局限于海警支队和公安机关，还应包括海关缉私局（海上走私犯罪），以及检察机关（国家监察制度改革后为各级监察委员会）的渎职犯罪侦查部门（海上或港口的重大事故犯罪）。明确海事刑事案件的侦查部门，有利于海事刑事案件的定性及移送起诉、提起公诉等，有利于海事法院诉讼管辖制度的系统化。

（三）关于海事刑事案件的公诉机关

《最高人民法院、最高人民检察院、公安部关于办理海上发生的违法犯罪案件的有关问题的通知》第四条规定："人民检察院提起公诉的海上犯罪案件，同级人民法院依法审判。"据此，海事法院审判的海事刑事案件，应由同级人民检察院即市级人民检察院作为公诉机关提起公诉。但问题在于海事法院实行跨行政区域的长臂管辖制度，在其管辖区域，有多个同级的市级人民检察院，比如在宁波海事法院辖区，同级的市级人民检察院有十一家。因此，如何确定海事刑事案件的公诉机关，亟待明确。是统一由海事法院所在地的市级检察院作为公诉机关，还是由案件发生地市级人民检察院作为公诉机关，需要研究确定。笔者认为，统一由海事法院所在地的市级人民检察院作为公诉机关，有利于工作协调与配合，也有利于公诉机关总结公诉经验，统一执法标准。

（四）关于海事刑事案件的审级管理

我国刑事案件实行二审终审制，海事刑事案件一审后，如被告人提起上诉，就涉及二审法院的确定，以及二审法院的内部分工问题。首先，从我国各海事法院的管辖区域来看，如果海事法院管辖区域内只有一家高级人民法院，二审法院就十分明确，比如宁波海事法院审理的海事刑事案件，被告人不服判决的，应当向浙江省高级人民法院提起上诉。如果海事法院管辖区域范围内具有两家以上高级人民法院的，比如大连海事法院，其辖区内就有三家高级人民法院，武汉海事法院辖区内拥有六家高级人民法院，就会有二审法院的确定问题，是仿照海事民商事案件以海事法院所在地高级人民法院作为二审法院，还是由刑事案件发生地高级人民法院作为二审法院，需要最高人民法院予以明确。笔者认为，海事刑事案件的二审法院宜与海事民商事案件的二审法院保持统一。这样做，既有利于海事法院的工作联系，也有利于相关海事案件的协调处理，还有利于统一裁判尺度。其次，二审法院确定后，还涉及内部庭室的分工管理。对于二审庭室的分工，有两种思路：一是统一模式，即海事民商事案件、海事行政案件、海事刑事案件均由省高级人民法院专门分工审理海事民商事二审案件的民四庭统一审理；二是条线模式，即海事民商事案件、海事行政案件、海事刑事案件分别由专门审理二审民商事案件、行政案件和刑事案件的民四庭、行政二庭、刑二庭审理。两者各有优缺点，条线模式有利于专业分工，统一模式则有利于相关案件的协调处理。从《最高人民法院关于海事诉讼管辖问题的规定》第二条关于“海事法院所在地的高级人民法院审理海事行政上诉案件，由行政审判庭负责审理”的规定来看，最高人民法院的思路为条线模式，优先考虑审判的专业化。因此，笔者认为，海事刑事上诉案件，应由刑事审判庭负责审理。

综上，海事刑事诉讼由海事法院专门管辖，符合审判的规律，是未来的发展趋势，该案的成功审判，在一定程度上验证了海事刑事诉讼实行专门管辖的正确性。

（一审法院合议庭成员　陈惠明　吴勇奇　王佩芬
二审法院合议庭成员　黄　河　赵进发　陈荣华
编写人　宁波海事法院　吴勇奇
责任编辑　周维明
审稿人　李玉萍）

原载《人民法院案例选》2019 年第 4 辑（总第 134 辑）

二、证　　据

379. 陈传钧抢劫案

——证据存疑案件的审查判断及处理原则

【关键词】

无罪推定　疑罪从无　证据裁判　证明标准　人权保障

【裁判要旨】

对于被告人是否实施犯罪，现有证据既不能证实也不能证伪的疑案，应当恪守证据裁判规则，摒弃“疑罪从轻”的做法，坚持“疑罪从无”原则判定被告人无罪。

【案件索引】

一审：广东省东莞市中级人民法院（2011）东中法刑一初字第 99 号（2011 年 12 月 19 日）

二审：广东省高级人民法院（2012）粤高法刑一终字第 455 号（2013 年 9 月 9 日）

重审一审：广东省东莞市中级人民法院（2013）东中法刑二重字第 1 号（2014 年 4 月 15 日）

二审：广东省高级人民法院（2014）粤高法刑四终字第 127 号（2015 年 7 月 28 日）

【基本案情】

原审一审、重审认定：2001 年 9 月 25 日左右，被告人陈传钧意欲抢劫其打工期间所熟识的广东省东莞市沙田镇西太隆村“崇兴商店”，事先购买了铁锤作为作案工具，并进行了“踩点”。同月 27 日早上 6 时许，陈传钧进入“崇兴商店”假意购买商品，趁被害人方清花不备时，用铁锤猛击方清花后脑数下，致其晕倒，随后进入店内卧室，用铁锤猛击正在睡觉的被害人方允崇头部、背部等部位数下，击打方允崇的女儿方丹红、方丹霞头部各一下，之后取走方允崇裤袋内装有现金 500 元等财物的钱包，并逃离现场。方允崇经送医院抢救无效死亡，方清花、方丹红、方丹霞所受损伤均为重伤。

认定上述事实的证据有：破案经过、现场勘验检查笔录及照片、法医学尸体检验鉴定书、法医学活体损伤程度鉴定书及伤情照片、被害人陈述、证人证言、被告人供述等。

公诉机关认为：被告人陈传钧的行为构成抢劫罪，应依法追究其刑事责任。

附带民事诉讼原告人要求判处被告人死刑，并依法承担附带民事赔偿责任。

被告人陈传钧辩称公安机关刑讯逼供，其没有实施抢劫犯罪。

辩护人提出：指控被告人陈传钧犯抢劫罪的事实不清，证据不足，请求宣告被告人无罪。

【裁判结果】

广东省东莞市中级人民法院于2011年12月19日作出（2011）东中法刑一初字第99号刑事判决：被告人陈传钧犯抢劫罪，判处死刑，剥夺政治权利终身，并处没收个人全部财产；并赔偿附带民事诉讼原告人方锦城、方清花、方丹红、方冬钿、方丹霞经济损失人民币393205.15元。原审一审宣判后，被告人陈传钧不服，提出上诉。广东省高级人民法院于2013年9月9日作出（2012）粤高法刑一终字第455号刑事判决：撤销原判，发回重审。广东省东莞市中级人民法院于2014年4月15日作出（2013）东中法刑二重字第1号刑事判决：被告人陈传钧犯抢劫罪，判处死刑，缓期二年执行，剥夺政治权利终身，并处没收个人全部财产；并赔偿附带民事诉讼原告人经济损失人民币520206.19元。宣判后，原审被告人陈传钧以其没有实施犯罪、不应承担赔偿责任为由，再次提出上诉。广东省高级人民法院于2015年7月28日作出（2014）粤高法刑四终字第127号刑事判决：一、撤销广东省东莞市中级人民法院（2013）东中法刑二重字第1号刑事附带民事判决。二、上诉人陈传钧无罪。三、上诉人陈传钧不承担民事赔偿责任。

【裁判理由】

广东省高级人民法院生效裁判认为：原判认定上诉人陈传钧构成犯罪的证据达不到确实、充分的证明标准，不能得出系上诉人陈传钧实施本案犯罪的唯一结论，认定上诉人陈传钧犯抢劫罪的事实不清、证据不足，原公诉机关指控上诉人陈传钧所犯罪名不能成立。原审判决上诉人陈传钧赔偿原审附带民事诉讼原告人方锦城、方清花、方丹红、方冬钿、方丹霞的经济损失无事实依据。上诉人陈传钧及其辩护人关于陈传钧无罪且不承担民事赔偿责任的上诉及辩护意见成立，予以采纳。

【案例注解】

本案的问题在于：能否认定被告人陈传钧构成犯罪的证据审查判断问题，以及疑案处理原则。

一、证据的审查判断问题

在证据规格未改变的情况下，本案一审、重审一审先后判处陈传钧死刑、死缓，重审二审改判陈传钧无罪，两级法院对于证据的审查判断方面存在极大差异。

一审法院认为：本案有被害人方清花指认陈传钧于案发前一刻来案发现场，即食杂店购买商品；有证人指认：案发后，见到陈传钧在店门口喊“救命”；案发“中心现场”提取到一件“带血”的衬衣，陈传钧归案后供认：是其在现场换下的；陈传钧作过六次“有罪”供述，供述的作案过程、细节与其他证据基本吻合，其无罪辩解不合常理。据此，认定陈传钧构成抢劫罪，并先后作出死刑、死缓的判决。

二审法院认为：（1）本案“现场提取”的铁锤、衬衫因没有进行相关的血迹、毛发等痕迹、物质提取与鉴定工作，且随后“原物”被侦查机关“遗失”，认定作案人与“案发现场”之间具有直接联系的最有力物证灭失。（2）被害人方清花未能“目击”凶手作案，仅指认陈传钧在其被袭击前来店“买东西”，且被害人在陈传钧归案前后，所做的陈述发生多处“改变”，证据的可信度降低；第一个进入现场的证人方某盼证明：听被害人方允崇生前说，凶手是“广西仔”，证人方某华印证了这一说法，而陈传钧是福建人，户籍间存在重大矛盾；证人方某华关于“案发”时在案发现场门口见到陈传钧在喊“救命”的证言，仅证实陈传钧于“案发”时段出现在“案发”现场，不直接指向陈传钧实施犯罪；证人方某盼、冯某胜的证言均在陈传钧归案后，发生了向被告人供述及被告人“个体特征”靠近的不正常改变，证言的证明力减弱。（3）被告人陈传钧在侦查阶段作过六次“有罪”供述，起诉及审判阶段全面“推翻”有罪供述。陈传钧关于其去到现场见到凶案已发生、其为救助被害人而将衬衣染血、因害怕别人认为是其作案而在现场“换衣”的辩解虽然有违常理，但不能完全排除无罪辩解情形的现实可能性。

综上，有多个“指向”上诉人陈传钧于“案发”时间出现在案发现场的证据，陈传钧的有罪供述与其他证据之间有一定程度的“吻合性”；但同时，一审法院认定陈传钧实施犯罪的证据中，客观证据缺失；言词证据仅“指向”陈传钧出现在“案发现场”而非实施犯罪；证据之间存在矛盾，疑点难以“合理解释”；陈传钧的有罪供述虽排除刑讯逼供情形，但已被其推翻，且仅有被告人供述不足以定罪；对于无罪辩解有违常理的推断，在本案证据格局“不稳固”的情况下，不能起到“强化”证据或替代证据的作用。全案证据尚未达到确实、充分的证明标准，不能得出系被告人陈传钧实施本案犯罪的唯一结论。

二、疑案处理原则

本案的发生距今近 14 年，案发当年的侦查水平受到历史性的局限，“案发现场”因被害人多名亲属的施救而遭到“破坏”，且由于犯罪具有的隐蔽性、复杂性及“不可再现性”，证据暴露状况的不同等多种因素，导致本案的证据体系形成了一种既有“指向”被告人犯罪的部分证据，又不足以形成完整证据链条的局面，即对于被告人是否实施犯罪，既不能“证实”也不能“证伪”的两难境地，这就是刑法意义上“疑案”。

对于疑案的处理，我国刑法早明确了“疑罪从无”的刑事处理原则，但在司法实践中，因受制于侦查水平的客观局限、犯罪率居高的治安形势、刑事政策的导向、民众对于案件处理结果的期待和“接纳”程度等多种因素的影响，“疑罪从无”原则往往最终异化为“疑罪从轻”的处理方法。本案中，二审法院“穷尽”了所有补查手段，并启动非法证据排除程序，但仍未能取得更多的“有力”证据，在现有证据不足以认定被告人陈传钧是本案真凶、亦不足以认定其没有实施本案犯罪的证据状态下，二审法院对保障人权与严惩犯罪进行了充分、慎重的考量，严格遵从“疑罪从无”原则，在既不能证明被告人有罪又不能证明被告人无罪的情况下，从法律上判定被告人无罪，依法作出证据不足、宣告被告人无罪的判决。

“疑罪从无”是在错判与错放之间，作出的一种价值间的艰难取舍。短期来看，它可能伤害了被害方的利益、折损了公众对于通过有罪判决获得正义感的期待。但长期来看，它是对公民人权的充分保障与尊重，当每个人都不能确保自己不涉入刑事诉讼、不被冤枉的情况下，“疑罪从无”实际上是对每一个在国家机器面前脆弱的个人的最有力保护。同时，根据我国刑事法律的规定，行为人因证据不足被宣告无罪后，任何时候司法机关取得了确实、充分的证据，仍然可以启动司法程序，惩罚犯罪。这是正义的回归，在保障社会个体利益的同时，实现了社会公共利益的最大化。

（一审法院合议庭成员　周　迪　叶　颖　郑寒草
二审法院合议庭成员　李　华　倪亚琴　林奎生
重审一审法院合议庭成员　钟志华　李瑞峰　黄小美
二审法院合议庭成员　向玉生　钟锦华　石春燕
编写人　广东省高级人民法院　石春燕
责任编辑　李　明
审稿人　裴显鼎）

原载《人民法院案例选》2016 年第 1 辑（总第 95 辑）

380. 文某非法持有毒品案*

——审查起诉阶段未审查排除侦查阶段刑讯逼供取得的有罪供述，继续获取的不稳定有罪供述是否应当排除

【关键词】

非法持有毒品罪　刑讯逼供　非法证据排除　有罪供述

【裁判要点】

侦查机关不能证明证据是以合法方式收集的，则该证据应依法予以排除。审查起诉阶段未审查排除侦查阶段刑讯逼供取得的有罪供述，继续获取的不稳定有罪供述亦应依法予以排除。

【相关法条】

《中华人民共和国刑法》

第三百四十八条　非法持有鸦片一千克以上、海洛因或者甲基苯丙胺五十克以上或者其他毒品数量大的，处七年以上有期徒刑或者无期徒刑，并处罚金；非法持有鸦片二百克以上不满一千克、海洛因或者甲基苯丙胺十克以上不满五十克或者其他毒品数量较大的，处三年以下有期徒刑、拘役或者管制，并处罚金；情节严重的，处三年以上七年以下有期徒刑，并处罚金。

【案情及裁判】

某区人民检察院以被告人文某犯运输毒品罪，向某区人民法院提起公诉。

被告人文某辩称：其在侦查阶段的有罪供述系侦查机关刑讯逼供的结果，其行为不构成运输毒品罪。

辩护人基于以下理由提出被告人文某的行为不构成运输毒品罪：（1）本案言词证据存在矛盾；（2）本案存在特情引诱；（3）侦查人员实施了刑讯逼供取证行为，公诉机关提供的相关证据应当作为非法证据予以排除。

某区人民法院经公开审理查明：（1）关于审判前供述取得合法性的审查。被告人文某在公安机关共作有四份有罪供述，分别是 2013 年 2 月 20 日、2 月 21 日在某派出所两份，2 月 26 日、4 月 10 日在某看守所两份。在对上述证据当庭质证过程中，被告人文某及其辩护人提出，文某的亲笔说明系因被逼迫所写，且根据上述证据不能排除文某被刑

---

* 案例来源：最高人民法院刑事审判第一、二、三、四、五庭主办：《刑事审判参考》（第 101 集），法律出版社 2015 年版，第 1 ~ 10 页。

讯逼供的可能。而公诉机关认为，根据文某本人所写情况说明，结合其他证据，可以证明文某的外伤与刑讯逼供无关；按照法律规定，文某所犯罪行尚未达到必须要进行全程录音录像的条件，且目前该录像已灭失；文某在审查起诉阶段的有罪供述能够证明其运输毒品犯罪事实。（2）非法持有毒品事实。2013 年 2 月 19 日晚，文某在某小区某号楼门前被公安机关抓获，其随身携带的 2 小包毒品及身边雪地上的 2 大包毒品被查获。经鉴定，4 包毒品均含有甲基苯丙胺成分，经称重，4 包毒品分别为 0.29 克、0.14 克、25.06 克、25.05 克，合计 50.54 克。

某区人民法院认为：（1）关于审判前供述取得合法性的审查。首先，关于文某在侦查机关所作的有罪供述的合法性审查。文某自 2013 年 2 月 19 日被抓获至同月 26 日进入看守所期间，多份证据证明其有眼睛青紫，面部肿胀的外伤。文某在入所体检及公诉机关提审时均进行了反映，而公诉机关为论证侦查机关证据收集的合法性仅提供了文某自书的情况说明、侦查机关出具的情况说明，未能提供同步录音录像等更有力的客观证据。根据现有的证据及线索，不能排除文某的伤情系侦查人员刑讯逼供所致的可能，故对文某在侦查机关所作的供述笔录应当依法予以排除。其次，关于文某在公诉机关三份有罪供述笔录的合法性审查。文某在侦查、审查起诉阶段的有罪供述具有连贯性，既然侦查阶段的有罪供述应当依法予以排除，那么公诉机关在审查起诉阶段的取证亦应依法予以排除。（2）关于文某非法持有毒品的事实部分。文某非法持有甲基苯丙胺 50 克以上，其行为构成非法持有毒品罪。（3）关于本案可能存在特情引诱辩护意见的审查。根据公安机关提供的情况说明，证人陈某并非特情人员，且本案是否存在特情，与定罪量刑并无直接关系。该辩护意见与事实和法律不符，故不予采纳。据此，依照《中华人民共和国刑法》第三百四十八条、《中华人民共和国刑事诉讼法》第五十四条之规定，某区人民法院以被告人文某犯非法持有毒品罪，判处有期徒刑七年，并处罚金人民币 1 万元。一审宣判后，被告人文某未提起上诉，公诉机关也未提起抗诉，判决已经发生法律效力。

【法理解析】

本案中争议的焦点问题是，审判前被告人文某的供述是否合法收集以及审查起诉阶段未审查排除侦查阶段刑讯逼供取得的有罪供述，继续获取的不稳定有罪供述是否应当排除。首先，关于被告人供述是否合法收集的问题。公诉机关提供的证据应该符合“确实、充分”的标准，而公诉机关所提交的被告人的自书情况说明、侦查人员关于伤势情况说明以及戒毒所的谈话笔录等证据并不能排除非法收集证据的可能性。并且作为关键证据的同步录音录像资料的灭失，使得证据收集合法性无法得到证明。据此，不能排除侦查机关系以刑讯逼供的方法获取被告人有罪供述的合理怀疑，故该有罪供述应当依法予以排除。其次，对于被告人在侦查、审查批捕和审查起诉各阶段所作的多次有罪供述，不能因为前一阶段的有罪供述被作为非法证据排除后，后一阶段的有罪供述必然被排除，而应当根据具体的案情进行分析。在本案中，被告人在审查起诉阶段即向公诉机关反映被刑讯逼供的情形，公诉机关对此未予依法审查，且被告人存在供述不稳定的情形，因此其在审查起诉阶段所作供述也应排除。

原载《人民法院案例选》2016 年第 1 辑（总第 95 辑）

381. 刘吉良制造毒品，周永春制造毒品、非法持有枪支案*

——“零口供”案件中如何贯彻证据裁判原则，准确认定犯罪事实

【关键词】

制造毒品罪　零口供　证据体系

【裁判要旨】

“零口供”案件中，法官应当通过审查判断证据和综合运用证据的证明过程，形成完整的刑事证明体系，排除一切合理怀疑，得出唯一结论，从而达到“犯罪事实清楚，证据确实、充分”的刑事证明标准。

【相关法条】

《中华人民共和国刑法》

第三百四十七条第二款第（一）项　走私、贩卖、运输、制造毒品，有下列情形之一的，处十五年有期徒刑、无期徒刑或者死刑，并处没收财产：

（一）走私、贩卖、运输、制造鸦片一千克以上、海洛因或者甲基苯丙胺五十克以上或者其他毒品数量大的。

第三百四十七条第七款　对多次走私、贩卖、运输、制造毒品，未经处理的，毒品数量累计计算。

第一百二十八条第一款　违反枪支管理规定，非法持有、私藏枪支、弹药的，处三年以下有期徒刑、拘役或者管制；情节严重的，处三年以上七年以下有期徒刑。

【案情及裁判】

辽宁省丹东市人民检察院以被告人刘吉良犯制造毒品罪，被告人周永春犯制造毒品罪、非法持有枪支罪，向丹东市中级人民法院提起公诉。

丹东市中级人民法院经公开审理查明：2012 年春节前，被告人周永春请被告人刘吉良帮忙研制甲基苯丙胺（冰毒）的配方工艺，刘吉良应允。后由周永春提供资金，刘吉良单独或者伙同周永春购买了烧杯、加热套、乙醚、乙腈、甲胺水溶液、氯化苄等仪器设备与化学品，用于制造冰毒。同年 6 月，刘吉良试制毒品成功。二人为购买制毒原料和运送毒品方便，由周永春出资人民币（以下币种同）11500 元购买了一辆微型面包车。

* 案例来源：最高人民法院刑事审判第一、二、三、四、五庭主办：《刑事审判参考》（第 101 集），法律出版社 2015 年版，第 121 ~ 126 页。

后经刘吉良妻子于丽华联系，周永春出资 1 万元，租用马志勇位于东港市黑沟镇王岭村西山组第四果园的住房，用作制毒地点。后二人又雇用于波帮助制造毒品。刘吉良制造出的毒品均交由周永春保管。同年 9 月 21 日晚，周永春报警称其与他人有经济纠纷，公安机关介入后，周又提出刘吉良吸毒并制造毒品。在周永春的带领下，公安机关于 9 月 22 日 0 时许在周母亲赵乃荣家中搜出周藏匿的白色粉末 9 袋共计 102. 24 克（甲基苯丙胺含量为 67%）；同日 2 时许，在果园租住房搜出烧杯装白色粉末 202. 45 克（含量为 35. 7%）及制毒过程中产生的废液若干。同日，公安机关将刘吉良抓获，刘供述了伙同周永春制造毒品的事实，周永春亦被抓获（周永春非法持有枪支的事实略）。

丹东市中级人民法院认为，被告人刘吉良、周永春合谋制造毒品，周负责出资，刘负责制造，所制毒品数量大，其行为均构成制造毒品罪，且系共同犯罪。周永春还构成非法持有枪支罪，应予数罪并罚。刘吉良揭发周永春犯非法持有枪支罪，构成立功，且能如实供述制造毒品的罪行，依法对其可以从轻处罚。据此，依照《刑法》第三百四十七条第二款第（一）项、第七款，第一百二十八条第一款，第二十五条第一款，第六十九条，第六十七条第三款，第六十八条，第五十七条第一款之规定，丹东市中级人民法院判决如下：

一、被告人刘吉良犯制造毒品罪，判处无期徒刑，剥夺政治权利终身，并处没收个人全部财产；

二、被告人周永春犯制造毒品罪，判处无期徒刑，剥夺政治权利终身，并处没收个人全部财产；犯非法持有枪支罪，判处有期徒刑一年；决定执行无期徒刑，剥夺政治权利终身，并处没收个人全部财产。

一审宣判后，被告人刘吉良、周永春均不服，向辽宁省高级人民法院提起上诉。辽宁省高级人民法院经公开审理认为，一审认定上诉人刘吉良、周永春制造毒品的犯罪事实清楚，证据确实、充分，适用法律正确，量刑适当，诉讼程序合法。据此，依照《刑事诉讼法》第二百二十三条第二款、第二百二十五条第一款第（一）项之规定，辽宁省高级人民法院裁定驳回上诉，维持原判。

【法理解析】

现代司法制度凭借着先进的侦查技术和严密的论证逻辑实现了“零口供”定罪量刑。尤其是在毒品犯罪中，“零口供”更为常见。而对“零口供”刑事案件的审判工作而言，需要法官具有运用证据建构有效的证明体系的能力，以最大限度地提升裁判文书论理性，增强审判公信力。本案主要通过“两个面、双向度”的证据架构模式对此进行论证。“两个面”是指两个层面：第一层面是总体布局，将本案五个关键事实进行分解论证，包括证实周永春出资租用制毒场所、出资购买运输车辆、出资购买制毒原材料、雇用工人、保管制成毒品的相关证据。第二层面是对每个事实点通过证据组的形式进行论证，在每一组证据中，均将相关证据组合在一起，合力形成对待证事实的论证。“双向度”是指既从正面证实周永春有犯罪行为，同时又要对其无罪辩解进行有层次的研判和驳斥。通过“两个面、双向度”相辅相成的证明体系建构，从而准确认定被告人参与实施共同制造毒品的事实。

原载《人民法院案例选》2016 年第 2 辑（总第 96 辑）

382. 李志周运输毒品案*

——如何把握证据收集合法性的证明标准，以及排除非法证据后案件的处理方式

【关键词】

运输毒品罪　非法证据排除　证据收集合法性　证明标准

【裁判要旨】

对证据收集合法性事实的证明，应当达到证据确实、充分的证明标准。排除非法证据不影响案件的实体审理，对案件处理还应综合审查其他在案证据，依法认定案件事实。

【相关法条】

《中华人民共和国刑法》

第三百四十七条第二款第（一）项　走私、贩卖、运输、制造毒品，有下列情形之一的，处十五年有期徒刑、无期徒刑或者死刑，并处没收财产：

（一）走私、贩卖、运输、制造鸦片一千克以上、海洛因或者甲基苯丙胺五十克以上或者其他毒品数量大的。

【案情及裁判】

江西省萍乡市人民检察院以被告人李志周犯运输毒品罪，向萍乡市中级人民法院提起公诉。

被告人李志周辩称：其没有参与指控的犯罪事实，对同案被告人易洪涛运输毒品的事实不知情，不构成犯罪。同时，该案审理过程中，被告人李志周提出，其在派出所接受讯问期间遭到刑讯逼供，并提供相关线索、材料，申请排除其所作供述。

萍乡市中级人民法院经审理查明：（1）关于运输毒品罪的案件事实。易洪涛（同案被告人，已判刑）向“老三”（在逃）联系购买毒品，并将其之前所欠的人民币6000元购毒款通过被告人李志周汇给“老三”。易洪涛、李志周在郴州市“老三”处购得毒品后驾车返回萍乡市。二人驾车行至萍乡市达金大酒店时被公安人员抓获。公安人员当场从二人驾驶的车辆中查获白色塑料封口袋包装的白色结晶颗粒2包，净重196.86克，经鉴定检出甲基苯丙胺成分；红色片剂988片，净重88.9克，绿色片剂10片，净重0.9克，经鉴定检出甲基苯丙胺和咖啡因成分。（2）关于非法证据排除的审查。公诉人为证明取证的合法性当庭出示了以下证据：江西省莲花县看守所出具的说明，萍乡市公安局

* 案例来源：最高人民法院刑事审判第一、二、三、四、五庭主办：《刑事审判参考》（第101集），法律出版社2015年版，第11～15页。

安源分局出具的情况说明、关于李志周等人被抓获的情况和审讯情况的补充说明，安源分局后埠派出所出具的情况说明、办案说明，安源分局缉毒大队出具的易洪涛贩毒案抓获情况及审讯情况说明、办案说明，又对参与审讯的陈翔、陶平华、许渤等13名侦查人员逐一进行了询问，提取了证人证言，13名侦查人员也均出具了情况说明，声明在审讯中无刑讯逼供行为。

萍乡市中级人民法院经审查认为：(1) 非法证据排除的审查。公安人员可能存在以刑讯逼供方法收集被告人供述的情形，依法启动证据收集合法性调查程序。虽然公诉机关出示相关办案说明等材料证明取证合法性，但是现有证据不能排除被告人供述是公安人员采用刑讯逼供方法收集的，对有关供述应当予以排除。(2) 运输毒品罪的事实部分。关于指控被告人李志周的运输毒品事实，仍有同案被告人的供述、相关证人证言以及当场从李志周身上查获的毒品等证据予以证实。起诉书指控的犯罪事实清楚，其他证据确实、充分。因此，萍乡市中级人民法院认为，被告人李志周违反国家毒品管理规定，非法运输毒品甲基苯丙胺196.86克、甲基苯丙胺片剂89.8克，其行为已构成运输毒品罪。李志周在运输毒品共同犯罪中起次要作用，系从犯，应当减轻处罚。据此，依照《刑法》第三百四十七条第二款第（一）项、第二十五条第一款、第二十七条之规定，萍乡市中级人民法院判决如下：

被告人李志周犯运输毒品罪，判处有期徒刑十年，并处罚金人民币5万元。

宣判后，被告人李志周不服，向江西省高级人民法院提起上诉，辩称其受到公安人员刑讯逼供；公安人员并非从其身上搜查到毒品，而是从车内搜查到毒品，其自始至终都不知情，更没有参与毒品犯罪。

江西省高级人民法院经公开审理认为：虽然被告人李志周的供述被认定为非法证据，依法应当予以排除，但在案其他证据足以认定其运输毒品的犯罪事实。原判认定事实清楚，证据确实、充分，定罪准确，量刑适当，审判程序合法。依照《刑事诉讼法》第二百二十五条第一款第（一）项之规定，裁定驳回上诉，维持原判。

【法理解析】

本案主要涉及两个问题：(1) 如何把握证据收集合法性的证明标准。根据《刑事诉讼法》的规定，检察机关对证据收集合法性事实的证明，应当达到证据确实、充分的证明标准，即排除存在《刑事诉讼法》第五十四条规定的以非法方法收集证据的情形。在本案中，检察机关虽然提供了大量的证明材料，但多是办案人员和办案单位的说明材料，不能单独作为证明取证过程合法的根据。同时，同步录音录像以及进出派出所的监控视频又未能提供，因此本案不能排除非法收集证据的可能性，故对李志周的供述应予以排除。(2) 排除非法证据后案件的处理方式。非法证据排除规则解决的只是证据是否具有继续作为证据使用的资格问题。排除了非法证据，并不意味着案件一定要宣告无罪，还应综合审查其他在案证据，依法认定案件事实。具体到本案中，虽然被告人李志周的有罪供述被认定为非法证据，并依法予以排除，但其他在案证据仍能够证明李志周实施了公诉机关指控的运输毒品犯罪行为。因此，人民法院认定被告人李志周的行为构成运输毒品罪是正确的。

原载《人民法院案例选》2016年第2辑（总第96辑）

383. 尹某受贿案*

——如何审查被告人在侦查阶段不同期间所作供述的合法性

【关键词】

受贿罪　反复供述　同步录音录像

【裁判要旨】

法院应根据程序的合法性、证据之间的相互印证性综合审查判断被告人在侦查阶段不同期间所作供述的合法性。

【相关法条】

《中华人民共和国刑法》

第三百八十五条第一款　国家工作人员利用职务上的便利，索取他人财物的，或者非法收受他人财物，为他人谋取利益的，是受贿罪。

【案情及裁判】

被告人尹某，男，1954 年 11 月 14 日出生，原某市烟草公司办公室主任科员、副主任。2013 年 8 月 14 日因涉嫌受贿罪被逮捕。

某区人民检察院以被告人尹某犯受贿罪，向某区人民法院提起公诉。

区法院经审理查明：尹某在担任该公司办公室副主任、主任科员期间，利用其负责该公司卷烟物流配送中心项目基建、装修等具体事项协调工作等职务上的便利，先后 5 次非法收受某室内成套装饰有限公司顾某某、某实业有限责任公司冯某某贿赂的人民币（以下币种同）共计 23.5 万元。

某区人民法院认为：被告人尹某身为国有企业中从事公务的人员，利用职务之便，非法收受他人财物共计 23.5 万元，为他人谋取利益，其行为构成受贿罪。依照《刑法》第一百六十三条第三款，第三百八十五条第一款，第三百八十六条，第三百八十三条第一款第（一）项、第二款，第九十三条第二款，第六十四条之规定，某区人民法院判决如下：

一、被告人尹某犯受贿罪，判处有期徒刑十一年，并处没收财产人民币 5 万元。

二、追缴被告人尹某受贿所得人民币 23.5 万元。

---

* 案例来源：最高人民法院刑事审判第一、二、三、四、五庭主办：《刑事审判参考》（第 101 集），法律出版社 2015 年版，第 16～22 页。

宣判后，被告人尹某基于以下理由提起上诉：（1）本案侦查机关的全部侦办过程严重违反法律程序；（2）侦查机关采用刑讯逼供，通过威胁、恐吓、利诱取得上诉人及关键证人的言词证据，系非法证据，一审法院未予排除；（3）一审定案证据不能排除合理怀疑，判决认定的事实不清、证据不足，应当依法宣告被告人无罪。

某中级人民法院经公开审理查明：原审判决认定上诉人尹某身为国有企业中从事公务的人员，利用职务上的便利，非法收受他人财物，共计 23.5 万元，为他人谋取利益的事实，有原审法院经过当庭质证后所认定的证据予以证实。

某中级人民法院认为：原审判决认定上诉人尹某犯受贿罪的定罪和量刑事实清楚，证据确实、充分，适用法律正确，量刑适当，诉讼程序合法，应予维持。关于上诉人尹某及其辩护人提出的上诉理由和辩护意见，经查：（1）侦查机关在立案后对上诉人尹某的刑事拘留、逮捕决定均严格按照《刑事诉讼法》的规定作出，并由公安机关执行，且讯问过程中均告知了相关诉讼权利和义务，并进行了同步录音录像，并无违法取证行为。（2）2013 年 7 月 28 日，某区人民检察院对上诉人尹某立案后即向其告知了有核对笔录、对侦查人员的违法行为提出控告等诉讼权利。尹某就受贿事实作过数次稳定供述，而且其曾详细供述在 2008 年至 2009 年间收受顾某某、冯某某等人贿赂后从最初的惶恐不安到逐渐心安理得，直至无所顾忌；在接受侦查机关调查后害怕、不敢面对现实、抱有幻想等心理历程。该供述自然客观、真实可信。一审庭审中，公诉人当庭播放了该区人民检察院立案后在看守所对尹某所作第一份讯问笔录的同步录音录像，视频资料显示尹某神态自然，回答流畅，侦查人员没有非法取证的行为；2010 年 8 月 20 日，该区人民检察院人民监督员找尹某谈话时，其亦明确表示办案人员对其公正文明，讯问行为没有违反法律和有关纪律。（3）2008 年至 2010 年期间，上诉人尹某在所在单位新办公大楼和物流配送中心基建和装修工作中，全权代表公司行使有关职权，负责基建、装修方面的具体事项的协调工作，虽无最终决策审批权，但其在工程追加投资方案的初步研究及上报、工程决算等方面为冯某某提供帮助，使其避免因工程量清单中缺项而造成数十万元的经济损失；在施工单位推荐过程中，其介绍顾某某顺利承接到卷烟物流配送中心部分新增项目装修工程，尹某因此收受二人贿赂共计 23.5 万元。尹某的供述虽有反复，但其在立案后的数次有罪供述与证人顾某某、冯某某的多次稳定证言在行受贿的时间、地点、数额、原因、现金包装以及承接工程情况等细节上能相互印证。据此，依照《刑事诉讼法》第二百二十五条第一款第（一）项之规定，某中级人民法院裁定驳回上诉，维持原判。

【法理解析】

职务犯罪中，对侦查机关在不同侦查阶段取得的言词证据进行甄别时，需要综合多方面因素进行审查判断。在初查阶段，侦查机关对犯罪嫌疑人取证的过程中存在不规范情形。主要表现在连续 72 个小时对犯罪嫌疑人进行疲劳审讯，且犯罪嫌疑人每天休息时间不足 4 个小时；侦查机关采用威胁、辱骂的方式进行办案活动；询问笔录的制作不完整。因此，初查阶段所取得的被告人尹某的言词材料应予以排除。在侦查阶段，犯罪嫌疑人的重复供述不因之前供述非法取证而当然排除。侦查阶段对犯罪嫌疑人尹某进行讯问时，其身处看守所，受侦查机关意志影响减弱，所作供述十分具体详细，且因履行了权利告知程序，同时有完整的同步录音录像证明取证的合法性。因此，侦查阶段所取证据不因重复供述而排除。综上所述，人民法院在该案的审理过程中，较好地甄别了侦查机关在不同阶段所取得的被告人言词证据，为对被告人定罪量刑打下了坚实的证据基础。

原载《人民法院案例选》2016年第2辑（总第96辑）

384. 邢平飞传播淫秽物品牟利案
——互联网电子数据的收集与审查认定

【关键词】

传播淫秽物品牟利罪　实际被点击数　以会员制方式

【裁判要旨】

1. 利用互联网传播淫秽电子信息实际被点击数的认定应限定为网站受被告人实际控制期间。被告人在被采取强制措施后无法继续控制网站运行，被点击数不应认定。

2. 以会员制方式传播淫秽电子信息，注册会员数量应以会员实际人数计算。公诉机关只提供注册会员数量而无法确定会员实际人数的，不应认定。

【相关法条】

《中华人民共和国刑法》

第三百六十三条第一款　以牟利为目的，制作、复制、出版、贩卖、传播淫秽物品的，处三年以下有期徒刑、拘役或者管制，并处罚金；情节严重的，处三年以上十年以下有期徒刑，并处罚金；情节特别严重的，处十年以上有期徒刑或者无期徒刑，并处罚金或者没收财产。

《最高人民法院、最高人民检察院关于办理利用互联网、移动通讯终端、声讯台制作、复制、出版、贩卖、传播淫秽电子信息刑事案件具体应用法律若干问题的解释》

第一条　以牟利为目的，利用互联网、移动通讯终端制作、复制、出版、贩卖、传播淫秽电子信息，具有下列情形之一的，依照刑法第三百六十三条第一款的规定，以制作、复制、出版、贩卖、传播淫秽物品牟利罪定罪处罚：

（一）制作、复制、出版、贩卖、传播淫秽电影、表演、动画等视频文件二十个以上的；

（二）制作、复制、出版、贩卖、传播淫秽音频文件一百个以上的；

（三）制作、复制、出版、贩卖、传播淫秽电子刊物、图片、文章、短信息等二百件以上的；

（四）制作、复制、出版、贩卖、传播的淫秽电子信息，实际被点击数达到一万次以上的；

（五）以会员制方式出版、贩卖、传播淫秽电子信息，注册会员达二百人以上的；

（六）利用淫秽电子信息收取广告费、会员注册费或者其他费用，违法所得一万元以上的；

（七）数量或者数额虽未达到第（一）项至第（六）项规定标准，但分别达到其中两项以上标准一半以上的；

（八）造成严重后果的。

利用聊天室、论坛、即时通信软件、电子邮件等方式，实施第一款规定行为的，依照刑法第三百六十三条第一款的规定，以制作、复制、出版、贩卖、传播淫秽物品牟利罪定罪处罚。

第四条 以牟利为目的，网站建立者、直接负责的管理者明知他人制作、复制、出版、贩卖、传播的是淫秽电子信息，允许或者放任他人在自己所有、管理的网站或者网页上发布，具有下列情形之一的，依照刑法第三百六十三条第一款的规定，以传播淫秽物品牟利罪定罪处罚：

（一）数量或者数额达到第一条第二款第（一）项至第（六）项规定标准五倍以上的；

（二）数量或者数额分别达到第一条第二款第（一）项至第（六）项两项以上标准二倍以上的；

（三）造成严重后果的。

实施前款规定的行为，数量或者数额达到第一条第二款第（一）项至第（七）项规定标准二十五倍以上的，应当认定为刑法第三百六十三条第一款规定的“情节严重”；达到规定标准一百倍以上的，应当认定为“情节特别严重”。

【案件索引】

一审：河北省南皮县人民法院（2013）南刑初字第68号（2014年5月21日）

二审：河北省沧州市中级人民法院（2014）沧刑终字第302号（2015年2月22日）

【基本案情】

公诉机关：河北省南皮县人民检察院

被告人：邢平飞，家住天津市南开区卫津路94号。2012年3月16日刑平飞因涉嫌传播淫秽物品罪被南皮县公安局刑事拘留，同年4月20日被南皮县人民检察院批准逮捕。

经法院审理查明：2011年8月以来，被告人邢平飞在互联网上通过租用境外服务器等手段建立名为“东方小镇论坛”的网站，先后吸收网名为“qss0326”“痞子祁”等三十余人为论坛版主为其管理该网站。该网站为注册登录的会员及登录游客按相应级别提供视频、图片、文章等淫秽色情文件的浏览、下载。经核实，该淫秽色情网站共注册会员229731个，被告人邢平飞传播淫秽图片2176张，截至2012年5月21日点击数达2862489次。被告人邢平飞明知他人传播的是淫秽电子信息，允许他人在自己所有、管理的网站上发布，涉及淫秽电子图片9064张、淫秽电子文章158部，截至2012年5月21日点击数达6325629次。

在运行维护“东方小镇论坛”淫秽色情网站期间，被告人邢平飞通过销售“会员注册邀请码”及为“232同城交友”网站设置广告链接的形式非法牟利66640元。

【裁判结果】

河北省南皮县人民法院于2014年5月21日作出（2013）南刑初字第68号刑事判

决：一、被告人邢平飞犯传播淫秽物品牟利罪，判处有期徒刑五年，并处罚金2万元；二、作案工具戴尔牌笔记本电脑一台、领智牌电脑散热器一个、BUFFALO移动硬盘一个、雷帕K18牌键盘一个、YPOO牌耳麦一个、无线Logitech牌鼠标一个予以没收。违法所得66640元予以追缴。

宣判后，公诉机关提起抗诉后认为抗诉不当，申请撤回抗诉。河北省沧州市中级人民法院于2015年2月22日裁定准予撤回抗诉。

【裁判理由】

法院生效裁判认为：被告人邢平飞在互联网上通过租用境外服务器等手段建立网站，并由30余人为其管理。该网站为注册登录的会员及登录游客提供视频、图片、文章等淫秽色情文件的浏览、下载。被告人邢平飞通过销售“会员注册邀请码”和设置广告链接方式利用计算机网络传播淫秽图片2176张；明知他人传播的是淫秽电子信息，允许他人在自己管理的网站上发布淫秽图片9064张、淫秽电子文章158部，共非法牟利66640元，其行为已构成传播淫秽物品牟利罪，且属情节严重，公诉机关指控的罪名成立。关于辩护人提出作出鉴定意见的机构资质异议的辩护意见，因县级以上公安机关治安部门负责淫秽物品的鉴定工作，本案鉴定资质合格，该辩护意见不予支持。关于被告人及其辩护人对指控的网站点击数量及会员注册人数的异议，经查，侦查机关虽然在网站关闭前已对网站内容进行了证据固定，但自被告人邢平飞建立该网站起至其被刑事拘留之日止的网站点击量侦查机关未能确定，因此公诉机关有关网站点击量的指控，证据不足，不予支持。对于网站注册会员人数，因侦查机关勘验结果是对注册会员个数的确定，对其中重复注册数量未能确定，故对注册会员人数亦不能确定。

【案例注解】

《最高人民法院、最高人民检察院关于办理利用互联网、移动通讯终端、声讯台制作、复制、出版、贩卖、传播淫秽电子信息刑事案件具体应用法律若干问题的解释(一)》第一条，分别按照传播淫秽物品的种类数量、实际被点击次数、注册会员人数、违法所得金额等六个方面确定了定罪量刑标准。就本案而言，控辩双方对传播的淫秽电子信息的种类、数量均无异议，被告人的行为依法属于情节严重数额以内。而在注册会员数和淫秽电子信息实际被点击数的认定上出现分歧。本案淫秽电子信息的点击量、网站会员注册人数是作为传播淫秽物品犯罪行为社会危害性的指标来考量的，是传播行为的具体后果。对该事实的认定涉及被告人犯罪情节是否构成特别严重，从而决定应该在十年以上确定刑罚还是在三年以上十年以下确定刑罚的问题。认定该事实的证据是侦查机关通过技术手段获取的电子证据。电子证据，是指“以电子形式存在的、用作证据使用的一切材料及其派生物”[①]，如电子邮件、电子数据交换、网上聊天记录、博客、微博客、手机短信、电子签名、域名等电子数据。在刑事诉讼中电子数据作为证据使用时是否具有证据能力，一般认为取决于其是否具备证据的客观性、合法性和相关性。本案控辩双方对该电子证据的取得方式、证据的客观性均无异议，而对证据与本案的关联性的

① 陈光中主编：《刑事诉讼法》，北京大学出版社2013年版，第215页。

上出现争议：一是被告人在被采取强制措施后网页被点击数是否认定；二是以会员制方式传播淫秽电子信息，会员有大量重复注册情况下，是否应以会员实际人数计算。笔者认为：对刑事诉讼电子证据的关联性审查要从以下两个层面进行：

（1）电子证据数据本身应准确无误。刑事诉讼电子证据具有不稳定性和瞬间巨变性，人们可以通过各种方法对数字编码进行增减和编辑而使电子信息被篡改、伪造、破坏或灭失。因此，固定电子证据时要严格控制时间节点，审查时要考虑作为证据的电子数据是否在相关连接点上固定。

（2）电子数据进行现实化转换。即电子数据在反映现实犯罪结果、社会危害性等方面，还有一个具体结合问题。网络是一个虚拟的世界，与现实有距离需要切换。在虚拟世界里一个人可以变成多个人，一个后果可以变成多个后果。必须把客观的数据再进一步现实化，这样才可能符合现实。

基于以上分析，就本案而言，侦查机关固定点击数证据的时间截止点是2012年5月21日，但被告人于2012年3月16日已被公安机关抓获，在2012年3月16日至2012年5月21日长达两个多月的期间内已失去对其建立的“东方小镇论坛”网站进行控制的可能，因此这期间网站淫秽信息继续被点击的点击数不应确定为认定被告人传播淫秽电子信息的实际被点击数。公诉机关无法确定2012年3月16日以前淫秽电子信息点击数，该电子数据已失去第一层意义上的关联性，故不应予以认定。在认定注册会员人数上，因控方只有注册会员数的证据，会员数不能等同于会员自然人的人数，该电子证据第二层意义上的关联性亦无法确定。综上，本案涉及网站注册会员人数和淫秽电子信息被点击量这两个案件事实因证据与本案的关联性上存在瑕疵，无法证明实际被告人控制网站期间的点击数和注册会员人数，因此按照有利于被告人的原则排除了以上证据。

《两高解释》的立法者考虑到了注册会员重复、虽然有多名会员但实际为同一自然人的情形，使用会员制传播淫秽电子信息涉及的实际人数应当以实际自然人确定，而非以注册会员数确定。但是实践中带来了一个问题就是，要将注册登记的会员逐个落实到人是困难的，如何解决这一矛盾需要进一步探索和完善相关规则。

（一审法院合议庭成员　鄢忠杰　杨志杰　杨金华
二审法院合议庭成员　李彦芹　张　勇　尚　伟
编写人　河北省南皮县人民法院　马　爱
责任编辑　李　明
审稿人　蒋惠岭）

原载《人民法院案例选》2016年第3辑（总第97辑）

385. 刘军谊受贿案

——疲劳审讯的认定

【关键词】

疲劳审讯　含义　实质标准　形式标准

【裁判要旨】

认定疲劳审讯的实质标准是：审讯方法的违法程度和对犯罪嫌疑人的强迫程度与刑讯逼供或者暴力、威胁相当而迫使被审讯人违背意愿供述。

【相关法条】

《中华人民共和国刑事诉讼法》

第五十四条第一款　采用刑讯逼供等非法方法收集的犯罪嫌疑人、被告人供述和采用暴力、威胁等非法方法收集的证人证言、被害人陈述，应当予以排除。收集物证、书证不符合法定程序，可能严重影响司法公正的，应当予以补正或者作出合理解释；不能补正或者作出合理解释的，对该证据应当予以排除。

【案件索引】

一审：北京市第二中级人民法院（2015）二中刑初字第571号（2015年11月16日）。

【基本案情】

2015年3月2日，北京市人民检察院第二分院以京二分检刑诉［2015］13号起诉书指控被告人刘军谊犯受贿罪，向北京市第二中级人民法院提起公诉，随案移送了书证、证人证言、被告人供述等证据。

被告人刘军谊及辩护人申请排除非法证据。被告人刘军谊及辩护人于庭审前根据办案人员提供的抓获经过和调查笔录、讯问笔录、询问通知书等证据，认为按抓获经过记载的时间计算，办案人员于2014年8月19日17时至次日7时3分对被告人刘军谊连续审讯，时间超过12个小时，即使按询问通知书上填写的18时30分起算，对被告人刘军谊连续审讯的时间也超过12个小时，以上审讯行为违反《刑事诉讼法》第一百一十七条“传唤、拘传持续时间不得超过十二小时”和《最高人民法院关于建立健全防范刑事冤假错案工作机制的意见》第八条“采用刑讯逼供或者冻、饿、晒、烤、疲劳审讯等非法方法收集的被告人供述，应当排除”的规定，构成违法疲劳审讯，用疲劳审讯的非法方法收集的对刘军谊8月19日调查笔录、次日讯问笔录及期间亲笔供词均应当确认为非法证据并予以排除。公诉机关予以反对。为此，法院在庭审调查前启动非法证据排除的程序，公诉机关宣读了侦查人员、监察部驻教育部监察局及该局工作人员杨林清分别出具的工作说明，法院通知了本案侦查人员李惠明出庭作证。

法院经审理查明：2007年至2012年，被告人刘军谊利用担任教育部考试中心（自考办）副主任，负责自考工作、教材出版、联系北京奈亚信息技术有限公司（以下简称奈亚公司）等职务便利，在北京华夏大地远程教育网络服务有限公司（以下简称华夏大地公司）与奈亚公司签订合作合同、在自学考试教材中附赠网络学习卡、与江西省在过程性考核项目中合作等事项上，为华夏大地公司提供帮助。为此，刘军谊于2007年4月、2012年1月在其家中等地主动向华夏大地公司负责人武法提索要人民币5万元、电脑1台（折合人民币7600元）及打印机1台（折合人民币600元）；于2008年至2012年间，在北京市大郊亭附近某菜馆等地分4次非法收受武法提给予的好处费共计人民币7万元。

被告人刘军谊于2014年8月19日18时许开始在西城区人民检察院接受询问，至22时40分许被正式制作调查笔录。询问至次日4时36分许结束，之后至8月20日7时3分，侦查人员对刘军谊进行了讯问，制作了讯问笔录。8月19日18时许至次日7时3分之间，刘军谊独立书写了亲笔供词，侦查人员保证了其用餐、喝水、上厕所的权利。

同年9月，刘军谊家属主动向侦查机关上交人民币20万元。

【裁判结果】

北京市第二中级人民法院于2015年11月16日作出（2015）二中刑初字第571号刑事判决：一、被告人刘军谊犯受贿罪，判处有期徒刑三年，并处罚金人民币3万元。二、扣押在案的人民币20万元充抵被告人刘军谊受贿所得人民币128200元，予以没收上缴国库；余款3万元用于执行罚金，41800元发还被告人刘军谊。宣判后，被告人刘军谊未提出上诉，一审判决已发生法律效力。

【裁判理由】

法院生效裁判认为：《刑事诉讼法》第五十四条规定，采用刑讯逼供等非法方法收集的犯罪嫌疑人、被告人供述和采用暴力、威胁等非法方法收集的证人证言、被害人陈述，应当予以排除。但《刑事诉讼法》及相关司法文件未禁止夜间审讯或询问，亦未具体规定认定疲劳审讯的时长标准，是否属于疲劳审讯应当依据审讯的“违法程度和对犯罪嫌疑人的强迫程度与刑讯逼供或者暴力、威胁相当而迫使其违背意愿供述”的标准加以判断。侦查人员于2014年8月19日、20日对被告人刘军谊的审讯未达到“违法程度和对犯罪嫌疑人的强迫程度与刑讯逼供或者暴力、威胁相当而迫使其违背意愿供述”的标准，期间不存在《刑事诉讼法》第五十四条规定的以非法方法收集证据的情形，故被告人刘军谊及其辩护人要求排除对刘军谊的8月19日调查笔录、次日讯问笔录及期间亲笔供词的申请，不予准许。

被告人刘军谊身为国有事业单位中的国家工作人员，利用担任教育部考试中心（自考办）副主任的职务便利，为北京华夏大地远程教育网络服务有限公司签订合作合同等事项提供帮助，非法收受或索取该公司人员给予的财物，数额巨大，其行为已构成受贿罪，依法应予惩处。被告人刘军谊的部分行为系索贿，对该部分行为依法应当从重处罚。鉴于涉案赃款赃物已由被告人刘军谊家属全部退缴或折价退缴，同时，考虑被告人刘军谊的索贿情节，对其从轻处罚。

【案例注解】

本案审理过程中争议较大的问题是被告人是否受到疲劳审讯。庭审后，《北京晚报》以“他是否曾受到疲劳审讯?”为题进行了报道，人民网、凤凰资讯等多家媒体进行转载。以下对如何认定疲劳审讯的问题作一简要说明。

众所周知，无论是德国、法国、日本等大陆法系国家，还是英国、美国等英美法系的国家，立法普遍赋予了犯罪嫌疑人、被告人的沉默权和不被强迫自证其罪的权利。因此，疲劳审讯在这些国家自然属于违法取证并被禁止，法庭在判断上一般不存在太大困难。我国考虑到已参加联合国《公民权利和政治权利国际公约》，于2012年修订《刑事诉讼法》时在第五十条作出了“不得强迫任何人证实自己有罪”的明文规定，但是第一百一十八条又规定：“犯罪嫌疑人对侦查人员的提问，应当如实回答。但是对与本案无关的问题，有拒绝回答的权利。”应当说，目前，我国立法尚未确立沉默权和比较完善的不被强迫自证其罪的权利。由于这一立法状况，疲劳审讯近年来成为继刑讯逼供之后我国法庭较为常见且难以判断的又一实务问题。

2013年11月21日，最高人民法院发布《关于建立健全防范刑事冤假错案工作机制的意见》(以下简称《意见》)，第一次提出了疲劳审讯的概念及应予排除的要求，该文件第八条规定:“采用刑讯逼供或者冻、饿、晒、烤、疲劳审讯等非法方法收集的被告人供述，应当排除。”但是，对于疲劳审讯的含义和认定标准，目前我国立法及司法解释、司法解释性文件均未作出明确规定。

1. 疲劳审讯的含义及实质标准分析

从字面上看，疲劳审讯是指在犯罪嫌疑人或被告人处于疲劳状态下对其开展的审讯。但是，结合我国目前有关司法文件看，对疲劳审讯的范围还应作进一步限定。首先，根据上述《意见》第八条的规定，疲劳审讯属于“非法方法”，而且属于与刑讯逼供并列、性质均为虐待被讯问人的“非法方法”。其次，2012年修订的《人民检察院刑事诉讼规则（试行)》第六十五条第三款规定，其他“非法方法”是指违法程度和对犯罪嫌疑人的强迫程度与刑讯逼供或者暴力、威胁相当而迫使其违背意愿供述的方法。2012年12月20日公布的《最高人民法院关于适用〈中华人民共和国刑事诉讼法〉的解释》对刑讯逼供以外的“非法方法”未单独加以规定，但该司法解释第九十五条第一款规定：“使用肉刑或者变相肉刑，或者采用其他使被告人在肉体上或者精神上遭受剧烈疼痛或者痛苦的方法，迫使被告人违背意愿供述的，应当认定为刑事诉讼法第五十四条[①]规定的‘刑讯逼供等非法方法’。”这里，把刑讯逼供与其他非法方法放在一起加以解释，实质上是认定二者程度和性质相同。综合以上司法解释，对于刑讯逼供以外的“非法方法”，显

---

① 《刑事诉讼法》第五十四条规定:“采用刑讯逼供等非法方法收集的犯罪嫌疑人、被告人供述和采用暴力、威胁等非法方法收集的证人证言、被害人陈述，应当予以排除。”

然应当与刑讯逼供等量齐观，即应理解为：违法程度和对犯罪嫌疑人的强迫程度与刑讯逼供或者暴力、威胁相当而迫使其违背意愿供述的方法。最后，结合上述《意见》及司法解释，疲劳审讯应当界定为：以“违法程度和对犯罪嫌疑人的强迫程度与刑讯逼供或者暴力、威胁相当而迫使其违背意愿供述”的方法审讯。这里，被审讯者的疲劳程度显然达到了刑讯逼供相当的程度，而不是比较轻微的程度。而且，这里对疲劳审讯的界定既是对概念含义的界定，也是认定什么是疲劳审讯的实质标准。

2. 疲劳审讯的形式标准分析

对于认定疲劳审讯的形式标准，我们认为，首先，应当深入到刑事诉讼的目的和价值追求的源头进行探求。基于我国目前法治现状和惩治腐败的需要，在查明事实真相、打击犯罪与保障人权的价值取向上，应当适当向查明事实真相、打击犯罪的方面倾斜。其次，应当结合我国刑事诉讼特点来分析。在职权主义为刑事诉讼主要特征的国家，法官在审判时承担查证证据和查明事实真相的责任，为更加有效打击犯罪，在为犯罪嫌疑人、被告人提供必要人权保障的前提下，适当给予法官判断证据可采性、可靠性的自由裁量权是必要的。尤其是在我国刑事诉讼具有的职权主义特色远比当事人主义特色更为鲜明的情况下，法官为查明事实真相，不仅询问证人、还补充讯问被告人，赋予法官判断证据可采性、可靠性的自由裁量权更为必要。具体到疲劳审讯的问题上，判断标准不宜过细过严，应当考虑到各个具体犯罪嫌疑人、被告人的身体状况和实际审讯情况，作出较为粗线条的规定，界定一般人判断均会认为明显属于应予禁止的疲劳审讯的认定标准，即“一般人标准”。基于以上理由，认定疲劳审讯应当采取以下形式标准：对于持续审讯的时间超过12个小时，24小时审讯期间连续休息时间不足8小时的，认定为疲劳审讯，所获口供应予排除。对于年老、患病、怀孕等特殊体质人员连续审讯时间和连续休息时间，应当在上述期限内从严把握。这里的审讯形式不限于立案传唤或拘留后的讯问，还包括此前被剥夺或限制人身自由的连续的调查询问；审讯地点不必限于羁押场所；审讯时间不必限于白天或晚上或任何时间。另外，必须指出，这里的审讯应当保障犯罪嫌疑人、被告人享有合理的饮食、正常大小便等权利，否则，可能构成刑讯逼供和疲劳审讯以外的其他“非法方法”。鉴于实质标准不便于操作，故司法实践中认定疲劳审讯时应当统一采用形式标准，凡符合形式标准的，推定亦符合实质标准。但没有形式标准时，应当采用实质标准。

本案中，被告人刘军谊于2014年8月19日18时许开始在西城区人民检察院接受询问，至22时40分许被正式制作调查笔录。期间实质上被限制了人身自由。询问至次日4时36分许结束，之后至8月20日7时3分，侦查人员对刘军谊进行了讯问，制作了讯问笔录。8月19日18时许至次日7时3分之间，刘军谊独立书写了亲笔供词，侦查人员保证了其用餐、喝水、上厕所的权利。由此可见，侦查人员于2014年8月19日、20日对被告人刘军谊限制人身自由的调查询问时间约10个小时，限制人身自由的审讯时间为2个小时至3个小时间之间。二者累计连续问话时间为13个多小时。按照上述形式标准，侦查机关对刘军谊的审讯属于疲劳审讯，应予排除。但是，迄今为止我国尚未出台认定疲劳审讯的形式标准的规定，依据法庭启动非法证据排除程序审理的结果，尚不能认定审讯达到“违法程度和对犯罪嫌疑人的强迫程度与刑讯逼供或者暴力、威胁相当而迫使其违背意愿供述”这一实质标准，不能认定存在《刑事诉讼法》第五十四条规定的以非法方法收集证据的情形。故一审法院在目前立法及司法解释、司法解释性文件均未对疲劳审讯标准作出明确规定的情况下，根据本案具体案情，判定被告人刘军谊未受到疲劳审讯是妥当的。

据了解，最高人民法院会同最高人民检察院、公安部、司法部、国家安全部从2014年起开始研究制定非法证据排除的解释性文件，其中对认定疲劳审讯的标准拟作出具体规定，但至今尚未正式出台。我们呼吁尽快出台上述文件，以适应审判实践的需要。

（一审法院合议庭成员　杨子良　郑　敏　陈林林
编写人　北京市第二中级人民法院　杨子良
责任编辑　李玉萍
审稿人　沈　亮）

原载《人民法院案例选》2016年第6辑（总第100辑）

386. 戴庆成强奸、抢劫、盗窃、故意伤害案
——“证据裁判”的理解与把握

【关键词】

证据裁判　证明标准　证明力　证据充分　排除合理怀疑　疑罪从无

【裁判要旨】

认定案件事实，必须以证据为依据。对一切案件的判处都要重证据，死刑案件的判处更应如此。坚持证据裁判原则，核心就是要严格把握“事实清楚，证据确实充分”的证明标准。证据确实充分要求：定罪量刑的事实都有证据证明；据以定案的证据均经法庭程序查证属实；综合全案证据，对所认定的事实已排除合理怀疑。证据不足或者关键证据无法排除合理怀疑，不能认定被告人有罪的，应当按照疑罪从无的原则作出证据不足的无罪判决或对该事实不予认定。

对于犯罪分子决定刑罚的时候，应当根据犯罪的事实、犯罪的性质、情节和对于社会的危害程度，依法判处。

【相关法条】

《中华人民共和国刑事诉讼法》

第五十三条　对一切案件的判处都要重证据，重调查研究，不轻信口供。只有被告人供述，没有其他证据的，不能认定被告人有罪和处以刑罚；没有被告人供述，证据确实、充分的，可以认定被告人有罪和处以刑罚。

证据确实、充分，应当符合以下条件：

（一）定罪量刑的事实都有证据证明；

（二）据以定案的证据均经法定程序查证属实；

（三）综合全案证据，对所认定事实已排除合理怀疑。

第一百九十五条　在被告人最后陈述后，审判长宣布休庭，合议庭进行评议，根据已经查明的事实、证据和有关的法律规定，分别作出以下判决：

（一）案件事实清楚，证据确实、充分，依据法律认定被告人有罪的，应当作出有罪判决；

（二）依据法律认定被告人无罪的，应当作出无罪判决；

（三）证据不足，不能认定被告人有罪的，应当作出证据不足、指控的犯罪不能成立的无罪判决。

《中华人民共和国刑法》

第六十一条　对于犯罪分子决定刑罚的时候，应当根据犯罪的事实、犯罪的性质、

情节和对于社会的危害程度，依照本法的有关规定判处。

【案件索引】

一审：安徽省阜阳市中级人民法院（2010）阜刑初字第00153号（2010年12月1日）

二审：安徽省高级人民法院（2011）皖刑终字第00165号（2011年7月19日）

重审：安徽省阜阳市中级人民法院（2011）阜刑初字第00152号（2012年2月21日）

二审：安徽省高级人民法院（2012）皖刑终字第00312号（2012年9月18日）

复核审：最高人民法院（2013）刑一复55161841号（2014年2月6日）

重审：安徽省阜阳市中级人民法院（2015）阜刑初字第00004号（2015年6月15日）

二审：安徽省高级人民法院（2015）皖刑终字第00254号（2015年9月14日）

【基本案情】

安徽省阜阳市人民检察院指控的事实：1993年至2009年，被告人戴庆成在安徽省临泉县、河南省沈丘县农村抢劫、强奸、盗窃133起。其中，强奸妇女119人（未遂41人）；抢劫94次，抢劫金额32549元；盗窃20次，盗窃金额32945元。此外，在2007年，被告人戴庆成还雇凶伤人一次，致2人轻伤。(具体事实略)

安徽省阜阳市人民检察院指控被告人戴庆成的行为触犯了《刑法》第二百三十六条第三款第（一）项、第（二）项、第二百六十三条第（一）项、第（四）项、第二百六十四条、第二百三十四条、第六十九条的规定，分别构成强奸罪、抢劫罪、盗窃罪、故意伤害罪。被告人戴庆成一审当庭对起诉指控其故意伤害的犯罪事实供认不讳；对于指控其强奸、抢劫、盗窃的大部分事实予以否认，对于具体参与了哪些事实，其辩称记不清楚了，并称在侦查阶段受到公安人员的威逼利诱。

戴庆成的辩护人对起诉指控的罪名不持异议，但对指控戴庆成参与强奸、抢劫、盗窃的次数以及抢劫、盗窃的数额有异议。理由：（1）侦查机关取证程序违法，存在刑讯逼供的可能，对非法证据应予以排除。(2）本案仅有部分DNA鉴定，且部分鉴定与戴庆成的DNA不相符，对于其他的未进行物证鉴定的，不能认定系戴庆成所为。(3）指控第5起强奸不属实，系被害人自愿。(4）指控第1、5、6、9~17、19、24~28、30~37、39~41、45~47、49~56、58~66、99、101、106、107、112~114、116~120、123、124、126~133起的事实属于先供后证，在未排除刑讯逼供等非法证据的情况下，应不予认定。(5）指控的第8、15、17、23、26、30、34、37、42、44、57、59、60、61、71、72、75、84、87、89、98、102、115、116、127、128、131、132起的事实存在疑点，应不予认定。(6）指控戴庆成所参与抢劫、盗窃的实物未作评估，且无其他证据印证，对于指控的犯罪数额应不予认定。(7）戴庆成因故意伤害而被羁押，其主动供述侦查机关尚未掌握的其参与强奸、抢劫、盗窃的犯罪事实，应认定为自首。(8）戴庆成有犯罪未遂情节，可以从轻或减轻处罚，且自愿认罪。综上，建议对其量刑留有余地。

安徽省阜阳市中级人民法院经审理查明：1993年至2009年，被告人戴庆成在安徽省临泉县、河南省沈丘县农村抢劫、强奸、盗窃67起。其中，强奸妇女61人（未遂21人、中止1人）；抢劫32起，抢劫金额8431元；盗窃11次，盗窃金额6595元及电器等财物。此外，在2007年，被告人戴庆成还雇凶伤人一次，致2人轻伤。

一审宣判后，被告人戴庆成提出上诉。

戴庆成上诉提出：一审认定其67起强奸、抢劫、盗窃的事实不清，公安机关对其讯问时刑讯逼供，其并未实施该全部犯罪；其和妻妹罗某某之间发生性关系是自愿的，不是强奸；DNA鉴定意见不能作为其犯罪的证据使用；指认现场笔录和照片不能作为其犯罪的证据使用；涉案物品价值无法确定；其在故意伤害犯罪中系从犯；其因涉嫌故意伤害犯罪被抓获并如实供述强奸犯罪事实，系自首；原判对其量刑过重，请求二审改判，对其从轻处罚。

戴庆成辩护人的主要辩护意见与戴庆成的上诉理由相同。

安徽省人民检察院二审出庭检察员认为：原判认定的主要犯罪事实清楚，证据确实充分，审判程序合法。但一审认定的第32、43、44起系作案时间存疑，按照有利于被告人的原则，不应认定；第12、26、33、36、38被害人陈述和被告人供述不一致，又无其他证据印证，证据不充分，不应认定；戴庆成的主要上诉理由不能成立；根据本案的事实、情节，建议二审法院驳回上诉、维持原判。

【裁判结果】

安徽省阜阳市中级人民法院于2010年12月1日作出（2010）阜刑初字第00153号刑事判决：被告人戴庆成犯强奸罪，判处死刑，剥夺政治权利终身；犯抢劫罪，判处死刑，剥夺政治权利终身，并处没收个人全部财产；犯盗窃罪，判处有期徒刑二年，并处罚金人民币7000元；犯故意伤害罪，判处有期徒刑二年，决定执行死刑，剥夺政治权利终身，并处没收个人全部财产。被告人戴庆成的违法所得依法予以追缴。一审宣判后，被告人戴庆成不服，提出上诉。

安徽省高级人民法院审理认为，原判认定部分事实不清，证据不足，于2011年7月19日作出（2011）皖刑终字第00165号刑事裁定：撤销原判，发回安徽省阜阳市中级人民法院重新审判。

一审法院在发回重审后，于2012年2月21日作出（2011）阜刑初字第00152号刑事判决：被告人戴庆成犯强奸罪，判处死刑，剥夺政治权利终身；犯抢劫罪，判处死刑，剥夺政治权利终身，并处没收个人全部财产；犯盗窃罪，判处有期徒刑二年，并处罚金人民币7000元；犯故意伤害罪，判处有期徒刑二年，决定执行死刑，剥夺政治权利终身，并处没收个人全部财产。被告人戴庆成的违法所得依法予以追缴。原审宣判后，被告人戴庆成不服，提出上诉。

安徽省高级人民法院于2012年9月18日作出（2012）皖刑终字第00312号刑事判决：一、维持安徽省阜阳市中级人民法院（2011）阜刑初字第00152号刑事判决中对上诉人戴庆成的违法所得予以追缴部分；二、撤销安徽省阜阳市中级人民法院（2011）阜刑初字第00152号刑事判决中对戴庆成的定罪量刑部分；三、上诉人戴庆成犯强奸罪，判处死刑，剥夺政治权利终身；犯抢劫罪，判处死刑，缓期二年执行，剥夺政治权利终身，并处没收个人全部财产；犯盗窃罪，判处有期徒刑三年，并处罚金1万元；犯故意伤害罪，判处有期徒刑二年；决定执行死刑，剥夺政治权利终身，并处没收个人全部财产。安徽省高级人民法院依法报送最高人民法院复核。

最高人民法院复核审理认为，原判认定部分事实不清，证据不足，于 2014 年 2 月 6 日作出（2013）刑一复 55161841 号刑事裁定：撤销阜阳市中级人民法院及安徽省高级人民法院刑事判决，发回阜阳市中级人民法院重新审判。

安徽省阜阳市中级人民法院于 2015 年 6 月 15 日作出（2015）阜刑初字第 00004 号刑事判决：被告人戴庆成犯强奸罪，判处死刑，剥夺政治权利终身；犯抢劫罪，判处死刑，缓期二年执行，剥夺政治权利终身，并处没收个人全部财产；犯盗窃罪，判处有期徒刑二年，并处罚金人民币 7000 元；犯故意伤害罪，判处有期徒刑二年，决定执行死刑，剥夺政治权利终身，并处没收个人全部财产。被告人戴庆成的违法所得依法予以追缴。原审宣判后，被告人戴庆成不服，提出上诉。

安徽省高级人民法院于 2015 年 9 月 14 日作出（2015）皖刑终字第 00254 号刑事判决：一、维持安徽省阜阳市中级人民法院（2015）阜刑初字第 00004 号刑事判决的第二项，即被告人戴庆成的违法所得依法予以追缴。二、撤销安徽省阜阳市中级人民法院（2015）阜刑初字第 00004 号刑事判决的第一项，即被告人戴庆成犯强奸罪，判处死刑，剥夺政治权利终身；犯抢劫罪，判处死刑，缓期二年执行，剥夺政治权利终身，并处没收个人全部财产；犯盗窃罪，判处有期徒刑二年，并处罚金人民币 7000 元；犯故意伤害罪，判处有期徒刑二年，决定执行死刑，剥夺政治权利终身，并处没收个人全部财产。三、上诉人戴庆成犯强奸罪，判处死刑，缓期二年执行，剥夺政治权利终身；犯抢劫罪，判处死刑，缓期二年执行，剥夺政治权利终身，并处没收个人全部财产；犯盗窃罪，判处有期徒刑二年，并处罚金人民币 7000 元；犯故意伤害罪，判处有期徒刑二年，决定执行死刑，缓期二年执行，剥夺政治权利终身，并处没收个人全部财产。四、对上诉人戴庆成限制减刑。

【裁判理由】

安徽省阜阳市中级人民法院经审理认为：被告人戴庆成违背妇女意志，强行奸淫妇女 61 人，其中未遂 21 人，中止 1 人；采取暴力手段，入户劫取他人财物 32 起，其中未遂 10 起，抢劫财物价值人民币 8431 元等；采取秘密手段，多次入户、持械窃取他人财物 11 起，盗窃人民币 6595 元及电器、衣物、粮食等财物；故意损害他人身体健康，致 2 人轻伤，其行为已分别构成强奸罪、抢劫罪、盗窃罪、故意伤害罪，依法应予数罪并罚。公诉机关指控罪名成立，予以确认。对于公诉机关指控的部分强奸、抢劫、盗窃犯罪，因事实不清，证据不足，不予认定。对于部分抢劫、盗窃犯罪的犯罪形态及犯罪数额指控错误，应予纠正。鉴于被告人戴庆成在连续几年时间内，强行奸淫妇女 61 人，犯罪时均是入户、持械作案，犯罪对象包括孕妇、刚行剖腹产的妇女、未成年被害人，有的甚至当着母亲、儿童和其他亲属的面实施强奸，犯罪手段特别卑劣，情节特别严重，社会危害性极大，依法应予严惩。

安徽省高级人民法院经审理认为：对于一审认定的第 9 起犯罪，经查，该起犯罪系被害人先报案，其陈述早于戴庆成供述，戴庆成在重审及二审期间均否认实施该起犯罪，综合全案，该起事实证据尚达不到确实充分，不予认定。对一审认定的第 12 ~ 20、22 ~

24、26、27、29、30、32～38、40～45起，总计29起犯罪事实，经查，该部分事实的被害人陈述均早于戴庆成供述，虽然戴庆成指认笔录在先，但根据现有证据，该部分指认笔录不能作为戴庆成供述在先的证据使用，戴庆成在重审及二审期间均否认实施上述犯罪，综合全案，该部分事实证据尚达不到确实充分，不予认定。对戴庆成及其辩护人关于没有实施一审认定全部犯罪的诉辩意见予以采纳。对出庭检察员关于一审认定的第32、43、44起系作案时间存疑，第12、26、33、36、38起系被告人供述与被害人陈述不一致不应认定的意见，予以采纳。

被告人戴庆成违背妇女意志，强行奸淫妇女34人，其中未遂7人；采取暴力手段，入户劫取他人财物20起，其中未遂4起，抢劫财物价值5871元等；采取秘密手段，入户、持械窃取他人财物6起，窃取现金2600元及电器、化肥、粮食等财物；故意伤害他人，致2人轻伤，其行为已分别构成强奸罪、抢劫罪、盗窃罪、故意伤害罪，依法应数罪并罚。原判认定的部分强奸、抢劫、盗窃犯罪事实不清、证据不足，不应认定，二审予以纠正。原判定罪准确。审判程序合法。鉴于戴庆成归案后曾如实供述自己罪行，且没有造成被害人的重伤或死亡等情况，对戴庆成判处死刑可不立即执行。对戴庆成及其辩护人关于对戴庆成从宽处罚的意见，予以采纳。但戴庆成在连续10余年内，强奸妇女34人，均是入户作案，犯罪对象包括孕妇、未成年人，有的还当着被害人母亲和其他亲属的面实施强奸，情节恶劣、人身危险性大，应对其限制减刑。

【案例注解】

本案的焦点问题是对证据裁判的理解与运用以及对被告人如何量刑。

一、证据裁判的理解与运用

证据裁判的基本含义就是通过证据来认定案件事实，即将证据作为事实裁判的根据。证据裁判原则以肯定的方式要求法官认定事实以有证据存在为前提，禁止以非理性的方法判断事实，不得以证据以外的其他客观现象认定事实，也不仅凭法官个人的主观推测和印象来认定事实。证据裁判要求认定案件事实必须以证据为根据。坚持证据裁判原则，核心就是要严格把握“事实清楚，证据确实充分”的证明标准。《刑事诉讼法》第五十三条规定：“对一切案件的判处都要重证据，重调查研究，不轻信口供。只有被告人供述，没有其他证据的，不能认定被告人有罪和处以刑罚；没有被告人供述，证据确实、充分的，可以认定被告人有罪和处以刑罚。证据确实、充分，应当符合以下条件：（一）定罪量刑的事实都有证据证明；（二）据以定案的证据均经法定程序查证属实；（三）综合全案证据，对所认定事实已排除合理怀疑。”

《最高人民法院、最高人民检察院、公安部、国家安全部、司法部关于办理死刑案件审查判断证据若干问题的规定》（以下简称《办理死刑案件证据规定》）第五条第二款亦对证据确定充分的证据标准作出解释：（1）定罪量刑的事实都有证据证明；（2）每一个定案的证据均已经法定程序查证属实；（3）证据与证据之间、证据与案件事实之间不存在矛盾或者矛盾得以合理排除；（4）共同犯罪案件中，被告人的地位、作用均已查清；（5）根据证据认定案件事实的过程符合逻辑和经验规则，由证据得出的结论为唯一结论。

证据确实充分和排除合理怀疑是证明标准的两个方面，前者是属证明标准的客观方面的标准，后者是主观方面标准，二者是统一的。既要从正面证实的角度做到内心确信，又要从反面证伪的角度做到排除合理怀疑得出唯一结论。用排除合理怀疑来解释“证据确实、充分”强调了反面证伪的重要性。证据确实充分就是要求做到内心确信，做到了上述要求，实际上也就排除了合理怀疑。

证据不足是相对于证据确实充分而言的。证据不足或者关键证据无法排除合理怀疑，不能认定被告人有罪的，应当按照疑罪从无的原则作出证据不足的无罪判决或对该事实不予认定。

证据裁判首先必须要解决证据适格问题。特定的证据材料要想作为定案根据使用，必须具备证据能力，也就是证据资格。在司法实践中，特定的证据材料能否作为定案的根据使用，需要审查该证据材料是否具备证据能力，尤其是其是否被法律规范所禁止。如果法律规范禁止使用特定的证据材料，则该证据材料就不具备证据能力，进而不能作为定案的根据。比如，《办理死刑案件证据规定》对各种证据材料的排除性后果作出了详细的规定，也就确立了大量的排除性证据规则。

证据裁判还要解决证据的证明力问题。对证据的证明力，应当结合案件的具体情况，从各证据与待证事实的关联程度、各证据之间的联系等方面进行审查判断。证据之间具有内在的联系，共同指向同一待证事实，且能合理排除矛盾的，才能作为定案的根据。比如，被告人翻供或者提出无罪辩解问题。这种情形比较常见。对此，首先要认真审查被告人翻供的理由或无罪辩解，并结合其他证据审查判断其翻供理由或无罪辩解是否成立。在被告人的翻供理由或者无罪辩解不成立的情况下，则要审查被告人的庭审供述与其他证据能否相互印证，并形成完整的证明体系。被告人的供述与其他证据相互印证，并且得出唯一结论，可以认定案件事实。比如，《最高人民法院关于适用〈中华人民共和国刑事诉讼法〉的解释》第一百零六条规定：“根据被告人供述、指认提取到了隐蔽性很强的物证、书证，且被告人的供述与其他证明犯罪事实发生的证据相互印证，并排除串供、逼供、诱供等可能性的，可以认定被告人有罪。”这种情况属于“先供后证”，其证据证明力要大于“先证后供”。如果被告人的翻供理由或者无罪辩解成立，能够证实被告人无罪，或者导致法官对控诉的犯罪事实存在合理怀疑，就应当依法作出无罪判决或者证据不足，指控的犯罪不能成立的无罪判决。

本案的处理中，涉及证据确实充分、证据不足、证据适格的运用问题。被告人戴庆成强奸、抢劫犯罪事实，除少数几起有 NDA 鉴定外，大部分事实的证据主要是被告人戴庆成的供述和被害人陈述。一审认定的事实主要基于被告人的供述早于被害人的陈述，属“先供后证”，证据的证明力较强，可以排除对被告人刑讯逼供等非法证据的情况，从而可以定案。而一审不予认定起诉指控的大部分事实是基于被告人戴庆成的供述晚于被害人陈述，也就是被害人先报案，后又找到被告人，属“先证后供”，因定案证据只有被害人陈述和被告人供述，这部分事实不排除对被告人有刑讯逼供等非法取证的行为，从而不能绝对排除有其他人作案的可能。这部分事实没有排除合理怀疑，没有形成“内心确信”。所以，一审对这部事实予以剔除，不予认定。

本案在二审处理中，对一审认定的事实进一步审查，一审认定的案件事实中，除少部分事实系上述“先证后供”情形被否定外，还有部分事实，被告人戴庆成的供述晚于被害人陈述，但是，由于被告人指认现场的时间早于被害人的陈述（视同“先供后证”），一审也予以认定。但是，二审经审查，认为本部分重要定案依据的被告人戴庆成指认现场笔录不适格，不能作为定案的依据。该指认现场笔录存在的问题是：指认现场笔录是统一格式。笔录显示，该部分指认均是被告人戴庆成在2010年1月31日当日指认，在11时30分至17时47分短短6时17分的时间里，指认64起，每起指认时间均是1分钟。此时，均未核实被害人，而指认笔录上则显示出了各被害人的具体名字，不合乎常理。指认也无现场录像，只有部分指认现场照片，从照片看，指认并无具体作案现场，有的只在案发现场村庄以外、村路上等大范围内进行笼统指认。因此，该部分指认笔录存在后来补填的可能，不能作为戴庆成供述在先的证据使用。依据该主要证据认定的事实不能排除对被告人戴庆成的诱供的可能，不能绝对排除他人作案的可能，按照疑罪从无原则的要求，二审对此部分事实进行剔除，不予认定。

二、对本案量刑的把握

本案量刑涉及死刑适用。如何依法量刑、做到罪责刑相适应是案件处理的另一焦点问题。《刑法》第六十一条规定："对于犯罪分子决定刑罚的时候，应当根据犯罪的事实、犯罪的性质、情节和对于社会的危害程度，依照本法的有关规定判处。"

本案一审重审时，鉴于被告人戴庆成在连续几年时间内，强行奸淫妇女61人（未遂21人），犯罪时均是入户、持械作案，犯罪对象包括孕妇、刚行剖腹产的妇女、未成年被害人，有的甚至当着母亲、儿童和其他亲属的面实施强奸，犯罪手段特别卑劣，情节特别严重，社会危害性极大，以强奸罪判处被告人死刑。

二审时，鉴于起诉指控被告人戴庆成在强奸妇女119人（未遂41人），一审对起诉指控的大部分事实予以否定，认定被告人强奸妇女61人（未遂21人），二审又对一审认定多起事实予以否定，最后只认定被告人强奸妇女34人（未遂7人），考虑到指控被告人的绝大部分事实被否定，又鉴于戴庆成归案后曾如实供述自己罪行，且没有造成被害人的重伤或死亡等情况，对戴庆成判处死刑可不立即执行。但又考虑到戴庆成在连续10余年内，强奸妇女34人，均是入户作案，犯罪对象包括孕妇、未成年人，有的还当着被害人母亲和其他亲属的面实施强奸，情节恶劣、人身危险性大，同时作出了对戴庆成限制减刑的判决。

（一审法院合议庭成员　王文渊　潘　智　许汝佺
二审法院合议庭成员　符仲云　刘和平　潘少华
重审合议庭成员　胡龙汉　武　锋　李志军
二审法院合议庭成员　符仲云　潘少华　张进春
复核合议庭成员　翟　超　赵晋江　耿　磊
重审合议庭成员　王廷华　王　刚　李　梅
二审法院合议庭成员　常　青　陈吉双　张　震
编写人　安徽省高级人民法院　张　震
责任编辑　李玉萍
审稿人　沈　亮）

原载《人民法院案例选》2016年第6辑（总第100辑）

387. 陈庆忠抢劫、抢夺案

——既无犯罪的直接证据又无与被告人作同一认定的证据时的证据分析

【关键词】

证据　同一认定　被告人供述　非法证据排除

【裁判要旨】

在缺乏现场目击证人、监控录像、同案犯供述等直接证据，也没有证据能够与被告人作同一认定的案件中，如果被告人的供述与现场勘验笔录、法医学文证材料审核意见书及其他证据相互吻合和印证，可排除一切合理怀疑，形成完整的证明链条，而且排除了被告人的供述系通过刑讯逼供、诱供、指供等非法方式获取的可能性，应当认定案件事实清楚，证据确实、充分。

【相关法条】

《中华人民共和国刑事诉讼法》

第一百九十五条　在被告人最后陈述后，审判长宣布休庭，合议庭进行评议，根据已经查明的事实、证据和有关的法律规定，分别作出以下判决：

（一）案件事实清楚，证据确实、充分，依据法律认定被告人有罪的，应当作出有罪判决；

（二）依据法律认定被告人无罪的，应当作出无罪判决；

（三）证据不足，不能认定被告人有罪的，应当作出证据不足、指控的犯罪不能成立的无罪判决。

【案件索引】

一审：福建省漳州市中级人民法院（2014）漳刑初字第23号（2014年12月15日）

【基本案情】

公诉机关：福建省漳州市人民检察院。

附带民事诉讼原告人：许某一，系被害人的父亲。

被告人：陈庆忠，别名陈庆斌，男，1988年11月2日出生于福建省龙海市，汉族，小学文化，农民。因犯抢夺罪于2011年11月15日被福建省龙海市人民法院判处有期徒刑一年三个月，2012年11月10日刑满释放。因涉嫌抢劫罪、抢夺罪于2013年6月29日被刑事拘留，同年8月2日被逮捕。

福建省漳州市中级人民法院经审理查明：

（一）抢劫事实

2013 年 6 月 26 日 22 时许，被告人陈庆忠驾驶电动车在龙海市海澄镇二环路屿上村怡晋工业有限公司附近路段遇被害人许某二驾驶电动车经过，即驾车从右后侧追上，伸左手去抓被害人许某二的背包，用力拉断背包带并加大车速，致被害人许某二连车带人摔倒在地，陈庆忠抢走背包后逃离现场。包内有一部三星 GT－I9300i 型手机及 1262 元，经鉴定，三星手机价值为 2466 元。被害人许某二倒地受伤，经送医院抢救无效于同年 6 月 30 日死亡。经法医鉴定，被害人许某二系因头部撞击地面致急性重度颅脑损伤引起中枢性呼吸循环衰竭死亡。

（二）抢夺事实

1. 2013 年 4 月 28 日 22 时许，被告人陈庆忠驾驶电动车在龙海市海澄镇二环路屿上村怡晋工业有限公司附近路段遇被害人徐某某驾驶电动车经过，即驾车从右后侧追上，抢走其挎包后逃离现场。被害人徐某某包内有一部三星 GT－S5830i 型手机及 620 元。经鉴定，三星手机价值为 736 元。

2. 2013 年 6 月 23 日 21 时许，被告人陈庆忠驾驶电动车在龙海市海澄镇二环路屿上村怡晋工业有限公司附近路段遇被害人黄某某驾驶电动车载被害人卢某某经过，即驾车从右后侧追上，抢走被害人卢某某的挎包后逃离现场。被害人卢某某包内有一部三星 SCH－I619 型手机、一部诺基亚 5250 型手机及 570 元。经鉴定，三星手机价值为 490 元，诺基亚手机价值为 510 元。

【裁判结果】

福建省漳州市中级人民法院于 2014 年 12 月 15 日作出漳刑初字第 23 号刑事判决：一、被告人陈庆忠犯抢劫罪，判处死刑，缓期二年执行，剥夺政治权利终身，并处没收个人全部财产；犯抢夺罪，判处有期徒刑一年二个月，并处罚金人民币 5000 元，数罪并罚，决定执行死刑，缓期二年执行，剥夺政治权利终身，并处没收个人全部财产；二、被告人陈庆忠赔偿附带民事诉讼原告人许某一经济损失人民币 686343. 87 元；三、责令被告人陈庆忠将抢劫、抢夺的财物退赔给被害人或其近亲属。

一审宣判后，被告人陈庆忠未提出上诉。

【裁判理由】

法院生效裁判认为：被告人陈庆忠以非法占有为目的，明知其驾驶车辆强行夺取他人财物会造成他人伤亡的后果，仍然驾驶车辆强行夺取他人财物折合人民币共计 3728 元，并放任造成他人死亡，其行为已经构成抢劫罪；陈庆忠乘人不备，驾驶车辆抢夺他人财物，折合人民币共计 2926 元，数额较大，其行为又构成抢夺罪。陈庆忠曾因犯抢夺罪被判处有期徒刑以上刑罚，刑罚执行完毕以后，在五年以内再犯应当判处有期徒刑以上刑罚之罪，系累犯，应当从重处罚。公诉机关指控被告人陈庆忠犯抢劫罪、抢夺罪的事实清楚，证据确实、充分，指控的罪名成立，应予支持。附带民事诉讼原告人许某一请求法院依法判处被告人陈庆忠赔偿医疗费 47535. 87 元、丧葬费 22488 元、死亡赔偿金 616320 元，合计 686343. 87 元，合理有据，符合法律规定，应予支持；请求赔偿精神抚慰金10万元，于法无据，不予支持。

【案例注解】

本案中，事实认定的重点是犯罪主体，认定的主要难点是陈庆忠翻供后拒不认罪。除了陈庆忠的有罪供述外，本案没有直接证据证明系其作案，也没有证据能够与陈庆忠作同一认定。本案行为人针对带有背包的年轻女性下手；作案时段较晚，在晚上十点过后；地段较偏僻，人流、车流较少；作案时间短促，除抢包瞬间，双方并无直接接触。因此，作案隐蔽性较强，三起案件包括劫过程都没有现场目击证人或者监控视频，造成无直接证据证实案发经过。因此，认定本案事实的重要突破口就是要综合全案证据，对陈庆忠的供述进行正确的分析判断。

一、本案侦破、揭发情况客观、自然

根据龙海市公安局的发破案报告及相关情况说明，2013年6月26日22时许，该局110指挥中心先后接到群众柯阳辉、郑章城报警称，在海澄镇二环路黎明村路口福龙冷冻厂路段有摩托车摔倒，有人员受伤，怀疑是交通事故。该局交警大队出警后经现场勘验发现，该案有异于正常交通事故，后由该局刑侦支队经现场勘验确认该案系刑事案件后，于2013年6月28日立案并成立专案组进行侦查。经调取相关监控录像，分析推断许某二于案发当日22时16分驾驶电动车从石码往海澄方向经过海澄镇二环路黎明村路口，同时，通过技术侦查手段，确认许某二的手机号码1506050××××于22时19分在许某二被抢劫地点附近区域关机。据此，专案组推断，许某二被抢劫发生在22时16分过后不久，许某二的手机系被犯罪行为人抢走并关机，且行为人对案发现场及周边应较为熟悉。专案组综合现场勘查及调查访问情况，分析推断许某二系一个人驾驶电动车途经案发现场路段时遭遇飞车抢夺，致使连人带车摔倒在地，其随身携带的一只浅蓝色背包及包内的手机等物品被抢走。通过与辖区内类似的飞车抢夺案件进行串并案侦查，专案组发现，2013年4月28日22时许徐某某被抢夺案、2013年6月23日21时许黄某某和卢某某被抢夺案，案发时间段、案发地点、犯罪人的作案手段、作案人数均相似，分析推断三起案件为同一犯罪嫌疑人作案。另经专案组通过技术侦查确认，徐某某被抢夺案、黄某某和卢某某被抢夺案的犯罪嫌疑人为陈庆忠（经了解，公安系根据陈庆忠在使用徐某某被抢夺的三星手机以及其前科、住所地等情况分析判断），据此，专案组分析推断许某二被抢劫案中陈庆忠有重大作案嫌疑。经布控，于2013年6月28日13时在海澄镇西环路西小区路段将陈庆忠抓获归案。经审讯，6月28日，陈庆忠即在第一、二次供述中供认6月26日抢劫许某二的犯罪事实；6月29日，在第三、四次供述中分别供认6月23日黄某某、卢某某被抢夺案和4月28日徐某某被抢夺案。至此，本案告破。综合发破案情况来看，公安机关在现场勘查后分析案件特点，通过串并案侦查推断系同一犯罪嫌疑人作案，通过类案确定犯罪嫌疑人，最终抓获犯罪嫌疑人并得到其供述的印证，整个侦破过程自然、可信。

二、陈庆忠翻供节点特殊，翻供后前后不一、自相矛盾

综合陈庆忠所作的所有供述以及庭审供述来看，可以发现其翻供可以分为三个阶段：第一阶段为第一至第十次供述、审查批捕阶段的供述（2013年6月28日到9月24日），第二阶段是第十一次供述到第十三次供述（2014年1月7日、1月10日、3月19日）、审查起诉阶段的供述，第三阶段是庭审供述。第一阶段中，陈庆忠对三次抢劫、抢夺案的犯罪事实供认不讳；第二阶段中，陈庆忠开始否认2013年6月26日抢劫案系其所为，并称是曾艺彬等人所为；第三阶段中，陈庆忠当庭否认其实施三次抢劫、抢夺，供述都是曾艺彬等人所为。从其翻供的脉络可以看出，其是从部分翻供到全部翻供。而正是在第一阶段最后一次供述即2013年9月24日第十次供述后，公安人员将关于许某二死亡原因的鉴定意见书送达给陈庆忠，使其确定地知道了许某二的死讯及死亡原因。（据向公安经办人了解，当陈庆忠得知许某二死亡后当时就懵了，神情愕然。）这之后，陈庆忠就开始翻供其抢劫事实，称是曾艺彬和另一个人所为。称6月26日晚其看到曾艺彬和一个不认识的人骑一部摩托车在其前面抢一个女子的背包，包掉落地上，二人逃离现场，其就顺手捡留在现场的包，把包里的钱拿走，其他东西包括手机、皮包物品等就扔在黎明一号桥的河边。但是，对于曾艺彬的和一个不认识的人为何拉扯抢夺他人背包，在背包掉地后而不拿包，无法解释；对于为何在得知6月26日被抢的被害人死亡后，马上推翻以前关于6月26日实施的抢劫事实的有罪供述无法解释。庭审中，关于2013年6月26日的抢劫案，其首先辩解称曾艺彬给其打电话约其一起去吃点心，说抢了一个包，给其一部红色手机和二三百元现金；后来又辩解称6月26日晚上曾艺彬和另一个不认识的人实施抢劫，其有看到。4月28日的抢夺案，其没有看到。关于6月23日的抢夺案，其首先辩称6月23日曾艺彬打电话叫其出来并给其手机、现金；后面又辩称，其与曾艺彬及那个人去石码赌博回来，跟6月26日的情况一样，也是后面那个人抢的。由此可见，其庭审辩解前后不一，且与其通话记录（无曾艺彬或其号码）、其妻欧阳燕君的证言等证据相互矛盾，无法自圆其说。

三、不存在陈庆忠所供述的曾艺彬作案的事实

针对陈庆忠翻供后所供述的曾艺彬（海澄内溪人，约23~24岁男性）作案这一线索，公安机关做了大量的补充侦查工作，证实确实不存在所谓的曾艺彬其人。一是根据陈庆忠的供述，经查询相关公安网络及信息系统，未发现福建省龙海市海澄镇内溪村有姓名为曾艺彬的男性人员户籍信息。二是将海澄镇内溪村20~25岁男性照片共193张从户籍信息中调出，由陈庆忠进行辨认，陈庆忠未辨认出曾艺彬。三是将龙海市全市辖区内以“曾艺彬”姓名以及同音姓名登记且在1997年以前出生的人员共21人的照片从户籍信息中调出，由陈庆忠进行辨认，陈庆忠未辨认出曾艺彬。由此可见，所谓的曾艺彬其人并不存在，是陈庆忠为摆脱罪责、逃避法律追究而故意编造的。

四、公安机关根据陈庆忠的供述和指认提取到重要物证

归案当天，即6月28日下午14时至15时，陈庆忠就带领侦查人员辨认其实施抢劫的位于海澄镇二环路的现场；归案后的第二天，即6月29日下午，陈庆忠在对公安机关做了五次有罪供述后，带领侦查人员指认其将6月26日晚抢得的背包扔弃的现场。该现场位于龙海市海澄镇“黎明村一号桥”，就在陈庆忠所居住的屿上村附近，其对周边环境非常熟悉。侦查人员经过搜索，在该桥下西南侧的港道南边缘的草丛中发现了一只黑色塑料袋，打开后即发现了被害人许某二的浅蓝色背包及手机等物品。该背包装入黑色塑料袋，隐藏在河道草丛中，隐蔽性很强，若不是扔包者本人指认，根本无法提取到。而且，在此辨认过程的同步录音录像中，陈庆忠在到达现场前清楚说出该桥的位置、特征及附近环境，引导侦查人员到达该桥，在桥上确定扔包位置和方向，神情自然，说话清楚。因此，该同步录音录像真实反映了陈庆忠带领侦查人员找到隐蔽物证的整个过程，具有很高的可信度；所提取到的背包、手机等物品作为本案的重要物证，印证了陈庆忠翻供前供述的真实性。最高人民法院、最高人民检察院、公安部、国家安全部、司法部印发的《关于办理死刑案件审查判断证据若干问题的规定》第三十四条规定："根据被告人的供述、指认提取到了隐蔽性很强的物证、书证，且与其他证明犯罪事实发生的证据互相印证，并排除串供、逼供、诱供等可能性的，可以认定有罪。"提取到被害人的背包、手机等物证，可以证实陈庆忠到过案发现场并接触过被害人，是证实陈庆忠有罪供述的重要证据。此外，侦查机关从陈庆忠处或其工场处查扣到的被害人徐某某、卢某某的手机，也是证实其作案的重要证据。

五、本案证据能够形成完整的证明链条，间接证据也指向陈庆忠

首先，陈庆忠的有罪供述对作案细节的描述详细具体、真实可信，与现场勘查笔录、法医学文证材料审核意见书、通话记录、提取的物证等证据能够相互印证，可以形成完整的证明链条。其次，其妻欧阳燕君的证言也证实其具有作案时间，而且案发前离案发地距离不远。最后，陈庆忠对作案现场环境熟悉，具备作案条件。案发现场就在其日常生活经常出入的范围之内，扔包地点也位于其所在的自然村附近。

综合全案证据来看，陈庆忠前期的有罪供述稳定，且与现场勘验笔录、法医学文证材料审核意见书相吻合，可以相互印证。陈庆忠供述作案后，公安机关采取同步录音录像的方式，由陈庆忠带领侦查人员查找到由其藏匿的背包、手机等隐蔽性很强的物证，系先供后证，不但验证了其有罪供述的真实性，也证明了其到过现场并接触被害人的事实。被告人辩解公安人员曾打他，但未提供任何证据或线索，且同步录音录像显示其在公安办案中心作有罪供述时神情自然、表达清楚，进入看守所之后仍然作了多次有罪供述。因此，综合来看，本案证明链条完整，证据之间无矛盾，能够有力地证明被告人的犯罪事实。

（一审法院合议庭成员　朱火钟　李赏识　王闽燕
编写人　福建省漳州市中级人民法院　李赏识
责任编辑　周维明
审稿人　沈　亮）

原载《人民法院案例选》2016 年第 8 辑（总第 102 辑）

388. 钱仁风投放危险物质案

——刑事诉讼证明标准的认定

【关键词】

刑事诉讼　证明标准　瑕疵证据　投放危险物质罪

【裁判要旨】

案件中据以定罪量刑的关键物证存在瑕疵且因时过境迁而无法补正，并且被告人供述存在疑点，与客观物证之间也存在矛盾，这些疑点、矛盾无法得到合理解释和排除，从而不能据此得出被告人投放危险物质致被害人中毒死亡的唯一结论的，应当以事实不清、证据不足撤销原判决、裁定，判决被告人无罪。

【相关法条】

《最高人民法院关于适用〈中华人民共和国刑事诉讼法〉的解释》

第三百八十九条　再审案件经过重新审理后，应当按照下列情形分别处理：

（一）原判决、裁定认定事实和适用法律正确、量刑适当的，应当裁定驳回申诉或者抗诉，维持原判决、裁定；

（二）原判决、裁定定罪准确、量刑适当，但在认定事实、适用法律等方面有瑕疵的，应当裁定纠正并维持原判决、裁定；

（三）原判决、裁定认定事实没有错误，但适用法律错误，或者量刑不当的，应当撤销原判决、裁定，依法改判；

（四）依照第二审程序审理的案件，原判决、裁定事实不清或者证据不足的，可以在查清事实后改判，也可以裁定撤销原判，发回原审人民法院重新审判。

原判决、裁定事实不清或者证据不足，经审理事实已经查清的，应当根据查清的事实依法裁判；事实仍无法查清，证据不足，不能认定被告人有罪的，应当撤销原判决、裁定，判决宣告被告人无罪。

【案件索引】

一审：云南省昭通市中级人民法院（2002）昭中刑三初字第 14 号（2002 年 9 月 3 日）

二审：云南省高级人民法院（2002）云高刑终字第 1838 号（2002 年 12 月 5 日）

再审：云南省高级人民法院（2015）云高刑再终字第 2 号（2015 年 12 月 15 日）

【基本案情】

2001年9月，被告人钱仁风到巧家县新华镇朱某开办的“星蕊宝宝园”做工。做工期间，钱仁风认为朱某对她不好，遂生报复之恶念。2002年2月22日12时许，钱仁风将其从家中带来的灭鼠药投放在该幼儿园内的部分食品中，并将放有灭鼠药的食品拿给该园的部分幼儿食用，致使侯某（2岁）中毒后经抢救无效死亡，谭某（3岁）、何某某（2岁）中毒后经抢救治愈。

【裁判结果】

云南省昭通市中级人民法院于2002年9月3日作出（2002）昭中刑三初字第14号刑事判决，认定钱仁风犯投放危险物质罪，判处无期徒刑，剥夺政治权利终身。

宣判后，原审被告人钱仁风提出因一时之气造成惨痛结果，现很愧疚，量刑过重，请求从轻处理的上诉理由。

云南省高级人民法院于2002年12月5日作出（2002）云高刑终字第1838号刑事裁定：驳回上诉，维持原判。

上述裁判发生法律效力后，原审上诉人钱仁风向云南省高级人民法院提出申诉，云南省高级人民法院于2011年12月16日作出（2011）云高刑监字第91号驳回申诉通知书，驳回其申诉。2014年5月12日，云南省人民检察院作出云检刑申案建（2014）4号再审检察建议书，认为本案事实不清，证据不足，原判可能存在错误，建议云南省高级人民法院重新审理本案。云南省高级人民法院于2015年5月4日作出（2015）云高刑监字第99号再审决定，对本案提起再审。云南省高级人民法院于2015年12月15日作出（2015）云高刑再终字第2号刑事判决：撤销云南省高级人民法院（2002）云高刑终字第1838号刑事裁定和云南省昭通市中级人民法院（2002）昭中刑三初字第14号刑事判决，宣告被告人钱仁风无罪。

【裁判理由】

法院生效裁判认为：原审上诉人钱仁风对毒物来源、投毒时间、范围、方法的供述前后不一，且没有其他合法、有效的证据予以印证。另查明，原审上诉人钱仁风于2002年2月25日、2月26日13时40分至16时30分、2月27日3时30分至8时10分所作的三份有罪供述，云南省人民检察院在庭审中出示的云检技鉴文字〔2013〕23号《笔迹鉴定书》和云检技鉴痕字〔2013〕01号《指纹鉴定书》，证实了三份供述上的签字不是钱仁风本人所签，指纹是钱仁风右手拇指所留，笔录上没有标注是代签，也没有说明代签的原因。法院认为，这三份笔录的制作违反了1996年《刑事诉讼法》和1998年《公安机关办理刑事案件程序规定》的相关规定，不能作为认定原审上诉人钱仁风犯投放危险物质罪的证据。

幼儿侯某、谭某、何某某在昭通市巧家县“星蕊宝宝园”出现不适症状，侯某经医院抢救无效死亡是客观事实。原判认定三名幼儿系毒鼠强中毒，经法庭调查，三名幼儿的症状与毒鼠强中毒的临床症状不完全相符，而巧家县公安局（2002）毒检字第20号《刑事毒物检验鉴定书》，由于不能提供相应的检验过程和程序的记录，使该鉴定意见缺乏相应的技术检测材料予以支持；对于毒物鉴定的检材，巧家县公安局在提取时没有扣押清单和见证人，移送鉴定时也没有相应的移交手续；作为本案重要物证之一的白色塑料瓶，巧家县公安局在提取后未作指纹鉴定，提取时也没有见证人在场，对一次性注射器和菜刀进行辨认的两份《辨认笔录》上，签名均为侦查人员代签，上述证据均不符合1996年《刑事诉讼法》的相关规定，不能作为本案定罪量刑的证据。原审上诉人钱仁风的有罪供述，由于其对毒物来源、投毒时间、范围、方法的供述存在矛盾和疑点，又没有其他合法、有效的证据相印证，这些矛盾和疑点无法得到合理的解释与排除，其有罪供述不能作为本案定罪量刑的证据。由于本案现有证据不能形成一个完整的证据锁链，以证实原审上诉人钱仁风实施了投放毒鼠强的行为，导致侯某中毒死亡，谭某、何某某中毒后经抢救痊愈这一事实，故原判认定原审上诉人钱仁风犯投放危险物质罪的事实不清，证据不足，云南省人民检察院和钱仁风的辩护人认为原审上诉人钱仁风无罪的意见本院予以采纳。因此，撤销云南省高级人民法院（2002）云高刑终字第1838号刑事裁定和云南省昭通市中级人民法院（2002）昭中刑三初字第14号刑事判决；被告人钱仁风无罪。

【案例注解】

该案例主要涉及刑事案件证明标准的认定。刑事证明标准是指在刑事诉讼中负担证明责任的主体利用证据对争议事实或案件事实加以证明所要达到的程度。我国《刑事诉讼法》规定的证明标准是“案件事实清楚，证据确实、充分”。[①] 2012年《刑事诉讼法》第五十三条第二款对证明标准问题作出了进一步解释：“证据确实、充分，应当符合以下条件：（一）定罪量刑的事实都有证据证明；（二）据以定案的证据均经法定程序查证属实；（三）综合全案证据，对所认定事实已排除合理怀疑。”所谓定罪量刑的事实都有证据证明，是证据裁判原则的根本要求，该原则的基本含义就是通过证据来认定案件事实，即将证据作为事实裁判的根据，但这里的证据，指的是具备证据能力和证明力的证据。尤其是特定的证据材料要想作为定案根据使用，首先必须具备证据能力，即指证据可以在诉讼中使用的资格，这种资格并非是指事实层面所讲的哪些证据对案件事实具有实质的证明价值，而是源于法律的规定，是一种法律上的资格。[②] 如果法律规范禁止使用特定的证据材料，则该证据材料就不具备证明能力。也就是说，证据能力主要解决哪些事实和材料能够进入诉讼程序作为证据使用，因此其又被称为诉讼证据的适格性。根据我国《刑事诉讼法》及有关司法解释，证据除需要符合法定证据形式外，收集证据的手段必须合法。根据最高人民法院、最高人民检察院、公安部、国家安全部和司法部联合发布的《关于办理刑事案件排除非法证据若干问题的规定》中对于此类证据的处理原则，即“物证、书证的取得明显违反法律规定，可能影响公正审判的，应当予以补正或者作出合理解释，否则，该物证、书证不能作为定案的根据”。

---

① 《刑事诉讼法》第一百九十五条规定：“在被告人最后陈述后，审判长宣布休庭，合议庭进行评议，根据已经查明的事实、证据和有关的法律规定，分别作出以下判决：（一）案件事实清楚，证据确实、充分，依据法律认定被告人有罪的，应当作出有罪判决；（二）依据法律认定被告人无罪的，应当作出无罪判决；（三）证据不足，不能认定被告人有罪的，应当作出证据不足、指控的犯罪不能成立的无罪判决。”

② 孙远：《刑事证据能力导论》，人民法院出版社2007年版，第7页。

本案据以定罪的重要证据均不同程度地存在瑕疵：一是巧家县公安局（2002）毒检字第20号《刑事毒物检验鉴定书》，该鉴定书记载对涉案检材39件进行鉴定，结论：1～23号检材均检出毒鼠强成分，24～39号检材均未检出毒鼠强、有机磷农药、氟乙酰胺等毒物成分。但该鉴定书只有结论，没有鉴定过程的描述，上面载明复核人为昭通市公安局刑警支队技术室罗祥明，但没有记载复核的过程和方法。省公安厅《关于钱仁风申诉一案调查情况的函》中称，鉴定工作内档，巧家县公安局经多次查找，至今仍未找到。目前，因39份检材已灭失，无法进行补充鉴定，由于不能提供相应的检验过程和程序的记录，使该鉴定意见缺乏相应的技术检测材料予以支持。二是对于毒物鉴定的检材，巧家县公安局在提取时没有扣押清单和见证人，移送鉴定时也没有相应的移交手续。三是现场勘验、提取过程中，对于本案认定钱仁风投毒的主要物证，即白色毒鼠强塑料药瓶，提取时没有见证人，提取后没有做指纹鉴定。而当日的现场勘查笔录记录在同一排水沟处侦查人员提取过一包豆奶粉，当时却未发现提取瓶子，且现场未封闭，周围有住户并使用排水沟，没有指纹鉴定，瓶子难以进行同一认定。对白色塑料瓶所装残留液体，办案民警仅通过目测估计，并未采用计量器进行精确测量和规范记录，故提取笔录中记录为“0.5ML”，导致与鉴定文书中记录的“约1ML”相矛盾。四是侦查人员代签字问题。原审上诉人钱仁风于2002年2月25日、2月26日13时40分至16时30分、2月27日3时30分至8时10分所作的三份有罪供述，根据云检技鉴文字〔2013〕23号《笔迹鉴定书》和云检技鉴痕字〔2013〕01号《指纹鉴定书》，证实了三份供述上的签字不是钱仁风本人所签，指纹是钱仁风右手拇指所留，笔录上没有标注是代签，也没有说明代签的原因。另外，对被告人所称下毒用的一次性注射器和用于切开装耗子药的塑料瓶的菜刀进行辨认的两份《辨认笔录》上，签名均为侦查员代签；本案由于侦查机关在收集和固定证据的环节均不同程度地违反法定程序，如笔录制作、现场勘查、证物提取、毒物鉴定等材料，由于时过境迁，无法再行补正。因此，侦查阶段所收集的客观证据均不能作为定案证据。即定罪事实没有相应具备证据能力的证据予以证实。

2012年《刑事诉讼法》的证明标准规定还吸纳了“排除合理怀疑”这一主观的标准。对于证明标准，既可以在客观方面设定（如事实清楚，证据确实、充分），也可以在主观方面设定（如内心确信、排除合理怀疑）。在客观方面设定的证明标准与主观上相信的程度是相对应的，如“事实清楚，证据确实、充分”相对应的主观认识程度应当是“确信无疑”。[①] 司法实践中，既要能从正面证实的角度做到内心确信，又要能从反面证伪的角度做到排除合理怀疑得出唯一结论，否则就不能作出有罪认定的裁判。具体个案审理中，应当把握几个方面，即证据与证据之间、证据与案件事实之间不存在矛盾或者矛盾得以合理排除，由证据得出的结论为唯一结论。

本案中，认定钱仁风犯投放危险物质罪的主要证据是她的有罪供述和公安机关在侦查阶段提取的相关证据，但钱仁风对毒物来源、投毒时间、范围、方法的供述前后不一且存在矛盾，具体为：（1）毒物的来源：对于毒物的来源，钱仁风供述了三种不同说法：第一次供述称毒物是案发前一天在宝宝园院坝打扫卫生时捡到的一瓶敌敌畏，同一份供述的后半部分及第二、三次供述称是在宝宝园厨房碗柜下找到的耗子药，白色塑料瓶装，

① 张建伟：《证据法要义》，北京大学出版社2009年版，第289～399页。

红色药水。自第四次供述开始钱仁风称耗子药是春节前在家打扫卫生时，在桌子底下发现后随手装在衣兜里带到巧家宝宝园的，白色塑料瓶装，黄色药水。（2）投毒时间：钱仁风第一次供述有三种说法："下午我热中午吃剩的凉饭喂宝宝时，我就将敌敌畏倒入锅"；"是正月 11 日早上我起床后放的，朱梅和她母亲都还没有去的时候"；"朱梅家母亲做菜就混合了"。第二次供述中钱仁风称是 2002 年 2 月 22 日上午 12 点过后，她把灭鼠药挤在宝宝园的多种食品上。（3）投毒范围和方法：钱仁风第一次供述称，其将灭鼠药挤在厨房内的猪油、酱油、大米、盐巴、味精及厨房门口楼梯上的茶壶内；第二、三次供述称灭鼠药洒在酱油、油渣、盐巴、味精、吃剩的饭和面条、米、番茄、炒的酱、猪肉、辣子肉、楼梯处的洋芋和装冷开水的茶壶、沙琪玛、教室内的豆奶粉表面；第五次供述称味精、番茄、辣子、茶壶、洋芋没有放灭鼠药。第六次供述称灭鼠药不是洒在豆奶粉上，而是掺了水，装在一次性注射器内，打在 5 包豆奶粉里面。第七次供述称，打了几包豆奶粉记不太清楚了。而巧家县公安局（2002）毒检字第20号《刑事毒物检验鉴定书》载明，巧家县公安局刑警大队送检的物品中，鉴定出含有毒鼠强成分的食品有：猪油肉，米线，油渣，沙琪玛，酱油，面条，大米，液化灶上铁锅内的残留物，豆奶粉二包（已打开一角），铝合金口缸中清水，食盐，味精，胡辣椒面。

综上，本案由于被告人钱仁风在原审中的有罪供述存在诸多矛盾且不稳定，与物证之间也存在矛盾，这些疑点、矛盾无法得到合理解释和排除，因此无法"综合全案证据，对所认定事实排除合理怀疑"，即本案从反面证伪的角度说，亦无法得出被告人钱仁风投放危险物质的唯一结论。因此，原判认定钱仁风构成投放危险物质罪的证据不确实、不充分，应当以事实不清、证据不足为由撤销原判决、裁定，判决被告人无罪。

（一审法院合议庭成员　李　杰　王新龙　陈继荣
二审法院合议庭成员　罗朝碧　何家如　张华青
再审法院合议庭成员　王显坤　杨　煜　李　栎
编写人　云南省高级人民法院　刘　毅
责任编辑　周维明
审稿人　李玉萍）

原载《人民法院案例选》2017 年第 7 辑（总第 113 辑）

389. 夏文刚、刘瑞红诈骗案

——有瑕疵电子数据证据能力的审查判断

【关键词】

刑事　电子数据　瑕疵证据　证据能力

【裁判要旨】

电子数据在取证程序上存在轻微违法的，属于瑕疵证据，如果侦查机关能对该取证过程进行补充说明，作出合理解释，且该证据不存在不真实、不客观或者虚假的情况，不存在可能严重影响司法公正的情形的，可以作为证据使用。

【相关法条】

《最高人民法院、最高人民检察院关于办理诈骗刑事案件具体应用法律若干问题的解释》

第五条第二款、第三款　利用发动短信、拨打电话、互联网等电信技术手段对不特定多数人实施诈骗，诈骗数额难以查证，但具有下列情形之一的，应当认定为刑法第二百六十六规定的“其他严重情节”，以诈骗（未遂）定罪处罚：

（一）发送诈骗信息五千条以上的；

（二）拨打诈骗电话五百人次以上的；

（三）诈骗手段恶劣、危害严重的。

实施前款规定行为，数量达到前款第（一）、（二）项规定标准十倍以上的，或者诈骗手段特别恶劣、危害特别严重的，应当认定为刑法第二百六十六条规定的“其他特别严重情节”，以诈骗罪（未遂）定罪处罚。

《最高人民法院、最高人民检察院、公安部关于办理电信网络诈骗等刑事案件适用法律若干问题的意见》

第二条第四项　实施电信网络诈骗犯罪，犯罪嫌疑人、被告人实际骗得财物的，以诈骗罪（既遂）定罪处罚。诈骗数额难以查证，但具有下列情形之一的，应当认定为刑法第二百六十六条规定的“其他严重情节”，以诈骗罪（未遂）定罪处罚：

1. 发送诈骗信息五千条以上的，或者拨打诈骗电话五百人次以上的；

2. 在互联网上发布诈骗信息，页面浏览量累计五千次以上的。

具有上述情形，数量达到相应标准十倍以上的，应当认定为刑法第二百六十六条规定的“其他特别严重情节”，以诈骗罪（未遂）定罪处罚。

……

《最高人民法院关于适用〈中华人民共和国刑事诉讼法〉的解释》

第九十三条 对电子邮件、电子数据交换、网上聊天记录、博客、微博客、手机短信、电子签名、域名等电子数据，应当着重审查以下内容：

（一）是否随原始存储介质移送；在原始存储介质无法封存、不便移动或者依法应当由有关部门保管、处理、返还时，提取、复制电子数据是否由二人以上进行，是否足以保证电子数据的完整性，有无提取、复制过程及原始存储介质存放地点的文字说明和签名；

（二）收集程序、方式是否符合法律及有关技术规范；经勘验、检查、搜查等侦查活动收集的电子数据，是否附有笔录、清单，并经侦查人员、电子数据持有人、见证人签名；没有持有人签名的，是否注明原因；远程调取境外或者异地的电子数据的，是否注明相关情况；对电子数据的规格、类别、文件格式等注明是否清楚；

（三）电子数据内容是否真实，有无删除、修改、增加等情形；

（四）电子数据与案件事实有无关联；

（五）与案件事实有关联的电子数据是否全面收集。

对电子数据有疑问的，应当进行鉴定或者检验。

第九十四条 视听资料、电子数据具有下列情形之一的，不得作为定案的根据：

（一）经审查无法确定真伪的；

（二）制作、取得的时间、地点、方式等有疑问，不能提供必要证明或者作出合理解释的。

【案件索引】

一审：陕西省凤翔县人民法院（2017）陕0322刑初75号（2017年11月10日）

二审：陕西省宝鸡市中级人民法院（2018）陕03刑终20号（2018年3月9日）

【基本案情】

2016年2月底，被告人夏文刚联系给车上安装“伪基站”设备，后动员其妻刘瑞红共同参与发送短信，其妻亦同意。2016年3月4日至3月25日，被告人夏文刚、刘瑞红驾驶安装“伪基站”设备的豫MAC×××号面包车，按照“淘金”（另案处理）的要求途径山西、甘肃、陕西等地冒充工商银行发送诈骗链接短信，“尊敬的工行网银用户：您的工银电子密码器于次日失效，请及时登录 www. idsbn. com 进行升级激活。感谢您对我行的支持。【工商银行】”。共计发送诈骗短信3042794条，非法所得9000元。2016年3月25日13时58分被害人刘某某收到上述短信后即按照短信内容进行操作后被网上转账11639元。2016年3月25日14时许，被告人夏文刚、刘瑞红在凤翔县横水镇街道附近被凤翔县公安局民警现场查获。

【裁判结果】

陕西省凤翔县人民法院于2017年11月10日作出（2017）陕0322刑初75号刑事判决，以犯诈骗罪，判处被告人夏文刚有期徒刑七年六个月，并处罚金人民币1万元；被告人刘瑞红有期徒刑六年，并处罚金人民币5000元。随案移交的作案工具华为手机一部、TCL手机一部、HTC手机一部、诺基亚频点机一部、华硕笔记本电脑一部、伪基站设备一套依法收作案证。

宣判后，被告人夏文刚、刘瑞红不服，提出上诉。陕西省宝鸡市中级人民法院于2018年3月9日作出（2018）陕03刑终20号刑事裁定：驳回上诉，维持原判。

【裁判理由】

法院生效裁判认为：上诉人夏文刚、刘瑞红明知是诈骗短信，而利用伪基站的技术手段，向不特定人群发送，发送短信数量超过5万条（达300多万条），其行为已构成诈骗罪，且属有其他特别严重情节，依法应予惩处。关于夏文刚、刘瑞红及其辩护人所提原审判决认定二上诉人发送诈骗短信300多万条的事实不清、证据不足，原审审判决据以定罪的证据《电子数据勘验笔录》及附件光盘、50张照片、《情况说明》等，存在侦查人员在收集、提取过程中违反相关电子证据的提取、收集规则、规范及法定程序的情况，应认定为非法证据予以排除的上诉理由和辩护意见，经查，宝公（网安）数勘（2016）047号电子数据勘验笔录及附件数勘047号数据光盘的内容客观真实，不存在无法确定真伪的情况，并有公安机关的扣押清单、上诉人刘瑞红的辨认笔录及照片、宝鸡市公安局电子数据勘验笔录、凤翔县公安局出具的情况说明、上诉人夏文刚、刘瑞红在侦查阶段的供述等证据予以印证，证据来源合法，不存在不能作为定案根据的情况，故上诉人夏文刚、刘瑞红及其辩护人关于该证据应认定为非法证据予以排除的上诉理由及辩护人意见于法无据，不能成立。原审判决认定事实和适用法律正确，量刑适当，审判程序合法，应予维持。

【案例注解】

本案为一起典型的电信网络诈骗案件，根据《最高人民法院、最高人民检察院关于办理诈骗刑事案件具体应用法律若干问题的解释》第五条第二款，以及《最高人民法院、最高人民检察院、公安部关于办理电信网络诈骗等刑事案件适用法律若干问题的意见》第二条第四项的规定，发送诈骗信息的数量达到5000条以上即构成诈骗罪的其他特别严重情节，应以诈骗罪（未遂）定罪处罚。

而本案中，证实被告人夏文刚、刘瑞红发送诈骗短信数量的证据为宝鸡市公安局电子数据勘验笔录及其附件47号数据光盘，该证据证实，经宝鸡市公安局电子物证检验鉴定实验室对刘瑞红所持TCL手机内容进行提取后制作成47号数据光盘一张，该光盘内容为刘瑞红所发短信内容、号码及计数情况。凤翔县公安局对47号数据光盘中的刘瑞红所发短信内容、号码及发送计数进行统计，确定夏文刚、刘瑞红于2016年3月4日至3月25日通过伪基站发送诈骗短信共计3042794条。故而宝鸡市公安局电子数据勘验笔录及其附件47号数据光盘就成为本案定罪量刑的关键。但夏文刚、刘瑞红及其辩护人均认为该47号数据光盘在侦查机关提取过程中存在取证不合法的情况，即侦查人员在收集、提取过程中没有按照公安部《计算机犯罪现场勘验与电子证据检查规则》（公信安〔2005〕161号）的规定，对查扣的刘瑞红手机进行封存、固定即移送技术部门，技术部门在勘验、检查过程中，没有对勘验、检查过程进行录像，检查完后没有封存。认为该证据应认定为非法证据予以排除。

对宝鸡市公安局电子数据勘验笔录及其附件47号数据光盘，应当如何审查、认定，能否作为本案定案证据使用，就成为本案争议的焦点，也是本案定罪的关键。

首先，应明确我国对电子数据的审查、认定规则。《最高人民法院关于适用〈中华人民共和国刑事诉讼法〉的解释》第九十三条规定："对电子邮件、电子数据交换、网上聊天记录、博客、微博客、手机短信、电子签名、域名等电子数据，应当着重审查以下内容：（一）是否随原始存储介质移送；在原始存储介质无法封存、不便移动或者依法应当由有关部门保管、处理、返还时，提取、复制电子数据是否由二人以上进行，是否足以保证电子数据的完整性，有无提取、复制过程及原始存储介质存放地点的文字说明和签名；（二）收集程序、方式是否符合法律及有关技术规范；经勘验、检查、搜查等侦查活动收集的电子数据，是否附有笔录、清单，并经侦查人员、电子数据持有人、见证人签名；没有持有人签名的，是否注明原因；远程调取境外或者异地的电子数据的，是否注明相关情况；对电子数据的规格、类别、文件格式等注明是否清楚；（三）电子数据内容是否真实，有无删除、修改、增加等情形；（四）电子数据与案件事实有无关联；（五）与案件事实有关联的电子数据是否全面收集。对电子数据有疑问的，应当进行鉴定或者检验。"第九十四条规定："视听资料、电子数据具有下列情形之一的，不得作为定案的根据：（一）经审查无法确定真伪的，（二）制作、取得的时间、地点、方式等有疑问，不能提供必要证明或者作出合理解释的。"由此可见，对电子数据审查应当严格按照上述规定进行审查，只有经审查无法确定真伪的，制作、取得的时间、地点、方式等有疑问，不能提供必要证明或者作出合理解释的，才能作为非法证据予以排除。

其次，要严格区分瑕疵证据和非法证据。瑕疵证据是轻微违法的证据，非法证据是根本性违法的证据。从程序上看，瑕疵证据是轻微的程序性违法、技术性失范、操作性不当；而非法证据是严重的程序违法、实质性程序错误。从实质上看，瑕疵证据一般不涉及证据内容的真实性，证据本身具备客观真实性、关联性，不会侵害基本权利也不会导致证据失真；非法证据一般是在严重侵犯当事人人身等基本权利的情况下取得的，证据内容有可能失真，从而影响证据的真实性进而可能导致司法不公。瑕疵证据通过法定的程序进行补正或作出合理解释后仍能作为证据使用，而非法证据则应坚决予以排除。可见，瑕疵证据不等于非法证据，瑕疵证据与非法证据有着本质的区别，应严格进行区分。

最后，具体到本案中，侦查人员在抓获两被告时，即当场查扣了被告人刘瑞红的手机，当场制作了扣押笔录和清单，并有证据持有人刘瑞红的签名和见证人的签名。且夏文刚、刘瑞红归案后，在侦查人员讯问时均交代，刘瑞红一直用该手机通过QQ软件与上线"淘金"联系，接受"淘金"的指示，并将其每次用伪基站发送诈骗短信时的视频用该手机拍照并通过QQ发送给"淘金"。侦查人员遂将该手机送交技术部门进行勘验，技术部门即对该手机内存储的文件信息进行恢复，制作了电子数据勘验笔录及其附件47号数据光盘。该勘验笔录能够反映出提取、恢复、制作光盘的过程。虽然该手机在移送技术部门时没有进行封存，但侦查机关已出具情况说明对该情况进行了补充说明，并有侦查人员和技术人员的说明证明了该数据的真实性、完整性。且有刘瑞红对侦查人员提取的该手机内的其发送诈骗短信照片的辨认笔录，确认这些从其手机中提取的照片就是其用伪基站发送诈骗短信时的视频照片。由此可见，宝鸡市公安局电子数据勘验笔录及其附件47号数据光盘，并不是非法证据，而是在取证程序上存在轻微违法的瑕疵证据，经侦查机关对该取证过程进行补充说明后，该证据不存在不真实、不客观或者虚假的情况，不存在可能严重影响司法公正的情形，可以作为证据使用。

（一审法院合议庭成员　李格利　梁铸汶　金　让
二审法院合议庭成员　齐志远　陈瑾慧　李　智
编写人　陕西省宝鸡市中级人民法院　陈瑾慧
责任编辑　周维明
审稿人　李玉萍）

原载《人民法院案例选》2019年第3辑（总第133辑）

390. 李二胜故意杀人案

——被告人翻供且缺乏客观性证据死刑案件的证据审查

【关键词】

刑事　故意杀人　被告人翻供　客观性证据　非法证据排除　专家辅助人出庭

【裁判要旨】

对于被告人翻供且缺乏客观性证据的案件，要注重审查被告人曾作出的有罪供述是否真实、可信，翻供理由是否合理。注重审查关键证据的客观性、关联性、合法性，并注重审查其他间接证据，看能否形成完整的证据锁链。如果案内证据能够形成完整的证据锁链，且事实清楚，证据充分的，可以依法判定被告人有罪。

【相关法条】

《中华人民共和国刑法》

第四十八条　死刑只适用于罪行极其严重的犯罪分子。对于应当判处死刑的犯罪分子，如果不是必须立即执行的，可以判处死刑同时宣告缓期二年执行。

死刑除依法由最高人民法院判决的以外，都应当报请最高人民法院核准。死刑缓期执行的，可以由高级人民法院判决或者核准。

第五十七条第一款　对于被判处死刑、无期徒刑的犯罪分子，应当剥夺政治权利终身。

第二百三十二条　故意杀人的，处死刑、无期徒刑或者十年以上有期徒刑；情节较轻的，处三年以上十年以下有期徒刑。

【案件索引】

一审：安徽省滁州市中级人民法院（2017）皖11刑初17号（2018年4月23日）

二审：安徽省高级人民法院（2018）皖刑终168号（2018年7月24日）

【基本案情】

安徽省滁州市人民检察院指控：被告人李二胜因琐事将工友龚传福从公司四楼推下，致龚传福死亡，构成故意杀人罪。

被告人李二胜辩称：其没有将龚传福推下楼，有罪供述是在侦查人员的诱供、逼供下做出的，他不知龚传福如何死亡，请求宣告无罪。

被告人李二胜的辩护人提出：（1）李二胜的有罪供述是公安机关通过采取非法限制人身自由的方法取得，且是在侦查人员的逼供、诱供下作出，不能作为认定李二胜有罪的证据；（2）法医物证鉴定不能证实李二胜与龚传福有身体接触；（3）专家证人的观点属其推断，不应采信；（4）不能排除龚传福系醉酒后坠落或自杀的可能。公诉机关指控李二胜犯故意杀人罪的事实不清，证据不足，请求宣告李二胜无罪。

法院经审理查明：被告人李二胜和被害人龚传福均系定远县润鑫制衣有限公司（以下简称润鑫制衣公司）工人。2016年9月3日晚9时许，李二胜与龚传福酒后来到润鑫制衣公司四楼车间内休息。当晚11时许，龚传福醉酒呕吐，后龚传福拿李二胜手机玩游戏，因游戏声音嘈杂引起李二胜的不满，双方发生口角。当龚传福走到车间四楼走廊窗户附近，双方又发生争执。李二胜趁龚传福不备，抱住龚传福左腿，将龚传福掀出窗外，致龚传福当场死亡。润鑫制衣公司院内一修理厂员工发现龚传福坠楼后报警。次日凌晨，民警在润鑫制衣公司四楼车间将正在睡觉的李二胜抓获。经定远县公安局司法鉴定中心鉴定，龚传福由于机械性暴力致颅脑损伤引起呼吸循环衰竭，合并腹腔脏器破裂致失血性休克死亡。

【裁判结果】

安徽省滁州市中级人民法院于2018年4月23日作出（2017）皖11刑初17号刑事判决：以故意杀人罪判处被告人李二胜死刑，缓期二年执行，剥夺政治权利终身；赔偿附带民事诉讼原告人龚守黑、常白兵丧葬费29551元。被告人李二胜不服，提起上诉。安徽省高级人民法院于2018年7月24日作出（2018）皖刑终168号刑事附带民事裁定：驳回上诉，维持原判，并核准李二胜死刑、缓期二年的刑事判决。

【裁判理由】

法院生效判决认为：被告人李二胜多次在侦查阶段所作的有罪供述来源合法，真实可信，且得到现场勘验检查笔录、手机检查笔录及照片、法医学尸体检验鉴定、法医物证鉴定意见、专家辅助人法医秦明证言、多名证人证言等证据的印证，能够作为定案的根据。其在侦查阶段和庭审中所作无罪辩解与在案证据证明的事实矛盾，结合全案证据及李二胜的全部供述和辩解，可以排除他人作案的合理怀疑，认定李二胜实施了故意杀害龚传福的行为。

【案例注解】

本案的焦点问题是被告人翻供且缺乏客观性证据案件的证据审查问题。证据是准确认定事实、正确适用法律、恰当裁量刑罚的基础，是保证案件质量的生命线。死刑案件人命关天，在证据问题上容不得丝毫疏漏，必须达到确实、充分的证明程度，在任何时候、任何情况下都不能打折扣。如果一个案件的侦破经过客观、自然，有目击证人、有直接证实被告人作案的客观性证据，被告人又始终供认不讳的，定案比较容易。但是，不是所有的案件都有那么多直接证据、客观性证据。本案就是一个证据“先天不足”的典型，公安人员在案发现场未提取到任何直接证明被告人李二胜到过现场的痕迹、物证；作案过程无目击证人；本案也无作案工具；李二胜又先供后翻，在一审开庭、二审讯问时均称没有推龚传福，是一个难啃的“骨头案”。对此类案件的证据应如何审查分析？在何种程度上才能达到死刑案件证据确实、充分的证明标准？这些都成为本案审理的难点。对这种缺乏客观性证据的案件，审查证据时不能简单地将一个一个的证据依次串联起来，而是要抓住关键证据深入分析，抓住主要矛盾点，各个击破，从整体上去把握证据。

就本案而言，在审查证据时主要从以下两个方面入手：

一、树立、维护程序正义的司法理念，审查判断被告人曾作的有罪供述

翻供是刑事审判过程中的一种特殊现象。犯罪嫌疑人、被告人翻供，既有据实翻供、又有不实翻供，而且从司法实务的角度以及实践经验判断，不实翻供、真假混杂的翻供占多数。在司法实务中，经侦查审讯，犯罪嫌疑人、被告人往往在意志最薄弱的时刻心理防线被突破，从而全盘交代。而在后来的阶段，随着侦查审讯的压力逐渐减弱，犯罪嫌疑人、被告人趋利避害、最后一搏的心理逐渐加强，在此消彼长的过程中，往往容易出现全盘翻供或部分翻供。尤其在审判阶段，被告人的亲属、被害人或其亲属到庭，被告人当庭翻供的现象更为突出。由于受到特定条件的限制，犯罪嫌疑人、被告人庭前供述的真实性可能大于当庭供述。因此，在司法实务中，如何有效地预防和应对翻供，已经成为侦查、起诉乃至审判阶段不得不面对的重要课题。

面对控辩双方关于翻供是否有理的争讼，法官要居于客观中立、居中裁判的位置和立场认真倾听。倾听时，对被告人翻供的言谈、举止、表情、心态、陈述的口气等进行观察，首先从直觉上对被告人翻供是否有理作出经验判断。为了便于倾听、查清翻供理由是否成立，法官还要充分发挥法庭讯问、举证、质证功能，运用交叉询问规则来帮助查明案件事实。如美国著名证据法学家 Wigmore 所说，“交叉询问无疑是人类迄今为止所发明的发现事实真相的最伟大的法律引擎”。因此，法官可以充分引导控辩双方就翻供是否有理进行举证、质证和辩论，认真听取控辩双方的不同意见，在控辩双方激烈的争辩中，发现被告人的前后口供存在的矛盾和疑点，并在全面掌握案件的基本事实上，对每一份供述进行认真的审查，最终作出判断。在必要的情况下，法官还可以依职权对被告人就有关的问题进行发问，以此来打消其心中的疑虑，增强内心确信。具体到本案：

（一）被告人李二胜曾作过多次有罪供述

李二胜被带至派出所后作了三份供述，第一份是无罪辩解，第二、三份是有罪供述，供述了因龚传福玩手机游戏产生噪音，双方产生口角，其将龚传福推下楼的整个过程。被羁押至定远县看守所的第四份是有罪供述、第五份未供述、第六份供述翻供原因：翻供是因为不知道自己要被判多少年，心里害怕，不想在看守所里面关着，希望能够少判几年；第七份供述了将龚传福推下楼的起因及过程，并供述翻供原因。

（二）案件审理期间，辩护人提交排除非法证据的申请及相关材料，认为公安机关在讯问李二胜时程序违法且有逼供、诱供的情形，申请排除李二胜在公安机关的有罪供述、亲笔供词、辨认现场笔录等证据

开庭审理期间，被告人李二胜提出其有罪供述是被民警逼供作出，申请排除其有罪供述。法庭依法启动非法证据排除程序。公诉人先后出示了李二胜在派出所和看守所的两份有罪供述、李二胜自书的有罪供词、播放了公安机关讯问李二胜的同步录音录像、参与抓捕的民警朱绍红和讯问的公安民警刘兵出庭作证等证据，用以证明李二胜有罪供述来源的合法性。合议庭组织被告人及其辩护人对上述证据逐一进行了质证，并就相关问题讯问了被告人。经合议庭当庭评议认为，法庭当庭有针对性的播放了公安机关讯问

李二胜的同步录音录像，录音录像证实公安机关依法对李二胜进行讯问，没有采用殴打、违法使用戒具、威胁等非法方法。在回答民警讯问时，李二胜神情自然，回答切题，在派出所和看守所内多次供述与龚传福发生争执后将龚推下楼的详细经过。且侦查人员出庭作证时，法庭讯问李二胜出庭侦查人员有无对其进行非法取证时，李二胜表示没有非法取证情形。且有李二胜的自书供词和在讯问笔录上的签字、按印等证据证实。

通过对李二胜翻供的形式审查和实质审查，能够认定其翻供系抗拒性质的虚假翻供，而非正当辩护性质的真实翻供。李二胜的有罪供述、亲笔供词、辨认现场笔录等证据来源清楚、收集程序合法，可以作为定案证据。李二胜及其辩护人提出有罪供述、亲笔供词、辨认笔录是在侦查人员逼供、诱供下作出的翻供理由和辩护意见与查明的事实不符，合议庭当庭决定对李二胜的有罪供述不予排除。

二、审查其他间接证据，与李二胜的有罪供述能否相互印证，形成完整的证据锁链，并排除一切合理怀疑

（一）结合言词证据进行审查判断

主要是将被告人的供述与证人证言等言词证据进行对比，分析之间是否存在矛盾以及对这些矛盾能否作出合理解释。本案的言词证据主要有李二胜亲属、制衣公司工友、商店经营者的证言。在被告人李二胜的有罪供述和无罪辩解中，李二胜对二人当晚在一起喝酒、一起到制衣公司四楼车间睡觉、遇到制衣公司女工、只有其和龚传福两人在制衣公司四楼车间等事实一直予以认可，而上述相关事实有商店经营者关于李二胜和龚传福在商店购买啤酒、零食的证言，有李二胜哥哥嫂子关于李二胜和龚传福喝酒后一起到制衣公司睡觉的证言，有多名工友关于在制衣公司三楼看见李二胜和龚传福，并与二人对话，证实二人喝酒的证言。上述证人证言与李二胜有罪供述中关于案发当晚与龚传福酒后到制衣公司睡觉一节能够相互印证。李二胜的无罪辩解中仅对将龚传福推下楼的事实予以否认，对上述事实一直供认不讳。

（二）将被告人的有罪供述与物证、书证等实物证据对比审查

法官要将被告人的多份供述与客观提取的物证、书证等实物证据进行比对，将被告人的每一份供述与现场勘查提取的物证、书证等证据按照时间顺序排列，详细辨明被告人供述与这些客观性证据的先后顺序，分析是“先供后证”还是“先证后供”，以及是否存在人为制造的“先供后证”等情况。一般而言，在排除非法取证的前提下，如果根据被告人的供述提取到隐蔽性很强的实物证据，则被告人的供述具有较强的可信性、真实性。

本案中的物证是李二胜的手机，相关证据有检查手机笔录和照片、讯问李二胜的同步录音录像。被告人李二胜有罪供述中提到和龚传福发生争执的原因，是龚传福玩他手机中的“热血奥特曼”游戏，因游戏声音太大把李二胜吵醒，后双方发生口角。对李二胜供述发生争执的原因，从讯问视频看，侦查人员在讯问李二胜时间及发生争执的原因，李二胜供述具体原因后，侦查人员将李二胜手机上唯一的游戏“热血奥特曼”打开，进入游戏界面后游戏音量较大。在卷还有检查手机笔录和照片证实，提取手机的过程客观、合法。该份证据属于“先供后证”的证据，即根据李二胜的有罪供述查找到的客观性证据，具有不易被伪造、证明力强的特点。该组证据与李二胜有罪供述中关于双方引发争执的原因一节能够相互印证。

（三）将被告人的有罪供述同尸体检验意见、尸体照片等证据进行比对审查

被告人有罪供述中供认了采取何种方式伤害、杀害被害人，在审查证据时着重应对尸体照片、尸体检验意见中有关被害人伤情部位及形成原因等细节进行审查判断，看能否与被告人的有罪供述相互印证，特别是细节之处能否对应。

本案在审理过程中，为查明案件事实、调查核实证据，合议庭依职权通知安徽省公安厅物证鉴定管理处法医病理损伤检验科的秦明法医，作为有专门知识的专家辅助人出庭，就相关专业问题发表意见。秦明法医出庭，当庭陈述：该案定远县公安局和滁州市公安局向省公安厅申请，对龚传福的尸体进行重新检验，经检验，结果和第一次检验结果一致。死者死亡原因符合颅脑损伤致死，附加性损伤第一处是左腿膝关节内侧可以看到数条浅表条索状划痕，清楚的有 3 条，较为浅淡的有 2 条，致伤工具是由末端较为尖锐的条索状钝性物体形成，常见的物体包括手指指甲。第二处是右侧肩前部片状方向性擦挫伤，肩关节自上而下的作用力，此处附加伤起始端很整齐，有方向性并可以看出皮纹的断裂，致伤工具是由凸起的钝器轮边刮擦右肩部形成，经过对现场的勘察，窗台上窗轨或墙边可以形成此处创伤。根据检验和勘察，死者损伤的形成与他人抱着死者左腿从窗户扔下坠落符合法医学解释。另对于物证检验中没有检验出李二胜手指、指甲有龚传福 DNA 的问题，秦明法医提出，DNA 检测是概率性事件，接触时间短或者洗手后可能检不出基因型。秦明法医的证言中提及的左腿膝关节内侧可见划痕、右侧肩前部片状擦挫伤，与尸体解剖照片中相关部位的伤情能够相互印证。尸检结论、照片、秦明法医的证言等证据证实龚传福左腿膝关节内侧有划痕、右侧肩前部有方向性擦挫伤，同李二胜有罪供述中关于抱着龚传福左腿将龚从窗台推下一节能够相互印证。

这里需要注意的细节是，李二胜的此节供述是在 2016 年 9 月 4 日 9 时至 13 时，龚传福尸体解剖的时间是在 9 月 6 日，讯问民警在李二胜作出抱着龚传福左腿将龚掀下楼的供述时并不知道龚传福左腿处有伤。此节可以印证李二胜供述取得的客观性、合法性。李二胜辩称其有罪供述是被侦查人员逼供、诱供作出的辩解与相关证据取得的时间矛盾。

（四）将被告人的有罪供述与现场勘验检查笔录、辨认现场笔录及照片等证据进行比对审查

现场勘验检查笔录及照片是能够客观反映案发现场的重要证据，将被告人的有罪供述对案发现场的描述，特别是细节之处，与现场勘验检查笔录、照片中反映的情况进行细致的比对，看二者能否对应。

本案公安机关经现场勘验，发现过道往南的墙上有一四扇开玻璃推拉窗户，窗户外侧窗台上有呕吐物痕迹，进入室内，西墙上有两扇窗户，在靠南的窗户外侧窗台上有呕吐物。经对两处呕吐物进行检验、鉴定，证实是龚传福所留。上述证据与李二胜关于龚传福在两处窗户台上呕吐的有罪供述能够相互印证。在被告人李二胜指认现场的笔录、照片、现场指认视频中，李二胜对当天晚上二人睡觉的房间、龚传福呕吐的地点、与龚传福发生争执的地点及将龚传福推下四楼的窗户地点均予以指认、辨认，特别是辨认出四楼南面第二扇打开的窗户就是其将龚传福掀下楼的地点，与现场勘验笔录、照片记载龚传福落地的位置能够相互印证。被告人李二胜辨认现场时，公安机关进行全程同步录音录像，录音录像中显示李二胜辨认将龚传福推下楼的全过程，特别是在四楼南面的窗前，侦查人员讯问李二胜是如何将龚传福掀下楼，要求李二胜现场模拟案发时情形，并

让一名侦查员模拟龚传福站立的位置和姿势。李二胜现场模拟将龚传福掀下楼的过程，即龚传福背对着其站在第二扇打开的窗户前，李二胜上前抱住龚传福的左腿，用力向前向上推、掀龚传福，将龚传福掀到楼下。现场同步录音录像全程反映李二胜模拟作案过程，没有侦查人员诱供、指供、威胁等情形。

（五）查看案发现场，结合全案证据，排除一切合理怀疑

在办理刑事案件过程中，法官经常要到案发现场去，身临其境时往往能够看到卷宗内现场勘验检查笔录和照片所不能反映的情况。本案中，法官查看了案发现场，特别是龚传福坠楼的位置。在案发现场勘验检查笔录、照片证实窗台距离地面 94 厘米，窗户内侧窗台宽 9 厘米，外侧窗台宽 41 厘米。经现场勘查，地面距离外侧窗台共 144 厘米，龚传福身高 162 厘米，且从其呕吐物遗留在窗台外侧的位置看，足以排除龚传福是在呕吐过程中不慎坠楼的可能性。

综上，根据《最高人民法院关于适用〈中华人民共和国刑事诉讼法〉的解释》第八十三条的规定："审查被告人供述和辩解，应当结合控辩双方提供的所有证据以及被告人的全部供述和辩解进行。被告人庭审中翻供，但不能合理说明翻供原因或者其辩解与全案证据矛盾，而其庭前供述与其他证据相互印证的，可以采信其庭前供述。"虽然本案的证据"先天不足"，但是通过重点审查关键证据的客观性、关联性和合法性，可以充分认识并发挥现有证据的证明力；通过提讯被告人、同侦破该案的公安人员座谈、查看案发现场、走访部分证人，可以加强对现有证据的内心确认，排除一切合理怀疑。在此基础上，将关键证据与其他相关证据串起来进行综合审查判断，从而得出被告人翻供内容不属实，其有罪供述真实、可信，且与其他证据相印证，能形成完整的证据锁链，得出本案事实清楚，证据确实、充分的结论，最终依法作出有罪判决。

（一审法院合议庭成员　樊朝勇　陈　丽　许　汪
二审法院合议庭成员　程　宽　高　逢　吴春涛
编写人　安徽省滁州市中级人民法院　樊朝勇
责任编辑　周维明
审稿人　李玉萍）

原载《人民法院案例选》2019 年第 5 辑（总第 135 辑）

391. 李河清盗窃案

——间接证据在刑事审判中的认定与适用

【关键词】

刑事　间接证据　案件事实　证明体系

【裁判要旨】

单个的间接证据只能反映案件主要事实的局部情况或者个别情节，但如果诸多间接证据经查证属实，并对案件主要事实的各个片段都分别加以了证明，且能环环相扣，又形成了完整的、闭合的、排除其他可能性的证明体系，则这些证据同样可以承担起重构案件全貌的证明功能，可以据此对被告人作出有罪判决。

【相关法条】

《最高人民法院关于适用〈中华人民共和国刑事诉讼法〉的解释》

第一百零五条　没有直接证据，但间接证据同时符合下列条件的，可以认定被告人有罪：

（一）证据已经查证属实；

（二）证据之间相互印证，不存在无法排除的矛盾和无法解释的疑问；

（三）全案证据已经形成完整的证明体系；

（四）根据证据认定案件事实足以排除合理怀疑，结论具有唯一性；

（五）运用证据进行的推理符合逻辑和经验。

【案件索引】

一审：湖南省邵东县人民法院（2017）湘0521刑初45号（2017年5月16日）

二审：湖南省邵阳市中级人民法院（2017）湘05刑终196号（2017年9月7日）

再审一审：湖南省邵东县人民法院（2017）湘0521刑初420号（2018年5月29日）

再审二审：湖南省邵阳市中级人民法院（2018）湘05刑终210号（2018年11月15日）

【基本案情】

公诉机关指控：2016年9月9日16时许，被告人李河清在邵东县君豪大酒店盗得谭某某一条重69.5克、价值22796元的黄金项链，应以盗窃罪追究其刑事责任。

被告人李河清辩称：2016年9月9日，其没有偷谭某某的项链，不应受到刑事处罚。其辩护人提出：公诉机关指控被告人李河清犯盗窃罪，事实不清，证据不足，应宣告李河清无罪。

法院经审理查明：被告人李河清与被害人谭某某于2015年经人介绍相识，并确定恋爱关系，两人相处不到一个月后分手。2016年9月初，谭某某与李河清在街上偶遇，双方互加微信，并留了电话号码。同年9月9日，二人相约开房，当日14时45分，谭某某入住邵东县君豪大酒店806房间后约李河清来房间玩。十几分钟后，李河清来到君豪大酒店806房，谭某某光着上身帮李河清开房门时，李河清看到谭某某脖子上戴着一条黄金项链。两人在房间聊了一会儿家常后，谭某某去浴室洗澡，将脖子上的黄金项链取下放在房间电脑桌上。后因谭某某自身原因，两人欲发生性关系未成。当日16时许，李河清以外出买东西吃为由离开房间，离开房间时将随身携带的包留在房间，并叮嘱谭某某看好包，说包里面有钱和银行卡。此后谭某某在房间睡着了。次日凌晨2时许，谭某某睡觉醒来后，发现自己放在电脑桌上的项链不见了，再去查看李河清留在房间的包，发现包里面根本没有现金和银行卡，便怀疑自己的项链是被李河清盗走了。谭某某立即打电话给朋友华某、郑某，商量该怎么办。华某建议等天亮再说。接着谭某某到酒店前台反映项链被盗的事，要求查看酒店监控，但因监控没有覆盖到他所住的楼层，无果。次日上午9时许，华某、郑某来到谭某某房间，华建议谭不要报案，说报案有点丑，郑建议报案，说不报案的话项链恐怕很难追回。三人商量后，于上午10时30分许到公安机关报了案，尔后又到李河清家索要项链。李河清不承认自己偷了项链，谭某某三人便要求其到公安机关说明情况，并将其扭送至公安机关。

办案民警依法对李河清进行讯问，李河清对自己2016年9月9日应邀开房、当日下午2时许来到房间、下午4时许离开房间、离开房间时将包留置在房内这些事实均予以承认，但对于是否偷拿项链的事，李河清的多次供述前后不一。在公安机关第一、二次讯问中，李河清不承认自己偷拿了项链，还称自己从离开酒店房间至接受公安机关讯问这期间，一直待在家中未出过家门，也没有收到过任何人的钱款。但办案民警在接下来的调查工作中发现，李河清的手机微信上有案发当天下午4时许的一条收款记录，收款金额为8765元，付款方的微信昵称为“高价回收黄金铂金手机”。顺着这一线索，办案人员找到了这家“高价回收黄金铂金手机”的店主邓某。邓某证实，2016年9月9日下午4时许，他确实以270元/克的价格收购了一个年轻女子一条项链，项链经称重为69.5克，当时付现金1万元，余款8765元通过微信转账付给了对方。邓某并指认了李河清就是卖给其项链的那位女子。办案人员随即对李河清展开第三次讯问，在证据面前，李河清不得不承认“自己从酒店房间出来后从家里偷了一条黄金项链出来卖”的事实，同时供认她在将项链卖给邓某之前，还咨询过一家黄金收购店，因这家收购店要求其提供身份证和购买黄金项链的发票，两人未能达成交易。后经调查，这家收购店店主叫刘某秀，刘某秀证实的情况如李河清所述。不过，刘某秀还证实了一个细节，李河清来她店里咨询卖项链的事时，她问李河清项链有多重，李河清回答是30多克。在接受办案人员第四次讯问时，李河清说“黄金项链是别人送的”。在起诉阶段，李河清又说项链是“前男朋友王某送的”。一审庭审时，李河清承认她所卖的项链是谭某某的，但不是偷的，是谭某某一二个月之前送给她的，二审庭审时，又说是自己主动问谭某某要的。

另查明，公安机关从邓某处提取的黄金项链系谭某某于 2015 年 8 月 3 日以旧换新在邵东中国黄金专卖店购买，该店出具的金饰珠宝质保单和该店工作人员黄某、陈某证实此事。该项链经鉴定，价值 22796 元。公安机关发还项链给谭某某时，要求谭某某说出项链特征，谭某某说其项链从挂扣起数到第七节有一凹陷。这一特征经公安机关比对相符。还查明，李河清羁押期间，其母到谭某某奶奶家要求谭某某出具谅解书，并通过其亲属发短信给谭某某要求出具谅解书。

【裁判结果】

湖南省邵东县人民法院于 2017 年 5 月 16 日作出（2017）湘 0521 刑初 45 号刑事判决：李河清犯盗窃罪，判处有期徒刑一年六个月，并处罚金 3000 元。

宣判后，李河清不服提起上诉。湖南省邵阳市中级人民法院于 2017 年 9 月 7 日作出（2017）湘 05 刑终 196 号刑事裁定，以原审事实不清、证据不足为由裁定：撤销原判，发回重审。

湖南省邵东县人民法院经重审后于 2018 年 5 月 29 日作出（2017）湘 0521 刑初 420 号刑事判决，认为李河清犯盗窃罪的事实不清、证据不足，指控罪名不能成立，宣告李河清无罪。

宣判后，湖南省邵东县人民检察院不服提起抗诉，邵阳市人民检察院支持抗诉。湖南省邵阳市中级人民法院于 2018 年 11 月 15 日作出（2018）湘 05 刑终 210 号刑事判决：一、撤销湖南省邵东县人民法院（2017）湘 0521 刑初 420 号刑事判决；二、李河清犯盗窃罪，判处有期徒刑一年，并处罚金 2000 元。

【裁判理由】

法院生效判决认为：湖南省邵东县人民检察院抗诉意见书及邵阳市人民检察院支持抗诉意见书提出发回重审一审判决书宣告被告人李河清无罪，属认定事实和适用法律错误。经查，本案虽没有直接证据证明李河清盗窃了谭某某的黄金项链，但在案间接证据相互印证，已形成完整的证明体系。其中报警登记，被害人谭某某的陈述，邵东中国黄金专卖店金饰珠宝质量保证单复印件，证人邓某、刘某秀的证言及辨认笔录等证据，证明了谭某某报警称案发当天在邵东县君豪大酒店 806 房间被李河清盗走的黄金项链系谭于 2015 年 8 月 3 日在邵东中国黄金专卖店以旧换新购买，而该项链确系李河清于案发当天变卖给邓某；李河清于案发当天到过案发现场，且其变卖项链的微信交易记录时间与其离开君豪大酒店 806 房间的时间均在案发当天 16 时许这一时间段；对李河清变卖的黄金项链的来源，李河清先是不承认卖过项链，在侦查人员发现其手机中有案发时间段的黄金微信交易记录时称所卖项链是从家里拿的，在起诉阶段又称是前男友王某送的，在开庭审理时先称是谭某某送的，后称是其主动问谭某某要的，对其多次不一的供述，李河清解释是因以前不懂法，谭某某没有承认与其系男女朋友关系，这显然不属合理解释，且其供述中对部分涉案细节前后矛盾。同时，李河清一审有罪判决后的上诉期间，其母到谭某某家并托人发短信给谭某某要求出具谅解书。由此，现有证据不能证明涉案黄金项链系谭某某送给李河清的。李河清趁谭某某不备拿走谭项链变卖的行为属于刑法上的秘密窃取行为，被盗项链的价值经鉴定达到数额较大的标准，李河清的行为符合盗窃罪的构成要件。抗诉机关抗诉理由成立，予以采纳。李河清的辩解理由及其辩护人的辩护意见均不能成立，不予采纳。原判认定事实和适用法律错误，应予纠正。

【案例注解】

本案经过了二级法院四次审理，案件处理结果经历了有罪—发回重审—无罪—有罪的变化过程。主要原因是缺乏直接证据对被告人犯罪行为的指证，完全依靠间接证据来定案。由此，在案间接证据是否形成了足以证明被告人实施了盗窃犯罪行为的证明体系，也就成了本案的争议焦点。

刑事审判的主要任务是审查控诉方对被告人的指控是否成立，即是否构成犯罪，构成何种犯罪，该处以何种刑罚。而犯罪事实的认定完全建立在对全案证据的综合审查判断基础之上，无证据或者证据不充分，都不能对被告人定罪科刑，这一证据裁判原则是我们最基本的办案遵循。

证据根据其不同的划分标准，可以进行不同的分类，其中，根据其与案件主要事实的关系来划分，分为直接证据和间接证据。直接证据所包含的信息内容足以证明案件主要事实成立与否。间接证据是与直接证据相对应的一个概念。单个的间接证据只能反映案件主要事实的局部情况或者个别情节，但如果诸多间接证据对案件主要事实的各个片段都分别加以了证明，且经查证属实，又能环环相扣，形成了完整的、闭合的、排除其他可能性的证明体系，则这些证据同样可以承担起重构案件主要事实全貌的证明功能。对此，《最高人民法院关于适用〈中华人民共和国刑事诉讼法〉的解释》第一百零五条有明确规定："没有直接证据，但间接证据同时符合下列条件的，可以认定被告人有罪：（一）证据已经查证属实；（二）证据之间相互印证，不存在无法排除的矛盾和无法解释的疑问；（三）全案证据已经形成完整的证明体系；（四）根据证据认定案件事实足以排除合理怀疑，结论具有唯一性；（五）运用证据进行的推理符合逻辑和经验。"

笔者认为，根据本案间接证据，可以对被告人作出有罪认定。

1. 根据被害人陈述、报案经过、有关证人证言及被害人和被告人案发前的关系，可以认定被害人谭某某案发当天在君豪大酒店开房住宿期间一条黄金项链被盗的事实确已发生。

（1）本案案发自然，侦破经过脉络清晰。被害人谭某某在发现自己的黄金项链被盗后，怀疑是李河清所为，便立即打电话给他的朋友华某、郑某，商量该怎么办，随后即向酒店前台工作人员反映被盗情况，要求查看酒店监控，接着又向公安机关报案，尔后又邀集华某、郑某来到李河清家索要项链。遭拒后，三人将李河清扭送至公安机关说明情况。公安机关通过检查李河清的手机发现其微信中有案发当天与某一黄金回收店的交易记录，便顺藤摸瓜找到了涉案的黄金项链，进而将李河清作为重大嫌疑对象锁定并对其采取刑事拘留措施。

从上述过程来看，被害人谭某某发现项链被盗后，一方面及时向公安机关报案以求得国家公权力的保护，一方面又积极主动地想办法寻找私力救济途径解决，案发过程十分自然。公安机关依照法定程序收集证据，并基于收集到的证据层层推进侦破工作，侦破经过脉络清晰。

（2）被害人谭某某的陈述连续、稳定且有其他证据予以印证，真实可信。邵东中国黄金专卖店金饰珠宝质保单及该店两名工作人员印证了谭某某在 2015 年 5 月通过以旧换新的方式购买了一条重 69.44 克的黄金项链的事实；李河清自己承认其应邀到过案发现场即君豪大酒店 806 房间，进房间时看到谭某某脖子上戴着一条黄金项链；谭某某的朋友华某、郑某和酒店工作人员葛某某以及公安机关的报警案件登记表、情况说明，证实谭某某在君豪大酒店 806 房间住宿期间一条项链不翼而飞；华某、郑某及李河清自己的供认，证实了谭某某到李河清家索要项链并将李河清扭送至公安机关的经过。

可见，从在公安机关的第一次陈述到在法庭上的当庭陈述，谭某某均保持了连续、稳定的陈述，且均有相关证据印证，应当予以采信。

（3）根据谭某某与李河清案发前的关系，可排除谭某某故意捏造事实、栽赃陷害李河清的可能。谭某某与李河清曾有过婚恋关系，相处不久分手，彼此未曾再有过联系。案发前，双方在街上偶遇，互留了电话和微信，而后不久双方相约开房。结合谭某某的陈述和李河清的供述，二人在房间聊过家常，其间因谭某某自身原因二人欲发生性行为未成，李河清遂借故外出买东西吃离开房间。二人一致认可彼此无经济往来，无其他纠纷。

不难看出，谭某某与李河清从相识恋爱到分手，从街上偶遇到相约开房，开房当天从李河清来到房间到其离开房间，都未有过任何恩怨，相反，还表现出了旧情难忘、藕断丝连之意。故此，完全可以排除谭某某因为某种恩怨而故意捏造项链被盗事实，然后栽赃陷害李河清的这种可能。

2. 根据被告人李河清案发当天的微信交易记录、黄金收购店店主的证言、公安机关的扣押决定书及李河清的供述，可认定被告人李河清案发当天离开酒店后当即出卖了一条黄金项链的事实。

李河清到案后，起初矢口否认偷拿过谭某某的项链，还坚称自己离开君豪大酒店后就一直待在家里未出过家门，也没有收到过任何人的钱款，但她的这种供述迅即被公安机关调查发现的事实所否定。公安机关调查发现，李河清手机上于 2016 年 9 月 9 日 16 时 26 分有微信收款 8765 元的交易记录，该交易时间与李河清离开房间的时间十分吻合。办案民警根据该线索通过腾讯总公司协查，找到了该笔交易的付款方邓某，并从邓某处依法提取扣押了这条黄金项链。邓某证实，他在县城百富广场附近开了一家黄金收购店，2016 年 9 月 9 日 16 时 20 分许，他收购了一个年轻女子的一条黄金项链，当时付现金 1 万元，余款 8765 元通过微信转账支付。邓某指认李河清就是卖给他项链的那个女子。办案民警随即对李河清进行第三次讯问，在证据面前，李河清不得不承认“她从君豪大酒店出来后，从家里偷了一条黄金项链去卖”的事实。至此，李河清在案发当日离开君豪大酒店后不久即出卖过一条黄金项链的事实，足以得到认定。

3. 根据谭某某的辨认笔录、黄金项链的称重笔录、公安机关侦查人员情况说明及李河清的当庭供述，可认定谭某某被盗的黄金项链与李河清出卖的黄金项链具有同一性。

（1）谭某某被盗项链与李河清出卖的项链重量相当。谭某某陈述其被盗项链重 69.5

克，经公安机关后续调取的金饰珠宝质保单证实，这条项链其实为69.44克。李河清出卖给邓某的项链，经邓某当场称重为69.5克，公安机关从邓某处提取这条项链时，称重也为69.5克。这种重量上的细微差异，可能与秤的准确度、灵敏度及项链使用情况有关，基本可以判定二者重量相当。

（2）谭某某对自己被盗项链的特征描述与李河清出卖给邓某的项链特征相符。公安机关发还项链给谭某某时，组织谭某某对项链进行了辨认，谭某某对项链总体外观进行了指认，还说出了其被盗的项链“从挂扣开始数起第七小节有一小凹陷缺口”的细微特征，经侦查人员比对特征相符。

（3）李河清最终承认她出卖的项链是谭某某的。李河清在侦查阶段均不承认她出卖的项链是谭某某的，但在一审和二审的庭审过程中，均承认了项链是谭某某的。至于李河清一方面承认其出卖的项链是谭某某的，另一方面又不承认出卖的项链就是谭某某当天所佩戴的项链，这只不过是她不断地想为自己推脱罪责留下余地而已。但她的这种辩解很明显是不能成立的。(其理由下文再作简述)

4. 李河清多次供述和辩解，前后矛盾，明显有违生活常理，且无相关证据印证，逃避法律追究的意图十分明显。

李河清在接受公安机关第一、二次讯问时，否认偷拿过谭某某的项链，并且为了证明自己的清白，还谎称自己从房间里出来后，就一直待在自己家里没有出过门，也没有收到过任何一个人的钱款。公安机关根据其微信上黄金交易收款记录的事实，很快戳穿了她的谎言。在此情况下，李河清不得不承认出卖过一条项链。对于她出卖的这条项链的来源，李河清第三次被讯问时说是“从家里偷的”，第四次被讯问时说是“别人送给她的”，第六次被讯问时说是“前男友王某送的”（第五次是宣布对其逮捕的笔录），一审庭审时说“项链不是偷的，是谭某某一二个月前送的”，二审庭审时又说是“主动问谭某某要的”。

李河清就她案发当天下午出卖的项链的来源所作的多次供述，前后不一，最后承认了项链是谭某某的，但依然不承认是自己偷的，说成是谭某某送给她的。李河清的这一辩解，明显有违生活常理，不足以采信。

首先，谭某某在2015年经人介绍与李河清认识并相处后，双方见过家长，有过同居关系，但谭某某没有赠送过贵重物品给李河清。二人分手后再次联系上时谭某某已婚，二人已非婚恋关系。在无任何特殊原因的情况下，一般人不可能将价值2万元的黄金项链轻易送人。即便谭某某要送礼物给李河清，完全可以另购其他礼物相赠，如要送项链，也只可能送女式项链，而不可能送一条男式项链，这有违常理。其次，李河清出卖项链时，问过两家黄金收购店，在第一家黄金收购店，店家问她黄金有多重时，她说只有30多克。如果真是谭某某所送，她怎么会对项链的重量这一基本情况不了解，将一条重约70克的项链说成只有30多克？再次，如果真如李河清所述，该项链系谭某某在案发前一二个月前所赠，那么李河清为何刚好在案发当天离开谭某某房间后就要立即卖掉该项链？为何在案件调查之初不直接向公安机关说明？又为何在案发后通过家属积极寻求谭某某的谅解？

可见，李河清总是在对公安机关查清的事实无法作出解释时又提出新的辩解意见。

这种欲言又止、含混晦涩的表现，符合犯罪行为人在实施了犯罪行为之后不愿承认犯罪事实但在证据面前或者在公安人员强大攻势下又难以完全抵赖的矛盾、纠结心理，其逃避法律追究的意图十分明显。李河清的多次供述和辩解前后矛盾，无法自圆其说，且无相关证据印证，不应采信。

（一审法院合议庭成员　伍爱群　彭求卿　谢植福
二审法院合议庭成员　徐　虹　黄彧言　李东峰
再审一审法院合议庭成员　张艺超　曾有能　曾勇君
再审二审法院合议庭成员　肖丽忠　罗庆群　罗泽连
编写人　湖南省邵东县人民法院　申芝梅　陈贵新
责任编辑　包献荣
审稿人　李玉萍）

原载《人民法院案例选》2019 年第 11 辑（总第 141 辑）

392. 刘德铭故意杀人案
——“四无”案件犯罪事实的认定

【关键词】

刑事　故意杀人　间接证据事实认定

【裁判要旨】

案发现场没有指证犯罪的直接证据，锁定被告人作案可以以其有罪供述为主线，深入挖掘细节证据，经横向对比与纵向衔接达到相互印证。同时综合运用经验法则、逻辑推理、刑事推定，最终形成司法认知。

【相关法条】

《中华人民共和国刑法》

第二百三十二条　故意杀人的，处死刑、无期徒刑或者十年以上有期徒刑；情节较轻的，处三年以上十年以下有期徒刑。

【案件索引】

原审：天津市第二中级人民法院（2017）津02刑初38号（2018年1月24日）

复核：天津市高级人民法院（2018）津刑核10429047号（2018年8月23日）

【基本案情】

公诉机关天津市人民检察院第二分院以被告人刘德铭犯故意杀人罪，向天津市第二中级人民法院提起公诉。

被告人刘德铭承认公诉机关指控的持榔头锤击杀害刘某某的犯罪事实，但是辩称其持刀仅捅刺刘某某颈部，且未放火焚尸。刘德铭的辩护人认为：（1）起诉书指控的“被告人使用水果刀捅刺被害人上身一刀”以及被告人供述“用刀捅刺了被害人脖子下方”的描述均与尸体检验的实际损伤不符，现有证据不能认定被害人左侧腋中线，腹壁内侧创缘整齐的裂伤为刘德铭持刀捅刺所致。（2）认定刘德铭点火欲焚尸灭迹的证据不充分。（3）公安机关从被告人车内查到带有安眠药成分的注射器，此与被告人供述案发后将相关作案工具扔弃相矛盾。（4）案发现场提取的瓜子皮、部分烟蒂均检出DNA分型，但没有确认与哪个人的DNA相吻合，故不排除还有其他人曾经出现在案发现场。

法院经审理查明：被告人刘德铭与被害人刘某某系同事关系，均负责看守道路限高设施。后刘德铭因故对刘某某产生怨恨，产生报复杀人之念。2016年12月8日上午，刘德铭购买榔头、酒精、安眠药、酸奶等，并将安眠药碾碎溶解后注入酸奶中。当晚9时许，刘德铭驾驶五菱宏光汽车，至天津市滨海新区塘沽轻纺大道与中央大道交口处的刘某某值班岗亭，骗刘某某喝下掺有安眠药的酸奶。待刘某某昏睡后，刘德铭用榔头朝刘某某头部砸击数下，并将酒精泼洒在案发现场，点火后逃离。后刘德铭驾车将作案所用物品悉数扔弃。2016 年 12 月 12 日，刘德铭被抓获归案。经鉴定，刘某某系被他人用金属类钝器击打头面部致颅脑损伤死亡，并于濒死状态被焚烧。

【裁判结果】

天津市第二中级人民法院于 2018 年 1 月 24 日作出（2017）津 02 刑初 38 号刑事判决：认定被告人刘德铭犯故意杀人罪，判处死刑，缓期二年执行，剥夺政治权利终身。宣判后，刘德铭在法定期限内没有上诉，天津市人民检察院第二分院没有抗诉，本案依法报送天津市高级人民法院核准。

天津市高级人民法院于 2018 年 8 月 23 日作出（2018）津刑核 10429047 号刑事裁定：认为原审法院认定事实清楚，证据确实、充分，定罪准确，量刑适当。审判程序合法。依法核准天津市第二中级人民法院（2017）津 02 刑初 38 号以故意杀人罪判处被告人刘德铭死刑，缓期二年执行，剥夺政治权利终身的刑事判决。

【裁判理由】

法院生效裁判认为：现有证据能够排除合理怀疑，据此可以认定刘德铭杀人的犯罪事实。被告人刘德铭故意非法剥夺他人生命，其行为已经构成故意杀人罪。刘德铭预谋犯罪，并持榔头多次砸击被害人头部致其死亡，情节恶劣、手段残忍；后又放火焚烧现场，后果特别严重，应当依法严惩。鉴于刘德铭归案后供述基本稳定，并且取得被害人家属的谅解，对其判处死刑，可不立即执行。

【案例注解】

本案争议的焦点是，能否认定刘德铭杀人。在案证据呈现出“四无”特点：第一，案发现场未发现关键物证。既没有与被害人刘某某尸体伤痕对应的作案凶器，也没有被告人刘德铭供述的针管、酸奶等作案工具。同时未提取到刘德铭的生物痕迹。第二，抛物地点未找到作案工具。侦查机关在刘德铭指认的大沽排污河没能打捞上刘德铭提及的任何一件涉案物品。第三，搜查、扣押的刘德铭衣物未检出被害人血斑。在案的刘德铭外衣、裤子、鞋、袜子、腰带、手机上均无刘某某的 DNA 分型。第四，案发现场未出现目击证人，本案案发已接近凌晨，当时人流稀少，除被告人刘德铭与被害人刘某某外，没有任何其他人在场。同时，刘德铭供述时有反复。指证犯罪的证据体系相对薄弱。

笔者经过细致分析，认为目前证据虽然琐碎，但仍存在对应关系，其中细节证据能够彼此印证并上下融贯。围绕刘德铭口供，在案的间接证据可以形成闭合锁链，足以认定犯罪事实。

一、能够确证刘德铭有罪供述属实

首先，刘德铭在首次讯问时即承认杀人，并自始对基本犯罪事实供述稳定。

被告人刘德铭在审前阶段共作有罪供述 14 次，且从被首次讯问起就一直承认是自己杀害了刘某某。其中虽然存在一些反复，比如：不承认焚尸，辩称买酒精是为了防止汽车上冻；不承认为犯罪准备安眠药，辩称去医院开酒石酸唑吡坦片是因为自己失眠等等。但是，对于案发当日买酸奶、挑榔头、开安眠药以及将安眠药注进酸奶、用榔头反复击打刘某某头部等情况，该刘始终供认，并且口供内容稳定、前后无明显出入。

其次，刘德铭所供细节得到现场勘查笔录、理化检验报告、通话记录等佐证，其有罪供述具有扎实的证据基础。

第一，刘德铭交代，曾从日志本里抽取一张 A4 纸，撕下三分之一后把安眠药（主要成分是唑吡坦）放在上面，又将纸对折，用打火机底碾碎药片，再倒进“听话水”溶解。这一细节与公安塘沽分局在刘德铭值班岗亭的垃圾桶内提取的对折纸片，以及天津市物证鉴定中心出具的该纸片上检出唑吡坦成分的检验报告能够相互印证。同时，法医学尸体检验鉴定书证实刘某某胃内容中含有唑吡坦，而从刘德铭驾驶的五菱汽车中提取的注射器、针头亦检出该成分；二者指向一致。

第二，刘德铭交代，曾翻开酸奶盒上一处折角，将安眠药与“听话水”的混合溶液注进去，再将角折回。这一细节与绿蓝超市东台店提供的购物小票所载信息（案发当天刘德铭在此购买 200 克蒙牛纯甄酸牛奶）相互印证。

第三，刘德铭交代，曾于案发当晚 23 时许在刘某某值班岗亭内接到大车司机打给刘某某的电话，并打开道路限高设施为大车放行。这一细节与该司机证言及辨认笔录、手机通话记录等内容重合。

再次，刘德铭对抛弃工具地点与行车路线的供述，与高德地图情况相符，并且合乎常理常情。

刘德铭供述，其将榔头、酸奶盒、匕首、打火机等抛进大沽排污河后回到自己值班的岗亭，发现针管还在，便再次销赃。其从该岗亭出发，沿中央大道逆行至津沽立交桥，在第一次抛物的对岸将针管丢入河中。这一细节得到高德地图显示的塘沽区交通路线图的支持，并与午夜时车流量少能逆行、其急于脱手须逆行的生活经验契合。

最后，刘德铭供述的捅刺部位与刘某某尸检鉴定未完全对应，但该不一致处能够得到合理解释。

刘德铭供述自己捅刺的是刘某某脖子下方；法医学尸体检验鉴定书则证实刘某某左侧腋中线第 9 肋间处有 2.4 厘米裂创，该创口内侧创缘整齐，具有锐器创特征。两份证据在伤情部位上不能完全对应。但是第一，刘德铭是在持榔头数次砸击刘某某后又持刀捅刺，此时作为初犯的刘德铭情绪激动（已经不记得砸了刘某某几下），意识能力应当有所减弱。因此，对刘德铭的认知准确度不能作过高要求，其所供被害人脖子下方应当涵括第 9 肋间。第二，案发当晚刘某某进食安眠药后侧卧在床上昏睡，其身体会自然蜷缩，加上被砸击后痉挛，脖子与第 9 肋之间的距离应当明显缩短（刘某某身材并不高大，而身高 170 厘米的成年人平躺状态下锁骨与第 9 肋之间的距离约为 32 厘米）。这也会造成刘德铭的视觉误差。同时，刘德铭口供与在案客观证据没有严丝合缝，恰可排除指供、诱供嫌疑。这能够说明侦查机关记录真实、取证合法，在一定程度上增强了合议庭有罪认定的内心确信。

二、可以排除在案合理怀疑

（一）关于关键物证不在案的问题

案发现场没有指证犯罪的直接物证，但是现有在案证据仍能形成闭环，最终锁定刘德铭作案。第一，刘德铭归案经过自然、真实。本案案发后，侦查机关例行检查刘某某身边亲朋与同事，并对重点人员适用手机围栏技术分析位移轨迹。在对上述人员七公里内活动情况进行摸排时，发现刘德铭恰于案发时间出现在案发地点。同时，刘德铭行车路线和时间均反常。由此确定该刘具有重大作案嫌疑。第二，刘德铭的有罪口供与其他在案证据相互印证，且均属于先供后证。比如，刘德铭在2016年12月12日11时5分至2016年12月12日19时40分讯问笔录中供述，曾将安眠药碾碎后用针管注进酸奶；并于当天指认购买酸奶的地点。2016年12月14日8时30分，侦查机关在刘德铭工作岗亭垃圾桶内提取一张对折纸片；2016年12月20日，天津市公安局物证鉴定中心出具检验报告，证实该纸片上检出唑吡坦成分。又如，2016年12月12日，刘德铭在首次讯问中供述，曾用针管将安眠药打进酸奶后骗刘某某喝下。2016年12月20日，侦查机关从提取的注射器及针头上检出唑吡坦成分。并且，用“听话水”溶解安眠药、将酸奶盒折角掰开后注入安眠药等细节非常隐秘，酸奶盒、听话水等又不在案，如若没有刘德铭主动供述，侦查机关无从知晓。第三，刘德铭具备作案动机、时间、空间与条件。刘德铭曾多次交代，其与刘某某之间有金钱纠纷，因不满刘某某的强势作风，想杀了他。案发上午，刘德铭集中购买榔头、酒精、酸奶，并去医院开了安眠药；案发当晚，又出现在刘某某值班岗亭（案发现场），并且将近凌晨仍然滞留。同时，刘德铭与刘某某是同事又系发小，平时经常一起玩牌，二人接近无障碍，饮食不设防。因此，刘德铭杀害刘某某具有主观基础和客观条件，刘某某喝下刘德铭递来的酸奶也自然、真实。

（二）关于否认事后焚尸的问题

刘德铭从第8次供述起，开始否认焚尸。其首先辩称以往有罪供述均属被逼无奈，但是未能提供任何刑讯逼供线索。而讯问录像显示，刘德铭回答侦查人员提问时表述清晰、神情自然。同时，讯问笔录记载内容与光盘承载信息能够对应，讯问时间、地点、人员与提押票上登记一致。结合天津市第二看守所出具的入所健康检查表（刘德铭入所时体表无伤痕，并且表达正常、肢体活动自如），能够认定刘德铭的有罪供述系在意志自主情况下的真实表达。

其后，刘德铭又翻称购买酒精仅是为作汽车防冻液。但是该辩解，第一与常理不符。汽车发动机在工作状态下时温高过90摄氏度，此时酒精早已挥发殆尽，根本无力阻止上冻。这样的基本常识，刘德铭作为有多年驾龄的老司机，不可能不知道。第二与常情不合。五菱宏光汽车的市场报价在4万元至7万元之间，而一般防冻液的售价是4斤18元。刘德铭买得起汽车，却负担不了单价不足5元的专业养护，这样的解释既违背人情事理，也不符合通常的消费习惯。第三，刘德铭的焚尸供述有在案证据佐证。刘德铭曾供认“点燃部位是靠近刘某某头部的那边”，此与尸体检验鉴定书、尸体照片显示的刘某某上身烧焦并已碳化的情况能够对应。同时，天津市公安局物证鉴定中心出具的理化检验报告证实，现场的下铺西侧床面、西侧墙面均有酒精成分，此与刘德铭购买酒精的视频、药店售货员证言（售货员证实，刘德铭曾说买酒精是为了烧东西）等内容重合、前后衔接。这些均强化了合议庭关于刘德铭事后焚尸的内心确信。

（三）关于衣物上无被害人血斑的问题

被害人刘某某头顶多处挫裂创、颅骨粉碎性骨折，但是被告人刘德铭所有在案的衣物上皆未沾染血斑。复核期间，合议庭就此展开调查，并重点询问了侦办警官。据了解，天津津卫保安服务有限公司为每位员工配发一件多功能制服，其他人的都在，唯有刘德铭的那件不翼而飞。对此被告人刘德铭不能作出合理解释。同时，电子围栏轨迹分析显示，案发后刘德铭还去过远方一处垃圾场，个中原因其也无法说明。虽然侦查人员在该垃圾场没有找到符合条件的焚烧碎片，但是刘德铭凌晨前往垃圾场的行为非常反常，联系其向大沽排污河丢弃作案工具的举动，高度怀疑刘德铭已将作案所穿衣物焚毁。

（四）关于是否存在他人作案的问题

现场（刘某某值班岗亭）提取的瓜子皮与部分烟蒂上检出他人的DNA分型；同时，刘德铭从第6次讯问起，供称同事曹某某策划杀害刘某某，并为其提供机会。对此笔者认为，本案特定的时空条件可以排除他人作案可能。第一，刘某某值班岗亭作为办公场所，白天有员工出入，晚上有专人值守，不特定人活动频繁。同时，多份证人证言及刘德铭口供证实，刘德铭也多次去此岗找过刘某某，取后者代领的工资。因此，无论谁留下瓜子皮和烟蒂都在情理中。第二，曹某某案发前后均未与刘德铭联系，曹某某所谓的犯意只有刘德铭一人供述，并无其他证据佐证。并且，刘德铭所供曹某某因不满刘某某强势作风而心生杀机，没有根据。同事们对曹某某的人品反映较好，反是对刘德铭颇有微词（多人认为该刘小心眼、有心计、报复心强）。同时，曹某某既未向刘德铭提供工具、门外望风，又未与刘德铭具体筹划、事后销赃。因此，认定曹某某是共犯证据明显不足。

综上，合议庭围绕刘德铭有罪口供，依托在案细节证据，适用经验法则与逻辑推理逐步甄别相关辩解，并排除合理怀疑、不断强化内心确信。最终建立刘德铭与刘某某死亡间的稳固联系，认定本案犯罪事实。

（原审法院合议庭成员　王亦武　米伟志　刘秀萍
复核法院合议庭成员　高憬宏　郝宝利　钱　岩
编写人　天津市高级人民法院　钱　岩
责任编辑　周维明
审稿人　李玉萍）

原载《人民法院案例选》2019年第12辑（总第142辑）

393. 袁增仁非法拘禁、强奸案
——非法物证排除及“一对一”证据情形下强奸事实的认定

【关键词】

刑事　强奸　非法拘禁　同居关系　非法证据排除

【裁判要旨】

涉案物证（纸巾）收集不符合法定程序且来源存疑，可能严重影响司法公正，且不能补正或者作出合理解释的，应按非法证据排除规则予以排除。该物证及相关鉴定意见不能作为定案的依据。

在排除非法物证后，证明被告人强奸的证据虽有被害人的陈述，但缺乏其他有效证据印证，无法形成完整的证据链，达不到证据确实充分的证明标准，不能认定被告人构成强奸罪。

【相关法条】

《中华人民共和国刑事诉讼法》

第五十四条① 采用刑讯逼供等非法方法收集的犯罪嫌疑人、被告人供述和采用暴力、威胁等非法方法收集的证人证言、被害人陈述，应当予以排除。收集物证、书证不符合法定程序，可能严重影响司法公正的，应当予以补正或者作出合理解释；不能补正或者作出合理解释的，对该证据应当予以排除。

在侦查、审查起诉、审判时发现有应当排除的证据的，应当依法予以排除，不得作为起诉意见、起诉决定和判决的依据。

【案件索引】

一审（第一次）：广东省深圳市宝安区人民法院（2014）深宝法刑初字第 3964 号（2015 年 1 月 5 日）

二审（第一次）：广东省深圳市中级人民法院（2015）深中法刑一终 257 号（2015 年 3 月 19 日）

一审（第二次）：广东省深圳市宝安区人民法院（2015）深宝法刑重字第 14 号（2016 年 7 月 20 日）

二审（第二次）：广东省深圳市中级人民法院（2016）粤 03 刑终 2081 号（2016 年 12 月 22 日）

---

① 《刑事诉讼法》2018 年修正后，本条改为第五十六条，条文内容未变。

再审：广东省高级人民法院（2018）粤刑再2号（2018年12月29日）

【基本案情】

广东省深圳市宝安区人民检察院指控：2014年5月15日上午，被告人袁增仁驾驶车辆将被害人何某某带至深圳市宝安区西乡街道一偏僻路段，在车上殴打何某某并强行与其发生性关系。随后，被告人袁增仁驾车至另一偏僻处，又一次强行与何某某发生性关系。之后，被告人袁增仁强行将被害人何某某带至袁位于深圳市宝安区沙井街道的住处，从2014年5月15日11时许至5月17日15时许，袁增仁将何某某非法拘禁在该处。5月16日上午，袁增仁再次强行与何某某发生了性关系。检察机关就上述指控提交了DNA鉴定意见、被害人陈述等证据，认为被告人袁增仁的行为构成了非法拘禁罪、强奸罪，请求依法判处。

被告人袁增仁辩护提出：在案发期间，其没有与何某某发生性关系，不构成强奸罪。其指定辩护人辩护提出：根据本案现有证据无法证实被告人袁增仁犯有强奸罪。DNA鉴定书无法证实被告人犯有强奸罪。被告人对于强奸罪是零口供。被害人数次陈述关于强奸的次数、强迫的行为等自相矛盾。

法院经审理查明：原审被告人袁增仁（原系经营旧车生意的个体业主）和被害人何某某（系某中医理疗店员工）自2011年7月结识后保持同居关系，至2014年3月二人因故分手。2014年5月15日7时许，袁增仁以过户车辆为由将何某某骗出。随后，袁增仁驾驶丰田小汽车（车牌号粤BV4B××，登记所有人为何某某）将何某某带至深圳市宝安区西乡街道黄田社区。当日11时许，袁增仁将被害人何某某带到袁增仁位于深圳市宝安区沙井街道蚝二村西住处的电梯口。何某某不愿上楼，袁增仁在电梯口对何某某进行拖拽，并将其强行带入袁的住处。从2014年5月15日11时许至5月17日15时许，袁增仁将何某某拘禁在该房内。2014年5月17日15时许，何某某趁袁增仁睡觉之机，用手机发微信给朋友，请其帮忙报警。民警接到报警后，赶至现场，将袁增仁抓获归案，并解救出何某某。

在被公安人员带到深圳市沙井派出所后，被害人何某某曾与袁增仁有态度缓和的交谈，之后何某某控告袁增仁案发期间在车上及袁的住处三次将其强奸。

经鉴定：被害人何某某的肩及双下肢软组织挫伤，所受损伤属轻微伤；从被告人袁增仁的小车内提取到纸巾上检出人精斑，与被告人袁增仁的STR分型一致，同一认定率大于99.99%。

另查明，深圳市宝安区人民法院于2013年7月18日作出（2013）深宝法刑初字第2107号刑事判决，认定原审被告人袁增仁犯信用卡诈骗罪，判处有期徒刑二年，缓刑三年，并处罚金人民币2万元，该判决于2013年8月18日生效。

【裁判结果】

广东省深圳市宝安区人民法院两次一审均认为，被告人袁增仁无视国家法律，非法拘禁他人，其行为已构成非法拘禁罪；其还违背妇女意志，强行与妇女发生性关系，其行为构成强奸罪。被告人因犯信用卡诈骗罪被宣告缓刑，在缓刑考验期内犯新罪，应当撤销缓刑，对新犯的罪作出判决，与前罪数罪并罚。故两次一审均判决：一、撤销对被告人袁增仁宣告缓刑的部分；二、被告人袁增仁犯强奸罪，判处有期徒刑三年六个月；

犯非法拘禁罪，判处有期徒刑二年；原犯信用卡诈骗罪，判处有期徒刑二年，并处罚金人民币 2 万元。数罪并罚，总和刑期有期徒刑七年六个月，并处罚金人民币 2 万元，决定执行有期徒刑七年，并处罚金人民币 2 万元。

广东省深圳市中级人民法院第一次二审认为，原审判决认定事实不清，证据不足，裁定撤销广东省深圳市宝安区人民法院第一次一审判决，发回重新审判。

广东省深圳市中级人民法院第二次二审认为，上诉人袁增仁采用暴力手段，将被害人带至涉案房屋，并剥夺何某某的人身自由，其行为已构成非法拘禁罪。上诉人因犯信用卡诈骗罪被宣告缓刑，在缓刑考验期内再犯新罪，应当撤销缓刑，对新犯的罪作出判决，与前罪数罪并罚。本案证明强奸的证据仅有被害人的陈述，无其他证据相印证，且被害人的陈述前后不一，认定强奸事实不清、证据不足。判决：一、维持深圳市宝安区人民法院（2015）深宝法刑重字第 14 号判决对原审被告人袁增仁非法拘禁罪的定罪及量刑部分；二、撤销深圳市宝安区人民法院（2015）深宝法刑重字第 14 号判决对原审被告人袁增仁强奸罪的定罪及量刑部分；三、上诉人（原审被告人）袁增仁犯非法拘禁罪，判处有期徒刑二年；原因犯（信用卡）诈骗罪所判有期徒刑二年，并处罚金人民币 2 万元。数罪并罚，决定执行有期徒刑三年，并处罚金人民币 2 万元。

广东省高级人民法院再审认为，原审被告人袁增仁采用拘禁方法，非法剥夺他人人身自由，其行为已构成非法拘禁罪；其因犯信用卡诈骗罪被宣告缓刑，在缓刑考验期内犯新罪，应当撤销缓刑，对新犯的罪作出判决，与前罪数罪并罚。现有证据不足以证明原审被告人袁增仁构成强奸罪。广东省人民检察院的抗诉意见不能成立，原审被告人袁增仁及指定辩护人关于原审被告人袁增仁不构成强奸罪的辩护意见成立。故裁定驳回抗诉，维持深圳市中级人民法院二审刑事判决。

【裁判理由】

鉴于原审及再审开庭时，原审被告人袁增仁对检出其精斑的纸巾的来源提出质疑，广东省高级人民法院决定对涉案物证（纸巾）的收集合法性进行调查，广东省人民检察院提供了深圳市公安局沙井派出所出具的《情况说明》等材料。

广东省高级人民法院经审理认为，涉案物证（纸巾）来源存疑，收集不符合法定程序，可能严重影响司法公正，且不能补正或者作出合理解释，应当依法予以排除，该物证（纸巾）及据此得出的鉴定意见不能作为定案的依据。理由如下：

一、物证（纸巾）所在的原始现场被改变

涉案小汽车登记所有人是何某某，案发前实际控制人是袁增仁。在案发时，该小汽车停在袁增仁所居住的某小区；提取笔录反映，提取纸巾的地点在位于某派出所的该车内，时间为案发当晚 9 时许，说明案发后有人进入该车，车被移动。深圳市公安局沙井派出所在再审阶段出具情况说明：本案开始只是按非法拘禁办理后来发现可能涉及强奸，民警让被害人把涉案车开回派出所，被害人何某某就打电话联系了一个亲友把车开到派出所。

二、未依规对现场进行勘验检查并照相

公安机关在提取物证时未对物证所在的小汽车内进行现场勘查，未对提取过程进行照相、录像，没有提取清单。本案物证的提取过程不符合《公安机关办理刑事案件程序规定》第二百零八条规定的“侦查人员对于与犯罪有关的场所、物品、人身、尸体应当进行勘验或者检查，及时提取、采集与案件有关的痕迹、物证、生物样本等”以及第二百一十一条规定的“勘查现场，应当拍摄现场照片”的规定。

三、提取笔录没有袁增仁的签名

本案提取纸巾笔录与提取何某某阴道拭子的笔录是同一个笔录，该提取笔录没有袁增仁签名，仅有何某某的签名。侦查人员对袁增仁未签名的原因，未予注明。以上做法不符合2012年《刑事诉讼法》第一百四十条“对查封、扣押的财物、文件，应当会同在场见证人和被查封、扣押财物、文件持有人查点清楚，当场开列清单一式二份，由侦查人员、见证人和持有人签名或者盖章，一份交给持有人，另一份附卷备查”的规定。

四、没有物证照片及物证提取扣押清单

该物证（纸巾）的大小、长短、颜色等外形和细节特征没有证据证明，没有照片直观反映该纸巾遗留相关痕迹情况。

五、指认现场照片存在事后补拍的可能

被害人何某某指认现场没有指认笔录，仅有照片。何某某对指认照片的书面确认时间是在案发后近三个月的2014年8月11日，而此时物证（纸巾）的相关鉴定意见已作出（同年5月29日出具）。该照片上反映的现场存在事后补拍的可能。某派出所于2014年8月16日对反映涉案车内情况照片说明内容为“以上照片显示的是卫生纸提取位置”，从语义上看，仅证明“提取位置”。该照片中车内的纸巾不能确定是所鉴定的纸巾。

六、侦查机关不能对物证（纸巾）收集不符合法定程序作出补正或者合理解释

从出具的材料看，侦查机关对相关情节，或称办案人员“不记得太清了”，或叙述的内容与在案证据证明的内容存在矛盾，对涉强奸的现场没有勘查等程序缺陷无法补正。

广东省高级人民法院经审理认为，在排除非法物证（纸巾）及其鉴定意见后，证明强奸事实的证据虽有被害人的陈述，但缺乏其他有效证据的印证，无法形成完整的证据链，达不到证据确实充分的证明标准，认定原审被告人袁增仁构成强奸罪的事实不清，证据不足。

【案例注解】

本案历经三级法院五次审理，是一件检辩双方争议较大，原审两级法院认识不一致的疑难、复杂案件。再审法院按照以审判为中心的刑事诉讼制度改革的要求，以非法证据排除为突破口，围绕非法物证排除和“一对一”证据情形下强奸事实的认定两个焦点问题，严格审查相关证据的关联性、合法性、真实性，落实证据裁判、疑罪从无等法律原则和要求，依法审理案件，取得了良好的法律效果与社会效果，对办理类似案件具有一定参考价值。

一、严格审查涉案物证的关联性

来源存疑的物证与案件事实本身可能不具有关联性，因而降低了可采性，一般不能作为定案证据使用。根据本案的提取笔录，本案物证（纸巾）虽然在涉案小汽车内提取，但被害人指控的案发现场已被改变，该小汽车已由小区停车场开到了派出所。需要注意的是，根据再审阶段对证据合法性进行调查的材料反映，该小汽车是由被害人打电话安排其亲友开到派出所的，而办案机关没有收集案发后开车人的证明材料，案发后开车人不排除与被害人有利害关系，其行为对车内现场产生的影响情况不清。对于来源存疑的物证，应严格审查其与案件本身的关联性，决定是否作为定案证据使用。

二、严格审查涉案物证的合法性

收集物证不符合法定程序，可能严重影响司法公正，且不能补正或者作出合理解释的，应当依法予以排除。由于本案公安机关最初侦查方向是按非法拘禁罪进行的，在涉案物证的收集上存在若干程序违规问题。这些程序性问题的存在，也与该物证来源存疑的问题密切相关，加深了对该物证来源的怀疑，具体表现在：（1）未对现场进行勘验检查并照相。（2）提取物证的笔录没有袁增仁的签名。（3）没有物证照片及物证提取扣押清单等。侦查机关不能对涉案物证（纸巾）收集不符合法定程序问题作出补正或者合理解释，且以上程序问题可能严重影响司法公正，按照《刑事诉讼法》及《人民法院办理刑事案件排除非法证据规程（试行）》的有关规定，对该物证应当予以排除，该物证及相关的鉴定意见均不能作为定案的依据。

三、严格审查相关言词证据的真实性

本案中，能够独立证明案件主要事实的直接言词证据是被告人供述与被害人陈述，即证据“一对一”。在“一对一”证据情形下认定强奸事实，应就强奸罪构成的客观方面和主观方面进行证据补强，达到排除合理怀疑的证明程度。在排除非法物证后，控方认为被告人构成强奸罪的直接证据是被害人的陈述，但其存在以下问题：（1）指控被告人使用暴力、胁迫或者其他手段，强行与被害人发生性关系，无证据印证。被害人陈述其被强奸的细节未得到其他有效证据的印证，其称被殴打头面部、被捆绑手脚、被用汽车安全带捆绑等细节均无相应证据印证，其身体相应部位未检出损伤、勒痕等印迹。被害人体内也未检出被告人的生物学痕迹。被害人所陈述的被告人以汽车安全带作为捆绑其手脚工具的可行性存疑，公安机关也未进行相应的侦查实验。（2）指控被告人违背妇女意志，强行与被害人发生性关系，无证据印证。从案发前二人关系看，被告人与被害人长期保持同居关系；从案发后的表现看，被害人案发初期并未控告被告人强奸，反而与其有态度缓和的交谈；从经济来往情况看，二人有大额的经济往来。（3）被害人的陈述不排除受到案外因素的影响而产生失真的可能性。由于被告人与被害人具有同居关系所产生的相应人身、财产关系，当事人对案件事实的陈述不能排除受到感情因素、经济利益的干扰影响而产生失真的可能性。故证明有强奸事实的证据虽有被害人的陈述，但缺乏其他有效证据的印证，无法形成完整的证据链，达不到证据确实充分的证明标准，认定原审被告人袁增仁构成强奸罪的事实不清，证据不足。

[一审（第二次）法院合议庭成员　吴海涛　何　彦　谢艳虹
二审（第二次）法院合议庭成员　王　挥　周祖文　李　辉
再审法院合议庭成员　王兴元　魏　海　郑元智
编写人　广东省高级人民法院　王兴元
责任编辑　包献荣
审稿人　李玉萍]

原载《人民法院案例选》2020 年第 3 辑（总第 145 辑）

三、附带民事诉讼

394. 潘二矿交通肇事案

——刑事附带民事诉讼中赔偿责任承担及精神损害抚慰金的认定

【关键词】

刑事附带民事诉讼　过错责任　保险责任　精神损害抚慰金

【裁判要旨】

1. 交通肇事刑事附带民事诉讼中肇事车辆登记车主承担过错责任，而非连带责任。
2. 被告人逃逸，肇事车辆投保的保险公司在交强险范围内不免责。
3. 交通肇事案刑事附带民事原告人主张精神损害抚慰金应予支持。

【相关法条】

《中华人民共和国刑法》

第一百三十三条　违反交通运输管理法规，因而发生重大事故，致人重伤、死亡或者使公私财产遭受重大损失的，处三年以下有期徒刑或者拘役；交通运输肇事后逃逸或者有其他特别恶劣情节的，处三年以上七年以下有期徒刑；因逃逸致人死亡的，处七年以上有期徒刑。

第六十七条　犯罪以后自动投案，如实供述自己的罪行的，是自首。对于自首的犯罪分子，可以从轻或者减轻处罚。其中，犯罪较轻的，可以免除处罚。

被采取强制措施的犯罪嫌疑人、被告人和正在服刑的罪犯，如实供述司法机关还未掌握的本人其他罪行的，以自首论。

犯罪嫌疑人虽不具有前两款规定的自首情节，但是如实供述自己罪行的，可以从轻处罚；因其如实供述自己罪行，避免特别严重后果发生的，可以减轻处罚。

第三十六条　由于犯罪行为而使被害人遭受经济损失的，对犯罪分子除依法给予刑事处罚外，并应根据情况判处赔偿经济损失。

承担民事赔偿责任的犯罪分子，同时被判处罚金，其财产不足以全部支付的，或者被判处没收财产的，应当先承担对被害人的民事赔偿责任。

《中华人民共和国侵权责任法》

第十六条 侵害他人造成人身损害的，应当赔偿医疗费、护理费、交通费等为治疗和康复支出的合理费用，以及因误工减少的收入。造成残疾的，还应当赔偿残疾生活辅助具费和残疾赔偿金。造成死亡的，还应当赔偿丧葬费和死亡赔偿金。

第二十六条 被侵权人对损害的发生也有过错的，可以减轻侵权人的责任。

第四十八条 机动车发生交通事故造成损害的，依照道路交通安全法的有关规定承担赔偿责任。

第四十九条 因租赁、借用等情形机动车所有人与使用人不是同一人时，发生交通事故后属于该机动车一方责任的，由保险公司在机动车强制保险责任限额范围内予以赔偿。不足部分，由机动车使用人承担赔偿责任；机动车所有人对损害的发生有过错的，承担相应的赔偿责任。

《中华人民共和国道路交通安全法》

第七十六条 机动车发生交通事故造成人身伤亡、财产损失的，由保险公司在机动车第三者责任强制保险责任限额范围内予以赔偿；不足的部分，按照下列规定承担赔偿责任：

（一）机动车之间发生交通事故的，由有过错的一方承担赔偿责任；双方都有过错的，按照各自过错的比例分担责任。

（二）机动车与非机动车驾驶人、行人之间发生交通事故，非机动车驾驶人、行人没有过错的，由机动车一方承担赔偿责任；有证据证明非机动车驾驶人、行人有过错的，根据过错程度适当减轻机动车一方的赔偿责任；机动车一方没有过错的，承担不超过百分之十的赔偿责任。

交通事故的损失是由非机动车驾驶人、行人故意碰撞机动车造成的，机动车一方不承担赔偿责任。

【案件索引】

一审：安徽省淮南市潘集区人民法院（2016）皖0406刑初14号（2016年7月13日）

二审：安徽省淮南市中级人民法院（2016）皖04刑终176号（2016年10月8日）

【基本案情】

安徽省淮南市潘集区人民检察院指控：2015年9月26日21时30分许，被告人潘二矿无证驾驶皖D311××号小型客车，由北向南行驶到潘集区潘二矿东门北侧50米处，将同方向步行的被害人刘强强、刘帅撞伤后驾车驶离现场，次日早晨到泥河派出所投案。被害人刘强强经医院抢救无效于当日死亡，被害人刘帅受伤。2015年12月23日，经安徽理工司法鉴定中心鉴定：刘帅被撞致脑挫裂伤、颅内出血、骨盆2处骨折、颅骨骨折、外伤性蛛网膜腔下出血，暂定为轻伤一级，待其治疗终结、临床体征稳定后，若出现与本次损伤相关的智能、精神障碍以及排尿障碍，再另行补充鉴定或重新鉴定。2015年10月9日，经淮南市公安局交通警察支队潘集大队研究认定，潘二矿负此事故的全部责任，刘强强、刘帅无责任。公诉机关认为，被告人潘二矿无证驾驶机动车发生交通事故逃逸，致被害人一人死亡，一人暂定轻伤，负事故的全部责任，其行为已触犯《刑法》第一百三十三条之规定，应当以交通肇事罪追究其刑事责任。

附带民事诉讼原告人刘计怀、焦顺苹诉称：原告人系被害人刘强强父母亲。2015 年 9 月 26 日 21 时 30 分许，被告人潘二矿无证驾驶皖 D311 × × 号小型客车，由北向南行驶到潘集区潘二矿东门北侧 50 米处，由于观察不够，将同方向的行人刘强强、刘帅撞伤后逃逸。此事故造成刘强强经医院抢救无效于当日死亡。此事故经交警部门处理认定：潘二矿负全部责任，刘强强、刘帅无责任。皖 D311 × × 号小型客车实际车主是李民光，该车向阳光保险公司投保有交强险。被告人潘二矿的行为触犯我国《刑法》第一百三十三条之规定，构成交通肇事罪，且肇事逃逸致人死亡，应依法追究被告人潘二矿的刑事责任，要求判令被告共同赔偿原告人死亡赔偿金 538720 元，丧葬费 25447 元，精神损害抚慰金 8 万元，合计 644167 元。潘二矿与李民光相互承担连带责任，阳光保险公司在保险限额内直接赔偿原告人。

附带民事诉讼原告人刘帅诉称：2015 年 9 月 26 日 21 时 30 分许，被告人潘二矿无证驾驶皖 D311 × × 号小型客车，由北向南行驶到潘集区潘二矿东门北侧 50 米处，由于观察不够，将同方向的行人刘强强、刘帅撞伤后逃逸。此事故造成刘帅重度多发性创伤：(1) 重度颅脑损伤；(2) 左髋臼骨折、右坐骨骨折；(3) 两肺挫伤；(4) 全身多处皮肤挫裂伤；(5) 尿道狭窄。刘强强经医院抢救无效于当日死亡。刘帅住院 61 天，花去医疗费用约 8 万元。此事故经交警部门处理认定：潘二矿负全部责任，刘强强、刘帅无责任。皖 D311 × × 号小型客车实际车主是李民光，该车向阳光保险公司投保有交强险。被告人潘二矿的行为触犯我国《刑法》第一百三十三条之规定，构成交通肇事罪，且肇事逃逸致人死亡，应依法追究被告人潘二矿的刑事责任，要求判令被告共同赔偿原告人医疗费 8 万元，后续治疗费 22320 元，护理费（住院）114.4 元 ×61 天 ×2 人 =13956.8 元，护理费（出院后）114.4 ×365 天 ×20 年 ×50% =417560 元，伙食补助费 30 元 ×61 天 =1830 元，营养费 30 元 ×150 天 =4500 元，鉴定费 5979.5 元，交通费 2000 元，伤残赔偿金 26936 元 ×20 年 ×83% =447137.6 元，衣服鞋子损失 2000 元，精神损害抚慰金 6 万元，合计 1057283.9 元。潘二矿与李民光相互承担连带责任，阳光保险公司在保险限额内直接赔偿原告人。

被告人潘二矿对起诉书指控的犯罪事实和罪名均没有异议，当庭认罪。表示愿意尽自己的能力赔偿被害方的损失。

辩护人郑贤来的辩护意见是：(1) 被告人潘二矿案发后有自首情节，依法可以从轻或者减轻处罚。(2) 被告人潘二矿交通肇事后逃逸，客观上未造成损害扩大，不应以交通事故后逃逸致人死亡考量。(3) 被告人亲属竭尽全力垫付和赔偿受害人医疗费和赔偿金，被告人真诚忏悔，争取得到被害方的谅解，可以酌情从轻处罚。

附带民事诉讼被告人李民光的诉讼代理人杨爱民辩称：答辩人无过错，不承担民事赔偿责任。(1) 附带民事诉讼原告人合理的诉讼请求，应予支持，具体范围，由人民法院审查认定。(2) 赔偿主体不应是答辩人。①刑事被告人驾驶答辩人车辆并发生交通事故时，答辩人不知情。被告人潘二矿驾驶答辩人的车辆分为两个行为阶段：第一阶段 2015 年 9 月 26 日中午，潘二矿将车辆从修理厂开到答辩人家中后，答辩人不在家，潘二矿便电话告知答辩人将车钥匙放在答辩人家桌子上，后离开。第二阶段晚上约6时，潘二矿又到答辩人家，在答辩人一直未回家、不知情的情况下，潘二矿擅自取走车钥匙将车开走，在驾驶过程中，发生交通事故。两个阶段是相互独立的行为。肇事车辆虽然是答辩人所有，但是车辆是潘二矿擅自开走的，答辩人既不是出借人，也不是出租人，更不是雇主，且答辩人的车辆是检验合格的车辆，投保有交强险，答辩人对本次交通事故不承担民事赔偿责任。②答辩人不承担法律责任的依据为《最高人民法院关于审理道路交通事故损害赔偿案件适用法律若干问题的解释》（以下简称《道交事故解释》）第二条“未经允许驾驶他人机动车发生交通事故造成损害，当事人依照侵权责任法第四十九条的规定请求机动车驾驶人承担赔偿责任的，人民法院应予支持。机动车所有人或者管理人有过错的，承担相应的赔偿责任，但具有侵权责任法第五十二条规定情形的除外”的规定。《道交事故解释》第一条规定：“机动车发生交通事故造成损害，机动车所有人或者管理人有下列情形之一，人民法院应当认定其对损害的发生有过错，并适用侵权责任法第四十九条的规定确定其相应的赔偿责任：（一）知道或者应当知道机动车存在缺陷，且该缺陷是交通事故发生原因之一的；（二）知道或者应当知道驾驶人无驾驶资格或者未取得相应驾驶资格的；（三）知道或者应当知道驾驶人因饮酒、服用国家管制的精神药品或者麻醉药品，或者患有妨碍安全驾驶机动车的疾病等依法不能驾驶机动车的；（四）其它应当认定机动车所有人或者管理人有过错的。”从上述司法解释可以认定，答辩人无责任。（3）答辩人已从道义上给付附带民事诉讼原告人2万元。

附带民事诉讼被告人阳光保险公司辩称：对事故的真实性和责任划分均无异议，肇事人的行为属逃逸，且其未取得驾驶证，保险公司免责，不应当在交强险内赔偿。

法院经审理查明：2015年9月26日21时30分许，被告人潘二矿无证驾驶皖D311××号小型轿车，由北向南行驶到潘集区潘二矿东门北侧50米处，将同方向的行人刘强强、刘帅撞伤后逃离现场。于次日早晨到淮南市公安局泥河派出所投案。刘强强经医院抢救无效于当日死亡，刘帅受伤。2016年5月4日，经安徽百友司法鉴定中心鉴定，刘帅人体损伤程度属重伤一级。2015年10月9日，淮南市公安局交通警察支队潘集大队研究认定：潘二矿负事故全部责任，刘强强、刘帅无责任。

刘帅于当日被救护车送到淮南新华医疗集团北方医院ICU监护治疗，经该院CT显示：多发性脑挫裂伤，外伤性蛛网膜下腔出血；两下肺挫伤；左髋臼骨折，右坐骨骨折；花去治疗费7917.12元。于2015年9月28日转入淮南市第一人民医院住院治疗，经诊断为：“一、重度颅脑损伤：1. 弥漫性轴索损伤；2. 多发性脑挫裂伤；3. 外伤性蛛网膜下腔出血；4. 颅底骨折；5. 左额颞部硬膜外血肿；二、左髋臼骨折，右坐骨骨折；三、两肺挫伤；四、全身多处皮肤挫裂伤；五、尿道狭窄。”住院治疗59天，花去医疗费64193.01元。安徽朝阳司法鉴定所于2016年5月23日对刘帅的伤残程度及护理依赖等项目作出鉴定，刘帅因交通事故致弥漫性轴索损伤、多发性脑挫裂伤、外伤性蛛网膜下腔出血、颅底骨折、左额颞部硬膜外血肿、左髋臼骨折、右坐骨骨折、两肺挫伤、全身多处皮肤挫裂伤等，其重度颅脑损伤致重度智力残损，不能完全独立生活，需经常有人监护，评定为道路交通事故三级伤残；骨盆骨折畸形愈合评定为道路交通事故十级伤残；骨盆损伤致尿道轻度狭窄评定为道路交通事故十级伤残；左髋臼骨折并遗留左髋关节功能障碍后遗症，评定为道路交通事故十级伤残。刘帅护理期210～240日，营养期150

日，住院期间应有伙食补贴。刘帅需要后续医疗费22320元。刘帅因交通事故致重度颅脑损伤、左髋臼骨折、右坐骨骨折、两肺挫伤、全身多处皮肤挫裂伤、尿道损伤等，并遗留重度智力缺损后遗症，日常生活能力严重受限，评定为部分护理依赖，赔付比例为50%。依照相关法律规定，刘帅的损失核定如下：（1）医疗费94430.12元；（2）护理费（住院）6978.4元；（3）护理费（出院后）417560元；（4）伙食补助费1830元；（5）营养费4500元；（6）鉴定费5979.5元；（7）交通费305元；（8）伤残赔偿金447137.6元；（9）财产损失1000元；（10）精神损害抚慰金6万元，合计1039720.6元。

依照相关法律规定，刘计怀、焦顺苹损失核定如下：（1）死亡赔偿金538720元；（2）丧葬费25447元；（3）精神损害抚慰金8万元，合计644167元。

另查明：肇事车辆系附带民事诉讼被告人李民光所有，该车在阳光财产保险股份有限公司淮南中心支公司投保有交强险。诉讼期间，被告人潘二矿与附带民事原告人刘帅、刘计怀、焦顺苹达成赔偿协议，被告人潘二矿共赔偿附带民事原告人刘帅、刘计怀、焦顺苹37万元（已给付），刘帅、刘计怀、焦顺苹对被告人潘二矿表示谅解，并自愿放弃包括通过诉讼方式获得的针对潘二矿的其他一切赔偿款项。李民光给付附带民事原告人刘帅、刘计怀、焦顺苹2万元。

皖D311××号小型轿车系李民光所有，其明知潘二矿无驾驶资格，仍将该车交由潘二矿驾驶，其有过错，应承担相应的赔偿责任。关于阳光保险公司提出的肇事人的行为属逃逸，且其未取得驾驶证，保险公司免责，不应当在交强险内赔偿的答辩意见，于法无据，不予采纳。

【裁判结果】

安徽省淮南市潘集区人民法院于2016年7月13日作出（2016）皖0406刑初14号刑事附带民事判决：一、被告人潘二矿犯交通肇事罪，判处有期徒刑一年六个月；二、附带民事诉讼被告人李民光赔偿附带民事诉讼原告人刘计怀、焦顺苹死亡赔偿金、丧葬费、精神损害抚慰金等损失165250.1元，于判决生效后20日内付清；三、附带民事诉讼被告人李民光赔偿附带民事诉讼原告人刘帅医疗费、护理费、伙食补助费、营养费、鉴定费、交通费、伤残赔偿金、精神损害抚慰金等损失283616.18元，于判决生效后20日内付清；四、附带民事诉讼被告阳光财产保险股份有限公司淮南中心支公司在交强险死亡伤残赔偿限额内赔偿附带民事诉讼原告人刘计怀、焦顺苹死亡赔偿金6万元，于判决生效后20日内付清；五、附带民事诉讼被告阳光财产保险股份有限公司淮南中心支公司在交强险医疗费限额内赔偿附带民事诉讼原告人刘帅医疗费1万元，死亡伤残赔偿限额内赔偿附带民事诉讼原告人刘帅伤残赔偿金5万元，在财产损失限额内赔偿附带民事诉讼原告人刘帅财产损失1000元，合计61000元，于判决生效后20日内付清；六、被告人潘二矿不再承担民事赔偿责任。宣判后，附带民事原告人刘计怀、焦顺苹、刘帅及附带民事被告人李民光向安徽省淮南市中级人民法院提出上诉，淮南市中级人民法院于2016年10月8日以同样的事实作出（2016）皖04刑终176号刑事附带民事裁定：驳回上诉，维持原判。

【裁判理由】

法院生效裁判认为：被告人潘二矿违反交通运输管理法规，无证驾驶机动车造成交通事故后逃逸，致一人死亡一人重伤，负该事故全部责任，其行为已构成交通肇事罪。被告人潘二矿主动投案，归案后如实供述了犯罪事实，是自首。被告人潘二矿案发后积极赔偿被害人经济损失，有悔罪表现，并且取得了被害人的谅解，可对其从轻处罚。附带民事诉讼被告人李民光是车辆所有人，明知潘二矿未取得机动车驾驶证，仍将车辆交由潘二矿驾驶，对事故的发生有明显过错，应承担相应的赔偿责任，综合李民光的过错情况，其以承担30%的赔偿责任为宜。肇事车辆在阳光保险公司投保有交强险，阳光保险公司应在交强险范围内予以赔偿。刘计怀、焦顺苹损失核定为644167元，由阳光保险公司在交强险死亡伤残赔偿限额内赔偿死亡赔偿金6万元，不足部分584167元，李民光承担30%即175250.1元，扣除李民光已赔付1万元，李民光赔偿刘计怀、焦顺苹165250.1元；刘帅的损失核定为1039720.6元，由阳光保险公司在交强险医疗费限额内赔偿医药费1万元，死亡伤残赔偿限额内赔偿护理费5万元，财产损失限额内赔偿衣物损失1000元。不足部分978720.6元，李民光承担30%即293616.18元，扣除李民光已赔付1万元，李民光赔偿刘帅283616.18元。鉴于刘帅、刘计怀、焦顺苹已自愿放弃针对潘二矿的赔偿款项，潘二矿不再承担赔偿责任。

【案例注解】

该案例刑事部分事实清楚，定罪准确，量刑适当，无须赘述。该案例民事部分判决涉及三个问题需在司法实践中进一步厘清：（1）肇事车辆车主与肇事者不是同一人，在此情形下，车主应承担何种赔偿责任。本案中，附带民事诉讼原告人坚持认为车主应承担连带赔偿责任，并以此为由提出上诉。《侵权责任法》第四十九条规定："因租赁、借用等情形机动车所有人与使用人不是同一人时，发生交通事故后属于该机动车一方责任的，由保险公司在机动车强制保险责任限额范围内予以赔偿。不足部分，由机动车使用人承担赔偿责任；机动车所有人对损害的发生有过错的，承担相应的赔偿责任。"《道交事故解释》第一条规定："机动车发生交通事故造成损害，机动车所有人或者管理人有下列情形之一，人民法院应当认定其对损害的发生有过错，并适用侵权责任法第四十九条的规定确定其相应的赔偿责任：……（二）知道或者应当知道驾驶人无驾驶资格或者未取得相应驾驶资格的……"本案中，车主李民光在明知潘二矿无驾驶资格的情况下，仍将车辆交与潘二矿驾驶，对事故的发生有明显过错，应承担相应的过错赔偿责任，综合其的过错情况，法院判决其承担30%的赔偿责任。（2）肇事者逃逸能否成为保险公司的免责事由。《侵权责任法》第五十三条规定："机动车驾驶人发生交通事故后逃逸，该机动车参加强制保险的，由保险公司在机动车强制保险责任限额范围内予以赔偿……"肇事者逃逸在商业三者险范围内可成为保险公司的免责事由，但在强制险范围内不能成为其免责事由。（3）本案判决中对附带民事诉讼原告人主张的精神损害抚慰金不仅受理且予以了支持。精神损害抚慰金在刑事附带民事诉讼中不予受理或支持的法律依据是《最高人民法院关于适用〈中华人民共和国刑事诉讼法〉的解释》（以下简称《刑事诉讼法解释》）第一百三十八条"被害人因人身权利受到犯罪侵犯或者财物被犯罪分子毁坏而遭受物质损失的……因受到犯罪侵犯，提起附带民事诉讼或者单独提起民事诉讼要求赔偿精神损失的，人民法院不予受理”的规定。司法实践中，当事人通常采取另行提起民事诉讼的方式以期获得精神损害抚慰金，但这往往增加当事人的诉累，增添当事人的诉讼成本，且司法效果不佳。本案中精神损害抚慰金之所以获得支持，法官是基于以下几点考虑：（1）本案是交通肇事案件，不同于其他人身侵权的刑事案件，《刑事诉讼法解释》第一百五十五条第三款规定：“驾驶机动车致人伤亡或者造成公私财产重大损失，构成犯罪的，依照《中华人民共和国道路交通安全法》第七十六条的规定确定赔偿责任。”该款虽是对赔偿责任的确定，但从将“驾驶机动车致人伤亡或者造成公私财产重大损失，构成犯罪的”即交通肇事案件单独予以表述，可见，交通肇事案件在民事赔偿方面与其他人身侵权的刑事案件是有区别的。《道交事故解释》第十四条第一款规定：“道路交通安全法第七十六条规定的‘人身伤亡’，是指机动车发生交通事故侵害被侵权人的生命权、健康权等人身权益所造成的伤害，包括侵权责任法第十六条和第二十二条规定的各项损害。”《侵权责任法》第二十二条规定：“侵害他人人身权益，造成他人严重精神损害的，被侵权人可以请求精神损害赔偿。”（2）交通肇事案件中，被害人亲属及被害人本人遭受极大的精神打击，通过精神损害抚慰金的方式能够极大地安抚被害方心理，若生硬固守《刑事诉讼法》关于精神损害抚慰金不予支持的理念，容易激化被害方与肇事者的矛盾，司法效果与社会效果均不好。（3）交通肇事案件系过失犯罪，刑罚相对较轻，一般机动车交通事故尚需赔偿精神损害抚慰金，若交通肇事案件精神损害抚慰金不予支持，则无形中降低犯罪成本，无法对机动车驾驶人起到震慑作用。（4）交通肇事案件的肇事车辆一般均投保有交强险和商业三者险，保险在化解交通肇事矛盾，构建和谐社会起到积极的作用。在肇事车辆有保险的情况下，若将精神损害抚慰金排除在赔偿范围之外，无疑获利的只能是机动车保险人，对被害人则有失公平，无法抚平被害人及其亲属因交通肇事所遭受的精神伤害。

（一审法院合议庭成员　李　磊　陈建军　刘名兰
二审法院合议庭成员　赵　可　李景田　李接印
编写人　安徽省淮南市潘集区人民法院　李　磊
责任编辑　周维明
审稿人　李玉萍）

原载《人民法院案例选》2017年第11辑（总第117辑）

395. 常州市鼎美装饰材料有限公司、李训斌等污染环境刑事附带民事公益诉讼案

——刑事附带民事公益诉讼中民事赔偿主张范围可适度超出刑事诉讼认定的案件事实

【关键词】

刑事附带民事　公益诉讼　民事赔偿　犯罪事实

【裁判要旨】

人民检察院在污染环境犯罪案件审查起诉过程中，发现被告人在实施污染环境犯罪的同时还存在其他尚未构成犯罪的侵害环境公益的行为的，提起附带民事公益诉讼赔偿主张范围可适度超出刑事指控的犯罪事实，要求被告人就其持续性的环境侵权行为承担民事赔偿责任。但应有一定限制标准，即被告人未受刑事指控的环境侵权行为，与污染环境犯罪行为在时间、空间等因素上存在连续性和关联性时，方可在附带民事公益诉讼中一并主张其承担民事赔偿责任。

【相关法条】

《中华人民共和国刑法》

第三百三十八条　违反国家规定，排放、倾倒或者处置有放射性的废物、含传染病病原体的废物、有毒物质或者其他有害物质，严重污染环境的，处三年以下有期徒刑或者拘役，并处或者单处罚金；后果特别严重的，处三年以上七年以下有期徒刑，并处罚金。

《中华人民共和国刑事诉讼法》

第一百零一条　被害人由于被告人的犯罪行为而遭受物质损失的，在刑事诉讼过程中，有权提起附带民事诉讼。被害人死亡或者丧失行为能力的，被害人的法定代理人、近亲属有权提起附带民事诉讼。

如果是国家财产、集体财产遭受损失的，人民检察院在提起公诉的时候，可以提起附带民事诉讼。

《中华人民共和国民事诉讼法》

第五十五条　对污染环境、侵害众多消费者合法权益等损害社会公共利益的行为，法律规定的机关和有关组织可以向人民法院提起诉讼。

人民检察院在履行职责中发现破坏生态环境和资源保护、食品药品安全领域侵害众多消费者合法权益等损害社会公共利益的行为，在没有前款规定的机关和组织或者前款规定的机关和组织不提起诉讼的情况下，可以向人民法院提起诉讼。前款规定的机关或

者组织提起诉讼的，人民检察院可以支持起诉。

《最高人民法院、最高人民检察院关于检察公益诉讼案件适用法律若干问题的解释》

第二十条 人民检察院对破坏生态环境和资源保护、食品药品安全领域侵害众多消费者合法权益等损害社会公共利益的犯罪行为提起刑事公诉时，可以向人民法院一并提起附带民事公益诉讼，由人民法院同一审判组织审理。

人民检察院提起的刑事附带民事公益诉讼案件由审理刑事案件的人民法院管辖。

【案件索引】

一审：江苏省常州经济开发区人民法院（2018）苏0492刑初298号（2018年12月11日）

二审：江苏省常州市中级人民法院（2019）苏04刑终60号（2019年4月10日）

【基本案情】

常州经济开发区人民检察院指控：2017年8月起，被告人李训斌在担任常州市鼎美装饰材料有限公司（以下简称鼎美公司）法定代表人期间，为降低生产成本、提高生产效率，生产铝型材中违规使用含铬钝化剂。在未配套建设相应水污染防治等环保措施的情况下，被告人李训斌通过被告人杨后松先后两次授意、纵容被告人郭佑夫，将喷涂车间清洗槽内的废水泵至厂区厕所蹲坑，排放至公共雨水管道，对环境造成污染。2017年8月21日，常州市武进区环境保护局对鼎美公司厂区进行现场检查，并提取加工排放的废水进行采样，经检测，排放的废水中重金属污染物总铬、六价铬浓度分别为202mg/L、137mg/L，均超过国家规定的最高允许排放浓度，其中总铬浓度超过134.67倍，六价铬浓度超过274倍。公诉机关就起诉指控的上述事实向法庭出示了书证、证人证言、监测报告等证据。公诉机关认为，被告单位鼎美公司违反国家规定，排放有毒物质，严重污染环境，被告单位的行为已构成污染环境罪，其中被告人李训斌系直接负责的主管人员，被告人杨后松、郭佑夫系直接责任人员，亦应以污染环境罪追究其刑事责任。应依照《刑法》第三百三十八条、第二十五条第一款、第三十条、第三十一条、第六十七条第一款的规定予以惩处。

刑事附带民事公益诉讼起诉人诉称：（1）判令被告单位鼎美公司承担环境损害费用952000元；（2）判令被告单位鼎美公司承担评估及专家评审费用12万元；（3）判令被告单位鼎美公司向社会公众赔礼道歉。

被告单位鼎美公司对公诉机关指控的犯罪事实无异议；对刑事附带民事公益诉讼部分辩称：公司确有偷排废水污染环境的事实，但评估报告中认定的排水量高出实际排水量，评估报告中认定的用水量的计算时间也过长，导致损害赔偿费用较高，另公司赔偿履行能力弱，希望能分期履行。

被告人李训斌、杨后松、郭佑夫对公诉机关指控的犯罪事实均无异议，当庭未提出辩解意见。

被告人李训斌的辩护人对公诉机关认定的事实及量刑情节均无异议。

被告人杨后松的辩护人提出的主要辩护意见是：被告人杨后松系初犯、具有自首情节、认罪悔罪态度较好，建议法庭从轻处理。

法院经审理查明：被告人李训斌原系鼎美公司法定代表人，全面负责鼎美公司的生产、经营，被告人杨后松原系鼎美公司喷涂车间负责人，被告人郭佑夫原系鼎美公司员工。2017 年 7 月，鼎美公司为降低生产成本、提高生产效率，决定在生产铝型材过程中，加入含铬钝化剂，致使产生的废水中含总铬、六价铬等重金属污染物。后在未配套建设相应水污染防治等环保措施的情况下，被告人李训斌通过被告人杨后松两次授意、纵容被告人郭佑夫将含有上述重金属污染物的废水通过抽水泵抽至厂区厕所蹲坑，排放至勤新工业大道的公共雨水管道，对环境造成了污染。2017 年 8 月 21 日，常州市武进区环境保护局接群众举报对鼎美公司进行了查处，并现场对废水采样，后移交公安机关处理。经检测，排放的废水中重金属污染物总铬、六价铬浓度分别为 202mg/L、137mg/L，均超过国家规定的最高允许排放浓度 3 倍以上［《中华人民共和国污水综合排放标准》（GB8978－1996）中规定：总铬最高允许排放浓度为 1.5mg/L；六价铬最高允许排放浓度为 0.5mg/L］。案发后，公安机关扣押了消防水管 5 卷、潜水泵 1 个。

另查明，2014 年至 2017 年 8 月期间，被告单位鼎美公司在生产铝型材过程中，未配套建设水污染防治设施，其在生产过程中产生的废水除运至常州双惠环境工程有限公司处理 35 吨外，其余均排放至外环境。受环保部门委托，江苏龙环环境科技有限公司出具了《常州市鼎美装饰材料有限公司工业废水偷排事件地表水污染损害评估报告》，该报告结合鼎美公司污染物排放量、单位治理成本、环境功能区敏感系数，确定鼎美公司废水排放所造成的地表水环境损害费用为 952000 元至 974300 元。该报告的评估费用为 12 万元。

再查明，案发后经民警电话通知，被告人李训斌于 2017 年 10 月 16 日、被告人杨后松于 2017 年 10 月 27 日至公安机关投案；被告人郭佑夫于 2017 年 11 月 17 日至公安机关投案。归案后，三被告人均如实供述了上述犯罪事实。

【裁判结果】

江苏省常州经济开发区人民法院于 2018 年 12 月 11 日作出（2018）苏 0492 刑初 298 号刑事附带民事判决：以污染环境罪判处被告单位鼎美公司罚金人民币 25000 元；以犯污染环境罪判处被告人李训斌有期徒刑一年十个月，并处罚金 2 万元；以犯污染环境罪判处被告人杨后松有期徒刑一年四个月，并处罚金人民币 13000 元；以犯污染环境罪判处被告人郭佑夫有期徒刑一年二个月，并处罚金人民币 1 万元。判决被告单位鼎美公司于判决生效之日起 30 日内赔付环境损害修复、评估等费用共计人民币 922000 元；被告单位鼎美公司于判决生效之日起 30 日内向社会公众赔礼道歉（道歉内容及方式需经法院审核）；暂扣于常州市公安局常州经济开发区分局的消防水管 5 卷、潜水泵 1 个，由暂扣机关依法处理。

宣判后，李训斌不服原审判决，提起上诉。江苏省常州市中级人民法院于 2019 年 4 月 10 日作出（2019）苏 04 刑终 60 号刑事附带民事裁定：驳回上诉，维持原判。

【裁判理由】

法院生效裁判认为，被告单位鼎美公司违反国家规定，排放有毒物质，严重污染环境，其行为已构成污染环境罪。被告人李训斌系直接负责的主管人员，被告人杨后松、郭佑夫系直接责任人员，亦应以污染环境罪追究其刑事责任，且属共同犯罪。关于附带民事公益诉讼部分，被告单位鼎美公司因排放废水而造成环境污染，应当承担环境损害费用的赔偿责任。关于被告人李训斌及其辩护人提出评估报告数据存疑，不严谨、不科学的意见，因江苏龙环环境科技有限公司具有相应的评估资质，鉴定人员亦具有相应资质，检验过程和方法符合专业规范要求，评估程序合法，作出的鉴定意见客观明确，评估内容应当予以采信，故该意见法院不予采纳。关于被告单位鼎美公司侵害环境公共利益的时间范围问题，虽然在2017年7月后被告单位鼎美公司才在生产铝型材过程中，加入含铬钝化剂，并在现场检查中发现铬浓度超过国家规定的最高允许排放浓度3倍以上，构成污染环境罪，但被告单位在之前经营过程中也未配套建设水污染防治设施，实际排放污水，对环境造成了损害，也应一并承担环境侵权责任。综上，原审法院判决认定的事实清楚，适用法律准确，量刑恰当，民事赔偿恰当，应予维持，故裁定驳回上诉，维持原判。

【案例注解】

本案是一起污染环境刑事附带民事公益诉讼案件，在目前加强生态文明建设、严厉打击环境污染犯罪的背景下具有较高的社会关注度。一审合议庭采取了七人合议庭审理了本案。本案的法律价值在于对刑事附带民事公益诉讼中民事赔偿主张范围问题进行了有益的探索。

一、附带民事公益诉讼主张范围可以扩张

附带民事诉讼，是指公安司法机关在刑事诉讼的过程中，在解决被告人刑事责任的同时，附带解决被告人的犯罪行为所造成的物质损失的赔偿问题而进行的诉讼活动。[①] 可见，附带民事诉讼是基于被告人的犯罪行为所引起的诉讼活动，其主张范围应不超过刑事犯罪事实部分。但在污染环境刑事犯罪案件审查起诉过程中，经常会发现被告人的犯罪行为侵害环境公益的同时还存在其他尚未构成犯罪的侵害环境公益的行为，是否允许检察机关在附带民事公益诉讼程序中一并主张民事赔偿，在实践中存在较大争议。基于检察机关提起公益诉讼制度在我国正处于探索初期，刑事附带民事公益诉讼制度供给不足背景下创造性司法的考量，本案判决对此持肯定态度。

1. 设立刑事附带民事公益诉讼制度是一项制度创新。《刑事诉讼法》规定：如果是国家财产、集体财产遭受损失的，人民检察院在提起公诉的时候，可以提起附带民事诉讼。在修改前的《刑事诉讼法》中均有此规定。2017年修改后的《民事诉讼法》中作出了关于检察机关可以提起民事公益诉讼的规定。2018年3月，《最高人民法院、最高人民检察院关于检察公益诉讼案件适用法律若干问题的解释》（以下简称《解释》）第二十条规定：人民检察院对破坏生态环境和资源保护、食品药品安全领域侵害众多消费者合法权益等损害社会公共利益的犯罪行为提起刑事公诉时，可以向人民法院一并提起附带民事公益诉讼，由人民法院同一审判组织审理。至此，刑事附带民事公益诉讼这一新的诉讼类型通过司法解释正式确立。刑事附带民事诉讼与刑事附带民事公益诉讼这两种制度之间既有联系又有区别。提起刑事附带民事诉讼的范围是国家财产、集体财产遭受损

---

① 陈光中：《刑事诉讼法》，北京大学出版社2012年版，第230页。

失的刑事案件，即造成国家财产、集体财产损失的犯罪行为。提起刑事附带民事公益诉讼的范围是破坏生态环境和资源保护、食品药品安全领域侵害众多消费者合法权益等损害社会公共利益的犯罪行为。牢牢把握公共利益这个核心，这是设立中国特色社会主义民事公益诉讼制度的立法原意和根本目的所在。

2. 司法机关在刑事附带民事公益诉讼活动中可以创造性司法。刑事附带民事诉讼是两种不同诉讼类型的组合，其本身的审判程序就带有复杂性。而刑事附带民事公益诉讼更是三种诉讼形态的结合，是一种新的诉讼类型，有关法律规定付之阙如，存在着诸多方面的理论和实践问题需要进一步探讨和明确。由于现行法律和司法解释对刑事附带民事公益诉讼中民事赔偿主张范围尚未作出规定，对于此类问题，司法机关还无法从现行法中找到裁判依据。法官不能以法无明文规定为由拒绝裁判。在此情况下，司法机关在处理具体案件时，需要创造性适用法律，进行立法目的和价值的考量，在法律精神和目标的框架内进行漏洞填补，以顺利完成案件的审判。① 本案中，检察机关在刑事犯罪审查起诉过程中同时发现了被告单位其他侵害环境公共利益的行为，可以在附带民事公益诉讼程序中一并主张被告单位承担环境侵权民事赔偿责任。理由是：（1）附带民事公益诉讼的赔偿范围应当依据民事法律裁判。附带民事公益诉讼的本质是民事侵权行为之诉。当一种行为被刑法规定为犯罪行为，同时又被民法规定为侵犯了国家和社会公共利益的侵权行为之时，刑事法律和民事法律发生竞合，由于两种法律调整的社会关系不同，该行为依照刑法应当追究刑事责任，同时依照民法也应当承担侵权责任。因此，刑事诉讼和附带民事公益诉讼系两种性质不同的诉讼，附带民事公益诉讼作为民事侵权之诉，其赔偿范围和赔偿标准等问题的解决自然应当依据民事实体法和程序法裁判。（2）附带民事赔偿范围适度超出犯罪事实有利于维护公益。环境资源、食药安全等领域的犯罪行为，从行为实施到危害结果的产生，具有周期长、隐蔽性强、因果关系难以判定等特点。在行为实施完毕至被追究责任的过程中，证据灭失的风险很大。对于经审理后不足以排除合理怀疑无法追究被告人刑事责任的证据和行为，如果相关证据能够证明被告人实施的侵犯国家和社会公共利益的民事侵权行为已达到高度盖然性，则完全可以判决由被告人承担相应民事责任。（3）基于最高人民法院关于附带民事诉讼被告人范围规定的类推适用。类推实际上是在现行法的框架内，针对法律的不足而发展法律。它不仅可以创设具体的裁判规则，弥补了现行法的缺陷，而且可以为立法积累经验，起到了立法前期准备的作用。② 在刑事司法和行政执法领域，是不使用类推的。而在民事司法领域，为保证法律适用的公正，维护当事人的合法权益，一般是允许类推的。③《最高人民法院关于适用〈中华人民共和国刑事诉讼法〉的解释》第一百四十三条明确规定，附带民事诉讼中依法负有赔偿责任的人包括未被追究刑事责任的其他共同侵害人，附带于刑事诉讼案件审理的民事诉讼被告可以不限于刑事被告人。参照此条规定，本案判决认为附带于刑事诉讼案件审理的民事公益诉讼赔偿范围可以不限于刑事诉讼认定的案件事实。本案采用了类推适用的补充法律的方法，以弥补附带民事公益诉讼规定的不足，是法官创造性司法

① 王利明：《法律解释学》，中国人民大学出版社 2011 年版，第 215 页。
② 王利明：《法律解释学》，中国人民大学出版社 2011 年版，第 221 页。
③ 张文显：《法理学》，高等教育出版社 2000 年版，第 327 页。

的体现。(4) 最大限度发挥公益诉讼程序价值。通过判决被告单位就其全部侵权行为承担赔偿责任，可以及时救济被损害的环境公共利益，同时避免检察机关就被告单位环境侵权行为另行单独提起民事公益诉讼的讼累。本案中被告单位在2014年至2017年8月经营期间，对环境造成了污染，其虽在2017年7月前不需承担刑事责任，但仍应承担民事责任。在刑事附带民事诉讼程序中一并解决刑事责任和民事责任，一方面，大大节约了司法资源，避免诉累；另一方面，也有效避免了刑民认定事实不统一的问题。

二、附带民事公益诉讼主张范围扩张应有一定限度

正如上文所述，刑事附带民事诉讼程序是基于犯罪事实引起诉讼活动，应附带于刑事程序。如果无限制允许检察机关在指控的刑事犯罪事实之外随意提起附带民事公益诉讼，则必然会对刑事审判程序造成冲击。笔者认为，只有未受刑事指控的环境侵权行为与污染环境犯罪行为在时间、空间等因素上存在连续性和关联性，才能允许检察机关一并主张。如果，未受刑事指控的环境侵权行为与污染环境犯罪行为在时间、空间上不存在连续性，或者没有关联，那么检察机关应另行提起民事公益诉讼，而不能在刑事附带民事诉讼程序中一并主张。

本案中，被告单位鼎美公司虽然自2017年7月改变工艺，添加含铬钝化剂，但排放污水的过程和方式并未改变，其侵害环境公益的行为在2014年至2017年8月案发前一直处于持续状态。也即，本案的环境侵权行为与刑事犯罪行为具有时间和空间上的连续性和关联性，应允许检察机关在附带民事诉讼程序中一并主张，以实现最大程度保护环境公共利益的目的。

(一审法院合议庭成员　张祥龙　蒋正宁　赵晋鹏　朱菊英
岳丽庆　万小虎　卞耀坤
二审法院合议庭成员　谢唯立　罗希夷　林　青
编写人　江苏省常州市中级人民法院　谢唯立
江苏省常州经济开发区人民法院　张祥龙
责任编辑　韩德强
审稿人　曹守晔)

原载《人民法院案例选》2019年第7辑（总第137辑）

四、鉴　　定

396. 戴雪华故意伤害案
——多份不同鉴定意见的采信

【关键词】

司法鉴定　不同鉴定意见　采信

【裁判要旨】

对于存在多份不同鉴定意见的案件，除审查鉴定机构及鉴定人的资质、鉴定依据、鉴定材料、鉴定程序等方面外，还应审查鉴定意见与全案其他证据的一致性，必要时应通知鉴定人出庭。

【相关法条】

《中华人民共和国刑法》

第十八条　精神病人在不能辨认或者不能控制自己行为的时候造成危害结果，经法定程序鉴定确认的，不负刑事责任，但是应当责令他的家属或者监护人严加看管和医疗；在必要的时候，由政府强制医疗。

间歇性的精神病人在精神正常的时候犯罪，应当负刑事责任。

尚未完全丧失辨认或者控制自己行为能力的精神病人犯罪的，应当负刑事责任，但是可以从轻或者减轻处罚。

醉酒的人犯罪，应当负刑事责任。

第二百三十四条　故意伤害他人身体的，处三年以下有期徒刑、拘役或者管制。

犯前款罪，致人重伤的，处三年以上十年以下有期徒刑；致人死亡或者以特别残忍手段致人重伤造成严重残疾的，处十年以上有期徒刑、无期徒刑或者死刑。本法另有规定的，依照规定。

【案件索引】

一审：辽宁省大连市中级人民法院（2015）大刑一初字第92号（2015年8月11

日）

二审：辽宁省高级人民法院（2015）辽刑三终字第00170号（2015年11月6日）

【基本案情】

被告人戴雪华系大连大洋远洋渔业有限公司大洋16号渔船船员，2013年6月，戴雪华因对该船船长田某某和大副孙某某（被害人，男，殁年37岁）的管理不满，向其亲属求助要求辞职未果。2013年9月6日15时许（当地时间），大洋16号船在太平洋公海海域（南纬12度40分，西经134度39分）作业时，戴雪华用船上作业用的杀鱼刀捅刺孙某某左腹部、大腿根部，致其左侧肺脏、胃破裂大出血死亡。2014年2月27日，戴雪华在该船停靠于大连时被抓获。

本案起诉至法院前，先后出现三份关于被告人精神疾病的鉴定意见。第一家鉴定机构的鉴定意见是：适应障碍；完全刑事责任能力。第二家鉴定机构的鉴定意见是：被鉴定人患有精神分裂症；具有限定刑事责任能力。第三家鉴定机构的鉴定意见是：被鉴定人患有精神分裂症，作案时处于发病期；在本案中应评定为无刑事责任能力。

公诉机关以被告人系限定刑事责任能力人起诉，被告人方主张被告人系无刑事责任能力人，被害人方认为被告人系完全刑事责任能力。

【裁判结果】

辽宁省大连市中级人民法院于2015年8月11日作出（2015）大刑一初字第92号刑事附带民事判决：被告人戴雪华犯故意伤害罪，判处有期徒刑七年；被告人戴雪华在本判决生效后30日内赔偿附带民事诉讼原告人刘某某经济损失人民币31566.60元，不足部分由附带民事诉讼被告人戴某某、曾某某赔偿。宣判后，附带民事诉讼原告人刘某某、被告人戴雪华均提出上诉，辽宁省高级人民法院于2015年11月6日作出（2015）辽刑三终字第00170号刑事附带民事裁定：驳回上诉，维持原判。

【裁判理由】

法院生效裁判认为：

一、关于三家鉴定机构及鉴定人的资质及鉴定依据问题

三家鉴定机构均具备法定资质，鉴定程序均合法，亦无法从鉴定材料上予以区分，尽管辩护人认为第三家鉴定机构更具权威性，应采信该机构出具的鉴定意见，但“权威性”并非采信鉴定意见的法定标准，各鉴定机构在法律上处于平等地位，不存在优先适用哪家鉴定机构鉴定意见的问题。第三家鉴定机构所采用的本单位制定的《精神障碍者刑事责任能力评定指南》是行业技术规范，司法部推荐使用，但并非强制适用的标准。因此，不能依据上述原因优先适用该鉴定机构出具的鉴定意见。

二、关于鉴定意见的采信问题

第一家鉴定机构出具的鉴定意见认为被告人戴雪华系适应障碍。案发当时被鉴定人确有紧张、害怕、喊叫的情绪表现和内裤套头的异常行为，但意识清晰，无幻觉妄想等精神病性症状。第二、三两家鉴定机构出具的鉴定意见均认为，戴雪华在案发前几日精神不正常，存在被害妄想、命令性幻听、被控制感、行为异常等精神病性症状，符合精

神分裂症的特征，作案时处于发病期。二者区别在于前者鉴定戴雪华为限定刑事责任能力，后者鉴定其为无刑事责任能力。根据第二家鉴定机构的鉴定意见及鉴定人出庭时的答复：精神分裂症属于重症。戴雪华案发时处于发病中，据委托单位提供的材料，戴雪华曾经被大副殴打过，不能排除以往因大副对其殴打而产生报复的心理，其作案病理性原因和现实动机并存，即其行为系混合动机所致，其控制辨认能力削弱，故评定为限定刑事责任能力。根据第三家鉴定机构鉴定意见及鉴定人出庭时的答复：不否认现实作案动机对刑事责任能力评定的影响，但“本次鉴定检查中，被鉴定人明确否认作案行为系因报复既往大副对其的殴打，而是因为无端出现的恐惧‘氛围’。在精神病性症状的直接支配下，丧失了对自身作案行为的实质性辨认和控制能力”。本案中，戴雪华在多次供述及自书材料中均表明，因为被大副、船长打而害怕，亦即被打之事已经对其精神造成了极大影响，并非如其所称的“能接受被打之事，并无恐惧、回避等”。多名证人均证实案发前及案发时戴雪华的精神状况异常。另有多名证人还证实，案发前，戴雪华对船长和大副孙某某的管理不满，且遭到孙某某打骂，其曾向亲属求助，联系公司负责人要求离开船舶未果，其作案时选择作案对象孙某某，不排除其主观上对被害人存在报复心理的可能性，上述证据证实戴雪华作案时尚未完全丧失辨认和控制自己行为能力。故第二家鉴定机构的鉴定意见比其他两份鉴定意见更具有客观性。故采信该鉴定机构的鉴定意见，认定戴雪华为限定刑事责任能力人。

综上，根据被告人具体犯罪性质、情节及对社会的危害程度，对其依法减轻处罚。

【案例注解】

司法精神疾病鉴定是司法实践中专业性很强的技术活动，其鉴定意见具有重要意义，尤其是刑事案件中，鉴定意见中关于被告人刑事责任能力的评定对被告人的处罚有较大影响。该种鉴定系回顾性鉴定，即鉴定人按照司法鉴定程序和专业操作规范，就被告人案发时的精神状态与案件中特定情节因果关系进行评价，确定被告人的刑事责任能力。通常情况下，被告人作精神病鉴定时距案发有一定间隔期限，被告人所患的精神疾病存在发生变化的情形，即鉴定时机的不同可能对鉴定意见产生影响。因此，鉴定人在鉴定过程中应审慎负责，确保鉴定程序及意见的科学性、客观性、规范性、合法性。然而，由于司法精神疾病鉴定本身具有高度复杂性，同时由于案情纷繁复杂，受鉴定材料、鉴定过程、鉴定依据等因素的影响，不同的鉴定人员对于同一鉴定对象可能得出不同甚至是截然相反的鉴定意见。鉴定意见作为某一方面专家就涉案的专门性问题向法庭出具的专门意见，是法定诉讼证据的一种，其能否作为定案的证据，需要审判人员予以审查确定。

根据《最高人民法院关于适用〈中华人民共和国刑事诉讼法〉的解释》第二百零五条的规定，各方对鉴定意见有异议的，可以申请鉴定人出庭作证。本案在审理过程中，各方均申请鉴定人出庭，但申请的却均是其认为应当采信的鉴定意见的鉴定机构鉴定人出庭。这与司法解释的规定不符，但一审法院考虑到本案各方当事人对鉴定意见的争议较大，且精神疾病鉴定专业性较强，鉴定人出庭作证能更有效地解决鉴定意见的采信问题，因此，一审法院通知三个鉴定机构均派鉴定人出庭作证。

本案三份鉴定意见相差较大，且互相矛盾，鉴定机构及鉴定人的资质、鉴定程序均合法，又无法从鉴定依据、鉴定材料等方面予以区分进而决定如何采信，在此种情况下，应从鉴定意见与全案其他证据的一致性方面审查，而不能简单地以鉴定机构的权威性或按照罪疑有利被告人的原则予以采信。

（一审法院合议庭成员　徐静华　林　驰　张　贞
二审法院合议庭成员　牟　丹　宋晓枫　王鲲鹏
编写人　辽宁省大连市中级人民法院　徐静华
责任编辑　周维明
审稿人　沈　亮）

原载《人民法院案例选》2016年第7辑（总第101辑）

397. 杨胜梅故意杀人案

——专家证人关于被告人的受暴经历与其故意杀人行为具有关联性的意见对司法认定有重要参考作用

【关键词】

家庭暴力　明显过错　专家证人出庭作证　因果关系　参考作用

【裁判要旨】

被害人对被告人长期实施家庭暴力，对被告人的身心健康造成了严重的伤害，此类涉及家庭暴力的刑事案件中，专家证人出庭作证对法官准确认定是否构成家庭暴力、被害人在案件起因上的过错程度以及被告人的主观认识等专业问题具有重要参考作用。

【相关法条】

《中华人民共和国刑法》

第六十七条　犯罪以后自动投案，如实供述自己的罪行的，是自首。对于自首的犯罪分子，可以从轻或者减轻处罚。其中，犯罪较轻的，可以免除处罚。被采取强制措施的犯罪嫌疑人、被告人和正在服刑的罪犯，如实供述司法机关还未掌握的本人其他罪行的，以自首论。

犯罪嫌疑人虽不具有前两款规定的自首情节，但是如实供述自己罪行的，可以从轻处罚；因其如实供述自己罪行，避免特别严重后果发生的，可以减轻处罚。

【案件索引】

一审：四川省广安市中级人民法院（2016）川16刑初7号（2016年4月27日）

【基本案情】

被告人：杨胜梅，女，汉族，高中文化。

四川省广安市人民检察院诉称：被告人杨胜梅与被害人李和平于1989年结婚，婚后生育两女。2004年两人协议离婚，但仍一起居住生活，期间时有纠纷发生。2015年6月，李和平提出变卖一套安置房，被告人杨胜梅欲将房屋留给两个女儿，二人矛盾激化。被告人杨胜梅产生杀害李和平的念头。同年7月3日上午，被告人杨胜梅与被害人李和平发生争执后，被告人杨胜梅将整包“灭蚊灭蝇王”倒入给李和平准备的酒中，致李和平饮酒后毒性发作后死亡。被告人杨胜梅怕事情败露，将李和平尸体肢解后分多个地方丢弃。四川省广安市人民检察院指控被告人杨胜梅的行为构成故意杀人罪。

被告人杨胜梅及其辩护人辩称：（1）被害人李和平长期对被告人杨胜梅的暴力殴打

是导致本案发生的直接原因，被害人对本案的发生存在严重的过错。（2）被告人杨胜梅杀人具有防卫因素，其杀人对象具有相对性、唯一性，目的是为了摆脱暴力伤害，属激情杀人。（3）被告人杨胜梅分尸的行为属受虐妇女综合征的一种表现，不是手段恶劣。（4）被告人杨胜梅有自首情节，且当庭认罪。综上，杨胜梅的行为应当认定为故意杀人情节较轻。

家庭暴力问题专家出庭对家庭暴力的概念、严重家庭暴力的判断指标、受暴人的心理和行为模式等问题向法庭作了详尽的解答。专家指出：（1）家庭暴力的核心是控制。即施暴本身不是目的，而是施暴者为了达到控制受暴者而采取的一种手段。（2）家庭暴力跟它的动机有关，与次数无关。家暴行为不需要达到一定的伤残程度；区分严重家庭暴力和一般家庭暴力也不是由伤残程度来区分，只要施暴者存在在公共场合施暴、不顾忌子女在场施暴、采取卡脖子等施暴行为，就属于严重家庭暴力。（3）家庭暴力的受暴者在经历了家庭暴力的摧残后，会出现特定的心理和行为模式。在施暴者的威胁涉及受暴者家人时，受暴者会觉得若不杀死施暴者，自己与家人会难逃被杀的命运，因此，在极度恐惧中会采取杀人的极端行为。而由于女性体力、心理上的弱势，受暴者会选择从背后袭击、借助工具、用药等方式来达到反抗的目的。（4）受暴人在施暴者死亡之后对其尸体进行处理，如分尸。这一是为了掩盖罪行，二是为了释放内心多年的压抑。主要是为了心理压力的释放。（5）了解家庭暴力受暴者的心理和行为模式，不能从一个局外人的角度，而是应结合其以往的受暴经历和当时的处境，设身处地地站在受暴者的角度，判断其行为或表现的合理与否。

法院经审理查明：被告人杨胜梅与被害人李和平于1989年结婚，婚后生育两女。2004年两人协议离婚，二人协议将共建房产归杨胜梅和女儿所有。离婚后，二人仍一起居住生活。被害人李和平性情暴躁，经常随意殴打被告人杨胜梅。2015年6月，被害人李和平提出变卖一套安置房，被告人杨胜梅欲将房屋留给两个女儿，二人矛盾激化。被告人的女儿李柠星也不同意变卖该安置房，并与李和平发生争吵，李和平扬言要砍死杨胜梅及其二个女儿。被告人杨胜梅认为只有将李和平杀害，才能保证其母子三人的安全，于是着手筹划杀害李和平。同年6月底，杨胜梅在市场上购买了“灭蚊灭蝇王”毒药，并通过活鸡试验了毒性。同年7月3日上午，被告人杨胜梅与被害人李和平在华蓥市育才路五星村自家安置房内发生争执后，回到华蓥市红星西路租住房做好午饭，将整包“灭蚊灭蝇王”倒入给李和平准备的酒中，后把酒和饭菜送到自家安置房。李和平饮酒后毒性发作。杨胜梅见状便打电话叫来了自己的女儿李柠星等人，将李和平先后送到陈定柏诊所、五星村卫生室、华蓥市人民医院等处医治，救治期间杨胜梅隐瞒了给李和平下毒的事实。华蓥市人民医院无法诊断李和平的病情，建议李和平转院。被告人杨胜梅怕事情败露，便让李柠星等人将李和平送回自家安置房。7月4日6时许，被告人杨胜梅确认李和平死亡后，将其尸体拖入厕所肢解，并将肢解的尸块分多个地方丢弃。被告人杨胜梅作案后游离于郊外，准备自杀，后经其女儿规劝，主动投案并如实供述自己的犯罪事实。经鉴定，本案中在勘验现场发现的尸块均系李和平身体组织，其胃及胃内容物有毒鼠强成分，李和平系毒鼠强中毒死亡，死后被分尸。

【裁判结果】

四川省广安市中级人民法院于2016年4月27日作出（2016）川16刑初7号刑事判决，以故意杀人罪判处被告人杨胜梅有期徒刑十年，剥夺政治权利一年。宣判后，被告人没有上诉，广安市人民检察院也没有抗诉。

【裁判理由】

被告人杨胜梅多年以来，一直忍受被害人李和平暴力殴打，此次为将自家的安置房留给两个女儿，不被李和平卖掉，彻底摆脱李和平的控制而产生杀人的动机，后用鼠药将李和平毒死后分尸丢弃于野外，其行为已构成故意杀人罪。被告人杨胜梅杀害李和平后，留下遗书并准备自杀，在女儿们亲情呼唤下，主动投案，并如实供述自己的罪行，系自首。根据本案证据，结合专家证人的证言，合议庭评议认为，被害人李和平对被告人杨胜梅长期实施家庭暴力，对被告人杨胜梅精神上进行威胁和恐吓，系严重的家庭暴力，其暴力对被告人杨胜梅身心造成了严重的伤害，被害人李和平在案件的起因上具有明显的过错。综合全案，根据被告人杨胜梅的杀人动机、犯罪情节及社会危害性，可对被告人杨胜梅从轻处罚。

【案例注解】

本案的焦点是：一是本案家庭暴力的程度是一般家庭暴力或严重家庭暴力？二是被害人的施暴行为在本案的起因上有无过错？三是专家证人出庭作证是否有必要？是否会影响法院的中立性？

一、本案家庭暴力系严重暴力

司法实践中，很多人认为，要认定为家庭暴力，暴力必须得造成一定的后果；如果认定严重家庭暴力，更要使受害人身体或者精神受到很严重的伤害。家暴专家指出，家庭暴力的核心为控制，即施暴本身不是目的，而是施暴者为了达到控制受害者的目的而采取的手段。控制一个人，并不一定要有身体伤害后果，只要施暴人对受暴人通过施暴而对受暴人起到精神控制即可。区分严重家庭暴力和一般家庭暴力有一些判断的指标。比如在公共场合施暴、卡脖子的行为，完全不顾忌子女的在场施暴等属于严重家庭暴力。

本案中，被害人李和平与杨胜梅1989年结婚，2004年离婚，协议将共建房产归杨胜梅和女儿所有，但二人还在一起生活。李和平性情暴躁，常常稍有不顺就殴打杨胜梅，并且不分场合，采取拳打脚踢、掐脖子、用碗、凳子砸等方式对杨胜梅施加暴力。离婚后，李和平常常向杨胜梅索要钱，如不给，就打杨胜梅。有时即使给了，如有怨言，也会遭到一顿暴打。其女儿证实："记得有一次，爸爸回来问妈妈要钱，妈妈说没钱，爸爸打了妈妈一耳光，随后就拿着东西乱砸，然后爸爸就对妈妈拳打脚踢，随后便扬长而去，这样的场景在我记忆里重复了无数次。"以致杨胜梅对其产生一种恐慌心理，"甚至看到李和平的来电号码就害怕"。当李和平因为房屋的事情扬言要杀死其母女时，杨胜梅找不到其他解决的办法，认为只有杀死李和平才是唯一的出路。这种绝望的心情，只有一个精神极度恐惧的人才会产生。

因此，虽然李和平的家暴行为没有对杨胜梅的身体造成其他严重的伤形，但其行为使杨胜梅产生了极度恐惧心理，对其精神起到了控制的作用，应属于严重的家庭暴力。

二、被害人的施暴行为在本案的起因上具有明显的过错

被害人过错指对被害人实施的诱发犯罪行为人产生犯罪意识或激化犯罪行为的不当行为的否定性评价。但并非所有的过错行为都具有裁量意义。可以作为量刑情节的被害人过错，应当具有三个要件：一是被害人实施了先行不当行为；二是被害人侵犯了被告人的正当法益或者社会公共利益；三是先行不当行为与犯罪行为之间存在关联性。

本案中，被害人李和平对被告人杨胜梅长期实施家庭暴力，让杨胜梅随时处于可能被殴打的恐惧中。李和平近几年虽在成都，但每次李和平要钱，杨胜梅都会绝对地服从或者是被李和平打到服从。案发当天，李和平再次因杨胜梅不同意卖房而对她进行恐吓，并威胁不卖房会伤害其女儿。因为李和平对杨胜梅的精神控制，杨胜梅相信李和平案发当天的威胁也是会实现的。杨胜梅多年忍辱负重，逆来顺受，就是为了守护女儿的人身和财产安全，现在李和平连其守护的希望都不给予，让杨胜梅感到彻底的无助和绝望。其为了摆脱李和平的控制，最终选择了以暴制暴，实施了杀害李和平的行为。被害人李和平在本案的起因上具有明显的过错，被害人过错在一定程度上减轻了被告人的刑事责任，结合本案的其他情节，应对被告人杨胜梅予以从轻处罚。

三、专家证人出庭作证的必要性及对法院中立性的影响

应辩方的请求，合议庭同意辩方邀请家暴问题专家到庭对涉家庭暴力的专业问题出庭作证。

很多人对专家证人出庭作证的必要性及专家证人出庭作证是否会对法庭的公平公正有所影响提出了质疑。其实，这种担心是不必要的。

（一）家暴案件专家证人出庭作证制度在国内外的实践

家庭暴力是一个全球性的社会问题，世界上任何国家似乎都难以幸免。发达国家于20世纪60年代开始关注针对妇女的家庭暴力。而涉家暴故意杀人案件引入专家证人制度，最早始于美国。1984年，美国司法总长领导的反家庭暴力特别工作组发表了一份报告："若了解到家庭成员之间暴力的周期性性质，被害人和加害人在情绪、经济、心理上的相互依赖，以及家庭成员间虐待的其他基本特征，法官和陪审团成员将能够更好地理解受害人的行为。"建议各地法院"允许专家证人就'家庭暴力及其对受害人的影响'出庭作证，帮助法庭准确理解家庭暴力的复杂性"。截止到2004年，请专家证人出庭协助法庭查清与案件有关的家庭暴力事实的做法，被加拿大、英国、德国、丹麦、瑞典、挪威、澳大利亚、新西兰、新加坡等国法院广泛采纳，成为妇女受暴杀夫应当从轻、减轻或免于处罚的有效证据。

我国于2012年经最高人民法院批准，中国应用法学研究所指定了四个法院开展引入专家证人制度的试点探索。2014年11月，安徽省马鞍山市中级人民法院在开庭审理王某故意杀人一案中，首次通知了家庭暴力问题研究专家出庭，协助法庭查明案情。2015年3月和5月，浙江省温州市中级人民法院先后开庭审理两起涉家庭暴力故意杀人案件，2016年3月，云南省楚雄彝族自治州中级人民法院审理张某涉家庭暴力故意杀人案件，均通知了家庭暴力问题专家出庭，以协助法庭查明与家庭暴力有关的案件事实，获得了良好的社会效果和法律效果。

（二）涉家庭暴力案件专家证人出庭作证的必要性

我国《刑事诉讼法》第一百一十九条规定：“为查清案情，需要解决案件中某些专门性问题的时候，应当指派、聘请有专门知识的人进行鉴定。”而刑事司法实践中经常遇到一些案件没有鉴定意见或者不能作出鉴定意见，但案件本身却又涉及案件裁判相关联的专业性问题，涉家庭暴力刑事案件就是其中之一。在涉家庭暴力案件中引入专家证人制度的必要性体现在以下两个方面：

第一，需要借助专家证人来弥补法官认知能力的不足。司法裁判是根据现有证据推定已经发生的未知事实的专门活动，它对法官的能力有着非常严格的要求。虽说法官要有较一般人更强的专业知识、实务技能、人生阅历、社会经验等，但法官不是万能的。其对“何为家庭暴力、家暴中施暴人和受暴人的行为模式、受暴人应对家暴的普遍行为、受暴人在经历长期家暴后，是否会出现不同于常人的心理和行为模式、受暴人最终采取的极端行为与受暴经历是否有关联等”跨学科的问题不能准确判断，这时就有必要请家暴专家证人进行解决。

第二，需要专家证人协助展示涉家暴证据。涉家暴案件往往比较复杂，因为家庭暴力行为往往发生在私密的家庭空间内，以暴制暴往往发生在经受长期的家暴后忍无可忍时。而家庭暴力的危害及其对受虐人产生的心理生理影响，只有长期研究家庭暴力的专家才能理解，而这些都需要证据来证明，家暴专家证人可以协助展示涉家暴证据。

（三）专家证人的证言对法院中立性的影响

人们往往会质疑，法官判案，应当中立，专家证人出庭作证，其给出了专家意见，而法院是否会“迷信”这种意见，从而偏袒被告人呢？《最高人民法院关于适用〈中华人民共和国刑事诉讼法〉的解释》（以下简称《刑事诉讼法解释》）第八十七条第一、二款规定：“对案件中的专门性问题需要鉴定，但没有法定鉴定机构，或者法律、司法解释规定可以进行检验的，可以指派、聘请有专门知识的人进行检验，检验报告可以作为定罪量刑的参考。对检验报告的审查认定，参照适用本节的有关规定。”

因此，专家证人的意见，不是代替法官对案件作出裁判，其只是向法官提供其他证据难以证明的信息。与一般证人证言相比，专家证人证言的特殊性在于其证明对象不是案件的行为事实，而是案件行为事实的相关事实，至于其是否得到法庭采信，与其他证据一样，同样需要经过质证和审查。本案中，专家证人到庭作证，其只针对家庭暴力的概念、如何区分一般家暴和严重家暴等专门性知识进行了客观解答，其对案件的事实、证据不发表任何意见。合议庭在评议时，对专家证人的意见进行了认真评议，认为家暴问题专家有着多年的学术研究及实践经验，其在法庭上关于家庭暴力方面的专业知识做出了客观、充分的解释，在认定本案的起因及被告人的犯罪动机时应予以参考，从而采信了专家证人关于严重家庭暴力的判断标准的观点，但对其“被告人对被害人死后分尸行为是对多年受暴的发泄”的观点未予采纳。

家暴专家证人出庭作证制度的引入，对协助法官全面查清案件事实、明晰双方责任，准确定罪、量刑，促进司法公正，具有非常积极的意义。这样才能做到“让人民群众在每一起案件中都感受到公平正义”。

【法官寄语】

暴力的罪恶，不能以家庭的名义掩盖，家庭暴力在中国传统文化中通常被视为一种典型的家务事。受暴者往往会考虑到子女、父母、舆论等多方面的影响，使得家庭暴力终因“家丑不可外扬”“疏不间亲”等观念的影响而不了了之。此外，家庭暴力的隐私性以及复杂性，使得有关部门在处理上心有余而力不足，即所谓“清官难断家务事”。而从法理层面讲，婚姻家庭关系作为民事法律关系之一，一般都会遵循“民不举官不究”的私法自治原则，也就是说，对于家庭暴力是否需要求助于救济单位，几乎取决于当事人自己。正如本案的杨胜梅，为了两个女儿，隐忍李和平长年的家庭暴力，但当忍耐突破底线，“勤快”“性格好”“离婚后还帮前夫还债”的一个性格温顺、情怀乖巧的妇女，也会“以暴制暴”，从一个受暴者变成施暴者，酿成一出让人扼腕的悲剧！

（一审法院合议庭成员　王　佳　冯剑辉　刘　燕
编写人　四川省广安市中级人民法院　冯剑辉　王　佳
责任编辑　李　明
审稿人　沈　亮）

原载《人民法院案例选》2017 年第 4 辑（总第 110 辑）

五、技术侦查措施

398. 詹海泳、周方林等贩卖、运输毒品案
——监听录音的文字摘录件不能替代录音原始件
作为定罪量刑的证据

【关键词】

贩卖毒品罪　技术侦查措施　证据效力　以审判为中心

【裁判要旨】

侦查机关仅提供采取技术侦查手段获取的监听录音的文字摘录，而不提供监听录音的原始件，致使监听录音原始件未经当庭播放、质证的，不能作为定罪量刑的证据。

【相关法条】

《中华人民共和国刑法》

第三百四十七条　走私、贩卖、运输、制造毒品，无论数量多少，都应当追究刑事责任，予以刑事处罚。

走私、贩卖、运输、制造毒品，有下列情形之一的，处十五年有期徒刑、无期徒刑或者死刑，并处没收财产：

（一）走私、贩卖、运输、制造鸦片一千克以上、海洛因或者甲基苯丙胺五十克以上或者其他毒品数量大的；

（二）走私、贩卖、运输、制造毒品集团的首要分子；

（三）武装掩护走私、贩卖、运输、制造毒品的；

（四）以暴力抗拒检查、拘留、逮捕，情节严重的；

（五）参与有组织的国际贩毒活动的。

走私、贩卖、运输、制造鸦片二百克以上不满一千克、海洛因或者甲基苯丙胺十克以上不满五十克或者其他毒品数量较大的，处七年以上有期徒刑，并处罚金。

走私、贩卖、运输、制造鸦片不满二百克、海洛因或者甲基苯丙胺不满十克或者其他少量毒品的，处三年以下有期徒刑、拘役或者管制，并处罚金；情节严重的，处三年

以上七年以下有期徒刑，并处罚金。

单位犯第二款、第三款、第四款罪的，对单位判处罚金，并对其直接负责的主管人员和其他直接责任人员，依照各该款的规定处罚。

利用、教唆未成年人走私、贩卖、运输、制造毒品，或者向未成年人出售毒品的，从重处罚。

对多次走私、贩卖、运输、制造毒品，未经处理的，毒品数量累计计算。

《中华人民共和国刑事诉讼法》

第一百四十八条第一款 公安机关在立案后，对于危害国家安全犯罪、恐怖活动犯罪、黑社会性质的组织犯罪、重大毒品犯罪或者其他严重危害社会的犯罪案件，根据侦查犯罪的需要，经过严格的批准手续，可以采取技术侦查措施。

【案件索引】

一审：浙江省宁波市中级人民法院（2016）浙 02 刑初 00011 号（2016 年 4 月 28 日）

二审：浙江省高级人民法院（2016）浙刑终第 245 号（2016 年 11 月 14 日）

【基本案情】

公诉机关浙江省宁波市人民检察院以被告人詹海泳、周方林、罗素云犯贩卖毒品罪，向浙江省宁波市中级人民法院提起公诉。

法院经审理查明：2014 年 12 月下旬，被告人周方林、罗素云经商议，决定由周方林筹集资金，罗素云前往广东省向被告人詹海泳购买毒品用于贩卖。之后，罗素云前往广东省惠来县，将其本人银行卡交予詹海泳，并告知其密码。12 月底左右，周方林向多方筹集毒资，并指使他人将毒资汇至交由詹海泳保管的罗素云的银行卡账号上，向詹海泳购买毒品，詹海泳遂将毒品交予罗素云。2015 年 1 月上旬，罗素云将购买的毒品运至浙江省象山县。同月 8 日，周方林在象山县丹西街道将上述毒品中的 300 余克甲基苯丙胺贩卖给洪耀。

2015 年 1 月中旬，罗素云再次前往广东省惠来县，将其母亲的银行卡交予詹海泳，并告知其密码。后周方林又将筹集的毒资存入该银行卡，向詹海泳购买毒品。之后，罗素云将购买的毒品运至浙江省象山县。

2015 年 1 月 23 日，公安机关从洪耀租住的租房内查获甲基苯丙胺 6 包，共计重 296. 5277 克；从周方林租住的租房内查获甲基苯丙胺 5 包，共计重 347. 5327 克，海洛因 1 包，重 9. 3498 克，从罗素云租住的租房内查获甲基苯丙胺 4 包，共计重 116. 3149 克，海洛因 1 包，重 2. 6202 克。

综上，被告人詹海泳贩卖甲基苯丙胺共计 763 余克；被告人周方林贩卖、运输甲基苯丙胺共计 763 余克、海洛因共计 11. 97 克；被告人罗素云贩卖、运输甲基苯丙胺共计 763 余克、海洛因共计 11. 97 克。

被告人詹海泳、周方林、罗素云对起诉指控的事实和罪名均予以否认。

【裁判结果】

浙江省宁波市中级人民法院 2016 年 4 月 28 日作出（2016）浙 02 刑初 00011 号刑事

判决：一、被告人周方林犯贩卖、运输毒品罪，判处死刑，缓期二年执行，剥夺政治权利终身，并处没收个人全部财产；二、被告人詹海泳犯贩卖毒品罪，判处无期徒刑，剥夺政治权利终身，并处没收个人全部财产；三、被告人罗素云犯贩卖、运输毒品罪，判处无期徒刑，剥夺政治权利终身，并处没收个人全部财产；四、查处的毒品和犯罪工具，均予以没收。

一审宣判后，被告人詹海泳、罗素云分别以詹海泳没有贩卖毒品，罗素云行为构成非法持有毒品罪提出上诉，公诉机关未提起抗诉。

浙江高院经复核认为，原判定罪和适用法律正确，量刑适当，遂于2016年11月14日作出（2016）浙刑终第245号刑事裁定：核准死缓判决。

【裁判理由】

法院生效裁判认为：被告人詹海泳违反国家对毒品的管理制度，明知是毒品而出售给他人，其行为已构成贩卖毒品罪。被告人周方林、罗素云违反国家对毒品的管理制度，明知是毒品而予以贩卖、运输，其行为均已构成贩卖、运输毒品罪，且系共同犯罪。公诉机关指控的罪名成立。本案的关键证据技侦材料（监听录音）原始件未能在庭审中当庭播放，被告人及其辩护人不能辨认和质证，致使公诉机关指控被告人詹海泳贩卖甲基苯丙胺7000克；被告人周方林、罗素云贩卖、运输甲基苯丙胺7000克的证据不足，不予认定。被告人周方林系累犯和毒品再犯，被告人罗素云系毒品再犯，均应予从重处罚。

【案例注解】

本案审理中的争议问题在于：公诉机关指控被告人周方林、罗素云共同在2014年12月下旬以及2015年1月中旬，分别向詹海泳购买毒品冰毒4000克、3000克的犯罪事实，因詹海泳、周方林、罗素云均予以否认，公诉机关在提供了相关电话通话记录清单、银行交易记录、证人证言等证据后，依然无法证实该二笔毒品犯罪的确切犯罪数量。而对于公诉机关出示的监听录音的文字摘录件，被告人及辩护人均予以否认，并申请对监听录音进行当庭播放质证，但公安机关仍坚持不提供本案的关键证据监听录音的原始件。法院最终认为侦查机关仅提供采取技术侦查手段获取的监听录音的文字摘录，而不提供监听录音的原始件，致使监听录音原始件未经当庭播放、质证，该文字摘录件不能作为定罪量刑的证据，综合本案其他证据无法认定三被告人7000克冰毒贩卖、运输事实，只能就低认定三被告人贩卖毒品冰毒700余克的事实。笔者认为，法院的认定符合以审判为中心的刑事诉讼制度改革下证据采信规则的要求，具体理由如下：

一、监听侦查行为应受《刑事诉讼法》的规制，监听录音文字转化件的证据效力须经庭审审查——强化侦查权的监督与规制

《刑事诉讼法》在侦查一章中单独设立“技术侦查措施”一节，将监听这一侦查行为纳入到《刑事诉讼法》的规制，监听录音原始件及其文字摘录件的证据效力审查必须首先建立在监听行为的合法性审查基础上。从本案监听行为程序合法性审查分析，庭审中公诉机关出具了侦查机关严格履行审批手续、严格依法实施监听，监听适用的也是法律限定的特定犯罪行为的相关证据，经庭审审查监听侦查行为的合法性得到确认。但是，公安机关不提供监听录音的原始件，仅仅提交了监听录音的文字转化件，使得法庭无从审查监听录音的原始件与监听录音的文字转化件之间的客观联系性。特别是在本案中，在公诉机关庭审宣读监听录音的文字转化件时，被告人当庭提出了异议，认为其没有说过文字转化件反映的内容，并要求播放监听录音进行当庭质证的情形下，监听录音的文字转化件的客观性、关联性、合法性都受到了被告人一方的质疑，需要提交监听录音的原始件才能进行进一步审查认定。在本案公安机关坚持不提交监听录音的原始件的情况下，监听录音文字转化件的三种特性无法得到进一步的庭审审查，因而不能认定该文字转化件的证据效力。

二、采取技术侦查措施收集的监听录音原始件，经庭审质证、查证属实，方可作为定案的根据——强化辩护权的实现和保障

就本案而言，监听录音是本案的关键证据。本案两件重要犯罪事实的毒品交易人、毒资汇入人、毒品数量、交易方式等事实的明确，几乎全部来源和依靠监听录音予以证实。根据《最高人民法院关于适用〈中华人民共和国刑事诉讼法〉的解释》第一百零七条第一款规定："采取技术侦查措施收集的证据材料，经当庭出示、辨认、质证等法庭调查程序查证属实的，可以作为定案的根据。"《最高人民法院、最高人民检察院、公安部、国家安全部、司法部关于办理死刑案件审查判断证据若干问题的规定》第四条规定："经过当庭出示、辨认、质证等法庭调查程序查证属实的证据，才能作为定罪量刑的根据。"本案由于监听录音的原始件未能当庭播放，被告人及其辩护人客观上不能进行辨认和质证，而对被告人及其辩护人提出的未曾说过文字转化件的辩解意见，法院也无法审查，监听录音的客观性、关联性、合法性都存疑。换言之，本案的技侦证据原件未经庭审质证、查证属实，不能转化为庭审证据，不能作为定案的根据。

三、庭审对监听录音原始件进行质证，暴露的是侦查结果，而不是侦查技术

监听作为一种侦查技术，该技术的具体使用过程以及监听录音的获取收集过程，确实有可能涉及一些技术秘密事项，正因为此，《最高人民法院、最高人民检察院、公安部、国家安全部、司法部关于办理死刑案件审查判断证据若干问题的规定》第三十五条第二款规定："法庭依法不公开特殊侦查措施的过程及方法。"但是当庭播放监听录音原始件，不会暴露侦查技术，暴露的只是技术侦查结果，既没有公开监听技术措施的具体实施过程，也没有公开监听技术的实施方法。首先，监听作为技侦手段早已被《刑事诉讼法》公开，并非秘密，实际上犯罪分子大都也已了解到此种手段，采用频繁更换手机号或使用"黑话"来逃避侦查。其次，庭审播放监听录音，没有公布监听的实施过程，不会涉及监听侦查人员的具体信息，不会造成侦查措施的过程及方法的外泄；最后，播放监听录音原始件，暴露的只是侦查结果而非侦查技术，庭审中被告人及辩护人只是对被告人的作案通话实录进行质证，不会泄露侦查技术本身的技术秘密性。

四、以审判为中心的刑事诉讼制度改革下证据采信要求的深度转变

在以侦查为中心的刑事诉讼制度向以审判为中心的刑事诉讼制度转变的过程中，发挥好审判特别是庭审在查明事实、认定证据中的重要作用至为关键，通过法庭审判的程序公正实现案件裁判的实体公正，防范冤假错案的发生，才能真正促进司法公正。刑事错案的发生不仅侵犯被告人的合法权益甚至生命权，更破坏民众的安全感和对司法的信任。审判程序对侦查、起诉程序应具有的审查和纠错功能应该通过庭审审查这一关键程序得以实现。证据的原始性决定了证据的客观性，严格执行证据采信庭审实质化标准，是切实发挥法庭审判应有的终局裁断功能及其对审前程序的制约引导功能的前提。诉讼活动本身是否具有程序公正性的属性以及体现这一程序公正性的诉讼法律规范、证据采信规则是否得到了确立和遵循，才是以审判为中心的刑事诉讼制度改革要实现的最终目标。

（一审法院合议庭成员　刘学斌　尹政国　曹　剑
二审法院合议庭成员　赵国峰　李　鹏　侯天柱
编写人　浙江省宁波市中级人民法院　袁玮玮
责任编辑　周维明
审稿人　沈　亮）

原载《人民法院案例选》2017年第1辑（总第107辑）

399. 吴明岸贩卖毒品、非法持有枪支案
——技侦证据在庭审中的直接运用与审查标准

【关键词】

刑事　技侦证据　直接运用　庭审质证　审查标准

【裁判要旨】

1. 在危害国家安全、重大毒品、贪污贿赂等依法可以采取技术侦查措施的犯罪案件中，采取技术侦查措施收集的证据材料，经当庭出示、辨认、质证等法庭调查程序查证属实的，可以作为定案依据。

2. 技侦证据的“关联性”审查应借助声纹鉴定技术对技侦监听证据与被告人做同一性认定，并将声纹鉴定意见进行庭审质证。

3. 技侦证据的“合法性”审查应认定技侦措施的种类、适用对象和适用期限符合法律规定与批准范围，技侦措施的批准时间应早于技侦证据的形成时间。

【相关法条】

《中华人民共和国刑事诉讼法》

第一百四十八条[①]**第一款**　公安机关在立案后，对于危害国家安全犯罪、恐怖活动犯罪、黑社会性质的组织犯罪、重大毒品犯罪或者其他严重危害社会的犯罪案件，根据侦查犯罪的需要，经过严格的批准手续，可以采取技术侦查措施。

《最高人民法院关于适用〈中华人民共和国刑事诉讼法〉的解释》

第一百零七条第一款　采取技术侦查措施收集的证据材料，经当庭出示、辨认、质证等法庭调查程序查证属实的，可以作为定案的根据。

《公安机关办理刑事案件程序规定》

第二百五十九条第一款　采取技术侦查措施收集的材料在刑事诉讼中可以作为证据使用……

【案件索引】

一审：北京市第二中级人民法院（2016）京02刑初116号（2018年3月2日）

二审：北京市高级人民法院（2018）京刑终112号（2018年8月14日）

---

① 本条已被2018年修正的《中华人民共和国刑事诉讼法》修改为第一百五十条。

【基本案情】

北京市人民检察院第二分院指控称：被告人吴明岸将甲基苯丙胺（冰毒）1458.13克从湖北省潜江市运输至北京市，欲向他人贩卖，于2016年1月19日3时许，在北京市大兴区旧宫镇新苑小区门口被民警当场抓获，从被告人吴明岸携带的手提袋内起获上述毒品及手枪一把，手枪子弹十一发。公诉机关认为，被告人吴明岸明知是毒品而贩卖、运输，数量大；还非法持有枪支，应当以贩卖、运输毒品罪、非法持有枪支罪追究其刑事责任。

被告人吴明岸及其辩护人辩称：案发时吴明岸所持有的手提袋系魏某所有，其不知内装何物，其不构成贩卖、运输毒品罪及非法持有枪支罪；现有证据不足以证明吴明岸来京的目的是贩卖毒品，侦查机关起获的毒品、枪支弹药是否系吴明岸所有存疑；通过技术侦查手段获取的吴明岸与魏某的通话内容在取证程序上存在瑕疵，并且建议对技术侦查所获取的音频资料进行声纹鉴定。

法院经审理查明：被告人吴明岸欲来京向他人贩卖毒品甲基苯丙胺，北京市公安局大兴分局黄村镇派出所接线索后布控。2016年1月19日3时许，被告人吴明岸在北京市大兴区旧宫镇新苑小区门口被民警当场抓获，从被告人吴明岸携带的手提袋内起获白色晶体二包，棕色固体一份及枪状物一把，弹状物十一发。经鉴定，白色晶体、棕色固体均检出甲基苯丙胺，起获的黑色枪状物为枪支，送检的弹状物为手枪弹。采取技术侦查措施决定书及相关工作说明、音频资料证明：经技术侦查，公安机关获取魏某与吴明岸在电话中商议好毒品的价格、数量，枪支、子弹的数量以及魏某给吴明岸汇款等内容的相关情况。公安机关出具的工作说明、北京信诺司法鉴定所出具的鉴定意见书证明：经鉴定，北京市公安局十二总队提供的对吴明岸采取技术侦查措施过程中提取到的语音文件与吴明岸在侦查期间接受讯问的音视频资料中为同一人声。

【裁判结果】

北京市第二中级人民法院于2018年3月2日作出（2016）京02刑初116号刑事判决：被告人吴明岸犯贩卖毒品罪，判处死刑，缓期二年执行，剥夺政治权利终身，并处没收个人全部财产；犯非法持有枪支罪，判处有期徒刑二年；决定执行死刑，缓期二年执行，剥夺政治权利终身，并处没收个人全部财产。宣判后，被告人吴明岸不服原审判决，提出上诉。北京市高级人民法院于2018年8月14日作出（2018）京刑终112号刑事裁定：驳回吴明岸的上诉，维持原判。根据《中华人民共和国刑事诉讼法》第二百三十七条的规定，本裁定即为核准北京市第二中级人民法院（2016）京02刑初116号以被告人吴明岸犯贩卖毒品罪，判处死刑，缓期二年执行，剥夺政治权利终身，并处没收个人全部财产；犯非法持有枪支罪，判处有期徒刑二年，决定执行死刑，缓期二年执行，剥夺政治权利终身，并处没收个人全部财产的刑事裁定。

【裁判理由】

法院生效裁判认为：被告人吴明岸违反国家对毒品的管理规定，向他人贩卖毒品甲基苯丙胺，其行为已构成贩卖毒品罪，且贩卖毒品数量大，依法应予惩处；吴明岸违反枪支管理规定，非法持有枪支，其行为又已构成非法持有枪支罪，依法应与其所犯贩卖毒品罪数罪并罚。关于吴明岸所提案发时其所持有的手提袋系魏某所有，其不知袋内装有何物的辩解，与客观事实及魏某、杨某的证言不符。辩护人所提起获的毒品、枪支弹药是否系吴明岸所有存疑，认定吴明岸来京贩卖毒品的证据不足等辩护意见，经查，公安机关通过技术侦查措施所搜集的音频资料的内容，足以证明吴明岸向他人贩卖毒品及非法持有枪支的事实，声纹鉴定意见亦能明确该音频资料的声音源自吴明岸；李某银行卡账户的转账信息，现场起获的毒品、枪支数量及吴明岸到达北京的时间等证据均能与公诉机关出示的技术侦查所获取的证据内容相印证。综上，吴明岸贩卖毒品、非法持有枪支的事实清楚，证据确实、充分，吴明岸的辩解及辩护人的相关辩护意见不能成立，法院不予采纳。

【案例注解】

新《刑事诉讼法》赋予了技术侦查收集的材料证据资格，肯定了技术侦查证据的直接证明力，这是与国际趋势的有序接轨，亦是对权力规训的一种法律实践。[①] 但是在当前的司法实践中，技侦材料以证据的形式进入庭审质证环节并作为说理依据载入裁判文书仍停留在初始状态。[②] 本案的意义就在于，法官突破了技侦证据庭外核实的传统做法，开辟了技侦证据直接运用于庭审质证的先例，为技侦证据在庭审中的直接运用和审查树立了典范。

一、技侦证据在庭审中的直接运用

（一）技侦证据直接运用于庭审的条件

根据《刑事诉讼法》[③] 第一百五十二条之规定，法院核实采信技侦证据主要存在两种范式："普通范式"和"庭外范式"。"普通范式"是严格遵从司法审判的直接言词原则与证据裁判规则，在庭审中不加区分地将技侦证据进行开示与质证，继而由法官决定庭审证据的采信效力。"庭外范式"则是基于保护技侦措施与人员的考虑，强调必要的时候准许法官作出裁量，选择在庭外对技侦证据进行核实。"庭外范式"在当前的司法实践中适用最为普遍，[④] 但同时也颇受争议。因为"庭外范式"在技侦证据核实时排除甚至禁止被告人一方参与，这极易引起技侦保密性与辩护方质证参与权的正面冲突。证据裁判原则的内核之一是未经法定证据调查程序审查或未由当事人充分表达意见的证据，即使其确有实际证明价值，亦不得作为认定案件事实的依据，[⑤] 尤其是在以审判为中心的刑事诉讼制度改革背景下，司法审判愈加注重庭审实质化和证据裁判，[⑥] 基于此，采取技术侦查措施所获取的相关材料必须要在证据层面进行内部和外部检视，技侦证据的核实采信理应由"庭外范式"逐渐向"普通范式"转变。

然而，技侦证据直接运用于庭审质证也应限制于一定的范围。本案中，被告人吴明

---

① 董坤：《论技术侦查证据的使用》，载《四川大学学报（哲学社会科学版）》2013 年第 3 期。

② 张素莲：《技侦证据在刑事审判中的适用及完善建议》，载《法律适用》2017 年第 11 期。

③ 本篇文章引用的是 2012 年修正的《刑事诉讼法》。

④ 黄伯青、张杰：《技侦证据庭外核实之程序》，载《人民司法》2014 年第 9 期。

⑤ 刘广三：《刑事证据法学》，中国人民大学出版社 2007 年版，第 87 页。

⑥ 张保生：《证据制度的完善是实现审判中心的前提》，载《法律适用》2015 年第 12 期。

岸自到案后拒不供认犯罪事实，在“零口供”的情况下，在案证据不足以证明被告人吴明岸主观上存在贩卖毒品的故意，如果不能将技侦证据作为定案依据，案件即会存在无罪的可能，所以将技侦证据直接运用于庭审是法官的必然选择。学界主流的观点也认为，应当强化技术侦查材料作为证据在庭审中直接运用的意识，尽可能地减少其转化程序，这才符合最佳证据原则。[①] 但是，技侦证据的运用也必须以不危及人员安全、不暴露相关人员身份与技术方法为前提，要在技术侦查的保密性与审判活动的程序公正性之间寻求可操作的平衡点。[②] 故而本文认为，在危害国家安全、重大毒品、贪污贿赂等依法可以采取技术侦查措施的犯罪案件中，技侦证据对案件“罪与非罪”“此罪与彼罪”“死刑与否”等定罪量刑具有重大影响的，技侦部门应当将技侦证据依法予以移送，使其直接运用于庭审。同时，技侦证据的直接运用应当恪守“最后适用”原则。运用技侦证据虽能直接证明犯罪事实，但频繁使用势必会对技侦手段与人员造成损害。因此，在整个刑事诉讼过程中，依然应当坚持以收集常规证据为主，将技侦证据留到最后，在穷尽其他手段依然无法获取用以证明犯罪的有力证据时，才能将其作为诉讼证据在庭审中予以公开出示与质证。

（二）技侦证据直接运用于庭审的多维度现实支撑

将技侦材料直接作为庭审证据公开出示与质证，不仅是推进以审判为中心的刑事诉讼制度改革的要求，亦是有力惩治犯罪的现实所需。在当前的司法实践中，将技侦证据直接运用于庭审有着多维度的现实理由支撑：

1. 技侦证据直接运用于庭审将更加有利于重大犯罪案件被告人的刑事责任追究。在重大毒品犯罪等案件中，嫌疑人普遍存在抗拒与侥幸心理，即使是在明知侦查机关已获取相关技侦证据的情况下，许多犯罪嫌疑人仍然拒不认罪。[③] 当前司法实践中还存在因被告人当庭翻供使技侦证据转化失败，最终导致无法追究嫌疑人相关刑事责任的情形，这已经成为困扰毒品案件执法实践的一大难题。[④] 本案中，民警当场抓获被告人吴明岸，并从其携带的手提袋内起获毒品及枪支弹药，但被告人吴明岸始终辩称其所持的手提袋系魏某所有，其不知内装何物。庭审中，被告人的辩护人也提出侦查机关起获的毒品、枪支弹药是否系被告人吴明岸所有存疑。在此种情况下，如果不能将技侦证据作为直接定案依据，案件即存在无罪的可能，这样既会放纵犯罪，又会使技侦部门花费巨大人力物力所获取的技侦证据失去效用。在当前许多重大犯罪案件中，技侦证据往往对定罪量刑具有重要作用，尤其是像本案一样在被告人可能被判处无期徒刑或死刑的案件中甚至是关键性证据。如果不在法庭上公开出示、允许被告人质证，往往会导致“被告意见大”“法官不敢判”的局面。故而，唯有将技侦证据作为能够证明被告人犯罪的直接证据，才能依法追究被告人的刑事责任，真正实现罚当其罪。

2. 技侦证据直接运用于庭审质证并不会对技术侦查的保密性造成过大冲击。技侦证

---

① 贾萌：《技术侦查证据的审查问题》，载《江苏警官学院学报》2013 年第 2 期。

② 马康：《论刑事判决书的说理——以技术侦查证据认定为切入点》，载《上海政法学院学报》2016 年第 1 期。

③ 杨志刚：《毒品犯罪案件侦查中技侦手段的运用》，载崔敏主编：《刑事诉讼法证据运用》（第二卷），中国人民公安大学出版社 2006 年版，第 204 页。

④ 程雷：《论技侦手段所获材料的证据使用》，载《证据科学》2012 年第 5 期。

据的运用在司法实践中面临的最大问题就是“保密”与“公开”的矛盾。[①] 如何协调二者关系，成为化解公安机关与检察院、法院之间及公安机关内部分歧的重要因素。当前的司法实践中，公安技侦部门常以保密性为由反对技侦证据在法庭上直接出示，即使是采取庭外核实方式，也反对辩护律师的参与。当然必须承认，技侦部门基于保护技侦力量的考虑而不愿将技侦证据在庭审中进行公开出示与质证并非没有道理，但从当前的立法和司法实践来看，侦查机关所担心的保密问题完全可以通过采取必要的保护性措施来进行解决。《刑事诉讼法》第一百五十二条明确规定，对庭审直接出示技侦证据可能对有关人员的人身安全产生威胁或可能导致其他严重后果发生的情形，应当在庭审过程中采取不暴露有关人员身份、技术方法等必要的保护性措施。审判实践中亦常常运用隐去出庭证人个人信息、屏蔽其容貌形象、异化声音等方式，对技侦方法和过程不予公开或截取处理，之后再按照要求当庭核实认证。[②] 从公安机关自身的实践来看，对技侦证据进行质证也有先例可循，当前许多地方的技侦部门已经在逐渐放宽技侦证据在法庭上质证的标准，从实践效果来看，并未对技术侦查力量产生威胁。[③] 因此，在重大刑事犯罪案件庭审中，直接运用技侦证据时可以采取必要的保护性措施，以使技侦保密性免受冲击。

3. 技侦证据直接运用于庭审将有利于反向规范技术侦查行为。我国当前的技术侦查采取行政授权模式，技术侦查的批准权和执行权均由公安机关享有。学界一直在呼吁应当效仿西方国家构建技术侦查司法审查制度，将采取技术侦查措施的批准权赋予法院或检察院，以此制约技术侦查的滥用。然而，从我国当前的实践来看，由公安机关批准和实施技术侦查措施在有效打击犯罪和维护社会稳定方面发挥着不可替代的作用。况且从域外经验来看，英国在技术侦查方面采取同我国相类似的行政授权模式，但其运用监听等技术措施的数量和比例反而比法国和德国等采用司法令状制度的国家低。[④] 由此可见，技术侦查司法审查制度目前在我国还未形成相应的制度土壤，对技术侦查行为进行有效的规制，最佳途径应当是将技侦证据直接运用于法庭庭审，允许控辩双方就技侦证据的客观性、关联性、合法性进行质证，以此倒逼公安机关更加注重规范其技术侦查行为。

二、技侦证据在庭审直接运用中的关联性审查

《刑事诉讼法》第一百五十二条之规定明确了采取技术侦查措施收集的材料无需进行转化，即具有了进入刑事诉讼作为证据质证的资格。技侦证据虽然获得了与常规证据平等的证据资格，但是囿于其获取手段与利益保护等方面的特殊性，其在庭审中的直接运用和审查认定依然具有与常规证据不同的特殊规则，技侦证据在证据“关联性”审查方面就有着其特殊之处。

（一）声纹鉴定同一性检验支持技侦证据的采信

在当前的毒品犯罪等案件中，被告人的犯罪手段日趋多样化与隐蔽化，即使是在存有技侦证据的情况下，被告人归案后仍拒不认罪，且常以公安机关采取技侦措施所获取的相关证据并非来源于自己为由否认参与犯罪，这已经成为技侦证据审查认定中一个最

---

① 刘鹏：《技术侦查疑难问题研究》，载《法学杂志》2017 年第 7 期。

② 黄伯青、张杰：《技侦证据庭外核实之程序》，载《人民司法》2014 年第 9 期。

③ 王锐园：《价值考量与立场选择：我国技术侦查的分歧与衡平路径实证研究》，载《西南政法大学学报》2018 年第 2 期。

④ 胡铭：《英法德荷意技术侦查的程序性控制》，载《环球法律评论》2013 年第 4 期。

大的难题。本案中，被告人吴明岸在到案后从未供述过贩卖毒品及非法持有枪支的事实，若排除利用技侦措施所取得的证据，本案在案证据仅能证明被告人吴明岸随身携带毒品及枪支弹药的事实，无法证明其与魏某曾商议毒品数量、价格及枪支弹药数量等事实，进而无法证明被告人吴明岸存在贩卖毒品的主观故意。在案件审理过程中，被告人吴明岸的辩护人亦提出，本案起获的毒品、枪支弹药是否系被告人吴明岸所有存疑，认定其来京贩卖毒品的证据也不足，且以现有证据来看无法证明公安机关通过技术侦查措施所搜集的音频资料源自被告人吴明岸。故而，在本案的庭审中，除了应当补充技术侦查的相关材料并将其直接作为诉讼证据予以公开出示之外，还必须要对采取技术侦查措施取得的证据与被告人吴明岸的声音做声纹鉴定，以确定取得的技侦证据中说话者为被告人吴明岸本人，如若无法补充，则本案很可能会宣告无罪。

由此可见，虽然技侦监听证据对于案件客观事实的证明具有极强的效力，但其自身却也存在无法避免的缺陷，即对其与案件事实的关联性难以自证其明，必须要借助声纹鉴定技术对监听资料与被告人做同一性认定，才能使技侦材料真正转化为和案件事实具有关联性的诉讼证据而直接运用于庭审质证环节。声纹鉴定技术是首先把被告人在技侦监听材料中的说话录音转换成条带状或曲线形语图，然后再以同样的方法对被告人到案后接受讯问时的语音资料进行处理，将两份语图所反映的音频特性进行比较，从而就说话人是否为被告本人得出结论。本案中，为使被告人受到应有的法律制裁，也为突破刑事诉讼法修正案实施以来技侦证据难以适用的司法困境，法官充分发挥审判能动作用，组织本案公诉机关、侦查机关就技侦证据监听资料能否使用、如何使用的问题进行了深入研讨，积极推动技侦证据在本案庭审中的直接运用。经过深入分析论证，各部门就技侦证据的使用标准和方法达成了一致性意见，一致同意通过声纹鉴定技术对监听资料与被告人吴明岸做语音同一性认定，确保技侦证据与案件事实具有关联性。继而侦查机关依照司法裁判的证据标准，依法调取了相关技侦证据材料，并委托司法鉴定机构进行了声纹鉴定，确认对被告人吴明岸采取技术侦查措施过程中提取到的语音文件与被告人吴明岸在侦查期间接受讯问的音视频资料中为同一人声，并将该声纹鉴定意见进行了庭审质证。通过公安机关利用技术侦查措施所搜集的音频资料内容，结合在案的其他证据，足以证明被告人吴明岸具有向他人贩卖毒品及非法持有枪支弹药的主观故意和客观事实。至此，本案证据链得以完整补强，证明被告人吴明岸贩卖毒品的证据达到了确实充分的证明程度。

（二）声纹鉴定与技侦证据配合运用的常规制度构建

本案的裁判确立了庭审中技侦证据的“关联性”审查规范：将技侦监听证据直接运用于庭审质证，原则上应当通过声纹鉴定，确认技侦证据与案件事实的关联性；声纹鉴定意见应当由具有鉴定资质的鉴定机构和鉴定人员，以合法调取的监听录音资料为基础，依据专业知识、技术和经验作出；技侦证据不因其获取手段和方法的特殊性而免于法庭调查，技侦证据应当经控辩双方质证并且查实后，才能作为进行声纹鉴定的根据；对技侦录音声纹鉴定意见需要进行严格的证据审查和庭审质证，以确保作为定案根据的技侦证据兼具客观性、关联性和合法性。

在当前依法可以采取技侦措施的案件中，法庭庭审对以监听等措施获取的技侦证据进行审查与采信，越来越离不开声纹鉴定，这已经成为驳斥被告人无罪辩解的一项有力证据，同时，也成为法官认定技侦证据与案件客观事实具备关联性的重要依据。在我们不断推动技侦证据直接运用于庭审公开出示与质证的同时，也应当尝试推动声纹鉴定与技侦证据配合运用的常规制度。从当前的司法实践来看，各部门对于技侦证据在庭审中的质证效果其实是存在认识分歧的。法院和检察院希望能够在庭审中直接公开出示和质证原始的技侦证据，以便更好地认定案件客观事实和保护被告人的辩护权利。公安机关则认为，即使当庭质证技侦证据，但如果没有将技侦证据进行有效识别，其质证效果也并不理想。[①] 对技侦证据进行声纹鉴定就是其识别的一项重要内容，但是就当前的实践而言，进行声纹鉴定不仅对鉴定机构和鉴定人员的专业水平要求较高，而且在法院审理阶段启动声纹鉴定程序往往耗时较多，会极大地延长审理时限，不利于及时有效打击犯罪。所以，要构建声纹鉴定与技侦证据配合运用的常规制度，还有赖于公安机关构建一套完备的工作制度。即对于法律明确规定可以采用技术侦查措施的案件，公安机关在案件预审阶段发现，案件其他客观证据不足以证明被告人的犯罪成立，或者当技侦证据对于确定被告人的犯罪具有关键作用时，可以由公安机关的技侦部门将技侦证据层报公安部进行声纹鉴定。这样既能满足技术侦查保密性的相关要求，同时，也确保将技侦证据直接运用于庭审能够更加顺畅便捷。

（三）技侦证据与其他在案证据的关联性审查

孤证不能定案，技侦证据即使是能够证明案件主要事实的直接证据，也不能作为定案的唯一根据，认定案件事实还需要综合在案的其他证据，以形成完整的证明体系。故而，在通过声纹鉴定技术对技侦证据与被告人做了语音同一性认定后，依然需要对技侦证据与其他在案证据之间的“关联性”进行审查。本案中，被告人吴明岸向魏某贩卖毒品的案件事实，有技侦证据材料和声纹鉴定意见为佐证。通过对技侦录音所做的声纹鉴定，确认了被告人吴明岸与魏某对毒品数量、价格进行商讨的事实，证明了被告人吴明岸具有贩卖毒品的主观故意。但是本案完整证据链的形成还有赖于其他在案证据对技侦证据所反映事实内容的客观印证，技侦证据在本案整个案件事实的认定中发挥了重要的佐证作用：转账记录和写有账号的短信能够侧面印证技侦证据中被告人之间的谈话内容，录音里提到的毒品价格、数量以及枪支弹药的数量均与现场起获的一致，从而也反向证明了技侦证据的客观真实性。所以即使技侦证据具有较强的客观性和证明力，但仍然还是需要综合全案其他证据来认定案件事实。由此可见，在证据条件较好的案件中，技侦证据直接运用于庭审，不仅能够更好地还原案件客观事实，还能与其他在案证据形成印证，以增强法官的内心确信。

三、技侦证据在庭审直接运用中的合法性审查

司法实务界推崇以客观性为核心的证据审查模式，强调在案件审理过程中应当重视客观证据在证据体系中的核心作用。[②] 采取技侦措施获取的证据不易受到人主观意志的影响，直接将其作为证据使用更有利于充实案件的客观证据，强化证明体系。在实际庭审中，技侦证据的证明力认定不会存在太多争议，法庭审查技侦证据的关键在于其证据能

① 王锐园：《价值考量与立场选择：我国技术侦查的分歧与衡平路径实证研究》，载《西南政法大学学报》2018 年第 2 期。

② 戴红霞、周甲准、李根：《司法实务中技侦证据使用的问题与探索》，载《人民检察》2015 年第 16 期。

力，即合法性审查问题。技侦证据的合法性审查应包含实体和程序以下两个方面：

（一）技侦证据实体事项的合法性审查

实体方面的合法性审查主要针对技侦措施的种类、适用对象和适用期限是否符合合法律规定和批准范围。[①]《刑事诉讼法》明确规定，采取技术侦查措施必须严格按照批准的措施种类、适用对象和期限执行，采取技术侦查措施收集的材料作为证据使用的，采取技术侦查措施决定书应当附卷。庭审中，采取技术侦查措施决定书是对技侦证据实体方面合法性进行审查的主要依据，因此，公安机关、检察机关在移送技侦证据材料时，应当附卷移送采取技侦措施的审批手续。本案中，公安机关对被告人吴明岸所采取的监听作为一项重要的技术侦查措施，对通过监听获取的技侦证据在庭审中进行实体方面的合法性审查，审查的主要内容是：技术侦查措施是否由有权主体依法批准或决定、技术侦查措施是否由适格的主体依法实施、技术侦查措施是否严格按照批准的对象、范围和期限进行。

（二）技侦证据程序事项的合法性审查

1. 技侦证据程序事项“合法性”审查的关键是技侦证据的形成时间。《刑事诉讼法》《公安部办理刑事案件采取技术侦查措施行动规则》均对技术侦查程序有着较为明确的规定，要求技术侦查只有在立案批准后方能采取具体措施，但是在实践操作中公安机关的技侦和内侦往往存在着矛盾。这也直接导致在司法审判中，法官在办理采取技侦措施的相关犯罪案件时，虽然利用技侦证据可以直接证明犯罪事实，但往往因技侦证据不具备完善的手续，导致最终无法认定犯罪，突显出有力惩治犯罪与法官证据审查之间的矛盾。本案公安机关对被告人吴明岸采取技术侦查措施，所获取的监听资料直接运用于庭审，法官在对技侦材料的证据能力进行认定时，审查的关键是确定公安机关对被告人吴明岸采取技侦措施的批准时间是否先于技侦证据的形成时间，若时间先后顺序颠倒，则技侦证据可能因不符合法律规定而导致无法直接作为诉讼证据运用于庭审质证。随着我国司法理念的转变和司法水平的提升，毒品等犯罪案件的审理将会面临更多的技侦证据，在愈加严格的证据审查标准下，如果定罪量刑需要技侦证据的支撑，应确保立案决定书的时间必须在技侦证据形成时间之前，如此才可为技侦证据在庭审中的直接运用减少障碍。

2. 技侦证据程序瑕疵的补正。实践中，技侦证据在公安机关采取技侦措施的内部程序上往往会存在一定的瑕疵，进而可能影响到其在庭审中直接作为证据使用的合法性认定。本案中，公安机关是首先对魏某采取了技侦措施，在对魏某通话实施监听的过程中发现了被告人吴明岸毒品犯罪的相关线索，进而对被告人吴明岸采取技侦措施。公安机关针对魏某所采取的技侦措施所形成的证据具有完备的审批手续，而对被告人吴明岸采取技侦措施的立案时间则是在技侦证据形成时间之后，故而本案将技侦证据直接运用于庭审的一个前提，是要对技侦证据的程序瑕疵进行补正，以满足技侦证据合法性审查的要求。

在毒品犯罪等具有严重社会危害性的隐蔽型犯罪中，技侦证据作为定案依据直接用于犯罪事实的认定，在庭审中具有无法替代的功效。本文认为，在庭审中遇到技侦证据

① 李晓林、赵丹：《毒品犯罪案件中技术侦查证据的审查和运用》，载《人民司法》2016年第17期。

收集程序存在瑕疵的情形，可以类比适用部分常规证据的合法性审查方式。司法实践中，技侦证据通常表现为视听资料形式，属于客观性证据范畴，故而可类比《刑事诉讼法》第五十四条对物证、书证合法性审查的规定：对于不符合法定程序，可能严重影响司法公正的技侦证据，应当予以补正或者作出合理解释；不能补正或作出合理解释的，对该证据应当作为非法证据予以排除。本案中，在对被告人吴明岸采取技术侦查措施获取的资料进行程序合法性审查时发现了瑕疵，本着不枉不纵的刑事司法精神，法官先后两次将案件退回公诉机关补充侦查。公诉机关补充侦查完毕后，向法院移送了本案采取技术侦查措施的工作说明，使技侦监听证据能够合理证明被告人吴明岸存在贩卖毒品的主观故意，进而与其他在案客观证据形成完整证据链，使技侦证据在庭审中能够得以有效利用。

（一审法院合议庭成员　黄小明　王丽娜　刘克河
二审法院合议庭成员　金　星　赵勇辉　温小洁
编写人　北京市第二中级人民法院　龙　立　张旭城
责任编辑　周维明
审稿人　李玉萍）

原载《人民法院案例选》2019 年第 5 辑（总第 135 辑）

六、审　判

400. 陈莉明徇私枉法案

——法院变更检察院指控的罪名应如何保障被告人的辩护权

【关键词】

法院变更指控的罪名　辩护权　公正审判　撤销原判

【裁判要旨】

人民法院变更人民检察院指控的罪名，应向被告人及其辩护人明确告知拟变更的具体罪名，并给予被告人及其辩护人充分发表辩护意见的机会和充分准备辩护的时间。一审法院变更人民检察院指控的罪名未听取被告人及其辩护人意见的，二审法院应当撤销原判，发回重审。

【相关法条】

《中华人民共和国刑事诉讼法》

第二百二十七条第（三）项　第二审人民法院发现第一审人民法院的审理有下列违反法律规定的诉讼程序的情形之一的，应当裁定撤销原判，发回原审人民法院重新审判：

（三）剥夺或者限制了当事人的法定诉讼权利，可能影响公正审判的。

《最高人民法院关于适用〈中华人民共和国刑事诉讼法〉的解释》

第二百四十一条第一款第（二）项、第二款　对第一审公诉案件，人民法院审理后，应当按照下列情形分别作出判决、裁定：

（二）起诉指控的事实清楚，证据确实、充分，指控的罪名与审理认定的罪名不一致的，应当按照审理认定的罪名作出有罪判决。

具有前款第二项规定情形的，人民法院应当在判决前听取控辩双方的意见，保障被告人、辩护人充分行使辩护权。必要时，可以重新开庭，组织控辩双方围绕被告人的行为构成何罪进行辩论。

【案件索引】

一审：天津市第一中级人民法院（2015）一中刑初字第0022号（2015年12月15日）

二审：天津市高级人民法院（2016）津刑终13号（2016年2月2日）

【基本案情】

公诉机关指控：2011年10月9日21时许，闫俊祺酒后驾车于天津市红桥区南运河北路咸阳桥附近将司某某撞伤，司某某经抢救无效死亡。经公安机关认定，闫俊祺承担该起道路交通事故的全部责任。被告人陈莉明在办理闫俊祺交通肇事一案中，收受闫俊祺之子闫爱卿钱款2000元，其后陆续收受闫爱卿送予的茶具等财物（经鉴定涉案茶具总价值为人民币1100元），并通过闫爱卿为其外甥盛润泽安排工作。其间，被告人陈莉明明知闫俊祺涉嫌交通肇事罪，却故意不将案件移送相关刑事司法部门，致使闫俊祺未受到刑事追诉。2014年6月25日，陈莉明被抓获归案。公诉机关认为，被告人陈莉明的行为触犯了《刑法》第三百九十九条的规定，应当以徇私枉法罪追究其刑事责任。

被告人陈莉明否认起诉书指控的犯罪事实，并提出以下辩解：（1）其没有将闫俊祺案移送刑侦部门的职责，其对闫俊祺交通事故案件调解后，已将案卷移交大队主管领导；（2）其在处理闫俊祺交通事故案件过程中，收受现金人民币2000元系鉴定费用；（3）其让闫爱卿为盛润泽介绍工作时，闫俊祺交通事故案件已调解结束，与其履行职责无关；（4）其收受闫爱卿给予的茶具等物品违反了相关纪律规定，但不构成犯罪。其辩护人提出：（1）陈莉明不是《刑法》规定的司法工作人员，不具有徇私枉法罪的主体资格；（2）陈莉明是否具有移送交通事故刑事案件的职责事实不清、证据不足；（3）起诉书指控陈莉明故意不移送案卷事实不清；（4）陈莉明收受部分礼物和托请他人办事的行为情节显著轻微，且与职务没有必然联系，故起诉书指控陈莉明徇私包庇的事实不清、证据不足，请求法庭判决被告人陈莉明无罪。

法院审理查明：2011年时，陈莉明系天津市公安交通管理局红桥支队西站大队事故组民警。2011年10月9日20时50分许，闫俊祺酒后驾驶客车将司某某撞伤。2011年10月10日，司某某经抢救无效死亡。陈莉明负责办理此案。2011年12月14日，西站大队作出道路交通事故认定，闫俊祺承担全部责任，司某某不承担责任。根据相关规定，闫俊祺的交通肇事行为已涉嫌构成犯罪，陈莉明作为该案的主办民警，应当出具拟追究闫俊祺刑事责任的书面意见，经层报主管大队和主管支队负责人审批后，将该案及时移送公安刑侦部门。时任天津华苑昱华汽车销售有限公司零售经理的闫爱卿，为使其父闫俊祺逃避刑事追究，多次请求陈莉明给予帮助，先后给予陈莉明现金人民币2000元、木质茶盘和瓷质茶具（鉴定价值为人民币1100元），并应陈莉明的要求将陈莉明的外甥盛润泽介绍到其任职的公司工作。为此，陈莉明未出具拟追究闫俊祺刑事责任的书面意见，致使闫俊祺未受到刑事追究。2014年6月25日，陈莉明被抓获归案。

【裁判结果】

天津市第一中级人民法院于2015年12月15日作出（2015）一中刑初字第0022号

刑事判决，认定被告人陈莉明犯徇私舞弊不移交刑事案件罪，判处有期徒刑一年八个月。依法追缴被告人陈莉明的违法所得人民币 2000 元，上缴国库；扣押的木质茶盘和瓷质茶具，依法由扣押机关负责处理。宣判后，原审被告人陈莉明不服，提出上诉。天津市高级人民法院于 2016 年 2 月 2 日作出（2016）津刑终 13 号刑事裁定：一、撤销天津市第一中级人民法院（2015）一中刑初字第 0022 号刑事判决；二、发回天津市第一中级人民法院重新审判。

【裁判理由】

法院生效裁判认为：根据《最高人民法院关于适用〈中华人民共和国刑事诉讼法〉的解释》第二百四十一条第一款第（二）项、第二款的规定，人民法院认定的罪名与起诉指控的罪名不一致的，人民法院应当在判决前听取控辩双方的意见，保障被告人、辩护人充分行使辩护权。必要时，可以重新开庭，组织控辩双方围绕被告人的行为构成何罪进行辩论。一审法院未按照上述条款的规定保障被告人及其辩护人的诉讼权利，可能影响公正审判。依照《刑事诉讼法》第二百二十七条第（三）项的规定，应当撤销天津市第一中级人民法院（2015）一中刑初字第 0022 号刑事判决，发回天津市第一中级人民法院重新审判。

【案例注解】

本案审理过程中主要存在四个争议问题：一是陈莉明的行为构成徇私枉法罪还是徇私舞弊不移交刑事案件罪；二是人民法院变更人民检察院指控的罪名前，是否应当先行建议人民检察院变更指控的罪名；三是人民法院变更人民检察院指控的罪名时应当如何保障被告人的辩护权；四是一审法院变更指控的罪名未听取被告人及其辩护人的意见时，二审法院应当如何处理。

一、陈莉明的行为构成徇私枉法罪还是徇私舞弊不移交刑事案件罪

根据《刑法》第三百九十九条第一款的规定，徇私枉法罪，是指司法工作人员徇私枉法、徇情枉法，对明知是无罪的人而使他受追诉、对明知是有罪的人而故意包庇不使他受追诉，或者在刑事审判活动中故意违背事实和法律作出枉法裁判的行为。根据《刑法》第四百零二条的规定，徇私舞弊不移交刑事案件罪，是指行政执法人员徇私舞弊，对依法应当移交司法机关追究刑事责任的不移交，情节严重的行为。由于徇私枉法罪中对明知是有罪的人而故意包庇不使他受追诉的行为与徇私舞弊不移交刑事案件罪有相似之处，因此，实践中两者容易混淆。特别是对公安机关工作人员实施的故意不移交刑事案件的行为，应当认定为徇私枉法罪还是徇私舞弊不移交刑事案件罪，极易产生定性错误。我们认为，对于公安机关工作人员实施的故意不移交刑事案件的行为，应认定为徇私枉法罪还是徇私舞弊不移交刑事案件罪，关键要看公安机关工作人员应认定为刑法意义上的“司法工作人员”还是“行政执法人员”。在我国，刑法意义上的“司法工作人员”有其特定的含义。我国《刑法》第九十四条规定，司法工作人员是指有侦查、检察、审判、监管的工作人员。根据这一规定，公安机关的工作人员中，只有负责侦查、监管的人员才属于刑法意义上的“司法工作人员”。因此，在我国，只有负有侦查、监管职责的公安机关工作人员不移交刑事案件的，才能认定为徇私枉法罪；其他公安机关工作人员不移交刑事案件的，应当认定为徇私舞弊不移交刑事案件罪。

本案中，在案证据证明，天津市公安交通管理局红桥支队西站大队只办理涉及道路交通管理方面的行政案件，对在办理道路交通案件中涉及涉嫌交通肇事罪的案件，由红桥支队移送案件属地公安分局办理，故陈莉明应当认定为行政执法人员。根据《最高人民法院关于审理交通肇事刑事案件具体应用法律若干问题的解释》第二条的规定，闫俊祺交通肇事致一人死亡，并负事故全部责任，其行为已涉嫌构成交通肇事罪。按照相关规定，陈莉明作为天津市公安交通管理局红桥支队西站大队的事故警察，在发现闫俊祺涉嫌交通肇事犯罪时，应当出具拟追究闫俊祺刑事责任的书面意见而未出具，导致闫俊祺涉嫌交通肇事罪一案未移送相关刑侦部门，其行为应当认定为徇私舞弊不移交刑事案件罪。

二、人民法院变更人民检察院指控的罪名前，是否应当先行建议人民检察院变更指控的罪名

从比较法的角度看，不同法系的国家对法院能否变更公诉机关指控的罪名做法不一。有的国家，如英国、美国等，不允许法院变更公诉机关指控的罪名。有的国家，如德国、日本、韩国等，则允许法院变更公诉机关指控的罪名。在我国，关于法院能否变更检察院指控的罪名，一直存在激烈的争论。2013 年 1 月 1 日起施行的《最高人民法院关于适用〈中华人民共和国刑事诉讼法〉的解释》第二百四十一条第一款第（二）项规定，对第一审公诉案件，人民法院审理后，认为起诉书指控的事实清楚，证据确实、充分，指控的罪名与审理认定的罪名不一致的，应当按照审理认定的罪名作出有罪判决。这一规定，以司法解释的形式明确了人民法院变更人民检察院指控罪名的权利，解决了长期以来困扰人民法院刑事审判工作的一大难题，具有十分重要的现实意义。我们认为，尽管司法解释赋予了人民法院变更人民检察院指控的罪名的权利，但是，从维护公诉机关控诉职能、法院居中裁判职能的基本诉讼构造，以及维护程序正义的角度来说，应当借鉴其他国家和地区的做法，[①] 在法院审理认定的罪名与指控的罪名不一致的情况下，人民法院应当先行建议人民检察院变更指控的罪名。只有检察院拒不接受人民法院的建议时，人民法院才能直接行使更改人民检察院指控罪名的权利。

本案一审审理过程中，一审法院曾口头建议检察院改变指控的罪名，但是公诉人表示，检察院不愿变更罪名，请法院依法对被告人陈莉明定罪量刑。我们认为，一审法院的这一做法是妥当的，应当提倡。

三、人民法院直接变更人民检察院指控的罪名时应当如何保障被告人的辩护权

为了避免人民法院直接变更人民检察院指控的罪名影响被告人辩护权的有效行使，《最高人民法院关于适用〈中华人民共和国刑事诉讼法〉的解释》第二百四十一条第二款规定，人民法院认定的罪名与起诉指控的罪名不一致的，人民法院应当在判决前听取控辩双方的意见，保障被告人、辩护人充分行使辩护权。必要时，可以重新开庭，组织控辩双方围绕被告人的行为构成何罪进行辩论。这一规定体现了对被告人辩护权的充分

① 例如，《日本刑事诉讼法》第 312 条第 2 款规定，法院鉴于审理的过程认为适当时，可以命令追加或者变更诉因或者罚条。《韩国刑事诉讼法》第 298 条第 2 款规定，法院根据审理经过情况认为适当时，应当要求追加或变更诉因或者适用罚条。

保护，值得充分肯定。同时，必须看到，上述规定并未对人民法院直接变更人民检察院指控罪名的案件如何保障被告人的辩护权作出明确具体的规定，导致司法实践中对被告人辩护权的保障程度不一。借鉴其他国家的做法，结合司法实践，我们认为，对于人民法院直接变更人民检察院指控罪名的案件，在保障被告人辩护权方面，至少要做到以下三点：

一是向被告人及其辩护人明确告知拟变更的具体罪名。如果人民法院不向被告人及其辩护人明确告知拟变更的具体罪名，被告人及其辩护律师便无法有针对性地进行辩护，会不当增加被告人及其辩护律师的辩护负担。关于告知方式，我们认为，既可以进行书面告知，也可以进行口头告知，但是口头告知的情况应当记录在案。

二是给予被告人及其辩护人就拟变更的罪名发表辩护意见的机会。不给予被告人及其辩护人就变更后的罪名发表辩护意见的机会，属于未经辩护就给被告人定罪，其实质就是剥夺被告人的辩护权。关于被告人及其辩护人发表辩护意见的方式，我们认为，根据案件的情况，在充分征求被告人及其辩护人意见的基础上，可以采取让被告人及其辩护人提出书面辩护意见的方式，也可以采取重新开庭的方式。

三是给予被告人及其辩护人准备辩护的充足时间。没有充足的准备辩护的时间，被告人及其辩护人就不可能进行有效辩护。为了保障被告人及其辩护律师的辩护权，人民法院向被告人及其辩护人告知拟变更的罪名后，应当在征询被告人及其辩护人意见的基础上，确定合理的辩护准备时间。如果案件的审限即将到期，必要时应当办理报请延长审限的手续。

本案中，一审法院将检察院指控的徇私枉法罪变更为徇私舞弊不移交刑事案件罪，未向被告人及其辩护人进行明确的告知，被告人及其辩护人也未对陈莉明的行为是否构成徇私舞弊不移交刑事案件罪发表辩护意见，未切实保障被告人及其辩护人的辩护权，违反了《最高人民法院关于适用〈中华人民共和国刑事诉讼法〉的解释》第二百四十一条第二款的规定。

四、一审法院变更指控的罪名未听取被告人及其辩护人的意见，二审法院应当如何处理

对于一审法院变更指控的罪名未听取被告人及其辩护人意见的行为，二审法院应当如何处理，《刑事诉讼法》及相关司法解释并未作出明确规定。对此，有观点认为，二审法院可以通过开庭审理的方式，给予上诉人及其辩护人就变更后的罪名进行辩护的机会，以补救一审法院未让其就变更后的罪名发表辩护意见的瑕疵。二审法院给予上诉人及其辩护人就变更后的罪名发表意见的机会后，如果二审法院仍然认为一审法院变更的罪名正确、量刑适当，二审法院裁定维持原判即可，没有必要撤销原判、发回重审。有观点认为，一审法院变更指控的罪名未听取被告人及其辩护人的意见，属于剥夺当事人法定诉讼权利的行为，可能影响公正审判，根据《刑事诉讼法》第二百二十七条第（三）项的规定，应当裁定撤销原判、发回重审。我们赞同第二种观点，理由如下：

一是人民法院变更人民检察院指控的罪名未听取被告人及其辩护人意见的行为，属于剥夺被告人辩护权、影响公正审判的重大违法行为。辩护权是国际公约和各国宪法、刑事诉讼法确立的公正审判权的最重要的一项内容。可以说，没有辩护权，就不可能实现公正审判。人民法院变更人民检察院指控的罪名未听取被告人及其辩护人的意见，必然影响公正审判的实现，根据《刑事诉讼法》第二百二十七条第（三）项的规定，应当撤销原判、发回重审。

二是对一审法院变更检察院指控的罪名未听取被告人及其辩护人意见的行为，撤销原判、发回重审，可以收到制裁一审法院的违法行为与对被告人及其辩护人的辩护权进行救济的双重功效，有助于倒逼刑事审判人员进一步增强保护被告人辩护权的意识。

三是对一审法院变更人民检察院指控的罪名未听取被告人及其辩护人意见的行为，通过二审开庭的方式予以救济，不仅不利于倒逼一审法院增强保护被告人辩护权的意识，而且导致被告人及其辩护人对相关罪名仅有一次辩护机会，破坏了我国《刑事诉讼法》确立的两审终审制。

（一审法院合议庭成员　梁　勤　田　虎　刘家钟
二审法院合议庭成员　丁天威　吴纪奎　于耀辉
编写人　天津市高级人民法院　吴纪奎
责任编辑　李　明
审稿人　沈　亮）

原载《人民法院案例选》2016年第5辑（总第99辑）

401. 张海臣交通肇事案

——疑罪从无原则的适用

【关键词】

交通肇事罪　证据矛盾　证据综合审查　排除合理怀疑　疑罪从无

【裁判要旨】

有证据表明被告人有犯罪嫌疑，又有证据表明被告人可能无罪的情况下，应当根据逻辑推理和经验法则，对全案证据进行综合审查。有罪证据之间存在明显矛盾，证据与指控的事实之间不能形成完整证据链条，证明力不足，不能排除合理怀疑的，应当依据疑罪从无原则，依法作出无罪判决。

【相关法条】

《中华人民共和国刑事诉讼法》

第一百九十五条第（三）项　证据不足，不能认定被告人有罪的，应当作出证据不足、指控的犯罪不能成立的无罪判决。

【案件索引】

一审：辽宁省沈阳经济技术开发区人民法院（2011）经开刑初字第216号（2013年1月25日）

二审：辽宁省沈阳市中级人民法院（2013）沈刑二终字第230号（2013年6月13日）

【基本案情】

公诉机关：辽宁省沈阳经济技术开发区检察院。

附带民事诉讼原告人：韩某某、李某某，均系被害人韩某的亲属。

被告人（附带民事诉讼被告人）：张海臣。2011年4月2日因涉嫌交通肇事罪被逮捕；2012年12月6日被监视居住。

辽宁省沈阳经济技术开发区人民检察院指控：2010年9月15日15时许，在沈阳经济技术开发区沈辽路远兴门业门前，被告人张海臣无证驾驶无号牌两轮摩托车载乘韩某发生单方交通事故，造成张海臣受伤、被害人韩某死亡的后果，且负事故的全部责任，应当以交通肇事罪追究其刑事责任。

附带民事诉讼原告人韩某某、李某某诉称：因被告人交通肇事导致原告人的精神受到严重打击，经济上蒙受重大损失，请求法院依法判令被告人赔偿682272元。附带民事诉讼被告人孙发、闫某某承担连带赔偿责任。

被告人张海臣辩称：案发当时，骑摩托车的是死者韩某，自己是乘员，应无罪。其辩护人的辩护意见为：公诉机关指控被告人张海臣犯交通肇事罪的证据不足。理由为：（1）被告人张海臣不承认自己是骑车人，并且与证人宋某、闫某某、张某某的证言一致；（2）证人张某系悬赏后的证人，其证言不具有真实性，事发现场没有证人目击事发的瞬间；（3）被告人张海臣系视力二级残疾人，其左眼先天失明，右眼视力为0.2~0.3，看5米内的物体都非常模糊，根本不能驾驶摩托车，另死者韩某是持有摩托车驾驶证的，故骑摩托车符合常理推断；（4）现场勘验记录上记载肇事车辆车牌号为辽K645××，现场记录在卷的照片中肇事车辆是无牌照的，沈阳市公安局交警支队开发区大队出具的交通事故责任认定书中确定肇事车辆是无牌照的，现场勘验笔录、现场照片以及交通事故责任认定书之间互相矛盾；（5）侦查机关已经提取的物证监控录像没有完全提供，重要的物证缺失。

附带民事诉讼被告人孙发辩称：我当时没有将摩托车借给张海臣，不应该承担赔偿责任。

附带民事诉讼被告人闫某某辩称：我没有对张海臣、韩某劝酒，不应当承担赔偿责任。

法院经审理查明：2010年9月15日上午10时，因闫某某家乔迁在会宾楼宴请张海臣、韩某、孙发、宋某等人，下午14时许，张海臣、韩某、孙发、宋某等从饭店出来，张海臣与韩某同乘一辆两轮摩托车，行驶至沈阳经济技术开发区沈辽路远兴门业门前，发生单方交通事故，造成张海臣受伤、韩某死亡的后果。

一审宣判后，沈阳经济技术开发区人民检察院提出抗诉，抗诉理由是：综合本案中国刑事警察学院司法鉴定中心、沈阳汽车性能质量司法鉴定所出具的鉴定意见书及证人张某的证言等证据，能够形成完成的证据链条，认定被告人张海臣犯交通肇事罪事实清楚，证据确实、充分。沈阳市人民检察院认为沈阳经济技术开发区人民检察院抗诉正确，支持抗诉。

附带民事诉讼原告人韩某某、李某某就民事部分判决提出上诉，上诉理由及其代理人的代理意见是：原判宣告被告人张海臣无罪没有事实和法律依据，三被上诉人存在共同侵权行为，应承担连带赔偿责任。

【裁判结果】

辽宁省沈阳经济技术开发区人民法院于2013年1月25日作出（2011）经开刑初字第216号刑事附带民事判决：认定被告人张海臣无罪；驳回附带民事诉讼原告人韩某某、李某某对被告人张海臣的诉讼请求。宣判后，沈阳经济技术开发区人民检察院以沈开检刑抗（2013）1号抗诉书提出抗诉，辽宁省沈阳市人民检察院支持抗诉。原审附带民事诉讼原告人韩某某、李某某提出上诉。辽宁省沈阳市中级人民法院于2013年6月13日作出（2013）沈刑二终字第230号刑事附带民事裁定：驳回抗诉、上诉，维持原判。

【裁判理由】

法院生效判决认为：中国刑事警察学院司法鉴定中心检验意见书和沈阳汽车性能质

量司法鉴定所鉴定意见书证实张海臣损伤符合交通事故中驾驶员损伤特点，张海臣为事故时摩托车驾驶人，同时证人张某亦证实该情节。但综合全案其他证人宋某、张某某、闫某某、韩某某、韩玲证言等证据，能够证实最初及中途的摩托车驾驶人均是韩某，被害人韩某家属曾因保险理赔事宜找过张海臣，让其承认骑摩托车的事实。另外，结合张海臣具有眼部残疾、无驾驶证事实及一直否认驾驶摩托车肇事。综上，公诉机关出示的鉴定意见及证人张某的证言与上述证据相矛盾，不能形成证实从饭店到肇事地点韩某与张海臣之间存在换乘事实的完整证据链条，并得出张海臣驾驶机动车辆发生交通事故导致韩某死亡的结论，故公诉机关指控被告人张海臣犯交通肇事罪的主要事实不清、证据不足，按照疑罪从无的原则，原审法院依法认定张海臣无罪是正确的。因此，对于抗诉机关的抗诉理由和意见不予采纳。关于附带民事诉讼原告人对附带民事诉讼被告人孙发、附带民事诉讼被告人闫某某的诉讼，可另案告诉。对于上诉人韩某某、李某某就附带民事判决部分提出的上诉请求，因缺乏事实和法律依据，亦不予支持。

【案例注解】

一、关于我国刑事案件有罪认定证明标准的规定及解析

我国《刑事诉讼法》第四十九条规定："公诉案件中被告人有罪的举证责任由人民检察院承担，自诉案件中被告人有罪的举证责任由自诉人承担。"从刑事追诉的直接目的来看，它主要在于确认被告人是否犯有一定的犯罪事实。这里所说的犯罪事实，是符合犯罪构成要件的事实。[①] 我国检察机关被赋予代表国家指控犯罪的法定职权，按照职权与义务相统一的原则，刑事公诉案件中对于存在犯罪构成事实的证明责任理应全部置于检察机关。虽然《刑事诉讼法》单独规定自诉案件适用的一审程序，甚至自诉案件双方当事人可以适用调解结案，符合特定条件的被告人或者其法定代理人还可以提起反诉，但就有罪证明责任承担及证明标准而言，两者之间本质上不应有所差异，必须一体遵行。

我国《刑事诉讼法》第一百九十五条第（一）项规定的"事实清楚，证据确实、充分"，是指检察机关要证明到使法官确信其主张的犯罪构成事实存在而非"真伪不明"的程度，这是法院作出有罪认定的标准。[②] 作为证明对象的犯罪构成事实包括犯罪主体要件、犯罪主观要件和犯罪客观要件的事实，而犯罪客体要件事实，即危害行为侵犯法益的事实不需要单独证明，而是以犯罪客观要件的事实证明进行直接认定。[③] 本文认为，"案件事实清楚"是法院对指控事实审查后所欲达至的理想的客观真实状态，更应定位在司法证明的目的层面，从实质意义上讲，它显然缺乏独立判断的操作路径，而具体案件中要判断据以定案的证据是否确实、充分，以此认定犯罪事实存在与否。因此，该标准中"证据确实、充分"系本质内容和适用要求。

---

① 参见［日］小野清一郎：《犯罪构成要件理论》，中国人民公安大学出版社1991年版，第137页。

② 关于从重处罚事实情节的认定，应当适用与认定被告人有罪事实相同的证明标准。对此，《最高人民法院关于适用〈中华人民共和国刑事诉讼法〉的解释》第六十四条第二款已作出明确规定。鉴于从重处罚事实情节认定问题主要属于量刑事实证明范围，故本文暂不予涉及。

③ 本文认为，对于排除犯罪的事由，包括正当防卫、紧急避险等所有排除行为违法性和行为人刑事责任的事实都不能独立成为我国刑事诉讼中的构成要件事实，纳入到有罪认定的证明对象之内，但是，对于这方面的事实存在与否，辩护方可以举证加以证明，检察机关亦应当具有客观性义务。

根据《刑事诉讼法》第五十三条第二款规定："证据确实、充分，应当符合以下条件：（一）定罪量刑的事实都有证据证明；（二）据以定案的证据均经法定程序查证属实；（三）综合全案证据，对所认定事实已排除合理怀疑。"该条款对第一百九十五条第（一）项规定的定罪证明标准进行具体化。它既包括对据以定案证据的个体效力要求，又包括对据以定案证据的体系效果要求。展而言之，一要做到每个据以定案的证据都具有真实性、合法性，而且与认定有罪事实相关联，能够发挥证明效力；二要做到据以定案证据体系内不存在无法化解的证明方向性矛盾，或者只存在可以忽略的细枝末节问题，相关证据足以形成锁链，充分支持有罪事实的认定，没有存在其他可能的合理怀疑或者合理怀疑已被现有证据体系予以排除。

应当指出的是，《刑事诉讼法》第五十三条第二款首次以立法形式将"排除合理怀疑"规定为衡量证据是否确实、充分的主观因素和指标，这无疑是对长期以来我国刑事诉讼侧重客观和正面确认犯罪构成事实的证明标准内涵的合理补充。因此，对于指控的犯罪构成事实的存在，特别是被告人实施了犯罪行为的认定应当达到确定无疑、排除一切合理怀疑的程度。法官既要能从正面肯定的角度做到内心确信，又要能从反面否定的角度做到排除合理怀疑，得出唯一结论，否则就不能作出有罪认定的裁判。

在审判实践中，关于定罪事实认定上的合理怀疑应该是盖然性比较大，可能性程度比较高，能够从整体上推翻对方证据结论的具有可接受性的质疑。如果证明犯罪构成要件事实的证据缺失的，或者证明主要案件事实的直接证据未查证属实，间接证据难以形成锁链的，通常会引起法院对指控定罪事实的合理怀疑。如果辩护方在提出合理怀疑中还有积极主张，特别是怀疑他人有违法行为、犯罪行为，确有一定的证据材料证明，或者能够提出证据线索进行调查核实的，亦足以构成合理怀疑。只有这样，法官注重通过从"证伪"的方向上审查犯罪事实不存在的上述合理怀疑因素，充实犯罪个案适用证明标准的操作内容，才能实现在"证实"的方向上认定指控的犯罪事实成立，确保准确公正。①

二、本案指控事实未达到法院作出有罪认定的证明标准

本案检察机关指控的核心犯罪构成事实是被告人张海臣系驾车人，在驾车过程中发生单方交通事故，造成乘员韩某死亡。鉴于本案既有证据表明被告人为驾驶人有犯罪嫌疑，又有证据表明被告人实为乘员应属无罪，法院衡量指控事实是否达到定罪证明标准可以从正反两个方面加以综合分析。

首先，指控被告人有犯罪嫌疑的主要证据是否真实、可靠难以确定，指控犯罪的证据亦不充分。本案中，公诉人指控被告人张海臣系驾车人的主要证据有证人张某的目击证言、沈阳汽车性能质量司法鉴定所鉴定意见书和中国刑事警察学院司法鉴定中心检验意见书。因控辩双方就两份鉴定意见分歧较大，在开庭前，法院依法通知两个机构派相关鉴定人出庭作证，但刑警学院司法鉴定中心接到法院通知后，无任何正当理由未派员出庭，依据《最高人民法院关于适用〈中华人民共和国刑事诉讼法〉的解释》第八十六条第一款规定，该鉴定意见不得作为定案的根据。在庭审质证，前两份证据与指控事实

---

① 参见李钢：《关于我国刑事诉讼有罪判决证明标准适用情况的实证研究——兼谈我国有罪判决证明标准的重构设想》，载《广西政法管理干部学院学报》2008年第6期。

在形式上都具有关联性，也无侦查机关违法取证或者鉴定机构欠缺资质等不合法问题，就本案而言，法院对前两份证据真实性或者证明力的评价，是认定本案事实的关键。下面，本文结合案情予以分析。

关于证人张某的目击证言的效力分析。证人张某在证言中称："当时我和我对象在道南由西向东走步，看见由东向西开过来一辆两轮摩托车，刮马路边石上了，刮了能有10米左右，车前轮就上马路石上了，后轮没上去就倒了，骑摩托车人就滑出去了，死者在摩托车前轮上马路边石时就甩出去了，撞在路边的树上之后又崩回来了躺在马路边石上，上身在马路边石下边，下身在马路石上边，过一会来一个人把死者翻到马路边石下边了，说是死者的亲属。我确定是伤者骑的摩托车，当时我走到远兴门业时正好往北看，整个事故过程我全看见了。死者和伤者穿的都是浅色上衣，骑摩托车的人头发比坐摩托车的头发长，坐摩托车的人头发很短，是球头。"因被告人张海臣始终供述驾驶人不是他而是韩某，则该目击证言就成为支持公诉机关对张海臣指控的最有力的直接证据。经查，死者韩某家属因张某作证确实支付其人民币2万元以示感谢，但张某在二审庭审中否认是在看到悬赏广告后主动找到被害人家属并作证的事实，此情节与其在原审的证言不符。且死者韩某的父亲证实"被害人韩某的姐姐韩玲曾给韩某买了一份人身意外保险，交通事故发生后，韩玲曾找过张海臣，让张海臣承认是他骑的摩托车，但张海臣没有承认"，韩玲亦承认该事实，足见证人张某证言的可靠性尚需佐证。同时，证人张某证言中所指对象即高某某的证言称"只看到事故现场，但没看见是怎么发生的"，不能发挥补强作用。加之证人张某陈述在肇事现场他同环卫女工有过对话，也未得到环卫工人王丹阳证言的印证。从常理来讲，突发交通肇事时间极短，即使证人偶然目击也难以记清详情，但本案证人张某自称在沈辽路八车道马路对面看到了这起交通事故，并对事故细节即被害人韩某碰撞的位置等进行了具体过细的描述，该情节亦有悖于客观常理。所以，证人张某的目击证言作为直接证据是否真实可靠存疑，不具有独立完整的证明效力。

关于沈阳汽车性能质量司法鉴定所鉴定意见的效力分析。就该鉴定意见的依据及原理等问题，沈阳汽车性能质量司法鉴定所鉴定人员在庭审上作出说明，即由于张海臣除头皮挫裂伤外，其"双手、右腕、右上肢软组织挫伤、擦皮伤"符合交通事故中驾驶人伤势特征，且死者韩某被摔在车辆前方撞击死亡，以此确认张海臣为事故时摩托车驾驶人。但是，在庭审中回答法官相关问题时，该鉴定人员也承认，如果驾驶员处于醉酒状态，不能控制自己的行为，则需要具体问题具体分析，不排除存在车倒下驾驶人飞出去的情况。本案的乙醇检验报告能够证实，韩某血液中乙醇含量为174mg/100ml，尿乙醇含量为149mg/100ml，其显系过量饮酒，而张海臣的静脉血中却未检出乙醇。从本案交通事故发生的现实条件看，当时肇事摩托车时速仅为47km/h，且张海臣头脑清醒，自我防护能力强，不能完全排除发生其作为乘客没有摔到车前方、而醉酒的骑车人反而失控摔倒致死的情况，故形成上述损伤特征和现场状况系存在其他可能性。加之，原审法院在审理期间曾准备将此案委托公安部司法鉴定中心或者司法部鉴定所进行鉴定，相应鉴定机构之所以未接受委托，最重要的原因是他们认为材料不全，无法鉴定。所以，该鉴定意见不具有唯一性和排他性，不足以采信，并以此认定张海臣系驾驶人。

另外，涉案道路交通事故认定书所载的张海臣驾车及责任认定内容，都是建立在鉴定意见已确认张海臣为驾驶人的基础之上的，事故认定书对于本案谁是驾驶人的待证事项显系传来证据，其证明力要依赖于鉴定意见的准确性和权威性。可见，现有指控张海臣系交通肇事实施者的主要证据是否真实、可靠难以确定，上述指控犯罪的证据亦不足以相互印证，系证据不充分。

其次，支持被告人可能无罪的主要证据，足以构成针对本案指控事实的合理怀疑。本案指控的核心事实是张海臣无证驾驶无号牌两轮摩托车载乘韩某发生单方交通事故。从当时与张海臣一同赴宴的宋某、张某某、闫某某等证人的证言来看，他们都称看到出饭店后是韩某驾车载张海臣离开，而且张某某当时驾驶摩托车还与韩某同向开行了一段。这些证人证言与张海臣本人供述完全吻合。证人宋某在证言中称："我和张海臣、韩某、孙发一起出来。孙发喝酒喝多了骑不了摩托车，这时张海臣给孙发抱了下来，韩某上去踹车，车一脚就着了，韩某驮着张海臣，我骑电动车驮着孙发，当时我先起的步，韩某、张海臣在我车后面，骑了三四分钟，孙发的帽子掉了，我停下车给孙发去捡帽子。这时，韩某骑摩托车驮张海臣就超过了我，当我骑电动车驮着孙发走到沈辽路远兴门业门前就看见张海臣和韩某躺在地上。"上述证言能够证实从饭店出来和其中途捡帽子时系韩某骑摩托车的事实。

对全案证据进行综合分析，如果按照指控事实成立的逻辑进行推理，则韩某与张海臣在中途应有换乘的行为，但从饭店刚开出去的一段都在宋某、张某某等证人视线之内，骑车同向而行的宋某证实其在中途捡帽子的时候看到仍是韩某骑的摩托车，从捡帽子的地方到案发现场骑电动自行车只有两三分钟的车程，这给换乘留下的现实可能性和时空区域都很小，最为重要的是就中途换乘与否检察机关不能提供证据加以证明。从张、韩两人的身体条件和是否具备驾驶资格方面分析可知，张海臣系视力二级残疾人，其左眼先天失明，右眼视力为0.2~0.3，看5米内的物体都非常模糊，又没有摩托车驾驶证，正常情况下根本不能驾驶摩托车；而死者韩某并无身体残障，还持有机动车驾驶证，故韩某当时骑摩托车载张海臣显然更符合一般生活常理推断。同时，辩护人提及的现场勘验记录上已记载肇事车辆车牌号，而沈阳市公安局交警支队开发区大队出具的交通事故责任认定书中却确定肇事车辆是无牌照的，这种由侦查机关工作过失造成的文书证据上的矛盾与瑕疵也确实存在。所以，现有支持被告人可能无罪的主要证据与指控被告人有犯罪嫌疑的主要证据之间存在明显矛盾，证据与指控的事实之间不能形成完整证据链条，没有达到内心确信，且形成足以对认定指控事实构成无法排除的合理怀疑。

综上，本案指控事实未达到法院作出有罪认定的证明标准。

三、本案应适用疑罪从无原则宣告被告人无罪

在刑事审判过程中，法院的责任就在于裁断控诉方是否已完成其证明责任从而作出裁判。[①] 控诉方完成其证明责任，主要体现在指控事实达到定罪证明标准。从判决结果上看，对于被告人来讲，主要是有罪和无罪两种，然而法官在对根据证据所获得的案件事实进行认定时，事实上是存在三种状态：有罪、无罪、真伪不明。在法官通过证据直接认定控诉方指控的犯罪构成事实存在或者不存在的情况下，就可以明确裁判被告人有罪或者无罪，如果出现控诉方指控的犯罪构成事实呈现真伪不明时，同样会导致控诉方证明责任的实际发生，法院对疑罪应作出无罪判决。

---

① 参见张军主编：《刑事证据规则理解与适用》，法律出版社2010年版，第84页。

我国《刑事诉讼法》第一百九十五条第（三）项关于“证据不足，不能认定被告人有罪的，应当作出证据不足、指控的犯罪不能成立的无罪判决”的规定，是我国法院认定犯罪遵循疑罪从无证据法则的规范表述。所谓疑罪，就是上文所述指控犯罪事实真伪不明的状态，展开讲是指已有相当证据证明被告人有重大犯罪嫌疑，但全案证据未达到确实、充分的程度，尚不能确认被告人就是真正的罪犯。疑罪从无，就是在刑事司法中出现这种既不排除犯罪嫌疑又不能证明有罪的两难情况下，从法律上推定为无罪的一种司法处理方式。应当讲，疑罪从无源于历史上罪疑有利于被告的原则，它既是无罪推定的重要内容和人权保障理念的内在要求，又是规范司法权行使的现实要求和防范冤假错案的唯一选择。牢固树立疑罪从无理念，坚决落实疑罪从无原则，在当前全面推进依法治国、提升司法权威和公信力的形势下更具有重大现实意义。

从司法实践来看，法院作出证据不足、指控的犯罪不能成立的无罪判决，要针对以下四个方面来审查，从而确认指控犯罪证据不足，事实处于真伪不明的状态。具体讲，一是没有充分、有效的证据，足以确认犯罪构成要件事实；二是指控证据的客观真实性存在疑问，无法查证属实；三是全案证据之间存在明显矛盾，证据与指控的事实之间不能形成完整证据链条；四是依据现有证据，运用逻辑和经验法则加以推理判断，指控定罪事实存在的结论不具有唯一性，无法排除犯罪事实不存在等其他可能性。

将定罪证明标准与证据不足判断内容进行量化比较，关于证据确实、充分的证明必须实现定罪四要件所涉事实同时具备，然而证明犯罪证据不足则完全可“攻其一点不计其余”。为此，法院要正确把握对于辩护方提供证据或者质疑指控定罪事实的证明要求，只要其质疑或者相应证据能够客观揭示指控犯罪构成某一要件事实存在与否的明显不确定性或者具有其他合理的现实可能即可。如果从证明对象即关涉定罪的要件事实来区分证据不足的判断标准，应包括对行为的社会危害性是否足以达到犯罪程度存在疑问；对行为是否侵犯犯罪客体存在疑问；对行为主体是否能够成为犯罪主体存在疑问；对行为人是否已经具有刑事责任能力和是否达到刑事责任年龄存在疑问；对行为人的客观方面，即行为方式对象、危害结果以及因果关系等存在疑问；对行为人的主观心理状态，即是否存在犯罪故意或过失存在疑问；等等。[①]

如果对个案指控定罪某要件事实进行证据考量后，“合理怀疑”已不仅停留在指控证据链不完整或者有一定证据支持的主观怀疑上，当指控犯罪构成某要件事实已经能够被反证证明达至产生明确无疑予以否定的效果，或者辩护方提出诸如正当防卫、作案时具有精神病等犯罪排除事由，其所提供的证据已达至较控方证明不存在该事实具有更大可能性的优势证明程度的，则案件本身就不属于疑罪范围，应适用我国《刑事诉讼法》第一百九十五条第（二）项“依据法律认定被告人无罪的，应当作出无罪判决”。

应当讲，学者通常认为，“证据不足与证据充分是对称的，证据不足意味着证据不充分，证据充分意味着不是证据不足。因此，从理论上讲，确定了证据充分的认定标准，就确定了证据不足的认定标准，只要案件证据确实充分，就当然不属于证据不足案件，反之，则属于证据不足案件”[②]。该论断至少在逻辑上违反排中律，如上所述，在定罪要

① 参见王玉杰：《疑罪探究》，载《法律科学》1999 年第 4 期。

② 参见金钟：《疑罪从无之关键：疑罪判定》，载《人民法院报》2013 年 11 月 6 日。

件事实判断上存在三种状态，即存在有证据充分证明被告人无罪的情况，不能够与诉讼法意义上定罪证据不足的存疑认定相混淆。为此，本文认为，一方面，法院审查确认指控犯罪证据不足的过程，与运用有罪认定的证明标准中“排除合理怀疑”的反向尺度进行裁量判断，两者实质上是刑事贯彻疑罪从无原则的一体两面，集中呈现出法官审慎行使刑事定罪权所具有的正反向辩证推理、主客观相互融合的鲜明特征；另一方面，必须看到，在具体案件中贯彻疑罪从无原则进行疑罪事实认定与判断，具有其相对独立的证明要求和标准，而且不像证明犯罪成立的理由和依据，要求实现裁判的准确性和完整性的统一，只需要通过认定主要证据是非法取得的、证据之间存在矛盾或者证据锁链不闭合，或者由于客观情况导致证据难以取得等多种情况中的一项理由，或者只要能够说明存在合理怀疑，就可以认定待证事实证据不足，其判断说理的方式与逻辑相对简化。①

通过对本案控辩双方证据的分析，可以认定指控事实未达到法院作出有罪认定的证明标准，即指控事实是否存在尚有合理怀疑无法排除。进一步讲，辩护方的证据是否能够完全否定指控事实呢？答案也是否定的。虽然目击证人张某证言的可靠性受到质疑，但对其目击证言尚无其他证据足以完全推翻；另，即便两份鉴定意见不具有结论唯一性，但毕竟其意见系依据死者和伤者损伤部位、特点以及现场情况，运用相关汽车动力和人体工程学原理进行的综合分析认定，具有一定的合理性。

对于现场录像的问题，公诉机关曾两次退回办案机关补侦，办案机关不能提供的原因是没有现场监控录像。虽然现有公安卷中确附有一张四号街的录像光盘，但该录像缺少案发时间段的内容，无法反映案发当时客观情况，在原审法院开庭庭审中，控辩双方也都未要求对该录像进行质证。侦查机关对于本案驾乘关系及中途是否存在换乘可能的诸多其他客观证据亦没有查实，如案发现场的指纹、碰撞痕迹等没有进行提取和检验，被告人和死者韩某从离开饭店到宋某捡帽子，再到四号街路口至肇事现场等几个重要地点的距离及时间没有进行调查勘验，也就无法依据客观证据认定驾乘关系及中途是否存在换乘的事实。况且，基于常情常理，因张海臣视力有残疾，推断其驾车的可能性小；又因中途时间太短，推断换乘可能小。但由于情理只是建立在经验认识的基础上，② 与确凿事实相比具有一定相对性。因此，本案在没有完整清晰的交通现场监控录像可以重现肇事事实等情况下，无法完全排除韩某与张海臣于当时酒后驾车途中，存在违背常规让视力有问题的张海臣换乘作驾驶员的低概率事件发生的可能。

综上，本案事实认定系真伪不明，确属疑罪案件，原审法院遵循疑罪从无原则，根据《刑事诉讼法》第一百九十五条第（三）项规定，作出证据不足、指控的犯罪不能成立的无罪判决是完全正确的。

四、判定疑罪事实的若干证据审认要点提炼

具体个案适用疑罪从无原则的过程，就是综合审查各方证据，确认合理怀疑无法排除的疑罪事实判定过程。这里的疑罪事实是指刑事案件中关键定罪事实可能处于真伪不明的情形。在司法实践中，为妥当判定疑罪事实，以下要点尤需正确把握：

1. 疑罪事实通常呈现出部分证据相互印证的理性外观，务必认清该种局部或者单方

① 参见姚显森：《疑罪从无处理的程序法规制》，载《现代法学》2014 年第 5 期。

② 参见龙宗智：《证据法的理念、制度与方法》，法律出版社 2008 年版，第 377 页。

证据印证的信度危险，它不能等同于证据确实、充分的判断。我国刑事司法比较重视"印证证明"，通常认为关键定罪事实的证明能够获得相互支持的多个证据则更为稳妥。尽管证据相互印证作为证据审查判断和案件事实认定的一种方法和规则，具有帮助正确判断证据是否确实、充分的功能，甚至是避免证据和事实误认必不可少的环节，但这种方法注重证明外部化，虚假印证的风险不容忽视。特别是疑罪事实存在部分证据相互印证现象十分常见，要避免片面执行"印证证明"，必须正确把握印证规则运用的条件和限度。一方面，证据相互印证方法的运用应当以单个证据的独立审查判断为前提。只有通过对各个证据材料的独立审查，排除那些不具有合法性、客观性或者相关性的证据，才能避免相互印证的证据体系之中"良莠不齐"，形成相互印证的假象。另一方面，证据相互印证主要用于证据确实性问题的审查判断与采信，但对于存在相互印证证据证明的关键事实是否足以确认，则涉及证据充分性问题。特别是对于案件部分证据相互印证的情形，更不能将证据相互印证混同于证据确实、充分，如上述案例中即便有证人证言与鉴定意见似乎已相互印证，然而涉及关键事实的其他证据已经形成无法排除的合理怀疑，则仍不能确认指控的疑罪事实。可见，证据之间相互印证只能作为证据确实、充分的必要条件而并非充分条件，具体案件中局部或者单方证据印证的信度危险才会得以消解。

2. 疑罪事实通常呈现出双方直接证据证明方向上的截然对抗，务必要关注与案件关键事实无直接关联性的证据所提供的外围信息，它可以用作支持合理怀疑成立的辅助证据。就是否与案件关键事实有直接关联性而言，案涉证据大体分为两类情形：一类是与案件关键事实有着直接联系，比如上述案例中目击证人证言、被告人辩解和鉴定意见等，其内容直接涉及肇事是谁这一焦点事实；另一类是与案件关键事实没有直接联系，而仅为间接联系。上述案例中与被告人共进午餐的其他证人证言只反映了离开饭店时看到谁驾驶电动车的情况，与肇事间隔一定时间，显然对于确认肇事者不具有直接证明价值，就属于此类证据。在第二类情形中，还包括证明被告人实施犯罪前的原因事实、犯意形成事实或者犯罪预备事实的证据，以及证明犯罪实施后被告人逃避刑事追究等事实的证据。[①] 这些证据事实虽然不是关乎犯罪构成的定性事实，也不能证明指控犯罪事实是否发生，但它们或者是引导性事实，或者是案件事实的派生事实，不容否认的是，它们与案件关键事实具有时空性、过程性的逻辑联系。像本案中有多名证人证明离开饭店时司机并非被告人，而且在不到两公里路程的中途仍然有证人证明司机另有其人，多个间接证据累积不断在时空意义上逼近肇事时空处事实真相，实质上这些不具有直接关联性的证据，以符合逻辑的力量影响着裁判者的心证，已经成为合理怀疑成立的有力辅助证据。从庭审调查和裁判认证来看，上述案件承办法官不仅对辅助证据进行重点审查，还在所有双方对抗性直接证据未予以认定的同时，确认相关辅助证据效力和其证明的外围事实，这足以体现辅助证据作为质疑证据对判定疑罪事实的重要作用。

3. 疑罪事实通常会涉及鉴定意见等"科学证据"判断采认问题，务必要明确，运用科学原理和方法形成的特定意见并非科学本身，它所证明的对象能否成立应当结合具体案情以及经验常识加以具体裁断。鉴定意见是指公安、司法机关或者当事人就案件中的

① 参见李建明：《刑事证据相互印证的合理性及其限度》，载《法学研究》2005 年第 6 期。

专门性问题，指派或聘请具有专门知识的人进行鉴定后提出的结论性意见。① 相对其他证据而言，由于鉴定是由专业人士依据自己的专门知识、经验或者技能并常常借助科学仪器得出结论意见，一般可靠性较大，所以公众对其信度亦较高。然而，即便鉴定意见以科学原理和仪器运用为基础，但鉴定毕竟是人做的，必须承认鉴定人存在个体差异，而且针对特定案情问题作出的特定事实判断意见是主客观条件融合的结果，它的准确性会受到案件中各种变量因素的影响，如果将其视为百分之百的正确或者定案不可动摇的根据，并以此确认尚存疑点的事实是令人担忧的。特别在直接证据对抗明显的疑罪事实审查中，法官应谨慎对待鉴定意见支持犯罪事实存在所提供的佐证，既要认真审查其证据能力，包括鉴定人员资质、鉴定意见书形式要件等方面，更要考量其证明力，充分评估案件中鉴定基础因素变化对鉴定意见的客观影响。尤其是法官要重点考量鉴定意见支持的犯罪事实是否超出既有证据事实能够允许的基本经验和常识的范围，当无法合理解释鉴定意见与特定案情和经验法则存在矛盾和疑点时，决定该鉴定意见的采认问题实质上已经演变成为疑罪判定认定的关键。比如上述案例中，虽然鉴定意见认为驾车者是张海臣，但是该类鉴定系运用相关汽车动力和人体工程学原理综合分析现场得出的意见，不具有结论唯一性；而且事实上，张海臣本人属于视力残疾人，从经验和常理出发，很难解释他如何成为肇事司机，更难以解释为何中途换乘由其驾车，现有指控事实无法与特定案情、常理和经验法则相协调，已构成无法排除的合理怀疑。可见，鉴定意见证明效力尚不足以采认。

4. 疑罪事实判定通常会使承办法官承受较大的心理压力，刺激其产生开展庭外调查核实的冲动。但法官必须依据程序正义原则加以区别对待，做到依法审慎启动庭外调查活动，保障调取和采认庭外调查核实证据符合程序要求。关于《刑事诉讼法》规定的法官可以有条件地进行庭外调查核实的性质问题，有学者正确地指出，法官在法庭上进行的调查活动，应当解读为一种对司法证明过程的积极验证活动；而对于法官在法庭之外进行的调查核实活动，则带有对司法证明的补充和替代性质，正因为该活动是在法庭上的司法证明活动无法进行下去的情况下启动的，这种真相探知活动本身并不是司法证明活动，而属于法官主动发现事实真相的查明活动。② 本文认为，庭外调查核实是法官超越中立地位实施查明行为，这表明我国《刑事诉讼法》对诉讼职权主义仍持谨慎保留态度。《刑事诉讼法》第一百九十一条将庭外调查核实的时段限定在法庭审理过程中，但启动条件却笼统表述为合议庭对证据有疑问的情况，这就意味着刑事法官对启动庭外调查核实享有较大自由裁量权。实践中，承办法官面对存疑证据和事实的判断压力，很容易产生启动庭外调查的冲动，如果基于辩护方的申请或者自身职权使然，就不加分析地启动则会进一步加剧我国控辩实力失衡的现状，与公正裁判的追求南辕北辙。所以，对于是否启动庭外调查核实活动，要依据刑事案件证明责任原理和保障控辩双方实质平等原则，从控辩不同角度以及启动对哪方有利来加以具体区别对待。一种情况是，公诉机关未能提出足够支持指控犯罪事实成立，或者犯罪的情节更为严重的关键证据，或者前述证据存在明显瑕疵和疑问，这种情况会直接导致指控犯罪事实或者罪重事实因存疑而

① 参见张建伟：《证据法要义》，北京大学出版社2014年版，第273页。

② 参见陈瑞华：《刑事证据法学》，北京大学出版社2012年版，第242页。

难以认定，然而此类事实证明责任由控方承担，如果公诉机关不能按照程序途径补正或者补强相关指控证据，法院启动庭外调查对控方有利显系代行职权，并无正当性可言。故法院应依据疑罪从无原则，直接对此类指控犯罪或者罪重事实不予认定即可，一般不应启动庭外调查核实。另一种情况是，辩护方提出合理质疑及相应支持证据的线索，但其未能提供足以质疑犯罪事实的必要证据，或者其所提必要证据存在疑问。在这种情况下，法院启动庭外调查核实行为，对上述证据及其疑点予以查明，显然会对被告人更为有利，基于被告人处于弱势地位和程序对抗平等武装的观念要求，法院可视具体情况审慎决定是否启动庭外调查核实活动。并且，法院调查核实证据时，要以核实存疑证据为主，如果确实发现对定罪量刑有重大影响的新的证据材料，则应当通知检察人员、辩护人、自诉人及其法定代理人自行提取；必要时由法院直接提取的，应及时通知上述人员查阅、摘抄、复制。对于庭外调查核实取得的上述事关疑罪等重要事实确认的证据材料，法庭可以在庭外征求控辩双方意见，如果双方均支持采信该证据，可将证据直接作为定案的根据；如果控辩一方或者双方有异议，要求法院开庭调查的，法院应当开庭审查、质证，[①] 再决定是否采信，以程序正义保障疑罪事实的妥当认定。

五、结语

综上所述，本文审慎客观地展示了沈阳市两级法院如何在本案中适用疑罪从无原则，最终作出证据不足、指控张海臣的犯罪不成立的无罪判决的诉讼过程和基本理据，运用证据学理论对该案最重要的证据综合分析判断思路，进行较为具体的剖析和演试，并向案例纵深掘进提炼了判定疑罪事实的若干证据审认实务要点，有利于发挥案例实证研究的重要实践指导作用。

这种案例再思考的初步尝试及由此展开的探讨，相信会引发更多法官从实践维度寻求此类问题的操作路径，还会增强我们坚定理性地贯彻好疑罪从无原则的信心与力量：只要法官们正确认知和把握有罪证明标准，依法严格细致做好个案证据的综合审查判断，疑罪事实的判定和疑罪从无原则适用就远没有想象中那么复杂和高难，除了完备的法律知识、素养和公正司法的良心外，一个具有一般正常成年人的社会经验和逻辑能力的头脑就足以习得上述司法技术，但技术和经验的习得距离做到真正最大限度地避免冤错案发生，毕竟还有相当一段路要走，期待我们共同研习、努力实践！

（一审法院合议庭成员　张　雪　张宏伟　赵　楠
二审法院合议庭成员　贾敏飞　秦　立　金玉琴
编写人　沈阳铁路运输中级法院　李　钢
责任编辑　周维明
审稿人　沈　亮）

原载《人民法院案例选》2016 年第 7 辑（总第 101 辑）

① 本文认为，在 2010 年最高人民法院等共同出台的《关于办理死刑案件审查判断证据若干问题的规定》中确定的对于控辩双方参与调查活动的“庭外质证方式”，得到了实务界和学界的一致支持，《刑事诉讼法》虽未明示认可，但实践中可继续实行。

402. 解旭辉故意杀人案

——“疑罪”的司法认定

【关键词】

刑事诉讼证明标准　有罪供述　证据不足　疑罪从无

【裁判要旨】

在故意杀人案件中，当现有证据不能确定被害人的准确死亡时间和死亡原因，被告人所供称的作案工具不能确定且不在案，案发现场的非封闭式亦不能排除他人作案的可能性时，虽然被告人作有罪供述，但根据“疑罪从无”原则，应当依法宣告被告人无罪。

【相关法条】

《中华人民共和国刑事诉讼法》

第一百九十五条第（三）项　在被告人最后陈述后，审判长宣布休庭，合议庭进行评议，根据已经查明的事实、证据和有关的法律规定，分别作出以下判决：

（三）证据不足，不能认定被告人有罪的，应当作出证据不足、指控的犯罪不能成立的无罪判决。

【案件索引】

一审：江苏省镇江市中级人民法院（2013）镇刑初字第10号（2014年7月7日）

二审：江苏省高级人民法院（2014）苏刑三终字第0072号（2014年10月27日）

【基本案情】

法院经审理查明：被害人魏某某（女，1963年11月26日生）有精神障碍。2003年6月14日，魏某某离家出走。2012年10月3日，胡永刚在镇江市丹徒区谷阳镇蒋家墩村清理租住地附近解旭辉家粪坑时，发现该粪坑中有尸骨，后报警。民警电话联系解旭辉到派出所说明情况，解旭辉驾车逃跑。2012年10月7日，解旭辉在镇江市丹徒区辛丰镇被抓获。解旭辉在侦查初期否认杀害魏某某，10月18日始作有罪供述。经DNA鉴定，确定该尸骨为魏某某，死亡后经过时间在3年以上，因重度颅脑损伤死亡的可能性大；其头部损伤系被他人运用钝器多次击打头部所致。同时，不排除因机械性窒息、其他机械性损伤及中毒导致死亡的可能性。

被告人解旭辉当庭对公诉机关指控的犯罪事实未提出异议，但是辩称关于使用电话线捆绑尸体的供述是受到公安机关的提示。其辩护人提出：被告人解旭辉的认罪态度好；犯罪系缺陷性格所致；虽系累犯，但是此前盗窃的犯罪情节较轻，且此次犯罪后未再实施犯罪行为。

【裁判结果】

江苏省镇江市中级人民法院于2014年7月7日作出（2013）镇刑初字第10号刑事附带民事判决：一、被告人解旭辉无罪。二、被告人解旭辉不承担民事赔偿责任，驳回附带民事诉讼原告人魏某春、刘某某、刘某、朱某霞、朱某某的诉讼请求。一审判决后，被告人解旭辉未提出上诉，公诉机关也没有提出抗诉。附带民事诉讼原告方向江苏省高级人民法院提出上诉，认为一审判决在附带民事部分认定事实不清，适用法律错误，被上诉人（原审被告人）解旭辉应当赔偿上诉人丧葬费等损失共计587258元。江苏省高级人民法院于2014年10月27日作出（2014）苏刑三终字第0072号刑事附带民事裁定：驳回上诉，维持原判。

【裁判理由】

法院生效裁判认为：

1. 结合证人证言和鉴定意见等证据，能够确定本案的被害人为魏某某。根据鉴定意见，被害人魏某某死亡后经过时间在3年以上，即被害人魏某某的死亡时间应为2009年以前。但是，被害人魏某某自2003年6月14日离家出走，此后行踪不明。现有证据无法确定被害人魏某某的准确死亡时间。

2. 根据被告人解旭辉的供述，其先后使用三种作案工具，其中木棍和木凳作案后均被其烧毁，另一作案工具被告人解旭辉亦不知为何物。本案中作案工具均不在案，作案工具不确定。

3. 根据鉴定意见，被害人魏某某因重度颅脑损伤死亡的可能性大，但是不排除因机械性窒息、其他机械性损伤及中毒导致死亡的可能性。被害人魏某某的死亡原因不确定。

4. 现有证据无法确定被害人魏某某死亡时被告人解旭辉是否住在蒋家墩村老房子；该粪坑虽系解旭辉家所有，但是证人证言等均证明该粪坑周围并非全封闭式，案发时粪坑旁有可以通行的道路，无法排除他人作案后抛尸于该粪坑的可能性。

5. 被告人解旭辉在侦查初期否认杀害魏某某，变更审讯地点和审讯人员后始作有罪供述；被告人解旭辉当庭提出关于使用电话线捆绑尸体的供述是受到公安机关的提示。公安机关未对讯问过程依法进行全程录音录像，审讯录像显示被告人解旭辉关于打击部位、有无向粪坑扔衣物等供述均受到公安机关的提示。

6. 从现场勘查看，未发现与被告人解旭辉有直接关系的痕迹物证，在勘查现场所提取的衣物、电话线等亦无法指向被告人解旭辉实施了杀害被害人魏某某的行为。公诉机关所指控的被告人解旭辉故意杀人的犯罪事实未能得到客观证据的印证。

7. 证人证言主要证明被害人魏某某的失踪情况、体貌特征以及被告人解旭辉的日常交往、居住情况等，无法指向被告人解旭辉实施了杀害被害人魏某某的行为。虽然被告人解旭辉被关押期间的同监房人员证明被告人解旭辉曾经提及杀过人，但是该证言属于传来证据，证明效力有限。

综上所述，虽然被告人解旭辉在侦查后期及庭审中一直作有罪供述，但是本案证据疑点较多，公诉机关不能作出合理、合情、合法的解释，又无证据进一步予以排除，被告人解旭辉的供述亦缺乏客观有效的证据予以佐证，不能得出被害人魏某某系被告人解旭辉所杀害的唯一性结论，对公诉机关指控被告人解旭辉犯故意杀人罪，不予支持。

【案例注解】

本案中，虽然被害人的身份通过DNA鉴定等方式得以确定，被告人解旭辉在侦查后期以及庭审中一直作有罪供述，但是在案证据存在诸多疑点。本案的争议焦点在于：现有证据能否认定被告人解旭辉实施了故意杀害被害人魏某某的行为？

一、关于“疑罪”的含义

疑罪从无是司法机关认定刑事案件待证事实应当遵循的重要证据法则。问题的关键在于，司法实践中如何具体操作和把握“疑罪”。通常而言，疑罪是指已有相当证据证明被告人有重大犯罪嫌疑，但全案证据尚未达到确实、充分的程度，尚不能确认被告人就是真正的罪犯。但是，疑罪从无并非是不顾具体案情一律适用的通行规则，而是在直接影响被告人有罪认定的事实不清、证据不足时的一种特殊处理方式。对于一般案件中的那些细枝末节和不影响关键性事实的疑点，是不能随意适用疑罪从无规定的。认定“疑罪”的关键，是对于证明标准的把握和对在案证据的审查判断。

二、对于在案证据的证明力以及本案是否属于“疑罪”的认证

被害人魏某某的身份确定，被告人解旭辉到案后在侦查初期否认杀害被害人魏某某的事实，在侦查后期及庭审中均作有罪供述。证明本案相关事实的证据还有书证、证人证言、现场勘验检查笔录及提取笔录、鉴定意见等证据。本案的关键在于：上述证据是否足以认定被告人解旭辉故意杀人的犯罪事实？本案是否属于“疑罪”？

1. 对被告人供述的审查判断

在案证据指向被告人解旭辉实施杀人行为的证据主要是被告人供述。被告人解旭辉在侦查初期否认杀害魏某某，变更审讯地点和审讯人员后始作有罪供述，有罪供述的时间和地点具有特殊性，被告人解旭辉当庭提出部分供述受到公安机关的提示。

根据《刑事诉讼法》第一百二十一条规定，对于可能判处无期徒刑、死刑的案件或者其他重大犯罪案件，应当对讯问过程进行录音或者录像。录音或者录像应当全程进行，保持完整性。公安机关未对讯问过程依法进行全程录音录像；公安机关所提供的审讯录像显示被告人解旭辉关于打击部位、有无向粪坑扔衣物等供述均受到公安机关的提示。

2. 关于口供补强规则的适用

根据《刑事诉讼法》第五十三条规定，对一切案件的判处都要重证据，重调查研究，不轻信口供。只有被告人供述，没有其他证据的，不能认定被告人有罪和处以刑罚。因此，口供补强规则的适用非常重要。“口供补强规则，是指只有被告人的口供不足以认定被告人有罪，必须有补强口供的证据。”① 仅凭被告人口供不能定案，而要求对口供以其他证据加以支持或印证正是证据裁判原则的要义所在。

本案中，被告人解旭辉的供述缺乏客观有效的证据予以佐证。现有证据无法确定被害人魏某某的准确死亡时间。被告人所供称的作案工具均不在案，相关供述无法得到其他证据的佐证。被害人魏某某的死亡原因亦不确定。

① 陈光中主编：《证据法学》，法律出版社2013年版，第275页。

3. 对于其他在案证据的审查判断

现场勘查未发现与被告人解旭辉有直接关系的痕迹物证，在勘查现场所提取的衣物、电话线等亦无法指向被告人解旭辉实施了杀害被害人魏某某的行为；被告人解旭辉当庭提出关于使用电话线捆绑尸体的供述是受到公安机关的提示。公诉机关指控被告人解旭辉故意杀人的犯罪事实未能得到客观证据的印证。

证人证言主要证明被害人魏某某的失踪情况、体貌特征以及被告人解旭辉的日常交往、居住情况等，无法指向被告人解旭辉实施了杀害被害人魏某某的行为。虽然被告人解旭辉被关押期间的同监房人员证明被告人解旭辉曾经提及杀过人，但是该证言属于传来证据，证明效力有限。

4. 关于证明标准问题

《刑事诉讼法》第五十三条第二款规定："证据确实、充分，应当符合以下条件：（一）定罪量刑的事实都有证据证明；（二）据以定案的证据均经法定程序查证属实；（三）综合全案证据，对所认定事实已排除合理怀疑。"

从现有证据来看，公诉机关指控被告人解旭辉犯故意杀人罪的证据存在诸多难以合理解释的疑点：作案时间不确定；作案工具不确定；被害人魏某某的死亡原因不确定；案发现场并非全封闭式，不能排除他人作案的可能性；有罪供述的时间和地点具有特殊性，被告人解旭辉当庭提出曾受到公安机关的提示；现场勘查未发现与被告人解旭辉有直接关系的痕迹物证；被告人解旭辉的供述亦缺乏客观有效的证据予以佐证，不能得出被害人魏某某系被告人解旭辉所杀害的唯一性结论。

虽然被告人解旭辉在侦查后期及庭审中均作有罪供述，但是本案证据疑点较多，公诉机关不能作出合理、合情、合法的解释，又无证据进一步予以排除。在不能排除他人作案可能的情况下，应当恪守证据裁判规则，本着"疑罪从无"的刑法精神，依法宣告被告人无罪。

（一审法院合议庭成员　张　云　司马仲华　孙海燕
二审法院合议庭成员　耿　勇　周　猛　杜三军
编写人　江苏省镇江市中级人民法院　孙海燕
责任编辑　周维明
审稿人　沈　亮）

原载《人民法院案例选》2017年第6辑（总第112辑）

403. 张坤寻衅滋事案

——认罪认罚从宽案件中量刑建议的司法认定

【关键词】

刑事　寻衅滋事　认罪认罚从宽　量刑建议

【裁判要旨】

认罪认罚从宽案件中，检察机关量刑建议权对法院具有一定约束力，但这种约束力只是相对的、非终局性的，法院依法独立享有量刑裁量权。量刑不均衡（特别是在案情一致的共同犯罪或者案情基本相同的类案中）、案件的政治效果和社会效果，亦属于“其他可能影响公正审判的情形”。法院应根据案件具体事实、性质、情节以及对社会的危害程度，在确保量刑均衡的同时，充分考虑案件的政治效果和社会效果，依法作出公正裁判。

【相关法条】

《中华人民共和国刑法》

第二百九十三条　有下列寻衅滋事行为之一，破坏社会秩序的，处五年以下有期徒刑、拘役或者管制：

（一）随意殴打他人，情节恶劣的；

（二）追逐、拦截、辱骂、恐吓他人，情节恶劣的；

（三）强拿硬要或者任意损毁、占用公私财物，情节严重的；

（四）在公共场所起哄闹事，造成公共场所秩序严重混乱的。

纠集他人多次实施前款行为，严重破坏社会秩序的，处五年以上十年以下有期徒刑，可以并处罚金。

《中华人民共和国刑事诉讼法》

第二百零一条　对于认罪认罚案件，人民法院依法作出判决时，一般应当采纳人民检察院指控的罪名和量刑建议，但有下列情形的除外：

（一）被告人的行为不构成犯罪或者不应当追究其刑事责任的；

（二）被告人违背意愿认罪认罚的；

（三）被告人否认指控的犯罪事实的；

（四）起诉指控的罪名与审理认定的罪名不一致的；

（五）其他可能影响公正审判的情形。

人民法院经审理认为量刑建议明显不当，或者被告人、辩护人对量刑建议提出异议的，人民检察院可以调整量刑建议。人民检察院不调整量刑建议或者调整量刑建议后仍然明显不当的，人民法院应当依法作出判决。

【案件索引】

一审：天津市滨海新区人民法院（2018）津0116刑初20880号（2019年4月4日）

二审：天津市第三中级人民法院（2019）津03刑终8号（2019年5月7日）

【基本案情】

天津市滨海新区人民检察院指控：2018年5月3日23时许，被告人张坤与曹洪庆、洪健磊、姚永升等人（均另案处理）在天津市滨海新区塘沽福州道午夜KTV唱歌、喝酒，后因对该KTV经理未赠送酒水不满，对该KTV经理及服务人员杜某某、彭某某、李某等人进行殴打，并对该KTV大厅内设施进行打砸，造成杜某某、彭某某、李某受伤，部分物品损坏的后果。经天津市滨海新区公安局塘沽分局物证鉴定所鉴定，被害人杜某某、彭某某的损伤构成轻微伤。案发后，该KTV工作人员报警，被告人张坤在现场等待，随民警到公安机关接受调查。被告人张坤的家属赔偿了被害人杜某某、彭某某、李某某的人身伤害损失，取得三名被害人的谅解。

公诉机关认为，被告人张坤行为触犯了《刑法》第二百九十三条第一款第一项之规定，应当以寻衅滋事罪追究其刑事责任。张坤具有自首、自愿认罪认罚、对被害人进行赔偿并取得谅解等情节，请求法院判处被告人张坤有期徒刑八个月，缓刑一年。

被告人张坤对指控的事实供认不讳，自愿认罪认罚。

法院经审理查明的案件事实与公诉机关指控的案件事实一致。

【裁判结果】

天津市滨海新区人民法院于2019年4月4日作出（2018）津0116刑初20880号刑事判决：被告人张坤犯寻衅滋事罪，判处有期徒刑十个月。

宣判后，被告人张坤以量刑过重为由提出上诉。天津市第三中级人民法院于2019年5月7日作出（2019）津03刑终8号刑事裁定：驳回上诉，维持原判。

【裁判理由】

法院生效裁判认为：上诉人张坤无视国家法律，随意殴打他人，任意损毁他人财物，至二人受轻微伤、部分物品损坏，情节严重，已构成寻衅滋事罪，应依法惩处。张坤具有自首情节，依法予以从轻处罚。张坤归案后自愿认罪认罚，依法从宽处罚。张坤积极赔偿被害人损失，获得被害人谅解，可酌定从轻处罚。鉴于原判已考虑到张坤自首、认罪认罚以及赔偿获得谅解等情节，认定事实和适用法律正确，量刑适当，审理程序合法，依法应当予以维持。上诉人张坤请求改判于法无据，法院不予支持。

【案例注解】

根据《刑事诉讼法》第二百零一条的规定，认罪认罚从宽案件中，人民法院作出判决时，一般应当采纳人民检察院指控的罪名和量刑建议，但被告人的行为不构成犯罪或者不应当追究刑事责任、违背意愿认罪认罚、否认指控的犯罪事实以及其他可能影响公正审判的情形除外。由于该条并未明确“其他可能影响公正审判的情形”的具体含义，人民法院以此为由不采纳检察机关量刑建议时，往往会引发检察院抗诉和被告人上诉。笔者以为，检察机关量刑建议权对法院量刑裁判权的约束力只是相对的，法院依法独立享有量刑裁量权。在认罪认罚案件中，法院应严格遵循罪刑法定、罪责刑相适应等原则，并充分考虑“三个效果”相统一等因素，以决定是否采纳检察机关量刑建议，以确保案件公正审判。

一、在认罪认罚从宽案件中，量刑建议权对量刑裁判权的约束力是相对的

最高人民检察院发布的《人民检察院开展量刑建议工作的指导意见（试行）》第一条明确规定，量刑建议是指人民检察院对提起公诉的被告人，依法就其适用的刑罚种类、幅度及执行方式等向人民法院提出的建议。量刑建议是检察机关公诉权的一项重要内容。从司法实践看，量刑建议权是指公诉人代表公诉机关在法庭辩论中结合被告人的犯罪性质、犯罪情节、危害程度、悔罪表现等应予考量之情节，代表人民检察院建议和要求人民法院对被告人处以某一特定刑罚（包括刑种、刑期、罚金数额及执行方法等方面）提出的具体意见。由于定罪是量刑的前提和基础，因此量刑建议一般也可以理解为包括定罪请求和量刑请求。无论从法律规定，还是从本质属性上看，量刑建议都是检察机关行使“求刑权”的标志，也是公诉权的必要延伸。[①] 而量刑裁判权是指人民法院在刑事诉讼中决定犯罪分子所应判处刑罚的权力。从性质上看，量刑裁判权是法院刑事审判权中核心和基本的内容。无论是司法实务界还是法学理论界，都普遍认同量刑建议权是请求性权力和程序性权力，量刑裁判权是终局性权力、实体性权力。由于审判权是法院的专有权力、由法院依法独立行使，量刑建议权对法院来讲不具有终局性的法律约束力。

根据《刑事诉讼法》第二百零一条规定，在一般情况下，人民法院应当采纳检察机关的量刑建议，但量刑建议权毕竟与量刑裁量权在本质上存在较大区别，体现在认罪认罚从宽案件中，量刑建议权也只能是具有相对的约束力，法院应依法独立作出最终裁决。这一点同样也为《刑事诉讼法》第二百零一条所肯定。不可否认的是，认罪认罚从宽案件中，检察机关的量刑建议对法院具有相当制约性和事前监督性，法院应该予以高度重视。

二、量刑不均衡属于“其他可能影响公正审判的情形”

刑事司法中，量刑是法院代表国家对犯罪行为的终极评价，这一评价结果是否公正、均衡，直接影响裁判结果的公平公正。如果说量刑公正是对单一犯罪人的一种静态公正，那么量刑平衡（包括在法定幅度内的量刑失衡），则是相对于不同犯罪人的动态公正。这里的量刑失衡，既包括同一法院不同法官对相似个案的量刑失衡，也包括同一审级不同法院对相似个案的量刑失衡，还包括不同审级法院对相似个案的量刑失衡。由于历史及技术原因，一国或者地区刑罚裁量不可避免地会出现一些失衡与偏差，也就是说量刑失衡问题并非某些国家、地区特有现象，而是具有普遍性、是困扰各国司法实务界的世界性难题。但此问题的存在，客观上容易造成公众包括犯罪人对司法公正产生怀疑，也严重违背了刑法的公正价值和基本原则，应该尽量加以避免。要想达到量刑均衡，就要在一定时期和一定司法区域内，对犯罪事实、性质、情节和社会危害程度基本相同的犯

① 陈瑞华：《量刑程序中的理论问题》，北京大学出版社 2011 年版，第 8 页。

罪人，在量刑时应确定基本相同的刑种和刑期，实现时间和空间上的高度一致性和统一性。在被告人犯罪作用相当、量刑情节相似的共同犯罪案件中，更应该注意公平对待、保持量刑公正均衡，否则就可能违背公正审判原则。近年来，最高人民法院以及各地高级人民法院连续出台量刑规范化指导意见及相关实施细则，也正是为了确保量刑的公开、公平、公正。

当然，在适用罪责刑相适应原则的同时，还应注意体现刑罚个别化原则。我国刑法根据各种犯罪的社会危害性大小规定了宽严不同的法定刑，又规定了累犯、再犯、自首、立功等反映人身危险性的情节、处罚原则以及缓刑、假释、减刑等制度，为刑罚的个别化原则的贯彻创造了良好条件。法院应充分细化估量案件犯罪事实、犯罪性质、犯罪情节、社会危害性、人身危险性，并将法定和酌定量刑情节中的自首、立功、认罪态度、悔罪表现等纳入量刑考虑因素中，避免出现量刑畸重畸轻、罪责刑不相适应的情况。如在本案的关联案件中，法院对于另案处理的同案犯洪健磊就考虑其累犯情节，对其判处了较重刑罚（被判处有期徒刑一年），充分体现了刑罚的个别化原则。

三、案件的政治效果和社会效果亦属于“其他可能影响公正审判的情形”

司法实践中，没有一个法律制度能够在政治真空和社会真空中运作。这就意味着有时候，“法律研究者应从法律之外……寻求法律的规则和结果、法律规则和制度的解释”。[①] 就我国而言，实现案件政治效果、社会效果与法律效果相统一，是中国特色社会主义司法制度本质属性的必然要求，也是党和人民检验法院案件效果的重要标准。政治效果，主要是指审判案件要符合党和国家的大政方针政策的要求，有利于巩固党的执政地位，有利于维护国家安全和人民利益。社会效果，主要是指审判案件要符合人民群众的愿望和要求，有利于实现社会公平正义，有利于维护社会和谐稳定，有利于促进社会文明进步。追求社会效果的原因在于，“一个社会的法律的全部合法性最终必须而且只能基于这个社会的认可，而不是任何国外的做法或者抽象的原则，最终说了算的，必须是各方面表现出来的民意”。[②]

当今刑事诉讼奉行国家追诉主义，由国家代替受害人对于一切犯罪行使追诉权，向法院提起公诉。《刑事诉讼法》第二百零一条规定的公正审判，不仅仅是指对被告人的公正审判，也包括对受害人、国家乃至整个社会而言。司法实践中，刑事审判的政治性、政策性最强，最能体现法院作为党和人民“刀把子”的地位作用，也最能体现司法裁判实现公平正义的重要功能。在这种情况下，要想确保认罪认罚案件公正审判，除了讲求法律效果外，也更应该注重案件政治效果、社会效果。就本案而言，案发时间为寂静深夜，案发地点为 KTV 这种人员密集、极易引发关注的公共场所，被告人张坤因琐事伙同曹洪庆、洪健磊、姚永升等人随意对他人进行殴打，并肆意打砸 KTV 设施设备，造成了二人轻微伤、部分物品毁损的后果。另外，从侦查机关调查取证情况来看，该案在当地造成了较大不良影响，一定程度上影响了社会秩序的和谐稳定。因此，虽然被告人张坤认罪认罚，检察机关也提出了从宽判处缓刑的量刑建议，但考虑到张坤与另案处理的同案犯犯罪行为、情节以及危害后果基本一致，而同案犯均被判处实刑，故单独对其适用

---

① ［美］理查德·A. 波斯纳：《法理学问题》，苏力译，中国政法大学出版社 2005 年版，第 24 页。

② 苏力：《面对中国的法学》，载《法制与社会发展》2004 年第 3 期。

缓刑有失公正。而且，被告人张坤在国家严厉打击黑恶势力犯罪期间顶风作案，性质较为恶劣，又在当地造成了不良社会影响，考虑到司法裁判维护社会稳定的政治功能和社会群众的一般接受程度，对其适用缓刑亦不妥当，可能有违公正审判。故笔者以为，法院最终考虑量刑均衡问题以及案件政治效果和社会效果，不采纳量刑建议，依法维持原审判决，判处被告人有期徒刑十个月，较为妥当。原审判决和二审裁定作出后，检察机关并未提出抗诉，应该说也是得到了检察机关的认可与肯定。

（一审法院合议庭成员　张洪东　郭俊霞　周　宏
二审法院合议庭成员　钟　彬　张玉军　姚　强
编写人　天津市第三中级人民法院　姚　强
天津市第二中级人民法院　王丽平
责任编辑　包献荣
审稿人　李玉萍）

原载《人民法院案例选》2020年第8辑（总第150辑）

404. 王宁贩卖毒品案

——上诉不加刑原则在发回重审案件中的适用

【关键词】

刑事诉讼　发回重审　上诉不加刑　新的犯罪事实　补充起诉

【裁判要旨】

1. 发回重审的案件，原审人民法院如果对被告人加重刑罚必须同时具备“新的犯罪事实，人民检察院补充起诉”两项法定条件。

2. 犯罪事实即使没有被原审人民法院采纳或全部采纳，第二审人民法院发回重新审判后，在主要证据亦不存在变化的情况下，该事实不属于新的犯罪事实；人民检察院补充起诉的范围应限定在人民法院作出终审裁决前有新犯罪事实的情形，人民检察院对既有犯罪事实的明确或细化，只能视为变更起诉而不是补充起诉。

【相关法条】

《中华人民共和国刑事诉讼法》

第二百二十六条　第二审人民法院审理被告人或者他的法定代理人、辩护人、近亲属上诉的案件，不得加重被告人的刑罚。第二审人民法院发回原审人民法院重新审判的案件，除有新的犯罪事实，人民检察院补充起诉的以外，原审人民法院也不得加重被告人的刑罚。

人民检察院提出抗诉或者自诉人提出上诉的，不受前款规定的限制。

【案件索引】

一审：北京市西城区人民法院（2014）西刑初字第1002号（2015年2月11日）

二审：北京市第二中级人民法院（2015）二中刑终字第534号（2015年6月2日）

重审一审：北京市西城区人民法院（2015）西刑初字第427号（2015年12月14日）

重审二审：北京市第二中级人民法院（2016）京02刑终150号（2016年4月26日）

【基本案情】

法院经审理查明：2014年3月21日15时许，王宁通过冯靖轩在河北省燕郊经济开发区福城五期一处住宅，以人民币1100元的价格向牛欢欢贩卖毒品甲基苯丙胺2.66克。当日19时许，王宁授意冯靖轩携带毒品甲基苯丙胺7.76克乘坐出租车从河北省三河市赶至北京市通州区永顺镇红旗宾馆门前，欲以人民币1100元的价格向牛欢欢贩付，冯靖轩被民警当场抓获。王宁作案后逃逸，后被上网追逃，于2014年7月4日在河北省三河市被公安机关抓获归案。

【裁判结果】

北京市西城区人民法院于2015年2月11日作出（2014）西刑初字第1002号刑事判决：王宁犯贩卖、运输毒品罪，判处有期徒刑六年六个月，并处罚金人民币7000元。一审宣判后，王宁不服，提出上诉。北京市第二中级人民法院于2015年6月2日作出（2015）二中刑终字第534号刑事裁定：原审判决认定的部分事实不清，发回北京市西城区人民法院重新审判。北京市西城区人民法院依法另行组成合议庭，于2015年12月14日作出（2015）西刑初字第427号刑事判决：王宁犯贩卖毒品罪，判处有期徒刑七年六个月，剥夺政治权利一年，并处罚金人民币8000元。一审宣判后，王宁不服，提出上诉。北京市第二中级人民法院于2016年4月26日作出（2016）京02刑终150号刑事判决：原审判决违反上诉不加刑原则，改判王宁犯贩卖毒品罪，判处有期徒刑六年六个月，并处罚金人民币7000元。

【裁判理由】

法院生效裁判认为：王宁无视国家法律，伙同他人贩卖毒品甲基苯丙胺，其行为已构成贩卖毒品罪，且贩卖毒品数量较大，依法应予惩处。根据《刑事诉讼法》第二百二十六条、《最高人民法院〈关于适用中华人民共和国刑事诉讼法〉的解释》第三百二十七条的规定，对被告人上诉、人民检察院未提出抗诉的案件，第二审人民法院发回原审人民法院重新审判的，只要人民检察院没有补充起诉新的犯罪事实，原审人民法院不得加重被告人的刑罚。本案中，北京市西城区人民法院在重新审判的过程中，北京市西城区人民检察院变更指控王宁第一起贩卖毒品甲基苯丙胺2.66克与原指控王宁第一起贩卖毒品甲基苯丙胺1包属于同一事实，北京市西城区人民法院在此情形下对王宁判处的刑罚重于重新审判前的刑罚，虽与《刑法》规定相符，但违反了上诉不加刑原则，属量刑有误，故对北京市西城区人民法院的判决予以改判。

【案例注解】

该案例涉及案件宣判后人民检察院没有提起抗诉，仅有被告人提出上诉，第二审人民法院以事实不清为由发回重新审判后，原审人民法院需要满足什么条件才能加重对被告人刑罚的问题，因为“任何变相加刑的做法，都不仅会破坏上诉不加刑原则，而且必然导致被告人上诉权的不敢行使和二审终审制的落空，结果不是有弊无利，至少也是弊大于利”。①

根据《刑事诉讼法》第二百二十六条、《最高人民法院关于适用〈中华人民共和国刑事诉讼法〉的解释》第三百二十七条的规定，除有新的犯罪事实，人民检察院补充起诉的以外，原审人民法院不得加重被告人的刑罚。《最高人民法院研究室关于上诉发回重

① 参见樊崇义：《刑事诉讼法学研究综述与评价》，中国政法大学出版社1991年版，第511～513页。

审案件重审判决后确需改判的应当通过何种程序进行的答复》（以下简称答复）也显示，对被告人上诉的案件，第二审人民法院发回原审人民法院重新审判的，只要人民检察院没有补充起诉新的犯罪事实，原审人民法院不得加重被告人的刑罚。上述法律、解释及答复划定了一个规则，即案件被第二审人民法院发回重审，原审人民法院重新审理后只有在特定条件下才可以加重被告人刑罚，充分肯定了“不加刑为原则，加刑为例外”的做法，显然符合实体公正、程序正义的价值要求。唯规则中没有对何为“新的犯罪事实，人民检察院补充起诉”作出进一步解释或明确界定，导致司法实践中存在不同理解。

目前大多数观点认为，根据立法精神，犯罪事实已经过侦诉审程序，即使没有被原审人民法院采纳或全部采纳，第二审人民法院以事实不清为由发回重新审判后，在主要证据亦不存在变化的情况下，该事实不属于新的犯罪事实。同时，人民检察院补充起诉的范围应限定在人民法院作出终审裁决前有新犯罪事实的情形（如遗漏罪行或又犯新罪）。人民检察院对现有犯罪事实的明确或细化，只能视为变更起诉，而不是补充起诉。综上所述，原审人民法院重新审判后只有同时满足“新的犯罪事实，人民检察院补充起诉”两个法定条件，才能加重对被告人的刑罚，否则应严格受上诉不加刑原则的规制，即上诉不加刑原则在发回重审案件中为筑牢司法的最后防线更应该得到贯彻和适用。

结合本案而言，王宁的第一起犯罪事实在北京市第二中级人民法院发回重审之前，已经历过系列的侦诉审程序。发回重审后，北京市公安局西城分局开展了证据的补强工作（并非对新的犯罪事实补充侦查），北京市西城区人民检察院对王宁涉嫌罪名和第一起犯罪的毒品数量作出了变更起诉（而不是补充起诉新的犯罪事实），北京市西城区人民法院在此情况下对王宁加重刑罚违反了上诉不加刑原则。具体来说，北京市西城区人民法院第一次审理期间，以王宁第二起犯罪涉及毒品甲基苯丙胺 7.76 克确定量刑档（第一起犯罪毒品甲基苯丙胺 1 包仅作为酌予从重处罚量刑情节考量，人民法院经审理查明的范围也囿于人民检察院指控的范围），根据《刑法》第三百四十七条第四款的规定，贩卖甲基苯丙胺不满 10 克，情节严重的，处三年以上七年以下有期徒刑，并处罚金，故判决王宁犯贩卖、运输毒品罪，判处有期徒刑六年六个月，并处罚金人民币 7000 元。北京市西城区人民法院第二次审理期间，北京市西城区人民检察院基于犯罪构成层面，将王宁涉嫌犯贩卖、运输毒品罪变更为贩卖毒品罪；基于毒品数量是毒品犯罪量刑的关键证据层面，变更起诉王宁第一起犯罪涉及甲基苯丙胺 2.66 克，即将原 1 包的表述明确为 2.66 克。故北京市西城区人民法院以王宁两起犯罪涉及甲基苯丙胺之和超过 10 克为由提升量刑档，根据《刑法》第三百四十七条第三款的规定，贩卖甲基苯丙胺 10 克以上不满 50 克的，处七年以上有期徒刑，并处罚金，判决王宁犯贩卖毒品罪，判处有期徒刑七年六个月，剥夺政治权利一年，并处罚金人民币 8000 元。综合分析，北京市西城区人民检察院变更指控王宁第一起犯罪涉及毒品甲基苯丙胺 2.66 克与原指控 1 包理应属于同一事实，或可以理解为涵盖在一个事实之内，北京市西城区人民法院在此情形下对王宁判处的刑罚重于重新审判前的刑罚，虽确实与《刑法》规定相符，但却违反了上诉不加刑原则，属量刑有误，北京市第二中级人民法院依法对王宁予以改判原刑期是正确的。

该案例从立法本意出发，对法律没有明文界定的“新的犯罪事实，人民检察院补充起诉”进行解释，通过在发回重审案件中严格贯彻上诉不加刑原则，充分保障被告人的上诉权，进而对于保障人权，促进司法公正的意义则更加重大。

一、发回重审制度与上诉不加刑原则

发回重审制度具有丰富的价值内涵，根据法律规定缘由限定在事实不清、证据不足或违反法定诉讼程序两个方面，以此来对被告人实体或程序权利提供充分保障，让“阳光审判”“真理越辩越明”的司法初衷得以实现。通俗来说，第二审人民法院将案件发回重审是实现刑事上诉程序救济功能的一种基本方式。因为撤销原判、发回重审意味着第二审人民法院对原审人民法院履行审判职责给予了否定评价，基于上下级法院之间的监督与被监督关系，这种否定性评价可以促使第一审人民法院在重新审理过程中将裁判建立在事实清楚、证据确实充分的基础之上，以免出现冤假错案，或者尽量避免出现程序性错误，以便消除程序错误对裁判结果的负面影响，从而更好地保护当事人的合法权益。正是在这个意义上，发回重审制度的救济性质不容忽视，第二审人民法院通过发回重审的方式，不仅为合法权益受到侵犯的当事人获得重新审判或寻求权利救济提供了机会，而且有助于纠正原审错误的裁判。这也是在1996年《刑事诉讼法》第一次出现有关发回重审的规定后，多年来虽饱受学者诟病，但仍然未能取消的重要原因。

上诉不加刑原则是我国《刑事诉讼法》中的一项基础性原则，是民主、自由、人道主义精神在刑事诉讼领域的体现，是保障被告人上诉权的基石。上诉不加刑的立法最早见于1808年《法国刑事诉讼法典》，随后德国、日本等大陆法系国家也相继规定了上诉不加刑原则。英国由于资产阶级革命的妥协性及实行判例法，采用上诉不加刑原则较晚。随着资产阶级地位的提高，资产阶级人权原则、法制原则的确立和判例法向成文法的转化，《英国1968年刑事上诉法》终于确立了上诉不加刑原则。① 总体而言，因两大法系各自以判例法和成文法为主，形成了在上诉不加刑原则上，大陆法系国家较为明确，适用范围较广，而英美法系有所保留，附设了一些限制条件。② 我国在1979年、1996年《刑事诉讼法》中明确规定了上诉不加刑原则，2012年《刑事诉讼法》仍保留了这一原则，唯新增了特殊例外规定，这也体现出经过一个时期的司法实践，利益权衡导致价值取向的一种升华。一方面，通过列举例外规定客观上减少了发回重审谋求加刑的“借口”，即不能以发回重审的方式刻意寻求给被告人加重刑罚。比如“对于原判事实清楚，证据确实、充分，只是量刑偏轻的案件，二审法院不能发回重审”③。也有学者说：“仅仅是为达到加重被告人刑罚采用的一种策略手段，也不可取。因为这样做，同样没有法律根据，并会带来不良后果。”④ 另一方面，也促进了实体正义的实现，毕竟依法惩治犯罪也是刑罚的要务之一。有学者言：“如果因事实不清、证据不足发回重审时，发现了新的犯罪事实可以加刑。”⑤ “上诉不加刑的效力不仅适用于只有被告人一方上诉后的第二审程序，还适用于此类案件发回重新审判的一审程序。这是因为此处的一审重新审判是二审派生来的，若重新审判不能发现新的证据或事实，就不能加重原判刑罚。”⑥ 反观之有新的证据或事实，加重刑罚也是符合价值本意的。

我们需要考虑，上诉不加刑原则是刑事诉讼的特殊原则，不能脱离刑事诉讼总的原

①② 参见金钟：《上诉不加刑原则的历史发展及现代意义》，载《南京社会科学》1994年第10期。
③ 参见陈光中等：《刑事诉讼法学》，中国政法大学出版社1999年版，第387页。
④ 参见王国枢：《刑事诉讼法概论》，北京大学出版社1981年版，第251页。
⑤ 参见张子培：《刑事诉讼法教程》，群众出版社1987年版，第355页。
⑥ 参见高憬宏：《刑法刑事诉讼法使用问题研究》，中国政法大学出版社1998年版，第340页。

则和价值观念的指导。虽然发回重审处理的案件，对实体真实的追求不言而喻，但笔者更赞同“不加刑为原则，加刑为例外”的规则，办案过程中应当严格立足于上诉不加刑原则的价值含义，以重新审判后是否出现新的犯罪事实来决定可否对被告人加重刑罚。当前来说，第二审人民法院发回重新审判的案件，较之一审终局的裁判确实更为复杂，所以理念上应融会贯通上诉不加刑原则，真正使得刑事审判在“两审制”的格局源头就能体现出正义价值，同时也让上诉程序救济功能能够充分得以实现。

二、新犯罪事实的理解

新的犯罪事实是指原审人民法院在发回重审前的判决中没有认定的事实，包括之前的漏罪和所犯的新罪，此时“确属原判事实不清或证据不足以及真的发现了犯罪事实，在重审时加刑不属违背上诉不加刑原则”①。除去本案的情况外，实践中还存在以下几种情况，不少人会把即有事实当作新的犯罪事实来处理。第一种是人民检察院指控两种或两种以上罪行事实，但一审法院只认定其中部分罪行事实，重审时在检察院指控范围内，法院认定了比原审更多的罪行事实；第二种是检察院指控同一种类的数个罪行事实，原审法院只认定其中部分罪行事实，重审时在检察机关指控范围内，法院认定了比原审更多的罪行事实；第三种是检察院指控一种较重的罪行事实，原审法院认定较轻的罪行事实，重审时法院认定了检察院指控的较重罪行事实。

笔者认为，无论上述哪一种情况，均不能否认即有犯罪事实已经客观存在，且已经过公安机关侦查取证、人民检察院提起公诉、人民法院评判的一系列程序。虽然案件在重新审理后，人民法院在采纳人民检察院指控事实的层面出现了不同理解（或因案件本身原因，或因发回重审后，第一审人民法院另行组成合议庭，法官的思维方式不同导致），但仍然限于原指控的范围内，并非对新事实给予评判。

实践中对新犯罪事实的从严掌握，也让发回重审制度更能体现出程序的价值意义。目前来说，第二审人民法院在作出裁判前，发现遗漏同案犯罪嫌疑人、第二审期间在逃的共同犯罪人归案，而并案审理更有利于量刑均衡的，或发现被告人遗漏罪行、又犯新罪，并案审理更有利于贯彻罪责刑相适应原则的，第二审人民法院应当将案件发回重审，原审人民法院应当建议人民检察院追加起诉或补充起诉。如果人民检察院不同意或者在七日内未回复意见，人民法院也可以根据《刑事诉讼法》第二百四十二条的规定，就现有起诉指控的犯罪事实依法作出判决、裁定。

三、补充起诉、追加起诉、变更起诉的关系

补充起诉、追加起诉、变更起诉都属于变更公诉权的范畴，放在发回重审案件中考量，它是指公诉机关为了对指控的犯罪人、犯罪事实、证据、犯罪的性质、罪名以及刑事责任等事项的完善，而依法予以改变、追加的职权。

笔者查阅2012年《刑事诉讼法》实施后的法律法规后，发现各司法机关对人民检察院提起补充起诉、追加起诉、变更起诉的条件规定不尽一致，虽原则趋同，但三者的适用范围存在一定模糊。《最高人民法院、最高人民检察院、公安部等关于实施刑事诉讼法若干问题的规定》《最高人民法院关于适用〈中华人民共和国刑事诉讼法〉的解释》仅规定，人民法院在审判期间发现新的事实，可能影响定罪的，可以建议人民检察院补充

① 参见王国枢：《刑事诉讼法学》，北京大学出版社1998年版，第347页。

起诉或者变更起诉。《人民检察院刑事诉讼规则（试行)》（2012 年修订）保留了《人民检察院刑事诉讼规则》（1999 年修订）关于追加起诉的规定，即公诉人在法庭审判过程中，发现遗漏罪行或者遗漏同案犯罪嫌疑人，虽不需要补充侦查和补充提供证据，但需要补充、追加或者变更起诉的，可以建议法庭延期审理。

从上述文件的立法原义及词语的文义解释不难看出，“在人民法院宣告判决前，人民检察院发现被告人的真实身份或者犯罪事实与起诉书中叙述的身份或者指控犯罪事实不符的，或者事实、证据没有变化，但罪名、适用法律与起诉书不一致的”，人民检察院采用的是变更起诉。这与本案的情况具有较高的契合度，王宁的第一起犯罪事实早已被关注，只不过北京市第二中级人民法院将此案发回重审后，北京市西城区人民检察院在事实、证据没有原则性变化的情况下，对涉嫌罪名予以变更，同时对关键量刑事实予以明确，理应属于变更起诉的范围。补充起诉一般是指“在人民法院宣告判决前，人民检察院发现遗漏罪行”。追加起诉一般指的是“在人民法院宣告判决前，人民检察院发现遗漏的同案犯罪嫌疑人”，故本案均不存在上述两类情形。

值得一提的是，人民检察院变更起诉在一定程度上还要“难于”补充起诉或追加起诉，所以更应该将三者的性质给予明确界定。如《最高人民检察院办公厅关于在审查起诉部门全面推行主诉检察官办案责任制的工作方案》第四条规定，主诉检察官承办案件时，对于法律明确规定应当由检察长、检察委员会行使的职权，以及检察长、检查委员会认为应由其行使的职权，应当提出意见，报请检察长决定，而具体事项中仅包含变更起诉。

四、参照适用本案例需要注意的问题

1. 北京市西城区人民法院宣判后，北京市西城区人民检察院未提起抗诉，表明其已认可人民法院的判决。而案件被发回重审后，北京市西城区人民检察院变更王宁第一起犯罪涉及毒品甲基苯丙胺数量为 2.66 克，该变更起诉是否符合法律规定？究其原因分析，该事实本早在已查清的范围之内，只不过“当初未诉”，从一定程度来说，似有违反“一事不再理”的司法原则之嫌，不过恰巧更能印证此类案件不能加重被告人刑罚的合理性。对于“一事不再理”原则，理论界一直存在狭义说和广义说两种观点。狭义说认为“一事不再理”就是指“不论是有罪判决还是无罪判决，作出产生法律效力的判决后不允许对同一行为再启动新的程序”。广义说认为“当事人不得就已起诉之案件，于诉讼系属中，更行起诉”。两者的区别在于：狭义说认为一事不再理仅指判决的既判力，即判决确定后不得就同一案件再次起诉；广义说则认为一事不再理涵括了判决的既判力与诉讼系属效力两个层面，不仅判决确定后不得就同一案件再次起诉，而且诉讼一经提起就不得以同一案件再次起诉。诉讼系属自诉的提起时发生，至裁判确定时或撤回起诉时而消灭。笔者更赞同广义说的观点，检察机关依法履行职责，证据补强后完全有理由明确诉讼的关键事实，而这对正确指控犯罪也是至关重要的。

2. 北京市西城区人民检察院在案件被北京市第二中级人民法院发回重审后决定变更选择性罪名是否合适？一方面，在单一罪名的情况下将轻罪名变更为重罪名并不恰当，因为无论是主刑、附加刑还是刑罚方式、罪名都在“不加刑”所限制的范围内，不得随意改变。我国《刑法》规定的刑有两种：主刑和附加刑。上诉不加刑主要是为了被告人利益，其所意指的加刑不仅限于主刑和附加刑，还包括刑罚适用方式和罪名选择。刑罚适用方式虽然表面上没有加重刑期，但是不可否认对被告人的影响。罪名是对某种犯罪的本质特征或者主要特征的高度概括；[1] 另一方面，在选择性罪名的情况下（虽客观上对刑期不会造成影响），北京市西城区人民检察院放弃一个指控罪名，实质上是否意味着撤回对该罪名的起诉？根据《最高人民检察院人民检察院刑事诉讼规则》（1999 年修订）第三百五十一条的规定，发现不存在犯罪事实、犯罪事实并非被告人所为或者不应当追究被告人刑事责任的，可以要求撤回起诉。根据《最高人民法院关于适用〈中华人民共和国刑事诉讼法〉的解释》第二百四十二条的规定："宣告判决前，人民检察院要求撤回起诉的，人民法院应当审查撤回起诉的理由，作出是否准许的裁定。"这显然与本案情况不符，所以北京市西城区人民检察院撤销王宁犯运输毒品罪的指控，仍属变更起诉的范畴，原审人民法院在发回重审后对被告人加重刑罚不具有合理性。

综上，实体正义与程序公正都是刑事诉讼中重要的原则，公检法机关都必须遵守，否则会面临极大的风险。无论是从内在价值解释，还是从文义逻辑理解，或是从司法改革趋势来看，北京市第二中级人民法院以北京市西城区人民法院未满足"新的犯罪事实，人民检察院补充起诉"两项法定条件为由，将案件改判原刑罚是正确的。

（一审法院合议庭成员　李方涛　冯　强　武丕显
二审法院合议庭成员　王洪波　李　凯　王　敏
重审一审法院合议庭成员　喻晓敏　霍艳平　周建祯
重审二审法院合议庭成员　王洪波　李　凯　王　敏
编写人　北京市第二中级人民法院　李　凯
责任编辑　周维明
审稿人　李玉萍）

原载《人民法院案例选》2017 年第 10 辑（总第 116 辑）

① 参见周道鸾、张军：《刑法罪名精释》，人民法院出版社 1998 年版，第 5 页。

405. 聂树斌故意杀人、强奸妇女案
——刑事疑案再审的裁判规则

【关键词】

刑事再审　疑案　证据裁判　疑罪从无

【裁判要旨】

1. 人民法院审查控辩双方移送或提交的证据材料，应当坚持全面裁量原则，对被告人有利或不利的证据都应当充分考虑，不能顾此失彼、厚此薄彼。不仅要审查证据材料本身，还要审查办案人员收集、制作证据材料的行为。

2. 在案卷宗中缺失可能有利于被告人的证据，被告人、辩护人要求审查、评判的，法庭应予支持；办案机关对证据缺失不能作出合理解释时，法庭应当作出对被告人有利的评判。

3. 审查证据应当首先关注其与案件待证事实的关联性，缺乏或者丧失关联性的证据材料，不宜作为定案依据。

4. 被告人有罪供述是否属于非法证据不能确定，其真实性、合法性存在疑问的，不得作为定案依据。

5. 要坚持综合审查思路，强化对客观证据的评判，树立客观证据优先的理念。

6. 疑罪是指定罪的事实不清、证据不足，对于属于疑罪的案件，应当按照疑罪从无罪原则宣告被告人无罪。

7. 再审程序既要坚持程序法从新并对当事人有利原则，也要坚持用当时的法律法规和办案条件评判办案人员的行为，体现对办案人员公平合理的原则。

8. 对事实复杂疑难的案件进行证据裁判时，应当坚持运用多种方法并善于从多个方面综合审慎考量、评判。在对证据进行审查判断时，要积极运用司法推理，且运用证据进行的推理应符合逻辑和经验。

【相关法条】

《中华人民共和国刑事诉讼法》

第二百二十五条第一款第三项　第二审人民法院对不服第一审判决的上诉、抗诉案件，经过审理后，应当按照下列情形分别处理：

……

（三）原判决事实不清楚或者证据不足的，可以在查清事实后改判；也可以裁定撤销原判，发回原审人民法院重新审判。

《最高人民法院关于适用〈中华人民共和国刑事诉讼法〉的解释》

第三百八十四条 原审人民法院审理依照审判监督程序重新审判的案件，应当另行组成合议庭。

原来是第一审案件，应当依照第一审程序进行审判，所作的判决、裁定可以上诉、抗诉；原来是第二审案件，或者是上级人民法院提审的案件，应当依照第二审程序进行审判，所作的判决、裁定是终审的判决、裁定。

对原审被告人、原审自诉人已经死亡或者丧失行为能力的再审案件，可以不开庭审理。

第三百八十九条 再审案件经过重新审理后，应当按照下列情形分别处理：

……

（四）依照第二审程序审理的案件，原判决、裁定事实不清或者证据不足的，可以在查清事实后改判，也可以裁定撤销原判，发回原审人民法院重新审判。

原判决、裁定事实不清或者证据不足，经审理事实已经查清的，应当根据查清的事实依法裁判；事实仍无法查清，证据不足，不能认定被告人有罪的，应当撤销原判决、裁定，判决宣告被告人无罪。

【案件索引】

一审：河北省石家庄市中级人民法院（1995）石刑初字第 53 号（1995 年 3 月 15 日）

二审：河北省高级人民法院（1995）冀刑一终字第 129 号（1995 年 4 月 25 日）

再审：最高人民法院（2016）最高法刑再 3 号（2016 年 11 月 30 日）

【基本案情】

原审被告人聂树斌，男，汉族，1974 年 11 月 6 日出生，初中文化，原河北省鹿泉市冶金机械厂工人。1995 年 4 月 27 日被执行死刑。

原审判决认定：1994 年 8 月 5 日 17 时许，被告人聂树斌骑自行车尾随下班的石家庄市液压件厂女工康某 1，至石家庄市郊区孔寨村的石粉路中段，聂树斌故意用自行车将骑车前行的康某 1 别倒，拖至路东玉米地内，用拳头猛击康某 1 的头部、面部，致康某 1 昏迷后将其强奸，尔后用随身携带的花上衣猛勒康某 1 的颈部，致其窒息死亡。

申诉人提出：聂树斌系被错抓、错判，请求宣告聂树斌无罪。其诉讼代理人提出，原审认定聂树斌强奸妇女、故意杀人的事实不清、证据不足，应当依法改判聂树斌无罪。

最高人民检察院认为：原审判决认定事实不清、证据不足，依据现有证据不能认定聂树斌实施了故意杀人、强奸妇女的行为，应当依法改判聂树斌无罪。

经再审查明：1994 年 8 月 5 日 17 时许，河北省石家庄市液压件厂女工康某 1（被害人，殁年 36 岁）下班骑车离厂。8 月 10 日上午，康某 1 父亲康某 2 向公安机关报案称其女儿失踪。同日下午，康某 2 和康某 1 的同事余某某等人在石家庄市郊区孔寨村西玉米地边发现了被杂草掩埋的康某 1 连衣裙和内裤。8 月 11 日上午，康某 1 尸体在孔寨村西玉米地里被发现。同日下午，侦查机关对康某 1 尸体进行了检验。

原审认定聂树斌于 1994 年 8 月 5 日 17 时许，骑自行车尾随下班的康某 1，将其别倒拖至玉米地内打昏后强奸，尔后用随身携带的花上衣猛勒其颈部，致其窒息死亡，事实不清、证据不足。

【裁判结果】

河北省石家庄市中级人民法院于1995年3月15日作出（1995）石刑初字第53号刑事附带民事判决：以故意杀人罪判处聂树斌死刑，剥夺政治权利终身；以强奸妇女罪判处其死刑，剥夺政治权利终身，决定执行死刑，剥夺政治权利终身。宣判后，聂树斌、附带民事诉讼原告人康某2分别提出上诉。1995年4月25日，河北省高级人民法院作出（1995）冀刑一终字第129号刑事附带民事判决：维持对聂树斌犯故意杀人罪的定罪量刑，撤销对聂树斌犯强奸妇女罪的量刑，改判有期徒刑十五年，与故意杀人罪并罚，决定执行死刑，剥夺政治权利终身，并根据《最高人民法院关于授权高级人民法院核准部分死刑案件的通知》核准聂树斌死刑。1995年4月27日聂树斌被执行死刑。2005年1月，涉嫌犯故意杀人罪被河北省公安机关网上追逃的王书金，被河南省荥阳市公安机关抓获后自认系本案真凶。此事经媒体报道后，引发社会关注。2007年5月，聂树斌的父母和姐姐向河北省高级人民法院和多个部门提出申诉，请求宣告聂树斌无罪。2016年6月6日，最高人民法院作出（2016）最高法刑申188号再审决定，提审本案。同年11月30日，最高人民法院作出（2016）最高法刑再3号刑事判决：撤销河北省高级人民法院（1995）冀刑一终字第129号刑事附带民事判决和河北省石家庄市中级人民法院（1995）石刑初字第53号刑事附带民事判决，原审被告人聂树斌无罪。

【裁判理由】

最高人民法院再审判决认为：原审认定原审被告人聂树斌犯故意杀人罪、强奸妇女罪的主要依据是聂树斌的有罪供述，以及聂树斌的有罪供述与在案其他证据印证一致。但综观全案，本案缺乏能够锁定聂树斌作案的客观证据，聂树斌作案时间不能确认，作案工具花上衣的来源不能确认，被害人死亡时间和死亡原因不能确认；聂树斌被抓获之后前5天讯问笔录缺失，案发之后前50天内多名重要证人询问笔录缺失，重要原始书证考勤表缺失；聂树斌有罪供述的真实性、合法性存疑，有罪供述与在卷其他证据供证一致的真实性、可靠性存疑，本案是否另有他人作案存疑；原判据以定案的证据没有形成完整锁链，没有达到证据确实、充分的法定证明标准，也没有达到基本事实清楚、基本证据确凿的定罪要求。原审认定聂树斌犯故意杀人罪、强奸妇女罪的事实不清、证据不足。根据1979年《刑事诉讼法》的相关规定，不能认定聂树斌有罪。对申诉人及其代理人、最高人民检察院提出的应当改判聂树斌无罪的意见，予以采纳。对申诉人及其代理人提出的王书金系本案真凶的意见，因王书金案不属于本案审理范围，不予采纳。故依法作出前述判决，改判聂树斌无罪。

【案例注解】

2016年12月2日，最高人民法院第二巡回法庭对广受国内外关注的聂树斌故意杀人、强奸妇女一案作出公开宣判，撤销了1995年河北省石家庄市中级人民法院和1995年河北省高级人民法院对被告人聂树斌作出的有罪判决，宣告聂树斌无罪。至此，这起发生、审判并执行于20多年之前，因2005年另案被告人王书金归案后自认系本案真凶而引发各种猜测和争议的重大、疑难、复杂案件，终于画上了句号。再审判决所弘扬的司法理念，适用的裁判标准，运用的裁判方法，体现的人权保障，展示的裁判说理，回应的社会关切和解决的争议问题等，皆有可圈可点之处，有些做法对人民法院处理类似案件将具有示范或标杆意义。现就本案再审中所运用的裁判规则和方法分析如下：

一、人民法院审查刑事案件证据，应当坚持全部裁量原则，对被告人有利与不利的证据都应当充分考虑，不能顾此失彼

依法全面收集能够证明被告人有罪或无罪、罪重或罪轻的各种证据，是刑事诉讼法对案件办理的基本要求。如果严格贯彻执行刑事诉讼法规定收集证据，通常一个特定案件容易出现有利于被告人的证据和不利于被告人的证据共存的局面。客观、公正地进行证据裁判，必然要求对被告人有利与不利的两方面证据都要充分考虑，不能顾此失彼。而对一个已经作出生效有罪判决的刑事案件而言，重新审判并推翻原判决，需要原判决“在认定事实上或者适用法律上确有错误”。认定原判决在认定事实方面确有错误，要么是有新的事实或证据，要么是通过重新裁判原有证据得出新的结论。无论是哪一种情况，推翻原判都要有足够的理由和依据。对于聂树斌案这类被告人多年前已被执行死刑的案件，推翻原判，宣告无罪，更要慎之又慎。在没有新证据出现的情况下，通过重新裁判原有证据得出新结论，必然要求更为全面、客观和细致地分析和论证原审的所有证据材料。

在聂树斌案中，既有证明被告人有罪的证据，也存在一些与有罪证据相矛盾的反证，例如再审判决所指出的，“本案缺乏能够锁定聂树斌作案的客观证据，聂树斌作案时间不能确认，作案工具花上衣的来源不能确认，被害人死亡时间和死亡原因不能确认”“聂树斌有罪供述的真实性、合法性存疑，有罪供述与在卷其他证据供证一致的真实性、可靠性存疑”，等等。再审判决既高度重视审查不利于被告人的证据，也高度重视审查有利于被告人的证据。不仅如此，在原审作出有罪判决，申诉人多年坚持做无罪申诉，同级检察机关认为原审判决认定事实不清、证据不足的情况下，更是加大了对定罪的反证性证据的审查力度。比如，将视线投射到被告人归案后前5天作出的含有无罪辩解的讯问笔录，而该笔录已经缺失，但合议庭通过分析在卷材料和调查研究，确认被告人曾作过无罪辩解，故仍对此反复做审查与判断。由此，该案再审在证据裁判上不仅针对在卷的所有证据，还注意审查相关证据与线索显示的其他材料或信息。这就拓展了证据裁判的范围。

聂树斌案再审判决充分说明，司法运用证据认定案件事实时，对有利于被告人的证据（特别是证明无罪的反证）不仅不能忽视，还要给予更多关注、重点审查，这是构建定案的严密证据体系所必需的。所谓千里之堤溃于蚁穴，定案的证据体系即是如此。从近年来纠正的刑事冤错案件看，案卷材料中均不同程度地存在定罪的反证性证据或者疑点，而对于这些有利于被告人的证据材料或者信息，原审时法庭也大多不同程度地发现了问题，但都未能充分重视起来，亦未能采取有效措施，以致铸成大错。定罪证据存疑，往往意味着该证据的真实性没有保障或者不能排除非法取证的可能，因此，该证据经审查后，要么不具有证据能力，要么不具有证明力或证明力极低而依法不作为定案依据，进而导致案件的证据体系存在根本缺陷，无法达到“证据确实、充分”的证明标准。所以，只要是定罪上存在可能产生合理怀疑的“疑点”，就应当引起重视，绝不放过。在审判实践中，要善于把反证放到全部证据中去分析、研判，既要从关联性、客观性和合法性入手进行审查，又要注重从其与相关证据材料的比对、印证方面进行判断，必要时还应依程序开展补查、补证工作，以确保定案的证据体系上不存在疑点或疑点都得以排除。

二、在案卷宗缺失可能有利于被告人的证据，被告人、辩护人要求审查、评判的，法庭应予支持；办案机关对证据缺失不能作出合理解释时，法庭应当作出对被告人有利的评判

聂树斌案再审过程中，经对申诉人及其代理人的申诉意见和理由进行调查核实，并仔细审查原审侦查卷宗发现，一些本应在案的重要证据材料缺失，去向不明：一是聂树斌系1994年9月23日被抓，但卷内的首次讯问笔录却为9月28日，未见被抓后前5天的任何讯问笔录；二是被害人康某1之父1994年8月10日报案、次日康某1的尸体被发现，公安机关即立案侦查，聂树斌被抓后于9月28日认罪，本案宣告侦破，但卷内除康父的报案笔录外，直至10月1日才出现康某1丈夫侯某某的首次证言，10月11日和10月21日才首次出现康某1同事王某某、余某某的证言，这些本应是破案重要线索的证人证言，却出现在聂树斌认罪并破案之后，其间50天调查走访所收集的证据材料无一入卷，全部缺失；三是聂树斌所在车间的主任葛某某证实，记载聂树斌1994年8月份每日出勤情况的考勤表被侦查人员调取，该考勤表是证明聂树斌是否具有作案时间的重要书证，但未见入卷、去向不明。

围绕上述证据材料的有无、是否应当入卷以及对本案证据体系和事实认定的影响，合议庭对上述“三大缺失”逐一进行了重点审查，认为本案中上述去向不明的证据材料均系有利于或可能有利于聂树斌的证据，而由于原办案机关在办案中不严格、不规范，导致存在上述“三大缺失”，客观上掩盖了本案被告人供述和证人证言的客观原貌，掩盖了证据之间可能存在的矛盾和疑点。其中，聂树斌被抓获之后前5天的讯问笔录缺失，严重影响在卷讯问笔录的完整性和真实性；原审卷宗内案发之后前50天内证明被害人遇害前后情况的证人证言缺失，严重影响在案证人证言的证明力；聂树斌所在车间案发当月的考勤表缺失，导致认定聂树斌有无作案时间失去重要原始书证，从而极大地动摇了原审判决的证明体系。

基于以上认识，聂树斌案再审判决大胆创新，确立了一项证据缺失的裁判规则，其裁判方法是：首先，针对申诉人及其代理人认为有利于被告人的证据存在缺失的意见和理由进行审查，判定上述证据是否曾确实存在，是否可能对被告人有利；然后，在确定本应在案的证据存在缺失的情况下，要求原办案机关作出解释，当原办案机关对有关证据缺失不能作出合理的解释时，法庭可以就缺失证据作出对被告人有利的裁判意见。

例如，申诉人及其代理人提出，聂树斌被抓后前5天讯问笔录缺失，并认为这些缺失的笔录可能对聂树斌有利。对此，合议庭经审查，聂树斌的在卷供述和原办案人员的证言相互印证，并有原办案单位干警当时采写发表的通讯报道予以佐证，足以证实聂树斌被抓之后前5天办案机关曾对其讯问且有笔录，其中既有有罪供述，也有无罪辩解。由于上述笔录的缺失，导致聂树斌讯问笔录的完整性和真实性受到严重影响，进而判定上述笔录不仅曾经存在，而且可能对被告人有利。之后，再对原办案人员的解释进行审查。原办案人员对前5天讯问笔录缺失的原因有三种解释：一是聂树斌的供述断断续续，笔录不完整，卷内笔录系归纳整理后形成；二是这些笔录可能入了副卷，后由于办公地点搬迁或时间久远等原因无法找到副卷；三是当时存在对完整的讯问笔录入卷移送，不完整的讯问笔录不入卷移送的习惯做法等。对此，合议庭评判认为，全面收集、移送包括讯问笔录在内的案件证据，是1979年《刑事诉讼法》和1987年公安部印发的《公安机关办理刑事案件程序规定》的明确要求；公安部1991年印发的《公安业务档案管理办法》对副卷的内容也有明确规定，犯罪嫌疑人的供述笔录不属于入副卷的材料；再审期间调取的石家庄市中级人民法院在同时期审理的16起死刑案卷宗显示，卷中既有被告人认罪之前的供述，也有不认罪的口供，并不是只有系统完整的认罪供述才入卷；原办案人员也表示，当时石家庄市公安局郊区分局办理案件比较规范，即使前期嫌疑人不供述，也会把这些材料入卷。因此，聂树斌被抓获之后前5天讯问笔录没有入卷，既与当时的法律及公安机关的相关规定不符，也与原办案机关当时办案的情况不符，再审判决最终作出对聂树斌有利的评判意见。

对于原审卷宗内案发之后前50天内相关证人证言缺失问题，申诉人及其代理人提出，办案机关隐匿了这些对聂树斌可能有利的证据。对此，首先，通过对在案证据的分析得出该证据确实存在的结论。一是多名证人证明案发之后50天内，办案人员对其进行过询问并制作了笔录；二是多名原办案人员证实案发之后即作了询问证人的笔录，并有办案单位通讯员采写发表的通讯报道《青纱帐迷案》一文予以佐证。其次，根据当时的法律规定和办案规范，并结合当时当地侦查机关办理案件的惯常做法进行分析，认为原办案人员将案发之后前50天内相关证人证言缺失的原因解释为因破案不需要未整理入卷或被预审科剔除入了副卷，均不符合当时的办案规范和惯常做法，也明显不符合常理。据此，再审判决最终作出有利于被告人的评判，采纳了申诉人及其代理人提出的这些缺失证据对聂树斌可能有利的意见。

对于考勤表缺失问题，再审判决同样运用了上述裁判规则。首先，经审查确认该考勤表确实存在并已被公安机关调取，且该考勤表详细记载了聂树斌案发当月的每日出勤情况，对证明其有无作案时间具有重要价值。然后，审查原办案人员的相关解释，因其解释不符合相关规定，不合理、不可信，最终作出了有利于聂树斌的评判。

需要明确的是，聂树斌案再审判决在因本案中存在证据缺失作出对被告人有利评判的同时，对申诉人及其代理人提出的原办案机关有意隐匿对聂树斌有利证据的意见，并没有一味予以支持，而是坚持证据裁判的原则，明确回应“因无证据证实，本院不予采纳”。

通过上述裁判规则的运用，进而可以引申出在刑事审判中可普遍适用的裁判规则：在案卷宗中缺失可能对被告人有利的被告人供述和辩解、证人证言或物证、书证等证据，被告人及其辩护人（或申诉人及其代理人，下同）要求审查、评判的，法庭应当予以支持；对于有证据证明有利于被告人的证据曾经存在而在审判时缺失，且办案机关对缺失的原因不能作出合理解释的，法庭应当作出对被告人有利的评判。对于被告人及其辩护人提出所缺失证据被有意隐匿的，必须有证据证实，否则，不予支持。

证据缺失现象至今在个别案件中仍然存在，遇此情形如何采信证据、认定事实，实践中认识和做法不一。聂树斌案再审对这一问题确立了明确的裁判规则，不仅严格贯彻了证据裁判原则，也为办理类似案件、解决此类疑难问题提供了可供参照的样本。同时，推进以审判为中心的诉讼制度改革的目的就是要切实发挥审判程序应有的终局裁断功能及其对审前程序的制约引导功能，该规则的确立，也向各级执法、司法机关传递了规范执法、严格司法的明确要求，可引导相关办案机关按照裁判的要求和标准收集、固定、审查、运用证据，体现了以审判为中心的精神，具有极为重要的现实意义。

三、审查证据应当首先关注其与案件待证事实的关联性，缺乏或者丧失关联性的证据材料，不宜作为定案依据

聂树斌案再审判决指出原审定案证据体系存在九大问题，首要的便是聂树斌的抓获经过与康某1被害案之间缺乏关联性。从证据裁判的要求看，认定事实必须依据合格证据。“合格证据”有多重含义，其一便是该证据要与待证事实之间有“关联性”。如果缺乏关联性，则不是适格的证据，不可以进入诉讼中，更不得作为定案依据。所以，“关联性是证据进入诉讼的第一道‘门槛’，是证据的首要属性。”[①] 基于此，在刑事诉讼中运用每一项证据时，都应该首先关注其有无关联性。其次，证据与待证事实之间的联系，应是客观的，不以人的主观意志为转移的。所以，对证据与待证事实关联程度的评判，虽然有个体认识的差异性，但绝不能脱离在案证据去臆测。聂树斌案原审认定，侦查机关根据群众反映将聂树斌抓获从而将案件侦破，但原审卷宗内却没有群众反映聂树斌涉嫌实施本案犯罪的任何证据或线索，甚至具体是哪些群众反映的证据也没有，那么，聂树斌的抓获经过，显然不具有证据的适格性，也就不能据此确定其为犯罪嫌疑人。

此外，聂树斌案再审判决从抓获经过入手解构原判证据体系，也有重要的方法论意义。从实际看，抓获经过通常是刑事案件侦破过程中侦查机关第一时间收集到的证据材料，也是所有证据中最为直接并相对更为客观的第一手材料，规范、客观、全面、细致的抓获经过，不仅直接关乎定案，而且对案件来源、立案时间、强制措施的运用等程序性事实，以及自首、坦白、悔罪等量刑情节都能起到重要证明作用。所以，刑事案件办理中应当重视对抓获经过的制作以及运用。此为其一。其二，抓过经过虽然由侦查人员出具，但“没有人在自己的案件中被视为可靠的证人”，如作为定案依据仍要经法定程序查证属实。其三，对抓获经过应当结合在案的其他相关证据综合审查判断，必要时通知侦查人员到庭作出说明。对于经审查缺乏其他证据或线索支持的“孤证”，不得作为定案依据。

四、被告人有罪供述是否属于非法证据不能确定，其真实性、合法性存在疑问的，不得作为定案依据

证据裁判要求认定事实必须依据查证属实的证据，换言之，定案证据应是客观真实的，证据的客观性审查是证据裁判的重要方面。通常来讲，对据以定案的每一项证据，都要依照法定程序审查其客观性。而对于客观证据缺乏，主要依据供证一致定案的案件，更要加大对被告人供述客观性的审查力度。就聂树斌案原判而言，不能说定案全部依据被告人的有罪供述，毕竟还有现场提取的自行车、凉鞋、连衣裙、内裤等物证，尸体检验报告、现场勘查笔录和照片以及证人余某某、侯某某的证言等，但在锁定被告人作案这一关键事实的证明上，客观证据缺乏是不争事实，如果排除明显存疑的抓获经过，主

---

① 马秀娟：《论证据的关联性及其判断》，载《政法学刊》2008年第6期。

要就是聂树斌的口供了。如果能够保证聂树斌有罪供述的真实性、合法性，那么结合其他在案证据，仍可依法作出有罪判决，但恰恰聂的有罪供述是存疑的。

案件再审时从五个方面对此作了分析：（1）从供述本身入手，指出被告人对关键事实的供述前后矛盾、反复不定、随证而变、不合常理。（2）从供证一致入手，指出被告人的供述虽然与现场勘查笔录、尸体检验报告等内容基本一致，但由于存在先证后供等问题，难以保证供证一致的可靠性。（3）从取证合法性入手，指出有罪供述的取得，不能排除存在指供、诱供的可能。（4）从经验情理入手，指出被告人关于偷拿花上衣自穿等的供述，不符合生活常识。（5）从供述完整性入手，指出聂树斌被抓获之前5天的讯问笔录缺失，由此严重影响了在卷讯问笔录的客观性等。上述对被告人有罪供述的审查思路，对其他刑事案件办理有着重要借鉴意义。

特别是，再审判决注意对供证一致区分出“先证后供”与“先供后证”两种不同情形。对于先供后证的案件，由于被告人供述在先，根据其供述、指认进一步取得其他物证、书证、证人证言等，有的还提取到隐蔽性强的客观性证据，由此既能建立被告人与这些证据之间的关联性，又能印证被告人的供述具有可靠性，所以先供后证所形成的供证一致体系，往往具有较强的证明力。但先证后供则不同。被告人归案前，侦查人员在侦破案件过程中已经掌握了相关证据情况，除非能够确保被告人供述的自愿性和合法性，否则很难确定其供述的真实性。故在此情形下，即便被告人的供述与在案其他证据形成印证关系，其证明价值也相对较小。从实践看，在先证后供的案件中，由于侦查人员根据相关证据或线索事先已经锁定了嫌疑人，一旦其归案拒不供认，个别侦查人员为突破口供，还有可能采取指供、诱供甚至逼供等非法手段。综观近年来纠正的刑事冤错案件，在侦查机关已经发现作案现场及被害人尸体的情况下，被告人对现场勘查、尸体检验等方面的一致性供述往往与侦查人员指供、诱供、逼供有关。所以，仅凭被告人的供述与现场勘验、检查、指认等笔录、尸体检验情况一致就认定被告人作案，往往并不可靠。如果案件同时缺乏客观证据，供证一致又不能完全排除指供、逼供、诱供可能，在认定被告人有罪时务必慎之又慎，以避免酿成错案。

在聂树斌案再审判决作出后，社会上仍有个别不同声音，认为原判认定聂树斌作案正确。主要理由是，聂树斌归案后作了有罪供述，并且其有罪供述与现场勘查笔录、尸体检验报告等内容基本一致。该意见既未能认识到聂的有罪供述本身存在的前后矛盾、反复不定以及可能受指供、诱供等问题，也未能意识到本案作为先证后供案件在证据运用上所具有的特殊性，更是忽视了现场勘查、指认、辨认等笔录本身就存在不规范甚至违法并由此导致相关证据的证明能力丧失的问题。

当然，我们说先证后供对认定案件事实的价值低，并没有否定此类案件据此认定的可能性。对于先证后供的案件，只要证据确实充分、形成完整的证据锁链，仍然可以定案，特别是在有目击证人或者提取到了直接客观性证据的案件中，如现场遗留有被告人的血迹、指纹、足迹、精液等，以及抓获被告人时从其身上或住所查获了被害人的手机、银行卡、首饰等物品，由于在案证据充足，即使是先证后供，也不影响定案。而聂树斌案显然不具有上述情形。

五、要坚持综合审查思路，强化对客观证据的评判，树立客观证据优先的理念

刑诉法学界根据证据内容的载体不同，将刑事证据分为主观证据与客观证据。主观证据是以人为证据内容载体的证据，包括犯罪嫌疑人、被告人的供述和辩解、被害人陈述、证人证言等。此类证据需要通过对人的调查来获取其所掌握的证据信息，由于人的认知会随着外部环境和内在动机的变化而发生改变，所以它具有较强的易变性和不稳定性，容易造假，故司法实践中一般都比较重视审查主观证据。客观证据是指以人以外之物为证据内容载体的证据，包括物证、书证、鉴定意见、勘验、检查、辨认、侦查实验等笔录、视听资料和电子数据等。①

从证据裁判的角度，任何据以定案的证据都要经过法定程序查证属实。但由于客观证据的载体为客观之物，其外部特征、性状及具体内容等方面受人的主观意志影响较小，通常具有较强的稳定性和可靠性，故刑事诉讼中对其审查工作容易被忽视，不细加审查以及不知如何审查的问题在审判实践中较为突出。

而聂树斌案再审特别重视对上述客观证据的审查：（1）从客观证据缺失入手，指出现场勘查未能找到直接证明被告人实施故意杀人、强奸犯罪的任何痕迹物证，导致案件缺乏锁定被告人作案的客观证据。（2）从证据关联性入手，指出现场勘查提取到的缠绕被害人尸体颈部的花上衣，其来源无法查清，由此该花上衣与被告人之间的联系难以确定。（3）从证据合法性入手，指出辨认程序没有依法进行，导致用于被告人辨认的花上衣与缠绕尸体颈部的衣物是否同一存在疑问，由此认定花上衣为被告人故意杀人的作案工具的证据不足。（4）从客观证据内容入手，指出原判据以定案的尸体检验报告没有提取、检验被害人的胃内容物以确定死亡时间，且法医亦未根据被害人尸体蛆虫情况对其死亡时间作出推断，由此导致被害人的死亡时间不能确认。（5）从客观证据之间印证入手，指出现场勘查笔录虽然记载花上衣缠绕被害人尸体颈部，尸体检验报告进一步记载被害人“符合窒息死亡”，但却未能作出确定性的鉴定意见，因此导致被害人死亡的具体原因不明。（6）从客观证据与被告人供述、证人证言等证据比对入手，指出现场勘查笔录、尸体检验报告等证据与后者存在不协调甚至相矛盾的情况，由此不仅揭示了客观证据的局限性，也表明了被告人供述等言辞证据的真实性存疑。基于上述由表及里、层层深入的分析论证，再审判决很自然地就得出了“本案存疑”的结论。这种对待客观证据的态度以及具体裁判思路，对一线办案无疑有着重要启示意义。

一方面，要重视审查客观证据。主观证据虽然在复述案件全貌方面有着得天独厚的优势，但其在证据内容的稳定性和可靠性上远不如客观证据，“严刑之下其造假的可能性很高”，“我们传统意义上所提到的‘口供中心主义’所产生的冤假错案中，起主要作用的正是被害人陈述，犯罪嫌疑人、被告人供述和辩解等主观性证据”。② 所以，有效防范冤假错案，应当扭转长期存在的主观证据为中心、口供至上的倾向，树立客观证据优先的理念，高度重视和加强对客观证据的审查，进而引导侦查机关注重调取客观证据。

另一方面，要提高审查客观证据的能力。客观证据虽然有较强的稳定性和可靠性，但也不能迷信客观证据，不经审查就直接采用。办案中不仅要保持好奇、求真的欲望，充分挖掘客观证据，善于从案件的边边角角中发现问题，还要重视对客观证据进行科学

① 樊崇义、赵培显：《论客观性证据审查模式》，载《中国刑事法杂志》2014年第1期。

② 樊崇义、李思远：《刑事证据新分类：客观性证据与主观性证据》，载《南华大学学报（社会科学版）》2016年第1期。

解释，全面、细致地把握证据蕴含的信息。对全案证据不仅要逐一进行审查判断，还要综合进行审查判断，无论是何种证据，只有经甄别后具备真实性、关联性、合法性的，才可作为定案根据。但逐一审查判断证据，并非孤立地进行，亦应将该证据与全案证据进行综合比较、分析，以便排查矛盾与疑点。

六、人民法院审查控辩双方移送或提交的证据材料，不仅要审查证据材料本身，而且要审查办案人员收集、制作证据材料的行为

对证据进行全面、审慎裁量时，往往会涉及对有关办案机关收集、制作证据材料的取证行为的审查与判断。比如，在审查证据的客观性时，不能不关注有关侦查人员取证行为是否合法、依规；审查证据的关联性时，需要判断有关证据的调取、制作是否存在人为的疏忽、遗漏信息乃至歪曲、篡改有关证据内容或信息的可能；对证据缺失的判断，需要关注是否存在有关人员故意隐匿证据的情况；等等。特别是在证据材料存在缺失的情况下，当事人往往会提出办案机关隐匿了有利于被告人的证据，故对相关证据进行裁判时必然要求审查办案人员的收集、制作证据材料的行为。可以说，审查有关办案机关的收集、制作证据的行为本身是否存在问题，也是正确裁量相关证据、对案件作出准确判断的关键。

从刑事司法实际看，对取证行为的审查更多体现为证据的合法性审查。换言之，评判某一证据是否为非法证据，其直接指向就是有关办案机关及人员调取、制作证据的合法性。证据裁判所要求的据以定案的“合格证据”，不可能是非法证据，这决定了对证据的合法性审查是证据裁判的重要组成部分。但从具体实践看，这方面仍存在不少突出问题：一是对证据不敢或不能进行合法性审查和判断；二是不清楚合法性审查的重点，甚至认为非法证据主要是刑讯逼供等手段获取的口供，从而忽视了其他非法证据类型；三是不知道如何进行合法性审查，包括审查方法和判断依据不明等。

聂树斌案再审审查，第一，在摆事实讲道理的基础上明确地指出有关机关存在违规甚至违法办案的问题，包括现场勘查无见证人违反规定，辨认、指认不规范等，并由此判定原审所采信的指认、辨认笔录不具有证明力，可谓立场坚定，态度鲜明，充分体现了对程序公正和证据裁判理念的坚守；第二，不仅重点审查被告人供述的合法性，指出不排除指供、诱供的可能，被告人供述的真实性存疑，还审查了现场勘查及辨认、指认笔录等证据，由此将合法性审查作为每一项证据裁判的不可或缺的环节，充分体现了对证据合法性审查的重视；第三，针对不同证据类型采取灵活多样的审查方式，对被告人供述主要从甄别其供述内容并结合其他相关证据或线索进行审查，对现场勘查及辨认、指认笔录主要从其有无违反程序规定的角度进行审查；第四，对是否存在非法取证立足于事实及证据进行判断，因没有发现原办案人员在制作讯问笔录时实施刑讯逼供的证据，而对申诉人的相关主张不予采纳等。上述对证据合法性审查的司法立场及裁判思路，同样具有指导意义。

从实践看，非法取证是刑事案件办理中的“重大隐患”。近年来纠正的刑事冤错案件中，大多不同程度地存在非法取证行为。甚至可以说，“刑讯逼供、非法取证是导致冤假错案发生的主要原因”。[①] 所以，必须把证据的合法性审查放在更为突出的位置，在审

① 李婧：《官方称刑讯逼供非法取证是冤假错案主因》，载人民网，访问时间：2012 年 10 月 9 日。

查控辩双方移送或提交的证据材料，不仅要审查证据材料本身，还要关注和审查办案人员收集、制作证据材料的行为本身是否依法进行，从而通过审判环节加强对证据合法性审查、强化对“证据合法”的要求，来引导和督促有关办案机关“合法取证”。

七、审查刑事证据应当积极运用司法推理手段，并且运用证据进行的推理应符合逻辑和经验

生活经验虽然不能像理论法则那样揭示事物之间联系的规律性，但它揭示的事物之间的某种常态联系、某种程度的可能性或盖然性，也可以作为审查判断证据的重要依据。[①]《最高人民法院关于适用〈中华人民共和国刑事诉讼法〉的解释》第一百零五条明确要求“运用证据进行的推理符合逻辑和经验”。而刑事证明标准所要达到的排除合理怀疑，就是要求办案人员在综合全案证据的基础上，凭借知识、经验和阅历，根据常情常理形成内心确信，避免背离常情常理，违背生活经验逻辑。聂树斌案再审判决，注重常情常理分析，运用经验逻辑法则对证据进行分析论证，抽丝剥茧，发现疑点，多处使用了“不合常理”的表述，并据此得出证据或事实存疑的结论，作出对被告人有利的评判。

首先，在对聂树斌的有罪供述进行评判时运用经验法则，进行了常情常理分析。如：在卷内13份有罪供述中，聂树斌一方面始终认罪，另一方面又无法清楚供述作案的基本事实，特别是对作案时间、实施强奸的情节等关键事实，供述前后矛盾、反复不定，不合常理；根据聂树斌供述及相关证人证言，聂家当时经济条件较好，聂树斌骑的是价值400余元的山地车，月工资有数百元，衬衣有多件，并不缺吃少穿，平时除了上班有些散漫外，无任何证据证明聂树斌此前有过偷盗等劣迹，也无任何证据表明其对女士衣物感兴趣，而涉案上衣是一件长仅61.5厘米且有破口缝补的女式花上衣，显然不适合聂树斌穿着，故聂树斌所供偷拿该花上衣自穿，不合常理；聂树斌所供偷取花上衣的具体地点前后不一，不能确定，甚至在改变了之前所供的偷衣地点并作出解释之后，再次供述又出现反复，不合常理。正是由于存在上述诸多不合常理之处，再审判决根据经验法则，得出聂树斌有罪供述的真实性及与其他证据供证一致的可靠性存疑的评判意见。

其次，在评判原办案机关关于卷内相关重要证据缺失的解释是否合理时，再审判决也运用了经验法则。如：针对案发之后50天内调取的相关证人证言缺失问题。本案复查和再审期间，就原审卷宗内为何没有该50天的证人证言，询问了多名原办案人员，他们作出了两种解释：一种说法是当时摸排大多用笔记本记录，破案需要的材料才会整理，不需要就不整理，可能因此造成没有入卷；另一种说法是当时的办案习惯是侦查卷宗不装订，先送给预审科挑选，没有用的会被预审科剔除，这些证人证言可能被预审科当作没有用的材料剔除了，入了副卷，副卷后来在办公地点搬迁时丢失。对此，合议庭评判认为，被害人丈夫侯某某、同事余某某等人是本案的重要证人，他们在案发之初接受询问所作的证言，是初始证言，是确定被害人遇害时间和被告人有无作案时间的重要依据，是侦破本案的重要线索。对其询问应当按照当时的《刑事诉讼法》和公安部1987年《公安机关办理刑事案件程序规定》，规范制作笔录入卷，并随案移送。即使当时有将材料送预审科挑选的做法，对于这些重要的证人证言也不应当完全剔除。因此，上述解释

---

① 胡云腾：《向群众和传统学习司法智慧》，载《中国审判》2016年第19期。

尽管对于一般的摸排对象是合乎情理的，但是对于与本案有直接关系的重要证人，不仅不符合当时的办案规范和惯常做法，也明显不符合常理。根据经验法则，再审判决认定原办案机关未能作出合理解释，应承担不利的法律后果。又如，针对原办案单位提取的聂树斌所在车间案发当月考勤表缺失问题，原办案人员解释称有两种可能：一是当时证明作案时间的材料要求有公章，聂树斌所在单位出具了盖有公章的出勤证明，该证明比考勤表更重要，所以考勤表没有入卷；二是在预审阶段被剔除出来入了副卷，后来副卷丢失。经审查，该考勤表是证明聂树斌有无作案时间的重要原始书证，根据公安部1987年《公安机关办理刑事案件程序规定》，应当认真登记、妥为保管，而且考勤表比单位出具的出勤证明更能客观、真实地反映聂树斌的出勤情况，即使在单位出具盖有公章的出勤证明后，也应当将考勤表一并入卷，以便核对传来证据和原始证据是否一致。因此，考勤表不入卷不仅不符合相关规定，也不合常理。据此，再审判决作出原办案人员对考勤表缺失没有作出合理解释的评判。

这种运用经验常理裁判证据的理念，既有助于正确认定事实，也会提升社会公众对裁判的认同感，具有重要导向作用。“从近年来纠正的冤假错案来看，很多案件从侦查之初，就不仅违背了法律规定的诉讼程序和办案规则，而且背离了常情常理，违背了生活的逻辑”，由此将案件的“侦查方向引入歧途，最后酿成冤错案件”。[①] 比如呼格吉勒图案，被告人是一个刚成年且涉世未深的年轻人，在主动向公安机关报案时因害怕而精神有些紧张，本属正常，但是办案人员却据此认为他有犯罪嫌疑以致弄假成真。又如浙江张氏叔侄案，二被告人是没有任何前科劣迹的正经生意人，且受熟人之托，顺道带一个女孩至杭州。按照生活常识，这种人不可能在光天化日之下将该搭便车的女孩先奸后杀，但办案人员却背离常识地认定叔侄二人系真凶，以致酿成冤错案件。再如杜培武案，被告人作为一名警察，工作及生活均正常，没有表现出任何犯罪潜质和迹象，且案发时正潜心准备司法考试，但却被认定故意持枪当面杀害自己的妻子及其警察同学并陈尸车上等。一个个鲜活的实例表明，背离司法良知和常识常情办案，就容易误入歧途。

所以，在审查运用证据认定案件事实时，一方面，我们绝不能仅凭“经验”就认定案件事实，无视证据规则的“唯经验论”是错误的；另一方面，证据裁判和事实认定也绝不能无视生活常识和常理。应当注意将法律规范层面的证据规则与经验层面的常情常理结合起来综合裁量，分析案件的证据和事实中有无违背常理的情形，对于不符合常理的事实或者情节，应认定存在合理怀疑，作出有利于被告人的评判。

八、疑罪是指定罪的事实不清、证据不足，对于属于疑罪的案件，应当按照疑罪从无罪原则宣告被告人无罪

聂树斌案再审是按照疑罪从无宣告被告人无罪的。疑罪从无是一项基本司法原则。但对何为“疑罪”，理论及实务上至今仍有认识分歧。聂树斌案再审判决指出：“原判据以定案的证据没有形成完整锁链，没有达到证据确实、充分的法定证明标准，也没有达到基本事实清楚、基本证据确凿的定罪要求。原审认定聂树斌犯故意杀人罪、强奸妇女罪的事实不清、证据不足。”由此也就明确了疑罪的认定标准。

所谓疑罪，就是指定罪的事实不清、证据不足。如果按照“两高两部”2010年发布

① 胡云腾：《向群众和传统学习司法智慧》，载《中国审判》2016年第19期。

的《关于办理死刑案件审查判断证据若干问题的规定》（以下简称《规定》）对“证据确实、充分”证明标准的界定，所谓定罪的事实不清、证据不足，是指据以定罪的证据之间、证据与案件事实之间存在矛盾，或者根据证据认定案件事实的过程不符合逻辑和经验法则，全案证据不能得出被告人有罪的唯一结论。该界定对疑罪的范围作了限定，其一，排除了量刑上的事实不清、证据不足；其二，必须是定罪证据和主要案件事实上存在疑点，如果案件中存在一般的细枝末节问题和不影响定罪事实的疑点，不属于“疑罪”。聂树斌案发生于1994年，理应依据当时的“两个基本”来判断。“两个基本”是指认定有罪必须达到“基本事实清楚，基本证据确凿”。其中，基本事实是指按照刑事法律规定足以影响定罪量刑的事实，即决定被告人的行为是否构成犯罪、构成何罪、罪行轻重的事实；基本证据是指对案件的基本事实起决定性证明作用的证据，即直接关涉定罪量刑的证据。“两个基本”旨在强调，办案不要纠缠案件事实证据的细枝末节，而要卡死案件的基本事实和基本证据。这是对证明对象的缩小，不是证明标准的降低。所以，“两个基本”与1979年《刑事诉讼法》实施以来我国一贯坚持的“证据确实、充分”的证明标准并无实质差异，可参考《规定》对“定罪的事实不清、证据不足”的具体阐释，来理解和把握“两个基本”。

聂树斌案再审判决对“疑罪”作了很好的注解。一方面，从证实的角度，检察机关承担证明被告人有罪的举证责任，应当提供确实、充分的证据来证实被告人有罪。如果其提供的证据不足以认定犯罪行为系被告人实施，就是我们讲的“疑罪”。换言之，疑罪是检察机关未能实现证明责任的结果，本身不以被告人是否认罪为前提。即使被告人笼统认罪，但如其有罪供述的真实性缺乏保障，在案证据未能达到确实、充分标准，也不能认定被告人有罪。另一方面，从证伪的角度看，疑罪不同于存在无罪证据的案件，如果有证据证明被告人是无辜者（如能确认王书金系真凶），则案件不再属于疑罪，而应当依法宣告被告人无罪。这种无罪不是基于疑罪从无原则宣告的无罪，而是事实上的无罪。基于以上分析，对刑事案件证明标准的理解，也应当从正反两个方面来把握。详言之，作出有罪认定，要能保证所有的证据都指向被告人，且没有证据指向其他人（即定案证据体系上没有疑点或疑点得以排除）。换言之，既要从正面证实的角度做到内心确信，又要从反面证伪的角度排除合理怀疑、得出唯一结论。而所谓的“疑罪”，就是在案证据对被告人是否犯罪既不能证实也不能证伪的案件。

如前所述，聂树斌案件中，既有证明被告人有罪的证据，也存在一些与有罪证据相矛盾的反证。例如，“本案缺乏能够锁定聂树斌作案的客观证据，聂树斌作案时间不能确认，作案工具花上衣的来源不能确认，被害人死亡时间和死亡原因不能确认”“聂树斌有罪供述的真实性、合法性存疑，有罪供述与在卷其他证据供证一致的真实性、可靠性存疑”等等。这些反证，意味着本案在证据体系上存在疑点，在正面证实的方面难以达到“内心确信”的程度。从反面证伪的角度看，另案被告人王书金自认系本案的真凶，其供述内容能与在案部分证据相佐证，且其有罪供述能够排除办案机关刑讯逼供、被告人道听途说、替人顶罪或者邀功请赏等情形，虽然相关证据不能从正面证实的角度证明其确系本案的真凶，但应当认定不排除其具有作案的可能性。换言之，本案的证据体系达不到“排除合理怀疑、得出唯一结论”的要求，应属于典型的“对被告人是否犯罪既不能证实也不能证伪”的疑罪案件。

对于“疑罪案件”，在一些案件中未能作无罪宣判，部分作了疑罪从轻、疑罪从挂处理。这些处理本质上都是有罪推定的表现，不符合人权保障的要求，也极易导致冤错案件，无论是可能的风险还是现实的危害都很大。周强院长在2017年全国两会的工作报告中指出：“冤错案件的发生，让正义蒙羞，教训十分深刻。我们要坚决引以为戒，强化本案责任，健全制度机制，坚决守住防止冤假错案底线。”聂树斌案再审按照党的实事求是、有错必纠的一贯方针，果断地依法宣判被告人无罪，坚定地实践了党的十八届四中全会提出的证据裁判、疑罪从无等法律原则，这在人民法院的刑事审判工作中具有里程碑意义。试想一下，对这样一起20余年前被告人已经被执行死刑的“历史悬案”，都敢于按照疑罪从无罪原则宣告被告人无罪，在今后的刑事审判实践中，我们更要毫不顾虑地坚守疑罪从无！

九、再审程序既要坚持程序法从新并对当事人有利原则，也要坚持用当时的法律法规和办案条件评判办案人员的行为，体现对办案人员公平合理的原则

聂树斌案侦查、起诉、一审和二审均发生于20世纪90年代，当时的办案条件和办案能力相对落后，诉讼程序和办案规程有失规范，尊重和保障人权的观念相对淡漠。由于这些因素的影响，办案中存在不少程序瑕疵、不规范甚至违反程序规定的做法，导致证据本身存在很多问题。随着社会的发展、时代的进步，20多年来我国《刑事诉讼法》先后经历两次大修，司法理念和执法环境都发生了巨大变化。如今对这一历史案件进行再审，如何评价办案人员当年的办案行为，如何看待和处理历史案件中的问题证据，是本案再审判决无法回避的问题。

在聂树斌案的复查和再审过程中，有观点认为：本案确有不少瑕疵，证据存在欠缺，办案不够规范，甚至有违反程序规定的做法，但这些均系因当时的刑事政策、执法理念、执法条件和实际水平所致，不应该以现在的标准来苛求陈年旧案。合议庭经审慎研究，认为上述观点不能成立，并通过再审判决明确了评判历史案件中办案行为和问题证据的基本规则。即在适用现行《刑事诉讼法》规定的程序及按照现行法律保障当事人权利的同时，对于原办案机关的办案行为，则按照当时的法律和规范以当时的标准来评判；坚持以历史的眼光，实事求是，客观、理性、辩证地看待和处理历史案件中的问题证据。

首先，坚持以案发当时的法律和规范为标准评判历史案件中的办案行为。

聂树斌案于1995年裁判生效，当时适用的是1979年《刑事诉讼法》，之后我国《刑事诉讼法》经过了1996年、2012年两次修订。再审该案，是适用当时的《刑事诉讼法》，还是适用现行的《刑事诉讼法》，存在不同认识。合议庭经过审慎研究认为，本案再审应当适用现行的《刑事诉讼法》。主要基于：一方面，对于再审案件适用程序法采用“从新原则”是基本原则。从中外司法实践看，均不存在置新程序法于不用，转而适用已经废止的旧程序法的先例，现行《刑事诉讼法》专章规定的审判监督程序，是对生效裁判的专门纠错程序，再审案件当然要适用新法；另一方面，决定新旧法律选择适用的根本考量因素，要看是否有利于当事人特别是被告人。从程序法修改的规律看，我国刑事诉讼法的两次修订，在当事人权利保障方面一次比一次更加强化，适用新法也更有利于从程序上体现对当事人及其他诉讼参与人的权利保护，更有利于尊重和保障人权。

但同时，在保障当事人及其他诉讼参与人的诉讼权利和评价办案人员的办案行为方面，应当采取不同的标准。具体而言，在保障当事人及其他诉讼参与人的诉讼权利时适用现行《刑事诉讼法》，而在评价办案人员的办案行为时应当适用当时的法律规范，不应该用今天的法律标准来评价他们当年的办案行为，力避以现行标准评价历史案件，这样既合情合理，又能为各方面所接受，体现了对办案人员公平合理的原则。

聂树斌案再审判决中，多处引用了当年的法律和办案规范，对办案行为予以评价。例如：（1）原办案机关在没有掌握聂树斌任何犯罪线索的情况下就将其抓获，对其采取监视居住措施，且监视居住期间一直将其羁押于派出所内，违反了1979年《刑事诉讼法》及公安部1987年印发的《公安机关办理刑事案件程序规定》的有关规定。（2）本案现场勘查没有邀请见证人参与，且勘查笔录除记录人外，其他参加勘验、检查人员本人均未签名，违反了1979年《刑事诉讼法》、1979年《公安部刑事案件现场勘查规则》及公安部1987年印发的《公安机关办理刑事案件程序规定》的有关规定。（3）聂树斌被抓后前5天讯问笔录、案发之后前50天内证明被害人遇害前后情况的证人证言、聂树斌所在车间案发当月的考勤表均没有入卷并随案移送，违反了1979年《刑事诉讼法》及公安部1987年印发的《公安机关办理刑事案件程序规定》中关于全面收集证据、规范制作笔录并随案移送的相关规定。（4）原办案人员关于前5天讯问笔录可能入了副卷的解释，不符合公安部1991年印发的《公安业务档案管理办法》关于犯罪嫌疑人的供述笔录不属于入副卷材料的明确规定。

其次，客观理性地审慎评判历史案件中的问题证据。

刑事诉讼中的问题证据包括非法证据和瑕疵证据。聂树斌案是一起各方高度关注、极为重大复杂的历史疑案，本案再审判决坚持以客观理性、实事求是的审慎态度评判这一历史案件中的问题证据。

一方面，对于严重违反法定程序或存在重大缺陷，导致证据的真实性、合法性或关联性存在重大疑问，证明力受到严重影响的问题，不回避，不含糊，明确作出否定性的评判。

例如，关于聂树斌相关辨认笔录的评判。组织犯罪嫌疑人、被告人对作案现场和涉案物品进行指认和辨认，是判断其供述真伪、确定其与案件关联性的重要手段，客观真实、合法的辨认笔录是认定案件事实的重要证据。原审卷宗显示，本案在侦查期间，办案机关先后组织聂树斌分别对现场提取的被害人颈部缠绕的花上衣、被害人所骑自行车、被害人康某1的照片进行了混杂辨认，并制作了辨认笔录。但经审查，这些辨认极不规范，辨认笔录存在重大缺陷。一是无论是对作案、藏衣现场的指认还是对被害人照片及现场提取物品的混杂辨认，均仅有一份极为简单的笔录在卷，既没有指认现场的照片，也没有混杂辨认对象的照片。如在对被害人照片的混杂辨认中，笔录记载聂树斌从康某1和其他两名妇女的3张照片中辨认出康某1的照片，但卷内既未见康某1照片，也未见两张陪衬照片，陪衬者的年龄、体貌特征是否与康相仿不清，且对康某1的照片来自何处，卷中也无任何材料反映。二是用于混杂辨认的陪衬物与辨认对象差异过于明显。按照混杂辨认的规范要求，为了保证辨认的客观准确，用于混杂辨认的陪衬物应当与辨认对象的特征相类似，如果差异过大，就失去了混杂辨认的意义，势必降低甚至丧失辨认笔录的证明力。本案中，对花上衣、自行车虽然组织了混杂辨认，但陪衬物与辨认对象差异非常明显。聂树斌在供述中所述的花上衣系旧短袖，但用于混杂辨认的三件陪衬物中，有两件系长袖上衣，其中一件还是新上衣，与辨认对象的特征明显不同；聂树斌在供述中称被害人的自行车为蓝色的比二六型小的自行车，但作为混杂辨认陪衬物的三辆自行车均为二六型自行车，且全部为黑色，其中还有一辆为赛车，与辨认对象现场提取的蓝色二四型女式坤车差异明显。三是用于混杂辨认的辨认对象与案件的关联性存在重大疑问。原审侦查卷宗显示，现场勘查笔录附件中包括被害人尸体照片在内的全部照片均为黑白，显示为现场所拍，但让聂树斌用于混杂辨认的花上衣照片却是彩色的，显示为在水泥地上拍摄。花上衣照片与其他物证及现场照片显然不是同一时间、同一地点拍摄形成，该彩照上的花上衣比较干净，与被害人尸体颈部缠绕的衣服差异极大。对此，原办案人员解释，从尸体颈部提取的衣服因受到雨水及尸体腐液侵蚀，不具备辨认条件，为方便辨认，办案人员对该上衣进行了清洗。但在卷内对此没有任何记载或说明，无任何证据证实，无法让人相信彩照上的花上衣与被害人尸体颈部的衣服为同一物证，以致用于辨认的彩色花上衣与现场提取的尸体颈部衣物是否同一、该辨认对象与本案是否具有关联性存在重大疑问。上述问题的存在，导致这些辨认笔录的证明力受到严重影响甚至丧失殆尽。因此，不能作为定案的依据。

另一方面，对于取证程序存在瑕疵的证据，坚持以历史的眼光，实事求是，对其证明力及其对认定案件事实的影响作出客观理性的评判。

例如，辩证评判尸体检验报告的证明力。本案因案发时尸体高度腐败，法医在尸体检验时没有提取、检验被害人的胃内容物以确定死亡时间；现场勘查时，尸体及周围布满蛆虫，但法医未根据尸体蛆虫情况对死亡时间作出推断；尸体检验报告中记载的“康某1符合窒息死亡”只是“分析意见”，不具有确定性。上述问题的存在，致使该份证据对于认定被害人的死亡时间和死亡原因缺乏足够的证明力，再审判决对此作出了明确的评判。但同时，鉴于案发当年的技术水平和被害人尸体高度腐败的客观实际，再审判决并没有完全否定该份尸体检验报告的证明力，该份证据仍是认定被害人康某1死亡的重要依据。

又如关于聂树斌签名代签问题。申诉人的诉讼代理人提出，原审卷宗内送达起诉书笔录及送达回证、一审宣判笔录及送达回证、验明正身笔录、二审判决送达回证上，虽有聂树斌的手印，但签名均为代签，据此认为原办案机关存在伪造或变造案卷的可能。经鉴定，上述证据材料上聂树斌的签名虽系办案人员代签，但按捺的指印均为聂树斌本人所留；同时，从再审期间调取的河北省石家庄市中级人民法院当年办理的16件死刑案件卷宗看，在送达回证、宣判笔录等证据材料上办案人员代为签名并非聂树斌案所独有的现象。据此，再审判决以历史的眼光，采取了实事求是的态度，对这些材料的效力予以认可，对诉讼代理人提出的原办案机关伪造或变造卷宗的意见不予采纳。

此外，再审判决对聂树斌有罪供述的评判，也同样采取了实事求是、审慎处理的态度。本案复查和再审过程中，申诉人及其代理人都明确提出，要求认定原审存在刑讯逼供，并将聂树斌的有罪供述作为刑讯逼供所获得的非法证据予以排除。为核查这些有罪供述是否系刑讯逼供所得，再审合议庭反复审查了本案原审卷宗、河北省高级人民法院和山东省高级人民法院的复查卷宗，没有从中发现有价值的线索；分别询问了10多名原办案人员，了解他们当年取证过程，结果也一无所获；多次与最高人民检察院的办案人员进行沟通，其中就涉及原办案机关是否存在刑讯逼供问题，也没有获得肯定的意见；申诉人及其代理人亦无法提供相关证据或线索。在这种情况下，再审判决作出评判：“对申诉人及其代理人提出侦查机关存在刑讯逼供的意见，因无证据证实，本院不予采纳。”但同时经审查发现，聂树斌曾经供述自己本来想不说，后在办案人员“劝说和帮助下说清整个过程”；聂树斌供述偷花上衣的地点存在随证而变的情形；一些笔录显示讯问内容指向明确；参与现场勘查的办案人员曾称被安排到讯问场所与聂树斌核对案发现场情况等，故不能排除存在指供、诱供的可能。加之，聂树斌对关键事实的供述前后矛盾、反复不定，供证一致的真实性、可靠性存疑，故作出评判：“对申诉人及其代理人提出聂树斌有罪供述的真实性、合法性存疑，不能排除指供、诱供可能的意见，对检察机关提出的侦查机关讯问过程明显具有指供倾向的意见，本院予以采纳。”最终判定聂树斌的有罪供述不能作为定案的依据。这种实事求是、客观理性的评判不仅贯彻了证据裁判原则，也彰显了程序公正的理念。

十、对事实复杂疑难的案件进行证据审查时，应当坚持运用多种方法并善于从多个方面综合审慎考量、评判

聂树斌案是一起“各方关注、重大复杂的历史疑案”。其再审工作的难度之大超乎想象，只要通读一遍再审判决书就会有深切感受。本案事发多年、证据残缺、信息较多、真假混杂等状况，决定了再审时证据裁判的思路、视角和方法等，对案件正确认定具有重要意义。概括地讲，该案再审在事实证据的审判判断上，坚持运用多种方法并善于从多个方面综合审慎考量、评判，做到了“立足两个视角、关注三个方面、善用多种方法、坚持因材施法，审查思路清晰”。

“立足两个视角”，即分别从证据能力和证明力入手，对原审定案的证据逐一进行审查，通过摆事实讲道理，认定有的证据属于缺乏关联性，不具有证据能力，而不能作为定案依据，如抓获经过。有的证据属于取证违规而导致其证明力降低，如证人证言。还有的证据因取证违法而丧失证明力。所谓丧失证明力，也就是排除了其证据资格，不再作为定案依据，如现场勘查及辨认、指认笔录等。

“关注三个方面”，即将证据的关联性审查、客观性审查和合法性审查结合，贯彻全面审查原则，不放过任何一个疑点。

“善用多种方法”，是指聂树斌案再审对证据审查不仅综合运用了个别甄别、同一认定、比较印证等阅卷评判的常见方法，同时积极运用了实证调查、咨询专家、经验识别等非常规的方法。例如，合议庭除认真审查原审卷宗、河北高院和山东高院复查卷宗百余卷外，积极奔赴案发地核实相关证据，察看案发现场、被害人上下班路线、聂树斌被抓获地点及其所供偷衣地点，询问部分原办案人员和相关证人，还就有关尸体照片及尸检报告等证据的审查判断咨询著名的刑侦技术专家（李昌钰），并从经验识别的角度，对原办案人员当年的办案行为和事后的解释进行评判，认为“不合常理”，从而排除认定一些事实和情节等。正是坚持综合运用多种分析方法，由表及里，层层递进，全面审查，客观评定，从而清晰地揭示出原审定案证据体系上存在的问题。

“坚持因材施法”，是指聂树斌案再审针对不同的证据类型各有侧重地采取了相应的审查方法。概括地讲，对被告人供述、证人证言等主观证据的审查，更为侧重证据的内容方面；对物证、书证、鉴定意见、勘验、检查笔录等客观证据的审查，更加重视证据的形式方面，强调针对证据的不同特点有针对性地开展工作。比如，对被告人的有罪供述，着重从供述的时间、地点、有无逼供诱供等方面进行审查，对证人证言重点从证人的辨别能力、与案件的利害关系等方面进行判断，对物证、书证着重从来源、提取过程、签名及标注等方面进行甄别，对鉴定意见重视分析鉴定人的资质、检材的原始性、鉴定过程等方面，辨认笔录重点关注辨认过程是否符合程序等等。聂树斌案再审的审查思路无疑具有重要导向意义。实际上，各类证据的特性各有不同，只有坚持因材施法，才能够更为准确、有效地把握证据存在的相关问题及实质，从而去粗存精、去伪存真。

“审查思路清晰”，是指聂树斌案再审审查时，重视审查思路的逻辑性、系统性和有效性。在对具体证据进行审查和判断时，大致按照以下三个步骤依次推进：第一，单个证据的分解验证。即将某个证据的相关信息掰开揉碎，仔细甄别以查看其自身内容有无问题，比如被告人的有罪供述是否存在对关键事实的供述前后矛盾、反复不定、随证而变、不合常理的情况。通过对单个证据的分解、甄别，往往就能够审查出问题。第二，相关证据的双向比对。即将证明同一事实的两个或两个以上的证据材料进行比较和对照，查看其所证明的内容是否一致。具体有纵向对比和横向对比两种方法。前者主要针对言辞证据而言，即对同一案件事实做过的多次陈述或供述进行对比，辨明其前后内容有无矛盾之处。后者是指对证明同一案件事实的不同种类的证据进行比对。比对印证是证据分析、审查最基本、最直接的方法。第三，全案证据的综合判断。即将经过分解验证和比对分析后的各个证据材料，按照法律逻辑有机地整合成一个证据体系，既在全案证据体系中考察、评估单个证据的证明力，又对整个证据体系是否达到确实、充分的法定要求进行综合判断。

综上，聂树斌案再审审查正是坚持因材施法、对症下药、全面审查、客观评定，从而清晰地揭示出原审定案证据体系上存在的问题，并由此顺利地得出了具有较强说服力的裁判结论。

（一审法院合议庭成员　康平平　梁建琴　张贵军
二审法院合议庭成员　赵桂云　王振云　姜　枫
再审法院合议庭成员　胡云腾　夏道虎　虞政平　管应时　罗智勇
编写人　最高人民法院　于同志　管应时
责任编辑　高　尚
审稿人　李玉萍）

原载《人民法院案例选》2018 年第 8 辑（总第 126 辑）

406. 孙力栋贩卖、运输毒品，赵颖贩卖毒品，齐继霞运输毒品案

——检察机关支持抗诉意见书中提出的抗诉书并未涉及的抗诉意见的处理

【关键词】

贩卖、运输毒品罪　抗诉　法定期限　明知　推定

【裁判要旨】

在因检察院抗诉而启动刑事二审程序，上级检察机关的支持抗诉意见书中提出了下级检察机关提交的抗诉书中并未涉及的抗诉意见时，因抗诉主体系下级检察机关，且支持抗诉意见书系上级检察机关在二审期间提出的，不属于法定期限内抗诉的情形，故法院对该项支持抗诉意见不予支持。

【相关法条】

《中华人民共和国刑事诉讼法》

第二百二十五条第一款第（二）项　第二审人民法院对不服第一审判决的上诉、抗诉案件，经过审理后，应当按照下列情形分别处理：

（二）原判决认定事实没有错误，但适用法律有错误，或者量刑不当的，应当改判；

【案件索引】

一审：大连铁路运输法院（2015）大铁刑初字第00013号（2016年1月28日）

二审：沈阳铁路运输中级法院（2016）辽71刑终3号（2016年7月11日）

【基本案情】

法院审理查明：2014年7月末的一天，被告人赵颖通过电话向被告人孙力栋以每克300元的价格购买甲基苯丙胺（冰毒）50克，其中，以每克330元卖给杜洪成30克，以每克300元卖给王永鹏20克。同年8月5日，赵颖与杜洪成通过ATM机向孙力栋提供的×东伟的银行卡汇入毒资人民币1万元；次日，王永鹏在赵颖的授意下，通过ATM机向孙力栋提供的刘丽维的银行卡汇入毒资人民币5000元。赵颖与孙力栋商定以火车将毒品运至洮南站。嗣后，孙力栋于2014年8月9日开车携带甲基苯丙胺（冰毒）至赵慧住处。被告人齐继霞亦在赵慧家中。期间，孙力栋、齐继霞、赵慧三人均吸食了冰毒。吸食之后赵慧进入卫生间内，孙力栋向齐继霞提出要发点东西到洮南，齐电话联系赵岩捎运，赵岩同意捎运后，齐将赵岩电话号码提供给了孙力栋。孙力栋用衣服、袋子及胶带

对毒品进行了包装。包装过程中，齐继霞经询问赵慧后将衣服及胶带提供给孙力栋，并用胶带缠绑包装袋。后孙力栋到沈阳铁路局大连站将包裹交与赵岩捎运。当日，大连站客运车间值班主任张晓东报案称赵岩准备往2061次旅客列车捎运的一件包裹可疑，经民警检查后发现内有疑似毒品两包。后经大连市公安局司法鉴定中心检验鉴定疑似毒品含有甲基苯丙胺成分，净重40.9克。

案发后，被告人赵颖于2014年8月10日在洮南站站台接货时被抓获，赵颖到案后，通过辨认照片，确认被告人孙力栋的详细信息并指认孙的住所，在其协助下，公安机关于2014年11月25日在大连市第三人民医院将孙力栋抓获；被告人齐继霞于2014年11月25日在大连市甘井子区周水子前爱丽舍公寓被抓获。

一审宣判后，大连铁路运输检察院提出抗诉，对于一审被告人齐继霞判处无罪提出了一审判决属于证据采信不当、认定事实错误的抗诉意见，其理由是：（1）判决以证据不足判处被告人齐继霞无罪系证据采信不当，认定事实错误。（2）被告人齐继霞涉嫌运输毒品罪的事实清楚，证据确实充分，可以排除合理怀疑。

辽宁省人民检察院沈阳铁路运输分院的支持刑事抗诉意见和出庭意见是：（1）公诉机关指控一审被告人齐继霞犯运输毒品罪的事实清楚、证据确实充分。（2）本案中对一审被告人赵颖应以贩卖、运输毒品罪追究刑事责任，且应对查获的全部毒品数量承担刑事责任。（3）一审被告人赵颖不具有立功表现。

二审法院经审理确认一审查明事实，对于检察机关抗诉意见所涉事实亦予以确认。

【裁判结果】

大连铁路运输法院于2016年1月28日作出（2015）大铁刑初字第00013号刑事判决：一、认定被告人孙力栋犯贩卖、运输毒品罪，判处有期徒刑十一年，并处罚金人民币15000元。二、被告人赵颖犯贩卖毒品罪，判处有期徒刑八年，并处罚金人民币15000元。撤销内蒙古自治区乌兰浩特市人民法院（2011）乌刑初字第250号刑事判决“被告人赵颖犯协助组织卖淫罪，判处有期徒刑三年，缓刑四年，并处罚金人民币5000元”的缓刑部分，将原判刑罚与新罪所判刑罚实行数罪并罚，决定执行有期徒刑九年，并处罚金人民币2万元。三、被告人齐继霞无罪。

宣判后，大连铁路运输检察院以大铁检刑抗〔2016〕1号抗诉书提出抗诉，辽宁省人民检察院沈阳铁路运输分院支持抗诉。

沈阳铁路运输中级法院于2016年7月11日作出（2016）辽71刑终3号刑事判决：一、维持大连铁路运输法院（2015）大铁刑初字第00013号刑事判决的第一项、第二项，即对被告人孙力栋、赵颖的定罪量刑；二、撤销大连铁路运输法院（2015）大铁刑初字第00013号刑事判决的第三项，即被告人齐继霞无罪；三、原审被告人齐继霞犯运输毒品罪，判处有期徒刑三年六个月，并处罚金人民币8000元。

【裁判理由】

法院生效判决认为：一审被告人孙力栋贩卖、运输甲基苯丙胺10克以上不满50克，其行为侵害了国家对毒品的管理制度和公民的身体健康权利，已构成贩卖、运输毒品罪。一审被告人赵颖贩卖甲基苯丙胺10克以上不满50克，其行为侵害了国家对毒品的管理制度和公民的身体健康权利，已构成贩卖毒品罪。关于辽宁省人民检察院沈阳铁路运输分院所提一审判决对一审被告人赵颖为王永鹏代购的毒品未认定为贩卖毒品的数量系事实认定、适用法律错误的意见，系在二审期间提出支持抗诉意见，不属于法定期限内抗诉的情形，故对该项支持抗诉意见不予支持。关于抗诉机关所提判决以证据不足判处被告人齐继霞无罪系证据采信不当、认定事实错误的抗诉意见以及辽宁省人民检察院沈阳铁路运输分院相关支持抗诉意见，鉴于一审被告人齐继霞对具备推定其明知运输毒品的案件事实未能作出合理解释，且否认案发当日之前与一审被告人孙力栋相识的基本事实，根据本案毒品的藏匿方式、查获时的状况，一审被告人齐继霞的年龄、阅历以及一审法庭审理期间一审被告人孙力栋、赵慧就所证实的内容与一审被告人齐继霞的当庭对质情况综合分析，足以形成一个完整的证据链条证实一审被告人齐继霞的行为构成运输毒品罪。故对抗诉机关提出的抗诉意见及辽宁省人民检察院沈阳铁路运输分院的该项支持抗诉意见予以支持。一审被告人齐继霞明知一审被告人孙力栋运输甲基苯丙胺而提供帮助，已构成运输毒品罪，是共同犯罪。一审被告人齐继霞在共同犯罪中起帮助作用，系从犯，予以减轻处罚。

【案例注解】

一、二审法院对于支持抗诉意见书中提出的在抗诉书中并未涉及的抗诉意见应当如何处理

关于辽宁省人民检察院沈阳铁路运输分院所提一审判决对一审被告人赵颖为王永鹏代购的毒品未认定为贩卖毒品的数量系事实认定、适用法律错误及赵颖不具有立功的意见。经查，一审法院于2016年1月26日作出（2015）大铁刑初字第00013号刑事判决。宣判后，三名被告人在法定期限内未提出上诉，大连铁路运输检察院于2016年2月4日提出抗诉。抗诉书中仅对一审被告人齐继霞判处无罪提出了一审判决属于证据采信不当、认定事实错误的抗诉意见，而并未对其他两名同案犯孙力栋、赵颖的判决提出抗诉。而针对一审被告人赵颖一审事实认定、适用法律错误的意见是由辽宁省人民检察院沈阳铁路运输分院在法院二审审理期间，依照全案审查原则于2016年3月28日出具的支持刑事抗诉意见书中提出。依据《刑事诉讼法》第二百一十九条“不服判决的上诉和抗诉的期限为十日”以及《最高人民法院关于适用〈中华人民共和国刑事诉讼法〉的解释》第三百二十六条“人民检察院只对部分被告人的判决提出抗诉，或者自诉人只对部分被告人的判决提出上诉的，第二审人民法院不得对其他同案被告人加重刑罚”的规定，本案的抗诉机关主体为大连铁路运输检察院，其在法定期限内未对一审被告人赵颖提出抗诉。辽宁省人民检察院沈阳铁路运输分院在二审期间提出支持抗诉意见，不属于法定期限内抗诉的情形，故对检察机关在二审期间提出的该项支持抗诉意见不予支持。

根据我国《刑事诉讼法》第二百一十七至二百二十一条规定，人民检察院认为本级人民法院第一审判决、裁定确有错误，可以依法提出抗诉，而且检察机关必须提出抗诉书。抗诉书既是人民检察院提起抗诉的标志，又是承载人民检察院抗诉意见的正式法律文书。抗诉书被提交给人民法院，同时由人民法院送交被告人及其辩护人，使其依据抗诉书内容行使辩护权。可见，由于抗诉书是代表抗诉机关正式和权威意见的法定文本，它为检察机关抗诉确定基本范围和观点。应当讲，抗诉书在法定期限内形成，并以其启动二审后，除撤回抗诉外，检察人员应当依据抗诉书发表支持抗诉意见，该意见内容必须体现检察机关的意见，严格在抗诉书意见范围内阐述支持抗诉的理由，不能擅自改变或者超越抗诉书意见的范围。如果出庭检察人员在发表支持抗诉意见中出现上述情况，法官应当即明确告知，即法院审查和裁判案件所涉抗诉意见将以抗诉书为准，无论其在支持抗诉意见中提出新的意见或者所改变的观点是否正确，以及法院是否作出符合其意见的判决，法院在裁判文书中对其将不予支持或评判。

二、法院对于被告人是否明知找人帮忙捎运的物品中藏有毒品的司法判断

关于抗诉机关所提判决以证据不足判处被告人齐继霞无罪系证据采信不当、认定事实错误。被告人齐继霞涉嫌运输毒品罪的事实清楚，证据确实、充分，可以排除合理怀疑的抗诉意见以及辽宁省人民检察院沈阳铁路运输分院所提一审判决以主要证据证明内容不一致、相互矛盾、不能得出齐继霞主观明知的唯一结论，且不能排除齐继霞存在被蒙蔽、利用的可能性为理由，判决齐继霞无罪属证据采信不当，导致对案件基本事实认定错误的支持抗诉意见。经查，一审被告人齐继霞辩称：（1）她不认识孙力栋，案发当天她刚从抚顺乘火车到大连，是第一次见孙力栋；（2）衣服是赵慧要捎的，包裹是孙力栋打的，她只是问赵慧衣服和胶带在哪；（3）她拿包裹时发现有响声，孙力栋告诉她是保健品。从公诉机关提供的证据看，证人赵慧和一审被告人孙力栋都证实齐继霞与孙力栋认识。案发前一审被告人齐继霞在赵慧家已居住一段时间，期间与一审被告人孙力栋、赵慧在赵慧家共同吸食过毒品，且毒品由一审被告人孙力栋提供。齐继霞辩称其案发当天刚乘火车到大连，与一审被告人孙力栋是初次见面，但公诉机关提供的乘车记录没有其购票记载，齐继霞的辩解无证据支持，反而印证了赵慧的证言和孙力栋的供述属实，应予认定。关于是谁要捎包裹的问题，一审被告人孙力栋承认是自己要捎东西，一审被告人齐继霞称是赵慧要捎衣服，证人赵慧否认是自己要捎东西，称是一审被告人孙力栋说过要捎东西，而且从打包到一审被告人孙力栋将包裹拿走的全过程赵慧未参与，应认定包裹是一审被告人孙力栋要捎的，一审被告人齐继霞辩解衣服是赵慧要捎给其母的不成立。赵慧提出要给其母捎几件衣服，衣服却由一审被告人齐继霞在赵慧不在场的情况下从电视柜下取出，地址由一审被告人孙力栋提供，包装后也未向赵慧确认，不合常理。一审被告人齐继霞否认与一审被告人孙力栋相识已久且在赵慧家已居住一段时间及是谁提出要捎寄东西的基本案件事实缺乏证据支持。至于打包的过程一审被告人齐继霞是否参与，从现有证据看，包裹是在赵慧家拿的衣服当场打包，不是事先打好包裹，期间一审被告人齐继霞向赵慧要过衣服和胶带。由于证人赵慧一直在卫生间，不能证明是谁打的包裹，只能证明一审被告人齐继霞向其要衣服和胶带，而一审被告人齐继霞否认打包，只能认定是一审被告人孙力栋打的包裹并将毒品放在包裹内。另外，一审被告人孙力栋到案之初就供述从火车站回赵慧住处后，发现一审被告人齐继霞与赵慧二人脸色不对，当时赵慧未说原因。一审被告人孙力栋给一审被告人齐继霞一小袋毒品后，在赵慧房间里与赵慧交谈时，赵慧提到埋怨一审被告人齐继霞不该帮忙发毒品，后孙力栋被其妻子打电话叫走。赵慧证明孙力栋从车站回来，见到赵慧、齐继霞问二人是否吵架，赵慧说没有，孙力栋扔给齐继霞一袋毒品，到赵慧房间里聊了几句，后孙力栋被其妻子打电话叫走。上述两份证据，除了赵慧没有提到在房间里与一审被告人孙力栋交谈的具体内容外，二人对事情经过的表述基本一致。除部分笔录中与孙力栋去车站发送毒品的先后顺序供述有所偏差，对得知吵架的缘由和内容的供述一直比较稳定。虽然赵慧在庭审时没有明确是否告诉过一审被告人孙力栋吵架原因，但事实是一审被告人孙力栋知道。本案中判断一审被告人齐继霞主观上是否明知是其是否构成运输毒品罪的关键，对此，不能仅凭被告人辩解，而应当依据被告人实施毒品犯罪行为的过程、方式、毒品被查获时的情形等证据，结合被告人的年龄、阅历、智力等情况，进行综合分析判断。

本案中，一审被告人齐继霞到案后辩称不知道帮助一审被告人孙力栋捎运的是毒品，除一审被告人孙力栋与赵慧对一审被告人齐继霞明知是毒品而帮助运输的证人证言外，根据具体事实，可以推定其主观上系明知。体现在：第一，一审被告人齐继霞本人是吸毒人员，对毒品的认知能力强、敏感程度高并且知道一审被告人孙力栋、赵慧都是涉毒人员。当一审被告人孙力栋提出要发点东西到洮南时，一审被告人齐继霞向赵慧要来衣服和胶带对毒品进行包装，如果是普通塑料盒保健品大可不必包装在一堆旧衣服中。从物证看，虽裹在衣服中看不见，但仍能感知到瓶子很小，装不了多少东西，如此少量的"保健品"夹带在几件破旧的衣服中，应当能够引起一审被告人齐继霞的疑惑和重视，其行为属于采用高度隐蔽的方式携带运输毒品，且可以排除被蒙骗的可能。第二，毒品被查获时，是包装在隆力奇保健品的瓶中，塑料瓶包裹在几件衣服中，并且请托铁路内部职工赵岩（吸毒人员）用列车捎运，具有较强的隐蔽性。第三，一审被告人孙力栋将毒品交给赵岩回到赵慧家中，赠与了一审被告人齐继霞一小袋甲基苯丙胺，这显然不是托人捎运保健品或者衣服的等值回报。综上，一审被告人齐继霞对上述情形未能作出合理解释且否认案发当日之前与一审被告人孙力栋相识的基本事实。根据本案毒品的藏匿方式、查获时的状况、一审被告人齐继霞的年龄、阅历以及一审法院审理期间一审被告人孙力栋、证人赵慧就所证实的内容与一审被告人齐继霞的当庭对质与情况综合分析，足以形成一个完整的证据链条证实一审被告人齐继霞的行为构成运输毒品罪。故对抗诉机关提出的抗诉意见及辽宁省人民检察院沈阳铁路运输分院的该项支持抗诉意见予以支持，对一审被告人齐继霞辩护人的辩护意见不予采纳。

（一审法院合议庭成员 肖宏平 曲淑平 郑丽明
二审法院合议庭成员 蒋 冬 徐 杰 闫 壮
编写人 沈阳铁路运输中级法院 李 钢
责任编辑 周维明
审稿人 沈 亮）

原载《人民法院案例选》2017 年第 3 辑（总第 109 辑）

七、未成年人刑事案件诉讼程序

407. 曾某故意伤害案

——未成年人犯罪主观故意的认定

【关键词】

未成年人　故意杀人　故意伤害致人死亡　主观故意

【裁判要旨】

未成年人心智尚未发育成熟，在判断其犯罪的“主观故意”时，应综合发案原因、双方关系以及行为发展过程等进行综合分析，不能仅凭伤害的部位认定罪名。

【相关法条】

《中华人民共和国刑法》

第二百三十二条　故意杀人的，处死刑、无期徒刑或者十年以上有期徒刑；情节较轻的，处三年以上十年以下有期徒刑。

第二百三十四条第二款　犯前款罪，致人重伤的，处三年以上十年以下有期徒刑；致人死亡或者以特别残忍手段致人重伤造成严重残疾的，处十年以上有期徒刑、无期徒刑或者死刑。本法另有规定的，依照规定。

【案件索引】

一审：福建省厦门市思明区人民法院（2014）思刑初字第1165号（2014年12月3日）

【基本案情】

公诉机关：厦门市思明区人民检察院。

被告人：曾某，家住福建省厦门市思明区湖滨东路94号某室。

辩护人：纪娟，福建信海律师事务所律师。

厦门市思明区人民检察院指控称：2013年12月9日23时40分许，被害人曾飚在厦门市思明区湖滨东路94号某室住处，因与其妻子褚惠容感情纠葛，双方发生争执并相互扭打。被告人曾某在旁见到褚惠容被打，心生恼怒，遂使用单刃刀连续捅刺被害人曾飚，造成其颈部、背部共七处受创。被害人曾飚随即被其家属送往厦门市中山医院抢救，后因抢救无效于次日3时死亡。被告人曾某则在家中拨打110报警，自称杀害了被害人曾飚。经法医鉴定，被害人曾飚因身体多处被单刃锐器刺伤，造成右侧颈内动脉断裂等致大出血死亡。

被告曾某对指控的主要事实无异议，但辩称其主观上并没有杀死其父曾飚的故意，仅是想制止父母之间的扭打行为，情急之下做出的伤害行为。辩护人纪娟认为被告人曾某的客观行为具有防卫性，系防卫过当，主观上对其父之死既不希望也不放任，并没有故意杀人的主观故意，应认定为故意伤害罪。同时，被告人曾某系未成年人，并且具有自首情节，请求法庭对其减轻处罚并适用缓刑。

法院经审理查明：被害人曾飚与妻褚惠容婚后育有一子即被告人曾某，一家三口与曾飚父母曾仙发、郑淑惠共同居住在厦门市思明区湖滨东路94号某室。2013年下半年，曾飚夫妻因感情不和经常争吵并拟定离婚协议，欲待曾某初三毕业后正式分居，其抚养权归褚惠容所有。2013年12月9日晚，曾飚夫妇因感情问题再次发生争执。22时许，褚惠容至曾飚房间欲与其继续理论时，见曾飚把门反锁，遂跑到厨房拿出两把刀。被告人曾某看到后跟进厨房将刀夺下，并将一把水果刀藏至右裤口袋内。此时，曾飚冲进厨房与褚惠容继续争吵，被告人曾某欲劝开二人，遂挥拳击打曾飚左下巴部位。见曾飚退后，褚惠容则冲上前与曾飚扭打至客厅。被告人曾某见状遂持该水果刀连续捅刺曾飚，造成曾飚受伤倒地，颈部、背部七处受创。被告人曾某呆愣在原地，褚惠容、曾仙发、郑淑惠随即拨打120并将曾飚送往厦门大学附属中山医院救治。次日0时14分，被告人曾某在家中拨打110报警称杀害其父曾飚。3时10分，曾飚因右侧颈内动脉断裂致大出血抢救无效死亡。

【裁判结果】

福建省厦门市思明区人民法院于2014年12月3日作出（2014）思刑初字第1165号刑事判决：一、被告人曾某犯故意伤害罪，判处有期徒刑五年；二、扣押在案的作案工具水果刀一把予以没收。

一审判决后，公诉机关没有抗诉，被告人未提出上诉，判决已生效。

【裁判理由】

法院生效裁判认为：被告人曾某持械故意伤害他人身体，致一人死亡，其行为已构成故意伤害罪。被告人曾某案发后自动投案并如实供述自己的罪行，系自首，依法可以从轻或者减轻处罚。被告人曾某犯罪时系未成年人，依法应当从轻或减轻处罚。综上，鉴于被告人犯罪时属于未成年人，在归案后又自愿认罪并真诚悔罪，结合考虑被告人曾某犯罪的起因、动机及情节，本院决定对被告人曾某依法减轻处罚，但因被告人曾某的行为造成了一人死亡的严重后果，不符合适用缓刑的条件，辩护人关于对被告人曾某适用缓刑的意见不予采纳。

【案例注解】

案件的事实控辩双方并无争议，被告人持水果刀连续捅刺被害人，造成被害人颈部、背部七处受创致死。如果被告人是一名成年人，双方也非亲属关系，那么成立故意杀人罪无可非议。但是，本案被告人是一名刚满15周岁的初三在校学生，死者又是其亲生父亲，能否简单地以行为手段推出被告人具有杀人的主观故意？合议庭认为，对未成年人客观行为的分析，应充分考虑其人格和行为的特殊性，依照未成年人心智特征来判断，而不应依据成年人的标准。本案被告人主观故意的内容，应结合具体案情，从犯罪的起因、使用的犯罪工具、打击的部分，打击的力度，犯罪的时间、地点、环境、行为人对被害人是否有抢救的意愿或行为，有无预谋犯罪，以及行为人与被害人之间的关系等多方面加以综合分析、判断。

1. 从父子感情关系来看，未见父子之间有更多的积怨。本案审理过程中，合议庭引入了合适成年人机制。两名合适成年人在会见被告人及其母亲、爷爷奶奶、老师后认为，被告人曾某案发前系厦门六中初三学生，在校期间对老师有礼貌，与同学关系不错，性格略内向，成绩中上。从小因为父亲对其较为严厉，母亲则较为宠爱，因此与母亲的关系更好，但案发之前父子之间仍是正常相处。

2. 从案发的过程来看，本案系偶发性犯罪，而非被告人蓄意为之。面对扭打在一起的父母，被告人曾某亦试图以挥拳击打曾飚左下巴部位的方法分开二人，阻止父母间的冲突。在分开无效，其父又打了其母一个耳光，父母拉扯在一起，担心其母被打的情急之下，使用此前从母亲手中夺下的水果刀对父亲实施捅刺。

3. 从被告人的案后表现来看，案发后，被告人呆愣在原地，这符合被告人事后对其彼时心理活动的描述，也符合未成年人的心智特征。

本案被告人系刚满15周岁的未成年人，未成年人的心智特征与成年人有较大的差异，其心智发育程度、社会责任感远远低于成年人。在审理过程中不能按照成年人的标准，仅凭伤害的部位系颈部、胸部等致命部位，在没有更多证据证明的情况下即认定其具有故意杀人的主观故意。虽然本案的发生存在偶然性，但是相关的认定思路为今后在区分故意杀人及故意伤害致人死亡时提供了一个很好的思路。

（一审法院合议庭成员　许晓琳　方晋晔　俞水荣
编写人　福建省厦门市思明区人民法院　方晋晔　林　鸿
责任编辑　李玉萍
审稿人　蒋惠岭）

原载《人民法院案例选》2016年第4辑（总第98辑）

408. 聂某章抢夺、故意伤害案

——犯罪记录封存的未成年人成年时入罪数额不能减半认定

【关键词】

犯罪记录封存　抢夺罪　未成年人

【裁判要旨】

行为人未成年时的抢劫犯罪记录被依法封存后，其成年后又实施抢夺行为的，不适用《最高人民法院、最高人民检察院关于办理抢夺刑事案件适用法律若干问题的解释》（以下简称《解释》）中数额较大的标准按照规定标准的百分之五十来确定的规定。

【相关法条】

《中华人民共和国刑事诉讼法》

第二百七十五条　犯罪的时候不满十八周岁，被判处五年有期徒刑以下刑罚的，应当对相关犯罪记录予以封存。

犯罪记录被封存的，不得向任何单位和个人提供，但司法机关为办案需要或者有关单位根据国家规定进行查询的除外。依法进行查询的单位，应当对被封存的犯罪记录的情况予以保密。

【案件索引】

一审：广东省汕头市金平区人民法院（2015）汕金法刑初字第254号（2015年9月7日）

二审：广东省汕头市中级人民法院（2015）汕中法刑一终字第87号（2015年12月20日）

【基本案情】

广东省汕头市金平区人民检察院诉称：2014年8月21日凌晨，被告人聂某章和同案人黄某因发生冲突而用菜刀砍伤被害人刁某某、侯某某，被害人侯某某、刁某某伤情均构成轻伤一级；2014年9月3日晚，被告人聂某章伙同同案人黄某驾驶摩托车抢夺被害人许某某的手提包，致使被害人许某某轻微伤，被告人聂某章有抢劫的犯罪前科，应适用《解释》第二条关于入罪数额减半的规定；被告人聂某章的行为已构成抢夺罪、故意伤害罪，提请依法判处。

被告人聂某章对公诉机关指控其犯抢夺罪、故意伤害罪的犯罪事实和罪名没有异议。

法院经审理查明：被告人聂某章曾因抢劫被金平区法院于2013年1月判处有期徒刑一年六个月，实施抢劫犯罪时未满16周岁。

2014年8月21日凌晨，聂某章和同案人黄某在汕头市金凤路南墩附近，因与被害人刁某某、侯某某等人交谈时发生冲突而打架。同案人黄某在附近大排档拿了两把菜刀与聂某章分别持刀砍伤被害人刁某某、侯某某。经鉴定，被害人侯某某、刁某某伤情均构成轻伤一级。同年9月3日晚约10时多，被告人聂某章伙同同案人黄某，由被告人聂某章驾驶一辆白色无牌女装摩托车载同案人黄某窜到汕头市金陵路步行街路段寻找作案目标，见被害人许某某手拿一个黑色手提包在步道上行走，便由同案人黄某下车尾随，被告人聂某章驾车在附近接应。同案人黄某从后面靠近被害人后，趁其不备动手抢被害人的手提包，因被害人抓紧提包，同案人黄某用力拉扯致被害人摔倒在地受伤（经鉴定为轻微伤）。得手后，同案人黄某迅速坐上被告人聂某章的摩托车逃离现场。被抢包内有现金人民币700元、一部联想A360e手机（经鉴定价值人民币230元）、一部华为MT1－U06手机（经鉴定价值人民币939元）及钥匙等物。

【裁判结果】

广东省汕头市金平区人民法院经审理后认为：被告人聂某章因琐事伙同同案人故意伤害他人身体，致两被害人轻伤，其行为侵犯了公民的人身权利，已构成故意伤害罪。被告人聂某章如实供述自己的故意伤害罪行，可以从轻处罚。被告人聂某章在本案中不具有犯抢劫罪情形，其抢夺数额未达到刑事追究数额，不应认定构成抢夺罪。依照相关法律规定，判决被告人聂某章犯故意伤害罪，判处有期徒刑一年九个月。

一审宣判后，广东省金平区人民检察院提出抗诉。

汕头市中级人民法院经审理后裁定：驳回抗诉，维持原判。

【裁判理由】

法院生效裁判认为：原审被告人聂某章因琐事伙同同案人故意伤害他人身体，致两被害人轻伤，其行为侵犯了公民的人身权利，已构成故意伤害罪，依法应予处罚。原审被告人聂某章抢夺财物的数额为1869元，未达“数额较大”的标准，不构成抢夺罪。原审被告人聂某章在未成年时有抢劫的犯罪前科，但不能适用《解释》第二条所规定的曾因抢劫、抢夺或者聚众哄抢受过刑事处罚的，“数额较大”的标准按照规定标准的50%确定来认定原审被告人聂某章构成抢夺罪，理由是，《刑事诉讼法》第二百七十五条规定：“犯罪的时候不满十八周岁，被判处五年有期徒刑以下刑罚的，应当对相关犯罪记录予以封存。犯罪记录被封存的，不得向任何单位和个人提供，但司法机关为办案需要或者有关单位根据国家规定进行查询的除外。依法进行查询的单位，应当对被封存的犯罪记录的情况予以保密。”这是对未成年人的特殊保护，对于被封存的未成年犯罪记录，司法机关即使出于办案需要进行查询，也应依法予以保密。结合我国对未成年人特别保护的立法精神，原判认定原审被告人聂某章不构成抢夺罪，并无不当。

【案例注解】

检察机关抗诉意见认为：累犯排除是在前罪上对未成年人利益实施最大化保护的体

现，而非对其前罪判决的消灭。关于未成年人"前科封存"的实质是"前科相对保密"，而非"前科消灭"，本案聂某章在18周岁后再次抢夺应适用《解释》第二条。

法院审理意见则认为：对于被封存的未成年犯罪记录，司法机关即使出于办案需要进行查询，也应依法予以保密。被封存的犯罪记录，不能在行为人本次犯罪的处理中予以评价，本案不适用《解释》第二条之规定，不应认定被告人犯抢夺罪。

本案的争议焦点是：对于未成年人犯罪受刑事处罚且犯罪记录被封存，成年时再犯抢夺罪的，是否能根据《解释》第二条，将入罪数额标准按规定标准的50%来确定？这将决定本案被告人是否构成抢夺罪。《解释》对此并没有明确规定，本案被告人是否符合减半认定入罪数额的情形，需要根据未成年人犯罪记录封存制度综合分析。

一、从犯罪记录封存制度推行背景看，未成年犯罪记录不得在其后的成人诉讼中加以引用

对未成年人犯罪记录问题特殊化处理是一个世界性趋势。《联合国少年司法最低限度标准规则》规定，对未成年罪犯的档案应严格保密，不能让第三方利用，也不得在其后的成人诉讼案件中加以引用。作为条约签约国，按照"国际法优先"原则，这是必须严格执行的基本要求。从国内看，近年来，为充分贯彻人权保障观念和宽严相济的刑事政策，在中央深入推进司法体制改革的背景下，《中央政法委关于司法体制改革的若干意见》《人民法院第三个五年改革纲要（2009—2013）》等一系列文件均对未成年人轻罪犯罪记录封存进行了明确。《刑法修正案（八）》在《刑法》第一百条增加第二款规定了未成年人轻罪免除报告制度，新修改的《刑事诉讼法》还明确了封存义务和不构成累犯的要求。犯罪记录封存与报告义务的免除形成了对未成年人犯罪的双向保护，这也是为了实现联合国少年司法准则的要求。同时，对犯罪记录进行封存，是打消社会公众因犯罪记录而带来的顾虑，帮助未成年人以无罪记录的身份重返社会，包含法律评价意义上的犯罪记录注销与记录保密。单纯的前科消灭，只能在某种程度上消除法律对未成年人所作的规范性法律评价，却无法消除社会公众通过旁观或者口耳相传等途径得知犯罪信息所形成的非规范性法律评价，对未成年人产生的歧视与差别对待就不可能完全消除。

二、从犯罪记录封存制度保密要求看，未成年犯罪记录不宜在其后的成人诉讼中加以引用

《刑事诉讼法》第二百七十五条第二款规定："犯罪记录被封存的，不得向任何单位和个人提供，但司法机关为办案需要或者有关单位根据国家规定进行查询的除外。依法进行查询的单位，应当对被封存的犯罪记录的情况予以保密。"《最高人民法院关于适用〈中华人民共和国刑事诉讼法〉的解释》第四百六十九条第二款规定："查阅、摘抄、复制的未成年人刑事案件的案卷材料，不得公开和传播。"如果未成年人犯罪记录可以在之后的诉讼案件中引用的话，检察机关必然要将被封存的犯罪记录表述在起诉书中，作为定罪量刑情节来使用，除非是涉及不公开审理和裁判文书不宜在互联网对外公布的法定情形，否则就必然导致该封存的记录在庭审、宣判、裁判文书上网等环节公开，从而不可避免的将依法获取的犯罪记录向辩护人、被害人、诉讼代理人甚至旁听人员等公开，最终为社会公众所知悉，这就违反了犯罪记录封存保密的规定，违背前科封存制度设立的初衷。

三、从未成年人累犯适用规则看，被封存的犯罪记录不应在其后的成人诉讼中加以引用

《刑法》第六十五条第一款规定："被判处有期徒刑以上刑罚的犯罪分子，刑罚执行完毕或者赦免以后，在五年以内再犯应当判处有期徒刑以上刑罚之罪的，是累犯，应当从重处罚，但是过失犯罪和不满十八周岁的人犯罪的除外。"从这一规定看，未成年时所犯罪行被一般累犯认定规则排除在外，不再作为法定情形加重处罚。《解释》第二条规定："抢夺公私财物，具有下列情形之一的，'数额较大'的标准按照前条规定标准的百分之五十确定：（一）曾因抢劫、抢夺或者聚众哄抢受过刑事处罚的；……"该条款将前科劣迹视为其中一项入罪情节。对比上诉两条法律规定，既然《刑法》第六十五条在累犯的重要法定量刑情节中对未成年时所犯罪行排除，那么，未成年人犯罪前科在评价其成年后的犯罪行为时更不应再重复评价，否则就不符合对未成年人教育为主、惩罚为辅的立法精神。本质上讲，无论是《刑法》，还是《最高人民法院关于常见犯罪的量刑指导意见》，被告人一贯表现、初犯、前科劣迹等情节都属于酌定量刑情节中的罪前情节，犯罪时不作为未成年人的前科考虑。在谦抑性原则的发展背景下，刑事程序更应尽可能的根据未成年人犯罪的特殊性，给予其特殊的关照和保护，最大限度实现对未成年人的教育感化。因此，被封存的犯罪记录不得在再犯罪时使用，更不得作为加重处罚的情节，在适用《解释》第二条时，应将此排除适用。

本案中，聂某章在未成年时实施抢劫罪，在对其相应的犯罪记录依法封存后，就不应将其视为刑法意义上的抢劫犯，不应适用《解释》第二条的规定，对聂某章抢夺数额的认定标准不能减半确定。依照《广东省高级人民法院、广东省人民检察院关于确定抢夺刑事案件数额标准的通知》，汕头抢夺数额较大的起点是2000元以上，聂某章抢夺财物的数额为1869元，不足2000元，不属于数额较大，依法不构成盗窃罪。

（一审法院合议庭成员　杨俊容　胡晓虹　郑维加
二审法院合议庭成员　陈英桂　曾昭雄　沈士栋
编写人　广东省汕头市中级人民法院　沈启勇
责任编辑　周维明
审稿人　沈　亮）

原载《人民法院案例选》2016年第10辑（总第104辑）

八、犯罪嫌疑人、被告人逃匿、死亡案件违法所得的没收程序

409. 江苏省南京市人民检察院申请没收被告人张孝崎违法所得案

——被告人在法院审理期间死亡的，其经查证属实的受贿所得应予没收

【关键词】

被告人死亡　违法所得　没收

【裁判要旨】

实施受贿犯罪的被告人死亡后，其受贿的赃物尚在的，应当没收原物；其受贿的赃款赃物不能查清去向或已被挥霍的，在案件办理期间被告人自行或被告人亲属受被告人委托到办案机关缴纳的在查实的受贿数额范围内的涉案款，应视为对所缴钱款系违法所得性质的认可，应当予以没收。

【相关法条】

《中华人民共和国刑事诉讼法》

第二百八十二条　人民法院经审理，对经查证属于违法所得及其他涉案财产，除依法返还被害人的以外，应当裁定予以没收；对不属于应当追缴的财产的，应当裁定驳回申请，解除查封、扣押、冻结措施。

对于人民法院依照前款规定作出的裁定，犯罪嫌疑人、被告人的近亲属和其他利害关系人或者人民检察院可以提出上诉、抗诉。

【案件索引】

一审：江苏省南京市中级人民法院（2014）宁刑没初字第1号（2015年3月19日）

【基本案情】

江苏省南京市人民检察院申请称：2012 年至 2013 年，被告人张孝崎在担任南京江宁科学园发展有限公司招投标管理办公室主任期间，利用负责工程招标、预决算及合同签订等职务便利，为他人提供帮助，先后多次收受王正根、宫成军等人给予的苏果购物卡、现金等财物，价值共计人民币（下同）907900 元。案发后，南京市江宁区人民检察院先行追缴并扣押财产 907900 元，其中：被告人张孝崎妻子李顺英代为退缴 123000 元；被告人张孝崎对外借款 50 万元；被告人张孝崎集资款 284900 元。随后在江宁区人民检察院扣押了被告人张孝崎涉案赃物 50 年茅台酒一瓶后，从李顺英代为退缴的 123000 元中发还给李顺英茅台酒对价 29900 元。申请机关认为被告人张孝崎涉嫌受贿罪，于 2014 年 1 月 16 日死亡，其利用职务之便收受他人贿赂，违法所得共计 907900 元，且张孝崎家庭财产至少为 240 万元，有可供没收的财产，应当对其违法所得予以追缴。

利害关系人李顺英及其诉讼代理人的意见为：（1）对于被告人张孝崎的受贿犯罪事实没有异议；（2）检察机关无确实充分的证据证明赃款去向，本案中张孝崎所得茅台酒已经扣押在案，所得购物卡已被张孝崎消费，无证据证实扣押在案的钱款系违法所得，李顺英作为张孝崎的妻子依法享有财产权利。应予驳回检察机关的申请。

法院经审理查明：

（一）被告人张孝崎受贿事实

2012 年至 2013 年，被告人张孝崎在担任南京江宁科学园发展有限公司招投标管理办公室主任期间，利用负责工程招标、预决算及合同签订等职务便利，为他人提供帮助，先后多次收受王正根、宫成军、花文根、宫和亮等人给予的苏果超市购物卡、现金等财物，价值共计 907900 元。具体犯罪事实略。

（二）被告人张孝崎死亡事实

被告人张孝崎受贿一案，南京市江宁区人民检察院曾于 2014 年 1 月 2 日向南京市江宁区人民法院提起公诉。2014 年 1 月 16 日，在南京市江宁区人民法院审理期间，张孝崎因病死亡。

（三）扣押在案财产事实

案发后，南京市江宁区人民检察院于 2013 年 8 月 30 日先行扣押被告人张孝崎购房合同两本、50 年贵州茅台酒一瓶。同年 9 月 26 日张孝崎妻子李顺英代为退缴 123000 元，10 月 15 日李顺英及借款人王勇到检察机关退缴借款 50 万元，11 月 21 日检察机关返还了涉案茅台酒及购房合同，11 月 27 日张孝崎书面委托了所在单位退还集资款 284900 元，后上述涉案款 907900 元均被检察机关以涉案款名义扣押。2015 年 1 月 28 日，南京市江宁区人民检察院再行扣押了 50 年贵州茅台酒一瓶，并退还李顺英 29900 元。

至此，南京市江宁区人民检察院扣押在案涉案款 878000 元以及 50 年贵州茅台酒一瓶。

【裁判结果】

江苏省南京市中级人民法院依照《刑法》第六十四条、《刑事诉讼法》第二百八十二条的规定，于 2015 年 3 月 19 日作出（2014）宁刑没初字第 1 号刑事裁定：没收扣押在南京市江宁区人民检察院的被告人张孝崎违法所得人民币878000元及50年贵州茅台酒一瓶。

一审裁定后，利害关系人李顺英未提出上诉。一审裁定已经发生法律效力。

【裁判理由】

法院生效裁判认为：关于利害关系人李顺英及其诉讼代理人提出的“无确实充分的证据证明赃款去向，无证据证实扣押在案的钱款系违法所得，李顺英作为张孝崎的妻子依法享有财产权利”的意见，经查：（1）在案证据证实，扣押在案的50年贵州茅台酒一瓶系被告人张孝崎实施受贿犯罪行为所取得的财物，依法应予没收。（2）被告人张孝崎供述违法所得现金用于购买瑞鸿名邸房产以及出借给他人，所得购物卡等用于消费，与利害关系人李顺英、证人王勇的证言以及书证瑞鸿名邸购房合同、购房发票等相互印证，证实张孝崎违法所得现金、购物卡用于购房、出借以及消费。但具体数额不明，且利害关系人李顺英的证言、证人王勇的证言以及扣押财物清单等证据还证实，案发后，利害关系人李顺英根据被告人张孝崎供述张孝崎银行卡存款及对外借款情况，自行或联系王勇主动到检察机关缴纳涉案款，应视为对所缴纳钱款系张孝崎违法所得性质的认可。（3）书证委托书、银行本票以及扣押财物清单证据证实，案发后张孝崎书面委托所在单位代其退缴案款，亦应视为张孝崎对退缴款项系违法所得性质的认可。被告人张孝崎死亡后，利害关系人李顺英又主张所缴纳款项并非张孝崎违法所得，与查明的事实不符，无合理解释且无证据予以证明，故利害关系人及其诉讼代理人的意见不能成立，不予采纳。

综上，被告人张孝崎身为国家工作人员，利用职务上的便利，实施受贿犯罪共获违法所得人民币878000元、50年贵州茅台酒一瓶，依法应予没收。申请机关江苏省南京市人民检察院提出的没收被告人张孝崎受贿违法所得的申请，事实清楚，证据确实充分，应予支持。

【案例注解】

被告人死亡案件违法所得的没收程序是2012年修改后的《刑事诉讼法》新增的特别程序。本案是南京市法院审理的第一起被告人死亡违法所得没收程序案件，审理案件的难点在于如何送达的程序问题以及如何界定违法所得范畴的实体问题两个方面。

一、公告期间，申请机关已列明的利害关系人未提出申请的，人民法院应当向未提出申请的利害关系人送达申请书，明确其是否放弃申请参加诉讼

根据《刑事诉讼法》的有关规定，被告人的近亲属可以申请参加诉讼，且应当提供其与被告人关系的证明材料。在提出申请的时间上，《最高人民法院关于适用〈中华人民共和国刑事诉讼法〉的解释》（以下简称《刑事诉讼法解释》）虽然作出了应当在公告期内提出的规定，但是同时也作了但书规定。即在公告期满后申请参加诉讼，能够说明合理理由的，并提供证明申请没收的财产系其所有的证据材料，人民法院应当准许。可见，对于近亲属等利害关系人参加诉讼的申请时间把握是从宽的，是从保障人权、惩罚犯罪的角度出发的。

《刑事诉讼法解释》第五百一十二条第三款规定，人民法院已经掌握被告人的近亲属和其他利害关系人的联系方式的，应当采取电话、传真、邮件等方式直接告知其公告内容，并记录在案。第五百二十三条还规定，人民法院审理申请没收违法所得的案件，本章没有规定的，参照适用本解释的有关规定。

对此，我们经过研究认为，《刑事诉讼法》虽未规定人民法院的告知义务，但《刑事诉讼法解释》明确了人民法院告知公告内容的义务，虽仅就告知内容进行规定，但并未对告知的时间、告知的事项等进行明确规定。同时，还规定了庭前送达起诉书副本至当事人的义务。为更好地体现保障人权，提高庭审效率，我们认为应该参照送达起诉书副本的有关规定的精神，向已知的利害关系人送达申请书副本，并制作送达笔录，告知案件情况、公告内容、诉讼权利与义务、无正当理由不到庭参加诉讼的后果，并明确利害关系人出庭通知书等送达地址、联系方式等。当然，如果利害关系人放弃参加诉讼，亦可予以明确，并提供作为利害关系人放弃权利的书面材料，在审理时不再通知。

本案中，检察机关在没收违法所得申请书中列明了五名被告人的近亲属，在公告期内，仅有被告人妻子提出了申请，其他近亲属未予申请。但是，我院在公告期内未按照《刑事诉讼法解释》的有关规定告知其他近亲属，结合以上情况，合议庭决定采取向五名近亲属送达没收违法所得申请书的形式，明确告知申请内容、公告内容以及无正当理由拒不到庭的事项，并告知各近亲属如申请参加诉讼，要明确通信地址或者联系方式，以保证诉讼顺利进行。

为此，我们分别向检察机关列明的但未在公告期内提出申请的被告人张孝崎的母亲赵先琴、姐姐张孝芳、哥哥张伟、儿子张蒙分别送达了没收违法所得申请书，四名近亲属均明确表述放弃参加诉讼，并且在送达笔录上签字捺印。

二、如何界定“违法所得”的范畴

本案中，被告人张孝崎实施受贿行为所得的赃款赃物的去向存在两种形式：一是张孝崎违法所得的50年贵州茅台酒一瓶，检察机关先是扣押而后发还，最后在我院审理期间检察机关再行扣押；二是张孝崎违法所得现金、购物卡等的具体去向不明。张孝崎的供述、利害关系人李顺英等人的证言虽证实违法所得现金用于购买瑞鸿名邸房产以及出借给他人，所得购物卡等用于消费，但具体数额不明。

对此，我们一致认定50年贵州茅台酒一瓶属于“违法所得”，应当予以没收，但对于赃款、赃物去向不明的，能否认定扣押在案的财产属于“违法所得”的问题存在不同意见。本院的裁判明确了以下两点：

（一）实施受贿犯罪的被告人死亡后，其受贿的赃物尚在的，应当没收原物

《刑法》第六十四条规定：“犯罪分子违法所得的一切财物，应当予以追缴或者责令退赔；对被害人的合法财产，应当及时返还；违禁品和供犯罪所用的本人财物，应当予以没收。没收的财物和罚金，一律上缴国库，不得挪用和自行处理。”对于追缴和责令退赔的区别，《最高人民法院关于刑法第六十四条批复》（法〔2013〕229号）予以专门论述，认为，最高人民法院1999年10月27日发布的《全国法院维护农村稳定刑事审判工作座谈会纪要》中规定：“如赃款赃物尚在的，应一律追缴；已被用掉、毁坏或者挥霍的，应责令退赔。”但在司法实践中，刑事审判部门往往因难以查清赃物持有人，或者难以查清是否属于善意取得，一般笼统判决继续追缴赃物发还被害人；而执行部门反映，如果没有写明向谁追缴，就无法执行。因此，如果部分赃款赃物尚在而其他赃款赃物已

经不在的，判决主文可以不作区分，只写责令退赔；如果赃物尚在但已被毁坏，或者不能排除第三方的善意取得的，可以判决责令退赔。

结合本案，张孝崎违法所得50年贵州茅台酒一瓶尚在，申请机关在在申请书中并未载明没收尚在的50年贵州茅台酒一瓶，在案件审理期间，检察机关又再次扣押了50年贵州茅台酒，并当庭出示了有关扣押的证据，我们认为，对于尚在的违法所得赃物依法应当予以没收。

（二）实施受贿犯罪的被告人死亡后，其受贿的赃款查不清去向、受贿的购物卡等已被用掉的，在案件办理期间被告人自行或被告人亲属受被告人委托到办案机关缴纳的涉案款应视为对所缴纳钱款系违法所得性质的认可，应予没收

一种意见认为，对于扣押在案的钱款，由于认定其属于“实施犯罪行为所取得的财物及其孳息”的证据不充分，不应予以没收。被告人委托交款、近亲属交款的行为也不应一概认定为对该钱款的赃款性质的认可。因此，对于违法所得已经挥霍、用掉，或者无法查明去向的，即使被告人有合法财产可供执行，也不能直接没收其合法财产。

另一种意见认为，扣押在案的钱款系在案件办理期间，被告人自行或被告人亲属受被告人委托到办案机关缴纳的涉案款应视为对所缴纳钱款系张孝崎违法所得性质的认可，应予没收。此种意见认为钱款系种类物，不需要查明赃款去向，即使是被告人的合法财产也可以没收，且本案的赃款来源经过证实，扣押在案的款项系被告人及其近亲属书面委托或缴纳至检察机关，应认定对于款项为赃款性质的自认，可以没收。

结合本案，经过研究，我们同意后一种意见。我们认为，案发后利害关系人李顺英根据被告人张孝崎供述张孝崎银行卡存款及对外借款情况，自行或联系王勇主动到检察机关缴纳涉案款，应视为对所缴纳钱款系张孝崎违法所得性质的认可；书证委托书、银行本票以及扣押财物清单证据证实，案发后张孝崎书面委托所在单位代其退缴案款，亦应视为张孝崎对退缴款项系违法所得性质的认可。被告人张孝崎死亡后，利害关系人李顺英又主张所缴纳款项并非张孝崎违法所得，与查明的事实不符，无合理解释且无证据予以证明，上述扣押在案的财物均应认定为张孝崎实施受贿犯罪行为所取得的财物，依法予以没收。

（一审法院合议庭成员　韩　亮　王瑞琼　刘天虹
编写人　江苏省南京市中级人民法院　王瑞琼
责任编辑　周维明
审稿人　沈　亮）

原载《人民法院案例选》2017年第2辑（总第108辑）

九、依法不负刑事责任的精神病人的强制医疗程序

410. 冯代平强制医疗案

——精神病人刑事强制医疗的条件

【关键词】

强制医疗　刑事责任能力　精神病人

【裁判要旨】

人民法院经刑事特别程序决定予以精神病人刑事强制医疗需满足三个条件：一是该精神病人实施暴力行为，危害公共安全或严重危害公民人身安全；二是该精神病人经法定程序鉴定依法不负刑事责任；三是该精神病人有继续危害社会可能。

【相关法条】

《中华人民共和国刑法》

第十八条第一款　精神病人在不能辨认或者不能控制自己行为的时候造成危害结果，经法定程序鉴定确认的，不负刑事责任，但是应当责令他的家属或者监护人严加看管和医疗；在必要的时候，由政府强制医疗。

《中华人民共和国刑事诉讼法》

第二百八十四条　实施暴力行为，危害公共安全或者严重危害公民人身安全，经法定程序鉴定依法不负刑事责任的精神病人，有继续危害社会可能的，可以予以强制医疗。

【案件索引】

一审：湖北省宜昌市夷陵区人民法院（2016）鄂0506刑医1号（2016年3月1日）

【基本案情】

湖北省宜昌市夷陵区人民检察院申请称：2015年8月10日9时，被申请人冯代平因嫉恨养女对自己不好，将养女的女儿（殁年2岁）带至宜昌市夷陵区下堡坪乡磨坪村三

组19号住宅附近小路上，用事先准备的水果刀将其杀害，并将其内脏掏出丢在路边。经鉴定，被害人系被他人致伤腹部，损伤致双侧胸腔膈肌大部分缺失、心包裂伤、肝脏缺失、肠胃及右肾大部分断缺失，因急性失血性休克死亡。经宜昌市优抚医院精神司法鉴定中心鉴定，冯代平患有精神病（精神分裂症），对该案无刑事责任能力。被申请人冯代平实施故意杀人行为，严重危害公民人身安全，其经法定程序鉴定为依法不负刑事责任的精神病人，有继续危害社会的可能，事实清楚，证据确实、充分，应当对其强制医疗。

法定代理人易仁能称：对检察机关申请没有意见。

诉讼代理人陈蓉称：检察机关申请符合法律规定。

法院经审理查明：被申请人冯代平于2005年出现精神异常，2015年5月在宜昌市优抚医院住院治疗20余天，病情没有好转，出院自行停药。2015年8月10日9时，冯代平因嫉恨养女对自己不好，将养女的女儿（殁年2岁）带至宜昌市夷陵区下堡坪乡磨坪村三组19号住宅附近小路上，用事先准备的水果刀将其杀害，并将其内脏掏出丢在路边。经鉴定，被害人系被他人致伤腹部，损伤致双侧胸腔膈肌大部分缺失、心包裂伤、肝脏缺失、肠胃及右肾大部分断缺失，因急性失血性休克死亡。经宜昌市优抚医院精神司法鉴定中心鉴定，冯代平患有精神病（精神分裂症），对涉嫌故意杀人案无刑事责任能力。冯代平现在宜昌市优抚医院接受治疗。

以上事实，有证人陈某某、易某某等人的证言，现场勘验笔录及照片，尸体检验鉴定意见，作案工具水果刀照片，身份材料、住院病历资料、抓获经过，司法鉴定意见书等证据予以证实。

【裁判结果】

湖北省宜昌市夷陵区人民法院于2016年3月1日作出（2016）鄂0506刑医1号刑事决定：对被申请人冯代平强制医疗。决定书已送达并生效，被申请人等亦未提出复议。

【裁判理由】

法院生效裁判认为：被申请人冯代平实施故意杀人行为，严重危害公民人身安全，并经法定程序鉴定为依法不负刑事责任，并且有继续危害社会可能，为维护公共安全和他人人身安全，应当对其进行强制医疗。

【案例注解】

强制医疗，是指非自愿性强制治疗，是指国家为避免公共健康危机，通过强制对患者疾病的治疗，达到治愈疾病、防止疾病传播、维护公众健康利益和安全利益的目的，具有强制性、非自愿性、公益性的特点，较为常见的是对精神病人的强制医疗，对吸毒人员采取的强制戒毒措施等。精神障碍属疾病的一种，是由各种原因引起的感知、情感和思维等精神活动的紊乱或者异常，导致患者明显的心理痛苦或者社会适应等功能损害。一般情况下，精神障碍属于个人事项范围，依个人意愿进行治疗。但是，严重精神障碍患者则不同，其具有一定的人身危害性，无论是对自身还是对他人都构成一定的威胁。出于保护精神病人和他人人身安全考虑，许多国家都规定严重精神障碍病人需强制住院治疗。《精神卫生法》第三十条第二款规定："诊断结论、病情评估表明，就诊者为严重精神障碍患者并有下列情形之一的，应当对其实施住院治疗：（一）已经发生伤害自身的行为，或者有伤害自身的危险的；（二）已经发生危害他人安全的行为，或者有危害他人安全的危险的。"同时，该法规定对第一种情形，经监护人同意，医疗机构应当对患者实施住院治疗；监护人不同意的，其应当对在家居住的患者做好看护管理。而对第二种情形，则规定经再次诊断、医学鉴定确认为严重精神障碍患者的，监护人应当同意对患者实施住院治疗，监护人阻碍实施住院治疗或者患者擅自脱离住院治疗的，可以由公安机关协助医疗机构采取措施对患者实施住院治疗。

精神病人强制医疗按照决定程序来划分，一般可以分为民事程序、行政程序和刑事特别程序。精神病人强制医疗民事程序系经一定程序由监护人将具有人身危害性的精神病人送往精神病院住院治疗（监护人首先应经民事特别程序取得监护资格）。精神病人强制医疗行政程序则表现为救助机关等经一定程序将身份不明的具有人身危害性的精神病人送往精神病院治疗；或者符合接受强制医疗情形时，监护人阻碍实施住院治疗的，由公安机关协助医疗机构（1987 年公安部第一次精神病管治工作会议确定由公安机关下属安康医院承担①）采取强制医疗措施。由于医疗机构不具强制手段，因而往往需要公安机关的协助，具有半行政化色彩。精神病人强制医疗刑事特别程序则指针对已实施暴力犯罪行为，但经鉴定不负刑事责任能力的精神病人，由检察院提起并经法院审理决定实施强制医疗。本案例所属就是这类情形。

一、精神病人刑事强制医疗的条件

《刑法》第十八条第一款规定："精神病人在不能辨认或者不能控制自己行为的时候造成危害结果，经法定程序鉴定确认的，不负刑事责任，但是应当责令他的家属或者监护人严加看管和医疗；在必要的时候，由政府强制医疗。"2012 年修正后的《刑事诉讼法》第二百八十四条规定："实施暴力行为，危害公共安全或者严重危害公民人身安全，经法定程序鉴定依法不负刑事责任的精神病人，有继续危害社会可能的，可以予以强制医疗。"从上述规定中可以看出，给予精神病人刑事强制医疗，必须符合以下三个条件：

（一）实施暴力行为，危害公共安全或者严重危害公民人身安全

此要件是对侵害行为与损害结果的要求。首先，必须要有暴力行为的实施，暴力行为意味明显有别于一般的损害行为，其具有高烈度、损害大的特征，如伤害他人致伤残、毁容、死亡，或采取纵火、投毒等方式危害公共安全等。其次，暴力行为必须造成危害公共安全或者严重危害公民人身安全。针对自身而实施的暴力行为、针对物体实施但不危害公共安全和他人人身的暴力行为均不符合此构成要件。再次，从行为类别来看，只有实施了危害公共安全犯罪和严重危害公民人身安全犯罪所规定的行为才符合刑事强制医疗条件。从行为程度来看，只有行为危害性达到犯罪的程度才符合刑事强制医疗条件。从行为影响来看，必须构成现实的危害才符合条件，现实的危害并不意味着损害结果全部发生，而是意味着已经遭受危害，不及时制止会造成更大的损害。本案中被申请人冯代平用刀将年仅 2 岁的孙女杀害并将内脏掏出并丢弃路边，其行为不仅暴力而且残忍，已造成重大人身损害，显然符合第一项条件要求。

① 韦清：《浅议我国精神病人强制医疗制度》，载《法制与经济》2011 年第 11 期。

（二）经法定程序鉴定为依法不负刑事责任的精神病人

首先，被申请人需为精神病人，也即患有精神障碍，不同于一般的正常人。精神病人按照责任能力划分有三种：完全无刑事责任能力、部分刑事责任能力、间歇性无刑事责任能力。从《最高人民法院关于适用〈中华人民共和国刑事诉讼法〉的解释》（以下简称《刑事诉讼法解释》）第五百三十一条来看，部分刑事责任能力的精神病人和间歇性精神病人正常期间实施犯罪需负刑事责任，完全无刑事责任能力和间歇性精神病人发病期间实施犯罪符合强制医疗条件。其次，需经法定程序鉴定为依法不负刑事责任。从《刑事诉讼法解释》第五百二十六条第一款第（三）项来看，法院对强制医疗申请需审查法医精神病鉴定意见和其他证明被申请人依法不负刑事责任的精神病人的证据材料。也就是说认定依法不负刑事责任的精神病人不仅需要做法医学鉴定，还需要结合相应的诊断病历、证明等材料，经法院审理后依法作出认定。本案中，被申请人冯代平有发病史记录，又经司法鉴定机构鉴定为不负刑事责任能力，符合强制医疗的第（二）项条件。

（三）有继续危害社会的可能

对严重精神障碍的精神病人进行强制医疗，并不是对其犯罪行为的惩罚，而是出于自主治疗自身疾病和保护他人和社会安全的需要，并在二者之间进行合理平衡。是否具有继续危害社会的可能就是这一平衡点。有继续危害社会的可能，则侧重保护他人和社会安全，适当牺牲自主治疗进行强制医疗；相反，没有继续危害社会的可能，已发生的事故仅为偶发性刺激因素介入导致的，则没必要强制医疗，只需由家属院外积极治疗即可。卫生部《重性精神疾病管理治疗工作规范》第一段规定："重性精神疾病主要包括精神分裂症、双向障碍、偏执性精神病、分裂情感障碍等。发病时，患者丧失对疾病的自知力或者对行为的控制力，并可能导致危害公共安全和他人人身安全的行为，长期患病者可以造成社会功能严重损害。"如果说光患有重性精神疾病不足以说明有危害社会可能的话，那么已经发生危害社会行为了，继续危害的可能性则大大提高，这也是强制医疗的必要性所在。本案中，被申请人冯代平患精神分裂症，而且现实发生杀害孙女的行为，完全能够说明其行为控制力的丧失和对社会功能的损害，并且其很有可能继续实施危害社会的行为，符合刑事强制医疗的第三项条件。

二、精神病人刑事强制医疗与行政强制医疗的区别

精神病人刑事强制医疗与行政强制医疗虽然都是强制医疗，但是二者之间具有重大区别，主要表现在：

（一）决定机关与决定程序不同

精神病人刑事强制医疗系由人民法院经过刑事特别程序严格审查后决定，公安机关在此过程中的主要职责为侦查、采取临时性保护措施以及将被申请人送往治疗。而精神病人行政强制医疗系由公安机关（或下属具有双重职能的安康医院）、民政部门以及当地政府指定的精神卫生专业机构通过行政化程序决定，其充当的是社会管理机构的角色。

（二）强制医疗适用的法律和条件不同

精神病人刑事强制医疗适用的是《刑法》《刑事诉讼法》及其司法解释，适用必须满足上述三个条件；而行政强制医疗则适用的是《精神卫生法》和有关行政规章，其适用仅需满足已经发生危害他人安全的行为或者有危害他人安全的危险，以及监护人阻碍住院治疗两个条件，因此适用条件要宽泛得多。

（三）权利救济途径和异议人不同

被申请人、被害人及其法定代理人、近亲属对刑事强制医疗决定不服的，可以向上一级法院申请复议；而被申请人或监护人对行政强制医疗不服的，可以要求再次诊断和医学鉴定。

（四）是否具有专门的监督机关不同

刑事强制医疗决定后，由公安机关交付执行，同时，检察机关对法院、公安、医疗机构的后续收治、医疗、监管、解除等活动实行监督，其解除条件也更为严格。而行政强制医疗则没有专门的监督机关，解除程序也相对简单。

另外，在强制医疗机构以及费用承担上，从目前规定看尚看不出差别，但从《人民检察院强制医疗执行检察办法（试行）》第六条以及国务院 2016 年立法计划第一项来看，刑事强制医疗交由强制医疗所执行是大势所趋。

（一审法院合议庭成员　蒋少锋　李怀兵　李先伸
编写人　湖北省宜昌市夷陵区人民法院　刘辉洲
责任编辑　周维明
审稿人　沈　亮）

原载《人民法院案例选》2016 年第 10 辑（总第 104 辑）

411. 指导案例63号：徐加富强制医疗案

（最高人民法院审判委员会讨论通过　2016年6月30日发布）

【关键词】

刑事诉讼　强制医疗　有继续危害社会可能

【裁判要点】

审理强制医疗案件，对被申请人或者被告人是否“有继续危害社会可能”，应当综合被申请人或者被告人所患精神病的种类、症状，案件审理时其病情是否已经好转，以及其家属或者监护人有无严加看管和自行送医治疗的意愿和能力等情况予以判定。必要时，可以委托相关机构或者专家进行评估。

【相关法条】

《中华人民共和国刑法》

第十八条第一款　精神病人在不能辨认或者不能控制自己行为的时候造成危害结果，经法定程序鉴定确认的，不负刑事责任，但是应当责令他的家属或者监护人严加看管和医疗；在必要的时候，由政府强制医疗。

《中华人民共和国刑事诉讼法》

第二百八十四条　实施暴力行为，危害公共安全或者严重危害公民人身安全，经法定程序鉴定依法不负刑事责任的精神病人，有继续危害社会可能的，可以予以强制医疗。

【基本案情】

被申请人徐加富在2007年下半年开始出现精神异常，表现为凭空闻声，认为别人在议论他，有人要杀他，紧张害怕，夜晚不睡，随时携带刀自卫，外出躲避。因未接受治疗，病情加重。2012年11月18日4时许，被申请人在其经常居住地听到有人开车来杀他，遂携带刀和榔头欲外出撞车自杀。其居住地的门卫张友发得知其出去要撞车自杀，未给其开门。被申请人见被害人手持一部手机，便认为被害人要叫人来对其加害。被申请人当即用携带的刀刺杀被害人身体，用榔头击打其的头部，致其当场死亡。经法医学鉴定，被害人系头部受到钝器打击，造成严重颅脑损伤死亡。

2012年12月10日，被申请人被公安机关送往成都市第四人民医院住院治疗。2012年12月17日，成都精卫司法鉴定所接受成都市公安局武侯区分局的委托，对被申请人进行精神疾病及刑事责任能力鉴定，同月26日该所出具成精司鉴所（2012）病鉴字第105号鉴定意见书，载明：（1）被鉴定人徐加富目前患有精神分裂症，幻觉妄想型；（2）被鉴定人徐加富2012年11月18日4时作案时无刑事责任能力。2013年1月成都市第四人民医院对被申请人的病情作出证明，证实徐加富需要继续治疗。

【裁判结果】

四川省武侯区人民法院于2013年1月24日作出（2013）武侯刑强初字第1号强制医疗决定：对被申请人徐加富实施强制医疗。

【裁判理由】

法院生效裁判认为：本案被申请人徐加富实施了故意杀人的暴力行为后，经鉴定属于依法不负刑事责任的精神病人，其妄想他人欲对其加害而必须携带刀等防卫工具外出的行为，在其病症未能减轻并需继续治疗的情况下，认定其置于社会有继续危害社会的可能。成都市武侯区人民检察院提出对被申请人强制医疗的申请成立，予以支持。诉讼代理人提出了被申请人是否有继续危害社会的可能应由医疗机构作出评估，本案没有医疗机构的评估报告，对被申请人的强制医疗的证据不充分的辩护意见。法院认为，在强制医疗中如何认定被申请人是否有继续危害社会的可能，需要根据以往被申请人的行为及本案的证据进行综合判断，而医疗机构对其评估也只是对其病情痊愈的评估，法律没有赋予医疗机构对患者是否有继续危害社会可能性方面的评估权利。本案被申请人的病症是被害幻觉妄想症，经常假想要被他人杀害，外出害怕被害必带刀等防卫工具。如果不加约束治疗，被申请人不可能不外出，其外出必携带刀的行为，具有危害社会的可能，故诉讼代理人的意见不予采纳。

（生效裁判审判人员　税长冰　蒋海宜　戴克果
责任编辑　杨　奕）

原载《人民法院案例选》2017年第2辑（总第108辑）

412. 张丽芳强制医疗解除案

——强制医疗解除的审查标准

【关键词】

刑事　强制医疗　解除　审查　程序

【裁判要旨】

法院在对诊断评估报告进行审查时，应重点关注医务人员是否具有相应资质，治疗程序是否科学合规，并可通过会见被强制医疗的人、完善专家证人制度等途径，从常理、常识与常情等方面综合判断诊断评估报告是否可信；只有在被强制医疗的人危险度评估为0级时，才能认为该患者没有人身危险性。

【相关法条】

《中华人民共和国刑事诉讼法》

第二百八十八条　强制医疗机构应当定期对被强制医疗的人进行诊断评估。对于已不具有人身危险性，不需要继续强制医疗的，应当及时提出解除意见，报决定强制医疗的人民法院批准。

被强制医疗的人及其近亲属有权申请解除强制医疗。

《最高人民法院关于适用〈中华人民共和国刑事诉讼法〉的解释》

第五百四十二条　强制医疗机构提出解除强制医疗意见，或者被强制医疗的人及其近亲属申请解除强制医疗的，人民法院应当组成合议庭进行审查，并在一个月内，按照下列情形分别处理：

（一）被强制医疗的人已不具有人身危险性，不需要继续强制医疗的，应当作出解除强制医疗的决定，并可责令被强制医疗的人的家属严加看管和医疗；

（二）被强制医疗的人仍具有人身危险性，需要继续强制医疗的，应当作出继续强制医疗的决定。

人民法院应当在作出决定后五日内，将决定书送达强制医疗机构、申请解除强制医疗的人、被决定强制医疗的人和人民检察院。决定解除强制医疗的，应当通知强制医疗机构在收到决定书的当日解除强制医疗。

【案件索引】

一审：福建省泉州市洛江区人民法院（2017）闽0504刑医解1号（2017年9月30日）

【基本案情】

申请人黄铮雯申请称：被强制医疗人张丽芳经过长时间的治疗，精神状态已经康复，已具备正常的思维和行为控制能力，不再具有对他人的人身危害性。为此，特申请解除对张丽芳的强制医疗，申请人将对其严加看管和治疗，不再让其危害社会。

法院经审理查明：2015 年 7 月 13 日上午 8 时许，张丽芳在福建省泉州市丰泽区人民法院（以下简称丰泽法院）一楼执行庭与法官王东煌因执行事宜发生口角。尔后，张丽芳离开丰泽法院前往某文具店购买了一把红色美工刀又返回，其在丰泽法院安检室内企图不经过安检通道进入该院办公区。在遇保安张宝宽上前劝阻时，张丽芳用美工刀刺中张宝宽腹部，并持从对方身上掉下的警棍强行进入该院办公区，用警棍敲打执行庭办公室的门窗。协警马金明见状上前制止，张丽芳又持美工刀划伤马金明手掌。张丽芳随后被丰泽法院工作人员制服，同日被刑事拘留。经司法鉴定，张宝宽的损伤程度属重伤二级，马金明的损伤程度属轻微伤。经泉州市第三医院（以下简称泉州三院）司法鉴定所鉴定，张丽芳在作案时系偏执型精神分裂症现症患者，无刑事责任能力。同年 8 月 26 日，张丽芳被释放并采取临时保护性措施约束于泉州三院。2016 年 2 月 25 日，泉州市洛江区人民检察院申请对张丽芳进行强制医疗。同年 3 月 17 日，福建省泉州市洛江区人民法院（以下简称洛江法院）经开庭审理决定对张丽芳予以强制医疗。同月 29 日案件生效后，张丽芳经公安机关送泉州三院执行。

2017 年 9 月 18 日，洛江法院立案受理黄铮雯申请解除对张丽芳强制医疗一案。审理中，洛江法院会见了张丽芳，调取了泉州三院对张丽芳的诊断评估报告，对张丽芳的主治医生作了询问笔录，并委托泉州三院司法鉴定所对张丽芳进行鉴定。诊断评估报告对张丽芳的危险度评估为 0 级，泉州三院司法鉴定所的鉴定意见为：张丽芳目前处于偏执型精神分裂症缓解期，可以解除强制医疗。洛江法院组成合议庭开庭审理了本案，申请人及原申请强制医疗的洛江区人民检察院派员参加诉讼。经庭审查明，经强制治疗后，张丽芳意识清楚，年貌相符，接触好，注意力集中，检查合作，对答切题，情绪稳定，表情自然，谈笑自如，情感反应协调，对案发当时整个经过及当时的内心体验能清楚回忆，被害妄想已消失；思维连贯，逻辑推理正常；定向力正常，记忆力好，自知力恢复。

【裁判结果】

洛江法院于 2017 年 9 月 30 日作出（2017）闽 0504 刑医解 1 号解除强制医疗决定：一、对被强制医疗人张丽芳解除强制医疗；二、责令申请人黄铮雯对被强制医疗人张丽芳严加看管和医疗。宣判后，检察机关未在法定期限内提出书面纠正意见。

【裁判理由】

法院生效裁判认为：经强制医疗机构诊断评估报告及司法鉴定机构鉴定意见等证据证实，张丽芳经强制医疗后现已不具有人身危险性，不需要继续强制医疗。

【案例注解】

强制医疗解除作为强制医疗的一项重要内容，《刑事诉讼法》第二百八十八条对此规定为："强制医疗机构应当定期对被强制医疗的人进行诊断评估。对于已不具有人身危险性，不需要继续强制医疗的，应当及时提出解除意见，报决定强制医疗的人民法院批准。被强制医疗的人及其近亲属有权申请解除强制医疗。"囿于立法相对粗疏，强制医疗解除措施还存在不少需要完善之处，加之学界对此研究不多，实有探讨之必要。

一、强制医疗期限及解除启动问题

（一）强制医疗期限问题

《刑事诉讼法》只对强制医疗的审理期限进行规定，对强制医疗的期限即对精神病人送交执行后多长时间才能首次提出解除申请没有明确规定，《最高人民法院关于适用〈中华人民共和国刑事诉讼法〉的解释》（以下简称《刑事诉讼法解释》）亦如此，其仅在第五百四十条第二款对再次提出解除申请的间隔期限规定为："被强制医疗的人及其近亲属提出的解除强制医疗申请被人民法院驳回，六个月后再次提出申请的，人民法院应当受理。"对首次提出申请的时间亦没有明确规定。从中可见，我国对强制医疗的期限实行的是不定期方式，具体视精神病人治疗康复情况、人身危险性程度是否消除而定。强制医疗的重点在于治疗疾病，让患者治愈后回归社会，而非限制或剥夺被强制医疗人的自由。强制医疗的期限关乎涉案精神病人的权利，规定过短不利于涉案人的疾病治理和健康利益，规定过长又可能侵害已痊愈当事人的人身自由权，使之遭受不当限制。如何确定强制医疗的期限，考验着司法者的智慧。从其他国家相关规定看，《意大利刑法典》规定，疗护处分的期限视行为人所犯之罪的法定刑而定，法定刑为五年以上监禁的，疗护处分的期限为一年以上；法定刑为十年以上监禁的，疗护处分的期限为三年以上。《日本更正刑法草案》规定，治疗处分的收容期限为三年，但裁判所认为有必要时，可以每二年予以更新。《俄罗斯联邦刑法》规定，对判处医疗性强制措施的人，精神病医生委员会应至少每六个月出具一次诊断证明。美国大部分州则规定，强制医疗按收治的期限确定，通常以六个月为期，期满需要进行听证以决定是否继续收治。从国内的实践看，公安部《强制医疗所条例（送审稿）》规定，强制医疗执行期满一年之日起 30 日内应进行首次诊断评估，之后一般每隔半年进行诊断评估。北京公检法三部门在《关于强制医疗程序的实施办法（试行）》中要求对患者进行的定期审核应以六个月作为周期，即使延长也不得超过一年。从精神病的治疗实践看，该病一般需要较长的治疗时间才能治愈，如精神疾病专家王健认为："通常对首次住院的患者，一个疗程需要三个月时间。这包括单一药物产生疗效时间、治疗剂量情况下巩固治疗时间、由治疗剂量逐渐减至维持量时间以及观察、假出院时间等。如果单一药物疗效不理想，尚需要合并用药、调整用药时间，如果患者出现不良反应等，需要的时间更长。"[①] 其建议强制医疗至少需要一年的治疗、观察，才能提出解除申请。为避免被强制医疗的人在病情好转后被长期滞留限制自由，笔者建议将强制医疗首次提出的时间掌握在交付执行之日起的六个月至一年之间。本案中，张丽芳于 2016 年 3 月 29 日被交付强制医疗，其女儿黄铮雯于 2017 年 9 月 18 日向法院申请解除，两个时间点间隔一年以上。

（二）强制医疗解除启动问题

虽然《刑事诉讼法解释》第二百八十八条规定，强制医疗机构、被强制医疗的人及

① 王健：《浅议强制医疗的解除》，载《中国司法鉴定》2015 年第 2 期。

其近亲属均有权提出解除申请，但在实践中，对被强制医疗人是否具备解除条件最有话语权的强制医疗机构，由于顾忌执法风险，很少主动提出解除意见。以H市安康医院为例，2013~2015年共解除强制医疗22人次，由强制医疗机构提起的为0人次。[①] 对此，笔者认为，检察机关应加大对强制医疗案件的监督力度，对发现强制医疗机构存在未定期进行诊断评估或者未及时提出解除申请等违法行为的，应当及时提出纠正意见，强制医疗机构拒不改正的，可以对其采取行政罚款等规制措施。

二、“已不具有人身危险性”标准的把握问题

“已不具有人身危险性”是法院裁决解除强制医疗的唯一依据。按照全国人大法工委刑法室的解读，所谓“不具有人身危险性”，是指被强制医疗的人已经具有辨认或者控制自己行为的能力，不会再危害公共安全或者他人的人身安全。如何确定精神病人的行为倾向是否具有人身危险性是一个世界难题，至今国内外仍未见成熟的评估判断工具。目前，实务中精神病治疗机构对危险性评估依据的是原卫生部《重性精神疾病管理治疗工作规范》确定的6级评估标准：“0级：无符合以下1—5级中的任何行为。1级：口头威胁，喊叫，但没有打砸行为。2级：打砸行为，局限在家里，针对财物。能被劝说制止。3级:明显打砸行为，不分场合，针对财物。不能接受劝说而停止。4级：持续的打砸行为，不分场合，针对财物或人，不能接受劝说而停止。5级：持管制性危险武器的针对人的任何暴力行为，或者纵火、爆炸等行为。无论在家里还是公共场合。”医学临床上一般将0级患者视为病情稳定，1—2级患者视为病情基本稳定，3—5级患者视为病情不稳定，只有在被强制医疗的人危险度评估为0级时，才能认为该患者没有人身危险性。本案中，泉州三院出具的诊断评估报告证实张丽芳危险度评估为0级。

三、强制医疗解除审理程序的完善

笔者认为，目前，强制医疗解除审理程序在实践中仍然存在一些问题，亟待予以完善。

（一）审理程序虚化

根据《刑事诉讼法解释》第五百四十一条规定，强制医疗机构提出解除强制医疗意见，或者被强制医疗的人及其近亲属申请解除强制医疗的，人民法院应当审查是否附有对被强制医疗的人的诊断评估报告。所谓诊断评估报告，是指通过询问病史、体格检查、临床实验室检查、医技部门辅助检查等检查，对患者心理、生理、病情严重程度、全身状况等作出综合评估，用于指导对患者的诊疗活动。诊断评估报告是法院对人身危险性作出确认的主要参考，由于精神病治疗的专业性较强，在缺乏诊断评估报告情况下，法官很难对专业性问题作出准确的判断，这导致相当部分法官对诊断评估报告的过度依赖，有人认为，强制医疗“事实上裁判几乎是从法官的重心转移到医生的范围”[②]。对该问题，笔者认为，应更新刑事司法理念，充分认识强制医疗程序不仅仅是治疗措施而已，其实质是对人身自由的剥夺，相关决定权在于司法机关而非医疗机构，应强调法官作出强制医疗决定的主体地位。法院在对诊断评估报告进行审查时，应重点关注医务人员是

---

① 余才忠、张鹏：《解除强制医疗若干问题探析——基于安康医院模式和检察监督的双重视角》，载《中国检察官》2017年第5期。

② 张丽卿：《司法精神医学——刑事法学与精神医学之整合》，中国政法大学出版社2003年版，第268页。

否具有相应资质，治疗程序是否科学合规，并可通过会见被强制医疗的人，完善专家证人制度等途径，从常理、常识与常情等方面综合判断诊断评估报告是否可信，必要时可依《刑事诉讼法解释》第五百四十一条第三款规定委托鉴定机构对被强制医疗的人进行鉴定。本案中，合议庭通过将诊断评估报告送检察机关“质证”听取意见，会见张丽芳及其主治医生了解情况，委托鉴定复核确认等方式，最终确认诊断评估报告的证据效力，避免司法审理程序的名不符实。

（二）审理方式不一

《刑事诉讼法解释》第五百四十二条仅规定对于强制医疗解除案件，人民法院应当组成合议庭进行审查，对于是否需要通知检察院参加，是否需要将除决定书外的其他材料在作出决定前送检察院“质证”以及是否应当公开开庭等规定不明。虽然，最高人民法院周峰、祝二军、李加玺三位法官曾撰文提出：“法院对于解除强制医疗的申请和意见，原则上进行书面审查即可，无需开庭审理。为提高审查效率、避免重复劳动，可以由作出强制医疗决定的原合议庭审查。”① 但从福建省泉州市的审理情况看，对强制医疗解除案件的审理以另行组成合议庭开庭为主，极少采用书面形式审查，而且通常会通知检察机关“应诉”。笔者认为，根据《刑事诉讼法解释》第五百四十三条规定，既然检察机关有权对解除强制医疗决定在收到决定书后20日内提出书面纠正意见，其作为此类案件隐性的“对抗”主体和监督机关，法院通知其参加庭审，亦无不可。

（三）文书格式不统一

因强制医疗类刑事案件目前尚无统一的文书样式可循，各地法院制作的文书格式不统一，差别较大，以强制医疗解除案件为例，对于被强制医疗的精神病人的称谓，有的表述为“被申请人”，有的表述为“被强制医疗人”，另外，在决定书中是否应列明检察机关的身份亦看法不一，对此建议最高人民法院尽快出台相关文书格式加以规范。

（一审法院合议庭成员　洪羚燕　王金怀　洪艺玲
编写人　福建省泉州市洛江区人民法院　林前枢
责任编辑　周维明
审稿人　李玉萍）

原载《人民法院案例选》2018年第7辑（总第125辑）

① 周峰、祝二军、李加玺：《强制医疗程序适用情况调研报告》，载《人民司法·应用》2016年第7期。

关键词索引

A

B

C

D

E

F

G

H

J

K

L

M

N

P

Q

R

S

T

W

X